مُعْجَم مُصْطلحَات البـتْرول وَالصّـناعَة النفطيّـة

A New Dictionary of Petroleum and the Oil Industry

PETROLEUM AND

Compiled and Edited by

AHMAD SH. AL-KHATIB B.Sc., M.A., American University of Beirut;
Director, Dictionaries Division, Librairie du Liban

A NEW DICTIONARY OF
THE OIL INDUSTRY

English-Arabic
With Illustrations

LIBRAIRIE DU LIBAN
Riad Solh Square — Beirut

النفطية

مكتبة لبنان
ساحة رياض الصلح - بيروت

مُعجم مُصطلحات

البترول والصّناعة

انكليزي - عربي

مُوضّح بالرّسُوم

أحمد شفيق الخطيب

بكلوريوس في العُلوم ، ماجستير في الآداب ، الجامعة الاميركية في بيروت

رئيس قسم المعاجم ، مكتبة لبنان

LIBRAIRIE DU LIBAN
Riad Solh Square, Beirut

Associated companies, branches and representatives throughout the world

© *Librairie du Liban*
Millennium Edition 2006

جميع الحقوق محفوظة للناشر – مكتبة لبنان
طبعة الألفية الثانية ٢٠٠٦

طبع في لبنان
Printed in Lebanon

الإهداء

إلى

هاني وحبيب وزياد وبطرس ورمزي

وملايين الأشبال الذين يعتمد

على سواعدهم وأفكارهم

مستقبل الوطن العربي

وعزّته

مقـــدمـــة

الوثبةُ الحَضاريَّةُ العِلميّة والتِكنولُوجيّة التي يُحقِّقُها الوطنُ العَربيُّ اليومَ ، والتي بَدأ العالَمُ يَشهدُ آثارَها ويَعترِفُ بإمكانِيّاتِها الضّخمة ، أعادت إلينا ثِقتَنا بأنفُسِنا وثِقةَ العالَم بنا بعد أن كِدنا نَفقِدُهما كِلتَيْهِما . هٰذِهِ المَسيرةُ الحَضارِيّة تسارَعَت في الثلاثين السنةِ الأَخيرة بالرّغم مما رافقَها من عَثَراتٍ ونَكَسات ، وقد كانَ لِلنِّفطِ وما اقتضتهُ الصِّناعاتُ البتروليّةُ من تغييراتٍ اجتماعيّةٍ وثقافيّةٍ وتقنيّةٍ في شتّى أرجاءِ الوطَن العربيّ دَورٌ فعّالٌ في حَفْزِ هذا التسارُعِ وتَزايُدِ زَخْمِهِ ، فأَصْبَحَ لنا في دُنْيا الاقتصاد والسياسة مَكانَةٌ ، وصارَ لَنا في مَوْكِبِ التَّقَدُّمِ العالَميّ وٱستِمرارِيَّتِهِ نَصيب .

وبعونِ الله يَسْتَمِرُّ هذا الزَّخْمُ ويتضاعَفُ وانه لَكفيلٌ أن يُعيدَنا الى مَرْكَزِنا الحَضارِيّ القِيادِيِّ إذا نَحنُ عَرَفْنا كيف نُحسِن استثمارَ ثَرَواتِنا النفطيَّةِ وتمرَّسْنا بِتِقْنِيّاتِ الصِّناعةِ النفطيَّة وتكنولوجيا البِتروكيماوِيّات . وهذا مُرتَبِطٌ الى حَدٍّ بعيد بتَعميق التحوُّلِ الحَضارِيّ المادِّيّ وإدْخالِه إلى حَياتِنا اليَوْمِيَّةِ في المدرسةِ والبيتِ والمَصْنَعِ بِجَعْل العِلْم الحَديثِ ومُنْجَزاته ووَسائِلِه جُزءاً مِنْ ثَقافةِ الصانِعِ والعامِلِ والطالِبِ والسّائِقِ والمُعَلِّم وصاحِبِ الاختِصاص الفَنّيّ ... ولَن يتأتّى لنا ذلك بشكلٍ فعّال ما لم يتحقَّقْ لِلُغَتِنا العربيّةِ مُواكَبَةُ تطوُّراتِ العِلم الحديث واستيعابُ مُنْجَزاتِه الحَضارِيّة .

لَقد اجتازت اللغةُ العربيةُ بنَجاحٍ فترةَ مَخاضٍ عَسيرةً وأَثْبَتَت أنها قادِرَةٌ عَلى تَأْدِيَة الرسالةِ العِلميَّة والتِّقْنِيَّة والحَضارِيَّة بدِقَّةٍ وشُمولٍ كما أَدَّتها مِنْ قَبْلُ أيامَ ظَلَّتْ هِيَ لِعِدَّةِ قرون لُغَةَ العِلم والحَضارة . وأَفضَلُ شاهِدٍ على ما حَقَّقتهُ اللغةُ العربيَّة من ازدهار مُشَجِّعٍ في هذا المضمار ذلك العَددُ الوافِرُ من المَراجِع المُعجميَّة العامَّة والمُتَخَصِّصَةِ مِمَّا لم يَشهدْهُ جيلٌ في تاريخ العَرَبِيَّة على مَداهُ الطويل .

ودائرةُ المَعاجم في مَكتبةِ لُبنان – التي أَخذَت على نَفْسِها مُهِمَّةَ المُشارَكَةِ الفَعّالَةِ في إِنتاجِ المَراجِع المُعْجَمِيَّة في شَتّى الحُقول* وبِخاصَّةٍ في مَجال المصطلَحات العِلميَّةِ والهَندسيَّةِ والتِّقْنيَّة – لَتَفخَرُ بالدَّوْر الذي أَدَّتْهُ وتؤدِّيهِ في هذا المجال وتعتبرُه مَثَلاً حَيًّا لِما تستطيعُ المؤسساتُ الخاصةُ المُخلِصَةُ أن تُقَدِّمَهُ لِتَكْمِلَةِ عَمَل المَجامع اللُّغويَّةِ والمُؤسَّساتِ العلمِيَّةِ الأَكاديمِيَّة في خِدمةِ المُثقَّفِ العربيّ تِلْميذاً ومُعَلِّماً وعامِلاً وفَنِّيًّا ومُؤَلِّفاً وباحثاً** .

وها نَحنُ اليَوْمَ نُقَدِّمُ الى كُلِّ مَنْ يُهِمُّهم البِترولُ وتِقْنِيّاتُ الصِّناعةِ النفْطِيَّة في شَتّى مَراحِلِها – من تنقيبٍ وحفرٍ واستخراجٍ وتكريرٍ وتصنيعٍ وتسويقٍ ونَقْلٍ ومَكْنَنَةٍ وٱستخدام – نُقَدِّمُ لَهُمْ هذا المُعْجَمَ في تِقْنيات هذه الصِّناعة ومُصْطلَحاتِها . وهو ثمرة

---

* أصدرت دائرة المعاجم في مكتبة لبنان ما يربو على السبعين مُعجماً في شتى حقول العلم والمعرفة . يمكن طلب الكتالوج الذي يتضمن معلومات عن هذه المعاجم من مكتبة لبنان ، ص ب ٩٤٥ ، بيروت – لبنان .

** أوصت لجنة التعليم الهندسي المُنبثقة عن المجلس الأعلى لاتحاد المهندسين العرب في اذار ١٩٧٢ باتخاذ أحد معاجمنا وهو «مُعجم المصطلحات العلمية والفنية والهندسية» كأساسٍ لتعريب التعليم الهندسي في العالم العربي .

جُهودِ استغرَقَتْ أَرْبَعِينَ شَهْراً ونَيِّفاً، شارَكَ فيها ما يَزيدُ عَلى العشرينَ مُوظّفاً عَمِلوا كُلَّ الوقتِ أو بعضَهُ بَحْثاً ومَسْحاً وتَنْسيقاً وصياغَةً وتَدْقيقاً وإخراجاً فَنِّيًّا فكانَ بعونِ اللهِ هذا الإِنْجازُ الفريدُ الذي يُضاهي في دِقَّتِهِ ومِنْهَجِيَّتِهِ وشُموله أَوْسَعَ المَعاجِم الأُورُبِّيَّة المختصَّة وأَحْدَثَها .

إن المُستَويات الأَكاديمِيَّة والفَنِّيَّة التي نَتَوخّاها في دائرة المعاجم تكادُ تَفوقُ المُستَوياتِ التي تَعتمِدُها دُورُ النَّشْرِ العالَمِيَّةُ في هذا المجالِ إنْ لَمْ تعادِلْها، وإني مُطمئنٌّ إلى ان هذه المُستَويات قد تَحَقَّقَت في مُعجَم مُصطلحات البترول والصِّناعة النِّفطِيَّة كما تحقَّقَت في سَلَفِهِ مُعْجَم المُصطلحات العِلْمِيَّة والفَنية والهندسية في طبعتَيْه الاولى (سنة ١٩٧١) والثانية (سنة ١٩٧٤) .

وإنه لَيَطيب لي في هذه المقدِّمة أن أُنوِّهَ بجُهودِ الزُّملاء – إخواني وأبنائي – مُوظَّفي دائرةِ المَعاجم الذين عَمِلوا مَعي بجِدٍّ وإخلاص أعواماً طويلة في شَتّى المراحل التي مَرَّ بها إعدادُ هذا المُعجم وسَلَفِه، فَلَهم جميعاً شكري وتقديري، وأُنوِّه بشَكلٍ خاص بجُهود السيد رازق انتيباس الذي أَسهَم بالمُشارَكة في اختيار الرسوم وأَشْرَف على تَوْزيعها الفَنّي وإخراجِها . كذلك أُنوِّه بفضل مكتب العلاقات العامَّة لِشَرِكَةِ شِلْ إنتَرناشونال في بيروت الذي زَوَّدَنا بمِئاتِ الصُّوَر عن شَتّى نَواحي صِناعة النِّفط ونَشاطاتِها وبفضل شَرِكات النِّفْط المختلِفَة التي أَسهَمَت بتَزويدِنا بالعَديد من الرسوم المتعلِّقة بهذه الصِّناعة وأَخُصُّ بالذِّكر شركة الزيت العربية الأَمريكيَّة وشَرِكةَ الزَّيت العربية المحدودة . ولا بُدَّ لي في مَقام الاعتِراف بالفَضل من تَوْجيه كلمة شُكر للسيدَيْن خليل وجورج صايغ صاحِبَيْ مَكْتبة لبنان على جُهودِهما الدائبة في إغناء المكتبة العربيَّة بالمَراجع المُعْجَميَّة العامَّةِ والمتخصِّصَةِ وَهُوَ أَمرٌ الْتَزَمَتْ بِهِ دائرةُ المَعاجم في مكتبة لبنان التي يعودُ إِلَيهِما الفَضْلُ في تأْسيسِها ودَعْمِها .

وَالأَمَلُ المُكافِئُ أَنَّنا بِهذا الجُهدِ المُشترَك نَخْدُم قَضِيَّةَ العِلْمِ والمَعْرِفَةِ والحَضارة في عالَمِنا العربيِّ المتطلِّع الى المستقبَل والسّاعي الى نَهْضَةٍ متكامِلَةٍ شامِلَةٍ يتحقَّقُ له بها وفيها العِزُّ والسُّؤدد، واللهُ الموَفِّق .

أحمد شفيق الخطيب

رئيس دائرة المعاجم

دار النشر – مكتبة لبنان

محتويات المعجم

مقدمة	ix
محتويات المعجم	xi
ايضاحات	xii
اختصارات استعملت في هذا المعجم	xv
معجم مصطلحات البترول والصناعة النفطية	1 — 527
ملاحق المعجم Appendixes	528 — 570
موجز بأهم القرارات المجمعية المتعلقة بوضع المصطلحات العلمية	573
المراجع الأجنبية Bibliography	574
المراجع العربية	577

Appendixes

528	Greek Alphabet
531 — 539	I — Physical Sciences
540 — 543	II — Geology
544 — 553	III — Conversion Table of the Various Units Used in Engineering and Industry
554 — 563	IV — Abbreviations Frequently Met in Scientific and Technical Literature
564	V — Mathematical Tables

ايضـــــاحـــات

١ : المُختصرات الانكليزية المُدرجة بجانب المادة الانكليزية تُعَيِّنُ فرعَ العِلم الذي تتصل به هذه المادة بالمعنى المقابل لها في العربية . وهذه المختصرات مُوَضَّحة في الصفحة **xv** من المعجم . كذلك أوردنا بجانب اللفظة الانكليزية في مُعظم الأحيان مختصراً يُشير الى وَضْعِها الصّرفي وحاولنا ان نُقدِّم الوضعَ الصّرفيّ الأشهر للكلمة على سِواه .

٢ : في المصطلحات الانكليزية المُركّبة مثل **seismic prospecting** يحدثُ أن يَرِدَ المُصطلحُ ايضاً في **prospecting, seismic** فالفاصلة هنا تُشير الى كون الكلمة الثانية تسبِقُ الأولى في الأصل الانكليزي . وننصحُ المُراجعَ بِطَلَبِ الكلمة مَبدئيّاً في موضعها الألفبائي أي تحت **seismic** أما من يُريد الاستزادة او المقارنة فسيجد في مَطلب **prospecting** عدة استعمالات ومعــانٍ للمادة الأصلية .

أما في حالة المصطلحات المركّبة المسبوقةِ بكلمةٍ عامة الاستعمال مثل **average** density أو **heavy** naphtha أو **normal** temperature فقدْ لا تجد المطلبَ المُراد تحت الكلمة الأولى، والأمر الطبيعي حينئذٍ ان تطلب الكلمة تحت المادة الرئيسية في **density** و **naphtha** و **temperature** مثلاً .

٣ : مَوادُّ المعجم مُرتّبةٌ حسَب الترتيب الألفبائي لأحرُفِ الكلمة إن كانت مفردةً أو مركّبة . فمثلاً :

لفظة oildom تأتي بعد oil distributor

وقبل oil drain

٤ : حيث تختلفُ التهجئة بين الاستعمال الأميركي والانكليزي للكلمة غلّبنا الاستعمال الانكليزي وبيّنا الشكلَ الهجائي الأميركي إما في مَوقع الكلمة الألفبائي أو بإيراد اللفظة مع الحرفِ أو المَقطع الذي يجوز إسقاطُه بين حاصِرتَين

فمثلاً تجد color = colour

و gage = gauge

فالكلمات المركّبة المتعلقة بـ colo(u)r أو ga(u)ge أُدرجت تحت الشكل المُغَلّب للكلمة تحاشياً للتكرار . كذلك استعملنا الحاصرتين لبيان جواز وُرود الكلمة بأكثر من شكل – أي بوجود الجزء المحصور بين القوسين أو بدونه ، مثل : lock(ing) mechanism

و nan(n)ofossils

و sour crude (oil)

٥ : في اعطاء المرادف العربي ، كثيراً ما أوردنا المعنى و به ´كلمة أو أكثر ضمن قوسين . فالإضافة بين الحاصرتين هي أحياناً شرحٌ يُفتَرَضُ انه مفهوم ضمناً ويجوز إسقاطُه من المرادف العربي (كما هي الحال في الأصل الانكليزي) ، مثلاً :

تقوس (سطح) الأرض	earth curvature
مُتخلفات (تقطير) النفثا	naphtha bottoms
دلائل (وُجود) النفط	oil shows
بُرج غَسل (الغاز)	scrubbing tower

وأحياناً تكون الاضافة بين الحاصرتين تحديداً للمعنى فقط وليست بالضّرورة جزءاً منه كما في :

سِلعةٌ مُتوسِّطة (الحجم أو الجودة)	middling
إستعادة الزيت (لاستعماله مُجدّداً)	oil reclamation
حُدور (السقفِ) لتصريف المطر	weathering

وحيث يتغير تشكيلُ الحرفِ الأخير للكلمة بوجود الجزء المحصور أو بعدمه أغفلنا تشكيلَ ذلك الحرف لنعطي القارىء حُرِّيّةَ قراءة المرادف بالحالتين ، فيقرأ المثل الأخير : حُدورٌ لتصريفِ المطر أو حدورُ السقفِ لتصريف المطر .

وفي بعض الحالات أوردنا بين الحاصرتين مُرادفاً لجزء من معنى المصطلح (يصِحُّ ان تسبقه أو) تاركين للقارىء حريةَ اختيار احدِ الجزءين لصياغة المُرادف مثلاً :

نقطةُ (درجةُ حرارةِ) التفكُّك	dissociation point
صِمامةٌ (كبسولةٌ) إشعال	fuse
مِسيلٌ (هيدرومترٌ) حراريّ	thermohydrometer

وبملاحظة الشكل لن يجدَ القارىء صُعوبةً في تحديد المقصود من هذه الإضافات المحصورة .

٦ : المعاني العربية المترادفة مَفصولةٌ بنُقطة، أما حيثُ يختلفُ المعنى فقد فَصَلنا بين المعاني المختلفة بشَرطة (ـ) ، فمثلاً تجد :

زَلزال . هزة أرضية . رَجْفَة	earthquake
بينما تجد : أساس . قاعدة ـ تأسيس ـ مؤسسة	foundation

٧ : إن الكلمات المحصورة بين حاصرتين صغيرتين مُزدوجتين « » هي أسماء أعلام، وهي جزءٌ اساسي من المُصطلح كما في :

تقطير «إنجلر» : Engler distillation
لتحديد مدى درجات الغليان لأجزاء المزيج البترولي
رَقْم «رِدْوُود» : Redwood number
لقياس اللزوجة
مِلْوان «سيبُولت» Saybolt colorimeter

٨ : الألفاظُ العربيةُ مُشَكَّلة تشكيلاً وافياً ، وفي كثير من الحالات بيّنا إمكانيّة جوازِ التحريك على شكلٍ مُغاير بوَضع أكثر من حركة على الحرف المُختص : مثلاً :
زَلزال ، ضِفّة ، رِغوَة ، عُنوان ، رِخْو ، ذُروَة .....

٩ : حَرصنا على ادخال الكثير من المصطلحات الانكليزية الدارجة على ألسنة العاملين في الصناعة النفطية – خاصةً في ميادين الحفر والتنقيب ومَدّ الأنابيب (مثل barreler و duster و rocksy و roughneck و stool pigeon و sand smeller و weevil ... الخ) – وذلك لخدمة القارىء العربي الذي لن يجد مثل هذه الألفاظ بمعناها المقصود في أيّ من المعاجم العاديّة .

لكننا تحاشينا قدر الامكان ادراج المصطلحات العاميّة العربيّة في المعجم لاختلافها الشاسع بين قطر عربي وآخر ، والمرادفات القليلة التي هي من هذا القبيل تجدها واردةً بين حاصرتين بعد نُقطةٍ أو شرطة مَثلاً :

مِرفاع نقّال – رافعة السيّارة . (عِفريت) jack
سيارة شَحْن . شاحِنَة . (لُوري) lorry
بَكّارة . ذاتُ البَكَر . (بَلَنْك) tackle

١٠ : في كتابة الأحرف اللاتينية التي لا نَظير لها في العربيّة
استعملنا **پ** لِـ حرف **P** كما في پاوند (pound) و پايركس (pyrex)
و **ڤ** لِـ حرف **V** كما في ڤينيل (vinyl) و ڤلط (volt)
و **چ** أو غ لِـ حرف **g** كما في چليسرين أو غليسرين glycerine حيثُ تُلْفَظُ الـ **g** كالجيم المصرية ، أما **g** التي تلفظ كالجيم القُرشيّة أي المخفَّفة فقد رُسِمَت جيماً **(ج)**.

اختصارات استعملت في هذا المعجم

Abbreviations Used in the Dictionary

(adj.)	adjective
(adv.)	adverb
(Aero.)	Aeronautics
(Arch.)	Architecture
(Astron.)	Astronomy
(Auto.)	Automobiles
(Biol.)	Biology
(Carp.)	Carpentry
(Chem. Eng.)	Chemical Engineering
(Chem.)	Chemistry
(Civ. Eng.)	Civil Engineering
(Const.)	Construction
(Ecol.)	Ecology
(Elec.)	Electricity
(Elec. Eng.)	Electrical Engineering
(Eng.)	Engineering
(Geog.)	Geography
(Geol.)	Geology
(Geom.)	Geometry
(Geophys.)	Geophysics
(Hyd.)	Hydraulics
(Hyd. Eng.)	Hydraulic Engineering
(I. C. Engs.)	Internal Combustion Engines
(Magn.)	Magnetism
(Mech.)	Mechanics
(Mech. Eng.)	Mechanical Engineering
(Met.)	Metallurgy
(Meteor.)	Meteorology
(Min.)	Mineralogy
(n.)	noun
(Naut.)	Nautical
(Ocean.)	Oceanography
(Pet. Eng.)	Petroleum Engineering
(Phys.)	Physics
(pl.)	Plural
(Plumb.)	Plumbing
(San. Eng.)	Sanitary Engineering
(Surv.)	Surveying
(v.)	verb
(Zool.)	Zoology

ملاحظة : أفردنا مُلحقاً خاصاً بالاختصارات الشائعة التي تعترِض القارىء في مطالعاته العلمية في آخر المعجم (ص٥٥٤)، أما الاختصارات المتعلقة بتِقنيّات الصناعة النفطية واعمالِها المختلِفة فترِدُ كمداخِلَ مستقلّةٍ في صُلب المعجم وتُراجَع في أماكنها ألفبائياً .

alkylation unit

a

abandon (*v.*) ترك • هجر • تخلّى عن
abandon a claim تنازل عن حقّ أو دعوى
abandon a well ترك البئر (تخلّى عنها أو ردمها)
abandoned (*adj.*) مهجور • متروك
abandoned well (Pet. Eng.) بئر مهجورة
abandoned working(s) (Pet. Eng.) ورشة مهجورة
abandonment هجر • ترك
abate (*v.*) إنحسر • انخفض • نقّص • حسّر • خفّض
abatement إنحسار • إنخفاض • تخفيض • خفض
Abbe refractometer (Chem. Eng.) مقياس «آب» لمعامل انكسار السوائل
abbreviation (*n.*) اختصار • اختزال – مختصر
A.B.C. مبادىء (علم أو فنّ)
abdomen (*n.*) بطن • جوف
abeam (Naut.) مقابلاً لمنتصف جانب السفينة
Abel closed tester (Pet. Eng.) مخبار «إيبل» المقفل
Abel tester مخبار «إيبل»: لقياس نقاط الوميض التي تقل عن ٤٩° مئوية
aberrance (*n.*) إنحراف • شذوذ – زيغ
aberrant (*adj.*) زائغ • ضالّ
aberration (*n.*) (Phys.) إنحراف • زيغ • زيغان
aberration of light (Phys.) الزّيغ الضوئيّ
abide (*v.*) تمسّك (ب) – مكث
ability (*n.*) قدرة • استطاعة
abiotic (*adj.*) لا حيويّ • لا حيويّ المنشأ
ablation (*n.*) (Geol.) تذرية – إزالة
ablaze (*adj., adv.*) مستعر • متوهّج
abnormal (*adj.*) شاذّ • غير عاديّ • غير سويّ
abnormal contact تلامُس شاذّ • تماسّ غير عاديّ
abnormal dip (Geol.) ميل شاذّ • انحدار غير سويّ
abnormality (*n.*) شذوذ – حالة شاذّة
abnormal pressure ضغط شاذّ
abnormal stress (Mech.) إجهاد شاذّ
aboard (*adv.*) على ظهر السفينة • في الطائرة او القطار او السفينة
abode (*n.*) مسكن • مقرّ
abolish (*v.*) ألغى • أبطل
abolition (*n.*) إبطال • إلغاء • محو • إمّحاء
abortive (*adj.*) ناقص التكوين – عقيم
abound (*v.*) غزُر • كثُر • عجّ أو زخر (ب)
above ground فوق سطح الارض
above sea level (Surv.) فوق مستوى سطح البحر
abradability (*n.*) قابليّة الانسحاج
abradant (*adj.*) (Eng.) حاكّ • سحّاج
(*n.*) مادّة حاكّة
abrade (*v.*) برى • سحج • حكّ • إحتكّ • تأكّل • إنبرى
abrasijet (Eng.) منفث سحج
abrasion (*n.*) تأكّل • بري • سحج • حكّ
abrasion hardness صلادة الحكّ
abrasion marks خدوش (على الفيلم)
abrasion of insulation (Elec. Eng.) تأكّل المادّة العازلة • تأكّل العزل
abrasion resistance (Eng.) مقاومة الانسحاج • مقاومة التأكّل
abrasion test (Eng.) اختبار التأكّل • اختبار الحكّ
abrasion testing machine (Eng.) مكنة اختبار التأكّل او الانسحاج
abrasive (*adj.*) حاكّ • سحّاج
(*n.*) مادّة حاكّة
abrasive cloth قماش حكّ (أو سنفرة)
abrasive disc قرص حكّ (او سنفرة)
abrasive paper ورق حكّ (او سنفرة)
abrasive powder مسحوق سنفرة
abrasive stone حجر سنفرة (او صنفرة)
abrasive wear (Eng.) تأكّل بالاحتكاك • بريّ بالحكّ • بِلًى بالسحج
abrasive wheel (Eng.) عجلة تجليخ • عجلة سنفرة
abreast (*adv.*) جنباً الى جنب
abridged (*adj.*) مختصر • موجز
abrogate (*v.*) ألغى • أبطل • فسخ
abrupt (*adj.*) مفاجىء • منقطع فجأة
(Geol.) شديد الانحدار • هاوٍ
abscissa (*n.*) الإحداثيّ السيني (الافقي)
absent (*adj.*) غائب • غير موجود
(*v.*) غاب • تغيّب
absolute (*adj.*) مطلق • صِرف
absolute age العمر المطلق

absorption and distillation unit

absolute alcohol (Chem.) كحول صِرْف

absolute atmosphere ضغط جوّي مطلق • مليون داين على السم المربع

absolute boiling point (Phys.) نقطة الغليان المُطلقة

absolute coefficient (Phys.) المُعامِل المُطلَق

absolute constant ثابتٌ مُطلَق

absolute density (Phys.) الكثافة المطلقة

absolute deviation الانحراف المُطلَق

absolute expansion (Phys.) تمدُّدٌ مُطلَق

absolute humidity (Meteor.) الرطوبة المطلقة

absolute level المَنسوب المطلق

absolute liability مَسؤولية كاملة

absolute permeability الانفاذية المطلقة

absolute pressure (Phys.) ضغط مُطلق

absolute scale = Kelvin scale مقياس «كَلْفِن» المُطلق لدرجة الحرارة

absolute specific gravity (Phys.) الوَزن النّوعي المُطلق

absolute strength (Eng.) مَتانة مُطلقة – مُقاومة مُطلقة

absolute temperature (Phys.) درجةُ الحرارة المطلقة

absolute thermodynamic temperature (Phys.) درجةُ الحرارة المُطلقة (بمقياس كَلْفِن)

absolute units وَحَداتٌ مُطلقة

absolute value قيمة مُطلقة

absolute velocity (Mech.) سُرعة مُطلقة

absolute viscosity (Phys.) اللُّزوجة المطلقة

absolute weight (Chem., Phys.) الوَزن المُطلَق (في الفراغ)

absolute zero (Phys.) درجة الصِّفر المُطلق (– ٢٧٣.٢٠ سنتيغراد)

absolve (*v.*) أخلَى • أحَلَّ (من آلتِزام) • أبرأ (من دَين)

absorb (*v.*) إمتَصَّ • مَصَّ • تشَرَّب – استوعَب

absorbability (*n.*) المَصَّاصيَّة • قابليّةُ الامتِصاص • الامتصاصيَّة

absorbable (*adj.*) يُمتَصّ : قابلٌ للامتِصاص او التشَرُّب

absorbency (*n.*) المتصَّة • الماصَّة

absorbent (*adj.*) مُمتَص • ماصّ • مَصَّاص

absorbent formation (Geol.) تكوينٌ مصّاص

absorber (*n.*) مصّاص • مَصّاصة • جِهازُ امتِصاص

= **absorption tower** (Pet. Eng.) بُرجُ امتِصاص

absorber-fractionator (Pet. Eng.) جهازٌ مُجزِّىء مصّاص : برج امتِصاص وتجزئة

absorber, shock مُخمِّد الصدمات • مُمتصّ الصَّدمات

absorber valve (Pet. Eng.) صِمامُ جِهاز الامتصاص

absorbing power (Chem. Eng.) قُدرة الامتصاص • مَصّاصية

absorptiometer مِمصاص • مقياس المَصّاصية • مقياس الامتصاصية

absorption (*n.*) امتِصاص • مَصّ

absorption coefficient مُعامِل الامتصاص

absorption column (Pet. Eng.) عمود الامتِصاص • بُرجُ الامتصاص

absorption curve مُنحنى (بيانِ) الامتصاص

absorption econometer (Chem. Eng.) إيكونومتر امتصاصي : لقياس كمية ثاني اكسيد الكربون في غازات الاحتراق

absorption extraction (Pet. Eng.) استِخراجٌ بالامتِصاص

absorption factor = absorption coefficient عاملُ او مُعامِل الامتصاص

absorption gasoline (Pet. Eng.) البنزين المُمتَصّ • بنزينُ الامتصاص

absorption gasoline recovery process (Pet. Eng.) طريقة استِعادة البنزين المُمتَص

absorption, heat of (Phys.) حرارة الامتِصاص

absorption limit (Chem. Eng.) حَدُّ الامتِصاص

absorption loss فَقدُ الامتِصاص

absorption oil (Pet. Eng.) زيت الامتِصاص

absorption plant (Pet. Eng.) وَحدة امتِصاص : وحدة استخلاص البنزين من الغاز الطبيعي

absorption process (Pet. Eng.) طريقة الامتِصاص • عملية الاستخلاص الامتصاصي

absorption ratio نِسبة الامتِصاص • مُعامِل الامتِصاص

absorption refrigeration (Eng.) تبريد بالامتِصاص

absorption refrigerator (Eng.) وَحدة تبريد بالامتِصاص

absorption spectrum (Phys.) طَيفُ الامتصاص • طَيفٌ امتِصاصي

absorption test اختبار الامتصاص

absorption tower (Eng.) بُرج امتصاص (في وَحدة تبريد)

absorption unit = absorption plant وَحدة امتصاص

absorptive (*adj.*) مُمتص • مَصّاص

absorptive power = absorptance (Phys.) قُوة الامتِصاص • المُمتَصِّية • الامتِصاصيّة النّوعية

absorptivity (*n.*) المُمتَصِّية

abstract (*adj.*) مُجرَّد • مُستخلَص
(*n.*) خُـلاصة
(*v.*) جرَّد • إستخلَص

abstraction تجريد – استِخراج • استخلاص

abundance (*n.*) كَثرة • وَفرة

abundant (*adj.*) وافِر • غَزير • وفير

abuse (*v.*) أساء الاستعمال
(*n.*) إساءة الاستعمال

abut (*v.*) تاخَم • ناكَبَ – ارتكز على

abutment (*n.*) كَتِف • مُتّكأ • دِعامة
(Eng.) مُتاخَمة

abutment point مُرتكَز • مُتكأ • نقطة التناكُب

abutting joint (Eng.) وُصلة مُتناكِبة

abutting surface سطح التناكُب • سطح التماسّ

abysmal (*adj.*) سَحيق • غَوريّ

abyss (*n.*) غَوْر • هُوّة سحيقة

abyssal (*adj.*) غَوْريّ • سَحيق العمق

abyssal area (Geol.) مِنطقة أعماق مُحيطية • منطقة غَوريَّة

abyssal deposits (Geol.) رَواسِب غَوريَّة

abyssal environment (Ecol.) بيئة الأعماق

abyssal rocks (Geol.) صُخور الأعماق • صخور غَورية سحيقة

abyssal zone (Geol.) مِنطقة غَوريَّة

a.c., A.C. (**alternating current**) تيّار مُتناوِب

academic (*adj.*) اكاديمي ـ مُصطَلَحي • نَظري
academic stratigraphy (Geol.)
الاستراتيجرافية النظرية
accelerant (*n.*) (Chem. Eng.)
مُسرِّع او مُعجِّل التفاعل
accelerate (*v.*) سارَع • عجَّل • تسارَع
accelerated (*adj.*) مُسرَّع • مُعجَّل
accelerated aging test (Chem. Eng.)
اختبار التعتيق المُعَجَّل
accelerated filtration (Chem., Phys.)
ترشيح مُعجَّل (بالضغط)
accelerated motion (Mech.) حركة مُعجَّلة او مُسارَعة
accelerated reaction (Chem. Eng.)
تفاعُل مُعجَّل او مُسارَع
accelerated sludge test (Pet. Eng.)
اختبار الإرساب المُعجَّل
accelerated speed سُرعة مُعجَّلة
accelerating force (Phys.) قُوة مُعجِّلة
accelerating pump (Eng.) مِضخَّة مُعجِّلة
acceleration (*n.*) (Mech.)
تسارُع • عَجَلَة • تعجيل
acceleration of gravity (Mech.)
تسارُع الجاذبية
acceleration of speed (Mech.)
تزايُد السرعة • تعجيل السرعة
acceleration vector (Mech.) مُتَّجَه التَّسارُع
accelerator (*n.*) (Eng.) مُعَجِّل • مُسارِع • مُسرِّع
accelerator pedal (Eng.) دَوَّاسة السُّرعة • دَعْسَة التَّعجيل
accelerometer (*n.*) (Eng.) مِسْراع : مِقياس التَّسارُع
accelerometer type seismometer (Geophys.) مِرجافٌ مِسراعي
accept (*v.*) قَبِل • رَضِي • وافق على
acceptance (*n.*) قَبُول • مُوافقة
acceptance test (Eng.) اختبار القَبول
acceptor (*n.*) مُتقبِّل • قابِل
access (*n.*) مَنفَذ • مَوصِل ـ سبيل • مَسلَك
access eye (Eng.) فُتحة نَفـاذ (في قناة تصريف)
accessible (*adj.*) سهلُ المَنال • يُمكِن الوُصول اليه
accessories (*n.*) تَوابع • لَواحق
accessory (*adj.*) إضافيّ • ثانوي • عَرَضي
accessory element (Min.) عُنصر ثانوي
accessory minerals (Geol.) مَعادِنُ اضافية • مَعادنُ ثانوية

access road الطريق المُوصِلة او المُؤدِّية
accident (*n.*) حادِث • عارِض ـ إصابة
accidental (*adj.*) (Geol.) طارئ • دَخيل • عَرَضيّ • عارض
accidental variations تغيُّرات عَرَضيَّة
accidents of labour حوادثُ او إصابات العمل : ما يُصيب العُمَّالَ في أثناء تأدية العمـل
acclimatization (*n.*) أقلَمة • تأقلُم
acclivity (Geol.) حُدور • حَدَر • حُدور صاعد
acclivous (*adj.*) مُنحدِر صُعوداً
accommodate (*v.*) لاءَم • كيَّف • تكيَّف ـ أمدَّ • جهَّز ـ إتَّسع (لِ) • وَسِع
accommodation (*n.*) تكييف • تكيُّف ـ سُكنَى
accommodations وسائل الرَّاحة
accompany (*v.*) رافق • صَحِب
accompanying mineral (Min.) مَعدِنٌ مُرافِق
accomplish (*v.*) أنجَز
accord (*v.*) لاءَم • انسجم ـ مَنَح
(*n.*) توافُق • انسِجام • اتفاق
accordance (*n.*) مُطابقة • انسِجام • اتفاق
account (*n.*) حساب • بيان حساب • تقرير
(*v.*) علَّل ـ قدَّم بياناً عن
accountancy (*n.*) المُحاسَبة • عِلم المحاسبة
accountant (*n.*) مُحاسِب • كاتِب حِسابات
accountant, chartered مُحاسِب مُجاز
account book دفتر حسابات • دفتر مُحاسبة
accounting (*n.*) مُحاسَبة
accounting, cost حساب التكاليف • حساب سعر الكُلفة
accounting machine مَكنَة حاسبة • آلة حاسبة
accounting period الفَترة الحِسابية • السَّنة الحِسابية
accounting procedures طُرُق المحاسبة • أُصول المحاسبة
accounts حسابات ـ مُحاسبة
accredit (*v.*) اعتمد • اعترف (ب)
accredited (*adj.*) مُعتَمَـد • مَقبُول او مُعتَرَف به
accredited agents وُكلاء مُعتَمَدون
accretion (*n.*) تراكُم • تزايُد ـ تجمُّع • تَنَمٍّ بالتضام
accrue (*v.*) تراكَم ـ نشأ كنتيجةٍ
accrued dues عوائدُ مُستحَقَّة
accruing interest فوائدُ مُتجمِّعة
accumulate (*v.*) ركَم • جمَّع • تجمَّع • تراكَم
accumulation (*n.*) تراكُم • تجمُّع ـ رُكام

oil accumulations

accumulation, commercial (Min.)
رِكازٌ تجارِيّ • رِكازٌ يستحِقُّ الاستثمار • مَكْمَن تجاري
accumulation of cuttings (Pet. Eng.)
تراكُم • مُخرجات الحَفْر • رُكام الحَفْر
accumulation of mud (Pet. Eng.)
تراكُم الطين
accumulation of petroleum (Pet. Eng.)
تجمُّع النِّفط • تجمُّع بترولِيّ
accumulations, oil (Pet. Eng.)
تجمُّعات الزَّيت
accumulator (Elec. Eng.) مِركَم • مُركِّم
(Pet. Eng.) مُجمِّع • وِعاء التجميع
accumulator battery (Elec. Eng.)
بطارية مُركِّمات
accumulator cell (Elec. Eng.) خلِيَّة مِركَم
accumulator, fractionator reflux (Pet. Eng.) مُجمِّع السائل المُعاد الى المُجزِّئ
accumulator, overhead (Pet. Eng.)
مُجمِّع المُنتَجات العُلوية : في عملية التقطير
accumulator tank (Eng.) خزَّان التجميع
accumulator vehicle (Elec. Eng.)
مَركَبة تعمل بالبطاريات (او بالمَراكِم)
accuracy (*n.*) ضَبْط • دِقَّة • إحكام
accuracy test (Eng.) اختبار الدِّقَّة
accurate (*adj.*) دَقيق • مَضبُوط • مُدقَّق
accurate adjustment (Eng.) تعديلٌ دقيق
acentric (*adj.*) عديمُ المركَز • لا مَركزيّ
acerbity (*n.*) حُموضة • حَمْز

acetaldehyde (Chem.)	أَيتالْدِهَيد • الدِهيد خَلِّي
acetamide (Chem.)	أَسيتامَيد • أميد خَلِّي
acetate (Chem.)	أَسِتات • خَلّات
acetic	خَلِّي • أَسِتِيّ
acetic acid (Chem.)	حامض الأسِتيك • حامض الخَلِّيك • حامض الخَلّ
acetic anhydride = acetic oxide (Chem.)	أَنهيدريد الخَلّيك • أكسيد الأسِتيك
acetic fermentation (Chem.)	تخَمُّر خَلِّيّ
acetification (n.) (Chem. Eng.)	تَخليل • تخَلُّل
acetify (v.)	حَمَّض • خَلَّل • أحمَضَّ • تخَلَّل
acetimeter (Chem.)	مقياس (حُموضة) الخَلّ • مقياس كمِّية حامض الخَلّ في المحلول
acetimetry (Chem.)	قياس الخَلِّيّة : قياس حموضة الخَلّ
acetometer = acetimeter (Chem. Eng.)	أسيتومتر • مقياس الخَلّ
acetone = dimethyl ketone (n.) (Chem.)	أسيتون • خَلون : كيتون ثُنائي المِيثيل
acetosity (n.)	حُموضة
acetyl (Chem.)	أَسيتيل • خَلِّيل
acetylate (v.) (Chem.)	أَستَل : أَدخَلَ شِقًّا أَسيتيليًّا على • أَستَلَه
acetylation (Chem.)	أَستَلَة
acetyl derivatives = acetates (Chem.)	مشتقَّات أسيتيلية (خلّات)
acetylene (Chem.)	الأسيتيلين • غاز الأسيتيلين
acetylene black (Chem.)	سِناج الأسيتيلين • أسوَد الأسيتيلين
acetylene-blowpipe (n.) (Eng.)	جِملاج الأسيتيلين
acetylene burner (Chem. Eng.)	موقِد أسيتيليني
acetylene cutting (Eng.)	قطع بالأسيتيلين
acetylene cylinder	أسطوانة أسيتيلين
acetylene-generator (n.) (Chem. Eng.)	مُولِّد الأسيتيلين
acetylene hydrocarbons (Chem.)	الهيدروكربونات الأسيتيلينية
acetylene lamp	مصباح أسيتيليني
acetylene welding (Eng.)	لِحام بالأسيتيلين
acetylenic hydrocarbons (Chem.)	الهيدروكربونات الأسيتيلينية
acetyl oxide = acetic anhydride (Chem.)	أكسيد الأسيتيل • أنهيدريد الخَلّيك

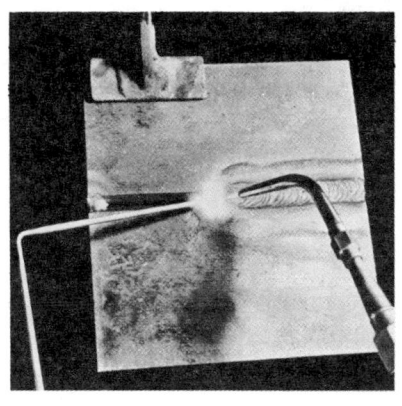

acetylene welding

achievement (n.)	إنجاز – مَأثُرة : مُنجَز عظيم
achromatic (adj.) (Opt.)	لا لَوني • عديم اللون • أكروماتي
achromic (adj.)	عديمُ اللون • لا لَوني
acicular (adj.) (Min.)	إبريّ • شَوكيّ
acid (n.) (Chem.)	حَمض • حامض
(adj.)	حامض • حَمضيّ
acid, acetic (Chem.)	حامض الخَلّيك
acid aging (Chem.)	تعتيق بالحامض
acid amides (Chem.)	أميدات حامضية
acid anhydride (Chem.)	أكسيد لا فِلزّي (يكوِّن حامضًا مع الماء)
acid bath (Chem. Eng.)	مغطس حامضيّ • حَمّام حامضيّ
acid buffer	محلول مُنظِّم حَمضيّ
acid clay (Geol.)	طين حامضيّ
acid cleaning (Chem. Eng.)	التنظيف بالحامض
acid concentration	تركيز حَمطيّ • التركيز الحامضي
acid concentrator (Chem. Eng.)	مُركِّز الحامض • جهاز تركيز الحامض
acid content (Chem. Eng.)	المحتوى الحامضي
acid corrosion (Chem. Eng.)	تآكُل بالحامض
acid depolarizer (Elec. Eng.)	مانع استقطاب حامضي
acid, diluted (Chem. Eng.)	حامض مُخفَّف
acid dump bailer (Pet. Eng.)	أنبوب تفريغ الحامض
acid dyes (Chem. Eng.)	أصباغ حامضية
acid egg (Chem. Eng.)	خابية الحامض
acid esters (Chem.)	إسترات حامضية
acid etching (Chem. Eng.)	نَمش بالحامض
acid-fast (adj.) (Chem.)	ثابت ضد الحوامض
acid-forming	مُولِّد الحامض
acid frac (Pet. Eng.)	حامض تصديع الصخر (في مَكمَن الزيت) – تصديع بالحامض
acid-free (adj.) (Chem.)	خالٍ من الحامض
acid-free oil (Pet. Eng.)	زيت خالٍ من الحامض • زيت لا حامضيّ
acid fumes	أَدخِنَة حامضيّة
acid gas (Chem.)	غاز حامضيّ
acid gel (Chem.)	جِلّ حامضيّ
acid heat test (Eng.)	اختبار بالحامض والحرارة
acid, hydrochloric (Chem.)	حامض الهيدروكلوريك
acid hydrolysis (Chem.)	تَمَيُّه حامضي : تحليل مائي حَمضيّ
acidic (adj.)	حامضي • حَمضي
acidic oxide (Chem.)	أكسيد حامضيّ
acidic rocks (Geol.)	صخور حَمضية
acidifiable (adj.)	يُحمَّض • قابل للتحميض
acidification (n.) (Chem.)	تحميض • إحماض • تحَمُّض
acidified (adj.)	مُحمَّض • مُحمَّض
acidify (v.)	حَمَّض • تحَمَّض • إحمَضَّ
acidimeter (n.) (Chem.)	مقياس الحُموضة • مِحماض
acid inhibitor (Chem. Eng.)	مانع التآكُل بالحامض
acidity (n.) (Chem.)	حَمضيّة • حُموضة • حامضية
acidization of a well (Pet. Eng.)	إحماض البِئر : مُعالجَةُ بئرٍ بالحامض
acidize (v.)	حَمَّض • أحمض • عالج بالحامض
acidizer (n.)	عامل إحماض • مادّه مُحمِّضة
acidizing of wells (Pet. Eng.)	إحماض الآبار : مُعالجة آبار (النفط) بالحامض
acid lava (Geol.)	لابة حامضيّة
acid lining (Eng.)	بطانة حامضيّة
acid mordant dyes (Chem.)	أصباغ حَمضية المُرَثِّن
acid, nitric (Chem.)	حامض النتريك
acid number (Chem.)	العدد الحَمضيّ
acid number, total (Chem. Eng.)	العدد الحَمضيّ الإجمالي
acid-oil ratio (Pet. Eng.)	نسبة الحامض الى الزيت
acidolysis (Chem. Eng.)	التحليل بالحامض
acidometer (Elec. Eng.)	مِحماض : مقياس الحمضية (في الالكتروليت)

acid, phosphoric (Chem.) حامض الفُسفوريك

acid-proof (*adj.*) صامِدٌ للحامض أو للحوامض

acid proof alloy (Chem. Eng.) سبيكة صامدة للحامض

acid proof brick (Chem. Eng.) طُوب صامِد للحامض

acid proof casting مَصبوبة صامدة للحامض

acid proof coating طَلْيَة مقاوِمة للحوامض

acid proof lining (Eng.) بِطانة صـــامِدة للحامض

acid proof steel فولاذ صامِد للحامض

acid radical (Chem.) شِقٌّ حامضي

acid recovery (Chem. Eng.) إستِعادة الحامض

acid recovery plant (Pet. Eng.) وَحدة استِعادة الحامض

acid refining (Pet. Eng.) التكرير بالحامض • تكرير بالحوامض

acid residue (Chem. Eng.) مُتَخلِّفات حامضية او حمضية

acid resistance (Chem. Eng.) مقاوَمة حمضية • مقاومة الحوامض

acid-resisting (*adj.*) مُقاوِم للحوامض

acid resisting bricks (Chem. Eng.) طُوب مُقاوِم للحوامض

acid rocks (Geol.) صُخور حامضية

acid, rosin (Chem.) حامض القلفونية

acid salt (Chem.) مِلح حامِضي

acid settling drum (Chem. Eng.) وِعاء ترسيب الحامض • مِركَن ترسيب الحوامض

acids, green (Pet. Eng.) الحوامضُ الخَضراء: الناتجةُ عن مُعالجة القُطارات الثقيلة بالحوامض

acid slag (Chem.) خَبَث (معدني) حامضي

acid sludge (Pet. Eng.) كُدادة حامضية

acid soil (Geol.) تُربة حامضية

acid-soluble (*adj.*) ذوّاب في الحوامض

acid solution (Chem.) مَحلول حامضي

acid strength (Chem.) قُوّة الحامض

acid, sulphuric (Chem.) حامض الكبريتيك

acid tar (Pet. Eng.) قارٌ حامضي

acid test اختبار بالحامض – امتحان حاسِم او قـــاسٍ

acid tester (Chem. Eng.) مِخبار الحامضية : مقياس الحامضيّة

acid-treated (*adj.*) (Chem. Eng.) معالَج بالحامض

acid-treated clay (Pet. Eng.) طين مُعالَج بالحامض

acid treating equipment (Pet. Eng.) مُعَدات المعالجة بالحامض

acid treating process (Chem. Eng.) طريقة المعالجة بالحامض

acid treatment (Chem. Eng.) معالجة بالحوامض

= **acid treating**

(Pet. Eng.) معالجة : المعالجة بالحامض المشتقات النفطية غير الجاهزة بالحوامض (خاصة حامض الكبريتيك)

acidulate (*v.*) أحمَض قليلا • إستَحمض

acidulated water (Chem.) مـــاء مُحَمَّض

acidulation (*n.*) معالجة بالحامض • تحميض

acidulous (*adj.*) مُحْمَض • قليل الحموضة

acid value (Chem. Eng.) القيمة الحَمضية

acid washing (Chem. Eng.) غسل بالحامض

acid well treatment (Pet. Eng.) إحماض البئر • مُعالجة بئر النفط بالحامض

aciform (*adj.*) إبريّ الشكل

aciniform (or **acinose**) (*adj.*) عنقودي الشكل

acknowledged (*adj.*) مقبول • مُعترَفٌ به

aclinal (*adj.*) (Surv.) لا مَيْلي

aclinic line (or **magnetic equator**) الخط اللاَّ مَيْلي • خط الاستواء المغنطيسي

acme (*n.*) أَوْج • قِمَّة • ذُروة

acoustic(al) (*adj.*) (Phys.) صَوتي • سَمعي

acoustic communication نقل صوتي

acoustic compensator مُعادِل (او معدّل) صوتيّ

acoustic echo sounding (Surv., Eng.) سَبْر بالصَّدى الصوتي

acoustic frequency تردُّد صوتي

acoustic horizon أفقٌ صوتي

acoustic intensity الشِّدة الصوتية

acoustic measurement القياس الصوتي

acoustic method (Eng.) الطريقة الصوتية

acousticon (Elec. Eng.) أكوستيـــكون : جهاز تلفوني حسَّاس

acoustic properties (Eng.) الخصائصُ الصوتية

acoustic receiver (Elec. Eng.) مُستَقبِل صوتي

acoustic refraction (Phys.) إنكِسار الصوت

acoustic resistance مُقاومة صوتيّة

acoustics (*n.*) (Phys.) عِلم الصوتيّات • السَّمعيات

acoustic sounding (Geophys.) سَبْر صوتي

acoustic transmission (Phys.) الارسال الصوتي • النقل الصوتي

acoustic transmission system (Elec. Eng.) جهاز الارسال الصوتي

acoustic transparency (Phys.) الشَّفافية للصوت • الشفافية الصوتية

acoustic triangulation (Surv.) التثليث الصوتي

acoustic velocity (Phys.) السُّرعة الصوتية

acoustic wave (Phys.) مَوجة صوتية

acoustic well logging (Pet. Eng.) التسجيل الصوتي لاوضاع البئر

acquired character صِفة أو مِيزة مكتسبة

acquisition (*n.*) اكتســـاب

acre فدّان (تساوي مساحته ٤٨٤٠ ياردة مربعة او ٠،٤٠٤٦ من الهِكتار)

acreage (*n.*) المساحة بالفدادين

acreage, leased المساحة المَشمولة بعقد الامتياز

acre foot (Pet. Eng.) فدّان قدَم : وحدةُ حجم في قياس مكامن النفط تعادل ٤٣٥٦٠ قدماً مكعبة او ١٢٣٥ متراً مكعباً

acre yield إنتاجُ الفدان الواحد

acrid (*adj.*) حادٌّ • لاذِع • حامِز • حِرِّيف

acrolein resins (Chem. Eng.) راتينجات الأكرولين

acrylic acid (Chem.) حامض الأكريليك

acrylic fibers (Chem. Eng.) أَلياف اكريلية

acrylic resins راتينجات أكريلية

acrylonitrile (Chem.) أكريلونيتريل • سَيانيد الفينـــل : مُركّب هيدروكربوني ازوتي تُستخرج من مُبلمراته الانسجة والمطـــاط

A C S (American Chemical Society) الجمعية الكيماوية الاميركية

act (*n.*) عمل • صَنيع • فِعل – إجراء

(*v.*) فَعَل أو أثَّر (في) – فعَل • تصرَّف

acting force (Phys.) قوّة فاعِلة

actinic (*adj.*) أكْتيني : مُحدِثٌ تغيراتٍ كيماوية بالإشعاع

actinic radiation (Phys.) إشعاع اكتيني

actinic rays أشِعة اكتينية

actinides (Chem.) الأكتينات : العناصر التي يزيد عددها الذري عن ٨٨

actinism (*n.*) (Chem.) الأكتينيـــة • فعّالية الضوء الكيمائية

actinium (Ac) (Chem.) اكتينيوم : عنصر مُشِع رمزه (كت)

actinometer (*n.*) (Chem.) أكتينومتر • مقياسُ شِدّة الاشعاع

action (*n.*) عمل • فعل • تأثير • أثَر – إجراء – قضية • دَعْوى

actionable (*adj.*) مُستوجِب اقامة دَعوى

actionary (*n.*) مُساهم • صاحبُ حِصة (في الشركة)

action for damages دعوى التعويض • دعوى العُطل والضرر

activate (*v.*) (Chem.) نشّط • زادَ الفاعلية • جعل ذا نشاط إشعاعي

activated (*adj.*) (Chem. Eng.) مُنشّط • مُحرَّض

activated adsorption (Chem. Eng.) إمتِزاز مُنشّط

activated alumina الومينا مُنشّطة

activated carbon (Chem.) كَربون مُنشّط

activated cathode كاثود مُنشّط

activated charcoal (Chem.) فحم نباتي منشّط

activated clay طين مُنشّط

activation (Chem. Eng.) تنشيط • حَفز

activator (*n.*) (Chem. Eng.) مُنشّط • مُحرّض – مادة حفّازة

active (*adj.*) نشِط • ناشط • فعّال

active carbon (Chem.) كربون نشِط

active charcoal (Chem.) فحم نباتي ناشط

active deposit (Chem.) راسِب نشِط

active force (Phys.) قوة فعّالة أو فاعلة

active material مادة فعّالة

active molecules (Chem.) جُزيئات نشِطة

activity (*n.*) فعّالية • نشاط • فاعِلية

activity, electro-chemical الفاعلية الكهربائية الكيماوية

activity series of metals (Chem.) سلسلة الفاعلية الكيماوية للفلزات

actual (*adj.*) واقعي • فِعلي • حقيقي

actual drilling time (Pet. Eng.) وقت الحفر الفعلي

actual gradient (Surv.) المَمال الفعلي • درجة المَيل الفعلي

actual horse-power (Eng.) القُدرة الحصانية الفعلية

actual size الحجم الفِعلي

actual thickness الثخانة الفعلية

actual value القيمة الفعلية

actual weight الوزن الفعلي

actuary خبير بشؤون التأمين

actuate (*v.*) أدار • شغّل – حفَز

actuating cam (Eng.) كامَة تشغيل

actuating cylinder (Eng.) أسطوانة تشغيل

actuating system (Eng.) جهاز التشغيل

actuator (*n.*) مُشغّل • مُشغّل آلي • مُحرّك

actuator, electro-hydraulic مُشغّل سائلي كهربائي

electro-hydraulic actuator

acuity حِدّة • مضاء

acute (*adj.*) حادّ

acute angle زاوية حادّة

acyclic (*adj.*) (Chem.) لا حَلْقي

acyclic compounds (Chem.) مُركّبات لا حلقيّة

acyl (Chem.) أسِيل : الشّق المتبقي من جُزيء الحامض العضوي بعد إزالة الهيدروكسيل منه

acylate (*v.*) أسَّل • حَمْضل

acylation (Chem. Eng.) تأسيل • حَمْضَلة

acyl group (Chem.) مَجموعة أسيلية • مجموعة حَمْضلية

adamant (*adj.*) قاسٍ • صَلْد

(*n.*) أدَمَنْت : حَجر شِبه ماسيّ – مادّة صُلبة او صلدة

adamantine (*adj.*) قاسٍ • صَلْد • ألماسيّ • ماسِيّ

(*n.*) (Civ. Eng.) أدْمنتين • خُرْدُق صَلد

adamantine drill مِثقاب أدمنتيني • مِثقبٌ بالخُردق الصلد

adamantine drilling (Civ. Eng.) حَفر أدمنتيني • حَفْر بالخردق الصلد

adapt (*v.*) كيَّف • هايأ • لاءَم • تكيَّف

adaptability (*n.*) إمكانية التكيُّف • تكيُّفية • تهايُئية

adaptable (*adj.*) مُتكيِّف • قابلٌ للمُهايأة • سهلُ التكيُّف

adaptation (*n.*) تكيُّف • تكييف • تهيئة • تهايُؤ • تهيُّؤ

adapter (or **adaptor**) (*n.*) وُصلَة أو وَصْلة مُهايِئة – مُهايِىء • مُكيِّف

adapter plug (Elec. Eng.) قابِس مُهايِىء

adaptive (*adj.*) تهايُئي • تكيُّفي • مُهايِىء

add (*v.*) أضاف جمع – إنضم • إنضمّ

addenda (pl. of **addendum**) ضَمائم • مَلاحق

addendum (*n.*) ضَميمة • إضافة • مُلحق • لَحَق

(Eng.) طرَفُ سِن التُّرس

addendum circle (Eng.) الدائرة الطرفية للتُّرس

addendum line الخط الطرفي او المحيطي

adding machine مكنةُ جمع

addition (*n.*) إضافة – جَمع – حاصل الجمع

addition agent (Elec. Eng.) عامل إضافة (في التحليل الكهربائي)

(Pet. Eng.) مُنضـــاف • إضافة مُحسِّنة

additional (*adj.*) إضافي • جَمعيّ

additional area مِنطقة إضافية

additional extension وُصلَة تمديد إضافية

additional time وقتٌ إضافي

addition compound (Chem.) مُركّب إضافة • مُركّب بالجمع

addition polymer (Chem.) بُوليمَر بالاضافة

addition polymerization (Chem.) البلمرة الجمعية • بَلمرة بالجمع

additive (*n.*) (Chem.) مادّةُ إضافة • مُضَافَة • إضافة كيماوية (الى وَقود او سِواه). • مُنضاف (كيماوي)

(*adj.*) جَمعيّ • إضافي – مُعالَج او مُحسَّن بالإضافات

additive compounds (Pet. Eng.) مُركّبات إضافة • مُنضافات : لتحسين نوعية المستحضر البترولي

additive oil (Pet. Eng.) زيت مُعالج بالإضافات (الكيماوية)

additive reaction (Chem. Eng.) تفاعُل جَمعيّ

additives (Pet. Eng.) مواد مُضـــافة (الى وقود او سواه) • اضافات

additives, anti-foaming (Pet. Eng.) مانِعاتُ الترغّي • إضافات مانعة للارغاء

additives, ashless (Pet. Eng.) إضافات عَديمة الرماد

additives, deodorant (Pet. Eng.) إضافات مُزيلة الرائحة

additives, rust-preventing (Pet. Eng.) إضافات لمنع الصدأ

additive stabilizer (Pet. Eng.) إضافة مُقِرَّة او مثبِّتة • اضافات مُركِّزة

additives, thickening (Pet. Eng.) اضافات تثخين (لتغليظ القوام)

address (*v.*) خاطبَ – عَنوَن

(*n.*) خِطاب – عُنوان

addressee (*n.*) المُرسَل إليه

addressograph مُعَنوِنة ; مكنة لطباعة العناوين

adepsine oil = paraffin oil زيتُ البارافين

adequacy (*n.*) صلاحِيَة • كِفاية • لِياقة

adequate (*adj.*) وافٍ بالغرض • كافٍ ـ لائق • مُناسب

adhere (*v.*) لَصق • إلتصق ـ تَمسَّك (ب)

adherence (*n.*) إلتِصاق • إلتِزاق ـ تمسُّك (ب)

adherent (*adj.*) لزِج • سريع الالتصاق

adherometer (Phys.) مِلصاق • مقياس الالتِصاقية

adhesion (*n.*) التِصاق • تلاصُق ـ قوّة الالتِصاق

adhesion, force of (Phys.) قوّة الالتِصاق

adhesion promotor (Chem.) مُعزِّز التلاصق

adhesive (*adj.*) لَصُوق • لازِق • دبِق

(*n.*) شَريط مُصمَّغ • لَصوق ـ مادّة لزِجة

adhesive force (Eng.) قوة الالتِصاق

adhesive tape شريط لاصق

ad hoc committee لَجنة لِمَوضوع مُعيَّن

adiabatic (*adj.*) أدياباتي • مَكظوم او كَظيم الحرارة • لا تبادُليّ الحرارة

adiabatic change (Phys.) تغيُّر ادياباتي : مَكظوم الحرارة

adiabatic compression (Phys.) انضغاط ادياباتي : كَظيمُ الحرارة

adiabatic contraction (Phys.) تقلُّص ادياباتي

adiabatic cycle الدّورة الأدياباتيّة

adiabatic expansion (Chem., Phys.) تمدُّد أدياباتي • تمدُّد لا تبادُلي الحرارة

adiabatic index الدليلُ الأدياباتي

adiabatic process (Phys.) عملية أدياباتية : خاليَة من التبادُل الحراري

adiathermic (Phys.) غير مُنفِذٍ للحرارة

ad interim لِفترة ـ في غُضون ذلك

adipic acid (Chem.) حَمض الأديبيك • حامض ثاني كربوكسيليك البيوتان

adipocere (Geol.) شمع دُهني متفحِّم

adit (*n.*) دِهليز • مَدخل

(Mining) سَرَب • حَفير أُفُقي

adit cut mining (Mining) تعدين أُفُقي جانبي

adit end (Mining) نِهاية السَّرَب

adit entrance (Mining) مَدخل السَّرَب

adit level (Mining) مُستَوى السَّرَب

adjacent (*adj.*) مُجاوِر • متاخِم

adjacent fields (Pet. Eng.) حُقول مُتاخِمة

adjoining (*adj.*) مُجاوِر • متاخِم • مُتجاوِر

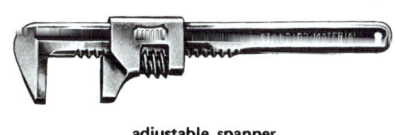

adjustable spanner

adjustable open-end spanner

adjoining concession (Pet. Eng.) إمتياز مُجاوِر • منطقة امتياز متاخمة

adjoining well (Pet. Eng.) بئر مُتاخِمة

adjourn (*v.*) أجَّل ـ فَضَّ (اجتماعاً)

adjudication مُناقَصة • مَزاد ـ حُكم قضائي

adjunct مُلحَق

adjust (*v.*) ضَبَط • عَدَّل • لاءَم • عايَر • انضبط • تلاءَم

adjustable (*adj.*) قابِلٌ للانضباط • يُضبَط • يُمكن تعديلُه أو ضبطُه

adjustable blade reamer (Eng.) مِسحل انضباطي (قابل للتعديل)

adjustable condenser (Chem. Eng.) مكَثِّف انضباطي

adjustable flow bean (Eng.) خانِقُ جريانٍ انضِباطي

adjustable index مؤشّر انضِباطي

adjustable level (Surv.) ميزان استواء انضباطي

adjustable orifice spud (Eng.) سِدادٌ بفوهة انضِباطية

adjustable prop (Eng.) دِعمة انضباطية

adjustable resistance (Elec. Eng.) مُقاوَمة انضِباطية

adjustable spanner (Eng.) مفتاح رَبطٍ انضباطي • مِفتاح انكليزي

adjustable speed motor (Elec. Eng.) مُحَرِّكٌ (كهربائي) انضباطي السرعة

adjustable tripod حامِل ثُلاثي انضباطي

adjustable wrench (Eng.) مفتاح رَبطٍ انضباطي

adjuster = adjustor (*n.*) (Mech.) عامِلُ ضبط • مُعدِّل

adjusting (*n.*) تعديل • ضَبط • معايرة

adjusting bolt بُرغي الضبط • مسمار تعديلٍ مُلولَب

adjusting bolt nut (Eng.) صَمُولة مِسمار الضبط

adjusting cone مَخروط الضبط او المُعايرة

adjusting device نَبيطة ضبط او مُعايرة

adjusting lever (Eng.) ذِراع الضبط • ذراع التعديل

adjusting nut (Eng.) صَمُولة الضبط

adjusting rack (Eng.) قِطاع ضبط مُسَنَّن

adjusting ring (Eng.) حَلْقة الضبط

adjusting ring pin مِسمارُ حلقة الضبط

adjusting rod (Eng.) ذراع ضبط الطّول

adjusting screw (Eng.) لَولبُ او بُرغي الضبط

adjusting screw nut صَمُولة برغي الضبط

adjusting washer (Eng.) فَلْكَة ضَبْط

adjusting yoke مِقرنُ ضبط

adjustment (*n.*) ضَبط • تسوية • تعديل • مُعايرة • انضباط

adjustment knob قبضةُ (او زِرُّ) الضبط

adjutage = ajutage بُلبلةُ أنبوب الدفق • صنبور التدفق

adjutant مُساعِد • مادة إضافية مُساعدة

administration (*n.*) إدارة • إشراف اداريّ

administrative (*adj.*) إداري • تنفيذي

administrative expenses نفقات إداريَّة

admissibility (*n.*) مَقبوليّة

admissible (*adj.*) مقبول • مَسموح به

admission (*n.*) إدخال • دُخول • قُبُول

admission cam (Eng.) كامَةُ الإدخال

admission period فترة او زمن الدخول

admission pressure (Eng.) ضغطُ الإدخال

admission stroke (Eng.) شَوطُ الإدخال

admission valve (Eng.) صمامُ الادخال

admission velocity (Eng.) سُرعة الإدخال

admit (*v.*) أجاز • سمح بدُخول ـ أقرّ

admittance (Eng.) تقبل • قَبول ـ دخول • سماح بالدخول ـ مسامحة

admix (*v.*) مزَجَ • خلَط • شاب • امتزج

admixture (*n.*) مَزج • خَلْط • شَوْب ـ مزيج • خليط • إضافة امتزاجية

adnic (Met.) أَدْنِك : سبيكة من النحاس والنيكل والقصدير

adobe طين اللّبِن • طوب نَيء

adopt (*v.*) إتّخذ • أقرّ • تبنّى

adrift (*adj., adv.*) مُنساق • مجرور مع التيار

adsorb (*v.*) (Chem.) مَزَّ • امتزّ • استجذب : إمتص بدون الفاعلية الشَّعريَّة

adsorbate (*n.*) (Chem.) مُمتزّ • المادّة المُمتزّة

adsorbed (*adj.*) مُمتَزّ

adsorbent (*adj., n.*) (Chem. Eng.) مُمتزّ • مازّ

adsorbent clay (Chem. Eng.) طين مُمتزّ

adsorbent filtering medium (Pet. Eng.) وسَطُ ترشيح مازّ

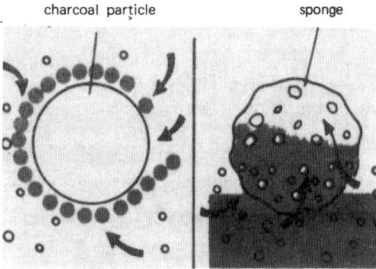

adsorption of gas molecules — absorption of water

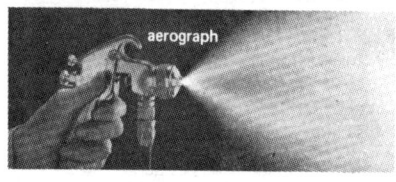

adsorption (*n.*) (Chem. Eng.) مَزّ • امتزاز • لَزوب • استِجذاب

adsorption capacity سَعة الامتزاز • قُدرة الامتزاز

adsorption gasoline (Pet. Eng.) بنزين امتزاز طبيعيّ

adsorption method (Chem. Eng.) طريقة الامتزاز : استخلاص بطريقة الامتزاز

adsorption power قُدرة الامتزاز

adsorption process (Chem. Eng.) عملية الامتزاز

adsorption treating معالجة بالامتزاز

adsorptive (*adj.*) إمتِزازي • لَزِب • ماَزّ

adulterant (*adj.*) غاشّ • ماذِق

(*n.*) زَغَل : المادة المستعملة للغِش

adulterate (*v.*) مذَق • غشّ

adulteration (*n.*) مَذق • غِش • زغَل

ad valorem حَسَب القيمة • بالنِّسبة للقيمة

advance (*n.*) تقدُّم • زَحْف – تحَسُّن • ارتقاء • ترَقٍّ – سُلْفة • قَرْض

(*adj.*) مُقَدَّم • مُتقدِّم

(*v.*) قَدَّم • رقّى • تقدّم • ارتقى

advance bore-hole (Pet. Eng.) ثَقب حَفر مُتقدِّم • حَفيرة متقدمة

advanced ignition (Eng.) إشعال مُسبَّق • إشعال مُقدَّم

advance fold (Geol.) طيَّةُ الزحف

advance-heading (Mining) نفَق (افقي) مُتقدِّم

advancement (*n.*) تقدُّم • ارتقاء • تَرقية

advance notice إشعار او إخطار سابِق

advance wave (Geol.) مَوجةُ الزَّحف

advantage (*n.*) فائدة • مَنفعة – مَزِيَّة • أفضليَّة

advent (*n.*) قُدوم • وُرود • مجيء

adventitious (*adj.*) عَرَضيّ • إضافي

adventive طارىء • عارِض • عرَضي

advent of water into an oil well (Pet. Eng.) ظهور الماء في بئر الزيت

adverse (*adj.*) مُخالِف • مُضادّ – غير ملائم

adverse circumstances ظُروف مُعاكِسة

adverse water advance (Pet. Eng.) زحفُ الماء الضار

advertise (*v.*) أعلن عن (في الاذاعة او الصُّحُف او السينما)

advertisement (*n.*) إعلان • نَشرة • نَشْر

advice (*n.*) نصيحة

advise (*v.*) نصَح • أشار (ب)

adviser (or **advisor**) (*n.*) مُستشار

advisory committee لجنة استشارية

adz(e) (*n.*) قَدُّوم • قَدُوم

(*v.*) نَجَر

aegirine = aegirite (Min.) إيجيرين : خام من سليكات الصوديوم والحديد

aeolian = eolian (*adj.*) ريحيّ • هوائي

aeolian basin (Geol.) حوض ريحي

aeolian deposits (Geol.) رَواسِبُ ريحيَّة • قَرارات ريحية

aeolian erosion (Geol.) تَعرية ريحيَّة

aeolian rocks (Geol.) صخور ريحيَّة

aeolotropic (Phys., Min.) مُتبايِنُ الاتجاهي : مُتبايِنُ الخواص الطبيعية في الاتجاهات المختلفة

aeon = eon (Geol.) حُقب • دَهر جيولوجي

aerate (*v.*) هوَّى : عرَّض للهواء – مزَج بالهواء او الغاز • أشبع بالهواء

aerated concrete (Civ. Eng.) خَرسانة مُهوَّاة

aerated oil (Pet. Eng.) زيت مُهوًّى • زيت مُشبَع بالهواء

aerated water ماء مُهوًّى

aerating system (Eng.) نظام التهوية

aeration (*n.*) تهوية • مزجٌ بالهواء او الغاز

aeration air receiver (Eng.) مُستقبِل هواء التهوية • وعاء استقبال هواء التهوية

aeration cap (Eng.) قَلَنسُوة التهوية

aerator (*n.*) مُهَوِّية • جهاز التهوية

aerial (*adj.*) هوائي – جوِّي

(*n.*) (Elec. Eng.) هوائي • سِلك الهوائي

aerial arch (Geol.) حَدَبة مُعرَّاة بالتذرية • قَبْوَة مُعرَّاة الذروة بفعل الرياح.

aerial cable كَبْل هوائي

aerial car (Eng.) عربة هوائية

aerial carrier (Eng.) ناقِل هوائي • عربة معلَّقة

aerial conveyor ناقِل هوائي • (تلفريك)

aerial fold (Geol.) طيَّة مُعرَّاة بالتذرية

aerial line (Eng.) خط هوائي – خط جويّ

aerial survey

aerograph

aerial magnetometer (or **airborne magnetometer**) (Geophys.) مغنيطومتر جوِّي • مقياس المغنطيسية الجوي : لقياس شدة المجالات المغنطيسية

aerial map (Surv.) خريطة جوِّية

aerial perspective مَنظور جَوِّي

aerial photographic map (Surv.) خَريطةٌ جَوِّيَّةٌ فوتوغرافيَّة

aerial photographic mapping (Surv.) المَسْحُ الفوتوغرافيُّ الجوِّيّ

aerial photography التَّصويرُ الجوِّيُّ الفُوتوغرافيّ

aerial reconnaissance (Surv.) استطلاع (او استكشاف) جوِّي

aerial ropeway طريق حَبْلي هوائي

aerial survey(ing) مَسْح جوِّي • استطلاع جوي

aerial surveying (Surv.) المساحة الجوية • مسح جَوِّيّ

aerial transportation النقل الجوِّي • النقل الهوائي

aerial wire (Elec. Eng.) سِلك الهوائي

aerial wire-rope conveyor (Eng.) ناقِلٌ هوائي ذو كَبْل سلكي

aerification (*n.*) تهوية • تشبُّع بالهواء • اشباع بالهواء – تحويل الى بخار او غاز

aeriform هوائي • غازي

aerify (*v.*) هوَّى • أشبع بالهواء – حوَّل الى بخار أو غاز

aerobic (*adj.*) (Biol.) هوائي : يعيش حيث الأكسجين متوافر في الهواء

aerodrome = airport مَطـــار

aerodynamics (Phys.) الايرودينامِيات • علم الديناميكا الهوائية

aerograph (*n.*) مِرشَّة (للدهان)

aerography (Meteor.) دراسة خصائص الجو

aerolite (Geol.) حجر جوّي • رَجْم • نَيْزَك

aeromagnetic prospecting (Mining) استكشاف مغنطيسي جوّي : استكشاف مغنطيسي من الجو

aeromagnetic survey (Geophys.) المسح الجوي المغنطيسي

aerometer مِهواء • مقياس كثافة الهواء والغازات

aerometric instrument (Meteor.) جهاز قياس هوائي

aerophotography التصوير الجوي الفوتوغرافي

aeroplane = airplane طائرة • طيّارة

aeroplane engine (Eng.) مُحرك طائرة

aerosol ايروسول : ذُرَيرات صلبة او سائلة تُذَرّ بالهواء (او الغاز) المضغوط • ذرور جوي

aerosol bomb مِرذاذ (وعاءُ ذَرّ) بالهواء المضغوط

aerosphere الغلافُ الجوّي

aether (ether) (Chem.) أثير

affect (*v.*) أثّر في • فعل في – تصنّع

affected (*adj.*) مُتأثر – متكلِّف • مُمَوَّه • مُتصنِّع

afferent (*adj.*) مُوَرِّد • ناقِلٌ من الطرف الى المركز

affiliate (*v.*) ضَمّ • أشرك • إنضم • انتسب (الى)

(*n.*) شريك • مؤسسةٌ مُشارِكة او منتسبة

affiliated companies شركات مُنتسِبة او مُنضمّة

affinity (Chem.) أُلفة • مَيْل للتفاعل الكيماوي

affirm (*v.*) أكّد • ثبت

affirmation (*n.*) إثبات • توكيد

affluent (*n.*) رافد

afflux (*n.*) طمُوّ • تدفُّق • سَيْل

affreightment, contract of عَقدُ شحن

aflame (*adv.*) مُلتهباً • مشتعلا

afloat (*adv.*) طافياً • عائماً

(*adj.*) طافٍ • عائم

African Shield (Geol.) الدِّرع الافريقي

after-admission ادخال لاحِق

afterburner حارِق بَعديّ : يزيد قوة دفع التوربين بحقن الوقود ليشتعل مع الهواء المندفع عبر المِنفث

after-burning (Eng.) احتراق لاحِق

aerosol bomb

after-cool (*v.*) برّد تالياً (بعد الضغط)

aftercooler (Eng.) مُبرِّد تِلوي • مبرِّد لاحق

after-cooling تبريد لاحِق

after-damp (Mining) غازٌ خانِق مُتخلِّف : يبقى بعد الانفجار في منجم

after-effect أثر لاحِق • ردّة فعل

after-fractionating tower (Pet. Eng.) برج التقطير التجزئي التِّلوي • برج التجزئة اللاحقة

afterglow شفق • توهّج لاحق • وميض متبق

after-hours ساعات اضافية (بعد الدوام الرسمي)

after shock صدمة تِلويّة

after-treatment (Min.) معالجة لاحقة او تِلويّة

AGA (American Gas Association) الجمعية الاميركية للغاز الطبيعي

agate (*n.*) (Min.) عَقيق • حجر يَماني

age (*n.*) عُمْر – حِقْبَة • عَصْر • حين

age dating (Geophys.) تأريخ العُمر • تحديد العمر الجيولوجي

ageing = age-hardening (Eng.) تعتيق • التصلّد بمرور الزمن – تغيُّر الخواص بالتعتيق

ageing process عملية التعتيق

agency (*n.*) وَكالة – واسِطة • وَساطة

agenda (*n.*) جَدول اعمال – مُفكِّرة • مُذكِّرة

agent عامل • عامل ارتباط – وَكيل

agent, catalytic (Chem.) عامِل حفّاز

agent, oxidizing (Chem. Eng.) عامِل مُؤكسِد

agent, reducing (Chem. Eng.) عامل مُختزِل

age of the beds (Geol.) عُمر الطبقات الجيولوجية

age resistors (Chem. Eng.) مضادات التعتيق

agglomerate (*v.*) كتّل • تكتّل • كدّس • تراكم

(*adj.*) مُتكتِّل • مُتكوِّم

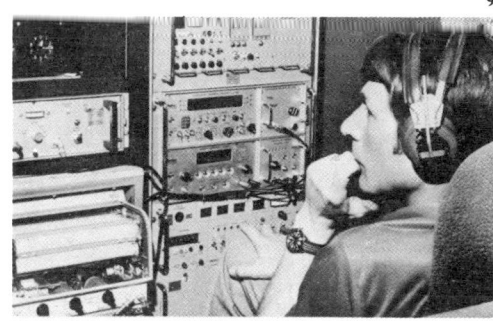

aeromagnetic survey equipment

afterburner

(*n.*) (Geol.) راهصة بركانية • رَصيص بُركاني – كُتلة مُتراكمة • رُكمة

agglomeration (*n.*) تجمّع • تكتُّل • تكوُّر • إرجام

agglutinant (*n., adj.*) مُلزِن • مُلصِق – لَصُوق غرائي

agglutinate (*v.*) غرّى • ألصق بالغراء • تلازَن • التصق

(*adj.*) مُتلازِن • متلاصق

agglutination of coal (Mining) تلازُن الفحم

aggradation (*n.*) (Geol.) تسوية (المُنخفضات) بالإرساب • بناء بالتطمّي

aggradational deposits (Geol.) رواسِب طَمْيِيّة او غِرْيَنيّة

aggravate (*v.*) زاد (او ازداد) سُوءاً او حِدّة • فاقم • تفاقم

aggregate (*v.*) تجمّع • جمّع • كدّس • تراكم

(*n.*) تجمّع • رُكام • خِلْط

(Geol.) خِلْطٌ صخري او معدني

(Civ. Eng.) حَصباء الخرسانة • حَصيمُ الخرسانة

(*adj.*) مُتراكِم • مُتجمّع – كُلّي • إجمالي

aggregate-cement ratio (Civ. Eng.) نسبة الحصباء الى الاسمنت

aggregate output الخرج الكُلّي • النّتاج الإجمالي

aggregation (*n.*) تراكُم • تجمُّع • تجميع • تكديس
aggressive (*adj.*) عُدواني ـ مُغامِر • مُكافِح
A G I (**A**merican **G**eological **I**nstitute) المعهد الجيولوجي الاميركي
aging (or **ageing**) (*n.*) تقادُم • تعتيق • تأثر بمُرور الزمن
aging test اختبار التعتيق او التقادم
agitate (*v.*) حرَّك • رَجَّ • خَضَّ • قلَّبَ ـ هيَّج • تهيَّج
agitating tank صِهريج التقليب او الخضخضة
agitation (*n.*) ارتجاج • خَضْخَضة • تقليب ـ اضطراب • هِياج
agitator (*n.*) مِحراك • مِقلَب ـ مُهيِّج • مُحرِّض
(Eng.) مِحراكُ المَزج • قلّاب • مِخضّ
agonic line خطُّ اللا انحراف (المغنطيسي)
agreeable (*adj.*) مقبول • مُرضٍ ـ راضٍ
agreed (*adj.*) مُتّفَق عليه
agreement (*n.*) اتفاقية ـ اتفاق • ملاءمة
agricultural chemistry الكيمياء الزراعية
agricultural engine oil زيت المحركات الزراعية
agriculture (*n.*) زِراعة • فلاحة
aground (*adj., adv.*) جانح • مُرتَطِم بالارض
A I (**A**sphalt **I**nstitute) معهد الاسفلت
aid (*n.*) عَون • مُساعَدة • إسعاف
(*v.*) أعان • ساعَد
aid, first إسعاف أوّلي
aikinite (*n.*) إيكينيت : صخر مَعدِني لامع
aim (*v.*) هَدَفَ • صَوَّب • سدَّد • قصد
(*n.*) هَدَفٌ • [illegible] • قَصْد
air (*n.*) هواء • جَوّ
(*v.*) هَوَّى • عرَّض للهواء
air absorption امتصاص الهواء
air-acetylene welding لِحام أسيتيليني هوائيّ
air-actuated (*adj.*) مُدار بالهواء
air admission (Eng.) إدخال الهواء
air and water preparation unit (Pet. Eng.) وَحدةُ تحضير الهواء والماء
air-baffle (Eng.) حاجِزٌ (لمَنع تدفُّق) الهَواء • عارِضة لِلهَواء • مُعترِضةُ الهَواء
air base قاعدة جوِّية
air-bath مَغطس هوائي • حمَّام هوائي
air blast دَفعٌ هوائي • إندفاع الهواء • سَفع الهواء
air-blast injection (Eng.) حقنٌ بالدفع الهوائي

air coolers

air-blast switch (or **circuit-breaker**) (Elec. Eng.) قاطِع دائرةٍ بالدفع الهوائي
air bleed (*n.*) (Eng.) نَزْفُ الهواء • استنزاف الهواء ـ مَنْزِف الهواء
air blower نافِخ هوائي • نفّاخُ هواء
air-blowing (Eng.) نفخُ الهواء
(Pet. Eng.) اكْسَدة بنَفخ الهواء
air-blowing asphalt (Pet. Eng.) أسفلت مُنَفَّخ بالهواء : أسفلت مُؤكسَد بنَفخ الهواء (لإكسابه اختراقيةً أشدّ ونقطة تليُّنٍ أعلى)
airborne (*adj.*) منقول جوا • مَحمول بالهواء
air-borne magnetometer (Geophys.) مَغنيطومتر محمول جوًّا
air-borne scintillation counter (Geophys.) عدّاد وَمَضان محمول جوًّا
air bottle اسطوانة هواء مضغوط
air-box صُندوق التهويه
air brake (Eng.) مِكبَح هوائي • فَرمَلة بالهواء المضغوط
air break circuit breaker (Elec. Eng.) قاطِع دائرة هوائي : مُلامِساتُه في الهواء
air-brick طُوبة (او آجُرَّة) مُفرَّغة
air bubble فُقاعة هواء
air bubbling بَقبقة الهواء
air carrier طيَّارة نَقل
air-casing (Eng.) تغليفٌ بالهواء ـ قميص هوائي
air cavity = **air space** تجويف هوائي • فجوة هوائية
air-cell (Eng.) خليَّة هوائية : لضبط الاحتراق
air chamber (Eng.) حجرة الهواء
air chill (Eng.) مُبرِّد هوائي

air circulation (Eng.) دوَران الهواء • دورة سَريان الهواء
air-classifier (Mining) مُفرِّق أو مُصنِّف هوائي
air-cleaner مُنقّي او مُرشِّح الهواء
air cleaning (Eng.) تنظيف الهواء • تنظيف بالهواء
air-cock (Eng.) مِحْبَس هواء
air compartment حجرةُ تهوية
air compression (Eng.) انضغاط الهواء • ضغط الهواء
air-compressor (Eng.) ضاغِط الهواء
air-compressor governor (Eng.) منظِّم ضاغِط الهواء
air-compressor oil (Pet. Eng.) زيتُ الضاغط الهوائي
air-condenser (Chem. Eng.) مُكثِّف هوائي
air-condition (*v.*) كيَّف الهواء
air-conditioned (*adj.*) مُكيَّف الهواء
air-conditioning (*n.*) (Eng.) تكييف الهواء
air consumption (Eng.) استهلاك الهواء
air content المحتوى الهوائي
air-controlled (*adj.*) مُنظَّم بالهواء المضغوط
air-cooled (*adj.*) مُبرَّد بالهواء
air-cooled condenser (Pet. Eng.) مُكثِّف يُبرَّد بالهواء
air-cooled condensing unit (Pet. Eng.) وَحدةُ تكثيف تُبرَّد بالهواء
air-cooled engine (Eng.) مُحرك يُبرَّد بالهواء
air-cooled heat exchanger (Eng.) مُبادِلٌ حَراريٌّ يُبرَّدُ بالهواء
air-cooler (Eng.) مُبرِّدٌ هوائيّ
air-cooling (Eng.) تبريد بالهواء
aircraft engine oil (Pet. Eng.) زيت مُحرِّكات الطائرات
air crossing تقاطُع التهوية
air current تيار هوائي
air cushion (Eng.) مِخدَّةٌ (أو وِسادةٌ) هوائية
air cylinder أُسطوانة هواء مضغوط
air damping (Eng.) مُضاءَلة (او إخماد) بالهواء
air delivery (Eng.) تصريف الهواء
air density (Phys.) كثافة الهواء
air discharge hole (Eng.) ثقب تفريغ الهواء
air displacement (Eng.) إزاحة الهواء
air distributor (Eng.) مُوزِّع الهواء
air-drain (Eng.) مَصرِف هوائي
air draught تيَّار هواء

air-dried (*adj.*) مُجفَّف بالهواء

air-drill (Eng.) مِثقاب هوائي • ثقّابة بالهواء المضغوط

air drilling (Eng.) حَفر بالهواء المضغوط

air drive (*n.*) ادارة بدفع الهواء

(Pet. Eng.) استنزاف (البئر) بحَقن الهواء المضغوط

air-driven (*adj.*) يُدار بالهواء • مُدار بالهواء

airdrome = aerodrome مطـــار

air-dry (*adj.*) مُجفَّف في الهواء

air-drying تجفيف في الهواء

air dustiness تغبُّر الهواء

air engine (Eng.) مُحرِّك هوائي

air-entraining agent عامل احتباس الهواء

air-entraining cement (Civ. Eng.) اسمنت حابِس للهواء

air, excess هواء زائد • فائض الهواء

air exhaust (Eng.) انفلات الهواء • انبوب انفلات الهواء

air exhauster (Eng.) طاردة الهواء • مِروحة تفريغ الهواء

air exhaust line (Eng.) خط تفريغ الهواء

air fan مِروحة

air feed (Eng.) تغذية الهواء

airfield (*n.*) مطـــار

air filter مُرشِّح الهواء • مرشح للهواء

air flooding (Eng.) غَمْر بالهواء

(Pet. Eng.) حَقن (البئر) بالهواء المضغوط

air-flow مجرى هواء – انسياب الهواء

air-flow meter مقياس سرعة الريح

air flue مَصرف هواء

air flushing (Eng.) رَحْض بالهواء

air foam (Pet. Eng.) رغوة هواء • زَبَد هوائي

air-free (*adj.*) خالٍ من الهواء

air freight الشحن او النقل جوًّا

air friction (Phys.) احتكاك الهواء

air-fuel mixture مزيجُ الهواء والوقود

air-fuel ratio (Eng.) نسبةُ الهواء الى الوقود

air-fuel ratio meter مقياس نسبة الهواء الى الوقود

air-gap فَجوة (او فُرجة) هوائية

air-gas = producer gas (Chem. Eng.) غاز المُولِّدات

air/gas lift (Eng.) الرفع بالهواء او الغاز

air-gas mixture (Chem. Eng.) مزيج الغاز والهواء

air-fuel ratio meter

air-gauge (Eng.) مقياس النفخ – مقياس ضغط الهواء

air governor (Eng.) مُنظِّم سرعة هوائي

air hammer (Eng.) مِطرقة هوائية • ثقّابة بالهواء المضغوط

air-hardening إصلاد بالهواء

air-heater مُسخِّن بالهواء – مُسخِّن الهواء

air-heating تسخين بالهواء – تسخين الهواء

air hoist (Eng.) مِرفاع بالهواء المضغوط

air hole فُتحة تهوية

air humidity (Phys.) رطوبة الهواء

airing (*n.*) تهوية

air injection (Eng.) حَقن بالهواء • حقن الهواء

air inlet = air intake (Eng.) مَدخل الهواء • مأخَذُ الهواء

air input wells (Pet. Eng.) آبار الحقن الهوائي

air intake مأخذُ الهواء

air intake valve صِمام إدخال الهواء

air jet evaporation تبخير بالنَّفث الهوائي

air jet evaporation test اختبار التبخير بالنَّفث الهوائي

air layer طبقة هوائية • طبقة هواء

air leak تسرُّب هوائي

airless injection حَقن جاف (دون هواء)

air-level (Surv.) مِسواة هوائية : ميزان استواء ذو فُقاعة هوائية

air lift (Eng.) رَفع بالهواء

(Pet. Eng.) رفع (او استِخراج) بحقن الهواء

air-lift pump مِضخّة رفع بالهواء

air line (Elec. Eng.) خط نقل هوائي (بالأنابيب او الأسلاك)

airline شركة خطوط جوية – خط جوي

air liquefaction (Phys.) إسالةُ الهواء • تسييل الهواء

air lock (Eng.) غَلَق (او سِدام) هوائي

air-lubricator (Eng.) جهاز تشحيم هوائي • مُزَلِّق بضغط الهواء

air manometer (Phys.) مانومتر (مقياس ضغط) هوائي

air-mix plant وَحدة المزج بالهواء

air mixture مزيج هوائي

air moistening ترطيب الهواء

air motor مُحرِّك هوائي : مُحرِّك يعمل بالهواء المضغوط

air motor grease gun (Eng.) مِدْفَعة شحم بمُحرِّك هوائي

air nozzle مِنفثة هواء • صُنبور الهواء

air-oil separator فاصل الهواء والزيت

air-operated (*adj.*) يُشغَّل بالهواء

air outlet مَخرج الهواء

air pipe (Eng.) انبوبُ تهوية

airplane = aeroplane طيارة

airplane oil (Pet. Eng.) زيت الطائرات

air-pocket جَيْب هوائي

air pollution تلويث الهواء • تلوُّث الجو

airport (or **air port**) مطار • ميناء جوي

air preheat (Eng.) التسخين المُسْبَق للهواء

air-preheater (Eng.) [illegible] للهواء

air preheating (Eng.) تسخين الهواء المُسبَق

air pressure (Phys.) ضغط الهواء

air pressure gauge (Eng.) مقياس ضغط الهواء

air pressure regulator (Eng.) مُعدِّل ضغط الهواء

air-proof (*adj.*) صامِدٌ للهواء – مَسيك للهواء

air-pump (Eng.) مُفرِّغة هوائية • مِضخّة هواء

air pumping ضَخّ الهواء

air purification (Eng.) تنقية الهواء

air ramming (Eng.) دكّ بالهواء

air rarefaction (Phys.) تخلخُل (ضغط) الهواء

air, rarefied هواء مُخلخَل

air-receiver (Eng.) مُستقبِل الهواء المضغوط • خزّان هواء

air reconnaissance استطلاع جوي

air refining تنقية الهواء – تنقية بالهواء

air release valve (Eng.) صِمام انطلاق الهواء

air repressuring (Pet. Eng.) اعادة الضغط (في طبقة بترولية) بالهواء المضغوط

air resistance مقاومة الهواء

air scavenging (Eng.) كَسْح الهواء • كسح بالهواء

airscrew مِروحة الطائرة • مِدْسَرة

air scrubber (Pet. Eng.) مُنَقّي الهواء • جهازُ غسل الهواء

air separation plant (Pet. Eng.) وَحدة فصل الهواء

air-shaft (Civ. Eng.) مَنفذُ تهوية عمودي

air shortage نقصُ الهواء

air-slaking (Chem. Eng.) اطفاءُ الجير بتعريضه للهواء

air-space حَيِّز هوائي • فضاء جوّي

air standard cycle (Eng.) دورة هواء قياسية (لمقارنة قدرة المحركات)

air standard efficiency (Eng.) الكفاية الحرارية لمحرك (بالنسبة للدورة القياسية)

air starter (Eng.) بادىءُ حركة هوائي

air strainer مِصفاة هواء

air stream مجرى هواء

airstrip شِعب للطائرات (لهبوطها او اقلاعها)

air supply إمداد بالهواء – إمداد جوّي

air surge drum وعاء تخميد الثوْرات الهوائية

air-survey camera كاميرا المسح الجوي

air surveying = **aerial surveying** المِساحة الجوّية • المسح الجوّي

air sweetening (Pet. Eng.) التحلية بالهواء: ازالة المَركَبْتان بالهواء او باكسجين الهواء • تحلِيَة (النفط الكبريتي) بالتهوية

air separation plant

airstrip

air temperature indicator مُبَيِّن درجة حرارة الهواء

air thermometer (Phys.) ميزان حرارة هوائي • ترمومتر هوائي

air-tight (*adj.*) مَسيك للهواء • سَدود للهواء

air tool عُدَّة هوائية : تعمل بالهواء المضغوط

air transport النقلُ الجوي

air-trap مَحبِس هواء • مصيدةٌ للهواء

air valve (Eng.) صِمام الهواء

air vent مَنفَذ هواء • مُنَفَّس هواء

air washer tank (Chem. Eng.) خزان تنظيف بالهواء

air-water preparation unit وَحدة تحضير الماء والهواء

air wave مَوجة هوائية

airway (*n.*) مَمَر جوي • خط جوي
(Mining) مَسلك تهوية

airways intake مدخَل الهواء

airways return (Mining) مَخرجُ الهواء

air well (Pet. Eng.) بئر تهوية

ajutage (*n.*) بُلبُلة • فُوَّهة • صنبور التدفق

akin قريب • مُجانِس • مُماثل

alabandite (Min.) أَلَبنديت : خام كبريتيدي يحوي المنغنيز

alabaster (Min.) مَرمر • بَشْتر • هَيْصَم

alarm (*n.*) إشارة خَطَر • تنبيه – فَزَع
(Eng.) انذار – جهاز انذار او تنبيه

alarm bell جَرسُ تنبيه أو إنذار

alarm circuit (Elec. Eng.) دارة إنذار

alarm device (Eng.) نَبيطة إنذار او تنبيه • جهاز إنذار

alarm fuse (Elec. Eng.) مِصهر إنذار

alarm, high and low water (Eng.) نَذير ارتفاع مُستوى الماء وانخفاضه

alarm, level (Eng.) نَذيرُ المُستَوى

alarm relay (Elec. Eng.) مُرَحِّل اشارات الانذار

alarm signal اشارة تنبيه • اشارة انذار

alarm thermometer ترمومتر انذاري

alarm whistle صَفّارة إنذار

albata أَلْباتا : فِضّة المانية

albertite (Geol.) أَلبِرتيت : قارٌ متحجِّر في الطبقات النفطية

albino asphalt أسفلت ابيض

albite (Min.) أَلبايْت : خام معدني يتركب من سليكات الصوديوم والالومنيوم

albitization (Geol.) تألْبُت

alcalimeter = **alkalimeter** مقياس القِلوية

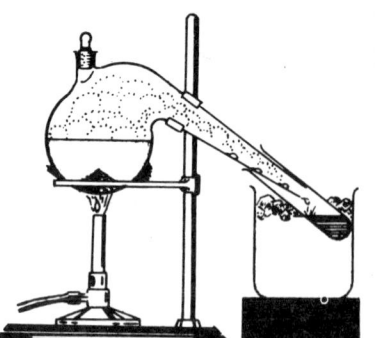

alembic

alcaloid = **alkaloid** (Chem.) قِلواني • شِبه قِلواني

alclad (Met.) أَلْكلاد : صفائح مركبة من الومنيوم وديورالُومين

alcohol (Chem.) كُحول • غَوْل

alcohol, absolute (Chem.) كُحول صِرف

alcoholate (Chem.) كُحولات

alcohol content (Chem.) المحتوى الكحولي

alcohol, ethyl (Chem.) كحول إثيلي

alcohol fuel وَقود كُحولي

alcoholic strength (Chem.) التركيز الكحولي

alcoholize (*v.*) (Chem.) كَحْلَل : حوّل الى كحول

alcohol, methyl (Chem.) كُحول المِثيل

alcoholometer مِقياس الكُحولية

alcoholometry (Chem. Eng.) قياس الكُحولية

alcohols, higher (Chem.) الكُحولات العليا

alcohol thermometer (Phys.) ترمومتر (مقياسُ حرارة) كُحولي

alcoholysis (Chem.) تفكُّك كحولي • كَحْلَلَة

alcosol (Chem.) غَرَواني كحولي : محلول غرواني في الكحول

aldehyde (Chem.) ألديهيد (ناتجُ اكسدة الكُحول جزئيّاً) – أستالديهيد

aldol (Chem.) أَلْدُول : مركّب كيماوي ينتج من تكثّف الاستالديهيد

alembic (Chem.) إنبيق • إمْبيق • كَرْكة : جهاز تقطير

alert (*v.*) إستَنفَر • أنذر بالاستعداد
(*adj.*) مُتنبِّه • يَقِظ
(*n.*) انذار – تَيَقُّظ

algae (pl. of **alga**) أُشنات • طحالب

algebraic(al) (*adj.*) جَبْري

algebraic equation مُعادلة جَبْرية

algebraic expression مِقدار جبري • عِبارة جبرية

algebraic value قيمة جَبْريَّة

Algerian onyx (Min.) عقيق جزائري

algin (Chem.) ألجين • أُشنين : مِلح الحامض الأُشني

alginic acid (Chem.) الحامض الأُشني • الحامض الطُّحلبي

alicyclic = aliphatic-cyclic (Chem.) دُهنيّ حَلَقي

alicyclic compounds (Chem.) مركبات دُهنية حَلَقية

alidade = sight rule (Surv.) عِضادَة : ذراع متحرك في أداة المسح او الرصد

alien (*adj.*) دَخيل • غَريب

alienate (*v.*) حوَّل او نقل المِلْكية – صَرَف • نفَّر

alien frequencies (Phys.) تردُّدات دَخيلة • ذبذبات مُغايرة

align (or **aline**) (*v.*) صفّ • اصطفّ • نظّم او انتظم في صفّ

aligning reamer (Eng.) مِسحل تسوية : لضبط الثقوب وتوسيعها

alignment chart = nomogram مُخطط مُصافَّة : مخطط بياني حاسب ثلاثي المتغيرات

alignment pin (Eng.) مسمار مُصافَّة • مسمار مُحاذاة

alignment test اختبار المُحاذاة

aliphatic (*adj.*) (Chem.) دُهنيّ • أليفاتي

aliphatic acids (Chem.) حوامض دهنية او اليفاتية

aliphatic alcohols (Chem.) كحُولات اليفاتية

aliphatic chemicals : كيماويات اليفاتية : مواد كيماوية دُهنية

aliphatic compounds (Chem.) مُركَّبات دهنية

aliphatic hydrocarbons (Chem.) الهيدروكربونات الأليفاتية

alizarin (Chem.) أليزارين : صِباغ أحمر يستخرج من قَطران الفحم

alkali (*n.*) (Chem.) قِلي • قالي • قِلو

(*adj.*) قِلويّ • قاعدي

alkali felspars (Geol.) الفلسبارات القلوية

alkalify (*v.*) قلَّى • تقلَّى • صار او صيَّر قِلويا

alkali liquor محلول قِلويّ

alkali (or **alkaline**) **metals** (Chem.) فِلزات قِلويَّة • معادِنُ قلوية

alkalimeter (Chem.) مقياس القِلوية

alkalimetry (Chem. Eng.) قِياس القِلوية

alkaline (*adj.*) قِلويّ • قاعدي

alkaline accumulator (Elec. Eng.) مِركَم قِلوي

alkaline bath مَغْطِس قِلوي

alidade

alkylation plant

alkaline detergents (Chem.) مُنظِّفات قِلوية

alkaline earths (Chem.) اكاسيد معادن الأتربة القلوية

alkaline process (Chem. Eng.) عملية قِلوية

alkaline reaction (Chem. Eng.) تفاعل قِلوي

alkaline rocks (Geol.) الصخور القِلوية

alkaline salt (Chem.) مِلح قِلوي

alkaline soap (Chem. Eng.) صابون قِلوي

alkaline soil (Geol.) تُربة قِلوية

alkaline solution (Chem.) محلول قِلوي

alkaline wash (Chem.) غَسُول قِلويّ – غَسْل قِلوي

alkaline water مـاء قِلويّ

alkalinity (*n.*) (Chem.) القِلوية • القِلائية

alkali proof (Chem.) صامد للقِلويّات

alkali-resistant (*adj.*) مقاوم للقلويات

alkali rocks (Geol.) صُخور قِلوية

alkali strength (Chem.) التركيز القِلوي

alkali test (Chem. Eng.) اختبار بالصودا الكاوية

alkali treatment (Chem. Eng.) معالجة بالقِلي • مُعالجة قِلوية

alkali wash (Chem. Eng.) غَسْل قلوي – غَسُول قلوي

alkalization (*n.*) (Chem.) تَقلية • قَلْوَنة : جعلُ الشيء قِلوياً

alkalize (*v.*) قَلَّى • قَلْوَن • تَقلّى • صار او صيَّر قِلوياً

alkaloid (Chem.) شِبه قِلويّ • قِلْواني • شِبْقِلي

alkanes (Chem.) ألكانات : فئة المركبات الهيدروكربونية الدهنية المشبعة

alkenes (Chem.) ألكينات : فئة المركبات الهيدروكربونية الدهنية غير المشبعة

alkines (or **alkynes**) ألكينات

alkoxide الكوكسيد • مركب فِلزّي كحولي

alkyl (Chem.) ألكيل : شِقّ اليفاتي هيدروكربوني احادي التكافؤ

alkylate (*v.*) (Chem.) ألكَل : ضَمَّ شِقّاً ألكيلياً الى

(*n.*) الكيلات • مادة مُؤلكَلة

alkylate bottoms (Chem.) مُتخلِّفات الأَلكَلة

alkylated aromatics (Chem.) عِطريات مُؤلكَلة (او الكيلاتية)

alkylating equipment (Pet. Eng.) معدات الالكلة

alkylation (Chem. Eng.) ألكَلة : إضافة شِقّ هيدروكربوني (اليفاتي او أروماتي) الى مُركَّب أوليفيني

alkylation, acid (Pet. Eng.) ألكَلة حامِضيّة

alkylation gasoline (Pet. Eng.) بنزين أَلكَلة : عالي درجة منع الخَبْط

alkylation, hydro-fluoric acid (Pet. Eng.) ألكَلة بحامض الهيدروفلوريك

alkylation plant (Pet. Eng.) وَحدة أَلكَلة • مَعمل أَلكَلة

alkylation process (Chem. Eng.) عملية الألكَلة

alkylation reaction (Chem.) تفاعُل ألكَلة

alkylation, thermal (Pet. Eng.) ألكَلة حراريَّة

alkylation unit (Pet. Eng.) وَحدةُ ألكَلة

alkyl benzene (Chem.) بِنزين أليفاتي أو ألكيلي

alkyl derivatives (Chem.) مُشتقّات ألكيليَّة

alkylene (Chem.) ألكيلين • شِقّ هيدروكربوني ثُنائي التكافؤ

alkyl group مجموعة الكيلية (سلسلة هيدروكربونات غير مشبعة)

alkyl halides (Chem.) هاليدات ألكيليَّة

alkyl radical (Chem.) شِق ألكيلي أحاديُّ التكافؤ

alkyl-sulphur compounds (Chem.) مركبات كبريتية الكيلية (او أليفاتية)

allay (*v.*) خفَّف • هدَّأ • سكَّن

alluvial fan

all-day efficiency (Eng.) الكفاية طوال اليوم
alleviate (*v.*) خفّف • لطّف • هدّأ
all-flotation process طريقة الطفو الكلّي
all-glass (*adj.*) زجاجي بأكمله
allied oil (Pet. Eng.) زيتٌ مُقترن • زيت معالج باضافة ما
alligator crusher (Eng.) كسّارة تمساحية
alligator grab (Eng.) كبّاش تمساحي
alligatoring تجزُّع • تجزيع • تقبُّب او تشقُّق طبقة الطلاء او الأسفلت
alligator shears (Eng.) مِقصّ معادن تمساحي
alligator wrench (Eng.) مِفتاح ربطٍ تمساحي
all-inclusive (*adj.*) شامل كلّ شيء
all-insulated (*adj.*) مَعزولٌ بكامله
all-level sample (Civ. Eng.) عيّنة وسَطيّة
all-mains set (Elec. Eng.) جهاز يعمل على جميع الفلطيات
all-metal construction (Eng.) انشاء معدني خالِص
allocate (*v.*) حصّص • عيّن – حدّد المكانَ او الموقع
allocation تحصيص – حِصّة
allocation of oil production (Pet. Eng.) انتاج الزيت المُصرَّح (او المرخَّص) به
allochromatic (*adj.*) (Min.) مُتغيِّر اللون : مُكتسبٌ لوناً غير لونه الأصلي
allochthonous (*adj.*) دَخيل • مَجلوبُ النّشأة
allochthonous deposits (Geol.) رواسبُ دخيلة أو طارئة
allochthonous fold (Geol.) طيّة عارضة
allochthonous rock (Geol.) صخر عرَضي او دَخيل
allogenesis (*n.*) (Geol.) نَشأة جَلبية
allogenic (*adj.*) جَليبُ النّشأة
allomeric = allomerous (*adj.*) مُماثل في التركيب البلوري لا الكيماوي
allomerism (Chem.) تماثُل التركيب البلوري (لا الكيماوي)
allomorphic = allomorphous (*adj.*) مُماثل في التركيب الكيماوي لا البلوري
allomorphism (Chem.) تماثُل التركيب الكيماوي (لا البلوري)
allot (*v.*) حَصّص
allothigenic = allogenic (*adj.*) جَليبُ النّشأة : تكون في مكان آخر
allotment (*n.*) حِصّة • تَحصيص
allotriomorphic crystals (Chem.) بلّورات ناقصةُ الشكل
allotriomorphic (granular) texture (Geol.) نسيجٌ (حُبيبيّ) عديمُ الاوجه
allotrope (*n.*) (Chem.) صورة متآصلة • شكل مُتآصل
allotropic (*adj.*) (Chem.) تآصُلي (مختلف الشكل ومتماثل التركيب الكيماوي)
allotropic transition (Chem. Eng.) تحوُّل تآصُليّ
allotropism = allotropy (Chem.) التآصل • تعدُّد الاشكال المتآصلة
allow (*v.*) سَمح (ب) • أجاز • أذِنَ
allowable load (Eng.) الحِمل المسموح به
allowable production (Pet. Eng.) الإنتاج المسموح به
allowable stress (Eng.) الإجهاد المسموح به
allowable variation (Pet. Eng.) التغايُر المسموح به
allowance (*n.*) سَماح • تسامُح • المُتسامَحُ فيه – مُرتَّب • راتِب • بَدَل
alloy (*n.*) (Chem.) سَبيكة • أشابة • خَليط مَعدني
(*v.*) واشَبَ • أشاب • مَزَجَ (السبيكةَ)
alloyage (*n.*) مَزجُ السّبائك • تأشيب
alloy casting (Met.) صَبُّ السبائك
alloying (*n.*) تأشيب • خَلطُ المعادن للسبائك
alloy steel فُولاذ سَبيكي
all-purpose engine oil (Pet. Eng.) زيتُ مُحرِّكات عامّ الاغراض
all-purpose gear lube (Pet. Eng.) مُزلِّق تُروس عامُّ الاغراض
all-risk insurance تأمينٌ شامِل ضدّ الحوادث • تأمين من كل الاخطار
all-service (*adj.*) عامُّ الاغراض
all steel construction (*adj.*) إنشاء فولاذيّ بكامله
all-time high رَقْم قياسي • أعلى ما سُجّل (حتّى حينِه)
alluvial (*adj*) غِريَني • رُسوبي • طَميي
alluvial clay (Geol.) طين رسوبيّ
alluvial cone (Geol.) مِروحة غرينية • مخروط طميي
alluvial deposits (Geol.) رواسب غِرينية او طميية
alluvial fan = alluvial cone (Geol.) مِروحة غرينية • مخروط طميي
alluvial plain (Geol.) سَهلٌ طَميي • سَهلٌ غِرينيّ
alluvial series (Geol.) نَسَق طَميي
alluvial stone (Geol.) حجر غريني
alluvium (Geol.) غِرين • طمي • رواسبُ نهرية
all-wave receiver (Elec. Eng.) جهازٌ لاقِط لجميع الموجات
all-weather L.P. gas غاز طبيعي مُسال يصلح لجميع الفصول
all-welded structure (Eng.) إنشاء مَلحوم بأكمله
all-wood construction (Eng.) إنشاء خشبي بكامله
allyl alcohol كُحول ألّيلي او ثُوميّ
allyl aldehyde = acrolein (Chem.) ألديهيد ألّيلي • اكرولين
allyl chloride (Chem.) كلوريد ألّيلي : يُحضَّر بكَلْوَرة البروبيلين
allyl group (Chem.) مجموعة ألّيلية عُضوية • مجموعة ثُوميّة
almanac (*n.*) تقويم • زِيج
almandite (Min.) ألمنديت : ضرب من العقيق الأحمر
alnico (Chem.) ألنِيكو : سبيكة مغنطيسية من الالومنيوم والنكل والكوبلت مع الحديد
aloe cable كَبْلٌ صُبّاري : كبل من ألياف الألوة
alpha counter (Phys.) عدّادُ جُسَيمات ألفا
alpha-emitter (Phys.) باعِثُ جُسَيمات ألفا
alpha iron حديدُ ألفا
alpha naphthol (Chem.) نَفثُول ألفا
alpha particles (Phys.) جُسَيمات ألفا • دقائقُ ألفيّة
alpha-rays (Phys.) أشِعة الفا • الأشعة الألفيّة
alpine (*adj.*) ألبيّ : نسبة الى جبال الألب او سلاسلَ مُشابهةٍ لها
alpinotype folding (Geol.) طَيٌّ ألبيّ
alter (*v.*) بدَّل • غيَّر – حوَّل • عدَّل – تبدَّل • تحوَّل
alterable (*adj.*) مُتبدِّل • قابل للتغيير (او التبديل)

alteration (*n.*) تبديل • تغيير • تغيُّر • تحوُّل

alternate (*v.*) تناوَب • تعاقَب • تتالى • تردَّد

(*adj.*) متناوِب • مُتعاقِب • متبادل

(*n.*) بديـــــل

alternately (*adv.*) تعاقباً • دوريًّا • بالتناوب

alternate operation عملية بديل

alternating (*adj.*) مُتناوِب • مُتعاقِب • متبادل

alternating beds (Geol.) طبقات مُتناوِبة

alternating current (Elec. Eng.) تيَّار مُتناوِب • تيَّار مُتردِّد

alternating current generator (Elec. Eng.) مُولِّد التيار المُتناوِب

alternating current motor (Elec. Eng.) مُحرِّك يعمل بالتيار المتناوب

alternating peak current (Elec. Eng.) التيار المتناوِب الذِّروي

alternating stills (Pet. Eng.) مِقطَرات مُتعاقِبة : سلسلة انابيق مُتفاوتة درجة الحرارة

alternation (*n.*) تناوُب • تبادُل • تعاقُب • تردُّد

alternation of beds (Geol.) تعاقُب الطبقات

alternative (*n.*) بديل – خِيار

(*adj.*) تناوُبي • تبادُليّ – بَديل • خِياري

alternatively (*adv.*) بالتعاقُب • تبادُليّاً

alternative path مَمر بديل • مَسلَك بديل

alternator (Elec. Eng.) مُنوِّب • مُولِّد التيار المتناوب

altigraph (*n.*) ألتيغراف • مِرسَمة الارتفاع

altimeter (*n.*) ألتيمتر • مقياس الارتفاع

altimetry (*n.*) قياس الارتفاع (بالألتيمتر)

altitude (*n.*) ارتفاع • علوّ

(Surv.) زاوية الارتفاع عن الأفُق – الارتفاع (عن سطح البحر)

altitude-grade gasoline (Pet. Eng.) بنزين للطيران المرتفع

altitude mixture control (Eng.) ضبط مزج الوقود في الطيران المرتفع

altitude of a cylinder ارتفاع الاسطوانة

altitude, relative الارتفاع النِّسبي

alum (Chem.) شَبّ • شَبَّة • حجر الشبّ

alum earth تُراب شَبِّي

alumina (Min.) ألومينا • اكسيد الألومنيوم

alumina, activated (Chem. Eng.) ألومينا مُنشَّطة

alumina gel (Chem. Eng.) جِلّ الألومينا

aluminates (Chem.) ألومينات

aluminiferous (*adj.*) محتوٍ على ألومنيوم

aluminium (Al) (or **aluminum**) (Chem.) الألومنيوم : عنصر فلزي رمزه (لو)

aluminium alloy bearing (Eng.) مَحمِل من سبائك الالومنيوم

aluminium alloys سبائك الألومنيوم

aluminium base grease (Pet. Eng.) شحم قاعِدته الألومنيوم

aluminium brass (Met.) صُفر ألومينيّ : نحاس أصفر مقوى بالألومنيوم

aluminium bronze (Met.) برُونز ألومِيني

aluminium carbide (Chem.) كَربيد الألومنيوم

aluminium chloride (Chem.) كلُوريد الألومنيوم

aluminium chloride alkylation (Pet. Eng.) ألْكَلة بكلوريد الألومنيوم

aluminium foil رَقيقة الومنيوم

aluminium grease (Pet. Eng.) شحمٌ ألوميني

aluminium hydroxide (Chem.) هيدروكسيد الألومنيوم

aluminium oleate (Pet. Eng.) زَيْتات الألومنيوم • أُولَيات الألومنيوم

aluminium oxide (Chem.) اكسيد الألومنيوم

aluminium silicate (Chem.) سِليكات الألومنيوم

aluminium stearate استِيارات الألومنيوم

aluminium steel فولاذ ألوميني

aluminium welding لِحام بالألومنيوم

aluminization (*n.*) تغطِية بالألومنيوم

aluminize (*v.*) غطّى او صفّح بالألومنيوم

aluminothermy الإحرار الألوميني : اختزال أكاسيد الفلزات بالألومنيوم المصحوب بابتعاث حراريّ شديد

aluminous (*adj.*) شَبِّي • ألوميني

aluminous cement (Civ. Eng.) اسمنت شَبِّي أو ألوميني

aluminum = **aluminium** (Chem.) ألومنيوم

alums (Chem.) مركَّبات الشبّ

alum shale (Geol.) طين صفحيّ شبّي

Alundum ألنْدُم : مادة سَحج صامدة للحرارة

alunite (or **alumstone**) (Min.) ألُونيت : خام الشّب • حجر الشبّ الطبيعيّ

alunogen (Min.) ألانُوجين : كبريتات الألومنيوم المائية

A.M. (amplitude modulation) (Elec. Eng.) تضمين الذُّروة

A M A (Automobile Manufacturers Association) جمعية صانعي السيارات (في اميركا)

amalgam (Chem.) مُلغَم : مزيج فلزّ بالزئبق

amalgamable (*adj.*) يُملْغَم • قابلٌ للملغمة

amalgamate (*v.*) ملْغَم • تَملْغَم – دمَج • أدمَج • إندمج

amalgamated (*adj.*) (Chem.) مُلْغَم • مُملْغَم

amalgamation (*n.*) ملْغَمة • تمَلغُم – إدماج

amalgamator مُملغِمة • آلة الملغمة

amatol أماتُول : مُتفجِّر يتألف من مزيج من ثالث نتريت التولوين ونترات الامونيوم

ambar (Geol.) حُفرة مُوحِلة

(Pet. Eng.) حفرة طين الحفر

amber (Min.) كَهرمان • راتنج اصفر

ambient (*adj.*) مُكتنِف • مُحيط

ambient air الهواء المُكتنِف

ambient conditions (Phys.) الظُّروف المحيطة (كالرطوبة والضغط والحرارة)

ambient humidity الرطوبة المحيطة • رطوبة الجو المكتنِف

ambient pressure الضغط المحيط

ambient temperature درجة الحرارة المحيطة • درجة حرارة الجو المكتنف

ambit (*n.*) مَجال • حُدود

ambrite (Min.) امبرايت • خام بتيوميني

ambulance (*n.*) عربة إسعاف • مُستشفى متنقّل

ambulator (or **perambulator**) (Surv.) عجلة قِياس المسافات (في المساحة)

ameliorate (*v.*) حسَّنَ • أصلح • تحسَّن

amelioration (*n.*) تحسين • تَحسُّن

amenable (*adj.*) مِطواع • مُستجيب (لِ)

amended draft مُسوَّدة مُعدَّلة

amends (*n.*) تعويض • ترضية

American candle شمعة اميركية

American Geological Institute (A.G.I.) المعهد الجيولوجي الاميركي

American melting point درجة الانصهار الأميركية (لشمع البرافين) : وهي تزيد بثلاث درجات فرنْهيت عن الدرجة المحددة بمقاييس الجمعية الأميركية لاختبار المواد

American Petroleum Institute (A.P.I.) معهد البترول الأميركي

American pump (Civ. Eng.) مضخة اميركية : لتنظيف ثقب الحفر

American Society for Testing Materials (A.S.T.M.) الجمعية الأميركية لاختبار المواد

ammeters

amplitude

American standard cable system of drilling نظام الحفر الكبلي المعياري الاميركي

American standards مَعايير القياس الاميركية

American Standards Association (A.S.A.) الجمعية الاميركية للمعايير القياسية

amianthus = amiantus (Min.) أميانت (حرير صخري ناعم)

amides (Chem.) أميدات

amido group (Chem.) مجموعة أميدية

amidol (Chem.) أميدول : مُركّب تظهير سريع المفعول

amine absorption process (Pet. Eng.) طريقةُ امتصاص أمينيّة

amines (Chem.) أمينات : مشتقات عُضويّة من النُّشادر

amino group (Chem.) مجموعة أمينية

amino - type absorption unit (Pet. Eng.) وَحدة امتصاص أمينية : تعمل بطريقة «جربوتول» للامتصاص بالأمينات

ammeter (Elec. Eng.) أمّيتر : مقياس شِدة التيار الكهربائي

ammeter shunt (Elec. Eng.) مُفرِّع الأميتر • مُجزّيء تيار الأمّيتر

ammonal أمونال : متفجّر يحوي مزيجاً من نترات الأمونيوم وثالث نتريت التولوين ومسحوق الألومنيوم والفحم

ammonia (Chem.) أمونيا • غاز النُّشادر

ammonia alum شبُّ الأمونيا

ammoniacal (*adj.*) نُشادري

ammoniacal solution (Chem.) مَحلول نُشادري

ammonia compressor (Chem. Eng.) ضاغِطُ الأمونيا

ammonia gas (Chem.) غاز الأمونيا • غاز النشادر

ammonia gelatin(e) هُلام الامونيا : مادة متفجّرة تستخدم في التنقيب بالطريقة الزلزلية

ammonia oil زيتُ (ضاغط) الأمونيا : زيت خفيض درجة التجمد

ammonia refrigerating plant (Eng.) وحدةُ تبريد بالأمونيا

ammoniated (*adj.*) ممزوجٌ بالأمونيا • مُنَشْدَر

ammonify (*v.*) نَشْدَر • مزج او اشبع بالنشادر

ammonite (Geol.) أمونيت : صدفة مُتحجِّرة لحيوان مُنقرِض

ammonium (Chem.) أمونيوم • مجموعة نُشادرية

ammonium chloride (Chem.) كلوريد الامونيوم • مِلح النُّشادر

ammonium hydroxide (Chem.) هيدروكسيد الأمونيوم

ammonium nitrate (Chem.) نترات الامونيوم

ammonium phosphate (Chem.) فُسفات الامونيوم

ammonium sulfate (Chem.) كبريتات النشادر • سلفات الأمونيوم

ammunition (*n.*) ذخيرة حربية

amorphic (*adj.*) لا شَكليّ • لا بِلّوري

amorphism (Chem.) لا بلّورية • لا تبَلْوُرية

amorphous (*adj.*) (Chem.) غير مُتبلّر • غير مُتبلور • لا شكلي

amorphous graphite (Min.) غرافيت لا بِلّوري

amorphous sulphur (Chem.) كبريت غير مُتَبلّر

amorphous wax (Chem.) شمع لا بلّوري • شمع غير متبلور

amortisseur = damper (*n.*) (Elec. Eng.) مُخمِّد • مُضائل

amortization (*n.*) استهلاك القيمة (بمبالغ دَوريّة) • إستهلاك الأصول النقدية

amortize (*v.*) استهلك الدَّين (بدُفعات دورية)

amount (*n.*) كمية • مبلغ • حاصل

amount to (*v.*) بلغ • صار الى

A.M.P. (American Melting Point) درجة الانصهار الأميركية : لشمع البرافين

amperage (Elec. Eng.) أمبيرية • شِدّة التيار بالامبيرات

ampere (Elec. Eng.) أمبير : الوحدة العملية لقياس شدة التيار الكهربائي (الأمبير المطلق = ١،٠٠٠١٠ أمبير دولي)

ampere-hour (Elec. Eng.) أمبير ساعة : وحدة سعة كهربائية

ampere-hour meter (Elec. Eng.) مقياس الأمبير ساعة

ampere-meter = ammeter (Elec. Eng.) أمبِرْمتر • أمّيتَر • مقياس الأمبيرية

ampere-second (Elec. Eng.) أمبير ثانية : كولُوم

Amphibia البَرمائيات • القوازِب

amphibian (*n.*) حيوان او نبات بَرمائي

(*adj.*) بَرمائي • قازِب

amphibious (*adj.*) بَرمائي

amphibious vehicle مركبة بَرمائية

amphiboles (Min.) أمفيبولات • الحائرات : خامات من سليكات الكالسيوم والحديد والمغنسيوم وسواها

amphoteric (Chem.) حَمضي قِلويّ • امفوتري • ذو أيونين (مختلفي الشحنة)

amphoteric ion = zwitterion (Chem.) أيُون أمفوتَري • أيون ثنائي القُطب

amphoteric oxide (Chem.) اكسيد حَمضي قِلويّ

amplification (*n.*) تكبير • تقوية • تضخيم • توسيع

amplifier (Elec. Eng.) مُضخِّم • مُكبِّر – صِمام التقوية او التضخيم

amplify (*v.*) كبَّر • ضخَّم • قوّى – وسَّع

amplitude (*n.*) (Phys.) سَعة • سَعة الذبذبة – قيمةُ الذروة • مُتَّسَع الذبذبة

amplitude modulation (Elec. Eng.) تضمينُ الذروة • تعديل سَعة الموجة

amygdaloid (*adj.*) لَوزانيّ

(*n.*) (Geol.) صخر بازَلتي لَوزاني البِنية

amygdaloid structure (Geol.) بِنية لَوزانية

amyl (Chem.) أميل • مجموعة أميلية : شِق هيدروكربوني أُحادي التكافؤ خماسي الذرات الكربونية

amyl acetate (Chem.) أسِتات الأمِيل • خلاّت الأميل

amyl alcohol (Chem.) كُحول أميلي

amyl chloride (Chem.) كلُوريد الأمِيل

amylene (Chem.) أميلين

amyl nitrate (Chem.) نِترات الأمِيل

amyl phenol (Chem.) فينول أميليّ

anabatic wind (Meteor.) ريحٌ صاعدة

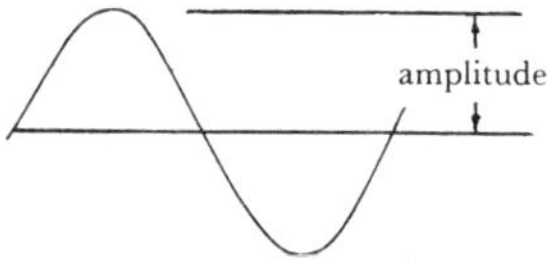

anaerobic (Biol.) لا هوائي : عائش بلا اكسجين طليق

analcite (Min.) أنالْسيت : سليكات مائية بركانية

analog computer حاسِبة نِسبية • حاسبة بالقياس

analog measurement القياس النِّسبي • القياس بالمناظرة

analogous (*adj.*) مُناظِر • مُشابِه

analogue (*n.*) نَظير • شَبيه • مُماثِل

analog(ue) computer حاسِبة نِسبية • حاسِبة بالقياس

analogy (*n.*) تشابُه • تناظُر • مُقارنة

analyse = analyze (*v.*) حلّل

analyser = analyzer (Chem. Eng.) مُحلِّلة • مُحلِّل – مَوشور «نيكول» الثاني في المِقطاب

analysis (*n.*) تحليل

analysis certificate (Chem. Eng.). شهادة تحليل

analysis, chemical (Chem. Eng.) تحليل كيماوي

analysis, core (Chem. Eng.) تحليل العينات الجوفية

analysis data (Eng.) مُعطَيات تحليليّة

analysis, elementary (Chem. Eng.) تحليل أوّلي

analysis, gravimetric (Chem. Eng.) التحليل (بالقياس) الوزني

analysis, qualitative (Chem. Eng.) التحليل النَّوعي او الكيفي

analysis, quantitative (Chem. Eng.) التحليل الكَمّي

analysis, spectral (Chem. Eng.) التحليل الطيفي

analysis, volumetric (Chem. Eng.) التحليل (بالقياس) الحجمي

analysis, well-core (Pet. Eng.) تحليل عيِّنات قَلبية من جوف البئر

analyst (*n.*) مُحلِّل • إختصاصي تحليل

analytic (or **analytical**) (*adj.*) تحليليّ

analytic(al) balance ميزان دقيق للتحاليل

analytical chemistry الكيمياء التحليلية

analytical reagent (Chem. Eng.) كاشِف تحليلي

analytical stratigraphy الاستراتيجرافية التحليلية

analyze = analyse (*v.*) حلّل

analyzer (*n.*) (Chem. Eng.) مُحلِّل

anamorphism (Geol.) تحوُّل بنّاء (يزيد من ارتفاع سطح الارض)

(Chem.) تحوُّل جَمعيّ (تكوُّن معادن مركبة من معادن بسيطة التركيب)

anaphoresis (Chem. Eng.) ترحُّل (الجزيئات المعلَّقة) الى القطب الموجَب

anastigmatic lens عدسة مُصحَّحة اللاَّ نُقطية • عدسة لا مُشوِّهة

anastomose (*v.*) التحم • تفاغَم • لحَم • وصل • فاغَم

anchor (*v.*) أرسى • ثبَّت • رَسا

(*n.*) أنجَر • مِرساة – رُسُوّ • تثبيت

anchorage إرساء • رُسُوّ • تثبيت – مَرسى

anchor bolt (Eng.) مسمار تثبيت • دسار تثبيت

anchor cable كَبلُ الإرساء

anchor, charge مُثبِّت شحنةٍ مُتفجِّرة

anchor, dead line إرساء ثابت • إرساء مُحدَّد

anchoring berth (Naut.) مُرسًى • مَربِطُ السفن

anchor, insert pump (Eng.) مُثبِّت إرساء المضخة المُولَجة

anchor nut (Eng.) صَمولة تثبيت

anchor pole عَمود الإرساء

anchor screw لولبُ المِرساة

anchor string خط التثبيت او الارساء

ancillary (*adj.*) تابع • ثانوي • إضافي

andalusite (Min.) اندلُوسيت : ضرب من سليكات الالومنيوم

andradite (Min.) أندراديت : ضرب من العقيق • سليكات حديدية جيرية

anelastic (*adj.*) لا تناسُبيّ المرُونة

anemogram (Meteor.) أنيموجرام : صفحة مِرسمة الريح

anemograph (Meteor.) مِرسمةُ الريح : تسجِّل سرعةَ الريح واتجاهَها

anemometer (Meteor.) مِرياح • مقياس سُرعة الريح • أنيمومتر

aneroid (*adj.*) لا سائليّ

aneroid barograph (Meteor.) باروغراف لا سائلي : مِرسمة مَعدِنية للضغط الجوي

aneroid barometer (Meteor.) بارومتر مَعدِني (لا سائلي)

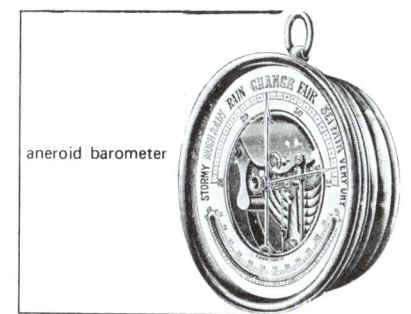

aneroid gauge (Eng.) مقياس لا سائلي

Angiospermae (Biol.) كاسِيات البزور • وِعائيات البزور

angle bracket (Eng.) كتيفة زاوية • كتيفة متعامدة الجانبين

angle, dihedral زاوية زوجيّة

angledozer (Civ. Eng.) جرّافة لتسوية الطرق

angle iron (Eng.) حديد مُزوًّى

angle iron baffles (Eng.) عوارِض من الحديد المزوّى

angle-joint (Civ. Eng.) وُصلَة زاويّة • اتصال زاويّ

anglemeter (Surv.) مِزواة • مقياس الزوايا

angle of advance (Eng.) زاويه التقدُّم

angle of bank زاوية العُطوف

angle of bedding (Geol.) زاوية التطبُّق • زاوية تراصُف الطبقات

angle of contact (Eng.) زاوية التّماسّ

angle of convergence زاوية التقارُب او الالتئام

analytical balance

anemometer

aneroid barometer

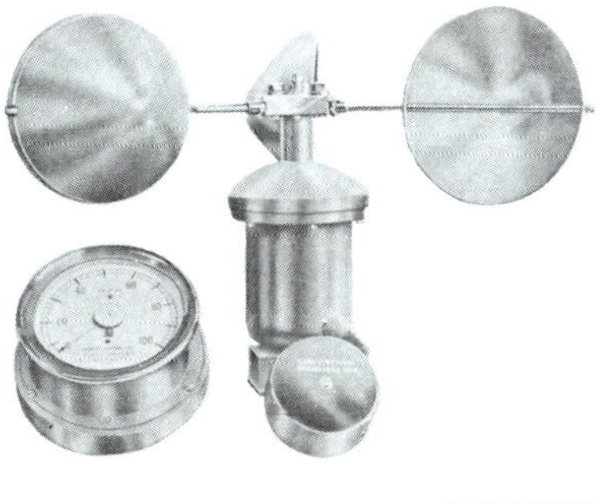

angular unconformity

angle of declination زاوية الانحراف المغنطيسي
angle of deflection زاوية الانحراف
angle of depression (Surv.) زاوية الانخفاض
angle of deviation زاوية الانعطاف
angle of dip (or **inclination**) زاوية المَيل
(Geol.) زاوية مَيل الطبقة
angle of divergence زاوية الانفراج
angle of elevation (Surv.) زاوية الارتفاع
angle of emergence زاوية الخروج
angle of friction (Eng.) زاوية الاحتكاك
angle of hade (Geol.) زاوية الصَّدع الرأسية
angle of incidence (Phys.) زاوية السقوط (او الوُرُود)
angle of inclination زاوية المَيل
angle of intersection زاوية التقاطع
angle of polarization (Phys.) زاوية الاستقطاب
angle of reflection (Phys.) زاوية الانعكاس
angle of refraction (Phys.) زاوية الانكسار
angle of repose (or **rest**) (Eng.) زاوية الاستقرار
angle of rest (Geol.) زاوية الاستقرار
angle of rotation زاوية الدَّوران
angle of rupture زاوية التمزُّق
angle of slope زاوية الانحدار
angle of strike (Geol.) زاوية الاتجاه
angle of unconformity (Geol.) زاوية اللا توافق (بين الطبقات)
angle of yaw (Eng.) زاوية الانعراج (بين التيار وآلة قياس سرعته)
anglesite (Chem.) أنجليسيت : خام من كبريتات الرصاص
angle steel (Eng.) فولاذ زاويّ (مُزَوّى)
angle support (Elec. Eng.) دِعامة زاويّة (لخطِّ النقل)
angle valve (Eng.) صِمام مِرفَقي زاويّ

Angstrom unit أنجستروم: وَحدة أنغستروم: جزء من ١٠٠ مليون من السنتيمتر
angular (*adj.*) زاويّ
angular acceleration (Mech.) عجَلَة زاوية • تسارُع زاويّ
angular aggregates (Geol.) أخلاط او تجمُّعات مُزَوَّاة
angular aperture فُتحة زاويَّة
angular disconformity تخالُف زاوي
angular displacement إزاحة زاويَّة • إنزياح زاوي
angular distance مسافة زاوية • بُعد زاويّ
angular divergence انفراج زاوي • تباعُد زاوي
angular drilling equipment (Mining) مُعدّات الحفر الزاويّ
angular height (Surv.) الارتفاع الزاوي
angularity correction تصحيح المَيَلان • ضبطُ الزاوية
angular momentum (Mech.) العزم الحركي الزاويّ • كمّيّة التحرك الزاوي
angular motion (Mech.) حركة زاويَّة
angular pitch (Eng.) خُطوة (لَولَبة) زاويَّة
angular unconformity (Geol.) تخالُف زاويّ • لا تطابُق مَيْليّ
angular velocity (Mech.) سُرعة زاوية
anhydride (Chem.) أندريد • أنهيدريد • لا مائي • بلا ماء
anhydrite (Min.) أنهيدريت : كبريتات الكالسيوم اللاَّ مائية
anhydrite rocks (Min.) صخور الأنهيدريت
anhydritic clay طينٌ انهيدريتي
anhydrous (*adj.*) (Chem.) لا مائي • خالٍ من الماء • عديم الماء
anhydrous aluminum chloride (Chem.) كلوريد الالومنيوم اللاَّ مائي
anhydrous hydrogen chloride (Chem.) كلوريد الهيدروجين اللا مائي • غاز حامض الكلوردريك
anhydrous lime (Chem.) جير حيّ
anhydrous tar (Chem.) قارٌ لا مائي • قَطِران خالٍ من الماء
aniline (Chem.) أنيلين • صِبغ النِّيل
aniline dye (Chem.) صِبغٌ انيلينيّ • صباغ أنيليني
aniline oil زيت الانيلين
aniline point (Pet. Eng.) النقطة الأنيلينية : للزيت المُختَبر
aniline salts (Chem.) أملاح الانيلين

animal charcoal (Chem.) الفحم الحيواني
animal fat دُهن حيواني
animal grease شَحم حيواني
animal oil زيت حيواني
animal wax شمع حيواني
anion أنيون • أيون سالب الشحنة
anion exchanger (Chem. Eng.) مُبادِل أنيُوني
anionic (*adj.*) (Chem.) أنيُوني • ذو أيونات سالبة الشحنة الكهربائية
anisochromatic (*adj.*) (Phys.) مُختلِفُ الالوان
anisomeric (*adj.*) (Chem.) غيرُ مُتشاكِل التركيب • لا أيسُومري
anisometric (*adj.*) غير متساوي القياسات • لا أيسومتري
anisotonic (*adj.*) (Phys.) غير متساوي الضغط الانتشاري
anisotropic crystal (Chem.) بلورة مُتباينة الخواص
anisotropism = **anisotropy** (Phys.) تبايُن الخواص (في الاتجاهات المختلفة)
anneal (*v.*) لَدَّن • أزال السِّقاية بتدريج انخفاض الحرارة
annealed (*adj.*) مُلدَّن
annealed steel فولاذ مُلدَّن
annealed wire سلك مُلدَّن
annealing (*n.*) تلدين • إزالة السِّقاية
annealing temperature درجة حرارة التلدين
Annelida (Biol.) الحلقيات
annex (*v.*) ألحق • ضَمّ • أضاف (الى)
(*n.*) مُلحَق
annihilation (*n.*) إبادة • فَناء
(Phys.) دُثور
annual (*adj.*) سَنَوي • حوليّ
annually (*adv.*) سنويّاً • حَوليّاً
annual output الإنتاج السنوي
annual shut-down التوقف السَّنوي
annual variations of magnetic declination التغيُّرات السنوية للانحراف المغنطيسي
annuity (*n.*) سَناهِية • دخلٌ سنويّ
annul (*v.*) ألغى • أبطل • فَسخ
annular (*adj.*) حَلْقي
annular area منطقة او مَساحة حَلْقيّة
annular gear (Eng.) مُسنَّنة حلقية
annular groove (Eng.) مَحزٌّ حلقي
annular seating (Eng.) ارتكاز حلقي (للصِّمام) • إقعاد حلقي
annular space فَجوة حَلْقيَّة

(Pet. Eng.) حيز حلقي : بين انبوب التغليف وانبوب الحفر في البئر

annular valve (Eng.) صِمام حلْقي

annular velocity (Mech.) السُّرعة المحيطية

annular wheel (Eng.) عجلة مُسنَّنة من الداخل • تُرس داخلي التسنين

annulet حلْقة صغيرة

annulment (n.) إبطال • الغاء • بُطلان

annulus (pl. annuli) حَلْقة • طَوق – حيز حلقي

anode (Elec. Eng.) أنود • مَصْعَد • لاحِبٌ مُوجَب

anode bed well (Elec. Eng.) بئر التأريض الأنودي

anode cleaning = reverse current cleaning (Elec. Eng.) التنظيف الأنودي • التنظيف بالتيار المعاكس

anode copper نُحاس الأنود

anode current (Elec. Eng.) تيار الأنود

anode layer طبقة الأنود

anode modulation (Elec. Eng.) تعديل تيار الأنود

anode mud وَحل الأنود • ترسُّبات الأنود (في التحليل الكهربائي)

anode oxidation (Elec. Eng.) أكسدة أنودية

anode pickling (Elec. Eng.) تنظيف (سطح المعدن) بالأنْوَدة

anode scrap نُفاية أنوديَّة

anodic etching (Elec. Eng.) النمش الأنودي (كمقدِّمة للطلاء الكهربائي)

anodic polarization (Elec. Eng.) استقطاب أنودي

anodic treatment أنْوَدة • مُعالجة أنوديَّة

anodize (v.) (Elec. Eng.) أنْوَد : عالج بالطريقة الأنودية

anodizing (Elec. Eng.) أنْوَدة • مُعالجة أنوديَّة

anomalous (adj.) غير سَويّ • شاذّ • مُخالف للقياس

anomaly (n.) شُذوذ • ظاهِرة شاذَّة

anomaly, regional (Geol.) شُذوذ إقليمي

anomaly, topographic (Geol.) شُذوذ طوبوغرافي

anonymous (adj.) غُفْل • عديم الاسم

anorthite = indianite (Min.) الأنورثيت : خام من سليكات الكالسيوم والالومنيوم

anorthoclase أنورثوكلاز : فلسبار الصودا والبوتاسا

answer (v.) أجاب • استجاب – وفَى (بالغَرض)

(n.) جواب • إجابة

antacid (adj., n.) مُضاد للحُموضة • ذو فاعلية قِلوية

Antarctic Circle الدائرة القطبية الجنوبية

antechamber = precombustion chamber (Eng.) غُرفة الاحتراق المتقدم

antedate (v.) أرَّخ بتاريخ سابِق

ante meridiem = A.M. (or a.m.) قبل الظهر

antenna = aerial (n.) (Elec. Eng.) هوائي • (أنتين)

(Biol.) قُرين استِشعار • زُباني

antenna mast (Elec. Eng.) سارِيةُ الهوائيّ

antenna wire (Elec. Eng.) سلك الهوائيّ

anterior (adj.) أمامي

anthophyllite (Min.) أنثوفلايت : ضرب من الاسبستوس

Anthozoa (Biol.) الحيوانات الزَّهرية : طائفة من شعبة اللاَّ حشويات

anthracene (Chem.) أنثراسين: بلورات زرقاء تستخرج من قطران الفحم للصِّباغ

anthracene oil (Chem.) زيت الأنثراسين

anthracite = anthracite coal (Chem.) أنثراسيت • فحم الانثراسيت • الفحم الصُّلب

anti-acid (adj.) (Chem.) مُضاد الحموضة

anti-acid additive (Chem. Eng.) إضافة مضادَّة للحموضة

anti-ageing (n.) مقاومة التعتيق

(adj.) مُضاد التعتيق

antiager (Chem. Eng.) مُضاد التعتيق

antibiotic (adj.) مُردٍ • مضاد او مبيدٌ للجراثيم

anti-burn jelly هُلام ضد الحروق

anticatalyst (Chem. Eng.) مضاد الحافز : كابِتٌ لتأثير المادة الحفازة

anticenter مقابِل المركز

anticer مانع الجليد • مضاد الصَّبَر

anti-chatter مانع القضقضة

antichlor (Chem. Eng.) مُضاد الكلور

anticlinal (adj.) قَبْوي • منحدر في جهتين متقابلتين

(n.) (Geol.) محور الطية المُحدَّبة

anticlinal apex (Geol.) رأس قَبْويّ

anticlinal axial plane (Geol.) المستوى المحوري للطيَّة المحدبة

anticlinal axis (Geol.) محور الطيَّة المُحدَّبة

anticline

anticlinal bulges (Geol.) نُتوءات قبويَّة

anticlinal closure (Geol.) غلَقُ الطية المحدبة

anticlinal crest (Geol.) قِمَّة الطية المحدبة

anticlinal flank (Geol.) جانِبُ الطية المحدبة

anticlinal fold (Geol.) طية قبويّة

anticlinal gap (Geol.) فَجوة قَبويَّة

anticlinal limb (Geol.) جانب قبوي

anticlinal line (or axis) (Geol.) مِحور الطيَّة المحدبة

anticlinal range (Geol.) سلسلة طيَات مُحدَّبة

anticlinal reservoir مستودع قَبْوي

anticlinal ridge (Geol.) قِمَّة الطية المحدبة

anticlinal saddle (Geol.) سَرجٌ قَبْوي

anticlinal structure (Geol.) بِنية قَبويَّة

anticline (Geol.) طية محدبة • قَبوة • قَبْو • حدَبة • تكوين مُحدَّب • حَنيرة

anticlinorium = composite anticline (Geol.) قَبوة مُركَّبة • تحدُّب مركَّب

anticlise (Geol.) إلتواء عُلوي مغمور

anticlockwise (adj., adv.) ضد اتِّجاه عَقارِب الساعة

anticoagulant (n.) مُضاد للتخثُّر

anticorrosion (adj.) مضاد للتَّحات

anticorrosion additive (Eng.) إضافة مضادَّة للتأكُّل

anticorrosive (adj.) مضاد التأكُّل

anticorrosive agent (Chem. Eng.) عامِل مُضادّ للتأكُّل

anticorrosive treatment (Chem. Eng.) معالَجة مُضادَّة للتأكُّل

anticyclone (Meteor.) ضَديدُ الإعصار • إعصار مُعاكِس

anti-decomposition additive (Chem. Eng.) إضافة مُضادَّة للانحلال

anti-detonating (adj.) مانِعُ الفَرقعة

anti-detonating gasoline (Chem. Eng.) بنزين معالَج ضدّ الفرقعة

anti-detonator (Chem.) مانع الفرقعة
antidote (*n.*) ترياق • مضاد السُّم
anti-ferment (*n.*) مُضاد التخمُّر
anti-flash (*adj.*) مقاوِم الوَمض
antifoam (*adj.*, *n.*) (Chem. Eng.) مانع الرَّغوة • مانع الترغّي
antifoam agent (Chem. Eng.) مانع الرَّغوة • مادة مانعة للترغي
antifoaming additives (Pet. Eng.) مانعات الترغّي • اضافات مانعة للارغاء
antifogging منع التضبُّب
antifouling composition (Chem. Eng.) طلاء ضد النُّمو الفُطري (للسفن والانشاءات البحرية)
antifreeze (*n.*, *adj.*) مقاوِم التجمُّد • مضاد التجمُّد
antifreeze mixture (Chem. Eng.) مزيج مُضاد للتجمُّد
antifreeze solution محلول مُقاوِم للتجمُّد
antifreezing (*n.*) مقاومة التجمُّد
(*adj.*) مضادّ التجمُّد
antifreezing agent (Chem. Eng.) عامِلُ مقاومة التجمُّد
antifreezing mixture (Chem. Eng.) مخلوط مقاوم للتجمُّد
antifreezing oil (Eng.) زيتٌ مقاوم للتجمُّد
antifriction (*adj.*) (Eng.) مقاوم للاحتكاك
antifriction alloy (Eng.) سبيكة مقاومة للاحتكاك
antifriction bearing (Eng.) مَحمِل مقاوم للاحتكاك
antifriction bearing gauze (Eng.) شبكة حَملٍ مقاوِمة للاحتكاك
antifriction metal = **white metal** (Eng.) معدنٌ مقاوِم للاحتكاك • المعدن الأبيض
antifrost (*adj.*) (Eng.) مقاوم للصقيع • مضادّ الصَّبَر
antifroth (Chem. Eng.) مُضاد الرَّغوة • مانع الزَّبَد
antigel (Chem. Eng.) مانع التهلُّم
anti-glare (*adj.*) مانع الوهَج
antigum inhibitor (Chem. Eng.) مانع التصمُّغ
anti-icer (Eng.) مانع الجليد • مضاد الصَّبَر
anti-icing منع الجليد
anti-icing agent عامل منع الجليد
anti-incrustator (Chem. Eng.) مانع تكوُّن القُشور (في المراجل)
antiknock (*n.*) (Pet. Eng.) مانع الخَبْط • مانع الفرقعة
antiknock additive (Pet. Eng.) إضافة مانعة للخَبْط • مُنضاف (مادة مضافة) لمنع الخَبْط
antiknock agent (Pet. Eng.) مانِع الخَبْط • عامِلٌ مانع للخَبْط
antiknock compound (Pet. Eng.) مركب مانع للخَبْط
antiknock dope (Pet. Eng.) إضافة مانعة للخَبْط
antiknock fluid (Pet. Eng.) سائل منع الخَبْط : مزيج من رابع ايثيل الرصاص ومادة (مثل ثاني كلوريد الاثيلين) لازالة المتخلِّفات الرصاصية
antiknock fuel (Pet. Eng.) وقود مانع للخَبْط
antiknock gasoline بنزين مانع للخَبْط
antiknocking agent (Chem.) مانِعُ الخَبْط • عامل منع الخَبْط
antiknock properties (Eng.) خصائص منع الخَبْط
antiknock rating (Pet. Eng.) درجة منع الخَبْط
antiknock substance (Pet. Eng.) مادة مانعة للخبط (مثل رابع ايثيل الرصاص)
antiknock value (or **rating**) (Pet. Eng.) درجة منع الخَبْط • درجة منع الدق
anti-leak (*adj.*) مانع التسرُّب
anti-leak cement (Civ. Eng.) اسمنت مانع للتسرُّب
anti-leak packing ring (Eng.) جُلبَة مانعة للتسرُّب
anti-magnetic (*adj.*) مقاوِم للمغنطيسيَّة
anti-magnetic alloy سبيكة مقاومة للمغنطيسية
antimonate = **antimoniate** (Chem.) أنتيمُونات
antimony (Sb) (Chem.) أنتيمون • إثمِد : عنصر فلزي أبيض رمزه (نت)
antimony alloys (Chem. Eng.) سبائك الأنتيمون
antinode (Phys.) بطْن المَوجة
antioxidant (*n.*, *adj.*) (Chem. Eng.) مانع التأكسد • مقاوِم الأكسدة
antioxidant additive (Chem. Eng.) إضافة مانعة للتأكسد
antioxidation (*n.*) (Eng.) منع التأكسد • مقاوَمة التاكسد
antipodal (*adj.*) مقابل القطب
antipodes (Geog.) المتقابلان : مكانان متقابلان جغرافياً
anti-priming pipe (Eng.) أنبوب فصل البخار (عن الماء) في المِرجل
antirust (*adj.*) (Eng.) مُقاوِم للصدأ • مانع للصدأ
(*n.*) مانع الصدأ
antirust coat (Eng.) طلية مقاومة للصدا
antirust compound (Chem.) مركَّب مانع للصدأ
antirust grease (Chem. Eng.) شحم مُقاوِم للصدأ
antirust paint (Chem. Eng.) طِلاء مانع للصدأ
antiseptic (*adj.*) مُطهِّر • مانِع للعُفونة
antishock (Eng.) مُخمِّد الصَّدمات
anti-siphon pipe (Eng.) انبوب لا مِثْعَبيّ : يمنع ارتداد السائل بالانثعاب
anti-skid treatment (Civ. Eng.) معالجة لمنع الانزلاق
antisludge additive (Chem. Eng.) إضافة مانعة للترسُّب
anti-squeak (*adj.*) مانِع الصَّرير
antistatic مُضاد التَّواش – مانعُ (تراكمِ) الكهربائية الساكنة
antithetic faults (Geol.) صُدوع مُتضادة
anti-thrust bearing (Eng.) مَحمِل مقاوم للدَّفع
anti-wear additives (Pet. Eng.) إضافات ضد التآكُل
anti-weld مانع الالتِحام
anvil (Eng.) سَنْدان – مِصَدّ
anxious (*adj.*) مُتلهِّف • توّاق • قلِق
A.O.V. (Automatically Operated Valve) صمام يُشغَّل اوتوماتياً
apatite (Chem.) أباتيت : خام فُسفوري
aperiodic (*adj.*) (Phys.) لا دَوري • غير مُنتظَم الحدوث
aperiodic instrument جهاز قياس لا دَوري (عديمُ الذبذبة)
aperiodic pendulum (Mech.) بندول لا دَوري
aperture (Eng., Phys.) فُتحة • تجويف • عين • كُوَّة
apex (pl. **apices**) قِمة • ذُروة • أوج
apex of fold (Geol.) قِمَّة الطيَّة
aphanite (Geol.) أفانيت : صخر ناري دقيق البلورات
aphanitic rock (Geol.) صخر دقيق التجانُس: لا يُميَّز تركيبه بالعين المجردة
aphid = **aphis** أرَقة : حشرة المَنّ
API = **A.P.I.** (**A**merican **P**etroleum **I**nstitute) معهد البترول الأميركي

apical (*adj.*) قِمّي

apical surface = aboral surface السطح القِمّي

A.P.I. gravity الكثافة بمقياس معهد البترول الاميركي

aplanatic (*adj.*) لا زَيْغي · مُصَحِّح الزَّيغ الكُرويّ

aplanatic lens = aplanat عدسة لا زَيغيَّة · عدسة مُقوِّمة الزيغ الكروي

aplite = haplite (Geol.) أبليت : نوع من الغرانيت

apomagmatic صُهارِيّ التركيب

apophysis (pl. **apophyses**) نُتُوء: من اندساس صخري او عِرق معدني · بارزة

aport (*adv.*) نحو الجانب الأيسر من السفينة

apparatus (*n.*) عُدَّة · جِهاز · أجهزة

apparatus rack حامِلُ الأجهزة

apparel (*n.*) لباس · عُدَّة · تجهيزات

apparent (*adj.*) ظاهري · ظاهر

apparent altitude (Surv.) الارتفاع الظاهري

apparent density الكثافة الظاهريَّة

apparent dip (Geol.) المَيْلُ الظاهري

apparent displacement (Geol.) الإزاحة الظاهرية

apparent expansion التمدُّد الظاهري

apparent heave (Geol.) الإنزياح الصَّدعي الظاهري

apparent horizon (Surv.) الأفُق الجُغرافي

apparent resistance (Elec. Eng.) المقاومة الظاهرية

apparent resistivity (Eng.) المقاومية الظاهريَّة

apparent slip (Geol.) إنزلاق ظاهري

apparent specific gravity (Phys.) الوزن النوعي الظاهري

apparent specific weight الوزن النوعي الظاهري

apparent stratigraphic gap (Geol.) الفَجوة الطبقية الظاهرية

apparent thickness الثَّخانة الظاهرية

apparent throw (Eng.) الشوط الظاهري (للمِرفق)

apparent velocity (Mech.) السرعة الظاهرية

appeal (*v.*) استأنف
(*n.*) اسْتِئناف – نِداءُ استعطاف

appearance (*n.*) ظُهور · مَظهر – مُثول

appendix (*n.*) مُلحق · ذَيْل

appliance (*n.*) جهاز · أداة · آلة – تطبيق · استخدام

appliances (Eng.) مُعَدّات · أجهزة · أدوات

aqualung

applicability قابلية التطبيق

applicable (*adj.*) قابلٌ للتطبيق – مُناسب

applicant (*n.*) طالِب (عمل) · مُلتَمِس

application (*n.*) تطبيق · استعمال · استخدام · تسليط – طلب استخدام

application form نَموذج طلب

applied (*adj.*) مَبذول · مُستخدَم · مُسلَّط – تطبيقي · مطبَّق

applied geology الجيولوجية التطبيقية · الجيولوجية الاقتصادية

applied sciences العلوم التطبيقية

apply (*v.*) قدَّم طلباً – طبَّق · استخدم · استعمل

appoint (*v.*) عيَّن · وظَّف

apportion (*v.*) قَسَّم · حَصَّص

appraisal (*n.*) تقييم · تقدير · تَخمين

appraisal well (Pet. Eng.) بئر تقييميَّة

appraise (*v.*) قيَّم · قدَّر · خمَّن

appreciable (*adj.*) مُمكن تقديره او ادراكه

appreciate (*v.*) قدَّر – أدرك – زاد قيمةً

apprentice (*n.*) تَلم · تِلميذ مُتدرِّج في الصنعة · مُتدرِّب

approach (*v.*) اقترب · دنا · تقدَّم نحو
(*n.*) دُنُوّ · اقتراب · تقدم – منفَذ : ممر او طريق مؤدٍّ الى مكان معين

appropriate (*adj.*) مُناسِب · لائق – خاصّ (ب) · مختصّ
(*v.*) خصَّص

approval (*n.*) مُوافقة · مُصادقة · اعتِماد

approve (*v.*) وافق · أقرّ · اعتَمد

approved (*adj.*) مُصدَّق عليه · مُوافَق عليه

approximate (*adj.*) تقريبي · مُتقارِب
(*v.*) قارَب · تقارَب

approximate value القيمة التقريبيَّة

approximation error خطأ التقريب

appurtenances حُقوق ارتفاق · حقوق (او امتيازات) لاحِقة

apron (*n.*) مِئزر · إزار · مَريول – مَمرّات (او مدرج) المطار · ساحة المطار

سَفين · إسفين – وِقاءُ التُّرس (Eng.) (في المخرطه)

apron, alluvial (Geol.) إزار طَمييّ

apron conveyor (Eng.) ناقل إزاري : ذو سَيْر دوَّار

apron feeder (Eng.) مُغَذٍّ إزاريّ

apron ring (Pet. Eng.) طوق إزاري : حول قاعدة الصهريج

Aptian Stage (Geol.) المرحلة الأبشية : الطبقة الوسطى من صخور العصر الطباشيري

aptitude test اختبار اللِّياقة

aqua ammonia(e) هيدروكسيد الأمونيوم· محلول الأمونيا المائي

Aquadag (Chem. Eng.) غرافيت غَرواني

aquafer – aquifer (Geol.) مُستودع ماء أرضي · طبقة خازنة للماء

aqua fortis (Chem.) حامض النيتريك المركز · ماء النار

aquagel (Chem.) جِلّ مائي

aqualung رِئة مائية : قارورة أكسجين او هواء تُشدّ الى ظهر الغوَّاص للتنفس تحت الماء

aquamarine (*n.*) (Min.) زبَرْجَد · زُمرُّد

aqua regia (Chem.) الماء الملكي : مزيج من حامض النيتريك والكلوردريك المركَّزين بنسبة ١ : ٤

aquatic (*adj.*) مائيّ

aqueduct (*n.*) (Eng.) قناة اصطناعية

aqueo-igneous (Geol.) مائيّ بركاني

aqueous (*adj.*) (Chem.) مائيّ

aqueous emulsion (Chem.) مُستحلَب مائي

aqueous environment بيئة مائية

aqueous soluble oil (Chem.) زيتٌ ذواب في الماء

aqueous solution (Chem.) محلول مائيّ

aqueous vapor بُخار مائي

aquifer (Geol.) مُستودع ماء أرضي · مجمع ماء جوفي

aquiferous (*adj.*) حاوٍ للماء

aquifer, subsurface salt water (Geol.) طبقة جوفية خازنة للماء المالح

Arabian export crude (Pet. Eng.) خام التصدير العربي

Arabian heavy crude (Pet. Eng.) الخام (النفطي) العربيّ الثقيل (من حقول النفط في المملكة العربية السعودية)

Arabian light crude (Pet. Eng.) الخام العربي الخفيف

automatic arc welding

Arabian medium crude الخام العربي المتوسط
Arabian Shield (Geol.) الدِّرع العربي
arable (*adj.*) صالحٌ للزراعة
Arab zone (Geol.) المنطقة (الجيولوجية) العربية
Arachnida (Biol.) العنكبوتيات
aragonite (Min.) أراغونيت : ضرب من كربونات الكالسيوم
arbiter (*n.*) حَكَم
= **arbitrator** مُحكِّم · حَكَم
arbitration (*n.*) تحكيم
arbitration board مَجلِسُ تحكيم
arbor (*n.*) (Eng.) شِياق · جذع · محور دولاب
arborescent (*adj.*) شجريُّ الشكل
arborescent structure (Geol.) بِنية شجريَّة
arc (*n.*) قوس · قِطاع
(Elec. Eng.) قوسٌ كهربائي
arc cutting (Elec. Eng.) قَطع قوسيّ : القطع بالقوس الكهربائي
arc discharge (Elec. Eng.) تفريغ قوسيّ
arc furnace (Elec. Eng.) فُرن قوسيّ
arch (Eng.) قَنطرة · عَقد · قَوس
Archaean era (Geol.) الحُقب الأركيّ · الدهر السَّحيق
Archaean (or **Archean**) **rocks** (Geol.) صخور أَرْكيَّة : صخور ما قبل العصر الكَمْبَري
archaeology = **archeology** أركيُولوجية · علم العاديّات والآثار
Archaeozoic era (Geol.) حُقب الحياة العتيقة · الدهرُ العتيق
Archaeozoic rocks (Geol.) صخور الحُقب الأركيّ
arch bend (Geol.) حَنِيَّة الطَّيَّة
arch core (Geol.) قلب الطَّيَّة
Archean = **Archaean** (*adj.*) أركيّ
Archimedes' principle (Phys.) مبدأ او قاعدة «أرخميدس»
archipelago (*n.*) أرخبيل · مجموعة جُزُر
architect (*n.*) مُهندس معماري
arc lamp = **arc light** (Elec. Eng.) مصباح قوسيّ
arc process (Chem. Eng.) الطريقة القوسيَّة : لتحضير النِّترات من الهواء
Arctic Circle الدائرة القطبية الشمالية
arc welding (Elec. Eng.) اللِّحام القوسي
ardois-slate (Geol.) أردُواز صَفحيّ
arduous عسير · شاق
are (Surv.) آر : ١٠٠ متر مربع
area (*n.*) مِساحة · مِنطَقة
area, additional منطقة اضافية
areal map خريطة مَساحيَّة
area of sedimentation مِنطقة الترسُّب
area of subsidence (Geol.) منطقة الهُبوط
area, petroliferous (Pet. Eng.) مِنطقةبترولية
arenaceous (*adj.*) (Geol.) رمليّ
arenaceous clay (Geol.) طين رمليّ
arenaceous limestone (Geol.) حجر جيريّ رمليّ
arenaceous rocks (Geol.) صخور رمليَّة
arenaceous texture (Geol.) بِنية رمليَّة
arenite (Geol.) أرينيت : صخر رمليّ
areometer = **hydrometer** (Phys.) مِكثاف السوائل · مِثْقَل : مقياس الثِّقل النوعي للسوائل
argentiferous (*adj.*) حاوٍ فِضَّةً
argil (Geol.) صَلصال · طُفال
argillaceous (*adj.*) (Geol.) صَلصالي · طيني
argillaceous earth تُربة طينيَّة
argillaceous rocks (Geol.) صُخور صَلصاليَّة · صخور طينيَّة
argillaceous sandstone حجر رملي صلصالي
argillaceous texture (Geol.) بِنية صلصالية
argillite (Geol.) أرجيلّيت : صخر رسوبي صلصالي · صلصال
argillization (*n.*) (Geol.) تطيُّن
argon (A) (Chem.) أرجون : عُنصر غازي نادر رمزه (جو)
argument (*n.*) إزاحة زاويَّة · البُعد الزاوي للمتحرك – جدال
arid (*adj.*) قاحِل · أجرَد · قَحْل
arid region مِنطقة قاحلة
arithmetic = **arithmetical** (*adj.*) حسابيّ

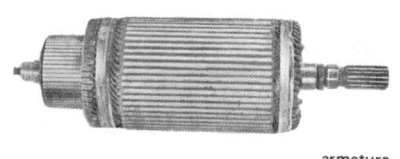

armature

arithmetical average المتوسِّط الحسابي
arithmetical mean temperature المتوسِّط الحسابي لدرجة الحرارة
arithmetical progression مُتوالية حسابية
arkose (Geol.) أركوز : صخر رسوبي فُتاتي
arkose conglomerate (Geol.) رَصيص اركوزي
arm (*n.*) ذراع – سِلاح – لِسان (بَحريّ)
armature (Elec. Eng.) حافِظَة · دِرع – مُتحرِّض · عُضو الانتاج الكهربائي
armed (*adj.*) مُسلَّح · مُدرَّع
armor = **armour** (*n.*) دِرْع – تصفيح · تدريع
(*v.*) درَّع · صفَّح
Armorican folding (Geol.) طية أرموريكية (من العصر الكربوني)
armoured cable كَبْل مُدرَّع
armoured concrete (Eng.) خَرسانة مُدرَّعة
armoured hose خُرطوم مدرَّع
armouring تدريع
armour plate (Met.) صفيحة تدريع او تقوية
aromatic (*adj.*) (Chem.) عِطريّ · أروماتي
(*n.*) مركَّب عِطري (أروماتي)
aromatic acid (Chem.) حامضٌ عطري (أو أروماتي) .
aromatic alcohol (Chem.) كُحول عطري
aromatic base قاعِدة عطرية (او أروماتية)
aromatic compounds (Chem.) مُركَّبات عِطرية (أروماتية)
aromatic derivative (Chem. Eng.) مُستخرَج (او مُشتقّ) عِطري
aromatic extracts (Chem. Eng.) مُستخلَصات اروماتية
aromatic fraction (Chem. Eng.) جُزءٌ أروماتي
aromatic free petroleum (Pet. Eng.) بِترول خالٍ من المركَّبات العطرية
aromatic hydrocarbons (Chem.) الهيدروكربونات العطرية أو الأروماتية
aromatic lacquer (Chem. Eng.) لَكٌ عِطري
aromatic products مُستخرَجات أروماتية او عطرية
aromatics (Chem.) العِطريَّات · المركَّبات العطرية · المركبات الأروماتية

aromatics (Biol.) النباتات العطرية
aromatic series (Chem.) مُتسلسلة أروماتيّة
aromatic solvent (Chem. Eng.)
مُذيب أروماتي • مُذيب للمواد الأروماتية
aromatization (Chem. Eng.) إستِعطار • تَعطير : التحوُّل (أو التحويل) الى مركَّبات أروماتية
Arosorb process (Pet. Eng.) طريقة امتزاز المواد الأروماتية : من المنتوجات النفطية المكَسَّرة باستعمال جِلّ السليكا
arquate fold (Geol.) طيّة قوسيّة
arrangement (*n.*) تنظيم • نظام • نَسَق • ترتيب
array (*n.*) صف • مجموعة مرتَّبة ـ [illegible] • [illegible]
arrears (*n.*) ديُون او أعمالٌ متأخِّرة
arrest (*v.*) أوقف • كَبَحَ ـ قبَض على
(*n.*) توقيف • إيقاف
arrested anticline (Geol.) قَبْوة مَتورَة
arrester = arrestor (*n.*)
مُوقِف • كامِح • كابِح
arresting gear (Eng.) جهازُ الايقاف
arrival (*n.*) وُصول • وُرود
arrivals, first الوافِدات الأولى : أول ما يصل من التموّجات السيزموغرافية
arrivals, later (Geol.) الوافِدات المُتخلِّفة : من أمواج السيزموغراف
arrow-head رأس السَّهم
arsenate (*n.*) (Chem.) زِرْنيخات • ملح حامض الزرنيخ
arsenic (As) (Chem.) زِرنيخ • رَهَج أبيض رمزه (ز)
arsenical = arsenious (Chem.)
زرنيخيّ • حاو زرنيخاً
arsenide (Chem.) زرنيخيد
arsenite (Chem.) زرنيخيت
arsenopyrite (Min.) أرسِنُوبَيريت : كبريتيد الزرنيخ الحديدي
arson (*n.*) حريق مُتعمَّد
arterial road شارع رئيسي
artesian uplift pressure (Geophys.)
ضغط الرفع الارتوازي
artesian water (Geol.)
ماء ارتوازي : يتفجّر فوق سطح الأرض
artesian well (Eng.) بئر أرتوازية
Arthropoda المَفصليّات
article (*n.*) مادة • صنف ـ أداة ـ فِقرة • بَنْد ـ مقالة

articulate (*v.*) وصل او اتصل بمَفاصل ـ نطق بوضوح
(*adj.*) مُتصِل بمَفاصل ـ مميَّز الأجزاء ـ واضِح اللفظ
articulated (*adj.*) ذو مَفاصل • مَفْصليّ
articulated joint (Eng.) وُصْلة مَفصليَّة
artifact (*n.*) نِتاجٌ صُنعي : من صنع الانسان
artificial (*adj.*) اصطناعي • مُصطَنَع ـ مُتَصنَّع • زائف
artificial asphalt (Chem.) أسفلت اصطناعي
artificial earthquake (Geophys.)
هزَّة أرضيَّة اصطناعية
artificial fuel (Chem. Eng.) وَقود اصطناعي
artificial graphite (Chem. Eng.)
غرافيت اصطناعي
artificial lift (Eng.) رَفع اصطناعي
artificial respiration تنفُّس اصطناعي
artificial rubber (Chem. Eng.)
مطّاط اصطناعي
artificial satellite تابع او قمر صِناعيّ
artificial silk = rayon (Chem. Eng.)
حرير اصطناعي
artisan (*n.*) صاحِبُ صَنْعَة • صانع مُدرَّب
aryl (Chem.) أريل : شِقٌّ عُضوي عِطري يتبقّى بعد ازالة ذرَّة هيدروجين من جُزيءٍ هيدروكربوني أروماتي
A.S.A. (**A**merican **S**tandards **A**ssociation)
الجمعية الأميركية للمعايير القياسية
asbestos (Min.) أسبَستوس • حرير صَخري • أمْيانت • أسْبَسْت
asbestos board لوحُ اسبَسْتُوس
asbestos cement اسمَنْت الأسبَستوس
asbestos cord حبلُ اسبستوس
asbestos felt لُبّاد الأسبَستوس
asbestos fibers ألياف الأسبَستوس
asbestos gasket (Eng.) حَشيَّة من الأسبَستوس
asbestos gloves قُفّازات من الأسبَستوس
asbestos-insulated (*adj.*) مَعزولٌ بالأسبَستوس
asbestos packing (Eng.) حَشوٌ بالأسبَستوس • تغليف بالأسبَستوس
asbestos sheet صفيحةٌ أو لوح أسبَستوس
asbestos twine فَتيلُ أسبَستوس
asbestos yarn خُيوط الأسبَستوس
ascending (*adj.*) صاعِد ـ تصاعُديّ
ascending horizontal slicing (Mining)
إستِثمار بالقطع الأفقي المتدرِّج
ascending order ترتيب تصاعُدي
ascensional صُعودي • إرتِقائي

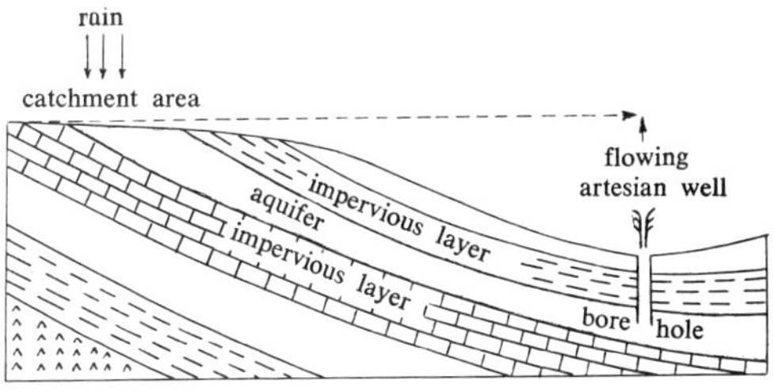

artesian well

ascent (*n.*) صُعود • تسلُّق • مُرتَقى
aschistic (*adj.*) (Geol.) لا شِسْتِيّ • لا صفائحي
aseismic district (Geophys.)
مِنطقة لا زَلْزالية
ash (*n.*) رَماد
ash coal (Min.) فحم كثير الرماد
ash content (Chem. Eng.) المُحتوى الرمادي
ash determination (Chem. Eng.)
تقدير المحتوى الرمادي
ash fall مَسْقَط الرماد
ash - free عديم الرماد • خالٍ من الرماد
ashlar = ashlar stone حجر منحوت للبناء
ashless (*adj.*) عديمُ الرماد
ashless additives (Pet. Eng.)
إضافات عديمة الرماد
ashless polymeric detergents
(Chem. Eng.) مُنظِّفات مُبلْمَرة عديمة الرماد
ash-pan مَرْمَدة : وعاء الرماد
ash-pit مَجمعُ الرماد
ash rock صخرُ الرماد
ash stone (Geol.) حجرُ الرماد
ash test (Chem. Eng.) اختبار تعيين نِسبة الرماد
ash, total percent of (Chem. Eng.)
النِّسبة المئوية الكُلّية للرماد
aslant (*adv.*) بانحِراف • مائلاً
(*adj.*) مُنحرِف • مائل
A.S.L.E. (**A**merican **S**ociety of **L**ubrication **E**ngineers) الجمعية الأميركية لمهندسي التزليق
aslope (*adv.*) منحدراً • مائلاً
A.S.M.E. (**A**merican **S**ociety of **M**echanical **E**ngineers) الجمعية الأميركية للمهندسين الميكانيكيين
aspect (*n.*) هيئة • مَظهر • منظر ـ وُجهة

asphalt (Geol.) أسفَلت • زِفت • قار
asphalt base (Pet. Eng.) قاعدة أسفلتية • أساس اسفلتي
asphalt base course (Eng.) طبقة رَصْف أسفلتية تحتية
asphalt base crude (Pet. Eng.) نفطٌ خام أسفلتيّ القاعدة
asphalt base oil (Pet. Eng.) زيت اسفلتي القاعدة (أو زفتي الأساس)
asphalt base petroleum (Pet. Eng.) بترول اسفلتي القاعدة (أو زفتي الأساس)
asphalt binder course (Civ. Eng.) طبقة رَبْط اسفلتية
asphalt bitumen (Pet. Eng.) قار أسفلتي
asphalt bottoms (Pet. Eng.) مُتخلِّفات أسفلتية
asphalt cake قوالبُ أسفَلت
asphalt cement (Pet. Eng.) أسمنت اسفلتي : زِفتُ الرصف النقيّ
asphalt clinker (Pet. Eng.) صفائحُ زِفت مُتصلِّبة
asphalt coating (Pet. Eng.) تغطية بالأسفلت
asphalt content (Pet. Eng.) المُحتوى الأسفلتي
asphalt crude oil (Pet. Eng.) خامٌ نَفطيّ أسفلتي القاعدة
asphalt, cut-back (Civ. Eng.) أسفَلت مُخفَّف (لِرصف الطُّرق)

asphalt

asphalt mixing plant

asphalt deposits (Pet. Eng.) رواسبُ أسفلتيّة
asphalted (*adj.*) مُسَفْلَت • مُزَفَّت
asphalt emulsion (Chem. Eng.) مُستحلَب أسفلتي
asphalt enamel (Chem.) مِينا أسفلتيَّة
asphaltene (*n.*) (Chem.) أسفَلْتين • زِفتِين
asphalt filler (Pet. Eng.) مَعجون حشو أسفلتي • حَشوٌ زفتي
asphalt flux (Eng.) مُساعِدُ تلاحُم اسفلتي
asphalt-free (*adj.*) (Pet. Eng.) خالٍ مِن الاسفَلت
asphalt grouted macadam (Civ. Eng.) رَصْف حَصبائي مُليَّط
asphaltic base crude (Pet. Eng.) نفط خام أسفَلتي القاعدة
asphaltic coal (Mining) فحم أسفَلْتي
asphaltic compounds (Chem.) مُركَّبات أسفلتيَّة
asphaltic concrete (Civ. Eng.) خَرسانة أسفلتية
asphaltic hydrocarbons (Chem.) هيدروكربونات أسفلتيَّة
asphaltic non-skid treatment (Eng.) مُعالَجة أسفلتيَّة لمنع الانزلاق
asphaltic paint طِلاء أسفلتيّ
asphaltic petroleum (Pet. Eng.) نَفط أسفلتيّ • نفط غني بالأسفلت
asphaltic residual oil (Pet. Eng.) زيت مُتخلف كثير المحتوى الاسفلتي
asphaltic resins (Chem.) راتينجات أسفلتية
asphaltic sand (Geol.) رَمل أسفلتيّ
asphaltic sandstone (Geol.) حجر رَمليّ اسفلتي
asphalting (*n.*) (Civ. Eng.) تزفيت • سَفلَتة
asphalt, insulating (Elec. Eng.) زِفتٌ عازل
asphaltite (Pet. Eng.) أسفلْتيت • الزِّفت الطبيعي
asphalt jelly هلام أسفلتي
asphalt lake بحيرة أسفلتية
asphalt levelling course (Civ. Eng.) طبقة تَسوية زِفتية (أو أسفلتية)
asphalt macadam (Civ. Eng.) مَكدَمة أسفلتية • رصفٌ بالحصى والزفت
asphalt manufacturing unit (Pet. Eng.) وَحْدَة صُنع الاسفلت
asphalt, mastic (Pet. Eng.) أسفلت عَلِك • مَعجون أسفلتي
asphalt mixing plant (Pet. Eng.) وَحدة مزج الأسفلت • خلاّطة أسفلت

asphalt, native (Pet. Eng.) زِفتٌ طبيعي
asphalt, natural (Geol.) أسْفَلت طبيعي
asphaltoid (Chem.) أسفَلْتاني : شَبيه بالأسفلت
asphalt pavement (Civ. Eng.) رصيف من حجارة أسفلتية
asphalt, paving (Civ. Eng.) أسفلت الرصف
asphalt paving block قالَبُ رَصف أسفلتي
asphalt paving unit وَحْدة رَصفٍ بالأسفلت
asphalt penetration test (Pet. Eng.) اختبار اختراقيَّة الأسفلت
asphalt pressure distribution truck (Civ. Eng.) شاحِنةُ توزيع الزفت بالضغط
asphalt prime coat (Civ. Eng.) طَليةُ بِطانة أسفلتيَّة
asphalt primer (Eng.) زِفتُ تَبطين
asphalt putty مَعجونٌ أسفلتي
asphalt, refined (Chem. Eng.) أسفلتٌ مُكرَّر
asphalt residue (Pet. Eng.) مُتخلِّف أسفلتي
asphalt, road (Civ. Eng.) أسفلت للطرق
asphalt rock (Geol.) صخر أسفلتي
asphalt saturated felt (Eng.) لُبّاد مُشبَع بالزِّفت
asphalt seal coat (Civ. Eng.) طَلْيةٌ بالزفت لمنع التسرُّب
asphalt seepage نَزٌّ اسفلتي
asphalt softening point test اختبار نقطة تليُّن الاسفلت
asphalt surface course طبقة أسفلت سطحية
asphalt surface treatment مُعالجة سَطحية أسفلتية
asphalt tack coat طلية أساسية بالزفت
asphalt tar (Pet. Eng.) قارٌ اسفلتي
asphalt tar pitch (Pet. Eng.) قَطران الزفت
asphalt tile آجُر اسفلتي
asphalt transfer-heater pump مضخةُ الناقلة المسخِّنة للزفت
asphaltum (Pet. Eng.) أسفلتٌ
asphaltum oil زيت اسفلتي
asphalt varnish بَرنيق (ورنيشٌ) أسفلتي
asphyxia (*n.*) اختِناق • (أسفِكسيا)
asphyxiating gas غاز خانِق
aspirate (*v.*) سَفَط • شفط • شَفَّ • امتصَّ (الهواء)
aspirating filter (Eng.) مُرشِّح سافِط
aspirator (*n.*) (Phys.) مَصّاصة • سَفّاط
assay (*v.*) (Chem. Eng.) عايَر • حلَّل لتقدير النقاوة • رازَ
(*n.*) رَزْن • رَوز • فَحص
assay balance مِيزانٌ معايرة

assisted recovery – manifold of water pipes

assay crucible (Chem. Eng.) بُوتَقَة اختبار
assaying (*n.*) وَزْن • تحليل لِمُعايرة النَّقاوة
assay sample (Chem. Eng.) عَيِّنَة الاختبار
assemblage (*n.*) تركيب • تجميع ـ مجموعة
assemble (*v.*) جمَع • جمَّع • ركَّب ـ اجتمع
assembling bolt مسمار تجميع • بُرغي رَبْط
assembly (*n.*) اجتماع ـ تجميع • تركيب ـ مجموعة
assembly shop (Eng.) وَرشة تركيب أو تجميع
assessed taxes رُسوم مُقدَّرة • ضرائب مخمَّنة
assessment drilling (Pet. Eng.) حفر تقييم: لتقدير غزارة الحقل أو موجوداته
assessment of claims تقدير التعويضات
assets موجودات • أصول • مُمتلكات
assets, capital أصول رأسمالية
assets, floating أصول طافية
assets, real أصول عينيَّة • أموال عَقارية
assets, realizable أصول قابلة التحويل الى نَقد
assigned frequency الذبذبة المُخصَّصة
assignee المَعهود اليه (بعمل ما)
assignment تخصيص • تعيين ـ مُهِمَّة مُحدَّدة
assimilation (*n.*) (Geol.) تمثيل • تمثُّل ـ تمثُّل المواد في الصخور النارية
assistance (*n.*) مساعَدة • مَعُونة
assistant مُساعِد • مُعاوِن
assistant director مُساعِد مُدير
assistant engine مُحرِّك مساعد
assistant engineer مُساعِد مُهندس • مُهندس مُساعِد
assisted recovery (Pet. Eng.) استخراج مُساعد: استخراج مُعزَّز بدفع الماء أو الغاز أو البخار لاستخراج الزيت الثقيل من المكامن المُنخرِبة
assize (*v.*) عيَّن الوزنَ او السِّعر رسميّاً
associate (*v.*) ربَط • ارتبط • قرَن • إقترن • رافق
(*n.*) قَرين • زَميل
(*adj.*) مُشارِك • مُرافِق
associated gas (Pet. Eng.) غاز مُرافِق او مُصاحِب
associated minerals (Min.) المعادن المُرافِقة
association (*n.*) رَبْط • تجمُّع ـ رابطة • ائتلاف ـ تأسيس
association, articles of نِظام أو قانون الشركة الأساسي
association, deed of عَقدُ أو وثيقة تأسيس الشركة

assort (*v.*) رتَّب • صنَّف
assumption (*n.*) إفتراض • فرضية
assurance (*n.*) تأكيد • تحقُّق • إثبات ـ ثِقة ـ ضَمان • تأمين (على الحياة)
assure (*v.*) أكَّد • تأكَّد ـ أمَّن (ضد الخسارة)
astatic (*adj.*) (Elec. Eng.) لا ساكِن • لا إستاتي • لا مُوَجَّه • لا إتجاهي
astatic galvanometer (Elec. Eng.) جلفانومتر لا اتجاهي • مِقياس غَلفاني لا إستاتي
astatic gravimeter (Geophys.) مِقياس الجاذبيَّة اللاَّ اتجاهي
astatic needle (Phys.) إبرة مُعطَّلة (لا إستاتيَّة)
astatic pendulum (Mech.) بندول لا إستاتي
astatization, magnetic (Geophys.) تعطيل التأثر بمجال الأرض المغنطيسي
astern (*adv.*) الى الوراء • نحو مُؤخَّر السفينة
asthenosphere (Geophys.) نِطاقُ الانسياب: فيما يلي القشرة الأرضية • الغلاف المائع
astillen حاجز مَسيك
A.S.T.M. (American Society for Testing Materials) الجمعية الأميركية لاختبار المواد
astral oil (Pet. Eng.) كيروسين • كاز
astray (*adj., adv.*) ضالّ • تائه ـ في غير الاتجاه الصحيح
astronomical (*adj.*) فلكي • نَجْمي
astronomy (*n.*) عِلمُ الفلك • عِلمُ الهيئة
asymmetrical (*adj.*) لا مُتماثِل • لا تَماثُلي • لا مُتناظِر
asymmetric(al) anticline (Geol.) قَبوة لا تماثُلية • حَدَبة لا تماثُلية

asymmetrical fold (Geol.) طيَّة لا تماثُليَّة • طيَّة غير مُتناظِرة
asymmetry (*n.*) اللاَّ تماثُل • انعدام التماثُل
asymptote خطٌّ مُقارِب
asynchronous (*adj.*) لا مُتزامِن • لا مُتَواقِت
asynchronous motor (Elec. Eng.) مُحرِّك كهربائي لا تَزامُنيّ
ataxic (*adj.*) لا انتظامي • مُشوَّش
atelier (*n.*) مَعمل • مَشغَل
athermancy (*n.*) (Phys.) اللاَّ مُنفِذيَّة للاشعاع الحراري
athwart (*adv.*) بالعَرض • من جانب الى جانب
A.T.K. (aviation turbine kerosene) كيروسين الطيران التوربيني
Atlantic Ocean (Geog.) المحيط الاطلنطي
atlas (Geog.) أطلس • مُصَوَّر جغرافي
atmidometer = atmometer مِبخار • مِقياسُ كميَّة البخار
atmometer (Phys.) مِبخار • مقياس التبخُّر
atmosphere (*n.*) جَوّ • الهواءُ حولَ الأرض • المحيط الجوي الهوائي
(Phys.) ضغط جوِّيّ • وَحدةُ الضغط الجوي
atmosphere, controlled (Eng.) جوٌّ مُتحكَّم به
atmospheric (*adj.*) جوِّي • ناتِجٌ بتأثير هواء الجوّ
atmospheric boiling point (Phys.) درجةُ الغليان على ضغط جوي
atmospheric changes تغيُّرات جوِّية
atmospheric column (Pet. Eng.) عمود جوِّي • بُرج تقطير جوِّي

atmospheric column reflux drum (Pet. Eng.) مركَنُ السائل المُعاد الى العمود الجوي

atmospheric condensation (Pet. Eng.) التكثيف الجوّي

atmospheric condenser (Chem. Eng.) مُكثِّف جوّي

atmospheric conditions (Meteor.) الأحوال الجوية

atmospheric cooling tower (Pet. Eng.) بُرجُ تبريد جوّي

atmospheric corrosion (Chem. Eng.) تأكُّل بالعوامل الجوّية

atmospheric distillation (Pet. Eng.) التقطير الجوّي

atmospheric electricity كهربائية الجوّ

atmospheric fractionating tower (Pet. Eng.) بُرج جوّيّ للتقطير التفاضُلي • برج تجزيء جوّيّ

atmospheric heat exchanger (Pet. Eng.) مُبادِلٌ حراري جوّي

atmospheric line (Eng.) خط الضغط الجوّي : خط يدل على الضغط الجوّي في آلة القياس

atmospheric pollution التلوُّث الجوّي

atmospheric pressure (Phys.) ضغط جوّي: ١،٠٣٣٦ كلغم على السم المربع أو ١٤،٦٩ باوند على الانش المربع

atmospheric regulator (Eng.) مُعدِّل الجوّ المحيط

atmospheric rerun (Pet. Eng.) إعادةُ التقطير الجوّي

atmospherics = statics = strays (Elec. Eng.) شَواش • تشويشٌ إذاعي سببُه اضطرابُ كهربائية الجو

atmospheric temperature درجةُ حرارة الجوّ

atmospheric topping (Pet. Eng.) تقطير قَطفٍ جوّي • قَطْفٌ جوّي للمنتوجات المتطايرة

atmospheric tower (Pet. Eng.) بُرج (تكثيف) جوّي

atmospheric transmittance نقلٌ او إنفاذٌ جوّي

atmospheric vapour condenser (Eng.) مُكثِّف جوّي للبخار

atmospheric water (Meteor.) ماء الجو • ماء المطر

atmospheric weathering (Geol.) تجوية • تَعرية بفعل المحيط الجوّي

atoll أتُول • شُعبة أو جزيرة مَرجانية

atom (Chem., Phys.) ذرَّة • جَوهر فَرْد

atomic (Chem.) ذرِّي

atomic absorption coefficient معامِل الامتصاص الذرِّي

atomic arc welding (Elec. Eng.) لِحام قوسي ذريّ : لحام بالقوس الكهربائي في جَوّ من الهيدروجين

atomic bomb قُنبلة ذرِّيَّة

atomic energy (Phys.) الطاقة الذرِّية

atomic hydrogen (Chem.) هَيدروجين ذرِّي: عالي الفعالية

atomicity (Chem.) الذرِّية • تكافُؤ الذرات

atomic mass (Phys.) كُتلة ذرِّية

atomic mass unit (Phys.) وَحدةُ الكُتلة الذرِّية (١،٦٦ × $١٠^{-٢٤}$ غم)

atomic number (Chem.) العددُ الذرِّي (للعنصر)

atomic physics الفيزياء الذرِّية

atomic pile (Phys.) قَمين ذرِّي • مُفاعِلٌ ذرِّي

atomic reactor فُرن ذرِّي • مُفاعِل ذرِّي

atomic theory (Phys.) النظرية الذرِّية

atomic weight (Chem., Phys.) الوزن الذرِّي

atomiser = atomizer مرذاذ • مِذرَّة • مِرَشَّة

atomization (Phys.) ترذيذ • ذَرّ • تَذرِيَة : تحويلٌ الى ذرَّات أو إلى رَذاذ

atomization of liquid fuels (Eng.) تذرية الوُقُد السائلة

atomize (*v.*) ذَرَّى • رَذَّذ

atomized (*adj.*) مُذَرَّر • مُذَرَّى

atomized lubrication (Eng.) تزييتٌ مُذَرَّى • تزليق بالبخّ

atomizer (Eng.) مرذاذ • مِذَرَّة • بخَّاخة

atomizing nozzle (Eng.) فُوهَة ذَرّ • فوهة مُذَرِّية

at sea في عُرض البحر

attach (*v.*) ربَط • وصَل • ألصق • اتّصل • ارتبط • التصق

attachment (*n.*) ربْط • ارتباط – مُلحق – رباط • وُصلة – تعلُّق

attachment fitting (Eng.) تركيبة توصيل

attachment flange (Eng.) شَفَةُ توصيل

attachment plug (Elec. Eng.) قابِسُ الوصل

attachment screw (Eng.) بُرغي رَبط

attain (*v.*) ادرك • حصل على • بلَغ

attainable (*adj.*) مُمكن التحقيق • يُمكن الحصول عليه

attal (*n.*) رَدْم

Attapulgus clay (Pet. Eng.) طفَل اتابُولْجوس : طين منَصِّل للألوان

attemper (*v.*) عدَّل • لطَّف او خفَّف بالمزج – كيَّف • لاءم

attemperator مُعدِّل • مُلطِّف

attempt (*v.*) حاوَل
(*n.*) مُحاولة

attendance (*n.*) حضُور • مُواظبة – خِدمة • عِناية – ضَبْط

attendance button (Eng.) زرُّ الضبط او التعديل

attendance crew طاقَمُ الخدمة

attendance regulations أنظمة الخدمة

attenuant (*adj., n.*) مُوهِن • مُخفِّف • مُخافِت

attenuate (*v.*) (Phys.) أوهَنَ • أضعفَ • خفَّف • رقَّق – رقّ • خفّ • وهَنَ

attenuation (*n.*) توهين • تخفيف • تلطيف – وَهَن

attenuation coefficient (Phys.) مُعامِل التوهين

attest (*v.*) أكَّد • شهِد بصِحَّة

attested copy نُسخة مُصَدَّقة

attitude of bed (Geol.) وَضع الطبقة

attle (Mining) شوائبُ معدنيَّة

attorney general النائبُ العام

attorney, warrant of تفويض شرعي • وَكالة رسمية

attract (*v.*) جذَب • تجاذَب • إجتذب

attraction (*n.*) تجاذُب • جَذْب

attraction, electrostatic تجاذُب الكتروستاتي

attraction, magnetic تجاذُب مغنطيسي

attributable (*adj.*) يمكن عزوُه الى • يُعزى او يُنسبُ إلى

attrited (*adj.*) مُتأكِّل بالاحتكاك

attrition (*n.*) (Eng., Geol.) بلًى بالاحتكاك • تأكُّل بالاحتكاك

Å.U. (Ångstrom Unit) أنجستروم

auction (*n.*) مَزاد • بيع بالمزاد العلني

audibility (*n.*) (Phys.) مَسموعية • إمكانيَّة السمع

audible (*adj.*) مَسموع • يُمكن سَماعُه

audigage = audigauge (Eng.) مقياس (ثخانة) مِسماعيّ : يُحدِّد ثخانةَ جدار الأنبوب أو الصهريج بالطريقة الصوتية

audio-frequency تردد سمعيّ (للانسان من ٢٠ الى ٣٠ ألف ذبذبة في الثانية)

audiometer (Phys.) مسماع • مقياس السمع ــ مِقياس شدّة الصوت

audiovisual aids وسائلُ الايضاح السمعية والبصريّة

audit (*v.*) فَحَصَ (الحسابات) • دقَّق • حقَّق

auditing (*n.*) فَحصُ الحسابات

auditor (*n.*) فاحِصُ الحسابات • مُدقِّقُ حِسابات

auger (Eng.) مِثقاب • بَريمة • مِثقاب لولبي

auger bit (Eng.) لُقمة المِثقاب • بَريمة • نصلة البريمة

auger stem (Eng.) جذعُ المِثقاب

augite (Min.) أوجيت : خام من سليكات الكالسيوم والحديد والمغنسيوم الألومنيومية يوجد في الصخور الناريّة

augment (*v.*) زادَ • عزَّز • إزدادَ

aureole (*n.*) (Geol.) نِطاق • هالَة

austenite (Chem.) أوستنيت : محلول جامد مُتجانِس من الحديد والكربون

austenitic steel (Eng., Met.) فولاذ أوستنيتي

austral (*adj.*) جنوبي

authentic (*adj.*) مُوثَّق • أصيل • حقيقي

authigenous = **authigenic** (*adj.*) (Geol.) مَكانيُّ النَّشأة : متكوِّن في موقعه • أصيل

authority (*n.*) سُلطة • سلطان ــ حُجّة • مَرجعٌ ثِقة

authorized (*adj.*) مُفوَّض ــ مُجاز • مُرَخَّصٌ به

authorized capital رأس المال المصرَّح به

autocatalysis (Chem. Eng.) الحَفز الذاتيّ

autochthonal = **autochthonous** (*adj.*) مَكانيُّ النَّشأة • أصيل

autochthonous deposits (Geol.) قَرارات مَكانية النشأة

autochthonous rocks (Geol.) صُخور مكانيّة النشأة

autoclastic (*adj.*) (Geol.) مكانيُّ التفتت

autoclave (Chem.) مِحمٌّ مُوصَد • فرنُ تعقيم ــ قِدْرٌ كاتمة • مُعقِّمة بالبخار المضغوط

auto-feed (Eng.) تغذية ذاتيّة

autofining equipment (Pet. Eng.) مُعدات التكرير الذاتي : لنزع الكبريت من القُطارات البترولية بالهيدروجين

autofining unit (Pet. Eng.) وَحدةُ التكرير الذاتي

autogenetic = **autogenous** (*adj.*) مُتولِّد ذاتيّاً • ذاتيُّ التولُّد • تِلقائيُّ الحدوث

autogenous ignition temperature (Chem. Eng.) درجةُ الاشتعال التّلقائي

autogenous welding (Eng.) لِحام ذاتيّ

autogeosyncline (Geol.) تقعُّر اقليمي بيْني مُنعزل

autoignition (Eng.) اشتِعال ذاتيّ • اشتعال تلقائي

autoignition temperature درجة (حرارة) الاشتِعال التلقائي

auto-intrusion (Geol.) تدخُّل (او اندساس) ذاتيّ

auto-ionization (Chem.) تأيُّن ذاتيّ

automated (*adj.*) مُؤتمَت : مُشغَّل أوتوماتيّاً • مُعَدّ للتشغيل الأوتوماتي

automatic (*adj.*) أوتوماتي • تِلقائي • ذاتيّ • آلِيّ

automatic adjustment (Eng.) ضبطٌ أوتوماتي

automatic alarm (Eng.) جهازُ إنذارٍ أوتوماتي

automatically operated (*adj.*) يُشغَّل أوتوماتيّاً

automatically operated valve (Eng.) صِمامٌ ذاتيُّ التشغيل

automatic carburettor (Eng.) مُكربن أوتوماتي

automatic cathead (Eng.) رَحَويّة رفع أوتوماتية

automatic change-over switch (Elec. Eng.) مِفتاح تحويل أوتوماتي

automatic circuit-breaker (Elec. Eng.) قاطِع أوتوماتي للدائرة الكهربائية

automatic control (Eng.) تحكُّم أوتوماتي

automatic controller (Eng.) مُتحكِّم تِلقائي أو أُوتوماتي

automatic counter (Eng.) عدّاد أُوتوماتي

automatic cut-out (Elec. Eng.) قاطِعٌ أوتوماتي للتيار .

automatic discharge (Eng.) تَفريغ أوتوماتي

automatic drill (Eng.) حفّارة أوتوماتية • مِثقاب أوتوماتي

automatic dump car (Eng.) عربة قلّابة أوتوماتية

automatic feed (Eng.) تغذية أوتوماتية • إلقام تِلقائي

automatic feeder (Eng.) مُغذٍّ أوتوماتي

automatic flushing (Eng.) شَطف أوتوماتي • رَحْض أوتوماتي

automatic ignition (Eng.) إشتِعال أوتوماتي

automatic injection (Eng.) حَقنٌ أوتوماتي

automatic inlet valve (Eng.) صِمام دخول أوتوماتي

autoclave

automatic loader (Eng.) مُحمِّل أوتوماتي

automatic lock (Eng.) قُفلٌ أوتوماتي

automatic lubrication (Eng.) تزييت أوتوماتي • تزليق أوتوماتي

automatic lubricator (Eng.) مُزيِّت أوتوماتي

automatic oil (Eng.) زيت للمكنات الأوتوماتية

automatic operation (Eng.) التشغيل الأوتوماتي • التشغيل الآلي أو الذاتي

automatic overload switch (Elec. Eng.) مِفتاح أوتوماتي يعمل عند تجاوز الحِمل

automatic regulator (Eng.) مُنظِّم أوتوماتي

automatic release (Eng.) إطلاق (أو إعتاق) أوتوماتي

automatic remote control (Eng.) جهازٌ أوتوماتي للتحكُّم عن بُعد

automatic sampling device (Eng.) جهازُ استِخراج عيِّنات تِلقائي

automatic setting (Eng.) الضبطُ الأوتوماتي

automatic shut-off valve (Eng.) صِمام غَلْقٍ أوتوماتي

automatic stability استِقرار تِلقائي

automatic starter (Eng.) جهازٌ أتوماتي لبدء الحركة • بادىء تشغيل تلقائي

automatic stoker (Eng.) وَقّاد أُوتوماتي أو آلي

automatic stop (Eng.) مُوقِف أُوتوماتي

automatic sub-station (Eng.) مَحطّة فرعية أُوتوماتية

automatic switch (Elec. Eng.) مِفتاح أوتوماتي

automatic system (Eng.) نِظام أوتوماتي

automatic timer (Eng.) مُوقِّت أوتوماتي

automatic tipper (Eng.) قلّابة أوتوماتية

automatic transmission (Eng.) نَقلٌ أوتوماتي للحركة

automatic transmission fluid سائل النقل الأوتوماتي

automatic valve (Eng.) صِمام أوتوماتي

automatic welding (Eng.) لِحام أوتوماتي

automation (Eng.) أوتوماتيَّة : التشغيلُ الآلي أو الأوتوماتي ـ أتْمَتَة : جعلُ التشغيل يتمُّ أوتوماتياً أو آلِيّاً

automatize (*v.*) أتْمتَ : جعلَ أو صيَّر أوتوماتيّاً

automaton (Eng.) أوتوماتون : جهاز ذاتي التشغيل

autometamorphism (Geol.) التحوُّل الذاتيّ أو التلقائي

automobile (Eng.) سيَّارة • أوتوموبيل

automobile oil زيت للسيَّارات

automorphic (*adj.*) ذاتيُّ التحوُّل • ذاتي التشكُّل

automorphism التشكُّل الذاتيّ • التحوُّل التلقائي

automotive (*adj.*) (Eng.) ذاتيُّ الحركة • ذاتيُّ الاندِفاع ـ خاصٌّ بالسيارات

automotive diesel (Pet. Eng.) ديزل للسيَّارات

automotive engineer مُهندسُ سيَّارات

automotive grease (Eng.) شحمٌ للسيَّارات

auto oil (Eng.) زيتُ السيَّارات

auto-oxidation (Chem. Eng.) تأكسُد ذاتيّ

autopolymerization (Chem. Eng.) التبَلْمُر الذاتي

automatic valves

automatic welding

auto-refrigeration (Eng.) التبريد الذَّاتي

auto-transformer محوِّل تِلقائي

autoxidation تأكسُد ذاتي

auxiliaries مُلْحَقات

auxiliary (*adj., n.*) إحتياطيّ • إضافي • مُلحق ـ مُعاوِن • مُساعد • تابِع

auxiliary circuit (Elec. Eng.) دائرة مُساعدة

auxiliary engine (Eng.) محرِّك احتياطي

auxiliary equipment (Eng.) مُعدَّات احتياطية

auxiliary operations (Eng.) عمليات لاحقة

auxiliary plant (Elec. Eng.) مُلحَقات مساعدة في محطة التوليد

(Eng.) وَحدة إضافية • وَحدة (صناعية) مُساعِدة

auxiliary pumping unit (Eng.) وحدةُ ضَخٍّ مُساعِدة

auxiliary shaft (Mining) مَهواةٌ إضافية (في بئر أو في مَنجم)

(Eng.) عَمود إدارة مُساعد

auxiliary switch (Elec. Eng.) مِفتاح إضافيّ

auxiliary tank خزَّان احتياطي

auxiliary ventilating unit (Mining) وَحدةُ تهوية اضافية

available (*adj.*) مُتوفِّر • مُتاح • جاهزٌ للاستعمال • في المُتَناوَل ـ مُستَفاد • نافع

available energy (Eng.) الطاقة المستفادة أو المتاحة

available head (Eng.) عُلوّ المَسقَط : العُلو الفاعِل أو المُفيد

available ore surplus (Mining) الاحتياطي من خام معدني

available power (Eng.) القُدرة المُتاحة

avalanche جُراف ثَلْجي • هَيَار جليدي

aventurine quartz (Min.) مَرْوٌ مُرَقَّش (بشوائبَ برَّاقة)

average (*n.*) مُعدَّل • مُتوسِّط ـ عَوارِيَة • تلَف

average annual income مُعدَّل الدخْل السنوي

average boiling point (Phys., Chem.) مُعدَّل درجة الغَليان

average current (Elec. Eng.) مُعدَّل التيَّار

average daily output (Eng.) معدَّل الانتاج اليومي

average efficiency (Eng.) مُعدَّل الكِفاية

average hade (Geol.) مُعدَّل المَيْل (عن الوضع العمودي)

average output مُعدَّل الخَرْج • مُعدَّل الانتاج

average pressure (Phys.) مُعَدَّل الضغط

average sample عَيِّنة وسَطيَّة

average temperature (Phys.) متوسِّط درجة الحرارة

average trend مُعدَّل الاتجاه

average velocity (Phys.) مُعدَّل السرعة (في اتجاه معين)

Aves (Biol.) طائفة الطيور

avgas (aviation gasoline) (Chem. Eng.) أفْجاز • بنزين طائرات

aviation (Aero.) طَيَران

aviation fuel (Chem. Eng.) وَقود طائرات

aviation kerosene = **avtur** كيروسين الطائرات

aviation gasoline = **avgas** (Pet. Eng.) بنزينُ طائرات

aviation mix (Pet. Eng.) مُركَّب مَزج لبنزين الطائرات : رابِع إثيل الرصاص

aviation oil (Pet. Eng.) زيتُ الطائرات

aviation petroleum products (Pet. Eng.) المُنتَجات البترولية للطائرات

aviation spirit (or **fuel**) (Pet. Eng.) وَقود الطيارات

aviation turbo-fuel (Pet. Eng.) وقود (محركات) الطائرات التوربينية

avoid (*v.*) تجنَّب • أعرضَ عن

avoirdupois weight ثِقَل «أفواردِيبوا» : نظام أوزان انكليزي

avtag (Pet. Eng.) أفتاج : وَقود بنزيني خفيض الرقم الأوكتاني للطائرات التوربينية

avtur (aviation kerosene) (Pet. Eng.) أفْتور : كيروسين الطيارات النفاثة

awash (*adv.*) بمُستوى سطح الماء • يكادُ يَغمرُهُ الماء

awl (*n.*) مِخرز • مِثقَبة

ax = **axe** فأس • بَلطة

axes (pl. of **ax**) فؤوس

(pl. of **axis**) مَحاور

axial (*adj.*) مِحوريّ

axial adjustment (Eng.) ضبط مِحوريّ

axial clearance (Eng.) خُلوص مِحوريّ

axial flow دفْقٌ مِحوريّ

axial flow compressor (Eng.) ضاغِط مِحوريُّ الدَّفْع

axial flow turbine (Eng.) تُربين ذو دَفق مِحوَريّ

axial groove (Eng.) حَزٌّ مِحوريّ

axial line of fold (Geol.) المستَوى المِحوريّ للطيّ

axial overlap تراكُب مِحوريّ
axial plane (Eng.) سَطح محوريّ
axial play (Eng.) لَعِب مِحوريّ : قلقلة حول المِحور
axial retreat التراجُع المِحوري
axial section قِطاع مِحوريّ · مَقْطع مِحوريّ
axial septum (Geol.) حاجز مِحوريّ
axial stress (Eng.) إجهاد مِحوريّ
axial surface (Geol.) السَّطح المِحوريّ
axial symmetry تماثُل مِحوريّ
axial thrust (Eng.) دَفعٌ محوري
axis (pl. axes) مِحور · خطُّ المحور
axis of abscissas مِحورُ السِّينات · إحداثيٌّ أُفُقيّ
axis of a crystal (Chem.) مِحورُ البِلّورة
axis of a lode (Mining) مِحورُ عِرق معدني
axis of fold مِحور الطيَّة
axis of ordinates مِحور الصّادات · إحداثيٌّ رأسيّ
axis of oscillation (Phys.) مِحور الذبذبة
axis of revolution (Mech.) مِحور الدَّوَران
axis of rotation (Phys.) مِحور الدَّوَران
axis of symmetry مِحور التماثُل

axle (Eng.) نَزْع · مِحور (الدُّولاب)
axle bearing (Eng.) مَحمِلُ المِحور
axle box (Eng.) صندوق المِحور
axle grease (Eng.) شَحم (تزليق) المَحاور
axle housing (Eng.) غِلافُ المحور
axle journal (Eng.) مُرتكَز المحور · مَقْعَدةُ المِحور
axle loading (Eng.) التحميل المِحوري
axle oil (Eng.) زيتُ المحاور
axle pin (Eng.) مِسمار المِحور
axle shaft عمود المُحرِّك · جذع المحور
axle tree (Eng.) تفرُّع المِحور

azeotropic distillation (Pet. Eng.) تقطير أزْيوترُوبي : لِفصل المواد الهيدروكربونية ذاتِ درجات الغلَيان المُتقاربة
azeotropic mixture = azeotrope (Chem., Phys.) مزيج ازيوتروبي : نسبة بخار السوائل منه تعادل نسبة السوائل المزوجة
azimuth (*n.*) (Surv.) سَمْتُ الرأس · السَّمت
azimuthal angle (Surv.) زاوية سَمتيَّة · زاوية السَّمت
azimuthal (map) projection (Surv.) مَسقط سَمتيّ (خرائطي)
azimuth compass بُوصَلة سَمتيَّة
azo dyes (Chem.) صِباغات آزُوِيَّة
azoic (*adj.*) (Biol.) عديمُ الحياة
Azoic era (Geol.) دهرُ اللاّحياة
azote = nitrogen (N) (Chem.) أزوت · نِتروجين
azotic acid (Chem.) حامِض الأزوتيك
azotize (*v.*) نَترَجَ · أشبع بالأزوت
azotous = nitrous (*adj.*) أزوتيّ · نِتروجيني
azure (*n.*, *adj.*) لازَوَرْدي · أزرق سماوي
azurite (Chem.) أزوريت : كربُونات النُّحاس القاعديَّة

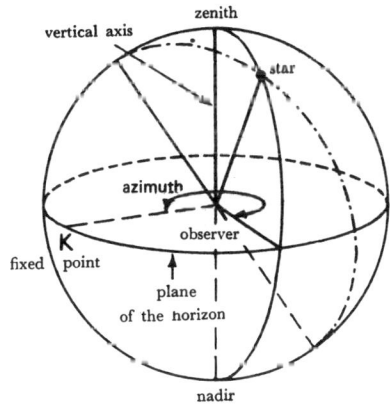

b

bending machine

babbitt (*v.*) (Eng.) صَفّح أو بَطّن بمَعدِن «بابتْ»

(*n.*) سبيكةُ أو معدِن «بابت» — بِطانة مَحمِل من معدن «بابت»

babbitted bearing (Eng.) مَحمِل مُبطّن بمَعدِن «بابت»

babbitt faced (or **lined**) (*adj.*) مُبطّن بمَعدِن «بابت» لمُقاومة الاحتكاك

Babbitt's metal (Met.) معدن «بابت» • سَبيكة «بابت» • المعدن الابيض

Babcock tube انبوب اختبار «بابْكوك»

back (*v.*) عَضَد • ساعَد • آزَر — تراجَع

(*n.*) ظَهْر

(*adj.*) خَلفيّ

(*adv.*) خَلفاً • وَراء

backacter = drag shovel (Eng.) مِجْرفَةٌ عكسِيّة (تعملُ باتجاه المكَنة)

back action فِعل ارتِدادي

back-and-forth motion حركة مُتَرجِّحة (جِيئةً وذهاباً)

backhoe

back axle (Eng.) مِحور خَلفيّ

back balance (Mining) دَعم خَلفي : دعم مُؤقت للبئر أو الحفيرة

back bumper (Eng.) المِصدم الخلفي (في سيارة أو قاطرة)

back crank pumping ضَخّ (خلفيّ) مُعزّز

back current تيّار مُعاكِس

back digger حَفّارة عكسية (تعمل باتجاه المكنة)

back draft ارتدادُ اللهب أو الدخان (لِتَعطّل السحب)

backed (*adj.*) مُدعَّم • مَسنود • مظَهّر

back electro-motive force (or **back e.m.f.**) (Elec. Eng.) القوة الدافعة الكهربائية العكسية (ق د ك)

back entry مَدخل خَلْفي

back-fill (or **backfilling**) ترابُ الرَّدْم • مواد الرَّدْم

back-filling machine (Civ. Eng.) مَكنةُ رَدْم

back-fire (*n.*) (Eng.) اشتِعال خَلفي

(*v.*) فرقَع • اشتعل داخليّاً

back flow (Eng.) دَفقٌ خَلفيّ

back-flow condenser (Chem. Eng.) مُكثّف رَجعيّ

back folding (Geol.) طيُّ التراجع • طيُّ الإدبار

back gear (Eng.) تُرس (أو مُسنّنة) تعزيز

background (*n.*) خَلفيّة — خَلفيّةُ الصورة (أو المنظر)

back guys (Civ. Eng.) شدّادات خَلفِية — حِبالُ تَثبيت البُرج الخلفية

backhand welding (Eng.) لِحام بظاهر اليد

backhoe (Civ. Eng.) مِعزَقة خلفية • جرّافة ارتدادية : لحفر الخنادق

backing (*n.*) سَنَد • ظِهارة — مُسانَدة • دَعْم — تراجُع • تقهقُر

backing-down (*n.*) تنازُل • تراجُع

backing-out (*n.*) انسِحاب • تراجُع

backing piece (Eng.) قِطعةُ تَقوية • ظِهارة

backing plate (Eng.) صفيحة تَقوية

backing ring (Eng.) طوقٌ داعِم • حلقة تقوية

backing up (*n.*) دَعْم • سَنْد • مُسانَدة

backing-up flange (Eng.) شَفَة دَعْم (الانبوب)

backing weld (Eng.) لِحامُ تَقوية

back-jet currents (Eng.) تيّارات النَّفْث الارتِدادي

backland = hinterland (Geol.) أرضُ المُؤخَّرة : أرض بعيدة عن الشاطىء

backlash (Eng.) فَوْت — إرتجاج نَخْعيّ (يَعقُب الفَرقعة)

back lath (Civ. Eng.) قِدَدُ الظِّهارة : شرائحُ خشبية تُكسَى بها الجُدران والسقوف

back off (*v.*) أحجم • توقّف — فك (الآلة) • أفلَت

back off logging سِجلّ التوقّف

back off shot تفجيرُ تَفكيك الوُصلات (أو إفلاتِها عند سَحْب الانابيب)

back pay أجرٌ مُتأخِّر • راتِب مُتأخِّر

backplate صفيحه خلفِيه • لوحه خلفيه

back pressure (Eng.) ضغط مُرتَدّ • ضغطٌ خلفيّ • ضغطٌ مُعاكِس

back-pressure (regulating) valve (Eng.) صِمامُ (ضَبْطِ) الضغط الارتِدادي

back-pressure tests (Pet. Eng.) اختبارات الضغط الارتدادي : لتقييم القُدرة الانتاجية لبئر النفط

back-pressure turbine (Eng.) عَنَفَة ذاتُ ضغطٍ مُرتَدّ • توربينُ الضغط الارتدادي

back-pressure valve (Eng.) صِمامُ مَنع الضغطِ المُرتدّ

back reef (Geol.) حَيْدٌ بَحري خلفيّ (من الصخور السطحية)

back shaft (Eng.) عمودُ ادارةٍ خلفيّة

back shore شاطئٌ خلفي : لا يصلُه الماءُ الا في المدّ العالي

back slope (Geol.) انحِدار خلفيّ

back stay = back rest (Eng.) سِنادةٌ خلفية • دِعامة

back surge اضطراب خلفيّ • تموُّر خلفي

back sweetening (Pet. Eng.) تحلية عكسية : بإضافة المَركَبْتان الى المُستحضَر النفطي

back taxes ضرائبُ متأخِّرة

back twist ليٌّ معاكِس

backward (*adj.*) خلفي • مَعكوس • مُضادّ
(*adv.*) إلى الوراء • نحو نقطة الانطلاق

backward erosion (Geol.) تَحاتٌّ خلفي • حَتّ تقهقُري

backward folding = back folding (Geol.) طيٌّ خلفي • طي التراجع

backwash خضرَبةُ الماء (خلف سفينة سائرة) – ارتدادُ الموج : بعد انكساره على الشاطىء

back-water تيّار ماء مُعاكِس – ماء متجمّع

back-water valve (Eng.) صِمامُ (تفريغ) الماء المرتَدّ

Bacteria (pl. of **bacterium**) بكتريا • بكتيريا • جَراثيم • راجِبّات

bactericide (Chem.) مادةٌ مُبيدة للجراثيم • قاتِلُ البكتريا

bacteriology عِلم الجراثيم • بكتيريولوجية

bad debt دَيْن مَعدوم أو هالك

badge (*n.*) شارَة • علامة مُمَيِّزة

bad handling سوءُ المعاملة • سوء التناوُل

badigeon مِلاطٌ لِسَدّ الثقوب

badland (Geol.) ارض رديئة • اراضٍ وَعِرة

baffle (*v.*) إعترض • أعاق
(*n.*) عارِضة • حاجِز : لتغيير اتجاه الجَرَيان • حارِفة

baffle column (Pet. Eng.) عَمُود الحواجز الاعتراضية

baffle plates (Eng.) عوارِض – ألواحٌ اعتراضية : لمنع التمَوُّر

baffler (Eng.) عارِضة توجيه – مُنظِّم تدفق النفط في المضخات

bag (*n.*) حَقيبة • كيس • جِراب
(*v.*) وضع أو عبَّأ في اكياس

bagger حَفّارة

bagging خَيْش • نَسيجٌ لصنع الأكياس

bail (*v.*) نَزَح الماء • إعترف – كفَل أو ضَمِن – أخرج مَوقوفاً بكَفالة
(*n.*) مِنزحة • مِضخّة نزح – كَفالة • ضَمانة

bailbond سَندُ كَفالة • كَفالة ماليّة أو عَقارية

bailer (Pet. Eng.) مِنْزَحة – انبوبُ نَزْح

bailer, acid dump (Pet. Eng.) انبوبُ إفراغِ الحامِض

bailer, cement dump (Mining) انبوبُ إفراغِ الاسمنت

bailer valve (Eng.) صِمام أنبوب النزح
(Pet. Eng.) صِمام تفريغ طين الحفر

bailing (*n.*) نَزْح • تَفريغ – تنظيف بالنزح

bailing level مُستوى النَّزح

bailing tank (Eng.) خَزّانُ النَّزْح

bail out (*v.*) قدَّم كفالةً عن
(Pet. Eng.) نَزَح (أو أغترف) تماماً

bail test (Pet. Eng.) اختبار بالنزح • اختبار بمضخة نزح

bake (*v.*) حمَّص • شوى • كَلَّس بالتحميص

Bakelite (Chem.) باكليت • راتينج صناعي من الفينُول والفورمَلْدهيد

baking تجفيف • شَيّ – تَقسيةُ الفَخّار بتجفيفه على النار

baking soda صُودا الخَبيز • بيكربونات الصودا

balance (*v.*) وازَنَ • عادَلَ – اتَّزَن • تعادَل – رَصَّدَ الحسابَ
(*n.*) مِيزان – مُوازنة – توازن • تعادُل – رَصيدُ حِساب

balance (an account) رصَّد (الحسابَ)

balance beam عاتِقُ الميزان

balance bob ثِقْلُ المُوازنة

balance box (Eng.) صُندوق الموازنة (لِذراع المِرفاع)

balanced (*adj.*) مُتَّزِن • مُتوازِن • مُوازَن

balanced circuit دائرة مُتوازِنة

balanced draught (Eng.) تيار هوائي مُوازَن (مع الضغط الجوي)

balanced gasoline (Pet. Eng.) بنزين مُعادَل • بنزين موازَنُ الخصائص

balanced lever (Eng.) رافعة مُتوازِنة

balanced load (Elec. Eng.) حِملٌ مُوازَن

balanced reaction (Chem. Eng.) تفاعُلٌ (كيميائي) مُتوازِن

balanced stresses (Mech.) إجهادات مُوازَنة

balance due رصيد الحساب المستَحِق • الرصيد المَدين

balance indicator (Eng.) مُبَيِّنُ الاتزان

balance in hand الرصيدُ الدائن

balance of payments ميزانُ المَدفوعات

balance of trade الميزانُ التجاري

balance pan كِفّةُ الميزان

balancer transformer (Elec. Eng.) مُحَوِّل مُوازِن

balance sheet ميزانية • كَشفُ الميزانية

balance valve (Eng.) صِمامُ التوازُن

balance weight (Eng.) عِدْل • ثِقْلٌ مُعادِل

balancing (*n.*) مُوازَنة • اتِّزان – تعديل – تعادُل

balancing condenser مُكَثِّفٌ موازِن

balancing machine (Eng.) مكنةُ ضَبط التوازُن

balancing of accounts مُوازَنة الحسابات أو ترصيدُها

balancing piston (Eng.) مِكبَسٌ مُوازَنة

balancing spring نابِض موازَنة

balancing stand حامِلُ مُوازَنة • مِنصَبُ موازَنة

balancing test اختبارُ التوازُن

balata (Chem.) بَلاتَه : صَمغ لزِج جيّد العزل

balco بالكو : سبيكة صامدة للحرارة العالية (٧٠٪ نيكل و٣٠٪ حديد)

bald-headed anticline (Geol.) طَيّة مُحدّبة جرداء (أو صلعاء)

bale (*n.*) بالة • حُزمة • رِزمة

balisage lamps مصابيح المَنار

balk (or **baulk**) (*n.*) (Civ. Eng.) رَدْم بين حفيرتين – رافِدة • جائز
(*v.*) أحبَطَ • أعاق – توقَّف • أخفق

ball (*v.*) كتَّل • تكتّل • كوّر • تكَوّر

ball (*n.*) كُرة • كُتلة مُكَوّرة

ball-and-socket bearing (Eng.) مَحمِلٌ كُرويّ حُقّي

ball-and-socket joint مَفصِل كُرويّ • حُقي • وُصلة كرويّة حُقّيّة

ballast (*n.*) صَابورة – شاقول • ثِقْل مُوازِن – حُساس : حصى للرّصف • حَصِيم رَصف

(*v.*) : فرش بالحصى • رصَف – صبّر : ثقّل بِصابورة

ballast car (or **wagon**) (Eng.) شاحِنةٌ لِنقل حصَى الرصف وتفريغه

ballast concrete (Civ. Eng.) خَرسانة حَصْباوِية (البِطانة : خرسانة على فَرشة من الحصى أو الحجارة الصغيرة

ballast voyage (Naut.) : الرِّحلة الصابورية : رحلةُ المركب (دون بضاعة) بشحنةٍ من الماء كصابورة لحفظ التوازن

ball-bearing (Eng.) مَحمِل كُريّات

ball-bearing cup (Eng.) حُقّ مَحمل الكريّات

ball-bearing housing (Eng.) عُلبة مَحمل الكريّات

ball-bearing oil (Eng.) زيتُ مُحامِل الكريّات

ball check valve (Eng.) صِمام كرويّ غيرُ مُرجِع

ball clay = **potters' clay** (Geol.) طين لَدْن • طينُ الخزّافين

ball-cock (Eng.) صُنبور ذو عوّامة

ball cutter (Eng.) مِقطع مُستدير الطرف

balled-up structure بِنية مُكوّرة

ball float (Eng.) عَوّامة كُرويّة

ball hardness test (Eng.) اختبار الصلادة بالكُرة

balling (Civ. Eng.) تكوُّر : تكوُّر حدّ الآلة بالحُفارة المُلتصقة

ballistics (Mech.) بالستيكيات • علمُ القذائف • قِذافة

ball joint (Mech.) وُصلة كُروية

ball mill (Mining) طاحونٌ بالكريات

balloon مُنطاد – بالُون

balloon flask قنينة مُكوّرة القَعْر

balloon roof tank (Pet. Eng.) صِهريج مكوّرُ السطح

balloon sonde (Meteor.) بالون سَبْر راديّ

ball bearing

ball-pane (pein, pean or **peen) hammer** (Eng.) مِطرقة بوجهٍ كُروي • مِطرقة مَلفوفة الرأس

ball pivot (Eng.) مُرتكَزٌ كرويّ

ball race (Eng.) مَدرجة كُريّات

ball sealer process طريقة السدّ بالكرات (المطاطية)

ball sealers سِطامات كرويّة

ball shaped (*adj.*) كُرويّ • كُرويّ الشكل

ball socket (Eng.) حُقٌّ كروي

ballstone (Geol.) مُكَوّرة صخرية

ball-track (Eng.) مَجرى الكريّات

ball-up structure (Geol.) بِنية مُكوّرة

ball valve (Eng.) صِمام كرويّ

ban (*v.*) حَظَر • مَنَع

(*n.*) حَظْر • مَنْع • تَحريم

banana oil زيت المَوز : أسِيتات الأمِيل

band (*n.*) شَريط • سَيْر – رِباط • ضِماد – شَريطة • خط مُلوّن – زُمرة – رابِطة – وِثاق • قَيْد

(Elec. Eng.) نِطاق من الذبذبات أو الأطوال الموجيّة

(Geol.) طبقة رقيقة من الخام

(*v.*) عصَب • ربَط • ضمد – خطَّط • قلمّ – ضمّ • إتحد • إعتصب

bandage (*n.*) ضِماد • رِباط • لِفافة

(*v.*) ضَمَّد

band belt حِزام • سَيْر شريطي

band brake (Eng.) كَبّاحة طوقيّة • مِكبح شريطيّ

band chain (Surv.) شريط قياسٍ فولاذي

band clamp قامِطة طوقية

band clutch = **friction clutch** (Eng.) قابضٌ احتِكاكي

band (or **belt**) **conveyor** (Eng.) ناقِلة بالسَّير

banded (*adj.*) مُخطَّط • مُحزَّز

ball valve

banded clay (Geol.) صَلصال مُحزَّز (أو مُخطَّط)

banded structure (Geol.) بِنْية مُحزَّزة • بنية شريطية

band friction (Eng.) احتِكاك شريطي (بين السَّير والبَكَرة)

banding (Geol.) تَطبُّق شَريطي

band pulley (Eng.) بَكرة ذاتُ سَيْر • بَكَرة طوقيّة

band wheel (Eng.) بَكرة ذاتُ سَيْر

band width (Elec. Eng.) عَرضُ النطاق الترَدُّدي

banging vibration (Geophys.) اهتزازٌ ضَجيجيّ

bank (*n.*) مَصْرِف – ضَفّة • شَطّ – مَقْعَد – رَصيف • مَصطبة

(Eng.) مَجموعة • صفّ

= **embankment** (Civ. Eng.) سدّ – حافّة • حَيْد

(*v.*) أودع (مالاً) في مَصرف – انعطَف • انحنى – كدّس • كوّم

bank account حِساب مَصْرِفي

bank a road (*v.*) (Civ. Eng.) : حَيّدَ الطريقَ : جعل له حَيداً أو رصيفاً

bank cheque (or **bank check**) صَك مَصْرِفي

bank credit اعتمادٌ مصرفي

banking (*n.*) عُطوف • مَيْل – اعمال مَصرِفيّة: أعمال البُنوك

(Eng.) مُصافّة

banking-up (Eng.) تخفيض مُعدَّل الاحتراق (في موقِد المِرجل)

(Civ. Eng.) تكويم • تكديس – دَعْم بحَيد تُرابي

banksman مُساعِد عامِل المِرفاع

bank transfer تحويل مَصرِفي

bank up (*v.*) خَفَّضَ مُعدَّلَ الاحتراق

banox (Eng.) مانِعُ الصدأ

bar (Eng.) قضيب – حاجِز • حَيْد

(Geol.) رواسِبُ رمليّة او حصباوية

(Meteor.) بار (وَحدة لقياس الضغط تُعادل مليونَ داين على السنتيمتر المربع)

barafos (Pet. Eng.) بارافُوس : مُسَيِّل طين الحفر

barbed wire سِلكٌ شائك

barchan (Geol.) بَرْخان • قَوْز : كَثيب هلاليّ يمتَدُّ قَرناه باتجاه الريح

bare (*adj.*) عارٍ • مَكشوف – رَثّ • بالٍ

(Eng.) كَفاف : أقل من القياس المُحدد بقليل

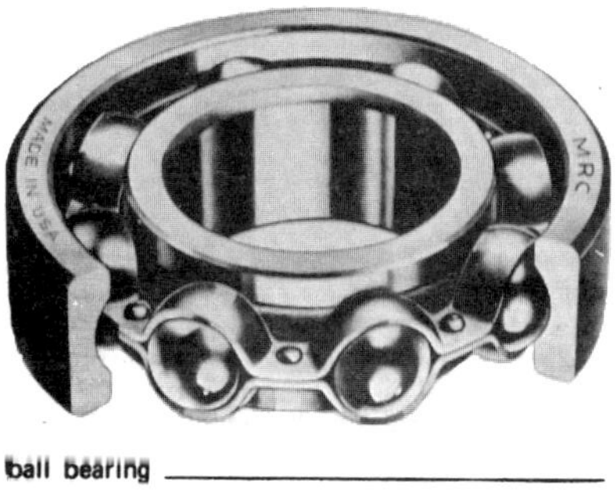

bare cable (Elec. Eng.) كَبْلٌ عارٍ

bare conductor (Elec. Eng.) مُوَصِّل عارٍ

barefooted well (Pet. Eng.) بئر حافِيَة • بئر غير مُبَتَّبة • بئر غير مُغلَّفة : بئر مَحفورة في ارض صلدة لا تحتاج الى تغليف أنبوبي

bare ground ارض جَرداء

bare pipe انبوب عارٍ • أُنبوب مكشوف

bare wire (Elec. Eng.) سِلك عار : غير مَعزول

barffed (*adj.*) مُعالَجٌ لمقاومة الصدأ

Barff's process (Chem. Eng.) طَريقة «بارْف» لمُقاومة الصدأ (في الحديد)

bargain (*n.*) صَفْقة

(*v.*) ساوَمَ

barge (Naut.) صَندل • مركب مسطّح • طَوْف • عائمة

barge, drilling (Pet. Eng.) صَندلُ الحفر • مَركب الحفر

bar-iron حَديد على شكل قُضبان

barite = **barytes** (Min.) كبريتات الباريوم

barium (Ba) (Chem.) أَلباريوم : عُنصر فلزي رمزه «با»

barium-base grease (Pet. Eng.) شحم قاعدته الباريوم

barium chloride (Chem.) كلُوريد الباريوم

barium chloride test (Pet. Eng.) اختبار بكلوريد الباريوم : للكشف عن وجود الكبريتات في النفط

barium hydroxide (Chem.) هَيدروكسيد الباريوم

barium oxide = **baryta** (Chem.) اكسيد الباريوم

barium peroxide فوق اكسيد الباريوم

barium sulfate (or **sulphate**) (Chem.) سُلْفات أو كبريتات الباريوم

barn (*n.*) هُرْي • مَخزنُ حبوب • جُرن

(Phys.) بارْن : وَحدةُ مِساحة للقياسات النوَويّة تعادل ١٠^-٢٤ سم مربع

baroco (Pet. Eng.) بارُوكو : طين حَفر للتكوينات المِلحية

barograph (Meteor.) باروغراف : مِرسمةُ الضغط الجوي

baroid (Pet. Eng.) بارُوِيْد : عامِلُ تكثيفِ طين الحفر

barometer (Meteor.) بارومِتر • مقياس الضغطِ الجوي • مِرواز

barometric changes (Meteor.) التغيُّرات البارومِترية

barometric condenser (Chem. Eng.) مكثِّف بارومتري

barometric height (Meteor.) ارتفاع بارومتري

barometric jet نافثة بارومتريّة

barometric pressure ضَغط بارومتري

barothermograph (Meteor.) باروثِرموغراف : مِرسمة تِلقائية تسجّل باستمرار تقلُّبات الضغط الجوي والحرارة معاً

barrage (Civ. Eng.) سَدّ • حاجِز اصطناعي على نهر

barred basin (Geol.) حوض مُحتجَز

barrel (Eng.) بِرميل ـ ماسُورة مدفع أو بندقية ـ جزء اسطواني ـ جِذع

(Pet. Eng.) برميل : سَعتهُ ٤٢ غالوناً أميركياً عيارياً (أي ١٥٨،٩٨٤ لترا)

barrel day برميل في اليوم

barreler (Pet. Eng.) بئر مُنتِجة

barrel filler (Pet. Eng.) جهازُ تعبئة البراميل آليّاً

barrel fold (Geol.) طيّة برميليّة

barreling (*n.*) بَرمَلَة : التعبئة في براميل

barrel mile (Pet. Eng.) برميل في الميل • برميل مِيليّ

barrel of a boiler (Eng.) أسطوانة مَواسير اللّهب في المرجل

barrels per day برميل يومياً

barrels per stream day برميل في كل يوم عمل

barren (*n.*) غيرُ منتج • عَقيم • عاقِر ـ قاحِل

barren lode (Mining) عِرق معدني عَقيم

barren rock (Mining) صَخر عَقيم

barren well (Pet. Eng.) بئر عقيم

barrier (Geol.) حاجِز ـ عائق

(Elec. Eng.) عازِل (في المحولات)

barrier pillar (Mining) عمودٌ أو حاجز فَحمي (في منجم)

barrier reef (Geol.) حاجزٌ مَرجاني • شِعب مرجاني حاجز

barrier system (Mining) طريقة الحواجز والاعمدة (في التعدين)

barring motor (Elec. Eng.) مُحرِّك صغير لتحريك الحذّافة

barrow (*n.*) عربةُ يَد

barrow pump مِضخة نقّالة

bar solder (Eng.) لِحام على شكل قُضبان

barter (*n.*) مُقايَضة • مُبادَلة

(*v.*) قايَض • بادَل

drilling barge

barysphere

ATMOSPHERE
LITHOSPHERE
BARYSPHERE
HYDROSPHERE

barycenter (Mech.) مَركز الكُتلة

barye = **bar** باري • بار • وَحدة الضغط المطلقة : داين على السم المربع

barysphere (Geol.) جوفُ الأرض • الكرة الباطنية الثقيلة

baryta = **barium oxide** (Chem.) بارِيتا (اكسيد الباريوم)

barytes (or **barite**) (Min.) بارايت : كبريتات الباريوم

basal (*adj.*) قاعدي • أساسيّ • جَذري

basal cisterns (Eng.) صَهاريج القاعدة

basal cleavage (Min.) إنشِقاق قاعديّ

basal conglomerate (Geol.) قضّة قاعدية • رَصيص قاعدي

basal layer (Civ. Eng.) طبقة (مِلاط) سُفلية

basal plate لوحٌ قاعدي

basalt (Geol.) بازَلْت • النّسَف • النسَف

basalt dyke (Geol.) حاجِز بازلتي

basaltic (*adj.*) (Geol.) بازَلتي

basaltic column عَمودٌ بازَلتي

basaltic layer طبقة بازلتيّة

basaltiform (*adj.*) بازَلْتي الشكل

basalt rock (Geol.) صخر بازلتيّ (على شكل اعمدة متلاصقة)

basalt slate أردُواز نَسَفي (أو بازَلْتي)

bascule bridge = **balance-bridge** (Eng.) جِسْر قلّاب

base (Chem.) قاعدة

(*n.*) اساس ـ رُكن ـ جزء رئيسي

base (*adj.*) أساسي • قاعدي
(*v.*) أسّس • وضع كأساس
baseboard (*n.*) لوحُ القاعدة
base conglomerate (Geol.) رَصيص قاعدي
base constituents المُكَوِّنات الأساسية
base course (Civ. Eng.) طبقة أساسية
base deflection (Eng.) إنحراف الأساس
base-exchange (Chem.) تبادُل قاعدي : استبدال فِلز القاعدة بآخَر
base frame (of a machine) (Eng.) هيكلُ القاعدة (للمكنة)
base level (Surv.) مُستوى القاعدة • المستوى القاعدي
base level of erosion (Geol.) المستوى الأدنى للتحّات
base line (Surv.) خطُّ القاعدة • الخط القاعدي • الخط الأدنى
base load (Elec. Eng.) الحِمل الاساسي
base map (Surv.) خريطة تَوقيعية : خريطة دقيقة تُتّخذُ أساساً للاعمال الجيولوجية
basement (Civ. Eng.) قَاع • طبقة قاعدية — طابق سُفلي (تحت الارض)
basement complex (Geol.) القاعدة الصخرية
basement rocks (Geol.) صُخور قاعِيّة • صخور القاع
basement uplift (Geol.) ارتفاع القاع
base metals (Chem.) معادن خَسيسة
base number (Chem. Eng.) العددُ القاعدي • الرقم القِلوي
base of a cylinder إحدى قاعدتَي الاسطوانة
base oil (Pet. Eng.) زيتٌ أوّلي أو اساسي : يَنتجُ بالتقطير دون مُعالجة أو مَزج
base ore (Mining) خام خَسيس
base plate (Eng.) صفيحة القاعدة
base pressure ضَغطُ القاع • الضغط القاعدي
base ring (Eng.) طَوق القاعدة
base royalty الرّيع الاساسي
base stock, petroleum (Pet. Eng.) مادة بترولية أساسية
base stocks (Pet. Eng.) زُيوت أوّلية أو اساسية : مخزونات بترولية اساسية مُعَدّة للتصنيع بالمزج أو بالاضافات
bash (*v.*) ردَمَ • طَمَّ
basic (*adj.*) اساسي • اصلي • اولي
(Chem.) قاعدي
basic addition (Chem.) اضافة قاعدية
basic anhydride (Chem.) انْهَدريد قاعدي • اكسيد فلزّي يُكوِّن قاعدة مع الماء
basic Bessemer steel (Met.) فولاذ «بَسِمَر» القاعدي
basic compounds (Chem.) مُركّبات قاعدية
basic data المُعطَيات الاساسية
basic discharge rate مُعدّل التفريغ الأساسي
basic dyes (Chem.) أصباغ قاعديّة
basic industry صِناعة أساسية
basic intrusive (Geol.) صَخر مُتَدخِّل قاعدي
basicity (of an acid) (Chem.) قاعديّة (الحامض)
basic lead carbonate (Chem.) كَربونات الرصاص القاعدية
basic lining بِطانة قاعدية
basic material مواد اساسية • مواد قاعدية
basic oxide (Chem.) اكسيد فِلزيّ
basic patch (Geol.) رُقعة قاعديّة
basic reaction (Chem. Eng.) تفاعل قاعدي
basic research (Chem., Phys.) بحث أساسي أو جوهري
basic rocks = subsilicic rocks (Geol.) صخور قاعدية • صخور تحت سيليسيّة
basic salt (Chem.) مِلح قاعدي
basic sediments (Geol.) رواسبُ قاعدية
basic slag (Chem. Eng.) خَبَث قاعدي : سمادٌ فُسفوري (يُحصل عليه من صناعة الفولاذ)
basic training تدريب اساسي
basic wage أجرٌ أساسي
basify (*v.*) قَلّى • جَعلَ قِلوياً أو قاعدياً
basin (*n.*) حوض — قَصْعَة • طَسْت
basin folds (Geol.) طَيّات قَصْعِية : تميلُ الطبقات فيها نحو نقطة مركزية
basin of deposition (Geol.) حَوضُ الإرساب
basin structure (Geol.) بِنْية قصعية : تميلُ فيها جوانب الطي نحو نقطة مركزية
basis قاعدة • رُكن • أساس
basket سَفَط • سَلّة • سَلّة انتشال معدِنية
basket cooper (Civ. Eng.) لاقِط سَفَطي (لأدوات الحفر السائبة)
basket sub (Pet. Eng.) أُنبوب الرواسب
bass (*adj., n.*) جَهير : عميق النغمةِ منخفضُ الحِدة
basset (Geol., Mining) بُروز رِكازيّ : بُروز طرف الطبقة المعدنية فوق سطح الارض
bastard (*adj.*) شاذ • غير قياسي • غير مُتناسق — نَغْل • غير نَقيّ
bastard break كَسر غير مُتناسق
bastard car (Pet. Eng.) عَرَبة غير متكافئة الصهاريج
bastard coal فحم قاس
bastard file (Eng.) مِبْردٌ مُتوسِّط الخشونة
bastard thread (Eng.) سِن غير قياسي • حَزّ لا عياري
bat (Civ. Eng.) شِظيّة من الآجر
batch (*n.*) دُفعة — عَجْنَة — فِئة — كمّيّة • مَجموعة
(*adj.*) قَطّاعِيّ • على دُفعات
batch coke still (Pet. Eng.) مِقطرةُ تكويك قطاعي
batch column (Pet. Eng.) بُرج التقطير القَطّاعي
batch distillation (Pet. Eng.) التقطير القطّاعي • التقطيرعلى دُفعات متقطّعة
batch furnace (Eng.) فُرن قَطّاعي : يعملُ على دُفعات
batching (*n.*) تزييت الغَزْل : اضافة زيت الى الغَزل تسهيلاً لِفَتْله
(Pet. Eng.) فَصل الدُّفعات • تصنيف الدفعات
batching sphere (Pet. Eng.) كُرة القَطع (أو الفصل) : كُرة فَصْل دُفعات الخام عبر خط الانابيب
batch number (Eng.) رَقْمُ الفئة • رقم الدُّفعة الانتاجية
batch operation (Eng.) تشغيل مُتقطِّع • تشغيل قَطّاعي
batch plant (Eng.) وَحدة قطّاعية : تعمل على دُفعات
batch production (Eng.) انتاج قَطّاعي • الانتاج على دُفعات
batch still (Chem. Eng.) مِقْطَر متقطِّع • انبيق التقطير المتقطِّع
batch treating (Chem. Eng.) المعالجة القَطّاعية • المعالجةُ على دُفعات
batch type furnace فُرن قَطّاعي : يعمل على دُفعات
batch vaporization (Pet. Eng.) التبخير القطّاعي • التبخير على دُفعات : يتم بسحب الغاز من فوق سطح السائل المتبخر ثم رفع درجة الحرارة
batchwise (*adj., adv.*) على دُفعات • قَطّاعي
bath = clearing bath (Chem. Eng.) مَغْطَس • مَغطَس تظهير الصور
bath (*n.*) حَمّام • مَغْطَس — حوض الغسيل
bathe (*v.*) غَسل • غَمر بالماء
bath lubricating system (Eng.) نظام التزليق المَغطسي

bath lubrication (Eng.) تزييت بالتغطيس

bath oiling (Eng.) التزييت بالتغطيس

batholith = bathylith = batholite
باثوليت : كتلة ضخمة من الصخور (Geol.) النارية المتدخلة السحيقة العمق

bathometer = bathymeter باثومتر · مقياس اعماق · معماق

Bathonian (Geol.) باثونيان : طبقاتٌ صخرية من اواسط العصر اليوراسي

bathosphere كُرة الاعماق

bathotonic (Chem. Eng.) خافِضُ التوتر السطحي

bath voltage (Elec. Eng.) فُلطية المَغطس

bathyal deposits (Geol.) رَواسب الاعماق

bathyal zone (Ocean.) المنطقة اللُّجية · [illegible] تابع البحر أو المحيط على عمق تتراوح بين ٢٠٠ و١٠٠٠ متر

bathylith (Geol.) باثُوليت : صخر اندساسيّ (غرانيتي في الغالب) لا يُعرف لعمقه مَدى

bathymeter = bathometer مقياس الاعماق · مِعماق · باثومتر

bathymetry قياس الاعماق

bathyscaphe غوّاصة الاعماق

bathysphere كُرة الاعماق · الكرةُ الباطنية الثقيلة : جَوفُ الارض

batter (*n.*) (Civ. Eng.) مُنحدَر · حُدور ـ مَيْل

(*v.*) مَال · أمال ـ رَضرض · ترضرَض

battery (*n.*) مَجموعة مُتواجِدة

(Elec. Eng.) بطارية · حاشِدة

battery acid (Chem.) حامضُ المَراكِم : حامض كبريتيك نقيّ لتعبئة المركمات

battery cell (Elec. Eng.) خِليّة بطّارية

battery charger (Elec. Eng.) شاحِنُ بطاريات : مُعبِّىء البطاريات

battery clamp (Elec. Eng.) كُلّاب البطارية

battery, dry بطاريّة جافة

battery ignition (Elec. Eng.) إشعال بالبطارية

battery of boilers (Eng.) مَجموعة مُتواجدة من الغلايات (أو المراجل)

battery of coke ovens مجموعة مُتواجدة من افران الكُوك

battery of generators (Elec. Eng.) مجموعة مُتواجدة من المولّدات

battery of stills مجموعة مِقطَرات مُتواجِدة

battery, storage (Elec. Eng.) مِرْكَم · مُركِّم

battery switch (Elec. Eng.) مِفتاح البطارية

bathyscaphe

battery test (Chem.) اختبار البطارية : قياسُ كثافة إلكتروليت المِركَم

baulk = balk (Eng.) رَدْمٌ بين حفيرتين ـ رافِدة · جائز

Baumé degree (Phys.) درجة «بُومِيه»

Baumé gravity (Phys.) الكثافة النوعية بمقياس «بُومِيه»

Baumé scale (Phys.) مقياسُ «بُومِيه» : لكثافة السوائل

bauxite = beauxite (Min.) بُوكْسِيت : يتكونُ اساساً من هيدروكسيد الالومنيوم

(Pet. Eng.) طين البُوكسيت : يستعمل في تنقية الزيوت الخفيفة وزيوت التزليق

bauxite cement (Civ. Eng.) إسمنت البوكسيت

bauxite process طريقة البُوكسيت

bay (*n.*) خَليج ـ خَوْر · جُون ـ حَوز · فُسحة ـ فُرجة ما بين عمودين (في بناء)

(*adj.*) كُستنائي اللّون

bay barrier (Geol.) حاجِزٌ خليجي

bay-mouth فَمُ الخليج

bayonet حَرْبة · سِنان ـ طَرف سِنانيّ

bayonet clutch (Eng.) قابِض بمِسمارين

bayonet joint (Eng.) وُصْلة بمسمارين

bayonet socket (Elec. Eng.) دَواةُ مِصباح بمسمارين

bay-salt مِلحُ المَلّاحات البحرية

B.C.D. = barrels per calendar day برميل في اليوم (٢٤ ساعة)

B.D. (barrels per day) برميل يومياً

beach (*n.*) شاطىء · شَط · سِيْف · ساحِل

(*v.*) شطّطَ · سار قريباً من الشاطىء (أو جرّ الى الشاطىء)

beach accretion تراكُم سِيفيّ أو شاطئي

beach deposits (Geol.) رواسِبُ السِّيف · رواسِبُ شاطِئيّة

beaching (*n.*) إنزال على الشاطىء

beach plains (Geol.) سهول شاطئية : تكونت بالترسُّبات الساحلية

beach rocks (Geol.) صخور شاطئية أو سِيفية

beacon (*n.*) مَنارة · صُوّة · فَنار : بُرج صغير لتحذير الملّاحين في المياه الضّحلة ـ إشارة ضوئية او لاسلكية (للتنبيه أو التوجيه)

(*v.*) أنارَ ـ شَعّ ـ أرشَدَ بالإشارات اللاسلكية أو الضوئية

beaconage (*n.*) ارشاد أو تحذير بالاشارات · وَضعُ الصُوَى أو المنائر

beacon light ضوءُ المنارة

bead (*n.*) خَرزة · كُريّة · حُبَيْبَة ـ طرَف مُحدَّب

bead aerometer = bead hydrometer
(Phys.) هيدرومتر ذو خَرزات

beaded texture (Geol.) بِنية سُبحِيّة

beaded vein (Geol.) عِرق معدني سُبحِيّ

beader [illegible]

bead-packed (*adj.*) مَحشوّ بالكريّات

beak (*n.*) مِنقار ـ مَسْكَة مَعقوفة ـ طَرَف مَعقوف

beaker (Chem.) كأس · كُوب

beak of retort منقارُ المُعوْجّة

beam (*n.*) عارِضَة خشبية · عَتَبة · جائز ـ ذِراع ميزان · عاتِقُ ميزان

(Phys.) شُعاع · حُزمة من الاشِعة

beam balance ميزان ذو عاتِقُ

beam caliper (Eng.) مِقياس فكّي ذو عاتِق

beam compasses = trammels (Eng.) فِرجار ذو عاتِق · بِركار أُفقي

beam drive (Eng.) ادارة بعاتِق أو ذِراع

beam hanger حاملة عَمود الضّخ

beam hook (Eng.) خُطّاف العاتِق

beam pump (Eng.) مِضخّة بذراع مُترجِّح

beam scales كَفّتا العاتِق

beam well (Civ. Eng.) بئر تُضَخّ بذراع مترجِّح

bean (Eng.) كُريّة لِخَنْق المَجرى · صِمام خَرَزيّ : لضبط التدفّق

bean back (*v.*) (Eng.) خَنَقَ (أو خَفضَ) التدفّق

bean up (*v.*) (Eng.) زادَ التدفق (بإبعاد كُريّة الخَنق)

bear (*v.*) إحتمل · قَوِيَ على ـ تحمّل · عانَى ـ أنتج ـ دَعَمَ ـ سَنَد

bearer (*n.*) حامِل
bearer cable (Eng.) حامِل الكَبْل : سِلك تعليق الكبل الهوائي
bearing (Eng.) مَحمِل • كُرسي تحميل • وِسادة • مَدْرَجة • سطحُ ارتكاز
(Surv.) سَمْت • اتجاه زاوي بالنسبة الى خط الزوال
(*n.*) إحتمال – صِلَة • عَلاقة – تأثير
bearing alloy سَبيكةُ مَحامِل
bearing axle ألمِحور الحامِل
bearing block (Eng.) قاعدة المَحمِل
bearing bracket (Eng.) كَتيفةُ الارتكاز
bearing bush (Eng.) جُلبة المَحمِل
bearing cap (Eng.) غِطاءُ المَحمِل
bearing clearance (Eng.) خُلوص المَحمِل
bearing corrosion inhibitor (Chem. Eng.) مانِع تأكُّل المَحامِل
bearing grease شَحمُ المَحامِل • شحمُ كراسي المَحاوِر
bearing indicator (Surv.) مُبيِّن الاتجاه الزاوي
bearing journal (Eng.) مَقعدةُ المَحمِل • مُرتكَزُ العمود
bearing liners (Eng.) بِطانات المَحمِل
bearing metals (Eng.) مَعادِن المحامِل • سَبائكُ تحميل
bearing of a lode (Mining) إتجاه عِرقِ التعدين
bearing pile (Eng.) رَكيزةُ تحميل
bearing point (Eng.) نُقطة التحميل
bearing power (Eng.) قُدرة الاحتمال
bearing pressure (Eng.) ضَغطُ التحميل
bearing surface (Eng.) سطحُ التحميل • السطح الحامِل
bearing, thrust (Eng.) مَحمِلٌ دفعيّ
bearing wall (Civ. Eng.) جِدارٌ داعِم
bear out (*v.*) أيَّد • ثَبَّت
beat (*v.*) ضَرب – لَطَم – دقّ • خفَق • نَبَض – غلَب – دفع قَسْراً
(**a record**) حطَّم الرَّقم القياسي • سجَّل رَقماً قياسياً جديداً
(*n.*) خَفَقان • ضَربة • خَبْطة
beater (*n.*) ضارِب • قارِع – مِضراب • مِدَق
beats (Phys.) ضَربات
Beaufort scale (Meteor.) مقياس «بُوفورت» (لسرعة الريح)
beauxite = **bauxite** (Min.) بُوكسيْت
beche (Civ. Eng.) مِلقط القِطَع المُنكسِرة (في حَفرِ الآبار)

Beckmann apparatus (Phys.) جِهاز «بِكْمان» (لقياس درجات التجمد والغليان في السوائل)
Beckmann spectrophotometer (Phys.) فوتُومِتر «بِكْمان» الطيفي
Beckmann thermometer (Phys.) تِرمومِتر «بِكْمان» : ميزان حرارة زئبقي شديد الحساسية
becky (*n.*) كُلّاب الركيزة
bed (*n.*) سَرير • فِراش • فَرْشة
(Geol.) طبقة (ارضيّة) – قاع – حوض
(Civ. Eng.) فَرشة • طَبَقة رقيقة • أساس
bedded (*adj.*) مُتَطبِّق • متراصِف في طبقات
bedded deposits (Mining) رواسِبُ طَبَقيّةُ التراصُف • رواسبُ متطبِّقة
bedded rock (Geol.) صُخور طَبَقية مُتراصِفة • صَخر مُتراصِف الطبقات
bedded structure (Geol.) تركيب تطبُّقي : مُتراصِف الطبقات
bedded vein (Mining) عِرق معدني طَبَقيّ
bedding (Eng.) فَرشة من المِلاط
(*n.*) أغطية السرير
(Geol.) التطبُّق • الطِّباقية
bedding angle زاوية التطبُّق
bedding fault (Geol.) انكِسار طَبَقي • صَدْع طِباقيّ
bedding fissility (Geol.) إنشِطارٌ تَوازِ طبقي
bedding joint وُصلة التطبُّق
bedding plane (Geol.) مُستوَى التطبُّق • مُستوَى التراصُف • مُستوى الطبقيّة
bede (Mining) مِعولُ تعدين (قصير النَّصل)
bed joint (Geol.) إتصال أُفقي (بين طبقات الصَّدع)
bed-lathe (Eng.) مِخرطة سَريرية • مِخرطة عاديّة ذاتُ مُنزَلَقين أُفُقيّين متوازيين
bed mining (Mining) استِثمار الطبقة او العِرق
bed of clay طبقةٌ من الطين
bed of stream (Geol.) قاعُ المَجرى
bed, petroliferous (Geol., Mining) طبقةٌ نَفطيّة أو بترولية
bed plate (Eng.) صفيحة الاستِناد • لَوحُ القاعدة
bedrock (Geol.) صخرُ الاساس • صخر القاع • صخر القاعدة – القاعدة الصخرية للتربة
bed-rock price الثَّمنُ النِّهائي • الثمَن الأبخَس
beds, alternating (Geol.) طبقات مُتناوِبة (أو متبادِلة)

bed succession (Geol.) تعاقُب الطبقات
bed vein (Geol.) عِرقُ تعدين طَبَقي
bed-ways (Eng.) مُنزَلقا القاعدة : مُنزَلقان متوازيان تتحرك عليهما الآلة
beef (Geol.) طبقة لِيفيّة كِلسية : أليافُها متعارِضة مع مُستوى التطبُّق
beehive coke oven فُرن تكويك نُخروبي
bee-line خط مستقيم
beeswax (Chem.) شَمعُ العَسل
beetle (Eng.) مِطرقة • مِدَقّة • مِهَدّة
(Biol.) جُعَل • خُنفُساء
bega (or **beg**) بيجا • بادئة بمعنى بليون (الف مليون)
begin (*v.*) ابتدأ • شرع
behave (*v.*) سلك • تصرَّف
behaviour = **behavior** (*n.*) سلوك • تصرُّف
beheaded stream (Geol.) نهر مَقطوع
beige (*adj., n.*) بيج : لون الصوف الطبيعي
Beilby layer (Chem. Eng.) طبقة «بيلْبي» : طبقة بلورية دقيقة أو طبقة غير متبلرة تتكون على سطح المعدن من جَرّاء صَقلِه
bel (Phys.) بِلٌ : وَحدة التفاوُت في مستوى الشدة بين صوتين متساويَي التردُّد
belay (*v.*) ثَبّت • أوثَق بلَفِّ الحبل
belemnite (Geol.) بِلْمنيت • أحافيرُ البلمنيت المتحجرة
bell (*n.*) جَرَس – مَخروط
(Eng.) جُلْبة مَخروطية : ذات طرَف يتسِع لإدخال ماسورة
bell-and-spigot joint وُصلة رأس وذَيل : وُصلة تداخُل بين أنبوبين مختلِفَي القُطرَين
bell armature حافِظَة مِغنطيس الجرَس
bell-buoy (Eng.) طافِية جَرسيّة
bell cap قَلَنْسُوة جَرسِيّة
bell chuck = **cup chuck** (Eng.) ظَرْفٌ جَرَسي أو قَدَحي
bell-crank (or **bell-crank lever**) (Eng.) رافِعة مِرفَقيّة
bell hole ثُقب جَرَسيّ : ثقب مُوسَّعُ الفُوهة
bellied file مِبرد مُتَّسِع الوسَط
bell jar (Chem., Phys.) ناقوس زُجاجي
bell metal (Met.) مَعدِن الأجراس : سبيكة من البرونز الغني بالقصدير مع بعض الزنك والرصاص
bell-mouthed (*adj.*) جَرَسيّ الفُوهة
bellows منفاخ • كِير
bellows joint وُصلة مُغضَّنة
bell push (Eng.) زِرُّ الجَرس

Bell receiver (Elec. Eng.) سماعة الهاتف

bell roof سطحٌ جرسي

bell shaped insulator (Elec. Eng.) عازلٌ جَرسي الشكل

bell-valve صمامٌ جَرسي

belly بَطْنيّة • بَطْن

belly hand = belly buster حِزامُ أمان (لِعُمّال المِرفاع)

belly (of blast furnace) جَوف (الفُرن العالي)

belly tank خزّان بَطني

below ground pipeline (Pet. Eng.) خط انابيب مَطمور

below par دُون سعر المساواة • تحت السّعر الاسمي

belt (Eng.) سَير • حِزام
(Geol.) نِطاق

belt bolt (Eng.) مِسمار السير

belt compressor (Eng.) ضاغِطٌ هوائي يُدار بالسَّير

belt conveyor = band conveyor (Eng.) ناقلة بالسَّير

belt creep (Eng.) زَحْفُ السير

belt drive (or driving) (Eng.) الادارة بالسُّيور • نقل الحركة بالسيور

belt driven (Eng.) مُدارٌ بالسَّير

belt-driven pulley بَكرة تدار بالسَّير

belted (*adj.*) مُطوَّق بسير او شريط

belt fastener (Eng.) مِشبك السير • إبزيم السَّير

belt fork = belt striker (Eng.) شُعبةُ تحريك السير

belt gearing (Eng.) نَقلُ الحركة بالسُّيور

belt housing بيتُ السَّير

belting (*n.*) السيور – الادارة بالسيور

belt pulley (Eng.) بكرة ذات سَير

belt punch (Eng.) سُنبك ثقب السُّيور

bench نَضَد • مَقعَد – مِصطَبة – مِنْضَدةُ العمل • (بَنْك)

bench mark (Surv.) علامةُ اسناد • علامةُ المنسوب : علامة سَهميّة لتعيين الارتفاع

bench-scale testing (Pet. Eng.) اختبار نَضَدي : يمكن إجراؤه على طاولة الاختبار

bench screw (Eng., Carp.) مِلزمة نَضَديّة

bench stoping (Mining) استثمارٌ بالقَطع المُتدرِّج

bench vise (or vice) مِنجَلة أو مِلزمة نَضَدية

bend (Eng., Elec. Eng.) مِرفق • كُوع

bench vice

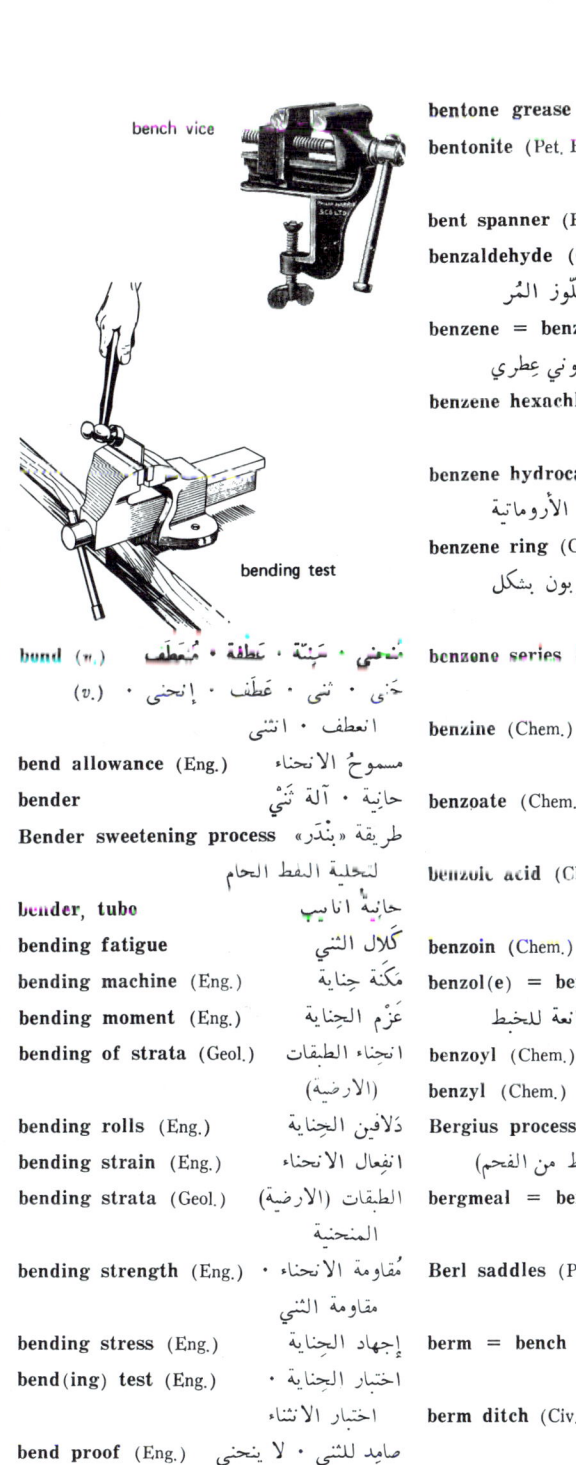

bending test

bend (*n.*) مُنحنى • حَنيّة • عَطفة • مُنعطَف
(*v.*) حَنى • ثنى • عَطَف • إنحنى • انعطف • انثنى

bend allowance (Eng.) مسموحُ الانحناء

bender حانية • آلة ثَنْي

Bender sweetening process طريقة «بنْدَر» لتحلية النفط الخام

bender, tube حانيةُ انابيب

bending fatigue كَلال الثني

bending machine (Eng.) مَكَنة حِناية

bending moment (Eng.) عَزْم الحِناية

bending of strata (Geol.) انحناء الطبقات (الارضية)

bending rolls (Eng.) دَلافين الحِناية

bending strain (Eng.) انفِعال الانحناء

bending strata (Geol.) الطبقات (الارضية) المنحنية

bending strength (Eng.) مُقاومة الانحناء • مقاومة الثني

bending stress (Eng.) إجهاد الحِناية

bend(ing) test (Eng.) اختبار الحِناية • اختبار الانثناء

bend proof (Eng.) صامِد للثني • لا ينحني

bend test (Eng.) اختبار الانحناء

beneficiary (*n.*) مُستفيد • مُنتَفِع

benefit (*n.*) فائدة • مَنفعة • رِبح
(*v.*) افاد • استَفاد

ben oil (*adj.*) زيتُ ألبان : زيت نباتي

bent (*adj.*) مَحنيّ • مَثنيّ

90° bent مُنحنٍ بدرجة ٩٠

benthonic (Ocean.) بِنْتوسي : خاص بالاحياء القاعية

benthos (Ecol.) بِنْتوس • القاعِيّات : الأحياء القاعيّة

bentone grease شحم البِنتون

bentonite (Pet. Eng.) بِنتونيت : طَفَل صَلصالي مُنغِّل للألوان

bent spanner (Eng.) مفتاح رَبط مُنحنٍ

benzaldehyde (Chem.) بنزَالديهيد : كُحوليدُ الصَّمغ الجاوي • زيت اللّوز المُر

benzene = benzol (Chem.) بِنزين (عِطري) • بنزول : مركب هيدروكربوني عِطري

benzene hexachloride (Chem.) سادِس كلُوريد البنزين

benzene hydrocarbons (Chem.) الهَيدروكَربونات البنزينية أو الأروماتية

benzene ring (Chem.) حلقة جُزَيء البنزين: تحوي ستّ ذرات من الكربون بشكل مُسَدَّس منتظَم

benzene series (Chem.) سلسلة البنزين • سلسلة المركبات العِطرية

benzine (Chem.) بِنزين • بنزين الوقود والتنظيف

benzoate (Chem.) بِنزُوات : ملح حمض البِنزويك

benzoic acid (Chem.) حامض البِنزويك • حامض الصَّمغ الجاوي

benzoin (Chem.) بِنزُوين – لُبان جاوِيّ

benzol(e) = benzene (Chem.) بِنزول • بنزين خام ذو خصائص مانعة للخبط

benzoyl (Chem.) بِنزويل • شِق البِنزُويل

benzyl (Chem.) بِنزيل – شِق البِنْزيل

Bergius process (Chem. Eng.) طريقة «برجيُوس» (لتحضير النفط من الفحم)

bergmeal = bergmehl (Geol.) تُربَةٌ نُقاعيات

Berl saddles (Pet. Eng.) سُروج «بِرْل» : لتجهيز بُرج التكرير

berm = bench (Eng.) حَيْد • حافّةٌ ناتئة • مِسطاح

berm ditch (Civ. Eng.) قناة الحَيْد : لتصريف المياه الفائضة

berth (*n.*) مَرسًى • رصيفُ إرساء
(*v.*) قادَ الى الرصيف

berthing (*n.*) رُسُوّ • إرساء • اقترابٌ من الرصيف

berthing facilities (Naut.) أحواضُ الارساء أو الإرفاء

berth mole رصيف الإرساء

beryl (Min.) زَبَرْجَد • زُمُرُّد مِصري • بَريل

beryllium (Be) = glucinum (Chem.) البريليوم : عنصر فِلزّي ابيض رمزه (بير)

BER
38

bevel protractor

beryllium bronze برونْز البريليوم

besiege (*v.*) حاصَر • طوّق

Bessemer converter (Chem. Eng.) مُحَوِّل «بَسِمر» (لإنتاج الفولاذ)

Bessemer process (Chem. Eng.) طريقة «بَسِمر» لصُنع الفولاذ

Bessemer slag (Chem. Eng.) خَبَثُ مُحَوِّل «بَسِمر»

Bessemer steel فُولاذ «بَسِمر» : فولاذ مصنوع بطريقة «بَسِمر»

beta particle (Phys.) دقيقة أو جُسَيْم بيتا • دقيقة بائية

beta rays (Phys.) أشِعَّة بيتا • الأشعة البائية

Bethell's process طريقة «بيثيل» : لحفظ الأخشاب

beton (Eng.) باطُون • أسْمَنْت • خَرَسانة

bettering (*n.*) تحسين

betty (*n.*) عَتَلَة قصيرة

Beusch bearing (Eng.) محمِل «بيوش» : محمل ذو اجزاء من الحجر الكلسي المَسامي لامتصاص الزيت

BeV = GeV (giga-electron-volt) بِليون الكترون فُلط

bevel (*n.*) سطح مَشدوف • طَرَف مائل • مَيل ـ مِسطار زوايا • زاوية تخطيط مائل
(*v.*) أمال ـ شطَب • شَدَف
(*adj.*) مائل ـ مشطوب • أشدَف

bevel angle زاوية الشّطب

bevel cutter مِقطَع مَشطوب الحافّة

bevel-drive pinion مُسَنَّنة إدارة مَخروطية الشكل

beveled = bevelled (*adj.*) (Eng.) مَشطوب

beveled edge حافّة مَشطوبة • حافّة مائلة • حافة مَشدُوفة

bevel gear (Eng.) تُرس مَخروطيّ

bevel gear cutter (Eng.) مِقطَع تُروسٍ مخروطية

bevel gearing (Eng.) مَجموعةُ تُروسٍ مخروطية

bevel pinion (Eng.) تُرس مخروطي صغير

bevel protractor (Eng.) مِنْقَلَة مُتحرِّكَة • مِنْقَلَة مِحورية • زاوية متحركة

bevel shears (Eng.) مِقصُّ شَطبٍ زاوي

bevel weld لِحام مائل أو مَشطوب

bevel wheel = bevel gear (Eng.) تُرسٌ مَخروطي • دُولاب مخروطي مُسَنَّن

Bexoid (Chem.) بِكسُويد : ضرب من البلاستيك

beyond repair (*adv.*) بشكلٍ لا يمكن إصلاحه

bezel (*n.*) الحافّة القاطِعة من الازميل

B.G. (Birmingham Gauge) محدد قياس «برمنجهام» العياري (للاسلاك)

BHC (benzene hexachloride) (Chem.) سادس كلوريد البنزين

B.H.N. (Brinell hardness number) رقم الصلادة البرينيلية

B.H.P. (brake horse-power) القدرة الحصانية الكابِحة

BHP (bottom hole pressure) ضغط قاع البئر

bi- بادئة بمَعنى : ثُنائي

bias (*n.*) إنحياز ـ مُحاباة
(*adj.*) مُنحرِف • مائل ـ انحيازي
(*v.*) أثّر في • وجَّهَ

bias cell (Elec. Eng.) خلِيَّة انحِيازية

biased (or **biassed**) (*adj.*) مُنحاز

bias rectifier (Elec. Eng.) مُقَوِّم انحيازي

biaxial (*adj.*) ثُنائي المِحور • ذو مِحورين

bibasic (Chem.) ثنائي القاعِديّة

bib-cock (Eng.) حَنَفية مَعقُوفة

bib-valve (Eng.) حنفية عادية : تقفل بقُرص ذي فَلكة جلدية

bicarbonate of lime (Chem.) بَيكَربونات الكِلس

bicarbonate of soda (Chem.) بيكربونات الصُّودا

bicarbonates (Chem.) بيكربونات • أملاح حامض الكربونيك

bicentric (*adj.*) ثُنائي المركز

bichloride (Chem.) ثاني كلوريد

bichromate (Chem.) ثاني كرومات • بيكرومات : ملح الحامض الكرومي

bichromate of potash = potassium bichromate (Chem.) ثاني كرُومات البوتاسيوم

Bickford fuse فتيلة «بيكْفورد» : لإبطاء التفجير

biconcave (*adj.*) ثنائي التقعُّر • مقعر الوجهين

big-hole drilling assembly

biconvex (*adj.*) ثُنائي التحدُّب • محدب الوجهين

bicro- بِيكرو : بادئة بمعنى جزء من بليون

bicuspid = bicuspidate (*adj.*) ذات طرفين مستدقّين • ذو نُتوءَين

bid (*v.*) أمرَ ـ أعطى السّعر ـ حيّا ـ دعا • سأل ـ قدّم عَرضاً أو عطاءً ـ أعلن • صرّح
(*n.*) عَرض • عَطاء

bidder (*n.*) مُزايد • مُقدِّم العَرض أو العطاء ـ آمِر • داعٍ • مُوعِز

bidirectional (*adj.*) ثُنائي الاتّجاه

bifilar (*n.*) ثنائي السِّلك • ذو سِلكين

bifilar suspension (Mech.) تعليق بسِلكين مُتوازيين

bifocal (*adj.*) ثُنائي البُؤرة • ذُو بؤرتين

biforate (Eng.) ذو ثُقبين

bifurcate (*adj.*) ذو شُعبتين
(*v.*) شعَّب أو تشعَّب الى شُعْبَتين

big end (Eng.) رأس المِرفَق • الطَّرَفُ الكبير لِذراع التوصيل

big-end bearing (Eng.) مَحمِل الطَّرَف الكبير

big-hole (Pet. Eng.) حَفر (بئر) بقُطرٍ واسِع

big-hole drilling assembly مجموعة حفر للآبار الواسعة القُطر

bight (*n.*) عُروَة ـ نِصف عُقْدَة • أُنشوطة في حبل • رِبْقة ـ مُنعطَف • مُنحنًى طويل ـ خَليج • خَوْر

big inch (Pet. Eng.) خطُّ انابيب واسِعُ القُطر

big tool box (Pet. Eng.) حُفرةُ حِفظ أدوات الحفر

bilateral (*adj.*) ذو جانبين • ثُنائي

BIR
39

bilateral contract عَقد ثُنائي : مُلزِمٍ للطرفَين

bilateral symmetry تماثُل ثُنائي جانبي

bilge قَعر السفينة • جَمَّة السفينة (حيثُ يتجمع الماء الآسِن)

bilge keel (Naut.) رافِدَة الجَمَّة (على الجانبين) في السفينة

bilge water ماء الجَمَّة • الماء الآسِنُ في قَعر السفينة – شيءٌ لا فائدَة منه

bill (*n.*) كَشفُ الحساب – ورَقة نقدية – ورَقة • إعلان – بَيان • مُذكِّرة • لائحة – مشروع قانون – سَنَد مالي – كِمبيالة

(Geol.) لِسان : نُتوء من البَرّ يمتد في البحر

(*v.*) أرسل قائمةً بالحساب (ل) – ادخل في قائمة الحساب – اعلن بنشرات – الصق اعلاناتٍ أو لوائحَ

billet (Met.) كُتلة دَلَفَنة • كتلة من الحديد الخام المُعَدُّ للكبس أو للطرق أو للدلفنة

billion بلیون : ألف مليون لدى الاميركيين والفرنسيين ومليون مليون لدى الانجليز والالمان

bill of costs بَيان التكاليف

bill of credit = **letter of credit** سَنَد اعتِماد • خطابُ اعتِماد

bill of entry بيانٌ جُمركي (للصادر أو الوارد)

bill of exchange سَنَدُ سَحب • كَمبيالة

bill of lading وثيقةُ الشّحن

bill of sale عَقدُ البيع

bimanual (*adj., n.*) مُنْجَزٌ بكِلتا اليدين

bimetallic (*adj.*) ثُنائي المَعدن • مصنوع من مَعدِنين

bimetallic fuse (Elec. Eng.) مِصهَرٌ ثُنائي المعدن

bimetallic strip (Elec. Eng., Phys.) شريحةُ المَعدِنَين (تَنْثَني بتغيُّر الحرارة)

bimetallic thermometer (Phys.) ترمُومتر ذو شَريحة ثنائية المَعدِن

bimetallic thermostat (Eng.) ترموستات من معدنين

bimotored (*adj.*) مُزَوَّد بمُحَرِّكين

bin (*n.*) صندوق • خابِية

(*v.*) وضع في صندوق او في خابية

binary (*adj.*) (Chem.) ثُنائي العنصر – شَطْري

binary composition (Chem.) تألُّف ثُنائي العنصر

binary compound (Chem.) مُركَّب ثنائي العنصر

binary molecule (Chem.) جُزيء ثنائي الذرات

bind (*v.*) حزَم – ضَمّ – قيَّد – ألزَم – عصَّب • ضمَّد – جلَّد (كِتاباً)

(*n.*) رِباط • عِصابة – قَيْد

(Mining, Geol.) طبقة طينية

binder (*n.*) رِباط • ضِمادة – غِلاف – مادّة لاصِقة – إضبارة أوراق

binder course (Civ. Eng.) طبقة ربط بينية (في بناء الطرق المعبدة)

binding (*adj.*) رابط • لاصِق • مُضمِّد – مُلزِم • موجِب – مقيِّد

binding agent عامِل ربط • لَصُوق • رابِط

binding chain سِلسلة ربط

binding energy (Chem., Phys.) طاقةُ الترابُط • طاقة الرَّبْط

binding post (Eng.) مَربِطُ توصيل

binding screw (Eng.) لولَبُ رَبط

binding strap (Eng.) طوقُ رَبْط

binding wire = **tie wire** (Elec. Eng.) سلكُ ربط

binocular microscope (Phys.) ميكروسكوب ثُنائي العينية

binoculars مِنظارٌ ذو عَينَيْتَين

bin wagon مَركَبة صُندوقِيَة

biochemical (*adj.*) (Chem.) كيميائيّ حيَوي : متعلق بالكيمياء الحيوية

biochemical deposit (Chem. Eng.) راسب كيماوي حيوي

biochemistry (Chem.) الكيمياء الحيوية

biochron (Geol.) التوقيتُ الحياتي : المدى الحياتي للنوع

bioclastic عُضوي التفتّت : مُفتَّتٌ بفعل الكائنات الحيّة

biofacies (Geol.) سِحْنة حيويّة

biofacies map خرائط السِّحنة

biofilter مُرشِّح بيولوجي

biogenic (*adj.*) حَيَوي المنشأ : ناتج بفعل الكائنات الحيّة

biogeochemistry كيمياء الارض الحيوية

bioherm (Geol.) صخر شِعابيّ • صخر عُضوي رُسوبي

biolith (Geol.) صخر حَيَوي المَنشأ

biological barrier عائق أحيائي

biologist (*n.*) عالِم أحياء • عالِم أحيائي

biology (*n.*) علم الأحياء • بيُولوجية

biofilter

bionomics = **ecology** علم البيئة : دراسة العلاقات بين الكائنات الحيّة وبيئاتها

biophysics علم الطبيعيات (الفيزيقا) الاحيائية

bioseries (Geol.) سلسلة (أحافير) حيوية

biosphere المحيط الحيوي • الغلاف الحياتي : المجال الذي تشغله الاحياء من سطح الارض والغلاف الجوي

biostratigraphical unit (Geol.) العمود الحيوي للطبقات

biostratigraphic column (Geol.) الوحدة الحيوية للطبقات

biostratigraphy (Geol.) الاستراتيغرافية الحيوية : دراسة التتابُع التاريخي لتكوين الصخور الرسوبية من بقايا الاحياء فيها

biostrome (Geol.) بيُوسْتروم • صخور شُعَبيّة

biota (Biol.) حيَويّات : نباتات المنطقة (او الحقبة) وحيواناتها

biotic factor عامِلٌ حياتيّ (له تأثيره على الكائنات الحية)

biotite (Min.) بيُوتيت : المَيْكا السوداء

biotype (Biol.) الطِّراز الأحيائي

bioxide = **dioxide** ثاني أُكسيد

biozone النطاق الزمني الحيوي : كما تحدده صخور العصور الجيولوجية

bipartite (*adj.*) ذو قِسمين • ثُنائي

bipass = **bypass** (Eng.) ممر جانبي

bi-phase = **two-phase** (Elec. Eng.) ثُنائي الطور (في التيار المتناوب)

bipod (*adj.*) ذو قائمتين

(*n.*) مِسند ذو قائمتين

bipolar (*adj.*) ثُنائي القُطْب

bipolar electrode (Elec. Eng.) إلكترود ثُنائي القطب

biramous (*adj.*) (Geol.) ثُنائي التفرُّع

bi-rotor meters

bird = air-borne magnetometer (Geophys.) : المغنيطومتر الطائر : المحمول جواً
birefringent (adj.) مُزدوج الانكسار
Birmingham gauge مُحدِّد قياس «برمنجهام» العياري (للأسلاك)
Birmingham Wire Gauge (Eng.) محدد قياس الأسلاك البرمنجهامي
bi-rotor meter مقياس ثنائي الدَّوَّار
biscuit cutter (Pet. Eng.) : مقطع عيّنات في الحفر الكبلي
bisect (v.) نصَّف ، شطَر ، انشعَب ، انشطر
bisector مُنصِّف (زوايا أو أضلاع)
bismuth (Bi) (Chem.) : البزموت : عنصر فلزي ابيض رمزه (بز)
bismutite (Min.) : معدِن البيزموتيت : شكلٌ غير متبلِّر من كربونات البزموت
bisulphate (Chem.) ثاني كبريتات
bisulphide (Chem.) ثاني كبريتور ، ثاني كبريتيد
bisulphite (Chem.) ثاني كبريتيت
bit (n.) قطعة صغيرة ـ حكَمة
(Pet. Eng.) ـ مِثقاب (لحفر الصخور) ـ لُقمة حفر (لحفَّارة آبار النفط)
(Eng.) مِنقب النجّار ، لسان المسحج ـ رأس الكاوية ـ لُقمة العُدَّة
bitartarate (Chem.) ثاني طَرطرات
bit cuttings كُسارة لقمة الحفر ، كُسارة الحَفَّارة
bit, diamond لُقمة ماسيَّة ، لقمة من الماس
biterpenes (Chem.) ثاني تربينات
bit gauge = bit stop (Eng.) مُحدِّد قياس تَعَمُّق الحفر
bit hook (Civ. Eng.) خُطَّاف لُقَم الحفر : يلتقط اللُقَم السائبة
bit, mud (Pet. Eng.) لُقمة الحفر الطيني
bit, percussion لُقمة دَقّ ، لُقمة حفر بالدقّ
bit puller (Civ. Eng.) كلَّابة لقمة الحفر
bit, reaming لقمة توسيع الثقوب
bit, rock (Pet. Eng.) لقمة (ذاتُ دَلافين) مُسنَّنة لحفر الصخور

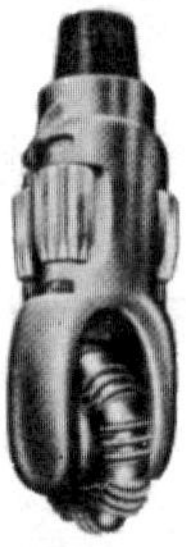

diamond bit

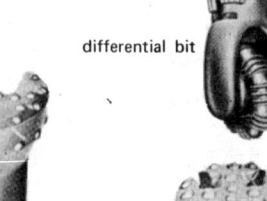

differential bit

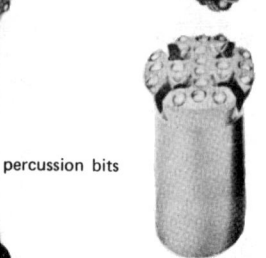

percussion bits

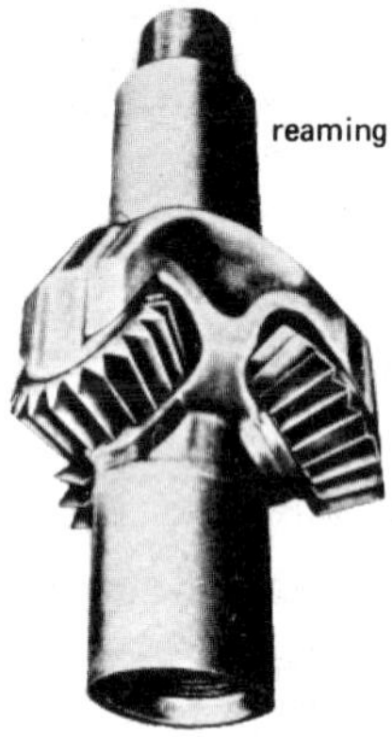

reaming bit

simplex bit

bitumen-lined piping

bitumenized felt

bitumen protected cable

bitumenized products

bit, rotary (Pet. Eng.) لقمة حَفر دَوَراني
bitter earth التُراب المُرّ : المغنيسيا
bitter lake (Geol.) بُحيرة مُرَّة
bitulithic paving (Civ. Eng.) رصف بالحصيم المُزفَّت
bitumastic solution (Chem. Eng.) طِلاء قيري مُصطكي (صامد للرطوبة)
bitumen (Chem.) قار ، قير ، حُمَر ، بِتيومين
bitumen binder طبقة ربط قيرية
bitumen content (Pet. Eng.) المحتوى القيري
bitumen, cutback (Pet. Eng.) قار مُخفَّف

rock bits

bitumen binder

bitumen mixing plant

bitumen emulsion (Chem. Eng.) مُستحلَب قيريّ
bitumen-lined piping انابيب قيرية التبطين
bitumen mixing plant وحدة مزج القار
bitumen, oxidized (Pet. Eng.) قار مؤكسَد
bitumen-protected cable كَبل قيري الوقاية
bituminiferous (adj.) حاوي القار
bituminized (adj.) مقيَّر ، معالَج بالقار
bituminized felt لبّاد مقيَّر
bituminoid (adj.) شبيه بالقار
bituminous (adj.) قاري ، قيري ، بتيوميني

bituminous coal (Min.)	فحم قِيريّ ، فحم بِيتوميني ، الفحم الحُجَري
bituminous joint filler (Chem. Eng.)	معجون حَشو قيري
bituminous limestone	حجر الجير القيري
bituminous macadam (Civ. Env.)	مَكدَمة قيريّة ، رَصف قيري
bituminous oil shale (Pet. Eng.)	طَفل الزيت القيري
bituminous paint (Chem.)	دِهان قيري
bituminous peat (Geol.)	خُثّ قيري ، خُثّ بيتوميني
bituminous pitch (Chem. Eng.)	زفت الفحم الحجري
bituminous plastics	لدائن قيرية
bituminous rock (Geol.)	صخر قيري
bituminous sands (Mining)	الرِّمال القيريّة
bituminous schist	شِست حُمَريّ أو بِيتوميني
bituminous shale (Geol.)	طَفل صَفحيّ قيري
bituminous slate (Geol.)	أردواز قيري
bituminous treatment	مُعالجة قيرية
bivalency (Chem.)	التكافؤ الثنائي
bivalent = divalent (Chem.)	ثُنائي التكافؤ
bivalve (adj.) (Eng.)	ذو صِمامين
black (adj.)	أسود
(n.)	صِبغ أو لون أسود ، سِناج ، سُخام
(v.)	طلى بالسَّواد
black ash	رَماد أسود
black body (Phys.)	جسم أسود (يصدر عنه عند التوهج طيف مُتَّصل)
black chalk (Geol.)	الطَّبشور الأسود
black coal (Mining)	الفحم الحجري
black copper (Min.)	النُّحاس الأسود
black damp = firedamp (Mining)	ثاني اكسيد الكربون (في مناجم الفحم)
black diamond = carbonado (Min.)	ألماس أسود ، فحم مُتبَلِّر يستعمل للسَّنفَرة
blackening (n.)	إسوِداد
black gold	الذهب الأسود (اسم أُطلِق على الفحم الحجري قديماً ويُطلَق على النفط أو البترول حالياً)
blacking (n.)	مَسحوق كربوني ، غرافيت ، تَسويد
black jack = blende (Min.)	كبريتيد الزنك
black japan (Eng.)	وَرنيش اليابان الأسود: برنيق شبه شفاف وسريع الجَفاف
black lead (n.)	غرافيت تِجاري
black market	السوق السوداء
black mica	المَيكا السوداء
black mud = black shale (Geol.)	الطّين الصّفحي الأسود
black oil (Pet. Eng.)	الزيتُ الأسود ، مازوت
blackout (or black out) (n.)	تعتيم ، إظلام
(v.)	أظلم ، أغشى ، عتَّم ، شَوَّش
black red-heat	درجة الحرارة الحمراء الداكنة (حوالي ٥٤٠ م أو ١٠٠٠ ف)
blacksmith (n.)	حدّاد
blacksmithing (n.)	حدادة
black strap (Min.)	قرارة سوداء من كبريتيت الرصاص
black varnish (Paint.)	برنيق مُسوَّد بالسِّناج
blade (Eng.)	ريشة المروحة أو الرفاص ، شَفرة ، نَصل ، صفيحة
(Biol.)	نَصل الورقة (في النبات)
(Elec. Eng.)	نَصلة المفتاح الكهربائي ، ريشة مِفتاح سِكّيني
blade bit (Eng.)	لقمة نَصليّة
blade-grader	مِسحاة نصلية ، مِسلَفة تَسوية
blade mixer	خَلّاطة ذات أرياش
blanch (v.)	قصَّر أو بيَّض اللون ، طلى (صفائح الفولاذ) بالقصدير
blandol (Pet. Eng.)	بْلاندول: سائل بترولي خفيف
blank (n.) (Eng.)	غُفل: قطعة معدنية مُعدَّة للتشكيل ، فَجوة
(adj.)	ابيض ، لا لوني ، خال من الكتابة ، فارغ ، غير مشغول
(n.)	فَراغ ، بياض ، نَموذج
(v.)	قطَع ، فصَل
blank bit	لقمة جوفاء
blank bolt (Eng.)	مِسمار غُفل: غير مُلوَلَب
blank end (of a pipe)	الطرف المسدود
blank endorsement	تظهير على بياض
blanket (n.)	بَطّانية ، غِطاء ، دِثار
(Geol.)	غِطاء صخري ليِّن
(v.)	غطّى ، حجَب ، عتَّم
blanket course (Civ. Eng.)	طبقة واقية ، طبقة مانعة للخاصيّة الشعرية
blanket gas (Pet. Eng.)	غاز التغطية ، غِطاء غازيّ
blanket vein (Mining)	عِرق طبقي افقيّ
blank flange (Eng.)	شَفة أنبوب مُغلَقة (غير مثقوبة)
blank-flow bean	كرية وَقف التدفق
blank off (v.)	سدَّ (الفُتحة) ، سطَّح
blank-off pressure	الضغط الأدنى
blank pipe (Pet. Eng.)	ماسورة مُبرمَة مُحكمة السَّد
blank test (Chem. Eng.)	اختبار غُفل
blank vein	سامَة أُفقية الأمتداد
blank wall	جِدار مُصمَت: لا فُتحات فيه
blast (n.)	انفجار ، تفجير ، لَفحة ، سَفع ، عَصف
(v.)	عصَف ، نَسَف ، سفَع ، فجَّر
blast burner	جمّلاح نَفخ
blast cleaning	التنظيف بالدّفع الهوائي
blasted (adj.)	مَنسوف ، مُدَمَّر (بفعل مُتفجِّرة) ، ملفوح
blaster fuse	فَتيلة تفجير بطيئة الاشتعال
blaster oil = nitroglycerine (Chem. Eng.)	نيتروغليسيرين
blast-furnace (Met.)	الفُرن العالي ، اتون صهر المعادن
blast-furnace gas (Chem. Eng.)	غاز الفُرن العالي
blast hole (Eng.)	فُتحة العَصف
blasting (n.)	نَسف ، سَفع ، عَصف ، تفجير
blasting cap	كَبسولة التفجير
blasting charge (Civ. Eng.)	شحنة النَّسف ، حَشوة نَاسفة
blasting fuse (Elec. Eng.)	فَتيل النّسف (البطيء الاشتعال)
blasting gelatin (Chem.)	هُلام مُتفجِّر
blasting machine	مَكنة تفجير
blasting oil	الزيت المُتَفجِّر ، نيتروغليسيرين
blast meter	مِقياس العَصف
blast nozzle = exhaust nozzle (Eng.)	مِنفث العادم

blast-furnace

blast pipe (Eng.) ماسورة تصريف البُخار
blast shock صَدمةُ الانفجار
blast valve صِمامُ العَصْف
blast wall جدار واقٍ من الشظايا
blaze (*n.*) لَهيب • لَهَب ساطع • وَهْج – حريق – انفجار مُفاجىء
(*v.*) التهَب – لَمَع • تألّق
bleach (*v.*) قصَّر • بيَّض • إبيَضّ – حالَ (اللون)
(*n.*) قُصرةُ اللون – مادة تقصير
bleached (*adj.*) مُقصَّر • مُبيَّض • ناصِل اللون
bleached oil (Pet. Eng.) زيت مُقصَّر (أو ناصِل)
bleacher قصّار : من يُبيِّضُ أو يَقْصُر القُماش – قصَّارة : جهازُ التقصير
bleaching (Chem. Eng.) قَصْر • تقصير • تبييض – قِصارة
bleaching agent عامل تقصير • عامل تبييض
bleaching earth تُراب التقصير
bleaching earth, activated تراب تقصير منشَّط
bleaching powder (Chem.) مَسحوق القَصْر • مسحوق كلُورور الكلس
bleaching solution (Chem. Eng.) محلول تقصير الألوان
bleb بَثْرة • نفطة – فُقّاعة
bleed (*v.*) إستنزف • نَزَف • نَضَح
(*n.*) مَنْزِف
bleeder (or **bleeder valve**) (Eng.) مِحْبَس أو صِمام آستنزاف • صِمامُ الصَّرف
bleeder screw لولب تنفيس
bleeder valve (Eng.) صِمام استنزافٍ أو تفريغ
bleeding (*n.*) نَزْف : نزفُ السائل من مزيج مَعجونيّ التركيب – نَضْح – تحلُّب – استنزاف
bleeding core عيِّنة (تُرابيّة) نضّاحة (أو نَزّازة)
bleeding, grease (Pet. Eng.) نَزفُ الشحمِ للزيت

bleeding

bleeding test اختبار النَّضح
blend (*v.*) وَلَّفَ : خَلَط للمُوالفة • مَزَجَ • توالَف • مَشَج
(*n.*) مَزيج • توليفة • مخلوط مُتوالِف
blende (or **zinc blende**) (Min.) رِكازُ الزنك – كِبريتيد الزنك
blended (*adj.*) مُولَّف
blended fuel (Chem., Pet. Eng.) وَقود مُولَّف
blended gasoline (Pet. Eng.) بنزين مُولَّف
blended lubricating oil (Pet. Eng.) زيت تزليق مُولَّف
blended product نِتاجٌ مُولَّف
blender خلاّطة
blending (Pet. Eng.) توليف • مَزج • خَلْط • مَشْج
blending and treating plant وحدة التوليف والمعالجة
blending chart (Pet. Eng.) مُخطط توليف
blending controls مَضابِط التوليف
blending, inline (Pet. Eng.) توليف (أو مزج) داخلَ الانابيب
blending tank (Chem. Eng.) صِهريج مَزج
blind (*adj.*) أعمى – غير نافِذ – مَسدود – مُستَتِر • محجوب
(*n.*) سِتارة – سِدادة
(*v.*) أعمى • عمَّى – اعتَم • اظلم – اخفى بِسِتْر
blind coal فَحم كَفيف : يحترق بدون لهب
blind drift (Mining) سَرَب غير نافذ
blind flange (Eng.) شَفة ربطٍ مسدودة
blind hole ثَقبٌ مسدود (غير نافِذ)
blinding (*n.*) تعمية • حجب • اخفاء
(Civ. Eng.) سَدّ • تكفيف : رَشُّ كُسارة الصخور على القار أثناء التزفيت
blind lode = **blind vein** (Mining) عِرقٌ معدني مَستور : لا يبرُز فوق سطح الارض

blending controls

blind mortise نَقْر غير نافذ
blip صورة انعكاس رادي : على شاشة أنبوب اشعة كاثودي
blister (*n.*) نَفْطة • بَثْرة • حُبابة • نُفاطة
(*v.*) تنفّط • تبثر
blister wax شمع مُنَفَّط
blob (*n.*) نقطة • فُقّاعة • نُقطة أو كُتلة مستديرة لزجة
blobber (*n.*) فُقّاعة
block (*n.*) عائق • مانِع • كابِح – كتلة من خشب أو حجر أو معدن – مجموعة – قالَب – ازدحام
(Eng.) بَكّارة • ذات البكَر – مجموعة بكَرات
(*v.*) سدَّ • منَع – حصَر • حَجَز • زحَم – قولَب : صاغ على شكل قالَب – جمَّد – خطَّط – ثبَّت
blockage (*n.*) انسِداد • سدّ – حَصْر
block and falls (Eng.) بكّارة • بلَنْك
block-and-tackle (Eng., Mech.) بكّارة : بكَرةٌ وحَبْل
block, bottom (Eng.) مجموعة البَكَراتِ السفلية
block, crown (Eng.) مَجموعة البكَرات العُلوية (الثابتة)
block diagram (Eng.) رسم تخطيطي للمراحل
block, differential (Eng.) ذاتُ البكَر • بكّارة تفاضُليّة
block disintegration تفتُّت كُتَليّ
blocked (*adj.*) مَسدود – مُجمَّد – محاصَر
block faulting (Geol.) تصدُّع كُتَلوي • انكسار كُتلِي
block gauge (Eng.) كُتلة المعايرة (لفحص الدِّقة في المقاييس) • قالَبُ قياس
block grease شَحمٌ على شكل قوالب
block-holing (Mining) تكسير الصخورِ بالتفجير

blocks

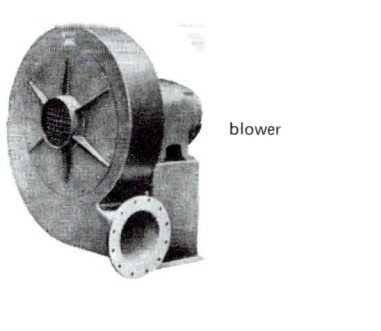

BLO
43

blower

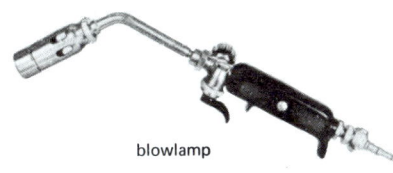

blowlamp

blocking (n.)	كسر ۰ سدّ ۰ انسداد ـ تثبيت ۰ ربط
blocking condenser	مُكثَّف حابس
blocking layer (Geol.)	الطبقة المانعة أو المُحتبِسة
block lava (Geol.)	حَرَّة : حمم اللاّبة المتكتّلة الوَعِرة
block line (Eng.)	شريط البَكَّارة السلكيّ
block mountains (Geol.)	جبال انكِسارية : تكوَّنت باندفاعها هي أو بهُبوط ما حولها
blocknut (Eng.)	صمولة زَنْق
block squeeze cementation (Pet. Eng.)	سَمْنَة تحت الضغط (لعزل الطبقات المنتجة)
block tin	قصدير نقي ۰ قصدير صِرف
block, travelling (Civ. Eng.)	مجموعة البَكرات المتحرّكة
block valve (Eng.)	صمام احتباس
bloom (Pet. Eng.)	تألّق فلوري نفطيّ : يُلاحَظُ عند انعكاس ضوء الشمس على الزيت
(n.)	إزهار ۰ تنوير ـ نَورة ۰ كتلة حديد
(v.)	أزهر ـ ازدهر ۰ تألّق ۰ ازدهى
bloom index (Pet. Eng.)	دليلُ التألّق الفلوري النفطي
blotter press (Pet. Eng.)	مِكبَس نشّافي : يُمرَّرُ به المستحضر النفطي لإزالة آثار الطفَل منه
blow (n.)	نفخة ۰ هبّة ـ دقّة ۰ طَرقة ـ هبوب ۰ اندفاع غازيّ ۰ انصهار
(v.)	نفخ ـ دقّ ۰ هبّ ـ طرَق ـ اندفع ۰ دفع ـ انصهر ـ انفجر

blow back (Eng.)	ارتداد بعض مزيج الاحتراق : لتأخّر انغلاق صمام الإدخال
blow-by (Eng.)	غاز الاحتراق المتسرّب
blow cock (Eng.)	مِحبس التصريف
blow-down (n.) (Pet. Eng.)	التصريف السريع ۰ الدّسع ۰ التفريغ الإسقاطي : التفريغ السريع بالجاذبية لتفادي الخطر عند الطوارىء
blow-down cock (Pet. Eng.)	محبس الدسع ۰ محبسُ التصريف الإسقاطي (من قاع المرجل أو البرج)
blow-down drum (Pet. Eng.)	مركّنُ التصريف الإسقاطي
blow-down piping (Eng.)	أنابيب الدسع ۰ أنابيب التفريغ الإسقاطي
blow-down system (Eng.)	شبكة التصريف الإسقاطي ۰ شبكة الدسع
blow-down tank (Eng.)	صهريج الدسع ۰ صهريج التفريغ الإسقاطي
blow-down valve (Eng.)	صمام الدسع ۰ صمام تصريف إسقاطي (من قاع المرجل أو البرج)
blower (n.) (Eng.)	نافخ ۰ نقّاخ ۰ مِنفَخ
blower down tank	خزان التفريغ السريع
blower fan (Eng.)	مروحة نَفخ
blow-hole (Geol.)	منفذ هواء أو منفذ غاز ـ فجوة نفث (من كهف ساحلي)
(Eng.)	نفطة ۰ ثَقب فُقّاعي
blowing current (Elec. Eng.)	تيار صهر الفاصمة ۰ تيار صهر المِصهَر
blowing down	تصريف دسعي ۰ تصريف سريع
blowing fan (Eng.)	مروحة تهوية أو نفخ
blowing in	إشعال (القُرن)
blowing (of) a fuse (Elec. Eng.)	انصهار الفاصمة (المِصهر)
blowing-off (a boiler) (Eng.)	تصريف البخار
blowing through (Eng.)	نفث
blowing-up (n.)	انفجار
blowing well (Civ. Eng.)	بئر ارتوازية
blowlamp = blowtorch	موقِد لحام
blown (adj.)	منفوخ ۰ مُغلَّظ بالنفخ
blown asphalt (Pet. Eng.)	اسفلت معالج بالنفخ : اسفلت مؤكسَد بنفخ الهواء
blown bitumen (Pet. Eng.)	قار منفوخ
blown casting	مصبوبة ذات فجوات

blow-out preventer

blow-out preventer stack

blown oil (Chem. Eng.)	زيت مُنَفّخ : مُغلَّظ بنفخ الهواء
blow-off cock (Eng.)	محبس التصريف
blow-off pipe (Eng.)	ماسورة التصريف
blow-off valve (Eng.)	صمام التصريف ۰ صمام تنفيس
blow-out (Eng.)	تفجّر ۰ انفجار ۰ ثوران ۰ التدفق بعنف أو فجأة
(v.)	تفجّر ۰ فجّر ـ إنفجر ـ دسع (بضغط الهواء) ۰ نظّف (المجرور) بالدفق أو الدّسع
blow-out preventer (Pet. Eng.)	مانعُ الاندفاق ۰ مانعة التدفّق المفاجىء : صمــام بوّابيّ في رأس البئر يُقفَل اوتوماتيّاً لدى تدفق الغاز في اثناء الحفر
blow-out preventer stack	جُمّاع صمامات مَنع الاندفاق

BLO

well blow-out

blow-out, well (Pet. Eng.)	ثَوَران البئر
blowpipe (Eng.)	جملاجٌ : قصبةُ نَفْخ
blowpipe welding (Eng.)	لحام بالجملاج
blow stage (Chem. Eng.)	مَرحلة النفخ
blow-through cock (Eng.)	مِحبَسُ نَفْث (لتصريف الهواء أو البخار)
blow up (n.)	انفجار
blue asbestos = crocidolite (Min.)	الأبَستُوس الأزرق ـ الحرير الصخري الأزرق
blue coal	الفحم الأزرق ـ الطاقة الرِّيحية
blue gas = blue water gas	الغاز الأزرق
blue-glow	وَهْج أزرق
blue heat	الحرارة الزرقاء
blue-john (Min.)	فلُوريت : فلوريد الكالسيوم البِلّوري
blue lead (Chem.)	الرصاص الأزرق (المعدني)
blue litmus paper (Chem.)	ورَقُ عَبّاد الشمس الأزرق
blue mud (Ocean.)	الوحلُ الأزرق : رواسب بحرية عُضوية تحوي كبريتيد الحديد
blue oil (Pet. Eng.)	الزيت الأزرق : خليط من الزيت الثقيل والبرافين الناتج من تقطير الشمع المعدني
blue pole (of a magnet)	القُطب الجنوبي (للمغنطيس)
blue print	نُسخة أو طبعة زرقاء ـ صورة عن تصميم أو مخطط
blue-print paper (Civ. Eng.)	ورق سحِ ازرق
blue stone (Chem.)	كبريتات النحاس
blue vitriol (Chem.)	الزاجُ الأزرق : كبريتات الزنك المميّأة
blue water gas (B.W.G.) (Chem. Eng.)	الغاز الأزرق المائي : غاز احتراق يتألف معظمه من اول اكسيد الكربون ٤٢٪ والهيدروجين ٤٩٪ وقليل من الميثان والنتروجين وثاني اكسيد الكربون
blue whistler (Pet. Eng.)	بئرُ غاز طبيعي
bluff (adj.)	عريض الواجهة مُفلطَحُها
(n.) (Geol.)	صَدَفٌ : مُرتَفَع شديد الانحدار ـ جُرف
bluish (adj.)	مائِلٌ الى الزُّرقة
blunge (v.)	جَبَلَ (الطِّين)
blunt (adj.)	كليلٌ ـ كالٌّ
blunt-edge	كليلُ الحَدّ
blur (n.)	لَطخة ـ ضَبابية ـ غَشاوة
(v.)	لطَّخ ـ غشَّى ـ طمَس
board (n.)	لوحُ خشب ـ لوحُ كرتون ـ لَوحة
= control (or distribution) board (Elec. Eng.)	لَوحة التحكُّم ـ لَوحة التوزيع
(v.)	كسا بألواح خشبية
boarded derrick (Civ. Eng.)	بُرج حفر مغطى بالألواح
boarding (n.)	التغطية بالألواح ـ ألواح التغطية
board, instrument	لوحة اجهزة القياس
board of directors	مجلس الإدارة
Board of Trade Unit (Elec. Eng.)	الوحدة التجارية للطاقة الكهربائية (١ كيلو واط ساعة)
board, on	على السفينة أو على الطائرة
boast (v.)	رقق ـ شذَّب
boat (n.)	قارِب ـ زورَق ـ سفينة
(v.)	أبحَر في قارب ـ حمل أو نقل في قارب
boat lines	خُطوط الناقلات : انابيب شحن الناقلات أو تفريغها
bobbin (Elec. Eng.)	وَشيعة اللَّفّ ـ بَكرة ـ مِكَبّ
bobtail (Pet. Eng.)	شاحنة صِهريجية
bobtail, twin-barrel	شاحنة ثُنائية الصِّهريج
bob-weight	ثِقَلُ التوازُن
body (n.)	جسم ـ هيكل ـ كُتلة ـ هيئة
(Pet. Eng.)	قِوام : قوام الزيت من حيث لزوجته وجموده
(v.)	جسَّم ـ جسَّد
body corporate	شخصية اعتبارية أو معنوية

boiler with internal furnace

bog (n.)	مُستَنقَع ـ سَبخَة ـ مَغيض
boggy soil	تربة سَبخَة
boghead (or cannel) coal (Chem.)	فحمٌ قِيري وقّاد
bogie (or bogie truck) (Eng.)	عربةُ نقلٍ منخفِضة
bog iron-ore (Min.)	رِكاز (خام) حديدِ المُستنقَعات
boil (v.)	غلَى ـ أغلى
(n.)	غَلَيان ـ دُمَّل ـ خُراج
boil away	بخَّر بالغليان ـ تبخَّر
boil down	أنقص بالغَلْي ـ تناقص بالغليان
boiled oil	زيت بزر الكتّان المَغلي
boiler (Eng.)	مِرجَل ـ غلّاية
boiler accessories (Eng.)	لواحقُ المِرجَل
boiler bearer	حاملُ المِرجَل
boiler capacity (Eng.)	سَعَة المِرجَل ـ سعة الغلّاية
boiler compound (or composition) (Eng.)	مُركَّب (منع التقَشُّر في) الغلايات
boiler corrosion (Eng.)	تآكُل المِرجَل
boiler drum	أُسطوانة (أو برميل) المِرجَل
boiler efficiency (Eng.)	كِفايةُ المِرجَل
boiler feeding (Eng.)	تغذيةُ المِرجَل
boiler feed pump (Eng.)	مِضَخّةُ تغذية المِرجَل
boiler feed-water (Eng.)	ماء تغذية المِرجَل
boiler fittings (Eng.)	تركيبات المِرجَل (القِطَعُ المركَّبةُ فيه)
boiler flue (Eng.)	أنبوب اللَّهب (أو الغازات الساخنة) في المِرجَل
boiler furnace (Eng.)	فرنُ المِرجَل
boiler header (Eng.)	مُجَمِّعُ المِرجَل العُلوي
boiler inspection (Eng.)	التَّفتيشُ الدَّوري على المَراجل
boiler lagging	تغليف المِرجَل العازِل
boiler mountings (Eng.)	روافدُ المِرجَل : ما يُركَّب على الغلّاية من مُصَبّيات ومَداخن

boiler plant (or house)	حُجرة المَراجل (في مَعمل أو باخرة)
boiler pressure (Eng.)	ضغطُ المِرجل
boiler scale (Eng.)	حرائفُ أو قشورُ المِرجل
boiler setting (Eng.)	قاعدةُ المِرجل
boiler shell (Eng.)	غلافُ المِرجل ٠ جدارُ الغلاية
boiler-shop (Eng.)	ورشةُ تصليح المَراجل
boiler stays (Eng.)	دَعائمُ تثبيت المِرجل
boiler tubes (Eng.)	أنابيبُ المِرجل
boiler water treatment (Chem. Eng.)	مُعالجة ماء المَراجل (لِمَنع الترسُّب)
boiling (n.)	غَلَيان
boiling curve (Eng.)	مُنحنَى الغَلَيان
boiling hot	حارٌّ لدَرَجة الغَليان
boiling limits	حدودُ الغَلَيان
boiling over	طَفحٌ بالفَوَران (أو بالغَليان)
boiling period (or time)	فترةُ أو وقتُ الغَلَيان
boiling phenomena	ظاهرةُ الغَلَيان
boiling-point (Phys.)	درجةُ الغَلَيان ٠ نُقطةُ الغَلَيان
boiling point, final	نقطة (أو درجة) الغَلَيان النهائية
boiling point, initial (Chem. Eng.)	نقطةُ الغَلَيان الابتدائية ٠ نقطة بَدء التقطير
boiling point method (Chem.)	طريقةُ درجة الغليان ((لقياس الوزن الجُزيئي))
boiling range (Phys., Pet. Eng.)	مَدَى الغَليان : الدرجاتُ التي يُستقطَر فيها الزيتُ المعيَّن
boiling temperature	درجةُ حرارة الغَليان
boil over (v.)	فار ٠ طفح (بالغَليان)
(n.)	طَفحٌ بالغَليان
boil up (v.)	ركَّزَ بالغَليان
bolar (adj.)	طينيّ ٠ صَلصاليّ
bole (n.) (Geol.)	طينٌ خَزَفيّ
bolide	شهابٌ مُتفجِّر
boll weevil (Biol.)	خُنفساءُ القُطن
(Pet. Eng.)	عاملٌ في حفر آبار النفط
bolograph (Phys.)	مرسَمةٌ بُولومتريّة (لقياس الطاقة الحرارية الاشعاعية)
bolometer (Elec. Eng., Phys.)	بُولُومتر : مقياسُ الطاقة الاشعاعية الحرارية
bolster (n.) (Eng.)	مِسنَد ٠ سِناد
bolster bolt (Eng.)	دِسارُ الدَّعم
bolster plate (Eng.)	لوحةُ اسْتِناد

boiling phenomena

bolt (n.) (Eng.)	مِسمارٌ مُلَولب ٠ بُرغي ـ مِزلاج ٠ رِتاج ٠ مِغلاق
(v.)	دَسَرَ ٠ بَرشَمَ ٠ أَرتَج
bolt cropper (or clipper) (Eng.)	مِقطَلة مسامير
bolt cutter (Eng.)	مِقطع مسامير
bolted (adj.) (Eng.)	مُقفل بالمِزلاج ـ مثبت بالمسامير المُلولبة
bolter (n.)	مُنخَل آلي
bolt, flat head (Eng.)	مِسمارٌ مُلَولب مُسَطَّح الرأس
bolt head (Eng.)	رأسُ المِسمار الملولب
bolting (Eng.)	ربطٌ (أو تثبيت) بالمسامير الملولبة
bolt oil	زيتُ المسامير الملولبة
bolt with nut	مسمارٌ بصمولة
Boltzmann's constant (Phys.)	ثابتُ «بُلتزمان» : نِسبةُ طاقة الجزيء الكلية الى حرارته المطلقة
bomb (n.)	قُنبلة ٠ قَذيفة
(Geol.)	قذيفة بُركانية
(v.)	أَسقط القنابل ٠ قَصَفَ بالقنابل
bomb calorimeter (Phys.)	مِسعَر التفجير ٠ مِسعر قُنبليّ
bomber	(طيارة) قاذفةُ قنابل
bonanza (Mining)	عِرقٌ مَعدنيّ غَنيّ
bond (n.)	وَثاق ٠ رباط ٠ ترابُط
— chemical bond	وَصلة ٠ رابط أو رباط كيميائي

bomb calorimeter

(v.)	أودع في الجمرك ريثما تُدفَع الرسوم
bond, cyclic (Chem.)	وَصلة حلقية
bond, double (Chem.)	وَصلة ثنائية (أو مُزدوجة) ٠ رباطٌ مزدوج
bonded	مَضمونٌ بالْتزام أو تعهُّد
bonded goods	بضائع مُحتَجزة (في الجمرك) بانتظار دفع رُسومها
bonded warehouse	مُستودع احتجاز جُمركي
bond, end	وَصلة طرفية
bonderization (Chem. Eng.)	البَندرة : طريقةُ الطِّلاء بالفوسفات
bonderizing (Chem. Eng.)	بَندرة : طلاءٌ بالفسفات لمنع الصدأ
bonding	ربطٌ ٠ رباط ٠ ترابُط ٠ وَصل
bonding additive (Chem. Eng.)	إضافة لُصوقية : لتقوية التلاصُق
bonding, adhesive	ترابُط التصاقي : بالالتصاق
bonding material	مادة رابطة
bond strength (Chem.)	قُوّةُ الوَصلة ٠ شِدّة الترابُط
bond tester (Eng.)	جهاز اختبار الترابُط
bone (n.)	عَظم
= bony coal (Mining)	الفحمُ الحجريّ المُرمَّد
bone ash (Chem.)	رمادُ العظم
bone bed (Geol.)	طبقة صخرية عَظميّة : من بَقايا عظام الفَقاريّات
bone black	أسودُ العظام ٠ الفحم العظمي
bone coal	فحمُ العظام
bone fat	دُهن العظام
bone oil = Dippel's oil (Chem.)	زيتُ العظام
bonnet (Eng.)	قَلَنسوة ٠ غِطاء ٠ كُمّة وقاية
bonnet stud	زِرُّ (تثبيت) القَلنسوة

boom cat

mobile booster pumping unit

bont (Mining) تخصُّر العِرق المعدني – قفص ذو كَبل لاستخراج الخام

bonus (*n.*) مِنحة (مالية) • عِلاوة • هِبة (عَينيّة) – إتاوة اضافيّة

bony coal = **bone** (Mining) الفحم الحجري المُرمّد

book (*n.*) كتاب • دفتر • سِجل

(*v.*) سَجّل – حجز مُقدّماً

booking (*n.*) قَيد في الدفاتر – حَجْز مُقدّم

(Surv.) تدوين القياسات المسجّلة

book-keeper ماسِك دفاتر

book-keeping مَسكُ الدفاتر

book value القيمة الدفتريّة• القيمةالمحسوبة

boom (*n.*) رنين • أزيز • طنين – إزدهار • انتِعاش

(Eng., Naut.) نُصْبة : حاجِز لإعاقة الملاحة – ذراع المرفاع – ذراع تطويل – عارضة الصاري – عاتِق

(*v.*) دوّى – هدَر – طنّ • أزّ – ازدهر • انتعش – ابحر مسرعاً

boom cat (Pet. Eng.) جَرّارة بمرفاع (لمدّ أنابيب البترول)

boom derrick (Eng.) مِرفاع ذراعيّ

boost (*v.*) عزّز • قوّى – رفع • زاد • صَعّد

(*n.*) (Eng.) الضغطُ المعزّز (للمزيج الاحتراق بالنسبة الى الضغط الجوي)

booster (Eng.) مُعزِّز • مُصعِّد • جهاز التقوية أو التعزيز

booster battery (Eng.) بطّارية مُعزِّزة

booster-ejector (*n.*) مُعزِّز (فراغ) لافِظ

booster gauge (Eng.) مقياس مَدَى التعزيز

booster pump (Eng.) مِضخّة مُعزِّزة • مضخة تعزيز الضغط

booster pumping station (Pet. Eng.) مَحطة تعزيز الضخّ

booster pumping unit, mobile وَحدة نَقالية لتعزيز الضخّ: على طول خط الانابيب

booster system (Eng.) نِظام تعزيز

boosting (*n.*) تعزيز (الضغط أو الفُلطية)

boost pressure الضغط المعزَّز

boost pressure controller منظِّم الضغط المعزَّز

boost pressure gauge (Eng.) مقياس الضغط المعزَّز

boot (*n.*) حِذاء

(*v.*) انتعل • إحتَذى

booth مَقصورة • حُجَيرة

boot jack (Eng.) آلة انتِشالٍ بالغَرف

bootleg packer (Eng.) حَشوة لمنع التسَرُّب

B.O.P. (blow out preventer) مانِعُ التفجُّر

bopd or **B.O.P.D.** (abbrev. for barrels of oil per day) براميل من النفط في اليوم

boph or **B.O.P.H.** (abbrev. for barrels of oil per hour) براميل من النفط في الساعة

boracic acid = **boric acid** (Chem.) حامض البوريك

boracite (Geol.) بوراسيت : معدن من بورات وكلوريد المغنسيوم

borate (Chem.) بورات : أحد أملاح حامض البوريك

borax (Min.) بُورَق : بُورات الصوديوم المائية

bord (Mining) سَرَب جانبي (عَبْر طبقة فحم) – الرّاق القطُوع : الراق اللمّـاع السهلُ القطع من طبقة فحمية

border (*n.*) حَرف • حافّة • جانِب – حدّ • تَخْم

bordering مُجاوِر • مُتاخِم

border line خط الحُدود • خطٌّ فاصل

bore (*v.*) ثَقَب • جوّف – سبَر – حَفَر – أضْجَر

(*n.*) تجويف • حُفرة – قطر الماسورة الداخلي

boreal (*adj.*) شمالي

bore bar (Eng.) جِذعُ الحَفر

bore-bit (Eng.) لُقمة الحفر

bore contractor (Civ. Eng.) مُتعهِّد الحفر

bored (*adj.*) مَحفور • مُقوَّر • مُجوَّف

bore gauge (Eng.) مُحدِّد قِياس التجويف

borehole (Pet. Eng.) ثَقب الحفر • حفيرة سَبْر – ثَقب استِطلاع

bore-hole bottom (Pet. Eng.) قعر الحفيرة

bore-hole casing (Pet. Eng.) تغليف ثقب الحفر

bore-hole log (Pet. Eng.) سِجل ثقب الحفر

bore-hole temperature (Pet. Eng.) درجة حرارة الحفيرة

boreholing plant (Pet. Eng.) وَحدةُ حفر

bore meal (Mining) غُبار الحفر (المتجمع في اسفل الثقب)

bore oil (Pet. Eng.) زيتُ الحَفْر

bore pump (Pet. Eng.) مِضخّة الحفر

borer (Eng.) مِثقب • حَفّارة – ثقّاب • حفار

borer bit لُقمة المِثقاب • لُقمة الحفّارة

bore rod (Pet. Eng.) جِذعُ الحَفر

bore rod joint (Pet. Eng.) وُصلة جِذع الحَفر

bore well بئر أرتوازية

boric acid (Chem.) حامض البوريك

boring (Eng.) حَفْر – تقوير

(Mining) الحفر تنقيباً عن النفط أو الغاز

boring bar (Eng.) قضيب الحفر • ساقُ الحفر • جِذع الحفّارة

boring-bit (Eng.) مِثقاب الحفر • لُقمة الحفر (الجزء اللّولبي الدّوار فيه)

boring by percussion (Pet. Eng.) الحفر بالطَّرق (أو بالدقّ)

boring by shotdrills (Pet. Eng.) حَفْر بخُردق الفولاذ

boring contractor مُتعهد الحفر

boring gauge (Eng.) مقياس الحَفر

boring head (Eng.) حامِل لُقَم الحفر

boring journal سِجل أو تقرير الحفر

boring log (Pet. Eng.) سِجلُّ الحفر

boring machine (Eng.) قوّارة • مكنةُ ضَبط الثقوب

boring mill (Eng.) مكنةُ حفر عمودية (تقوم بالحفر فيها طَبْليّة دوّارة)

boring rig (Pet. Eng.) جهاز الحفر • مُعَدّات الحفر

boring rod جِذع الحفر • ساقُ الحفر

boring rod joint وُصلة جِذع الحَفر

borings حُفارة (التعدين)

boring sample (Pet. Eng.) عَيِّنَة حَفر (من عُمق مُعيَّن)

boring spindle (Pet. Eng.) عمود دُولاب الحَفر

boring stem (Pet. Eng.) جِذع الحَفر

boring tool (Eng.) أداة الحفر

boring tower (Pet. Eng.) بُرج الحَفر

Boron (B) (Chem.) البُورون: عُنصر لا فِلزّي رمزه (بو) .

boron steel فولاذ البورون

borrow pit (Civ. Eng.) حُفرة الإمداد

bort = boart بُورْت : ألماس غير نقي تُلقَم به العُدد القاطعة

boss (Eng.) صُرّة • حَدَبة ـ مِسند • مِصدم
(Geol.) رُؤَيسة : كتلة صخرية شاخصة

bossed out مُقبّب

botany علم النبات

botryoidal (*adj.*) عُنقودي الشكل

bott (*n.*) كِظامة • سِداد ثقب الصّب
(*v.*) سَدّ (بكِظامة)

bottle (*n.*) قارورة • زُجاجة • قِنينة • وعاء اسطواني ـ أسطوانة غاز
(*v.*) وضع في زجاجات • عبّأ في اسطوانات أو قوارير

bottle charger (Eng.) مُعبّئة القوارير (بسائل غازي)

bottled (*adj.*) مُعبّأ في قوارير (أو أُسطوانات)

bottle(d) gas غازُ القوارير : غاز مُسَيَّل معبّأ في قوارير

bottleneck مَزْنق • مُختَنَق ـ عَرقلة

bottler مُعبّئة القوارير

bottle-tight (*adj.*) مُحكَم السّد

bottling machine مكنة تعبئة القوارير

bottom (*n.*) قَعْر • أسفل ـ قاعِدة ـ السطح السفلي ـ قَرار • قاع
(*v.*) قعَّر • ركَّب القاع ـ أرسى • رسا • قَرّ

bottom block (Eng.) مَجموعة البكّارة السفلية

bottom dead-centre (Eng.) النُّقطة المَيتة السفلى

bottom draw (Pet. Eng.) الجزء الثقيل (من النّفط المكرّر)

bottom feed (Eng.) التغذية السُّفلية

bottom feed exchanger مبادِل الحرارة بين المتخلفات واللقيم

bottom hole (Pet. Eng.) قاع البئر • قعر الحفيرة

bottom hole cementation (Pet. Eng.) سَمنتة قاع البئر

bottom hole choke (Pet. Eng.) مَخْنَق القاع (في بئر النفط)

bottom-hole contract (Pet. Eng.) عقد حَفرٍ قاعي : يتم ببلوغ الحفر الى عمقٍ مُعيَّن

bottom-hole differential pressure (Pet. Eng.) الضغط الفرقي (أو التفاضلي) في قاع البئر

bottom hole flowing pressure (Pet. Eng.) ضغط التدفُّق في قاع البئر • الضغط في قاع البئر خلال الجريان

bottom hole packer (Pet. Eng.) حَشوة لسدّ قاع البئر

bottom hole pressure (Pet. Eng.) ضغط قاع البئر • ضغط القاع في بئر النفط

bottom hole pressure build up test (Pet. Eng.) اختبار تزايُد الضغط في قاع البئر

bottom hole sample (Pet. Eng.) عَيِّنة من قاع البئر

bottom hole sample taker (Pet. Eng.) جهاز أخذ العيّنات القاعيّة من البئر

bottom hole shut in pressure (Pet. Eng.) الضغط المُغلق في قاع البئر

bottom hole static pressure (Pet. Eng.) الضغط الساكِن في قاع البئر

bottom-hole temperature (Pet. Eng.) درجة الحرارة في قاع البئر

bottoming (Civ. Eng.) : الطبقة السفلى : مواد الطبقة السفلى من طريق مرصوف

bottom level (Eng.) مستوى القعر • مَنسوب القاع

bottom outlet (Eng.) مَخرجٌ أو مأخذٌ سُفلي

bottom plate (Eng.) لوحُ القاع

bottom plating (Eng.) التصفيح القاعيّ • الواح القاع

bottoms (*n.*) مُتخلِّفات • رواسب
(Pet. Eng.) متخلّفاتٌ أو فَضلاتُ التقطير

bottom-samplers (Pet. Eng.) أجهزة استخراج العيّنات القاعية

bottoms cooler (Pet. Eng.) مُبرِّد المتخلِّفات

bottom sedimentation ترسيب أو ترسُّب قاعي

bottom sediments (Pet. Eng.) رواسِبُ القاع

bottom-set beds (Geol.) طبقات القاعدة • رقائقُ القاع

bottom settlings (Pet. Eng.) رواسِبُ القاع

bottoms-feed exchanger (Pet. Eng.) مُبادِل الحرارة بين المتخلِّفات واللقيم

boring samples

boudinage

bottom sludge (Pet. Eng.) حَمأ القعر

bottom steam (Pet. Eng.) بُخار القاع (المار عبر الزيت اثناء التقطير)

bottom stopes (Mining) طبقات الخام الأفقية السفلى

bottom valve صِمام القاع

bottom water ماء القاع

boudinage (Geol.) تسجُّق ـ تكوينٌ سُجقي أصلب من الطبقات الصخرية التي تكتنفه

boudins (Geol.) سُجُق : تكوينات سُجُقيّة تمتد باتجاه الطبقات المكتنفة

boulder = bowlder (Geol.) : جُلمود : حجر يزيد قُطره عن ١٠ سم

boulder clay (Geol.) طَفَلٌ جُلمودي

boulder wall (Civ. Eng.) : جِدار جُلمودي من الحجارة والمِلاط

bounce (*v.*) ارتدّ (كالكرة) ـ انتفض ـ توثّب
(*n.*) ضربة مُفاجئة ـ ارتِداد ـ وَثْبَة مُفاجئة

bouncing pin (Pet. Eng.) إبرة إرتدادية (في مقياس الخَبْط)

bound (*adj.*) مُتَّجه (نحو) ـ مقيَّد ـ مَحتوم ـ ملزَم ادبيّاً أو قانونياً ـ مُجلَّد (للكِتاب)
(*n.*) وَثْبة • ارتداد (الكُرَة) ـ حَدّ • نِطاق

Bourdon gauge

(*v.*) قيّد • كبح – أحاط (ب) – حدّ • تاخَم – وثَب – إرتدّ

boundary حَدّ • تخم

boundary fault صَدعٌ حَدّي

boundary layer طبقة مُتاخِمة

boundary line خطّ الحدود

boundary lubrication (Eng.) تزييت رقيق • تزليق حدّي

boundary post (Surv.) مَعْلَم حدود

bound settler مسّاح (الاراضي)

bounteous = bountiful (*adj.*) وافِر • سخِيّ

bounty (*n.*) محصول – مُكافأة • تعويض – إعانة

Bourdon gauge = pressure gauge (Eng.) مقياس «بُوردون» لضغط السوائل

bourse (*n.*) مَصْفَق • بُورصة • سُوق مالية

bow (*v.*) حنى • إنحنى – أومأ – أذعن

(*n.*) إيماءة • انحناءة – قوس • تقوّس – مُقدَّم الطيارة أو السفينة • جُؤجؤ

bow compass (Eng.) فِرجار قوسيّ

bow drill (Eng.) مِثقاب قوسيّ

bow-heavy (Naut.) ثقيل المُقدّمة

bow knot عُقدة أُنشوطيّة

bowl طَاس • قَصْعة

bowlder = boulder جُلمود

bowline = bowline knot (Naut.) عُقدة غير مُنزلِقة

bowse (*v.*) رفَع بالبكّارة • رفع بالبكرة والحبال

bow-shaped dunes (Geol.) كُثبان قوسيّة

box girder

box صندوق • عُلبة

box-and-pin joint (Eng.) تَعشيقة • وُصلَةُ أنثى وذَكَر

box bill (Pet. Eng.) لاقِط صُندوقي : اداة انتشال جِذع الحفر

box caisson (Eng.) قَيسون صُندوقي : للعمل تحت الماء

box cooler (Pet. Eng.) مُبَرِّدٌ صندوقي

box coupling (Eng.) قارِنة صندوقية : بجُلبة راكبة

boxed (*adj.*) مُعلَّب • مُصَندق • موضوع في صناديق

box fold (Geol.) طيّة مُقفلة

box girder (Eng.) جائز صندوقي • عارضة صُندوقية

box nut (Eng.) صَمولة صندوقية (مسدودةُ أحد الطرفين)

box spanner = socket wrench (Eng.) مِفتاح ربطٍ صُندوقي

box-stone (Geol.) حجر صندوقي أُحفوري

box thread لولَبة داخلية

box-type furnace فُرن صندوقي

boycott (*v.*) قاطَع

(*n.*) مُقاطعة (اقتصادية)

Boyle's law (Phys.) قانون «بُويل»

B.P. (back pressure) ضغط مُعاكِس

= boiling point نُقطة الغليان

B.P.S.D. (barrel per stream day) (Pet. Eng.) الانتاج اليومي بالبرميل (للمصفاة العاملة) • البرميلية (الاندفاقية) اليومية

brace (Eng.) مِلفاف – شِكال • مِقبض المثقاب – دِعامة • سِناد – رِباط – مُصلَّبة • كَتيفة

(*v.*) كَتَّف • قوّى بالشّكُل – شدّ

braced (*adj.*) مُكتّف • مُقوى بالشُّكُل

braced frame (Eng.) هيكَلٌ مُقوّى بالشّكُل

Brachiopoda (Biol.) عَضُديات الأرجُل • المِسرَجانيات : شُعبة من الرخوانيات ذاتُ أصدافٍ ثنائية المصراع

brachy-anticline (Geol.) قَبوة قصيرة

bracing (Eng.) التقوية بالشّكُل – أُطُرُ دعم – مُصالَبة • تكتيف

bracing strut (Eng.) قائمُ تكتيف

bracket (Eng.) كَتيفة • سِناد قوسي – حاصِرة • قوس

(*v.*) احاط (ب) – كَتَّف • زوّد أو دَعم بكتائف

brackish (*adj.*) أُخضَم • ضارِبٌ الى المُلوحة

brad = sprig (Eng.) مِسمار بلا رأس • مسمار صغير الرأس

bradenhead (Pet. Eng.) رأسُ الانابيب (عند فوّهة بئر النفط)

bradenhead gas (Pet. Eng.) غاز الفوهة في بئر النفط

brain دِماغ

braize (Mining) دقيقُ فَحم الكُوك

brake (Eng.) مِكبح • فَرملة • كمّاحة

(*v.*) كَبَح • فَرمَل

brake adjuster (Eng.) مُعدِّل المِكبح

brake band (Eng.) طوقُ المِكبح

brake cable (Eng.) سلك المكبح • كَبْلُ المِكبح

brake control rod (Eng.) ذراعُ التحكم بالمكبح

brake disc (Eng.) قُرص المِكبح

brake drum (Eng.) طَبْلَةُ المِكبح

brake flange شَفَة المِكبح

brake gear (Eng.) جِهاز الكبح أو الفرملة

brake hop لَقْلَقَة أو تقلقُل المكبح

brake horse-power (B.H.P.) (Eng.) القُدرة الحصانية المِكبحية

brake-lever (Eng.) ذراع المِكبح • عتلة المِكبح

brake lining (Eng.) لَبُوس المِكبح • بِطانة المِكبح

brake linkage (Eng.) قضبان وَصْل المِكبح

brake master cylinder (Eng.) اسطوانة الكبح الرئيسية

brake mean effective pressure (Eng.) متوسط الضغط المِكبحي الفعّال

brake oil (Eng.) زيتُ الفرامِل • زيت المِكبح

brake pedal (Eng.) دوّاسة المكبح • دَعسة الفَرملة

brake shoe (Eng.) قبقاب الفرملة • لُقمة المِكبح

brake shoe lining (Eng.) بِطانة لُقمة المكبح

brake strap (Eng.) طوقُ المكبح (في المرفاع)

brake valve صِمام المكبح

braking (Eng.) الكَبح • الفرملة

braking surface (Eng.) سَطح الكبح

Bramah press (Mech.) مِكبس مائي • مِكبس «بْرَاماه»

bramble (*n.*) سلكٌ شائك

branch (*n.*) شُعبة • فَرع – غُصن – رافِد

(*v.*) تشعَّب • تفرّع • فرّع

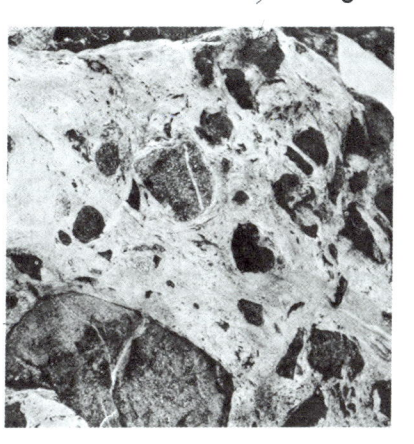

branch circuit (Eng.) دائرة فرعية

branch connection (Eng.) توصيلة فرعية ـ وُصلة تفريع

branch current (Eng.) تيار فَرعي • تيار مُتفرِّع

branched (*adj.*) مُفرَّع • مُتفَرِّع

branched chain (Chem.) سِلسلة مُتفرِّعة

branched chain hydrocarbons (Chem.) هيدروكربونات مُتفرِّعة السِّلسلة

branching (Phys.) تفرُّع

branching box (Elec. Eng.) علبة التفرُّع أو التفريع

branching line (Eng.) خط متفرع • خط فرعي

branching-off point نقطة التفرُّع

Branchiopoda (Biol.) خيشوميات الأقدام : طُويئفة من القِشريات

branch joint (Eng.) وُصلة تفرُّع

branch pipe أُنبوب متفرِّع • انبوب فرعي

branch switch مِفتاح فَرعي • مفتاح تفريع

branch terminal نهاية الخط الفَرعيّ

brand (*n.*) وَسم • عَلامة • سِمة • إشارة ـ صِنف • ماركة

(*v.*) وَسَم • وضَع علامة • دمَغ

branded oil (Pet. Eng.) زيت موسوم : مُميَّز بسِمة

branding وسم • دَمْغ

brand names أسماء (ماركات) تِجاريّة

bran oil زيت النِّخالة • فرفورال

brash (Geol.) شَظايا صخرية أو جليدية

brass (Met.) النُّحاس الاصفر

brass cock صُنبور من النحاس الاصفر

brassing (Eng.) الطلاء بالنُّحاس الاصفر

brass-lined (*adj.*) مبطَّن بالنحاس الاصفر

brass-plating (Eng.) الطلاء بالنحاس الاصفر

brass soldering لِحام بالنحاس الاصفر

brass welding لِحام بالنحاس الأصفر

brass wire (Eng.) سِلك نُحاسي

brattice (Mining) حاجز خشبي : فاصِل في مَنجم (للتهوية)

braze (*v.*) نَحَّس ـ لحَم بالنُّحاس

brazing (Eng.) تنحيس ـ اللِّحامُ بالنحاس الاصفر

brazing powder مسحوق لِحام

breach (*n.*) ثُغرة ـ تقصير ـ مخالفة • خَرق • إخلال

breach of contract إخلالٌ بالعَقد

break (*v.*) كَسر • حطَّم ـ فَصم ـ مزَّق ـ انكسَر • تحطَّم

(*n.*) انكسار • انفِصام ـ خلَل ـ تصدُّع ـ ثُغرة • انقطاع ـ فاصِل

(Geol.) ثُغرة طَبقية • نقصٌ أو انقطاع التراصُف الطبقي

breakable (*adj.*) قابِل للكَسر

breakage كَسر • انكِسار • انقِطاع ـ كُسارة

break-and-make button (Elec. Eng.) زِرُّ فَصل ووَصْل

breakaway انفِكاك • انفصال ـ انحِراف

breakdown (*n.*) عُطل • انهيار ـ توقُّف فُجائي ـ انحِلال ـ تجزئة • تصنيف الى أجزاء أو فئات

breakdown crane (Eng.) مِرفاع نقَّال (يُحمل على شاحنة)

breakdown lorry شاحِنة التصليح • كَميون التصليح

breakdown of costs تجزئة أو تصنيف النفقات

breakdown of emulsion (Chem.) انحِلال المُستحلَب

breakdown pressure (Eng.) ضغطُ الانهيار

breakdown voltage (Elec. Eng.) فُلطية الانهيار

breaker (*n.*) قاطِع التيار • قاطِعة • فاصلة ـ محطِّمة • كسَّارة ـ مَكسر أمواج

breaker line خط تكسُّر الموج

breaker points (Elec. Eng.) نُقَط الفصل • نقط قطع الاتصال

break-ground (*v.*) بدأ الحَفر (الانشائي)

break-in (*v.*) روَّض • ليَّن بالاستعمال

breaking-down (*n.*) تقطيع • تَفكيك

(Chem.) تكسير

breaking-down process (Pet. Eng.) عملية تكسير (الوقود)

breaking-down temperature (Chem. Eng.) درجة حرارة الانحِلال

breaking load (Eng.) حِمل الكَسر

breaking of emulsion (Chem. Eng.) انحِلال المُستحلَب

breaking point (Eng.) نُقطة الانكسار أو الانفصال

breaking strength (Eng.) مُقاومة الكَسر أو القطع

breaking stress (Eng.) إجهادُ الكَسر أو القطع

breaking up (Chem. Eng.) تكسير

break joint وُصلة مُتخالِفة • وصلة تخالُف

break point (Eng.) نُقطة التمزُّق

break switch (Elec. Eng.) مِفتاح قَطع

breakthrough (*n.*) إختراق ـ تقدُّم باهِر

breakwater (Civ. Eng.) مَكسِر الامواج • مَلطِم : (حاجز طبيعي أو اصطناعي يحِدُّ من اندفاع الامواج)

breast (*n.*) صَدر

(*adj.*) أماميّ

breast drill (Eng.) مِثقاب صَدر

breast rail درابزين بارتفاع الصدر

breast wall جِدارٌ بارتفاع الصدر ـ جدار دَعم

breath (*n.*) نَفَس

breathe (*v.*) تنفَّس

breather (Eng.) نشّاقة • مِنْشقَة • جهاز تهوية • مُتَنفَّس : مَنفذ تنفُّس

breather hole (Pet. Eng.) ثقب التنفُّس

breather pipe (Eng.) ماسورة التنفُّس

breather plug (Pet. Eng.) دِسام تنفُّسي : يَسمحُ بالتنفُّس

breather roof (Pet. Eng.) سَقف تنفُّسي : سَقف (خزانٍ) يسمح بالتنفس

breather valve (Pet. Eng.) صِمام تنفُّس

breathing (Pet. Eng.) تنفُّس : حركة الغاز من وإلى خزان البترول بتغيُّر درجة الحرارة المكتنِفَة ـ استثمار بالتدفق المتقطِّع

breathing apparatus جهاز تنفُّس

breathing loss (Pet. Eng.) فَقْدُ التنفس : فقد التبخر في صِهريج النفط بتمدد الهواء وتقلصه

breathing of tank (Pet. Eng.) تنفُّس الخزّان : بفعل تمدُّد الهواء أو تقلصه داخل الخزان

breathometer (Pet. Eng.) مِقياس التنفس

breccia (Geol.) بَريشة • بَرْشِيا : صخر مؤلَّف من شظايا زاويَّة مُتلاحِمَة

breccia

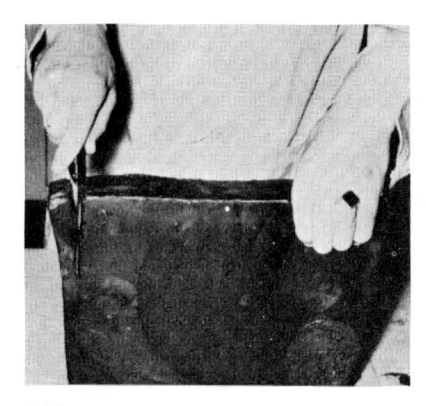

brick grease

breccia conglomerate (Geol.) رَصيص بَريشيّ

brecciated مُبَرَّش: مُحوَّل الى شظايا مُتلاحِمة

brecciated vein سامَة مُبَرَّشة

breech مُؤخَّرة • جزءٌ سُفلي – مِغلاق

breeching (Eng.) صندوق أو وُصلة المُؤخَّرة (لِجمع وتصريف الأدخنة)

breeding-fire نارٌ كامِنة

breeding reaction = chain reaction (Chem., Phys.) تفاعُل مُتسلسِل

breeze (*n.*) نَسْمة • نَسيم – رمادُ الموقد – سُقاط

brew (*v.*) (Chem.) خمَّر

brick (*n.*) آجُرَّة • قِرميدة • طوبَة • لَبِنَة

brick clay طُفال لِصُنع الطُّوب

brick earth طُفال • صَلصال

brick fuel وَقُود القوالِب : وقود من قوالِب الفحم (الحجري)

brick grease (Pet. Eng.) شحمُ القوالب : شحم على شكل قوالب

bricking-up (Civ. Eng.) البناء بالطوب

brick lining بِطانة من الطوب

brick oil زيت الخزّافين

bridge (Civ. Eng.) جسر • قنطرة • عَبّارة
(*v.*) جسَّر • أنشأ جسراً

bridge balance (Elec. Eng.) إتِّزان قَنطريّ

bridge circuit (Elec. Eng.) دائرة قنطرية

bridge connection (Elec. Eng.) إتصال قنطري
(Elec. Eng.) وصلٌ قنطري : وصل دائرة كهربائية بأخرى موازية

bridge pier (Eng.) ركيزة جِسر

bridge plug (Civ. Eng.) دِسامُ تَجسير : لِسَدّ ثَقبٍ على عُمق معيَّن

bridge wall (Civ. Eng.) جدارُ الجسر

bridgework (Eng.) بناء الجسور

bridging (Pet. Eng.) إنسِداد البئر بتراكُم موادّ الحفر – سَد الصدوع في جُدران البئر
(Eng.) تَجسير • تجسير بعوارض قنطريّة

bridle (*n.*) زِمام • لِجام
(*v.*) ألجم • شكَم

brief (*adj., n.*) مُوجَز • مُختصر • وَجيز
(*v.*) أوجز – زوَّد بالتعليمات الدقيقة

brigade (*n.*) فرقة • سرِيّة

brigade, fire سَرِيّةُ الاطفاء

bright (*adj.*) ناصِع • زاهٍ – نيِّر

bright coal فحم لامِع أو ناصِع

brightener (Chem. Eng.) مُلمِّع • مُنصِّع

brightening (Pet. Eng.) تَنصيع

brightness (*n.*) نُصوع • سُطوع

bright oil (Pet. Eng.) زيت ناصِع أو صافٍ (خالٍ من الرطوبة)

bright red heat حرارةٌ حَمراء ناصعة (حوالى ١٠٠٠° مئوية)

bright stock (Pet. Eng.) زيتُ تزليق ناصع (عالي اللُّزوجة)

brim (*n.*) حافَّة

brimstone (Min.) كِبريتُ العَمودِ (الطبيعيّ)

brine (*n.*) ماءٌ أُجاج • ماءُ مِلْح – مَحلولٌ مِلحيّ

brine disposal well (Pet. Eng.) بِئرُ تَصريفِ الماءِ المِلْح

brine gauge مِقياسُ المُلوحَة

Brinell hardness number (Eng.) رَقْمُ الصَّلادةِ البرينيليَّة

Brinell hardness test (Eng.) إختِبارُ الصَّلادةِ البرينيليَّة

brine pit مَلاّحة

brine-proof (*adj.*) صامِدٌ للماء المِلْح

brine pump مِضَخة المحلول الملحيّ

brine well بئر ماء مِلْح

bring (*v.*) جلَب • أحضَر – أحدثَ – جاء (ب) • اوردَ – اغلّ

bring in (a well) (Pet. Eng.) أعدَّ (البئر) للإنتاج

brink (*n.*) حافّة • شَفير • شَفة

briny (*adj.*) مالِح • مِلْح

briquet (*n.*) قالَب • قَالَب فحم (حجري)
(*v.*) كتَّل • كبَّب • قولَب

briquet fuel وَقود بشَكل قوالب

briquette = briquet (Met.) قالَب • قُوَيلب

briquettes قوالب من سُقاط الفحم

brisance (*n.*) قوة القَصْم – قوة التفجُّر

brisk (*adj.*) نشِط • سَريع

britannia metal (Met.) سَبيكة بريتانيا : من القصدير والنحاس

broaches

British Association standard screw thread (Eng.) سِنُّ لولبة المسامير العياري للجمعية البريطانية

British Road Tar Association الجمعية البريطانية لِقار الطرق

British standard pipe thread (Eng.) سِنُّ لَولبة الانابيب العياري البريطاني

British Standards Institution (Eng.) مَعهدُ القياسات المعيارية البريطاني

British thermal unit (B.T.U.) (Eng.) ألوحدة الحرارية البريطانية : تساوي ٢٥٢ كالوري

brittle (*adj.*) قَصِف • قَصِم • قَصِيف • قصيم

brittle iron حديد قَصِف

brittleness (Met.) تقصُّف • قَصَف

brittle point (Eng.) نُقطةُ التَقصُّف

broach (Eng.) مِبْزَل • مِخرز • مُخَلِّق ثقوب • مِثقاب – سَفُّود
(*v.*) ثقَبَ • بزَلَ • خلَّق أو هذَّب الثقب
(Naut.) استدار (في اتجاه الريح)

broaching (Eng.) تَقوير • ضبطُ الثقوب • تخليقُ الثقوب

broad-base tower (Eng.) بُرجٌ عريضُ القاعدة

broadcast (*v.*) أذاعَ • نَثر • بثّ

broadcasting (*n.*) إذاعة • بثّ

broad-flange girder (Eng.) رافِدة عريضةُ الشَّفَة

broad-gauge line خط حديدي عريض

brob (*n.*) سَفين • وتدٌ إسفينيّ

brockie زيتُ القوالب

broil (*v.*) سخَّن • أحمى
(*n.*) شيّ – شِجار • شَغَب
(Mining) بقايا السَّامَة في الصخر

broken (*adj.*) مَكسور • متكسِّر • مَقطوع • مُنفصِل

broken circuit (Elec. Eng.) دائرة مَفصولة

broken ore (Mining) رِكاز مُفتَّت

broker (*n.*) سِمسار • وَسيط

brokerage (*n.*) سَمسرة • عُمولةُ السِّمسار

bromate (Chem.) بُرومات: مِلحُ حامض البروميك

bromide (Chem.) برومِيد : ملح حامض الهيدروبروميك

bromination (Chem.) بَرْوَمة : معالجة بالبْروم

bromine (Br) (Chem.) ألبْروم : عنصر لا فلزّي رمزه (بر)

bromine number (Pet. Eng.) الرّقم البروميني (للزيت)

bromoform (Chem.) بْرومُوفورْم

bronze (Met.) البرونْز : سبيكة من النحاس والقصدير

bronze-bushed bearing (Eng.) مَحمِل ذو جُلبة برونْزية

bronze welding اللِّحامُ بالبرونْز

brood (n.) حَضْنَة : نِتاج الحَضْنة الواحدة

(Met.) شوائبُ معدِنية

brook (n.) جدولُ ماء • ساقية ماء

brow (n.) حاجِب

(Mining) سَرَب مائلٌ مُنحدر

brown بُنّي اللون • أسمر

brown acids (Chem. Eng.) الحوامضُ الداكِنة

Brown and Sharpe wire gauge (Eng.) مقياس «براوْن» و«شارْب» لقطر الاسلاك

brown coal (or **lignite**) (Chem.) الفحم البُنّي : فحم حجري متوسّط بين الخُث والليجْنيت

brown gasoline (Pet. Eng.) بِنزين داكِن (لاْحتوائه شوائبَ كبريتية)

Brownian movement (Phys.) حركة بْراوْنيّة • نَغَشان

brownstone (Geol.) حجر أسمرُ رملي

B.R.T.A. (**British Road Tar Association**) الجمعية البريطانية لِقار الطرق

Brunton compass (Geol.) بُوصَلَة «برَنْتون»

brush (n.) فُرشاة • فِرجَون • مِحَسَّة • مِسْفَرة

(v.) فرشَى : نظّف بالفرشاة • مَسّ

brush discharge (Elec. Eng.) تَفريغ فِرجَوني

brush gang فِرقة قَلْع الاشجار (إعداداً لِمَدّ خط الانابيب)

bryology (Biol.) عِلم الطَّحالب (الحزازيات)

bryophyte (Biol.) نبات طُحلبي • حَزَاز

bryozoan (Biol.) حيوانٌ طُحلُبي

bs. (**bottoms**) (Pet. Eng.) رواسِبُ الزيت الخام أو متخلفاته

B.S. (**bottom settlings**) (Pet. Eng.) رواسِبُ القاع

BSD (**barrel per stream day**) : **operating capacity of a refinery** (Pet. Eng.) بِرميل في يوم العمل : القدرة التشغيلية للمِصفاة

Brunton compass

B.S.I. (**British Standards Institution**) المعهد البريطاني للقِياسات العيارية (Eng.)

B.S.T. (**British summer time**) التوقيت الصيفي البريطاني

B.S. & W. (**basic sediments and water**) (Pet. Eng.) الرواسِبُ القعرية والماء

B.T.U. (**British Thermal Unit**) وَحدة الحرارة البريطانية

B T X (**benzene, toluene & xylene**) بنزين ، تولوين وزَيْلين

bubble (n.) فُقّاعة ـ نَفّاطة

(v.) بَقْبَق • أخرج الفقاقيع

bubble cap (Pet. Eng.) كُوب الفقاقيع

bubble cap deck (Pet. Eng.) صِينية اكواب الفقاقيع

bubble-cap tray (Pet. Eng.) صِينيَّة أكواب الفقاقيع

bubble formation تكَوُّن الفقاقيع

bubble level (Civ. Eng.) مِسواةٌ بفُقّاعة

bubble plate (Pet. Eng.) صِينيّةُ الفقاقيع

bubble point نُقطة التَفَقُّع : نقطة تكَوُّن الفقاقيع

bubble scrubber (Pet. Eng.) غاسِل الغاز بالبقبقة

bubble, steam فُقّاعة بُخار

bubble tower (Pet. Eng.) بُرج الفقاقيع

bubble tower overhead (Pet. Eng.) ألمنتَجاتُ العُلويَّة الخارجة من بُرج التقطير

bubble tray (Pet. Eng.) صِينية (استعادةِ) الفقاقيع : في برج التجزئة

bubbling (n.) تفقُّع • بَقْبقة

Büchner funnel (Chem.) قِمْع «بُوخْنِر»

buck (n.) (Mining) كَسَّارة خام المعدِن

(v.) سحَق • كسَّر

bucket (n.) سَطْل • دَلْو • قادُوس

bucket dredger

مِكبسُ المضخة التردُّديَّة (Eng.)

bucket chain (Eng.) سِلْسلة من الدِّلاء الدوّارة

bucket chain dredger (Civ. Eng.) كرّاءَة بقَواديس مُتَسلسلة

bucket conveyor (Eng.) ناقِلةٌ بالقواديس

bucket dredger = **ladder dredger** (Civ. Eng.) كرّاءَة سُلَّميّة ـ كرّاءَة بالدلاء الدوّارة

bucket elevator (Eng.) رافِعَة بقواديس

bucket excavator (Civ. Eng.) حَفّارة ذات قواديس

bucket loader مُحَمِّلة (أو شحّانة) ذاتُ قواديس

bucket pump مِضخّة رافعة

bucket wheel سانِيَة بقواديس • دُولاب ذو قواديس

buckeying (Mining) استِثمار هَدْريّ

bucking (Eng.) سَنْدُ رأس البرشام لِبرشمته

(Min.) تكسيرُ الخام يدويّاً

bucking tool عُدّةُ سَنْدِ رأس البرشام

buckle (Eng.) إحديداب • انبِعاج ـ إبزيم • مِحبَك

(Met.) بَثْر • تنفُّط السطح في المعدِن المصبوب

(v.) احدَوْدب • انبَعج ـ حنى • لوى • فتَل • انفتل ـ شبَك (بإبزيم)

buckled (adj.) مُنبَعج • مُحدَودِب

buckled wheel دولاب مُحدَودِب أو مُنبَعج

buckle fold (Geol.) طيّةُ احديداب

buckle up (v.) إنهار • هَبط • انبعج ـ تلوّى • تحدَّبَ

buckling (n.) احديداب • انبِعاج • إلتواء

buckling strength (Eng.) مقاومةُالاحديداب • مُقاومة الانبعاج

buckling stress (Eng.) اجهادُ الاحديداب

BUC
52

marsh buggy

loading bulk lorries

buck on (a well) وَضَعَ (البئرَ) في الانتاج

buckstay (Eng.) ركيزة تثبيت

buckwheat coal (Mining.) فحم حُبَيبي

buddle (Mining) حُفرة (محدَّبة أو مقعَّرة) لتركيز الخامات المعدنية

buddling (Mining) غَسلُ الرِّكاز

budget (*n.*) ميزانيّة

(*v.*) وضَعَ ميزانية

buff (Eng.) عجَلَةُ تلميع

(*v.*) لمَّع • صقَل

buffalo (Civ. Eng.) بَفالُو : جرّارة برمائية تستخدم في مد الانابيب في المناطق السَّبخة

buffer (Eng.) مِصَدّ • مُخَفِّف الصدمة • مُخَمِّد

(Chem.) محلول منظِّم

buffer condenser (Elec. Eng.) مُكَثِّفٌ مُصادّة

buffering (Eng.) منْعُ الارتجاج • تخميد الارتجاج

buffer layer طبقة حاجزة أو فاصلة

buffer salt (Geol.) مِلح حاجز

buffer solution (Chem. Eng.) محلول مُنظِّم • محلول ثابتُ الأسِّ الهيدروجيني

buffer spring (Eng.) نابِضُ مُخَمِّدةِ الارتجاج • نابِضُ المِصَدّ

buffer zone منطقة فاصلة

buffing oil (Eng.) زيتُ التلميع

buffing wheel (Eng.) رحَى الصَّقْل • عجلةُ تلميع

bug (*n.*) مُبَيِّن الموضع – سِيزموغراف – لاقِطٌ سِرّيّ

(*v.*) لَقَط بميكروفون سِرّي

bugging (*n.*) التنصُّت بميكروفون سِرّي

buggy (Eng.) عرَبة صغيرة قلّابة

buggy, marsh جَرّارةُ المستنقعات • جرارة برْمائية

buhrstone (Geol.) حجر كلسي صَوّاني

build (*v.*) بنَى • شادَ • أنشأ

building (*n.*) بناء – صَرح • عِمارة • مَبْنًى

building contractor مُقاوِل (أو متعهد) بناء

building materials موادُّ البناء

building site (Civ. Eng.) مَوقِعُ البناء

building-stone حجر البناء

building-up (Eng.) تجمُّع • تزايُد – تجميع • تركيب

build-up (*n.*) تراكم • تجمُّع • تزايُد • تعاظُم

built-in (*adj.*) مُبَيَّت • مَبني في داخل جدار

built-up (*adj.*) مُركَّب • مُجَمَّع

built-up areas (Civ. Eng.) مِساحات مُشيَّدة

bulb بَصَلة • بُصَيلة – بُصَيلة المصباح الكهربائي • حَبابَة

bulb of a thermometer (Phys.) بُصيلةُ ميزان الحرارة • بَصَلة التِّرمومتر

bulge (*n.*) بُروز • نُتوء • انتفاخ

(*v.*) برَز • نتأ • انتفخ

bulk (*n.*) جِرم • حَجم – شِحنة سائبة – جُملة • جُلّ • مُعظَم

(*adj.*) سائب • غير مُعبَّأ

bulk breaking فَكُّ الحُمُولة • تفريغُ جزء من الشِّحنة

bulk cement اسمنت سائب (غير مُعبَّأ)

bulk delivery (Pet. Eng.) تسليم سائب : من الشاحِنة الصِّهريجية الى صِهريج الاستهلاك

bulk density الكثافة الظاهرة

bulkhead (Civ. Eng.) حاجز إنشائي • حاجز (أو فاصل) عمودي

(Naut.) فاصل بينَ (أو في داخل) صهاريج الناقلة

bulk, in بالجُملة – غير مُعبَّأ – سائب

bulk lorry شاحِنةٌ صِهريجيَّة – شاحِنةٌ قلّابة

bulk modulus (Eng.) مُعايِر الحجم

bulldozer

مُعامِل تغيُّر الحجم (Mech.)

bulk plant (Pet. Eng.) مُستودَع التخزين السائب • وَحدة خزنٍ (وَشحن) للمنتوجات البترولية

bulk sale بَيع بالصُّبْرَة : دونَ تعبئة أو وَزْن

bulk shipment شِحنة سائبة

bulk station محطّةُ تَحميل

bulk storage تخزين سائب : بلا تغليف أو تعبئة

bulk terminal (Pet. Eng.) فُرضَة الخَزن والشَّحن : للمنتوجات البترولية

bulk volume الحجمُ الظاهري

bulky (*adj.*) (Eng.) ضَخم • عظيم الحجم • جسيم

bull (*adj.*) ضخم – قوي الاحتمال

bulldog spear (Pet. Eng.) رُمح بُلدُغي : رمح كلابي الراس لالتقاط الانابيب السائبة من بئر الحفر

bulldoze (*v.*) مَهَّد أو أزال بجرّافة آليّة

bulldozer (*n.*) (Civ. Eng.) جرّارةُ تسوية • بُولْدوزَر • جرّافة آليّة

bullet طَلْقة • رَصاصة

bulletin نَشرة • بَيان

bulletin board لوحَة النَّشرات

bulling فصلُ الكُتل الصخرية بالتفجير

bull(ing) plug (Eng.) سِدادٌ ضخم

bullion (Met.) سبيكة من ذهب أو فضة

(Geol.) كتلة فحمية متحجِّرة

bull plug سِدادةٌ ضخمة

bull rope (Civ. Eng.) كَبْل ضخم • كَبْلُ إدارة قويُّ الاحتمال (يستعمل في بعض عمليات الحُفر)

bull wheel (Civ. Eng.) دُولاب إدارة ضخم (في أسفل بُرج الحفر)

bulwark (*n.*) استِحكام • مِتراس – حائلٌ أمواج – كَنَفُ السفينة العُلوي

bump (*v.*) صدَم – رطَم – اهتزّ • ارتجّ

(*n.*) ارتِطام • اصطدام • صدمة

BUS
53

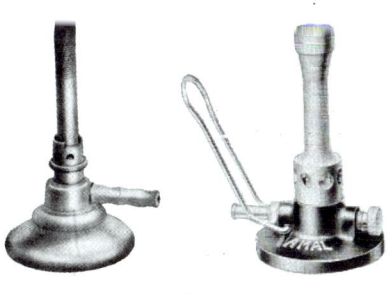

Bunsen burners

bumper (Eng.) مِصدم • واقيةُ الصّدَمات • مِرْطم

bumper tank (Pet. Eng.) خزّان ضخم

bumping (Eng.) طَرْق • دَقْدقة – ارتجاج • اهتزاز

(Chem. Eng.) جَيَشان السائل

bumping hammer (Eng.) مِطرقةُ الدقّ

bumpy (*adj.*) كثيرُ الحفر والنتوءات • ذو مَطبّات – مُضطرب

bumpy running (Eng.) سَيْر (أو دَوَران) مُضطرب

bumpy weather (Meteor.) جَو مُضطرب • جو مُتقلّب

Buna rubber (Chem. Eng.) مطّاط البُونا (يُحضَّر بِبَلْمرة البيوتادايين)

bunch (*n.*) مجموعة • حُزمة • رَبْطة • عُنقود

bund (*n.*) سَدّ – رَصيفُ ميناء مُسَوّر

bundle (*n.*) حُزمة • رِزمة • جُرزة

bund wall (Civ. Eng.) جِدار واقٍ

bung (*n.*) سِداد • أُسْكُوبة • إسكابَة

(*v.*) سَدَّ

bunghole ثَقب البرميل

bunker (Eng.) مَخزن وَقود (للغلايات البخارية)

bunker diesel fuel oil زيتُ وقود ديْزل للسفن

bunker fuel وَقود السفن

bunker fuel oil (Pet. Eng.) زيتُ وقود للسُّفُن • وقود زيتي ثقيل للسفن والمكنات الثقيلة

bunkering (*n.*) تَموين السفن بالوقود

bunker oil (Pet. Eng.) زيت وقود السفن • زيتٌ وسِخ : يُحرق لتحضير السِّناج

bunker sampling valve (Pet. Eng.) صِمام عيِّنات الزيت الوسِخ

bunning (Mining) مَنَصّةُ النُّفايات (في منجم)

Bunsen burner (Chem.) مَوقِدُ «بَنْزِن» • مِصباح «بَنْزِن»

buoy (*n.*) عامَة • طافية • طَوْف

(*v.*) طفا • عامَ • عوَّم • سبَّب الطفو

buoyancy (Phys.) الطّفويّة • قابلية الطّفو

buoyancy pontoons أرْماثُ طَفْو • أطوافُ تعويم

buoyant box صُندوق طَفو

buoy light ضوءُ العامَة

burble (*n.*) إضطراب (في الانسياب) – خَرير

(*v.*) اضطرب – خَرَّ

burden (*n.*) حِمل • حُمولة • ثِقل • عِبء – شِحنة

= **on-costs** (Eng.) نَفقاتٌ غير مُباشَرة (إضافية)

burdensome (*adj.*) مُرهِق • ثقيل

bureau (*n.*) مَكْتب – صِوان ذو أدراج

burette = **buret** (Chem.) سَحّاحة

buried cable (Elec. Eng.) كَبْلٌ مَطمور

buried outcrop (Geol.) بُروز مُقنَّع • نتوءٌ (صخري) مدفون

buried tank (Pet. Eng.) خزّانٌ مطمور

buried topography (Geol.) طوبُوغرافية دفينة أو مَطمورة

burn (*n.*) حُرقة • حَرْق

(*v.*) حَرَق • أحرق • كَوَى – اْحترق

burner (Chem.) مَوقِد • حارِق

burner fuel oil (Pet. Eng.) زيتُ التدفِئة

burnettizing (Chem. Eng.) بَرْنَتة • معالجة الخشب (بكلوريد الزنك) لحفظه

Burnett's fluid (Chem. Eng.) محلول «بَرْنِت» : محلول كلوريد الزنك في الماء لوقاية الخشب من الحشرات الثاقبة

burning (*n.*) حَرْق • إحراق • اشتعال – لَفْحٌ بالحرارة

(Met.) حَرقُ السّبِكة حتى تصبحَ قَصِمة

burning oil زيتُ الاستِصباح • كِيروسين • بترول الإضاءة

burning point (Chem.) نُقطة أو دَرَجةُ الاحتراق

burning quality (Chem. Eng.) نوعيَّة الاحتراق

burning quality index (Pet. Eng.) دليلُ نوعيَّة الاحتراق

burning test (Eng.) اختِبار الاحتراق

burnish (*v.*) صَقَل • جَلا بالحَك

(*n.*) بَريق • لمعان

burn pit (Civ. Eng.) حُفرةُ حَرْق : لِحَرق النُّفايات البترولية

hose supporting buoy

burnt-out bearing (Eng.) جُلبة مَحمِل مُحترِقة

burnt steel (Met.) فولاذ مُحترق (ضئيلُ المتانة)

burr (Eng.) مِثقاب – حافّة خشنة

(Geol.) حجر صلب

burrow (Mining) صخر عقيم

(*n.*) جُحر • وِجار

(*v.*) حفَر جُحراً

burst (*n.*) انفجار • تفجُّر

(*v.*) إنفجَر • تفجَّر

bursting تفجير • انفجار

bursting disc (Chem. Eng.) قُرص التفجُّر • قُرص وقائي ينفجر لمنع انفجار المِرجل عند تخطي الضغط المقرر

bursting strength مقاومة الانفجار – شِدّةُ الانفجار

bury (*v.*) دفَنَ • طمَر

bus-bar (Elec. Eng.) قضيب التوصيل • ساعِدُ التوزيع • مُوصِّل عمومي

bus bay مِنطقةُ وُقوف الباصات

bush (*n.*) جَنْبة : شَجرة خفيضة كثيفةُ الأغصان – دَغَل • أَجَمَة

(Eng.) جُلْبَة • نُخاس

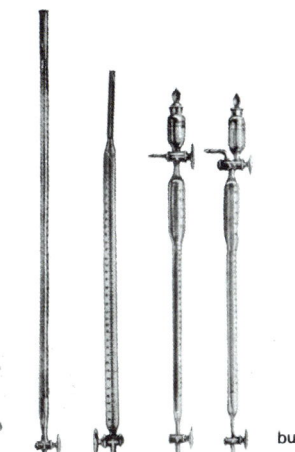

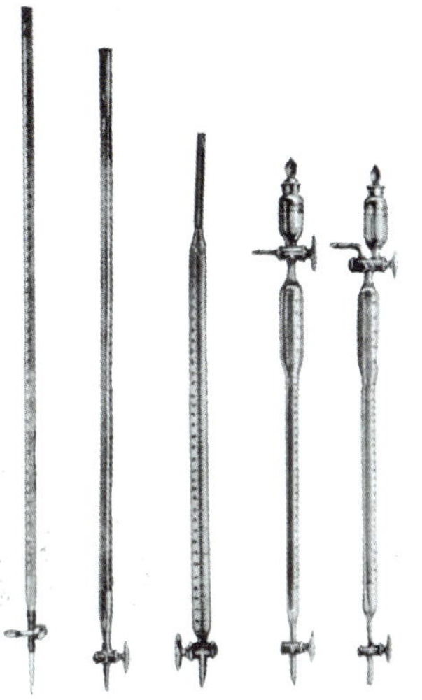

burettes

bushel بُوشِل : مِكيال سَعته حوالى ٣٥ ليتراً

bushing (*n.*) (Eng.) وُصْلَة ازدواج • وُصلة مؤاسير • جُلبة ازدواجية ذَكَرٌ وأنثى

bushing retainer (Eng.) زانِقةُ الجُلبة

business hours ساعات العمل • اوقات الدوام

bus-wire (Elec. Eng.) سِلك التوزيع العمومي

butadiene (Chem.) بيُوتادايين :مُركَّب عُضوي يستخدم في صناعة المطاط الاصطناعي

Butagas (Chem. Eng.) بوتاغاز (اسم تجاري لِلبيُوتان المضغوط)

butane (Chem.) البيُوتان : غاز البيوتان

butane-air (Pet. Eng.) البيوتان المُهَوّى : مزيج البيوتان والهواء بنِسب مُعيَّنة

butane-air mixture (Chem. Eng.) مزيج الهواء والبيوتان

butane dicarboxylic acid = adipic acid (Chem.) حامض ثاني كربوكسيليك البيُوتان • حامض الأديپيك

butane recovery (Pet. Eng.) استِعادة غاز البيُوتان

butanoic acid = butyric acid (Chem.) الحامض البيوتانُوي • الحامض الزُّبدي

butanol = normal butyl alcohol (Chem.) بيُوتانول • الكحول البيوتيلي العادي

butene = butylene (Chem.) البيُوتين • البيوتيلين

butenyl (or **butylene radical**) (Chem.) شِقُّ البيوتِنيل • شِق بيوتيليني

Buton resins (Chem. Eng.) راتِينجات «بُوتُون» • راتينجات تنتج من بَلْمرة البوتادايين والستَيْرين

bushings

butterfly valves

butt (*n.*) أرومة • أصل ـ طَرَف ـ طَرَفٌ غليظ مستدير

(*v.*) نتأ ـ وَصلَ بالتناكُب

(*adj.*) (Eng.) تناكُبي • راكِب

butterfly nut (Eng.) صَمولة مُجَنَّحة

butterfly valve (Eng.) صِمام فَراشي • صمام مُجَنَّح • صِمام خانِق ذو قرص ـ شرَّاقة تسمح بمرور التيار في اتجاه واحد

buttery (*adj.*) زُبْداني • شبيه بالزبدة

butt joint (Eng.) وُصلَة تناكُبيَّة

butt-joint (*v.*) جَمعٌ بالوَصل التناكُبي

button (*n.*) زِر

(*v.*) زَرَّر • جهز بأزرار

button control (Eng.) تحكُّم بالازرار

button switch (Elec. Eng.) مفتاح بزِر

butt-plate لوحٌ تناكبي

buttress (Eng.) دِعامة • كَتِف • دِعامة زافِرة

butt strap (Eng.) شَريحة تناكُبية : تربط وُصلتَي تناكُب

butt welded tubes انابيب مَلحومة تناكُبيّاً

butt-welding (Eng.) لِحامٌ تناكُبي

butyl acetate (Chem.) أسِيتات البيُوتيل

butyl alcohol = butanol (Chem.) كُحول بيُوتيلي

butylene = butene (Chem.) البيُوتيلين • غاز البيوتيلين

butylene feed vessel (Pet. Eng.) وعاء التغذية بالبيوتيلين • وعاء البيوتيلين اللقيم

butylene feed wash tower (Pet. Eng.) بُرج غَسل البيوتيلين اللقيم

butyl radical (Chem.) شق البيُوتيل

butyl rubber (Chem.) مَطّاط البيُوتيل • مطاط اصطناعي

butyrate (Chem.) زُبْدات • بيُوتيرات : ملح الحامض الزُّبدي

butyric acid (Chem.) الحامِض الزُّبدي

buzzer (Elec. Comm.) أزّاز • طنَّان • زَنّان

B.W.G. (Birmingham Wire Gauge) مُحدِّد قياس الأسلاك البِرمنجهامي

B.W.P.D. (barrels of water per day) برميل ماء يومياً

B.W.P.H. (barrels of water per hour) برميل ماء في السّاعة

by heads (*adv.*) على نحوٍ متقطِّع

bylaw قانون داخلي

by-level (Eng.) مَنسوب بَيْنِيّ

by-line (Eng.) خط ثانوي

by-pass (Eng.) مَسْرَب جانبي ـ مَمرٌّ تحويليّ • توصيلة فرعيّة

by-pass jet نافُورة جانبيّة

by-pass lines (Pet. Eng.) خُطوط التحويل

by-pass piping (Eng.) أنابيب التحويل

by-pass pit (Pet. Eng.) بئر التهوية

by-pass valve (Eng.) صِمام التحويل

by-pit بِئرُ تَهوية

by-products (Chem. Eng.) مُنتَجات ثانوية أو فرعية

by-road طريق جانبيّة (أو فرعية)

by-way (*n.*) طريق فرعي

by-work شُغل إضافي أو ثانوي

butt-welding

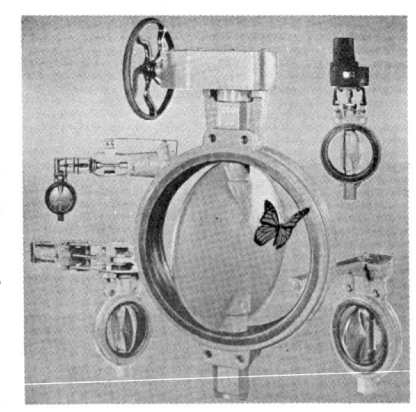

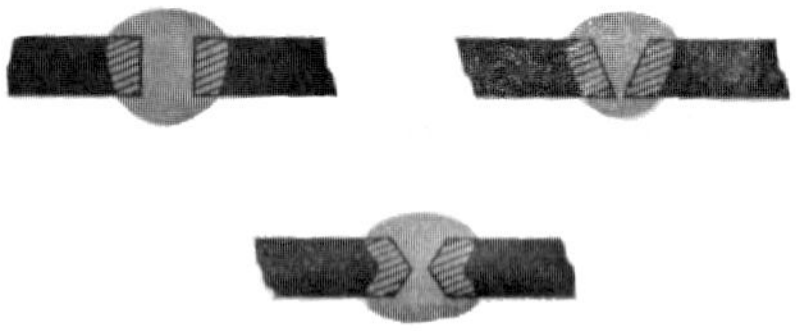

control panel

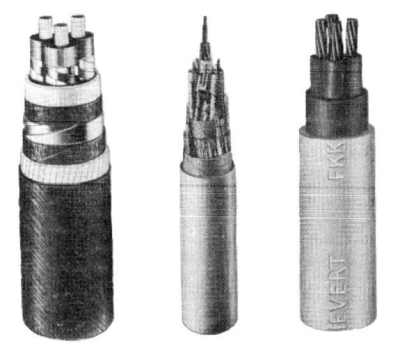

C

C = centigrade (Phys.) سَنْتيغراد : مِئَوي

C° = degrees centigrade درجة سنتيغراد

cab مَقصورة • حُجرة – عربة أُجرة

cabin مَقصورة – حُجرة في سفينة

cabinet خِزانة

cable (*n.*) (Eng.) كَبْل • حَبْل غليظ : حبلٌ من الأسلاك المجدولة

cables

cable couplers

(Elec. Comm.) بَرقية سلكية

(*v.*) ربطَ بكبل – أبرق

cable bearer حامِلة الكَبْل

cable-car عَرَبة كَبليَّة : يجرُّها كبل متحرك

cable clamp (or **clip**) مِشبكُ تعليق الكُبول

cable clips مَشابكُ الكبل • مُلاقِط الكبل

cable compound مُركَّب الكُبول : شحم إشراب الكُبول

cable, conic كَبل مُستَدِق

cable core (Elec. Eng.) قَلبُ الكَبل

cable couplers (Elec. Eng.) قارِنة كُبول

cable crab (Eng.) مِرفاع كَبْلي

cable ditch (Elec. Eng.) قناةُ الكُبول

cable drill = percussion drill (Eng.) حفَّارة كَبليَّة • حفَّارةٌ بالدق

cable drilling (Pet. Eng.) حَفر كَبليّ • الحفر بالدقّ

cable drilling tools (Civ. Eng.) أدوات الحفر الكبليّ

cable drive (Eng.) إدارة كَبليَّة

cable drum (Eng.) دارَةُ (أو بكرةُ) الكبل

cable ducts (Elec. Eng.) مَسالكُ الكبول • أنابيب مرور الأسلاك

cable excavator (Civ. Eng.) حفَّارة كَبلية

cable fault location تعيين الخَلَلِ الكَبْلي

cable fault tester (Elec. Eng.) كاشِفُ الخللِ الكبليّ

cablegram برقيَّة سِلكية

cable grease شحمُ الكُبول

cable hanger (Elec. Eng.) مِشبكُ تعليق الكُبول

cable laying مَدُّ الكبول

cable-length (Naut.) طولٌ كَبلي (يساوي عُشْرَ ميلٍ بحري)

cable drill

CAB
56

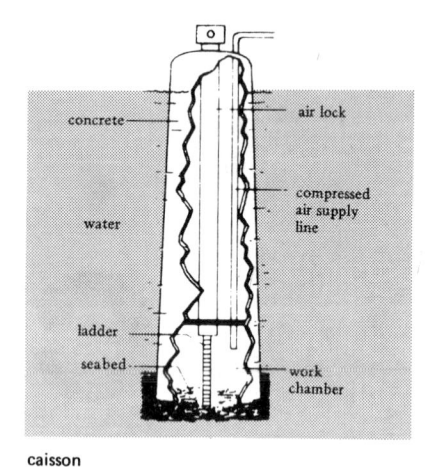

caesium vapour type magnetometer

caisson

cable oil (Elec. Eng.)	زيتُ (عزل) الكَبْل
cable protector	واقي الكَبْل
cable reel	مَكَبٌّ أو بَكَرَةُ الكَبْل
cable rig (Civ. Eng.)	جهاز الحفر الكَبْلي
cable sheath	غلافُ الكَبْل
cable ship	سفينةُ مَدّ الكُبول
cable stretcher	ممطلةُ الكُبول
cable stripping pliers (Elec. Eng.)	زَرَدِيّةُ قَشْر الكُبول
cable tensiometer	مقياس توتُّر الكَبْل
cable terminal	نهايةُ الكَبْل
cable tester (Eng.)	جهاز اختبار الكُبول
cable tool rig (Civ. Eng.)	جهاز الحفر الدقّاق ، مُعَدّات الحفر الكَبْلي
cable tool well (Pet. Eng.)	بئركَبْلِيَةُ الحَفْر : محفورة بالحفر الدقّاق
cable transfer	تحويلٌ ماليٌ برقي
cable tube	أنبوب الكَبْل
cable wax	شمْعُ الكَبْل
cable-way (Elec. Eng.)	ناقلٌ كَبْلِيّ ، مِصعَد كَبْلي ، (تليفريك)
cable-way excavator (Civ. Eng.)	حفّارة بناقل كَبْلي
cabling (n.)	كُبول ، خيطٌ مَبروم مُزدوج الغَزل
(Elec. Eng.)	شبكةُ كَبول لتوزيع القدرة ، جمعُ المُوَصِّلات في كَبول
cadastral map (Surv.)	خريطة مساحيّة
cadastral survey	مَسْح تفصيلي
cade oil	زيت العَرعَر
cadmium (Cd) (Chem.)	الكادميوم : عنصر فلزي رمزه (كد)
cadre (n.)	إطار ، نِطاق – كادر ، مِلاك
caesium = cesium (Cs) (Chem.)	السيزيوم : عنصر فلزي رمزه (سز)
caesium vapour type magnetometer	مغنيطومتر ببخار السيزيوم
cage (n.)	قفص ، هيكلٌ قفصيُّ الشكل
(v.)	وضع في قفص – زَنَق
Cainozoic (Kainozoic or Cenozoic) era (Geol.)	حقْبُ الحياة الحديثة ، الدهر الحديث
cairn (n.)	رُجمة ، مَعْلَم من الحجارة
caissen (Eng.)	قيسون : مقصورة مُحكمة السدّ للعمل تحت الماء – عوّامة لتطويف السفن الغارقة
cake (n.)	كعكة – قُرص ، قالَب ، كتلة مُتراصّة
(v.)	تراصَّ – تلزَّن
cake coal (Mining)	فحم كوكيّ (يتحوّل الى كوك اذا سُخّن بمعزلٍ عن الهواء)
caking (n.)	تلزُّن ، تلازُن
caking coal (Mining)	فحم مُتراصّ او مُتلازِن
calamine (Min.)	كالامين : حجر التوتيا (خام يحوي الزنك)
calc-alkali rocks (Geol.)	صخور جيريَّة قلويَّة
calcareous (adj.) (Chem.)	كِلسِيّ ، جيري
calcareous cement	أسمَنْت كِلسي
calcareous clay (Geol.)	صلصال جيريّ
calcareous earth	تُربة كِلسيّة
calcareous gravel (Geol.)	حَصباء كِلسية
calcareous iron ore (Mining)	خامٌ حديدي كِلسي
calcareous sandstone (Geol.)	حجرٌ رَمليّ كِلسي
calcic (adj.)	جيري ، كِلسي
calciferous (adj.)	كِلسي ، حاوي الكالسيْت (اي كربونات الكالسيوم البلوريَّة)
calcification (n.)	تكلُّس
calcified (adj.)	مُتكلِّس
calcination (Chem. Eng.)	تكليس بالإحماء ، تحميص
calcine (v.)	كَلَّس بالتحميص – فَتَّت بالحرارة
(n.)	حَميص (الخام)
calcined coke	كوك (بترولي) مُحمَّص : فوق درجة ١١٠٠ م
calciner	فرن تكليس
calcining furnace (or kiln)	فرن تكليس
calcining plant (Chem. Eng.)	وحدةُ تكليس
calcite (Min.)	كالسيْت : كربونات الكالسيوم البلورية
calcite mudstone	حجر الطين الكِلسي
calcium (Ca) (Chem.)	الكالسيوم : عنصر فلزي رمزه (كا)
calcium acetate (Chem.)	أسيتات الكالسيوم
calcium-base grease (Pet. Eng.)	شحمٌ قاعدتُه الكالسيوم
calcium carbide (Chem.)	كربيدُ الكالسيوم
calcium carbonate (Chem.)	كربونات الكالسيوم ، كالسيْت
calcium chloride (Chem.)	كلوريدا الكالسيوم ، كلورور الجير
calcium chloride tubes (Chem.)	أنابيب كلوريد الكالسيوم (لامتصاص بخار الماء)
calcium fluoride (Chem.)	فلوريد الكالسيوم
calcium hydroxide (Chem.)	هيدروكسيد الكالسيوم ، جير مُطفأ
calcium hypochlorite (Chem.)	تحت كلوريت الكالسيوم ، مَسحوق القَصر
calcium oxide (Chem.)	أكسيد الكالسيوم ، جير حيّ
calcium phosphate (Chem.)	فسفات الكالسيوم
calcium stearate (Chem.)	استيارات الكالسيوم
calcium sulfate or sulphate (Chem.)	كبريتات الكالسيوم
calcspar = calcite (Min.)	كالسيْت ، كربونات الكالسيوم البلّوريَّة
calculate (v.)	حَسَبَ ، أحصى
calculating machine	مَكنَةٌ حاسبة
calculation (n.)	حساب ، تقدير – تخطيط مُدبَّر
calculator	حاسِب ، حاسبة ، آلة حاسبة
calculus	حسابُ التكامل والتفاضل

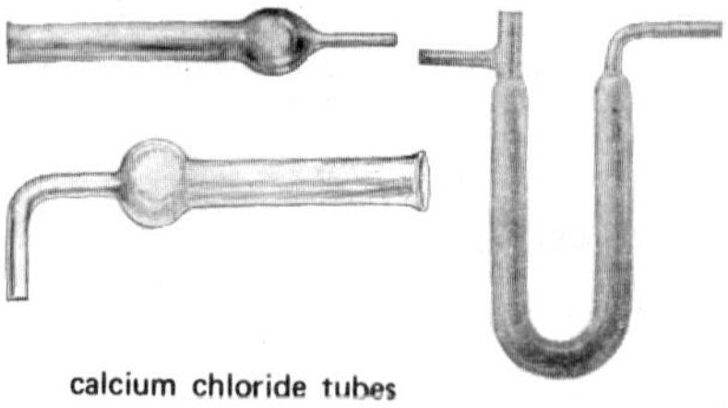

calcium chloride tubes

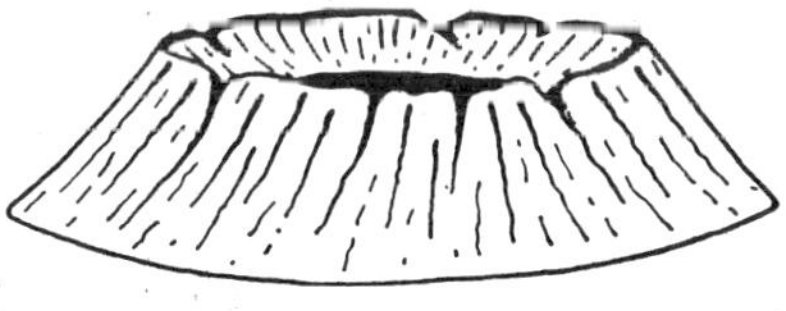

CAM
57

caldera

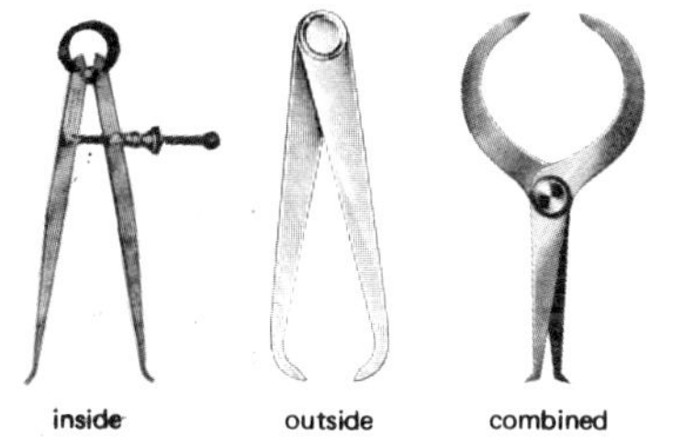

calipers
inside — outside — combined

calorimeter

cam follower — cam roller — cam lobe — cam shaft — cam — crank shaft — cam shaft gear — crank shaft gear

caldera (Geol.)	كَلْديرا : فُوَّهة بُركانية صحنية
caldron = cauldron (Eng.)	خِلقين • مِرْجَل • قِدْرٌ كبيرة
calefaction (n.)	تسخين • إحماء
calendar month	شهر شمسي
calendar year	سنة شمسية
calender (n.)	مكنَةُ صقل الورق (أو القماش)
(v.)	صقل • مأس
calescence (n.)	إحرار شديد • ازدياد درجة الحرارة
calf (n.) (Geol.)	كتلة جليد عائمة
calf line (Eng.)	كبلُ إنزال الأنابيب (في أثناء الحفر) • كبلُ الرفع
calf wheel (Civ. Eng.)	أسطوانة كبل الرّفع • دارة المرفاع (في جهاز الحفر الكَبْلي)
calf-wheel brake (Eng.)	مكبح دارة المرفاع
caliber = calibre (Eng.)	القُطر الداخلي • قُطر الاسطوانة – عيار • قياس
calibrate (v.)	عاير • درّج – قاس القُطْرَ الداخلي
calibrated choke (Eng.)	خانق مُعاير
calibration	مُعايرة • تدريج • تعيير • تقييس
calibration error	خطأ التدريج
calibration scale	مقياس التدريج
calibration test (Eng.)	اختبار المُعايرة
calibre = caliber (Eng.)	القُطر الداخلي – عيار
caliche (Min.)	كاليش • نترات الصوديوم الطبيعية
caliper (v.)	قاس الثُّخَن أو السماكة
(n.) = calliper (or callipers) (Eng.)	قَدَمة فكّية • فِرجار الثُّخَن : آلة ذات فكين لقياس السماكة
caliper gauge (Eng.)	مقياس القطر الخارجي (للاسطوانات)
caliper logging (Eng.)	قياسُ القطر الداخلي للأنابيب
caliper micrometer (Eng.)	ميكرومتر فكّي
calipers, combined	قَدَمة مؤتلفة • فرجار ثخن مؤتلف للقياسات الداخلية والخارجية
calipers, inside	فرجار قياس داخلي
calipers, outside	فرجار قياس خارجي
calipers, slide	فرجار مُنزلق • قَدَمة مُنزلقة
calk = caulk (v.) (Civ. Eng.)	جَلْفَط • قَلَف • جعل مَسيكاً بالجَلْفَطة
(n.)	مسمار (في النعل) لمنع الانزلاق
calked seam	دَرزة مُجلفطة
calker (n.)	آلة جَلْفَطة • عامل جَلْفَطة
calking hammer	مطرقة جَلْفَطة
call (v.)	نادى • استدعى – تلفَن
(n.)	نداء • إشارة صوتية – دعوة – استدعاء – قِسط (مساهمة) مُستحق الاداء – طلب شراء مادة معينة في فترةٍ محدَّدة بسعر مُعيَّن
call bell	جرسُ النداء
call-box	غُرفة هاتف للعموم
call button	زرُّ النداء • زرُّ التنبيه
call card	بطاقة النداء • بطاقة استدعاء
caller (n.)	مُناد – زائر
call-indicator	مبيّن مصدر النداء
calling jack	مَقبِس النداء
calling station	مَحطَّة النداء
callipers = calipers (Eng.)	قَدَمة • فِرجار الثُّخَن : آلة قياس ذات فكين
call lamp	مصباحُ تعيين النداء
call-loan	قرضٌ يُعاد عند الطلب
call on oil (Pet. Eng.)	طلب شراء النفط الخام خلال فترة مُحدَّدة بسعرٍ مُحدَّد
Callovian stage (Geol.)	المَرحلة الكالُوفيَّة : من العصر الجوراسي
call sign	علامة النداء
callys (Geol.)	صخور طبقية • صخور مُنضَّدة
calm (adj.)	هادىء • ساكن • غير مُضطرب
(n.)	هُدوء
(v.)	هدأ • سكن • سكّن • هدّأ
calomel (Chem.)	كالُومِيل • كلوريد الزئبقوز
calorescence (Phys.)	كالُورِيَّة : امتصاص الطاقة وإعادة إشعاعها بأمواج أقصر
caloric (n.)	حرارة – السَّيال الحراري
(adj.)	حراري • سُعري
caloricity	القيمة الحرارية • القيمة السُّعريَّة
caloric unit (Phys.)	وحدة حرارية
calorie = calory (Phys.)	كالُوري • سُعر
calorie, big (Phys.)	كالُوري كبير : 1000 كالوري
calorific (adj.)	مُولَّد للحرارة • مُسَخِّن
calorific efficiency (Eng.)	الكِفاية الحرارية
calorific intensity (Phys.)	الشِّدة الحرارية
calorific power (Eng.)	القُدرة الإحرارية
calorific value (Chem.)	القيمة الحرارية • القيمة السُّعريَّة : لوَحدة الوَقود بالسُّعر
calorimeter (Phys.)	كالُوريمتر • مِسْعَر
calorimeter bomb = bomb calorimeter	مِسعر تفجيري
calorimetric (adj.)	خاص بقياس الحرارة
calorimetry (n.) (Phys.)	قياس الحرارة
calorizing (Met.)	طلاء (الحديد أو الفولاذ) بالألومنيوم في حرارة غامِرة
calory = calorie (Phys.)	سُعر • كالُوري
cal seal (Civ. Eng.)	كالْسيل • أسمنت بطيءُ التَكتُّت
calutron	كالُوترون • مطياف كُتلي
calx (Chem.)	كِلْس • أُكسيد الجير
cam (Eng.)	كامة • حدَبةُ تحويل الحركة
camber (n.) (Eng.)	إحديداب • تقوُّس
(Geol.)	إحديداب أو تقوس الطبقات

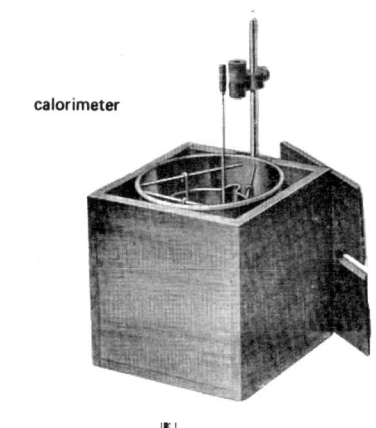

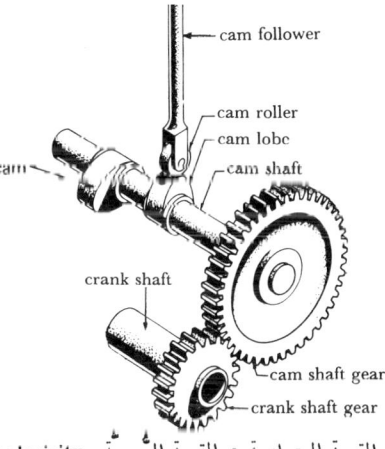

CAM
58

canning

camber (Civ. Eng.)	إحديداب سطح الطريق
(v.)	قوَّس ۰ حدَّب
cam box (Eng.)	عُلبة الكامات
Cambrian = Cambrian period (Geol.)	العصر الكمبري
Cambrian system (Geol.)	النظام الكمبري : صخور العصر الكمبري
cambric tubing	أنابيب عزل
camera (n.)	كاميرا ۰ آلة تصوير ـ قمرة
camera, aerial	آلة التصوير الجوّي
cam follower (Eng.)	تابعُ الكامة
cam gear (Eng.)	إدارة بالكامات
camion	كميون ۰ سيّارة شحن
cam lever (Eng.)	ذراع الكامات
cam lobe (Eng.)	نتوء الكامة ۰ فصُّ الكامة
cam nose	بروز الكامة ۰ أنفُ الكامة
cam-operated (adj.) (Eng.)	مُدارٌ بكامة أو حدبة
cam operating lever (Eng.)	ذراع تشغيل الكامة
camouflage (n.)	تمويه ۰ تعمية ۰ تستّر
(v.)	موَّه ۰ عمَّى ۰ نكَّر
camouflaged tanks	صهاريج مموَّهة : للتعمية
camp (n.)	معسكر ۰ مخيَّم
(v.)	عسكر ۰ خيَّم
campaign (n.)	حملة
(v.)	اشترك بحملة
Campanian stage (Geol.)	المرحلة الكمبانية : من العصر الكريتاوي
campanulated (adj.)	جرسيُّ الشكل
camp bed	سرير ينطوي ۰ سرير مخيَّمات
camphene (Chem.)	كمفين : زيت التربنتين المكرَّر بالتقطير
camphor (n.) (Chem.)	كافور
camphorated oil	زيت مُشبع بالكافور ۰ محلول الكافور في زيت بزر القطن
camphoric acid (Chem.)	حامض الكافور
camphor oil (Chem.)	زيت الكافور
campus	حرَمُ الجامعة او الكلية
cam reduction gear (Eng.)	ترس تخفيض سرعة الكامات
cam roller (Eng.)	دحراج الكامة
camshaft (Eng.)	عمود (إدارة) الكامات
camshaft bearing (Eng.)	محمل عمود الكامات
camshaft bushing (Eng.)	جلبة عمود الكامات
camshaft sprocket (Eng.)	ترس عمود الكامات
camshaft timing gears (Eng.)	تروس توقيت عمود الكامات
cam track (Eng.)	مدرج الكامة
cam wheel (Eng.)	عجلة محدَّبة ۰ دولاب كامّي
can (n.)	عُلبة معدنية ـ صفيحة (سَعتها ٢٠ لترًا)
(v.)	علَّب
Canada balsam (Chem.)	بلسم كندا
Canadian drilling (Pet. Eng.)	طريقة الحفر الكندي : حفر بالدق
canal (n.)	قناة
canal ditch (Pet. Eng.)	خندق قنويّ : لإمرار سائل الحفر في الحفر الرحويّ
canal lock (Hyd. Eng.)	هويس : سدّ يتحكم بارتفاع ماء القناة
can buoy	عامة ضخمة مخروطية الشكل
cancel (v.)	ألغى ۰ أبطل ۰ فسخ ۰ اختزل
cancellation (n.)	إلغاء ۰ حذف ۰ شطب
canch hole (Mining)	فتحة منجم أفقية
candela	شمعة ۰ كنديلا : وحدة شدَّة الاضاءة
candelit	فحم متوهِّج
candent (adj.)	متوهِّج (من شدَّة الحرارة)
candescence (n.)	توهُّج
candescent (adj.)	متوهِّج ۰ وهَّاج
candidate	مرشَّح (لوظيفة أو منصب)
candle	شمعة ـ شمعة ضوئيَّة ۰ وحدة إضاءة
candle coal = cannel coal	فحم وقَّاد ۰ فحم شمعي أو بيتوميني
candle-foot	قدَم شمعة
candle-hour	شمعة ساعيّة
candle-meter	متر شمعة (لكس) : وحدة اضاءة
candle-power	شدَّة الاضاءة بالشمعة
candy-makers' oil	زيت الحلوانيين
canister (n.)	عُلبة صغيرة ـ حُق ـ خرطوشة ترشيح
canker (n.) (Chem. Eng.)	مادة أكّالة (أو مؤكسِدة) ـ صدأ ۰ تلفٌ بالأكسدة
(v.)	أصدأ ۰ صدِىء ۰ حالَ بالأكسدة
canned (adj.)	معلَّب ۰ محفوظ في عُلَب ـ مسجَّل على اسطوانات
cannel coal	فحم شمعيّ ۰ فحم وقَّاد : فحم حمَري دقيق النسيج يحوي نسبةً عالية من المواد الطيَّارة
canning (n.)	تعليب
canning industry	صناعة التعليب
canning plant	وحدة تعليب (المنتجات)
canoe (n.) (Naut.)	قارب ۰ زورق ۰ شختورة ۰
(v.)	جذَّف
canoe fold (Geol.)	طيَّة مقعَّرة زورقية الشكل
can, oil	مزيتة
canopy	قبَّة ـ ظلَّة ـ كمَّة ۰ غطاء منزلق
cant (v.)	أمال ـ مال ۰ عطف ۰ إنعطف
(n.)	قالب مضلَّع
(adj.)	منحدر ۰ مائل
cant chisel (Eng.)	إزميل مشطوب الحافة
canted column (Civ. Eng.)	عمود مضلَّع
canteen	كانتين ـ مطرة
cantilever (Eng.)	كابول ۰ كتيفة نصف معلَّقة : مثبَّتة من طرف واحد
cantilever beam (Civ. Eng.)	عتَبة كابولية
cantilever bridge (Eng.)	قنطرة كابولية ۰ جسر نصف معلَّق

CAP

cantilever crane

cantilever crane (Eng.) مِرفاع كابوليّ

cantilever pivoting bridge (Civ. Eng.)
جسر كابوليّ دوّار

canting (adj.) مائل • منحرف

(n.) مَيْل • انعطاف

canvas (n.) قُماش متين من القنّب (أو الكتّان)

(v.) = **canvass** روّج • طاف مُروّجاً

canvas gloves قُفّازات من القنّب

canvas hangar حَظيرة من قُماش القنّب

canvas wheel عَجلة صقل من ألياف القنّب

canyon (Geol.) أُخدود • خانِق

caoutchouc (n.) كَوتْشوك • مَطّاط

cap (n.) قَلَنسُوة • كُمّة ـ غِطاء • سِدادة • كَبْسولة ـ قِمّة

(v.) غطّى • غطى الطرف العلوي ـ فاقَ

capability (n.) مَقدرة • استِطاعة • أهليّة

capacitance (n.) قُدرة • استِطاعة

(Eng.) سَعة • وُسع • مُواسَعة

capacitance monitor (Eng.)
جهازُ مُراقبة سَعَويّ

capacitor (Elec. Eng.) مُكثّف

capacitor oil زيت المكثّفات

capacity (n.) سَعة • وُسع ـ قُدرة ـ أهليّة ـ طاقة الانتاج • القُدرة الانتاجية

capacity control valve (Eng.)
صِمامُ ضبط السَّعة

capacity, daily (Eng.) طاقة او قُدرةُ الانتاج اليومي

capacity factor (Eng.) عامِلُ السَّعة

capacity rate مُعدّلُ السَّعة • مُعدّل القدرة

cape (n.) رأس : بروزٌ أرضي يمتدّ في البحر

cape borts (Eng.) الماساتُ السُّفر

cape chisel (Eng.) إزميل تخديد

Capelushnikov drill (Pet. Eng.)
حفّارة كابلوشْنِكُوف : مِثقاب ذو تُوربين هيدرولي

capillarity (Phys.) الجاذبية الشّعرية • الخاصّة الشّعرية

capillary (adj.) شَعريّ • ناتج عن الخاصة الشّعرية

capillary action الفعل الشّعري

capillary attraction الجاذبية الشّعرية

capillary interstices (Geol.) صُدوع شعريّة

capillary migration ارتحالٌ (أو انتقال) بالجاذبية الشّعرية

capillary tube (Phys.) أنبوب شَعريّ

capillary viscosimeter (Phys.)
مِقياس لُزوجة شعريّ • مِلزاج شَعري

capillator (Chem.) مِشْعر : مقياسُ الرّقم الهيدروجيني بمُقارنة اللون في أنابيب شعرية

capital (Civ. Eng.) تاجُ العمود

(n.) عاصِمة ـ رأسُ مال

(adj.) رئيسي ـ خطير

capital assets أصول رأسمالية

capital goods رأسمال عَيْني

capitalism (n.) رأسمالية : نظام الاقتصاد الرأسمالي

capitalization رَسْمَلةُ الفوائد : تحويلها الى رأسمال أو دمجها فيه

capital shares أسهُم رأسمالية

capital stock رأس المال المُساهَمُ به

capital surplus فائضُ رأس المال

capnometry (Eng.) قِياسُ كثافة الدُّخان

cap nut (Eng.) صَمُولة هامِيّة

cap piece كُمّة

capping (n.) غِطاء ـ تغطية

(Pet. Eng.) سَدُّ البئر (منعاً لتسرُّب الغاز او النفط)

cap rock (Geol.) صَخر السَّقف • صخرُ الغِطاء (في بئر الغاز او النفط)

cap-screw (Eng.) مِسمار مُلولَب هامِيّ (بدون صَمولة)

capsize (v.) إنقلَب • قلَب

capstan (Eng.) رَحَوية

capstan bar (Eng.) عمودُ (تدوير) الرَّحويَّة

capstan drive (Eng.) تشغيل بالتدوير الرحوي

capstan engine (Eng.) مُحرّك الرحَويّة

capstan nut (Eng.) صَمولة رَحَوية

capstan winch رافِعة رحَويّة

cantilever pivoting bridge

capillary viscosimeter

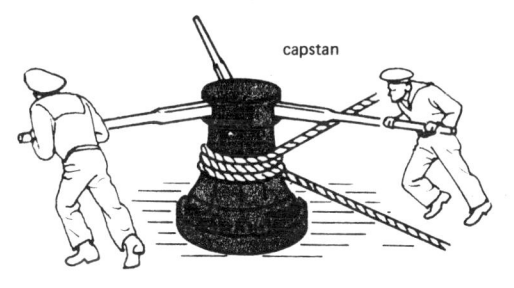

capstan

survival capsule

capsular (adj.) عُلبيّ • كَبسولي

capsule (n.) كَبسولة • مَحفظة ـ غلاف غشائي ـ بِرشانة

(Eng.) كَبْسولة صاروخ ثابتة الضغط

capsule, survival (Pet. Eng.) كَبسولةالنجاة: في حال انهيار المِنصّة في عُرْض البَحر

captain قائد • رُبّان • ضابط
captain's deckhouse جَناح الربان
captan (Pet. Eng.) كِبْتان : مُستحضَر رَوحيّ يُمزجُ بالغاز ليسهُلَ اكتشافُ تسرُّبه
caption عُنوان • كلامٌ (او عُنوان) الصورة • تعليق يَشرح الصورة او الرسم
capture أسْر • احتجاز – استيلاءٌ على
capwise (*adv.*) طوليّاً • بالطول
car عَربة • مركَبة • سيّارة – مَقصورة المِصعد
carat قيراط : واحد من ٢٤ جزءًا – قيراط : وزن يعادل ٢٠٠ مليغرام
carbamic acid (Chem.) حامض الكرباميك
carbamide = urea (Chem.) كربامِيد • بَوْلة
carbenes (Chem.) كربينات : من مُقوِّمات القَطران
carbide (Chem.) كَربيد : مركَّب فلزي كربوني
carbide furnace (Chem.) فُرن كربيدي
carbide lamp مِصباح الكَربيد • مصباح أستيليني
carbide of iron (Chem.) كربيد الحديد
carbide slag (Met.) خبَث كربيدي
carbide-tipped tool عُدَّة بطَرَف كربيدي
carbinol = methyl alcohol (Chem.) كربِنُول • كُحول ميثيلي
carbocoal كربوكُول • فحم كربوني : وقود من الكوك المُلَزَّن بالقار
carbocyclic compounds (Chem.) مركَّبات كربونية حَلقية
car body هيكل السيارة
carbohydrate (Chem.) كربوهيدرات
carbolic acid = phenol (Chem.) حامض الفينيك • حامض الكربوليك • فِينُول
carbolic soap (Chem.) صابون الفينيك
carbolize (*v.*) (Chem.) عَقَّم بالفينول
carboloy (Met.) كَربولوي : سبيكة شديدة الصلادة من الكوبَلْت وكربيد التنغستن
carbon (C) (Chem.) الكربون : عنصر لا فلزي رمزه (ك)
(Elec. Eng.) عمود الكربون (في بطارية أو مِصباح قوسي)
carbonaceous (*adj.*) فحمي • كربوني • حاوٍ الكربون
carbonaceous deposits (Geol.) رواسِبُ كربونية
carbonaceous limestone (Geol.) حجَر جيري كربوني
carbonaceous rocks (Geol.) الصُّخور الكربونية
carbon, activated (Chem. Eng.) كربون مُنشَّط
carbonado (Min.) كربونادُو : الماس الأسود
carbon anode (Elec. Eng.) أنودٌ كربوني
carbon arc (Elec. Eng.) قوسُ الكربون : قوس قُطباه من الكربون
carbonate (*n.*) (Chem.) كربونات • ملح حامض الكربونيك
(*v.*) كَربَنَ • شبَّع بثاني اكسيد الكربون
carbonate of lime (Chem.) كربونات الكالسيوم
carbonate of magnesia (Chem.) كربونات المَغنسيوم
carbonate of soda كربونات الصوديوم
carbonation (Chem. Eng.) كربَنَة • إشباع بثاني أكسيد الكربون
carbon bisulfide (Chem.) ثاني كبريتور الكربون • ثاني كبريتيد الكربون
carbon black (Chem. Eng.) سِناج • أسودُ الكربون
carbon black feed stock (Pet. Eng.) زيت (ثقيل) لإنتاج أسود الكربون
carbon bond (Chem.) وَصْلَة كربونية • ترابُط كربوني
carbon burnoff (Pet. Eng., Chem.) حَرقُ الكربون : إحراق الكربون المتجمِّع حول الحافِز لتجديد فعّاليته
carbon chain سلسلة كربونية
carbon content المُحتوى الكربوني
carbon copy نُسخة كربونية
carbon cycle (Biol.) دَورةُ الكربون في الكَون
carbon deposit راسِبٌ كربوني
carbon dioxide ثاني اكسيد الكَربون
carbon dioxide ice (Chem.) ثاني اكسيد الكربون المُجمَّد • جَليد جافّ
carbon disulphide (or bisulphide) (Chem.) ثاني كبريتيد الكربون
carbon electrode (Elec. Eng.) قُطب (الكترود) كربوني
carbon filter مُرشِّح كربوني
carbon 14 (Chem.) الكربون ١٤ : نَظيرٌ إشعاعي للكربون
carbon freezing التبريد (بالجليد) الكربوني : بتصعيد الجليد الجاف
carbon granules حُبَيبات من الكربون
carbon hydrides (Chem.) هيدروكربونات • هيدروكربونيّات
carbonic acid (Chem.) حامِضُ الكربونيك
carbonic acid gas (Chem.) غاز الحامض الكربوني • ثاني اكسيد الكربون
carboniferous (*adj.*) كربونيّ • فحمي : حاوٍ الكربون أو الفحم – مُتعلّق بالعصر الكربوني
Carboniferous period (Geol.) ألعصرُ الكربوني
carboniferous system (Geol.) النِّظام الكربوني • صخور العصر الكربوني (ذاتُ الأحافير النباتية المتفحِّمة)
carbonification (Geol.) التفحُّم • التكَربُن
carbonization (Chem.) كربَنَة • إشراب بالكربون
(Geol.) التفحُّم • التكربُن
carbonize (*v.*) (Chem.) فحَّم • كربَن – أشْرَب بالكربون
(Geol.) تَكَرْبَنَ : تَحَوَّلَ إلى كربون
carbonized anode (Elec. Eng.) أنودٌ مُكَربن
carbonized steel (Met.) فولاذٌ مُكربَن
carbonizing plant (Chem. Eng.) وَحدةُ كَربَنَة
carbon manganese steel (Met.) فُولاذ المنغنيز الكربوني
carbon molybdenum steel (Met.) فولاذ المولِبدنوم الكربوني
carbon monoxide (Chem.) أول اكسيد الكربون
carbon monoxide detector (Chem.) مِكشاف أوّل اكسيد الكربون
carbon oil زيتُ الاستِصباح
carbonous (*adj.*) كربوني
carbon paper ورقُ الكربون • ورقُ أسود الكربون
carbon pencil قلمٌ فحمي
carbon pile (Phys.) قَمين كربوني
carbon ratio (Pet. Eng.) النِّسبة الكربونية: للدّلالة على درجة تحوُّل النفط
carbon receiver (Chem. Eng.) وِعاءُ تجميع السِّناج
carbon residue (Pet. Eng.) المُتخلِّفُ الكربوني : المادة الكربونية المتخلِّفة من الزيت بعد التبخير والحلِّ الحراري
carbon resistor (Elec. Eng.) مُقاومة كربونية
carbon steel (Met.) فولاذ كربوني
carbon tetrachloride (Chem.) رابع كلُوريد الكربون
carbonyl group (Chem.) مجموعةكربونيلّية: ثُنائيّة التكافؤ

CAR
61

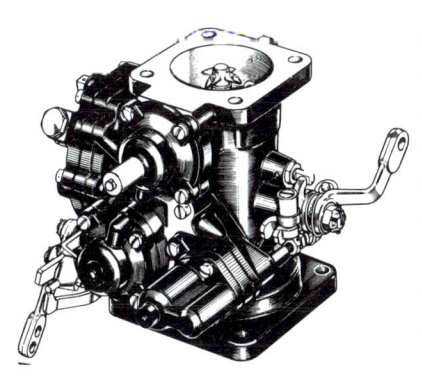

pressure carburettor

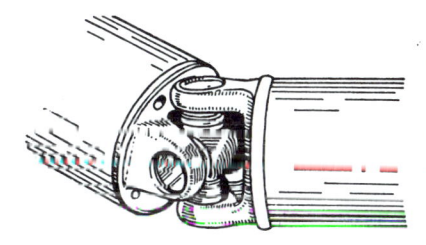

Cardan joint

carborundum (Eng.) كاربورَندُم • كَربيد السليكون

carbowax (Pet. Eng.) النَّسع الكربولي • غليكولات الپولي إيثلين

carboxyl group (Chem.) مجموعة كربوكسِليَّة : أحادية التكافؤ

carburant (*adj.*) مُكربِن

carburator = **carburetor** (Eng.) مُكربِن

carburet = **carburate** (*v.*) (Chem.) كربَن • مزج الهواء مع رَشاش البترول

carburetion = **carburation** (Eng.) كربَنَة • مزجُ الوقود بالهواء للاستعمال في محركات الاحتراق الداخلي

carburetor = **carburetter** = **carburettor** (Eng.) مُكربِن

carburetted air (Chem.) هواء مُكربَن

carburetted hydrogen (Chem.) الهيدروجين المُكربَن • المِيثان

carburetted water gas غازُ الماء المُكربَن

carburetting engine (Eng.) مُحرِّك كربَنَة (الوقود)

carburettor (or **carburetter** or **carburator**) (Eng.) مُكربِن • كربُوريتُور

carburettor adjustment (Eng.) ضبطُ المُكربِن

carburettor air heater (Eng.) مُسخِّن هواء المكربِن

carburettor air regulator (Eng.) منظِّم هواء المكربِن

carburettor chamber (Eng.) حُجرة الكربَنَة

carburettor choke (Eng.) مِخنَقةُ المُكربِن

carburettor flange (Eng.) شَفةُ المُكربِن

carburettor float (Eng.) عوّامة المُكربِن

carburettor jet نضّاحة المُكربِن

carburettor needle (Eng.) إبرة المُكربِن

carburettor needle valve (Eng.) صِمام المُكربِن الإبري

carburettor, pressure مُكربِن ضغطي

carburettor throttle control (Eng.) مِضبَطُ الصِّمام الخانِق بالمُكربِن

carburization = **carbonization** (Met.) كَربَنة • تفحيم

carburize (*v.*) كربَن • صلَّد (سطح الفولاذ) بالكَربَنة

carburized steel (Met.) فولاذ مُكربَن

carcass = **carcase** (Civ. Eng.) هيكَل ـ هيكَلُ إنشاءات

Carcel lamp (Illum.) مصباح «كارْسِل» العياري (يعادل ٩،٦ شمعة)

card (*n.*) بِطاقة ـ لَوحة بيانيَّة • خارِطة ـ مِمشقة الغزل

(*v.*) سَجَّل على بطاقات ـ سَرَّح • مَشَق (الغزل)

cardamom oil زيتُ القاقُلَّة • زيت الهال

Cardan joint (Eng.) وُصلة جامعةُ الحركة • وُصلة «كَرْدان» • مَفصِل مُتحوِّل

Cardan shaft = **propeller shaft** عمود الإدارة الخلفية • عمود «كَرْدان»

cardboard كرتون • ورقٌ مُقوًّى

card catalogue فِهرِس البطاقات

card compass بُوصلة قُرصِيَّة

card feed (Elec. Eng.) مُغذِّي البطاقات (في حاسِبةٍ الكترونية)

cardinal (*adj.*) أساسي • رئيسي

cardinal chuck (Eng.) ظرف رئيسي

cardinal points (Geog.) الجهاتُ (الأربعُ) الاصلية

card index فِهرس (مُنظَّم) بالبطاقات

card punch (Elec. Eng.) خَرّامة بطاقات (لتسجيل المعلومات عليها الكترونيّاً)

card reader (Elec. Eng.) مِقرأة (كهرضوئية) للبطاقات المُخرَّمة

care (*n.*) عِناية • عُهدة ـ حِرص ـ رِعاية

career سِيرة ـ حِرفة • صَنْعة

careful (*adj.*) حَريص • حَذِر

careless (*adj.*) مُهمِل ـ غير مَدروس

care of (c/o) بواسطة • ومن فضله إلى

car fender مِصَدُّ السيارة

cargo حُمولة • شِحنة

cargo boom (Naut.) ذراع مُناولة الحُمولة

cargo compartment (Naut.) عَنبر البضائع

cargo hold (Naut.) حَيِّز البضائع

cargo intake certificate بَيان او شَهادة التحميل

cargo out-take certificate بيان أو شهادة التفريغ

cargo plane طائرةُ شحن

cargo tank صِهريج شَحن

cargo valves صِمامات الشَّحن والتفريغ

cargo vessel (Naut.) سفينة بِضاعة

cargo winch مِرفاع بضاعة

carinate (*adj.*) جُؤجُئي الشكل

carious (*adj.*) نَخِر • مُتآكِل ـ تالِفُ الأنسجة

car jack مِرفاع السيارة

carload حُمولة عَربة • مِلْءُ شاحِنة

carnation oil زيت القَرَنفُل

carnauba شمعُ النخيل • كرنُوبا

Carnot cycle (Eng.) دورة «كارْنو»

carnotite (Min.) كارنوتَيت : خام يحوي الراديوم

Carnot's principle (Eng.) مَبدأ «كارْنو»

carpenter (*n.*) نَجّار

carpenter's level مِسواةُ النجار

carpenters' rig بُرج حَفر خشبيّ

carpentry نِجارة • حِرفة النجارة

carriage (*n.*) عَربة ـ مركَبة ـ حاضِن ـ نَقل ـ أجرةُ النقل

carriage bolt (Eng.) مِسمار رَبط مُربَّعُ الرقبة

carriage forward أُجرة النقل على المُشتري

carriage-free خالِصُ أُجرة النقل

carriage jack مِرفاع

carriage way (Civ. Eng.) مَتْنُ الطريق

carried interest agreement (Pet. Eng.) اتفاقية المنفعة المُعلَّقة : اتفاقية تنقيب على نفقة المُنقِّب شرط أن يُقتسَم رَيعُ النفط المكتشَف بنسبةٍ معيَّنة

carrier (*n.*) ناقِل • ناقِلة • حامِل

carrier bed (Geol.) الطبقة الحامِلة

(Pet. Eng.) الطبقة الحامِلة للنفط

carrier beds

carrier current التيار الحامِل

carrier distillation (Pet. Eng.) التقطير الحامِل: حيث يُعاد إمرار الأجزاء المُتطايرة فوق الخام المستقطَر لخفض دَرجة تبخُّره

carrier pipe أنبوبُ النَّقل • الأنبوب الحامِل أو الناقِل

carrier signal (Elec. Eng.) إشارة الموجةِ الحاملة

carrier wave (Elec. Eng.) مَوجة حامِلة

carrier wheel (Eng.) تُرس ناقِل

carron oil مَرهم زيتيّ جيري : لِمُعالجة الحروق

carrot (*n.*) جَزَر • جَزَرة

(Pet. Eng.) عيِّنة حفر جَزَريَّةُ الشكل

carry (*v.*) حمَلَ • نقَلَ

carrying structure (Civ. Eng.) الإنشاء الحامل

carry out (*v.*) نفَّذ • أنجَزَ

carry over (*v.*) رحَّلَ • نَقَلَ

(*n.*) المجموع المُرحَّل

(Pet. Eng.) الشوائب المَحمولة مع البُخار

carse (Geol.) سَهل طميّ – وادٍ ضَيِّق

carstone (Geol.) كارستُون : حجر رمليّ حديدي صلب

cart (*n.*) عربة بدُولابَيْن • مركبة صغيرة لنقل البضاعة

cartage (*n.*) نَقلٌ بالعربات – أُجرة النقل بالعربات

cartel (*n.*) كارتِل : إتِّفاق المُنتجِين

cartogram (Geog.) خريطة بيانيَّة أو إحصائية

cartographer رسَّام خرائط

cartography (Geog.) عِلمُ رَسم الخرائط • وضع الخرائط والتصاميم الخرائطية

carton عُلبةُ كرتون • صُندوق من الورق المقوَّى

cartridge طَلقة • خَرطوشة • فَشَكة • مِشطُ الطَّلقات

cartridge fuse (Eng.) مِصهر أُنبوبي

carve (*v.*) نحَتَ • قطَع • نقَش

cascade (*n.*) شاغور • شَلاَّل صغير

(Eng.) مجموعة آلات تعاقُبيَّة : تُدير إحداها الأخرى

(Geol.) بِنية شلاَّلية

cascade connection (Elec. Eng.) وَصلٌ تعاقُبي

cascade control (Eng.) تحكُّم تعاقُبي : كل مَرحلة تتحكَّم في التي تليها

cascade liquifier (Phys.) مُسَيِّل تَعاقُبي

cascade tray (Pet. Eng.) صينية مُتدرِّجة المَسْقَط

cascade-type fractionator (Chem. Eng.) مُجزِّىء تعاقُبي النَّمَط

cascading (*n.*) توصيل تعاقُبي

case (*n.*) غِطاء • صُندوق • عُلبة – حالة • ظَرف • وَضع

(*v.*) غطَّى • غلَّفَ – وضع في عُلبةٍ او في صندوق

(*v.*) (Pet. Eng.) نَبَّبَ البِئرَ • غلَّف البئرَ بالأنابيب • طوى (البئرَ)

cased hole (of a well) حفرة (بئر) مُغلَّفة بالأنابيب

cased products مُنتَجات مُعلَّبة

cased well (Pet. Eng.) بئرٌ مُنَبَّبَة (أو مَطويّة): مجهَّزة بأنابيب التغليف

case-harden (*v.*) (Met.) صلَّد بالتغليف : قَسّى سطح الفولاذ

case-hardened steel (Met.) فولاذ مُقسًّى السطح

case-hardening (Met.) التصليدُ بالتغليف : تقسية السطح الفولاذي

case history سِيرة(من حيث المرض او العمل)

casement (*n.*) (Civ. Eng.) شُباك ذو مُفَصَّلات راسية – إطار • غِلاف

casette (or **cassette**) (Photog.) حافِظةُ الفيلم • عُلبة الفيلم • مِمسكُ الفيلم

cash (*n.*) خِزانةُ النَّقد – النَّقد

(*v.*) قبَضَ

cash account حساب الصُّندوق • حساب المُعامَلات النقدية

cash against documents الدفعُ عند تقديم المُستَندات

cash and carry دَفعٌ قبل الاستِلام

(Pet. Eng.) إدفعْ واحمِلْ : نظام بَيع الغاز المُسَيَّل في اسطوانات (من عيار ٢٠ باوندًا) يركِّبُها المستهلك بنفسه

cash-book دفترُ الصندوق

cash discount خصمُ الدفعِ نقدًا

cash down الدفع حالاً

cashier (*n.*) أمين الصندوق

(*v.*) صَرفَ من الخدمة • طرَدَ • نَبَذ

cash on delivery الدفعُ عند التسليم

cash payment دفع نقديّ

cash register آلة تسجيل النقد

cash value القيمة النقدية

casing (*n.*) (Eng.) غِلاف • غِطاء • قميص – تغليف

(Pet. Eng.) أنابيب التغليف

casing anchor packer (Pet. Eng.) حَشيَّة مرساة أنابيب التغليف

casing centralizers (Pet. Eng.) مُمَركِزات (عمود) أنابيب التغليف

casing clamp قامِطة أنابيب التغليف

casing collar طَوق اتصال أنابيب التغليف

casing cutter = casing knife مِقطعة أنابيب

casing dogs (Civ. Eng.) كُلاَّبة سَحب الأنابيب السائبة (في أعمال الحفر)

(Pet. Eng.) كُلاَّبة (نزع) أنابيب التغليف

casing elevator (Civ. Eng.) رافِعة أنابيب التغليف

casing failure (Elec. Eng.) إنهيار التغليف

casing float (Pet. Eng.) عوَّامة أنابيب التغليف: لتوحيد اتجاه السائل المتدفق فيها

casing float collar (Pet. Eng.) جُلبة عَوّامة الأنابيب : جُلبة أسطوانية مُسَنَّنة ذات عوَّامة تربط أنابيب التغليف

casing gun (Pet. Eng.) ثَقّابة أنابيب التغليف

casing hanger (Civ. Eng.) حامِلُ أنابيب التغليف

casinghead (Civ. Eng.) واقية رأس الانبوب

casing-head (Pet. Eng.) رأس البئر • رأس أو قِمّةُ أنابيب التغليف في بئر النفط

casing-head gas (Pet. Eng.) غازُ رأسِ البئر • الغاز الطبيعي المُنتج من رأس البئر

casing-head gasoline (Pet. Eng.) بنزين رأس البئر : بنزين الغاز الطبيعي المنتج من رأس البئر

casing-head pressure (Pet. Eng.) الضغط من رأس البئر

casing pipe أنبوب تغليف

casing pressure (Pet. Eng.) ضغط أنابيب التغليف : ضغط التجويف الحلقي بين أنابيب التغليف وأنبوب الانتاج

casing pressure test (Pet. Eng.) اختبار الضغط عند رأس أنبوب التغليف

casing protector واقية أنابيب التغليف

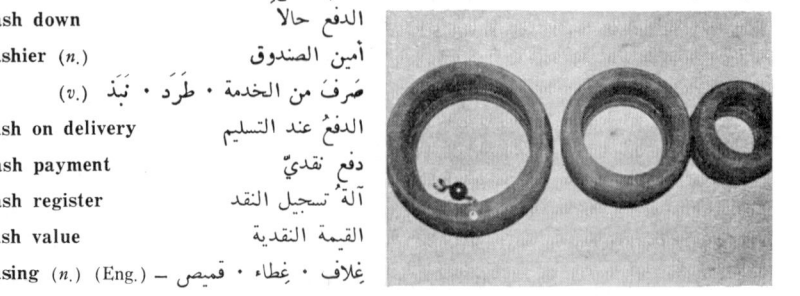

casing protectors

CAT
63

casing tube

catalytic cracking unit

casing shoe (Civ. Eng.) : نعلُ أنبوب الحفر : وُصلة طوقية قاطعة تركّب في أسفل الأنبوب لتسهيل دقّه

(Pet. Eng.) نعلُ أنبوب التغليف

casing spider (Pet. Eng.) عنكبوت أنابيب التغليف : ركيزة شعاعية الأذرع لدعم أنابيب التغليف

casing string (Pet. Eng.) عمود أو خط أنابيب التغليف

casing tube (Pet. Eng.) أنبوب تغليف او طي

cask (n.) برميل • وعاء أسطواني

cassette (Photog.) عُلبة الفيلم • حافظةُ الفيلم

cassiterite (Chem.) كاسِترايت : حجرُ القصدير

cast (v.) صبّ • سَبك – ألقى • رمَى • أسقط

(Met.) قالب مَصبوب • طَبْعَة – نُفاية

(Geol.) طبعة مُستحجِرة

(Pet. Eng.) تألّق فَلْوَرِيّ : يُلاحظ عند انعكاس الضوء على الزيت

(adj.) مُلقىً – مَصبوب • مَسبوك

castellated nut (Eng.) صَمُولة بُرجيَّة

caster (or **castor**) (n.) ساكِب • مُسقِط – قِنّينة صغيرة – دُولاب صغير (يتحرك عليه جسم ما)

cast furnace فُرن الصَّهْر (للمصبوبات)

casting (n.) (Met.) سَبْك • صبّ – إلقاء • رَمْي

(Civ. Eng.) صَبّ

casting box صُندوق قالَب الصبّ

casting machine مَكَنة صبّ

casting matrix القالَب الأمّ

casting on (Met.) صَبُّ التلبيس

casting pit حُفرة الصبّ

cast-iron (n.) (Met.) حديدُ الزهر • حديد الصبّ

(adj.) (Met.) مصنوع من حديد الصب – قاسٍ

cast-iron casting (Met.) مَصبوبة من حديد الزهر

cast-iron liner (Eng.) بِطانة من حديد الزهر

castle nut = **castellated nut** (Eng.) صَمولة بُرجيّة

castor ساكِب – دولاب صغير : للتكريج

castor oil (Chem.) زيتُ الخِروع

cast-steel (Met.) فولاذ الصبّ • فولاذ مصبوب

cast-steel ingot (Met.) صُبَّة من فولاذ المصبوبات

casual (adj.) عَرَضي • طارىء – متقطِّع • غير منتظم

casual labour عملٌ مُتَقَطِّع • شُغل غير مُنتظَم

casualty حادِثة – إصابة

casualty insurance تأمين ضدّ الإصابات

cat (Eng.) بكَرة رافِعة • بَلَنْكٌ لرفع الأثقال – جرّارة مُزنجرة

(Chem.) مادة حفّازة

catabolism (Biol.) انحِلال • انتقاض • أيضٌ هَدْمي

cataclasis (Geol.) تهشُّم • تكسُّر إجهادي

cataclastic (or **kataklastic**) (Geol.) بِنية تهشُّمية

cataclysm (Geol.) جائحة • كارِثة – تغيير عنيف مُفاجىء (طوفان أو هزة أرضية)

catadiotropic telescope تِلسكوب عَدَسي مِرآوي

catagenesis انتِقاض : تطوُّر رَجْعي

catalog(ue) (n.) كتالوج – فِهرس مُصوَّر – جدول بالبِضاعة واسعارها

(v.) كَتْلَجَ : نظم في كتالوج أو جدول

catalyse = **catalyze** (v.) حَفَز • حَفَز التفاعُلَ الكيماويّ

catalysis (Chem.) حَفْز • وساطة كيماوية

catalysis, negative (Chem. Eng.) كَبْت • حَفز عَكْسي

catalyst (Chem.) حفّاز • وَسيط كيماوي • عامِل مُساعد

catalyst carrier (Chem. Eng.) حامِل (أو حاملة) الحفّاز

catalyst, contact (Chem. Eng.) حفّاز تلامُسي

catalyst (or **cat**) **cracker** (Pet. Eng.) وَحدة تكسير بالحَفْز

catalyst regeneration (Chem. Eng.) تجديد (العامِل) الحفّاز • استِرجاع الحفّاز

catalyst regenerator (Chem. Eng.) مُجَدِّدُ الحفّاز • جهازُ استرجاع الحفّاز

catalyst-to-oil ratio (Pet. Eng.) نِسبة الحفّاز الى الزيت

catalytic (adj.) حَفْزِيّ • حفّاز – مُحَفِّز

catalytic action (Chem. Eng.) فِعل حفّاز

catalytic agent (Chem. Eng.) عامل حفّاز • وَسيط كيماوي

catalytic alkylation (Pet. Eng.) أَلْكَلَة بالحَفز • أَلْكَلَة مُحفَّزة (بالوسيط الكيماوي)

catalytic conservative hydrogenation (Chem. Eng.) الهدرجةالمُحفّزة اللّاهدّامة

catalytic conversion (Chem. Eng.) التحويل المُحَفَّز

catalytic cracking (Chem. Eng.) التكسيرُ بالحَفْز • التكسيرُ المُحَفَّز

catalytic cracking unit (Pet. Eng.) وَحدة تكسير بالحَفْز

catalytic dehydrogenation (Chem. Eng.) نَزعُ الهيدروجين المُحَفَّز

catforming

catalytic desulphuration (Chem. Eng.) نَزْعُ الكِبريت المُحَفَّز

catalytic desulphurization (Pet. Eng.) إزالة الكبريت بالوسيط الكيماوي • نزع الكبريت المحفز

catalytic hydrogenation (Chem. Eng.) هَدْرَجَة بالحَفْز • هدرجة مُحَفَّزة

catalytic isomerization (Chem. Eng.) الأَسمَرة المُحفّزة • تماكُب بالحفز

catalytic naphtha reforming (Chem. Eng.) التهذيب المُحفَّز للنفْتا : تَحسينُ النفتا بالوسيط الكيماوي

catalytic poison (Chem. Eng.) مُعطِّل الحَفْز • مُعطِّل المادة الحَفَّازة

catalytic polymerization (Chem. Eng.) بَلْمَرَة بالحَفْز • بَلمرة مُحَفَّزة • بلمرة بالوسيط الكيماوي

catalytic reforming (Pet. Eng.) التهذيب المُحَفَّز • التهذيب بالوسيط الكيماوي

catalytic treating (Chem. Eng.) مُعالَجَة مُحَفَّزة

catalyze (*v.*) (Chem.) حَفَز

catalyzer (Chem. Eng.) عامِل حفَّاز

cataphoresis (Chem.) كَثْفَرة: انتقال الجُزيئات المُعلَّقة (نحو الكاثود) في مَجال كهربائي

cataract شَلّال • جَنْدَل

Catarole process (Pet. Eng.) طريقة «كتارول» : للتحويل الاستعطاري (الأروماتي) المحفّز

catastrophe (*n.*) كارِثة – كارِثة طبيعية

catch (*v.*) أمسك • تلقّى • إلتَقط
(*n.*) التِقاط – مِمساك • مِزلاج • سَقّاطة

catchall (Civ. Eng.) جهازُ رفع الأنقاض (من البئر)

catch-bolt (Carp.) مِزلاج ذو سَقّاطة

catch drain (Civ. Eng.) قناة تصريف

catcher (*n.*) سَقّاطة • مِمساك • مِلقاط

catch hook (Civ. Eng.) خُطّاف التقاط

catch lever (Eng.) عَتَلة مُوقِفة

catchment area (Civ. Eng.) مُستَجْمَع • حوض تجميع – حوض الصَّرف

catch plate (Eng.) قرصُ الامساك (في المخرطة)

cat-cracker (Pet. Eng.) وَحدة تكسير بالحَفْز

category (*n.*) صِنف • فِئة • طبقة

catenary (*adj.*) سِلسِلي • مُتَسلسِل
(*n.*) سِلسلة • كَتينة

cater (*v.*) موَّن (ب) • زوَّد بالطعام – سار مُنحرِفاً

caterpillar (Biol.) سُرفة • أُسروع
(Eng.) زِنجير • حَصيرةُ جَرّ

caterpillar drive (Eng.) دَفْعٌ زِنجيري

caterpillar tractor (Eng.) جرّارة مُزَنجرة

catforming (Pet. Eng.) : التهذيب المُحفَّز على درجة حرارة وضغط عـاليين من ابتكار شركة اتلانتيك للتكرير

cathead (Naut.) رِجامُ المِرساة • مِرفاع الأنجَر
(Mining) مِرفاع بعُقّافة – مِلْطاس

cathead (a derrick) (*v.*) نَصَبَ(برجَ الحفر)

cathode (Elec. Eng.) كاثود • مَهْبِط

cathode copper (Met.) نُحاس الكاثود (المُنَقّى)

cathode current (Elec. Eng.) تيّار الكاثود

cathode deposit (Chem.) قُرارة كاثودية

cathode disintegration (Elec. Eng.) إنحِلال الكاثود

cathode drop (Elec. Eng.) هُبوط الفُلطية في الكاثود

cathode ray lamp (Elec. Eng.) مصباح أشِعَّة الكاثود

cathode ray oscilloscope (Elec. Eng.) مِكشافُ تذبذُبات يعمل بالأشعة الكاثودية

cathode rays (Phys.) أشعة الكاثود • أشعة مَهبِطيَّة

cathode ray tube (Elec. Eng.) أنبوبة الأشِعَّة الكاثودية

cathodically protected lines (Elec. Eng.) خُطوط كاثودية الوِقاية

cathodic corrosion (Elec. Eng.) تآكُل الكاثود • تآكُل كاثودي

cathodic polarization (Elec. Eng.) استِقطاب الكاثود

cathodic protection : الوِقاية الكاثوديَّة : وقاية الكبلات والأنابيب المطمورة بجعلها كاثودية القطبية بالنسبة للوسط المحيط

catholyte = catolyte (Chem. Eng.) كاثوليت : سائل التحليل المُجاوِر للكاثود

cation (Phys.) كاتيُون • أيُون مُوجَب الشّحنة

cationic current (Elec. Eng.) تيار الأيُونات المُوجَبة

catline (Eng.) كَبل الرَحَويّة • كَبْل الرفع أو السّحب

catline sheave (Eng.) بَكَرَة كَبْل الرحويَّة

catpoly = catalytic polymerization (Chem. Eng.) بَلمَرَة مُحَفَّزة

cat wagon (Civ. Eng.) جرّارة رافعة

catwalk مَمْشَى ضَيِّق (على جانب سفينة أو خزان)

catwalk bridge (Eng.) جسر طويل ضيق

cauldron = caldron مِرجَل • خِلقين • قِدر كبيرة

cauldron subsidence (Geol.) هُبوط خِلقيني (أو مِرجليّ)

caulk = calk (*v.*) (Eng.) جَلْفَط • قلَفَ

caulker (Eng.) عامِل جَلْفَطة – آلةُ جَلْفَطة

caulking weld (Eng.) لِحام لِسَدِّ الشُّقوق

caunter (Mining) عِرقٌ أو طبقة مُعتَرِضة

cause beyond control سبب قاهِر

causeway (Civ. Eng.) مَعبَر • طريق مُعَبَّدة

caustic (*adj.*) (Chem.) كاوٍ
(*n.*) مادّة كاوِية

caustic dissolving unit (Pet. Eng.) وَحدةُ إذابة بالمواد الكاوية

caustic embrittlement (Chem. Eng.) قَصافة بتأثير القِلويات الكاوية

causticity (*n.*) (Chem.) قِلوانيَّة كاوِيَة

causticize (*v.*) (Chem.) جعلَ كاوياً

caustic lime (Chem.) الجير الحيّ • الجير الكاوي

caustic lye (Chem.) غسولٌ كاوٍ • غسول قِلوي

caustic potash (Chem.) البوتاسا الكاوية • هيدروكسيد البوتاسيوم

caustic regeneration tower (Pet. Eng.) برجُ تجديد الكاويات

caustic salt مِلح كاوٍ

caustic scrubber جهاز غسلٍ بالكاويات

caustic soda (Chem.) الصودا الكاوية • هيدروكسيد الصوديوم

caustic soda solution مَحلول الصودا الكاوية

caustic solution (Chem.) محلول قِلويّ كاوٍ

caustic treatment (Chem. Eng.) مُعالجة بالصودا الكاوية

caustic wash (Chem. Eng.) غَسُول كاوٍ ـ غَسْل بالمواد الكاوية

caustic wash(ing) (Chem. Eng.) غَسْل بالكاويات • الغسل بالمواد الكاوية

caustic wash plant (Pet. Eng.) وَحدةُ الغَسل بالمواد الكاوية

caustic wash tower (Pet. Eng.) برجُ الغسل بالكاويات (أو بالمواد الكاوية)

caution (*n.*) حذَر • إحتِراس ـ تحذير • تنبه

(*v.*) حذَّرَ • نبَّهَ

cautious (*adj.*) حَذِر • مُنتَبِه

cave (*n.*) كَهف • مَغاره

(*v.*) تجوَّف ـ هبَط • إنهارَ

cave deposits (Geol.) رواسِبُ كهفيَّة

caved formation (Geol.) تكوينٌ هابِط

cave-in (*n.*) (Civ. Eng.) انهيار جوانب الحَفر

(Pet. Eng.) انهيار جدران البئر

cavern (Geol.) كَهفٌ واسِع

cavernous (*adj.*) مُتكهِّف • كثيرُ الكهوف ـ مُنقَّر • مُنَخْرب

cavernous limestone (Geol.) حجر جيريّ مُنَخْرَب

cavitation (*n.*) ألتفجّي • تكوُّن الفَجوات : في سائل بفعل الاهتزازات العالية

cavity (*n.*) تجويف • نُقرة • وَقْبة

cawk = chalk (Geol.) طَبْشور طبيعيّ

C.B.M. (**constant boiling mixture**) مزيج ثابت درجة الغليان

c.c. سم٣ : اختصار سنتيمتر مُكعَّب

C.C.P. (**critical compression pressure**) ضَغط الانضغاط الحَرِج

ceaseless (*adj.*) مُستَمِرّ دون توقُّف

cedar oil زيت الأرز

cedar-tree structure (Geol.) بِنْية أرزيَّة

ceiling (*n.*) سَقف ـ حَدٌّ أقصى • حَدٌّ أعلى

celestial (*adj.*) (Astron.) سَماوي • فلَكيّ

celestial horizon (Astron.) أُفق سماوي

celestial meridian (Astron.) خط الزوال السماوي

celestite (Min.) سِلِستيت : خام من كبريتات السترُنشيوم

cell (Elec. Eng.) خليَّة : عَمود • بطارية ـ خلَّية : حُجيرة

(Biol.) خَليّة : وحدة الأجسام الحيَّة

cellar (*n.*) قبو • سِرداب ـ مَطمورة • حُفرة

(Pet. Eng.) حُفرة رأس البِئر

cell battery (Elec. Eng.) بطَّارية خلايا

cell connector (Elec. Eng.) مُوصِّل الخلايا

cell lining (Elec. Eng.) بِطانةُ الخليَّة

cellophane سِلُوفان

cell polarization (Elec. Eng.) استقطاب الخلية (الكهربائية)

cellular (*adj.*) خَلَويّ • مُكوَّن من خلايا

cellular radiators (Eng.) مُشِعَّات خَلَويَّة

cellular structure بِنية خَلَويَّة

celluloid (Chem.) سِليُولويد

cellulose (Chem.) سِلْيُولوز • خَلِّيُوز • خَلَوين

cellulose acetate (Chem.) أسيتات السليولوز

cellulose film (Chem. Eng.) غِشاء سليولُوزي

cellulose lacquer (Chem.) طِلاء سِليُولوزي راتينجي

cellulose nitrate (Chem.) نيترات السليولوز

Celsius degree درجة مِئوية : درجة بميزان «سِلْسِيُوس» المئوي

Celsius scale (Phys.) مقياس «سِلْسِيُوس» • ميزان الحرارة المئوي

Celsius temperature (Phys.) درجة الحرارة بالميزان المئوي

cement (Eng.) أسمنت • مِلاط

(Geol.) أسمنت طبيعي معدني : يَشُدُّ جزيئات الصخر الى بعضها

(*v.*) سَمْنَت • مَلَّط بالاسمَنت

cementation (Civ. Eng.) سَمنتة : تمليط

(Met.) سمنتة : كَربنةُ الفولاذ

(Geol.) سمنتة : التِحام الصخور بالأسمنت الطبيعي

cementation carbon (Met.) كربون السَّمنتة (للفولاذ)

cemented (*adj.*) مُمَلَّط • مُلصَق بالاسمنت

(Met.) مُسَمنت • مُكَربَن

cementer (Civ. Eng.) جُلبة سَمنَتة

cement float-shoe (Pet. Eng.) نعلٌ اسمنتي بعَوَّامة : في أسفل بئر النفط

cement grout (Civ. Eng.) اسمنت سائل (لسد الشقوق) • رَوْبَة إسمنتية

cement, hydraulic (Civ. Eng.) اسمَنْت هيدرولي (يتصلَّب تحت الماء)

cementing (*n.*) التثبيت بالاسمنت • السَّمْنَتَة

cementing agent عامِلُ سَمْنَتَة

cement injection (Civ. Eng.) حَقْنُ الاسمَنْت

cement mixer (Civ. Eng.) خلَّاطة أسمنت

cement mixing hopper قادوس مَزْج الأسمنت : لتعبئة الفراغ بين أنابيب التغليف وجدار البئر

cement mortar (Civ. Eng.) مِلاطُ الأسمنت

cement plant مَعمل اسمنت • وحدة صُنع الاسمنت

cement plug سِدادٌ أسمَنتي

cement, Portland أسمنت بورتلَنْدي : يُحضَّر بخَلط الطين والحجر الجيري وطحنهما وتحميصهما الى درجة دون درجة الانصهار

cement retainer (Civ. Eng.) مانع تَسرُّب الاسمنت

cement setting (Civ. Eng.) شكُّ أو تجمُّد الاسمنت

cement slurry (Civ. Eng.) أسمنت رَخو • مِلاط رخو القَوام • رَوبة الاسمنت

cementstone حجرُ الاسمنت • حجر الجير الصلصالي

Cenozoic era = kainozoic era (Geol.) حُقب الحياة الحديثة

cental (*n.*) سِنْتال : وحدة وزن تساوي ١٠٠ باوند (٤٥،٤ كلغم)

centare = centiare (*n.*) سِنْتار : مِتر مربَّع واحد

centenary (*adj.*) مِئوي

centennial (*adj.*) مِئوي

(*n.*) العيد المئوي • الذِّكرَى المئويَّة

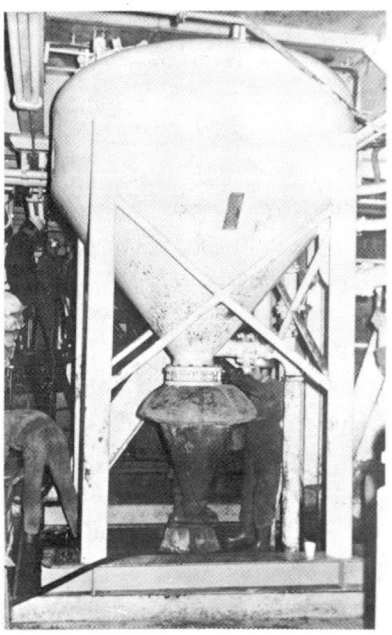

cement mixing hopper

center = centre (*n.*) مَركَز
(*v.*) رَكَّز • تركَّز • جمَع او تجمّع في مركز
centering = centring (*n.*) مَركَزة • تركيز • تثبيت في مركز
(Eng.) هيكل تثبيت قنطري
centesimal (*adj.*) مِئوي • مُقسَّم الى أجزاء مئوية
centi- بادئة بمعنى جُزء من مئة
centiare (*n.*) مِتر مُربَّع • جزء من مئة من الآر
centigrade سَنتيغراد – مقسّم الى مئة درجة
centigrade degree (Phys.) درجة مئوية (سَنتيغراد)
centigrade heat unit (C.H.U.) = pound-calorie (Eng.) الوَحدة الحرارية السنتيغرادية (أو المئوية) : الحرارة اللازمة لتسخين باوند من الماء درجة واحدة سنتيغراد (تقريباً ١،٨ وَحدة حرارة بريطانية)
centigrade scale (Phys.) مقياس مئوي (لدرجات الحرارة)
centigrade thermal unit (Eng.) الوَحدة الحرارية المئوية • باوند كالُوري
centigrade thermometer (Phys.) ترموميتر سنتيغرادي • مقياس الحرارة المئوي
centigramme = centigram سَنتيغرام : جُزء من مئة من الغرام
centiliter = centilitre سَنتيلتر : جُزء من مئة من الليتر
centimeter = centimetre سَنتيمتر : جزء من مئة من المتر
centimeter, cubic (c.c.) سنتيمتر مُكعَّب (سم٣)
centimeter-gram-second (c.g.s.) (Phys.) سنتيمتر غرام ثانية
centimeter, square (cm²) سنتيمتر مُربَّع (سم٢)
centipoise (Phys.) سَنتي پُويز • سَنتيپويز : وحدة لُزوجة مُطلقة
centistoke (Phys.) سَنتي سْتُوك • سَنتيستوك : وَحدة لُزوجة كينِماتية
centner سِنتنر : وَحدة وزن تساوي ٤٥،٤ كلغم (١٠٠ باوند)
centner, metric ١٠٠ كلغم
central (*adj.*) مَركَزي • قريب من المركز – متوسِّط – رئيسي
(*n.*) سَنترال • مركز تبادل تليفوني

central axis مِحور مركزي
central bank البنكُ المركزي • بنكُ الاصدار
central control (Eng.) تحكُّم مركزي
central eruption (Geol.) ثَوران (بركاني) مركزي
central heating (Eng.) تدفِئة مركزية
centralization (*n.*) تركيز • تمركُز • مَركَزة
centralize (*v.*) ركَّز • جمَّع أو تجمَّع في مَركز
centralized control تحكُّم مَركزي
centralized lubrication (Eng.) تزييت مَركزي
centralizer مُمَركِز
central jack plant (Pet. Eng.) وَحدة الضغط المركزيَّة
central load (Eng.) حِملٌ مَركزي
central map projection (Surv.) مَسْقَط مركزي
central office مكتب مركزي
central position مَوقع مُتوسِّط
central power plant (Eng.) وَحدة مركزية لتوليد القُدرة
central pumping power (Eng.) مَحطَّة الضخّ المركزيَّة

centre punch

centre-zero instrument
centrifugal compressor

central station مَحطَّة مركزية
centre (*n.*) مَركز – نُقطة الوسَط • وسَط – مركزٌ رئيسي
(*v.*) ركَّز • تركَّز • جمَّع أو تجمَّع في الوسط
centre-bit مِثقب مَركزي • مِثقاب تحديد
centre feed (Eng.) تغذِيَة مركزية
centre line خط المَركز • خط المُنتَصف
centre mark علامة المَركز
centre of buoyancy (Phys.) مَركز الطَّفو
centre of configuration مركز التشكُّل
centre of curvature مركز التكوُّر • مركز الانحناء
centre of distribution (Eng.) مَركَز التوزيع
centre of equilibrium (Mech.) مركزُ التوازُن
centre of gravity (Phys.) مركزُ الثِّقل
centre of gyration (Phys.) مركزُ التدويم
centre of impact (Mech.) مركز الصَّدم
centre of inertia مَركز القُصور
centre of lens مركز العَدَسة
centre of mass (Mech.) مركز الكُتلة
centre of pressure (Phys.) مركز الضَّغط
centre of rotation مركز الدَّوَران
centre of stress (Mech.) مركز الإجهاد
centre of suspension (Eng.) مَركز التعليق
centre of symmetry (Phys.) مركزالتماثُل • مركز التناظُر
centre of thrust (Mech.) مركز الدفع
centre punch (Eng.) سُنْبُك تعليم المركز
centre-zero instrument (Elec. Eng.) جِهاز قياس صِفرُهُ في مُنتَصف التدريج
centrifugal (*adj.*) نابِذ • طارِدٌ من المركز
centrifugal acceleration (Mech.) تَسارُع الطَّرد المركزي
centrifugal blower (Eng.) نَفَّاخٌ بالطرد المركزي
centrifugal casting صَبٌّ (بقُوَّة) الطرد المركزي
centrifugal clutch (Eng.) قابِضٌ بالطرد المركزي
centrifugal compressor (Eng.) ضاغِط (بقوة) الطَّردِ المركزي
centrifugal dewaxing (Pet. Eng.) فَصلُ الشمع بالطرد المركزي
centrifugal drier (Eng.) مُجفِّفة بالطرد المركزي
centrifugal fan (Eng.) مِروحة طَردٍ مركزي • مروحة نابِذة

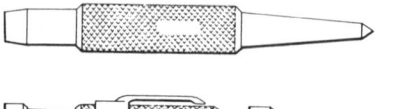

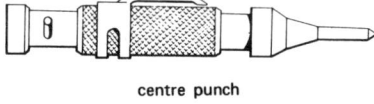

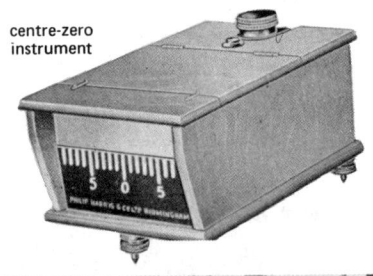

CHA
67

centrifugal filter (Eng.)	مُرشِّح بالطرد المركزي
centrifugal force (Phys.)	قُوَّة نابِذة ٠ قُوَّة طارِدة مركزية
centrifugal governor (Mech.)	حاكِمٌ (يعمل) بالطرد المركزي
centrifugal lubrication (Eng.)	تزييتٌ بالطرد المركزي
centrifugal pump (Eng.)	مِضخَّة نابِذة
centrifugal purifier (Eng.)	مُنقٍّ بالطرد المركزي
centrifugal separation	فصل (أو فرز) بالطرد المركزي
centrifugal separator (Eng.)	فَرَّازة بالطرد المركزي
centrifuge (n.)	نابذة ٠ فَرَّازة بالطرد السركزي
(v.)	طرَدَ بعيدًا عن المركز ـ فَرَزَ بالطرد المركزي
centrifuge dewaxing (Pet. Eng.)	فَصل الشمع بالطرد المركزي
centring = centering (Eng.)	ضَبط التمركُز ٠ مَرْكَزَة
centripetal (adj.)	جاذِب ٠ دافِع أو جاذِبٌ نحو المركز
centripetal acceleration (Mech.)	تسارُع الجَذب المركزي
centripetal force (Mech.)	قوة جاذِبة ٠ قوه الجذب المركزي
centroclinal (adj.) (Geol.)	مركزيُّ المَيْل : مائل نحو مركز واحد
centroclinal dip (Geol.)	مَيْل طبقي مُتَمركِز ٠ ميل الطبقات الصخرية نحو مركز واحد
centrosphere (Geol.)	لُبُّ الأرض ٠ الكرة الباطنية (الثقيلة)
ceraceous (adj.)	شَمعيٌّ ٠ شبه بشمع النحل
ceragyrite (Min.)	سيرا جيرَيْت : خام من كلوريد الفضة شمعيّ المظهر
ceramic (adj.)	خَزَفي ٠ فَخَّاري
ceramic insulator (Elec. Eng.)	عازل خَزَفيّ
ceramics (n.)	صِناعة الخزف ٠ خَزَفيَّات
ceramic valve	صِمَامٌ خَزَفي
cerecloth	قُماش مُشَمَّع
ceresin (Pet. Eng.)	سيريسين : شمع معدني مُكرَّر
cerium (Ce) (Chem.)	السِّيريُوم : عنصر فلزي رمزه (سر)
cerium alloy (Met.)	سَبيكة السِّيريوم : لصنع أحجار القدَّاح
cermet (Met.)	سَبيكة معدنية خزفية
certificate (n.)	شَهادة مكتوبة ٠ مُصدَّقة
certificate of clearance	شَهادة تخليص (البضاعة)
certificate of competency	شَهادة جَدارة
certificate of fitness	شَهادة لِياقة
certificate of incorporation	عَقدُ تأسيس (الشركة)
certificate of origin	شَهادة المَصدر أو المَنشأ
certificate of proficiency	شَهاده الأهلية المهنية
certificate of registry	شَهادة تسجيل السفينة
certified (adj.)	مُعتَمد ٠ مُصدَّق
certified copy	نُسخة مُصَدَّقة
certified invoice	فاتورة مُصدَّقة ٠ كَشفُ حسابٍ مُصدَّق
certified public-accountant	مُحاسِب قانوني
certify (v.)	أكَّدَ ٠ شَهِدَ بصحَّة
ceruse (Chem.)	إسبيداج ٠ إسْفيداج : كربونات الرصاص القاعدية
cerussite (Min.)	سيرُوسِيت : كربونات الرصاص
cesium = caesium (Cs) (Chem.)	السِّيزيوم: عنصر فلزي رمزه (سز)
cessation (n.)	إنقطاع ٠ توقُّف
cessation of deposition	إنقطاع أو توقُّف الترسُّب
cesspit = cesspool (n.) (Eng.)	بالوعة المجاري ٠ حُفرةُ أقذار
cetane = hexadecane (Chem.)	السِّيتان : مُركَّب هيدروكربوني برافيني نقي ٠ هيكساديكان
cetane index (Pet. Eng.)	الدليل السِّيتاني
cetane number (Pet. Eng.)	العَدَدُ السيتاني ٠ الرَّقم السِّيتاني : للدلالة على نوعية اشتعال الديزل
cetane test method (Pet. Eng.)	طريقة تقدير العدد السيتاني
cetane test rating (Pet. Eng.)	اختبار التقدير السيتاني
cetene (Chem.)	السِّيتِين: مركَّب هيدروكربوني ايثيليني
C.F.E. (casing failure elimination)	إزالة خَطَر انهيار التغليف
C.F.E. (chlorotrifluoroethylene)	كلورو ترايفلورو إيثيلين ٠ كلوريد الايثيلين الثلاثي الفلور
C.F.G. (cubic feet of gas)	قَدمٌ مكعبة من الغاز
C.F.G.P.D. (cubic feet of gas per day)	قدم مكَعَّبة من الغاز يوميًّا
C.F.M. (cubic feet per minute)	قدم مُكعَّبة في الدقيقة
C.F.R. (cooperative fuel research)	الأبحاث النفطية التعاونية
C.F.R. engine	مُحرِّك سي إف آر : محركٌ مِعياري لايجاد الرقم السِّيتاني للوقود
C.G.S. (centimetre-gram-second)	س غ ث ٠ سنتيمتر غرام ثانية
c.g.s. unit (Phys., Elec. Eng.)	وَحدة س غ ث (سنتيمتر غرام ثانية)
chafe (v.)	فَرَكَ ٠ حَكَّ ٠ برَى بالحَكّ ـ هيَّجَ
(n.)	بَريْ ٠ احتكاك ـ إلتهاب
chain (n.)	سِلسلة ٠ تسلسُل ـ قيْد ـ مقياس للطول يعادل ٦٦ قدمًا
(v.)	ربطَ أو وصَلَ بسلسلة ـ قَيَّدَ
chain adjuster (Eng.)	مُعدِّل (توتُّر) السِّلسلة
chain belt (Eng.)	سَيْر سِلسِليّ
chain block (Eng.)	بَنْك (بكَّارة) بسِلسِلة
chain, branched	سِلسلة مُتَفرِّعة
chain compounds (Chem.)	مُركَّبات سلسلية
chain conveyor (Eng.)	ناقِلة بسلسلة دوَّارة
chain dredger (Civ. Eng.)	كرَّاءة بسلسلة
chain drive (Eng.)	إدارة بسلسلة ٠ ادارة سلسلية

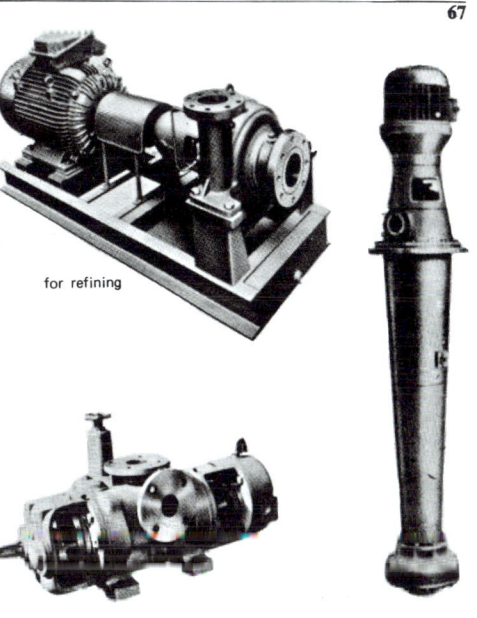

centrifugal pumps
for refining
for viscous products
for corrosive liquids

chain hoist (Eng.)	مِرفاع (أو بلنك) ذو سِلسلة
chain, hydrocarbon (Chem.)	سِلسِلة هيدروكربونية
chain hydrocarbons (Chem.)	هيدروكربونات سِلسِليَّة
chaining (Surv.)	قِياس بالسِّلسلة
chain joint	وُصلة سِلسلية
chain locker	خِزانة سَلاسِل المِرساة
chain, open (Chem.)	سِلسلة مفتوحة
chain pulley block (Eng.)	بَلنك بسِلسلة
chain reaction (Chem. Eng.)	تفاعُل مُتسلسِل
chain riveting (Eng.)	بَرشمة مُتسلسلة
chain, side (Chem.)	سلسلة جانبيَّة
chain stopper (Chem.)	مانع التَّسلسُل • مُوقِفُ التفاعُل المتسلسِل
chain, straight (Chem.)	سلسلة مستقيمة
chain structure	تركيب سلسلي – إنشاء سلسلي
chain tongs (Eng.)	مِفتاح مواسير ذو سلسلة
chain transmission (Eng.)	نقلُ الحركةِ بالسلاسل
chain wrench (Eng.)	مِفتاح رَبطٍ ذو سلسلة
chair	كُرسي تثبيت
chairman	رئيس الاجتماع • رئيس اللجنة
chalcanthite (Min.)	كلكنتيت : كبريتات النُّحاس المُمَيَّأة
chalcedony (Min.)	حجر كلكيدونيا • عقيق أبيض
chalcocite (Min.)	كلكوسيت : خام من كبريتيد النحاس
chalcopyrite = copper pyrite (Min.)	كَلكوبيريت • كبريتيت النحاس
chaldron	كَلدرُون : مقياس انكليزي للفحم يعادل ٣٦٫٤ اللتر
chalk (n.)	الطباشير • حجر كِلسي طباشيري
chalk formation (Geol.)	تكوين طباشيريّ
Chalk period = Cretaceous period (Geol.)	العصر الطباشيريّ
chalk stone	حجَر طباشيري
chalky clay (Geol.)	صَلصال طباشيري
chalky limestone (Geol.)	حجَر جيري طباشيري
chalybeate (adj.)	حديدي • غنيّ بمُركَّبات الحديد
chalybeate water (Geol.)	مياه حديدية : غنية بمركَّبات الحديد
chamber (n.)	حجرة • غُرفة • حُجَيرة
(v.)	جَوَّف • قسَّم الى حُجيرات

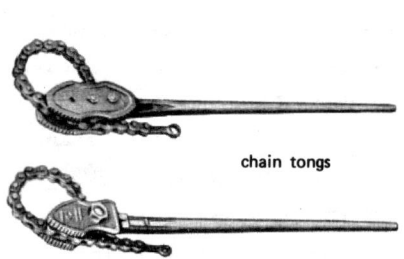

chain tongs

chambering (Mining)	تعميق المَنْجَم
chamber of commerce	غُرفة التجارة • غرفة تجاريَّة
chamfer (v.)	شدَف • شطَب • قطع قطعاً مائلا – خدَّد
(n.)	شَطبة • حدٌّ مائل – خُدَّة • حَزّ
chamosite (Min.)	كامُوسيت : خام من سِليكات الحديد
champion lode (Mining)	العِرقُ الرئيسي
chance (n.)	فرصة • صُدفة • نصيب
(v.)	صادَف • حدث صُدفةً
change (v.)	غيَّر • بدَّل • حوَّل – تغيَّر • تحوَّل • تبدَّل
(n.)	تغيير • تغيُّر • تبدُّل – بديل – مُبادلة
changeable (adj.)	مُتغيِّر • مُتبدِّل • غير مُستقِر
change course (v.)	غيَّر الاتِّجاه
change gear (v.)	بدَّل السُّرعة
change of state (Phys.)	إستحالة • تغيُّر أو تغيير الحالة
change of temperature	تغيير او تغيُّر درجة الحرارة
change of volume	تغيير أو تغيُّر الحجم
change of weight	تغيير أو تغيُّر الوزن
change-over (n.)	تحوُّل • تحويل
change-over cock (Eng.)	مِحبَس تحويل
change-over condenser (Elec. Eng.)	مُكثِّف تحويل
change-over switch (Elec. Eng.)	مفتاح تحويل
change-over valve (Eng.)	صمام تحويل
change-speed gear (Eng.)	مُسنَّنةتغييرالسرعة
change-speed lever (Eng.)	ذراعُ تبديل السرعة
changing of the bit	تغير لُقمةِ المِثقاب
channel (n.)	قناة • مَجرى • أخدود
(v.)	قنَّى • شقَّ قناة – جرى بشكل قنويّ
channel black = carbon black (Pet. Eng.)	سِناج المجاري • أسوَد الكربون

channeling = chanelling (n.)	التقنّي : التسيُّل في قنواتٍ أو مَسارِب
channeling grease (Pet. Eng.)	شحم قابل للتخدُّد
channel iron (Eng.)	حديد مُزوَّى الطرفين (على شكل مجرى) • قضبان حديد مُخدَّدة
channel section	مَقطع قنوي : على شكل قناة (أو حرف U)
chaos (n.)	اختلال كُلّي • تشويش • فَوضى
chaotic (adj.)	مُشوَّش • مُختَلّ
chap (n.)	شق • فَلع – فتى • غُلام
chapelet (Civ. Eng.)	كراءة سلسلية (ذات دِلاءٍ دوّارة)
char (v.)	فحَّم • تفحَّم
(n.)	نقش • قطع (الحجارة)
character (n.)	طابَع مُميِّز • صِفة • طَبع • ماهيَّة
characteristic (adj.)	مُمَيِّز • خاصّ
(n.)	ميزة – خاصَّة – عدد بياني من اللوغاريتم
characteristic curve	مُنحَنى مُميِّز
characteristic fossil (Geol.)	أحفورةمُميِّزة• أحفورة دليلية
characteristic properties	خواص مُميِّزة
characteristics	خصائص • مُميِّزات
characterization factor (Pet. Eng.)	عامل مميِّز • عامل المُمايَزة
characterize (v.)	مَيَّز • عرَّف بميزةٍ فارِقة
charcoal (n.)	فحم نباتي أو حيواني – قلم رَسم من فحم الخشب
charcoal absorption	الامتصاص بالفحم (النباتي)
charcoal filter (Chem. Eng.)	مُرشِّح بدقائق الفحم
charge (v.)	حشا • شحَن • عبَّأ – حمَّل – إتَّهم – أوكل – عَهِد (الى) – قيَّد في حساب – حمَل على • هجم
(n.)	شِحنة • حَشوة – عُهدة – مُهمَّة – تُهمة – هُجوم
chargeable battery (Elec. Eng.)	بطَّارية يُمكِن (إعادة) شَحنها
charged (adj.)	مَشحون – مُعبَّأ
charged battery (Elec. Eng.)	بطارية مَشحونة
charge density	كثافة الشِّحنة الكهربائية
chargehand	فَتلة إشعال
charge lines (Eng.)	خطوط التلقيم – خطوط الشِّحن

chargeman (*n.*) رئيس الفرقة

charger (*n.*) (Elec. Eng.) شحّان: جهازُ شحن (البطاريات)

(Eng.) مُلقِم • جهاز إلقام

charge stock (Pet. Eng.) الخامُ اللَّقيم • خام الشَّحن : الخام النفطي الذي تُشحن به أبراجُ التكرير

charging (*n.*) شَحْن • تعبِئة • حَشو • إلقام

charging crane (Eng.) مِرفاعُ الشَّحن او التحميل

charging current (Elec. Eng.) تيار الشَّحن

charging platform (Eng.) مِنصَّةُ التحميل

charging pressure (Eng.) ضغطُ التعبِئة

charging pump مِضخَةُ تحميل

charging station مَحطَّةُ التحميل

charging stock خام الشحن — خام الإلقام

charging unit (Eng.) وَحدةُ شحن

chark (*v.*) فحَّم • كوَّك — سَفَع

(*n.*) فحم الخشب — فحم الكُوك

Charles's law (Phys.) قانون «شارْل»

charnockite (Geol.) كارنوكَيت : صخر أركيّ غرانيتي خشِنُ الحُبيبات

charred (*adj.*) مُتفحِّم

charring (Chem. Eng.) تفحيم • تفحُّم — سَفْع

chart (*n.*) خارِطة • مُخطَّط أو جدولٌ بياني

(*v.*) بيَّن على مُخطط أو جدول

charter (*n.*) ميثاق • بَراءة رسميَّة • إجازة — استئجار (السفينةِ او الطائرة) لرحلةٍ (او فترةٍ) محدَّدة

(*v.*) منَح براءةً او إجازة — استأجرَ (سفينةً أو طائرة) لمُدَّة معيَّنة

chartered accountant مُحاسِب قانوني

charter party عَقدُ استئجار السفينة — استئجار السفينة لفترة محدَّدة بعَقد

chartography = **cartography** (Surv.) عِلمُ رسم الخرائط

chartometer (Surv.) مقياسُ أبعاد الخرائط

chart room غرفةُ الخرائط

char value (Pet. Eng.) قيمة التفحُّم

chasm (*n.*) شَقٌّ عميق

chassis (Eng.) هيكلٌ قاعدي (لسيَّارة أو طائرة أو مكنة)

chassis grease شحم الهيكل القاعدي للسيَّارات

chassis lubricant مُزَلِّق لهياكل المكنات : مزلق يوزع بمدفعة تشحيم

chatter (*v.*) صوَّت — إصْطَكَّ • صَرَّ

(*n.*) ارتجاج • لَقلَقة — طَقطَقة • قَضْقَضة • صَرير

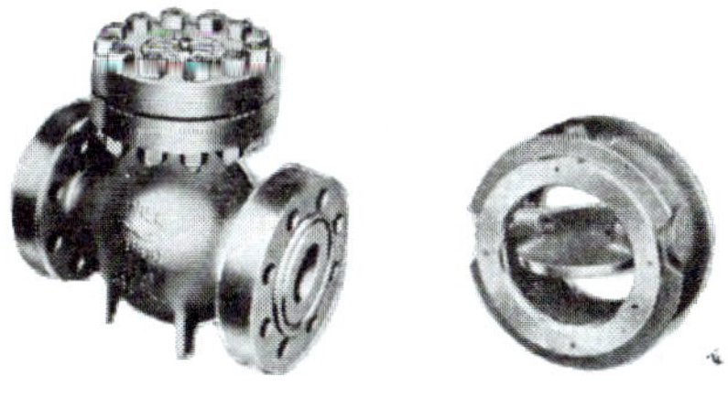

check valves

chemical balance

chatter-marks (Geol.) آثار الأنزِلاق الصخري (بفعل الثلاجات)

Chatterton's tape (Elec. Eng.) شَريط « تشاتِرتون» • شريطٌ لاصِق عازِل

chauffeur (*n.*) سائق سيَّارة

C.H.E. (centigrade heat unit) الوَحدة الحرارية المئوية

cheap (*adj.*) رخيص • قليل الكُلفة — بَخس • رديءُ النوع

check (*v.*) صدّ • كَبَح — دقَّقَ — وضَعَ علامةً — طابقَ

(*n.*) كَبْح — تدقيق • ضَبْط — عَلامة — صَك • (شِيك)

check analysis (Chem. Eng.) تحليل اختباري • تحليل مُراقبة

check book دفتر شيكات

checker (*v.*) خطَّط بنَموذج من المُربَّعات

(*n.*) نَموذجٌ من المربعات المتباينة — أحَدُ هذه المربعات — مُراقِب

checkerboard (Pet. Eng.) إجازة تنقيب في قِطاعات مُتَبايِنَة

checking (*n.*) كَبْح — صَدّ — تدقيق

check line خطُّ المُراجَعة

check list قائمة المُراجَعة

check nut (Eng.) صُمولة الزَّنق

check system نِظام مُراقَبة (أوقاتِ العمل)

check up (*n.*) فَحْص • فَحصٌ جِسماني عام

check valve = **non-return valve** (Eng.) صِمامٌ غيرُ مُرجِع • صِمام لا رُجُوع

cheese head رأس مُدوَّر : كقالَب الجُبن

chemical (*adj.*) كِيماوي • كِيميائي

(*n.*) مادة كيماوية

chemical action (Chem.) فِعل كيميائي

chemical activity نشاطٌ كيماوي

chemical affinity (Chem.) أُلفَة كيميائية أو كيماوية

chemical agent (Chem.) عامِلٌ كيماوي

chemical analysis (Chem. Eng.) تحليل كيماوي

chemical balance (Chem.) ميزان (حسَّاس) كيماوي

chemical behavior (Chem.) سُلوك كيماوي

chemical bond (Chem.) وَصْلة كيماوية

chemical change (Chem.) تغيُّر كيماوي

chemical cleaning (Chem. Eng.) التنظيفُ الكيماوي : التنظيف بالكيماويات

chemical combination (Chem.) اتحاد كيماوي

chemical composition (Chem.) تركيب كِيماوي

chemical compound (Chem.) مُركَّب كيماوي

chemical constitution (Chem.) تركيب كيماوي

chemical corrosion (Chem. Eng.) حَتٌّ كيميائي

chemical decomposition (Chem. Eng.) تحليل او انحِلال كيماوي

chemical deposit (Geol.) راسِبٌ كيماوي : مترسِّبٌ بعوامل كيميائية

chemical desalting (Pet. Eng.) ازالةُ المِلح كيماويّاً (من النِّفط الخام)

chemical effect (Chem.) تأثير كيماوي

chemical element (Chem.) عُنصر كيماوي

chemical emulsification (Chem. Eng.) الاستِحْلاب الكيماوي

chemical energy (Chem.) طاقة كيماوية

chemical engineer مُهندِس كيماوي

chemical engineering الهندسَة الكيميائية

chemical equation (Chem.) مُعادَلة كيماوية

chemical equilibrium (Chem.) توازُن كيميائي

chemical equivalent (Chem.) مُكافِيء كيميائي

chemical exchange reaction (Chem. Eng.) تفاعُلُ تبادُلٍ كيميائي

chemical fertilizers أسمِدة كيماوية

chemical formula (Chem.) صِيغة كيميائية

chemical indicator (Chem.)	كاشِف كيماوي	chemistry, industrial	الكيمياءُ الصِّناعيّة	china-stone	حجر غَضاري اوكاوليني
chemical industry	صِناعة كيماوية	chemistry, inorganic	الكيمياءُ اللاّ عضوية	chine (n.)	حافة ، حافة البرميل
chemically (adv.)	كيمائيًّا ، بالطُّرُقِ الكيماوية	chemistry, organic	الكيمياءُ العضوية	chink (n.)	شق ، فَلع ، خَشْخَشة ، صَلصَلة
chemically combined	مُتَّحِد كيمائيًّا	chemistry, physical	الكيمياءُ الطبيعية	(v.)	حَنّا الشقوق
chemically neutral (Chem.)	متعادِل كيمائيًّا	chemurgy (Chem. Eng.)	الكيموزجية : استغلال الخامات العُضوية (أو الزراعيّة) كيماويًّا	chip (n.)	شَظيَّة ، شَرْحة رقيقة ـ جُذاذة ، نحاتة
chemically pure (Chem.)	نقيّ كيمائيًّا	cheque (n.)	شيك ، صَك	chip ax	قَدُوم ، مِكْشَط
chemically resistant glass	زجاج مقاوم للكيماويات	cherry coal	فحم كَرَزيّ ، سريعُ الوقد وعديمُ الرماد	chippings	نحاتة ، جُذاذة
chemical mineralogy	العِدانة الكيماوية ، المينيرالوجية الكيماوية ، الدراسات المعدنية الكيماوية	cherry red heat	درجةُ حرارة أحمر الكَرَز (حوالي ٩٠٠° مئوية)	chisel (n.)	إزميل ، أجَنة ، مِنقاش ، مِقطع
chemical passivity	اللا فعالية (عدم الفعالية) الكيماوية	chert (Geol.)	صَوَّان ، صخر صَوَّاني	(v.)	نحتَ بالازميل ، نقش ، نَقَر
chemical plant (Chem. Eng.)	معمَل كيماوي ، وَحدةُ (صِناعات) كيماوية	chert limestone (Geol.)	حجَر جيريّ صوّانيّ	chisel bit (Eng.)	لقمة الازميل
chemical process (Chem. Eng.)	طريقة كيمائية	chest (n.)	صُندوق ، صَندوقة ، وعاءُ مُحكَم الغَلْق	chloral (Chem.)	كلورال
chemical products	مُنتَجات كيماوية	chevron (or zigzag) folds (Geol.)	طيّات مُشرشرة أو مُتعرِّجة	chloramine (Chem.)	كلورامين
chemical properties (Chem.)	خواصّ كيماوية	chiasma (n.)	تقاطُع ، تصالُب	chlorate (Chem.)	كلورات ، ملح حامض الكلوريك
chemical purification	تنقيَة كيماوية	chief (n.)	رئيس ، زعيم	chlorethanol	كلور إثانول
chemical reaction (Chem.)	تفاعُل كيماوي	(adj.)	رئيسي ، أساسي ، أوَّلي	chloric acid (Chem.)	حامض الكلوريك
chemical reagent (Chem.)	كاشِف أو مُفاعِل كيماوي	chief draftsman	كبير الرَّسّامين	chloride (Chem.)	كلوريد ، كلورور ، ملح حامض الكلوريديك
chemicals	مواد كيماوية	chief engineer	كبير المُهندسين	chloride of lime (Chem.)	مَسحوق القَصر ، اكيد الكِلس
chemical sediments (Geol.)	رواسِبُ كيمائية	chief geologist	كبير الجيولوجيين	chloridize (v.)	كلوَّر ، عالج بالكلُور
chemical solution	محلول كيمائي	chilblain (n.)	خَضَر ، شَرَث	chlorinate (v.)	كلوَّر ، عامَل بالكلور
chemical stability (Chem.)	ثَبات أو استِقرارٌ كيماوي	Chile saltpetre (Chem.)	نترات الصوديوم ، ملح بارود شيلي	chlorinated oil (Pet. Eng.)	زيت مُكلْور : مُعالج بالكلور
chemical structure (Chem.)	التركيب الكيماوي ، البنية الكيماوية	chill (n.)	بَرد قارِس ـ قُشَعريرة مفاجئة	chlorinated paraffins (Pet. Eng.)	بارافينات مُكلورة
chemical substance (Chem.)	مادة كيماوية	(Met.)	قالب تبريد مفاجيء ـ سطح مُصلَّد بالتبريد المفاجىء	chlorinated waxes (Pet. Eng.)	مواد شمعية مُكلورة
chemical symbol (Chem.)	رَمز كيماوي	(v.)	برَد أو برَّد فجاة ـ صلَّد (معدناً) بالتبريد المُفاجىء	chlorination (Chem. Eng.)	كلوَرة : مُعالجة بالكلور
chemical synthesis	تركيب كيمائي	chilled (adj.)	مُبرَّد	chlorination plant (Pet. Eng.)	وحدة كلوَرة ، وحدة المعالجة بالكلور
chemical tank (Pet. Eng.)	خزَّان المادة الكيماوية	chiller (n.) (Eng.)	مُبرّد	chlorinator (Pet. Eng.)	مُكلورة ، جهازُ الكلوَرة
chemical treatment	مُعالجة كيمائية	chilling (n.)	تبريد ، تبريدٌ مُفاجىء ـ تصليد بالتبريد المفاجىء ـ زوال بَريق الدهان عند تعرُّضه للبَرد	chlorine (Cl) (Chem.)	الكلُور : عنصر غازي رمزه (كل)
chemical treatment of wells (Pet. Eng.)	مُعالجة الآبار كيماويًّا	chilling coil (Eng.)	لفيفةُ التبريد ، أنابيب التبريد المُلتَفَّة	chlorine content (Chem. Eng.)	المحتَوى الكلوريني
chemical wear	تآكُل كيمائي	chimney	مَدخنة	chlorine water (Chem.)	ماء الكلور
chemico-physical (adj.)	كيمائي فيزيائي	chimney cap	كُبّوش المَدخنة	chlorite (Chem.)	كلورَيت ، ملح حامض الكلوروز
chemise (Civ. Eng.)	قميص : جِدار داعِم لسَدّ التراب	chimney draught (or draft)	تيار السَّحب في المَدخنة	chlorobenzene (Chem.)	كلوروبنزين
chemisorption (Chem.)	إمتزاز كيماوي	chimney shaft	عمود المَدخنة	chloroethane = ethyl chloride	
chemist	كيماوي ، كيمائي ـ صَيدَلي	chimney stack	مَجمَع مَواسير المَدخنة	chloroethan	كلوروايثان ، كلوريد الإثيل
chemistry	كيمياء ، علمُ الكيمياء	china	صيني ، خَزف صينيّ	chloroethanol	كلوروإيثانول
chemistry, analytical	الكيمياءُ التحليلية	china clay = kaolin (Geol.)	صَلصال صيني ، كاوْلين ، غَضار	chloroethylene = vinyl chloride	
chemistry, applied	الكيمياءُ التطبيقية	china-clay rock	صخر غَضاري أو كاوْليني		كلوروإيثيلين ، كلوريد الڤينيل

CHU
71

christmas tree

chloroform = trichloromethane
كلوروفورم ، ميثان ثلاثي الكلور.(Chem.)
chlorohydrin (Chem.) : كلوروهيدرين
مُركَّب عضوي هيدروكسي كلوريدي
chlorometer (Chem. Eng.) مقياس الكلور
chlorophyll يَخضور ، كلوروفيل
chloroprene rubber = neoprene
(Pet. Eng.) مطاط الكلوروبرين ، نيوبرين
chlorous acid (Chem.) حامض الكلوروز
chock (n.) سائدة ، سَفين ـ دليلُ الحبال ـ زَنَقة
(v.) سَنَدَ بركائز ـ أحكَم الربط
chock-full (adj.) طافح ، مُمتلىء لحافَّته
choice (n.) اختيار ـ خِيرة ـ صَفوة
(adj.) مُختار بعناية ، مُمتاز
choke (v.) خَنَق ، سَدَّ ـ عرقَل ـ اختَنَق ، شَرِق
(n.) مَخنَق ، خانِق ، صِمام خَنق
choke bore تجويفٌ مُتَضيِّق عند الفوهة
choke coil (Elec. Eng.) ملفٌّ خانق
choke damp (Mining) غازٌ خانق : يتجَمَّع في المناجم والآبار المهجورة

choked pipe (Eng.) ماسورة مَسدودة
choke nipple (Eng.) حلَمة خُنق ، حلَمة مُعايَرة
choke valve (Eng.) صِمام خَنق
choking gas غازٌ خانق
chondrules (Geol.) كوندريولات : كُريّات حُبيبيّة من معادن السليكا
chop (v.) جذَّ ، قطَع ـ شقَّ
(n.) نَخَعة ـ ساطُور ـ فك (المِلزمة)
chopper (Elec. Eng.) قاطِعٌ مُتناوِب
chord (n.) وتَر ، حَبل رفيع ـ وتَرُ دائرة ـ توافُق
chore (n.) عمل روتينيّ
(Geog.) وجهُ أو سطحُ الأرض
chorography (Geog.) كوروغرافية: فن وصف الأقاليم ودراستها على الخرائط
Christmas tree (Pet. Eng.) شجرة الصِّمامات: على فوهة بئر النفط ، مُجمع صمامات بئر النفط ـ شجرة عيد الميلاد
chromate (Chem.) كرومات ، ملحُ حامض الكروميك
chromatic (adj.) لَونيّ
chromatic dispersion تشتُّت لَونيّ
chromatographic analysis (Chem.)
تحليل كروماتوغرافي
chromatography (Chem. Eng.)
فَصل كروماتوغرافي : بالامتزاز في طبقات مختلفة التلوُّن
chromatometer (Phys.) مقياس اللَّونية ، مقياس درجات التلوُّن
chrome (n.) (Chem.) الكُروم
(v.) طلَى بالكروم
chromel (Met.) كرومِل : سبيكة من النيكل والكروم
chrome steel (Met.) فولاذ كرومي
chromic acid (Chem.) حامض الكروميك
chromite (Chem.) كرومَيت ، ملح كرومي
chromium (Cr) (Chem.) الكُروم : عنصر فِلزّي رمزه (كر)
chromium plating (Met.) طِلاء بالكروم
chromium steel فولاذ كروميّ
chromometer = colorimeter
كرومومتر ، مِلوان : مقياس الخصائص اللّونيّة
chronograph (n.) كرونوغراف ، مُوَقِّتة مُسَجِّلة
chronological (adj.) مِيقاتي ، مُرَتَّب زَمَنيّاً
chronology (Geol.) الكرونولوجية : عِلمُ تحديد الأزمنة وترتيب تسلسلها
chronometer (n.) كرونومِتر ، ساعة مُحكمة الضبط

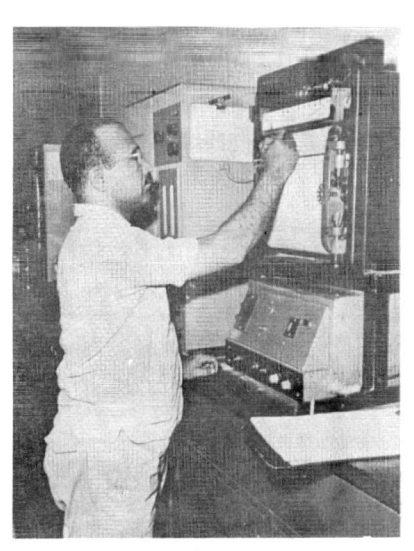

chromatographic analysis

chronoscope (n.) كرونوسكوب ، مُوَقِّتة
chronostratigraphy (Geol.) الاستراتيجرافية الزمنية ، علمُ الطبقات التوقيتي
chronotaxis (Geol.) التنسيقُ الزمني للطبقات الصخرية
chrysotile (Min.) كريسوتايل : اسبستُوس غُدَديّ
C.H.U. (centigrade heat unit)
وَحدة حرارية مئوية
chuck (n.) ظرفُ (أو قابضة) المِثقب ـ نُقرة خفيفة ـ رَمية قصيرة
(v.) طرَح ، رمى ـ ربَّتَ ، نقرَ بخِفّة
chuck-drill (Eng.) مِثقاب ظرفيّ (ذو ظرف لقَبض اللُّقم)
chuck-full (adj.) طافح ، مُمتلىءٌ لحافّته
chuck gauge (Eng.) مُحدِّدُ قياس ظرفي
chucking (n.) (Eng.) تظريف ، ضبط الشغل في ظروف المِخرطة
chuck lathe (Eng.) مِخرطة ظرفيّة
chunk (n.) كُتلة ، قطعة غليظة
churn (n.) خَلّاطة ، مِنخَضة ـ خَضْخَضة
(v.) خضَّ أو قلَّب بعُنف

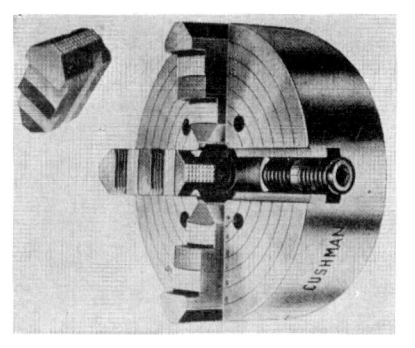

chuck

chute

circular cutter

cirque

churn drilling (Civ. Eng.) حفرٌ كَبْلي (بالدقّ)
chute (*n.*) مَجرى مائل • مَسقط
C.I. (colour index) دَليل لَونيّ
C.I.F. (cost, insurance and freight) سِيف (التكلِفة والتأمين والنقل)
cilia (pl. of **cilium**) (Biol.) هُدْب • خَمَل
cinder (*n.*) جَمرة مُتّقِدة دون لَهَب – رَماد : بقايا احتراق الفحم او الخشب
(Geol.) رماد • رماد بُركانيّ
cinder chute = cinder hopper (Eng.) مَجرى تفريغ الرماد
cinders رَماد • مُخلّفات الفحم المُحترق
cine film فيلم سينمائي
cinnabar (Min.) زِنْجفر • كبريتيد الزئبقيك – لون أحمرُ قاني
cinnamon oil زيت القِرْفَة
cipher (*n.*) صِفر – شِيفرة • شَفرة
(*v.*) حسَب • كَتَب بالرُّموز
cipher message رسالة بالشِّيفرة
circle (*n.*) دائرة • حَلْقة
(*v.*) دارَ • أحاط • طوَّق
circle of diffusion دائرة الانتشار
circle of longitude دائرة الطول • دائرة خطّ الطول
circle of reference دائرة الإسناد
circlet (*n.*) دائرة صَغيرة
circling (*adj.*) دوّار • دائر
circuit (*n.*) دورة • دائرة • دارَة – مَدار
(Elec. Eng.) دارة كهربائية
circuit-breaker (Elec. Eng.) قاطِعُ الدارة • مفتاح قطع الدائرة (الكهربائية)
circuit-breaker oil (Elec. Eng.) زيتُ قطع الدائرة (في قاطِع زيتي)
circuit, main دائرة رئيسية
circuit tester (Elec. Eng.) جهاز فَحص الدائرة الكهربائية
circular (*adj.*) مستدير • دائري
(*n.*) نَشرة دَوْرِيَّة
circular aperture فُتحة دائرية
circular cross-section مَقْطع دائري
circular cutter مِقْطَع دائري
circular cylinder (Geom.) أُسطوانة دائرية
circular groove حَزٌّ دائري
circularity (*n.*) استدارة
circular level (Surv.) مِسواةُ المَسَّاح الدائرية
circular measure (Geom.) قياس دائري (بالزوايا النصف قُطرية)
circular mil (Eng.) مِلٌ دائري • وَحدة مِساحة لقياس مَقطع الأسلاك (= مساحة دائرة قطرها جُزء من ألف من البوصة)
circular motion (Eng.) حركة دائرية
circular nut (Eng.) صَمُولة دائرية
circular pillar drilling machine (Civ. Eng.) مكِنَةُ حفرٍ ذاتُ عمود دائري
circular pitch (Eng.) خُطوة دائرِية • خُطوة الاسنان
circular polarization استِقطاب دائري
circular saw (Eng.) مِنشار قُرصي • منشار دائريّ
circular valve (Eng.) صِمام دائري
circulate (*v.*) دار – سَرى • نشَر • انتشر – داولَ
circulating (*adj.*) دائر • مُتداوَل
circulating air الهواء الدائر
circulating boiler (Eng.) مِرجَل دوراني
circulating capital رأسُ المال المُتداوَل
circulating current (Elec. Eng.) التيار الساري (في دائرة كهربائية)
circulating oil system (Eng.) نظام التزييت الدوَّار
circulating pump (Eng.) مِضخة دوَّارة • مِضخة إدارة السائل
circulating water (Eng.) ماء جارٍ في دائرة محصورة
circulation (*n.*) دَوَران • سَرَيان – توزيع • ترويج – تداوُل
circulation, closed دوران مُقفَل
circulation, forced دوران قَسريّ
circulation, gravity (Eng.) جرَيانٌ بالجاذبية • دوَران بفِعل الجاذبية
circulation loss (Eng.) فَقدُ الدوران
circulation of air دوران الهواء
circulation of drilling fluid (Pet. Eng.) سريان سائل الحفر • دوران سائل الحفر
circulation of the mud (Pet. Eng.) سَرَيانُ طين الحفر • دوران طين الحفر
circulation oiling (Eng.) التزييت بالدوران
circulatory (*adj.*) دورانيّ – تداوُليّ
circum- بادئة بمعنى حول أو محيط (ب)
circumambient (*adj.*) مُحيط(ب) – دائرٌ حَول
circumcircle (Geom.) دائرة محيطة
circumdenudation (Geol.) تَعرية محيطيَّة
circumference (*n.*) محيط الدائرة – حِتار
circumferential (*adj.*) محيطي
circumferential joint (Eng.) وُصلة محيطية
circumferential pitch (Eng.) خُطوة محيطية
circumferential riveting (Eng.) بَرشمة محيطية
circumferential velocity سُرعة محيطية
circumfluent (*adj.*) مُكتنِف • مُحيط (ب)
circumscribe (*v.*) أحاط بشكل أو رسم – عيَّن الحدود • حدَّد
circumscribed circle (Geom.) دائرة مُحيطة (بمُضَلَّع أو شكلٍ هندسي)
circumscribed figure (Geom.) شكل مُحيط
circumstance (*n.*) حال • ظَرف • واقعُ الحال
circumstantial (*adj.*) ظرفيّ – قرينيّ – ثانويّ – مُفَصَّل
circumstantial evidence دليل بالقَرينة
cirque (*n.*) دارَة • حَلْقة • مُدرَّج طبيعي
(Geol.) حَلْبَة جليدية
cistern (*n.*) صِهريج • حَوض • خزَّان
cistern pump مِضَخَّةُ الصهريج

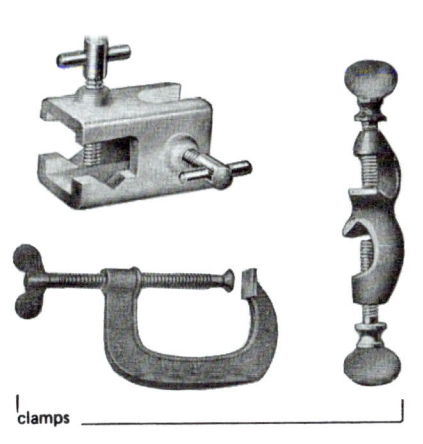

clamps

citrate (Chem.) سِتْرات : ملح حامض الليمون

citric acid (Chem.) حامِض الليمون • حامض السِّتريك

civil (*adj.*) وطني • أهليّ • شعبيّ • مدنيّ

civil engineer مهندس مَدني

civil engineering الهندسة المدنيَّة

civil law القانون المدني

civil service خِدمة مدنية

clack (*n.*) طقطقة • صَرير – صِمام مُطَقطِق

(*v.*) طقطقَ • صَرَّ

clack valve (Eng.) صِمام ذو مُفَصَّلة : يُصوِّت عند الآنغلاق • صمامٌ مُطقطِق

clad (*adj.*) مُغطّى • مغلَّف • مَكسُوّ

cladding تغليف • تصفيح

claim (*v.*) إدَّعى • طالَب (ب) – استحقّ

(*n.*) ادعاء • مَطلَب – امتياز

claim-holder صاحبُ امتياز بالاستثمار

claim licence رُخصَة استثمار

claims department دائرة التعويضات او المُطالبات

clam (*n.*) مَحار – قامِطَة

(*v.*) قمَط

clamor = **clamour** (*n.*) صَخَب • ضجيج

clamp (*n.*) قامِطة • مِلزَمة • مِشبك • مِقبضة

(*v.*) قمَطَ • شَبك • زنَق • أوثَق

clamp bolt (Eng.) مِسمار رَبط

clamp connection (Eng.) وَصْلٌ بالقمط

clamp coupling (Eng.) قَرْن بالقَمْط

clamp dog (Eng.) كُلاَّبة قَمْط

clamping (*n.*) قَمْط • زَنْق • تَثبيت بالقمط

clamping bolt (Eng.) بُرغي رَبْط • مِسمارقامِط

clamping collar (Eng.) طوقٌقامط • جُلبةقمط

clamping device (Eng.) قامِطَة • نبيطة قَمْط

clamping screw (Elec. Eng.) لَولبُ زَنْق • بُرغي قَمط

clamping sleeve (Eng.) كُمٌّ قامِط

clamp nut (Eng.) صَمولة زَنْق • حَزَقَة ربط

clamp ring (Eng.) طوقٌ أو حلقة قَمط

clamp terminals (Eng.) قامِطات طَرَفيَّة (لِربط الأسلاك)

clamp yoke (Eng.) مِقرنُ قَمط

clamshell (Biol.) صَدَفة • مَحارة

(Civ. Eng.) = **clamshell bucket** قادوس مَحاريّ : كَبَّاشٌ من قطعتين تنضمان عند الكبش

clamshell bucket dredging machine (Civ. Eng.) كرَّاءة ذات قَواديس مَحارية

clamshell excavator (Civ. Eng.) حفَّارة ذاتُ قواديس مَحارية

clan زُمرة • رُتبة (من الصخور الجيولوجية)

clank (*n.*) صَليل • خَشخَشة

(*v.*) صلَّ • رنَّ

clap (*n.*) تصفيق – فرقعة • قصفُ الرعد

(*v.*) صَفّق – لَطَمَ

clap-board (*n.*) لوح للتلبيس المتراكِب

(*v.*) غطّى بألواح متراكبة

clap-boarding تغطية بالألواح المتراكبة – ألواح التلبيس المتراكب

clapper (*n.*) مُصفِّق • لسانُ الجرس

clapper valve (Eng.) صِمام مُصَفِّق يعملُ بين فُتحتين

clarification (*n.*) تنقِيَة • ترويق

clarification bed طبقة مرشِّحة

clarified (*adj.*) منقّى • مُروَّق • مُصَفّى

clarified oil (Pet. Eng.) زيت مُروَّق

clarifier (*n.*) مُروِّق • مُصَفٍّ

clariflocculator (Pet. Eng.) مُرَوِّقٌ بالمرسِّبات المَلبِّدة

clarify (*v.*) روَّق • نقّى – أوضَح – راق • صفا

clarifying agent (Pet. Eng.) عامِلُ ترويق

clarifying basin (Pet. Eng.) حوضُ ترويق

clarifying tank (Pet. Eng.) خزَّان ترويق

clarity (*n.*) نَقاء • صَفاء – جَلاء • وُضوح

Clark cell (Elec. Eng.) خليَّة «كلارك» (العِياريَّة)

clash (*n.*) صِدام • اصطدام – صوتُ التصادم

(*v.*) صدمَ • ارتطمَ – عارَض – قَعْقع

clasp (*n.*) مِشبك • إبزيم • كُلاَّب

(*v.*) شَبك • ثبَّت • ضمَّ

clasp hooks خُطَّافان مُتجِدا المِحور

class (*n.*) فِئة • صِنف • نَوع – طبقة

(Biol.) طائفة

(*v.*) صَنَّف • نَسَّق – انتَظم في طبقة

classification (*n.*) تصنيف • تنسيق • ترتيب (في فئات أو طوائف)

water clarifier

classification of samples تصنيف العيِّنات

classified (*adj.*) مُصنَّف • مُنَسَّق

classifier مُصنِّف • مُنَسِّق

classify (*v.*) صنَّفَ • نسَّقَ • رتَّبَ

classifying screen غِربالٌ او مُنخل تصنيف

clastic (*adj.*) رضيخيّ • فُتاتي

clastic ratio (Geol.) النسبة الفُتاتية : النسبة بين ثخانة الطبقات الفتاتية وغير الفتاتية في عمود جيُولوجي

clastic rocks (Geol.) صخوررضيخيّة(أوفُتاتية)

clastic sediments (Geol.) رواسب فُتاتية

clastomorphic (*adj.*) رضيخيّ الأشكال • فُتاتي

clatter (*n.*) خَشْخَشة • طقْطقة • قَرقعة

(Geol.) هشيم • صخور متكسِّرة

(*v.*) خَشخَش • طقطَق • قَرقع

clause (*n.*) بَنْد • شرط(في عَقْد) • فِقرة • عِبارة

claw (*n.*) مِخلَب • طَرَف مِخلبيّ

claw bolt مِسمار مِخلَبيّ

claw coupling = **claw clutch** (Eng.) قابِضٌ مِخلَبيّ

claw-hammer (Carp.) مِطرقة مِخلَبيَّة (بطرفها كَمَّاشة لِخَلْع المسامير)

clay طَفَل • صَلْصال • طُفال • طين – وَحْل

(Pet. Eng.) طُفال مُرشِّح • طَفَل أو طُفال مُنصِّل (لِلَّون)

clay, absorbent طينٌ مصَّاص

clay acid treatment (Pet. Eng.) المُعالَجة الحامِضيَّة للطين

clay activation (Pet. Eng.) تنشيط (فاعليَّةِ التنصيل في) الطُّفال

clay auger (Civ. Eng.) بَريمةُ الحفر الطينيّ

clay bed (Geol.) طبقة طينية أو طُفالية

clay bleaching (Pet. Eng.) تقصير طُفاليّ • قَصْر (اللَّون) بالطين

clay contacting process (Pet. Eng.) طريقة التلامُس الطَّفَلي

clay-containing (*adj.*) صَلصالي • حاوٍ الطينَ أو الصلصال

clean up unit

clay deposit رَاسِبٌ طِينيّ
clayey (*adj.*) صَلصالي • طُفالي – مُغطّى أو مُمَلَّط بالطين
clay filter مُرشِّح صَلصالي (أو طفالي)
clay filtration ترشيح صَلصالي
clay furnace = **clay kiln** (Pet. Eng.) فُرن تحميص الطفل (لتجديد فاعِليّته)
claying (*n.*) تمليط • تطيين
clay-ironstone (Geol.) حجَر الحديد الصَّلصالي
clayish (*adj.*) طَفَليّ • طِيني • شِبه وَحْليّ
clay kiln (Pet. Eng.) فرن (تحميص) الطفل
clay minerals (Geol.) معادنُ الطَّفَل • مَعادِن الطين
clay pan (Geol.) نَزَز : طبقة سُفلية من الطين الصلب
clay percolation (Pet. Eng.) الوَشْل الطَّفَلي – إزالة الشوائب بالتخلُّل الطُّفالي
clay refining (Pet. Eng.) التكرير الطَّفالي • التنقية بالطين (لمعادلة البنزين وتحسين لونه)
clay slate (Geol.) الأردُواز الطيني
clay soil (Geol.) تُربة طينيّة
claystone (Geol.) حجر طينيّ • حجر صلصاليّ
clay tower (Pet. Eng.) بُرج المعالجة بالطَّفَل
clay treatment مُعالجة بالطَّفَل
clay wash (Pet. Eng.) غَسْل بالطين : لإزالة الروائح
(Met.) غَسُول طَفَليّ
clay-with-flints (Geol.) طَفَل صَوّانيّ
cleading = **lagging** (Eng.) غِلاف – موادُّ التغليف
clean (*adj.*) نظيف • نقيّ • خالٍ من الأدران والشوائب
(*v.*) نظّف • نقّى • تنقّى • صفا
clean burning (*n.*) احتراق نظيف
clean-burning (*adj.*) نظيف الاحتراق : لا يترك بقايا بعد احتراقه
clean-cut (*adj.*) واضحُ المعالم • جَليّ
cleaner (*n.*) مُنظِّف • آلة أو مادة مُنظِّفة
cleaner's naphtha نَفْثا التنظيف
cleaning compounds مُركّبات التنظيف
cleaning machine مَكَنة تنظيف
cleaning solution (Chem.) مَحلول مُنظِّف
cleanliness (*n.*) نظافة
clean oil (Pet. Eng.) زيت نظيف • مُنتَج بترولي أبيض
clean oil vessels (or **tankers**) (Eng.) ناقلات الزيوت البيضاء (النفطية)
clean out period (Eng.) فترة التنظيف • فترة الصِّيانة
cleanse (*v.*) نظّف • نقّى
clean ship (Naut.) ناقلةُ المنتَجات النفطية المُكرَّرة الخفيفة • ناقلة نظيفة
clean up (*v.*) نظّف • رتّب
(*n.*) تنظيف • ترتيب
clean up unit وحدة تنظيف
clean vessels (Naut.) ناقلات المُنتَجات البترولية البيضاء • ناقلات نظيفة
clear (*adj.*) صافٍ • رائق – غير مُضطرب – جَليّ – خالص – غير مَشروط
(*v.*) نقّى • تنقّى – أجلى • أزال – خلّص – اجتاز
(*adv.*) بجلاء • تماماً
clearance (*n.*) فُسحة • خُلوص • حَيِّز • الخُلوص – جوازُ الإبحار – تصفية
clearance certificate شهادة تخليص (السفينة او البضاعة)
clearance gauge (Eng.) مقياس الخُلوص
clearance inwards إجازة الدُّخول
clearance outwards إجازة الخُروج
clearance sale بيعُ تَصفية
clearance volume (Eng.) حجم الخُلوص
clearing (*n.*) تَصفية • تخليص • إزالة – مُقاصّة
clearing bath حوضُ ازالةٍ أو تثبيت (في تظهير الصور)
clearing certificate شهادة تَخليص (السفينة) • تصريح بمُغادرة الميناء
clearing cylinder اسطوانة تنظيف
clearing house غرفة مُقاصّة
clearing office مكتب مُقاصّة
clear well (Pet. Eng.) بئر رائقة – بئر تصفيق
cleat (*n.*) مَربط • كُلّاب لربط الحبال – شريحة تقوية
(Geol.) تَمَفصُل ظاهر للطبقة الفحمية
= **bord** (Mining) الراقُ القَطُوع : من الطبقة الفحمية
cleat (Elec. Eng.) مَحمِل كُبول (عازل وغير قابل للاحتراق)
(*v.*) ثبّت بمربط • قوّى بالعوارض الخشبية والحديدية
cleating (Eng.) تغطية بألواح خشبية
cleavability قابلية التفلُّق
cleavage (*n.*) شقّ • انشقاق • تشقّق • تفلّق – انقسام
cleavage fan (Geol.) تفلّق مِروحيّ
cleavage plane (Geol.) سَطحُ الانشقاق
cleave (*v.*) فلق • انفلق • فلَجَ • قدّ – تشبّث • استمسك
cledge صَلصال
cleft (*n.*) شِقّ • فَلْج • فَلْع
(*adj.*) مَشقوق • مُفلَّج • أفلَج
cleft welding لِحامُ الشُّقوق
clench (*v.*) قبَضَ بإحكام • أمسك بشدّة – حنى سِنّ المِسمار بعد دقّه للتثبيت
clench nailing تسميرٌ بَرْشَمة : يُحنى فيه سِنُّ المسمار بعد دَقّه للتثبيت
clerk (*n.*) كاتِب
(*v.*) عمِلَ ككاتب
Cleveland open-cup tester (Pet. Eng.) مِخبار «كليفلَنْد» بالكُوب المفتوح : لتعيين نُقطة الوميض
clevis (Eng.) تركيبة شُعبيّة • شوكة مَفصِليّة
clevis joint (Eng.) مَفصِل خُطّافي
clevis pin (Eng.) مِسمار خُطّافي
cliche (*n.*) كليشيه • رَوْسَم
click (*n.*) طَقْطَقَة • تَكْتَكَة • طَقّة
(*v.*) صَلصَل • طَقطَق
click and ratchet (Eng.) سَقّاطة
client زَبُون • عَميل – مُوَكِّل
cliff (Geol.) جُرُف • صخرة شاهقة • شِيْر – حَيْد • لِهْب
climate (*n.*) (Meteor.) مُناخ • طَقْس – إقليم ذو مُناخ خاصّ
climatic (*adj.*) مُناخيّ – اقليمي
climatic conditions الأحوال المُناخية
climatology (Meteor.) عِلم المُناخ
climax ذُروة – نِهاية
clinch (*v.*) (Eng.) بَرشَم • حنى سِنّ المسمار بعد دقّه للتثبيت
(*n.*) مَسْكة مُحكَمة – تثبيتة مُبَرشَمة
clincher (Eng.) آلة ثَنْي المسمار بعد دقّه • مُبَرشِمة
cling (*v.*) عَلِق • تشبّث • تمسّك – التصَق
clingy (*adj.*) لَصُوق • لَزِج
clink (*n.*) صَليل • خَشْخَشة • طَنين

(v.) طنّ • صلّ • خشخش
clinker (Eng.) خبث الفحم أو المعادن – مخلّفات الاحتراق
clinker-built (adj.) متراكب الألواح
clinograph (Eng.) كلينوغراف • مِرسمة المَيْل
clinometer (Surv.) كلينومتر • مميال • مقياس المَيْل او الانحدار
clint (Geol.) كلنت : صخر صوّاني قاس – جُرف منحدر
clip (v.) شبك • ثبّت بمشبك – قصّ • قطّ • اقتضب
(n.) مِشبك • ماسك • لاقطة
clipper (n.) مِجزّ • مقراض – سفينة شراعية سريعة
(Pet. Eng.) شاحنة صهريجية : لا تقلّ سعتها عن ٥٠٠٠ غالون
clippers (n.) مِجزّ • جَلَم
clipper service (Pet. Eng.) خدمة التوزيع المباشر : توزيع البترول من خط الأنابيب الى محطات التوزيع مباشرةً
clipping (n.) قُصاصة • جُزازة
clock meter (Elec. Eng.) عدّاد ساعيّ
clock oil زيت الساعات
clockwise (adj.) متحرّك باتجاه عقرب الساعة
(adv.) باتجاه حركة عقرب الساعة
clockwise motion حركة باتجاه دوران عقارب الساعة
clockwork (n.) آليّة ساعيّة – آليّة الساعة
clod كُتلة • كتلة طين أو تراب
clog (v.) كظم • سدّ • انسدّ • تخثّر – عاق السّريان بالتخثّر او بالترسّب
(n.) كِظام • عائق • سدّ
clogged (adj.) مسدود
clogging (n.) انسداد • سدّ
(Eng.) تخثّر الزيت (بالتأكسد والغبار)
close (v.) أغلق • سدّ • أنهى • إنطبق
(n.) نهاية • خاتمة
(adj.) قريب • متلازّ – وثيق • مُحكَم – دقيق
close-boiling hydrocarbons (Pet. Eng.) هيدروكربونات متقاربة درجة الغليان
closed account حساب مقفل
closed anticline (Geol.) قبوة مقفلة أو مُطبقة
closed basin (Geol.) حوض مُطبق
closed chain (Chem.) سلسلة مُقفلة
closed circuit (Elec. Eng.) دائرة مُقفلة • دارة (كهربائية) مقفلة
closed-circuit alarm (Elec. Eng.) جهاز إنذار يعمل عند فتح الدائرة

closed end طرف مسدود
closed fold (Geol.) طيّة مُطبقة
closed (in) pressure (Pet. Eng.) الضغط المغلق (في بئر النفط)
closed in production (Pet. Eng.) الانتاج المُحتبس : في بئر مُغلقة مؤقتاً
closed meeting جلسة مُقفلة • إجتماعٌ سرّي
closed nipple (Eng.) حلمة مُقفلة • وصلة مُقفلة
close down (v.) أوقف (العمل) • انقطع عن (الانتاج)
closed ring حلقة مُقفلة
closed ring hydrocarbons (Chem.) هيدروكربونات حلقيّة
closed rock pressure (Pet. Eng.) ضغط البئر البِكر : قبل ثقب الصخر فوقها
closed socket (Eng.) مَقبِس مُغلق
closed system (Eng.) شبكة مُغلقة
closed tester (Eng.) مِخبار مُقفل
closed traverse (Surv.) نطاق مُغلق • مسحٌ اجتيازي مُغلق
closed tube test (Chem. Eng.) الاختبار في مِخبار مُقفل
closed tunnel (Eng.) نفق هوائي مسدود • نفق غير مُنفذ
closed wrench (Eng.) مفتاح رَبطٍ مُقفل الفك
close-fitting (adj.) وثيق التوافق
close-fitting plug (Eng.) سِداد مُحكَم
close-formation تشكيلة متراصّة
close-grained (adj.) متقارب الألياف
close-hauled (adj.) (Naut.) مُبحِرٌ بعكس الريح
close in (v.) أقفل • أوقف (التدفّق)
close investigation بحثٌ دقيق
close-link chain سلسلة مُتقاربة الحلقات
close range conveyor (Eng.) ناقلٌ قريبُ المدى

close-set (adj.) متلازّ • متراصّ
close-up لقطة (أو صورة) عن قرب
closing error خطأ القفل
closing line خطّ القفل
closing price سعر الإقفال (في البورصة)
closing-up (Eng.) برشمة (مسمار البرشام)
closing valve (Eng.) صِمامُ إقفال
closure (n.) إقفال • اغلاق • انغلاق – نهاية
clot (n.) جُلطة • كتلة متخثّرة
(v.) خثّر • خثر • تجلّط
cloth-backed paper ورق (سنفرة) مُظهّر بالقماش
clothe (v.) ألبس • غطّى • كسا
clothing (n.) ملابس – غطاء
cloud (n.) سَحابة • غيمة • غمامة – كدارة • تغشّن
(v.) غامَ • غيّم • تغيّم – إربَدّ – تغبّش • رَنق
cloud chamber (Phys.) غُرفة غيميّة
cloudiness (n.) تغيّم • تربّد • رَنَق • تكدّر
cloud point (Chem. Eng.) نقطة التغيّم • نقطة الرّنق أو التكدّر
cloud point test (Chem. Eng.) اختبار نقطة التغيّم
cloud test (Pet. Eng.) اختبار التغيّم : ايجادُ نقطة التغيّم
cloudy (adj.) غائم – مُتربِّد • عَكِر • أغبش
clough (Geol.) وادٍ ضيق • فجّ
clove فصّ أو سِنّ
clove hitch عُقدة وَتد
cloverleaf (n.) ورقة برسيم
(Civ. Eng.) ورقة البرسيم : ملتقى طرق بشكل ورقة البرسيم
cloverleaf intersection (Civ. Eng.) تقاطع ورقة البرسيم : مَفرق تتقاطع فيه الطرق على مستويات مختلفة

cloverleaf intersection

coal seam cutter

cloves oil (Chem.) زيتُ القَرَنْفُل
club (*n.*) هِراوة • مِضراب – نادٍ • مُنتدى
(*v.*) ضربَ بهراوة
clue دليل • مِفتاحُ الحلّ
clump (Mining) كُتلة – كمّيّة متجمعة
clunch (Geol.) طين صفائحي • طين حراري قاسٍ
cluster (*n.*) عُنقود • كُومة • مجموعة
(*v.*) حَشَدَ : ركَم – إحتَشد
clutch (*n.*) (Eng.) قابض • قابِضُ أو مُعشِّق التروس (كِلَتْش أو دِبرياج)
(*v.*) قَبَضَ بقُوّة – خطف
clutch band (or **collar**) طوقُ القابِض
clutch bevel (or **cone**) مَخروط القابض
clutch brake (Eng.) مِكبحُ القابض
clutch cam (Eng.) كامَةُ القابض
clutch coupling (Eng.) تقارنٌ بقابض
clutch disc (or **plate**) (Eng.) قُرصُ القابض
clutch dog (Eng.) كُلّابُ القابض
clutch fork (Eng.) شَوكةُ القابض
clutch friction ring طوق احتكاك القابِض
clutch-lever (or **arm**) ذراعُ القابض
clutch-lining (Eng.) بِطانةُ القابض
clutch pedal (Eng.) دَوّاسة القابض
clutch release fork شوكة إعتاق القابض
clutch shaft (Eng.) جِذعُ القابض
clutch slip (Eng.) انزلاق القابض
clutter (*n.*) جلَبة • قَرقعة • ضَجيج
(*v.*) احتشد بلا ترتيب – قرقع • ضجّ
Clyburn spanner (Eng.) مفتاح رَبط ذو فك متحرك • مفتاح «كليبرن»
coacervation (Chem.) تعَنْقُد • تكتُّل جزيئات المستحلب قبل التدمُّج
coaction (*n.*) تعاوُن • تضافُر
coagulable (*adj.*) خَثور • قابل للتخثُّر
coagulant (*n.*) (Chem.) مُخثِّر • مادة مُخثِّرة أو مُجلِّطة

coagulate (*v.*) خثَّر • جمَّد • عَقَّد • جلَّط – تخثَّر • تجلَّط
coagulation (*n.*) تخثُّر • تجلُّط • إنعقاد – كتلة متخثِّرة
coagulation process عمليةُ التخثُّر
coal (*n.*) فحم • الفحم الحجري • الفحم النباتي
(*v.*) زوِّد أو تزوَّد بالفحم
coal ash رمادُ الفحم
coal balls جلاميدُ الفحم
coal basin (Mining) حوض فحم• حقلُ فَحم: وهو عادة ذو بِنية قصعيّة
coal bed (Geol.) طبقةُ فحم حجري
coal belt (Mining) نِطاق من الفحم الحجري
coal breaker كسّارة فحم
coal bunkers مُستودعات تخزين الفحم
coal car عربة لنقل الفحم (بالسكة الحديدية)
coal distillation (Chem. Eng.) تَقطير الفحم
coal dust (Mining) ترابُ الفحم
coal equivalent (Chem. Eng.) المُكافِئ الفَحْمي: كمّيّةُ الفَحْمِ التي تعطي كمّيّة حَرارةٍ مُعادِلة لِكمّيّةٍ مُعادِلة من وَقودٍ مُعيَّن، وهي لِلطنّ من النّفطِ الخام حَوالَى ١٫٣ طنّ فَحم
coaler عامل فحم – ناقِلةُ فحم
coalesce (*v.*) إلتَحم • اندمَج • انضمَّ
coalescence (*n.*) التِحام • اندماج • انضمام
(Chem. Eng.) اندماج : اندماج جزيئات المادّة لتكوِّن طبقة مُنفصِلة
coalescer (*n.*) مُدمِّج
(Pet. Eng.) بُرج اندماج القطرات وانفصال طبقاتها
coalescing (Chem. Eng.) تدمُّج • تضامّ
coal-field (Mining) حقل فَحم حجريّ
coal gas غازُ الفحم • غاز الاستصباح
coal-hod = **coal scuttle** (Mining) سطْل الفحم
coal hydrogenation (Chem. Eng.) هَدرَجَةُ الفَحْم: لتحضير الوُقُد الهيدروكربونيّة الغازيّة أو السائلة كبنزين المُحرِّكات
coalification (Geol.) التفحُّم• التحوُّل الى فحم
coaling station = **coaling port** مَرفأ التزوُّد بالفحم
coalite = **semi-coke** فحم مُكربَن (للاستعمال المنزلي)
coal-measures (Geol.) المُكوِّنات الفحمية : طبقات تحوي الفحمَ الحجري
coal mine (Mining) مَنجم فحم حجري
coal mining تعدينُ الفحم

coal-oil (Chem.) زيتُ الفحم • زيت الاستصباح – كيروسين
coal pit منجمُ فحم – حُفرة (صُنعِ) الفحم النباتي
coal screen (Mining) غِربال الفحم
coal scuttle (Mining) سَطلُ الفحم
coal seam (Geol.) طبقة فحمية • عِرقٌ فحمي
coal seam cutter مِقطع الطبقات الفحمية
coal segregation عَزْلُ أو فَصْلُ الفَحْم : فَصْلُ كُتَلِ الفَحْم الكبيرة عن القِطَع الصَّغيرة
coal slag (Chem.) خَبَثُ أو فُضالات الفحم
coal-tar (Chem.) قَطِرانُ الفحم• قارُ الفحم• قَطِران الفحم الحجري
coal tar benzol (Chem.) بنزول قَطِران الفحم
coal tar dyes (Chem. Eng.) أصباغ القار الفَحمي
coal tar enamel مِينا قَطِران الفحم
coal tar fuels (Chem. Eng.) وُقُدُ قَطِران الفَحْم
coal tar oil (Pet. Eng.) زيت قطران الفحم
coaming (Naut.) إطار حاجز • جِتار
coarse (*adj.*) خشن • غليظ – تقريبيّ – رديء الصنف
coarse adjustment ضَبْط تقريبي
coarse aggregate (Civ. Eng.) حَصباء • حَصيم خشِن • جريشُ الحجارة
خِلط صخري خشن (Geol.)
coarse file (Eng.) مِبرَد خشن
coarse filter (Eng.) مُرشِّح واسعُ الثقوب
coarse-grained (*adj.*) (Geol.) جَريشيّ الحبيبات – خشن النسْج أو البِنية
coarse gravel حَصباء • حَصًى خشِنة
coarse grit (Eng.) حُبيبات زاوِيّة خشِنة
coarse-meshed (*adj.*) واسِعُ الشُّبَيكات
coarse-pitch خطوة كبيرة • لولَبة مُتَباعدة
coast (*n.*) ساحِل • شاطِئ
(*v.*) أبحر بمُحاذاة الساحل – إنساب
coastal area مِنطقة ساحلية
coastal deposits (Geol.) رواسِبُ ساحلية
coastal dune (Geol.) كَثيبٌ ساحلي
coastal waters مِياه ساحلية
coastal zone منطقة ساحلية
coast guard خَفَر السواحل
coast-line خطُّ الساحل
coast-ward باتجاه الساحل
coat (*n.*) مِعطف – طبقة مغلِّفة • طبقة (طِلاء أو لِياط)
(*v.*) لَبَّس • غلَّف – طلَى – ليَّط
coated (*adj.*) مُغلَّف بطبقة خارجية • مَطليّ
coated pipes أنابيب مُغلَّفة

coating (*n.*) طبقة خارجيّة • طَلْيَة

coating, acid-proof (Chem.) طَلْية مُقاوِمَة للحوامض

coating and wrapping machine مكنة طَلْي ولفّ (الأنابيب)

coating compound مُركّب تغليف – مادّة طلي

co-axial (*adj.*) مُتّحِد المحور

co-axial transmission line (Elec. Eng.) خط نقل ذو مُوصِّلين متحِدَي المحور

cob (*n.*) مُطر • عَرنوس – طوبَة غير مَشْويّة
(Mining) كُتلة من الرِّكاز

cobalt (Co) (Chem.) الكُوبَلْت : عنصر فِلزّي رمزُه (كو)

cobalt blue أزرقُ داكِن

cobalt bromide (Pet. Eng.) بروميد الكوبلت: يُكشَفُ به عن جفافيَّة البروبان

cobalt bromide test (Pet. Eng.) الاختبار ببروميد الكوبلت

cobaltite = cobaltine (Min.) كوبالتيت • كوبالتين : خام يحوي كبريتيد وزرنيخيد الكوبلت

cobalt plating (Met.) تصفيح بالكُوبَلْت

cobalt steel (Met.) فولاذ كوبَلْتيّ

cobbing hammer (Mining) مطرقة تكسير الخامات

cobble (*v.*) أصلح • رقَّع – رصَف بالحَصباء أو الزلَط
(*n.*) (Geol.) حجرٌ أملس • زَلَطة • دُملوج

cobble wax (Geol.) شمع دُهني • قار السكّافين

cob coal فَحم مُكوَّر

cochlear (*adj.*) قوقعيّ • حلزوني • مَحاريّ الشكل

cock (Eng.) مِحبَس • صُنبور • حنفيَّة – زِناد
(Meteor.) دوّارةُ الريح • دَليل اتّجاه الريح
(*v.*) قدَح • صلّى – كوَّم

cock, air (Eng.) مِحبَس هواء

cock, box (Eng.) مِحبَس صُندوقي

cock key مِفتاحُ المِحبس

cockle-shell صدفَة • مَحارة – قارِب صغير

cock metal (Met.) مَعدِنُ المَحابِس • برُونزُ المَحابِس

cockpit (*n.*) حُجرة الطيّار • حُجرة القيادة
(Geol.) مُنخفَضٌ دائري

co-contractor مُقاوِل مُتضامِن • مُتعهِّد شريك

C.O.D. (cash on delivery) الدفعُ عند التسليم

coda (Geophys.) التقفيلة • الطور أو الدور النهائي من الرَّجفة

code (*n.*) مُدَوَّنة • شِيفرة • شُفرة : رموز اصطلاحيَّة • شفرة البرمجة
(*v.*) حوَّل إلى رموز اصطلاحية • برْمَج

coded (*adj.*) مُبرمَج بالرموز • مكتُوب بالشيفرة

coded punch cards بطاقات مُبرمَجة مثقوبة

codeposition (Geol.) ترسُّب مُتزامِن

codify (*v.*) نسَّق • برمَج حسَبَ نِظام خاص

co-dimer (Chem.) مُبَلمر ثنائيّ مُرافِق

cod liver oil (Chem.) زيتُ السَّمك • زيتُ كبِد القُدّ

coefficient (Eng.) مُعامِل

coefficient of absorption (Chem. Eng.) مُعامِل الامتصاص

coefficient of adhesion مُعامِل الالتصاق

coefficient of apparent expansion (Phys.) مُعامِل التمدُّد الظاهري

coefficient of compressibility (Chem. Eng.) مُعامِل الانضِغاطيَّة

coefficient of contraction (Phys.) مُعامِل الانكماش

coefficient of correlation مُعامِل الارتباط • مُعامِل الترابُط

coefficient of dilation مُعامِل التمدُّد

coefficient of efficiency (Eng.) مُعامِل الكفاية

coefficient of elasticity (Mech.) مُعامِل المُرونة

coefficient of expansion (Phys.) مُعامِل التمدُّد

coefficient of friction (Mech.) مُعامِل الاحتكاك

coefficient of heat transfer (Phys.) مُعامِل الانتقال الحراريّ

coefficient of linear expansion (Phys.) مُعامِل التمدُّد الطُّولي

coefficient of performance (Eng.) مُعامِل الأداء

coefficient of permeability (Phys.) مُعامِل الإنفاذيَّة

coefficient of rigidity (Mech.) مُعامِل الجُسوءة

coefficient of rolling friction (Mech.) مُعامِلُ الاحتكاك التدحرُجي

coefficient of safety (Eng.) مُعامِل الأمان • عامِلُ الأمان

coefficient of sliding friction (Mech.) مُعامِلُ الاحتكاك الانزلاقي

pipe coating

coating and wrapping machine

coded punch cards

coefficient of strain (Mech.) مُعامِل الانفِعال

coefficient of surface expansion (Phys.) مُعامِل التمدد السطحي

coefficient of torsion (Mech.) مُعامِل اللّي (أو الالتواء)

coefficient of viscosity (Phys., Pet. Eng.) مُعامِلُ اللُّزوجة

coefficient of volume elasticity (Mech.) مُعامِلُ المُرونة الحجميَّة

coker

coefficient of volume expansion (Phys.) مُعامِلُ التمدُّد الحجمي

coerce (*v.*) أجبَر • أكره • فَرَضَ قهْرًا

coffer (*n.*) صُندوق حديدي • صندوق سَدُود للماء ـ سَدٌّ مؤقت

coffer-dam (Civ. Eng.) سدُّ إنضاب • سَدٌّ مؤقت لحجز الماء

(Pet. Eng.) حاجز فَصل أو عَزل • فاصل هوائي بين صهريجين (في ناقلة النفط)

cog (*n.*) سِنُّ الدولاب ـ لِسان خشبي ـ كُومَة طينٍ أو تُراب

(*v.*) سَنَّن ـ وصَل (قطعتين) بلِسانٍ خشبي ـ ردَم • طمَر (حفرةً) بالتراب

cogged (*adj.*) مُسنَّن

cognate مُتشابه أو مُتجانِس التكوين

cognate inclusions (Geol.) مُحتوياتٌ مُتجانِسةُ التكوين

cog rail سِكَّةُ حديد مسنَّنَة

cog shaft (Eng.) عَمُود إدارة مُسنَّن

cog-wheel (Eng.) دُولاب مُسنَّن • عَجلة مسنَّنة

co-hade (Geol.) مَيلٌ مُشترَك • مَيَلان مُرافِق

cohere (*v.*) تماسَك • إلتصَق • إنسَجَم

coherence (*n.*) تماسُك • إلتِصاق ـ إتِّساق

coherent (*adj.*) مُتماسِك • مُتلاحِم ـ مُنسجِم

cohesion (Phys.) تماسُك • تلاصُق ـ التصاقيَّة • جاذِبيَّة التماسُك

cohesive (*adj.*) تماسُكيّ • تلاصُقي • مُتماسِك • مُلتَصِق

cohesive force قوَّة التماسُك

cohobation (Chem. Eng.) تقطير تعاقُبي • تقطير تكراري

coil (*n.*) مِلَفّ • لَفيفة • وَشِيعَة ـ لَفَّة • لَيَّة ـ أنبوب حلزوني

(*v.*) لفَّ • إلتَفَّ • تلوَّى • تحوَّى

coil clutch (Eng.) قابِضٌ لَولَبي

coiled (*adj.*) مَلفوف • مُحوَّى • مُلتَفّ

coiled radiator (Eng.) مُشِعٌّ مُلتَفّ

coil heating = **concealed heating** (Civ. Eng.) التَّدفِئة بمِلفَّات غير ظاهرة

coil ignition = **battery-coil ignition** (Elec. Eng.) إشعال بالمِلَفَّات

coil-in-box condenser (Eng.) مُكثِّف مِلَفيّ صُندوقي : مكثِّف ذو أنابيب لولبية مغمورة

coil spring (Eng.) مِلَف لولبي

coil washer (Eng.) فَلْكَة لولبية

coin (*n.*) قطعة نقد معدنيّ

(*v.*) صاغَ • سَكَّ النقود

coincide (*v.*) طابَقَ • تطابَق • تزامَن

coincident (*adj.*) مُطابِق • مُتوافِق • مُتزامِن

co-ionic bond (Chem.) وَصْلَة أيونيَّة مُشتركة

coir (*n.*) لِيف جَوز الهند

coir rope حَبْل من ألياف جوز الهند

coke (*n.*) (Chem.) فَحم الكُوك • كُوك

(*v.*) كَوَّك : حول الى فحم الكوك

coke bed (Mining) طبقة من فحم الكُوك

coke breeze فحم كُوك دقيق • نُفاية الكوك

coke coal فحم الكوك الطبيعي

coke dross (or **fines**) سُقاط الكُوك

coke furnace (Chem. Eng.) فرن تحضير الكوك

coke oven gas (Chem. Eng.) غاز أفران الكُوك (يستعمل وقودًا)

coke oven tar (Chem. Eng.) قَطْران أفران الكُوك

coke, petroleum كُوك البترول

coker (Chem. Eng.) وَحدةُ تكويك : لصُنع الكُوك من الفحم

coke yield (Chem. Eng.) حَصيلةُ الكُوك

coking (Chem. Eng.) التكويك • التفحيم : تحويل الفحم (أو البترول) الى كوك

coking coal (Chem. Eng.) فحم تكويك : فحم يصلح لِصُنع الكوك

coking number (Pet. Eng.) رقم التكويك

coking oven فرن تَكويك

coking plant (Chem. Eng.) وَحدةُ تكويك

coking process (Chem. Eng.) عمليةالتكويك • عملية التحويل (أو التحوُّل) الى كوك

coking residue (Chem. Eng.) متخلِّفات التكويك

coking still (Chem. Eng.) مِقْطَرُ تكويك

coking tendency (Chem.) قابليَّةُ التكويك

coking test (Chem. Eng.) اختبار التكويك

coking unit (Chem. Eng.) وَحدةُ تكويك

cokite (Min.) كوكَيت : فحم الكوك الطبيعي

col (Geol.) فَجّ • شِعْب • ممَرّ جبليّ عالٍ

colander (*n.*) مِصفاة • وعاءٌ مُثقَّب للتصفية

colcothar (Chem.) الزاجُ الأحمر • اكسيد الحديديك الأحمر

cold (*adj.*) بارد

(*n.*) بَرْد • بُرودة ـ زُكام

cold acid selective polymerization (Chem. Eng.) البَلْمرة الانتقائية بالحامض البارد

cold bend (test) (Met., Eng.) اختبار (المَطيليَّة) بالحِناية على البارد

cold blow (*v.*) (Pet. Eng.) نفخَ على البارد

cold cast (*v.*) (Met.) سبَك على البارد

cold cathode tube (or **valve**) (Elec. Eng.) صِمامٌ الِكتروني ذو كاثُود بارد

cold chisel (Eng.) إزميل قَطْع على البارد

cold cream مَرهَمٌ مُلطِّف ومُرطِّب للبَشرة

cold cutting (Met.) قَطْع على البارِد

cold-drawing (Eng.) سَحب على البارد

cold drawn مَسحوبٌ على البارد

cold flow (Eng.) انسِياب بارِد : تشوُّه منتظم بفعل الإجهاد

cold-hammered steel (Met.) فولاذ مُطرَّق على البارد

cold-hammering (Eng.) التطريق على البارد

cold-heading (Eng.) فلطَحة (رؤوس المسامير) بالطَّرق على البارد

cold-laid (*adj.*) مَوضوع أو مَرصوصٌ على البارد

cold-laid mixture (Civ. Eng.) خَليط يُفرَشُ بارِدًا

cold light (Phys.) ضوء بارد (كالتفَسفُر او التفلُور)

cold mixed (*adj.*) مَمزوج على البارد

cold pit (Mining) بِئر تهوية

cold point (Phys., Chem. Eng.) نُقطة التجمُّد

cold pressing (Pet. Eng.) ترشيح على البارد (في ضاغطة ترشيح)

(Met.) تشكيل بالكَبس على البارد

cold reflux (Pet. Eng.) مُرجِع بارد

cold resistant (*adj.*) مُقاوِمٌ للبرودة • صامِد للبرودة

cold riveting (Eng.) بَرْشمة على البارد

cold rolling (Met.) دَلْفَنة على البارد

cold room (Eng.) حُجرة تبريد

cold sett (or **set** or **sate**) (Eng.) إزميل قطع على البارد

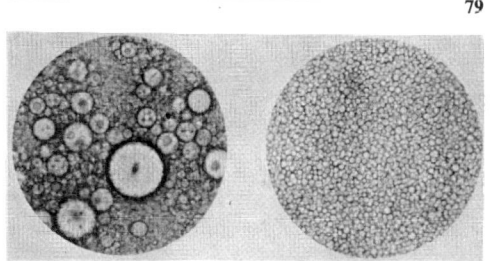

cold setting (Chem. Eng.) ترسيب على البارد
cold settler خزّان ترسيب بارد
cold settling (Pet. Eng.) ترسيب بالتبريد : لإزالة الشّمع من المُنتَجات البترولية
cold short (Met.) قصِفٌ على البارد : لا يُطرق أو يُمْطَل باردًا
cold sludge (Pet. Eng.) حَمْأة باردة
cold starting (Eng.) بَدءُ الإدارة على البارد
cold steam بُخار بارد : مزيج من الماء والبخار
cold storage التخزين في مكان بارد
cold tap نَقْرٌ بارد أو فارغ : صوت نَقْرِ الأنبوب فارغاً
cold test (Pet. Eng.) الاختبار بالتبريد : لاختبار قُدرة الزيت على السَّيلان (بعد تحريك قوي) في درجة حرارة خفضة
cold vaporizing (Chem. Eng.) تبخير على البارد
cold weather LP-gas (Pet. Eng.) غاز بتروليّ مُسَيَّل للمناخات الباردة
cold welding لِحامٌ على البارد
cold-worked (*adj.*) مشغول على البارد
cold-working (Met.) معالجةُ المعادن على البارد
colemanite (Min.) كولْمنيت : بُورات الكالسيوم المميَّأة
collaborate (*v.*) تعاوَن • اشترك مع
collapse (*v.*) إنهار • تقوَّض • هبَط • تداعَى
(*n.*) انهيار • هبُوط • تقوُّض
collapse caldera (Geol.) كالديرا هابطة : فُوَّهة حوضية بُركانية
collapsible bit (Eng.) لُقمة قابلة للطَّيّ
collapsing pressure (Phys.) ضغطُ الانهيار
collar (*n.*) (Eng.) طَوق • جُلْبة • رقبةُ أو كُمٌّ وَصْل : أُسطوانة مُسنَّنة تربطُ أنبوبين
(*v.*) طوَّق – رَبَط أو وَصَل بجُلبة وَصْل
collar, adjustable طوقٌ انضباطي
collar bearing (Eng.) مَحمِلٌ ذو جُلَبٍ أو أطواق
collar bit (Eng.) لُقمة رَقَبة الحفر • مِثقَبُ جُلبة الحفر
collar buster مُحطِّمة جُلبات الوَصل
collar flange (Eng.) شَفَةُ جُلبة الوَصل • شَفَةُ الطَّوق
collar gauge (Eng.) مُحدِّد قياس طوقيّ
collar joint (Eng.) مَفْصِل ذو جُلبة وَصْل
collar joint casing (Pet. Eng.) أنابيب تغليف ذات جُلبات وَصْل

collar thrust bearing (Eng.) مَحمِل دَفعيّ طوقيّ
collar socket (Eng.) جُلبة كُمِّيَّة – تجويف جُلبة الوَصْل
collateral (*adj.*) جانبيّ • إضافي • فرعيّ – مُوازٍ • مُتَواز
collect (*v.*) جمَّع • تجمَّع • حشَد
collecting ditch خندقُ تجميع
collecting pit (Civ. Eng.) حُفرة تجميع
collecting system شبكةُ تجميع
collecting vat (Chem. Eng.) راقُود تجميع
collection (*n.*) مجموعة
collection basin حوض تَجميع
collective (labour) agreement اتفاقية (عمل) جَماعيَّة
collectivism (*n.*) مِلكيَّة جماعيَّة : سيطرةُ الدولة على الانتاج
collector (*n.*) حاشِد • مُجمِّع
collector pipe (Eng.) ماسورة تجميع
college كُلِّيَّة • معهَد
collet (Eng.) حلْقَة • طوق • جُلْبَة • زِناق
collet sleeve (Eng.) كُمٌّ زِناقي
collide (*v.*) صدَم • تصادَم • اصطدَم
collier (*n.*) سفينة لنقل الفحم – فَحَّام
colliery (*n.*) مَنجم الفحم بمُنشآته وتوابعه
colligate properties (Chem.) خصائص مُترابطة
collimate (Surv.) سامَت (مع خط البصر) • سدَّد • أوزى
collimation error (Surv.) خَطأُ الاستِيزاء أو المُسامَتة
collimator (*n.*) مُسدِّدة
collinear (*adj.*) مُتسامِت • واقعٌ على خط مستقيم واحد
collineation = collimation (Surv.) استيزاء
collision (*n.*) اصطدام • تصادُم • مصادمة
collochemistry (Chem.) كيمياء الغروانيات
collodion (Chem.) كولُوديون
collodion cotton (Chem.) نِتروسِليلوز
colloid (*adj.*) (Chem.) غَرواني • شِبه غروي
(*n.*) مادة غَروانية • غَروانيّ
colloidal (*adj.*) غَرواني • شِبه غَرَوي
colloidal chemistry (Chem.) كيمياء الغَروانيات
colloidal clay (Geol.) طينٌ غَرواني
colloidal dispersion (Chem. Eng.) تشتُّتٌ غَرواني
colloidal emulsion (Chem. Eng.) مُستحلَب غَرواني

not well-mixed colloidal suspension — very well-mixed colloidal suspension

colloidal suspension

colloidal fuel (Chem. Eng.) وَقود غَرواني
colloidal graphite (Chem.) غرافيت غَرواني
colloidal lubricant (Chem. Eng.) مُزلِّق غرواني
colloidal particles (Chem. Eng.) جُسَيمات أو دقائقُ غَروانية
colloidal solution (Chem. Eng.) محلول غرواني
colloidal state (Chem.) غَروانية • حالةٌ غَروانية
colloidal suspension (Chem. Eng.) مُستعلَقٌ غَرواني
colluvial deposits (Geol.) رواسبُ الجاذبية • رُسابةُ الغَسْل
colluviarium (Civ. Eng.) فُتحة صيانة أو تهوية : في قناة أو مَجرى
colluvium (Geol.) رُسابة الغَسْل
colly (*v.*) سَوَّد بالسُّناج
(*n.*) سِناج • سُخام
collyrite (Min.) كُولِيرايت : سِليكات الألومنيوم
colonial spirit = methanol (Chem.) مِيثانول • كُحول الخشب
colonnade (Arch.) صَفٌّ أعمدة
colony (*n.*) مستعمَرة • مُستوطَنة
colophony = rosin قَلفونية • صَمْغ الصَّنَوبر
color = colour (*n.*) لَوْن
(*v.*) لَوَّن
coloration تلوين • تلَوُّن
colorimeter مِلوان • مقياس اللون • مقياس شدّة اللون
colorimetric (*adj.*) لَونيّ • خاصّ بقياس اللون
colorimetric analysis (Chem. Eng.) تحليل لونيّ
colorimetric purity (Chem.) نَقاوة لونية
colorimetry (*n.*) قياس الألوان
colorless = colourless (*adj.*) عادِم اللَّون • عديم اللَّون

absorption column

colorproof = colourproof ثابت اللّون، لا ينصُل لونه

colour (*n.*) لَون • صِبغ • مادة ملوِّنة
(*v.*) لوَّن • صَبَغ • تلوَّن

colour aberration (Phys.) زَيغٌ لونيّ

colour album كتالُوج ألوان

colour analyzer مُحلِّل ألوان

colouration (*n.*) تلوين • تلوُّن

colour-change تغيير أو تغير اللون

colour dispersion تشتُّت لوني

colourfast (*adj.*) ثابتُ اللون

colourful (*adj.*) زاهٍ – مُشرِق اللون

colour index (*n.*) دليل لَوني
(Mining) الدليل اللونيّ : لتركيب الصخر البركانيّ

colour indicator (Chem.) مُبيِّن لونيّ

colouring matter مادة مُلوِّنة• صِباغ• خِضاب

colouring pigment = stainer صِبغ • خِضاب مُلوِّن

colour-light signal (Civ. Eng.) إشارة ضوئيَّة بالألوان

colour printing طِباعة مُلوَّنة

colour pyrometer (Met.) بَيْرومتر لوني (لقياس درجة الحرارة)

colour saturation إشباع لَونيّ

colour scheme نسَق لونيّ

colour specification مُواصَفةُ اللّون

colour stability (Chem. Eng.) استِقرار اللّون

colour-stabilizing additives (Pet. Eng.) إضافاتٌ مُركِّزةُ اللّون

colour standards مَعايير اللّون القياسية

colour temperature درجةُ الحرارة اللّونية

colour tempering (Met.) تَطبيع لونيّ

colour test (Chem. Eng.) إختبار شدَّة اللّون• إختبار (تحديد) اللّون

columbite (Min.) كولَمبيت : خام يحوي نَيُوبات وتَنتالات الحديد والمنغنيز

columella (Civ. Eng.) عَمود صغير

column (*n.*) عَمود – دِعامة – رَتَل • طابُور
(Pet. Eng.) عَمود • بُرج : عَمود أسطُواني مُجوَّف لمعالجة الخامات النفطيَّة
(Hyd. Eng.) عمودُ السائل : المُحتَوى في أسطوانةٍ أو أنبوب

column, absorption (Pet. Eng.) بُرج امتِصاص

columnar (*adj.*) عَمُوديّ • عِماديّ

columnar basalt (Geol.) بازَلت عِمادي

columnar drill (Civ. Eng.) ثقّابة عَمُودية

columnar joints (Geol.) فَواصلُ عُمدانية

columnar section (Geol.) قِطاع عمودي

columnar structure (Geol.) تَركيب عِمادي (أو مُوشوري)

column battery (Elec. Eng.) عمود فُولتا • بطّارية عمودية

column cap رأس العَمود

column drill (Eng.) ثقّابة عمودية

column head تاجٌ أو رأس العمود

column hoist (Eng.) مِرفاع عمودي

column skirt إزار العمود

colza oil زيت بِزر السَّلجَم

comagmatic (*adj.*) (Geol.) مُشترَكُ الصُّهارة

comb (*n.*) مِشط • مِحَسَّة • مِسْرَحة – نخاريبُ النحل
(*v.*) مَشَط • سرَّح • نقَّب

combe (Geol.) حَلْبَة جليدية : وادٍ جليديّ ضيِّق

comber = combing wave مَوجة متكسِّرة

combination (*n.*) جَمْع • ضَمّ – تجمُّع – توليفة • مجموعة مؤتلِفة – توافُقيَّة
(Chem.) اتِّحاد • امتِزاجٌ كيميائيّ

combination chuck (Eng.) ظَرفٌ مِخرطةٍ مؤتلف : تتحرك لُقَمُه مجتمعةً أو مُنفردة

combination gas (Pet. Eng.) غاز (طبيعيّ) مُؤتلِف : غاز القمة الحاوي مزيجاً من الهيدروكربونات السائلة

combination gauge (Eng.) جِهازُ قياس مُؤتَلِف

combination plant (Eng.) وَحدة مُجمَّعة
صناعيّة: تتألف من عِدّة وحدات مُتكامِلة
(Pet. Eng.) وحدةاستخلاص الهيدروكربونات السائلة من الغاز الطبيعيّ المؤتلِف

combination pliers (Eng.) زَرديَّة مُتعدِّدة الأغراض

combination rig (Civ. Eng.) جهازُ حَفْرٍ مُؤتلِف : من مكنة حَفْر رحويّ ومكنة حفر كبليّ

combination set = combination square (Eng.) زاوية تعامُد مؤتلِفة : مِسطرة ذاتُ زاوية قائمة ومِنقَلَةٍ ورأس لتعيين المركز

combination string (Pet. Eng.) عمود أنابيب مؤتلِف : من أجزاء مُختلفة الأقطار

combination tower (Chem. Eng.) بُرج مؤتلِف : بُرجُ تقطير وتجزئة

combination unit (Eng.) وَحدة مُؤتلفة • وحدة مُجمَّعة : تشمل وَحداتٍ صغيرةً متكاملة

combine (*v.*) جمَّع • تجمَّع • ضمَّ • تضامَّ • وحَّد أو اتحد كيماويّاً

combined (*adj.*) مُتَّحد • مُتضامّ • مُوحَّد • مؤتلِف

combined-impulse turbine (Eng.) عَنَفة دفعية مُؤتلِفة • تُربين دفعيّ مؤتلِف

combined pressure (Eng.) ضغط مُوحَّد

combined stress (Eng.) إجهاد مُوحَّد

combining capacity (Chem.) قُدرة الاتحاد

combining equivalent (Chem.) المُكافىء الاتحادي

comb ridge = cirque (Geol.) حَلْبَة جليدية

combustibility (Chem.) قابليَّة الاحتراق • الأحتراقية

combustible (*adj.*) قابل للاحتراق • لَهُوب
(*n.*) مادة قابلة للاحتراق • مادةُ وَقود • وَقود

combustible constituents (Chem. Eng.) مُقوِّمات قابلة للاحتراق

combustible gas (Chem.) غاز لهوب

combustible shale (Geol.) طَفَلٌ قابل للاحتراق

combustion (Chem.) احتراق •اشتِعال – إحراق

combustion, accelerated احتِراق مُعجَّل

combustion analysis (Chem. Eng.) تحليل مُنتَجات الاحتِراق

combination set

combustion (analysis) laboratory (Chem. Eng.) مُختبَر تَحليل غازاتِ الاحتراق
combustion chamber (Eng.) حُجرة الاحتراق
combustion, complete احتراق كامل
combustion control (Eng.) ضَبطُ الاحتراق • التحكُّم في الاحتراق
combustion control, automatic (Eng.) التحكُّم الاوتوماتي في الاحتراق
combustion engine, internal (Eng.) مُحرِّك احتراق داخلي • مُحركٌ داخليُّ الاحتراق
combustion, explosive (Chem. Eng.) احتراق تفجُّري
combustion gases (Eng.) غازاتُ الاحتراق
combustion gas turbine (Eng.) تُربين الاحتراق الغازيّ
combustion, heat of (Chem. Eng.) حرارةُ الاحتراق
combustion, incomplete (Chem. Eng.) احتراق ناقص
combustion knock (Eng.) خَبْطُ الاحتراق
combustion lag (Eng.) تأخُّر الاشتعال • تأخُّر الاحتراق
combustion losses (Eng.) مَفقودات الاحتراق
combustion products (Eng.) نَتاجُ الاحتراق
combustion rate (Eng.) مُعدَّل الاحتراق • سُرعة الاحتراق
combustion residue (Chem.) فَضْلة الاحتراق
combustion shock (Eng.) رَجيجُ الاحتراق: خَلل الاحتراق في محرك الاحتراق الداخلي
combustion, smokeless (Chem. Eng.) احتراق لا دُخاني
combustion space (Eng.) حَيِّزُ الاحتراق
combustion temperature (Chem.) درجةُ حرارة الاحتراق
come-along (n.) مِرفاع يدوي
come in (v.) (Pet. Eng.) بدأ (الحفرَ او الانتاج)
come out (v.) (Pet. Eng.) أخرج مُعَدّاتِ الحفر • عَدَلَ (مؤقّتاً) عن إكمال الحفر
commander (n.) قائد • آمِر
commanding (adj.) مُشرف على • مُتَحكِّم في
commence (v.) إبتدأ • شَرَع • باشَر
commencement (n.) بَدء • إبتداء – حفلة التخريج (في مدرسةٍ أو كُلّية)
comment (n.) تعليق • مُلاحظة

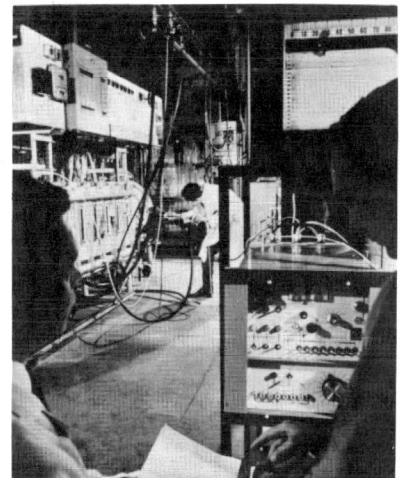

combustion analysis laboratory

(v.) علَّق • عقَّب (على)
commercial deposit (or quantity) (Mining) رِكاز تجاري: يَستحقُّ الاستثمار
commercial discovery (Pet. Eng.) اكتشاف تجاري • اكتشاف يستحق الاستثمار
commercial standards المواصفات التجارية القياسيّة
commercial well (Pet. Eng.) بئر تجارية: بئر (نفط) تستحق الاستثمار
commingle (v.) خلَطَ • إختلَط – مَزَج • إمتزَج
comminute (v.) سحَقَ • دقَّ • سهَكَ
comminution (n.) تفتيت • تفتُّت • جَرْش • سهْك
تفتُّت بالسهْك المُتبادَل (Geol.)
commission (n.) تفويض • براءة – مُهمَّة – لَجنة – عُمولة
(v.) فوَّض • إنتدَب – جهَّز للخدمة • أقرَّ الصلاحية للخدمة
commission agent وكيلٌ بالعُمولة
commissioning (Eng.): اقرار صلاحية الجهاز للعمل بعد اختبار التشغيل الفعلي
commissioning run (Eng.) التدوير الاختباري لإقرار التشغيل
commissioning test (Eng.) اختبار إقرار التشغيل
commit (v.) وكَّل (إلى) • إلتزم او تعهَّد (ب) – ارتكب
committee (n.) لَجنة • هيئة
committee, joint لَجنة مُشترَكة
commix (v.) مَزَج – خلَط – إمتزَج • إختلَط

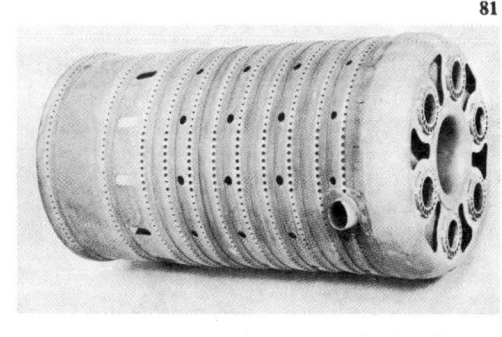

combustion chamber

commixture (n.) امتزاج • مَزيج
commodity (n.) سِلْعة • بِضاعة
common (adj.) شائع • عامّ • مُشترَك – مألوف • عاديّ
common carrier شَرِكةُ نَقلٍ عامَّة
common ground أساس مُشترَك
common-ion effect (Chem.) تأثير الأيُون المُشترَك (على التعادل الكيماوي)
common jaw chuck (Eng.) ظرفٌ فكِّي عادي (ثُلاثيُّ القِطَع)
common logarithms لوغاريتمات عاديّة (عَشْريّة)
Common Market السُّوق المشترَكة
common practice عُرف • إجراء مُتَّبَع
common salt (Chem.) ملحُ الطعام
common thread (Eng.) سِنُّ لَولبةٍ عاديّ
communicate (v.) نقَل • أوصَل • إتّصل (ب) – أدَّى (الى)
communication (n.) نَقل • إيصال • وسيلة اتصال – إبلاغ
communications مُواصَلات
communications network شبكة مُواصَلات
communications satellite جِرمُ مُواصَلات
community (n.) جَماعة • مَجموعة – فَصيلة – تماثُل
commutate (v.) بَدَّل الاتّجاه • وحَّد اتجاه التيار
commutation (n.) تبديل • تعديل – توحيد • تبديلُ (Elec. Eng.) إتجاه التيار في ملفّات التوليد لتوحيد اتجاهه في الدائرة العامة
commutative (adj.) إبدالي • استبدالي
commutator (Elec. Eng.) مُبدِّل • عُضو تبديل او توحيد
commutator coils (Elec. Eng.) ملفّات المُبدِّل
commutator compound شَحم المُبدِّلات • مُزلِّق المُولِّدات الكهربائية
commute (v.) استَبدَل • عدَّل – خفَّض (العقوبة)

comparator

commute (Elec. Eng.) وحّد اتجاه التيار

compact (*adj.*) مُلَمْلَم • مُتضامّ • مُدمَّج – مُلَبَّد • مَدكوك • مُتراصّ – مُوجَز

(*v.*) دَمَّج • رصّ – لَبَّد • دكّ – لَخَّص

(*n.*) اتفاقية • اتفاق

compactability (*n.*) دُموجيَّة • قابلية التدمُّج

compacted (*adj.*) مُدمَّج • مَرصوص • مَدكوك

compact formation (Geol.) تكوين مُدمَّج

compaction (*n.*) (Geol.) تراصّ • دُموج (بالانضغاط) – تضاغُط • انضغاط

compactness دُموج • تراصّ

compact sandstone (Geol.) حجر رَملي مُتضام

company (*n.*) شَرِكة – فِرقة • جَماعة

comparative (*adj.*) مُقارَن • نِسبيّ

comparator (Phys., Eng.) مُقارِن

comparator gauge (Eng.) مقياس مُقارِن

compare (*v.*) قارَنَ • قابَل

comparison (*n.*) مُقارَنة • مُفاضَلة

comparison test تجرِبة مُقارَنة

compart (*v.*) (Arch.) فَصَّلَ إلى أجزاء • قَسم وَفقاً لخريطة

compartment (*n.*) حُجَيرة • صندوق • مَقْسَم – عَنْبَر • حُجرة

compass (*n.*) بُوصَلة • حُك – استِدارة – فِرجار

(*v.*) دارَ • أحاط

compass bearing (Surv., Naut.) اتجاه البُوصَلة الزاويّ

compass card (Naut.) قُرص البوصلة

compass dial مِينا البوصلة

compasses (Eng.) فِرجار • بِركار

compass needle (Magn.) إبرة البوصلة • ابرة مغنطيسية

compass north الشّمال المغنطيسي

compass reading قِراءة البوصلة

compass saw مِنشار مُنحَنيات صغير

compass survey (Surv.) مَسْحٌ بالبوصلة

compass traverse (Surv.) مَسحٌ اجتيازي بالبوصلة

compatibility (*n.*) توافُق • انسِجام • مُلاءمة

compatible (*adj.*) مُنسَجِم • مُتوافِق

compel (*v.*) أجبر • أكره (على)

compensate (*v.*) عادَل • عدَّل • سوَّى – عَوَّض • كافأ • أجزى

compensated (*adj.*) مُعادَل

compensated condenser (Elec. Eng.) مُكثِّف مُعادَل

compensating brake (Eng.) مِكْبَح معادِل

compensating carburettor (Eng.) مُكَربن مُعادِل

compensating errors (Eng.) أخطاء مُتكافئة

compensating governor (Eng.) حاكِم مُعادِل

compensating mechanism (Eng.) آليَّةٌ مُعادَلة • آليَّةٌ مُعادِلة

compensating pole = **compole** (Elec. Eng.) قُطب تَوحيد مُعادِل

compensating spring (Eng.) زُنبرك معادِل

compensating tank (Eng.) خزانُ تعويض

compensating valve (Eng.) صِمام مُعادِل

compensation تعويض • مُكافأة – مُعادَلة – تعديل – وسائل ضبط التعادُل

compensation level مُستوى التعديل (او المُعادلة)

compensation water (Eng.) مِياهُ التعويض

compensator (Elec. Eng.) مُعدِّل • مُعادِل

compensatory royalty إتاوة تعويضية

compete (*v.*) نافَس • بارَى

competence = **competency** (*n.*) جَدارة • لِياقة • أهليّة – اختِصاص

competent (*adj.*) كُفُؤ • ذُو أهليَّة وجَدارة – مُختص – صامِد

competent bed (Geol.) طبقة صامدة • طبقة قويّة

competition (*n.*) منافَسة • تنافس – مُسابقة • مُباراة

compile (*v.*) جمَع • نسَّق • صنَّف

complement (*n.*) تتِمّة • تكْمِلة – تمامَة • مُتمِّمة

(*v.*) تمَّم • كمَّل • سدَّ نقصاً او حاجةً

complementary (*adj.*) مُتمِّم • مُكمِّل • تكميلي

complete (*adj.*) مُكتَمل • كامل • تامّ • مُتمَّم

(*v.*) أتمّ • أكملَ • أنجزَ • أنهى

complete combustion (Eng.) إحتراق كامِل

completed well (Pet. Eng.) بئر مُنجَزة

complete overhaul (Eng.) إصلاحٌ او تَرميمٌ كامل

complete reaction (Chem.) تفاعُل كامِل

complete revolution (Eng.) دَورة كاملة

complete unit (Eng.) وَحدةٌ كاملة

completing wells (Civ. Eng.) إنجاز الآبار • إكمال الآبار

completion (*n.*) اتمام • إكمال • إنجاز • إنهاء • اكتمال

complex (*adj.*) مُركَّب • مُعقَّد التركيب

(*n.*) مَجموعة مُتشابكة – مُركَّب نَقْص

(Geol.) مجموعة صخرية مُتشابكة التركيب

complex compounds (Chem.) مُركَّبات معقَّدة

complex fault (Geol.) صَدع مُركَّب

complex ion (Chem.) أيُونٌ مُركَّب

complexity (*n.*) تعقيد • تعقُّد • تلَبُّك

complex ore (Mining) خامٌ مُركَّب

complex salt (Chem.) ملح مُركَّب

complex soil (Geol.) تُربة مركَّبة

complex substance (Chem.) مادة مُركَّبة

complex wave (Geophys.) مَوجة مركَّبة

compliance (*n.*) مُطاوَعة • استِجابة

complicate (*v.*) عقَّد • لبَّك • تعقَّد – زاد حِدَّةً او سوءاً

(*adj.*) مُعقَّد • مُتشابِك

complicated (*adj.*) مُعقَّد • مُتشابِك • مُلتَبِك • مُعرقَل

complications مُضاعَفات

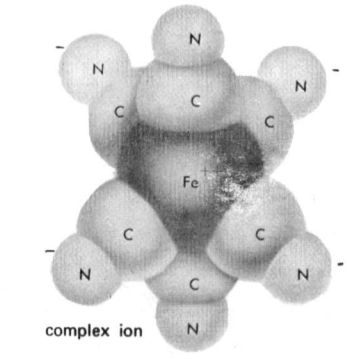

complex ion

comply (*v.*) إمتثل • وافق • قبل • إرتضى
component (*n.*) مُركّبة – مُقوِّم : عُنصر أو جزء أساسي
(*adj.*) مُكوِّن • مُركَّب
component force (Phys.) قوّة مُركّبة
components (Chem.) مُقوّمات • العناصر او الاجزاء المركّبة
compose (*v.*) ركّب • ألّف • كوّن – نظّم • رصّ
composite (*adj.*) مركّب • مُؤلّف
composite anticline (Geol.) قبوة مؤلّفة
composite construction (Eng.) إنشاء مركّب أو مؤلّف
composite fold (Geol.) طيّة مؤلّفة
composite fuel وَقود مُركّب أو مؤلّف
composite propellant (Chem. Eng.) وقودٌ دافِع مؤلّف : يحوي وَقوداً ومُؤكسِداً
composite sill (Geol.) إندِساس أُفُقي مؤلّف (يشمل عدة انواع من الصخور النارية)
composite syncline (Geol.) قَعيرة مُؤلّفة
composite vein (Geol.) عِرقٌ مُؤلّف
composition (*n.*) تركيب • تأليف – مُركّب
compositional analysis تحليل تركيبي
composition, chemical (Chem.) التركيب الكيماوي
composition of forces (Mech.) تركيب القوى
compound (*adj.*) مركّب – مُتعدِّد المقوّمات أو العناصر
(*n.*) مركّب كيماوي • مادة مركبة
(*v.*) ركّب • جمّع
compound arc (Elec.) قوس كهربائي مركّب
compound cable (Elec. Eng.) كَبْل مُركّب
compounded (*adj.*) مركّب
compound engine (Eng.) مُحرّك مركّب
compound fault (Geol.) صَدع مُركّب
compound fracture كسرٌ مضاعف (يصحبُه تمزّق الجلد)
compound generator (Elec. Eng.) مُولّد مُركّب
compound impulse turbine (Eng.) تُوربين دَفع مُركّب
compound interest فائدة مركّبة
compound lever (Eng.) رافعة مُركّبة
compound machine (Mech.) مَكَنة مُركّبة
compound microscope ميكروسكوب • مِجْهَر

ethane

saturated compound

ethene

unsaturated compound

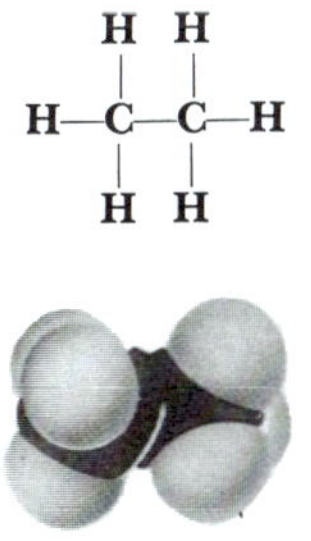

compound motor (Eng.) مُحرّك مركّب
compound oil (Chem. Eng.) زيتٌ مركّب (نباتي ومَعْدني)
compound, saturated (Chem.) مُركّب مُشبَع
compound steam turbine (Eng.) عَنَفة بُخارية مُركّبة • تُوربين بُخاريّ مركّب
compound structure (Geol.) بِنْية مُركّبة
compound turbine (Eng.) عَنَفة مُركّبة
compound, unsaturated مركّب غير مشبَع
compound vein (Geol.) عِرق مُركّب
comprehensive (*adj.*) شامِل • مُستوعِب
compress (*v.*) كبَسَ • ضَغَط • انضغط
(*n.*) ضِمادَة
compressed (*adj.*) مَكبوس • مضغوط – مُضمَّد
compressed-air هواء مضغوط
compressed-air brake (Eng.) مِكبَح (يعملُ) بالهواء المضغوط
compressed-air cylinder (Eng.) أُسطوانةُ هواء مضغوط
compressed-air drill (Eng.) مِثقاب (يعملُ) بالهواء المضغوط • حفّارة بالهواء المضغوط
compressed-air lifting (Eng.) الرفعُ بالهواء المضغوط
compressed-air line (Eng.) خط انابيب الهواء المضغوط
compressed-air oil filter (Eng.) مُرشّح زَيت بالهواء المضغوط
compressed-air pipeline (Eng.) خط انابيب الهواء المضغوط
compressed-air reservoir (Eng.) خزّانُ الهواء المضغوط
compressed asphalt أسفلت مضغوط
compressed fold (Geol.) طيّة مضغوطة
compressibility (Phys.) إنضغاطيّة • قابلية الانضغاط

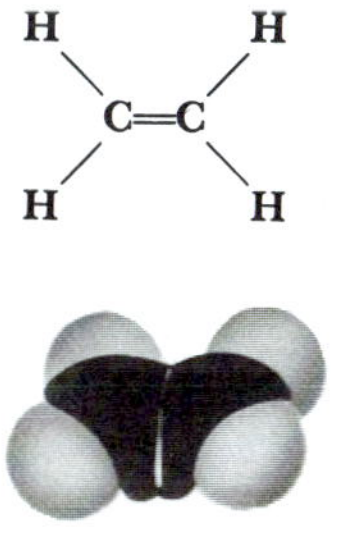

compression plant

compressibility factor (Mech.) مُعامِل الانضغاطية
compressible (*adj.*) قابلٌ للضغط • [illegible] • انضغاطي
compressible fluid (Eng.) مائع إنضغاطي
compression (*n.*) كَبْس • ضَغْط • انضغاط • تضاغُط
compressional wave مَوجة تضاغُطيّة • موجة تضاغط
compression-chamber (Eng.) حجرة الانضغاط
compression efficiency (Eng.) كِفاية الانضغاط
compression fault (Geol.) صَدعُ الانضغاط
compression folding (Geol.) طيُّ الانضغاط
compression gasoline (Pet. Eng.) بنزين الانضغاط : بنزين طبيعي يتكاثف بضغط الغاز
compression ignition (Eng.) اشتِعال بالانضغاط
compression-ignition engine (Eng.) محرّك اشتعال انضغاطي
compression load (Eng.) حِمل الانضغاط
compression losses (Eng.) مَفقودات الانضغاط
compression plant (Eng.) وَحدة تسليط الضغط
compression pressure (Eng.) ضغط الكبس
compression pressure, final (Eng.) ضغط الكبس النهائي
compression process (Eng.) عمليّة الضغط أو الانضغاط
compression ratio (Eng.) نِسبة الانضغاط
compression refrigeration (Eng.) تبريد بالانضغاط : تبريد بتحرير الضغط
compression release (Eng.) إعتاقُ الانضغاط • تحرير الضغط

compressor

compressor station

compression-release valve (Eng.) صِمامُ اعتاق الانضغاط

compression resistance (Eng.) مقاومة الانضغاط

compression ring (Eng.) سِوار (إحكام) الانضغاط

compression space (Eng.) حَيِّز الانضغاط

compression spring (Eng.) زُنْبرَكُ انضغاط

compression strain (Eng.) انفِعال الانضغاط

compression strength مقاوَمة الانضِغاط

compression stress (Eng.) إجهاد الضغط

compression stroke (Eng.) شَوط الانضغاط

compression subsidence (Geol.) هُبوط الانضغاط

compression test (Eng.) اختبار الانضغاط

compression tester (Eng.) جِهاز اختبار الانضغاط

compression volume (Eng.) حجم الانضغاط

compressive force (Eng.) قوة ضاغطة

compressive strength (Eng.) مُقاوَمة الانضغاط

compressive stress (Eng.) إجهاد ضاغِط

compressometer (Eng.) مقياس الانضغاط

compressor (Eng.) ضاغِط • ضاغِطَة • كابِسة – مِضخة كابسة

(Naut.) مِكبحُ مِلفاف الرفع

compressor bleed (Eng.) مِنْزَفُ الضاغط

compressor impeller (Eng.) دولاب دفع الضاغط

compressor oil (Eng.) زيتُ الضَّاغط • زيت المكنات الضاغطة

compressor piston (Eng.) كبَّاس الضاغط

compressor shaft (Eng.) عمود الضاغط

compressor station مَحطّة مَضاغط : لتعزيز الضخ في الانابيب

compressor valve (Eng.) صِمام الضاغط

comprise (*v.*) شَمل • احتَوى • اشتمل على • تضمَّن

compromise (*n.*) تَسوية • مُصالحة • توفيق – اتفاق وسَط

(*v.*) وفَّق • توافق • صالَح بالتراضي

comptometer (*n.*) آلة حاسِبة

comptroller (*n.*) مُراقِب مالي • مراقِب حسابات

compulsion (*n.*) اجبار • إكراه • قَسْر

compulsory insurance تأمين إجباري

computation (*n.*) عَدّ • حِساب • إحصاء – تَعداد

compute (*v.*) حَسَب • عدَّ • أحصى • قدَّر

computer = computor (*n.*) حاسِب • عدَّاد • حاسِبة • آلة حاسبة • نظَّامة (Eng.)

computer, analogue حاسِبة نِسبيَّة

computer code رُموز الحاسِبة • مَدْونة النَّظامة

computer, control room حاسِبةُ او نظَّامةُ غرفةِ المُراقَبة

computer, digital حاسِبة رَقْمية • نَظَّامة رقمية

computer, electronic حاسِبة إلِكترونية

computerizing seismic records تنظيم إعلامي لسِجِلات الرَّجفات

computer, mechanical حاسِبَة ميكانيكية

computer, pictorial نَظَّامة مُصوِّرة أو راسِمة

computer, seismic (Geophys.) حاسبَة زَلزلية

computing machine مَكَنة حاسِبة

concatenated connection (Eng.) اتصال تَسلسُلِي

concave (*adj.*) مُقعَّر

(*n.*) سطح مقعر

concave fracture (Geol.) انكسار مقعر

concave lens عَدسَة مقعَّرة

concave mirror مِرآة مقعرة

concavity (*n.*) تقعُّر • تجويف

concavo-concave (*adj.*) مُزدوِج التقعُّر

concavo-convex (*adj.*) مُقعَّرٌ مُحدَّب

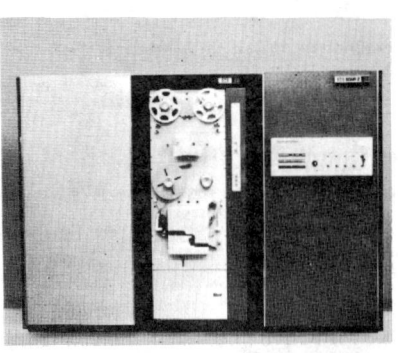

computer

control room computer

computerizing seismic records

conceal (*v.*) أخفى • خبَّأ • ستَر

concealed erosion (Geol.) حَتٌّ مَستور

concealed fault (Geol.) صَدع مَستور

concealed joint وُصلَة مَخفيَّة

concealed outcrop (Geol.) بُروز صخريّ مستور

concealment (*n.*) إخفاء • اختِفاء • تَمويه

concede (*v.*) سَلَّم او رضي (ب) • تقبَّل

conceive (*v.*) أدرك • تصوَّر

concentrate (*v.*) ركَّز • كثَّف • كدَّس – تمركَز • تجمَّع

(*n.*) رُكازَة : الشيء المُركَّز أو المُكثَّف

concentrated (*adj.*) مركَّز : مُجتمِع في مركز – مُركَّز : مُكثَّف

concentrated acid (Chem. Eng.) حامضٌ مُركَّز

concentrated load (Eng.) حِملٌ مُركَّز

concentrated solution (Chem. Eng.) مَحلول مُركَّز

concentration (Phys.) تركيز • تركز – تجميع • حَشْد

concentration plant = **concentrator** (Mining) وَحدةُ تركيز الخامات

concentration ratio (Chem. Eng.) نسبة التركيز

concentric (*adj.*) مُتّحِدُ المركز • مُتمركِز

concentric cable (Eng.) كبل ذو مُوَصِّلات مُتحدةِ المركز

concentric chuck = **self-centring chuck** (Eng.) ظَرفٌ ذاتيُّ التمركُز

concentric faults (Geol.) صُدوع متَّحدةُ المركز

concentric folding طيٌّ مُتمركز • التِواءات مُتحدة المركز

concentric folds (Geol.) طيّات مُتمركزة

concentric lay جَدْل مُتّحِدُ المركز

concept (*n.*) مفهوم • صورة ذِهنية

concern (*v.*) عَنَى • خصّ • تعلَّق (ب)
(*n.*) شأن – اختِصاص – اهتمام – قلَق – مؤسَّسة تجارية

concerning في ما يتعلق (ب)

concertina structure بِنية مُغَضَّنة : بتَكرار الالتواءات

concession (*n.*) امتياز • رُخصة استِثمار – تسليم • تنازُل

concessional obligation التزامٌ بموجب عَقد الامتياز

concession area مِنطقةُ الامتياز

concession for exploration and exploitation (Mining) امتياز للتنقيب والاستثمار

concessionnaire (*n.*) صاحبُ الامتياز

conch مَحارة

conchoidal fracture (Geol.) صَدع مَحاراني

conchology عِلمُ المَحاريات

conciliation (*n.*) توفيق • مُصالحة

conciliation committee لَجنةُ توفيق

conclude (*v.*) أنجز • أنهى – أبرمَ – استنتَج

conclusive (*adj.*) نِهائي • قاطِع • باتّ

concordance (*n.*) توافُق • تجانُس • تطابُق

concrete mixer

concordant bedding (Geol.) تطبُّق مُتوافق : طبقات متوافِقة التكوُّن الطبقي

concourse (*n.*) مُلتقى ممرّات

concrete (*n.*) (Civ. Eng.) خرَسانة • أبرَق • باطون
(*adj.*) خرساني – مُتصلِّب • متحجِّر – حقيقي • مادّيّ • واقعي
(*v.*) غطّى بالخرسانة – تحجّر • تكتّل

concrete bed (Geol.) طبقة متصلّبة

concrete breaker (Civ. Eng.) كَسَّارة خرسانة

concrete coating تغليفٌ خَرساني

concrete-lined shaft (Pet. Eng.) بئر مُبطَّنة بالخرسانة

concrete lining (Civ. Eng.) تبطين بالخرسانة – بِطانة اسمنتية

concrete mixer (Civ. Eng.) خلّاطة خرَسانة

concrete oil (Eng.) زيت الخرسانة : لمنع التصاقها بقوالب الصبّ

concrete paver (Civ. Eng.) راصِفة (طرُق) بالخَرسانة

concrete pump (Civ. Eng.) مِضخّةُ خرسانة

concrete ramming (Civ. Eng.) دَكُّ الخرسانة

concrete shield (Civ. Eng.) حائلٌ خَرساني • طبقة أسمنتية واقية

concrete sleeper (Civ. Eng.) عارِضة خرسانية • راقِدة اسمنتية

concrete spreader (Civ. Eng.) فارِشةُ الخرسانة

concrete tank (Civ. Eng.) صِهريج خَرَساني • خزّانٌ مبني بالخرسانة

concrete waterproofing oil (Civ. Eng.) زيت تَصميد الخرسانة للماء

concreting plant (Civ. Eng.) مَعمل خَرسانة

concreting tower (Civ. Eng.) برجُ رفع الخرسانة

concretion (*n.*) تحجُّر • تدرُّن
(Geol.) درَنة صخرية • كُتلة متحجِّرة

concretionary sand (Geol.) رملٌ درَنيّ

concretionary structure (Geol.) بِنية دَرَنيّة

concur (*v.*) وافق – اجتمع • تضافَر – تزامَن

concurrence (*n.*) مُوافقة • إجماع – توافُق • تزامُن – التقاء

concurrent (*adj.*) مُتلازِم • مُتواقِت • متزامِن – مُتلاقٍ في نقطة

concussion (*n.*) ارتجاج • اهتزاز – صَدْمة

concussion spring (Eng.) زُنبرك تخميد الارتجاج

condemnation (*n.*) إدانة • تَحريم – نَزعُ مِلكية العقار للمصلحة العامة

condensability = **condensibility** قابلية التكاثُف

condensable (*adj.*) قابل للتكاثُف

condensate (*n.*) (Chem. Eng.) كُثافَة: المادة المكثَّفة او المُتكاثِفة • ناتجُ التكثيف • مُستكثَف

condensate collecting system (Chem. Eng.) شَبَكة تجميع الكُثافات

condensate cooler (Chem. Eng.) مُبَرِّد الكُثافات • مُبرِّد المكثَّفات او المُستكثَفات

condensate extraction (Chem. Eng.) استخلاصُ الكُثافات أو المُكثَّفات

condensate gas reservoir (Pet. Eng.) خَزّان الكُثافات المُتطايرة • خزان الغاز المتكاثف

condensate oil (Pet. Eng.) الزيت المُكثَّف • الزيت المُستكثَف

condensation (*n.*) تكثُّف • تكاثُف • تكثيف – مُلَخّص
(Phys.) تضاغُط (الامواج الصوتية)

condensation losses مَفقودات التكثيف

condensation point (Phys.) نُقطة (او درجة) التكاثُف

condensation polymerization (Chem. Eng.) البَلْمَرة التكثيفية

condensation product نِتاج التكثيف

condensation temperature نقطة (او درجة حرارة) التكاثف

condensation water ماء التكاثف

condense (*v.*) كثَّف • تكاثَف • تكثَّف – اختصر • أوجز

condensed humidity (Phys.)	الرطوبة المُتكاثِفة
condensed succession (Geol.)	تعاقُب وَجيز ذو طبقات قليلة الثخانة
condenser (Elec. Eng., Phys.)	مُكثِّف ، مُكَثَّفة
condenser, double surface (Chem. Eng.)	مُكثِّف مُزدوج السطح
condenser, Liebig (Chem. Eng.)	مُكثِّف «ليبج»
condenser oil (Elec. Eng.)	زيتُ (العزل في) المكثِّفات
condenser tubes (Eng.)	أنابيب المُكثِّف
condensifilter (Eng.)	مُكثِّف مُرشِّح
condensing coils (Eng.)	مَلفَّات التكثيف
condensing surface (Eng.)	سطحُ التكثيف
condensing unit (Eng.)	وحدة تكثيف ، وحدة تبريد
condition (n.) (v.)	حالة ، وضع ، ظرف ـ شَرط ، كَيَّف ، هَيَّأ ـ إشترط
conditional (adj.)	مَشروط ، شَرطيّ ، مُقيَّد بشروط
conditioned air (Eng.)	هواء مُكيَّف
conditioning (n.)	تكييف ـ تهيئة ، مُهايأة
conditioning, air (Civ. Eng.)	تكييفُ الهواء
conditions, normal working (Eng.)	ظُروف التشغيل العادي
conducive (adj.)	مُسبِّب ، باعث
conduct (n.) (v.)	سُلوك ، تصرُّف ـ إدارة ، سلك ـ أدار ، أرشد ـ وَصَّل
conductance (Elec. Eng.)	مُواصَلة : قُدرةٌ على توصيل التيار الكهربائي
conductibility (n.)	توصيليَّة ، قابلية التَوصيل (الحراري او الكهربائي)
conducting medium (Phys.)	وسَطٌ مُوصِّل
conducting wire (Elec. Eng.)	سِلكٌ مُوصِّل
conduction (Phys.)	توصيل ، نَقلٌ بالتوصيل
conduction of heat (Phys.)	توصيل الحرارة
conductive (adj.)	مُوصِّل ، توصيلي ، إيصالي
conductivity (Phys.)	المُوصِّليَّة ، النَاقِليَّة ، التوصيلية
conductivity, electrical (Elec. Eng.)	المُوصِّليَّة الكهربائيَّة
conductivity factor (Phys.)	مُعامل المُوصِّلية
conductivity, heat (Phys.)	المُوصِّلية الحرارية
conductivity, specific (Phys.)	المُوصِّلية النوعية
conductivity, thermal (Phys.)	المُوصِّلية الحرارية

condenser

conductor	مُوصِّل ، ناقِل
conductor, bad (or poor) (Phys.)	مُوصِّل رديء التوصيل
conductor, good (Phys.)	مُوصِّل جيِّد التوصيل
conductor pipe (Civ. Eng.)	ماسورة توصيل ـ أنبوب دليليّ (في الحفر)
conduit (n.) (Mining)	مجرى ، قناة ـ ماسورة توصيل ، مجرى او ماسورة تهوية
conduit box (Elec. Eng.)	صندوق توصيل ، عُلبة التفرُّع
conduit reducer (Eng.)	وَصلة مُصَغِّرة للمجرى
conduit support (Eng.)	دعامة مَجرى التوصيل
conduit tube (Elec. Eng.)	ماسورة (الوقاية) الأسلاك الكهربائية
condulet	مَجرى توصيل ضَيِّق
Condy's fluid (Chem. Eng.)	محلول «كوندي» : محلول برمَنغنات الصوديوم (او البوتاسيوم) في الماء
cone (n.) (v.)	مَخروط ، جعل على شكل مخروط ، إنخرط
cone bearing (Eng.)	مَحمل مَخروطي الشكل
cone bit (Eng.)	لُقمة مَخروطية ، مِثقَب مخروطي
cone chuck (Eng.)	ظَرف مَخروطي
cone classifier (Mining)	مُصنِّف مخروطي
cone clutch (Eng.)	قابض مَخروطي
cone delta (Geol.)	مَخروط الانصباب ، مِروحة غرينية
cone drum (Eng.)	دارة مَخروطية
cone-in-cone structure (Geol.)	بنية مخروطية مُتداخلة
cone joint (Eng.)	وُصلة مخروطية
cone nozzle (Eng.)	مِنفَث مخروطي
cone of depression (Geol.)	مَخروط الهُبوط
cone of ejection (Geol.)	مَخروط الانصباب ، مِروحة غرينية
cone penetration test (Pet. Eng.)	اختبار الاختراقية بمَخروط عِياري
cone pulley (Eng.)	بَكرة مدرَّجة مخروطية
cone-roof tank (Pet. Eng.)	صِهريج مَخروطيُّ السقف
cone sheets	صَفائح مَخروطية
cone valve (Eng.)	صِمام مخروطي

cone wheel (Eng.)	دُولاب مخروطي
confer (v.)	تباحَث ، تشاوَر ، تداوَل ـ منح ، أضفى
conference (n.)	مُؤتمَر ـ مُداولة
confidence (n.)	ثقة
configuration (n.)	تشكُّل ، ترتيب وضعي ، هيئة ، شكل
confine (v.)	حصَر ، حدَّد ، إحتَجز ، عزَل
confined space	حيِّز محصور
confined underground water (Geol.)	مياه جوفية محصورة
confined water (Geol.)	ماء حَبيس
confining layer (or bed) (Geol.)	طبقة حاجزة (أو مُحتبِسة)
confining pressure (Phys.)	الضغط الحاجز
confirm (v.)	أثبت ، أكَّد ، أيَّد
confirmation well (Pet. Eng.)	بئر التأكُّد : بئر ثانية في حقل جديد
confirmed (adj.)	مُؤكَّد ، مُثبت
confiscation (n.)	مُصادرة ـ حَجز ـ استيفاء
conflagration (n.)	حريق كبير ، أجيج ، احتراق
conflict (n.) (v.)	تضارب ، نزاع ، تناقُض ، ناقض ، نازَع ، عارض
confluence = conflux	اقتران ، تلاقٍ ، مُلتقى (نهرين) ، مَقرن
confluent (n.)	رافد
conform (v.)	طابَق ، ماثَل ، عمِل بموجب ، تطابَق ، تكيَّف
conformability (Geol.)	توافُق ، تشاكُل ، تطابُق
conformable beds (Geol.)	طبقات متوافقة التطبُّق
conformable fault (Geol.)	صَدع مُتوافق ، صَدع غير مُختَلّ التطبُّق
conformable stratification (Geol.)	تطبُّق مُتوافق
conformable succession (Geol.)	تعاقُب متوافِق
conformance factor	عامل التطابُق
conformation (n.)	تطابُق ، تكيُّف ، مُشاكلة ـ شكل ، هيئة
conformity (n.) (Geol.)	توافُق ، مُطابَقة ، مُشاكلة ، انسجام ، توافُق طِباقي
confusion (n.)	فوضى ، اختلاط ، اضطراب
congeal (v.)	جمَّد ـ أعقَد ـ جمَد ، تعقَّد ، غلُظ

congealable (*adj.*) يُجمَّد • ينعقِد
congealing point (Phys.) نُقطة الانعقاد
congested (*adj.*) مُزدحِم • مُكتظّ ـ مُحتقِن
congestion (*n.*) إزدِحام ـ احتِقان
conglobate (*v.*) كَوَّر • تكوَّر
(*adj.*) مُكوَّر
conglomerate (*v.*) كتَّل • كوَّر • تكوَّر
(*adj.*) مُتكتِّل • مُكوَّر • متجمِّع
(Geol.) رَصيص • قَضَّة • كُتلة مختلطة
conglomeration (*n.*) تكتُّل • تجمُّع ـ قَضَّة • كُتلة مختلطة
conglutinate (*v.*) ألصق • غرَّى • التصق
(*adj.*) ملتصِق • لازِق • متلاسق
conglutination (*n.*) تلازُق • تلزُّج • التصاق
Congo copal (Min.) كوبال الكُنغو : راتينج طبيعي
congruence (*n.*) موافقة • مُطابقة • توافُق • تطابُق
congruent (*adj.*) متطابِق • مُتوافِق • مُتلائم • مُنسجِم
congruent mixtures (Chem.) مخلوطات مُنسَجمة
congruous folds (Geol.) طيَّات مُتطابِقة
conic (*adj.*) مَخروطيُّ الشكل • مخروطي
(*n.*) قِطاع مخروطي
conical bearing (Eng.) مَحمِل مخروطي
conical bore (Eng.) تجويف مخروطي
conical drum (Eng.) دارَة مخروطية • مِركَن مخروطي
conical flask (Chem. Eng.) قارورة مخروطية
conical gear (Eng.) تُرس مخروطي
conical head غِطاء مَخروطي
conical map projection (Surv.) مَسْقَط مخروطي
conical piston (Eng.) كَبّاس مخروطي
conical plug سِداد مَخروطي
conical valve صِمام مخروطي
conicity (*n.*) مَخروطية
conic section (Geom.) قَطْع مخروطي
coniferous (*adj.*) (Biol.) صَنَوبريّ
coning (*n.*) انخِراط • تشكُّل مخروطي
conjoint (*adj.*) مُنضَم • مُجمَّع • مُقترِن
conjugate (*v.*) قَرنَ • أزوَج
(*adj.*) مترافِق • إقتراني • تبادُلي • مُتزاوِج • متبادَل
conjugate fractures (Geol.) انكساران مُترافِقان

conglomerate

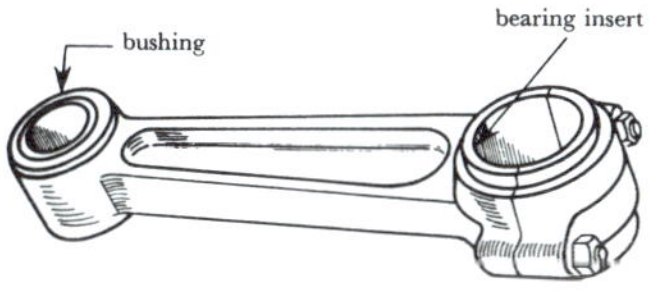

connecting rod

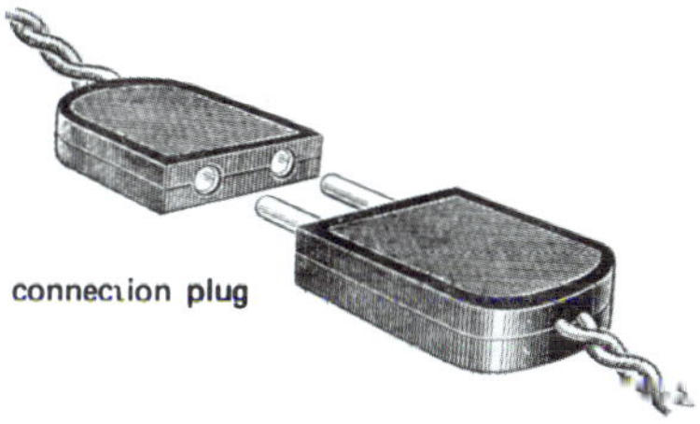

connection plug

conjugate vein (Mining) عِرق اقتِراني (أو مُرافِق)
conjugation (*n.*) ترافُق • اقتِران • تزاوُج ـ تبادُل
conjunct (*adj.*) مُقترِن • مُتَّحِد • مُتَّصِل
conjunction (*n.*) وَصل • إتِّصال • اقتِران • اتحاد
conk (*n.*) أنف • خَطْم
connate (*adj.*) مُتطابِع : مُتماثِل في المَنْشأ ـ مُتزامِن : حَبيس في الصخور المزامِنة
connate water (Geol.) ماء حَبيس مُتزامِن
connect (*v.*) وصَل • ربَط • إتصل • ارتبط
connected (*adj.*) مَوصول • مُرتَبِط
connected load (Elec. Eng.) الحِمل (الكهربائي) المُوَصَّل (بدائرة المنبَع)
connecting (*adj.*) مُوصِّل • رابِط
(*n.*) ربْط • توصيل
connecting box (Elec. Eng.) عُلبة وَصل (الاسلاك)
connecting circuit (Elec. Eng.) دائرة التوصيل
connecting gear (Eng.) تُرس الوَصل
connecting link (Eng.) ساعِدُ الوصل • وُصْلَة
connecting piece (Eng.) قِطعة توصيل
connecting pipe (Eng.) انبوب الوَصل
connecting plug (Pet. Eng.) قابِسُ وَصل

wellhead connector

connecting rod (Eng.) ذِراعُ توصيل
connecting screw (Eng.) مِسمار رَبطٍ لولبيّ
connecting tube (Eng.) أنبوب وَصل (يَنْثَني)
connection = **connexion** (*n.*) وَصْل • رَبط • توصيل • اتّصال • وُصلة • علاقة • رابِطة
connection board (Elec. Eng.) لَوحةُ توصيلات
connection diagram مُخطَّط بياني للتوصيلات
connection layout (Eng.) مخطّطُ التوصيلات
connection plug (Elec. Eng.) قابِس الوصل
connector وُصلَة • جُلبةُ وَصل
connector, wellhead وُصلةُ راس البئر
connexion = **connection** وَصْل • توصيل • اتصال • رَبْط • وصلة ـ علاقة • رابطة
conning-tower (Naut.) برجُ المراقبة
connote (*v.*) اشار ضمناً الى • دلَّ على
conoid (*adj., n.*) مَخروطاني • شِبه مخروطي
Conradson (Pet. Eng.) : جهاز «كونرادسُون» لقياس الكربون المتخلِّف
Conradson carbon (residue) (Pet. Eng.) الكربون المتخلِّف بطريقة «كونرادسون»
Conradson method (Pet. Eng.) طريقة «كونرادسُون» : لتقدير المتخلِّف الكربوني من الزيت بالتبخير والحلّ الحراري
consanguinity (Geol.) تشابُه التركيب
consecutive (*adj.*) مُتتابِع • مُتتالٍ • مُطَّرِد
consecutively (*adv.*) على التعاقُب • على التتالي
consent (*v.*) رضي • ارتَضى • قبِلَ
(*n.*) مُوافقة • رِضى • قَبول
consequent (*adj.*) تابِع • تالٍ
consequent valley (Geol.) وادٍ تابِع : يتبعُ الانحدارَ الطبيعي للسطح
conservation (*n.*) حِفْظ • صِيانة • محافظة ـ بَقاء
conservation gasoline (Pet. Eng.) بنزين مُستَعاد

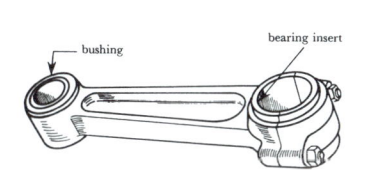

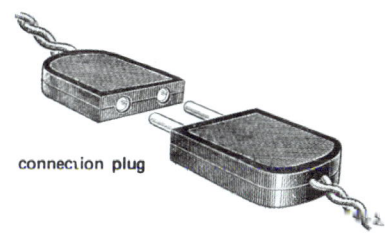

conservation of energy (Phys.) بَقاءُ الطاقة • حِفظُ الطاقة

conservation of momentum (Phys.) بقاء كميةُ التحرك

conservative estimate تقدير مُعتدِل

conserve (*v.*) حَفِظ • صانَ – ربَّب

considerable (*adj.*) مُعتبر • مهم – عظيم • وافِر

consideration (*n.*) اعتبار • دراسة • تدبُّر

consign (*v.*) أودَع • سلَّم (رسميّاً) – خصص – ارسل

consignee (*n.*) المُرسَل اليه • المُتسلِّم • مُتسلِّم البضاعة

consignment (*n.*) إرسال • إيداع – إرساليّة • شِحنة مُرسَلة

consignor = **consigner** (*n.*) المُرسِل • مُرسِلُ البضاعة

consist (*v.*) تألَّف او تركَّب (من)

consistence (*n.*) ثَبات – توافُق • إنسجام
(Pet. Eng.) قَوام • تماسُك – درجةُ التماسك

consistency (Pet. Eng.) تماسُكيّة • قَوام • درجة التماسُك : لِقياس خصائص الاسفلت من حيث اللزوجة والاختراقية ونقطة التليُّن

consistency gauge (Pet. Eng.) مِقْوام : مقياس القَوام • مقياس التماسُكيَّة

consistency index (Pet. Eng.) دليلُ التماسُك

consistency test (Pet. Eng.) اختبار (درجة) التماسك

consistent (*adj.*) مُنسجِم • خال من التناقُض – متماسِك • جامِد

consistometer (Chem. Eng.) مقياس القَوام • مِقْوام

consolidate (*v.*) ضمّ • وحَّد • دمَّج • جمَّد – إنضم • اندمَج – تجمَّد • تصلَّب
(*adj.*) مُتضامّ • مُدمَّج • مندمج • صَلب

consolidated balance رصيد مُوحَّد

consolidated formation (Geol.) تكوين مُدَمَّج • تكوين متصلّب

consolidation (*n.*) توحيد • تضامّ • اندِماج – تجميد – تقوية
(Geol.) تجمُّد • تصلُّب • إندِماج

consolidation properties خصائص التصلُّب

consolidation rate (Civ. Eng.) مُعدَّل التصلب او التجمد

consolute (*adj.*) خَلُوط • قابلُ الامتزاج

consortium (*n.*) هيئة دُولية مالية لتقديم المساعدات – رابطة تعاونية مؤقتة

conspicuous (*adj.*) ظاهرٌ للعيان • جدير بالملاحظة • بارز

constancy (*n.*) ثَبات • استِقرار • انتِظام

constant (*adj.*) ثابت • مُنتظَم – مستمِر
(*n.*) كمية ثابتة • ثابِت

constantan (Elec. Eng.) كونستَنْتان : سبيكة مقاومة من النحاس والنيكل

constant boiling mixture (Chem. Eng.) مزيجٌ ثابت درجة الغليان

constant current تيار ثابتُ الشدة

constant displacement oil pump (Pet. Eng.) مِضخةُ زيت ثابتةُ الإزاحة

constant flow (Eng.) جَريان ثابت • دفقٌ منتظم

constant force (Mech.) قوة ثابتة

constant level مستوًى ثابت • مَنسوب ثابت

constant level lubricator (Eng.) مُزيِّت ثابت المنسوب

constant of gravitation (Phys.) ثابتُ الجاذبية •

constant oil feed (Eng.) تغذِيَة مُستمِرَّة بالزيت

constant potential (Elec. Eng.) جُهد كهربائي ثابت

constant-power generator (Elec. Eng.) مُولِّد ثابتُ القدرة

constant pressure (Phys.) ضغطٌ ثابت

constant-pressure cycle = **Diesel cycle** (Eng.) دَورة الضغط الثابت • دورةُ ديزِل

constant pressure engine (Eng.) مُحرِّك الضغط الثابت

constant-pressure line خط الضغط الثابت

constant pressure thermometer ترمومتر (غازي) ثابِت الضغط

constant slope (Geol.) انحدار ثابت أو مُنتظم

constant-speed motor (Eng.) مُحرِّك ثابِت السرعة

constant spring (Geol.) نَبع ثابِت الدَّفْق

constant stroke pump (Eng.) مِضخّة ثابتة الشّوط

constant temperature bath (Eng.) مَغطَس ثابت درجة الحرارة

constant temperature water bath مغطس مائي ثابت درجة الحرارة

constant torque (Mech.) عَزم تدوير ثابت

constant travel (Eng.) مدًى ثابت (لانزلاق الصمام)

constant-voltage generator (Elec. Eng.) مُولِّد ثابت الفُلطية

constant-volume cycle = **Otto cycle** (Eng.) دورة «أوتو» • دورة الحجم الثابت ذات الاربعة اشواط

constant volume thermometer ترمومتر (غازي) ثابت الحجم

constellation (*n.*) كَوكبة • صُورة فلكية

constituent (*adj.*) مُكوِّن • مُقوِّم
(*n.*) مُقوِّم (أحدُ المقومات) • مُكوِّن • جُزء أو عُنصُر مُقوِّم

constituent, major عنصرٌ (او جُزء) رئيسي

constituent, minor عنصر (او جُزء) ثانوي

constitute (*v.*) كوَّنَ • ألَّف • أنشأ

constitution (*n.*) تكوين • بِنية • تركيب • قِوام – دُستور

constitutional formula (Chem.) صِيغة تكوينية • صيغة قِواميَّة

constriction (*n.*) تضييق • تضيُّق • زَمّ • تخصُّر • انقِباض

construct (*v.*) بنَى • شيَّد • أنشأ • أقام

construction (*n.*) إنشاء • تركيب • تشييد – بناء • مَبنى

constructional defect (Eng.) خلَلٌ انشائي

construction, all-steel (Eng.) انشاء فولاذي بأكمله

construction diagram (Civ. Eng.) مُخطَّط إنشاءات

construction engineer (Eng.) مُهندس إنشاءات

construction material (Civ. Eng.) موادُّ البناء • مواد الإنشاء

constructive (*adj.*) إنشائي • بنائي – بَنَّاء

construe (*v.*) ترجَم • فسَّر • أوَّل

consult (*v.*) إستشار • رجع إلى • إستطلع

consultant (*n.*) مُستشير – مُستشار

consulting engineer مهندس استِشاري

consulting geologist جيُولوجي مُستشار

consulting panel لَجنة استشارية

consume (*v.*) استهلك • استنفَد – بدَّد

consumer (*n.*) مُستهلِك – مُستنفِد

consumer goods سِلَع استهلاكية

consummation إكمال • اكتِمال • إتمام

consumption (*n.*) استِهلاك • استنفاد – سُلّ • سُل الرئة

consumption, home الاستهلاك المحلّي

contact (*v.*) لامَس · مسّ · تماسّ – اتصل (ب)
(*n.*) تماسّ · مَسّ · تلامُس · مُلامَسة · اتصال
(Elec. Eng.) مُلامِس · وسيلة تلامُس

contact acid (Chem. Eng.) حامِضُ التلامُس: حامض (كبريتيك) مُحَضّر بطريقة التلامُس

contact action (Chem. Eng.) حَفزٌ بالتلامُس · فِعل التلامُس

contact agent (Chem. Eng.) عامل حَفزٍ تلامُسيّ

contact area مِنطقة التماسّ

contact aureole (Geol.) هالَةُ التماس (مِن الصخور المتحوِّلة)

contact bed (Geol.) طبقة مُماسّة

contact-breaker (Elec. Eng.) قاطع التماس · آلِيَّة قطع التلامس

contact catalysis (Chem.) حفزٌ بالتلامُس

contact catalyst (Chem.) حافِزٌ تلامسي

contact clip (Elec. Eng.) مِشبكُ تلامُس

contact coking (Chem. Eng.) التكويك التلامُسي

contact column عَمودُ التلامُس

contact condenser مُكَثِّف تلامُسي

contact electrode (Elec. Eng.) الِكْترود التلامُس

contact filtration (Pet. Eng.) الترشيح التلامُسي

contact lode (Geol.) عِرقٌ مُلامِس: عرق معدني في خط التماس بين نوعين من الصخور

contact maker (Elec. Eng.) وُصلَة التلامُس

contact map (Eng.) خريطة تُنسَخُ بالتلامس

contact metamorphic mineral (Geol.) مَعدنٌ مُتحوِّل بالتماس

contact metamorphism (Geol.) تحوُّل بالتلامُس · التحوُّلُ التماسّيّ (الحراري)

contact mineral معدن مُحوَّل بالتماس

contactor (*n.*) (Elec. Eng.) مفتاحُ تلامُس · قاطِع تِلقائي

contact plane سطحُ التماسّ

contact-point نقطةُ التلامُس

contact process (Chem.) طريقة التلامُس (لتحضير حامض الكبريتيك)

contacts (Elec. Eng.) مُلامِسات

contact screw (Elec. Eng.) مِسمارُ التلامُس · بُرغي التّماس

contact separation (Elec. Eng.) فصلُ التماس: المسافة الدُّنيا لِفصل التماس

contact stud (Eng.) زِرُّ التماس

contact substance (Chem. Eng.) حافِز تلامُسيّ · مادّة حفز بالتماسّ

contact surface سُطح التماس

contact time زمنُ التلامُس

contact treating (Pet. Eng.) المعالَجة التلامُسية: معالجة النفط الحامِضي بدقيق الطَّفَل لمُعادلته وامتزاز أوساخه

contact twins (Geol.) تَوائم (بلَّورية) مُتماسَّة

contact vein (Mining) عِرق مُلامِس: عرق معدنيّ في خط التماس بين نوعين من الصخور

contact zone (Geol.) مِنطقة التماس (المتحوِّلة)

contain (*v.*) احتوى · تضمَّن · حَوى · اشتمل على

container (*n.*) وعاء · اناء
(Pet. Eng.) خَزّان · وعاء خزنٍ أو نقل

container rock (Pet. Eng.) الصخر الحاوي

containment (Phys.) حَجْز · حَصْر

contaminant (*n.*) مُلوِّث · مادة مُلوِّثة

contaminate (*v.*) لوَّث · خالَط · لطَّخ

contaminated oil زيتٌ مُلوَّث

contaminated sample عَيِّنة مُلوَّثة

contamination (*n.*) تلَوُّث · تلويث

contamination meter (Phys.) مقياس التلوُّث (الإشعاعي)

contemporaneous (*adj.*) مُعاصِر · مُزامِن · مُتزامِن

contemporaneous beds (Geol.) طبقات مُعاصِرة

content (*n.*) محتوًى · مَضمون – رِضى · قناعة
(*v.*) أرضى · أقنع
(*adj.*) راضٍ · قانِع

content, acid المُحتَوى الحامِضي · نسبة الحُموضة

content, moisture المُحتَوى الرُّطوبي · نسبة الرطوبة

contents (*n.*) مُحتَويات · مُتضَمَّنات

conterminal = **conterminous** (*adj.*) ذو حُدود مشترَكة · مُتَاخِم

contest (*n.*) مُباراة · مسابقة – مُحاجَّة · نِزاع
(*v.*) تنازَع على – بارَى · نافَس

contact process plant

contestant (*n.*) مُتبارٍ · مُنافِس · مُنازِع

contexture (*n.*) نسيج · بِنية · تكوين

contiguity (*n.*) تجاوُر · تلامُس – امتِداد

contiguous beds (Geol.) طبقات مُتقاربة أو متجاورة

continent (*n.*) قارَّة

continental basin (Geol.) حَوض قارِّي

continental climate (Meteor.) مُناخ قارِّي

continental conditions ظُروف قارِّية

continental deposits (Geol.) رواسِب قارِّية

continental drift (Geol.) زحزحة القارات · الانجِراف القاري

continental platform (Geol.) سِيفُ القارة · رَصيفٌ قاري: الجزء المُنبسط من القارة مما يلي البحر

continental shelf الافريز القارِّي: هو الجزء من سِيف القارَّة المغمور بماء البحر خارج المياه الاقليميَّة

continental slope المُنحدَر القارِّيّ: هو جزء القارة الذي ينحدر في البحر بعد الافريز الحافي

contingence (*n.*) تماسّ · تلامُس – احتِمال · إمكان حدوث

contingencies أحداث طارئة

contingent (*adj.*) احتمالي · عَرَضي – مشروط

continual (*adj.*) مستمِر · متوالٍ

continuation (*n.*) استِمرار · استِئناف · مُتابَعة

continue (*v.*) استمرّ · دامَ · امتدَّ – استأنف · واصَل

continuity (*n.*) استِمرار · تتابُع · اتصال · تسلسُل

continuous (*adj.*) متواصِل · دائِم · مُستمِر

continuous beam (Eng.) عَتَبة مُتواصلة (فوق عدة مُرتكَزات)

continuous belt (Eng.) سَيْر دوّار

continuous closed filter

continuous closed filter مُرشِّح مستمِرّ مُغطّى
continuous control (Eng.) نظام مُراقبة مستمرّ
continuous coring (Pet. Eng.) أخذ العيِّنات الجوفيَّة بصورة مُتواصلة
continuous current تيَّار مستمر
continuous distillation (Chem. Eng.) تقطير مُستمر
continuous duty خِدمة مُستمرة
continuous extraction (Chem. Eng.) استِخراج مُتواصِل • استِخلاص مُستمِر
continuous feed (Eng.) تَغذِية مُتواصلة • إلقام مُستمر
continuous flow (Eng.) دَفقٌ مُستمر
continuous furnace (Met.) فُرن مُتواصِلُ العمل
continuous load (Eng.) حِمل مُستمِر
continuous lubrication (Eng.) تزييت مُتواصل
continuous miner (Mining) مَكَنةُ تَعدين مُتواصِل
continuous mixer (Civ. Eng.) خلاَّطة (خرسانة) مُتواصلة العمل
continuous operation تشغيل مُستمر
continuous process (Eng.) عملية مُتواصلة
continuous rating (Elec. Eng.) تقدير مُستمِر
continuous running (Eng.) دوَران مُتواصِل
continuous still (Chem. Eng.) وحدة تَقطير مُتواصِل
continuous treating (Chem. Eng.) مُعالَجة مستمرة
continuous velocity logging (Eng.) التسجيل المُتواصل للسرعة
continuous vent (Civ. Eng.) مَنفَسٌ دائم (لدائرة التصريف)
continuous waves (Geophys.) أمواج مُستمرة أو مُتواصلة

continuous weld (Eng.) لِحام مُتَّصل
continuum (*n.*) تسلسُل • مَجموعة متصلة • كمية مُتصلة أو مُتسلسلة
contorted (*adj.*) مُشوَّه باللَّي • متقبِّض
contorted drift (Geol.) جَرْف (جليدي) مُتقبِّض
contortion (*n.*) ليٌّ • التواء • تقبُّض • تشوُّه
contour (*n.*) سَمْق • خط تسامُقي أو سمقي • كُنتور • كِفاف
contour gradient (Surv.) مَمال سَمْقيّ : خط ثابت الميل عن الأُفُق
contour interval (Surv.) مسافة سَمْقية : المسافة العمودية بين خطي تسامُق
contour line (Surv.) خط سَمْقي • كُنتور • خط تَسامُق • خط مناسيب (بين السطوح المُتساوية الارتفاع)
contour map (Surv.) خريطة سَمقيَّة • خريطة مَناسيب • خريطة كُنتورية : ذات خطوط تسامُق تبيِّنُ الارتفاعات المتساوية
contour of subsurface structures (Geol.) كُنتور التشكيلات الجوفيَّة
contra- بادئة بمعنى مُضاد أو معاكس (ل)
contraband (*adj.*) مَحظور (قانونياً) – مُهرَّب
(*n.*) تجارة مَحظورة – بضاعة مُهرَّبة
contraclockwise (*adj., adv.*) باتجاه مُضاد لحركة عَقارب الساعة
contract (*n.*) عَقْد • اتفاق • تعاقُد • مُقاولة
(*v.*) تقلَّص • انقبَضَ • تقبَّض • قلَّص – اجتزأ • اختصَر – عاقَدَ • قاوَل • تعاقَد
contract, breach of خَرْقُ الاتفاقية
contract, conditions of شُروط العَقد • دفتر الشُّروط
contract depth (Civ. Eng.) العُمق الاتفاقي : عمق الحفر المُتعاقَد عليه
contract drilling (Civ. Eng.) الحَفر التعاقُدي
contracted method طريقة مُختصرة
contraction (*n.*) تقلُّص • انكماش • انقِباض • تقبُّض – تضييق – اختِصار
contraction cracks شُقوق التقلُّص
contraction fit (Eng.) توافُقٌ تقلُّصي
contraction joints فواصِل الانكماش
contract of sale عَقدُ بيع أو مُبايعة
contract of tenancy عَقدُ استئجار
contractor (*n.*) مُتعهِّد • مُقاوِل • مُلتزِم
contract price السعر المنصوص عنه في العَقد

contractual obligation التزام عَقدي : مُرتبط بعَقد أو مُترتِّب عليه
contradictory (*adj.*) مُتناقِض • مُغايِر • مُتعارِض
contra-rotating (*adj.*) دائر في اتجاه مُعاكس
contrary (*adj.*) مُعاكِس • مُضاد • مُخالِف
(*n.*) عَكْس • نقيض • ضِد
contrast (*n.*) تبايُن • اختِلاف – ضِد • مُباين
(*v.*) قابَل لبيان الفرق • فاضَلَ – تميَّز • تبايَنَ • تفاوَتَ
contribute (*v.*) تبرَّع • أسهَمَ • إكتتَب
contribution (*n.*) تبرُّع • مُساهمة • تقدِمة – ضريبة
contributor مُسهِم • مُشارِك
contrivance (*n.*) اختِراع • نبيطة • ابتِداع – تدبير • حِيلة • وسيلة
contrive (*v.*) اخترع • ابتدع – دبَّر • خطَّط (ل)
control (*n.*) رَقابة • مُراقبة – ضَبْط • تحكُّم – توجيه • إشراف • قيادة – مِكْبَح • مِضبط • مِقوَد
(*v.*) راقب • تحكَّم في • كبَح – وجَّه • أدار • ضبَط • نظَّم
control apparatus (Eng.) جهاز تحكُّم
control area مِنطقة المُراقبة
control assay (Chem.) رَوزٌ (رَزْنٌ) ضابِط
control-board (Eng.) لَوحةُ القِيادة • لوحة مفاتيح التحكُّم
control booth (Eng.) حُجرة التحكُّم
control centre مركزُ المُراقبة
control circuit (Eng.) دائرة التحكُّم
control cock (Eng.) مِحبَسُ التحكم
control device أداة تحكُّم • جهاز تحكُّم
control experiment تجربة حاكِمة (للتأكُّد من صحة تجارِبَ أُخرى)
control gear (Eng.) جهاز تحكُّم
control instruments (Eng.) أجهزة التحكُّم
control knob (Eng.) مقبض (أو زِرُّ) التحكُّم
controllability (*n.*) إمكانية التحكُّم • تحكُّمية
controlled (*adj.*) مراقَب • خاضِع للتحكُّم أو التوجيه
controlled experiment تجربة مُقارَنة
controlled finance إقتصاد مُوجَّه
controller (*n.*) مُراقِب • قيِّم • مِضبَط • مِفتاح تحكُّم (Elec. Eng.)
control lever (Eng.) ذراعُ توجيه • ذراع التحكُّم

control light (Eng.) ضوءُ بَيان التحكُّم
controlling factor عامل التحكُّم • عامل مُحدِّد
control magnet (Eng.) مغنطيس التحكُّم (في آليَّة مقياس)
control mechanism (Eng.) آليَّة التحكُّم
control panel (Eng.) لوحة القيادة • لوحة مفاتيح التحكُّم
control point نقطة مُراقبة
control post مَركزُ مراقبة
control room غرفة المُراقبة • غرفة التحكُّم
controls (Eng.) أجهزة القيادة • أجهزة التحكُّم • أجهزة الضبط
control station محطة تحكُّم
control tower برجُ المُراقبة
control unit وَحدة تحكُّم
control valve (Eng.) صِمام تحكُّم
control van (Elec. Eng.) عربة توجيه
contusion (*n.*) رضٌّ • كَدْم • رَضْرَضَة
convection (Phys.) حَملُ الحرارة • نَقلُ الحرارة بالحَمل • التصَعُّد • الاصعاد الحراري
convection current (Phys.) تيّار الحمل الحراري • تيار التصعُّد
convection heating التسخين بالحَمل او بالتصعُّد الحراري
convection of heat (Phys.) انتقال الحرارة بالحَمل أو التصعُّد
convector (*n.*) مُسخِّن بالحَملِ الحراري
convectron (Elec. Eng.) مِميالٌ الكتروني • جهاز الكتروني لِقياس المَيْل
convenience (*n.*) مُلاءمة • يُسر – إحدى وسائل الراحة
convenience receptacle مأخَذُ التيار
convenient (*adj.*) مُريح • مُوافِق • مُناسِب • سهلُ الاستعمال
convenient location مَوقع مُناسِب
conventional (*adj.*) اصطلاحي – عُرفي • تقليديّ • عاديّ
conventional drilling (Civ. Eng.) الحفر التقليديّ • الحَفر الدوراني أو الرحوي
conventional mud الطين العاديّ : طين حَفر يتألف من الماء والصلصال
conventional sign مُصطلَح • إشارة اصطلاحية
converge (*v.*) تجمَّع • تقارَب • إلتمَّ في نُقطة
convergence (*n.*) تقارُب • التقاء (في نقطة) – نُقطة الالتِقاء

(Geol.) تقارُب بالتحوُّل
convergent (*adj.*) لامٌّ • مُجمِّع في نقطة – متقارِب
converging lens عدسَة لامَّة أو مُجمِّعة
converging rays (Phys.) أشِعة مُتقارِبة او مُتجمِّعة
conversely (*adv.*) بالعكس • بالضِّد
conversion (*n.*) تحويل • تحوُّل
conversion factor مُعامِل التحويل
(Geol.) عامِل التحوُّل
conversion per pass (Pet. Eng.) التحويل بالإمرار الواحد
conversion process عمليَّة التحويل
conversion table (Maths.) جَدول تحويل
convert (*v.*) حوَّل • تحوَّل • بدَّل • بادَل – عَكس • قلَب
converter = convertor (Eng.) مُحوِّل
(Met.) مُحوِّل «بِسمر»
(Elec. Eng.) مُحوِّل • مُحوِّل كهربائي
converter lining (Met.) بِطانة المحوِّل
converter trunnion (Eng.) مُرتكَز دَوران المحوِّل
converter waste (Met.) نُفايات المحول
convertibility (*n.*) قابلية التحوُّل او التحويل
convertible (*adj.*) قابل للتحوُّل أو التحويل – ذو غطاء يُطوى
(*n.*) سيارةٌ ذاتُ غِطاء يَنطوي
converting furnace (Met.) فرن تَحويل (الحديد الى الفولاذ)
convertor = converter (Elec. Eng., Met.) مُحوِّل • مُغيِّر
convex (*adj.*) مُحدَّب
convexity (*n.*) تحدُّب • احديداب
convex lens عدسة مُحدَّبة
convexo-concave (*adj.*) مُحدَّب مُقعَّر
convexo-plane (*adj.*) مُحدَّبٌ مُسطَّح
convex road (Civ. Eng.) طريقٌ مُحدَّبة السطح
convey (*v.*) نقَل • حمَل • أوصَل
conveyance (*n.*) نَقل • إيصال – وسيلة نَقْل
conveyer = conveyor (*n.*) ناقِل • ناقِلَة • وسيلة نَقل
conveyor belt (Eng.) سَيْر الناقلة
conveyor chain (Eng.) سِلسِلة ناقلة : ذات قواديس
conveyor engine (Eng.) محرك الناقلة
conveyor idlers دواليب الناقلة الطليقة

convolute (*adj.*) مُلتف • ملتوٍ • مُطويّ
(*v.*) لفَّ • لوَى • التفَّ • انطوى
convolute bedding تطَبُّق مُلتف
convolute structure (Geol.) بِنية مُلتفَّة
convolutions (Geol.) لَفّات • ليّات • تلافيف
convoy (*n.*) قافلة – حرَس مُرافِق
(*v.*) خَفَر • رافَق للحماية
cooker (*n.*) وعاء (أو جهاز) الطبخ
cool (*adj.*) بارد • مُعتدل البرودة – هادىء
(*v.*) برَدَ • برَّد – هدَأ • هدَّأ
coolant (*n.*) (Chem. Eng.) مُبرِّد • مَحلول مُبرِّد
coolant pump (Eng.) مِضخةُ محلول التبريد
cooled (*adj.*) مُبرَّد
cooler مُبرِّد • مُبرِّدة • جهاز تبريد
cooler box (Eng.) حوض المُبرِّد
cooler cock (Eng.) مِحبَس أو صُنبور المُبرِّد
coolie (*n.*) عاملُ مَنجم
cooling (*n.*) تبريد
(*adj.*) مُبَرِّد – مُنعِش
cooling air (Eng.) هواءُ تبريد
cooling apparatus (Eng.) جهازُ تبريد
cooling bath (Eng.) مَغطسُ تبريد
cooling coil مِلفُّ تبريد
cooling curve (Chem. Eng.) مُنحنى التبريد
cooling jacket (Eng.) دِثار تبريد

control room

conveyor belt

cooling liquid (Eng.)	سائل تبريد
cooling medium (Eng.)	وَسَط مُبَرِّد
cooling of the bit	تبريد المثقاب • تبريد لُقمة الحفر
cooling oil (Eng.)	زيت تبريد
cooling pans (Eng.)	أحواض التبريد
cooling plant (Chem. Eng.)	وحدةُ تبريد
cooling pond (Eng.)	بركة تبريد
cooling surface (Eng.)	سطحُ التبريد • السطح المُبَرِّد
cooling system (Eng.)	دورة تبريد • نظام التبريد
cooling tank (Chem. Eng.)	خزّان تبريد
cooling tower (Chem. Eng.)	برجُ التبريد
cooling tubes (Eng.)	أنابيب تبريد
cooling unit (Chem. Eng.)	وحدةُ تبريد
cooling water	ماءُ التبريد
coom = coomb (Pet. Eng.)	سِناج • سُخام – شحم عربات (رديء الصنف)
co-operation (n.)	تعاون • تآزر – تعاونية
co-operative (adj.)	تعاوني • مُحبٌّ للتعاون
(n.)	جمعية تعاونية
Co-operative Fuel Research	الأبحاث النفطية التعاونية (في الولايات المتحدة الأميركية)
co-operative society	جمعية تعاونية
co-ordinate (v.)	نسَّق • رتَّب • سوَّى
(n.)	إحداثيّ – كُفؤ • نظير
co-ordinate axes	محاور الإحداثيات
co-ordinates	إحداثيّات
co-ordinating body	هيئة تنسيق
Co-ordinating Research Council	مجلس تنسيق الأبحاث (يضم أعضاء من معهد البترول الأميركي وجمعية مهندسي السيارات الأميركية)
co-ordination (n.)	تنسيق • تناسُق
co-ordination compounds (Chem.)	مركّبات تناسُقية الترابط
co-ordinator	مُنَسِّق
copal (Chem. Eng.)	كوبال : راتينج يُستعمل في صنع الدهان
copaline (or copalite) (Min.)	كوبالين : راتينج معدني متحجِّر
copartner	شريك
cope (v.)	بارى – عالَج بنجاح – زوَّد بإفريز مائل
(n.)	قَلَنسُوة • نصف قالَب السِّباكة العُلوي – إفريز
co-phasal (Elec. Eng.)	مُتماثل الطَور
co-pilot	مساعد طيّار • طيّار مُعاون
copious (adj.)	وافر • غزير
co-planar (adj.)	مُتَّحد المُستوى • واقع في نفس المُستوى (مع)
co-polymer (Chem. Eng.)	مُبَلمَر إسهامي : مُتغاير الوحدات البنائية المتضاعفة
co-polymerization (Chem. Eng.)	بَلمَرة إسهامية • بَلمَرة مشتركة
copper (Cu) (Chem.)	النُّحاس : عنصر فلزي رمزه (نح)
(n.)	مِرجَل – لون نُحاسي
(v.)	غطّى بالنُّحاس • نَحَّس
(adj.)	نُحاسي
copper alloy (Met.)	سَبيكة نُحاسية
copperas (Min.)	كبريتات الحديدوز
copperas, blue (Chem.)	كبريتات النُّحاس
copperas, green (Chem.)	كبريتات الحديد
copperas, white (Chem.)	كبريتات الزنك
copper bar	قضيب نُحاسي
copper-base alloy (Met.)	سَبيكة نُحاسية : أساسُها النحاس
copper bearing (adj.) (Min.)	حاوٍ للنحاس
(n.) (Eng.)	مَحمِلٌ نُحاسي
copper bit	كاوية نُحاسية : كاوية لحام ذاتُ رأسٍ نُحاسيّ
copper bus (Elec. Eng.)	مُوَصِّل عمومي نُحاسي
copper catalyst (Chem.)	حافز نُحاسي : مادّة حفز أساسها النحاس
copper corrosion strip (Pet. Eng.)	شريحة تأكُّل نُحاسية : تُقاس بها أكَّالية المستحضر البترولي
copper corrosion strip test (Pet. Eng.)	اختبار التأكُّل بالشريحة النحاسية : طريقة لتقدير التأكُّل الناتج بفعل المستحضر البترولي
coppered carbons	قُضبان كربونية مُنَحَّسة
coppered steel (Met.)	فولاذ مُنَحَّس (مطليّ بالنحاس)
copper electrode (Elec. Eng.)	الكترود نُحاسي
copper foil (Met.)	رقيقة نُحاسية
copper gasket (Eng.)	حَشيَّة أو فَلَكة نُحاسية (لمنع الارتشاح)
copper gauze	شبكة سلكية نُحاسية
copper glance = chalcocite (Chem.)	خام كبريتيد النحاسوز
copper joint (Eng.)	وُصلة نُحاسية
copper lead (Elec. Eng.)	مُوَصِّل نُحاسي
copper-lead alloy	سبيكة النحاس والرصاص
copper-matte (Met.)	طِلية نُحاسية مُطفأة اللّمعة
copper mine	منجم نُحاس
copper nickel = niccolite (Min.)	نيكوليت : زرنيخيد النيكل
copper number (Pet. Eng.)	العدد النُّحاسي : عدد المليغرامات من المركِّبات الموجودة في ١٠٠ سم٣ من مستحضر بترولي
copper ore (Mining)	خام نُحاسي
copper-plate (v.)	طلى بالنحاس
(n.)	صفيحة نُحاسية
copper plating	طلاء بالنحاس
copper pyrite = chalcopyrite (Min.)	بيريت النحاس • كبريتيد النحاس والحديد
copper pyrophosphate (Chem.)	بيروفسفات النحاس
copper refining (Chem. Eng.)	تنقية النُّحاس
copper sheet (Met.)	صفيحة نُحاسية
copper smelting (Met.)	صَهرُ النحاس
coppersmith	نَحَّاس • صفَّار
copper steel (Met.)	فولاذ نُحاسي
copper strip	شريحة نُحاسية
copper-strip corrosion (Pet. Eng.)	تأكُّل الشريحة النحاسية : قياس نوعي لأكَّالية الناتج النفطي بملاحظة التأكُّل في شريحة نُحاسية تُوضع فيه
copper-strip test (Pet. Eng.)	اختبار (الأكَّالية) بالشريحة النُّحاسية
copper sulphate (Chem.)	الزاج الأزرق • كبريتات النحاس المائية
copper sweetening (Pet. Eng.)	التحلية بالنُّحاس : إزالة المركبات الكبريتية بإضافة النُّحاس
copper sweetening unit (Pet. Eng.)	وحدةُ تحلية نُحاسية : بمركبات النُّحاس
copper wire	سلك نُحاسي
copper works (Met.)	مَسبك النحاس
coprolite (Geol.)	نجوٌ متحجِّر : من الزواحف البائدة
copy (n.)	نُسخة • صورة طبق الأصل

cooling unit

COR

cork borer	مِثْقابُ فِلين
corkscrew	بَريمة سَحب السدادات الفِلّينية
cork stopper	سِدادة فِلّيني
Corliss engine (Eng.)	مُحرِّك «كُورْليس»
Corliss valve (Eng.)	صِمامُ «كُورْليس»
corner (n.)	قَرنة · رُكن · زاوية · عَطفة
(adj.)	زاويّ
(v.)	إحتكر
corner brace	مِلفافُ ثَقب للزوايا
corner joint	وَصلة زاويّة
cornerstone (Civ. Eng.)	حجر الزاوية · حجر الأَساس
cornerwise (or cornerways) (adv.)	قُطريّاً · من زاوية إلى أُخرى مُقابلة
core plate (Eng.)	رُقيقة قَلبية أَو لُبّية
core record (Civ. Eng.)	سِجِل العيّنات اللُبّيّة أَو الجوفيّة
core sample (Pet. Eng.)	عيّنة لُبّية أَو جوفيّة
core samples laboratory	مُختبَر العيّنات اللبّيّة
core sampling (Pet. Eng.)	استخراج العيّنات
corf (Mining)	سَلّة (أَو عربة) صغيرة تُستعمل في المناجم
coring (n.) (Pet. Eng.)	تجويف · استخراج العيّنات اللبّيّة (أَو الجوفيّة)
cork (n.)	فِلّين ـ فِلّية · سِداد فِلّيني · لِحاء
(v.)	سَدّ بفِلّينة
(v.)	سَحّ · فَلّد · حاكى
coquina (Geol.)	رُخام صَدَفيّ: يحوي كُسارات براقة
coquinite (Geol.)	كوكينِت: صخر مَحاري أَو صَدَفي
coral (n.)	مَرجان · بُسَّذ
(adj.)	مَرجاني
coral limestone (Geol.)	حجر جيري مَرجانيّ
coral mud	حمأ مَرجاني
coral reef	ريف مرجاني · شِعب مَرجاني
cord (v.)	ربط بحبل
(n.)	حَبل · شَريط · وَتر
cord-drive (n.)	إدارة بالحِبال
corded (adj.)	مُضلَّع · ناتئُ الخطوط ـ مَحزومٌ بحَبل
cordite (Chem. Eng.)	كورديت: بارود عادمُ الدخان
cord (of wood)	قياس حَجمي للخَشَب: يعادل ١٢٨ قدماً مكعبة (٣٫٦٢٥ متر٣)
cordon (n.)	نِطاق · حِصار ـ شَريط · بَريم
corduroy road (Civ. Eng.)	طريق مُضلَّعة: مرصوفة بجذوع مُستعرضة
core (Pet. Eng.)	عيّنة لُبّية · عيّنة فَلّية · عيّنة جوفيّة
(n.)	نواة · لُباب · قَلب · لُب · جَوف
(Elec. Eng.)	قَلبُ الملفّ: قضيب حديدي في داخل ملف مغنطيسي
(v.)	أَخذ عيّنة لُبّية ـ جَوَّف · نزع القَلب أَو اللب
core analysis (Pet. Eng.)	تحليل العيّنات اللبّيّة أَو الجوفيّة
core barrel (Pet. Eng.)	أَسطوانة (استخراج) العيّنات اللبّية
core bit (Civ. Eng.)	لقمة (استخراج) العيّنات اللبّية
core chuck (Pet. Eng.)	قاطِعة عيّنات لُبّية
cored casting	مصبوبة مُجوَّفة
core drill (Civ. Eng.)	مِثقاب (لاستخراج) العيّنات الجوفيّة
core extractor (Pet. Eng.)	مُستخرجة العيّنات الجوفيّة (أَو اللبّيّة)
core hole (Civ. Eng.)	ثَقبُ استخراج العيّنات اللبّيّة
core of anticline (Geol.)	قَلبُ الطية المُحَدَّبة
core of syncline (Geol.)	قَلبُ الطية المُقعَّرة
core of (the earth) (Geol.)	لُبُّ الأَرض
core oil	زيت قُلوب السَّبك

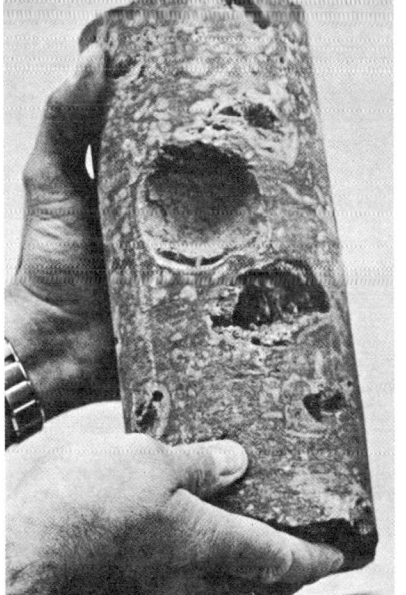

core sample

core sampling

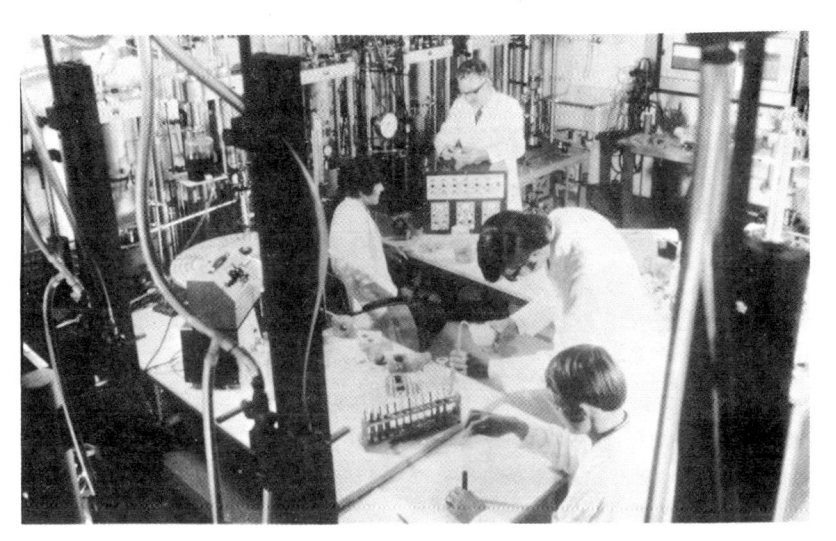

core samples laboratory

cornice إفريز • طُنُف
corn oil (Chem.) زيت الذُرة
corollary لازمة • نتيجةٌ طبيعية
corona (*n.*) (Phys., Meteor.) طُفاوة • دارَة • هالة – إكليل • تاج
(Geol.) نِطاق هاليّ
corporate (*adj.*) مؤتلِف • مُتضامِن – إعتِباري • معنويّ
corporate body هيئة إعتبارية • شَرِكة أو جمعية خاصة
corporate name اسم آعتباري تُجرى به المُعاملات القانونية
corporation (*n.*) شركة مُساهِمة • مُؤسسة
corps (*n.*) كَتيبة – سِلك • هيئة مُنظَّمة
corrade (*v.*) حتّ • أكَل • بَرَى
corrasion (Geol.) حتّ • تأكُّل • تَحاتّ طبيعي مَوضعي
correct (*adj.*) صحيح • قويم – صائِب • لائق
(*v.*) صحَّح • عدَّل • قوَّم • ضبط
correction (*n.*) تصحيح • تقويم • إصلاح • تعديل
correction factor مُعامِلُ التصحيح
corrective (*adj.*) مُصحِّح • مُقوِّم
correlate (*v.*) إتَّصل • ارتبط • ربَط بين
correlation (*n.*) صِلة • عَلاقة مُتبادَلة • ترابُط
(Geol.) مُضاهاة
correlation analysis (Geol.) تحليلٌ بالمُضاهاة
correlation index دليل الترابُط • معامل الترابُط
correlation of formations (Geol.) مُضاهاة التكوينات الجيولوجية
correlation of strata (Geol.) مُضاهاة الطبقات
correspond (*v.*) ماثَل • ناظَر • وافَق – راسَل
correspondence (*n.*) مُوافقة • تماثُل • تناظُر – مُراسلة
correspondent (*n.*) مُراسِل – نَظير – عَميل
(*adj.*) مُتناظِر • مُتوافِق
corresponding (*adj.*) مُناظِر • مُماثِل
corrie = cirque (Geol.) حَلْبة (أو دارة) جليدية
corroborate (*v.*) أيَّد • سانَد • عزَّز – أثبت
corrodant (Chem.) عامل حاتّ أو أكّال
corrode (*v.*) حتّ • أصدأ • أبلى • صدِيء • بلِي • تحاتّ كيميائيّاً • تأكّل
corroded (*adj.*) متأكِّل

corrodibility (*n.*) قابليَّة التَّحات
corrosion (*n.*) تأكُّل • تحاتّ – حتّ كيميائي
corrosion additive (Chem. Eng.) إضافة لِمَنع التأكُّل
corrosion buttons أزرار (منع) التأكُّل
corrosion cells خلايا التأكُّل
corrosion coupons (Pet. Eng.) قسائم (اختبار) التأكُّل
corrosion cracking (Eng.) تشقُّق بالحتّ
corrosion-fatigue (Met.) كَلالُ التأكُّل • كلالُ الحتّ الكيميائي
corrosion-inhibiting additives (Pet. Eng.) إضافات مانعة التأكُّل
corrosion inhibitor (Chem. Eng.) مانِعُ التأكُّل : مادة واقية من التأكُّل
corrosion preventive (Chem. Eng.) مانع الحتّ الكيميائي
corrosion-proof (Chem. Eng.) صامِدٌ للحتّ الكيميائي • صامد للتأكُّل
corrosion-proofing (Chem. Eng.) تصميد للحتّ الكيميائي
corrosion ratio نسبة التأكُّل
corrosion resistance (Chem. Eng.) مقاومة التأكُّل
corrosion-resistant (Chem. Eng.) مُقاوم للحتّ الكيميائي • مُقاوِمُ التأكُّل • مُقاوِمٌ للتأكسُد
corrosion test (Chem. Eng.) اختبار التأكُّل
corrosion wear (Chem. Eng.) بِلَى التأكُّل
corrosive (*adj.*) (Chem.) أكّال • حاتّ
corrosive = corrosive agent (*n.*) مادّة أكّالة • عامِل حتّ كيماوي
corrosive acid (Pet. Eng.) حامض أكّال
corrosive (or corrosion) allowance (Pet. Eng.) مَسموح التأكُّل : الثَّخانة الزائدة في الخزان عن الثخانة المأمونة
corrosive fumes أدخِنة أكّالة
corrosive sublimate = mercuric chloride (Chem.) كلوريد الزِئبقيك
corrosive wear (Eng.) بِلًى بالتأكُّل
corrugate (*v.*) غضَّن • تغضَّن • موَّج • تموَّج • جَعَّد
corrugated (*adj.*) مُغضَّن • مُجعَّد • مُمَوَّج
corrugated glass زُجاج مُمَوَّج
corrugated hose خرطوم مُغضَّن
corrugated sheet iron (Eng.) ألواح حديدية مموَّجة
corrugated surface سطح مُمَوَّج

corrupt (*adj.*) فاسِد • عَفِن • مُنحَل
(*v.*) أفسد • أتلف • فَسَد • تعفَّن
corundum (Min.) كُورَنْدُم • ياقوت • أكسيد الألومنيوم البلّوري
cosecant قاطِع التَّمام
cosine جَيبُ التمام
cosmetic (*n.*) مُستَحضَر تجميل
cosmic (*adj.*) كَونيّ • عالَميّ
cosmic radiation (Phys.) إشعاع كَونيّ
cosmic rays الأشعة الكونيّة
cosmogony (Geophys.) نَشأة الكَون • علمُ نَشأة الكون – نظرية في نشأة الكون
cosmography علم الدراسات الكونية
cosmos (*n.*) ألكَون – كَوْن : نظامٌ كامِل مُتوافِق
cost (*n.*) كُلفة • نَفَقة • تَكْلِفَة • ثَمَن
(*v.*) كلَّف
cost accounting حِساب سِعر الكُلفة
cost-book دفترُ التكاليف
cost ex-works سِعرُ المَصنع
cost index دليلُ التكلِفة • أرقام التكاليف القياسية
costing تقدير التكاليف
cost, insurance, and freight (C.I.F.) سِعر البضاعة مع أُجرة التأمين والشحن
costly (*adj.*) ثَمين • باهِظُ التكاليف
cost of installation تكاليفُ التركيب • تكاليف الإنشاء
cost of living تكاليفُ المَعيشة
cost of living bonus عِلاوة غلاء المعيشة
cost of production كُلفة الانتاج • تكاليف الانتاج
cost of upkeeping تكاليف الصِّيانة
cost price سِعر الكُلفة • سعر التَّكلفة
cotangent ظِلُّ التمام
cotter (*n.*) وَشيظة • خابُور • سَفين
cotter bolt (Eng.) مِسمار خابُوري
cotter driver (Eng.) مِدقَّةُ المسامير الخابورية
cotter pin (Eng.) دِبُّوس خابوري مَشقوق
cotton felt لُبَّاد قُطني
cottonseed oil (Chem.) زيتُ بُزور القطن
cotton wool قُطن خام • قطن طبِّي
Cottrel precipitator (Pet. Eng.) مُرسِّب «كوتريل» • جهاز «كوتريل» للترسيب
coulee = coulie (Geol.) مَجرى حُمَم بُركانية – شِعْب • وادٍ ضَيِّق
coulomb (Elec. Eng.) كولُوم : أمبير ثانية
coulometer = voltameter (Elec. Eng.) كولومتر • فُلْتامتر

coumarone resin (Chem.) راتينج الكومارون

council مجلس • مَجْمَع

counsel (n.) مَشُورة – مُحام

(v.) أشار على • تداوَل • تذاكَر

count (v.) عدَّ • حَسَب – إعتبَر – دخل في الحِساب – رَكَن

(n.) عَدّ • تعداد • إحصاء

count-down عَدٌّ تناقصي • عدٌّ عَكسي

counter (n.) عدّاد – مِعداد

(adj.) مُعاكِس • مُضاد

(v.) ضادَّ • قاوَم

counter- بادئة بمعنى : ضِد • مُضاد • عَكسي • مُقابِل

counteract (v.) ضادَّ • قاوَم – أبطل – عادل

counterbalance (n.) ثِقْل مُوازِن • تأثير مُعادل

(v.) وازَن • عادَل

counterbracing = **cross bracing**

تكثيف (بشِكال) مُتعارض (Eng.)

countercheck (n.) عائِق – تدقيق للمرَّةِ الثانية

(v.) أعاق – دقَّق (أو راجعَ) ثانيةً

counterclaim دعوى مُضادَّة

counterclockwise (adj.) سائر في اتجاه مُعاكِس لحركة عَقرب الساعة

(adv.) في اتجاه مُعاكِس لحركة عَقرب الساعة

counter-current (n.) تيار مُعاكِس • جَريان مُعاكِس

counter electromotive force (Elec. Eng.) القوّة الدافعة الكهربائية المُضادَّة

counterfeit (v.) زيَّف • قلَّد • مَوَّه

(adj.) مُزيَّف • مُقلَّد

counter-flange (Eng.) شَفة مُقابِلة

counter-flow دَفْق أو تيار مُضاد

counter flush drilling (Civ. Eng.) حفر بالحَقن العكسي

counterfoil (n.) أرومة (الشيك أو الصك)

counter-force قوّة مضادة

counterfort (Civ. Eng.) كَتِفٌ جانبيَّة : لجدار الاحتِجاز

counter lode (Geol.) عِرق مَعدني مُعترِض

counter-measure تدبير مُضادّ

counterpart (n.) مَثيل • نَظير • جزء مقابل

counterpoise (n.) ثِقل مُوازِن – تأثير أو قُوَّة مُعادِلة – تعادُل

(Elec. Eng.) سلك مُقابِل

(v.) وازَن • عادَل • إتَّزن

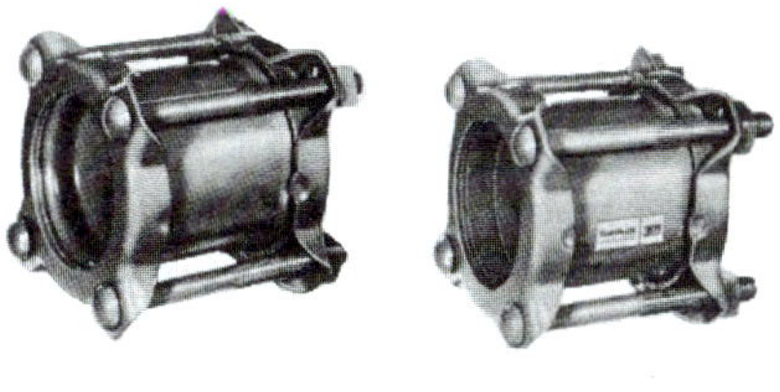

couplings

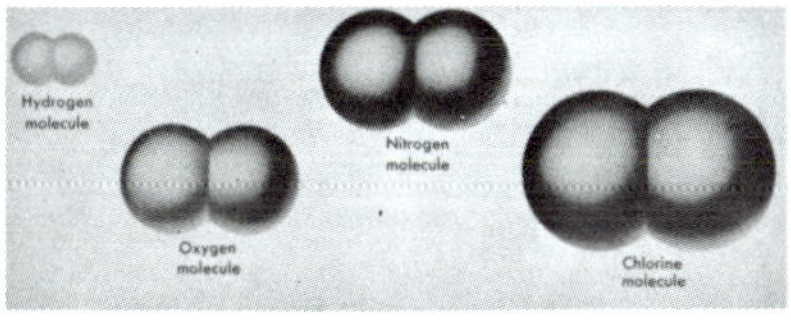

covalent bonding

counter-pressure (n.) ضغط مُضاد

counterscarp (Civ. Eng.) جدار الخندق الخارجي

countershaft (Eng.) جِذع وسيط • عمود مُناولة وسيط

countersign (v.) صدَّق على إمضاء

(n.) توقيع مُصدِّق : توقيع ثانٍ للمُصادقة على التوقيع الأول

countersink (v.) خوَّش • غرَز (رأسَ البرغي) في ثَقب محوَّش

countersunk rivet (Eng.) بِرشامة غاطسة

countersunk screw (Eng.) بُرغي (لولب) غاطس الرأس

counter thrust (Eng.) دَفع مُقابل أو مُضاد

counter tube (Elec. Eng.) عَدّاد • صِمامٌ عدّاد

countervaluation تقييم مُضاد

counterweight (n.) ثِقل مُوازِن • رِجازة • وزن مُعادِل

counterweight hoisting (Mining) رَفعٌ بأثقالٍ موازِنة

country (n.) قُطر • بَلَد • بلاد – رِيف – مُقاطعة

country rock (Mining) صَخر مُكتنِف : يُحيط بالرِّكاز

coup (n.) خُطّة مُفاجئة

couple (n.) زوج (زوجان) – مُزدَوِجة • ازدواج

(v.) أزوج • قَرَن • إزدوج • تَقارَن

coupled (adj.) مُقرَن • مَقرون • مُتقارِن • مُزوَج

coupled pipes (Eng.) مواسير مُقرَنة او متقارِنة

coupler (n.) مِقرَنة • رابط • قارِن – وُصلة قارِنة

coupling (n.) رَبط • وَصْل • قَرْن • تقارُن – وُصلة قارِنة • جُلبة قارنة

coupling box (Eng.) عُلبة الوصل

coupling gasket (Eng.) حَشِيَّة وَصل

coupling hook (Eng.) كُلّاب وَصل

coupling joint وُصلة قارِنة

coupling nut (Eng.) صَمُولة وَصل

coupling pin (Eng.) مِسمارُ وَصل

coupling rod (Eng.) ذِراع وَصل • ذراعُ تقارُن

coupling shaft (Eng.) ذراع وصل

coupling sleeve (Eng.) كُمُّ الوصل • كُمٌّ قارِن

coupling socket (Elec. Eng.) مَقْبِس وَصل • وُصلة مأخذ التيار

coupon (n.) قَسيمة • كوبُون

قسيمة اختبار : قضيبٌ (أو شريحة) (Eng.) اختبار التآكل

course (n.) مَجرى • مَسلك – وِجهة • اتِّجاه – دَورة – مِدماك

(Geol.) طبقة – مَجرى

(v.) جَرى • انطلق

course indicator دليلُ الاتجاه

course of employment, in the في سياق العمل – في أثناء تأدية الواجب الوظيفي

course of ore (Mining) اتجاه العِرق المعدني

coursing (Mining) تمديدات التهوية (في منجم)

courtesy (n.) لُطف – كِياسة – مُجامَلة

court of inquiry مَجلسُ تحقيق

covalence (Chem.) تكافُؤ إسهامي

covalent bond (Chem.) ترابُط إسهامي • وُصلة إسهامية

cove (n.) خَوْر • شَرْم • خَليج صغير – إفريز مُجوَّف – تَقْب

covenant (n.) عَهد • اتِّفاق • مِيثاق

cove oil مزيج من الزيت المعدني والنباتي

cover (v.) غطَّى • دثَّر • غمر – حجَب – قطع (مسافةً)

(n.) غِطاء • غِلاف – مَلجأ

coverage (n.) تغطية – مدَى التغطية

coverall (n.) مِيدَع • مِئزر : ثوب يقي ثياب العامِل من الاتِّساخ

covercrop (Geol.) مَحصول واقٍ : يقي التربة من التعرية

cover glass = **cover slip** شَريحة تغطية زجاجية

covering (n.) تغطِية • تغليف • غطاء • سِتر

covering letter رِسالةُ إحالة : رسالة تفسيرية لِمادة مُرفَقة

covering power = **coverage power**

قُدرة التغطية (لِوَحدةٍ من الدهان) (Paint.)

cover plate	لوحُ تغطية
cowl (n.)	قبع ٠ قَلَنْسُوة - غِطاء معدني ٠ كَبُّوش - واقية
(v.)	غطّى ٠ قَلْنَس
cowling (n.)	غِطاء معدنيّ ٠ واقية
co-worker	زَميل في العمل
cow sucker (Pet. Eng.)	مِرجاس : ثِقل يعلَّق في بِئر البِئر لِيُعجِّل نزوله
coxswain	مُوجِّه الدّفة الشِّكاني
C.P. (candle-power)	القدرة بالشمعة
(chemically pure)	نَقِيّ كِيماويًّا
CPS., c/s (cycles per second) (Elec. Eng.)	دَور في الثانية
C.R. (compression ratio) (Eng.)	نِسبة الانضغاط
crab (Eng.)	كَبَّاش جهاز الرفع - مِرفاعٌ آليّ متحرك
crab (winch) (Eng.)	مِرفاع نَقّالي ٠ عربة ونش
crack (n.)	شَقّ ٠ صَدْع ٠ فَلْع ٠ شَرخ ٠ تشقُّق - فَرقعة ٠ طقطقة
(v.)	فَلق ٠ شقّ ٠ انشقّ ٠ تصدَّع - قصف ٠ طقطق
(Chem. Eng.)	كسَّر البترولَ بالتقطير الاتلافي (لتحطيم الجزيئات البترولية الكبيرة والحصول على مزيد من المنتجات البترولية الخفيفة)
crack detector (Eng.)	مِكشاف التصدُّع ٠ مِكشاف الصدوع
cracked (adj.)	مُتصدِّع ٠ مُتشقِّق
(Pet. Eng.)	مُكَسَّر ٠ مُنتَج بالتكسير
cracked bearing (Eng.)	مَحمِل مُتصدِّع
cracked distillate (Pet. Eng.)	قُطارة تكسيريَّة ٠ قُطارة التكسير (البترولي)
cracked gas (Pet. Eng.)	غاز مُكَسَّر : غاز (نفطي) مُنتَج بالتكسير
cracked gas oil (Pet. Eng.)	زيت السُّولار المُكَسَّر ٠ زيت الغاز الناتج بالتكسير
cracked naphtha (Pet. Eng.)	نفتا التكسير
cracked residue (Pet. Eng.)	مُخلَّفات التكسير
cracker (n.)	سَهم ناري - (Pet. Eng.) جهاز تكسير - مُنتَج بالتكسير
cracking (n.) (Pet. Eng.)	تكسير : تقطير إتلافي (أو هدَّام) للبترول الخام للحصول على مَزيد من المنتجات الخفيفة
cracking capacity (Pet. Eng.)	قُدرة التكسير (البترولي)
cracking, catalytic (Chem. Eng.)	التكسيرُ الحَفزي ٠ التكسير المُحَفَّز : بالوسيط الكيميائيّ
cracking chamber (Chem. Eng.)	حُجرة التكسير
cracking coils (Chem. Eng.)	أنابيب التكسير المَلتفَّة
cracking, fluid catalytic (Pet. Eng.)	التكسير بالحفز السائلي
cracking, high-temperature (Pet. Eng.)	تكسير عالي الحرارة
cracking intensity (Chem. Eng.)	شِدَّةُ التكسير
cracking plant (Pet. Eng.)	وَحدةُ تكسير (البترول)
cracking plant capacity (Pet. Eng.)	القدرة الانتاجية لوَحدة التكسير
cracking, pressure-heat (Pet. Eng.)	تكسير بالضغط والحرارة
cracking process (Chem. Eng.)	عمليةُ التكسير (بالتقطير الهدَّام أو الاتلافي)
cracking residuum (Chem. Eng.)	مُتخلَّفات التكسير
cracking still (Pet. Eng.)	مِقطَر تكسير ٠ وَحدة تقطير تكسيريّ٠ مِقطَرة مُعدَّة بالضغط والحرارة اللازمين لتكسير البترول
cracking temperature (Pet. Eng.)	درجةُ حرارة التكسير
cracking thermal (Pet. Eng.)	التكسير الحراري
cracking unit (Pet. Eng.)	وَحدة تكسير
cracking, vapour phase (Pet. Eng.)	التكسير في طَور البخار
crackle (v.)	طقطق ٠ تَفرقَع
(n.)	طقطقة ٠ فَرقعة
crackle test (Pet. Eng.)	اختبار الفرقعة
crack per pass (Pet. Eng.)	التكسير النسبي : نسبة البنزين الناتج بالتكسير الى الكميَّة المعالجة في دورة محدَّدة
crack propagation	انتشار التشقُّق
crack-up (n.)	تحطيم ٠ تحطُّم ٠ انهيار ٠ فشل
crack wax (Pet. Eng.)	شمعُ التكسير : شمع معدنيّ أسود ينتج بتكسير النفط
cradle (n.)	مَهد ٠ مَنشأ - سَرير ٠ حَمَّالة ٠ مَحمِل انشاءات (Civ. Eng.) ٠ هزَّازة (Mining)
(v.)	سَنَد أو دَعَم بحَمَّالة - فَصَلَ الترابَ عن المعادن بالهزهزة
cradle car (Civ. Eng.)	عربة قلّابة
craft (n.)	مِهنة ٠ حِرفة ٠ مَهارة - طيَّارة - سفينة
craftsman (n.)	صانع ماهر
crag (Geol.)	صخر رملي مَحاري - جُرف شديد الانحدار
craggy (adj.)	كثيرُ التضاريس ٠ وَعْر
cram (v.)	حَشا ٠ زحَم ٠ كظَّ ٠ اكتظَّ
cramp (n.)	مِشبك ٠ قامطة
(v.)	قَمَط ٠ شَبَك ٠ زَنَق
cranage (n.)	أُجرة الرفع ٠ أُجرة المِرفاع

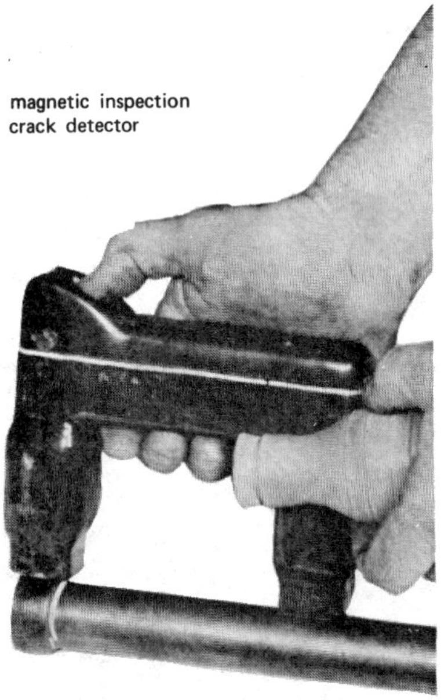

magnetic inspection crack detector

studying crack propagation in plastics

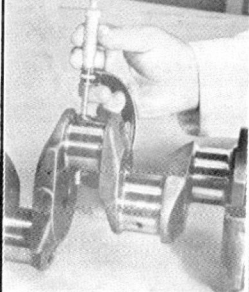

cranch (Mining) كُتلة رِكازيه • كتلة خام صلدة
crane (Eng.) مِرفاع • رافِعة • (ونش)
(*v.*) رَفَع بالمرفاع
crane boom (Eng.) ذراع (تطويل) المرفاع
crane crab (Eng.) كَبَّاش رفعٍ نقَّالي
crane-hook (Eng.) خُطَّاف المرفاع
crane magnet (Elec. Eng.) مَغنطيس المرفاع
crane rail (Eng.) قضيب انزلاق المرفاع المتنقِّل
crane rigger عاملُ المرفاع
crane shovel (Civ. Eng.) مِجرفةُ المرفاع
crane tower = **king tower** (Civ. Eng.) برجُ المرفاع
crane truck (Eng.) شاحِنة ذاتُ مرفاع
crank (*n.*) (Eng.) مِرفَق • ذراعُ التدوير جُزْء مَعقوف
crank arm = **crank web** (Eng.) ساعِدُ الجُزع
crank bearing (Eng.) مَحملُ ذراع التدوير
crankcase (Eng.) عُلبة المرافِق
crankcase oil = **motor oil** (Eng.) زيت (مرافق) المحرِّك
crankcase ventilation (Eng.) تَهوية عُلبة المرافِق
crank handle (Eng.) قَبضةُ ذراع التدوير
crank hub (Eng.) قَبٌّ (أو صُرَّة) ذراع التدوير
cranking (*n.*) تدوير بمِرفَق
cranking motor (Eng.) مُحرِّك بدءِ الإدارة
crank pin (Eng.) مِسمار أو دِسار المِرفَق – مِرفقٌ ثانَوي
crankshaft (Eng.) عمود مِرفَقي • عمود المِرفَق
crank sweep (Eng.) حَذْفَة المِرفق : قُطر دائرة المِرفق
crank throw (Eng.) حَذفةُ المِرفَق • رَمْيَةُ المِرفق
cranky (*adj.*) سائب • مُزعزَع
cranny (*n.*) شَقّ • صَدْع – كُوَّة غير نافذة
crash (*n.*) ارتِطام • اصطِدام • تحطُّم • سقوط
(*v.*) حَطَّم • تحطَّم • رَطَم • إرتطَم
crash helmet خُوذَة ارتِطام
crate (*n.*) صندوق شَحن
(*v.*) عَبَّأ في صندوق شحن
crater (Geol.) فُوَّهة • حُفرة – فُوَّهة بركانيَّة • فوهة التفجُّر
crateriform (*adj.*) شبيه بالفوَّهة البركانيَّة
crater lake (Geol.) بُحيرة بُركانية
crater lip (Geol.) شَفة الفُوَّهة البركانية
cratons (Geol.) الرواسِخ : كُتل صخرية راسخة تَحدُث بينها الطيات المقعَّرة
crawler (*n.*) زَحَّافة
crawler crane (Eng.) مِرفاع زحَّاف
crawler excavator حفَّارة مُزَنْجَرة
crawler tractor جرَّار مُزَنْجَر
crawler truck شاحِنة مُزَنْجَرة
C.R.C. (Co-ordinating Research Council) مَجلِس تنسيق الأبحاث

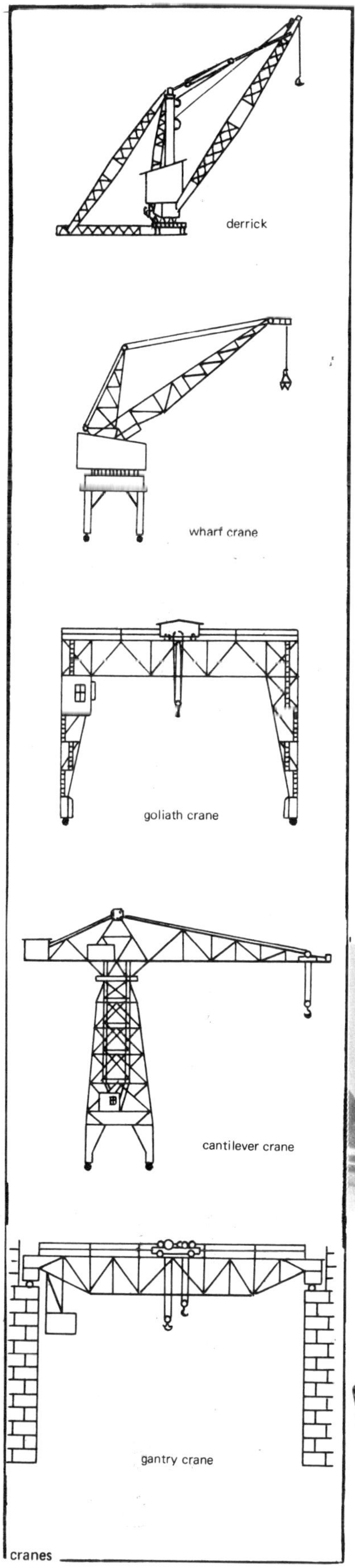

cranes

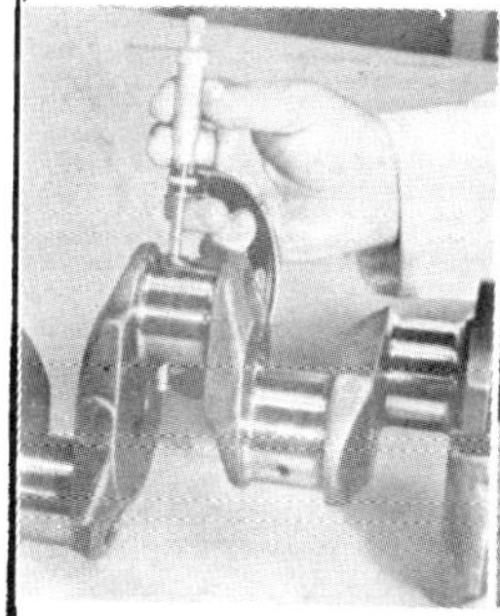
crankpin (being measured by a micrometer caliper)

crater

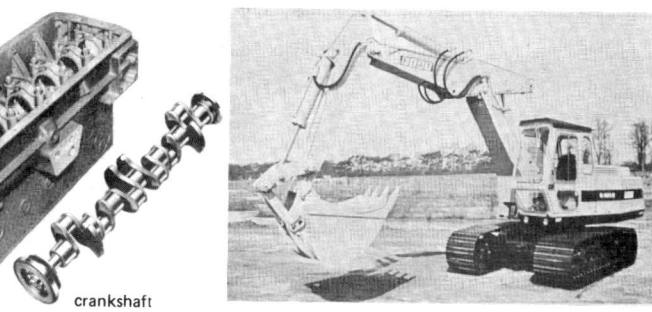

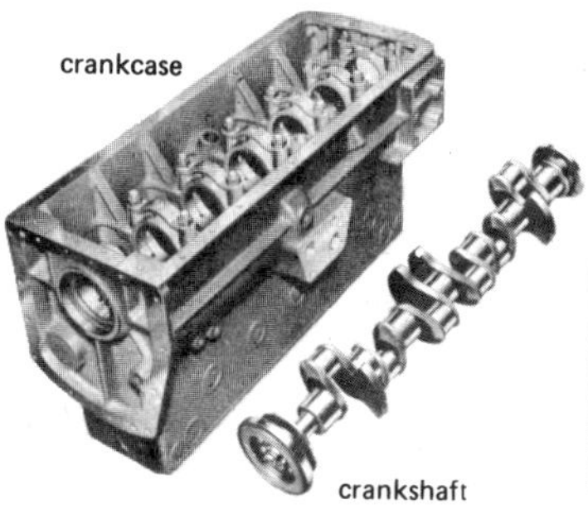

crawler excavator

creak (n.)	صَرير ، صَريف
(v.)	صَرَّ ، طَقْطَق
cream of tartar (Chem.)	زُبدة الطَّرطير
crease (n.)	غَضَن ، طَيَّة – أَثَر الثَّني أو الطَّيّ
(v.)	غَضَّن ، ثَنَى ، تغضَّن ، تثنَّى
creasing (n.)	تغضين ، تجعيد
create (v.)	خَلَق ، أَوْجَد ، أَحْدَث
credentials (n.)	وَثَائِق أَو شَهَادَات مُعْتَمَدة ، أَوْراق اعْتِمَاد
credit (n.)	اعْتِمَاد – رَصيد في مَصرف – عمود الداخل من حساب مالي
(v.)	اِئْتَمن – قَدَّم اعْتِماداً مَصْرِفياً (الـ) ، قَيَّد لحساب
credit account	حساب دائن
credit balance	رصيد دائن
credit, letter of	كِتَاب اعْتِماد مَصْرِفي
creditor (n.)	دائن ، صاحب الدَّيْن
creek (n.)	غَيب ، جدول – خَوْر ، شَرم ، خليج صغير
creep (v.)	زَحَف ، دَبَّ ، تسلَّق ، نَمِل ، خَدِر
(n.)	زَحْف ، دَبيب
(Eng., Met.)	تزحُّف ، زَحَفَان : تشوُّه الجسم أو استطالته بفعل الثقل المستمر عليه
(Geol.)	تزحُّف ، زَحَفَان : التربة أو الهشيم الصخري بفعل الجاذبية الأرضية
creep strain	انفعال التزحُّف
creep strength	مقاومة الزَّحَفَان
creep stress	إجهاد التزحُّف
creosol (Chem.)	كريزول
creosote (n.) (Chem.)	كريوزوت
(v.)	عالج الخشب بالكريوزوت
creosoting (n.)	مُعالجة (الخشب) بالكريوزوت
crescent (n.)	هلال
(adj.)	هلالي الشَّكل
crescentic dunes (Geol.)	كُثبان هلاليَّة
cresol (Chem.)	كريزول
crest (n.)	قِمَّة ، ذِروة – حَرْف
(Geol.)	هامَة
(adj.)	قِمِّي ، ذِرْوي
crestal plane (Geol.)	المُستوى الهامي للطَّيَّة
crest factor = peak factor (Elec. Eng.)	عاملُ الذِّروة
crest line	خَطُّ الذِّروة
crest of anticline (Geol.)	هامة الطَّيَّة المُحدَّبة
crest voltage (Elec. Eng.)	فُلطة الذِّروة
cresyl (Chem.)	كريزيل : مزيج من الكريزولات (أورثو ، بارا وميتاكريزول)
cresylic acid (Pet. Eng.)	حامض الكريزليك : مزيج من الكريزولات يُستعمل مُطهّراً كما يُستعمل في صنع اللَّدائن
cretaceous formation	تكوين كريتاوي – مُكوَّن كريتاوي
Cretaceous period (Geol.)	العصر الطباشيريّ
Cretaceous system (Geol.)	النظام الطباشيريّ ، صخور العصر الطباشيري
crevasse (n.)	أُخدود ، صَدع (في سَدّ)
(v.)	شَقَّ ، صَدَع ، حَفَر أُخدوداً في
crevice (n.)	شَقَّ ، صَدَع ، فَجوة
crevice oil (Pet. Eng.)	زيتُ الشقوق الطَّفاليَّة ، زيت حجريّ
crew (n.)	بحَّارة – فريق – طَقْم
(Pet. Eng.)	فرقة الحَفْر – طَاقَمُ الحفر
crew compartment	حُجرة الملَّاحين
crew list (Naut.)	جدول البَحَّارة
crib (n.)	مَهْد – مِذْوَد – هُزْي – جُونة – أخشاب دَعْم
(v.)	دَعَم – حجَز – صدَّ
cribbed chute	مَسقط مُدَعَّم بالأخشاب
cribbing (Civ. Eng.)	أخشاب دعامِيَّة ، هيكل دعم خشبي
cribble (n.)	غربال
(v.)	غَرْبَلَ
cribwork (Mining)	أعمدة دعم خشبيَّة
(Civ. Eng.)	أعمدة دعم خرسانية ، غاطسة
(Pet. Eng.)	نطاقُ البئر ، هيكل البئر
crimp (v.)	جَعَّد ، غَضَّن ، ثنى
(n.)	تغضين ، تجعيد – ضفيرة
crimping (Eng.)	تغضين ، تضييق بالتغضين
crimson (adj.)	قِرمزي
crinkle (v.)	غَضَّن ، تغضَّن ، جَعَّد ، تموَّج ، خشخش
(n.)	تجعُّد ، تجعُّد ، خشخشة ، حَفيف
crippling load (Eng.)	حمل الإعجاز
crippling stress (Eng.)	إجهاد الإعجاز
crisis (pl. crises) (n.)	أزمة ، شدَّة ، مِحنة
criss-cross (adj.)	مُتصالب ، مُتقاطع ، ذو خطوط مُتقاطعة
(v.)	علَّم بخطوط متقاطعة
criss-cross bedding (Geol.)	تطبُّق مُتصالب ، تراصُف طبقي مُتصالب
criterion (pl. criteria)	قاعدة ، معيار
critical (adj.)	حَرِج – عَصيب ، مَحْفوف بالمخاطر – انتقادي ، مُدقَّق
critical angle	زاوية حَرِجة
critical compression pressure (Eng.)	ضغط الانضغاط الحَرِج
critical compression ratio (Eng.)	نسبة الانضغاط الحَرِج
critical conditions	ظروف حَرِجة (أو عصيبة)
critical density	الكثافة الحَرِجة
critical flow (Phys.)	الدَّفْقُ الحَرِج
critical item	مادة ضرورية
critical point	نقطة حَرِجة ، نقطةُ تحوُّل
critical potential (Phys.)	الجُهد الحَرِج
critical pressure (Phys.)	ضغط حَرِج
critical production	الإنتاج الحَرِج
critical state	حالة حَرِجة
critical temperature (Phys.)	درجة الحرارة الحَرِجة
critical temperature range (Chem. Eng.)	المَدى الحَرِج لدرجة الحرارة
critical thickness	الثَّخانة الحَرِجة ، السُّمْكُ الحَرِج
critical velocity (Phys.)	سُرعة حَرِجة
critical viscosity (Phys.)	اللُّزوجة الحَرِجة
criticize (v.)	انتقد ، خطَّأ ، لَامَ
crocodile shears (Eng.)	مِقصٌّ تمساحي
crocodile spanner (Eng.)	مفتاح رَبْط تمساحي
crocoite (or crocoisite) (Min.)	كروكويت : كرومات الرصاص الطبيعية
crocus cloth (Eng.)	قُماش سَنْفرة
crooked (adj.)	غير مُستقيم ، مُعوَجّ ، مُلْتَو
crooked hole (Civ. Eng.)	بئر مائلة الحَفْر
crop (n.)	حاصِل ، مَحصول
(Geol.)	بروز ، نُتوء صخريّ ، مُنكَشَف
(v.)	فلَح ، استثمر – قَطَف ، جَزَّ ، صَلَم
cropping (Met.)	قطْل ، قطع (إلى طول معيَّن)
crop sharing	مُزارعة
cross (n.)	صليب ، تقاطع ، تصالُب – مُزاوجة
(v.)	تقاطع ، تصالب ، صلَّب ، شطَب – عبر ، اجتاز
(adj.)	مُتقاطع ، مُتعاكس – هَجين ، مُختلط الجنس
cross adit (Mining)	سَرَب مُعترض
cross arm (Eng.)	عارضة ، ذراع مُستعرضة
cross baffle (Eng.)	حاجز عرضي
cross bar (Geol.)	حاجز اعتراضي (من الرَّمل أو الحصى)
= cross beam	عارضة ، قضيب مُستعرض

cross bedding

cross beam (Civ. Eng.) عَتَبة مُعترِضة

cross-bearing (Surv.) اتجاهٌ زاويٌّ مُقابِل

cross-bedding (Geol.) تطبُّق مُتخالِف • تطبُّق متعارِض أو مُتقاطِع

cross belt (Eng.) سَير دائريٌّ مُتقاطِع

cross bit (Eng.) لُقمة (حفر) مُتصالبة

cross-bracing = **counter-bracing** (Eng.) تكتيف مُتصالب • مُصَلَّبة

cross connection وُصلة تصالُبيّة

cross course (Geol.) عِرق مَعدني مُستعرِض

cross current تيّار معترِض

cross-cut طريق مُختصر – قَطْع مُستعرِض

cross-cut chisel (Eng.) إزميل ذو مَقطع مُستعرِض

cross-cutting (*n.*) قطع متعارِض (بالنسبة لألياف الخشب)

crossed belt (Eng.) سَير دائري مُتقاطِع

crossed check شِيك مُسطَّر أو مَشطوب

cross effect تأثير مُضادّ

cross fault (Geol.) صَدع عَرْضيّ

cross feed (Eng.) تغذية مُستعرِضة

cross folding (Geol.) طَيٌّ مُتصالِب

cross-grained timber خشب مُستعرِض التجزُّع

crosshairs (Surv.) شُعيرات مُتصالِبة

cross hatching (Eng.) تَرقين عرضي
(Geol.) توأميّة مُتصالبة

crossing (*n.*) تصالُب • تقاطُع – مَعبر – عُبور – تخالُط – تَهجين

crosslined (*adj.*) مُرقَّن • مُظلَّل بخطوطٍ مُتقاطعة

cross member عارضة • ضِلْع مُعترِض

cross observation (Surv.) رَصْد من جانبين مُتقابلين

cross-over وُصلة تقاطُع راكبة

cross-over choke (Eng.) مَخنَقُ تحويل

crosspiece قِطعة مُستعرِضة • لِجاف

cross-point screw driver (Eng.) مِفكّ ذو طرفٍ مُتصالب

cross reference إحالة • إسناد ترافُقي

cross-roads (*n.*) تقاطُع طُرُق • مَفْرَق مُصالَب

cross roller bit (Civ. Eng.) لُقمة حفرٍ بمُسنَّنات دوّارة مُتصالبة

cross-section مَقطع عَرْضي • مَقطع مُستعرِض – عيِّنة إحصائيّة

cross-sectional area مِساحة المَقطع العَرضي

cross spread (Geophys.) نَسَق تصالُبي : لتوزيع المِرْجَفات

cross staff (Surv.) مُثلَّث المَسّاح

cross stratification (Geol.) تطبُّق مخالِف

cross street شارِع مُتقاطِع (مع شارع آخر)

cross-tie (Civ. Eng.) عارِضة • رافِدة معترِضة

cross-wind (Meteor.) ريح مُعترِضة

cross wire (Eng.) سِلك متقاطِع • مُصلَّب سِلكي

cross-wire bracing تكتيف بأسلاك مُتقاطِعة

crosswise (*adj.*) تقاطُعيّاً • عَرْضاً • بالعَرْض

crow = **crowbar** مُخل • عَتَلة

crude distillation unit

crowd (*n.*) حَشد • مجموعة كبيرة
(*v.*) حَشَد • احتَشَد

crowding the line (Pet. Eng.) حَشد (الآبار) في خطّ الحُدود : للاستفادة من احتياطيّ النفط في المنطقة المُجاورة غير المشمولة بالامتياز

crown (*n.*) تاج • إكليل • قِمَّة • ذُروة – حَدَبة – زُجُّ المِرساة
(*v.*) تَوَّج – حَدَّب

crown-block (Mech.) البكّارة العُلويَّة • مَجموعة البكَرات العُلويّة (الثابتة)

crow's nest مِنَصَّة مُراقبة

crucial (*adj.*) حاسِم • باتّ – حَرِج

crucible (*n.*) (Chem.) بوتَقة • بُودَقة صَهر

crucible process (Met.) طريقة البواتِق : لتحضير الفولاذ

crucible steel (Met.) فُولاذ البواتِق

crude (*adj.*) خام • غيرُ مهذَّب • غليظ
(Pet. Eng.) الخام (النفطيّ) • البترولُ الخام

crude assay (Pet. Eng.) مُعايرة (البترول) الخام

crude booster pumphouse (Pet. Eng.) مَبنى المضخّات المعزِّزة لضخ الخام

crude booster pumps (Pet. Eng.) مضخّات مُعزِّزة لضخ الخام

crude bottoms (Pet. Eng.) مُخلَّفات تكرير الخام

crude charge lines (Pet. Eng.) خطوط شَحن الخام • خطوط تلقيم الخام

crude distillation unit (Pet. Eng.) وَحدة تقطير (البترولِ) الخام

crude distiller furnace فرن مقطرة (البترولِ) الخام

crude distiller furnace

crude oil pump

crude stabilizing unit

crude still

cryogenic heat exchanger

crude metal (Met.) مَعدن خام : غيرُ مهذَّب
crude mineral oil زيت معدنيّ خام
crude naphtha النَّفتا الخام • النّفط الخام
crude oil (Chem. Eng.) الزيت الخام • النفطُ الخام • البترول الخام
crude oil analysis تحليل الزيت الخام
crude oil evaluation تقييم الزيت الخام
crude oil gravity test (Pet. Eng.) اختِبار كثافة الزيت الخام
crude oil pipeline خط أنابيب الزيت الخام
crude oil processing (Pet. Eng.) مُعالَجة الزيت الخام (بعمليّات متعاقبة)
crude oil production (Pet. Eng.) إنتاجُ الزيت الخام
crude oil pump مضخّة الزيت الخام
crude oil reserves (Pet. Eng.) احتياطيّ الزيت الخام • احتياطي النفط الخام
crude oil, sour (Pet. Eng.) زيت خام حَذيق • نَفط كبريتي
crude oil stocks (Pet. Eng.) مَخزونات النّفط الخام
crude oil storage tank (Pet. Eng.) خزّانُ (صهريجُ خَزْن) الزيت الخام
crude oil, sweet (Pet. Eng.) زيتخام حُلو • نَفط لا كِبريتي

crude petroleum (Chem. Eng.) البِترول الخام • النفط الخام
crude shale oil (Pet. Eng.) زيت الطَّفَل الخام • الزيت الحجريّ الخام
crude stabilization (Pet. Eng.) تركيز (أو تثبيت) الخام النفطيّ
crude stabilizing unit (Chem. Eng.) وَحدة تركيز (البترول) الخام • وَحدة تثبيت الخام
crude still (Pet. Eng.) مِقطرة الخام
crude tank (Pet. Eng.) صِهريج (الزيت)الخام
crude topping unit (Pet. Eng.) وَحدة قطْف الخام : لاستخلاص القُطارات المتطايرة من البترول الخام
crude wax (Chem. Eng.) شمع خام

crude yellow scale (Chem. Eng.) شمع بارافيني
cruising level مُستوى الانطِلاق : معدَّل العُلوّ الذي تلتزِمُه الطائِرة أثناء الرِّحلة
crumb (n.) كِسرة • شُقفة
(v.) فَتَّ • شقَّف – أزالَ الشّقَف أو الفُتات
crumble (v.) تحطَّم • تهشَّم • هشَّم • فتَّت
crumbling (n.) تفتُّت • تهشُّم • تهشيم • تحطيم
(Geol.) التفتُّت
crumple (v.) غضَّن • تغضَّن • قبَّض • تقبَّض
(n.) تغضُّن • تقبُّض
crup (Mining) انهيار السقف (في المنجم)
crush (v.) هَصَر • هَشَّم • تهشَّم • فتَّت • تفتَّت • سَحَق • انسَحَق
(n.) سَحْق • هَصْر – تهشُّم • تهصُّر
crusher (n.) كسّارة • جرّاشة
crusher oil زيت الكسّارات
crusher rolls (Eng.) دلافين الكسّارة
crushing (n.) سَحْق • هَصْر • جَرْش • تَفتيت
crushing strain (Eng.) انفِعال الهَصْر
crushing strength (Eng.) مُقاومة الهَصْر • مُقاومة التفتُّت • مُقاومة السَّحق
crushing stress (Eng.) إجهادُ الهَصْر
crushing test (Civ. Eng.) اختبارُ الهَصْر
crust (n.) قِشرة • قِشرة صَلْبَة
(Geol.) القِشرة الأرضية
crustal deformation (Geol.) تشوُّه قِشري
cryogen (n.) (Chem. Eng.) مزيجُ تبريد • غاز أو سائل التبريد
cryogenic (adj.) خفيضُ الحرارة • خاصٌّ بدرجات الحرارة المُنخفِضة
cryogenic fuel (Chem. Eng.) وَقود(صاروخيّ) خفيضُ درجةِ الحرارة
cryogenic heat exchanger مُبادِلٌ (حراريّ) خفيض درجة الحرارة
cryogenic recovery plant (Pet. Eng.) وحدة استِخلاص السوائل من الغاز الخام بالتبريد

cryogenic
recovery plant

CRY

Crystal lattices (figures):
- simple cubic
- body centred cubic
- face centred cubic
- simple tetragonal
- body centred tetragonal
- simple orthorhombic
- body centred orthorhombic
- base centred orthorhombic
- face centred orthorhombic
- simple monoclinic
- base centred monoclinic
- triclinic
- trigonal (rhombohedral)
- hexagonal

crystal lattices

cryogenic trailers

cryogenics (Phys.)	فيزياء الحرارة المُنخفِضة : دراسة خواصِّ المواد على درجةٍ تُقاربُ الصفرَ المطلقَ
cryogenic tank (Eng.)	صهريجُ الحرارة الخفيضة : لنقل الغازات المسيَّلة
cryogenic trailer	مَقطورة خفيضة الحرارة
cryolite (Chem.)	كريوليت : ألومينات الصوديوم الفلوريدية
cryology (Phys.)	علم الجَلد • علم الجُموديات
cryometer (Phys.)	كريُومِتر : ترمومتر لقياس درجات الحرارة الشديدة الانخِفاض
cryoscopy (Chem., Phys.)	تحديد نُقطة تجمُّد السوائل
cryoturbation (Geol.)	الفِعل الجيولوجي للصقيع
cryptocrystalline mineral (Geol.)	مَعدن خَفيُّ التبلور
Cryptozoic eon (Geol.)	دَهرُ الحَياة الخفيَّة
crystal (n.)	بِلَّور • بَلُّور – بلُّورة • بِلَّورة – زُجاج بلوري
(adj.)	بلَّوري – نقيّ كالبلَّور
crystal glass (Chem.)	بِلَّور • زجاج بلَّوري
crystal lattice	نَسَق شبكي بلَّوري
crystalline (adj.)	بلَّوري • مُتبلور • مُتبَلِّر
crystalline rocks (Geol.)	صخور مُتبلِرة
crystalline schist (Geol.)	شِست بلَّوري
crystalline structure (Chem.)	بنية بلَّورية
crystalline wax (Geol.)	شمعٌ مُتبَلِّر
crystallinity (n.)	درجة التبلُّور • تبلُّوريَّة
crystallite (Geol.)	بذرة بلَّورية
crystallizable (adj.)	قابل للتَّبلوُر
crystallization (n.)	تبلوُر • بَلوَرة
crystallize (v.)	بلوَر • تبلوَر : اتَّخذ شكلاً مُحدَّدًا
crystallogenesis	التكوُّن البلَّوري
crystallography (n.)	علم البلَّوريَّات

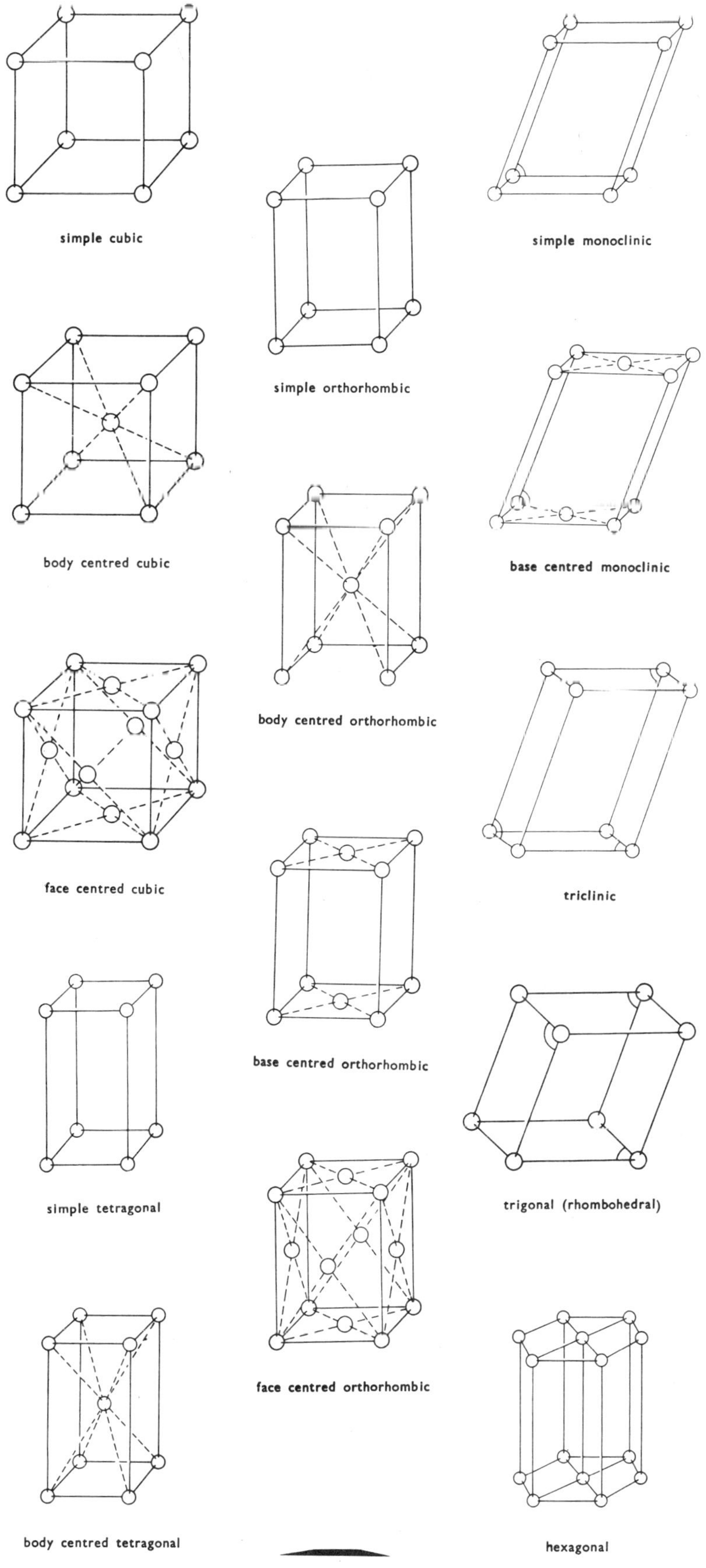

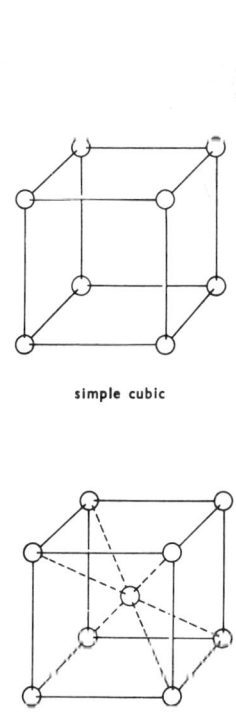

crystalloid (n.)	مادة بلّورانية ، بلّوراني ، بلّوري الشكل (adj.) أو التركيب
crystal pattern (Chem.)	نمط بلّوري
crystal structure (Chem.)	بنية بلّورية
crystal system (Chem.)	نظام بلّوري
crystal varnish	طلاء راتينجي بلّوري
crystal water (Chem.)	ماء التبلّور
c/s (cycle per second)	دور في الثانية
C.T.U. (centigrade thermal unit) (Eng.)	وحدة الحرارة المئويّة : حوالى ١٫٨ وحدة حرارة بريطانية
cubature (n.)	التكعيب ، المحتوى الحجمي ، صاغَ على شكل مُكعّب ـ كعّبَ (v.) (العدد)
cube root	جذر تكعيبي
cube unit	وحدة مُكعّبة
cubic (adj.)	مُكعّب ، تكعيبي ـ حَجميّ
cubical expansion (Phys.)	تمدُّد حجمي
cubic centimetre	سنتيمتر مُكعّب
cubic coefficient	مُعامل حجمي
cubic content	محتوى حَجمي
cubic foot	قدم مُكعّب ، قدم مُكعّبة : ٢٨٫٣ لتراً
cubic inch	بوصة مُكعّبة : ١٦٫٣٨ سم٣
cubicle (n.)	حُجيرة ، حُجرة صغيرة
cubic measure	مقياس حجمي
cubic meter	متر مُكعّب : ٣٥٫٣١ قدماً مكعبة أو ١٫٣ ياردة مُكعّبة
cubic yard	ياردة مُكعّبة : = ٠٫٧٦٤٥ م٣
cuboid (n.)	مُتوازي المستطيلات
(adj.)	مُكعّباني : شبه بالمُكعّب
cuesta (Geol.)	كويستة : مُنحدر متدرّج الانحدار في جانب وشديدهُ في الآخر
cul-de-sac	رَدب ، طريق غير نافذ
cull (v.)	انتقى ، فرز
(n.)	نُفاية ، فرزة
culm (n.)	تُراب الفحم ، فحم رديء الصنف
culminate (v.)	انتهى الى ، بلغ الأوج
culmination (n.)	بُلوغ الذروة ، تأوُّج ـ اكتمال ـ أوج ـ ذروة (Astron.) تكبّد (Geol.) سَنام القبّة أو ذُروتها
culvert (n.)	مجرى سُفلي : تحت قوس أو قنطرة ، بريخ
culvert installations (Civ. Eng.)	تمديدات مستورة ، تمديدات تحت سطحيّة
cumbersome (adj.)	مُرهق ، مُعرقل ، ثقيل
cumene = isopropyl benzene (Chem.)	كيومين ، أيسوبروبيل بنزين
cumulate (v.)	تراكم ، تكدّس
(adj.)	رُكمي ، تراكُمي
(Geol.) (n.)	رُكم بلّوري
cumulative (adj.)	تراكُمي ، تجمُّعي ، مُتراكم
cumulative production	الانتاج المتجمّع ، المجموع الكلّي للانتاج
cumulose accumulation (Geol.)	رُكم موضعي للمخلّفات النباتية
cuneate (adj.)	مِسماري ، إسفينيّ الشكل
cup (n.)	كوب ، قَدَح ، فنجان
cup-and-ball joint (Eng.)	وصلة حُقّية كُرَويّة
cupboard	خزانة ، خزانة ذات رُفوف
cup chuck (Eng.)	ظرف حُقّي أو قَدَحي
cup grease	شحم أكواب ، شحم جامد القَوام
cupola (n.)	قبّة ، سَطح مُقبّب ، مَنور قبّوي ، (Geol.) تقبّب صخري ، قبّة باثوليتية
cupola furnace (Met.)	فرن الدَّست
cupped (adj.)	كوبي الشكل ، مُقبّب
cuprammonium (solution) (Chem.)	نحاسيك نُشادري (لإذابة السليلوز)
cupreous = cuprous (Chem.)	نحاسوز : حاو نُحاساً أحادي التكافؤ
cupric chloride (Chem.)	كلوريد النحاسيك
cupric iodide (Chem.)	يوديد النحاسيك
cupriferous (adj.)	حاو النحاس
cuprite (Min.)	كوبرايت : أكسيد النحاس الأحمر
cuprous (adj.) (Chem.)	نحاسوز ، حاو نحاساً أحادي التكافؤ
cuprous chloride (Chem.)	كلوريد النحاسوز
cup valve	صمام نصف كُرَويّ ، صمام جَرَسيّ
curb (n.)	مكبح ـ حَكَمة
= kerb (Civ. Eng.)	إفريز ـ حافة ـ حظار ، تصوينة
(v.)	صدَّ ، ردَعَ ، كبحَ ـ أقام حافةً أو افريزاً (حول)
curbing (n.)	إفريز ، حاجز ، حافّة ، تصوينة ـ خشب التصوينة
curbstone (Civ. Eng.)	حجر مَعْلَم : منصوب على جانب الطريق
curdle (v.)	خَثَّر ـ خَثَر ـ عَقَد ـ تعقّد ـ غَلُظ
curdy (adj.)	مُتخثّر ، خائر
cure (v.)	داوى ، عالج ـ قسّ ـ صلّب ـ جمّد ـ تصلّب (الاسفلت) ـ نضج (الاسمنت) ـ فَلكَن (المطاط)	(n.)	مداواة ، مُعالجة ، فَلكَنة (المطاط) ـ علاج ناجع
curie (Phys.)	كوري : وحدة النشاط الاشعاعي
curing (n.) (Chem. Eng.)	مُعالجة ـ حِفظُ الجلود بالتمليح ، مُعالجة المنتوجات الطبيعية بالتخمير أو التعتيق (Civ. Eng.) إنضاج الإسمنت بالترطيب (منعاً لتشقّقه) ـ تجمُّد ـ تصلُّب ، شكّ ، قبوب
curing period (Civ. Eng.)	فترة الإنضاج ، زمن الجمود أو التصلُّب
curl (n.)	لفّة ، ضفيرة ، ليّة ـ تجعيد ـ تموُّج ، (v.) جعّد ، تجعّد ، تموّج ، لوى ، لفّ ، التفَّ
curly cannel	فحم وقّاد دقيق الحُبيبات
currency (n.)	نقد مُتداول ، عُملة ـ تداوُل
current (n.)	تيّار ، مَجرى (adj.) جار ، سار ـ مُتداوَل
current account	حساب جار
current bedding (Geol.)	تطبُّق تيّاري
current distribution box	علبة توزيع التيار
current expenses	النفقات الجارية
current-fender (Hyd. Eng.)	مَصدُّ التيّار
current flow	جريان التيّار ، سريان التيّار
current generator (Elec. Eng.)	مُولِّد التيّار
current intensity (Elec. Eng.)	شدّة التيّار
currently (adv.)	حاليّاً ، في الوقت الحاضر
current meter (Hyd.)	مقياس سرعة التيّار (Elec. Eng.) مقياس التيّار
current price	السّعر الجاري ، سعر السُّوق
current regulator	مُنظّم التيّار
current relay (Elec. Eng.)	مُرَحِّل التيّار
current reverser (Elec. Eng.)	عاكس التيّار
current strength	شدّة التيّار
current supply	مَوردُ التيّار ، مَنبع التيّار
current-transformer (Elec. Eng.)	مُحوِّل التيّار ، مُحوِّل توالٍ
curriers' oil	زيت الدبّاغين
cursor (n.)	مُنزلقة : جزء مُنزلق في آلة القياس
curtail (v.)	قصَّر ، إجتزأ ـ إقتطع ـ خفّض
curtain (n.)	سِتارة ، حِجاب (v.) غطّى ، حجب
curtaining (n.)	تغضُّن (الطلاء قبل جفافه) ـ تسدُّل
curvature (n.)	انحناء ، تقوُّس ـ مُنحنى ـ درجة الانحناء
curvature correction (Surv.)	تصحيح الانحناء (الناتج عن تقوُّس سطح الأرض)

curve (*n.*) مُنحنى • مُنحنىً بياني • خطٌّ منحنٍ – تقوُّس
(*v.*) حَنَى • قوَّس • إنحنى • تقوَّس
curved pipe أنبوب مُقوَّس
curved well (Pet. Eng.) بئر مُقوَّسةُ الحفر
curve of erosion (Geol.) مُنحنى التحاتّ
curve tracing (Eng.) تخطيط المُنحنَيات البيانية
curvometer (Eng.) مقياس التقوُّس
cusec (Hyd.) قدم مُكعَّبة في الثانية
cushion (*n.*) وِسادة • مِخدَّة (لتلطيف الصدمات)
(*v.*) وَسَّد • لطَّف الصدمة بالوسادات
cushion head (Civ. Eng.) خُوذة رأس الركيزة
cushioning (*n.*) (Eng.) تخميد الصَّدمة • توسيد
cushioning gasket (Eng.) حَشيَّة مُخمِّدة
cusp (*n.*) قُرنة • رأس مُؤنَّف
custom (*n.*) عادة • عُرف
(*adj.*) مصنوع حسَب التوصية
custom-built (*adj.*) مصنوع حَسَب الطَّلَب
custom duty رَسْم جُمركي
customer (*n.*) زَبُون • عَميل • مُستهلِك
customer density كثافة المستهلكين
customer meter عدَّاد استهلاك الزبائن
custom exemption إعفاء جُمركي
custom house (*n.*) جُمرك • دائرة الجَمارك
custom-made (*adj.*) مَصنوع حَسَب الطَّلَب
customs رُسُوم جُمركية • جُمرك
customs surcharge رُسوم جُمركية إضافية
customs tariff تَعريفة جُمركية
cut (*v.*) قطَع أو شقَّ (بآلة حادَّة) • قصَّ – انقطع – قلَّل • إقتطع
(*v.*) (Pet. Eng.) جَزَّأ بالتقطير • إقتطع بالتقطير التفاضُلي
(*n.*) قَطْع • إقتطاع – قَصَّة • قطعيَّة – تخفيض – مَجرى

pipe cutter

(*n.*) (Pet. Eng.) جزء مُقطَع • مُقتطع بترولي ذو درجة غليان مُحدَّدة
(*adj.*) مَقطوع • مَقصوص – مُنخفِض • مُخفَّض
cutback (*v.*) (Pet. Eng.) خفَّف
(*adj.*) مُخفَّف
(*n.*) قار مخفَّف (بالمُذيبات) • أسفلت مُخفَّف
cutback asphalt (Pet. Eng.) أسفَلت مخفَّف (لتعبيد الطرق)
cutback asphaltic bitumen (Civ. Eng.) قار أسفلتي مُخفَّف (بالكيروسين أو الكريوزوت)
cutback bitumen قار مُخَفَّف أو مُميَّع
cutback products (Pet. Eng.) مُنتَجات مُخفَّفة
cutback tank (Pet. Eng.) صِهريج المُنتجات الأسفلتيّة المُخفَّفة
cut fraction (Pet. Eng.) جزء (بترولي) مُقتطَع • مُقتطع بتروليّ ذو درجة غليان مُحدَّدة
cut, heart (Pet. Eng.) مُقتطع قلبيّ أو وسطيّ
cut, narrow (Pet. Eng.) مُقتطع ضيِّق مدى درجات الغَلَيان
cut-off (*n.*) (Eng.) قَطْع • فَصْل – قَطْع البخار عن أسطوانة المحرك
(Geol.) جُزء مقتطَع – بحيرة (قوسية) مُقتطَعة
cut-off valve (Eng.) صِمام القَطْع
cut oil (or **wet oil**) (Pet. Eng.) زيت رَطب • زيت مُبلَّل • زيت حاوٍ للماء
cut-out (*n.*) (Elec. Eng.) قاطِع الدائرة الكهربائية
cut-out switch (Elec. Eng.) مفتاح قطع التيَّار
cut point (Pet. Eng.) نُقطة القَطْع • نُقطة التقطير التجزيئي
cut rate (*n.*) سِعر مُخَفَّض
cut, redistillation (Pet. Eng.) مُقتَطع إعادة التقطير
cutter (*n.*) قاطِع – قطَّاعة • مِقطَع • آلة قطع
cutter bar (Eng.) قضيبُ (دَعم) المِقطع
cutter bit (Eng.) لُقمة المِقطع • نَصلة آلة القَطْع
cutter dredger (Eng.) كرَّاءة قاطِعة
cutter loader (Mining) مكنة قَطع وتحميل
cutter, pipe مقطع أنابيب
cutter stock (Pet. Eng.) مادَّة التخفيف • زيت تخفيف الأسفلت
cutting (*n.*) قُصاصة • قُلامة • فَسيلة – قَطْع • شَق
(Pet. Eng.) تَخفيف
cutting-bit لُقمة القَطع

cutting blowpipe (or **torch**) مِصباحُ قَطع
cutting compound (Eng.) مُركَّب القَطْع : مزيج من الماء والزيت والصابون لتبريد عمليَّة القطع
cutting down (*n.*) تسطيح • فَلْطَحة
(Met.) تلميع • صَقل
cutting edge حَدُّ القطع • حدٌّ قاطِع
cutting flame شُعلة قَطع
cutting fluid (Eng.) سائل القَطع : سائل تبريد في عمليَّات القطع
cutting machine مِقطع • مَكنة قَطْع • قطَّاعة
cutting nippers (Eng.) قرَّاضة
cutting off (*n.*) قَطْع
cutting oil (Eng.) زيتُ القَطع : زيت التبريد في عمليَّات القطع
cuttings قُطاعات (الثَّقْب) – نُفارة – مُقتطعات • قِطَع • قُصاصات
cutting speed (Eng.) سُرعة القطع
cutting stroke شوطُ القطع

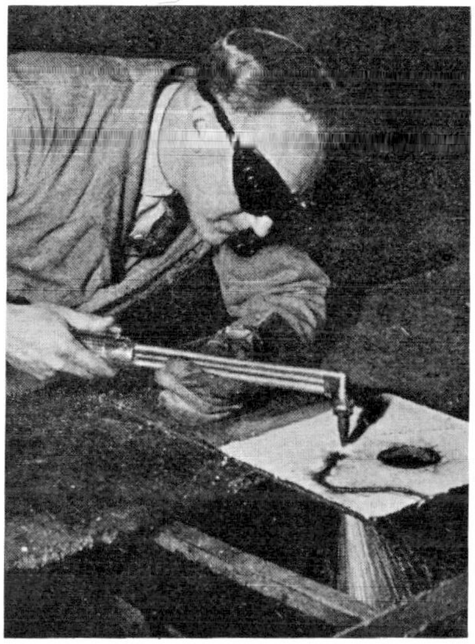

cutting blowpipe

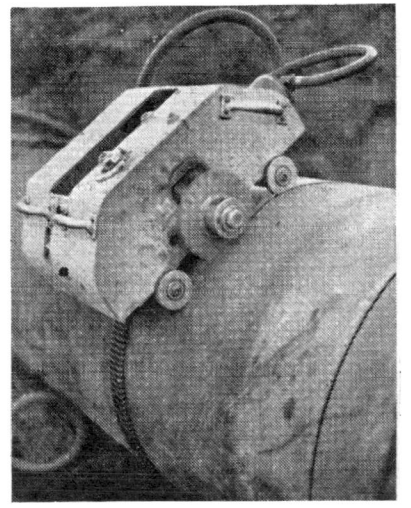

cutting oil

cutting tools (Eng.) عُدَّة القطع • أدوات القطع

cutting torch (Eng.) حِملاجُ قطع

cut, wide (Pet. Eng.) مُقتَطَعٌ واسعُ مَدَى درجات الغليان

cuvette (Geol.) حوضُ إرساب

C.V.L. (continuous velocity logging) التسجيل المُتواصِل للسرعة

C.W. (continuous waves) أمواج مُتواصِلة أو مُستمِرة

C.W.G. (carburetted water gas) غاز الماء المُكربَن

cwm = cirque (Geol.) دارَة جليديَّة • وادٍ جليديّ

C.W.O. (cash with order) الدَّفع (نقداً) عند الطلب

cwt = hundredweight هندرِدْويت : ١١٢ رطلاً انكليزياً

cyanate (Chem.) سَيانات : ملحُ حامضِ السيانيك

cyanic acid (Chem.) حامض السيانيك

cyanidation (Met.) سَنْدَة • معالجة بمحلول السيانيد

cyanide (Chem.) سَيانيد • سيانُور : ملح حامض الهيدروسيانيك

cyanide bath (Met.) مَغطس (من) السيانيد

cyaniding (Met.) السَّنْدَة : المُعالجة (أو الاستخلاص) بالسيانيد

cyaniding vat (Met.) راقودُ السَّندة

cybernetics (Eng.) علم التحكُّم الأوتوماتي

cycle (*n.*) دورَة • دورة متعاقِبةُ المراحِل – حَلْقة

(Eng.) دَور • شَوط • دورة

(Geol.) عَصر • دَورة زمنية

(*v.*) دارَ : حدَثَ بشكلٍ دوريّ

cycle gas oil (Pet. Eng.) زيت الغاز (السولار) المُعاد تكريره

cycle of erosion (Geol.) دورة حَتِّية • دورةُ التحاتّ أو التآكُل

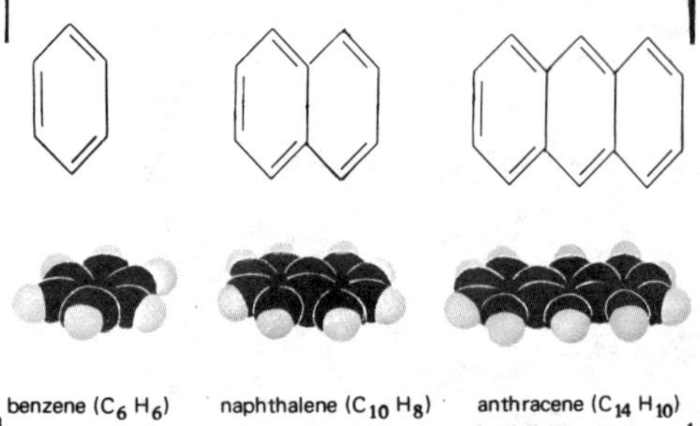

benzene (C_6H_6)
naphthalene ($C_{10}H_8$)
anthracene ($C_{14}H_{10}$)

cyclic compounds

cycle of operation (Eng.) دَورة تَشغيل

cycle of sedimentation دورة إرسابيَّة

cycle of sediments (Geol.) دورة إرسابيَّة

cycle oil (Pet. Eng.) الزيت المُعاد تكريره • المُقتَطع النفطي المُعاد تكريره

cycle period (Chem. Eng.) زَمن الدَّورة : الوقت اللازم لاكتمال التفاعل في دورة كاملة

cycle per second (Eng.) دَورة في الثانية

cycle plant (Pet. Eng.) وَحدة دوريَّة : تَستخرج البنزين من الغاز الطبيعيّ وتعيد ضخ الغاز لحفظ الضغط

cycle stock (Pet. Eng.) خام مُعاوَد مَرحلة التكرير

cycle track (Civ. Eng.) مَسلكُ الدراجات

cyclic (*adj.*) دَوريّ • حَلْقي – حادث دَوريّاً

cyclical deposits (Geol.) رواسِبُ دورية

cyclic compounds (Chem.) مُركَّبات حلقيَّة

cyclic hydrocarbons (Chem.) هَيدروكربونات حلقيَّة

cyclic reactions (Chem. Eng.) تفاعُلات دورية التعاقب

cyclic sequence تعاقُبٌ دوريّ

cycling (*adj.*) مُتغيِّر دوريّاً – مُتعاقِب دوريّاً

(*n.*) تدوير • دوران – إعادة مُتعاقبة دوريَّة

(*n.*) (Pet. Eng.) إعادة المُعالجة بشكلٍ دوريّ

cycling of gas (Pet. Eng.) المُعالجة المُتعاقبة الدوريَّة للغاز

cycling plant (Pet. Eng.) وَحدة المُعالجة المُتعاقبة الدوريَّة

cyclization (Chem. Eng.) تحليق • حَلْقَنَة : تحويلٌ أو تحوُّل الى مُركَّبات حَلْقيَّة أو أروماتية

cyclized rubbers (Chem. Eng.) مركبات مَطَّاطية حَلقيَّة

cyclograph (Met.) سِكلوغراف : جهاز الكتروني لاختبار المعادن

cyclohexane (Chem.) سِكلوهكسان • هِكسان حَلقي

cyclometer (Eng.) مِدوار • سِكلومتر • مقياس لفّات العجلات

cyclone (*n.*) إعصار • زَوبعة • إعصار حلَزوني

(Eng.) فرّازة مخروطية : لتنقية الهواء من الغبار

cyclone catalyst separator فرّازة دُوّامية للمادَّة الحفّازة

cyclone separator (Pet. Eng.) فرّازة دُوّامية: لفرز جُسيمات المادة الحفّازة في جهاز التجزئة

cyclo-olefins (Chem.) الأُولفينات الحلقية

cyclo-paraffins = naphthenes (Chem.) البارافينات الحَلْقيَّة • النفثينات

cyclopean concrete (Civ. Eng.) خَرسانة سَيكلوبيَّة

cyclopentane (Chem. Eng.) سِكلوبِنْتان : بِنْتان حَلقيّ

cycloscope = oscilloscope (Elec. Eng.) أُوسِّيلوسكوب

cyclothem (Geol.) نَمَطٌ دوري : سلسلة الطبقات المترسبة في دورة إرسابية واحدة

cyclotron (Phys.) سيكلوترون : مُسارِعٌ مَداري للبروتونات

cycloversion (Pet. Eng.) التحويل الحَلقي : إحدى طُرق التكسير المُحَفَّز لتحضير الغازولين

cylinder (Eng.) أسطوانة • مُجسَّم أسطواني – تجويف مِكْبَس المحرك

cylinder adapter (Pet. Eng.) مُهايِىء الأسطوانة : لأغراض التعبئةِ والاستعمال

cylinder barrel (Eng.) بَدَنُ الأسطوانة

cylinder bearing (Eng.) مَحمِل أُسطوانيُّ الكُرَيَّات

cylinder bore (Eng.) قُطر الأسطوانة الداخليّ

cylinder capacity (Eng.) سَعة الأسطوانة

cylinder casing (Eng.) غِلاف الأسطوانة

cylinder clearance (Eng.) خُلوص الأسطوانة

cylinder gauge (Eng.) مِعيار الأسطوانة

cylinder head (Eng.) رأسُ الأسطوانة • قَلَنْسُوة أو غِطاء الأسطوانة

cylinder jacket (Eng.) دِثار الأُسطوانة

cylinder liner قميص الأسطوانة • بطانة الأُسطوانة

cylinder lining (or liner) (Eng.) بِطانة أو قميصُ الأُسطوانة

cylinder oils (Eng.) زيوت الأسطوانات : زيوت (لَزِجة التسيُّل) لتزييت أسطوانات المحرّكات

cylinder stock (Pet. Eng.) خام زيوت الأسطوانات • الخام المتبقّي بعد تبخُّر الأجزاء الخفيفة من النفط وتُحضَّر منه زيوت الأسطوانات

cylinder wall (Eng.) جِدارُ الأُسطوانة

cylindrical cast-iron prop (Mining)	دِعامة أُسطوانية من حديد الزهر
cylindrical drum (Eng.)	دارة أُسطوانية ، راقودٌ أو مِركَنٌ أُسطواني
cylindrical flue boiler (Eng.)	مِرجَلٌ أُسطواني تخترقه مواسير اللهب
cylindrical gauge (Eng.)	مُحدِّدٌ قياس أُسطواني الشكل
cylindrical (Mercator) projection	مَسْقَط أُسطواني (مِركاتوري)
cylindrical surface	سطح أُسطواني
cylindrical tank (Eng.)	صِهريج أُسطواني
cylindriform (adj.)	أُسطواني الشكل
cylindroconical (adj.)	أُسطواني مخروطي
cylindroid (n., adj.)	شِبه أُسطواني ــ جسم شبه أُسطواني
cymogene (Pet. Eng.)	سِيمُوجين : مزيجٌ هيدروكَربوني خفيف، كان يُستعمل للتبريد
cymometer (Elec. Eng.)	مِقياس مَوجيّ
cymoscope (Elec. Eng.)	مِكشاف مَوجيّ
cytology (n.)	عِلم الخَلايا

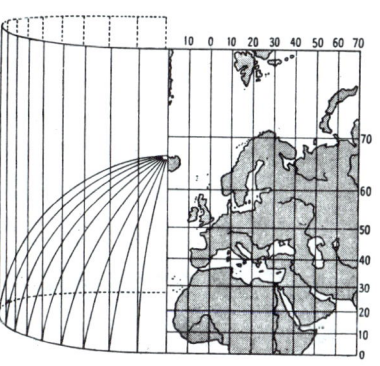

cylindrical (Mercator) projection

a farm of cylindrical tanks

d

crude distillation unit

D.A. & A.T. (deasphalting and acid treating) (Pet. Eng.)	فصل الأسفلت والمعالجة بالحامض
D. & A. (dry and abandoned)	جافّ مهجور
dabbing (Civ. Eng.)	نقش (الحجر) – رشّ الجدران بملاط خشن
dabble (v.)	بلّل • رشّ بالماء
Dacron (Chem.)	دكرون : نسيج اصطناعي مرن
dad (v.)	هوّى (للتخلّص من غاز المناجم)
dag or DAG (deflocculated Acheson graphite)	داغ : غرافيت تزليق
daily (adj., adv.)	يوميّ – كلّ يوم • يوميّاً
daily average production	معدّل الانتاج اليومي
daily capacity	القدرة اليومية • الطاقة الإنتاجية اليومية – السّعة اليومية
daily delivery rate	معدّل التصريف اليومي
daily flow	التدفّق اليومي • الصّبيب اليومي • الدفق اليوميّ
daily inspection	تفتيش يوميّ
daily output	الإنتاج اليوميّ
daily report	تقرير يوميّ
daily variation	تغيّر يوميّ
daily wage	الأجرة اليومية • اليوميّة
dale (Geol.)	وادٍ • وادٍ صغير • جدول
Dalton's law (Phys., Chem. Eng.)	قانون الضغط الجزئيّ لـ «دالتون»
dam (Civ. Eng.)	سدّ • حاجز
(v.)	سدّ • مدّ • حجز
damage (n.)	خسارة • أذى • تلف • ضرر • عطب
(v.)	آذى • أضرّ • أصاب بأذى أو ضرر • عطب
damage assessment	تقدير الضرر أو العطب
damages	أضرار • عطل وضرر
damaging stress (Phys., Eng.)	إجهاد متلف
Damascus steel (Met.)	فولاذ دمشقيّ (ذو خطوط متموّجة)
damp (n.)	غاز خانق (في منجم فحم) – رطوبة
(adj.)	رطب • نديّ
(v.)	رطّب – أخمد • أوهن (الذبذبات أو الموجات) • ضاءل
damp air	هواء رطب
damped (adj.)	مخمّد • مضاءل • متضائل
damped oscillation (Phys.)	ذبذبة متضائلة • ذبذبة مضاءلة
damped vibration (Phys.)	اهتزاز متضائل • ذبذبة متضائلة
damped waves	موجات مخمّدة أو متضائلة
dampen (v.)	أخمد • ضاءل – تضاءل • رطّب • رطب
dampener (Elec. Eng.)	مخمّد • موهن
dampening	تخميد – ترطيب
damper (Eng.)	مخمّد • مضائل
(Eng., Mech.)	مانعة الارتجاج – خانقة • خانق (لتنظيم) تيّار السحب
damper plate (Eng.)	صفيحة مخمّدة
damper regulator (Eng.)	خانق (لتنظيم) تيّار السحب
damper weight (Eng.)	ثقل (معادلة) الخانق
damping (Elec. Eng.)	كبت • تخميد • كبح • مضاءلة • تضاؤل – ترطيب
damping adjusting screw (Eng.)	لولب ضبط التخميد
damping coefficient (or factor) (Phys.)	معامل التضاؤل • عامل المضاءلة
damping constant (Phys.)	ثابت المضاءلة
damping, critical (Elec. Eng.)	المضاءلة الحرجة • التضاؤل الحرج
damping device	جهاز تخميد • مخمّد • نبيطة مضاءلة
damping down (Eng.)	مضاءلة (معدّل الاحتراق) • إخماد (مؤقّت)
damping effect (Eng.)	تأثير مضائل
damping magnet (Elec. Eng.)	مغنطيس مضائل
damping resistance (Elec. Eng.)	مقاومة مضائلة
damping suspension (Elec. Eng.)	تعليق مضائل (للترجّح)
damping tube	صمام مخمّد
damping vanes (Eng.)	أرياش تخميد
dampish (adj.)	رطب
dampness (n.)	رطوبة
damposcope (Mining)	مكشاف غاز المناجم
damp proof (adj.)	صامد للرطوبة • مانع للنشّ

106

damp-proofing	مُعالجة لمنع النَّشّ
dampy mine (adj.) (Mining)	مَنجم عابِقٌ بالغاز الخانق
dan (Mining)	صندوق صغير ـ برميل
dandy (Mining)	عربة يد ذات دولابين
Danforth's oil (Pet. Eng.)	زيت «دانفورث»: مُستقطَر بترولي يتألف في غالبيته من الهِبتان
danger area (or space or zone)	منطقةُ الخطَر
dangerous (adj.)	خَطِر
dangle (v.)	تدلَّى • دَلَّى
Daniell cell (Elec. Eng.)	خليَّة «دانيل»
danks = bony coal (Mining)	فحم حجري مُرمَّد • شَست فحمي
danty (Mining)	كُسارة الفحم الحجري
darcy	دارسي: وحدة قياس الإنفاذيَّة
dark (adj.)	مُظلم • حالك • قاتم
dark cherry heat (Met.)	درجة الحرارة الكرزية القاتِمة (حوالى ٧٠٠°مئوية)
darken (v.)	أظلم • عتَّم • قتَّم
darkening	إظلام • إعتام ـ إقتام
dark mineral	معدن قاتم
darkness (n.)	ظُلمة • ظلام
dark oils	الزيوت السوداء (لتزييت السطوح الخشنة)
dark red heat (Met.)	درجة الحرارة الحمراء القاتمة (حوالى ٦٠٠°مئوية)
dark room (or chamber)	حجرة مُظلمة
dark space	حيِّز مُظلم
dark spot	بقعة مظلمة • بقعة قاتمة
dart (v.)	رشقَ • قذف • إندفع
(n.)	إبرة • حُمَة ـ سِنان
dart valve (Eng.)	صِمام سِناني قفَّاز
dash (n.)	لطمة • ارتطام ـ صدمة ـ اندفاع • اقتحام
(v.)	رطَم • اقتحم • اندفع • قذف بعُنف
dashboard = dash panel (Eng.)	الحاجبة ـ لوحة أجهزة القياس (أمام السائق)
dashing (Mining)	تعزيز التهوية: للتخلُّص من الغازات الخانقة
dash lights	أضواء لوحة أجهزة القياس
dash panel (Eng.)	لوحة أجهزة القياس
dashpot (Eng.)	نبيطة توهين (أو مُضاءَلة) • جهاز منع الارتجاج: يتألف من مكبس في أسطوانة مليئة بالسائل
dasymeter (Phys., Eng.)	مقياس كثافة الغازات ـ جهاز تحليل الغازات المنصرِفة

tanker davit

data (pl of datum)	مُعطَيات ـ معلومات ـ بيانات
data card	بِطاقة المُعطَيات
data logger (Elec. Eng.)	نِظامة المُعطَيات • مُسجِّل عددي أوتوماتي للمُعطَيات
data matrix	صفيفة المُعطَيات
data processing	مُعالجة المُعطَيات
data, technical (Eng.)	مُعطَيات تِقنيَّة
date (n.)	تاريخ • توقيت ـ موعد
(v.)	أرَّخ
date line (Naut.)	خطّ تغيُّر تاريخ اليوم
date line, international	خطّ التوقيت الدولي
datum (pl. data)	مُعطى • بيان ـ مرجعُ إسناد
datum horizon (Surv.)	أفق الإسناد
datum level	مستوى الإسناد • مستوى المُقارنة
datum line (Surv.)	خطّ إسناد • خطّ المُستوى
datum plane (Surv.)	مستوى الإسناد
datum point	نقطة إسناد • نقطةُ الصِّفر
daub (v.)	لَيَّط (أو رشَّ) بملاط خشن
dauber (Mining)	عامل حفر
daughter element (Phys.)	عنصر وليد
dauk = dawk (Geol.)	حجر رمليّ صلصالي • حَتّ صلصالي
davit (Naut.)	نِياط القوارب ـ ذراعُ رفع (على سطح السفينة)

Davy safety lamps

Davy lamp (Mining)	مِصباح «ديفي» • مِصباح أمان في المناجم
day (n.)	يوم • نهار
daybook	دفتر يوميَّة
day coal (Mining)	طبقة الفحم العليا (أو السطحية)
day labo(u)rer	عامل مُياوم
daylight	ضوءُ النهار
daylight saving time	التوقيت الصيفي
day of entry	يوم الدخول: اليوم الذي يُقدِّم فيه الرُّبان أوراقَ السفينة للحصول على إذن التفريغ
day of issue	تاريخ الإصدار
day shift	نوبة نهارية
day tank	صهريجُ العمل اليوميّ
day tour	نوبة عمل نهارية
daywork (Civ. Eng.)	شغل باليوميَّة (مُياوَمة)
dazzle (v.)	بهَر • أبهَر (من شِدَّة الضوء) • جهَر
(n.)	جهَر • سَدَر
D-bit (Eng.)	لقمة ثَقب نصف دائريَّة المَقطع
DC (direct current) (Elec. Eng.)	تيَّار مُستمِر
D.D. (drilling deeper) (Civ. Eng.)	تعميق الحفر
D D T (dichloro-diphenyl-trichloro-ethane) (Chem.)	ددت: مُبيد حشَريّ
D.D.U. (diesel desulphurizing unit) (Pet. Eng.)	وَحدة فَصل الكِبريت من الديزل
D.E. (diatomaceous earth) (Geol.)	تراب دياتومي
D.E.A. (diethanolamine)	أمين ثنائيّ الإيثانول
deacidizing (Chem. Eng.)	نزعُ الحامض • إزالة الحمضيَّة

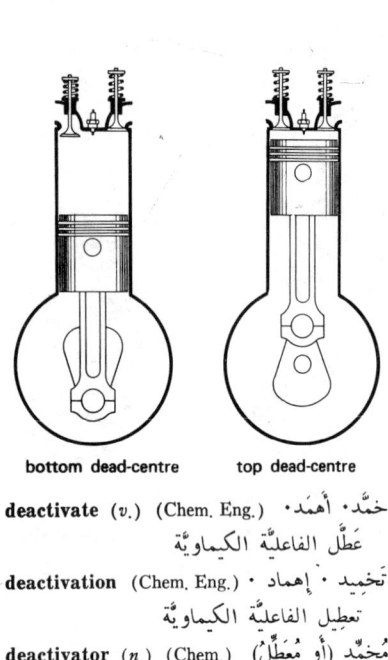

bottom dead-centre   top dead-centre

deactivate (*v.*) (Chem. Eng.) خمّد · أهمَد · عَطّل الفاعليّة الكيماويّة

deactivation (Chem. Eng.) تَخميد · إهماد · تعطيل الفاعليّة الكيماويّة

deactivator (*n.*) (Chem.) مُخمِّد (أو مُعطِّلٌ) الفاعليّة

dead (*adj.*) مَيْت · مَوات – هامِد · خفيض – عاطِل

(Elec. Eng.) غيرُ مُكهرَب – غير موصول بالمنبع الكهربائيّ

dead air (Phys.) هواء مُحتَبَس

dead axle (Eng.) محور هامِد · مِحور ثابت (لا يدور مع العجلات التي عليه)

dead-beat (Elec. Eng.) لا إرتجاجيّ

dead-beat compass بُوصلة لا ارتجاجيّة

dead-beat instrument جهاز قياس لا ارتجاجي

dead-centre (Mech.) النقطة المَيْتة

dead-centre, bottom (Eng.) النقطة المَيْتة السُّفلى

dead-centre, top (Eng.) النقطة الميتة العليا

dead colour (Paint.) لون حائِل – طَلية مَبدئية

dead conductor (Elec. Eng.) مُوصِّل غير مُكهرَب

deaden (*v.*) همَّد · همَد · خفَت · خمَّد · خفَّف – أطفأ (اللمعة) – خشَّن (السطح)

dead end (Elec. Eng.) طَرَفٌ هامِد أو غير مُكهرَب

(Eng.) الطرف المسدُود – الطرف المُثبت من الكبل

(Civ. Eng.) مَسلك غير نافِذ

dead-ended feeder (Eng.) خط تغذية مُستقل: لإمداد مَحطةٍ فرعيّة

dead-end tower = terminal tower

(Elec. Eng.) البُرج الطَّرَفي (في خطّ نقل القدرة الكهربائيّة)

dead floor أرضيّة عازِلة للصوت

dead-front switchboard (Elec. Eng.) لَوحة مفاتيح مَعزولة الواجهة

dead ground (Mining) أرض مَوات: خالية من الرِّكاز المعدنيّ

(Elec. Eng.) اتصال أرضي وثيق

dead hole (Eng.) ثَقب غيرُ نافِذ

dead level (*adj.*) (Surv.) مُستوٍ تمامَ الاستواء

deadlight (Naut.) مَنْوَر: زُجاج سميك في ظهر (أو جانب) السفينة

dead lime (Chem.) جير مُطفأ

deadline مَوعد نهائي

dead line (Pet. Eng.) خط أنابيب مُتوقِّف أو غير مُستعمل – الطرف المُثبت من كَبل الحَفر

dead load (or **weight**) (Civ. Eng.) حِملُ السُّكون · حِملٌ ساكِن

(Naut.) وزن الناقلة فارغَةً

deadlock (*n.*) تأزُّم · توقُّف أو إخفاقُ المَسعى

dead oil (Pet. Eng.) زيت هامِد: خالٍ من الغاز الطبيعيّ – زيت ثقيل يُستخرج بتقطير الفحم

dead point = dead centre النُّقطة المَيْتة

dead (or **fixed**) **pulley** (Eng.) بكَرة ثابتة

dead reckoning computer (Naut.) حاسِبة لتقدير الموضع

dead rent أجر المَوات: أجر الأرض التي يجري فيها التعدين سواء أغُلّت أم لم تُغِلّ

dead roasting (Mining) تحميصُ الخام المعدنيّ (لتخفيض كمية الكبريت فيه)

dead rock (Mining) صَخر عقيم

deads (Mining) فَضَلات · أنقاض · رَدْم

dead shore (Civ. Eng.) دِعمَة عَمودية مُؤقّتة

dead soil (Mining) أرض مَوات: خالية من الرِّكاز المَعدِني

dead sound (Eng.) صوت مَكتوم (بالعَزل)

dead space حَيْز مَوات

dead spindle (Eng.) شِياق ثابت (لا يدور)

dead stock رأسمال مَيْت: جامِد أو غير مُستثمر

dead volcano (Geol.) بُركان هامِد

dead water (Eng.) الماء الراكِد · الماء المُحتبَس (في المِرجَل)

dead weight (Civ. Eng.) حِمل السُّكون · حِمل ساكِن

(Naut.) الحُمولة القُصوى: بما فيه وزن الماء العَذْب والخزانات والوَقود

de-aerating-feedwater heater

dead weight capacity (Naut.) الحُمولة القُصوى (في السفن)

dead-weight safety-valve (Eng.) صِمام أمن مُثقّل (بحمل ساكِن)

dead weight tonnage (Naut.) الحُمولة القُصوى بالطّن: وزن الماء المُزاح والسَّفينة مُعبَّأة مطروحاً منه وزن الماء المُزاح والسَّفينة غير مَشحُونة

dead well (Pet. Eng.) بئر هامِدة · بئر غير متدفّقة

dead wire (Elec. Eng.) سلك هامِد: غير مُكهرَب

deadwood (*n.*) أغصان يابسة

(Eng.) عوارضُ دَعْم داخلية: يُخصم حجمُها عند تقدير سَعة الخزّان

de-aerate (*v.*) نزَعَ الهواءَ الذائب

de-aerated water ماء مَنزوع الهواء

de-aerating-feedwater heater (Pet. Eng.) مُسخِّن ماء التغذية النازِعُ الهواء

de-aeration (*n.*) نَزْع الهواء (المُذاب في الماء)

de-aerator (Eng.) نازِعُ الهواء · مُزيلُ الهواء – وعاء نزع الهواء

deafen (*v.*) أصَمَّ – عزَلَ الصوت

deafening (Civ. Eng.) بِطانة عزل الصوت

(*adj.*) يُصِمُّ الآذان · مُصِمٌّ للآذان

deal (*n.*) مِقدار · صَفقة – مُعامَلة

(Civ. Eng.) رافِدة · لَوح خشب: بعَرض ٢٥ إلى ٣٥ سم وثخانة ٥ إلى ١٠ سم

(*v.*) تعامَلَ · عامَلَ – عالَجَ – تاجَرَ (ب)

dealer (*n.*) بائِع · تاجِر

dealings صَفقات · مُعامَلات (تجاريّة)

dealkylate (*v.*) (Chem.) نزَعَ الألكَلة: فصل شِقّاً أَلكيليّاً من

dealkylation (Chem. Eng.) نزعُ الألكلة: فَصلُ شِقٍّ أَلكيليّ عن

deamination (Chem. Eng.) نزعُ المجموعة الأمينيّة
Dean & Stark apparatus (Pet. Eng.) جهاز «دِين» و «ستارك» : لمعرفة مِقدار الماء في الزيوت
deashing (*n.*) إزالة الرماد
de-asphalt (*v.*) فصَل أو نزَعَ الأسفلت
de-asphalted oil (Pet. Eng.) زيت مَنزوع الأسفلت
de-asphalting (Pet. Eng.) فَصلُ الأسفلت • نزعُ الأسفلت
de-asphalting, propane (Pet. Eng.) فَصلُ الأسفلت بالبروپان
deazotification = **denitrification** (Chem. Eng.) نزعُ الأزوت (النيتروجين)
debark (*v.*) نزلَ (أو أنزل) الى البَرّ • أفرغ (السفينة)
debenture سَنَد
debit balance رَصيد مَدين
debit side الجانب المَدين (من حساب تجاريّ)
debitumenization (Pet. Eng.) نَزعُ البِتُومين • فَصلُ القار
debloom (Pet. Eng.) (*v.*) • بيَّض (الزيت) أزال التألُّق الفَلُوري (للزَّيت)
deblooming (Pet. Eng.) تَبييض • إزالة التألُّق الفَلْوري (للزَّيت)
debris (Geol.) • حُطام • حُتات – أنقاض • أطلال
debris fall مَسقطُ أنقاض
debris slide (Civ. Eng.) انزلاق الأنقاض
debt دَين
debtor مَدين • مَديُون
debutanization (Pet. Eng.) نزعُ (أو إزالة) البيُوتان
debutanized reformate (Pet. Eng.) نُقاوة مَنزوعة البيُوتان
debutanizer (Chem. Eng.) • مُزيل البيُوتان برجُ استِخلاص البيُوتان
debutanizer column (Pet. Eng.) برجُ إزالة البيُوتان
debutanizer feed (Pet. Eng.) لَقيمُ مُزيل البيوتان
debutanizer overhead accumulator (Pet. Eng.) مُجمِّع المنتَجات العلوية لمُزيل البيُوتان
debutanizer reboiler (Pet. Eng.) مِرجَلُ إعادة الغَلي في مُزيل البيُوتان
decade (*n.*) عَشر سِنين • عَقد
decade plan خطه عُشرية : لِعشر سنوات
decagon مُعشَّر الزوايا (او الاضلاع)
decagonal (*adj.*) ذُو عَشر زوايا • ذو عَشر أضلاع
decagram ديكاغرام : عشرة غرامات
decahedral (*adj.*) ذو عَشرة سُطوح
decahedron مُعشَّر السطوح
decalcification (Chem. Eng.) • نزعُ الكالسيوم نَزع المادَّة الكلسية
decalcify (*v.*) • نَزَع الكالسيوم • نَزَع المادَّة الكِلسية
decalescence (Met., Phys.) خُبُوُ الاشعاع الحراريّ • الخبُوّ الحراري
decalitre ديكالِتْر : عَشرَة لِترات
decameter ديكامتر • عَشرة امتار
decane (Chem.) ديكان: مركَّبهيدرو كربوني برافيني عُشاري الذرَّات الكربونية
decant (*v.*) (Chem. Eng.) صفَّق (السائل ليصفو) • صبَّ من وعاء لآخر
decantation (Chem. Eng.) صَفقُ أو تصفيق (السائل) • السكبُ من وعاء لآخر للترويق
decantation tank (Chem. Eng.) خزَّان التصفيق
decanter (Chem. Eng.) مِصفَق : اناءٌ يستخدم لصَفق الشراب – دورق
decarbonize (*v.*) (Eng.) أزال الكربُون أو الفحم المترسِّب
(Pet. Eng.) فَصلَ الاسفلت (عن الزيت)
decarbonizer (Eng.) مُزيل الكربون المترسِّب
decarbonizing (Chem. Eng.) • نَزعُ الكربون نزعُ الرُّسابة الكربونية – نزعُ الاسفلت
decarburate = **decarbonize** (*v.*) أزال الكَربَنة • نزعَ الكربون
decarburization (Chem. Eng.) إزالةُ الكربون
decarburize (Chem. Eng.) • نزعَ الكربون أزالَ الكربَنة
decay (*v.*) • فسَد • إنحلَّ • تعفَّن • بلِيَ • اضمحلّ
(*n.*) • تلَف • انحِلال • عفَن • تعفُّن • ضَعف • وَهَن – اضمِحلال • تلاش – تضاؤل
decay coefficient (Phys.) مُعامِل الانحِلال
decay constant (Phys.) ثابتُ الانحِلال
decay of waves (Phys.) تضاؤل المَوجات
decay rate (Phys.) سُرعة الانحِلال
decay-resistant (*adj.*) • مُقاوِم للانحِلال مُضادّ للتعفّن
decelerate (*v.*) • خفَّفَ السرعة • تقاصَر تباطأ
deceleration (Mech.) • تباطُؤ • تقاصُر تخفيف السرعة
decelerator (Mech.) • مُخفِّف السرعة • مُبطِىء
decene (Chem.) • ديكين • ديكيلين : مُركَّب هيدروكربوني اثيليني عُشاري الذرَّات الكربونية
de-center (or **de-centre**) (*v.*) أزاح عن المركز
decentralization • اللاَّ مركزية • توزيع السلطات والاختِصاصات
dechlorinate (*v.*) (Chem. Eng.) نزَعَ الكلور
dechlorination (Chem. Eng.) نَزعُ الكلور
deci- • ديسي : بادئة بمعنى عُشر • جزء من عَشرة
deciare دِيسي آر : عَشرة أمتار مربَّعه
decibel (Phys.) ديسِيبل : وحدة قياس التفاوُت في منسوب طاقتين أو التفاوت بين شِدَّتَي صَوتين
decibel meter مِقياس الديسِيبل : مبيِّن المنسوب الصَّوتي
decide (*v.*) • قرَّر • عزَم – حسَم • قضى
deciduous forest • غابةٌ سَليب • حَرَجة مُعبلَة
decigram ديسِغرام : عُشر غرام
decilitre دِيسلِتر : ١٠٠ سم٣
decimal (*adj.*) عَشْريّ
(*n.*) كَسْر عَشْري
decimal equivalent المُكافِىء العَشْري
decimalization – اتباع النظام العَشري تحويل إلى كَسْر عَشْري
decimalize (*v.*) حوَّل الى النظام العَشري
decimal point • النقطة العَشْرية • فاصلة الكسر العَشري
decimals الكُسور العَشرية
decimal system النظام العَشْري
decimeter • ديسيمتر • عَشرة سنتيمترات
decine = **decyne** (Chem.) دِيكايْن : مُركَّب هيدروكربوني أسيتيليني عُشاري الذرَّات الكربونيَّة
decinormal solution (Chem.) مَحلول عُشر عِياريّ
decipher (*v.*) • حلَّ الرمز • فكَّ الشِّيفرة كشفَ معنى شيءٍ غامِض
decision (*n.*) • قرار • حُكم
decisive (*adj.*) • فاصِل • حاسِم • باتّ
decisive factor عامِل فعَّال
deck (*n.*) (Naut.) • ظَهر المَركَب سطحُ السفينة

deck crane (Naut.) مِرفاع (على) ظهر المركب
decke (pl. **decken**) (Geol.) مَفْرش • صخور غطائية مُغتربة
decking (*n.*) سُطَيح – سطح غير مسقوف
deck line (Naut.) خطُّ السطح
declaration (*n.*) إعلان • تصريح
declare (*v.*) أعلَنَ • صرَّح (ب)
declared efficiency (Elec. Eng.) الكِفاية المُعلَنة
declinate (*adj.*) منحدِرٌ بشكل معقوف
declination (Phys.) انحِراف• مَيل• انحِدار
declination constant (Geophys.) ثابِتُ الانحِراف
declination of needle (Geophys.) انحِراف الإبرة المغنطيسيَّة
declinator (*n.*) مقياس المَيل أو الانحِراف
decline (*v.*) انحَرَف – انحَدَر – هَبَط • انخفض – انحطَّ • أفَل – رفَضَ
(*n.*) انحِراف • مَيْل • انحِدار – انخِفاض • هُبوط • أُفول – رفْض
decline curve (Mining) مُنحنَى الحُدور (لعِرق معدني)
(Eng.) مُنحنَى الهُبوط (في كميَّة الانتاج)
declined stripes (Geol.) فروع خطِّية مائلة
declinometer (Eng.) مقياس المَيل • مقياس الانحِراف
declivitous (*adj.*) مُنحدِرٌ باعتِدال
declivity (*n.*) صَبَب – تحدُّر • مَيْل • انحِدار
de-clutching, automatic (Mech.) فَصْل تِلقائيّ (للقابِض)
decoct (*v.*) استخلَص بالإغلاء
decode (*v.*) فكَّ الرمز • حلَّ الشِّيفرة
decoking (Pet. Eng.) إزالة الكُوك
decollement (Geol.) بِنيات انفصالية – تمزُّق بالطيّ
decolorant (*n.*) مُنصِّل • مادة تقصير الالوان
decolorize = **decolourize** (*v.*)
(Chem. Eng.) أزالَ اللون • أنصَل
decolo(u)r (*v.*) أزالَ اللون • أنصَل أو نصَّل (اللون)
decolo(u)rant (*n., adj.*) مُزيل اللون • مُنصِّل
decolouration إزالةُ اللون
decolourize = **decolorize** (*v.*) نصَّل • أنصَل • أزالَ اللون
decomposable (*adj.*) قابِل للانحلال • يَنحلّ
decompose (*v.*) حلَّل • حلَّ • إنحل • تحلَّل – فسَد بالانحِلال
decomposed (*adj.*) مُنحلّ
decomposers (*n.*) حالاّت : مُتعضِّيات (تسبِّبُ الإنحِلال)
decomposition (Chem., Phys.) تحلُّل • انحِلال
decomposition inhibitor (Chem. Eng.) مانِعُ الانحلال
decomposition point (Chem. Eng.) نقطة الانحِلال
decomposition, thermic (Chem. Eng.) انحِلال حراريّ
decompress (*v.*) أزال أو خفَّف الانضِغاط
decompression valve (Eng.) صِمامُ تخفيف الانضِغاط
decompressor (Eng.) مُخفِّف الانضغاط
decontaminant (*n.*) مزيلُ التلوُّث • مُطهِّر
decontaminate (*v.*) أزالَ التلوُّث • طهَّر
decopper (*v.*) (Chem. Eng.) أزالَ النُّحاس • نزَع النُّحاس
decorator (*n., adj.*) مُزخرِف
decortication (*n.*) تقشير • قَشْر
de-coupling (Eng.) تخفيض التقارن – فكّ التقارن
decrease (*v.*) أنقصَ • تناقَصَ • قَلَّ • قلَّل • خفَّض • إنخفض
(*n.*) تناقُص • انخِفاض • نُقصان
decreasing (*adj.*) مُتناقِص
decrement (*n.*) (Eng.) نُقصان • تناقُص
decrepitation (Chem.) فَرقعة (بالتحميص) • تفصُّم (البلورات)
decumbent (*adj.*) مُضطجِع • مُتَّكِيء
decussate structure (Geol.) بِنية تصالبية
dedendum (Eng.) جَذر السن (في التُّرس)
dedendum circle (Eng.) الدائرة الجَذرية (للترس)
dedolomitization (Geol.) زوالُ التدلْمُت
deduce (*v.*) استنتج • استخلَص
deduct (*v.*) اقتطَع • طرَحَ • حسَم – استنتج
deduction (*n.*) اقتِطاع • طرح • حَسْم – استِنتاج • استِدلال
deed (*n.*) عمَل • فِعل – وثيقة • سَنَد
de-energize (*v.*) هدَّأ • ثبَّط – أبعد المؤثِّر الطاقِيّ
deep (*adj.*) عميق – مُعقَّد • عَويص
(*n.*) غَور • مُنخفَض عميق
deep borer (Civ. Eng.) مِثقبُ الحفر العميق
deep compaction (Civ. Eng.) تدميج عميق
deep drilling (Pet. Eng.) حَفرٌ عميق
deepen (*v.*) عمَّق • عُمق
deepening of wells تعميق الآبار
deep-freeze (*v.*) جمَّد بِعُمْق : جمَّد بدرجةِ حرارة مُنخفضة (حوالى –١٨° مئوية)
(*n.*) ثلاَّجة للتجميد العميق
deep mining التعدين الجَوفي • التعدين العميق
deep pay (zone) (Pet. Eng.) مِنطقة مُنتِجة عميقة
deep-rooted (*adj.*) مُتأصِّل • عميقُ الجذور
deep sand (Pet. Eng.) رَملٌ (نفطيّ) عميق : أعمق من ٨٠٠ متر
deep-sea عُرض البحر • ما وراء الرصيف القاريّ من البحار • أعماق البحار
deep-sea deposit رواسِب غَوريَّة : في أعماق البحار
deep-seated (*adj.*) راسِخ – مُتغوِّر
deep-stabilized pressure distillate (Pet. Eng.) قُطارة ضَغطية عميقة التركيز : أُزيلت منها الهيدروكربونات الخفيفة (حتى رُباعيَّة ذراتِ الكربون منها)
deep test (Pet. Eng.) بئر اختبارية عميقة • تجربة عميقة
deep-water line (Naut.) خطُّ الماء العميق
deep-well pump (Civ. Eng.) مِضخَّة البئر العميقة
deethanization = **deethanation** (Pet. Eng.) إزالة الايثان • فصلُ الايثان
deethanizer (Pet. Eng.) مُزيل الايثان : بُرج استِخلاص الايثان
deface (*v.*) شوَّه المظهر (أو الوجه)
de facto (*adj.*) واقعي • قائمٌ فعلاً
defect (*n.*) عَيب • نَقص • خَلَل
defective (*adj.*) ناقِص • مَعيب • مُختَلّ
defective casting مَصبوبة مُختلَّة السَّبْك
defectoscope (Eng.) كاشِفُ الخَلَل • جهاز كشف الخَلَل
defence دِفاع • حِماية • تحصين
defendant المُدعى عليه • المُدافَع عنه
defer (*v.*) أجَّل • أرجأ – إنقاد (ل) • راعى
deferred (*adj.*) مُؤجَّل • مُرجأ
deferred payment دُفعة مُؤجَّلة
deferred production (Pet. Eng.) إنتاج مُرجأ
deficiency (*n.*) نَقص • قُصور
deficient (*adj.*) ناقِص – ضعيف • قاصِر
deficit (*n.*) عَجز • نَقص • قُصور
defile (*n.*) مَمر • شِعب
(*v.*) سار ارتالاً – دنَّس • لوَّث
define (*v.*) حدَّد • عيَّن – عرَّف • أوضح • ميَّز

definite (*adj.*) مُحدَّد • واضِح
definitely (*adv.*) على نحو مُحدَّد • بالتأكيد
definition (*n.*) وُضوح • استِبانة
definitive (*adj.*) مُحدَّد – مُحدَّد بوضوح – نهائيّ • حاسِم
definitive selling price سِعر البيع المحدَّد
deflagrate (*v.*) إحتَدم • أَجَّ – فجَّر • تفجَّر
deflagration (Chem. Eng.) احتراق فُجائي (مَصحوب بفَرْقعة)
deflate (*v.*) فرَّغ من الهواء • أخوى • فرَغ • خوَى
deflation (*n.*) تفريغ (من الهواء) • تَخْوِية • إخواء • خَواء – انكِماش : نقص في النقد المتداول
(Geol.) التخوِيَة : تذرِية الرواسب الريحيه
deflect (*v.*) حرَف • إنحرف • عطَف • انعطَف
deflected well (Pet. Eng.) بئر مُنحرفة أو مائِلة
deflecting (*adj.*) حارِف • مُسبِّب الانحِراف
deflecting cam (Eng.) كامَةُ الانحِراف • حَدَبة حارِفة
deflecting electrode (Phys.) إلكترود حارِف
deflecting field (Magn.) مَجال حارِف
deflecting magnet (Phys.) مغنطيس حارِف
deflecting plates (Eng.) ألواح حارِفة
deflecting voltage (Phys.) فُلطية حارِفة
deflection (Eng.) انحِراف • انعِطاف • التِواء
deflection angle (Surv.) زاوية الانحِراف
deflection, base (Eng.) انحراف الأساس
deflection compass (Eng., Magn.) بُوصلة قِياس الانحِراف
deflection down انحراف سَلبيّ (دون الصفر)
deflection error خطأ الانحِراف
deflection indicator (Eng.) مُبيِّن الانحِراف
deflection micrometer (Eng.) ميكرومتر الانحِراف
deflection of bore hole (Civ. Eng.) انحراف ثُقب الحفر
deflection of magnetic needle (Magn.) انحراف الإبرة المغنطيسية
deflection of pointer انحراف المُؤشِّر
deflection point نقطة الانحراف
deflection setting ضبطُ الانحراف
deflection up انحراف إيجابي (فوق الصفر)
deflective forces القُوى الحارِفة : المُسبِّبة للانحِراف

deflectometer (Eng.) مِقياس الانحراف
deflector (Eng.) حارِفة
deflector brattice (Mining) فاصِلُ تهوية (في منجم)
deflector plate (Phys.) لوحة الانحِراف
deflegmation tower (Chem. Eng.) بُرج تجزئة بالتقطير • إسم قديم لبرج التجزئة
deflexion = deflection (*n.*) انحِراف
deflocculate (*v.*) (Chem. Eng.) أزال التدمُّج
deflocculated (*adj.*) غير مُتدَمِّج • غير مُتلَبِّد
deflocculating agent (Chem. Eng.) مانِع التدمُّج • مُفرِّق
deflocculation (Chem. Eng.) فكُّ الدمُّج • تفريق
De Florez process (Pet. Eng.) طريقة «دي فلوريز» : تكسير النفط دون ناتج كُوكي
defoam (*v.*) أزال الرَّغوة
defoamant (Chem. Eng.) مانِع الإرغاء • مُزيل الرَّغوة
defoamer (*n.*) (Chem. Eng.) مُزيل الرغوة
defoaming agent (Chem. Eng.) عامِل منع الرغوة • مانع الترغيّ
deform (*v.*) شوَّه • تشوَّه
deformation (*n.*) تشويه • تشوُّه – عيبٌ شَكليّ
deformation axis (Geol.) مِحور التشوُّه
deformation texture (Geol.) بِنية مُشوَّهة
deformative movements (Geol.) حركات مُشوِّهة
deformed (*adj.*) مشوَّه – مُشوَّهُ التشكيل
deformity (*n.*) تَشوُّه • تشويه
defreeze (*v.*) أزال التجمُّد • أذاب الجَمَد
defrost (*v.*) أزال الصَّقيع
defroster (*n.*) (Eng.) مُزيل الصَّقيع – جهاز إذابة الصَّقيع أو الجَمَد
defrosting (*n.*) إزالة الصَّقيع • إذابة الجَمَد
defueller مُفرِّغة الوَقود
defurring (Eng.) إزالة القُشور (من الغلّايات)
D.E.G. (di-ethylene glycol) (Chem.) غليكول ثنائي الايثيلين
degas (*v.*) أزال الغاز • طرَدَ الغاز
degasification process (Chem. Eng.) عمليَّة إزالة الغازات
degassed oil (Pet. Eng.) زيتٌ مُزالُ الغاز • زيت خالٍ من الغاز
degassing (Pet. Eng.) فَصْل الغاز (من النفط الخام) – إزالة الغازات

degassing station (Pet. Eng.) محطَّة فصل الغاز • وَحدة إزالة الغاز
degassing tower (Pet. Eng.) بُرج فَصلِ الغاز (من الزيت الخام)
degaussing (Elec. Eng.) مُعادَلة المغنطيسية • إبطـال المغنطة (بإمرار تيّـار مُتناوِب مُتناقِص في الموصل المحيط)
degazolinage (Pet. Eng.) فَصْل البنزين الطبيعي
degenerate (*v.*) انحلَّ – انحطَّ
(*adj.*) مُنحطّ – مُنحلّ
degenerated gas (Phys.) غاز مُنحَل • غاز غَير مِثالي
degeneration (*n.*) تفسُّخ • انحِلال • فساد • انحِطاط
deglaciation (Geol.) تعرية جليدية : تعرية بانحِسار الجليد
degradation (Chem. Eng.) تحليل • انحِلال • تفسخ – حُطُوط
(Geol.) حَتّ (التربة) • تأكُّل
(*n.*) تنزيل أو خفض المرتبة
degrade (*v.*) حَتّ – حلَّل • حلّ – حطّ • انحطَّ – جرَّد من الرتبة
degras (Pet. Eng.) دِيغراس : شحم من صوف الخِراف ذو خصائص مانعة للصدأ
degrease (*v.*) أزالَ الشحم
degreaser مُزيل الشحم
degreasing (*n.*) إزالة الشحم
degreasing agent (Chem. Eng.) عامِل إزالة الشحم
degree (Phys.) دَرجة • وَحدة قياس الحرارة
(*n.*) دَرجة • مرتبة – مدَى – درجة علميَّة • شهادة علميَّة
degree Baumé (Chem., Phys.) درجة «بُوميه»
degree Centigrade (°C) (Phys.) درجة مِئوية أو سنتيغراد
degree day (Meteor.) يَوم درجة : الفرق بين معـدل درجـة الحرارة اليومي و٦٥° فرنهيت كأسـاسٍ لاحتياجـات التدفئة المنزلية
degree Fahrenheit (°F) (Phys.) درجة «فرنهيت»
degree Kelvin (°K) (Phys.) درجة «كَلفِن»
degree of accuracy (Eng.) درجةُ الدِّقة
degree of bank (Civ. Eng.) درجة مَيْل المُنعطَف
degree of compaction (Civ. Eng.) درجة التدميج

degree of dissolution (Chem.)	درجة الذوبان
degree of dryness (Chem. Eng.)	درجة الجفاف
degree of hardness (Chem. Eng.)	درجة الصّلادة • درجة الصلابة
degree of ionization (Chem.)	درجة التأيّن
degree of latitude	درجة العَرض (خط العَرض)
degree of longitude	درجة الطُّول (خط الطُّول)
degree of moisture (Chem. Eng.)	درجة الرطوبة
degree of permeability	درجة النفاذيَّة
degree of purity (Chem. Eng.)	درجة النقاوة
degree of saturation (Chem.)	درجة التشبُّع
degree of variance (Chem.)	درجة التغيُّر
degree Rankine (°R) (Phys.)	درجة «رانكين»
degree Reaumur (°R) (Phys.)	درجة «ريومير»
degrees below zero (Phys.)	درجات تحت الصفر
degressive taxation (adj.)	ضريبة تناقصيَّة
degum (v.)	أزال المادة الصمغية
dehermetized (adj.)	غير مُحكم • غير كتيم
dehumidification (n.)	إزالة الرُّطوبة • تجفيف
dehumidifier	مُجفِّف الهواء • مُزيل الرطوبة
dehumidify (v.)	أزال الرطوبة
dehydrate (v.) (Chem.)	أزال الماء • نزع الماء
dehydrated (adj.) (Chem.)	منزوع الماء
dehydrated oil (Chem. Eng.)	زيت جافّ
dehydrated tar (Chem. Eng.)	قار جافّ • قار منزوع الماء
dehydrating agent (Chem. Eng.)	عامل مُزيل للماء • مُجفِّف
dehydration (Chem. Eng.)	إزالة الماء • نزع الماء • تجفيف
dehydration plant (Chem. Eng.)	وحدة نزع الماء
dehydrator (n.)	جهاز نزع الماء • مزيل الماء
dehydrator, centrifugal (Eng.)	مُزيل الماء بالطرد المركزي
dehydrochlorination (Chem. Eng.)	إزالة كلوريد الهيدروجين
dehydrogenate (v.) (Chem.)	نزع الهيدروجين
dehydrogenation (Chem. Eng.)	نزع الهيدروجين • إزالة الهيدروجين
dehydrogenize (Chem. Eng.)	نزع الهيدروجين
de-icer = anticer (Eng.)	مُزيل الجليد • مانع (تكوين) الجليد
deicing (n.)	إزالة الجليد
deicing fluid (Eng.)	مائع إزالة الجليد
deionization (Phys., Chem.)	زوال التأيُّن • إزالة الايونات
deisobutane feed settler (Pet. Eng.)	مُرسِّب اللقيم لمُزيل الأيسوبيوتان
deisobutanizer (Pet. Eng.)	مُزيل الأيسوبيوتان - برج إزالة الأيسوبيوتان
dejection cone (Geol.)	مخروط الأنقاض • مخروط الانصباب
deka-	ديكا : بادئة بمعنى عشرة أضعاف
dekalitre	ديكالتر : عَشَرَةُ لترات
dekametre	ديكامتر : عَشَرَةُ أمتار
delaminate (v.)	فصَلَ أو انفصل الى طبقات رقيقة
De Laval separator (Chem. Eng.)	فرَّازة «دي لافال»
De Laval turbine (Eng.)	تُربينة «دي لافال»
delay (v.)	عوَّق • أرجأ • أجَّل • تعوَّق • تأخَّر
(n.)	تعوُّق • إرجاء • تأخير • مُهلة
delay action detonator	صاعق متأخِّر المفعول
delay action exploder	مُفجِّر متأخِّر المفعول
delay blasting cap	كبسولة تفجير متأخِّرة المفعول
delay circuit (Elec. Eng.)	دائرة تعويق
delayed (adj.)	مُعوَّق • مؤخَّر - مؤجَّل
delayed action	فعل مُعوَّق
delayed-action fuse	صمامة متأخِّرة المفعول
delayed-action pump (Eng.)	مضخة متأخِّرة المفعول
delayed coking (Pet. Eng.)	التكويك المُعوَّق • التكويك البطيء
delayed explosion	تفجير مُعوَّق
delayed ignition (Eng.)	إشعال مُعوَّق
delayed response	إستجابة مُعاقة
delay fuse	صمام إعاقة (التفجير)
delaying action	فعل مُعيق
delay period (Eng.)	فترة التعوُّق
delay rental	إيجار تجاوُز : إيجار إضافي لاستعمال الأرض لمدة أطول
delay time (Eng.)	زمن التعوُّق • مُدَّة التخلُّف
delegate (v.)	فوَّض • أناب
(n.)	مندوب
delegation (n.)	تفويض • إنابة - وفد • مُفوَّض
delete (v.)	حذَف • شطب
deleterious gases (Mining)	غازات ضارَّة • غازات وبيلة
delf (Mining)	طبقة معدنيَّة رقيقة (من الفحم الحجري أو حجر الحديد) - مَنجم • مَحجَر
deliberate (v.)	تدبَّر • تأمَّل - تداول
(adj.)	مُعدّ • مُدبَّر • مُتعمَّد
deliberately (adv.)	عمدًا • قصدًا
deliming (Chem. Eng.)	إزالة الكلس : نزع الأملاح أو الترسُّبات الكلسية
delimit (v.)	حدَّد • عيَّن • خطَّط
delimitation (Biol.)	تحديد • تعيين • تخطيط
delineation (n.)	تخطيط • رسم - تحديد خطّي
delineation drilling (Pet. Eng.)	الحفر التحديدي
delineation well (Pet. Eng.)	بئر تحديدية
deliquesce (v.)	تميَّع • إنماع • سال
deliquescence (Chem.)	تميُّع • تسيُّل
deliquescent (adj.) (Chem.)	مُتميِّع • مائع • مُتسيِّل
deliver (v.)	نجَّى • خلَّص - سلَّم • ناوَل - ورَّد
delivered service (Pet. Eng.)	خدمة تسليم : حيث يُسلِّم البائع الأسطوانة المعبَّأة للزبون ويتسلم الفارغة منه
delivery (n.)	تسليم - توريد - مُناولة - تخليص - تصريف • صَرف

dehydrator

delivery book دفتر التسليم او الاستلام

delivery car سيّارة التوزيع

delivery head (of a pump) (Eng.) علوّ التصريف (للمضخّة)

delivery hole (Eng.) ثقب الصّبيب • فتحة التصريف

delivery meter مقياس التصريف

delivery order أمر التسليم

delivery pipe (Eng.) ماسورة التصريف

delivery port ميناءُ التسليم • ميناء التفريغ

delivery pressure (Eng.) ضغط التصريف

(Pet. Eng.) الضغط في أنبوب التصريف

delivery pump (Eng.) مِضخة التصريف

delivery regulator (Eng.) مُنظِّم التصريف

delivery terms شروط التسليم

delivery time زمنُ التسليم

delivery tube (Eng.) أنبوب الصبيب • أنبوبة تصريف أو توريد

delivery valve (Eng.) صمام التصريف – صمام الطرد • صمام التوزيع

delivery van سيارة التوزيع

dell = den (Geol.) وَهدة • واد صغير

delta (Geol.) دِلتا • دالُ النهر

delta connection (Elec. Eng.) إتّصال مثلثي • إتّصال دِلتاوي

deltaic deposits (Geol.) رواسبُ دلتاوية

delta plain (Geol.) سهل دلتاوي

deluge (*n.*) طُوفان • فَيَضان – مَطرٌ غامِر

(*v.*) غَمَر • أغرق

delustered (*adj.*) مُطفأُ اللّمعة

delustrant (*n.*) مُزيل (أو مطفيء) اللمعة

delve (*v.*) حفر – نقّب

delving (Mining) التعدين السطحي

demagnetization (Elec. Eng.) إزالةُ التمغنُط • نزعُ المَغنَطة • زوال المغنطة

demagnetize (*v.*) (Magn.) أزال التمغنُط

demand (*v.*) طلَب • سأل – أمر

(*n.*) طلب – الطلب (رغبةٌ في الشراء) – أمْر

demand factor عاملُ الطلب • عامِل الحاجة الاستهلاكيّة

demand meter (Elec. Eng.) مقياس الطلب

demand rate مُعدَّل الطلب

demand service خِدمة عند الطلب

demarcate (*v.*) خطّط الحُدود • حدّد • وضع حُدودًا

demarcation (*n.*) تخطيط الحدود • تحديد – تُخْم • حَدّ

demerit (*n.*) نقيصة • عَيب

demethanation = demethanization (Chem. Eng.) إزالة الميثان • فصلُ الميثان

demethylation (Chem. Eng.) إزالة الشِّق الميثيلي

demi- بادئة بمعنى : نِصف

demijohn دامِجانة : زجاجة ضخمة مكسوّة بالقش

demineralization (Pet. Eng.) ازالة المعادن • ازالة المواد المعدنية (من المستخرجات النفطية)

demister (*n.*) مُزيل التضبُّب • مزيل الرطوبة المُغشّية

demoded (*adj.*) عَتيقُ الطراز

demography الديموغرافية . علم احصائيات السكان وتقدير تغيُّرهم على الزمن

demolition (*n.*) تدمير • هَدم • تقويض • تخريب

demonstration بيان عملي • برهان • دليل • اثبات – مظاهرة – استعراض

demote (*v.*) خفَّض • أنزل الرُّتبة او القيمة

demountable (*adj.*) يُمكن فكّه أو نزعُه • قابلٌ للتفكيك

demounting فكّ • تفكيك – فَصل

demulsibility (Chem. Eng.) قابلية إزالة الاستِحلاب

demulsibility test (Chem. Eng.) اختبار إزالة الاستِحلاب

demulsification (Chem. Eng.) تفكُّك المُستَحلَب • انفصال الزيت المُستحلب

demulsification number (Chem. Eng.) الرقم البيانيّ للتفكُّك : الزمن الذي يستغرقه انفصال الزيت المُستحلب بالدقائق

demulsifier (Chem. Eng.) مُفكِّك المُستحلَب

demulsify (*v.*) أزال أو فك الاستحلاب

demulsifying agent (Chem. Eng.) مُفكِّك الاستِحلاب • مساعِد انفصال الزيت المستحلب

demurrage (Naut.) تعويضُ تأخير (الشحن أو التفريغ) – التأخير (في شحن السفينة أو تفريغها)

denaturalization (Chem.) تحويل الصِّفات الطبيعية

denaturation (Chem.) تحويل (أو مَسخُ) الصِّفات الطبيعية

denature (*v.*) حوّل الصفات الطبيعية (ل) • مَسخ الصفاتِ الطبيعية • جعل غير صالحٍ للتناول

denatured alcohol (Chem.) كُحول مُحوَّل الصفات • كحول مَمسوخ

denaturized (denatured) alcohol (Chem. Eng.) كحول مُحوَّل الصفات

dendrite (Min.) بِلّورة شجرية

dendritic (*adj.*) مُشجَّر • شجريُّ التفرع

dendroid (*adj.*) شَجرانيُّ التفرُّع

dendrolite (Geol.) نبات متحجِّر

denitrification (*n.*) نَزْعُ النتروجين

denitrify (*v.*) نزَعَ النتروجين (أو الأزوت)

denitrifying bacteria البكتريا المُحلِّلة للمواد الازوتية

denominate (*v.*) سمَّى – بيَّن • دلَّ على

denomination تسمية – طائفة • فئة

denominator مَخْرَج • مَقام (الكسر)

denote (*v.*) دلَّ على • بيَّن

dense (*adj.*) كثيف • مُكتنِز

dense concrete (Civ. Eng.) خرسانة غليظة

dense medium (Phys.) وسَط كثيف

dense shale (Geol.) طين صَفحِي كثيف

densilog (Pet. Eng.) سِجلُّ الكثافة : سِجل بكثافة التشكيلات الجوفية في أثناء الحفر

densimeter (Phys.) مِكثاف • مقياسُ الكثافة

densitometer (Phys.) مقياس الكثافة البصرية – مقياس كثافة الصورة (الفوتوغرافية)

density (Phys.) كَثافة

density, apparent (Phys.) الكثافة الظاهرية

density bottle (Phys.) قِنينةُ الكثافة : لإيجاد كثافة السوائل

density gradient column عَمود تدرُّج الكثافة : لقياس كثافة البُولي إثيلين

density gradient column

density meter (Phys.) مقياس الكثافة
density of gas كثافةُ الغاز
density, relative (Phys.) الكثافة النسبية
density, vapo(u)r (Phys.) كثافةُ البخار
dent (*n.*) فُرضة • حَزّ • سِن • نِقْر • غَوْر
(*v.*) فَرَض • نَقَر
dentate مُسَنَّن
dentation (*n.*) تسنُّن – نُتوء مُسَنَّن
dent gauge micrometer (Eng.) مُحدِّد قياس مِكرومتريّ للغور
denudate (or **denude**) (*v.*) عَرَّى
denudation (Geol.) تعرية • التعرية بفعل العوامل الطبيعية
denuded (*adj.*) مُعَرًّى
(Geol.) مُعَرًّى بعوامل الطبيعة
denunciation (*n.*) نَقْض • تنَصُّل (من اتفاق أو عقد)
deodorant = deodorizer (Chem. Eng.) مُزيل الرائحة
deodorant additives (Pet. Eng.) إضافات مزيلة الرائحة
deodorization إزالة الرائحة
deodorize (*v.*) أزالَ الرائحة
deoiler (Pet. Eng.) فاصلُ الزيت
deoiling (Pet. Eng.) نزعُ الزيت • فصلُ الزيت
deoxidate (*v.*) أزال الأكسدة
deoxidation (Chem. Eng.) نزعُ الأكسجين • إزالة الأكسدة
deoxidize (*v.*) (Chem.) نزعَ الأكسجين • أزالَ الأكسدة
deoxidizer (Chem.) مُختزِل • مزيلُ الاكسجين
deoxidizing addition (Chem. Eng.) إضافة مُختزِلة
deoxygenation (Chem. Eng.) إنتزاعُ الأكسجين
deparaffin (*v.*) (Chem. Eng.) أزال البارافين (أو البارافينات)
depart (*v.*) رحَل • إرتحَلَ – حادَ أو انحرفَ (عن)
department مَصلحة • دائرة أعمال • إدارة
departure (*n.*) رحيل • إرتحال – انطلاق – انحِراف • ابتِعاد
departure curves مُنحنيات(ضبط)الانحراف
departure from standard شُذوذ عن المألوف أو المتعارف عليه
depend (*v.*) اعتمد • توقَّف على
dependability اعتمادية • مَوثوقية
dependable (*adj.*) جَدير بالثقة • يُعتمَد عليه

dependent (*adj.*) متوقِّف على • مُعتمد على • تابع – متدلٍّ (من)
dependent contract عَقدٌ مَشروط
dependent station مَحطَّة تابعة
depentanize (*v.*) أزال البِنتان
depentanizer (Pet. Eng.) بُرج استِخلاص البِنتان • مُزيل البِنتان
dephaser (Elec. Eng.) مُغيِّر الطور
dephasing (Elec. Eng.) تغيير الطور
dephlegmation (Chem. Eng.) تكثيف تجزِئي : تجزِئة بالتكثيف الجزئي
dephlegmator (Pet. Eng.) بُرجُ تكثيف جُزئي – مِقطَر تجزئي بِمُكثِّف ارتداد : لإزالة الشوائب المائعة الثقيلة
dephosphoration (or **dephosphorization**) (Chem. Eng.) إزالةُ الفسفور
dephosphorize (*v.*) أزال الفسفور
depict (*v.*) صَوَّر • وصَفَ
deplete (*v.*) إستنفَد • أفرغَ • نزح • استنزَف
depleted stock مَخزونٌ مُستنفَد أو مُستنزَف
depleted well (Pet. Eng.) بئرٌ مُستنفَدَة او مستنزفة
depletion (*n.*) استِنفاد • استِنزاف • إفراغ • نَزْح – نُضوب
depolarization (Chem. Eng.) منعُ الاستِقطاب
depolarize (*v.*) منَعَ الاستِقطاب
depolarizer (Chem.) مانِع الاستقطاب
depolarizing mix (Chem. Eng.) مزيجٌ مانِع للاستِقطاب
depolymerisate (*n.*) (Chem.) مُستحضَر مُضاد للتبلمُر
depolymerization (Chem. Eng.) فضُّ البلمرة
depolymerize (*v.*) (Chem.) فضَّ البلمرة
deposit (*n.*) تامين • وديعة – عُربون – رُسابة • راسِب – مُستودع
(Geol.) قُرارة • راسِب مُتجمِّع
(*v.*) رسَّب • ترسَّب • استقرَّ – أودع
depositary (*n.*) مُستودَع
deposited metal معدن مُرسَّب
depositing bath (Chem. Eng.) مَغطِسُ ترسيب (الكتروليتي)
depositing of concrete (Civ. Eng.) صَبُّ الاسمنت
depositing-out tank = liberator tank (Pet. Eng.) صِهريج ترسيب الشوائب
deposition (Geol.) ترسيب • إرساب • ترسُّب – قُرارة
deposition efficiency (Chem. Eng.) الكِفاية الترسيبية

depository (*n.*) مُستودَع
deposits, oil (Pet. Eng.) رُسابات زيتية • رواسب النفط
depot (*n.*) مُستودَع • مَخزن
depreciate (*v.*) استهلك – وَكَسَ : قلَّلَ القيمة أو الاهمية
depreciation استِهلاك • انتِقاص القيمة • انخفاض القيمة (أو الأهمية) – تَدَنٍّ
depreciation factor عامِل الاستهلاك
depreserve (*v.*) سحَبَ من المُستودع
depress (*v.*) ضَغَط – خفَض • أهبط
depressant (*adj., n.*) خافِض • مُهبِّط • مُخفِّض
depressant, pour point (Chem. Eng.) خافِض نُقطة الانصباب
depressed (*adj.*) منخفض
(Geol.) غائر • هابِط
depression تخفيض • هُبوط • انحطاط • انخفاض – مُنخفَض • رُكود • كَساد
depression, angle of زاوية الانخفاض
depression of boiling point انخفاضُ (أو خَفضُ) نُقطة الغليان
depression of freezing point (Phys.) انخفاض (أو خفضُ) نقطة التجمد
depressor (*n.*) خافِض
(Elec. Eng.) مُحوِّل خافِض
depressor transformer (Elec. Eng.) مُحوِّل خافِض
deprive (*v.*) حرَم • جرَّد
depromotion (Chem. Eng.) خفضُ (أو انخفاض) الفاعليَّة الحفزيَّة
depropanization = depropanation (Pet. Eng.) إزالة البروبان • فَصل البروبان
depropanizer (Chem. Eng.) برجُ فَصل البروبان • مُزيل البروبان
depropanizer bottoms cooler (Pet. Eng.) مُبرِّد المتخلِّفات في برج فصل البروبان
depropanizer overhead condenser (Pet. Eng.) مُكثِّف المنتجات العلوية في برج فصل البروبان
depth عُمق • غَور – عُمق أو شدة الاصطِباغ – ارتفاع
depth charge قَذيفةُ أعماق
depth finder مِسبار العمق (بالأمواج الصوتية أو الكهربائية)
depth gauge (or **gage**) (Eng.) مُحدِّد قياس العُمق
depth indicator مُبيِّن العُمق
depth limit حدّ العُمق

derrick and pipelaying barge

depth of burial عُمق الطَّمْر

depth of field عُمق المَجال

depth of hardening (Met.) عُمق التصليد

depthometer مِقياس العُمق

depth screw (Eng.) لولَبُ تحديد العُمق

depth sounder (Naut.) مِسبارُ الأعماق

deputy نائب • وَكيل

derange (*v.*) أعاق • عطَّل (عن العمل) – أفسد

derelict (*n., adj.*) مُهمَل • مَهجور

derivate (*v.*) اشتَقّ

(*n.*) مُشتقّ • مادة مُشتقَّة • ناتج ثانوي

derivation اشتِقاق • استِخراج

derivative (*n.*) مُشتقّ • مُشتَقَّة

(*adj.*) مُشتَقّ • مُتفرِّع • مستخرَج – اشتقاقي

derivative rocks (Geol.) الصخور المُشتقَّة : التي لم تكن مصهورةً عند تجمُّعها

derive (*v.*) اشتقّ • تفرَّع – استخرجَ • استنتجَ

derived circuit (Elec. Eng.) دائرة مُشتقَّة او فرعية

derived fossils (Geol.) حَفريَّات مُستَعارة

derived industry صِناعة ثانوية

dermatitis التهاب الجلد

derrick (Eng.) بُرجُ الحَفر – مِرفاع

derrick and pipelaying barge (Pet. Eng.) صَندلٌ ذو بُرجٍ رَفع لِمَدِّ الأنابيب

derrick barrel (Eng.) دارةُ بُرج الحَفر

derrick brace (Eng.) شِكال بُرج الحَفر

derrick crane (Eng.) مِرفاع بُرج الحَفر

derrick drill (Civ. Eng.) حَفر دوراني (أو رحوي) • حَفر كبلي

derrick floor أرضيَّةُ بُرج الحَفر (لآبار النفط)

derricking jib-crane (Eng.) مِرفاع بذراع مُتغيِّر الباع

derrick lorry (Civ. Eng.) شاحِنة بُرج الحفر- شاحِنة مرفاعية

derrickman (Civ. Eng.) عامل بُرج الحفر – عامِل المِرفاع

derrick platform (Civ. Eng.) مِنصَّة برج الحفر

derrick type crane (Eng.) مرفاع بُرجيّ

desalted crude (Pet. Eng.) خام منزوعُ الملح

desalting (Pet. Eng.) نَزعُ الملح • إزالةُ الأملاح (كلوريدات الكالسيوم والمغنسيوم والصوديوم) من الزيت الخام

desalting plant (Eng.) وَحدةُ إزالة المُلوحة

desand (*v.*) ازال الرَّمل

desander مُزيل الرَّمل

de-scaler مُزيل القُشور

de-scaling (Eng.) إزالةُ القُشور

descend (*v.*) هبَط • نزل • إنحدَر

descending (*adj.*) هابِط • نازِل • مُنحدِر

descending order ترتيب تنازُلي

descending stroke (Eng.) شوطُ النزول

descent (*n.*) هُبوط • إنحِدار

describe (*v.*) وصَفَ – رَسَم

description وَصْف

descriptive list قائمة بالأوصاف • بيانٌ وَصفي

descriptive mineralogy (Min.) المينرالُوجية (الدراسات المعدنيَّة) الوصفيَّة • العِدانة الوصفيَّة

descriptive term مُصطلَح وصفي

desert (*n.*) (Geol.) صَحْراء • بَيْداء

(*adj.*) صَحراوي – قاحِل • مُجدِب

(*v.*) هجَر • هرَب • فرَّ • تركَ

desert belt (Geol.) نِطاق صَحراوي

desert climate مُناخ صَحراوي

deserted (*adj.*) مَهجور • مَتروك

desert-grade gasoline (Pet. Eng.) بنزين للمناطق الاستوائية (أو الصحراوية)

desert zone منطقة صحراوية

deserve (*v.*) استحقّ • إستوجَب • استأهل

desiccant (Chem. Eng.) مجفِّف • عامِل تجفيف

desiccate (*v.*) جفَّف • نشَّف

desiccated (*adj.*) مُجفَّف

desiccation (Phys., Chem.) تجفيف

desiccator (Phys., Chem.) مُجفِّف • جهاز تجفيف • وعاء تجفيف

design (*v.*) صمَّم • رسَم – عيَّن • خصَّص

(*n.*) تصميم • تخطيط • خُطَّة مرسومة

designation تسمية – تعيين • تخصيص

designed (*adj.*) مُصمَّم • مُعيَّن – مرسوم • مُختَط • مُعَدّ

designer مصمِّم • رسَّام

designing department دائرة التصميم

design load (Eng.) الحِمل المُصمَّم

design operation (Eng.) تشغيل حسَب التصميم

design power (Eng.) القُدرة الإسمية (أو المصمَّمة)

design pressure (Eng.) الضغط المُصمَّم

design specifications مُواصَفات التصميم

desilication (or **desiliconization**) (Chem. Eng.) إزالة السليكون • نزع السليكون

desiliconize (*v.*) نزَع (أو ازال) السليكون

desilverized (*adj.*) مَنزوعُ الفِضَّة

desk structure (Geol.) بِنية نَضَدية

desk switchboard (Elec. Eng.) لوحة مفاتيح مكتبية (مائلة كسطح المكتب)

deslag (*v.*) (Chem. Eng.) أزال الخَبَث

desludge (*v.*) أزال الحمأة • أزال الوَحل

desorb (*v.*) (Chem.) مَجّ

desorption (Chem. Eng.) ألمَجّ

despatch = **dispatch** (*v.*) أرسل • بعثَ – أنجز

(*n.*) إرسال • رسالة – إنجاز

desquamation (Geol.) تقشُّر • توسُّف

dessiatine دِسياتين : مقياس مساحة روسيّ يساوي ٢،٦٩٩ فدان أو ١،٠٩٢٥ هِكتار

destain (Chem. Eng.) ازال الصِّبْغ

destination (*n.*) مَقصَد : المكان المقصود

destinker (Pet. Eng.) : مُزيل الرائحة (والماء) من البارافين

destitute (*adj.*) مُعوِز – خِلوٌ من

destitute rock (Geol.) صخر خالٍ من الحفريات

destroy (*v.*) دمَّر • خرَّب • هدَم • أتلف

destruction (*n.*) تدمير • دَمار • إتلاف • هَدم

destruction limit (Chem. Eng.) حدُّ الإتلاف

destructive (*adj.*) هدَّام • إتلافي • مُدمِّر

destructive alkylation (Pet. Eng.) ألكَلة هدَّامة

destructive distillation (Chem. Eng.) تقطير هدَّام • تقطير إتلافي

destructive hydrogenation الهدرجة الهدَّامة

DES
116

desulphurization unit

electronic detector

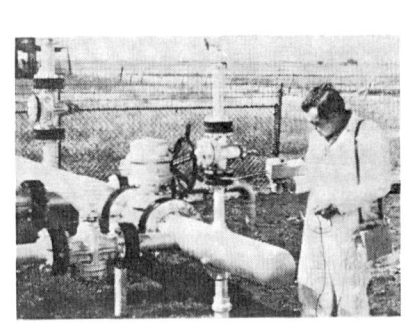

leakage detector

destructive test (Eng.)	اختبار إتلافي
destructor (Civ. Eng.)	فُرن إتلاف النُّفايات • مُرمِّدة
desulfuration = desulphuration (n.)	إزالةُ الكبريت
desulfurization = desulphurization (Pet. Eng.)	نَزعُ الكبريت
desulfurize = desulphurise (v.) (Chem. Eng.)	أزالَ (أو نَزَعَ) الكبريت من
desulphurate = desulphurize (v.) (Pet. Eng.)	أزالَ الكبريت
desulphurization (Chem. Eng.)	نَزعُ الكبريت • إزالة الكبريت
desulphurization, catalytic (Chem. Eng.)	نَزعُ الكبريت المُحفَّز (بالوسيط الكيماوي)
desulphurization unit (Chem. Eng.)	وَحدةُ نزع الكبريت
desulphurizer (Pet. Eng.)	مُزيلُ الكبريت • نازعُ الكبريت
desulphurizing unit (Pet. Eng.)	وَحدةُ نَزع الكبريت
desuperheater (Eng.)	جهاز إزالة الإحماء (لتبريد البُخار المُحمَّص)
desurfacing (n.)	إزالة الطبقات السطحية
desurger (Eng.)	مُخَمِّدُ التمَوُّر
detach (v.)	فصل • نزع • حلَّ - أفرز (لمُهمَّة خاصة)
detachable (adj.)	قابل للفصل • يَنفصِل
detachable bit (Mining)	لقمة حفر قابلة للفَصل
detached (adj.)	مفصول • مُنفصِل • مَفروز
detaching hook (Eng.)	خُطّاف الفَصل
detachment	فصل • عَزل • إنفصال - مُفرزة
detailed (adj.)	تفصيليّ • مُفصَّل
detailed plan	تصميم مفصَّل • مُخطط تفصيلي
details	تفصيلات • تفاصيل
detain (v.)	حجَز • احتَجَز - أخَّر • أعاق
detar (Chem. Eng.)	أزالَ القار
detarring (n.)	إزالة القار
detect (v.)	اكتشف • كَشَف • استبان • استدلَّ
detection (n.)	كَشف • اكتشاف
(Elec. Eng.)	استخلاصُ (الذبذبة) المُضَمَّنة
detector (Eng.)	كاشِف • مِكشاف
detector, leakage (Eng.)	مِكشاف التسرُّب
detent handle	مِقبض مسمار التوقيف
detention	حَبس • توقيف
detergency	قوَّة التنظيف • القدرة على التنظيف
detergency additives (Chem. Eng.)	إضافات مُنظِّفة
detergency oils (Chem. Eng.)	زيوت مُنظِّفة
detergent (adj.)	مُنظِّف • مُزيل للأوساخ
(n.)	مُنظِّف • مادَّة تنظيف
detergent additives (Pet. Eng.)	إضافات مُنظِّفة : إضافات مُزيلة للأوساخ تُمزج مع زيوت التزليق
detergent alkylate = dodecyl benzene	ألكيلات مُنظِّفة • بنزين دُوديسيلي
detergent characteristics	خصائص تنظيفيَّة
detergent effect (Chem. Eng.)	تأثير تنظيفيّ
detergent oil (Pet. Eng.)	زيتُ تزليق مُنظِّف
detergent power	قوَّة تنظيفية
detergents (Chem. Eng.)	مُنظِّفات • مُنتَجات مُنظِّفة
detergents, synthetic (Chem. Eng.)	مُنظِّفات إصطناعية
deteriorate (v.)	أفسد • فسد • أتلف • تردَّى • تَلِف - دَهور • تدهور
deterioration	فَساد • تلَف - تدهوُر
determination	تعيين • تحديد • تقدير - تصميم • عزم
determination of direction	تحديدُ الاتِّجاه
determine (v.)	عيَّن • حدَّد • قدَّر - عزَمَ • قرَّر
deterrent (adj., n.)	عائِق • مانِع
detersive = detergent (adj.)	مُنظِّف
detin (v.) (Chem. Eng.)	أزالَ القصدير
detinning	إزالةُ القصدير
detonate (v.)	فجَّر • تفجَّر • انفجر
detonating (adj.)	مُتفجِّر • مُفجِّر • صاعِق
(Eng.)	تفجير • انفجار • تفجُّر
(Pet. Eng.)	احتراق لحظيّ : اشتعال تفجُّري
detonating fuse	صِمامةُ التفجير
detonation	تفجُّر • تَفجير - اشتعال تفجُّري • احتراق لحظيّ
detonation characteristics (Pet. Eng.)	خصائص التفجُّر
detonation inhibitor (Chem. Eng.)	مانع التفجُّر
(Pet. Eng.)	مانع الاحتراق (اللحظي) التفجُّري
detonation suppressor (Pet. Eng.)	كابِتُ الاحتراق التفجُّري
detonation test (Pet. Eng.)	اختبار التفجُّر : اختبار خاصَّة الاشتعال التفجُّري للوقود
detonator (n.)	مُفجِّر - كَبسولة تفجير
detonator, electrical	مُفجِّر كهربائي
detorsion bar	قضيب مَنع الالتواء
detoxicant (n.) (Chem. Eng.)	مانع الانسمام : مانع انسمام الحفّاز
detoxicating (adj.)	مانع الانسمام • مانع أو مُخفِّف التسمُّم
detrimental heating	تسخين مُضِرّ
detrital (adj.) (Geol.)	فُتاتيّ • حُتاتي • حَتّي

detrital sediments (Geol.) رواسِب فُتاتية

detrition (Geol.) إنحِتات • تفتُّت • تَحاتّ

detritus (Geol.) حُتات • فُتات الصخور – حُطام • نُفايات

detritus tank (Civ. Eng.) خزّان إرسابِ النفايات (من مياه المجاري)

detruck (*v.*) أنزل من شاحِنَة

deuteric changes (Geol.) تغيُّرات ثانوية : تغيُّرات ما قبل التجمُّد (في الصخور النارية)

deuterium (Chem., Phys.) ديُوتريوم (الهيدروجينُ الثقيل)

deuterium oxide (Chem., Phys.) الماء الثقيل • اكسيد الديوتريوم

devaluate = devalue (*v.*) خفَض القيمة

develop (*v.*) طوَّر • وسَّع • نمَّى • استثمر – نشر • بسَط – تكشَّف عن – ظهَّر فيلماً

developed area (Pet. Eng.) منطقة مُستَثْمرة (أو مُطوَّرة)

developed countries بُلدان مُتطوِّرة

developed reserves (Pet. Eng.) احتياطي مُثبتُ الوجود • احتياطي ثبت وجوده نظريّاً وعمليّاً

developed well (Pet. Eng.) بئر مُستغَلَّة : في مرحلة الاستثمار

developing (*n.*) تظهير (الصور) – تطوير

(*adj.*) مُتطوِّرة • نامِية

development تطوير • تطوُّر • تنمية – تظهير

development plan خُطَّة تَنمِيَة

development stage مَرحَلةُ التَّنمِيَةِ (أو التَّطوير)

development well (Pet. Eng.) بئر تطويرية: بئر لتنمِيَة الانتاج تُحفَر في حقل مُنتِج

deviant (*adj.*) زائغ • مُنحرِف

deviate (*v.*) انحرفَ • مالَ • حادَ

deviated well (Pet. Eng.) بئر مُنحرِفةُ الحَفْر • بئر مائلة

deviation انحِراف • انعِطاف • حَيدان

deviation angle زاوية الانحراف

device (*n.*) نَبيطة • وسيلة • اختراع – جهاز – أداة

devil (Eng.) مَوقِد لِحام نَقَّال

(Meteor.) زوبعة رَملية خفيفة • إعصار خفيف

devilling (Civ. Eng.) تحزيز (أو خدش) طبقةِ الملاط (إعداداً لطبقة تالية)

devise (*v.*) إستنبط • إبتكر • دبَّر

devitrification (Geol.) زوالُ الشفافية (بالتبلور)

devoid (of) خلوٌّ (من)

devolatilization (*n.*) (Geol.) فِقدان المكَوِّنات المتطايرة

devolution (*n.*) انحِدار – انحِطاط – توزيع الصلاحيات لتحقيق اللاَّمركزية الادارية

Devonian epoch (or **period**) (Geol.) العصر الديڤوني

Devonian system (Geol.) النظام الديڤوني: صخور العصر الديڤوني (ومعظمها من الحجر الرملي الأحمر)

dew نَدى

Dewar flask (Phys.) قارورة «ديُوار» • ترموس

dewater (*v.*) أزال (أو نَزَح) الماء

de-watering (Civ. Eng.) نَزح الماء

de-wax (*v.*) انتزع الشَّمع • أزال الشَّمع

dewaxed oil (Pet. Eng.) زيتٌ مَنزوع الشمع

dewaxing (Pet. Eng.) إزالة الشَّمع • نَزْع الشَّمع

dewaxing unit (Chem. Eng.) وَحدة فصل الشَّمع

deweeding oil (Chem. Eng.) زيت مُبيد للأعشاب

dew-point (Phys.) نُقطة الندى • نُقطة التكاثُف

dew-point meter (Phys.) مقياس نُقطة النَّدى

dexterity فَراهة • مَهارة • حِذق

dextral fault (Geol.) صَدع يَميني (أو مُيامِن)

dextrorotatory (*adj.*) أيمنُ الدوران • دائر في اتجاه عقرب الساعة

dezincification (Chem. Eng.) نَزْع الزِّنك

D.F. (derrick floor) أرضيَّة برج الحفر

(diesel fuel) وَقود الديزل

D.F.D.T. (difluoro diphenyl-trichloroethane) ايثان ثلاثي الكلور ثنائي الفينل ثنائي الفلور

D.H.O. (dehydrated castor oil) زيت الخروع المنزوع الماء

di- بادئة بمعنى : ثُنائي

diabase (Geol.) دَيابيز : صخر ناري مُحبَّب • دولَرَيت

diabasic texture (Geol.) بِنية ديابيزية : بِنية صخرية حُبيبية بركانية

diachronous (*adj.*) دَياكْروني : قاطِعٌ عبر الطبقات الزمنية

diaclase (Geol.) شَق • فاصل • مَكْسَر

diad axis (Geol.) مِحور ثُنائي

diafoam (Pet. Eng.) ديافوم : مستحضر مانِع للترغّي

diagenesis (Geol.) التغير المَا بَعْدي : التغيرات التالية للترسب والسابقة للتحوُّل الصخري

diagnosis (*n.*) تشخيص (المرض أو العلة) – وَصف مميِّز

diagnostic fossil (Geol.) أُحفورة دليلية

diagonal (*n.*) خط قُطري • ضِلع قطري • قُطر (المضلع)

(*adj.*) قُطريّ • مائل

diagonal bracing (Civ. Eng.) شِكال مائل • تكتيف قُطريّ

diagonal fault (Geol.) صَدع مُنحرف قُطريّاً

diagonal joints (Geol.) فواصِل مُنحرِفة

diagonal plates (Naut.) ألواح مائلة

diagonal stays (Eng.) شِكالات مائلة (للغلاّيات أو المراجِل)

diagonal ventilation (Mining) تهوية جانبية

diagram (*n.*) رسم بيانيّ • رسم تخطيطيّ

(*v.*) مثَّل برسمٍ بيانيّ

diagrammatic(al) (*adj.*) تخطيطيّ • بيانيّ

diagrammatic drawing رَسْم تخطيطي

diagraph (Civ. Eng.) مِرسام

dial (*n.*) مِينا • قُرص مُدرَّج • مِزوله – آليَّة تعديلٍ قُرصيَّة

(*v.*) أدار القرصَ (في تلفون أو جهاز)

dial comparator (Eng.) مُقارِن ذو ميناء

dialdehydes (Chem.) ألديهيدات ثنائية

dial gauge (Eng.) مقياس ذو قُرص مدرَّج • مقياس ذو عقرب

dial indicator (Eng.) مُبيِّن بقُرص مدرَّج

dialkyl (Chem.) ثُنائي الألكيل

dial lock (Eng.) قُفل ذو قُرص مُدرَّج

dial micrometer ميكرومتر بقُرص مدرَّج

dial (test) indicator مُبيِّن (اختباري) ذو قرص مدرَّج

dial test indicator

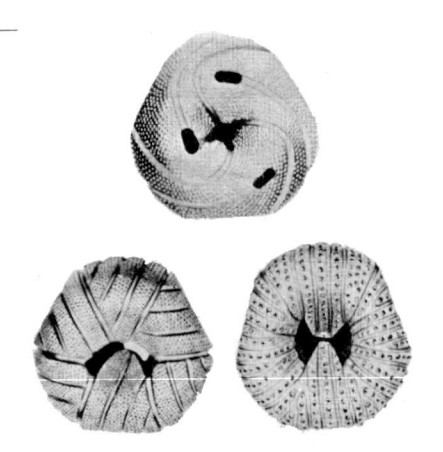

diamond bits

dial thermometer (Phys.) ترمومتر ذو قرص مدرّج
dialysis (Chem. Eng.) دَيْلَزة • الفَرْزُ (بالانتشار) الغشائي • المَيْزُ الغشائي
dialyzer (Chem. Eng.) فرّازة بالانتشار الغشائي
diamagnetic (*adj.*) (Elec. Eng.) ديامغنيطي • دايا مغنطيسي : ضعيف الإنفاذية المغنطيسية
diamagnetism (Elec. Eng.) الديامغنطيسية • المغنطيسية المُجانِبَة • ضَعفُ الانفاذية المغنطيسية
diameter (*n.*) قُطر • قُطر الدائرة
diameter, external القُطر الخارجي
diameter, internal القُطر الداخلي
diametrical connection اتصال أو توصيل قُطري
diamond (*n.*) ماس • ألماسة ـ ماسة لقطع الزجاج ـ مُعيَّن • شَكل مُعيَّنيّ
(*adj.*) ماسي ـ مُعيَّني: منحرف الشكل كالمُعيَّن
diamond bit (Eng.) لُقمة ثقب ماسِيَّة • مِثقب ماسي
diamond core (Civ. Eng.) عيِّنة (مأخوذة) بمثقب ماسي
diamond crossing تقاطُع مُعيَّني
diamond drill (Civ. Eng.) ثَقّابة ماسيَّة (الحد او الراس)
diamond frame (Eng.) إطار مُعيَّني : على شكل مُعيَّن
diamond-point bit (Civ. Eng.) لُقمة حَفر ماسيةُ الرأس • مِثقبٌ ماسيُّ الرأس
diamond-point chisel (Eng.) ازميل ذو حدّ ماسيّ (على شكل مُعيَّن)
diamond pyramid hardness test (Met.) اختِبار الصلادة بالهَرم الماسي
diaphanous (*adj.*) شَفيف • شفّاف

diaphragm (*n.*) حِجاب • رِقّ • غشاء • حاجِز
(Geol.) حاجِز فاصِل
diaphragm pressure gauge (Eng.) مقياس ضغط رِقّي
diaphragm pump (Eng.) مضخة رِقّيَّة
diaphragm valve (Eng.) صِمام رِقّيّ
diaphthoresis (Geol.) تحوُّل رَجعي
diapir folds (Geol.) طيّات اختراقية
diapir structure (Geol.) بِنية اختراقية
diary يَوميَّة ـ مُذكّرة • دفتر لتدوين اليوميات
diaspore (Min.) دياسبور : هيدروكسيد الألومنيوم المُمَيَّأ
diastem (Geol.) فَصلة • ثُغرة طِباقية
diastrophism (Geol.) قَلقلة القشرة الأرضية
diathermancy (Phys.) انفاذية الاشعاع الحراري
diathermic (or **diathermanous**) (Phys.) مُنفِذ للإشعاع الحراري
diatom (Biol.) دياتُوم : طحلب مجهري أحادي الخلية جدرانه مشبعة بالسليكا
diatomaceous earth (Chem., Geol.) تُراب دياتُومي
diatomaceous shale (Geol.) طين صفحي دياتومي
diatomic (*adj.*) (Chem.) ثنائي الذرّة • مركب من ذرّتين
diatomite (Geol.) راسِب دياتومي
diatom ooze نَزّ دياتومي
diatremes (Geol.) فَجوات أنبوبية بركانية • قصَبات بركانية
diazo compounds (Chem.) مُركَّبات ديازوِيَّة: يحوي الجزيء منها ذرتين من الازوت
dibasic (*adj.*) ثُنائي القاعدية
dibasic acids (Chem.) أحماض ثُنائية القاعدية
dibhole (*n.*) بالُوعة
dibromoethane مِيثان ثُنائي البرُوم
dichloride (Chem.) ثاني كلورور • ثاني كلوريد
dichloroethane (Chem.) ايثان ثنائي الكلور
dichloro-ethane plant وَحدةُ (إنتاج) الإيثان الثنائيّ الكلور
dichloroethylene (Chem.) ثاني كلوريد الايثلين • إيثلين ثُنائيّ الكلور
dichotomous (*adj.*) ثُنائي التفرُّع
dichroic minerals (Min.) معادِن ثنائيَّة اللَّون : يختلف لونها في اتجاه ما عنه في الاتجاه المُعاكس

dichloro-ethane plant

dichromate (Chem.) ثاني كرومات • بيكرومات
Dicotyledons (Biol.) ذوات الفِلقتين
dicyclic (*adj.*) ثُنائي الحلقة • مُزدوج الحلقة
die (*n.*) (Eng.) قالَبُ الصَّوغ • لُقمة اللولبة
(*v.*) خمَد • همَد • توقَّف ـ مات
(Eng.) صَنَع أو شكّل بلُقمة لَولبة
die-away curve (Eng.) مُنحنى التضاؤُل
die, blanking (Eng.) قالَبُ القطع • قالَبُ فصل الأغفال
die box (Eng.) ماسِكُ لُقمة اللولبة
die-cast (*v.*) صَبَّ في قالَب
diecasting machine (Eng.) مكَنة صبّ القوالِب المعدنية
die collar (Eng.) جُلبة جَرسية مُسنَّنة : لالتقاط الادوات السائبة
die head (or **holder**) = **die box** (Eng.) ماسِك لُقمة اللولبة • حامل لُقم اللولبة
dielectric (Elec. Eng.) عازِل كهربائي • عازل
dielectric breakdown (Elec. Eng.) انهيار العازل
dielectric coefficient (Elec. Eng.) مُعامِل العازل

dies

DIF
119

dielectric constant (Elec. Eng.) ثابتُ العازِل
dielectric current (Elec. Eng.) تيار العازِل
dielectric fatigue (Elec. Eng.) كَلالُ العازِل
dielectric oils زُيوت عازلة
dielectric strain (Elec. Eng.) انفعال العازِل
dielectric strength (Elec. Eng.) المتانة الكهربائية للعازِل • شِدّة العازِل
dielectric wedges إسفينات عازِلة
dielectrolysis (Chem. Eng.) تحليل مركب بتأثير كهربائي
diesel ديزل : وَقود الديزل أو مُحرِّك ديزل
Diesel cycle (Eng.) دَورةُ «ديزل»
diesel desulphuring unit (Chem. Eng.) وَحدة نزع الكبريت من الديزل
diesel-electric locomotive (Elec. Eng.) قاطرة ديزل، كهربائية : قاطرة (تدار مولداتها الكهربائية) بمُحرِّك ديزل
diesel engine (Eng.) مُحرِّك ديزل
diesel engine oil (Pet. Eng.) زيت مُحركات الديزل
diesel fuel وَقود الديزل
diesel fuel injector (Eng.) حاقِنُ وقود الديزل
diesel fuel oil (Pet. Eng.) زيت وقود الديزل
diesel gas oil (Pet. Eng.) سُولار (زيتُ غازٍ) الديزل
diesel hammer (Eng.) مِطرقة ديزل : مِطرقة ساقطة يديرها محرِّك ديزل
diesel index (Pet. Eng.) الرقم البياني للديزل : لبيان العلاقة بين الرقم الأنيليني لوَقود الديزل واشتعاليته
diesel oil زيت الديزل
diesel oil cement (Pet. Eng.) مزيج الاسمنت وزيت الديزل
die steel فولاذ قوالِب الصبّ
die-stock (Eng.) كِفّةُ لَقم اللولبة : مُلَولِبة (تُدار باليَد) ذات ظَرْفٍ لِلُّقم
diethanolamine (Chem.) أمينٌ ثُنائيُّ الايثانول
diethylene glycol (Chem.) ثنائي ايثيلين الغلَيْكول • غليكول ثُنائي الايثيلين
diethyl ether (Chem.) أثير ثنائي الاثيل
difference فَرق • اختِلاف • بَون
difference of potential (Elec. Eng.) فرق الجُهد
different (*adj.*) مُختلِف
differential (*adj.*) تفاضُلي • تفاوُتي • تبايُني
(*n.*) تفاضُل • تبايُن • تفاوُت
differential aeration تهوية تفاضُلية
differential block (Eng.) بكّارة (مجموعة بكرات) تفاضُلية
differential calculus حساب التفاضُل
differential calorimeter (Phys.) مِسعَر تفاضُلي
differential coefficient مُعامِل تفاضُلي
differential condenser مُكثِّف تفاضُلي
differential converter مُحوِّل تفاضُلي
differential duties رسُوم جُمركيّة تفاضُلية
differential effect تأثير تفاضُلي • تأثير مُتفاوِت
differential equation مُعادلة تفاضُليّة
differential erosion (Geol.) تعرِيَة تفاضُلية • انجراف تفاضُلي
differential flotation (Chem. Eng.) التعويم التفاضُلي (لفَصل الكبريتيدات)
differential gas liberation (Chem. Eng.) إطلاق الغاز التفاضُلي
differential gearing (Eng.) التعشيق التفاضُلي (بتُروس تفاضُلية)
differential hoist (Eng.) مِرفاع تفاضُلي
differential motion (Eng.) حركة تفاوُتية
differential permeability (Elec. Eng.) الإنفاذية التفاضُلية
differential pressure (Eng.) ضغط تفاضُليّ • ضغط فَرقي
differential pressure gauge (Eng.) مِقياس الضغط التفاضُليّ
differential pressure indicator (Eng.) دليل الضغط التفاضُلي
differential pressure meter (Hyd. Eng.) مِقياس الضغط التفاضُلي : لتعيين سرعة تدفق السائل
differential pulley block (Eng.) بُكّارة (مجموعة بكرات) تفاضُلية
differential reaction (Chem. Eng.) تفاعُل تفاضُلي
differential resistance (Elec. Eng.) مُقاومة تفاضُلية
differential settlement (Civ. Eng.) هُبوط مُتفاوِت (في قاعدة البناء)
differential stain (Chem. Eng.) صِباغ تفاضُلي (مميِّز للأنسِجة)
differential thermal analysis التحليل الحراري التفاضُلي (Chem. Eng.)
differential thermometer (Phys.) تِرمومتر تفاضُلي (ثُنائيُّ المعدن)

differential erosion

differential thermopile (Eng.) عَمودٌ حراري تفاضُليّ
differential thermoscope (Phys.) مِكشاف حراري تفاضُلي
differential turbine (Eng.) عَنَفة تفاضُلية • تُوربين تفاضُلي
differential weathering (Geol.) تجوِيَة تفاضُلية : يزيد تأثيرها في نِطاقٍ عنه في نِطاق آخر
differential winding (Elec. Eng.) لَفٌّ تخالُفي
differential windlass (Eng.) دولاب رفع تفاضُلي • مِلفاف رفع تفاضُلي
differentiate (*v.*) ميَّز • فرَّق • فاضَل – تميَّز • تخالَف – أوجدَ التفاضُل (الحسابيّ)
differentiation (*n.*) تفاضُل • مُفاضلة • تمييز • تفريق
(Geol.) تمايُز • تميُّز تفاضُلي
differentiation, magmatic (Geol.) تمايُز صُهاري
diffract (*v.*) حيَّد أو انعطف (كالضوء عند مروره عبر ثقب ضيِّق)
diffraction (Phys.) حيُود • انعطاف
diffraction grating (Phys.) مُحَزَّزة الحيُود
diffraction spectrum طيفُ الحيُود
diffuse (*v.*) نشَر • انتشَر
(*adj.*) مُنتشِر – مُطوَّل
diffused-focus lens عدسة غير مصحَّحةِ الزَّيغ اللَّوني
diffused lighting إضاءة منتشِرة
diffuser (*n.*) ناشِرة – رذّاذة
diffuse reflection الانعكاس الانتشاري
diffuser nozzle (Eng.) فُوَّهة ناشرة
diffuse transmission الانتقال الانتشاري
diffusibility ألمُنتشِريّة • قابليّة الانتِشار

diffusing surface (Phys.) سطح ناشِر (للإشعاعات الساقطة عليه)
diffusiometer (Chem.) مقياس الانتِشار • مقياس انتِشار الغازات
diffusion (*n.*) انتِشار • نَشْر
diffusion coefficient مُعامِل الانتشار
diffusion law = **Graham's law** (Chem.) قانون «غراهام» لانتِشار الغازات
diffusion of gases (Chem.) انتِشار الغازات
diffusion of light (Phys.) انتِشار الضوء
diffusion pressure (Chem. Eng.) ضغط الانتِشار
diffusion pump (Eng.) مِضخة التفريغ الانتشاري
diffusion surface سطح ناشِر
diffusivity (Chem. Eng.) الانتِشاريَّة
diffusivity test اختبار الانتِشارية
dig (*v.*) حفَر • نقَّب ــ استخرج بالحَفْر
digester هاضِم : مِرجَل تسخين ضغطي
digestion (Chem.) هَضْم
digger (Eng.) حَفَّارة آليّة ــ عامِلُ حَفر
digging (*n.*) حَفر • نَقْب • تنقيب
diggings (Mining) مَنْجم ــ المواد المُعدَّنة من منجم
digging shovel رَفشُ حَفر
digging spoon (Eng.) مِجرفةُ حَفر
digit (*n.*) رَقْم (من صِفر الى تِسعة) ــ إصبع
digital (*adj.*) رَقمي ــ إصبعيّ
digital codes شِيفرة رَقْمية • رُموز رَقْمية
digital computer (Eng.) حاسِبة رَقمية • نظّامة رَقْمية

digital computer

digital notation تعبير رقميّ
digital recording تسجيل رقميّ
digression (*n.*) إنحراف • حَيدان
dihedral (*adj.*) ثُنائيّ الأسطح
(*n.*) شكل ذو سطحين متقابلين
dihedral angle زاوية بين مستويين • زاوية زوجية
dike (or **dyke**) سَدّ ــ مُسنَّاة ــ حاجز (صخريّ) • جُدَّة قاطعة
dilatability (*n.*) تمدُّديَّة • اتساعيَّة
dilatable (*adj.*) قابِل للاتِّساع أو التمدُّد • متمدِّد
dilatancy (*n.*) تضخُّم • تمدُّد • اتِّساع
dilatation (Phys.) تمدُّد • اتِّساع • تضخُّم • تمديد • توسيع
dilate (*v.*) وسَّع • مدَّد ــ اتَّسع • تمدَّد
dilation توسيع • تمديد • اتساع
dilatometer (Phys., Chem.) ديلاتومتر • مقياس تمدُّد السوائل
dilatometry (Chem. Eng.) قياس التمدُّد • قياس نُقط تحوُّل السائل بمُراقبة تمدُّده
diligent (*adj.*) مُجتهد • كادّ
dilly (*n.*) عَرَبة
diluent (*n.*) مُخفِّف ــ مُخفِّف الدهان (كالتربنتين)
dilute (*v.*) (Chem.) خفَّف (اللزوجةَ او التركيز)
(*adj.*) مُخفَّف
diluted LP gas (Pet. Eng.) غاز البترول المُسيَّل المخفَّف
dilute(d) solution (Chem.) مَحلول مُخفَّف
diluting oil زيت مُخفِّف
dilution تخفيف ــ محلول مُخفَّف
dilution degree (Chem. Eng.) درجة التخفيف

dike (dyke)

dilution ratio نسبة التخفيف
dilution thinning ترقيق (اللزوجة) بالتخفيف
diluvial (*adj.*) طوفانيّ • فيضيّ
diluvium (Geol.) راسِب فيضيّ قديم
dim (*v.*) عتَّم • خفَت
(*adj.*) كليل • عاتِم • خافِت
dimension (*n.*) بُعد ــ امتِداد
(*v.*) وضَع الأبعاد
dimensional map خريطة مُجسَّمة محدَّدة • رسم مُجسَّم
dimensioned drawing رسمٌ ذو أبعاد نسبية
dimensions أبعاد : الطول والعرض والارتفاع
dimer (Chem.) مُبلمر ثُنائيّ الجزيء
dimeric (*adj.*) (Chem.) مُزدوج الصيغةِ الجُزيئية
dimetallic (*adj.*) ثُنائي المعدن
dimethyl benzene = **xylene** (Chem.) بنزين ثُنائي المِثيل • زايلين
dimethyl butane ثنائي مِثيل البيوتان
dimethyl carbinol = **isopropyl alcohol** (Chem.) كَربينول ثُنائي المثيل • كحول الايسوبروبيل
dimethyl ethylene (Chem.) ايثيلين ثُنائي المثيل
dimethyl ketone = **acetone** (Chem.) كِيتون ثُنائيّ المِثيل • أسِتون
dimethyl sulphate (Chem.) كبريتات ثُنائية المِثيل
diminishing pipe (Eng.) ماسورة توصيل مُستدِقَّة
diminution تنقيص • نقص • نُقصان
dimmer مِعتام • مُخفِت الأنوار
dimmer switch (Elec. Eng.) مِفتاح إعتام : لخفض شدَّة الإضاءة
dimming (*n.*) إعتام • خَفضُ شِدَّة الإضاءة
dimorphic (Geol.) ثُنائي الشَّكل
dimorphism (Chem.) ازدواج الشكل • التشكُّل البلوري الثُّنائي
dimorphous (*adj.*) ثُنائي التبلور (أو التشكُّل)
dimorphous substance (Chem.) مادة ثُنائية الشَّكل
dimple (*n.*) (Eng.) هَزْمة : نُقرة مَخروطية خفيفة بالمِثقب تشير الى مكان الثَّقب المطلوب
(*v.*) هَزَمَ • خوَّش بالضغط
dinghy (Naut.) طَوف • قارِب عريض
dinging تمليط أوليّ • تخشينة من الملاط أو الجص

dingle وادٍ حَرَجي • وادٍ مهجور
dinkey or dinky قاطرة صَغيرة
dinosaurs الدّينُصُورات
diode = diode valve دايُود • صِمام ثُنائي
diode detector مِكشاف بصِمام ثُنائي
diode rectifier مُقوِّم ذو صِمام ثُنائي
diolefins = diolefin hydrocarbons (Chem.) الأولفينات الثنائية
diopter (or dioptre) ديوبتَر : وحدة قياس قوه العدسة
dioptric (*adj.*) انكساري : متعلّق بانكسار الضوء
diorite (Geol.) ديوريت : صخر بركاني مُتبلور
dioxide (Chem.) ثاني اكسيد
dip (*v.*) غمس • غطّ • انغمس – مال – خفض أو انخفض فجأةً
(*n.*) انحدار • مَيْل (نحو باطن الأرض)
(Surv.) المَيل الزاويّ : بين حقل الأرض المغنطيسي والأفُق
(Chem. Eng.) سائل التغطيس • مَغطس : [illegible] المعادن أو تلوينها كيميائياً
dip angle زاوية المَيْل
dip arrow (Geol.) سَهمُ الميل : مَيْل طبقة أرضية بالنسبة إلى الأفُق
dip circle = dipping compass بُوصلة المَيْل المغنطيسي
dip compass بُوصلة المَيْل المغنطيسي
dip direction (Geol.) اتجاه المَيْل • اتجاه مَيل الطبقة
dip, export (Pet. Eng.) غَمسُ التصدير : قياس بالشريط الصلب قبل التصدير
dip fault (Geol.) صَدع (متوافق) المَيْل : يوازي مَيلَ الطبقات المتأثرة به
dip fold (Geol.) طيَّة مائلة أو منحدرة
diphase (Elec Eng.) ثُنائي الطَّور
diphenylmethane (Chem.) مِيثان ثُنائي الفينيل
dip logging قياس المَيْل
dipmeter مِقياس المَيْل
dip needle ابرة الميل المغنطيسي
dip of a stratum (Geol.) مَيل الطبقة الأقصى (عن الأفُق)
dip of fault (Geol.) مَيل الصدعِ (عن المستوى الأفقي)
dip of magnetic needle مَيل الابرة المغنطيسية
dipolar (Elec., Chem. Eng.) ثُنائي القطب
dipole (*n.*) (Phys.) ذو القطبين
(Chem.) جُزيء ثُنائي القطب

Dippel's oil (Chem. Eng.) زَيت العظام (المُستخرج بطريقة التقطير الجاف)
dipper (or dipper-bucket) (Eng.) قادوس غَرف • مِغرفة
dipper dredger (Eng.) كَرّاءة مِغرفيَّة : لذراعها قادوس واحدٌ ضخم
dipping (*n.*) (Eng.) غَمس • تغطيس (لمُعالجة سطح المعدن بالطلاء)
(*adj.*) مائِل • مُنحدِر – غاطِس
dipping bed (Geol.) طبقة مائلة
dipping compass بوصلة الميل المغنطيسي
dipping needle (Surv.) ابرةالميلالمغنطيسي
dipping refractometer (Chem. Eng.) المِكْسَر (مقياس انكسار الأشعة) الغاطس
dipping strata (Geol.) طبقة مائلة
dip rod = dip stick مِغماس • قضيب غمس (مُدرَّج) : لقياس عمق السائل
dipropylene glycol (Chem.) غلَيكول ثُنائي البروبيلين : سائل مُذيب لنترات السليولوز والشيلاك
dipropyloctane (Chem.) أوكتان ثُنائي البروبيل
dip, royalty (Pet. Eng.) غمسُ الإتاوة : قياس بالشريط الصلب لتقدير الاتاوة
dips (*n.*) محاليل غمس كاوية
dip, shipping (Pet. Eng.) غَمسُ الشحن : قيـاس شحنة الناقلة بالمغمـاس أو بالشريط الصلب
dip-slip (Geol.) انزلاق مُتوافق المَيل
dip slope (Geol.) مُنحَدر الميل : انحِدار سطح الأرض باتجاه ميل الطبقات تحته
dip soldering (Eng.) اللّحام بالغمس
dip stick (Eng.) مِغماس • مِسبار غمس : عصا غمس مدرجة لقياس عمق السائل ومعرفة الكمية الموجودة منه
dip-tape مِغماس (أو مِرجاس) شريطي : شريط قياس صلب لقياس عمق السائل
dip tube أنبوب غمس : لقياس عمق السائل
direct (*v.*) وجَّه • أرشد • أدار
(*adj.*) مُباشِر • مُستقيم – مُستمِرّ
direct-acting pump (Eng.) مِضخَّة ذات فِعل مباشر
direct arc furnace (Elec. Eng.) فرن بالقوس (الكهربائي) المباشر
direct casting صبٌّ مباشَر
direct circuit دائرة مباشرة (من محطة الى أخرى دون مُرحِّل)
direct communication إتصال مباشَر
direct connection (Eng.) إتصال مباشَر

dipmeter tool

dipping strata

direct-coupled (*adj.*) مَقرون مُباشَرةً
direct coupling (Eng.) تقارُن مباشر – قارِنة مباشِرة
direct cranking (Eng.) تدوير مُباشر
direct current (Elec. Eng.) تيار مُستمِر
direct-current ammeter (Elec. Eng.) أمّيتر للتيار المستمر
direct-current amplifier (Elec. Eng.) مُضخِّم التيار المستمر
direct-current arc welding (Elec. Eng.) اللحام بقوس التيار المستمر
direct-current converter (Elec. Eng.) مغيِّر التيار المستمر
direct-current generator (Elec. Eng.) مولِّد التيار المستمر
direct-current motor (Elec. Eng.) مُحرِّك (يعمل) بالتيار المستمر
direct-current supply مَنبع التيار المستمر
direct drive (Mech.) إدارة مباشِرة • تعشيق (أو تشبيك) مباشر
direct dyes (Chem. Eng.) أصبغة مباشِرة : لا تحتاج الى مُرسِّخ
directed (*adj.*) مُوجَّه
directed light ضوء مُوجَّه
direct expansion (Phys.) تمدُّد مباشر
direct fire نارٌ مباشِرة
direct fire furnace فُرن إيقاد مباشر
direct-flow cooling system (Eng.) دورة تبريد ذات دَفق مباشِر
direct heating (Eng.) تسخين مباشر • تدفئة بالحرارة المُشعَّة
direct impact تصادمُ مُباشر – صَدمة مباشرة
direct injection (Eng.) حَقن مُباشر
direct injection engine (Eng.) مُحرِّك بالحقن المُباشر

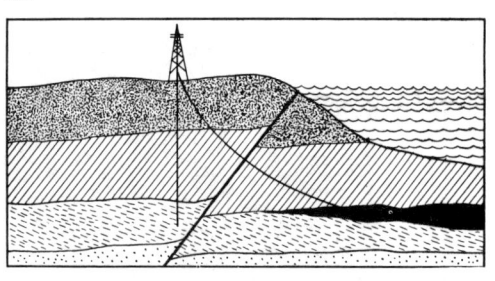

directional drilling

direct-injection pump (Eng.) مِضخة حَقن مُباشر

direction إتجاه ـ توجيه

directional (*adj.*) اتجاهيّ • توجيهي • مُوَجّه

directional baffle (Eng.) عارِضة اتجاهيّة أو توجيهيّة

directional drilling (Civ. Eng.) حَفرٌ مُوجّه • حَفر اتجاهي

directional hole = directional well (Civ. Eng.) بئر اتجاهية

directional lamp مصباح مُوجّه

directional stability استِقرار اتجاهيّ

directional transmission إرسال مُوجّه

directional well بئر اتجاهية • بئر مائلة في اتجاه مُعيّن

direction board لوحة توجيه

direction finder مُعيّن الاتجاه

direction-finding تعيين الاتجاه

direction gyro جيروسكوب التوجيه

direction indicator دليل الاتجاه • مُبيّن الاتجاه

direction of circulation اتجاه الدورة

direction of feed (Eng.) اتجاه التغذية

direction of flow اتجاه التدفق • اتجاه الانسياب

direction of force (Mech.) اتجاه القُوّة

direction of motion (Mech.) اتجاه الحركة

direction of propagation اتجاه الانتشار

direction of rotation (Mech.) اتجاه الدوران

directions تعليمات • ارشادات

direction switch مفتاح اتجاهيّ

direction theodolite (Surv.) مِزواة (ثيودوليت) اتجاهية

directive (*adj.*) توجيهي • اتجاهيّ

direct lighting إضاءة مباشرة

direct line خط مباشِر

directly (*adv.*) مُباشَرةً ـ طردِيًّا

directly grounded (Elec. Eng.) مؤرَّض مباشَرةً (دون مُعاوَقة)

directly proportional (*adj.*) مُتناسِب طرديًّا

direct method طريقة مُباشرة

direct mixing التوليف المباشَر

director مدير

directory دليل ـ مجلس ادارة

direct oxidation (Chem. Eng.) أكسَدة مباشرة

direct pressure ضغط مباشر

direct process (Chem. Eng.) طريقة مباشرة

direct proportion (or **proportionality**) تناسُب مُباشر • تناسب طرديّ

direct ratio نسبة مُباشرة

direct reaction تفاعُل مباشِر ـ ردُّ فعل مباشِر

direct-reading instrument (Elec. Eng.) جهاز قياس ذو قراءة مباشرة

direct recording (Eng.) تسجيل مُباشَر

directrix (*n.*) دَليل • خطٌّ دليلي

(Geol.) مُتّجه الانفصام

direct sale بَيع مُباشَر : دون وُسَطاء

direct stroke (Elec. Eng.) ضربة مباشِرة (للصاعقة على خط نَقْل كهربائي)

direct tax ضريبة مُباشَرة

direct-trip device (Elec. Eng.) جهاز يعمل بالتيّار الرئيسي

direct wave مَوجة مباشِرة

dirt (*n.*) قَذارة • وسَخ ـ أتربة ـ فُتات المعدِن الذي لا قيمة له

dirt beds (Geol.) أتربَةُ الأحافير القديمة

dirt-content (Chem. Eng.) المُحتوى من الأوساخ • المُحتَوى الترابي

dirt-free lubricants مُزلّقات خالية من الأوساخ

dirt inclusion مُحتوَى تُرابي ـ احتواء الأتربة

dirt trap مِصيدة الأتربة

dirty (*adj.*) قَذِر • وَسِخ

dirty oil tanker ناقلة الزيوت الخام

dirty oil vessels ناقلات المنتجات النفطية الثقيلة ـ صهاريج المنتجات النفطية الثقيلة

dirty ship ناقلة زيت خام • سفينة نقل المنتجات البترولية الثقيلة

disability عَجز • عاهة ـ فِقدان الأهلية

disabled (*adj.*) عاجز • فاقِد الأهليّة

disaccord (*n.*) خِلاف • تنافُر

disacidified tar (Chem. Eng.) قارٌ مَنزوع الحامض

disacidify (*v.*) نزَع الحامض

disaffirm (*v.*) أنكر • نقَض • ألغى

disaggregate (*v.*) فصَل • جزّأ

disaggregation = disintegration (Chem. Eng.) تفرُّق • تحلُّل ـ تكسير

disagreeable غير مُستحَبّ

disagreeable odo(u)r (*adj.*) رائحة كريهة

disalignment (*n.*) اختلال المُحاذاة

disappropriation نَزعُ المِلكية • نزعُ اليد

disapprove (*v.*) رفضَ المُصادقة على

disassemble (*v.*) فكّ • فصَل • فكّك

disassembly (*n.*) تفكيك • تفكُّك

disbursement إنفاق ـ النفقات • مال مُنفَق

disc (or **disk**) (*n.*) قُرص

(*adj.*) قُرصيّ

discard (*v.*) نبَذ • رمَى • طرَح

(*n.*) نُفاية • شيء مُطّرح

disc bit (Eng.) مِثقب قُرصيّ • لُقمة قرصية

disc brake (Eng.) مِكبح قرصيّ • فرملة قرصيّة

disc cam (Eng.) كامَة قُرصيّة

disc clutch = plate clutch (Eng.) قابِض قُرصيّ

disc crank (Eng.) ساعِد قُرصيّ • مِرفق قرصيّ

disc fan مِروحة قُرصية (ذات أرياش)

disc filter (Eng.) مُرشّح قُرصيّ

disc grinder (Eng.) جَلّاخة قُرصيّة

discharge (*v.*) فرّغ • أفرغ ـ صرَف • سرّح • أعفى ـ أطلق • أخرج ـ قصّر • أزال اللّون

(*n.*) تفريغ ـ تصريف • دفق ـ تسريح • إطلاق

discharge a battery (*v.*) (Elec. Eng.) فرّغ البطارية

dischargeable weight الوزن الممكن تَفريغه

discharge air shaft (Mining) بئر تهوية

discharge, annual الدفق السنوي

discharge chamber حجرة التفريغ

discharge coefficient (Hyd.) مُعامِل التصريف

discharge curve (Hyd.) مُنحنى التصريف والمنسُوب

discharge, date of تاريخ التسريح أو الصرف

discharge, electrical (Elec. Eng.) تفريغ كهربائي

discharge end طرَفُ التّفريغ

discharge gauge (Hyd.) مقياس التدفّق • مقياس التصريف

discharge head (Eng.) علوُّ التصريف

discharge lamp مِصباح تفريغ

discharge line خطُّ التفريغ

discharge nozzle (Eng.) فُوّهة تصريف

discharge pipe (Eng.) ماسُورة تصريف

discharge port (Eng.) مَنفذُ التصريف

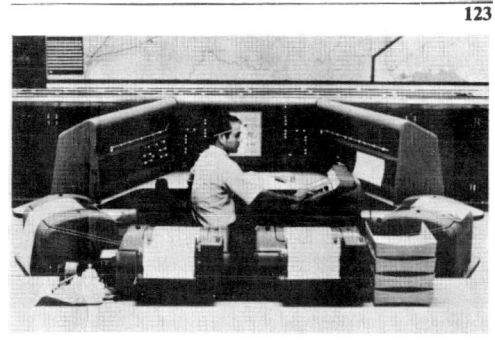

discharge pressure (Eng.) ضغط التصريف
discharger (Eng.) جهاز تفريغ • مُفرِغ
discharge rate مُعدَّل التفريغ
discharge spark (Phys.) شَرارة تفريغ
discharge tap صُنبور تصريف
discharge terminal محطَّة التفريغ
discharge valve (Eng.) صِمام تصريف
discharge velocity (Eng.) سرعة التصريف
discharging cock (Eng.) مِحبَس تصريف
discharging crane (Eng.) مِرفاع تفريغ
disciplinary measure إجراء تأديبيّ
discolor = discolour (*v.*) أزالَ أو أحال اللون ـ حال أو استحال لَونُه
discoloration نُصول (أو حُؤول) اللون
discolored (*adj.*) حائل اللون • ناصل
discolo(u)ring agents (Chem. Eng.) عوامل تنصيل (أو ازالة) اللون
disconformity (Geol.) تخالُف • عدم التوافق
disconnect (*v.*) فكَّ • حلَّ • فصَل • انفصل
(Elec. Eng.) قطَع (التيار)
disconnected circuit (Elec. Eng.) دائرة مفصولة
disconnecting lever (Eng.) ذراع فَصل
disconnecting link (Eng.) وُصلة فَصل
disconnecting switch (Elec. Eng.) مفتاح فَصل
disconnection فَصل • انفِصال
disconnector = interceptor (Eng.) فاصِل • قاطِع
discontinue (*v.*) قطَع • انقطَع • توقَّف • أوقَف
discontinuity (*n.*) عدم الاستِمرار ـ توقُّف • انقِطاع (الاتّصال) • ثُغرة
(Geol.) انقِطاع • لا توافُق (تخالفيّ أو صَدعيّ)
discontinuity point نقطة الانقِطاع
discontinuous (*adj.*) مُنقطِع • غير مُتَّصل • لا مستمِرّ
discord (*n.*) تنافُر • نَشز • نشاز • اختِلاف • عدم توافُق
(*v.*) اختلف • نشَزَ
discordance (*n.*) اختِلاف • تنافُر • عدم توافُق
discordant (*adj.*) (Geol.) مُتخالِف • غير متوافِق
discordant bedding (Geol.) تطبُّق مُتخالِف
discount (*v.*) حسَم • (خَصَم)
(*n.*) حَسْم • (خَصْم) • حَطيطة
discount rate سِعر الحَسْم • سعر الخَصْم
discoupling (Eng., Mech.) فكُّ التقارُن
discover (*v.*) اكتَشَفَ

discoverer (*n.*) مُكتَشِف
discovery (*n.*) اكتِشاف • كَشف
discovery well (Pet. Eng.) بئر استِكشافيَّة : كَجُزء مُتمِّم لعمليات التنقيب
discrepancy (*n.*) اختِلاف • تعارُض • تناقُض • تبايُن
discrete (*adj.*) منفصِل • مُتميِّز
(*n.*) (Geol.) صخر عُلوي مُتفتِّت غير مترابِط
discriminate (*v.*) ميَّز
(*adj.*) متميِّز
discrimination (*n.*) تمييز ـ عدم مُساواة (في المعاملة)
(Eng.) حساسية جهاز القياس
disc spring (Eng.) زُنبرك قُرصي
disc valve (Eng.) صِمام قُرصي
disedged (*adj.*) كَليلُ الحد • مُثلَّم الطَّرَف
disengage (*v.*) فصَل • فصَل التعشيق ـ خلَّص • أعفى ـ إنفصل • انفك
disengaged (*adj.*) مَفكوك • مَفصُول
disengagement (*n.*) فَصل • انفِصال ـ فصلُ التعشيق
disengaging clutch (Eng.) قابِضُ فصل التعشيق
disengaging drum (Pet. Eng.) مِركَنُ فصل: لفصل الغاز عن السائل أو لفصل سائلين لا خَلوطَين مُختلفي الكثافة
disengaging gear تُرس فصل التعشيق
disengaging lever (Eng.) عتلة الإطلاق • ذِراع الفصل
disengaging mechanism (Eng.) آليَّة الفَصل • آليَّة فصل التعشيق
disengaging switch مِفتاحُ فَصل التعشيق • مفتاح الإطلاق
disequilibrium اختِلال التوازُن
disgraceful conduct سُلوك شائن • سلوك مَعيب
dish (*n.*) صَحفة • طبَق ـ سَطحٌ مُقعَّر
(*v.*) قعَّر
disharmonic folding (Geol.) طيّ غير مُتَّسِق
disharmonic folds (Geol.) طيَّات لا تناسُقية
dish-bottom tank (Eng.) خزَّان مُقعَّر القاع
dished bottom قاع مقعَّر (كالطبق)
dished head رأسٌ مُقعَّر • غِطاء مُقعَّر
dished plate (Eng.) لَوحٌ مُقعَّر
disincrustant (*adj., n.*) مُزيل القُشور (في الغلاَّيات)
disinfectant (*adj., n.*) مُطهِّر • مُبيد للجراثيم
disintegrate (*v.*) فتَّت • تفتَّت
disintegration (Geol.) تفتيت • تفتُّت

dispatching control centre

(Phys.) تفكُّك • انحِلال ـ تحطيم
disintegrator = disintegrating mill (Eng.) مُفتِّت • مِسحَنة : جهاز السَّحق أو السَّحن
disjoint (*v.*) فصل • حلَّ • فكَّ الاتصال
disjunct (*adj.*) مَفصول • مَحلول • مقطوع
disjunction (*n.*) فَصْل • إنفِصال
disk = disc قُرص
disk friction (Eng.) الاحتِكاك القرصيّ : مُقاومة السائل لدوران القرص فيه
dislocated deposit (Geol.) راسِب مُنفصِم • قُرارة مُزاحَة (عن موضعها الأصليّ)
dislocation (*n.*) إنخِلاع • خَلْع ـ انفِصال • انفِصام • انزِياح • تغيير الموقع
dislodgment (*n.*) طَرْد • إزاحة ـ إخراج
dismantle (*v.*) فكَّ • فكَّكَ • جَرَّد من المُعَدَّات ـ عرَّى
dismantling flange (Eng.) شَفَة انفكاكيَّة : قابلة للفك
dismiss (*v.*) صرَفَ • سرَّح ـ طرَدَ
dismissal (*n.*) صرْف • تَسريح • طَرْد
dismount (*v.*) خلَعَ • حَلَّ • فكَّكَ
dismountable (*adj.*) قابِل للخَلْع • قابل للتفكيك
disorder (*n.*) خلَل النظام • فوضى
disorganization تَشويش • إفساد أو فساد التنظيم
disparity (*n.*) اختِلاف • تفاوُت • تبايُن
dispart (*v.*) فصَل • قسَم • إنفصل • انقسم
dispatch (*n.*) إرسال ـ إنجاز ـ برقيَّة • رسالة عاجلة
(*v.*) أنجزَ ـ أبرقَ • أرسَل
dispatch centre مركز توزيع
dispatcher مُرسِل
dispatching control centre مركز مراقبة الإرسال
dispel (*v.*) بدَّد • قشَع

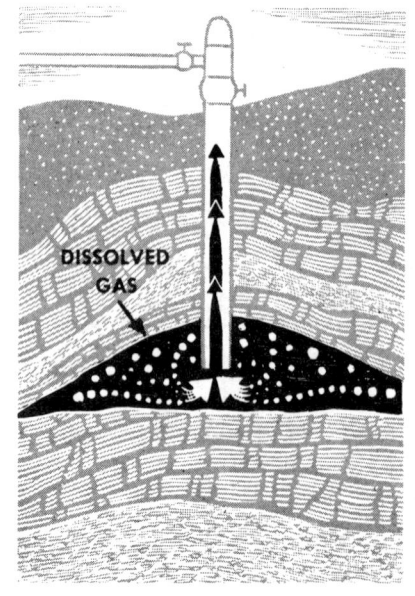

dispensary مُستوصَف • صيدلية مُستشفى • مُستوصَف مجاني
dispense (*v.*) وزّع • فرّق
dispenser مُوزِّع • مُزوِّد – مُوزِّعُ أدوية • صيدليّ
dispenser, oil (Eng.) مُوزِّع الزيت
dispersal تشتيت • تشتُّت • تناثُر • انتثار
dispersant (*n.*) (Chem.) مُشتِّت • مادّة مُشتِّتة أو مُبدِّدة
disperse (*v.*) شتَّت • نثَر • بثّ • ذرَّ • تشتَّت • إنتثَر
dispersed phase (Chem.) طورٌ مُشتَّت (في مَحلول غرواني)
dispersing (Chem. Eng.) تَشتيت
dispersing additives (Pet. Eng.) إضافات تَشتيت
dispersing agent (Chem.) عامِل تَشتيت • مانِع التدمُّج • مانع تدمُّج الجُزيئات
dispersion تَشتيت • تشتُّت • تفريق • تفرُّق – شَتيت • شَتات
dispersion medium (Chem. Eng.) وسَطُ التشتيت
dispersion of light (Phys.) تشتُّت الضوء • تقزُّح الضوء
dispersion zone منطقة التشتُّت
dispersity (Chem.) درجة التشتُّت الغروي
dispersive medium (Chem. Eng.) وَسَط مُشتِّت
dispersoid (Chem. Eng.) الشَّتيت • المادة المشتَّتة
displace (*v.*) أزاحَ • حل مَحلّ
displaced mass (Geol.) كتلة مُزاحَة
displacement (Mech.) إزاحة • انزِياح – حجم أو وزن الشيء المُزاح
(Naut.) الإزاحة المائية بالطُّن : مقدار ما تزيحه السفينة من الماء بالأطنان
(Geol.) زَحزحة • زَيحان • إزاحة
displacement current (Phys.) تيار الإزاحة
displacement factor مُعامِل الإزاحة
displacement, lateral (Light) زَيَحان جانبي
displacement lubricator (Eng.) مُزلِّق إزاحي
displacement meter (Eng.) عدّاد إزاحي • مقياس الإزاحة
displacement pump (Civ. Eng.) مِضخَّة إزاحية : يُزاح فيها السائل بالهواء المضغوط

displacement zone (Geol.) مِنطقةُ الإزاحة
displacer (Eng.) كبّاس إزاحةٍ اضافي
displacer = plum (Civ. Eng.) حجر إزاحة (لتوفير الخرسانة)
display (*v.*) بسَط • أظهر • عرَض
disposable جاهِز • مُهيَّأ – يُطَّرَح • يمكن التخلُّص منه
disposable load حِملُ التخلُّص
disposal تصرُّف – إطِّراح • تخلُّص مِن
disposal well بئر (تصريف) النفايات السائلة
dispose (*v.*) رتَّب • نظَّم • هيَّأ – تصرَّف (ب) – تخلَّص (مِن)
disposition (*n.*) تنسِيق • تدبير – تخلُّص – مِزاج • مَيل
disproportion اختِلال التناسُب
dispute (*v.*) نازَع • خاصَم
(*n.*) نِزاع • خِصام • خِلاف
disqualify (*v.*) أفقد الأهلية – أعلَن عدمَ الجدارة
disregard (*v.*) تغاضَى عن • تجاهلَ • استخفَّ (ب)
(*n.*) تجاهُل • عدمُ اكتِراث
disrepair خَلَل • عَطَب
disrupt (*v.*) مزَّق – حطَّم – عطَّل – صدَّع • تصدَّع • تمزَّق
(*adj.*) مُمزَّق • متصدِّع
disrupted fold (Geol.) طيَّة ممزَّقة
disrupted strata (Geol.) طبقات (أرضية) متمزِّقة
disruption تمزيق • تمزُّق • انفِصام • تحطيم • تصدُّع

dissolved gas drive

disruptive (*adj.*) مُمزِّق • تمزيقيّ
disruptive discharge تفريغ تمزيقيّ
disruptive strength (Elec. Eng.) مُقاومة (العازل) للتفريغ التمزيقي
disruptive voltage (Elec. Eng.) فُلطية التمزيق
dissect (*v.*) شرَّح • حلَّل • فحَص بدقّة – جزَّأ
disseminate (*v.*) بثَّ • نشَر • نثَر • بذَر • بدَّد • فرق • انتشر • تبعثر
disseminated deposit (Geol.) قُرارة مُنتَشِرة
dissemination انتِشار • بَثّ
dissimilar (*adj.*) مُتبايِن • مُغايِر • غير مُتشابِه
dissipate (*v.*) بدَّد • تبدَّد • فرَّق • شتَّت
dissipated power القُدرة المُبدَّدة
dissipation (Elec. Comm.) تبديد • تبدُّد
dissipation factor (Phys.) عامِل التبدُّد
dissipation of energy (Eng., Phys.) تبدُّد الطاقة • تبديد الطاقة
dissociate (*v.*) فكَّك • حلّ • فصَل – تفكَّكَ
dissociation (Chem. Eng.) تفكُّك • حلّ • انحِلال
dissociation by heat (Chem. Eng.) تفكُّك (أو انحِلال) بالحرارة
dissociation constant (Chem.) ثابت التفكُّك
dissociation point (Chem.) نُقطة (درجة حرارة) التفكُّك
dissolubility (Chem.) قابلية الذوبان • انحلاليَّة
dissoluble (*adj.*) قابل للذوبان أو الحلّ
dissolution (Chem.) ذوبان • إنحِلال • حَلّ
dissolve (*v.*) حلّ • فتَّ • ذوَّب • أذاب
dissolved (*adj.*) مُذاب
dissolved carbon (Chem.) كربون مُذاب
dissolved gas drive (Pet. Eng.) دفعٌ بتمدُّد الغاز المُذاب
dissolved gases (Chem.) غازات مُذابة
dissolved natural gas (Pet. Eng.) غاز طبيعيّ ذائِب : في زيت البئر
dissolvent (*adj., n.*) مُذيب
dissolving (*adj., n.*) مُذيب – إذابة
dissolving agent (Chem. Eng.) عامِل مُذيب
dissolving fluid سائل الإذابة • المائع المُذيب
dissolving power (Chem. Eng.) قُدرة الإذابة
dissymmetric(al) (*adj.*) لا تماثُلي • غير مُتماثِل
dissymmetry لا تماثُل

distal (*adj.*) بعيد • قصيّ • أقصى

distance مسافة • مَدًى • بُعد

distance, angular بُعد زاويّ

distance bolt (Eng.) مِسمارُ مُباعَدة

distance control = remote control (Elec. Eng.) تحكُّم من بُعد

distance-measuring equipment (Aero.) مُعَدَّات قياس المسافات

distance meter مِقياس المَسافات

distance piece (or **block**) (Civ. Eng.) قطعة مُباعِدة

distance ring (Eng.) حَلقة مُباعِدة

distance sleeve = distancing bush (Eng.) جُلبة مُباعَدة

distant control (Eng.) التحكُّم عن بُعد

distant (*adj.*) بَعيد • قصيّ • ناءٍ

distant electrical control (Elec. Eng.) التحكُّم الكَهربائيّ عن بُعد

distant-reading instrument (Eng.) جهاز قياس يَقرأ عن بُعد

distemper طِلاء مائي (للجدران والسقوف)

distend (*v.*) مطّ • مدّ – نفخ – توسّع • تندّح • تضخّم • توتّر

distension = distention تمطّط • تمدُّد – انتِفاخ • تضخّم • توتُّر شديد

distentional fault (Geol.) صَدع نَدْحيّ

distex = extractive distillation (Pet. Eng.) التقطير الاستِخلاصي : طريقة لفصل الهيدروكربونات المتقاربة درجة الغلَيان بالتقطير التجزئيّ والاستِخلاص بالمذيبات في عمليَّة واحدة

distil(l) (*v.*) قطَّر • تقطَّر • إستَقطر

distillability (Chem. Eng.) إمكانيةالاستقطار • قابلية التقطير

distillable (*adj.*) (Chem.) يُستَقطَر • يُمكن تَقطيره

distillate (*n.*) (Chem.) قُطارة • المُستَقطَر • ناتِج التقطير

distillate fraction (Pet. Eng.) جزء القُطارة • الجزء المُستقطر

distillate fuel oils (Pet. Eng.) زيوت الوقود المُستقطرة (من النفط الخام)

distillate pool (Pet. Eng.) حوض (تجميع) القُطارات

distillate recovery (Chem. Eng.) استِعادة القُطارة • استِخلاص المقطَّرات

distillation التقطير

distillation and platforming unit وحدة تقطير وتهذيب بلاتينيّ

distillation apparatus (Chem. Eng.) جهاز تقطير

distillation, atmospheric (Chem. Eng.) التقطير الجوّيّ

distillation, batch (Chem. Eng.) تقطير قَطّاعيّ : على دفعات

distillation column (Chem. Eng.) عمود تقطير

distillation, continuous (Chem. Eng.) تقطير مُستمِرّ • التقطير المُتَّصل

distillation, cracking (Chem. Eng.) تقطير هدَّام

distillation curve (Pet. Eng.) منحنى التقطير

distillation, destructive (Chem. Eng.) تقطير هدَّام • تقطير إتلافيّ

distillation, dry (Chem. Eng.) تقطير جافّ

distillation ends (Pet. Eng.) قُطارات ذيليَّة

distillation, extractive التقطير الاستخراجيّ أو الاستخلاصيّ

distillation flask (Chem.) قارُورة تقطير

distillation, fractional (Chem. Eng.) تقطير تجزئيّ • تقطير تفاضُليّ

distillation, laboratory التقطير المختبَريّ أو المخبريّ

distillation loss (Chem. Eng.) فقدٌ بالتقطير

distillation, low-temperature (Phys.) تقطير خفيض درجة الحرارة

distillation, narrow range (Pet. Eng.) تقطير ضيِّق المَدَى

distillation of volatile solvents تقطير المُذيبات الطيَّارة (في المحلول)

distillation, partial (Chem. Eng.) تقطير جزئيّ

distillation plant (Chem. Eng.) مَعمل تقطير • وَحدةُ تقطير

distillation pressure (Chem. Eng.) ضغط التقطير

distillation, pressure (Chem. Eng.) التقطير الضغطيّ : التقطير تحت الضغط

distillation product (Chem. Eng.) نِتاج التقطير • نِتاجٌ تقطيريّ

distillation range (Chem. Eng.) مدَى التقطير

distillation residue (Pet. Eng.) مُتخلِّفات التقطير

distillation run (Pet. Eng.) مَجرى التقطير

distillation and platforming unit

distillation apparatus

distillation columns

distillation, steam (Pet. Eng.) التقطير بالبُخار

distillation, straight-run (Pet. Eng.) التقطير المُباشَر • التقطير البسيط (دون تكسير)

distillation temperature (Chem. Eng.) درجةُ حرارة التقطير

distillation test (Chem. Eng.) اختبار التقطير

distillation under diminished pressure (Chem. Eng.) تقطير تحت ضغط مُخَلْخَل

distillation unit (Chem. Eng.) وَحدة تقطير

distillation, vacuum (Chem. Eng.) التقطير الفراغي أو الخَوائي

distilled (*adj.*) مُقطَّر

distilled oil (Pet. Eng.) زيت مُقطَّر

distilled-to-dryness (Chem. Eng.) مُقطَّر حتى الجفاف

distilled water ماء مُقطَّر

distiller (Chem. Eng.) جهازُ تقطير • مِقطَر

distillery (Chem. Eng.) مَقطَر • وَحدة تقطير

distilling apparatus (Chem. Eng.) جهاز تقطير

distilling plant (Chem. Eng.) وَحدةُ تقطير

distilling tank خزانُ تقطير

distil off (*v.*) أزالَ بالتقطير

distinct (*adj.*) واضح • جليّ • مُتميِّز

distinct bedding (Geol.) تطبُّق واضح

distinctive property خاصَّة مُميِّزة

distinct odo(u)r رائحة بَيِّنة

distinguishing sign علامة مُميِّزة

distort (*v.*) شوَّه • لوَى • عوَّج

distorted wave (Elec. Eng.) مَوجة مُشوَّهة

distortion (*n.*) تَشويه • إلتواء • تشوُّه بالإجهاد • تشوُّه

distortion and dilation (Geol.) الالتواء والتمدد

distortion-free (*adj.*) خالٍ من التشوُّه

distribute (*v.*) وزَّع • قسَّم • فرَّق

distributer = **distributor** مُوزِّع

distributing (*adj.*) مُوزِّع – توزيعيّ

distributing-board = **distributing-box** (Elec. Eng.) لوحة توزيع • عُلبة توزيع

distributing centre (Eng.) مَركز توزيع

distributing main (Eng.) خطُّ التوزيع الرئيسيّ

distributing manifold (Eng.) مَشعبُ توزيع

distributing network (Eng.) شبكةُ توزيع

distributing reservoir (Hyd.) خزَّانُ توزيع

distributing station (Eng.) محطَّةُ توزيع

distributing switchboard (Elec. Eng.) لوحةُ مفاتيح التوزيع

distribution (*n.*) توزيع

distribution board (Eng.) لوحةُ توزيع

distribution company شركة توزيع

distribution depot

ditcher

distribution cost تَكلِفةُ التوزيع

distribution curve مُنحَنى التوزيع

distribution depot مستودع توزيع

distribution law قانون التوزيع

distribution losses (Eng.) مَفقودات التوزيع

distribution map خريطة التوزيع

distribution nozzles فُوهات التوزيع

distribution of duties توزيع الواجبات

distribution of load (Eng.) توزيع الحِمل

distribution of oil deposits (Geol.) توزُّع التجمُّعات النفطية

distribution of pressure (Eng.) توزيع الضغط

distribution panel لَوحة توزيع

distribution reservoir (Hyd. Eng.) خزَّان توزيع

distribution switchboard (Elec. Eng.) لوحة مفاتيح التوزيع

distribution system (Eng.) نِظام التوزيع

distributive (*adj.*) توزيعيّ

distributor (Eng.) مُوزِّع – خط التوزيع الرئيسيّ

distributor coil (Eng.) مِلفُّ إشعال

distributor valve صمام التوزيع

district مقاطعة • ناحية • مِنطقة

disturb (*v.*) أزعَج • أقلَق

disturbance (*n.*) إزعاج • إقلاق – إضطراب • تشويش

disturbing wave مَوجة مُشوِّشة

disulfide = **disulphide** (Chem.) ثاني كبريتيد • ثاني كبريتور

disunite (*v.*) فرَّق • فصَل

ditch (*n.*) خندق • قناة – حُفرة

(*v.*) حفر خندقاً أو قناة

ditcher (Civ. Eng.) حَفَّارةُ خنادق

ditch excavator (Civ. Eng.) حَفَّارةُ خنادق

ditching (Eng.) حفرُ الخنادق

ditching machine (Eng.) مكنة حفر الخنادق : لإرساء الأنابيب

diurnal (*adj.*) نهاريّ • يوميّ

diurnal load factor (Eng.) عامل الحمل اليوميّ

diurnal range (Meteor.) المدى اليوميّ

diurnal variation إختلاف يومي

divalent (*adj.*) (Chem.) ثنائي التكافؤ

dive (*v.*) غطَس • غاصَ

diver غطَّاس • غوَّاص

diverge (*v.*) تباعَد • إنفرج • إنشَعب – إختلف

divergence = **divergency** تباعُد• إنفِراج• انشِعاب • اختِلاف

divergent مُنفرِج • متباعِد • مُتفرِّق – تباعُديّ

divergent beam (Phys.) حُزمة (أشِعَّة) مُتفرِّقة

divergent duct مَسلك مُتباعِد

divergent lens عَدسة مُفرِّقة

divergent rays (Phys.) أشعة مُتفرِّقة

diverging lens عدسة مُفرِّقة • عدسة مُقعَّرة

diverse (*adj.*) مُتنوِّع • مُتعدِّد الأشكال – شَتَّى

diversion (*n.*) تحويل • تغيير أو تحويل المجرى

(Civ. Eng.) تحويلَة

diversion cut (Hyd.) قناةُ تحويل

diversion dam (Hyd.) سدُّ تحويل

diversion dike (or **dyke**) (Civ. Eng.) حاجزُ تحويل

diversity تبايُن • اختِلاف • تنوُّع الأشكال

diversity factor (Elec. Eng.) عامل التبايُن• مُعامِل التبايُن

diver's paralysis = **caisson disease** شلَلُ الغوَّاص : مرض العمل تحت الضغط

divert (*v.*) حوَّل • حرف عن – إنحرَف

diverter (Elec. Eng.) مقاومةُ تحويل
(Eng.) حارِف • مُحوِّل
diverting pulley (Eng.) بكَرة وسيطة
divest (*v.*) جرَّد • عرَّى
divide (*v.*) قسَّم • فصَل • جزَّأ – انفصل • انقسم
dividend (*n.*) حِصة – ايراد • رِبح – المقسوم
divider (*n.*) فِرجار تقسيم – فاصِل • حاجِز – مُقسِّم • مُوزِّع
dividers فِرجار تقسيم • قَسّامة
dividing head = **indexing head** (Eng.) رأسُ تقسيم
dividing line خط تقسيم أو تحديد • خط فاصل
diving apparatus أجهزة الغَوص
diving-bell (Civ. Eng.) غرفةُ غَطْس • ناقوس الغوّاص
diving suit (or **dress**) لِباسُ الغَوص
divining rod عصا العِرافة (يُستنبأ بها عن وجود الماء أو البترول أو المعادن)
divisible contract عَقد تَجزئي : يُوفّى كلُّ جزء منه على حِدة
division (*n.*) قِسمة • تقسيم • انقسام – فرقة – قِسم • جزء من قِياس مُدرَّج
divisional plane سطحٌ فاصل
division plate (Eng.) لوحُ تقسيم
division wall جِدار فاصل
divisor (*n.*) القاسِم • المقسوم عليه
dock (*n.*) (Civ. Eng.) حوضُ سفن • مرفأ • رصيف (الميناء)
(*v.*) سَحْب السفينة (الى الحوض أو المرفأ)
dockage رسم التحويض • رسوم الرصيف
dock, dry (Naut.) حَوض جاف • حوض الإنشاء أو التصليح
dock dues عوائدُ رَصيف : رُسوم حوض المرفأ
docker عامِل ميناء
docket (*n.*) بيان بالبضاعة – جدولُ أعمال
(*v.*) أدرجَ في جدول الأعمال
dock price سِعر المَصنع : ثمن البضاعة قبل إضافة رُسوم الشحن أو التامين
dockyard (Naut.) مَسْفَن : حوض بناء السفن أو إصلاحها
doctor (Eng.) نبيطة ضَبط – مِكْشَطة
(*v.*) عدَّل • طبَّب • عالَجَ (بموادَّ كيماويَّة)
doctor plant (Pet. Eng.) وَحدة طبيَّة : للمعالجة بمحلول الطبيب

diving bell

doctor solution (Chem., Pet. Eng.) محلول الطبيب : محلول پلمبيت الرصاص لِمعالجة المنتَجات النفطيَّة
doctor sweetening (Pet. Eng.) تحلية طَبيَّة • تحلية بطريقة الطبيب : سالبة (النفطِ) لإزالة الرائحة (أو المواد) الكبريتيَّة
doctor sweet oil (Pet. Eng.) زيت طبيبيٌّ التحلية : تقلُّ فيه نسبة المَركَبْتانات عن ٠،٠٠٤٪
doctor test (Pet. Eng.) اختبار الطبيب : لمعرفة مِقدار الكبريت في النفط
doctor treatment (Pet. Eng.) مُعالجةُ (المستحضراتِ البترولية) بمحلول الطبيب : لإزالة المواد الكبريتية
document وثيقة • مُستَنَد
dodecahedron ذو الإثني عَشَر وجهاً
dodecene = **propylene tetramer** (Chem.) دُودِيسين • مُبلْمَر البروبيلين الرباعي
dodecyl benzene (Pet. Eng.) بنزين دوديسيلي : ناتج ألكَلَة الدوديسين والبنزين
dog (*n.*) (Eng.) كُلاّب • ماسِكة • سَقّاطة
(*v.*) شبك بكُلاّب أو مِخلب
dog clutch (Eng.) قابِضٌ كُلاَّبي
dog coupling (Eng.) قارِنة كُلاّبية
dogger (*n.*) سفينة خفيفة
(Geol.) كُتل عُقَدية من الحجر الرملي أو مِن حجر الحديد
dog-house (Pet. Eng.) حُجرة حقيرة : غرفة ملابس عمال الحفر
dog-house dope (Pet. Eng.) أخبار عمليَّة الحَفر

dock

dog-legged (*adj.*) مائل : مائل في مستويين كرِجل الكَلب الخلفِيَّة
dog shift نَوبة لَيليَّة
dolerite (Geol.) دولِريت : نوع من الصخور البركانيَّة
dolly (*n.*) مِنَصَّة صغيرة نقّالة
(Eng.) سانِدة (لرأس البِرشام) • مدسَرة مُعاكِسة
dolomite (Min.) دولُوميت : كربونات الكالسيوم والمغنسيوم البلورية
dolomite-mudstone (Geol.) حَجر طِيني دولوميتي
dolomite rock (Geol.) صخر الدولُومَيت
dolomitic limestone (Geol.) حجر جِيري دولوميتيّ
dolomitization (Geol.) التدلْمُت • الدَّلمتة
dolphin (Biol.) دُلفين : دُخَس
domain مَجال • مِنطقة نُفوذ – مِلك • مِلكية مطلقة
domal structure إنشاءٌ مُقبَّب • تركيب قُبِّي
dome (*n.*) قُبَّة • إنشاء مُقبَّب
(*adj.*) مُقبَّب
domed (*adj.*) مُقبَّب
dome-shaped (*adj.*) مُقبَّب الشَّكل
domestic (*adj.*) منزليّ – مَحلّي
domestic heating (Civ. Eng.) تدفئة منزلية
dome structure (Geol.) بِنيَة مُقبَّبة • تركيب قُبّي
dominant (*adj.*) غالِب • سائِد
dominant fault (Geol.) صَدعٌ رئيسيّ
doming (Geol.) تَقبُّب
donkey (Eng.) مكِنَة إضافية (مُساعِدة)
donkey boiler (Eng.) مِرجَل ثانويّ • غلاَّية مُساعِدة
donkey engine (Eng.) محرِّك صغير إضافي • محرِّك خادم أو مُساعد

dope kettle

Doppler receiver

donkey pump (Eng.)	مِضخة إضافية ٠ مضخة مُساعِدة
donkey winch (Eng.)	مِلفافُ رفع بُخاريّ
doodlebug (Pet. Eng.)	سيزموغراف ٠ مِرجاف : جهاز للتنقيب عن النفط
(v.) (Pet. Eng.)	نقّبَ بالطريقة الزَّلزليّة
doodlebugger	مُنقِّب جيوفيزيائي
dook (n.)	مَدَقّ تسمير : خشبة في القرميدة ليسهل دقُّ المسامير فيها
(Mining)	سَرَب مائل ٠ مَنزَل (الى منجم)
doomed to failure	مَصيرُه الفشل
door	باب
door leaf	صَفقُ أو مصراعُ الباب
door sash	نافذة باب السيَّارة
dope (n.) (Civ. Eng.)	دِمام ـ مُعالجة باللكّ أو الدِّمام (لمنع النَّشّ)
(Pet. Eng.)	مادة مُعالجة ٠ إضافة معالجة للوقود
(v.) (Chem. Eng.)	دَمَّم : عالج بمادة كيماوية للتحسين ـ طلى بالدِّمام (لمنع النَّشّ) ـ حسَّن (الوقود) بالإضافات الكيماوية
doped fabric	قُماش مُدمَّم : مُعالج بالدِّمام أو اللكّ
doped fuel (Pet. Eng.)	وَقود مُدمَّم : مُعالج بإضافة مُحسِّنة
dope gang (Pet. Eng.)	فريق تدميم : فريق تغليف (وطلي) الأنابيب
dope kettle	وعاء الدِّمام ٠ علبة الإضافات المُحسِّنة
doping (Pet. Eng., Civ. Eng.)	تدميم : مُعالجة بالدِّمام ـ مُعالجة كيماوية مُحسِّنة للخصائص
Doppler receiver	مُستقبِل دوبلري
dormant volcano (Geol.)	بُركان هامِد
Dorr agitator (Eng.)	قلّابة «دُور»
Dorr classifier (Mining)	مُصنِّفة «دور»
dorsal (adj.)	ظهريّ ٠ خارجيّ
dosage	جُرعة ٠ وَزمة ـ تقدير الجُرعة
dose (n.)	جُرعة ٠ مقدار الجُرعة ٠ وَزمة
(v.)	قدَّر الجُرعة أو عايَرَها
dossier	إضبارة ٠ مِلَفّ
dot-and-dash code (Teleg.)	مُدوَّنة النُّقَط والشُّرَط ٠ شيفرة «مُورْس»
dotted curve	مُنحنى مُنقَّط
dotted line	خطّ مُنقَّط
double (adj.)	مُزدوِج ٠ مضاعَف ٠ ثُنائيّ
(n.) (Civ. Eng.)	طُوبة مُزدوجة
(Eng.)	أنبوبة مُزدوجة
(v.)	ضاعَفَ ٠ ضعَّفَ
double-acting (adj.)	مُزدوِج الفِعل ٠ عامِلٌ باتجاهين
double-acting compressor (Eng.)	ضاغِط مُزدوِج الفِعل
double-acting engine	مُحرِّك مُزدوِج الفِعل
double-acting pump (Eng.)	مِضخَّة مُزدوجة الفِعل
double arc bit (Eng.)	لقمة مُزدوَجة الحدّ
double bend (Plumb.)	ثَنية مزدوجة
double bond (Chem.)	وَصلة مزدوجة ٠ ترابط ثُنائيّ
double bottom	قاعٌ مُزدوج
double-branch elbow (Eng.)	مِرفق بفرعين
double-cambered (adj.) (Eng.)	مُزدوج الانحناء
double casing (Civ. Eng.)	تغليف مزدوج ٠ تبطين مزدوج
double-chain structure (Chem. Eng.)	تكوين مُزدوج السِّلسلة
double-coating	طِلية مُزدوجة
double-core barrel (Pet. Eng.)	أسطوانة مُزدوجة لأخذ العيِّنات الجوفيَّة
double-cotton covered wire (Elec. Eng.)	سِلك مزدوجُ التغليف بالقطن
double-current generator (Elec. Eng.)	مُولِّد مزدوج التيار : مُولِّد يولد تيارا مُستمرا أو متناوِباً
double-cut file (Eng.)	مِبرد مزدوج القطعيَّة
double cutting drill (Eng.)	مِثقاب مُزدوج القطع
double cylinder engine (Eng.)	مُحرِّك مُزدوج الأسطوانات
doubled (adj.)	مُزدوج ٠ مُضاعَف
double decomposition (Chem. Eng.)	إنحِلال مُزدوج
double-disc valve (Eng.)	صِمام مُزدوج القرص
double-edged (adj.)	ذو حدَّين
double effect	تأثير مُزدوج
double-ended bolt (Eng.)	مسمار مُلولَب الطرفين
double-ended spanner (Eng.)	مفتاح صَمولة ذو طرفين
double extra heavy (or strong) pipe (Pet. Eng.)	أنبوب فائق المَتانة
double feed (Eng.)	تغذية مزدوجة
double feed valve	صِمام تلقيم مزدوج
double-flow turbine (Eng.)	عَنفة ذات دفق مزدوج ٠ توربين مزدوج الدفق
double gearing (Eng.)	مجموعة مُسنَّنات مزدوجة
double-head wrench (Eng.)	مفتاح ربط مُزدوج الفك
double ignition (Eng.)	إشعال مُزدوج : بشرارتين
double insulation (Elec. Eng.)	عَزل مُزدوج
double-jointed compasses	فِرجار مُزدوج التَّفصُّل
double jointing (Pet. Eng.)	وصل مُزدوج : لحام الأنابيب لمُزاوجتها قبل التمديد
double junction (Eng.)	اتِّصال مُزدوج
double lock (Hyd. Eng.)	غَلق مزدوج
double packing (Eng.)	حشو مزدوج
double phase (adj.) (Elec. Eng.)	ذو طورَين
double ply belt (Eng.)	سَيْر من طبقتين
double-pole (adj.) (Elec. Eng.)	مُزدوج القُطب
double-pole switch (Elec. Eng.)	مفتاح ذو قُطبين
double-ported valve (Eng.)	صِمام بِبابين
doubler	مُضاعِف ـ شريحة تقوية
double-range instrument (Eng.)	جهاز قياس ثُنائيّ المَدى

double-reading theodolite (Surv.) تيودوليت ذات قراءتين (أُفقية وعمودية)
double reduction gear (Eng.) ترسُ تخفيض على مرحلتين
double refining (Chem. Eng.) تكرير مُزدوِج
double refraction (Phys.) انكِسار مُزدوِج
double-riveting (Eng.) برشَمة مزدوجة
double roof (Civ. Eng.) سَقف مُزدوِج
double salt (Chem.) مِلح مُزدوِج
double-seat valve (Eng.) صِمام بمَقعدين
double sheave pulley (Mech.) بكَرة مُزدوِجة الحزّ
double-shell sphere خزَّان كرويّ مُزدوِج الغِلاف
double shut-off (Eng.) قَفْل مُزدوِج
double silk-covered wire (Elec. Eng.) سِلك مُزدوِجُ التغطية بالحرير
double-spun (*adj.*) مُزدوج الغَزل
double stage (*adj.*) ذو مَرحلَتين
double stroke (Eng.) شَوط مُزدوِج
double surface condenser مُكثِّف مُزدوِج السطح
double thread (Eng.) خَطوة مُزدوِجة
double-threaded screw (Eng.) لَولَب مُزدوج التسنين او التحزيز
double throw crankshaft (Eng.) عَمود إدارة مُزدوِج المِرفق
double-throw switch = **two-way switch** (Elec. Eng.) مِفتاح ذو تَحويلتين
double vibration اِهتِزاز مُزدوِج
double weighing وَزنٌ مُزدوج (بطريقة «بُوِرْدا»)
double-welded (*adj.*) مُزدوِج التلحيم • مَلحوم من الناحيتين
doubling مُضاعفة • اِزدِواج
doubling plate (Eng.) لوحُ اَزدِواج (للتقوية)
doughnut كَعكة ـ أُنبوبة حَلَقيَّة
dovetail (*n.*) تعشيقة • فُرضة غِنفارية
(*v.*) عَشَّق • وَصَل بفُرضة غِنفارية
dovetail brick طُوبٌ تَراكُبيّ
dovetail joint (Eng.) وُصْلة غِنفارية
dovetail welding لِحام غِنفاري
dowel (*n.*) (Eng.) دِسار • مِسمار • وَتَد
(*v.*) ثَبَّت بمِسمار (أو بِدِسار)
dowel pin (Carp.) دِسار • لِسان
down (*adv.*) إلى أسفل • الى تحت
(*adj.*) سُفليّ
(*n.*) (Geol.) تَلٌّ صغير • كَثيبٌ رَمليّ

down bending (Geol.) انثِناء إلى أسفل • إنحناء سفليّ
downcast = **downcast shaft** (Mining) بِئر التهوية • تيار التهوية الهابط
downcast shaft (Mining) بِئر (او عمود) التهوية (في المنجم)
downcast (or **downthrow**) **side** (Geol.) جانِبُ الخَسْفَة أو الصَّدع (الجيولوجيّ)
downcomer ماسورة نازِلة • المَجرى النازِل
downcomerless tray (Pet. Eng.) صِينيَّة بلا أُنبوب نازِل
downcomer tray (Pet. Eng.) صِينيَّة بأُنبوب نازِل
downcreep (Geol.) إنزِلاق • انزِياح سُفلي
downdraft = **downdraught** تيارُ الهواء الهابِط
down-draft carburettor (Eng.) مُكرِبنٌ ذو تيار هوائي هابِط
down fault (Geol.) صَدع عَموديّ
down flow (*n.*) تدفُّق • سَيَلان • جرَيان
down fold (Geol.) طيَّة مُقعَّرة
down gear (Eng.) ترسُ خَفضِ السرعة
downgrading تنزِيل المَرتبة أو الرُّتبة
downhill مُنحدَر
down payment دُفعة نَقديَّة فَورية
downpipe (Eng.) ماسُورة نازِلة ـ أُنبوب التفريغ
downpour (*n.*) إنهِمار ـ مطر غزير
downsand (Geol.) رَمل كَثيبيّ
downspout (Pet. Eng.) مِيزاب نازِل : لتفريغ النفط المتجمِّع في صِينيَّة البرج السفلية
(Eng.) فُوَّهة الصبّ السفلية
downstairs (Pet. Eng.) أرضيَّة بُرج الحفر
downstream (*adv.*) مع التيار : في اتجاه مَجرى النهر
down-stream (*n.*) المَجرى الهابِط
down-stream losses (Pet. Eng.) مَفقودات التكرير والتسويق
down-stream operations (Pet. Eng.) عمليات التكرير والتسويق وتوابعُها
downstroke (Eng.) شَوط الهبُوط
down take (*n.*) (Eng.) أُنبوب تصريف سُفلي
downthrow (of a fault) (Geol.) خَسْفة • هَبْطة (الصدع)
down thrust دَفع سُفليّ : ضغط إلى أسفل
down time (Eng.) وقت التوقُّف : فترة التوقف للتصليح أو الشَّحن
downward enrichment (Geol.) إغناء هابِطيّ

double-shell sphere

downward(s) إلى أسفل
downwind (*adv.*) باتِّجاه الريح
dowse (*v.*) نقَّب بعصا الاستِنباء (عن الماء أو المعادن)
dowser مكشاف الماء • هيدروسكوب ـ مُنقِّب بعصا الاستِنباء
dozer = **bulldozer** (Eng.) بولْدوزَر : جرَّارة (لشقّ الطرق)
drachm دِرهم : وَحدةُ وزن تعادل ٣،٩ غم
drachm, fluid دِرهم سائليّ : وحدة حجم تساوي ٣،٥٥ سم
dradge (*n.*) خام مَعدنيّ رديء النوع
draft = **draught** (*n.*) جَرّ • سَحْب • تيار سَحْب ـ رَسْم ـ مُسَوَّدة
(Naut.) غاطِسُ السفينة
(*v.*) جرّ • سَحَبَ • رسم (مُخَطَطاً أو تصميماً) • كتَب مُسَوَّدة
draft control (Eng.) مُنظِّم (تيار) السحب
draft fan مِروحة سَحب
draft gauge (Eng.) مِقياس السحب
draft hole فُتحة تصريف
drafting (*n.*) رَسْم • رسمُ التصاميم والمُخطَّطات
draft marks (Naut.) علامات الغاطِس
draft, mechanical السحب الميكانيكيّ أو الآلي
draft of ship (Naut.) غاطِسُ السفينة
draft report تَقرير أوَّلي • مُسوَّدة تقرير
draftsman = **draughtsman** رسَّام
draft stack ماسورة (أو مَدْخَنَة) السحب
draft stop = **fire stop** (Civ. Eng.) حائلُ سَحب : حاجِز عَبر مجرى الهواء في البناء يَحُول دون انتِشار الحريق
draft tube (Eng.) أُنبوب سَحب • أُنبوب سَفط (سدود للهواء)
drag (*n.*) جرّ • سَحْب ـ جرَّافة • كرَّاءَة ـ نقَّالة • سحَّابة
(Met.) النصف السفلي لقالَب الصَّب

DRA
130

dragline excavator

Drake well

(Geol.) انزلاق
(v.) جرّ • سحَبَ • إنجرّ – تخلّف – أعاقَ • عرقَلَ
drag bit (Civ. Eng.) لُقمة حَفر ذاتُ أرياش (للطبقات الرخوة)
drag coefficient مُعامل السَّحب
drag conveyor (Eng.) ناقِل بسلسِلة دوّارة
drag folds (Geol.) طيّات انزِلاقية
dragline كَبل السَّحب • كَبل القَطْر
dragline excavator (Eng.) حفّار ذو كَبل (لسحب القواديس)
drag link (Eng.) وُصلة سَحْب أو توجيه
dragon (Civ. Eng.) جرّار مُصفّح أو مُدرَّع
dragon's blood (Chem. Eng.) دمُ التنين : صِبغ راتينجي أحمر
dragon-tie شِكال زاويّ
drag shovel (Eng.) مِجرفة جرّ
drain (v.) صَرَف• نزَحَ• صفّى• استصفى• صَرَّف (الماء)
(n.) مَصرِف• بالوعَة – تَصريف• نزح
drainage تجفيف • تصفية – صَرْف – قناة تصريف • شبكة تصريف – الشيء المنزُوح أو المنصرِف – المياه المُنصرِفة
drainage basin (Geol.) حَوض الصرف
drainage channels (Civ. Eng.) قَنواتُ صَرف
drainage ditch (Civ. Eng.) خندقُ التصريف• حُفرة الصرف
drainage outlet (Civ. Eng.) مَخرجُ الصرف
drainage sieve (Civ. Eng.) مِصفاةُ (تيّار) الصرف
drainage system (Civ. Eng.) نِظامُ الصرف• شبكة مصارف المياه
drainage tube (Civ. Eng.) أُنبوب تصريف
drain cock (Civ. Eng.) مِحبَس تصريف • حنفية التفريغ
drain current تيار تصريف
drained (adj.) مُجفَّف • ناشِف
draining (n.) تَصريف : نزح • استِصفاء
drain manifold (Eng.) مَشعبُ التصريف
drain, oil (Eng.) مَصرِفُ الزيت
drain pipe (Civ. Eng.) أنبوب أو ماسورة تصريف
drain pit (Civ. Eng.) حُفرة المجاري
drain plug (Civ. Eng.) سِداد صَرف • بِطام نَزح او استِصفاء
drain-trap = air-trap (Civ. Eng.) مِصيَدة هواء المَجاري
drain valve (Eng.) صِمام الصرف
drainway مَجرى الصرف • سِرداب الصرف
drake مِضخة نقّالة
Drake well بئر «دْريك» : أول بِئر بترولية حفرها إدوين دريك سنة ١٨٥٩ في تيتْسفيل بالولايات المتحدة
drastic cracking (Pet. Eng.) تكسير عنيف
draught = draft (n.) جُرعة • نُشقة • شُربَة – تيّار هوائي – غاطِسُ السفينة
(v.) رسَم (مُخطَّطاً أو تصميماً) – سَحَب
draught, forced (Eng.) تيار تَهوية قَسريّ
draught free (adj.) محميّ من تيّارات الهواء
draught marks (Naut.) عَلامات الغاطِس
draughtsman = draftsman رسّام
draw (v.) سحَبَ • جرّ – رسَم – إستَلّ – اقتربَ – اجتذبَ – تخلّفَ
(n.) جرّ • سَحْب • مَدّ – قَنطرةٌ مُتحرّكة
draw a blank (Pet. Eng.) حفر بئرًا غيرَ منتجة
drawback (n.) عائِق • عَيب – استرجاعُ الرسوم الجمركيّة (عند إعادة التصدير)
draw-bar = drag-bar = draught-bar (Eng.) قضيب جَرّ أو سحبٍ • ساعِدُ الجَرّ
draw-bridge (Civ. Eng.) قنطرةٌ مُتحرّكة • جِسر مُتحرِّك
draw-down (n.) (Pet. Eng.) خَفضُ السَّحب : فَرقُ المستوى في بئر النفط بين وضع الغلق ووضع الدفق الثابت
draw-down potential (Pet. Eng.) الجهد الناتِج عن خفض السَّحب
drawee (n.) المسحوبُ عليه
drawer (n.) ساحِب – دُرْج – رسّام
draw-filing (Eng.) البَردُ المُستعرِض (على طول الحُبيبات)
draw hole فُتحةُ سحب
draw-in chuck (Eng.) ظَرف زِنافيّ
drawing (Eng.) جرّ • سَحب – استِخراج بالسحب – رَسْم
(Met.) سَحْبُ الأسلاك
drawing-board لوحةُ رسم
drawing cable كَبلُ الجرّ
drawing cage (Mining) قَفَص السَّحب • قفص الاستِخراج
drawing down (Met.) سحب مع تضيق القُطر
drawing engine (Mining) مُحرِّك السحب
drawing fires (Eng.) سَحبُ او تنظيفُ خَبَثِ الفُرن (في المِرجَل) عِندَ وقفِ العمل
drawing office مَكتب رَسم
drawing oil (Eng.) زيتُ السحب
drawing out (n.) سَحبٌ الى الخارِج • استِخراج
drawing pin دبُّوس رسم
drawing scale (Eng.) مقياس الرسم
drawing timber (Mining) إزالة الدعائم (من منطقة انتهى فيها العمل)
drawing to scale الرسمُ بمقياس نِسبيّ
draw lid غطاء مُنزلِق
drawn (adj.) مَسحوب – مرسُوم
draw-off valve (Eng.) حَنفية عادية • صُنبور
draw tongs (Eng.) كَلْبتا السحب
draw-works (Civ. Eng.) أجهزة الرفع أو السَّحب – ملفاف الرفع
draw-works drum (Civ. Eng.) دارة ملفاف الرفع
dray (n.) كرّاجة : عربةٌ مُنخفضة لنقل الأثقال
(v.) نقَل بكرّاجة
dredge (v.) جَرَف بالكرّاءة
(n.) كرّاءة • جرّافة : طوفٌ لرفع الطمي أو الوحل من نهر أو قناة
dredge boat مَندل جَرف • سفينة جرّافة

dredge bucket (Civ. Eng.) قادوس حفر (في الكرّاءة)
dredger = dredge (Civ. Eng.) كرّاءة • جرّافة الطمي • صندل جرف • مركبٌ مُجهَّز بكرّاءات
dredging pump (Civ. Eng.) مِضخة جَرف
dredging scoop (Civ. Eng.) مِغرفة الكرّاءة
dregs (*n.*) حُثالة • ثُفل • رَواسب
dreikanter (Geol.) حَصاة ثلاثيّة القُرَن
drenching valve (Eng.) صِمامُ الغمر
dress (*v.*) أَلبَسَ • كَسا – هَيَّأ • جهَّز – سوَّى • هذَّب – ضمَّد – لَبِس • اكتَسى
(*n.*) لِباس • كُسوة – هيئة
dressing (*n.*) تضميد – ضِمادة – تهيئة – تهذيب – مِلاط – تسوية – كِساء
dressing of ores (Mining) تهيئة الخامات
dribble (*v.*) قَطَر • أَقطَر – سالَ قَطرةً قَطرةً
(*n.*) قَطرة – رَذاذ – مِقدار ضئيل
dribble blending (Pet. Eng.) : مَزجُ القَطر : مزج الزّيتين بالقَطر نُسلةً نُسلة في درجة حرارة معيّنة
dried (*adj.*) مُجفَّف
drier = dryer (Eng.) مُجفِّفة • آلةُ تجفيف
drier, hot air (Chem. Eng.) مُجفِّفة بالهواء الساخن
driers (Chem. Eng.) مُجفِّفات
drift (*v.*) إنساق • إنجرف • جرَف – تكوَّم – حادَ • انحرف – ثَقَبَ
(*n.*) انسياق • انجراف • جَرْف – تكوُّم – حَيَدان • إنحِراف
(Eng.) مِثقَب • مِخرَم
(Geol.) طَرْح • مُجروفات • طَفَلٌ جُلمودي
(Hyd. Eng.) مُعدَّل جَرَيان التيار
(Mining) سَرَب • ممرٌّ أُفقي باطني
driftage (*n.*) انجراف • انسِياق – انحِراف
drift angle (Aero., Naut.) زاوية الانسياق
drift bolt مِسمارُ دُسُر
drift computer (Naut.) حاسِبةُ الانسياق
drift correction (Naut.) تصحيح الانسياق
drift deposits (Geol.) قُرارات مَجروفة • رواسِبُ مجروفة
drifter (Mining) ثَقَّابة صخور (لحفر الأنفاق)
drift ice (Geol.) جَليدٌ مَجرُوف
drift indicator (Naut.) مُبيِّن الانسياق • دَليلُ الانحراف
drifting (*n.*) دفع • إنجِراف • انسِياق بعُنف • عَوم مع التيار
(Pet. Eng.) انحرافُ الحفر • إمالةُ الحفر عن الخط العموديّ
(*adj.*) مُنساق مع التيار
driftmeter مِقياسُ الانجراف • مِقياسُ الانسياق
drift mining تعدين جانبيّ : في مُستوى الطبقة أو العرق
drift pin (Eng.) سُنبك • وَتد • دِسار • مِسمارُ الوصل
drift point نقطة الانجراف
drift sand (Geol.) رملٌ مَجروف أو مُنساق
drift velocity سُرعة الانسياق
drikold = dry ice (Chem.) درايكُولد : ثاني اكسيد الكربون الجليدي
drill (*v.*) حَفَر • ثَقَبَ – درَّب • مرَّن
(*n.*) نَقْر • ثَقب – تدريب • تمرين – مِثقَب • مِثقاب
(Mining) حَفَّارة (آبار) • حفّارة التعدين • ثقّابة • مِحفار
drillability (*n.*) (Civ. Eng.) قابليّة الحَفر • إمكانية الحَفر
drillable (*adj.*) قابل للحفر • يُحفَر
drill axis (Civ. Eng.) مِحور الثُّقب
drill bit (Civ. Eng.) لُقمة الثقب • لُقمة الحفر
drill blind, to (*v.*) (Pet. Eng.) حفَر على غير هُدى : دون استِعادة طين الحفر للاستِرشاد به
drill chuck (Eng.) ظَرف المِثقاب
drill collar (Civ. Eng.) رَقَبة الحَفْر
drill core (Mining) عَيِّنةُ حفر مخروطية
drill cuttings (Civ. Eng.) : مُفتّتات الحَفر : قِطع استخرجت في أثناء الحفر
drilled (*adj.*) مَحفُور • مَثقُوب
(Pet. Eng.) مَحفورة : تمَّت فيها أعمال الحفر
driller حفّارة • ثقّابة – حفّار • عامِل حَفر
driller's depth عُمق الحَفر
drill extractor (Civ. Eng.) مُستخرِجة المَثاقِب
drill gauge (Eng.) محدِّد قياس أقطار المَثاقِب
drill hammer (Eng.) مِطرقةُ ثَقب • مِطرقة الحَفر
drill holder fixture (Eng.) تثبيتة مِربطِ المثاقِب
drill in (*v.*) (Pet. Eng.) اخترق طبقةً مُنتجة • وصل بالحفر إلى طبقة منتجة
drilling حَفر • حَفر (الآبار) – ثَقب
drilling, air (Civ. Eng.) حَفر بالهواء المضغوط

drifter drill

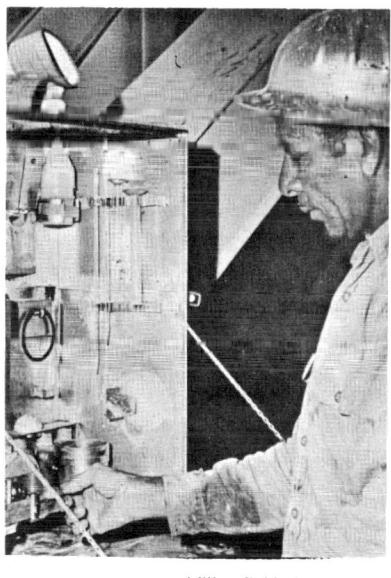

drilling fluid viscosimeter

drilling barge (Pet. Eng.) مَركَب الحَفر • صَندلُ الحَفر
drilling bit (Eng.) لُقمة الحفر • لُقمة ثَقب
drilling cable (Civ. Eng.) كَبلُ الحفر
drilling, cable (Civ. Eng.) حَفر كَبليّ • حفر بالدّق
drilling contract عَقدُ الحفر • اتفاقية الحفر
drilling contractor (Civ. Eng.) مُتعهِّد الحفر
drilling control (Civ. Eng.) إدارة الحَفر • مُراقبة الحَفر
drilling core (Civ. Eng.) عيِّنة حَفر جوفيَّة
drilling crew طاقَم الحَفر • فِرقة الحفر
drilling engine (Eng.) مُحرِّك الحفر
drilling equipment (Civ. Eng.) مُعدَّات الحَفر
drilling fluid (Pet. Eng.) سائِل الحَفر • طين الحَفر
drilling fluid viscosimeter (Pet. Eng.) مِلْزاج سائل الحَفْر
drilling gang (Pet. Eng.) فِرقة الحَفر

DRILLING OPERATIONS

drilling rig

drilling bit and hole opener withdrawn after initial drilling

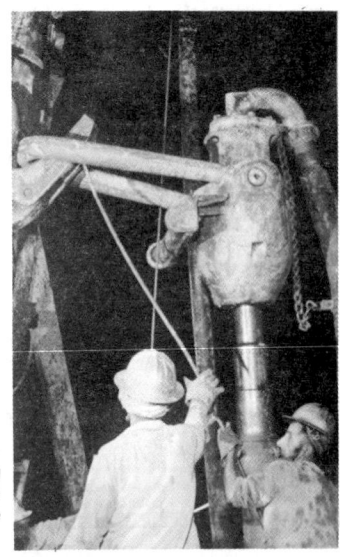

placing kelly in kelly hole

preparing wellhead for installation

installing a wellhead

running casing in a new drilled well

adding a drillpipe joint

disconnecting drill pipe

drilling operations during exploratory drilling

drilling mud hopper

drilling in (Pet. Eng.) بلوغ الحفر الى منطقة مُنتجة

drilling jig (Eng.) مُعَيِّرة الثَّقب · دليل تثقيب

drilling journal = drilling log (Pet. Eng.) سِجلُّ الحَفْر

drilling line (Eng.) كَبلُ الحفر

drilling log (Pet. Eng.) سِجلُّ الحفر

drilling machine (Eng.) ثقّابة · مَكَنة الحَفر · جِهاز الحفر

drilling mud (Pet. Eng.) طينُ الحفر · سائل الحفر المُطيَّن (لتبريد المِثقب)

drilling, off-shore (Pet. Eng.) حَفْر في عُرضِ البَحر

drilling operations clause (Pet. Eng.) الشرط المتعلق بعمليات الحفر

drilling, percussion (Civ. Eng.) حَفر بالطَّرق · الحفر بالدقّ

drilling platform (Civ. Eng.) مِنصَّةُ الحَفْر

drilling practice تمرين (أو تدريب) على طُرق الحفر ـ طريقة الحفر

drilling pump مضخّة حفر

drilling rate سُرعة الحفر

drilling restrictions قيود تحديد عمليات الحفر

drilling rig (Civ. Eng.) جِهازُ الحَفر · أجهزة الحفر

drilling rod (Civ. Eng.) عَمود الحَفر

drilling, rotary (Eng.) حفر دَوَراني

drillings (Civ. Eng.) مُخلَّفات الحفر

drilling shaft (Eng.) عمودُ الحفر الرئيسي

drilling site (Civ. Eng.) مَوقع الحفر

drilling speed (Eng.) سُرعة الحفر

drilling spindle (Eng.) عمود الحَفر الدوّار

drill(ing) stem جذع او عمود الحفر

drilling string (Civ. Eng.) خط مواسير الحَفر المتَّصل

drilling table (Eng.) مِنضَدةُ الحَفر

drilling tools أدوات الحفر · مُعَدّات الحفر

drilling unit (Pet. Eng.) وَحدة (مُباعَدة) الحَفْر : هي لِبئر النفط مِساحة قدرُها ٤ هكتارات (حوالى ١٠ أفدنة) ولِبئر الغاز مِساحة قدرها ٢٥٩ هكتارًا (حوالى مِيل مربع)

drilling wells (Civ. Eng.) حفرُ الآبار ـ الآبار الجاري حَفرُها

drill jig (Eng.) مُعيِّرة الثّقب · دليل تثقيب

drill lathe (Eng.) مِخرطة ثُقْب

drill log (Eng.) سِجلُّ الحفر

drillometer (Civ. Eng.) مقياس (عمق) الحفر

fixed drilling platform

mobile drilling platform

drill pad سانِدةُ المثقب

drill pipe (Civ. Eng.) ماسورة الحفر · أُنبوب الحفر

drill-pipe elevator (Civ. Eng.) مِرفاع أنابيب الحفر

drill-pipe rack دكّة (حَمْل) أنابيب الحفر

drill post (Eng.) عمود الثّقّابة

drill rake (Eng.) مَيلانُ لُقمة المثقب

drill-rod (Civ. Eng.) قضيبُ الحفر

drill rope (Eng.) كَبلُ الحفر

drill sharpener (Eng.) مِشحَذ (أو مِسَنّ) المثاقب

drill spindle (Civ. Eng.) عمود الثقب · عمود الحفر

drill steel (Chem. Eng.) فولاذ المَثاقب

drill stem (Civ. Eng.) ساقٌ أو جذع الحفر

drill-stem test (Pet. Eng.) الاختبار بجذع الحفر : للتأكُّد من وجود الزيت أو الغاز بكميات تجاريَّة

drill string حبل أنابيب الحفر (خط أنابيب الحَفر المتَّصل)

drill test (Civ. Eng.) اختبار الحفر · الاختبار بالحفر

drill time recorder (Civ. Eng.) مُسجِّل زمن الحفر

drinkable water ماء الشُّرب

drip (*v.*) قَطَر · أقطَر · تقَطَّر
(*n.*) قَطْر · تقَطُّر · قَطَران · قُطور
(Pet. Eng.) إفريز قَطْر : لفصل القَطَرات عن الغاز في مخرج البئر
(Civ. Eng.) افريز قَطْر : رَفرفٌ مَعدِني يردّ المطر عن البناء

drip condenser = spray-type condenser مُكثِّف رَشّي (أو تَرشاشي)

drip cup (Eng.) قدَحُ القَطْر

drip feed (Eng.) تغذية بالقَطْر · التغذية المُتقطِّرة

drip-feed lubrication (Eng.) التزييت بالتغذية المتقطِّرة

semi-submersible drilling platform

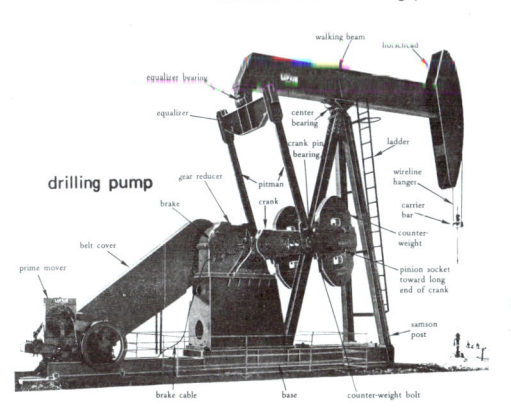

drilling pump

drill strings

drums

drip-feed lubricator (Eng.) مُزلِّق بالتغذية المتقطِّرة • قَطَّارة تزييت
drip gasoline (Pet. Eng.) بنزين القطر • بنزين الغاز الطبيعي
dripper (Pet. Eng.) بئر قليلة الانتاج
drip pot (or **trap**) (Pet. Eng.) وعاء القَطر • مصيدة القطر
drips (Pet. Eng.) الكُثافات المتقطِّرة
dripstone (Civ. Eng.) طُنُف القَطر : افريز حجريّ فوق نافذة أو باب لردّ المطر
(Geol.) حجر القَطر : الصواعِدُ أو الهوابط • ستَلَكتيت او ستَلَغميت
drip valve (Eng.) صِمامُ القَطْر
drive (*v.*) ساقَ • قادَ • أدارَ – دفَعَ – طَرَد • أبعد
(*n.*) مِقوَد – ناقِل الحركة • آليَّة الحركة – وسيلة التدوير – قيادة • إدارة – دَفْع • طرد – حافِز – طريق مُركَبات
(Mining) سَرَبُ تعدين : نفَقٌ داخل المادَّة المعدنة
drive axle (Eng.) مِحورُ تدوير
drive belt (Eng.) سَير نقل الحركة
drive cap (Civ. Eng.) قلنسوة ماسورة الحفر
drive chain = **driving chain** (Eng.) سِلسلةُ التدوير
drive clamps (Eng.) قامطات (وَصْل) أنابيب الحفر
drive fit = **driving fit** (Eng.) توافُق دقّ
drive gear (Eng.) تُرس تدوير
drive mechanism (Eng.) آليَّة الإدارة أو التدوير
driven (*adj.*) مُنساق • مُدار • مَقُود
driven axle (Eng.) مِحور مُدار
driven shaft (Eng.) عَمود مُدار
driven well = **tube well** (Civ. Eng.) بئر (ماء) انبوبية : تُحفَر بدق أنبوب ذي طرف مُثقَّب مُخدَّد عبر طبقاتٍ ضَحلة رَخوة

driven wheel (Eng.) عجلَة مُدارة
drive pinion (Eng.) تُرس تدوير
drive pipe ماسورة (توجيه) الحفر
driver (*n.*) سائق – مُدوِّر – قائد – حافِز – مِدَقَّة
driver's licence إجازةُ سَوق (السيارات)
driver's oil زيت خفيف مُتعادل : يستعمل في صناعة الأصباغ
drive shaft (Eng.) عَمود إدارة • عمود تدوير • جِذع الجرّ
drive shoe (Civ. Eng.) كَعبُ الحفر : نَعلُ وقاية أنابيب الحفر
driveway طريقُ مُركَبات
drive wheel (Eng.) عجلة ادارة • مُسنَّنة ادارة
driving سَوق • قِيادة – إدارة – دفع
driving axle (Eng.) مِحور إدارة
driving belt (Eng.) سَير تدوير
driving cap = **drive cap** قَلَنْسُوَة ماسورة الحفر
driving chain (Eng.) سِلسلة تدوير
driving chuck (Eng.) ظَرف تدوير
driving drum (Eng.) دَارةُ تدوير
driving engine (Eng.) مُحرِّك التدوير
driving fit (Eng.) توافُق بالدقّ
driving force القوَّة الحافزة أو الدافعة
driving gear (Eng.) تُرس التدوير • آليَّة نقل الحركة
driving motor (Eng.) مُحرِّك ادارة
driving pinion (Eng.) تُرس إدارةٍ صغير
driving pulley (Eng.) بكرة التدوير
driving rod ذِراع التدوير
driving shaft (Eng.) عمود الادارة
driving wheel (Eng.) عَجَلة قِيادة – تُرسُ تدوير
drizzle (*v.*) رَذَّ • أرَذَّ
(*n.*) رَذاذ • رَشاش
drk; dk (**derrick**) بُرج الحَفر
drop (*v.*) أسقط • سَقط – نقَّط • قَطَر • تقطَّر – تخلَّف
(*n.*) نُقطة • قَطرة – سُقوط • هُبُوط • انخفاض
(Elec. Eng.) هُبوط • هُبوط الفُلطية
(Geol.) إزاحة عمودية (في تصدّع أرضي)
drop analysis (Chem. Eng.) التحليل النقطي
drop black صِبغ فحمي حُبيبي
drop-bottom bucket (Eng.) قادوس ذو بوَّابة سفليَّة
drop by drop نقطةً نقطةً
drop feed cup (Eng.) قدح التغذية بالقَطر

drop-feed lubrication (Eng.) التزييت بالتغذية المتقطِّرة (أو المتساقطة)
drop-feed oiler مِزيتة بالقَطْر • قطَّارة تزييت
drop forging التشكيل بالمطرقة الساقطة
drop gate بوَّابة الصب
drop hammer (Eng.) مِطرقة ساقطة
droplet قُطيرة • قَطرة صغيرة
drop of potential (Elec. Eng.) هُبوط الجُهد
drop oiler (Eng.) مِزيتة بالقَطر • قطَّارة تزييت
dropper قَطَّارة
dropper flask قارورةٌ قطَّارة
dropper (or **dropping**) **tube** قَطَّارة
dropping (*n.*) قَطْر • تَقَطُّر • قُطور – إسقاط
dropping point (Chem. Eng.) درجة القُطور • نُقطة التسيُّل (للشَّحم)
drop point (Chem. Eng.) درجة القُطور • نُقطة التسيُّل
drop shaft (Mining) سَرَب هابط : يصل بين عِرقين في مَنجم
drop test (Chem. Eng.) اختبار نُقطي : لاختِبار قوَّة المُبيد الحَشَري
(Elec. Eng.) اختبار هُبوط الجُهد : لتحديد موضع الخَلَل في الكَبْل
drop valve (Eng.) صِمام هابط (مَخروطيّ المَقعد)
drop weight ثِقل ساقِط أو هابط
dross (Chem. Eng.) كُدارة • نُفاية • حُثالة – خَبَث (المعادن)
drossing spoon (Met.) مِغرفةُ فَصل الكُدارة
drown (*v.*) أغرق • غرَّق – غمَر
drowned valley (Geol.) وادٍ مَغمور أو غاطِس
drowned well (Pet. Eng.) بئر مُغرَقة
drowning إغراق • غمر – حَجب (الصوت)
drug (*n.*) (Chem.) عقَّار • دواء • مُخدِّر
(*v.*) خدَّر (بمُخدِّر)
drug-store مَخزنُ أدوية
drum (*n.*) برميل • دارَة • أسطوانة
(Pet. Eng.) مِركَن • راقُود • وِعاء أسطواني
drumlin (Geol.) كُثيب جَليدي • كُثيب من الطين الجُلمودي
drummy (*adj.*) خَطِر • غير مأمون
drusy (Mining) ذُو فَجوات • مُتَخرِّب – مغطى بالبلورات الدقيقة المنغرزة
dry (*adj.*) جافّ • ناشِف
(*v.*) جفَّف • جفَّ

dry analysis (Chem. Eng.) تحليل جاف

dry assay (Chem. Eng.) وَزْن أو رَوزٌ جاف

dry battery (Elec. Eng.) بَطارية جافة

dry blowing نفخٌ جاف

dry boring (Civ. Eng.) الحفر الجاف • حفر على الناشف

dry-bulb thermometer (Phys.) ترمومتر ذو بُصيلة جافَّة

dry-cargo حُمولة جافَّة : يُعتبر منها الزيت المُعبَّأ في تَنَكات أو بَراميل

dry-cargo space : فُسحة الحُمولة الجافة في الناقِلة

dry cell (Elec. Eng.) خليَّة جافة

dry-clean (*v.*) نظّف على الناشف (بغير الماء) • نظّف بمذيب عضوي

dry-cleaning (*n.*) سطيف جافّ (على الناشف)

dry-cleaning drum دارةٌ (أو مِركَنٌ) التنظيف الجاف

dry-cleaning fluid سائلٌ للتنظيف الجاف

dry-cleaning solvent (Chem. Eng.) مُذيبٌ للتنظيف الجاف

dry clutch (Eng.) قابضٌ جافٌّ : يعمل بلا زيت

dry content (Chem. Eng.) المحتوى الجاف

dry distillation (Chem. Eng.) تقطير جاف

dry dock (Civ. Eng.) حوضٌ جاف

dry drilling (Civ. Eng.) حَفر جافّ • حَفر على الناشف

dryer (*n.*) مُجفِّف • مُجفِّفة

dry flue gas (Eng.) غازات الاحتراق المُنصرِفة الجافة (باستِثناء بخار الماء)

dry gas (Pet. Eng.) غاز (طبيعي) جاف : من آبار الغاز لا من آبار النفط

dry grinding (Eng.) تجليخ جافّ

dry hole (Pet. Eng.) بئر جافَّة • بئر غير مُنتِجة

dry-hole plug سطام البئر اللاَّ مُنتجة

dry-ice جليدٌ جاف : ثاني أكسيد الكربون الجليديّ

dryer

drying (*n.*) تجفيف

(*adj.*) مُجفِّف

drying agents (Chem. Eng.) عواملُ مُجفِّفَة

drying chamber غرفة تجفيف

drying drum (Eng.) دارة أو مِركَنُ تجفيف

drying furnace فُرن تجفيف

drying oil (Chem. Eng.) زيتٌ جَفوف : زيت سريع الجفاف

drying oven فرنُ تجفيف

drying rate (Chem., Phys.) سرعة الجفاف

drying time (Chem. Eng.) زمن التجفيف

drying tower (Pet. Eng.) برجُ تجفيف

drying unit (Pet. Eng.) وحدةُ تجفيف

dry mixer خلاّطة على الناشف (للمواد الجافة)

dry mud (Pet. Eng.) طين جاف : تراب طين الحفر قبل إماهته

dry natural gas (Pet. Eng.) غازٌ طبيعي جافّ

dryness جَفاف • جُفوف

dryness, degree of (Chem. Eng.) درجة الجفاف

dry oil (Pet. Eng.) زيت جاف : لا تخالطه رطوبة

dry pile (Elec. Eng.) بطارية جافَّة

dry pipe (Eng.) ماسورة تجفيف

dry point (Pet. Eng.) نقطة الجُفوف : درجة الحرارة عند تبخر آخر نقطة من السائل في قارورة الاختبار

dry process (Chem. Eng.) طريقة جافَّة

dry sand (Pet. Eng.) رمل جافّ • طبقة (رمليَّة) غير منتجة

dry-sand casting الصبّ بقوالب الرمل الجافّ

dry saturated steam (Eng.) بخار مُشبَعٌ جاف

dry screening (or **scrubbing**) (Chem. Eng.) غَربلة جافَّة لفصل الخام

dry spell (Meteor.) مَوجةُ جَفاف

dry steam (Eng.) بُخار جاف

dry-stone (*adj.*) (Civ. Eng.) غير مُلَيَّط الحجارة • مَبني بحجارة دونَ مِلاط

dry sump (I.C. Engs., Eng.) حوضٌ جاف

dry test (Chem. Eng.) الاختبار الجاف

(Eng.) اختبار الجفاف

dry ticket (Naut.) البِطاقة الجافَّة : لإثبات صلاحية الصهريج قبل الشحن وبعد التفريغ

dry transformer (Elec. Eng.) مُحوِّل جاف

dry treatment (Chem. Eng.) مُعامَلة جافة: معالجة على الناشف

dry-valley (Geol.) وادٍ جاف: لا ماءَ فيه حاليّاً

dry wall جدارٌ من الحجارة غير المُليَّطة

dry well بئر جافَّة

dst (**drill stem test**) (Pet. Eng.) الاختبار بجذع الحفر : للتأكُّد من وجود الزيت أو الغاز بكميَّات تجاريَّة

dta (**differential thermal analysis**) التحليل التفاضلي الحراري

dual (*adj.*) ثُنائي • مُثنَّى • مُزدوِج

dual carburettors (Eng.) مُكَربِنات مُزدوجة

dual carriage-way road (Civ. Eng.) طريق ثُنائي المَتْن

dual combustion cycle (Eng.) دَورة الاحتراق الثنائي الطور

dual completion (Pet. Eng.) : إنجاز ثنائيّ إعداد طبقتي البئر المنتجتين بأنبوبين متوازيين أو متمركزين

dual control (Eng.) تحكُّم ثُنائي

dual flow tray (Pet. Eng.) صِينية ثُنائيةُ اتجاه الدفق

dual fuel burner حارقٌ ثنائي الوقود

dual fuel engine (Eng.) مُحرِّك ثُنائي الوقود

dual ignition (Eng.) إشعال ثُنائي

dual packer (Pet. Eng.) حَشيَّة مُزدوجة الأسطوانات

dual purpose oil زيت ثُنائيّ الغرض

dual zone well (Pet. Eng.) بئر ذاتُ طبقتين مُنتجتين

Dubbs cracking plant (Pet. Eng.) وحدة تكسير بطريقة «دَبْس»

Dubbs fuel (Pet. Eng.) : وقود «دَبْس» وقود يتألف في غالبيته من مُتخلِّفات التكسير بطريقة «دَبْس»

Dubbs process (Pet. Eng.) : طريقة «دَبْس» لتكسير البترول

duck (*v.*) خفضَ الرأس ـ غطَّس

(*n.*) ثُقب تصريف في مضخة نقّاليّة

duck belting سَيْر من ألياف التيل

duck board (Civ. Eng.) أرضيَّة من ألواح الخشب • ألواح خشبيَّة

duck's nest (Pet. Eng.) مِنصَّة بُرج الحَفر

duct (Eng.) مَسلك • مَسرَب • مجرى • قناة

ductile (*adj.*) مَطيل • قابل لِلسحب والتطريق • طَروق

ductilimeter مقياس المطيلية

ductility (*n.*) المَطيلية • قابلية المَطل أو السَّحب • مَمطولية

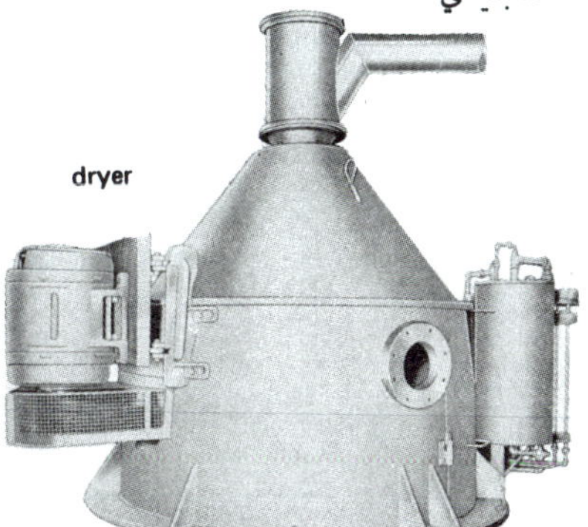

DUC
136

ductility test

sand dunes

ductility limit حدّ المَطيلية

ductility test اختبار المَطيلية

dud (*n.*) (Pet. Eng.) بئر ناضِبَة

(*adj.*) عديم الفائدة

dud check شيك أجوف : بدون رصيد

due compensation تعويض مُناسِب

due date تاريخ الاستِحقاق

dues عوائد • رُسوم

duff (Mining) دقيق الفَحم

dull (*adj.*) بليد – كَليل – عاتِم • أكمَد • باهِت

dull finish طَلْيَة نهائية كامِدة

dull-red colour لون أحمر كامِد

dull-red heat درجة الحرارة الحمراء الكامِدة (حوالى ٥٠٠° مئوية)

duly (*adv.*) في حينه • كما ينبغي

dumb barge صَندل (أو مَركَب) مَقطور

dumb well بئر دُمْيَة (لأغراض هندسية)

dummy (*n.*) دُمْيَة – نَموذج طباعي شكلي

(*adj.*) دُمية • زائف – صُوَري • مُصطنع • شكلي

dump (*n.*) مُستودَع • مَخزن – مَطرَح – كُومَة • مَخزون

(*v.*) خَزَن • كَدَّس • تكدَّس – أفرغ – أفرغ بالإمالة أو القلب – أغرق (السوقَ بالبضاعة)

dump box (Pet. Eng.) حوض تفريغ : من حيث يُستعاد طين الحفر بعد تمام دورته

dumper مُفرِّغ • مُفرِّغة – عربة قَلّابة

dump gas (Pet. Eng.) غاز رديء النوعيَّة

dump grate (Eng.) مُصَبَّعة إفراغ الرماد (من موقد أو مِرجل)

dumping إغراق (السوق) : بكميَّات كبيرة من البضاعة وبسعر بَخْس – إفراغ بالقَلب او الكَبّ

dump car عربة قَلّابة

dumped moraine (Geol.) رُكام جليدي ساكن

dumping ground (Civ. Eng.) مَطْرَح الأنقاض • مَرمَى النُّفايات

dumping price سِعر اغراقي

dump oil (Pet. Eng.) الزيت المنقول بالبراميل (لا بالأنابيب)

dump truck شاحِنة قلابة

dump valve صِمام افراغ

dune (Geol.) كَثيب • تلّ رمليّ

dung (*n.*) رَوث • سَماد

(*v.*) سمَّد بالروث

dunnite (Eng.) دُنّيت : مُتفجِّر من نِترات الأمونيوم

duns (Mining) شِسْت صَلصالي فحمي

Duo-sol process (Pet. Eng.) طريقة المُذيبَيْن: طريقة الاستخلاص بِمُذيبَيْن أحدهما يذيب العِطريات وآخر يذيب البارافينيات

duplex (*adj.*) مُزدوج

duplex air pump (Eng.) مِضخة هوائية مُزدوجة

duplex cable (Elec. Eng.) كَبْل مُزدوج (مجدول)

duplex carburettor (Eng.) مُكربِن مزدوج

duplex compressor (Eng.) ضاغِط مزدوج

duplex filter مُرشِّح مزدوج

duplex ignition (Eng.) إشعال مزدوج

duplex pump (Eng.) مِضخَّة مُزدوجة

duplicate (*adj.*) مُثنًّى • مُزدوج – مُستنسَخ

(*n.*) نُسخة مطابقة • صُورة طِبق الأصل

(*v.*) نَسَخ • حاكَى – ضاعَف • ثنَّى

duplicate feeder مُغذٍّ إضافي (خط تغذية احتِياطي أو إضافي)

duplication of beds (Geol.) إزدواج الطبقات

durability (*n.*) تحمُّلية • قوَّة التحمُّل

durable (*adj.*) مُتحمِّل • متين • مِصماد

durable lease إجارة مستمِرَّة

durain (Min.) ديُورين : حُزم بَوغيَّة فحمية حبيبة التركيب

Duralumin (Met.) ديُورالومين : سبيكة أساسها الالومنيوم

duration مُدَّة الدوام • أمَد • أجل • عُمر

duration test (Eng.) اختبار الدوام – اختبار عُمر الأجهزة

duricrust (Geol.) القِشرة الصامدة

Duriron (Met.) ديُورايْرون : سبيكة حديدية صامدة للحوامض

durometer مقياس التحمُّليَّة • مقياس التحمُّل

dust (*n.*) غُبار • تُراب • عَفَر

(*v.*) ترَّب • عفَّر • غبَّر – نفَض الغبار • نظَّف

dust arrester كامِح الغبار • حاجز الأتربة

dustbin صندوق النُّفايات

dust bowl (Geog.) غَبْراء : مِنطقة جافة ذات عواصف غبارية

dust cap غِطاء واقٍ من الغبار

dust catcher مُستخلِص الأتربة • مِصيدة الغبار

dust collar طَوقٌ مانع للغبار

dust collector (Eng.) مُجمِّع الأتربة • مُحتجِزُ الغبار

dust devil (Meteor.) زَوبعة رملية

duster (*n.*) مِنفضة • خِرقة المَسْح

(Pet. Eng.) بئر غير مُنتجة

dust filter مُرشِّح الغبار • مُرشِّح الأتربة

dust-free (*adj.*) خالٍ من الغبار

dusting powder (Chem. Eng.) مَسحوق تعفير

dust laying oil (Civ. Eng.) زيت تَخميد الغبار : زيت ثقيل تُعالج به الطرق لمنع انتشار الغبار

dustless (*adj.*) عديمُ الغبار

dust particles دقائقُ الغبار

dust precipitation ترسُّب الأتربة • ترسيب الأتربة

dust-proof (Elec. Eng.) صامدٌ للأتربة • لا يتسرَّب اليه الغبار

dust storm عاصفة غُبارية

dust trap مِصيدة أتربة • مُجمِّع أتربة

dusty (*adj.*) مغبَّر

Dutch liquid (Chem.) ثاني كلوريد الايثيلين

Dutch oil الزيت الهولندي • زيت الكَتّان – كلوريد الايثيلين

dutiable خاضع للرُّسوم

duties رُسوم • رُسوم جُمركيَّة – مُهِمَّات • واجبات

duty (*n.*) واجِب • مُهِمَّة – رَسم • رسم جُمرك

(Eng.) المَردُود • الشُّغل المُؤدَّى

duty cycle (Elec. Eng.) دورة التشغيل

duty factor (Phys.) عامِل التشغيل

duty-free مُعفى من الرسوم الجُمركية

dwt (**dead weight tonnage**)
الحمولة القصوى بالطّن

dyad (*n.*) زَوج • اثنان
(Chem.) عنصر كيماوي ثنائي التكافؤ

dye (*n.*) صِبغة • صِباغ • صِبْغ
(*v.*) صَبَغَ • لَوَّن

dye bleaching (Chem. Eng.) تقصير الصِّباغ

dyed (*adj.*) مَصْبُوغ

dyeing (*n.*) صِباغة

dye mordanting = **dye toning**
(Chem. Eng.) ترسيخ الصِّباغ (كيماوياً)

dyer صَبَّاغ

dyer's oil زيت الصبّاغين

dyestuff (Chem.) صِبغ • صِباغ

dyke = **dike** (*n.*) سَدّ صخري كَظيم • حاجز مُسَنّاة (كسَدّ المياه)
(Geol.) جُدَّة قاطِعة •
سَدّ طبيعيّ عموديّ : صخر لَوحي مُخالف يقطع رأسيّاً عبر الصخور التي يخترقها

dynalog recorder مُسجِّل حركيّ ديناميّ (لمُراقبة سير السائِل في خط الأنابيب)

dynameter (*n.*) ديناميتر : مقياس قوّة التكبير في المَراقب

dynamic (*adj.*) دينامي • ديناميكيّ • حَراكي – نشيط

dynamic balance (Eng.) الاتزان الديناميّ

dynamic correction تصحيح ديناميكيّ

dynamic damper (Eng.) مُضائل دينامي • مُخمِّد ديناميكي

dynamic electricity (Elec. Eng.)
الكهرباء السارية أو المُتحرِّكة

dynamic equilibrium (Phys., Chem. Eng.)
اتزان ديناميّ أو ديناميكيّ

dynamic geology الجيولوجية الحراكية أو الديناميكية

dynamic head (Eng.) العلوّ الديناميّ

dynamic load (Eng.) حِمل دينامي • حِمل متحرِّك

dynamic metamorphism (Geol.)
التحوُّل الديناميكيّ (أو الحراكيّ)

dynamic pressure ضغط ديناميّ (أو ديناميكيّ)

dynamics علم الحركة • علم الديناميكا

dynamic stability الاستِقرار الدينامي

dynamic stress (Mech.) إجهاد دينامي

dynamic viscosity (Chem. Eng.)
اللُّزوجة الدينامية أو الحراكية

dynamite (*n.*) (Chem.) ديناميت
(*v.*) نَسَفَ بالديناميت

dynamite charge شِحنة من الديناميت

dynamiting (*n.*) نَسْف بالديناميت

dynamo (Elec. Eng.) دِنَمُو • مُولِّد (كهربائي) • دينامو

dynamograph (Eng.) دينامومتر مُسَجِّل

dynamometer (Eng., Phys.) مقياس القوّة • دينامومتر • مِقْوَى

dynalog recorder

dynamothermal metamorphism (Geol.)
التحول الديناميّ الحراريّ

dynamotor (Elec. Eng.) دينامُوتور : جهاز يعمل كمحرِّك وكمولِّد كهربائيّ

dyno (Phys., Mech.) داين : وحدة القوّة في النظام المتري (جزء من ٩٨١ من الغرام)

dyscrystalline (*adj.*) مُشَوَّه التبلور

dysphotic zone (Geol.) النِّطاق اللُّجِّي : منطقة أعماق البحر ما بين ٢٠٠ إلى ٤٠٠ متر

dystetic mixture (Chem. Eng.) مَزيج ثابتُ نقطة الانصهار القصوى

dynamo

ethylene oxide plant

eagre (n.)	مَوجة مدّ – تَيهور
ear (n.)	أُذُن – عُروة • أذَينة
ear cap (n.)	غِطاءُ الأذن
eared screw (Eng.)	مِسمار مُلولَب ذو عُروة
early cut-off (Eng.)	قَطع مُبكِّر
early ignition (Eng.)	اشتِعال مُبكِّر
Early Palaeozoic (Geol.)	الدهر القديم الباكر
early setting cement (Civ. Eng.)	اسمنت سريع الشّكّ
Early Tertiary (Geol.)	الحُقب الحديث الثالث الباكر
ear-mark (n.)	سِمة مُميِّزة
(v.)	خصَّص • عَيَّن
earn (v.)	كَسَب • جَنى • رَبِح • حصَّل (بالشغل)
earned income	الدَّخل المكسوب او المكتسب
earnings	دَخل • إيرادات • مكاسب – أجر
earphone	سَمَّاعة • مِسماع
ear-piece (n.)	أُذُنيّة المُستقبِل
earth (n.)	أرض • الأرض (الكرة الارضية) • اليابسة – تُراب • تربة
(v.)	أرَّض • وَصَّل (الدائرة الكهربائية) بالأرض – طمر أو دفن في الأرض
earth, absorbent	تُرابٌ ماصّ
earth alkali	قلِيٌ تُرابي
earth auger (or borer)	مِثقاب ارضي • بريمة حفر (للأرض)
earth borer (Civ. Eng.)	جهازُ حفر أرضيّ (مُركَّب على شاحنة)
earth cable (Elec. Eng.)	كَبل أرضي
earth coal (Geol.)	فحم تُرابي : ضرب من اللجنيت
earth conductor (Elec. Eng.)	مُوصِّل ارضي
earth connection (Elec. Eng.)	إتصال ارضي • مأخَذ ارضي
earth creep (Geol.)	زحفُ التربة • إنزلاق التربة
earth crust (Geol.)	القِشرة الارضية
earth current	تيّار ارضي
earth curvature (Geol.)	تقوّس (سطح) الارض
earth dam (Civ. Eng.)	سَدٌّ تُرابي
earthed circuit (Elec. Eng.)	دائرة كهربائية مؤرَّضة : موصولة بالارض
earthed switch (Elec. Eng.)	مِفتاح مؤرَّض
earthen (adj.)	تُرابيّ • طِيني – فَخَّاري
earthenware (n.)	فَخَّار – صَلصال – فَخَّاريات • أواني خَزَفية
earth flow (Geol.)	زحفُ التربة
earth grab (Civ. Eng.)	مِغرفة التراب • كبَّاش الحفر
earth inductor (Geophys.)	مِلفٌّ مُحاتّةٍ ارضي : لقياس مغنطيسية الارض
earthing (Elec. Eng.)	تأريض • توصيل (أو وصل) بالارض
earth leakage (Elec. Eng.)	تَسَرُّب ارضي
earth load = earth pressure (Civ. Eng.)	الحِمل التُرابي • ضغط التراب
earth magnetism (Elec. Eng.)	مغنطيسية الارض
earth movements (Geol.)	التحرُّكات الارضية : حركات القشرة الارضية
earth oil	الزيت الصخري • زيت الارض : اسم قديم للنّفط
earth pillar (Geol.)	عَمود تُرابي
earth pitch	أَسفلت • زِفت
earth plate (Elec. Eng.)	لوحُ التأريض
earth pressure (Civ. Eng.)	ضغط التراب • الحِمل التُرابي
earthquake (Geol.)	زلزال • هَزّة ارضية • رَجفَة
earthquake, artificial (Geophys.)	زلزلة اصطناعية
earthquake fissure	شَقٌّ زلزالي
earthquake, swarm (Geol.)	سِلسلة ارتجافات زلزلية
earthquake waves (Geophys.)	أمواج الزلزلة
earth road (Civ. Eng.)	طريق تُرابيّة

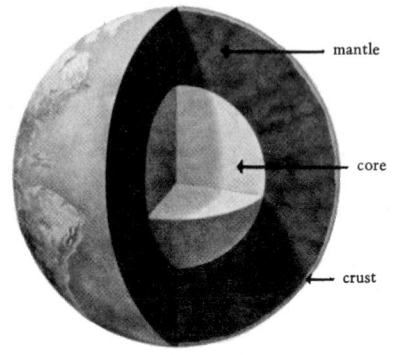

earth's crust, mantle and core

earth sciences علوم الأرض

earth's core (Geol.) لُبُّ الارض • باطن الارض

earth's crust (Geol.) قِشرة الأرض

earth shell (Geol.) قِشرةُ الارض

earth slide (Geol.) انزلاق التربة

earth's magnetic field (Geophys.) مَجالُ الارض المغنطيسي

earth's mantle (Geol.) دِثار الأرض

earth's surface سَطحُ الارض

earth thermometer (Meteor.) تِرمومتر ارضي

earth wave (Geophys.) مَوجة أرضيّة • مَوجة زَلزليّة

earth wax = ozokerite شمع أرضي • شمع معدني

earth-wire (Elec. Eng.) سِلك التأريض

earthwork (Civ. Eng.) دَكّة تُرابيّة – اعمال الحفر الهندسية

earthworks (Civ. Eng.) اعمال ترابيّة

earthy (*adj.*) أرضي • تُرابي – مُؤرَّض • مُتساوي الجهد مع الارض

earthy lustre لَمعة مُطفأة

earthy water (Chem.) ماءٌ عَسِر

ease (*n.*) سُهولة • يُسر • اطمِئنان – تنفيس

(*v.*) يَسَّر • خَفَّف حِدَّة • هدَّأ – نَفَّس

easel (*n.*) حامِل • مِسنَد لَوح الرسّام

easement (*n.*) تهدئة • تخفيف • تيسير – ارتفاق • حقُّ ارتفاق : حقُّ الاستعمال او المرور

easers (Eng., Mining) ثُقوب تَصريف

easing gear (Eng.) جهاز تخفيف الضغط (في المِرجل)

east (*n.*) شَرق • جهة الشرق

(*adj.*) شَرقيّ

easterly (*adj.*) شرقي • مُتَّجِه نحو الشرق

(*adv.*) من جهة الشرق

easting (*n.*) (Naut.) اتجاه نحو الشرق

eastward (*adv.*) شرقاً • في اتجاه الشرق

(*adj.*) مُتَّجِه شرقاً

easy (*adj.*) سَهل • بسيط – مِطواع – رخو – بَطيء

(*adv.*) بسهولة • بيُسر

eat (*v.*) أكَل • حَتَّ • بَرى

ebb (*n.*) جَزر • انحِسار – إضمحلال • تقهقُر

(*v.*) انحَسَر • جَزَر – نقص • إضمحَلّ

ebonite إبونيت : مَطّاط صَلد مُعالج بالكبريت

ebullient (*adj.*) ثائر • فائر

ebullioscope (Chem. Eng.) مكشافُ درجة الغليان (للسوائل)

eccentric wheel

ebullition (Phys.) غليَان • فَوَران – تفقُّع : إخراج الفقاقيع

ebullition point (Phys.) نُقطة الغليان

eccentric (*adj.*) (Mech.) مُختلِف المركز • لا تمركُزي – خارج المركز

(*n.*) إكسَنتريك : دُولاب لاتمركُزي: مُختلِف المركز

eccentric action (Eng.) إدارة بقُرص (او ذِراع) مُختلف المركز

eccentric bit (Eng.) لُقمة مُختلِفة المركز • مِثقبٌ لا تمركُزيّ

eccentric crank (Eng.) ذِراع تدوير لا تمركُزي

eccentric hoop (or **strap**) (Eng.) طوقٌ مُختلِف المركز

eccentricity (*n.*) لا تمركُزيَّة • إختلاف المركز

eccentric load (Eng.) حِمل لا تمركُزي

eccentric oiler (Eng.) مِزيتة مختلفةُ المركز • مُزلِّق لا تمركُزيّ

eccentric rod (Eng.) ذراعٌ مختلف المركز

eccentric shaft (Eng.) عمود إدارة لا تمركُزيّ

eccentric sheave (Eng.) قُرص لا تمركُزي

eccentric strap (Eng.) طَوق لا تمركُزي

eccentric wear (Eng.) بِليً لا تمركُزي

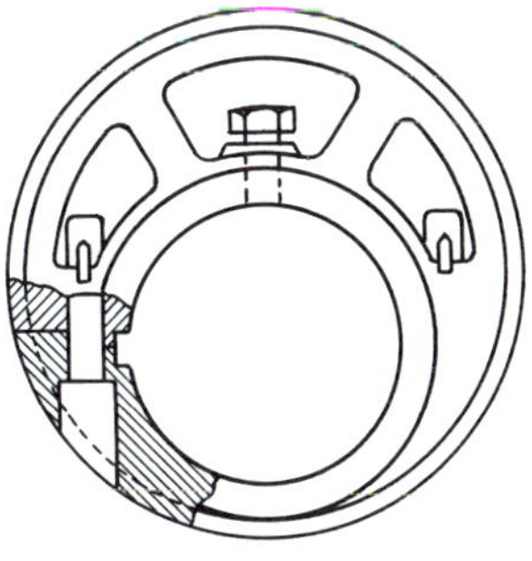

eccentric wheel (Eng.) دولاب مختلف المركز

echelon (*n.*) نَسَق درَجي • ترتيب مُتدرِّج • قَفَل

(*v.*) درَّج • نظَم او انتظم بنَسَق درَجيّ

echelon faults (Geol.) صُدوع مُدرَّجة

echelon folds (Geol.) طيّات مُدرَّجة أو دَرَجيّة

Echinodermata (Biol.) شَوكيّات الجلد : شعبة من الحيوانات البحرية

echo (*n.*) صَدًى • ترجيعُ الصوت

(*v.*) رجَّع الصدى • ترَدَّد(الصَّدى) • ردَّدَ

echo depth-sounding سَبرُ الغورِ بالصدى

echoic (*adj.*) صَدَويّ • ذو صدى

echo meter مقياس الصدى

echo ranging = sonar سَبر بالصدى

echo sounder (Ocean.) مِسبار بالصدى • مِسبار صَدَويّ

echo sounding (Ocean.) سَبر بالصّدى

echo sounding recorder (Ocean.) مُسجِّل الرَّجع الصدوي

eclimeter = clinometer (Surv.) مقياس الانحدار

eclogite (Geol.) اكلوجيت : صَخر عقيقي خشِن الحبيبات

E.C.O. (**electron coupled oscillator**) مُذبذِب الكتروني التقارُن

ecological (*adj.*) بيئي • خاصٌّ بالبيئة

ecological analysis (Geol.) التحليل البيئي: دراسة العلاقة بين الأحافير وبيئتها

ecological factors عَوامل بيئيّة

ecology (*n.*) علم البيئة • دراسة علاقة البيئة بالأحياء

econometer (Eng.) ايكونومتر : مقياس كميّة ثاني اكسيد الكربون في غاز الاحتراق

economic (*adj.*) اقتصادي • خاص بعلم الاقتصاد

economical factors عواملُ اقتصادية

economical speed السرعة الاقتصادية

economic geology الجيولوجية الاقتصادية

economic ratio (Civ. Eng.) النسبة الاقتصادية (للحديد في الخرسانة المسلحة)

economics (*n.*) علم الاقتصاد • اقتصاديات

economic sanctions عُقوبات اقتصادية

economic speed (Eng.) سُرعة اقتصادية

economize (*v.*) اقتَصَد • وفَّر – خَفَّض النفقات

economizer (*n.*) مُقتصِد • موفِّر

economy (*n.*) اقتصاد – نظام اقتصادي

economy motor oil (Pet. Eng.) زيتٌ اقتصادي للمحركات

ectoderm (Bio., Geol.) اكتودرم : طبقة خارجية

E.D.B. (**ethylene dibromide**) ثاني بروميد الاثيلين

eddy (*n.*) دُوّامة – تيار دُوّامي (يخالف التيار الرئيسي)

(*v.*) دَوَّم – دار باتجاه مُعاكِس

eddy current (Elec. Eng.) تيار دُوّامي • تيار «فوكو»

eddy-current brake (Elec. Eng.) مِكبحٌ بالتيارات الدُّوّامية

eddy-current heating (Elec. Eng.) التسخين بالتيارات الدوّامية

eddying motion حركة دُوّاميّة
Edeleanu extract (Pet. Eng.) مُستخلَص أو خُلاصة «إديليانو»
Edeleanu process (Pet. Eng.) طريقة «اديليانو» : لإزالة المواد العطرية من الكيروسين بالإذابة الانتقائية بثاني اكسيد الكبريت
edge (n.) طرَف • حافّة • حَرف • حاشية — شَفرة • حدٌّ قاطع
(v.) حدَّد • أحاط بحافّة او حَدّ — شَحَذ
edge coal (Mining) طبقات فحمية شديدة الانحدار
edge crack (Geol.) صَدْع حدِّيّ (زاوي)
edged (adj.) مُحدَّد : ذو حد قاطع — ذو حاشية طرفية مختلفة اللون
edge-joint وُصلَة طرفية • مَفصل حافيّ
edge-mill رَحىً ذات حجر عمودي
edge-nailing تسمير الحواشي
edge seam دَرزة حَدّية • وُصلة التئام حدية
edge tool (Eng.) اداة ذات حد قاطع
edge water (Pet. Eng.) ماء حافيّ : خارج حدود تجمُّع الزيت
edge-water drive (Pet. Eng.) دَفعُ الماء الحافيّ
edgeways (or edgewise) (adv.) جانبياً • باتجاه الحافة
edge well (Pet. Eng.) بئر حافّيّة (في حقل بترولي) : بئر مقاربة للماء الحافيّ
edging (n.) حافة • حَرف • حاشية
edgy (adj.) حادّ • قاطِع
edible (adj.) صالِح للأكل • يُؤكل
(n.) مادة تُؤكل
edible oils زُيوت الأكل : الزيوت النباتية او الحيوانية
Edison accumulator = nickel-iron-alkaline accumulator (Elec. Eng.) مِرْكَم «أديسون»
edit (v.) حرَّر • أعدَّ للنشر
edition (n.) طَبعة • نُسخة • نَشْرة
editor (n.) مُحرِّر • رئيس التحرير
edit proof تَجربة طِباعية للتصليح
E.D.P.M. (electronic data processing machine) نَظّامة إعلامية الكترونية • مكَنة الكترونية لمعالجة المعلومات
E.D.T.A. (ethylene diamine tetra-acetic acid) (Chem.) ثاني أمين الاثيلين الرباعي حامض الخليك
educate (v.) عَلَّم • درَّب • رَبّى
education (n.) تعليم • تدريب • تربية
educational centre مركز تدريب او تعليم
educative (adj.) تثقيفي • تربَوي • مُثقِّف
educe (v.) استخرج • استنبط • استخلَص
educt (n.) (Chem. Eng.) مُستخلَص : شيء مستخلَص دون تغيير — مُخلَّفات الانحلال
eduction (Eng.) تفريغ • استخراج
eduction pipe (Eng.) ماسورة استخراج (الغازات او السوائل) • انبوب التفريغ
eduction port (Eng.) فُتحة تفريغ • فتحة استخراج الغاز او السائل
eductor (Eng.) مِضخة نافثة : لاستخراج الغازات والسوائل
edulcorate (v.) (Chem. Eng.) نَقّى بالغسل• ازال (الحُموضَة) بالغَسل
E.E. (errors excepted) ما عدا السهو والغلط
effect (n.) تأثير • أثر • نتيجة — فعّالية • مفعول — ظاهرة
(v.) أثَّر • سبَّب — أنجز • نَفَّذ
effective (adj.) مُؤثِّر • فعّال — مُجدٍ• ناجع — نافِذ • ساري المفعول
effective aperture الفُتحة الفَعّالة
effective closure إقفال فعّال
effective current (Elec. Eng.) التيّار الفعّال
effective date تاريخ السَّرَيان • تاريخُ النفاذ — بدء الفترة الانتاجية (في مَشروع او امتياز نفطي)
effective depth (Civ. Eng.) العُمق الفعّال
effective electromotive force (Elec. Eng.) القوة الدافعة الكهربائية الفعّالة
effective force (Mech.) القوة الفعّالة
effective head (Hyd.) المَسقَط الفِعلي للمجرَى
effective heating surface (Eng.) سَطح التسخين الفعال
effective height الارتفاع الفعّال
effective horsepower (Eng.) القدرة الحِصانية الفعالة
effective length الطول الفعّال
effective mass (Phys.) الكتلة الفعّالة
effectiveness (n.) فَعّالية
effective output (Eng.) الخرج الفِعلي
effective permeability (Elec. Eng.) الانفاذية الفعّالة
effective porosity المَساميّة الفعليّة
effective power (Eng.) القُدرة الفعالة
effective pressure (Eng.) الضغط الفعال
effective range (Eng.) المدى الفعّال
effective resistance المقاومة الفعّالة
effective shear (Eng.) القَصّ الفعّال
effective size الحجم الفعّال • الحجم الفِعلي
effective stress (Eng.) الإجهاد الفعّال
effective surface السطحُ الفعّال
effective temperature (Eng.) درجة الحرارة الفعّالة
effective value (Elec. Eng.) القيمة الفعّالة
effectual (adj.) فعّال • مُؤثِّر — فِعلي
efferent مُصدِر : ناقل من المركز الى الاطراف
effervesce (v.) فارَ • اخرجَ الفقاقيع • جاش
effervescence (n.) فَوَران • جَيَشان • إصدار الفقاقيع
effervescent (adj.) فوّار • فائر • مُصدِرٌ الفقاقيع
efficacious (adj.) ناجِع • فعّال
efficacy (n.) فعالية • فاعلية • قدرة تأثيرية
efficiency (n.) (Eng.) كِفاية • فاعلية • مَردود (الآلة) • فعّالية • مَردودية
efficiency curve (Eng.) مُنحَنى الكِفاية
efficiency of a machine (Eng.) كِفايةُ (او فعالية) الآلة
efficiency rating (Eng.) تقدير الكفاية
efficiency ratio (Eng.) نِسبة الكفاية
efficiency wage أجرٌ حسَبَ الكِفايةِ الانتاجية
efficient (adj.) كَفِيّ • كُفُؤ — فعّال • مُؤثِّر
(Eng.) عالي المردود • عالي الكِفاية
efflorescence (n.) (Chem.) تزهُّر • تفتُّتٌ البلورات لفِقدان ماء التبلور
effluence (n.) فَيض • صَبيب • دَفق — انبِعاث — انصِباب • اندفاق
effluent (adj.) فيّاض • مُتدفق — مُنبعِث • مُنبثِق • مُنساب
(n.) صَبيب — الصبيب المنصرِف
effluent drain مَصرِف (تفريغ) الفائض
efflux (n.) انبثاق • انبجاس (غازي أو سائلي) • دَفق • تدفُّق — انقضاء (المدة)
(Eng.) غازات الدفع الصاروخي
effort (n.) جُهد • مَجهود
effuse (v.) نشَرَ • اراق • انبَجَس • انبعث • تدفَّق • انتشر
effusiometer (Eng.) مِقياس التدفق : عبرَ فُوَّهة أو فتحة — مقياس الانتشار
(Phys., Chem.) مقياس انتشار الغاز : عبر فوهة مُعينة في ظروف محدَّدة
effusion (n.) انصباب — تدفق • دفق • إراقة • انبجاس
effusion of gases (Phys.) انبجاس الغازات
effusive (adj.) (Geol.) انبجاسي

effusive rocks (Geol.) صخور انبجاسية : صخور منبثِقة

egg (*n.*) بيضة • بُويضة ــ شيء بيضي الشكل • وعاء بيضي الشكل

egg coke فحم الكُوك المكَسَّر

eggette قالَب فحم حجري

egg oil زيت (حِفظِ) البَيض

egg stone (Geol.) حجارة سَرئيّة

egress (*n.*) مَخرج • مَنْفَذ ــ خروج • إنصراف

E.H.P. (**electrical horsepower**) القدرة الحصانية الكهربائية

eicosane (Chem.) ايكوسان : اسم عام للهيدروكربونات المشبعة

eldograph (Surv.) ايدوغراف • مِنساخ رُسومات

eject (*v.*) قذَف • أخرج • طرد • لفَظ

ejecta (or **ejectamenta**) (Geol.) مَقذوفات بركانية

ejection (*n.*) قذْف • طرْد • انقِذاف

ejection valve (Eng.) صِمامُ القذف

ejector (*n.*) قاذِف • طارِد • لافِظ

elaborate (*adj.*) مُسهَب ــ مُنمَّق • مَشغول بعناية دقيقة

(*v.*) أسهب • استفاض ــ نمَّق • أنجزَ بعناية ودِقّة

elacoptene (Chem.) ايلاكُوبتين : الجزء السائل من زيت مُتطاير

elain (Chem.) ايلاين : اسم قديم للايثيلين ــ اولين • زيتين

elaine (*n.*) أُولَين • زَيتين ــ اسم تجاري للحوامض الدُّهنية

elastic (*adj.*) مرِن • مطّاط ــ سَهلُ التكَيُّف او المُهايأة

(*n.*) شريط مطّاطي • رِباط مطاطي

elastic bitumen = **elaterite** (Chem.) قارٌ مَرِن • أسفلت شِبه مطّاطي

elastic coefficient (Mech.) مُعامِل المُرونة

elastic collision (Phys.) اصطدام مَرِن

elastic coupling (Phys.) قارِنَة مَرِنة

elastic deformation (Eng.) تشوُّه مَرِن

elastic fatigue (Eng.) كَلالُ المُرونة

elastic fluid مائع (سائلٌ او غازٌ) مَرِن

elasticity (Phys.) مُرونة • مَطّاطِية • لُدونة

elasticity, modulus of (Mech.) مُعامِل المُرونة

elasticity of gases (Phys.) مُرونة الغازات

elasticity test (Eng.) اختبارُ المُرونة

elasticizer مُليِّن • مُعزِّز المرونة

elastic limit (Phys.) حَدُّ المُرونة

elastic medium (Phys.) وسَطٌ مرِن

elastic modulus (Phys.) مُعامِل المُرونة

elastic mount (Eng.) حامِل او حاضِن مرِن

elastic range (Eng.) مدَى المُرونة • نِطاق المُرونة

elastic resilience (Phys.) ارتداد مَرِن

elastic strain (Eng.) انفِعال مَرِن • تشوُّه مَرِن

elastic washer (Eng.) فَلْكة مَرِنة • حَلْقَة مَرِنة

elastic waves (Phys.) أمواج مَرِنَة

elastomer (Chem. Eng.) إيلاسْتومِر : إسم عامٌ للمُبَلْمرات العالية الشبيهة بالمطاط

elastometer (Eng.) مقياس المُرونة

elaterite (Chem. Eng.) إلاتريت : أسفلت شِبه مطّاطي

elaterometer or **elatrometer** (Chem. Eng.) ايلاتْرومتر : مقياس ضغط الأبخرة (والغازات)

elbow (*n.*) مِرفق • كُوع ــ كوع الانبوب • حَنيَّة مِرفقيَّة

elbow bend (Eng.) حَنيّة مِرفقية

elbow connection (Eng.) اتِّصال مِرفَقي

elbow crossing (Eng.) تقاطُع مِرفَقي

elbow-joint (Eng.) وُصلة مِرفَقيّة

elbow pipe (Eng.) ماسورة بِمرفَق • انبوب مِرفقي

elcometer (Chem. Eng.) إلْكُومتر : مقياس سَماكة الأغشية الواقية من طلاء او سواه

electric (*adj.*) كهربائي

electric accumulator (Elec. Eng.) مِركَم كهربائي

electrical (*adj.*) كهربائي • كهربي

electrical agitator (Elec. Eng.) مُقلِّب كهربائي

electrical conductivity (Elec. Eng.) المُوصِّلية الكهربائية

electrical conductor (Elec. Eng.) مُوصِّل كهربائي

electrical construction work إقامة الانشاءات الكهربائية

electrical control (Elec. Eng.) تحكُّم كهربائي

electrical coring (Pet. Eng.) مُراقَبةُ العَيِّناتِ الجوفية كهربائيّاً : تسجيل كهربائي لِمَراحل الحفر بمراقبة العينات الجوفية

electrical desalting (Chem. Eng.) إزالة المُلوحة كهربائيّاً

electrical energy (Elec.) الطاقة الكهربائية

elbow undergoing a bending test

electrical engineer مُهندس كهربائي

electrical engineering الهندسة الكهربائية

electrical equipment مُعَدَّات كهربائية

electrical ground (Elec. Eng.) نقطة التأريض الكهربائي : لجهاز او جسم

electrical horsepower (Elec. Eng.) القُدرة الحصانية الكهربائية

electrical induction (Elec.) الحَثُّ الكهربائي

electrical inertia = **inductance** (Elec. Eng.) المُحاثّة الكهربائية

electrical installations تَمديدات كهربائية

electrical instruments (Elec. Eng.) آلات قياس كهربائية

electrical (insulating) oil (Elec. Eng.) زيت (عزل) كهربائي

electrical layout (Eng.) تصميم الكهربة : تصميمٌ بالمعدات والتمديدات الكهربائية (في مصنع او معمل تكرير)

electrical log سِجل كهربائي

electrical logging التسجيل الكهربائي

electrical oil (Elec. Eng.) زيت عازِل

electrical prospecting (Pet. Eng., Geophys.) التنقيب الكهربائي

electrical pump مِضخّة كهربائية

electrical recording (Elec. Eng.) تسجيل كهربائي

electrical system (Elec. Eng.) شَبكة كهربائية • دائرة تضُمُّ تجهيزاتٍ كهربائية

electrical wiring أسلاك التمديد الكهربائي

electric analyzer (Chem. Eng.) مُحلِّل كهربائي

electric anomaly (Elec. Eng.) ظاهرة كهربائية شاذّة

electric arc (Elec. Eng.) قَوس كهربائي

electric arc furnace (Elec. Eng.) فُرن القوس الكهربائي

electric-arc welding (Elec. Eng.) اللِّحام القَوسي • لِحام بالقوس الكهربائي

electric battery (Elec. Eng.) بطّارية كهربائية

electric bell (Elec. Eng.) جَرَس كهربائي
electric blasting التفجير بالكهرباء
electric blasting cap (Elec. Eng.) شَعيلة كهربائية
electric brazing (Elec. Eng.) لِحام كهربائي بالنحاس
electric bulb (Elec. Eng.) بَصلةٌ (او زجاجة) مِصباح كهربائي
electric cable (Elec. Eng.) كَبل كهربائي
electric caliper قَدَمة كهربائية : لقياس القُطر الداخلي لأنابيب الفرن
electric cell (Elec. Eng.) خَلِيّة كهربائية
electric charge (Elec. Eng.) شِحنة كهربائية
electric circuit (Elec. Eng.) دائرة (او دارة) كهربائية
electric coal cutter (Mining) مِقطعةُ فحم كهربائية
electric condenser مُكثِّف كهربائي
electric conduction (Elec.) التوصيل الكهربائي
electric conductivity (Elec. Eng.) المُوصِّلية الكهربائية
electric conductor (Elec. Eng.) مُوَصِّل كهربائي
electric controller (Elec. Eng.) جهاز تحكُّم كهربائي
electric crane (Elec. Eng.) مِرفاع كهربائي
electric current (Elec. Eng.) تيّار كهربائي
electric delay fuse (Elec. Eng.) صِمام تعويق كهربائي
electric detonator (Elec. Eng.) مُفجِّر كهربائي
electric discharge (Elec. Eng.) تفريغ كَهربائي
electric dredger (Elec. Eng.) كرّاءة كهربائية
electric drill (Elec. Eng.) مِثقاب كهربائي • حَفّارة كهربائية
electric drive (Elec. Eng.) إدارة بالكهرباء
electric elevator (Elec. Eng.) مِصعد كهربائي

electric drill

electric energy (Phys.) طاقة كهربائية
electric eye (Elec. Eng.) عَين كهربائية • خليّة كهربائية ضوئية
electric fan (Elec. Eng.) مِروحة كهربائية
electric field (Elec. Eng.) مَجال كهربائي
electric filtering (Elec. Eng.) تَرشيح كهربائي
electric firing (Elec. Eng.) اطلاق او تفجير كهربائي
electric force قوّة كهربائية
electric furnace (Elec. Eng.) فُرن كهربائي
electric fuse شَعيلة كهربائية • صِمامة كهربائية
electric gas-lighter (Elec. Eng.) قدّاحة كهربائية لإشعال الغاز
electric generator (Elec. Eng.) مولِّد كهربائي
electric heater (Elec. Eng.) مُسخِّن كهربائي
electric heating (Elec. Eng.) التسخين بالكهرباء
electric heating mantle (Elec. Eng.) غلاف تسخين كهربائي
electric hoist (Elec. Eng.) مِرفاع كهربائي
electric hoisting (Elec. Eng.) رَفع كهربائي
electric hoisting engine (Elec. Eng.) مَكَنةُ رفع كهربائي
electric horse-power (Elec. Eng.) القُدرة الحصانية الكهربائية
electrician (*n.*) عامِل كهربائي • اختصاصي بأشغال الكهرباء
electric ignition (Elec. Eng.) إشعالٌ كهربائي
electric induction (Elec. Eng.) حثٌّ كهربائي
electric insulator عازِل كهربائي
electricity (*n.*) الكهرباء
electricity, atmospheric كهربائية الجوّ
electricity, frictional (Elec.) الكهربائية الاحتكاكية
electricity meter (Elec. Eng.) مِقياس الطاقة الكهربائية
electricity, static (Elec. Eng.) الكهربائية الساكنة
electric leakage (Elec. Eng.) تسرُّب كهربائي
electric lift (Elec. Eng.) مِصعَد كهربائي
electric line (Elec. Eng.) خطٌّ كهربائي
electric locomotive (Elec. Eng.) قاطِرة كهربائية
electric log (Pet. Eng.) سِجل كهربائي (لمَراحل العمل)

electric logging (Pet. Eng.) تسجيل كهربائي (لِمراحل الحفر)
electric mains (Elec. Eng.) مأخذ كهربائي
electric meter (Elec. Eng.) عدّاد كهربائي
electric motor (Elec. Eng.) مُحرِّك كهربائي
electric network (Elec. Eng.) شَبكة كهربائية
electric pipe locator (Pet. Eng.) مُبيِّن الكتروني لمَوقع الخط
electric plant (Elec. Eng.) وَحدة صناعيّة تُدار بالكهرباء
electric pole قُطب كهربائي
electric power plant وَحدة توليد القُدرة الكهربائية
electric power requirements احتياجات (من) القدرة الكهربائية
electric power-station (Elec. Eng.) مَحطّة توليد الكهرباء
electric power transmission (Elec. Eng.) نَقل القُدرة الكهربائية
electric precipitation (Elec. Eng.) ترسيب كهربائي (للجُزيئات المعلّقة في الغاز)
electric prospecting (Geophys.) التنقيب الكهربائي : التنقيب بالاجهزة الكهربائية
electric pump (Eng., Elec. Eng.) مِضخّة كهربائية
electric pyrometer (Phys.) بَيرومتر كهربائي (لقياس درجات الحرارة المرتفعة)
electric shovel (Elec. Eng.) مِجرفة كهربائية
electric smelting (Chem. Eng.) صَهْر بالكهرباء
electric smelting plant (Elec. Eng.) وَحدةُ صَهر كهربائية : مَصْهَر ذو افران كهربائية
electric soldering copper كاوِيةُ لحام كَهربائية (برأس نُحاسي)
electric spark (Elec. Eng.) شَرارة كهربائية
electric starter (Elec. Eng.) مُبدِئُ ادارة كهربائي
electric system protection (Elec. Eng.) وِقاية الأجهزة الكهربائية
electric tape (Elec. Eng.) شَريط عازل
electric transformer (Elec. Eng.) مُحوِّل كهربائي
electric varnish (Elec. Eng.) بَرنيق (او وَرنيش) عازل
electric welding (Elec. Eng.) لِحامٌ بالكهرباء
electric welding machine (Elec. Eng.) مَكنةُ لِحام بالكهرباء

electric winder (Elec. Eng.) مِلفاف (رَفْع) كهربائي

electric wiring (Elec. Eng.) أسلاك (او تمديدات) كهربائية

electrification (*n.*) (Elec. Eng.) كَهربة • تَكهُرُب

electrify (*v.*) كَهْرَب – زوّد بالطاقة الكهربائية

electroanalysis (Chem. Eng.) فَصلُ المعادن بالتحلل الكهربائي

electroblasting تفجير بالكهرباء

electro-caliper (Eng.) قَدَمَة كهربائية : لقياس القُطر الداخلي لأنابيب الفرن

electrochemical (*adj.*) كهربائي كيميائي • كَهرُوكيماوي

electrochemical corrosion (Chem. Eng.) حَتٌّ كيميائي كهربائي

electrochemical equivalent (Chem.) المُكافىء الكهربائي الكيميائي

electrochemical series (Chem.) سلسلة كهروكيماوية

electrochemical valve (Elec. Eng.) صِمام كهربي كيماوي

electrochemistry (*n.*) الكيمياء الكهربائية

electrocolorimeter (Phys.) مِقياس كهربائي للشّدة اللونية • مِلوان كهربائي

electro-coppering (Elec. Eng.) طَليٌ كهربائي بالنحاس

electrode (Elec. Eng.) قُطب • إلِكترود

electrode current (Elec. Eng.) تيّار الإلكترود

electrode drop (Elec. Eng.) إنخفاض الجُهد الكهربائي للإلكترود

electrode-holder (Elec. Eng.) مِمسكُ الالكترود

electrode lead (Elec. Eng.) كَبلُ الكترودِ اللّحام

electrodeposit (*v.*) (Chem. Eng.) رسَّب بالتحليل الكهربائي

(*n.*) قُرارة مُرسَّبة بالكهرباء

electrodeposit coating (Elec. Eng.) طَلْية مُرَسَّبة بالكهرباء

electrodeposited مُرسَّب كهربائياً

electro-deposition (Chem. Eng.) الترسيب الكهربائي

electrode potential (Chem. Eng.) جُهدُ الالكترود

electrode skid (Elec. Eng.) إنزلاق الإلكترود

electrode welding (Elec. Eng.) لِحامٌ الكترودي

control valve with electro-hydraulic actuator

electrodispersion (Chem. Eng.) تشتيت (غرواني) كهربائي

electro-dissolution (Chem. Eng.) إنحلال كهربائي

electro-drill (Elec. Eng.) حَفّارة كهربائية • ثقّابة كهربائية

electroextraction (Chem. Eng.) إستِخلاصُ المعادن (من محاليلها) بالكهرباء

electrofacing (Elec. Eng.) تغشيَة بالترسيب الكهربائي : لتغطية السطح بمادة اكثر تحمُّلاً

electrofiltration potential (Elec. Eng.) جُهد الترشيح الكهربائي

electroforming (Chem. Eng.) تشكيل بالترسيب الكهربائي

electro-galvanizing (Elec. Eng.) طِلاء كهربائي بالزّنك (للوقاية) • غَلفَنة كهربائية

electro-hydraulic actuator مُشَغِّـــل هيدروكهربائي • مُحرِّك كهربائي هيدرولي

electrolog سِجلٌ كهربائي (بمراحِل الحفر)

electrolysis (Chem. Eng.) التحليل بالكهرباء • التحليل (او التحلل) الكهربائي

electrolyte (Chem. Eng.) إلكتروليت : المُنحَلُّ بالكهرباء • مَحلول كهربائي

electrolytic (*adj.*) (Chem. Eng.) إلكتروليتيّ

electrolytic analysis (Chem. Eng.) التحليل الالكتروليتي • التحليلُ الكهربائي

electrolytic bath (Elec. Eng.) مَغطَس الكتروليتي • مَغطس حَلّي كهربائي

electrolytic cathode (Chem. Eng.) مَهبِط الكتروليتي

electrolytic cell (Chem. Eng.) خليَّة الكتروليتية

electrolytic cleaning (Chem. Eng.) تنظيف الكتروليتي

electrolytic conduction (Chem. Eng.) توصيل الكتروليتي

electrolytic copper (Met.) نُحاس الكتروليتي (يُحضَّر بالتحليل الكهربائي)

electrolytic decomposition (Chem. Eng.) إنحِلال الكتروليتي

electrolytic depolarization (Chem. Eng.) مَنعُ الاستِقطاب الالكتروليتي

electrolytic deposit (Chem. Eng.) قُرارة الكتروليتية

electrolytic dissociation (Chem. Eng.) تفكُّك الكتروليتي (الى أيونات)

electrolytic oxidation (Chem. Eng.) أكسدة الكتروليتية

electrolytic parting (Chem. Eng.) فَصلٌ او انفصال الكتروليتي

electrolytic pickling (Elec. Eng.) تنظيف الكتروليتي

electrolytic polarization (Chem.) استِقطاب الكتروليتي

electrolytic refining (Met., Elec. Eng.) تَنقِية الكتروليتية • تنقية بالتّحليل الكهربائي

electrolytic slime (Chem. Eng.) وَحْل الكتروليتي

electrolyze = electrolyse (*v.*) حلّل بالكهرباء

electrolyzer (Chem. Eng.) مُحَلِّل بالكهرباء • حالّ كهربائي

electromagnet (Elec. Eng.) مَغنطيس كهربائي

electromagnetic (*adj.*) (Elec. Eng.) كَهرمغنطيسي • كهرطيسي • مغنطيسي كهربائي

electromagnetic control (Elec. Eng.) تحكُّم كهرمغنطيسي

electromagnetic crack detector (Eng.) مِكشاف كهرمغنطيسي للتصدُّع

electromagnetic detection (Elec. Eng.) كَشْف كهرمغنطيسي

electromagnetic field (Elec. Eng.) مَجال كهرمغنطيسي

electromagnetic force (Elec. Eng.) قوة كهرمغنطيسية

electromagnetic induction (Elec. Eng.) حثٌّ كهرمغنطيسي • تحريضٌ مغنطيسي كهربائي

electronic counter

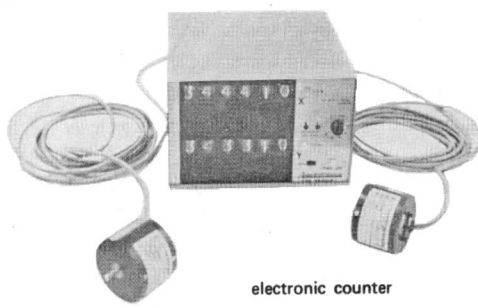

electronic processing computer

electronic thermometer

electron spin resonance spectrometer

electromagnetic instruments (Elec. Eng.) أجهزة قياس كهرمغنطيسية

electromagnetic method (Geophys.) الطريقة الكهرمغنطيسية

electromagnetic seismometer (Geophys.) مِرجاف كهرمغنطيسي : مقياس زلازل مغنطيسي كهربائي

electromagnetic separation (Chem. Eng.) فَصْل كهرمغنطيسي • فصل بالمغنطيس الكهربائي

electromagnetic separator (Elec. Eng.) فَرّازة كهرمغنطيسيّة

electromagnetic waves (Phys.) أمواج كهرمغنطيسية

electromagnetism (Elec. Eng.) الكهرمغنطيسية • المغنطيسية الكهربائية

electromechanical (Elec. Eng.) ميكانيكي كهربائي

electromechanical counter (Elec. Eng.) عَدّاد ميكانيكي كهربائي

electrometallurgy (Chem. Eng.) الميتالورجية الكهربائية : استخلاص الفِلزات بالكهرباء

electrometer (Elec. Eng.) إلِكترومتر : مقياس فرق الجهد الكهربائي الإستاتي

electrometric titration (Pet. Eng.) مُعايرة الكترومترية : لقياس الرقم الكبريتي للزيت

electrometry (Elec. Eng.) القياس الكهربائي: خاصةً بالالكترومتر

electromobile (Elec. Eng.) الكترومُوبيل • سيّارة كهربائية : تسير بطاقة البطّاريات الكهربائية

electromotive (*adj.*) دافِع او مُحرِّك بالكهرباء

electromotive force (Elec. Eng.) قُوة دافِعة كهربائية

electromotor (Elec. Eng.) مُحرِّك كهربائي

electron (Phys.) إلِكترون • كُهيرب سالِبُ الشِّحنة • كُهيرِب

Electron = Elektron (Met.) سبائك الاِلكترون : مجموعة سبائك أساسها المغنسيوم

electron bombardment (Elec. Eng.) قَذفٌ بالالكترونات

electron coupled oscillator (Elec. Eng.) مُذبذِب الكتروني التقارن

electronegative (Chem.) سالِبُ الشِّحنةِ الكهربائية – لا فِلزّي • حامِضيّ

electronegative potential (Chem. Eng.) جُهد كهربائي سالِب

electronic (*adj.*) الِكتروني

electronic brain (Elec. Eng.) دِماغٌ الكتروني

electronic computor (Elec. Eng.) حـاسِبَـة الِكترونية • نظّامة الكترونية

electronic control (Eng.) تحكُّم الِكتروني

electronic counter عدّاد الكتروني

electronic data processing machine مكَنة الكترونية لمعالجة المعلومات

electronic engineering الهندسة الالكترونية

electronic instrument (Phys.) جِهاز قياس الكتروني

electronic processing معالجة المعلومات أو تنظيمها الكترونيّاً

electronics عِلم الالكترونيات

electronic switch (Elec. Eng.) مِفتاحٌ (صِماميٌّ) الكتروني

electronic thermometer ترمومتر الكتروني

electronic tube صِمامٌ الكتروني

electronmicrograph صُورة بالميكروسكوب الالكتروني

electron microscope ميكروسكوب (مِجهرٌ) الكتروني

electron rich (*adj.*) سالِبُ التكهرُب

electron spin resonance spectrometer مقياس طَيْف بِرَنين الدُّرور الالكتروني

electron valve (Elec. Eng.) صِمامٌ الكتروني

electron-volt الكترون فُلط : وَحدة طاقة تساوي ١،٦ × ١٠^-١٢ إرغ

electro-osmosis (Chem. Eng.) انتِضاح كهربائي • انتِشار غِشائي كهربائي

electrophoresis (Chem. Eng.) استِشراد : ارتحال الجزيئات المُعلقة في مجال كهربائي

electrophysics الفيزياء الالكترونية

electroplate (*v.*) طلَى او صفَّح بالكهرباء
(*n.*) شيء مَطلي كهربائيّاً

electroplating طلاء بالكهرباء

electroplating bath (or **vat**) مَغطَس للطلاء بالكهرباء

electroplating plant (Elec. Eng.) وَحدة للطِّلاء بالكهرباء

electropneumatic (*adj.*) كهرِرئوي • كَهربي هوائي

electropneumatic brake (Elec. Eng.) مِكْبَحٌ كَهْرَرِئويّ : يَعملُ بالهَواءِ المَضغُوط والكهرباء

electropneumatic control (Elec. Eng.) تَحكُّمٌ كَهْرَرِئويّ : تَحكُّمٌ (عن بُعد) بالهواءِ المَضغُوط المُوَجَّهِ كَهرَبائيّاً

Exploration

الاستِكْشافُ والتَّنقيب

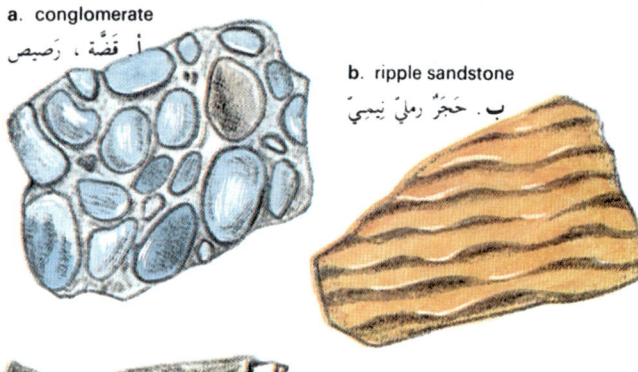

1

2

3

a. conglomerate
أ. قَضَّة ، رَصيص
b. ripple sandstone
ب. حَجَرٌ رمليّ نِيمِيّ
c. breccia
جـ. بَرْشِيّا ، بَريشة
d. shale
د. طَفَل صَفْحِيّ

4

1. At work on the drill floor of a rig
2. A geologist collecting rock samples
3. Examining rock samples in laboratory
4. Four of the commonest sedimentary rocks

١. مُنهمِكُون في العمل في قاعِدَة بُرج الحَفْر
٢. جيولوجيٌّ يَجْمَع عَيِّناتٍ صَخْرِيَّةً
٣. فَحْصُ عَيِّنات الصَّخْر في المُخْتَبَر
٤. أَربَعةٌ من أَشْهَر أنواع الصُّخور الرُّسوبيَّة

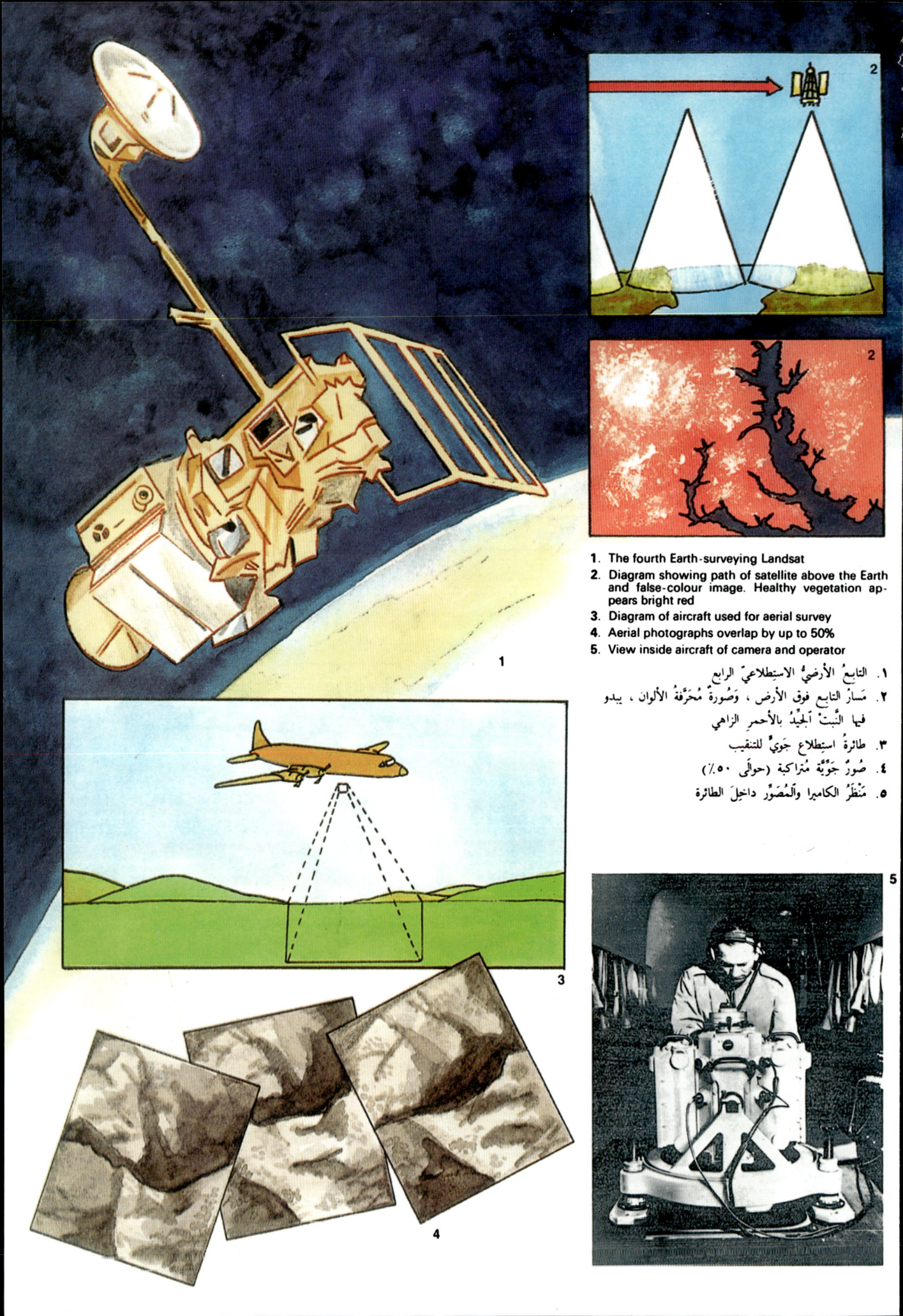

1

2

2

1. The fourth Earth-surveying Landsat
2. Diagram showing path of satellite above the Earth and false-colour image. Healthy vegetation appears bright red
3. Diagram of aircraft used for aerial survey
4. Aerial photographs overlap by up to 50%
5. View inside aircraft of camera and operator

١. التابعُ الأرضيُّ الاستِطلاعيّ الرابع
٢. مَسارُ التابِع فوق الأرض ، وَصُورةٌ مُحَرَّفةُ الألوان ، يبدو فيها النَّبتُ الجَيِّدُ بالأحمرِ الزاهي
٣. طائرةُ استِطلاعٍ جَوِيٌّ للتنقيب
٤. صُورٌ جَوِّيَّة مُتراكبة (حوالَى ٥٠٪)
٥. مَنْظَرُ الكاميرا والمُصَوِّر داخلَ الطائرة

3

4

5

electropositive (*adj.*) مُوجَب الشحنة الكهربائية ـ فِلزّي • قاعدي

electropositive potential جُهد مُوجَب الشحنة الكهربائية

electropyrometer (Phys.) بَيرومتر كهربائي

electrorefining (Chem. Eng.) تَنقية بالتحليل الكهربائي

electroscope (Elec. Eng.) إلِكتروسكوب • مِكشاف كهربائي

electrosmelting (Chem. Eng.) صَهرٌ بالكهرباء

electrostatic (*adj.*) الكتروستاتي • إستاتيّ كهربائي

electrostatic charge شِحنة الكتروستاتية

electrostatic current تيار الكتروستاتي

electrostatic discharge (Elec Eng) تفريغ الكتروستاتي

electrostatic potential (Elec Eng) جُهد الكتروستاتي

electrostatic precipitation (Elec. Eng.) ترسيب الكتروستاتي : للجُزيئات المُعلّقة في الهواء (او في غاز آخر)

electrostatics (Elec. Eng.) الالكتروستاتيات: علم الاستاتيكا الكهربائية

electrostatic separation (Elec. Eng.) فَصْل استاتي كهربائي

electrostatic separator (Elec. Eng.) فاصِل الكتروستاتي

electrostenolysis أخسَدة بفَرق الجهد الكهربائي : الاكسدة والاختزال في جانبي غشاء (في محلول) عاليَي فرق الجهد (الاختزال يحدث في السطح المقابل للانود)

electrotechnical (*adj.*) تِقني كهربائيّ

electrotechnics = **electrical technology** التِّقنية الكهربائية

electrothermal (*adj.*) حَراري كهربائي

electrothermal chemistry الكيمياءُ الحَرارية الكهربائية

electrothermal efficiency (Elec. Eng.) الكِفاية الحَرارية الكهربائية

electrothermal recording (Eng.) تسجيل حراري كهربائي

electrothermics الحَراريّاتُ الكهربائية • توليدُ الحَرارة من الطاقة الكهربائية

electrotyping (Elec. Eng.) الطَّبْعُ الكَهربائي

electrowinning (Chem. Eng.) استِخلاص بالطرق الالكتروليتية

element (Chem.) عُنصر : أحد العناصر الكيماوية

(*n.*) عُنصر : أحد المقوّمات ـ أصل • جوهر

elemental sulphur (Chem.) كِبريت طبيعي : غير مُتّحد

elementary analysis (Chem. Eng.) تحليل أوّلي

elementary colours (Phys.) الألوان الأوّلية: الاحمر والاخضر والازرق

elements عَناصر ـ مُقوّمات • عَوامل

elevate (*v.*) رفع • علّى • رفّع

elevated beach (Geol.) شاطئ مرفوع أو مُرتفِع

elevated plain (Geol.) سهل مُرتفِع

elevating gear (Eng.) جهاز الرفع

elevation (*n.*) إرتفاع • عُلُوّ ـ رَفع ـ مُرتَفَع ـ زاوية الارتفاع ـ المسقط الرأسي

elevation above sea-level الارتفاع فوق سطح البحر

elevation, angle of (Surv.) زاويةُ الارتفاع

elevation head = **position head** (Hyd.) عُلُوّ الوضع : طاقةُ الوَضع لوحدة الوزن من السائل

elevation index دليلُ الارتفاع

elevation of boiling point (Chem. Eng.) رفع درجة غليان السائل (بالمواد المذابة)

elevation of well (Civ. Eng.) المَسْقَطُ الرأسي للبئر

elevation plant (Civ. Eng.) وحدة رَفع • مُنشآت الرفع

elevation sight (Surv.) مِهدافُ (تحديدِ) الارتفاع

elevator (*n.*) رافِع • رافِعة • مرفاع ـ مِصْعد

elevator bucket (or **scoop**) (Eng.) قادوسُ (او مِغرفةُ) المِرفاع

elevator dredger (Civ. Eng.) كَرّاءة بالقواديس الصاعدة (الدوارة)

elevator shaft (Eng.) بيتُ المصعد • بئر المصعد

elevator, tubing (Eng.) رافِعةُ الانابيب

eligibility (*n.*) جَدارة • لِياقة • أهليّة • صَلاحيَة

eligible (*adj.*) أهْلٌ (لِ) • صالِح • مُتمتّع بالمُؤهِّلات المَطلوبة

(*n.*) شَخص مؤهَّل : حائز على المؤهلات المطلوبة

eliminate (*v.*) حذَف • أزال • أبعد • اسقَط • نبَذ

elimination (*n.*) إزالة • حَذف • إسقاط • إطّراح • نَبْذ

elimination factor (Pet. Eng.) : عامل النَّبْذ في عملية التكسير النفطي

Elinvar (Met.) إيلِنْفار : سبيكة من الفولاذ والنيكل لا تتأثر مُرونتها بتغيُّر الحرارة

eliquate (*v.*) يُسيِّل • يُسيِّح

ell (Eng.) مِرفق قائم • وُصلة أنبوبية قائمة

Elliott tester (Pet. Eng.) مِخبار «ايليوت»: لقياس درجة وَميض الزيت في وعاء مُقفل

ellipse إهليلَج • قَطْع ناقِص

ellipsoid (*n.*) مُجَسَّم اهليلجي • مُجسَّم القَطع الناقِص

(*adj.*) إهليلَجاني

ellipsoidal basalt (Geol.) بازَلْت اهليلجاني

ellipsoidal head غِطاء او رأس اهليلجاني

elliptic (or **elliptical**) (*adj.*) إهليلجي • ناقِص المَقْطع

elliptic cylinder (Eng.) أسطوانة إهليلجية

elliptic flange (Eng.) شَفَة إهليلجية

elongate (*v.*) أطال • مَطّ • مَدَّ • إستطال

(*adj.*) مُطوَّل • مَمْطول • مُستطيل

elongated anticline (Geol.) طيَّة مُحدّبة مَمدودة

elongation (*n.*) إطالة • إستطالة • تطاوُل • مَدّ • إمتداد

elongation test اختِبار الاَستِطالة

elution (Chem. Eng.) فَصْلٌ بالتَّصَفّي • تَصفية تتابُعيّة

elutriate (*v.*) نقّى • روّق • نظّف او فَصل بالغَسل

elongation test

elutriation (Chem. Eng.) تنقية بالغَسل • ترويق • ترويق تفاضُلي
elutriator (Chem. Eng.) مُروِّق : جهازُ فَصلٍ بالتصفية
eluvial (*adj.*) فُتاتي • تفتُّتي • نُحاتيّ
eluvial deposit (Geol.) قُرارة تَفتُّتِيّة • راسِب فتاتي أو نُحاتي
eluviation (Geol.) التطَمّي : انتقالُ المواد على شكل طَمْي
eluvium (Geol.) قُرارة تَفتُّتِيّة • رَواسِبُ مَوضِعية
emanate (*v.*) صدَر أو نشأ (عن) • إنبعَث • إنبثَق
emanation (*n.*) انبعاث • انبثاق – مُنبَعَث
emanometer (Pet. Eng.) إمانُومتر • مقياس البخار (النفطي) المنبعِث : مقياس البخار الهيدروكربوني المنبعث من مناطق وجود الزيت (يستعمل في التنقيب الجيوكيماوي)
emarginate (*v.*) نزَع الحاشيَة
(*adj.*) مَنزوع الحافّة – مُسَنَّن الحاشية
embank (*v.*) سَدّ • طوّق او حصَر بحاجِز ترابي
embankment (Civ. Eng.) سَدّ • سَدّ تُرابي – إقامة سَدّ
embankment wall (Civ. Eng.) جِدارٌ داعِم
embargo (*n.*) حَظرٌ بَحري • حَظر تِجاري
(*v.*) فَرَض حَظراً على
embed (*v.*) طَمر • وَتَّد
embedded (*adj.*) مَغمور • مَدفون • مَطمور
ember (*n.*) جَمْرة • جُذوة
embody (*v.*) جَسَّد • جَسَّم – إحتوى • تضَمَّن
emboss (*v.*) أبرز • سَنَّم – زيَّن بَنقش بارِز
embrittle (*v.*) قَصِف • قصَّف : صار او صَيَّر هَشّاً
embrittlement (*n.*) (Met.) تَقَصُّف • قَصافَة • قَصَف
embryonic (*adj.*) جَنيني – غيرُ مُكتَمِل النُّمو
emend (*v.*) أصلَح • نَقَّح
emerald (*n.*) (Min.) زُمُرُّد • زَبَرجَد • اخضرُ شفّاف
(*adj.*) زُمُرُّدي اللَّون • أخضرُ ناضِر
emerge (*v.*) خَرَج • ظَهَر • بَزَغ
emergence (*n.*) ظُهور • بُزوغ • انبثاق
emergency (*n.*) طارِىء • حالة طارِئة – ضَرورة مُلِحّة
(*adj.*) اضطراري • مُعَدّ لِلطوارىء
emergency alarm bell (Elec. Eng.) جَرَسُ إنذار للطوارىء
emergency brake (Eng.) مِكبَحٌ للطوارىء
emergency equipment مُعَدّاتٌ للطوارىء
emergency exit مَخرج للطوارىء
emergency lighting إضاءَة للطّوارِىء
emergency lock غَلَقٌ احتياطي للطوارىء
emergency operation عَمَليةُ طَوارىء – تشغيلٌ اضطراري
emergency stop (Eng.) توقُّفٌ اضطراري – مُوقِف للطوارىء
emergency switch (Elec. Eng.) مِفتاحٌ للطوارىء : مِفتاحُ قَطعِ التيار عند الطّوارىء
emergency tank خَزّانٌ (احتياطيّ) للطوارىء
emergency tyre إطارٌ (مطّاطي) للطوارىء
emersion (*n.*) ظهور • انبثاق
emery (*n.*) (Min.) سُنباذَج • سَنفَرة • صَنفرة
emery buff (Eng.) دُولابُ صَقل بالسَّنْفرة
emery cloth (Eng.) قُماشٌ للسَّنفَرة • نَسيج سُنباذَجي • سَفَن
emery grinder (Eng.) جَلّاخةُ سَنفرة
emery paper (Eng.) ورقُ سَنفَرة • صَنفَرة
emery paste (Eng.) مَعجونٌ سُنباذَجي (للسنفرة)
emery powder (Eng.) مَسحوقُ سَنفَرة
emery tape شَريطُ سَنفرة
emery wheel (Eng.) دُولابُ سَنفرة (للجَلْخ)
E.M.F. = e.m.f. (electromotive force)
(Elec. Eng.) ق د ك : قُوّة دافعة كهربائية
eminence (*n.*) مُرتَفَع • رَبْوة • نَوف
eminent (*adj.*) مُنيف • شاهِق • مُشرِف – بارِز
eminent domain حَقُّ الاستملاك : حقّ الحكومَة في مُصادرة المُمتلكات الخاصة لمنفَعَة عامة
emission (*n.*) إصدار • ابتعاث – إرسال • بَثّ – شيء مُنبَعَث
emission, radioactive ابتعاث ذو فاعلية اشعاعية
emit (*v.*) بَعَثَ • أطلَق • أصْدَر • إبتَعَث
emitter (*n.*) مُبتَعِث • باعِث • مُرسِل
emlon (Chem. Eng.) إمْلُون : ضَرب من الراتينجات الطلائية الواقية
emolein (Chem. Eng.) إيمولين : ضَربٌ من المزلِّقات الاصطناعية
emollescence (*n.*) إستِلانة : تليُّن المادة قبل الانصهار
emollient (*n., adj.*) مُرَطِّب • مُلَيِّن • مُلَطِّف
E.M.P. (English melting point)
(Pet. Eng.) نقطة التسَيُّل البريطانية (للبرافينات)
empire varnished cloth (Elec. Eng.)
قُماش عازِلٌ مَطلي بالوَرنيش
empirical (*adj.*) تَجريبي • وَضْعيّ
empirical formula (Chem.) صِيغَة تَجْريبيّة
employ (*v.*) إستخدَم • إستَعمَل • وظّف
employee (*n.*) مُستَخدَم • مُوظَّف • أجير
employer (*n.*) مُستخدِم • مَخدوم • ربُّ العمل
employment (*n.*) استخدام • توظيف – وَظيفَة • عَمَل – خِدْمة
employment office مكتَب توظيف
empower (*v.*) فَوَّض • خَوَّل • مَكَّن
empties (Pet. Eng.) عَرباتٌ او صَهاريجُ فارِغة
empty (*v.*) أفرغ • فَرَّغ • فَرَغ – صَبَّ
(*adj.*) فارِغ • خاوٍ – عَقيم
(*n.*) الفارغ : القارورة او البرميل او الصهريج الفارغ
emptying plug سِدادُ التّصريف
emptying tap (Eng.) صُنبور التّفريغ
empty load الحمل الفارغ
empty weight الثِّقلُ بلا حُمولة • الوَزنُ الفارِغ
empyreumatic oil = Dippel's oil
(Chem. Eng.) زيت العِظام • زيت انحلال المواد العضوية بالحرارة
emulsibility (Chem. Eng.) استحلابية • قابلية الاستِحلاب
emulsifiable (*adj.*) يُستحلب : قابل الاستِحلاب
emulsifiable oil (Chem. Eng.) زيتٌ يُستحلَب: زيتٌ قابل للاستِحلاب
emulsification (*n.*) (Chem. Eng.) استِحلاب
emulsification capacity سَعة الاستحلاب
emulsification test (Pet. Eng.)
إختبارُ الاستِحلاب
emulsified (*adj.*) مُستَحلَب
emulsified asphalt (Chem. Eng.)
اسفَلت مُستحلَب
emulsifier (*n.*) (Chem. Eng.) مُستَحلِب
emulsifrac (Pet. Eng.) مُستحلَبُ التكسير : مُستحلَب نفطي مائي مُعَدّ للتكسير
emulsify (*v.*) (Chem. Eng.) استحلَب • حَوَّل (او تحوّل) الى مُستحلَب
emulsifying agent (Chem. Eng.)
عامِلُ استِحلاب • مُستَحلِب
emulsifying oil زيت استحلاب

emulsion (*n.*) مُستحلَب ـ الطبقة الحساسة للضوء (في الفيلم)
emulsion, aqueous مُستحلَب مائي
emulsion breaking agent (Chem. Eng.) عامِلُ انحِلال المُستَحلَب
emulsion dispersion agent (Chem. Eng.) عامل تشتيت المستحلب
emulsion mud (Pet. Eng.) طِين مُستحلَب
emulsion number (Chem. Eng.) رَقْمُ الاَستِحلاب : الزمن بالثواني اللازم لانفصال عَيِّنة من مُستحلب زيتي في ظروف مُعيّنة
emulsion, oil مُستحلَبٌ زَيتي
emulsion, oil-in-water مستحلب الزيت في الماء
emulsion polymerization (Chem. Eng.) البلمرة بالاستحلاب
emulsion stabilizer مُقِرُّ المُستحلَب • مُركِّز الاستحلاب
emulsion, stable مُستحلَب مستقِرّ او ثابت
emulsion test (Chem. Eng.) اختبار الاستحلاب
emulsion, water-in-oil مستحلب الماء في الزيت
emulsive (*adj.*) استحلابي التكوين او التأثير
emulsoid (Chem.) مُستحلَباني • شِبهُ مستحلَب
enable (*v.*) مَكّن • خَوَّل • جعل قادِراً (على)
enamel (*n.*) مِينا • طِلاءٌ خَزَفيّ
(*v.*) طَلى او زَخْرَف بالمينا
enamel-insulated wire (Elec. Eng.) سِلْكٌ معزولٌ بالمينا
enamelled (*adj.*) مَطليٌّ بالمينا
enamelling (*n.*) طِلاء بالمينا • تَلْميع
enamel paint دِهان لَمّاع • طلاء خزفي
enargite (Min.) إينارجيت : زرنيخاتُ النُّحاس الكبريتية
en bloc (*adv.*) جُمْلَةً • كَمَجموعٍ
encapsulate = encapsule (*v.*) عبّأ في كَبسولة
encase (*v.*) صَنْدَق • عَلَّب • غَلَّف
encircle (*v.*) أحاطَ • طوَّق ـ دارَ حول
enclave (Geol.) مُنكَشَفٌ صخري حَبيس
enclose (*v.*) سَوَّر • حَصَر • أحاط (ب) ـ حَوى • تَضَمَّن
enclosed derrick (Civ. Eng.) بُرجُ حَفرٍ مُغلَق
enclosed motor (Eng.) مُحرِّك مُغلَق
enclosing beds (Geol.) الطبقاتُ المُحيطة
enclosing rock (Geol.) الصُّخور المُحيطة او الحاصرة
enclosure (*n.*) إحاطَة • حَصْر ـ نِطاق ـ شيءٌ مُرفَق او مُتضمَّن
encounter (*v.*) واجَهَ • صادَفَ • لاقى إتّفاقاً
(*n.*) لِقاء • مُجابَهَة
encouraging (*adj.*) مُشَجِّع
encroach (*v.*) طَغى • تطاوَلَ او تَعدّى (على)
encrust = incrust (*v.*) غَطّى او تَغطّى بِقشرةٍ صَلْدة
encrusted (*adj.*) مُغطّى او مُلَبَّسٌ بقشرة
encumber (*v.*) اعاقَ • عَرْقَل • أثقَل
encyclopaedia (*n.*) مَوْسوعة • دائرةُ مَعارِف
end (*n.*) نِهاية • خاتِمة ـ طَرَف • حَد ـ بَقِيَّة
(*v.*) أنهى • إنتهى • خَتَم
endanger (*v.*) عَرّض للخطر • جازَفَ (ب)
end, big (Eng.) الطَّرَفُ الكَبير (لِذراع التوصيل)
end boiling point (Chem. Eng.) نُقْطَةُ الغَلَيان النِّهائية
end-cell (Elec. Eng.) خَليّة طَرَفية
end collar (Eng.) طَوقٌ طَرَفي
endeavour (*v.*) جَدَّ • اجتهد • سَعى • حاوَلَ
(*n.*) جُهد • جِدٌّ • مُحاوَلَة
end fraction جُزءٌ أخير
(Pet. Eng.) جُزءٌ أخير (في عمليةِ التقطير التفاضُلي)
ending (*n.*) نِهاية • خاتِمة
endless (*adj.*) غَيرُ مُتَناهٍ • مُتَواصِل • مُتّصل • مُفرَغ
endless belt (Eng.) سَيْرٌ مُتّصل او مُقفَل • سير دوّار
endless chain (Eng.) سِلْسِلة مُتّصلة او دَوّارة
endless chain haulage (Eng.) ألجَرُّ (او السحبُ) بِسلسلة دَوّارة
end-member عُضو طرفي
endoderm (Biol.) إندودِرم • طَبَقة داخلية
endoergic process (Phys.) عَمَلية ماصّةٌ للطّاقة
endogenetic = endogenic أصيل • داخليُّ المنشأ
endogenetic deposits (Geol.) رواسِبُ أصيلة
endogenetic energy طاقة باطنيّة المَنشأ
endogenetic rocks (Geol.) صُخور أصيلة
endogenic energy طاقة باطنية المنشأ
endogenous (*adj.*) (Geol.) أصيل • داخليُّ المنشأ
endogenous enclosure (Geol.) مُحتويات دَخيلة (خارجيّة المنشأ)
endolith (Geol.) صخر مُتضَمَّن
endomorph (Geol.) بِلّورة مُتَضَمَّنة (في أُخرى مختلِفة النّوع)
endomorphic (*adj.*) داخليُّ التشكُّل
endoreic (*adj.*) (Geol.) داخِليُّ الانسِياب (نحو البحر)
endorse (*v.*) ظَهَّر (الشيك او السنَد) • جَيَّر ـ أيَّد • سانَد
endorsement (*n.*) تَظهير • تَجيير ـ تأييد • مُسانَدة
endorser (*n.*) مُظهِّر (الشيك او السَّنَد)
endosmosis (Chem. Eng.) تَنافُذٌ داخِلي • انتِضاح • تَناضُح باطِني
endosphere (Geol.) الكُرة الباطنية : داخِل القِشرة الارضية
endothermic (*adj.*) (Chem. Eng.) ماصٌّ الحَرارة • حافِظٌ للحَرارة
endow (*v.*) وَهَب • تبرّع (لِ)
end-point (Chem. Eng.) نُقطةُ النِّهاية • النُّقطةُ النِّهائية
(Pet. Eng.) نُقطةُ الغَليان القُصوى : نقطة انتهاء التقطير للجزء البترولي المُعيّن
end-point temperature (Chem. Eng.) درجة الحرارة عند نقطة النهاية : درجة الحرارة عند تبخُّر النقطة الأخيرة من العيّنة
end post (Civ. Eng.) عَمود طَرَفي
end-product الناتِجُ الأخير • مُنتَج نهائي
end reaction (Chem. Eng.) التفاعُل النِّهائي
endrop (Chem. Eng.) إندُروب : مسحوق بتروليّ القاعدة يُبطِئ انضاجَ الأثمار
end thrust (Eng.) دَفعٌ طَرَفي • دَفعٌ مِحْوَري
endurance (*n.*) احتِمال • تحمُّل • صُمود
endurance limit (Eng.) حَدُّ التحمُّل او الإطاقة
endurance run (Eng.) تشغيلٌ لاختبارِ الاحتمال
endurance test (Eng.) اختبار التحمُّل
endurd (Met., Eng.) إندُوْرد : ضرب من الفولاذ صامد للحرارة والتأكسد
endure (*v.*) احتَمل • أطاقَ
endways (*adv.*) طُولاً • بالطُّول • باتّجاه الطَّرَف
energize (*v.*) نَشَّط • قَوّى ـ أمَدَّ بالطاقة
energy (*n.*) طاقة
energy consumption استهلاكُ الطاقة
energy disperser (Eng.) مُمتَصُّ الصَّدَمات • مُشتِّتُ الطّاقة
energy efficiency (Eng.) كِفايَةُ الطاقة

engine compressor set

energy loss (Phys.) فَقْدُ الطاقة
energy meter (Elec. Eng.) عَدّادُ الطاقة ـ عداد الواط ساعة
energy transfer (Eng.) نَقْلُ او انتقالُ الطّاقة
engage (*v.*) رَبَط • ارتَبط • اشتبك ـ تعشّق • عَشّق ـ أشغَل • شَغّل
engagement (*n.*) رَبْط • تعشيق • اشتباك ـ مَوعِد ـ إشغال • إشتغال
engaging catch (Eng.) سَقّاطةُ التّعشيق
engaging lever (Eng.) ذِراعُ التعشيق
engine (Eng.) مُحرّك ـ آلة ـ قاطِرة
engine base (Eng.) قاعدةُ المحرّك
engine block (Eng.) كُتلةُ المحرك • مجموعةُ المحرك
engine-compressor ضاغِط بمحرك
engined (*adj.*) ذو مُحرّك
engine-driven (*adj.*) مُدارٌ بمُحرّك
engine efficiency (Eng.) كِفايةُ المحرك
engineer (*n.*) مُهندِس
engineering (*n.*) عِلم الهندسة • هَندسة
engineering, chemical ألهندسة الكيماوية
engineering drawing الرسم الهندسي
engineering, electrical الهندَسة الكهربائية
engineering geology الجيولوجية الهندسية • الجيولوجية التطبيقية
engineering, petroleum الهندَسة البترولية
engineering sciences العُلوم الهَندسية
engineer's chain (Surv.) سِلسِلَةُ المُهندسين: طولها مئةُ قَدم
engineer's level (Surv.) مِسواةُ المُهَندسين : ميزانُ تسويةٍ ذو مِنظار
engine failure (Eng.) عُطلُ المُحرك • توقفُ المُحرّك
engine fitter ميكانيكي مُحرّكات
engine flywheel (Eng.) حَذّافة المُحرك
engine frame (Eng.) هَيْكَلُ المُحرّك
engine friction (Eng.) احتِكاكُ (أجزاء) المحرّك
engine fuel وَقُودُ مُحرّكات
engine gum (Eng.) كَمْخَةُ المحرّكات
engine hood (Eng.) غِطاءُ المُحرّك
engine knock (Eng.) خَبْطُ المُحرّك • طقطقة المحرك
engine load حِمل المحرّك
engine lubrication (Eng.) تزليق المحرّك
engine mechanic ميكانيكي مُحرّكات
engine mount (Eng.) حامِلُ المُحرّك
engine oil (Eng.) زَيتُ مُحرّكات
engine output (Eng.) قُدرة المحرك الفعلية • مَردود المحرك
engine performance (Eng.) أداءُ المُحرّك
engine power (Eng.) قُدْرةُ المحرّك
engine rating (Eng.) قُدرَةُ المحرّكِ التقديريّة
engine room غرفة المحرّكات
engine-room casing (Naut.) مَهواةُ غرفة المحركات
engine sludge (Eng.) كَمْخة المحرّك : كُدادة من بقايا الشحم والأوساخ المتجمعة
engine speed (Eng.) سُرعة (دَوران) المحرّك
engine trouble (Eng.) إختلالٌ (او خَلَلٌ في) المحرّك
engirdle (*v.*) زَنّر • حزّم • طوّقَ بحزامٍ او زُنّار
Engler degree (Pet. Eng.) دَرَجة «إنجلر» : نسبة الزمن الذي يستغرقه انسكاب ٢٠٠ سمّ من زيتٍ ما في مِلزاج إنجلر الى الوقت الذي يستغرقه انصباب ٢٠٠ سمّ من الماء المُقطّر في درجة ٢٠ مئوية
Engler distillation (Chem. Eng.) تَقطير «إنجلر» : لتَحديد مدى دَرجاتِ الغَليان (لأجزاء المزيج البترولي)
Engler flask (Pet. Eng.) قارورة «إنْجلَر» العيارية : سَعتُها ١٠٠ سمّ تستخدم في اختبارات التقطير
Engler viscosimeter (Pet. Eng.) مِلْزاج «إنْجلر» : جهاز «انجلر» لقياس اللزوجة (يستعمل في القارة الاوروبية)
Engler viscosity (Pet. Eng.) اللزوجة بمقياس «إنجلر»
English melting point (Pet. Eng.) نقطة التسيُّل البريطانية (للبرافينات)
engyscope إنجيسكوب : مِجهرٌ عاكس
enhance (*v.*) عزّز • قوّى • زادَ
eniscope إينيسكوب : عَدّاد أُوتوماتي لكمية الماء المسحوبة من الصهاريج
enkindle (*v.*) أضرَم • أشعَل • ألهَبَ
enlarged (*adj.*) مُكبّر • مُضخّم • موسّع
enlarging drill (Eng.) مِثقابُ توسيع
enormous (*adj.*) هائِل • جَسيم • ضَخم
enrich (*v.*) أغنى • عزّز • زوّد بعوامِلَ مُقوّية • اخصب
enriched crude (Chem. Eng.) خام مُعزّز
enriched fuel (Chem. Eng.) وَقود مُعزّز
enricher (Chem. Eng.) إضافة مُغنية او معزّزة
enrichment (*n.*) إغناء • تعزيز (بمادّة أُخرى)
enring (*v.*) طوّق
ensue (*v.*) نَشأ (عن) • ترتّب (على) • نتجَ (من)
entangled (*adj.*) مُعقّد • مُتشابك ـ مُتورّط
enterolithic structure (Geol.) بِنْية جُوّانِيّة
enterprise (*n.*) مَشروع • إلتِزام ـ مؤسّسَة
enthalpy (Phys.) المُحْتَوى الحَراريّ (في وَحدةِ الكُتْلة)
entire (*adj.*) كامِلُ الأجزاء • تامّ • شامِل
entire contract عَقدٌ لا يَتجَزّأ
entitle (*v.*) خَوّل • أجاز ـ لَقّب • سَمّى
entity (*n.*) كِيان • ذاتيّة
entombment (Geol.) طَمْر • انطِمار : انحِباس صخر مُتميّز في صخر آخر
entrain (*v.*) سَحَب • جرّ
entrainment (Chem. Eng.) سَحْب ـ المَوادُّ المَسحوبة ـ تسرُّب الشوائب مع المُنتَجات المسحوبة
entrance (*n.*) دُخول ـ مَدْخَل • مَنْفَذ
entrance fee رَسْمُ الدخول
entrapped gas غازٌ مَحصور • غاز مُحتبَس
entrenched (or **incised**) **meander** (Geol.) تَمعُّج عميق (او مُتعمِّق)
entropy (Phys.) إنتروبْيا : المُحتَوى الحَراري في درجة حرارة ثابتة • قياسُ الطاقةِ اللّا مُتاحة
entry (*n.*) دُخول • مَدْخَل • إدراج ـ مادّة (مُدرَجة) • قيدٌ (في جدول) ـ استِملاك بوَضْعِ اليد
(Mining) سَرَب أُفقي
entry borer (Mining) حَفّارةُ أسرابٍ أُفقيّة
envelop (*v.*) غَلّف • غطّى • أحاط (ب)
envelope (*n.*) غِلاف • غطاء • ظَرْف
environment (*n.*) بيئة • مُحيط • وَسَط
environmental (*adj.*) بيئي • مُختصّ بالبيئة او المُحيط

enwrap (*v.*) لَفَّ • غَلَّف
enzyme (Chem.) انزيم • خميرة كيميائية
Eocambrian (Geol.) العصر الكَمْبري السابق
Eocene (period) (Geol.) العَصرُ الأيوسيني • العَصرُ الحديثُ السابق
Eogene (Geol.) عصرُ الأيُوجين : الأيُوسين والأوليجُوسين
eolian = aeolian (*adj.*) رِيحِيّ • هوائي
eolian deposits (Geol.) رواسب ريحية • إرسابات هوائية
eon = aeon (Geol.) دَهر • حُقْب • أبَد (جيولوجي)
eosin (Chem. Eng.) أيُوسين : صِباغٌ أُرجوانيٌّ يُستخرَجُ من قَطران الفَحم
eosinophile (*adj.*) إلفُ الأيوسين : سَهلُ الانطباع بالأيوسين
Eötvös (Geophys.) يَنْفُوس . وَحده بدَرُّج الجاذبية
Eötvös balance (Geophys.) : ميزان«يُنْقُوس» ميزان شديد الحساسية لفروق الجاذبية
Eozoic (era) = Proterozoic (Geol.) الحِقْبة الأيوزوية • حُقْب الحياة الأولية
E.P. (end point) نُقطة النهاية
(extreme pressure) الضغط الأقصى
E.P. (extreme pressure) additives اضافات الضغط الاقصى (لتقوية تماسُك المُزَلِّقات)
epeiric sea (Geol.) بحر قارّيّ – الجزء الضحل من البحر فوق الرصيف القارّيّ
epeirogenesis = epeirogeny = epirogeny (Geol.) نُشوء القارات
ep(e)irogenic (or **epeirogenetic**) **movement** (Geol.) حركة نُشوء القارّات• حركة تمعُّج قارّيّة
ep(e)irogenic sedimentation (Geol.) ترسُّب قارّيُّ المَنشأ
epibole (Geol.) نُطَيِّق : الوَحدة اللَّحظية في عمود جيولوجي
epicentre (or **epicentrum**) (Geol.) المَركَزُ السَّطحي للزِّلزال
epichlorohydrin (Chem.) : إيبيكلُوروهَيْدرين اكسيد الكلوروبروبيلين
epiclastic rock (Geol.) صخر فُتاتيّ تالٍ
epicontinental sea (Geol.) بَحرٌ (فوق) قاريّ : الجزء الضحل من البحر فوق الرصيف القاريّ
epicycle (*n.*) فَلَكُ التَّدوير : دائرةٌ صغيرةٌ يدورُ مركزُها على محيطِ دائرةٍ كُبرى
epicyclic (*adj.*) دُوَيريٌّ فوقي • تداويري
epidote (Min.) إيبيدوت : سليكات الكالسيوم والألومنيوم والحديد المُميَّأة
epigene (*adj.*) سطحي • ناشيء فوق السطح
epigene process (Geol.) عملية (تحوُّل) سَطحيّة
epigenetic deposits (Geol.) رواسِبُ تالية النَّشأة • رواسبُ مُنطبِعة
epimere مَقطع مِحوري مُستعرِض
epiphenomenon (*n.*) ظاهِرة مُصاحِبَة
epiphyte (Biol.) نَباتٌ هوائي
epirocks (Geol.) صُخور سَطحيّة
epirogenic (*adj.*) (Geol.) تَمعُّجي : مُتّصل بحركةِ بناء القارّات
epirogeny (Geol.) حَركةُ نُشوء القارّات
epithermal (*adj.*) فُوَيق حَراري
epithermal deposits (Geol.) إرسابات فُوَيْق حَرارية
E.P. (extreme pressure) lubricants مُزلِّقات الضغط العالي : مزلِّقات تمنعُ التأكُّل المُفرِط في السطوح المحتكَّة الثقيلة الحِمل
epoch (Geol.) حِينٌ • عَصر • حِقْبة • زَمن
epon resins (Chem. Eng.) راتينجات إيپون • راتينجات اصطناعية تُحَضَّر من اكسيد الايثلين
epoxypropane = propylene oxide (Chem.) إيپوكسي بروبان : أُكسيد البروپيلين
epoxy resins = ethoxyline resins (Chem. Eng.) راتِنجات إيثوكسلينية او إيپوكسيّة
Epsom salt (Chem.) كِبريتات المغنسيوم • مِلح انكليزي
epuration (*n.*) تنقية
equal (*adj.*) مُساوٍ • مُتساوٍ • مُتكافىء
(*v.*) ساوَى • عادَل • مائَل
(*n.*) نَظير • نِدّ • عِدْل
equalize (*v.*) ساوَى • عادَل • كافأ • وازَن
equalizer (*n.*) معادِل • مُوازِن • مُسَوٍّ • مُعَدِّل – جهاز مُعادلة او مُوازنة
equalizing bed (Civ. Eng.) فَرشة مُوازَنة
equalizing charge شِحْنة مُوازَنة • شِحنة مُوازَنة
equalizing gear (Eng.) تُرسُ موازنة (تفاضُلي)
equalizing network شَبَكة مُوازنة • شَبَكة مُوازنة
equalizing valve (Eng.) صِمامُ مُوازَنة
equals (*n.*) كمّيّات متساوية
equate (*v.*) ساوَى • عادَل – وضَع في مُعادَلة
equation (*n.*) مُعادَلة
equator (*n.*) خطُّ الاستواء
equatorial (*adj.*) إستوائي
equiangular (*adj.*) مُتساوي الزوايا
equidistant مُتساوي البُعد
equidistant map projection (Surv.) مَسقط خرائطي مُجسَّم
equilateral (*adj.*) مُتساوي الأضلاع
(*n.*) شَكلٌ مُتساوي الأضلاع
equilibrant (*n.*) (Mech.) قُوَّة مُوازِنة
(*adj.*) مُوازِن
equilibrate (*v.*) عادَل • وازَن • تعادَل • توازَن
equilibration (*n.*) مُعادَلة • موازَنة • توازُن • تعادُل
equilibrium (*n.*) توازُن • تعادُل • إتّزان
equilibrium constant (Chem. Eng.) ثابِتُ التَّوازُن
equilibrium moisture content المُحْتَوى الرُّطوبي التعادُلي
equilibrium of forces (Mech.) توازُنُ القُوى
equilibrium point نقطة التوازُن او التعادُل
equilibrium ratio نِسبةُ التوازُن
equilibrium relative humidity رُطوبةُ التَّوازُن النِّسبيّة
equilibrium ring (Eng.) حَلقةُ تعديل • حلقة تَوازُن
equilibrium vapor pressure (Phys.) ضَغطُ البُخار المتعادِل
equimolecular mixture (Chem. Eng.) مَزيجٌ مُتكافىء الأوزان الجُزَيئية
equip (*v.*) أعَدّ • هَيّأ • جَهَّز
equipment (*n.*) مُعدّات • تَجهيزات • الأجهزة والمُعَدّات – إعداد • تجهيز
equipment maintenance (Eng.) صِيانَةُ الأجهزة والمُعَدّات
equipoise (*n.*) (Phys.) تَوازُن • إتّزان – ثِقْلٌ مُوازِن
equipollence (*n.*) تعادُل • تكافُؤ
equipotential surface (Elec. Eng.) سطحٌ مُتساوي الجُهد
equitable partition تقسيم عادِل
equitant (*adj.*) (Geol.) مُتَراكِب
equivalence (Chem. Eng.) تكافُؤ • تعادُل
equivalent (*adj.*) مُعادِل • مُكافىء • مُتعادل • مُتكافىء
(*n.*) مَثيل • نظير • مُكافىء
equivalent circuit (Elec. Eng.) دائرةٌ مُعادِلة

equivalent conductance (Elec. Eng.)	مُواصَلة مُكافِئة	erosion base level (Geol.)	المستوى القاعدي للحتّ	(n.)	جَوهر • أساس
equivalent conductivity (Elec. Eng.)	مُوَصِّلِيَّة مُكافِئة	erosion column (Geol.)	عَمود الإنجراف	essential minerals (Geol.)	معادنُ اساسية
equivalent, electrochemical (Chem. Eng.)	المُكافِئُ الكيميائي الكهربائي	erosion surface (Geol.)	سَطح الإنجراف • سطح التحاتّ	essential oil (Chem.)	زيت عِطري
equivalent network	شَبَكَة مُكافِئة	erosive (adj.)	حاتّ • آكال • مُسَبِّب الحتّ	establish (v.)	أسَّسَ • شَيَّدَ • أرسَى • ثَبَّتَ
equivalent orifice	فُوَّهَة (او فُتحَة) مُكافِئة	erratic (adj.)	ضالّ • زائغ • لا نظامي	establishment (n.)	تأسيس • إنشاء – رسوخ • توطُّد – مُؤَسَّسَة • مُنشأة
equivalent proportions (Chem. Eng.)	نِسَبٌ مُتكافِئة	(n.) (Geol.)	قُلاعَة • كُتلَة صخرِيَّة ضالَّة	ester (Chem.)	إستر : مِلح عُضويّ
equivalent resistance (Elec. Eng.)	مُقاوَمَة مُكافِئة	erratic block (Geol.)	قُلاعَة • كُتلَة صخرية ضالة	esterification (Chem. Eng.)	أسترة • تأستُّر
equivalent solution (Chem. Eng.)	مَحلول مُكافِئ	erratic boulder (Geol.)	قُلاعَة • جُلمود ضالّ	esterification limit (Chem. Eng.)	حَدُّ الأسترة
equivalent weight (Chem.)	وَزنٌ مُكافِئ	erroneous (adj.)	مَغلوط • خاطئ • مُخطِئ	esterify (v.) (Chem.)	أستَرَ • تأستَر
era (n.)	حُقبٌ • دَهر • حِقبة	error (n.)	خَطأ • غَلطَة – مِقدار الخَطأ	ester number (Chem. Eng.) : الرَّقم الإسترِيّ	عدد الميليغرامات اللازمة من هيدروكسيد البوتاسيوم لتصبين غرام واحد من غليسيريد الزيت المعيَّن
eradiate (v.)	عَصر جيولوجي إنبعث • شَعَّ	error, calibration	خَطأ التَّدريج		
eradicate (v.)	استأصَلَ • إجتَثَّ • مَحَقَ • أبادَ	error limit	حَدُّ الخَطأ	estimate (v.)	قَدَّرَ • خَمَّنَ • قَوَّمَ • سَعَّرَ
erase (v.)	مَحا • مَسَحَ • طَمَسَ	eruct (or eructate) (v.)	قَذَفَ الجِشَم	(n.)	تقدير • تخمين • قيمة تقديريَّة
erect (v.)	رَفَعَ • أقامَ • شَيَّدَ • رَكَّبَ • نَصَبَ	eructation (Geol.)	ثَوَران عنيف • قَذفُ الجِشم او السوائل	estimated oil reserves (Pet. Eng.)	احتياطيُّ الزَّيتِ (النَّفطِ) المُقَدَّر
(adj.)	قائم • مُنتَصِب • مُعتَدِل	erupt (v.)	ثارَ • تفجَّرَ • انبَثَقَ • تنفَّطَ	estimated ultimate yield	الإنتاجيَّة المُقَدَّرة القُصوى
erect anticline (Geol.)	طَيَّة مُحدَّبة قائمة • قُوَّة قائمة	eruption (n.)	ثَوَران • اندلاع • تفجُّر – طَفح • بَثر	estimation	تقدير • تَقييم
erecting lens	عَدَسَة عادِلة أو مُقَوِّمة	eruption cloud	سحابة بركانيَّة	estimation of gas reserves (Pet. Eng.)	تقدير احتياطيِّ الغاز
erecting prism	مَوشور عادِل • مِنشور مُقَوِّم	eruptive (adj.)	ثائر • بُركاني – انبثاقي	estimator (n.)	مُقَدِّر • مُخَمِّن
erecting shop (Eng.)	وَرشَة تَركيب	eruptive breccia (Geol.)	بريشة بركانيّة	estuarine deposits	رواسبُ مَصَبِّ النَّهر
erecting tool	عُدَّة تَركيب	eruptive rock (Geol.)	صَخر بركاني	estuary (Geol.)	مَصَبُّ النهر • مَصَبٌّ خَليجي
erection (n.)	إقامَة • تَشييد • نَصب • تَركيب	escalation (n.)	تصعيد • تَصاعُد • تَعاظُم • توسيع تدريجي (لنطاق العمليات)	etch (v.)	حَفَرَ (في مَعدن او زجاج) بتأثير الحوامض • نَمَّشَ بالأسيد
erection crane (Eng.)	مِرفاع تَركيب	escalator (n.)	مِرقاة مُتحرِّكة • سُلَّم صَعَّاد	etching (n.)	حفرٌ بتأثير الحوامض • تَنميش بالأسيد
erection gang (Eng.)	فِرقَة تَركيب	escape (n.)	هَرَب • تَهَرُّب من • تحاشي • تَمَلُّص		
erg (Mech.)	إرج : وَحدَةُ الشُّغل المُطلَقَةُ في النظام المتري وتساوي داين سم	(n.)	فِرار • إفلات – تسَرُّب – سُروب – مَهرَب	eternal fires (Pet. Eng.) : النار الدائمة	نار تغذِّيها انبعاثات الغاز الطبيعي عبر الشقوق الارضية
(Geol.)	ألعِرق : الصَّحارى الحَوضِيَّة التي تنتشر فيها كُثبان رملية	escape gas	الغاز المنفَلِت – غاز مُتسَرِّب	ethanal = acetaldehyde (Chem.)	ايثانال • استالديهيد
eriometer	إريومِتر : مِقياس الأقطار الدقيقة (للخيوط او الاسلاك)	escapement wheel (Eng.)	دولابُ الأنفلات المُنتظَم	ethane (Chem.)	إيثان
Erlenmeyer flask	قارورَة «إيرلنماير»	escape pipe (Eng.)	انبوب إفلات • عادِم	ethanoic acid = acetic acid (Chem.)	حامض الخلّيك : حامض الاستيك
erode (v.)	حَتَّ • فَتَّ • إجتَرَفَ • إنحَتَ • تفَتَّتَ • تآكَلَ • إنجَرَفَ	escape shaft	بئر النجاة		
		escape valve (Eng.)	صِمام إفلات	ethanol (Chem.)	إيثانول • كُحول أثيليّ
erodible (adj.)	قابِل للحَتّ	escape way	مَخرَج • مَنفَذ • مَخرَج طوارئ •	ethanolamine (Chem.)	إيثانولامين • أمين إيثانولي
erosion	حَتّ • تحاتّ • تآكُل • تَعرِية • إجتراف • إنجراف	escarpment or (e)scarp (Geol.)	جُرف • مُنحَدَر • حَدَر		
		eschar = esker (Geol.)	إسكر: كَثيبٌ يُخَلِّفهُ نَهر جليدي	ethene (or ethylene) (Chem.)	إيثين • إيثلين
erosion agents (Geol.)	عَوامِل الحَتّ	Eshka method (Pet. Eng.) : طريقة «إشكا»	لتقدير كمية الكبريت في النفط الخام	ether (Chem.)	أثير : مُرَكَّبٌ عُضويٌّ مخدِّر
erosional gap (Geol.)	ثُغرة حَتيَّة			(Phys.)	أثير : سَيَّال افتراضيٌّ يَملأُ الفراغ
erosional remnants	مُتخَلِّفات التآكُل • بقايا حَتِّيَة	esker (Geol.)	إسكر • كَثيبٌ جليديٌّ طولي	etherize (Chem.)	خدَّر بالأثير – حَوَّل (او تحوَّل) إلى أثير
erosional unconformity (Geol.)	لا توافُق حَتِّي • تخالف تحاتّي	essence (n.)	جَوهر • خُلاصَة – عِطر • مستخلَص عِطريّ		
		essential (adj.)	جَوهري • ضَروري • أساسي	ether soluble (adj.) (Chem.)	ذَوّاب في الأثير

EVA
151

ether soluble (n.)	مَادّة تذوب في الأثير
ethine = acetylene (Chem.)	إيثاين ٠ أسيتيلين
ethonal	إيثونال : كحول مُحوّل الصفات لمنع التجمّد
ethoxylene resins = epoxy resins	راتينجات ايثوكسيلينة
ethyl (Chem.)	إيثيل ٠ شِقّ عُضويّ أحاديّ المُكافىء
ethyl acetate (Chem.)	أسيتات الإيثيل
ethyl acetic acid = butyric acid (Chem.)	حامض الخلّيك الايثيلي ٠ الحامض الزُّبدي
ethyl-acetylene (Chem.)	اسيتلين اثيلي ٠ بيوتاين
ethyl alcohol = ethanol (Chem.)	كحول إيثيلي ٠ إيثانول
ethyl aldehyde = acetaldehyde	الديهيد إثيلي ٠ أسيتالديهيد
ethylate (v.)	أثْيَلَ : أدْخَلَ شِقّاً إثْيلِيّاً الى
ethylation	أثْيَلة ٠ معالجة بالكحول الايثيلي
ethyl benzene (Chem.)	بنزين إثيلي
ethyl chloride = chloroethane (Chem.)	كلوريد الاثيلين
ethylene = ethene (Chem.)	إثيلين ٠ إيثين
ethylene alcohol = ethylene glycol (Chem.)	كحول الاثيلين ٠ غليكول إثيليني
ethylene chloride (Chem.)	كلوريد الإثيلين
ethylene dibromide (Chem.)	ثاني بروميد الاثيلين
ethylene dichloride (Chem.)	ثاني كلوريد الاثيلين
ethylene glycol (Chem.)	غليكول الإثيلين
ethylene hydrocarbons (Chem.)	هيدروكربونات إثيلينية
ethylene oxide	اكسيد الاثيلين
ethylene radical (Chem.)	شِقّ أثيليني
ethylene series (Chem.)	سلسلة الاثيلين
ethylenic hydrocarbons (Chem.)	هيدروكربونات اثيلينية
ethyl fluid (Pet. Eng.)	سائل الإيثيل : محلول مانع للخبط لرابع اثيل الرصاص الذائب في بروميد الاثيل
ethyl gasoline (Pet. Eng.)	بنزين اثيلي
ethyl group (Chem.)	مجموعة إثيلية
ethyl-hexane (Chem.)	هكسان إثيلي
ethyl hydroxide = ethyl alcohol	هيدروكسيد الاثيل ٠ كحول اثيلي
ethylic ether (Chem.)	اثير اثيلي
ethyl radical (Chem.)	شِقّ اثيلي

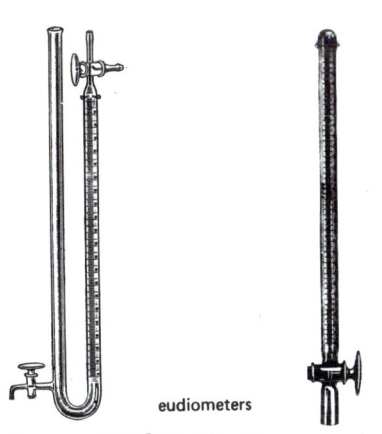

eudiometers

ethyne = acetylene (Chem.)	ايثاين ٠ استيلين
eudiometer (Chem. Eng.)	إيديومتر ٠ مغواز : مقياس انبوبي مُدَرّج لتحليل الغازات (بقياس الحجم المتبقّي بعد الاشعال)
eugeosyncline (Geol.)	تَقَعُّر اقليسي بَيْني ٠ طَيّة مُقعّرة مُحيطة
euhedral (adj.)	كامل التشكّل البلّوري
euhedral crystal (Geol.)	بلّورة كاملة الأوجه
euphotic zone (Ocean.)	المنطقة الضوئية : النطاق الذي يخترقه ضوء الشمس من مياه البحار ويمتد الى عمق لا يتجاوز ٢٠٠ متر
eustatic movement (Geol.)	تغيّر المنسوب العام : لمُستوى سطح البحر
eutectic (adj.) (Chem.)	يوتكتيّ ٠ أضهري ٠ حَرِجُ التصلّد
eutectic mixture (Chem. Eng.)	مَزيج أضهري : درجة انصهاره اخفض ما تكون بتغير نِسَب مُقوّماته
eutectic point (Chem. Eng.)	نقطة التصلّد الحَرِج ٠ نقطة الانذواب
eutectic structure (Chem. Eng.)	بنية أضهرية
eutomus (adj.)	جليّ التفلّق او التشقّق
e.v. (electron-volt)	إلكترون فُلْط
evacuate (v.)	أفرغ ٠ أخلى – جَلا أو أجلى عن
evacuating pump	مضخّة تفريغ ٠ مضخّة مُفرِغة
evacuation (n.)	تفريغ ٠ إخلاء ٠ إفراغ – اجلاء ٠ جَلاء
evacuator	مُفَرِّغة ٠ مُفَرِّغة هواء
evade (v.)	تفادى ٠ تحاشى ٠ حادَ عن
evaginate (v.)	قلَبَ بَطناً لظَهر
evaluation (n.)	تقويم ٠ تسعير ٠ تقييم – سِعْر مُقدَّر
evaluation tests	اختبارات التقييم

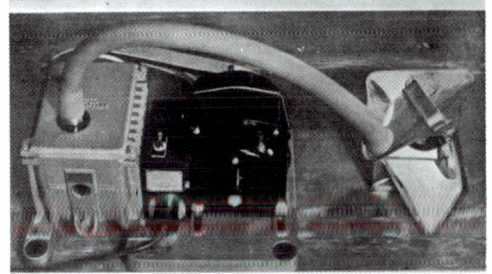

evacuating pump

evanescent (adj.)	مُتَلاش ٠ سريع الزّوال
evaporable (adj.)	يمكن تبخيره ٠ يتبخّر
evaporate (v.)	تبخّر ٠ بخّر ٠ تصعّد – تبدّد
evaporated deposit (Geol.)	قرارة تبخّرية ٠ مرسابة بالتبخّر
evaporate down (v.)	ركّز بالتبخير
evaporate off (v.)	طرّد بالتبخير
evaporating dish (Chem.)	جفنة تبخير
evaporation (n.)	تبخّر ٠ تصعيد ٠ تبخّر ٠ بخْر
evaporation capacity	قدرة التبخر
evaporation cell (Chem. Eng.)	خَلِيّة تبخير
evaporation coils (Chem. Eng.)	ملفّات (أنابيب) التبخّر
evaporation cooling	التبريد بالتبخّر
evaporation gauge (Chem. Eng.)	مُحدّد قياس التبخر
evaporation heat (Phys.)	حرارة التبخّر
evaporation losses (Chem. Eng.)	مفقودات التبخّر
evaporation point	نقطة التبخّر
evaporation rate	مُعدّل التبخر
evaporation residue (Chem. Eng.)	مُخلّفات التبخّر
evaporative	تبخّري ٠ مُبخّر
evaporative cooling (Eng.)	التبريد التبخّري
evaporativity (Chem. Eng.)	تَبَخّريّة ٠ قابلية التبخر
evaporator (n.) (Chem. Eng.)	مُبخّر ٠ مُصعّد
evaporator coil (Chem. Eng.)	ملفّ (أنابيب) المُبخّر

excavating dredger

excavator

evaporator heater	مُسَخِّن المُبخِّر
evaporator tower (Pet. Eng.)	برج التبخير
evaporimeter (Chem. Eng.)	مِقياس التبخُّر ، مِبخار
(Meteor.)	مِقياس التبخُّر الطبيعي
evaporite (n.)	راسِب تبخُّري ، رُسابة البَخر
even (adj.)	مُستوٍ ، مُنبسِط ، مُتساوٍ ، مُتعادِل ، مُنتظَم ـ شَفعي ، زَوجي
(v.)	سَوّى ، مَهَّد
even-grained (adj.)	مُنتظِم الحُبَيبات
evening tour	نَوبة عَمل مَسائية
even odds	فُرَص مُتساوية (للنجاح او الفشل)
even running (Eng.)	دَوَران مُنتظِم
event (n.)	حادِث ، حادِثة ، حَدَث ، واقِعة
eventually (adv.)	أخيراً ، في آخِر الأمر
Everdure (Met.)	إفَردْيور : سَبيكة (من النُّحاس والسليكون والمنغنيز) صامِدة لماء البحر
evergreen (adj.)	دائِم الأخضرار
(n.)	نبات دائِم الخُضرة
eviction	إخلاء
evidence (n.)	بَيِّنة ، بُرهان ، دَليل ، شاهِد
evolution (n.) (Chem.)	تَوليد ، إنبعاث
(Biol.)	نُشوء ، تَطوُّر
evolve (v.)	طَوَّر ، تَطوَّر ـ بَعَثَ ، إنبَعَث
exact (adj.)	مَضبوط ، مُدَقَّق ، دَقيق ، سَديد
(v.)	استوجَب ، تَطلَّب ، ألزَم
exact fit (Eng.)	توافُق مُحكَم
exacting (adj.)	مُتَطلِّب عِناية فائِقة ـ مُلِحّ ، قاهِر
examination (n.)	إمتِحان ، فَحص ، إختِبار
examination fee	رَسم الامتِحان ، أجرة الفَحص (المِخبري)
examine (v.)	فَحَص ، إختَبر ، إمتَحَن
example (n.)	مِثال ، عَيِّنة ، مَثَل ، نَموذج
excavate (v.)	حَفَر ، نَقَّب ، نَقَر ، جَوَّف
excavating bucket (Eng.)	قادوسُ حَفر
excavating dredger (Mining)	كَرّاءة حَفر
excavation (n.)	حَفر ، تَنقيب ـ حَفيرة ـ أحفورة
excavations	حَفرِيّات ، أعمال الحَفر والتنقيب
excavator (n.)	حَفّار ، حَفّارة
exceed (v.)	جاوَز ، تَجاوَز ، زادَ عن ، فاق
excentric = eccentric (adj.)	مُنحرِفُ المَركَز ، مُختلِفُ المركز
(n.)	دولاب لا تمركُزي
exceptional (adj.)	استثنائي ، غَير عادي
excess (n.)	زيادة ، تَجاوُز الحد ، إفراط ـ مقدار الزِّيادة
(adj.)	زائد ، فائض
excess acid (Chem. Eng.)	حامِضٌ زائد
excess air	هواءٌ زائد
excess-flow valve (Eng.)	صِمامُ تَجاوُز الدَّفق : لِقَطع التَدفُّق اذا تجاوز حَدّاً مُعَيَّناً
excess fuel (Eng.)	وقود فائض
excessive production	انتاجٌ مُفرِط
excess load (Eng.)	حِمْل زائد
excess of acid	زيادة الحامِض ، فائض الحامِض
excess pressure	ضَغطٌ زائد
exchange (v.)	أبدَل ، استبدَل ، تَبادَل ـ إنصرَف (بقيمة)
(n.)	تَبادُل ، مُبادَلة ، استبدال ـ مُقـايَضة ـ صَرف (أوراق مالِيّة) ـ بُورَصة ـ مركَزُ تَبادُل ، سَنترال ـ سِعرُ القَطع
(adj.)	مُبدَّل ، مُبادَل
exchanger (n.)	تَبادُلي
(Eng.) = heat exchanger	مُبادِل حراري
exchange reaction (Chem.)	تفاعُل تبادُلي
excipient (n.)	سواغ ، اضافة غير فعّالة : لِدواء او مَزيج
excisable (adj.)	خاضِعٌ للضَّريبة
excise charges	رُسوم الإنتاج
excise duty	رَسْم إنتاج ، ضَريبة مَحلِّيّة
excitation (n.)	إثارة ، تَحريض ، حَثّ ، استثارة
excitation energy (Phys.)	طاقة التحريض
excitation field (Elec. Eng.)	مَجال الاستثارة ، مجال تحريض
exciting circuit (Elec. Eng.)	دائِرةُ إثارة ، دائِرة تحريض
exciting coil (Elec. Eng.)	مِلَفُّ إثارة ، مِلَفّ تحريض
exciting field (Elec. Eng.)	مَجال إثارة
exclude (v.)	استثنى ، استبعَد
exclusion (n.)	استبعاد ، إبعاد
exclusive (adj.)	مُقتَصِر او مَقصورٌ على ، مُنحصِر ، خاصٌ بفِئـة (او بشركة) مُعَيَّنة ، غَير شامِل
exclusive area	المِنطقة المَقصورة الخاصّة بشركة مُعَيَّنة
excoriate (v.)	كَشَط ، سَحَجَ
excrescence (n.)	زائدة ، ناميَة طبيعيّة او شاذّة
excursion (n.)	رِحْلَة قَصيرة
executive (adj.)	تنفيذي ، إجرائي ، إداري
(n.)	مُنَفِّذ ، مأمورُ التنفيذ
executive authority	سُلطة تنفيذية
executive committee	لَجنة تنفيذية
executive director	مدير تنفيذي
exempt (v.)	أعفى ، سامَح ، خَلّى
(adj.)	مُعفىً
exert (v.)	بَذَل (جُهداً) ـ أجهَد
exfoliate (v.)	تَقشَّر ، إنقَشر
exfoliation (n.)	تَقشير ، قَشر ، تَقشُّر : تَقشُّر الطَّبقة السَّطحية الرقيقة (من الصخور)

exfoliation

exhaust gas test

exhale (*v.*) زَفَر • نَفَثَ ـ بَعَثَ

exhaust (*v.*) أفْرَغ • أنْضَبَ • استنفدَ ـ أوهنَ • أعيا ـ انبعَثَ • إنفلَت

(*n.*) (Eng.) انبوبُ الانفِلات • العادِم ـ انفلات الغازات المستهلَكة

exhaust box (Eng.) صُندوق العادِم • خافِتُ صوت الانفِلات

exhaust chamber (Eng.) حُجرة العادم

exhausted (*adj.*) مُفرَّغ • مَنْزوح • مستنفَد ـ مستنزَف ـ مَنْهوك • مُرهَق

exhausted mine (Mining) مَنْجَم ناضِب

exhausted strata (Pet. Eng.) طبقات ناضِبة • طبقات مُستنزَفة

exhausted well (Pet. Eng.) بِئر ناضِبة او مُستَنزَفة

exhauster (Eng.) مُصرِّفُ غازات • مِنفَث ـ مضخة تصريف

exhaust fan (Eng.) مِروَحةٌ طارِدَة • مِروَحةٌ ماصّة

exhaust gas (Eng.) غازُ الانفِلات • غازُ العادم

exhaust gas test اختبار غاز العادم

exhausting section قِطاع الإنضاب (في عمود التقطير)

exhaustive (*adj.*) مُسْتَنفِد ـ مُضْنٍ ـ شامِل • كامِل

exhaust manifold (Eng.) مَشْعَبُ العادِم • مُجمَّع انابيب الانفلات

exhaust muffler (Eng.) كاتِمُ صَوت العادم

exhaust pipe (Eng.) انبوبُ الانفِلات • ماسورةُ العادِم

exhaust port (Eng.) فُتحةُ الانفِلات • فُوّهةُ العادِم

exhaust pressure (Eng.) ضَغطُ العادِم

exhaust pump (Eng.) مِضَخّةُ تفريغ • مضخة تصريف

exhaust relief valve (Eng.) صِمامُ إعتاق الغازِ المُنْصَرِف

exhaust silencer (Eng.) خافِتُ صوتِ العادم

exhaust stack (Eng.) مِدخَنَةُ العادِم • ماسورةُ الانفِلات

exhaust steam (Eng.) بُخار العادِم • البُخار المُنصرِف

exhaust stroke (Eng.) شَوطُ الانفلات • شوط العادم

exhaust system (Eng.) دورة العادِم • أنابيبُ الانفِلات

exhaust valve (Eng.) صِمامُ الانفِلات • صِمامُ العادِم

exhaust-valve lag (Eng.) تأخُّر (صمام) الانفلات

exhaust velocity (Eng.) سُرعةُ الانفِلات • سرعة الغازاتِ المنصَرِفة

exhaust ventilation (Civ. Eng.) تهوية بالشَّفْط

exhibit (*v.*) أبدى • عَرَضَ • أبرَز (إثباتاً) • أظهَرَ

(*n.*) مَعرِض • عَرض ـ مُستَنَد

exhibition (*n.*) عَرْض • مَعْرِض • استِعراض • مَعرُوضات

exhume (*v.*) (Geol.) نَبَش • كَشَف او انكشف بالتعرية الطبيعية

exigible debt دَينٌ مُستحِق

existing موجود • قائم • راهِن

exit (*n.*) مَخرَج • مَنفَذٌ للخُروج ـ انصِراف

ex-lighterage (price) (السِّعر) دون نفقات الشحن والتفريغ

exoergic process (Phys.) عَمليةٌ طارِدَة لِلطّاقة

ex-officio بِحُكْم الوَظيفة

exogenetic (*adj.*) دَخيل • غريب • خارجيُّ النشأة

exogenetic deposits (Geol.) رواسِبُ دَخيلة : خارجيّةُ النّشأة

exogenetic rock (Geol.) صخر دَخيل : خارجي النشأة

exogenous (*adj.*) (Geol.) دَخيل • خارجيُّ المنشأ

exogenous enclosure (Geol.) مُحتَوياتٌ دخيلة

exogeosyncline (Geol.) تقعُّر اقليمي خارجي

exomorphic (*adj.*) خارجيُّ التشكُّل

exoreic (*adj.*) (Geol.) خارجي الصَّرْف • مُنساب الى البحر

exoreic drainage (Civ. Eng.) صرف او تصريف خارجي

expanding cement

exosmosis (Chem. Eng.) نَضْح • انتِشارٌ خارجَ الغشاء • تناضُح خارِجي

exothermal = **exothermic** (*adj.*) (Chem. Eng.) إكسوثرمي • طارِدٌ للحرارة • يُطلِق حرارةً

exothermic (*adj.*) (Chem. Eng.) طارِدٌ لِلحرارة • يُطلِق حرارةً • رافِعٌ للحرارة

exothermic reaction (Chem. Eng.) تفاعُلٌ طارِدٌ لِلحرارة

exotic (*adj., n.*) دَخيل ـ غَريب

exotic fuel (Eng.) وَقودٌ صاروخي : وقود عالي الطاقة للصواريخ والعربات الفضائية

expand (*v.*) مَدّد • تمدَّد • وَسَّع • توسَّع ـ فَكّ • فَكّك

expandable (*adj.*) امتدادي : قابلٌ للامتداد او التوسُّع

expanded joint (Eng.) وُصلة مُمَدَّدة

expanding cement (Civ. Eng.) اسمَنت تَمدُّدي : يتمدد عند الجُمود

expanding coal (Mining) فحم مُنتَفِخ

expanding mandrel (Eng.) شِياقٌ اتِّساعي (لإمساك الشيء المُراد شُغله)

expanding prop (Mining) دِعمة إمتدادية

expanding reamer (Eng.) مِسحل اتساعي • مُقوِّرةُ ثُقوب اتِّساعية

expanse (*n.*) إتساع • امتِداد ـ مُتَّسَع • فُسحَة

expansible (*adj.*) مُتَمدِّد • قابلٌ للامتِداد او التوسيع

expansion (*n.*) تَمديد • توسيع • تمدُّد • تضخُّم ـ مِقدارُ التمدُّد

expansion adapter (Eng.) وُصلة مُهايِئة للتمدُّد • وُصلة قابلة للتمديد

expansion bend (Eng.) مِرفَقُ تمدُّد • وُصلةُ تمدُّد مِرفقيّة الشّكل

expansion bit (Eng.) بَريمة اتِّساعية

expansion bolt (Eng.) مِسمار تمدُّدي • دِسار دَعم تمدُّدي

expansion joint

exploded view

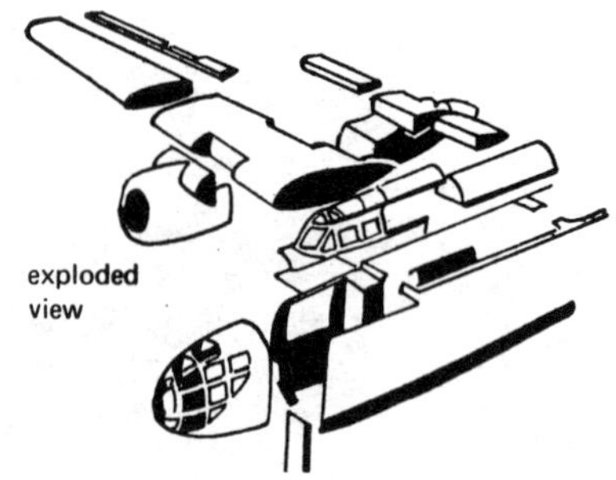

expansion bushing (Eng.) جُلبة تمددية : قابلة للتوسُّع

expansion chamber (Eng.) حجرة التمدد

expansion circuit-breaker (Elec. Eng.) قاطعُ دائرةٍ تمدُّدي

expansion, coefficient of (Phys.) مُعامِل التمدُّد

expansion curve (Eng.) مُنحنى التمدُّد

expansion governor (Eng.) حاكِمٌ تمدُّدي

expansion joint (Eng.) مَفصل تمدُّد • وُصلة تمدُّدية

expansion loop (Eng.) عُروة تمدُّدية

expansion ratio (Eng.) نِسبةُ التمدُّد

expansion rollers (Eng.) دَحاريجُ التمدُّد : اسطوانات يدرُج فوقها الجسمُ المتمدِّد

expansion stroke (Eng.) شَوطُ التمدُّد

expansion tank خزّان التمدُّد

expansion valve (Eng.) صِمامُ التمدُّد

expansive (*adj.*) مُتَّسِع • اتِّساعي • قابلٌ للتمدُّد والاتِّساع ـ فَسيح • مَديد

expatriate (*v.*) أبعَدَ • نفَى ـ اغترب

(*n.*) مُغترِب • أجنبي

expect (*v.*) توقَّع • انتظر • ترقَّب

expedient (*adj.*) ناجِع • ملائم

(*n.*) وَسيلة • تدبيرٌ ناجِع

expedite (*v.*) يَسَّر ـ عَجَّل (ب) • أنجزَ على عَجَل ـ أرسل

(*adj.*) مُيَسَّر ـ سريع

expedition (*n.*) حَمْلَة • بَعْثَة ـ استعجال • سُرعة

expel (*v.*) طرَدَ • قَذَفَ • فَصل

expend (*v.*) أنْفقَ • إسْتَنفَدَ • إسْتَهلَكَ

expendable (*adj.*) مُسْتَهْلَك • قابلٌ للنفادِ أو الاستهلاك

expended energy طاقةٌ مُستَنفَدة

expending royalty تنفيق الرَّيْع • تنفيق الإتاوة : احتسابُها من النفقات

expenditure (*n.*) إنفاق • صَرف ـ نَفَقة • مَصروفات ـ مُستَهلكات

expense (*n.*) مَصروف • نَفَقة

expense account حِسابُ النفَقات

expenses مصاريف • نفقات

expensing (royalties) تنفيق (الريع): احتسابه من النفقـات بدل حسمه من الضريبة

expensive (*adj.*) غالٍ • باهِظُ الثمن • كثيرُ التكاليف

experience خِبرة سابقة • مِران • مُمارسة

experienced (*adj.*) مُجرِّب • ذو خِبرة • مُحنَّك

experiment (*n.*) تَجرِبة • إختبار

(*v.*) جَرَّب • اختَبر • أجرى تجرِبَة

experimental (*adj.*) تَجرِبي • اختباري • عَمَليّ (غيرُ نَظَري)

experimental determination تقديرٌ اختِباري : بالتجربة

experimental error (Chem.) خَطأٌ تَجرِبي • خَطأ اختباري

experimental polymerisation بَلْمَرة اختبارية

experimentation إختبار • اجراء التجارب والاختبارات

expert (*n.*) خَبير • إخصائي

(*adj.*) ذو خِبرة ـ مُتطلِّب خِبرةً

expertise خِبرة

expire (*v.*) انقضى • انتهى ـ زَفَر

expiry date تاريخُ الانتهاء • تاريخ انقضاء المدة

explanation (*n.*) شَرْح • تَوضيح • إيضاح • بَيان

explanatory (*adj.*) إيضاحيّ • توضيحي

explicit (*adj.*) صَريح • بَيِّن • مُحَدَّد بوُضوح

explode (*v.*) انفَجَر • تفجَّر ـ فَجَّر • نَسَف

exploded view مَنظَرٌ مُمَدَّد (او مُفَصَّص)

exploder (Mining) مُفَجِّر : نَبيطةٌ للتّفجير

exploding (*adj.*) مُتفجِّر

exploding gas (Pet. Eng.) غاز متفجِّر (او مُنبَجِس)

exploit (*v.*) استَغَلَّ • استَثمر

exploitation (*n.*) استِثمار • استِغلال

exploitation drilling حَفْر استِثمار

exploitation permit إجازةُ استِثمار

exploitation well (Pet. Eng.) بئرٌ استِغلالية

exploration (*n.*) استِكشاف • بَحثٌ استكشافي • تنقيب ـ استِقصاء • استِطلاع

exploration bore hole بئر (او حفيرة) استكشافيّة

exploration boring (Pet. Eng.) حَفْرٌ استكشافي

exploration crew فِرقة استكشاف

exploration expenses نفقات التنقيب

exploration, off-shore (Geophys.) التنقيب في المِنطقة المغمورة

exploration patrol دَوريّةُ استكشاف

exploration permit إجازة التنقيب

exploration well بئر استِكشافيّة

exploratory (*adj.*) استِطلاعي • استِكشافي • تنقيبي

experimental polymerisation of rubber

off-shore exploration

exploratory drilling (Pet. Eng.) حَفرٌ استِكشافي

exploratory period : فترة أو مدة التنقيب المنصوص عنها في الإجازة

exploratory survey مَسْحٌ استِكشافي

exploratory well (Pet. Eng.) بِئرٌ استِكشافية

exploratory work اعمال التنقيب

explore (*v.*) استَكْشَف • إرتادَ – تقصّى • تحرّى بدِقّة

explorer (*n.*) مُستَكْشِف • مُستَطلِع

exploring party فريق استكشاف

explosible (*adj.*) مُتفجِّر • قابل للتفجّر

explosimeter مقياس التفَجُّريَّة : مِكشاف الغازات القابلَةِ للألتهاب

explosion (*n.*) إنفجار • تفجُّر • دويّ الانفجار

explosion breccia (Geol.) بَريشَة بُركانيّة

explosion chamber (Eng.) حُجرة الانفِجار

explosion, gas انفجار غازي

explosion head (Eng.) رأس التفجُّر: نبيطةُ أمن ضد التفجُّر (في شبكة توزيع الغاز)

explosion pressure ضغط الانفجار

explosion-proof (Eng.) صامِدٌ للانفجار – لا ينفجر

explosive (*adj.*) مُتفَجِّر • قابل للانفِجار

(*n.*) مادة مُتفجِّرة

explosive charge شِحْنَةٌ مُتفجِّرة

explosive mixture (Chem. Eng.) مزيج مُتفجِّر

explosiveness التفجُّرية • مَدى قابلية الانفجار

explosive oil = nitroglycerine (Chem.) نِتروغلِسَرين • زَيتٌ شديدُ التفَجُّر

explosives (Chem. Eng.) مُتفَجِّرات • مواد مُتفجِّرة

explosivity stripper (Chem. Eng.) مانِع التفجُّريّة

exponent = index (Maths.) أُسٌّ • دَليلُ القُوَّة الجَبْريّة

export (*v.*) صَدَّر • أرسَل (بضاعةً) للخارج

(*n.*) سِلْعةٌ مُصَدَّرة – تصدير

exportation تَصدير • إرسالُ (البضاعة)

export crude (Pet. Eng.) خام التصدير

export dip (Pet. Eng.) غَمسُ التصدير : قياسُ الحمولة بالمِغماس قبل التصدير

export duty رَسْمُ تَصدير

exporter (*n.*) مُصَدِّر

expose (*v.*) عَرَّضَ • عَرَضَ • كَشَفَ • بَيَّنَ – عَرَّضَ للضوء

exposure (*n.*) عَرْض • كَشْف • تَبيُّن – تعرُّض • تعريض – زَمَنُ التَعرُّضِ للضوء – انكشاف • تعرُّض – (Geol.) مُنكشَف صخري

exposure meter : مِقياسُ (مُدّةِ) التَعريض بِخليّة كَهرضوئيّة

exposure time زمنُ او مُدّةُ التّعريض

express (*v.*) عَبّر عَن • اعرَب عن • بيّن – عَصَر • إعتَصَر • إستَعصر

(*adj.*) واضِح • جَليّ • صَريح – سَريع • إكسبرِس

expressible (*adj.*) يُمكِنُ ايضاحُه – مُستعصَر • يُمكِنُ عَصرُه او استعصارُه

expressible oil (Pet. Eng.) : زيت مُستَعْصَر يمكن اعتصاره من البرافين

expression (*n.*) عِبارة • تَعبير – عَصْر • إعتِصار • إستِعصار

express way طريقُ سيّارات

expropriation (*n.*) نَزْعُ المِلكيّة • مُصادرَة الممتلكات (لِمَنفعةٍ عامة)

expulsion (*n.*) طَرْد • لَفْظ – إخراج • نَفْي – انقِذاف

exsiccate (*v.*) جَفّف • أزالَ بُخارَ الماءِ من

exsiccation (Geol.) تجفيف • إزالةُ العوامِلِ الحافِظَةِ للرُّطوبة

exsiccator (*n.*) مُجَفِّف – وِعاءُ تَجفيف

extant (*adj.*) مَوجود (فعلاً او حالياً)

extend (*v.*) مَدَّ • إمتدّ • بَسَط • وَسّع • أطال • إستطال – إمتَطّ

extended (*adj.*) مُمتَدّ • مَمدود • مُوَسَّع – مُطوَّل • شائِع

extended succession (Geol.) : تعاقُب مديد تعاقُب استراتيجرافي ثَخين الطبقات

extenders (Chem. Eng.) مَواد باسِطَة (تُضاف الى الطِّلاء)

extensibility (Phys.) امتدادية • مَمدودية • قابلية الامتداد

extensible (*adj.*) قابِلٌ للامتداد • يُمكِنُ توسيعه

extension (*n.*) امتداد • تَمديد • استطالة • إتّساع – وُصلة تطويل – فَرعٌ مُلحَق

extension agreement اتفاقية تمديد (العَقْد)

extension bar قضيب امتداد

extension coupling (Eng.) قارِنة امتِدادية

extension ladder سُلَّمٌ امتِدادي

extension line خطٌّ فرعي • خط امتدادي

extension piece (Eng.) وُصْلة تمديد

extension pipe (Eng.) أنبوب امتدادي • انبوب فرعي

extension producer (Pet. Eng.) بئر (منتجة) توسُّعيّة

extension rod (Eng.) ذِراعُ إطالة

exploratory drilling

extension stem جِذْعُ استِطالة

extension well (Pet. Eng.) بئر توسُّعيّة • بئر امتداد : لتوسيع الانتاج

extensive (*adj.*) مَديد • واسِع • شامِل • شائع

extensometer (*n.*) مِقياسُ الأستِطالة • مِقياسُ الإمتداد

extent (*n.*) مَدى • حَد • قَدْر – إمتِداد

exterior (*adj.*) خارجي • ظاهِري

(*n.*) ظاهِرٌ • مَظْهرٌ خارجي

exterior measurement قِياسُ الأبعادِ الخارجية

external (*adj.*) خارِجي • ظاهِري • سَطحي • عَرَضي

(*n.*) ظاهِر • مَظْهَرٌ خارِجي • سَطْحٌ خارجي

external bracing تكتيفٌ بِشُكُلٍ خارجيّة

external characteristics مُمَيِّزاتٌ خارجية

external combustion engine (Eng.) مُحَرِّكٌ خارجيُّ الاحتراق • مُحَرِّكُ الاحتِراق الخارجي

external crack صَدْعٌ خارجي • تَشقُّقٌ سطحي

external diameter قُطْرٌ خارجي

external forces (Mech.) قُوىً خارجية

external medium (Biol.) بيئةٌ خارجية

external power supply (Elec. Eng.) مَنْبَعُ قُدرةٍ خارجي

external pressure ضغط خارجي

external screw (Eng.) لَولَبٌ خارجي

external thread (Eng.) سِنٌّ لَولَبي خارجي

extinct (*adj.*) مُنقَرِض • بائِد • مُندَثِر – مُطْفَأ

extinction (*n.*) إطفاء • إخماد • انطفاء – إنقِراض • إندِثار

(Chem. Eng.) إظلام استقطابي

extinct volcano (Geol.) بُركانٌ خامِد

extinguish (*v.*) أطفأ • اخمَد • أخبَى

extinguisher (*n.*) مِطفأة • مُطفِئة

extinguisher, fire (Eng.) مِطْفأةٌ للحريق • مُطفِئةُ الحريق

extinguisher, foam مِطْفَأة رَغْوِيّة

extinguisher, portable مِطْفَأة نَقّالَة

extra (*adj.*) زائِد • إضافي

(*n.*) عِلاوَة • زِيادة

extract (*v.*) انتزَع • إقتَلَع – استَخْرَج • استَخْلَص

(*n.*) خُلاصَة • مستخلَص • مُستخرَج

(Pet. Eng.) الجزء المُستخلَص أو المُنتزَع : جزء الزيت المُستخلَص في عمليّة التنقية بالمُذيبات

extractable (*adj.*) يمكنُ استِخلاصه

extracting (*n.*) استِخلاص • استِخراج

extraction (*n.*) إستِخلاص • إستخراج – إقتِلاع • انتِزاع

extraction, liquid-liquid استخلاص السائلِ بالسائل : استخلاص المُكوِّنات السائلة بالمُذيبات السائلة

extraction plant (Chem. Eng.) وَحدةُ استِخلاص

extraction pump (Eng.) مِضَخّةُ استِخراج

extraction, solvent (Chem. Eng.) استِخلاص او استخراج بالمُذيبات

extraction tower (Pet. Eng.) بُرجُ الاستِخلاص (أو الاستخراج)

experimental liquid-liquid extraction

extraction winch (Eng.) وِنشُ استِخراجٍ او سَحْب

extractive agent (Chem. Eng.) عامل استِخلاصٍ او استخراج

extractive distillation (Pet. Eng.) التقطير الاستِخلاصي : استخلاص بعض المُكوِّنات البترولية بالمُذيبات اثناء عملية التقطير

extractive solvent (Pet. Eng.) مُذيب استخلاصي : لفصل القُطارات المُتقاربة درجة الغليان

extract oil (Pet. Eng.) زيت مستخلَص : جزء الزيت المُنتزَع بمُذيبات التنقية

extractor (*n.*) مُقتَلِع • مُستَخرِج – مِنزَعَة

extra-hard (*adj.*) شديد الصّلابة

extralateral right حَقُّ التجاوُز الجانبي : لحدود الامتياز

extramagmatic فَوق صُهاري

extraneous (*adj.*) خارجي • دَخيل • طارىء

extraneous substance مادّة دَخيلة

extraordinary (*adj.*) غيرُ عاديّ • فوقَ العادة • استثنائي

extrapolate (*v.*) إستكمَل بالاستِقراءِ او القياس

extrapolated viscosity (Eng.) اللُّزوجة المَحسوبة بالاستقراء : من مُخطَّط بياني

extra-rapid hardening cement (Civ. Eng.) إسمَنت سريعُ الشَّك (للطَّقسِ البارد)

extra-strong (*adj.*) شديدُ المَتانة

extreme (*adj.*) قَصِيّ • أقصى – مُتَطرِّف – نهائي

(*n.*) طَرَف • حَدّ

extreme breadth العَرْضُ الأقصى • أقصى العَرْض

extreme pressure الضَّغطُ الأقصى

extreme pressure additives (Pet. Eng.) إضافات الضغط الأقصى (لتقوية تماسُكِ المُزَلِّقات)

extremity (*n.*) طَرَف • نِهاية

extrinsic (*adj.*) عَرَضي • خارِجي • دَخيل

extrudate (*n.*) (Geol.) النُّباطة • المادّة المنبثِقة او النابطة

extrude (*v.*) بَثَق • انبثَق • تنَبّط

extrusion (*n.*) (Geol.) تنبُّط • إنبثاق • بَثْق

(Met.) التشكيل بالبَثْق

extrusive rock (Geol.) صَخرٌ نابِط

extrusive sheet (Geol.) طَبقة لابّة (نابِطة)

exudate (*n.*) نُضاحة • مادةٌ مُفرزَة

exudation نَضْح • نَزّ • تَحلُّب • ارتشاح

exude (*v.*) نَضَحَ • نَزَّ • تَحلَّب • إرتَشَح

eye (*n.*) عَيْن – نُقرة – عُروَة • رَزَّة – مُراقَبة

eye-bolt مِسمارٌ ذو عُروَة

eyed gneiss (Geol.) نَيسٌ عُرْوِيّ : صخر بلّوري ذو ثُقوب

eye-end fitting (Eng.) تركيبةٌ ذاتُ عُروةٍ طرفيّة

eye-headed bolt (Eng.) مِسمارٌ ذو عُروةٍ رأسية

eye-irritant (*adj.*) مُهيِّجٌ للعَين

eyelet عُروَة • عُيَيْنَة • ثَقْب

eyepiece عَيْنِيّة : العَدَسةُ العينية في جهازٍ إبصاري

eyeshield واقِيةُ البَصَر

eye terminal (Eng.) طَرَفٌ عَيْني • طَرَف عُرْوِيّ

extreme temperature and pressure test

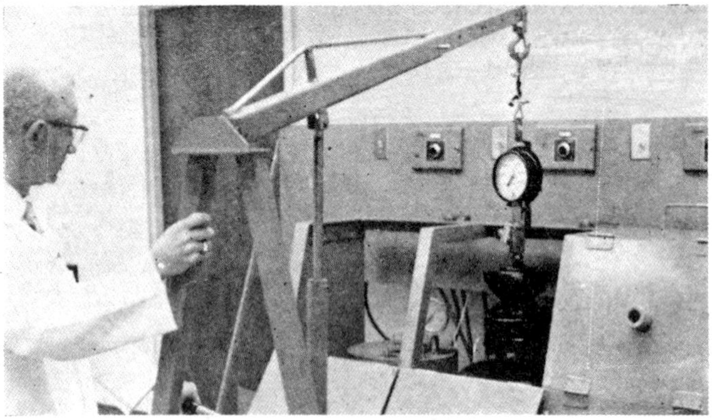

f

loading float

F – Fahrenheit فَرِنْهَيت

F.A.A. (**free of all average**) خَلِيٌّ من العَوار العام

Faber viscosimeter (Pet. Eng.) مِلزاج «فابِر»

Fabian system (Civ. Eng.) : طريقة «فابْيان» للحفر بالسقوط الطليق

fabric (*n.*) نَسيج • قُماش – نَسْج

(Geol.) بِنْيَة • تألُّف

fabricate (*v.*) صَنَع • أنشأ • ركَّب • جَمَّع – إختَلَق • إصطنع

fabrication (*n.*) صُنْع • صِناعة • تصنيع

fabric-covered (*adj.*) مُغَطّى بالقُماش

fabric tape شَريط قُماشي

face (*n.*) وَجْه • واجِهَة • ظِهارة – سَطح • جانِب • مَظْهَر خارجي – قيمة إسميّة

(*v.*) واجَه • اتَّجه نحو – جابَه – غَشّى السطحَ الخارجي • سَوّى السطحَ الخارجي

face dust (Foundry) مَسحوقُ الظِّهارة : مَسحوقٌ يُغطّي سطحَ المصبوب (او يبطِّنُ قالَبَ الصَّب)

face-hardening (Met.) تَصليدُ السطح

face plate (Eng.) صَفيحةُ الاسْتِناد • صِينيّة المِخرطة

face spanner (or **wrench**) (Eng.) مِفتاحُ رَبطٍ وَجهي

facet (*n.*) سُطَيح : سطح صغير • وُجَيْه

(*v.*) قطَّع الى سُطيحاتٍ دقيقة

facetted pebble (Geol.) : حُصاة هندسيّة مُتعدِّدة السُّطَيْحات

face value قيمة إسمية

facies (*n.*) سِحْنَة • هَيْئَة مُمَيِّزة

(Geol.) سِحْنَة : السِّمات المُمَيِّزة للصخر او المعدن

facilitate (*v.*) سَهَّل • يَسَّر • بَسَّط

facilitation (*n.*) تَيسير • تَسهيل

facilities مَرافِق : مَرافقُ أو وسائل الخدمة – تسهيلات

facility (*n.*) سُهولة • يُسر – مَرفِق – سَبيل مُيَسَّر

facing (*n.*) ظِهارَة • تَلْبيس – تَوسُّم – تَسوية

(*adj.*) مُواجِه – واجِهيّ

facing brick (Civ. Eng.) طوبُ تلبيس (او تبطين)

loading facilities

facing gauge (Eng.) مِقياسٌ واجهيّ : لقياس دَفْقِ المَجرى

facing of strata (Geol.) : توسُّمُ الطبقات : محاولة تعيين السطح العلوي الاصلي لها

facing sand رَمْلُ الظِّهارة (يُبَطَّنُ به قالَبُ الصَّب)

facsimile (*n.*) نُسخَةٌ طِبقُ الأصل

(*adj.*) طِبقُ الأصل

(*v.*) نَقَلَ نُسْخَةً طِبقَ الأصل

fact-finding committee لَجْنَةُ تقصِّي الحَقائق

factice (Chem. Eng.) مَطّاط اصطناعي

faction (*n.*) فَريق • حِزْب – فِئَةٌ مُنشَقَّة

factor (*n.*) عامِل • مُعامِل – عَميل • وَكيل تِجاري – باعِث • عُنصر مُسَبِّب

(*v.*) حَلَّل الى العَوامل

factorage (*n.*) عُمولَة • سَمْسَرة

factor of safety عامِلُ الأمان

factory (*n.*) مَصْنَع • مَعْمَل

factory acts التشريعات الصِّناعية العمّالية • قوانين حوادث العمل

factory cost تَكْلِفَةُ الانتاج

factory prices أسعار المَصنَع : أسعار السِّلَع كما يبيعها المصنَع مُباشرةً

factual (*adj.*) واقِعيّ • حَقيقي

fade (*v.*) ذَوى • أذوى – خَبا • خَفَتَ • تلاشى – بَهَت • كَمِدَ • حالَ لونه

(*n.*) خُبُوٌّ • اضمِحلال

fadeless (*adj.*) ثابت • غَيْرُ زائِل او مُتلاشٍ
fading خُبُوّ – حُؤول اللون
fading colour لونٌ باهِتٌ • لونٌ كابٍ
fag (*v.*) كَدَّ • كَدَح – أَضْنَى • أَزْهَق
(*n.*) عَمَلٌ شاق – عامِلٌ كادِح
fag end حُثالة • فُضالة – نِهايةُ الحَبْلِ غير المَجدولَة
faggot (or **fagot**) (*n.*) حُزْمَةُ قُضبانٍ حديدية مُلتحِمَة
(*v.*) حَزَمَ • شَدَّ – عالج او لَحمَ بالحرارة والتطريق
Fahlband (Min.) فَهلبند : صخر معدني غني بالكبريتيدات
fahlore = tetrahedrite (Min.)
فاهلور : خام رمادي رباعي التبلور يحوي النحاس والحديد والانتيمون
Fahrenheit (*adj.*) فَرِنهيتي • مَقيسٌ بالتِّرمُومِتر الفَرِنهيتي
Fahrenheit degree دَرَجَةٌ فَرِنهيتِية
Fahrenheit scale مِقياسُ «فرنهيت» : حيث درجة تجمد الماء ٣٢° ودرجة الغليان ٢١٢° .
Fahrenheit thermometer ترمومتر فرنهيتي
faience (*n.*) صيني • خزَف مُزَجَّج – وعاء من الصيني
faikes = fakes (Geol., Mining) حجر رملي صفائحي
fail (*v.*) خابَ • فَشِلَ • أخفَق – إنهار – أفلس
failing (*n.*) إخفاق • قُصور • عُطْل
(*prep.*) في حال عَدَم توفر...
failure (*n.*) إخفاق • فَشَل • انهيار – قصور • عُطْل • تعطُّل
faint (*adj.*) خافِت • باهِت • خائِرُ القُوَّة
fair (*adj.*) عادِلٌ • مُنْصِف • حَق – مَرْضِي • مُعتَدِل – أشقر • فاتِحُ اللَّون • صافٍ • صَحْو – جَميل • ظَريف – مُسَبَّب • مَشيق • انسيابي التشكيل
(*n.*) سُوق • مِهْرَجان • مَعْرِض
fairing (*n.*) مَشقُ الشَّكل : جَعلُه انسيابياً – سَطحٌ انسيابي – تصميم على شكلٍ انسيابي
fairing plates (Eng.) الواحُ التَّغطِيةِ الانسيابية
fairlead (*n.*) دَليلُ إمرارِ الحِبال او الأسلاك
fair wage أُجرة عادلة
fairway (*n.*) قناة مِلاحيّة • مَمَر
fairway buoy (Naut.) طافِيَة دَليليَّة في مَجرَى مِلاحي
fake (*v.*) مَوَّهَ • زَيَّفَ • لَفَّقَ – تَصَنَّع
(*adj.*) مُصطَنَع • مُقلَّد – مُلَفَّق
(*n.*) تمويه • تَصَنُّع كاذِب – لَفَّةُ حَبْل
falciform (*adj.*) مِنجَليُّ الشَّكل
fall (*v.*) سَقَطَ • تَساقَط – وَقَعَ – تَدَلَّى – هَبَطَ • إنحَطَّ • انحدَرَ • انخفَضَ – حَدَثَ • صادَفَ
(*n.*) سُقوط • إنهمال – مِقدارُ السُّقوط – شَلّال – تَدَهْوُرٌ • إنخِفاض – مُنْحَدَر – خَريف – حَبْلُ الرَّفْع
fallacy (*n.*) بُطلان • خَطَأ • مُغالَطَة
fall block بَكَرَة ساقطة • بكرة متحرِّكة
fall due (*v.*) استحقّ • حَلَّ (اداؤه)
falling bodies (Mech.) الأجسامُ السّاقِطَة
falling gradient (Civ. Eng.) تَدَرُّجٌ انحداري
fall of pressure هبوط الضغط
fall of temperature هُبوطُ دَرجةِ الحرارة
fall pipe أنبوبٌ نازِل
fall rope حَبل البَكَرةِ المُتحرِّكة
falls شَلّالات • مَسْقطُ مياه
false (*adj.*) زائف • كاذِب • باطِل • غير حَقيقي • مُصطَنَع
false account بيان كاذب
false-bedding (Geol.) تطبُّق كاذب • طِباقيّة كاذبة
false bottom (Eng.) قاعٌ مُصطَنع • قاعٌ شَكْلي
(Geol.) قاع (صخري) كاذب
false cleavage (Geol.) تَشَقُّق كاذب
false core (Eng.) قَلْبٌ كاذب : جزءٌ يُنسَحب من قالَب السَّبْك
false weight وَزْنٌ مَغلوط
falsework (Civ. Eng.) إسقالاتٌ (او صِقالاتٌ) مُؤقَّتة • نُصُبٌ إنشائية مُؤقَّتة
falsify (*v.*) زَيَّف • حَرَّف – كَذَّب
family (*n.*) فَصيلة • طائفة • مَجموعةٌ مُتجانِسَة – عائِلَة • أُسْرَة
family allowances تَعويضات عائليّة
family curve (Pet. Eng.) منحنى المجموعة : لبيان معدل انتاج الآبار المختلفة في منطقة واحدة
famp (Geol.) شِسْت صَلصالي • حجر كلسيّ متحلّل
fan (*n.*) مِروحة
(*v.*) هَوّى • رَوَّح على (بالمِروحة)
fan belt (Eng.) سَيْرُ المِروَحة • حِزام المروحة
fan blade (Eng.) شَفرةُ او ريشَةُ المِروحة
fan casing قفصُ المروحة • غِلافٌ مُشبَّك للمِروحة
fan cooling تَبريدٌ بالمِروحة • التبريد بالمَراوح
fan delta = alluvial fan = alluvial cone = cone delta (Geol.) دِلتا مِروَحيّة • مَخروط الانصباب • مخروط غريني
fan folds (Geol.) طَيّات مِروَحية
fang (*n.*) كُلّاب • مِخْلَب
fang bolt (Eng.) مِسمارٌ ذو صَمولَة مِخلَبيّة
fanglomerate (Geol.) رَصيص (نهري) مِروحي : مَوادُّ مُتَماسِكة لم تتعرَّض شظاياها الصخرية لِلتآكُّل
fan guard وِقاء المِروحَة • قَفَصُ المروحة
fan heating installation (Eng.) تَجهيزاتٌ للتَّدفِئةِ المِروحية : بالهواء الساخن
fanion (Surv.) عَلَمُ تحديد : عَلَمٌ صغير لتعليم الموقع
fanner نَفّاخ • مِروحة تهوية
Fann V.G. (viscosity-gravity) meter (Pet. Eng.) مِقياسُ «فان» للكثافة واللُّزوجة : مِلزاج مِكْثافيّ لمعايرة طين الحفر
fan shroud غطاءُ المِروحة
fan spread (Geophys.) نَسَقٌ قوسي لتوزيع المِرجَفات
fan structure (Geol.) بِنيَة مِروحيّة
fantail (*n.*) ذَيلٌ مِروحي الشَّكل
(Naut.) سطح المؤخَّرة • حَيزوم
fantail burner حارِقٌ مِروَحي اللَّهَب
fan-turbine governor (Eng.) حاكِمُ العَنَفة المِروحية
farad (Elec. Eng.) فاراد : وَحْدَة السَّعة الكهربائية
faraday (Chem., Elec. Eng.) فارادي : ٩٦٥٠٠ كولوم
faradmeter (Elec. Eng.) فَرادمِتْر : مِقياسُ السَّعَة بالفاراد (او بالميكروفاراد)
fare (*n.*) أُجرةُ السَّفَر – نَوْل • أَجْر • تَعريفَة – طَعام
(*v.*) أكَلَ • إغتذَى – جَرى • حَصَل (كنتيجة)
farewell rock (Pet. Eng.) صَخر عَقيم
farewell sand (Pet. Eng.) رَملٌ عقيم : طبقة رملية كان يُشتَبه بوجود النفط فيها بكميات تجارية
farm (*n.*) مَزرَعة • مُستَنبَت • مَشارَة
(*v.*) زَرَع • استَنبَت • فَلَحَ (الارضَ) – التَزَم
farm equipment مُعدّات زراعية
farmer (*n.*) مُزارِع • فَلّاح
farmer well بئر قليلة العمق
farming (*n.*) زِراعة • فِلاحة

farm tractor fuel (Eng.) وقود جرارات المَزارع
fart فازت • مُزلّق الزلّاجات : مزيج من الشمع والقَطِران والبرافين
F.A.S. (free alongside ship) تسليم رَصيفِ الميناء : الذي ترسو السفينة الى جانبه
fascinating *(adj.)* أخّاذ • فاتِن
fashion *(n.)* شَكْل • أُسلوب • نَمَط – زِيّ – كَيفيّة
(v.) شَكّل • صاغَ
fast *(adj.)* سريع • عَجُول – راسِخ • وثيق • ثابِت (اللون)
(adv.) سَريعاً • بإحكام
fast-acting *(adj.)* سريعُ المَفعول • سَريعُ العَمَل
fast and loose pulleys (Eng.) بَكَرات ثابتة وسائبة
fast collar طوقٌ مُحكَمُ التّثبيت
fast colour لَونٌ ثابت او راسِخ
fasten *(v.)* رَبَط • ثَبّت • أوثَق – زَمّ • إنزَمّ – قَرَنَ
fastener *(n.)* رابِط • مُثبّت – مِشبَك • مِرْبَط
fastening *(n.)* رَبْط • تَثْبيت • أداةُ رَبْطٍ او تَثبيت
fastening screw مِسمارُ تَثْبيتٍ مُلَولَب
fast feed (Eng.) تَغذيَة سريعَة
fast-filtering (Chem. Eng.) سَريعُ التَّرشيح
fastness *(n.)* ثَبات • رُسُوخ • ثَباتُ اللّون – سُرعة
fast pulley (Eng.) بَكَرَةٌ ثابِتَة
fast reaction تفاعُلٌ سريع
fat *(n.)* دُهْن (حَيَواني او نَباتي) • شَحْم • دَسَم • مادة دهنيّة
(Civ. Eng.) صَفوة المِلاط : طبقة غنية بالاسمنت تطفو على سطح الخرسانة قبل الشك
(adj.) دُهنيّ • شَحْمي • دسِم – غنيّ • يتّسِم بالوَفرة
fat, animal (Chem.) دُهن حيواني
fat clay (Geol.) طِين لَدْن • غَضار
fat coal (Mining) فَحم دُهني : غني بالمواد المتطايرة
fat content (Chem. Eng.) المحتوى الدهني
fat gas (Pet. Eng.) غاز زيتي : غاز طبيعي يحتوي على البنزين
fat hardening (Chem. Eng.) تَصْليبُ أو إجْمادُ الدُّهون
fathogram رَسمُ العُمق : سِجلٌ بياني بالعُمق البحري المسجّل بِمِسبار صَدَوي
fathom *(n.)* قامَة : قِياس بَحْريّ يُساوي ٦ أقدام
(v.) سَبَرَ الغَوْر • قاسَ العُمْق
fathometer مِعماق • مِقياسُ أعماق • مِقياسُ العُمْق
fathom tale (Mining) أجر حسب الحجم المستخرج
fatigue *(n.)* تَعب • إعياء
(Eng.) كَلال (المعدن)
(v.) أتعَب • أعيا • أكَلّ
fatigue crack (Eng.) شَقٌّ كَلالي
fatigue, elastic (Eng.) كَلالٌ مَرِن
fatigue failure (Eng.) انهيار كلالي
fatigue fracture كَسْر كلالي
fatigue limit (Met.) حَدُّ الكَلال
fatigue of metals (Met.) كَلالُ المَعادِن
fatigue resistance (or strength) (Eng.) مُقاوَمَة الكلال
fatigue strength (Eng.) مَناعة على الكلال • مقاومة الكلال
fatigue stress (Eng.) إجهاد الكلال
fatigue test (Eng.) اختبارُ الكلال
fatigue, thermal (Eng.) الكَلالُ الحراري
fat oil زيت دهني
fats *(n.)* دُهون • شُحوم
fat solvent مُذيب دهني
fatty *(adj.)* دُهني • شَحمي
fatty acid (Chem.) حامض دهنيّ
fatty alcohol (Chem.) كُحول دُهني
fat(ty) clay طين دُهني
fatty oil (Chem.) زَيتٌ دُهني : دهن سائل في درجة الحرارة العادية
fat, vegetable (Chem.) دُهن نباتي
faucet *(n.)* حَنَفيّة • صُنْبور
fault *(n.)* خَلَل • عُطل • عَيْب • نَقْص • خَطَأ • غَلْطَة
(Geol.) صَدْع • فلق – تَصَدُّع
faultage *(n.)* (Geol.) صدع • تصدُّع • انكسار
fault basin (Geol.) حوض التصدع • حوض الصدع
fault-breccia (Geol.) بَريشَة صَدعيّة
fault detection (Eng.) كَشْفُ (مَوْضِع) العُطْل او الخَلَل
fault drag (Geol.) إلتواء صَدعي انزلاقي
faulted *(adj.)* (Geol.) مُتصدِّع • مَصدوع
faulted anticline (Geol.) قَبْوَة مُتصدِّعة أو صَدعيّة
faulted area (Geol.) منطقة التصدُّع
faulted structure (Geol.) بِنية مُتصدِّعة
fault folding (Geol.) لَيّة صَدْعية • طَيّ الصدع
faulting = fracturing (Geol.) تَصدُّع • تَفَلُّق
fault line (Geol.) خَطُّ الصَّدْع
fault, normal (Geol.) صَدْع عادي
fault, oblique (Geol.) صَدْعٌ مائل
fault-o-meter (Eng.) مِكشاف الخَلل : في المواد (او الطبقة) المغلّفة
fault-plane (Geol.) مُستَوى التصدُّع • مُستوى الصدع
fault scarp (Geol.) مُنحدَر صَدعي • جُرُف صدعي
fault set (Geol.) مجموعة صدعيّة : متوازية ومُتزامنة تقريباً
fault, step (Geol.) صَدعٌ مُتدرِّج
fault strike (Geol.) إمتدادُ الصَّدْع

fault

fault trap (Geol.) مِحبَس صَدعي

fault, trough (Geol.) صَدْعٌ حَوضي

fault valley (Geol.) وادٍ صدعيّ

faulty (*adj.*) مُخْتَل • مَغلوط • خاطِىء • غيرُ مَضبوط

fault zone (Geol.) مِنطَقة الصّدع • نِطاق التصدع

fauna (*n.*) فُونا • مجموعة الحيوان : حيواناتُ إقليم (أو زَمَنٍ جيولوجي) مُعيَّن (Geol.) المحتوى الحيواني لأحافير الطبقة

Faure plate (Elec. Eng.) صفيحة «فُور» : لوحُ المِرْكَم الرّصاصي

Fauville system (Pet. Eng.) طريقة «فوڤيل» : طريقة حَفرٍ تُزال فيها الانقاض بالماء او في وَسَطٍ مائي

faveolate (*adj.*) نُخروبي

favo(u)rable (*adj.*) مُوافِق • مُؤيِّد – مُؤاتٍ • مُلائِم

favo(u)red (*adj.*) مُفَضَّل • تَفضيلي

favo(u)red nation clause بَنْد الدولة المُفضَّلة

fay (*v.*) شَدَّ (الواحَ السفينة) بإحكام – وَصَل او اتَّصل بإحكام

F.B.P. (**final boiling point**) نقطة الغليان النهائية

F.C. (**fixed carbon**) الكَربون الثابت

F.C.C. (**fluid catalytic cracking**) التكسير السائلي المُحفَّز

feasibility قابلية التنفيذ • الامكانية العملية

feasible (*adj.*) قابلٌ للتَّنفيذ • عَمَليّ – مُمْكِن

feather (*n.*) رِيشة – خابُورٌ او إسفين ريشيُّ الشكل

feathered (*adj.*) مُرَقَّق • مُخَفَّف : ممزوج بالغاز

feather-edged (*adj.*) رَقيقُ الحَد • مُستَدِق الطَّرف

feature (*n.*) مَعْلَم • سِمَة مُمَيِّزة
(*v.*) مَيَّز • أبرَز – بَيَّن مَعالِمَ

feazings (*n.*) نُفاية • نُسالة

feculent (*adj.*) عَكِر • مُوحِل

fed (past tense of **feed**) غذّى • أَلْقَم

federal (*adj.*) فِدرالي • إتحادي

fee (*n.*) أُجرة • أَجر • رَسْم

feeble (*adj.*) ضعيف • واهِن • واهٍ

feed (*v.*) غَذّى • أَلْقَم • حَشا • اغتَذى
(*n.*) تغذِية • إلقام • تلقيم – جهازُ التغذيـة او الإلقـام في آلة – لَقيم • شِحنة مُلقَمة : ما تُلقَمهُ الآلة أو تُشحَنُ به

feed, automatic (Eng.) تَغذِيةٌ اوتوماتية

feedback (Elec. Eng.) تَغذِيةٌ مُرتَدَّة

feed belt شريطُ التغذية • شريطُ الإلقام

feed box صُندوق التغذية • صندوق اللقيم

feed check valve (Eng.) صِمامُ كَبح اللقيم : صِمامٌ يمنَعُ رُجوعَ التغذية

feed chute (Eng.) مَجرى التغذية • مجرى اللقيم

feed circuit (Eng.) دائرةُ التغذية

feed cock (Eng.) مِحبَس التغذية • مِحبَس اللقيم

feed compressor (Eng.) ضاغِطُ التغذية • ضاغطة اللقيم

feed control (Eng.) مراقبة التغذية – آليّة ضبط التغذية

feed control lever (Eng.) ذِراعُ التَحكُّم في التغذية

feed current تيّار التغذية

feed cylinder (Eng.) أُسطوانة إلقام – اسطوانة اللقيم

feed distributor (Eng.) مُوَزِّع التغذية • مُوَزِّعُ اللقيم

feeder (Eng.) مِلقام • جهازُ التلقيم • مُغَذٍّ • غاذِية – خط التغذية
(*n.*) مُموِّن – مُقتات – رافِد

feeder cable كَبلُ التغذية • كَبْلُ الإلقام

feeder line خطُّ تلقيم

feeder mains (Eng.) خطُّ التغذية الرئيسي

feeder panel (Eng.) لَوحةُ مفاتيحِ التغذية

feeder system (Eng.) نظام التغذية • شبكة التغذية

feed gear (Eng.) آليّة التغذية • جهاز الإلقام

feed, gravity (Eng.) تَغذيةٌ بالجاذبيّة

feed guide (Eng.) مُوَجِّهُ التغذية • مُوَجِّهُ اللقيم

feedhead (Eng.) صِهريج تغذيةٍ عُلويّ

feed heater مُسَخِّن التغذية • مسخنُ اللقيم

feed hopper قادوسُ التغذية • قادوس اللقيم

feed index (Eng.) دليلُ التغذية

feeding (*n.*) تغذية • إلقام • تلقيم

feeding lever (Eng.) ذِراعُ التغذية

feeding line (Elec. Eng.) خَط التغذية

feeding manifold (Eng.) مَشعَبُ التغذية

feeding-up انعقادُ الدِّهان (في العُلبة)

feed jam (Eng.) تَعَرْقُلُ التغذية

feed lever (Eng.) ذِراعُ الإلقام • عَتَلَةُ التغذية

feed mechanism آليَّة التغذية • جِهازُ الإلقام

feed motion (Eng.) حركةُ التغذية

feed pipe (Eng.) ماسورةُ التغذية (الواصِلةُ الى المِرْجَل) • انبوب اللقيم

feed preparation unit (Pet. Eng.) وَحدةُ إعداد اللقيم • وحدة إعداد (شِحنة) التغذية

feed, pressure (Eng.) تَغذيةٌ بالضَّغط

feed pump (Eng.) مِضَخَّةُ التغذية • مِضَخَّةُ اللقيم

feed rate (Eng.) سُرعةُ التَّغذية

feed regulator (Eng.) مُنَظِّم التَّغذية

feed screw (Eng.) لَولَبُ ضَبطِ التغذية

feed settler وِعاء ترسيب اللقيم

feed shaft (Eng.) عمود التدوير

feed-stock (Chem. Eng.) اللقيم • لَقيمُ التغذية • خامُ التغذية

feed, suction (Eng.) تغذية بالامتصاص

feed system (Eng.) دَورةُ التغذية

feed tank (Chem. Eng.) خَزّان التغذية • صِهريج اللقيم

feed, vacuum (Eng.) تَغذيةٌ بِخَفْض الضّغط

feed valve (Eng.) صِمامُ تغذية • صمام إلقام

feed vessel وعاء التغذية • وعاء اللقيم

feed water (Eng.) مِياهُ تَغذِيَة (المِرجَل البخاري)

feed-water filter (Eng.) مُرَشِّح مياه التغذية

feed-water heater (Eng.) مُسخِّن ماءِ التغذية

feed-water pump (Eng.) مِضَخَّةُ مياه التغذية

feed-water surge vessel (Pet. Eng.) وعاء تهدئة (التمَوُّر في) ماء التغذية

feed-water tank (Eng.) خَزّانُ مياه التغذية

feed-water treatment (Eng.) مُعالَجَة مياهِ التغذية : لمنع ترسُّب القُشور في المَراجل

feel (*v.*) تَحَسَّس • أحسّ • جَسّ – بَدا (للحِسّ) – شَعَر (ب)
(*n.*) حِس • لَمْس – مَلْمَس

feeler (*n.*) مِجَسّ • لامِسَة

feeler gauge (Eng.) مِقياسٌ تَحَسُّسي (للثّخانة)

fees رُسوم • أُجرة

feigh (*n.*) غُسالة • فُضالة الغَسل

feldspar = **felspar** (Min.) فِلْدسبار • فِلْسبار

feldspar

Synthetic Oil

الزّيت الإصطناعي

1

2

1. Synthesis gas is converted to liquid hydrocarbons in the Synthol units
2. Synthetic plant showing gasification and synthesis sections at the left; utilities, reforming and refining at right
3. Coal gasification is carried out in the Lurgi gasifier section

١. يُحوّل الغازُ المُؤلّف إلى هَيْدروكَربوناتٍ سائلة في وحَدَاتِ السِّنْتُول

٢. وَحْدَةُ توليف تَستَخْدِمُ التَهذيبَ والتكرير (إلى اليمين) ، ويَبدو قِسْمَا التغويزِ والتوليف إلى اليَسار

٣. يَجْري تَغويزُ الفَحْم في قِسْم التغويز

3

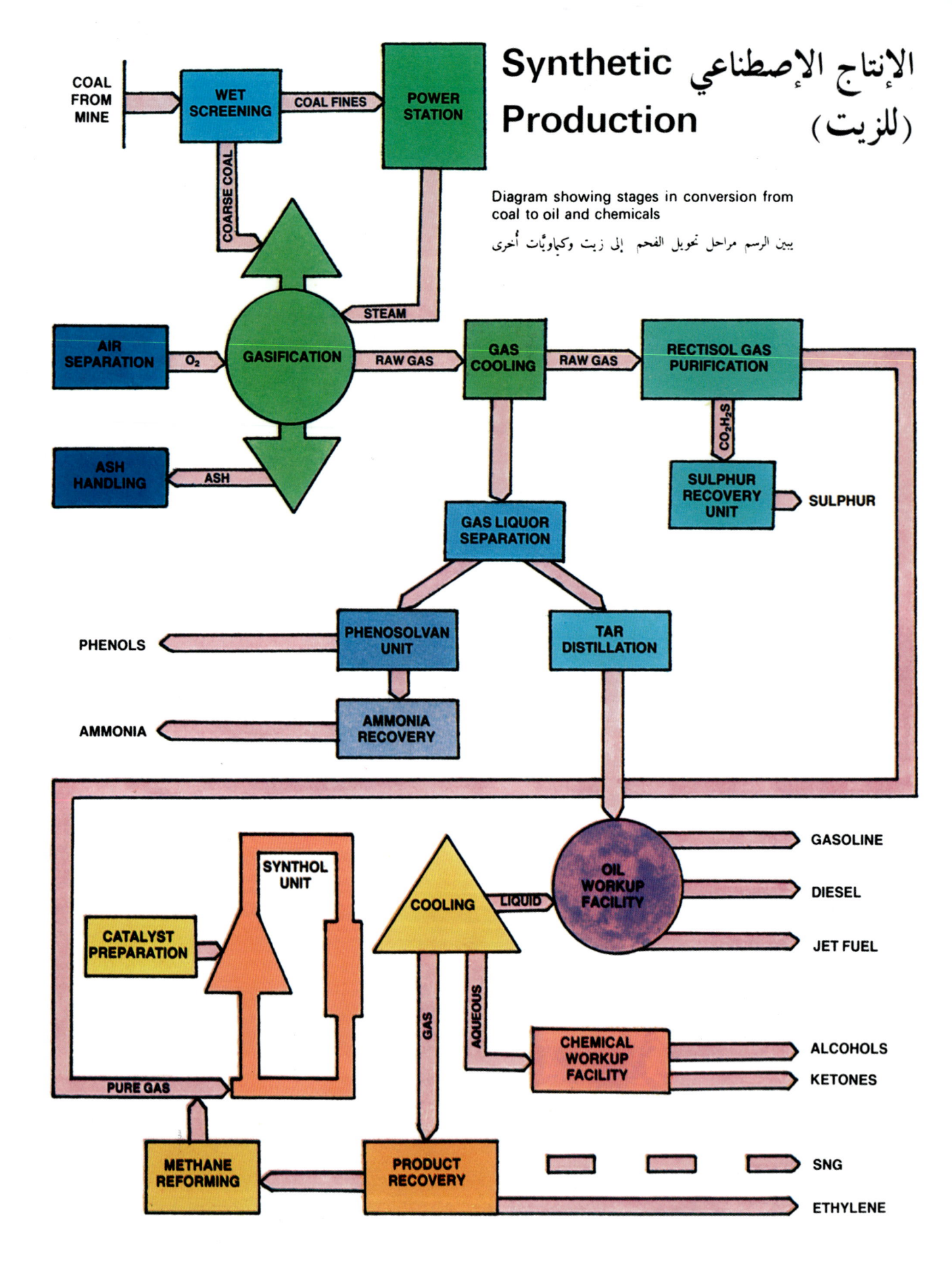

Synthetic Production

الإنتاج الإصطناعي (للزيت)

Diagram showing stages in conversion from coal to oil and chemicals

يبين الرسم مراحل تحويل الفحم إلى زيت وكيماويات أُخرى

Photographs reproduced by kind permission of Shell (U.K.)
Synthetic material courtesy Fluor Europe Ltd
Design & Illustration by Willowbrook Design

feldspathic (adj.)	فِلسپاري
feldspathoid (adj.)	فِلسپاراني ، شِبه بالفلسپار
fell (v.)	أَوقعَ ، طَرَحَ ، قَطَعَ (الشجر) ، قَتَلَ
(past tense of fall)	وَقع ، سقط
(n.)	جِلدُ الحيوان ، مُرتَفَعٌ جَرِد
felling (n.)	قَطعٌ ، هَدمٌ
felloe = felly (n.)	جِتار ، إطارُ العَجَلة الخارجي ، إنبِيط
fells (Geol.)	تَلٌ ، مُنبَسَطٌ قاحِل
(Mining)	مُقاطَعة الخام
felsic (adj.) Geol.	فِلسپاري سِليكاني
felspar (Min.)	فِلسپار
felspathization (Geol.)	تَحَوُّل فِلسپاري
felspathoid (Geol.)	فِلسپاراني : شبه الفِلسپار
felt (n.)	لِبدٌ ، أَلْبَادٌ
(adj.)	لِبديٌّ ، مَصنوعٌ من اللَّبّاد
felt-element filter (Eng.)	مُرَشَّح لِبدي
felt padding = felt packing (Eng.)	حَشوة لِبدية
felt pipe coating (Eng.)	تَغلِيفُ الأَنابيب باللِّبّاد
felt washer (Eng.)	فَلَكَة لِبديّة
female (n.)	أنثى ، جُزء أُنثِيٌّ من آلِيّه
(adj.)	أُنثِيّ
female connection (Eng.)	وُصلَة أُنثى
female screw (Eng.)	لَولَب داخِلي ، لَولَب أُنثيّ
femic (adj.)	فيمِيّ : حاوِ الحديدَ والمغنيسيومَ
femic minerals (Geol.)	معادِنٌ فيمِيّة : معادن (تحوي) الحديد والمغنيسيوم
fen (n.)	هَور ، مُستَنقَع اسْتُصلِح للزراعة
fence (n.)	سِياج ، حِظار ، حاجِز ، حائِل ، سُور
(v.)	سَوَّرَ ، سَيَّجَ ، حَمَى
fencing (n.)	سِياجات ، لوازِمُ التَّسييج
fender (n.)	مَصَدّ ، وِقاء ، واقِيةُ الوحَل ، رَفرَف
fennel oil	زيتُ الشَّمَرة : زيت نَباتِيّ
fenny (adj.)	مُستَنقَعِيّ ، سَبخِيّ
fen peat (Geol.)	خُثّ المُستَنقَعات
fermentation (n.) Chem. Eng.	اختِمار ، تَخميرٌ ، تَخَمُّر
fermentation gas	غازُ الاختِمار
fern (n.)	سَرخَس ، خُنشار
Fernico (Met.)	فِرنِيكو : سَبيكة من الحديد والنيكل والكوبلت تتمدّد كالزجاج
ferreous = ferrous (adj.)	حديديّ : حاوٍ الحديدَ أو مَصنوع من الحديد

ferriage (n.)	نَقلٌ بالمِعبَرَة أو المُعَدِّية ، أُجرةُ النَّقل بالمُعَدِّية
ferric (adj.) Chem.	حَديديك : حاوٍ حديداً ثلاثِيّ التكافؤ
ferric chloride (Chem.)	كلوريد الحديديك
ferric oxide (Chem.)	أُكسيد الحديديك
ferricyanide (Chem.)	فَرّيسيانيد : سيانور الحديديك
ferriferous (adj.)	حاوِ أو مُنتِجٌ للحديد
ferrite (Met.)	فِرّيت : خامٌ حديديّ
ferro-alloy (Met.)	سَبيكة حديديّة
ferro-concrete (Civ. Eng.)	خَرسانة مُسَلَّحة (بالحديد)
ferrocyanide (Chem.)	فِرّوسيانيد : سيانور الحديدوز
ferro manganese (Met.)	سبيكة من المنغنيز والحديد (تحوي ٨٠٪ من المنغنيز)
ferro-nickel (Met.)	سَبيكة الحديد والنيكل (تحوي فوق ٣٠٪ من النيكل)
ferro-silicon (Met.)	سَبيكة الحديد والسيليكون (تحوي ١٥٪ من السيليكون)
ferrous (adj.) Chem.	حديدي : حاوِ الحديدَ أو نوع من الحديد ، حديدوز : حاوٍ حديداً ثُنائيّ التكافؤ
ferrous sulphate (Chem.)	كبريتات الحديدوز
ferrugin(e)ous (adj.)	حديدي ، أَسمَر مُحمَرّ كَصَدأ الحديد
ferruginous sandstone (Geol.)	حَجَر رَملي حديدي
ferruginous water (Geol.)	مياه حديدية
ferrule (n.)	طُوَيق ، حَلَقة ، طَرف حديدي
ferry (n.)	مِعبَرة ، مُعَدِّية ، مَعبَر
(v.)	عَبَرَ أو نقل بالمعدِّيات
ferry-boat	زورَقُ عُبور ، مُعَدِّية
fertilize (v.)	سَمَّدَ ، خَصَّبَ
fertilizer (n.)	سَماد ، مادة مُخصِّبة
fertilizer, artificial (Chem. Eng.)	سَماد اصطناعي
fertilizer plant	معمَل أَسمِدة
Fery pyrometer	بيرومتر "فيري"
fettle (n.)	تَهيِئة ، إعداد
(v.)	هَيَّأَ ، سَوَّى ، أَعَدَّ (مَجمَرَة الفرن)
fettling (n.)	تَهذِيبُ المَصبوبات ، إعدادُ مَجمَرَة الفرن
fettling hammer (Met.)	مِطرَقة تَهذيب المصبوبات
F.H.P. (friction horse-power)	القدرة الحصانية الاحتكاكية
fiber (or fibre) (n.)	خَيط ، لِيفة ، فِبر ، تِيلة غَزل ، نَسيج
fibered (or fibred) (adj.)	ذو أَلياف ، لِيفيّ
fibre-bearing (Eng.)	وِسادة لِيفية ، مَحمِلٌ لِيفيّ
fibre-board	لَوح لِيفيّ
fibre gasket	فَلَكَة لِيفيّة
fibre-glass	زُجاج لِيفي
fibre-glass insulation	عَزلٌ بالزجاج الليفي
fibre grease (Pet. Eng.)	شحم ليفي : شَحمٌ ليفيُّ التكوين
fibre rope	حَبل ليفي
fibre washer (Eng.)	فَلَكة ليفيّة
fibro-cement (Civ. Eng.)	مِلاطٌ ليفي
fibroid (adj.)	لِيفاني ، لِيفيُّ التكوين
fibroplastic texture (Geol.)	بِنية ليفية لَدنة

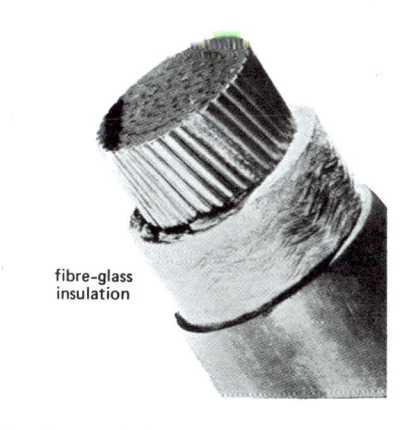

fibre-glass insulation

fertilizer plant

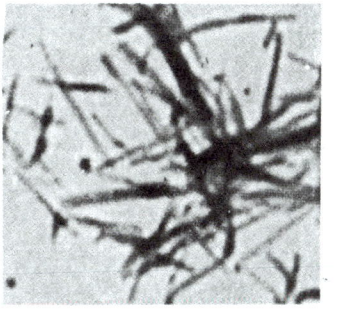

fibre grease

fibrous (adj.)	ليفيُّ الشَّكل ・ ذو ألياف
fibrous materials (Pet. Eng.)	مَوادُ ليفية : تُمزجُ مع طين الحفر لمنع تسرُّبه في الطبقات المسامّية
fibrous mineral (Min.)	مَعدِنٌ ليفيُّ الشكل
fibrous texture (Geol.)	نسيج ليفيّ ・ بنية ليفية
fibrous tissue	نَسيج ليفي
fickle (adj.)	مُتَقَلِّب ・ مُقَلقَل ・ غيرُ ثابت
fictile (adj.)	لَدِن ・ سَهلُ التشكيل
fiddle block (Eng.)	بكَرة كمانّية ・ بكَرةٌ مزدوجة تفاضلية : بكارة من بكرتين مختلفتي الحجم احداهما فوق الاخرى
fiddle drill (Eng.)	مِثقاب وَتَري
fiducial (adj.)	وُثوقي ・ مَبنيُّ على الثقة
(Surv.)	إسنادي ・ مُعتَمَد كأَساس
fiducial line (Surv.)	خطُّ الاسناد
fiducial mark (or point) (Surv.)	عَلامةُ إسناد
field (n.)	حَقل ـ مَجال ・ نِطاق ・ مجالُ القُوَّة ـ مَيدان
(Pet. Eng.)	حقلٌ (نفط أو غاز)
(adj.)	مَيداني ・ إستطلاعي ・ على الطبيعة
field book = chain book (Surv.)	سِجلُّ قياسات المَسَّاح
field circuit (Elec. Eng.)	دائرة (إستارة) المَجال
field coil (Elec. Eng.)	مِلَفُّ المجال (المغنطيسي) ・ مِلَفُّ تحريض
field current (Elec. Eng.)	تيَّارُ المَجال
field engineer	مُهَندِس مَيدان
field geology	الجيولوجيا الميدانية ・ جيولوجية الحقل
field-glass (or glasses)	مِنظار (او نَظَّارة) مَيدان
field intensity (Elec. Eng.)	شِدَّةُ المَجال
field investigation	استقصاء ميداني
field magnet (Elec. Eng.)	مَغنَطيسُ المجال
field observation	استطلاعٌ مَيداني ・ استطلاع على الطبيعة
field office	مَكتبُ مَيدان ・ مكتبُ الموقع
field of force	مَجالُ القُوَّة
field of vision	مَجالُ الرُّؤية
field, oil	حَقلُ نفط
field pole (Elec. Eng.)	قُطبُ المَجال
field pressure (Pet. Eng.)	ضغطُ الحقل (المُقفَل) ・ ضَغطُ المَكمَن
field processing (Eng.)	معالجة ميدانية : المعالجة الأوَّلية في المَوقع او الحقل
field rivet (Eng.)	بِرشامَةٌ موقِعية : تُبَرشَمُ في موقع التركيب
field storage (Pet. Eng.)	الخَزن الحقلي ・ الخزن في الموقع ・ تخزين ميداني : في حقل الانتاج
field-strength meter	مقياس شدة المجال
field suppressor (Elec. Eng.)	مُخَمِّدُ المجال
field survey (Surv.)	مَسح مَيداني ・ دراسة طوبوغرافية الأرض
field test (Eng.)	اختبار مَيداني : يُجرى في الحقل أو في الموقع
field trip	جَولَةُ استطلاع (على الطبيعة)
field work (Surv.)	عَمَل مَيداني (خارج المكتب)
fierce (adj.)	عَنيف ・ شَديد
fiery (adj.)	ناريّ ・ مُتَّقِد ・ مُلتَهِب ـ يُهَدِّدُ بأَخطار الحريق
fifty-fifty	مُناصَفةً ـ بَينَ بَين
fighter (n.)	طائرة مُقاتِلة
figure (n.)	رَقم ـ عَدَد ـ شَكل (هندسي) ـ مَظهَر ・ هَيئَة ـ نَمَط
(v.)	حَسَب ・ قَدَّر ـ شَكَّل ・ رَسَم
figured (adj.)	مُشَكَّل ・ مُمَثَّل ـ مَحسوب
filament (n.) (Elec. Eng.)	فَتيلة ・ شُعَيرة ـ خيط او سِلك دقيق
filament battery	بَطَّارية تَسخين الفَتيلة
filament-lamp	مِصباح فَتيلي
filamentous (adj.)	خَيطيّ ・ فَتيلي
file (n.)	مِبرَد ـ مِلف ・ إضبارة ـ صَفّ ・ رَتَل
(v.)	بَرَد ـ رَتَّب او حَفِظَ في مِلَفّ ـ سار في رَتَل
file cut (Eng.)	قَطعَةُ المِبرَد
file number	رَقمُ المِلَفّ او الإضبارة
files	مِلَفَّات ـ مَكان حِفظِ المِلَفَّات
file stroke	جَرَّة مِبرَد
filiform (adj.)	خَيطيّ ・ شُعَيري
filiform corrosion	تحاتٌ شَعري
filing cabinet	خِزانة مِلَفَّات
fill (v.)	ملأ ・ إمتلأ ・ عَبّأ ・ حَشا ・ إحتَشى ـ سَدَّ ・ رَدَم
filled (adj.)	مُعَبَّأ ・ ممتلىء
filler (n.)	حَشوَة ـ حَشو ـ مَعجون حَشو ـ جهاز تعبئة ـ مالىء ・ مُعَبِّىء
filler cap	غِطاءُ فُتحَةِ التَّعبئة
filler metal	مَعدِنُ الحَشو
fillet (n.)	شَرحَة ـ لَوحَة ـ شَريط ・ عِصابة ・ نِطاق ・ مُتَّكأ زاوي
filleting (n.)	سَندُ (الزاويةِ القائمة) بالشَّرائح للتَّقوية
fillet weld (Eng.)	لِحام زاويّ
filling (n.)	مَلء ・ تَعبئة ـ حَشو ـ مَادَّةُ الحَشو ・ حَشوَة ـ رَدم
filling density (Pet. Eng.)	كَثافةُ المَلء : الكثافة النوعية المئوية للعَبوة بالمقارنة مع وَزن العَبوَةِ من الماء في درجة ٦٠° فرنهيت
filling hole	ثَقبُ التَّعبئة
filling material (Eng.)	مادة الحَشو ・ حَشوَة
filling nozzle	فُوَّهةُ التَّعبئة
filling plug	سِدادةُ المَلء ・ سِطام التعبئة
filling pump	مضخة الملء ・ مِضخَّة تعبئة
filling station	مَحَطَّة تعبئة (المحروقات) ・ محطة ملء
filling-up	تسوية التَّجاويف (بتَعبِئَتِها بالمعجون)
fill-in-works (Civ. Eng.)	أشغال استكمالية
film (n.)	غِشاء ・ طَبَقة رَقيقة ـ فيلم
(v.)	غَشَّى ـ تَغشَّى ـ صَوَّر فيلماً
film cartridge	خَرطوشَةُ الفيلم
film coefficient (Pet. Eng.)	المُعامِل الغِشائي
film of oil	غِشاء زيتي
film strength (Pet. Eng.)	مَتانَةُ الغِشاء ・ المتانة الغشائية (للمُزَلِّق)
filter (n.)	مُرَشِّح ・ مُرَشَّحة ・ جِهاز ترشيح ـ مادة مَسامية تصلُحُ للترشيح
(v.)	رَشَح ・ ارتَشَح ・ رَشَّح ・ صَفَّى

air filter

oil filter

fuel filter

field-strength meter

filterability قابليّة التَّرشيح
filter aid (Chem. Eng.) مُساعِد تَرشيح
filter-bed طبقَةُ ترشيح
filter cartridge خَرطوشة ترشح
filter, centrifugal (Eng.) مُرَشِّحٌ بالطرد المركزي
filter chamber حُجرةُ الترشيح
filter, charcoal (Chem. Eng.) مُرَشِّحٌ بدَقائقِ الفحم
filter choke خانِقٌ مُرَشِّح
filter cistern صِهريج ذو مُرشِّح
filter cloth قُماش ترشيح
filter discrimination حَسّاسيّة المرشّح
filtered (*adj.*) مُرَشَّح
filter element عُنصرُ تَرشيح
filter factor عامِلُ التَّرشيح
filter flask دَورقُ ترشيح (مَخروطي الشَّكل)
filter funnel (Chem.) قِمْعُ التَّرشيح
filter hood غِطاءُ المُرَشِّح
filter, horizontal tank مُرشِّح ذو خزانٍ افقي
filtering (*n.*) تَرشيح
filtering agent عاملُ تَرشيح
filtering basin (Hyd. Eng.) حَوضُ تَرشيح
filtering cloth نسيج مرشِّح • قماش ترشيح
filtering medium وَسَطٌ مُرَشِّح
filtering temperature درجة حرارة الترشيح
filter, Lopus (Chem. Eng.) مُرَشِّح «لوبُس»
filter loss فَقدُ الترشيح
filter medium وَسَطٌ مُرَشِّح
filter mesh (or **network**) شُبَيْكَةُ تَرشيح
filter paper وَرَقُ تَرشيح
filter plant (Chem. Eng.) وَحْدَةُ تَرشيح
filter press (Chem. Eng.) مِكْبَسُ ترشيح • ضاغِطة ترشيح
filter pump مضخة ترشيح : مِضَخَّةٌ لِتعجيل التَّرشيح بالتفريغ
filter residue مُخَلَّفات الترشيح
filter run مَجرى التَرشيح
filter sand رَمْلُ التَّرشيح
filter screen مِصفاة او شبكة ترشيح
filter sieve مصفاة ترشيح • مُنْخُلٌ مُرَشِّح
filter well بئر ترشيح
filthy (*adj.*) قذِر
filtrate (*v.*) رَشَّح • إرتَشَح • رَشَح
(*n.*) رُشاحَة • راشِح • المادة الراشحة او المُرشَّحة
filtration (*n.*) تَرشيح • تَرَشُّح • إرتِشاح

horizontal tank filter

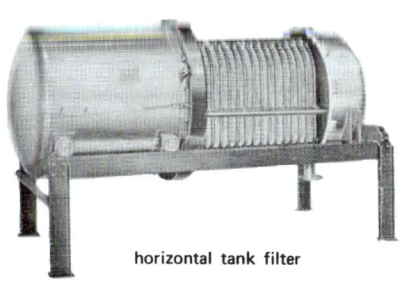

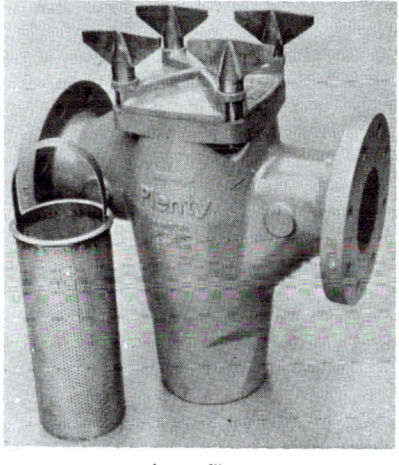

Lopus filter

filtration loss فَقْدُ التَّرشيح
filtration rate سُرعةُ الترشيح • سرعة الارتشاح
filtration, vacuum (Eng.) تَرشيحٌ خَوائي : تَرشيحٌ تحتَ التَّفريغ
filtration vat راقُودُ التَّرشيح • مِركَنُ ترشيح
Filtrol (Pet. Eng.) فِلْترول : طَفَل مُنَشَّط تعالَجُ به زيوت التزليق
fin (*n.*) زِعْنِفَة ـ جُنَيْحُ تَبريد
finable (*adj.*) قابلٌ للتكرير • يُكَرَّر ـ يستحقّ الغرامة • يغرَّم
final (*adj.*) نِهائي • أخير ـ قَطْعي • مُبْرَم
final boiling point (Pet. Eng.) دَرَجةُ الغَلَيان النِّهائية • نقطة الغليان النهائية
final coat طَلْيَةٌ نِهائية
final flowing pressure ضغط التدفق النهائي
final point النقطة النهائية
final port ميناء التفريغ الأخير
final pressure الضَّغط النِّهائي
final product (Chem. Eng.) النّاتِجُ النهائي
final temperature دَرَجةُ الحَرارة النِّهائية
final velocity السُّرعة النهائية
final voltage الفُلطية النِّهائية • فُلطية القَطْع
finance (*v.*) مَوَّل
(*n.*) ماليّة ـ شُؤونٌ مالية
financial (*adj.*) ماليّ • خاصٌّ بالشؤون المالية
financing تمويل

find (*v.*) وَجَدَ • اكتشف ـ ارتأى
(*n.*) اكتِشاف هام • لُقْيَة ثمينة ـ إيجاد
finder (*n.*) مُكتشِف ـ مُصَوِّبة
findings (*n.*) نتائِجُ البَحث
fine (*adj.*) دَقيق • رَفيع • رقيق ـ ناعم ـ فاخِر • جميل ـ صافٍ • رائق
(*n.*) غَرامَة • جَزاءٌ نَقْدي
(*v.*) غَرَّم • فَرَض غرامةً على
fine adjustment ضَبْطٌ دَقيق
fine aggregate (Civ. Eng.) حَصيم ناعم • خِلْطٌ دقيق (من الرَّمل والحَصى)
(Geol.) رُكام صخريّ ناعم
fine coal دَقائقُ الفَحم ـ فحمٌ دقيق الحُبيبات
fine crushing سَحقٌ دقيق
fine-edged (*adj.*) مُرهَفُ الحَدّ
fine-grained (*adj.*) (Geol.) دقيق الحُبيبات ـ دقيق التَّعريق
fine gravel حَصيم • جَرْوَلٌ ناعم • حَصباء دقيقة الحُبَيبات
fine grinding طَحْنٌ دقيق ـ تجليخ مُرهَف
fine meshed (*adj.*) دقيق الشُّبَيْكة
fine metal فِلِزٌ نَقيّ
fineness (Chem. Eng.) دِقّة • نُعومة ـ عِيارُ السبيكة ـ نَقاوة • دَرَجةُ النَّقاوة
fineness modulus (Civ. Eng.) مُعايِرُ الدِّقة
fine-pored (*adj.*) دقيقُ المَسام
finer (*n.*) مُنَقٍّ • مُكرِّر
fines (Mining) دقائقُ الخام
fine sand رَملٌ ناعِم : دقيق الحُبَيبات
fine scale مقياسٌ دقيقُ التَّدريج
fine setting ضَبطٌ دقيق
fine silt (Geol.) غِرْيَنٌ دقيق • طَمْيٌ ناعِم
finger (*n.*) إصبَع ـ عرضُ إصبع (حوالى ٢ سم) ـ طول اصبع (حوالى ١١،٥ سم)
finger-board (*n.*) لوحةُ مفاتيح
finger guard (Eng.) واقيةُ الأصابع
fingering (Civ. Eng.) تَصَبُّع : التسرُّب عبر الفجوات او الثقوب
= **channelling** (Pet. Eng.) تصبيع • تخديد بالإصبع : تكوُّن الفجوات الغازية في الشحم بتدوير الاصبع فيه
finger-post لافِتة إصبَعيّة : تشيرُ الى الاتجاه الصحيح
fining (*n.*) (Chem. Eng.) تَنقِيَة • تَصفِيَة
fining coat طَلْيَةُ تنعيم : طلية إنجاز بمِلاطٍ ناعم
fining process (Met.) عَمَلية التَّنقية

modern fire alarm system

finish (*v.*) أنهى • أكمَل • إنتهى • تمّ • استنفَد • فَرَغ من – صَقَل • جلى – مَوّه (السطحَ) بشكل مُعيّن

(*n.*) نِهاية • انتهاء • إنجاز – صَقْل • تمويهُ السَّطح النهائيّ – مادة الصقل او التلميع او التمويه

finished (*adj.*) مُنجز • مُتَمّم – مَصقول – عالي الجُودة • مُمتاز

finished distillate (Pet. Eng.) قُطارة عالية الجودة • زيتُ وَقود ممتاز الصنف

finished product (Chem. Eng.) مُنتَجٌ تامُّ الصُّنع

finishing (*n.*) إنهاء • إنجاز • إتمام – تهذيب

finishing coat طَلْيةٌ نِهائية • طليةُ إنجاز تجميليّة

finishings إضافات تكميلية أو انجازيّة

finishing still (Pet. Eng.) : مِقْطَرة إنجازية لإعادة التقطير وتهذيب القُطارة

finishing tool (Eng.) عُدّة إنجاز • مخرطةُ او مِسحاجُ إنجاز

finishing touches لَمَسات إنجازية : لَمَسات التّهذيب الأخيرة

finite (*adj.*) مَحدُود • مُحدَّد • مَحصور

finned radiator (Eng.) مُشِعٌّ مُزعَنَف

finned tube (Eng.) أنبوب مُزعنَف

fins (Eng.) زَعانِف او جُنيِّحات : لِزيادة سطح التّبريد

fin tube انبوب مُزعنَف : لتوسيع السطح

fiord = fjord (Geol.) فيُورد : خليجٌ بَحريٌّ ضيِّق بين الصخور العالية

fire (*n.*) نار • لَهَب • حَريق – حِدَّة – إطلاق النار

(*v.*) أحرَقَ • إحترَق • أشعَل – فَجَّر • أطلَق النار – طَرَد

fire alarm (Civ. Eng.) إنذارُ الحَريق – نَذيرُ الحريق : آلة تُنذر بالحَرائق عند اندلاعها

fire and steam still مِقطرة (تُسَخَّنُ) بالنار والبُخار

fire assay (Eng.) اختبارٌ بالنّار : على درجةِ حرارة مرتفعة

fire bank (Civ. Eng.) جِدارٌ حائلٌ للحريق

(Mining) رُكام تِلقائيُّ الاشتِعال

fire-bar (Elec. Eng.) قضيبُ المُقاوَمة المتوهِّج (في مُشِعٍّ كهربائي)

firebare مَنارة : لهداية السفن ليلاً

fire barriers (Civ. Eng.) حواجزُ حائلةٌ للحريق : أبواب او حواجزُ صامدة للنار

fire-bars (Eng.) مُصَبَّعاتُ النار (حول مَوقد)

fire boat زورق الاطفاء • قاربٌ مُجَهَّز لإطفاء الحرائق

fire bomb قُنبُلَة مُحرِقَة

fire-box (Eng.) صُندوقُ الاحتراق • خِزانة الاحتراق

firebreak فاصل حائل للحريق : خَنْدَقٌ أو أرض بور تحول دون انتشار الحريق

firebrick طُوبٌ حَراري

fire-brigade فِرقَةُ المَطافيء

fireclay (Geol., Chem. Eng.) صَلصال ناري • طينٌ حراري

fire control السيطرة على الحريق

fire extinguisher

fire cracks (Civ. Eng.) شُقوقُ المِلاط الدقيقة (لاختلاف التقلُّص)

fire-damp (Mining) غازُ المناجم : مزيجٌ منَ الميثان وهيدروكربونات أُخرى

fire-damp detector (Eng.) مِكشافُ غازِ المناجِم

fired furnace, natural gas فُرنٌ يُحمَى بالغاز الطبيعي

fire door بابُ النّار • بابُ المَوقِد – بابٌ صامِدٌ للنيران

fire drencher مِطفأةُ حَريقٍ يدَويّة

fire dykes خنادق حائلة للحريق

fire-engine مُطفِئَةُ الحَريق – سيّارةُ إطفاء

fire escape مَخْرَجُ نجاة من الحريق – سُلّم النجاة من النيران

fire extinction اخماد الحريق • خُمود الحريق

fire-extinguisher مُطفِئَة (او مِطْفَأة) حَريق

fire-fighter إطفائي • جُنديٌّ إطفاء

fire-fighting equipment مُعدّاتُ مُكافَحَة النِّيران

fire float عَوّامَةُ إطفاء الحَرائق

fire foam * رَغْوةُ إطفاء الحرائق

fire-guard حاجِزُ النّار

fire hazards أخطارُ الحَريق

fire-hose خُرطومُ (إطفاءِ) الحريق

natural gas fired furnace

* high-expansion foam flowing on a dish of burning petrol

FIS
165

fire-resistant oil compared with a normal oil

inflammable

fire resistant oil

earthquake fissure

fire insurance	تأمين ضدّ الحريق	firing order (Eng.)	نَسَق الاشتعال	fish bolt (Eng.)	مسمار (رَبط) الوُصلات التَّراكُبيّة
fire ladder	سُلّم (اطفاء) الحريق		(في اسطوانات المحرِّك)	fished joint	وُصْلة تراكُب (بألواح جانبية)
fireman	إطفائي ـ وَقَّاد	firing stroke (Eng.)	شَوْط الاشتعال ، شَوْط التَّمَدُّد	fisherman (Civ. Eng.)	مُنتَشِل السَّقائط ،
fireplace	مَوْقِد	firkin	فِرْكِن : مقياس سَعَة (يعادل ٩ غالونات تقريباً)		عامل التِقاط القِطع السائبة (في اثناء عملية الحفر)
fire-plug = hydrant	مِحبَس مطافىء ، مأخَذ اِطفاء الحريق	firm (adj.)	ثابت ، راسخ ، صامد ـ عازم	fishing (Eng.)	التِقاط السَّقائط (القِطَع السائبة) في اثناء عملية الحفر ـ سَحْبُ الأدوات
fire point (Chem. Eng.)	نقطة الاشتعال ، نقطة الاحتراق المستمر	(v.)	رجّح ، بتَّ		او الأسلاك داخلَ ماسورة او بِئر ـ ربطُ القُضبان الحديدية بعوارضَ جانبية
fire policy	وَثيقة تأمين ضد الحريق	(n.)	شركة او مؤسَّسة تجارية		
fire prevention	مَنْع الحرائق	first (adj.)	أوَّل ، أوَّلي	fishing basket (Civ. Eng.)	سلَّة التقاط السَّقائط
fire-proof (adj.)	واقٍ من الحريق ـ صامد للنار ، مقاوم للحريق ، لا يشتعل	(adv.)	أولاً ، في البَدء		
(v.)	جَعَلَ منيعاً على النار	(n.)	الأوَّل	fishing hook (Civ. Eng.)	مُلَّاف السَّقائط (لانتشال السقائط)
fire-proof grease	شَحم صامد للنار	first aid	إسعاف أوّلي		
fire protection	الوقاية من الحريق	first-aid kit	حقيبة الإسعاف الأوَّلي	fishing neck (Pet. Eng.)	ذراع التقاط مُخَصَّر
fire pump	مضخَّة إطفاء الحرائق	first arrivals (Geophys.) :	الوافدات الأولى : أول ما يصل من التموُّجات السيزموغرافية	fishing tap (Civ. Eng.)	ذكَر لولبة لاقِط : لانتشال السقائط (أدوات الحفر السائبة)
fire-resistant (Chem. Eng.)	مقاوم للحريق	first coat	طلية أوَّليَّة		
fire-resistant oil	زيت صامد للنار	first cut (Eng.)	بداية الحفر	fishing tool (Civ. Eng.)	عُدَّة التِقاط (السَّقائط)
fire-resisting (adj.)	مقاوم للنّار ، صامد للنّار ، لا يشتعل	(Pet. Eng.)	مُقتَطَع أوَّليّ	fish job (Civ. Eng.)	التِقاط السَّقائط
fire-resisting covering	غطاء مقاوم للنّار	first floor	الطابَق الأوَّل	fish joint	وُصْلة تَراكُب (بألواح جانبية)
fire-retardant (Chem. Eng.)	مُعيق لامتداد النار	firsthand (adj.)	مُباشِر ، آتٍ من المَصدَر مُباشَرةً	fish oil	زيت السَّمك
fire-screen	حاجِبة النار ، حاجِز شَبَكي للنار	(adv.)	مُباشَرةً من المَصدَر الأصلي	fish paper (Elec. Eng.)	شرائح عازِلة : من القُماش المَطلي بالورنيش
fire spark	شرارة نارية	first price	سعر الفَتح	fish-plate (Eng.)	عارضة وَصل ، لَوح وَصل تَراكُبيّ
fire station	مَركَز سَريّة اطفاء ، ثُكنَة رجال المطافىء	first-rate	ممتاز ، فائق الجودة		
		first runnings (Chem. Eng.)	المُستَقطَرات الأولى (في التَّقطير التجزيئي)	fish-tail (adj.)	شبيهة بذيل السمكة
fire-stone (Geol.)	حَجَر ناري ، حجر قَدّاح	firth (Geol.)	لسان بحريّ ، مصبّ خَليجي	fish-tail bit (Eng.)	مثقب ذيل السمكة ، لقمة نَقب بشكل ذيل السمكة
fire surface	سَطح التسخين (في المِرجل)	fiscal (adj.)	ماليّ ، خاصّ بالشؤون المالية		
fire tile	قرميد حراري	fiscal year	سنة مالية	fish up (v.)	التَقَط السَّقائط ، انتشَل القِطَع الساقطة
fire truck	شاحنة إطفاء ، سيَّارة المطافىء	Fischer-Tropsch process (Chem. Eng.)	طريقة «فيشَر وتروپش» : لتحضير البترول من الفَحم	fissile (adj.)	إنشطاري ، سَهل الانشطار او التفلُّق
fire tube	أنبوب اللَّهَب (في المِرجل)				
fire-tube boiler (Eng.) :	مِرجَل بأنابيب لَهَبيّة : تختَرِقه أنابيبُ تَصريف الغازات المُحتَرِقة	fish (n.) (Eng.)	سَمَكة ـ سِنادة ، عارِضة للتَّقوية	fissility (Geol.)	تَفَسُّخ ، قابلية التَّفلُّق او التَّفسُّخ
		(Civ. Eng.)	سَقيطة : قِطعة سائبة سقطت في اثناء الحفر	fission (n.)	إنشطار ، انفلاق ، انقسام
fire-wall (Eng.)	جدار النار ، جدار صادّ للنار	(v.)	اصطاد السَّمك ـ بحث ، فتَّش ـ دَعَم بلَوح جانبي	fissure (n.)	شَقّ ، صَدع ، انشطار
fire water	ماء (إطفاء) الحريق			(v.)	شَقّ ، إنشَقَّ ، فَلَق ، إنشَطَر
fire welding	لِحام بالطَّرق على الساخن				
firing (n.)	إشعال ـ إطلاق النار ، تَفجير	(Civ. Eng.)	التَقَط السَّقائط ، التَقَط القِطع الساقطة (في اثناء الحفر)	fissured (adj.)	مُنشَقّ
firing key (Elec. Eng.)	مفتاح مُفَجِّر ، دائرة التفجير	fish-back file (Eng.)	مِبرَد مُحَدَّب الظَّهر	fissure eruption (Geol.) :	طفحُ الشُّقوق : طَفحٌ بركانيّ من الشُّقوق

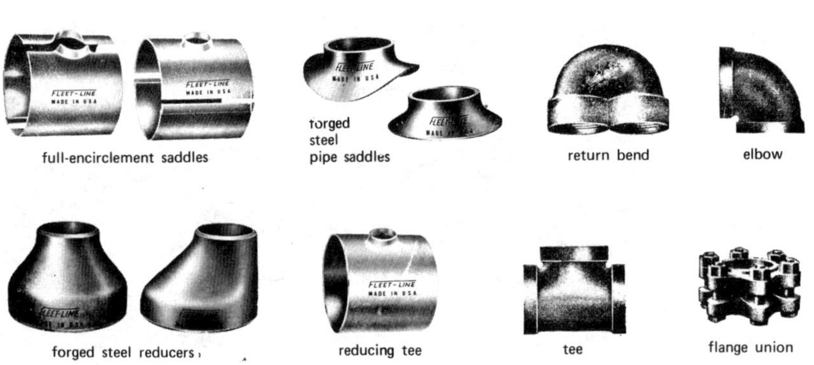

FIT
166

full-encirclement saddles — forged steel pipe saddles — return bend — elbow
forged steel reducers — reducing tee — tee — flange union

fittings

F.I.T. (free of income tax)	مُعفَّى من ضريبةِ الدَّخل
fit (adj.)	لائِق · مُناسِب · مُلائم
(v.)	لاءَم · وافَق · كيَّف · جعل مُناسباً – أعَدَّ · جهَّز
(n.)	توافُق – نَوبةُ عَمَل · دَور
fit allowance (Eng.)	تسامُحُ التوافُق · التَّخَلخُل الخُلوصي المسموح به
fitch (n.)	فرشاةٌ دقيقة صَلْبةُ الشَّعيرات
fitchering (Mining)	لَصَب · إنزِناق عُدَّةِ الحفر في اثناء الثَّقب
fitful (adj.)	مُتقطِّع · غير منتظَم
fitness (n.)	لِياقَة · أهلِيَّة · مُلاءَمة – ضَبط · توافُق
fitting (adj.)	لائِق · ملائم · مُناسب
(n.)	تَركيبة – تركيب · تجهيز – مُلاءَمة
fitting pipe	وُصلة انبوبية · أُنبوب وصل

fixed-bed catalytic pilot plant

fittings (Eng.)	تجهيزات تابِعة · لوازِم مُلحَقة – قِطَعُ تَركيب
fitting shop (Eng.)	وَرشةُ تركيب
fit-up (n.) (Civ. Eng.)	إنشاء إطاري
five-spot flood system (Pet. Eng.)	نظامُ تدفُّق خُماسيُّ النقاط : شبكة اناجية من خمس آبار ، أربع منتِجة في زوايا مربَّع والخامسة حاقِنة تتوسَّطها
five-way cock (Eng.)	مِحبَسٌ خُماسيُّ المسالِك
fix (v.)	ثَبَّت · رَجَّح · ثَبَت · رَسَخ – حدَّد – عيَّن · ركَّز · تركَّز · تصلَّب – أصلَح · رتَّب
(Chem. Eng.)	رجَّح اللَّون · عالج بمَوادّ تُرجِّح اللَّون
(n.)	نُقطة مُعيَّنة
fixation (n.)	تثبيت · تركيز · ثبات · رسوخ · استِقرار
(Chem. Eng.)	مُعالَجة لتثبيت الألوان
fixative (n., adj.)	مُثبِّت · مُرجِّح (اللَّون او الصِّبغة)
fixed (adj.)	ثابت · راسِخ · مُثبَّت – مُحدَّد · مُعيَّن
fixed air	هواءٌ حَبيس · هواءٌ ثابت
fixed assets	أُصول ثابتة · موجودات ثابتة
fixed axle (Eng.)	جُزْعٌ ثابت
fixed base	حامِلٌ ثابت · قاعِدة ثابتة
fixed beam	عَتَبة مُثبَّتة الطَّرفَين
fixed bearing (Eng.)	مَحمِلٌ ثابت
(Surv.)	إتِّجاه زاويٍّ ثابت
fixed-bed catalytic cracking (Pet. Eng.)	التكسير المُحَفَّز بطبقة ثابتة
fixed-bed catalytic pilot plant	وَحدة تجريبية لاختبار الحفز بطبقة مثبَّتة
fixed-bed reactor (Chem. Eng.)	مُفاعِل ثابت طبقة الحفز
fixed-bed unit (Pet. Eng.)	وَحدة (تكسير) ثابتة طبقة الحفز

fixed capital	رأسُ المالِ الثَّابت
fixed carbon (Chem. Eng.)	الكربونُ الثَّابت
fixed dune (Geol.)	كَثيبٌ ثابت
fixed grease (Chem. Eng.)	شَحم ثابت : لا ينحلُّ بالحرارة
fixed ignition (Eng.)	إشعال ثابتُ التَّقدُّم
fixed kelley bushing (Pet. Eng.)	جُلبة ثابتة لعمود الحفر المُضلَّع
fixed-length dip tube (Pet. Eng.)	مِغماس أُنبوبيٍّ ثابت الطول : لقياس مستوى السَّائل في وعاء مُقفل
fixed load (Eng.)	حِملٌ ثابت
fixed oils (Chem. Eng.)	زيوتٌ نباتيَّة ثابتة (لا تتحلَّل بالحرارة)
fixed orifice spud (Eng.)	سِداد بفُوَّهة ثابتة
fixed platform	مِنصَّة (حفر) ثابتة
fixed proportion	نِسبة ثابتة
fixed pulley (Eng.)	بَكَرة ثابتة
fixed pump	مِضخة ثابتة : غير نَقَّالِيَّة
fixed roof tank (Pet. Eng.)	صِهريج ذو سقف ثابت
fixed royalty	رَيْع مُحَدَّد · رَيع مَقطوع
fixed stay (Civ. Eng.)	شِكالٌ ثابت
fixing (n.)	تثبيت · ترسيخ
fixing agent (Chem. Eng.)	عامِلُ تثبيت او ترسيخ
fixing bath (Chem. Eng.)	مَغطِسُ تثبيت
fixing screw (Eng.)	مِسمار تثبيتٍ مُلَولَب
fixture (n.) (Eng.)	تثبيتة · تَركيبة
fizz (v.)	أزَّ · نشَّ
(n.)	أزيز · نشيش : صَوتُ صُدورِ الغاز
flabellate (adj.)	مِروحيُّ الشَّكل
flacon	حُنجور · قُمقُم
flag (n.)	عَلَم · راية
(Geol.)	صَخر لَوحيّ · حجر لَوحيّ
(v.)	رَفَع العَلَم على · أشار بالأعلام – تَدَلَّى · ذَبَل · فَتَر · خار
flagellate (adj.)	سَوطي · شَبيه بالسَّوط
flagging (adj.)	مُتدلٍّ · مُرتخٍ
(n.) (Civ. Eng.)	حِجارة لرَصف الطُّرق – رصيفٌ مُبلَّط بالحجارة
flagon (n.)	قِنِّينة كبيرة (سَعَتُها حوالى اللِّتر)
flag ore (Geol.)	خام طِباقي
flagstaff	ساريةُ العَلم
flagstone paving	رَصف بالصخور اللَّوحية
flagstones (Geol.)	صُخور لَوحيَّة · بِلاط صَخري
(Civ. Eng.)	حِجارة لرَصف الطُّرق
flake (n.)	نُدفة · كِسفة رقيقة · قُشَيرة

(*v.*) قشّر • تقشّر • بشر

flaked (*adj.*) مُقشّر • قُشاري

flake off قشّر • تقشّر

flake structure (Geol.) بِنْيَة قُشيريّة

flake-white دِهان رَصاصي أبيض

flaking تَقشُّر (الدِّهان)

flaky (*adj.*) قُشاريّ • كِسْفي ـ مُتقشِّر • قُشيريُّ التفسُّخ

flambeau light (Pet. Eng.) شُعلة البئر

flame (*n.*) لَهَب • لَهِيب ـ شُعْلَة • شَعيلة

(*v.*) إلتَهَب • تَوَقَّد • اسْتَعر

flame arrester مانِعُ اللَّهب

flame-black سِناج الشعائل

flame coloration (Chem. Eng.) تلوُّن اللَّهَب

flame cutter مِقطعٌ باللهب

flame cutting (Eng.) قَطْعٌ باللَّهب

flame-cutting machine مَكَنة قطع باللهب

flame damper مُضائِلُ اللَّهَب

flame guard (Eng.) مَصدُّ اللهب • حائلُ وقاية من اللهب

flame impingement دَهْمُ اللهب

flameless (*adj.*) عديمُ اللهب

flameless combustion احتِراق عديمُ اللَّهَب

flameless explosive (Chem. Eng.) مُتفجِّر لا لَهَبيّ • متفجر أمان

flame, luminous لَهَبٌ مضيء • شعلة نيِّرة

flame, oxidizing لهب مُؤكسِد : مخروط اللَّهب الخارجي اللا مضيء في موقد «بَنْزِن»

flame plates (Eng.) الواحُ اللَّهَب : الواح المِرجل المعرَّضة لِلحرارة القُصوى

flame point (Chem. Eng.) دَرَجةُ الالتِهاب

flame priming تنظيف بالجِملاج (او البُوري)

flame-proof (Eng.) صامِدٌ للَّهَب

flame propagation (Eng.) امتدادُ اللَّهب

flame, reducing لَهَبٌ مُختَزِل

flame temperature درجة الحرارة (القصوى) لِلَّهب

flame test (Chem. Eng.) اختِبار اللَّهَب : كَشْفٌ عن وُجود العُنصر بتلوُّن اللَّهَب

flame trap (Eng.) مِصْيَدَةُ لَهَب : شَبَكَة صَدّ اللَّهَب

flame welding لِحامٌ باللَّهَب

flaming (*adj.*) مُلتهِب • مُتَّقِد ـ متوهّج

flaming coal فَحمٌ لَهُوب

flammability التهابية • قابلية الالتهاب

flammability test (for aviation fuels) اختِبار الالتهابية (لوقود الطيران)

flame cutter

flammability test (for aviation fuels)

flame-cutting and bevelling machine

flammable (*adj.*) لَهُوب • سريعُ الالتهاب

flammable liquids (Chem. Eng.) السوائل اللهُوبة : ذات الأبخِرة القابلة للاشتعال

flang (Mining) صاقور • فأسٌ دقيقة الطَّرَفين

flange (*n.*) (Eng.) شَفَة • شَفْر • حافَّة ناتِئة

(*v.*) شَفَّر • شَفَّف • زوَّد بحافَّة ناتِئة

flange, blind (Eng.) شَفة غير نافذة

flange butt joint (Eng.) وُصْلَة تناكُب مُشفَّهة

flange coupling (Eng.) قارِنَة مُشفَّهة ـ رَبْطٌ مُشفَّه

flanged (*adj.*) مُشفَّه • مُشفَّر

flanged beam (or **girder**) (Eng.) عَتَبة مُشفَّهة

flanged end (Eng.) طَرَفٌ مُشفَّه

flanged joint (Eng.) وُصْلَة مُشفَّهة او مُشفَّرة

flanged nut (Eng.) صَمُولَة مُشفَّهة

flanged pipes (Eng.) أنابيبُ مُشفَّهة

flanged socket (Eng.) جُلْبَة مُشفَّهة

flange, reducing (Eng.) شَفَة مُصغِّرة

flange repair-ring طَوق تصليح مُشفَّه

flange up (*v.*) (Eng.) شَفَّر الطرف النهائي للأنبوب ـ ركَّب الوُصلة الأخيرة

flanging (*n.*) تَشفير • تشفيه • صُنع الشَّفَهات

flanging machine مَكَنة تشفيه

flank (*n.*) جانِب • جَناح ـ جَنْب

flank dip مَيْلٌ جانبي

flank wall جِدار جانبي

flank well (Pet. Eng.) بِئر جانبية بالنسبة للحقل النفطي

flap (*v.*) رَفْرَف • ارتجَّ • خَفَق • صَفَّق

(*n.*) سِدْلة • أُرجِيَّة : طَرَفٌ مُتدَلٍّ • قلاَّبة ـ خَفيف

flap door بابٌ قلاَّبي

flap lubrication (Eng.) تزليق بالصِّمامات القلاَّبة

flapper valve (Eng.) صِمام قلاَّب (لا رَجْعي)

flap-valve (Eng.) صِمام (لا رَجْعي) قلاَّب

flare (*v.*) تَوَقَّد • اشتَعل بنورٍ ساطع ـ وَسَّع عندَ الطَّرَف • فَلَّج • إتَّسع بشكل جرس

(*n.*) شُعلة ـ مِشعل • تَوَهُّج • وَهْج ـ اندلاع • اتقاد ـ سَهْمٌ مُضيء للإشارة ـ طَرَفٌ مُوسَّع او مُفَلَّج

flared tube (Eng.) أُنبوبٌ مفلَّج (مُوسَّع الفوَّهة)

flare pit حُفْرَة إشعال

flare point (Chem. Eng.) نقطة الالتهاب • درجة الاتِّقاد

flare shell طَلْقَةُ إشارة ضوئية

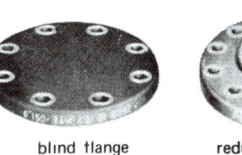

blind flange

reducing flange

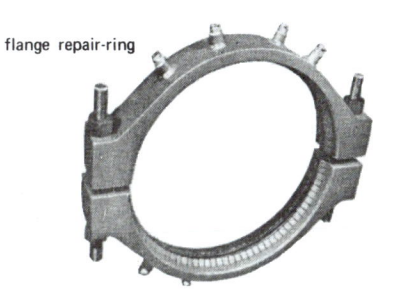

flange repair-ring

flare stack ready for erection

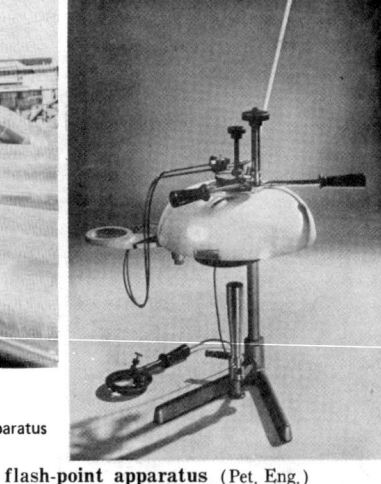

flash-point apparatus

flare stack (Pet. Eng.) داخِنةُ اشعال الغاز (غير المُستَغَلّ)

flare-up (n.) اندِلاع اللَّهب • احتِدام

flaring (adj.) مُتوهِّج • مُحْتَدِم ـ مُتَّسِعٌ تدريجياً (كالجرَس)

(n.) تَفليج ـ تَوَهُّج

(Pet. Eng.) اشعال الغاز الطبيعي (غير المستغَلّ)

flash (n.) وَمْض • وَمْضَة • بَريق • لَمْحَة ـ إشارة ضوئية

(v.) وَمَضَ ـ أبرَق بالاشارات الضَّوئية

flash-back وَمضٌ خَلفيّ

flash boiler (Eng.) مِرْجَلٌ وَمضي : بشكل مِلفٍّ أُنبوبي لتبخير الماء المضخوخ

flash-butt welding (Eng.) لِحامٌ وَمضي تناكُبي (بالتَّسخين القوسي)

flash check شيك باطِل : بدون رصيد

flash distillation (Chem. Eng.) التقطير الوَمْضي

flash drum (Chem. Eng.) اسطوانة (او مِركَنُ) التقطير الومضي

flash eliminator (Eng.) مُزيل الوميض

flasher (n.) وَمّاض • نبيطةُ إضاءةٍ وَمّاضة او مُتقَطِّعة

flashing (n.) وَميض • لَمَعان

(Eng.) حَشْوَة مَعدِنية لِمَنع التَّسرُّب

(adj.) وَمّاض

flashing fault (Elec. Eng.) خَلَلٌ وَمْضي : لا يَتَبيَّن الا عند ارتفاع الفُلطية

flashlight (n.) مِصباح (جَيْبي) كهربائي

flash-over (Elec. Eng.) شرارَة عَرَضِيّة • وَمْضَة عابِرة

flash-point (Chem. Eng.) نُقطةُ الوَميض • درجة الومض : درجةُ اشتِعال البُخار المنطلِق

flash-point apparatus (Pet. Eng.) جِهازُ تعيين نُقطةِ الوَميض

flash set (n.) (Civ. Eng.) شَكٌّ سريع : تَصَلُّب الاسمنت بسُرعة غير عادية

flash suppressor (Elec. Eng.) مانِعُ الشَّرَرِ العَرَضيّ

flash temperature (Chem. Eng.) درجة حرارة الومض

flash vaporization (Chem. Eng.) التبخير الوَمضي

flash welding (Elec. Eng.) اللِّحام الوَمضي (بالتسخين القوسي)

flash zone (Chem. Eng.) مِنطقة الوميض

flask (n.) قارورة • دَوْرَق • قِنّينة ـ صُندوقُ صَوْغِ القَوالِب

flat (adj.) مُسَطَّح • مُفَلْطَح • مُستَوٍ ـ قليلُ ضَغطِ الهَواء ـ باهِت • مُطفأ اللمعة

(n.) جُزءٌ مُسَطَّح ـ شَقّة (او مَسْكَن) في مَبنى

(v.) فَلْطَح • تَفَلْطَح

flat-bottomed (adj.) مُسَطَّحُ القعر • مُنبَسِطُ القاع

flat cable كَبلٌ مُسطَّح

flat car شاحِنَة مُسَطَّحَة (دون سَقف او جوانب)

flat finish (Paint.) تمويه كامِد • طَلْيَة نِهائية غيرُ لمّاعة

flat head رأس مُفلطَح ـ غطاء مُسطَّح

flat-head bolt (Eng.) مِسمارٌ مُفَلْطَحُ الرأس

flat-head rivet (Eng.) بِرشامَة مُسَطَّحةُ الرأس

flat lorry شاحنة مُسَطَّحة

flat-nosed pliers زَرَديّة مُفَلطَحةُ الفكّين

flat pliers (Eng.) زَرديّة مُسطَّحة

flat rate tariff (Elec. Eng.) تَعرِفة ثابتة : تتناسَبُ مع وَحَداتِ الطاقة المستهلكة

flat spot (Eng.) نُقطَةُ الشُّح

flattening (n.) فَلطَحَة • تَسوية • تَفَلْطُح ـ طِلاءٌ بِطانيّ

flatting دِهانٌ بِطانَة (غيرُ صَقيل وسريعُ الجَفاف)

flatting varnish (Paint.) دِهانُ بِطانَة (غَنِيّ بالراتينج)

flaw (n.) خَلَل • نَقص • خَطأ ـ شَق • صَدع • ثُلمَة ـ هَبّة نَوئية

(v.) ثَلَم • انثلَم ـ انتقَص

flawless (adj.) لا عَيبَ فيه

flax (n.) كَتّان ـ أليافُ الكَتّان

flaxseed oil (Chem. Eng.) زيتُ بِزرِ الكَتّان

fleck (n.) نَمشَة • قُشيرة ـ بُقعة صغيرة

flection = **flexion** (n.) لَيّة • ثَنية ـ لَيّ • التِواء • انثناء

fleet (n.) أُسطول (بحري أو جوّي)

(adj.) سَريع • خفيفُ الحَرَكة

(v.) عبرَ سريعاً • تحرَّك بسرعة

flex (v.) ثَنى • لَوى • انثنى • تَثنّى • إلتوى

(n.) (Elec. Eng.) كَبلٌ معزولٌ قابلٌ للانثِناء

flexibility (n.) قابلية الانثناء • لُدانة

flexible (adj.) قابلٌ للانثناء • يَنثني • مَرِن • قابِلٌ للتكيُّف

flexible cable (Elec. Eng.) كَبْـلٌ مَرِن (قابِلٌ للثني)

flexible connection وُصلَة مَرِنة ـ وُصلة قابلة للثني

flexible coupling (Eng.) قارِنَة مَرِنة ـ قَرْنٌ مَرِن

flexible drive shaft (Eng.) عَمود إدارة مَرِن

flexible metal hose : خُرطوم مَعْدِنيّ مَرِن قابِلٌ للانثِناء

flexible shafting (Eng.) عَمودُ ادارة مرن • جِذعٌ مَرِن

flexible suspension (Elec. Eng.) تعليقٌ مَرِن

flexion (n.) انثناء • إلتواء • ثني • لَيّ ـ لَيّة • ثَنية

flexural stress (Eng.) إجهادُ الثّني

flexure (n.) إنحِناء • انعِطاف ـ عَطفَة • ثَنيَة

(Geol.) طَيّة سهلة • طيّة

flexure fault (Geol.) انكِسار التِوائي

flexure folding = **compression folding** (Geol.) طيُّ الانثناء • طيُّ الانضغاط

flex(ure) point (Eng.) نُقطَةُ الانثناء

flexure test (Eng.) اختبارُ الثني

flick (n.) نَقرَة • طَقّة ـ نَمشَة

(v.) نَقَر بخِفّة • نَقَف ـ رَفّ

flicker (*v.*) لألأ · تلألأ – خَفَق · ارتعش
(*n.*) تلألؤ · وميض – إرتعاش · ذبذبة
flight (*n.*) طَيَران · رِحلةُ طَيَران – سِرْب – دَرَج (بين منصَّتين) – فِرار
flinders شظايا · قِطعٌ صغيرة
fling (*v.*) قذف · رَشَق · طَرَح بعُنف
(*n.*) قذفة · دفعة
flint (*n.*) ظِرّان · صَوّان – حَجَرُ القدّاحة
flint clay (Geol.) طِينٌ صَوّاني · طينٌ حَراري
flint glass زُجاج ظِرّاني (ذو مُعامِل انكسارٍ عـالٍ)
flint meal (Geol.) دقيق ظِرّاني
flinty (*adj.*) صَوّاني – شديدُ الصَّلابة
flinty slate (Geol.) أُردُواز سِليكوني
flip flop circuit [illegible]
float (*v.*) طَفا · طَوَّفَ · عامَ · عَوَّم – غَمَر · أغرق
(*n.*) طَوْف · عَوّامَة · عامَة · رَمَث – طفو
floatability قابليّة الطفو · الطّفويّة
float and sink analysis (Chem. Eng.) التحليل بالطفو والرسيب
floatation = flotation (*n.*) طفو · تعويم
float box (Hyd. Eng.) صُندوق الطّفو
float chamber (Eng.) حُجْرةُ العَوّامة
float-controlled valve (Eng.) صِمامٌ يُضْبَطُ بعَوّامَة · صِمام عوّامي التحكّم
floater (Pet. Eng.) صِهريج تخزين عائم السطح
float feed (Eng.) تغذيةٌ بعَوّامَة
float gauge (Pet. Eng.) عامَةُ قِياس : لتعيين مستوى السائل في الخزان
floating (*adj.*) طافٍ · عائم – سائب · غيرُ مُستقِر
floating axle (Eng.) مِحْوَرٌ طَليق
floating body (Phys.) جِسمٌ طافٍ
floating bushing (Eng.) جُلْبَة طَليقة
floating capital رأسمال جارٍ أو عائم : يُستخدم في شراء المواد الأولية ودفع أجور الموظفين
floating crane (Eng.) مِرفاعٌ عائم
floating derrick (Pet. Eng.) بُرجُ حَفرٍ عائم
floating dredger (Civ. Eng.) كَرّاءَة عائمة
floating dry dock (Civ. Eng.) حَوضٌ (جافٌّ) عائم
floating earth (Geol.) ارضٌ وَعْسَة : سَريعةُ الانهيار
floating harbour (Hyd Eng.) مَرْفَأ عائم

floating cranes

floating platform

floating roof

floating roof tank

floating money نقود جاهزة (للدفع او التسليف)
floating mud cap (Geol.) غِطاء طيني عائم
floating pivot مُرتكَزٌ طَليق
floating platform (Pet. Eng.) مِنَصّة (حَفرٍ) عائمة
floating roof (Pet. Eng.) سَقْف عائم (للخزّان) · سطح عائم
floating roof tank (Pet. Eng.) صِهريج عائم السطح · خزّان ذو سقفٍ عائم
floating tank, open-bottom صِهريج عائم مفتوح القاع
floating tender مَركَبُ تموين · عامَةُ تموين
float mechanism (Hyd. Eng.) آليّة طَفْو – آليّة العوّامة
float operated valve (Eng.) صِمامٌ (يُشَغَّل) بعَوّامة
float switch (Elec. Eng.) مِفتاحٌ (يَعمل) بعَوّامة : لإدارة مُحرِّك الضخ
float tank (Eng.) حَوضُ العَوّامة
float test (Pet. Eng.) اختبار الطفو : لاختبار تماسك البتيومينات
float valve (Eng.) صِمامٌ (يَعمل) بعَوّامة
flocculant عامِلُ تدميج

open bottom floating tank

flocculate (*v.*) دَمَّج · كبَّب · جمع (او تجمّع) بشكل كُبابات مُلبَّدة
flocculating (Chem. Eng.) تلبُّد · تدَمُّج · تكبُّب الدقائق المُترسِّبة · تندُّف
flocculating agent (Chem. Eng.) مُدَمِّج : عامِل تدميج الجُسَيمات الغَرَوية المستعلقة لترسيبها
flocculation تَدَمُّج · اندماج الدقائق المترسّبة
flocculation tank صِهريج تدميج المُستعلَقات (لترسيبها)
floccule (*n.*) نُدفة · جُسَيْمَة مُدَمَّجة · كُبابة مُلبَّدة

flow-line manifold

flowmeter

flocculent (*adj.*) (Chem.) نَديف • راسِبٌ نَدفيّ التدمُّج

flocculus (pl. **flocculi**) (*n.*) نُدفَة • كُبابة مُلبَّدة

flock (*n.*) سِرب • قطيع

= **floc** نُدفة • كُبابة مُتلبِّدة

flock (or **floc**) **point** (Chem. Eng.) نقطة التندُّف • نقطة التلبُّد

floe طافية جليديّة • كتلةُ جَليد طافية

flood (*n.*) فَيَضان • طوفان • غَمْر • فَيْض

(*v.*) طَفَح • فاضَ • غَمَر • طغى • طما

flooded column (Pet. Eng.) بُرج طافِح او مُحتقِن

flooded well (Pet. Eng.) بئر مغمورة

floodgate (Hyd. Eng.) بوّابةُ ضَبْطِ التدفّق

flooding (*n.*) غَمْر • إغراق • إطفاح

(Pet. Eng.) حَقْن : حقن البئر (بالغاز او الماء) لتعزيز انتاجها

floodlight (*n.*) ضَوءٌ غامِر (لا يُرسِلُ ظِلالاً)

(*v.*) أضاء بنورٍ غامِر

floodlighting إضاءة غامِرة

flood lubrication (Eng.) تَزييتٌ بالغَمْر • تزليق غَمريّ

flood plain (Geol.) رَقّة : سهل فَيضيّ

floor (*n.*) أرضُ الغُرفة – أرضيّة – أرضيةٌ (او قاعدة) بُرج الحَفر – طابَقٌ أو دَوْر في بِناء – حدٌّ ادنى (للأسعار او الأجور)

(*v.*) فَرَشَ الأرض • غَطّى بأرضيّة

floor block (Eng.) بَكّارة ارضيّة • بكّارة القاعدة

floor boards ألواحُ الارضيّة

flooring (*n.*) (Civ. Eng.) أرضيّة – مَوادّ او ألواحٌ لِفَرش الأرضية • موادّ رَصْف

floorman (Pet. Eng.) عامِلُ أرضيّة : في فرقة الحفر

floor price السعر الأدنى

floors (Naut.) الواحُ الأرضيّة

floor stand (Eng.) حامِلٌ او مِنصَبٌ أرضي

flora (*n.*) (Biol., Geol.) فلُورا • مَجموعةُ النبات : نباتاتُ اقليمٍ (او زَمَن) مُعيَّن – المحتوى النباتي لأحافير الطبقة

floridin (Chem. Eng.) فلُوريدين: تُرابٌ مُنصِل (يُزيلُ اللّون)

florizone (Geol.) منطقة أحافير نباتية

flotability الطَّفْويّة • إمكانية الطفو

flotation (*n.*) طَفْو • عَوْم – تعويم – تمويل

(Chem. Eng.) تركيزُ (خامٍ معْدنيّ) بالتّعويم

flots (Mining) طبقات

flour (*n.*) دَقيق • طَحين

flow (*v.*) انسابَ • سالَ • تدفَّق • أسالَ • أجرى – فاضَ

(*n.*) إنسياب • جَرَيان • سَرَيان • دَفْق • تسيُّل • تدفُّق – مُعدَّلُ الانسياب

flowage (Geol.) تدفّق • إنهيال

flow bean (Eng.) كُرَيّةُ خَنْقٍ لِضَبْط الجَرَيان

flow bottom hole pressure (Pet. Eng.) ضغط قاع البئر في اثناء الجريان

flow by heads سالَ متقطِّعاً – دَفقٌ متقطِّع

flow chart مُخطَّط الانسياب

flow controller ضابِط التدفق • منظِّمُ الجريان

flow diagram مُخطَّطُ بيان التسيُّل

flower of sulphur (Chem.) زَهْرُ الكِبريت

flow folding (Geol.) طيُّ الانسياب

flow gate فَتحةُ الانسياب

flow gauge (Hyd.) مِقياسُ الدَّفق

flow governor (Hyd. Eng.) حاكِمُ او منظِّمُ التدفّق • مُعدّل الصبيب

flow head (Pet. Eng.) رأس التدفق • فوهة التدفق : في رأس البئر

flow indicator دليل الصّبيب

flowing (*n.*) دَفْق • إنسياب • تدفُّق

(*adj.*) مُتدفق • مُنساب

flowing, light انسياب خفيف

flowing pressure ضَغطُ التدفّق

flowing well (Pet. Eng.) بئر مُتدفِّقة : بالضغط الذاتي (الطبيعي)

flowing well log سِجلّ (صبيب) البئر المتدفّقة

flow line (Pet. Eng.) خط التدفّق : خط التدفق من بئر النفط الى صهريج التخزين

flow line manifold مَشعب خطوط التدفق

flow lines (Eng.) خُطوط التصَبُّب : عندَ تجاوُزِ حدِّ المُرونة

flowmeter (Hyd. Eng.) مِقياسُ التَّدفّق

flow pattern (Hyd. Eng.) نَمَطُ الانسياب

(Geophys.) نمط الانعكاس

flow pipe (Eng.) ماسورة الدَّفق : ماسورةُ الماء الصّاعد من المِرجل

flow point (Chem. Eng.) نُقطَةُ التسيُّل

flow rate (Hyd.) مُعدَّلُ الدَّفق

flow recorder (Hyd.) مُسجِّل الدَّفق

flow regulator (Hyd.) مُنظِّم الدَّفق

flow sheet (Eng.) كَشفٌ بالعَمَليات المُتتابعة : رَسْمٌ يُبيِّن الخُطوات المُتعاقبة في عَمَلية انتاج

flow, streamline(d) (Hyd.) جَرَيانٌ انسيابي

flow string عمود أنابيب الانتاج الصاعد

flow-structure (Geol.) بِنيةٌ انسيابية

flow tanks (Pet. Eng.) صهاريج التدفّق – صهاريج فَرز الغاز (عن الزيت)

flow test اختبار التدفق

flow, turbulent (Hyd.) دَفقٌ مُضطرب • دَفقٌ دُوّامي (دُردُوري)

flow, uniform دَفقٌ مُنتظَم

flow value درجة الانسياب • قيمة الدفق

flow valve (Eng.) صِمامُ الدَّفق

flow well head pressure (Pet. Eng.) ضغط فوهة البئر في اثناء الجريان

flucan (or **fluccan**) (Mining) عِرقٌ طيني رَخو

fluctuate (*v.*) تَراوَحَ • تماوَجَ • تقلَّبَ – تبدَّل بِغيرِ انتِظام

fluctuating load (Eng.) حِملٌ متراوح

fluctuating pressure (Eng.) ضَغطٌ مُتراوح

fluctuating water table (Geol.)
مَنسوب المياه الجوفيّة المتراوح

fluctuation (*n.*) تَراوُح • تَقَلُّب • تغيُّر تراوحيّ

flue (*n.*) مَدْخَنة • مَصْرِف للغازات • مَسرَب اللَّهَب

flue gas (Eng.): غازُ المَداخِن • غاز الاحتراق : الغازُ المنصرف من نواتج الاحتراق

fluid (*adj.*) مائع • سَيّال • سائل • سائب
(*n.*) (Phys., Chem.) مائع (غازٌ او سائلٌ)

fluidal structure (Geol.) بِنية إنسيابية : تبدو فيها خطوط انسياب اللّابة بشكل متبلور .

fluid, automatic transmission (Eng.)
سائل نقل اوتوماتي

fluid bearing مَحمِل مائع

fluid bed catalytic cracking plant
وَحدة تكسير محفز بطبقة سائلة

fluid, brake (Eng.) سائل المكابح

fluid catalytic cracking (Chem. Eng.)
التكسير بالمحفِّزات المُسَيَّلة • التكسير المحفَّز السائلي

fluid coking (Pet. Eng.) التكويك السائلي

fluid conditioning unit وَحدةمُهايأة السائل

fluid content (Chem. Eng.) المحتوى السائلي

fluid cooled (Eng.) مُبرَّد بالسوائل

fluid, damping (Eng.) سائل التخميد

fluid, de-icing مائع ازالة الجليد

fluid density (Phys.) كثافة السائل

fluid dram دِرهم سائلي • ثُمنُ آونس سائلي (يساوي ٣،٦ سم٣ تقريباً)

fluid dynamics (Hyd.) ديناميكا (حركةُ) السوائل

fluid, extinguishing (Chem. Eng.) سائل إطفاء

fluid film غشاء سائلي

fluid flow جَريان سائلي • دَفقٌ سائلي

fluid friction (Eng.) احتكاك مائع

fluid, hydraulic مائع هيدرولي

fluid hydroforming (Pet. Eng.) التهذيب الهيدروجيني السائلي : بالمُحفِّزات المُسَيَّلة

fluidimeter (Pet. Eng.) مِسياب : مقياس السُيوبة او المُيوعة

fluid injection (Pet. Eng.) : حَقنُ المائع
حقنُ الآبار بالسائل او الغاز

fluidity (*n.*) سُيوبَة • سُيولة • مُيوعة

fluidization (*n.*) تَسييل • إسابة

fluidize (*v.*) سَيَّل • مَيَّع

fluidized catalyst حافِز مُسَيَّل

fluid layer طبقة سائلية

fluid level (Pet. Eng.) مَنسوب السائل •
مُستوى المائع : بالنسبة الى رأس البئر

fluid, lighter سائل الولّاعات

fluid lubrication (Eng.) تزييتٌ • تزليق سائلي

fluid mechanics (Eng.) مِيكانيكا الموائع

fluid motion (Eng.) حَرَكةُ السوائل • حركة مائعية

fluid ounce آونس سائلي : يساوي ٢٩ سم٣ تقريباً

fluid pressure (Hyd.) ضغط الموائع

fluid resistance (Hyd.) مقاومة الموائع

fluid sample عيّنة مائعة • عَيّنة سائلية

fluid sampler نبيطة استخراج العيِّنات المائعة

fluid saturation method (Geophys.)
طريقة الاشباع بالموائع : قياس مَساميَّة العيِّنة المجفَّفة بإشباعها بالكيروسين

fluid, shock absorber (Eng.)
سائل مُخمِّد الصدمات

fluid slag (Chem. Eng.) خَبَثٌ مائع

fluid, transmission سائل نقل الحركة

fluid, washing سائل الغسل

fluke (*n.*) رأسٌ خُطّافي ـ شُعْبَة (او مخلب المرساة)

flume (*n.*) مَسيلٌ عَريضٌ مُنحَدِر • قناة طبيعية

fluorene (Chem. Eng.) فلورين: مُركَّب قِيري هيدروكربونيّ

fluoresce (*v.*) تَفَلْوَر • لَصَف • ألَقَ

fluorescence (*n.*) تَفَلْوُر • فَلْوَريّة • لَصَف • ألَق • تألُّق

fluorescent (*adj.*) فَلْوَري • قابلٌ للتفَلْوُر • لاصِف

fluorescent indicator (Chem. Eng.)
كاشِف (أو مُبيِّن) فلوريّ

fluoride (Chem.) فلوريد • فلورور

fluorinate (*v.*) (Chem. Eng.)
فَلْوَرَ : عالج بالفلور

fluorine (F) (Chem.) فلُور : عنصر غازيّ رمزه (فل)

fluorite (Min.) فلُوريت : فلوريد الكالسيوم • حجر فَلوريّ

fluormeter (Chem. Eng.) مقياس الفلُور :
مقياس تحديد الجُرعة الحجمية من الفلور

fluorolog (Pet. Eng.): سجل الكشف الفلوري عن وجود خام النفط في اثناء عمليات الحفر

fluoroscope فلورُوسكوب • مِكشافُ الفَلْوَرية

fluorspar = fluorite (Min.) فلُورسپار •
فلوريت • فلوريد الكالسيوم البلّوري

flush (*v.*) تدفّق • اندفع • غمَر ـ رَحَض •
نظّف بدَفق الماء ـ تَساطَحَ • استوى مع السّطح

fluid bed catalytic cracking plant

fluid conditioning unit

(*n.*) تَدفُّق • اندِفاع ـ رَحْض
(*adj.*) مُتساطِح ـ وافِر
(*adv.*) مُباشَرةً ـ مُستوياً او مُتساطِحاً (مع)

flushed zone مِنطقة مغمورة (بالماء)

flush-head rivet (Eng.) بِرشامةٌ متساطِحَةُ الرأس

flushing (Eng.) رَحض • شَطْف • كَسْح (بالماء او الهواء)

flushing fluid سائل الرحض أو الكسح

flushing oil (Pet. Eng.) زيتُ التنظيف •
زيت الرّحض : لتنظيف مجاري التزليق في المكنات

flushing pump (Eng.) مضخة رَحض

flushing tank (Eng.) خزّانُ رَحْض

flush joint (Eng.) وُصلة مُتساطِحة

flush mounting (Eng.) تركيبٌ مُتساطح

flush production (Pet. Eng.) انتاج دَفقي

flush-riveted joint (Eng.) وُصلة بَرشَمة مُتساطِحة

flush valve صِمامُ رَحض

flush welding (Eng.) لِحامٌ مُتساطح

flute (*n.*) خُدَّة • حَزّ ـ مَجْرىً مُخدَّد
(*v.*) خَدَّد • حَزَّز • فَرَّض

fluted filter مُرَشِّحٌ مُخدَّد

fluted shaft (Eng.) عَمودُ إدارةٍ مُخدَّد

fluted-socket head (Eng.) رأسٌ مُجوَّفٌ مُخدَّد

fluid sampler

fold

fluted tube (Eng.) أنبوب مُخدَّد
fluting (Eng.) خُدَدٌ طُوليّة – تخديدٌ اسطواني أو حلزوني
flutter (v.) رَفَّ • رَفرَفَ • خَفَقَ • دَفَّ
(n.) رَفرَفة • رَعْشَة • دفيف – ذبذبة لاغِطة
fluvial = **fluviatile** (adj.) نَهري • خاصٌّ بالأنهُر
fluviatile deposits (Geol.) رواسِبُ نَهرية (في مَجرى النهر)
fluvioglacial (adj.) (Geol.) نَهري جليدي
fluviomarine (adj.) نَهريٌّ بَحري
flux (n.) جَرَيان • سَرَيان – فَيْض • تَدَفُّق • دَفْق – مُعَدَّلُ التَّدفُّق
(Eng.) صَهور • مُساعِدُ صَهر – صهيرةُ لِحام – محلول تنظيف
fluxed (adj.) مَصهور • مُسَيَّل
flux-gate (Eng.) فُتحةُ التَدفُّق • مُوَلِّدُ الدفق
flux hopper (Pet. Eng.) قادُوس محلول التنظيف
fluxing agent صَهور • عامِلُ صَهر
fluxion (n.) جَرَيان • تدفق
fluxmeter (Elec. Eng.) مِقياسُ الدَّفق المغنطيسي
flux oil (Pet. Eng.) زيتٌ لتَطرِيَة القار او الاسفَلت
fly ash رَمادٌ مُتطاير
fly away oil (Pet. Eng.) زيتٌ طيّار او مُتطاير
fly cutter (Eng.) مِقطَعُ تفريز دوّار
flying (adj.) طائر – طَيّار – سريعُ الحركة
(n.) طَيَران
fly nut = **wing nut** (Eng.) صَمُولة مُجنَّحة
fly-over (Civ. Eng.) مَعبَر فوقيّ : طريقٌ او مَعبَر فوق طريقٍ أخرى
fly-over junction (Civ. Eng.) مُلتقى طريقين مُختلفَي المستوى
fly-pulley بَكَرة متحركة
fly weight ثِقل دوّار

flywheel (Eng.) حَذّافة • دولابُ تنظيم السُّرعة
F.M. (**frequency modulation**) تضمين التردُّد
f.m.e.p. (**friction mean effective pressure**) متوسط الضغط الفعّال للاحتِكاك
foam (n.) رَغوة • رُغاوة • زَبَد
(v.) رَغا • أرغى • أزبَد
foam breaker (Chem. Eng.) مانِع الترغّي
foam chamber (Pet. Eng.) حَيِّزُ الرُّغاوة : فوق صهريج الزيت
foam depressant (Chem. Eng.) خافِض الرغوة • مانع الترغّي
foamed concrete = **cellular concrete** (Civ. Eng.) خَرَسانة رُغاوية • خَرَسانة خَلَويّة •
foam extinguisher مِطفأة رَغويّة
foam glass زجاج رَغوي
foaming إرغاء • رغو • ترغية
foaming agent (Chem. Eng.) عامِلُ إرغاء • عامِل ترغية
foaming tendency نَزعة الإرغاء
foam inhibitor (Chem. Eng.) مانِعُ الرغوة • مانع الترغّي
foamite فُومايت : رغوة مضادة للحريق
foamless لا رغوي • عديم الزَّبَد
foam rubber (Chem. Eng.) مَطاط زَبَدي او رَغوي
foamy (adj.) مُزبِد • مكسُوٌّ بالرَّغوة او الزَّبَد
f.o.b. (or **F.O.B.**) (**free on board**) فُوب : تَسليمُ ظَهرِ المَركَب
f.o.c. (**free of charge**) مُعفىً من الرسوم
focal (adj.) بؤري • مِحرَقي
focal distance بُعدٌ بُؤري
focalize (v.) رَكَّزَ او تَرَكَّزَ في بُؤرة
focal length طولٌ بُؤري • بُعدٌ بُؤري
focal plane المستوى البؤري
focal point نُقطة البؤرة • النُّقطة الحسّاسة
focal temperature درجة الحرارة البؤرية
foci (pl. of **focus**) بُؤَر • بؤرات
focus (n.) بُؤرة • مِحرَق – تَركيزٌ او ضَبط بُؤري
(v.) رَكَّزَ في بُؤرة
focusing (n.) تَركيز بؤري
focus(s)ed (adj.) مُركَّز في بُؤرة
fog (n.) ضَباب • ضَبابة – غُبْشة
(v.) تضبَّبَ • غَبِشَ • غَشَّى أو تغشّى بالضباب
fog-bound (adj.) مُعاقٌ (عن الابحار) بسبب الضّباب
fog formation تكوين او تكوّن الضباب

fogged film فِيلمٌ مُضَبَّب : لِقِدَمِه او لِتَسرُّب الضوءِ اليه
foggy (adj.) مُضِبٌّ • كثير الضباب • غَبِش
fog light = **fog lamp** ضوءٌ للضباب • مصباح الضباب
fog lubrication (Eng.) تزليق رَذاذي
foig (Mining) تَشَقُّق السّطح
foil (n.) رَقيقة مَعدِنية • ورقة فِلزِّية
fold (n.) طَيَّة • ثَنْيَة – حَظيرة
(Geol.) طَيَّة • طَيّ
(v.) طوى • ثَنى • إنطوى – لفَّ • اكتَنَف
fold, asymmetric (Geol.) طيّة لا تماثُليّة
fold axis (Geol.) مِحورُ الطيّة
fold, closed (Geol.) طَيّة مُطْبَقة
folded stratum (Geol.) طَبَقة مَطويّة
folder إضبارة • مِلَف
fold-fault (Geol.) صَدعُ الطيّ
fold, inclined (Geol.) طَيّة مائِلة
folding machine (Eng.) مكَنة طَيّ (الصفائح)
folding map خريطة انطوائية • خريطة تنطوي
fold limb (Geol.) جَناح الطيّة
fold lines (Geol.) خُطوط الطَّيّ
fold, open (Geol.) طَية مَفتوحة
folia (Geol.) رقائق شِستيّة او صفائحية
foliaceous (adj.) وَرَقيُّ الشكل – مُؤلَّف من صَفائحَ رَقيقة
foliated (adj.) (Geol.) ذو تكوين صفائحي او ورقي
foliated coal (Mining) فحم صَفائِحي أو رقائقي
foliated structure (Geol.) بِنية صفائحيّة
foliation (n.) توَرُّق – إيراق
(Geol.) توَرُّق • نظام صفائحي
folium (pl. **folia**) (Geol.) طبقةٌ رقيقة
follicle جُرَيب • حُوَيصِلة
follow (v.) تَبِعَ • تَلا – نَتَجَ عن – تابَعَ • لاحَقَ • اتَّبَعَ • تتبَّع
(n.) مُتابعة • لَحاق
follower (n.) تابِع • لاحِق – رادِف • مُتابِع
(Eng.) تُرسٌ تابِع
follow-up (n.) مُتابعة
follow-up bit (Civ. Eng.) مِثقبُ مُتابَعة : مِثقب ليِّن الجذع يستخدم في الحفر المائل
follow-up system نظام المتابعة
fondu (Civ. Eng.) فُندو • مِلاطٌ غَنِيٌّ بالألومينا
foodstuff (n.) مادّة غِذائية
fool-proof (adj.) مأمونُ الاستِعمال • لا يُعطَّل

fool's gold (Min.) كبريتور الحديد او النحاس : معدن يشبه الذهب
foot (*n.*) قدم – قاعدة • طرف سفلي – رسابة قاعية
footage (Mining) القدمية : الأجرة لكل قدم
(Civ. Eng.) القدمية : المسافة بالاقدام
footage contract (Civ. Eng.) التزام (حفر) بالقدمية
foot brake (Eng.) مكبح قدمي
footbridge (Civ. Eng.) جسر (او قنطرة) المشاة
foot-candle قدم شمعة : وحدة قياس شدة الإضاءة
foothill (Geol.) تل سفحي
foothold (*n.*) موطئ قدم – مركز وطيد
footing (*n.*) أساس • قاعدة – موطئ قدم – مجموع (عمود من الارقام)
foot oil = **foots oil** (Pet. Eng.) زيت القاع
foot-operated (*adj.*) يشغل بالقدم
footpath (*n.*) ممر المشاة
foot-pound (Eng., Phys.) باوند قدم : وحدة شغل تساوي ١٫٣٥٨٢ من الجول
foot-pound per minute (Phys., Eng.) باوند قدم في الدقيقة : وحدة قدرة تساوي ٠٫٠٢٢٦ من الواط
foot press (Eng.) مكبس قدمي: يشغل بالقدم
foots oil (Pet. Eng.) زيت القاع : المنتضح من الشمع النفطي
foot switch (Elec. Eng.) مفتاح قدمي : يشغل بالقدم
foot valve (Eng.) صمام سفلي لا رجعي
footwall (Geol., Mining) جدار سفلي (لصدع او عرق معدني)
footway = **sidewalk** ممر المشاة • رصيف
Foraminifera (Biol.) المنخربات
forble board (Civ. Eng.) منصة تعليق : في أعلى برج الحفر • منصة رباعية المسالك
force (*n.*) قوة • شدة • عنف • فاعلية – فرقة • مفرزة
(Mech.) قوة
(*v.*) أرغم • أجبر • فتح أو أخذ عنوة
forced (*adj.*) قسري • إضطراري
forced-circulation boiler (Eng.) مرجل دوران قسري : مرجل بخاري ذو مضخة لدفع البخار والماء في دائرته
forced draught (Elec. Eng.) تهوية قسرية • تيار تهوية يسحب آلياً • سحب قسري
forced-draught fan مروحة السحب القسري
forced-draught ventilation (Eng.) تهوية بالسحب القسري

forced feed (Eng.) تغذية قسرية • القام بالضخ
forced-feed oiling (Eng.) التزييت بالتغذية القسرية
forced injection (Eng.) حقن قسري : حقن بالضخ
forced lubrication (Eng.) تزييت قسري
forced production (Pet. Eng.) انتاج بالضخ • انتاج بالدفع القسري
forced vibration اهتزاز قسري
force feed lubrication (Eng.) التزليق بالتغذية القسرية
force majeure قوة قاهرة • سبب اضطراري
force of attraction (Phys.) قوة التجاذب
force of friction (Eng.) قوة الاحتكاك
forceps ملقط • جفت
force pump (Eng.) مضخة دافعة • مضخة دفق قسري (او جبري)
forcible (*adj.*) قسري – عنيف • فعال
forcing pump (Eng.) مضخة دفق قسري
forcing screw (Eng.) مسمار زنق ملولب
forcipate (*adj.*) جفتي (او ملقطي) الشكل
ford (*n.*) معبر ضحل • مخاضة
(*v.*) خاض • عبر (النهر) خوضاً
fore (*adj.*) أمامي • أول • متقدم
(*adv.*) في المقدمة • نحو المقدمة
(*n.*) مقدمة • واجهة أمامية
fore-and-aft (*adj.*) طولاني • من الأمام إلى الوراء • من طرف الى طرف
fore and aft gangway (Naut.) ممر طولاني (في السفينة)
forebay (Pet. Eng.) خزان أمامي : في رأس خط الانابيب
forecast (*v.*) تنبأ (ب) • تكهن (ب)
(*n.*) تنبؤ • نبوءة – توقع
forecastle (*n.*) (Naut.) سلوقية المركب – عنبر أمامي للبحارة
forecastle head (Naut.) السطح الأمامي (للمركب)
forecited (*adj.*) مذكور آنفاً
foredeck (*n.*) سطح مقدم السفينة
foredeep (Geol.) قعير : قعر الطية المقعرة الاقليمية
foreground (*n.*) أمامية (الصورة) • صدر (الشيء)
forehand rent أجرة معجلة : تدفع مقدماً
forehead (*n.*) جبهة – مقدمة • جزء أمامي
foreland (Geol.) أرض المقدمة • رأس • لسان ارضي يمتد في البحر
foreman (*n.*) ملاحظ عمال • خولي

foremast (*n.*) دقل الصاري الأمامي
foremost (*adj.*) اول • أسبق – رئيسي
fore observation (Surv.) رصد امامي
forepart (*n.*) جزء أمامي
forepeak (*n.*) مخزن المقدمة (في سفينة) • صهريج الجؤجؤ
forepole (Civ. Eng.) قائمة دعم : لسند جوانب النفق
forepoling (Mining) تدعيم النفق الأولي
forerunner (*n.*) سابق • رائد – دليل • بشير
foresail (Naut.) شراع الصاري الامامي
fore-set beds (Geol.) طبقات الواجهة
fore shift (Mining) عمال نوبة الصباح
foreshore (*n.*) شاطئ امامي : ما يغمره البحر في اثناء المد وينكشف في اثناء الجزر
foresight (*n.*) بصيرة • بعد نظر
(Surv.) مهداف (او قمحة) التسويب
forest (*n.*) غابة • حرج
(*v.*) حرج • حول الى غابات
forfeit (*v.*) خسر • فقد (نتيجة تقصير او إهمال)
forfeiture clause بند الإلغاء
forfeiture of lease فسخ عقد الإيجار
forge (*n.*) كور الحدادة – ورشة حدادة – مصهر معادن • مسبك
(*v.*) طرق • شكل بالحدادة • صاغ – زيف • قلد (بقصد الخداع)
forgeable (*adj.*) قابل التشكيل (بالحرارة والتطريق)
forged iron (or **steel**) (Met.) حديد (او فولاذ) مشكل بالتطريق
forge scale (Eng.) حرشفة التطريق : قشرة (من اكسيد الحديد) تغطي الحديد في اثناء التشكيل
forge welding (Eng.) لحام بالحرارة والتطريق
forging (*n.*) حدادة • التشكيل بالحرارة والتطريق
forging billet كتلة حديدية معدة للتشكيل
forging die (Eng.) قالب التشكيل
forging hammer (Eng.) مطرقة التشكيل
forging machine (Eng.) مكنة تشكيل بالطرق او الكبس
forging press (Eng.) مكبس تشكيل
forgings (*n.*) مشغولات مشكلة بالحدادة
fork (*n.*) شوكة – شعبة • مفرق
(*v.*) شعب • تشعب
forked (*adj.*) متشعب • متفرع
forked circuit دائرة متشعبة

forked end طَرَف مُتشعِّب

forking (*n.*) تَشَعُّب · تفرُّع

fork-lift (Eng.) مِرفاعٌ شَوكي : ذو شُعَبٍ تُولَج تحت الثِّقْل المُراد رَفعه

fork-lift truck (Eng.) عَرَبَةٌ (خَفيفةٌ) بِمِرفاعٍ شَوكي

fork test bar (Eng.) قضيب اختبار مُشَعَّب

fork wrench (Eng.) مِفتاحُ رَبطٍ مُشعَّب

form (*n.*) شَكل · هَيئة · مَظْهَر ـ نَمَط · صِيغَة ـ كيفيَّة ـ قالَب ـ نموذَج ـ استمارةُ طَلَب

(*v.*) صاغَ · شَكَّل · رتَّب · تَشَكَّل ـ أنشأ · نَشَأ · تكَوَّن

formal (*adj.*) رَسْمِيّ · شَكْلي · أُصولي · تَقْليدي

formaldehyde (Chem.) فورمَلْديهَيد

formalin = formaldehyde (Chem.) فورمالين · فورمُول

formality (*n.*) إجراءٌ شكْلي · تقليدٌ مُتَّبَع

formate (Chem.) فُورمات : مِلحُ حامِضِ الفورميك

formation (*n.*) تَكوين · تكَوُّن · تَشكيل · تأليف · تَركيب ـ مُكَوَّن

(Geol.) تكوين صخري · طبقة مُمَيَّزة

fork-lift truck

formation tester,
surface and downhole equipment

formation boundary (Geol.) حدود التكوين

formation breakdown pressure (Geophys.) ضغط الانهيار للتكوين

formation correlation (Geol.) مُضاهاة التكوينات : لتَحديد عُصورها · تَواكُبُ التكوينات

formation resistivity factor (Geophys.) مُعامِل مقاومية التكوين

formation sample (Geol.) عَيِّنة (من) التكوين

formation tester (Geophys.) مِخبار التكوينات

formation testing اختبار التكوينات

formation volume factor (Chem. Eng.) مُعامِل التكوين الحجمي : نسبة حجمٍ من المُنتَج النهائي الى حجم الخام اللازم لإنتاجه

formation water (Geol.) مياه التكوينات

formative (*adj.*) مكَوِّن · مُركِّب ـ تَكويني

former (*adj.*) سالِف · سابق

(*n.*) مُشكِّل · أداة تَشكيل

formic acid (Chem.) حامضُ الفورميك · حامضُ النّمليك

forming (*n.*) تَشكيل · تكوين · إعداد ـ قولبة

forming die (Eng.) قالَبُ تَشكيل

forming process (Elec. Eng.) عمليةُ تَشكيلِ الصَّفائح (في مِزْكَمٍ رصاصي)

form oil زيتُ قوالِبِ الصَّبْك

formol (Chem.) فُورمول

formula (*n.*) صِيغَة (التركيب الكيماوي) ـ مُعادَلَة ـ عِبارةٌ اصطلاحية

formula, basic صيغة اساسية

formula, empirical (Chem.) صيغة اختبارية او تجريبية

formula, molecular (Chem.) صيغة جُزَيئية

formula, structural (Chem.) صيغة تركيبية

formulate صاغ · عبَّر بمعادلةٍ او صيغة جَبريَّة

formulation (*n.*) صِياغَة

formula weight (Chem. Eng.) الوزنُ الصِّيغي: الوزنُ الجُزَيئي بالغرامات

formwork (Civ. Eng.) قالبٌ مُؤقَّت (لصبِّ الاسمنت)

formyl group (Chem.) مَجموعةُ الفُورميل · جَذْرُ حامِضِ الفورميك

forte-board (Eng.) قَنطرةُ الوصل

fortify (*v.*) حَصَّن ـ قَوَّى ـ زاد نِسبةَ الكحول في

Fortin's barometer بارومتر «فورتن»

fortuitous (*adj.*) عَرَضي · إتِّفاقي · طارِئ · فُجائي

forward (*adj.*) أمامي · مُتقدِّم

(*adv.*) نحو المقدَّمة · قُدُماً

(*v.*) أرسَل ـ عَمِلَ على إنجاح · قَدَّم

forward current تيار امامي الاتجاه

forward deep tank (Naut.) صِهريج المقدمة العميق : تحت فسحة الحمولة الجافة

forward gear (Eng.) تُرس الحَرَكة الأمامية

forwarding agent وكيلُ النَّقل · وسيط الشَّحن

forwarding station محطة الإرسال

forward station المحطة الامامية

F.O.S. (free on station) تسليم محطة الشَّحن

fossa (*n.*) حُفْرة · نُقْرة · أخدود · غَوْر

(Geol.) هَزْمة قارِّيَّة

fosse (*n.*) حُفرة ـ خَندق · قَناة

fossil (*n.*) (Geol.) حَفْرِيَّة · أُحفورة · مُستحجِرة عُضوية

(*adj.*) حَفْري · مُستَحجِر · أحفوري · مكونٌ بقايا متحجِّرة

fossilate = fossilize (*v.*) تحجَّر · استحجر

fossil contents المحتويات الحَفْرية

fossil density (Geol.) كثافة الحَفْريات : عددها في وحدة المساحة

fossil fuel (Geol.) وَقود أُحفوري

fossiliferous (*adj.*) حاوٍ الأحافير · حاوٍ بقايا متحجِّرة

fossiliferous layer (Geol.) طبقة أحافيرية

fossiliferous sandstone (Geol.) حجر رملي صدَفي

fossilism علم الإحاثة · علم الحَفْريّات

fossilization (Geol.) استِحجار · استِحفار · تحجُّر بقايا الأحياء الدفينة

fossilize (*v.*) استحجر · تحجَّر ـ بحَثَ عن الاحافير

fossil oil (Pet. Eng.) زيت الأحافير : اسم قديم للنفط

fossilology (Geol.) عِلم الأحافير

fossil spores (Geol.) أبواغ متحجِّرة

foul (*adj.*) فاسِد · رَديء · قَذِر · وَسِخ · مُلَوَّث ـ عاصِف · غيرُ مُواتٍ

(*v.*) وسَّخ · لَوَّث · اتَّسخ · تلوَّث

foul air flue مَصْرِفُ الهواء المُلَوَّث

fouled (*adj.*) مُوسَّخ · قذِر

foul gas (Pet. Eng.) غاز غير مُنَقّى

fouling (Eng.) تَوسيخ · إتساخ · تقذُّر ـ اوساخ مُترسِّبة ـ انسِداد بالاقذار المتجمعة

fouling factor عامل توسيخ

foul main (Pet. Eng.) الانبوب الرئيسي للغاز غيرِ المُنَقّى : المُوصل الى وَحدة التنقية

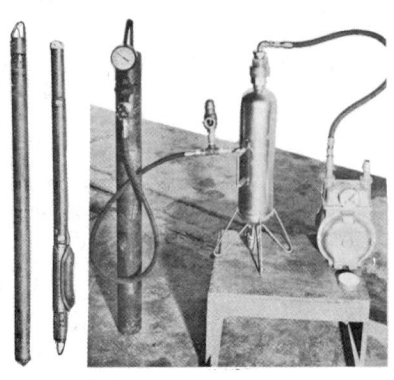

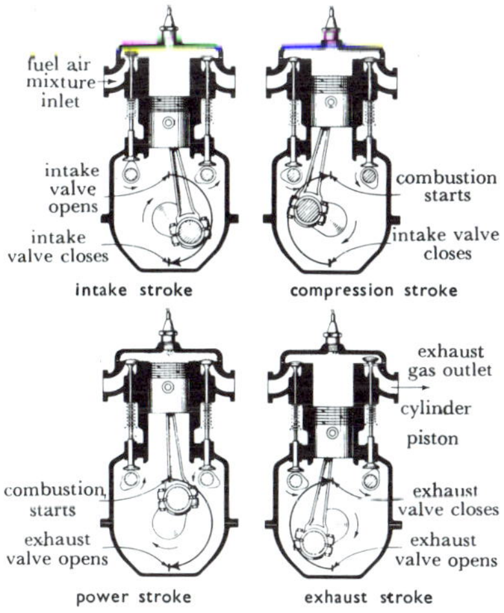

FRA
175

fuel air mixture inlet
intake valve opens
intake valve closes
intake stroke
combustion starts
intake valve closes
compression stroke
exhaust gas outlet
cylinder
piston
combustion starts
exhaust valve opens
exhaust valve closes
exhaust valve opens
power stroke
exhaust stroke

four-stroke cycle

found (*v.*) أسّس • أنشأ • أقام – سبَك • صَبّ في قالَب

foundation (*n.*) أساس • قاعدة – تأسيس – مُؤَسَّسة

foundation failure (Civ. Eng.) تداعي الأساس

foundation-stone (Civ. Eng.) حجرُ الأساس

founder (*v.*) غَرِقَ (لامتلائه بالماء) – أغرَق – كَبا • انهار

(*n.*) مؤَسِّس • مُنشِىء – سَبّاك • عاملُ سِباكة

founders' shares أسهمُ مؤسسين • أسهم تأسيسية

founding (*n.*) سِباكة – تأسيس

founding furnace فُرنُ الصَّهر

foundry (*n.*) مَسبَك • مَصْهَر – سِباكَة

foundry coke فحمُ المَسبَك

foundry cores قلوب السبك

foundry furnace فُرنُ الصَّهر

foundry ladle (Eng.) مِغرَفةُ سِباكة

foundry slag (Met.) خَبَثُ المَصْهَر

fountain (*n.*) نافورة • يَنبوع

fountainhead (*n.*) مَنبَع • مَصْدر أساسي

fourble = forble (*n.*) (Civ. Eng.) رابوع جِذع الحفر : اربعة أمثال طول جِذع الحفر

fourble board (Civ. Eng.) مِنصة تعليق : في اعلى برج الحفر • منصة رباعية المسالك

four-choke carburettor (Eng.) مُكَربِنٌ رُباعي المخانق

four-cycle engine (Eng.) مُحرِّك رباعي الأشواط

four-cylinder engine (Eng.) مُحرِّك رباعي الاسطوانات

four-engine (*adj.*) رُباعي المحرِّكات

fourfold (*adj., adv.*) أربعة أضعاف

four-ply (*adj.*) رُباعي الرقائق او الطيّات

four-seater (*adj.*) رُباعيُّ المقاعد

four-speed gear (Eng.) مجموعةُ تُروسٍ رُباعيّةُ السُّرعات

four-step plan خُطَّة رباعية المراحل

four-stroke cycle (Eng.) دورةٌ رباعيّةُ الأشواط

four-stroke engine (Eng.) مُحرِّك رُباعي الاشواط

four-way cock (or **tap**) (Eng.) مِحْبَسٌ رباعيُّ المسالِك

four-way switch (Elec. Eng.) مِفتاحٌ رُباعيُّ المسالِك

four wheel drive (Eng.) دفع بالدواليب الأربعة

F.P. (**freezing point**) نُقطةُ التجمُّد

(**flowing pressure**) ضغط التدفق

F.P.M. (**feet per minute**) قَدَم في الدقيقة

F.P.S. (**foot-per-second**) قدم في الثانية

f.p.s. = foot-pound-second ق ب ث (قدم باوند ثانية)

frac (abbrev. of **fraction**) (Pet. Eng.) جُزء • جزء مُقتطَع

fraction (*n.*) جُزء • جُزءٌ ضئيل – كَسْر

(Pet. Eng.) جزء بترولي • مُقتطَعٌ بترولي (ذو مَدى غليان مُحدَّد)

fractional (*adj.*) جُزئي • ضئيل

(Chem. Eng.) تفاضُلي • تجزيئي • تجزئي

fractional analysis (Chem. Eng.) التحليل التجزئي

fractional combustion احتراق جُزئي

fractional condensation (Chem. Eng.) التَكثيفُ الجُزئي – التكثيف التجزئي او التفاضُلي

fractional crystallization (Chem. Eng.) التبلور الجُزئي – البَلْوَرة التفاضليّة

fractional distillation (Chem. Eng.) التقطير التجزيئي • التقطير التفاضُلي

fractionalize (*v.*) جَزَّأ • قسَّم او فصَل الى اجزاء

fractional precipitation (Chem. Eng.) التَرسيب التَجزيئي • الترسيب التفاضُلي

fractionate (*v.*) (Chem. Eng.) جزّأ (بالتقطير التفاضُلي)

fractionating column (Chem. Eng.) عمود مُجَزِّىء

fractionating tower (Chem. Eng.) بُرجُ تجزئة • برج التقطير التفاضُلي

fractionation (Chem. Eng.) تجزئة • تقطير تَجزيئي او تفاضُلي

fractionation column (or **tower**) بُرج التجزئة • برج التقطير التفاضُلي

fractionator (Chem. Eng.) مُجزِّىء • بُرج التجزئة • عمود التجزئة

fractionator-absorber (Pet. Eng.) مُجزِّىء مَصّاص • بُرج امتِصاص وتجزئة

fractionator column (Pet. Eng.) عَمود المُجَزِّىء • بُرج التجزئة

fractionator reflux accumulator (Chem. Eng.) مُجمِّع السائل المُعاد الى المُجزِّىء

fractionator stripper (Chem. Eng.) مُنَصِّل مَصّاص : بُرج استِنصال وتجزئة

fraction, heavy (Pet. Eng.) الجزء الثقيل

fraction, high-boiling جُزء عالي نُقطة الغليان

fraction, intermediate (Pet. Eng.) جُزء وَسَطيّ : بين مُنتَجات التقطير

fraction, light (Pet. Eng.). الجزء الخفيف

fraction, low-boiling (Pet. Eng.) جُزء خَفيضُ نُقطة الغَلَيان

fracture (*n.*) كَسْر • صَدْع – مَكسِر

(*v.*) كَسَر • انكَسَر • تَصَدَّع

fracture cleavage (Geol.) تشقّق صَدعي

fracture line (Geol.) خَطُّ الانكِسار • خطُّ الصدع

fracture plane (Geol.) مُستَوى الانكِسار

fracture porosity (Geol.) مَساميّةُ المَكسِر

fracturing (Geol.) تكسُّر • تشقُّق – تكسير (الطبقاتِ الجوفية)

fragile (*adj.*) هَشٌّ • سهلُ الانكِسار – سريعُ العَطَب

fractionating columns

fragility (*n.*) سهولة المَكْسِر • سرعة العطب
fragment (*n.*) كِسْرَة • نُتْفَة • شَقفة • فُتاتة • شَظِيّة • قِطْعة
fragmental deposits (Geol.) رواسِبُ فُتاتيّة
fragmental rocks (Ceol.) صخور شَقفيّة • صخور فُتاتية
fragmentary (*adj.*) شقفيّ • شَظوي • فُتاتي • مُؤلَّفٌ من شَظايا او شَقف
fragmentation (*n.*) تَجزئة • تجزُّؤ • تَشظِيَة • تفتُّت
fragrance (*n.*) أريج • شَذا • رائِحة زَكيّة
fragrant oil (Pet. Eng.) زيتٌ عَطِر
frame (*n.*) هَيكَل • إطار — قَالَب • بِرواز — نِطاق • مَناط
(*v.*) أحاط بإطارٍ — شكَّل الهيكل
frame of reference مَناطُ الإسناد
framework (*n.*) هَيكَل • قالَب إنشاء إطاري
franchise tax ضريبة تأسيس : ضريبة انشاء شركة أو مشروع تجاريّ
frangibility (*n.*) قَصامة • سهولة الانكسار • قَصف
frangible (*adj.*) قَصِم • قابلٌ للكَسْر
frangible disk (Eng.) قُرصٌ قَصِم : ينكسِرُ عند ازدياد الضغط لفتح صِمام الأمن
franking machine آلةُ دَمغِ الرَّسائل
Frasch process (Chem. Eng.) طريقةُ «فراش» : لاستخراجِ الكبريت الطبيعي
fraudulent (*adj.*) إحتيالي — مُحتال • غَشَّاش
fray (*n.*) مُشاجَرة • عِراك • شَغَب
(*v.*) نَسَل • إنتكَث — إهترى — حَتَّ • بَرى
frazing machine (Eng.) مَكَنة تَنعيم المصبوبات
freak (*adj.*) شاذّ • غريب • مُتقلِّب الأطوار
freak well (Pet. Eng.) بئرٌ متقلبة الأطوار
free (*adj.*) حُرٌّ • غير مُقيَّد — غير مُتَّحِد (بعناصرَ أخرى) — سائب • طَليق • غيرُ مَسدود — مُباح — مجّاني • مُعفىً من الرُّسوم — خالٍ او سَليم(من) — صِرْف — كَثير
(*v.*) حَرَّر • أطلَق — خلَّص • أعفى — أباحَ — أزال (العراقيل)
free acid (Chem.) حامِضٌ طليق : قادرٌ على التّفاعُل
free-air anomaly (Geophys.) الشذوذ الثّقالي في الهواء الطلق : شذوذ الجاذبية المُصحَّح بالنسبة لِعُلوِّ المَحطة عن خط الإسناد
free alkali (Chem. Eng.) قِلْوٌ (او قِلْيٌ) طليق

freeboard (Naut.) ارتفاعُ ظَهرِ السفينة عن خط الماء — جزء السفينة الظاهر من الماء
free energy (Chem., Phys.) طاقة حُرَّة • طاقةٌ طَليقة
free enterprise عَملٌ حُر • مشروعٌ حُر
free fall (Mech.) سُقوطٌ ذاتي • سقوطٌ طَليق
free-fall boring (Civ. Eng.) حَفْرٌ بالسُّقوط الذاتي
free fit (Eng.) توافُقٌ طَليق
free flow (Hyd.) انسيابٌ حُر • دَفقٌ طليق
free from acid خالٍ من الحامض
free from dust خالٍ من الغبار
free gas غازٌ طليق
free-hand (*adj.*) يَدويّ • مَصنوعٌ باليد — مُطلَقُ اليَد • حر التصرف
(*n.*) حُرِّيّةُ التصرُّف المطلقة
freehold (*n.*) مِلكيّة عَقارية مُطلَقة
free labour عُمّـال أحرار : غيرُ مُنتمين لنقابات
free motion (Phys.) حَرَكة حُرَّة • حركة مُطلَقة
free of all average خَلِيٌّ من العَوار العام
free of charge مُعفىً من الرسوم
free on board (*adj., adv.*) تسليم على ظَهر الباخرة
free on station تسليم في محطة الشحن
free path مَمَر حُر • مَدىً حُر
free point indicator (Civ. Eng.) مُبيِّنُ موضع الطرف الطليق (للانبوب أو الاداة المنزنقة)
free point of stuck pipe (Civ. Eng.) الطرف الطليق للأنبوب المحصور
free port ميناءٌ حُر : لا تُتقاضى فيه رسومٌ جمركية
free radical (Chem.) شِقٌّ طَليق
free rotation دورانٌ حُر • دَوران طليق
free running (*adj.*) مُنطلِقٌ بِحرِّية
(*n.*) دورانٌ طليق • تحرُّكٌ طَليق
free sample عَيِّنة مجّانيّة
free state (Chem.) حالةُ الوجود الحُر
freestone (Geol.) كَذّان : حجرٌ رَمليٌّ لا يتفسَّخُ بالقَطع
free sulphur (Chem.) كبريت طليق : غير مُتحد بمواد اخرى
free trade تِجارةٌ حُرّة
free underground water (Geol.) مِياه جَوفية حرّة
free water ماء طليق
free wave (Phys.) مَوجةٌ مُطلقة (أو طليقة)

free wheel (Eng.) دولابٌ سائِب (او طليق) • عَجَلة طليقة
freeze (*v.*) جَمَّد • تَجمَّد • جَمَدَ • جَلِد
(*n.*) تَجمُّد • جمود
freezing (Chem., Phys.) تَجميد • تَجمُّد
freezing bath (Chem. Eng.) مَغْطسُ تَجميد
freezing compartment (Eng.) حُجَيرةُ تَجميد
freezing danger خطَرُ التجمد
freezing inhibitor (Chem. Eng.) مانعُ التجمُّد
freezing mixture (Chem. Eng.) مَخلوط تجميد
freezing-point (Phys., Chem.) نُقطة التجمُّد • درجةُ التجَمُّد
freezing range (Phys., Chem.) مدى التجمد
freezing resistance مقاومة التجميد • مقاومة التجمد
freezing temperature درجة حرارة التجمد
free zone مِنطقةٌ حُرّة (في مَرفأ)
freight (*n.*) شِحْنَة • حُمولة — شَحْن • نَقلُ البضاعة — نَولٌ أو أُجرةُ الشَّحن
(*v.*) وَسَق • شَحن • نَقَل • حَمَل — استأجَر للشَّحن
freightage (*n.*) نَقلُ البِضاعة — أُجرةُ الشّحن — شِحنَة
freighter (*n.*) سَفينة شَحن
French chalk (Min.) مَسحوقُ التّالك • طَبْشور فَرَنسي
freon (Chem. Eng.) فريُون : مُرَكّب عُضويّ يُستَعمل كسائِلِ تبريد
frequency (*n.*) تردُّد • تواتُر • مُعَدّلُ التواتُر في وَحْدَةِ الزمن
(Phys.) ذَبذبة • مِقدارُ الذَّبذَبة او التردُّد في الثانية
frequency analysis تَحليلُ الذّبذَبة
frequency assignment (Elec. Eng.) تخصيص الذبذبة
frequency band (Elec. Eng.) نِطاق الذبذبة • نطاق التردد
frequency diagram (Eng.) مُخطَّط التردُّد
frequency factor (Elec. Eng.) عامِل التردد
frequency fluctuation تراوُحُ التردُّد
frequency-index دليلُ التردُّد
frequency meter (Elec. Eng.) مِقياسُ التردُّد
frequency modulation (Elec. Eng.) تضمين التردد
frequency multiplier (Elec. Eng.) مُضاعِفُ التردُّد
frequency of a periodic quantity تردُّد كمّيّةٍ دوريّة

Oil and Gas Fields

حُقولُ الزيت والْغاز

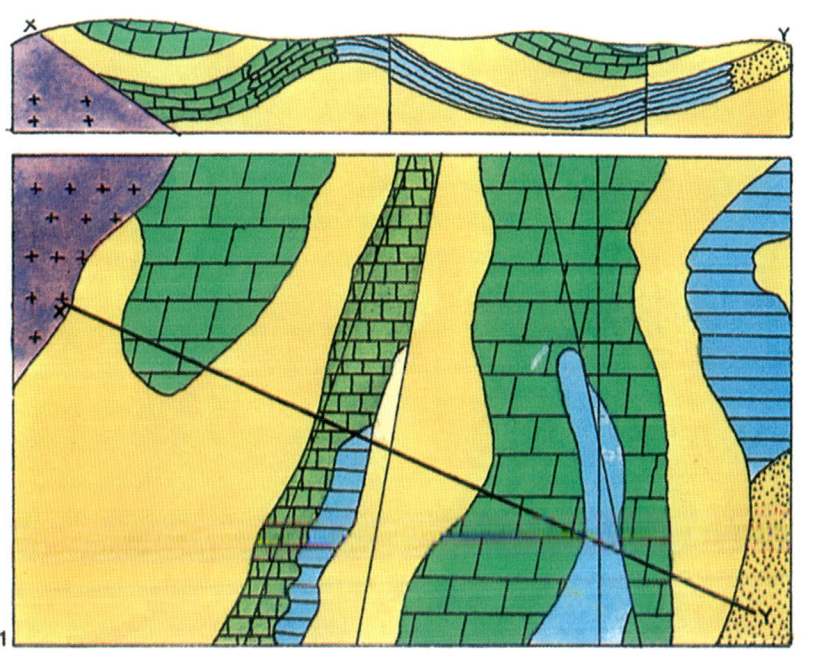

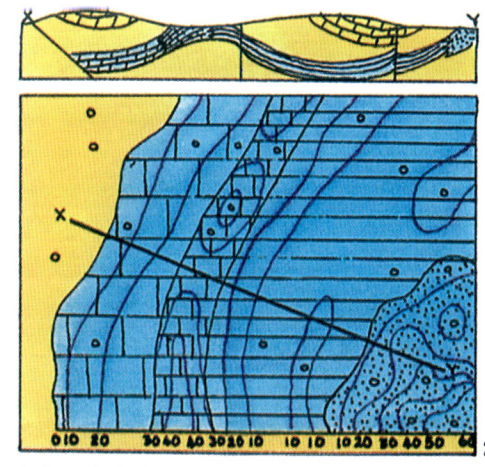

1

2

1. A geological map showing the surface disposition of the rocks. The same area is shown in cross-section above

2. Facies maps show the variation of rock-types within a single formation

3-8. Oil and gas are found trapped between impervious rocks forming oil or gas traps. The diagrams show some of these situations

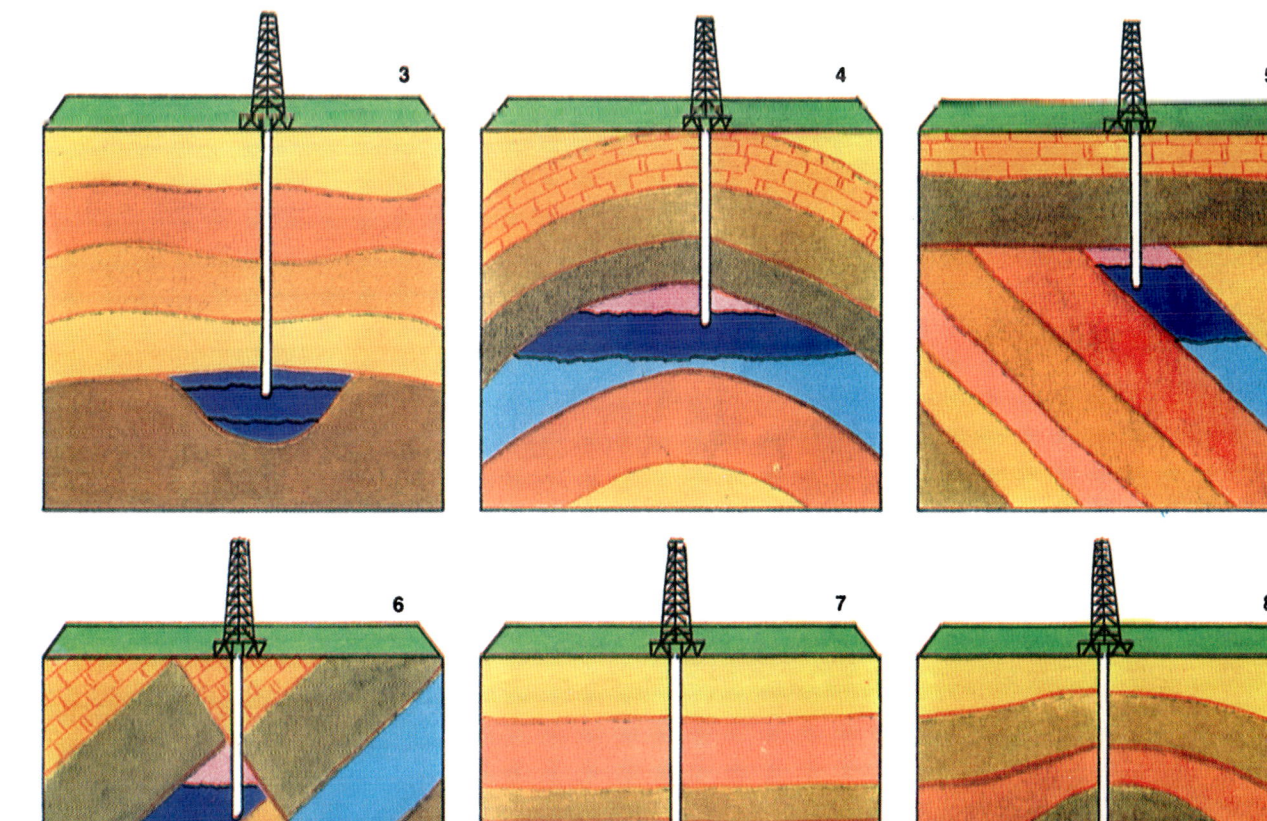

3

4

5

6

7

8

١. خَريطة جيُولوجيَّة تُبَيِّن مَيْلَ سُطُوح اَلصَّخْر وتبدو المنطقة نفسُها في مَقطعٍ عَرضيٍّ أعلاه

٢. خَرائط سِحْنِيَّة تُبَيِّنُ تَغايُرَ أنواع اَلصخور ضِمنَ اَلتكوين اَلواحد

٣–٨ يُوجَدُ اَلزيتُ والْغازُ في مَكامِنَ بين طبقات الصخر الكَتيمة. وتبيِّن الرسومُ بعضَ هذه المواقع

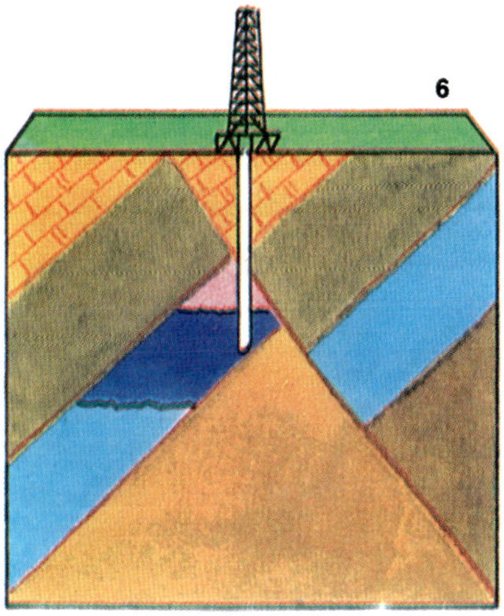

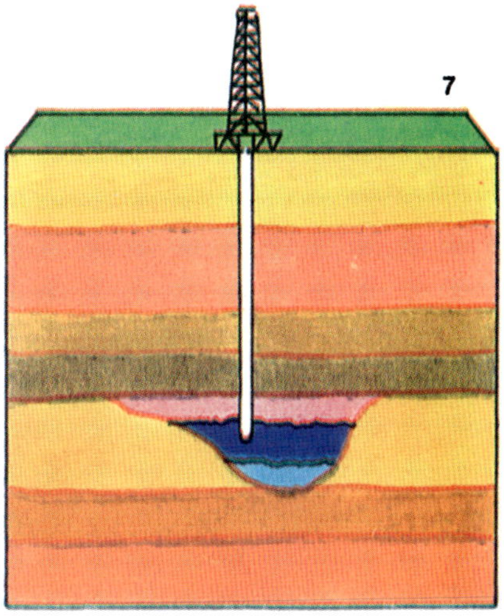

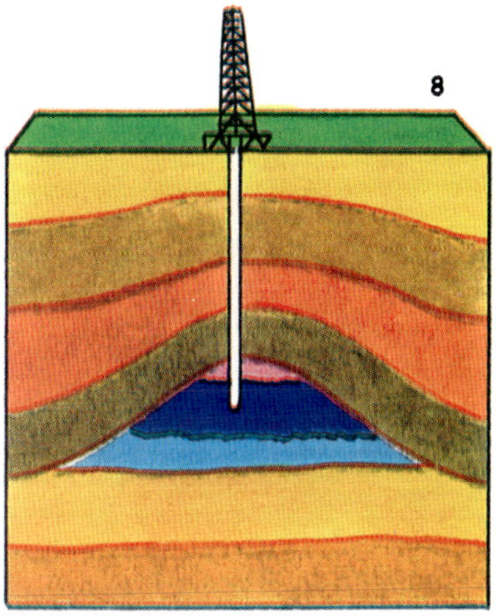

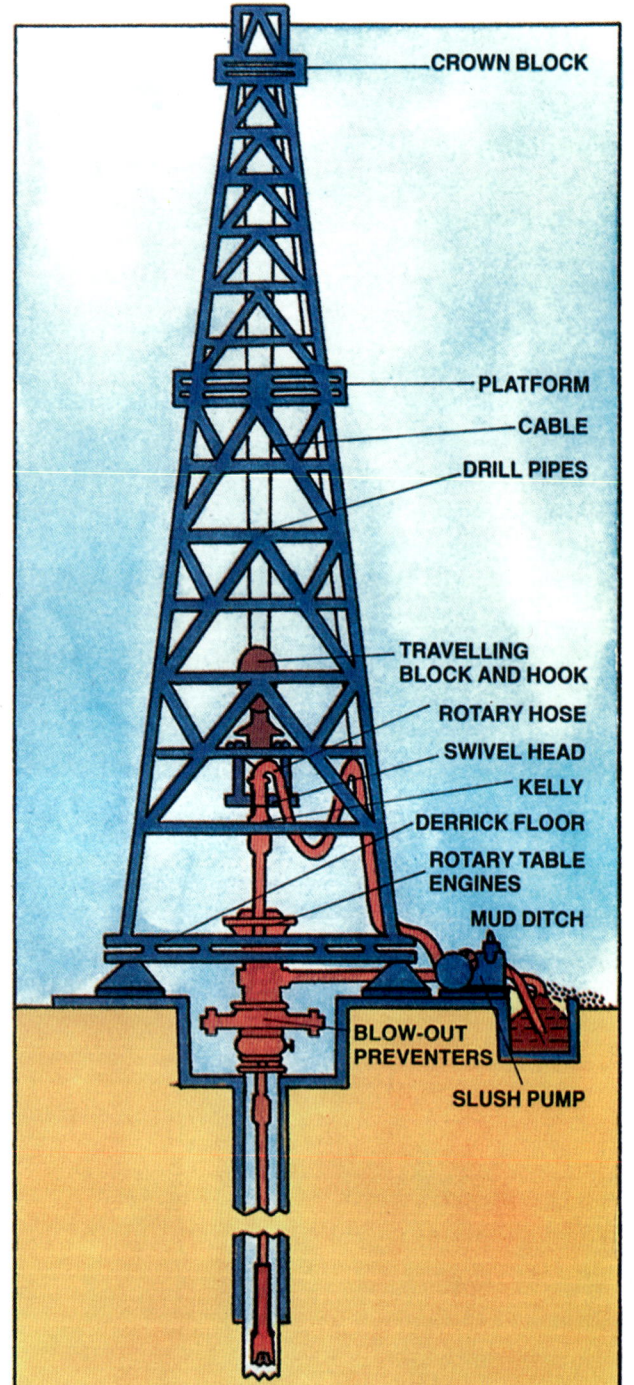

1

2

3

4

1. Removing a core sample from the drill pipe
2. A production chemist engaged in core analysis
3. Rotary table of a drilling rig
4. A gelogist examining colour-stained acetate peelings

١. أخذُ عَيِّنَة لُبيَّة من أُنبوبِ الحَفْر
٢. كيماويُّ انتاج يُحَلِّل العَيِّنَة اللبيَّة
٣. مِنْضَدة جهاز الحَفْر الدوّارة
٤. جيُولوجي يَفْحَصُ قُشاراتٍ خلاّتيَّة مُخَضَّبة بالصِّبغ

frequency range (Elec. Eng.) مدى التردد • نِطاق الترددات
frequency stability (Elec. Eng.) استِقرار التردُّد
frequency standard مُستوى التردُّد
frequency transformer (Elec. Eng.) مُحوِّلُ التردُّد • مُحول تردُّدي
frequency variation (Elec. Eng.) تَغيير التردُّد
frequent (*adj.*) مُتواتِر • مُتكرِّر الحدوث
(*v.*) تردَّد الى
fresh (*adj.*) طازَج • جديد – عَذْب – ناضِر
fresh air هواء نقي
fresh-air inlet (Eng.) مَدخل الهواءِ النقيّ
fresh bit (Civ. Eng.) لُقمة ثَقب جديدة
freshen (*v.*) جدَّد • تجدَّد • أنعَش • انتَعَش
(Chem. Eng.) أزال المُلوحة
freshening (*n.*) إزالة المُلوحة
freshet طُوفان • سَيْل
fresh feed (Eng.) تغذية جديدة • لَقيم جديد • شِحنة إلقام جديدة
fresh oil (Pet. Eng.) زيت طازَج • نفطٌ حديث الاستخراج
fresh water ماءٌ عَذْب (غيرُ مالح)
fresh-water cooler (Eng.) مُبرِّد بالماء العذب
fresh-water deposits (Geol.) رواسب المياه العذبة
fresh water drilling mud (Civ. Eng.) طينُ حفرٍ (مجبول) بالماء العذب
fret (*v.*) بَلِيَ • تآكَلَ بالحَكّ
fretting (*n.*) (Eng.) بِلىً • تآكُلٌ بالحَكّ او بالاحتِكاك
friability (*n.*) هشاشة • انسِحاقية • سهولةُ التفتُّت
friable (*adj.*) سَهلُ التفتيت • هَشّ
friction (*n.*) إحتِكاك
frictional (*adj.*) احتكاكي • ناتِجٌ عن الاحتكاك
friction(al) damper (Eng.) مُضائِلٌ احتِكاكي
frictional electricity (Eng.) كهرَباء احتِكاكية
frictional loss (Eng.) فَقدٌ احتِكاكي او بالاحتِكاك
frictional resistance (Eng.) مُقاومةاحتكاكية
friction brake (Eng.) مِكبَحٌ احتِكاكي
friction clutch (Eng.) قابِضٌ احتكاكي
friction, coefficient of (Eng.) مُعامِلُ الاحتكاك
friction compensation (Elec. Eng.) مُعادلةُ الاحتكاك
friction cone (Eng.) مَخروطٌ احتِكاكي
friction coupling (Eng.) قارِنة احتِكاكية
friction damper (Eng.) مُضائل احتكاكي
friction drive (Eng.) إدارة بالاحتِكاك
friction, dry (Eng.) احتكاك جافّ
friction factor عامِل الاحتكاك • مُعامِل الاحتكاك
friction flow (Eng.) احتكاك انسيابي
friction fluid (Eng.) احتكاك مائعي
friction gear (Eng.) جِهازُ إدارةٍ بالاحتِكاك
friction head (Hyd.) عُلُوُّ الاحتِكاك : فَقدُ الطاقة الناتِج عن احتِكاك السائل بالأنبوب
friction heat (Phys.) حرارة الاحتكاك
friction horsepower (Eng.) القُدرةالحِصانية الاحتكاكية (المفقودةُ بالاحتِكاك)
friction igniter (Eng.) مُشعِلٌ احتكاكي أو بالاحتِكاك
friction, internal (Phys.) احتكاك داخلي
frictionless (*adj.*) لا إحتكاكي
friction lining (Eng.) بِطانةٌ احتكاكية
friction loss فَقدٌ احتكاكي
friction mean effective pressure (Eng.) مُتوسِّط الضغط الفعّال للاحتكاك
friction proof (*adj.*) مُقاوِمٌ للاحتِكاك • صامِد للاحتكاك
friction resistance (Eng.) مُقاومة الاحتِكاك
friction, rolling (Eng.) احتِكاكُ الدروج
friction, semi-dry احتِكاكٌ شِبهُ جافّ
friction, sliding (Phys., Eng.) احتِكاكٌ انزلاقيّ
friction socket (Civ. Eng.) جُلبَة التقاط (السقائط) بالاحتِكاك
friction, starting (Phys., Eng.) الاحتِكاكُ البَدئي
friction surface سطحُ الاحتِكاك
friction wear (Eng.) بَريُ الإحتِكاك • التآكُل بالاحتِكاك
friction wheel (Eng.) دُولابٌ يدورُ (او يُدارُ) بالاحتِكاك
Friedel-Crafts reaction (Chem. Eng.) تفاعُل «فريدل وكرافتس»
frigid (*adj.*) قارِس • شديدُ البُرودة
frigid zone (Geol.) مِنطقة القَرّ
frigorific (*adj.*) مُثلِّج • مبرِّد
frill (*n.*) كَشكَش • هُدْب
(Geol.) غَضَن
fringe (*n.*) هُدّابة • هُدْبة • كُفّة • حافّة • حاشِيَة مُسْدَلة او مُخَصَّلة
fringe well (Pet. Eng.) بِئر حافّية : بالنسبة للحقل النفطي
fringing (Geol.) تَهَدُّب
fringing reefs (Geol.) شعاب هُدابيّة
frit (Chem. Eng.) فَريتَة : مزيجٌ مُكَلَّس من الرَّمل والمواد الصَّهورة لصُنع الزجاج
frith (Geol.) لِسانٌ بحري • مَصَبٌّ خَليجي • فيُورد
fritted rock (Geol.) صَخرٌ مُزَجَّج
frog (*n.*) ضِفدَع – مَفرَقٌ (او تقاطع) خُطوطٍ حديدية
front (*n.*) مُقدِّمة • واجِهة • جَبْهة
(*adj.*) أمامي • مُتصدِّر • مُتقدِّم
(*v.*) جابَهَ • واجَهَ • تَصَدَّر
frontal (*adj.*) أمامي • جَبْهي
frontal layer (Geol.) طَبَقة أماميّة
front axle (Eng.) مِحورٌ أمامي
front brake (Eng.) مِكبَحٌ امامي
front-end tail (Pet. Eng.) قُطارة طليعية (حفيفة)
front fender رَفرَفٌ أمامي
frontier (*n.*) حَدّ • تُخْم
(*adj.*) مُتاخِمٌ للحدود
front light ضَوءٌ أمامي
front view مَنظَر أمامي
front wheel drive دَفعٌ بالدواليب الأمامية
frost (*n.*) صَقيع • جَلَد • جَمَد – تجمُّد • قَرَس
(*v.*) أصقَع • غَشّى او تغشّى بالصقيع – سَنفَر • صَنفَر
frost blanket course (Civ. Eng.) طبقة واقية من الصقيع
frost cracks تشقُّقات صقيعيّة
frosted (*adj.*) مُجمَّد – مُسَنفَر • مُصَنفَر
frosted glass زُجاجٌ مُسنفَر
frost heave (Geol.) تَخَلُّع صقيعي : تَخَلُّع التربة بفعل الصّقيع
frosting (*n.*) تخشين السّطح – طَلْية مُطفأة
frost proof صامِدٌ للصقيع
frost weathering (Geol.) تَعرِيَة صقيعيّة : بفعل الصّقيع
froth (*n.*) (Chem. Eng.) زَبَد • رَغوة
(*v.*) رَغى • أزبَد • غشّى بالزَّبَد او الرغوة
frother (*n.*) (Chem. Eng.) مُرَغٍّ • عامل إرغاء
froth flotation (Chem. Eng.) طُفُوُّ الزَّبَد او الرغوة

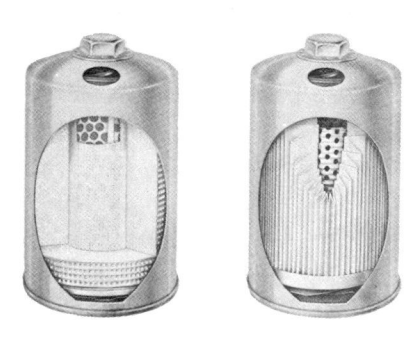

fuel filters

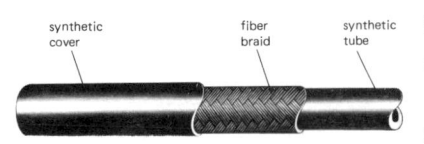

synthetic cover
fiber braid
synthetic tube

fuel hose assembly

frothing إزباد • ارغاء • تَرغٍّ
frothing agent (Chem. Eng.) مُرغٍّ • عامِلُ إزباد أو ترغٍّ
frothy (*adj.*) مُزبِد • مُترَغٍّ
frozen (*adj.*) مُتجمِّد • مُجمَّد – مُجمَّد (اقتصاديّاً أو قانونيّاً)
fruit sprays (Chem. Eng.) سَوائل رشّ الفاكهة
frustrum = frustum (pl. **-tums, -ta**) قَطْعٌ أو شكلٌ ناقِص
frustule (Geol.) مَحارة دياتومية
frustulose (*adj.*) رَضيخي • شَقفيّ • فُتاتي التركيب
fuel (*n.*) (Chem.) وَقُود
(*v.*) زَوِّد بالوَقود
fuel-air mixture (Pet. Eng.) مزيج الوقود بالهواء
fuel-air ratio (Eng.) نِسبة الوَقود الى الهواء (في مزيج الاحتراق)
fuel,bituminous (Pet. Eng.) وقود بتيوميني او قيري
fuel briquette قالَبُ وَقود : من الفحم الحجري
fuel,bunker (Pet. Eng.) وقود السفن
fuel calorimeter (Chem. Eng.) مِسْعَرُ وَقود
fuel cell (Chem. Eng.) خَليَّة وقودية : خليّة غلفانية تعملُ بالوَقود
fuel cock (Eng.) مِحْبَسُ الوَقود
fuel composition (Chem. Eng.) تَركيب الوقود
fuel consumption (Eng.) استِهلاك الوَقود
fuel detonation (Chem. Eng.) تفجُّر الوقود: الاضطرام الفوري للوقود

fuel, diesel (Pet. Eng.) وقود الديزل
fuel dilution (Chem. Eng.) تخفيف الوقود • مَذْق الوَقود
fuel discharge (Eng.) تَفريغُ الوَقود
fuel distributor (Eng.) مُوَزِّع الوَقود
fuel dope (Chem. Eng.) إضافةٌ لمُعالجَةِ الوَقود
fuel dump valve (Eng.) صِمامُ إفراغِ الوَقود
fuel economizer (Eng.) مُقتصِد الوَقود
fuel efficiency (Chem. Eng.) كِفايةُ الوَقود
fuel, excess وقود فائض
fuel feed (Eng.) التغذية بالوقود
fuel filter مُرشِّح الوَقود
fuel gas (Chem. Eng.) غازُ الوَقود • غازٌ لِلوَقود
fuel gas compressor (Eng.) ضاغِطُ غاز الوقود
fuel, gaseous وقود غازيّ
fuel gas knock-out drum (Pet. Eng.) مِركَنُ فصل غاز الوقود : من السوائل المرافِقَة
fuel gauge = fuel gage (Eng.) مِقياسُ (مُستَوى) الوَقود • دَليلُ مُستوى الوَقود
fuel hose خُرطوم الوقود
fuel injection (Eng.) حَقْنُ الوَقود
fuel injection nozzle (Eng.) فُوَّهةُ حقنِ الوَقود • مِنفثُ حقن الوقود
fuel injection pump (Eng.) مِضخَّة حَقْنِ الوَقود
fuel injector (Eng.) مِحقنةُ الوَقود
fuel, jet وَقود الطائرات النفاثة
fuel-level gauge (Eng.) مِعيارُ مُستوى الوَقود
fuel-level indicator (Eng.) دليلُ مُستوى الوَقود
fuel line (Eng.) أُنبوبُ الوَقود
fuelling (*n.*) التَزويدُ بالوقود • التزَوُّد بالوقود
fuelling float عامَةُ التزويد بالوقود
fuel, liquid وَقود سائل
fuel manifold (Eng.) مَشْعَب (توزيعِ) الوَقود
fuel mixture (Eng.) مَزيج الوقود
fuel nozzle (Eng.) مِنفَثُ الوَقود
fuel oil (Chem.) زيتُ الوَقود • (مازوت)
fuel oil delivery meter مِقياس زيت الوقود المنصرف
fuel oil, domestic زيت الوقود المَنْزلي • (مازوت) منزلي
fuel oil, heavy مازوتٌ ثقيل • زيتُ وَقودٍ ثقيل
fuel pipe ماسورةُ الوقود
fuel, powdered وَقود ذَروريّ

fuelling float

fuel pressure indicator (Eng.) مُبيِّنُ ضَغط الوَقود
fuel pump (Eng.) مِضخَّة الوَقود
fuel ratio (Pet. Eng.) نِسبة (قُدرة) الوَقود • عِيارُ الوَقود : القُدرة الإحرارية للوقود بالنسبة الى وَقودٍ عِياريّ
fuel, reference (Pet. Eng.) وَقود مُقارَنة
fuel regulating needle (Eng.) إبرةُ (او مِنقاطُ) تعيير الوقود
fuel, solid وقود صلب
fuel station مَحطَّة وَقود • مَحطَّة بِنزين
fuel-sulfur content (Pet. Eng.) المُحتوَى الكبريتي للوَقود
fuel supply line (Eng.) خَطُّ الإمدادِ بالوقود
fuel system (Eng.) دَورةُ الوَقود
fuel tank (Eng.) خَزّان وَقود
fuel truck شاحِنة وقود صِهريجية • سيارةٌ صِهريج لِنقلِ الوَقود
fuel value (Pet. Eng.) قيمة الوقود (الحرارية)
fugacity انفلات – سرعة الحُؤول او التلاشي
fugitive dyes (Chem. Eng.) أصباغٌ حائلة : غيرُ ثابتة

fuel oil delivery meter

FUR
179

fugitive oil (Pet. Eng.) زيتٌ آبِق

fugitometer (Chem. Eng.) : مِقياسُ الحُؤوليه
مِقياسُ صُمود اللون المُرسَّخ للشمس

fulcrum (*n.*) (Mech.) مُرتكز • نُقطَةُ ارتكاز
(*v.*) إرتكز – استعمل كمُرتكزٍ أو مِحور

fulfil (*v.*) حقّق • أنجز • وفى (ب)

fulfillment (*n.*) تحقيق • إنجاز

full (*adj.*) مملوء • مُمتلىء • مشحون – تام • كامِل • مُطلَق – مفصَّل
(*adv.*) كليّاً • تماماً – مباشرةً
(*v.*) عَدَكَ (القُماش) • قَصَّر

full annealing (Chem. Eng.) تلدينٌ تام

full automatic gearbox (Eng.)
صُندوق تُروس كامِلُ الأوتوماتية

full blast أوجُ الفعّالية او النشاط

full charge شِحنةٌ كامِلة

fuller : عَدّاك • قَصّار – مِحْزاز : مِطرقةٌ لِتحزيز الحديد

fuller's earth (Geol.) : تُرابُ القَصّار
تُرابُ القَصر

full-force feed (Eng.) تَغذية (المحرّك بالزيت) بالقوة الكاملة

full gear (Eng.) وَضعُ القُدرة الكاملة

full-hardening (Met.) إصلاد كامل

full-load (Eng.) حِمل كامل • تمامُ الحِمل

fullness indicator (Eng.) دَليلُ الامتلاء

full pay راتِب كامل

full power (Eng.) قُدرة كاملة – بكامِل القُدرة

full range crude (Pet. Eng.) زيت خام كامل المدى

full rich (*adj.*) (Eng.) تام الاستوفار (في وَصفِ مزيج الوقود والهواء)

full scale بالحَجم الكامل • بالقياس الطبيعي

full size بالحجم الطبيعي

full speed سُرعة كاملة – بالسُّرعة القصوى

full speed operation (Eng.) تَشغيل بالسُّرعة الكامِلة

full swing (Eng.) أوجُ النشاط • حَرَكةٌ نشطة

full throttle (Eng.) : مَخْنَق كامِلُ الانفتاح
وضعُ الصَّمام الخانِق في أقصى انفتاحه

full-time (*adj.*) مُشتغِلٌ (او مُستغرِقٌ) كلَّ ساعاتِ الدوام المعتادة

full-way valve (Eng.) : صِمامٌ نافذ المسلك
يفتحُ باتساعِ الأنبوب

fulminate (Chem.) فُلْمِنات : ملح حامضِ القُلمنيك

fulminate of mercury (Chem.)
فُلمِنات الزئبق : مادة تنفجِرُ بالدق

fulminating (*adj.*) مُتفجِّر • صاعِق • شديد الانفجار

fulminating oil (Chem.) زيت متفجِّر • نتروغلسرين

fulminic acid (Chem.) حامِضُ الفُلمنيك

fumarole (Geol.) داخِنَة • مَنفذٌ بُركاني صغير

fume (*n.*) دَخَن • دُخان – بُخار
(*v.*) دَخَّن • اصدر دُخاناً او أبخِرَةً – عالَج بالأبخِرة او الأدخِنة

fume duct مَسْرَبُ دُخان

fume-free عديمُ الدخان

fume hood كُمّة (تصريفِ) الدخان

fumes أدخِنة

fume tight (*adj.*) مَسيكٌ لِلدُّخان

fumigant (*n.*) داخِنَة • مُدَخِّنة : مادة يُدخَّنُ بها للتطهير

fumigate (*v.*) دخّن • بخّر • طهّر بالتبخير

fumigating agent عامِلُ تَدخين

fumigation (*n.*) تبخير • تدخين : تطهير بالتدخين او التبخير

fuming (*adj.*) مُدخِّن

fuming acid (Chem.) حامِضٌ مُدخِّن

fuming sulphuric acid (Chem.)
حامض الكبريتيك المُدخِّن

fumy (*adj.*) مُدخِّن • كثير الدخان

function (*n.*) وَظيفَة • عَمَل • خِدْمَة
(*v.*) قام بعمَلٍ او وَظيفة – خدَم • اشتغل

functional (*adj.*) وَظيفيّ • مُؤدٍّ وَظيفةً

functional efficiency كِفاية وظيفيّة

functional performance (Eng.) أداء وَظيفي

functionary مُستخدَم رسمي • مأمور

fund (*n.*) اعتِمادٌ ماليّ• مال• مخصَّصات مالية

fundamental (*adj.*) أساسي• أصلي• جَوْهَري
(*n.*) أساس • مبدأ اساسي – نَغْمة اساسية

fundamental interval (Phys., Chem.)
المدى الاساسي : مَدى الترمومتر المدرَّج بينَ التجمُّد والغليان

fundamentals مَبادىء • أوّليّات • أُسُس

fundamental units (Eng.) وَحَدات اساسية (في نظامٍ قياسي)

fungi (Biol.) فُطريّات

fungicidal (*adj.*) مُبيدٌ للفُطريّات

fungicide (*n.*) مُبيد فُطري : مادة مُبيدَة للفُطريّات

fungus (pl. **fungi**) فُطر • فُطرَة

fungus proof (*adj.*) صامِدٌ للفُطر

funicular (*adj.*) حَبْلي

funnel (*n.*) قِمع – مَدْخنة • مدخنة السفينة
(*v.*) تقمَّع : إتخذ شكل القِمع

funnel, separatory (Chem. Eng.) قِمْعٌ فاصل

funnel viscosimeter (Chem. Eng.)
مِلزاج قِمعيّ

fur (*n.*) فَرْو • فِراء
= **furring** قُرَّة • طبقةٌ قِشْريّة مُترسِّبة
(*v.*) غَطّى او تغطّى بمادةٍ قِشْرية
(Civ. Eng.) غَطّى (الجدار) بشرائحَ خشَبية

furan (Chem. Eng.) فيُوران : مُذيب عضوي يُحضَّر من قَطِران الخشب

furfural = **furfurol** (or **furfuraldehyde**) (Chem.) فرفورال : ألدِيهَيْد سائل

furfural extraction plant (Pet. Eng.)
وحدةُ استِخلاص بالفُرفورال

furfural refining (Pet. Eng.)
تكرير بالفرفورال : إحدى طرق التكرير بالمُذيبات

furlong فيرلُونج : قياسٌ للطولِ في النظام الانكليزي يساوي ثُمن مِيل

furnace (*n.*) فُرن • تَنُّور • أتُون

furnace, annealing (Met.) فُرنُ التلدين

furnace, batch (Met.) : فُرنٌ قَطّاعي
يُنتِجُ على دُفعات

furnace black = **carbon black**
سِناجُ الأفران • أسودُ الكربون

furnace charge شِحنَةُ الفُرن

furnace coke كُوكُ الأفران

furnace distillate قُطارةُ (تسخينِ) الأفران • زيت الأفران

furnace efficiency كِفاية الفُرن

furnace flue مَدْخَنة الفُرن

furfural extraction plant

furnace fuel oil زيت وقود الافران
furnace hoist (Eng.) مِرفاعُ الفُرن (لِرَفعِ الخامات الى مِنصَّة الفُرن)
furnace lining بِطانَةُ الفرن
furnace oil زيتُ الأفران • زيت التدفئة
furnace, open-hearth (Met.) فرنُ المَجْمَرة المكشوفة
furnace slag خبَثُ الأفران
furnace stack مَدْخَنة الفُرن
furnace stack breeching وُصلة مَدْخَنة الفرن
furnish (*v.*) زوَّد • أمَدَّ • قدَّم • جهَّز
furol (fuel and road oils) فيُورول : مزيج من زيوت الوقود وقارِ الطرق
furol viscosity (Pet. Eng.) لُزوجة الفيُورول
furred (*adj.*) مُقرَّى • مُغطىً بترسُّبات كِلسيّة
furring (*n.*) قُرَّة : ترسُّبات كلسية في داخل الانابيب او المَراجِل
(Civ. Eng.) بطانة بالشرائح الخشبية
furrow (*n.*) أخدود • خُدَّة • حَزٌّ • حَزّة • تَلَمٌ • فَلْحٌ
(*v.*) حَزَّ • خَدَّد • حَفَر • تَلَّم • غَضَّن • تَجَعَّد
furrowing = grooving تَخديد

fusain (Mining) فيُوزين : حُزَمٌ سوداء حريرية براقة توجد في الفحم
fuse (*n.*) شَعيلة • صِمامةُ (كَبسولةُ) إشعال
(Elec. Eng.) صُهيرة • مِصهَر • فاصِمَةٌ مُنْصَهِرة
(*v.*) صَهَر • إنصَهر – دَمَج • اندَمَج – مَزج او امتزج بالصَّهر
fuse-board = distribution fuse-board
(Elec. Eng.) لَوحةُ مَصاهر (عليها مِصْهَرٌ لكل دائرة)
fuse box (Elec. Eng.) عُلْبَةُ المَصاهر • عُلْبَةُ المِصهر
fuse-carrier = fuse-holder (Elec. Eng.) حامِلُ المِصْهَر • حامِلُ سِلك الصّهيرة
fused (*adj.*) مُنْصَهِر
fused salt (Chem.) مِلحٌ مَصهور
fusee (*n.*) مِصْهَر • فاصِمَة مُنصَهِرة – صِمامةُ تفجير
fusel oil (Chem. Eng.) زَيتُ الفيوزيل : مزيجٌ كحوليّ يتألفُ في مُعظمِه من الكُحول الأميلي
fuse plug (Elec. Eng.) قابِسٌ مُنْصَهِر
fuse, safety مِصْهَرُ أمان – صِمامةُ أمان

fuse setting توقيتُ الصِّمامَة
fuse wire (Elec. Eng.) سِلكُ المِصْهَر
fusibility (Chem. Eng.) الصَّهارِيّة • الانصهارية • قابلية الانصهار
fusible (*adj.*) صَهور • قابلٌ للانصِهار • يُصهَر
fusible alloy (or **metal**) سَبيكةٌ (أو مَعدِنٌ) صَهور
fusible plug (Eng.) سِداد صهور : سِدادَةٌ مِصهرية لمنع الحرائق
fusiform (*adj.*) مِغزليُّ الشَّكل
fusing (Chem. Eng.) صَهْر • انصهار
fusing agent (Chem. Eng.) عامِلُ صَهْر
fusing current (Elec. Eng.) تيارُ الصّهر
fusing point (Chem. Eng.) نُقطةُ الانصِهار
fusion (Chem., Phys.) صَهْر • إنصهار – اندماج • إدماج
fusion point (Chem., Phys.) نُقطةُ الانصِهار
fusion welding (Elec. Eng.) اللِّحام بالصَّهر
fuze = fuse (*n.*) مِصْهَر • صُهيرة – صِمامة • شَعيلة
(*v.*) صَهَر • انصهر
F.V.F. (formation volume factor) مُعامل التكوين الحجمي

gas treating plant

g

g (Phys.) ج : رمز لتسارُع الجاذبيَّة ـ غ : اختصار لكلمة غرام

gabardine (or **gaberdine**) جَبَردين • غبردين : قُماش متين

gabbro (Geol.) جابْرو : صخرٌ جَوفي قاعدي

gabianol غابْيانُول : سائل زيتيٌّ أسمر يُستخرج من الصخور الشِّستيَّة

gabion (*n.*) قُفَّة تُراب أو حِجارة

(Civ. Eng.) سَدٌّ صغير مؤقَّت

gable roof سَطحٌ جُمْلوني أو مَوشوري

gad إزميل • سَفين

gadget (*n.*) أداة • نُبيطةٌ ميكانيكية صغيرة

(Eng.) جزء من آلة

gad picker مِنْقَب • مِنْقَب يدَوي

gag (*v.*) (Mech.) خنَق أو سدَّ (الصِّمام)

gage = **gauge** (*n.*) مِقياس • مِعيار ـ مُحدِّدٌ قِياس • مِقياس قَدّ

(*v.*) قاسَ • عايَر

gager = **gauger** (*n.*) مُعايِر • مُقدِّر • قَيَّاس

gaging = **gauging** قِياس • مُعايَرة

gain (Eng.) كَسْبٌ ـ نُقرةٌ • فُرصة ارتِكاز

(*n.*) مَكْسَب • رِبح ـ زِيادة ـ تَقدُّم

(*v.*) كَسَبَ • رِبحَ ـ استَفاد ـ بلَغ • أدرَك

gaining (*n.*) تَفريض (الخشب)

gainings أرباح • مَكاسِب

gait (*n.*) سُرعة (العمل او الانتاج) • مُعدَّل السُّرعة

gal (Mech.) غال : وَحدةُ قِياس تسارُع الجاذبيَّة وتساوي ١ سم في الثّانية في الثانية

galaxy (*n.*) كَوكَبة • مجموعة بارزة ـ مَجَرَّة

galbanum غَلبانُوم : صَمغ راتينجيّ

gale (Meteor.) نَوءٌ • ريحٌ عاصفةٌ (سرعتها حوالى ٤٠ ميلاً في الساعة)

galeage = **galiage** ضريبة عَقاريَّة

galena = **lead glance** (Min.) جالينا • غالينا : كبريتيد الرصاص الطبيعي

galena oil (Pet. Eng.) زيت الغالينا : مزيج من النفط الثقيل وكبريتيد الرصاص ومادَّة مزلِّقة

Galician method (Pet. Eng.) الطريقة الجاليسية : طريقة الحفر الكبلي

galipot غاليبوت : راتينج زيتي تربنتينيّ • صَمغُ الصنوبر

gall (*n.*) عَفصَة : تضخُّم نباتي (ناشىء عن بعض الطُّفيليات)

(*v.*) تخدَّشَ • بَليَ بالاحتكاك

gallery رُواق • شُرفَة ـ قاعة مُستطيلة

gallic acid (Chem.) حامض الجاليك • حامض العَفْصيك

galling (Eng.) تخدُّش : لخلل التزليق

gallium (Ga) (Chem.) جالْيُوم : عنصر فلزِّيٌّ رمزه (جا)

gallon جالون • غالون : مِكيالٌ للسوائل سَعَتُه ٤،٥٤ لِترًا في انكلترا و ٣،٧٨ لِترًا في الولايات المتحدة

gallon per hour (g.p.h.) غالون في الساعة

gallon per mile (g.p.m) غالون في الميل

galloping (Eng.) دَوَرانٌ غير مُنتظَم (سببُه قوَّة الوَقود)

gallows كَتيفَة ـ عودُ المِشنقَة

gallows bracket قائمٌ كَتيفيّ (ذو قطعة أفقية مدعومة) كعُودِ المشنقة

galvanic (*adj.*) (Chem., Phys.) غَلفاني • خاص بالتيار الكهربائي

galvanic cell = **primary cell** (Elec. Eng.) خَليَّة غلفانية

galvanic current (Elec. Eng.) تيَّار غلفاني • تيارٌ مُستَمِرّ

galvanic electricity الكهرباء الغلفانية

galvanic pile = **voltaic pile** عمود غلفاني

galvanization (Chem. Eng.) غَلْفَنة أو غَلْوَنة • جَلْفَنة

galvanize (*v.*) غَلْفَن : طلَى بالزنك في مَحلول الكتروليتي

galvanized iron (Eng.) حديدٌ مُجَلْفَن (لِمَنع الصَّدأ)

galvanized iron wire (Elec. Eng.) سِلْك حديدي مُجَلفن

galvanized pipe (Eng.) ماسورة مُغَلْفَنة

galvanized sheet (Met.) لوحٌ مَعْدِني مُغَلفن

galvanized tank (Eng.) خزَّان مُغَلفن

galvanizing (Met.) غَلْفَنة • طِلاء بالزنك

galvanizing bath مَغْطَسُ غَلفنة

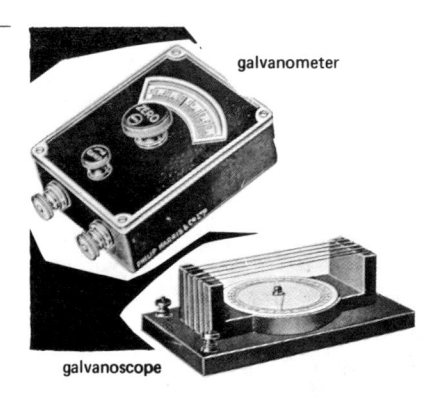

galvanometer
galvanoscope

gamma-ray flaw detector

galvanizing process طريقة غلفنة

galvanometer (Elec. Eng.) غلفانومتر : مقياسٌ للكشف عن التيار الكهربائي أو تعيين اتّجاهه

galvanometer, astatic (Elec. Eng.) غلفانومتر لا إستاتي . غلفانومتر غيرُ مُوَجَّه

galvanometer, tangent (Elec. Eng.) غلفانومتر الظِّل

galvanometric (*adj.*) غلفانومتري

galvanoscope (Elec. Eng.) غلفانوسكوب (مِكشافُ التيار الكهربائي)

gamboge gum (Chem.) جَمْبوج • صَمغ كَمبوديّ (ويُستعملُ صِباغاً)

gambrel roof = mansard roof سَقفٌ مُحرَّد : مُزدَوجُ الانحدارِ من كل جانب

gamma غاما : وَحدةُ قِياس شِدَّة المجال المغنطيسي تعادل ١٠$^{-٥}$ غاوس

gamma iron (Met.) حَديدُ غاما • الحديدُ الجيمي

gamma-ray flaw detector مِكشافُ الخلل بأشعّة غاما

gamma rays (Phys.) أشعّة غاما • الأشعّة الجيمية

gamma rays well log (Pet. Eng.) سِجلُّ خصائص البئر بالأشعّة الجيمية

G. & O.C.M. (gas and oil cut mud) طين حفر مخفَّف بالزيت والغاز

gang زُمرة • فِرقة : عُصبة • مجموعة من العمال

gang boarding مِعبرٌ مُدرَّج : لَوحة قويَّة عليها عارِضاتٌ مُسمَّرَة تُستعمَل دَرجاً

gang drill (Eng.) مِثقب جَماعي : مُتعدِّدُ بَريماتِ الثَّقب

ganged control تحكُّم جَماعيّ

ganger ملاحِظٌ أو رئيس المجموعة

ganging (Elec. Eng.) قَرنٌ أو تَقارُن جَماعيّ

gang minerals شوائبُ معدنية

gang mould (Civ. Eng.) قالَبٌ جَماعيّ

gang plank (or **board**) مِعبَر وَقتيّ مُدرَّج

gang riveting (Eng.) بَرشَمة جَماعية

gang saw مِنشارٌ جَماعي : مُتعدِّد النِّصال

gang switches (Elec. Eng.) مفاتيحُ جَماعية

gang tool (Eng.) عُدَّة قَطْعٍ جَماعية

gangue (Met.) غَثٌّ • شَوبٌ

(Mining) شوائبُ الرِّكاز

gangue minerals (Mining) شوائبُ مَعدِنية • مَعادِن غَثَّة

gangway (Civ. Eng.) سِقالةٌ مُوقَّتة ـ مِعبَرٌ خَشَبي مُدرَّجٌ بالألواح

(Mining) جسرٌ مُرتَفع • مَمرٌّ مُرتفعٌ

gan(n)ister (Geol.) حَيْدار : حَصْباء رَملية مُنتظمةُ الحُبيبات

ganister mud (Geol.) طِينٌ حَيداري : صامِدٌ للحرارة

gantry (Civ. Eng.) إنشاءٌ قنطري مُؤقَّت • حامِلٌ قنطري

gantry crane (Eng.) مِرفاع قنطري مُتحرِّك

gap (*n.*) ثُغرة • فَجْوة • فُرْجَة

(*v.*) فَتَح ثُغرةً أو فَجْوَة

(Pet. Eng.) فَجوة تقطيرية : بين النقطة النهائية لناتج بترولي والنقطة البدائية لآخَر

gap arrester (Elec. Eng.) مانِعَة صواعق ثُغْرية

gap, erosional (Geol.) ثُغرة حَتِّيَّة

gap fault (Geol.) صَدْع فَجْوي

gaping fault (Geol.) صَدْع فَجوي • فَلْق فاغر

gap lathe (Eng.) مِخرطة ذات فُرجة

gap, sedimentary (Geol.) فَجْوة رُسابيَّة

gap (wire) gauge (Eng.) محدد قياس ثُغريّ (للأسلاك)

garage (*n.*) (Civ. Eng.) مَرأَب (لإيواء السيارات أو إصلاحها) • كاراج

(*v.*) وَضَع أو حَفِظ في مَرأب

garbage نُفاية • فَضَلات

garner (*n.*) هُرْي • مَخزن حُبوب

(*v.*) جَمَع • كَدَّس

garnet (Min.) غارنيت • بَجادي • مَقيق • عَقيقٌ أحمر

(Naut.) مِرفاع (لتحميل السفينة أو تفريغها)

gantry

garnet paper (Eng.) وَرقُ سَنْفَرة (صَنفرة) • ورق زُجاج

gas (*n.*) غــاز

(Auto.) بِنزين

(*v.*) ابتَعَثَ الغاز ـ عامَلَ بالغاز

gas, absorbed (Chem. Eng.) الغاز المُمتَص

gas absorption (Eng.) إمتصاصُ الغاز

gas accumulation (Pet. Eng.) تجمُّع الغاز • تجمع غازيّ

gas, adsorbed (Chem. Eng.) الغاز المُمْتَز

gas analysis (Chem. Eng.) تحليلُ الغاز

gas analyzer مُحلِّل الغاز

gas and air mixture (Eng.) مزيج الغاز والهواء

gas, associated (Pet. Eng.) الغازُ المُرافِق

gas balance (Phys., Chem. Eng.) مِقياسُ كثافة الغاز

gas band (Geol.) نِطاق غازي

gas bearing (*adj.*) (Geol.) حاوٍ للغاز

gas black أسودُ الغاز • سِناجُ الغاز

gas blanket (Pet. Eng.) غِطاء غازي

gas-blast circuit-breaker (Elec. Eng.) قاطِعُ دائرة يَعملُ بالاندفاع الغازي

gas, blast-furnace (Chem. Eng.) غاز الفُرن العالي

gas blow اندفاع غازي • عَصفُ الغاز

gas blowout تدفق الغاز

gas booster (Eng.) مُعزِّز ضغطِ الغاز

gas bottle قِنِّينة غاز • أُسطوانةُ غاز

gas, bottled (Pet. Eng.) غازٌ (مُسَيَّل) مُعبّأ

gas bracket حامِلُ الغاز : أنبوبُ الغاز في الحائط يتغذَّى منه حارِقٌ غازيٌّ أو أكثر

gas brazing (Eng.) لِحامٌ نُحاسي بِحملاج الغاز

gas bubble فُقاعةُ غاز

gas burner حارِقٌ غازيٌّ • موقِدٌ يعمل بالغاز

gas calorimeter (Phys.) مِسعَرُ الغاز

GAS
183

gas cap (Pet. Eng.)	غِطاءٌ غازِيّ • غاز المَكْمَن (في بئر الغاز)
gas carbon	كربون غازِيّ • فحمُ المُعْوَجَّات
gas carburizing (Met.)	الكَرْبَنةُ بالغاز
gas cell (Chem. Eng.)	خَلِيَّةٌ غازِيَة
gas chromatograph-mass spectrometer	مِطيافٌ كُتلِيٌّ كروماتوغرافِيٌّ للغاز
gas coal (Chem. Eng.)	فحمٌ غازِيّ
gas cock	مِحبَسُ الغاز • حَنَفِيَّةُ الغاز
gas coke (Pet. Eng.)	كوكُ الغاز
gas compound (Chem.)	مُركَّبٌ غازِيّ
gas, compressed	غاز مضغوط
gas compressor (Pet. Eng.)	ضاغِطُ الغاز
gas compressor plant	وَحدةُ ضغط الغاز
gas concentration (Chem. Eng.)	تركيزُ الغاز
gas concrete	خَرَسانةٌ غازِيَّة أو خَلَوِيَّة
gas constant (Chem.)	ثابتُ الغاز
gas consumption	اسْتِهلاكُ الغاز
gas container	وِعاءُ الغاز
gas cooker	طبَّاخٌ على الغاز
gas-cooled reactor (Pet. Eng.)	مِفاعِلٌ (نوويّ) مُبرَّدٌ بالغاز
gas, cracked (Pet. Eng.)	غازٌ مُكسَّر • غازُ التقطير الهدَّام
gas cut mud	طين مُغَوَّز : طينٌ مُستحلبٌ بالغاز المنطلق من التكوينات
gas cylinder	قارورةُ غاز • أُسطوانةُ غاز
gas cylinder gauge	مِعيارةُ قوارير الغاز
gas dehydrator (Chem. Eng.)	مُجفِّفُ الغاز : يَنزَعُ الماء منه
gas detector	مِكشافُ الغاز
gas discharge	تَفريغٌ غازِيّ
gas, dissolved (Chem. Eng.)	غاز مُذاب
gas distillate (Pet. Eng.)	قُطارةٌ غازِيَّة • غازٌ رَطب : غازٌ هيدروكربونيٌّ غنِيٌّ بالبنزين
gas distribution control	التحكُّم في توزيع الغاز • مِضبَط توزيع الغاز
gas, domestic	غاز للاستعمال المنزلي
gas drain (Mining)	مَصرِفُ الغاز : مَسرَبٌ لتصريف الغاز
gas drive (Pet. Eng.)	دَفعُ الغاز • الدَفع بالغاز
gas driven field (Pet. Eng.)	حقلٌ يَنتجُ بدَفعِ الغاز
gas, dry	غاز جافّ
gas-electric generating set (Elec. Eng.)	مُولِّدٌ كهربائيٌّ يُدار بالغاز (أو بالبنزين)
gas electrode (Elec. Eng.)	إلكترودٌ غازِيّ
gas engine (Eng.)	مُحرِّكٌ يعملُ بالبنزين • محرِّكٌ داخليُّ الاحتراق

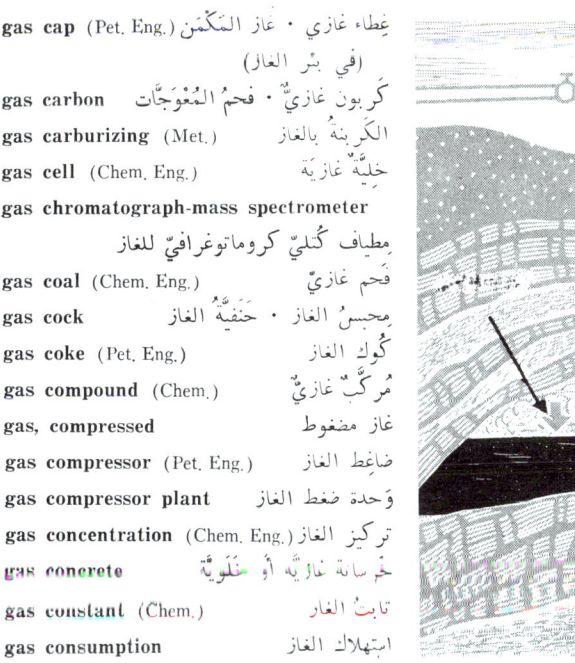

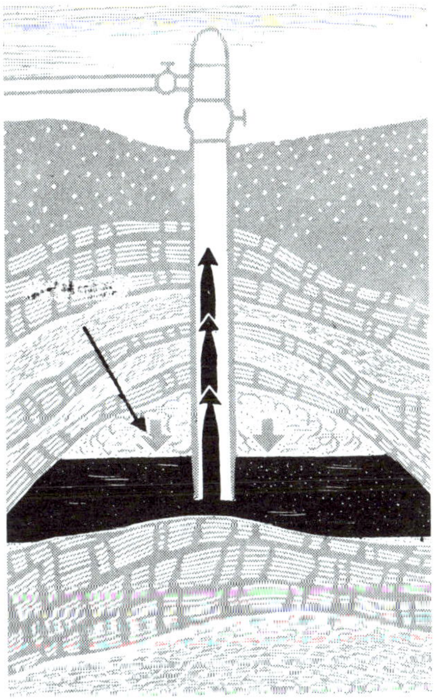

gas cap drive

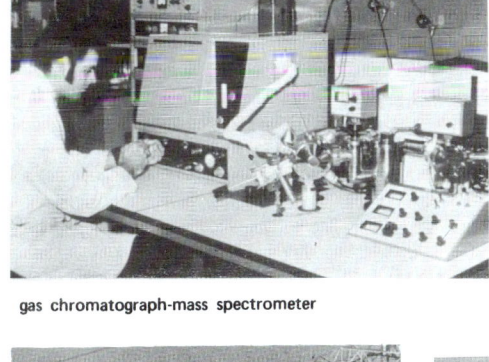

gas chromatograph-mass spectrometer

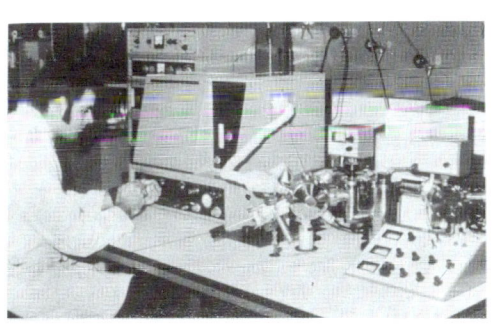

gas-cooled reactor

gaseous solution	مَزيجٌ غازِيّ مُتجانِس
gaseous state	الحالةُ الغازِيَّة
gas escape	انفِلاتُ الغاز
gas escape hole	ثَقبُ انفلات الغاز
gas evolution	انبعاثُ أو تحريرُ الغاز
gas exhauster (Eng.)	طارِدُ الغازات • مُصرِّفُ الغازات
gas explosion	تفجُّرُ الغاز • انفجار الغاز
gas, explosive	غازٌ مُتفجِّر
gas field (Geol.)	حقلُ غازٍ طبيعي • حقلُ الغاز
gas-field control centre	مَركزُ التحكُّم في حقل الغاز • مَركزُ مضابط حقل الغاز
gas-filled (adj.)	مملوءٌ بالغاز • مليءٌ بالغاز
gas filter	مُرشِّحُ الغاز
gas-fired (adj.)	مُحمَّىً بالغاز
gas-fired boiler (Eng.)	مِرجَلٌ يُسخَّنُ بالغاز

gas filter

gas-field control centre

gaseous (adj.)	غازِيّ
gaseous fuel (Chem. Eng.)	وَقودٌ غازِيّ
gaseous hydrocarbons (Chem.)	هيدروكربونات غازِيَّة
gaseous mixture	مَخلوطٌ غازِيّ • خليطٌ غازِيّ
gaseous pressure	ضغطُ الغاز : على جوانب الوِعاء الذي يحتويه

gas-fired boilers

gas flare

gas injection plant

gas fitter مُصَلِّحُ أو مُرَكِّبُ أنابيب الغاز
gas fittings (Eng.) تجهيزاتُ التَّدفِئَة أو الانارة بالغاز
gas flare مِشْعَلَةُ الغاز • مِشعلةُ (حرقِ) الغاز
gas flow انسياب الغاز
gas, flue غازُ المَداخن : الغاز المُنصرف من فرن المِرجل
gas fractionating (Pet. Eng.) التجزئـة الغازية • التقطير التجزئيّ للغازات النفطيَّة
gas-free (*adj.*) خالٍ من الغاز
gas freeing تحريرُ الغاز • فصلُ الغاز
gas furnace فُرن الغاز
gas generating plant (Chem. Eng.) وَحدَةُ توليد الغاز
gas generation توليد الغاز
gas generator (Chem.) مُولِّدُ الغاز
gas governor مُنظِّم الغاز • حاكِمُ الغاز (في دائرة المستهلك)
gash (*v.*) قطَع • شقَّ • جرَحَ
(*n.*) شَقٌّ • قَطْعٌ عميق
gash breccia (Geol.) بَريشة مُشرَّطة
gas-heated (*adj.*) مُسخَّن بالغاز
gas heater سخَّانٌ على الغاز
gas heating (Eng.) تسخين بالغاز • تدفئة بالغاز
gas, heating غازُ التسخين
gasholder = gasometer خزَّان الغاز : مُستودَعٌ لخزن الغاز وقياس كمِّيته
gas hot water heater سخَّانة مائية تَعْمَلُ بالغاز
gas, hydrogen (Chem.) غاز الهيدروجين • هيدروجين
gasifiable (*adj.*) قابل التحوُّل الى غاز • يتغوَّز
gasification (*n.*) تَغويز : التحويلُ الى غاز • تغوُّز : التحوُّل الى غاز
gasified (*adj.*) مُغوَّز : محوّل إلى غاز
gasify (*v.*) غوَّز • تغوَّز • حوَّل أو تحوَّل الى غـــاز
gas, illumination غاز الاستصباح • غاز الإنارة
gas-impervious (*adj.*) كتيمٌ للغاز • لا ينفذُ منه الغاز
gas indicator مُبيِّن الغاز
gas industry (Pet. Eng.) صِناعة الغاز
gas, industry (Pet. Eng.) غازُ الصناعة : غاز يُستخدم في الأغراض الصناعيَّة
gas, inert (Chem. Eng.) غازٌ خامل
gas injection (Pet. Eng.) حَقنُ الغاز
gas injection plant وَحدة حقن الغاز
gas jet صُنبور الغاز – شُعلةٌ أو لَهَبٌ غازي
gas joint (Eng.) وُصلَة مسيكة للغاز
gasket (Eng.) حَشِيَّة • لَبُوس : طَوقٌ لمنع التسَرُّب
gas lamp مِصباحُ الغاز
gas laws (Phys.) قوانينُ الغازات (قوانين شارل وبُويل وجي لوسّاك)
gas leakage (Eng.) تسرُّب الغاز • سُروب الغاز
gas, lean (Pet. Eng.) غاز فقير
gas lift الرَّفع بالغاز • الإصعاد بالغاز
gas-lighter وَلَّاعة (لإشعال) الغاز • قَدَّاحة غـاز
gas line خَطُّ أنابيب الغاز
gas liquids (Pet. Eng.) سوائلُ (تُستَخرج من) الغاز الطبيعيّ
gas lock (Eng.) دِسام غازي
gas main أنبوبُ الغاز الرئيسي
gas manometer (Phys.) مانومتر غازي • مقياسُ ضغط الغاز
gas mantle رَتينة • غِطاءٌ مشبَّكٌ صامِدٌ للَّهب يُحيط بلهب مِصباح الغاز
gas, marsh (Chem.) غازُ الميثان • غاز المُستنقعات
gas mask (Chem. Eng.) قِناعٌ واقٍ من الغاز
gas meter مِغواز : مِقياسُ الغاز • عَدَّاد الغاز (المُستهلَك)

gasket

gas oil separator unit

gas, mixed غاز خليط
gas mixing (Pet. Eng.) مَزج الغاز : تخفيف بخـار الوقود بالهواء للحصول عـلى القيمة الحراريَّة المطلوبة
gas mixture مزيج غازيّ • خليط غازيّ
gas mud وَحلٌ غازيّ • طين مُغوَّز
gas, natural (Geol.) الغاز الطبيعيّ
gas odorant (Pet. Eng.) مُروِّح غازِي : لتسهيل الكشف عن الغاز المتسرِّب
gas offtake مأخذُ الغاز
gasogen(e) = gazogene مُولِّد الغاز
gas oil (Chem. Eng.) زيتُ الغاز (السّولار)
gas-oil contact (Pet. Eng.) سَطحُ تماسّ الغاز والزيت
gas oil cracking تكسير زيت الغاز • تكسير المازوت
gas-oil level (Pet. Eng.) مُستوى تماسّ الغاز والزيت
gas-oil ratio نِسبةُ الغاز الى الزيت
gas-oil separation plant (Pet. Eng.) وَحدةُ فصل الغاز عن الزيت
gas oil separator unit (Pet. Eng.) وَحْدةُ فصل الغاز عن الزيت
gasol (Pet. Eng.) غازول : غازٌ مُسَيَّل

gasoline (or gasolene)	غازولين (بنزين)
gasoline additive (Pet. Eng.)	إضافةٌ لمُعالجةِ البنزين
gasoline, aviation (Pet. Eng.)	بنزينُ الطّائرات • بنزين للطّائرات • أقجاز
gasoline engine (Eng.)	مُحرِّك بنزيني • مُحرِّك (يُدار) بالبنزين
gasoline existent gum	الصَّمغ الموجود (حاليًّا) في البنزين
gasoline hydroforming (Pet. Eng.)	التهذيب الهيدروجيني للجازولين
gasoline inlet (Eng.)	مَدخَل البنزين
gasoline leading and dyeing unit	وحدةُ ترصيص البنزين وتلوينه
gasoline meter	عدّاد البنزين
gasoline potential gum (Pet. Eng.)	الصمغ الكامن (المُحتملُ تكوُّنه) في البنزين
gasoline pump	مضخَّةُ بنزين
gasoline recovery plant (Pet. Eng.)	وحدة استعادة الجازولين
gasoline sensitivity (Pet. Eng.)	حساسية البنزين : الفرق بين الرقم الأُكتاني الحركي والمُختبَري للبنزين
gasoline stabilization (Pet. Eng.)	تثبيت البنزين : إزالة الأجزاء السريعة التطايُر منه • تركيز الجازولين
gasoline, synthetic (Chem. Eng.)	بنزين اصطناعي
gasometer = gazometer = gasholder	وعاء قياس الغاز • مستودع لخزن (Eng.) الغاز وقياس كميته
gasometric analysis (Chem.)	التحليل الكمِّي للغازات
gas-operated (adj.)	مُشغَّل بالغاز
gas outlet	مَخْرَجُ الغاز
gas oven	فُرن يعمل بالغاز
gas pipe	ماسورةُ غاز
gas pipe-line	خطُّ أنابيب الغاز
gas-pipe tongs (Eng.)	مفتاحُ ربطِ مواسير الغاز
gas pocket (Geol.)	جَيْبٌ غازيٌّ
gas poisoning	تسمُّم بالغاز
gas, poisonous	غاز سام
gas pool (Pet. Eng.)	تجمُّع غاز طبيعي • حَوض غاز طبيعي
gas port (Eng.)	مَنفَذ الغاز
gas pressure (Phys.)	ضَغط الغاز
gas pressure governor (Eng.)	حاكمُ ضغط الغاز
gas processing (Pet. Eng.)	إعداد الغاز أو تصنيعه (بمُعالجة متعاقبة)
gas processing unit (Pet. Eng.)	وحدة إعداد الغاز (أو تصنيعه)
gas production	انتاجُ الغاز
gas-proof (adj.)	مَسِكٌ للغاز • صامدٌ للغاز
gas pump (Eng.)	مضخَّة غازيَّة (لرفع الماء)
gas purifier (Eng.)	مُنَقٍّ للغاز • مُنَقّي الغاز
gas pyrolysis (Pet. Eng.)	الحلُّ الحراري للغازات (البترولية)
gas range	موقد غازي : موقد (طبخ) على الغاز
gas, rarefied (Phys.)	غاز مُخلْخَل
gas recovery	استعادة الغاز
gas, refinery	غازُ معمل التكرير
gas regulator (Eng.)	مُنَظِّمُ الغاز
gas removal	إزالة الغاز
gas repressuring (Pet. Eng.)	إعادة ضغط الغاز : للمُحافظة على استمرار تدفُّق النفط من البئر الحقين
gas reserves (Pet. Eng.)	احتياطيُّ الغاز الطبيعي
gas retort (Chem. Eng.)	مَعوجَةُ غاز
gas, rich (Pet. Eng.)	غاز غنيٌّ (بالهيدروكربونات العالية)
gas ring	موقد غاز
gas rock (Geol.)	صخر غازيّ : يحوي الغاز
gas royalty (Pet. Eng.)	إتاوة الغاز المُستخرج
gas sample (Chem. Eng.)	عيّنة غاز • عيّنة غازيَّة
gas sand (Geol.)	رَمل الغاز
gas saturation pressure (Chem. Eng.)	ضغط الغاز المُشبَع
gas scrubber (Chem. Eng.)	جهازُ تنقية الغاز (من الشوائب القطرانية والأمونيا وكبريتيد الهيدروجين)
gas scrubbing (Pet. Eng.)	تنقية الغاز • غسل الغاز الطبيعي
gas seal	دسام الغاز
gassed (adj.)	مَسمومٌ بالغاز
gas seeps (Geol.)	مسارب الغاز
gas separation plant	وحدة فصل الغاز
gas separator	فاصل الغاز
gasser (Pet. Eng.)	بئر غاز : بئر تنتج الغاز
gas shale	شِسْت غازيّ
gas show (Geol., Pet. Eng.)	شاهدٌ أو دليلٌ غازيّ : ظهور الغاز على السطح كدلالة على وجود النفط
gas soot (Pet. Eng.)	سناج الغاز
gas stabilizing plant (Pet. Eng.)	وحدة تثبيت (أو تركيز) الغاز
gas station	محطّةُ بنزين
gas stopper	مِحبَس الغاز
gas storage	خَزن الغاز
gas strata (Pet. Eng.)	طبقات غازية
gas supply	موردُ الغاز • أنبوب التغذية بالغاز

gas separation plant

gas separators

gas station

GAS
186

gas sweetening unit

gas well

gate valve

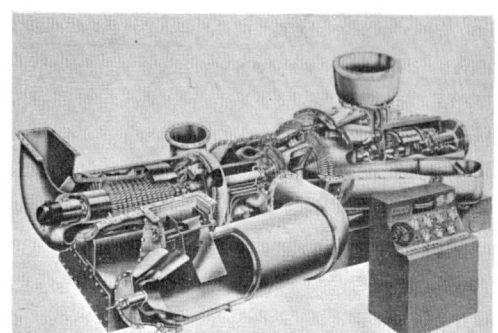

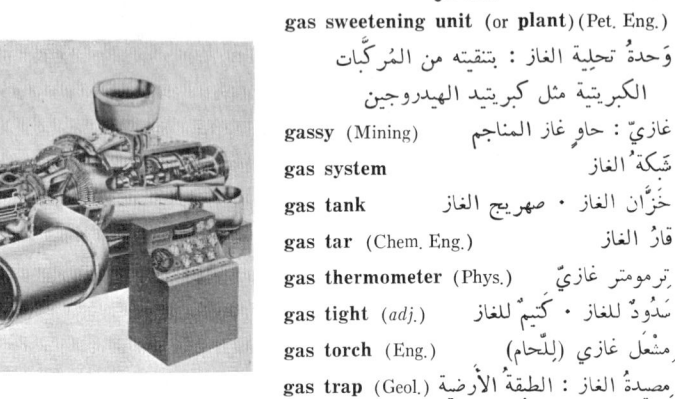

gas sweetening unit (or plant) (Pet. Eng.)	وَحدةُ تحلية الغاز : بتنقيته من المُركّبات الكبريتية مثل كبريتيد الهيدروجين
gassy (Mining)	غازيّ : حاوٍ غاز المناجم
gas system	شَبكة الغاز
gas tank	خزّان الغاز ، صهريج الغاز
gas tar (Chem. Eng.)	قَارُ الغاز
gas thermometer (Phys.)	ترمومتر غازيّ
gas tight (adj.)	سَدُودٌ للغاز ، كتِيمٌ للغاز
gas torch (Eng.)	مِشْعَل غازيّ (للّحام)
gas trap (Geol.)	مِصيدةُ الغاز : الطبقةُ الأرضية الحاضِنةُ للغاز
gas turbine (Eng.)	تُربينة الغاز ، تُربينٌ غازيّ ، عَنفَة غازيّة
gas turbine compressor	ضاغِطُ التربين الغازيّ
gas turbine jet engine (Eng.)	مُحرِّك نفّاث ذو تُربين غازيّ
gas turbine unit	وَحدةُ تُربين غازيّ
gas valve (Eng.)	صِمام غازيّ
gas vent (Eng.)	مَنفِسٌ الغاز ، فُتحةٌ لخروج الغاز
gas, water (Chem.)	الغاز المائيّ : المتكوّن بإمرار بخار الماء فوق الكوك المتوهّج
gas welding	اللِّحام بالغاز
gas welding outfit (Eng.)	جهازُ اللِّحام بالغاز
gas well (Pet. Eng.)	بئرُ غاز ، بئرُ غازٍ (طبيعيّ)
gas, wet	غاز (طبيعيّ) رَطِب : يخرج مع النفط الخام
gas works = gasworks (Pet. Eng.)	وَحدةُ انتاج الغاز (وتعبئتِه)
gate (n.)	بوّابة ، حاجزٌ متحرِّك ، صِمامٌ أو مِصَدّ (لحجز السائلِ أو ضَبطِ سريانه)
= geat	مَصَبّ (السَّبْك)
gate valve (Hyd.)	صِمام بوّابيّ : ذو بوّابة
gather (v.)	جَمَعَ ، تَجَمَّعَ ، رَكَمَ ، تراكَمَ ، حَشَدَ ، إحتشد
gathering (n.)	تجميع ، جَمْع
gathering centre	مَركَزُ التجميع ، مركز التجمُّع
gathering ground (Civ. Eng.)	حَوضُ التجمُّع ، منطقة التجميع
gathering lines (Pet. Eng.)	خُطوط التجميع
gathering station (Pet. Eng.)	محطّة تجميع : مركز تجميع الأنابيب من آبار الحقل المُنتِجة

gas turbine

gas turbine compressor

gas turbine unit

gathering station

gathering system (Pet. Eng.) شَبكَةُ التجميع

gatsch (Pet. Eng.) فُضالة برافينية : تُنزع من الزيت المُكرَّر

gauge (Eng.) مِقياس قَدٌّ • مُحدِّد قياس - قِياس • عِيار • مقياس

(*v.*) قاسَ • عايرَ • قيَّس : حَدَّد القِياسَ • كالَ • سَبَرَ

gauge, adjustable calliper (Eng.) مُحدِّدُ قِياسٍ فَكِّيٌّ انضِباطيّ

gauge, boost pressure (Eng.) مِقيـاس الضغط المعزَّز

gauge, bore (Eng.) مُحَدِّد قياس التجويف

Gauge, Brown and Sharpe Wire (Eng.) مِقياس «براون وشارب» للأسلاك

gauge cock (Eng.) مِحبسُ قياس (لمعرفة مُستوى السائل في الخزان)

gauged (*adj.*) مُقيَّس • مُحدَّد القياس

gauge diameter (Eng.) قِياسُ القُطر (من الخارج أو الداخل)

gauged mortar (Civ. Eng.) مِلاطٌ مُعايَر : مِـلاطٌ من الاسمنت والكِلس والرَّمـل بنسبة ١ : ١ : ٥

gauge, drill (Eng.) مُحدِّدُ قياس أقطار المَثاقب

gauge glass (Eng.) أنبوب بَيانٍ زُجاجي (لقياس مُستوى السائل في الخزان).

gauge hatch فُتحةُ القياس

gauge, liquid level (Eng.) مقياس مُستوى السائل : في وعاء أو صهريج

gauge number (Eng.) رَقمُ القياس : لتحديد قُطر السِّلك أو ثخانة اللوح

gauge pressure (Eng.) مَدلولُ مقياس الضغط

(Phys.) ضغطٌ مقياسيّ (لا جَوِّيّ) : يزيد أو ينقص عن الضغط الجوي

gauger (*n.*) مُعايِر • قَيَّاس • مُقَدِّر

gauge rod (or **pole**) (Eng.) قضيب قياس • شاخِصُ قياس

gauge, standard wire (Eng.) مُحدِّدُ قياس معياري للأسلاك

gauge tables (Eng.) جداوِلُ القياس

gauge tap (Eng.) صُنبور المُعايَرة

gauging (*n.*) قِياس • تقييس • مُعايَرة

gauging hatch فُتحة القياس

gauging pole (or **rod**) شاخِصُ قياس • قضيبُ مُعايَرة

gauging station (Hyd. Eng.) مَركَزُ مُعايَرةِ المَجرى

gauging tank خزَّان مُعايرة

gault (Geol.) تكوين صَلْصاليّ

gauntlet قُفَّاز واقٍ

gauntry = gantry (Eng.) إنشاء اطاري قَنْطَري

gauss (Elec. Eng.) غاوْس : وَحْدةُ الحَثِّ المغنطيسي : ١ ماكسويل للسم٢

Gaussian distribution توزيعٌ غاوْسي : يُمثَّل بِمُنحنًى جَرَسي

gaussmeter (Elec. Eng.) غاوْسمِتر : مِقياسُ شِدَّة المَجال الكهربائيّ المغنطيسيّ

gauze سِبٌّ • شَفٌّ (شاش) • نسيج شبكيّ • شبكة سلكيَّة

gauze packing (Eng.) حَشْوة من النَّسيج السلكي

gauze strainer مِصفاة شَبَكية

gauze, wire شَبَكَةٌ سِلكية • نَسيج سِلكي

Gay Lussac's law (Chem.) قانون «غي لُوسَّاك»

gazogene = gasogen مُولِّد الغاز ـ جهاز نَقاليّ لتحضير الماء الغازيّ

gazometer = gasometer وِعاء قياس الغاز أو اختزانِه

g.c. (**gas cut**) مُغوَّز • مُستحلَبٌ بالغاز • مخفَّف بالغاز

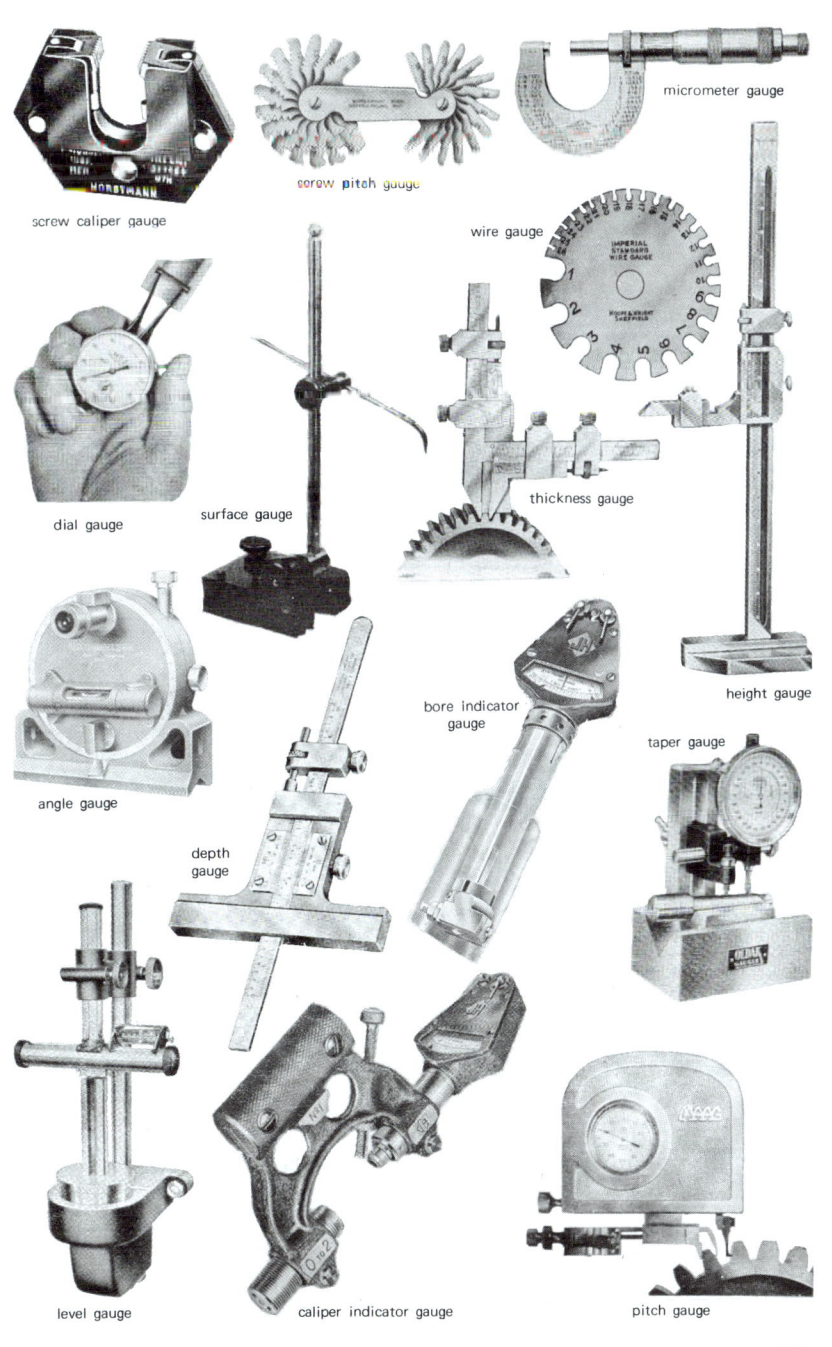

gauges

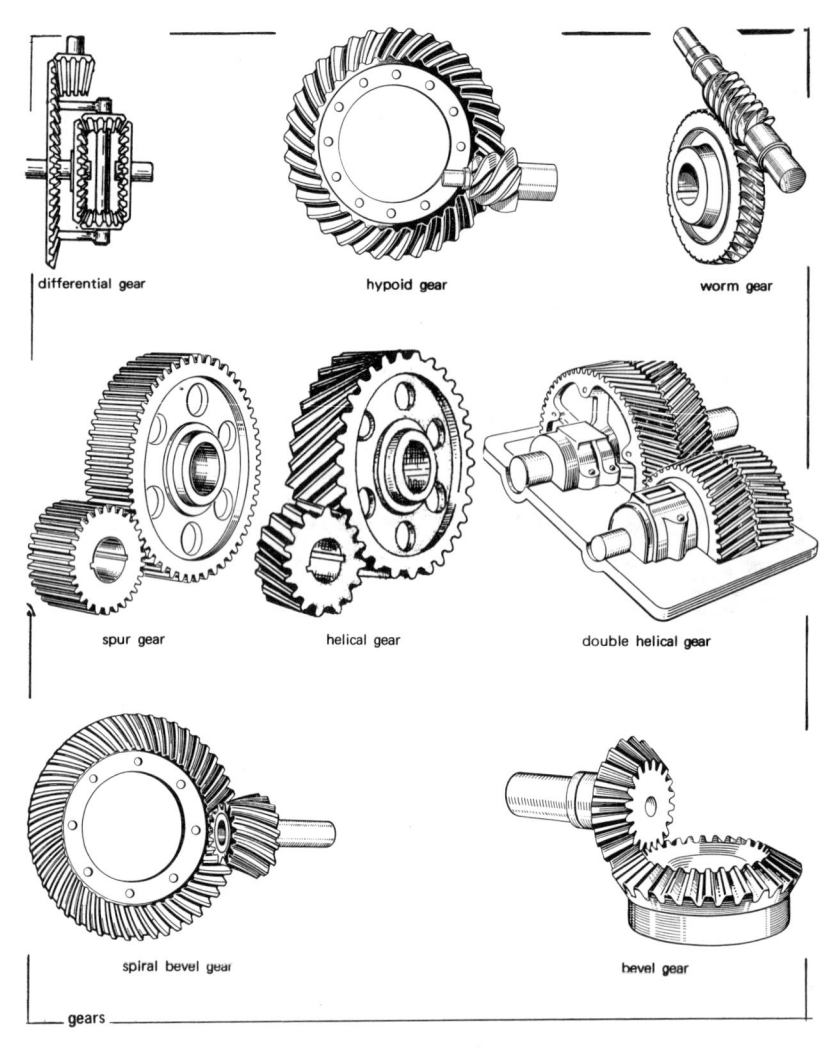

differential gear — *hypoid gear* — *worm gear*

spur gear — *helical gear* — *double helical gear*

spiral bevel gear — *bevel gear*

gears

g.c.m. (gas cut mud)	طين مُعوَّز
G.D.M.E. (glycol dimethyl ether)	أثير غليكولي ثنائيُّ الميثيل
geanticline (Geol.)	طَيَّة مُحدَّبة ضخمة ‧ حَدَبة ضخمة : تمتدُّ لعدة كيلومترات تحدُّب إقليمي
gear (n.) (Eng.)	مُسَنَّنة ‧ تُرس ‧ مَجموعة مُسنَّنات : جهاز نقل الحركة ‧ آليَّة ‧ مجموعة تشغيل ‧ مُهمَّات ‧ مُعدَّات ‧ جهاز ‧ تعشيق ‧ انتظام
(v.)	عشَّق بالمُسنَّنات أو التُّروس ‧ تعشَّق ‧ جهَّز ‧ لاءَم ‧ كيَّف
gear assembly (Eng.)	مَجموعة مُسنَّنات
gear box = gear case	صُندوق مُسنَّنات ‧ عُلبة تُروس السرعة
gear case oil	زيت عُلبة التُّروس
gear change (Eng.)	تغيير السرعة
gear change lever (Eng.)	ذراع تغيير السرعة
gear drive (Eng.)	إدارة بالمُسنَّنات
gear-driven (adj.)	مُدار بالمُسنَّنات
geared (adj.)	مُعشَّق ‧ مُسنَّن ‧ مُجهَّز ‧ مُهيَّأ
geared chuck (Eng.)	ظَرف ذو مُسنَّنات
geared pump (Eng.)	مضخَّة (تُدار) بمُسنَّنات
geared rim	حافة مُسنَّنة
gear grease	شَحم التُّروس
gear guard = gear box (Eng.)	عُلبة التُّروس ‧ وقاء التُّروس
gearing (Eng.)	تعشيق ‧ مجموعة مُسنَّنات ‧ نقل الحركة بالمُسنَّنات
gearing down mechanism (Eng.)	آليَّة خفض السُّرعة بالمُسنَّنات
gearing-in (Eng.)	التعشيق بالمُسنَّنات
gearing lever (Eng.)	عتلة التعشيق
gearing link (Eng.)	وُصلة تعشيق
gearing-up (Eng.)	زيادة السُّرعة بالمُسنَّنات
gearless motor (Eng.)	مُحرِّك عديم المُسنَّنات
gear lever (Eng.)	عتلة السُّرعات
gear lubricant (Eng.)	مُزلِّق المُسنَّنات ‧ شَحم التُّروس
gear lubricant testing machine (Pet. Eng.)	مَكنة اختبار مُزلِّقات التروس
gear oil	زيت المُسنَّنات
gear, out of	غير مُعشَّق ‧ مُعطَّل التعشيق ‧ في نقطة العطالة ‧ مُعطَّل
gear pump (Eng.)	مضخَّة ذات مسنَّنات
gear ratio	نِسبةُ (تعشيق) المسنَّنات
gear shaft (Eng.)	عمود المُسنَّنات
gear shift	تغيير أو تبديل السرعة
gear-shift lever (Eng.)	ذراع تغيير السرعة
gear tooth	سِنُّ التُّرس
gear train (Eng.)	قِطار مُسنَّنات : مجموعة مُتسلسلة من المُسنَّنات المعشَّقة
gear wear	تآكُل (أو بلى) التُّروس
gear wheel (Eng.)	عَجَلة مُسنَّنة ‧ تُرس
gear wheel drive (Eng.)	إدارة بالعَجَلات المُسنَّنة
geat = gate	مَصبٌّ ‧ بوَّابة الصَّبّ
geiger (v.) (Phys.)	فَحَص بعَدَّاد «جَيْجَر»

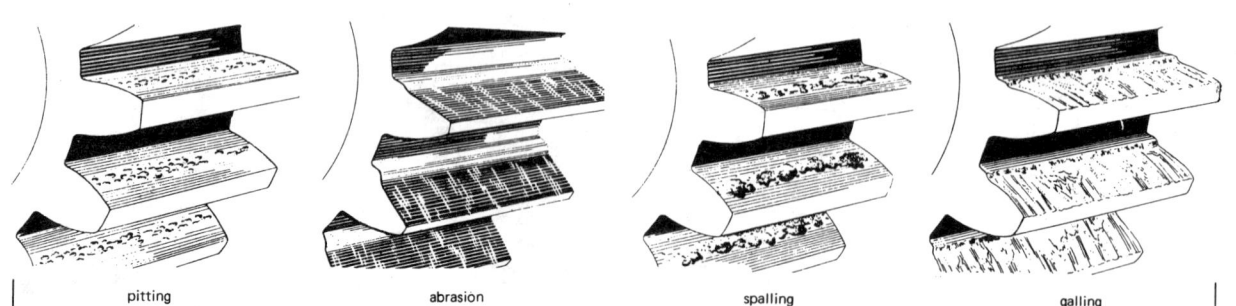

pitting — *abrasion* — *spalling* — *galling*

gear wear

GEO
189

Geiger counter (Phys.)	عدّاد «جَيْجَر» (للكشف عن المواد المُشِعَّة)
Geiger-Muller counter (Phys.)	عدّاد «جَيْجَر و مُولّر» (للكشف عن المواد المُشِعَّة)
gel (n.) (Chem.)	غَرْو • جَلّ : غَرَوانيّ هُلامي القوام
gel (v.)	جَلَّل • جَلّ : حَوَّل أو تحوّل الى جَلّ
gelatin (or gelatine) (Chem.)	جيلاتين • هُلام
gelatin explosives (Chem., Mining)	مُتَفَجِّرات جيلاتينيَّة
gelatinization (Chem. Eng.)	تَجَلُّن • تَهَلُّم • جَلْتَنَة
gelatinize (v.)	هَلَّم • تَهَلَّم • حَوَّل أو تحوّل الى هُلام
gelatinous (adj.)	جيلاتيني • هُلاميّ
gelation (Chem. Eng.)	تَهَلُّم • تجمُّد (الغَرَوانيات) • تجلُّل : تحوُّل الى جَلّ
gel-cement (Civ. Eng.)	اسمَنْت هُلامي غَرَواني
gelid (adj.)	بارد جدًّا • جَليديّ
gelidity (n.)	جليدية - شدّة البرودة
gelignite	جلجنايت • جُلِجْنيت : مُتَفجِّر نيتروجلسريني
gel-like (adj.)	هُلاميّ • شبه الجّل • غَرَوانيّ
gelling	تَهَلُّم • تَجَلُّن
gelling agent (Chem. Eng.)	عامل إجماد • مُساعد تَجَلُّن
gelling point (Chem. Eng.)	نُقطة التجمّد : لمحلول غَرَوانيّ
gem minerals (Geol.)	معادن كريمة
gemstone (Min.)	حجر كريم
genera (pl. of genus) (Biol.)	أجناس
general (adj.)	عام • عموميّ - شامل
general average	المُعَدَّل العام • مُعَدَّل عام
general contractor (Civ. Eng.)	مُتعهّد عام
general data	مُعطيات عامّة
general expenses	مصاريف عامّة
general hygiene	حفظ الصِّحَّة العامة
general information	معلومات عامة
generality (n.)	تعميم • مبدأ عام - أغلبيّة
generalization (n.)	تعميم • قانون أو مَبْدأ عام
general manager	مُدير عام
general-purpose (adj.)	مُتعدّد الاستعمالات • عامّ الأغراض
general-purpose grease	شَحْم مُتعدّد الأغراض
general term	مُصطلح عام
generate (v.)	أحْدَث • أنْتَج • ولَّد • كَوَّن
generating plant (Elec. Eng.)	وَحدة توليد
generating set (Elec. Eng.)	مجموعة توليد
generating set, hydroelectric (Elec. Eng.)	مجموعة سيدروكهربائية لتوليد الكهرباء
generating-station (Elec. Eng.)	محطَّة توليد (الطاقة)
generation (n.)	توليد • تولُّد • تَكَوُّن
generator (Elec. Eng.)	مولد (كهربائي) • دينامو
(Civ. Eng.)	راسِم السطح
generator bus-bars (Elec. Eng.)	مُوَصِّلات المولد العامة
generator commutator (Elec. Eng.)	عُضو التَّوحيد في المُولّد
generator drive (Elec. Eng.)	إدارة بالمولّدات الكهربائية
generator gas = producer gas (Chem.)	غاز المُولّدات
generator panel (Elec. Eng.)	لوحة مَفاتيح المُولّد
generator relay (Elec. Eng.)	مُرحِّل المولّد
generator voltage (Elec. Eng.)	فلطية المُولّد
generator voltage regulator (Elec. Eng.)	مُنظِّم فلطية المُولّد
generic (adj.)	عامّ • شامل - جِنْسيّ • نَوْعيّ
generic name	اسم عام • اسم النوع أو الجنس
genesee oil	نِفْط • بترول : اسم قديم للبترول
genesis (Biol.)	تكوين • نُشوء - خَلْق
gentle dip (Geol.)	انحدار بسيط • مَيْل مُعتدل
gentleman's agreement	اتفاقية الجنتلمان • اتفاقية شَرَف : أساسها الإخلاص المُتبادَل لدى الطرفين
genuine (adj.)	أصيل • حقيقي • غير مُصطَنَع
genus (Biol.)	جنس • نَوْع • أرْس
geo-	بادئة بمعنى : أرضي
ge(o)-anticline (Geol.)	طيّة مُحدّبة اقليمية
geocentric (adj.)	أرْضي المركز • مَقيس بالنِّسبة لمركز الأرض
geocerite (Chem.)	جيوسيريت : هيدروكربون مؤكسج يذوب في الكحول
geochemical (adj.) (Chem.)	كيميائي أرضي
geochemical prospecting (Geol.)	التنقيب الجيوكيميائي • استكشاف كيماوي أرضي
geochemistry (Chem.)	كيمياء الأرض • الكيمياء الجيولوجية
geochronology (Geol.)	علم التَّقويم الجيولوجي
geocratic period (Geol.)	فترة جيوقراطية : ارتفعت فيها أجزاء من الأرض فوق الماء
geodepression (Geol.)	مُنْخَفَض أرضي
geodes (Geol., Mining)	فَجَوات (أو قِطَع محوفة) «صُخور مُبَطَّنة بالبلّورات»
geodesic instrument	جهاز قياس جيودَيْزي
geodesic (line) (Geol.)	خط جيوديسي
geodesy = geodetic surveying	الجيوديسيَّة • علم المساحة التطبيقية
geodetic line = geodesic (Surv.)	خط جيودِيسيّ : الخَطّ الأقصر بين نُقطتين على سطح منحنٍ
geodetic surveying (Surv.)	المسح الجيوديسي : حيث يُؤخَذ تَقَوُّس الأرض بعين الاعتبار لتحديد المواقع بدقة
geodynamics (Geol.)	دينامِكيَّةالأرض : دراسة القوى الباطنية تحت القشرة الأرضية
geofault (Geol.)	صَدع (جيولوجي) كبير
geoflexure (Geol.)	إنثناء (جيولوجي) كبير
geogenesis (Geol.)	التكوين الجيولوجي
geogeny = geogony (Geol.)	عِلم نَشأة الأرض
geognosy (Geol.)	علم الأرض • علم الجيولوجية
geogram (Geol.)	جيوجرام • قطاع عمودي أرضي (يبين الطبقات الجيولوجية)
geographer	جغرافي • عالم جغرافي
geographical north	الشَّمال الجُغرافي
geographic latitude	خط العَرْض الجغرافي
geography	عِلم الجغرافيا
geohydrology (Geol.)	الهيدرولوجية الأرضية
geoid (Surv.)	المُجَسَّم الأرضي • شكل الأرض
geo isotherms (Geol.)	خطوط تَساوي الحرارة الباطنية
geologic age	عصر جيولوجي - العُمر الجيولوجي
geologic(al) (adj.)	جيولوجيّ

geophone — planting geophones

geological exploration الاستكشـــاف الجيولوجيّ • التنقيب الجيولوجيّ

geological formation تكوينٌ جيولوجي

geological horizon (Geol.) أفقٌ جيولوجي: يتميَّزُ بنوع معيَّن من الحَفْريات

geological map خريطة جيولوجية

geological mapping وضعُ الخرائط الجيولوجية

geological record سِجلّ جيولوجي

geological section (Geol.) قِطاعٌ جيولوجي

geological structure (Geol.) التركيبُ الجيولوجي • البنية الجيولوجية

geological survey مَسْحٌ جيولوجيّ

geological surveying (Geol.) المِســاحَة الجيولوجية • المَسْحُ الجيولوجي

geological time (Geol.) زَمَنٌ جيولوجي

geologist (*n.*) عالِمٌ جيولوجي

geologize (*v.*) مارَسَ أو درَسَ الجيولوجية (على الطبيعة)

geolograph (Civ. Eng.) جيولوغراف : مقياس سرعة الحفر • مقيــاس سرعة المثقب عبر الطبقة الأرضية

geology جيولوجيّة : عِلمُ الأرض

geology, applied الجيولوجية التطبيقيَّة

geology, mining الجيولوجية التعدينيَّة

geology, petroleum الجيولوجية البترولية

geomagnetism المغنطيسة الأرضية

geometric(al) (*adj.*) هَندسيٌّ • جيومتري

geometrical figure شَكلٌ هندسيٌّ

geometrical mean distance مُتوسِّط البعد الهندسي

geometric(al) progression مُتوالِية هندسية • توالٍ هندسيّ

geometric average المُتوسِّطُ الهندسيّ

geometric mean الوَسَطُ الهَندسيّ

geometry علمُ الهَندسَة

geomorphic (*adj.*) جِيُومورفي • تضاريسي: خاص بمظاهر سطح الأرض

geomorphogenesis (Geol.) علم تكوين التضاريس

geomorphology الجيومورفولوجية • علم شكل الأرض • علم التضاريس

geon (Pet. Eng.) جِيُون : راتينج أساسه كلوريد البوليفنيل

geonomics الجغرافيا الاقتصادية

geonomy (Geol.) العلوم الأرضية • العلوم المتعلقة بالجيولوجية

geophone (Geophys.) سمّاعة أرضية • جِيُوفون

geophysical (*adj.*) جيوفيزيائي • خاص بعلم الطبيعيات الأرضية

geophysical exploration التنقيب الجيوفيزيائي

geophysical mapping (Surv.) وضع الخرائط الجيوفيزيائية

geophysical prospecting (Mining, Pet. Eng.) التنقيب الجيوفيزيائي

geophysical surveying (Geophys.) مَسح جيُوفيزيائي

geophysicist (*n.*) عالم جِيُوفيزيائي • عالم في الجيولوجيا الطبيعية

geophysics علمُ الفيزياء الأرضية • جيوفيزياء

geosphere (Geol.) الغلاف الصخري • الغلاف الأرضي اليابس

geosyncline (Geol.) طيَّة مُقعَّرة إقليمية : تقعُّر في طبقات الصخور يمتدُّ أميالا

geotechnical (*adj.*) جِيُوتِقْني : متعلق بميكانيكا التربة والهندسة الجيولوجية

geotectonic (*adj.*) جِيُوتِكتوني : متعلق بتحرُّكات القشرة الأرضية

geothermal (*adj.*) جِيُوثِرمي• حَراريّ أرضي: مُتعلِّق بالحرارة في باطن الأرض

geothermal gradient (Geol.) تدرُّج الحَرارة الأرضية (الباطنية) : نسبة ازدياد درجة الحرارة الجوفيَّة بازدياد العُمق

geothermal log (Pet. Eng.) جدول أو سِجلُّ الحرارة الباطنية

geothermal logging (Pet. Eng.) تسجيل الحرارة الباطنية

geothermal water (Geol.) ماء الحَمَّات

geothermic = geothermal (*adj.*) جِيُوثِرمِيّ • حراري أرضي

geothermometer ترمومتر ارضي

german (Mining) فَتيلُ تفجير : من القشّ المَحشوّ بالبارود

germanium (Ge) (Chem.) جِرْمانيوم : عنصر فِلزيّ نادر رَمزُه (جر)

German silver (Met.) سبيكةُ الفضَّة الالمانية (من النُّحاس والنيكل والزنك)

germicide (*adj., n.*) (Chem. Eng.) مُبيدٌ للجراثيم • قاتل المِكروبات

germinate (*v.*) أفرَخ • أنبَتَ • أنتَشَ

Germ process (Pet. Eng.) طريقة «جيرم» : لصنع زيوت السيّـارات من الزيوت المعدنية والأحماض الدهنية

get (*n.*) ناتج • مَحْصول
(*v.*) نال • حَصَل على

gettability (Mining) إمكانيّةُ الاستِثمار

geyser (Civ. Eng.) مِرْجَل • مُسَخِّنُ ماء • قِزان
= **gusher** (Geol.) فوَّارةُ ماءٍ حار • حَمَّة فوَّارة

geyserite صخر الفَوّارات • صخر الحمَّات

G.H.V. (gross heating value) القيمـــة التسخينية الإجمالية

G.I. (gas injection) حَقنُ الغاز

giant powder = dynamite ديناميت

gib (Eng.) خابورُ تَثبيت • جُنَيبَة دعم : صَفيحة مَعدنيَّة للتثبيت

gib-and-cotter joint = gib-and-key joint (Eng.) وُصلَة بخابورَيْن

gibbet (Eng.) ذراعُ (تطويل) المِرفاع

gibbous (*adj.*) مُحدودب • مُنتَفِخُ القاعدة

gig (*n.*) عُدّة استخراج – شَصّ – قارب صغير
(*v.*) استخرج بشَصّ أو آلة

gigantic (*adj.*) ضَخْم • هائل

gilbert (Elec. Eng.) چِلبَرت : وَحدةُ القُوَّة الدافِعة المغنطيسية

gild (*v.*) ذَهَّب : طلى أو موَّه بالذهب

gill (*n.*) چِل : مقياسُ حَجْمٍ سَعَتُه حوالى ثُمْن اللتر
(Zool.) خَيشوم • غَلْصَم
= **ghyll** (Geol.) فَجٌّ • مَسيل

gilled pipe أنبوبٌ خَيْشومي • ماسورَة مُزعْنَفَة

gilled radiator (Eng.) مُشِعٌ خَيشومي : ذو زعانِفِ تبريد

gilled-tube radiator مُشِعٌّ بأنابيبَ خَيشوميَّة

gills (Eng.) خَياشيم تبريد • زعانِف تبريد

gimbals = gymbals (Eng.) ذاتُ المِحْوَرَين (لإبقاء الآلة المَحمولة في وَضعٍ أُفقي)

gimlet (*n.*) (Carp.) مِثقاب • بَريمة • بِزَال
(*v.*) ثَقَب بالبِزال

gin (*n.*) (Civ. Eng.) بَكَّارة يدويَّة • مِرفاع ذو بكرات – مَكَنَةُ دَقّ الخَوازيق

gin man عامل مَنجم • عامل مناجم غير فنيّ

gin-pole (Eng.) قائِمُ المِرفاع

gin truck	شاحنة ذاتُ مِرفاع
gio (Geol.)	فجٌ ۰ وادٍ عميق ضيّق
Girbotol process (Pet. Eng.)	طريقة «غِربُوتول»: لإزالة كبريتيد الهيدروجين والغازات العضويّة من المنتوجات البترولية
gird (v.)	طوّق ۰ حَزَم
girder (Eng.)	عارضة (خشبية أو فولاذية) ۰ جائز ۰ رافدة
girder iron	حديدُ العوارض ۰ حديد بشكل عوارض
girdle (n.)	حِزام ۰ نِطاق ۰ منطقة
girdles (Mining)	طبقة رقيقة من الحجارة
girt (n.)	عارضة صغيرة
(Pet. Eng.)	عارضة بُرج الحفر
girth	حِزام ۰ طَوْق ۰ نِطاق ۰ مَقاسُ الخصر ۰ صفيحة فولاذ عَزّانية
girth sheets	صفائحُ حِزامة (تُطوِّقُ جوانبَ المِرجَل)
Gish-rooney method (Pet. Eng.)	طريقة «جيش و رُوني»: للتنقيب الكهربائي
git = gate	مَصبّ
give (v.)	أعطى ۰ ناوَلَ ۰ مَنَح ۰ مَرَن : انطاع للضَّغط أو الشَّد
(n.)	مُرونة ۰ إنطياع للضغط
G.L. (ground level)	مستوى سطح الأرض
glacial (adj.)	جَليديّ
glacial acetic acid (Chem.)	حمضُ الخَلّيك الجَليدي ۰ حامضُ الخَل الجَليدي
glacial action (Geol.)	الفعل الجَليديّ
glacial boulder (Geol.)	قلاعة جَليدية
glacial denudation (Geol.)	التَّعرية الجَليدية
glacial deposits (Geol.)	الرواسب الجَليدية ۰ مخلَّفات الجليد
glacial drift (Geol.)	جَرْف جَليدي ۰ مجروف جَليديّ
glacial epoch (or period)	عَصر جَليدي
glacial erosion (Geol.)	تعرية جَليدية
glacial meal (Geol.)	دقيق صحريّ
glaciate (v.)	جلَّد ۰ حوَّل الى جَليد ۰ عَرَّض لِفعل الجَليد
glaciated knob (Geol.)	رابية مُعرَّاة : بالحَت الجَليدي
glaciation (Geol.)	تعرية جليدية ـ فترة جَليدية ۰ غَمر جليدي
glacier (Geol.)	نَهر جَليدي ۰ مُثلَجَة ۰ ثلاّجَة ۰ مجمدة
glacis (Civ. Eng.)	ضَفّة مُنحَدرة ۰ صَبَبٌ قليل الانحدار
glade (n.)	فُرجة أو فضاء (في غابة)

glacial deposits

glass joint jamming

glass reactor

glance (v.)	لَمَح ـ وَمَض
(n.)	لَمحة ۰ وَمضة ـ لَمَعان ۰ بريق
(Min.)	معدِن كبريتيدي لمّاع
glance coal (Mining)	فحم لمّاع ۰ أنتراست
gland (n.) (Eng.)	جُلبة حَشو ۰ عُلبة حَشو ـ حَشوَة ۰ لَبوس ـ صَمولة زَنق الحَشوة
gland bolts	براغي جُلبة الحَشو
gland oil	زيت الحَشوة
gland packing (Eng.)	حَشو لِمنع التسرب
gland ring (Eng.)	حلقة حَشو
glare (n.)	نور ساطع ۰ توهَّج ـ بَهر ۰ وَهج
(v.)	توهَّج ـ لَمَع ۰ بَهر ـ حَدَّق
glare screen	حجاب منع البَهر
glarosion (Geol.)	تَعرية جَليدية : بِفعل الثَّلاجات
glass (n.)	زُجاج ـ كُوب ۰ قَدَح ۰ كأس ـ أوانٍ زُجاجية
(adj.)	زُجاجيّ
glass apparatus	أجهزة (مختبريّة) زُجاجيه
glass, armoured	زُجاج مُدرَّع
glass barrel pump (Chem. Eng.)	مضخّة زُجاجيّة الجذع ۰ مضخّة حَوامض
glass brick	طوبة زُجاجية ۰ طوبٌ زُجاجيّ
glasses	منظار ۰ نظَّارة
glass fibre	ألياف زُجاجية
glass floss	لُبَّاد زُجاجي
glass foam	زجاج اسفنجي
glass gauge (Eng.)	أنبوبُ بيانٍ زُجاجيّ : لبيان مُستوى الماء في المرجل

glassine	ورقٌ مُزجَّج صَقيل
glass joint grease	شَحم الوُصلات الزُجاجيّة
glass joint jamming	لَصبُ الوُصلات الزُجاجية
glass marble	كُريّة زُجاجية
glass matrix	قالب زُجاجيّ ـ عَجينة شِبْه زُجاجيّة
glass panel	لوح زُجاجي
glasspaper (Eng.)	ورقُ زجاج (للسَّنفرة)
(v.)	سَنفر (بوَرَقِ الزُجاج)
glass-papering machine	مَكنَة سَنفرة (بوَرق الزُّجاج)
glass reactor	مُفاعِل زُجاجي : لِصُنع المُرَكَّبات الكيماوية العُضوية
glass rod	قَضيب زُجاجي
glass sand (Min.)	رَملُ الزجاج
glass, shatterproof	زُجاج لا يَتَشظَّى
glass structure (Geol.)	بنية زجاجية
glass substitute	زُجاج اصطناعي
glass tile	قرميد زُجاجيّ
glass tube	أنبوب زُجاجيّ
glassware	أواني زجاجية
glass wool	صوفُ الزُجاج
glassy (adj.)	زُجاجي ۰ صَقيل ۰ شَفّاف
glauconite (Min.)	غلوكونيت : سِليكات البوتاسيوم الحديديّة
glaze (n.) (Civ. Eng.)	طِلاء زُجاجي صَقيل
(Geol.)	جَليد شَفّاف
(v.)	زجَّج : رَكَّب الزُجاج ـ طلى بطَبَقةٍ كالزُجاج ـ صَقَل

GLA
192

glycerine plant

glycol plant

gneiss

goliath crane

glazed (*adj.*) مُزجَّج : مَطليٌّ بطبقة شبه زجاجية

glazed brick (Civ. Eng.) طوبةٌ مُزجَّجة : مَطليَّةٌ بطبقة كالزُّجاج

glazed finish (Civ. Eng.) طَلْيَةٌ أخيرة بطبقةٍ صَقيلة

glazed paper ورقٌ صَقيل

glazing (Civ. Eng.) زِجاجة : تَركيبُ الألواحِ الزجاجية ـ تزجيج : تغطية بطبقة زجاجية

glebe (Mining) أرض • تُربة

glen (Geol.) فَجٌّ • وادٍ ضيِّق شديدُ الانحِدار

glide (*v.*) إنزَلَق • إنساب • انحَدَر

(*n.*) انزِلاق ـ انحِدار انسيابي

glide plane (Geol.) مُستوى الانزلاق • سَطحُ الانزلاق

gliding إنحِدار • إنزِلاق

gliding plane مُستوى الانزلاق

glimmer (*v.*) أومَضَ بوَهَن • لاحَ

(*n.*) بَصيص • وَميض واهِن • لَمحَة

global (*adj.*) كُرويّ ـ عالَميّ

globate (*adj.*) كُرَويّ

globe كُرَة ـ الكُرَة الأرضيَّة

globe joint (Eng.) وُصلَة كُرويَّة

globe valve صِمامٌ كُرَوي

globoid (*adj.*) كُرَواني • شِبهُ كُرويّ

globular = **globose** كُرويّ • مُكبَّب

globule كُرَيَّة

glomerate (*adj.*) مُكبَّب • مُتكوِّر

(*v.*) تكوَّر • تكبَّب

Gloryhole system طريقة «غلوريهول» : اسْتِثمار بالحُفَر القِمعيَّة الباطنية

gloss (*n.*) لَمعَة • بَريق • صَقْل ـ تمويه (لتغطية الشَّوائب)

(*v.*) لَمَّع • صَقَلَ • مَوَّه

glossary مَسْرَدُ مُصطلَحات • مُعجَم ألفاظٍ مُختارة

glossy (*adj.*) صَقيل • لَمَّاع

glove (*n.*) قُفَّاز

(*v.*) ألبَس قُفَّازاً • غَطَّى كَقُفَّاز

glow (*v.*) تَوَهَّج • تألَّق ـ احتَدَم

(*n.*) وَهَج • تَوَهُّج • تألُّق • إشراق

glowing مُتوهِّج

glowray (Met.) غلُوري : سَبيكةٌ من النيكل والحديد والكروم

glue (*n.*) غِرَاء

(*v.*) غَرَّى • ألْصَق بالغِراء

glue pot مِغْراة • غَرَّاءَة

gluey (*adj.*) غِرائي

gluing تَغْرِيَة

glut (*v.*) أتخَم • أغرَقَ (الأسواق)

glyceric acid (Chem.) حامِض الغليسَريك

glyceride (Chem.) غِليسِريد : إستَرغليسريني

glycerine = **glycerin** = **glycerol** (Chem.) غِليسِرين • جليسَرين • غْليسَرول

glycerine plant وَحدةُ إنتاج الجِليسَرين

glycerol (Chem.) غِليسرول • جليسرول

glycogen (Chem.) غليكُوجين • (النشا الحيواني)

glycol = **ethylene glycol** (Chem.) غلَيكُول الأثيلين

glycol plant وَحدة إنتاج الغليكول

gnarl عُقْدة (في الخشب) ـ كُتلَة جاسِئَة • عُجْرَة

gneiss (Geol.) نايْس : صخر غرانيتي مُتحوِّل

gnomonic projection (Geog.) مَسقطٌ مِزْوَليّ : يُمثِّل فيه سطحُ الأرض مُسقَطاً من مَركزِ الكُرة

goaf (Mining) مِنطقة تعدين مُستَنفَدَة ـ نُفاية التعدين

goaf stower (Mining) مَكَنة رَدم المواقِعِ المُعدَّنة

gob (*n.*) كُتلة ـ كُتلة نُفايات رَخوة ـ رَدْم

(Mining) سَد ـ رَدْم

gobbing (Mining) رَدمُ المنجم : بعد احتفار محتوياته

go-between (*n.*) وسيط • واسطة

gob fire (Mining) نار النُّفايات التِّلقائية

go-devil (Pet. Eng.) دِحراج تنظيف : يُبعث دوريّاً في أنابيب الزيت لتنظيفها ـ دِحراجُ تفجير : يُرمى به في بئر النفط لتفجير شِحنة يبدأ بها الانتاج

goethite (Min.) چيتايت : خام من اكسيد الحديد المُميَّأ

goffering (*n.*) ثَنْي • تَغضين ـ تَخْديد

goggles نَظَّارات واقية من البَهْر

going concern مُؤسَّسة عاملة

going in hole مَهوى أنابيب الحفر

going price السِّعر الجاري

going rate السِّعر الجاري

gold (**Au**) (Chem.) ذَهَب : عنصر فلزيّ رمزه (ذ)

gold dust مَسحوقُ أو قُراضةُ الذَّهَب

gold foil رُقائق ذهبية

gold standard قاعدة الذَّهَب (في النظامِ النقدي)

goliath crane (Eng.) مِرفاعٌ نَقَّاليٌّ ضَخْم

"go" limit حَدُّ السَّماح

gondola car عَرَبة مُسَطَّحة • شاحِنة مسطَّحة

goniometer غونْيُومتر • مِنقَل • مِقياس الزَّوايا

Gooch crucible (Chem. Eng.) بوتَقة «جُوخ» ذات القاع المنقَّر

goodness جُودَة

good offices مَساعٍ حَميدة

good oil زيت مُكرَّر

goods بِضاعَة • بَضائع • سِلَع

Pipelines الأنابيب

1

2

3

1. A pipelaying barge in operation
2. Pipeline reaching shore
3. Lowering sections of pipeline into trench
4. A small pumping unit
5. Welding pipeline joints on board a pipe-laying ship

١. مَرْكَبُ مَدِّ الأنابيب قَيْدَ العمَل

٢. خَطُّ الأنابيب يبلُغُ الشاطئ

٣. إنزال الأنابيب في الخَنْدَق

٤. وحَدةُ ضَخٍّ صغيرة

٥. لَحْمُ وصُلاتِ الأنابيب على ظهرِ سَفينةِ مَدِّها

4

5

Transportation

النَّقل

1. Tanker discharging cargo of crude oil at refinery
2. Discharging a cargo of light catalytic cracked gasoline
3. Yacht being fuelled by diesel tanker

١. صهريجةٌ تفرغُ حمولةً من الزيت الخام في معمل التكرير
٢. إفراغُ حمولةٍ من البنزين المُكسَّر بالحفْز
٣. يختٌ يتزوَّدُ بالوقود من شاحنة صهريج

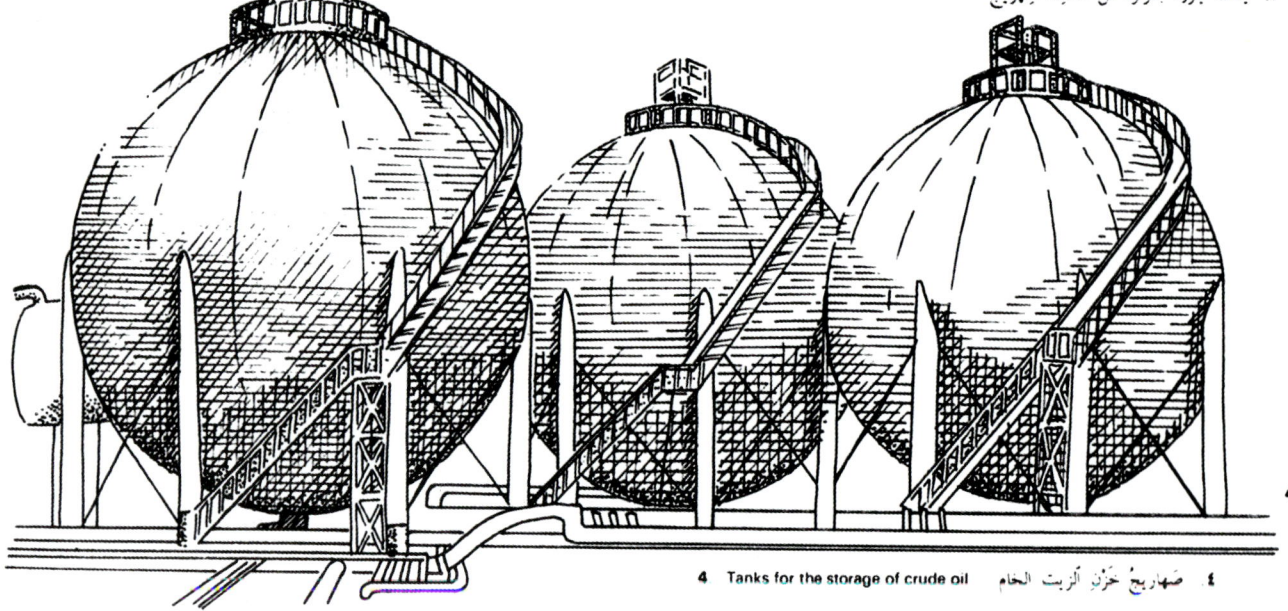

4 Tanks for the storage of crude oil ٤ صهاريجُ خزْنِ الزيت الخام

GRA

good structure (Pet. Eng.)	بنية صالحة : تكوين مُواتٍ لوجود النفط
goods wagon	شاحنة بضائع (من شاحنات السكة الحديدية)
goodwill	اسم تجاري طيّب ـ ثقة مكتسبة أو مُجرّبة
gooseneck	انحناء راجع : بشكل عُنُق الإوزّة
gooseneck coupling (Eng.)	تقارُنٌ ذو انحناء راجع
gophering (Mining)	غَوْفَرَة : استثمار هَدْريّ
G.O.R. (gas oil ratio)	نسبة الغاز إلى الزيت
gorge (Geol.)	مَخْنَق ، وادٍ عميق ضيّق ، خانق
(Civ. Eng.)	إفريز (يردّ المطرَ عن البناء)
(n.)	عائق ـ اكتظاظ
(v.)	اكظّ ، ازدحم
goslarite (Min.)	غُسْلَريت : كبريتات الزنك
goslin	مضخّة نقّالة
gosp (gas-oil separation plant)	وحدة فصل الغاز عن الزيت
gossan (Mining)	جوسان : خام سطحي مؤكسد (من معدن كبريتيدي)
go-to-hell wagon	عربة نقل النتروغلسرين
go to water (Pet. Eng.)	انغمر ، انغمرت (البئر) بمياه التكوينات الجوفية
goudron	قطران ـ كتل خشبية مشبعة بالقطران
gouge (n.) (Carp.)	مظفار : إزميل مقعّر
(Geol.)	نُحاتة صَلصالية ، فتات صخريّ ، مجروف ، طين الصدوع
(v.)	قوّر ، حفر بإزميل مقعّر
gouge-bit	لقمة مظفار
gouging (Geol.)	إقتلاع : بفعل الأنهر الجليدية
govern (v.)	حكم ، أدار
governing valve (Eng.)	صمّام حاكم
government securities	سندات مالية حكومية
governor (Eng.)	حاكم ، مُنظّم : ضابط أوتوماتي للسرعة
governor drive (Eng.)	إدارة بالحاكم
governor flexible shaft (Eng.)	الجذع المرن للحاكم
governor mechanism (Eng.)	آلية الحاكم
governor pump (Eng.)	مضخّة التعديل ، مضخة التحكّم
governor valve (Eng.)	صمّام حاكم ، صمّام منظّم
go wild (Pet. Eng.)	ثار ، جمَحَ ، تجاوز حدود التحكّم
G.P. (general purpose)	متعدّد الأغراض
G.P.H. (gallons per hour)	غالون في الساعة
G.P.M. (gallons per minute)	غالون في الدقيقة
G.P.S. (gallons per second)	غالون في الثانية
G.R. (government rubber) = Buna rubber	مطّاط البُونا
grab (v.)	انتزع ، اختطف ، كبش
(n.)	خطّاف ـ كبّاش الرافعة الميكانيكي
grab, alligator (Eng.)	كبّاش تمساحي
grab bucket (Civ. Eng.)	قادوس كبّاش
grab-crane (Eng.)	مرفاع ذو كبّاش
grab-dredger (Eng.)	كرّاءة ذات كبّاش
graben (Geol.)	أخدود ، خَسْفَة
graben fault (Geol.)	صدع خسيف
graduate (v.)	درّج ، تدرّج ـ تداخل تدريجيّاً
gradation	تدرّج ، تغيّر تدريجي ـ ترتيب حسب الدرجة أو الصنف أو القطعة
grade (n.)	درجة ، مرتبة ـ قطعيّة ـ نوعيّة ـ درجة أو معدّل الميل
(v.)	درّج ، حدّد المرتبة ـ صنّف
grade crossing	تقاطع مستو ، تقاطع سطح
graded (adj.)	مدرّج ، متدرّج ـ مصنّف
graded bedding (Geol.)	طبقة متدرّجة (خاصة في حجم الحبيبات الصخرية)
graded profile (Geol.)	قطاع جانبيّ مدرّج
graded sediments (Geol.)	رواسب متدرّجة (التماثل)
grade of tolerance	مرتبة التفاوت المسموح
grader (Civ. Eng.)	مدرّجة ، ممهّدة (للأرض) ، مسلفة ـ عامل تمهيد
grader, road (Civ. Eng.)	مدرّجة الطرق ، ممهّدة الطرق
gradient (Civ. Eng.)	ممال ، درجة الميل أو الانحدار ، معدّل التدرّج
gradienter (Eng.)	مميال ، مقياس الممال ، مقياس تدرّج الميل
gradient of slope	ممال المنحدر ، درجة ميل المنحدر
grading (n.)	تصنيف ، ترتيب تدرّجي
(Civ. Eng.)	تسوية ـ تمهيد
grading curve	منحنى التدريج
gradiometer (Surv.)	مميال : مقياس التدرّج ، مقياس الميل
gradual (adj.)	تدريجيّ ، تدرّجيّ ، متدرّج
graduate (v.)	درّج ، رقّم بدرجات ـ تدرّج ، تغيّر تدريجيّاً ـ تخرّج
graduated (adj.)	مدرّج ـ متخرّج ، خرّيج
graduated circle (Surv.)	دائرة مرقّمة أو مدرّجة
graduated dip rod	شاخص غمس مدرّج
graduated scale	مقياس مدرّج
graduated screw	لولب مدرّج
graduating (adj.)	متدرّج ، متغيّر تدريجيّاً
graduation (n.)	تدرّج ، تدريج ـ تخرّج
graduation error	خطأ التدريج
graduation mark	علامة التدريج
grafting (n.)	تطعيم ، تركيب ، ترقيع ـ إطالة عمود عن طريق وصلِه بآخر
grafting tool (Civ. Eng.)	معول قطع (لقطع الطين الصلب)
grahamite (Pet. Eng.)	غراهَميت : ضرب من الاسفلتيت
Graham's law (Chem.)	قانون «غراهام» : في انتشار الغازات
grain (n.)	حبّة ، حُبَيبة ـ تجزّؤ ، اتجاه الألياف في الخشب ـ قمحة ـ حبّة : وحدة وزن تساوي ٦٤٫٨ ملليغرام
(v.)	تحبّب ، تبلّر ـ عرّق ، رسم مقلّداً تعرّق الألياف
grained (adj.)	محبّب ، خشن ، مجزّع ، معرّق
grained rock	صخر حُبَيبيّ ، صخر محبّب

grab bucket

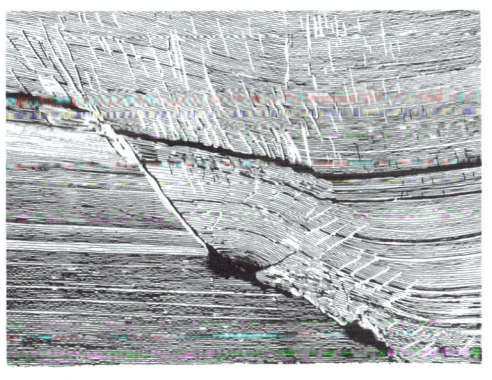

graben

graining (n.)	تَجْزِيع : طَلي يُقلِّد تعريق الخَشَب أو الرّخام
grain oil = fusel oil (Chem. Eng.)	زَيت كُحولي
grain size (Geol., Met.)	الحَجْمُ الحُبَيبيّ
grain-size classification (Geol.)	تَصنيف الأحجام الحُبَيبيّة
grain structure	بِنية حُبَيبيّة
grain volume	حَجْمُ الحُبَيبات : يُستَدَلُّ به على مَساميّة التكوين
gram (or gramme) (gm)	غرام : وزن سم^3 من الماء المُقطَّر في درجة ٤ مئوية
gram-atom (Chem.)	ذَرَّة غرامية (الوزن الذَّرّيّ بالغرام)
gram-atomic weight	وَزْنٌ ذَرّيٌّ غرامي
gram-calorie (Phys.)	كالُوري غرامِيّ
gram-equivalent (Chem.)	مُكافِئٌ غرامي
gram-formula weight (Chem.)	وزن صيغيّ غرامي
gramme = gram	غرام : جزء من ألف من الكيلوغرام
gram-molecular volume = molar volume (Chem.)	حجمُ الوزن الجُزيئيّ الغرامي للغاز (على درجة صفر وضغط ٧٦ سم زِئبق وقيمته ٢٢٫٤ ليترًا)
gram-molecular weight (Chem.)	وَزنٌ جُزَيئيّ غرامي
gram-molecule (Chem.)	الوزن الجُزَيئيّ الغرامي • جُزَيءٌ غرامي
gram-weight	وزنُ غرام
grand base level	مُستوى القاعدة العام • مُستوى سطح البحر
granite (Geol.)	غرانيت • الأعْبَل • الصَّوَّان
granite quarry	مَحْجَر الغرانيت
granitic basement (Geol.)	طبقة قاعديّة غرانيتية • قاعٌ غرانيتيّ
granitic rock (Geol.)	صَخْر غرانيتيّ
granitic texture (Geol.)	بِنية غرانيتية
granitization (Geol.)	التغَرْنُت • التحول الى غرانيت
granitoid (adj.)	شِبه غرانيتاني • غرانيتاني
granitoid texture (Geol.)	نَسيج غرانيتاني أو شِبه غرانيتاني
granolith (Civ. Eng.)	غرانوليت : حجر رصف مُكوَّن من كُسارة الغرانيت والاسمنت
granolithic (adj.)	غرانوليتي : مُكوَّن من مزيج من الاسمنت وكسارة الغرانيت
(n.) = grano (Civ. Eng.)	طبقة غرانوليتيّة
granophyre (Geol.)	غرانوفير : صخر بركاني كوارتزي فلسباري دقيق النسج
grant (n.)	مِنحة • عَطيَّة
(v.)	مَنَح • أعطى • خَوَّل
grantee (n.)	صاحِبُ الامتياز
grantor (n.)	مانِح • مانِح الامتياز
granula = granule (n.)	حُبَيبة
granular (adj.) (Bot.)	حُبَيبيّ • مُحبَّب • أحْرَشُ
granular fracture	كَسْرٌ حُبَيبيّ
granularity (n.)	درجة التحبُّب أو التبرغُل • تَبَرغُل • تَحبُّب • حُبَيبيَّة
granular limestone (Geol.)	حَجَرٌ جيريٌّ حُبَيبيّ
granular size	حجم حُبَيبيّ • حجم الحبيبات
granular structure (Met.)	بِنْية حُبَيبيّة
granular texture	نَسيج حُبَيبيّ
granulate (v.)	تحبَّب • تبرغل • حبَّب • خشَّن السطح • خَشَّن
granulated = granulose (adj.)	مُحبَّب • خشن
granulation (n.)	تَحبُّب • بَرغَلة
granulator (Civ. Eng.)	كسَّارة حَصى
granule	حُبَيبة • جسم حُبَيبيّ دقيق
granule gravel	حَصيم • حَصْباء دقيقة
granulite (Geol.)	غرانوليت : صَخر حُبَيبيّ
granulometry (n.)	قياس الحُبَيبيَّة
granulose = granulous (adj.)	حُبَيبي • مُحبَّب
grape seed oil (Chem.)	زيت بُزور العنب
graph (n.)	رَسم بياني • خَطٌّ (أو مُنحنى) بياني
(v.)	رَسَم خَطًّا بيانيًّا
graphic(al) (adj.)	تخطيطيّ • بياني
graphical representation	تَمثيل تخطيطي أو بَياني
graphic formula (Chem.)	صِيغة تخطيطيَّة
graphic lithological log	سجلٌّ بيانيّ بخصائص الصخور
graphic triangulation (Surv.)	التَّثليث التَّخطيطي
graphing	تخطيط المُنحنى البياني
graphite (Min.)	غرافيت • رَصاصٌ أسود
graphite, colloidal (Chem.)	غرافيت غَرَواني
graphite crucible	بوتَقة من الغرافيت
graphited (adj.)	مُعالَج بالغرافيت
graphite electrode (Elec. Eng.)	إلكترود غرافيتيّ
graphite, flake	غرافيت قُشاريّ
graphite grease	شَحم غرافيتي
graphite, lubricating (Eng.)	غرافيتُ تَزليق
graphite paint	طِلاءٌ غرافيتيّ
graphite, pulverized	غرافيت سحيق (أو مسحوق)
graphitic lubricants	مُزَلِّقات غرافيتية
graphitization (Geol.)	الغَرفَتَة : التحويل أو التحوُّل إلى غرافيت
graphitize (v.)	غَرفَت : عالَج بالغرافيت
grapholith (Geol.)	غرافوليت : شِست صلصالي
graph paper	ورقٌ ذو مربَّعات : للرُّسوم البيانية
grapnel (Naut.)	خاطُوف • كُلَّابة • مِرساة
grapple (n.) (Naut.)	خاطوف • كُلَّاب • مِرساة
(v.)	وثَّق • ثَبَّت ـ شبك أو التقط بخُطَّاف
grapple dredger (Eng.)	كرَّاءة ذات كَبَّاش
grasp (v.)	قَبَض ـ تفهَّم • استوعَب
(n.)	قَبْضة ـ تفهُّم ـ مَسْكَة
grass	عُشْب • حَشيش • أرض مُعشوشبة
grasshopper (Zool.)	جُندَب
(Pet. Eng.)	شبكة مِضخَّات ـ الثقل ـ الموازِن في المضخة ـ عُدَّة صف الأنابيب قبل تلحيمها
grass-roots	مِنطقة زراعية (لا صناعية)
(Pet. Eng.)	مِنطقة زراعيّة ـ منطقة أو طبقة سطحيَّة
grass-roots bed	طبقة سطحيَّة
grass-roots FCC unit (Pet. Eng.)	وَحدة بِكر للتكسير السائليّ المُحفَّز
grass-roots refinery	مَعمل تكرير جَديدٍ بِكر
grass-roots region	منطقة زراعيّة
grate (n.)	مِصْفاة : شبكة قُضبانٍ حديدية • هيكل مُصفَّعيّ

grass-roots FCC unit

(v.)	شَبَّكَ بالقُضبانِ الحديديَّة ـ مَرَّ
graticule (Surv.)	شَبَكَةُ الأرضيَّة : شَبَكَةُ خطوطِ الطول والعرض على الخريطة
= reticule (Opt.)	شَبَكَةُ العَيِّنَة
grating	حاجِزٌ مُشَبَّك ، مُصَبَّع (بالقضبان)
grave (adj.)	خَطِير ، جَسِيم
(v.)	نَظَّفَ (قَعرَ السفينة) وطَلَى بالقار
gravel (n.)	حَصى ، حَصباء ، حَصيم ، جَرْوَل
(v.)	رَصَفَ بالحَصباء ، حَصَبَ
gravel bars	رَواسِب حصبَاويَّة
gravel filter	مُرَشِّح حَصَوِي
gravel ground (Geol.)	أرضٌ حصباويَّة
gravelly (adj.)	حصباوي ، جَرْوَليّ
gravel packing	حَشوة حَصوية : تُرشِحَةُ الفِعل
graveyard shift	نَوْبَةُ عَمَلٍ ليليَّة
gravimeter (Chem. Eng.)	مِقياسُ الثِّقلِ النوعي
(Phys.)	مقياس الجاذبيَّة (الأرضية)
gravimetric analysis (Chem. Eng.)	التَّحليل (بالقياس) الوزني
gravimetric method (Geophys.)	طريقة الجاذبيَّة (الأرضيَّة)
gravimetric survey (Geophys.)	مَسحٌ أو استطلاع بقياس الجاذبيَّة
gravimetry (Chem., Phys.)	قياس الوزن (أو الكثافة) ، المُعايَرة الوزنية
(Geophys.)	قياسُ الجاذبيَّة : في التنقيب الجيوفيزيائي
graving dock (Naut.)	حوضٌ جافٌّ لتنظيف قاعِ السُّفن
gravitate (v.)	إنجذب ، جذب ، تَحَرَّكَ بالثِّقالة
gravitation (Phys.)	جاذبية ، قوَّةُ التجاذب ، الثَّقالة ، الجاذبيَّة الأرضيَّة
gravitational acceleration	تَسارُع الجاذبيَّة
gravitational anomaly	شذوذ الجاذبية
gravitational attraction (Phys.)	تجاذُب ثَقالي ، جاذبيَّة الثقل
gravitational constant	ثابِتُ الجاذبيَّة ، ثابِتُ التثاقُل
gravitational field	مَجالٌ أو حقل الجاذبيَّة
gravitational force	قوَّةُ الجذب
gravitational segregation	الفَصْلُ التثاقلي ، الفصل بالجاذبية
gravity (n.)	الجاذبيَّة الأرضيَّة ، الثَّقالة ، الوزن ، الثِقل
= specific gravity	الوزن النوعيّ ، الثقل النوعي ، الكثافة النوعيَّة

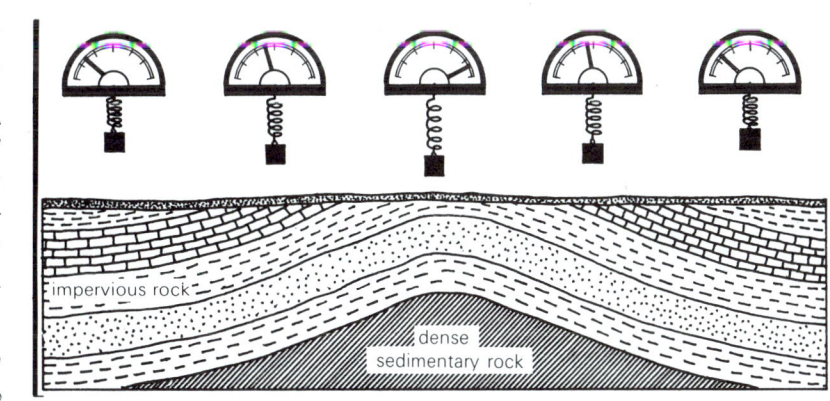

(n.)	خُطورة ، حَرَج
gravity, centre of	مَرْكَزُ الثِّقل
gravity conveyor (Eng.)	ناقلةٌ بالثِّقل
gravity drainage (Civ. Eng.)	الصرفُ بالجاذبيَّة ، صرفٌ بفعلِ الجاذبيَّة
gravity fault (Geol.)	صَدعُ الجاذبيَّة
gravity feed (Eng.)	التغذية بالجاذبيَّة ، تغذية بالثِّقل
gravity-feed lubrication (Eng.)	التزليق بالتغذية التثاقلية : بفعل الثِّقل أو الجاذبيَّة
gravity-feed tanks (Eng.)	خزّانات التغذية بالجاذبيَّة
gravity filter	مُرَشِّح بالثِّقل ، مرشِّح بالجاذبيه
gravity flow	الجريان الطبيعيّ (بفعل الجاذبيَّة) ، السَّريان بالجاذبيَّة
gravity-fuel system (Eng.)	نظام تغذية (الوقود) بالجاذبيَّة ، دورة الوقود بالجَريان الطبيعيّ
gravity line	خط الجاذبيَّة : خط يجري فيه السائل بفعل الجاذبيَّة
gravity meter (Phys., Geophys.)	مِقياسُ الجاذبيَّة ، مِقياس الثقل النوعيّ
gravity oiling system (Eng.)	نظام تزييت بالجاذبيَّة
gravity separation	فَصلٌ بالجاذبيَّة ، فصل بالثِّقل
gravity, specific (Phys.)	الثِّقل النَّوعيّ
gravity survey (Geophys.)	مَسحُ الجاذبية : لتقدير الجاذبية الأرضية في مُختلف المناطق الممسُوحة
gravity tanks	خزَّانات التغذية بالجاذبيَّة
gravity water system	نِظامُ سريان الماء بالجاذبيَّة
gray = grey (adj.)	رَماديٌّ
Gray apparatus (Pet. Eng.)	جهاز «غراي» : لقياس درجة وميض الزيت في بوتقة مُقفلة
graywacke (Geol.)	جُرُوق : رَصيص صخريّ شديد التماسُك من الحصى والرمل

gravimetric survey

gravity meter

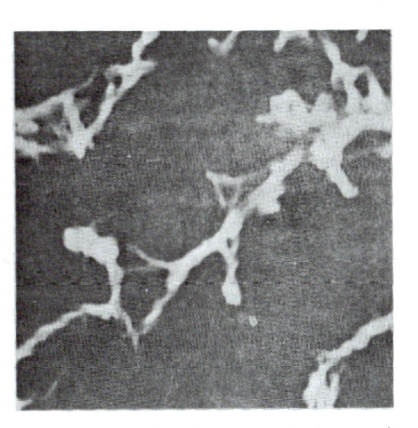

grease (an electron photomicrograph)

graze (v.)	حَكَّ ، كَشَطَ ، تأكَّلَ ـ ، مَسَّ بِرفق ، مَفَّ
(n.)	تآكُلٌ ، كَشْط
graze fuze	صِمامة بالحَكّ
grazing angle	زاوية سافَّة
grease (Chem., Eng.)	شَحم ، دُهن
(v.)	شَحَّمَ
grease, aluminium (Chem. Eng.)	شحم ألوميني : شحم قاعدته الالومنيوم
grease, anti-friction bearing (Eng.)	شحم محامِلَ مضادٍّ للاحتكاك
grease, ball bearing	شحم مَحامِلِ الكُرَيّات
grease, belt	شحمُ السُّيور

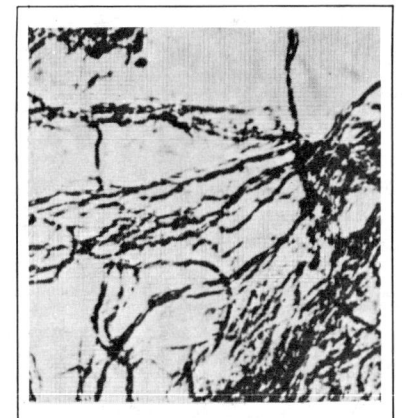

GRE

sodium base grease

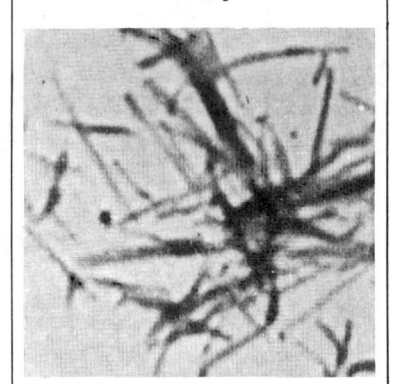

lithium base grease

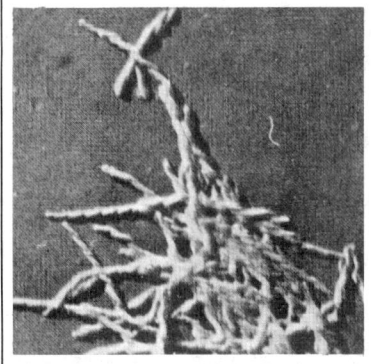

grease fibres (electron photomicrographs)

grease kettles

grease mixing plant

grease, block	شحم قالبيّ : على شكل قوالب
grease, bone (Chem. Eng.)	شحم العظام
grease box (Eng.)	صُندوق شحم ـ علبة تشحيم
grease, chassis	شحم هياكل السيّارات
grease cock (Eng.)	مِحبَس تشحيم
grease, cold rolling (Eng.)	شحم الدَّلفنَة على البارد
grease, complex	شحم مُعقَّد التركيب
grease content (Chem. Eng.)	المحتوى الشحميّ
grease cup (Eng.)	حُقُّ الشَّحم ٠ كوب تشحيم
grease, extreme pressure	شحم الضغوط القصوى
grease fibers	ألياف الشحم
grease, fibrous (Pet. Eng.)	شحم ليفيّ التكوين
grease, fluid (Pet. Eng.)	شحم مائع
grease, gear (Eng.)	شحم التروس
grease, graphited (Pet. Eng.)	شحم مُغرفَت
grease gun (Eng.)	مشحمة ٠ مِدفعة تشحيم
grease, hydrogenated (Chem. Eng.)	شحم مُهَدرج
grease injector (Eng.)	مِشحمة ٠ مِحقنة الشحم
grease, joint (Eng.)	شحم وُصلات
grease kettles (Pet. Eng.)	غلّايات الشحم
grease layer	غشاء شحميّ
grease, leather	شحم الجُلود
grease, lime base (Pet. Eng.)	شحم جيريّ القاعدة
grease, lithium base (Pet. Eng.)	شحم قاعدته الليثيوم
grease, lubricating (Pet. Eng.)	شحم تزليق
grease lubrication	تزليق بالشَّحم
grease, lubrication	شحم التزليق
greaseman	مُشحِّم ٠ عامل تشحيم
grease mixing plant (Pet. Eng.)	وحدة مزج الشَّحم
grease, mo(u)ld	شحم القوالب
grease, multipurpose (Pet. Eng.)	شحم مُعدِّد الأغراض
grease nipple	حلمة التَّشحيم
grease oil	زيت تشحيم
grease oxidation	أكسَدة الشَّحم ٠ تأكُّد الشَّحم
grease oxidation test (Pet. Eng.)	اختبار أكسَدة الشَّحم
grease penetration test (Pet. Eng.)	اختبار اختراقيَّة الشَّحم
grease penetrometer (Pet. Eng.)	مقياس مُختَرقيَّة الشَّحم ٠ مِقوام الشَّحم : مِقياس قِوام الشَّحم
grease-proof	صامد للشَّحم
greaseproof paper	ورق صامد للشَّحم
greaser	مِشحَمة ـ مُشحِّم
grease recovery	استعادة الشحم
grease removal	إزالة الشحم
grease, roller bearing	شحم المَحامل (الأُسطوانيَّة) الدلفينية
grease, rope (Eng.)	شَحم الحِبال ٠ شَحم الكُبول
grease, semifluid	شحم شبه مائع
grease, sodium-base (Pet. Eng.)	شحم قاعدته الصوديوم
grease, tacky	شحم لَزج
grease-tight	مَسيك (أو سَدود) للشحم
grease trap	مِصيدة الشحم : في مَصرف أو مَجرى
grease, universal (Pet. Eng.)	شحم عامُّ الأغراض
grease, wagon axle (Eng.)	شحم مَحاور العربات
grease worker, standard (Pet. Eng.)	مِمزَج الشحم العِياريّ
greasing	تشحيم
greasy (adj.)	دُهني ٠ شحميّ ـ مُلوَّث بالشحم
greasy touch	مَلمَس شحميّ

grease gun

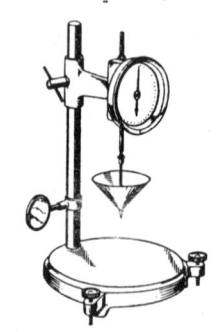

grease penetrometer

great calorie (Phys.)	كالوري كبير : يساوي ألف كالوري
Great Ice Age (Geol.)	العصرُ الجليديُّ العظيم
green acid soap (Pet. Eng.)	صابون الحامض الأخضر ، صابون حامض السلفونيك
green bricks (Civ. Eng.)	آجرٌ غَضٌّ (لم يُشْوَ بعد)
green copper = malachite (Min., Chem.)	مَلخيت : كربونات النُّحاس القاعدية
green oil (Pet. Eng.)	زيت أخضر
greensand (Geol.)	رملٌ خَضراوي : رملٌ رَطب غنيٌّ بالمواد العضوية
greenstone (Geol.)	صخر (بازلتي) أخضر
green vitriol = melanterite (Min., Chem.)	الزَّاج الأخضر (كبريتاتُ الحديدوز)
grena (Mining)	فحمٌ (أو حامٌ) غير مُنقَّى
grey (adj.)	رماديٌّ ، أشهب
grey cast-iron	حديدُ الزَّهر الرَّمادي
grid (Eng., Phys.)	شَبَكة ، شبكة مُصبَّعات
(Surv.)	شبكة خُطوط مُتسامِتة
(Elec. Eng.)	لوح (البركم)
grid bar-iron (Eng.)	قضبان المُصبَّعات الحديدية
grid bearing (Surv.)	الزَّاوية الاتَّجاهية التسامُتية
grid control	تحكُّم شبكيٌّ
grid coordinates (Surv.)	احداثيَّات الشَّبكة المتسامتة ، احداثيات سمتية
gridded map (Surv.)	خريطة مُتعامِدة السُّموت
grid leak detector	مكشاف التَّسرُّب الشَّبكيّ
grid line	خطٌ سمتي
grid map	خريطة سمتية
grid plugs	سِدادات لَوح المركم
grid polarization	استقطاب شبكيّ
grids (Elec. Eng.)	إلكترودات مُصبَّعة
grid voltage	فلطَّة الشَّبكة
grid wire	خَطُّ اليَقين (في الآلات البصرية)
griefstem = kelly (Pet. Eng.)	جذع الحَفر المضلَّع
Grignard compounds (Chem.)	مُركَّبات «غرينيارد» : من المغنسيوم والهاليدات لتحضير المُركَّبات العضوية
Grignard reaction (Chem.)	تفاعل «غرينيارد»
Grignard reagent (Chem.)	مُفاعل «غرينيارد»
grike (Geol.)	فجٌّ ، شَقٌّ أو خَدش عميق
grill	شَبكة
grillage (Civ. Eng.)	شَبكة : شبكة من العوارض المُتصالبة
grillage foundation (Civ. Eng.)	شَبكة الأساس (لأعمدة البناء)
grill work (Civ. Eng.)	شَبكة : شبكة من العوارض المُتصالبة
grimes (Mining)	صُدوع سُخامية : تصدُّعات في طبقة فحمية يصحبُها انسحاق الفحم
grimy (adj.)	قذر
grind (v.)	شَحذ ، سَنَّ ، جَلَخَ ، طحَن
grindability	امكانية السَّحق ، قابلية الانسحاق
grinder (Eng.)	جارشة ، مِجرَشة ، مِسَن ، جلاَّخة
grinding	سَنٌّ ، شَحذ ، تجليخ ، طحن
grinding compound	مُركَّب شَحذ
grinding fixture (Eng.)	تثبيتة للشَّحذ أو التجليخ
grinding machine (Eng.)	جلاَّخة ، مِطحَنة
grinding materials	موادُ التجليخ
grinding paste (Eng.)	مَعجون تجليخ
grinding surface	سطحُ التجليخ
grinding truer (Eng.)	مِسواة تجليخ
grinding wheel (Eng.)	عجلة تجليخ
grind out (v.) (Pet. Eng.)	حَلَّل بالقوَّة الطاردة : لتعيين مِقدار الماء والرواسب في الزيت
grind-out machine	فرَّازة جاذبة : لفصل الماء والرَّواسب من النفط لأغراض المُعايرة
grindstone	حجرُ تجليخ ، حجرُ الجَلخ
grip (n.)	قَبضة ، كلاَّبة ، مِسكة
(v.)	قَبَض ، أمسَك ، أنشَب
grip chuck (Eng.)	ظرف قابض
grip nut (Eng.)	صمولة زَنْق
gripping device (Eng.)	نَبطة قابِضة
gripping jaw	فكّ قابض

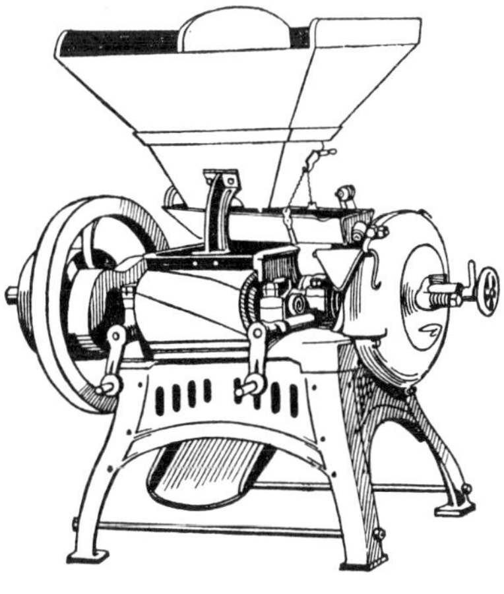

grinding machine

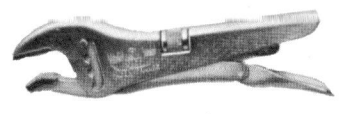

grip wrench

grip wrench	مفتاح ربط قبضيّ
grit (n.) (Geol.)	حصباء ، حصيم ، رُسابة ، حصوية رملية – صخر رمليّ خشن الحُبيبات
(Eng.)	حُبيبات خادشة أو حاكَّة
(v.)	صَرَّ ، حَرَش
grit, coarse	حُبيبات زاويَّة خَشنة
grit, fine	حُبيبات دقيقة
grit-free (adj.)	خالٍ من الحُبيبات الخادشة
grit number	الرقمُ الحُبيبي
grits and flags	حصباء وحجارة لوحيَّة
grit size	حجمُ الحُبيبات
gritstone (Geol.)	حجر رمليّ خشن
grizzle (adj.)	رمادي اللَّون
grizzly (Mining)	مُصبَّعة تصنيف الحجارة ، غربالٌ ضخم
groin (Civ. Eng.)	خَيّة ، مَغبن
(Naut.)	حاجزُ الأمواج : لمنع تآكل الشاطىء ، مَرطم أمواج
grommet	حَلقة ، عُروة مَعدنية للتثبيت
groove (n.)	أخدود ، ثَلم ، حَزّ ، حُزَّة ، مَحَزّ
(v.)	خَدَّد ، حَزَّز ، فَرَّض
groove and tongue	حَزّ ولسان
grooved (adj.)	مَحزوز ، مُحزَّز ، مُخدَّد
grooved pulley (Eng.)	بَكرة مُخدَّدة
grooved shaft (Eng.)	عمود إدارة مَحزوز
grooved wheel	دولاب مُحزَّز
groove, oil	حُزَّة التزييت ، فُرضة الزيت
groove weld	لحام حَزّيّ
grooving tool (Eng.)	عُدَّة تحزيز
gross (adj.)	إجمالي ، جسيم
(n.)	القيمة أو الكميَّة الإجمالية
gross area	المساحة الإجمالية
gross calorific value	القيمة السُّعرية (الحَرارية) الإجمالية
gross error	خطأ كبير أو جَسيم : يسهُل اكتشافه
gross income	دَخل إجمالي ، إيراد إجمالي
gross increase	الزَّيادة الإجمالية
gross load	الحِملُ الإجمالي
gross loss	الخسارة الإجمالية ، الفَقدُ الإجمالي
gross national product	الانتاج القومي الإجمالي
gross production	الإنتاج الإجمالي

gross production tax	ضريبة الانتاج الاجماليّ للخام
gross profit	الربح الاجماليّ
gross royalty	إتاوة إجماليّة
gross ton = long ton	الطن البريطاني : ٢٢٤٠ باوندًا
gross tonnage	الحُمولة الإجمالية بالطن
gross value	القيمة الإجمالية
gross weight	الوزنُ الإجمالي
grotto (n.)	مَغارة ٠ كهف
ground (n.)	أرض ٠ برّ ٠ يابسة - أرضيّة - أساس ٠ الطبقة الأساسيّة من الدِّهان - علّة موجبة ٠ سبب
(Elec. Eng.)	سلك التأريض - إتصالُ المُوَصِّل بالأرض
(adj.)	أرضيّ - مُجلَّخ - مطحون
(v.)	أرَّض ٠ لامَس الأرضَ
(Naut.)	ارتطمَ بالقعر
groundage	أرضيّة : رَسمُ بقاء المشحونات في الميناء
ground auger	بريمةُ حفرٍ أرضي (لحفر الآبار الأرتوازية مثلًا)
ground avalanche (Geol.)	هَيارٌ (جليديٌّ) أرضي
ground beam (Civ. Eng.)	عَتَبةٌ أرضيّة : ركيزة أرضيّة من الخرسانة المسلَّحة
ground cable (Elec. Eng.)	كبلٌ أرضيّ
ground circuit (Elec. Eng.)	دائرةٌ أرضيّة
ground clearance (Eng.)	الخُلوص الأرضيّ ٠ الفُرجة بين السيّارة والأرض
ground coat	طَلْيةٌ (دهان) اساسية
ground connection	وصلٌ بالأرض
ground, electrical (Eng.)	نقطة التأريض الكهربائي : لجهاز أو صهريج
grounded (adj.)	مُؤَرَّضٌ ٠ موصولٌ بالأرض
grounded circuit (Elec. Eng.)	دائرةٌ مُؤَرَّضةٌ
ground face	وجهٌ أو سطحٌ مُجلَّخ
ground floor	الدَّورُ الأرضيّ ٠ الطابق الأرضي
ground form (Geol.)	شَكلُ الأرض ٠ تضاريسُ الأرض
ground gear (Civ. Eng.)	المُهمّات الأرضيّة
ground glass	زجاجٌ مُسْفَر
ground indicator	شاخصٌ أرضيّ
grounding (Elec. Eng.)	تأريضٌ
(Naut.)	ارتطام (السفينة) بالأرض
ground intake	مأخذٌ أرضيّ
groundless (adj.)	باطلٌ ٠ لا أَساسَ له
ground-level (Surv.)	مُستوى (سطح) الأرض
ground line (Surv.)	خطّ الأرض : خط تقاطع المُستوى الأُفقي مع المُستوى الرأسي
ground magnetometer (Geophys.)	مغنيتومتر أرضي ٠ مقياس المغنطيسية الأرضي
ground mass (Geol.)	الكتلة السفلية أو القاعدية
ground moraine (Geol.)	رُكامٌ سُفلي
ground movement (Civ. Eng., Mining)	هبوط التربة : بفعل التفريغ التعديني
ground observation (Surv.)	رَصدٌ أرضيّ
ground plan (Civ. Eng.)	مُخطَّطُ الأساس
ground plate (Elec. Eng.)	لوحُ تأريض
ground protection (Elec. Eng.)	الوقاية من التسرُّب الأرضي
ground resistance	مقاومةُ الأرض
ground rig (Civ. Eng.)	مهمّات الحفر الغاطسة
ground rod (Elec. Eng.)	قضيبُ تأريض
ground roll (Geophys.)	اهتزازات سطحيّة عارضة
ground sluicing (Eng.)	عملُ القنوات الأرضية
ground speed	السُّرعةُ الأرضية : سُرعة الطائرة بالنسبة الى الأرض
ground storage	تخزين أرضي
ground surface	سطح مجلّخ
ground survey (Surv.)	مَسحٌ أرضي
ground table (Civ. Eng.)	مدماكُ (أو عَرَقةُ) الأساس
ground voltage (Elec. Eng.)	فَلطِية الأرض ٠ جُهد الصِّفر
ground water (Geol.)	المياه الجوفيّة ٠ ماء أرضي (باطني)
ground water table (Geol.)	مستوى المياه الجوفيّة ٠ مَنسوب الماء الأرضي
ground wave	موجة أرضية
gound well (Elec. Eng.)	بئر أرضية
ground wire	سلكُ التأريض
groundwork (Civ. Eng.)	أساس ٠ قاعدة - طلية أولية
group (n.)	مَجموعة ٠ مُفرزة ٠ جَماعة ٠ فئة ٠ طائفة
(v.)	جَمَع ٠ تجمّع ٠ كوّم
group automatic operation (Elec. Eng.)	تشغيل مجموعةٍ تشغيلاً أوتوماتيكيّاً
grouping	جَمع ٠ تجميع - تصنيف
grouping of cells in parallel (Elec. Eng.)	توصيلُ الأعمدة على التوازي
gouping of cells in series (Elec. Eng.)	توصيلُ الأعمدة على التوالي
group insurance	تأمين جَماعي
group leader	قائدُ المجموعة
group, oil-buffer (Eng.)	مجموعة المُخمّد الزيتي
group operation switch (Elec. Eng.)	مفتاحُ تشغيل جَماعي
grout (Civ. Eng.)	مِلاطٌ رقيقُ القَوام ٠ اسمنت مائع ٠ روبة اسمنتية
grouted macadam (Civ. Eng.)	رصفٌ حَقين ٠ رصفٌ بالحصى يُحقن بالقار الرّخو
grout hole	ثقب الحقن
grouting (Pet. Eng.)	حقن (البئر) بالأسمنت أو الطين
grouting = cementation (Civ. Eng.)	الحقن بالأسمنت (للتقوية)
grouting, chemical (Civ. Eng.)	حَقنٌ كيميائيٌّ ٠ حقن بموادّ كيماويّة
grouting, mud (Pet. Eng.)	حقنٌ بالطين
grove	أجمة ٠ غَيضة
grow (v.)	نما ٠ أنمى - أنبَت
growan (Min.)	غروُوان : غرانيتُ التورمالين
growler (Elec. Eng.)	نعّارة كهربائية
growth	نُمُوٌّ - نَماءٌ ٠ نبت ٠ نشأة
growth-in-place theory (Geol.)	نظرية النشأة المَكانية
groyne (Hyd. Eng.)	مِرطَمُ أمواج
grub (v.)	نَبَش ٠ عَزَق ٠ نَكَش - استأصل
grubber	مِسلَفة : آلة تُمهِّدُ التربة وتزيل منها الأعشاب
grub screw (Eng.)	مسمارٌ مَلوَلب عديم الرأس
grummet = grommet	حلقة ٠ عُروة تثبيت
guarantee (n.)	ضمان ٠ ضمانة ٠ كفالة
(v.)	ضَمِنَ ٠ كَفَل
guarantee period	فترةُ الضَّمان
guaranty (n.)	كفالة ٠ ضمانة
(v.)	ضَمِنَ ٠ كَفَل
guard (v.)	حمَى ٠ صان - دافع عن - وقى
(n.)	حماية ٠ حِراسة - حارسٌ ٠ خفير
guard (Eng.)	وقاء ٠ رفرف وقاية - جهاز وقاية
guard bar	حاجزُ وقاية
guard plate	لوحٌ وقائيٌّ
guard post	صُوَّة وقاية
guard rail (Civ. Eng.)	حاجزُ وقاية
guard valve (Eng.)	صِمام حائل ٠ صِمامٌ واقٍ
guayule	غوايول : ضرب من المطاط النباتي - جُنبة المطاط
gubbin (Min.)	غوبِن : خام حديدي صَلصالي ٠ ركاز الحديد الطيني
gudgeon (n.)	مسمارُ المفصّلة ٠ رِجلُ المُفصَّلة (المتصل بعِضادة الباب)

رُسْغ المِكْبَس: اتصال المِكْبَس (Eng.)
بالطرف الأصغر لذراع التوصيل
gudgeon (wrist) pin (Eng.) مِسمارُ الرُّسْغ:
بين الكبّاس وطَرَفِ ذِراعِ التَّوصيل
guessing stick مِسطرة حاسبة
guesswork تَخمين • تَقدير • حَدْس
guestimate (guess estimate) تَقدير تخميني
guest mineral (Mining) مَعْدِنٌ نزيل
guidance إرشاد • هِداية • تَوجيه
guide (*v.*) أرشَدَ • هَدَى – قادَ • ساسَ – وَجَّه
(*n.*) دَليل • مُرشِد
guide bar (Eng.) ذراع انزِلاق • ذراعٌ دليليّ
guide bearing (Eng.) مَحمِلٌ دليليّ
guidebook كتابُ إرشادات – دَليلٌ سياحي
guide casing shoe نَعلٌ أو تلبيسة الدليل
guide fossil (Geol.) خفريّه مُرشِدة •
أُحفورة دالّة
guide minerals (Mining) مَعدِنٌ دَليلي
guide post مَعْلَم : لَوحَةٌ منصوبة لإرشادِ المارّة
guide pulley (Eng.) بَكَرَة دليليّة
guide rope (Eng.) حَبلٌ دليليّ
guide shoe نَعلٌ دليلي . نعلُ وقاية الأنبوب
الدليليّ
guide sleeve (Eng.) كُمٌّ دليليّ
guideway حَزَّة • شَقّ • فُرْضَة
guide wheel (Eng.) عَجلةٌ دليليّة
guiding line خط توجيه
guiding mark شارة أو علامة دالّة
guild نِقابَة • نِقابة حِرَفيَّة
guillotine shears (Eng.) مِقصٌّ مِقصَلي
guiper زَورَقُ نَقْل : طولُه حوالى ٧ أمتار
كان يُستعمل في نَقل البترول
gulch (Geol.) فَجٌّ : وادٍ صَغيرٌ ضيِّق
gulf خَليج • خَوْر
gull (Geol.) فَجٌّ • شَق • أُخدود
gullet (*n.*) الوَقْب : المسافةُ بين سِنَّين مُتحاذيين
من أسنان المنشار
(Civ. Eng.) أُخدود
gulley (San. Eng.) أُنبوبة المَجرور أو البالوعَة
gullied (*adj.*) مُحفَّر (بالمياه السائلة)
gully (Geol.) فَجٌّ • أُخدود • مَسيل الماء
gully erosion = gullying (Geol.)
حَتٌّ سَيْلي
gum (*n.*) صَمْغ • صَمْغٌ راتينجي – راسِبٌ
بترولي صَمغي
(Mining) دَقائقُ الفحم
(*v.*) صَمَّغ • تَصمَّغ – عَمَّق جُذور أسنان
المنشار
gum Arabic صَمْغٌ عَرَبيّ

gumbo (Geol.) دَكْلَة : تُربة طَمْيِيَّة لَزِجة
gum content (Pet. Eng.) المُحتوى الصَّمغي
gum, existent (Pet. Eng.) الصمغ الموجود
(حاليّاً)
gum formation (Pet. Eng.) تكوُّن الصَّمغ •
تصمُّغ
gum formation test (Chem. Eng.)
اختبار التصمُّغ
gum inhibitor (Chem. Eng.) مانِعُ التصمُّغ
gum lac (Chem. Eng.) صَمْغُ اللَّك
gummed (*adj.*) مُصمَّغ
gumming تصمُّغ • تكوُّن الصَّمغ • تَصميغ
gummy (*adj.*) صَمغيّ
gummy bottoms (Pet. Eng.) قُرارة صَمغيَّة
gummy deposits رَواسِبُ صمغيَّة
gummy residue مُتخلِّفٌ صمغيّ
gum, potential (Pet. Eng.) الصمغ الكامِن
(المُحتمَل تكوُّنه)
gum resin صَمْغٌ راتينجي • مِغفِر
gum stability (Pet. Eng.) مَناعة على التصمغ •
مقاومة التصمُّغ
gum test (Pet. Eng.) اختبار التصمُّغ
gun (*n.*) مُسدَّس – مِدفع – بُندقيَّة – مِرشَّة •
مِدفعة
(*v.*) أطلَقَ النَّار – زادَ السُّرعةَ فَجأة
gun barrel (*n.*) سَبَطانة • ماسُورة البندقيَّة
(Pet. Eng.) صِهريج سَبَطاني :
صهريج عالٍ وضيِّق لترويق السوائل
المُتدفقة من البئر
guncotton (Chem.) قُطن البارود
(مادَّة متفجِّرة)
gun, grease (Eng.) مِدفعة تشحيم
gunite (*n.*) (Civ. Eng.) غونيت : مِلاطٌ رَمليٌّ
اسمنتي يُلَيَّط بِضاغط هوائي
(*v.*) مَلَّط بالغونيت (بواسطة ضاغط
هوائيّ)
gun, lubricating مِدْفَعَةُ تشحيم • مِشحَمَة
gunned asphalt مسحوق الاسفلت
gunnel (Naut.) جانبُ المَرْكَب العُلْوي •
شُفيرُ ظَهر السفينة
gunny (*n.*) خَيْش • كيس من الخيش
gun oil زَيتُ الأسلحة النارية
gun-perforator مُسَدَّس ثقب • مِثقب مُسدَّسي
gunpowder مَسحوقُ البارود • بارود
gun, spray (Eng.) مُسَدَّسُ رَش
Gunter's chain (Surv.) سِلْسِلَةُ «غَنتَر»
لقياسات المساحة (تساوي ٦٦ قدماً)
gunwale = gunnel (Naut.) شُفيرُ ظهرِ
المَرْكَب

gully erosion

gurgitation فَوَران
gurgle (*n.*) بَقْبَقَة • تدفُّقٌ مُتقطِّعٌ مُبَقْبِق
(*v.*) قَرْقَر • بَقْبق بتدفُّقٍ مُتقطِّع
gurgling well (Pet. Eng.) بِئر مُبَقْبِقة :
تتدفق بتيَّار مُتقطِّع • بئر مُتقطِّعة الدفق
gush (*v.*) تدفَّق • تَفجَّر • انصَبَّ بِقوَّة
(*n.*) دَفْقَة • تَفَجُّر
gusher = geyser (Geol.) حَمَّة نافوريَّة •
نافورة ماء حار
= gushing well (Pet. Eng.)
بِئرٌ (بترولية) دافِقَة : تتدفَّق بلا ضَخّ
gusher sand رَمل نفطي نزّ : ينِزُّ منه
النِّفْط بضغط الغاز المُرافق
gushing gold (Pet. Eng.) الذهبُ الدافِق •
البترول
gusset = gusset plate (Eng.)
لَوحُ تَقوية – وُصلَة تَقوية زاويَّة
gust هَبَّة ريح • عَصفَةُ ريح • نَفْحَة
gusty (*adj.*) عاصِف • شديدُ الهُبوب
gut (*n.*) مِعًى • معاء – وَتَرٌ أو خَيْطٌ من
أمعاء الحيوانات
(Pet. Eng.) أُنبوب داخليّ (يُسخِّن السائل
في الأنبوب الأكبر)
gutta-percha غُوتابِرْشا : مادَّة صَمغية عازِلة –
صَمغ جاوَة
gutter (Civ. Eng.) مِيزاب • مِزْراب –
مَسِيل ماء • أُخدود

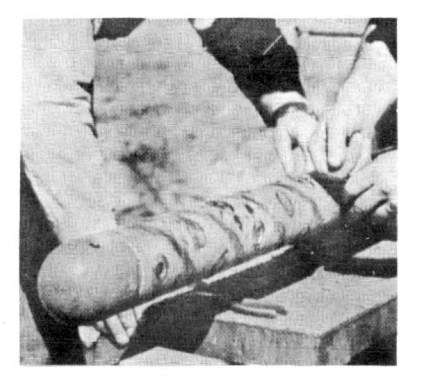

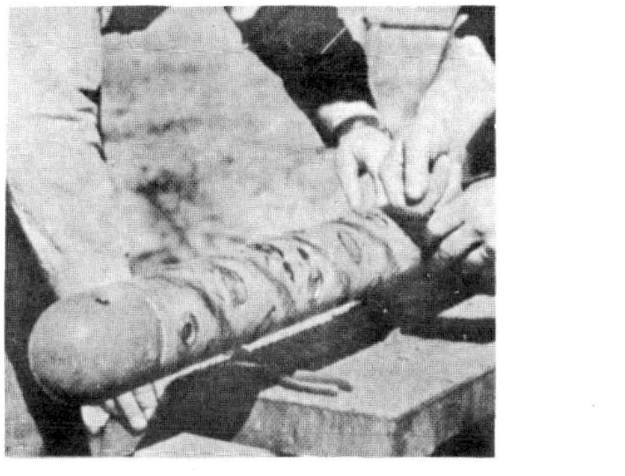
gun perforator

GUY

guy (*n.*) شَدَّادة • حَبلُ التثبيت أَو الإرساء
(*v.*) ثَبَّتَ بشدَّادة ـ شَدَّ
guy anchor مَرْبط الشَدَّادة • مُثَبِّتُ كَبْل الإرساء
guy cable (or **line** or **wire**) كَبْلُ التَّثبيت
guy (or **guyed**) **derrick** (Eng.)
بُرجُ حَفرٍ مُدعَّمٌ بالكُبول (أَو الحِبال)
guying (Civ. Eng.) تَثبيتٌ بالشَّدادات أَو الحِبال
guyot (Geol.) جَبَل بحريّ • جبل مغمُور مسطح القمَّة
guy-rope (Civ. Eng.) حَبلُ (أَو كَبلُ) تَثْبيت
gymbals = **gimbals** (Eng.) ذاتُ المِحوَرين
gyp (*n.*) جِبْس
gyprock (Geol.) صخر جِبسيّ
gypseous (*adj.*) جِبسيّ : حاوٍ الجبس • شبيه بالجبس
gypsiferous clay (Geol.) طُفال جِبْسي
gypsiferous sandstone حجر رمليّ جبسي
gypsometer مقياس الجِبس
gypsum (Min.) جِبس • جِصّ • كبريتات الكالسيوم المائيَّة
gyrate (*v.*) دَوَّمَ • دارَ حولَ مِحوَرٍ • بَرَم
(*adj.*) مُلْتَف • ذو لَفَّات حَلَزونية
gyration تدويم • دَوَران
gyration, radius of نصفُ قُطْر الحَركَة التدويميَّة

gyroscope

gyratory (*adj.*) مُدَوِّم • دَوَّار حول محور
gyratory crusher (Eng.) كَسّارة دُوّامِيّة
gyro جِيرو • بُوصَلَة جيروسكوبِيَّة
gyro (**compass**) (Naut.) بُوصَلَةجيروسكوبيَّة: تشير الى القطب الشماليّ الجغرافيّ (لا المغنطيسي)
gyrocone مَخروط جيروستاتيّ : دوّار حول محوره
gyro, directional حافِظُ الاتّجاه
gyrodynamics ديناميكا الأَجسام المُدَوِّمة
gyrometer مِقياس جيروسكوبيّ أَو جيروستاتيّ
gyroscope = **gyrostat** (Aero., Naut.)
جَيروسكوب • ضابِطُ الاتجاه • حافِظُ الاتجاه
gyroscopic compass بُوصلَة جيروسكوبيّة
gyroscopic indicator مُبيِّن (اتجاهٍ) جيروسكوبيّ
gyrostat (Naut.) جَيروستات : حافِظُ اتجاهٍ صُندوقيّ
gyserite (Geol.) صَخْرُ الفَوّارات

heliport

h

Haas tester (Pet. Eng.) مِخبار «هاس» : جهاز كان يُستعمل لتعيين نُقطة الوميض

Haber process (Chem. Eng.) طريقة «هابِر» لتحضير الأمونيا

habit (*n.*) عادة ـ بِنْية

(Min.) وَضْع • هيئةُ المعدن : الخصائصُ الخارجية للمعدن

habitat (Biol.) مَنْبت • مَوطِن • بيئة طبيعية • مَثْوى • مَوطِن بيئيّ

habitat factors (Ecol.) عوامِلُ البيئة

habitus (Geol.) هيئة • مَظهر خارجيّ

haboob (Meteor.) رِياح الهَبوب

hachure (*n.*) رَقْن • تَرقين

(*v.*) رَقَّن • ظَلَّل بخُطوط قصيرة لإظهار اختلاف السطوح

hachured map (Surv.) خريطة مُرَقَّنة : لِبَيان طوبُوغرافية السطح

hack (*v.*) فَرَّض • قَطَّع • فرَّم

(*n.*) فَرْضٌ • قَطعٌ خَشِن ـ قَطَّاعَة

hackly (*adj.*) مُثَلَّم • مُفَرَّض • مُشَرشَر

hack-saw (Eng.) مِنْشارُ مَعادن • مِفْراض

hade (*n.*) (Geol.) زاويةُ الصَّدع الرأْسية • زاوية المَيْل الرأْسية

(*v.*) مال أو انحرف عن الوضع العموديّ

hade of fault (Geol.) مَهْوَى الصَّدع • زاوية ميل الصدع عن الخط العموديّ

Hadfield steel (Met.) فولاذ «هَدْفيلد» : فولاذ قويّ به أكثر من عشرة بالمئة منغنيز

haematite (Min.) هيماتيت • شاذَنْج • حَجر الدم • اكسيد الحديديك الأحمر

hafnium (HF) (Chem.) الهَفْنيوم : عُنصر فِلِزيّ نادِر رمزُه (هف)

haft (*n.*) مِقبض • نِصاب

(*v.*) ركَّبَ مِقبضاً (ل)

haggle (*v.*) قَطَع بخُشونة

hail (*v.*) سقَط البَرَدُ ـ أَمطرَ بوابلٍ من ـ حيَّا • رحَّب (بِ) ـ نادى

(*n.*) بَرَد ـ وابِل

hair crack صَدْعٌ شَعْريّ

haircross شُبَكة شَعريةٌ مُتصالِبة : في عينيَّة الآلات البصرية

hair felt لُبَّاد وَبَري

hair-line cracks (Met.) شُقوق شَعْرية

hair-pin bend حَنِيَّة حادَّة

half (*n.*) نِصف • شِق • شَطْر

(*adj.*) نِصفيّ • جُزئي

hack-saw

(*adv.*) بمقدار النِّصف ـ نِصفيّاً • جُزئيّاً

half cell (Elec. Eng.) بَطَّارية نِصفيَّة : الكترودُ الخَلِيَّة والسائل المُحيط به

half-closed slot (Elec. Eng.) شَقْبٌ نِصْفُ مُقْفَل

half-filled (*adj.*) نِصف مملوء

half-finished product (Eng.) ناتِجٌ نِصفُ مَشغول

half-fluid (Chem.) شِبْهُ سائِل

half-hourly (*adj., adv.*) نِصْفُ ساعِيّ

half-hour rating (Elec. Eng.) تَقديرٌ نِصفُ ساعي

half-life (Chem., Phys.) عُمْرُ النِّصْف • أَمَدُ الانتصاف

half-life period (Chem., Phys.) فَترةُ عُمْر النِّصف : الفترة اللازمة لتفكُّك نِصفِ ذرَّات المادة المشِعَّة

(Eng.) فترة انتِصاف العمر : بالنسبة لصلاحية المكنة للعَمل

half-loaded (*adj.*) نِصفُ مُحَمَّل • نِصفُ مشحون

half-normal bend (Elec. Eng.) مِرْفَقُ رَبطٍ بزاوية ١٣٥ درجة

half nut (Eng.) صَمُولَة نِصفية

half pattern نِصفُ قالَب السَّبك

half pay نِصفُ راتِب

half range نِصفُ المَدَى

half reaction (Chem.) تفاعُلٌ نِصْفي : بينَ الكترود الخَلِيَّة والسائل المُحيط به

half-round (*adj.*) نِصفُ دائري • نِصف مبروم
half-round chisel (Eng.) ازميلٌ نصف مَبروم . ازميلٌ نصف دائري المَقطَع
half-round file (Eng.) مِبرَدٌ نِصفُ مبروم
half size (*adj.*) نِصفي
(*n.*) نِصفُ الحَجم الاعتياديّ
half-speed shaft (Eng.): عَمودُ نِصفِ السُّرعة: عَمُود الحَدَبات الدائر بسُرعةٍ تعـادلُ نصفَ سرعة العمود المِرفقي
half thickness (*adj.*) سُمْكٌ نِصْفي
half-timbered (Civ. Eng.) نِصفُ خَشَبي : ذو جُدران خشبيةِ الهَيكل ومُلَيَّطة بالجبس
half-time نصفُ الوَقت ــ فاصلٌ انتِصافي
half-track (*adj.*) نِصفُ مُزَنجَر
(*n.*) عَرَبةٌ نِصفُ مُزَنجَرة
half-track tractor جَرّار نصف مُزَنجَر (أو نِصفُ مُجَنزر)
half-turn socket (Eng.) جُلبَةٌ (لاقِطة) بنصف دورة
half-wave (*adj.*) نِصفُ مَوْجي
(*n.*) نِصفُ مَوْجَة
half-way (*adj., adv.*) مُتوسِّط بين نُقطَتَين
half-way price السِّعر الوسَط • السعر المتوسط
half-yearly (*adj., adv.*) نِصف سَنويّ
halide (or **halid**) (*n.*) (Chem.) هالِد • نظيرُ الهالُوجين
(*adj.*) هالوجينيّ • شِبهُ مِلحي
halite (Min.) مِلحُ الطعام الصخريّ • كلوريد الصوديوم الطبيعيّ
Halliburton line (Eng.): سلك «هاليبَرتون» للقياس
hallmark (*n.*) طابَعُ الأصالة أو الجودة ــ دَمْغَةُ المَصُوغات (لبيان جُودتها)
Hall process (Met.): طريقَــةُ «هُول»: لاستخلاصِ الألومنيوم بالتحليل الكهربائي
Hallwach effect = photo-electric effect (Elec. Eng.) ظاهرة «هولْوَاك»: التأثيرُ الضوئي الكَهربائي
halo هالَة • دارَة
halogen (Chem.) هَالوجين : مُوَلِّدُ المِلح (كالفلُور والكْلور والبْروم واليُود)
halogenate (*v.*) (Chem.) هَلْجَنَ : عالَج أو مَزَج بالهالوجين
halogenation (Chem. Eng.) هَلجَنة : مُعالَجة أو اتّحاد بالهالوجينات
halogenic deposit (Min.) قُرارَة هالُوجينيَّة • رواسب مِلحيَّة
halogen minerals (Min.) معادنُ هالُوجينيَّة

haloid = halid(e) (*n.*) (Chem.) هالِيد : مُرَكَّبٌ من أحدِ الهالوجينات وعُنصر (أو شِقّ) آخر
(*adj.*) هالوجيني • شَبيه بالهالوجينات
haloid acids (Chem.) حوامِضُ الهالوجينات
halowax (Pet. Eng.) شَمع هالوجيني : شمع اصطِناعي من النفتالين المُكلْور
halt (*n.*) تَوَقُّف • وَقفَة ــ مَوْقِف • مَحَطَّة
(*v.*) أوقَفَ • تَوَقَّفَ ــ تَرَدَّدَ • إختَلَّ
halve (*v.*) نَصَّفَ • شَطَرَ • خَفَّضَ الى النِّصف
ham (*n.*) هاوٍ لاسلكي : أحد هواة الإرسال اللاسلكي
hammada حَمّادة : صحراء صخرية (مرتفعة)
hammer (*n.*) مِطرَقَة • شاكُوش ــ قادِح ــ بَيْعُ المَزاد العلَني
(*v.*) طَرَقَ • طَرَّق • دقَّ
hammer-axe فأسٌ مِطرَقيَّة : مِطرقة أحدُ وَجهيها كالبَلطة
hammer crusher (Eng.) كَسّارة مِطرقيَّة
hammer drill (Mining) ثَقّابة مِطرَقية • مِطرَقةٌ ثَقّابة
hammered (*adj.*) مُطَرَّق • مُشَكَّلٌ بالتطريق
hammer face وجهُ المِطرقة
hammer forging (Met.) التشكيلُ بالطرق
hammer grab (Civ. Eng.) كَبّاشة مِطرقيَّة
hammer hardening (Met.) الإصلادُ بالطرق
hammering (*n.*) دَقٌّ • طَرْق • تَطريق
hammering block (Met.): زَهرةُ التَّطريق: كتلة من حديد الصب تُطرق عليها الصفائحُ
hammerman (Eng.) طرّاق • عامِلُ المِطرقةِ الآليَّة
hammer mill (Eng.) كَسّارة مِطرقية
hammer pane (or **peen**): ناريجُ المِطرقة : طرَفُها المقابل للوجه المُسطَّح
hammer scales (Eng.): قُشورُ الطَّرق : قُشورٌ تَنسَلِخُ بالطَّرق على الساخن
hammer slag خَبَثُ الطَّرق
hammer test (Eng.) اختبارُ الطَّرق : للتأكد من سلامة الأنابيب أو الصهاريج
hammer testing اختبار بالطرق أو بالمطرقة
hammer welding (Eng.) لِحامٌ بالطَّرق والإحماء
hand (*n.*) يَد • مِقبَض ــ عَقْرَب (الساعة) ــ عامِل • مُستخدَم
(*v.*) ناوَلَ • سَلَّم يَدًا لِيَدٍ ــ مَدَّ يَدَ المُساعدة
(*adj.*) يَدَوِي
hand auger (Eng.) مِثقابٌ يَدَوي
handbook كُتَيِّب • كِتابٌ مُختَصر • دَليل

hand drill

hand brake (Eng.) مِكبح يدوي • فَرملة يدويَّة
hand burnishing تلميع يدويّ
handcart عَرَبةُ يد
hand control تحكُّم يدويّ
hand-controlled (*adj.*) يدويُّ التحكُّم • مُدار باليد
handcraft (*n.*) حِرفة • صَنعة يدويَّة
(*v.*) صَنَعَ يدويّاً
hand crank (Eng.) ذِراع تدوير يدويّ
hand cranking تدوير بذراع يدويّ
hand drill مِثقابٌ يَدَوي • ثَقّابة يدوية
hand drive (or **driving**) (Eng.) إدارة باليَد
hand feed (Eng.) تَغذية يَدَوية • إلقام باليَد
hand forging (Met.) تَشكيلٌ بالطَّرق اليَدَوي
hand grip مِقبَض يدوي • قَبضة يدوية
hand hammer مِطرَقة يدوية
hand hoist مِرفاع يدويّ
hand hole (Eng.) فُتحةُ يَد (في غَلّايةٍ أو مِرجَل) • فُتحَةُ تفتيش
handicap (*n.*) عائِق • عَقَبَة • عَرقَلَة
(*v.*) عاقَ • عَرقَل
handicraft (*n.*) حِرفَة • صَنعَة يدوية ــ بَراعَة يدوية
handie-talkie تِلفون راديّ نَقّالي
handiness (*n.*) سُهولَةُ المَنال • سُهولَةُ المُباشَرة
hand jack (Eng.) رافِعَة يَدَويَّة
hand labour عَمَلٌ يدوي
hand-lamp = inspection-lamp مِصباحٌ يَدَوي
handle (*n.*) مِقبَض • قَبضَة • مِمسَك
(*v.*) عالَجَ • عامَلَ ــ استعمل
handle, adjusting (Eng.) مِقبَضُ الضَّبط
handle bar مِقوَد • ذراع التوجيه (في الدراجة)
hand lens عَدَسَة مُكبِّرة
handler مِقبَض ــ مُناوِل • عامِلُ مُناوَلة ــ مُوَجِّه
hand level (Surv.) ميزانُ تَسويةٍ يدوي
hand lever عَتَلَة يدويَّة
hand lift مِرفاع يدويّ

handling (*n.*) معالجة • تدبير • مباشرة ـ تعبئة السلع أو شحنُها

hand loading تعبئةٌ باليد

hand lubrication (Eng.) تزليق يَدويٌ

handmade (*adj.*) يَدوي • مَصنوعٌ باليد

hand operated device (Eng.) جهازٌ يُدارُ باليَد

hand press مِكبسٌ يَدوي

hand pump مِضَخَّة يدوية

hand-rail درابزين الدَّرَج

hand rammer (Civ. Eng.) مِدَكٌ يَدوي

hand-saw مِنشارٌ يَدوي

hand-scraper مِكْشَطَة يدوية

handsel (*n.*) قِسْط أوّل • عُربون • صَفْقَة أُولى

(*v.*) دَشَّنَ • إستعمل أو عَمِلَ للمَرَّة الأولى

hand shears مقَصٌّ يَدوي

hand sorted ore (Min.) خامٌ مفروزٌ باليد

hand specimen (Geol.) عَيِّنة يدوية

handspike مُخْل • عَتَلَة يَدَوية

hand tools (Eng.) عُدَّة يَدَوية

hand turning (Eng.) خِراطة يَدوية

hand vice (or **vise**) (Eng.) مِلْزَمَة يدوية

hand winch وِنش يدوي • مِلفافُ رَفع يدوي

handwork شُغل يدوي • صِناعة يدوية

handy (*adj.*) سَهلُ الأستعمال • سهلُ المَنال • صَناعُ اليدين • فاره

hang (*v.*) عَلَّق • دَلَّى • تَعلَّق • تدلَّى ـ رَكَّز على مُفَصَّلات

(*n.*) طريقةُ التعليق

hangar (*n.*) حَظيرة (الطائرات) • عَنْبر

hanger (*n.*) أداة تعليق • مِعلاق • عُروةُ التعليق • حَمَّالة • حامِل

hanger bracket (Eng.) كَتيفةُ تَعليق

hanger, casing حامِلُ أنابيبِ التَّغْليف

hanger crack شَدخ تدلٍّ

hanging تَعليق ـ مُعَلَّق • مُتَدَلٍّ

hanging battens صَفٌّ من المَصابيحِ المُعلَّقة

casing hangers

hanging bridge (Eng.) قَنْطَرة مُعَلَّقة • جسر مُعلَّق

hanging valley (Geol.) وادٍ مُعلَّق (لرافدٍ مرتَفِع المَجرى)

hanging wall (Geol.) جِدارٌ مُعلَّق : على الناحية العليا من سطح الصدع

hang off (*adj.*) تعليق • وَقف

haphazard (*adj.*) اتّفاقي • عَرَضي • تَصادُفي

(*adv.*) عَرَضاً

harbolite (Pet. Eng.) هاربوليت • اسفلت الوقود : ضرب صُلب من الأسفلت يُستعمل للوقود

harbo(u)r (*n.*) مِيناء • مَرفأ • ثَغْر ـ مَلاذ

(*v.*) أرفأ ـ لاذَ ـ ألجأ • أكَنَّ

harbour dues رُسوم المرفأ

harbour line خط (تحديد) الميناء

hard (*adj.*) صُلْب • قاسٍ • صَلْد ـ صَعْب • شاق • عَسِير ـ شَديد • كَدُود

(Chem.) عَسِر (الإرغاء) ـ حادٌّ : عالي نِسبةِ الكُحول

(*n.*) (Civ. Eng.) طَبقةُ تَصليد حَصْباوِيَّة : تُنْشَر فوق أرضٍ سبخةٍ لتسهيل المرور

(*adj.*) بِشِدَّة • بِعُنف • بِجُهد : إلى الحد الأقصى

hard ash coal (Mining) فَحمٌ غَثّ

hardboard (Eng.) لوحٌ صَلْد : يُحَضَّر بضغطِ نُفايةِ الخَشَب المطحون

hard coal فحم صلد • فَحمُ الانثراسيت

hardcore (Civ. Eng.) أساسٌ جامِدٌ للرصف ـ كُسارة صُلبة (للرصف)

(Eng.) قَلْبٌ صَلْد

hard currency عُمْلَةٌ صَعْبَة (قابلةُ التحويل الى ذَهَب)

hard digging حَفْرٌ في أرضٍ صُلْبَة

harden (*v.*) صَلَّد • قَسَّى • إشتدَّ • تَصَلَّب

hardened case (Met.) تَغليفٌ مُصَلَّد

hardened oils (Chem. Eng.) زُيوت مُهَدْرَجَة • زيوت مُيَبَّسَة

hardened steel (Met.) فُولاذٌ مُصَلَّد

hardener (Chem. Eng.) مُعَجِّل التصليد • مُصَلِّد

hardening (*n.*) تَصَلُّب • تَيبيس

(Met.) تَصليد • إصلاد • تَقْسِية

hardening agent (Met.) عامِلُ تَصليد

hardening bath (Met.) مَغْطَس تَصليد

hardening of fats (Chem.) إجمادُ الشُّحوم السائلة (بالهَدْرَجة)

hardening of metals (Met.) تَصليدُ المَعادِن

hardening of oils (Chem. Eng.) إجمادُ الزيوت (بالهدرجة)

hardening plant (Chem. Eng.) وَحدةُ تَصليد أو إجماد

hardening test (Chem. Eng.) اختبار الاصلاد

hard-facing (Met.) تَصليدُ السَّطح : بلِحام طبقةٍ صَلْدَة فوقه

hard finish طَلْيَةُ تصليد : من المِلاط الناعم تُطلَى بالمالَج

hard formation (Geol.) تَكوينٌ صُلب

hard formation bit (Pet. Eng.) لُقمةُ حَفرٍ للطبقات الصُّلبة

hard glass (Chem. Eng.) زجاجٌ صَلْد (لوجود مركَّبات البُورون فيه)

hard heading (Mining) حاجزٌ صَخري (في طريق الحفر)

hardiness (*n.*) مَتانة • قُوةُ إحتمال

hardite (Met.) هارديت : سبيكة قاسية من النيكل والكروم والحديد

hard metal مَعدِنٌ صَلْد

hardness (*n.*) صَلابة • صلادَة • قَساوة • صُعُوبة

(Chem. Eng.) عُسْر

hardness number (Met.) رَقْمُ الصَّلادة (باعتبار رقم الماس ١٠)

hardness of water (Chem. Eng.) عُسْرُ الماء

hardness scale (Met.) مقياسُ الصَّلادة

hardness test (Met.) اختبارُ الصَّلادة

hardness tester (Met.) مِقياسُ الصَّلادة

hard oil (Pet. Eng.) شَحمٌ صُلب (قاعدتُه الألومنيوم)

hardpan (Geol.) طبقة طينية صَلدَة : تصعُب فيها أعمال الحفر

hard plating (Met.) طِلاء صَلْد

hard radiation إشعاع شديد النَّفاذية

hard rays (Phys.) أشِعَّة نَفَّاذة

hard rubber (Chem. Eng.) مطاط صَلْد

hard-set (*adj.*) مُحكَم • ثابت

hard soap (Chem. Eng.) صابونٌ جامِد (يُحَضَّر بأملاح الصوديوم)

hard solder سبيكةُ لِحام صَلدة (من النحاس والفِضَّة والزنك)

hard steel (Chem. Eng.) فُولاذٌ صَلْد

hard surfacing (Eng.) تَغليفُ السَّطح بطَبَقة صَلْدَة

hardware خُرْدَوات معدنية

hard water (Chem. Eng.) ماءٌ عَسِر

hardwood خَشَبٌ صَلْد (من الاشجار النَّفضيَّة)

hardy (*adj.*) قَويُّ الاحتمال • شديد • صَلْد

(*n.*) مِقطَعةُ الحدَّاد

harm (*v.*) أضَرَّ • آذَى • أتلَف

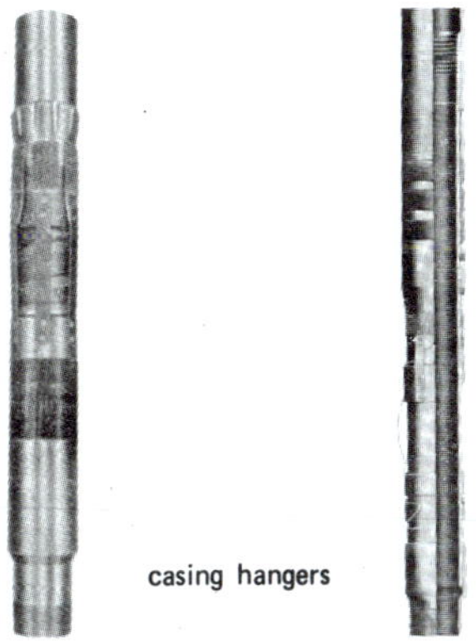

harm (*n.*) ضَرَر • أذى • تلَف

harmful (*adj.*) مُؤذٍ • ضارّ

harmless (*adj.*) غَيرُ مُؤذٍ

harmonic (*n.*) تَوافُقيَّة

(*adj.*) توافُقِي • مُنْسَجِم • هارمُونيّ

harmonic curve (Eng.) مُنحَنَى الحركة التوافُقيَّة

harmonic folding (Geol.) طيّ مُنَسَّق

harmonic motion, simple (Phys.) حَركة توافُقيَّة بسيطة

harmonic progression مُتوالِية توافُقية

harmonic tones (Phys.) نَغَمات مُتوافِقَة • توافُقيّات

harmonic vibration (Phys.) إهتزازٌ توافُقيّ

harmonious (*adj.*) توافُقي • مُنْسَجِم • مُتوافِق • إيقاعِي

harmonization تَوافُق • انسِجام • تَوفيق

harmonize (*v.*) وَفَّق • توافَقَ • انسَجَم

harmony إنسِجام • تَساوُق • أُلْفَة • تَجانُس

harmotome (Min.) هارموتوم : خام زيوليتي من سليكات الألومنيوم والباريوم والبوتاسيوم المميَّأة

harness (*n.*) مُهِمَّات • عُدَّة

(*v.*) سَخَّر لتوليد القُوة • استخدَم • تَحَكَّم في

harpoon حَرْبَة ذات خُطَّاف

harrow مِسْلَفَة (لتمهيد التربة)

hartshorn oil زيت القُرون • زيت العِظام

hartshorn, spirits of (Chem.) الأمونيا • النوشادر (كان مصدرُه قديماً قَرنَ الإيَّل)

hash (*v.*) فَرَمَ • هَرَمَ

(*n.*) خَليط • مزيج

hasp سَقَّاطة مثقوبة – رِتاجٌ بِرَزَّة

haste (*n.*) سُرعة • عَجَلة • سُرعة طائشة

hastelloy (Met.) هاستلّوي : سبيكة نِكليّة عالية المقاومة للتآكُل

hatch (*n.*) كُوَّة (في السقف أو الأرضيَّة) – غِطاء هذه الكُوَّة – باب الخزان

(*v.*) رَقَنَ • ظَلَّلَ

hatchet بُلْطَة • فأسٌ صغيرةٌ لِقَطع الأخشاب

hatchet iron كاوِيةُ لِحامٍ مُستعرِضَةُ الحَدّ

hatch, gauge (Eng.) فُتحةُ القِياس

ha(t)chure (Surv.) تَرقين: لإظهارطوبوغرافية السَّطح

hat-roller بَكَرة حامِلة • مُرتكَزُ البكرة

haul (*n.*) (Civ. Eng.) سَحْب • جَرّ – شِحْنَة مَجرورة – مسافةُ الجَر

(*v.*) جَرَّ • نقَل بالجَرّ – حوَّل اتجاه السفينة

haulage (*n.*) (Civ. Eng.) جَرّ – قُوَّةُ الجَرّ – نَقْل بالجَرّ – رُسوم الجَر

haul distance (Civ. Eng.) مَسافَةُ الجَر

hauler مُلْتَزِم نقلِ البضائع بالشاحنات

hauling engine (Eng.) مُحَرِّك الجَرّ

hauling line (Eng.) خط الجر • خط السَّحب

hauling rope (Civ. Eng.) حَبلُ الجَر

haulway (Mining) سِكَّة الجَر (في المنجم)

haven (*n.*) مَرفأ • مِيناء • مَرسى • مَلْجَأ

(*v.*) أَلجَأ أو التجأ الى مكان أمين

hawkbill مِلقَطُ لِحام

hawse (Naut.) فُتحةُ القَلْس (أو الجنزير) في مُقدَّم السفينة – المسافةُ بين مُقدَّم السفينة الرَّاسِيَة ومراسِيها

hay tank (Pet. Eng.) صهريج فصل الماء

hazard (*n.*) خَطَر • مَصدرُ خَطَر • خُطورة

(*v.*) خاطَر • عرَّض أو تعرَّض للأخطار

hazard bonus تعويض الأعمال الخطرة

hazardous (*adj.*) خطير

haze level (Meteor.) مَنسوب الأغبِرار

hazel-nut oil (Chem. Eng.) زيتُ البُندق

hazemeter (Phys.) مقياس الأغبرارية : مقياس سرعة الضوء في المواد الشفافة

hazy (*adj.*) مُغْبَرّ • أغبَش • مُضِبّ – مُبْهَم

H.C.B. (**hexa-chlorobenzene**) بِنزين سُداسيّ الكلور (مُبيدٌ حَشَريّ)

H.D. (**heavy duty**) خِدمة ثقيلة – صامِد للتشغيل الثقيل • مِصماد

head (*n.*) رأس • مُقدِّمة – رئيس – ذروة – غطاء علويّ – منبع (النهر) – علو – ضغط (الماء او السائل)

(*adj.*) متقدِّم • أمامي • رئيسيّ

(*v.*) تقدَّم • ترأس – كوَّن الرأس (للبرشامة مثلاً) – وَجَّه او اتجه (نحو)

Headache! (Pet. Eng.) صُداع ! – صَرخةُ تحذير من شيء ساقط من أعلى البُرج

head-bay (Hyd. Eng.) حَوزٌ أمامي (يلي بَوّابةَ السدِّ الرئيسيَّة على نهر أو قناة)

head, conical غِطاء مَخروطيّ

head, dished غِطاء مُقعَّر

head, ellipsoidal غِطاء اهليلَجي

header (Hyd.) مُجمِّع عُلويّ • حَنِيَّة عائدةٌ عُلويَّة – أنبوب صاعِد – أنبوب توصيل رئيسيّ

(Eng.) عامِلٌ (أو جهاز آليّ) يقوم بتركيب الرؤوس أو الأغطية

(Civ. Eng.) جائز (ترتكزعليه الأخشاب المُستعرضة) • عارضة خشبية داعمة

header joist جائزٌ مُستَعرِض

header set (Eng.) عُدَّةُ تَسطيحِ البِرشام

header tank (Hyd. Eng.) خَزَّان عُلْوي

headfast (Naut.) قَلْسُ الإرساء أو الجَر (في مُقدَّم السفينة)

head, flat غِطاء مُسطَّح

head foreman مُلاحِظ أول • رئيس الملاحظين

headframe (Civ. Eng.) إطار البكَرات العُلوي (في رأس عمود أو في سَقف منجم)

head-gate (Hyd. Eng.) بَوابة السّد الرئيسية (على نهر أو قناة) – بَوَّابة المَنسوب الأعلى

headgear غِطاءُ الرأس – الإنشاءات القِمّيّة (فوق رأس البئر أو الحفيرة) – إطارُ البكَرات العُلوي (في سقف المنجم)

head, hydraulic (Hyd.) العُلُو الهيدرولي : ضغطُ عَمودِ الماء المعادِل

heading (*n.*) مُقَدَّم • رأس – عُنْوان – إتجاه • وُجْهَة – فَلْطَحة • تسطيح

(Mining) نَفَق أفقي (عَبر الفحم الصُّلب) • نَفَق مَبدَئي (يُوسَّع فيما بعد)

heading of rivets (Eng.) فَلْطَحَةُ رؤوسِ البِرشام

head-lamp = **headlight** مِصباح أمامي – مِصباح رأس : مصباح يُثبّت في الرأس

headland (Geog.) رأس : بُروز أرضي يمتد في البحر

head of drain (Civ. Eng.) عُلُوُّ التصريف • ضغط شبكة التصريف

head office مَكتَبٌ رئيسي

head of liquid (Hyd.) عُلُو السّائل (فوق فُتحة التصريف) • ضغط السائل (بالنسبة الى نقطة التفريغ)

headphone (Elec. Eng.) سَمَّاعةُ رأس

head pulley (Eng.) البكَرَةُ العُلْوية

headquarters مَقَرُّ القيادة • مركز الرئاسة

head race (Hyd. Eng.) مَجرى الماء الرأسي (نحو آلة تُدار هيدروليّاً)

headroom = **headway** (Civ. Eng.) ارتفاعُ السَّقف

heads (Pet. Eng.) المُنتَجات العُلوية • مُنْتَجاتُ التَّقطير الأوَّليّة : من أعلى برج التقطير

head-set (Elec. Eng.) سَمَّاعتا راسٍ مُتَّصِلتان

head, static (Eng.) ضغط العلوّ الاستاتي

headstock (Eng.) غُرابُ الرأس (في المخرطة) • حاضِنُ الجُزء الدوَّار في آلة

head valve (Eng.) صِمامُ التَّصريف (في مِضخَّة) • صِمام عُلْوي

headwater (Geol.) مَنْبَع (النهر)

HEA

heater gauges

headway (*n.*) تقدّم • حركة الى الأمام
(Civ. Eng.) ارتفاعُ السّقف
head wind (Naut.) رِيحٌ مُعاكِسة
headwork (*n.*) عَمَلٌ فِكْري
health certificate شهادة صِحّية
health insurance الضّمان الصِّحّي
heap (*n.*) كُومَة • رُكام ـ كمّية كبيرة
(*v.*) كَوَّم • تَكَوَّم • كَدَّس • تكدَّس
heart قَلْب • جَوْهَر • صَمِيم • وَسَط
heart cut (Pet. Eng.): مُقتَطَع صَمِيمي (أو وَسَطي): مُقتطع بترولي محدَّدُ نطاق الغليان يؤخذ في منتصف عملية التكرير
hearth مَوْقِد • مَجْمَرَة : الجُزء السُّفلي من فرنِ استخلاص الفلِزّات
hearth capacity سَعَةُ المَجْمَرَة
hearth casing اطارُ المَجْمَرة الوِقائيّ
hearth lining بِطانةُ المَجْمَرة
hearth refining (Met.) تَنْقِيةٌ بالمَجْمَرة
heartwood خشب القَلب • جِلْب : خشب الصميم من ساق الشجرة

heater units

heat (*n.*) (Phys.) حرارة • طاقة حراريه ـ كمّيةُ الحَرارة
(*v.*) سَخَّن • سَخُن • أَحْمَى • أَحَرَّ ـ ثارَ
heat absorption إمتِصاص الحرارة
heat absorption capacity (Phys.) سَعَةُ أو قدرة الامتصاص الحراري
heat accumulation رَكْمٌ حَرارِي • رَكْمُ الحرارة
heat accumulators (Phys.) مِركَمات حرارية
heat balance اتِّزان حَراري • توازُن حراري
heat capacity (Phys.) سَعَة حَرارية
heat, compression (Phys.) حرارة الانضغاط • حرارة بالانضغاط
heat, condensation (Phys.) حرارة التكاثف
heat - conducting (*adj.*) مُوصِلٌ للحرارة
heat conduction (Phys.) التّوصيل الحراري
heat conductivity (Phys.) المُوَصِّلِيّة الحرارية
heat conductor (Phys.) مُوَصِّلٌ للحرارة
heat consumption استهلاك الحرارة
heat content (Phys.) المُحْتَوى الحراري
heat control (Eng.) مِضْبَطُ الحرارة ـ تَنظيمُ (أو ضَبْط) الحرارة
heat convection (Phys.) الحَمْلُ الحَراري • التصعُّد الحراري
heat crack (Geol.) شَقٌّ (أو صَدعٌ) حَراري
heat curve منحنى حراري
heat, decomposition حرارة الانحِلال
heat dissipation (Phys.) تَبديدُ أو تَبَدُّد الحرارة
heat distribution توزيع أو نشر الحرارة
heat drop (Eng.) هُبوط الحرارة
heat efficiency (Eng.) الكِفاية الحَرارية
heat elimination (Eng.) نَبْذُ الحَرارة
heat emission ابتعاث الحرارة • اصدار الحرارة
heat energy (Phys.) طاقةٌ حَرارية
heat engine (Eng.) مُحَرِّك حَراري
heat equivalent (Phys.) مُكافِيءٌ حَراري
heater (*n.*) مُسَخِّن • سَخّان • جهازُ تَسخِين • مِدْفَأة • مَوقِد

heater, feed water (Eng.) مُسَخِّن ماء التَّغذية • سَخّان الماء اللقِيم
heater gauge مِقياس حَراري • مُحدِّد قياس حَراري
heater oil زيتُ المَواقِد
heater, oil مُسَخِّنُ الزيت ـ سَخّان زيتي : مُسَخِّنٌ وَقُودُه الزَّيت
heater treater (Pet. Eng.) جِهاز مُعالَجة حرارية • مُعالِج احراري
heater unit وَحدة إحرار أو تسخين
heat, evaporation حرارة التبخير
heat exchange (Phys.) تبادُل حَراري
heat exchanger مُبادِل حَراري • مُبدِّل حَراري
heat expansion (Phys.) تمدُّد حَراري
heat flow سَرَيانُ الحَرارة
heat function دالّة حرارية
heat gain كَسْبٌ حَراري
heat generation تَوليدُ الحَرارة
heating (*n.*) تَسخين • إحرار • احماء ـ تَدفِئة
heating apparatus (Eng.) جهازُ تَسخِين
heating capacity (Eng.) السّعة الإحرارية • القُدرة التّسخينية
heating, central (Civ. Eng.) التدفئة المَركَزية
heating coil مِلفُّ تسخين • مِلفٌّ إحراريّ
heating effect (Phys.) تأثيرٌ حَراري
heating-element مُقاوَمة احرارية • عُنصُر تَسخين
heating furnace فُرنُ المُعالَجة الحَرارية
heating installations مُنشآت التدفِئة
heating jacket دِثار تسخين • دِثار مُسَخِّن
heating limit حَدُّ التَّسخين
heating oils (Pet. Eng.) زُيوت التدفِئة
heating pad كِمادةٌ مُسَخِّنَة
heating pipes (Eng.) مَواسيرُ التَّسخين
heating plant (Eng.) وَحْدةُ تسخين
heating power القُدرة التَّسخينية
heating surface سَطحُ تَسخين
heating system (Civ. Eng.) نِظامُ التَّدفِئة • شبكة أنابيب التدفئة
heating time (Eng.) زَمَنُ التَّسخين

heat exchangers

heating unit وَحْدَةُ تسخين

heating value = **calorific value**

(Chem. Eng.) القيمةالتسخينيَّة أو الحَرارية (للوقود)

heat input (Eng.) الدَّخلُ الحَراري • الحرارة الداخلة (المستهلكة)

heat insulation (Civ. Eng.) عَزْلٌ حَراري

heat insulator (Eng.) عازِلٌ حَراري

heat intensity شِدَّةُ الحَرارة

heat, latent (Phys.) حَرارة كامِنة

heat loss (Phys.) فَقْدٌ حَراري

heat, melting (Chem.) حرارة الذوبان • حرارة الانصهار

heat of absorption (Phys.) حَرارةُالامتِصاص

heat of adsorption (Chem., Phys.) حَرارة الامتِزاز

heat of combustion (Chem., Phys.) حَرارةُ الاحتِراق

heat of condensation حَرارةُ التَّكاثُف

heat of decomposition (Chem., Phys.) حَرارةُ الانحِلال

heat of evaporation (Phys.) حَرارةُ التَّبخير

heat of formation (Chem.) حَرارةُالتَّكوين • حَرارةُ التكوُّن أو التشكُّل

heat of fusion (Phys.) حَرارةُ الانصِهار

heat of hydration (Chem.) حَرارةُ الإماهة

heat of mixing (Phys.) حَرارةُ المَزْج

heat of reaction (Chem.) حَرارةُ التَّفاعُل

heat of solidification حَرارةُ التجمُّد

heat of solution (Chem.) حَرارةُ الذَّوَبان

heat of sublimation (Phys.) حَرارةُ التَّصعيد

heat of transformation (Chem.) حَرارةُ التحوُّل

heat of vaporization (Phys.) حَرارةُ التَّبخير

heat of wetting (Pet. Eng.) حرارة البَلّ أو التبليل

heat oil (Eng.) زَيتُ تسخين

heat output (Eng.) الخَرْج الحَراري • الحرارة الخارجة

heat permeability إنفاذُ الحرارة • نَفاذِيةٌ للحرارة

heat-proof (*adj.*) صامِدٌ لِلحَرارة

heat-proof lagging (Eng.) تَغليفٌ صامِدٌ لِلحَرارة

heat prover (Chem. Eng.) مُعايِر حراريّ : لقياس نسبة المُكوِّنات في مزيج غـاز الاحتراق

heat pump (Eng.) مِضخَّة حَرارية : مكَنةُ تَبريد

heat radiation (Phys.) اشعاعٌ حَراري

heat rays (Phys.) أشِعَّة حَرارية

heat recovery استِعادةُ الحَرارة

heat regenerators مُعيداتُ تَوليدِ الحَرارة: من الغازاتِ المُنفلِتة

heat regulator (Eng.) مُنَظِّمُ الحَرارة

heat release (Phys.) اطلاقُ الحَرارة • إعتاقُ الحَرارة

heat requirements مُتطلَّبات أو احتياجاتٌ حَرارية

heat resistance مقاوَمةُ الحرارة

heat-resistant (*adj.*) صامِدٌ لِلحَرارة

heat-resisting alloy (Eng.) سبيكة صامِدة لِلحَرارة

heat-resisting steel (Met.) فولاذ صامد للحرارة

heat run (Elec. Eng.) اختبارُ حَرارةِ التَّشغيل (للمكنة على حِمل مُعيَّن)

heat seal (Eng.) سِدادةٌ حَرارية : وُصلةٌ مانِعة لِتَسرُّب الحَرارة

heat sensitivity حَساسية لِلحَرارة

heat shield (Eng.) جِوالٌ حَراري

heat source (Eng.) مَصدر حَراري • مَصدرُ الحَرارة

heat, specific (Phys.) الحَرارة النوعيَّة

heat stability (Chem.) استِقرار حَراريّ : ثبات (على) الحرارة

heat-stable (*adj.*) (Chem.) لا ينحلُّ بالحَرارة • ثابت على الحرارة

heat supply إمْدادٌ حَراري • مَوردٌ حَراري

heat technology (Eng.) التكنولُوجية الحراريَّة

heat test (Chem. Eng.) اختِبار الاستِقرارية الحَرارية

heat tinting (Chem. Eng.) تأكُسد (المعدن) بفعلِ الحَرارة

heat transfer (Phys.) انتِقالُ الحَرارة

heat transfer coefficient (Eng.) مُعامِلُ الانتقال الحَراري

heat transmission (Phys.) انتقال الحَرارة

heat transmission oil (Eng.) زيت نَقْلِ الحَرارة

heat-treated مُعالَج بالحَرارة او بالإحماء

heat treatment (Met.) مُعالَجة حَرارية

heat unit (Phys.) وَحْدَة (قياس) حَرارية

heat value (Phys.) القيمةُ الحَرارية

heat waste (Phys.) تَبدُّد حَراري • ضَياعُ الحَرارة

heat wave (Phys.) مَوْجَة حَرارية

(Meteor.) مَوْجَة حَرّ : فترةٌ من الطَّقس الحار

heave (*v.*) رفَعَ بجُهد • سَحَبَ بقوَّة ـ تماوَجَ • جاشَ • اختلَجَ ـ طرَحَ • ألقى

(*n.*) إرتِفاع • انتِفاخ • جَيَشان ـ سَحْب ـ طَرْح

(Geol.) زَيْحَة صَدعِيّة • انزياح صَدعي • فُسحة الصدع

heave fault (Geol.) صَدْعٌ مفَسَّح

heaver رافِع ـ مُفرِغ

heaving (Mining) انتِفاخُ (الجدار)

heaving plug (Civ. Eng.) سِطام رَفع : يمنع انهيال الرمل في قعر الحفيرة

heaving shale (Geol.) طَفَل مُنتفِخ

heavy (*adj.*) ثَقيلُ الوَزن ـ شَديد • حادّ • كثيف ـ شاق

heavy duty (*adj.*) مِصماد • قويُّ الاحتِمال : لا يَبلى بسرعة • يصلح للخدمات الشاقة والثقيلة

(*n.*) خِدمة شاقَّة • تشغيل ثقيل

heavy-duty engine (Eng.) مُحرِّك مِصماد • مُحرِّك عالي القُدرة والمَتانة(للتشغيل الثقيل)

heavy-duty jack مِرفاعُ الأحمال الثَّقيلة

heavy-duty oils (Pet. Eng.) زُيوت التشغيل الثقيل • زيوت الخِدمة القاسِية

heavy ends (Pet. Eng.) القُطارات الثقيلة • النِّهايات الثقيلة

heavy end tails (Pet. Eng.) القُطـارات الذَّيلية (الثقيلة)

heavy fraction (Pet. Eng.) الجُزءُ الثَّقيل ـ مُقتطَع (نفطيّ) ثقيل

heavy fuel وَقود ثَقيل

heavy gradient مَمال حادّ • إنحِدار شديد

heavy industry صِناعة ثقيلة

heavy layer طبقة ثقيلة ـ طَلْيَة كثيفة

heavy lubricating oils (Pet. Eng.) زيوت تزليق كثيفة

heavy metal (Chem. Eng.) فِلزٌّ ثَقيل : يزيد وَزنُه النوعي عن ٤

heavy mineral (Geol.) مَعدن ثَقيل : تزيد كثافتُه عن ٢،٨٥ غم للسم٣

heavy naphtha (Pet. Eng.) نَفتا ثقيلة

heavy-oil engine (Eng.) مُحرِّك يعملُ بالزيتِ الثَّقيل

heavy oils (Pet. Eng.) الزيوتُ الثقيلة

heavy pressure (Eng.) ضَغط عالٍ

heavy residue (Pet. Eng.) مُخلَّفات ثقيلة

heavy running (Eng.) تَدويرٌ أو تشغيل عَنيف

heavy sea بحرٌ هائج
heavy soil (Geol.) تُربة (طينية) ثقيلة
heavy straight-run naphtha (Pet. Eng.) نَفْتا التقطير المباشر الثقيلة
heavy water (Chem.) الماءُ الثقيل • اكسيد الديوتريوم
hectare هِكتار : ۱۰۰۰۰ متر مربع : ۲،٤۷۱ فـدان
hecto- هِكتو : بادئة بمعنى مئة
hectogram(me) هِكتوغرام : ۱۰۰ غرام
hectolitre هِكتولِتر : مئةُ لتر
hectometre هِكتومِتر : مئةُ متر
hectowatt هِكتوواط : مئةُ واط
hedge (*n.*) سِياج • وَشيع • حاجز
(*v.*) سَيَّج • سوَّر
heed (*v.*) إهتمَّ أو بالَى (ب) • راعَى
(*n.*) إنتباه • مُبالاة • اهتمام
heel (*n.*) كَعْب ـ مُؤخَّر • دابِر
Hefner candle شمعة «هِفنَر» : شِدَّةُ استضاءة تعادل ۰،۹ شمعة دولية
heft (*v.*) رَفَعَ • رازَ
(*n.*) ثِقَل • ثِقَل نوعي
hefty (*adj.*) ثَقيلٌ جدًا ـ ضَخم
Hehner number (Phys.) رقم «هِهنَر» : النسبة المئوية من الحامض الدهني اللاَّ ذوَّاب (في الماء أو الزيت أو الشحم)
height (*n.*) ارتفاع • عُلو ـ قِمَّة • ذُروة ـ شِدَّة • غاية
height above base (Surv.) الارتفاعُ فوقَ خَط القاعدة
height computer حاسِبَةُ الارتفاع
height gauge مُحدِّدُ قياس الارتفاع
height of instrument (Surv.) عُلو آلـة القياس (عن مستوى الأرض)
helical (*adj.*) حَلَزوني • لَوْلَبي
helical conveyor (Eng.) ناقِلٌ حَلَزوني
helical cut (Eng.) قَطْع حَلَزوني
helical gears (Eng.) تُروس لَولَبية • مُسنَّنات حَلَزونية
helical rotor (Eng.) دوَّار لَولبي
helical spring (Eng.) زُنبرك لَولبي
helicoid(al) (*adj.*) حَلَزوني • لَوْلَبي • لَولَبانيّ
helicoidal gear (Eng.) تُرسٌ حَلَزوني
helicopter هليكوبْتر • طَوَّافة • طائرة عَمُودية
heliostat هِليُوستات : مِرآة دوَّارةٌ تَعكِسُ أشعةَ الشمس في إتجاه واحد
heliport مِيناءُ طوَّافات : مَوضِع هُبوط الطائرات العمُودية وإقلاعِها

helium (He) (Chem.) الهِليوم : عُنصر غازيٌّ رمزه (هـ)
helium-bearing natural gas (Chem. Eng.) غاز طبيعي حاوٍ للهليوم
helium diving bell ناقوسُ غَوصٍ بالهليوم : غُرفةُ غَطسٍ يُستبدَلُ فيهـا نيتروجينُ الهَواء بالهليوم
helix (Eng.) حَلَزون • لَوْلَب ـ مُنحنىً حَلَزوني
helm (*n.*) دَفَّة • سُكَّان ـ خُوذَة
(*v.*) وَجَّه • أدارَ الدَّفَّة
helmet خُوذَة
helmet crew فريقُ إنقاذ
helper مُساعِد • مُعاوِن • عامِلٌ مُساعِد
helve (*n.*) نِصاب • مِقْبَض • يَدُ الآلة
hematite = haematite (Min.) هيماتَيْت • شاذَنج • أكسيد الحديديك الأحمر
hemera (Geol.) أوَان • بُرهة جيولوجية : تتميز بازدهار نوع معيَّن من الأحياء
hemi- بادئة بمعنى : نِصف
hemicolloid (*adj.*) نِصفُ غَرَواني
hemicrystalline (*adj.*) نِصفُ مُتبلور
hemicycle (*n.*) (Geol.) نِصفُ دائرة ـ نِصف دورة (رسوبية)
hemihydrate (Chem.) نِصف هيدرات
hemimorphic (*adj.*) (Geol.) نِصف شكلي • نِصف مُتشكِّل
hemisphere نِصفُ الكُرة (الأرضية) ـ نِصفُ كُرة
hemispherical head غِطاء نِصف كُرويّ
hemispherical tank صِهريج نِصف كروي
hemispheroid tank صِهريج نِصف كُرواني
hemp قِنَّب • قِنَّبٌ هِندي
Hempel buret (Chem. Eng.) سحَّاحة «همْبِل» : لقياس حجم الغاز
Hempel distillation = semifractionating distillation (Pet. Eng.) تقطير «همْبِل» : تقطير نصف تجزئي للنفط الخام
hemp packing (Eng.) حَشْوَة من القِنَّب
hempseed oil (Chem.) زَيتُ بِزرِ القِنَّب
Henry's law (Chem.) قانون «هِنري» : عَلاقةُ الغاز الذائب بالضغط
heptad (*n.*) مَجموعة سُباعيَّة
heptagon مُسبَّع • شكلٌ سُباعيُّ الأضلاع
heptagonal (*adj.*) سُباعِيُّ الشَّكل • سُباعِيُّ الزوايا
heptahedral (*adj.*) سُباعِيُّ السُّطوح
heptane (Chem.) هِبْتان : برافين هيدروكربوني
heptane number (Pet. Eng.) الرقْم الهِبتانيّ : للمُذيب

hemispheroid tanks

herbicide spraying

heptode (Electronics) صِمامٌ سُباعيٌّ (الأجزاء) : ذو كاثودٍ وأنود وخَمسِ شبكات
herbicidal oil (Chem. Eng.) زيتٌ مُبيدٌ للأعشاب
herbicides (Chem. Eng.) مُبيداتُ الأعشاب
herbicide spraying رشٌّ مُبيد للأعشاب
herculoy (Met.) هِركُولُوي : سبيكة البرونز والسليكون المقاومة للتآكل
Hering furnace (Elec. Eng.) فُرن «هرِنج» : لِصَهر الفلزات
hermetic(al) (*adj.*) كَتِيم • مُحكَم السَّدّ • سَدُود للسَّوائل والغازات
hermetically sealed (*adj.*) مُحكَمُ السَّد • مُغلَقٌ بإحكام
Heroult furnace فُرن «إيرولت» : فرنٌ كهربائي لِصَهر الفولاذ
herring-bone gear = double helical gear (Eng.) تُرسٌ لَولَبي مُزدوج (كفَقار الرَّنكة)
herring oil زيتُ الرَّنكة
Herschel demulsibility number (Chem. Eng.) دَليل «هِرشِل» : لِتفكُّك الاستحلاب
hertz (Elec. Eng.) هِرْتز : وَحدةُ الذَّبذبة (ذَبذبةٌ واحدةٌ في الثَّانية)
hessian خَيش • نسيج غليظ متين
Hess's law (Chem. Eng.) قانون «هِس» : ثُبوتُ الحرارة الجَمْعيَّة لتفاعلٍ كيماوي

Hess tester (Pet. Eng.) : مِخبار «هِسْ» لتقدير كمية الهيدروكربونات العِطرية في البترول

hetero- بادئة بمعنى: مُغايِر • مُختَلِف • مُخالِف

heterobares (Chem.) ذرّاتٌ مُختلِفةُ الوَزن

heterochromatic (*adj.*) مُتغايِرُ الألوان المَوجيّة

heterochroneity (Geol.) تخالُفٌ زمَني

heteroclinal (*adj.*) مُتغايِرُ المَيْل (المغنطيسي)

heterocyclic compound (Chem.) مُرَكَّبٌ حَلْقيٌّ غَيرُ مُتَجانِس : تضمُّ الحلقة فيه ذراتٍ مختلفة

heterodyne (*adj.*) (Phys.) : هِترودايني : مُتعلقٌ باقتِران تردُّدَين مُتغايرين

(*n.*) فِعلٌ مُتغايِر : قَرْنُ تَرَدُّدَين (مُتقارِبَي التردُّد) لإحداثِ تردُّدٍ تضارُبي

heterodyne detector مِكْشافٌ هِتْرُودايني

heterodyne principle (Phys.) مَبدأ الفِعلِ المُتغايِر : إحداثُ ضَرَباتٍ ذاتِ ذَبذَبةٍ تُعادِلُ الفَرقَ بين ذبذبتين عاليتَي التردُّد

heterogeneity تغايُر • اختِلاف • عَدَمُ التجانُس

heterogeneous (*adj.*) (Chem.) مُغايِر • مُتَغايِرُ الخَواصّ • غيرُ مُتَجانِس

heterogeneous catalyst (Chem. Eng.) حافِزُ تَفاعُلٍ مُغايِرُ الطَّور

heterogeneous reaction (Chem.) تفاعُلٌ مُتغايِرُ الطَّور : نَواتِجه من طَورٍ مُغايِرٍ للمَوادِّ المتفاعلة

heterogenetic (*adj.*) مُتغايِرُ النَّشأة

heteromorphic (*adj.*) متغايِرُ الأشكال • مُتغايِرُ التَّشكُّل

heteropical beds (Geol.) طبقات مُتزامِنةٌ لا مُتشابِهة

heteropical deposits (Geol.) رواسِبُ مُتزامِنة لا مُتشابِهة

heterotaxial beds (Geol.) طبقات لا مُتناظِرة: لا مُتزامِنة ولا مُتشابِهة

heterotaxial deposits (Geol.) رواسِب لا مُتزامِنة ولا مُتشابِهة

heterotaxis (Geol.) تغايُر الطبقات

hew (*v.*) قَطَع • قَطَع بفأسٍ أو مِعوَل – نَجَر • نَحَت – شَكَّل بالقطع أو النحت

hexa-chlorobenzene (Chem.) بِنزين سُداسي الكلور : مُبيد حَشَري

hexadecane = cetane هيكساديكان • سِيتان

hexagon (*n.*) شَكلٌ سُداسيّ

hexagonal (*adj.*) سُداسِي • سُداسِيُّ الأضلاع والزوايا

hexagonal kelly (Pet. Eng.) عمودُ حفر سُداسِيُّ الأضلاع

hexagon nut صَمُولةٌ سُداسيَّة

hexahedron مُكعَّب • مُجَسَّم سُداسِيُّ السُّطوح

hexane (Chem.) هِكْسان : بَرافِينٌ هيدروكربوني

hexavalent (Chem.) سُداسِيُّ التكافُؤ

hexene (or **hexylene**) هِكسين • هِكْسيلين

H.F. (**high frequency**) تردُّد عالٍ

H.F.O. (**hole full of oil**) بِئر مَليئة بالزيت

H.F.W. (**hole full of water**) بئر مَليئة بالماء

H.G.O.R. (**high gas-oil ratio**) نِسبة عالية للغاز في الزيت

H.H.V. (**high heating value**) قيمة إحرارية عالية

hiatal texture (Geol.) بِنْيَة مَسامية

hiatus (Geol.) ثُغرة • فَجْوَة تَرَسُّب

hiatus texture (Geol.) نَسيج فَجوي

hickey (Eng.) وُصْلَة مُسَنَّنَة – حانِيَةُ أنابيب

Hicks hydrometer (Eng.) هيدرومتر «هِكْس»: ذو الخَرَزات المُلوَّنة

hidden (*adj.*) دَفين • مُخبَّأ • خفِيّ

hide (*v.*) خَبَّأ • أخْفَى • إختَفَى

(*n.*) جِلْد • جِلْدٌ غَيرُ مَدْبُوغ – قِياسٌ لِلمِساحَة يعادل ١٠٠ فدَّان

hiduminium alloys (Met.) سَبائكُ الهيديُومنيوم : ذاتُ مُقاومَة الشدّ العالية

high (*adj.*) عالٍ • مُرتَفِع – سامٍ • جَليل – جَيِّد الصِّنف

(*n.*) سُرعَةٌ عالية – تُروسُ السُرعةِ العالية

(Meteor.) مِنطَقَةُ ضَغطٍ مُرتَفِع

high-ash coal فَحمٌ كثيرُ الرَّماد

high-boiling (*adj.*) عالِي دَرَجةِ الغَلَيان

high-boiling fractions (Pet. Eng.) أجزاءٌ عالِيةُ درجة الغليان

high carbon steel (Met.) فُولاذٌ عالي الكَربون

high compression (*adj.*) تضاغُط أو انضِغاط عالٍ

high compression engine (Eng.) مُحرِّكٌ عالي الانضِغاط

high conductivity copper (Met.) نُحاسٌ عالي المُوَصِّلية

high contrast تَبايُنٌ شَديد

high cost تَكْلِفة مُرتَفِعة

high dip مَيْلٌ حادّ

high-duty cast-iron (Met.) حديدُ الزَّهر العالي مُقاوَمةِ الشدّ (فوق الـ ١٧ طنّاً للإنش المربع)

high-efficiency (Eng.) كِفايةٌ عالِية

high-efficiency motor (Eng.) مُحرِّكٌ عالي الكِفاية

high end point (Chem. Eng.) النُّقطةُ النِّهائيَّة العُليا (للتقطير)

high energy fuel (Chem. Eng.) وَقُود عالي الطَّاقة

higher alcohols (Chem.) الكُحوليّات العالِية

highest useful compression ratio (Eng.) نِسبةُ الانضِغاط ذاتُ الفائدةِ القُصوى

high explosive (*adj.*) مُتفجِّرٌ قاصِم : شديد الانفِجار

high-flash gasoline (Pet. Eng.) جازولين عالي (نقطة) الوَمْض

high frequency (*n.*) تردُّد عالٍ (من ٣ الى ٣٠ ميجاسيكل في الثانية)

(*adj.*) عالي التردُّد

high-frequency current (Elec. Eng.) تيَّار عالي التردُّد

high-frequency heating (Elec. Eng.) تَسخينٌ بالتيَّارات العالية التردُّد

high gear (Eng.) سُرعةٌ عالية – تُرس السرعة العالية

high-gloss paint طِلاءٌ شديدُ اللَّمعَة

high-grade (*adj.*) جَيِّدُ الصِّنف • عالي المرتَبة • مُمتاز

high-grade fuel (Chem. Eng.) وَقُودٌ عالي المَرتَبة

high-grade ore (Mining) خامٌ جَيِّد الصِّنف

high-grade steel (Met.) فُولاذ جَيِّد الصِّنف

high-gravity crude (Pet. Eng.) خامٌ بِترولي عالي الكَثافة

high-jump gasoline (Pet. Eng.) بِنزين عالي الحَساسية

highland (Geog.) مُرتَفَع • هَضْبَة • نَجْد

(*adj.*) هَضْبيّ • نَجْدِيّ

high-level alarm (Eng.) نَذيرُ المُستوى العالي

high-lift pump (Eng.) مِضخَةُ رَفعٍ عالٍ

high-line (Elec. Eng.) خَطٌّ عالي التَوتُّر

high manganese steel (Met.) فُولاذٌ عالي نِسبَة المَنْغَنيز

high-melting (*adj.*) عالي نُقطةِ الانصِهار

high octane fuel وَقود عالي الأوكتانية

high octane gasoline (Pet. Eng.) بِنزين عالي الأوكتانيَّة (ذو خصائصَ مانِعَةٍ للخَبْط)

high-pass filter (Elec. Eng.) مُرشِّحٌ (امرارِ) الترَدُّدات العالية

high-performance (*adj.*) عالي الأداء

high polymers (Chem. Eng.) بُوليمَرات عالية الوزن الجزيئي
high potential (Elec. Eng.) جُهْدٌ عالٍ
high-powered (*adj.*) عالي القُدرة
high-pressure (*adj.*) عالي الضَّغط
(*n.*) ضَغطٌ عالٍ
high-pressure cock (Eng.) مِحْبَسُ الضَغط العالي
high-pressure cylinder (Eng.) أسطُوانةُ الضَّغط العالي
high-pressure gas injection حَقنُ الغاز العالي الضغط
high-pressure gas line (Pet. Eng.) خطُّ أنابيب الغاز ذي الضغط العالي
high-pressure piping (Eng.) مَواسيرُ الضَّغط العالي • انابيبُ للضغط العالي
high-pressure pump (Eng.) مِضَخَّةٌ عاليةُ الضَّغط • مِضَخَّةُ الضَّغط العالي
high-pressure steam (*adj.*) بُخارٌ عَالي الضَّغط
high proof عالي الكحولية
high quality product نِتاج عالي النوعية
high road طريق عام
high seas عُرض البحر : مياه البحر خارج المياه الاقليمية
high solvency naphtha (Pet. Eng.) نفتا عالية الإذابية
high-speed circuit-breaker (Elec. Eng.) قاطِعُ دائرةٍ عالي السُّرعة
high-speed engine (Eng.) مُحرِّك عالي السرعة
high-speed steel (Met.) فولاذُ (آلاتِ) القَطع السَّريع : فولاذٌ صَلد حتى في دَرَجة الاحمرار
high-strength casing joint (Eng.) وُصلَة عالية المتانة لأنابيب التغليف
high-sulphur crude (Pet. Eng.) بترولٌ خام عالي نسبة الكبريت
high-temperature alarm نَذيرُ (درجةِ) الحَرارة العالية
high-temperature carbonization كَرْبَنة عاليةُ درجة الحرارة
high-tensile steel (Met.) فولاذٌ عَالي مُقاومةِ الشّد
high-tension = high-voltage (Elec. Eng.) جُهْدٌ (أو تَوتُّر) عالٍ (فوق ٦٥٠ فلطاً)
high-tension cable (Elec. Eng.) كَبلٌ عالي التوتُّر
high-tension current (Elec. Eng.) تيارٌ عالي الجُهد

high-tension ignition (Elec. Eng.) إشعالٌ بالجُهد العالي
high-test cast-iron (Met.) حديدُ الزَّهر العالي مقاومةِ الشَّد
high-test gasoline (Pet. Eng.) بنزينٌ سريع التَّطايُر • بنزين عالي التطايُرية
high tide مَدٌّ • ذُروَةُ المَدّ – حَدٌّ أعلى
high vacuum خَواء شديد
high viscosity index (Chem. Eng.) دليل لُزوجة عالٍ
high-volatility fuel وَقودٌ سريع التَّطايُر
high-voltage (Elec. Eng.) فلطية عالية (فوق ٦٥٠ فلطاً)
high-voltage test (Elec. Eng.) اختبارٌ بالفلطية العالية (للتأكُّد من سلامة العَزْل)
high water منسوبُ المَد • ذُروَةُ المَد – مَدٌّ عالٍ
high-water mark مَنْسوبُ المياه الأعلى – حد أقصى
high-water platform (Eng.) مِنَصَّة صامدة للمدّ العالي
highway (Civ. Eng.) طريقٌ عام
highway map خَريطةُ طُرُق
high-weight mud (Pet. Eng.) طين ثقيل
hill (*n.*) تَل • هَضْبَة – كُومَة
(*v.*) كَدَّس • رَكَمَ • كَوَّم الترابَ (حوْلَ)
Hillman test (Pet. Eng.) : اختبار «هِيلْمَن» لتحديد مدى ثبات لون الكيروسين المَخزون
hillock (*n.*) رُبْوة • رابِيَة • أكَمة • تلَّة صغيرة
hillside جانبُ التَّل
hind (*adj.*) خَلْفي • مُؤخَّر
hind axle (Eng.) مِحوَرٌ خَلْفي
hind carriage مَقْطُورة خَلْفيَّة
hinder (*v.*) عاقَ • عَرْقَلَ • صَدَّ – اعتَرَضَ
(*adj.*) خَلْفي
hindered settling (Chem. Eng.) تَرسُّبٌ مُعاق
hindrance عائق • مانِع • عُقبَة – تأخير • عَرْقَلَة
hind wheel (Eng.) دُولابٌ خَلْفي
hinge (*n.*) مُفَصَّلَة • مَفصل • مِحوَر • قُطب
(Geol.) مَفْصل أو مِحْوَر الطية
(*v.*) جَهَّز أو وَصل بمُفَصَّلات • إتصل بمفصلة – دَار على قُطبٍ أو مِحور
hinged (*adj.*) ذو مَفاصِلَ أو مُفَصَّلات
hinged connection اتِّصال مَفصِلي • اتِّصال بمُفَصَّلة
hinged flap قَلاَّبَة مَفْصِليَّة • مِصراعٌ مَفْصِلي
hinged lid غطاءٌ بمُفَصَّلة

high-pressure pump

hinged valve (Eng.) صِمامٌ بمُفَصَّلَة
hinge fault (Geol.) صَدع مَفصِلي
hinge leaves جَناحا المُفَصَّلَة
hinge line خَطُّ الاتصال المَفْصِلي
hinge pin مِحْوَر المُفَصَّلة
hinterland (Geol.) أرضُ المُؤَخَّرَة • مِنطَقَةٌ خلف ساحلية (بعيدة عن الشاطىء)
hipped roof = hip roof (Civ. Eng.) سَقْفٌ مُسَنَّم • جَمَلُون
hircite (Geol.) هِرسيت : راتينج مُتحجِّر
hire (*v.*) استأجر • أجَّرَ • إكْترى • أكْرَى
(*n.*) أُجْرَة • كِراء • استِئجار
hired labo(u)r عَمَل مأجُور
hirst (Geol.) رَبْوَة • ضَفَّة رَملِيَّة
hiss (*v.*) فَحَّ • أزَّ • هَسَّ • نَشَّ
(*n.*) فَحيح • أزيز • هَسيس • نَشيش
histogram = frequency diagram هِستوجرام • مُخَطَّطُ توزيع التَّواتُر
historical geology الجيُولوجية التاريخية
hit (*v.*) ضَرَبَ • خَبَطَ • صَدَم – أصابَ
(*n.*) خَبْطَة • صَدْمَة – إصابَة • إرتِطام
hit (or miss) adjustment ضَبْط عَشوائي
hitch (*v.*) جَرَّ أو جَذَبَ فَجأة – شَبَك • إنشَبَك
(*n.*) جَذْبة مُفاجِئة • نَخْعَة – عُقْدَة مُؤَقَّتة – وُصْلَة رَبْط
(Geol.) تصدُّع منيف
hi vis-gel (Pet. Eng.) جَلٌ عالي اللُّزوجة • طِين يُستعمل في تحضير سائل الحَفر
hoarding (*n.*) سُورٌ خَشبي مُؤقَّت (حولَ البناء المُراد تشييدُه أو ترميمُه)
hoar-frost (Meteor.) صَقيعٌ فِضّي • جَلَدٌ إبْريُّ البِلَّورات
hob (*n.*) (Eng.) قالَبُ تَشكيل رئيسي – مسمارُ نَعلٍ (غليظُ الرأس)
= hobbing cutter (Eng.) مُلولِب • مِقطَع مُسَنَّنات مُخَدَّد
(*v.*) لَوْلَبَ بِمقطعٍ مُخَدَّد

hobbing machine (Eng.) مَكَنَةُ لوبَة (لقطع المُسنَّنات الحَلَزونية)

hobo (*n.*) عامِلٌ دوَّار أو مُتَنَقِّل

H.O.C.M. (heavily oil-cut mud) طين عالي الاستحلاب بالزيت

hod (*n.*) قادوس فَحم – حوض (هرمي ثلاثي) لنقل الطوب والمِلاط

hodoscope (Phys., Eng.) هودُوسكوب : مِكشافٌ لتتبُّع مَسار الجُسَيم المَشحون

hoe (*n.*) مِعزَقَة • مِعوَل • مِنكاش • فأس
(*v.*) عَزَق • نَكَش

hog (*n.*) (Naut.) تَقَبُّ صالَب القاعدة : لِتركُّز الثقل في مُقدِّمة السفينة ومؤخرتها

hog-back (*adj.*) مُسنَّم • مُقوَّس • مُحدَّب الظهر • مُقتَّب

hoggin (or **hogging**) (Civ. Eng.) حَصيم ناعم • حصباء رملية (لرصف الطرق)

hoghead (Pet. Eng.) رأس مضخة الطين – مُراقِب طين الحفر

hogshead بِرميل كبير – مِكْيالٌ للسوائِل (سعته ٢٣٨،٥ لترًا)

hoist (*n.*) مِرفَع • مِرفاع • آلةٌ رافِعَة
(*v.*) رَفَع • إرتَفَع – نَشَر

hoist cable كَبْلُ الرفع • كبل المرفاع

hoist, chain مِرفاعٌ سلسلي : ذو سِلْسِلَة

hoist controller (Eng.) ضابِطُ سُرعَةِ المِرفاع

hoist drum دارَةُ المِرفاع

hoist, electric مِرفاعٌ كَهربائي

hoist frame (Mining) هَيكَلُ المِرفاع

hoisting (*n.*) رَفْعٌ بالمِرفاع

hoisting block (Eng.) مَجموعةُ البَكَرات المُتحرِّكة

chain hoist

hole enlarger

hoist(ing) cable (Mining) كَبْلُ المِرفاع • كبل الرفع

hoisting cage (Eng.) قَفَصُ الرَّفع

hoisting crab (Eng.) مِرفاعٌ (قنطري) نَقّال

hoisting crane (Eng.) مِرفاع • وِنشُ الرَّفع

hoisting engine (Eng.) مُحرِّكُ رَفع

hoisting gear (Eng.) جِهازُ الرَّفع

hoisting machine (Eng.) مَكَنةُ رَفع • آلةٌ رافِعة

hoisting plant (Mining) وَحدة رَفع الخام

hoisting rope حَبْلُ الرَّفع

hoisting shaft (Eng.) بئر الرَّفع – بِئرُ الصّاعدة

hoisting sheave (Eng.) بَكَرَةُ الرَّفع

hoisting speed سُرعَةُ الرَّفع

hoist(ing) tackle (Eng.) بَكّارَةُ (بَكَراتُ) الرَّفع • أجهِزَةُ الرَّفع

hoisting winch وِنشُ الرَّفع • مِرفاع

hoist tower (Chem. Eng.) بُرجُ الرَّفع (في الفرن العالي)

hold (*v.*) مَسَك • ضَبَط – سَنَد • ثَبَّتَ • أبقَى – استَوعَبَ • أخَذَ • شَغَلَ – ضَمَّ • إحتَوى – تَحَمَّل • ثَبَتَ • صَمَدَ
(*n.*) قَبْضَة • مِمْسَك – عَنْبَر أو أنبارُ السفينة

holdall جُعْبَة • حَقيبة • جِراب

holdback (*n.*) عائِق • كابِح – كَبْح • إعاقَة

holder (*n.*) ماسِك • مِمْساك – حامِل • حامِلة – وعاء • خَزّان • مستودع – صاحب الامتياز

holder pressure (Eng.) ضغط الخزّان

holdfast (*n.*) مِرْبَط • إسار – مِسمارُ رَبْط

holding (*n.*) عَقار – حَوْزَةٌ من الأسهم والسَّنَدات

holding capacity سَعَة • قُدرة الاستيعاب

holding company الشَّركة المُهَيمِنَة • شركة قابضَة

holding fixture (Eng.) تَثْبيتَةُ رَبْط

holding ring (Eng.) طَوقُ تَثبيت

hold-off spring زُنبُركٌ مُباعِد

hole (*n.*) ثَقب • ثُقْبَة • فُتْحَة • فَجْوَة
(Pet. Eng.) بِئر • حَفيرة
(*v.*) ثَقَبَ • نَقَر • حَفَر

hole bottom قَعرُ البئر أو الحفيرة

hole deviation (Pet. Eng.) انحِرافُ الحَفْر – إمالة الحفر

hole enlarger مُوَسِّعةُ ثقوب

hole gauge (Eng.) مُحدِّدُ قِياسِ الثُّقوب

hole saw مِنشار ثقوب • مِنشار تثقيب مُستدير

hole size (Eng.) قُطر الحَفر • قُطر الحَفيرة

holiday (*n.*) عُطلة
(Pet. Eng.) خَلَلٌ بِطاني أو تغليفي • خَلَل التغليف أو التغطية في أنبوب الزيت – منطقة ضعيفة البطانة أو سيئة التغليف

holiday detector (Pet. Eng.) مِكشاف خلل التغليف (أو البطانة) : في خط أنابيب الزيت

holiday location (Pet. Eng.) تحديد المناطق الضعيفة التغليف

holing (*n.*) حَفر

hollow (*adj.*) أجوَف • مُفرَّغ • مُجَوَّف – غائِر
(*n.*) تَجويف • نُقرة – غَور • وهدة
(*v.*) جَوَّف • تَجَوَّفَ • فَرَّغَ

hollow bit (Civ. Eng.) مِثقَب أجوَف : لأخذ العيِّنات

hollow blocks (or **tiles**) (Civ. Eng.) طُوب مُفرَّغ • قوالب مُفرَّغَة

hollow core bit (Pet. Eng.) لُقمة ثَقب مُجوَّفة : لأخذ العيِّنات

hollowed (*adj.*) أجوف • مُجوَّف • مُفرَّغ

hollow punch (Eng.) سُنبُكٌ أجوف

hollow shaft (Eng.) عَمودٌ أجوَف • جذع أجوف

hollow trunnion (Eng.) مِبرمٌ أجوف

hollow walls = cavity walls (Civ. Eng.) جُدران مُزدوجة (بين الواحد والآخر حوالى ٥ سم)

holm (Geol.) جَزيرة نَهرية

holmium (Ho) (Chem.) الهُلمْيُوم: عنصرفلزيٌّ نادر رمزه (هو)

Holocene period (Geol.) عَصر الهولوسين• العصر الحديث

holocrystalline rocks (Geol.) صخور نارية كُلّيَّة التبلور

holohedral forms (Chem.) أشكال بلورية تامَّة التماثل

holomorphic (*adj.*) تامُّ الشكل (البلوري)

holotype (*n.*) نَموذج كامل

holystone (Geol.) رَخَف • خُفّان : حَجَرٌ رَملي رَخو

home بيت • مَنزِل – مَنشأ • مَوطِن

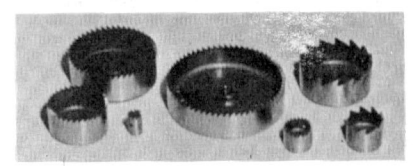

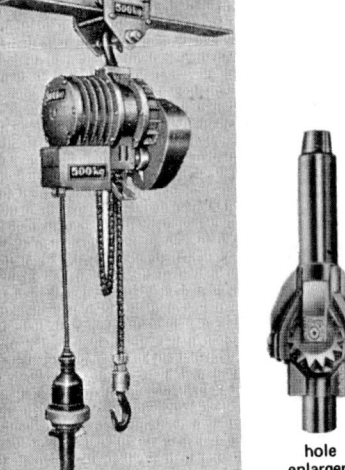

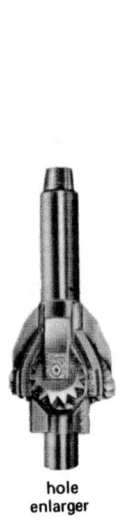

hole saws

HOR
211

home battery (Elec. Eng.)	بطّارية مَحطّة الإرسال
home consumption	الاستهلاك المَحلّي
homemade (adj.)	مَحلّيُّ الصُّنع
home office	المكتب الرئيسي
home-office switch (Elec. Eng.)	مِفتاح (كهربائي) كامل العَزْل
homeomorphism (Chem.)	التَّشاكل ، تَشابُه الشَّكل البلّوري (بين مركّبات مُتبايِنة)
homeostasis	استقرار داخلي ، اتّزان بين عَناصر التكوين المختلفة
home port	ميناء المَوطن : ميناء تسجيل السفينة أو ميناء مَوطن صاحبها
home trade	تجارة مَحلّيّة أو داخلية
homeward freight (Naut.)	أَجرُ العَودة - شِحنة العودة
homewards working (Mining)	استثمار تراجعيّ
homing (n.)	عَودة - تَوجيهُ العَودة
homochromatic (adj.)	مُتماثِل اللون ، وحيد اللون
homoclimes (Meteor.)	مَناطق مُتجانسة المُناخ
homoclinal (adj.) (Geol.)	مُتجانس المَيل
homocline (Geol.)	طبقة مُتناظرة المَيل
homocyclic compound (Chem.)	مُركّب حَلقيّ متماثل الذّرات
homodyne (adj.)	هومودايني : مُتجانسُ التّقارن أو الفِعل
homoeogenesis (Geol.)	تماثل التكوين
homoeomorphy (Geol.)	التَّشاكُل ، التَّشابُه الشَّكْليّ
homogeneity	تجانس ، تماثل - تجانُسيّة ، تماثُليّة
homogen(e)ous (adj.)	مُتجانس ، مُتجانس التَّركيب
homogeneous catalyst (Chem.)	حافزُ تفاعل مُماثِل الطَّور
homogeneous mixture (Chem. Eng.)	مَخلوط مُتجانس
homogeneous reaction (Chem. Eng.)	تَفاعل مُتجانس الطَّور
homogenize (v.)	جانَسَ
homogenized grease (Pet. Eng.)	شحم مُجانَس
homogenous (adj.)	مُتجانس ، مُتماثل
homogenous aggregate (Geol.)	ركام مُتجانس
homogenous texture (Geol.)	نَسيج مُتجانس
homogeny (n.)	تجانس ، تماثل

homologous (adj.)	مُتشابه ، مُتناظر ، مُتشابه التَّركيب
homologous series (Chem.)	سِلسلة مُتشاكلة : سِلسلة متتالية من المركّبات (العضوية) المُتشاكلة
homologue (Chem., Biol.)	نظير ، مُتشاكل ، مُماثل
homology (n.)	تناظر ، تشاكل ، تشابُه النَّسَق
homomorphic (adj.)	مُتماثل الشَّكل (مع اختلاف التكوين)
homoseismal line (Geol.)	خط تَجانس الزلزلة : خطٌّ يَمرُّ بالمناطق التي تأثّرت بالزّلزلة في وقتٍ واحد
homotaxial beds (Geol.)	طبقات مُتناظرة : من حيث النَّسَق والمُحتَوى الأحافيري
homotaxial deposits (Geol.)	رواسب مُتناظرة الطَّبَق
homotaxis (Geol.)	تناظر التَّطبُّق ، تماثل النَّسَق الطبقي
homothetic	مُتماثل الوَضع
hone (n)	حجر الصَّقل أو الشَّحذ
(v.)	شَحَذَ ، سَنَّ
honestone = whetstone (Geol.)	حجَرُ الشَّحذ أو التَّجليخ
honeycomb (n.)	قُرص العَسل - تَصميمٌ بشكل نَخاريب النَّحل
(adj.)	مُنخَرَب ، نُخروبيّ ، شبه بخلايا النَّحل
honeycombed rock (Geol.)	صخر مُنخَرَب
honeycomb radiator (Eng.)	مُشِعٌّ نُخروبي
honeycomb texture (Geol.)	بِنية نُخروبية
honeycomb wall (Civ. Eng.)	جدار مُنخَرَب (بالفَجَوات المُنتظمة التَّوزيع)
honeycomb weathering (Geol.)	تَعريَة نُخروبية ، تجوية نخروبية
honour (n.)	شرف
(v)	شرَّفَ ، دفع (أو قَبِل) الورقةَ المالية
hood	كُمَّة ، غِطاء ، قَلَنْسُوة ، غِطاء (أو سَقف) السيّارة
hood fastener (Eng.)	كلّاب أو مِشبَك الغِطاء
hood light (Eng.)	ضَوءُ الغِطاء (الإنارة ما تحته)
hoodoo (Geol.)	عَمود تُرابيّ
hoof oil (Pet. Eng.)	زيت الحوافر
hook (n.)	خُطّاف ، مِشبَك خُطّافيّ - شِص ، كلّاب ، صنّارة - عَقفة ، حَنيَة حادّة
(v.)	شَبَك بخُطّاف ، حَنى بشكل خُطّاف - اشتبك ، انعطفَ
hook and eye	مِشبَك وعُروة

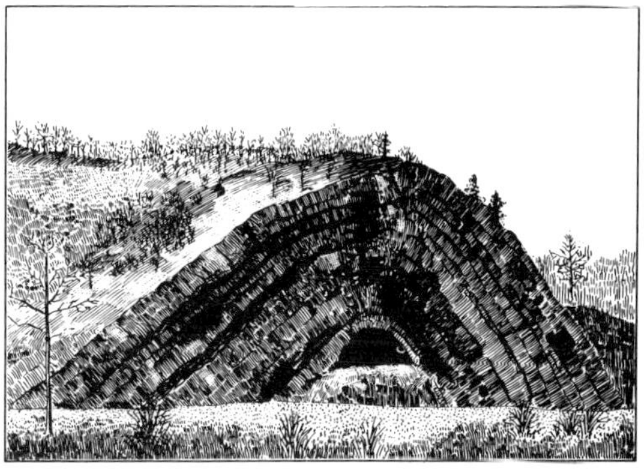

hook-drown (v.)	فَكَّكَ ، فَكّ الاتصال المُؤقَّت
hooked (adj.)	خُطّافيُّ الشَّكل ، أعقف ، مُجَهَّز بخُطّافٍ أو أكثر
hook gauge (Eng.)	مِعيار قياس خُطّافي
hook, hydra	خُطّاف الهَيْدرا : خُطّاف مُتعدِّد أو مُختلف الرُّؤوس
hook spanner (or wrench) (Eng.)	مِفتاح رَبط أعقف
hook-up (n.) (Elec. Eng.)	وَصلٌ (أو تركيب) مُؤقَّت
hook up wire (Elec. Eng.)	سِلك ذو خُطّاف (يُركّب ويُنزَع بسُرعة)
hook wrench (Eng.)	مِفتاح رَبط أعقف
hoop stress	إجهاد اطاري
hoot-owl tour	نَوبة ليليّة
hop (Eng.)	قَلقَلة ، تَقلقُل
hopped file	مِبرَد مُفلَّج الأسنان
hopper (n.)	قادوس ، صُندوق قِمعيّ الشَّكل (قاعدته أضيق من فوهته)
hopper dredger (Civ. Eng.)	كَرّاءة قادوسيّة : ذاتُ قَوادِيس تُفرَّغُ من قاعها
hopper tank (Civ. Eng.)	خَزّان قادوسيّ الشَّكل
hop's oil	زيت الجُنجُل : زيت نباتي يستخرج من الجنجل (أو حشيشة الدينار)
horary (adj.)	ساعيّ ، حادثٌ كلَّ ساعة
horizon (Astron., Surv.)	أُفق ، مُستوى
(Geol.)	طبقة مُتزامنة ، أفق أو مستوى جيولوجي
horizon glass (Surv.)	مِرآة الأُفق : مرآة نِصف مُفضَّضة في السُّديَّة
horizon gyro	جيروسكوب مِنفاقي ، مُبيِّن الأُفق الجيروسكوبي
horizon line (Surv.)	خط الأُفق
horizontal (adj.)	أُفقي ، مُوازٍ للأُفق ، أُفقي الوَضع أو الاتّجاه
(n.)	خط أُفقي - وضع أُفقي
horizontal axis (Surv.)	مِحوَر أُفقي

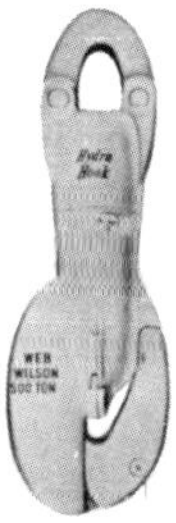

homocline

hydra hook

horizontal bedding

horse-head

Horton spheres(storage tanks)

hose

horizontal balance اتزان (أو توازُن) أفقي

horizontal bedding (Geol.) تَطَبُّق أُفقي

horizontal boiler (Eng.) مِرجَلٌ أُفقي

horizontal bracing (Civ. Eng.) شِكالات أُفقية

horizontal circle (Surv.) دائرة أُفقية • قرص قياس الزوايا الأفقية في التيودوليت

horizontal component (Elec. Eng.) مُرَكِّبَة أُفُقِيَّة

horizontal displacement (Geol.) إزاحَة أُفقيَّة

horizontal engine (Eng.) مُحَرِّكٌ أُفقيٌّ (الأسطُوانات)

horizontal equivalent (Surv.) مُرتَسَمٌ أُفقي • المَسافة الأُفقية المكافِئة

horizontal fault (Geol.) صَدع أُفقي

horizontality (*n.*) أُفقِيَّة • إستواءٌ أُفُقي

horizontal parallax (Surv.) إختِلافُ المَنْظَر الأُفقي

horizontal plane مُستَوًى أُفقي

horizontal projection إسقاطٌ أُفقي – مَسقَطٌ أُفقي

horizontal pump مِضخَة أُفقية

horizontal sheeting (Civ. Eng.) ألواحُ تَصفيح أُفقية : لِمَنعِ الانهيار

horizontal slicing (Mining) إستِثمارٌ بالقَطْع الأُفقي

horizontal throw (Geol.) رَمية أُفقية مستعرِضة

horizontal thrust (Eng.) دَفعٌ أُفُقي

horn (*n.*) قَرن – بُوق • نَفير – قُرْنَة

hornblende (Min.) هُورنبلِنْد : خامٌ مِنْ سليكات الكالسيوم والمغنسيوم والحديد

hornfels (Geol.) هورنِفلس • صُخورٌ قرنيَّة : صخور دَقيقة الحُبَيْبات

horn mercury = **calomel** (Min.) كالُوميل : كلوريد الزِّئبقوز

hornschist (Geol.) شِسْتٌ هورنبلندي

hornstone (Geol.) صَوَّان • صخر قرنيّ

horny (*adj.*) قَرنيٌّ – صُلْب

horse (*n.*) حِصان – حِصانُ تَحميل • مِنْصَبٌ ذو أرجُل

(Min.) حجرُ السَّامَة

horse-head (Pet. Eng.) الثِّقل المُوازن لمضخَّة الانتاج

horse-power (**H.P.**) (Eng.) حصانٌ بُخاري • قُدرةٌ حصانيَّة : وَحْدَةُ قُدرة تساوي ٣٣ ألف باوند قَدَم في الدقيقة او ٧٣٥،٥ واط

horse-power, effective (Eng.) القُدرةُ الحِصانية الحقيقيَّة

horse-power-hour (Eng.) قُدرةٌ حصانيَّةساعيَّة: وَحْدَةُ شُغل

horse-power, metric (Eng.) قُدرةٌ حِصانيةٌ مِتْرية : وَحدةُ قُدرة تعادلُ ٧٥ كلغ متر في الثانية

horseshoe (*n.*) حِذاءُ الفَرس • حَذْوَة • نِضْوَة • نِضْويّ • هِلالي (*adj.*)

horseshoe dune (Geol.) كَثيبٌ نِضْوي أو هِلاليّ

horseshoe magnet (Elec. Eng.) مَغنَطيسٌ نِضْوي

horst (Geol.) نَتَقٌ • ضَهْر : هَضْبَة اندفاعيَّة بينَ انكسارين مُتوازيَين

Horton sphere = **hortonsphere** (Pet. Eng.) صِهريج «هورتُن» الكُرَوِيّ : لحفظ الغاز المُسيَّل بالضغط

hose (*n.*) نَربيج • خُرطوم

hose clamp (Eng.) مِشبكُ خَراطيم

hose coupling (Eng.) قارنةُ (وَصْل) الخراطيم

hose joint (Eng.) وُصْلَة خُرطومية

hose nozzle (Eng.) فُوَّهة الخُرطوم

hose proof صامِدٌ لِلرَّشِّ بالخَراطيم

hose reel دَارةُ (لَفِّ) الخُرطوم

hostile fire نار كابِرة : تهدِّدُ ما حولها

host mineral (Min.) المعدن الرئيسيّ • المَعدن المُضيف

host rock (Geol.) صخر مُضيف

hot (*adj.*) حارٌّ • ساخِن – حادّ • عَنيف

(Phys.) قويُّ الاشعاعيَّة

(*adv.*) حَامِياً – بِشِدَّة • بِعُنف

hot-air dryer مُجَفِّفٌ بالهواء الساخن

hot-air heating (Civ. Eng.) التَّدفِئة بالهواء الساخن (عبرَ فُتحـات في الجُدران أو الارضيَّة)

hot-air intake مأخَذُ (مَدخلُ) الهواءِ السَّاخن

hot-blast furnace (Met.) فُرنُ الهَبوبِ الساخن

hot bulb ignition (Eng.) إشعالٌ بالبُصَيلَةِ السَّاخِنَة

hot cathode كاثود مُتوهِّج

hotching (*n.*) غَربلة • فَصلٌ بالغربلة

hot-crack test إختبار التشَقُّق الساخن

hot-doctor treatment (Pet. Eng.) مُعالجة بمحلول الطبيب على الساخن

hot dope طَلْيٌ خزفي (للأنابيب) على الساخن

hot-drawn (Met.) مَسحوبٌ على الساخن

hot filtration funnel قِمعُ ترشيح على الساخن

hot forging (Met.) تَشكيلٌ على السَّاخن

hot galvanized (Met.) مُغَلْفَنٌ على السَّاخن

hot-laid (*adj.*) مَوضوعٌ (أو مَمدودٌ) على السَّاخن

hot-lay asphalt (Civ. Eng.) زِفتُ الفَرشِ الساخن : اسفلت يفرش ساخناً

hot-mix asphalt زِفتُ المَزج الساخن : اسفلت يُمزج ساخناً

HYB
213

hot pressing (Eng.) التشكيل بالكَبسِ على السّاخن

hot riveting بَرشَمةٌ على السّاخن

hot rolling (Eng.) دَلْفَنَة على السّاخن

hot-short = **red-short** (*adj.*) (Met.) قَصِفٌ (لا يَقْبَلُ التشكيل) على السّاخن

hot spring (Geol.) حَمَّة • يَنبوع ماء حار

hot tap (*v.*) قَشرَ على السّاخن : أزالَ قُشورَ المِرجَل على السّاخن

(*n.*) (Pet. Eng.) نَقرُ الملآن : صوتُ نَقرِ الأنبوب مليئاً

hot-tinned (*adj.*) مُقصدَرٌ (مُصَفَّحٌ بالقصدير) على السّاخن

hot-water heating system نِظامُ تَدفِئَة بالماءِ السّاخن

hot-water jacket دِثارُ الماء السّاخن

hot well (Eng.) مَجْمَعُ السائل السّاخن (أو المُتكاثِف) – خزّان الماء الساخن

hot wire gas detector (Eng.) مِكشـافُ الغاز ذو السلك الساخن

hot-working (Met.) تشكيل (المعادن) على السّاخن

Houdresid catalytic cracking (Pet. Eng.) التكسير المحفَّز بطريقـة «هُوذْرِيسِيد» : حيث يوجد الحَفّاز في طبقات متحركة

Houdriflow catalytic cracking طريقة «هُوذْري» للتكسير بالمُحَفَّز المنساب

Houdriformer (Pet. Eng.) وحدةُ تهذيب بطريقة «هُوذْري»

Houdriforming (Pet. Eng.) التهذيب بطريقة «هُوذْري» : تهذيب بالحافز البلاتيني (من ابتكار شركة هُوذْري)

Houdry cracking process (Pet. Eng.) طريقـة «هُوذْري» لتـكسير النفط : أول طريقة عمليـة لتكسير البترول وذلك بإمرار أبخِرة البترول عبر طبقة ثابتة من المادّة الحفّازة

hour (*n.*) ساعة (٦٠ دقيقة) – ١٥ درجَة من قَوس الطّول

hourly (*adj.*) ساعِيّ • مُتَكَرِّرٌ كلَّ ساعة

(*adv.*) كُلَّ ساعة • مُساوَعَةً • ساعةً فساعة

hourly average المعدَّل السّاعي

hourly flow الصبيب الساعي • الدفقُ السّاعي

hourly peak القيمةُ الذُّروية السّاعيَّة

house (*n.*) بيت • منزل – مَقَر

(*v.*) بَيَّتَ • آوى – إحتَوى • ضَمّ

house brand دَمْغَةُ المَصْنَع

housed joint وُصلة مُبَيَّتَة

household appliances الأجهزَة المُستخدمة في المنزل

household fuel وَقودٌ للاستعمال المنزلي

household lubricant مُزلِّق منزلي

housing (*n.*) تَبييت • إسكان – غِلاف • بيت • إطار لتَبييت جزء من الآلة

housing box (Eng.) صندوق أو علبة التبييت

hovercraft حَوّامَة : مَرْكَبَةٌ تَسيرُ على الماء أو الأرض فوقَ مِخَدَّة هوائية

hover ground (Geol.) أرضٌ (رخوة) مُنزَلِقة

howler (*n.*) زاعِق • زَمّارة تَنبيه • مُنَبِّه

H.P. (**horse power**) قُدرة حِصانية

(**high pressure**) ضغط عالٍ

H.S.S. (**high speed steel**) فولاذُ (آلاتِ) القَطْعِ السريع

H.T. (**high tension**) تَوتُّر عالٍ

hub (Eng.) صُرَّة • قُبُّ (العَجلة) • بُطَيخَة (الدّولاب) – مِحْوَر

hub brake (Eng.) مِكبَح قُبِّيّ

Hubl number = **iodine number**

(Pet. Eng.) رَقْم «هُوبْل» • العدد اليُودِيّ

H.U.C.R. (**highest useful compression ratio**) نِسبة الانضغاط ذات الفائدة القصوى

hue (*n.*) نُقبَة • تَدَرُّج اللّون

Hughes (Pet. Eng.) هيُوز : مُعِدّات حفر من صنع شركة بهذا الاسم

hulk مَرْكَبٌ كبير خَشِنُ الصُّنْع

hull (Eng.) جسم (السفينةِ أو الطائرة) • هيكل

(*v.*) أصاب بدَن السفينة (أو الطائرة) بقذيفة

hum (*v.*) طَنَّ • أَزَّ • صَرَّ

(*n.*) طَنين • أزيز

Humble viscosimeter (Pet. Eng.) مِلزج «هَمبِل» : مِلزَج تَصْنَعُهُ شركة بهذا الاسم

humectant (*adj.*) مُرَطِّب • مُمَيِّه • مُخَفِّف التركيز

(*n.*) مادَّة ترطيب أو تخفيف

humic acid حامض دُبالي

humic compounds (Geol.) مُرَكَّبات دُبالية

humid (*adj.*) رَطْب • نَدِيّ • وَمِد

humid air هواء رَطب

humidify (*v.*) رَطَّبَ • بَلَّلَ • نَدَّى

humidistat جهازُ ضَبْط الرُّطوبَة

humidity (Meteor.) وَمَد • رُطوبة • كمية الرطوبة في الهواء

humidity, absolute (Meteor.) الرطوبـة المُطلَقة : كمِّيَّة الرطوبة (بُخارِ الماء) في الهواء

hovercraft

humidity-absorbing (*adj.*) ماصٌّ للرّطوبة

humidity, degree of (Phys.) درجة الرطوبة

humidity, relative (Meteor.) الرُّطوبَـة النِّسبيَّة : نسبَةُ الرُّطوبَة المَوجودة في الهواء الى كمية الرطوبة اللازمة لإشباعه

humification (Biol.) تدبيل • تَدَبُّل : تَحويلُ (أو تَحَوُّل) المواد العُضوية الى دُبال

hummock (Geol.) رَبْوَة • رابِيَة • أَكَمَة – مُرتَفَع جَليدي

hump (*n.*) حَدَبَة • سَنام – أكَمَة • رابِيَة

(*v.*) حَدَّب

humped (*adj.*) مَحْدُوب

humus دُبال : مادَّة عُضوية مُنحَلَّة

hundredweight هَنْدْرِدويت : ١٠٠ رطل في الولايـات المتحدة الأميركية و ١١٢ رطلاً في المملكة المتحدة

hunk (*n.*) كُتلة ضَخمة

hunting (*n.*) صَيد • اقتناص

(Eng.) شَطَط : تَغَيُّر السُّرعة الدَّوري

hurdle (*n.*) عَقَبَة • حاجِز

hurricane (Meteor.) إعصار : رياحٌ سرعتُها أكثرُ من ٧٥ ميلاً في الساعة – إعصارٌ مَداري

hutch (Min.) عَرَبَة صَغيرة – زَنْبيلُ فحم – صُندوق غَسلِ الخامات

H.V.I. (**high viscosity index**) دليل لُزوجة عالٍ

hyacinth (Min.) ياقوتٌ أكْهَب

hyaline (*adj.*) شَفّاف • زُجاجي

hyaline quartz (Min.) مَرْوٌ شَفّاف

hyalite (Min.) أوپال شَفّاف أو نصفُ شفّاف

hybrid (*n.*) هَجين • مُختلِط الأصل

(Pet. Eng.) هَجين نفطيّ : خليط هيدروكربونيّ بتروليّ

(*adj.*) هَجيني • مُختَلِطُ الأصل

hybrid base crude (Pet. Eng.) خام نفطيّ هجيني (مختلط) القاعدة

hybrid rocks (Geol.) صُخور هَجينية (مُختَلِطَة الأصل)

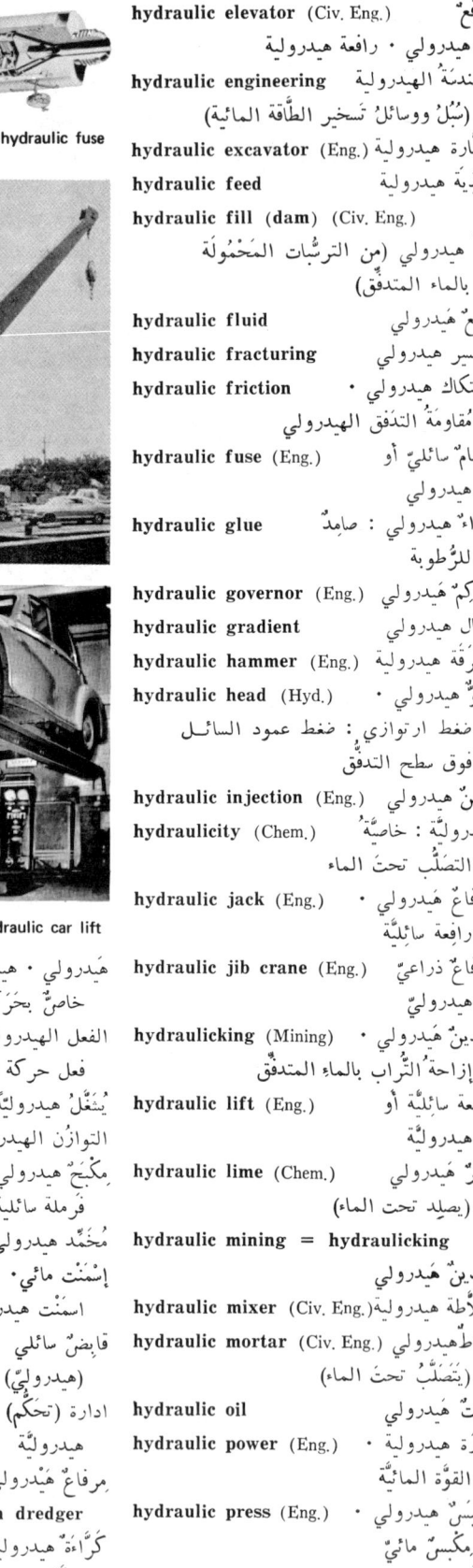

hydraulic excavator

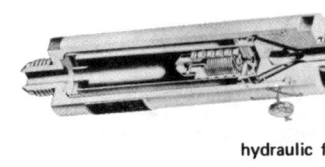

hydraulic fuse

hydraulic jib crane

hydraulic press

hydraulic car lift

hycar (Chem. Eng.) هيكار : ضرب من المطاط الاصطناعيّ

hydr- (or **hydro-**) سابِقة بمعنى : مائيّ

hydracid (Chem.) حامِضٌ هيدروجيني (عَديمُ الأكسجين)

hydrafrac (Pet. Eng.) تجزئة هيدرولية

hydrant صُنبورُ ماء رئيسيّ • مأخَذُ ماء – مِحْبَسُ مُطافِىء

hydrant, fire مِحْبَس مُطافِىء • مأخَذُ الماء لاطفاء الحريق

hydrant fuelling system التزوُّد بالوقود من مأخذٍ ثابت

hydrate (*n.*) (Chem.) هيدرات • ماءات

(*v.*) مَيَّأً • مَيَّه • أماهَ • تَمَوَّأً • تميَّأً

hydrated (*adj.*) مُمَيَّأ • مُماه

hydrated lime (Chem.) جيرٌ مُطفَأ

hydrated oxide (Chem.) هيدروكسيد • أكسيد مُمَيَّأ

hydration (Chem.) إماهة • تَمييه • تَمَيُّؤ

hydratoid (*adj.*) ماءاني : مائيّ الشكل أو المظهر

hydraulic (*adj.*) هَيدرولي • هيدروليكي : خاصٌّ بحَرَكة الماء • مائيّ • سائليّ

hydraulic action (Geol.) الفعل الهيدرولي• فعل حركة الماء

hydraulically-operated (*adj.*) يُشغَّلُ هيدروليّاً

hydraulic balance (Eng.) التوازُن الهيدرولي

hydraulic brake (Eng.) مِكْبَحٌ هيدرولي • فَرملة سائلية

hydraulic buffer (Eng.) مُخمِّد هيدرولي

hydraulic cement (Civ. Eng.) إسْمَنْت مائي• اسمَنْت هيدرولي (يتصلَّبُ تحتَ الماء)

hydraulic clutch (Eng.) قابِضٌ سائلي (هيدروليّ)

hydraulic control (Eng.) ادارة (تحكُّم) هيدروليَّة

hydraulic crane (Eng.) مِرفاعٌ هَيْدرولي

hydraulic dredger = **suction dredger** (Civ. Eng.) كَرّاءةٌ هيدرولية • كَرّاءَةٌ ماصَّة

hydraulic drilling (Civ. Eng.) حَفرٌ هَيدرولي

hydraulic drive إدارةٌ هيدرولية

hydraulic elevator (Civ. Eng.) رافِعٌ هيدرولي • رافعة هيدرولية

hydraulic engineering الهندسَةُ الهيدرولية (سُبُلُ ووسائلُ تَسخير الطّاقة المائية)

hydraulic excavator (Eng.) حفّارة هيدرولية

hydraulic feed تَغْذِيَة هيدرولية

hydraulic fill (dam) (Civ. Eng.) سُدٌّ هيدرولي (من الترسُّبات المَحْمُولَة بالماء المتدفِّق)

hydraulic fluid مائِعٌ هَيدرولي

hydraulic fracturing تكسير هيدرولي

hydraulic friction احتكاك هيدرولي • مُقاومَةُ التدفق الهيدرولي

hydraulic fuse (Eng.) صِمامٌ سائليّ أو هيدرولي

hydraulic glue غِراءٌ هيدرولي : صامِدٌ للرُّطوبة

hydraulic governor (Eng.) حاكِمٌ هَيدرولي

hydraulic gradient مَمال هيدرولي

hydraulic hammer (Eng.) مِطْرَقَة هيدرولية

hydraulic head (Hyd.) عُلُوٌّ هيدرولي • ضغط ارتوازي : ضغط عمود السائل فوق سطح التدفق

hydraulic injection (Eng.) حَقْنٌ هيدرولي

hydraulicity (Chem.) هَيدروليَّة : خاصيَّةُ التصَلُّب تحتَ الماء

hydraulic jack (Eng.) مِرفاعٌ هَيدرولي • رافِعة سائِليَّة

hydraulic jib crane (Eng.) مِرفاعٌ ذراعيّ هيدروليّ

hydraulicking (Mining) تَعدينٌ هَيدرولي • إزاحةُ التُّراب بالماءِ المتدفِّق

hydraulic lift (Eng.) رافِعة سائِليَّة أو هيدروليَّة

hydraulic lime (Chem.) جيرٌ هَيدرولي (يصلِد تحت الماء)

hydraulic mining = **hydraulicking** تَعْدينٌ هَيدرولي

hydraulic mixer (Civ. Eng.) خلّاطة هيدرولية

hydraulic mortar (Civ. Eng.) مِلاطٌ هيدرولي (يَتَصَلَّبُ تحتَ الماء)

hydraulic oil زيتٌ هَيدرولي

hydraulic power (Eng.) قُدرَة هيدرولية • القوَّة المائيَّة

hydraulic press (Eng.) مِكْبَسٌ هيدرولي • مِكْبَسٌ مائيّ

hydraulic pressure (Phys.) الضَّغط المائيّ • الضَّغط الهيدرولي

hydraulic pump (Eng.) مِضَخَّة هيدرولية

hydraulic ram كبّاس هيدرولي • مِدَكّ هيدرولي

hydraulic regulator (Eng.) مُنظِّم هيدرولي

hydraulics الهَيدروليّات : علمُ (حركة) السّوائل

hydraulic stowing (Mining) رَدْم (المنطقةِ المُعدَّنةِ) بالدَّفقِ الهيدرولي

hydraulic surge طُمُوٌّ أو تَموُّر هيدرولي

hydraulic test (Eng.) اختبارٌ هيدرولي : اختبارُ (الصهاريج أو الأنابيب) بالضَّغط الهيدرولي

hydraulic transmission نَقْلٌ هيدرولي

hydraulic turbine (Hyd. Eng.) توربين هيدرولي : يعمل بدفع الماء

hydrazine (Chem.) هيدرازين

hydric (*adj.*) (Chem.) مائي – حاوٍ هيدروجيناً يُمكِنُ استبدالُه بفلِز

hydride (Chem.) هَيدريد : مُرَكَّبٌ مِنَ الهيدروجين وعُنصر آخر

hydro- بادئة بمعنى : مائي

(Chem.) مُتَّحِدٌ بالهيدروجين

hydrocarb (Pet. Eng.) هيدروكارْب : عامِلُ استِحلاب طِين الحفر

hydrocarbon (Chem.) هيدروكربون : أحَدُ مُرَكَّباتِ الكَربون والهيدروجين

hydrocarbon fuel (Chem. Eng.) وَقودٌ هَيدروكربوني

hydrocarbon mud logging unit (Pet. Eng.) وَحدة قِياس الهيدروكربونات (البتروليَّة) في الطين

hydrocarbons هيدروكربونات • هيدروكربونيات • فحمائيّات • مواد هيدروكربونية

hydrocarbons, aliphatic (Chem.) هيدروكربونات أليفاتية

hydrocarbons, aromatic (Chem.) هيدروكربونات عِطرِيّة أو أروماتية

hydrocarbons, chlorinated (Chem. Eng.) هيدروكربونات مُكلْوَرة : مُعالَجة بالكلور

hydrocarbons, cyclic (Chem.) هيدروكربونات حَلقيَّة

hydraulic ram

hydrocarbon solvents plant

hydrocarbons, gaseous (Chem.) هيدروكربونات غازيَّة

hydrocarbons, homologous (Chem.) هيدروكربونات مُتشاكِلة

hydrocarbons, liquid هيدروكربونات سائِلة

hydrocarbons, naphthenic (Chem.) هيدروكربونات نفثينيَّة

hydrocarbons, olefinic (Chem.) هيدروكربونات أُولَفينية

hydrocarbon solvents plant (Pet. Eng.) وَحدة صنع المُذيبات الهيدروكربونية

hydrocarbons, saturated (Chem.) هيدروكربونات مُشبَعة

hydrocarbons, unsaturated (Chem.) هيدروكربونات غير مُشبَعة

hydrochloric acid (Chem.) حامِضُ الهيدروكلُوريك

hydroclastic rock (Geol.) رَضيخ صخري هيدرولي

Hydrocol process (Pet. Eng.) عملية هيدروكول : طريقة لاستخراج البنزين والكيروسين من الغاز الطبيعيّ

hydrocracking (Chem. Eng.) التكسير الهيدروجيني : تَكسيرُ (النفطِ) بوُجودِ الهيدروجين كمادَّة حفّازة

hydrocyanic acid = hydrogen cyanide (Chem.) حامِضُ الهيدروسَيانيك

hydrodesulfurization (or **hydrodesulfuration** (Pet. Eng.) نَزعُ الكبريت بالهيدروجين : على شكل غاز كبريتيد الهيدروجين (من ابتكار شركة شِل وكِيلُوج)

hydrodesulphurization plant

hydrodesulphurization unit وَحدة نَزْعِ الكبريت بالهيدروجين

hydrodynamic (*adj.*) هيدرودِينامي : خاص بقُوَّة الموائع

hydrodynamic governor حاكِمٌ هيدرودينامي

hydrodynamic lubrication تَزليق هيدرودينامي

hydrodynamics هيدرودِيناميات : عِلم قُوَّة الموائع

hydro-electric (*adj.*) هيدروكهربائي

hydro-electric generating station (Elec. Eng.) محطَّة هيدروكهربائية لتوليد الطاقة: مَحَطَّةٌ لتوليد الكهرباءِ بالقوَّة المائية

hydro-electric plant (Elec. Eng.) وَحْدَةٌ هيدروكهربائية : لتوليد الطاقة

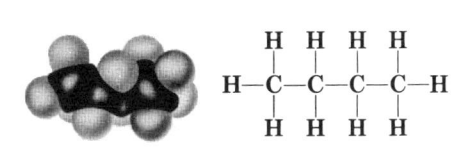

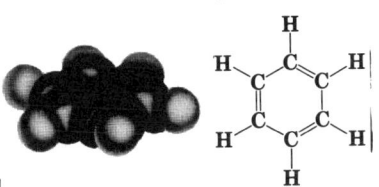

benzene C_6H_6
aromatic hydrocarbon

butane C_4H_{10}
saturated hydrocarbon

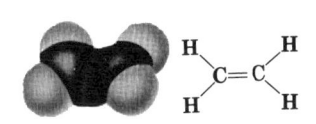

ethene C_2H_4
unsaturated hydrocarbon

hydrocarbons

hydro-electric power station (Elec. Eng.) مَحَطَّةُ قدرة هيدروكهربائية : مَحَطَّةٌ لتوليد القدرة الكهربائية بالقُوَّة المائية

hydroexplosion انفجارٌ تحتَ الماء

hydro-extractor = whizzer (Eng.) آلةُ تَجفيفٍ بالطَّرد المركزي

hydrofiner (Pet. Eng.) مُكَرِّر هيدروجيني : لازالة الكبريت من الزيت

hydrofining (Pet. Eng.) التكرير بالهيدروجين: ضرب من التكرير الهيدروجيني لتحسين درجة المِنتوجات البترولية (من ابتكار شركة إسُّو)

hydrofluoric acid (Chem.) حامِضُ الهيدروفلُوريك

hydrofluoric-acid alkylation (Chem. Eng.) الألْكَلَة بحامِض الهيدروفلوريك

hydroformates (*n.*) المُهَذَّباتالهيدروجينية : القُطاراتالعالية درجة الأكتان الناتجة بالتهذيب الهيدروجيني

hydroformer (Pet. Eng.) المُهذِّبالهيدروجيني

hydroforming (Pet. Eng.) التّهذيبُ الهيدروجيني : التهذيب المحفَّز بالهيدروجين للحصول على بنزين طائرات عالي درجة الأكتان

hydrofuge (*adj.*) طارِد للماء• غير مُنفِذٍ للماء

hydrogel (Chem.) جَلٌ مائي : غَرَوانيٌّ مائيٌّ هُلاميُّ القوام

hydrogen (H) (Chem.) هيدروجين : عنصر غازي رمزه (يد)

hydrogenate (*v.*) (Chem.) هَدْرَجَ : عالجَ أو مَزَجَ بالهيدروجين

hydrogenated (*adj.*) مُهَدْرَج

hydrogenated fat (Chem. Eng.) دُهن مُهَدْرَج

hydrogenated oil (Pet. Eng.) زَيتٌ مُهَدْرَج: مُعالَجٌ بالهيدروجين

hydrogenated paraffin (Chem. Eng.) بارافين مُهَدْرَج

hydrogenation (*n.*) (Chem.) هَدْرَجَة : اتِّحادٌ بالهيدروجين • معالجة بالهيدروجين – اختزال بالهيدروجين

hydrogenation, catalytic (Chem. Eng.) هَدْرَجَة مُحفَّزة

hydrogenation, high pressure (Chem. Eng.) هَدْرَجَة عالية الضغط

hydrogenation plant (Eng.) وَحْدَةُ هَدْرَجَة

hydrogen brazing لِحَامٌ بالهيدروجين

hydrogen chloride (Chem.) كلُوريد الهيدروجين

hydrogen content (Chem. Eng.) المحتوى الهيدروجيني

hydrogen cyanide = hydrocyanic acid سيانيد الهيدروجين • حامِض الهيدروسيانيك

hydrogenetic rock (Geol.) صخرٌ مائيٌّ المنشأ : من متخلّفات التبخُّر المائيّ

hydrogen fluoride (Chem.) فلُوريد الهيدروجين

hydrogen iodide (Chem.) يُوديد الهيدروجين

hydrogen-ion concentration (Chem.) درجةُ تركيز أيونات الهيدروجين

hydrogenize (*v.*) (Chem.) هَدْرَجَ : عالجَ أو مَزَجَ بالهيدروجين

hydrogenous coal (Mining) فحم مُيَّه : غني بالماء

hydrogen peroxide (Chem.) فَوق أكسيد الهيدروجين

hydrogen sulphide (or **sulfide**) (Chem.) كِبريتيدُ (أو كبريتُور) الهيدروجين

hydrogeology جيُولوجية الماء

hydrograph خريطة المياه – رَسْم مائي

hydrographic map = hydrograph خارطة للمياه • خريطة (توزيع) المياه

hydrographic survey مَسْحٌ هيدروغرافي

hydrography هيدروغرافية : علمُ المساحةِ البحرية • علم توزيع المياه الأرضية

hydrokinetics (*n.*) علمُ المَوائع المُتحرِّكة

hydrology (*n.*) هيدرولُوجية : علمُ المياه

hydrolysis (Chem.) حَلْمأة : تَحليلٌ أو تحلُّل بالماء • تمَيُّؤ • اماهة

hydrolyte (Chem.) هيدروليت : مادَّة مُتحلمِئة أي متحللة بالماء

hydrolytic (*adj.*) هيدروليتيّ • مُتَميِّىء • مُتحلمِىء

hydrolyze (*v.*) (Chem.) حَلْمَأ : حلَّل بالماء

hydromechanics (Phys.) ميكانيكا الموائع

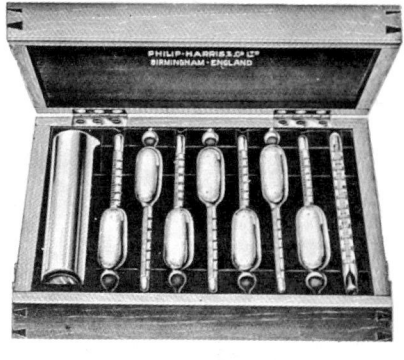

hydrometer (Phys.) هَيدرومتر • مكثافُ السَّوائل • مِسْيَل

hydrometers

hydrometry (Phys.) المِكثافية : قياس كثافة السوائل (أو ثقلها النوعي) بالهيدرومتر

hydrophilic (*adj.*) يألفُ الماء • هيدروفيليّ

hydrophilic colloid (Chem.) غَرَوانيٌّ يألَفُ الماء

hydrophobic (*adj.*) طاردٌ للماء • لا يَألَفُ الماء • هيدروفوبيّ

hydrophobic colloid (Chem.) غَرواني لا يألفُ الماء

hydrophone هَيدروفون : مِسْماعٌ مائي

hydro-pneumatic (*adj.*) هَيدروِرئوي • هوائيٌّ مائيّ

hydrorefining (Pet. Eng.) إعادة التكرير الهيدروجينيّ : إعادة التكرير بالهدرجة المُحفَّزة (للقُطارات المتوسِّطة)

hydroreforming (Pet. Eng.) إعادة التهذيب الهيدروجيني

hydrosol (Chem.) مَحْلُولٌ غَرَواني مائي

hydrosphere (Geol.) المحيطُ المائي • غلافُ الأرضِ المائيّ

hydrostat (Eng.) هَيدروستات : جهازُ تحديد انخفاضِ الماء في المِرجَل لمنع تضرُّره

hydrostatic(al) (*adj.*) هيدروستاتي • هيدروستاتيكيّ : خاصٌّ بتوازنِ السوائل وضَغْطها

hydrostatic balance اتّزانٌ هَيدروستاتي

hydrostatic bearing (Eng.) مَحمِل هيدروستاتي

hydrostatic condition (Pet. Eng.) الحالة الهيدروستاتية : حالة التعبئة الكاملة بالسائِل

hydrostatic feed lubrication (Eng.) تَشحيمٌ بالضَّغط الهيدروستاتي

hydrostatic gauge مقياس هيدروستاتي

hydrostatic head العُلُوّ الهيدروستاتي • ارتفاع عمود الماء (الضاغط)

hydrostatic level مِيزانُ استِواءٍ هيدروستاتي

hydrostatic lubrication (Eng.) التزليق الهيدروستاتيّ

hydrostatic pressure (Phys.) ضَغطٌ هيدروستاتي

hydrostatics (Phys.) هيدروستاتيكا • علمُ توازُنِ السَّوائل

hydrostatic squeeze test اختِبارٌ بالضغط الهيدروستاتي : لكَشف التسرُّب في أنبوب الغاز

hydrostatic test (Eng.) اختِبارٌ هيدروستاتي : اختبار بالضغط لكشفِ التسرُّب في الأنابيب

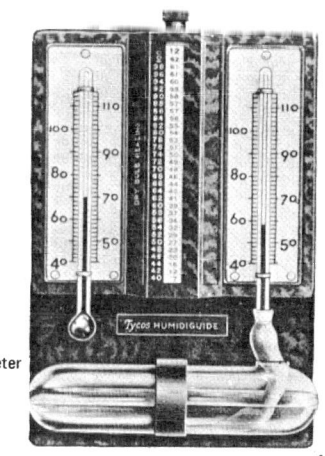

hydrotreating plant

hydrostatic testing (Eng.) الاختبار الهيدروستاتيّ: اختبارُ الضغط لوعاء كامل التعبئة بالسائل

hydrosulphuric acid (Chem.) حامضُ الهيدروكبريتيك : محلولُ كبريتيدِ الهَيدروجين في الماء

hydrothermal (*adj.*) حَرمائيّ • حراريّ مائيّ

hydrothermal action (Geophys.) الفِعلُ الحَرمائيّ : التأثير الحراري للمنبعثات الصُّهارية الغنية بالمياه الحارَّة

hydrothermal deposits (Geol.) رواسِبُ حَرمائية

hydrothermal metamorphism (Geol.) تحوُّل حَرمائي

hydrotreating (Pet. Eng.) المُعالجة الهيدروجينية • هَدْرَجَة • مُعالَجَة بالهيدروجين

hydrotreating plant وَحْدَةُ المُعالجة بالهيدروجين

hydrous (*adj.*) (Chem.) مائيّ • حاوٍ الماءَ في تركيبه

hydrovisbreaking (Pet. Eng.) خَفْضُ اللزوجة بالهَدْرَجة

hydroxide (Chem.) هَيدروكسيد • أُكسيدٌ مائي

hydroxyl = **hydroxyl radical** (Chem.) هَيدروكسيل • شِقّ هيدروكسيلي أحادي التكافؤ

hydroxyl radical (or **group**) (Chem.) مَجموعةُ الهَيدروكسيل : شِقّ هيدروكسيليّ أحاديّ الذرّيَّة

hygiene (*n.*) عِلمُ الصِّحَّة

hygrometer (Meteor.) : هيجرومتر • مِرْطاب • مقياس الرطوبة النسبيَّة (في الجو) • مقياس الوَمَد

hygrometry (Meteor.) المِرطابيَّة : قياسُ الرُّطوبة النِّسبية في الجَو

hygroscope (Meteor.) مِكشافُ الرُّطوبَة • هَيجروسكوب : جهازٌ يُبيِّنُ تغيُّراتِ الرُّطوبة النِّسبية في الهواء

hygroscopic (Chem.) : مُستَرْطِب • استرطابيّ يَمْتَصُّ الرّطوبة من الهواء

hygrothermograph مِرْطابٌ مِحْرار • مِرْسَمَة الرُّطوبة والحَرارة

hypabyssal rocks (Geol.) صُخور الأغوار (المتوسِّطة العُمق)

hyperactive (*adj.*) مُفرِطُ الفَعّالية • زائدُ النشاط

hyperforming (Pet. Eng.) : الهذيب المُفْرِط بالمحفِّزات المُتحرِّكة (من ابتكار شركة يُونيون أويل بكاليفورنيا)

hypersonic (*adj.*) (Phys.) فَرْطَصَوتي: مُتجاوزٌ خَمسة أضعاف سُرعة الصَّوت

hypersorption (Chem. Eng.) فَرْطُ الامتِصاص

hypertonic (Chem.) زائِدُ التوتّر • ذو ضَغْط انتشاري أعلى

hypidiomorphic (*adj.*) ناقِص التبَلور • جُزئي التشكُّل (أو التبلور) المميَّز

hypo (Chem.) مِلحُ الهَيْبو • ثيُوكبريتات الصُّوديوم

hypocentre (Geol.) • المركزُ الجَوفيّ للزلزلة المَركز الباطنيّ للزلزَلة

hypochlorite (Chem.) هَيبُوكلوريت • تَحت كلوريت

hypochlorite sweetening (Pet. Eng.) التحلِيَة بالهيبُوكلوريت

hypochlorous acid (Chem.) حامِضُ الهيبُوكلوروز

hypocrystalline (Geol.) ناقِص التبلْوُر • جُزئيّ التبلوُر

hypogene (*n.*) (Geol.) صخر جوفيّ أو باطنيّ

(*adj.*) جوفيّ • باطنيّ

hypogenic (*adj.*) (Geol.) باطِني • جَوفي

hypoid (*adj.*) هَيبُودي : ذو مِحوَرَين مُتعامِدَين في مُستَوِيَين مُتَخالِفَين

hyponitrous acid (Chem.) حامِض الهَيْبُونتروز

hypophosphate (Chem.) : هيبوفُسفات • تحت فوسفات

hygrometer

hypophosphoric acid (Chem.) حامض الهَيْبُوفسفوريك

hypophosphorous acid (Chem.) حامِضُ الهيبوفسفوروز

hyposulfite = **hyposulphite** (*n.*) (Chem.) هيبوسلفيت : مِلحُ حامِض الهيبوكبريتوز

hyposulphuric acid (Chem.) حامِضُ الهيبوكبريتيك

hyposulphurous acid (Chem.) حامِضُ الهيبوكبريتوز

hypotaxic deposit (Geol.) قَرارَة سَطحية

hypothermal (*adj.*) فاتِر • مُعْتَدِل السُّخونَة

hypothermal vein (Geol.) عِرقٌ مَعْدِنيٌّ مُعتَدِلُ السُّخونة

hypothesis (pl. **hypotheses**) فَرْض • فَرْضيَّة مُرجَّحَة

hypothetical (*adj.*) ظَنِّي • فَرْضي • إفتراضيّ

hypothetical reserves الاحتياطي المُفتَرَض أو المُرجَّح

hypotonic (*adj.*) (Chem.) ناقِصُ التوتُّر • ذو ضَغطٍ انتِشاري أقل

hypsobarometer (Phys.) : بارومِتْر العُلُو جهازٌ يقيسُ العُلُو بقياسِ انخفاضِ الضغط عن سَطح البحر

hypsograph (Surv.) هيسوغراف • مُخطَّطُ الارتِفاعات النسبيَّة : لتضاريسِ الأرض

hypsographic map (Geol.) خريطة هيسوغرافية : خريطة الارتِفاعات النسبيَّة لتضاريسِ الأرض

hypsography (Geog.) هِبْسوغرافية : دراسةُ الارتِفاعات النِّسبيَّة لتَضاريسِ الأرض

hypsometer (Phys.) هِبسُومِتْر : جهازٌ يَقيسُ العُلُوّ بقياسِ دَرَجَةِ غَلَيان الماء

hysteresis (Elec. Eng.) التخلُّف (المغنطيسيّ)

i

injection plant

I.A.E. (Institution of Automobile Engineers)	جَمعيةُ مهندسي السيّارات
I-beam	جائزٌ أو عتبة على شَكْل I
I.B.P. (initial boiling point)	نقطة بَدء الغَلَيان
I.C. (internal combustion)	احتراق داخليّ
I.C.A. (ignition control additive)	إضافة لضَبط الإشتعال
I.C.C. (ignition control compound)	مركّبٌ يضاف لضبط الاشتعال
ice (n.)	جَليد · جَمَد
(v.)	جَمَّد · جَمَد · بَرَد · جَلَد · ثَلَّج
(adj.)	جَليدي · ثَلجي
ice age (Geol.)	عَصرٌ جَليدي
ice barrier (Geol.)	حاجزٌ جَليدي
ice-bound (adj.)	مَغمُور بالجَليد
ice-box	ثَلّاجة
ice breaker	كاسِحةُ (أو محطِّمة) الجليد
ice calorimeter (Phys.)	مِسْعَر جَليديّ
ice-cold (adj.)	بارِدٌ كالثَلج · مَثلوج
ice, dry (Phys.)	جَليدٌ جاف : ثاني أكسيد الكربون المتجمّد
ice formation	تكوُّنُ الجَليد
ice-free (adj.)	خِلْوٌ من الجَليد
ice-jam	حَشْرٌ جَليدي : كُتَل جليدية مُتراكمة
ice machine	مَكَنةُ صُنع الثلج
I.C. engine = internal-combustion engine	مُحرِّكٌ داخليُّ الاحتِراق
ice plant	مَصنعُ ثَلج · معمل ثلج
ice point (Phys.)	نقطةُ الجَليد · نُقطَةُ التَّجمُّد (درجةُ الصِّفر المئويَّة)
ice rind (Meteor.)	قشرةٌ جَليديَّة
ice sheet (Geol.)	غِطاءٌ جَليدي
ice storm (Meteor.)	عاصفةٌ ثَلجيَّة
ichthyolite (Geol.)	سمكة مُستحجِرة
ichthyology	عِلمُ الأسماك
icicle	دُلّاةٌ جَليديَّة : عمودٌ رفيع من الجليد المتدلّي
icing (n.)	تَجَمُّد · تَجلُّد · تَجميد · تكوُّن الجَليد
I.D. (internal diameter)	القُطر الداخليّ
ideal (adj.)	مِثالي · أمْثَل
ideal conditions	ظروف مِثاليَّة
ideal cycle (Eng.)	دَورةٌ مِثاليَّة
ideal efficiency (Eng.)	الكفايةُ المِثاليَّة
ideal gas (Chem., Phys.)	غازٌ مِثالي
ideal mechanical advantage (Eng.)	الفائدةُ الميكانيكية المِثالية
ideal solution (Chem.)	مَحلول مِثالي
identical components	مُكوِّنات مُتطابِقة (متماثلة تماماً)
identification (n.)	إثباتُ الذاتيَّة ـ تَعيين (الهُويَّة أو النوع) · تَمييز · تعرُّف
identification of seams (Geol.)	إثبات ذاتيةِ الطبقات · تمييز الطبقات
identify (v.)	عَيَّنَ الهُويَّة أو النَّوع · مَيَّز
identity (n.)	هُويَّة ذاتيَّة ـ تطابُقٌ · مطابقة · تماثُلٌ
identity card	بطاقة هُويَّة · بطاقة تحقيق الشَّخصيَّة
ideoblastic (adj.)	أصيلُ البَلْوَرة · مُتبلور بالشَّكل المُميَّز
idioblast (Min.)	بلّورة مُميَّزة (الحدود)
idiochromatic (adj.)	أصيلُ اللون
idiogenous deposit (Geol.)	قَرارة مُزامِنة (للطبقات المكتنِفة)
idiomorphic (adj.)	كامل التَّبلوُر · مكتمِل الشَّكل البلوري
idiomorphic crystals (Geol.)	بلورات كاملة الشَّكل
idle (adj.)	خامِل · عاطِل ـ مُتباطِىء · بطيء
(v.) (Mech.)	بطُؤَ · أبطأ ـ دارَ دُون تَعشيق · أدار دون تعشيق
idle capital	رأسمال عاطِل
idle component (Mech.)	مُركَّبة عاطِلة
idle control (Eng.)	تحكُّم بطيء
idle gear = idler (Eng.)	تُرسٌ وَسيط
idleness	خُمول · بُطء
idle period	فترةُ تَعطُّل · فترة عاطِلة
idle pulley (Eng.)	بَكرة سائبة (أو وسيطة)
idler (Eng.)	ترس وَسيط ـ بَكرة وسيطة ـ دارة وَسيطة : لعكْس اتِّجاه الحركة
idler gear (Eng.)	تُرسٌ وسيط · مُسنَّنة طليقة
idler lever (Eng.)	ذِراعٌ وَسيط
idler pulley (Eng.)	بَكرة وَسيطة · بَكرَة سائبة
idle running (Eng.)	الدَّوَران البَطيء
idle shaft (Eng.)	عمودُ إدارةٍ وَسيط
idle stroke (Eng.)	شَوط عاطِل
idle wheel (Eng.)	عَجَلة وَسيطة : لعكس اتِّجاه الحَركة
idling (n.)	تَباطُؤ · إبطاء · دَوَرانٌ بطيء · خُمول
idling adjusting screw (Eng.)	لولَبُ ضَبط الدَّوَران البَطيء
idling speed (Eng.)	سُرعة بَطيئة

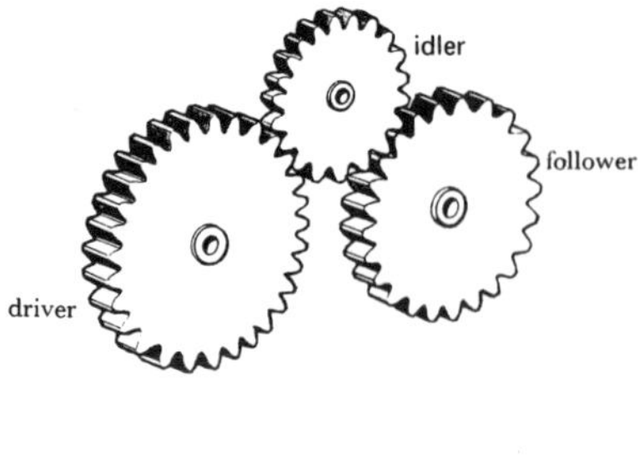

idler
follower
driver

idling spring (Eng.)	نابِض ضَبط الدَّوران البَطيء
idling test (Eng.)	اختبار الدوران البطيء
idrialite (Geol.)	ادرياليت : مادَّة بتيومينية
igneous (adj.)	ناريّ ، بُركانيّ
igneous complex (Geol.)	صخور بركانيَّة مُرَكَّبة ، خليط صخريّ بركاني
igneous (or magmatic) cycle (Geol.)	دَورة الصُّخور البُركانية
igneous intrusions (Geol.)	اندساسات صَخْرية بركانية
igneous magma (Geol.)	صُهارة بُركانيَّة : العجينة الناريَّة في باطن البَراكين
igneous petrology (Geol.)	عِلم الصُّخور النَّاريَّة
igneous rocks (Geol.)	الصُّخور الناريَّة أو البُركانيَّة
ignescent stone (Geol.)	حَجرٌ قادحٌ : يُطلِقُ شررًا عند قَدْحه
ignis fatuus (Mining)	اشتعال الميثان التلقائي : في المناجم ـ لَهب ميثاني
ignitability (n.)	قابِلية الاشتعال ، الاشتِعاليَّة
ignitable (adj.)	قابِل الاشتعال ، شَعُول
ignite (v.)	أَشعَل ، اشتَعل ، التَهَب ، ألهَب ، أورى
igniter (n.)	مُشعِل ، جهاز إشعال ، شمعة إشعال (Eng.)
igniter, electric (Elec. Eng.)	مُشعِلة كهربائيَّة
igniter, jump-spark	مُشعِل بالشَّرارات القافِزة : من وَشيعةٍ عالية التوتر
igniter rod (Elec. Eng.)	قضيبُ إشعال (القَوس)
igniter set	جهازُ إشعال
igniting fuse	صمامة إشعال
ignition (Eng., Chem.)	إشعال ، إيقاد ، اشتِعال ، اتّقاد ، التهاب
ignition accelerator (Pet. Eng.)	مُسارعُ الاشتِعال
ignition adjustment	ضَبطُ الاشتِعال
ignition advance (Eng.)	تقدُّم الاشتِعال
ignition, advanced (Eng.)	إشعال مُقدَّم
ignition, autogenous (Chem.)	اشتِعال ذاتيّ
ignition, automatic (Eng.)	اشتِعال أوتوماتيكي
ignition battery (Elec. Eng.)	بطَّاريَّة الإشعال
ignition by compression (Eng.)	إشعال بالضَّغط
ignition by friction	إشعال بالاحتِكاك
ignition by sparks	إشعال بالشَّرر
ignition cable (Elec. Eng.)	كَبلُ الإشعال
ignition circuit (Elec. Eng.)	دارةُ الإشعال
ignition coil (Elec. Eng.)	مِلفَّة إشعال ، وَشيعة إشعال

ignition coil

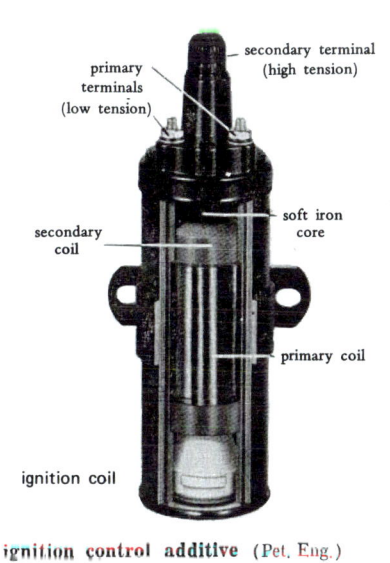

secondary terminal (high tension)
primary terminals (low tension)
secondary coil
soft iron core
primary coil

ignition control additive (Pet. Eng.)	إضافة لِضَبط الإشتِعال
ignition delay (Eng.)	تَعوُّق الاشتعال
ignition delay meter (Eng.)	مقياس تَعوُّق الاشتعال
ignition device (Eng.)	نَبيطة إشعال
ignition distributor (Eng.)	مُوزِّع إشعال
ignition, electric (Elec. Eng.)	إشعال كهربائي
ignition failure	إخفاق الإشعال
ignition heat (Phys.)	حَرارة الإشعال
ignition, hot bulb (Eng.)	إشعال بالبَصيلةِ السَّاخنة
ignition key (Eng.)	مفتاحُ الإشعال
ignition knock (Eng.)	خَبط الإشعال ، طقطقة الإشعال
ignition lag (Eng.)	تأخُّر الإشعال ، تَعوُّق الاشتعال
ignition leads (Elec. Eng.)	موصِّلات تيَّار الإشعال
ignition lock (Eng.)	صِمام أو مِحبَس الإشعال
ignition magneto (Elec. Eng.)	مغنِط الإشعال
ignition performance (Eng.)	أداء الإشعال
ignition plug (Elec. Eng.)	شمعة الإشعال
ignition point (Eng., Chem.)	نقطة الاشتعال
ignition promoter (Pet. Eng.)	مُحسِّن (نوعيَّة) الاشتعال
ignition quality (Chem. Eng.)	نوعيَّة الاشتعال
ignition, retarded (Eng.)	إشعال مُؤخَّر أو مُعاق
ignition sensitive (adj.)	سريع الاشتعال
ignition spark (Elec. Eng.)	شرارةُ الإشعال
ignition, spontaneous (Chem.)	اشتِعال تلقائي
ignition switch (Elec. Eng.)	مفتاح إشعال
ignition system (Eng.)	نظام الإشعال ـ دورةُ الإشعال

ignition temperature (Chem.)	دَرجة حرارة الإشتعال
ignition timer (Eng.)	مُوَقِّت الإشعال
ignition timing (Eng.)	توقيت الإشعال
ignition valve	صِمامُ إشعال
ignition velocity	سُرعة الإشعال
ignition voltage (Elec. Eng.)	فلطيَّة الإشعال
ignitor (Phys.)	مُشعِل
ignitron (Phys.)	إجنِيترون : صِمامٌ قَوسيّ زِئبَقي ذُو قضيب إشعال
I.H.P. (indicated horse power)	القُدرة الحصانيَّة المبيَّنة
ill-defined (adj.)	مُبهم ، غير واضح المَعالم
illegal (adj.)	غير قانونيّ ، غير شرعيّ
illegal gas (or oil)	غازٌ (أو زيت) غير شرعيّ : داخِله مُعالِجٍ للأنظمة الجُمرُكيَّة
illimitable (adj.)	غير مَحدود ، لا مُتناهٍ
ill-suited (adj.)	غير مُلائم ، غير مُناسِب
illuminant (adj.)	مُضيء ، مُنير
(n.)	مادَّة إضاءة
illuminate (v.)	أضاء ، أنار
illuminated-dial instrument (Elec. Eng.)	جهاز قياس مُضاء القُرص
illuminating engineer (Elec. Eng.)	مُهندس إضاءة
illuminating gas	غازُ الاستِضاءة ، غازُ الاستِصباح
illuminating oil (Pet. Eng.)	زيتُ الإنارة ، كيروسين
illuminating power (Phys.)	قُدرة إضائيَّة ، قُوَّةُ الإضاءة
illumination (Phys.)	إضاءة ، إنارة ، نُور ، تنوير
illuminator	مِصباح مُضيء
illumine (v.)	أضاء ، أنار
illustrate (v.)	وضَّح ، أوضَح ، بَيَّن بالصُّور
illustrative (adj.)	توضيحيّ ، إيضاحي
illuvial (adj.)	طَمْيِيّ
illuviation (Geol.)	التَّطمِّي ، ترسُّب الطين (الى الطبقة السفلى من التربة)
ilmenite (Min.)	إلمِنيت : خام من أكاسيد الحديد والتيتانيوم يوجد في الصخور البُركانيَّة
image formation (Phys.)	تكوين الصورة
imbalance (n.)	عدم تَوازن ، اختلال التَّوازن
imbed (v.)	أضجَع ، وتَّدَ ـ طَمَر
imbedded (adj.)	مطمور ـ مُضجَع ، مُوَتَّد ـ مُقحَم (بين الطبقات)
imbibe (v.)	مَزَّ ، تَشرَّب ، امتصَّ

imbibition (Chem.) تَشرُّب • إمتِصاص • تَمزُّز • إرتِشاف

imbricate (*v.*) راكَبَ • تَراكَبَ
(*adj.*) مُتراكِب • مُتداخِل الحَواشي

imbricated tiles (Civ. Eng.) قِرميد مُتراكِب

imbrication (Geol.) تَراكُب • تَداخُل

imbrue (*v.*) بَلَّل • خَضَّل • أنقَع

I.M.E.P. (indicated mean effective pressure) مُتوسِّط الضَّغط الفعَّال المُبيَّن

imides (Chem.) إيميدات

imino group (Chem.) مَجموعة أمينيَّة

imitation (*n.*) تَقليد • مُحاكاة

imitation leather جِلدٌ مُقلَّد : نَسيجٌ يُشبه الجِلد

immature (*adj.*) غيرُ ناضِج • فِجّ
(Geol.) بادِىء • غيرُ مُكتمِل التشكُّل

immature soil (Geol.) تُربة بادِئة : تكونت فوق رَواسب حديثة نِسبيّاً

immeasurable (*adj.*) لا يُقاس • لا حَدَّ له

immediate (*adj.*) عاجِل • مُباشِر • تالٍ مُباشَرة

immerge (*v.*) غَطَّس • غَمَر

immerse (*v.*) غَمَر • غَطَّس • إنغمَر

immersed (*adj.*) مَغمُور

immersible apparatus (Eng.) جهازٌ غَمْريّ : مُصَمَّم للعمل وهو مغمور

immersion (*n.*) تَغطيس • غَمر

immersion heater (Elec. Eng.) مُسخِّن غاطِس • سَخَّان غَمْريّ

immersion plating طِلاءٌ بالتَّغطيس

immersion vibrator (Civ. Eng.) هزَّازة غَمْر : لتَدميج الخرسانة

imminent (*adj.*) وَشيك • مُحدِق • قَريبُ الحُدوث

immiscibility لا امتِزاجية • لا خَلُوطية

immiscible (Chem.) لا يمتَزِج • غيرُ قابِلٍ للامتزاج • لا خَلوط

immiscible liquids سوائلُ عَديمةُ الامتِزاج

immobile (*adj.*) غيرُ مُتنقِّل • راسِخ

immovables (*n.*) أموالٌ غيرُ منقُولة

impact (Mech., Phys.) صَدْمَة • تصادُم • ارتطام – وَقْع • تأثير

impacted (*adj.*) مُكدَّس • مُدمَّج • مَرصوص

impact fatigue (Eng.) كَلالُ الصَّدم

impact hardness test (Met.) اختِبارُ الصَّلادة بالصَّدم

impact load (Eng.) حِملٌ صَدْمي

impact, point of نُقطةُ التَّصادُم

impact resistance = resilience (Mech.) رَجُوعية : مُقاوَمةُ الدَّفع

impact screen (Mining) غِربالٌ هَزَّاز

impact strength (Eng.) مقاومةُ الصَّدم

impact stress (Eng.) اجهادُ الصَّدم

impact test (Met.) إختِبارُ الصَّدم

impact velocity سُرعَةُ الصَّدم

impact wheel (Eng.) سانِيَة دَفعيَّة • تُربينة مائيَّة

impair (*v.*) أفسَدَ • أتلفَ • أضعَفَ

impairment إفساد • إتلاف • إضعاف • تلَف • ضَرَر

impalpable (*adj.*) لا يُدرَك باللَّمس • غيرُ مَحسوس • دَقيقٌ جِدًّا

imparity (*n.*) تَفاوُت • إختِلاف • عَدَمُ التكافُؤ

impartial (*adj.*) غيرُ مُنحاز • مُنْصِف

impassable (*adj.*) لا يُعبَر • لا يُمكِنُ اجتِيازُه

impasse (*n.*) طريقٌ مَسدود • مَسْلَكٌ غيرُ نافِذ

impeccability خُلُوٌّ من المآخِذ والعُيوب

impedance (Elec. Eng.) مُعاوَقة • مُمانَعَة

impedance, control (Elec. Eng.) مُعاوَقة تَحَكُّمِيَّة

impede (*v.*) عاوَقَ • مَنَعَ • عَرْقَلَ

impeded drainage (Civ. Eng.) تَصريف مُعاق

impediment (*n.*) عائِق • حائِل • مانِع – عَرْقَلَة

impedometer (Elec. Eng.) مِقياسُ المُعاوَقة

impedor (Elec. Eng.) مُعاوِق : جزءُ الدائِرة المُشتَمِلُ على مُعاوَقة

impel (*v.*) دَفَعَ • أجبَرَ – دَسَرَ

impellent (*adj., n.*) دافِع • داسِر

impeller (Eng.) دفاعة • دَفَّاعَة مِروَحِيَّة • مِدْسَرة

impeller mixer خَلَّاطةٌ دَفَّاعَة

impeller shaft (Eng.) جِذعُ الدفَّاعة (المِروَحِيَّة)

impeller vanes أرياشُ الدفَّاعة

impending (*adj.*) قَريبُ الحُدوث • مُحدِق • وَشيك • داهِم

impenetrability (Phys.) اللا إختِراقيَّة

impenetrable (*adj.*) لا يُختَرَق

imperative (*adj.*) إلزامِيّ • حَتْمِيّ

imperceptible (*adj.*) لا يُدرَك • غيرُ مَحسُوس • ضَئيلٌ إلى حَدٍّ بَعيد

imperfect cleavage (Geol.) تشقُّق غيرُ كامل

imperforate (*adj.*) غير مُثَقَّب • مُصْمَت

imperial gallon غالون أمبراطوري : ٤٫٥٤٥ لِترًا

imperil (*v.*) عَرَّض للخطَر

impermeability (Phys.) لا إنفاذيَّة • كَتُوم

impermeable (*adj.*) كَتيم • مُسِيك • لا إنفاذيّ • لا يَنفُذُ منه الماء

impermeable layer (Geol.) طبقةٌ كتيمة • طبقة غيرُ مُنفِذة

impervious (*adj.*) كَتيم • أصَمّ • غيرُ مُنْفِذ

impervious bed (Geol.) طَبَقة كَتِيمة أو صَمَّاء

impervious rock (Geol.) صخرٌ كَتيم • صخرٌ أصَمّ

impetuous (*adj.*) طَحُوم • مُندفِعٌ بعُنف

impetus (*n.*) دافِع • حافِز
(Mech.) كميَّةُ التَّحرُّك • زَخْم • قُوَّة الاندِفاع

impinge (*v.*) دهَمَ • صدَمَ • مَسَّ مسًّا وثيقاً

impingement area (Chem. Eng.) مِنطقةالدَّهْم : منطقة الاصطدام بالعامل الحفَّاز

impingement baffles (Chem. Eng.) عَوارِضُ (توجيهِ) الدَّهْم

impingement intensity شِدَّة الدَّهم

implant (*v.*) غَرَسَ • غَرَزَ – رَسَّخَ

implement (*n.*) أداة • آلة • عُدَّة • وَسيلة
(*v.*) أنجزَ • نَفَّذَ – زَوَّد بالأدواتِ اللازمة

implication دَلالة • تَلميح • مَعنًى ضِمْني

implicit (*adj.*) ضِمْني • مَفهومٌ ضِمناً

implied (*adj.*) مَفهوم ضِمناً

implied conditions شُروط ضِمنية

implode (*v.*) إنفجَر الى الدّاخِل

implosion (Phys.) إنفِجار الى الدَّاخِل

imply (*v.*) تَضَمَّنَ • شَمَل – ألمَعَ الى • لَمَّحَ

impolarizable (*adj.*) لا إستِقطابي

imporosity (*n.*) اللاَّ مساميَّة

imporous (*adj.*) لا مَساميّ

import (*n.*) إستيراد • وارِد – مَضْمون • فَحْوى
(*v.*) إستورَد • جَلَبَ من الخارِج – دلَّ ضِمناً على

importation استِيراد • وارِد

import duty رَسْمُ الاستِيراد

importing country البَلَد المستورِد

import licence إجازةٌ أو رُخصة استِيراد

import quota كُوتا استيراد : الكميَّة المسموحُ باستيرادها (كحَدٍّ أقصى)

import regulations أنظمة الاستيراد

imports وارِدات • مُستَورَدات

import trade تجارة الاستيراد

impose (*v.*) فَرَضَ • ألزَم • تقاضى (ضريبةً أو رَسْماً)

impound (*v.*) حَبَسَ • حَجَز • جَمَّع (الماء) في سَدٍّ أو خَزَّان

impoverished (*adj.*) مُفتقِر • فَقير • ضَعيف

impracticable (*adj.*) غير عَمَليّ • لا يُطبَّق

impractical (*adj.*) غيرُ عمليّ • لا يَصلُح

Impregnate (*v.*) أشْرَبَ • شرَّب
impregnated carbon قضيبٌ كَربونيٌّ مُشْرَب (بمادةٍ أخرى)
impregnated sand, oil (Geol.) رِمالٌ مُشْرَبة بالزيت
impregnating agent (Chem. Eng.) عامِل الإشراب
impregnation (Geol.) تَشَرُّب • إشراب
impregnation deposit (Geol.) قُرارة التشرُّب
impress (*v.*) وَسَمَ • طَبَعَ • أثَّر – صادَرَ (للمصلَحة العامَّة)
impression (*n.*) تأثير • تَسليط – أثَر • عَلامة • طَبعة – انطِباع هيكَليٌّ مُتحجِّر
impressment (*n.*) مُصادَرَة من أجلِ المَصلحة العامة
imprest سُلْفَة • سُلْفَة على الرَّاتِب
Imprint (*n.*) أثَر • طابَع • رَسْمٌ أو أثرٌ مَطبوع
(*v.*) خَتَم • طَبَعَ • وَسَمَ
improbable (*adj.*) غيرُ مُحتَمَل الوُقوع
impromptu (*adj.*) مُرتَجَل • إرتِجالي
(*adv.*) إبتداهًا • إرتِجالاً
improper conduct سُلُوك غير لائق
improve (*v.*) أصلَح • حَسَّن • صَلُح • حسُن
improvement تَحسين • إصلاح • صَلاح • تَحسُّن
improver (Chem. Eng.) مُحسِّن • مُحَسِّنة – إضافة مُحسِّنة • عامِل تَحسين
improvised (*adj.*) مُرتَجَل • مُبتَسر
imprudent (*adj.*) عَديمُ التَبَصُّر
impulse (*n.*) دافِع • مُحرِّك • باعِث – نَبْضَة • دَفعة • دَفْع
impulse circuit (Elec. Eng.) دائرةُ نَبْض
impulse meter عَدَّاد النَّبضات
impulse period فترةُ النَّبْض
impulse turbine (Eng.) عَنَفة دَفعيَّة
impulsion (*n.*) دَفْع • اندِفاع
impulsive force (Phys.) قُوَّة دَفْعيَّة
impunctate (Geol.) غيرُ مُثَقَّب • مُصْمَت
impure (*adj.*) مَشُوب • غيرُ نَقيّ • كَدِر
impurities (*n.*) شوائب • شوائبُ مُخالِطة
impurity (*n.*) شائبة
impurity activation energy (Chem. Eng.) طاقةُ التَّنشيط بالشَّوائب
inability (*n.*) عَدَمُ استِطاعة • عَجْز
inaccessible (*adj.*) بَعيدُ المَنال • مَنيع
inaccuracy عدم الدِّقة
inaccurate (*adj.*) غيرُ مُدَقَّقٍ فيه • غيرُ مُتقَن • غير دقيق
inactivation (Chem. Eng.) إخْمال • إهماد • تعطيل

Inactive (*adj.*) (Chem. Eng.) غيرُ فَعَّال • غيرُ نَشيط • خامِل
inactive black (Chem. Eng.) سِناجٌ غيرُ فَعَّال
inactive gases (Chem.) غازاتٌ خامِلَة
inactivity (*n.*) لا فَعّالية • هُمود
inadequacy عَدَمُ الكِفاية • قُصُور
inadequate (*adj.*) غيرُ مُلائِم • غيرُ وافٍ
inadmissible (*adj.*) مَرفوض • غيرُ مَقبول
inadvisable (*adj.*) غيرُ مُستَحْسَن • غيرُ لائِق
inalienable (*adj.*) غيرُ قابِل للتَصَرُّف • لا يُمكِنُ تَحويله الى الغَير
inapplicable (*adj.*) لا يُمكِن تَطبيقُه
inaptitude (*n.*) عدمُ الأهليَّة • عَدَمُ الجَدارة
inattention عَدمُ انتباه • عدمُ اهتِمام
inaudible (*adj.*) خافِت • غيرُ مَسموع
inauguration (*n.*) تَدشين • افتتاح
in block (*adv.*) جُمْلَةً
inboard (Naut.) داخِل السفينة • جُوَّاني
in bond مَحفوظ (في الجُمرك) لحين دفع الرُّسوم
inbuilt (*adj.*) مُبيَّت • مَدْموج
in bulk (*adv.*) غير مُعبَّأ • بلا كَيل • بالجملة
incandescence (Phys.) تَوَهُّج • تألُّق
incandescent (*adj.*) مُتَوَهِّج • متألِّق • ساطِع
incandescent lamp مِصباحٌ مُتَوَهِّج
incandescent mantle رَتينةٌ مُتوهِّجة • (شَبَر)
incapacitate (*v.*) أعجَز • أفقَد الأهليَّة
incapacity عَدَم الأهليَّة
incarbonization (Geol.) تَفَحُّم
incavation (*n.*) تَجويف • تجوُّف – خَسْفة
incendiary bomb قُنبلة مُحرِقة
incentive (*n., adj.*) دافِع • حافِز • مُستَفِز
inception (*n.*) بدء • بداية
incerta sedis (Geol.) مجهول التصنيف
incertitude (*n.*) رِيبَة • تَشكُّك
incessant (*adj.*) غيرُ مُنقَطِع • مُتواتِر • مُتَوالٍ
inch (*n.*) إنش • بُوصَة : ٢،٥٤ سم
(*v.*) زَحزَح بدرجاتٍ صغيرة • دَفَعَ ببطء – تَقَلْقَل
incher (*n.*) خَطُّ أنابيب (مَقيسٌ قُطْرُه بالإنشات)
inching (Eng.) ضَبْطٌ دَقيقُ المَراحِل
inch of mercury إنش من الزئبق : ضغطٌ يعادل ٣٤،٥٣ غم على السم٢
inch of water إنش من الماء : ضغط يعادل ٢،٥٤ غم على السم٢

inclination compass

incidence (Phys.) حُدوث • سُقوط • وُرود
incidence, angle of (Phys.) زاويةُ السُّقوط (أو الوُرود)
incidence rate مُعدَّل الحُدوث
incident (*adj.*) (Phys.) ساقِط • وارِد • واقِعٌ (على) • خارِجي • عارِض
(*n.*) حادِثة • عارِض • مسألةٌ طَفيفة
incidental (*adj.*) عارِض • عَرَضيّ • طارِىء
incidental expenses نفقات طارئة أو عرضيَّة
incident ray (Phys.) شُعاعٌ ساقِط
incinerate (*v.*) رَمَّدَ : أحالَ الى رَماد
incineration (*n.*) ترميد • ترمُّد
incinerator (Civ. Eng.) مُرَمِّد : فُرن إحراق الفضلات • مَرْمَدة • مِحرقة النفايات
incipient (*adj.*) بَدْئي • بادِىء • أوَّلي • نَشِيء
incipient blowout (Pet. Eng.) بَدْء التدفُّق بعُنف
incise (*v.*) ثَلَم • حزَّ • شقَّ – نَحت • قَطَع
(*n.*) (Geol.) ثَلْمٌ عَميق
incised meander (Geol.) مُنعطَف عميق
incision ثَلْم • حَزّ • شَق – نَحت • قَطْع
incite (*v.*) حَرَّضَ • حَثَّ
inclination (*n.*) مَيْل • رَغْبَة
(Eng.) مَيَلان • مَيْل • انحِدار
inclination, angle of زاويةُ المَيْل المغنطيسي
inclination compass = **magnetometer** (Magn.) بُوصَلَة (لِبَيان) المَيْل المغنطيسي
inclination drilling (Pet. Eng.) حَفْرٌ مائِل • حَفْرٌ مُوَجَّه المَيل
inclination, magnetic (Magn.) ألمَيْل المغنطيسي
inclination of strata (Geol.) مَيلُ الطبقات
incline (*n.*) مَيْل • انحِدار – سَطْحٌ مائِل
(*v.*) مالَ • انحرَفَ • أمالَ
inclined (*adj.*) مائِل • مُنحدِر
inclined beam عَتَبة مائِلة
inclined contact تماسٌّ مائِل
inclined distance البعد المائل
inclined fault (Geol.) صَدْعٌ مائِل
inclined fold (Geol.) طَيَّة مائِلة

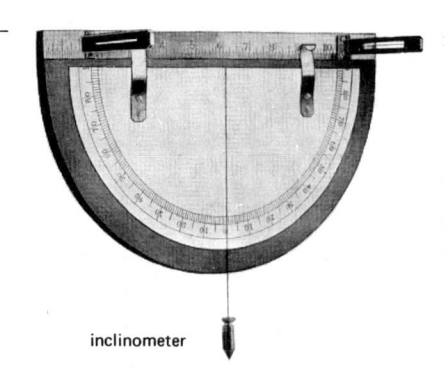

inclinometer

inclined oil-water contact تماسٌّ سطحي مائل بين الماء والزيت
inclined plane (Mech.) مُستوًى مائل • سَطحٌ مائل
inclined seam (Geol.) طَبَقة مائلة
inclined shaft (Mining) مَهواةٌ مائلة
inclined valve صِمام مائل
inclined well (Pet. Eng.) بئرٌ مائلة
inclinometer مِميال • مِقياسُ المَيْل • مِقياسُ الانحدار
include (*v.*) تضمَّن • اشتمَل على • احتَوى • شَمَل • أدرَج ضِمْن
included angle (Surv.) الزاوية المحصورة
inclusion (*n.*) تَضَمُّن • تَضمين – شيءٌ مُتضَمَّن
inclusions (Geol.) مُتضمَّنات • مُكْتنَفات • شَوائبُ دَخيلَة
inclusive (*adj.*) مُتضمِّن • شامِل
incoalation (Geol.) تفَحُّم
incoherence (*n.*) تفَكُّك • عَدَمُ تماسُك
incohesion (Phys.) اللاّ تماسُك • انعدامُ الترابُط
incombustibility (*n.*) لا إحتراقية • عَدَمُ قابليَّة الاحتِراق
incombustible (*adj.*) غيرُ قابلٍ للاحتِراق
(*n.*) مادَّة غيرُ قابلة للاحتِراق
income (*n.*) إيراد • رَيْع • دَخْل
income tax ضَريبةُ الدَّخل
incoming (*n.*) قُدوم • دُخول • وُرود
(*adj.*) وارِد • داخِل • قادِم
incoming air الهواءُ الداخِل
incoming feeder (Eng.) مُغذٍّ وارِد
incomings (*n.*) عائدات
incomparable (*adj.*) لا يُضاهَى
incompatible (*adj.*) مُتعارِض • مُتَضارِب • غيرُ مُؤتَلِف
incompetence (*n.*) عَدَمُ الأهليَّة • عَدَمُ جَدارة • قُصور – عدمُ الصَلاحيَة • عدمُ الاختِصاص

incompetent (*adj.*) غيرُ أهلٍ (ل) • غيرُ جَدير – عديمُ الاختصاص
(Geol.) ضَعيفُ التَّكوين • سَهلُ التَصدُّع
incompetent bed (Geol.) طَبقةٌ ضَعيفة
incomplete (*adj.*) ناقِص • غير تام
incomplete circuit (Elec. Eng.) دائرةٌ غير تامَّة • دائرةٌ مفتوحة
incomplete combustion احتراقٌ غيرُ تام
incomplete diffusion انتِشارٌ جُزْئي
incomplete metamorphosis (Geol.) تَحَوُّلٌ ناقِص
incomplete reaction (Chem. Eng.) تَفاعُل غيرُ تام
incompliant (*adj.*) مُتَصَلِّب • غيرُ لَدْن • غير مُنطاع
incompressibility (*n.*) (Phys.) لا انضِغاطية
incompressible (*adj.*) (Phys.) غيرُ قابلٍ للانضِغاط • لا ينضغط
inconceivable (*adj.*) لا يمكن إدراكُه أو تصوُّره
incondensable (*adj.*) لا يُكثَّف • غيرُ قابلٍ للتكثيف
inconformity (*n.*) لا تَوافُقيَّة • عدمُ انسِجام
(Geol.) عدمُ التوافُق
incongruent (*adj.*) غيرُ مُتطابِق • مُتضارِب
inconsistent (*adj.*) مُتضارِب • مُتناقِض • غيرُ مُنسَجِم
inconspicuous (*adj.*) غيرُ واضِح • غيرُ ملحُوظ
inconvenient (*adj.*) غيرُ مُناسِب • غيرُ مُلائِم
inconvertible (*adj.*) غيرُ قابل للتبديل • لا يُمكن تَغييرُه أو تَحويلُه
incorporate (*v.*) دَمَج • إنضمَّ • أدمَج – ألَّف • أسَّس
(*adj.*) غيرُ مادّي
incorporated (*adj.*) مُندمِج • مُدَمَّج • مُتَّحِد (في جَمعيَّة تعاونيَّة)
incorporated company شركة محدودة
incorporation (*n.*) إندماج • إدماج • إنضِمام – تأسيس
incorporators مُؤسِّسون
incorporeal (*adj.*) مَعنوي • غير مادّي
incorrodible (*adj.*) لا يَصدأ • غيرُ قابلٍ للصَّدأ
incrassate (*v.*) (Chem. Eng.) كَثَّف • غَلَّظ القَوام
increase (*v.*) زادَ • كَثُر • إزداد • تكاثَر
(*n.*) إزدِياد • زِيادة
increase in price ارتفاعُ السعر

increasing velocity سُرعة مُتزايِدة
increment (*n.*) زِيادة • عِلاوَة • إضافة
incremental (*adj.*) تزايُدي
incremental digital computer حاسبة رَقْمية تزايُديَّة
incremental permeability الإنفاذيَّة التزايُدية
incremental pressure changes (Phys.) تغيُّراتُ الضَّغط التزايُدية
incretion (Geol.) دَرَنَة داخلية التنامي
incrust = encrust (*v.*) غَطَّى (أو تغطَّى) بِقشْرةٍ (أو بطبقةٍ) صَلْدَة
incrustation = encrustation (*n.*) تغَطٍّ (أو تغطية) بِقشْرةٍ صَلْدَة – قِشْرَة صَلْدَة
incubator oil (Pet. Eng.) زيتُ الحاضِنات : كيروسين ثابت الاشتعال لتسخين الحاضِنات
incumbent (*adj.*) مُتَّكِيء أو مُستَنِدٌ (الى) – مُتحتِّم • مَفروض
incumbrance (*n.*) عائِق
incur (*v.*) كابَدَ • عانَى – تَعرَّض (ل) • وَقَع في – جرَّ • جلَبَ • سَبَّبَ
incurred expenses النَّفقات العارِضة
incurrent canals (Geol.) قَنوات شهيقيَّة
incurvature (*n.*) إنحناء الى الدَّاخل
indebted (*adj.*) مَدين • مَديُون
indecisive (*adj.*) غير حاسِم • غير باتّ
indelible (*adj.*) لا يُمحَى
indemnify (*v.*) عوَّض
indemnity (*n.*) تعويض
indent (*v.*) فرَّضَ • حَزَّ • ثَلَم – قَطَع بشكلٍ مُتعرِّج – سحَبَ أو طَلَب بِضاعة
(*n.*) فُرضَة • ثُلمَة • حَزّ – قَسيمةُ طَلَب بضاعة
indentation (*n.*) هَزْمَة • ثَلْم • فُرضَة – قَطْعٌ مُتعرِّج – فُرجَة بين السَّطر الأوَّل والهامِش
indentation test (Eng.) إختبار الثَّلم : لقياس الصَّلادَة
indented bars (Civ. Eng.) قُضبان مُحزَّزَة : لتعزيز الخَرسانة
indented bolt (Civ. Eng.) مِسمارُ تَثبيتٍ مُحزَّز
indenter (Eng.) مِثْلَم : اداةُ ثَلْمٍ لتحديد الصَّلادة
indenting roller (Civ. Eng.) مِدْحَلَة تَحزيز (الاسفلت الساخن) لِمنْع الانزلاق
indenture (*n.*) عَقْدٌ مُلزِمٌ للطَّرفَين المُتعاقِدَين – إتفاقيّة من عِدَّة نُسَخ – ثَلْم • فُرْضَة
independence (*n.*) إستِقلال
independent (*adj.*) مُستقِل – مُطْلَق
(*n.*) (Pet. Eng.) مُنتِجٌ حُرٌّ أو مُستقِل

IND
223

independent suspension

independent suspension تعليق مُستقِلّ
independent variable مُتغيِّر مُطْلَق
indetectable (*adj.*) غيرُ مُستَبان
indeterminate (*adj.*) غَيرُ مُحدَّد • غَيرُ مُعيَّن
index (pl. **indices**) (*n.*) دَليل • مُعامِل – دَرَجَة • عِيار – قَرِينَة • أُسّ – فِهرِس – مَعلَم
(*v.*) فَهْرَسَ – صَنَّفَ • رَتَّبَ
index, cetane (Pet. Eng.) الرَّقْم السِّيتاني : للدَّلالة على نَوعيّة اشتِعال الوَقود
index error (Surv.) الخَطأُ الدليلي • خطأُ قِراءةِ آلة المَسح
index fossils (Geol.) أحافيرُ دالّةٌ أو دَليليّة • حَفريّات مُرشِدة
index glass (Surv.) مِرآةٌ دَليليَّة : في السُّدسيَّة
indexing (*n.*) فَهْرَسة – تَقسيم • تَفريز
index line خطُّ المَعْلَم
index map مُخطَّطُ تَجميع – خارِطَة دليليَّة
index mineral (Mining) مَعْدِنٌ دَليلي
index numbers أرقام دَليلية
index of liquidity (Pet. Eng.) دليلُ السُّيولَة (الطينية)
index of plasticity (Civ. Eng.) دليلُ اللَّدانة (الطينية)
index of refraction = **refractive index** مُعامِلُ الانكِسار
index, oil (Eng.) دَليلُ الزيت • مِعيارُ الزيت
index, penetration (Pet. Eng.) دَليلُ الصلابة • مُعامِل الاختِراقيَّة
index properties خَصائصُ دليليَّة أو مُميِّزة
index rod قَضيب تَقسيم مُرَقَّم
index value قِيمَة دليليَّة
index, viscosity (Chem. Eng.) دَليلُ اللزوجة
Indian corn oil زيت الذرة الصفراء
india-rubber (or **India-rubber**) (Chem. Eng.) مَطاط هِنديّ
india-rubber cable (or **wire**) كَبْل مَعزُول بالمطاط
india-rubber packing (Eng.) حَشيَّة مطّاط
indicate (*v.*) دَلَّ على • بَيَّن • أبان

indicated (*adj.*) مُعيَّن • مُبيَّن
indicated efficiency (Eng.) الكِفايةُ المُبيَّنة
indicated horse-power (Eng.) القُدرةُ الحِصانية المُبيَّنة
indicated mean effective pressure (Eng.) مُتوسِّطُ الضَّغطِ الفعَّال المبيَّن
indicated power (Eng.) القُدرةُ المُبيَّنة
indicated thermal efficiency (Eng.) الكِفايةُ الحَرارية المُبيَّنة
indicating instrument (Elec. Eng.) جِهازُ قِياسٍ بياني : ذو مؤشِّر
indicating lamp (Elec. Eng.) مِصباح دليلي
indicating methane detector (Mining) مِكشافُ الميثان الدَّليلي
indicating switch (Elec. Eng.) مِفتاحٌ بَياني (يبيّن إن كانت الدائرةُ مُمدّةً أم لا)
indication (*n.*) بيان • دِلالة – إشارة • عَلامة • مَدلول
indication error (Eng.) خَطأٌ بياني (في جهاز القِياس)
indication range (Eng.) مَدَى القياس (في جهاز القياس)
indications, oil (Pet. Eng.) دَلائلُ (وُجودِ) النِّفط
indicator (Eng.) مُبيِّن • دَليل – مُؤشِّر
(Chem.) كاشِف (كيماوي)
indicator, colour (Chem.) دليلٌ لَوني
indicator diagram (Eng.) الرَّسمُ البيانيُّ للمُبيِّن • رسمُ المبيِّن
indicator dial قُرصُ المُبيِّن المُدرَّج
indicator, dial مُبيِّن ذو ميناء
indicator, fuel-flow (Eng.) مُبيِّنُ تدفُّقِ الوَقود
indicator, fuel-level (Eng.) مُبيِّن مُستوى الوَقود (السائل)
indicator lamp مِصباحٌ دليلي
indicator, leakage (Eng.) مُبيِّنُ التسرُّب
indicator light (Eng.) ضَوءٌ مُبيِّن
indicator, temperature (Phys.) مُبيِّنُ دَرَجة الحرارة
indigenous (*adj.*) (Biol.) مَحَلِّي • بَلَديّ : متأصِّل في المَوطِن ذاته
indigo (Chem.) نِيلَج • النِّيلَة : صِبغٌ أزرق – لَونُ النِّيلة
indigo copper (Min.) كبريتيد النُّحاس الطَّبيعي
indirect (*adj.*) غيرُ مُباشِر
indirect fittings تَركيباتٌ للإضاءة غير المُباشِرة
indirect heating (Civ. Eng.) تَسخينٌ غيرُ مُباشِر • تَدفِئة غيرُ مُباشِرة

indirect lighting إضاءة غيرُ مُباشِرة
indirect pressure (Phys.) ضَغطٌ غيرُ مُباشِر
indirect support دَعمٌ غير مُباشِر
indiscernible (*adj.*) لا يُدرَك • لا يُميَّز
indispensable (*adj.*) لا غِنًى عنه • لازِم
indisputable (*adj.*) لا جِدالَ فيه
indissolubility (*n.*) عدمُ قابليةِ الذَّوبان
indissoluble (*adj.*) غيرُ قابلٍ للانحِلال
indistinct (*adj.*) غيرُ واضِح • غيرُ مُتميِّز
indistinguishable (*adj.*) لا يُميَّز
indium (In) (Chem.) الإنديوم : عُنصر فلزيّ نادِر رمزه (ند)
individual (*adj.*) فَرْدِيّ • شَخصيّ – مُنفرِد • مُستقِل
(*n.*) فَرْد • شَخص
individual axle-drive (Eng.) ادارة مِحوَريّة مُستقِلّة
individual-cylinder engine (Eng.) مُحرِّكٌ ذو أُسطوانة فَرديَّة
individual drive (Eng.) ادارة مُستقِلَّة أو مُنفرِدة
individual pump injection system (Pet. Eng.) نظام الحَقْن بمِضَخّات مُنفرِدة
individual training تَدريبٌ فَرديّ
indivisibility (*n.*) اللا إنقسامية : عدمُ قابليةِ الانقِسام
indorse = **endorse** (*v.*) ظَهَّرَ شيكاً أو سَنَداً • جَيَّرَ
indraft = **indraught** (*n.*) سَحْبٌ الى الدَّاخل • تيّارٌ داخلي
induced (*adj.*) مُحرَّض • مُستَحَثّ
(Elec. Eng.) مُنتَجٌ بالحَثّ أو بالتأثير
induced charge (Elec. Eng.) شِحنَةٌ مُستَحَثَّة
induced current (Elec. Eng.) تيّارٌ مُستَحَثّ
induced draught (Eng.) سَحْبٌ مُستَحَثّ
induced-draught ventilation (Eng.) تَهوِيَةٌ بالسَّحْب المُستَحَث
induced electromotive force (Elec. Eng.) القوة الدافِعة الكهربائية المُستَحَثّة
induced flow دَفْقٌ مُستَحَثّ
induced magnetism المغنطيسية المُستَحَثّة • مَغنَطة تأثُّرِية
induced polarity (Phys.) قُطبيَّة مُستَحَثَّة
induced reaction (Chem. Eng.) تَفاعُلٌ مُستَحَث
inducing (*n.*) الحَثّ • الإنتاج بالحَثّ أو بالتأثير
(*adj.*) حاثّ • مُحرِّض • تحريضيّ
inducing current (Elec. Eng.) تيّار حاثّ
induct (*v.*) أدخَلَ • قادَ • أفضَى

IND

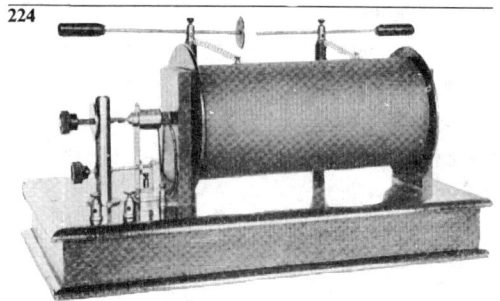

induction coil

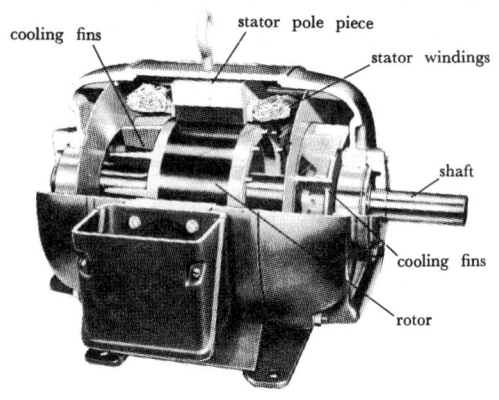

cooling fins
stator pole piece
stator windings
shaft
cooling fins
rotor

induction motor

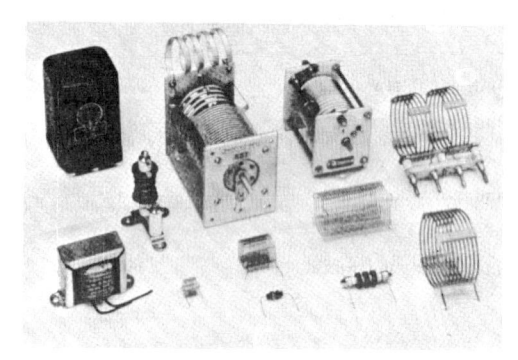

inductors

inductance (Elec. Eng., Phys.) مُحاثَّة • تأثيريَّة • تَحريضيَّة
inductile (*adj.*) غيرُ مَطيل • لا يَقْبَل المَطْل أو الامْتِداد
induction (Elec. Eng.) حَثّ • تَحريض • تأثير
(*n.*) إستِقراء • إستِنتاج • إدخال
induction accelerator (Phys.) مُعَجِّل بالحَثّ
induction coil (Elec. Eng.) مِلَفّ حَثّ • وَشيعَةُ تَحريض
induction, electromagnetic (Elec. Eng.) الحَثُّ الكَهْرَمغنطيسي
induction, forced (Eng.) سَحْبٌ قَسْرِيّ
induction furnace (Elec. Eng.): فُرنٌ بالحَثّ: فُرنٌ كهربائي يُسخِّن بالتيارات الحَثِّيَّة
induction heating (Eng.) التَّسخين بالتيارات الحَثِّيَّة

induction instrument (Elec. Eng.) جِهازُ قِياسٍ بالحَثّ
induction logging (Geophys.) قِياس الحَثِّيَّة
induction logging method (Geophys.) طريقة القِياس بالحَث
induction manifold (Eng.) مَشْعَبُ السَّحب
induction meter (Elec. Eng.) مِقياسٌ حَثِّيّ
induction motor (Elec. Eng.) مُوتور حَثِّيّ
induction period (Phys.) فَترةُ الحَثّ
(Pet. Eng.) فَترة التخلُّق الصَّمغي : الناتج عن ازدياد نِسبة التأكسُدِ في المُستحضَر البترولي
induction, photochemical (Chem. Eng.) الحَثُّ الكيمائي الضَّوئي
induction pipe (Eng.) ماسورةُ السَّحب
induction port (Eng.) مَنْفَذُ السَّحب
induction stroke (Eng.) شَوطُ السَّحب
induction system (Eng.) دورة السَّحب
induction training تَدريبٌ تَمهيدي
induction valve (Eng.) صِمامُ السَّحب
induction velocity (Eng.) سُرعةُ السَّحب (الشَّفط)
induction welding (Eng.) لِحامٌ (بتيَّارٍ) حَثِّيّ
inductive (*adj.*) حَثِّيّ • تأثيري – استقرائي
inductive method الطَّريقة الاستِقرائية
inductive reasoning إستِنتاج بالاستِقراء
inductivity (Elec. Eng.) الحاثِّيَّة : القُوَّة التَّحريضيَّة التأثيرية
inductolog (Geophys.) سِجِل الحَثِّيَّة : قياس مُوصِّلية التكوين الجيولوجي بالتيارات المستحثَّة
inductor (Chem. Eng.) مادَّةٌ حاثَّة أو مُحرِّضَة • مُفاعِلٌ حاثّ
(Elec. Eng.) عُضوٌ حَثّ • مِلَفٌّ مُحاثَّة
indurate (*v.*) قَسَّى • صَلَّد • صَلَّب • قَسا • صَلُبَ
(*adj.*) مُتَصلِّد • قاسٍ
indurated rocks (Geol.) صُخورٌ مُتَصلِّبَة
induration (*n.*) تَصليد • إصلاد • تَقْسِيَة
(Geol.) التصلُّب • التصلُّد
industrial (*adj.*) صِناعيّ
industrial application تَطبيقٌ صِناعي
industrial centre مَركزٌ صِناعي
industrial chemistry الكيمياء الصناعية
industrial diamond = **bort** (Min.) ماسُ الصِّناعة : ماسٌ أسودُ تُلقَّم به العُددُ القاطِعة
industrial engineering الهندسة الصناعية
industrial frequency (Elec. Eng.) التردُّدُ الصِّناعي : التردُّدُ الكهربائي المستعملُ في الصِّناعة (٥٠ الى ٦٠ دَورة في الثانية)

industrial installations إنشاءاتٌ صِناعيَّة
industrialization تَصنيع
industrialize (*v.*) صَنَّع • نَظَّم أو أقام كِصناعةٍ مُستقِلَّة
industrial plant وَحدةُ إنتاجٍ صِناعي
industrial production إنتاجٌ صِناعي
industrial research (Eng.) البحوث (أو الابحاث) الصناعية
industrial training centre مَركزُ تَدريبٍ صِناعي
industrious (*adj.*) مُجِدّ • كَدُود • مُجتَهِد
industry صِناعة
industry, oil صِناعة الزيت : العمليات الصِناعية النفطيَّة وتوابعها
industry, petrochemical صِناعة بتروكيماوية
industry, petroleum صناعة بتروليَّة
inedible (*adj.*) لا يُؤكل • غيرُ صالحٍ للأكل
ineffective (*adj.*) غيرُ فعَّال • غيرُ صالحٍ للعمَل
inefficiency عَدَمُ الكِفاية • عدمُ الفاعِليَّة
inefficient (*adj.*) غيرُ فعَّال • غيرُ أهلٍ (ل) • غيرُ كُفُؤ
inelastic (*adj.*) غيرُ مَرِن • لا يَلين
ineligible (*adj.*) غيرُ كُفُؤ • غيرُ أهلٍ (ل)
inept (*adj.*) غيرُ لائق • غيرُ مُناسِب
inequality (*n.*) تبايُن • تفاوُت • عدمُ مُساواة
inequation (Math.) لا تعادُليَّة
inert (*adj.*) (Chem.) خامِد • خامِل • غيرُ فعَّال
inert balls (Chem. Eng.) كُرات (تثقيلٍ) غير فعَّالة : تمنع تحرُّكَ الحفَّاز
inert cell (Elec. Eng.) خَليَّة خامِدَة (تَعمَلُ عند مَلْئِها بالماء)
inert gas (Chem.) غازٌ خامِل
inert gas arc welding (Eng.) اللِّحام بالقوسِ في مُحيطٍ من الغاز الخامِل
inert gas generator مُولِّد الغاز الخامل
inert gas welding (Eng.) اللِّحام في جوٍّ من الغاز الخامِل
inertia (Phys.) القُصور الذَّاتي • العَطالَة • الاستمرارية • قُوَّةُ الاستِمرار
inertia governor (Eng.) حاكِمٌ بالقُصور الذاتي
inertial force (Mech.) : قُوَّةُ القُصورِ الذَّاتي : المُقاومَة لِلقُوَّة المُسارِعَة
inertia moment = **moment of inertia** (Mech.) عَزمُ القُصور الذاتي
inertia switch (Eng.) مفتاحٌ بالقصور الذاتي: مِفتاحٌ يعمَلُ بتغيُّر السُّرعةِ المُفاجِىء
inertness لا فعالية • خُموليَّة

inexactitude (*n.*) عَدَمُ الدِّقَّة • عَدَمُ إحكام
inexcusable (*adj.*) لا يُغْتَفَر • لا يُمكِنُ تبريرُه
inexhaustible (*adj.*) لا يَنْضَب • لا يَنْفَد
inexpensive (*adj.*) قَليلُ الكُلْفَة • رَخِيص
inexperience (*n.*) عَدَمُ الخِبرَة أو الدُّرْبَة • قِلَّة المُمارَسة
inexploitable (*adj.*) لا يُستَثْمَر • لا يُمكِن استغلاله
inexplosive (*adj.*) لا تفجّري • غير مُتفجِّر
inextensible (*adj.*) لا يَقبَلُ المَدَّ أو البَسْط
inextinguishable (*adj.*) لا يُطفَأ • لا يُمكِنُ إخمادُه
inface (Geol.) جُرُف : جانبٌ شَديدُ الانحِدار
infect (*v.*) لَوَّث • أفسَد – عَدَى
infer (*v.*) إستَدَلَّ • إستَنتج
inference اِستِدلال • تَخريج • استِنتاج – نَتيجة • مَدلُول
inferential meter مقياس استدلالي
inferior (*adj.*) أدنى • أقلّ جودةً – تَحتاني • سُفليّ
inferred zero instrument (Elec. Eng.) جهاز قياس بالصفر المُستَدَلّ
infertile (*adj.*) مُجدِب • غيرُ مُخصِب
infiltrate (*v.*) رَشَّح • تَرشَّح – تَسرَّب
(*n.*) راشِح
infiltrating water (Pet. Eng.) الماء الراشح : الى التكوينات النفطية
infiltration (*n.*) تَرشيح • تَرشُّح • ارتِشاح • رَشح – تَسرُّب • تَسَلُّل • تخلُّل
infiltration water ماءُ الرَّشح
infinite (*adj.*) غيرُ مَحدود • لا مُتَناهٍ
infinitesimal (*adj.*) مُتَناهي الصِّغَر
infinity (*n.*) اللاّ نِهاية • مَدًى أو عَدَدٌ غيرُ مُتَناهٍ
infirm (*adj.*) مُتَقلقِل • غيرُ مُستقِر – عاجز
inflame (*v.*) ألْهَب • أثار • إلتَهَب • إحتَدَم
inflammability (*n.*) (Chem.) الإلتهابيّة • قابليَّةُ الإلتهاب
inflammable (*adj.*) (Chem.) لَهُوب • سَريعُ الالتِهاب • قابِلٌ للاشتعال
(*n.*) مادة سريعة الالتهاب
inflammable gas غازٌ لَهوب • غازٌ قابِلٌ للاشتعال
inflammable liquids سوائل لَهُوبة
inflammable solvent (Chem. Eng.) مُذيب لَهُوب • مُذيبٌ سَريعُ الالتِهاب
inflammation إلتِهاب • إحتِدام
inflammation point (Chem.) نُقطَةُ الإلتِهاب
inflate (*v.*) نَفَخ • مَلأ بالهواء أو بالغاز • إنتَفَخ • تمدَّد

inflation (*n.*) نَفخ • انتِفاخ • تَمَدُّد – تَضَخُّم (نقدي)
inflect (*v.*) ثَنَى • عَطَف • لَوَى
inflection = **inflexion** إنعطاف • لَيّ • ثَنْي
inflexed (*adj.*) مُحْنيّ أو مُنعطِفٌ الى الدَّاخل
inflexible (*adj.*) لا يَنْثَني
inflict (*v.*) أصاب • أنزَل (ب)
inflow (*n.*) إنصِباب • دَفقٌ داخِل
inflowing دافِق • مُنصَبّ
inflow pipe (Eng.) ماسورةُ الانصِباب
influence (*n.*) تأثير • فاعِليَّة – مؤثِّر
(*v.*) أثَّر في • أنتَجَ بالتأثير
influent (*adj.*) مُتَدفِّق
(*n.*) رافِد
influx تَدَفُّق • دَفق • إنصِباب • جَرَيان – فَمُ النَّهر
informal (*adj.*) غيرُ رَسْميّ
information (*n.*) معلومات • نَبأ – إخبار • إنباء • إبلاغ • إعلام
information centre مَركَزُ المَعلومات
information desk مَكتَبُ استعلامات
infrabasal plates (Geol.) ألواحٌ تَحت قاعِدية
infrangible (*adj.*) لا يُخْرَق • لا يُنقَض – لا يُكسَر • لا يُجزَّأ
infra-red (*adj.*) (Phys.) ما دون الأحمر • دُونَ الحَمراء • تحتَ الأحمر
infra-red analyzer (Phys.) مُحَلِّلٌ بالأشِعَّة دُونَ الحَمراء
infra-red detector (Phys.) مِكشافٌ بالأشعَّة دونَ الحمراء
infrastructure (Civ. Eng.) أساس • إنشاءٌ قاعِدي
infringement مُخالَفَة • خَرْق • تَعَدٍّ • إنتِهاك
infuse (*v.*) نَقَع • شَرَّب • أشرَب
infusibility (*n.*) اللا إنصِهاريَّة • عدم قابلية الانصهار
infusible (*adj.*) (Chem.) لا يُصْهَر
infusion (Chem.) نَقْع • نَقيع – إشراب – سَكْب • صَبّ
infusorial earth (Geol.) تُربة نُقاعيَّة
in-gate (or **ingate**) (Eng.) مَدخَل • مَنفَذ – مَصَبّ (السِّباكة)
in gear (*adj.*) (Eng.) مُعشَّق
in-gear lever (Eng.) عتلة التعشيق
ingenious (*adj.*) حاذِق • ماهِر • بارِع
ingoing air current (Mining) تيَّار الهَواء الدَّاخِل
ingot (Met.) صُبَّة : كُتلةٌ مَعدنيَّة مَصبوبة • سَبيكة للتَّشكيل

ingot iron (Met.) حَديدُ الصُّبَب
ingrained (*adj.*) راسِخ • مُتأصِّل
ingredient جُزء • عُنصُر أو جُزءٌ مُقوِّم
ingress (*n.*) مَدخَل – دُخول
inhalation toxicity screening test (Chem. Eng.) اختبار التصفية (بالمُرشِّحات) لتقدير سُمِّيَّة الاستنشاق
inhaler (*n.*) مُستَنشِق – جِهازُ الاستِنشاق
inherent (*adj.*) (Phys.) مُلازِم • مُتأصِّل
inherent settlement (Civ. Eng.) هُبوط (الأساس) بالثِّقل الذَّاتي
inhibit (*v.*) مَنَع • كَبَت • كَبَح • رَدَع
(Chem. Eng.) صَدَّ (التأكسُدَ أو التفاعُلَ الكيماوي)
inhibited (Eng.) مُصدَّد • مُعالَج بالصادَّات (للوِقاية من الصَّدأ)
inhibited oil (Pet. Eng.) زيت مُصدَّد : مُعالَج بالصادَّات لِمنع التأكسُد
inhibition (*n.*) مَنْع • صَدّ • كَبْت • كَبْح
(Eng.) تصديد : مُعالجةٌ للوِقاية من الصَّدأ والتآكل
inhibitor (*n.*) مانِع • كابِت
(Chem. Eng.) صادّ • مانِع للتفاعُل
(Pet. Eng.) صادّ • صادَّة : إضافة مانِعة للتأكسُد أو التآكُل
inhibitor, chemical (Chem. Eng.) مانِعٌ كيماوي • صادٌّ كيماوي
inhibitor, corrosion (Chem. Eng.) صادُّ التآكُّل • مانِع التَّحاتّ
inhibitor, oxidation (Chem. Eng.) صادُّ التأكسُد • مانِعُ التأكسد
inhibitor sweetening (Pet. Eng.) التَّحلية بالصادَّات : تحويل الكِبريتيدات الأكّالة الى ثاني كبريتيدات أقل رائحة وفعالية
inhibitory (*adj.*) مانِع • رادِع
inhibitory action فِعل مانِع • فعل صادّ
inhomogeneous (*adj.*) غير مُتجانِس
initial (*adj.*) ابتدائي • أوَّلي
(*v.*) وَقَّع بالأحرُفِ الأولى
initial boiling point دَرَجَة ابتداء الغَلَيان
(Pet. Eng.) نُقطة بدءِ التَّقطير
initial bubble point (Pet. Eng.) نقطة بدء التفقُّع
initial daily production (Eng.) الانتاج اليومي الأوَّلي
initial development period (Mining) فَترة التطوير الأوَّلي (للمَنجَم أو البِئر)

injection plant

inlet-outlet manifold

injection pumps

innercasing

initial dip (Geol.) المَيْل الأصلي (للطبقات)
initial flow التدفُّق (أو الدَّفق) الأوَّلي
initial flowing pressure (Pet. Eng.)
ضغط بدء التدفُّق
initial level المُستوى الأولي
initial permeability الإنفاذيَّة الأوَّليَّة
initial phase الطَّورُ الابتدائي
initial pressure (Phys.) الضَّغْطُ الأوَّليّ
initial production الانتاج الأولي
initial rating of well (Pet. Eng.)
التقدير الأوَّلي لمُعدل إنتاج البئر
initial running (Eng.) الإدارة الابتدائية للمُحرِّك
initial state الحالةُ الأوَّليَّة
initial temperature (Phys.) دَرَجةُ الحرارةِ الابتدائية
initial training تدريبٌ أوَّليّ
initial vapo(u)r pressure (Chem. Eng.)
ضغط البخار الابتدائي
initial velocity (Mech.) السُّرعة الابتدائية
initial voltage (Elec. Eng.) الفُلطيَّة الابتدائية
initial yield الإنتاجُ الأوَّلي
initiate (*v.*) بَدأ • دشَّن • إفتتح ـ درَّب • علَّم المبادىء الأوَّليَّة
(*adj.*) مُبتَدِىء • مُستجِدّ

initiative (*adj.*) أوَّليّ • تمهيديّ
(*n.*) شروع • مُبادرة
initiator (Chem.) بادىءُ سِلسلة من التَّفاعُلات
(*n.*) مُبتكِر • بادِىء
inject (*v.*) حَقَن
injected intrusives (Geol.) إندساسات حَقِينة
injection (*n.*) (Eng.) حَقْن ـ حُقنة
(Geol.) حَقْن ـ إندِساس
injection advance تَقدُّم الحَقْن
injection, air-blast (Eng.) حَقْنٌ بالدَّفع الهوائي
injection, airless (Eng.) حَقْنٌ جاف (دون هواء)
injection cock (Eng.) مِحْبَسُ الحَقْن
injection dyke (Geol.) جُدَّة قاطعة اندساسية
injection lag تَخلُّف الحَقْن
injection line (Pet. Eng.) خط أنابيب الحقن
injection moulding تشكيل بالحقن
injection nozzle (Eng.) مِنْفَثُ الحَقْن
injection of cement (Civ. Eng.)
حَقْنُ الاسمنت • حقنٌ بالاسمنت
injection pipe أنبوب (أو ماسورة) الحقن
injection plant (Pet. Eng.) وَحدة حقن
injection pressure (Pet. Eng.) ضَغْطُ الحَقْن
injection pump (Eng.) مِضَخَّة حَقْن

injection rate سُرعة الحَقْن • مُعدَّل الحقن
injection stroke شَوطُ الحَقْن (في المضخَّة)
injection timing (Eng.) تَوقيتُ الحَقْن
injection valve صِمامُ الحَقْن
injection well (Pet. Eng.) بِئرُ الحَقْن
injector (*n.*) مِحْقَنَة • مِحْقَن • حاقِن
injector plunger (Eng.) كبَّاسُ الحاقِن
injector seizure (Eng.) لَصْبُ الحاقِن
injector stopcock (Eng.) مِحْبَسُ الحاقِن
injure (*v.*) أضَرَّ • آذى • أفسَد
in kind عَيْناً (لا نقدًا)
inland (*adj.*) داخِليّ • داخِل البلاد
(*n.*) أرض داخلية
inland lake (Geog.) بُحَيرة داخِليَّة
inland navigation مِلاحَةٌ نَهرية داخِلِيَّة
inland sea بَحرٌ داخلي
inlay (*v.*) طَعَّم • رَصَّع • بَيَّت
(*n.*) حَشْوَة • المادَّة المُطعَّمُ بها
inlet مَدخَل • فُتحة • منفَذ • دُخول • إدخال ـ مَسْرَبُ دُخول ـ إمتِصاص • سَحْب
inlet cam (Eng.) حَدَبةُ السَّحْب • كامةُ السَّحْب
inlet hole ثَقبُ الإدخال
inlet manifold (Eng.) مَشْعَب السَّحب ـ مَشعب مواسير الإدخال
inlet-outlet manifold مَشْعَبُ الأنابيب الداخِلة والخارِجة
inlet pipe ماسُورة الإدخال
inlet port فُتحة الدُّخول
inlet pressure الضَّغْطُ الداخل • ضغط الدخول
inlet stroke = suction stroke (Eng.)
شَوطُ السَّحب • شوط الادخال
inlet valve صِمامُ السَّحب (أو الإدخال)
inlet velocity (Eng.) سُرعةُ الدُّخول
inlier (Geol.) صَخرٌ حَبيس : تَكتَنِفُه صُخورٌ أحْدَثُ عهدًا
in-line (*adj.*) بازاء أو بمُحاذاة ـ خطِّيّ • داخل خط الأنابيب
in-line blending (Pet. Eng.) المَزْجُ داخِل الأنابيب • الامتزاج في داخل الأنابيب
in-line engine (or **motor**)
(Eng.) مُحرِّكٌ خطِّيّ : يعمل داخل الأنابيب
in-line spread (Geophys.) نَسَقٌ خَطِّيّ لتوزيع المِرجَفات
inmost (*adj.*) الأقصى نحوَ الدَّاخل
innage (*n.*) العُمقُ المُمْتَلِىء (في الخزَّان)
(Pet. Eng.) حجم السائِل في الخزَّان
innavigable (*adj.*) غيرُ صالِح للمِلاحة
inner (*adj.*) داخليّ • باطِنيّ
inner casing بِطانة أو تغليف داخِليّ

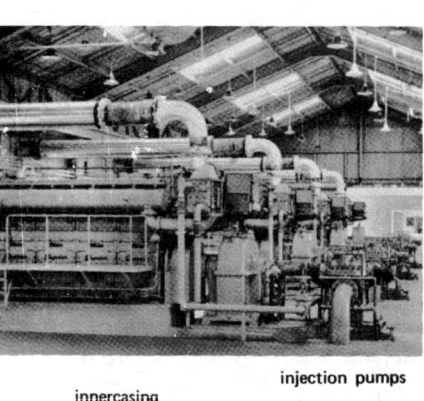

inner dead-centre (Eng.)	النُّقْطَةُ المَيِّتَةُ الدَّاخِلِيَّة
inner diameter	القُطْر الداخلي
inner lining (Eng.)	بِطانَة داخِلِيَّة
inner radius	نِصْفُ القُطْر الداخلي
innominate (adj.)	غُفْل ، لا إسْمِيّ
innoxious	عَدِيمُ الضَّرَر ، غَيْر مُؤْذٍ
innumerable (adj.)	لا يُحْصَى ، كَثيرٌ جداً
inodorous (adj.)	عديم الرائحة
inoffensive (adj.)	غَيْر مُؤْذٍ ، غَيْر مُضِرّ
inoperable (adj.) (Eng.)	لا يُمْكِن تَشْغِيلُه
inoperative (adj.)	غَيْر شَغَّال ، غَيْر عامِل ، مُعَطَّل
inorganic (adj.) (Chem.)	غَيْر عُضْوِيّ ، لا عُضْوِيّ
inorganic acid (Chem.)	حامِضٌ لا عُضْوِيّ
Inorganic chemistry	الكيمياءُ غَيْر العُضْوِيَّة
inorganic compounds (Chem.)	مُرَكَّبات لا عُضْوِيَّة
inorganic constituent	مُقَوِّم لا عُضْوِيّ
inorganic matter (Chem.)	مادَّة لا عُضْوِيَّة
inorganic theory (Pet. Eng.)	النَّظَرِيَّةُ اللاعُضْوِيَّة : في أصل البترول
inoxidizable (adj.) (Chem.)	لا يَتَأَكْسَد ، غَيْر قابِل للتَأَكْسُد
in parallel (Elec. Eng.)	على التَّوازي
in-phase (adj.) (Phys.)	مُتَطاوِر ، مُنْطَبِقُ الطَّوْر ، مُتَّفِق الطور
in-place	مَكانِيّ ، مَوْضِعيّ ، في مَكانِه
in-plant training	تَدْريبٌ داخِل المَصْنَع
input (n.) (Eng.)	الدَّخْل ، الدَّخْل الآليّ ، القُدْرَة المَبْذُولَة
input circuit (Elec. Eng.)	دائِرَةُ الدَّخْل
input current (Elec. Eng.)	تَيّارُ الدَّخْل
input gas (Pet. Eng.)	الغاز الحَقِين (أو المَحْقون)
input heat (Phys.)	حَرارَةُ الدَّخْل
input impedance (Elec. Eng.)	مُعاوَقَةُ الدَّخْل
input of an engine (Eng.)	دَخْلُ المُحَرِّك : الطاقَةُ المَبْذُولَةُ فيه
input power	قُدْرَةُ الدَّخْل
input pressure (Eng.)	ضَغْطُ الدَّخْل
input well (Pet. Eng.)	بِئرُ الحَقْن ، بِئر حافَّة
inquire (v.)	إسْتَعْلَم ، تَقَصَّى ، بَحَث ، تَحَرَّى
inquiry (n.)	سُؤال ، إسْتِعْلام ، بَحْث ، تَحْقيق
inrush (n.)	دَفْق ، تَدَفُّق ، اندِفاق
inscribed stocks	أسْهُم مُسَجَّلة
insect (n.)	حَشَرَة
insecticide (Chem. Eng.)	مُبِيدٌ حَشَرِيّ
insecticide oil	زَيْتٌ مُبيد للحَشَرات
insect oil (Chem. Eng.)	زَيْتٌ مُبيد للحَشَرات
insect powder (Chem. Eng.)	مَسْحُوق مُبيد للحَشَرات
insecure (adj.)	غَيْر آمِن ، غَيْر مَأمُون ، مُتَقَلْقِل ، غَيْر مُحْكَم
inselberg (pl. inselberge) (Geol.)	إنسِلْبِرج ، جَبَل مُفْرَد ، عَلَم فَرْد ، مِحاد
insert (v.)	أوْلَج ، أَلْقَم ، أدْرَج ، ألْحَق
(n.)	وَليجَة ، مُلْحَق
inserted (adj.)	مُدْرَج ، مُلْقَم ، مُولَج ، مُقْحَم
inserted blade	رِيشَة أو نَصْلَة مُلْقَمة
inserted jaws (Eng.)	فُكُوك مُلْقَمة
inserted joint (Eng.)	وُصْلَة مُقْحَمة
insertion (n.)	إدْخال ، إيلاج ، إقحام
insertion joint (Eng.)	وَلِيجَة وَصْل ، حَشْوَة وَصْل مَضْدُودَة تُواجِه بَيْن فُوَّهَتَيْ أنبُوبَين
insertion piece	وَلِيجَة ، قِطْعَة إيلاج
in-service training	تَدريب أثناء الخِدمة
inset (v.)	حَثا ، أدْخَل ، غَرَز ، بَثَّ
(n.)	إدخال ، قِطْعَة مُبَتَّة ، وَلِيجَة
inshore	واقِعٌ قُرْب الشاطِىء
inside (adj.)	داخِلي
(adv.)	في الداخل
(n.)	داخِل ، داخِلَةُ الشَّيء
inside brake (Eng.)	مِكْبَحٌ داخلي
inside cable (Elec. Eng.)	كَبْل داخلي
inside calipers (Eng.)	فِرجار قِياس داخلي
inside clearance (Eng.)	خُلُوصٌ داخِلي
inside diameter	قُطْر دَاخِليّ
inside fired boiler (Eng.)	مِرْجَل داخِليُّ الوَقد
inside gauge (Eng.)	مُحَدِّد قِياس داخِليّ
inside lap = exhaust lap (Eng.)	تَراكُب داخِليّ
inside micrometer (Eng.)	مِيكرومتر داخِليّ
inside micrometer calliper	مِيكرومتر فَكِّيّ داخِلي
insignificant (adj.)	لا يُعْتَدُّ بِه ، تافِه
in situ (adj.)	مَكانِيّ ، مَوْضِعيّ
(adv.)	في مَوْضِعِه الأصْلي أو الطَّبيعي
in situ combustion (Pet. Eng.)	إشْعال (النَفْط الثَقيل) في المَوْقِع : لتَخْفيف لُزوجَته وتَسْهيل اسْتِخْراجِه
insolation (Meteor.)	إشعاعُ الشَّمْس
(Geol.)	تَشْميس – تَعْرِيَة بِحَرارة الشَّمْس
= sun stroke	رَعْن ، ضَرْبَة شَمْس
insolubility (n.) (Chem.)	اللاَّ ذَوَبانِيَّة ، عدمُ قابِليَة الذَّوَبان
insolubilize (v.)	جَعَل غَيْر ذَوَّاب
insoluble (adj.) (Chem.)	لا يَنْحَلّ ، لا يَذوب ، عديم الذَّوَبان
insolubles (Chem. Eng.)	مَواد غَيْر قابِلةٍ للذَّوَبان
insolvency (n.)	إعْسار ، تَوَقُّف أو عَجْز عن وَفاء الدُّيون
inspect (v.)	فَحَص ، عايَن ، تَفَقَّد
inspection (n.)	مُعايَنَة ، تَفْتيش ، فَحْص ، تَحَسُّس
inspection certificate	شَهادة تَفْتيش
inspection chamber (Civ. Eng.)	مَدْخَل أو حُجرةُ المُراقَبة (لفَحْصِ المَجارير)
inspection door (Eng.)	باب تَفْتيش ، بَوَّابة مُعايَنة
inspection, field (Geol.)	مُعايَنَة المَوْقِع
inspection gauge (Eng.)	مِقياسٌ للفَحْصِ أو المُعايَنة
inspection hole (Eng.)	فُتْحَة تَفْتيش
inspection-lamp	مِصْباح تَفْتيش
inspection marking	تَرْقيم المُعايَنة
inspection, periodic	تَفْتِيش دَوْرِيّ
inspection pit (Eng.)	حُفرة مُعايَنة (السَّيّارات)
inspection plug (Elec. Eng.)	سِداد مُعايَنة : سِدادٌ في غِطاء المِركَم يُرى مُستوى الالكتروليت من خِلاله
inspection port	كُوَّةُ المُراقَبة
inspection report	تَقْرير التَفْتيش أو المُعايَنة
inspection stamp	خَتْمُ المُعايَنة

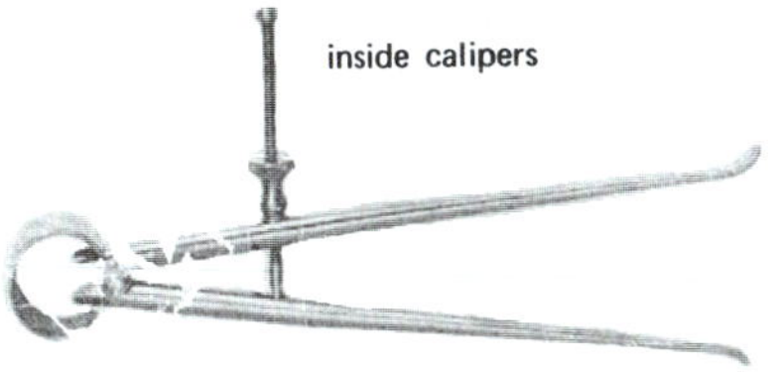

inselberg

inside calipers

inspector	مُفَتِّش
inspissate (v.)	كَثَّفَ القوام · عَقَدَ · غَلَّظَ · كَثَّفَ
inspissated deposits (Pet. Eng.)	رواسبُ اسفلتية : رواسب نفطية مُغَلَّظَة بالأكسدة والتبخّر
inspissation (Chem. Eng.)	تكثيفُ السائل بواسِطَةِ التَّبخير · عَقَّد
(Pet. Eng.)	تسفُلْت : تغلُّظ الراسب النفطي بالأكسدة والتبخر
instability (Aero., Mech.)	عَدمُ الأستقرارِ · اللا إستقراريَّة
instable (adj.)	غير مُستقرّ – غير ثابت
install (v.)	نَصَبَ · أقامَ · رَكَّبَ · أنشأ · أسَّس
installation	مُنشَأة · نُصْب – تَركيب · إقامة · إنشاء
installation cost	كُلفَة التَّركيب · كلفة الإنشاء
installations, electric-lighting	مُنشآتُ الإضاءة بالكهرباء
installer	عامِلُ تَركيب
instalment	دُفعَة · قِسْط · تَقْسيط
instantaneous (adj.)	آنيّ · لَحْظيّ · فوريّ · تَوّيّ
instantaneous combustion (Chem. Eng.)	احتراقٌ لَحْظيّ
instantaneous grip vice (Eng.)	مِلْزَمَةُ مَقْبِض فوري : تُشغِّلُها رافعة بدَل اللَّولب
instauration (n.)	ترميم · تجديد
institute (v.)	أقام · أنشأ · وَطَّد · أسَّس
(n.)	مَعْهَد · مؤسَّسة
institution	مُؤسَّسة · مُنشأة · مَعْهَد – تأسيس

instrument panel

instroke (Eng.)	شوطٌ داخلي : باتجاه حُجْرَةِ الأشتعال
instruct (v.)	عَلَّم · درَّب – أمَر
instruction (n.)	تعليم · تدريب · أمْر
instruction, first aid	تدريبٌ على الإسعاف الأوَّليّ
instructions	تعليمات · إرشادات · توجيهات
instructor	مُعلِّم · مُدرِّب · مُدَرِّس
instrument (Eng.)	آلة · أداة · جهازُ قياس · وسيلة
(n.)	وثيقة · مُسْتَنَد
instrument air (Eng.)	هواءُ (تشغيل) الأجهزة
instrument air dryer (Eng.)	مُجفِّفُ هواءِ الأجهزة
instrument air receiver	مستقبِلُ هواءِ الأجهزة
instrumental (adj.)	آليّ – مُجدٍ · فعَّال
instrumental equipment	تجهيزاتٌ آلية
instrumental error	خطأٌ آليّ · خطأُ جهاز القياس
instrumentation	علمُ القياسِ بالآلات · مجموعةُ الآلات (المستعمَلة لغرضٍ معيَّن)
instrument board = instrument dashboard	لوحةُ العدَّادات · لوحة أجهزة القياس (في سيَّارة)
instrument damping (Eng.)	مضاءلةُ الاهتزاز في جهاز القياس
instrument error	خطأُ جهاز القياس
instrument illumination	إضاءةُ أجهزةِ القياس
instrument oil	زيتُ الآلاتِ الدَّقيقة
instrument panel	لوحةُ أجهزةِ القياس
instrument range	مدى جهاز القياس
instrument sensitivity (Eng.)	حسَّاسيَّة جهاز القياس
instrument spread (Eng.)	نَسَقُ توزيع أجهزة القياس
in succession	على التَّوالي · على التَّعاقُب
insufficiency (n.)	قصور · عَدمُ كِفاية · قلَّة · نَقْص
insufficient (adj.)	غير كافٍ · لا يفي بالغَرَض
insufflate (v.)	نفخ · رشَّ بالنَّفخ · ذَرَّ
insufflator	مِرَشَّة نفَّاخة · مِذَرَّة
insulant (Elec. Eng.)	عازل · مادة عازِلَة
insular (adj.)	جُزُريّ · جَزيري – مَعزول · مُنفَصِل
insulate (v.) (Phys.)	عَزَلَ (الكهرباءَ أو الحرارةَ أو الصوتَ)
insulated (adj.)	مَعزول
insulated cable (Elec. Eng.)	كَبلٌ مَعزول

insulated pliers (Elec. Eng.)	زَرَديَّةٌ معزولة
insulated tongs	مِلْقَط مَعزول
insulated unions	وُصلاتُ أنابيبَ معزولة
insulated wire (Elec. Eng.)	سلكٌ مَعزول
insulating (adj.)	عازل
(n.)	عَزْل (كهربائي أو حراري)
insulating asphalt	زِفتٌ عازل · اسفلت عازل
insulating board (Eng.)	لوحٌ عازل
insulating brick	طوبٌ عازل
insulating coating (Elec. Eng.)	طِلْيَةٌ عازلة · تغطية عازلة
insulating flange (Elec. Eng.)	شَفَةُ عَزْل
insulating holder	حامِلٌ أو مِمْسَكٌ عازل
insulating jacket (Elec. Eng.)	دِثارٌ عازل
insulating lagging	تغليفٌ عازل
insulating layer (Eng.)	طَبَقةٌ عازلة
insulating material (Elec. Eng.)	مادَّةٌ عازلة
insulating oils (Elec. Eng.)	زيوتٌ عازلة
insulating pad (Eng.)	لَبْنَةٌ عازلة
insulating pliers (Elec. Eng.)	زَرَديَّةٌ عازلة
insulating tape (Elec. Eng.)	شريطٌ عازل
insulating varnish (or lacquer) (Elec. Eng.)	وَرنيشٌ عازل
insulation (n.)	عَزْل – مادة عازِلَة
insulation breakdown (Elec. Eng.)	انهيارُ العَزل
insulation fault (Elec. Eng.)	خَلَلُ العَزْل
insulation, heat (Eng.)	عَزْلٌ حَراريّ
insulation leakage (Elec. Eng.)	تسرُّب العَزْل
insulation strength (Elec. Eng.)	متانةُ العَزْل
insulation, thermal (Phys.)	عَزْلٌ حَراريّ
insulator (Elec. Eng.)	عازل : عازلٌ كهربائي أو حراري
insulator, electric (Elec. Eng.)	عازلٌ كهربائي

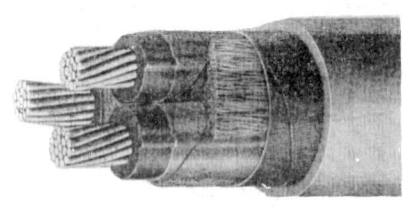

insulated cable

insulated unions

INT

insuperable (adj.)	لا يُتَخَطَّى ، لا يُقْهَر	intangible expenses	نفقات غير منظورة	interbanded (adj.)	مُنْطَقُ الشَّرائح ، بَيْنِيُّ الأشْرِطَة
insupportable heat (Eng.)	حَرارة لا تُحْتَمَل	intascale = (inter-tanker nominal freight scale)	مُعَدَّلُ الأجورِ الرسميِّ المتَّفق عليه بين الناقلات	interbedded (adj.) (Geol.)	بَيْنِيُّ التَّطَبُّق ، مُتَعاقِب بين الطبقات ، مُقحَم بالتواتر بين الطبقات الجيولوجية
insurable (adj.)	قابل للتأمين	integer = integral number	عَدَدٌ صَحيح ، عَدَد كامِل	interbedding (Geol.)	تَعاقُبُ الطَّبَقات
insurance	تأمين ـ قِيمةُ أو قِسْطُ التأمين	integral (adj.)	مُتكامِل ، مُكَمَّل ، شامِل	intercalary beds (Geol.)	طبقات مُقحَمة أو مُتداخلة
insurance, accident	تأمينٌ ضد الحوادث	(n.)	تَكامُل ـ كُلٌّ صَحيح	intercalary year (Astron.)	سَنة كبيسة
insurance company	شركة تأمين	integral cam (Eng.)	كامَة مُتكامِلة	intercalate (v.)	أقحم ، أدْخَلَ فيما بين ، أدرج
insurance, compulsory	تأمينٌ إجباري	integral cooling system (Eng.)	دَورةُ تبريد مُتكامِلة		
insurance, disablement	تأمينٌ ضد العَجْز	integral number	عَدَدٌ صَحيح	(adj.)	مُقحَم ، مُدْرَج فيما بين ، بَيْنِيّ
insurance, equipment	تأمينُ المُعَدَّات	integral unit	وَحدة مُتكامِلة	intercalated bed (Geol.)	طبقة مُقحَمة
insurance, fire	تأمينٌ ضد الحَريق	integrated oil company (Pet. Eng.)	شركة زيت مُتكاملة تعمل في انتاج الزيت وتكريره وتسويقه	intercalation (n.)	تداخل
insurance, life	تأمينٌ على الحياة			intercede (v.)	تَوَسَّط ، تَدَخَّلَ للتَّوفيق
insurance policy	عَقْدُ التأمين ، بوليصَةُ تأمين	integrating meter (Elec. Eng.)	مقياسُ جُمَل القراءات : لجُمَل القراءة المطلوبة بالنسبة للزمن	intercellular (adj.)	مُتخَلِّل الخَلايا ، بَيْنِ الخَلايا
insurance premium	قِسْطُ التأمين			intercept (v.)	إعْتَرَضَ ، أوْقَفَ ، حَصَرَ بين خَطَّيْن أو نقطَتَيْن
insurance, third party	تأمينٌ ضدَّ الغَيْر				
insure (v.)	أمَّنَ ، تَأكَّدَ مِن ، ضَمِن	integration (n.)	تكامُل ـ تكميل ، إكمال ، إندماج	(adj.)	إعْتِراضِيّ
insured (adj.)	مُؤمَّن ، مَضْمون	integrator	جهازُ جُمَل ، آلة التَّكامُل المُكَمِّلة	(n.)	إعتراض ـ حَصْر ـ الجُزء المحصور
insured, the	المُؤمَّن عليه				
insurmountable (adj.)	لا يُقهَر ، لا يُذَلَّل	integrity	نزاهة ، استقامة ـ كَمال ، عَدَم التَّجزئة	intercepting valve (Eng.)	صمام مُعترض
intact (adj.)	مَصُون ، غير منقوص ، سليم تماماً			interceptor = intercepter (n.)	مُوقِف ، مُعتَرِض ـ جِهاز إيقاف ، طائرة مُعتَرِضة
intake (n.)	مَدخَل ـ مَأخَذ ـ دُخول ـ سَحْب	intelligence	ذكاء ، فِطنة ـ استعلامات ، استخبارات		
intake air (Eng.)	الهَواءُ الدّاخِل				(Civ. Eng.) مِرْفَقُ احتباس (الروائح الكريهة)
intake, air	مَدْخَلُ (أو دُخولُ) الهواء	intelligible (adj.)	بَيِّن ، مَفْهوم ، مُدرَك ، واضح		
intake elbow (Eng.)	مِرْفَقُ الدُّخول			intercept time (Geophys.)	الزمَنُ الإعتراضيّ : زَمَنُ تأخير الالتِقاط بفعل انكِسار الموجات الصَوتيَّة في الاختبارات الزلزالية
intake manifold (Eng.)	مَشْعَبُ السَّحْب	intense (adj.)	شَديد ، بالغُ الحِدّة أو القُوَّة		
intake nozzle (Eng.)	مِنْفَث الدخول	intensifier	مُعَزِّز الشِّدة أو الحِدّة		
intake pipe	أنبوب السَّحب ، ماسورة الدخول	intensify (v.)	زادَ الشِّدَّة ، اشتَدَّ ـ جَعَلَ أكثرَ حِدَّةً أو قُوَّة	intercept track	المَسْلَكُ الإعتراضيّ
intake port	فَتْحة الدخول			interchange (v.)	تبادَل ، بادَل
intake pressure	ضَغْطُ السَّحب	intensity	شِدة ، قُوَّة ، حِدَّة	(n.)	تبادل ، مُبادَلة
intake, screened oil (Pet. Eng.)	مَدخَلُ الزيتِ المُصَفَّى	intensity of current	شِدَّةُ التَّيّار	interchangeability (n.)	التَّبادُليَّة ، قابليَّة التَّبديل أو المُبادَلة
intake shaft (Mining)	مَهواة : بئر التهوية (في مَنجَم)	intensity of gravity (Geophys.)	شِدَّةُ الجاذبيَّة		
		intensity of magnetic field (Geophys.)	شِدّةُ المجالِ المغنطيسي	interchangeable (adj.)	مُتبادَل ، قابل للتَّبادُل
intake stroke (Eng.)	شَوْطُ السَّحب			interchange of heat	تبادُل الحَرارة
intake valve	صمامُ السَّحب	intensity of pressure (Hyd. Eng.)	شِدَّةُ الضَّغط	intercommunication	إتِّصال مُتبادَل ، إتِّصال بَيْنيّ أو داخلي
intangible (adj.)	غير محسوس ، غير منظور	intensity scale (Geol.)	مقياسُ شِدَّة (الزلازل)		
intangible drilling costs	نفقات الحَفر غير المنظورة			intercommunication system (Elec. Eng.)	نظامُ اتِّصال داخلي
		intensive (adj.)	شديد ، مُرَكَّز ، كَثيف		
		intentional (adj.)	مُتعَمَّد ، مَقصود	intercondenser (Eng.)	مُكثِّف بَيْنيّ
		inter-	بادئة بمعنى : بين ، مُتبادَل ، فيما بين	interconnect (v.)	ترابَط ـ رَبَطَ الواحدَ بالآخر
		interaction (Chem. Eng.)	تَفاعُل ، تأثيرٌ أو فِعلٌ مُتبادَل	interconnected controls	مَضابط مُتواصِلة
				interconnection (n.)	ترابُطٌ بَيْنيّ
		interactive (adj.)	تبادُليُّ الفِعل	intercooler (Eng.)	مُبرِّد بَيْنيّ
		interarea (Geol.)	الباحَةُ البَيْنيَّة (الأساسية)	intercrystalline (adj.)	بين البَلّورات

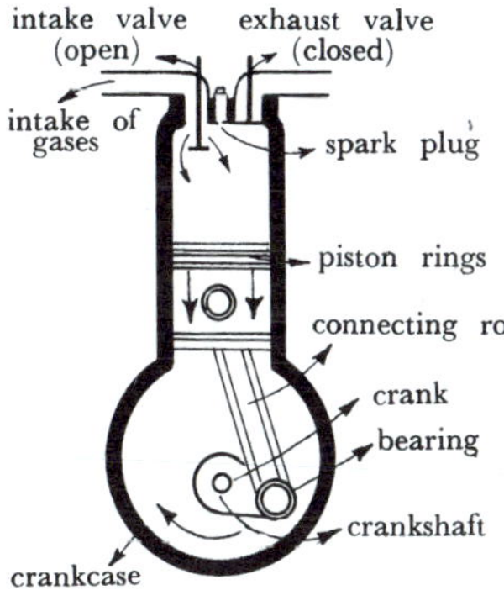

intake valve (open) / exhaust valve (closed) / intake of gases / spark plug / piston rings / connecting rod / crank / bearing / crankshaft / crankcase

intake stroke

interdependent (*adj.*) مُعتَمِدٌ بَعضُه على بَعض

interest (*v.*) رَغَّب • إستمال • استرعى الاهتمام
(*n.*) رِبْح • فائِدَة – مَصْلَحة – اهتمام • رَغْبَة

interested (*adj.*) مُهتَمّ – مالِكُ سَهْمٍ أو حِصَّة

interest rate مُعدَّلُ الفائِدة

interface (*n.*) سَطْحٌ بَينيّ • سطح التماس

interface level مُستوى السَّطح البَيني • المُستوى البَيني

interface mixing (Pet. Eng.) الامتِزاج السطحيّ البَيني

interfacial angle زاوية بين سطحيَّة : الزاوية بين سَطحي التَّماسّ

interfacial surface tension (Phys.) التوتُّر السَّطحيّ البَيني

interfacial tension (Phys.) التوتُّر البَيني

interfere (*v.*) تَدخَّل • تَداخَلَ – تَعارَضَ • تَضارَب

interference تَداخُل • تَدخُّل – تَعارُض – تَشويش

interfingering (Geol.) التصبُّع البَيني • التداخل التصبُّعي

interflange (Eng.) ما بَينَ شَفَتَين (أو شَفْرَين)

interfluve (Geol.) مُعْنِق • حَيْدٌ بَينيّ : ارتفاعٌ مُتَطاولٌ يَفصلُ بين وادِيَيْن مُتوازِيَين

interfold (*v.*) تَلافَّ – لافَّ : طَوَى واحِدًا ضِمْنَ الآخر

interformational (*adj.*) (Geol.) بَين التكوينات • بين طبقتين استراتيجرافيتين

interfuse (*v.*) مَزَج بالصَّهر – إنتَشَرَ عَبر

interglacial period (Geol.) الفَترة بين دَوْرَين جَليدِيَّيْن

intergradation (*n.*) تَدارُج : اندِماجٌ أو تَداخُلٌ تَدريجي

intergranular corrosion التآكُلُ بين الحُبَيبات

intergrowth نُموٌّ بَينيّ • تَنامٍ بَينيّ

intergranular corrosion

interheater (Eng.) مُسخِّن بَينيّ • سَخَّان وسيط

interim (*n.*) غُضُون • فترة (بين وَقتين)
(*adj.*) إنتِقاليّ • مُؤَقَّت

interiomarginal (*adj.*) (Geol.) حافِّيٌّ داخِليّ

interior (*adj.*) داخِليّ • جُوَّانيّ
(*n.*) داخِل • داخِلَة

interior economy الاقتِصادُ الدَّاخلي

interior works مُنشآت داخِليَّة

interjection (Geol.) إقحام بينيّ : إقحام أو اندساس بين الطبقات

interlaced (*adj.*) مُتَشابِك • مُتَحابِك • مُضفَّر

interlayer (Geol.) طَبَقة بَينيَّة

interlensing (Geol.) تعدُّسٌ بيني : تراصُفٌ بيني للتكوينات العدسية

interlineation تَحْشِية • بِطانَة (إضافيَّة) بَينيَّة

interlock (*v.*) تشابَكَ • وَشَّجَ – عَشَّقَ (تُروسَ الآلة)
(*n.*) (Eng.) تَشابُك • تواشُج • تَعشيق

interlock clutch (Eng.) قابِضٌ تواشُجي

interlocked texture (Geol.) نسيج مُتَشابِك • بِنية مُتواشِجة

intermediary (*adj.*) مُتوسِّط • وَسَط
(*n.*) وَسيط • واسِطَة

intermediary product نِتاجٌ وَسيط

intermediate (*adj.*) مُتوسِّط • وَسَط • وَسيط
(*n.*) (Chem. Eng.) مُرَكَّب وَسيط

intermediate base (Pet. Eng.) قاعدة (نفطية) مُختلطة أو مُتوسِّطة

intermediate compound (Chem. Eng.) مُرَكَّبٌ وَسيط

intermediate fraction (Pet. Eng.) مُقتَطَع وَسيط : جُزء وَسَطيّ بين مُستَحضَرات التقطير

intermediate frame (Civ. Eng.) هَيكَل إطاريّ مُتوسِّط

intermediate gear (Eng.) تُرسُ السُّرعةِ الوُسطى • مُسَنَّنة مُتوسِّطة

intermediate igneous rocks (Geol.) صُخور بُركانية وَسيطة (بين البازَلت والغرانيت)

intermediate oxides = amphoteric oxides (Chem.) الأكاسيد المُتوسِّطة (القِلْويَّة الحَمْضيَّة)

intermediate products (Chem. Eng.) مُنتوجاتٌ وَسيطة (نصفُ جاهِزة)

intermediate range مَدًى مُتوسِّط

intermediate relay (Eng.) مُرَحِّل وَسيط

intermediate rocks = mediosilicic rocks (Geol.) صُخور وسَطية أو تَعادُليَّة (تتراوح نسبة السليكا فيها بين النصف والثلثين)

intermediate shaft (Eng.) عَمود إدارةٍ مُتوسِّط

intermediate well بئر متوسِّطة • بئر وسَط : من حيث الموقع

intermediate wheel = idle wheel عَجَلة متوسِّطة • تُرسٌ وَسيط

intermesh (*v.*) تَعشَّق • تَشَبَّك • تَداخَل

intermingle (*v.*) خَلَط • مَزَج • إمتَزَج

intermit (*v.*) قطَعَ • تَقَطَّع

intermittent (*adj.*) مُتَناوِب • مُتَقطِّع • دَوري

intermittent current تَيَّار مُتقطِّع

intermittent faulting (Geol.) تَصدُّع مُتَقَطِّع

intermittent flow جَرَيان مُتقطِّع

intermittent lubrication (Eng.) تَزييتٌ مُتقطِّع

intermittent running (Eng.) دَوَران مُتَقطِّع

intermittent siphon مَثْعَبٌ متقطِّع • مِمَصٌّ دوريُّ التدفق

intermittent welding (Eng.) لِحامٌ مُتقطِّع

intermitter (Pet. Eng.) بِئر مُتقطِّعة التدفُّق
= **interrupter** (Elec. Eng.) مُقطِّع (التيَّار)

intermix (*v.*) مازَجَ • خالَطَ • اختلَطَ • إمتَزج

intermixture (*n.*) إختِلاط • تَمازُج – خَليط • مَزيج

intermodulation (Elec. Eng.) تَضمينٌ بَينيّ

intermodulation distortion (Elec. Eng.) تَشوُّه التَّضمين البيني • تَشويه تكييفي

intermolecular (*adj.*) بينَ الجُزَيئات

intermolecular attraction forces (Phys.) قُوَّة التجاذُب بين الجُزَيئات

intermontane (*adj.*) بين الجبال

intermount basin (Geol.) حوض بين جبليّ

internal (*adj.*) باطِنيّ • داخِليّ

internal combustion إحتراق داخلي

internal combustion engine (Eng.) مُحرِّكٌ داخليُّ الاحتِراق • محرك احتراق داخلي

internal diameter قُطرٌ داخِليّ

internal feed pipe (Eng.) ماسورةُ تَغذية داخلية

internal fire-box boiler (Eng.) مِرجَل ذو صندوق احتراق داخليّ

internal flue (Eng.) ماسورةُ لَهَب داخِلي

internal friction (Eng.) احتِكاك داخلي

internal gear (Eng.) تُرس ذو أسنان داخِليَّة

internal grinding (Eng.) تَجليخ من الداخِل

internal hazard (Civ. Eng.) مَصدرُ خَطَرِ (احتراق) داخلي

internally fired boiler (Eng.) مِرجَل داخِليُّ الوَقد : يوقَدُ من الداخل

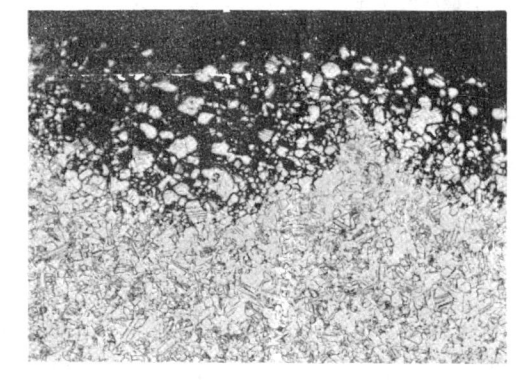

internal spur gear and pinion

internal threading cutter

internally ribbed tube انبوب مُضلَّع من الداخل
internally splined gear (Eng.) تُرسٌ مُخدَّدٌ من الداخل
internal pressure ضغط داخلي
internal resistance (Elec. Eng.) مُقاوَمة داخلية
internal resistance (of a cell) (Elec. Eng.) المقاوَمة الداخلية (لِخَليّة كهربائية)
internal screw (Eng.) لَولَبٌ داخِلي (أُنثيّ)
internal spur gear (Eng.) تُرس مِهمازيّ داخلي • تُرس ذو أسنان داخلية مُوازِية للمِحور
internal strain (Eng.) إنفعال داخليّ
internal stress (Eng.) إجهادٌ داخِليّ
internal structure تركيب داخِليّ
internal thread لَولَبة داخليَّة
internal threading cutter مِقطَعُ اللولبةِ الداخليَّة
internal upset drill pipe (Pet. Eng.) ماسورة حَفر داخلية الدَّفع
internal vibrator = immersion vibrator (Civ. Eng.) هَزّازةٌ داخليةٌ (أو غاطِسَة): لِتدميج الخرَسانة
internal wastage (Eng.) بِلًى داخلي
internal water (Geol.) مِياه باطنية أو جوفيّة
internal well بئر باطِنية
international (*adj.*) دُوَلي • دَوْليّ
international candle شَمعةٌ دَوليَّة
international code specifications (Pet. Eng.) مُواصَفات النظام الدولي
international commitments التزاماتٌ دُوَلية
international geographical mile المِيلُ الجُغرافي الدّولي : ٦٠٨٠ قدماً
international law القانون الدولي
International Organization for Standardization المنظمةُ الدّوليةُ لتَوحيدِ المقاييس

international unit (Elec. Eng.) وَحدةٌ دولية
interpenetrant (*adj.*) مُتغلغِل • نافِذ فيما بين
interpenetration twins (Geol.) تَوائمُ مُتَداخِلة
interphase (*adj.*) بينَ الأطوار
interphone اتِّصال تِلفوني داخِلي – هاتِفٌ داخِلي
interpolar gap (Elec. Eng.) فُرجَة بينَ القُطبَين
interpolate (*v.*) إستَكمَل • إستَوفى
interpolation (Eng.) إستِكمال • استِكمال من الداخل
interpose (*v.*) تَوسَّط • أدخَل بين – اعتَرَض
interpret (*v.*) أوَّلَ • فَسَّر • عَلَّلَ
interpretation تأويل • تَفسير • تَعليل
interrelated (*adj.*) مُترابِط • مرتَبطٌ بعلاقاتٍ مُتبادَلة
interrupt (*v.*) قطَعَ • قطَع فَجأة • أوقَف • توقَّفَ • إنقطَع فَجأةً
interrupted current تيارٌ مُقطَّع (أو غير مُتَّصل)
interrupted quenching (Met.) تَبريدٌ سَريع مُتَقَطِّع
interrupter (Elec. Eng.) مُقطِّع • قاطِعُ التيّار
interrupter, automatic قاطِعٌ أُوتوماتي أو تِلقائي
interrupter contact (Elec. Eng.) مُلامِسُ القاطِع
interruption انقِطاع • تَقَطُّع • توقُّف
intersect (*v.*) قَطَع • قاطَع • تقاطَع
intersecting (*adj.*) مُتَقاطِع
intersection تَقاطُع
interspace (*n.*) فُرجَة • فُسحَة بَينِيَّة
(*v.*) أفسَح أو باعَد فيما بين
inter-stage (*adj.*) بين المَراحل • مَرحَليّ • بَينيّ
inter-stage condensate pump (Pet. Eng.) مِضخةُ الكُثافات بين المَراحل
interstage cooler (Eng.) مُبَرِّدٌ بَينيّ (وَسيط)
interstice (*n.*) فُرجَة • فُجَّة • مُنفرَج : شَقّ أو صَدْع خِلالي • خَلَل • فَراغ بَينيّ
interstitial (*adj.*) خِلالي • خَلَلي : واقِعٌ بينَ الفُرجات
interstratification (Geol.) تراصُف بينيّ
interstratified (*adj.*) بينيّ التراصُف • مقحم بالتواتر بين الطبقات الجيولوجية
interstratified bed (Geol.) طبقة خلاليَّة مُقحمة بين طبقتين
intertidal region منطقة المدّ : تغطيها المياه في أثناء المَدّ وتنحسر عنها في أثناء الجَزْر

intertonguing (Geol.) تَلسُّن (او تصبُّع) بيني : تداخل ألسنة التكوينات الجيولوجية
intertwine (*v.*) وَشَّجَ • شَبَّك • تَشابَك • تَلافٌ
interval (*n.*) فَترة • فاصِلٌ زَمَني – فاصِل بينيّ
interveined (*adj.*) (Geol.) مُتَداخِلُ العُروق
intervene (*n.*) تَدخَّل • تَوسَّطَ – طَرَأ
intervening medium الوَسَط المُتَدخِّل
intimate (*adj.*) وَثيق • دَقيق • حَميم
intimate mixing خَلْطٌ مُتآلف
intolerance عَدَمُ تَحمُّل • عَدَمُ تَسامُح
intra- بادئة بمعنى : ما بَيْن • في داخِل
intracellular (*adj.*) بين الخلايا
intractable (*adj.*) (Met.) غَيرُ قابلٍ للتَّطريق
intralaminal rights حقوق استثمار المجال الجوفي : الواقع ضمن منطقة الامتياز
intramolecular (*adj.*) داخِل الجُزيئات • قائمٌ بين الجُزيئات
intratelluric (*adj.*) داخل الأرض
intratelluric water (Geol.) ماءٌ وَليد : مَقذوفٌ من جَوفِ الأرض
intrinsic (*adj.*) ذاتيّ • أصيل • جَوهَريّ
intrinsically safe (*adj.*) مأمُونُ الاستِعمال
intrinsic properties (Phys.) خَواص أصِيلَه
introduce (*v.*) قَدَّم • عَرَّف – أدخَل • أتى (ب) – مَهَّد السَّبيل (ل)
introductory (*adj.*) تَقديميّ • تَمهيدي
introscope (Pet. Eng.) إنتروسكوب • مِكشاف السطوح الداخلية
intrude (*v.*) تَدخَّل • إقتَحم – تَطَفَّل – أقحَم • أدخَل عَنْوَةً
intrusion (*n.*) تَدخُّل • إقحام – تَعَدٍّ
(Geol.) تَدَخُّل • إندِساس • تَداخُل – كتلة متدخِّلة أو مُقحَمة
intrusive (*adj.*) مُتدخِّل • مُقحَم • إندِساسي
intrusive magma (Geol.) صُهارَةٌ مُتَدخِّلة
intrusive rock (Geol.) صَخرٌ مُتَدخِّل

intrusive rocks

intrusive vein (Geol.) عِرْقٌ مُقْحَم (اندساسي)
intumescence • إنتفاخ • تقبُّب – شيءٌ مُنتَفِخ • قُبَّة
inundate (*v.*) غَمَرَ • أغرَق
inundated mine (Mining) مَنجَم مَغمور
inundation (*n.*) فَيَضان • غَمْر • إغراق
inutility (*n.*) عَدَمُ الفائِدة – شيءٌ لا نَفْعَ منه
invade (*v.*) غَزا – إكتَسح • إجتاح • تَفَشَّى في
invaded zone منطقة مُكتَسَحة
invagination (Geol.) هُبوطٌ مَحَلِّيٌّ • غُؤور
invalidate (*v.*) أبطَلَ • فسَخَ • عطَّلَ
invar (Met.) إنفار : سَبيكةٌ (أساسُها الحديدُ والنيكل) لا تَتَمَدَّدُ بالحرارة
invariable (*adj.*) ثابت • غيرُ مُتغير
invasion (*n.*) غزو – اكتساح
invent (*v.*) إختَرَعَ • إبتكَر • إستَنْبَط
inventor مُختَرِع • مُبتَكِر
inventory [illegible] • الـ صدُ
[illegible]
inverse (*adj.*) عَكْس • عَكسِي • مَقْلوب
(*n.*) مَعكُوس • مَقلُوب
inverse current تَيَّار عَكْسِي
inversely proportional مُتناسِبٌ عَكسياً
inverse proportion • تَناسُبٌ عَكسِيٌّ • نِسبةٌ عَكسِيَّة
inverse ratio نِسبةٌ عَكسِيَّة
inversion • قَلب • إنقِلاب • عَكْس • تَعاكُس • إنتِكاس
inversion axis (Geol.) مِحوَرُ الانقِلاب
inversion of relief (Geol.) إنقِلابُ التَّضاريس
inversion of temperature إنقِلابُ الحَرارة
inversion point (Chem. Eng.) نُقطَةُ الانقِلاب
invert (*v.*) نَكَّس • قَلَبَ رأساً على عَقِب • عَكَس
Invertebrata (Biol.) اللاّ فَقارِيَّات
inverted (*adj.*) مَعكوس • مَقلوب
(Chem.) مُحَوَّل
inverted cone مَخروطٌ مَقلوب
inverted fold (Geol.) طَيَّةٌ مُنقَلِبَة
inverted limb (Geol.) جَناحٌ مَقلوب (للطيَّة)
inverted order (Geol.) تَرتيبٌ أو وَضْعٌ عَكسِيٌّ
inverted relief (Geol.) تَضاريسُ مُنقَلِبَة
inverted siphon (Civ. Eng.) مَمَصٌّ (مَثْعَب) مَعكُوس
inverting (Chem.) تَحويل
inverting eyepiece (Surv.) عَيْنِيَّة عاكِسَة
invest (*v.*) إستَثْمَر (مالاً) • وظَّفَ • قلَّدَ (مَنْصِباً)
investigate (*v.*) بَحَثَ • حَقَّق في • إستَقصى
investigation (*n.*) إستِقصاء • تَحقيق • بَحْث

investment إستِثمار • تَوظيف (المال) – مالٌ مُوظَّف أو مُستَثمَر
investment costs تكاليف الاستثمار
investments الأموالالموظفة (أو المستثمرة): في مؤسسة أو مشروع
investor مُستَثْمِر
inviscid fluid مائِعٌ غيرُ دَبِق
invisible exports صادِراتٌ غيرُ مَنظُورة
invisible imports وارِداتٌ غيرُ مَنظورة
invisible loss (Pet. Eng.) فَقْدٌ غيرُ مَنظور (بالتَبَخُّر)
invitation to bid إستدراجُ عُروض (أو عَطاءات)
invoice (*v.*) أدرَجَ في قائِمةِ الحِساب – عَمِلَ فاتُورَةً بالبضاعة
(*n.*) كَشفُ حساب • فاتُورة
involute (*adj.*) مُلتَفٌ لولبيّاً • مَطوِيّ • مُلتفٌ الى الداخل
involve (*v.*) تَضَمَّن • إنطوَى على – أثَّر في • التَف • تعقَّد
involved (*adj.*) مُتضَمَّن • ملتَفّ – مُتَورِّط (في)
involved rock (Geol.) صَخْرٌ مُكتَنَف
inwall (Civ. Eng.) جِدارٌ داخِليٌّ
iodate (Chem.) يُودات : مِلْحُ الحامِض اليُودي
iodic acid الحامِضُ اليُودي •حامضُ الأيوديك
iodide (Chem.) يُودِيد • يودُور
iodine (I) (Chem.) اليُود : عنصر لا فلزيٌّ رمزه (ي)
iodine number (Chem. Eng.) العَدَدُ اليُودي • رَقْمُ اليود
iodine value (Chem. Eng.) القيمةُ اليُودِيَّة
iodize (*v.*) يَوَّدَ : عالَجَ أو مزَجَ باليُود
iodized oil (Pet. Eng.) زيتٌ مُيوَّد
ion (Chem.) أيُون • شارِدَة : ذَرَّةٌ أو مَجموعةُ ذَرَّات ذاتُ شِحْنة كهربائية
ion activity (Chem. Eng.) النَّشاطُ الأيوني
ion chamber (Phys.) حُجرةٌ أيُونية : لقياس الإشعاع المؤيِّن
ion concentration (Chem. Eng.) التركيزُ الأيوني
ion current (Phys.) تيَّار أيُوني
ion exchange (Chem. Eng.) تبادُل أيُونيّ • مُبادلة الأيونات
ion exchange process (Chem. Eng.) طريقة التبادُل الأيوني : لإزالة الأملاح المعدنية من مياه الغلاّيات
ionic (*adj.*) أيُونيّ
ionically conducting solution (Chem. Eng.) مَحلول أيُونيّ التوصيل

ionic bond (Chem. Eng.) • إرتباط أيُوني • وَصْلَة أيُونيَّة
ionic equilibrium (Chem. Eng.) تعادُل أيُوني
ion(ic) migration (Chem. Eng.) إنتِقالُ أو تَرَحُّل الأيونات
ionic reaction (Chem. Eng.) تَفاعُلٌ أيُوني
ionic substitution (Chem. Eng.) الإبدال الأيُوني
ionic valve (Elec. Eng.) صِمام أيوني أو الكتروني
ionization (Chem. Eng.) تأيُّن • إطلاقُ الأيُونات • تأيين
ionization chamber (Phys.) • حَيِّزُ التأيُّن • غُرفَةُ التأيُّن
ionization energy (Phys.) طاقَةُ التأيُّن
ionization gauge مِقياسُ التأيُّن (لبَيان درجة التفريغ)
ionization potential (Chem. Eng.) جُهدُ التأيُّن
ionize (*v.*) (Chem.) أيَّن • تأيَّن
ionized layer طبقةٌ مؤيَّنة
ionosphere (Meteor.) الايونوسفير • الغِلافُ الجَوِّيّ المتأيِّن (في جو الأرض)
I.P.A. (**iso propyl alcohol**) كحول الأيسوپروپيل
iridescence (Phys.) تَقَزُّح اللَّون • تَلَوُّن كقَوس القُزَح
iridescent (*adj.*) مُتَقَزِّحُ اللَّون • متغيِّرُ اللَّونِ بالنِّسبة لِسُقوطِ الضوء عليه
iridium (**Ir**) (Chem.) الإيريديوم : عنصر فلزيٌّ نادر رمزه (يم)
iris (Min.) مَرْوٌ قُزَحِيٌّ
iron (**Fe**) (Chem.) الحديد : عُنصر فلزيٌّ رمزه (ح)
(*n.*) مِكْواة • كاوِيَة • بِلاطُ المِسحاج
(*v.*) كسا أو صَفَّح بالحديد
(*adj.*) حَديدي • شَبيهٌ بالحديد
Iron Age عَصرُ الحَديد
iron alloy (Met.) سَبيكةٌ حديدية
iron alum (Min.) شَبَّة حديديَّة • حَجَرُ الشبِّ الحديدي
iron bar قَضيب من الحديد
iron carbide (Chem.) كَربِيدُ الحديد
iron carbonate (Chem.) كربوناتُ الحديد
iron, cast (Met.) حديد الصبّ
iron casting (Met.) مَصبوبَةٌ حديدية
ironclad (*adj.*) مَكسُوٌّ بالحَديد • مُدَرَّع بالحَديد
iron clay (Geol.) طَفَلٌ حَديدي • صَلصال حديدي

iron content المُحتوى الحديدي

iron core (Elec. Eng.) قَلْبٌ حديديّ (لِلمِلَف المُمَغْنَط)

iron deposit (Mining) رِكاز حديدي • طبقةُ تَرسُّبات حديدية

iron filings بُرادَة الحَديد

iron glance (Min.) هِماتيت برّاق • أُكسيدُ الحَديديكِ الأحمرُ البرّاق

iron mine مَنجم حديد

iron-nickel accumulator = Edison accumulator (Chem.) مِرْكَمُ الحَديد والنِّيكل

iron ochre (Min.) مُغْرَةُ الحَديد : اكسيدُ الحديد المائي الطبيعي

iron ores (Geol.) رِكازُ الحديد • خاماتُ الحَديد

iron oxide (Chem.) اكسيدُ الحديد

iron pan (Min.) قِشْرَةٌ حديديّة : طَبَقَةٌ صَلْدَة من أملاح الحديد

iron pyrites (Geol.) بَيريتُ الحَديد • بُوريطِس • كِبريتور الحديد الطبيعي

iron refinery (Met.) وَحْدَةُ تَنقِيَة الحديد

iron rust (Chem.) صَدأ الحديد

iron sandstone (Min.) الحجرُ الرَّمْليُّ الحديدي

ironshot (Geol.) خُرْدُق الحديد • خام سَرئي من معدن الليمونيت

iron slag (Met.) خَبَثُ الحَديد• جُفاءُ الحديد

iron smelting (Met.) صَهْرُ الحَديد

ironsmith = blacksmith حدّاد

iron, soft (Chem.) حديدٌ لَيِّن (أو مُطاوِع)

iron, soldering كاوِيةُ لِحام

iron staining (Chem.) صَدأُ الحَديد

ironstone (Min.) حَجَرُ الحَديد : خام حديدي فَحمي

iron sulphate (Chem.) كِبريتاتُ الحديد

iron sulphide (Chem.) كِبريتيدُ الحَديد

iron sulphite (Chem.) كِبريتيتُ الحَديد

iron tubing (Eng.) أنابيبُ حديديّة (للغلاّيات)

ironware أدواتٌ حديديّة

ironworks مَصْنَع حديد • مَسْبَك حَديد

iron, wrought (Met.) حديدٌ مُطرَّق أو مَشغول • حديدٌ مُطاوِع

irrecoverable (*adj.*) لا يُعوَّض • لا يُستَرَد

irreducible (*adj.*) (Chem. Eng.) عَصِيُّ الاختزال : لا يُمكِنُ اختزالُه

irreducible saturation (Pet. Eng.) التشبُّع المُستعصي : نسبة الماء المُستعصي الى حجم المسامات في التكوين

irreducible water (Pet. Eng.) الماءالمُستعصي

irregular (*adj.*) شاذٌّ • غيرُ مُنتَظَم • مُخالِفٌ للأُصول

irregular ignition (Eng.) إشعالٌ غيرُ مُنتَظَم

irregularity عدمُ الانتِظام • إضطِراب • شُذُوذ

irregular running (Eng.) دورانٌ غيرُ مُنتَظَم

irreparable (*adj.*) لا يُصلَح • لا يُرَمَّم

irreplaceable (*adj.*) لا يُستَبْدَل • لا يُعَوَّضُ بغَيْرِه

irretrievable (*adj.*) لا يُستَعاد • لا يُستَرَدّ

irreversibility (Phys.) اللاّ إنعكاسية • لا مَعكُوسيَّة

irreversible (*adj.*) لا يُعْكَس • لا عَكوس • غَيرُ قابلٍ للانعكاس

irreversible process (Phys., Chem.) عَمَلِيَّة لا عَكُوسيَّة : تَجري في اتِّجاه واحِد فقط

irreversible reaction (Chem. Eng.) تَفاعُلٌ لا عَكوس : يَجري في اتِّجاه واحد فقط

irrevocable (*adj.*) لا يُرَدّ • لا يُلْغَى أو يُنْسَخ

irrigate (*v.*) سَقَى • رَوَى

irrigation (Civ. Eng.) سَقْي • رَيّ

irruptive rock = intrusive rock (Geol.) صَخْرٌ مُقحَم • صخر اندِساسي

isanomal (Meteor.) مُتَساوي الشُّذوذ(عن المُعدَّل)

isenergic (*adj.*) (Phys.) مُتَساوي الطّاقَة

isentropic (*adj.*) (Phys.) مُتَساوي الإنتروبيا

isentropic change (*adj.*) (Phys.) تَغَيُّر مُتَساوي الإنتروبيا

isinglass (Chem. Eng.) غِراءُ السَّمَك

island جَزيرة

island arc قَوس جُزُري • جُزُر قوسية

island, volcanic (Geol.) جَزيرةٌ بُركانيَّة

islet (*n.*) جُزَيرةٌ صَغيرة

isobar (Meteor.) أيسُوبار : خطُّ تَساوي الضَّغط الجَوِّي

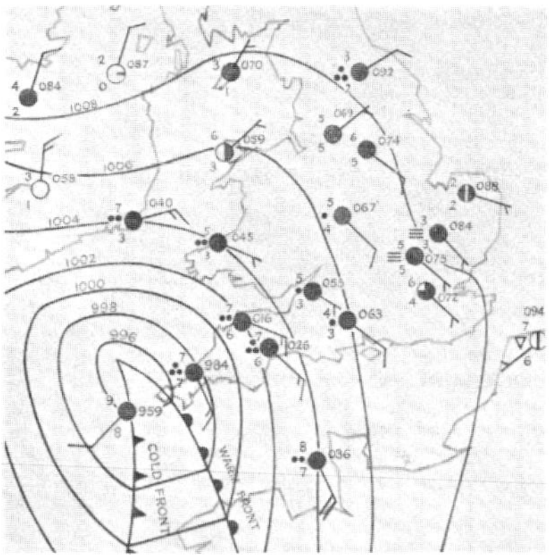

isobars

isobar(e)s (Phys.) مُتَكاتِلات : ذرّاتٌ مُتطابقةُ الكُتلة

isobaric (*adj.*) مُتَساوي الضَّغط الجويّ

isobase (Geol.) خَطٌّ تَساوي هُبوطِ الأرض

isobath = isobathymetric line (Ocean.) خط الأعماق المُتساوية : خط تساوي الأعمــاق

isobutane (Chem.) أَيسوبيُوتان • مُماكِبٌ بيُوتاني

isobutane caustic-wash tower (Pet. Eng.) بُرج تنقية الأيسوبيُوتان بالكاويات

isobutane feed heater (Pet. Eng.) مُسخِّن لَقيم الايسوبيوتان

isobutane recycle drying tower (Pet. Eng.) بُرجُ تجفيف الأيسوبيوتان المُعاد

isobutane recycle surge drum (Pet. Eng.) مِركَنُ تَهدئة الأيسوبيوتان المُعــاد

isobutanol = isobutyl alcohol أيسوبيوتانول • كُحول الايسوبيوتيل

isochemical (*adj.*) (Chem.) متمــاثِلُ التركيب الكيماوي • ثابت التركيب الكيماوي

isochemical series (Geol.) نَسَق الصخور المتمـاثلة التركيب الكيمــاوي

isochor(e) (Chem.) خطُّ ثَباتِ الحَجْم : لِكُتلة مُعيَّنة من الغاز

isochronal = isochronous (*adj.*) (Geol.) مُتَساوي الدَّور أو الزَّمَن

isochronism (*n.*) تَساوي الزَّمَن • ثَباتُ الدَّورة الزَّمَنية

isochronous (*adj.*) مُتَساوي الزَّمَن • ثابتُ الدَّورة الزَّمنية • ثابتُ المُدَّة

isoclinal (*adj.*) مُتَساوي المَيْل المغنطيسي — متماثل المَيْل

(*n.*) خط تساوي الميل المغنطيسي

isoclinal fold (Geol.) طَيَّة مُتَماثِلَةُ المَيْل

isocline (*n.*) (Geol.) طَيَّة مُحَدَّبَة مُتماثلةُ المَيــل

isoclinic (or isoclinal) line خَط تَساوي المَيْل المغنطيسي

isocracking (Chem. Eng.) تكسير أيسومري • تكسير المُتَشاكِلات

isocyclic compounds (Chem.) مُركَّبــاتٌ مُتَماثِلَةُ الحَلَقات

isodiametric (*adj.*) مُتَساوي الأقطار

isodynamic lines (Geophys.) خُطوطُ تَساوي القُوى (في مَجال الأرض المغنطيسي)

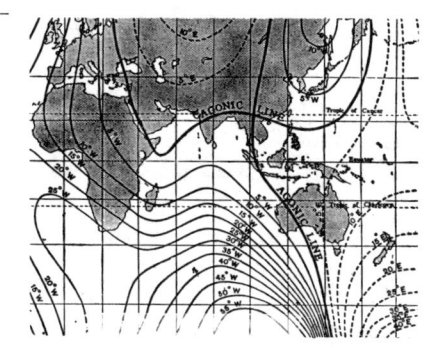

isogonic (or isogonal) lines

isomers

isoelectric (*adj.*) مُتساوي الجُهد الكهربائي
isoelectronic (Phys., Chem.) مُتساوي الكترونات التكافؤ • مُتساوٍ الكترونيّاً
iso-forms (Chem. Eng.) مُكَوَّنات مُتشاكِلة
isogal (Phys.) خط تساوي الثَّقالة
isogam map خريطة تساوي المغنطيسية
isogenetic (*adj.*) مُتَماثِلُ الأَصل
isogeothermal line (Geophys.) خَطُّ تَساوي درجةِ الحَرارة الأرضيَّة (الباطنية)
isogonic (or **isogonal**) **line** (Geophys.) خَطُّ تَساوي الانحِراف المغنطيسي
isograd (*n.*) (Geophys.) خط تَساوي الحرارة والضغط
isograde (*adj.*) مُتساوي درجة التحوُّل
isohaline (Ocean.) خط تَساوي المُلُوحَة (في البحار)
isolant (*adj.*) عازِل • فاصِل
isolate (*v.*) عَزَلَ • فَصَلَ • أفرَدَ ـ استخلَصَ بالفَصل
isolated (*adj.*) مَعزُول • مُنعَزِل
isolating link (Elec. Eng.) وُصْلَةُ عَزْل
isolating tape شَريطٌ عازِل
isolating valve صِمامٌ فاصِل
isolation عَزْل • عُزْلَة ـ انفِصال • فَصْل
isolation block كُتلَةٌ عازِلَة
isolator (Elec. Eng.) عازِل • فاصِم

isomagnetic line (Geophys.) خَط تَساوي المغنطيسية
isomer (Chem.) أيسُومَر • مُماكِب : مُشاكِل يُماثِلُ آخَرَ في التركيب الكيماوي ويخالِفُه في الخَواص الطبيعية لاختلاف التشكُّل الجزيئي
isomerate (*n.*) (Chem.) ناتج الأَسْمَرة • مُماكِب كيماوي
isomeric (*adj.*) مُتماكِب • مُتجازِىء : مُتَساوي الأجزاء • تماكبيّ • أيسومري
isomerism (Chem.) أيْسُومِريّة : تماثُل في التركيب واختلافٌ في التشكُّل الجُزيئي
isomerization (Pet. Eng.) أسْمَرَة • مُماكَبَة • تكوين أو تكون المتماكبات الكيماوية
isometric (*adj.*) مُتساوي القياس • أيسومتري
isometric projection (Surv.) إسقاط أيسُومِتري
isometric system (Min.) نِظام المُكعَّبات
isometry (*n.*) تَساوي القِياس
isomorph (Chem.) بلّورة مُتشاكلة
isomorphic = **isomorphous** (*adj.*) مُتشاكِل • مُتشابِه البلّورة (مع اختلاف الأصل)
isomorphism (Chem.) التَّشاكُل • تماثُل الشكل البلّوري
isomorphous (*adj.*) (Chem.) • مُتشاكِل مُتَماثِل البَلّورة ـ مُتَشابِه الأجزاء
iso-octane (Chem.) أيسُو أوكتان : شَبيهُ (أو مُشاكِلُ) الأوكتان
isooctyl alcohol (Chem.) كحول الأيسُو أوكتيل
isopach(ous) map (Geol.) خريطة السُّمْكِ المتساوية
isopach(yte) = **isopachous line** (Geol.) خَط تَساوي سُمْك الطبقَة
isoparaffin (Chem.) أيسُوبَرافين • مُماكِبٌ برافيني
isopentane (Chem.) أيسُوبنْتان • مُماكِبٌ بِنْتانيّ
isopiestic (*adj.*) (Phys.) مُتساوي الضغط
isoprene (Chem.) أيسُوپْرين : وَحدةُ البَلْمَرة في بناء جُزيء المَطّاط
isopropyl alcohol = **isopropanol** (Chem.) كُحولُ الايسوبروپيل • أيسوپروپانول
isorad (Geophys.) خط تَساوي النشاط الإشعاعي : للطبقات الصخرية
isoseismal (*n.*) خط تَساوي الرَّجْفَة
(*adj.*) مُتساوي الرَّجفة
isoseismal line = **isoseism** (Geophys.) خط تَساوي الرَّجفة
isoseismic (*adj.*) مُتساوي الرَّجفة

isoseist (Geophys.) خط تزامُن الرَّجفة
isosmotic (*adj.*) (Phys.) مُتساوي الضغط الانتشاري (الازموزي)
isostasy (Geophys.) توازُنُ القِشْرَة الأرضيَّة
(Phys.) التَّضاغُطية : التعرُّض لضغطٍ مُتساوٍ من جميع الجهات
isostatic (*adj.*) (Phys.) مُتوازِن التضاغُط
isostatic readjustment (Geol.) إستعادَةُ توازُنِ القِشرَة الأرضيَّة
isostructural (*adj.*) مُتَشابِهُ التركيب
isoteniscope (Phys.) مِقياسُ ضَغط البُخار (للسوائل)
isotherm (Meteor.) خط التَّحارُر ـ خط تَساوي دَرَجة الحَرارة الأرضية
isothermal (*adj.*) (Chem.) • أيسوثِرمي • مُتَساوي درجةِ الحرارة • في درجة حرارةٍ ثابتة
(*n.*) خط التحارُر • خط تساوي درجة الحرارة الأرضية
isothermal change (Phys.) تَغيُّرٌ ثابتُ دَرَجة الحرارة
isothermal compression إنضغاط ثابِتُ درجةِ الحرارة
isothermal distillation (Chem. Eng.) تقطير ثابت درجة الحرارة
isothermal efficiency (Eng.) الكِفاية عند ثباتِ دَرَجة الحرارة
isothermal line (Phys.) خَط ثُبوتِ دَرَجةِ الحَرارة
(Geophys.) خط تساوي درجة الحرارة
isothermal transformation (Geophys.) تَحوُّلٌ ثابتُ دَرجة الحرارة
isothermic (*adj.*) (Phys.) مُتَساوي الحَرارة
isotonic (Chem., Phys.) • مُتَساوي التوَتُّر • مُتَساوي الضَّغط الأزموزي
isotope (Phys., Chem.) • نَظِير (أحدُ النظائر) مُتَماكِن : عنصر ذو رَقْم ذرّي مُماثِلٍ ووَزنٍ ذريّ مُخالِف
isotopic (*adj.*) نظائري : خاص بالنظائر العنصرية ـ مُتَماكِن : يَشغَل نفس المَكان (في الجَدول الدَّوري للعناصر)
isotopic abundance (Phys.) وَفْرَة النَّظائر
isotopic tracer (Phys., Eng.) كاشِفٌ (أو مُقتَفٍ) نظائري
isotropic (Phys.) مُوَحَّدُ الخَواص • سَوِيُّ الخواص (في جَميع الجهات)
isotropic medium وَسَطٌ مُوَحَّد الخَواص (في جَميع الاتجاهات)

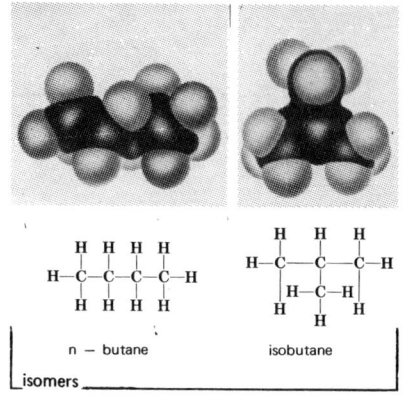

isotropic radiator (Eng.) مُشِعٌّ مُتَساوي البَث : في كل الجهات

isotropism = isotropy (Chem.)
تَساوي الخَواص (في كل الاتجاهات) • تَوَحُّد الخَواص

isotropy (Chem.) تَوَحُّد الخَواص

isovol (*adj.*) (Geol.) مُتَساوي فَقْد المُكَوِّناتِ المُتطايِرة

isovolumic (*adj.*) مُتَساوي الحَجم

issuance (*n.*) إصدار • بَثْق • إنبثاق

issue (*v.*) صَدَرَ • إنبثَق • إنتَشَر – نَتَجَ • أصدر • أنتَجَ – وَزَّع

(*n.*) إصدار • صُدور – ناتِج • مَخْرَج • مَنْفَذ – قَضِيَّة • مَوضوع

issue voucher قائمةُ تَسليم – مُستَنَدُ صَرف

isthmus (Geog.) بَرْزَخ

item صِنْف • فِقْرة • بَنْد • مُفْرَدَة • نَفْدة

itemize (*v.*) نَفَّدَ • عَدَّدَ البُنودَ أو الأصناف

itemized account بيان مُفَصَّل

iteration (*n.*) إعادة – شيءٌ مُعاد

ivory (*n.*) عاجٌ • لونٌ عاجِيّ

(*adj.*) عاجِيّ

ivory black أَسوَدُ العاج

I.V.P. (initial vapour pressure)
ضغط البخار **الأَوَّلي**

Izode (impact) test (Met.) إختِبارُ «آيْزُود» الصَّدْمِيّ

jetty

j

screw jack

hydraulic jack

jacinth = hyacinth (Min.) ياقوت أكهَب • سليكات الزرْكونيوم • زَرْقون
jack (Eng.) مِرفاع نَقّال • رَافِعةُ السيَّارة • (عِفريت)
(Elec. Eng.) مَقْبِس : مَقْبِسُ اتّصالٍ بين دارَتَين كهربائيتين
(*v.*) رَفَع بالمِرفاع
jack board (Eng.) لوحُ رفع : يَدعَمُ طَرَفَ ماسورة الحَفْر رَيثما تُوصَل بها وُصلَةٌ جديدة
jack bolt (Eng.) بُرغي ضَبْط
jack box (Elec. Eng.) صُندوقُ المَقابِس
jack engine (Mining) مُحرِّكٌ إضافي • مُحرِّكٌ مساعِد – مرفاع بخاري
jacket (Eng.) دِثار • غِلاف • قَميص
(*v.*) دَثَّر • غَلَّف
jacket, air (Eng.) غِلافٌ هوائي • دِثار هَوائي
jacket, cooling قَميصُ تبريد
jacketed cylinder أُسطوانةٌ مُغلَّفة (بقَميصٍ أو دِثار)
jacket, heating (Eng.) غِلافُ (أو دِثار) تَسخين
jacketing (*n.*) تَغليف • تَلبيس • تَقميص
jacket space (Eng.) حَيِّزُ الدِّثار • حَيِّزُ التَّغليف • حَيِّزُ التسخين
jacket, vacuum (Phys.) غلافٌ مُفرَّغ
jacket, water دِثار (تبريدٍ) مائي
jacket water cooling (Eng.) التبريد بدِثار مائي
jackhammer (Civ. Eng.) مِطرقة هوائية • نَقّابَة هوائية يدوية : آلة يدويةٌ لثَقب الصُّخور بالهَواء المَضغوط
jack, hand (Eng.) مِرفاعٌ يَدوي
jack-head pit (Civ. Eng.) بِئر داخليَّة
jack, hydraulic (Eng.) مِرفاعٌ سائلي (أو هيدرولي)
jacking point نُقطَةُ الرَّفع
jack-knife = pocket knife مُديَةُ جَيْب
jack-knife derrick (Civ. Eng.) بُرجُ الجَيْب : برجُ حَفْرٍ يَنطَوي
jack panel (Elec. Eng.) لَوحةُ مَقابِس
jack plane مِسحاجُ تَخشين
jack pumping system (Pet. Eng.) نظام ضَخٍّ مركزيّ : نظام ضَخٍّ للآبار قليلة العمق التي تدار مِضخاتها من وَحدةٍ مركزية
jack-screw (Eng.) مِرفاعٌ لَولَبي
jack, screw (Eng.) مِرفاع لَولَبي
jack shaft (Eng.) عمودُ إدارةٍ مُتَوسِّط
jack-staff سارِيةُ العَلَم (في السفينة)
jack stand (Eng.) حامِلٌ إنضباطي
jack, telescopic (Eng.) رافِعة مُتَداخِلة

jackhammer

jack well (Pet. Eng.) بِئر مركزيَّةُ الضخّ. إحدى الآبار القليلة العمق التي تُدار مضخاتها من وَحدة مركزية
Jacob's ladder (Naut.) سُلَّم حَبلي أو سِلكي • سُلَّم انطوائي : بين سطح السفينة والماء
Jacob's staff (Surv.) عصا يعقوب : عصا المَسّاح للتسديد على زاوية قائمة
jade (Geol., Min.) يَشْب • يَشْم : سليكات الكالسيوم والمغنسيوم غير المُتبلِّرة
jadeite (Min.) ألجَاديت : معدنٌ أخضر اللَّون قِوامُه سليكات الصوديوم والألومنيوم
jag (*n.*) نُتوءٌ حاد – سِن • فُرْضَة

jet

jet engine

jag (*v.*) ثلّم – سنّن • فرّض
jagged (*adj.*) مُثلَّم • مُفرَّض • مُسنَّن كالمِنشار
jagged rocks (Geol.) صُخور مُؤسَّلة (أو مُسنَّنة)
jam (*n.*) زَنْقَة • حَشْد • إزدِحام – عَرقَلَة • لَصَب • استِعصاء – تَشويش – مُرَبّى
(*v.*) زَحَم • زَنَق • حَشَر • عَرقَلَ – لَصِبَ • إنحَصَر – شَوَّش على
jamb = jamb post عِضادَةُ الباب أو النّافِذة
jam nut (Eng.) صَمُولَةُ زَنْق
jam riveter (Eng.) مِدْسَرةُ بِرشام : تعملُ بضغطِ الهواء
janitor بوّاب
japan (*n.*) (Chem. Eng.) وَرنيشٌ ياباني صقيل • وَرنيش الكوبال
(*v.*) دَهَن بورنيش الكوبال
Japan wax (Chem. Eng.) شَمعٌ ياباني
jar (*n.*) جَرَّة • مَرطَبان – صَرير • صَريف – رَجَّة
(*v.*) صَرَّ • صَرَفَ – ارتَجَّ • رَجَّ
jargon (or **jargoon**) (Min.) يَرْغُن : مَعدِنٌ أصفرُ شاحِب مُتبلِّر كالياقوت
jarring (*adj.*) مُتنافِر • [illegible]
(*n.*) صرير – قلقلة • إرتِجاج
jasper (Min.) يَشْب • يَشْم : مَرْوٌ مُلوَّنٌ أحمرُ أو بُنّي
jato (**jet-assisted takeoff**) إقلاعٌ معزَّز بالدَّفع النفّاث
jat-system (Pet. Eng.) جِهاز تشغيل الآبار ذات الإنتاج المتقطِّع
Javel water = eau de Javelle (Chem.) ماءُ «جافيل» : مَحلولُ كلوريدِ وهيبوكلوريت البوتاسيوم
jaw (Eng.) فَكّ • فكُّ الآلة
jaw breaker (Mining) كسّارة فكّية • كسّارةُ صُخورٍ ذاتُ فكّين
jaw clutch (Eng.) ظَرفٌ ذو لُقَم • قابِضٌ فكّي
jaw crusher (Mining) كسّارةٌ فكّية
jaw-grip (Eng.) قابِضَة فكّيّة
jeep (*n.*) عَرَبةُ جيب • سيّارةُ جيب
(Pet. Eng.) كائِنة مِكشافية : للكشف عن خلل التغليف في أنابيب الزيت
jel = gel (Chem.) جَلّ • غَرواني هُلامي القَوام
jelenite (Min.) جيلينيت : راتينج أحفوري مُستحجِر
jelflake (Pet. Eng.) بُشارةُ تهليم : تُضاف الى سائل الحفر
jell (*v.*) تَهلَّم : صار هُلامِيَّ القَوام
jellied (*adj.*) مُهلَّم • مُحوَّل الى هُلام
jellify (*v.*) حوَّل أو تحوَّلَ الى هُلام
jelloid (*adj.*) جلاّني • هُلاماني
jelly هُلام • جيلاتين
jellying (*n.*) تهلُّم • هَلْمنة : تحويل أو تحوُّل الى جل
jelly-like (*adj.*) هُلامي • جيلاتيني
jelly, petroleum (Chem. Eng.) هُلامُ النِّفط • الفازلين
jemmy = jimmy (Eng.) عَتَلة صغيرة • مُخلّ صغير
Jena glass (Chem. Eng.) زجاج «يينا» : زجاجٌ صامِدٌ للكيماويات
Jenkin's cracking process (Pet. Eng.) طريقة «جِنكِنز» لتكسير النفط
jenny مُولِّد كهربائي نقّال – دُولابُ الغَزْل
jeopardize (*v.*) عرَّضَ للخطر • جازَفَ (ب)
jerk (*n.*) رَجْفَة • نَخْعَة • هزَّة • رجّة
(*v.*) نَخَعَ • فَتَلَ أو لَوَى فجأة – رَجّ • رَجَفَ • إنتفض
jerk-pump (Eng.) مِضخّةُ حقنٍ مُوقوتة : لضخ الوَقود
jerky (*adj.*) مُرتَجّ • مُنتَخِع • إرتعاشي
jerry-building بِناءٌ رَخيصٌ رَكيك
jerry can = jerrican صَفيحة لحَمل البترول
jet (Eng.) انبثاق • تدفُّق – نافورة • مِنفَث • نضّاحة
(Min.) سَبَج • كهرمان أسود
(*v.*) إنبثَقَ • تدفّق • نَفَثَ بقوّة
jet aircraft طائرة نفّاثة • نفّاثة
jet-assisted takeoff (jato) إقلاعٌ مُعزَّز بالدَّفع النفّاث
jet bit (Civ. Eng.) لُقمةُ ثقبٍ بمِنفَث – مِثقَب (صُخور) نَفثيّ • مِثقَبٌ نفّاث
jet black أسودُ حالِك
jet cleaning (Eng.) التنظيف النافوري
jet compressor (Eng.) ضاغِطٌ نافوري
jet condenser (Eng.) مُكثِّفٌ نافوري (للتبريد السريع)
jet dredger (Civ. Eng.) كرّاءة نفّاثة
jet-drilling (Civ. Eng.) حَفْرٌ نَفثيّ : حفر سريع بنَفثِ اللهب داخل الثقب الصخري
jet engine (Eng.) مُحرِّكٌ نفّاث
jet fuel وَقودُ النفاثات • وَقودُ المحرّكات النفّاثة
jet hopper (Pet. Eng.) قادوس نفّاث : لإضافة المواد الصّلبة الى دورة سائل الحفر
jet mixing (Pet. Eng.) مَزجٌ بالنَّفث • المزج النافوري
jet mole (Pet. Eng.) خُلدٌ آليٌّ نافوري : لتنظيف داخل الأنابيب
jet-moling (Pet. Eng.) تنظيف (داخل الأنابيب) بالخُلد النافوري
jet nozzle فُوّهةُ النافورة
jet orifice فُتحةُ المِنفَث
jet perforator (Eng.) ثاقِبة نافوريّة
jet petrol (Pet. Eng.) بترول النفاثات
jet piercing (Civ. Eng.) حَفْرٌ نَفثي : حفر أو ثقب بالنفث الحراري
jet piercing blowpipe حِملاج الحفر النفثي
jet piercing machine (Civ. Eng.) مَكَنةُ الحفر النفثي
jet pipe (Eng.) أنبوب نفّاث : يوصِل الغازات المُنصرفة الى فُوّهة النَّفث
jet plane طائرةٌ نفّاثة
jet propellant (Pet. Eng.) وَقودُ الدَّفع النفّاث
jet-propelled (*adj.*) نفّاث : مُسيَّر بالدفع النفّاث
jet propulsion (Eng.) دَفعٌ نَفثيّ • دَفعٌ نافوريّ
jet pump (Mech. Eng.) مِضخّة نافوريّة
jetting (*n.*) حَتّ • تأكُّل • سَحْج • نَفْث • دَفق
(Civ. Eng.) تَغطيسُ الرَّكائز بالنفثِ الهوائي
(Pet. Eng.) إمالة الحفر بالنفث : بتوجيه نافورة طينية في الاتجاه المطلوب
jetting, abrasive (Civ. Eng.) ثَقبٌ بالسَّحج النَّفثي : حَفْر بنافورة تحمل مادة ساحِجة
jetting out (Civ. Eng.) نُتوء • بُروز
jettison (*v.*) طَرَح (جزءًا من الحُمولة)
(*n.*) طَرْحُ جُزءٍ من الحُمولة في البحرِ عند الخَطَر
jet turbine (Eng.) تُربين نافوري • عَنَفَة نفّاثة

jetty

jetty رَصيف مَرفَئي: رصيف مُمتَدٌّ في البحر • حائلُ أمواج • كَلاَّء

jetty, landing رَصيفُ إنزال

jetty sales مَبيعاتُ رصيف الميناء

jewel جَوهرة

jewel-bearing oil زيتُ مَحامِل الساعات

jib (Eng.) ذِراعُ المِرفاع

jib-crane (Eng.) مِرفاعٌ ذراعِي

jib legs (Eng.) قَوائمُ المِرفاع الذِّراعي

jig (*n.*) (Eng.) دليلُ تَشغيل • مُوَجِّه

(Min.) غِربالٌ آليّ (لتنقيةِ الخامات)

(*v.*) وَجَّه أو ضَبَطَ بدَليلِ تَشغيل – هَزَّ • خَضخَض

jigger (*n.*) غِربال آلي

jigging (Mining) فَصْل الخام (أو تركيزُه) بالخَضْخَضَة

jigging screen (Mining) غِربال هزَّاز

jiggle (*v.*) تَهزْهز • تَقَلْقَل

jig pump (Eng.) مِضَخَّة نقَّالة لِلدَّفق القَسْري

jig table مِنْضَدة هزَّازة • غِربال هزَّاز

jig welding (Elec. Eng.) لِحامٌ دَرْزِيٌّ مُستَمِر

jib crane

jim-crow (Eng.) حانِيةُ قُضبان

jimmy (Eng.) عَتَلَةٌ صَغيرة • مُخْل

jinny (Eng.) عَرَبةُ مِرفاعٍ نَقَّالِيَّة

jitney (Pet. Eng.) عربة نقل صغيرة • صنبور أرخميدي (لنقل الصلصال المستعمل في تنقية الزيت)

jittery (*adj.*) مضطرب

job (*n.*) عَمَل • وَظيفة • شُغل • واجِب • شغلة : قطعة شغل

(*v.*) قاوَلَ • أعطَى (العملَ) مُقاوَلَةً • استَغَلَّ مَصلَحةً عامَّة لشَخصِه

jobber (*n.*) عامِل بالمُقاطَعة أو بالمَقطُوعيَّة

job description وَصْفُ الشُّغلة أو الوظيفة • مُواصَفَةُ العَمَل

job engineering تنظيم الشُّغل

job evaluation تَقويمُ العَمَل أو الوظيفة

job lot صُبْرة : سِلَعٌ مَبيعةٌ بالجُملة

job placement تَوزيعُ الشُّغل على العُمَّال

job sheet قائمةُ مَراحِل العَمَل

job shop مَشْغَلٌ يَعملُ حَسَبَ الطَّلَب

job site وَرشةُ عمل – مَوقع الشُّغل

job training التدريب على العَمَل

job work شُغلٌ بالقِطعة

jockey (pulley) (Civ. Eng.) دارَةٌ شَدَّادة • بكَرةُ شَدّ

jockey (wheel) (Civ. Eng.) عَجَلَةٌ شَدَّادة • دارة شَدَّادة (تَشُدُّ الكبلَ عند مَدِّه)

jog (*v.*) هَزَّ أو دَفَعَ برِفق • اهتَزَّ • تذبذب

(*n.*) هَزَّة أو دَفعة خَفيفة – نُتوءٌ أو انحِسارٌ طفيف

Johnson bar (Pet. Eng.) مِكبَحُ «جونسون» : قضيب كبح يُثبَّت في مِنصَّة بُرج الحفر

join (*v.*) وَصَلَ • رَبَطَ • جَمَعَ • ضَمَّ – التَحَق (ب) • إنضمَّ إلى

joiner (*n.*) نَجّار • نجّارُ تركيب – رابِط

joinery نِجارةُ التَّركيب • نِجارة • أشغالٌ خَشَبيَّة

joining pin مِشْبَك • دَبّوس وَصْل

joint (*n.*) مَفْصِل • وُصْلَة • عُقْدة • تَعشيقة • تَوصيلة

(Geol.) فَلْق • شَقّ • فاصِل

(*v.*) وَصَّلَ • وَصَلَ • رَبَطَ – فَصَّلَ • قطَّع

(*adj.*) مُوَحَّد • مُشتَرك

joint account حِسابٌ مُشتَرك

joint, ball and socket وُصلة كُرَوية حُقِّية

joint bolt (Eng.) مِسمارُ وَصل

joint, butt وُصلة تناكُب • وُصْلَةٌ بالتعشيق أو التَّلسين

joint committee لَجْنةٌ مُشتَرَكة

joint communiqué بَلاغٌ مُشتَرك

joint company شركة تضامُن

joint connection تَوصيل مُشتَرك

joint demand طلب مترابط

joint, dovetail وُصْلَة غِنفارِيَّة

jointed (*adj.*) ذو وُصَل • ذو مَفاصِل • مُتَمَفْصِل

(Geol.) مُنفَصِل • مُنفَلِق

joint efficiency (Eng.) كِفايةُ الوُصلة (المُبَرْشَمَة أو المَلحومَة)

jointer (Civ. Eng.) مِسَجَّة • مِلعَقَةُ البنَّاء

joint, expansion (Eng.) وُصلة تمَدُّدِيَّة

joint filler (Civ. Eng.) حَشو مَفصِلي : للوُصلات التمدُّدية المُتاكِبَة

joint, flexible وُصلَةٌ مَرِنَة

joint grease شَحْمُ وُصْلات

jointing = joints (Geol.) فواصِل : سُطوح فاصِلة بينَ الصُّخور (عمودية أو مائلة)

(Eng.) مَفاصِل – تمفصُل • إنفصال

jointing compound مُرَكَّبُ حَشْو (لِمَنْعِ التسرُّب)

jointing gasket (Eng.) حَشِيَّةُ وَصْل

jointing plane (Geol.) مُستوى الانفصال

joint, inserted وُصلة مُقْحَمَة (لِمَنْع التسرُّب بين شِفاه المَواسير)

joint, insulating (Elec. Eng.) وُصلة عازِلة

joint interest مَصْلَحَة مُشتَرَكة

joint, leak-proof وُصلة مَسيكة

joint liability مَسؤولية جَماعِيَّة

jointly and severally (*adv.*) بالتكافُل والتضامُن • مُجتمعين ومنفردين

joint make-up loss (Eng.) فَقْدُ الوَصل : مقدار نقص الطول بتداخُل لولبة الوُصلة

joint, oil-tight وُصلة كَتيمة للزَّيت

joint operating agreement اتفاقية استِثمار مُشتَرَكة

joint pin مِسمارٌ مَفصِلي

joint report تَقرير مُشتَرك

joint responsibility مَسؤولية مُشتَرَكة

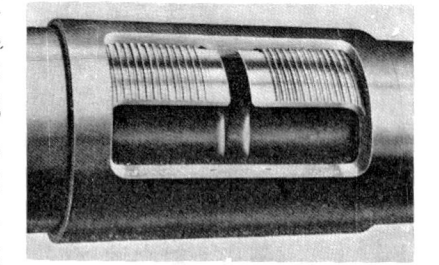

casing and tubing joint

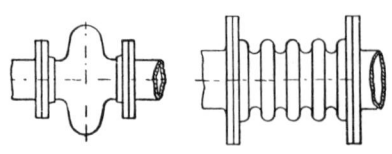

expansion joints

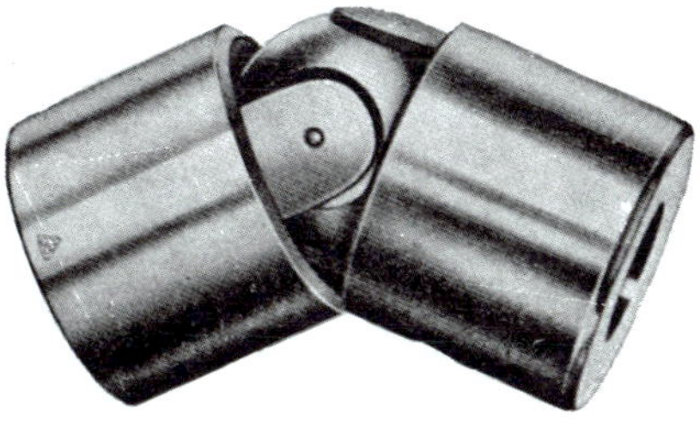

JUX
239

juncture plane (Geol.)	مُستوى الاتّصال
juniper oil (Chem.)	زيتُ العَرعَر
junk	نَفْط ، نُفاية ، مُخلَّفات بالية
junk basket	سلَّة النُّفايات
junk bit (Pet. Eng.)	لُقمة تعزيل (لرفع بقايا عملية الحفر)
junked hole (Pet. Eng.)	بئر مَهجورة ، حَفيرة مُهمَلة
junk retriever	مُستَعيد النُّفايات : خطُّ تربيط النُّفايات المَضخوخة
junk ring (Eng.)	حَلقة إحكام الخَشو
Jurassic formation (Geol.)	مُكوَّن أو تكوين جُوراسي
Jurassic period	العَصر الجُوري أو الجُوراسي
Jurassic system	صخور العَصر الجوراسي
jurisdiction	سُلطة قانونية ، قضاء – اختصاص ، صلاحية القضاء
jury strut (Civ. Eng.)	قائم انضِغاط مُؤقَّت
justifiable (adj.)	مُمكِن تبريره ، مُسوَّغ
justification (n.)	تبرير ، تسويغ ، مُبرِّر ، مُسوِّغ
jut (out) (v.)	نَتَأ ، بَرَزَ
(n.)	نُتوء ، بُروز
juto	الجُوت ، لِفُّ القِنَّب
jutty (Civ. Eng.)	جزءٌ ناتئٌ (من مَبنى)
juvenile (adj.)	فَتيٌّ ، خاصٌّ بالأحداث
(Geol.)	حديث النشأة ، وَليد ، صُهاري : مُندفِع الى سطح الأرض مع المقذوفات البركانية
juvenile gas	غاز وَليد ، غاز صُهاري
juvenile water = magmatic water (Geol.)	ماءٌ وليد : مياه صَهيرية : تَخرُج الى سطح الأرض مع مقذوفات البراكين
juxtaposition (n.)	مُقارَبة ، تَجاوُر ، تجانُب

journal bearing (Eng.)	مَحمِل مَقعَدِ العمود
journal box (Eng.)	صُندوق المُرتَكَز
journal compound	مُركَّب تشحيم المُرتكَزات
journey log book	سِجِل (رحلات) السفينة
journey man	عامِل مُياوِم
J.P.M. (jet piercing machine)	مَكنَة الحفر النفثي
judicial department	دائرة قضائية : يعود اليها تفسير القوانين وتطبيقها
jug (n.)	إبريق
juggler (Civ. Eng.)	زافِرة ، شِكال دَعم
juice	عَصير ، عُصارة
juicy (adj.)	كثيرُ العُصارة – مُربِح
jumb (adj.)	ضخم جدًّا
(n.) (Eng.)	حفَّارة نَقَّالية ، عَربةُ حَفر
jumble (v.)	شَوَّش ، خَلَّط
(n.)	خَليط ، مَزيج مُلتَبِك
jump (v.)	قَفَزَ ، نَطَّ
(n.)	قَفزة ، نَطَّة
(Pet. Eng.)	طَفرة : الفرق بين التقدير الأكتاني للوقود في حالَتَي الشَغل الخفيف (بسُرعة معتدلة) والشَّاقَ الثقيل
jump drilling (Civ. Eng.)	حَفرٌ كَبلي ، الحفر القفَّاز
jumper (Elec. Eng.)	وَصلة تَخَطٍّ ، وُصلة عُبور
(Civ. Eng.)	قضيب حَفر قفَّاز
jumper-cable (Elec. Eng.)	كَبلُ عُبور ، كَبلُ تَخَطٍّ
jump-in (Eng.)	توصيل التخطِّي : إضافة وُصلةٍ الى خط الأنابيب قبل انتهائه
jumping	قَفزٌ ، وُثوبٌ – انبِثاق الشَّرارة
jumping-up = upsetting	الفَلطحة بالطَّرقِ على الساخن
jump-over (n.)	تَخَطٍّ : تَقاطُع أو عُبور على مُستوى فَوقي
(Eng.)	وَصلةُ التخطِّي ، وَصلة تَخَطٍّ
jump-over line (Pet. Eng.)	أنبوب التخطِّي
jump spark ignition (Eng.)	الاشعال بقَفز الشَّرارات
jump spark system (Eng.)	نظام صَدّ الشَّرر
junction (n.)	مكان الاتصال ، مَوصِل ، توصيل ، إتصال
junction box (Elec. Eng.)	صُندوق توصيل ، عُلبة التوزيع
junction pipe	ماسورة توصيل
junction plate	صَفيحةُ وَصل
junction point (Surv.)	نُقطة توصيل
juncture	وَصل ، وُصلة ، إتّصال ، تَفرُّع ، مَفصِل – ظَرف ، فَترة حاسِمة

joint, slip	وُصلة زالِقة
joint, soldered	وُصلة مَلحومة
joint stock	رأسُ مالٍ مشترك – حِصص (في شركَة)
joint stock company	شركة مُساهمة ، شركة مُحاصَّة
joint strength (Eng.)	مَتانةُ الوُصلة (أو المَفصِل)
joint supply	عَرضٌ مُتلازِم أو مُشترَك
joint surface	سطحُ الوَصل
joint, universal (Eng.)	وَصلةٌ عامَّةُ الحَرَكة
joint venture	مَشروع مُشترك : ينطوي على المغامرة
joist	رافِدة ، جائز ، أوجَحُ من الخَشَبِ الثَّمين
Jolly balance (Chem. Eng.)	ميزان «جُولي» : لقياس الوزن النوعي بمقارنة الوزن في الماء والهواء
Jolly's apparatus (Chem. Eng.)	جهاز «جُولي» : للتَّحليل الحَجمي للهواء
Jolly's steam calorimeter (Phys.)	مِسعَر «جُولي» البُخاري : لقياس الحرارة النوعية لجسم من كمّية البُخار المُتكاثِف منه
jolt (v.)	رَجَّ ، هَزَّ ، خَضخَضَ ، إرتَجَّ
(n.)	رَجَّة ، خَضخَضة ، هَزهَزة
jolting machine	مَكنة رَجرَجة ، غِربال آليٌّ
jolt-ramming (or ram) machine (Eng.)	مَكنة دكٍّ بالرَّجّ
joule (Phys.)	جُول : وَحدة قياس للطَّاقة (تُساوي ۱۰ ملايين إرغ)
Joule effect (Elec. Eng.)	ظاهرة «جُول» : توَلُّد الحرارة في جِسمٍ مُقاوِم عند مرور التَّيار الكهربائي عَبرَه
Joule's equivalent (Phys.)	مُكافئ «جُول» : الكالوري مُكافِئهُ لـ ٤٫١٨ جول
journal (n.)	جَريدة ، دفتر اليومِيَّة – مُرتَكَز
(Eng.)	مَقعَدةُ العَمود ، مِبرَم ، مُرتَكزُ العَمود ، جَريدةُ العَمود

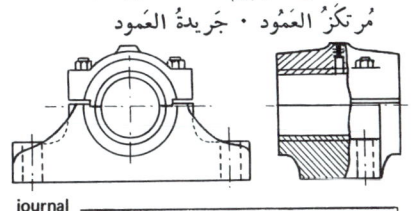

universal joint

journal

jump drilling

k

kelly

kainite (Min.) قَيْنيت : خامٌ من سُلفاتِ المغنسيوم المائية الممزوجةِ بكلوريدِ البوتاسيوم

Kainozoic (**Cainozoic** or **Cenozoic**) **era** (Geol.) الدَّهرُ الحَديث • حُقب الحياة الحديثة

kakol (Chem. Eng.) كاكُول : مزيج قَطراني راتينجي يُضاف الى المطَّاط الاصطناعي

kali (Chem.) قِلْي • بُوتاس

kalinite (Min.) كَلينيت : سُلْفاتُ البوتاسيومِ والألومنيوم المائية

kalium = potassium (**k**) (Chem.) البوتاسيوم • القالْيُوم

kalium hydroxide = potassium hydroxide (Chem.) هيدروكسيد البوتاسيوم

kalomel = calomel كالُومِيل : كلوريد الزئبقوز

kame (Geol.) كَيم : تلٌّ زُكامي • كَثيب مُنعزل من الرواسبِ الرَّمْليَّة والحَصَويَّة

kaolin(e) = china clay (Geol.) كَاوْلين : طَفَل الخزف الصيني

kaolinite (Min.) كاولينيت : كاوْلين نَقِيّ : سليكات الألومنيوم المائيَّة

kaolinization (Geol.) كَوْلَنَة • تَغَضُّر

kapok (Bot.) قابوق • قُطْن كاذِب

kapok oil زيت القابوق

kaput (*adj.*) مُعَطَّل • مُدَمَّر تَماماً

karat = carat قيراط : وَحْدةُ وَزْنٍ تُعادل خُمْسَ الغرام

karst (Geol.) كَارْست : مِنْطَقَةُ أحجار جيريَّةٍ ذاتُ مَجارٍ جَوفيَّة

kascade (or **kaskade**) **contractor** (Pet. Eng.) مُلامِس تعاقُبِيّ

kascade plates (Pet. Eng.) صفائحُ تعاقبية

katabolism = catabolism (Biol.) إنتقاض • هَدْم

kataclastic (or **cataclastic**) **structure** (Geol.) بِنْية تَهَشُّمِيَّة

katagenesis (Geol.) تَطَوُّر عَكسِيٌّ أو رَجْعِيّ

katalysis = catalysis (Chem. Eng.) حَفْز

katamorphism (Geol.) تَحَوُّلٌ هَدْميّ (يُقَلِّل من ارتفاع سطح الأرض)

katharometer (Chem. Eng.) كاثارومتر : مِحْلال الغازات (عن طريق قياس التَّوصيلة الحَراريَّة لها)

kathode = cathode كاثود • مَهْبِط • قُطْبٌ سالِب

kauri-butanol value (Pet. Eng.) القيمة الكاوْرِيبيوُتانوليَّة : لتقدير قدرة الإذابة النسبية للمذيبات الهيدروكربونية

kauri gum (Chem.) صَمْغ الكَاوري : يُستعمل في صُنْع الورنيش

K-degrees دَرَجاتُ حرارةٍ بمقياس «كَلْفِن»

keel (Naut.) رافِدَةُ القَصّ • صالِبُ القاعِدَة • أرينَة ـ سفينة نقل مُسَطَّحة القعر

(*v.*) قَلَبَ أو انقلَب رأساً على عَقِب

keelage رَسْمُ الرسُوّ ـ حقٌّ استيفاء رُسومِ الرسو في ميناء

keeled ornamentation (Geol.) زَخرفة حيُودية

Keene's cement (Eng.) مِلاطُ «كِين» : السَّريعُ التَّصَلُّب

keep (*v.*) حَفِظَ • احتَفَظَ (ب) • صانَ ـ داوَم

keeper (*n.*) حافِظ • حارِس • قَيِّم

(Elec. Eng.) حافِظَة • حافِظة مغنطيسية

keep plate (Eng.) لَوحةُ توجيهٍ مِحْوَري

keeps (Mining) كتائِفُ دَعْم

keg بِرميل خشبي (سَعته حوالى ٤٥ لترًا)

kelley = kelly (or **kelly bar**) (Civ. Eng.) عَمود الحَفْر المُضلَّع • جذع الدوران المُضلَّع في آلة الحَفر

(Pet. Eng.) عمود حَفْر مُضلَّع • عمود «كِيلي»

Kellog cracking process (Pet. Eng.) طريقة «كِيلُوج» لتكسير النفط

kelly bushing (Eng.) جُلْبَة عمودِ الحفر المضلَّع

kelly cock = kelly stopcock (Pet. Eng.) مِحْبَس عمودِ الحفر المُضلَّع: لمنع التدفق عبره

kelly, hexagonal (Pet. Eng.) عمود حفرٍ سُداسِي التضليع

kelly hole (Pet. Eng.) ثَقب (مُرورِ) عمود الحفر المُضلَّع

Kelly pressure filter (Eng.) مُرشِّح «كِيلي» الضغطيّ

kelly bushing

kelly stopcock (Pet. Eng.) محبس عمود الحفر المُضلَّع

kelly wiper (Pet. Eng.) مَسَّاحةُ عمود الحفر المُضلَّع

kelp (*n.*) كِلْب ・ عُشبُ البَحر ـ رَماد عُشب البَحر

kelp-shore الشاطىء المغمور : بين أقصى مُستوَيي المَدّ والجَزر

kelson = **keelson** رافِدَة طُولانيَّة (في قعر السفينة)

Kelvin scale (or **Kelvin's absolute scale of temperature**) (Phys.) ميزان «كلفِن» بالدرجات المُطلَقَة (صفره يساوي ـ٢٧٣° سنتغراد)

Kelvin sounder (Ocean.) مِسبارُ الأعماق (لِ) «كلفِن»

kemsolen (Pet. Eng.) كِمْسُولِن: هيدروكربون نفثينيّ يُستقطر بين ٢٩٠ ـ ٣٠٠° مئوية

kennel coal (Mining) فحمٌ وقَّاد

kentledge (Civ. Eng.) صابورة مُوازِنة : من نُفايات الحديد وغيرها

kenyte (Geol.) كِينايت : صَخر بُركانيٌّ دقيقُ الحُبَيبات

kerabitumens (Pet. Eng.) : كيرابتيُومينات مواد قِيرية عُضوية لا تذوب في المذيبات العاديَّة

kerb = **curb** = **kirb** (Civ. Eng.) حافَّةُ الطَّريق ・ حافَّةُ الرَّصيف ・ أُطروف

kerf (*n.*) قطعُ المِنشار ـ ثَلْم ・ فُرْضَة ـ طين مُعالَج بالرَّماد لِصُنع القِرميد

kermesite (Geol.) قِرمِزيت : أنتيمونٌ طَبيعي

kernel (*n.*) نَواة ・ عَجَمة

kernite (Min.) كِرنيت : مادةٌ بلَّورية شفّافة (تُعتبر من مصادر البورَق)

kerogen (Pet. Eng.) كِيروجين ・ قارُ الصُّخور الصَّفائِحيَّة ・ قارُ الطَّفَل الزَّيتي

kerosene coal (Mining) شِسْتٌ زيتي ・ صخر لوحيٌّ زيتي

kerosene distillate (Pet. Eng.) قُطارة كيروسينيَّة

kerosene shale (Pet. Eng.) طفَلٌ زَيتيٌّ
(Mining) شِست حُمَري أو قيري

kerosene treating unit (Pet. Eng.) وَحدةُ مُعالجة الكِيروسين

kerosine = **kerosene** = **paraffin** (or **lamp**) **oil** (Chem.) كِيروسين ・ كاز ・ زيتُ البَرافين

kerosine distillate (Pet. Eng.) القُطارةُ الكيروسينية : المُقتطَعُ البترولي الذي تُستخرج منه أنواع الكيروسين المختلِفة

kerosoline (Pet. Eng.) كيروسُولين : بنزين كيروسيني

kerving (Mining) قَطعٌ جانبي

ketene (Chem.) كِيتين : غازٌ سام يُحضَّرُ بانحلال الأسِيتون

ketone (Chem.) كِيتون : مُركَّبٌ عُضوي يُحضَّر بأكسَدَةِ الكُحولات الثَّانوية

ketone dewaxing (Pet. Eng.) فَصلُ الشمع بالكِيتون : فصل الشمع عن الزيت بالمُذيبات الكيتونية

kettle (*n.*) غلاَّية ・ قِدْرُ صَهر : تُصهَر فيها بعضُ المواد ذات دَرَجاتِ الذَّوبان المُنخفِضة

kettle (hole) (Geol.) قِدْرة جليديَّة

key (Eng.) مِفتاح ـ دليل ـ خابُور ・ وَتَد
= **quay** ・ رَصيف بحري (أو نهري) رَصيف تحميل
(*adj.*) جَوهَري ・ رَئيسي ・ مُهِم
(*v.*) وَصَّل ـ ثبَّت

keyage عَوائدُ أو رُسوم رَصيف التحميل

key bed (Eng.) مَجْرَى الخابور ـ
(Geol.) طَبَقَة دليليَّة ・ طَبَقة دالَّة

keyboard (*n.*) (Eng.) لَوحةُ المَفاتيح

key (card) punch ثقَّابة بِطاقات

key components (Pet. Eng.) المُقوِّمات الرئيسيَّة

keyed (*adj.*) ذُو مَفاتيح ـ مُكَيَّفٌ وِفقاً لِشيءٍ آخر

key fractions (Pet. Eng.) الأجزاء (أو المقتطَعات) الرئيسة

key gauge مُحدِّد قِياسِ الخابُور ومَجْراه

key hole ثَقْبُ المِفتاح

key horizon (Surv.) أُفق إسناديّ
(Geol.) أُفقٌ (مُستوًى طبقيٌّ) دليليّ

key industries صِناعاتٌ رئيسية

keying (Eng.) التَّوصيلُ بِخابور

key plan خُطَّة رَئيسيَّة

key ring حَلْقَةُ التثبيت

key rock (Geol.) صخر دليلي

key seat(ing) (Eng.) مَقْعَد الخابور

key sector قِطاعٌ رئيسي

key, sunk (Eng.) خابُور غاطِس

key switch (Elec. Eng.) مِفتاحٌ كَهربائي بِذراع

keyway (Eng.) مَجرَى الخابور

key well (Pet. Eng.) بِئر التَّغذِيَة : بِئر رئيسيَّة يُضخُّ منها الماء الى قاع الطبقة النفطية فيعزِّزُ انتاجَ الآبار الأخرى

key word كَلِمةٌ دَليليَّة

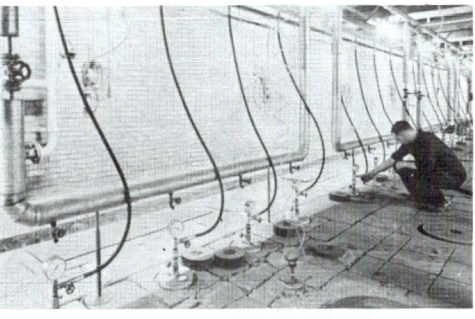

key wrench (Eng.) ذِراعُ زَنْق الخابور

kibble (Eng.) قادُوس

kibbler (Eng.) كَسَّارة ・ جَرَّاشَة

kick (*n.*) رَكْلَة ・ رَفْسَة ـ ارتداد ـ ارتجاج
(*v.*) رَكَلَ ・ رَفَسَ ・ لَبَطَ ・ دفَعَ

kick-back (Eng.) إرتداد ـ رَكْلَة أو رَفْسَة مُضادَّة

kicker (Pet. Eng.) مُرْكَل : فُتحة ادخالِ المِكْشَطة الى أنبوب النفط

kicker-board method (Pet. Eng.) طريقة الحفر بالدقّ

kick-out lever (Eng.) ذِراعُ تحريك (للتَّعشيق أو لِفَصْله)

kick up (*v.*) (Pet. Eng.) عَزَّز ـ رفع الرقْمَ الأوكتانيّ

kidney ore (Min.) رِكاز كُلويّ (من الهيماتيت)

kieselguhr (Min.) كيسِلغر : تُرابٌ نُقاعي (دِياتومي)

kieserite (Min.) كِيزِريت : سُلْفاتُ المغنسيوم المائية

kieve = **dolly tub** (Mining) حَوضٌ خشبي لِغَسْل الخامات

kill (*v.*) قَتَلَ ـ هَدَّأ ・ عَطَّلَ ・ أَوْقَفَ
(Pet. Eng.) أخمَدَ (ثَوَرانَ البئر)

killed lime (Chem.) جِيرٌ مُطْفأ

killed steel (Met.) صُلْبٌ مُخمَّد : فولاذٌ مُختزَل كُلِّيّاً قبل الصَّب

killing (Pet. Eng.) إخمادُ أو تعطيل البئر
(Eng.) اختزالُ الأكسيد (قبلَ اللِّحام بالنُّحاس)
(Civ. Eng.) صَمُّ عُقَدِ الخشَب الصَّمْغي (مَنعاً لِلنَّز بعدَ الدِّهان)

killing of dunes (Geophys.) إخماد الكُثبان

kiln (*n.*) أتُون ・ فُرْن ・ تَنُّور ・ قَمِين
(*v.*) جفَّف في أتُون

kilocalorie (or **kilogram calorie**) (Eng.) كِيلُوكالوري ・ سُعْرٌ كبير : ألف كالوري

kilocycle per second (Elec. Eng.) كيلودَوْر في الثانية

natural gas top-fired kiln

kilogram(me)	كيلوغرام	
kilogram-meter (or kilogram meter) (Eng.)	كيلوغرام متر : وَحْدَةُ شُغْل	
kilohertz (Elec. Eng.)	كيلوهِرْتْز ، كيلوسيكل في الثانية	
kilojoule (Eng.)	كيلوجُول : ألفُ جُول	
kilo-line = kiloline (Elec. Eng.)	كيلو خَط ، كيلو لاين ، ألف مكسويل	
kilo-litre (or kiloliter)	كيلو لتر ، ألفُ لتر ، مترٌ مُكَعَّب	
kilometre (or kilometer)	كيلومتر	
kiloton	كيلوطُن ، ألف طُن	
kilovolt (Elec. Eng.)	كيلو فُلْط ، ألف فُلْط	
kilowatt (Elec. Eng.)	كيلو وَاط ، ألف واط	
kilowatt-hour (kwh, kwhr) (Elec. Eng.)	كيلو واط ساعة	
kilowatt-hour meter (Elec. Eng.)	عَدَّادُ الكيلو واط ساعة : عَدَّاد الطَّاقَة بالكيلو واط ساعة	
kilter (n.)	حالةٌ جَيِّدة ، سَيْرٌ مُنْتَظِم	
kim shale (Geol.)	طَفَل صَفْحيٌّ قِيريّ	
kindle (v.)	أَشْعَلَ ، أَضْرَمَ ، اشْتَعَل ، اضْطَرَم	
kindling temperature (Chem. Eng.)	دَرَجَةُ حَرَارَة الاشتِعال	
kindly ground (Mining)	أرضٌ مُواتية لوُجُود الخام	
kindred igneous rocks (Geol.)	الصُّخور النارِيَّة المُتقارِبة	
kinematic (adj.)	حَرَكِيٌّ ، كينِماتي ، خاصٌّ بالحَرَكَة المُجَرَّدَة	
kinematics = mechanics (Phys.)	الكينَماتيكا : عِلمُ الحَرَكَة المُجَرَّدَة	
kinematic viscosity	اللُّزوجَة الكِينِماتِيَّة ، اللزوجة الحركية	
kinematic viscosity, coefficient of	مُعامِل اللزوجة الكِينِماتيَّة : ناتِجُ قِسمةِ اللزوجة المطلقة للمائع بالسِّتي پويز على وزنه النوعي في درجة الحرارة المُحَدَّدة	
kinetic (adj.)	حَرَكيّ ، مُوَلِّدٌ للحَرَكَة	
kinetic energy (Phys.)	طاقة الحركة ، طاقة حَرَكيَّة	
kinetic friction (Mech.)	احتِكاك حَرَكيّ	
kinetic head (Hyd.)	طاقة حَرَكِيَّة (في وَحْدَةٍ الوزن من السائل)	
kinetic oiliness testing machine (Eng.)	مَكِنة اختبار الزيتيَّة الحَراكية	
kinetics (Phys.)	الكينيتيكا ، علمُ الحَرَكَة : دِراسَةُ أثرِ القُوَّة في حركةِ الأجسام	
kinetic theory of gases (Phys.)	النظريةُ الحَرَكيَّة للغازات	
king-bolt (Eng.)	المِسْمارُ الرئيسي	
king lever	ذِراعٌ رئيسي	
king-pin = swivel pin (Eng.)	المِسْمارُ الرئيسي (لِمِحْوَر دَوَران العَجَلة)	
king-post (Civ. Eng.)	دعامةٌ رئيسية ، عَضُدٌ رئيسي (في سقفٍ مُسَنَّم)	
king-rod (Civ. Eng.)	الذِّراع الرئيسية (لِمَنْع الارتِخاء أو الهُبوط)	
Kingston valve (Naut.)	صِمام «كنغستون» لادخالِ ماء البَحْر الى مِضَخَّات السفينة	
king tower = crane tower (Eng.)	بُرج المِرفاع	
king valve (Eng.)	صِمام عَمُودي	
kink (n.)	عُقْدة (في حَبْلٍ أو سِواه) ، لَيَّة ، فَتْلَة	
(v.)	لَوَى ، عَقَد ، إِلْتَوى ، تَعَقَّد	
kink-plane (Geol.)	مُستوى الثَّني الحادّ	
kinsh	عَتَلة ، مُخْل	
kiosk	كُشْك	
kip (Eng.)	كِپ (كيلوپاوند) : ألفُ رطلٍ انكليزي	
Kipp's apparatus (Chem.)	جهازُ «كِپ» : لتوليدِ كبريتيد الهيدروجين أو غازٍ آخر	
kirb = kerb (Civ. Eng.)	حافةُ طريق ، حافةٌ ، رَصيف ، حاجزٌ حَجَريّ	
kirving = kerving (Mining)	قطعٌ ، قطعٌ جانبي	
kish (Met.)	غرافيت جامِد (يطفو على سَطْح خام الحديد المصهور الغنيّ بالكَربون)	
kit (n.)	صُندوقُ أَدَوات ، كيسُ مُهمَّات ، عُدَّة ، مجموعة	
kit bag	كيس العُدَّة ، كيس أدوات	
Kjeldahl's method (Chem. Eng.)	طريقَةُ «كِلدال» : لتقدير كمّيات النتروجين في المركَّبات العُضوية	
klip (n.)	صخرة ، جُرْف	
kloof (Geol.)	خانِق : وادٍ ضَيِّقٌ شديد الانحِدار	
knack (n.)	بَراعة ، مَهارة ، لَباقة	
knallgas	غازٌ مُتفجِّر	
knap (v.)	ثَدَّبَ الحِجارة ، هَنْدَم الحِجارة وسَوَّاها	
knapping hammer (Civ. Eng.)	مِلطاسٌ : شاقُوفُ تكسير الحِجارة	
knapsack	حَقيبةُ الظَّهر	
knead (v.)	عَجَن ، جَبَل ، فَرَك ، دَلَكَ	
kneadable (adj.)	قابل للعَجْن أو الجَبْل	
kneading machine (Civ. Eng.)	خَلّاطة	
kneading mill	خَلّاطة	
knee (Eng.)	رُكْبة ، مَفصِل ، خَنْية ، ماسورةٌ بمِرفَق	
knee brace (Eng.)	شِكالٌ زاويٌّ أو مِرفَقي	
knee joint = knuckle joint (Eng.)	وُصلة مَفصِلية	
knee (pipe)	ماسورةٌ بمِرفَق	
knick point (Geol.)	نقطة انقطاع التحدُّر (الطبقي)	
knife (v.)	كَشَطَ ، نَظَّف بالكَشْط	
(n.)	سِكّين ، مُدْية	
knife casing mill (Pet. Eng.)	مِكشَطةُ أنابيب التغليف	
knife-edge (Eng.)	حَدُّ السكّين ، حَدٌّ بِكّيني	
knife-switch (Elec. Eng.)	مفتاحٌ بِكّيني	
knitting machine oil	زيت مَكِنات الحِياكة	
knob (n.)	كُعْبُرة ، قَبْضَة ، زِرّ ، عُقْدة ، عُجْرة	
knock (n.) (Eng.)	خَبْط ، دَقّ ، طَقْطَقة	
(v.)	خَبَط ، دَقَّ ، طَقْطَقَ ، قَرَعَ	
knockabout (adj.)	مِصْماد : صالحٌ للاستعمالِ الخَشِن	
knock characteristic (Chem. Eng.)	خاصِّيةُ الخَبْط	
knock-disposed (Chem. Eng.)	مَيَّال أو مُعَرَّضٌ للخَبْط	
knock down (v.)	فَكَّكَ ، فَصَّل ، فَصَل	

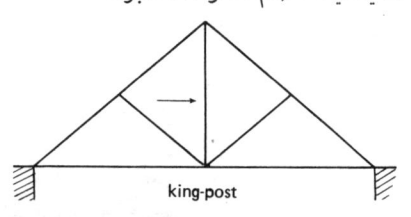

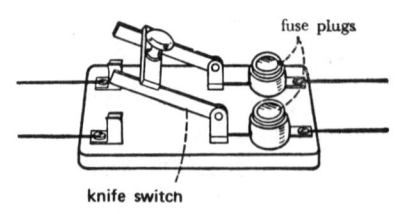

knock down (n.) (Eng.)	فَصْل ٠ تَفْكِيك	
knock, engine (Eng.)	خَبْطُ المُحَرِّك	
knocking (Eng.)	خَبْط ٠ دَقّ ٠ طَقْطَقَة	
knocking combustion (Chem. Eng.)	احتراق خابِط ٠ احتراق مُطَقْطِق	
knock intensity (Eng.)	شِدَّةُ الخَبْط	
knock meter (Eng.)	مِقياس الخَبْط ٠ مِقياس الرَّقم الأَكْتانيّ	
knock motor (Eng.)	مُحَرِّك قياس الخَبْط	
knock-out (n.)	ضَرْبَة حاسِمة ٠ ضَرْبَة قاضِيَة – فَصْل	
(v.)	طَرَدَ بالدَقِّ ٠ أَخْرَجَ بالدَقِّ – فَصَل	
knock-rating (n.) (Eng.)	تَقْدِيرُ قيمة مَنْعِ الخَبْط قياسُ العَدَد الأَكْتانيّ (لِوَقودٍ سائل)	
knock-rating engine (Pet. Eng.)	مَكِنَةُ تقدير العدد الأَكْتانيّ	
knock resistance (Chem. Eng.)	مُقاوَمة الخَبْط	
knock sensitivity (Chem. Eng.)	حَسّاسيةُ الخَبْط	
knock suppressor (Eng., Chem. Eng.)	كابِتُ الخَبْط ٠ مانِعُ الدَقّ	
knock tendency (Chem. Eng.)	اسْتِعداد أَو جُنوحٌ للخَبْط	
knock testing (Pet. Eng.)	اختبار درجة الخَبْط	
knoll (Geol.)	دَكَّة ٠ هَضْبَة صغيرة مُدَوَّرة ٠ تَلّ	
knoll-reef (Geol.)	حَيْد تَلّيّ	
knot (n.)	عُقْدَة ٠ أُنْشُوطة – عُقْدَة ٠ عُجْرة	
(Naut.)	عُقْدَة : ميل بَحْرِيّ في السَّاعة	
(v.)	عَقَدَ ٠ عَقَّدَ ٠ تَعَقَّدَ	
knotted schist (Geol.)	طَفَل صَفائحي عُقَدِيّ	
knotted slate (Geol.)	أرْدُواز عُقَدِيّ	
knotted texture (Geol.)	نَسيج عُقَدِيّ	
knotty (adj.)	مُعَقَّد	
know-how	خِبْرة فَنِّيّة ٠ مَعْرِفَة عَمَلِيّة ٠ دِرايَة بأسْرار الصِّناعة	
Knox process (Pet. Eng.)	طريقة «نُوكْس» : لتكسير النفط في الطَّور البُخاريّ	
knuckle (Eng.)	بُرْجُمَة – مِحْوَر مَفْصِليّ	
knuckle joint (Eng.)	وُصْلَة مَفْصِليّة أَو بُرْجُمِيّة	
knuckle pin = wrist pin (Eng.)	مِسْمار مَفْصِليّ	
knurl (n.)	عُجْرة ٠ عُقْدَة ٠ تَخْرِيش	
(v.)	خَرَشَ ٠ خَرَّشَ ٠ فَرَّزَ	
knurled head = milled head (Eng.)	رأس مُفَرَّز ٠ رأس مُخَرَّش	
knurled nut (Eng.)	صامُولَة مُخَرَّشة	
knurling (Eng.)	تَخْرِيش مُحِيطِيّ : يُسَهِّل تدوير الصَّمُوله باليد	
kogasin (Chem.)	كُوجاسين : هيدروكربون اسْتَحْضَره الأَلْمان من الفحم بطريقة فِيشَر وتروبْش	
kolm (Geol.)	كُلْم : فَحْم قِيرِيّ غَنِيّ بالمعادنِ المُشِعَّة	
Konel metal	مَعْدِن «كُونِل» : سَبِيكَةٌ مِنَ الحديد والنيكل والكوبلت والتيتانيوم	
konometer (Mining)	مِغْبار : مِقْياسُ الغُبار في هواء المناجم	
korez (Chem. Eng.)	كُورِيز : راتِينج سِيليكوني اصْطِناعي	
kosmobile = kosmos (Chem. Eng.)	أَسْوَدُ الغاز : يستعمل لتقوية المطَّاط الاصطناعي	
kovar (Met.)	كُوفَر : سَبِيكة من النيكل والحديد والكوبلت	
kratogen (Geol.)	مِجَنّ : كُتْلَة صَخْرِيَّة قارِّيَّة قَدِيمة	
kraton (Geol.)	كُتْلَة قارِّيَّة	
kremol (Pet. Eng.)	كريمُول : شحم بترولي أصفر	
kreosol = creosol (Chem.)	كريوزول	
krypton (kr) (Chem.)	غاز الكريبتون : عُنْصُرٌ غازِيّ خامِل رَمْزه (كير)	
K truss	كَتِيفَة جُمْلُونِيّة مُثَلَّثَة : تَدْعَمُ جِسْرًا أَو سَقْفاً	
kunzite (Min.)	كُونْزَيْت : حجر كريم	
kupfernikel = niccolite (Min.)	نيكوليت : زِرْنيخيد النيكل الطبيعيّ	
K.V.A. (kilo volt ampere) (Elec. Eng.)	كيلو فُلْط أمبير	
kyanite (Geol.)	كيانَيت : سيليكات الألومنيوم المتبلورة على شكل صفائح	
kymograph	كَيْمُوغْراف : مِرْسامُ الحركة أَو الذَبْذَبَة ٠ مِمْواج

knocking—
piston crown damaged by knocking

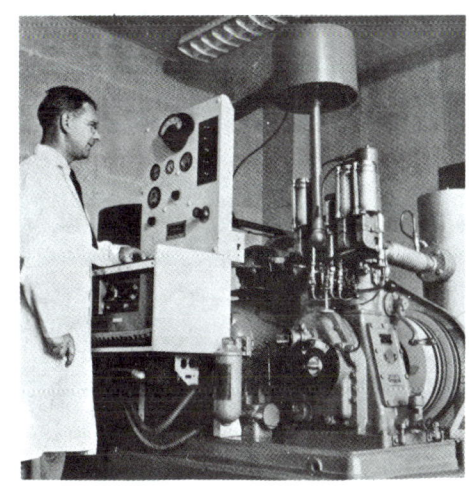

knock-rating engine

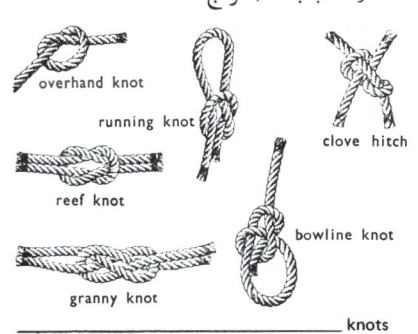

knots

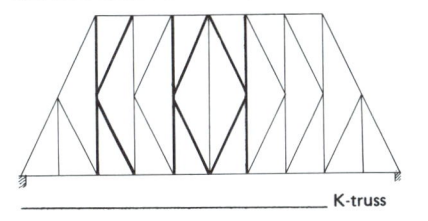

K-truss

l

loading hose

lab = laboratory مُختَبَر • مِخْبَر

label (*n.*) بِطاقة • عَلامة مُمَيِّزة

(*v.*) وَسَمَ- ألصقَ بطاقة على • عَنونَ- صَنَّف

label(l)ed (*adj.*) مُعَنْوَن - مُصَنَّف - مُمَيَّز

(Chem.) مَرقوم : مُمَيَّزٌ بجُزَيئات نظائريَّة

labeled molecule (Chem. Eng.) جُزَيءٌ مَرقوم

labeled substance (Chem. Eng.)
مادة مَرقومة : تحوي جُزَيئاتٍ نظائرية مُمَيَّزة

label(l)ing (*n.*) دَمْغ • وَسْم • عَنْوَنة - تصنيف مرقوم

(Chem. Eng.) رَقْمٌ : مَزجُ المادة بجُزيئاتٍ نظائريةٍ إشعاعية

labile (*adj.*) (Chem., Phys.) مُتغيِّر • غيرُ ثابت • غير مُستقِرّ - عُرضةٌ للسقوط أو التغيُّر

labile stage (Geol.) مَرحَلة قَلِقة

lability (*n.*) عدمُ استقرار - قابليَّة التغير

labor = labour (*n.*) عَمَل • شُغل • كَدّ - عُمَّال • يَدٌ عامِلَة

(*v.*) جَدَّ • كَدّ - عالج بتَفصيل مُفرِط

laboratory (*n.*) مُختبَر • مِخْبَر • مَعمَل

laboratory apparatus أجهزة مُختَبَريَّة

laboratory, chemical (Chem.)
مُختبَرٌ كيماوي • مَعمَل كيماوي

laboratory equipment مُعَدَّاتٌ مِخبرية

laboratory naphtha نَفْتا عِياريَّة • نفتا مَخبريّة

laboratory, research مُخْتَبر أبحاث

laboratory test تجربة مِخْبَرية

laboratory testing إجراء الفحوص المِخبريَّة

laborer = labourer (*n.*) عـامِل

labour = labor (*n.*) عَمَل • شُغل • جُهد - عُمَّال • يَدٌ عاملة

(*v.*) جَدَّ • كدَح • عَمِل • كدَّ - عالجَ بتفصيل مُفرِط

labour costs تكاليفُ العَمَل

labour dispute نِزاعٌ عُمَّالي

labourer = laborer (*n.*) عامِل • شغِّيل • فاعِل

labour laws قوانينُ العَمَل

labour-saving (*adj.*) مُوَفِّرٌ للعَمَل

labour, skilled عملٌ صَناعي : يقتضي مهارةً وحِذقاً - عُمَّال مَهَرة أو صَناعيون

labour-union إتحاد عُمّالي

labradorite = Labrador feldspar (Min.)
لَبْرادُوريت : ضرب من الفِلْسبار

labyrinth (*n.*) لابرِنْث • مَتيه • مَتاهة • مَحوًى تيهي : مُتعدِّد التعاريج

labyrinth joint (Eng.) وُصلَة لابرِنثيَّة : ذات مَحوًى تيهيّ

labyrinth packing (Eng.) حَشْوٌ لابرنثيّ

labyrinth ring (Eng.) حَلْقَة لابرنثية

lac (Chem. Eng.) اللَّك • صَمْغُ اللّك

laccolith = laccolite (Geol.) لاكُوليت : كتلةٌ جَرَسيَّة من الصخور الاندِساسية المتوافقة (تُشبه الخزّانَ المُقَبَّب)

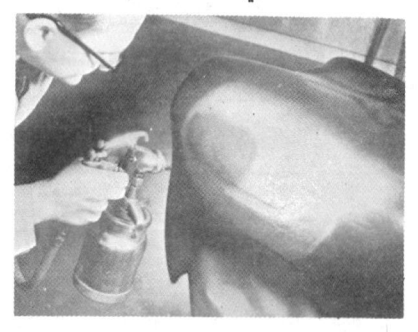

lace (*n.*) بَريم • شَريط

(*v.*) رَبَطَ • زَمَّ

lacerate (*v.*) مَزَّق • فَسَخَ

(*adj.*) مُمزَّق • مُتفسِّخ

lacing course (Civ. Eng.) مِدماكُ رَبْط

lacing tape شريطُ رَبط

lack (*n.*) نَقْص • إفتِقار - قِلَّة • نُقصان

(*v.*) نَقَصَ - إحتاجَ • افتقَر الى

lacker = lacquer (*n.*) وَرنيش اللّك

lack of balance (Mech.) انعِدامُ الاتِّزان

lack of equilibrium (Mech.) انعدامُ التوازُن

lack of uniformity عدَمُ الانتظام

lacquer (chem. Eng.) طِلاء اللَّك • لاكِيه • مَحلول الشِّلاك

(*v.*) طلَى باللَّك

lacquer diluent مُخَفِّفُ (طِلاء) اللَّك

lacquering (*n.*) طِلاءٌ باللَّك • طَلْيٌ باللّك

lacquering

lacquer solvent (Chem. Eng.) مُذيبُ اللَّك

lacquer thinner مُخفِّف (طلاء) اللّك

lacteous (*adj.*) (Chem.) لَبَنيّ ـ لبنيُّ اللون

lactic acid (Chem.) حامضُ اللَّبَنيك • حامض اللكْتيك

lacuna (*n.*) فَجْوَة • ثُغْرَة • فَراغ

lacustrine (*adj.*) بُحَيري • خاصٌّ بالبُحيرات

lacustrine deposits (Geol.) رواسِبُ بُحَيرية

ladder (*n.*) سُلَّم • مِرقاة • دَرَج

ladder chain (Civ. Eng.) سِلسلة سُلَّمِيَّة (لقواديس الحَفْر)

ladder dredger = excavator (Civ. Eng.) حَفَّارة ميكانيكية • حفارة دَرَجِيَّة • كَرَّاءة بالقواديس الدوّارة

ladder, folding سُلَّم مطوي

ladder rungs درجات السُّلَّم

ladder scaffold (Eng.) إسقالة سُلَّمِيَّة

ladder vein (or **lead**) (Geol.) عِرق مَعدِنيٌّ دَرَجي

lade (*v.*) حَمَّلَ • وَسَقَ • نَقَلَ (المركبُ) شِحنةً ـ غَرَفَ

(*n.*) = **lode** قَصَب نهر ـ مَمَر مائي

laden (*adj.*) مُحَمَّل • مَوسوق

lading (*n.*) شَحْن • وَسْق • تحميل ـ غَرْف ـ شِحنة

ladle (*n.*) (Met.) مِغرَفة (لنقل المعدن المنصهر)

(*v.*) غَرَفَ

lag (*v.*) تخلَّف • تأخَّر • قَصَّر ـ غلَّف أو بطَّن بالألواح الخشبية

(*n.*) تخلُّف • تأخُّر ـ تَبطين بالألواح الخشبية ـ قِدَّةٌ أو ضِلعُ تغليف

(*adj.*) مُتخلِّف

lag fault (Geol.) صَدْعٌ تَخَلُّفِي

lagging (*n.*) (Eng.) مَوادُّ التغليف ـ ألواحٌ خَشَبية لتثبيت العَقْد (في أثناء البناء)

(*adj.*) مُتخلِّف • متأخِّر

lagging phase (Elec. Eng.) طورٌ مُتَخلِّف

lag gravel (Geol.) حَصباء مُتخلِّفة : عن سَفي الرِّياح

lagoon (Geol.) بُحَيرة شاطئية ضَحْلة • بحيرة ساحلية • هَور ساحلي

lagoon(al) deposits (Geol.) رواسبُ البُحَيرات الشاطئية (المعزولة عن البحر)

lag screw = lag bolt بُرغي تثبيت : بُرغي كبيرٌ لربط الأخشاب

lagune = lagoon بُحيرة ساحِلِيَّة • هَورٌ ساحلي

lahar (Geol.) لاهار : انهيار طينيٌّ (أو بُركانيٌّ) يحمل كُتَلاً حجرية

laid down مُترسِّب

laid length (Eng.) الطُّول الممدود : طول الأنابيب الممدودة

laid-up (*adj.*) مُتوقف مؤقتاً ـ مُعطَّل • لم يعُد صالحاً للعمل

laitance (Eng.) غُثاء الخَرَسانة

lake (Geol.) بُحيرة

lake asphalt (Pet. Eng.) اسفلت بُحَيري

lake, bitter (Geol.) بُحَيرة مُرَّة

lake, crater بُحَيرة فُوّهية بُركانية

lake deposit (Geol.) راسب بحيري

lakelet (Geol.) بُحَيِّرة : بُحَيرة صغيرة

lake pitch (Pet. Eng.) قار بحيري

lake, underground (Geol.) بُحيرة جَوفية

lam (*n.*) طين حراري • صَلصال حراري

lambert لامبرت : وَحدة الضُّوع

Lambert projection (Surv., Naut.) مَسْقَط «لامبرت» : لرسم خرائط الملاحة الجوية خاصَّةً

lame duck بَطَّة عرجاء : مُؤسسة أو شخص مُضطربُ الوضع المالي وعاجز عن القيام بالتزاماته

lamella (pl. **lamellae**) رُقيقة • شُرَيحة رقيقة • طبقةٌ رقيقة

lamellar = lamellate (*adj.*) رَقائقي : مُؤلَّفٌ من صفائحَ رَقيقة • صفائحي

lamellar flow (Hyd.) انسياب طَبَقيّ

lamellar structure (Geol.) بِنية صفائحية

lamellate = lamellar رقائقيّ • صفائحي : مُكوَّن من شرائحَ رقيقة

lamina (Geol.) صَفيحَة • رقيقة • طبقة رقيقة

(Elec. Eng.) شريحةٌ فولاذيَّة رقيقة

laminar (*adj.*) صفائحي • رقائقي

laminar flow (Hyd.) انسيابٌ طَبَقي • إندفاق صَفحي

laminate (*v.*) صَفَّح ـ رقَّق على شكل صفائح

(*adj.*) صفائحي : مؤلفٌ من صَفائح رقيقه

laminated (*adj.*) طبقي • صفائحي • رقائقي: مُكوَّن من صفائح رقيقة

laminated clay (Geol.) صَلصال صفائحي : مؤلفٌ من طبقات رقيقة

laminated core قَلْبٌ رقائقي : مُكَوَّن من صفائح رقيقة

laminated glass = laminated safety glass زُجاجُ (أمانٍ) رقائقي : صفائح زجاجية بينها رقائق لدائنية

laminated iron (Eng.) حديدٌ رقائقي

laminated plastics لدائنُ رقائقية

crater lake

laminated screen مُرشِّح رقائقي

laminated spring (Eng.) نابِضٌ رقائقي : زُنْبركُ انضِغاطٍ مُكوَّن من طبقات رقيقة

laminated structure (Geol.) بِنية صفائحية • تركيب صفائحي

laminated wood (Carp.) خَشَبٌ رقائقي • (خشب مُعاكس)

lamination (*n.*) ترقيق • تصفيح • ترقُّق ـ رقيقة

(Elec. Eng.) صفيحة رقيقة (من الصلب)

(Geol.) الترقُّق : تكوُّن الراسب في طبقات رقيقة

lamp (*n.*) مِصباح • قِنديل

lampblack (*n.*) سِناج • هَباب • سُخام

lamp bracket كتيفةُ المِصباح • حامِلُ المصباح

lamp bulb (Elec. Eng.) بَصَلةُ المِصباح

lamp-burning test (Pet. Eng.) اختبار الاحتراق المصباحي : لدراسة الخصائص الإضائية لزيوت الاضاءَة

lamp, electric (Elec. Eng.) مصباحٌ كهربائي

lamp, gas مِصباحٌ غازيّ

lamp oil (Pet. Eng.) زيتُ المصابيح • كيروسين الانارة

lamp post حاملُ المصباح • عَمودُ المِصباح

lamp receptacle (or **socket**) دَواة المِصباح • مَقْبِس

lamp-signal اشارةٌ (ضوئية) مصباحيَّة

lamp, signalling (Elec. Eng.) مِصباحٌ دَليلي • مِصباحُ إشارة

lamp socket = lampholder دَواة المِصباح • مَقْبِس

lamp, warning (Eng.) مصباحُ إنذار

lance (*n.*) رُمح • سِنان ـ مِبضَع

(*v.*) رَشَق • قَذَفَ ـ اندفع بسرعة ـ بَضَع

lancet (*adj.*) مُستدِقُّ الطَّرَف

lancet plates (Geol.) ألواحٌ نَصليَّة

land (*n.*) أرض • بَرّ • يابسة

land (Eng.)	مَتن ، الحيّز خَلفَ حدِّ الآلةِ القاطع
(v.)	نَزلَ أو أنزلَ الى البر ، حطَّ على الأرض ، مَدَّ (الأنابيب)
land asphalt	أسفلت خفيض المرتبة
land carriage	نَقلٌ برّيٌ ، النقلُ برًّا
landed property	أموال عَقارية
landfall	رؤية البَر (بعد رحلة جويّة أو بحرية)
landform (Geol.)	شكلُ (سطح) الأرض
land ice (Geol.)	جَليد قارّي
landing (n.)	رُسوّ ، إرساء ، إنزال ، نزول ، حطّ ، هُبوط ، مدَّ أو إرساء الأنابيب
(Mining)	بَسطةُ حَطٍّ ، مِنصّة رفع أو إنزال في بئر المنجم
landing barge (Naut.)	صندلُ الإنزال (الى البر)
landing certificate	شهادة إنزال بضاعة
landing craft (Naut.)	مَركبةُ إنزال برمائية
landing, emergency	حَطّ (أو هبوط) اضطراري
landing gear (Aero.)	جهاز الهُبوط
landing ground	مَهبِط ، أرض النزول
landing jetty (Naut.)	رصيف إنزال
landing nipple (Eng.)	حلمةُ إنزال : حلمة وَصل داخلية اللولبة لوصل أنابيب الحفر قبل إنزالها
landing pier (Naut.)	رَصيف النزول الى البر
landing stage (Naut.)	رصيف الإنزال
(Mining)	مِنصّة إنزال ، بَسطةُ حَطٍّ
landing strip (Naut.)	مَدرجُ الحَطِّ ، شِعبُ النزول الى البر
land levelling (Civ. Eng.)	تمهيد (أو تسوية) الأرض
land line	خط بَرّيّ
landlocked (adj.)	مُحاطٌ باليابسة
landlocked country	بلاد داخلية : لا منفذ لها على البحر
landlocked sea	بحر داخلي
landman (Pet. Eng.)	وكيل الشركة للحصول على إجازات التنقيب
landmark (n.)	مَعلَم ، علامة (أرضية) بارزة
landmarks, topographic (Geol., Surv.)	معالم طوبوغرافية
land patent (Pet. Eng.)	امتياز (استثمار) الأرض
Landsberger apparatus (Chem. Eng.)	جهاز «لاندزبرغر» : لتحديد درجة غَليان المحاليل
landscape (n.) (Geol.)	مَنظرٌ طبيعيّ أرضي ، صفحة الأرض
land sediments (Geol.)	رواسب برّيّة
landslide = landslip (Geol.)	إنهيالٌ أرضيّ ، مَورُ أو انزلاقُ الأرض ، مُنزلَق أرضي
land subsidence (Geol.)	هُبوط الأرض ، انخفاض التربة (أو الأرض)
land surveyor (Surv.)	مَسّاح
land up-lift (Geol.)	إرتفاع الأرض
landward = landwards (adv.)	باتجاه البَر ، نحو اليابسة
lane (n.)	دَرب ، مَمَر ، زُقاق ، مَسرب : جزء طوليّ من الطريق
lane, acceleration (Civ. Eng.)	مَسرَبُ التسارع
lane, centre	مَسرب متوسّط
lane, overtaking	مَسرب التجاوز
lane, traffic	مَسرب مرور
langite (Min.)	لانجيت : خام أزرق مُخضَرّ نادر يتكون في معظمه من كبريتات النحاس المميّأة
lanolin(e) (Chem. Eng.)	لانُولين ، دُهن صوف الغنم
lantern (n.)	فانوس
lantern, signalling	فانوس إشارة
lanthanides (Chem.)	لنثانيدات : عناصر أرضية نادرة شبيهة باللنثانوم
lanthanum (La) (Chem.)	اللنثانوم : عنصرٌ فلزيّ نادر رمزُه (لن)
lanyard	شريط ، مَرَمّة ، قيطانُ تعليق
lap (v.)	طوى ، لفَّ ، التفَّ ، حَضَن ، احتضن ، راكبَ ، تداخَلَ ، صقلَ أو جَلَّخَ بالتحضين (بدَلكِ الواحدِ بالآخر)
(n.)	طيَّة ، طيٌّ ، حِضنٌ ، حِجرٌ ، تَراكُب ، مَدى التراكُب ، طَرَفٌ مُتراكب
lap bit = lap rod (Eng.)	لُقمة تجليخ : لتوسيع الثقوب
lapidification (n.) (Geol.)	تَحجُّر ، استحجار
lapidify (v.)	تَحجَّر ، حَجَّر
lapilli (sing. lapillus) (Geol.)	حَصَىّ بركانيّ ، لُوَيبات ، لابة فُتاتية أو حَصَوية
lapis lazuli (Min.)	اللازَوَرد : حجرٌ أزرق نفيس
lap joint (Civ. Eng.)	وَصلة تراكُب
lap-jointed (adj.) (Eng.)	مُتراكبُ الوُصلات
lapped (adj.)	مُتراكب ، مُجَلَّخ بالتحضين
lapping (n.)	تداخُل : اختفاءُ الخطِّ الفاصِلِ بين الدُّهان القديم والحديث
(Eng.)	التجليخ بالتحضين ، الصَّقلُ بالحَضن (بدَلكِ واحدٍ بالآخر) ، التَّحضين
lapping compound (Eng.)	مُركَّب تَجليخ بالتحضين
lapping machine (Eng.)	مَكنةُ تجليخ بالتحضين
lap rod (Eng.)	قَضيب صَقلٍ أو تجليخ
lapse (n.)	انقضاء ، فَوات ، سَقوط ، هُبوط ، هَفوة ، زَلّة
(v.)	إنقضى ، فاتَ ، هبطَ تدريجيّاً ، انتقل (الى) ، زلَّ ، سقط
lapse rate (Meteor.)	مُعَدَّل التفاوت (في درجة الحرارة بالارتفاع عن سطح الأرض)
lap valve (Eng.)	صِمام مُشفَّف
lap-welded joint	وَصلة لِحام تراكُبي
lap welding (Eng.)	لِحام مُتراكب ، اللُّحام التراكُبي
lap winding (Elec. Eng.)	لَفّ مُتراكب ، لَفّ تراكُبي
larboard	جانبُ السفينة (أو الطائرة) الأيسر
lard	دُهن أو شحم الخنزير
lard oil (Chem.)	زيت دُهن الخنزير
large calorie (Phys.)	سُعرٌ كبير ، كيلو كالوري
large-scale	نطاق واسع
larry (Civ. Eng.)	مِلاط اسمنتي ، شاحنة مُسطَّحة
larvicide (Chem. Eng.)	مُبيد البَرقانات

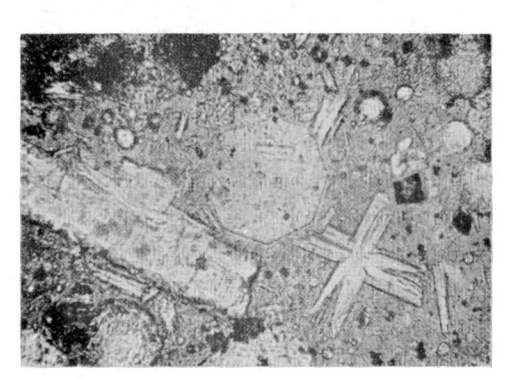

laser (Light Amplification by Stimulated Emission of Radiation) (Phys.)	جهاز ليزر • ليزر : جهاز تضخيم الضوء بابتعاث الاشعاع المنشّط
lash (n.)	ضربةُ سَوط • وِثاق • حِزام
(v.)	أوثَقَ • حَزَمَ • رَبَطَ
lashing (n.)	رِباط • وِثاق — رَبط • حَزم
lashing ring	حَلْقةُ ربط
lash-up (Elec. Eng.)	وَصلٌ مُؤَقَّت : لأمر طارىء أو لأغراض الاختبار
last (adj.)	آخِر • أخير
(v.)	بَقِيَ • دامَ • ثَبَتَ • استمرَّ — تَحمَّل
last cut (Pet. Eng.)	المُقتَطَع النِّهائي • الجزء البترولي الثقيل
lasting (adj.)	ثابت • دائم • باقٍ
latch (n.)	مِقطاعة • مِزلاج • رِتاج — لِسانُ القُفْل
(v.)	ثَبَّتَ بسقّاطة
latch jack (Civ. Eng.)	خُطّاف رَفع (أو التقاط)
latch key	ذِراع سحب (أو رفع) السقّاطة
late admission (Eng.)	إدخال مُتَأخِّر
late arrivals (Geophys.)	الوافِدات المتخلِّفة : من أمواج السيزموغراف
late ignition (Eng.)	إشعال مُتأخِّر
latency (n.)	كُمون • إستِتار
latent energy (Phys.)	طاقة كامنة
latent heat (Phys.)	حَرارة كامنة
latent heat of fusion (Phys.)	حرارة الانصهار الكامنة
latent heat of sublimation (Phys.)	حرارة التصعيد الكامنة
latent heat of vaporization (Phys.)	حرارةُ التبخُّر الكامنة
Late Palaeozoic (Geol.)	الحُقْبُ القديم المتأخِّر
lateral (adj.)	جانبيّ
lateral aperture	فُتحةٌ جانبيَّة
lateral area	المساحة الجانبية
lateral bracing (Eng.)	شكالٌ أو شُكْلٌ جانبية
lateral clearance (Eng.)	خُلوص جانبي
lateral corrosion (Geol.)	حَتّ جانبي
lateral crater (Geol.)	فُوّهة جانبية
lateral deviation	إنحراف جانبي
lateral displacement	إزاحة جانبية
lateral drilling (Civ. Eng.)	حَفر جانبي
lateral fault (Geol.)	صَدع جانبي
lateral flexure	ثَنية جانبية • إنثناء جانبي
lateral inclinometer (Eng.)	مقياس المَيل الجانبي
lateral moraine (Geol.)	رُكام جانبي
lateral pressure	ضغط جانبي
lateral section	مَقطع جانبي
lateral separation (Geol.)	البُعد الجانبي : بين حافتي الصدع
lateral thrust (Eng.)	دَفع جانبي
lateral variation	تغيُّر جانبي
lateral vein (Geol.)	عِرق جانبي
laterite (Geol.)	البَصرَة • اللاتريت
laterite soil (Geol.)	تُربة بَصريّة • تُربة اللاتريت : تربة شبه طينية حمراء حديدية
laterolog (Civ. Eng.)	مقياس مُقاوَمةِ الحَفر
latex (Biol.)	اللَّثْى : عُصارة أو لَبَنُ الشجر
(Chem. Eng.)	لاتِكس : مُستَحلب راتينجي • مائي لِصُنع الدهانات المطاطية
latex-bitumen emulsion (Chem. Eng.)	مُستَخلب لَثْيّ بيتوميني
latex paints (Pet. Eng.)	دهانات اللاتِكس
latex, rubber	لَثْي مَطّاطي
lath (n.)	قَدّة • شَريحَة خشبية • (لاطَة)
(v.)	غَطَّى بالألواح أو الشرائح الخشبية
lathe (Eng.)	مِخرَطة
lathe, automatic (Eng.)	مِخرَطة أوتوماتية
lathe, capstan (Eng.)	مِخرَطة رَحوية
lathe chuck (Eng.)	ظَرفُ المخرطة
lathe clutch (Eng.)	قابِضُ المخرطة
lathe headstock (Eng.)	غُرابُ الرأس في المخرطة : مَحمِلُ الرأس الدوّار فيها
lather (n.)	رَغْوة
(v.)	أرغى
lather oil (Pet. Eng.)	زيت رَغْوي
lathe saddle (Eng.)	سَرجُ المخرطة
lathe tailstock (Eng.)	غُرابُ الذَّيل في المخرطة
lathe-work (Eng.)	أعمال الخِراطة
lathing (Civ. Eng.)	شَرائحُ خشبية — التبطينُ أو التغطية بشرائح خشبية
laticiferous (adj.)	لَثْيِيّ : حاوي اللَّثْي
latitude (Astron.)	خطُّ العَرض • عَرض
(n.)	مَدى • نِطاق
latitude, geographical	العَرضُ الجغرافيّ
latrine (n.)	مِرحاض
latten (or lattin) (Met.)	اللاتِن : ضَربٌ من النُّحاس الأصفر — صفائحُ من القصدير (أو من معدن آخر)
lattice (Civ. Eng.)	شَبَكة • شُبَّكة — عوارضُ أو قضبان مُتشابكة
(v.)	شَبَّك • سَدَّ بالعوارض أو القضبان المتشابكة

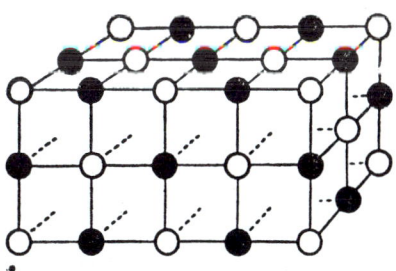

lattice of a common salt

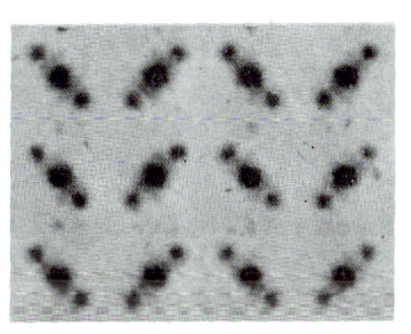

lattice structure

lattice bridge (Civ. Eng.)	جِسرٌ ذو عوارضَ مُتشابِكة
latticed (adj.)	مُتشابِك • مُشَبَّك
lattice girder (Civ. Eng.)	عارضة تشابُكية • رافدة شبَسيَّة
lattice reactor	مُفاعِل شُبَكيّ
lattice structure (Chem. Eng.)	بنية تشابُكية
lattice texture (Geol.)	نسيج شبكي • بنية تشابكية
lattice-work (Eng.)	شَبَك • إنشاء مُتشابِك
launch (n.)	زورق بخاري — إقلاع • انطلاقُ المقذوف
(v.)	أنزلَ الى البحر — أطلقَ — شنَّ
launcher (n.) (Eng.)	جهاز قَذف • جهازُ إطلاق (الصواريخ)
launching ways (Naut.)	عَتَباتُ إنزال (السفينة الى البحر)
launder (v.)	غَسلَ (الملابسَ)
(n.) (Met.)	مِصْوَلٌ مائي (لفَصل المعادن أو تركيز خاماتها)
laundry (n.)	الغسيل : الملابسُ المغسولة أو المعَدَّة للغَسل — مَغْسَل • مَصْبَغة
laundry soap	صابون صُلب
lauric acid (Chem.)	حَمضُ اللَّوريك • حامضُ الغار
lautarite (Min.)	لوتاريت : يُوداتُ الكالسيوم
lava (Geol.)	لابَة : حُمَمٌ بُركانية
lava ash (Geol.)	رَماد بُركاني
lava dome (Geol.)	قُبّة لابيّة
lava flow (Geol.)	فيضُ اللابة • طَفحٌ بُركاني
lava sheet (Geol.)	فَريشُ اللابة • غِطاء لابيّ

lay barge

laying cat

lawful (*adj.*) قانوني • مَشروع • شَرعيّ

law of superposition (Geol.) قانون تَعاقُبِ الطَّبَقات

law of supply and demand قانون العَرض والطَّلَب

lax (*adj.*) رَخو • مُهلْهَل • غيرُ دقيق

lay (*n.*) وَضْع ـ خُطَّة ـ رَصَّةُ الجَدْلِ (في الحبال)

(Geol.) = **lay of the land** التضاريس • طوبوغرافية الأرض

(*v.*) وَضَع ـ ألقى ـ مَدّ (الأنابيبَ) ـ رَصّ • جَدَلَ ـ رَتَّب

lay barge = pipe laying barge عامَةُ مَدّ الأنابيب

lay days (Naut.) أيامُ الشَّحن والتفريغ ـ أيامُ التأخير في الميناء

layer (*n.*) طَبَقة ـ مِدْماك

(Geol.) طبقة أرضيَّة

layered rock (Geol.) صَخر طِباقي

layered structure (Geol.) تكوين طِباقي

layer, oil bearing (Geol.) طَبَقةٌ حامِلة للنِّفط

layer winding (Elec. Eng.) لَفّ طَبَقي

laying cat (Pet. Eng.) جَرّار مَدِّ الأنابيب (ذو مِرفاع جانبي)

laying down (Eng.) مَدّ • تمديد (الأنابيب أو الكُبول)

laying-out (Eng.) تَخطيط

lay off (*v.*) سَرَّحَ (العمَّال) مُؤقَّتاً ـ أغلق ـ أقلع عن

layoff (*n.*) فَترة توقُّف ـ وقفُ العَمَل • تَسريحُ العمال (مؤقَّتاً)

lay on (*v.*) فَرَش ـ غطَّى ـ مَدّ (طبقةً من الدِّهان على سطح ما)

lay open (*v.*) كَشَفَ • أظهر

lay out (*v.*) خَطَّط ـ نَشَرَ • مَدَّ

layout (*n.*) تَخطيط • تَصميم ـ مُخطَّط • خُطَّة

layout drawing (Eng.) رَسمٌ تَخطيطي

layover (*n.*) توقُّف • توقُّفٌ مَرحَليّ

lay shaft (Eng.) عَمودٌ مُناوِل • جِذع وسيط • عَمود التوزيع المساعِد

lay time فترة التحميل أو التفريغ (للسفينة)

lazulite (Min.) لازوليت : خام أزرق من فُسفات الألومنيوم والمغنسيوم والحديدِ وبعض الكالسيوم

lazurite (Min.) لازُوريت : خام لازَوَرْدي من سِليكـات الصوديوم والألومنيوم وبعض الكبريت

lazy board مِنَصَّةُ الربط • لَوح التعليق

lazy tongs مِلقط مَدَّاد : ذو وُصلات مُتَعرِّجة

Lb (= **pound**) رِطل انكليزي

L.D.C. (lower dead centre) (Eng.) النقطة المَيتة السُّفلى

leach (*v.*) (Met.) صَفَّى • نَضّ : استخلصَ بالغَسل او الاذابة ـ رشَّح

(*n.*) غَسول • مادة أو سائل الغسل

leaching (*n.*) نَضّ • غَسْل ـ ترويق

(Min.) تَصويل المعدن الخام

leachy soil تُربة نفَّاذة

lead (*v.*) قادَ ـ أرشد ـ أدار ـ سَبَقَ • تقدَّم ـ أدى الى • أوصل

(*n.*) قِيادة • سَبْق • تَقدُّم ـ دَليل ـ سِلك مُوصِّل ـ مَجرى الحَبْل ـ قناة • مَجرى

lead (Pb) (Chem.) الرَّصاص : عنصر فلزيّ رمزه (ر)

(Pet. Eng.) رابع إيثيل الرصاص : مُركَّب رَصاصي كابِتٌ للخَبْط

(*adj.*) رَصاصي

(*v.*) صَفَّح بالرصاص • ختَم بالرصاص

lead accumulator (Elec. Eng.) مِرْكَم رصاصي

lead acetate (Chem.) خَلاَّت الرصاص • أسيتاتُ الرصاص

lead acid storage battery (Elec. Eng.) مِرْكَم حَمضيّ رصاصي

lead alloy (Met.) سَبيكة رصاصية

lead angle = angle of lead (Elec. Eng.) زاويةُ السَّبْق

lead appreciator (Pet. Eng.) مُحَسِّنُ التأثُّر برابع إيثيل الرصاص : اضافة كيماوية تزيد من فعالية رابع إيثيـل الرصاص في منع الخبط

lead arsenate (Chem.) زِرنيخات الرصاص

lead bath (Met.) مَغْطَس رَصاصي : مَغْطَس من الرصاص الذائب

lead, black غرافيت تِجاري

lead burning (Eng.) اللِّحام الذَّاتي للرصاص: لِحام قِطعَتَي رصاص بإحمائهما

lead carbonate (Chem.) كَربونات الرصاص

lead chloride (Chem.) كلُوريد الرصاص

lead-containing (*adj.*) (Pet. Eng.) حاوٍ الرصاص (غالباً بشكل رابع إيثيل الرصاص)

lead-covered cable (Elec. Eng.) كَبلٌ مُرصَّص : مُغلَّف بالرصاص

lead cut-out (Elec. Eng.) صَهيرة رصاصيَّة

lead, earth (Elec. Eng.) سِلك التأريض

leaded (*adj.*) مُعالَج بالرصاص ـ مُغلَّف بالرصاص

(Pet. Eng.) مُرَصَّص • مُعالَج بالرصاص (بشكل رابع إيثيل الرصاص)

lead(ed) bronze (Met.) برونز رَصاصي • برونز مُرَصَّص

leaded cable (Elec. Eng.) كَبْلٌ مُغلَّف بالرصاص

leaded fuel (Pet. Eng.) وَقود مُعالَج بالرصاص (بشكل رابع إيثيل الرصاص)

leaded gasoline (Pet. Eng.) بنزين مُرَصَّص • بنزين مُعالَج بالرصاص (بشكل ايثيـل الرصاص)

leaden (*adj.*) رَصاصي • مصنوع من الرصاص

leader (*n.*) زعيم • قائد • رئيس ـ دَليل

(Mining) عِرقٌ دليلي

lead glance = galena (Min.) كبريتيداتُ الرَّصاص • كبريتور الرصاص الطبيعي

lead-in السِّلكُ الواصل

leading (*adj.*) مُتقدِّم • رئيسي • سابِق ـ مُوَجِّه

(*n.*) (Pet. Eng.) ترصيص • مُعالَجةٌ بالرَّصاص

leading and dyeing unit, gasoline وَحْدَةُ مُعالَجةِ البنزين بالرَّصاص وتلوينه

lead sulphide treating unit

ultrasonic leak detector and its carriage

leading axle (Eng.) المِحورُ الأمامي
leading hand مُرشِدُ عُمّال
leading-in wires أسلاكُ التوصيل
leading side جانبُ السَّحب • الجانبُ المُتقدِّم
leading wheels العَجَلات الأمامية
lead joint (Eng.) وُصلَة رصاصية
lead line (Surv.) حَبلُ سَبْر الغَور
lead-lined tank صِهريجٌ مُبطَّن بالرصاص
lead lining بِطانَة رصاصية • تَغليف رَصاصي
leadman رئيس الفِرقة
lead monoxide (Chem.) أول أكسيدِ الرصاص • ليثارج
lead naphthenate (Chem.) نَفْثينات الرصاص
lead paint دِهان (اسفيداجي) رصاصي
lead peroxide (Chem.) فوق أكسيد الرصاص
lead-plating تَرصيص • تصفيح بالرصاص
lead poisoning التسمُّم بالرصاص
lead, red (Chem.) الرَّصاص الأحمر • إسرَنج • سِلقون
leads (Eng.) أسلاكٌ رصاصية رفيعة (لقياس الخُلوص)
(Elec. Eng.) أسلاكُ التوصيل
lead sheath (or **sheathing**) غِلافٌ رصاصي
lead shot خُردُقُ الرصاص
lead soap (Chem.) صابون الرصاص : صابون يُحضَّر بأملاح الرصاص
lead solder سَبيكة لِحام رصاصية
lead sulphate (Chem.) سُلفات الرصاص • كِبريتات الرصاص
lead sulphide (Chem.) كِبريتيد الرصاص
lead sulphide treating unit وَحدة مُعالجة بكبريتيد الرصاص
lead susceptibility (Pet. Eng.) المتأثِّرية الرَّصاصية : زيادة العدد الأوكتاني للبنزين بإضافة رابع إيثيل الرصاص
lead tempering (Met.) تَطبيعٌ رصاصي : التطبيع في مَغطسٍ من الرصاص الذائب
lead tetraethyl (or **tetraethyl lead**) (Chem.) رابِع إيثيل الرصاص

lead time زَمَنُ السَّبق • فترة الاستِجلاب : الفترة بين طلب البضاعة وتسلُّمِها
lead-tin alloy (Elec. Eng.) سَبيكةُ الرصاصِ والقصدير (لِصُنع الفواصِم المنصهرة)
lead-uranium ratio (Geophys.) نِسبةالرصاص اليورانيوم : نسبة الرصاص الناتج عن انحلال اليُورانيوم ومنها يُمكن تقدير عُمر الصخور الجيولوجيّ
lead, white (Chem.) إسفيداج: مُرَكَّبُالرصاصِ الأبيض (كربونات الرصاص القاعدية)
lead wire سِلكٌ رصاصي – سلك توصيل
lead wool صوفُ الرصاص
leaf (n.) صَفيحةٌ رقيقة • ورقةٌ رقيقة – ورقةُ نبات
leaf gneiss (Geol.) نايسٌ صَفائحي
leaf, hinge صَفقٌ أو جَناح المُفَصَّلة
leaflet (n.) وُرَيقة – نَشرة مطبوعة
leaf spring (Eng.) زُنبُرك صَفائحي • نابِضٌ وَرَقي (متعدِّد الطبقات)
leaf spring suspension (Eng.) تعليقٌ بنَوابِضَ صفائحية
league (n.) رابطة • اتحاد – فَرسَخ (حوالى ٣ أميال)
league, area فَرسَخمِساحي : حوالى٤،٣ الفدان
leak (v.) سَرَب • تَسرَّب • رَشَح – نَشّ • نَشَعَ
(n.) تَسرُّب • إرتشاح – فُتحةُ تَسرُّب
leakage (n.) سُروب • تَسرُّب • ارتشاح – ضَياعٌ بالتَّسرُّب
(Geol.) نَشع : تَسرُّب السوائل الباطنيَّة تدريجياً الى السطح
leakage current تيارُ التَّسرُّب
leakage detector (Eng.) مِكشاف التَّسرُّب
leakage, earth (Elec. Eng.) تَسرُّب أرضي
leakage indicator (Elec. Eng.) مُبيِّن التَّسرُّب
leakage inductance (Elec. Eng.) المُحاثَّة التَسرُّبية
leakage losses (Eng.) مَفقودات بالتسرُّب
leakage of information تَسرُّب المعلومات
leakage radiation إشعاع مُتَسرِّب

leakage, valve (Eng.) تسرُّب صِمامي : ضَياع الضغطِ من الصِّمامات
leakage voltage (Elec. Eng.) فُلطية التسرُّب
leak clamp (Eng.) قامِطة (طوقية) مانعة للتسرُّب
leak detector (Elec. Eng.) مِكشافُ التَسرُّب
leak-free (adj.) عديمُ التسرُّب • مُسيك
leaking (n.) سُروب – تسرُّب • نَشع
(adj.) سُروبي • ناشِع • راشِح
leak-proof (adj.) صامِدٌ للتسرُّب • مَسيك
leak-proof joint وُصلَة مَسيكة
leaky (adj.) سَرِب • غيرُ مَسيك • غيرُ ضابِط
lean (v.) أمالَ – مالَ • اتَّكأ • إستند – انحنى – أهزَلَ • أنحل • أضعَفَ
(n.) مَيْل • إنحناء – إتكاء • استِناد
(adj.) هَزيل • نَحيل – غَثّ • ضعيف – المحتوى • فقير بالمواد المطلوبة
lean gas (Pet. Eng.) غاز خفيف • غاز الامتصاص الخفيف
lean lime = **hydraulic lime** (Civ. Eng.) جِيرٌ هَيدروليّ : يَصلُد تحت الماء
lean mixture مَزيج فَقير (من الوقود والهواء)
lean oil = **absorption oil** (Pet. Eng.) زيتُ الامتصاص • زيت فقير
lean oil cooler (Pet. Eng.) مُبرِّد زيتِ الامتصاص الخفيف
lean ore (Mining) خام فَقير
lean-to roof (Civ. Eng.) سَقفٌ مُنحدر (بين جدارين أحدهما أعلى من الآخر)
leap (n.) قَفزة
(Geol.) رَمية • إنفصام
leap frog (Civ. Eng.) مِدكٌّ آليّ
leap year (Astron.) سنة كَبيسة (٣٦٦ يوماً)
lease (v.) أجَّر • استأجر
(n.) عَقدُ ايجار – عَقار مُؤجَّر
leased acreage المِساحة المَشمولة بعَقدِ الامتياز
leased territory أراضٍ مُؤجَّرة
leasehold (adj.) مُؤجَّر • مُستأجَر
(n.) أرضٌ مُستأجَرة • حِيازة ايجاريَّة
lea stone (Geol.) حَجَر رَمليّ صَفائحيّ

least squares method (Pet. Eng.) طريقة المربَّعات الدُّنيا : في تقدير المِساحة الانتاجيّة
leat (Mining) مَجرى ماء • جَدولٌ صغير • قناة
leather (*n.*) جِلْد • جِلْدٌ مدبوغ
(*adj.*) جِلديّ
leather belting سُيور جِلدية
leatheroid (*n.*) (Chem. Eng.) جِلدٌ اصطناعي
leather oil زيتُ (دَبْغ) الجُلود
leather packing (Eng.) حَشْوة جِلدية
leather washer (Eng.) فَلْكة جِلديّة
leave (*v.*) ترك • هَجَر • تخلَّى عن – أبقى
(*n.*) إذْن • إجازة • رُخصَة
leave, sick إجازة مَرَضيَّة
leavings بقايا • فَضَلات • رَواسب
ledge (*n.*) رَفّ • طُنُف – حافَّة ناتِئة
(Geol.) حَيْد • رَصيف
= **lode** (Mining) عِرقٌ مَعدِني
ledger (*n.*) دَفترُ الأستاذ
(Civ. Eng.) الخشبة المستعرِضة (في إسقالة البناء)
ledger account حساب الاستاذ
ledger department قلمُ الحسابات (في بنك)
ledge rock (Geol.) صَخر القاعدة
lee (*n.*) مأوًى – الجانبُ المَحميّ من الرِّيح (في السفينة)
lee side (Geol.) الجانب المحجوب عن الريح
(Naut.) الجانبُ سُفالة الريح
leeward (*adv.*) باتِّجاه الريح • مع الريح
(*adj.*) مُدابِرُ الريح • تحت الريح
(*n.*) ظِلُّ الرياح : الجهة التي تَهبُّ نحوها الريح • مُنصرَف الريح
leeway (Naut.) الإنسياق الجانبيّ مع الريح
(Eng.) التفاوُت المَسموح
left (*n.*) يَسار • شِمال
(*adj.*) أيسَر • يَساري
left-hand drive قِيادةٌ يسارية : مِنَ الجهة اليُسرى
left-hand screw (Eng.) بُرغي يساريُّ اللولبة
left-hand thread (Eng.) سِنٌّ يساري اللولبة
leg (*n.*) ساق • قائمة • رِجْل – شُعبة – مَرْحَلة • جُزء من الرِّحلة
(Geol.) ضِلعُ الطيَّة المُحدَّبة
legal (*adj.*) قانوني • شَرعي • مُتمشٍّ ومقتضيات القانون
legal adviser مُستشار قانوني
legal duty واجِب قانوني : يقتضية عَقدٌ أو نَصٌّ قانوني
legal entity كِيان قانوني أو قضائي
legal grounds أَسباب قانونية
legality (*n.*) شرعيَّة • قانونية
legal liability مَسؤولية قانونية
legal tender نَقدٌ قانوني
legend (*n.*) مِفتاح المصطلحات (في خريطة أو رسم بياني)
legged (*adj.*) مُتفرِّع • ذو أرجُل
legible (*adj.*) مَقروء • سَهلُ القراءة • واضِح
leg, telescopic (Eng.) قائمة تِلسكوبيَّة (مُتداخِلة)
leg vise (Eng.) مِلزَمة قَدَميَّة
lemonite ochre (Geol.) مُغرة صفراء
lemon yellow أصفرُ ليمُوني
lend (*v.*) أعارَ • أقرضَ • سَلَّف
lend and lease إعارة وتأجير
lend-lease agreement اتفاقيةُ إعارة وتأجير
length (*n.*) طُول • إمتِداد • مَدى
lengthen (*v.*) أطال • طوَّل – طالَ • امتدَّ
lengthening (*n.*) إطالة • مَدّ • تطويل • استِطالة
lengthening bar = extension bar (Eng.) وُصلَةُ تطويل • قضيب تطويل
lengthening rod (Civ. Eng.) قضيبُ تطويل
length of drill pipe (Pet. Eng.) طُولُ ماسورةِ حَفْر
length of piston stroke (Eng.) مَدى شَوط الكَبّاس
length, over-all الطُّول الإجمالي أو الكُلّي
lengthwise (*adv.*) بالطُّول • طُولاً • طوليّاً
lenitic (or **lentic**) خاصٌّ بالمِياه الراكِدة
lens (*n.*) (Phys., Geol.) عَدَسة
lens axis مِحور العَدَسة
lens, concave عَدَسة مُقعَّرة
lens, convex عَدَسة مُحَدَّبة
lens coverage مَجالُ العدسة
lens, cylindrical عدسة أُسطُوانية
lensing (Geol.) تطبُّق عدَسي • تَعَدُّس
lens system مَجموعةُ عدَسات (تعمَلُ كوَحدَةٍ)
lens, wide-angle عدسة مُتَّسعةُ زاوية المنظر
lenticle (Geol.) عَدسة دَخيلة : عدسة صخريّة مُتحجِّرة داخل صخر مختلف التركيب
lenticular (*adj.*) عدَسيُّ الشكل • مُزدوِجُ التحدُّب
lepidolite (Min.) لِيبيدُولَيت : ضَرْبٌ من معادن المَيكا
leptometer (Phys.) لِبتُومِتر • مِلزاجٌ مُقارِن : مقياس مُقارنة اللزوجة لسائلين مُختلفين في آنٍ واحد
lessee (*n.*) المستأجِر
lessen (*v.*) قَلَّل • خفَّض • صَغَّر • قَلَّ • إنخفض
Lessing rings (Chem. Eng.) حَلَقات «لِيسنْج» : حلقات اسطوانية يُحشى بها عمودُ التقطير أو الامتِصاص لزيادة فاعليته
lessor (*n.*) المؤجِّر
lethal (*adj.*) قَتّال • مُميت
lethal dose جُرعَة قاتِلة
letter of advice رسالةُ إشعار .
letting out مَنح (العَقدِ او المُقاوَلة)
leucite (Min.) لُوسَيت : مِيتاسِلِيكات البوتاسيوم والألومنيوم
leucocratic (*adj.*) (Geol.) حائلُ اللون • فاتِحُ اللون (بالنسبة الى اللون العادي)
levee (Civ. Eng.) سدٌّ أو حاجِزٌ (لمنع الفيضان)
(Geol.) شاطىء • شَطّ
level (*v.*) سَوَّى • مهَّد – قاس الارتفاع بين نُقطتين
(*adj.*) مُستوٍ • مُنبسِط • مُسَطَّح
(*n.*) مُستوًى • مَنسوب
= **level tube** (Eng., Surv.) مِسواةُ المسّاح • ميزانُ ضبط الإستواء
level, absolute المنسوبُ المُطلَق
level, air (Surv.) مِسواةٌ بِفُقّاعة هواء
level alarm (Eng.) نَذيرُ المُستَوى
level, angle of site (Surv.) مِسواةُ زاوِيَة النَّظَر
level book (Surv.) سِجِلُّ المسّاح
level, circular مِسواةٌ دائريَّة
level country أرضٌ مُستَوية
level, cross (Surv.) مِسواةٌ عَرْضية • ميزانُ تسويةٍ مُتعامِدَة
level crossing = grade crossing (Civ. Eng.) تقاطُعٌ مُستوٍ • مُزلَقان
level diagram رَسمٌ بياني للمَناسيب
level, engineer's (Eng.) مِسواةُ المهندس
level gauge (Eng.) مقياسُ المُستوى • ميزانُ استِواء • مِسواة
level glass أنبوبة بَيان المُستوى

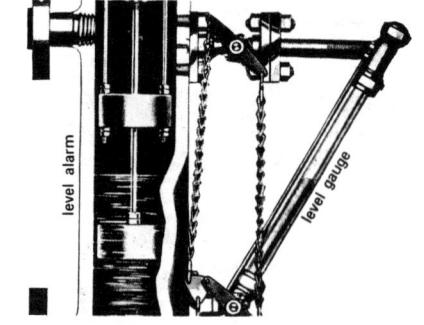

level alarm
level gauge

level ground أرضٌ مستَوية
level, hydrostatic (Surv.) ميزانُ استواءٍ هيدروستاتي
level indicator (Civ. Eng.) مُبيِّنُ المَنْسُوب • دليلُ المُستَوى
level(l)er (*n.*) (Civ. Eng.) مُمَهِّد • مُسَوٍّ ـ مُمَهِّدَة
level line (Surv.) خطٌّ مُستَوٍ (أفقي)
level(l)ing (*n.*) تَسوِيَة • تمهيد
(Surv.) قياسُ المناسيب
levelling course طبقة تسوية
levelling machine (Civ. Eng.) مِسْلَفَة (لتَسوية الأرض)
levelling mechanism آليّةُ ضبط الاستواء
levelling rod (Surv.) شاخِص • قامة تَسوية
levelling screws مساميرُ ملولبة لضبط الاستواء
levelling staff (or **rod**) (Surv.) قامةُ التسوية • شاخِصُ التسوية
level man (Surv.) مَسَّــاح
level-measuring set (Surv.) جهازُ قياس المناسيب
level of abrasion = **abrasion level** (Geol.) مستوى الحتّ
level of reference (Surv.) مُستوى الإسناد
level of saturation (Geol.) مُستَوى التشبُّع • مُستوى الماء الباطني
level recorder (Hyd.) مُسجِّلةُ المنسوب
level rod (Surv.) شاخِصُ (قياسِ) المستوى • قامَة (المِسَّاح)
level screw (Surv.) مِسمار ضَبط المستوى
level theodolite (Surv.) تيودوليت تسوية : لقياس الأبعاد
level trier (Surv.) فاحِصُ المسواة
lever (Mech.) عَتَلة • مُخْل • رافِعة ـ ذِراعُ الرَّفع
leverage (Mech.) القُدرةُ الذراعيَّة • الفائدةُ الميكانيكية المكتَسَبة من فِعل الرافعة
lever arm (Mech.) ذراعُ الرافعة
lever balance ميزانٌ ذراعي
lever brake (Eng.) مِكْبَحٌ ذراعي • فرملَة ذِراعية
lever jack (Eng.) مِرفاع ذِراعيّ
lever press (Eng.) مِكْبَس ذراعي
lever punch (Eng.) خَرّامة ذراعية
lever safety valve (Eng.) صِمام أمانٍ ذو ذراعٍ مُثقَّل • صِمامُ أمنٍ ذو رافعة
lever shears (Eng.) مِقَصٌّ ذراعي (يعمل أحدُ ذراعيه كرافعة)
lever, timing (Eng.) ذراعُ تَوقيت

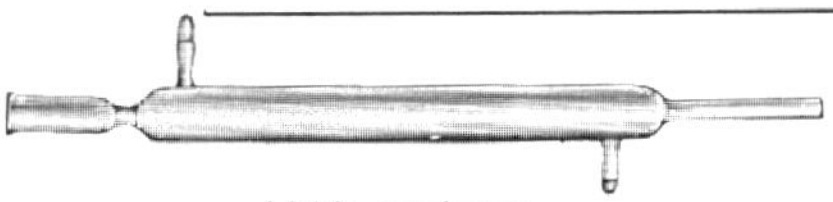

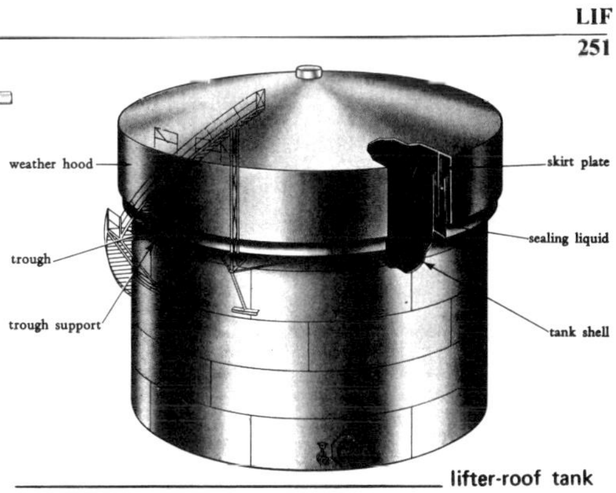

Liebig condenser

lever valve (Eng.) صِمامٌ ذراعي • صمام ذو رافعة
levigation (Chem. Eng.) فَصل (الذُّرور) بالترسيب التفاضُلي
liabilities تَبِعات • مسؤوليات ـ خُصوم • مَطلوبات
liability (*n.*) مَسؤولية قانونية ـ دَين • التزام
liable (*adj.*) عُرْضَة (ل) • مَسْئولٌ قانونيّاً
liaison officer ضابطُ اتصال • ضابطُ ارتباط
lias (Geol.) لَيَاس : مُكَوِّنات صفحية صلصالية من العصر الجوراسي • حجر جيري صلصالي مُدمَّج
liberate (*v.*) حَرَّرَ • أطلق • أعتَق
liberation (*n.*) تَحرير • إطلاق • إعتاق
liberator tank (Pet. Eng.) صِهريج تحرير : صهريج تصفيق الرواسب
library (*n.*) مَكتبة
libriform (*adj.*) لِيفيّ • شبيهٌ بألياف الشَّجر
license = **licence** (*n*) رُخصة • تَرخيص • تصريح • اجازة
(*v.*) أجازَ • رَخَّص
licensee (*n.*) صاحِب الرخصة • المُرخَّصُ له
license plate لوحةُ إجازةِ السَّير (التي عليها رقمُ السيارة)
licenser = **licensor** المُرخِّص : مانِحُ الرُّخصة • مانِح الترخيص أو الامتياز
lichen (Biol.) أُشْنَة • حَزاز
lid (*n.*) غِطاء (صندوقٍ أو إناء)
(*v.*) غَطّى
lie (*v.*) رَقَد • اضطجع ـ كَمَن ـ وَقَع ـ كَذَب
(*n.*) مَوقِع ـ وَضْع ـ أُكذوبة
Liebig condenser (Chem. Eng.) مُكثِّف «لِيبيج»
lie key (Eng.) مفتاحُ قَبض : لِرفع الجُذوعِ الصغيرة القُطر ـ رافِع • رافعة
lien creditor دائِنٌ مُمتاز : يكون دَيْنُه مضموناً بِرَهْنٍ على جزء مُعيَّن من مال المَدين
life (*n.*) حَياة ـ عُمر • مدى الحياة ـ حيويَّة
(Eng.) عُمر : مُدَّة الصلاحية للعمل
life belt حِزامُ النَّجاة
lifeboat قارِبُ نجاة • قارِبُ إنقاذ
life hazard خَطرُ الموت
life insurance التأمين على الحياة
life policy وثيقة تأمين على الحياة
life test (Eng.) اختبارُ العمر الباقي (من حياةِ التجهيزات)

lifter-roof tank

(Pet. Eng.) اختبار الاستقرارية : لزيوت التوربينات
lifetime (*n.*) عُمر • مدى العُمر • مُدَّة الحياة
(Phys.) متوسط عُمر (الجُسَيم أو الأيون)
life zone (Ecol.) مِنطقة حياتيّة
lift (*v.*) رَفَع • علّى • أصعَد
(Pet. Eng.) ضَخَّ • استخرج
(*n.*) مِرفاع • مِصعَد ـ رَفْع ـ حَمْل ـ مدى الارتفاع أو الرفع
lift-bridge (Civ. Eng.) جِسر متحرِّك (يُرفع فتمرُّ عبره السفن)
lifted side (Geol.) جانِبُ الصَّدع المرتَفع
lifter (*n.*) رافِع • رافِعة • جهاز رَفع
lifter roof (Pet. Eng.) سَقف مِصعادي: يعلو ويهبط تبعاً لتغير الضغط في داخل الخزان
lifter-roof tank (Pet. Eng.) صِهريج ذو سقف مِصعادي
lift hook خُطّاف الرَّفع
lifting apparatus (Civ. Eng.) جهاز الرفع
lifting block (Eng.) بَكّارة رافِعة
lifting capacity قُدرةُ الرفع
lifting gate (Civ. Eng.) بوّابة رَفعيَّة : تُفتَحُ بالرَّفع عمودياً
lifting gear (Eng.) مُعدَّاتُ الرَّفع
lifting handle مِقبضُ رَفع
lift(ing) hook خُطّاف رَفع
lifting jack (Eng.) رافِعَة • مِرفاع (السيارة)
lifting magnet (Elec. Eng.) مِغنطيسٌ رافِع
lifting mechanism (Eng.) آليّة الرفع
lifting power (of a magnet) قُوة الرفع (للمغنطيس)
lifting ram (Eng.) كابِسُ الرفع (في مِكبَس هيدرولي)
lifting surface السَّطح الرافِع • السطح الحامِل
lifting tackle (Eng.) مُعدَّات الرفع (من حِبال وبَكَرات)

LIF
252

lift truck

lifting tongs مِلقطُ رَفع
lift-motor (Eng.) مُحرِّك المِصعَد
liftoff (*n.*) (Eng.) انطلاق (الصاروخ) من المِنَصَّة
lift of pump (Eng.) مدى رَفع المِضَخَّة
lift pump (Eng.) مِضَخَّة رافعة
lift truck شاحِنَة مِرفاعية : شاحِنةٌ صغيرة لرفع الأثقال ونَقلِها
lift-valve (Eng.) صِمام رَفعِي : يرتفع (أو يُرفع) لإمرار السائل
ligasoid (Chem.) ضَبيب : غَرواني السائل في الغاز
ligature (*n.*) رَبْط • رِباط
light (*n.*) ضَوء • نُور • ضِياء ـ مَصدرٌ ضوئي ـ وَميض
(*adj.*) خَفيف • يَسير • بسيط ـ فاتِح (اللون)
(*v.*) أنارَ • اضاءَ • أشعلَ • أوقَدَ ـ اتَّقد
light absorption امتصاص خفيف
light ag(e)ing (Chem. Eng.) تعتيقٌ بالضوء
light beam (Phys.) حُزمَة ضوئية • شُعاع ضَوئي
light carburetted hydrogen غاز المِيثان
light chassis grease شَحم خفيف لهياكِل السيارات
light coal (Mining) فحمٌ غازي
light crude (Pet. Eng.) : خام نفطي فاتِح اللَّون بارافيني القاعدة
light dispersion (Phys.) تَشتُّت الضوء
light displacement (Naut.) وزن السفينة فارغةً : وزن الماء المُزاح والسفينة غير مُحمَّلة
light distillate (Chem. Eng.) قُطارة خفيفة
light dragon (Eng.) جَرَّارة خفيفة
light duty (Eng.) تَشغيل خفيف
light, electric نورٌ كهربائي
lighten (*v.*) خَفَّفَ ـ فَتَّح (اللون) ـ أنار

light ends (Pet. Eng.) المُتطايِرات : اجزاءُ النَّفط الخفيفة المنخفضةُ درجة الغليان
lightening (*n.*) تَخفيف • تسهيل • تقليل
lightening holes ثُقوب تخفيف
lighter (*n.*) قَدَّاحة • وَلَّاعة
(Naut.) صَندَل • مَركَبُ تَحميلٍ وتفريغ
(*v.*) نَقَلَ أو شَحَنَ بالصنادل
lighterage (*n.*) (Naut.) شَحنٌ أو نَقلٌ بالصنادل ـ أُجرة النقل بالصَّنادل
light-fast (*adj.*) صامِد للضوء • لا يَنصُل بالضوء
light filter مُرشِّح ضَوئيّ
light, fixed ضَوء ثابت
light, flashing ضَوء وَمَّاض
light fractions (Pet. Eng.) الأجزاء (أو المُقتَطعات) الخفيفة
lighthouse (*n.*) مَنارة
light indicator (Eng.) مُبيِّن ضوئي
light, indirect نورٌ غير مباشر
light industry صِناعة خَفيفة
lighting (*n.*) إنارة • إضاءة
lighting, dashboard إنارةُ لَوحةِ القيادة
lighting, emergency إضاءة للطوارىء
lighting gas غازُ الاستِصباح
lighting power قُدرة الاضاءة
lighting system نِظام الإنارة
light intensity (Phys.) شِدة الضوء
light load line (Naut.) خطُّ الحِمْل الخفيف
light lubricating oil (Pet. Eng.) زيت تزليق خفيف
light metals (Met.) فِلزَّات خفيفة
light meter مِقياسُ (شِدّةِ) الاضاءة
lightning (Meteor.) بَرق ـ صاعِقة
lightning arrester = lightning protector (Elec. Eng.) كابِحةُ صَواعِق • واقِيةُ الصواعق : جِهاز يقي الآلاتِ من ارتفاع الفُلطية أو من التموُّراتِ الناتجة عن البَرق
lightning conductor (or **rod**) (Elec. Eng.) مانِعةُ صواعِق • بَرَّاقة • قضيبُ مانِعة الصواعق
light oils (Pet. Eng.) زُيوت خفيفة
light-permeable (*adj.*) مُنفِذٌ للضوء • مُنفِذُ الضوء
light-proof (*adj.*) (Chem.) صامِدٌ للضوء
light-resisting مُقاوِم للضوء
light running (Eng.) دَوَرانٌ (أو تدويرٌ) خفيف
light sensitive (*adj.*) حسَّاسٌ للضوء
lights, traffic أضواءُ المُرور • إشارات المرور

light meter

light van سيَّارةُ شَحن صغيرة
light waves (Phys.) أمواجٌ ضوئية
light-weight concrete (Civ. Eng.) خَرَسانة خفيفة الوزن
ligneous (*adj.*) (Biol.) خَشَبيّ
lignite = brown coal (Geol.) اللِّيجْنيْت : فحم بُنيٌّ داكِن أو رَمادِيّ
ligniteferous (Mining) حاوٍ اللِّيجنيت
lignite oils زيوت اللِّيجْنَيت
lignite wax = motan wax شَمعُ اللِّيجنيت
lignox (Pet. Eng.) لِيجْنوكْس : مُستَحضَر لإسالة طين الحفر وتثبيته
ligroin(e) (Pet. Eng.) لِيجْرُوين: مُقتَطَع نفطي مُتطايِر مَدى غليانه بين ٩٠° و ١٢٠° مئوية
like charges (Elec. Eng.) شِحْنات مُتشابهة
likely (*adj., adv.*) مُحتَمَل • مُرجَّح ـ مُناسِب • مُلائِم
likeness (*n.*) تَشابُه • شَبَه
limb (*n.*) عُضو • طَرَف ـ فَرْع • شُعبَة
(Geol.) جانِبُ الطَّيَّة
(*v.*) قَطَع الفُروعَ (أو الأعضاء)
limber holes (Pet. Eng.) ثُقوب تصريف أمامية: لتفريغ الصهاريج
limburgite (Geol.) لِمْبِرجَيْت : ضَربٌ منَ الصخر البركاني
lime (*n.*) (Chem.) جِير • كِلْس • اكسيد الكالسيوم
(*adj.*) كِلْسِي • جيري
(*v.*) عالَجَ أو غَطَّى بالكِلس
lime base (Chem. Eng.) قاعِدة كِلسِيَّة أو جيريَّة
lime base grease (Pet. Eng.) شَحم جيريُّ القاعدة
lime, caustic (Chem.) الجيرُ الحي • اكسيد الكالسيوم
lime content (Chem. Eng.) المُحتَوى الكِلسيّ

بطَّن ـ صفَّ • إصطفَّ ـ خطَّط • (*v.*) خطَّ • علَّم بالخطوط

lineament (*n.*) سِمة تكوينية • مَعلَم طبيعي

linear (*adj.*) خطِّي • طُولي

linear accelerator (Phys.) مُسارِع (جُسَيْمات) خطِّي

linear cleavage (Geol.) تَشقُّق طولي

linear coefficient (Eng.) مُعامِلٌ طولي

linear expansion (Eng.) تمدُّدٌ طولي

linear expansion coefficient (Eng.) مُعامِلُ التمدُّد الطولي

linear extension إمتدادٌ طوليّ

linear foliation (Geol.) بِنية ليفية

linear function دالَّة خطِّيَّة • اقتِرانٌ خطِّيّ

linearity (*n.*) استقامة ـ خطِّيَّة

linear measure مِقياس طولي

linear motion (Mech.) حركة خطِّيَّة

linear programming برمجة خطيَّة

linear sander (Eng.) مَكْنَةُ سَنفرةٍ (صَنفرةٍ) خطيَّة

linear scale (Eng.) مقياسٌ خطِّي (أو طولي)

linear speed (Mech.) سُرعة خطِّيَّة

linear velocity (Mech.) سُرعة خطِّيَّة اتِّجاهية

line, assembly (Eng.) خطُّ التجميع

lineation (*n.*) تخطيط ـ خُطوط
(Geol.) خُطوط التكوينات

line blending (Pet. Eng.) المَزجُ داخل الخط : أو داخل الأنابيب

line breaker (Elec. Eng.) قاطِعُ الدائرة الكهربائية

line by line budget ميزانية تفصيلية

line circuit (Elec. Eng.) دارةُ الخط الكهربائي

line completion (Pet. Eng.) إنجازُ (مدِّ) الخط

line-current-capacity tester (Elec. Eng.) جهازُ اختبار (سَعَةِ) حِمْل الخط : لِتعيين القيمة القصوى للتيار الممكن حملُه

lined (*adj.*) مُبطَّن • مُصفَّح ـ مُخطَّط • مُقلَّم

lined bearing shell (Eng.) لُقمَةُ مَحمِلٍ مُبطَّنة

line diagram (Eng.) هيكلٌ تخطيطي

line drawing (Eng.) رَسْم تخطيطي

line, drilling (Civ. Eng.) كَبلُ الحَفر

line drive (Pet. Eng.) دَفعٌ خَطِّي : دفع النفط من البئر بحَقن الماء في طبقاتها السفلى

line drop (Elec. Eng.) هُبوطُ الجُهد في الخط

line drop compensator مُعادِلُ هُبوط الجُهد في الخط

line, feeding (Eng.) خطُّ التغذية

limit gauge (Eng.) مُحَدِّدُ قياسِ التفاوُت المَسموح

limit gauging (Eng.) ضبطُ القياس ضِمنَ حُدودٍ معيَّنة

limiting (*adj.*) مُحدِّد ـ نِهائي • حَدِّيّ

limiting factor (Phys.) عاملٌ مُحدِّد

limiting gradient = **ruling gradient**
(Civ. Eng.) المَمال الحَدِّي : الانحِدارُ الأقصى المسمُوحُ به في مدِّ الطُّرُق او السِّكك الحديدية

limiting range (Eng.) المدى النِّهائي أو الحَدِّي

limiting range of stress (Eng.) المدى الحَدِّي للاجهاد

limiting value القِيمة الحدِّية (أو النهائية)

limiting velocity (Phys.) السرعةُ الحدِّية أو النهائية

limitless (*adj.*) لا حَدَّ له • لا نِهائي

limit load (Eng.) الحِملُ الحدِّي

limit of elasticity (Eng.) حدُّ المُرونة

limit of endurance (Eng.) حَدُّ الاحتمال

limit of saturation (Chem., Phys.) حدُّ التشبُّع

limit plug gauge (Eng.) مُحدِّدُ قِياسٍ سِدادي حَدِّي

limit position (Eng.) وَضعٌ حدِّي أو نهائي

limit pressure (Eng.) ضَغطٌ حدِّي أو نهائي

limits of tolerance (Eng.) حدودُ التَّفاوُتِ المسموحِ به

limit-switch (Elec. Eng.) مِفتاحٌ كهربائيٌّ حدِّي

limnetic (or **limnic**) (*adj.*) (Biol.) خاصٌّ بالمياه العَذبة

limonene (Chem.) اللِّيمُونين : زيت يُستخرَجُ من قشور الليمون

limonite (Min.) لِيمُونيت : اكسيدُ الحديد المـائي

limp (*adj.*) رَخْو • لَيِّن
(*v.*) عَرَجَ

limpet dam (Hyd.) سَدٌّ لَصِيق

limpet washer (Eng.) فَلْكَة رَخوة (للوُصلات المتعرِّجة)

limy (*adj.*) جيري • كِلسي ـ دَبِق

linarite (Min.) لِنَريت : كبريتات الرصاص والنحاس المميَّأة

lindane (Chem.) لِندان : هِكسا كلُورو سِيكلوهِكسان

Linde sweetener (Pet. Eng.) بُرج «لِنْد» لتحلية النفط : بإزالة المُركَّبات الكبريتية

line (*n.*) خط • أُنبوب ـ سَطر ـ مَسير ـ حَبْل ـ صَفّ ـ سِكَّةُ حديد

lime glass (Chem. Eng.) زجاجٌ جيري (الزجاج العادي)

lime, hydrated (Chem. Eng.) جيرٌ مُطفأ

lime, hydraulic (Civ. Eng.) جيرٌ هَيدرولي (يصلُد تحت الماء)

limekiln (Chem. Eng.) قَمينٌ جيريّ • أتون الكِلس

lime, milk of (Chem.) لَبَنُ الجير

lime mortar (Civ. Eng.) مِلاطٌ جيري

lime mud طين جيري

lime oil (Chem.) زيتُ الزيزفون

lime paste (Civ. Eng.) جير مُطفأ

lime powder (Civ. Eng.) مَسحوق الكِلس (المُطفأ بالتعرُّض للهواء)

lime producer (Pet. Eng.) بئر مُنتِجة جيريَّة : أي جيريَّة التكوينات الجيولوجية

lime, quick (Chem. Eng.) جير حَيّ

lime-silicate rocks (Geol.) صُخور جيرية رَملية

lime, slaked (Chem. Eng.) جيرٌ مُطفأ

limestone (Geol.) حَجَر جيري • حجر كلسي

limestone formation (Geol.) تكوين جيري

limestone sonde (Geophys.) مِسبار الصخور الكلسية الصلبة

lime-treated (*adj.*) مُعالَج بالجير

lime treatment (Chem. Eng.) مُعالَجة بالجير أو الكلس
(Pet. Eng.) مُعالَجة جيرية : إضافة الجير الى بُرج التقطير للتخفيف من حامضيَّة القُطارة

limewash طِلاءٌ جيريٌّ مائي

limewater (Chem.) ماءُ الجير

limey = **limy** (*adj.*) جيري • كِلسي

liminal value (Phys.) قِيمة عَتَبيَّة : فَرقٌ لونيٌّ يُميَّز بالحِسّ

limit (*n.*) حَدٌّ • تَخْم ـ مدًى ـ نهاية • حدٌّ أقصى (أو أدنى)
(*v.*) حدَّد ـ قيَّد ـ حصَر • قَصَر على

limitation (*n.*) تَحديد • تقييد • قَصْر • حَصْر • تحدُّد

limited (*adj.*) مُحَدَّد • محدود

limited company شركة مَحدودة • شركة مُغفَلة

limited liability مَسؤولية محدودة

limited liability partnership شَراكة محدودة المسؤولية

limiter (Elec. Eng.) مُحَدِّد • مُحِدّ • مُحدِّد أوتوماتي

line-traveling coating and wrapping machine

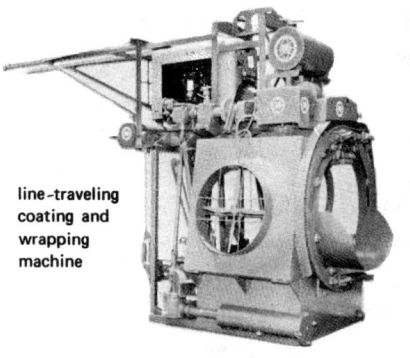

lining

line load tester (Elec. Eng.) جهازُ اختبارِ حِمْلِ الخط
line looping مُزاوَجة الخَط
line loss (Elec. Eng.) فَقْدُ الخط
line maintenance (Eng.) صِيانةُ الخطوط
lineman (Elec. Eng.) مُصلِّح الخطوط • عامِلُ الاسلاك
linen (*n.*) كَتّان • تيل
(*adj.*) كَتّاني • تِيلي
line noise (Elec. Eng.) ضَوضاءُ الخط (التلفوني)
line of action of a force (Mech.) اتجاهُ القوّة • خط عَمَل القوّة
line of centres خَطُّ المراكز
line of collimation (Surv.) خط الإيزاء (او الاستيزاء) • خطُّ التسديد
line of communication خط مُواصلات • خط اتصال
line of contact (Surv.) خط التلامُس • خط التماسّ
line of demarcation (or **demarkation**) خط التحديد
line of departure خطُّ الابتعاد
line of intersection خط التقاطُع
line of latitude (Astron.) خط العَرْض
line of lode (Mining) اتجاهُ العِرق (المَعدِني)
line of (magnetic) force خط القُوة (المغنطيسية)
line of position (Naut., Surv.) خط المَوضع
line of samples (Chem. Eng.) سِلسِلة عيِّنات
line of sight (Surv.) خط الإيزاء • خط البَصَر • خط التسديد
line of strike (Geol.) خط مَيْل الطبقة (بالنسبة للافُق) • خطُّ (اتجاهِ) القَطع
line pipe (Eng.) أنبوب خطّيّ : أحد أنابيب الخط
line, power (Elec. Eng.) خط نَقْل الطاقةِ الكهربائية
line pressure (Pet. Eng.) ضَغطُ الخط

line production (Eng.) إنتاج خطّي • إنتاج سِلسِليّ
line, production (Eng.) خط الانتاج (او التجميع)
liner (*n.*) طيّارةٌ أو سفينةٌ خطية : تعمل على خطٍّ مِلاحيّ
(Eng.) بطانة • قَميص
(Pet. Eng.) أنبوب تغليف قاعِيّ
line ranger (Surv.) جهازُ مُحاذاةٍ استقامية
line, return (Eng.) أُنبوبٌ أو خَطُّ الرُّجوع
line rider (Pet. Eng.) مُراقِبُ خط الأنابيب
liner puller (Eng.) مِسحَبَةُ البطانة
lineshaft (Eng.) عَمودُ مُناوَلَة عُلوي
line spectrum (Phys., Chem.) طَيفٌ خطّي (يميِّز عنصرًا مُعيَّنًا)
line-traveling coating and wrapping machine مَكَنة طَلْيٍ ولَفٍّ تتحرك على خط الأنابيب
line-up (*n.*) (Eng.) صَفٌّ – وَصْل على التوالي
line walker (Pet. Eng.) مُراقِبُ خط الأنابيب
line well (Pet. Eng.) بئر حدّية : مُتاخِمة لِحدود الامتياز
liniment (*n.*) مَرْهَم • مَرُوخ
lining (*n.*) تَبطين – بِطانة
lining brick (Eng.) طُوبُ التَّبْطين
lining-up (*n.*) المُحاذاة • التحاذي • المُصافّة
(Eng.) صَفُّ (المحامِلِ) في خط مستقيم
link (*n.*) حَلْقة • زَرَدة – وُصْلَة • مَفْصِل
(Surv.) حَلْقة : جزءٌ من مئة من الجنزير (حوالى ٧،٩٢ بوصة)
(*v.*) وَصَل • رَبَط • اتّصل
linkage (Chem.) تَرابُط إسهاميّ • وَصْلَة إسهامية
(Eng.) ترابُط • إرتباط – قُضبان ارتباط
link block (Eng.) كُتلة وَصلٍ انزِلاقيّة

link, chain حَلْقة سِلسِلة • زَرَدة
linked (or **coupled**) **switches** (Elec. Eng.) مَفاتيحُ مُتواصِلة (أو متقارنة)
linking (*n.*) وَصْل • تَوصيل • تواصُل
linking cable كَبْلُ الوصل • كبلُ توصيل
link mechanism (Eng.) آليّةُ الترابُط أو التقارُن
linn (Geol.) شَلّال • شاغُور – مَسِيل
linoleum لِينُوليُوم : مُشمَّع لفرش الأرض
linseed oil (Chem.) زيتُ بِزْر الكتّان
lint (*n.*) ضِمادَة كتّانية – نُسالة مُعقَّمة للتَّضميد
lintel (Civ. Eng.) عَتَبة • جائزٌ عُلويٌّ مُستعرِض
lip (*n.*) شَفة • مِشفَر – حافّة – طَرَف قاطِع
lipase (Biol.) لِيباز : خَميرةٌ حالّةٌ للدُّهن
lipid (Chem.) دُهن • شَحْم
lipoid (*adj.*) دُهناني : شبيه الدهن
(*n.*) مادة دهنية
liposoluble (*adj.*) (Chem.) ذَوّابٌ في الدُّهن (أو الزيت)
lipped channel (Eng.) مَجرًى مُشفَّه
lip tube (Eng.) انبوبٌ مُشفَّه
lip union (Eng.) وُصلَة (أنابيب) مُشفَّهة
liquate (*v.*) فَصَلَ بالصَّهر
liquation (Chem. Eng.) الفَصلُ بالصَّهر
liquefacient = **liquefactive** (*adj.*) مُمَيِّع • مُسَيِّل
liquefaction (*n.*) إسالة • تَسَيُّل • تمَيُّع
liquefaction of gas (Chem. Eng.) إسالةُ الغاز : بالضغط والتبريد
liquefiable (*adj.*) قابلٌ للتَّسيُّل • يَتسيَّل • يتميَّع
liquefied (*adj.*) مُسال • مُسَيَّل
liquefied air (Chem., Phys.) هواءٌ مُسال أو مُسَيَّل
liquefied natural gas (Pet. Eng.) غاز طبيعيّ مُسَيَّل
liquefied petroleum gas (Pet. Eng.) غازُ البترول المُسَيَّل • غازُ النفط المُسال

liquefied petroleum gas unit

liquefied refinery gas (Pet. Eng.) غازُ المِصفاة المُسيَّل

liquefy (*v.*) أسالَ • سَيَّل • تَسيَّل • حوَّلَ (أو تحوَّلَ) الى سائل

liquescent (*adj.*) مُتسيِّل • مُتميِّع

liquid (*n., adj.*) سائل • مائع

liquid air (Chem. Eng.) هواءٌ سائل

liquid asphalt (Pet. Eng.) أسفَلْت مائع • زِفت سائل

liquid assets الأموالُ السَّائلة : السَّهلةُ التحويل الى نَقد

liquidate (*v.*) صَفَّى (العملَ) – سَيَّل : حوَّلَ الى (نَقدٍ) سائل

liquidation (*n.*) تَصفية

liquid compass بوصلَة سائلية

liquid coolant (Eng.) مُبرِّدٌ سائل

liquid-cooled (*adj.*) مُبرَّدٌ بالسوائل

liquid cooling (Eng.) تبريد بالسائل

liquid crude oil (Pet. Eng.) الزيت الخام

liquid damping (Eng.) المضاءلة بالسائل

liquid extinguisher مِطفأة سائليَّة

liquid fuel وَقود سائل

liquid funds أموال سائلة : حاضِرة عند الطلب

liquid gas (Pet. Eng.) غازٌ سائل

liquid gold (Pet. Eng.) الذهبُ السائل • البترول

liquid grease شَحم سائل

liquid hydrocarbons (Chem.) هَيدروكربونات سائلة

liquid hydrogen (Chem.) هيدروجين سائل

liquidity (*n.*) سُيولة • مُيوعة

liquidize (*v.*) سَيَّل • مَيَّع

liquid level alarm (Eng.) نذيرُ (تغيُّرِ) مُستوى السائل

liquid-level control device (Pet. Eng.) نُبيطةُ مراقبة مستوى السائل : في محطة تعبئة الصهاريج

liquid level gauge (Eng.) مِقياس مُستوى السائل : في وعاء أو صهريج

liquid level gauging قياس مُستوى السائل

liquid level indicator (Eng.) مُبيِّن مُستوى السائل

liquid level regulator (Pet. Eng.) مُنظِّم مستوى السائل

liquid-liquid extraction (Chem. Eng.) استخلاص (إذابي) مُزدوِج السائل

liquid lubricant مُزلِّق سائل

liquid measure مقياسُ الموائع – نِظام قياسٍ للسوائل

liquidometer (Phys.) مقياسُ كميَّة السائل

liquid oxygen (Chem.) اكسجين سائل

liquid paraffin (Pet. Eng.) پارافين سائل : زيت بترولي عديم اللون عالي النقاوة للاستعمالات الطبية

liquid (liquefied) petroleum gas غاز البترول السائل

liquid phase (Phys.) طَور السُيولة

liquid-phase cracking (Pet. Eng.) التكسير في طَورِ السيولة

liquid phase isomerization process (Chem. Eng.) طريقةالأسمَرة فيطور السيولة

liquid-phase refining (Pet. Eng.) التكرير في طور السيولة

liquid pitch oil (Chem. Eng.) كرِيُوزوت : زيت القار يغلي ما بين ٢٤٠° و ٢٧٠° مئويَّة

liquid propellant (Chem. Eng.) دافِعٌ سائل • وَقود سائل (للمحرِّك الصاروخي)

liquid resistance (Elec. Eng.) مقاومة سائلية

liquid seal (Eng.) سِدادٌ سائلي

liquids fractionation plant وَحدة التقطير التفاضُليّ للسوائل

liquid state (Phys.) حالة السُّيولة

liquidus curve (Chem. Eng.) خَطّ السُّيولة

liquid volume fraction (Chem. Eng.) الجُزء الحجمي للمُكوِّنات السائلة

liquor (*n.*) سائل • محلول مائي أو كُحولي

liroconite (Min.) لِيرُوكونيت : خام نُحاسيٌّ أزرق أو مُخضَرّ

lisoloid (Chem. Eng.) غَرَوانيٌّ مائع صُلب : مائعُ القَلْب صُلبُ القِشرَة

list (*n.*) حافَّة • حاشية • جِتار – قائمة • ثَبْت • كَشف • بيان • جَدول

(Naut.) جُنُوح • مَيلان السفينة الى جانب

(*v.*) سَجَّل • أدرَجَ في قائمة – عَدَّد – جَنَح • أمالَ

list compensation (Naut.) مُعادَلة الجُنوح

listed (*adj.*) مُدرَج

list indicator (Naut.) مُبيِّن الجُنوح

list price سِعرُ البيان : السعرُ المسجَّل الخاضعُ للحَسم

liter = litre لتر : ١٠٠٠ سم٣ ٦١،٠٢٥ إنش٣

litharge (Chem.) المَرْتَك • اللِّيثارْج : أول اكسيد الرصاص

litharge cement = glycerine litharge cement لِصاقُ الليثارج (والغليسيرين معاً)

lithia (Chem.) اللِّيثيا : أول اكسيد الليثيوم

lithic (*adj.*) حَجَريّ • صخري – لِيثيُوميّ

liquid level control device

liquids fractionation plant

lithification (Geol.) تَحجُّر • استحجار • تَصَخُّر

lithify (*v.*) (Geol.) تَحجَّر • استحْجَر

lithiophilite (Min.) لِيثْيُوفيلَيت: فسفات الليثيوم والمنغنيز

lithium (Li) (Chem.) اللِّيثيوم : عنصر فلزيّ رمزه (لث)

lithium base (Chem. Eng.) قاعدة لِيثيُوميّة

lithium base grease (Pet. Eng.) شَحمٌ قاعدتُه الليثيوم • شَحم لِيثيُومي الأساس

lithium mica (Geol.) مِيكا لِيثيُوميَّة

lithium thickener (Chem. Eng.) مُغلِّظ (قَوام) لِيثيُوميّ

lithofacies (Geol.) سِحنة صَخريَّة

lithofacies maps (Geol.) خرائطُ السِّحنةِ الصخرية

lithogenesis (Geol.) تكَوُّن الصخور ونَشأتُها

lithographic limestone (Geol.) حَجَرٌ جيري لِيثوغرافي

lithographic stone (Geol.) حَجَرُ الطباعة : حجرٌ جيريٌّ دقيق الحُبَيبات كانَ يُستَعمَلُ في الطِّباعة

lithologic log (Geol.) سِجلٌّ بيان خصائص الصخور

lithology (Geol.) عِلمُ خَصائص الصخور

lithopone (Chem. Eng.) لِيثُوپُون : صِبغٌ أبيضُ جَيِّدُ الوِقاية

lithosphere (Geol.) القِشرةُ الأرضيَّة • الغِلافُ الصخري • المُحيط اليابس

lithostratigraphical unit (Geol.) وَحدة استراتيغرافية صخرية
lithotype (Geol.) نَمَطُ الصخر ـ مِيزةُ الصخر
litmus paper وَرَقُ عبّادِ الشمس
litmus solution (Chem.) محلولُ عَبّاد الشمس
lit-par-lit injection (Geol.) الحَقْنُ طبقةً طبقة
litre (or liter) لِتر : دسم³
little-end bearing (Eng.) مَحْمِلُ النهايةِ الصُّغرى
littoral (*adj.*) (Biol., Geol.) ساحِليّ
(*n.*) مِنطقة ساحليَّة
littoral deposits (Geol.) رواسِبُ ساحلية
littoral zone (Geol.) مِنطقة ساحلية
live (*adj.*) حَيّ ـ نشِط ـ مُستَعِر ـ زاهي اللّون
(Elec. Eng.) مُكَهْرَب • مُتّصِلٌ بالكهرباء • مَشحون بالكهرباء
live axle (Eng.) مِحورٌ دوّار
live head = headstock (Eng.) رأسٌ دوّارة • غُراب الرأس في المِخرطة
livelihood (*n.*) رِزْق • سَبيلُ رِزق
live line (Elec. Eng.) خَطٌّ نَشِط • خَطٌّ مُكَهْرَب
(Pet. Eng.) خطٌّ نَشِط : يَجري فيه النفط
liveliness (*n.*) حيويَّة • نَشاط
live load (Eng.) حِمْلٌ مُتَحرِّك ـ حِملُ الحَرَكة
live main (Eng.) مَجرى رئيسي نشِط
live oil (Pet. Eng.) زيتٌ حيّ • زيت خام غنيّ بالغاز الطبيعي
live pipe (Pet. Eng.) أنبوب نَشِط : يجري فيه النفط
livering (Paint.) تَخَثُّر (الدِّهان)
live ring (Eng.) مَحمِل حَلَقيّ دوّار
liver ore = cuprite (Min.) كوبريت : أكسيد النحاس الأحمر
live steam (Eng.) بُخار حَيّ : مُندفعٌ من المِرجَل مباشرةً
live weight (Eng.) الوزنُ النّافع او المُستَفاد: وزن الشِّحنة
live wire (Elec. Eng.) سِلكٌ مُكَهْرَب • سلكٌ حيّ
living fossil (Geol.) أُحفورٌ حَيّ : كائن احفوري اكتُشفت منه انواع حية فيما بعد
living quarters مَناطِقُ سَكَنيَّة
lixiviate (*v.*) رَشَّح • صفّى ـ فَصَل بالغَسْل
lixiviation (Chem. Eng.) ترشيح • تصفية ـ فَصلٌ بالغسل • فصل الأملاح القِلويَّة بالغسل
lixiviation tank صِهريج الترشيح أو التصفية • صِهريجُ الغَسل
lixivium (Chem.) محلول القِلي المُصَفّى

Lloyd's register (Naut.) سِجل «لُويْد» : سجل تصنيف البواخر في شركة لُويْد
load (*n.*) حِمْل • ثِقْل ـ تَحميل • وَسق ـ حُمولة • شِحْنَة
(*v.*) حَمَّل • وَسَقَ • شَحَن ـ أَلْقَم
load capacity سَعةُ التَّحميل
load-carrying capacity السَّعة الحِمْلِيّة
load cast (Geol.) طبعةُ الحِمل : انطباع الطبقة الرملية المترسبة على طبقة طينية
load cell (Elec. Eng.) خلية (قِياس) الحِمل: عُنصر قِياس التـأثيرات الكهربائية أو الانفعالية عن بُعد
load centre (Eng.) مركزُ التَّحميل
load chain (Eng.) سِلسلةُ التَّحميل (في المرفاع او البكّارة)
load despatcher (Elec. Eng.) مُهندس توزيع الطاقة
load diagram (Elec. Eng.) رَسمٌ بياني للحِمْل
load displacement (Naut.) الإزاحةُ التحميلية
load draught (Naut.) غاطِسُ التحميل
loaded (*adj.*) مُحَمَّل ـ مُعبّأ • مَحشُوّ
loaded column (Civ. Eng.) عَمودٌ مُحَمَّل
loaded line (Elec. Eng.) خَطٌّ محمَّل
loaded machine (Eng.) مَكَنة مُحَمَّلة : تدور تحت حِمْل
loaded wagon عَربةٌ مشحونة
loader (*n.*) عامِلُ تَحميل ـ مُحَمِّل • حَمّالة
(Pet. Eng.) مُعبِّئة • وُصلةُ تعبئة أو شحن
load factor (Elec. Eng.) عامِلُ الحِمل • عامِلُ التَّحميل
load, full (Eng.) الوزنُ الكُلّي (مع الحُمولة) • الحِملُ الكامل • تمامُ الحِمل
load, gross الحِمْلُ الإجمالي
load indicator (Eng.) مُبَيِّنُ الحِمل • دليل الحُمولة
(Civ. Eng.) مُبَيِّنُ مُقاوميَّة الحَفر
loading (*n.*) تَحميل ـ حُمولة • شَحْن • تَعبئة • إلقام ـ نَفَقات إضافية
loading arm ذِراع تحميل • ذراع تعبئة
loading assembly مَجمُوعة تَحميل • تركيبةُ أنابيب التحميل
loading berth مَرسًى تحميل
loading chute (Eng.) مَجرى أو مَسقَطُ التَّحميل
loading dock رَصيفُ تحميل (السفن)
loading gauge مقياس تحديد الحمولة
loading gear (Eng.) جهاز الإلقام
loading hose خُرطوم تحميل أو تعبئة
loading in bulk تحميل سائب
loading limit (Eng.) حَدُّ التحميل

loading line (Naut.) خَطُّ التحميل (الأقصى) ـ خطُّ (انابيب) التحميل
loading outfit (Eng.) مُعدّات التحميل ـ جهاز الإلقام
loading point حدُّ التحميل
loading port (Eng.) مَرفأ التحميـل ـ فُتحةُ الشَّحن
loading rack (Eng.) مِنَصَّةُ تَحميلٍ أو تعبئة
loading ramp مِنَصَّة تَحميل ـ مَعْبَر تَحميلٍ مُنحَدِر
loading rate سُرعة التحميل • سرعة الشَّحن
loading shovel (Civ. Eng.) مِجرافُ تحميل
loading station مَحطَّةُ تحميل
loading terminal فُرضة تحميل
load limit (Eng.) حَدُّ التَّحميل
load line (Naut.) خَطُّ التحميل • خط الحُمولةِ القصوى
load, live (Eng.) حِملٌ مُتَحرِّك
load, maximum (Eng.) الحُمولةُ القصوى
load metamorphism (Geol.) تحوُّل بالضغط (أو بالحِمل الضاغط)
load of a river (Geol.) حُمولة النهر : ما يحمِلُه النهر من مواد صُلبة او ذائبة
load rating (Eng.) تَقديرُ الحِمل
loadstone = lodestone حجرُ المغنطيس
load test (Eng.) اختبارُ الحِمل
load (water) line (Naut.) خط التحميل • خط الماء التحميلي
loam (*n.*) طُفال رَمْليّ (للسّباكة)
(Geol.) تُربة رَملية طينية • تُربة صَفراء
loam mill طاحونة (خَلْطِ) الطُّفال الرملي
loan (*n.*) قَرضٌ (ماليّ)
(*v.*) أقرَض • أعـارَ

LOC
257

car loader

loading station of crude oil

loading arms

loading rack

lobate (adj.)	مُفَصَّص • ذو فُصوص (أو فِلْقات)
lobe (n.)	وُقْبَة • نُتوءٌ مُسْتَدير – فِصٌّ • فِلْقَة
lo-boy (Eng.)	مَقْطورة خَفيضة السَطح
lobsided (or lopsided) (adj.)	مُنكَفِئ • مائل الى جانب
lobster shift	نَوْبَةُ عمل ليلِيّ
local (adj.)	مَحَلِّي • مَوْضِعِيّ
local action (Chem. Eng.)	فِعل مَوْضِعِيّ – تآكُل موضعي (على سطح المعدن)
local attraction (Surv.)	تجاذب مَوضِعيّ (يؤدّي الى انحراف البوصلة عن خطّ الزوال المغناطيسي)
locale (n.)	مَوقع • مَوْضِع
local fault (Geol.)	صَدْعٌ مَوضِعي
local feature	مَعْلَم مَحَلِّي
locality (n.)	مَوضع • مكان • جهة
localization (n.)	تعيينُ المكان أو الموضع • حَصْر أو تحديد الموقع
localize (v.)	مَركَز • حَصَر في مكانٍ أو موضع • تَمَركَز
localized corrosion (Eng.)	تآكُل موضعي
localized fusion (Eng.)	صَهْر مَوضِعي
locally manufactured	مَصنوع مَحَلِّيّاً
local metamorphism (Geol.)	تحوُّل مكاني أو مَحَلّي
local production	إنتاج مَحَلِّي
local rates	الأسعار المحَلِّيّة
local time (Astron.)	التَوقيتُ المحَلِّيّ • الوقت المَحَلِّي
local vent (Eng.)	فَتْحةُ تَهْوية موضعيّة
locate (v.)	حَدَّد المَوقع أو المَوضع – أَقام أو وَضَع في مكانٍ مُعَيَّن
locating slot (Eng.)	فُرضَة (ضَبط) التركيب
location (n.)	مَوقع – تحديد المَوقع
location surveying	مَسْحٌ تحديديّ
locator (n.)	مُحدِّد المَوقع • جهاز تحديد الموقع
locator, electronic pipe (Elec. Eng.)	مُحدِّد إلكتروني لِمَوقع الخط (المغمور)
lock (n.)	قُفل • غَلَق • مَحبَس – رِتاج – عائق حَرَكة • مِتْرَس
(Hyd. Eng.)	هُوَيس : لإمرار السُفن عَبْرَ القناة
(v.)	أقفَل • انقَفَل – زَنَق • حَبَس • أعاق – أمَرَّ (السفينَة) عَبرَ هُويسات القناة
lockage (n.)	إمرارُ السفينة عبرَ هُويسات القناة – الماءُ المنقول لهذا الغرض – رَسْمُ هذا المرور
lock, automatic (Eng.)	قُفْل أوتوماتي • رِتاجٌ تلقائي
lock ball	كُرةُ المَحبَس
locked (adj.)	مُقفَل • مُغلَق • مُعاق – محصور
locking (n.)	قَفل • إغلاق • زَنق – إعاقة
locking device	نَبيطة إقفال
locking gear	جهاز إقفال
locking latch	سَقّاطة زَنْق
locking lever (Eng.)	ذراعُ زَنْق أو تثبيت
lock(ing) mechanism (Eng.)	آليّة إقفال
lock(ing) nut (Eng.)	صَمولة زَنْق
locknut (Eng.)	صَمولة زَنْق • حَزَقةُ التثبيت
lock-o-ring	زانِقة : حلقة تثبيت أو زَنْق
lockout (Eng.)	إغلاق : وقف العمل بالإغلاق من قِبَل صاحب العمل
lock pin	مِسمارُ تثبيت أو زَنْق

lock

lockram (*n.*) لُكْرام : نسيج كَتَّاني خشِن

lock ring (Eng.) حَلْقة تثبيت أو زَنْق

lock screw (Eng.) بُرغي تثبيت • لَولبُ زَنْق

lock spring (Eng.) نابضُ القُفْل

lock washer (Eng.) فَلْكَةُ إحكام • حَلْقَةُ زَنْق

lock-woven mesh (Civ. Eng.) شبكة(خرسانة) مُثبَّتةُ الأسلاك

locomotive (*n.*) (Eng.) قاطِرة

(*adj.*) انتقاليّ • مُتحرِّك

locomotive crane (Eng.) مِرفاعٌ نقّال أو مُتحرِّك

locomotor (*adj.*) تحرُّكيّ • حركيّ

locus (pl. **loci**) مَحَلٌّ هَندسي

lode (Civ. Eng.) قَناة • مَمَرٌّ مائيّ

(Mining) عِرقٌ مَعدِني

lode rock (Geol.) صخر عِرقي

lodestone = **loadstone** (Min.) حجرُ المغنطيس

lodestuff (Mining) مُكوِّنات العِرْق المعدني

lodgement = **lodgment** (Eng.) إيواء • إيداع – إدخال • وَضْع • تبييت

loess (Geol.) تُربة اللُّوس : رواسبُ طُفالية دقيقة الحُبيبات

Loffler boiler (Eng.) مِرجَلُ «لُوفْلَر» العالي الضغط

log (Geol.) سِجلّ • سِجِلُّ الحَفْر • سجل طبقات البئر المعترضة وثخاناتها

(*n.*) كُتلة خشبية • جِذع شجرة (مُعَدٌّ للنشر أو القطع)

(Civ. Eng.) سِجلُّ الأداء• مُخطَّطُ الأداء• سجل التقدم المَرحلي للعمل

= **logbook** سِجلُّ السفينةِ او الطائرة – مقياس سرعة السفينة أو الطائرة

(abbrev. for **logarithm**) لو : اختصار لوغاريتم

well log

(*v.*) سَجَّلَ (السرعةَ أو التقدمَ – قطعَ (الشجر) – قطَعَ (مسافةً)

logarithmic (*adj.*) لُوغاريتميّ

logarithmic curve مُنحنًى لوغاريتمي

logarithmic decrement (Mech.) تناقُصٌ لوغاريتمي

logarithmic function (Eng.) دالّةٌ لوغاريتمية

logarithmic mean المتوسِّط اللوغاريتمي

logarithmic tables الجداولُ اللوغاريتميَّة

logbook (Civ. Eng.) سجلُّ الحَفر • سجلُّ الأداء – سجلُّ السفينة أو الطائرة

logged (*adj.*) مُثقَل • مُعاق (جُزئيّاً أو كُليّاً)

logging (Civ. Eng.) تسجيل الأداء • تسجيل تقدُّم الحَفر أو نتائجه

logistic curve مُنحنَى نُمُوٍّ نِسبي : لِقياسِ التزايُد

log line (Naut.) خطٌّ قِياس سُرعة السفينة

log-o-graf (Pet. Eng.) لُوجوغراف : جهاز تسجيل تقدُّم الحَفر

log sheet جَدول أو سِجلُّ التشغيل

log strip شَريطُ تسجيل

logy (*adj.*) ثقيل الحركة • مُعاقٌ بالاحتكاك الخارجي

Lo-Ka-It (Pet. Eng.) : مِكشاف زَحفِ الماء في أثناء عمليات الحفر

lolingite (Min.) لولينجيت : زرنيخد الحديد

Lomax process (Pet. Eng.) طريقة«لوماكْس»: طريقة تكسير النفط في جَوٍّ من الهيدروجين المضغوط

long (*adj.*) طويل • مَديد

long-chained (*adj.*) (Chem.) طويلُ السلسِلة

long clay طين لَدْن

long-column (Civ. Eng.) عمودٌ مُتطاول: طولُهُ يفوقُ قُطْرَه بأكثرَ من عشرين ضِعفاً

long-delay fuse صِمامةٌ طويلةُ التعوُّق

longeron (Naut.) ضِلْعٌ طولاني

long-fibered طويل الألياف

longitude (Astron.) خطُّ الطول • قَوسُ الطول

longitude, terrestrial (Surv.) خطُّ الطول الأرضي (الجغرافي)

longitudinal (*adj.*) طوليّ • طولاني

longitudinal axis (Eng.) مِحوَرٌ طولاني

longitudinal distance (Surv.) المسافة على خط الطول

longitudinal fault (Geol.) صَدْع طولي

longitudinal level (Surv.) مِسواة طولية – مُستوًى طولي

longitudinal motion (Mech.) حركة طولانية

longitudinal profile (Eng.) مَقطع جانبي طولانيّ

longitudinal rib (Naut.) ضِلعٌ طولاني

longitudinal seam (Geol.) طبقة طُولانية

longitudinal section مَقطع طوليّ • قِطاع طولاني

longitudinal stays (Eng.) شَدّاداتٌ طولانية

longitudinal strain (Mech.) انفعال طولاني

longitudinal stress (Mech.) إجهادٌ طولاني

longitudinal waves (Phys.) أمواجٌ طولية أو طولانية

long-link chain (Eng.) سِلسلةٌ طويلةُ الحَلَقات

long-nose pliers (Eng.) زَرَديّةٌ طويلةُ الفكَّين

long range (*n.*) مَدًى بعيد – مَرْكَبة أو طائرة بعيدة المدى

(*adj.*) طويلُ المَدَى• بَعيدُ المدى

long-range forecasting (Meteor.) التنبُّؤ الجوّي الطويلُ المَدى

long residuum (Pet. Eng.) المُتخلِّفاتُ الطويلةُ السلسلة : الحاوية لزيوت التزليق

long run (Eng.) اختبار طويل

long-stroke engine (Eng.) مُحرِّك طويلُ الشَّوط

long-term financing تَمويلٌ طويلُ الأجل

long-time burning oil (Pet. Eng.) كِيروسين طويل أَمَدِ الاشتِعال : كيروسين عالي النقاوة يُستخدم في مصابيح الاشارة

long ton طُنٌّ طويل : يساوي ٢٢٤٠ باوندًا أو ١٠١٦ كيلوغراماً (الطن العـادي ٢٢٠٤ باوندات)

look (*n.*) مَظْهَر – نَظْرة

(*v.*) نَظَرَ • رَأَى – بدا

look box (Pet. Eng.) صُندوق مُراقَبة

lookout (*n.*) تَرقُّب – حَذَر – نُقطةُ مُراقَبَة

(Naut.) كشّاف السفينة

loom oil زيتُ أنوال

look box

loop (*n.*) عُروة • حَلقة مَطويَّة • أنشوطه • رِبْقة • لَيَّة
= **loop line** (Eng.) خَطٌّ مُزاوَجة
= **antinode** (Phys.) بَطْنُ المَوجة
(*v.*) نَشَطَ : عَقَدَ الأنشوطةَ ـ أكمَلَ الدائرةَ الكهربائية
loop circuit (Elec. Eng.) دارة حَلقية
looping the line (Eng.) مُزاوَجةُ الخَط
loop line خَطٌّ مُزاوَجة
loop, prover عُروة مُعايَرة
loop test (Elec. Eng.) اختبار إطاري (لتعيين العُطْل في الكَبْل)
loop winding (Elec. Eng.) لَفٌّ إطاري
loose (*adj.*) سائب • راخٍ • مُرتَخٍ ـ غيرُ مُحْكَم ـ مَحلول • مفكوك
(*v.*) حَلَّ • فَكَّ ـ أطلقَ • سَيَّبَ
loose axle (Eng.) مِحوَرٌ سائب
loose blown sand رَمْلٌ سافٍ سائب
loose bottom قَعرٌ انفكاكي : يُمكن نَزْعُه • قَعر مُتحرِّك
loose circulation (Eng.) دَوَران أو سَرَيان حُر
loose connections وُصلاتٌ غير مُحْكَمه
loose earth أرضٌ رَخوة
loose eccentric (Eng.) لا مُتَمركِزٌ سائب
loose end (Eng.) طَرَفٌ سائب
loose fit (Eng.) تَوافقٌ سائب أو غيرُ مُحكم
loose gland (Eng.) حَلْقةُ حَشوٍ سائبة
loose joint وُصلة رَخوة
loose-jointed (*adj.*) سائبُ الوُصَل • سَيِّبُ المفاصل
loose knot عُقدة رَخوة أو فالِتة
loose-leaf إضبارَةٌ سائبةُ الأوراق
loosen (*v.*) أرخَى • حَلَّ • فَكَّ • قَلقَلَ • إرتخَى • إنحَلَّ
looseness (*n.*) إرتخاء • تَقلقُل • إنحِلال • إنفِلات
loose nut (Eng.) صَمُولة مُرتَخِيَة أو مَحلولة
loose plant (Eng.) وَحدة نَقَّالة : غير ثابتة
loose pulley (Eng.) بَكَرة سائبة
loose reel مِكَبٌّ سائب
loose sand (Geol.) وَعْثاء • وَعْسَة • رَمْلٌ سَريعُ الانهيار
loose soil تُربة مُتفكِّكة
loose-textured (*adj.*) إسفَنْجيُّ النَّسج • رَخو البِنية
loose wheel دُولاب سائب
loose wire سلكٌ سائب • سلك راخٍ
lopolith (Geol.) لوبوليت • صخر طَسْتيّ : كتلة صخرية وِعائية

loop

prover loop

lopsided (*adj.*) مُتكفّئ • مائلٌ الى جَنْب • مُدَنَّخ
lorac (long-range accuracy) لُوراك : الدِّقَّةُ عن بُعد ـ تعيين المَوقع بدِقة بالإشارات الرادارية
loran (long range navigation (Naut., Aero.) لُوران : الملاحة البعيدة المدى = تعيين المَوقع بالاشارات الرَّاديه
lorry (*n.*) سيَّارة شَحن • شاحِنة • (لُوري)
= **lurry** (Mining) قَنطرة مُتحرِّكة (عَبْرَ مَهواة المنجَم)
lorry, flat شاحِنة مُسَطَّحة
lorry, tipping شاحِنة قلاَّبة
lose (a hole) (*v.*) خَسِرَ (البئرَ) : تخلَّى عنها في أثناء الحَفر
loss (*n.*) فقدان • خَسارة
(Eng.) فَقْد • ضَياع
losses مَفقودات ـ أضرار
loss factor (Eng.) عاملُ الفَقْد
loss, gross الخَسارة الإجمالية • الفَقدُ الإجمالي
loss, net الفَقدُ الصافي • صافِي الفَقد
loss of head (Hyd.) فَقدُ الضغط (بالاحتكاك الهيدرولي)
lost circulation (Pet. Eng.) فَقدُ السائل الدوَّار • مفقودات سائل الحفر
lost head (Hyd.) الطاقة الضغطية المفقودة (بالاحتكاك الهيدرولي)
lost motion (Eng.) الحَرَكةُ المفقودة
lost oil (Pet. Eng.) زيت ضائع : لا يُمكن استخراجه
lot (*n.*) كمِّيَّة • جُملة • عددٌ وافِر ـ حِصَّة • نَصيب ـ قِطعةُ أرض ـ قُرْعَة
(*v.*) حَصَّصَ

loudness إرتفاع الصوت • جَهارة
loudspeaker مِجْهار • مُكبِّر الصوت
lough (Geol.) بُحَيرة
louvre (or **louver**) شُقُّ التهوية • فُتحةُ تَهوية مَشقوقة ـ أباجُور : نافذة ذاتُ شُقوق للتَّهوية
Lovibond tintometer (Pet. Eng.) مِلوان «لوفيبوند» • مِقياس التلوُّن البترولي
low (*adj.*) مُنخفِض • خَفيض
(*n.*) (Meteor.) ضَغطٌ مُنخفِض ـ مِنطَقَةُ ضَغطٍ مُنخفِض
low-boiling fractions (Pet. Eng.) الأجزاءُ المنخفِضةُ درجةِ الغلَيان
low-carbon steel (Met.) فُولاذٌ مُنخفِضُ الكربون
low-dipping stratum (Geol.) طبقة ضَئيلة المَيْل
lower (*v.*) خَفَّضَ • خَفَضَ • أنزلَ ـ أرخَى ـ سَدَل
(*adj.*) تَحتاني • سُفلي
lower block (Eng.) مَجموعةُ البكَرات السُّفلية
Lower Cretaceous (*adj.*) (Geol.) العَصرُ الطباشيريّ الأدنى
lower dead center (Eng.) النُّقطة المَيْتةُ السُّفلى
lowered side (Geol.) الحدُّ الأخفَض (للصَّدع)
lower flammable limit حَدُّ الاشتعالية الأدنى
lowering (*n.*) خَفْض • إنزال • تخفيض
lowering-in gang (Pet. Eng.) فِرقةُ إنزالِ (وطَمْر) الأنابيب
lowering wedges (Eng.) أسافينُ خَفْض
lower limit حَدٌّ أدنى
lowermost (*adj.*) الأدنى • الأشدُّ انخفاضاً
lower yield point (Eng.) نُقطةُ الخُضوع الدُّنيا

low explosive مُفَجِّرٌ بَطيء

low flashing point (Chem. Eng.) نُقطةُ وَميضٍ مُنخفِضة

low gear (Eng.) السُّرعة الاولى • السرعة البطيئة ـ تُرسُ السُّرعة البطيئة

low-geologic (*adj.*) خاصٌّ بالعصور الجيولوجيَّة القديمة

low-grade (*adj.*) خفيضُ المرتبة

low-grade fuel (Eng.) وَقودٌ خفيض المرتَبة الحَراريَّة

low-grade ore (Mining) خامٌ خفيض المرتبة

low gradient (*n.*) مَمال خفيض • تَحَدُّر قليلُ الدَّرجة

(*adj.*) قليلُ درجةِ التحَدُّر (أو المَيْل)

low gravity oil (Pet. Eng.) زيتٌ قليلُ الكثافة • خامٌ نفطيٌّ خَفيض الكثافة

lowland (Geol.) أرضٌ مُنخفِضة • سَهْل

low level (*n.*) (Eng.) مُستوًى (أو منسوبٌ) مُنخفِض

(*adj.*) خفيض المستوى

low level alarm (Eng.) نَذيرُ آنخفاض المُستوى

low lime-content mud (Geol.) طين ضئيل المحتوى الجيري

low-line gas = low pressure gas (Pet. Eng.) غاز خفيض الضغط (ينقُلُه أنبوبٌ خَفيضُ الضغط)

low-melting point (*adj.*) خَفيضُ درجةِ الانصِهار

low melting-point alloys (Met.) سبائكُ خَفيضةُ درجةِ الآنصهار

low position وَضعٌ خَفيض

low pour point (Pet. Eng.) نقطة آنصِباب خفيضة

low pressure ضغط مُنخفِض

low pressure area (Meteor.) مِنطقةُ ضَغطٍ مُنخَفِض

low pressure gas = low-line gas (Pet. Eng.) غازٌ خفيضُ الضغط

low pressure heating system (Eng.) نظامُ تَسخينٍ (ببُخارٍ) خفيض الضغط

low pressure steam بُخارٌ خَفيضُ الضغط

low red heat (Met.) دَرجةُ حرارةِ الآحمِرارِ الخَفيض (بين ٥٥٠° و ٧٠٠° مئوية)

low-speed engine مُحرِّك خَفيضُ السُّرعة

low steel (Met.) فولاذ خَسيس

low temperature (Phys.) دَرجَةُ حرارةٍ منخفضة

low-temperature distillation (Chem. Eng.) تقطيرٌ خفيضُ درجة الحرارة • التقطير على درجةِ حرارة منخفضة

low-temperature separator فرَّازة خفيضَةُ درجة الحرارة : تعمل على درجة حرارة مُنخفضة

low-temperature steel فولاذ الحرارة المُنخفضة : فولاذ الخِدمة في درجات الحرارة الخفيضة

low tension (*n.*) (Elec. Eng.) جُهدٌ مُنخَفِض

(*adj.*) خَفيضُ الجُهد

low tension detonator (Elec. Eng.) مُفجِّرٌ (بتيارٍ) خفيض الجُهد

low tension ignition (Elec. Eng.) إشعالٌ بالجُهد المُنخفض

low-test gasoline (Pet. Eng.) بنزينٌ مُنخفِضُ التطايُريَّة

low-thermal conductivity (Phys.) مُوَصِّليَّة حَرارية منخفضة

low tide جَزْر

low viscosity index (Pet. Eng.) دليلٌ (أو درجةٌ) لُزوجةٍ خَفيضة

low-volatile (*adj.*) خَفيضُ التَّطايُر • مُنخفِضُ التطايُريَّة

low voltage (Elec. Eng.) فُلطيةٌ مُنخفِضة (تحت ال ٢٥٠ فُلطاً)

low voltage current (Elec. Eng.) تيَّار خَفيضُ الفلطية

low-volt release (Elec. Eng.) آليَّةُ إعتاقٍ عندَ آنخفاض الفلطية

low-water انخفاضُ مَنسوب الماء ـ أقصى الجَزْر

low-water alarm (Eng.) نَذيرُ آنخِفاض الماء (في المِرجَلِ أو الخزان)

low-water line خطُّ انحِسار الماء

L.P. (low pressure) ضغط مُنخفِض

L.P.G. (liquefied petroleum gas) غاز البترول المُسَيَّل

L.P. gas (Pet. Eng.) غاز البترول المُسيَّل

L.P.G condensate كُثَافَةُ غاز البترول المسيَّل

L.P.G. injection plant وَحدةُ حَقن غاز البترول المسيَّل

L.P.G. treating and drying unit (Pet. Eng.) وَحدة مُعالجة غاز النفط المسيَّل وتجفيفه

L.R.G. (liquefied refinery gas) (Pet. Eng.) غاز المِصفاة المُسيَّل

L. shaped بِشكلِ زاويةٍ قائمة

L.T.B.O. (long time burning oil) كِيروسين طويل أمَدِ الاشتِعال

L.T.S. (low temperature separator) فرَّازة على درجة حرارة منخفضة

lube (Pet. Eng.) زيتُ تزليق

= lubricant (Pet. Eng.) مُزلِّق

lube cut = lube fraction مُقتَطَعُ التزليق

lube distillate قُطارة (زيوتِ) التزليق

lube distillate cut (Pet. Eng.) مُقتطَعُ القُطارة للمُزلِّقات

lube hydrogenation (Pet. Eng.) هَدرَجةُ المُزَلِّقات

lube oil (Pet. Eng.) زيت تزليق

lube oil additives (Pet. Eng.) إضافاتُ زيوت التزليق

lube stocks (Pet. Eng.) : خامُ زيوت التزليق : أجزاء الخام النفطي الصالحة لتحضير زيوت التزليق

lubricant (*n.*) مُزلِّق : زيتُ أو شَحمُ التزليق

lubricant, belt مُزلِّق السُّيور

lubricant, colloidal مُزلِّق غَرَواني

lubricant, extreme pressure (Eng.) مُزَلِّق الضغط الأقصى

lubricant film الغِشاء الزَّيتي المُزَلِّق

lubricant, mineral مُزلِّق مَعدِنيّ

lubricant, mould مُزلِّق قوالب الصَّبّ

lubricants dispenser مُوزِّعةُ المُزلِّقات

lubricants dispenser

LUM
261

lubricants laboratory	مُختبرُ (صُنع) المزلِّقات
lubricant, solid (Chem. Eng.)	مُزلِّق جامد
lubricant, steel wire	مُزلِّق الأسلاك الفولاذية
lubricant, stopcock	مُزلِّق المَحابس
lubricate (v.)	زلَّقَ : زيَّتَ أو شَحَّمَ
lubricated (adj.)	مُزلَّق
lubricating	تَزليق . تَشحيم . تَزييت
lubricating can (Eng.)	مِزيَتة
lubricating cock	مِحْبسُ تزليق
lubricating cup	حُقُّ تزليق
lubricating failure (Eng.)	تَعَطُّل أو فَشَل التزليق
lubricating film	الغِشاءُ (الزيتيُّ) المُزلِّق
lubricating graphite (Eng.)	غرافيت تزليق
lubricating grease (Pet, Eng.)	شَحمُ تَزليق
lubricating gun (Eng.)	مِدفعة شحم
lubricating nipple (Eng.)	حَلَمَةُ تزليق
lubricating oil	زيتُ تَزليق
lubricating oil pressure (Eng.)	ضغطُ زيت التزليق
lubricating place (or point)	موضعُ (أو نُقطةُ) التزليق
lubricating power (Eng.)	قُدرةُ التزليق
lubricating properties (Chem. Eng.)	خَصائصُ التزليق
lubricating stuff	مادَّةُ تزليق
lubricating surface	سطحُ تزليق
lubricating system (Eng.)	دَورةُ التزييت . شبكةُ التزليق
lubrication (n.)	تزليقٌ . تَشحيم أو تَزييت
lubrication, automatic (Eng.)	تزليقٌ تلقائيّ
lubrication, bath (Eng.)	تزييت بالتَغطيس
lubrication, boundary (Eng.)	تزييتٌ رقيقٌ . تزليق حدِّي
lubrication, centralized (Eng.)	تزليقٌ مَركزيّ
lubrication, chain (Eng.)	تزليق سلسليّ
lubrication chart	مُخطّطُ التزليق
lubrication, chassis (Eng.)	تزليقُ هياكل السَّيارات
lubrication, circulation	تزليقٌ دَوَرانيّ
lubrication, complete	تزليقٌ كامل
lubrication conditions	ظروفُ التزليق
lubrication, continuous (Eng.)	تزليق مُتواصلٌ أو مستمر
lubrication diagram (Eng.)	مُخطَّطُ التزليق
lubrication, differential	تزليقٌ تفاضُليّ
lubrication, drip-feed (Eng.)	تزليقُ بالتَغذية المُتقطِّرة
lubrication, effective	تزليقٌ فَعَّال
lubrication, engine	تزليقُ المحرِّك
lubrication failure	خللُ التزليق . توقُّف التزليق
lubrication film	الغِشاءُ (الزيتيُّ أو الشحميُّ) المُزلِّق
lubrication, forced (Eng.)	تزليقٌ قَسريّ
lubrication, gear	تزليقُ التروس
lubrication, grease	تشحيم . تزليقٌ بالشحم
lubrication guide	دليلُ التزليق
lubrication, hydrodynamic (Eng.)	تزليقٌ هيدروديناميّ
lubrication, hydrostatic (Eng.)	تزليقٌ هيدروستاتيّ
lubrication instructions	إرشاداتُ التزليق
lubrication interval	فترةُ التزليق : المُدَّة بين تزليقين مُتتاليَيْن
lubrication, long-term	تزليقٌ طويل المَدى
lubrication, motor	تزييتُ المحرِّك
lubrication nipple (Eng.)	حَلَمَةُ التزليق
lubrication, oil	التزليقُ بالزيت . تزييت
lubrication, oil bath	تزليقٌ بِمَغْطَسٍ زيتيّ
lubrication, oil-mist	التزليقُ برذاذ الزيت
lubrication, open-gear	تزليقُ التَّروس المكشوفة
lubrication plan	مُخطَّطُ التزليق
lubrication quality	نوعيَّةُ التزليق
lubrication requirements	مُتطلَّبات التزليق
lubrication research centre	مَركزُ بُحوث التزليق
lubrication schedule	جدولُ التزليق
lubrication, semi-fluid (Eng.)	تزليقٌ شبه مائع
lubrication, splash (Eng.)	تزليقٌ بالرَّشّ
lubrication system	نظامُ التزليق
lubrication techniques	تقنياتُ التزليق
lubrication, wick-fed	تزليقٌ فَتيلي التغذية
lubricator (n.) (Eng.)	مُزلِّق ـ جهازُ تزليق . مِشحَمة . مِزيَتة
lubricator, mechanical (Eng.)	مُزلِّق آليّ
lubricator valve (Eng.)	صِمامُ المِشحَمة
lubricity (n.)	التزليقيَّة : قُدرة التزليق
Lucas sounder (Ocean.)	مِسبارُ أعماق «لُوكاس» : بالكَبْل والثِّقَل
luff tackle (Eng.)	بَكَّارة إعلاء (أو خَفْض) . ذِراع المِرفاع
lug (n.)	أُذُن . طَرَف . عُروة . نُتوء ـ جَرٌّ ـ رِباط
(Elec. Eng.)	طَرَفُ توصيل قُطْب المرْكَم
(v.)	جَرَّ . سَحَبَ . جَذَبَ
luggage-van	مَقطورةُ شَحن
lukewarm (adj.)	فاتِر
lum (n.) (Mining)	مِدْخَنة عالية (لزيادة التهوية)

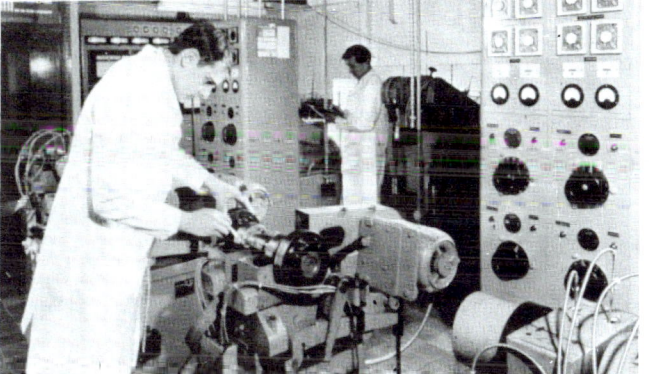

lubricants laboratory

lubrication research centre

lumber (*n.*) خَشبٌ مَنشور (على شكل ألواح)
(*v.*) قَطَعَ على شكل ألواح ـ عاقَ ・ كَوَّم بلا نِظام
lumen (*n.*) لُومِن : وَحدةُ قياسِ التدفُّق الضوئي
(Eng.) تَجويف صغير
luminescence (*n.*) (Phys.) الضيائية ・ الاشعاعُ الضوئي
luminescent (*adj.*) ضِيائي ・ ذو إشعاع ضوئي
luminosity (*n.*) سُطوع ・ إشراق ・ ضِيائية ـ زُهُوّ اللَّون
luminous (*adj.*) مُضيء ・ نَيِّر ـ مُضاء ・ يغمرُه الضياء
luminous dial قُرصٌ مُضيء ・ مِينا مُضيئة
luminous flame لَهبٌ مُضيء
luminous hands عَقارِبُ مُضيئة
luminous intensity الشِّدة الضيائية ・ شِدَّةُ الإضاءة
luminous paint طِلاء مُضيء ・ طلاء فَلْوريّ
lump (*n.*) كُومَة ・ كُتلة ـ جُملة ・ إجمال
(*v.*) جَمَّع ・ كَتَّل ・ رَكَم ・ تكتَّل
lump coke كُوك كُتليّ
lumped (*adj.*) مُكتَّل ・ مُجَمَّع
lumper (*n.*) عامِلُ تَفريغ (أو شَحْن) السُّفُن
lump lime = quicklime جيرٌ حَيّ
lump sum مَبلغ إجمالي ・ مَبلغ مقطوع ـ جُملةً
lumpy (*adj.*) مُكتَّل
lunar caustic (Chem.) نِترات الفِضَّة المَصهورة
lunate = lunulate (*adj.*) هِلاليُّ الشكل
lurch (*n.*) زَيَغان ・ تَمايُل ـ مَيَلانٌ مُفاجىء
(*v.*) تَمايَلَ ・ تَرنَّحَ
lurry (Mining) قَنطرة مُتحرِّكة (عَبْرَ مَهواة المنجم)
luster = lustre (*n.*) (Chem.) لَمَعــان ・ بَريق ـ رَونَق
(*v.*) لَمَعَ ・ بَرَقَ ـ صَقَلَ ・ لَمَّع
lustrous coal (Mining) فَحمٌ بَرّاق
lute (*n.*) مِلاطٌ مانِعٌ للتسرُّب ـ مادةُ جَلْفَطة
lutetium = lutecium (Lu) (Chem.) اللُّوتِشيُوم : عنصر فلزيّ رمزه (لت)
luting (*n.*) جَلْفَطة : السَّدُّ بالمِلاط أو المَعجون لِمَنْع التَّسرُّب
lutite (Geol.) لُوتيت ・ صخر صَلصالي ・ حجر طيني
lux لَكْس : وَحدةُ إضاءة تساوي لُومِن للمتر المربع
luxmeter لَكْسمتر : مقياسُ شِدّة الإضاءة
L.V.I. (low viscosity index) دليلُ لزُوجة خَفيضة
lyddite (Chem.) لِدّايت : مُتفجِّر من حامض البِكريك
Lydian stone (or **lydite**) (**Min.**) لِيدَيت : حجر سليكوني أسود أو رمادي
lye (Chem.) غَسول قِلْويّ ・ محلول قِلوي قويّ
lye treating (Chem. Eng.) المُعالجة بِغَسُول قِلْويّ
lying shaft (Eng.) عمودُ نَقل الحركة الأُفُقي
lynite (Met.) لِينَيت : سبيكةٌ أساسها الألومنيوم
lyophilic (Chem.) أَليفٌ لوَسَط الانتِشار
lyophobic (Chem.) كارِهٌ لوَسَط الانتِشار
lysol (Chem.) لِيزُول : محلولٌ كيماويٌّ مُطهِّر

mooring facilities

m

maar (Geol.) فُوَّهة بُركانية • بُحيرة بركانية

macadam (Civ. Eng.) طريقٌ مرصوفة بالحَصباء (على طريقة المهندس «جُون ماك آدَم») ــ حَصْباء • حَصَى الرَّصف • حَصيم

macadam aggregate (Civ. Eng.) حَصيمُ أو حَصباء الرَّصْف

macadamize (*v.*) مَكْدَم • عبَّد: رَصَفَ(طريقاً) بالحَصباء (على طريقة المهندس «ماك آدم»)

macadam spreader (Civ. Eng.) فارِشَةالحصيم: مَكَنة رَصفِ (أو تعبيدِ) الطرُق

macaroni (*n.*) (Eng.) قُضبان رَفيعة

macaroni tubing (Eng.) أنابيبُ رفيعة : يتراوح القُطر فيها بين رُبع إنش وإنشين

macerals (Min.) مُكوِّنات الفحم المجهريَّة

macerate (*v.*) عَطَنَ • حَلَّ أو انحَلَّ بالنَّقْع

mach ماكْ أو ماخْ : وَحدَةُ سُرعَةٍ تعادلُ سرعةَ الصوت (حوالى ٧٤١ ميلاً في الساعة)

machinability (*n.*) إمكانيَّةُ الشُّغل بالمَكَنات

macadam spreader

machine (*n.*) مَكَنة • آلة

(*v.*) صَنع • صَنَعَ آلِيّاً

machin(e)able (*adj.*) يُشغَلُ بالمَكَنات : يُنْجَزُ آليّاً

machine adjuster (Eng.) ضابِطُ المَكَنَة

machine bolt (Eng.) مِسمارُ رَبطٍ ذو صَمُولة

machined (*adj.*) مَشغولٌ بالمكَنات

machine design (Eng.) تَصميم المَكنات

machine drill (Eng.) حفّارة ميكانيكية • ثَقّابة آليَّة

machine drilling (Eng.) حَفْرٌ أو ثَقْبٌ آليّ

machine-finished (*adj.*) مُسَوًّى بالمكَنات • مُنجَزٌ آليّاً

machine foundation (Eng.) قاعدة تثبيت

machine mining (Mining) تَعدينٌ آليّ أو ميكانيكي

machine mucking تَعبئة آلِيّة

machine oil زَيت مَكَنات

machine riveting (Eng.) بَرشَمة آلِيَّة

machine room غُرفَةُ المَكَنات

machinery (*n.*) مَكَنات • مُعَدّاتٌ آلِيَّة ــ آلِيَّة

machinery oil زَيتُ مَكَنات

machine saw (Eng.) مِنشارٌ آليّ

machine screw بُرغي بلا صَمُولة • مِسمارُ رَبطٍ مُلوَلَبٌ بدُون صَمُولَة

machine shop (Eng.) وَرْشَةُ مكَنات • مَشْغَلٌ صِناعيّ

machine tap (Eng.) ذَكَرُ لَولَبةٍ مَكَنيَّة

machine tools (Eng.) آلاتٌ مَكَنيَّة • عُدَدٌ مَكَنية : تُدارُ آلِيّاً

machine-turned (*adj.*) مَخروطٌ آلِيّاً

machine work (Eng.) عَمَلٌ مَكَنيّ • شُغل آلِيّ: لا يَدَويّ

machining (Eng.) صُنعٌ بالمَكَنات • تَشغيلٌ آلِيّ

machinist (*n.*) مِيكانيكي • عامِلُ مَكَنات

Mach number العَدَدُ الماخِي : نِسبة سرعة الجسم الى سرعة الصوت

macle (Min.) بلَّورةٌ تَوأَم • بلَّورة مُزدَوِجَة

M.A.C.P. (**mean absolute column pressure**) (Chem. Eng.) مُعدَّل الضغط المطلق لعمود التقطير

macrochemistry (Chem.) الكيمياء العِيانيَّة : دراسةُ خَصائص المادة وتركيبِها بالعَين المُجَرَّدة

macrocrystalline (Min.) كَبيرُ البلَّورات

macrofossil (Geol.) أُحفورة كبيرة : تُرى بالعين المُجرَّدة

macrography (Min.) دِراسة البِنية (المعدنية) بالعين المُجَرَّدة

macrometer (Surv.) مِقياسُ المسافات الكبيرة

(Naut.) مِقياسُ المسافة بين السُّفُن

macromolecular (*adj.*) (Chem.) كَبير الجُزَيئات

macromolecule (Chem.) جُزَيءٌ ضَخم

macronucleus (Biol.) نَواةٌ كبيرة

macropolymerization (Chem.) تَبَلْمُرٌ ضَخم

macroscopic (*adj.*) عِيانيّ : يُرى بالعَين المُجرَّدة

macroscopic examination الفَحصُ الماكرُوسكوبي : فَحصٌ بالعَين المُجرَّدة

macrostructure (Chem. Eng.) بِنيَــةٌ ماكروسكوبيَّة : تُرى بالعَين المُجرَّدة

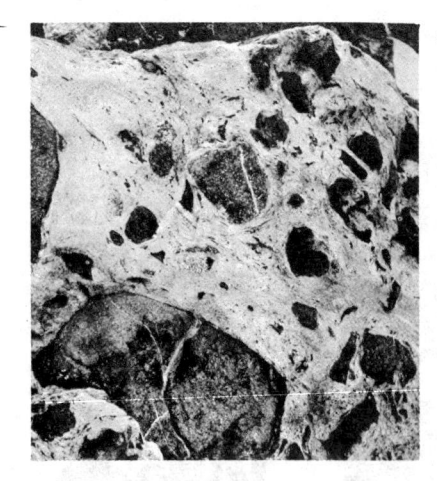

magmatic breccia

maculose rock (Geol.)	صخرٌ مُرَقَّط أو مُبَقَّع
made (adj.)	مَصْنُوع ، مَشْغُول ، مُرَكَّب
made block (Eng.)	بَكَّارة مُرَكَّبة (من عِدَّة قِطَع)
made circuit (Elec. Eng.)	دائرةٌ مُقْفَلة
made ground (Civ. Eng.)	أرضُ رَدْم
mafic minerals (Min.)	المعادن المافِيّة : خامات الحديد والمغنسيوم (في الصخور البركانية)
magallanite (Pet. Eng.)	مَغَلَّنَيت : ضَربٌ من الاسفلت القاسي
magazine (n.)	مَجَلَّة ، مَخْزَن ، مُسْتَوْدَع
magazine mining (Mining)	إستثمار أنباري : بطريقة الحُجُرات
magenta = fuchsine (Chem.)	ماجِنْتَه : صِبْغٌ (أو لَوْنٌ) أحمر مُزَرَّق
magic eye (Elec. Eng.)	عَيْنٌ سِحْرِية (الكترونية)
magistral (adj.)	أمْرِيّ ـ مُحَضَّر حَسَب الوَصْفة
magma (Geol.)	صُهارة ، قَطْر ، ذَوْبُ الصخر في بطن الأرض
magma chamber (Geol.)	حُجرة صُهارِيَّة
magmatic assimilation (Geol.)	تَمْثِيلٌ (أو تَمَثُّل) صُهاري
magmatic breccia (Geol.)	بِرْشِيا صُهاريَّة
magmatic column (Geol.)	عَمود صُهاري
magmatic deposit (Geol.)	قُرارة صُهارِيَّة ، راسِب صُهاريّ
magmatic differentiation (Geol.)	تمايز صُهاري
magmatic segregations (Geol.)	مُنْعَزَلات صُهاريَّة
magmatic stoping (Geol.)	إصطهار ، إلتِهام صُهاري : إذابة الصُّهارة للصخر المُحتوي
magmatic water (Geol.)	ماءٌ صُهاريٌّ ، ماءٌ وَليد
magnaflux (inspection) (Eng.)	الفَحصُ بالدُّفق المغنطيسي : للكشف عن الشُّقوق السطحية أو الباطنية في الفولاذ والسبائك المغنطيسية
magnesia (Chem.)	مَغْنيزيا ، مَغْنيزيا : اكسيد المغنيسيوم
magnesia cement (Chem. Eng.)	مِلاطُ المغنيسيا (السريع الشَّكّ)
magnesian limestone = dolomite (Geol.)	حجر جيري مَغْنيسي : كربونات الكالسيوم والمغنيسيوم البلورية
magnesite (Met.)	مَغنسيت : كربونات المغنيسيوم البلورية
magnesite brick (Civ. Eng.)	آجُرّ المغنسيت
magnesite lining	بطانةُ المغنسيت
magnesium (Mg) (Chem.)	المغنسيوم : عنصر فلزي رمزه (مغ)
magnesium alloys (Met.)	سبائك المغنسيوم
magnesium chloride (Chem.)	كلوريد المغنسيوم
magnet	مغنطيس
magnet coil (Elec. Eng.)	ملف المغنطيس
magnet core (Elec. Eng.)	لُبّ المغنطيس ، قَلبُ المغنطيس الكهربائي
magnet-crane (Elec. Eng.)	مِرفاعٌ (عُلْوِيّ) بمغنطيس كهربائي
magnet, fishing (Civ. Eng.)	مغنطيسُ التقاط السَّقائط ، مغنطيس انتشال أدوات الحفر السائبة
magnetic (adj.)	مغنطيسي
magnetic agitator (Eng.)	مُقلِّب مغنطيسي
magnetic alloy (Met.)	سَبيكة مغنطيسية
magnetic amplifier (Elec. Eng.)	مُضخِّم مغنطيسي
magnetic anomaly (Geophys.)	ظاهرة مغنطيسية شاذة
magnetic attraction (Phys.)	الجَذبُ (أو التجاذُب) المغنطيسي
magnetic azimuth (Surv.)	السَّمتُ المغنطيسي
magnetic bearing (Surv.)	الاتجاه (الزاوِيّ) المغنطيسي
magnetic brake (Elec. Eng.)	مِكبَحٌ مغنطيسي
magnetic changes	تَغيُّرات مغنطيسية
magnetic chuck (Eng.)	ظَرفٌ مغنطيسي
magnetic circuit (Elec. Eng.)	دائرةٌ مغنطيسيّة
magnetic clinograph (Geophys.)	مِرسمة الميل المغنطيسي
magnetic clutch (Elec. Eng.)	قابِضٌ مغنطيسي
magnetic compass	بوصَلة مغنطيسية
magnetic concentrator (Mining)	مُرَكِّزٌ مغنطيسي (للخام المُعَدَّن)
magnetic conductivity (Elec. Eng.)	المُوَصِّلية المغنطيسية
magnetic crack detection (Eng.)	كَشفُ الشقوق مغنطيسيّاً
magnetic crack detection equipment (Eng.)	مُعَدَّات مغنطيسية لكَشف الشُّقُق
magnetic curve	مُنحنًى مغنطيسي (بياني)
magnetic damping (Elec. Eng.)	المُضاءَلة المغنطيسية
magnetic declination (Geophys.)	الحُدور أو الانحراف المغنطيسي (للابرة المغنطيسية)
magnetic detector (Geophys.)	مكشافٌ مغنطيسي
magnetic dial	بوصَلة
magnetic diffusion (Phys.)	الانتشار المغنطيسي
magnetic dip = dip (Geophys.)	المَيْل المغنطيسي
magnetic discontinuity (Elec. Eng.)	ثُغرة مغنطيسية (في الدائرة المغنطيسية)
(Geophys.)	انقطاع مغنطيسي ، ثُغرة مغنطيسية
magnetic disturbance (Geophys.)	إضطراب مغنطيسي
magnetic drum (Elec. Eng.)	دارة مغنطيسية
magnetic equator (Geophys.)	خط الاستواء المغنطيسي
magnetic field (Phys.)	مجالٌ مغنطيسي
magnetic field strength (Phys.)	شِدَّةُ المجال المغنطيسي
magnetic filter	مُرَشِّح مغنطيسي
magnetic fishing tool (Civ. Eng.)	أداةُ التِقاط مغنطيسية ، لاقطةُ السَّقائط المغنطيسية
magnetic flaw detection (Eng.)	كَشفُ الخَلَل مغنطيسيّاً (في المصبوبات المعدنية)
magnetic flow (or flux) (Elec. Eng.)	دَفقٌ أو تَدفُّق مغنطيسي
magnetic flux density (Elec. Eng.)	كَثافةُ الدُّفق المغنطيسي
magnetic force (Phys.) = magnetizing force	قوة مغنطيسية ، قوة مُغنطِطة
magnetic gauge (Hyd. Eng.)	مِقياس مغنطيسي (لمنسوب السائل)
magnetic gradiometer (Geophys.)	مِيال المجال المغنطيسي ، مِقياس التدرُّج المغنطيسي

MAG

magnetic impermeability (Phys.)	اللا إنفاذية المغنطيسية
magnetic inclination (or dip) (Geophys.)	المَيْلُ المغنطيسي
magnetic induction (Elec. Eng.)	الحَثُّ المغنطيسي • التحريض المغنطيسي
magnetic intensity (Elec. Eng.)	الشِّدَّةُ المغنطيسية
magnetic lines of force (Phys.)	خُطوط القوة المغنطيسية
magnetic lock (Elec. Eng.)	قُفْلٌ مغنطيسي
magnetic map (Geophys.)	خَريطة مغنطيسية
magnetic materials (Elec. Eng.)	المواد المغنطيسية
magnetic meridian (Surv.)	خطُّ الزُّوال المغنطيسي
magnetic method (Pet. Eng.)	الطريقة المغنطيسية (في التنقيب)
magnetic moment (Phys.)	العزم المغنطيسي
magnetic needle (Surv.)	إبرة مغنطيسية
magnetic north (Surv.)	الشمال المغنطيسي
magnetic particle crack detection (Eng.)	الكشف عن الشقوق بالجزيئات المُمغنطة
magnetic particle inspection test = magnaflux (Eng.)	اختبارُ الكَشْفِ (عن التشقق) بالجُزيئات المُمَغْنَطة
magnetic permeability (Phys.)	الإنفاذيَّة المغنطيسية
magnetic perturbation (Elec. Eng.)	التَّرجافُ المغنطيسي • اضطراب مغنطيسي
magnetic pole (Elec. Eng.)	قُطْبٌ مغنطيسي
magnetic properties (Phys.)	خواصٌّ مغنطيسية
magnetic pulley (Eng.)	بَكَرة مغنطيسية
magnetic recorder	مُسَجِّل مغنطيسي
magnetic recording	تسجيل مغنطيسي
magnetic (recording) head	رأس (تسجيلٍ) مغنطيسي
magnetic repulsion	التنافر المغنطيسي
magnetic retentivity (Elec. Eng.)	المُحْتَفِظيَّة المغنطيسية
magnetic saturation (Elec. Eng.)	التَّشبُّع المغنطيسي
magnetic screening (Elec. Eng.)	الحَجْبُ المغنطيسي
magnetic separation of ore (Mining)	الفصل المغنطيسي للخامات
magnetic separator (Mining)	فرَّازة مغنطيسية • فاصل مغنطيسي
magnetic shielding (Elec. Eng.)	حَجْبٌ (أو تَدريعٌ) مغنطيسي
magnetic storm (Meteor.)	عاصفة مغنطيسية
magnetic strainer	مِسناة مغنطيسية
magnetic stray field (Elec. Eng.)	السَّجالُ المغنطيسي الشَّارد
magnetic survey (Geophys.)	مَسْحٌ مغنطيسي: لأغراض التنقيب
magnetic susceptibility (Elec. Eng.)	المُتأثِّريَّة المغنطيسية
magnetic tape	شريط (تسجيل) مغنطيسي
magnetic track	مَسارٌ مغنطيسي
magnetic valve	صِمامٌ كهرمغنطيسي
magnetic variation (Geophys.)	التغيُّر المغنطيسي
magnetism (n.)	المغنطيسية
magnetism, terrestrial	المغنطيسية الأرضية
magnetite (Min.)	مَغنتيت: حجر المغنطيس • أكسيد الحديد المغنطيسي
magnetizable (adj.)	يَتمغنط • قابلٌ للمَغنطة
magnetization (n.)	مَغنطة • تمغنُط
magnetization, remanent (Phys.)	المغنطيسية المتبقية
magnetization, reversed (Phys.)	المغنطيسية العَكْسيَّة أو المعكوسة
magnetize (v.)	مَغْنَط
magnetized needle	إبرةٌ مُمَغْنَطة
magnetizing field (Phys.)	مجال مُمغنط
magneto (Elec. Eng.)	مَغْنط: مُولّد قَطبيَّة • دَفعيَّة ذو مغنطيسٍ دائم
magneto, automatic lead (Elec. Eng.)	مَغنِط أوتوماتي السَّبْق
magnetoelectric (adj.)	كهرمغنطيسي: مغنطيسي كهربائي
magnetograph	مَغنِطوغراف: مِرسَمة التغيُّرات المغنطيسية
magneto ignition (Elec. Eng.)	الإشعال بمغنِط

magnetic strainer

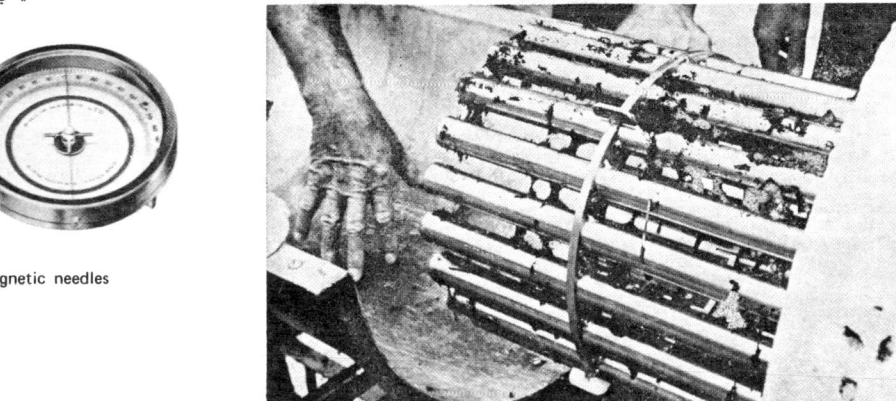

magnetic needles

MAG
266

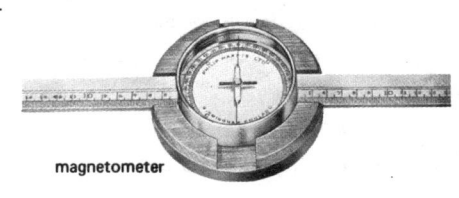

magnetometer

proton magnetometer

main guide base

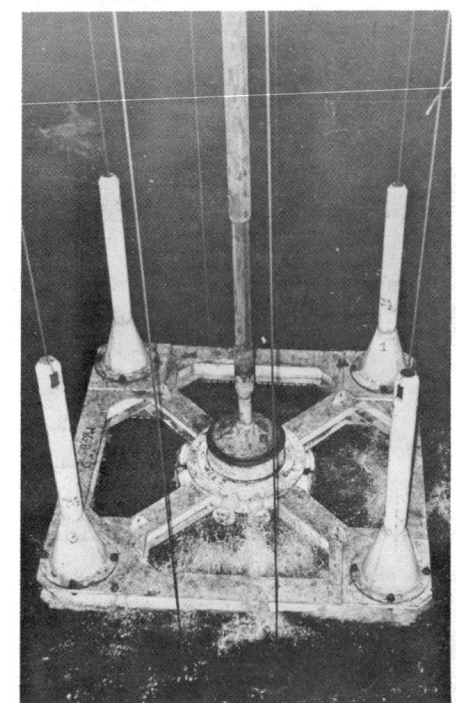

main line pumps

main pump room

magnetometer (Elec. Eng.)	مَغنيطومتر • مِقياسُ شِدَّةِ (المجالاتِ) المغنيطيسية • مِقياسُ المغنيطيسية
magnetometer, proton	مَغنيطومتر بروتُوني
magnetometric surveying (Geophys.)	المَسْحُ (التنقيبي) بالقياسات المغنيطيسية
magnetometry (Elec. Eng.)	قِياسُ (شِدَّةِ) المجالات المغنيطيسية
magnetomotive force (Elec. Eng.)	القُوَّةُ الدافعة المغنيطيسية
magnetophone	مَغنيطوفون : مُسَجِّلة بشَريطٍ مغنيطيسي
magnetoscope (Elec. Eng.)	مَغنيطوسكوب : مِكشاف المغنيطيسية
magnetostriction (Phys.)	التَّخَصُّرُ المغنيطيسي • التَّحَصُّرُ بالمَغْنَطة
magnification (n.)	تكبير • تَضخيم • تَجسيم
magnifier	مُعظِّم • مُكبِّر ـ عدسة مكبِّرة
magnifying glass (or **lens**)	عَدَسَةٌ مكبِّرة
magnitude (n.)	جِرْمٌ • عِظَمْ ـ مِقدار
magnolia metal (Met.)	مَعدِنُ ماغنُوليا : سبيكةٌ مُضادَّةٌ للاحتكاك
mahogany acids (Pet. Eng.)	حوامِضُ الماهوغوني : حوامض سلفونية بترولية ذَوَّابة في الزيت
mahogany soap (Pet. Eng.)	صابون الماهوغوني : صابون سَلفوني ذَوَّاب في الزيت
Mahoney (Eng.)	ماهُوني : مَكِنَة لَوْلَبَةِ لِوُصلاتِ خط الأنابيب
maiden field (Mining)	حَقل بِكر
maidenhair (Min.)	مِيدِنهير : بلَّوْرات ابرية من أكسيد التيتانيوم الطبيعي
mail (n.)	بَريد
(v.)	أرسلَ بالبريد
maillechort (Met.)	فِضَّة المانية : سبيكة من النُّحاس والنيكل والزِّنك
main (n.) (Civ. Eng.)	الخط الرئيسي (للغاز أو الكهرباء أو الماء)
(adj.)	رئيسي • أساسيّ ـ مُعظَم • أكبَر • أعظَم
main air inlet (Eng.)	مَدخَلُ الهواء الرئيسي
main beam (Civ. Eng.)	العَتَبة الرئيسية
main bearing (Eng.)	المَحْمِل الرئيسي
main bottom (Geol.)	صُخور القاع
main circuit (Elec. Eng.)	الدائرة الكهربائية الرئيسية
main, distribution (Civ. Eng.)	خطُّ التوزيع الرئيسيّ
main engine (Eng.)	مُحَرِّك رئيسي
main fault (Geol.)	صَدْعٌ رئيسي
main feature	مَعلَمٌ رئيسي
main feeder (Eng.)	مُغَذٍّ رئيسي ـ جهاز القَام رئيسي
main fuel pipe	أنبوبُ الوَقود الرئيسي
main gate	مَصَبٌّ رئيسي ـ صِمام أو بوَّابة رئيسية
main girder (Civ. Eng.)	عارِضَة رئيسية
main guide base	القاعدة الدليلِيَّة الرئيسيَّة
main journal (Eng.)	مُرتَكَزٌ رئيسي
mainland	البَرُّ الرئيسي • القارَّة
main laying (Civ. Eng.)	مَدُّ الخط الرئيسي
main line	الخَطُّ الرئيسي
main-line pumps (Pet. Eng.)	مِضَخَّات الخطِّ الرئيسي
main lode (Mining)	عِرْقُ الخام الرئيسي
main oil screen (Eng.)	مُرَشِّحُ الزَّيت الرئيسي
main pulley (Eng.)	بَكرة رئيسية
main pump room	حُجرةُ الضَّخِّ الرئيسية
main road (Civ. Eng.)	طريقٌ رئيسي

mains (Eng.) المُوَصِّلات الرئيسية ـ المأخَذُ الرئيسي

mains, electric (Elec. Eng.) مأخَذٌ كهربائيٌّ رئيسي

mains, feeder (Eng.) خط التغذية الرئيسي

main shaft (Eng.) عَمودُ الإدارة الرئيسي

main spread (Civ. Eng.) الامتدادُ الرئيسي

(Geophys.) الجهاز (المنتشِرُ) الرئيسي لقياس الرَّجفة

main stage مَرحلة رئيسية

main supply depot مُستودَع التموين الرئيسي

main switchboard (Elec. Eng.) لَوحةُ المفاتيح الرئيسية

maintain (*v.*) حافَظَ على • صانَ ـ داوَمَ ـ تَحمَّل ـ أكَّد

maintaining the output (Eng.) مُداوَمَةُ الإنتاج • حِفْظُ مستوى الخَرج

main tanks الصهاريج الرئيسية ـ خَزّانات الوَقود الرئيسية

maintenance صِيانَة • حِفظ ـ مُداوَمة ـ إمداد • تموين

maintenance cost كُلفَةُ الصِّيانة

maintenance crew رِجالُ الصِّيانة • طاقَمُ الصِّيانة

maintenance instructions إرشادات الصيانة

maintenance manual دَليلُ صِيانة : كُتَيِّبُ (تعليماتِ) الصِّيانة

maintenance, pressure (Eng.) مُداوَمَةُ الضغط • المُحافَظَةُ على الضغط

maintenance, preventive صِيانَةٌ وِقائية

maintenance release (Eng.) شَهادة صِيانة : تثبت إجراء الصيانة اللازمة

maintenance unit (Eng.) وَحْدَةُ الصِّيانة

main valve (Eng.) صِمامٌ رئيسي

maize oil (Chem. Eng.) زيتُ الذُّرَة

major (*adj.*) أكبر • أعظَم • أهم • عظيم • رئيسي

major diameter القُطْرُ الأكبر

major field (Pet. Eng.) حَقلٌ رئيسي

major fold (Geol.) طَيَّة رئيسية • طيَّة كُبرى

major intrusions (Geol.) إندِساسات صخرية كبيرة

majority (*n.*) غالِبيَّة • أكثَريَّة

major part القِسمُ الأكبر

major repairs اصلاحاتٌ كُبرى

make (*n.*) صُنْع : طِرازُ الصُّنع ـ كَمِّيَّة الإنتاج

(Elec. Eng.) قَفْل أو وَصْل (الدائرة الكهربائية)

(*v.*) صَنَعَ • شَكَّلَ ـ أجرى • قام بِ

make-and-break mechanism (Elec. Eng.) آليَّةُ الوَصل والقَطْع

make-believe (*adj.*) إيهاميّ • زائف

makefast (*n.*) (Naut.) مَرْبِط (تُشَدُّ اليه السفينة)

make of casing (Pet. Eng.) إنزالُ الأنابيب

make per run (Pet. Eng.) حجم الكمية الناتجة في دَوْرة (أو في مرَّة)

maker (*n.*) صانِع • مُبْدِع

make-ready (*n.*) تحضير

makeshift (*n., adj.*) بَديلٌ مُؤقَّت

make, standard (Eng.) صُنْع قِياسي • إنتاجٌ مُوَحَّد

make-up تركيب • بِنْيَة ـ هيكَلَة • ترتيب

(*n.*) تركيب • بِنْيَة

(*adj.*) إكمالي ـ تعويضي • مُعوِّض

(*v.*) ركَّب • شكَّل ـ رتَّب ـ عوَّضَ عن

make-up gas (Pet. Eng.) غازٌ اضافي (لتكمِلَة الحَقْن)

make-up heater (Pet. Eng.) سَخّانة إضافية • سَخّان تكميلي

make-up length (Eng.) وُصْلة تكميلية

make up payment دُفعة تكميلية

make-up water (Pet. Eng.) ماء اضافي (لتكمِلَة الحَقْن)

making-up for تَعويضٌ عن

malachite (Min.) ملكَيت : كربوناتُ النُّحاس القاعدية

maladjusted (*adj.*) سَيِّئُ التوافُق والانسِجام

maladministration (*n.*) سُوءُ الإدارة

malaxator (Civ. Eng.) خَلّاطةُ المِلاط

male connection (Eng.) وُصلَةُ إدخال • وُصْلَة ذَكَرِيَّة

male fishing tap (Civ. Eng.) مسمار التقاط ذَكَري

maleic acid (Chem.) حامض المالَيك

male joint (Eng.) وُصلة إدخال • وُصلة ذكَريَّة

male screw (Eng.) لَولبٌ ذَكَر • مِسمارُ إدخالٍ لَولَبي

malfunction (*v.*) قَصَّر : ساءَ أداؤه • إختَلَّ

(*n.*) قُصور • سوءُ الأداء • إختِلالُ التشغيل

malic acid (Chem.) حامضُ التُّفاح

mall (Eng.) مِطرَقَةٌ ثقيلة • مِهَدَّة

malleability (Eng.) الطَّرُوقية • قابليَّة التطريق

malleable (*adj.*) طَرُوق • قابلٌ للطَّرق • يُطرَق ـ مِطواع • لَدين

malleable (cast) iron (Met.) حديدٌ مِطواع • حديدٌ طَرُوق

malleate (*v.*) طرَّقَ • شَكَّلَ بالتطريق

(*adj.*) مِطرَقيُّ الشَّكل

mallet (*n.*) مِيتَدَة • مِطرَقَة خَشَبيةُ الرأس • مِدَقَّة • دُقماق

malm (Geol.) طينٌ طباشيري

malodorous (*adj.*) كَريهُ الرائحة

mal-operation (Eng.) تشغيل رديء

malpractice (*n.*) سوءُ التصَرُّف (المِهَنيّ)

maltha (Pet. Eng.) مَلْتا : خامٌ نِفطيٌ فَقَدَ الأجزاءَ المُتَطايِرة

malthenes (Pet. Eng.) مَلْتينات : مُكَوِّنات اسفلتيةٌ راتينجية

mamelon (Geol.) حَلَمَة

mamillary aggregates (Geol.) مَجموعات حَلَميَّة

mammoth pump (Civ. Eng.) مِضخةٌ ضخمة : في داخل مَكنة الثَّقب الدوارة للعَمَل تحتَ الماء

manage (*v.*) أدارَ • قادَ • ساسَ • دَبَّر ـ تَمكَّن

management (*n.*) إدارة • سِياسَة • تَدبير • تَصريف

management engineering هَندسةُ (تنظيم) الإدارة

management panel هيئة إدارية

manager (*n.*) مُدير

manager, general مُديرٌ عام

manager, project (Eng.) مديرُ قِسم الدراسات الهندسية

managing director مُديرٌ مَسؤُول • مُدير مُباشِر

managing engineer المهندسُ المسؤول

mandatory (*adj.*) إلزاميٌّ • إجباريٌّ

man-day يَومُ رَجُل : عَمَلُ رَجُلٍ في اليوم الواحد

mandrel (Eng.) مِمْسَكُ العُدَّة • شِياق

(Met.) قَلبُ التشكيل (للمَصبوبةِ الجَوفاء)

mandrel socket (Eng.) جُلبَةُ الشِّياق

mandril = **mandrel** (Eng.) شِياق • مِمسَكُ العُدَّة

manganese (Mn) (Chem.) المَنغَنيز : عنصرٌ فِلِزّي رمزه (م)

manganese alloys (Met.) سَبائكُ المَنغَنيز

manganese bronze (Met.) برونزُ المَنغَنيز

manganese carbide (Chem.) كَربيدُ المنغنيز

manganese dioxide (Chem.) ثاني أكسيد المنغنيز

manganese steel (Met.) فولاذٌ منغنيزي

manifold

manganiferous (*adj.*) (Min.) حاوٍ المنغنيز

manganin (Met.) مَنغَنين : سبيكة من النحاس والمنغنيز والنيكل

manganite (Min.) مَنْغَنيت : أكسيدُ المنغنيز المميَّأ

mangle (*v.*) قَطَّع • فَرَّم – شَوَّه • أفسَد – عَصَرَ بالضغط بين أُسطوانتين

mangrove bark (Pet. Eng.) لِحاء المَنْغروف : لحاء يضاف الى طين الحفر

manhead (Civ. Eng.) مَمَر • مَنْفذ – فُتحة الصِّيانة

manhole (Civ. Eng.) فُتحة الصيانة : فتحة دخول الى صِهريج أو مَجرور أو مِرجَل

manhole cover (Civ. Eng.) غِطاء فُتحة الصيانة

man hour رَجُلُ ساعة : وَحدة شُغْل مِقدارها ما يشتغله رَجُل في مدى ساعة

manifest (*v.*) أظهَرَ • أوضَحَ
(*adj.*) ظاهِر • واضِح • جَلِيّ
(*n.*) بَيان الشحن • قائمةُ البِضاعة (المشحونة)

manifold (*adj.*) مُتعدِّد – مُتَشعِّب
(*n.*) (Eng.) مَشْعَب • أنبوب مُتعدِّدُ التشعُّبات الجانبية • وُصلَةٌ بفُتحاتِ رَبْطٍ جانبيَّة

manifold, exhaust (Eng.) مَشْعَبُ العادم

manifold, inlet (Eng.) مَشْعبُ الدخول

manifold pressure (Eng.) ضغط المَشعب

manifold valve (Eng.) صِمامٌ مُتَشَعِّبُ المَسالِك

Manil(l)a rope حَبْلٌ من قِنَّب مانيلا

manipulate (*v.*) عالَجَ (باليَدِ أو بأداةٍ ميكانيكية) – شَغَّل • صَرَّفَ – ضارَبَ • تلاعَبَ بالأسعار

manipulation (*n.*) مُعالَجَة (يدويَّة أو ميكانيكية) – تشغيل • تصريف – مُضارَبَة • تَلاعُبٌ بالأسعار

Manley process of dewaxing (Pet. Eng.) طريقة «مانلي» لنزع الشمع : بالبروبان

man lock (Civ. Eng.) غَلَق الدخول الى حَيِّزِ هواءٍ مضغوط

man-made (*adj.*) صُنْعِيّ : من صُنع الإنسان

man month رَجُلُ شَهر : وَحدة شُغْل مقدارها ما يشتغله رَجُل في مدى شهر

manning tables قَوائمُ توزيع العملِ على العُمَّال

manocryometer (Phys.) مانُوكْرِيومِتر : مقياسُ التغيُّر في دَرَجةِ الانصهار بفعل الضغط

manoeuvre = maneuver (*v.*) نـاوَرَ
(*n.*) مُنـاورة • خُطَّة بارِعة

manograph (Eng.) مانُوغراف : مِرْسَمَةُ قياس الضغط

manometer (Phys.) مانُومتر • مقياسُ ضغط (الغاز أو السائل)

manometer pressure (Phys.) ضغطٌ مانُومترِيّ

manometric (*adj.*) مانُومتريّ

manometric flame (Phys.) الشّعلة المانومترية

manometric head (Hyd. Eng.) عُلُوّ مانُومترِيّ

man power (or **manpower**) القُدرة البَشَرِية • القُوَى العاملة

man-tan (Pet. Eng.) مانْتان : مادةٌ (تجاريةٌ) مُسَيِّلة لطين الحفر

mantle (*n.*) غِطاء • دِثار – رَتينةُ (الشُّعلة)
(Geol.) غِلافُ الأرض • الدِّثار • الغِلاف الحَجَري – غِلاف اللُّب الأرضي
= regolith الثَّرى • صخرُ الدِّثار
(*v.*) غَطَّى • دَثَّر • لَفَّع • أحاطَ

mantle burner حارِقٌ ذو رَتينة

mantle rock (Geol.) غِلافُ الصخر • صخرُ الدِّثار : الذي تكوَّنت من تَفَتُّتِه التربةُ وما تحتها

manual (*adj.*) يَدويّ
(*n.*) كُتَيِّب • كتابٌ مُوجَز

manual control (Eng.) تَحكُّم يدويّ

manual drive (Eng.) إدارة يدوية

manual labour عَمَلٌ يدوي

manual lubrication (Eng.) تزليق يَدوي

manually operated (*adj.*) يُشَغَّل باليَد

manual switchboard لَوحةُ مفاتيح تُشغَّل باليَد

manual welding لِحامٌ باليَد

manufactory (*n.*) مَصْنَع • مَعْمَل

manufacture (*v.*) صَنَعَ • صَنَّعَ
(*n.*) صُنْع • صِناعة

manufactured (*adj.*) مَصنوع • صُنعِيّ • اصطناعي

manufacturing (*n.*) صُنْع • صِناعة

manufacturing establishment مُؤَسَّسة صناعية

manufacturing unit (Eng.) وَحْدَةُ صُنْع • مَعْمَل

manure (*n.*) سَماد
(*v.*) سَمَّدَ

Manus tester (Pet. Eng.) مِخبار «مانُوس» : لتعيين نقطة وَميضِ البترول

manway (Civ. Eng.) مَمَرّ

map (*n.*) خَريطة
(*v.*) رَسَمَ خريطةً – خَطَّطَ

map code مُصطَلَحاتُ الخَريطة • رُموز الخريطة

map, contour (Surv.) خريطة سُمْقِيّة • خريطة كُنتورية : ذات خطوط مناسيب

map drawing رَسْمُ الخرائط

map, geologic (Geol.) خريطة جيولوجية

map grid (Surv.) الإحداثيات السَّمْتية للخارطة

map, hydrographic (Geophys.) خريطة للمياه

map-making عَمَلُ الخرائط • رَسْمُ الخرائط

map measurer = opisometer (Surv.) مِقياس خرائط

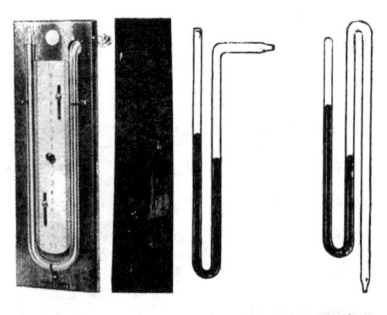

manometers

manometric flames

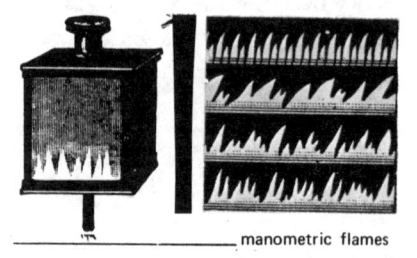

map measurer

mapping (*n.*) وَضْعُ (أو تَخطيطُ) الخرائِط
mapping, aerial (Surv.) رَسمُ الخرائِطِ مِنَ الجَوّ
mapping, geological وَضعُ الخرائط الجيُولوجية
map projection مَسقطُ (رسم) الخريطة
map reading قِراءةُ الخريطة
map reconnaissance إستطلاعٌ على الخريطة
map, relief خريطة مُجسَّمة • خريطة التضاريس
map reproduction (Surv.) نَسْخُ الخرائط
map scale (Surv.) مقياسُ (رسم) الخريطة
map, topographic(al) (Geol., Surv.) خريطة طوبوغرافية
mar (*v.*) شَوَّهَ • أَفْسَدَ • أتلَف
(*n.*) علامةٌ مُشوِّهة
MAR = microanalytical reagent (Chem.) كاشِفٌ للتحليلات الدقيقة
Marb-l-cote ماربِلْكوت • طِلاءٌ رُخاميّ
marble (*n.*) (Geol.) رُخام • مَرْمَر
(*adj.*) رُخاميّ
(*v.*) جَزَّعَ كالرُّخام
marbled (*adj.*) مُجزَّع كالرُّخام
marcasite (Min.) مَرقَشيتا • مَركَسيت : بيريتُ الحديد الأبيض
marcus (Eng.) مِطرقةٌ ضَخمةٌ حديديةُ الرأس
margarine (Chem. Eng.) مَرْجَرين : سَمنٌ نباتيٌّ صِناعيّ
margin (*n.*) حاشِيَة • حافَّة • هامِش ـ إحتياطِيّ ـ مِقدارُ الفرق أو درَجتُه ـ مَجال ـ حَدّ
(*v.*) زَوَّدَ بهامِش أو بحاشِية
marginal (*adj.*) هامِشيّ ـ حافيّ • حَدِّيّ : قريبٌ من الحَدِّ الأدنى
marginal producer (Eng.) مُنتِجٌ حَدِّي : تتساوى قيمةُ إنتاجِه وكُلْفَته
(Pet. Eng.) بئر حدِّيَّة الانتاج
marginal return (Eng.) غَلَّة حدِّية : مُساوِيَة لنفقات الإنتاج
marginal well (Pet. Eng.) بئر حَدِّيَةُ الانتاج: تُنتِجُ بالضخّ من ١٠ الى ٣٥ برميل يوميّاً من عمق يتراوح بين ألفين و ٨ آلاف قدم
marginal worker عامِلٌ حَدِّيّ (أجرُه يعادِلُ قيمةَ إنتاجه)
margin of error مَجالُ الخطأ
margin of safety (Eng.) مجال الأمان • احتياطيُّ الأمان
marine (*adj.*) بَحريّ ـ مِلاحيّ

marine band (Geol.) شَريط بحري رُسوبي
marine bar حاجز ساحلي
marine belt نطاق المياه الإقليمية
marine cable كَبلٌ بَحري
marine deposits (Geol.) رَواسِبُ بَحريَّة
marine diesel (Pet. Eng.) ديزل المحركات البحرية
marine diesel oil (Pet. Eng.) زيت ديزل بحري
marine drift (Geol.) جَرْفٌ بحريّ
marine engine (Eng.) مُحرِّك بَحري
marine engine oil (Pet. Eng.) زيت المحركات البحرية
marine facies (Geol.) سِحنة بحرية
marine gasoline (Pet. Eng.) بنزين المحركات البحرية
marine glue غِراء بَحري : صامِدٌ للماء
marine insurance تأمين بحري
mariner's compass بُوصَلة الملاَّحين • بُوصَلة مِلاحيَّة
marine screw propeller (Eng.) رَفّاص مِروَحيّ بَحري
marine sediments رواسِبُ بحرية
marine seismic apparatus (Geophys.) مِرجَفة بحرية
marine surveying مَسْحٌ بحريّ
marine surveyor مَسّاح بحريّ ـ مُراقِب بَحريّ
marine terminal (Pet. Eng.) فُرْضَة بحرية • محطة طَرَفية بحرية
maritime (*adj.*) بَحريّ • مِلاحي ـ ساحِلي
mark (*n.*) علامة • إشارة • عَلامةٌ مُميِّزة • سِمَة ـ أثَر ـ دَلالَة
(*v.*) عَلَّمَ • وَضعَ عَلامةً • وَسَمَ • رَقَمَ ـ دلَّ على ـ حَدَّدَ ـ ترك أثرًا
mark buoy (Naut.) عامَةٌ مُحَدِّدَة • طافِيَةدليليَّة

marked (*adj.*) مَوسوم • مَرقوم • مُعلَّم • مُميَّز
marker (Surv.) علامة • مَعْلَم ـ مُؤَشِّر • مُسَجِّل • واضِعُ علامات
marker beacon (Naut.) مَنارةٌ دَليليَّة
marker bed (Geol.) طبقة دليلية
marker horizon (Geol.) أُفُق دَليلي • طبقة مَعلَميَّة
marker post مَعْلَم • شاخِص دليلي
market (*n.*) سُوق
(*v.*) إتَّجَرَ • تَسَوَّقَ
marketable (*adj.*) رائج • يُباع
market, black السوقُ السوداء
market demand proration تَنسيق الانتاج وَفقاً لِمُتَطَلَّبات السوق
market demands مُتطلَّباتُ السوق
marketing (*n.*) تَسويق
marketing specifications مُواصَفات التسويق
market price سِعر السوق
market study دراسة السوق
market value قِيمة سُوقيَّة
marking buoy (Naut.) طافِيَة دليليَّة
marking gauge (Eng.) مِرقَمٌ تحديد • (شِنكار)
marking tool (Eng.) عُدَّة ترقيم • شَوكة
marl (Geol.) مَرْل : طين جيري • سِجِّيل
marlaceous soil (Geol.) تُربة مَرليَّة
marlin(e) حَبلٌ مُزدَوِجٌ (أو مُثلَّثُ الجَدْل) • حَبْلٌ ذو طاقَين (تُكسَى به الكُبول)
marl slate (Geol.) طَفَل أردُوازيّ
marly clay (Geol.) طِين مَرْليّ
marmoraceous (*adj.*) مَرْمَري • رُخامي
marsh (*n.*) سَبْخَة : مُستنقَعٌ مِلحيّ • مُستَنقَع
marshal (*v.*) رَتَّبَ • صَفَّ ـ أرشَدَ
marshalling (*n.*) تنظيم • ترتيب

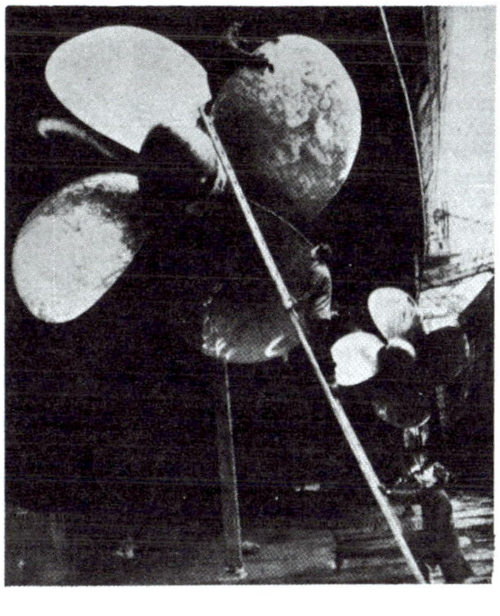

marine screw propeller

marine terminal

marsh buggy

mass spectrometer

marshalling test (Pet. Eng.) اختبار التصنيف

marsh buggy (Civ. Eng.) جرّارة المستنقعات • جرّارة برمائية

Marsh funnel (Pet. Eng.) قِمْع «مارْش» : مِلزاجٌ لقياس لُزوجة طِين الحفر

marsh gas (or **methane**) (Chem.) غازُ المستنقَعات (المِيثان)

marshy (*adj.*) سَبِخ • مُستنقَعِيّ

martensite (Met.) مارتَنْزيت : محلول جامِدٌ من الكربون في الفولاذ الصَّلد

maser (**m**icrowave **a**mplification by **s**timulated **e**mission of **r**adiation) (Phys.) مِيْزَر (تضخيمُ المَوجات الدقيقةِ بالانبعاث الراديّ المُستَحَث) – جهازُ تحويل الطاقة الداخلية للجُزيئات الى طاقةٍ دقيقةِ الأمواج

mash (*n.*) هَرِيس
(*v.*) هَرَسَ • لَتَّ

mask (*n.*) قِناع • كِمامَة
(*v.*) تَقنَّعَ • إستَتَرَ – سَتَرَ • أخفى • قَنَّعَ • حَجَبَ

masked valve (Eng.) صِمامٌ مُقنَّع : ذو رأسٍ مُحتَجِبٍ في قاعدته

Masonite (Const.) ماسُونيت : ألواحُ تَبطينٍ عازلة

masonry (*n.*) حِرفَةُ البِناء

mason's level (Civ. Eng.) مِيزانُ تَسويةٍ راسي

mass (Phys.) كُتلَة
= **rock-mass** (Geol.) كُتلة صخرية
(*adj.*) جَماعِيّ • إجماليّ • كُتَليّ • مُتكَتِّل
(*v.*) كَتَّلَ • تَكتَّلَ • رَكَمَ

mass action (Chem. Eng.) الفِعلُ الكُتلي

mass coefficient of absorption (Phys.) مُعامِل الامتصاص الكُتلي

mass concrete (Civ. Eng.) خَرسانة كُتلية • خَرسانة عادية غير مُسَلَّحة

mass effect (Met.) تأثيرُ الكُتلة : ظاهِرةُ نُقصان صَلابة الفولاذ من السطح نحو المركز

mass flow دَفقٌ كُتلي

massicot (Min.) ماسيكُوت • اسفيداجٌ مُكلَّس (أوّل اكسيد الرصاص)

massif (Geol.) كُتلة صخرية شاخِصَة • نَجْد

massive (*adj.*) عظيم الكُتلَة • جَسيم – مُصْمَت • مُتكَتِّل

massive rock (Geol.) صَخر مُصْمَت : صخر مُمتلِئٌ مُتماسِكٌ غيرُ أجوَف

massive structure (Geol.) بِنية مُصْمَتة

massive texture (Geol.) نَسيج مُصمَت

mass movement (Geol.) إنهيال

mass number (Phys.) العددُ الكُتلي

mass production الانتاجُ الجُمليّ • إنتاجٌ بالجُملة

mass spectrograph (Phys.) مِطياف (سبكترُوغرافٌ) كُتليّ

mass spectrometer سبكترُومتر كُتلي • مِقياس طيفٍ كُتلي

mass spectrum (Phys.) طَيفُ الكُتلة

mass strike إضراب جَماعي • إضراب شامِل

mass susceptibility (Phys.) المُتأثِريَّة الكُتلية

mass transport نَقل كُتلي

mass unit = **atomic mass unit** (Phys.) وَحْدةُ الكُتلة (الذرِّية)

mass velocity (Phys.) السُّرعة الكُتلية

mast (*n.*) سارِيَة • صارٍ • دَقَل

master (*adj.*) رَئيسيّ • رَئيس
(*n.*) رَئيس • سيِّد – رُبّان
(*v.*) سادَ • أتقَنَ

master connecting-rod (Eng.) ذراعُ التوصيل الرئيسي

master control valve (Eng.) صِمام تحكُّمٍ رئيسي

master gate (Eng.) بَوّابة رئيسية • صِمامٌ رئيسي (لِضبط تَدفق السائل)

master gauge (Eng.) مُحدِّدُ قياسٍ عِياري

master joint (Eng.) فاصل أو مَفصِل رئيسي

master key مِفتاحٌ عُمومي (للمجموعةِ من الأقفال) • مِفتاح رئيس

master meter (Eng.) عَدّاد رئيسي – عدّاد قِياسي

master meter prover (Eng.) مُعايِرُ العَدّادات القِياسية

master plan خُطّة رئيسية

master plant وَحدة رئيسية • مَعمَل رئيسي

master pressure gauge (Eng.) مانومتر عِياريّ

master switch (Elec. Eng.) مِفتاح رئيسي

master tap (Eng.) ذَكَرُ لَولبةٍ رئيسي

master valve (Eng.) صِمامٌ رئيسي

master workman صانِعٌ بارِع

mastic (*n.*) مُصْطَكاء • صَمغُ المُصْطَكى – عِلك • مَعجون أو طِلاء مُصْطَكاوي

mastic asphalt (Pet. Eng.) أسفَلْت عَلِك

mat (*n.*) حَصيرة • حَصِير – طَلْيةٌ مُطفَأةُ اللَّمْعة
(*adj.*) غيرُ لامِع

match (*v.*) جارَى • بارَى – جانَس • انسَجَم مع
(*n.*) نَظير • نِدّ – مُلاءَمة – مُباراة – عُودُ ثِقاب • فَتيلةُ إشعال

matching (*n.*) مُواءَمة • مُطابَقة – مُزاوَجة

mate (*n.*) رَفيق • مُعاوِن – وَكيل الرُّبان
(*v.*) زاوَجَ • تَزاوَجَ – تَعشَّقَ

material (*n.*) مادّة
(*adj.*) ماديّ – مُهِمّ

material, basic مادة أساسية

materialize (*v.*) جَسَّدَ • جَعلَ مادِّيّاً • تَجسَّدَ • تحقَّق

materialman مُتعهِّد تموين

material particle (Phys.) جُسَيم مادي

material, primary مادة أوَّلية

materials of construction مَوادُّ الانشاء • مواد البناء

material specifications مُواصَفاتُ المواد

materials, raw مَوادُّ خام

material testing certificate شهادة اختبارِ المادَّة

material testing specification مُواصَفةُ اختبار المادَّة (أو المواد)

materiel (*n.*) لَوازِم • مُعَدّات

mathematical instruments أدواتُ الرسم الهندسي

mathematical tables جَداولُ رِياضية

mathematics (*n.*) عِلمُ الرياضيات

mating flange (Eng.) شَفَة مُزاوِجة
mat paint دِهان مُطفأُ اللمعة
matrix (*n.*) (Eng.) قالَب • القالَبُ الأم – مَصفوفَة
(Geol.) النسيج المُشتمِل • النسيج الأمّ
(Civ. Eng.) مادّة الترابُط (من جيرٍ أو اسمنت)
mat surface سَطحٌ مُطفأُ اللّمعَة
matt (*adj.*) مُطفأُ اللّمعَة • غيرُ لمّاع
matte (*n.*) (Met.) خَليطٌ كبريتيدي مَصهور
(*adj.*) = **matt** غير لمّاع • مُطفأُ اللّمْعَة
matter (*n.*) مادة – مسألة • أمْر • شأن
(*v.*) أهَمَّ • عَنَى
matter, inorganic مادة (أو موادّ) لا عُضويّة
matter of course مسألة عادية • أمر طبيعي
matter of form مسألة شكلية
matter, organic مادة عُضوية
matter, solid extraneous مادة دَخيلة صُلبة
matter, suspended (Chem.) مادة مُعلّقة (لا ذائبة ولا راسبة)
mattock (*n.*) مِعْوَل • مِنكاش
mattress (*n.*) فَرشَة – حَشِيَّة
mature (*adj.*) ناضِج • كامِلُ التكوُّن – مُستَحِقّ (الأداء)
(*v.*) نَضِجَ • أنضَجَ – إستَحَقّ (الأداء) • حَلّ
maturing (Civ. Eng.) إنضاج • إنضاجُ الاسمنت بالترطيب (مَنْعاً لتشقُّقِه) • نُضوج
maturity (*n.*) نُضْج – استِحقاق • حُلول الأجَل
maul (or **mall**) (*n.*) مِطرقة خشبية ثقيلة
(*v.*) دَقَّ – فَلَقَ (بمِطرقة ووَتد)
M.A.W.P. (**maximum allowable working pressure**) ضغط التشغيل المَسموحُ الأقصى
maximization of profit تحقيق الربح الأقصى
maximum (*n.*) نِهاية عُظمى • حدٌّ أعلى أو أقصى
(*adj.*) أقصى • أعظم
maximum allowable working pressure (Eng.) ضغط التشغيل المسموح الأقصى
maximum and minimum thermometer (Meteor.) مِقياسُ نهايتي الحرارة العُظمى والصغرى
maximum boiling point (Chem.) النِّهاية العُظمى لدرجةِ الغَلَيان • درجة الغليان القُصوى
maximum demand الطلَبُ الأقصى
maximum density (Phys.) الكثافةُ العظمى
maximum economic recovery الاستِعادة الاقتصادية القُصوى (Chem. Eng.)
maximum efficient rate (Eng.) المُعدَّل الأقصى للإنتاج الفعَّال
maximum elevation الارتفاعُ الأقصى
maximum horsepower (of an engine) القُدرة الحِصانية القُصوى (لِمُحرِّك) (Eng.)
maximum load (Eng.) الحِملُ الأقصى
maximum operational pressure (Eng.) ضغطُ التشغيل الأقصى
maximum output (Hyd. Eng., Eng.) الصَّبيبُ الأقصى – الخَرْجُ الأقصى
maximum permissible value (Eng.) القيمة القصوى المَسموح بها
maximum power (Eng.) القُدرة القُصوى
maximum pressure (Eng.) الضغطُ الأقصى
maximum range المَدَى الأقصى
maximum temperature درجة الحرارة القصوى
maximum tensile stress (Eng.) إجهادُ الشدّ الأقصى
maximum torque (Mech.) عزمُ اللَّيِّ الأقصى
maximum value القيمةُ القصوى (أو العُظمى)
maximum weight limit حَدُّ الحِمْل الأقصى
mazout (**mazoot** or **mazut**) (Pet. Eng.) مازوت
M.C. (**medium curing**) (*adj.*) مُتوسِّط سُرعةِ الجُمود
M.C.A. (**Manufacturing Chemists Association**) جمعية الكيماويين الصناعيين
M.C.F. (Pet. Eng.) (abbrev. for **million cubic feet**) مِليون قدم مكعبة
M.E.A. (**monoethanolamine**) (Chem.) مُونُو ايثانولْ أمين : أمين أُحادي الايثانول
meal (*n.*) وَجْبَة – دَقيق • جَريش
mealy (*adj.*) جَريشيّ • يُشبِه الدقيق
mean (*n., adj.*) مُتوسِّط • وَسَط
(*adj.*) وَضيع
(*v.*) عنَى • قصَدَ
mean, arithmetic(al) المتوسِّطُ الحِسابي
mean density (Phys.) مُتوسِّط الكثافة
meander (*n.*) مُنعطَف • تعرُّج • تمعُّج • تعمُّج
(Geol.) مُنعطَفُ النهر • تمعُّجُ المَجرى
(*v.*) انعطفَ • تعرَّجَ • تمعَّجَ • تمَعَّج
mean distance مُتوسِّطُ البُعد
mean effective pressure (Eng.) مُتوسِّطُ الضغط الفعَّال
mean error مُتوسِّطُ الخَطأ
mean free path (Phys.) مُتوسط المَسارِ الحُر
mean, geometrical مُتوسِّطٌ هندسي • وَسَطٌ هندسي
mean life (Phys.) مُتوسِّطُ العُمر
mean power (Eng.) مُتوسِّطُ القُدرة
mean pressure (Eng.) مُتوسِّطُ الضغط • مُعدَّل الضغط
mean range المَدى الوسَطيّ (أو الوَسَط)
means وَسائل • وَسيلة
mean sea-level (Surv.) مُتوسِّط مَنسوبِ سَطح البحر
means of transport(ation) وَسائل النَّقل
mean temperature متوسطُ دَرجَة الحَرارة
meantime (*n.*) أثناء • الوقتُ بين فترتين
mean value القيمة الوَسَطيَّه • مُتوسِّطُ القيمة
mean velocity (Mech.) مُتوسِّطُ السرعة
measurable (*adj.*) يُمكنُ قياسهُ • يُقاس
measure (*v.*) قاسَ • [illegible] • [illegible] • عايَرَ
(*n.*) قِياس • مِقياس • مِكيال • مِعيار • إجراء • تَدبير
measure, circular (Geom.) مقياس دائري (بالزوايا النصف قُطريَّة)
measure, cubic مِقياس حَجميّ
measure, linear مقياس طُوليّ – قياس الأطوال
measure, liquid مقياس للسوائل
measurement (*n.*) قِياس • مِقياس
measure point نُقطةُ القِياس
measure, protective تَدبير وِقائيّ
measures (Geol.) طبقات
measure, square مِقياس مِساحيّ
measuring chain (Surv.) سلسلة قياس (طولها ٢٢ ياردة)
measuring cylinder (Chem. Eng.) مِخبار مُدرَّج
measuring error خطأ (في) القياس
measuring glass مِخبار (زُجاجيّ) مُدرَّج

meander

measuring instrument (Elec. Eng.) جهاز قياس (كهربائي)
measuring rod قضيب قياس
measuring rule مِسطرةُ قياس
measuring tape (Surv.) شريطُ قياس
measuring wheel (Surv.) عَجَلةُ قياس
mechanic (*adj.*) مِيكانيكي
(*n.*) عامِلٌ ميكانيكي
mechanical (*adj.*) آليّ • ميكانيكي
mechanical agitator مُقلِّب ميكانيكي
mechanical analysis تَحليلٌ آلي أو ميكانيكي
mechanical brake (Eng.) مِكبَحٌ مِيكانيكي
mechanical computer حاسِبَة آليَّة
mechanical control (Eng.) تَحَكُّم مِيكانيكي
mechanical design (Eng.) تصميم مِيكانيكي
mechanical disturbance اضطرابٌ ميكانيكي • خَلَل آلِيّ
mechanical efficiency (Eng.) الكِفايةُ الميكانيكية
mechanical energy (Phys.) طاقةٌ كهربائية
mechanical engineer مُهندسٌ ميكانيكي
mechanical equivalent of heat (Phys.) المكافِئُ الميكانيكي للحرارة : ٤،١٨ جولْ للكالُوري أو ٧٧٨ باونْدْ قدم لِوَحْدَةِ الحرارة البريطانية
mechanical failure (Eng.) عُطْلٌ ميكانيكي
mechanical filter (Eng.) مُرَشِّحٌ مِيكانيكي
mechanical governor (Eng.) حاكِمٌ (منظمُ سرعةٍ) ميكانيكي
mechanical injection (Eng.) حَقْن ميكانيكي
mechanical lever (Eng.) رافِعة ميكانيكية
mechanical loader (Eng.) مُحمِّل آلي • مُحمِّلة ميكانيكية
mechanical lubricator (Eng.) مُزلِّق ميكانيكي
mechanically operated inlet valve (Eng.) صِمام إدخال آليُّ التشغيل
mechanical octane number (Pet. Eng.) الرَّقْم الأُوكتاني الميكانيكي : الناتج عن تحسينات في تصميم المحرك وضبط الاحتراق
mechanical power (Eng.) قُدرة ميكانيكية
mechanical properties خَصائصُ ميكانيكية
mechanical rammer (Eng.) مِدَكٌّ ميكانيكي
mechanical recording (Elec. Eng.) تسجيل ميكانيكيّ
mechanical sampler مُختبِرُ عَيِّنات ميكانيكي
mechanical seal بِداد ميكانيكي
mechanical shovel (Civ. Eng.) مِجرَفة ميكانيكية
mechanical stability (Mech.) إستِقرار ميكانيكي
mechanical stabilizer (Eng.) مُوازِنٌ ميكانيكي • مُقِرٌّ ميكانيكي
mechanical stirrer (Eng.) قَلّابة ميكانيكية
mechanical (or **automatic**) **stoker** (Eng.) وَقّادٌ ميكانيكي • وَقّاد آليّ
mechanical time fuse صِمامَة زَمنيَّة ميكانيكية
mechanical ventilation تَهوِيَة ميكانيكية
mechanical wave (Phys.) مَوْجَة ميكانيكية: عَبْرَ وَسَطٍ ماديّ
mechanical wear تآكُلٌ مِيكانيكي
mechanical work (Phys.) شُغْلٌ ميكانيكي
mechanics (Phys.) عِلمُ الميكانيكا
mechanism (Eng.) آليَّة • تَركِيبةُ تشغيل
mechanist (*n.*) إختِصاصيّ آلات • عامِلٌ ميكانيكي
mechanization (*n.*) مَكْنَنَة : التجهيزُ بمُعَدَّاتٍ ميكانيكية
mechanized (*adj.*) مُجَهَّزٌ بالمُعدَّات الميكانيكية
mechanized winning (Mining) استثمار أو قَطعٌ ميكانيكي
media (pl. of **medium**) أوساط
medial (*adj.*) مُتَوسِّط • وَسَطيّ
medial moraine (Geol.) رُكام وَسَطي
mediate (*v.*) تَوَسَّطَ (للتوفيق)
medical examination فَحصٌ طِبِّيّ
medicinal oil زيت طِبّي : مُستحضَر بِترولي عالي النَّقاوَة للاستِعمال الطبِّيّ
medicine (*n.*) دَواء – طِبٌّ
mediosilicic (*adj.*) (Geol.) مُتوسِّط المُحتَوى السيليسي
mediosilicic rocks = intermediate rocks (Geol.) صخور مُتوسِّطةُ السيليسية • صخورٌ متوسطة
Mediterranean suite (Geol.) نَسَقُ البحرِ الابيض المتوسط
medium (*adj.*) مُتَوسِّط • وَسَط
(*n.*) (pl. **media**) وَسَط • بِيئَة – واسِطَة • سَبيل

mechanical shovel

medium carbon steel (Met.) فُولاذٌ مُتوسِّطُ الكربون
medium curing asphalt (Civ. Eng.) اسفلت مُتوسطُ سُرعة الجُمود
medium grained (*adj.*) مُتَوسِّط (حجمِ) الحُبيبات
medium oil (Pet. Eng.) زيت تزليقٍ مُتوسِّطُ اللزوجة
medium, rare (Phys.) وَسَطٌ لَطيف
medium volatile fuel (Pet. Eng.) وَقودٌ مُتوسِّط التطايُريَّة
medium voltage (Elec. Eng.) فُلطيَّةمتوسطة (بين ٢٥٠ و ٦٥٠ فلطاً)
meerschaum (Min.) مِرشوم • رَغْوَةُ البَحر : سليكات المغنسيوم المُمَيَّأة
mega- مِيغا : بادئة بمعنى مِليون – ضَخْم
megabarye (Phys.) مِيغاباري : وَحدَةُ ضغطٍ تُساوي مِليون داين للسم٢
megaphone مِيغافُون : مُضَخِّمٌ صَوتيٌّ • بُوق
megascopic (*adj.*) عِياني • يُرى بالعَينِ المُجرَّدة
megaseism (*n.*) رَجْفَةٌ شديدة • زَلْزَلة عنيفة
megger = megohmmeter (Elec. Eng.) مِجَر : جهاز لِقياس مُقاومة العَزل الكهربائي
megger ground tester (Pet. Eng.) مِجَر (اختبارٍ) أرضي : جهاز قياس المقاوِمَة الكهربائية يُستخدَمُ في أعمال التنقيب
meizoseismal (*adj.*) تَرجافيّ • خاصٌّ بقوة الزَّلزلة القُصوى
(*n.*) مُنحنَى الزَّلزلة القُصوى
meizoseismal area (Geophys.) نِطاق الزَّلزلة القصوى
meizoseismal curve (Geophys.) مُنحنى الزلزلة القُصوَى
M.E.K. (**methyl ethyl ketone**) (Chem.) كِيتونٌ إثيلي مِثيليّ
melange (*n.*) خَليط • مَزيج
melanite (Min.) مِلانيت : عَقيق أسودُ
melanocratic (*adj.*) (Geol.) داكِن • قاتِم • غامِقُ اللون (بالنسبة الى النوع العادي)
melt (*v.*) ذابَ • أذابَ • صَهَرَ • إنصهر
(*n.*) ذَوَبان • إنصِهار – صُهارة • ذَوْب
meltable (*adj.*) ذَوّاب • يذوب • يُصهَر • ينصَهر
melt away (*v.*) ذاب تماماً
melt down (*v.*) أذابَ • صَهَرَ
melting (*n.*) إنصِهار • صَهْر • ذَوَبان
melting bath (Chem. Eng.) مَغطَسُ صَهْر
melting diagram (Chem. Eng.) مُخَطَّطُ الانصِهار
melting heat حَرارةُ الانصِهار

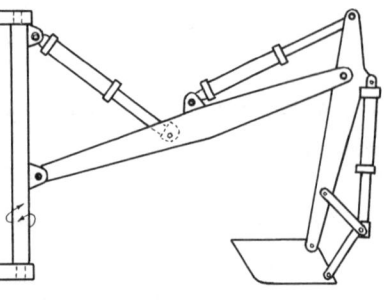

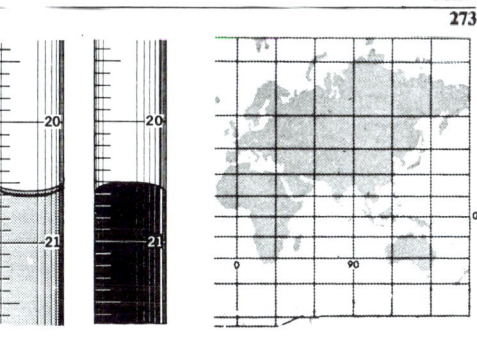

melting point · درجةُ (حرارةِ) الانصهار · نقطة الانصهار

melting pot بُوتَقَة

melting temperature (Phys.) درجة حرارة الانصهار

melt out (*v.*) فَصَلَ بالصهر

member (*n.*) عُضو ـ جُزء (من مجموعة)

طبقة : كجُزء من تكوين مُعيَّن (Geol.)

membrane (*n.*) غِشاء

membrane, permeable غِشاءٌ مُنفِذ

membrane, semi-permeable غِشاءٌ نِصفُ مُنفِذ

membranous (*adj.*) غِشائيّ

memorandum مُذَكِّرة

memorandum of association عَقدُ تأسيسِ الشركة : وثيقةٌ تبيِّن اسمَ الشركة ورأسمالها وأهدافها ولوائح تكوينها

memory (Elec. Eng.) ذاكِرَة (الكترونيَّة)

mend (*v.*) أصلَح · صَلَّح

Mendeleeff's table (Chem.) جَدولُ «مَنْدَليف»: لِترتيب العناصر الكيميائية

menhaden oil زيت المَنْهِدن : زيت يستخرج من أسماك بحرية تشبه الرَّنكة

meniscus (*n.*) (Phys.) سطح هِلالي : سطح السائل (المقعَّر أو المحدَّب) في أنبوب ضيق القطر

(*adj.*) هِلالي

menstruum (Chem. Eng.) المُذيب · المادَّةُ المُذيبة أو المُحلِّلة · سائل الاستِذابة او الاستِعلاق

mensuration (*n.*) حِسابُ المِساحات والحُجوم

menthol (Chem.) مَنتول : كُحول نَعنَعِي

M.E.P. (**mean effective pressure**) مُتوسط الضغط الفعَّال

M.E.R. (**maximum economic recovery**) الاستعادة الاقتِصادية القُصوى

mercantile (*adj.*) تِجاري

Mercapsol process (Pet. Eng.) طريقة المَركاپْسول: إزالة المَرْكَبتان بالمُذيبات

mercaptan (Chem. Eng.) مَركَبْتان · كحول كِبريتي : مُرَكَّب هيدروكربوني كبريتي ثُوميّ الرائحة يوجد في الخام النفطي الحذيق ومشتقاته

mercaptan extractor (Pet. Eng.) مُزيلُ المَركَبْتان · مُزيل المواد الكِبريتية

Mercator chart (or **map**) (Surv.) خَريطةٌ مِركاتورية : تُمثَّلُ فيها خُطوطُ الطولِ والعَرضِ بخُطوطٍ مُستقيمة

Mercator distance (Surv.) المسافةُ المِركاتوريَّة

Mercator projection إسقاط مِركاتوري

merchandise (*n.*) بَضائع · سِلَع

merchantable (*adj.*) يَصلُح للتسويق

merchant iron (Met.) حَديدٌ تجاريٌّ مُطاوِع

mercurial thermometer (Eng.) ترمومترٌ زِئبقي · ميزانُ حرارةٍ زئبقي

mercurial thermostat (Eng.) ترموستاتٌ (منظِّمُ حرارةٍ) زئبقيّ

mercuric chloride (Chem.) كلُوريد الزئبق · كلورور الزئبقيك

mercurization test (Pet. Eng.) اختبار الزأبقة : للكشف عن وجود الهيدروكربونات اللَّامُشبَعة في النفط الخام

mercurize (*v.*) زأبَق : عالج بالزئبق

mercurous chloride = calomel (Chem.) أول كلورور الزئبق · كلوريد الزئبقوز · كالُومِل

mercury = hydrargyrum (Hg) (Chem.) الزئبق : عُنصر فِلِزيّ سائل رمزه (ے)

mercury barometer (Phys.) بارومِتر زِئبقي

mercury gauge (Phys.) مانومِتر (مِقياسُ ضغطٍ) زئبقي

mercury switch (Elec. Eng.) مِفتاحٌ (ذو مُوَصِّلٍ) زئبقي

mercury thermometer (Phys.) ترمومتر زِئبقي · ميزان حرارة زئبقي

mere (*n.*) حَدّ ـ مَعلَم تحديد

merge (*v.*) دَمَج · إندمَج · مَزَج

merger (*n.*) إندماج · إدماج

meridian (*n.*) خطُّ الزَّوال · دائرةُ خطِّ الزوال

(Surv.) دائرةُ خَطِّ الطول

meridian, magnetic خطُّ الزَّوال المغنطيسي

meridian time التوقيت الزوالي

merit (*n.*) جَدارة · إستِحقاق ـ حَسَنَة · مِيزَة

(*v.*) استحَقّ

merocrystalline (*adj.*) (Chem.) جُزئيُّ التَبلُوْر

merosyncline (Geol.) طَيّة مُقعَّرة متوسِّطة أو ثانوية

mesa (Geol.) مِيزا : هَضْبَة قائمة الجوانب

mesh (*n.*) شَبَكَة ـ تَعشيق · تَشابُك ـ إحدى عُيون الشَّبكة

(*v.*) تشابَكَ · شابَكَ ـ تَعشَّق · تداخَل

meshed (*adj.*) (Eng.) مُعشَّق · مُتشابِكُ التُّروس

mesh, in (*adv.*) مُعشَّق

mesh points (Eng.) نِقاط التشابُك · نقاط التعشيق

meniscus

0
0

Mercator projection

mesh structure (Geol.) تركيبٌ شَبَكيّ

meshwork (*n.*) شُبَيكة · شبكة

mesocratic mineral (*adj.*) (Geol.) مَعدِنٌ أغبَر : معدن مُرقَّط تغلبُ عليه الدُّكْنَة

mesohaline (*adj.*) متوسط المُلوحة

mesolite (Min.) مِيزوليت : زِيُوليت متعادِل

Mesolithic (Geol.) مِيزوليتي : خاص بالعَصر الحجريّ الأوسط

mesolitic rock (Geol.) صَخر مُتَعادِل

meson (Phys.) مِيزُون : جُسَيم إلكترونيّ

mesosphere (Meteor.) مِزوسفير · الغِلافُ الجوي المتوسط : بين الستراتوسفير (٤٠٠ كلم) والأيونوسفير (١٠٠٠ كلم)

mesothermal deposits (Geol.) قَراراتٌ مُتَوسِّطةُ الحرارة

Mesozoic era (Geol.) الدَّهرُ الوَسيط · حُقَبُ الحياة الوُسْطى

meta (Chem.) مِيتا : مُشتَقٌّ بنزيني بمُبادَلة الهيدروجين في ذرَّتي الكربون الأولى والثالثة في حلقة جُزيء البنزين

metabolism (Biol.) أَيْض · تفاعُلٌ حَيَويّ

metachromatic (or **metachromic**) (*adj.*) مُتبدِّلُ اللَّون · مُختلِفُ الأصطِباغ

metal (*n.*) فِلِزّ · مَعدِن

(Civ. Eng.) حِجارةُ رَصْف

metal-arc welding (Eng.) اللِّحام بالقوس المعدني

metal brazing (Eng.) لِحامٌ بالغمسِ في مَعدِنٍ مَصهور

metalcraft (*n.*) حِرفَةُ المعادن · عِدانة

metal deactivator (Pet. Eng.) مُخمِّد الفاعلية المَعدِنية : إضافة عُضوية تمنع المحتَويات المَعدِنية في البنزين من تكوين الترَسُّبات الصمغية

metal detector (Eng.) مِكشاف المعادن

metal drawing oil (Eng.) زيت سَحبِ المعادن

metal failure (Eng.) قُصورُ المعدِن • تداعِي المعدن

metal fatigue (Eng.) كَلالٌ مَعدِني • كلالُ المعادن

metal float عَوّامة مَعدِنية

metal foil رَقيقةٌ مَعدِنيَّة

metal gauge مُحدِّد قياسٍ معدني • مانومتر لا سائلي

metal lathing (Civ. Eng.) شَبَكة معدنية (تُمَدُّ تحتَ المِلاط)

metalled road (Civ. Eng.) طريق مرصوفة أو مُعبَّدة

metallic (*adj.*) فِلزّي • مَعدِنيّ

metal(lic)-arc welding (Eng.) اللّحام بالقوس المَعدِني

metallic coating طَلْيَة مَعدِنيَّة

metallic crystals (Met.) بلّوراتٌ مَعدِنية

metallic element (Chem.) فِلز • عُنصرٌ مَعدِنيّ

metallic lustre (Min.) بَريقٌ فِلزّي

metallic-arc welding

metal spraying

metallic naphthenates (Pet. Eng.) النفثينات الفلزية

metallic oxide (Chem.) أكسيد معدني

metallic packing تغليفٌ مَعدِني • حَشْوٌ مَعدِني

metallic soap (Chem. Eng.) صابونٌ مَعدِني

metallic tape (Surv.) شريط (قياس) معدني

metalliferous ores (Mining) خامات فِلزِيَّة • خامات حاوية للمَعادن

metalliferous veins (Geol.) عُروقٌ معدنية

metalling (Civ. Eng.) سَطحُ الطريق المرصوف – حَصباء الرصف

metallization (Chem. Eng.) مَعْدَنَة : طَلْيٌ أو إشرابٌ بالمعدن • تمعدُن

metallize (*v.*) مَعْدَنَ: طَلَى أو أشْرَبَ بالمعدن

metallizing (*n.*) مَعْدَنَة • طِلاءٌ مَعدِنيٌّ بالرَّش

metallography (Met.) ميتالوغرافيا : دراسةُ التركيب المعدني (بالمِجْهَر أو بأشِعةِ إكْس)

metalloid (*n.*) (Chem.) شِبهُ فِلز • عنصر ذو خصائصَ فلزّيةٍ ولا فلزّية

(*adj.*) فِلزّاني : شبيه بالفلزات

metallurgical (*adj.*) (Chem. Eng.) مِيتالورجي • عِدانيّ : خاصٌّ بعِلم المعادن (الميتالورجية)

metallurgical chemistry كيمياءُ المعادن

metallurgist (*n.*) عالِمٌ بالمعادن

metallurgy (Chem. Eng.) الميتالورجية • عِدانة • عِلمُ المعادن : عِلمُ استخراج المعادن من خاماتها وتنقيتها أو مَزجها سَبائك

metalorganic compound (Chem.) مُرَكَّب فِلزّي عُضوي : يتألف من عنصر فِلزّي وشِقٍّ عضوي

metal plating طِلاءٌ مَعدِني – طَلْيٌ بالمعادن

metal refining (Met.) تَنقيةُ المعادن

metal screw (Eng.) مِسمارُ مَعادن مُلَولَب

metal shavings بُشارَة معدنية

metal sheathing غِلافٌ أو تغليفٌ مَعدِني

metal spraying الرَّشُّ بالمعادن : المَعدنةُ بالرشّ

metal strip خُوصَة معدنية • شَريحة مَعدِنية

metal surface سطحٌ مَعدِني

metal turner (Eng.) خَرّاطُ معادن

metalworking (Eng.) صُنعُ الأدوات المعدنية

metamorphic (*adj.*) تَحَوُّليّ • مُتحوِّلُ الشكل • مُتَحَوِّل

metamorphic aureole (Geol.) هالَةُ التحوُّل • نِطاقُ التحوُّل

metamorphic petrology (Geol.) عِلمُ الصُّخور المُتَحَوِّلة

metamorphic rocks (Geol.) صُخورٌ مُتحوِّلَة

bi-rotor meters

metamorphic water (Geol.) ماء التحوُّل : الناتج عن عملية تحوُّل الصُّخور

metamorphic zone (Geol.) مِنطقة مُتحوِّلة

metamorphism (Geol.) تحوُّل (الصخور)

metamorphosis (Biol., Geol.) تَحوُّل • استِحالة • تَبدُّل الشكل

metapepsis = regional metamorphism (Geol.) تحوُّل إقليمي

metaphosphoric acid حامضُ الميتافُسفوريك

metascope (Phys.) مِيتاسكوب : جهازُ تحويلِ الأشِعَّة دون الحَمراء إلى إشارات مَرئيَّة

metasedimentary rocks (Geol.) الصخور الما بَعْد الرُّسوبيـة : الصخور المتحوِّلة ذوات الأصل الرسوبي

metasomatism = metasomatosis (Geol.) تَحْوال : تحوُّل صخريٌّ مَعدني (بالإحلال الكيميائي)

metastable (Chem.) شِبهُ مُستَقِر • ظاهريُّ الاستقرار

(Phys.) مُؤقَّتُ الاستِقرار

metathesis = double replacement

(Chem. Eng.) التبادُل المُزدَوِج • تفاعُلٌ كِيماويٌّ مُزدَوِجُ التبادُل

metaxylene (Chem.) ميتازايلين

meteor (*n.*) نَيْزَك • شِهاب • ظاهِرة جَوِّية

meteoric water (Meteor.) ماء جَوِّيّ : من بخار الماء في الجو

meteorite (Min., Geol.) رَجْم • حَجَر نَيزَكِيّ

meteorograph (Meteor.) مِنوأة • مِرصَدَة (لتسجيل الظواهر الجوِّية)

meteorography (Meteor.) المِيتيُوروغرافية • عِلمُ الظّواهِر الجوِّية

meteorological conditions الأحوالُ الجوِّية

meteorological instruments (Meteor.) آلاتُ الرَّصدِ الجوّي

meteorological station مَحطةُ أرصاد جوِّية

meteorology (*n.*) المِيتيُورولوجية • علمُ الأرصاد الجوِّية

meter (or **metre**) مِتر : ١٠٠ سنتيمتر (يعادل ٣٩،٣٧ إنشاً)

(*n.*) (Eng.) مِتر – عَدّاد • جِهازُ قياس

meter (*v.*) قاسَ • عايَرَ

meterage (*n.*) قِياس – أُجرةُ قياس

meter, bi-rotor عَدّادٌ ثُنائيُّ الدوّار

meter, differential pressure (Hyd. Eng.) مِقياسُ الضَّغطِ الفَرْقيّ : لِبيانِ مُعَدَّلِ تَدَفُّقِ السّائل

meter, electric (Elec. Eng.) عَدّادٌ كَهْرَبائيّ

meter, gas (Eng.) عَدّادُ الغاز

meter, gravity (Phys.) مِقياسُ الجاذِبيَّة

metering (*n.*) قِياسٌ (بالعَدّاد) • مُعايَرة

metering nozzle (or **jet**) مِنفَثُ مُعايَرَة • مِنفَثٌ عَدّاد

metering orifice (Eng.) فُتْحَةُ مُعايَرَة

metering pin (Eng.) إبْرَةُ مُعايَرَة

metering pump مِضَخَّةُ مُعايَرة • مِضَخَّةٌ عَدّادة

metering valve صِمامُ مُعايَرة

meter loss (Elec. Eng.) الفَقْدُ الطّاقِيُّ في العَدّاد

meter oil زيتُ العَدّادات

meter, positive displacement (Hyd. Eng.) مِقياسُ الإزاحَةِ المُوجَبَة : لِمَعرِفَةِ مُعَدَّلِ تَدَفُّقِ السّائل

meter prover (Eng.) مُعايِرُ العَدّادات

meter prover tank خَزّانُ مُعايَرَةِ عَدّادِ الحَجْم

meter reading قِراءَةُ المِقياسِ أو العَدّاد : ما يُسَجِّلُهُ المِقياسُ أو العَدّاد

methane (Chem.) المِيثان • غازُ المُستَنْقَعات

methanecarboxylic acid = **acetic acid** (Chem.) حامِض الأستيك • حامض ميثان الكربوكسيليك

methane series (Chem.) سِلسلة المِيثان

methanethiol = **methyl mercaptan** (Chem.) ثِيُول المِيثان • مَركَبْتان المِثيل

methanol (Chem.) مِيثانُول : كُحُول مِثيليّ

methanometer (Mining) مِيثانُومِتر : مقياس المِيثان (في جوّ المناجم)

methene = **methylene** (Chem.) مِيثيلين • مِيثين

method (*n.*) طريقة • أُسلوب • نَهْج • نِظام

methodic(al) (*adj.*) مَنْهَجِيّ • نِظاميّ • مُنْتَظَم

method of calibration (Eng.) نَسَقُ المُعايرة • طريقةُ التدريج

method of operation (Eng.) طريقةُ التشغيل

methodology مَنْهَجِيَّة

methyl (Chem.) شِقّ المِثيل : الأحاديُّ التكافؤ

methylacetic acid = **propionic acid** (Chem.) حامض مِثيل الأستيك • حامض البروپيُونيك

methyl alcohol = **methanol** (or **wood alcohol**) (Chem.) كُحُول المِثيل • روحُ الخشب

methylate (*v.*) (Chem.) مَثْيَلَ : مزجَ أو أشبع بالكُحول المِثيلي

methylated spirit (Chem.) رُوح المِثيل • كُحُولُ المِثيل • كُحُولٌ مُمَثْيَل : كُحُولٌ أثيلي مَمزوجٌ بكُحول المِثيل السام

methyl benzene = **toluene** (Chem.) بنزين مِثيلي • تولوِين

methyl chloride = **chloromethane** (Chem.) كلوريد المِثيل

methyl cyclo-pentane پِنْتان المِثيل الحَلْقي • سَيكلوپِنْتان المِثيل

methylene (Chem.) مِيثيلين

methylene blue (Chem.) أزرقُ المِيثيلين

methylene chloride كلوريد المِيثيلين

methylene dichloride = **methylene chloride** (Chem.) ثاني كلوريد المِيثيلين

methyl ether (Chem.) أثير المِثيل

methyl ethyl ketone (Chem.) كِيتُون اثيلي مِثيلي

methyl green (Chem.) أخضرُ المِثيل

methyl group (Chem.) مَجموعةُ المِثيل

methyl orange (Chem.) بُرتقاليُّ المِثيل

methyl pentane (Chem.) پِنْتان مِثيلي

methyl styrene (Chem.) ستايرين مِثيلي

metre = **meter** (*n.*) مِتر

metre candle مِتر شَمْعة : وَحْدَةُ إضاءة (لَكْس)

metre-kilogram-second system of units (Phys., Eng.) نِظامُ وَحَداتِ المِتر كيلوغرام ثانية

metric (*adj.*) مِتريّ – منسوب الى المِتْر أو إلى النظام المِتريّ

metric calorie (Phys.) سُعْر • كالُوري : ما يكفي من الحرارة لرفع درجة حرارة غرام من الماء درجة مئوية واحدة

metric horsepower (Phys.) قُوَّة حِصانية مِترية : ٧٥ كلغم متر في الثانية

metric measure قِياسٌ مِتريّ

metric screw-thread (Eng.) سِنُّ لَوْلَبٍ مِتريّ (مَقيسٌ بالمليمترات)

metric system (Phys., Eng.) النِّظامُ المتري

metric ton (Eng.) طُنّ متري : ١٠٠٠ كلغم

metrology (Eng., Phys.) علمُ القياس

metronome (Phys.) مِسْرَع • بَنْدُول إيقاع

metropolitan (*adj.*) عاصِميّ • حاضِريّ

mev (**million electron volts**) (Phys.) مليون الكترون ڤلط

meter prover

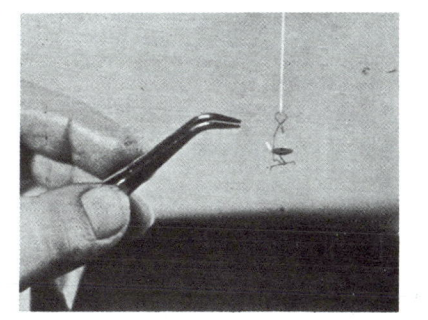

Mg (**magnesium**) (Chem.) مغ : الرمزُ الكيماويُّ لعنصر المغنيسيوم

M.G.D. (**million gallons per day**) مليون غالون يومياً

mho (Elec. Eng.) موء (معكوس الأوم) : وَحدة مُواصَلة • سِيمِنز

miarolitic rock (Geol.) صَخر غرانيتي مُنَخْرَب

mica (Min.) مَيْكا • بَلَق

micaceous (*adj.*) بَلَقيّ • مِيكائي • حاوٍ المَيْكا

micaceous sandstone حجر رَملي مِيكائي

micanite (Elec. Eng.) مَيكانيت : عازلٌ من صفائح المَيْكا واللّك

mica-schist (Geol.) شِسْت ميكائي أو بَلَقي

mica-slate (Geol.) أردُواز ميكائي أو بَلَقي

micelle (Chem. Eng.) جُزَيْءٌ أو أيُونٌ غَرَوِيّ

micro- (Eng.) مِيكرو : بادئة بمعنى دقيق جدًّا • مِجهري

(Phys.) مَيكرو : جزء من مِليون

micro-ampere (Elec. Eng.) ميكرو أمپير : جزء من مليون من الأمپير

microanalysis تحليلٌ مِجهريٌّ دقيق

microanalytical reagent (Chem.) كاشِف (يَصْلُح) للتحليلات الدقيقة

micro-balance (Phys.) مِيزانٌ دقيق (لما دُونَ المليغرام)

quartz-fiber microbalance

MIC
276

microballoons (Hyd. Eng.)	كُرَيّات بالونيّة دقيقة : فُقّاعات راتينجية دقيقة تغطي سطح السائل المخزون لمنع تبخره
microbar (Phys.)	مِيكروبار : وَحدةُ ضغطٍ مقدارها داين للسم٢
microbarograph (Meteor.)	ميكروبارُوغراف : مرسمةُ التغيّرات الدقيقة للضغط الجوّيّ
microbe	مِيكروب ، جُرثومة ، حُيَيّ
microbiology (Biol.)	علمُ الأحياء المجهريّة
microbreccia (Geol.)	بَرِيشة مجهريّة
microcaliper (Eng.)	قَدَمة دقيقة ، فِرجارُ سُمْكٍ دقيق (Pet. Eng.) مقياس القُطر الداخلي للبئر
microcaliper log (Pet. Eng.)	سِجل قياس القُطر الداخلي للبئر
microcalorimeter (Phys.)	مِسعَر دقيق
microcellular (adj.)	دقيق الخلايا
microchemical analysis (Chem. Eng.)	تحليل كيميائي دقيق
microchemical test (Chem. Eng.)	فَحصٌ كيميائي دقيق
microchemistry	الكيمياءُ الدقيقة ، الكيمياء المجهريّة
microclastic (adj.)	دَقيقُ الفُتات
microcline (Geol.)	مَيكروكلَين : مَعدِنٌ مُتبلِّرٌ من سليكات البوتاسيوم والألومنيوم
micro-cone penetration test (Pet. Eng.)	اختبار الاختراقية بالمَخروط الدقيق : لقياس القَوام الشحميّ
microcrystalline (adj.)	دقيقُ التبلوُر ، مجهَريُّ البَلّورات
microcrystalline wax (Pet. Eng.)	شمع دقيق التبلور : شمع بترولي عالي درجة الذوبان
microfacies (Geol.)	سِحْنَة مجهريَّة
microfauna (Geol.)	حيواناتُ الأحافير المجهريّةِ
microfibre grease (Pet. Eng.)	شَحم دقيق الألياف
microfiltration (or ultrafiltration) (Chem. Eng.)	الترشيحُ الدقيق : بالانتشار الغشائي المُعزَّز بالضغط
microfossils (Geol.)	أحافير دقيقة (أو مجهريّة)
microgram	ميكروغرام : جزء من مليون من الغرام
micrograniteucharist (Geol.)	غرانيت مجهري : دقيق الحُبيبات
microgranular (adj.)	حُبَيبيّ مجهريّ
micrographic texture (Geol.)	بنية صخريّة مجهريّة التداخُل البلّوري
micrography	الميكروغرافية ، الدرس أو الوصف المجهريّ
microlaterolog (Pet. Eng.)	مقياس دقيق لمُقاومّية الحَفر
microlite (Geol.)	ميكروليت ، بُلَيْرة : بلّورة دقيقة
micrometer (Eng.)	ميكرومتر ، مِضغَر : آلةُ قياسٍ دقيقة
= micrometer calipers	ميكرومتر فَكّي
micrometer cal(l)ipers	ميكرومتر فَكّيّ ، مسماكٌ مضغَريّ
micrometer depth gauge (Eng.)	مُحدّدُ قياسٍ ميكرومتري للعمق
micrometer gauge (Eng.)	محدد قياس ميكرومتري
micrometer screw (Eng.)	لَولبُ الميكرومتر ، لولب ميكرومتري
micrometry	القياسُ الميكرومتري : قياس الأبعاد الدقيقة
micron (Phys.)	مَيكرون : جزء من مليون من المتر (يساوي ١٠ آلاف أنجستروم)
micro-organism (Biol.)	حُيَيّ مجهريّ
micropaleontology	علم الإحاثَة المجهرية ، علم الحَفريّات الدقيقة
microphone	ميكروفون ، مِجهار
microplankton (Biol.)	العوالقُ الدقيقة أو المجهرية
micropore (n.)	ثقب دقيق ، خرق مجهري
microporosity (n.)	المَساميّة المجهَرية ، المسامية الدقيقة
microscope	ميكروسكوب ، مِجهَر
microscope, electronic	مِجهَرٌ إلكتروني
microscopic (adj.)	ميكروسكوبيّ ، مجهَريّ
microscopic examination	فحصٌ مجهريّ ، اختبارٌ ميكروسكوبي
microsecond	مَيكروثانية : جزء من مليون من الثانية
microseism (Geol.)	هَزّة أرضية خفيفة ، رَجفَة دقيقة : زلزال خفيف جدًّا
micro-seismograph (Geol.)	مرجفة دقيقة ، مرسَمة دقيقة للزَّلازل
micro-spectroscope	مِطياف (سپكتروسكوب) دقيق

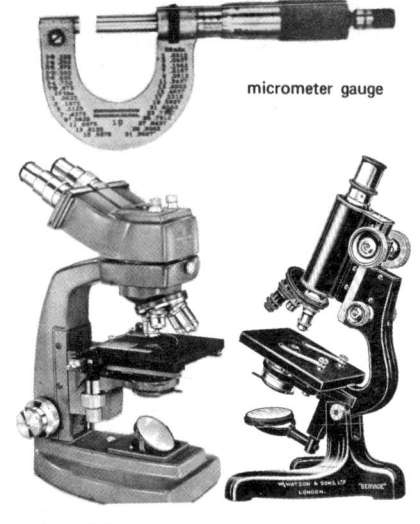

micrometer gauge

microscopes

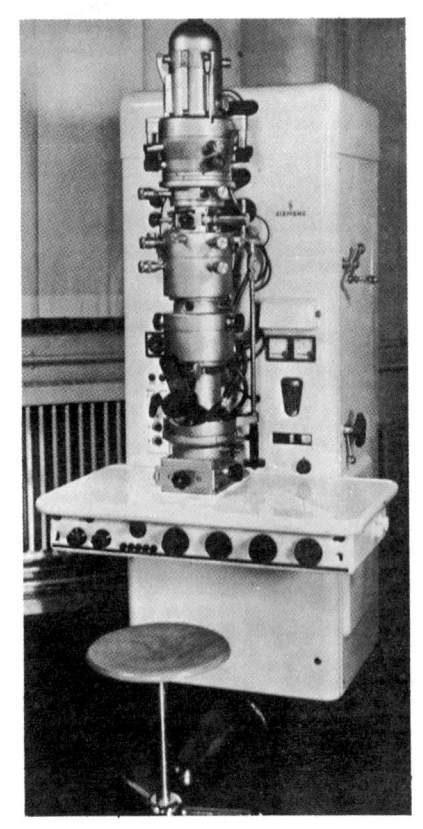

electronic microscope

microscopic examination of rock cuttings

microspheroidal cracking catalyst (Pet. Eng.) حافزُ تكسير دقيق الكُرَيَّات
microspherulitic (*adj.*) (Geol.) ذو كُرَيَّات مِجهريَّة • دقيق الكريَّات
microstructural changes تغيُّرات في البِنية المجهريَّة
microstructure بِنْيَةٌ دقيقة أو مِجهريَّة
microvolt (Elec. Eng.) ميكروفُلْط : جزء من مليون من الفلط
microwatt (Elec. Eng.) ميكروواط : جُزء من مليون من الواط
microwaves (Phys.) أمواج دقيقةٌ (من ١ ملم الى ٣٠ سم)
mid (*adj.*) نِصف • مُنتَصَف • وَسَط • أوسَط
mid boiling point (Chem. Eng.) نُقطه الغليان المتوسِّطة
Mid-continent (Pet. Eng.) وَسَطُ القارَّة : منطقة انتاج النفط وتكريره في الولايات المتحدة
middle (*n.*) وَسَط • مُنتَصَف
(*adj.*) وَسَط • أوسَط
middle distillates (Pet. Eng.) قُطارات وُسطى
middle gear (or **mid gear**) (Eng.) التُّرسُ الأوسط
middle lap joint وُصْلَة تراكُبٍ وَسَطيَّة
middleman (*n.*) وَسيط • سِمسار
(Pet. Eng.) طبقة وَسيطة عقيمة : بين طبقتين مُنتِجَتين
middle oils (Chem. Eng.) زيوتٌ مُتَوسِّطة (درجةُ غليانها بين ٢١٠° و ٢٤٠° سنتيغراد)
middle post = king-post قائمٌ أوسَط • دِعامة رئيسية
middle sample عَيِّنة وُسطى
middling (*adj.*) مُتوسِّط • مُعتَدِل • عاديّ
(*n.*) سِلْعَة متوسِّطة (الحَجم أو الجُودة)
midget (*adj.*) قَزَميّ • صغيرٌ جدًّا
(*n.*) قَزم – شيء أصغرُ من المألوف
midget receiver (Elec. Eng.) جهازُ استِقبال صغير
midpoint نُقطةُ الوسَط
mid position وَضْعٌ وَسَطيّ • موضِعٌ وَسَط
midspan (Civ. Eng.) مُنتَصَفُ الباع : النقطة المتوسِّطة بين رَكيزَتي العَتَبة
mid-way (*adj.*) مُتوسِّط • في مُنتصف الطريق
migma (Geol.) صُهارة صخرية • قِطرٌ صخري : مزيج دقيق من الصخر والصُّهارة
migrate (*v.*) هاجَرَ • إرتَحَل
migration (*n.*) هِجرة • إرتحال • نُزوح
migration constant (Chem. Eng.) ثابتُ الارتِحال
migration, lateral (Pet. Eng.) ارتِحالٌ جانبيّ
migration of ions (Chem. Eng.) إرتِحالُ الأيونات
migration of oil (Pet. Eng.) إرتِحال الزيت: إنتقال الزيت عبر الطبقات الأرضية
migration, parallel (Pet. Eng.) إرتِحال مُوازٍ (لِمُستوَى التطَبُّق)
migration, vertical (Pet. Eng.) إرتِحال عَموديّ : عَبر الطبقات الحامِلة
mil (Eng.) مِلْ • جُزء من ألف من الإنش – مِلٌّ زاويّ : حوالى جزء من ١٨ من الدَّرجة (٦٤٠٠ مِل زاوي تساوي ٣٦٠ درجة)
mil-cal (Pet. Eng.) مِلْكال : طين حَفر يحوي أسيتات الكالسيوم
mil, circular (Phys., Eng.) مِلٌ دائري : وَحْدَةُ مِساحة (لقياس مَقطَع الأسلاك) تُساوي مِساحة دائرةٍ قُطرها جُزء من ألف من البوصة
mild (*adj.*) لَطيف • مُعتَدِل
mild clay = loam (Civ. Eng.) طَفال رَمْليّ
mild conditions ظُروف هيِّنة
mildew (Biol.) عَفَنٌ فُطريّ
mild steel (Met.) فولاذٌ طَريّ
mile (*n.*) ميل : ١٧٦٠ ياردة (يعادل ١٦٠٩،٣٥ مترًا)
mileage = milage المسافةُ بالأميال – الأجرة للميل الواحد
mileage table جَدولُ المسافات بالأميال
mile, geographical مِيلٌ جُغرافي : طولُ دقيقةٍ عَرْضية عند خط الاستواء (٦٠٨٠ قدماً)
mile, nautical مِيلٌ بَحري (٦٠٨٠،٢ قدماً ، ١٨٥٢ مترًا)
mile per hour (m.p.h.) مِيلٌ في الساعة
milepost مَعْلَمٌ مِيليّ • صُوَّة مِيليَّة
miles per gallon (m.p.g.) ميل بالغالون الواحد
mile, statute المِيل التشريعي (٥٢٨٠ قدماً)
milestone (*n.*) مَعْلَم • صُوَّة
(*v.*) علَّم • حدَّدَ بصُوَّةٍ أو مَعلم
milk of lime (Chem.) لَبَنُ الجير
milky (*adj.*) لَبَنيّ
mill (*n.*) (Eng.) طاحُونة – مَصْنَع – مِقطَعُ تفريز – مُدَلْفِنَة
(*v.*) طَحَنَ – فرَزَ – دَلْفَنَ
millboard (paper) كَرتون • وَرَقٌ مُقوّى
milled (Eng.) مُفرَّز • مُخرَّش
milled-joint cover (Eng.) غِطاء بتوصيلةٍ مفرَّزة
milled nut (Eng.) صَمولة مُفرَّزة أو مُخرَّشة
miller (*n.*) فرَّازة – عامِلُ تفريز
millerite (Min.) ميليريت : كِبريتيد النِكل
millet-seed sand (Geol.) رَمل جاوَرسيّ : رمل صحراوي مُحبَّب مُستدير
mill-finished (*adj.*) مُنجَزٌ بالمَكنات
milli- مِلي : بادئة بمعنى جُزء من ألف
milliammeter (Elec. Eng.) مِلي أمِّيتر : مقياس للتيَّار مُدرَّج بالمِلي أمبير
milli-ampere (Elec. Eng.) مِلي أمبير
millibar (Meteor.) مِلي بار : وَحدةُ ضغطٍ تساوي ألف داين على السم²
millidarcy (Phys.) مِلّي دارْسي: وحدةالنفاذيَّة
milligram مِليغرام : جزء من ألف من الغرام
millilambert (Phys.) مِلي لامبِرت : وَحدة نُصوع تساوي جزءًا من ألف من اللامبرت
millilitre مِلِلتر : سنتيمتر مُكعَّب
millimetre مِليمتر : جزء من ألف من المتر
millimho-meter (Elec. Eng.) مِلي موءمتر : مقياس المُواصَلة بالمِلي موء
millimicron مِليميكرون : جزء من ألف مليون من المتر
milling (*n.*) تفريز – طَحْن • سَحْن
milling angle (Eng.) زاويةُ التَّفريز
milling machine (Eng.) مَكَنة تفريز
milling tool (Eng.) عُدَّة تفريز • فرَّازة
millionth (*n.*) جزءٌ من مليون
(*adj.*) المِليون (من حيثُ الترتيب العددي)
milliroentgen (Phys.) مِلي رُونتجن : وَحدةُ إشعاع
millisecond مِلي ثانية: جُزءمنألفمنالثانية
mill rolls = mill train (Eng.) أسطوانات (مَكنةِ) الدَّلفَنة
millstone حَجرُ الرَّحى
millwright (Eng.) ميكانيكي آلات
mimeograph (*n.*) ناسِخَة • آلةٌ ناسخة • (مِميُوغراف)
(*v.*) نَسَخَ (بالمِميوغراف)
mimic (*v.*) قلَّد • حاكى
(*adj.*) تَقليدي
mincing machine فرَّامة • هرَّامة
mine (*n.*) مَنْجَم – الخام المُعدِّن – لَغمٌ • لُغم
(*v.*) عَدَّن – لَغَم
mine arch (Mining) قَنطرةُ مَنجَم
mine cooling (Civ. Eng.) تبريدُ المَنجَم
mine district (Mining) منطقةُ مناجم
mine drainage (Civ. Eng.) تصريفُ مياهِ المَنجم

mine engineer (Mining) مُهندِسُ مَناجِم
mine foreman رئيسُ عمّال المنجَم
mine hoist (Eng.) مِرفاعُ خامات (المنجَم)
mine passage (Mining) سَرَب
miner عامِلُ المنجم • مُعَدِّن ــ مَكِنةُ تعدين
mineral (*n.*) مَعْدِن • مادة مُعدَّنة
(*adj.*) مَعْدِنيّ
mineral acid (Chem.) حامِضٌ مَعدني : غيرُ عُضوي
mineral aggregate (Min.) خِلْط معدني
mineral alkali (Chem.) قِلْيٌ مَعدِني : إسم قديمٌ لكَربونات الصوديوم
mineral analysis (Chem. Eng.) تَحليلٌ مَعدِنيّ (غيرُ عُضوي)
mineral caoutchouc = elaterite (Min.) مَطّاطٌ مَعدِنيّ (إسفلتيّ) • الإلاتِريت
mineral coal (Min.) فَحمٌ حَجَري
mineral colza (Chem.Eng.) زيت السَّلجَم المعدني : بَديلٌ بترولي لزيت السَّلجم
mineral compound (Chem. Eng.) مُرَكَّب مَعدِني (غيرُ عُضويّ)
mineral contents (Min.) المُحتوَيات المعدنية
mineral deposit (Geol.) قَرارة مَعدِنية • راسِب مَعدِنيّ
mineral enrichment (Geol.) إغناءٌ معدِني
mineral fat (Pet. Eng.) دُهن معدني • فازلين • بِترولاتوم
mineral filler (Eng.) حَشوة معدنية
mineral flax (Chem. Eng.) كَتّان مَعدِني (نوع من الاسبستوس)
mineral fuel (Chem. Eng.) وَقودٌ مَعدِني (غيرُ عضوي)
mineral glycerine (Pet. Eng.) غليسيرين معدنيّ
mineral inclusions (Geol.) مُكتَنَفات معدنية
mineralization (*n.*) تَعدُّن • تَمَعْدُن • مَعدَنة
mineralize (*v.*) مَعْدَنَ • زَوَّدَ أو أشبع بمَوادَّ مَعدِنيَّة • حوَّل الى مادة معدنية
mineralized vein (Mining) سامَة : عِرقٌ معدني
mineral jelly (Min.) هُلامٌ معدني • فازلين
mineral kingdom عالَمُ الجَماد
mineral lease إجارة تعدين
mineral lubricant (Chem. Eng.) مُزلِّق معدني
mineral naphtha (Min.) نَفطٌ مَعدِني
mineralogical (*adj.*) خاصٌّ بعِلم المعادن
mineralogist (*n.*) خَبيرٌ بعِلم المعادن
mineralogy (*n.*) عِدانة • عِلمُ المعادن • المينيرالوجية
mineraloid (Min.) شِبهُ مَعدن

miner's lamps

mining coal

mineral oil (Chem. Eng.) زَيتٌ معدني ــ نِفط
mineral ore (Min.) خام معدني
mineral pitch (Pet. Eng.) اسفلت طبيعي • قار مَعدنيّ
mineral product (Min.) مُنتَج مَعدِني
mineral resin (Chem. Eng.) راتينجٌ معدني
mineral resources (Min.) ثروة أو مَوارِدُ معدنية
mineral seal oil (Pet. Eng.) زيت الفُقمة المعدني : مُقتَطَع بترولي بين الكيروسين والسولار
mineral spirits = mineral turpentine (Pet. Eng.) تِربِنتين معدني
mineral spring (Geol.) يَنبوع معدني : ذو مياه معدنية
mineral tar (Pet. Eng.) قَطِرانٌ معدنيّ
mineral theory (Pet. Eng.) النظريةالمعدنية: في أصل النفط
mineral turpentine = petroleum spirits (Pet. Eng.) تِربِنتين معدني
mineral vein (Geol.) عِرق معدني • سامَة
mineral water ماء معدني
mineral wax = ozokerite (Min.) شَمع مَعدِني • أُوزوكِريت
mineral wealth ثَروة معدنية
mineral wool = slag wool (Min.) صوفٌ معدني : عازلٌ للحرارة والصوت
miner, continuous (Mining) مَكِنَة تَعدينٍ مُتواصل
mine refuse (Mining) نُفاياتُ المناجم
mine returns عائداتُ المنجم
minerogenesis (Geol.) نُشوء المعادن • تكَوُّنُ المواد المعدنية
miner's lamp (Mining) مِصباحُ المُعَدِّنين • مِصباحُ مَناجم
miner's oil (Pet. Eng.) زيت المُعَدِّنين : زيت بترولي قريب من السولار

miner's shovel (Mining) مِجْرَفَةُ تَعدين
mine run (Mining) فَحمٌ مُعَدَّنٌ دونَ تَنقية
minery مِنطقةُ مناجم • مِنطقةُ تعدين
mine shaft (Eng.) مَهواةُ المنجم
mine worker عامِلُ مَناجم
mingle (*v.*) مَزَجَ • خَلَطَ • امتَزَجَ • اختلط
miniature (*adj.*) مُصغَّر • مُنَمنَم • صغير جدًّا
(*n.*) نَموذجٌ مُصغَّر جدًّا
minimal (*adj.*) أدنى • مُتعلِّق بالحَدِّ الأدنى
minimize (*v.*) خَفَّضَ الى الحدِّ الأدنى
minimum (*adj.*) الأدنى • الأصغر
(*n.*) **الحَدُّ الأدنى • النِّهايةُ الصُّغرى**
minimum allowable wall thickness ثُخانةُ الجدران الدنيا المسموح بها
minimum blowing current (Elec. Eng.) تَيارُ صَهرِ الفاصِمَة الأدنى
minimum boiling point (Phys.) نُقطةُ الغَلَيان الدُّنيا
minimum fusing current (Elec. Eng.) تَيّارُ الصَّهرِ الأدنى
minimum output (Eng.) الانتاجُ الأدنى • الخَرْجُ الأدنى
minimum range المَدَى الأدنى
minimum scale reading (Eng.) القِراءةُ الدُّنيا للمِقياس
minimum specifications مُواصَفاتُ الحَدِّ الأدنى
minimum temperature (Phys.) درجة الحَرارة الدُّنيا
minimum value القيمةُ الصُّغرى
minimum wage الأجرُ الأدنى
minimum water level (Hyd. Eng.) مَنسوبُ المياه الأدنى
mining (*n.*) تَعدين • صِناعةُ التَّعدين ــ زَرعُ الألغام

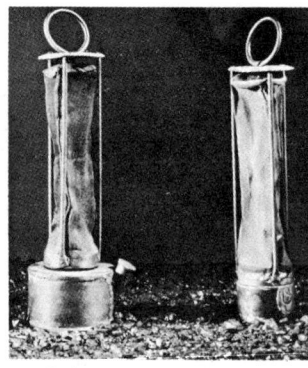

mining centre (Mining) مركز تعدين
mining company شركة تعدين
mining engineer مهندس مناجم
mining field (Mining) حقل تعدين
mining geology جيولوجية التعدين
mining industry صناعة التعدين
mining method (Mining) طريقة التعدين
mining set عقد إيجار تعديني
ministry of petroleum and mineral resources وزارة النفط والثروة المعدنية
minium (Chem.) إسرنج • مينيوم : أكسيد الرصاص الأحمر
minor (*adj.*) ثانوي • غير هام ـ أصغر
(*n.*) قاصر
minor accidents حوادث طفيفة
minor elements (Mining) عناصر ثانوية
minor intrusions إندساسات صخرية صغيرة
minority أقلية
minor mineral (Mining) معدن ثانوي
minor repairs إصلاحات طفيفة
minus ناقص ـ سلبي ـ إلاّ • علامة ناقص (−)
minute (*n.*) دقيقة : جزء من ستين من الساعة أو جزء من ستين من الدرجة
(*adj.*) دقيق • صغير جداً
minute hand عقرب الدقائق
minutely (*adv.*) بدقة ـ كل دقيقة
minutes of a meeting محضر اجتماع
Miocene (period) (Geol.) عصر الميوسين • العصر الحديث الوسيط
Miocene system (Geol.) نظام الميوسين : صخور العصر الحديث الوسيط
miogeosyncline (Geol.) تقعر إقليمي أدنى
Mipolam (Chem. Eng.) ميبولام : نوع من البلاستيك لا يحترق ولا يتأثر بالحوامض
mirabilite = Glauber salt (Min.) ملح «غلوبر» : كبريتات الصوديوم المائية
mirage (Meteor.) سراب
miramant (Met.) ميرامنت: سبيكة من التنغستن والموليبدنوم لصنع آلات القطع
mirbane oil = nitrobenzene (Chem. Eng.) نتريت البنزين
mire (*n.*) وحل • طين • حمأة • طمي
mirror finish طلية نهائية صقيلة
mirror galvanometer غلفانومتر مرآوي
misalignment (*n.*) خطأ التراصف • إختلاف المحاذاة
misalignment of shafts (Civ. Eng.) اختلاف تحاذي الأعمدة

misapplication (*n.*) إساءة التطبيق • سوء الاستعمال
miscalculate (*v.*) أخطأ التقدير
miscalculation (*n.*) خطأ التقدير • خطأ حسابي
miscellaneous (*adj.*) متنوع
miscibility (*n.*) (Chem. Eng.) إمتزاجية • خلوطية • قابلية الامتزاج
miscibility gap (Chem. Eng.) ثغرة اللا تمازج
miscible (*adj.*) خلوط • قابل للامتزاج
miscible displacement = miscible drive (Pet. Eng.) إزاحة بالطور الخلوط : استعادة النفط من مكامنه بالمواد الخلوطة
miscible solvent (Chem. Eng.) مذيب خلوط
misclosure (*n.*) خلل القفل
misconduct (*n.*) سوء التصرف
(*v.*) أساء التصرف أو الإدارة
miser (Civ. Eng.) بريمة حفر • مثقاب كبير (للمناطق الرطبة)
misfeed (Eng.) إخفاق التغذية • إلقام مختل
misfire (*v.*) أخفق في الإشعال (أو الانطلاق)
(*n.*) = **misfiring** (Eng.) إخفاق الإشعال • فوت الاشتعال
misfit (*n.*) شيء سيء التطابق ـ لا توافق
misfit river (Geol.) نهر عاجز : يبدو ضئيلاً بالنسبة الى أبعاد واديه
mishandle (*v.*) أساء الاستعمال • أساء الادارة
mishap (*n.*) حادث مؤسف
misinterpret (*v.*) أساء التفسير
misjudge (*v.*) أخطأ الحكم أو التقدير
mislead (*v.*) ضلل • خدع
mismanage (*v.*) أساء الإدارة أو التدبير
mispickel = arsenopyrite (Chem.) بيريت الحديد الزرنيخي
misplace (*v.*) أخطأ الوضعة • وضع (الشيء) في غير موضعه
misprint (*n.*) خطأ مطبعي
(*v.*) أخطأ في الطبع
miss (*v.*) أخطأ ـ فقد
(*n.*) إخفاق • عدم إصابة
missile قذيفة • مقذوف • صاروخ
missile fuel (Eng.) وقود القذائف • وقود الصواريخ
missilry (*n.*) علم القذائف • قذافة
mission (*n.*) بعثة ـ مهمة
mist (*n.*) (Meteor.) ضباب • شابورة • شبورة
(*v.*) رذ : أمطر رذاذاً ـ غشى
mistime (*v.*) أساء التوقيت
mist lubrication (Eng.) تزليق رذي أو ذروري

mist preventive مانع التضبب
mist projector مرذاذ
mistuning (Elec. Eng.) خطأ الموالفة
misty (*adj.*) ضبابي • مضبب ـ غير جلي
misy (Min.) خام كبريتات الحديدوز الصفراوي
miter = mitre (*n.*) (Eng.) سطح مشطوب • زاوي (عادة بزاوية ٤٥°) ـ زاوية شطب بين سطحين
(*v.*) وصل سطحين مشطوبين (ليكونا بينهما زاوية قائمة)
mitigate (*v.*) خفف • لطف
mitre cut (Eng.) قطع مشطوب أو مائل
mitre joint (Eng.) وصلة مشطوبة (كما في قرنة برواز الصورة)
mitre valve (Eng.) صمام مخروطي
mitre weld (Eng.) لحام مائل
mitten (*n.*) قفاز راحي (بلا أصابع)
mix (*v.*) مزج • خلط • إمتزج • إختلط
(*n.*) مزيج • خليط
mixability = miscibility (Chem.) قابلية الامتزاج • إمتزاجية
mixable (*adj.*) خلوط • قابل للمزج أو الخلط
mixed (*adj.*) مختلط • ممزوج • مخلوط
mixed admission (Eng.) إدخال مختلط
mixed base crude oil (Pet. Eng.) نفط خام مختلط القاعدة (برافيني نفتاني)
mixed base grease (Pet. Eng.) شحم مختلط القاعدة
mixed-base oil (Pet. Eng.) زيت مختلط القاعدة
mixed crystals (Chem.) بلورات مختلطة
mixed number عدد كسري
mixed oxide (Chem. Eng.) اكسيد مختلط
mixed quantity كمية مختلطة (فيها أعداد صحيحة وكسرية)
mixer (*n.*) خلاط ـ خلاطة • جبالة (اسمنت)
(Met.) فرن خلط

mixer

MIX
280

mobile drilling rig

model of a drill ship

mixer, concrete (Civ. Eng.) خلاّطة الخرَسانة • جبّالة إسمنت

mixer driver عامِلُ الخلاّطة

mixing (*n.*) خَلْط • مَزْج • اختِلاط

(Geophys.) مَزْجُ الاستِجاباتِ السِّيزمُوغرافيّة

mixing chamber (Eng.) حُجرة مَزج

mixing drum (Eng.) خَلاّطة • أُسطوانةُ خَلْط

mixing formula (Chem. Eng.) صيغة الخَلْط

mixing mill خَلاّطة

mixing procedure (Chem. Eng.) طريقة الخَلْط

mixing ratio (Chem.) نسبة الخَلْط

mixing tank (Pet. Eng.) صِهريجُ المَزْج

mixing valve صِمامُ المَزْج

mixture (*n.*) مَزيج • خَليط • مَخلُوط

mixture, anti-freeze (Chem. Eng.) خليط مُقاوم للتجمُّد

mixture, anti-rusting (Chem. Eng.) خَليطٌ مُضادٌّ لِلصَّدَأ

mixture, binary (Chem.) مَزيج ثُنائي

mixture, cold (Chem.) مَزيجٌ بارِد

mixture, explosive (Chem.) مخلوط متفجِّر

mixture, fuel-air (Eng.) مَزيجُ الوَقود بالهواء

mixture, homogenous مخلوط مُتجانِس

mixture, lean (Eng.) مَزيجٌ فقيرٌ أو مُفتقِر

mixture, multicomponent (Chem.) مخلوط متعدِّد المُرَكَّبات

mixture ratio (Chem. Eng.) نِسبةُ المزيج • نسبةُ (مُقوِّماتِ) المَخلوط

mixture, rich (Eng.) مَزيجٌ غَنِيٌّ أو مُستَوفِر

mixture temperature دَرَجةُ حرارةِ المزيج

mixture, ternary (Chem.) مزيج ثُلاثي العَناصِر

mizzle (*n.*) رَذاذ • مَطرٌ خَفيف

(*v.*) رَذّ • أمطرَ(ت) رَذاذًا

M.K.S. (metre-kilogram-second) units وَحَداتُ المتر كيلوغرام ثانية

moat (*n.*) خندَق

(*v.*) خندقَ : حفَر خندقاً حول

mobile (*adj.*) نَقّالِيّ • مُتَنَقِّل • مُتَحَرِّك ـ سيّاب • رَجراج • غير لَزِج

mobile belt (Geol.) نِطاقٌ مُتحرِّك : من القشرة الأرضية

mobile crane (Eng.) مِرفاع نقّاليّ

mobile depot مُستودَع (مُعَدّاتٍ) نقّاليّ

mobile derrick platform مِنصَّة بُرجٍ نقّالة

mobile drilling platform (Pet. Eng.) مِنَصَّةُ حَفْرٍ نقّالية (أو متنقِّلة)

mobile drilling rig جهاز حفر نقّالي

mobile generating unit (Elec. Eng.) وَحْدَةُ تَوليدٍ نقاليَّة

mobile hoist (Civ. Eng.) مِرفاعٌ مُتَنَقِّل

mobile liquid سائلٌ رَجْراج : عالي السُّيوبة

mobile machine shop (Eng.) وَرْشَةُ مَكَناتٍ مُتَنَقِّلَة

mobile plant (Eng.) وَحدةٌ (صناعيّة) مُتنقِّلة

mobile service مَحطة مُتَنَقِّلة

mobile structure drill (Pet. Eng.) جِهازُ حَفر نقّالي : لِدِراسة التشكيلات

mobility (*n.*) تَنَقُّليّة • حَرَكيّة • تَحَرُّكيَّة ـ سُيُوبة

mobilometer (Pet. Eng.) مِسياب : جهاز لدراسة قَوام المستحضَرات اللزِجة

mobilwax (Pet. Eng.) شَمْعٌ بترولي • شَمْعُ النّفط

mock-up (*n.*) نَموذَجٌ مُصطَنَع : بالحَجم الطبيعي

mode (*n.*) شَكْل • أُسلوب • نَسق

(Geol.) نَمَط • التركيبُ المَعدِني الكَمِّي (للصخور)

model (*n.*) نَمُوذَج • مِثال

(*adj.*) نَمُوذَجي • مِثالي

(*v.*) صاغَ • إنصاغَ • شَكَّلَ وَفْقاً لنموذَج

modelling (*n.*) تَشكيل • صَوْغ

mode of formation نَمَط التكوين

moderate (*adj.*) مُعتَدل • مُتوسِّط ـ لَطيف

(*v.*) لَطَّفَ • هَدَّأَ

moderated reactor (Phys.) مُفاعِلٌ مُهَدَّأ

moderately hydraulic lime (Chem. Eng.) جيرٌ متوسِّطُ الهيدروليةِ (التصلُّبِ تحت الماء)

moderator (*n.*) وَسيط ـ مُهدِّىء • مُلَطِّف

Modern era (Geol.) العصر الحديث

modified knock intensity method (Pet. Eng.) طريقة شِدّة الخَبْطِ المُعدَّلة : لإيجاد الرّقْم الأُوكتاني

modify (*v.*) عَدّلَ • غيَّر • حَوَّر

modular ratio (Civ. Eng.) النِّسبةُ المِعيارية (لخَرَسانةٍ مُسَلَّحة)

modulate (Elec. Eng.) ضَمَّن • عَدَّلَ • ضَبَط

modulation (*n.*) (Elec. Eng.) تَضمين • تَعديل

modulation index (Elec. Eng.) دَليلُ التضمين • مِقياسُ دَرجة التضمين

modulator (Elec. Eng.) مُضَمِّن ـ مُضَمِّنَة : جهازُ تضمين

modulus مُعامِل • مُعايِر

modulus, bulk (Mech.) مُعامِلُ تَغَيُّر الحَجم (بالإجهاد)

modulus of compression (Eng.) مُعامِلُ الانضِغاط

modulus of elasticity (Eng.) مُعامِلُ المُرونة

modulus of incompressibility (Eng.) مُعامِلُ اللاَّ إنضِغاطية

modulus of resilience (Eng.) مُعامِلُ الرُّجُوعيَّة

modulus of rigidity = rigidity modulus (Eng.) مُعامِلُ الجُسوءَة

modulus of rupture (Eng.) مُعامِلُ التمزُّق

modulus of torsion = torsion modulus (Eng.) مُعامِلُ الالتِواء

modulus of volume elasticity (Eng.) مُعامِلُ المُرونَة الحَجمية

Mohorovicic discontinuity (or **Moho**) (Geol.) الانقِطاع الموهُوروفيسي : الطبقة الفاصلة بين الصخور البازلتية والصخور الباطنية

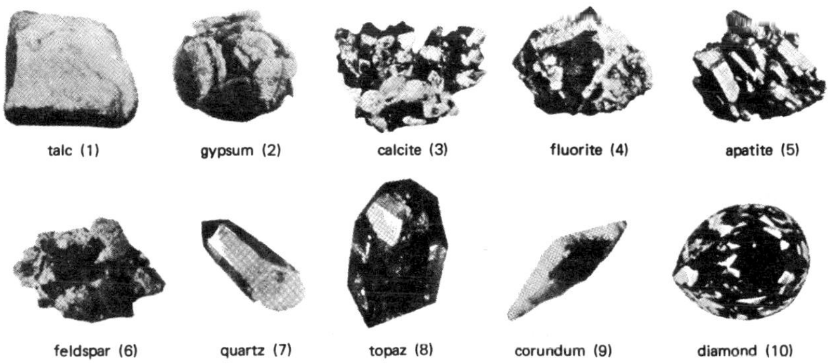

Mohs' scale of hardness (Min.)	عِلْمٌ «مُوهِز» (العَشرِيّ) لِقِياسِ صَلابةِ المعادن
moil (Mining)	إزميلُ حَفْرٍ أو تكسير
moist (adj.)	رَطْبٌ ، مُخَضَّلٌ ، نَدِيٌّ
moisten (v.)	رَطَّبَ ، خَضَّلَ ، نَحَّلَ
moistening agent (Chem. Eng.)	عامل ترطيب
moisture (n.)	رُطوبة ، نَداوة
moisture-absorbing	ماصٌّ للرطوبة
moisture, air (Phys.)	رُطوبة الهواء
moisture content (Chem. Eng.)	المُحتَوى الرُّطوبي
moisture content test (Chem. Eng.)	اختبار المُحتَوى الرطوبي
moisture corrosion (Eng.)	بِلىً بالرطوبة
moisture determination (Chem. Eng.)	تَقدير الرُّطوبة
moisture expansion (Civ. Eng.)	تَمَدُّد (الحجم) بالرُّطوبة
moisture proof	صامدٌ للرطوبة
moisture removal	إزالة الرطوبة
moisture repellent	صادٌّ (أو طاردٌ) للرطوبة
moisture resistance	مُقاومة الرطوبة
moisture resistant (Civ. Eng.)	مُقاومٌ للرطوبة
M.O.I.V. (mechanically operated inlet valve)	صمام إدخال آليّ التشغيل
moja (Geol.)	مُوجا : لابة طينية ، لابة حمئة
mol = mole (gram molecule) (Chem.)	جُزَيْءٌ غرامي ، الوزن الجُزَيئي للمادة بالغرامات ، مُول
molal (Chem.)	جُزَيئيٌّ غرامي : ذو تركيز عِياري مِقداره وزن جُزَيْءٍ غرامي في كيلوغرام من المُذيب
molality (Chem.)	التركيز الجُزَيئي الغرامي (في كيلوغرام من المُذيب)
molal solution (Chem.)	مَحلول جُزَيئيٌ غرامي : يحوي جُزَيئاً غرامياً من المادةِ المذابة في كيلوغرام من المذيب
molar (adj.) (Chem.)	جُزَيئيٌّ غرامي : ذو تركيز عِياري مِقداره وزن جُزَيْءٍ غرامي في لِترٍ من المحلول
molar gas constant (Chem.)	الثابتُ الجُزَيئيّ الغرامي للغاز
molarity (Chem.)	التركيز الجُزَيئي الغرامي (في لتر من المحلول)
molar solution (Chem.)	مَحلول جُزَيئي غرامي : يحوي اللتر منه جُزَيْئاً غرامياً من المُذاب

talc (1) gypsum (2) calcite (3) fluorite (4) apatite (5)
feldspar (6) quartz (7) topaz (8) corundum (9) diamond (10)

Mohs' scale of hardness (and the minerals on which it is based)

molar volume = gram molecular volume	حَجمُ الوزن الجُزَيئي الغرامي : لأيِّ مادةٍ في الحالة الغازية ويعادل ٢٢٫٤ لِتراً في درجةِ الحرارة والضغط المعياريين
molasses	دِبْسُ السُّكَّر
mold = mould (n.)	عَفَنٌ ، فُطْرٌ صغير
(Eng.)	قالَبٌ ـ مادَّة الصَّوغ ـ المَصُوغ
(v.)	صاغَ ، شكَّلَ ، تَشكَّلَ
molding = moulding (Eng.)	صَوغٌ ، قَوْلَبَةٌ ، تَقوَلُبٌ ـ جلية او إفريز
molding box (Civ. Eng.)	صندوق قَوْلَبَة
molding machine (Eng.)	مَكَنَةُ تشكيل القوالب
mold inhibitor	مانعُ العَفَن
mold oil	زيت قوالب التشكيل
moldy (adj.)	عَفِن ، مُتَعَفِّن
mole (Civ. Eng.)	حاجِزُ أمواج ، مَلْطِم ـ حَفَّارَةُ أنفاق (للأنابيب)
(Naut.)	رصيف (إرساء) يمتد في البحر ـ قائمة رصيف الإرساء
(Chem.)	جُزَيْءٌ غرامي ، مُول
molecular (adj.) (Chem.)	جُزَيئي
molecular adhesion (Phys.)	إلتصاق جُزَيئيّ
molecular bond (Chem.)	وَصْلَةٌ جُزَيئية ، ترابط جُزَيئي
molecular compounds	مُركَّبات جُزَيئية
molecular concentration (Chem.)	تركيزٌ جُزَيئي
molecular decomposition (Chem.)	تَحلُّل جُزَيئي
molecular depression constant (Chem. Eng.)	ثابتُ الخَفْضِ الجُزَيئي (لدَرَجةِ التجمُّد)
molecular dissociation (Chem. Eng.)	تَفكُّكٌ جُزَيئي
molecular distillation (Chem. Eng.)	تقطيرٌ جُزَيئي : على ضغطٍ يقارب مليمتراً من الزِّئبق

molecular elevation constant (Chem. Eng.)	ثابتُ الرَّفع الجُزَيئي (لدَرَجةِ الغَليان)
molecular equation (Chem.)	مُعادَلَة جُزَيئية
molecular formula (Chem.)	صِيغَةٌ جُزَيئية
molecular gas constant (Chem. Eng.)	ثابت الغاز الجُزَيئي
molecular sieve (Phys.)	مُنخَل جُزَيئي
molecular still (Chem. Eng.)	مِقطَرة جُزَيئية
molecular structure (Chem.)	تَركيبٌ جُزَيئي ، بِنية جُزَيئية
molecular volume (Chem.)	الحجم الجُزَيئي
molecular weight (Chem.)	الوزنُ الجُزَيئي
molecular weight determination (Chem. Eng.)	تعيينُ الوزن الجُزَيئي
molecule (Chem.)	جُزَيْءٌ
moler(a) (Geol.)	أرضٌ دياتومية (من تجمُّعات طحلُب الدياتوم)
mole ratio (Chem. Eng.)	النسبة الجُزَيئية
moling (Civ. Eng.)	حَفْرُ أنفاق الأنابيب ـ مَدُّ الأنابيب آلياً تحت الارض
Molisch's test (Chem. Eng.)	اختبار «مُوليش» للكشف عن الكربوهيدرات
molten (adj.)	مُنصَهِر ، مَصهور
molten metal (Met.)	معدِن مُنصَهِر
molybdates (Chem.)	مُوليبدات : أملاح حامِضِ الموليبديك
molybdenite (Min.)	مُوليبدينيت (ثاني كبريتيد الموليبدنوم)
molybdenum (Mo) (Chem.)	المُوليبدنوم : عُنصر فِلزّي رمزه (مو)
molybdenum disulfide	ثاني كبريتيد الموليبدنوم
molybdenum steel (Met.)	فولاذ الموليبدنوم (السهل التشكيل)
moment (n.)	لحظة ، هُنَيهة
(Mech.)	عَزم
(Geol.)	فَترةٌ : أقصرُ مَراحِلِ الزمن الجيولوجي

momentary disturbance (Phys.)
اضطراب لَحْظي
moment of a couple (Mech.)
عَزمُ المُزدوِجَة • عَزمُ الإزدواج
moment of a force (Mech.) عَزمُ القوَّة
moment of inertia (Mech.) عَزمُ القُصور الذاتي • عَزمُ العَطالة
moment of torsion (Mech.) عَزمُ اللَّي
momentum (Mech.) كَمِّيَّةُ التحرُّك • زَخْم
M.O.N. (motor octane number)
الرقمُ الأوكتاني الحَرَكي : للزيت
monad (Chem.) عُنصرٌ (أو شِقٌّ) أحاديُّ التكافؤ
monadnock (Geol.) مِيحاد • جَبَلٌ مُفْرَدٌ مُتَخَلِّف
monatomic molecule (Chem.) جُزَيْءٌ أُحاديُّ الذرَّة
monazite (Min.) مُونازيت : خام يَحوي الثوريوم والسِّيريُوم واللّنثانُوم
Mond gas (Chem.) غاز «مُونْد» : الناتِجُ عن إمرار الهواء ومَزيدٍ من بُخار الماء فوقَ فَحم مُتوهِّج
Monel metal (Met.) مَعدِنُ «مُونِل» : سَبِيكَةٌ أساسُها النيكِل
monetary (adj.) نَقْدي
money order حَوالَةٌ مالية بريدية
monistic (adj.) أَحَدِيٌّ • لا يَتَجَزَّأ
(Chem. Eng.) غيرُ مُتأيِّنٍ في المحاليل
monitor (Eng.) جهازُ مُراقَبة • مِرقاب
(n.) مُراقِب – مُنذِر
(v.) راقَبَ • إختبَرَ – أنذَرَ – إستَنْبأَ
monitored control (Eng.) تَحَكُّمٌ بمراكِز مُراقَبة : إدارة عن طريق محطات المراقبة
monitoring (Elec. Eng.) مُراقَبَةُ الإرسال (دونَ تدخُّل)
(Meteor.) إستِنْباء
monitoring circuit (Elec. Eng.) دائرةُ مُراقَبة
monitoring key مفتاح مُراقَبة
monitoring receiver = check receiver
(Elec. Eng.) جهاز استقبال للمراقبة
monitor record (Geophys.) سِجلٌّ (سمّاعات) المُراقبة
(Eng.) سِجلٌّ جهاز المُراقَبة
monitor stations (Phys.) مَحَطّاتُ مُراقَبة
monkey (or beetle head) (Civ. Eng.)
رأسُ مِدَقٍّ الخَوازيق
monkey board (Eng.) مِنَصَّةُ التعليق
monkey wrench (Eng.) مِفتاح انكليزي • مِفتاحُ رَبطٍ مُنزَلِقُ الفك
monobasic acid (Chem.) حامِضٌ أُحادِيُّ القاعدية

monocable trestle (Civ. Eng.)
حامِلٌ أُحادِيُّ الكَبْل
monochromatic (adj.) (Phys.) أُحاديُّ اللَّون – أُحاديُّ الطول المَوجي
monoclinal (adj.) أُحادِيُّ المَيْل
monoclinal fold (Geol.) طَيَّةٌ أُحادِيَّةُ المَيل
monocline (Geol.) طَيَّةٌ أُحادِيَّةُ المَيل
monoclinic (adj.) (Chem.) أُحادِيُّ المَيْل
monoclinic system (Chem., Geol.)
نِظامٌ بلَّوري أحاديُّ المَيْل
monocotyledons (Biol.) (نباتات) وحيدة الفلقة
monocyclic (adj.) أُحاديُّ الحَلْقة – أُحاديُّ الدَّورة
monoethanolamine (Chem.) أوَّل ايثانول الأمين • أمين أُحادي الإيثانول
monogenetic (adj.) (Geol.) أُحاديُّ المَنشأ
monogenetic gravel (Geol.) حَصيم أُحاديُّ المَنشأ : حَصباء ناعِمةٌ مُتماثِلَةُ الأحجام أحادية المنشأ
monogeosyncline (Geol.) تقعُّر إقليمي أُحادي
monohydric (Chem.) أُحاديُّ الهيدروكسيد – أُحاديُّ الهيدروجين
monohydric alcohol (Chem.) كُحولٌ أُحاديُّ الهَيدروكسيد
monoisotopic (Chem. Eng.) وَحيدُ النَّظير
monolayer (Chem. Eng.) غِشاء أُحاديُّ الجُزَيْء
monolith (Geol.) صَخرٌ مُنفَرِد
monolithic foundation (Civ. Eng.)
أَساسٌ مُتواحِد : أساس مُتآلِف يُصَبُّ سَوِيَّةً
monomer (Chem.) مُونومَر : مُرَكَّب بسيط أُحاديُّ الوَحدة البنائية ، (قابل للبَلْمَرة في ظروف مُعَيَّنة)
monometallic (adj.) أُحاديُّ الفِلز
monomineralic (adj.) (Geol.) أُحاديُّ المعدن
monomineral rocks (Min.) صُخورٌ أُحادِيَّةُ المَعْدِن
monomorphous = monomorphic (adj.)
أُحاديُّ الصُّورة (أو الشكل)
monophase (Elec. Eng.) أُحاديُّ الطَّور
monopolize (v.) إحتَكَر
monopoly (n.) إحتِكار
monopropellant (n.) (Eng.) دافِعٌ أُحاديٌّ : وقود يَمتزج فيه المؤكسِدُ مع المادة المشتَعِلة
monoterpenes (Chem.) تِربينات أُحاديَّة
monotonous (adj.) رَتيب
mono-tower crane (Civ. Eng.) مِرفاعٌ أُحاديُّ البُرج
monovalent (Chem.) أُحادِيُّ التكافؤ

monovalent atoms (Chem.)
ذَرَّات أُحادية التكافؤ
monoxide (Chem.) أُكسيد أُحادِيّ • أَوَّلُ أُكسيد
montan wax (Min.) شَمعٌ مَعدِني
monthly wage أَجْرٌ شَهريّ
monzonite (Geol.) مُونزونيت : صخرٌ بُركاني خَشِنُ الحُبَيبات
moonstone (Min.) حَجَرُ القَمَر : حَجَرٌ لؤلؤيٌّ أزرَق
moor (v.) أَرسَى • ألقى المرساةَ • رَسَا
(n.) مُستَنْقَع • سَبْخَة – أرض سَبِخة
moorage (Naut.) إرساء • رُسُو • مَرْسَى – رَسمُ الإرساء
mooring (n.) (Naut.) إرساء
= dolphin مَربِطُ إرساء
mooring berth (Naut.) مَرسَى رَبْط
mooring buoy (Naut.) عامَةُ إرساء
mooring cable (Naut.) كَبلُ إرساء
mooring dolphin (Naut.) عَامة إرساء
mooring facilities مَرافِقُ الإرساء
mooring launch (Naut.) زَورق الإرساء
mooring line (Naut.) حَبل الرَّبط
mooring lug (Naut.) عُروَة الرَّبط
mooring master (Naut.) مُرشِد الإرساء
mooring shackle (Naut.) شِكالُ الإرساء
moorland (Geol.) أرض سَبِخة
moraine (Geol.) رُكام • رُكامٌ جَليديٌّ : مُخلَّفاتٌ صخرية لِنَهرٍ جَليدي
morass (Geol.) مُستَنْقَع • أرضٌ سَبِخَة
mordants (Chem.) مُرسِّخات اللَّون
morganite (or verobyerite) (Min.)
مُرغَنيت : ضَربٌ من الزُمرُّدِ الوَردي
morion (Min.) مُريون : ضَربٌ من المَرْو الدَّاكِن
morning shift نَوبة عَمَلٍ صباحية
morning tour نَوبة عَمل صباحية
morphogenesis (Geol.) التكوين التشكُّلي
morphology (Geol., Biol.) عِلمُ التَّشَكُّل • المُورفولُوجية
morphotectonics (Geol.) علم التشكُّل الصَّخري
Morse taper (Eng.) درجات «مُورْس» للاستِدقاق
mortar (n.) (Civ. Eng.) مِلاط – هاوُن
(v.) مَلَّطَ • ثَبَّتَ أو لَيَّطَ بالمِلاط
mortar and pestle هاوُنٌ ومِدَقَّة
mortar-board = hawk (Civ. Eng.)
لَوحةُ (حَمْل) المِلاط
mortar-box (Civ. Eng.) صُندوقُ (مَزْج) المِلاط

MOU 283

mortar structure (Geol.)	بِنْيَة مِلاطِيّة
mortgage (n.)	رَهْن ، رَهْن عَقاري ـ صَكّ الرَّهْن
(v.)	رَهَنَ
mortise = mortice (n.)	نَقْرة مُستطيلة للتَّلسين
(v.)	نَقَر للتلسين ـ وَصَل بالتَّلسين
mortise-and-tenon joint	وَصْلة نَقْرة ولِسان
mortise bolt	مِسمار مُتَساطِح : مُثَبَّت في السَّطح
mortise gauge = counter gauge	مِرْقَم (شِنكار) نَقْر
mosaic texture (Geol.)	نَسيج فُسَيفِسائي ، بِنْية فُسَيفِسائِيّة
Moseley number (or atomic number) (Chem.)	العَدَد الذَّرِّي ، عَدَدُ «موسُلي»
moss (n.)	طُحْلُب ، حَزاز ، أُشْنة
moss peat (Geol.)	خُثّ أُشْنِيّ أو طُحْلَبِيّ
mother formation (Geol.)	التَّكوين الأُم
mother liquor (Chem. Eng.)	السائل الأُم
mother lode (Mining)	السامّة الأُم ، العِرق الرئيسي
mother rock (Pet. Eng.)	الصَّخْر الأُم (حيث يَتكَوَّن النَّفط)
motion (n.)	حَرَكة
motion, accelerated (Mech.)	حَرَكة مُتسارِعة ، حَرَكة مُعجَّلة
motion diagram (Mech.)	مُخطَّط بَيانِيّ للحَرَكة
motion study	دِراسَة حَرَكات العامل (أثناء تأدية عمل ما)
motion, uniform (Mech.)	حَرَكة مُنتظِمة
motivate (v.)	حَثَّ ، حَرَّض ، دَفَع ، حَفَز
motive (n.)	باعِث ، حافِز ، دافِع
(adj.)	حَرَكيّ ، مُحَرِّك
motive energy (Phys.)	طاقة مُحَرِّكة
motive power (Eng.)	قُدرة مُحَرِّكة
motor (n.) (Eng.)	مُحَرِّك ، مُوتور
(adj.)	حَرَكيّ ، باعِث على الحَرَكة
motor, adjustable speed (Eng.)	مُحَرِّك انْضِباطيُّ السرعة
motor, auxiliary (Eng.)	مُحَرِّك إضافيّ
motor barge (Naut.)	قارِب جَرّ ذو مُحَرِّك
motor benzole (Pet. Eng.)	بَنزول المُحَرِّكات ، وَقود البنزول
motorboat (Naut.)	زورَق ذو مُحَرِّك
motorcar	سَيّارة ، أوتومُوبيل
motor compressor (Eng.)	ضاغِط ذو مُحَرِّك
motor, constant speed (Eng.)	مُحَرِّك ثابت السرعة
motorcycle	دَرّاجة بمُحَرِّك ، (مُوتوسيكل)
motor-driven pump (Eng.)	مِضخّة تُدار بمُحَرِّك
motor, electric (Elec. Eng.)	مُوتور كَهربائي ، مُحَرِّك كَهربائي
motor fuel (Chem.)	وَقود مُحَرِّكات
motor gasoline (or motor spirit) (Pet. Eng.)	بنزين مُحَرِّكات ، بنزين السيارات
motor generator set (Elec. Eng.)	مجموعة مُوَلِّد ومُحَرِّك
motorize (v.)	جَهَّز بالمُحَرِّكات أو بالآلِيّات
motorized valve (Eng.)	صِمام آلِيّ
motor lorry (or motor truck)	شاحِنة ، سَيّارة شَحن
motorman	سائق القاطِرة أو الحافِلة
motor mechanic (Eng.)	ميكانيكي مُحَرِّكات
motor meter (Elec. Eng.)	عَدّاد (جَمْل قِراءات) ذو مُحَرِّك
motor mix (Pet. Eng.)	رابع إيثيل الرصاص
motor octane number (Pet. Eng.)	الرقم الأوكتاني الحَرَكي (للزَيت) : في ظروف السرعة العالية أو التشغيل الثقيل
motor oil (Pet. Eng.)	زيت مُحَرِّكات
motor oil, premium (Pet. Eng.)	زيت مُمتاز للمُحَرِّكات
motor operated switch (or circuit-breaker) (Elec. Eng.)	مِفتاح يُشَغَّل بمُحَرِّك
motor pump (Eng.)	مِضخّة تُدار بمُحَرِّك
motor shaft (Eng.)	عَمود المُحَرِّك المِرفَقِيّ
motor speed control (Elec. Eng.)	ضابطُ سُرعةِ المُحَرِّك
motor spirit = motor gasoline (Pet. Eng.)	بنزين مُحَرِّكات
motor standard (Eng.)	قاعدةُ المُحَرِّك
motor switch (Elec. Eng.)	مِفتاح دائرة المُحَرِّك
motor transport	النَّقل الميكانيكي
motor truck	شاحِنة ، (كَميون)
motor, universal (Eng.)	مُحَرِّك عامّ الأغراض (يعمل بالتّيار المُستمر أو المتناوب)
motor vehicle	عَرَبة بمُحَرِّك ، مَركَبة نارية ، سَيّارة
motorway (Civ. Eng.)	أوتوستراد ، طريق فَسيح للسيارات
motor winch (Eng.)	ونش ذو مُحَرِّك
mottled clay (Geol.)	طين مُرقَّش
mottling (Geol.)	بَرْقَشة ، تَرقيش
mould = mold (n.) (Biol.)	عَفَن ـ فُطْر صغير

mould

(Civ. Eng.)	قالَب ـ إطار أو صُندوق الصَّبّ ـ مادةُ الصَّوغ ، الشيء المَصُوغ
(Geol.)	قالَب ، طَبْعة مُستَحجَرة
(v.)	صاغَ ، شَكَّل
mouldability (n.)	قابِلِيّة التَّشكُّل
moulded depth	أقصى العمق المُشَكَّل
moulder (n.)	سَبّاك ، عامِل تَشكيل (القوالِب)
moulding (Eng.)	صَوغ ، تَشكيل ـ التَّشكيلُ في قوالب ، تَشكُّل في قوالِب
moulding powder (Chem. Eng.)	مَسحوقٌ لَدائِنيّ جاهز للتشكيل
moulding shop	وَرْشة السَّبك
mould oil (Civ. Eng.)	زيت قوالب التشكيل (لمَنع التِصاق المصبوبات)
mouldy (adj.)	عَفِن ، مُتعَفِّن
mound (Geol.)	هَضْبة صغيرة ، نَبْكة
mount (n.)	جَبَل ـ سِناد ، جهاز تَثبيت ـ حاضِن ، حامِل ، رَكُوبة
(v.)	رَكِبَ ، رَكَّب ، حَمَل ، أقام ـ صَعِد ، امتَطَى
mountain (Geol.)	جَبَل
mountain building = mountain making (Geol.)	بِناءُ الجِبال
mountain range (or chain)	سِلسِلة جِبال
mountant (n.)	لِصاق (لَصُوق) التركيب
(adj.)	صاعِد
mounted (adj.)	مُرَكَّب على حامِل ، مُثبَّت في إطار أو حاضِن
mounting (n.)	تركيب ، تَثبيت على حامِل ـ حاضِن ، رَكُوبة ، سِناد
mounting base (Eng.)	قاعدة التَّثبيت
mounting bracket (Eng.)	كَتيفة تَثبيت
mounting flange (Eng.)	شَفة تركيب
mounting gallery (Mining)	سَرب صاعِد (في مَنجَم)
mounting lug	عُروة التَّثبيت
mounting pad (Eng.)	لَبِنة التركيب

mounting plate (Eng.) لَوحَةُ التركيب
mounting ring (Eng.) حَلْقَةُ تركيب
mounting screw (Eng.) لَولَبُ التثبيت
mounting yoke (Eng.) مِقْرَنُ تثبيت
mouse hole (Pet. Eng.) نَفَقُ اختزان أنابيب الحفر
mouse trap مِصْيَدَةُ فئران
(Pet. Eng.) جهازُ التقاط السقائط • مِصيدة أدوات الحَفْر السائبة
mouth (*n.*) فُوَّهَة • مَنْفَذ – فَمٌ – مَصَبٌّ
mouthpiece قِطعةُ الفَم – بَزْباز
M.O.V. (**mechanically operated valve**) صِمام يُشغَّل آليّاً
movable (*adj.*) مُتَحَرِّك • قابلٌ للتحريك • مُتَنَقِّل
movable installation (Eng.) إنشاءٌ مُتَنَقِّل
movable platform مِنَصَّة مُتَنَقِّلَة
movable pulley بَكَرة مُتحركة
movables مَنْقُولات • أموالٌ مَنْقُولة
movable sprayer مِرَشَّة مُتَنَقِّلة
movable support (Eng.) حامِلٌ مُتَنَقِّل • دِعامةٌ مُتَحَرِّكة
move (*v.*) تَحرَّك • حَرَّك • تَنَقَّلَ • نَقَلَ – استدعى • اقترح
(*n.*) حَرَكَة • خَطْوة
moveable = **movable** (*adj.*) مُتَنَقِّل • مُتحرِّك
movement (*n.*) حَرَكَة • إنتقال • تَحرِيك
moving (*adj.*) مُتحرِّك • مُتنقِّل
moving bed catalytic cracking (Pet. Eng.) التكسير المُحفَّز بطبقة (حَفَّاز) مُتحرِّكة
moving bed reactor (Chem. Eng.) مُفاعِل ذو طبقة (حفز) مُتحرِّكة
moving coil (Elec. Eng.) مِلَفٌّ مُتحرِّك
moving-coil detector (Elec. Eng.) مِكشاف بمِلَفٍّ مُتحرِّك
moving-iron ammeter (Elec. Eng.) أمِّيتَر ذو مِغنطيس مُتَحرِّك
moving-iron detector (Elec. Eng.) مِكشاف بمغنطيس مُتحرِّك
moving load (Eng.) حِمْلٌ مُتَحرِّك
moving moraine (Geol.) رُكام مُتحرِّك
M.P.A. (**multi-purpose additive**) إضافة مُتعددة الأغراض
M.P.G. (**miles per gallon**) مِيلٌ بالغالون الواحد
m.p.h. or **M.P.H.** (**miles per hour**) مِيلٌ (أو أميالٌ) في الساعة

M.P.R. (**maximum permissible rate of production**) مُعدَّلُ الانتاج الأقصى المصرَّح به
M.T.D. (**mean temperature difference**) مُعدَّل فرق درجة الحرارة
mucilage (*n.*) صَمغٌ نباتيّ
mucilaginous (*adj.*) دَبِق • لَزِج • صَمغيّ
muck (*n.*) (Geol.) حَمأ • وَحْل • طِين
(Mining) نُفايَةُ الخام المُعدَّن – خامٌ مَعدني مَشحون
(*v.*) شَحَنَ • عَبَّأ أو نَقَل في عَرَبة – لَوَّث
mucking (*n.*) شَحْن • تَعبِئَة
(Mining) تَعزيلُ الصَّخر (أو الخام) بعدَ التفجير
muck shifting (Mining) نَقلُ النُّفايات • إزالة تُرابِ الحَفْرِ أو نُفاياتِ الخام
mud (*n.*) وَحْل • طِين • حَمَأ
mud acid (Pet. Eng.) حامض طيني : لتنظيف جدران البئر
mud analysis log (Pet. Eng.) سِجلٌّ تحليلات طين الحفر
mud balance (Pet. Eng.) مِكثاف سائل الحفر
mud barrel (Eng.) بِرميلُ (ترسُّب) الوَحلِ أو الحَمأة
mud belt (Geol.) حِزامٌ طينيّ : بين الرواسب القارِّيَّة ورواسب الأعماق العُضوية
mud cake (Geol.) كتلة طينية مُتراصَّة • قِشرة طينية
(Pet. Eng.) قالَبُ طين الحَفْر
mud circulation (Pet. Eng.) دَوَرانُ طينِ الحَفْر
mud cock مِحْبَس الطين
mud column عمود الطين
mud cracks (Geol.) شُقوق طينية : تظهر عند جفاف الطبقة الطينية
mud cross (Pet. Eng.) مُصلَّبة الطين : وُصلة مُتصالبة (في رأس البئر) يتم عبرها دَورانُ طين الحفر
mudding تَوَحُّل : انسداد بطين الحفر
mud, drilling (Pet. Eng.) طينُ الحفر • وَحلُ الحفر
mud drum (Eng.) أسطوانة (تَجمُّع) الحَمْأة (في المِرْجَل)
muddy (*adj.*) مُوحِل • حَمِيء
muddy slate (Geol.) أُردُواز طيني
mud engineer (Pet. Eng.) مُهندس طين الحفر
mud filtrate (Pet. Eng.) رُشاحَةُ الطين

mud flow (Geol.) سَيْلٌ أو زَحْفُ الطين : في المنحَدَرات
mud fluid (Pet. Eng.) مائلُ طين الحفر
mud flush = **mud fluid** مائلُ طين الحفر
mud gauge (Pet. Eng.) مِضغطُ طين الحفر : مانومتر لقياس ضغط طين الحفر
mud grouting (Pet. Eng.) حَقنٌ بالطين
mudguard واقِيَةُ الوَحل • رَفْرَفٌ يقي الدولابَ من الطين
mud hog = **slush pump** (Mining) مِضَخَّةُ الوَحل
mud hole (Eng.) فُتحَةُ إخراجِ الحَمْأة (من المِرْجَل)
mud hose خُرطوم طين الحفر
mud injection line (Pet. Eng.) خَطُّ (أنابيب) حَقن الطين
mud-laden fluid سائِـلٌ حَمِيء : مُثقَل بالطين
mud lava (Geol.) لابَة طينية • لابة حَمِئة
mud line خطُّ الطين
mud mixer (Eng.) خَلَّاطَةُ الطِّين
mud off (*v.*) طَيَّنَ • لَيَّطَ أو سَدَّ بالطين
mud outlet مَخرَجُ الطين • فُتحة خُروج الطين
mud penetration اختِراقِيَّة طين الحفر
mud pot يَنبوع حَمِيء
mud pressure line (Pet. Eng.) خَطُّ ضغط الطين
mud pump (Civ. Eng.) مِضَخَّةُ الطين
(Pet. Eng.) مِضَخَّةُ طين الحفر
mud pump valve (Eng.) صِمامُ مِضخة الطين
mud ring (Pet. Eng.) حَلْقة طينية : تتجمع حول جـدران البئر التي تمتص مـاء طين الحفر
mud rock = **soapstone** صخرُ طين الحفر • الحجر الصابوني

mud pump

mud samples (Pet. Eng.) عيِّنات طين الحفر
mud screen (Pet. Eng.) مُرشِّح الطين
mudstone (Geol.) حَجَرٌ طيني
mud suction line (Pet. Eng.)
خط سَفْطِ الطين
mud thickener (Pet. Eng.) مُكثِّف طين الحفر
mud thinner (Pet. Eng.) مُخفِّف طين الحفر
mud valve (Eng.) صِمامُ الحَمْأة (في المِرْجَل)
mud volcano (Geol.) بُركانٌ طِيني
mud water loss فَقْدُ الماء من طين الحفر
mud-weighting material (Pet. Eng.)
مادَّة تثقيل طين الحفر
muff (Eng.) جُلْبَةٌ أسطوانية مُشقَّقة (من قطعتين)
muffle (*v.*) لَفَّعَ • لَفَّ – كَظَم باللَّف – كَتَمَ (الصوتَ)
(*n.*) لِفاعٌ كاتِمٌ للصوت
muffle furnace (Met.) فُرنٌ لافِع • فُرنُ إحماءٍ خارجي
muffler (Eng.) كاتِمُ الصَّوت • خافِتُ الصَّوت
mugearite (Geol.) مُوجيريت : صخر ناريٌّ مُتبلور
muller (Mining) مِسْحَنَة • رَحًى • مِدَقَّة
mullion structure (Geol.) تركيبٌ عِمادي • بِنْيَةٌ عَمَديَّة
mullock (Mining) فَضلات الحفر • نُفاية التعدين
mullocky (*adj.*) عَقيم
multi- بادئة بمعنى : كَثير أو مُتعَدِّد
multi-axial drive (Eng.) إدارةٌ مُتعدِّدة المَحاور
multi-bucket excavator (Civ. Eng.)
حَفّارةٌ مُتعدِّدة الدِّلاء (أو القواديس)
multicarburettor engine (Eng.)
مُحَرِّكٌ مُتعدِّدُ المُكَربِنات
multi-cylinder engine (Eng.) مُحَرِّكٌ (بخاريٌّ) مُتعَدِّدُ الأسطوانات
multicylinder pump (Eng.) مِضخَّةٌ متعدِّدة الاسطوانات
multi-disc brake (Eng.) مِكبَحٌ مُتعدِّدُ الأقراص
multidraw tower (Eng.) بُرجٌ مُتعدِّدُ منافذِ السَّحب
multiflute drill (Eng.) مِثْقَبٌ مُتعدِّدُ الخُدَد
multifold (*adj.*) مُتعدِّدُ الطيَّات
multiform (*adj.*) مُتعدِّدُ الأشكال
multi-fuel engine مُحرِّكٌ مُتعدِّدُ (أنواع) الوقود
multi-functional (*adj.*) مُتعدد الوظائف
multi-functional additives إضافات مُتعدِّدة الفعل

mud samples

multilevel crossing

multi-grade (*adj.*) مُتعدِّد الدرجات
multigrade lubricating oil (Pet. Eng.)
زيتُ تزليق مُتعدد الدرجات
multigrade motor oil (Pet. Eng.)
زيتُ مُحرِّكات مُتعدِّد الدرجات
multigrade oil (Pet. Eng.)
زيتٌ مُتعدِّد الدرجات
multilateral (*adj.*) مُتعدِّدُ الأطراف • مُتعدِّدُ الجوانِب
multilayer reservoir (Geol.) مُستودع متعدد الطبقات
(Pet. Eng.)
مَكْمَنٌ مُتعدِّد الطبقات
multilevel crossing تقاطُع مُتعدِّد المُسْتَوَيات
multi-level junction (Civ. Eng.) مُلتقى طُرقٍ مُتعددةِ المُستَوى
multilineal (*adj.*) مُتَعَدِّدُ الخُطوط
multimeter (Elec. Eng.) مِقياسٌ (كهربائيٌّ) مُتعدِّدُ القياسات
multipartite (*adj.*) مُتعدِّدُ الأجزاء أو الأطراف
multi-pay field (Pet. Eng.) حقلٌ مُتعدِّد الطبقات المُنتِجة

multimeter
multiphase (*adj.*) مُتعدِّدُ الأطوار
multiphase current (Elec. Eng.)
تيَّارٌ مُتعدِّد الأطوار
multiphase flow (Pet. Eng.)
سَريان مُتعدِّد الطور
multiphase pipeline (Pet. Eng.)
خط أنابيب مُتعدِّد الطور : يَسري فيه السائلُ والغاز النفطيان بِنِسَبٍ مختلِفة من كليهما

multiple (*n.*) مُضاعَف
(*adj.*) مُضاعَف • مُتعدِّد
multiple boiler (Eng.) مِرْجَلٌ مُتعدِّدُ الأنابيب (لا ينفجِر)
multiple completion (Pet. Eng.) إنجازٌ مُتعدِّد : انجاز بئر متعددة الطبقات المُنتِجة
multiple conduit (Eng.) مَجرًى مُتعدِّدُ المَسالك
multiple connection (Elec. Eng.) تَوصيل على التَّوازي
multiple drilling machine (Eng.) مَكَنَةُ حَفْرٍ مُتعدِّدةُ المثاقب
multiple duct قناةٌ مُتعدِّدةُ المسالك
multiple earthing (Elec. Eng.) تأريضٌ مُتعدِّد
multiple echo صدًى مُتعدِّد (لتكرارِ الانعكاسات)
multiple fault (Geol.) صَدعٌ متعدِّد (أو متشعِّب)
multiple feeder (Elec. Eng.) مُغذٍّ مُتعدِّدُ الكُبول
multiple-hearth furnace فُرنٌ مُتعدِّدُ المواقد
multiple intrusion (Geol.) إندساس متعدد
multiple-jet nozzle فُوَّهة متعددة المَنافِث
multiple metamorphism (Geol.) تحوُّل مُضاعَف
multiple production (Eng.) إنتاجٌ مُتعدِّد
multiple reflection (Phys.) إنعكاسٌ مُتعدِّد
multiple-retort underfeed stoker (Eng.) مُغذٍّ سُفلي متعدِّدُ المُعوَجّات
multiple series connection (Elec. Eng.) اتصالٌ توازٍ وتَوال : اتصالٌ على التوازي لِمَجموعات مُتَّصلة على التوالي
multiple-spindle drill(ing machine) (Civ. Eng.) ثَقّابةٌ مُتعدِّدةُ الأعمدة
multiple stage cementing (Civ. Eng.) سَمْنَتَةٌ مُتعدِّدةُ المراحل
multiple stage collar (Eng.) رَقَبةٌ مُتعدِّدة المَراحِل : لهـا فُتحات في مستويـات مختلِفة لِضخّ الاسمنت
multiple stage compressor (Eng.) ضاغِطُ (هواءٍ) مُتعدِّدُ المراحل
multiple turn ring (Eng.) حلقة (حلزونية) مُتعدِّدة اللَّفات
multiple zone well (Pet. Eng.) بئرٌ مُتعدِّدة الطبقات (المنتجة)
multiplicity (*n.*) تَعدُّد • كَثْرة
multiply (*v.*) ضَرَبَ • ضاعَفَ • تَضاعَفَ ـ تَكاثَرَ
multi-ply (*n.*) خَشَبٌ رقائقيٌّ مُتعدِّدُ الطبقات
(*adj.*) مُتعدِّدُ الطَّبقات
multi-ply belt (Eng.) سَيْرٌ مُتعدِّدُ الطبقات
multipolar (*adj.*) مُتعدِّدُ الأقطاب

multipolar field (Elec. Eng.) مَجالٌ مُتَعَدِّدُ الأقطاب
multiported valve (Eng.) صِمامٌ مُتعدِّدُ الفُوَّهات
multi-purpose (*adj.*) مُتعدِّدُ الأغراض
multipurpose additive (Pet. Eng.) إضافةٌ مُتعدِّدةُ الأغراض
multipurpose grease (Pet. Eng.) شَحم مُتعدد الأغراض
multi-speed motor (Eng.) مُحرِّكٌ مُتعدِّدُ السُّرعات
multi-spindle drill (Eng.) ثَقّابةٌ مُتعدِّدةُ الأعمدة
multi-stage (*adj.*) مُتعدِّدُ المَراحِل
multi-stage centrifugal pump (Eng.) مِضَخَّةُ طَردٍ مَركزي متعدِّدةُ المَراحل
multi-stage compressor (Eng.) ضاغِطٌ مُتعدِّدُ المَراحِل
multi-stage operation (Eng.) عملية مُتعددة المَراحِل
multi-stage pumping (Eng.) ضَخٌّ مُتعدِّدُ المَراحِل
multi-strand wire سِلكٌ مُتعدِّدُ الجَدائِل
multi-tubular (*adj.*) (Eng.) مُتعدِّدُ الأنابيب
multi-tubular radiator (Eng.) مُشِعٌّ مُتعدِّدُ الأنابيب
multitude (*n.*) عِدَّة • عَديد ـ وَفْرَة • كَثْرة
multivalent = **polyvalent** (Chem.) مُتعدِّدُ التكافُؤ
multivalve (*adj.*) مُتعدِّد الصِّمامات
multi-way junction (Eng.) مُلتقى طرق مُتعدِّدة
multi-way switch (Elec. Eng.) مِفتاحٌ مُتعدِّدُ المَسالك
Mu-metal (Met.) مَعدن مِيُو : سَبيكةٌ (من الحديد والنُّحاس والنيكلِ والمنغنيز) عاليةُ الإنفاذية المغنطيسية
mundic = **iron pyrite** (Min.) كبريتيدُ الحديد الذهَبيُّ اللَّون
munjack (Pet. Eng.) مَنجاك : ضرب من القار
munnion = **munting** (Carp.) عِماد : قائمةٌ عَمودية في هَيكل البابِ أو النافذة
Muntz metal (Met.) سَبيكة «مُنْتز» : من النُّحاس والزِّنك
mural pores (Geol.) ثُقوبٌ جِدارية
muriatic acid = **hydrochloric acid** (Chem.) حامِضُ المُورياتيك • حامِضُ الكلوريدريك
muriatic ether = **ethyl chloride** أثير مُورياتي • كلوريد الاثيل

muriatic ether = **hydrochloric ether** (Chem.) أثير الهيدروكلوريك
murky (*adj.*) مُظلِم • عابِقٌ بالدخان أو بالسناج
Murry loop test (Elec. Eng.) إختبارُ دارةِ «مُوري» : لتعيين الخَلَـل في كَبْـلٍ كهربائي
musch (Geol.) فحم تُرابي رَخْيٌ
muscovite (Geol., Min.) مَسكُوفيت : المَيكا البيضاء
mush (*n.*) كُتلة رَخوة
mushroom (Biol.) كَمْأة • عَيشُ الغُراب : نوعٌ من الفُطْر
mushroom rocks (Geol.) صُخور فُطريَّة الشكل
mushroom valve = **poppet valve** (Eng.) صِمامٌ مُحدَّب الرأس
mushy (*adj.*) مَساميٌّ ـ رَخو
muslin (*n.*) مُوسْلين : نسيجٌ قُطنيٌّ رَقيق
must (*n.*) عَفَن • تعفُّن
mustard oil زَيتُ الخَردل
muster-roll (Naut.) سِجلٌ أو دفتر البحّارة
musty (*adj.*) عَفِن • مُتعفِّن
mutamerism (Chem.) مَتْمَرة : تكوُّنُ مَزيجٍ مُتعادِلٍ من شَبيهين كيماويين في محلولٍ حديث التحضير من أحدهما
mutant (*adj.*) مُتحوِّل • مُتغيِّر
mutate (*v.*) تَحوَّلَ • تغيَّر
mutation (*n.*) تحوُّل • تَبدُّل ـ طَفْرَة : تحوُّل مُفاجِئ
mutual (*adj.*) مُتبادَل • تَبادُليٌّ • مُشتَرَك
mutual attraction (Phys.) تجاذُبٌ مُتبادَل
mutual induction (Elec. Eng.) حَثٌّ تَبادُليٌّ
mutual interests مَصالِحُ مُشتَرَكة
mutual relations عَلاقاتٌ مُتبادَلة
mutual solution (Chem.) مَحلولٌ تبادلي
muzzle (*n.*) فُوَّهة البُندقية ـ خَطْم ـ كِمام
M.V.I.N. (**medium viscosity index oils of a naphthenic type**) زُيوتٌ متوسطةُ دليلِ اللزوجة (نَفثينيةُ النَّمَط)
M.V.I.P. (**medium viscosity index oils of a paraffinic type**) زيوت متوسِّطة دليلِ اللزوجة برافينيةُ النمط
Mycalex (Elec. Eng.) مَيكالِكس : مَزيجُ الميكا والزجاج (عازلٌ مُمتاز)
mycology (Biol.) علمُ الفُطريّات
mylonite breccia (Geol.) بريشة هَشيميَّة
myriad (*n.*) عَشرةُ آلاف ـ عددٌ ضَخْم
(*adj.*) لا يُعَدُّ لِكثْرته ـ ذو مَظاهر أو عناصرَ مُتعدِّدة
myriameter عَشرةُ آلافِ متر

natural gas terminal station

n

nacre = **mother of pearl** (Min.) عِرقُ اللؤلؤ

nacreous (*adj.*) صَدَفي • ذو بَريقٍ صَدَفيّ

nadir (*n.*) النَّظير • نَظيرُ السَّمت • الحضيض

nail (*n.*) مِسمار – ظُفر

(*v.*) سَمَّر • ثَبَّت بِمسمار • دَسَر

nail hammer مِطرقة مِخلبيَّة

nailhead رأسُ المسمار

nailing (*n.*) تسمير – مَسامير

nail punch = **nail set** سُنْبُك • مِدْسَرَةُ مسامير

naked cable (Elec. Eng.) كَبْلٌ عارٍ

naked flame لَهَبٌ مكشوف

nameplate لوحةُ الاسم • لوحةُ الهُوِيَّة

nano (or **nanno**) قَزَم

nan(n)ofossils (Geol.) أحافيرُ قَزَمة • أحافير دقيقة

nan(n)oplankton (Biol.) عَوالِقُ دقيقة (أو مِجهريَّة)

napalm (**na**phthenic & **palm**itic acids) (Chem. Eng.) نابالْم : هُلامٌ بِتروليٌّ لِلقنابل المُحرِقة

naphtha (Pet. Eng.) نَفْتا • نفثا : مَزيجٌ بِتروليٌّ دَرجةُ غليانه بين ٩٥° و ١٥٠° مِئوية – نِفْط : اسم قديم للبترول

naphthabitumen (Pet. Eng.) نَفثا قِيرِيَّة : مزيج هيدروكربوني طبيعي من النفتا والقير

naphtha bottoms (Pet. Eng.) مُتَخلِّفاتُ (تقطيرِ) النفثا

naphtha caustic treating unit (Pet. Eng.) وَحدةُ معالجة النفثا بالصودا الكاوية

naphtha cracker (Pet. Eng.) بُرجُ تكسير النفثا

naphtha dewaxing نَزْعُ الشَّمع من النفثا

naphtha fractionator (Pet. Eng.) مُجَزِّىء النفثا • بُرجُ تجزِئة النفثا

naphtha furnace فُرنُ النَّفْثا

naphtha gas (Pet. Eng.) غازُ النفثا

naphtha, heavy نَفْثا ثقيلة

naphtha, high solvency نفثا عالية الإذابية

naphtha-lean oil exchanger (Pet. Eng.) مُبَدِّلُ الحَرارة بين النفثا وزيتِ الامتصاص

naphthalene (Chem.) نَفْثالين • نفتالين

naphthalic acid (Chem.) حامِضُ النفثاليك • حامض الْفثاليك

naphtha, light نَفْثا خفيفة

naphthalin(e) = **naphthalene** (Chem.) نَفْثالين • نفتالين

naphtha-reformate exchanger (Pet. Eng.) مُبَدِّلُ الحرارة بين النفثا والمهَذَّبات

naphtha reforming (Pet. Eng.) تهذيبالنفثا: تحسين النفتا برفعِ الرقْمِ الأوكْتاني

naphtha series (Chem.) سِلسلة النفثا • مجموعة مُرَكَّبات النفثا

naphtha stabilizing unit (Pet. Eng.) وَحدَةُ تركيز النفثا • وَحدة تثبيت النفثا

naphtha cracker

naphtha treating drums

naphtha sulphonates سَلفونات النفثا

naphtha treating drums مَراكِنُ مُعالَجة النفثا

naphthenate (Chem.) نَفْثينات

naphthene (Chem.) نَفْثين • نفتين : مُركَّب هيدروكربوني حَلْقي (متعدّد الميثيلين) يوجد في بعض أنواع النفط

naphthene base crude (Pet. Eng.) خام (بترولي) نفثينيُّ القاعدة

naphthene index (Pet. Eng.) دليلُ النفثين • الرَّقمُ النفثينيُّ: نسبةُ النفثين في النفط الخام

naphthenes = cyclo-paraffins (Chem.) ألنَّفثينات • البرافينات الحَلَقيَّة : مُرَكَّبات هيدروكربونيَّة مُشبَعة تحوي على الأقل حلقةً واحدة من الذرات الكربونية

naphthene series (Chem.) النَّفثينات

naphthenic (*adj.*) نَفْثينيّ

naphthenic absorbent oil (Chem. Eng.) زيتُ امتصاص نَفْثيني

naphthenic acid (Chem.) حامضُ النفثينيك • حامض نَفْثينيّ : أحد الحوامض الكربوكسيلية في النفط الخام

naphthenic base قاعدة نفثينية • أساس نفثيني

naphthenic crude (Pet. Eng.) خامٌ (بترولي) نفثيني : يحوي نسبة عالية من النفثينات

naphthenic fraction (Pet. Eng.) الجزء النفثيني (من الخام النفطي)

naphthenic fraction raffinate (Pet. Eng.) نُقاوة الجزء النفثيني : المستخلَصة بالإذابة

naphthenic hydrocarbons (Chem.) هيدروكربونات نَفثينيَّة

naphthenic stocks (Pet. Eng.) مَخزونات أو خامات نَفثينية

naphthol (Chem.) نَفْثول

naphthology (Pet. Eng.) عِلم النَّفط :دراسة خام البترول ومُشتقاتِه

nappe (Geol.) صُخور مُغتَرِبة

Narki metal (Met.) مَعدِن «نارْكي» : سبيكةٌ من الحديد والسليكون

narrow (*adj.*) ضَيِّق

narrow-base tower (Eng.) بُرجٌ ضَيِّق القاعدة

narrowing (*n.*) تضييق • تضَيُّق

narrows (Geol.) مَجازٌ ضَيِّق • مَضِيق

NASA (National Aeronautics and Space Administration) ناسا : الهيئة الوطنية لإدارة أبحاث الملاحة الجوية والفضاء (بأمريكا)

nascent (*adj.*) (Chem.) حديثُ التوَلُّد • وَليد

national (*adj.*) وطَنيّ • قَوميّ

national bank بَنْك وطني (أو أهلي)

National Board Stamping (Eng.) خَتْمُ المَجلس القومي : لِمُراقبة أوعيةِ الضغط ومَدَى تحَمُّلِها

National Bureau of Standards (NBS) المكتَبُ القومي للمقاييس العِيارية

national economy الاقتصاد القومي

National Fire Protection Association (NFPA) الجمعيةُ القومية للوقاية من الحرائق

National Fuel-oil Council (NFC) المجلس القومي لزيوت الوقود

National Gasoline Association of America (NGAA) الجمعية القومية الأميركية للبنزين

national income الدَّخلُ القومي

nationalization (*n.*) تـأميم

nationalize (*v.*) أمَّمَ

National Lubricating Grease Institute (NLGI) المعهد القوميّ لِشُحوم التزليق

national waters المِياه الاقليمية

native (*adj.*) طبيعي • فِطريّ – أهليّ • وطنيّ
(Min., Chem.) طبيعي – خالِص • صِرْف • غير مُتَّحِد بعناصرَ أخرى
(Geol.) أصلي • مَحَلِّيُّ النَّشأة
(*n.*) مُواطِن

native amalgam (Min.) مُلْغَم طبيعيّ

native asphalt (Pet. Eng.) أسفلت طبيعي

native element (Chem.) عُنصر طبيعيّ : يُوجَد نَقِيّاً في الطبيعة

native gas (Geol.) غازٌ طبيعيّ

native metal (Mining) فِلِزٌ طبيعي : يوجد نَقِيّاً في الطبيعة

native paraffin (Min.) شمعٌ مَعدِني

native rock (Geol.) الصخرُ المُكتَنِف

native sulphur (Min.) الكِبريت الطبيعيّ : كِبريت يوجد نقِيّاً في الطبيعة

natrium = sodium (Na) (Chem.) صُوديوم

natrium base grease = sodium base grease (Pet. Eng.) شَحْم قاعدته الصوديوم

natrolite (Min.) نَطْروليت : سليكاتُ الصوديوم والألومنيوم المُمَيَّأة

natron (Min.) نَطْرون : كربوناتُ الصوديوم الطبيعية

natural (*adj.*) طبيعيّ • فِطريّ

natural acids الحوامِضُ (العضويةُ) الطبيعية

natural asphalt (Pet. Eng.) أسفلت طبيعي

natural cement (Civ. Eng.) أسمنت طبيعي

natural density الكَثافة الطبيعية : الكثافة في الحالة الطبيعية

natural draught سَحبٌ طبيعيّ (في المَداخن)

natural dry gas (Pet. Eng.) غازٌ جافٌ طبيعي (اي جاف بطبيعته لا بالمُعالَجة)

natural earth currents (Geol.) تيارات أرضية طبيعية

natural evaporation (Phys.) تَبَخُّر طبيعي

natural flow (Hyd. Eng.) التدفّق الطبيعي • انسِياب طبيعي : دون دَفع أو ضَخّ

natural foundation (Civ. Eng.) أساسٌ طبيعيّ

natural gas (Pet. Eng.) الغاز الطبيعيّ

natural gas, dry (Pet. Eng.) غازٌ طبيعي جافٌ: لا يحمِلُ هيدروكربونات سائلة

natural gas fired boilers مَراجِلُ تُسخَّن بالغاز الطبيعي • غلايات تعمل بالغاز الطبيعي

natural gas

natural gas fired boilers

natural gas, liquefied (Pet. Eng.)
غاز طبيعي مُسَيَّل

natural gas liquids (Pet. Eng.)
سوائل (محمولة في) الغاز الطبيعي

natural gasoline (Pet. Eng.)
الجازولين الطبيعي • بنزين الغاز الطبيعي

natural gasoline plant (Pet. Eng.)
وَحدةُ فصل الجازولين الطبيعي

natural gas reserves (Pet. Eng.)
احتياطيُّ الغاز الطبيعي

natural gas, sour (Pet. Eng.) غاز طبيعي حَذيق : غاز طبيعي أكّال يحوي كبريتيد الهيدروجين

natural gas, sweet (Pet. Eng.) غاز طبيعي حُلو : خالٍ من المركبات الكبريتية

natural gas well (Geol.) بئر الغاز الطبيعي

natural gas, wet (Pet. Eng.) غازٌ طبيعيٌّ رطب : يحمل هيدروكربونات سائلة

natural glass (Geol.) زجاجٌ طبيعي

natural grease (Pet. Eng.) الشحم الطبيعي : اسم قديم للنفط الخام

natural history التاريخ الطبيعي : علم الحيوان والنبات والمعادن وسواها

natural horizon الأفق الطبيعي أو الجُغرافي

natural magnet = lodestone (Min.)
مغنطيسٌ طبيعي • حجرُ المِغنطيس

natural oil (Pet. Eng.) الزيتُ الطبيعي • النِّفط الخام

natural products مُنتَجات طبيعية

natural resin (Min.) راتينجٌ طبيعي

natural resources الموارِدُ الطبيعية

natural rubber مَطّاط طبيعي

natural science العلومُ الطبيعية

natural selection (Biol.) الانتخابُ الطبيعي

natural size قياسٌ أو حجمٌ طبيعي

natural slope (Civ. Eng.) الحُدورُ الطبيعي : زاوية الانحدار القُصوى لتُربةٍ غير مدعومة

natural soil تُربَة طبيعية

natural state الحالة الطبيعية

natural ventilation (Civ. Eng.) تهوية طبيعية

naulage (*n.*) نَوْلون • أجرة شَحن بحري

nautical (*adj.*) بَحريٌّ • مِلاحيّ

nautical almanac تَقويمٌ بَحريّ

nautical chart خريطة مِلاحيَّة

nautical league (Naut.) فَرسَخٌ بَحريٌّ : حوالى ٣ أميال بحريَّة

nautical log (Naut.) جهاز لقياسِ سُرعةِ السفن

nautical measure مقياس بحري

nautical mile ميلٌ بحري : ٦٠٨٠ قدماً (١٨٥٣ متراً تقريباً)

naval (*adj.*) بَحريّ

nave (Eng.) صُرَّة العَجلة • قَبُّ الدولاب

navigable (*adj.*) صالحٌ للمِلاحة

navigate (*v.*) أبحَرَ • قادَ (سفينةً أو طائرة)

navigation (*n.*) مِلاحة

navigational aids مُعيناتٌ مِلاحيّة

navigational chart خريطة مِلاحية

navigational computer حاسِبة مِلاحيّة

navigation lights أضواءُ الملاحة

navigation log سِجلُّ المِلاحة

navvy (*n.*) عامِلٌ بسيط • عاملُ حَفْر
(Eng.) مِجرفةٌ آليَّة

navy (*n.*) أُسطول • عُمارة بَحريَّة – قُوّاتٌ بَحرية

N.B. (nota bene) ملاحظة • تنبيه

NBS (National Bureau of Standards)
المكتب القومي للمقاييس العِياريّة

neap tide = neaps : مَـدٌّ أو جَزْرٌ نـاقِص في التربيع الأول والثاني من أوجهِ القَمَر

near (*adj.*) قريب • مُجاوِر • قريب من الأصل
(*adv.*) على وجهِ التقريب
(*v.*) دنا • إقترب من • قارَبَ

near-shore (marine) sediments (Geol.)
رواسِبُ (بحريَّة) شاطئية

near-surface deposits رواسب قريبة من السطح

neat (*adj.*) نظيف – حسنُ الصُّنع – صِرف • غير ممزوج (بالماء)

neat flame burner حارِقٌ مُبيَضُّ اللهَب

neat fluid (Chem. Eng.) مائعٌ خالٍ من الماء

neat lines (Civ. Eng.) حدودُ الحَفر المأجور

neat's foot oil (Chem. Eng.) زيتُ الحوافِر

nebony (Chem. Eng.) نِيبُوني : راتينجٌ ثِرموبلاستي (يتلدَّن بالتسخين)

necessaries ضَروريّات • لَوازِم

necessitate (*v.*) أوجَبَ • ألزَم • إستلزَم • إقتضى

neck (*n.*) عُنُق • رَقَبَة – جُزءٌ مُخصَّر • مَضيق
(Geol.) قصَبة (البركان)
(*v.*) ضاقَ • تخصَّر

necking (Eng.) تَخصُّر (الفِلزّ المطيل بعد الشّد)
(Geol.) تضيق • تضيُّق

needle (*n.*) إبرة – إبرة مغنطيسية

needle, astatic (Phys.) إبرة لا استاتية

needle bearing (Eng.) مَحمِل إبْريّ
(Surv.) اتِّجاه الإبرة

natural gas well

astatic needle

dip needle

magnetic needle

needle-dial قُرصٌ مُدرَّجٌ (ميناء) ذو إبرة

needle, dip (Magn.) إبرةُ المَيْل المغنطيسي

needle file (Eng.) مِبْرَدٌ إبْري

needle indicator (Eng.) : مُبيِّنٌ إبْري • مُبيِّن ذو إبرة

needle instrument (Surv.) جهاز قياسٍ ذو إبرة (مغنطيسية)

needle jet (or nozzle) (Eng.)
مِنفَثٌ إبريّ (للمُعايَرة)

needle lubricator (Eng.) مُزيِّتٌ إبريّ

needle, magnetic (Magn.) إبرة مغنطيسية

needle nose pliers (Eng.)
زَرَديَّة حادَّة المنقار

needle oil (Eng.) : زيتُ المَحاوِر الإبرية • زيتٌ مُقاوِم للصدأ والاحتكاك

needle point سِنٌّ أو طَرَفٌ إبريّ

needle roller-bearing (Eng.)
مَحمِل أُسَيطينات إبْري

needle-shaped (*adj.*) إبريُّ الشَّكل

needle valve (Eng.) صِمامٌ إبْريّ

needle valve lubricator (Eng.)
مِزْيَتة بِصمامٍ إبريّ

needle wire (Foundry) سِلكٌ إبري (لإخراج الفقاقيع من المَصبوبة قبل تجمُّدِها)

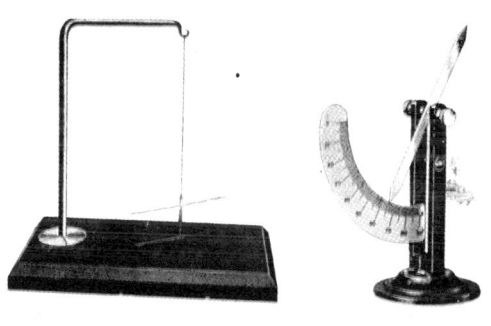

negative (*adj.*) سالِب • سَلْبي – عكسِي

(*n.*) (Geol.) أُحفورة سَلْبِيَّة • أحفورة مُنطَبِعة

negative acceleration = deceleration

(Mech.) تقاصُر • تسارُعٌ عكسيٌّ أو سَلْبيٌّ

negative areas (Geol.) رِقاعٌ سالِبة : مَناطِقُ غير مُستقِرَّةٍ من قِشرة الأرض

negative blower (Eng.) مِنفاخ سافِط

negative booster (Elec. Eng.) مُعزِّزٌ سالِب

negative buoyancy (Phys.) الطَّفْوِيَّة السلبيَّة

negative catalysis (Chem. Eng.)

حَفزٌ عَكسِيٌّ أو سلبي

negative catalyst (Chem. Eng.) حافِزٌ سَلْبي : يُعيق التفاعُلَ الكيماوي

negative charge (Elec. Eng.) شِحنةٌ سالبة

negative direction إتجاهٌ مُعاكِس

negative electricity (Elec. Eng.)

الكَهربائيةُ السَّالِبة

negative electrode (Elec. Eng.) إلِكْترودٌ سالِب

negative feeder = return feeder

(Elec. Eng.) مُغَذٍّ سالب • مُغَذٍّ عائد

negative group (Chem.) شِقٌّ (حامضيٌّ) سالب

negative ion = anion (Chem.)

أَنيون • أيُونٌ سالِبُ الشِّحنة

negative lap (Eng.) تراكُب سَلبيٌّ

negative lead (Eng.) سَبْقٌ سَلبيٌّ

negative moment (Mech.) عَزْمٌ سالب

negative plate (Elec. Eng.) صفيحةُ القُطب السالب (لِمِرْكَم أو خليَّة)

negative pole (Elec. Eng.) قُطبٌ سالب

negative potential (Elec. Eng.)

جُهدٌ كهربائي سالب

negative pressure (Phys.) ضَغط عكسيٌّ

negative terminal (Elec. Eng.) طَرَفٌ سالب

negative well (Civ. Eng.) بئر عكسيَّة (لِتصريف الماء عبر طبقةٍ مَسيكة)

neglect (*v.*) أهمَلَ • تغافَلَ

(*n.*) إهمال • تَغافُل

negligence (*n.*) إهمال • إغفال • تَهاوُن

negligible (*adj.*) يُمكِنُ إهماله • تافِه

negotiable (*adj.*) صالِحٌ للتداوُل • قابِلٌ للتَّحويل – صالحٌ للتفاوُض فيه – سالِك

negotiate (*v.*) فاوَضَ • تَفاوَضَ – حوَّلَ (إلى نَقْد) – أتَمَّ • أنجز

neighbourhood (*n.*) جِوار • مِنطَقة مُجاورة

neighbouring (*adj.*) مُجاوِر • مُتاخِم

nektons (Biol.) السَّوابِح : من الأحياء المائية

Neocene (period) (Geol.) : عصر النِّيوسين الجزء الثاني من الحُقب الجيولوجي الثالث

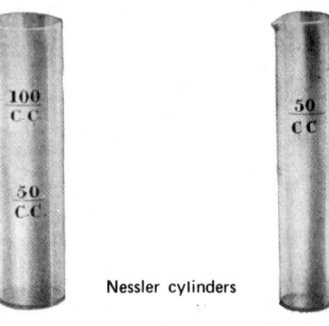

Neocomian (system) (Geol.) النظام النيوكُومي : الطبقةُ الدنيا من صُخور العصر الطباشيري

neodymium (Nd) (Chem.) : النِّيُوديميُوم عنصر فلزي نادر رمزه (نيو)

neo-fat (Chem. Eng.) نِيُوفات : اسم تجاري لسلسلة أحماض دُهنية

neogen (Met.) نِيُوجِن : سبيكة من النُّحاس والزنك

Neogene period (Geol.) : العصر النِّيُوجيني يشمل عَصرَي المَيُوسين والبالْيُوسين

neohexane (Pet. Eng.) نِيُوهِكْسان : سائل هيدروكربوني عالي درجة الاوكتان

Neo-Jurassic (Geol.) العصرالجُوراسِي الحديث

neolithic deposits (Geol.) رواسِب العصر الحَجَري الحديث

Neolithic period (Geol.)

العصرُ الحَجَري الحديث

neon (Ne) (Chem.) النِّيُون : عنصر غازيٌّ رمزه (ني)

neontology (Biol.) علم الأحياء الحديثة

neoprene (Chem. Eng.) نِيُوبْرين : نوع من المطاط الاصطناعي

Neozoic era (Geol.) الدَّهر الحديث • حُقَب الحياة الحديثة

Neozoic (rocks) (Geol.) صُخور العصر (الجيولوجي) الثالث

nepheline = nephelite (Min.) : نيفلين خامٌ من سليكات الصوديوم والألومنيوم

nepheline basalt (Geol.) : بازَلْت النيفلين لابَة قِلْوِيَّة تحوي النيفلين

nephelinite (Geol.) نيفِلِينَيت : صخر ناريٌّ دقيق الحُبَيبات

nepheloid (*adj.*) مُضِب : لِوُجود الموادِّ المُستَعْلَقة

nephelometer (Chem. Eng.) نِفلُومِتر : مقياسُ تركيز المُستَعلَقات

nephrite (Geol.) نِفرَيت : ضربٌ من اليَشَم

nepht tar (Pet. Eng.) القار النِّفطيّ : اسم قديم للبترول

neptunic rock (Geol.) صَخر بحريٌّ

neptunist (Geol.) نِبْتوني : مُشيدٌ بأهمية التأثيرات البحريَّة في تعليل أغلب الظواهر الجيولوجية

neritic environment (Ecol.) بيئةُ الحياة البحريَّة الشاطِئية (أو الضَّحْلة)

neritic sediments (Geol.) رواسِب بَحريةشاطِئية

neritic zone (Geol., Ocean.) المِنطَقةُ البحريةُ الشاطِئية (الضحلة) : دون المئَتَي متر عُمقاً

Nessler cylinders

nervation (*n.*) تَعرُّق – شكلُ انتشار العُروق

Nessler cylinder (Chem. Eng.) مِخبار «نِسْلَر»

Nessler's solution (Chem.) : مَحلول «نِسْلَر» للكَشف عن الأمونيا

nest (*n.*) عُشّ – مجموعة مُتداخلة

nested tubes أنابيبُ مُتداخِلة (تلسكوبية)

net = network (*n.*) شَبَكة

= nett (*adj.*) صافٍ • خالِصٌ

(*v.*) غطَّى بِشَبَكة– أعطى رِبحاً صافياً

net area صافي المِساحة

net barrier حاجِزٌ شَبَكيٌّ

net calori(fi)c value (Chem. Eng.)

القيمةُ السُّعْرِيَّةُ الصافية (للوقود)

net cash income الدخل النقدي الصافي

net cost سِعرُ التَّكلِفة • السِّعرُ الصافي

net lines = neat lines (Civ. Eng.)

حُدودُ الحَفْر المأجور

net loss الفَقدُ الصافي • صافي الفَقد

net positive suction head (Hyd.)

صافي عُلُوِّ المَصّ المُوجَب

net product صافي الإنتاج • غَلَّة صافية

net profit الرِّبحُ الصافي

net returns صافي العائدات

net slip (Geol.) إزاحَة إجمالية

netted texture (Geol.) بِنْيَة شَبَكِية • نَسيج مُشبَّك

netting, wire شَبَك سِلكي

net ton (or short ton) الطَّن الأميركي (يساوي ٢٠٠٠ باوند)

net tonnage الحُمولَة الصافية بالطَّن

net weight الوزنُ الصافي

network (Elec. Eng.) شَبَكة • شَبَكةُ خطوط

network of distributing mains (Eng.)

شَبَكةُ خطوط التوزيع الرئيسية

network structure بِنيةٌ شَبكية

neutral (*adj.*) مُحايِد • حِياديٌّ

(Chem.) مُتعادِل • لا حامِضيٌّ ولا قاعديٌّ

(Elec. Eng.) غيرُ مَشحُون بالكهرباء

(Eng.) غيرُ مُعشَّق

(*n.*) (Elec. Eng.) نُقطة تَعادُل ــ سِلكُ التعادُل
(Eng.) اللاّ تعشيق (للتُّروس)

neutral areas (Geol.) رِقاع مُتعادِلة : مناطِقُ مُستقِرّة من قِشرة الأرض

neutral atmosphere (Chem. Eng.) جَوٌّ مُتَعادِل (لا مُؤكسِد ولا مُختزِل)

neutral chemical (Chem.) مادة كيماوية مُتعادِلة : لا قاعدية ولا حامضية التأثير

neutral equilibrium (Mech.) إتِّزان مُستَقِرّ • توازُنٌ مُتعادِل

neutral flame (Met.) لَهَب مُتعادِل (في اللِّحام بالأكسجين والأسيتيلين)

neutral fold (Geol.) طيَّة مُتعادِلة

neutral gear (Eng.) اللاّ تعشيق : فَكّ تعشيق المُسنَّنات

neutralization (Chem. Eng.) تعادُل • مُعادَلَة ــ إبطالُ الفِعل

neutralization, heat of (Chem.) حَرارةُ التعادُل (بين مُكافِىء غرامِيّ حامِضي وآخرَ قاعدي)

neutralization number (Pet. Eng.) رَقْمُ التعـادُل : يُستدلّ بـه على حـامِضيَّة المُستحضَر البترولي ويُقـاس بعـددِ مِليغرامات البُوتاسا الكـاوية الـلازمة لِمُعـادلة غرام واحـد من المُستحضَرِ البترولي

neutralize (*v.*) عادَلَ • تَعادَلَ • أبطلَ الفِعل

neutralized (*adj.*) مُعادَل • مُتعادِلُ المفعول الكيماوي

neutralizer (Pet. Eng.) مُعادِل : عامِل مُعادَلةِ الحامضية لتخفيف التأكُّل

neutralizing treatment (Pet. Eng.) مُعالَجة مُعادِلَة : مُعادلة حامض الكِبريتيك المتبقّي في قُطارة النفط المكرر لِمَنع التأكُّل

neutral layer طبقة مُتعادِلة

neutral line (Mech.) خطُّ التعادُل

neutral litmus paper (Chem.) وَرقُ عَبّادِ الشَّمس المتعادِل

neutral oil (Chem. Eng.) زيت مُتعادِل : لا حامضي ولا قاعدي

neutral oils (Pet. Eng.) زيوت مُتعادِلة : تحضَّر دون مُعالجة كيمـاوية للبترول وتُنقّى بالترشيح فقط

neutral point (or **neutral**) (Elec. Eng.) نُقطةُ التعادل • نُقطة العَطالة

neutral position (Eng.) وَضْعُ التعادُل • نقطة العَطالة

neutral salt (Chem.) مِلحٌ مُتعادِل (لا حامِضيّ ولا قاعديّ)

neutral slag (Met.) خَبَثٌ مُتعادِل

neutral solution (Chem.) مَحلول مُتعادِل

neutral stability (Mech.) إستِقرار مُتعادِل

neutral surface (Eng.) سَطحُ التعادُل

neutral wire (Elec. Eng.) سلكُ التعادُل

neutral zone (*n.*) مِنطقة مُحايِدَة ــ مِنطقةُ التعادُل

neutron (Phys., Chem.) نيوترُون

neutron log (Geophys.) سِجلُّ النيوترونات

névé (Geol.) ثلجٌ جليديٌّ سطحي

new field wildcat (Pet. Eng.) بِئرٌ إستِكشافية في حقلٍ بِكْر

new pool wildcat (Pet. Eng.) بِئر استِكشافية لِتحديد نِطاق المُكْمَن

new red sandstone (Geol.) الحجرُ الرملي الأحمر الحديث

newton (Phys.) نيُوتُن : وَحدة قوة في نظام المتر كيلوغرام ثـانية (تسـاوي ١٠٠ ألف داين)

Newtonian liquid سائل نيوتُوني : سائل حيث الخواصُّ اللُّزوجية

NFC (National Fuel-oil Council) المَجلس القومي لزيوت الوقود

NFPA (National Fire Protection Association) الجمعية القومية للوقاية من الحرائق

NGAA (National Gasoline Association of America) الجمعية القومية الاميركية للبنزين

n-heptane = **normal heptane** (Chem., Pet. Eng.) هِبْتان سَوِيّ : يُستخدَم كَوَقودٍ عِياري لتقدير الرقْمِ الأوكْتاني للبنزين

NHP (**n.h.p.**) (**nominal horse power**) القُدرة الحِصانية الاسمية

niacin = **nicotinic acid** (Chem.) نِياسين : الحامضُ النيكوتيني

nib (*n.*) طَرَفٌ مُستَدِق • سِنّ ــ طَرَفُ العَتَلة
(*v.*) سَنَّنَ : جعلَ مُستدِقَّ الطَّرَف

nibble (*v.*) قضَم • قَرَضَ قليلاً
(*n.*) قَضْمٌ رَقيق ــ مِقدارٌ ضئيل

nibbling machine (Eng.) مِقرَضة (للألواح المعدنية)

niccolite = **copper nickel** (Min.) نيكُولِيت : خام من زرنيخيد النيكل

niche (Ecol.) بيئة مُلائمة

Nicholson hydrometer (Phys.) مِكثاف «نِكلسون» للسوائل

Nichrome (Met.) نِكْرُوم : سبيكة (أساسًا) النيكل والكُروم

nick (*n.*) (Carp.) حَزٌّ • تحزيز • ثَلْم
(*v.*) حَزَّ • فَرَضَ • فَلَّ

nicked (*adj.*) مُحَزَّز • مُخَدَّد

nickel (Ni) (Chem.) النيكل : عنصر فلزيّ رمزه (نك)
(*v.*) نَكَّلَ • طَلَى بالنيكل

nickel accumulator (Elec. Eng.) مِرْكَمُ النيكل (والحديد) • مُرَكِّم «أديسُون»

nickelage = **nickeling** (Met.) طليٌ بالنيكل

nickel alloys (Met.) سبائكُ النيكل

nickel bath (Elec. Eng.) مَغْطَسُ الطِّلاء بالنيكل

nickel-cadmium battery (Elec. Eng.) بطّارية النيكل والكادميوم

nickeliferous (*adj.*) حاوٍ النيكل

nickeline = **niccolite** (Min.) نيكلين • نيكُوليت : خام من زرنيخيد النيكل

nickel-iron (alkaline) accumulator (Elec. Eng.) مِرْكَم «أديسُون» • مُرَكِّمُ النيكلِ والحديد (القِلوي)

nickel-molybdenum iron (Met.) حديدُ النيكل والموليبديُوم (الصامدُ للحوامض)

nickel pan وِعاءٌ (أو حوضٌ) من النيكل

nickel-plate (*v.*) طَلَى بالنيكل

nickel-plated brass (Met.) نُحاسٌ أصفرُ مَطليٌّ بالنيكل

nickel-plating (Elec. Eng.) الطِّلاء بالنيكل

nickel silver = **German Silver** (Met.) سَبيكةُ الفِضة الألمانية (من النيكلِ والنحاس والزنك)

nickel steel (Met.) فولاذ نيكليّ

nicking (Eng.) تحزيز • تَفريض

Niclad (Met.) نِكْلاد : صفائحُ مؤلفةٌ من النيكل والفولاذ

Nicol prism مَوْشُورُ «نِيكُول»

nicopyrite = **pentlandite** (Min.) بَيْرِيتُ النيكل : كبريتيد الحديد والنيكل

nicrosilal (Met.) نيكروسيلال: سبيكةٌ من حديدِ الزّهر والنيكل والسليكون (صامدةٌ للحرارة العالية)

nidge (*v.*) نَقَشَ (الحجرَ)

nife (Geol.) ألنِّيف • النيِّحَد (من نيـكل وحديد) : لُبُّ الأرض المكوَّن من النيكل والحديد وغيرهما من المعادن

Ni-Fe battery (Elec. Eng.) بطّارية النيكلِ والحديد • مِرْكَمُ «أديسُون»

nigger (*n.*) أنبوب تطويل ذراع مفتاح الشد

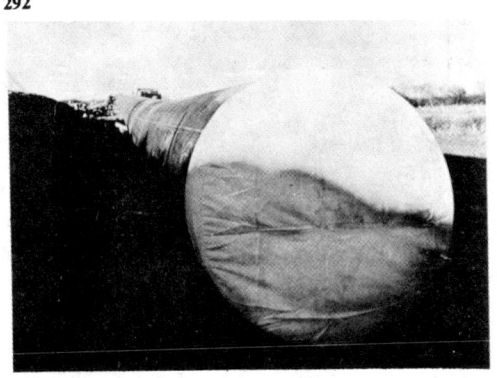

nightcap

nigger boy (Eng.) جهازٌ أوتوماتي لإشعال المِرْجَل

niggers (Chem.) سُوادُ الفَتيلة: ترسُّبات كربونية فَتيلية تُعطِّل إضاءَةَ المِصباح البترولي

nightcap (Pet. Eng.) غِطاءٌ لَيليٌّ (غِطاء لِسدِّ خط الأنابيب في أثناء مَدِّه)

night shift نَوبةُ عَمَلٍ لَيليٍّ

night superintendent : المُشرِفُ الليلي على العَمَل

Ni-hard (Met.) نايْهارد : سبيكة من حديدِ الزهر والكوبالت شديدةُ الصلابة

nil لا شيء • صِفر

nilex = nylon (Chem. Eng.) نَيْلِكس • نَيْلون

nine-spot flood system (Pet. Eng.) نِظام تدفُّق تُساعِيّ النِّقاط : شبكة إنتاجية من تِسْع آبار بين مُنتِجةٍ وحاقِنة

niobium (Nb) (or **columbium**) (Chem.) النيوبيُوم : عنصر فلزيّ رمزه (نيب)

nip (v.) قَرَصَ • قَرَّضَ

nipper (n.) عاملٌ حَدَث ــ قَرّاضة • كَمّاشة

nippers (Eng.) قَرّاضَة • كَمّاشة

nipping fork شَوكةُ قَبْض

nipple (n.) (Eng.) حَلَمَة ــ نَبْل : وُصلَة (بين أنبوبين) مُلولبةُ الطرفين

(v.) وَصَلَ بحلَمة أو نَبل

niter (or **nitre**) (Chem.) النِّتر : نِترات البوتاسيوم • نَطْرون

Nitralloy (Met.) نِترالوي : فولاذ يصلح للنَّتْرَدة

nipples

nitramon (Mining, Civ. Eng.) نِترامُون : مُتفجِّرٌ مأمونُ الاستعمال (لا يُفجَّر إلاّ بِصمامة تفجير)

nitrate (Chem.) نِترات

nitrate deposits (Geol.) رواسبُ النِّترات

nitrates (Chem.) نِترات • أزوتات : أملاح حامض النيتريك

nitration نَتْرَجة: تحوُّلُ النِّتريتات إلى نِترات

nitre (or **salt-petre**) (Min.) نَطْرون • النِّتر : نِتراتُ البوتاسيوم

nitric acid = aqua fortis (Chem.) حامض النيتريك • (ماءُ النار)

nitric oxide (Chem.) أُكسيدُ الأزوتيك (أو النيتريك)

nitridation = nitriding (Met.) نَتْرَدة : تَصليدُ السطح الفولاذي بالنتردة

nitride (Chem.) نتريد • ازوتيد

nitrided steel (Met.) فُولاذٌ مُنَتْرَد

nitriding = nitrogen case-hardening (Met.) النَّتْرَدة : تَصليد سَطح الفولاذ بمعالجته حرارياً بالأمونيا

nitrification (Chem. Eng.) نَتْرَتة : مُعالجة المادةِ بحامض النيتريك ــ نَتْرَجَة • تأزُّت : تحوُّلُ المواد النتروجينية إلى نترات

nitrile rubber (Chem. Eng.) مَطّاط النِّتريل

nitrite (Chem.) نِتْريت • أزوتيت : ملح حامض النيتروز

nitroalkane (Pet. Eng.) أَلكانٌ نِتْريتي : مادة إضافة لضبط اشتعال وقود الديزل

nitrobenzene (Chem.) نِتْروبنزين : نِتريت البنزين

nitro-cellulose (Chem.) نِتروسليلوز : نِتريت السليلوز

nitrocotton (Chem. Eng.) قُطن البارود

nitro derivatives (Chem. Eng.) مُشتقّات (عُضوية) نِتْريتية

nitrogelatin(e) نِتروجيلاتين : سائل متفجر يُحضَّر بإذابة الكـافور وقُطن البارود في النتروغليسرين

nitrogen (N) (Chem.) النِتروجين • الأزوت: عنصر غازي رمزه (ن)

nitrogenated (Chem.) مُنَتْرَج

nitrogen case-hardening = nitriding (Met.) تَصليد (سطح الفولاذِ) بالنَّتْرَدة

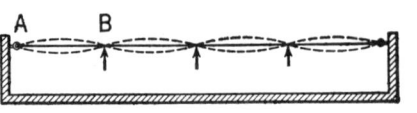

nodes

nitrogen cycle (Chem.) دَورةُ النتروجين

nitrogen dioxide (or **peroxide**) (Chem.) فوق أكسيد النتروجين

nitrogenous (adj.) (Chem.) نِتروجيني • أزوتي

nitrogenous fertilizers (Chem. Eng.) أسمِدة نِتروجينية

nitrogen pentoxide (Chem.) خامِسُ أكسيد النتروجين

nitrogen peroxide (or **tetroxide**) (Chem.) فوق أكسيد النتروجين

nitroglycerin(e) (Chem. Eng.) نِتروغليسرين : زيتٌ شديد التفجُّر

nitrometer (Chem. Eng.) نِترومتر: أزوتومِتْر: جهازٌ لتقدير كمية أكاسيد النتروجين

nitro-shooting (Pet. Eng.) تفجير نِتريتي : تفجير بالنتروغليسرين لتعزيز انتـاج الطبقةِ (النفطيةِ) المُنتِجَةِ

nitroso-compounds (Chem. Eng.) مُركَّبات نِترُوزُويَّة

nitrososulphuric acid (Chem.) حامض النيتروزُوكبريتيك

nitrosyl-sulphuric acid (Chem.) حامض النيتروزُوكِبريتيك • حامض الكبريتيك النتروزيليّ

nitrotoluene (Chem.) نِتراتُ التُّولوين

nitrous acid (Chem.) حامض النيتروز (أو الأزوتوز)

nitrous oxide (Chem.) أكسيد النيتروز (أو الأزوتوز)

nitryl rubber (Chem. Eng.) مطّاط (اصطناعيّ) نِتريلي

nivation (Geol.) تَعرية ثلجيّة

NLGI (National Lubricating Grease Institute) المعهد القومي لشحوم التزليق

noble gas = inert gas (Chem.) غازٌ خامِل

noble metal (Met.) مَعدِنٌ كريم

nocturnal (adj.) لَيليٌّ • لَيليُّ النشاط

nodal point نُقطة عُقَدية

node (n.) عُقْدَة • عُجْرَة

nodular (adj.) عُجَيريّ • عُقَديّ

nodular shale (Geol.) طَفَل عُقَديّ

nodule (Geol.) عُقَيْدة : كتلة معدنية مُتحجِّرة في وسَطٍ مُخالِف

nodulous (or **nodulose**) (adj.) عُقَديّ • ذو عُقَد • كثيرُ العُجَر

no-fines concrete (Civ. Eng.) خرَسانَة لا رَمليَّة (مِلاط وحصباء فقط)

no funds (n-f) لا رصيد

nog (Civ. Eng.) طُوبَةٌ سنيه (في الجدار لاغراض التسمير)
noise ضَجيج • ضَوضاء • لَغط • ضَجَّة • تَشويش
noise eliminator (Civ. Eng.) مانِعُ الضجيج
noise filter (Elec. Eng.) مُرشِّح الضجيج • مُرشِّح اللَّغط
noise insulation (Eng.) عَزل الصوت • إصمـات
noiseless engine (Eng.) مُحرِّك صامت
noise suppressor (Eng.) كاتِمُ الضجيج
noisy (*adj.*) ضَجيجيّ • كثيرُ الضجَّة أو التشويش
noisy running (Eng.) دوَرانٌ ضَجيجيّ : مَصحوبٌ بالضجيج
no-load power (Eng.) القدرة اللاَّ حِمليَّة : القدرة عند زَوال الحِمْل
no-load test (Eng.) اختبار لا حِمليّ (بدون حمل)
Nomag (Met.) نُوماج : سبيكة لا مغنطيسية عالية المقاومة الكهربائية (تتالف من حديد الزهر والنيكل والمنغنيز)
nomenclature (*n.*) تَسمِيَة – مَجموعةُ مُصطلَحات (في موضوع معين)
nominal (*adj.*) إسمِيّ • شكليّ – إعتباري
nominal capacity السَّعة الاسميَّة
nominal diameter of pipe (Eng.) القُطر الإسمي للأنبوب
nominal (horse-)power (Eng.) القُدرةُ (الحِصانيةُ) الاسميَّة
nominal output (Eng.) الخَرْج الإسمي
nominal price سِعر إسميّ • سِعر رَمزيّ
nominal value قيمة إسميَّة
nomogram = nomograph نومُوجرام : رسمٌ بياني (ثلاثيُّ الخطوطِ أو المُنحَنَيات)
non- بادئة بمعنى : غير • لا
non-absorbent (*adj.*) غير مصَّاص • لا إمتِصاصيّ
non-acceptance عَدَمُ القَبول • رَفض
non-acid (*adj.*) غير حامضيّ • لا حامضيّ
non-additive oil (Pet. Eng.) زيت عديمُ الإضافات
non-ag(e)ing (*adj.*) (Chem.) لا يَعْتَق • لا يُعتَّق
non-alcoholic (*adj.*) لا كُحولي
non-aqueous solution (Chem.) مَحلول لا مائيّ
non-associated gas (Pet. Eng.) الغازُ غيرُ المُرافق : غاز طبيعي غير مصحوب بالنفط
non associated natural gas (Pet. Eng.) غاز طبيعي غير مُرافق
non-bedded (*adj.*) (Geol.) لا طِباقيّ • غير مُتطبِّق
non-carbon oil (Pet. Eng.) زيت لا كربونيّ: زيت ثابت لا يترك مُخلفـاتٍ كربونية عند الاحتراق
non-channelling grease (Pet. Eng.) شحم لا تخَدُّدي
non-cohesive soil (Civ. Eng.) تُربة لا مُتماسِكة
non-collinear (*adj.*) غيرُ مُسامِتَة (ليست على إستِقامة واحدة)
non-combustible (*adj.*) (Chem.) لا يَحترق• غير قابل للاحتراق
non commercial well (Pet. Eng.) بئر لا تِجارية : لا تصلح للاستثمار تجارياً
non-compensated (*adj.*) غيرُ مُعادَل
non-competitive lease امتيازٌ لا تنافُسيّ : يُمنَح بالتفاوض دون استدراج عروض
non-compliance عدم مُراعاة • عدم الامتِثال (للقواعد أو مُتطلَّبات مُعيَّنة)
non-compounded (*adj.*) (Chem.) غيرُ مُركَّب
non-condensable (*adj.*) غيرُ قابل للتكاثف• لا يتكثَّف
non-condensable gases (Chem. Eng.) غازات لا تكاثُفيَّة : غير قابِلة للتكثيف أو التكاثُف
non-conducting rock (Geophys.) صَخر حاجِز • طبقة صخرية غير مُوصِلَة
non-conductive (*adj.*) غير مُوصِّل (للكهرباء أو الحرارة)
non-conductor (*n.*) (Phys.) لا مُوصِّل • مادة غيرُ مُوصِّلَة
non-conformity (*n.*) تبايُن • عَدَمُ انسِجام (Geol.) تبايُن التطبُّق • اللا توافُق الطَّبَقي
non-congealable (*adj.*) غيرُ قابلٍ للتجمد • لا يَنعقِد
non-corrodible (*adj.*) (Chem. Eng.) لا يَصْدأ • لا يتأكسَد • لا يتأكَّل
non-corrosive (*adj.*) (Chem. Eng.) لا يتأكَّل • لا يَتحاتّ – غيرُ أكَّال • لا يَحُتّ
non-delivery عدم تسليم
non-distillable (*adj.*) غير قابل للتقطير • لا يُستَقْطَر
non-drying (*adj.*) لا جفوف
non-drying oil (Chem. Eng.) زيت لا يَجفّ• زيتٌ لا جَفوف

non-conformity

non-durable goods سِلَع إستِهلاكية
non-effective (*adj.*) غير فعَّال • عديم التأثير
non-effective measures إجراءات غيرُ فعَّالة
non-electrics (Elec. Eng.) أجسام لا تكهرُبيَّة : غيرُ قابلةٍ للتكهرُب
nonelectrolyte (Chem. Eng.) مـادة لا إلِكتروليتيَّة : مَحلولها في الماء لا يحوي أيُونات ولا يُوصِّل التيار الكهربائي
nonene – propylene trimer – nonelyne (Chem.) نُونين • مُبلمر البروبيلين الثلاثي
non-equilibrium (Phys.) لا تعادُل • لا توازُن • انعِدام الاتّزان
non-explosive (*adj.*) غيرُ قابِلٍ للانفِجار• لا تفجُّري
non-ferrous (*adj.*) لا حَديدي : لا يحوي حديداً
non-ferrous alloy (Met.) سبيكة لا حديدية
non-flammable (non-flam) (*adj.*) لا يشتَعِل• لا لَهُوب
non-flexible (*adj.*) لا إنثِنائي : غير قابلٍ للانْثِناء
non-fluctuating (*adj.*) غير مُتَراوِح
non-fluid (*adj.*) لا سائلي • لا مائعي
non-foaming (*adj.*) (Chem.) عديمُ الارغاء• لا يترغَّى
nonfractionating distillation (Pet. Eng.) التقطير اللا تَجزِئي
non-freezing (*adj.*) لا يتجمَّد
non-frothing oil (Pet. Eng.) زيت غير مُزبِد
non-fusible (*adj.*) (Chem., Phys.) لا صَهور • لا ينصَهِر
non-gaseous coal (Min.) فَحم لا غازي : فَحمٌ فَقير
non-graded sediments (Geol.) رواسِبُ لا مُتَماثِلة

non-skid treatment

non-granular (*adj.*) غير مُحبَّب
non-hygroscopic (*adj.*) (Chem.) غير مُسترطِب • لا استرطابي
non-inflammable (*adj.*) لا يحترق • لا لَهُوب
non-integrated (*adj.*) غير مُتكامِل
non-interchangeable (*adj.*) لا تبادُليّ • غير مُتبادَل
non-interference (Phys.) عَدمُ التدخُّل • عدم التداخُل
non-intermittent (*adj.*) غير مُتَقطِّع • مُستمِر
nonius = vernier (Eng.) وَرْنيَّة
non-knocking (*adj.*) (Chem. Eng.) عديمُ الخَبْط
non-linear relationship علاقةٌ لا خطِّيَّة
non-luminous flame لَهبٌ غير مُضيء
non-luminous radiation (Phys.) إشعاع غير مُضيء
non-magnetic (*adj.*) لا يتمغنَط • لا مغنطيسي
non-magnetic steel (Elec. Eng.) فولاذ غيرُ مغنطيسي (به حوالى ١٢ بالمئة منغنيز)
non-malleable (*adj.*) (Met.) لا طَرُوق • غير قابلٍ للتطريق
non-marine (*adj.*) لا بحريّ • غير بحريّ
non-metal (*n.*) (Chem.) لا فِلِز • عنصر لا فِلِزّي (أو لا معدني)
non-metallic (*adj.*) (Chem.) لا فِلِزّيّ • لا مَعْدِنيّ
non-metallic inclusions (Met.) مُتَضمَّناتٌ (أو شوائبُ) لا فِلِزية
non-miscible (*adj.*) لا امتِزاجي • لا خَلُوط
non-miscible liquids (Chem.) سوائلُ لا إمتِزاجية
non-observance (*n.*) لا مُراعاة • عدمُ التقيُّد (ب)
non-odorous (*adj.*) عديم الرائحة
non-offensive odor رائحة غير كَريهة • رائحة مَقبولة
no-noise air filter (Eng.) مُرشِّحُ هواءٍ صامِت

nonoleaginous lubricant مُزلِّق لا زَيتيّ : مثل الغليسرين
non-organic (*adj.*) لا عُضْويّ
non-oscillatory (*adj.*) لا تذَبذُبيّ
non-oxidizable (*adj.*) (Chem. Eng.) لا يتأكسَد
non-oxidizing (*adj.*) لا يُؤكسِد • عديمُ الأكسدة
non-periodic (*adj.*) غير دَوريّ
non-petroleum lubricant (Eng.) مُزلِّقٌ لا نفطِيّ
non-poisonous (*adj.*) غيرُ سامّ
non-polar (*adj.*) (Chem.) لا قُطْبيّ
non-polarizing (*adj.*) (Phys., Chem.) لا استِقطابيّ
non-porous (*adj.*) غيرُ مَساميّ
non-processed gas (Pet. Eng.) غاز غير مُصنَّع : كما يَخرجُ من البِئر
non producing well (Pet. Eng.) بِئر غير مُنتِجة
non-productive (*adj.*) غير مُنتِج • غير مُنتِجة
non-profit لا يُتوَخّى منه الكَسْبُ
non-reactive (*adj.*) (Chem.) غير فعّال • عديم الفاعِلية الكيماوية
non-recoverable oil (Pet. Eng.) زيت لا يُستخرج : بالطُّرقِ التجاريَّة
non-refinable crude (Pet. Eng.) خامٌ (ثقيل) لا يُمكن تكريره
non-renewable (*adj.*) لا يُجدَّد
non-residue cracking (Pet. Eng.) التكسير اللا فَضَلِيّ : بلا مُتخلِّفات
non-resinous (*adj.*) لا راتِينجيّ
non-return valve (Eng.) صِمامٌ لا رُجوع • صمام لا رَجعيّ
non-reversible (*adj.*) (Chem.) لا عَكُوس • لا ينعكِس
non-rusting (*adj.*) لا يَصْدأ • غير قابلٍ للتأكسد
non-saponifying (*adj.*) (Chem.) عديم التصبُّن
non-saturation عدم التشبُّع • اللا تَشبُّع
non-scaling (Cnem.) لا يتقشَّر
non-scheduled (*adj.*) غير مُدْرَج
non-selective polymerization (Chem. Eng.) البَلمرة اللا إنتقائية
non-sequence (Geol.) لا تتابُع • تبايُن التَسلْسُل الطَبَقيّ
non-shatterable glass زجاجٌ لا يتناثَر (عند الانكِسار)
non-shrinking (*adj.*) لا إنكِماشي
non-skid = non-slip (*adj.*) (Civ. Eng.) لا انزلاقي • مُضادٌّ للانزلاق

non-skid surface (Civ. Eng.) مُسطحٌ لا إنزلاقي
non-skid treatment مُعالجة مانِعة للإنزلاق
non-skid tyre إطارٌ مُضادٌّ للانزلاق
non-slip floor (Civ. Eng.) أرضيَّة لا انزلاقية
non-soap grease (Pet. Eng.) شَحم لا صابونيّ
non-soap thickener (Pet. Eng.) مُغلِّظ لا صابوني : مُغلِّظُ قَوامٍ لا عُضوي للشحوم الصناعيَّة
non-soluble (*adj.*) (Chem.) غير ذوّاب
non-sparking metals : معادِن لا مُتشرِّرة : لا تُحدِثُ شَررًا
non-spatter additive (Pet. Eng.) إضافة مانِعة للترشُّش
non-spillable (*adj.*) لا ينسَكِب
non-stained (*adj.*) عديم التلوُّن • لا ينصَبغ
non-standard (*adj.*) لا عِياريّ • غيرُ قِياسيّ
non-stop (*adj.*) لا توقُّفِيّ • دونَ توقُّف
non-tension joint (Elec. Eng.) • وُصلةٌ لا تَحتمل الشَّد • وصلة لا شَدِّيَّة
non-transparent (*adj.*) غير شفّاف • لا شَفيف
non-uniform flow (Hyd.) تدفُّق غير مُنتظَم
non-union (*adj.*) لا إتحادي ـ لا نِقابيّ
(*n.*) اللا اتحاد
non-viscous distillate (Pet. Eng.) قُطارة سَيُوب : عديمة اللزُوجَة
non-viscous neutral (Pet. Eng.) زيت مُتعادِلٌ سَيُوب : غير لَزِج
non-volatile (*adj.*) (Chem.) لا مُتطايِر
non-waxy crude oil (Pet. Eng.) خام (نفطِيّ) لا شَمعيّ
non-wetting fluid (Phys.) سائلٌ لا بَلُول: لا يَبِلُّ جوانبَ الإناء الذي يحتويه
non-workable (*adj.*) غير قابلٍ للتشكيل
non-worked (*adj.*) غير مشغول
nonyl alcohol (Chem. Eng.) كُحول النُّونيل: مُستحضَر وسيط في صناعة المُنظِّفات الكيماوية
nonylene = nonene (Chem.) نُونيلين ـ مُبَلْمَرُ البروبيلين الثلاثيّ
nonyl phenol (Chem.) فِينول النُّونيل
nook (*n.*) زاوية • رُكن
noose (*n.*) أُنشوطَة
(*v.*) أوقعَ في أنشُوطَة
Nordhausen sulphuric acid = fuming sulphuric acid (Chem.) حامض الكِبريتيك المُدخِّن
nordmarkite (Geol.) نُوردْماركيت: مَرْوٌ يَحوي فَ...ار الصودا

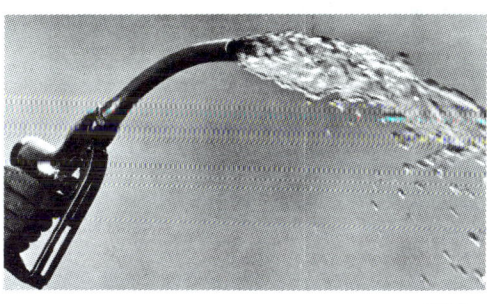

no record area (Pet. Eng.) مِنطقة سلبيّة التسجيل : لم تُسَجِّل الأجهزةُ ما يَدُلُّ على وُجودِ طبقةٍ مُنتِجة فيها

norite (Geol.) نُورِيت : صخر جَوفي قاعدي

norm (n.) مُستوًى عياري • مِعيار • قاعِدة

(Geol.) تركيب معدني معياري

normal (adj.) عاديّ • طبيعيّ – سَوِيّ

(Mech.) عَمُودي • رأسي

(Chem.) عِياري • قِياسيّ

(n.) خط عَمودي

normal atmospheric conditions الأحوالُ الجوِّية العادية

normal boiling point درجة الغليان العادية (في الظروف العاديّة)

normal calorie (Phys.) كالوري عادي • سُعْر

normal concentration (Chem.) تركيز عِياريّ

normal dip (Geol.) مَيْل عادي : يتفقُ ومَيْل الطبقات في المنطقة

normal distance (Mech.) مسافة عمودية

normal erosion (Geol.) التعرِيَة الطبيعية : بالتجْوِيَة والحَتّ المائي

normal fault (Geol.) صَدْع رأسِي

normal fold (Geol.) طَيَّة عاديَّة (مُتمائلة ضَيِّقة)

normal gravity (Phys.) الجاذبية (الثِّقالة) العيارية : على مستوى سطح البحر

normal habitus (Min.) سِحنة عاديَّة

normality (Chem.) عيارية : قيمة التركيز (بالمكافىء الغرامي للتر)

normalizing (n.) (Met.) مُعايَرة • تسوِيَة : جعل الشيء عِيارِيًّا أو سَوِيًّا – مُعالجة (الفولاذ) بالحرارة (لإزالة الإجهاد الداخلي)

normal operation (Eng.) تَشغيل عادي

normal performance (Eng.) اشتغال عاديّ • أداءٌ عادي

normal pressure (Phys.) ضغط عياري (ضغط ٧٦٠ ملم زئبق)

normal reaction (Mech.) رَدُّ فعل مُتعامِد

normal running (Eng.) دَورانٌ عاديّ

normal salt (Chem.) مِلح سَوِيّ : ينتُج من استبدال كل هيدروجين الحامض بفِلز

normal section قِطاع عموديّ

normal solution (Chem.) مَحلول عِياري • محلول مُكافىء

normal state حالة عادية أو طبيعية

normal stress (Mech.) إجهاد مُتعامِد

normal temperature and pressure درجة الحرارة والضغط العياريين (درجة الصفر المئوي وضغط ٧٦٠ ملم زئبق)

normal velocity (Mech.) سُرعة اتجاهية عَمودية

normal working conditions (Eng.) ظُروف التشغيل العاديّ

north (n.) الشَّمال

(adj.) شَمالي

(adv.) شَمالاً

northbound (adj.) مُتَّجِهٌ شَمالاً

north declination حُدورٌ شمالي

northeasterly (adj.) شَمالي شَرقيّ

northerly (adj.) شَمالي

(adv.) نحو الشّمال

Northern Hemisphere (Geog.) نِصفُ الكرة الشمالي

northing (Surv.) المَسافة المُجتازة شَمالاً – خط عَرض شمالي

north magnetic pole القُطب الشمالي المغنطيسي

north-seeking pole قطب شمالي (في البوصلة)

northwesterly (adj.) شَمالي غربيّ

nose (n.) أنف – مُقدِّمة (الطائرة او المركب)

(Geol.) خَطْم (الطَّيَّة)

(adj.) أماميّ

nosean (or **noselite**) (Min.) نوزيان • نوزِليت : خام من سِليكات الصوديوم والألومنيوم مع كبريتات الصوديوم

nose bit لُقمة خَطْمِيَّة

nose heavy (adj.) ثَقيل المُقدِّمة

notable (adj.) مَلحوظ • جَدير بالملاحظة – بارز

notate (v.) رَقَّم • عَلَّم

notation (n.) تَدوين (بعلامات أو رُموزٍ خاصة) – دَلالة • علامة • رمز

notch (n.) فُرْضَة • ثُلْمَة • نُقْرة • فَلَّة • فُرضة تَدريج

(v.) فَرَّض • ثَلَم • حَزّ – نقر (للتلسين)

notched (adj.) مُحزَّز • مُفَرَّض

notching (n.) نَقر • تفريض – وَصلٌ بالنَّقر (والتلسين)

notch sensitivity (Met.) حساسية الإطاقة للتحزيز

notch toughness test (Eng.) اختبار المتانة (أو العُسُوّ) بالثَّلم

notice (n.) ملاحظة – تنبيه • إنذار – انتباه

(v.) راعى • لاحَظَ • إنتبه الى

noticeable (adj.) جدير بالملاحظة والاهتمام

not negotiable (adj.) غير قابلٍ للتحويل

not to scale (adj.) بغير مقياس الرسم • دون التقيُّد بمقياس الرسم الأصلي

normal fault

nozzle

nought = **naught** صِفر • لا شيء

novaculite (Geol.) نُوفاكيُولايت : صخر سِليكوني يُتَّخَذُ منه حَجَرُ السَّن

novice (n.) مُبتدِىء

Novoid (Eng.) نوفويد : مِلاط مُضادّ للحوامض والزيوت والرطوبة

noxious (adj.) مُؤذٍ • ضارٌّ (بالصحة) • وَبيل

nozzle (n.) فُوَّهة • فُتحة سَكب • بَزْباز • مِنفث

nozzle coking (Eng.) تَكَوُّك الفوهة : بالترسُّبات الكربونية

nozzle, filling فُوهة التعبئة

nozzle gauge مُحدِّد قياس المَنافث

nozzle line (Eng.) بِطانة المِنفث

nozzle orifice فُتحة الفوهة • فُوَّهة المِنفث

N.P.A. (National Petroleum Association) الجمعية القومية للبترول

N.P.C. (National Petroleum Council) المَجلس القومي للبترول

N.P.S.H. (net positive suction head) صافي عُلو المَصِّ الموجَب

N.R. (no record) لا تسجيل

(no reflection) لا انعِكاس

N.S.C. (National Safety Council) المجلسُ القومي للسلامة

N.T.P. (normal temperature and pressure) (Phys.) درجة الحرارة والضغط العياريَّين (درجة الصفر المئوي وضغط ٧٦٠ ملم زئبق)

nuée ardente

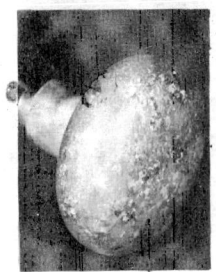

nucleation

nuts

Nubian sandstone (Geol.) الحجر الرملي النُّوبي
nuclear (*adj.*) نوَويّ
nuclear disintegration (Phys.) إنحِلال نوويّ
nuclear energy (Phys.) الطاقة النَوَويَّة
nuclear fission (Phys.) إنشِطار نوَويّ
nuclear fuel (Phys.) وَقود نوَويّ
nuclear fusion (Phys.) إندماج نوَويّ
nuclear isomerism (Phys.) تَشاكُل نوَويّ • أسمَرة نَوَويَّة
nuclear particles (Phys.) جُسَيمات نَوَويَّة
nuclear physics (Phys.) الفيزياء (الطبيعيات) النووية
nuclear reaction (Phys.) تفاعُل نوويّ
nuclear reactor = atomic pile (Phys.) مُفاعِل نوويّ • قَمين ذرِّي
nucleate (*adj.*) مُنَوّى : ذو نَواة أو نوًى
nucleation (Chem. Eng.) التنَوِّي : تكوُّن النوى على سطحٍ مُتحوِّل الطور
nuclei (pl. of **nucleus**) (Phys., Biol.) نوى • نُوَيَّات
nucleon (Phys.) نُوَيَّة : جُزيء نووي أُحادي العدد الكُتلِي كالبروتون والنيوترون
nucleus (Chem., Phys., Biol.) نواة
nuee ardente (Geophys.) سَحابة متوهِّجة (بركانية المنشأ)
nugget (*n.*) لُقطة • شَذرة – سَبيكة
nujol (Chem.) نُوجول : فازلين سائل
null (*adj.*) باطل • لاغٍ – لا شيء • صِفر
nullify (*v.*) أبطل • أحبط • ألغى
number (*n.*) عَدَد • رَقْم – كمِّيَّة
(*v.*) عدَّدَ – رقَّمَ
number, absolute عَددٌ مُطلَق
number, atomic (Chem.) العدد الذرِّي
number, cetane (Chem., Pet. Eng.) الرقْم السِّيتاني
numbering machine (Eng.) مَكَنَة ترقيم
number, octane (Pet. Eng.) العدد الأوكْتاني (للوقود)
number, ordinal عدد ترتيبي
number plate لوحة (رقم) السيارة
number, saponification (Chem. Eng.) رَقْم التصَبُّن
number scale مِقياسٌ عَدَديٌّ التدريج
number, serial رَقْمُ التسلْسُل
numeral (*adj.*) عَدَديّ
(*n.*) رَقْم • عَـدَد – رَمزٌ عـدديّ
numeral coefficient مُعامِلٌ عددي
numeral scale مِقياس عددي
numeral value قِيمة عددية
nut (*n.*) جَوزة • بُندُقة
(Eng.) صَمُولة • حَزَقة • عَزَقة
nutation (Geophys.) ترنُّح • تمايُل مِحورِ الارض
nut gauge مُحدِّدُ مِقياس الصواميل
nut lock (Eng.) غَلَقُ الصَمُولة
nutrition (*n.*) تغذية
nut wrench (Eng.) مِفتاح رَبطِ الصواميل
nylon (Chem.) نَيلُون

O

offshore production station

O (oxygen) (Chem.) ١ : الرمزُ الكيماويُّ للأكسجين

oak timber خشب السِّنديان

oakum مُشاقَة • مُشاقةُ قِنَّب مُقَيَّرة (للجَلْفَطة)

O and G (oil and gas) زيت وغاز طبيعي

O and SW (oil and salt water) زيت وماءٌ مِلْح

oasis (pl. **oases**) واحَـــة

oaze = ooze (Geol.) رَدْغة • رَزَغ • طِرْيَن

object (*n.*) شيء – موضوع – هَدَف • غَرَض

(*v.*) اعتَرَض • عارَض • إمتنع

object glass = objective الشيئيَّة • عدسةُ الشيئيَّة

objectionable (*adj.*) مَرفوض • مُثيرٌ للاعتِراض – غير مَرغوبٍ فيه

objective (*adj.*) موضوعي • هادِف • واقِعيّ

(*n.*) هَدَف • غَرَض • غاية

(Opt.) الشيئيَّة • عَدَسةُ الشيئيَّة

oblate (*adj.*) مُفَلْطَح • مُنْبَعِج عند القُطبين

oblate ellipsoid مُجَسَّمٌ إهليلجيٌّ مُفَلْطَحُ القُطبين

oblate spheroid شِبهُ كُرةٍ مُفلطَح

obligation (*n.*) إلتِزام • إلزام • تعهُّد • عَهْد

obligation well (Pet. Eng.) بِئر الالتزام

oblique (*adj.*) مائل • مُنحَرِف

oblique axis مِحور مائل

oblique bedding (Geol.) تطبُّق مُنحرِف • بِطباقية مائلة

oblique fault (Geol.) صَدْع مُنحرِف أو مائل

oblique joint (Eng.) وُصلَة زاوِيَّة • وُصلَة مائلة

oblique offset (Surv.) بُعدٌ أُفقيٌّ مائل (بالنسبة لخطّ المَسح)

oblique plane سَطح مائل • مُستوًى مائل

oblique projection (Surv.) إسقاطٌ مائل • مَسْقَطٌ مُنحَرِف

oblique section قِطاعٌ مائِل

obliquity (*n.*) مَيْل • مَيَلان

oblong (*adj.*) مُستَطيلُ الشكل

(*n.*) مُستطيل • شَكلٌ مستطيل

obnoxious odour رائحةٌ كَريهة

obscured glass زُجاج مُعْتِم

obsequent stream (or **river**) (Geol.). مَجرى مُضاد • نهر عكسيّ : يجري باتجاهٍ مُعاكِس لمَيْل الطبقات

observation (*n.*) مُراقبة • ملاحظة – قوَّةُ المُلاحظة – مُراعاة

observation error خطأ الرَّصد

observation tower بُرج مُراقبة

observation well (Pet. Eng.) بئر مُراقبة • بئر استِدلال : لدراسة خصائص المَكْمَن وتوجيه عمليّات الانتاج

observatory مَرصَد

observer (*n.*) مُراقِب • راصِد

obsidian (Geol.) السَّبَج : زجاجٌ بركانيٌّ أسود

obsidian lava (Geol.) لابة سَبَجيَّة

obsolete (*adj.*) عَقَبَة • عائِق • حائِل •

obstacle (*n.*) عَقَبة• عائِق• حائِل• مانِع • حاجِز

obstruct (*v.*) عرقَلَ • سَدَّ • زَحَمَ • عاقَ

obstruction (*n.*) سَدّ • انسِداد • عَرقَلة • تعَرقُل – عائِق • حاجِز • مانِع

obstruction light (Naut.) نورُ الحَواجِز • ضوءُ الموانِع (الأحمرُ)

obturate (*v.*) سَدَّ • غَلَقَ • حَبَسَ

obturator (Eng.) سِداد• حابِسَة – مِحْبَس : حابِس تَسَرُّب الغاز

obturator pad (Eng.) لَيِّنَةُ المِحبَس : المانعةُ لتسرُّب الغاز

obturator ring (Eng.) حَلَقَةُ المِحبَس • حَلْقَةٌ مانعةٌ لتَسرُّب الغاز

obtuse (*adj.*) مُنفرِج – كَليل • غَيرُ حادّ

obvious (*adj.*) ظاهِرٌ • واضِحٌ • بَيِّن

obvolute (*adj.*) مُتراكِب • مُتداخِل • مُتلافّ

occidental (*adj.*) غَربيّ • خاصٌّ بنصفِ الكُرة الغربي

occlude (*v.*) سَدَّ • حَبَس – إحتَبس • امتَزَّ • تَشرَّب

occluded gas (Pet. Eng.) غاز مُحتَبَس

occlusion (*n.*) إنسِداد • إغلاق • إرتاج – إحتِباس

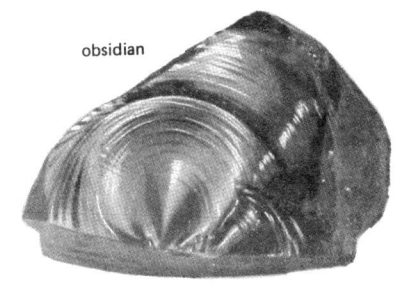

obsidian

occlusion of gas (Chem. Eng.) احتباس الغاز
occult mineral (Geol.) مَعدِنٌ مُستَخفٍ
occupation (*n.*) احتلال • إشغال ـ حِرفَة • مِهنة • صَنعَة
occupational disease مَرَضٌ مِهنِيّ
occupational hazards (or **risks**) أخطارُ المِهنة • مَخاطِرُ العَمَل
occupy (*v.*) شَغَلَ • استغرَقَ ـ إحتَلَّ
occur (*v.*) حَدَثَ • جَرَى • حَصَلَ ـ وُجِدَ
occurrence (*n.*) حُدُوث • ظُهور • وُجُود
occurrence of natural gas (Pet. Eng.) وُجُود (أو ظُهور) الغاز الطبيعي
occurrence of oil deposits (Pet. Eng.) وُجُودُ مَكامِن نفطيَّة
occurrence of oil formations (Pet. Eng.) وُجودُ المُكوَّنات الزيتية •
ocean (*n.*) مُحيط • أوقيانوس
ocean deeps (Ocean.) أعماق المُحيط • قِيعان المحيط • جُبُّ المحيط
ocean depths (Ocean.) جُبُّ المُحيط : أعماقُ المحيط من ٦ الى ١٠ كم
oceanic basin (Geol.) حَوضٌ محيطي
oceanic deeps (Ocean.) جُبُّ المحيط • قِيعان مُحيطيَّة
oceanic deposits (Geol.) رواسِبُ محيطية
oceanic environment (Ocean.) بيئة الحياة المحيطية
oceanic platform (Geol.) رَصيفُ المُحيط
oceanography جُغرافية المحيطات • عِلمُ المحيطات
ochre = **ocher** (Chem. Eng.) مُغْرَة : دِهانٌ أصْفَر قِوامُه أكسيد الحديديك المائي الطبيعي
octagon (*n.*) مُثمَّن • مُثمَّنُ الزوايا أو الاضلاع
octahedral (*adj.*) ثُمانِيُّ السُّطوح
octahedron (*n.*) مُجَسَّم ثُمانيُّ الأوجُه • مُثمَّنُ السطوح
octane (Chem.) أوكْتان : هيدروكربون بَرافينيّ يَحوي جزيئُه ثَمانيَ ذرَّاتٍ كربونيَّة
octane engine (Pet. Eng.) مُحركُ قِياس الأوكْتانيَة • مَكَنة قياس الرَّقم الأوكْتاني
octane laboratory methods (Pet. Eng.) الطرق المِخْبَرية لقياس الرقم الأوكْتاني
octane mechanical number (Pet. Eng.) الرَّقمُ الأوكْتاني الميكانيكي
octane number (Pet. Eng.) الرَّقمُ الأوكْتاني: دليل عددي لِقياسِ خَصائص مَنع الخَبْط في وَقودٍ بنزيني

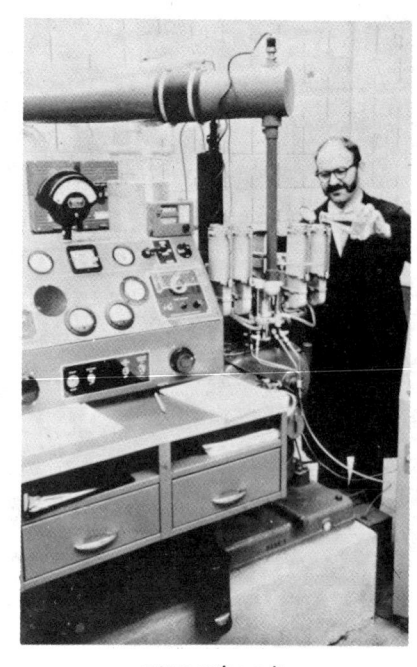

octane rating unit

octane number improver (Pet. Eng.) مُحَسِّن الرقم الأوكتاني
octane number, motor (Pet. Eng.) الرَّقْمُ الأوكتاني الحركيّ
octane number, research (Pet. Eng.) الرقم الأوكتاني المختبري
octane rating درجةُ الأوكْتان ـ تَقْدِير درجةِ الأوكتان
octane rating test (Chem. Eng.) اختِبار تقدير درجة الأوكْتان
octane-rating unit وَحدةُ قِياس الرقْم الأوكْتاني
octane requirement (Pet. Eng.) المُتَطلَّبُ الأوكْتاني : الرَّقْمُ الأوكْتاني المطلوب اختبارياً لمنع الخبط
octane research (Pet. Eng.) البُحوث الأوكْتانية
octane scale (Pet. Eng.) سُلَّمُ (درجاتِ) الأوكْتان
octane value = **octane number** (Pet. Eng.) رَقْمُ الأوكْتان • القيمة الأوكْتانية
octanol (Chem. Eng.) أوكْتانول • كُحولٌ أوكْتيلي ثانوي (خافِضٌ لِلتوتُّر السطحي في المحاليل المائية ومُقاوم للترغّي)
octel (Pet. Eng.) أوكْتيل : إضافة إيثيلية للبنزين
octet (Chem.) مجموعة ثُمانِيَّة (من الإلكترونات)
octroi tax رَسْمُ دُخول • ضَريبةُ إدخال
ocular (*adj.*) عَيْنِيّ
= **eye-piece** (*n.*) عَيْنِيَّة • عدسَةٌ عينيَّة

O.D. (**outside diameter**) (Eng.) القُطر الخارجي (للأنبوب)
odd (*adj.*) فَرديّ • وَتريّ (غيرُ شَفْعِيّ) ـ شاذٌّ • غريب
odd leg caliper (Eng.) مُحدِّدُ قِياسٍ شاذُّ السَّاقين : فِرجارٌ مُقوَّس الساقين في نفس الاتجاه
odds أرجَحيَّة • فائدة ـ فَرْق • تَفاوُت
odds, at على خِلاف
odograph (Elec. Eng.) أودُوغراف : مِرسَمَةُ مَسارٍ أتوماتية
odometer (Surv.) أودُومِتر : عَدَّادُ مسافاتٍ ذو بَكَرَةٍ دوَّارة
odontolite (Min.) أودُنتوليت : تُركواز عُضويّ
odor = **odour** (*n.*) رائحة
odorant (Pet. Eng.) : مادة رَوحَة (أو مُرَوِّحة) ذات رائحة
odorant gas (Pet. Eng.) غاز رَوِح (ذو رائحة) : يَسهُل اكتِشافُه عند التسرُّب
odorimeter (Chem. Eng.) مِقياس شِدَّة الروائح
odorizer (Chem. Eng.) مُروِّح : وِعاء إضافةِ الروائح
odorless = **odourless** (*adj.*) عديمُ الرائحة
odoroscope (Chem.) مِكشافُ الروائح
odo(u)rant مادة ذات رائحة
odo(u)rant oil (Pet. Eng.) زيت رَوِح : ذو رائحة
odo(u)r-free (*adj.*) عديمُ الرائحة
odo(u)rless (*adj.*) عديمُ الرائحة
odour removal (Chem. Eng.) إزالة الرائحة
oersted (Phys., Elec. Eng.) أورستِد : وَحْدَةُ شِدَّة المجال المغنطيسي
off (*adv.*) جانِباً • بَعيداً • خارجاً ـ مُغلَقاً • مُطفأً • مُنقطِع مُؤقَّتاً
off-centre (*adj.*) حائدٌ (أو بَعيدٌ) عن المَركز
off-colour (*adj.*) حائلُ اللون
off-colour industry (Eng.) صناعة أسوَدِ الكربون
off-colour product (Pet. Eng.) مُنتَجٌ (بترولي) أغمقُ من المُعتاد
off-course (*adj.*) مُنحرِفٌ عن الاتجاه الصحيح
off-duty خارج أوقات العمل
offense = **offence** إساءة • مخالَفة
offensive (*adj.*) عُدوانيّ • هُجومي ـ كَريه • مُزعِج
offer (*v.*) عَرَضَ • قَدَّمَ • أبدَى

offer (*n.*) عَرض • عطاء : سِعْرٌ مَعروض ــ هَديّة

off-gas (Pet. Eng.) غازٌ مُتسرِّب ــ غاز متخلِّف

office appliances أدوات المكتب : الأدوات المُستخدمة في المكاتب

office hours ساعات العَمل • أوقات الدوام

official (*adj.*) رسميّ • قانونيّ

(*n*). مُوظَّف • مُستَخْدَم

official quotation تَسعيرة رسميَّة

off-lap (Geol.) تراجُع • إرتِداد • تَراكُب انحساري

off-load (*v.*) أفرغ • أنزلَ الحِمل

off-loading station مَحطَّةُ تفريغ

off-peak (*adj.*) بعيد عن الذُّروة • دون الذُّروة

off-peak load (Elec. Eng.) حِملٌ دُونَ الذُّروة • حِمل في غير وقتِ الذُّروة

off-phase (*adj.*) خارج (عن) الطَّور

off-position (of a switch) (Elec. Eng.) وضعُ القَطْع (الإفتاح)

off-production مُتوقِّف مُؤقتاً عن الانتاج

offset (*n.*) حَيْد • إزاحة ــ مُعادَلة • مُوازَنة ــ فَرْع ــ أُوفْسِت ــ طِباعة بالأُوفست

(Surv.) زَيحان • بُعْدٌ عموديّ (عن خطِّ المَسْح)

(Eng.) تَحويلَة • لَيَّةٌ مُجانِبَة (تُبقي الفرعَ مُوازِياً للأصل)

(*v.*) جانَبَ • حايَدَ ــ انبثق كفرعٍ من ــ وازَنَ • عادَل

(*adj.*) مُجانِب • مُجنَّب ــ مُعادِل • مُوازِن

offset bit (Eng.) لُقمةُ حَفرٍ لا مُتمركِزَة • مِحفارٌ مُجنَّب (ثَقْبُهُ أوسعُ منه)

offset clause (Pet. Eng.) بَنْدُ حفر الآبار المُجانِبة (أو الحدِّيَّة)

offset fitting (Eng.) تحويلةٌ وَصلٍ مُجنَّبة • وُصلَةٌ مُجانِبَة (لتلافي حاجزٍ ما)

offset, in line (Pet. Eng.) البُعْدُ بين مكانِ التفجير والسَّماعة

offset oil زيت مكنات الأُوفسِت الطباعية

offset pipe (Eng.) أُنبوب ذو وُصلةٍ مُجانِبَة • ماسورة مُجنَّبة

offset rod (Surv.) شاخِصٌ مُجانِبَة : قضيب مُلوَّن لقياسِ المسافات القصيرة المجانِبَة

offset spanner (Eng.) مفتاحُ رَبطٍ مُجنَّب (ذو وُصلةٍ مُجانِبَة)

offset well (Pet. Eng.) بئر مُجانِبة (للحُدُود) • بئر تحديدية

offshore drilling platform

offshore exploration

offshore sulfur mine

offshoot (*n.*) فَرْع • شُعْبَة

offshore (*adj.*) غَمريّ • بعيد عن الشاطئ : عادةً أبعد من ٣ أميال • مُشاطئ

offshore anchorage إرساء غَمري مُشاطِئ : إرساء بعيد عن الشاطئ

offshore area مِنطقة مَغمورة • مِنطقة غَمريّة مُشاطِئة

offshore bar (Geol.) حاجِز غَمريّ مُشاطِئ • حاجِز رَملي ساحِلي

offshore deposits (Geol.) رواسِب المِنطقةِ المغمُورة • رواسبُ غَمريَّة مُشاطِئة : بعيدة قليلا عن الشاطئ

offshore dock (Eng.) حَوضٌ غَمري مُشاطِئ

offshore drilling (Pet. Eng.) الحفر البحري : الحفر (التنقيبي) في المِنطقة المغمُورة

offshore drilling platform (Pet. Eng.) مِنصَّة الحَفْر البحري

offshore exploration تَنقيبٌ مُشاطِئ • استِكشاف المنطقة المغمُورة

offshore field (Pet. Eng.) حقل مغمُور • حقل بحريّ

offshore lease إمتياز في المناطق المغمُورة

offshore production station (Pet. Eng.) محطَّة إنتاج في المنطقة المغمورة

offshore purchases مُشتَريات عُرضِ البحر : يشتريها بلد من بلد ثانٍ ليرسلها إلى بلد ثالث

offshore reserves (Pet. Eng.) احتياطيّ (النفط في) المنطقة المغمُورة

offshore sulfur mine مَنجَم كِبريت مغمُور

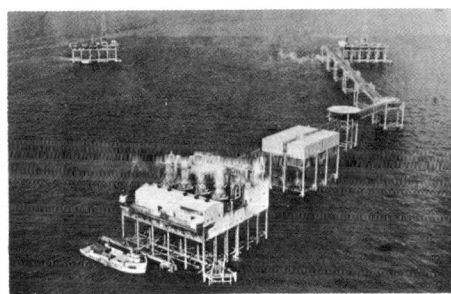

offshore well (Pet. Eng.) بئر غَمريّة : في المنطقة المغمُورة • بئر بحرية (في عُرض البحر)

offside (*n.*) الجانب البعيد

offsite facilities (Civ. Eng.) مُنشآت (تكميلية) خارج الموقع

off specifications مُغايِر للمُواصفات • غير مُطابق للمُواصَفات

offspring (*n.*) نِتاج • مَنْتُوج

off-stream (Pet. Eng.) مُتوقِّفة • مُتوقِّف (عن العمل أو التدفق أو التكرير)

off structure (Pet. Eng.) تشكيل سلبيّ : لا يُحتَمل وجودُ النفط فيه

offtake (Mining) مَسْرَب • مُنطلَقُ تصريف

(Pet. Eng.) خط (أنابيبِ) السَّحب

offtake (of oil) (Pet. Eng.) مَسحوبُ الزيت • كميَّات الزيت المأخوذة

off-test (Chem. Eng.) مُغايِرٌ للمُواصَفات الاختبارية

off-time توقُّفُ الاستراحة

ohm أوم : وَحْدَةُ المُقاوَمة الكهربائية

ohmic drop (Elec. Eng.) الهُبوط الأوميّ (في الجُهد الكهربائي)

ohmic loss (Elec. Eng.) الفَقْدُ الأُوميّ

ohmmeter (Elec. Eng.) أُومْتر • مقياسُ المُقاوَمة الأُوميَّة

oil (*n.*) زَيت • نَفط • بِترول

(*v.*) زَيَّتَ • زَلَّق

oil absorbency امتِصاص الزيت • مُمتصِّيَّة الزيت

oil absorption (Chem.) امتِصاص الزيت

oil, absorption (Pet. Eng.)	زيت الامتصاص	
oil accumulation (Pet. Eng.)	مَكمَنٌ نفطيٌّ ∙ تجَمُّعٌ زيتي	
oil, ag(e)ing of (Chem. Eng.)	تَعتيقُ الزيت	
oil, aircraft engine (Pet. Eng.)	زيتُ مُحرِّكات الطائرات	
oil, air filter (Eng.)	زيت مُرشِّحات الهواء	
oil, animal (Chem.)	زيت حيواني	
oil, antifreezing (Pet. Eng.)	زيتٌ مُقاومٌ للتجمُّد	
oil, atomization (Eng.)	ذَرُّ الزيت	
oil, auto (Pet. Eng.)	زيتُ السيَّارات	
oil, aviation (Pet. Eng.)	زيتُ الطائرات	
oil, axle	زيتُ المحاور	
oil baffle (Pet. Eng.)	حاجزٌ صادٌّ للزيت : مَصَدُّ الزيت	
oil, ball bearing (Eng.)	زيتُ محاملِ الكُرَيّات	
oil base	قاعدة زيتيّة ـ زَيتِيُّ القاعدة	
oil base mud (Pet. Eng.)	طين زيتيُّ القاعدة	
oil basin (Geol.)	حوض نفطيّ ∙ حوضٌ بتروليّ	
oil bath (Eng.)	مَغطِسٌ زيتي ∙ حمَّامُ الزيت	
oil bath filter (Eng.)	مُرشِّحٌ ذو مَغطس زيتي	
oil bearing formation (Pet. Eng.)	تكوين حاوٍ للنِّفط	
oil bearing strata (Pet. Eng.)	طبقات حاملة للزيت ∙ طبقات نَفطية	
oil belt (Pet. Eng.)	منطقة نفطية ∙ نِطاق نفطيّ	
oil, bituminous (Pet. Eng.)	زيت بِتيوميني	
oil black (Eng.)	مِناجُ الزيت ∙ أَسوَدُ الكربون	
oil, black	زيتٌ أسوَد	
oil-blast circuit-breaker (Elec. Eng.)	قاطِعُ دائرة باندِفاع الزيت	
oil bleeding (Pet. Eng.)	نَزفُ الزيت	
oil, blown (Pet. Eng.)	زيتٌ مُغلَظٌ بنفخ الهواء	
oil, bodied = stand oil (Chem. Eng.)	زيت (جَفوف) مُبَلمَر بالتسخين	
oil body (Pet. Eng.)	كُتلة الزيت	
oil, boring (Eng.)	زيتُ الحفر	
oil box (Eng.)	عُلبة الزيت	
oil, break in (Eng.)	اقطاع الزيت	
oil buffer (Eng.)	مُخفِّفُ صَدمات زيتيّ ∙ مِصَدَّ زيتيّ	
oil, buffering (Eng.)	زيتُ تَخميد ∙ زيتٌ مُخمِّد للصدم	
oil bunker	سفينة ناقلة للزيت ـ خزّان الزيت	
oil burner	حارقٌ زيتي ∙ مَوقدٌ نفطي	
oil, burning (Chem.)	زيت لَهُوب ـ زيت إنارة	
oil, cable (Elec. Eng.)	زيت (عزل) الكُبول	
oil, cable insulating (Elec. Eng.)	زيتُ عزلِ الكُبول	
oil can	مِزيَتة	
oil canister	عُلبة الزيت	
oil, castor (Chem.)	زيتُ الخِروَع	
oil catcher (or trap)	مَصيَدةُ الزيت	
oil, centrifuged (Eng.)	زيت عُولج (أو فُرِز) بالطرد المَركزي	
oil chamber (Eng.)	حُجرةُ الزيت	
oil chamber plug	بِدادُ حجرة الزيت	
oil change (Eng.)	تغيير الزيت	
oil change intervals (Eng.)	فَتَراتُ تغيير الزيت	
oil channel	مَجرى الزيت ∙ قناةُ الزيت	
oil charge (Chem.)	شِحنةُ الزيت ∙ عَبوَةُ الزيت	
oil, chassis (Eng.)	زيتُ هياكلِ السيَّارات	
oil circuit breaker (Elec. Eng.)	قاطِعُ دائرةٍ زيتي : مُلامِساتُه في الزيت	
oil circulation (Eng.)	دَوَرانُ الزيت	
oil, circulation (Eng.)	الزيت الدائر أو الدوَّار	
oil cleaner (Chem.)	مُنَظِّفٌ زيتيٌّ	
oil, cleaning (Pet. Eng.)	زيتُ تنظيف	
oil, clock (Eng.)	زيتُ الساعات	
oilcloth	قُماشٌ زيتيٌّ (صامدٌ للماء)	
oil cock (Eng.)	صُنبور الزيت	
oil collector (Eng.)	مُجَمِّعُ الزيت	
oil column (Pet. Eng.)	عمودُ الزيت ∙ ارتفاع عمود الزيت في مَكمَن النفط	
oil, colza (Chem.)	زيتُ بزرِ الشلجَم	
oil company	شركةُ زيت	
oil, compressor (Eng.)	زيتُ الضاغط	
oil concession (Pet. Eng.)	إمتياز بتروليّ	
oil connection	مأخذُ الزيت ∙ وَصلَةُ الزيت	
oil consumption	إستِهلاكُ الزيت	
oil container	وِعاءُ الزيت	
oil containing (adj.) (Pet. Eng.)	حاوٍ للزيت	
oil-containment device	نَبيطةُ احتواء النفط (لمَنع تلَوُّث الشواطئ به)	
oil contaminated (adj.)	مُلَوَّث بالزيت	
oil content (Pet. Eng.)	المُحتوى الزيتي	
oil contents gauge (Eng.)	مِقياس مُحتوى الزيت	
oil control ring (Eng.)	حَلقةُ التحكُّم في الزيت	

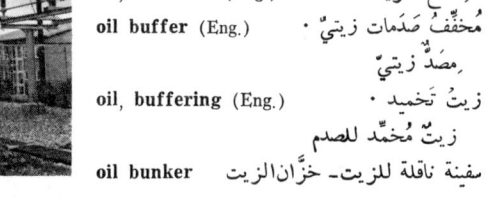

oil accumulation

oil-blast circuit breaker

oil-containment device

oil-cooled (*adj.*) (Eng.) مُبرَّدٌ بالزَّيت
oil cooler (I.C. Engs.) مُبرِّدُ الزيت
oil cooling (Eng.) تبريد الزيت ـ التبريد بالزيت
oil, cooling (Eng.) زيتُ التبريد
oil, core (Eng.) زيت قلوب المسبُوكات
oil, corrosion preventive زيت مانِعٌ للتآكل
oil, cotton-seed (Chem.) زيتُ بِزرِ القُطن
oil, crankcase (Eng.) زيتُ عُلبةِ المَرافِق
oil, crude (Pet. Eng.) الزيتُ الخام
oil cup (Eng.) مِشْحَمَة • قدحُ الزَّيت
oil cushion (Eng.) وِسادة زيتية (لتلطيفِ الصَّدَمات)
oil, cutting (Eng.) زيتُ (تبريدِ) القَطع
oil, cylinder (Eng.) زيتُ الأسطوانات
oil damping (Phys.) مُضاءَلة (الاهتزاز) بالزيت
oil dashpot (Eng.) وِعاءُ كَبْحٍ زيتي
oil deflector حارِفَةُ الزيت
oil delivery tubes (Eng.) أنابيبُ وُرُودِ الزيت
oil deposits (Pet. Eng.) مَكامِنُ الزيت
oil deterioration (Pet. Eng.) تَرَدِّي الزيت
oil, diesel fuel (Pet. Eng.) وَقودُ زَيتِ الديزل
oil dilution (Eng.) تخفيفُ الزيت • سَمْرُ (أو ترقيقُ) الزيت
oil dilution valve (Eng.) صِمامُ تخفيفِ الزيت
oil discharge duct (Eng.) قناةُ تصريفِ الزيت
oil dispenser (Eng.) مُوزِّعُ الزيت
oil distillation (Chem. Eng.) تقطيرُ الزيت
oil distribution (Eng.) توزيع الزيت
oil distributor (Eng.) مُوزِّعُ الزيت
oildom (*n.*) (Pet. Eng.) مِنطقةٌ بترولية • بلادٌ غنيَّة بالنِّفط
oil drain (Eng.) مَصْرِف الزيت ـ استِصفاء الزيت
oil drain plug (Eng.) سِدادُ مَصْرِف الزيت
oil drain valve (Eng.) صِمامُ استِصفاء الزيت • صِمامُ تصريف الزيت
oil, drawing (Eng.) زيتُ السحب • زيتُ قوالب السحب
oil-drip pan (Eng.) وِعاء تقطُّر الزيت
oil, drying (Chem.) زَيتٌ جَفُوف
oil duct (Eng.) قناةُ الزيت
oiled (*adj.*) مُزَيَّت • مُزلَّق بالزيت
oiled paper وَرَقٌ مُزيَّت • ورق مُشمَّع
oil emulsion (Chem. Eng.) مُستَحلَبٌ زيتي
oil engine (Eng.) مُحرِّكٌ يُدار بالكيروسين (أو بأحد الزيوت الثقيلة)
oil, engine زيتُ مُحرِّكات

oiler (Eng.) مِزيَتة
(Pet. Eng.) بئر بترولية مُنتِجة ـ ناقِلةُ نفط
oil escape valve (Eng.) صمام انفلات الزيت
oil, essential (Chem.) زيتٌ عِطري
oil exploration التنقيب عن النفط
oil extraction (Chem. Eng.) استخراج أو استِخلاص الزيت
oil exudation (Pet. Eng.) نَزٌّ نفطيٌّ
oil fabric نسيجٌ مُزَيَّت
oil, fat compounded (Pet. Eng.) زَيتٌ مُؤلَّفٌ بالشحم
oil, fatty (Chem.) زَيتٌ دُهنِيٌّ
oil feed (Eng.) تغذِية بالزيت
oil feeding reservoir (Eng.) خزّان التغذية بالزيت
oil field (Pet. Eng.) حَقلُ زيت • حقلُ نفط • حقل بِترولِيٌّ
oil field development (Pet. Eng.) تطوير حَقلِ النفط : إعدادُه للاستثمار
oilfield hand عامِلٌ في حقل النفط
oil filled مُعبَّأٌ بالزيت
oil filled cable (Elec. Eng.) كَبْلٌ مُعبَّأ بالزيت (للفُلطيات العالية)
oil filler pipe (Eng.) أُنبوبُ مَلءِ الزيت
oil film غِشاءٌ زيتيٌّ
oil film strength (Chem. Eng.) قوة غِشاء الزيت
oil filter (Eng.) مُرشِّح الزيت
oil, filtered زيتٌ مُرشَّح
oil filtration ترشيح الزيت
oil finding التنقيبُ عن النفط
oil-fired furnace فُرن يُحمى بالزيت
oil firing (Eng.) الإيقادُ بالزيت
oil, fish زيتُ السمَك
oil flash point (Chem. Eng.) نقطةُ وَميض (أبخِرةِ) الزيت

oil, flotation (Chem. Eng.) زيت التعويم : لِتركيز الخامات المعدنية
oil flow تدفّق الزيت • دَفقُ الزيت
oil flushing (Eng.) تنظيفٌ أو رَحْضٌ بالزيت
oil, flushing (Pet. Eng.) زيتُ التنظيف
oil, flux (Chem. Eng.) زيتٌ تسييل : لتطرية القار أو الاسفلت
oil foaming (Pet. Eng.) إرْغاءُ الزيت
oil fog ضبابٌ زيتيٌّ
oil fraction (Pet. Eng.) الجزءُ الزيتي
oil, fresh زيتٌ طازَج أو جديد
oil fuel (Chem. Eng.) وَقودٌ زيتيٌّ • زيتُ وَقود
oilgas (Chem. Eng.) غاز النِّفط (الناتجُ بالتقطير الهدّام)
oil, gas (Pet. Eng.) زيت السُّولار
oil gauge (Eng.) مِعيار الزيت • مقياس الزيت
oil gauge dip stick (Eng.) مِغماسُ قياس الزيت : مِسبارُ غَمسٍ لقياس عمق الزيت وكميّته
oil gauge glass (Eng.) زُجاجةُ بَيانِ الزيت
oil, gear (Eng.) زيتُ المُسنَّنات
oil (or **petroleum**) **geology** جيُولوجية الزيت
oil grade (Chem. Eng.) دَرجةُ (أو مَرتَبةُ) الزيت
oil, graphited (Eng.) زيتٌ مُغَرْفَت : مُعالَج بالغرافيت
oil, grinding زيت التجليخ
oil grooves (Eng.) مَجاري الزيت • حُزُوز الزيت
oil gun (Eng.) مِدفعةُ الزيت
oil handling عمليّاتُ شَحنِ الزيت وتعبئتِه
oil harbour مَرفأٌ بِترولي
oil hardening (Met.) التصليدُ بالزيت
oil heater سَخّان زيتي : مُسخِّنُ وَقود الزيت

oil field

oil heating (Eng.) تسخينُ الزيت ـ التسخينُ بالزيت

oil, heating (Eng.) زيتُ التسخين

oil, heat treatment (Eng.) زيتُ المُعالَجة الحراريَّة

oil, heavy زيتٌ ثقيل

oil, heavy duty (Eng.) زيتُ التشغيلِ العنيف

oil hole ثقبُ الزيت • فُتحة تزييت

oil, honing (Eng.) زيتُ الصقل

oil horizon (Pet. Eng.) أفقٌ بترولي • طبقة نفطيَّة

oil, hydraulic زيتٌ هيدرولي

oil, hydraulic transmission (Eng.) زيتٌ هيدرولي لنقل الحركة

oil-immersed (*adj.*) (Elec. Eng.) مَغمورٌ في الزيت

oil-immersion objective شيئية (مجهر) تُغمَر بالزيت

oil-impregnated (*adj.*) مُشْرَب بالزيت

oil impregnated paper ورق (عزلٍ) مُشرَبٌ بالزيت

oil impregnated sands (Pet. Eng.) رِمالٌ مُشْرَبَة بالزيت

oil index (Eng.) دَليلُ الزيت

oil indications (Pet. Eng.) تباشيرُ الزيت• دلائلُ وُجود النفط

oil indicator (Eng.) مُبيِّن الزيت

oil industry صِناعةُ الزيت

oiliness (Pet. Eng.) الزيتيَّة : خاصَّة التزليق اللا لُزوجيّة

oiliness improving additives (Pet. Eng.) إضافات تحسين الزيتية

oiling (*n.*) تزييت

oiling, forced feed (Eng.) تزييتٌ بالضغط

oiling pad (Eng.) لُبْنَة تزييت

oiling ring (Eng.) حَلقة تزييت

oiling system (Eng.) نِظامُ التزييت

oil injection (Eng.) حَقنٌ بالزيت

oil inlet (Eng.) مَدخلُ الزيت

oil inlet pipe (Eng.) أنبوب دخول الزيت

oil-insoluble (*adj.*) غير ذوَّابٍ في الزيت

oil insulated (*adj.*) (Elec. Eng.) مَعزولٌ بالزيت

oil, insulating (Elec. Eng.) زيتٌ عازِل

oil jack (Mech. Eng.) رافِعة بالزيت

oil jacket (Eng.) دِثار زيتيّ • قَميصُ الزيت

oil lamp مِصباح زيتي

oil land مِنطقة نفطية

oil layer (Pet. Eng.) طَبَقَة نفطية • طبقةُ الزيت

oil leakage (Eng.) تسرُّب الزيت • سُروب الزيت

oil lease إمتيازٌ (أو رُخصةٌ) للتنقيب عن الزيت

oil, leather (Chem. Eng.) زيتُ الجلود

oil level (Eng.) مُستوى الزَّيت • مَنسوب الزيت

oil level gauge (Eng.) مِقياس مستوى الزيت

oil level indicator (Eng.) مُبيِّن مُستوى الزيت

oil, light (Eng.) زيتٌ رقيق

oil, light grade (Chem. Eng.) زيتٌ خفيف الدرجة

oil line (Pet. Eng.) أنبوب الزيت • خطُّ (أنابيبِ) الزيت

oil, linseed (Chem.) زيت بِزرِ الكتّان

oil, loom زيت الأنوال

oil-lubricated (*adj.*) (Eng.) يُزلَّق بالزيت

oil lubrication (Eng.) التزليقُ بالزيت

oil, lubrication (Eng.) زيتُ التزليق

oil measures (Geol.) طبقاتٌ نفطيَّة • طبقاتٌ حاوِية للزيت

oil, medium (Pet. Eng.) زيتٌ متوسط اللُّزوجة

oil migration (Pet. Eng.) إنتقال الزيت • إرتِحالُ الزيت

oil, mineral (Geol., Chem.) زيت مَعدِنيّ

oil mining (Pet. Eng.) استِخراج النفط

oil mist ضَباب زيتيّ • رَذاذُ الزيت

oil-mist lubrication (Eng.) التزليقُ برَذاذ الزيت

oil, mixed-base (Pet. Eng.) زيتٌ مختلِطُ القاعدة

oil mixture مَزيجٌ زيتي

oil, motor زيتُ محركات

oil, mould (Civ. Eng.) زيتُ قوالب التشكيل (لِمنع التصاق المصبُوبات)

oil, multigrade زيتٌ متعدِّد الدرجات

oil, neat's-foot (Chem. Eng.) زيتُ الحوافر

oil, neutral (Chem. Eng.) زيتٌ مُتَعادِل

oil, non-drying (Chem.) زيتٌ لا جَفوف

oil, non-volatile زيتٌ غير مُتطايِر

oil nozzle (Eng.) مِنفَثُ الزيت • فُوَّهة الزيت

oil occurrence (Pet. Eng.) ظُهور الزيت • وُجود الزيت

oil of bitter almonds (Chem.) زيتُ اللَّوزِ المُرّ

oil of cloves = cloves oil (Chem.) زيت القَرَنفُل

oil of mirbane = nitrobenzene (Chem.) نِتروبنزين • نِتريتُ البنزين

oil of turpentine (Chem.) زيتُ التربنتين

oil of vitriol (Chem.) زيتُ الزَّاج • حامض الكبريتيك المُرَكَّز

oilometer = oleometer مِنسَل الزيت • مِكثاف الزيت

oil, open gear (Eng.) زيتُ المُسنَّناتِ المكشوفة

oil operations (Pet. Eng.) عمليات الزيت

oil outlet (Eng.) مَخرَجُ الزيت

oil overflow (Eng.) فائضُ الزيت

oil overflow pipe (Eng.) أنبوب الزيتِ الفائض

oil oxidation أكسَدة أو تأكسُد الزيت

oil, oxidized (Chem. Eng.) زيتٌ مؤكسَد

oil paints دِهاناتٌ زيتية

oil, pale (Pet. Eng.) زيتٌ ناصِل : يُستعمل أساساً في تحضير موادّ التزليق

oil, palm زيتُ النخيل

oil pan (Eng.) حوضُ الزيت • وِعاءُ الزيت

oil pan gasket (Eng.) حَشِيَّة (ضابِطَة) لِحَوض الزيت

oil, paraffin (Chem.) زيتُ البارافين • كِيروسين

oil, paraffinic (Pet. Eng.) زيت بَرافيني

oil, pine (Chem.) زيتُ الصَّنَوبر

oil pipe-line (Pet. Eng.) خطُّ أنابيب النفط

oil piping أنابيبُ الزيت

oil pit حُفرة الزيت

oil, plasticizing (Chem. Eng.) زيتُ تَلْدين

oil pool (Pet. Eng.) تَجَمُّعُ الزيت • بِركة أو حوضُ تجمُّع الزيت

oil, preservative زيتٌ حافِظ • زيتُ وِقاية (مانعٌ للفساد)

oil press مِكبَسٌ زيتي

oil pressure (Phys.) ضَغطُ الزيت

oil pressure gauge (Eng.) مِقياس ضغط الزيت

oil pressure indicator (Eng.) دَليل ضَغْط الزيت

oil pressure regulator (Eng.) مُنَظِّم ضغط الزيت

oil pressure relief valve (Eng.) صِمامُ تَصريفِ (تَنفيس) ضغط الزيت

oil priming (*n.*) تحضيرٌ (أو إسقاءٌ) بالزيت

oil-producing (*adj.*) مُنتِجٌ للزَّيت

oil product (Chem. Eng.) مُنتَجٌ زيتيّ

oil production (Pet. Eng.) إنتاج النفط

oil-proof (*adj.*) سامِدٌ للزيت

oil proof (*v.*) صَمَّدَ (جَعَلَ صامِدًا) للزيت

(Civ. Eng.) جعلَ (سطحَ الاسمنت)

صامِدًا للحوامِض • صَمَّدَ للحوامض

oil prospecting (Pet. Eng.) التنقيبُ عن النفط •

استِكشاف الزيت

oil pump (Eng.) مِضَخَّة الزيت •

مِضَخَّة التزييت

oil pump casing (Eng.) غِلافُ مِضَخَّة الزيت

oil pump drive (Eng.) إدارة مِضَخَّة التزييت

oil pumping (Eng.) ضَخُّ الزيت

oil pumping installation وَحدةُ ضَخّ الزيت

oil pump screen مِصفاةُ مِضَخَّة الزيت

oil, punching (Eng.) زيتُ مَكَنات التخريم

oil, pure (Chem. Eng.) زيتٌ نقيّ

oil purifier (Eng.) مُنَقّي الزيت

oil putty مَعجُون زيتيّ

oil-quenching (Met.) التبريد السريع بالزيت •

التَسقِيَةُ بالزيت

oil radiator (Eng.) مُبَرِّدُ الزيت

oil, rapeseed = cole oil = colza oil

(Chem.) زيت بِزر اللِّفت

oil, rear axle (Eng.) زيت المَحاوِر الخلفية

oil receiver (Eng.) مُستَقبِلُ الزيت

oil recess (Eng.) فُرضَةُ تزييت •

تجويفٌ للزيت

oil, reclaimed (Pet. Eng.) زيتٌ مُستخلَصٌ

(أو مُستَرَدّ)

oil reclamation إستعادةُ الزيت (لاَستعمالِهِ

مُجَدَّدًا)

oil rectifier مِقطَرَةُ الزيت

oil, reference (Chem. Eng.) زيت إسناد

oil refinery (Pet. Eng.) مَعمَلُ تكرير الزيت •

مِصفاةُ نِفط

oil refining (Pet. Eng.) تكريرُ النفط

oil, refrigeration (compressor) (Eng.)

زيتُ (ضاغِطِ) التبريد

oil region (Pet. Eng.) مِنطقة نفطيَّة

oil regulation valve (Eng.)

صِمامُ تنظيم الزيت

oil relief valve (Eng.) صِمامُ تصريف الزيت

oil reserves (Pet. Eng.) احتياطيُّ الزيت •

الاحتياطي من النِّفط الخام

oil reservoir (Pet. Eng.) خَزّان زيت •

مُستودَعُ زيت – مَكْمَن نفطيّ

oil-reservoir rock (Pet. Eng.) صَخر المَكْمَنِ

النفطي

oil residue (Pet. Eng.) المُتَخلِّفُ الزيتي

oil resinification (Chem. Eng.) رَتْنَجَةُ الزيت

oil pumping installations

oil-resistant (*adj.*) مُقاوِمٌ للزيت • صامِد للزيت

oil resources مَوارِدُ البترول • مَصادِرُ الزيت

oil retaining ring (Eng.) حَلْقَةُ استبقاء الزيت

oil rights حُقوق استثمار الزيت

oil ring = scraper ring (Eng.)

طَوقُ الزيت • حَلْقة كَشْط الزيت

oil rock (Geol.) صخر بتروليّ : حاوٍ للنفط

oil, roll or **rolling** (Eng.) زيت الدَلْفَنَة

oil royalty رَيْعُ النّفط

oil, rubber processing (Chem. Eng.)

زيتُ المعالجة المُتعاقِبة للمطاط

oil run الناتِج النفطي (في فَترةٍ مُعيَّنة)

oil, running-in (Eng.) زيت الترويض •

زيت الزُّوداج

oil, rust-preventive (Chem. Eng.)

زيت مانِعٌ للصدأ

oil sands (Pet. Eng.) رِمال زيتيَّة •

رِمال حاوِية للنفط

oil saver (Pet. Eng.) حافِظةُ الزيت: نبيطةُ حفر

تمنع تدفُّقَ الزيت عند انتهاء الحَفْر

oil schist (Geol.) شِسْت زيتيّ : صخرٌ صَفائحيّ

زيتيّ

oil scraper ring (Eng.) حَلْقة كَشْطِ الزيت

oil screen (or **sieve**) (Eng.) مِصفاةُ الزيت

oil scrubbing (Pet. Eng.) غَسلُ (أو تنقية

الغاز) بالزيت

oil seal (Eng.) حَلْقةُ مَنْع تسرُّب الزيت •

مانِعُ تسرُّب الزيت

oil sediment (Chem. Eng.) رُسابة زيتية •

ترسُّبات الزيت

oil separation unit

oil seepage (Pet. Eng.) تسرُّب الزيت

oil, semi-drying (Chem. Eng.)

زيتٌ نِصف جَفوف

oil separating machine (Eng.) مَكَنَةُ فَصلِ

(فَرْزِ) الزيت

oil separation (Eng.) فَصلُ الزيت

oil separation unit وَحدةُ فَرزِ الزيت:

وَحدةُ فصلِ الزيت عن الغاز المُرافِق

oil separator (Eng.) فاصِلُ الزيت

oil setting tank (Pet. Eng.) خَزّان ترسيبِ

الزيت

oil, sewing machine (Eng.) زيتُ مَكَناتِ

الخِياطة

oil shale (Geol.) طَفَلٌ زيتيّ : صَخر رُسوبي

عُضويّ يُستخرَج منه الزيت

oil, shale (Pet. Eng.) الزيت الحَجَريّ

(القِيري)

oil shipments (Pet. Eng.) شِحنات الزيت •

شِحنات النفط

oil, shock-absorber (Eng.) زيتُ مُخمِّدِ

الصَّدَمات

oil showings (Pet. Eng.) دلائلُ (وُجودِ)

النفط • تباشيرُ الزيت • مُقَرِّبات الزيت

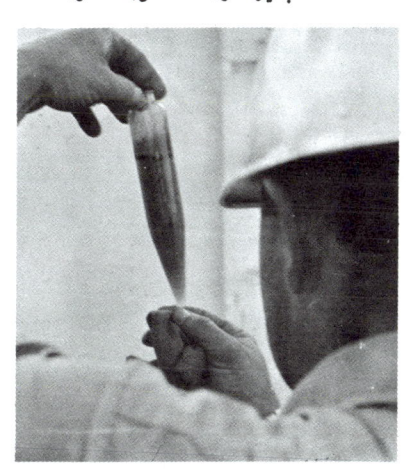

oil showings

oil tanker

oil terminal

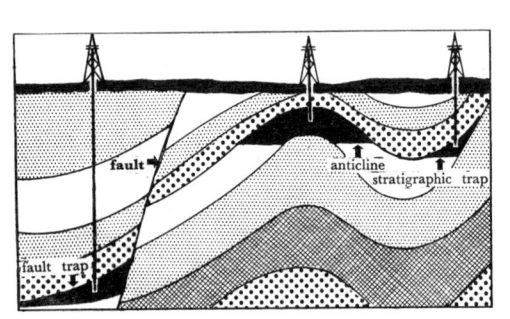

oil traps

oil shows (Pet. Eng.) دلائلُ (وجودِ) النفط • تباشير الزيت

oil silk حريرٌ مُشمَّع

oil, single grade (Chem. Eng.) زيتٌ وحيدُ الدرجة

oilskin (*n.*) مُشَمَّع

oil sludge (Pet. Eng.) كُدادَةُ الزيت • كُمْخَةُ الزيت • أوساخ الزيت المترسبة

oil-soaked (*adj.*) مُشبَّع بالزيت

oil-softened مُلَيَّن بالزيت

oil, solar = gas oil (Pet. Eng.) زيت السُّولار • قُطارة ما بعد الكيروسين

oil-soluble (*adj.*) (Chem.) ذوَّابٌ (قابلٌ للذوبانِ) في الزيت

oil solubles (Chem. Eng.) موادُّ (أو مُنتجاتٌ) ذوَّابة في الزيت

oil, special (Chem. Eng.) زيتٌ خاص

oil, sperm (Chem.) زيتُ (حوتِ) العَنْبر

oil, spindle (Eng.) زيتُ المحاوِر : زيتٌ معدِني قليل اللُّزوجة

oil spot بُقعةُ زيت

oil, spray (Pet. Eng.) زيت الرشّ

oil-spray lubrication (Eng.) التزليق بنَضْح الزيت • تزييت رَذّي

oil spring (Geol.) نَبْعٌ بترولي

oil squirt (Eng.) بخَّاخَةُ زيت • ثَجَّاجَةُ زيت

oil, steam engine (Eng.) زيت المُحَرِّكات البخاريَّة

oil, stearine (Chem. Eng.) زيتٌ دُهنينيّ : شحميٌّ شمعي

oil, steel wire (Eng.) زيت الكُبول الفولاذيَّة

oilstone (Eng.) حجَرُ سَنٍّ زيتيّ • مِسَنٌّ بالزيت

oil-storage tank (Pet. Eng.) خزَّان الزيت

oil stove مَوقِدُ زيت

oil strainer (Eng.) مِنطَبٌ أو مِصفاة زيت

oil strata (Geol.) طبقات حاملة للنفط

oil string (Pet. Eng.) حَبلُ أو عمودُ أنابيب النفط

oil stripping (Pet. Eng.) قَطْفُ الزيت : قَطْفُ البنزين (أو الأجزاءِ المُتطايرة) من النفط الخام

oil structure (Geol.) بِنيةٌ بتروليَّة

oil, sulfurized (Chem.) زيت مُكَبْرَت : مُعالَج بالكبريت

oil, summer (Chem. Eng.) زَيتٌ صَيفيٌّ

oil sump (or **pan**) (Eng.) مَجْمَعُ الزيت (السُّفلي)

oil sump tank (Eng.) حوضُ تجميع الزيت السُّفلي

oil supply مَورِد الزيت • إمداد الزيت

oils, white (Pet. Eng.) الزيوتُ البيضاء

oil switch (or **circuit-breaker**) (Elec. Eng.) قاطِعُ دائرة زيتيّ • مِفتاحٌ زيتيّ : غاطسٌ في الزيت

oil syringe (Eng.) مِحْقَنَةُ زيت

oil system (Eng.) آليَّة (أو شبكة) التزييت • دورةُ الزيت

oil, tall (Chem.) زيت الصَّنَوبر الراتينجي

oil tank (Pet. Eng.) خزَّان زيت • صِهريج زيت

oil-tank cap (Pet. Eng.) سِدادُ خزَّان الزيت

oil tanker (Pet. Eng.) ناقلةُ زيت • ناقِلةُ بترول • ناقِلةُ نِفط

oil-tank vent (Eng.) فُتحة تهوية خزان الزيت

oil tanning الدِّباغة بالزيت

oil tar (Pet. Eng.) قارُ النِّفط

oil-temper (*n.*) (Met.) سَقْيٌ بالزيت • تطبيعٌ في الزيت
(*v.*) سَقَى بالزيت • طَبَّع بالزيت

oil temperature indicator (Eng.) مُبيِّنُ حرارة الزيت

oil temperature regulator (Eng.) مُنظِّمُ حرارة الزيت

oil-tempered (*adj.*) مَسقيّ أو مُطبَّع بالزيت

oil tempering (Met.) سَقْيٌ أو تطبيعٌ في الزيت

oil terminal (Pet. Eng.) فُرضَةُ (تحميل) الزيت

oil, textile machine (Eng.) زيتُ مَكَنات النسيج

oil thermometer (Phys.) تِرمومتر الزيت

oil, thickened (Pet. Eng.) زيتٌ مُغلَّظ القَوام

oil thickening (Chem. Eng.) تغليظُ (قَوام) الزيت

oil, thin زيتٌ رقيقُ القَوام

oil-tight (*adj.*) سَدودٌ للزيت • مَسيكٌ للزيت

oil-tight joint وُصلةٌ كَتيمةٌ للزيت

oil traces (Pet. Eng.) آثارُ الزيت • دلائلُ الزيت

oil transformer (Elec.Eng.) مُحوِّلٌ زيتي (يُعْزَل ويُبرَّد بالزيت)

oil, transformer (Elec.Eng.) زيتُ المُحوِّلات

oil traps (Eng.) مَكامِنُ الزيت • مَحابِسُ الزيت

oil tray (Eng.) صينيَّةُ الزيت • حوضُ الزيت

oil trip gear (Eng.) جِهازُ إعتاقٍ بالزيت

oil trough حوضُ الزيت

oil, turbine (Eng.) زيتُ التُّربينات

oil, un-doped (Pet. Eng.) زيتٌ غير مُعالَج بالإضافات

oil, used (Eng.) زيتٌ مُستعمَل

oil vapours (Chem.) أبخِرة الزيت

oil varnish (Chem. Eng.) بَرنيقٌ (أو وَرنيشٌ) زيتي

oil, vegetable (Chem. Eng.) زيتٌ نباتيّ

oil, viscous (Pet. Eng.) زَيتٌ لَزِج

oil, volatile (Chem. Eng.) زيتٌ طيَّار • زيت مُتطايِر

oil, waste زيتٌ مَهدورٌ أو هالِك

oil water (Pet. Eng.) ماءُ المَكْمَنِ النفطيّ

Offshore Drilling

الحَفْرُ البحريّ

1

3

1. Aerial view of a drillship
2. In the control room of a drillship
3. View of a drill head in position on rig
4. Three typical drill bits; the one on right is diamond studded

١. منظر جوِّي لسَفينة حَفْر

٢. داخل غرفة المُراقبة في سَفينة حَفْر

٣. رأسُ الحَفْر في مَوضِعه من جهاز الحفر

٤. ثلاثة أنواعٍ مِن لُقَم الحَفْر - اليُمنَى مُرَصَّعة بالماس

2

4

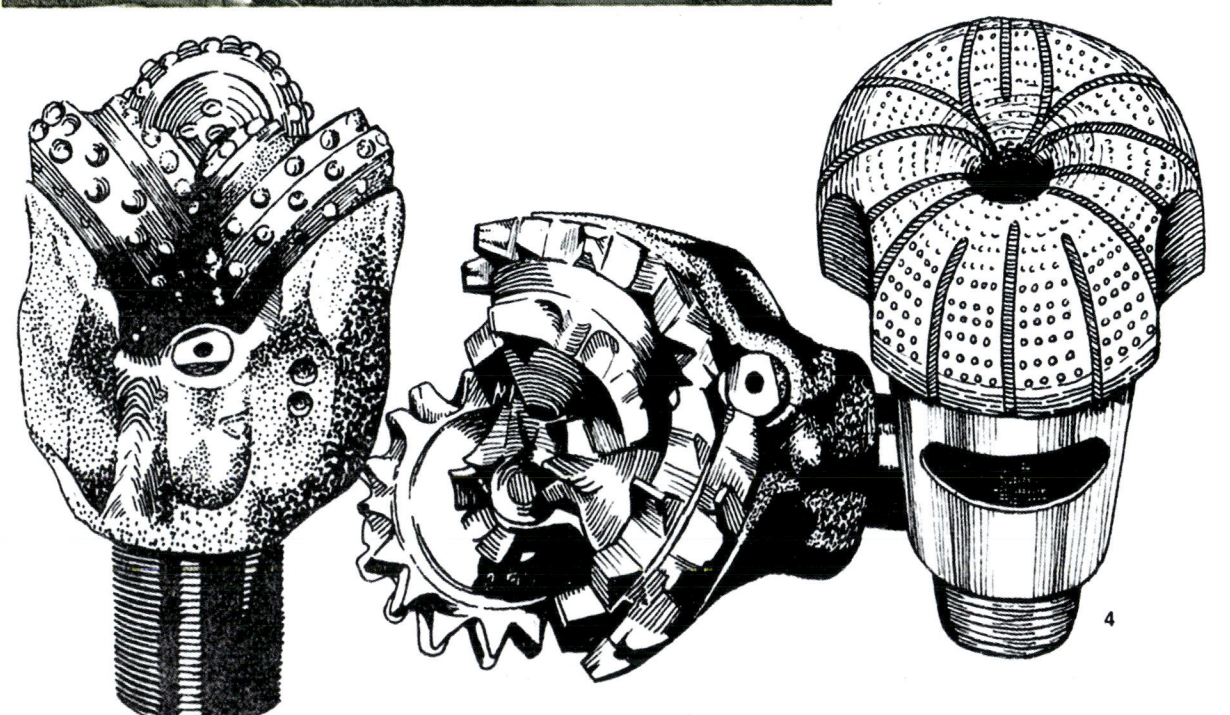

Fossils الأَحافير

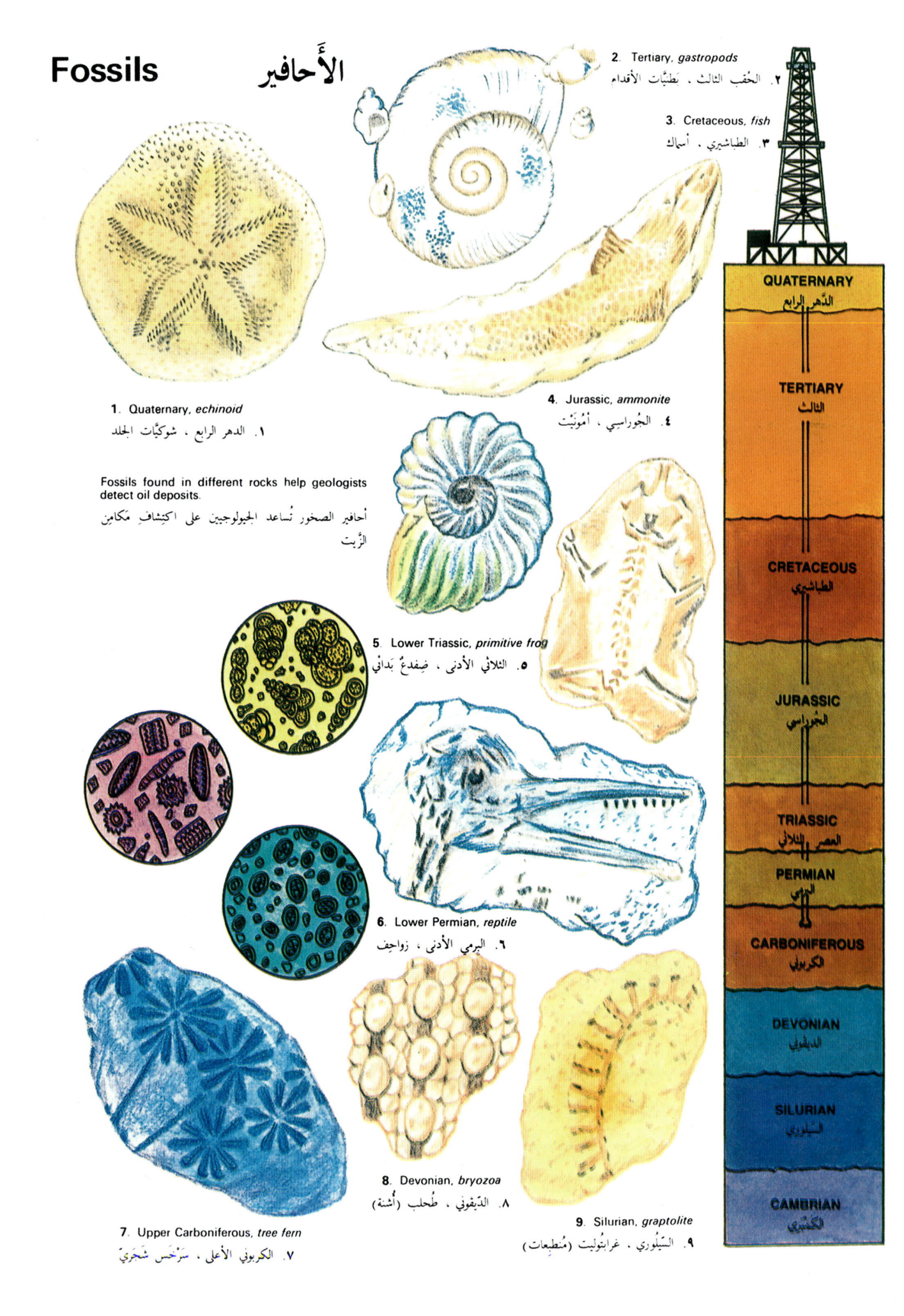

2. Tertiary, *gastropods*

٢. الحُقب الثالث ، بَطنيّات الأقدام

3. Cretaceous, *fish*

٣. الطباشيري ، أسماك

1. Quaternary, *echinoid*

١. الدهر الرابع ، شوكيّات الجلد

Fossils found in different rocks help geologists detect oil deposits.

أحافير الصخور تُساعد الجيولوجيين على اكتِشافِ مَكامِنِ الزّيت

4. Jurassic, *ammonite*

٤. الجُوراسي ، أمُونيت

5. Lower Triassic, *primitive frog*

٥. الثلاثي الأدنى ، ضِفدعٌ بَدائي

6. Lower Permian, *reptile*

٦. البِرمي الأدنى ، زواحِف

7. Upper Carboniferous, *tree fern*

٧. الكربوني الأعلى ، سَرْخَس شَجَري

8. Devonian, *bryozoa*

٨. الدّيفوني ، طُحلب (أُشنة)

9. Silurian, *graptolite*

٩. السّيلوري ، غرابتُوليت (مُنطبِعات)

QUATERNARY
الدّهر الرابع
TERTIARY
الثالث
CRETACEOUS
الطباشيري
JURASSIC
الجُوراسي
TRIASSIC
العصر الثلاثي
PERMIAN
البرمي
CARBONIFEROUS
الكربوني
DEVONIAN
الديفوني
SILURIAN
السيلوري
CAMBRIAN
الكمبري

oil-water contact (Pet. Eng.) سطحُ التّماسّ بين الماء والزيت : في المُكْمَن

oil water interface السطحُ البينيّ للزيت والماء (في المَكْمَن النفطيّ)

oil-water ratio (Pet. Eng.) نسبةُ الزيت إلى الماء : في مضخوخات البئر

oil, water-soluble (Chem. Eng.) زيتٌ ذوّاب في الماء

oil-water surface (Pet. Eng.) سطح التقاء الزيت والماء (في المَكْمَن النفطي)

oilways = oil grooves (Eng.) مَجاري الزيت

oil wedge (Pet. Eng.) إسفينٌ زيتيّ

oil well (Pet. Eng.) بئرُ نِفْط • بئرُ الزيت • بئرُ بترول

oil well appliances تجهيزاتُ بئر النفط

oil well blowing (Pet Eng.) تفجُّر أو ثَوَران بئر النفط

oil well cement (Civ. Eng.) اسمَنْتٌ (بَطيءُ الشك) لآبار النفط

oil well cementing سَمْنَتَةُ بئر النفط

oil-well derrick (Pet. Eng.) بُرجُ حَفر بئر النفط

oil well drilling (Pet Eng.) حَفرُ بئر النفط

oil-well pump (Pet. Eng.) مِضخّةُ بئر النفط

oil well servicing company (Pet. Eng.) شركةُ صيانة آبار النفط

oil wet (*adj.*) مُشرَّب أو مُخضَّل بالزيت

oil wettability قابليّةُ ترطُّب الزيت

oil, whale (Pet. Eng.) زيتُ الحوت

oil wick فَتيلةُ (امتِصاصِ) الزيت

oil, winter (Pet. Eng.) زيتٌ شَتَويّ

oil wiper ring (Eng.) حلقةُ مسح الزيت

oily (*adj.*) زيتيّ

oil-yielding (*adj.*) مُنتِج للزيت

oily residues (Pet. Eng.) مُتخلِّفات (أو فضلات) زيتيّة

oil zone (Pet. Eng.) منطقة نفطيّة

ointment مَرْهَم • مَرُوخ

Old Red Sandstone (Geol.) الحجرُ الرمليّ الأحمر القديم

old volcano (Geol.) بركانٌ قديم

oleaginous (*adj.*) زيتيّ - زَلِق

oleate (Chem.) زَيْتات • أُوليات

olefiant gas = ethylene (Chem.) غازُ الزَّيت : اسم قديم للإيثيلين

olefines = olefins (Chem.) الأولَفينات • الهَيدروكربونات الإثيلينيّة

olefin feed heater (Pet. Eng.) مُسخِّنُ الأولَفين اللقيم

olefin feed surge drum (Pet. Eng.) راقودُ تهدئة الأولَفين اللقم

olefinic fuel (Chem.) وقود أولَفينيّ

olefin polymers (Chem. Eng.) مُبَلْمَرات أولَفينيّة

olefin series = alkenes (Chem.) سلسلةُ أولَفينات • ألكينات

olefins plant (Pet. Eng.) وحدةُ تحضير الأولفينات

oleic acid (Chem.) حامِضُ الأوليك • حامض الزَّيتيك

olein (Chem.) زَيْتين • أُولَين : إسْتر غْليسَرينيّ لِحامض الأولَيك

oleo-gear (Eng.) جهاز زيتي (ماصٌّ للصدَمات)

oleometer (Eng.) مِقياس الزيت

(Pet. Eng.) مِسْيَل الزيت • هَيدرومتر الزيت • مِكثاف الزيت

oleo oil = tallow oil (Pet. Eng.) زيتُ الشحم الحَيواني

oleophil (Chem.) إلْفُ الزيت : مادة ماصّة للزيت

oleophobe (Chem.) صادُّ الزيت : مادّة طارِدة للزيت

oleo-pneumatic shock absorber (Eng.) مُمْتَص صَدَمات زَيتيّ رِئَوي (يعمل بالهواء المضغوط والزيت)

oleoresin (Chem. Eng.) راتِينج زيتيّ

oleo shock absorber (Eng.) مُمتصُّ صدَمات زيتي

oleo-strut (Eng.) قائمُ انضغاطٍ زيتي

oleum = fuming sulphuric acid (Chem.) أولِيُوم : حامض الكبريتيك المُدخِّن

oleum liver (Pet. Eng.) كَبِدُ الأوليوم : مُستَحضَرٌ من بقايا تحضير الزيوت البيضاء بواسطة حامض الكبريتيك

Oligocene epoch (or **period**) (Geol.) العَصرُ الأوليغوسيني • العصر الحديث اللاحِق

oligoclase (Geol.) اوليغوكلاز : ضرب من الفلسبار

olivenite (Min.) أوليڤنايت : خامٌ من زرنيخات النحاس المائيّة

olive oil زيت الزيتون

Oliver filters (Pet. Eng.) : مُرشِّحات «أوليڤر» لفصل الشَّمع عن النفط

Oliver precoat filter (Pet. Eng.) مُرشِّح «أوليڤر» السابقُ التغليف : مُرشِّح أسطواني دوّار تُـلبَّس شبكـاتُه من الخارج بطبقة دِياتوميّة

olivine (Min.) أوليڤين • زَبَرْجَد زيتونيّ

oil well

olefins plant

olivine rock (Min.) صخرٌ أوليڤينيّ

omega أوميغا : آخِرُ حروف الهجاء اليونانية - نهاية

omission (*n.*) حَذف • إسْقاط

omit (*v.*) حَذَفَ • أسْقَطَ • أهْمَلَ

omnibus-bar = bus-bar (Elec. Eng.) مُوَصِّل عُمومي • قضيبُ توصيل عمومي

omnigraph (Civ. Eng.) أومْنيغراف : مِنْسَخَةُ رُسوم

omnirange (*adj.*) شامِلُ المَدَى

on (*adv.*) (Eng.) جارٍ - دائر - في طَورِ الاستمرار

O.N. (**octane number**) (Pet. Eng.) الرقْمُ الأوكتاني

on a large scale على نِطاقٍ واسع

on approval عند المُوافقة - تحت التجربة

on board على ظهر السفينة أو القطار

on call تحت الطلَب

once-run oil (Pet. Eng.) : زيتٌ سَبَقَ إمرارُهُ يُعادُ تقطيرُه للمَرة الثانية والأخيرة

once-through (*n.*) (Chem. Eng.) إمرارٌ لِدَورة واحدة

(*adj.*) وَحيدُ الدَّورة • لا يُعادُ إمرارُه

once-through boiler (Eng.) مِرجَلٌ أُنبوبيٌّ آنيُّ التسخين • مِرجَلُ الإمرار الواحِد

once-through cracking (Pet. Eng.) التكسير بالإمرار الواحد

on-cost men (Mining) عُمّال مُنْجَم مُياوِمون

on-costs = overhead expenses تكاليف إضافية • نفقات عامّة

on demand عند الطلب

ondulating ground (Geol.) أرض مُتَمَوِّجَة

one-coat work (Civ. Eng.) تمليطٌ أُحاديّ الطبقة – طبقة مِلاط خشنة

one-cylinder engine (Eng.) مُحرِّك أحاديّ الأسطوانة

one dimensional flow دَفْقٌ أُحاديّ البُعد

one-drum system (Pet. Eng.) نظامُ الأسطوانة الواحدة : الاقتصارُ على أسطوانة ثابتة واحدة لحفظ الغاز المسيَّل تُعبَّأ في مكانها

one-hour rating (Eng.) تقدير ساعِيّ : لساعة عمل واحدة

one lung engine (Eng.) مُحرِّك وحيد الأسطوانة

one-phase = single-phase (Elec. Eng.) أحاديُّ الطور

one-phase circuit (Elec. Eng.) دائرة أحاديَّة الطور

one-pipe system (Civ. Eng.) نظام (تصريفٍ) أحاديّ الماسورة

one-pole switch (Elec. Eng.) مِفتاح أحادي القُطب

one-shot lubrication (Eng.) تزييت في دَفقةٍ واحدة

one-sided (*adj.*) وحيدُ الجانب – مُلزِمٌ أحدَ الطرفين – مُتحيِّز

one-track (*adj.*) وَحيدُ المسلَك • وحيدُ السِّكة

one-way circuit (Elec. Eng.) دائرة وحيدة الاتجاه

one-way cock (Eng.) مِحْبَسٌ وحيد الاتجاه

one-way road (Civ. Eng.) طريقٌ وحيد الاتجاه

one-way switch (Elec. Eng.) مِفتاح وحيد الاتجاه • مفتاح بسِكّةٍ واحدة

one-way traffic (Civ. Eng.) مُرور باتجاه واحد

onion weathering (Geol.) تَوشُّفٌ أو تقَشُّرٌ بَصَلي : تقشر الطبقة السطحية الرقيقة من الصخور الصّلبة المتجانِسة

on-lap (Geol.) تَراكُبٌ فوقيّ امتدادي

on-off control (Elec. Eng.) نظام تحكُّم ذو سِكَّتين

on-off switch (Elec. Eng.) مِفتاح الوصل والقَطْع

on-position (of a switch) (Elec. Eng.) وضع الاتصال (للمفتاح)

onset (*n.*) بِداية • مُستَهلّ • بَدء

onshore area (Geol.) المِنطقة (الساحلية) اليابسة

onshore deposits (Geol.) رواسِبُ ساحلية : في البر الساحليّ

on site في المَوقِع • في مَوقع العمل

on-specifications (Eng.) مُطابِقٌ للمُواصَفات • حَسَبَ المُواصفات

on stream (*adj., adv.*) (Pet. Eng.) شغّالة • في دَورِ التشغيل : تستعمل للدلالة على أن العمل سائر في وَحدة التكرير

on structure (Pet. Eng.) تَشكيل إيجابِي : يُحتَمل وجود النفط فيه

on test (Pet. Eng.) مطابِقٌ للمُواصَفات (الاختباريَّة)

on the beam (or **on the pump**) (Pet. Eng.) بالضَّخ • عامِلةٌ بالضَّخّ • مستثمر بالضَّخّ

ontogeny (Biol.) تاريخ أدوار نموّ الفرد

onyx (Min.) جَزْع • عَقيقٌ يَمانيّ

onyx marble (Min.) مَرْمَر شرقي

Oolite (Geol.) أُوْليت : صخور كلسية سَرْئيَّة جوراسية

ooliths (Geol.) سَرْئيَّات حَجريَّة • حُبَيْبات سَرئية

oolitic limestone (Geol.) حجر جيري سَرئي

oolitic rock (Geol.) صخر سَرئي • صخر أُوليتيّ

oolitic structure (Geol.) بِنية سَرئيَّة (أو حُبَيبيَّة)

ooze (*v.*) نَزّ • تحَلَّبَ • رَشَح

(*n.*) (Geol.) رَزْغ • طِرْين : رواسِبُ طَمْييَّة رقيقة تحوي هياكلَ المتعضِّيات

opacifier (Chem. Eng.) مانِعُ الشفافية • مُرَكَّبٌ لا إنفاذي : يُضافُ إلى الوقود الصُّلب لمنع امتِداد الاشتِعالِ خلف السطح المشتعِل بالحرارة المشعَّة

opacity (*n.*) (Phys.) لا إنفاذية • لا شَفافيَّة (للاشعاعات وخاصة للضوء)

opal (Min.) أُوبال : حَجَرُ عَينِ الشمس

opalescence (*n.*) (Min.) بَريق • لألأة المعادن

opalescent (*adj.*) مُتلالىء • بَرّاق

opal glass زجاج أوپالي (أو أوپاليني) • زجاج مُتَلالىء

opaline (*n.*) أُوپالين • زُجاج أوپاليني

(*adj.*) مُتلالىء – سماويُّ اللون

opaque (*adj.*) غيرُ شفّاف • غيرُ مُنْفِذ – مُعتِم • أكمَدُ اللون

O.P.E.C. (Organisation of Petroleum Exporting Countries) أُوبيك • منظمَّةُ البلدان المُصدِّرة للنفط

open (*adj.*) مفتوح – مَكشُوف • صريح

(Elec. Eng.) مفتوح • غيرُ متَّصِل (لا يسمح بمرور التيار)

open account حساب مَفتوح

open belt (Eng.) سَيْرٌ غير مُتَصالِب

open caisson (Civ. Eng.) قَيسون مفتوح (من الطرفين)

opencast (*n.*) (Mining) حُفرة (تعدين) مكشوفة

(*adj.*) سطحيّ • مكشوف

opencast mining (Mining) تَعدين سطحيّ

open chain (Chem.) سِلسلة مفتوحة

open-chain compounds (Chem.) مُركَّباتٌ مفتوحةُ السِّلسلة • مُركَّبات عضويةٌ لا حَلَقية

open-chain hydrocarbons (Chem.) هيدروكربونات مَفتوحةُ السِّلسلة

open channel (Hyd.) قَناةٌ مكشوفة • مجرًى مَكشوف

open cheque شِيك مَفتوح (غير مُسَطَّر)

open circuit (Elec. Eng.) دائرة مَفتوحة (لا تَسمحُ بمُرورِ التيار)

open-circuit voltage (Elec. Eng.) فُلطية الدائرة المفتوحة

open contract عَقْد مفتوح أو مَكشوف

open country أرض مكشوفة • أرض عَراء

open credit إعتِماد مفتوح

open-cup tester (Pet. Eng.) مِخبار الكُوبِ المفتوح : لتعيين نُقطة الوَميض للمنتوجاتِ البترولية

open cut (Civ. Eng.) حَفرٌ مكشوف : للتنقيب أو لإمرار خط حديدي

open-cut mining (Mining) تعدينٌ بالقَطْعِ المكشُوف

open cycle (Eng.) دَورةٌ مفتوحة (يُستَعمل فيها السائل مرة واحدة)

open diggings (Mining) حَفريَّات مكشوفة

open-end wrench (Eng.) مِفتاح رَبطٍ مفتوحُ الطرَف

opener (*n.*) فتّاحة • فتاحة عُلَب

open fault (Geol.) صَدْع مَفتوح

open flame لَهَب مكشُوف

open flash-point (Phys.) درجة الوَميض المكشوف

open-flow capacity (Hyd. Eng.) سَعة الدَّفق الحرّ • الصَّبيب الحُرّ

open-flow potential (Elec. Eng.) جُهدُ الدائرة المفتوحة

open flow pressure (Pet. Eng.) ضغط الدفق الحُر : في أثناء اندفاق النفط بصورة طبيعيَّة من المَكمن

open fold (Geol.) طيَّة مفتوحة

open fuse (Elec. Eng.) مِصْهر مكشُوف

open-gear compound (Eng.) مُركَّب للتُّروس المكشوفة

open ground أرض عَراء

open-hearth furnace (Met.) فُرن المَجْمَرَة المكشوفة (لصنع الفولاذ)

open-hearth steel (Met.) فولاذ المَجْمَرة المكشوفة · فولاذ «سيمِنْز ومارتِن»

open hole (Pet. Eng.) ثَقب مكشوف · بئر مكشوفة · بئر غير مُبَطَّنة

open-hole completion (Pet. Eng.) إنجاز البئر دون تَبيب : في المكامن الصخريَّة

opening (*n.*) فُتحة ـ إفْتِتاح · فَتْح

opening out (Eng.) توسيع (الثقوب)

open jetty (Civ. Eng.) رصيف مَكْشُوف (قائم على أعمدة)

open-pit mining (Mining) تعدين سطحيّ · التعدين بالحُفرة المكشُوفة

open sand رَمل مَسامِيّ

open sheeting (Civ. Eng.) ألواح مُتباعِدة

open slating (Civ. Eng.) شرائحُ متباعدة (من ٣ إلى ١٠ سم)

open slot شَقٌّ خُدّيٌّ مكشُوف

open socket (Eng.) جُلبَة مفتوحة

open system (Biol.) نظامٌ مفتوح : يَسمَح بتبادُل الحرارة والمادَّة مع البيئة المُكتنِفَة
(Eng.) شَبَكة مفتُوحة

open wrench (Eng.) مفتاح ربط مفتوح الفكّ

operable (*adj.*) (Eng.) يُمكن تشغيله · يُشغَّل

operate (*v.*) أدار · شَغَّل · اشتغل

operating agreement إتفاقية التشغيل

operating conditions ظُروف التشغيل · أحوال التشغيل

operating cost تكاليف التشغيل

operating crank (Eng.) ذِراع التدوير

open wrenches

operating current (Elec. Eng.) تيَّارُ التشغيل

operating expenses نَفَقات التشغيل

operating experience خِبرة التشغيل

operating factor (Eng.) عامِلُ التشغيل

operating flexibility مُرونَةُ التشغيل

operating gear (Eng.) جهازُ التشغيل

operating income دَخْلُ الاستِثمار

operating instructions تَعليماتُ التشغيل

operating lever (Eng.) عَتلةُ التشغيل

operating maintenance (Eng.) صِيانةُ التشغيل العادي

operating mechanism (Eng.) آليَّةُ التشغيل

operating panel (Eng.) لَوحةُ أجهزة التشغيل

operating position (Eng.) وَضعُ التشغيل

operating pressure (Eng.) ضغطُ التشغيل

operating program برنامَجُ التشغيل

operating range (Eng.) مَدَى التشغيل · مَدَى التشغيل العادي

operating range fuel pressure (Eng.) مَدَى ضغط الوقود في التشغل العادى

operating range oil temperature (Eng.) مَدَى درجة حرارة الزيت في التشغيل العاديّ

operating shaft (Eng.) جِذعُ التشغيل

operating speed (Eng.) سرعة التشغيل (العادية)

operating switch (Elec. Eng.) مفتاحُ تشغيل

operating temperature درجة حرارة التشغيل

operating time زمنُ التشغيل

operation (*n.*) تشغيل ـ عمليَّة · عمل

operation, active تشغيل عَمَليّ · تشغيل فِعليّ

operational cycle (Eng.) دورة تَشغيلية

operational failure (Eng.) خَلَلٌ تشغيليّ

operation conditions (Eng.) ظُروفُ التشغيل

operation, continuous (Eng.) تَشغيلٌ مُتواصِل

operation costs نَفَقاتُ (عمليَّة) الاستِثمار

operation disturbance (Eng.) اضطرابُ التشغيل

operation, intermittent (Eng.) تَشغيلٌ مُتقطِّع

operation, normal (Eng.) تشغيلٌ عاديّ

operation report تقريرٌ بعمليَّات التشغيل

operations عمليَّات

operation scheme (Eng.) خُطَّة التشغيل

operation security (Eng.) سلامةُ التشغيل

operation supervision (Eng.) مُراقبةُ التشغيل

operation trouble (Eng.) خَلَلُ التشغيل

operative (*adj.*) فَعَّال · عامِل · فاعِل · مُؤثِّر

operator (*n.*) مُشغِّل · عامِل

open jetty

open-pit mining

operator's manual = **operator's handbook** دليلُ المُشغِّل · كُتيِّبُ تعليمات التشغيل

ophite (Geol.) حَجَرُ الحيَّة · حَجَر مَرمَريّ مُرقَّط

ophitic texture (Geol.) نسيج اختِراقيّ : ينشأ بتداخُل البلورات المعدنية

opisometer = **map measurer** (Surv.) مِقياس خرائط

opportune (*adj.*) مُلائم · مُؤاتٍ · مُناسب

opposed-cylinder engine (I.C. Engs.) مُحرِّك مُتضادُّ الأسطوانات

opposite direction إتجاه مُضادّ

oppositely threaded (*adj.*) مُلَوْلَبٌ في اتجاه معاكِس

opposite phase (Elec. Eng.) طَورٌ مُضاد

opposite poles (Elec., Magn.) أقطاب مُتضادَّة

opposite side ضِلعٌ أو جانبٌ مُقابِل

optical (*adj.*) إبصاري · بَصَريّ : مُتعلِّقٌ بالبصر أو بالبصريَّات

optical aberration (Light) زَيغٌ بَصَريّ

optical activity (Chem., Phys.) الفاعليَّة البَصريَّة : تأثير المادَّة في دَوَران مُستوى استِقطاب الضَّوء

opisometer

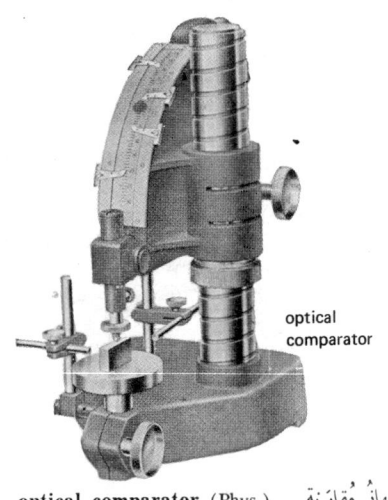

optical comparator (Phys.) جهازُ مُقارَنةٍ بَصَريّ

optical indicator (I.C. Engs) مُبَيِّن بصري

optical instruments (Phys.) أجهِزَة بَصرِيَّة

optically active (*adj.*) (Chem.) ذو فاعلية بَصَرِيَّة • مُدَوِّرٌ لمُستوى الاستقطاب

optical maser = **laser** (Phys.) مِيزَرٌ بَصَريٌّ • لِيزَر : مُضَخِّمُ الأمواج الدقيقة بالابتعاثِ الإشعاعي المُستثار بالطاقة الضوئية

optical mineralogy (Min.) الدراساتُ المعدنية الضوئية • المينرالوجية البَصَرِيَّة

optical properties (Phys.) خصائص بَصَرِيَّة

optical pyrometer (Phys.) بيرُومِتر بَصَريّ (لقياس درجة حرارة الأفران)

optics (Phys.) عِلْمُ البَصَرِيَّات • البصريَّات

optimeter (Eng.) مِقياس دقيق لمُعايَرَة اللَّوْلَبَة

optimum (*adj.*) أفضَلُ • أمْثَلُ

optimum density الكَثافَةُ المُثلَى

optimum load (Eng.) الحِمْلُ الأنْسَب

optimum mixture (Chem.) المخلوطُ (أو المزيجُ) الأمثَل

optimum rate of production (Eng.) المُعدَّلُ الأمثل للانتاج

optimum temperature درجة الحرارةِ المُثلَى

optimum value القيمة المُثلى

option (*n.*) إختيار • حَقُّ الاختيار

optional (*adj.*) اختياريّ

orange lead (Chem.) إسْرَنْج برتقالي : ضرب من أكسيد الرصاص الأحمر

orbicular (*adj.*) كُرَويّ ـ مَحاري: ذو مَداراتٍ مُتمركِزة

orbicular structure (Geol.) بِنْيَة مَحارِيَّة : من المحارات المتمركزة المدارات

order (*n.*) نَسَق • نِظام • ترتيب • تَشْكِيلَة ـ أمر • طَلَب ـ حِوالة

(Biol., Phys.) رُتبة

(*v.*) أمَرَ • طَلَبَ

order book دَفترُ الطلبات (التجاريَّة)

order form نَموذَج طلب

ordinal (number) العددُ الترتيبي

ordinary ray (Phys.) شُعاعٌ عادِيٌّ (الانكِسارِ)

ordinate (*n.*) الإحداثيُّ الرأسِيُّ (الصادِيّ)

ordinate of a point : الإحداثيُّ الرأسِيُّ للنُّقطة بُعدُها (العموديّ) عن المحور الأفقي

ordnance bench mark (Surv.) مَعْلَمٌ مِساحِيّ (بالنسبة لمَرجِع الإسناد)

ordnance datum (Surv.) خط إسناد مِساحي

ordnance survey مَصلحةُ المِساحة

Ordovician period (Geol.) العصرُ الأُردوفيسيّ (بين السِّيلوري والكَمبَري)

ore (Mining, Min.) خام • رِكاز • خامَة • خام مُعدَّن

ore apex (Mining) قِمَّةُ الرِّكاز

ore-bearing rock (Mining) • صَخر رِكازيّ صخر يحوي المعدن الخام

ore bed طبقة الرِّكاز

ore body (Mining) كُتلة الرِّكاز • كُتلة المعدن الخام

ore bunker (Mining) مُستودَعُ الخامات

ore concentration (Mining) تركيزُ الخامات

ore crusher (Mining) كَسَّارَةُ الخامات

ore deposit (Geol.) قَرارَةُ الرِّكاز

ore dressing (Mining) • تهذيب الخامات تَنْقِيَةُ أو تَهْيِئَةُ الرِّكاز (بالطرق الطبيعية)

ore enrichment (Met.) إغْناء الخام

ore leave (Mining) : ترخيص تعديني للتنقيب عن المعادن

ore milling (Met.) سَحقُ خام المعدن

ore, mineral (Min.) خامٌ معدني

ore mining (Mining) • تعدين الخامات استخراج الركاز

ore shoot (Min.) عِرقُ الرِّكاز • سامَة

ore treatment (Chem. Eng.) مُعالَجة الخامِ المُعدَّن

organic (*adj.*) عُضْويّ

organic acids (Chem.) حَوامِضُ عُضْوِية

organic analysis (Chem. Eng.) تَحليلٌ عُضْوِي

organic base (Chem.) قاعِدَة عُضْوِيَّة

organic chemistry الكيمياءُ العُضوية

organic compound (Chem.) مُرَكَّب عُضْوِي

organic deposits (Geol.) رَواسِبُ عُضوِيَّة

organic grease (Chem. Eng.) شَحم عُضْويّ

organic matter (Chem.) مادَّةٌ عُضْوِيَّة

organic origin (Chem.) أصلٌ أو مَنْشَأٌ عُضوي

organic remains بقايا عُضْوِية

organic rocks (Geol.) صخور عُضْوِية

organic silt (or **clay**) (Geol.) غِرْيَنٌ عُضْوِي

organic slime (Geol.) طين (غَرويٌّ) عُضْوي

organic solvent (Chem. Eng.) مُذِيب عُضْوِي

organic sulphur (Min.) كِبريت عُضْوِيُّ المَنشأ

organic theory (Chem.) : النظرية العُضوية في أصل النفط

organic weathering (Geol.) تَجْوِيَة عُضْوية

organisation = **organization** مُنَظَّمة • هَيئَة

organism (*n.*) مُتَعَضٍّ • كائنٌ (عُضْوي) حَيّ

organization (*n.*) تنظيم • نِظام ـ مُنَظَّمة • هيئة

(Chem.) تَعَضِّيَة • تَعَضٍّ

organization, industrial مُؤسَّسة صِناعية ـ تنظيم صِناعيّ

organized noise waves (Phys.) أمواج لَغَطِيَّة رَتيبة

organogenic = **organogenous** (*adj.*) عُضْوِيُّ المنشأ

organo-metallic compounds (Chem. Eng.) مُرَكَّباتٌ فِلِزيَّةٌ عُضوية

organosol (Chem. Eng.) صُلٌّ عُضْوِي : مَحلولٌ شِبهُ مُعَلَّق في سائل عضوي

Oriental alabaster = **onyx marble** (Min.) مَرمَرٌ شرقيّ

Oriental topaz (Min.) • ياقوت شرقي كورَنْدَم ياقوتي الشكل

orientation (*n.*) توجيه • تكييف • تهيئة ـ اتجاه

oriented specimen (Mining) عَيِّنة مُبَيَّنةُ الاتجاهات : لأغراض الدراسة المخبرية

orifice فُوَّهة ـ فتحة

orifice meter (Eng.) مِقياس فُوَّهِي

(Hyd. Eng.) مقياس التدفق الفُوَّهي

orifice spud سِدادٌ (أو بِطامٌ) الفُوَّهة

orifice spud, adjustable (Eng.) سِدادٌ بفُوَّهةٍ إنضباطِيَّة

origin (*n.*) أصل • مَصْدَر • مَنْشَأ

original (*adj.*) أصلي • أصيل • مُبتكَر

O-ring (Eng.) فَلْكَة حَلْقِيَّة

orlop deck (Naut.) السطح السُّفلي في السفينة

orogenesis = **orogeny** (Geol.) نُشوء الجِبال

orogenie movement (Geol.) حركة نُشوء الجبال

orography = **orology** (Geol.) علم الجبال

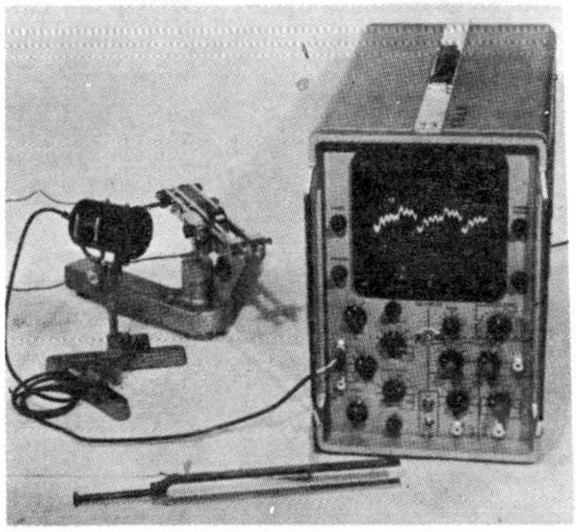

oscilloscope

outcrop

oronite (Eng.) أورونَيت : طلاء من المينا لوقاية السطوح المعدنيّة

ortho- بادئة بمعنى : مُستقيم • صحيح – عموديّ • قائم – تصحيحيّ • تقويميّ

(Chem.) أورثو : مُشتقّ بنزينيّ بمبادلةٍ في هيدروجين ذرّات الكربون الاولى والثانية من حلقة الجُزَيء البنزيني – أورثو : صِفة الحامِض الأغنى (من سِلسلته) بالهيدروكْسيل

ortho-axis (Geol.) مِحورٌ مُستقيم • مِحور مُتعامِد

orthoclase (Min.) أورثوكْلاز : سِليكات البوتاسيوم والألومنيوم الصخرية

orthoflow catalytic cracking (Pet. Eng.) التكسير بالمُحفِّزات المُسيَّلة العمودية الحركة

orthoforming (Pet. Eng.) التهذيب التقويمي • التهذيب بالمُحفِّزات المسيَّلة العمودية الحركة (طريقة لتهذيب النفط من ابتكار شركة كِيلوج)

orthogeosyncline (Geol.) تَقَعُّر إقليمي بَيني

orthogonal (*adj.*) عَموديّ • مُتعامِد

orthogonal projection مَسْقط عموديّ – اسقاط عموديّ

orthographic projection اسقاط تسامتي • اسقاط أورثوغرافي

orthokinetic (Chem.) مُرتَحِلٌ في نفس الاتجاه

orthomorphic projection (Surv.) مَسْقَطُ الشكلِ الصحيح (في رسم الخرائط)

orthophosphoric acid (Chem.) حامضُ الأورثوفُسفوريك

orthorhombic system (Geol.) نظامُ التبلور المُعيَّني المستقيم

ortho-(rock) (Min.) صخر بركانيّ مُتحوِّل

orthoxylene (Chem.) أُورثو زايلين

oryctognosy (Min.) اسم قديم لعلم المعادن (المينرالوجية)

os (pl. osar) (Geol.) إز : إسْكر : كَثيبٌ جليدي طويل مُتعرِّج

osar = asar (Geol.) إسْكر : كثيب من الرواسب الحَصَوية والطفَلية

oscillate (*v.*) ذَبْذَب • تَذَبذب • ناسَ • ترجَّح

oscillating cam (Eng.) حَدَبة (كامة) مُتذبذبة

oscillating motion (Eng.) حركة تذبذُبية

oscillating piston (Eng.) كبّاس أو مِكبس متذبذب

oscillation (Phys.) ذَبذَبة • تَذبذُب • نَوَسان • تَرَجُّح • خَطَران

oscillation frequency (Phys.) تردد الذَبذَبة

oscillator (Eng.) مُذَبذِب • مُولّد الذبذبة • نوّاس

oscillatory (*adj.*) تَذَبذُبيّ • مُتذَبذِب • مترجِّح

oscillatory motion (Phys.) حركة تَذَبذُبيّة

oscillograph (Elec. Eng.) أوسِّلوغراف • مِرسَمة تَذَبذُبات

oscillometer (Phys.) مِقياس الذَبذُب • مِقياسُ الذَبذَبة

oscilloscope (Elec. Eng.) مِرسَمة تذبذُبات • أُسِّلُسكوب : أوسِّلوغراف الكترونيّ منخفِض الفُلطية

osculum فُوَيْهة

osmiridium (Met.) أوزميريديوم : سبيكة طبيعية صُلبة جدّاً من الأزميوم والإريديوم

osmium (Os) (Chem.) الأوزميوم : عنصر فلزيّ رمزه (مز) وهو أكثر العناصر كثافةً

osmometer (Chem. Eng.) أزمومتر • مقياس الضغطِ الأوزموزي (الانتشاري)

osmose (*v.*) تناضَح : إنتشر بالتنافذِ الغِشائي

osmosis (Chem.) التناضُح • الأزموزية • الانتِشارُ الغِشائي

osmotic coefficient (Chem. Eng.) المعامِل التَناضُحي (الأزموزي)

osmotic pressure (Chem. Eng.) الضغط التَناضُحي • الضغط الانتشاري

osseous (*adj.*) (Geol.) عَظمي • غَنيٌّ بالأحافير العظمية

osteolith (Geol.) أُحفورة عَظْميّة • عَظْمةٌ مُستَحجرة

Otto cycle (Eng.) دَورة «أوتو» : ذات الأشواط الأربعة

Otto engine (Eng.) مُحرِّك «أوتو»

ounce (avoirdupois) : آونس(أفوار ديبوا): يعادل ٢٨،٣٥ غم

ounce, fluid (Phys.) آونس سائليّ : حوالى ٢٨،٤ سم

ounce, troy (Phys.) تروْيّ آونس : ٣١،١ غم

outage (*n.*) انقِطاع • توقُّف • فترةُ توقف – خَسارة (بسبب النقل أو التخزين)

(Pet. Eng.) الخَواء الصِّهريجي : حَيِّز التبخر والتمدد في الخزان أو الوعاء

out-and-out (*adv.*) تماماً

(*adj.*) كُلّيّ

outbalance (*v.*) فاقَ وَزناً • رَجَح على

outbid (*v.*) زايَدَ • عَرَضَ ثَمَناً أعلى

outbidder صاحِبُ العَرض الأعلى (في المَزاد) • صاحِبُ العَرْضِ الأقلّ (في مُناقَصة)

outboard (*adj.*) خارجيّ • بَرّانيّ • بعيدٌ عن وَسَطِ المَركَب

outboard motor (Naut.) مُحرِّكٌ خارجيّ (للزوارق)

outboard motor oil (Pet. Eng.) زيتُ المُحرِّكاتِ الخارجية للزوارق

outbreak (*n.*) نُشوب • شُبوب • تَفَشٍّ • إندلاع

outbuilding (Civ. Eng.) مَبنًى إضافي (مُلحَق بالبناء الأصلي)

outburst (*n.*) إنفجار • تفجُّر • ثَوَران

outcome (*n.*) نتيجة • ناتِج

outcrop (*n.*) (Geol.) مُنكَشَف الصَّخر : بُروز الصخر أو الطبقة فوق سطح الأرض

(Min.) انكِشاف : ظهور المعدن على سطح الأرض

(*v.*) نَتأ فوق سطح الأرض • انكشَفَ • بَرَزَ

outcrop line (Geol.) خَطُّ البُروز

outdoor substation (Elec. Eng.) مَحَطّة فَرعية خارجية

outer (*adj.*) خارجي • بَرّاني

outer barrel الجِذع الأسطواني الخارجي

outer bearing (Eng.) مَحمِل خارجيّ • مَحمِل مُساعِد

outer casing غِلافٌ خارجي • قَميص خارجي

outer core اللُّب الخارجي

outer dead-centre (Eng.) النقطة المَيْتة الخارجية

outer race (Eng.) حَلقةُ المَدرجة الخارجيَّة
outer shell (Geol.) القِشرة الخارجية
outer skin (Eng.) الغِشاء الخارجي
outer zones of the earth (Geol.) أغلِفَةُ الأرض الخارجية
outfall (Civ. Eng.) مَخرجُ التصريف
outfall sewer (Civ. Eng.) مَجرى التصريفِ الخارجيّ الرئيسي
outfit (*n.*) عُدَّة • مُعَدَّات • تجهيزات • طَقم • بِزَّة
(*v.*) جهَّزَ أو زَوَّدَ بالمُعَدَّات
outflow (*v.*) تدفَّق • إنصَبَّ
(*n.*) تدفُّق • دَفْق • اندفاق الى الخارج
outflow channel (Geol.) مَسِيل
outgas (*v.*) فرَّغ من الغاز
outgoing (*adj.*) خارج • مُنصرِف • صادِر
outgoing feeder (Elec. Eng.) مُغذٍّ خارج
outlet (*n.*) مَخْرَج • مَنفَذ
(Elec. Eng.) مَقْبِس تغذية • مأخَذ التيار (لتغذية الأدوات الكهربائية)
outlet pipe أنبوب الخُروج
outlet port فُتحة الخُروج
outlet pressure (Eng.) ضَغطُ الخُروج • ضغط الانفلات
outlet valve (Eng.) صِمامُ الانفلات
outlier (Geol.) صَخر عَزِيل : بقايا صَخرٍ حديث تُحيطُ بها صخورٌ أعتَق
outline (*n.*) خطٌّ مُحيطي • خط كِفافِيّ – نِطاق • حَدّ – مُخطَّط تمهيدي – مُجمَل • مُوجَز
(*v.*) رَسَمَ • خطَّطَ – حدَّد • أجْمل • أوجَز
outline drawing رَسْمٌ إجمالي
outline map خريطةٌ خَرساء • خريطة تمهيدية
outline plan خُطَّة إجمالية
outlook (*n.*) منظر • وُجهة نَظَر – تباشير • دلائل المُستقبل
outmoded (*adj.*) قديم الطِّراز
out of action مُعطَّل • مُتعطِّل
out of alignment مُخْتَلُّ المحاذاة • مُخْتَلُّ التراصُف الطولي
out of balance (Mech.) مُخْتَلُّ التوازُن
out of bounds مَحظورٌ دخولُه
out of centre حائِدٌ عن المركز
out of control خارجٌ عن السيطرة • يتعذَّر التحكُّمُ به
out of gear (Eng.) مُعطَّل • غير عامِل – غيرُ مُعشَّق • في نُقطةِ العَطالة

outside calipers

out of joint مُفكَّك
out of order مُشوَّش • مُختَلُّ النظام
out of phase (Phys.) مُختَلُّ التطاوُر • مُتفاوِت الطَّور
out of range خارِج المَدى
out of trim مُشوَّش
out of work عاطِلٌ عن العمل
outport (Naut.) مِيناءٌ خارجي • ميناءٌ أماميٌّ
outpost extension well (Pet. Eng.) بِئر امتدادٍ (اماميَّة)
outpost well (Pet. Eng.) بِئر أمامية : خارج حُدود المَكْمَن
outpour (*v.*) صَبَّ • إنصَبَّ • تَدَفَّق
(*n.*) إنهمار • دَفْق • تَدَفُّق
output (*n.*) نِتاج • حَصيلة • صَبيب – خَرْج • مَردُود
(Pet. Eng.) إنتاج • كمِّيَّةُ الانتاج
output curve مُنحنى (بيانِ) الإنتاج
output decline curve منحنى (بيانِ) انخفاض الانتاج
output, maximum الخَرْجُ الأقصى • كمِّيَّةُ الانتاج القصوى
output, minimum الخَرْجُ الأدنى • الانتاج الأدنى
output power (Eng.) قُدرة الخَرج
output rate (Eng.) مُعدَّلُ الانتاج
output, total (Eng.) الانتاج الكُلّيّ • الخَرْج الكُلّيّ
output volume حَجْمُ الانتاج
output well (Pet. Eng.) بِئْرُ الخَرْج • بِئْرٌ مُنتِجَة (بالحَقن)
outright فوراً • حالاً – صَريح • مُباشر
outset (*n.*) بَدء • بِداية • مُستَهَلّ • شُروع
outshoot (*n.*) (Geol.) نُتوء • بُروز
outside (*adj.*) خارجي
(*adv.*) خارجاً • من الخارج • في الخارج
outside caliper(s) (Eng.) فرجار (قياسٍ) خارجي
outside diameter القُطر الخارجي
outside gauge (Eng.) مُحدِّدُ قِياس خارجي

outside lap (Eng.) تراكُب خارجي
outside plating (Elec. Eng.) تَصفيحٌ خارجيّ
(Civ. Eng.) ألواحُ التغطية الخارجية
outside threading (Eng.) لَوْلَبَةٌ خارجية
outside work عَمَلٌ خارج الوَرْشَة
outskirts ضَواحٍ
outstanding (*adj.*) بارِز • ظاهِر – غير مُسدَّد • غَير مدفوع
outstation (*n.*) مَحطَّةٌ نائية
outstep (*v.*) تجاوَز • تخطَّى (حدّاً مُقرراً)
outstepping wells (Pet. Eng.) آبار التجاوُز: آبار امتِداد الحقل خارج الحدود المقرَّرة
outstroke (Mining) تعدين تجاوُزي: استِخراج المعادِن من منطقة متاخمة لمنطقة الامتياز بأنفاق افقية
outstroke (of a piston) (Eng.) شَوْطُ الخُروج
outstroking (Mining) التعدين التجاوُزي : بأنفاق أفقية من مواقع مجاورة لمنطقة الامتياز
outtake (Mining) مَهْواة : مَنْفَذٌ عموديٌّ لتَصريف الهَواء
out-to-out من الطَّرَفِ إلى أقصى الطَّرَفِ الآخر
outturn (*n.*) نِتاج • محصول • مَردود
outward (*adj.*) خارجي – ظاهِريّ
(*adv.*) نحو الخارج • الى الخارج
outward flow (Hyd. Eng.) دَفقٌ خارجي (من المركز الى الأطراف)
outwash fan (or **plain**) (Geol.) سَهلُ الغَسْل : سَهلٌ حَصَوِيٌّ رملي رَسَّبته مجاري المياهِ الذائبة من الرُّكامات الجليدية
outweigh (*v.*) رَجَحَ • فاقَ وزناً
oval socket (Pet. Eng.) جُلبَة بَيضيَّة الشكل : لالتقاط السواقط • لاقِطة إهليلجيَّة التجويف (لسحب الأنابيب المنكسرة في البئر)
oven فُرن • تَنُّور
oven gas غاز الأفران
overacidify (*v.*) (Chem. Eng.) أحمَضَ بإفراط
overacidity (Chem. Eng.) فَرطُ الحَمْضِيَّة
overage (*n.*) فائض • فَيْض
overall (*adj.*) كُلِّي • إجمالي
(*n.*) بَدْلَةُ الوَرْشَة • مِيدَعٌ كامل من قطعة واحدة
overall cost التكلِفَة الإجمالية
overall efficiency (Eng.) الكِفايَة الإجمالية

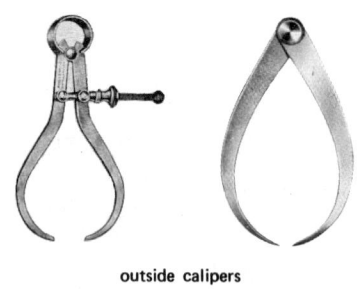

overall height الإرتفاع الإجمالي

overall length الطول الإجمالي

overall loss (Eng.) الفَقْدُ الإجمالي

overalls = **overall** (*n.*) بَدْلَةُ الوَرْشَة • مِيدَع

overall weight الوزن الإجمالي

overall width العَرْضُ الإجمالي

overbid (*v.*) زايَدَ (على) • عَرَضَ ثمناً أعلى

(*n.*) ثَمَنٌ زائِد • عَرْضٌ أعلى

overboiling (*n.*) غَلَيانٌ مُفرط • فَرْطُ الغَلَيان

overbreak (or **overbreakage**) (Civ. Eng.) الحَفْرُ الزائد (الخارِج عن الحُدود المقرَّرة)

overburden (*v.*) ثَقَّل على • حَمَّل فوق الطاقة

(*n.*) تثقيل • تَحْميلٌ مُفرط

= **capping** (Mining) الغِطاء الأرضي : الغِطاء الصخري (أو الترابي) في التعدين السطحي

(Geol.) الغِطاء الرسوبي الضاغط

overburden pressure ضغط التحميل المُفرط

(*n.*) شِحنَةٌ مُفرِطَة – فَرْطُ الشَّحْن

overburden velocity (Geophys.) السُّرعة في الغطاء الأرضي : سرعة الاهتزازات في طبقة الغطاء الصخري

overcharge (*v.*) شَحَنَ بإفراط – طلب ثمناً باهظاً

overcome (*v.*) تَغَلَّبَ على

overcooling (*n.*) التَّبْرِيد المُفْرِط

over-current (or **overload**) **relay** (Elec. Eng.) مُرَحِّل يعمل عند تجاوز التيار (أو الحمل)

over-current (or **overload**) **release** (Elec. Eng.) مُعتِقُ الدائرة عند تجاوُز التيار (أو الحمل)

overdeepen (*v.*) عَمَّق (الحفرَ) بإفراط

overdo (*v.*) بالَغَ (في) • أفْرَط

overdose (*n.*) جُرعةٌ مُفرِطَة

(*v.*) أعطى جُرعةً زائدة

overdrive (*n.*) سُرعة زائدة

(Eng.) تُرْسُ السُّرعة الزائدة : ترس تخفيف القدرة لحفظ السرعة المقرَّرة وتوفير الوقود

overestimate (*v.*) بالَغَ في تقدير القيمة

(*n.*) تقديرٌ مبالَغٌ فيه

overfault (Geol.) صَدْعٌ مقلوب

overfill (*v.*) أطفح

overflash (Eng.) فَرْطُ التبخير

overflow (*v.*) فاضَ • طَفَح – غَمَر • طَمَا

(*n.*) طَفْح • فَيَضان – فائض • طُفاحَة

overflow cup كُوبُ الفائِض • كأس الطُّفاحَة

overflow pipe (Civ. Eng.) ماسورةُ الطَّفح • أنبوبُ الفائض

overflow valve (Eng.) صِمامُ الفائض

overfold (Geol.) طَيَّةٌ مُتَّكِئَة : يكون فيها محور الطيّ مائلاً ويميل جناحاها في نفس الاتجاه

overgreasing (*n.*) فرطُ التشحيم

overgrinding (*n.*) طَحْنٌ أو سَحْنٌ مُفرط

overhand knot عُقدة بسيطة • نِصفُ عُقدة

overhang (*v.*) تدلَّى (مُشرِفاً على) – بَرَز

(*n.*) تَدَلٍّ – تَجاوُز • بُرُوز • حَيَدانٌ جانبي

overhanging beam (Civ. Eng.) عَتَبَةٌ ناتِئة (محمولة على حامِلَين بعيدَين عن طَرَفيها)

overhanging dome (Geol.) ظُلِّيَّة : قُبَّة مِظلِّيَّة تُشبه نباتَ عَيْشِ الغُراب

overhaul (*v.*) أصلَحَ • رمَّم • جدَّد

(*n.*) إصلاحٌ (أو تصليحٌ) شامِل • عَمْرَة : ترميم كُلِّي

overhead (*adj.*) عُلْوِيّ – إضافي

(*n.*) نفقات عامَّة

(Pet. Eng.) المُنتَجاتُ العُلويَّة • مسجات التقطير العُلوية

overhead accumulator (Pet. Eng.) مُجمِّع المنتَجات العُلوية

overhead cable (Elec. Eng.) كَبْلٌ مُعلَّق • كَبْلٌ عُلْوِيّ

overhead condenser (Pet. Eng.) مُكثِّف المُنتَجات العُلوية

overhead conductor (Elec. Eng.) مُوَصِّلٌ عُلْوِيّ

overhead costs (or **expenses**) نَفَقات إضافية • نفقات عامَّة

overhead crane (Eng.) مِرفاعٌ عُلويّ (متحرِّك)

overhead drum (Pet. Eng.) أُسطوانة تكثيف المُنتَجات العلويَّة : في رأس عمود التقطير

overhead expenses نَفَقات عامَّة (أو غير مُباشِرة)

overhead gantry إنشاء قنطري مُعلَّق

overhead line أنبوب عُلوي • خَطٌّ عُلويّ • سِلك مُعلَّق

overhead pipe ماسورةٌ عُلوية • أنبوبٌ مُعلَّق

overhead products = **overheads** (Pet. Eng.) المُنتَجات العُلويَّة : مُنتَجات التقطير العلوية • القُطارات العلوية

overhead pulley (Eng.) بَكَرةٌ عُلويَّة

overhead temperature (Pet. Eng.) درجة حَرارة القُطارة العلويَّة

overhead travelling crane (Eng.) مِرفاعٌ عُلويّ مُتنقِّل

overfold

overhead valve (Eng.) صِمامٌ عُلوي

overheat (*v.*) سخن بإفراط • سَخَّنَ (أو سَخُنَ) أكثر مما ينبغي

overheated (*adj.*) مُفرط الإحماء

overheating (*n.*) فَرْطُ الإحماء • فَرْطُ الحُمُوّ

over-hung beam (Civ. Eng.) عَتَبَةٌ ناتِئة

overland (*adj.*) بَرِّيّ

(*adv.*) بَرّاً

overlap (*v.*) تراكَبَ • تداخَلَ • تشابَكَ

(*n.*) (Geol., Eng.) تَراكُب • تداخُل – مُجاوَزة • تَجاوُز • تَخَطٍّ

overlap fault (Geol.) صَدْعٌ تراكُبي • صَدعُ المُجاوزة

overlapping distillation curves (Chem. Eng.) مُنحنَيات التقطير (البيانية) المُتداخِلة

overlapping folds (Geol.) طَيَّاتٌ مُتَراكِبَة

overlapping joint (Eng.) وُصْلَةٌ مُتَراكِبَة

overlapping of power strokes (Eng.) تَراكُبُ أشواطِ القُدرة

overlapping strake (Civ. Eng.) ألواح خارجيَّة مُتراكِبة

overlap span (Eng.) مَسافة أو مدى التَّراكُب

overlay (*v.*) غَشَّى • غَطَّى – طَلَى

(*n.*) غِشاء • غِطاء • طِلاء

overload (*v.*) حَمَّل فوق الطاقة • شَحن بِحِمْلٍ زائِد

(*n.*) حِمْلٌ زائد • شِحنة زائدة

(Elec. Eng.) تجاوُز الحِمل

overload circuit-breaker (Elec. Eng.) قاطِعُ دائرةٍ يَعمل عند تَجاوُز الحِمْل

overloaded stream (Geol.) مَجرًى رازِح

overloading (*n.*) تحميلٌ زائد • تجاوُز التَّحميل

overload relay = **over current relay** (Elec. Eng.) مُرَحِّلٌ يعمل عند تجاوُز الحِمْل

overturned anticline

overturned syncline

overload release = over current release (Elec. Eng.) مُعتِقُ الدائرةِ عند تجاوُزِ الحِمْل (أو التيار)

overlook (*v.*) أطلَّ أو أشرَفَ على – أغفَل • تغاضَى عن

(*n.*) مَطَلّ• مَشْرَف• مَكان مُشرِف – مَنظر مُشرِف

overlubrication (Eng.) فَرْطُ التَزْليق • تَزْييتٌ مُفرط

overlying beds (Geol.) الطبقات الفَوقِيَّة

overnight service خِدمة ليليَّة

overpass (Civ. Eng.) مَمرٌّ عُلويّ

overpotential (Elec. Eng.) فَرطُ الجُهد

overpower protection (Eng.) وِقاية (بجهازٍ يعمل) عند تجاوُزِ القُدرة

overpressure (*n.*) ضَغطٌ زائد

over-pressure valve (Eng.) صِمامُ (تنفيسِ) الضغطِ الزائد

overproduction (*n.*) فَرطُ الإنتاج

over-rich mixture (Eng.) مَزيجٌ مُفرِطُ الغِنَى

override (*v.*) تجاوَزَ بتراكُب • تراكَبَ – داسَ – أبْطَل

(*n.*) (Geol.) تراكُب تَجاوُزيّ

over-riding royalty الرَّيْع التجاوُزي : رَيعٌ إضافي يُدفع الى غير المؤجِّر

overrun (*v.*) إجْتاحَ • إكتَسَح • غَمَر

overrun brake (Eng.) مِكْبَحُ العَرَبة المقطورة

oversaturation (Chem. Eng.) فَرطُ الإشباع • فَرطُ التَّشبُّع

overseer (*n.*) ناظِر (عُمَّال) • مُراقِب

overshot (*adj.*) يُدار بالدفع العُلويّ – ناتِىء الفك

(*n.*) مِلقاطُ سَواقِط ناتِىءُ الفَكّ

oversight (*n.*) قُصور• سَهو – مُلاحَظة• إشراف

oversize (*adj.*) عِملاقيُّ الحَجْم • عِملاقِيّ : أكبر من المعتاد

(*n.*) حَجم عِملاقِيّ

overspeed (*n.*) تجاوُزُ السرعة (المُقرَّرة) • فَرطُ السرعة

overspeed protection (Elec. Eng.) وِقاية (بجهاز يعمل) عند تجاوُزِ السرعة

overstep (Geol.) تَجاوُز : تَخَطِّي الطَبَقَة لِما دونها من نُتوءات

overstrain (*v.*) أرهَق • أنهَك – مَطَّ مُجاوِزًا حدَّ المُرونَة

(*n.*) (Eng.) تجاوُزُ حَدِّ المُرونة• إنفِعال زائد

overtake (*v.*) أدرَكَ • لَحِقَ (ب) – تخَطَّى • تجاوَزَ • سَبَق

overtaking lane (Civ. Eng.) مَسربُ التجاوُز

overthrust = thrust fault (Geol.) صَدع دَسْري : صدع عكسيّ قليل المَيل

overthrust fold (Geol.) طَيَّة دَسْر • ثَنية مَكسورة

overtime (*n.*) ساعاتُ عملٍ إضافيةٍ أو أجْرُها

over-travel (Eng.) تَجاوُزُ مدَى الشَوط (في المِكْبَس)

overtreating (Chem. Eng.) فَرطُ المُعالَجة • مُعالَجة مُفْرِطَة

overturn (*v.*) قلَبَ • انقلَبَ • عَكَس

(*n.*) إنقِلاب • قَلْب

overturned anticline (Geol.) طَيَّة مُحَدَّبَة مَقلُوبَة

overturned fold (Geol.) طَيَّة مَقلُوبَة • التواء مَقلُوب

overturned syncline (Geol.) طَيَّة مُقعَّرة مَقلُوبَة

overvaluation تقييم زائد • فَرطُ التقييم

overvitrification (Geol.) فرطُ التزجُّج

overvoltage (Elec. Eng.) تجاوُز الفُلطية • فُلطيَّة زائدة

overvoltage protective device (Elec. Eng.) جِهازُ وِقاية من تَجاوُز الفُلطية

overvoltage release (Elec. Eng.) مُعتِقُ الدائرة عند تجاوُزِ الفلطية

overweight (*n.*) وزنٌ زائد

ownership (*n.*) مِلكيَّة

oxalate (Chem.) أوكْسالات : مِلحُ حامِضِ الأوكساليك

oxalic acid (Chem.) حامِضُ الأوكْساليك

oxidable = oxidizable (*adj.*) (Chem.) يتأكسَد • قابِلٌ للتأكسُد

oxidant (Chem. Eng.) مُؤكسِد • عامِل مُؤكسِد

oxidate = oxidize (*v.*) أكْسَدَ

oxidation (Chem. Eng.) أكسَدَة • تأكسُد – تَفاعُل يُفقِد الذرَّة بعض الكترو ناتها

oxidation, degree of (Chem.) درجةُ التأكسُد

oxidation index (Chem. Eng.) دليلُ التأكسُد

oxidation inhibiting additives (Pet. Eng.) إضافات مانِعةُ التأكسُد

oxidation-inhibiting chemicals (Chem. Eng.) الكيماويات مانِعَة التأكسُد

oxidation inhibitor (Chem. Eng.) مانِعُ التأكسُد

oxidation number (Chem. Eng.) رَقْمُ التأكسُد

oxidation potential (Chem. Eng.) جُهْدُ التأكسُد

oxidation product (Chem. Eng.) ناتِج الأكسَدَة

oxidation-reduction reaction (Chem.)
تفاعُلُ أكسَدةٍ واختِزال • تفاعُلُ أخسَدة

oxidation resistant مقاوِمُ الأكسدة

oxidation stability (Pet. Eng.)
مَناعةٌ ضدّ التأكسُد • مُقاومة الأكسدة

oxidation test (Chem. Eng.) اختبار الأكسَدَة

oxidative (*adj.*) مُؤكسِد

oxide (Chem.) أكسيد

oxide film (Chem. Eng.) غِشاءٌ أكسيديّ

oxide, hydrous (Chem.) أكسيدٌ (فِلزيٌّ) مُمَيَّأ •
هَيدروكسيد

oxidizable (*adj.*) قابِلٌ للأكسَدَة • يُؤكسَد

oxidization (*n.*) (Chem. Eng.)
أكسَدَة • تأكسُد – زِيادة المكافىء المُوجَب
(أو نُقصان المُكافىء السالِب) لأيونات العُنصر

oxidize (*v.*) (Chem. Eng.) أكسَدَ • تأكسَدَ •
إتَّحَدَ بالأكسجين – زادَ المُكافىء الموجَب
(أو أنقصَ المُكافىء السالِب) لأيُونات
العُنصر

oxidized (*adj.*) (Chem.) مُؤكسَد

oxidized asphalt (Pet. Eng.) أسفلت مُؤكسَد

oxidized ore (Mining) رِكازٌ مُؤكسَد •
خامٌ مُتأكسِد

oxidizement = oxidation (Chem. Eng.)
أكسَدَة • تأكسُد

oxidizer (Chem. Eng.) مُؤكسِد • عامِلُ أكسَدَة

oxidizing (*adj.*) (Chem.) مُؤكسِد

oxidizing agent (Chem. Eng.) عامِلٌ مُؤكسِد

oxidizing flame (Chem. Eng.) : لَهَبٌ مُؤكسِدٌ
مَخروط اللَّهَب الخارجي اللاّ مُضيء
للغاز (حيث نسبة الهواء للوقود عالية)

oxidizing roasting (Met.) تَحميصٌ مُؤكسِد

oxidizing slag (Met.) خَبَثٌ مُؤكسِد

oxonium (Chem.) أُكزونيُوم : أيون مُوجَب
يحوي ذرَّة أكسجين في مركزه

oxo-process (Chem. Eng.) : طريقةُ أوكسُو
طريقة كيماوية لتحويل الأولَفين الى
كُحول ذي ذرة كربون إضافية

oxy-acetylene blowpipe (Chem. Eng.)
حِمْلاجُ (بُوري) الأكسجين والأستيلين

oxy-acetylene cutting (Eng.)
قَطْع (المعادنِ) بشُعْلَةِ الأكسجين والأستيلين

oxy-acetylene flame (Chem. Eng.)
لَهَبُ الأكسجين والأستيلين

oxy-acetylene torch (Chem. Eng.)
مِشْعَلُ الأكسجين والأستيلين

oxy-acetylene welding (Eng.)
لِحامٌ بالأكسجين والأستيلين

oxybitumen (Chem. Eng.) قار مُؤكسَد

oxy-gas cutting torch (Eng.) مِشعلُ قَطع
بالأكسجين وغازٍ لَهُوب

oxygen (O) (Chem.) الأكسِجين : عنصر غازيّ
رمزُه (ا)

oxygenate (*v.*) (Chem.) أكسَجَ : مَزَجَ أو
أشبَعَ بالأكسجين

oxygenated oil زيت مُؤكسَج أو مُؤكسَد

oxygenation (Chem.) أكسَجَة

oxygen bottle (or **cylinder**)
أُسطوانـةُ أكسجين

oxygen consumption (Chem. Eng.)
إستهلاك الأكسجين

oxygen content (Chem. Eng.)
المُحتَوى الأكسجيني

oxygen cutting (Eng.) قَطْعٌ بالأكسجين

oxygen cylinder أُسطوانةُ (أو قارورةُ)
أكسجين (مَضغُوط)

oxygen deficiency (Chem. Eng.)
نَقصُ الأكسجين

oxygen enriched air (Chem. Eng.)
هَواءٌ مُزَوَّدُ الأكسجين

oxygen feed (Chem. Eng.)
التَّغـذيـةُ بـالأكسِجين

oxygen free (*adj.*) (Chem.)
خالٍ من الأكسجين

oxygen gas (Chem.) غازُ الأكسجين

oxygenous (*adj.*) أكسِجينيّ

oxy-acetylene cutting

oxy-acetylene torch

oxygen scavenger (Chem. Eng.)
كاسِحُ الأكسجين : إضافة كيماويَّة لإزالة
الأكسجين الطليق من ماء المَراجل

oxygen supply (Chem. Eng.) مَوردُ الأكسجين

oxygen uptake (Eng.) مأخَذُ الأكسجين

oxyhydrogen blowpipe (Chem.)
حِمْلاجُ (بُوري) الأكسجين والهيدروجين

oxyhydrogen welding (Eng.)
لِحامٌ بالأكسجين والهيدروجين

oxyweld (*n.*) (Eng.) لِحامٌ بالأكسجين

oxywelder (*n.*) عامِلُ اللِّحام بالأكسجين

ozokerite (or **ozocerite**) (Min.)
أوزوكيريت : شَمعٌ مَعدِني

ozonation (Chem. Eng.) مُعالَجة بالأوزون –
توليد الأوزون

ozone (Chem.) أُوزون : شَكلٌ تآصُليٌّ للأكسجين
جُزَيئُه ثُلاثيُّ الذرَّة

ozonizer (Chem. Eng.) مولِّدُ الأوزون

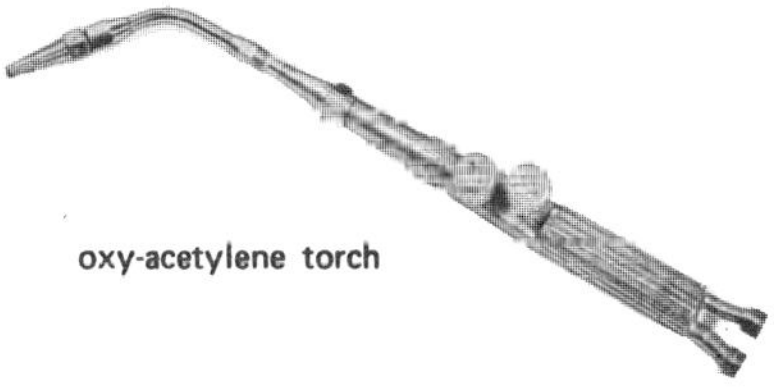

p

petro-chemical plant

package and grease plant

pace (*n.*) خُطوة ـ سُرعة السَّيْر

(*v.*) خَطا ـ ضَبَطَ الخُطوة

pacemaker (*n.*) مُحدِّد الخُطوة

(Chem. Eng.) مُحَدِّد سُرعةِ التَفاعُل

Pacific suite (Geol.) مجموعة المحيط الهادىء • مجموعة الصخور الكِلسيَّة القِلويَّة

pacify (*v.*) هَدَّأ • سَكَّن • خَفَّف

pack (*n.*) حُزْمَة • رِزْمَة • رَبْطَة ـ مَجموعة ـ حَشْوَة ـ رَدْم

(*v.*) حَزَمَ • رَزَمَ ـ عَبَّأ • غلَّف ـ حَشا • دَمَّج • رَصَّ ـ حشَّى (لِمنع التسرُّب)

package (*n.*) حَزْم • تَعبِئة ـ تغليف • تعليب ـ رَبْطة • حُزمة ـ طَردٌ بَريدي

(*v.*) حَزَمَ • رَبَطَ ـ عَبَّأ

package and grease plant وَحدةُ تَعبِئة الشحم وتصنيعِه

packaging (*n.*) تَعبِئة ـ تَغْليف ـ حَزْم ـ تَحشِيَة

packaging centre (Pet. Eng.) مَركَزُ تَعبِئة • مَركزُ تَوضيب (الغاز الطبيعي المُسيَّل)

packaging machine مَكَنةُ تعبِئة • مَكَنةُ توضيب

pack cloth قُماش تغليف

packed (*adj.*) مُعبَّأ • مَحشُوّ ـ مُبطَّن

packed column (Chem. Eng.) عمود مَحشُوّ : بالحلَقات الخزفيَّة أو الفولاذيَّة لِزيادة فعاليَّة التقطير أو الامتِصاص

packer (*n.*) مُعَبِّىء ـ مُبطِّن ـ حَشْوَة (مانِعة للتسرُّب) • حَشْوةُ عَزل ـ بِطـانَة تَقوِية

(Pet. Eng.) رازِمة • عازِلُ الإنتاج (في بِئر النفط)

packer seat (Eng.) كُرسي الرازِمة • مُرتكَزُ عازِل الانتاج

packing (*n.*) تَعبِئة • حَشو ـ حَشْوَة • بِطانة تَغْـلِيف • حَشْوَة مَسِيكـة ـ رَبْط • حَزْم ـ تَغْلِيف ـ تدمِيج • رَصّ

(Geol.) الحَشو • نَسَقُ الحَشْو في النسيج الصخري

packing bolt (Eng.) مِسمارُ أو بُرغي رَبط

packing box (Eng.) صُندوقُ حَشْو ـ عُلبةُ أو صُندوق تَعبِئة

packing bush (Eng.) جُلبةُ حَشْو• جُلبة مَسِيكة

packing case (Eng.) صندوقُ تَعبِئة ـ غِلافٌ مَسِيك

packers

(Mining) سَدٌّ تُرابي

packing disc (Eng.) قُرص مَسيك : مانِعٌ للتَسرُّب

packing flange (Eng.) شَفَةٌ مَسيكة : لمنع التَسرُّب

packing gland (Eng.) صُندوق حَشْو • طَوق مَسيك • جُلبَة حَشْو : لمنع التسرب

packing joint (Eng.) وُصلَة حَشو مَسيكة

packing material (Eng.) مادَّةُ حَشْو

packing, metallic (Eng.) حَشْوَة مَعدِنيَّة

packing nut (Eng.) صَمُولة زَنْق الحَشْوة

packing piece (Eng.) قِطعة حَشْو • إسفين زَنْق

packing plant وَحدةُ تَعليب أو تعبئة

packing plate (Eng.) صفيحةُ حَشْو

packing ring (Eng.) حَلْقَةُ حَشو • طوقُ حَشْوٍ مَسيك

packing washer (Eng.) فَلْكَةُ حَشْو

packless valve (Eng.) صِمامٌ لا حَشْوِيّ • صِمامٌ عديمُ الحَشْوَة • صِمام لا بِطانيّ

pack-off assembly (Pet. Eng.) جُمَّاع ضبط التدفق • جُمَّاع ضَبط صبيب البئر

pack paper ورقُ تغليف • ورقُ لَفّ

packs (Mining) رَدم تُرابي

packsack (*n.*) حَقيبَةُ ظَهر

packsand (Mining) رَدْمٌ تُرابيّ – حاجِزٌ تُرابي

pack strips شرائطُ حَزْم

pack wall (Mining) جِدارٌ تُرابيّ • سَدٌّ تُرابيّ – جدارٌ داعِم (لسقف المنجم)

pad (*n.*) لِبْنَة • حَشِيَّة لَيِّنة • وِسادَةُ تَخميد – مِسْنَد • سِناد – مِنصَّة – دفتر قطع
(*v.*) حشا • بطَّن – خَمَّد

padded (*adj.*) مَحْشُوّ • مُبَطَّن

padding (*n.*) حَشْوَة • حَشِيَّة – حَشْوٌ بمادةٍ لَيِّنَة – تبطين – توسيد

padding machine (Pet. Eng.) مَكَنة توسيد : مكنة توسيد خط الأنابيب بحشوة ترابيَّة (في المناطق الصخريَّة)

paddle (*n.*) مِغْدَف • غادُوف • مِجداف – مِحراك • مِقْلَب – ريشة • شَفْرة
(*v.*) غَدَفَ • جَذَّفَ – قَلَّبَ

paddle agitator (Eng.) مِحراكٌ ذو أرياش

paddle-type mixer (Eng.) خَلَّاطَة ذاتُ أرياش

paddle wheel دولاب ذو أرياش

pad foundation (Civ. Eng.) حَصيرةُ دَعْم • حَصيرة أساس

pad lubricator لِبْنَةُ تزييت

pahoehoe (Geol.) لابَة حَبْلِيَّة • باهُوِهو

paid holiday عُطلَةٌ مَدفوعةُ الأجرة

pail (*n.*) سَطْل • دَلْو

paint (*v.*) دَهَنَ • طَلَى • صَوَّرَ • رَسَمَ (بالأصباغ) • نَقَشَ
(*n.*) دِهان • طِلاء • صِباغ • بُويَة

paint, antirust طِلاءٌ ضِدّ الصَّدأ

painted (*adj.*) مَطْلِيّ • مَدهُون

painters' naphtha نَفْتا الدَّهانين (لإذابة الدِّهانات)

paint gun فَرْدُ دِهان (بالهواءِ المضغوط)

painting (*n.*) دِهان • طِلاء

paint oil زيت الدِّهان

paint-pot (Geol.) وِعاءُ الطِّلاء : عَينٌ بركانية مُوحِلَة (فيها عدَّةُ ألوان من الطين)

paint rock (Geol.) صَخر مُغْرِيّ : مُلوَّن بمُغْرَة الحديد وأملاحِه

paint shop وَرْشَةُ دِهان

paint spraying رَشُّ الدِّهان (بالفَرْد) – الدَّهانُ بالرَّش

paint thinner مُخَفِّفُ الصِّباغ (أو الدِّهان)

paired cable (Elec. Eng.) كَبْلٌ مُزدَوَجُ السِّلك

palaeo- = paleo- بادئة بمعنى : قديم

palaeobiology (Geol.) عِلمُ الحَفريَّات البيُولوجيَّة

palaeobotany (Geol.) علمُ الحَفريَّات النباتية

Palaeocene epoch or period (Geol.) عَصرُ الباليُوسين • العَصْرُ الحديثُ الأسبق

palaeoecology (Geol.) علم البيئة القديمة

palaeogeography الجُغرافية القديمة

palaeogeology الجيُولوجية القديمة

Palaeolithic period (Geol.) العصر الحجريّ القديم

palaeomagnetism (Geophys.) المغنطيسية القديمة

palaeontological break إنقطاعٌ إحاثِّيّ

palaeontologist عالم إحاثِّيّ • عالم بالحفريات القديمة

palaeontology (Geol.) علم الإحاثَة • علم الحَفْريَّات القَديمة

palaeoplain (Geol.) سهل قديم

palaeosol (Geol.) تُربة قديمة

palaeovolcanic rocks (Geol.) صُخور بُركانيَّة قديمَة

Palaeozoic era (Geol.) الحُقْب الباليُوزُويّ • الدهر القديم • حُقْبُ الحياة القديمة

palaeozoology (Geol.) علم الحَفريَّات الحيوانية

pale (*adj.*) شاحِب • باهِت • فاتِحُ اللون

paleo- = palaeo- سابقة بمعنى : قديم

Paleocene = Palaeocene (Geol.) عصر الباليُوسين

paint gun

Paleogene (Geol.) الباليُوجين : عَصرُ الإيوسين والاليغوسين مُجتَمِعَيْن

pale oil (Pet. Eng.) زيتٌ ناصِل (أو باهِت) : يُستعمَلُ أساساً في تحضير مواد التزليق

Paleolithic period (Geol.) العصر الحجريّ القديم

paleontology = palaeontology عِلم الإحاثَّة • عِلم الحَفريَّات • عِلم الأحافير

palimpsest structure (Geol.) بِنيةُ الرَّقِّ المَمسوح

paling (*n.*) سِياج • تسييج – مُعَدَّات التسييج

palinspastic maps (Geol.) خرائطُ ما قبل التشوُّه : خرائط بيان وَضع الصخور قبل حركات الصدع أو الطيّ

pallet (*n.*) مِنَصَّة نَقَّالة – لوحُ تَسوية أو تشكيل – حابِسَة • نَقَّاطة

palmitic acid (Chem.) حامِضُ البِلْمِتيك • الحامِضُ النخيلي

palmitin (Chem.) پالْمِتين • نَخْلين

palm oil (Chem.) زيتُ النخيل

paludal deposits (Geol.) رَواسِبُ مُستَنقَعِيَّة

pampa (Geol.) بَمْباس : إقليم سَهْبي شِبهُ صَحراويّ

pamphlet (*n.*) كُرَّاسَة • كُتَيِّب

pan (*n.*) وِعاء مُسَطَّح • حوضٌ مُسطَّح – كِفَّةُ مِيزان – مِقْلاة
(Geol.) صَمَّان : قِشرة صُلْبَة تحت سطحية – حوض طبيعيّ

pancake oil (Elec. Eng.) مِلفٌّ حَلَزونيّ مُسَطَّح

panchromatic film فِيلمٌ پانكروماتي : حَسَّاس لجميع ألوان الطيف المَرئيَّة

pan conveyor (Civ. Eng.) ناقِلَة بقواديس

P and A (plugged and abandoned) (Pet. Eng.) سُدَّ وهُجِر

pane (*n.*) لوح زجاج – جانِب – جزءٌ جانبيّ

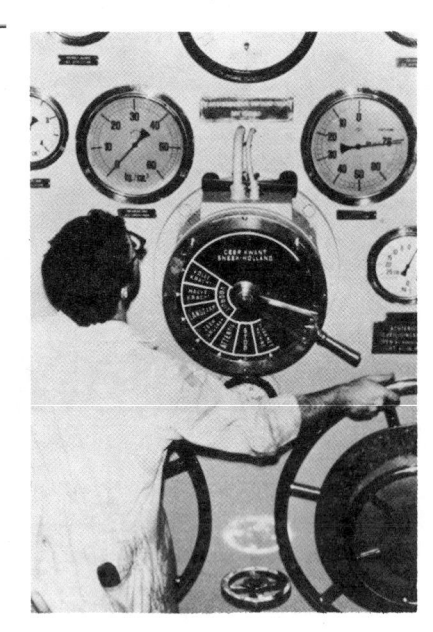

control panel

pane = paen (or **pein**) حَدُّ المِطرقة · ناريج

panel (*n.*) لَوح · لَوحة ـ قِطاع مأطُور أو مؤطَّر ـ هَيئة · نَدْوة

(Eng.) لوحة الآلات · لوحة مفاتيح التحكُّم

(*v.*) كَسا أو زَيَّنَ بالألواح

panel board (Elec. Eng.) لَوحةُ مفاتيح التشغيل · لَوحةُ المفاتيح

panel, control (Eng.) لَوحةُ (أجهزة) القِيادة · مُؤطَّرة التحكُّم

panel entry (Mining) مَدْخَلُ وَحْدَة تَعدين

panel light نورُ لَوحةِ المفاتيح

panelling تَكْسِيَةٌ بالألواح

panel radiator (Eng.) مُشِعٌّ إطاري

panel work (Mining) استثمار بطريقة الحُجرات

panel working (Mining) التعدين في وَحَداتٍ (أو حُجراتٍ) مُتباعِدة

Pangaea (Geol.) بانْجيا · أمُّ القارات: الأرض المُنضَمَّة قبل زَحزَحةِ القارات

panic (*n.*) ذُعْر · رُعْب

panidiomorphic rock (Geol.) صَخْر بانيديُومورفي : صَخْرٌ ناريٌّ مُكتَمِلُ التبَلور

panidiomorphic texture (Geol.) نَسيج بانيديومورفي : بِنية صخرية كـاملةُ (أو شِبهُ كاملةِ) التبلور

pan scraper (Pet. Eng.) مِكْشَطة مُحيطيَّة : لتنظيف خط الأنابيب

Panthalassa (Geol.) بانْثلاسّا · أبو المحيطات: المحيط العالميّ الذي كوَّن المحيطات الحالية قبل انجراف القارات

pantograph بانتُوغراف · مِنساخ

pantography الرسمُ بالمِنساخ

pantometer (Surv.) بانتُومِتر · مِزواة مِساحيَّة: لِقياس الزوايا والمسافات

paper (*n.*) وَرَق · وَرَقَة ـ صَحِيفة

(*v.*) وَرَّق · غَلَّف بالورَق

paper, abrasive وَرَق سَحْج

paper, blue-print ورقُ نَسْخٍ أزرق

paperboard كَرتُون · ورق مُقوَّى ـ لَوحٌ من الوَرَق المُقوَّى

paper cable (Elec. Eng.) كَبلٌ مَعزُول بالورق

paper, carbon ورقُ (أسودِ) الكَربون

paper, filter (Chem.) ورقُ تَرشيح

paper liner بِطانة وَرَقيَّة

paper mill oil زيتُ مَعامِل الوَرَق

paper shale (Geol.) طَفَل رَقائقِيّ : طين صفحيّ رقائقيّ

papilla (Geol.) حَلَمة · حُلَيْمة

par (*n.*) القيمة الإسميَّة · سِعرُ الإصدار ـ تكافُؤ · تَساوٍ

para- بادئة بمعنى: بجانب · بمُحاذاة ـ نَظير · شبه

para (Chem.) پارا : مُشتَقٌّ بَنزينيّ بمبادلة الهيدروجين في ذرتين متقابلتين من حلقة الجزيء البنزينيّ

parabola قَطْعٌ مُكافِىء

parabolic dune (Geol.) كَثيبٌ مَعكوس

paraboloid مُجَسَّمُ قَطْعٍ مُكافِىء

par, above بسِعرٍ يفوق القيمة الاسميَّة

parachor (Chem., Phys.) پارَكُور : عَلاقةُ توتُّرِ سَطح السائل بكثافته

paraconformity (Geol.) شِبهُ تَوافُق

paraffin = paraffine (Chem.) پَرافين · پارافين · شَمع مَعدِنيّ

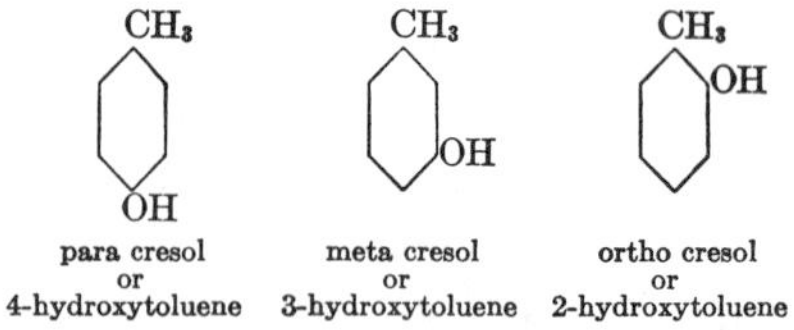

para, meta and ortho cresols

(*v.*) عالَجَ أو أشبَعَ بالپَرافين

paraffin acid (Chem.) حامض پَرافيني

paraffin-asphalt petroleum (Pet. Eng.) نَفط پرافيني إسفلتي : مختلِط القاعدة

paraffin-base crude (Pet. Eng.) نَفْطٌ خام پَرافينيُّ القاعِدة · خامٌ پرافينيُّ الأساس

paraffin dirt (Geol.) تُراب پرافيني : يُستدلُّ به على إمكانية وجود النفط

paraffin distillate (Pet. Eng.) قُطارة پَرافينية

paraffin emulsion (Chem. Eng.) مُستَحلَب پرافينيّ

paraffin hydrocarbons (Chem.) هيدروكربونات پرافينية

paraffinic base oil (Pet. Eng.) زيتٌ پَرافيني القاعِدة

paraffinic crude (Pet. Eng.) خامٌ (نَفطِيٌّ) پَرافيني

paraffinic fuel (Chem. Eng.) وَقودٌ پَرافيني

paraffinicity (Pet. Eng.) الپرافينية : نِسبةُ المُحتَوى الپرافيني

paraffinity (Pet. Eng.) الپرافينيَّة : كونُ الوقودِ النفطيّ پرافينيَّ (لا أسفَلتيَّ) القاعِدة

paraffin jelly = vaseline (Pet. Eng.) هُلام پرافينيّ · ڤازِلين

paraffin, liquid (Chem.) پَرافين سائل : زيت بترولي لا لَوني عالي النقاوة

paraffin oil = kerosene (Pet. Eng.) زيت الپرافين · كِيروسين

paraffin press (Pet. Eng.) مِكبَس پَرافين : لاستِخلاص الشمع من القُطارات الپرافينية

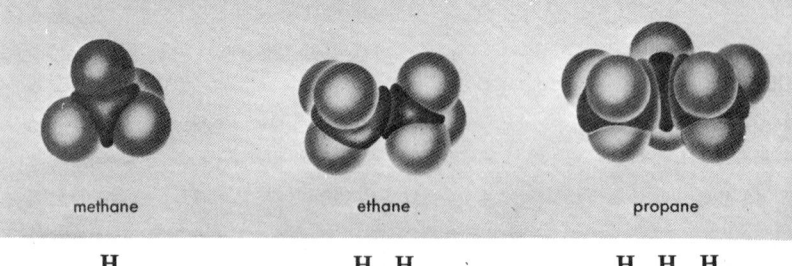

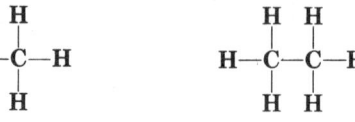

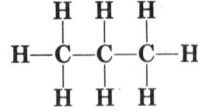

paraffin hydrocarbons

PAR
317

paraffins (Chem.)	بَرافينات
paraffin scale (Pet. Eng.)	حَرشَفٌ بَرافينيٌّ : خامٌ قشريٌّ برافينيٌّ يُحضَّر منه الشمع البترولي
paraffin scraper (Pet. Eng.)	مِكشَطة البرافين (عن جدران الأنابيب)
paraffin series = methane series (Chem.)	البَرافينات • سلسلة البرافين
paraffin shale = oil shale (Pet. Eng.)	طَفَل برافيني • طفل نفطي برافيني
paraffin wax	شمعُ البَرافين
Paraflow (Pet. Eng.)	بارافلو : إضافة خافضة لنقطة الانصباب
paragenesis (Geol.)	النشوءُ الاحتكاكيُّ • تكوينٌ احتكاكيٌّ تَشوُّهِيٌّ
parageosyncline (Geol.)	تَقَعُّر إقليميٌّ داخليٌّ
paragonite (Min.)	باراغُونيت : ضربٌ من الميكا
paralic deposits (Geol.)	رواسب ساحلية : بمحاذاة البحر
parallax (Phys.)	إختلافُ المَنظر
parallax, angular (Surv.)	اختلافُ المَنظر الزاوي
parallel (adj.)	مُوازٍ • مُتوازٍ
(v.)	وازى
(n.)	توازٍ
parallel alignment	محاذاةُ توازٍ
parallel beam (Civ. Eng.)	عَتَبةٌ مُوازِية
(Phys.)	حُزمةُ أشعة مُتوازية
parallel circuit (Elec. Eng.)	دارةٌ موازية : مُتَّصِلَة على التوازي
parallel connection (Elec. Eng.)	إتّصالٌ (أو تَوصيلٌ) على التوازي
parallel current	تيّارٌ موازٍ
parallel disconformity (Geol.)	تخالفٌ مُتوازٍ
parallel displacement (Geol.)	إنزياحٌ موازٍ • إزاحةٌ مُوازية
parallel faults (Geol.)	صُدوعٌ مُتوازية
parallel-flanged beam	عَتَبةٌ مُتوازية التشفيه
parallel folds (Geol.)	طَيّاتٌ مُتوازية : مُتّحدةُ المَركز
parallel-jaw clamp (Eng.)	قامِطةٌ مُتوازية الفَكَّين
parallel of latitude (Geog.)	خط العَرض • دائرةُ العَرض (بموازاةِ خطّ الإستواء)
parallel projection (Surv.)	إسقاطٌ مُتوازٍ
parallel series connection (Elec. Eng.)	إتّصالٌ توالٍ مُتوازٍ : إتّصالٌ على التوازي لمجموعاتٍ مُتَّصلةٍ على التوالي
parallel unconformity (Geol.)	تخالفٌ (طبقيٌّ) مُوازٍ
parallel vise (Eng.)	مِلزَمةٌ مُتوازية الفَكَّين
paramagnetic (adj.) (Phys.)	بارامغنيسي • مُتوازي المغنطيسية • ذو إنفاذيّة مغنيسية تزيد على الواحد
paramagnetic materials (Geophys.)	موادٌّ بارامغنيسية (كالحديد والكوبلت)
paramagnetic susceptibility (Geophys.)	المتأثّريّة البارامغنيسية
paramagnetism (Phys.)	بارامغنيسية • المغنيسية المتوازية • المغنيسية الجذبية
parameter (n.)	باراميتر • إحداثي : مقدار مُتغيّر القيمة (تتعيّن بإحدى قيمه نقطة أو مُنحنىً أو دالّة)
paramorph (Geol.)	شَكلٌ (بلّوريٌّ) مُغايِر
paramorphism (Geol.)	تحوُّل البنية البلّورية
Paranox (Pet. Eng.)	بارانوكس : إضافة مُنظّفة لزيت المحرّكات ومانعة للتأكسّد
para rock (Geol.)	صخور بارا : صخور رسوبية مُتحوّلة
para rubber (Chem. Eng.)	مطّاط بارا • مطّاط ممتاز العَزل
parasite (n.)	طُفَيل : كائنٌ حيٌّ يتطفَّل على غيره
(Min.)	ضربٌ من البوراسيت المتحوّل
(adj.)	طفيلي
parasitic crater (Geol.)	فوهة بركانية جانبية
parasol (n.)	مِظَلَّة
par, at	بالسعر الأصلي • بسعرٍ مساوٍ للقيمة الاسميّة
Paratone (Pet. Eng.)	باراتون : إضافة خافضة لمعامل اللزوجة في المُزلِّقات
parautochthonous (Geol.)	مُقارب لمكان النشأة
paravane (Naut.)	جَرّافة ألغام
(Geophys.)	معاملة الجيوفونات : جهاز تثبيت الجيوفونات عموديّاً في الماء
paraxial (adj.)	مِحوَراني • موازٍ للمِحور
paraxylene (Chem.)	بارازايلين • مُبَلمَر الزايلين
par, below	بسعر أدنى من القيمة الاسميّة
parboil (v.)	سَفَع – سَلَقَ
parbuckling (n.)	رفعٌ (أو خَفضٌ) بأنشوطةٍ مزدوجة
parcel (n.)	رِبطة • حُزمة • طَرد – قِسم • قطعة
(v.)	حَزم • رَزَم • لَفَّ • غَلَّف – قَسَّم • حَصَّص
pare (v.)	قَشَر • كَشَطَ
parent (n.)	والِد : أب أو أم – مَصدر
(Phys.)	نَتوج : ما يُنتِجُ مادةً أخرى بالانحلال الاشعاعي
parent company	الشركةُ الأم
parent element (Phys.)	العنصرُ النَّتُوج
parent magma (Geol.)	الصُّهارة الأمّ
parent metal	الفِلزُّ الأساسي – المَعدِنُ الأمُّ
parent rock (Geol.)	الصخر الأمّ
paring (n.)	قِشر
paring chisel	إزميل قَشر
pari passu	بالتساوي • دونما تفضيل – معاً في المكان والزمان
parity (n.)	تَساوٍ • تَكافؤ • تَعادُل – تماثُل • مُشابَهة
parkerization (Met.)	بَركَرة : مُعالجةُ الفولاذ بأسلوب «باركر»
parkerize (v.)	يُركِر : غَطّى (الفولاذ) بطبقةٍ واقيةٍ من فسفات الحديد
parking (n.)	إيقاف
parking brake	مكبَحُ الإيقاف • فَرمَلَةٌ يدويّة
parking lamp	مِصباح الوقوف (في السيارة)
parking light	ضوءُ الوقوف
parking lot	موقِف • باحَةُ الوقوف
parol agreement	إتفاق شَفَوي
parrot coal = cannel coal	فَحمٌ وَقّاد
part (n.)	جُزء • قِسم – قطعة • قطعةُ غِيار
(adj.)	جُزئيّ
(v.)	فَرَّق • فَصَم • إفترق • فَصَل • إنفَصَل
partake (v.)	إشتَرَك • شارَك
parted (adj.)	مُنفَصل • مُفتَرق • مُنفَصِم • مُنسَلِخ
partial (adj.)	جزئيّ – مُتحيّز • مُغرِض
partial condensation tower (Pet. Eng.)	بُرج تكثيفٍ جُزئيّ
partial condenser (Chem. Eng.)	مُكَثِّف جُزئيّ
partial diffusion	إنتشار جُزئيّ
partial load (Eng.)	حِمل جُزئيّ
partial loss	فَقد جُزئيّ
partially miscible liquids (Chem. Eng.)	سوائل جُزئيَّة الامتزاج
partial miscibility	إمتزاجيّة جُزئيّة
partial overhaul (Eng.)	إصلاح جُزئيّ • ترميم جُزئيّ
partial pressure (Chem.)	ضغط جُزئيّ
partial throttle (Eng.)	خَنقٌ جُزئيّ (بصِمامٍ خانق)
partial vacuum	فَراغ جُزئيّ

partial vapour pressure (Phys.) ضغط البخار الجزئي

participant (*n.*) مُشترِك • مُشارِك • مُسْهِم

participate (*v.*) إشترك • شارَكَ أو أسهَم (في)

participating royalty إتاوة مُشارِكة : إتاوة يتبعها شراكة نسبيَّة في الأرباح

participation (*n.*) مُشارَكة • إسهام

particle (*n.*) جُسَيم • دَقيقة

particle size (Min.) حجم الجُسَيمات (المعدِنية)

particular (*adj.*) خاصّ – مُفرَد • مُستقل – مُدَقِّق • مُهتم بالتفاصيل

(*n.*) جزءٌ مُنفَصِل • بَنْد – تَفْصِيل

parting (*n.*) فَصْل • تفْرِيق • إنفِصال • إنفِصام • إفتِراق – فاصِل • مَفْرَق

(Geol.) مَفْرَق : مَفصِل الصخر

(Chem. Eng.) إستِخلاص بالفَصل

parting acids (Chem. Eng.) أحمــاضُ الاستِخلاص • أحماض الفَصل

parting line خطُّ الفَصْل • خَطّ الانفِصال

parting plane (Geol.) مُستوى الانفصال • مُستوى انفصال الطبقات

parting surface (Geol.) سَطْحُ الانفصال

parting tool (Eng.) مِقطع • عُدَّة قَطْع أو فصل

partition (*n.*) حاجِز • فاصِل • قاطِع – تقسيم • تجزِئة

(*v.*) فَصَلَ • قَسَّم • فَصَلَ بِحَواجِز

partitioned radiator (Eng.) مُشِعٌّ مُقَسَّم (بحواجز)

partition rock (Geophys.) صخر فاصِل • صَخر حاجِز

partner (*n.*) شَريك

partnership (*n.*) مُشارَكة • شَراكة

part number (Eng.) رَقْم القِطعة

part, spare (Eng.) قِطعةُ غِيار

parts per million جزء (أو أجزاء) في المليون

part-time (*adj.*) عامِلٌ بعضَ الوقت – جزئيّ : مُستغرِقٌ جزءًا من الوقت

part-time employee عامل غير مُتَفرِّغ

party (*n.*) فَريق • فِرقة • مُفْرَزَة • جَماعة – حِزب – طَرَف • جانِب

par value القيمة الاسمية • السعر الأصلي

pass (*v.*) مَرّ • أمَرَّ • إجتاز – أَقَرَّ

(*n.*) مُرور • اجتياز – إجازة مرور – مَمَرّ

passage (*n.*) مُرور • إجتياز – مَمَرّ • مَجرى – حَقُّ المُرور – فِقْرة • مَقطوعة – رِحلة (بحرية)

passage beds (Geol.) طبقات انتقالية : بين ما تحتها وما فوقها من ترسُّبات

passageway (*n.*) مَمَرّ • مَجاز

passivate (*v.*) كَبَتَ الفَعاليَّة • زادَ السلبيَّةَ (الكيماوية)

passivator (Chem. Eng.) كابِتُ الفعَّالية

passive (*adj.*) سَلْبيّ • غيرُ فعَّال – غيرُ فعَّال كيماويًّا – هامِد • كامِن

passive resistance مُقاومة غيرُ فعَّالة

passive state (Chem.) حالة سلبيَّة – حالة هُمُود أو كُمُون

passivity (Met.) سَلبيَّة • هُمُود • كُمُون • لا فَعَّالِيَّة : مُكْتَسَبة بغشاءٍ واقٍ من الأكسيـد

pass production, to (Pet. Eng.) تخطَّى (الحَفْرُ) مُستوى الطبقةِ المُنتِجَة

paste (*n.*) مَعجون • عَجينة – لَصوق عَجينيُّ القِوام

(*v.*) مَعْجَنَ • ألصقَ او غطَّى بمعجون

pasteboard ورقٌ مُقوًّى : من طبقات مُلْصَقة

pasty (*adj.*) عجينيّ • معجونيّ القِوام

pasty lubricant مُزَلِّقٌ عَجينيّ القِوام

patch (*n.*) رُقْعة • بُقعة

(*v.*) أصْلَحَ أو رَمَّمَ على عَجَل – وصلَ بأسلاكٍ مُؤَقَّتة

patching (*n.*) تَرميم أو إصلاح مُؤقت

patching cement لِصاقُ تَرميم

patent (*n.*) بَراءةُ الاختراع – إمتيازُ استِثمار (الاختراع)

(*adj.*) مُسَجَّل

(*v.*) سَجَّلَ براءةَ الإختراع

patented process عَمَليَّة أو طَريقة مُسَجَّلة

patentee (*n.*) صاحبُ البَراءة أو الامتِياز

patent fee رُسوم براءة الاختراع

path (*n.*) مَمَر • مَسار • مَسْلَك • طريق

pathfinder رائِد • دليل • مُسْتَكشِف

path of seismic waves (Geophys.) مَسارُ التموُّجات الزِّلزالية

patina (Chem. Eng.) غِشاء أكسيديٌّ مُلوَّن : يُغطِّي سَطحَ المَعدِن

patrol (*n.*) دَوريَّة – خَفير

(*v.*) خَفَرَ • عَسَّ • طافَ للحِراسة

patrol boat سفينة خَفر (السواحل)

patrol inspection تفتيش جَوِّيّ

patrol plane mile-markers مَعالِمُ مِيليَّة لِطائرات الاستِكشاف

patronage (*n.*) رِعاية • مُناصَرة

patronize (*v.*) رَعَى • شَجَّع • ساندَ

patten (Civ. Eng.) قاعِدةُ العَمود

pattern (*n.*) نَموذَج • مِثال • نَمط • نَسَق – مُخطَّط • شَكل – عَيِّنة

(*v.*) شَكَّلَ (بقالَب)

pattern flow جَرَيان نَسَقيّ

pattern holes (Geophys.) ثُقوب نَسَقية : لِعبُوات التفجير

pattern shooting (Geophys.) تفجير نَسَقيّ : لإحداث الهزَّات حَسَبَ نَسَقٍ مُعيَّن

paulopost process (Geol.) عملية تالِيةُ الفِعل (أو المُعاصِرَة)

pause (*v.*) تَوَقَّفَ

(*n.*) تَوَقُّف مُؤَقَّت

pave (*v.*) رَصَفَ • بَلَّط • عَبَّدَ

paved road طريق مُعبَّدة أو مرصوفة

pavement (*n.*) رصيف (الشارع) • طريقٌ مرصوف – رَصْف • تَبْليط

paver, asphalt راصِفة اسفلتِيَّة : راصِفة بالأَسْفَلْت

paving asphalt (Civ. Eng.) أسفَلْتُ الرَّصف

paving brick طُوب الرَّصف

paving flag حَجَرُ رَصْفٍ لَوْحِيّ

paving stone حَجَرُ الرَّصْف

paving tile بَلاطُ الرَّصْف

patrol plane mile marker

asphalt paver

pavior = **paviour** (*n.*) مُبلِّط • راصِف
pavonine (Min.) (*adj.*) مُتقزِّحُ اللَّون : مُتلوِّن بألوانِ قوسِ قُزَح
paw (*n.*) مِخْلَب • بُرْثُن
pawl (Eng.) سَقَّاطَة • لُسَين توقيف (التُّرس)
pawl and ratchet (Eng.) تُرسٌ بسَقَّاطة
pawn (*v.*) رَهَنَ • إرتَهَنَ
(*n.*) رَهْنٌ • إرتهان – ضَمان
pax = **private automatic exchange** (Elec. Eng.) مَركزُ تبادُلٍ تِلفونيٍّ خاصّ
pay (*v.*) دَفعَ • أدَّى – أجدَى • عادَ بفائِدَة – أجزى • أغلَّ – غطَّى بمادَّة صامدة للماء
(*n.*) أجْر • راتِب – جَزاء
(*adj.*) مُغِلٌّ • ذو مَردود جيِّد – مُتطلِّبٌ أجرًا • نقدًا بالقطع النقدية
payable (*adj.*) مُستحَقُّ الدفع
payables المبالغ المُستحقَّة الدفع
payday (*n.*) يومُ الدفع – يومُ (دَفع) الرواتب
pay dirt (Mining) تُربة مُجزِية • تربة غنيَّة بالمعادن
payee (*n.*) المدفوعُ له
payer = **payor** (*n.*) الدَّافع
pay horizon (Mining) أُفُق مُنتِج • طبقة مُنتِجة
paying well (Pet. Eng.) بئرٌ مُغِلَّة
pay line (Mining) حَدُّ الاستثمار المُغِل
payload الحِمْلُ الآجر : الذي يُدفَع عليه أجرٌ
payment (*n.*) دَفع • تأدية • وَفاء – دُفعَة – جَزاء
payment by instalments دَفعٌ بالتقسيط
payment on account دَفعٌ على الحساب
pay ore (Mining) خامٌ مُغِلّ : غَنِيٌّ بالمعادن
pay-out time = **pay off period** فترة تغطية كُلفة الاستثمار واستهلاك التجهيزات
pay rock (Mining) صَخرٌ مُغِلّ : غني بالمعادن
payroll = **paysheet** كَشفُ الرواتب • جدولُ الرواتب
pay sands (Pet. Eng.) رِمالٌ مُغِلَّة أو مُجزِيَة
pay streak (Mining) عِرقٌ مَعدنيٌّ غَنِيّ
pay zone مِنطَقَة مُغِلَّة – طبقة مُنتِجة
P.B. (**plugging back**) سَدٌّ أو رَدمٌ تراجُعِيّ
P.B.M. (**permanent bench mark**) (Surv.) علامةُ اسنادٍ دائمة
p.d. (**potential difference**) (Elec. Eng.) فرقُ الجُهد
pea coal (Mining) فَحمٌ حَبِّيٌّ أو حُبَيبِيّ
peacock coal (Mining) فَحمٌ بَرَّاق
pea iron = **limonite** (Min.) ليمونيت : اكسيد الحديد المائي
peak (*n.*) قِمَّة • ذُرْوَة • قُنَّة
(*v.*) بَلَغَ (أو أبلَغَ) الذُّروة
(*adj.*) بالِغُ الذُّروة
peak current التيَّار الذُّروِيّ
peak diameter القُطر الأقصى
peaked (*adj.*) مُستَدِقُّ الرأس – ذُروِيّ
peak factor (Eng.) عامِلُ الذُّروة
peak load (Eng.) الحِملُ الأقصى • الحِمل الذُّروي
peak power (Eng.) القُدرة الذُّروية
peak (reading) voltmeter (Elec. Eng.) ڤلطمتر (لقياس) الذُّروة
peak rise الارتفاعُ الذُّروي
peak value (Eng.) القيمة الذُّروية • القيمةُ (الايجابية أو السلبية) القُصوى
peak voltage (Elec. Eng.) ڤلطيّة الذُّروة
pean = **paen, pein** (or **pane**) ناريج • حَدُّ المِطرقة : الطرَفُ المُقابِل للوَجه الطارِق
peanut oil زيتُ الفول السوداني • زيت الفستق
pearl (*n.*) لُؤلو • لؤلوة
pearl ash (Chem. Eng.) كربونات البوتاسيوم المُكلَّس : قِلْيٌ بوتاسيٌّ غيرُ نَقِيّ
pearlite (Met.) پِرْليت • فولاذٌ پِرْليتي
= **perlite** (Geol.) پِرْليت : صَخر لؤلؤي
pearlitic steel (Met.) فولاذ پِرليتي : مَزيج حُبَيبيّ من الحديد النَّقِيّ وكربيتيد الحديد
pearl lamp (Elec. Eng.) مِصباحٌ مُسنفَرُ البُصَيلة
pearl oil = **amyl acetate** (Chem.) خلاّتُ الأميل
pearly lustre بَريقٌ لؤلؤيّ
pear-shaped (*adj.*) كُمَّثريُّ الشكل
peas = **pea coal** فَحمٌ حُبَيبيٌّ أو حَبِّيّ
peat (Geol.) خُثٌّ • فحم خُثِّيّ • لِبْد : خشبٌ صَخريٌّ نصفُ مُتفحِّم
peat bog (Geol.) سَبْخة خُثِّيَّة
peat brick قَوالب من الفحم الخُثِّيّ
peat coal فحم خُثِّيّ
peat layer (Geol.) طبقة من الفحم الخُثِّيّ
peat tar قِطرانُ الفحم الخُثِّيّ
peaty soil تُربة خُثِّيَّة
peav(e)y (*n.*) مُخِلٌّ بخُطَّاف • عَتَلة خطافيَّة
pebble (*n.*) حَصاة • حَصْبَة
(*v.*) فَرَشَ بالحَصَى أو الحَصباء
pebble beds (Geol.) طبقاتٌ حَصَوِيَّة
pebble heater مُسخِّن الحصباء
pebble mill كَسَّارة الحصى
pebbles, faceted (Geol.) حَصًى هندسية • حَصْباء مُسطَّحة
pebbles, rounded (Geol.) حَصًى مُدوَّرة
pebbles, striated (Geol.) حَصًى مُحزَّزة
pebble-stone حَصاة • حَصْبة
pebbly (or **pebbled**) (*adj.*) حَصَوانيّ • كثيرُ الحَصَى • حَصْبائي
peck پك : وَحدةُ سَعَةٍ تعادل ٩،٠٩٢ ليترًا
pectise = **pectize** (*v.*) تَجَلْتَنَ • تهلَّمَ • إنعقد
pectization (Chem. Eng.) تَجَلْتُنٌ هُلامِيّ
peculiar (*adj.*) خاصٌّ • مُتَميِّز – غَريب
peculiarity (*n.*) مِيزة • تَميُّز – غَرابَة
pedal (*n.*) دَوَّاسة • دَعْسَة
(*v.*) دَوَّسَ : حَرَّكَ الدوَّاسة
pedal-operated (*adj.*) يُشغَّل بالدوَّاسات
pedestal (*n.*) (Eng.) قاعدة • رَكيزَة • حامِل
(*v.*) وضَعَ فوقَ قاعدة – دعَمَ بركيزةٍ أو قاعدة
pedestal bearing (Eng.) مَحمِلُ القاعدة
pedestrian crossing (Civ. Eng.) مَعبرُ المُشاة
pediment (*n.*) قَوصَرة : حِليةٌ شبه هَرَمية في واجهة المبنى
(Geol.) رَصيفٌ صَخريٌّ تَحاتيٌّ خفيفُ الإنحدار
pediplain (Geol.) سهلٌ تحاتيٌّ مُتحوِّض
pedogenesis (Geol.) تَكوُّن التربة
pedology (Geol.) علمُ التربة
pedometer عَدَّادُ الخُطى • مِقياس تقريبي للمسافة المقطوعة سَيرًا على الأقدام
pedosphere (Geol.) الغِلافُ التُّرابي
peel (*v.*) قَشَّرَ • جَرَّدَ • تَقَشَّرَ • قَشَرَ
(*n.*) قِشرَة
peeling (*n.*) قَشْر • تَقَشُّر – قُشارة
peen = **pane** (or **pein**) (*n.*) حَدُّ المِطرقة • ناريج : الطرَفُ المقابل لوجه المطرقة
(*v.*) طَرَقَ بحَدِّ المِطرقة
peen hammer مِطرقة بناريج حَدِّي
peening (*n.*) طَرْقٌ بحَدِّ المِطرقة
peephole وَصْواص : ثَقبٌ أو فتحة مُراقبة
peg (*n.*) وَتِد • خابور • إسفين • سِدادَة (لِثَقب البرميل) – مِلقطُ غَسيل
(*v.*) حدَّدَ (بدَقِّ الأوتاد)
P.E.G. (**polyethylene glycol**) غلَيكول مُتعدِّد الإثيلين
pegmatite (Geol.) پِجماتيت : صخر ناريٌّ مُتبلِّر مُتباين الطبقات
pelagic (*adj.*) بَحريّ • أوقيانوسي
pelagic deposit (Geol.) قُرارة بَحريَّة
pelagic environment بيئة بحريَّة
pelagic limestone (Geol.) حجر جيريٌّ بحريّ

PEL
320

pelagic organisms (Geol.)	مُتعضِّيات بحريَّة
Pele's hair (Geol.)	لابة ليفيَّة • زُجاج طبيعي ليفيّ
pelite = pelitic rocks (Geol.)	صخور طينية أو صَلصاليَّة
pelitic gneiss (Geol.)	نايس صَلصاليّ
pelitic texture (Geol.)	نسيج طيني • بنْية صَلصاليَّة
pellet (n.)	كُريَّة • كُرة صغيرة • خُردقة • حُبيبة ـ قُرصَة (دواء)
(Geol.)	كُريَّة طينيَّة
(v.)	حبَّب • كوَّر : جعل على شكل كُريَّات
pellet impact drill (Civ. Eng.)	مِنقاب صَدم خردقي : مِنقاب يعمل بإطلاق الخردق الفولاذيّ
pelletization (n.)	تحبُّب • تكوُّر على شكل حُبيبات أو كُريَّات
pellicle (n.)	قشرة • غشاء رقيق
pellicular (adj.)	غشائيّ • رقيق
pellucid (adj.)	شبه شفَّاف ـ رائق • صافٍ
Pelton wheel (Eng.)	عجلة «بلتون» : دولاب تُربيني مائيّ ذو قواديس
pencil (n.)	قلم رصاص • قلم رَسْم
(Phys.)	حُزمة
(v.)	خطَّ أو رَسَم بالقلم
pencil slate (Geol.)	شست أردوازي • نضيد أردوازي • صخر صفحي أردوازي
pencil stone = pyrophyllite (Geol.)	بيروفلّيت : صفائح من سليكات الألومنيوم المميَّأة
pendant switch (Elec. Eng.)	مِفتاح كهربائي مُدلَّى
pending (adj.)	مُعلَّق • غير مَبتوتٍ فيه
pendular (adj.)	نَوَّاسيّ • بَنْدولي • رقَّاص • مُترجِّح
pendular saturation (Geophys.)	إشباع نوَّاسيّ : إشباع قليل ترجح فيه حلقـات رقيقـة من الماء حول نِقاط التماسّ بين الحُبيبات
pendulous (adj.)	مُتَدلٍّ ـ مُتَذبْذِب • رقَّاص • نَوَّاس
pendulum (n.)	بَنْدول • رقَّاص • نَوَّاس
pendulum bob	ثِقل البَنْدول
pendulum damper	مُضائل بندولي
pendulum governor (Eng.)	حاكم بندولي
pendulum pumping unit (Eng.)	وحدة ضَخ بنَوَّاس
pendulum, simple	بندول بسيط

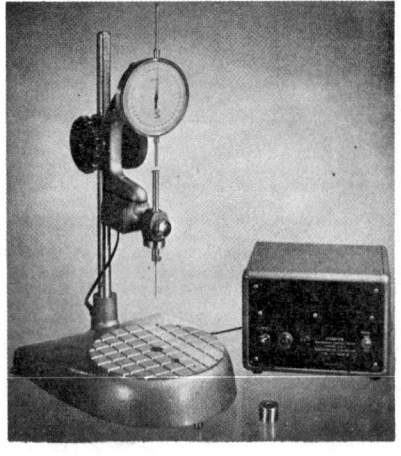

penecontemporaneous deposition (Geol.)	إرساب مُعاصِر لَحقيّ • إرسابٌ تالي المعاصرة
peneplain = peneplane (Geol.)	سَهْب • سَهل تحاتيّ
penetrability (n.)	قابليَّةُ الاختراق
penetrable (adj.)	قابلٌ للاختراق • يُخترَق
penetrameter (Phys.)	مقياسُ الاختراقيَّة • مقياس النفاذيَّة
penetrancy (n.)	الاختراقيَّة • النفاذيَّة
penetrant (adj.)	مُختَرِق • مُتَغَلْغِل • نفَّاذ
(n.)	مادة مخترقة • سائل سَروب
penetrate (v.)	إختَرَق • تَغَلْغَل • نَفَذَ أو تسرَّب عبر
penetrated bed (Geol.)	طبقة مُختَرَقة
penetrating (adj.)	مُختَرِق • خارِق • نفَّاذ • سَروب
penetrating oil	زيت سَروب
penetrating radiation (Phys.)	اشعاع مُختَرِق • اشعاع نفَّاذ
penetration (n.)	إختراق • نُفوذ ـ إختراقيَّة
(Geol.)	تسرُّب • تَغَلْغُل
penetration depth	عُمْق الاختراق
penetration factor (Eng.)	مُعامِل الاختراق
penetration index (Eng.)	دليل الاختراقيَّة
(Pet. Eng.)	دليل صلابةِ الشحم • دَليلُ القَوام
penetration number (Pet. Eng.)	رَقَمُ الإختراقيَّةِ : لِلدلالة على درجة قَوام الشحم أو الاسفلت
penetration power	الاختراقية • قُدرةُ الاختراق • قُوَّةُ التسرُّب
penetration rating (Eng.)	تقدير الاختراقية
(Pet. Eng.)	درجة تماسُك • الشحم • تقدير (ثخانة) القَوام

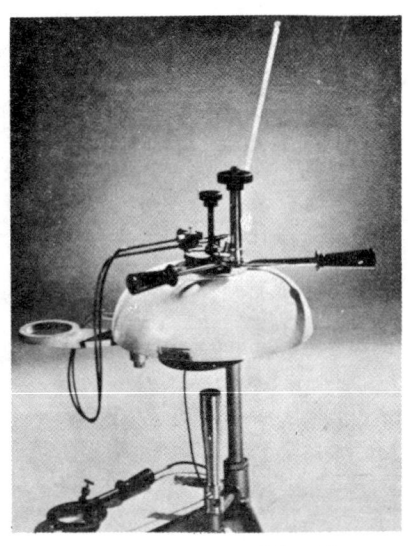

penetration test	اختبار الاختراقية ـ اختبارُ صلابةِ القَوام
penetration twins (Min.)	توائِمُ (بلَّوريَّة) إندساسية • توائِمُ مُتداخلة
penetration, worked (Pet. Eng.)	الاختراقيَّة بعد التخليط : اختراقية عيِّنةٍ من شَحم التزليق بعد تسخينها الى درجة ٢٥ م وتخليطها بتحريك القُرص المُثَقَّب نُزولاً وصعوداً ٦٠ مرة
penetrative rock (Geol.)	صخر إندساسيّ • صخر مُتداخِل
penetrometer = penetrameter (Chem. Eng.)	مقياس الاختراقيَّة
(Pet. Eng.)	مِقوام اختراقي : مقياس ثخانة القَوام بالاختراق
penetron	مِسماك (إلكتروني) اختراقي : لقياس ثخانة جُدران الأوعية والأنابيب
Penex (Pet. Eng.)	بينِكس : طريقة أسْمَرة البنتان والهكسان بحافزٍ بلاتيني هيدروجيني
peninsula	شِبه جَزيرة
penitent (n.) (Geol.)	عَمود نُرابي (ينتهي بكتلة صخرية)
pennate (or pennated) (adj.)	ريشيُّ الشكل
Pennsylvanian drilling (Pet. Eng.)	الحفر البنسلفانيّ • الحفر الكَبْليّ
pension (n.)	معاشٌ تقاعُدي
Pensky-Martens (closed cup) flash point (Pet. Eng.)	نقطة الوَميض بطريقة «بِنْسكي ، مارتِنْز» (بالكُوب المُقْفَل)
Pensky-Martens closed tester (Pet. Eng.)	مِخبار «بِنْسكي ، مارتِنْز» المُقْفَل : لتعيين نقطة الوَميض
penstock (n.)	بَرْبَخ : قَناةُ ضبط جَرَيان الماء
penta- (or pent-)	بادئة بمعنى : خُماسيّ

penetrometer

Pensky-Martens closed tester

Production

الإنتاج

1

2

1. Aerial veiw of a production platform. In the foreground is the accomodation platform
2. Low-level view of production platform in rough seas

١. منظر جوّي لِمنَصّة انتاج. في صدر الصُّورة منَصّة الإقامة والتزَوُّد

٢. مَنظر خفيض مستوى النَّظر للمنَصّة في بحر هائج

1

2

1. Lowering a new bit during drilling operations
2. Making adjustments to a 'Christmas tree', the assembly of valves and pipes that is fitted to the top of a completed borehole
3. Drill floor activities on a drilling rig
4. Aerial view of production platform during hook-up operations

١. إنزال لُقمةِ حفرٍ جديدة خلال عمليّات الحفر
٢. تَضْبيطُ شجَرة الصِّمامات على فوهة بئر النَّفط الجاهزة
٣. أعمال تجري فوق أرضيَّة بُرج الحَفْر
٤. مَنْظَرٌ جَوِّي لِمَنَصَّة الإنتاج خلال عملية التركيب

3

4

pentagon مُخَمَّس

pentagonal *(adj.)* خُماسيُّ الزوايا • خُماسيُّ الأضلاع

pentagonal dodecahedron ذو الإثني عَشَرَ سَطْحاً المُخَمَّسة

pentagram نَجمٌ خُماسي

pentagraph = **pantograph** (Surv.) مِنساخ

pentahedron مُجَسَّمٌ خُماسيّ

pentahydric alcohol (Chem.) كُحُولٌ خُماسيُّ الهَيدروكسيل

pentamerous *(adj.)* خُماسيُّ الأجزاء

pentane (Chem.) بِنْتان : هيدروكربون بَرافيني

pentane lamp مِصباح البِنتان : مِصباح «فِرنون» و «هارْكُورْت» البنتانيّ العياري: وقدرته عَشْرُ شَمْعات عِياريَّة

pentavalent (Chem.) خُماسيُّ التكافُؤ

pentene = **pentylene** (Chem.) بِنْتين • بِنتلين

pentice = **penthouse** سُدَّة • ظُلَّة – سَقفٌ مائِل

pentlandite (Min.) بنتلنديت : كبريتيد الحديد والنيكل

pentode (or **pentode valve**) (Elec. Eng.) بِنتُود : صِمامٌ خُماسيُّ الإلكترودات

pentoxide (Chem.) خامِسُ أكسيد • أكسيد خُماسيّ

pent-road رَدْب • طريقٌ غير نافِذ

pent roof = **shed roof** سقف ظُلّيّ • سقف مائل (في جهة واحدة)

penultimate *(adj.)* قَبْلَ الأخير

pepper *(n.)* فُلفل – فُلفل مَطحون

(Pet. Eng.) ترسُّبات حَمِئَة حامضية • كُدارة حامضيَّة

(v.) رشَّ • أمطَرَ بوابلٍ من

peppermint, oil of زيت النَّعنع الفُلفُليّ

peracid (Chem.) حامِضٌ فَوقيّ : عالي نسبة الأكسجين

perambulator (Surv.) عَجَلة قِياس المَسافات

per annum سَنَويّاً

perboric acid (Chem.) حامِض فوق البُوريك

per capita للشَّخص الواحد • لِكُلِّ فَرد

percent (%) في المئة (٪)

percentage *(n.)* نِسبة مِئوية – عُمُولة مِئوية

percentage composition (Chem. Eng.) النسبة المئوية للتركيب

percentage elongation (Eng.) النِسبة المئوية للاستطالة

percentage error (Eng.) الخطأ المئوي

percentage of ash (Chem. Eng.) النسبة المئوية للرماد

percentage of moisture (Chem. Eng.) النسبة المئوية للرطوبة

percentage saturation (Chem. Eng.) النسبة المئوية للتشبُّع

percentage voids test (Civ. Eng.) اختبار النسبة المئوية للفجوات

percentile *(adj.)* مِئَويّ

percentile rank المَركزُ المئوي • الترتيب المئوي

percent relative humidity الرُّطوبة النسبية المئوية

perception *(n.)* إدراك (حِسِّي) • مُلاحَظَة

perch *(n.)* مَجثَم • مَقعَد مُعَلَّق • مَوضع مرتفِع خَطِر

(Eng.) عَمُود قِطْر : يَرْبِطُ مَحاوِرَ العجلات الأمامية والخلفية

(Civ. Eng.) قِياسٌ تكعيبيٌّ لأشغال البناء : يساوي ٢٤،٧٥ قدماً مكعبة

(v.) جَثَمَ • قَعَدَ • حَطَّ

perched block (Geol.) كُتلة (صَخريَّة) جاثِمة

perched water (Geophys.) مِياه جاثِمَة غاوِيَة (فوق سقف الطبقة النفطيَّة)

perched water table (Geol.) سطح المِياهِ الجاثمة : فوق سقف الطبقة النفطيَّة

perchlorate (Chem.) فوق كلُورات : ملح حامض البِركلُوريك

perchloric acid (Chem.) حامِض البِركلُوريك • حامض فوق الكلوريك

perchloride (Chem.) فوق كلوريد

perchloroethylene = **tetrachloroethylene** (Chem.) فوق الكلوروإثيلين • اثيلين رُباعي الكلور

perchloromethane = **carbon tetrachloride** (Chem.) فوق الكلوروميثان • رابِع كلوريد الكربون

perchromic acid (Chem.) حامِضُ فوق الكرُوميك • حامض البِرْكروميك

percolate *(v.)* وَشَلَ – تَخلَّل – سالَ عبر – تَقَطَّرَ • تَرَشَّح

(n.) وُشالة : السائِلُ المُتخلِّل

percolating water (Geol.) الماءُ المُتخلِّل أو المُترشِّح

percolation *(n.)* وَشْل • رَشْح • توشيل • تَرشُّح

percolation filter (Chem. Eng.) مُرشِّح توشيل • مُرشِّح تَخلُّلي

percolation filtering ترشيح تخلُّلي أو وَشْلي

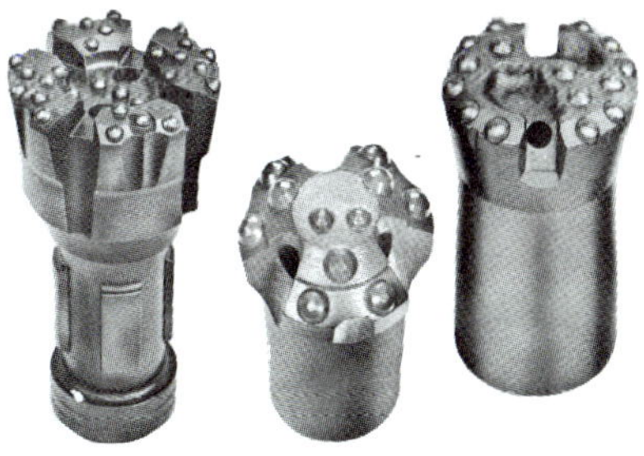

self sharpening percussion bits

percuss *(v.)* صَدَمَ – نَقَرَ بشِدَّة • دَقَّ – قَدَحَ

percussion *(n.)* صَدْم • دَقّ – قَدْح

percussion bit لُقمة حَفْر بالدق

percussion boring (Civ. Eng.) حَفْرٌ بالدَّق

percussion cap كَبْسُولةُ قَدْح

percussion, centre of مَرْكزُ الصَّدم

percussion (or **percussive**) **drilling** (Civ. Eng.) الحَفر بالدَّق

percussion fuse صِمامَةُ القَدح

percussion rig (Civ. Eng.) جهازُ الحَفر بالدَّق

percussion welding (Elec. Eng.) اللِّحامُ الصَّدمِيُّ (بالمقاوَمة)

percussive *(adj.)* صَدميّ • طَرقيّ

percussive air tool (Eng.) مِثقاب هوائي طَرْقيّ : يعمل بالهواء المضغوط

percussive welding (Eng.) لِحامٌ صَدمِيّ

per diem يوميّاً • مُياوَمَة

peremptory *(adj.)* قَطعيّ • باتّ • نهائي

perennial *(adj.)* دائِم • مُعَمَّر

perennial spring (Geol.) نَبْعٌ دائِم

perfect *(adj.)* كامِل • تامّ – مِثالي – خالِص

(v.) كَمَّلَ • حَسَّنَ

perfect cleavage إنشِقاقٌ كامل • تَفَلُّج تام

perfect combustion (Chem. Eng.) إحتراق كامل

perfect dielectric (Elec. Eng.) عازِلٌ مِثاليّ

perfect fluid (Phys.) مائِعٌ مِثالي

perfect frame (Civ. Eng.) إطارٌ كامِل

perfect gas = **ideal gas** (Phys.) غازٌ مِثاليّ

perfect lubricant (Eng.) مُزَلِّق مِثالي

perforate *(v.)* ثَقَبَ • خَرَقَ • ثَقَّب

(adj.) مُثقَّب • مُخرَّم

perforated casing (Eng.) غِلافٌ مُثقَّب • أنبوب تغليف مُثقَّب

perforated liner (Pet. Eng.) أنبوب تغليف مُثقَّب – بِطانة مُثقَّبة

perforated plate (Eng.) صَفيحة مُثقَّبة

perforated tray (Pet. Eng.) صِينيَّة مُثقَّبة

perforating die (Eng.) قالَبُ ثَقب

perforation *(n.)* ثَقب • تَثقيب

perforator (*n.*) ثاقبة • مثقاب

perform (*v.*) أدّى • أنجزَ • نفّذ • قام (ب)

performance (*n.*) تأدية • تنفيذ • إنجاز
(Eng.) إشتغال • أداء

performance curve (Eng.) مُنحنَى الأداء

performance, normal (Eng.) أداءٌ عاديّ • اشتغال عاديّ

performance number (Pet. Eng.) رَقْمُ الأداء (لتصنيف بنزين الطائرات)

performance (of agreement) تنفيذ (الاتفاقية)

performance specifications (Eng.) مُواصَفاتُ الأداء

performance testing (Eng.) إختبار الأداء

perfume (*n.*) عِطر

perfumery oil زَيتٌ عِطريّ • زَيتُ المَعاطِر

perfuming agent (Pet. Eng.) عامل تعطير • مادة مُعطِّرة

periclase (Min.) بريكلاز : مغنيسيا طبيعية

periclinal structures (Geol.) بِنْيات المَيْل المُتَشعِّع

pericline (Geol.) قُبّة : تقوُّس صخريّ مُتَشعِّعُ المَيْل

peridot (Min.) زَبَرْجَد • بيريدُوت

peridotite (Geol.) بريدوتيت : صخر ناريّ زَبَرجَديّ خَشِنُ الحُبَيبات

periglacial (Geol.) حَوْل جليدي • خاصّ بالتُّخوم الجليدية

perimagmatic deposits (Geol.) رواسب حَول صُهاريّة

perimeter (*n.*) مُحيط

perimorph (Min.) خامٌ مَعدِنيّ جواليّ : محيط بخام آخر

period (*n.*) فترة – نُقطة
(Geol.) عَصْر
(Phys.) فترة (الذبذبة) – زمنُ (الدَّوْرة)

periodic (*adj.*) دَوْريّ

periodic acid (Chem.) حامِضُ فوق اليُوديك • حامض البِريُوديك

periodical (*adj.*) دَوْريّ
(*n.*) مَجلّة أو نَشرة دورية

periodically (*adv.*) دَوْريّاً • بشكلٍ دَوريّ

periodic classification (Chem.) تَصنيف دَوْريّ (للعناصر)

periodic current تيار دَوْريّ

periodic damping (Eng.) مُضاءَلة دَورية

periodic flowing تدفّق دَوْري • صَبيب مُتقطّع

periodicity (*n.*) الدَّورية • تَوالي الدَّورات

periodic maintenance (Eng.) صِيانة دَوريّة

periodic motion (Phys.) حركة دَورية

periodic survey إستِقصاء دَوريّ • استِطلاع دَوري

periodic table (Chem.) جَدولٌ دَوريّ (للعَناصر)

periodic time (Phys.) زمَنٌ دَوريّ

periodic wave (Elec. Eng.) مَوجة دَورية

period of oscillation (Phys.) فَترةُ الذبذبة

peripheral (*adj.*) مُحيطي – سَطحي • خارجيّ

peripheral moraine (Geol.) رُكام جليدي سطحي

peripheral resistance مُقاوَمة سطحيّة

peripheral stress (Eng.) إجهادٌ سَطحيّ محيطي

peripheral tension توتُّر سَطحيّ مُحيطي

peripheral velocity سُرعة محيطية

periphery (*n.*) مُحيط • حَدٌّ أو سطحٌ خارجي

periscope مِئْفاق • پِريسكوب

perish (*v.*) هَلَكَ • فَسَدَ • تلِف

perishable goods سِلَعٌ قابلة للتلَف

peritectic reaction (Chem. Eng.) تفاعُل بين مادتين لا مُتطابقتي الانصهار • تفاعُل بِريتكتيّ

perlite (Geol.) بِرليت : صخر لُؤلؤي : صخر ناريّ زجاجيّ حامضي

perlite iron = pearlite iron (Met.) حَديد بِرليتي

perlitic structure (Geol.) بِنية لُؤلؤية

permafrost (Geol.) أرض جُمُوديّة : تربة دائمةُ التجمُّد

Permali (Elec. Eng.) پِرمالي : عازلٌ من خشب الزّان المُشرَّب بالباكليت

Permalloy (Met.) پِرمالوي : سبيكة عاليةُ الإنفاذية المغنطيسية

permanence (*n.*) دَوام • بَقاء • إستمرارية

permanent (*adj.*) دائم • مُستمرّ • ثابت

permanent adjustment (Surv.) ضَبْط ثابت

permanent assets مَوجُوداتٌ دائمة

permanent bench mark (Surv.) علامة اسناد دائمة

permanent completion (Pet. Eng.) إنجاز نهائي • انجاز دائم : غير مُؤقّت

permanent coupling (Eng.) تقارُن دائم

permanent emulsion (Chem. Eng.) مُستَحلَب ثابت • مُستَحلَبٌ دائم

permanent finish طَلْية نِهائية ثابتة

permanent frame (Civ. Eng.) هَيكل دائم

permanent hardness (Chem. Eng.) عُسْرٌ دائم

permanent load (Eng.) حِمْلٌ دائم

permanent magnet (Elec. Eng.) مغنطيسٌ دائم

permanent-magnet instrument (Elec. Eng.) جهاز قياس كهربائي ذو مغنطيس دائم

permanent set (Met.) أثرٌ دائمٌ (لانفعال تجاوَز حَدَّ المُرونة)

permanent snow line (Geophys.) خط الثلج الدائم

permanent well completion equipment (Pet. Eng.) مُعِدّات الانجاز الدائم لبئر النفط

permanganate (Chem.) پِرمنجنات • فوق مَنْجَنات

permanganic acid (Chem.) حامض فوق المَنجَنيك

permeability (*n.*) إنفاذيّة • مُنفِذيّة

permeability coefficient (Eng.) مُعامِلُ الإنفاذية

permeability, differential إنفاذيّة تفاضُلية

permeability, effective الانفاذيّة الفعّالة

permeability log (Pet. Eng.) مُخطَّطُ تسجيل الإنفاذية

permeability, magnetic الانفاذية المغنطيسية

permeable (*adj.*) مُنفِذ • إنفاذيّ • نَفيذ : يُنفَذُ منه

permeable bed (Geol.) طبقة مُنفِذة

permeable membrane غِشاءٌ مُنفِذ أو نَفيذ

permeable rocks (Geol.) صخورٌ (مَساميّة) مُنفِذة

permeable strata (Geol.) طَبقات مُنفِذة

permeameter مِنفاذ • مِقياس الإنفاذية

permeate (*v.*) نَفَذَ • نَفَذَ في • إختَرَق • تَخَلَّل

permeation (*n.*) نَفاذ • تسرُّب • اختراق

permeator مُختَرِق – مِثقب اختراقيّ

Permian period (Geol.) العَصر البِرمي

Permian rocks (Geol.) الصخور البِرميّة : المُترسِّبة ما بين العصر الكربونيّ والعصر الثلاثي

Permian system (Geol.) النظام البِرميّ • صُخور العَصر البِرميّ

per mil(l) في الألف

Perminvar (Met.) بِرمنفار : سَبيكةٌ ثابتةُ الإنفاذية

permissible (*adj.*) مَسموح • مَسموحٌ أو مُرخَّصٌ به

permissible overload (Eng.) تجاوُز الحِمْل المسمُوح به

permissible tolerance (Eng.) تفاوُتٌ مَسمُوحٌ به

PET

permit (*v.*) أجازَ • أذِنَ • سَمَحَ (ب)
(*n.*) إذن • إجازة • ترخيص • رُخصة
permitted production الإنتاج المُصرَّح به
permittivity (Elec. Eng.) مُجاوِزِيَّة • سَماحِيَّة (العازل)
permutation (*n.*) تَبديل • تبادُل
permute (*v.*) أبدَلَ • أعادَ التبديلَ (بمختَلِف الأوضاع المُمكِنَة)
permutit(e) process (Chem. Eng.) طريقةُ البِرمُوتيت : لتيسير الماء العَسِر
peroxide (Chem.) فوق أكسيد • پِرُوكسيد
peroxide, hydrogen (Chem.) فوق أكسيد الهيدروجين
perpendicular (*adj.*) عمودي • مُتعامِد – قائِم الإنحدار • شاقوليّ
(*n.*) عَمود • خطٌّ عَمُودي أو شاقولي
perpendicularity (*n.*) تعامُديَّة
perpendicular throw (Geol.) إزاحة عموديَّة
perpetual (*adj.*) دائِم • ثابت • مُستمِرّ
perpetual lease عَقدُ إيجارٍ مُستمِرّ
perpetual screw (Eng.) لولَبٌ دودِي
perphosphoric acid (Chem.) حامِضُ فوق فُسفوريك
persalt (Chem.) مِلح فَوقِيّ
persilicic rock = acid rock (Geol.) صخر فوق سِيليسي • صخر حامِضي
persistent (*adj.*) مُستَمِرّ • دائم • مُداوِم – مُثابِر
personal effects أمتعة شخصيَّة
personal equation (Phys.) المُعادَلة الشخصية : إختلاف القياس الناتج عن خَصائِص الشخص الفرديَّة أو مِقدارُ هذا الاختلاف
personnel (*n.*) مُستخدَمُون • مِلاك : مَجموعُ المُوظَّفين في مؤسَّسة
personnel management إدارةُ (شؤونِ) الموظفين
persorption (Chem. Eng.) إمتِزازٌ شديد الفعَّالية : شدة امتصاص المادة الصلبة للغاز
perspective (*n.*) رسمٌ مَنظوريّ • مَنظور – وُجهةُ نَظَر
(*adj.*) مَنظوريّ – بادٍ بالوَضع الطبيعيّ
perspective map projection إسقاطٌ خرائطي مَنظوري
perspex (Chem. Eng.) پِرسپِكس : ضَربٌ من اللَّدائن

persulphuric acid (Chem.) حامِضُ فوق الكِبريتيك
pertinent (*adj.*) وَثيقُ العَلاقة • مُتَّصِلٌ بالموضوع
perturbation (*n.*) إضطراب • تَشويش
(Geophys.) تَرْجاف
per unit income دَخْلُ الوَحدة
pervade (*v.*) تخلَّلَ • إنتَشَر في
pervibration (Civ. Eng.) هَزْهَزَة الخَرسانةِ داخليًّا (لتَدميجها)
pervious = permeable (*adj.*) مُنفِذ • نَفيذ • يُنفَذُ منه
perviousness (*n.*) مُنفِذيَّة • إنفاذيَّة
pervious rocks (Geol.) صُخور مُنفِذَة (أو نَفيذة)
pesticide (*n.*) مُبيدُ الأحياء المُتطَفِّلة • مُبيدُ الحَشرات أو الطحالِب المُؤذِية
pestle (*n.*) مِدقَّة • يدُ الهاوَن
(*v.*) دَقَّ (في الهاوَن) • سَحَن
petalite (Min.) پِتَليت : خامٌ من سليكاتِ الليثيوم والألومنيوم
pet cock (or **petcock**) (Eng.) مِحبَسٌ (تفريغ) صَغير • صُنبُور مُراقَبَة
peter (out) (*v.*) تلاشَى (بالتناقُص التدريجيّ)
petralogy = petrology (Geol.) علم الصخور
petralol (Pet. Eng.) پِترالُول : ضرب من الفازلين السائل
petrean (*adj.*) صَخريّ • حَجَريّ
petrescence (*n.*) تصخُّر • تحجُّر • إستِحجار
petrification = petrifaction (*n.*) تَحَجُّر • تَصَخُّر • إستِحجار
petrification by calcification (Geol.) التحجُّر بالتكلُّس
petrified wood (Geol.) خَشبٌ مُتحجِّر
petrify (*v.*) حَجَّرَ • تَحجَّرَ • إستحجَر
petrochemical (*adj.*) پِتروكيماوي
(*n.*) مُستحضَر بتروكيماوي
petrochemical base stocks (Pet. Eng.) مواد أساسية للمستحضَرات البِتروكيماوية
petrochemical intermediates البِتروكيماويات الوَسيطة
petrochemical plant (Chem. Eng.) مَعمل مُستَحضَرات پِتروكِيماوية
petrochemicals (Chem. Eng.) پِتروكِيماويَّات: مُشتقَّات البترول الكيماوية
petrochemistry كِيمياءُ البِترول
petrofabric (Geol.) نسيجُ الصخر • البِنيةُ الصخريَّة

petrofabrics = structural petrology (Geol.) عِلمُ البِنية الصخرية
petrofacies (Geol.) السِّحنة الصخرية
petrogenesis (Geol.) نَشأةُ الصُّخور
petrographic (*adj.*) پِتروغرافي : خاصٌّ بتصنيف الصخور ودراسة أوصافها
petrography (Geol.) پِتروچرافية : عِلمُ وَصفِ الصخور وتصنيفها
petroil lubrication (Pet. Eng.) تزليق بتروزَيتيّ : تزليق بمزيج من الزيت والبنزين
petroil mixture (Pet. Eng.) مَزيجٌ بتروزَيتيّ: مزيجٌ من زيت التزليق والبنزين
petrol (or **gasolene**) بِنزين • بنزين السيَّارات
petrolatum (Chem.) هُلامُ البترول • ڤازلين
petrolatum, liquid (Pet. Eng.) البِترولاتوم السائل : زيت بترولي عالي النقاوة
petrolatum wax (Pet. Eng.) شمعُ البِترولاتوم
petrol, aviation بِنزين طائرات
petrol, cracked (Pet. Eng.) بِنزينُ التكسير
petrolene (Pet. Eng.) بِترُولين : مُذيب بِتروليّ
petrol engine مُحرِّك يُدار بالبنزين
petroleum البِترول • زيتُ البترول • النِّفط
petroleum accumulation تَجمُّع بِتروليّ • مَكمَن نَفطيّ
petroleum asphalt أسفلت نَفطيّ
petroleum base stock (Pet. Eng.) مادة بِترولية أساسية
petroleum basin حَوضٌ بترولي
petroleum butter هُلامُ البترول • ڤازلين
petroleum ceresin شَمع بِترولي • شَمع نَفطيّ
petroleum coke (Pet. Eng.) كُوكُ البترول
petroleum company شَركة نِفط • شَركة بترولية
petroleum crude (Pet. Eng.) نِفطٌ خام • خامُ البترول
petroleum cut (Pet. Eng.) مُقتطَع بتروليّ : جُزءٌ بِتروليّ مُحدَّدُ درجة الغليان
petroleum deposit (Pet. Eng.) قُرارة نَفطية • مَكمَن نَفطيّ
petroleum desalting (Pet. Eng.) إزالةُ المِلح من النفط
petroleum distillation (Pet. Eng.) تَقطير البترول • تقطير النفط
petroleum engineering هَندسة البِترول
petroleum ether = gasolene (Chem. Eng.) بِنزين
petroleum field (Pet. Eng.) حَقلٌ بتروليّ • حقل نِفط

petroleum gas

petroleum refinery

petroleum fluids هيدروكربوناتُ البترول السائلة

petroleum fractions (Pet. Eng.)
أجزاءُ البترول : المُقْتَطَعةُ بالتقطير التجزئي

petroleum gas غازُ البترول • الغازُ (النفطيّ) الطبيعي

petroleum gas, liquefied (Pet. Eng.)
غاز البترول المُسال

petroleum geology جيولوجية البترول

petroleum grease (Pet. Eng.) شَحم بتروليّ

petroleum industry صِناعة البترول

petroleum jelly = petrolatum
هُلامُ البترول • ڤازلين

petroleum naphtha نَفتا البترول

petroleum oil (Pet. Eng.) زيتُ البترول • كيروسين

petroleum pipeline خط أنابيب بترولي

petroleum pitch (Pet. Eng.) زِفتُ النفط • قار النفط

petroleum product مَنتوجٌ بتروليّ • مُشتَقٌّ بترولي

petroleum production إنتاج البترول

petroleum, refined بِترول مُكرَّر

petroleum refinery مِصفاةُ (أو مَعملُ تكريرِ) البترول

petroleum refining (Pet. Eng.)
تكرير البترول

petroleum refining plant وحدةُ تكرير النفط • مصفاةُ بترول

petroleum resin راتينج بِترولي

petroleum spirits (Pet. Eng.) روحُ النفط • تربنتين بتروليّ

petroleum still مَقطرة نَفط : وحدةُ تقطير نفطيّ متواصل

petroleum tailings (Pet. Eng.) مُتخلِّفـاتُ (تقطيرِ) النَّفط

petroleum tailings = wax tailings
(Pet. Eng.) مُتخلِّفات النفط الشمعية

petroleum tar قارٌ بتروليّ • قَطِران نفطي

petroleum technology تكنولوجية البترول • التِّقنيات البترولية

petroleum vapour بُخار النفط : اسم قديم للغاز الطبيعي .

petroleum wax شمع البترول • شمع نَفطي

petroleum well بئرُ بترول • بئرُ نَفط

petrol, high-octane (Pet. Eng.)
بِنزين عالي الأوكتان

petrolic (*adj.*) بتروليّ • نَفطيّ

petrolic ether = gasoline (Pet. Eng.)
بنزين

petroliferous (*adj.*) بِتروليّ • حاوٍ النفط

petroliferous area (Pet. Eng.) مِنطَقة بترولية

petroliferous bed طبقة بتروليَّة أو نَفطيَّة

petroliferous region مِنطَقة بِترولية

petroliferous shale (Pet. Eng.)
طِين صَفَحِيّ بترولي

petroliferous structure (Pet. Eng.)
بِنية بِترولية

petrolite (Pet. Eng.) بِتروليت : ضرب من الشمع النفطي دقيق التبلوُر

petrol, medical (Pet. Eng.) بِنزين طِبّيّ

petrol, motor (Pet. Eng.) بِنزين مُحرِّكات

petrological analysis (Geol.)
التحليلُ الصخريّ • تحليلُ خصائص الصخور

petrology (Geol.) عِلمُ الصُّخور

petrol pump مِضَخَّة بنزين

petrol-resistant (Chem. Eng.) صامِدٌ للبنزين

petrol, straight run (Pet. Eng.)
بِنزين التقطير المباشَر

petrol tank صِهريج بنزين

petrol, unleaded (Pet. Eng.) بِنزين غير مُرصَّص : غيرُ مُعالَج برابع ايثيل الرصاص

petrophysics فيزياءُ الصُّخور : دراسةُ طبيعة الصخور

petroplastic (*n.*) پلاستيك بتروليّ • لَدينة نِفطية

petroplastic substance (Pet. Eng.)
لَدينة بترولية • مادةٌ لدائنية بترولية الأصل

petrosene (Pet. Eng.) بِتروسين : مادةُ إضافة الى زيوت الوقود

petzite (Min.) پِتْزِيت : خام من تلُّوريد الفضة والذهب

pewter (Met.) پيوتَر : سبيكة من القصدير والرصاص

p.f. = power factor عامل القُدرة

p.g. = producer gas غاز المُولِّدات

p H (or **pX value**) (Chem. Eng.)
يدس • الرَّقْمُ الهَيدروجيني : اللوغـاريتم العَشْري لِمعكوس دَرَجَةِ تركيز أيُون الهيدروجين

phacoidal structure (*adj.*) بِنْيةٌ عدَسية

phacolith = phacolite (Geol.) فـاكُوليت : صخر ناريٌّ عدَسِيّ (مُقحَمٌ في طيَّة مُحدَّبة)

phanerocrystalline (*adj.*) (Min.)
بَيِّن التبلوُر • واضِحُ المَعالم البلَّوريَّة

Phanerozoic eon (Geol.) دَهرُ الحياة الظاهرة

phantom crystal (Min.) بلّورة كاذِبة

phantom horizon (Surv.) أُفُق وَهميّ

phantom reflection إنعكاس شَبَحيّ أو طَيفي

phase (*n.*) طَور – وَجه • شَكل • مَظهَر • سِحنَـة

phase change (Elec. Eng.) تَغيُّر الطور

phase coincidence تَوافُق الطور

phased = in phase مُتوافِقُ الطَّور • مُتطاوِر
phase diagram (Eng.) شَكل الطَّور • رسم بياني للأطوار
phase difference (Eng.) فَرقُ الطَّور • إختلاف طوريّ
phase displacement (Eng.) إزاحة الطَّور • إزاحة طَوريَّة
phase equilibrium (Eng.) تعادُل الطَّور
phase lag (Eng.) تَخلُّف الطَّور
phase lead (Eng.) سَبْقُ الطَّور
phase meter (Eng.) مِقياس الطَّور
phase-sequence تَتابُع طَوريّ
phase shift (Elec. Eng.) إزاحةُ الطَّور : زَحزَحَة الطَّور
phases of the moon أوجُه القمر
phase solution (Chem. Eng.) مَحلول ثنائيُّ الطَّور
phase stability (Phys.) إستقرار الطَّور
phasing (*n.*) (Elec. Eng.) مُطاوَرة • ضَبط الطَّور
(*adj.*) مُطاوِر • ضابطُ الطَّور
phasor (*n.*) (Elec. Eng.) ضابِط الطَّور • مُطاوِر
phenacite (Min.) فناسيت : معدِن زُجاجيّ من سليكات البريليوم
phenol = carbolic acid (Chem.) فِينول • حامِضُ الكَربُوليك
phenolate (Chem.) فِينولات : أملاح حامِض الكربوليك
phenolic acid (Chem.) حامِضٌ فينوليّ
phenolic resin (Chem.) راتينج فينوليّ
phenolphthalein (Chem.) فينولفثالين : كاشِف كيماويّ
phenol treating plant (Pet. Eng.) وَحدةُ المُعالجة بالفينول
phenomenon (pl. **phenomena**) ظاهِرَةٌ طبيعيَّة
phenyl (Chem.) فِينيل : شِقٌّ بنزيني أحادي التكافؤ
phenyl acetic acid (Chem.) حامِض الفينيل أستيك
phial (*n.*) قارُورَة • قِنِّينة
phlogopite (Min.) فلوجوبايت : ضَربٌ من المَيكـــا
pH-meter (Chem. Eng.) مِقياس الرَّقم الهَيدروجيني
phon (Phys.) فُون : وَحدة جَهارة صوتية
phone (*v.*) تَلفَنَ • خاطَبَ بالتلفون
(*n.*) تِلفون – مِسمَاع
phonolite (Geol.) فونوليت : صخر ناري رَنَّان
phonoscope (Geophys.) مِكشاف الصَّوت
phosphate (Chem.) فُسفات : مِلحُ حامِض الفسفوريك
phosphate desulphurization (Pet. Eng.) نَزْع الكبريت بالفَسفتة : إزالة الكبريت من النفط بالفُسفات
phosphate injectors (Pet. Eng.) حاقِناتُ الفُسفات
phosphate process (Chem. Eng.) الطريقة الفُسفاتية : إزالة الكبريت النفطي بالفُسفات
phosphatic deposit (Geol.) قُرارة فُسفاتية
phosphatic shale (Geol.) طِين صَفحِيّ فُسفاتي
phosphatides (Chem.) فُسفاتيدات
phosphatize (*v.*) (Chem. Eng.) فَسْفَتَ • عالَجَ بحامِضٍ فُسفوري
phosphides (Chem.) فُسفيدات
phosphite (Chem.) فُسفِيت : ملح حامِض الفُسفوروز
phospholeum (Pet. Eng.) فُسفوليوم : مَزيج من حامِض الفُسفوريك والصابون
phosphor (Phys., Chem.) مادَّة مُتَفَسْفِرَة
phosphorated (Chem. Eng.) مُفَسْفَر
phosphor bronze (Met.) بُرونز فُسفوري
phosphoresce (*v.*) تَفَسْفَرَ • وَمَضَ كالفُسفور
phosphorescence (*n.*) فُسفورية • تَفَسْفُر – وَميض فسفوري
phosphorescent (*adj.*) مُتَفَسْفِر • ذو وميض فُسفوري
phosphorescent decay (Phys.) إنحلال تَفَسْفُري
phosphoric acid (Chem.) حامِضُ الفُسفوريك
phosphorite (Min.) فُسفوريت
phosphorous (*adj.*) (Chem.) فُسفوريّ
phosphorous acid (Chem.) حامِض الفُسفوروز
phosphorous halides (Chem.) هـــاليــدات الفُسفور : مركَّبات هالوجينية فسفورية
phosphorous oxides (Chem.) أكاسيد الفُسفور
phosphorous sulphides (Chem.) كِبريتيدات الفُسفور
phosphor tin (Met.) قَصدير فُسفوري
phosphorus (P) (Chem.) فُسفور : عنصر لا فلزيّ رمزه (فو)
photo- بادِئة بمعنى : ضوء أو نور
photo-active = photo sensitive (Chem., Phys.) حَسَّاس للضوء • مُتَحَرِّض بالضوء
photo-catalysis (Chem. Eng.) حَفْزٌ بالضَّوء • الحفز الضوئيّ

phenol treating plant

photocell = photoelectric cell خَلِيَّة ضَوئية • خَلِيَّة كهرضوئية (Elec. Eng.)
photochemical (*adj.*) ضَوئيّ كيماوي
photochemical cell (Phys.) خَلِيَّة ضوئيَّة كِيماوية
photochemistry (Chem.) الكِيمياء الضَّوئية
photoclinometer (Civ. Eng.) كِلينومِتْر ضوئي : مِقيـاس مَيْـلٍ ضَوئيّ لتحديد انحراف ثَقْب الحفر
photodisintegration (Phys.) إنحلال بالضَّوء
photoelectric (*adj.*) كَهرضوئي • كَهربائي ضوئي
photoelectric alarm (Elec. Eng.) جهاز إنذار كَهرضَوئي
photoelectric cell (Phys.) خَلِيَّة كَهرضوئية (كهربائية ضوئية)
photoelectricity الكَهربائية الضَوئية • الكهرضَوئية
photoelectric system (Elec. Eng.) دائِرَة (إنذار) كَهرضوئية
photoelectrolytic cell (Phys.) خَلِيَّة ضوئيَّة الكتروليتية
photogeology (*n.*) (Eng.) الجيُولوجية التصويرية أو الفوتوغرافية
photogram (*n.*) (Surv.) صُورة مِساحيَّة
photogrammetric surveying (Surv.) مَسْحٌ تصويري
photogrammetry (Surv.) المَسح الفوتوغرافيّ • المِساحة التصويريَّة : رسم الخرائط من الصور الفوتوغرافية الجوِّية
photogrammetry, aerial (Surv.) التصوير الجويّ المِساحي : لوضع الخرائط
photographic density كثافَة (شدَّة إسوداد) الصورة الفوتوغرافية
photographic nuclear emulsion (Geophys.) مُستحلَب نَوَوِيّ فوتوغرافي : لِقياس النشاط الإشعاعي

phthalic anhydride plant

photographic surveying (Surv.) مِساحة فُوتوغرافية • المَسح التصويري

photography (*n.*) الفوتوغرافية • التصوير الضوئيّ

photomagnetic surveying (Geophys.) المَسح الضوئيّ المغنطيسي

photomap (*n.*) خريطة فُوتوغرافية

photometer (Phys.) فُوتومتر • مِضواء : مقياس الشدة الضوئية بالمقارنة

photometry (Phys.) المِضوائية : قياس الشدة الضوئية

photomicrograph (*n.*) صورة مِجهرِيَّة فوتوغرافية

photomicrography التصوير المِجهري الفوتوغرافي

photomosaic strip (Surv.) شَريحة فُسيفساء فوتوغرافية : مجموعة من الصور الجوية الفوتوغرافية المتراكِبة لِمساحاتٍ مُتجاورة

photosensitive (*adj.*) حَسَّاس لِلضَّوء

photostat (*n.*) (Photog.) فُوتوستات : جهاز نَسخٍ بالتصوير الفوتوغرافي – نُسخة فوتوستاتية

(*v.*) نَسَخَ بالفوتوستات

photosynthesis التركيب (أو التخليقُ) الضوئي

phototopography (Surv.) الطُوبوغرافية التصويرية

photovoltaic cell (Phys.) خَلِيَّة فُلطائية ضوئية

phreatic (*adj.*) جَوفيّ • باطِنيّ

phreatic explosion (Geophys.) انفجار (بركانيّ) باطنيّ

phreatic water (Geol.) ماءٌ باطني

phthalic acid (Chem.) حامِض الفِثاليك

phthalic anhydride (Chem.) أنهيدريد الفِثاليك

phthalic anhydride plant وَحدة تحضير أنهيدريد الفِثاليك

pH-value (Chem. Eng.) الرَّقْمُ الهيدروجيني (پ‌هـ) : اللوغاريتم العشري لِمَعكوس درجة تركيز أيُون الهيدروجين في المحلول

phycology (Biol.) علمُ الطَحالب

phyllite (Geol.) فيلِّيت : صخر بركاني متحوِّل متجعِّد السطح

phylogeny (Biol.) تاريخ تَطَوُّر السُّلالة

phylum (Biol.) شُعْبَة (حَيوانية أو نباتية)

physical (*adj.*) طَبيعي • فِيزيائي – مادِّي • بَدَنِيّ

physical assets أُصول مَحسُوسة

physical barrier (Geol.) حائل طبيعي

physical change (Chem.) تغَيُّر طبيعي

physical characteristics (Chem.) خواصّ طبيعية

physical chemistry (Chem.) الكيمياء الطبيعية

physical configuration تشكل طبيعيّ • شكل طبيعيّ

physical constant (Phys.) ثابِتٌ فيزيائي

physical factor عامِلٌ طَبيعي

physical fitness اللِّياقة البدنية

physical geography الجغرافية الطبيعيَّة

physical geology الجيُولوجية الطبيعيَّة • عِلمُ الأرض الطبيعيّ

physical horizon (Geophys.) الأُفق الطبيعي (أو الجغرافي)

physical laws (Phys.) القوانين الطبيعية

physical metallurgy (Met.) فِيزياء المعادن • الميتالورجية الطبيعيّة

physical properties (Chem.) خواصّ طبيعيّة

physical science(s) العُلوم الطَّبيعيّة

physical solution (Chem.) مَحلول طبيعي

physical weathering (Geophys.) التَّجْوِيَة الطبيعية

physician (*n.*) طَبيب

physicist (*n.*) عالِمٌ فيزيائي

physico-chemical analysis تَحليل كِيميائي فيزيائي

physics عِلمُ الفيزياء • عِلمُ الطبيعة

physiography (Geol.) فِيزيوغرافية : وَصف ودراسة التضاريس الطوبوغرافية

phytogenic (*adj.*) نَباتيُّ الأصل

phytogenic rocks (Geol.) صُخُور نباتية الأصل

phytology (Biol.) عِلمُ النباتات

phytoplankton (Biol.) العَوالِق النباتية

phytotoxic (*adj.*) سامٌّ للنَّبات

pi (π) ط : النِّسبة التقريبية (٣٫١٤١٦)

P.I. = **penetration index** دليل الاختراقية • درجةُ (ثَخانةِ) القَوام

= **productivity index** دليل الانتاجيَّة

piano string (or wire) (Civ. Eng.) سِلك بيانو : سلك معدنيّ لقياس عمق الآبار

pick (*v.*) التَقَطَ – قَطَفَ – نَقَرَ – إنتقى

(*n.*) صاقُور : مِعول مُستدِقُّ الطَّرَفين

pick-ax(e) منكاش • مِعول مستدِقّ أحد الطرفين

picked sample عَيِّنة منتقاة

picket وَتَد • خازُوق – شاخِص – مُفرَزة طَوارِىء

(*n.*) مُراقِب تنفيذ الاضراب

(*v.*) سَيَّج بالأعمدة أو الشواخص

picket ore خامٌ مُركَّزٌ بالتنقية

pick(ing) hammer مِطْرَقة نَقر

pickle (*n.*) (Eng.) مَغطَس حامِضيّ (لتنظيف سطح المعدن)

(*v.*) نَظَّفَ بِمَغطَس حامِضِيّ

pickling bath مَغطَسُ التنظيف (بالأحماض)

pickling (of metal) (Eng.) مُعالَجَة (المعدنِ) بمغطس حامِضِيّ

pickling (of timber) (Eng.) مُعالَجَة (الخشبِ) بالكرِيُوزوت

pickling solution مَحلول تَنظيفِ (أو معالجةِ) السطح

pick-up (*n.*) شاحِنة صغيرة

(Elec. Eng.) لاقِطُ إرسال – لاقِطُ تموُّجات

pick up grab (Civ. Eng.) كَبَّاش التقاط : لالتقاط القطع السائبة

pick up oil (Pet. Eng.) زيتُ الاستعادة • النفط المُستَردّ

picnometer = **pycnometer** (Phys.) پِكنُومتر • مِكثاف كُتَلي نوعيّ : مِخبار مُدَرَّج لايجاد الوزن النوعي للسوائل

picrate (*n.*) (Chem.) پِيكرات : مِلح حامض البِكريك

picric acid (Chem.) حامِض البِكْريك

pictogram (*n.*) مُصَوَّرٌ توضيحيّ

pictorial computer (Surv.) نَظَّامة خرائطية • حاسِبة راسِمة

picture (*n.*) صُورة • رَسْم

(*v.*) صَوَّرَ • رَسَمَ

piece (*n.*) قِطعة • جُزء

(*v.*) ضَمَّ (القِطَع) • وَصَلَ بِقِطعَةٍ

piecemeal (*adv.*) تَدريجيّاً • شَيئاً فشيئاً

piece-rate الأجر بالقِطعة

piece wage أجرة القِطعة

piecework (*n.*) شُغلٌ بالقِطعة

PIL
327

pier

pile driving hammer

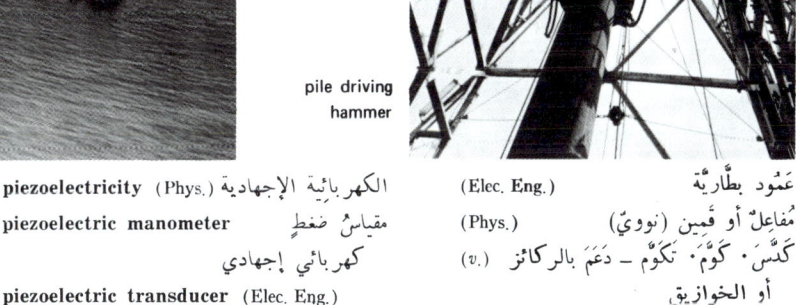

piedmont (*adj.*) سَفْحِيّ
(*n.*) سَفْح
piedmont plain (Geol.) سَهلٌ سَفحيّ
pier (Civ. Eng.) رَكيزة • دِعامة جِسر
= **jetty** (Naut.) رَصيف بحريّ : رَصيف تحميل مُمْتَدّ في البحر
pier cap رأسُ رَكيزة الجِسر
pierce (*v.*) خَرَقَ • إخترق • ثَقَبَ
piercement salt domes (Geol.) قِبابُ الملح الثاقبة
piercing (*n.*) خَرْق • ثَقْب
(*adj.*) ثاقِب • نافِذ • نفّاذ
piercing die (Eng.) لُقمةُ ثَقْب
piezochemistry (Chem.) كِيمياء الإجهاد : أثَرُ الضغط في التفاعلات الكيماوية
piezoclase (Geol.) صَدْعٌ ضَغطيّ • تَصَدُّع بالإجهاد أو بالضغط
piezocrystallization (Geol.) تَبَلْوُرٌ إجهادي : تحت الضغط
piezoelectric crystal (Phys.) بِلَّورةٌ كَهربائية إجهادية : تُحوِّل طاقة الضغط إلى طاقةٍ كَهربائية
piezoelectric detector (Elec. Eng.) مِكشافٌ كهربائيّ إجهاديّ
piezoelectric effect (Phys.) ظاهرةُ الكَهربائية الإجهاديَّة

pig = go devil

piezoelectricity (Phys.) الكَهربائية الإجهادية
piezoelectric manometer مقياسُ ضغطٍ كهربائي إجهادي
piezoelectric transducer (Elec. Eng.) مُحوِّل طاقةٍ كَهربائيّ إجهاديّ
piezometer (Eng.) بيزومتر : مِقياس الضغط العالي
(Phys.) مِقياس إنضغاطية السوائل
(Hyd.) مِقياس ضغط السائل الجاري
piezometric surface (Geol.) مُستوى الماء الباطني
pig (Met.) صُبَّة مَعدِنٍ خام • كُتلة مَصبوبة من مَعدِنٍ خام
= **go-devil** (Pet. Eng.) كاشِطة • مِكشَطَة أُسطوانية • دِحراج تنظيف مُرَيَّش يبعث في أنابيب الزيت لتنظيفها
(*v.*) (Pet. Eng.) نظَّف (الانابيبَ) بالكَشْط
pigging (*n.*) كَشْطُ الأنابيب • تنظيفُ الأنابيب بالكَشْط
pig iron (Met.) حَديدٌ غُفْل • كُتَلٌ مصبوبة من حديد الزَّهر
pig lead (Met.) كُتَلٌ مَصبوبة من الرصاص الخام
pigment (*n.*) خِضْب • صِبْغ • خِضاب
(*v.*) صَبَغَ • خَضَبَ • تَخَضَّبَ
pigmented dope (Chem. Eng.) دِمامٌ خضيب : إضافة ملوَّنة
pigtail (Elec. Eng.) سِلكُ تَوصيل
(Eng.) أُنبوب وَصل نُحاسي : بين الأسطوانة ومنظِّم الضغط
pig trap (Pet. Eng.) مَصيدةُ الكاشِطة • مَحبِسُ استعادة الكاشطة من خط الأنابيب
pike (*n.*) رأسٌ مُستدِق – قِمَّةٌ أو رَعْنُ الجَبَل
pilaster (Civ. Eng.) عِماد : عَمُود جِداريّ ناتىء
pile (*n.*) كُومَة • رُكام
(Civ. Eng.) رَكيزةُ أساس • خازوق • وَتِد
(Elec. Eng.) عَمُود بطّاريَّة
(Phys.) مُفاعِلٌ أو قَمين (نوويّ)
(*v.*) كَدَّسَ • كَوَّمَ • تكَوَّمَ – دَعَمَ بالركائز أو الخوازيق
pile, atomic (Phys.) مُفاعِلٌ ذرّي • قَمينٌ ذرّي
pile drawer = **pile extractor** (Civ. Eng.) مِنْزَعةُ الخوازيق
pile driver (Civ. Eng.) مِدَقُّ الخوازيق • مِدَقُّ الركائز
pile hammer (Civ. Eng.) مِطرَقة خوازيق
pile hoop (Civ. Eng.) طَوْق (يحمي رأسَ الخازوق)
pile pier (Civ. Eng.) رَصيف ركائز : رَصيف بَحريّ قائمٌ على الركائز
pile shoe (Civ. Eng.) نَعْل (يحمي أسفلَ الخازوق)
piling (*n.*) تَكويم • تكديس
(Civ. Eng.) رَكائز • خوازيق – إنشاء مُدعَّم بالركائز
pillar (*n.*) عَمود • دِعامة
pillar-and-room method (Mining) تعدينٌ بطريقة الأعمدة والحُجُرات
pillar crane (Eng.) مِرفاعٌ عموديّ : مرفاع قائم ذو ذراع مُتعارِضة
pillar drill = **pillar drilling machine** (Eng.) ثَقّابة عموديَّة • ثقابة قاعدية
pillar mining = **pillaring** (Mining) تَعدين عِماديّ
pillow (*n.*) وِسادَة • مِخَدَّة
pillow block (bearing) (Eng.) كُرسِيّ تَحميل • مَحْمِل كتلي وسادي
pillow lava (Geol.) لابَة وِسادِيَّة
pillow structure (Geol.) بِنْيَة وِسادِيَّة
pilot (*n.*) دَليل • مُرشِد • رائِد – قائد الطائرة
(Naut.) مُرشِد مِلاحي
(Elec. Eng.) مُوَصِّل دليليّ
(Eng.) مِدَلَّة • جهاز دليليّ

PIL
328

pincers

pilot (adj.)	دليليّ ۰ طليعيّ ۰ تجريبيّ ۰ استرشاديّ
(v.)	قادَ ۰ سَيَّرَ ـ دَلَّ ۰ أرشد
pilot bit (Eng.)	لقمة حفر دليلية ۰ مثقب استرشادي
pilot bore hole (Pet. Eng.)	بئر تجريبية ۰ بئر رائدة
pilot cell (Elec. Eng.)	خليّة بيانيّة (دليلية)
pilot circuit (Elec. Eng.)	دائرة تحكم
pilot controller (Elec. Eng.)	مفتاح تحكم رئيسي
pilot hole (Eng.) (Pet. Eng.)	ثقب دليلي ۰ ثقب إستطلاعي ۰ بئر استطلاعيّة
pilot jet (Eng.)	منفث رئيسي
pilot lamp (Elec. Eng.)	مصباح بيانيّ (دليليّ)
pilot light	نور دليليّ
pilot nail	مسمار مؤقّت
pilot plant	وحدة صناعية تجريبيّة
pilot process (Chem. Eng.)	طريقة تجريبية (استطلاعية)
pilot project (Eng.)	مشروع تجريبيّ
pilot signal	إشارة دليلية ۰ مصباح دليلي
pilot survey	مسح استطلاعيّ
pilot testing	إختبار دليلي ۰ فحص استطلاعي
pilot valve (Eng.)	صمام تحكم طليعي : لضبط الضغط قبل فتح الصمامات الكبيرة
pin (n.)	دبّوس ۰ مسمار ـ دسار ۰ وتد ـ مسمار المحور ۰ محور
(v.)	ثبّت أو وصّل بالدبابيس
pincers (n.)	كمّاشة ۰ منحبة كلّابيّة
pinch (v.)	قرص ۰ ضغط ـ ضيّق ـ تضيّق
pinch bar	عتلة قرص معقوفة
pinch cock	مخبس قرص (للأنابيب المطاطية)
pinch effect (Phys.)	تضيّق الموصّل المائع (بمرور تيار كهربائي قويّ)
pinching (n.)	تضييق ۰ خنق ۰ تضيّق
pinch(ing) nut (Eng.)	صمولة زنق (تشدّ صمولة أخرى)
pinch out (v.)	ضيّق ۰ رقّق
(n.)	تضييق ۰ ترقيق
pin connection (Eng.)	لسان توصيل (ذكريّ) ـ إتّصال بلسان غنفاري
pin, drawing	دبّوس رسم

pin drill (Eng.)	مثقب مسماريّ : مثقب توسيع بمسمار مركزي
pine (Bot.)	صَنَوبر
pineapple bit (Pet. Eng.)	لقمة أناناسية : لزيادة إنحراف الحفر
pine oil (Chem.)	زيت الصنوبر
pine rosin (Chem.)	قلفونيّة الصنوبر
pine tar (Chem.)	قطران الصنوبر
pine tar oil (Chem. Eng.)	زيت قطران الصنوبر
pin extractor (Eng.)	منزعة دبابيس
ping (n.)	فرقعة المحرّك ـ أزيز (الرصاص)
(v.)	أزّ ـ فرقع
pinger (Geophys.)	أزّاز : جهاز إرسال فوق صوتيّ لقياس الأعماق
pinguid (adj.)	دهني
pin hinge	مفصّلة بمسمار
pin-hole	ثقب صغير ۰ ثقّة
pinholing	تفقّع السطح المطليّ
pinion (Eng.)	مسنّنة فرعية ۰ ترس صغير (يتصل بآخر كبير)
pinite (Min.)	پاينيت : سليكات الألومنيوم والبوتاسيوم المائية
pin jack (Elec. Eng.)	مقبس مسماري
pin joint	وصلة مسمارية (ذكرٌ وأنثى)
pink (n.)	قرنفل ـ لون قرنفليّ
(adj.)	قرنفليّ اللّون
(v.)	خرّم (الحافة) ـ دقّ ـ فرقع
pinking (Eng.)	خبط ۰ دقّ ۰ فرقعة
pinking shears (or scissors)	مقص تخريم (الحافات)
pinkish (adj.)	قرنفليّ ۰ ورديّ اللّون
pinnace (n.)	زورق ۰ قارب السفينة
pinnacle (n.)	برج ۰ قبّة مستدقّة ـ أوج ۰ ذروة

(Geol.)	برج صخري
pinpoint (n.)	رأس الدبّوس
(adj.)	بالغ الدقّة ۰ محكم التسديد
(v.)	عيّن ببقة
pinpoint porosity (Geophys.)	مساميّة دقيقة
pin punch (Eng.)	سنبك دقيق الطرف
pin spanner = pin wrench (Eng.)	مفتاح ربط للصمولات الأسطوانية
pint (n.)	پاينت : ثمن غالون ـ پاينت أميركي (يساوي ٤٧٣ سم٣)
pint, imperial	پاينت أمبراطوري (يساوي ٥٦٨ سم٣)
pintle (Eng.)	محور إرتكاز رأسي ـ مسمار المفصلة
pintle chain drive (Eng.)	إدارة بسلسلة العجلة المسنّنة
pintle-type fuel injector (Eng.)	حاقن وقود مسماريّ المحور
pin-to-box sub (Eng.)	وصلة مصغّرة ذكرية ۰ أنثيّة
pin-to-pin sub (Eng.)	وصلة مصغّرة ذكرية الطرفين
pin-valve (Eng.)	صمام مسماري
pioneer (n.)	رائـد
(adj.)	أوّليّ ۰ رياديّ
pioneer well (Pet. Eng.)	بئر رياديّة ۰ بئر طليعيّة
P.I.P. = petroleum industry projects	مشاريع الصناعة البترولية
pipage (n.)	أنابيب ۰ شبكة أنابيب ـ نقل بالأنابيب
pipe (n.)	أنبوب ۰ ماسورة
(Met.)	فجوة مخروطيّة (في سطح المصبوبة)

pipes

PIP
329

pipe bending machine

pipe carriers

pipe coating

pipe coating asphalt (Pet. Eng.)	زِفْت طَلْي الأنابيب
pipe coil (Eng.)	مَلَفّ أُنبوبي
pipe-connecting flange	شَفَة وَصْل الأنابيب
pipe connection	وَصْلُ الأنابيب – وُصْلَة أنبوبية
pipe coupling	قارِنَة أنابيب (مُلَوْلَبَة الطرفين)
pipe cutter (Eng.)	مِقْطَعَة أنابيب ، مقطع مواسير
pipe die	لُقَمَة لَوْلَبَة الأنابيب
pipe dog (Eng.)	مِفْتاحُ أنابيب كُلّابيّ
pipe dolly	مِنَصَّة بِدَواليب لِجَرِّ الأنابيب
pipe-fitter	عامِلُ (أو بَرَّادُ) أنابيب
pipe fittings	قِطَعُ تركيب الأنابيب
pipe flange	شَفَة الأنبوب
pipe furnace (Eng.)	فُرْن أنبوبي
pipe grip	قابِضة أنابيب
pipe hole (Met.)	فَجْوَة أنبوبية
pipe hook	خُطَّاف أنابيب
pipe joint	وُصلة أنبوبية ، وُصلة أنابيب
pipe key (Eng.)	مفتاح مواسير

pipe cutters

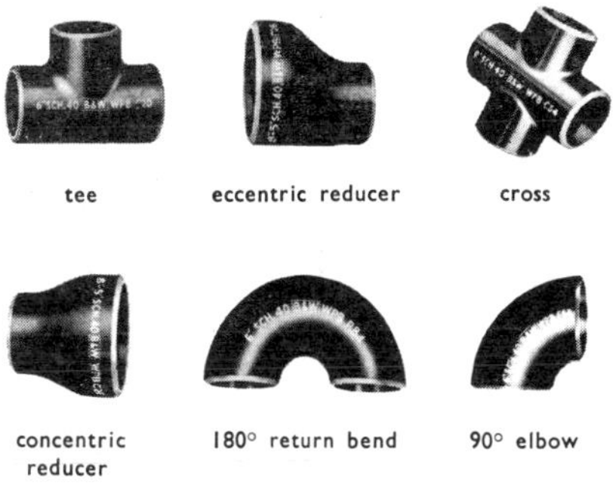

pipe (Geol.)	عمود الحَصَى
(v.)	نَقَلَ بالأنابيب
pipe assembly (Eng.)	مَجموعة أنابيب
pipe bend (Eng.)	مِرْفَق أنبوبي ، زاوية تجنيب الأنبوب
pipe bender (Eng.)	حانِيَة أنابيب
pipe bending machine (Eng.)	مَكَنَة حِناية الأنابيب
pipe bracket (Eng.)	كَتِيفَة أنابيب : كَتِيفَة حَمْل الأنبوب السُدود
pipe branch	فَرْع (مِن) أنبوب
pipe brush	فِرْجون (تنظيفِ) الأنابيب
pipe buggy (Civ. Eng.)	جَرَّارة (حمل) الأنابيب
pipe carrier	حامِلَةُ أنابيب
pipe, casing (Eng.)	أنبوب تغليف
pipe clamp	قامِطَةُ أنابيب
pipe clay	طِينُ الأنابيب
pipe coating	تلبيس الأنابيب ، طَلْيُ أو تغليفُ الأنابيب

tee   eccentric reducer   cross

concentric reducer   180° return bend   90° elbow

pipe fittings

pipe laying

pipe laying barge

pipe-line

pipeline manifold

pipe laying (Civ. Eng.) مَدُّ الأنابيب

pipelaying barge صَندل مدّ الأنابيب

pipe-line (*n.*) (Pet. Eng.) خَطُّ أنابيب

(*v.*) نَقَلَ بِخَطّ أنابيب

pipeline branch (Pet. Eng.) فَرعٌ من خط أنابيب

pipeline connection وَصلُ خط الأنابيب ـ وُصلة لخط الأنابيب

pipeline corrosion تأكُّل خط الأنابيب

pipeline ditching machine (Pet. Eng.) مَكَنَةُ خندقة لِخَطّ الأنابيب

pipeline flow efficiency كِفاية الدفق في خط الأنابيب

pipeline, gas (Pet. Eng.) خَطُّ أنابيب الغاز الطبيعيّ

pipeline manifold مَشعب خَطّ الأنابيب

pipeline oil نِفطٌ ضَخُوخ أو انضِخاخيّ يُمكِنُ نقلُه بالأنابيب (من حيث اللزوجة ونسبة الترسُّب)

pipeline, oil (Pet. Eng.) خَطُّ أنابيب النفط

pipeline pumping station (Pet. Eng.) مَحطَّةُ ضخّ لخط الأنابيب

pipeline run (Pet. Eng.) صَبيبُ خط الأنابيب: الكمّيّةُ المُتدفقة عَبر خط الأنابيب

pipeline spread (Pet. Eng.) لوازمُ مـدّ الأنابيب

pipeline transmission (Pet. Eng.) النقلُ بخط الأنابيب

pipeline transportation النقلُ بخط أنابيب

pipe locator (Elec. Eng.) مِكشافُ موقع الأنابيب

pipe manifold مَشعَبُ أنابيب

pipe moulding صَبُّ الأنابيب

pipe nipple حَلَمَةُ وَصل الأنابيب : حَلَمَةُ وَصْل مُلوْلَبَةٌ بين أنبوبين

pipe offset مسافة تجنيب الأنبوب

pipe, outlet أنبوب الخروج

pipe pigging تنظيف الأنابيب بالمِكْشَطَة

pipe piston-type prover (Eng.) مُعايِرٌ أنبوبي ذو مِكْبَس

pipe rack رَفُّ الأنابيب ● مِنَصَّةُ (حمل) مواسير الحَفْر

pipe rolling mill مَعْمَلُ دَلفَنَة (صفائح) الأنابيب

pipe scraper مِكْشَطَةُ أنابيب (لتنظيفها من الداخل)

pipes, revision of (Civ. Eng.) تَغيير مكانِ الأنابيب

pipe still (Pet. Eng.) مِقْطَرٌ أنبوبي مُستَمِرّ

PIS

pipe still furnace (Eng.) فُرْنُ المِقطر الأنبوبي

pipe-stock (Eng.) كِفَّة لُقَم لَولبة الأنابيب

pipe supports (Eng.) دِعماتُ الأنابيب

pipet = pipette (Chem.) ماصَّة مُدرَّجة • ماصَّة مِخبريَّة

pipe tap (Eng.) ذَكَرُ لَولبةٍ داخليةٍ للأنابيب

pipe thickness ثَخانةُ (أو سَماكةُ) الأنبوب

pipe thread سِنُّ أنابيب – طَرَفُ الأنبوب الملولَب

pipe-threader (Eng.) مَكِنَة لَولبةِ الأنابيب

pipe tongs مِلقَطُ أنابيب • لاقِطة أنابيب

pipe trolley عَربة نَقْل الأنابيب • شاحِنةُ الأنابيب

pipette (Chem.) ماصَّة مِخبريَّة • أنبوبةٌ مَصٍّ مُدرَّجة

pipe twister (Eng.) مِلوى (ربطِ) الأنابيب

pipe union (Eng.) وُصلَةُ (أو اتِّصالُ) الأنابيب

pipe vein (Geol.) عِرقٌ مَعدِني أنبوبي

pipe vise (Eng.) مِلزمةُ أنابيب

pipe welding لِحام الأنابيب

pipe wiper مَسَّاحة الأنابيب

pipe wrapping (Eng.) لَفُّ الأنابيب (بمادَّة عازلة أو واقية)

pipe wrapping machine (Eng.) مَكِنَة لفّ الأنابيب

pipe wrench مِفتاحُ رَبْط الأنابيب

piping (*n.*) أنابيب • شَبَكَة أنابيب

(Met.) فَجَوات (إنكماشٍ) أُنبوبيَّة

piping end (Eng.) زُجُّ الأنبوب : طرفُ عمود الأنابيب

piping system شَبَكَةُ أنابيب

piracy of streams = stream capture (Geol.) أَسْرٌ نَهريّ

Pisces (Zool.) طائفة السَّمَكيَّات

pisolite (Geol.) بِيزُوليت : حجر كِلسيٌّ حِمِّصي الشكل

pisolitic iron (Min.) خامٌ حديديٌّ حِمِّصِيّ الشكـل

pisolitic rock (Geol.) صَخر حِمِّصيّ

pissasphalt (Pet. Eng.) أَسْفَلْتٌ دَبِق • زِفت تربنتيني : قار أسودُ دَبِق قوي الرائحة

pistol (*n.*) مُسدَّس

pistol grip قَبضةٌ مُسَدَّسِيَّة : كَقبضَةِ المُسَدَّس

piston (*n.*) (Eng.) كَبَّاس • مِكْبَس

piston blower (Eng.) نَفَّاخ بِمِكْبَس

piston clearance (Eng.) خُلوصُ الكَبَّاس

piston compressor (Eng.) ضاغِط بِمِكْبَس

piston crown (or **head**) (Eng.) رأسُ الكَبَّاس

piston displacement (Eng.) إزاحة الكَبَّاس

piston displacement meter (Eng.) مقياسُ إزاحة الكَبَّاس • مِقياس سَعة الأسطوانة

piston drill (Eng.) مِثْقَبٌ ذو كَبَّاس

piston engine (Eng.) مُحَرِّك ذو كَبَّاس

piston gravity coring tool (Ocean.) آخِذةُ العيِّنات الثقالية ذات الكَبَّاس

pipeline pumping station

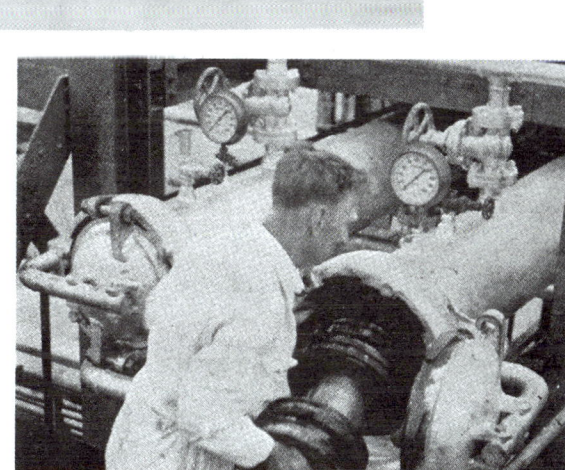

pipe pigging

pipe coating and wrapping machine

piston

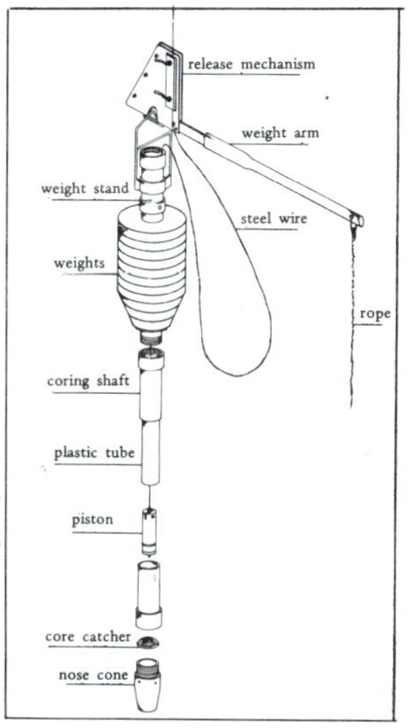

release mechanism
weight arm
weight stand
steel wire
weights
rope
coring shaft
plastic tube
piston
core catcher
nose cone

piston gravity coring tool

piston grooves (Eng.) مَحَزَّاتُ الكَبَّاس
piston head (Eng.) رأس الكَبَّاس
piston knock (Eng.) خَبْطُ الكَبَّاس
piston packing = piston rings (Eng.)
لَبُوس الكَبَّاس • حَلقاتُ الكَبَّاس
piston pin = gudgeon pin (Eng.)
مِسمار الكَبَّاس (المُوصِّلُ بذراع التوصيل)
piston play (Eng.) لَعِبُ الكَبَّاس
piston pump (Eng.) مِضَخَّة بِكَبَّاس
piston ring (Eng.) حَلْقَةُ الكَبَّاس •
سِوارُ الكباس
piston ring sticking (Eng.)
لَصَبُ حَلَقات الكَبَّاس
piston ring tongs (Eng.)
مِلْقَط حَلقات الكَبَّاس
piston rod (Eng.) ذِراع الكَبَّاس
piston skirt (Eng.) قَميصُ (أو جُبَّةُ) الكَبَّاس
piston slap (Eng.) طَقْطَقَةُ الكَبَّاس
piston stroke (Eng.) شَوطُ الكَبَّاس
piston travel (Eng.) مَدَى حركةِ الكَبَّاس
piston trunk (Eng.) جِذْعُ الكَبَّاس
piston valve (Eng.) صِمامٌ كَبَّاس •
صمام أسطواني
pit (*n.*) حُفْرَة • نُقْرَة • هُوَّة • مَقْلَع –
مَنْجَم • بِئْرُ المَنْجَم
(*v.*) نَقَّر • تنقَّر (بالتآكُل والصدأ)
pit and mound structure (Geol.)
بِنية مُنَقَّرة
pitch (*n.*) (Chem.) زِفْت • قار • قِير •
قَطِران
(Eng., Phys.) خُطوة (السِّن) – دَرَجَة –
ذُروة • إرتفاع
(Surv.) مَيل • إنحدار
(Naut.) تَرَجُّح
(*v.*) زَفَّتَ • طَلَى أو عالَجَ بالزِّفت –
عَشَّق • تَعَشَّق – إنحَدَرَ • مالَ –
ألقى • قَذَفَ – نَصَبَ • أقامَ – تَرَجَّحَ •
تَمَوَّجَ
pitch-black (*adj.*) شديدُ السَّواد •
أسودُ فاحِم
(*n.*) أسودُ القار
pitchblende (Min.) بِتْشبِلِنْد: مَعدِنُ اليورانينيت
الحاوي لليُورانيوم والراديُوم
pitch chain = sprocket chain (Eng.)
سِلسلةُ الدولاب المُسَنَّن
pitch change (Eng.) تَغييرُ الخُطوة
pitch circle (Eng.) دائرةُ الخُطوة
pitch coal (Min.) فَحم قارِيٌّ (أو قِيريّ)
pitch coke (Chem. Eng.) كُوك قارِيّ

pitch lake

pitch diameter (Eng.) قُطْرُ (دائرةِ) الخُطوة
pitched roof (Civ. Eng.) سَقفٌ مائِل
السطح (أو الأسطح)
pitcher (Civ. Eng.) حجر (رصفٍ) غرانيتي
pitch filling حَشو بالزفت •
حَشْوة أسفلتية
pitching (*n.*) إنحدار • مَيْل – تَرَجُّح •
خَطَران
(Civ. Eng.) طَبَقَةُ الرَّصف قبل
التزفيت
(Eng.) تَبطينٌ بالزِّفت (لمنع تسرُّب
السائل)
(*adj.*) مائِل • مُنحدِر – مُتَرَجِّح
pitching axis محور المَيْل
pitching fold (Geol.) طَيَّة منحدرة •
طية مائلة
pitching seam (Geol.) طَبَقَةٌ مائِلة
pitch lake (Geol.) بُحيرة زِفت • بحيرة من
الزفت الطبيعيّ
pitch pine الصَنَوبَر القَطِراني
(أو الراتينجي)
pitchstone (Geol.) حَجَر القار : ضَرْبٌ من
الزُجاج البركاني
pitchy (*adj.*) زِفتيّ • قَطِرانيّ
pit coal فَحم المناجم • فَحم حَجَري
pit gas (Mining) غاز المَناجم
pit gear (Mining) مُعَدَّات البئر
pit head (Mining) فُوَّهة المنجم •
راس البئر
pit head gear أجهزة (مُقامَة على) فُوَّهةِ
المَنجم • أجهزةُ رأسِ البئر
pithole (Eng.) نُقرة • نُقرة صَدَئية
pitman (*n.*) (Mining) عامِل مَناجم
(Eng.) ذراع توصيل

Pitot tube (Hyd.) انبوب «بيتو» : لقياس
سرعة السوائل
pit prop (Mining) دِعامة سَقف المنجم
pit-saw = cleaving saw مِنشار شَقٍّ كبير
pitted (*adj.*) مُنَقَّر (بالتآكُل أو الصدأ)
pitted bearing (Eng.) مَحمِل مُنَقَّر
pitting (Eng.) تنقُّر • إنتقار –
تَنَقُّرُ (السطح المدهون)
pivot (*n.*) مِحْوَر • مِحْوَر ارتكاز •
مُرتَكَز • مَدار
(*v.*) دارَ على مِحْوَر • رَكَّز أو
ارتكز على مِحور
pivotal fault (Geol.) صَدْعٌ مِحْوَري أو
مَداريّ
pivot bearing (Eng.) مَحْمِلٌ ارتكازي
pivot bolt (Eng.) مِسمار المِحْوَر
pivot suspension (Eng.) تعليق مِحْوَري :
إرتكاز على مِحور دَقيق
pix (Chem. Eng.) قار • قَطِران (الفحم
أو الخشب)
P.L. = pipeline خط أنابيب
place (*n.*) مَكان • مَوضِع –
مَنْزِلَة • مَركز
(*v.*) وَضَعَ • وَظَّفَ
place mark (Surv.) عَلامة مَوضِعيَّة
(جيُوديزيَّة)
placer (Geol.) مَكِيث • راسِبٌ سطحيّ غِرْيَنيّ
placer deposits (Geol.) رَواسِبُ مَكيثة •
رَواسِب غِرْيَنِيَّة تِبْرِيَّة
placer mining (Mining) تَعدينٌ بِغَسلِ
الراسِب الغِرْيَنيّ
plagioclase (Min.) بلاجيُوكلاز : ضَرْبٌ من
الفِلسبار
plain (*adj.*) بسيط • واضِح – عاديّ – سَهل •
مُنْبَسِط – خالِص • صِرْف
(*n.*) (Geol.) سَهْل • أرضٌ مُنْبَسِطة
plain bearing (Eng.) مَحْمِلٌ مُنبَسِط
plain concrete (Civ. Eng.) خَرَسانة عاديَّة
plain conduit (Elec. Eng.) أنبوبٌ غير مُلَوْلَب
(لحفظِ الأسلاك الكهربائيَّة)
plain coupler (Eng.) قارِنة بسيطة (لوصل
الأنابيب غير المُلَوْلَبة)
plain-end liner (Eng.) قَميصُ بِطانةٍ غيرُ
مُلَوْلَبِ الطَّرَفَين
plain joint وَصلة عاديَّة • وَصلة بسيطة
plan (*n.*) خُطَّة • مَشروع – تَصميم •
مُخَطَّط بياني – مَسقَط أُفقي
(*v.*) خَطَّطَ • رَسَمَ (خُطَّة) • إختَطَّ –
أعَدَّ • نَظَّم

planar (*adj.*) سَطحيّ • سُهليّ
planch (*n.*) صفيحة مستوية • لَوح
plane (*n.*) مُستوى • سطحٌ مُستوٍ – مِسحاج – طائرة
(*adj.*) مُستوٍ • سَهل • مُنْبَسِط
(*v.*) سَحَج – كَشَطَ – سَوّى
plane, axial (Eng.) سَطح مِحوري
plane, bedding (Geol.) مُستوى التراصُف
plane chart (Geog.) خَريطة مُستَوية
plane, datum (Surv.) مُستوى الإسناد
plane fracture (Geol.) صَدْعٌ مُستوٍ
plane geometry الهندسة المُستَوية
plane mirror مِرآة مُستَوية
plane of cleavage (Geol.) مُستوى الانشقاق • مُستوى التشقُّق
plane of commissure (Geol.) مُستوى الاتِّصال
plane of flotation (Naut.) مُستوى الطَّفْو
plane of fracture (Geol.) مُستوى الصَّدْع
plane of polarization (Phys., Chem.) مُستوى الإستقطاب
plane of projection مُستوى الإسقاط
plane of saturation (Civ. Eng.) مُستوى التَّشبُّع : المُستوى الطبيعي للمياه الجوفية
plane of stratification مُستوى التطبُّق • مستوى الطِّباقية
plane of symmetry (Geol.) مُستوى التماثُل
plane of unconformity (Geol.) مُستوى التخالُف (الطبقي)
planer = planing machine (*n.*) مِسحاجٌ آليّ • مِقشَطة
planer centers (Eng.) ذَنَبَتا المِقشَطة
planer tools عُدَدُ المِقشَطة
plane stock جِذْعُ المِسحاج
plane surface سَطح مُستوٍ
plane surveying (Surv.) المِساحة المُسطَّحة (أو المُستَوية)
plane table (Surv.) لَوحة مَسْحٍ مُستَوية
plane-table survey المَسح باللَّوحة المُستوية
planetary gear (Eng.) تُرسٌ كوكبيّ
planetary transmission (Eng.) نَقلُ الحركة بتُروس كوكبية
planet pinion (Eng.) مُسنَّنة كوكبيَّة : تُرسٌ صغير كوكبيّ الدوران
plane trigonometry حِساب المثلَّثات المُستوية
planet wheel (Eng.) عَجَلة كوكبيَّة • دُولاب (مُسنَّن) كوكبيّ الدوران

plane, universal مِسحاج عام الأغراض
plane wave (Phys.) مَوجة مُستَوية
planimeter (Surv.) مِمْساح : مِقياس المساحات المُسطَّحة
planimetry (Surv.) قِياس المُسطَّحات : قِياس المِساحات غير المُنتظَمة (على الخرائط)
planing (*n.*) سَحْج • كَشْط – تَسوِية
planing machine (Eng.) مِقشَطَة • مِسحاج آليّ (للألواح الخشبية)
planing mill مَشْغَلُ سَحْجِ الألواح الخشبية
planing tools (Eng.) عُدَدُ القَشْط • عُدَدُ المِقشَطَة
planish (*v.*) طَرَقَ • سَطَّح
planishing hammer (Eng.) مِطرَقَة تَسليح
plank (*n.*) لَوح خَشَب ثَخين • رافِدة
(*v.*) غطّى بالألواح الخشبية
planking (*n.*) تغطية بألواح خشبية – ألواح خشبية
planktons (Biol.) عَوالِق : كائنات حَيَّة مُعلَّقة في الماء
planned economy إقتصاد مُوَجَّه
planning (*n.*) تَخطيط • رسمُ الخُطط
planning engineer مُهندس تخطيط
planometer (Eng.) زَهرةُ استواء عيارِيَّة • ميزانُ إستِواء السطوح
planomilling machine مَكَنَةُ قشطٍ وتفريز
plant (*n.*) (Eng.) وَحدةٌ صناعية • مُنشأةٌ • مصنع – محطَّة
(Biol.) نَبات • نَبْتَة – غَرْس • زَرْع
(*v.*) غَرَسَ • زَرَعَ – شَيَّدَ • أنشأ – ثَبَّتَ
Plantae عالَمُ النبات
plantation (*n.*) زَرْع • مَزروعات – مَزرعة
plant capacity (Eng.) القُدرة الانتاجية للوَحدة
plant, chemical (Chem. Eng.) مَصنع كيماوي
plant, cooling (Eng.) وَحدة تبريد
plant designer (Eng.) مُصمِّم الوَحدات الصناعيَّة
plant, gas-oil separator (Pet. Eng.) مَعملُ فرز الغاز عن الزيت
plant, generating (Elec. Eng.) وَحدةُ توليد
plant inspector (Pet. Eng.) مُفتِّش صِيانة الوَحدة
plant load factor (Elec. Eng.) عامِل الحِمل للمَصنع

plant mix خَلْط في المعمَل
plant, petrochemical (Pet. Eng.) وَحدَةٌ بتروكيماوية
plant, pilot (Eng.) وَحدَةٌ صناعيَّة تجريبية
plant, power (Eng.) وَحدَةُ توليد القدرة
plant, pumping (Eng.) وَحدَةُ ضخّ
plant, refining (Chem. Eng.) وَحدَة تكرير
plaque (*n.*) صَفيحة معدنية • لَوحَة
plasma (*n.*) بلازما • مَصْلُ الدم
(Min.) بلازما : ضَرْبٌ من العقيق الأخضر
(Phys.) بلازما : مادَّة عالية التأيُّن
plaster (*n.*) جِبْس • مِلاط • جَصّ – لَصُوق • لَزْقَة
(*v.*) جصَّصَ • لَيَّطَ – وَضَع لَزْقَةً أو لَصُوقاً
plastering (*n.*) تَجصيص – طَبَقَةُ جَصّ
plastering mud طين تجصيص
plastering trowel مالَج تجصيص
plaster of Paris (Chem. Eng.) جَصُّ باريس: كِبريتاتُ الكالْسيوم النّاقِصةُ الإماهة
plaster stone جِبس • حجر الجَصّ
plastic (*adj.*) لَدْن • لَدائنيّ – طَيِّع
(*n.*) لَدِينة • بلاستيك • مادة لَدائنية
plastic blanket (Pet. Eng.) دِثار لَدائني : غطاء لدائني يطفو على الزيت لمنع التبخُّر في صهاريج التخزين
plastic bronze (Met.) برونز لَدْن : عالي نسبة الرصاص
plastic cement مِلاط لَدْن
plastic clay طين لَدْن
plastic deformation (Met.) تشوُّه لَدْن
plastic file مِبْرَد اللَّدائن
plastic flow تَسيُّل لَزِج
plastic hammer (Eng.) مِطرقة لدائنية (من البلاستيك)
plastic index (Chem. Eng.) دَليلُ اللّدانة
plasticity (*n.*) لُدونة • لَدانَة – مُطاوَعة : احتفاظ الجسم بالتشوه الحاصل بالإجهاد
plasticity limit حَدُّ اللّدانة • حَدّ اللّدونة
plasticity number رَقْمُ اللّدونة
plasticity of clays (Geol.) لَدانة الطين
plasticization تَلدين
plasticize (*v.*) لَدَّن
plasticizer (*n.*) مُلَدِّن
plastic limit حدُّ اللُّدونة : نسبة الرطوبة التي تبدأ عندها التربة بفقدان اللدُن

plastic paint	طِلاء لَدائِني
plastic pipe	أنبوب لدائني
plastics (n.) (Chem. Eng.)	اللَّدائِن ٠ العجائِنُ ٠ اللَّدِنة ٠ موادّ من البلاستيك
plastics laboratory	مُختبَر اللَّدائن
plastic strain (Phys.)	إنفعال مُطاوِع أو لَدْن
plastic surfacing (Eng.)	تغطية (السطح) بالبلاستيك ٠ تغطيةٌ باللدائِن
plastic tape	شَريط لدائني
plastic viscosity	اللُّزوجة اللدائنيَّة
plastometer (Eng.)	مِقياس اللَّدانة ٠ مِلْدان
plastosphere (Geol.)	الغِلاف المائع ٠ الغِلاف اللَّدْن
plat (n.)	قِطعةُ أرضٍ ــ خارِطَة (لِلأرض او مدينة) ــ ضَفيرة
(v.)	رَسَم مُخَطَّطًا أو خَريطة ــ ضَفَرَ ٠ جَدَلَ
plate (n.)	صَفيحة ٠ صَفيحة مَعدنيَّة ٠ لَوح ٠ لَوْحة ــ صحفة ٠ طَبَق
(v.)	طَلَى (أو صفَّح) بِمَعدِنٍ آخر
plateau (Geol.)	هَضْبة
plateau basalt (Geol.)	بازَلْت هَضبي : طَفح بازَلتي هضبيُّ الامتداد
plate clutch (Eng.)	قابِض لَوْحيّ أو قُرصي
plate column (Pet. Eng.)	عمود (تقطير) صفائِحي
plate coupling (Eng.)	قارِنة لَوحيَّة
plated (adj.)	مَطلِيٌّ ٠ مُصَفَّح
plate gauge (Eng.)	مُحدِّدُ قياس الألواح
plate girder (Eng.)	عارِضة لَوحيَّة
plate iron (Eng.)	حديد لوحيٌّ ٠ حديد ألواح
platelet (n.)	لُوَيْحة
platen (n.) (Eng.)	مِنضَدَة الشُّغل ــ صِنيَّةُ المَكنة
plater (n.)	مُصَفِّح
plate rolling	دَلفَنَة الصَّفائِح
plate screws (Surv.)	مَسامير (استواء) لوح القاعدة
plate shears (Eng.)	مِقَصُّ ألواح
plate spring (Eng.)	زُنبُرُك صَفائِحي
platform (n.)	مَنَصَّة ٠ دُكَّة ــ مُسطَّحة
(Geol.)	مَصطبة ٠ مُنبَسَط صخري
platformate (Pet. Eng.)	بنزين التهذيب البلاتيني
platform car	شاحِنة مُسطَّحة مكشوفة
platform, drilling	مِنَصَّة حَفْر
platformer-hydrotreater (Pet. Eng.)	وَحدَةُ التهذيب البلاتينيّ والمُعالجة بالهيدروجين
platform gantry (Civ. Eng.)	قَنطرة مُسطَّحة (للمِرفاع المتنقل)
platform hoist (Eng.)	مِرفاع بِمِنَصَّة
platforming (Pet. Eng.)	التهذيب البلاتيني : تهذيب البترول بالحافز البلاتينيّ
platforming unit = platformer (Pet. Eng.)	وَحدَةُ التهذيب البلاتيني
platform lift truck	شاحِنة بِمِنصَّة رافعة
platform, mobile drilling (Pet. Eng.)	مِنَصَّة حَفر مُتنقلة
platform, offshore drilling (Pet. Eng.)	مِنَصَّةُ حَفْر بَحري
platform scale (Phys.)	ميزان بِمِنَصَّة
platform, semi-submersible (Pet. Eng.)	مِنَصَّة (حَفْر) شِبه غاطِسة
platform, submersible (Pet. Eng.)	مِنَصَّة (حَفْر) إنغِمارية : تُغطَّس لأعمالِ الحَفر وتَعوم عند الانتهاء
platform truck (Eng.)	شاحِنةٌ (بِمِنَصَّة) مُسطَّحة
plating (n.) (Elec. Eng.)	تَصفيح ٠ تَصفيح أو طِلاءٌ بالكهرباء
(Civ. Eng.)	تَغطية بالألواح

plastics laboratory

plastic surfacing

platformer-hydrotreater unit

platforming unit

fixed drilling platform

mobile drilling platform

semi-submersible drilling platform

plating bath (Elec. Eng.) مَغطَسُ تَصفيحٍ أو طِلاء

platinite (Met.) بلاتِينَيت : سبيكة من الحديد والنيكـل (مُعامِـلُ تَمَدُّدِهـا الحَراري كالبلاتين)

platinize (v.) بَلْتَنَ· غَشّى أو مَزَجَ بالبلاتين

platinized asbestos (Chem. Eng.) أَسْبَسْتُوس مُبَلْتَن · حَرير صخريّ بلاتينيّ

platinum (Pt) (Chem.) البلاتين: عُنصر فِلِزيّ رمزه الكيماوي (بلا)

platinum black (Chem. Eng.) أَسْوَد البلاتين

platinum catalyst (Chem. Eng.) حافِز بلاتيني

platinum chloride (Chem.) كلوريد البلاتين

platinum crucible (Chem.) بُوتَقَة بلاتينية · بوتقة من البلاتين

platinum sponge إسفَنْج بلاتيني

platoon (n.) فَصيلة · جماعة صغيرة

platy (adj.) صَفيحيّ · على شكل صفائح

Platyhelminthes (Zool.) الديدان المُفَلطَحَة (أو الشريطِيَّة)

platy structure (Geol.) تركيب صفائحيّ · بِنية صَفحيّة

play (v.) لَعِبَ ـ تَقَلقَلَ

(n.) (Eng.) لَعِبٌ · تَقَلقُلٌ · تَخَلْخُلٌ

playa (Geol.) سَبْخَة · حوض طِينيّ : يتصلبُ في مَوسم الجَفاف

play-back (v.) أعاد تدويرَ الشريط أو الاسطوانـة ـ إستمع إلى أُسطوانةٍ (أو شريطٍ) بعد التسجيل

(n.) الإستماع الى الأسطوانة (أو الشريط) بعد التسجيل مُباشَرَةً ـ إعادة تدوير الأسطوانة (أو الشريطالمسجَّل)

play of valve (Eng.) تَقَلقُل الصِّمام · لَعِبُ الصِّمام

P.L.C.A. = **Pipe-Line Contractors Association** جمعيَّةُ مُقاوِلي خطوط الأنابيب

Pleistocene period (Geol.) عَصر البِليستُوسين ـ العصر الحديث الأقرب

plenum (n.) (Phys.) إمتلاء (عَكسُ الخَواء) ـ حَيِّزٌ مُمتَلِىءٌ بالمادَّة

plenum ventilator جهاز تَهوِيَة نَفّاخ

pleochroic minerals (Min.) معادن مُتعدِّدةُ اللَّوْن البلّوري

pleochroism (Min.) التَغَيُّر اللّوني · تَعَدُّد التَلَوُّن (البلّوري)

pleomorphism (n.) تعدُّد الأشكال

Plexiglas بِلِكْسِيجلاس : ضَرْبٌ من البلاستيك

plexus (n.) شَبَكَة · ضَفيرة

pliability (n.) طَوَوِيَّة · إنطوائية · قابليَّة الانطواء

pliability test (Eng.) إختبار الطَّوَوِيَّة

pliable (adj.) طَوِيّ · يَنطوي · مَرِن ـ مُتَكَيِّف

plicate (adj.) (Geol.) مِروَحِيُّ الطيّ · مَطوِيٌّ طوليّاً

plication (n.) (Geol.) طَيّ ـ طَيَّةٌ طُولِيَّةُ الثَّنيـات

pliers (Eng.) زَرَدِيَّة

pliers, cutting (Eng.) زَرَدِيَّة قَطع

pliers, flat (Eng.) زَرَدِيَّة مُسطَّحة

pliers, insulating (Elec. Eng.) زَرَدِيَّة عازِلة

pliers, needle-nose (Eng.) زَرَدِيَّة حادَّة المِنقار

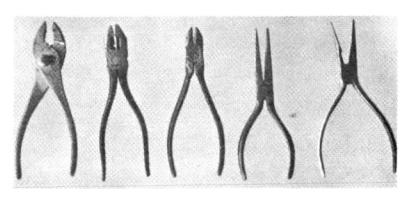

pliers

pliers, slip-joint (Eng.) زَرَدِيَّةٌ بِوُصْلَةٍ إنزلاقية

Plimsoll lines (Naut.) : خُطوط «پليمْسُول» لتحديد مستوى التحميل المأمون

Plimsoll mark (Naut.) : عَلامة «پليمْسول» علامة في جانب المركب تحدِّد مستوى التحميل المأمون

plinth (*n.*) وَطِيدَة • قاعِدة العامود • قاعدة

Pliocene period (Geol.) عصر البليوسين • العصر الحديث القريب

pliohaline (*adj.*) زُعاق • ضاربٌ الى المُلوحة

P.L.O. = pipeline oil زيت ضَخوخ : قابل للضخ في خط الأنابيب

plot (*n.*) خُطَّة – قِطعةُ أرض
(*v.*) دَبَّرَ • خَطَّطَ – عَيَّنَ مَوقِعاً (على الخريطة أو المخطط)

plotting (*n.*) تَخطيط • تَسجيلٌ بيانيٌّ – تدبير • تآمر

plotting paper ورق تخطيط مُرَبَّع

plotting scale (Surv.) مِقياس التخطيط البياني

plough = plow (*n.*) مِحراث – مِخداد • مِسحاجُ تخديد

plough back (*v.*) إستثمَر الرَّيْعَ : في المشروع ذاته

plough groove خُدَّة طويلة

ploughing back إعادة الاستثمار

plucking (*n.*) (Geol.) إقتِلاع • حَتٌّ بالاقتِلاع

plug (*n.*) سِداد • بِطام • صِمَّة • سِدادَة – خابور
(Elec. Eng.) قابِس • مَأخَذ (كهربائي)
(Eng.) شَمعة إشعال
(Geol.) رَقَبة بُركانية • سِدادُ قَصبةٍ بُركاني
(*v.*) سَدَّ • إنسَدَّ • سَطَمَ • دَسَرَ – وَصَلَ بالقابِس

plug adaptor (Elec. Eng.) مُهايِئُ القابِس

plug-and-socket connection (Elec. Eng.) وُصلَة قَبْس (بين قابِس ومَقْبِس)

plug back (*v.*) سَدَّ تراجُعِيّاً • سَدٌّ بالرَّدم

plug back costs (Pet. Eng.) تكاليف السَّدِّ التراجُعي (للبئر أو لطبقةٍ غير مُنتجة)

plug box (Elec. Eng.) عُلبة التوصيل • علبة القابِس

plug cock (Eng.) مِحْبَسٌ سِداديّ

plug connector (Elec. Eng.) واصِلة بالقَبْس

plug dome (Geol.) قُبَّة بُركانية

plug flow (Pet. Eng.) تَدَفُّق كُتْلِيّ (لطين الحفر)

plug fuse (Elec. Eng.) مِصْهَرٌ سِداديّ

plug gauge (Eng.) مُحَدِّدُ قِياس سِداديّ

plugged (*adj.*) مَسْدُود • مُنْسَدّ
(Elec. Eng.) مُوَصَّل بالقَبْس • مَقبُوس

plugger drill (Eng.) مِثقاب مِطرَقيّ

plugging (*n.*) سَدّ • سَطْم
(Elec. Eng.) قَبْس • توصيل بالقَبْس – عَكسُ التعشيق

plugging agents (Pet. Eng.) : مَوادُّ سادَّة : لمنع تسرُّب طين الحفر

plug pipe سِدادَة أُنبوبيَّة مُلَولَبَة

plug receptacle (Elec. Eng.) مَقْبِس

plug tap (Eng.) مِحْبَس سِداديّ – ذَكَرُ لَولبةٍ أُسطواني

plug valve (Eng.) صِمامٌ سِداديّ

plug weld لِحامٌ سِداديّ

plum (Civ. Eng.) حَجَر إزاحة (لتوفير الخَرسانة)

plumb (*n.*) فادِن : ثِقْلٌ رَصاصيٌّ لِسَبْر الغَور (أو ضبطِ استقامة الجدار) • شاقول
(*adj.*) عَموديّ • شاقُوليّ • رأسيّ
(*v.*) سَبَرَ بالفادِن أو بالشَّاقول – ثَقَّلَ بالرصاص – لَحَمَ أو خَتَمَ بالرَّصاص

plumbago (Chem.) پِلَمْباجو • جرافيت

plumb-bob = plummet (Surv.) ثِقْل الفادِن

plumb(e)ous (*adj.*) رَصاصيّ

plumber (*n.*) سَمْكَرِيّ • سَبَّاك

plumber's solder سَبيكَة سَمْكَرَة : من الرَّصاص والقصدير

plumbiferous (*adj.*) (Min.) حاوٍ الرَّصاص

plumbing (*n.*) سِباكَة • سَمْكَرَة • أشغالُ الأنابيب
(Civ. Eng.) تَفدين : ضَبطٌ بالفادِن أو بالشاقول

plumb level (Civ. Eng.) مِيزان تَسويةٍ شاقولي

plumb line (Civ. Eng.) مِطْمار • خَيط الفادِن • خَيطُ الشَّاقول – خطٌّ شاقولي

plumb rule (Civ. Eng.) مِسطرةُ الفادِن

plumbum = lead (Chem.) رَصاص

plummer block (Eng.) مَحْمِل صُندوقيّ لِعمودِ الادارة

plummet (*n.*) (Surv.) ثِقلُ الفادِن

plummet level (Civ. Eng.) مِيزان تَسويةٍ شاقولي

plunge (*v.*) غَطَسَ • إنغَمَرَ • غَطَّسَ • غَمَرَ • غَمَسَ • إنغَمَسَ
(*n.*) غَطْس • غَمْر • انغِمار – وَرْطَة
(Geol.) وَهْدَة • إنحدار الطَّيَّة

plunger (*n.*) غاطِس – غَوَّاص
(Eng.) كَبَّاس غاطِس • دافِعَة

plunger pump

plunger lift رَفعٌ بالدافعة • رَفعٌ بالكَبَّاسِ الغاطس

plunger pump (Eng.) مِضَخَّة بِكَبَّاسات غاطسة

plunger spring (Eng.) زُنْبُرك الكَبَّاس

plunger valve (Eng.) صِمام بكَبَّاس غاطِس

plunging (*adj.*) غاطِس • مَغمور – مُنحَدِر
(*n.*) غَطْس – إنحدار

plunging anticline (Geol.) طَيَّة مُحَدَّبة غاطِسة

plunging axis (Eng.) مِحوَرٌ غاطِس أو مُنحَدِر

plunging fold (Geol.) طَيَّة مُنحَدِرَة

pluriaxial (*adj.*) مُتعَدِّدُ المَحاور

plus pole (Elec. Eng.) قُطبٌ مُوجَب

PLUTO = Pipe Line Under The Ocean (Pet. Eng.) : خطُّ الأنابيب عبر المحيط
خط أنشأهُ الحُلفاء عَبْرَ المانش لتمويناتهم قبل النزول في فرنسا في عام ١٩٤٤

plutonic actions (Geol.) • عَوامِل پلُوتُونية • عَوامِل باطِنيَّة أو جَوفِيَّة

plutonic intrusions (Geol.) إندساسات جَوفِيَّة

plutonic rocks (Geol.) • صُخُورٌ پلُوتُونيَّة • صُخور جَوفيَّة • صخور الأعماق

plutonite (Geol.) پلُوتُونيت : صَخرٌ جوفيٌّ إندساسي خشِن الحُبَيبات

plutonium (Pu) (Chem.) پلُوتُونيوم : عنصرٌ فِلِزيّ مُشع رَمزُه (بلو)

pluvial (*adj.*) مَطِير • غَزيرُ المطر – مَطَرِيّ • متعلق بالمطر

plunging anticline (aerial view)

pluviograph (Meteor.) مِرسَمةُ المَطَر • مِرسَمَة الغَيْث

pluviometer (Meteor.) مِقياس المطر • مِغياث

pluviometry (Meteor.) قياسُ المطر

ply (*n.*) طَبَقَة • رَقيقة ـ ثَنْيَة • طيَّة • لَيَّة

(*v.*) طَوى • ثَنَى • جَدَل • إنطوى

plywood خَشَبٌ رَقائقي • (أبْلَكاج)

P.M. (**pulse modulation**) تضمين النَّبْض

P.N. (**performance number**) رَقْمُ الاداء

(**plasticity number**) رَقْمُ اللَّدانة

pneumatic (*adj.*) هَوائيّ • رِئَوِيّ : يَعملُ بالهواء المضغوط

pneumatic absorber (Eng.) مُخَمِّد رِئَويّ • مُمتَصُّ صَدَمات يَعمَلُ بالهواء المَضغُوط

pneumatically operated (*adj.*) (Eng.) رِئَويُّ التَحَكُّم • يعملُ بالهواء المضغوط

pneumatic brake (Eng.) فرمَلة رئوية • مِكبَحٌ يعمل بالهواء المضغوط

pneumatic control (Eng.) تَحَكُّم رئوي : تحكُّم بالهواء المضغوط

pneumatic control system (Eng.) نِظام تحكم رِئويّ • نظام تحكُّم بالهواء المضغوط

pneumatic cushioning (Eng.) تَخميدٌ رِئَويّ : تَخميدٌ بالهواء المَضْغُوط

pneumatic drill (Civ. Eng.) ثَقّابة رِئَوِيَّة • مِثقابٌ يعملُ بالهواءِ المَضغُوط

pneumatic excavator (Civ. Eng.) حَفّارة رِئَوِيَّة • حَفَّارة بالهواء المضغوط

pneumatic feed (Eng.) تَغذِيَة رِئَوِيَّة • تَغذِيَة بالهواء المَضْغُوط

pneumatic float عَوّامة رئوية (أو هوائية)

pneumatic hammer (Eng.) مِطْرَقَة رئوية • مطرقة تعمل بضغط الهواء

pneumatic hoist (Eng.) رافعة رئوية • مرفاع يعمل بضغط الهواء

pneumatic pick (Civ. Eng.) صاقُور رِئَويّ • صاقُور بالهواء المضغوط

pneumatic pump (Phys.) مِضَخَّة رِئَوِيَّة • مِضَخَّة بالهواء المضغوط

pneumatic hammer

pneumatic rammer (Civ. Eng.) مِدَكٌّ رئوي • مِدَكٌّ بالهواء المضغوط

pneumatic riveter = **pneumatic rivet gun** (Eng.) مُبَرشِمَة رِئَوِيَّة • مِدْسَرَة بَرْشَمَة بالهواء المضغوط

pneumatics (Phys.) الرِئَوِيّات • عِلمُ خصائص الهَواء (أو الغاز) المضغُوط

pneumatic sander (Eng.) مُسَنْفِرَة رِئَوِيَّة : مَكَنة سَنفَرة تعملُ بالهواء المَضغُوط

pneumatic shock absorber (Eng.) مُخَمِّد رِئَويّ • مُمتَصُّ صَدَماتٍ بالهواء المضغوط

pneumatic stowage (Civ. Eng.) تَعبئةٌ (أو ردمٌ) بالهواء المضغوط

pneumatic tool (Eng.) عُـدَّة رِئَوِيَّـة : تَعملُ بالهَواء المَضغُوط

pneumatic tyre (or **tire**) إطـارٌ رِئَويّ : يُنفَخُ بالهواء المضغوط

pneumatic valve (Eng.) صِمامٌ رِئَويّ : يعمل بضغط الهواء

pneumatogenic inclusions (Geol.) مُكتَنَفات مُولِّدة للغاز

pneumatolysis (Geophys.) التغيُّر (الصُّهاري) الغازي : التغيُّر بفعل الغازات الصُّهارِيَّة

pneumatolytic deposits (Geol.) رواسِبُ الفِعل الغازي

pneumercator (Eng.) مِسواة مِكثافية : جهاز قياس كثافة السائل ومُستواه في الصهريج

pneumo-oil switch (Elec. Eng.) مفتاحٌ رِئَويّ زيتي : يَعملُ بالهواء المَضغُوط والزَّيت

pocket (*n.*) جَيْب • تجويف

(*adj.*) جَيْبِيّ ـ صغير (يُحْمَل في الجَيْب)

pocket barometer (Phys.) بارومتر الجَيْب

pocket compass بُوصلَة الجَيْب

pocket, gas (Geol.) جَيْبٌ غازِيّ

pocket of ore (Mining) جَيْبُ خامٍ مَعدني

pockety (*adj.*) (Mining) حاوٍ جُيوبَ خاماتٍ غَنيَّة

pod (Eng.) خُدَّة طُولِيَّة ـ ظَرْف (المِلفاف)

Pod (or **Podbielniak**) **analysis** (Pet. Eng.) تَحليل «پود» : تقطير دقيق كَمِّيّ لأغراض التحليل المِعياري

pod-auger مِثقابٌ بِخُدَّة مُستقيمة

podzol (or **podsol**) (Geol.) بُودْزول : تُربة شهباء

poidometer (Eng.) پِيدومتر : ميزانٌ لِلكُتَل الكبيرة

poikilitic texture (Geol.) نَسيجٌ مُبَرقَش

poikiloblastic texture (Geol.) نَسيجٌ مُبَرقَش تَحَوُّليّ

point (*n.*) نُقطة ـ سِنّ • رأس • حَرْف • طَرَفٌ مُستَدِقّ

(Elec. Eng.) مأخَذ التيار

(Phys.) دَرَجَة • نُقطة

(*v.*) أشار • دَلَّ ـ سَدَّدَ ـ شَحَذَ • سَنَّ

point contact تَماسٌ نُقطِيّ

point discharge (Elec. Eng.) تَفريغٌ نُقطِيّ

pointed (*adj.*) مُحَدَّد • مُسَنَّن • مُستَدِقّ الطرف

pointed arch قَوسٌ مُسَنَّن

pointer instrument (Eng.) جهازُ قياسٍ ذو مُؤَشِّر

point of alignment نُقطَة التراصف

point of application (Phys.) نُقطَة التسليط • نقطة العمل (لِقُوَّةٍ مُوَجَّهة)

point of balance (Phys.) نُقطَةُ التوازُن

point of contact نقطَةُ التَّماسّ

point of fusion (Phys., Chem.) نُقطَةُ الانصِهار

point of ignition (Eng.) نُقطَةُ الالتِهاب

point of impact نُقطَةُ الصَّدم

point of incidence (Phys.) نُقطَةُ السُّقوط

point of interception نُقطَةُ الاعتِراض

point of intersection نُقطَةُ التقاطُع

point of inversion نُقطَةُ التَعاكُس

point of no return نُقطَةُ اللاَّ رُجوع

point of reference نُقطَةُ الاسناد

point of reflection (Phys.) نُقطَةُ الانعِكاس

point of refraction (Phys.) نُقطَةُ الانكِسار

point of retrocession (Eng.) نُقطَةُ التَقَهْقُر : حيث ينقلِبُ المُنحَنى

point of separation نُقطَةُ الإنفِصال

point of solidification (Phys., Chem.) نُقطَةُ التَجَمُّد

point of support نُقطَةُ الإرتِكاز

point of suspension نُقطَةُ التَعْليق

point of tangency نُقطَةُ التَّماسّ

point of view وُجهَةُ نَظَر

point source (Phys.) مَصدرٌ نُقطِيّ

point welding (Eng.) لِحام نُقطِيّ

poise (*v.*) وازَنَ • تَوازَنَ • إتَّزَنَ

(*n.*) تَوازُن • إتِّزان

(Chem. Eng.) مُوازَنَة الجُهد الكيماويّ للمَحلول

(Phys.) پُويز : وَحدَةُ اللُّزوجَة المُطلقة

poison (*v.*) سَمَّ • سَمَّمَ • أفْسَدَ

(*n.*) سُمّ

poison gases غازات سامَّة

poisoning (Chem.) تَسميم • تَسَمُّم • إنسِمام

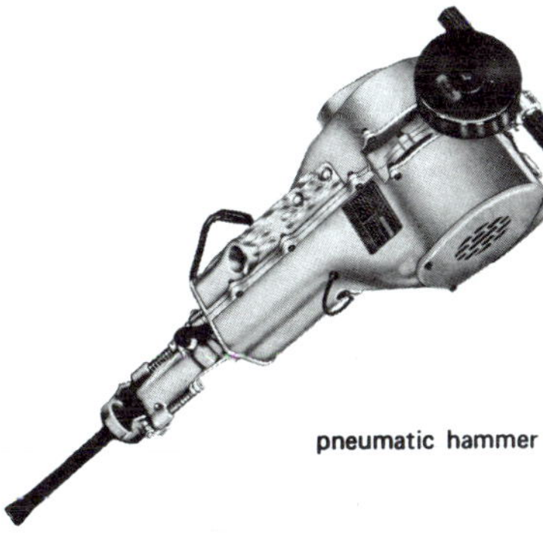

poisoning of catalyst (Chem. Eng.) تسمُّم (أو فسادُ) المادَّة الحفَّازة

poisonous (*adj.*) سـامّ

poker (*n.*) مِحراك • مِسعار • إسطام

poking (*n.*) إسْعار • تحريك • وَكْز

polar (*adj.*) قُطبيّ

polar axis مِحوَر قُطبيّ

polar bond (Chem.) وُصلة (تَرابُط) قُطبية

polar compounds (Chem.) مُركَّبات قُطبيَّة : تتَّخِذ جزيئاتُهـا في المحلول أقطـاباً كهربائية الشِّحنة

polar coordinates إحداثيَّات قُطبية

polar covalent bond (Chem.) ترابُطٌ إسهاميٌّ قُطبيّ

polarimeter (Phys.) مِقطاب : مِقياس الاستقطـاب

polariscope (Phys.) مِكشافُ الاستِقطاب

polarity (*n.*) القُطبيَّة • قُطبيَّة (المغنطيس أو الجهد الكهربائي أو التبلور)

polarization (Phys.) إستِقطاب

polarize (*v.*) إستقطَبَ • تَقَطَّبَ

polarized cell (Elec. Eng.) خليَّة مُستَقطَبَة

polarized light (Phys.) ضَوءٌ مُستَقطَب

polarized plug (Elec. Eng.) قابِس مُستَقْطَب

polarized relay (Elec. Eng.) مُرَحِّل مُستَقطَب

polarized waves أمواج مُستَقطَبة

polarizer (*n.*) (Phys.) مُستقطِب

polarizing angle (Phys.) زاوية الاستِقطاب الكامِل

polarizing current (Elec. Eng.) تيَّار الاستِقطاب

polarizing microscope مِجهَرٌ استِقطابيّ

polar molecule (Chem.) جُزَيءٌ قُطبي

polarograph (Chem. Eng.) مِرسَمَة الاستِقطاب

polarographic analysis (Chem. Eng.) التحليل بقياس الاستقطابية

polarography (Chem. Eng.) قِياسُ الاستِقطـابية : للكشف عن الموادّ المُذابة في مَحلول مُخَفَّف

polar projection مَسقَط قُطبيّ (في رسم الخرائط)

polar valence = **electrovalence** (Chem.) تكافؤ قُطبيّ (كَهْربائي)

polder (Civ. Eng.) پولْدَر : مِنطقةٌ مُنخفضةٌ استُصلِحَت من البحر

pole (*n.*) قُطْب ـ عَمود
شاخِص ـ مقياس طوله ٥،٥ ياردة (Surv.)

pole-changing switch (Elec. Eng.) مِفتاحُ تَغيير الأقطاب

pollution control centre

pole drill (Civ. Eng.) مِحفارٌ عموديّ (لحفر الآبار)

pole drilling (Civ. Eng.) الحَفرُ بالأعمدةِ المُصْمَتة • الحفر الكَنَديّ

pole guy (Civ. Eng.) شَدَّادةُ العمود

pole hood (Civ. Eng.) قَلَنسُوَة العمود

pole, magnetic قُطبٌ مِغنطيسيّ

pole, minus (Elec. Eng.) القُطب السالِب

pole, plus (Elec. Eng.) القُطْبُ الموجَب

pole shoe (Eng.) نَعلُ القُطب

pole strength (Elec. Eng.) شِدَّةُ القُطب

pole-tool boring (Civ. Eng.) الحَفْر بالأعمدةِ المُصْمَتة • الحفر الكَنَديّ

polianite (Min.) بولِيَنيت : خامُ ثاني أكسيدِ المنغنيز المتبلِّر

policy (*n.*) سِياسة ـ عَقدُ التأمين

policy-holder (*n.*) صاحِب عَقدِ التأمين

poling (Civ. Eng.) دَعْمٌ بالأعمدة ـ أعِمدَة • شَواخِص

polish (*v.*) صَقَل • لَمَّعَ • جَلَى • إنصَقَل ـ هَذَّب
(*n.*) صَقْل • تَلميع ـ مادَّة صَقْلٍ أو تلميع

polished (*adj.*) مَصقول • صَقيل • مُلَمَّع

polisher (*n.*) صاقِل • مُلَمِّع ـ مِصقَلَة

polishing agent (Eng.) عامِلُ صَقْل أو تَلميع

polishing brush مِسْفَرَةُ صَقل أو تَلميع

polishing file (Eng.) مِبْرَد صَقْل

polishing oil زيتُ الصقل • زيتُ تَلْميع

polishing powder (Eng.) مَسحُوق صَقْل

polishing wheel (Eng.) دُولابُ صَقْل

pollen لَقاح • غُبار الطَّلْع

pollopas (Chem. Eng.) بولوباس : زجاج راتينجي القاعدة لا يتشظَّى

pollucite (Min.) پولُيُوسيت : خامٌ نادِر من سِليكات الألومنيوم السيزيُومِيَّة

pollutant (*n.*) مُلَوِّث • مادَّة مُلوِّثة

pollute (*v.*) لَوَّث • أفْسَد

polluted water ماءٌ مُلَوَّث

pollution (*n.*) تَلَوُّث • تلويث

pollution control (Chem. Eng.) مُكافَحة التلوُّث

pollution control centre مركزُ مُكافحةِ التلوُّث : حيث تُزال من ماء التبريد في المِصفاة عَوالِقُ الزيت والشحم قبل صَرفِه

poly- بادئة بمعنى : كثير • مُتَعَدِّد

polyacid (Chem.) حامض مُتَعَدِّد القاعدة

polyamide resin (Chem. Eng.) راتينج مُتَعَدِّدُ الأميد (كالنايلون)

polyatomic (*adj.*) (Chem.) مُتعدِّد الذرَّات

polyaxon (*adj.*) مُتعدِّد المحاور

poly-base crude (Pet. Eng.) نِفطٌ خـامٌ مُتَعَدِّد القاعدة

polybasic (*adj.*) (Chem.) مُتَعَدِّد القاعِديَّة • مُتَعَدِّد القاعِدَة

polybasic acid (Chem.) حامض مُتَعَدِّدُ القاعِدة

polybutene oil (Pet. Eng.) زيتالپوليبيُوتين: زيت تزليق من البيُوتينات المُبَلْمَرة

polychroic minerals (Min.) مَعادِن مُتَعَدِّدَةُ الألوان

polychromatic = **polychromic** (*adj.*) مُتَعَدِّد الألوان

polycondensation (Chem. Eng.) التَكثيف المُتعدِّد (للجُزَيئات)

polyconic (map) projection إسقاط مُتَعَدِّدُ المخاريط • مَسقط (خرائطَ) مُتعدِّدُ المخاريط

polycyclic (*adj.*) (Chem.) مُتعدِّد الحَلَقات

polyester resins (Chem. Eng.) راتينجات مُتعدِّدة الإستَر

POL

polyethylene = polythene (Chem.) پُولِيثِين ، يولِيثِيلين ، مُبَلْمَرُ الإثيلين (من اللدائن المشهورة)
polyethylene plant وحدةُ إنتاج البوليثيلين
polyforming (Pet. Eng.) التشكيل التبَلْمُري (أو التضاعُفي) : بالتهذيب الحراري
polyfunctional (adj.) مُتعدِّد الوظيفة ، متعدد الغَرَض أو الفِعل
poly gas = poly gasoline = polymerized gasoline (Pet. Eng.) بنزين مُبَلْمَر
polygene enclaves (Geol.) صخور دَخِيلة مُتعدّدة الأصل
polygenesis (Geol.) تعدّد الأصول التكوينية
polygenetic conglomerate (Geol.) رَصِيصٌ مُتعدِّد الأصول
polygenetic rock (Geol.) صَخر مُتعدّد الأصول
polygenic (adj.) مُتَعَدِّدُ النَّشأة ، مُتعدِّد الأصل
polygenic breccia (Geol.) بَرِيشة متعددة الأصل
polygon مُضَلَّع ، متعدِّد الأضلاع
polygonal roof سَقفٌ مُضَلَّع
polyhedral (adj.) مُتَعَدِّدُ الوجوه ، كثير السطوح
polyhydric alcohol (Chem.) كُحول مُتعدد الهيدروكسيل
polylayer(ed) مُتعدِّد الطبقات
polymer (n.) (Chem. Eng.) مُبَلْمَر ، بُولِيمَر : مُرَكَّب مُضَاعَفُ الأصل
polymer gasoline (Pet. Eng.) بنزين مُبَلْمَر
polymeric (Chem. Eng.) بَلْمَرِيٌّ ، بُولِيمَرِيٌّ : مؤلَّفٌ بمضاعَفَة الأصل
polymeric hydrocarbon (Chem. Eng.) هيدروكربون مُبَلْمَر
polymeric materials (Chem. Eng.) مَوادُّ بَلْمَرِيَّة ، مَواد مُبَلْمَرة
polymerizability (n.) (Chem. Eng.) إمكانيةُ البَلْمَرة ، التَّبَلْمُرِيَّة
polymerization (n.) (Chem.) بَلْمَرة ، تَبَلْمُر : تضاعُف الأصل
polymerization, addition (Chem. Eng.) البَلْمَرة بالجَمْع
polymerization, catalytic (Chem. Eng.) البَلْمَرة بالحَفْز ، التبلْمُر المُحَفَّز
polymerization, thermal (Chem. Eng.) البَلْمَرة الحرارية
polymerization unit وحدةُ بَلْمَرة
polymerization unit, olefin وحدةُ بَلْمَرة الأولَفينات

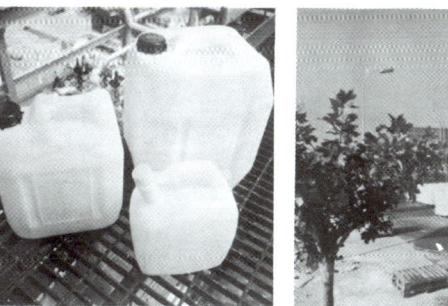

polyethylene containers

polyethylene plant

olefin polymerization unit

items made from polypropylene

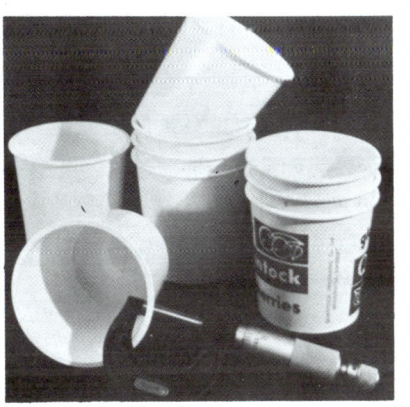

polystyrene containers

polystyrene strings

polymerize (v.) بَلْمَرَ ، تَبَلْمَر
polymerized gasoline (Pet. Eng.) بنزين مُبَلْمَر
polymer stripper column (Pet. Eng.) عمودُ إزالةِ المُبَلْمَرات
polymetamorphic rock (Geol.) صخر مُتعدِّد التحَوُّل
polymictic breccia (Geol.) بَرِيشة مُختلِطة
polymorph (Min.) مادة متعدِّدة التشكُّل ـ شَكْل (من تشكّلاتٍ مُتعدِّدة)
polymorphic = polymorphous صخر متعدّد التحَوُّل
polymorphism (n.) تعدّد الشكل (البَلّوري)
polyp (n.) بُولِيب ، مُرَجَّل
polyphase (adj.) مُتَعَدِّد الطَّور

polyphase current تَيَّار مُتَعَدِّد الطَّور
poly-plant (Chem. Eng.) وحدةُ بَلْمَرة
polypropylene (Chem. Eng.) پُولِيپروپيلين ، مُبَلْمَر البروپيلين (مادة لدائنية)
polystyrene (Chem. Eng.) پُولِيسْتيرين ، مُبَلْمَر الستايرين : مادة لدائنية حرارية
polystyrene strings خيوطُ البُولِيسْتيرين
polytechnic (adj.) مُتعدِّد الفُنون التطبيقية (التِّقَنِيَّة)
polytetrafluoroethylene (Chem. Eng.) پُولِيتترافلُورُإثيلين ، تفلُون
polythene = polyethylene (Chem. Eng.) پُولِيثِين : ضَرب من البلاستيك
polyurethane (Chem. Eng.) پُولي يُوريثان ، مُبَلْمَر اليُوريثان

POL
340

pontoon crane

polyvalent (adj.) (Chem.)	مُتعَدِّدُ التَكافُؤ
polyvinyl (Chem. Eng.)	بُوليفَنيل • مُبَلْمَر الفِنيل • مُرَكَّب مُضاعَف الفِينيل
polyvinyl acetate (Chem.)	أسِتات البُوليفَنيل : لَدْنٌ لِدائِني يُستعمَل في الدِّهانات والمُلصَقات
polyvinyl alcohol	كُحول البُوليفَنيل
polyvinyl chloride (Chem. Eng.)	مُبَلْمَر كلوريد الفِنيل • كلوريد البوليفِنيل • كلوريد مُتعدِّد الفِنيل : مادةٌ لَدائِنية مُتعددة الاستعمال
polyvinyl resins (Chem. Eng.)	راتينجات مُتعدِّدةُ الفِنيل
pomade (n.)	مَرْهَم
pond (n.)	بِرْكة
ponderosity (n.)	ثِقَل • خَرَق • بَلادة
ponton = pontoon (n.)	رَمَث • طَوْف • زَوْرَق مُسطَّح
(v.)	عَبَرَ بِطَوف
pontoon bridge (Civ. Eng.)	جِسرٌ عائمٌ (على أطوافٍ أو زَوارق)
pontoon crane (Civ. Eng.)	مِرْفاع عائم (على طوفٍ أو عَوّامة)
pontoon tank-roof (Pet. Eng.)	سَقْفُ صِهريجٍ ذو أطواف
pony girder (Civ. Eng.)	عارِضة إضافية
pony motor (Elec. Eng.)	مُحرِّك صغير مُساعِد
pony rods (Eng.)	أنابيب تطويل • وُصلاتٌ (تطويل) ساق الضخ
pool (n.)	غَدير • بِركة • مُشارَكة • جماعة • إتحاد مالي • تَجَمُّع المُنتِجين • حَوض مُنتِج للنفط أو الغاز (Pet. Eng.)
(v.)	أسهم • شارَك • جَمَّع • حَشَد
pool, oil (Pet. Eng.)	تَجَمُّع الزيت • مَكْمَن نَفطي

pool opener (Pet. Eng.)	فاتحةُ الحَقْل • البئرُ المُنتِجَة الأولى في حقلٍ نفطيّ
poop (n.)	مُؤخَّرةُ السفينة • كَوْثَل
poor (adj.)	فقير • ضَئيل المُحتوى • رديءُ النوع
poor boy (Pet. Eng.)	شركةُ نَفطٍ ذاتُ رَأسِ مالٍ قليل
poor cleavage (Geol.)	تشَقُّق خفيف
poor coal (Mining)	فحمٌ رديء النوع
poor fit (Eng.)	توافقٌ رديء
poor gas (Pet. Eng.)	غازٌ رديء النوع
poorly bedded (Geol.)	رديءُ التطبُّق
poor mixture (Eng.)	مَخلوطٌ مُفتَقِر • مزيج فقير
pop (v.)	دفَعَ أو اندفَع فجأةً - فَرقَعَ • إنفجر
pop (n.)	فَرقَعة • طَلقَة
pop = putting on pump (Pet. Eng.)	بَدءُ الضخ
pop-back (or popping back) (n.) (Eng.)	إرتدادُ الاشتعال
poppet (n.)	دِعْمَة - دَعْمَة إنزال (أو دُروج)
(Eng.)	صِمامٌ قَفّاز - غُرابُ المِخرَطة

poppethead (Eng.)	غُرابُ المِخرَطة
poppet valve (Eng.)	صِمامٌ قَفّاز • صِمامٌ برَأس • مُحَدَّب (لتنظيم الانسياب المتقطِّع)
popping gas (Pet. Eng.)	إحراق الغاز غير المُستخدَم
poppy-seed oil	زيت بِزر الخَشخاش
pop safety valve (Eng.)	صِمامُ أمنٍ قَفّاز
pop valve (Eng.)	صِمامُ تنفيس اندفاعيّ
P.O.R. (Payable On Receipt)	يُدفَع عند الاستلام
porcelain (n.)	خَزَفٌ صيني • صيني (يُورسلين)
porcelain clay (Chem. Eng.)	صَلصال صيني • كاولين
porcelain crucible (Chem.)	بُوتَقة خَزَفية (من الصيني)
porcelain insulator (Elec. Eng.)	عازلٌ خَزَفي (من الصِّيني)
porcellaneous (adj.)	خَزَفيّ - لا مُثَقَّب
pore (n.)	سَمّ • ثَقبٌ دقيق • مَسَمّة (جمعها مَسَام)
pore pressure (Geophys.)	ضغطٌ خَلالي
pore space (Geol.)	الفُسحة المَسامية (للصخر)
pore water pressure (Phys.)	ضغطُ الماء الخَلالي
Porifera (Zool.)	المُثَقَّبات • الإسْفَنجيّات
Porocel (Pet. Eng.)	بُوروسيل : بُوكسِيت قليل المُحتوى الحديدي مُشرَبٌ بكلوريد الألومنيوم لِحَفز التغيّر الايسوميري في البيوتان
poro(si)meter (n.)	مقياس المَسامية
porosity (n.)	مَسامية
porosity coefficient	مُعامِل المَسامية
porosity determination (Pet. Eng.)	تحديدُ المَسامية (لعيِّنات الحفر اللبّية)
porosity distribution (Geol.)	توزُّع المَسام
porosity log (Geophys.)	مُخطَّطُ تسجيل المَسامية

porosimeter

POS
341

Portland cement (Civ. Eng.)	اسْمَنْت بُورْتْلَنْد
port of call	مَرْفأ التَوَقُّف
port of delivery	ميناء التسليم
port of departure	مَرْفأ الإبحار ، ميناء القيام
port of discharge	ميناء التفريغ
port of entry	ميناء الدخول
port side	الجانب الأيسر (للسفينة)
port valve (Eng.)	صمّام بوّابي
port warden	محافظ الميناء
pory (adj.)	مَسَامِيّ
position (n.)	مَوضِع ، موقع – وضع ، حالة ، موقف – وظيفة ، مَركز
(v.)	وَضَع ، رَتَّب في وَضع مُعَيَّن
position-finding	تَعْيِين المَوضِع
position head = elevation head (Hyd. Eng.)	عُلُوّ الوَضع
position indicator	مُعَيِّن المَوقِع ، مُبيِّن الوَضع
positioning (n.)	توضيع : وَضع الأشياء في مواضعها ، تَركيب المُعَدَّات – تَحديد المَوضِع
position lights	أضواء تحديد المَوضِع
position of rest (Mech.)	وَضْع الإستقرار
position welding (Eng.)	لِحام مَوضِعِيّ أو مَوقِعِيّ
positive (adj.)	مُوجَب ، إيجابيّ – أكيد ، ثابت ، جازم
(n.)	صورة موجَبة
positive charge (Elec. Eng.)	شِحنة موجَبة
positive displacement	إزاحة مُوجَبة
positive displacement (chemical) injector	حاقِن (كيماويات) إيجابيّ الإزاحة

port (n.)	مَرْفأ ، ميناء – باب ، بوّابة ، مَنْفذ ، فُتْحة ، كُوّة – الجانبُ الأيسر (من السفينة أو الطائرة)
(adj.)	أيسَر ، واقِع في الجانب الأيسر
portable (adj.)	نَقَّاليّ ، مُتنقِّل ، يُنقَل ، قابلٌ للحَمل أو النَقل
portable boiler (Civ. Eng.)	مِرْجَل نَقَّاليّ (لإحماء الأسفلت)
portable compressor	ضاغِط نَقَّاليّ
portable crane (Eng.)	مِرفاع نَقَّاليّ
portable drill (Eng.)	مِثقاب نَقَّاليّ ، حفّارة مُتنقِّلة
portable drilling machine (Eng.)	مكنَة نَقب مُتنقِّلة
portable engine (Eng.)	مُحرِّك نَقَّاليّ
portable extinguisher	مِطفأة نَقَّاليّة
portable heater	مُسخِّن نَقَّاليّ
portable instrument (Elec. Eng.)	جهاز قياس نَقَّاليّ
portable ladder	سُلَّم نَقَّاليّ
portable lamp	مِصباح نَقَّاليّ
portable plant (Eng.)	وَحَدة (صِناعيّة) مُتنقِّلة
portable pump (Pet. Eng.)	مِضخَّة نَقَّالة
portable pumping unit (Pet. Eng.)	وَحدَة ضَخٍّ نَقَّالة
portable rig (Civ. Eng.)	جهاز حفر نَقَّاليّ ، وَحدَة حُفر مُتنقِّلة
portable substation (Elec. Eng.)	محطة فرعية مُتنقِّلة
portable tank (Eng.)	صِهريج نَقَّاليّ
portable turbine van (Pet. Eng.)	عَربة تُوربين نَقَّالة : لتعزيز الضخّ في خط الأنابيب
portable welder	جهاز لِحام نَقَّاليّ
portable wireless set (Elec. Eng.)	جهاز لاسلكيّ نقّالي
portage (n.)	حَمل ، نَقل – أجرة النَقل
portal (n.)	مَدخل ، باب ، بوّابة
(adj.)	بابيّ ، بوّابيّ – قَنطريّ
portal jib crane (Eng.)	مِرفاع ذِراعيّ قَنطريّ : تَمُرُّ العَربات تَحتَه
port and starboard lines (Pet. Eng.)	خطوط الأنابيب بين الميناء ومَيمَنة الناقلة
portative (adj.)	حامل ، ناقِل – نَقَّاليّ
port dues	رُسوم المَرفأ
port, free	مَرفأ حُرّ ، ميناء حُر
portion (n.)	جُزء ، قِسم – حِصّة
(v.)	قَسَّم ، حَصَّص

porosity test (Geophys.) اختبار المَسامِيّة
porous (adj.) مَسامِيّ
porous layers (Geol.) طَبقات مَسامِيّة
porous limestone (Geol.) حَجَر جِيريّ مَسامِيّ
porous pot وِعاء مَسامِيّ
porous rocks (Geol.) صُخور مَسامِيّة
porous texture (Geol.) نَسيج مَسامِيّ ، بِنْية مَسامِيّة
porphyre = porphyry (Geol.) بُورْفير ، صَخر فِرفيريّ ، الحجر السُمَّاقيّ
porphyritic texture (Geol.) نَسيج بُورْفيريّ أو فِرفيريّ
porpoise oil (Eng.) زيت الدُلفين : تزليق للآلات الدقيقة

portable compressor

portable heater

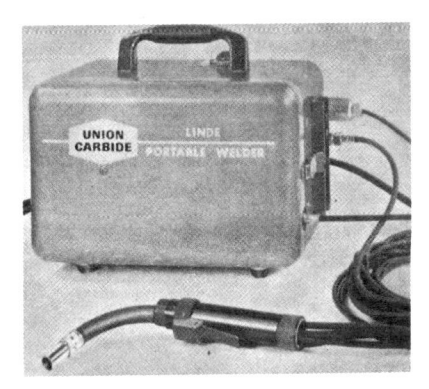

portable welder

positive displacement chemical injector

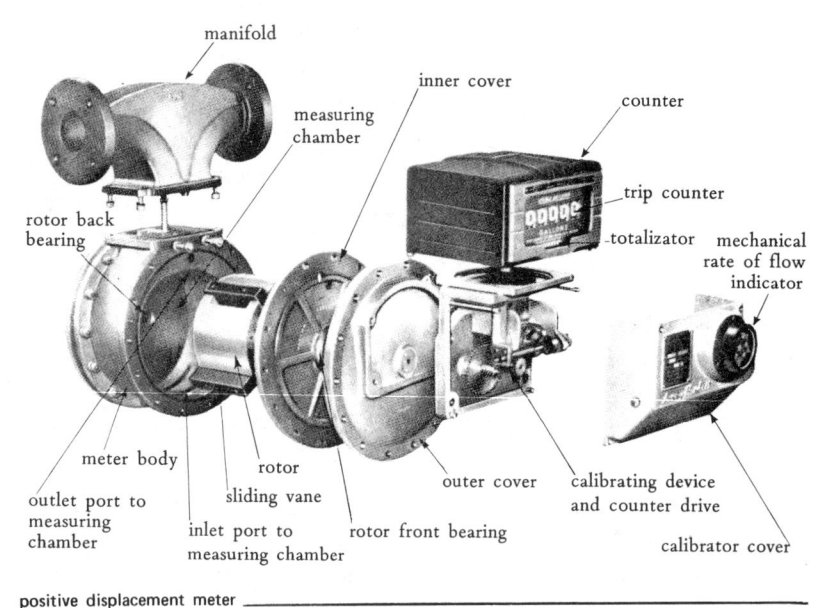

manifold
inner cover
measuring chamber
counter
trip counter
totalizator
mechanical rate of flow indicator
rotor back bearing
meter body
rotor
outer cover
calibrating device and counter drive
outlet port to measuring chamber
sliding vane
inlet port to measuring chamber
rotor front bearing
calibrator cover

positive displacement meter

positive displacement meter (Hyd. Eng.) عَدّاد الإزاحة المُوجَبَة : لبيان معدّل تدفّق السائِل (أو الغاز)

positive displacement prover system (Eng.) نِظام مُعايَرةِ العَدّادات ذات الإزاحةِ المُوجَبَة

positive displacement pump (Eng.) مِضَخّة الإزاحَة المُوجَبَة : مِضَخّةٌ ثابتةُ حَجم الدفْق

positive electricity (Elec. Eng.) كَهرباء مُوجَبَة

positive electrode (Elec. Eng.) قُطبٌ (إلكترودٌ) مُوجَب

positive feed (Eng.) تَغذية مُوجَبَة

positive feedback (Elec. Eng.) تَغذِيَة مُرتَدّة مُوجَبَة

positive plate (Elec. Eng.) لَوحٌ مُوجَبٌ • صفيحة مُوجَبَة

positive pole (Elec. Eng.) قُطبٌ مُوجَبٌ

positive rake (Eng.) زاوِيَة الجَرف المُوجَبَة

positive stress (Mech.) إجهادٌ مُوجَب

positive temperature coefficient (Phys.) مُعامِلٌ حراريٌّ مُوجَب

positive terminal (Elec. Eng.) طَرَفٌ مُوجَب

post (*n.*) مَوقِع • مَرْكَز – مَنصِب – مَكتَبُ بَريد
(Civ. Eng.) عَمود • دِعامة – مَربط
(Surv.) شاخِص
(*v.*) أرسَل بالبريد – ألصَق إعلاناً – وضع في مَوْقِعٍ أو مكان – عيَّن في مَنصِب

post-crystalline deformation (Geol.) تَشَوُّهٌ بعدَ التبَلْوُر

post-dated cheque شِيك مُؤخَّر التاريخ : يُقبَض عند حُلول التاريخ المُبيَّن

post drill (Mining) ثقابة بعَمود

posted price السِّعرُ المُعلَن

poster (*n.*) إعلان كبير

post-forming (*n.*) التشكيلُ اللاّحِق

post-glacial (*adj.*) (Geol.) ما بعدَ العَصْر الجَليديّ • تالي الجليدي

post-Glacial period (Geol.) العَصْر بعد الجليدي • العَصْر الحديث

post-heating (Eng.) التسخين اللاحق

posthole (Civ. Eng.) بِئر قليلةُ العُمق
(Geol.) حَفْرٌ قليل العمق : لدراسة التشكيلات

posthumous fold (Geol.) طيَّة لاحقة

posting to ledger النقل الى دفتر الأُستاذ

post meridiem (p.m.) بعد الظُّهر

post-office order حوالة بريدية

post Pliocene (Geol.) تالي البليوسين • ما بعد البليوسين

post-tensioned concrete (Civ. Eng.) خَرسانة بَعديَّةُ الإجهاد

post-tensioning (Civ. Eng.) شَدٌّ لاحِق

post-Tertiary (Geol.) تالي الثُّلاثي – العصر بعد الثُّلاثي

pot (*n.*) قِدْر • وِعاء – بُوتَقَة

potable (*adj.*) يُشرَب • صالحٌ للشُّرب

potamogenic deposits (Geol.) قَراراتٌ نَهريَّة

potamology (Geol.) عِلْمُ المَجاري المائية

potash (Chem.) بُوتاس: هيدروكسيد البُوتاسيوم

potash alum (Chem.) شَبُّ البُوتاس

potash, caustic (Chem.) البوتاسا الكاوِيَة

potash feldspar (Min.) فِلْسپار البُوتاس

potash lye (Chem. Eng.) غَسُولُ البُوتاس

potash soap (Chem. Eng.) صابون البُوتاس

potassium (K) (Chem.) البوتاسيوم: عنصرٌ فِلِزّي رمزُه (بو)

potassium bromide (Chem.) برُوميد البُوتاسيوم

potassium carbonate (Chem.) كَربونات البُوتاسيوم

potassium chlorate (Chem.) كلُورات البوتاسيوم

potassium cyanide (Chem.) سيانيد البوتاسيوم

potassium dichromate (Chem.) ثاني كرُومات البوتاسيوم

potassium ferricyanide (Chem.) فِرّيسيانيد البوتاسيوم

potassium hydroxide (Chem.) هَيدروكسيد البوتاسيوم

potassium nitrate (Chem.) نِترات البوتاسيوم

potassium permanganate (Chem.) برمَنْجنات البوتاسيوم

potassium soap (Chem.) صابونالبوتاسيوم: صابون رَخْوٌ يحَضَّر بأملاح البوتاسيوم

pot-clay (Geol.) طَفَلُ الأوعِيَة • طِينٌ خَزَفيّ

poteclinometer (Civ. Eng.) مِقياس مَيل الحَفْر (عن السَّمْتِ العَمودي)

potency (Chem. Eng.) فعَّالية • فَعّالية

potential (*n.*) (Phys.) جُهد • جُهدٌ كهربائي
(*adj.*) جُهْديّ – كامِن – مُحتَمَل • إمكاني

potential corrosion (Chem. Eng.) تأكُّلٌ (كيماويٌّ) مُحتمَل

potential difference (Elec. Eng.) فَرقُ الجُهد (الكهربائي)

potential distribution توزيع الجُهد • توزُّع الجُهد

potential drop (Elec. Eng.) هُبُوط الجُهد

potential, electric (Elec. Eng.) الجُهد الكهربائي

potential electrode (Geophys.) الكترود (قِياسِ) الجُهد

potential energy (Phys.) طاقةٌ كامِنة • طاقةُ الوَضْع

potential flow (Hyd. Eng.) تَدفُّقٌ بِطاقةِ الوَضْع

potential gradient (Elec. Eng.) تَدرُّج الجُهْد: فَرقُ الجهد في وَحدةِ الطول

potential head (Hyd.) عُلُوُّ الوَضْع

POW

potential-indicator (Elec. Eng.) مُبيِّنُ الجُهد

potentiality (*n.*) إمكانيّة

potential level (Elec. Eng.) مُستوى الجُهد

potential markets أسواق محتَمَلة (أو يُمكن كَسْبُها)

potential measurement (Elec. Eng.) قِياس الجُهد

potential, open-flow (Pet. Eng.) طاقَةُ الإنتاج القُصوى (للبئر)

potential production (Pet. Eng.) طاقة الإنتاج المُمكِنة أو المحتَمَلة

potential, rated (Eng.) الجُهد المُقدَّر

potential regulator (Elec. Eng.) مُنظِّم الجُهد

potential test (Pet. Eng.) اختبار الطاقة الانتاجية : لبئر النفط

potentiometer (Elec. Eng.) مِفرَق • مِقياسُ فَرقِ الجُهد

pot furnace فُرنٌ مِرجَليّ

pothead (Eng.) رأسٌ مِرجَليّ (ينتهي به الكبلُ الأرضيّ ويتفرَّعُ منه)

pothole (*n.*) (Geol.) حُفرة وعائية (في حوض نهر صخريّ) – حُفرة كهفيَّة (في مجرى جوفيّ)

(Civ. Eng.) حُفرة دائرية (في طريق عـــام)

potholing (*n.*) إستِكشاف المَغاوِر

pot process (Met.) طريقة البَواتِق (لتحضير الفولاذ)

pot still (Pet. Eng.) مِقطَرٌ مِرجَليّ (لفَصل القَطِران)

potters' clay = pottery clay طينُ الخزّافين – طين لَدْن

pounce (*n.*) (Geol.) خُفّان • نَشَف

pound (*n.*) پاونْد : رِطلٌ إنكليزي يُساوي ٤٥٣،٦ غم – جُنَيْه – سَحْقٌ • دَقٌّ – صَوتُ السَّحن أو الدّق

(*v.*) سَحَقَ • دَقَّ • دَكَّ • سحَنَ – خَفَقَ

poundal (*n.*) پاونْدَل : وَحدةُ القوَّة المطلقة في النظام الانكليزي

pound calorie (Eng.) پاونْد كالُوري : يساوي ١،٨ وَحْدَة حرارية بريطانية

pounder (*n.*) مِدَقّـة

pound per square inch رِطلٌ للبُوصة المُربعة • پاونْد على الانش المربَّع

pound-weight (Phys.) پاونْد وَزْن : يُساوي ٣٢،١٧ پاوندَلاً

pour (*v.*) صَبَّ • سَكَبَ • إنسَكَب – إنهَمَرَ • هَطَل

(*n.*) إنصِباب • إنسِكاب • إنهِمار • تدفُّق • صَبيب

pour depressant (or **depressor**) (Chem. Eng.) خافِضُ (نُقطةِ) الإنصِباب

pour inhibitor • خافِضُ (نُقطةِ) الانصِباب • مانِعُ الإنصِباب

pour point (Chem., Phys.) نُقطة الإنصِباب • نُقطة الإنسِكاب

pour point additive (Pet. Eng.) إضافَة خافِضَة لِنُقْطَةِ الانصِباب

pour point depressant (Chem. Eng.) خافِضُ نُقطَة الإنصِباب

pour-point depressing additives (Pet. Eng.) إضافات مُخَفِّضة لنقطة الإنصباب

pour point inhibitor (Pet. Eng.) خافِضُ نُقطة الإنصِباب

pour point test (Chem.) إختِبارُ (تحديدِ) نُقطةِ الانصِباب

pour stability (Pet. Eng.) استِقرار (نقطةِ) الانصباب : للزيت المخزون المعالَج بخافِض الانصباب

powder (*n.*) مَسحوق • ذَرُور – بارود • مَسحوق تفجير

(*v.*) سَحَنَ • سَحَقَ – غَبَّر أو رَشَّ بمسحوق

powder charge شِحنة بارود

powdered (*adj.*) مَسحوق – مُعفَّر • مُغبَّر

powder hole = dry hole بئر عَقيم • بئر غير مُنتِجة

powdery (*adj.*) مَسحوقيّ • مُغَبَّر – هَشّ • سَهلُ التفتيت

power (*n.*) (Phys., Eng.) قُدرة – طاقة • قُوّة محرِّكة

(*adj.*) آليّ • مُزوَّد بقُوَّة مُحرِّكة

(*v.*) زوَّدَ بالقُدرة • أمَدَّ بالطاقة

power alcohol (Chem. Eng.) كُحولُ الطاقة: كُحول أثيليّ يُستعمل للوَقود

powerboat (*n.*) (Naut.) زَورقٌ آليّ

power brake (Eng.) مِكبَحٌ آليّ

power cable (Elec. Eng.) كَبْلُ (نَقلِ) الطاقة

power chuck (Eng.) ظَرفٌ آليّ

power circuit (Elec. Eng.) دائِرةُ قُدرة

power consumption (Eng.) إستهلاكُ القُدرة • إستهلاك الطاقة

power current (Elec. Eng.) تيّارُ القُدرة

power distribution (Elec. Eng.) تَوزيعُ القُدرة

power drill (Eng.) مِثقابٌ آليّ

power-driven apparatus (Eng.) جِهازٌ يُدار بِمُحرِّك

power-driven paddles مَغاديف آليَّةُ الإدارة

power, electric القُدرة الكَهربائية

power factor (Elec. Eng.) عامِلُ القُدرة

power feed (Eng.) تَغذِيَة آليَّة

power fluid (Eng.) مائِعُ الدَّفع (في المِضخّة الهيدرولية)

powerforming (Pet. Eng.) التَّهذيبُ الآليّ : تَهذيبُ النّفطِ بحافِزٍ بلاتينيّ في طبقةٍ ثابتة ، من ابتِكار شركةِ إسُّو

power gas = producer gas (Chem. Eng.) غازُ المُوَلِّدات

power generation (Eng.) توليدُ الطاقة

power generation plant وَحدةُ توليد الطاقة

power generator (Elec. Eng.) مُوَلِّد قُدرة

power hammer (Eng.) مِطرَقة آليَّة

power generation plant

power driven paddles

power generator

POW
344

powerhouse (Elec. Eng.)	مَحطة تَوليد القُدرة
power input (Eng.)	دَخلُ القُدرة ٠ القُدرة المَبذُولة
power jack (Eng.)	مِرفاعٌ آليٌّ
power kerosene	كيروسين الجَرَّارات (الزراعية)
power lift (Eng.)	مِصعَدٌ آليٌّ
power line (Elec. Eng.)	خَطُّ القُدرة
power loader (Eng.)	جِهازُ تحميل آليٌّ
power loss (Eng.)	فَقدُ الطاقة ٠ فَقدُ القُدرة
power mains (Elec. Eng.)	مَأخَذُ القُدرة الرئيسي
power navvy = power shovel (Eng.)	مِجرَفَةٌ آليَّةٌ
power of cancellation	سُلطَةُ الإلغاء
power oil (Pet. Eng.)	زَيتُ وقُود
power-operated apparatus (Eng.)	جِهازٌ يُشغَّل آلِيّاً
power output (Eng.)	خَرجُ القُدرة ٠ القُدرة الناتجة
power plant (Elec. Eng.)	وحدةُ توليدِ القُدرة ٠ محطة توليد الطاقة
power press (Eng.)	مِكبَسٌ آليٌّ
power pump (Eng.)	مِضخَّةٌ آليَّةٌ (تُدارُ بِمُحرِّك)
power rating (Eng.)	تَقديرُ القُدرة
power reserve (Eng.)	إحتياطيُّ القُدرة
power riveting (Eng.)	بَرشَمةٌ آليَّةٌ
power saw (Civ. Eng.)	مِنشارٌ آليٌّ
power shears (Eng.)	مِقراضٌ آليٌّ
power shovel (Eng.)	مِجرَفَةٌ آليَّةٌ
power station (Elec. Eng.)	مَحطةُ توليد القُدرة
power stroke (Eng.)	شَوطُ القُدرة
power supply (Elec. Eng.)	مَنبَعُ قُدرة
power system (Elec. Eng.)	شَبَكةُ القُدرة (الكهربائية)
power traction (Eng.)	جَرٌّ آليٌّ
power transmission (Elec. Eng.)	نَقلُ القُدرة
power unit	وَحدَةُ قُدرة
pozz(u)olana (Civ. Eng.)	بُزُولان : تُرابٌ بُركانيٌّ يُمزَج لِصُنع المِلاط الهيدرولي
P.P. (pulled pipe)	أنبوب مَسحُوب
P.P.M. (parts per million)	جزء (أو أجزاء) في المليون
ppt (precipitate)	رُسابة ٠ راسِب
practicable (adj.)	مُمكِنٌ عَمَلُه ٠ مُمكِنٌ استخدامُه
practical (adj.)	عَمَليٌّ
practical instruction	تدريسٌ عَمَليٌّ
practical training	تدريبٌ عَمَليٌّ
practice (n.)	مُمارَسة ٠ تمرين ـ دأب ٠ عادة
practice (or practise) (v.)	مارَسَ ٠ تمرَّنَ ٠ مرَّنَ
prase (Min.)	يَنَعٌ : عَقيقٌ باهتُ الخُضرة
pratique	إجازة صحيَّة بالابحار
P.R.C. (pressure recorder controller) (Eng.)	مِضبَط مُسجِّل الضغط
pre-	بادئة بمعنى : قَبل ٠ ما قَبل ٠ سابِقٌ (ل) ٠ مُتقدِّم
preadmission (Eng.)	إدخال مُتَقدِّم
preamble (n.)	تمهيد ٠ ديباجَة
pre-arrange (v.)	رَتَّبَ مُقدَّماً
preblend (v.)	مَزَجَ سلفاً
Pre-Cambrian (Geol.)	دَهرُ ما قبل الكَمبري ٠ الدهر العتيق
precast blocks (Civ. Eng.)	قوالِبُ سابقة الصَبِّ
precast concrete (Civ. Eng.)	خَرَسانة سابِقَةُ الصَبّ : سَبَقَ صَبُّها ومُعَدَّة للتركيب
precaution (n.)	حَذَر ٠ حِيطَة ٠ إحتِراس ـ تدبير وقائيٌّ
precautionary measure (adj.)	تدبير إحتياطيٌّ ٠ إجراء وقائيٌّ
precede (v.)	سَبَقَ ٠ تقدَّم
precedence (n.)	أسبَقيَّة ٠ أولَويَّة
precinct (n.)	نِطاق ـ حَدّ ـ مِنطَقَة
precious (adj.)	ثمين
precipice (Geol.)	جُرُف ٠ هاوية ٠ وَهْدَة
precipitable (adj.)	قابل للترسيب
precipitant (n.)	مُرسِّب ٠ مادَّة مُرسِّبَة
precipitate (n.)	راسِب ٠ رُسابة ٠ قُرارة ٠ مادَّةٌ مُترَسِّبة
(Meteor.)	رُطوبة متكاثِفة : بِشكل مَطر أو ندى
(v.)	رَسَّب ٠ تَرسَّب ـ تَساقَط ٠ تكاثَف بشكل مَطَر أو ندى
precipitating agent (Chem. Eng.)	عامِل إرساب ٠ عاملٌ مُرسِّب
precipitation (n.)	ترسيب ٠ تَرسُّب ٠ رُسُوب
(Meteor.)	تَساقُط : ما يَسقُط من مَطر أو ثلج أو ندى
precipitation analysis (Chem. Eng.)	تحليل ترسُّبي ٠ تحليل بالترسيب
precipitation dewaxing process (Pet. Eng.)	طريقة فَصل الشمع بالترسيب
precipitation number (Pet. Eng.)	رَقمُ التَرسُّب : أساس لتصنيف خامات الزيت المتخلّف
precipitous (adj.)	شديد التحدُّر
precision (n.)	دِقَّة ٠ ضَبط ٠ إحكام
(adj.)	مُحكَم ٠ بالغُ الدقَّة
precision gauge (Eng.)	مُحدِّد قياس بالغ الدقة
precision meter (Elec. Eng.)	عَدَّادٌ بالغُ الدقة
precombustion	قبل الاحتراق
precombustion chamber (Eng.)	حُجرةُ الاحتراق المُتقدِّم
precondenser (Eng.)	مُكثِّف مُتقدِّم
precool (v.)	بَرَّد مُسبَقاً
precooler (Eng.)	مُبَرِّد مُتقدِّم
precooling (Eng.)	تبريد مُتقدِّم
precrystalline deformation (Geol.)	تشوُّهٌ سابِقٌ للتبَلوُر
predetermined (adj.)	مُقدَّر أو مُقرَّر سَلَفاً
predict (v.)	تنبَّأ ٠ توقَّع
predistillation (Chem. Eng.)	تقطير مُتقدِّم
predominant (adj.)	سائد ٠ غالب ٠ مُسَيطِر
predryer (Chem. Eng.)	مُجفِّفٌ مُتقدِّم
pre-evaporation	قبل التبخير
prefabricated parts (Eng.)	أجزاء سابقة التصنيع : مَصنُوعةٌ مُقَدَّماً جاهزةٌ للتركيب
prefabrication (n.)	سَبقُ التصنيع أو الإعداد
preference (n.)	أفضَليَّة ٠ تفضيل ٠ إمتياز
preferential area	منطقة أفضلية
preferential corrosion (Eng.)	تآكُل تفاضُلي

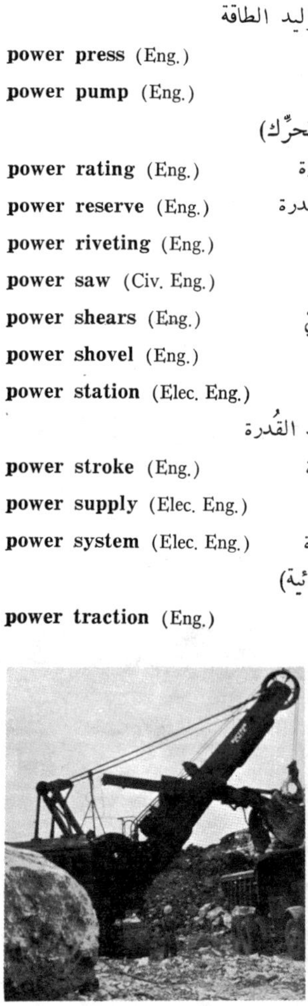

power shovel

power station

preferential tariff تعرفة تفضيلة أو إيثارية

preferential wastage (Eng.) تلفٌ بالبلى التفاضُلي

prefractionator (Pet. Eng.) مُجزِّئٌ تحضيري • مجزىءٌ متقدِّم

prefractionator feed (Pet. Eng.) لَقيم المُجزِّىء التحضيري

prefractionator overhead condenser (Pet. Eng.) مُكثِّف المنتَجات العُلوية في المُجزىء التحضيري

prefractionator reflux drum (Pet. Eng.) راقودُ السائل المُعاد للمُجزىء التحضيريّ

preglacial (*adj.*) (Geol.) سابقٌ للعصر الجليدي

preheat (*v.*) سَخَّنَ مقدَّماً (الى درجة حرارة معينة)

(*n.*) تسخين سابق أو متقدِّم

preheated air هواء سابق التسخين

preheater (*n.*) (Chem. Eng.) مُسخِّنٌ متقدِّم • مسخن تحضيري

preheater deposit rating (Pet. Eng.) مُعايَرة الترسُّب قبل التسخين

preheating (Eng.) التسخينُ المُسبَق أو المتقدِّم

preignition (Eng.) إشعالٌ مُتقدِّم

preignition preventer (Chem. Eng.) مانعُ الاشتعال المُتقدِّم • إضافة مانعة للإشتعال المتقدم

preliminary (*adj.*) تَمهيديّ • تَحضيريّ • مَبْدئيّ • ابتدائي

preliminary indications (Pet. Eng.) دَلائلُ أوَّليَّة

preliminary inspection (Eng.) فَحص تمهيدي

preliminary survey مَسحٌ مَبْدَئي ــ دراسة تمهيدية

preliminary test (Eng.) اختبار أوّلي

preliminary treatment مُعالَجة تحضيريَّة

preloading (*n.*) شحنٌ مُتقدِّم

premature (*adj.*) مُبتَسَر • سابقٌ للأوان

premature ignition (Eng.) إشعالٌ قَبلَ الأوان

premium (*n.*) قِسْط (التأمين) ــ مِنحَة • مُكافأة ــ عِلاوَة

(*adj.*) مُمتاز ــ ذو قيمة استثنائية

premium gasoline (Pet. Eng.) بنزين ممتاز

premium grade درجة ممتازة

premium motor oil (Pet. Eng.) زيت مُحركاتٍ مُمتاز

premixed مَمزوج سلفاً

preparation (*n.*) تَحضير • تَجهيز • إعداد • اِستِعداد

(Chem. Eng.) مُستَحضَر • مُستَحضَر كيماويّ

preparation unit (Eng.) وَحدَةُ تحضير

preparatory (*adj.*) إعداديّ • تَحضِيريّ • تَمهيدي

prepayment meter (Elec. Eng.) عَدَّاد الدفع المُسبَق : عَدَّاد يسمح بمرور الغاز (أو الكهرباء) باسقاط القِطع النقدية فيه

preproduction expenditure نفقاتٌ سابقةٌ للانتاج

prescribed load (Eng.) الحِملُ المُقرَّر

prescription (*n.*) وَصْفة طِبِّية ــ أمْر • فَرْض ــ تقادُم • مُضِيُّ الزمن : اكتساب حقٍّ أو فِقدانُه بمرور الزمن

preselect console (Pet. Eng.) كونسُولة الانتقاء المُسبَق : جهاز تنظيم سير المُنتجات البترولية المُصفّاة في خطّ أنابيب النفط

presents (*n.*) مُستَنَد : المُستَنَدُ أو الوثيقة المُحرَّرة

preservation (*n.*) حِفظ • وِقاية • صِيانة

preservative (*adj.*) واقٍ • حافِظٌ

(*n.*) مادة حافِظة (أو مانِعةٌ للفَساد)

preservative agent (Chem. Eng.) عامِل حِفظ • عامِل وقاية

preservative coating (Eng.) طَبَقة واقِيَة • تغليف أو طلاء واقٍ

preserve (*v.*) حَفِظَ • صانَ • وَقَى

preset (*v.*) ضَبَط مُقدَّماً

(*adj.*) مَضبوط مُقدَّماً • سابِقُ الضَّبط

press (*v.*) ضَغَطَ • كَبَسَ ــ كَوَى ــ تابَعَ بإلحاح

(*n.*) مِكبَس ــ مِعصَرَة ــ مِطبَعَة ــ صِحافة

press button زِرٌّ كَبَّاس • زِرٌّ إنضغاطي

press-button control تَحكُّم بأزرارٍ كَبَّاسة

press cutting قَطعٌ بالكَبْس

press drill (Eng.) ثَقّابة ضغطية

pressed distillate (Pet. Eng.) قُطارة ضَغطية : الزيت الناتج من ضغط القُطارة البارافينية لِفصل الشمع عن الزيت

pressed peat (Geol.) خُثٌّ مضغوط

press filter (Chem. Eng.) مُرشِّح بالضَّغط

press, hydraulic (Eng.) مِكبَس هَيدرولي • مِكبَس سائليّ

pressing (*n.*) ضَغْط • كَبْس • عَصْر ــ تَشكيلٌ بالكَبْس

(*adj.*) مُلِحٌّ

preselect console

press

press, power (Eng.) مِكبَسٌ آليّ

pressure (*n.*) (Phys.) ضَغط

(Elec. Eng.) جُهد

(*adj.*) ضَغطي • يعمَل بالضغط

pressure adjustment (Eng.) مُعايَرَة الضغط

pressure, atmospheric (Phys.) ضغط جوِّي

pressure atomization تَذرِيَة بالضَّغط

pressure, back ضغط مُضادٌّ • ضغط مُعاكِس

pressure blower (Eng.) نَفّاخٌ ضَغطيّ

pressure blowing نَفخٌ بالضغط

pressure, bottom hole (Pet. Eng.) ضَغطُ القاع (في بئر النفط)

pressure, bottom hole shut-in (Pet. Eng.) الضَّغط المُغلَق في قاع البئر

pressure, bottom hole static (Pet. Eng.) الضغط الساكِن في قاع البئر

pressure build-up (Eng.) تَزايُدُ الضغط • تعاظُم الضغط

pressure build-up test (Eng.) إختبارُ تَزايُدُ الضغط

pressure cabin (Eng.) مَقصورةُ الضغط

pressure gauge

pressure chamber (Eng.) حُجرةُ الضغط

pressure, confining (Phys.) الضغط المُحيط

pressure conservation measures (Eng.) تدابير حِفظ الضغط

pressure control (Eng.) ضَبْط الضَّغط • تنظيمُ الضَّغط • التحكُّم في الضَّغط

pressure controller (Eng.) مُنظِّم الضغط • مِضْبَطُ الضغط

pressure control valve (Eng.) صِمامُ تَنظيم الضغط • صمام التحكُّم في الضغط

pressure, critical (Phys.) ضغطٌ حَرِج

pressure crude (Pet. Eng.) خامٌ مضغوط

pressure decline إنخفاض الضَّغط

pressure difference (Eng.) اختلافُ الضَّغط – فرقُ الضَّغط

pressure, differential (Eng.) ضَغط تفاضُليّ

pressure distillate (Pet. Eng.) قُطارة ضغطية: قطارة ناتجة بالتكسير على ضغطٍ مرتفع

pressure distillation (Chem.) التَّقطير الضَّغطي : التقطير تحت الضغط

pressure drawdown خَفْضُ (أو هبوط) الضغط

pressure drilling (Civ. Eng.) الحَفْر الضَّغطي • الحفرُ بالضَّغط

pressure drive (Eng.) تَصريف ضغطيّ – دَفعٌ بالضَّغط

pressure drop (Phys.) هُبوط الضغط • إنخفاض الضغط

pressure equalizing valve (Eng.) صِمام مُعادَلَة الضَّغط

pressure fan (Eng.) مِروحة (ضغطية) نَفّاخة

pressure-fed (*adj.*) مُغذّىً تحتَ الضغط

pressure feed (Eng.) تَغذِيَة ضغطية • تغذية تحت الضغط

pressure feed tank (Eng.) خَزّانُ التغذية الضغطية

pressure filter (Eng.) مُرشِّح ضغطي

pressure filtration (Phys.) ترشيح ضغطي : ترشيح تحت الضَّغط

pressure, final الضَّغط النهائيّ

pressure, fluid (Eng.) ضغطُ المائع

pressure gauge (Phys.) مِضغاط • مِقياسُ ضَغط

pressure governor (Eng.) حاكِمٌ ضَغطيّ : لتصريف الغاز على ضغطٍ ثابت

pressure gradient تَدرُّجُ الضغط

pressure grease cup قدَحُ التشحيم الضغطي

pressure grease gun (Eng.) مِدفعةُ شحم ضغطية

pressure head (Hyd.) عُلُوُّ الضغط • طـاقةٌ ضغطيَّة (تزدادُ بارتفـاع العمود السائلي الضاغط)

pressure-heat cracking (Pet. Eng.) تكسير بالضغط والحرارة

pressure, high ضغطٌ عالٍ

pressure indicating gauge (Eng.) مِقياسُ بيانِ الضغط

pressure indicator (Eng.) مُبيِّنُ الضغط

pressure, initial (Eng.) الضغطُ الابتدائي

pressure, input (Eng.) ضغطُ الإدخال • ضغطُ الحَقْن

pressure intensity (Eng.) شِدَّةُ الضغط

pressure loss (Eng). فَقْدُ الضغط

pressure, low ضغط خفيض

pressure lubricating system دورةُ التزليق الضغطي • نظامُ تزليق ضغطيّ

pressure lubrication (Eng.) تَزليقٌ ضَغطيّ • تَزليقٌ بالضغط

pressure lubricator (Eng.) مِشحَمَة بالضغط • مُزلِّق ضغطي

pressure maintenance (Eng.) الحِفاظُ على الضغط • حِفظُ أو مُداوَمَةُ الضغط

pressure metamorphism (Geol.) التحوُّل بالضغط

pressure naphtha (Pet. Eng.) نَفتا ضغطية : نفتا التكسير (على ضغطٍ مرتفع)

pressure, normal ضغطٌ عاديّ – ضغطٌ عموديّ

pressure, oil (Eng.) ضغطُ الزيت

pressure, operating (Eng.) ضغطُ التشغيل

pressure, partial (Chem.) ضغطٌ جزئيّ

pressure pipe أُنبوبٌ ضَغطيّ • أُنبوب ضغط

pressure-production characteristic (Pet. Eng.) مُنحنَى العلاقة بينَ الضغط والإنتاج

pressure proof (Eng.) صامِدٌ للضغط • مَسِيك للضغط

pressure pump (Eng.) مِضخَّةُ ضَغط • مِضخَّةٌ دافِعَة

pressure, rated (Eng.) الضغطُ المُقدَّر

pressure ratio نِسبة الضغط

pressure recorder (Eng.) مُسجِّلة الضغط • مُسجِّلُ الضغط

pressure recorder controller (Eng.) مِضْبَطٌ مُسجِّل الضغط

pressure reducer (Eng.) مُخفِّضُ الضغط

pressure reducing valve (Eng.) صمامُ تخفيض الضغط

pressure regulating valve (Eng.) صِمامُ تَنظِيم الضغط

pressure regulator (Eng.) مُنظِّمُ الضغط

pressure release valve (Eng.) صِمامُ تَحرير الضغط

pressure relief vent (Eng.) مِنفَسُ تخفيف الضغط

pressure resistance improving additives (Pet. Eng.) إضافات لتحسين مقاومة الضغط

pressure rise (Phys.) إرتفاعُ الضغط

pressure safety switch (Eng.) مفتاحُ أمانٍ ضَغطيّ

pressure, shut-in (Pet. Eng.) الضغطُ المُغلَق (في بئر النفط)

pressure, standard (Phys.) ضغط معياري : ضغط ٧٦ سم من الزئبق

pressure still (Pet. Eng.) مِقطر ضغطيّ • مِقطرة ضغطيـة : مِقطرٌ مُعَدٌّ بـالضغط والحرارة اللازمين لتكسير البترول

pressure-still tar (Pet. Eng.) قارُ المِقطر الضغطي : قار أسودُ سريع الجُمُود

pressure storage (Pet. Eng.) خَزْن ضغطي : للمُستخرَجات النفطية المُتطايِرة

pressure stroke (Eng.) شَوطُ الضغط

pressure, surface (Phys.) ضغطٌ سَطحيّ

pressure system (of lubrication) (Eng.) نِظامُ تزليق (بالضغط)

pressure tank (Chem. Eng.) خزّانٌ ضَغطيّ

pressure testing (Eng.) إختِبار الضغط • اختبار في ظروف الضغط العالي

pressure-tight (*adj.*) مَسِيكٌ للضغط

pressure transmission (Phys.) نَقلُ الضغط

pressure turbine (Eng.) تُوربين ضَغطيّ • عَنَفَة ضَغطيَّة

pressure valve (Eng.) صِمامُ ضَغط

pressure, vapour (Chem. Eng.) ضغطُ البُخار

PRI
347

pressure vessel (Eng.) وعاءٌ ضَغطيّ (حاوية للضغط) • وعاء الضغط

pressure viscosimeter (Eng.) مِقياسُ لُزوجةٍ ضَغطي

pressure viscosity (Pet. Eng.) اللزوجة الضغطية : خاصة ازدياد لزوجة المزلّق بازدياد الضغط

pressure warning switch (Eng.) مِفتاحُ إنذارٍ ضَغْطي

pressure wave (Phys.) مَوجةٌ ضَغطيّة

pressure welding (Eng.) لِحامٌ ضَغطيّ

pressure well (Pet. Eng.) بئرُ الحقن • بئرٌ حاقنة بالضغط

pressure, wellhead (Pet. Eng.) ضغط رأس البئر

pressure, working (Eng.) ضغطُ التشغيل

pressurization (Eng.) تَكييفُ الضغط (ليَبقى مُساوِياً لضغط الجو العادي)

pressurized cabin (Eng.) مَقصورةٌ مُكيَّفةُ الضغط

prestressed concrete (Civ. Eng.) خَرَسانة سابِقَةُ الإجهاد

prestressing (Eng.) اجهاد سابق

prestretched (*adj.*) مَمطُولٌ مُقدَّماً (قبل التركيب)

pretectonic recrystallization (Geol.) عَودةُ التبَلْوُر قبل تشكُّلِ الصخور

pretensioning (Civ. Eng.) شدٌّ سابق

pretest (*v.*) إختَبَر مُقدَّماً

(*n.*) (Eng.) إختبارٌ أوَّليّ

pretreatment (*n.*) (Chem. Eng.) مُعالَجَة تحضيرية • مُعالجة مُسبَقة • معالجة أوَّليَّة

prevailing prices الأسعار السائدة

prevent (*v.*) مَنَع • حالَ دون

preventer (*n.*) مانِع – واقٍ من

preventer, blow-out (Pet. Eng.) مانِعُ الانْدِفاق • مانِعةُ التدفُّقِ المُفاجِئ : صِمام بوابي يُقفل أوتوماتيّاً لدى تدفّق الغاز في أثناء الحفر

prevention (*n.*) مَنع – وِقاية

preventive (*adj.*) مانِع – وِقائي • احتياطي

preventive maintenance صِيانة وِقائية

preventive measure تَدبيرٌ وِقائي

previous (*adj.*) سابِقٌ • مُتقدِّم

prian (*n.*) (Geol.) طَفَلٌ أبيض • طين أبيض

price (*n.*) ثَمن • سِعر

(*v.*) ثَمَّن • سَعَّر • حَدَّد السِّعر

price bulletin نَشرةُ الأسعار

pressure vessels —

price, cost سِعرُ الكُلْفَة

price discrimination تفاضُليّة السعر: التميز بين الأسعار تبعاً لمُرُونه الطلب

price fixing تَحديدُ الأسعار

price list قائمةُ الأسعار

price, posted السِّعر المُعلَن

price, retail سِعرُ التَّجزئه • سِعرُ البيع بالمفرّق

price, wholesale سِعرُ الجملة

prick punch (Eng.) سُنبُكُ شَكّ (لتعليم مَركزِ الثَّقب)

prill (*n.*) عَيِّنَة مُختارة – لَقطة مَعدنية

primary (*adj.*) إبتدائيّ • أوَّليّ – رئيسيّ • أساسيّ • أصليّ

primary acid (Chem. Eng.) حامِضٌ (عُضويٌّ) أوَّليّ

primary alcohol (Chem.) كُحول أوَّلي

primary battery (Elec. Eng.) بَطّارية أولية • بطارية من الخلايا الأوليَّة

primary cell (Elec. Eng.) خَليَّة أوَّليَّة

primary colours (Phys.) الألوانُ الأساسية (الأزرقُ والأخضر والأحمر)

primary condenser (Eng.) مُكثِّف إبتدائي (أو أوَّلي)

primary cracking (Pet. Eng.) تكسير أوَّليّ • تكسير إبتدائيّ

primary crystallization (Chem.) تَبَلْوُرٌ أوَّليّ

Primary era (Geol.) الدهرُ الأول

primary importance أهمِّيَّةٌ أوليَّة

primary mineral مَعدِنٌ أوَّلي

primary product (Chem. Eng.) ناتِج أوَّلي • مُستحضَر ابتدائيّ

primary recovery (Pet. Eng.) إستِعادة أوَّليَّة • استِخلاص أوَّليّ

primary source مَصدر أوَّليّ أو أساسيّ

primary stratification (Geol.) تَطبُّقٌ أوَّليّ

primary valve (Eng.) صِمامٌ ابتدائي (لتزويد المِضخَّة بالسائل)

prime (*adj.*) أوَّليّ • رئيسيّ • أصليّ

(*v.*) مَقى (المِضخَّةَ) – وَضَع الطَّلْيَة التحضيريَّة – أعَدّ • حضَّر (للإدارة أو الإشعال)

prime coat طَبَقة طلاء أولية

prime cost التكلفة الأصلية • سِعرُ الكُلْفَة

Prime Meridian خطّ الطُّول الرئيسيّ (المارُّ بجرينتش)

prime mover (Eng.) مُحرِّكٌ أوَّليّ (لا يُديره مُحرِّك آخر)

prime number عَدَدٌ أوَّليّ

primer (*n.*) طَليةٌ أوَّلية • طَليَة تَبطين • بِطانةُ دِهان – شُعيلة • كَبْسُولةُ تفجير – كِتابٌ تمهيدي

primer pump (Eng.) مِضخَّةُ حَقن

primeval (*adj.*) أوَّليّ • بَدئيّ • بسيط

prime white kerosene (Pet. Eng.) كِيروسين أوَّليٌّ أبيضُ

priming (*n.*) مَقي (المضخَّة) • إسقاء – تحضير – طَلْيَة تحضيرية • تَبطين – تَزويدٌ بشُعيلةِ تفجير

blow-out preventer

priming cap كَبْسُولَةُ إشعال

priming cartridge خَرطُوشَة تَفجير

priming coat طَلْيَة تحضيرية • طَلْيَةُ بِطانة

priming valve (Eng.) - صِمام سَقي (المضخة) - صِمامة اشعال

primitive (*adj.*) بِدائيّ ـ عَتيقُ الطِّراز

primitive rock (Geol.) صَخر عتيق (سابق للعصر الكَمْبَري)

primitive water = juvenile water ماء أوّلي • ماء وَليد

primordial (*adj.*) بِدائي • أساسيّ • أصليّ

principal (*adj.*) رَئيسيّ • أساسي

(*n.*) رَئيس

principal axis مِحورٌ رئيسيّ

principal rafter (Civ. Eng.) رافِدَةٌ رئيسية

principal shock (Geol.) • الرَّجفة الرئيسية • إرتجاج رئيسي • هِزَّة رئيسية

principle (*n.*) مَبدأ • قاعدة ـ أصل • مَنْشأ

print (*v.*) طَبَع

(*n.*) (Geol.) أثَر • طَبْعَة

printer (*n.*) عامِلُ طِباعة ـ آلة طابِعة

printing (*n.*) طَبْع • طِباعَة

printing ink حِبرُ الطباعة

priority (*n.*) أسبَقِيَّة • أولَوِيَّة

prism (*n.*) مَوْشُور • مَنْشور

prismatic (*adj.*) مَوشوريّ • مَنشوريّ

prismatic cleavage (Geol.) إنشِقاق مَوشوري

prismatic structure (Geol.) بِنْيَة مَوشوريَّة

prismatic sulphur (Chem.) كِبريتٌ مَوشوري

probability (*n.*) إحتِمال • إحتماليَّة ـ أمر مُحتَمَل الحُدوث

probability, law of قانونُ الاحتِمالية

probable (*adj.*) مُحتَمَل • إحتِماليّ ـ مُرَجَّح

probable error خطأٌ مُحتَمَل

probable ore (Mining) مَعدِن إحتماليّ (يُحتَمَل وُجودُه)

probe (*n.*) (Eng.) مِسْبَر • مِسْبار ـ سَبْر • استبار

(*v.*) سَبَر ـ فَحَصَ بِدِقَّة

probertite (Min.) پرُوبِرتَيت : خامٌ من أكاسيد الصوديوم والكالسيوم والبُورون المُمَيَّأة

Probolog (Elec. Eng.) پروبُولوغ • المِسبارُ الحاسِب : مِسبار الكتروني للكشف عن التآكُل داخل الأنابيب

procedure (*n.*) طريقة • أُسلوب ـ نَهْج • مَسْلَك ـ إجْراء

proceed (*v.*) تقدَّمَ ـ تابَع (او سارَ) بعدَ توقُّف ـ شرَعَ • باشَرَ

proceedings (*n.*) اجراءات ـ مُداوَلات

proceeds (*n.*) عائدات • رَيْع • حَصيلة • رِبْح

gas processing unit

process (*n.*) عمليَّة • طريقة • نَهْجُ المُعالَجة الصناعية (المتعددة المراحل) ـ زائِدة • نُتُوء

(*v.*) عالَجَ أو عامَلَ (صناعيًّا على عدَّة مراحِل)

(*adj.*) مُصَنَّع • مُعالَج بطريقة صناعية خـاصة

process chart (Eng.) : مُخَطَّطُ التصنيع مُخَطَّطُ نَهْجِ العَمَليَّات المُتعاقِبة

process, chemical (Chem. Eng.) طريقة كيميائيَّة • عملية كيماويَّة

process control (Eng.) ضبطُ العمليات المُتعاقبة • تَحَكُّمٌ في العَمليَّات (الصناعية) المُتعاقِبَة بوسائل الكترونية أو ميكانيكية

process design (Eng.) تصميم العمليَّات

processed (*adj.*) مُصَنَّع • مُعالَجٌ بعَمَليَّات (صِناعية) مُتعاقِبَة ـ مُعَدٌّ • مُهَيَّأ

processed material (Eng.) مادة مُصَنَّعة

processed oil (Pet. Eng.) زيت مُصَنَّع

process engineering هندسةُ التصنيع

process flow diagram (Eng.) مُخَطَّط سَيْرِ عملية التصنيع

processing (*n.*) إعداد تصنيعيّ • تصنيع • مُعالَجَة (تصنيعيَّة) مُتعاقِبَة

processing centre مركزُ تصنيع • مركزُ مُعالَجة مُتعاقِبَة

processing unit, gas وَحدةُ تصنيع الغاز

process of manufacture (Chem. Eng.) طريقة الصنع

process of production (Chem. Eng.) عمليَّةُ الإنتاج

process stock (Pet. Eng.) مَخزوناتُ التصنيع • خاماتُ المُعالجة المُتعاقبة

procurement (*n.*) حُصول • نَيْل ـ تَموين

Prodag (Chem. Eng.) پروداج : مُستَعلَق شِبهُ غَرَواني من الغرافيت في الماء

produce (*v.*) أنتَجَ • أغَلَّ ـ أخرجَ ـ أحدثَ • وَلَّدَ • سَبَّبَ ـ مدَّ (خطًّا على استقامته)

(*n.*) نِتاج • مَحصول

producer (*n.*) مُنتِج • مُوَلِّد ـ مُخرِج

(Pet. Eng.) بئرٌ مُنتِجَة

producer-gas (Chem. Eng.) غازُ المُوَلِّدات

producing depth (Pet. Eng.) العُمقُ المُنتِج

producing formation (Pet. Eng.) تكوينٌ مُنتِج

producing well (Pet. Eng.) بئرٌ مُنتِجة

producing zone مِنطقة مُنتِجة (أو مُغِلَّة)

product (*n.*) مُنتَج ـ نِتاج ـ سِلعة مُنتَجة ـ محصول • غَلَّة

product, bottom (Pet. Eng.) ناتِجٌ سُفلي (من المُتَخلِّفات)

product, end (Chem. Eng.) ناتِجٌ نهائيّ

product, final (Chem. Eng.) ناتِجٌ نهائيّ

product, finished (Chem. Eng.) مُنتَج تامّ الصنع

product, head (Pet. Eng.) ناتِجٌ قِمِّي (من المُتطايِرات)

product, high-quality مُنتَجٌ عالي النوعيَّة

production (*n.*) إنتـاج

production analysis (Eng.) تحليل الانتاج

production, batch إنتاجٌ قَطْعيّ : الإنتاج على دُفعات

production capacity القُدرة الإنتاجية

production casing (Pet. Eng.) عمود (تغليف) أنابيب الانتاج

production, commercial إنتاج تجاريّ

production, continuous (Eng.) إنتاجٌ مُتواصِل أو مُستمِرّ

production control مُراقَبَةُ (أو تنظيمُ) الإنتاج

production cost تكاليف الإنتاج

production crew فريقُ (عمّال) الإنتاج

production current (Eng.) الإنتاجُ الحاليّ

production curves مُنحَنَيات بيانِ الانتاج

production engineering هَندَسَةُ الإنتاج

production, gas (Pet. Eng.) إنتاجُ الغاز

production, high إنتاجٌ عالٍ

production line (Eng.) خَطُّ الإنتاج

production, local إنتاجٌ مَحَلِّيّ

production, mass الإنتاج بالجُملة

production, oil (Pet. Eng.) إنتاجُ الزيت

production peak ذُروةُ الإنتاج

production, peak (Eng.) إنتاج ذُرويّ

production rate مُعدَّل الإنتاج

production sand (Pet. Eng.) رَمل مُنتِج

production schedule بَرنامَجُ الإنتاج

production station, offshore (Pet. Eng.) محطةُ إنتاج في المنطقة المغمورة

production test (Eng.) تَجربةٌ عِندَ الإنتاج (في المصنع) • إختبار الإنتاج

production tubing أنابيب الانتاج

production unit (Eng.) وَحدة انتاجيَّة

production well (Pet. Eng.) بئر مُنتِجة • بئرُ إنتاج

productive (*adj.*) مُنتِج • إنتاجيّ

productive capacity الطاقه الإنتاجيه

productive horizon (Pet. Eng.) أُفُق مُنتِج • طبقة مُنتِجة

productivity (*n.*) إنتاجيَّة

productivity index (Pet. Eng.) دليلُ الإنتاجيَّة : عدد براميل النفط المُنتَجة يوميّاً لكل انخفاض رِطل على البوصة المُربعة في ضغط القاع

product mix خليط (من) المنتَجات

product recovery unit (Pet. Eng.) وَحدةُ إستخلاص المُنتَجات

products, cutback (Pet. Eng.) مُنتَجاتٌ مُخفَّفة

products cycle (Pet. Eng.) : دَورةُ المُنتَجات : نظامُ تعاقُبها في خط الأنابيب

products, intermediate (Chem. Eng.) منتوجاتٌ وسيطة (نصف جاهزة)

products line (Pet. Eng.) خطُّ نقلِ المُنتَجات: خطُّ أنابيب لنقل المُنتَجات النفطيَّة

products, overhead (Pet. Eng.) مُنتَجاتٌ عُلويَّة

products, refined (Chem. Eng.) مُنتَجات مُكرَّرة

products, sour (Pet. Eng.) مُنتَجاتٌ حَذيقة

products, straight-run (Pet. Eng.) مُنتَجات التقطير البسيط • مُنتَجات التقطير الأوَّلي (اللاَّ تكسيري)

products, waste (Chem. Eng.) فضَلات • مُنتَجات مُهمَلة

product, top (Pet. Eng.) ناتج قِمّي (من المُتطايرات)

product yield (Chem. Eng.) – حاصِل الإنتاج – الناتج من مُستحضَرٍ مُعيَّن

professional organization منظمة مِهَنيَّة

proficiency (*n.*) بَراعة • مَهارة

proficient (*adj.*) بارِع • حاذِق

profile (*n.*) قِطاع جانبيّ • جانبِيَّة – قِطاع طولي – مَظهرٌ جانبي

(*v.*) رَسَمَ الجانبِيَّة

profile drawing (Pet. Eng.) رسم القِطاعات الجانبيَّة (لِحُفرة البئر)

profile paper وَرَقٌ مُربَّعات (لِرسم المَقاطع الجانبية)

profiling (*n.*) تَشكيلُ الجانبية

profilometer (Civ. Eng.) مِقياس وُعُورَة سَطح الطريق

profit (*n.*) رِبح • كَسْب • فائِدة

(*v.*) رَبِحَ • كَسَبَ – نَفعَ • إنتفَعَ – أفاد • إستفاد

profitable (*adj.*) مُربِح

profit, gross الرِّبحُ الإجماليّ

profit, net الرِّبحُ الصافي

profit sharing المُشارَكه في الأرباح

profuse (*adj.*) وافِر • غَزير – مُفرِط

progradation (*n.*) (Geol.) تقدُّم الناطيء (بفعل الأمواج)

programme = program (*n.*) بَرنامَج • مِنهاج

(*v*) بَرمَج • وضَع بَرنامَجاً

programming (*n.*) بَرمَجة • وضعُ أو تصنيف البرامج

progress (*n.*) تقدُّم • إرتقاء

(*v.*) تَقدَّم • إرتَقَى – تَوالَى

progress chart (Eng.) مُخطَّطُ بيان التقدُّم

progressive (*adj.*) مُتقدِّم • تَقدُّميّ • تزايُديّ – تدريجيّ • مُتوالٍ

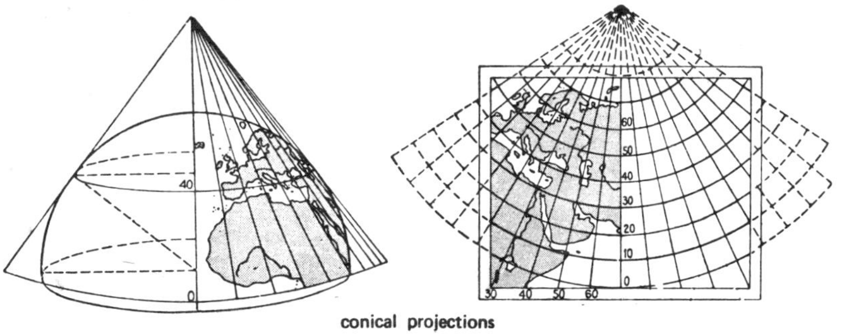

offshore production station

progressive development (Geol.) تَطَوُّر تدريجي • نُمُوٌّ تدريجي

progressive metamorphism (Geol.) تَحَوُّل تدريجيّ

progressive transmission (Eng.) نَقْلٌ مُتوالٍ (للحركة)

progress report تقرير (دَوريّ) عن سير العمل

progress schedule (Eng.) جدولُ سير العمل

prohibited zone مِنطقة مُحَرَّمة أو محظُورة

prohibitive tariffs رُسومٌ (جُمركيَّة) مانِعة

project (*v.*) أسقَطَ • عَرَضَ – خَطَّطَ – قذَفَ – نَتَأَ • بَرَزَ

(*n.*) مَشروع • خُطَّة

projected area مِساحة مُسْقَطَة

project engineer مُهندِس (تصميم) المشاريع

projection (*n.*) إسقاط – مَسْقَط (الخريطة) – نُتوء

conical projections

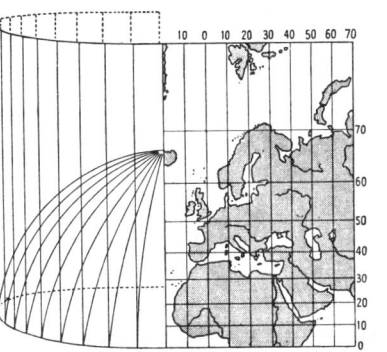

cylindrical or Mercator projection

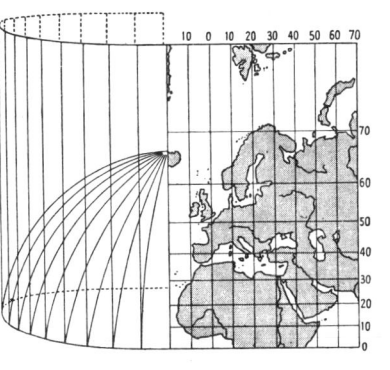

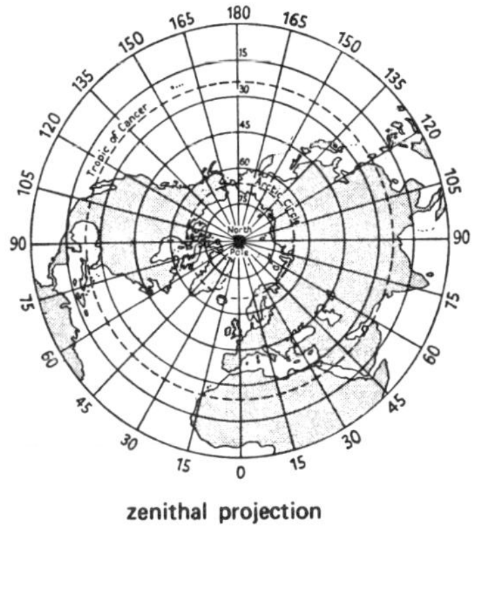

zenithal projection

projection, Mercator (Geog.) مَسْقَط «مِركاتور»

projection plane مُستَوى الإسقاط

projection welding (Eng.) لِحامٌ نُتوئيّ : تُحدَثُ فيه نُتوءاتٌ قبل عملية اللِّحام

project manager (Eng.) مُدير قِسم الدراسات الهندسية

projector (*n.*) جهازُ إسقاط ـ آلة عرضٍ سينمائي

projecture (*n.*) بُروز • نُتوء

prolate (*adj.*) مُتطاوِل (في اتّجاه القطبين)

prolate spheroid شِبْهُ الكُرة المُتطاوِل

proliferation (*n.*) إنتشار • إمتِداد

prolific (*adj.*) غَزير • وافِر • مُفرِط

prominence (*n.*) بُروز • نُتوء

(Geol.) مُرتَفَع

prominent (*adj.*) بارِز • ناتِىء

promising outlook دلائلُ مُشجِّعة

promontory (*n.*) رأس • جُرُفٌ ناتِىء في البحر ـ نُتوء

promote (*v.*) رَقّىَ • نَجَّح ـ رَوَّج ـ عَزَّز • شجَّع

promoter (Chem. Eng.) مُعزِّزُ المادةِ الحفّازة

promoter, adhesion (Chem. Eng.) مُعزِّزُ التلاصُق

promotion (*n.*) تَرقِيَة ـ تَعزيز ـ تَرويج

prompt (*adj.*) فَوريّ • عاجل ـ مُتأهِّب

(*v.*) حَثَّ • حَضَّ

prompt delivery تسليم فوريّ

proneness (*n.*) تعرُّض (ل) • تعرُّضيَّة

Prony brake (Eng.) مِكبَح «پُروني» : لِقياس القُدرة الحِصانيَّة بالاحتِكاك

proof (*n.*) بُرهان • دَليل • إثبات • حُجَّة ـ إختِبارٌ استِدلاليّ

(Chem.) قُوةُ الكُحول العِياريَّة

(*adj.*) بُرهانيّ ـ صامِد(ل) • لا يتأثَّر(ب)

(*v.*) صَمَّد • جَعل صامِدًا (ل)

proofed tape (Eng.) شَريط مُصَمَّد

proof, full scale (Chem. Eng.) اختبار شامِل المدى

proofing (Chem. Eng.) تصميد • مُعالَجَةٌ للتصميد

proof load (Eng.) حِمْل الصمود

proof, small-scale (Chem. Eng.) اختِبار ضَيِّق المَدَى

proof stress (Eng.) إجهاد الصُّمود

proof test (Eng.) اختبار الصمود

prop (*n.*) دِعامة • دِعمة • حامِل • سِناد

(*v.*) دَعَمَ • دعَّم • سَنَد

propagate (*v.*) نَشَرَ • بَثَّ • أذاعَ ـ إمتَدَّ • إنتشر

propagation (*n.*) (Phys.) إنتشار • إمتِداد

propagation profile (Geophys.) قِطاعُ إنتِشارِ المَوجات

propagation velocity (Phys.) سُرعة الانتِشار

propane (Chem.) الپروپان • غاز الپروپان

propane-air mixture (Pet. Eng.) مزيج الهواء والپروبان • پروبان مُهوًّى

propane burner حارِق (قطعٍ) پروپاني

propane de-asphalting (Pet. Eng.) فَصلُ الزفت بالپروپان : حيث يُذيبُ الپروپان الأجزاء الخفيفة ويَرسُبُ الاسفلتُ والراتينجات الثقيلة

propane de-waxing (Pet. Eng.) إزالة الشمع (بالإذابة) بالپروپان

propane heater مِدفأة پروپانية

propanol = propyl alcohol (Chem.) پروپانول • كُحول پروپيلي

propanone = acetone (Chem.) پروپانون • أسيتون

prop drawing (Mining) سَحْبُ الدُّعَم (لتَهبيط سَقفِ المنجم)

propel (*v.*) دَفَعَ • دَسَرَ • سَيَّر

propellant (*n.*) دافِع • دابِر ـ وَقودٌ دابِر (يتكوَّنُ من مادة مُشتَعِلةٍ وأُخرى مُؤكسِدة)

propellant, jet دابِر النّفاثات • وَقودُ الدَّفع النفّاث

propellant, liquid دابِرٌ سائِل • وَقودٌ دَفعيٌّ سائِل

propellent (*adj.*) دافِع • دابِر

(*n.*) وَقودٌ دابِر • وَقودٌ دَفعِيّ

propellent charge حَشوةٌ دابِرة

propellent fuel وَقودٌ دابِر • وَقودٌ دَفعيّ

propeller (*n.*) دافِع • دابِر

(Eng.) مِروَحة • مِدسَرة • رَفّاص

propeller pump (Eng.) مِضخَّة مِروَحِيَّة

propeller shaft شِياق المِروَحة • عَمُودُ (دورانِ) المِروحة

propeller thrust دَفْعُ المِروَحة

propeller turbine عَنَفة مِروَحِيَّة • تُربينةٌ مِروَحِيَّة

propelling force قوّة دافِعة أو مُسَيِّرة

propenal = acrolein (Chem.) پروپينال • أكرولين

propene = propylene (Chem.) پرُوپلين • پرُوپين

propensity (*n.*) مَيل • نُزوع • نَزْعة

propenyl alcohol = allylalcohol (Chem.) كُحول الپروپينيل • كُحول أَلِّليّ (أو الِّليليّ)

propane burner

properties خَواص

properties, chemical (Chem.) خواص كيماوية

properties, physical (Chem.) خواص طبيعية

property (*n.*) خاصَّة • مِيزَة • خاصِّيَّة ـ مِلك • مِلكيَّة

propionic acid (Chem.) حامض البرُوپيُونيك

propjet engine (Eng.) مُحرِّك مِروَحيّ نفّاث

proportion (*n.*) نِسْبة • تَناسُب ـ تركيب نِسبيّ

(*v.*) ناسَبَ : جَعَلَ مُتناسِباً ـ وزَّع نسبيًّا

proportional (*adj.*) نِسْبي • تَناسُبي

proportional control (Eng.) تحكُّم تناسُبي: خطِّي التناسُب

proportional counter (Eng.) عَدّادٌ تناسُبي

proportional drawing رَسْم نِسبيّ (أو تناسُبي)

proportional scale مِقياس (مُدرَّج) نِسبيّ

proportionate (*adj.*) مُتناسِب

(*v.*) ناسَب • جعلَ مُتناسِباً

proportioning (*n.*) تَنسيب : توزيعٌ نِسبيّ • مَزج نِسبيّ

proportioning pump (Pet. Eng.) مضخَّة تَنسيب : مضخَّة مزج نِسبيّ

proposal (*n.*) إقتراح • عَرْض

propping (*n.*) دَعم • تَدعيم

proprietary product (Chem. Eng.) إنتاج أو مُستحضَر مُسجَّل : تستأثِرُ بِصُنعِهِ وتَسويقه شركةٌ مُعيَّنة

proprietor (*n.*) مالِك • مَلّاك

propriety (*n.*) مِلْكِيَّة ـ لِياقَة • مُلاءمة

propulsion (*n.*) دَفع • دَسْر • تَسيير

propulsion, jet (Eng.) الدفعُ النفّاث • الدفع النافوريّ

propulsive (*adj.*) دافِع • دَفعِيّ • دَسْرِيّ • مُسَيِّر

propulsive efficiency (Eng.) الكِفاية الدفعيَّة

propulsive force (Eng.) قُوَّة دَفعيَّة • قُوَّة مُسيِّرة

propyl- (Chem.) بُرُوبِل : شِقٌّ هيدروكربونيّ أُحادِي التكافؤ

propyl alcohol = propanol (Chem.) بروبانول • كُحول البروبِل

propyl carbinol (Chem.) كَرْبينول البروبِل • كحول بيُوتيلي عادي

propylene = propene (Chem.) بروبِلين • بروبِين

propylene dichloride (Chem.) ثاني كلوريد البروبِلين

propylene glycol (Chem.) غلَيْكول البروبِلين

propylene oxide (Chem.) اكسيد البروبِلين

propylene tetramer = dodecene (Chem. Eng.) مُبَلْمَر البروبِلين الرباعي • دُودِسين

propylene trimer = nonene (Chem.) مُبَلْمَر البروبِلين الثلاثي • نُونِين

pro-rata basis على أساس نِسبيّ : كُلٌّ بنِسبة ما له

prorate (*v.*) قَنَّن ـ حَصَّص • وَزَّع نِسبيّاً

proration تَقنين • تَحصِيص ـ حِصَّة نِسبيَّة

prorationing (*n.*) تَقنين • تَحصِيص

proration of production تَقنين الإنتاج

prospect (*v.*) نَقَّب • بَحَثَ ـ إستكشف • رادَ
(*n.*) شيءٌ مُتوقَّع أو مأمول ـ إمكانيَّة ـ نَظْرة • مَنْظَر • وُجهةُ نظر
(Mining) مَأمَل : موقعٌ يُحتَمَلُ وُجودُ الخاماتِ فيه

prospecting (*n.*) تَنقيب • إستِكشاف

prospecting, geophysical (Pet. Eng.) تَنقيبٌ جيُوفيزيائي

prospecting licence (Mining) رُخْصَةُ تَنقيب (عن البترول أو المعادن)

prospecting, seismic (Pet. Eng.) تَنقيبٌ زَلزَليّ

prospection = prospecting (*n.*) تنقيب • استكشاف • استطلاع

prospective (*adj.*) مأمول • مُتوقَّع • مُنتَظَر

prospective market سوق مُنتظَرة

prospector (*n.*) مُنَقِّب • مُستكشِف • رائِد

prospect well (Pet. Eng.) بئر استطلاعيَّة

protect (*v.*) وَقَى • حَمَى • حَفِظَ • صانَ

prospecting for oil in deep water

prospecting for oil in the desert

protected (*adj.*) مَصُون • مَحمِيّ

protection (*n.*) وِقاية • حِماية

protection cap = fender (Elec. Eng.) غِطاءٌ واقٍ • مِصَدٌّ واقٍ

protection casing (Eng.) غِلافٌ (أو تغليف) وِقائي

protection, fire الوِقاية من الحريق

protection survey فَحصٌ وِقائيّ

protection test (Pet. Eng.) اختبار الوقاية : اختبار فعالية الشحم في الوقاية من الصدأ

protective (*adj.*) واقٍ • وِقائي

protective agent (Chem. Eng.) عامِلٌ وِقاية

protective clothing ألبِسة واقِيَة

protective coating (Chem. Eng.) طِلْيَة (أو طبقةٌ) واقِيَة

protective gloves قُفّازاتٌ واقِيَة

protective goggles نَظّارات واقِيَة

protective layer طَبَقة واقية

protective measures إجراءاتٌ وِقائية • تدابيرُ حِماية

protective screen سِتار واقٍ

protective system (Elec. Eng.) نِظامٌ وِقائيّ

protective tariff تَعرِفة حِماية جُمركية

protector (Elec. Eng.) واقِيَة • نبيطة وقاية

protector sleeve (Eng.) كُمٌّ (أو جُلبَة) وِقاية

protein synthesis (Chem. Eng.) تَركيبُ (أو تَخليقُ) البروتينات

Proterozoic era (Geol.) الدَّهرُ الفَجْري • حُقْبُ طَلائع الأحياء

protest (*v.*) إحتَجَّ • إعتَرَضَ
(*n.*) إحتِجاج • إعتِراض

proto- بادئة بمعنى : أوَّل • أوَّليّ • بِدائي • بَدْئيّ

protobitumin (Geol.) قار أوليّ

protogenic (*adj.*) (Chem. Eng.) مُوَلِّد بروتونات
(*adj.*) (Geol.) أوَّليّ النشأة • بَدْئيّ

proton (*n.*) (Phys.) بروتُون • أُوَيْل

protophyte (Bot.) نبات أوَّليّ

protore (Mining) خامٌ أوَّليّ • رِكاز أصلي

prototype (*n.*) نَموذج أوَّليّ • طِراز بِدائي

protoxide (Chem.) أُكسيد أوَّليّ : أقلُّ أكاسيدِ المادة إحتِواءً للأكسِجين

Protozoa (Zool.) الأوَّلِيّات • الأوالِي : عُوَيلِمُ وشُعْبةُ الحَيوانات الوَحيدةِ الخلِيَّة

protozoan (Biol.) أوَّلي : حيوان من الأوالي الوَحيداتِ الخليَّة

protract (*v.*) مَدَّ • طَوَّل • مَدَّدَ • أطال
(Surv.) خَطَّطَ أو رَسَمَ بالمِنْقَلَة

protractor (Geom.) مِنْقَلَة

protractor bevel (Eng.) مِسطار زوايا بمِنقلة

protrude (*v.*) نَتأ • بَرَزَ

protrusion (*n.*) (Geol.) نُتُوء • بُروز

protuberance (*n.*) نُتُوء • بُرُوز ـ حَدَبة ـ إنتِفـاخ

proustite (Min.) براوستيت : كِبريتيدُ الفِضَّة والزرنيخ

prove (*v.*) بَرهَنَ • أثبَتَ ـ جَرَّبَ • إختَبَر ـ عايَرَ ـ بَدا • ثبَت (بالتجربة)

proved (*adj.*) مُثبَت • مُبرهَن • مُؤكَّد بالاختبارات ـ مُجرَّب

proved area (Pet. Eng.) مِنطقة مُثبَتة : ثبت وُجودُ النفط فيها

proved reserves (Mining) إحتياطيٌّ مُثبَت : الاحتياطيُّ الثابتُ وُجودُه

proven field (Pet. Eng.) حَقلٌ مُثبَت : ثَبتَ وُجودُ الزيتِ فيه

prover (*n.*) (Eng.) مُعايِر

prover, master-meter (Eng.) مُعايِرُ العَدّاداتِ القِياسية

provide (*v.*) زَوَّدَ • مَوَّن ـ إشترط ـ إحتاط • أمَدَّ • إستَعَدَّ

province (*n.*) مُقاطَعة • إقليم

proving hole (Pet. Eng.) بِئر إختِباريَّة

proving tank (Pet. Eng.) خزّان مُعايرة
provision (*n.*) مؤُونة • تموين – إمداد • تزويـد – شَرْط • بَنْـد شَرْطيّ – إحتِياط • تدبيرٌ إحتياطي
(*v.*) موّن – زوّد
provisional (*adj.*) مُؤَقَّت – إحتياطي
prow (*n.*) جُؤْجُؤ • مُقَدَّم السفينة أو الطائرة
proximal end الطَّرَفُ الأقرَب (أو الأدنى)
proximate (*adj.*) تَقريبيّ – مُتقارِب • مُباشِر
proximate analysis (Chem. Eng.) تَحليلٌ تَقريبي
proxy (*n.*) وَكالَة – تَوكيل • تَفويض – وَكيـل
pruning (*n.*) تَقليم • تَشذيب
Prussian blue (Chem.) أزرق بروسيا : فِرّوسيانيد الحَديديك
prussic acid = **hydrocyanic acid**
(Chem.) الحامِضُ البرُوسيّ: محلول سَيانيدِ الهيدروجين
pry (*v.*) تفحَّصَ • نَقَّبَ – رَفَع أو خَلَع بمُخْـل
(*n.*) مُخْل • قضيبُ رَفْعٍ أو خَلْع
psammitic rocks (Geol.) صخور رَمليَّة
psammitic texture (Geol.) نسيجٌ أو بِنيةٌ رمليَّة
psephitic rocks (Geol.) صُخور حَصائيّة أو حَصَويَّة
psephitic texture (Geol.) نسيج أو بِنية حَصَويَّة
pseudo-anticline (Geol.) طَيَّةٌ مُحدَّبةٌ كاذبة • قَبوةٌ كاذِبة
pseudo-cleavage (Geol.) تشقُّق كاذِب • انشقاق كاذب
pseudo-critical pressure (Phys.) الضغط الحَرِج الكاذب
pseudo-critical temperature (Phys.) درجة الحرارة الحَرِجة الكاذبة
pseudocrystalline (*adj.*) كاذِبُ التبلور • شبه مُتبلوِر
pseudo-fossil (Geol.) حَفريَّةٌ كاذبة • أُحفورة كاذبة
pseudoisomerism (Geol.) تَشابُه أيسومريّ كـاذِب
pseudolamination (Geol.) تَطبُّقٌ كاذِب • تصفُّح كاذِب
pseudomorph (*n.*) خامٌ كاذِبُ التَشكُّل
(*adj.*) كاذِبُ التَشكُّل
pseudomorphism (Geol.) تَشكُّلٌ كاذِب
pseudoplastic (*adj.*) (Chem. Eng.) شِبهلَدائني

pseudoplastic fluids (Chem. Eng.) مَوائعُ شِبه لَدْنة
pseudosolution (Chem. Eng.) مَحلولٌ كاذِب • مُستعلَقٌ غَرَوانيّ
pseudo-steady state (Chem. Eng.) حالة شِبهُ مستقِرَّة
pseudosymmetry (*n.*) تَماثُلٌ كاذِب
pseudosyncline (Geol.) قُعيرةٌ (طيَّةٌ مُقعَّرةٌ) كـاذِبة
pseudovolcanic (*adj.*) بُركانيٌّ كاذِب
pseudowaxes (Pet. Eng.) مواد شِبه شَمعيَّة
p.s.f. = **pounds per square foot** پاوند على القدم المربَّعة
p.s.i. = **pounds per square inch** پاوند على الإنش المربَّع
psia = **pounds per square inch absolute** الضغط المُطلق بالپاوند على الانش؟
psig = **pound per square inch gauge** الضغط المَقيس (زائداً عن الضغط الجوي) بالپاوند على الانش؟
p.s.t. = **pressure still tar** (Pet. Eng.) قار المِقطر الضغطي
psychrometer = **hygrometer** (Meteor.) مِرْطاب • مِضْرَد • مقياسُ رطوبة الجوّ
Pteridophyta (Biol.) السَّرخَسيَّات : طائفةٌ من اللاَّ زَهريات الوِعائية
ptwc = **permanent-type well completion** انجاز البئر بالشكل النهائي
public domain مِلكٌ عام • أملاك عامة
public lands أراضٍ أميرية : تملِكُها الدولة
public relations العَلاقاتُ العامَّة
public safety السَّلامَةُ العامَّة
public utility (Civ. Eng.) مِرفَقٌ عام • مُؤَسَّسةٌ ذاتُ مَنفَعةٍ عامّة
public welfare الصالِحُ العام
public works (Civ. Eng.) الأشغالُ العامَّة
pucker (*v.*) غَضَّن • تَغَضَّنَ • تَجَعَّد
puckering (Geol.) تغضُّن • تجعُّد • تطويةمُتعدِّدة
pudding grease (Pet. Eng.) شحم شِبهُ مائِع • شحمُ الزيوت المُتهلِّمة
puddle (*v.*) تَوَحَّلَ • أَوحَل – خاضَ في بِركةٍ ضَحْلَة
(Civ. Eng.) خَلَطَ المِلاط – طَيَّن أو سَدّ بالمِـلاط
(Met.) سَوَّط الحديد (لِيَسْهُلَ تَطريقه وتشكيلُه)
(*n.*) بُرَيكة • بِرْكَة صغيرة ضَحْلَة
= **puddle clay** (Civ. Eng.) مِلاطٌ أَصَمّ (صامِدٌ للماء)

puddling (Met.) تَسويط : تَحريكُ الحديدِ المَصهور مع خَبَثٍمُؤكسِد لجَعْلِه سَهلَ التشكيـل
puff (*v.*) نَفَثَ • نَفَخَ – إنتَفَخ
(*n.*) نَفْخَة • هَبَّة • عَصْفَة – إنتفاخ
(Mining) غازُ المَناجِم
puff cone (Geol.) مخروط الحُمْأة
pug (*v.*) طَيَّن • مَلَّط – خلَط الطُّفالَ والماء (لِصُنع الفخّار) – غَطَّى بمَزيجٍ عـازِلٍ للصَّوت
(*n.*) كُتلة طينيَّة – طينٌ أَصَمّ
pug hole مِدْخَنَة
pug-mill (Civ. Eng.) خَلاَّطة (طُفال أو مِلاط) • جَبَّالة
puke (*v.*) تَدفَّق على شَكلٍ مُتَقطِّع – تقيَّأ
puking (*n.*) سَحبُ السائِل المُتكاثِف (في أثناء عملية التقطير)
pull (*v.*) جَرَّ • سَحَبَ • شَدَّ • جَذَبَ – إقتَلَع
(*n.*) جَرّ • سَحْبٌ • شَدّ • جذْبٌ • إقتِلاع – مِقبَض سَحْب
pull a well (*v.*) (Pet. Eng.) سَحَبَ المُعدَّات من البئر (تمهيداً لِتَرْكِها)
pull barge (Naut.) صَندَل جَرّ
pull chain سِلسلةُ الجَرّ
puller (*n.*) ساحِبَة • كُلاَّبَةُ سَحْب
pulley (*n.*) بَكَرة
(*v.*) رَفَعَ بالبَكَرات
pulley block (Eng.) بَكّارة • ذاتُ البَكَر
pulley boss (Eng.) صُرَّةُ البَكَرة
pulley bracket (Eng.) كُتيفَةُ البَكَرة
pulley, idle(r) (Eng.) بَكَرةٌ سائِبَة (أو وَسيطة)
pulling (*n.*) سَحْب • إنتِزاع
(Pet. Eng.) سحبُ المُعدّات من البئر (تمهيدًا لتركها)
pulling machine مَكَنة سَحبٍ أو رفع (لمواسير الحَفر)
pulling rope حَبْل الجَرّ او السحب
pulling stress (Eng.) إجهادُ الشّد
pull up (*v.*) إقتَلَع – أوقَفَ أو تَوَقَّفَ فَجأةً
(*n.*) وُقُوفٌ مُفاجِيء – صُعودٌ مُفاجِيء
pulp (*n.*) لُبّ • لُباب – عَجينة – طِينُ الحفر
(*v.*) نَزَعَ اللُّب – حوَّل إلى عجينة
pulp thickener (Pet. Eng.) مُغلِّظُ قِوامِ طِين الحفر
pulsate (*v.*) نَبَضَ • خَفَق – تَذَبْذَبَ
pulsating spring (Geol.) يَنبُوعٌ نَبَضِيُّ التَـدفُّق

centrifugal pump

pump controls

pumping station

pulsating wave مَوجَة نابِضَة

pulsation (*n.*) نَبْض • نَبَضان • خَفَقان

pulsation dampener (Eng.) مُخَمِّدُ النَبَضان • مُضائِلُ النَبْضان

pulsation filter مُرَشِّح نَبَضان

pulsator (*n.*) نابِض ـ مِضَخَّة نابِضَة

pulse (*n.*) نَبْضَة • خَفْقَة ـ ذَبذَبة ـ مَوجة نابِضة

(*v.*) نَبَضَ ـ تَذَبذَبَ ـ أحدَثَ مَوجاتٍ نابِضَة

pulse code telemetering (Elec. Eng.) القِياسُ عن بعد بالرُّموز النبضية

pulse code telemetering system (Elec. Eng.) نِظامُ رُموز نبضي للقياس عن بعد

pulse column عمود النَّبض ـ عمود نابِض

pulse front (Phys.) صَدْرُ مَوجَةِ النَّبْض

pulse generator (Elec. Eng.) مُوَلِّدُ نَبَضات

pulse-jet (engine) مُحَرِّكٌ نَفّاثٌ نَبْضِيّ

pulser (*n.*) نابِض • مُوَلِّد نَبَضات

pulse spacing (or **separation**) (Elec. Eng.) المُباعَدة النَّبْضِيَّة • المسافة (الزمنية) بين نبضَتين

pulse-type telemetering system (Elec. Eng.) نظام نَبْضِيّ (النَّمَط) للقياس عن بعد

pulse voltage فُلطيَّةُ النَّبْض

pulsometer (Eng.) مِضَخَّة (تفريغ بُخارِيَّة) نَبْضِيَّة

= **pulsimeter** مِقياس (جِدَّة) النبض

pulverization (*n.*) سَحْق • سَحْن

pulverize (*v.*) سَحَقَ • إنسَحَقَ • سَحَنَ

pulverized coal فحمٌ مَسحوق

pulverizer (*n.*) مِسْحَقَة • مِسْحَنَة

pulverulent (*adj.*) سَهلُ الانسِحاق أو التفتُّت

pumice (*n.*) (Geol.) نَشَف • نَشَفَة • خَفّاف: زُجاجٌ بُركانيٌّ مُتَخَرِّب (يُستعمل في الصَّقل)

(*v.*) صَقَلَ بالنشف او الخُفّاف

pumiceous (*adj.*) نَشَفِيّ • خَفّافِيّ

pumiceous structure (Geol.) بِنْيَة خَفّافية أو نشفيّة

pumice powder مَسحوق الخَفّاف

pumicite (*n.*) (Geol.) رَمادٌ نَشَفي بُركاني

pummel = **punner** (Civ. Eng.) مِدَكٌّ يَدَوِيّ • مِطرَقَةُ دَكٍّ

pump (*n.*) مِضَخَّة

(*v.*) ضَخَّ

pumpability (Hyd. Eng.) إنضِخاخية: قابِلِيَّة الانضِخاخ

pumpable (*adj.*) انضِخاخيّ • ضَخُوخ • قابِلٌ لِلضَّخ

pump barrel (Eng.) جِذْعُ المِضَخَّة الأُسطُواني

pump, booster (Eng.) مِضَخَّة تعزيز (الضغط)

pump bowl (Eng.) حُوَيضُ المضخة

pump by heads (*v.*) ضَخَّ على دُفعات

pump, centrifugal (Eng.) مِضَخَّةٌ نابِذَة • مِضَخَّة طَرْدٍ مَركَزِيّ

pump controls مَضابِطُ الضَخّ

pump delivery سَبيبُ المِضخة

pump, delivery (Eng.) مِضَخَّة التصريف

pump dredger (Civ. Eng.) كَرّاءة مِضَخِّيَّة: ذات مِضَخَّة ماصَّة

pump efficiency (Eng.) كِفايةُ المِضَخَّة

pumper (*n.*) عامِلُ المِضَخَّة

(Pet. Eng.) بئرٌ مِضَخِّيَّة: تنتِج بالضَّخ

pump-fed (*adj.*) مُغَذًّى بمِضَخَّة

pump, feed (Eng.) مِضَخَّة التغذية

pump-feed lubrication (Eng.) تزليق مِضخيّ التغذية: يُغذّى بالضَّخ

pump, filter مِضَخَّة ترشيح

pump, force (Eng.) مِضَخَّة دافِعة • مضخة دفق قَسريّ

pump governor (Eng.) حاكِمُ (سُرعةِ) المضخَّة

pumphouse مَبْنَى مِضَخّات • وَحدةُ ضخّ

pumphouse operator مُدير وَحدة الضخ • عامِلُ (مَبْنى) المِضَخّات

pump housing = **pump barrel** (Eng.) مَبيتُ المضَخَّة: جِذع المِضخة الأسطواني

pump, hydraulic (Hyd. Eng.) مِضَخَّة هَيدروليَّة

pumping (*n.*) ضَخّ

pumping derrick بُرجُ الضَّخّ

pumping equipment (Eng.) مُعَدّاتُ الضّخ

pumping oils (Pet. Eng.) زيوت ضَخوخَة أو انضِخاخية: زيوت قابلة للضّخ

pumping plant (Eng.) وَحدةُ ضَخّ

pumping rig (Pet. Eng.) جِهازُ الضخّ: في بئر النفط

pumping speed (Eng.) سُرعَةُ الضّخ

pumping station (Eng.) مَحطَّةُ ضَخّ

portable auxiliary pumping unit

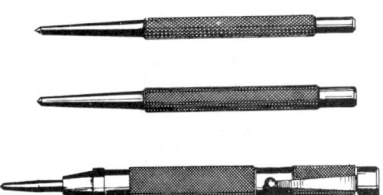

pumping stroke (Eng.)	شوطُ الضَّخّ
pumping unit (Hyd. Eng.)	وَحدَةُ ضَخّ
pump, lift (Eng.)	مضخّةٌ رافِعة
pump, mud (Pet. Eng.)	مضخّةُ الطين
pump (operating) rod (Eng.)	ذراعُ (تشغيل) المضخّة
pump out (v.)	نَزَحَ أو أفرَغَ بالضّخّ
(n.)	تفريغ (بالضّخّ)
pump-out drum (Eng.)	دارةُ التفريغ
pump-out lines (Eng.)	أنابيبُ التفريغ
pump-out plunger (Eng.)	كبّاسُ التفريغ
pump piston (Eng.)	كبّاسُ المضخّة
pump plunger (Eng.)	غاطِسُ المضخّة
pump, power (Eng.)	مضخّةٌ آليّة (تُدارُ بمحرّك)
pump priming	تنّيُ المضخّة
pump ram (Eng.)	كبّاسُ المضخّة
pump, reciprocating (Eng.)	مضخّةٌ ترديديّة
pump rod (Eng.)	ساقٌ أو جذعُ المضخّة
pump, rotary (Eng.)	مضخّةٌ دورانيّة
pump, spray (Eng.)	مضخّةُ رشّ ، مرذاذة ضغطيّة
pump suction	سحبُ المضخّة
pump, suction (Eng.)	مضخّةٌ ماصّة
pump, vacuum (Eng.)	مضخّةُ تفريغ
pump valve (Eng.)	صمامُ المضخّة
pump, vane	مضخّةٌ ذاتُ أرياش
pump, water	مضخّةُ ماء
punch (n.) (Eng.)	سنْبُك ، خرّامة ، مثقَب ، دليلُ الثّقْب ، ثَقْب
(v.)	خرّم ، ثقَب ، خَرَز
punch and die block (Eng.)	قالَبٌ ذكرٌ وأنثى
punch card (n.)	بطاقةٌ مخرّمة ، بطاقةٌ للتّثقيب
punch, centre (Eng.)	سُنبُكُ تعليم المَركَز
punched (adj.)	مثقَّب ، مخرَّم
punched card	بطاقةٌ مخرَّمة (أو مثقَّبة)
punched tape	شريطٌ مخرَّم
puncher (n.)	مثقَب ، سنْبُك
puncher die (Eng.)	لقمةُ ثقْب عياريّة
punching (n.)	ثقْب ، تخريم ، خَرق
punching bear (Eng.)	مكنةُ تخريم نقّالة
punch pliers (Eng.)	زَرديّةُ تخريم
punch press (Eng.)	مِكبسُ تخريم
punctate shells (Geol.)	أصدافٌ رقطاء
puncture (n.)	ثَقب ، خَرق ، ثُقب ، خُرق
(v.)	ثَقَب ، إنثَقَب
puncture-proof (adj.)	لا يُخرَق ، صامِدٌ للثَّقْب
pungent (adj.)	حادّ ، لاذِع ، حِرّيف
punner (n.) (Civ. Eng.)	مِدكٌّ يدويّ ، مطرقةُ دَكّ
punning (n.)	دَكّ ، تلبيد
pup-joint (Eng.)	وُصلة أنبوبيّة قصيرة
puppet (or poppet) valve (Eng.)	صمامُ قفّاز
pup tent	خيمةٌ صغيرة
purchase (v.)	إشترى ، إبتاع ، إستمالَ بالرِّشوة
(n.)	شِراء ، إبتياع ، صَفقة
purchase price	سعرُ الشراء
purchasing department	دائرةُ المُشترَوات
purchasing power	القوّةُ الشِّرائيّة
pure (adj.)	نقيّ ، صافٍ ، صِرف ، مَحض ، خالِص
pure alcohol (Chem.)	كحولٌ نقيّ
pure asphalt (Pet. Eng.)	اسفلت خالصٌ
pure, chemically (Chem. Eng.)	نقيّ كيماويّاً ، بالغُ النقاوة
pure iron (Met.)	حديدٌ صِرف
pureness (n.)	نَقاوة
pure, technically (Chem. Eng.)	نقيّ عملّياً : بما يَفي للأغراض التقنيّة
purge (v.)	طهّر ، نظّف
(n.)	تطهير ، تنظيف
purge pipe	أنبوبُ تصريف أو تفريغ
purger (n.)	منظّف ، منقٍّ
purge valve	صمام (أنبوب) التصريف
purification (n.)	تنقية ، تصفية
purified (adj.)	منقّى ، منظّف
purifier (n.)	منقٍّ ، جهازُ تنقية
purify (v.)	نقّى ، صفّى ـ نقِيَ ، صفا
purifying agent (Chem. Eng.)	عاملٌ منظّف
purity (n.)	نقاوة ، صفاء
purity, degree of (Chem. Eng.)	درجةُ النّقاوة
purity, guaranteed (Chem. Eng.)	النّقاوةُ المضمونة
purlin (Civ. Eng.)	رافدة أفقيّة (تَدعَمُ روافِدَ السقف)
purpose (n.)	قصْد ، غاية ، غَرَض ، هَدَف
purpose-made brick (Civ. Eng.)	طوبٌ مشكَّلٌ لغَرَضٍ معيّن
purveyor (n.)	ممَوِّن ، متعهّدُ التموين
push (v.)	دفَعَ ـ ضغَط ـ استحَثَّ ـ كافَحَ ـ روّج
(n.)	دفع ـ ضغط ـ دفعة ـ قوّةٌ دافِعة أو حافِزة
push (a gang) (v.)	قادَ (فَريقاً من العُمَّال)
push button (n.)	زِرّ انضغاطيّ ، زِرّ كبّاس
push-button control (Elec. Eng.)	تحكّمٌ بأزرار انضغاطيّة
push-button operation (Eng.)	تشغيلٌ بأزرار انضغاطيّة
push-button switch (Elec. Eng.)	مفتاحُ بزِرٍّ انضغاطي
pusher (n.)	دافِع ـ دافعة ـ مِروحة دافعة ـ مراقِبُ عُمَّال
pusher engine (Eng.)	محرِّكٌ دافع
push-pull (adj.)	دفعيٌّ جذبيٌّ
push rod (Eng.)	ذراعُ دفع
push shovel (Civ. Eng.)	مِجرفة دفعيّة
put (v.)	وضَع
put on (v.) (Pet. Eng.)	شغّل ، أدار ـ بدأ (في) الإنتاج
putrefaction (n.)	تعفّن ، إنحلال ، فَساد

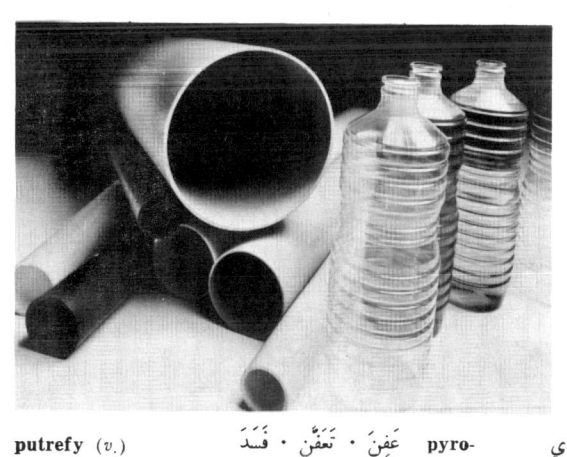

PVC bottles and pipes

Pyrene extinguisher

putrefy (v.)	عَفِنَ ۰ تَعَفَّن ۰ فَسَدَ	pyro-	بادِئة بمعنى : حَرارة ۰ حَراري	pyrometry (n.)	البَيْرومتريّة ۰ قِياسُ دَرَجاتِ الحَرارة العالية
putrid (adj.)	عَفِن ۰ مُتَعَفِّن	pyroclastic deposits (Geol.)	رَواسِبُ بُركانية فُتاتية	pyromorphous (adj.)	مُتبلوِرٌ بالصهر
putty (n.)	مَعْجون ۰ مَعْجونة	pyroclastic rocks (Geol.)	صُخورٌ بُركانيّة فُتاتيّة	pyrophoric fuel (Chem. Eng.)	وَقود تِلقائيّ الإِشتعال (في الهواء)
(v.)	حَشَا أو سَدَّ بمَعجون	pyro-condensation (Chem. Eng.)	تَكثيفٌ جُزَيْئيّ حَراري	pyrophoric powder (Chem. Eng.)	مَسحوقٌ تِلقائيّ الالتهاب
putty knife	سِكّين سَدّ المَعجون ۰ مِلْوَقُ المَعجُون	pyrocrystalline (adj.) (Geol.)	مُتبلوِر صُهاريّ التكوين	pyrophosphate (Chem.)	بَيروفُسفات ۰ مِلح حامض البَيروفُسفوريك
puy (Geol.)	تَلّ بُركانيّ ۰ مخروط بُركانيّ صغير	pyro-electricity (Min.)	الكَهرباءُ الحَرارية (في البلَّورة)	pyrophyllite (Min.)	بَيروفِلّيت : خام صَلصالي من سِليكات الأَلمِنيوم المميأَة
puzzolano (Civ. Eng.)	بُزولان : تُرابٌ بُركانيّ يُمزَج لصُنع المِلاط الهَيدرولي	pyrogenetic (adj.) (Geol.)	حَراريّ ۰ باعِثٌ أَو مُشِعّ للحَرارة	pyroschist (Geol.)	شِسْت بِتوميني ۰ شِسْت حراري
PVC = polyvinyl chloride	كلوريد البوليفينيل	pyrogenetic (or pyrogenic) rock (Geol.)	صَخر ناريّ ۰ صَخر صُهاري التكوين	pyroshale (Geol.)	طِينٌ صَفحيّ حَراري ۰ شِسْت بِتوميني
PVOH = polyvinyl alcohol	كُحول البوليفينيل	pyrogenic (adj.) (Chem.)	ناريّ ۰ مُنتِج (أَو ناتِج عن) حَرارة شديدة	pyrosphere (Geol.)	بَيروسْفير : الكُرة الباطنيّة المُلْتَهِبة ۰ الغِلاف المُلْتَهِب
P.V.T. (pressure, volume, temperature)	الضَغطُ والحَجم ودرجة الحَرارة	pyrogenic decomposition (Geol.)	إِنحِلال حَراريّ	pyrostat (Eng.)	بَيروسْتات : جِهاز أُوتوماتيّ لضَبْطِ الحَرارة العالية ـ جِهاز إِنذار أُوتوماتي بارتِفاع الحَرارة
pycnometer (or pyknometer) (Phys.)	بِكْنومتر ۰ مِكثاف الكُتلة النوعيّة ۰ مِقياس الكَثافة بإِيجاد وَزن حَجمٍ مُعيّنٍ من المادة	pyrogenic distillation (Pet. Eng.)	التقطير (التكسيري) الحَراريّ	pyrotechnics = pyrotechny (Chem. Eng.)	تِقنيّات الحَرارة المُرتَفِعة ـ عِلم الصواريخ النارية
pylon (Civ. Eng.)	بُرج ۰ عَمود مربَّع (القاعدة)	pyrolith = pyrogenic rock (Geol.)	صَخرٌ حراريّ	pyroxenes (Min.)	بَيروكسينات
(Elec. Eng.)	بُرج أَسلاك (القُطْطيّة العالية)	pyrolusite (Min.)	بَيرولوسيت : خام ثاني أُكسيد المنغنيز	pyroxilin (or guncotton) (Chem. Eng.)	بَيروكسيلين ۰ قُطْنُ البارود
pyramid (n.)	هَرَم	pyrolysis (Chem. Eng.)	الحَلّ الحَراريّ ۰ الإِنحِلال الحَراريّ	pyrrhotite = magnetic pyrite (Min.)	بيروتيت ۰ بيريت مِغنطيسي
pyramidal (adj.)	هَرَميّ	pyrolytic cracking (Pet. Eng.)	التَكسير الحَراري		
pyrargyrite (Min.)	بيرارْجيرَيت : خامٌ يحَوي كِبريتيد الفِضّة والأَنتيمون	pyrolyze (v.) (Chem. Eng.)	حَلَّ بالحَرارة العالية		
Pyrene	پايرين : سائلُ إِطفاء الحرائق يتأَلّف من رابع كلوريد الكربون	pyrometamorphism (Geol.)	التَحَوُّل الحَراري		
Pyrene extinguisher	مِطفأَة بالپايرين	pyrometer (Phys.)	بَيرومتر ۰ مِضْرَم : مِقياس دَرَجة الحَرارة العالية عن بعد		
pyrethrum (Chem. Eng.)	پايرَثرُم : سُمٌّ نباتيّ يُمزَج بالمُخفّفات البتروليّة لمُقاومة الحشرات	pyrometer lead (Eng.)	سِلك البَيرومتر		
pyrex glass	پيرَكس : زُجاج صامِد للحَرارة	pyrometric cones	مَخاريط حراريّة : لِقِياس حَرارة الفُرن العالي		
pyrgeometer (Phys.)	پيرجيومتر : مِقياسُ الإِشعاع الأَرضيّ				
pyrite (or iron pyrites) (Chem.)	بَيريتُ الحديد : ثاني كِبريتيد الحديد ۰ كِبريتور الحديد				
pyritic smelting (Met.)	صَهرُ البَيريت : بحَرارةِ تأَكسُدِ كِبريتيد الحديد				

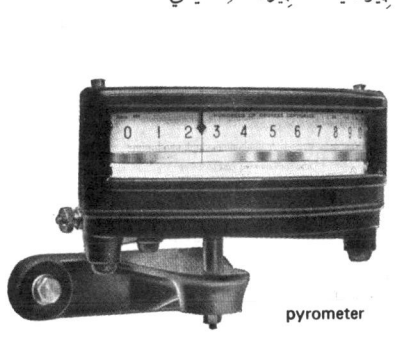

pyrometer

q

quay

Q-factor (Elec. Eng.)	عامِلُ الجُودة
Q-gasoline (Pet. Eng.)	بِنزين عاديُّ الدرجة
quad cable (Elec. Eng.)	كُبلٌ رُباعي
quadra (Civ. Eng.)	قاعدة مُرَبَّعة (لِمِنَصَّةٍ أو جدار خفيض)
quadrangular (adj.)	رُباعيُّ الزوايا
quadrant (n.)	رُبعُ دائرة : ٩٠ درجة . قِطاع رُبعيّ . رُبعيّة . ذاتُ الرُّبع : (Surv.) آلةٌ لِقياس الارتفاع الزاويّ
quadrantal (or reduced) bearing (Surv.)	اتجاهٌ رُبعيٌّ : بين خط مِساحِي وخَطِّ الزوال المغنطيسيّ
quadrant electrometer	إلكترومِتر رُبعيّ
quadrate (adj., n.)	مُرَبَّع . شِبهُ مُرَبَّع
(v.)	تعامَدَ . تطابَقَ . طابَقَ
quadratic (adj.)	تربيعيّ . ثُنائي الدرجة
(n.)	مُعادَلة من الدرجة الثانية
quadratic pressure drop (Eng.)	هُبوطُ الضغط التَّربيعيّ : نِسبة هبوط الضغط الى قيمة الجذر التَّربيعيّ للقيمة الأصلية
quadratic (or tetragonal) system (Min.)	نظام (بَلَوْرِيّ) رُباعيّ
quadrature (n.)	تربيع . تقدير المِساحات بالتربيع
quadrilateral (n.)	شكلٌ رُباعيّ (الأضلاع) . رُباعي الأضلاع

quadrille paper	وَرَقٌ دقيقُ المُرَبَّعات
quadrimolecular (adj.) (Chem.)	رُباعيُّ الجُزَيئات
quadripartite (adj.)	رُباعي . رُباعيُّ التجزُّؤ
quadrivalent = tetravalent (adj.) (Chem.)	رُباعيُّ التكافؤ
quadruped (adj.)	رُباعي الأرجُل . رُباعي القوائم
(n.)	حيوان من ذوات الأربع
quadruple (adj.)	رُباعي - أربعةُ أضعاف
(v.)	ضاعَفَ (أو تضاعَفَ) أربعَ مرّات
quadruple-expansion engine (Eng.)	مُحرّك رُباعيُّ التمدُّد

quadrant electrometer

quadruplicate (v.)	ضاعَفَ أربعَ مرّات - جعل في أربع نُسَخٍ
(adj.)	مُضاعَفٌ (أو مَنسوخ) أربعَ مرَّات
(n.)	نُسخة من أربع . نُسخة رابعة
quagmire (or quag) (n.)	مُستَنقَع . أرضٌ سَبِخَة
quake (n.)	رَجفَة . هِزَّة . زَلزَلة
(v.)	إرتَجف . إهتَزّ
quake-proof (adj.)	صامِد للزلازل
quaking (Geol.)	رَجفة . زلزال
quaking bog (Geol.)	تُربة رَجراجة : غيرُ مُستقرَّة
qualification test	اختبارُ الأهليَّة
qualified (adj.)	مُؤَهَّل . كُفُؤ - مُحَدَّد . مَشروط . مُقيَّد
qualified partnership	شَراكة مَشروطة
qualitative (adj.)	نوعيّ . كَيفيّ
qualitative analysis (Chem. Eng.)	التحليلُ النوعيّ
qualitative test (Chem. Eng.)	اختبار نوعيّ : لتعيين نوعيّة المُحتوى الكيماوي في العيّنة دون تحديد كمّيته
qualitative value	قيمة نوعيّة
quality (n.)	نوعيَّة . نوع - جُودة
quality booster (Pet. Eng.)	مُعزِّزُ الجُودة
quality class	طبقة النوعيّة

356

quality control (Eng.)	مُراقبة الجُودة (في إنتاج الجملة)
quality estimation	تقدير النوعيَّة
quality factor (Eng.)	عامل الجُودة
quality grade	درجة النوعيَّة
quality, low	نوعيَّة خفيفة
quality, mark of	علامةُ النوعيَّة ٠ ماركة
quality specifications	مواصفات النوعيَّة
quality standard	مِعيار الجُودة
quality, testing of	اختبار النوعيَّة
quality, uniform	نوعيَّة متجانسة
quantifiable (adj.)	قابلٌ للقياس
quantify (v.)	قاسَ الكميَّة ٠ حدَّد المقدار
quantitative (adj.)	كمّيٌّ ٠ مِقداريٌّ
quantitative analysis (Chem. Eng.)	التحليل الكمّي
quantitative determination	تقديرٌ كمّيٌّ
quantitative estimation	التقديرُ الكمّيُّ
quantitative evaluation	التقييم الكمّيُّ
quantitative test (Chem. Eng.)	اختبارٌ كمّيٌّ: لتعيين كميَّة المُحتوى الكيماويّ الموجود في العيّنة
quantity (n.)	كمّيَّة ٠ مِقدار
quantity determination = titration (Chem. Eng.)	مُعايَرة ٠ تقديرٌ كمّيٌّ
quantity discount agreement	اتفاقية حَسْم (على) الكميَّة
quantity of electricity (Elec. Eng.)	كميَّةُ الكهرباء
quantity of heat (Phys.)	كميَّةُ الحرارة
quantity of relief (Geog.)	حِدَّةُ التضاريس
quantity, scalar (Mech.)	كميَّة لا مُوجَّهة
quantity unit (Phys.)	وحدةُ الكميَّة
quantity, vector (Mech.)	كميَّة مُوجَّهة
quantum (n.) (Phys.)	كَمٌّ (جمعُها كمّات): أصغر مقدار من الطاقة يُمكن أن يوجد مُستقلاًّ
quantum number (Phys.)	العَدَدُ الكمّي
quantum statistics (Phys.)	إحصاءٌ كمّيٌّ
quantum theory (Phys.)	نظريَّةُ الكَمّ: مَبدأ ذرّيَّةِ الطاقة
quantum yield (Phys., Chem.)	الحاصلُ الكمّيُّ
quaquaversal (adj.) (Geol.)	قِباييّ
quaquaversal structure (Geol.)	بنية قِبابيَّة
quarantine (n.)	مَحجَرٌ صِحّيّ ٠ كَرنتينا – حَجْر صِحيّ ٠ عَزْل
(v.)	عَزَلَ لأسباب صِحّيَّة
quarrier = quarryman (n.)	حَجَّار: عاملُ استخراج الحِجارة
quarry (n.)	مَحجَر ٠ مَقلَعُ حِجارة
(v.)	استخرجَ الحِجارة ٠ احتجَر (المَقلَعَ): استغلَّه
quarry spall	نفاية المَحجَر
quart	كوارت: يساوي رُبعَ غالون (أو 0،95 لترًا)
quarter (n.)	رُبع – حَيٌّ سكنيّ
(v.)	قسَّم إلى أرباع – آوى ٠ أنزلَ ٠ أسكنَ
quarterage (n.)	دُفعة فصليَّة (كل رُبع سنة) – تجهيزات سَكنيَّة
quarter bend	مِرفق قائم ٠ وُصلة أنبوبية مُتعامدة
quartered (adj.)	مُقسَّم إلى أرباع – مُجَهَّز للسكنى – ساكن في مُعسكر أو ثُكنة
quarter indicator	دليلٌ رُبعيّ
quartering (n.)	تقسيم الى أرباع – إنزال ٠ إيواء
(Chem. Eng.)	تربيع (لاستخراج العيّنات)
(Eng.)	ضَبطُ تعامُد المَرافِق
(adj.)	قائم إلى أرباع – مُتعامد
quarterly (adv.)	كلَّ رُبع سنة ٠ فصليًّا
(adj.)	فصليّ ٠ حادثٌ كلَّ ثلاثة أشهر
quartermaster (n.)	ضابطُ التموين والإمدادات – عَريفٌ بَحريّ
quarter-size drawing	رسمٌ رُبعيّ
quarters, offshore	مساكنُ المنطقة المَغمورة: مَساكن العُمَّال في مناطق العمل البعيدة عن الشاطىء
quartile (adj.)	رُبعيّ
(n.)	الرُّبع (من مجموعة إحصائية)
quartz (Min.)	مَرو ٠ كوارتز
quartz basalt (Geol.)	بازلتٌ مَرويّ
quartz catalyst (Chem. Eng.)	حافزٌ كوارتزي
quartz cement	اسمنتٌ مَرويّ
quartz conglomerate (Geol.)	رَصيص مَرويّ
quartz-diorite (Geol.)	ديُوريت مَرويّ
quartz glass (Min.)	زجاج مَرويّ
quartz gravel	جَرولٌ كوارتزيّ ٠ حَصيٌّ كوارتزيّ
quartziferous (adj.)	مَرويّ ٠ حاوي المَرو أو الكوارتز
quartzite (Geol.)	مَرويت ٠ كوارتزيت
quartzose (adj.) (Geol.)	مَرويّ ٠ كوارتزيّ
quartz sand	رمل مَرويّ
quartzy sandstone (Geol.)	حَجَرٌ رَمليّ كوارتزي

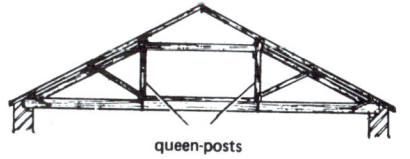

quash (v.)	أبطَلَ ٠ ألغى
quasi-arc welding (Eng.)	لِحام شِبه قَوسيّ
quasi-conductor (Elec. Eng.)	شِبه مُوصِّل
quasi-stable state (Elec. Eng.)	حالة شِبه مُستقرَّة
quaternary (adj.)	رُباعي ٠ رُباعي المُقوِّمات او العناصر
quaternary alloy (Met.)	سَبيكة رُباعيَّة العناصر
quaternary compound (Chem.)	مُرَكَّب رُباعيُّ العناصر
Quaternary era (Geol.)	الدهرُ الرابع
quay (Civ. Eng.)	رَصيفٌ بَحريّ (أو نَهريّ) ٠ رَصيف تحميل ٠ رصيفُ الميناء
quayage (n.)	رَسمُ الرصيف – أرصفة التحميل (في الميناء)
queen bolt (Civ. Eng.)	مسمارُ دَعم الجُملون
queen-post (Civ. Eng.)	قائم الجُملون ٠ عِضادة جانبية لسَطح مُسَنَّم
quell (v.)	هدَّأ ٠ أخمد
quench (v.)	أطفأ ٠ أخمد – كَبت ٠ كَبَح سقى (الفولاذ) ٠ برَّد بسُرعة
quench condensation (Phys.)	التكثيف (بالتبريد) السريع
quench crack (Met.)	شَقُّ التسقية
quenched	مَسقيّ ٠ مُطفأ – مُبرَّد بسُرعة
quenched spark	شرارة مُطفأة

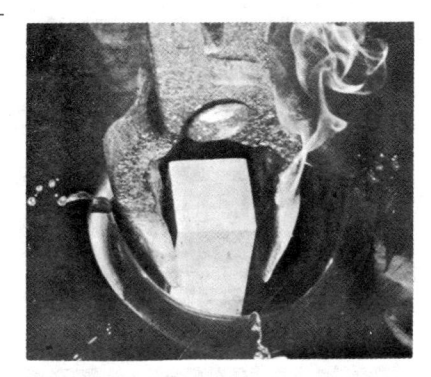

quenching

quenched steel (Met.) فُولاذٌ مُسْقِيّ

quenching تَبريد سَريع أو مُفاجِىء ــ سَقْي (الفولاذ) • تَسْقِيَة ــ إخماد

quenching bath (Met.) مَغطَس تَسقِية

quench(ing) oil (Met.) زيتُ التسقِية • زيتُ السَّقي

(Pet. Eng.) زيتُ تبريد : في عمليات التكرير العاليةِ درجة الحرارة

quenching trough (Met.) حوضُ التسقِية

quench-pump (Eng.) مِضخَّة تبريد

quench tower (Pet. Eng.) بُرج التبريدِ السريع

query (n.) مَسألة • سُؤال • تساؤل

(v.) تســاءَلَ

quest (n.) بَحْث • تنقيب ــ مَطْلَب

(v.) نَقَّب

question (n.) مسألة • سؤال ــ قضيَّة

(v.) سأل • إستفهم ــ إستَجوب

questionable (adj.) مَشكوكٌ فيه

queue (n.) صَفٌّ • رَتَل

(v.) صَفَّ او اصطَفَّ في رَتَل

quick (adj.) سَريع • حادّ

quick-acting (adj.) سَريعُ الفِعل

quick assets مَوجوداتٌ سائلة : مَوجوداتٌ نقدية أو سَهلةُ التحويل الى نَقْد

quick-break switch (Elec. Eng.) مِفتاحٌ سريعُ القَطْع

quick-burning composition (Chem. Eng.) مُركَّب سريع الاحتراق

quick clay (Pet. Eng.) طينٌ سريع التسيُّل

quick curing asphalt (Pet. Eng.) اسفَلت سريعُ الجُمود

quick drying oil زيتٌ سَريع الجَفاف

quicken (v.) عَجَّلَ • نَشَّطَ • أسرع

quick feed (Eng.) تَغذِيَة سريعة

quick-freeze (v.) جَمَّد بسُرعة (في درجة حرارة منخفضة)

quick ground أرضٌ وَعْسَة • أرض انهياريَّة

quick hardening cement (Civ. Eng.) اسمَنْت سريعُ الشكّ

quicklime (Chem.) الجير الحيّ : كِلسٌ غير مُطفأ

quick make-and-break switch مفتاح سريع الوَصْل والقَطْع (Elec. Eng.)

quick ore (Mining) خام زئبقيّ • رِكازُ الزئبق

quick-release mechanism (Eng.) آليَّةٌ سريعة الإعتاق

quick-release valve (Eng.) صِمامٌ سريعُ الفتح

quicksand وَعْث : رَمل رَخو سَريعُ الانهيار • وَعْســاء

quick-setting cement (Civ. Eng.) إسمَنْتٌ سريعُ الشك

quicksilver (n.) (Min.) زِئبق

(v.) طَلَى أو مَلْغَم بالزئبق

quick-sweep (adj.) (Eng.) ضَيِّقُ الاَستِدارة • صغيرُ نِصف القُطْر

quid pro quo على سبيل المُعاوَضَة : شيء مقابل آخر

quiescence (n.) هُمود • سُكون

quiescent (adj.) هامِد • ساكِن • هادىء

quiescent load (Eng.) حِملٌ ساكِن

quiescent period (Eng.) فَترة السكون

quiescent point (Eng.) نُقطة السكون

quiescent volcano (Geol.) بُركان هامِد

quiet running (Eng.) دَوَران هادىء

quill (n.) قلَم • شَوكة • سَهمُ الريشة ــ ثَنية صغيرة

(Eng.) عمودُ دَوَرانٍ أجوف ــ مَكُّوك • وشيعــة

(v.) غضَّنَ • ثَنَى ثنياتٍ صغيرة

quill bearing (Eng.) مَحمِلُ عمود الدوران الأجوف

quinary (adj.) خُماسيّ • ذو خَمسةِ أجزاء

quinary alloy (Met.) سَبيكة خُماسِيَّةُ العناصر

quinine (Chem.) كِينين

quinquevalent = **pentavalent** (adj.) (Chem.) خُماسِيُّ التكافؤ

quintal كِنْتال : ١٠٠ كلغم في النظام المتري (وهَنْدرِدْويت في النظام البريطاني)

quintescence (Chem. Eng.) خُلاصَة • جَوهر

quire (n.) رِزْمةُ وَرَق (من ٢٤ أو ٢٥ ورقة) ــ مَلْزَمة (في كِتاب)

quit (v.) تَرك (وظيفةً أو عملاً) • هجَرَ

quiver (v.) إهتزَّ • إرتجف

(n.) إرتجاف • رِعْشَة

quoin (Civ. Eng.) رُكْن • حجر زاوية ــ زاوية خارجية (من مبنى)

(Eng.) إسفينُ دَعْم

quota (n.) حِصَّة نِسبيَّة • حِصَّة مُحدَّدة • كُوتا

quotation (n.) اقتباس ــ عَطاءٌ بالأسعار

quote (v.) إقتبس • استَشْهَدَ (ب) ــ قَدَّمَ عَطاءً بالأسعار

quotidian (adj.) يَوميّ

quotient (n.) حاصِل • خارجُ القِسمة

quotiety (n.) تَكْرارِيَّةُ الحُدوث

q.v. (**quod vide**) أُنظُرْه • راجِعْه

Q-value (Phys.) الطاقة النَوَوِيَّة المُطلَقة (المُنبعِثَة من تَفاعُلٍ نَوَوِيّ)

r

refinery works

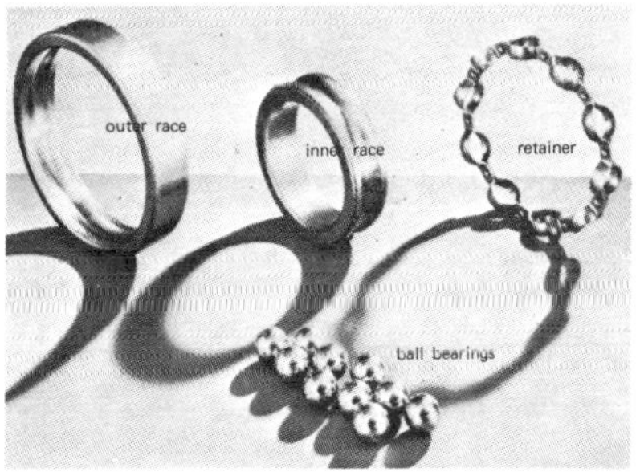

race

rabbet (n.)	فَرْزَة ۰ فَرْز (التَعشيق) ۰ حَزَّة
(v.)	فَرَزَ (للتَعشيق) ۰ أفَرزَ - وصَلَ أو اتصلَ بفَرْزة
rabbet(ted) joint	وُصْلَةُ افتراز
rabbit (Civ. Eng.)	أرْنَبُ تَسليك : جِهازٌ لفَتْح المَسالِك المَسدودة
rabble (n.)	مجموعة مُختلِطة
(v.)	ساطَ ۰ قلَّبَ (الحديدَ المصهورَ والمادَّة المُضافة)
race (n.)	سِباق - عِرْق ۰ سُلالة
(Eng.)	مَدْرَجَة كُريَّات ۰ مَدْرَج (لجزءٍ متحرِّك من الآلة)
race (Hyd.)	يَعبوب : مَجرى ماءٍ سريعُ الجَرَيان
(v.)	سابَقَ ۰ تسابَقَ ۰ أسْرَعَ
(Eng.)	أسْرَعَ ۰ سَرَّعَ (المُحرِّك) ۰ شَغَّلَ (المُحرِّك) دون تَعشيق
race, ball (Eng.)	مَدْرَجَة كُريَّات ۰ مَدْرَج كُريَّات الحَمل
raceme (Biol.)	عُنقود ۰ عِذْق
racemic (Chem.)	راسيم : مُركَّبٌ لا استقطابيّ (عديمُ الفاعلية البَصَريَّة)
racemic (adj.) (Chem. Eng.)	راسيميّ ۰ عديمُ الفاعليَّة البَصَريَّة
racemization (Chem. Eng.)	مُراسَمَة : إزالةُ الفاعليَّة البَصَريَّة
raceway (Hyd.)	مَجرى مائيّ
(Eng.)	مَدْرَجَة كُريَّات
(Civ. Eng.)	قَناةٌ أو ماسورة الأسلاك الكهربائيَّة
racing (n.) (Eng.)	سِراعة ۰ تسريعُ(المُحرِّك) ۰ تدوير أو دوران (المُحرِّك) دون تعشيق
racing field	حَلبةُ سِباق
rack (n.)	حامِل ۰ رفّ ۰ مِنصَب - رَفّ (حَمل) الأنابيب
(Eng.)	جَريدة (مُسنَّنة) ۰ قِطاعُ تعشيقٍ مُسنَّن
(v.)	حَدَّرَ : غَسَلَ الخامَ على سطحٍ مائل ۰ صَفَّى بالتَرويق - رَصَفَ (أو رتَّبَ) على رفٍّ أو حامِل

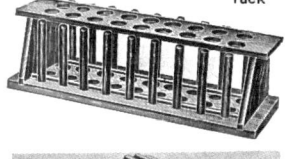

racing field

rack-and-pinion (Eng.)	جَريدة (مُسنَّنة) وتُرس
rack-and-pinion-drive (Eng.)	إدارةٌ بالجَريدة (المُسنَّنة) والتُرس
rack-and-pinion-jack (Eng.)	رَم رَافِع ذو جَريدة مُسنَّنة وتُرس
rackarock (Mining)	مُتَفَجِّر ۰ مَسحوق مُتَفَجِّر
rack, cable	حامِلُ الكَبْل
rack-feed (Eng.)	تَغذيةٌ بالجَريدة المُسنَّنة
racking (Eng.)	تَحريك (آلةَ المَكَنة) جيئةً وذهاباً
(n.)	رَصْف ۰ ترتيب (أو تَعليق) على مِنصَّة أو رفّ
(Mining)	تَحدير : فَصلُ (الخامات) بالغَسل على سطحٍ مُنحَدِر
racking course (Civ. Eng.)	طَبقةُ رَصفٍ (بالحَصباء المُتدرِّجة الصِغَر)
racking platform	مِنصَّةُ حَمل أو تَعليق ۰ دكَّة رَصف

rack

rack and pinion

loading rack

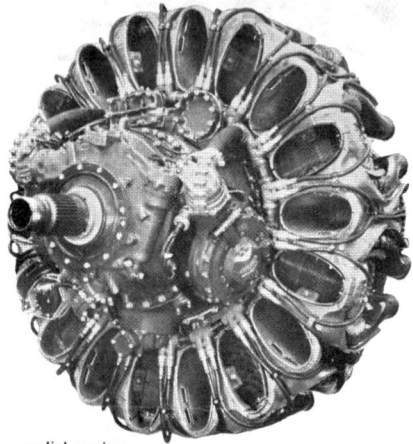

radial engine

rack, loading (Eng.)	مِنصَّةُ تحميلٍ أو تَعبئة
rack, pipe	رفُّ الأنابيب ٠ دكَّةُ (حمل) الأنابيب
rack rent (n.)	إيجارٌ باهظ
(v.)	إستوفى إيجارًا باهظًا
rack wheel (Eng.)	دولابٌ مُسنَّن ٠ تُرس
racon (radar beacon) (Elec. Eng.)	راكون ٠ مَنارة رادارِيَّة
radar (radio detection and ranging)	رادار ٠ جِهازٌ راديّ
radar aerial	هوائيُّ الرادار
radar beacon (Elec. Eng.)	مَنارةٌ رادِيَّة ٠ مُرشِدٌ رادِاريّ
radar control (Elec. Eng.)	جهازُ التحكم الراداريّ ٠ توجيهٌ بالرادار
radar photograph	صُورَة رادارية
radar receiver	مُستقبِلٌ راداري
radar sonde (Elec. Eng.)	مِسبارٌ راداري
radar station	مَحطَّةُ رادار
raddle = hematite (Min.)	مُغرة حمراء : أكسيد الحديديك الأحمر
radial (adj.)	شُعاعيّ ٠ نصفُ قُطريّ - في اتجاه القُطر - نَجميُّ التشعُّع
radial arm	ذراعٌ نصفُ قُطري ٠ ذراعٌ شُعاعيّ
radial bearing (Eng.)	مَحمِلٌ نصفُ قُطريّ
radial drainage pattern (Civ. Eng.)	نَسَقُ تصريفٍ نَجميّ (أو شُعاعيّ)
radial drill(ing) machine (Eng.)	ثُقَّابة نصف قُطريَّة
radial duct (Civ. Eng.)	قَناةٌ شُعاعيَّة
radial engine (Eng.)	مُحرِّكٌ مروحيُّ الأسطوانات ٠ مُحرِّكٌ نصف قطري
radial fault (Geol.)	صَدعٌ شُعاعيّ (أو نَجمي)
radial feeder (Eng.)	مُغذٍّ شعاعيّ (التفرُّع)
radial-flow turbine (Eng.)	تُربينُ دفقٍ شعاعيّ ٠ عَنَفةُ دفقٍ نصف قُطري
radial gate (Hyd. Eng.)	بَوَّابة شُعاعة
radial lines	خُطوطٌ شُعاعيَّة ٠ خُطوط نصف قطرية
radially (adv.)	باتجاه القُطر
radial-sett paving (Civ. Eng.)	رَصفٌ مروحيّ
radial slot	ثَقبٌ شُعاعيّ
radial strip (Eng.)	شَريحة شُعاعية
radial symmetry	تَماثُل شُعاعيّ
radial wiring (Elec. Eng.)	توصيلات سِلكيَّة نَجمية
radian	زاوية نِقِّيَّة (نصف قُطرية) : حوالى ٥٧٫٣ درجة
radian, solid	زاوية نِقِّيَّة مُجسَّمة
radiant (adj.)	مُشِعّ ٠ إشعاعيّ - مُتوهِّج
(n.) (Elec. Eng.)	الجُزءُ المُتوهِّج (من سَخَّانة كهربائية)
radiant energy (Phys.)	طاقة إشعاعية (أو مُشَعَّة)
radiant heat (Phys.)	حرارة إشعاعية أو مُشَعَّة
radiant heating (Elec. Eng.)	تَسخين بالحرارة الاشعاعية
radiant heat panels	مُؤطَّراتُ إشعاعٍ حراريّ
radiant tube (Eng.)	أنبوبٌ مُشِعّ ٠ أنبوب إشعاع (حراري)
radiate (v.)	تألَّق ٠ شَعَّع - تَشعَّب أشَعَّ : أرسل ضَوءًا (أو حرارةً) (Phys.) أو طاقةً) - شَعَّع : عَرَّض (أو عالج) بالإشعاع
(adj.)	شُعاعيّ ٠ نَجميُّ التشعُّب
radiated (adj.)	مُشَعَّع ٠ مُعالَج بالإشعاعات
radiating gills (Eng.)	خَياشيمُ إشعاع ٠ خَياشيمُ تبريد
radiating surface (Phys.)	سَطحٌ مُشِعّ
radiation (Phys.)	إشعاع - الطَّاقةُ الإشعاعية أو المُشِعَّة
(Geol.)	تشعُّبٌ شُعاعيّ
(n.)	تألَّق ٠ سُطوع
radiation chemistry	الكيمياءُ الإشعاعيَّة ٠ كيمياء الإشعاع
radiation counter (Phys.)	عَدَّادُ الإشعاع
radiation factor (Phys.)	عامِلُ الإشعاع
radiation field (Phys.)	مَجالٌ إشعاعيّ
radiation, heat (Phys.)	إشعاعُ الحَرارة - الحرارةُ الإشعاعية
radiation logging (Phys.)	سِجلٌّ (قياس) الاشعاع - تَسجيلُ الإشعاع
radiation losses	فَقد إشعاعيّ ٠ فَقدُ الإشعاع
radiation of heat (Phys.)	إشعاعُ الحَرارة ٠ نَقلُ الحرارة بالإشعاع
radiation power (Phys.)	القُدرة الاشعاعية
radiation protection	وِقاية من الإشعاع ٠ حَجبُ الإشعاع
radiation pyrometer (Phys.)	بيرومِترٌ إشعاعيّ
radiation rate (Phys.)	مُعَدَّلُ الإشعاع
radiation shield (Phys.)	دِرعُ الإشعاع
radiator (Eng., Phys.)	مُشِعّ ٠ مِشعاع ٠ جِهازُ إحرارِ الأجزاءِ الخارجية أو تبريدِ الأجزاءِ الداخلية بالإشعاع
radiator bracket (Eng.)	كَتيفةُ المُشِعّ
radiator cowl (Eng.)	غِطاءُ المُشِعّ
radiator drain cock (Eng.)	حَنَفيَّةُ تفريغ (سائل) المُشِعّ

radiant heat panels

radiation counter

radiator reservoir (Eng.) خزّانُ المُشعّ

radical (*adj.*) جَذريّ • أصليّ • أساسيّ – مُتطرِّف

(*n.*) أساس – جَذر • علامةُ الجَذر

(Chem.) شِقّ

radical change تغييرٌ جذريّ أو جَوهريّ

radio (*n.*) راديو : جهازُ استقبالٍ لاسلكيّ – إرسالٌ أو استقبالٌ لاسلكيّ – مَحطةُ إذاعة لاسلكية

(*adj.*) إشعاعيّ • مُشِعّ – لاسِلكيّ – راديّ • مُوجَّهٌ بالراديو

(*v.*) أبرَقَ (أو أرسَلَ) لاسلكيّاً

radioactive (*adj.*) إشعاعيّ • مُشِعّ : ذو فاعلية إشعاعية

radioactive age determination (Phys.) تقديرُ العُمر بالفاعليّة الإشعاعية

radioactive carbon كَربون مُشِعّ

radioactive constituents (Geol.) مُكَوِّناتٌ مُشِعّة

radioactive decay (Phys., Geol.) الانحِلال الإشعاعي

radioactive deposit (Geol.) قُرارةٌ إشعاعية • رَواسِبُ مُشِعّة

radioactive disintegration (Phys., Geol.) الإنحلال الإشعاعيّ • التَفكُّك الإشعاعيّ

radioactive emission (Phys.) إبتعاثٌ اشعاعيّ

radioactive half-life (Phys.) عُمْرُ النِّصفِ لِلفاعلية الإشعاعية

radioactive isotopes (Phys., Chem.) نظائرُ مُشِعّة

radioactive rocks (Geophys.) صُخور مُشِعّة • صُخور إشعاعية النشاط

radioactive substance (Chem.) مادة مُشِعّة : ذات نَشاط إشعاعي

radioactive tracer (Eng.) مُقتَفٍ مُشِعّ

radioactivity (Phys.) الفاعليّةُ الإشعاعية • النشاطُ الإشعاعي

radio aids مُعيناتٌ راديّة أو لاسلكيّة

radio beacon (Elec. Eng.) مَنارةٌ لاسلكية • مَنارة راديّة

radio broadcasting station مَحطّة إذاعةٍ لاسِلكيّة

radio call signal إشارةُ نِداء لاسِلكيّة

radiocarbon (Chem. Eng.) كَربون مُشِعّ

radiocarbon dating (Phys., Chem.) تأريخ بالإشعاع الكربوني

radiochemistry الكيمياء الإشعاعية

radiocolloid (Chem. Eng.) غَرَوانيّ مُشِعّ • مادة غَرَوانية إشعاعية

radio communications المُواصَلات اللاسلكية

radio compass بُوصَلة راديّة أو راديُويّة : لتحديد وُجهة مصدر الإشارات

radio contact إتصال لاسِلكي

radio control (Elec. Eng.) تَحكُّم لاسلكي • تحكُّم راديّ

radio-controlled station (Elec. Eng.) مَحطةٌ لاسِلكيةُ التحَكُّم

radio direction and range finding = **radar** (Elec. Eng.) رادار : جهاز استِبارٍ بصَدى المَوجات الراديّة

radio direction finder = **radio compass** مُعيِّنُ اتجاهٍ راديّ

radioed signal (Elec. Eng.) إشارة مُرسَلَة بالراديو

radioelement (Chem. Eng.) عُنصر مُشِعّ

radio engineering الهندسة اللاسلكيّة • هندسة الراديو

radio fathometer مِقياسُ عُمقٍ راديّ

radio frequency (Elec. Eng.) تَردُّدٌ راديّ • تردد لاسلكيّ (بين ١٠ كيلو سيكل و ٣٠ مِليون كيلو سيكل في الثانية)

radiogenic (Phys.) ناتجٌ بالانحلال الاشعاعي • مُوَلِّد بالإشعاع

radiogram بَرقيّة لاسلكية

radiography (*n.*) التصوير بالأشعّة

radioisotope (Chem. Eng.) نَظيرٌ مُشِعّ

Radiolaria (Biol.) راديولاريا • الشُّعاعِيات: رُتبةُ حيواناتٍ وَحيدةِ الخليّة مُتشعِّعةِ الأطراف

radiolarian earth (Geol.) تُرابٌ راديولاري

radiolarian rocks (Geol.) صُخور راديولاريّة

radiolitic structure (Geol.) بِنية شُعاعيّة • تركيبٌ شُعاعيّ (راديولاري)

radio mechanic (Elec. Eng.) مِيكانيكيّ لاسلكيّ

radiometallography (Met.) فَحصُ المعادنِ بالأشعة

radiometer ((Phys.) راديومِترٌ • مِقياسُ الإشعاع

radio operator عامِلٌ لاسلكيّ

radiophone (Elec. Eng.) تلفون لاسلكيّ

radio-photography التصوير اللاسلكيّ

radio receiver (Elec. Eng.) مُستَقبِلٌ لاسلكيّ

radio reception إستقبالٌ لاسلكيّ

radio set (Elec. Eng.) جهازٌ لاسلكيّ

radio signal إشارة لاسلكيّة

radiosonde (Meteor.) مِسبارٌ لاسلكي

radio station مَحطة (إذاعةٍ) لاسلكيّة

radio system شَبكة لاسلكيّة

radio technology (Elec. Eng.) تِكنولُوجية اللاسلكيّ

radio-tracer مُقتَفٍ راديّ أو شُعاعيّ

radio-tracer technique طريقة الاقتِفاء الاشعاعيّ

radium (**Ra**) (Chem.) الراديوم : عُنصر فلزيٌّ مُشِعّ رمزه (را)

radium emanation (Phys.) مُنبعَثٌ راديومي: رادُون

radium equivalent المُكافِئ الراديوميّ

radium ores (Min.) خاماتُ الراديوم

radium salts (Chem.) أملاحُ الراديوم

radius (*n.*) نِصفُ القُطر • شُعاع (الدائرة أو الكُرة)

(Mech. Eng.) ذِراع – نِصفُ المَدَى

radius arm (Mech. Eng.) ذِراعٌ بِصفُ قُطري

radius bend (Civ. Eng.) نِصفُ قُطر المُنعَطف

radius gauge (Eng.) مُحدِّدُ قِياس شُعاعي : لقياس نصف قطر الانحناء

radius of curvature (Phys.) نِصفُ قُطر الانحناء

radius of influence نِطاقُ التأثير

radius of investigation نِطاقُ البَحث

radius rod (Eng.) ذِراعٌ نِصفُ قُطري

radon (**Rn**) (Chem.) الرادُون : عُنصرٌ غازيٌّ مُشِعّ رَمزُه (د)

raffia (*n.*) رافِية : أليافُ نَخلِ الرافِيَة أو النخلُ ذاتُه

raffinate (Pet. Eng.) نُقاوَة : الجزءُ المُكرَّر أو المُنقَّى – نِتاجٌ مُنقًّى بإذابة الشوائب

raft (Naut.) رَمَث • طَوْف

rafter (*n.*) رافِدة • رافِدةٌ في سَقفٍ مائل

(*v.*) دَعَمَ (الجُملُونَ) بالرَّوافِد

rag (*n.*) خِرقة

(Geol.) صَخر سَرْئيّ • صَخرٌ خَشِنُ البِنيَة

rag-bolt (Eng.) مِسمارٌ أشوَكُ (للتثبيت)

ragged edge حافّة خَشِنة – طَرَفٌ حَدّيٌّ • شَفا

ragging (Mining) التركيزُ التحضيريّ لِلخامات

rag line حَبْلٌ من القِنَّب

ragstone (Geol.) صَخرٌ سَرْئيّ • صَخرٌ بَطْروخي

rail (*n.*) قَضيب – دَرَابزين • سِياجٌ من القُضبان – قَضيبُ سِكّةِ حديد – السِّكّةُ الحديدية

(*v.*) سَيَّجَ بالقُضبان

rail tank

rail bender = rail bending machine (Eng.) مَكَنَةُ حِنايَةِ القُضبان

rail fence سِياجٌ بالقُضبان

railing (*n.*) دَرابْزون • درابزين – قُضبانُ السكّة الحديدية

rail mill (Eng.) مَعْمل دَلْفَنَة (القُضبان)

rail post قائمُ الدرابزين

railroad = railway خط حديديّ • سِكّة حديدية

rail-roading (*n.*) مَدُّ السِّكك الحديدية – نَقْلٌ بالسِّكك الحديدية

rail-rolling mill (Eng.) مَعمَلُ دَلْفَنَةِ القُضبانِ الحديدية

rail steel (Met.) فولاذُ القضبان الحديدية

rail tank عَرَبة سِكّة صِهريجيّة

rail transportation النَّقلُ بالسِّكك الحديديّة

railway (*n.*) خط سِكّة حديد • سِكّةٌ حديدية

railway grease شَحمُ السكك الحديديّة

railway network شَبكةُ خُطوطٍ حديديّة

railway pen قَلَم تسطير مُزدوِج

railway station مَحطة سِكّة الحديد

rain (*n.*) مَطَر

(*v.*) أمطَر

rain, ash (Geol.) مَطَرُ الرماد : رمادٌ مُتساقِط كالمطر

rainbow (*n.*) قوسُ قُزَح – تَقزُّح : تقزُّحُ الغِشاء النفطيّ على سطح الماء

rainbow colours (Phys.) ألوانُ قوس قُزَح

rainbow gold البترول • النِّفط

raincoat مِمْطَر : مِعطَفُ المَطر

raindrop (*n.*) قَطْرَةُ مَطر

rain, eruption (Geol.) مَطَرٌ بُركانيّ : يَعقُبُ الانفجارات البركانية

rainfall (Meteor.) سُقوط المطر – كَمِّيّةُ المطر الساقِط

rain gauge (Meteor.) مِقياسُ (كَمِيَّةِ) المطر

rain-making (Phys.) الاستِمطار : إنزالُ المَطر اصطناعيّاً

rain pillar (Geol.) عمود نَحَتَتْه الأمطار

rain prints (Geol.) آثارُ المَطَر

rainproof (*adj.*) صامِدٌ للمَطر

rain rills قَنواتُ تصريف المَطَر

raintight (*adj.*) صامِدٌ للمَطَر

rainwash (Geol.) جَرْفُ المَطَر

rainwater ماءُ المَطَر

rainy (*adj.*) مُمْطِر • مَطِير

raise (*v.*) رَفَعَ • عَلَّى • أنهَضَ – وَلَّـدَ – حَشَـدَ

(*n.*) رَفْع • إرتِفاع • تَعلِيَة – عِلاوة

raised (*adj.*) مَرفُوع • مُعَلًّى – بارِز • نافِر

raised beach (Geol.) شاطِئٌ مَرفُوع أو مُعَلًّى (بالترسُّبات القديمة)

raised face وَجهٌ بارِز – سَطحٌ بارِز

raised-face flange (Eng.) شَفَةٌ ناتِئة الشَّفْر

raiser = riser إرتفاعُ دَرَجةِ السُّلَّم

raising (*n.*) (Mining) رَفْع • إستِخراج

raising legs (Eng.) قَوائمُ الرَّفْع

rake (*v.*) سَلَفَ • مَشَّطَ • جَرَفَ – نَقَّب

(Eng.) مالَ • أمالَ (لِضَبْطِ زاوِيـةِ القَـطْع)

(*n.*) (Geol.) مِسلَفَة • مُشْط (لِتَسْوِيَـةِ التربـة)

(Eng.) انحِدار • مَيْل – زاوِيَةُ المَيْل • زاوِية الجَرْف

(Mining) عِرقٌ مَعدِنيٌّ مُعترِضٌ مائِل

rake angle (Eng.) زاوِيةُ الجَرْف

rake vein (Mining) عِرقٌ مَعدِني مُعترِض

raking pile (Civ. Eng.) رَكِيزَة مائِلة

raking prop (or **shore**) (Mining) دِعْمَة خشبية مائلة

ram (*n.*) (Eng.) مِدَكّ • مِطْرَقَة – مِكْبَس • كُبَّاس غاطِس

= **hydraulic ram** : مِكْباس هَيدروليّ • مِضَخة دَفْعٍ هيدروليّ

(*v.*) دَكَّ • طَرَقَ • إندَكَّ • تَضاغَط

(*adj.*) تَضاغُطيّ • ضِغاطيّ

Raman effect (Phys.) : ظاهِرَة «رامَان» : تَفرُّقُ أشِعَّةِ الضَّوء بفعل جُزَيئاتِ المادة الشفّافة

ram head (Eng.) رأسُ المِدَكّ

ram, hydraulic (Eng.) مِدَكٌّ هيدرولي

ramification (*n.*) تَفَرُّع • تَشَعُّب

ramiform (*adj.*) مُتَفَرِّع • مُتَشَعِّب

ramify (*v.*) تَفَرَّعَ • فَرَّعَ • تشعَّبَ • شَعَّبَ

ramjet (engine) مُحَرِّك نَفّاث ضِغاطيّ

rammed concrete (Civ. Eng.) خَرَسانة مَدْكُوكة

rammer (Civ. Eng.) مِدَكّ • مِبطَدَة • مِدَقٌّ ضَخم

ramming (*n.*) دَكٌّ • طَرْق • حَشْر • تَضاغُط • ضِغاط

ramming material تُرابٌ مُسوَّطٌ (لِلدَّكّ)

ramp (Civ. Eng.) مُنحَدَر – مَمرٌّ أو مَجرًى مُنحَدِر

rampart (*n.*) إستِحكام • مِتْراس – سُور

ramp floor أرضِيَّةٌ مُنتَظِمَةُ الانحِدار

ram pressure (Eng.) ضِغاط : مُضاغَطَة بالطاقة الحَرَكيّة

ramp valley = rift valley (Geol.) وادي الخَسْف

Ramsbottom carbon residue = Ramsbottom coke (Pet. Eng.) المُتَخلِّفُ الكربونيّ بطريقة «رامزْبُتم»

Ramsbottom test : اختِبار «رامزْبُتم» : لتقدير المتخلّف الكربونيّ من الزيتِ بالتبخير والانحلال الحراريّ

rance (Civ. Eng.) رَكِيزَةُ دَعْمٍ خَشبية

rancid (*adj.*) زَنِخ • حَمِت • فاسِد

rancidity (*n.*) زَنَخ • حَمَت

rancid oil زيت زَنِخ

random (*adj.*) عَشوائي • كيفَما اتَّفق • عَرَضيّ

random distribution تَوزيعٌ عَشوائي

random error خطأ عَرَضيّ

random noise ضَجيجٌ عَرَضيّ

random orientation (Phys.) اتجاه عَشوائيّ • توجيه عشوائيّ – نَسَقٌ غير مُنتَظم

random sample عَيِّنة عَشوائيّة

random sampling انتقاءٌ عشوائيٌّ للعيِّنات • أخذُ العيِّنات بِصُورةٍ عَشوائيَّة

random sequence تَتابُعٌ عَشْوائيّ

Raney nickel (Chem. Eng.) نِيكِل «رَانِي» : نيكل إسفنجيّ القَوام يُستَعْمَل كمادةٍ حَفَّازة

range (*n.*) مَدًى • امتِداد • مجال – مَدَى التراوُح – صف • سِلسِلة – مَوقِد (طَبْخ)

(Geol.) سِلسلةُ جبال

(*v.*) صَفَّ • صَنَّفَ – قَدَّرَ (أو ضَبَطَ) المَدَى – تراوَحَ

range adjusting ضَبْطُ (أو تعديلُ) المدى

range boiler مِرجَلُ الماء الساخِن

range, boiling (Chem. Eng.) مَدَى الغَلَيان

range determination تحديدُ المدى

range, distillation (Chem. Eng.) مَدَى التقطير

range estimation تقديرُ المَدَى

range-finder (Surv.) مُعيِّنُ المَدَى

range indicator مُبيِّنُ المَدَى

range of lost strata (Geol.) التَّراوُحُ الاستراتيغرافي • فاقِد العمق في تتابُع الطبقات

range of mountains (Geol.) سِلسلةُ جبال

range of stress (Met.) تَراوُحُ الإجهاد • مَدَى الإجهاد

range of temperature مَدَى تراوُح دَرجةِ الحرارة

range oil (Pet. Eng.) كِيروسين المَواقِد • زيتُ التدفِئة

range pole = ranging pole (Surv.) شـــاخِص

ranging (*adj.*) مُتراوِح (بين دَرجتين أو مُستَوَيَيْن)

(*n.*) صَفٌّ • مُحاذاة– تحديدُ (أو ضبط) المَدَى

(Surv.) تَخطيطٌ مِساحيّ

ranging rod (or **staff**) (Surv.) : شاخِص : ساقُ الرَّصْد أو القياس

rank (*n.*) صَفٌّ • فِئة – نِظام • تَرتيب – رُتبَة • دَرَجة

(*v.*) رَتَّبَ • صَفَّ – صَنَّفَ – إحتلَّ رُتْبَةً مُعيَّنة

(*adj.*) خَصِب • مُخْصِب – زَنِخ • عَفِن

Rankine cycle (Eng.) دَورةُ «رانْكِين»

Rankine (temperature) scale (Phys.)

مِقياسُ «رانْكِين» : مِقياسٌ للدرجات المُطلَقة بمقياس الفَرَنْهَيت

rapid compression machine

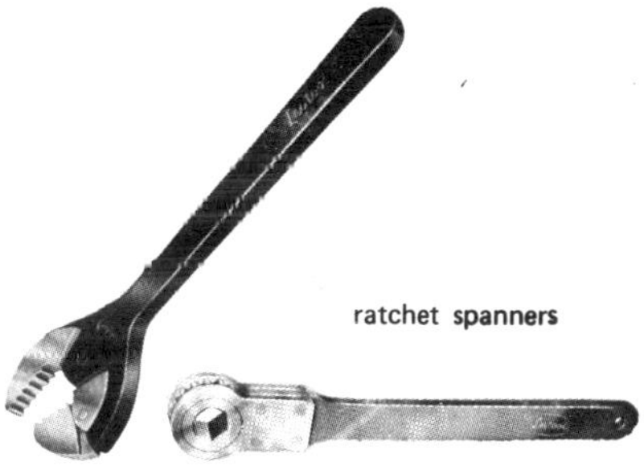

ratchet spanners

ranking (*n.*) تصنيفٌ رُتَبيّ

rank of coal (Chem. Eng.) درجةُ الفحم : نسبةُ كميَّة الكربون فيه

rank wildcat (Pet. Eng.) أولُ بئرٍ تَنقيبيَّة

rap (*v.*) نَقَرَ • دَقْدَقَ– هَزْهَزَ أو خَلْخَلَ (بالدّق)

(*n.*) نُقْرَة • طَرْقَة – هَزْهَزةٌ أو خَلْخلةٌ (بالدّق)

rapeseed oil = cole oil = colza oil

زيتُ بِزرِ اللِّفت : يُستعمل للتزليق

raphia = raffia الرافِيَة : أَلْيافُ نَخْلِ الرافية أو النخيل ذاتُه

rapid (*adj.*) سَريع • عاجِل

rapid compression machine

مَكَنَةُ الانضغاط السريع

rapid-curing asphalt (Pet.-Eng.)

أسفَلْت سَريعُ الجُمود

rapid-hardening cement (Civ. Eng.)

أسمَنْتٌ سَريعُ الشَّكّ

rapids (Geol.) جَنادِل

rapid service خِدمة سريعة

rapper (*n.*) (Mining) مِطرقَةُ تنبيه

rare (*adj.*) نادِر – مُخَلْخَل

rare earth elements (Chem. Eng.)

عَناصِرُ الأَترِبَة النادِرة

rarefaction (*n.*) تَرقيق • تلطيف • تقليلُ الكَثافة

(Phys.) تَخَلْخُـــل : إنخِفاضُ الضغط

rarefied (*adj.*) مُخَلْخَل • مُخفَّفُ الضغط (أو الكثافة)

rarefy (or **rarify**) (*v.*) (Phys.) خَلْخَلَ • تَخَلْخَلَ

rare gases = inert gases (Chem.)

الغازاتُ النادرة • الغازاتُ الخامِلَة

rare medium (Phys.) وَسَطٌ لَطيف • وَسَطٌ قليلُ الكثافة

Rashig rings (Pet. Eng.) حَلَقات «راشِغ» • حلقات حَشْوٍ أسطُوانية يُملأُ بها بُرجُ التقطير

rashing (Mining) طَفْح : راقٌ من الطَّفَلِ أو الفحم الرديء يُغطِّي طَبَقَة الفحم

(Geol.) شِسْتٌ فَحمِي

rasorite (Min.) راسوريت : خامٌ من بُوراتِ الصوديوم

rasp (*v.*) بَرَدَ • نَحَتَ • قَشَطَ

(*n.*) (Eng.) مِبْرَدٌ مُحبَّبُ القَطْعيَّة • مِبردُ الخشب

rasp cut (Eng.) قَطْعٌ مُحبَّب

rasp-cut file (Eng.) مِبْرَدٌ مُحبَّب القَطعيَّة

ratch (*v.*) سَنَّنَ • قَطَعَ أسنانَ التُّرس

(*n.*) سَقَّاطة • تُرسٌ وسَقَّاطة – مِصَدٌّ (الميكرومتر)

ratchet (Eng.) سَقَّاطة • لُسَين • تُرسٌ وسَقَّاطة

ratchet and pawl (Eng.) تُرسٌ وسَقَّاطَة بظُفْر : لتحويل الحركة المُتَرَدِّدة إلى حَركةٍ دائرية

ratchet drill (Eng.) مِثقابٌ بسَقَّاطة

ratchet jack (Eng.) مِرفاعٌ بسَقَّاطة

ratchet pawl (Eng.) ظُفْرُ السَّقَّاطة

ratchet pipe-cutter (Eng.) مِقطعُ أنابيبَ بسَقَّاطة

ratchet spanner (or **wrench**) (Eng.)

مِفتاحُ رَبْطٍ بسقَّاطة

ratchet wheel دولابُ السَّقَّاطة• تُرسُ السَّقَّاطة

rate (*n.*) مُعَدَّل • مُعَدَّل السرعة • سُرعة – فِئة • دَرَجة – سِعْر – سِعْرُ الفائدة

(*v.*) صَنَّفَ – قَدَّر • ثَمَّن • سَعَّر – عايَر

rat(e)able value القيمةُ الخاضِعة للضريبة – القيمة التخمينية

rate control التحكُّم بالمُعَدَّل

rated (*adj.*) مُقدَّر • مُقَنَّن – مُعايَر

rated capacity (Eng.) السَّعَة المُقَدَّرة

rated current (Eng.) التيارُ المُقَدَّر

rated horse-power (Eng.) القُدرة الحِصانيَّة المُقَدَّرة
rated load (Eng.) الحِمْلُ المُقَدَّر
rated output (Eng.) الخَرْجُ المُقَنَّن
rated potential (Eng.) : الجُهد المُقَدَّر
طاقَةُ الإنتاج المُقدَّرة
(Pet. Eng.) الطاقة الإنتاجية المُقدَّرة (للبئر)
rated power (Eng.) القُدرة المُقَدَّرة
rated pressure (Eng.) الضغط المُقَدَّر
rated production الإنتاج المُقَدَّر
ratemeter (Eng.) مِقياسُ المُعدَّل
rate of advance سُرعةُ التقدُّم
rate of change مُعدَّل التغيُّر
rate of charging سُرعة الشَّحن
rate of combustion (Chem. Eng.) مُعدَّل (سُرعةُ) الاحتِراق
rate of exchange سِعرُ الصَّرْف : للوَرَقة المالية
rate of flame propagation (Chem. Eng.) سُرعة انتشار اللهَب
rate of flow مُعدَّل الدَّفْق (أو التدفُّق)
rate of fuel consumption مُعدَّل استِهلاكِ الوَقود
rate of gas diffusion (Phys.) سُرعَةُ انتِشارِ الغـاز
rate of inflow مُعدَّل الحَقْن • مُعدَّل الدفق الداخِل
rate of oxidation (Chem. Eng.) مُعدَّلُ (أو سُرعةُ) التأكسُد
rate of penetration (Civ. Eng.) مُعدَّل (أو سرعةُ) الاختِراق
rate of production (Eng.) مُعدَّل الإنتاج
rate of vaporization (Chem. Eng.) مُعدَّلُ التبخُّر
rate of voltage rise (Elec. Eng.) مُعدَّل إرتفاع الفُلْطِية
rate per annum الفائدةُ السَّنوية • المعدَّلُ السنويّ
rate percent المُعدَّل المِئَوي
rat-hole (Pet. Eng.) ثَقبٌ جُرذِيّ : ثَقبٌ سَطحيّ مائل لتركيز عَمود الحفر المُضلَّع عند تغيير المِثقَب
ratification (*n.*) تَصديق • إقرار • إبرام • إجازَة
ratify (*v.*) صَدَّقَ على • أقرَّ • أجاز
rating (*n.*) تَقدير – تَسعير
(Eng.) مُعايَرَة • عِيار • درجة المُعايرة – تقدير (القُدرةِ الحِصانيَّة)
rating, anti-knock (Pet. Eng.) دَرَجَةُ مَنْعِ الخَبْط
rating apparatus (Eng.) جهازُ مُعايَرَة
rating nut (Eng.) صَمُولَةُ المُعايَرَة
rating, octane (Pet. Eng.) دَرَجَة الأوكْتان
rating, penetration (Pet. Eng.) تقديرُ الاختِراقية – دَرَجة الصَّلابة
ratings مُقدَّرات • تقديرات – مُواصَفات
ratio (*n.*) نِسْـبَة
ratio, air-fuel (Eng.) نِسْبَة الهواء إلى الوَقود
ratio, compression (Eng.) نِسبَةُ الانضغاط
ration (*n.*) مِيرَة • حِصَّة
(*v.*) حَصَّصَ • وزَّع حِصَصـاً – قَنَّن
rational horizon (Surv.) الأفُق الحقيقي (أو السَّماويّ)
rationalized system of units = mksa system (Phys., Eng.) نِظامُ الوَحَداتِ المَنطِقيَّـة : وَحَـداتُ المِتْر كيلوغرام ثانية أمبير
ratio of compression (Eng.) نِسبَةُ الانضغاط
ratio of conversion (Eng.) نِسبَةُ التحويل
ratio of reduction نِسبَةُ الخَفْض • نِسبَةُ الاختِزال
ratio of transformation (Eng.) نِسبَةُ التَّحويل
ratio paper وَرَقٌ نِسبيُّ التسطير : مُقسَّمٌ لُوغاريتميّاً في مِحورٍ وعادِيّاً في الآخر
ratio, transformer (Elec. Eng.) نِسبَـةُ المُحَوِّل
ratlin(e)s (Naut.) دَرَجاتُ السُّلَّم الحَبْليّ
rat-tail burner (Phys., Chem.) حارقٌ خَيْطِيُّ اللَّهَب
rattle (*n.*) خَشْخَشَة • صَليل – قَرقَعة • طَقْطَقَـة
(*v.*) خَشْخَشَ • صَـلَّ – قَرقَع • طَقْطَقَ
ravelling = fretting (Civ. Eng.) حَتُّ السطح (في طريقٍ مَرصوف)
ravine (Geol.) خانِق • إفجيج • وادٍ صغير • مَسِيل
raw (*adj.*) خامٌ • غُفْل – غيرُ مُعالَج أو مُصَنَّع – فِجّ
(Pet. Eng.) خام • غيرُ مُكرَّر
raw coal (Mining) فَحمٌ خام
raw data مُعطَيات أو مَعلومات أوَّلية
raw data reduction اختِزالُ المُعطَيـاتِ الأوليَّـة
raw distillate (Pet. Eng.) قُطارَةٌ خام • قُطارَة أوَّليَّة غيرُ مُعالَجة
raw gas (Pet. Eng.) غازٌ خام
raw material (Chem. Eng.) مادة خام • مادة أوَّلية
raw ore (Mining) رِكـازٌ خـام • الخـامُ المُعـدِّن
raw salt (or **saltpeter**) (Chem. Eng.) مِلحُ البارود الخام
raw steel (Met.) فولاذ غيرُ مُعالَج
raw stocks (Chem. Eng.) مَوادُّ أوَّليَّة • مَواد خـام
raw stream (Pet. Eng.) مَجرى الخام : قبلَ فصلِه إلى مَنتوجات بترولية في المِصفاة
raw water ماءٌ غيرُ مُعالَج • ماء غُفْل
ray (*n.*) (Phys.) شُعاع • شُعاعَة
ray, incident (Phys.) شُعاعٌ ساقِط
Rayleigh distillation (Chem. Eng.) تَقطير «رايْلي» : حيثُ يتغيَّرُ تركيبُ المادةِ المُتخلِّفة أثناء التقطير
Rayleigh refractometer (Phys.) مِقياسُ انكِسار «رايْلي»
ray of light شُعاعٌ ضَوئيّ
rayon (*n.*) (Chem. Eng.) رايُون • حريرٌ اصطناعي
(*adj.*) مصنوعٌ من الرايون
ray path مَسيرُ الشُّعاع
ray, reflected (Phys.) شُعاعٌ مُنعكِس
ray, refracted (Phys.) شُعاعٌ مُنكسِر
rays, alpha (Phys.) أشِعَّـة ألفـا • الأشِعـة الألِفيَّـة
rays, beta (Phys.) أشِعـةُ بيتـا • الأشِعـة البـائيَّة
rays, gamma (Phys.) أشِعة غاما • الأشِعة الجيميَّة
rays, infra-red (Phys.) الأشِعَّـة دونَ الحمراء
rays, ultra-violet (Phys.) الأشِعة فوقَ البنفسجيَّة
raze (*v.*) (Civ. Eng.) قوَّض • هَدَمَ • دَمَّر
R.B. (**rock bit**) (Civ. Eng.) لُقمة حَفر الصخور
R.C. (**rapid curing**) سَريعُ الشَّكِّ أو الجُمود
R.D. (**rigging down**) فَكُّ أجهِزَةِ الحَفر
R.D.C. (**rotating disc contactor**) مُلامِس دوّار القُرْص
reabsorb (*v.*) إمتصَّ ثانيةً
reach (*v.*) وصَـل إلى • بَـلَغَ • إمتَـدَّ – نـالَ

(n.) تداول · استطاعة ـ وصول
(Geol.) لسان مُنبسِط من الماء أو الأرض

react (v.) تَفاعَلَ ـ استجابَ لفعلٍ أو تأثير

reactance (n.) (Eng.) مُفاعَلة

reactant (n.) (Chem. Eng.) مُفاعِل · مُتفاعِل: إحدى الموادّ الداخلة في التفاعل

reacting force (Mech.) قُوّةٌ رَدٌّ فِعليَّة · قوّة ارتكاسيّة

reaction (Mech.) رَدُّ فِعْل · إرتِكاس
(Chem. Eng.) تفاعُل

reaction, acid (Chem.) مَفعولٌ (أو تأثيرٌ) حامِضي

reaction agent (Chem. Eng.) عامِلُ تفاعُل

reaction-and-impulse turbine (Eng.) تُوربينٌ دَفْعيٌّ رَدٌّ فِعْليّ

reaction, balanced (Chem. Eng.) تفاعُلٌ مُتوازِن

reaction, basic (Chem. Eng.) تفاعُلٌ أساسي

reaction chain (Chem. Eng.) سِلسلةُ تَفاعُل

reaction, chain (Chem., Phys.) تَفاعُلٌ مُتسَلسِل

reaction chamber (Chem. Eng., Eng.) غُرفةُ التفاعُل · حُجرةُ تفاعُل

reaction, chemical (Chem. Eng.) تفاعُلٌ كِيماويّ

reaction control system (Eng.) نظامُ تحكُّمٍ ردٌّ فِعليّ

reaction, decomposition (Chem. Eng.) تفاعُلٌ انحِلالي

reaction duration (Chem. Eng.) أَمَدُ التفاعُل

reaction, endothermic (Chem. Eng.) تفاعُلات خافضةٌ لِلحرارة

reaction energy (Chem. Eng.) طاقةُ التفاعُل

reaction engine (Eng.) مُحرِّكٌ ردٌّ فِعليّ: مُولِّدُ دَفعٍ بنَفْث الغاز

reaction, exothermic (Chem. Eng.) تفاعُلٌ طارِدٌ للحرارة

reaction flask (Chem. Eng.) قارورةُ تفاعُل

reaction force قوّةُ أو شِدّةُ التفاعُل

reaction formula (Chem.) صِيغةُ أو مُعادلةُ التفاعُل

reaction heat (Chem. Eng.) حَرارةُ التفاعُل

reaction mass (Chem. Eng.) كُتلةُ التفاعُل

reaction mechanism (Chem. Eng.) آليّةُ التفاعُل · سِياقُ التفاعُلات الكيماويّة

reaction, neutral تَفاعُلٌ مُتعادِل

reaction order — **order of reaction** (Chem. Eng.) درجةُ أو ترتيبُ التفاعُل: من حيث السرعة

reaction, oxidation (Chem.) تفاعُل أكْسَدة

reaction period (Chem. Eng.) مُدّةُ التفاعُل · زمنُ التفاعُل

reaction, primary تفاعُل أوليّ

reaction principle (Geol.) مَبدأ التفاعُل (أو التحوُّل)

reaction products (Chem. Eng.) مُنتَجاتُ التفاعُل

reaction rate (Chem. Eng.) سُرعةُ التفاعُل

reaction rate, specific (Chem. Eng.) سُرعةُ التفاعُلِ النوعيّة

reaction, redistribution (Chem. Eng.) تفاعُل انحِلال مُزدَوِج

reaction, reduction (Chem. Eng.) تفاعُل اختِزال

reaction, reversible (Chem. Eng.) تفاعُل عَكُوس

reaction rim = **reaction border** (Geol.) حافّةُ التفاعُل (أو التحوُّل)

reactions for acid radicals (Chem. Eng.) تفاعُلات للشِقّ الحَمضيّ

reaction, side (Chem. Eng.) تفاعُلٌ جانبي

reaction space (Chem. Eng.) حيِّزُ التفاعُل

reaction stress (Geol.) إجهادُ الارتِكاس

reaction, substitution تفاعُل(إحلالٍ) تبادليّ

reaction tendency (Chem. Eng.) إتجاهُ التفاعُل

reaction test (Eng.) اختبارُ ردِّ الفِعل

reaction time (Chem. Eng.) زمنُ التفاعُل ـ زمنُ الاستجابة

reaction turbine (Eng.) تُوربينٌ ردٌّ فِعلي · عَنَفةٌ ردٌّ فِعليّة

reaction velocity (Chem. Eng.) سُرعةُ التفاعُل

reactivate (v.) (Chem. Eng.) أعاد تنشيطَ (المادّةِ الحَفّازة)

reactivation (n.) (Chem. Eng.) إعادةُ تنشيط (المادّةِ الحَفّازة)

reactivator (tower) (Pet. Eng.) بُرجُ إعادةِ تنشيط العامِلِ الحَفّاز

reactive (adj.) (Chem. Eng.) فعّال · مُتَفاعِل · تَفاعُليّ
(Elec. Eng.) مُفاعِل · مُفاعِليّ
(Mech.) إرتكاسيّ · رَدٌّ فِعليّ

reactive tenacity (Met.) استِعصاء رَدٌّ فِعلي

reactivity (Chem. Eng.) مُفاعِليّة · فَعّالية: قدرة تفاعُليّة

reactor (Chem. Eng., Phys.) مُفاعِل ـ مُفاعِلٌ نَوَويّ

reactor column (Chem. Eng.) عَمودُ المُفاعِل · بُرجُ المُفاعِل

reactor effluent (Chem. Eng.) دَفقُ المُفاعِل · مُخْرَجُ المُفاعِل

reactor effluent water wash drum (Chem. Eng.) راقودُ غَسل دَفقِ المُفاعِلِ بالماء

reactor effluent water wash settler (Chem. Eng.) مِركَنُ ترويق الماء لغسل دَفق المفاعل

reactor feed chiller (Pet. Eng.) مُبرِّدُ تَغذيةِ المُفاعِل · مُبرِّد لِقيمِ المُفاعِل

reactor-regenerator unit (Pet. Eng.) مَجموعةُ مُفاعِلٍ ومُجدِّد · وَحْدَةُ التفاعُلِ والتجديد

read (v.) قَرأ · دَلَّ على · أشار الى

readily (adv.) بسُهولة · بسُرعة

reading (n.) قِراءة

readjust (v.) أعاد الضَّبطَ أو التعديل · ضَبَطَ ثانيةً

readjustment (n.) إعادةُ الضَّبطِ (أو التعديل)

ready-made (adj.) جاهِز

ready money نَقدٌ سائِل

reagent (Chem. Eng.) كاشِف · مُفاعِل · مُفاعِلٌ كيميائيّ

reagent, Grignard (Chem. Eng.) مُفاعِل «غْرينْيارْد»

real estate عَقار · مِلْكٌ ثابِت ـ أموالٌ عَقاريّة

realgar (Min.) رَهَجُ الغار · ثاني كبريتيدِ الزِّرنيخ الطبيعيّ

real gas (Phys.) غازٌ حقيقيّ

realignment (Civ. Eng.) تَصحيحُ التَّراصُف · إعادة ضبط المُصافّة

realization (n.) تحقيق · تَحقُّق ـ تحويلٌ الى نَقد ـ رِبح (بالاستِثمار)

realize (v.) حَقَّقَ · تحقَّقَ ـ حَوَّلَ (العَقاراتِ أو الأسهُم) الى نقد

realized price السِّعر المحقَّق · سعرُ البيع الفِعلي

real value قِيمة حقيقيّة

ream (n.) رِزْمةُ وَرَق
(v.) وَسَّعَ الثُّقبَ · قَوَّر · سَحَلَ
(Naut.) وَسَّعَ أو سَحَلَ (إعدادًا) لِلجَلْفطة

reamers

reaming bits

receiving scraper trap

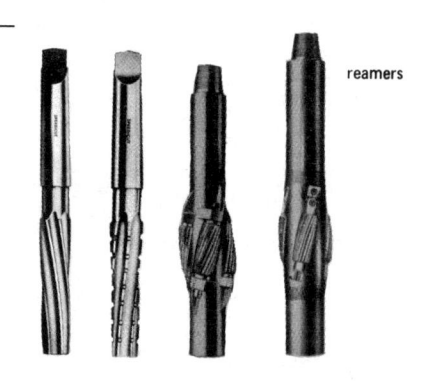

reamer = rimer (Eng.) مُوَسِّعُ ثُقوب • (بُرْغُل) • مِثقاب تقوير • مِسْحل • مُقَوِّرَة

reamer, adjustable (Eng.) مُوَسِّعُ ثُقوبٍ انضباطي

reamer bit (Eng.) لُقمة مِثقابِ التقوير

reaming (*n.*) تَقويرُ الثقوب • توسيع (ثَقْبِ) الحَفْر

reaming bit (Eng.) لُقمةُ توسيع الثقوب

rear (*n.*) مُؤَخَّر • مُؤَخَّرة

(*v.*) (Min.) هَذَّب (سطحَ الخام)

(*adj.*) خَلْفِيّ

rear axle (Eng.) مِحورٌ (أو جُزْءٌ) خَلفِيّ

rear bearing (Eng.) مَحمِلٌ خَلْفي

rear dump-truck (Eng.) شاحِنة قَلَّابة

rear engine (Eng.) مُحرِّك خلفيّ

rear portion جُزءٌ خلفيّ

rear position وَضعٌ خلفيّ

rearrangement (*n.*) إعادةُ التنظيم

rearwards (*adv.*) إلى الخَلف • نحو المؤَخَّرة

rear wheel دولابٌ خَلْفيّ

reassemble (*v.*) أعادَ التجميع • جمَّع أو إجتمع ثانية

reassure (*v.*) طَمْأن – جَدَّدَ التأمين

Reaumur degree (Phys.) درجةُ حَرارةٍ بِمقياس «ريُومِر»

Reaumur scale (Phys.) مِقياسُ «ريُومِر» (لِدرجاتِ الحرارة)

Reaumur thermometer (Phys.) تِرمُومِتْر «ريُومِر» : صِفْرُهُ نقطةُ انصهار الجليد والدرجة ٨٠ هي نُقطة غليان الماء

rebate (*n.*) تَخفيض • حَسْم – فُرْزَة

(*v.*) إفترز – خَفَّضَ (السِّعرَ)

rebate(d) joint وُصلَةُ افتِراز

rebellious ore (Min.) رِكازٌ مُقاوِم للصَّهر

reboiler (Chem. Eng.) مِرجَلُ إعادة الغَلْي (أو التبخير)

rebore (*v.*) أعادَ التقويرَ أو التجويف

rebound (*n.*) إرتِداد – صَدى

(*v.*) ارتَدَّ – رَجَّع (الصَّدى)

recalescence (Met.) الذُّكُوُّ الحَراري • ذُكُوُّ الإشعاع الحراري

recalescent point (Met.) نُقطة الذُّكُوِّ الحَراري

recall (*v.*) إستَدعى – تَذكَّر – ألغى

(*n.*) إستِدعاء – تَذكُّر – إلغاء

recapping (*n.*) اعادةُ التَّلبيس (بالمَطَّاط)

recarbonize = recarburize (*v.*) أعادَ الكَرْبَنَة

recarburization (Met.) إعادةُ الكربنة

recase (Pet. Eng.) أعادَ التغليف • أعاد التبطين (بالأنابيب)

recasing (*n.*) إعادةُ التغليف

recast (*v.*) أعادَ السَّبْك

(*n.*) مَصبوبةُ مُعادَةُ السَّبْك

recasting (*n.*) إعادةُ السَّبْك

recede (*v.*) تَراجَعَ • إنحسَر – إنسَحَب

receipt (*n.*) إستِلام – وَصْلُ آستِلام

receipts and expenditures المَوارِدُ وَالنَفَقات

receipt voucher مُستَنَدُ آستِلام

receive (*v.*) تَسلَّمَ– إستَلَمَ• إستَقْبَل– إتَّسَع (لِ)

receiver (*n.*) (Chem. Eng.) مُستَقْبِل • وِعاءُ استِقبال

(Elec. Eng.) جِهازُ استِقبال • مُستَقبِل • مُستَقبِلة • لاقِط – سَمَّاعة

receiver, air (Eng.) مُستقبِلُ الهواء (المضغوط)

receiver drum (Pet. Eng.) راقود آستِقبال • وِعاءُ استِقبال أُسطُواني • مِرْكَن

receiver tank (Eng.) خزَّانُ استِقبال • صِهريج مُستَقبِل

receiving (*n.*) إستِقبال • إستِلام • تَسلُّم

receiving drum (Pet. Eng.) بِرميـــــلُ (أو راقودُ) استِقبال

receiving hopper (Mining) قادُوس استِقبال

receiving scraper trap (Pet. Eng.) مِصيدة استِقبال المِكْشَطة • مِحْبَسُ المِكشطة

receiving set (Elec. Eng.) جهازُ استِقبال

receiving station (Elec. Eng.) مَحطَّةُ استِقبال

receiving tank (Pet. Eng.) صِهريجُ استقبال

recent (*adj.*) حَديث • جَديد

Recent epoch = Holocene epoch (Geol.) العصرُ الحديث

recent formations (Geol.) تكويناتٌ حديثة

Recent period (Geol.) العصرُ الحديث : الدورُ الجيولوجيّ الحاليّ

receptacle (*n.*) وِعاء • إناء

(Elec. Eng.) مَقْبِس

reception (*n.*) إستِقبالٌ – إستِلام • تَلَقٍّ

reception basin (Geog.) حَوضُ الإنصِباب : حوضُ استِقبال (مياهِ الأنهار)

reception test (Pet. Eng.) إختِبارُ الاستِقبال

reception wall = retention wall جِدارُ احتِجاز • حاجز جِداريّ (Civ. Eng.)

receptive (*adj.*) تَقبُّلِيّ • يتقبَّل • قابلٌ لِلتَلقّي

receptor (Elec. Eng.) مُستَقبِل • جهازُ استِقبال

(Geol.) مِسماعٌ أرضيّ

recess (*n.*) فُرجَة • تَجويف • نُقرة • فُرضَة – فُسحة – غَور • إنحِسار

(*v.*) جَوَّف • بَيَّتَ في تجويف

recessed (*adj.*) مُجوَّف • غائِر (في تجويف)

recessed-head screw (Eng.) مِسمارٌ مُلولبٌ مشقوقُ الرأس

reciprocating compressor

recirculation heater

recessed joint	وُصلَة مُتساطِحة : مُبيَّتة في تجويف
recessed switch = flush switch (Elec. Eng.)	مِفتاح كهربائي متساطِح : غائر في نُقرة
recessing tool	عُدَّة تجويف (أو تفريغ)
recession (n.)	تراجُع ، إنحِسار
recessional moraine (Geol.)	رُكام متقَهقِر
recharge (v.)	أعادَ الشحن ، شَحَن مُجدَّداً
recipient (n.)	مُتَسلِّم ، مُستلِم ، مُتلَقٍّ ، مُستقبِل
reciprocal (adj.)	عَكسي ـ مُتبادَل
(n.)	مَعكوس
reciprocal proportions, law of (Chem.)	قانون النِّسَب المُتبادَلة
reciprocal ratio	نِسبة عَكسيَّة
reciprocating (adj.)	مُترَدِّد ، ترَدُّدِيّ : يتحرَّكُ جِيئَةً وذهاباً
reciprocating compressor (Eng.)	ضاغِط ذو كبَّاس مُترَدِّد
reciprocating engine (Eng.)	مُحرِّك ترَدُّدي
reciprocating motion	حركة ترَدُّديَّة
reciprocating piston (Eng.)	كبَّاس ترَدُّدي
reciprocating pump (Eng.)	مِضخَّة ترَدُّديَّة
reciprocity (n.)	تبادُل ، تعاكُس
recirculation heater (Pet. Eng.)	سَخَّان المُنتَجات المُعادة التدوير
reckless (adj.)	مُتهوِّر ، طائش
reckon (v.)	عدَّ ، حَسَب ، قدَّر
reckoning (n.)	حِساب ، تقدير
(Naut.)	تقدير (أو حِساب) مَوقِع السفينة
reclaim (v.)	استعادَ ، استرَدَّ ، استخلَص ـ استصلَح
reclaimed (adj.)	مُستعاد ، مُستردّ ـ مُستصلَح
reclaimed oil (Pet. Eng.)	زيت مُستعاد
reclaimed rubber (Chem. Eng.)	مطاط مُستعاد (أو مُستصلَح)
reclaiming (n.)	إستعادة ، إستخلاص ، إسترداد ـ إستصلاح
reclamation (n.)	إستصلاح (الأراضي)
(Chem. Eng.)	إسترداد ، إستعادة ، إستخلاص ، إستصلاح
reclamation plant (Pet. Eng.)	وَحدة إستخلاص أو إستصلاح
recognition (n.)	تعرُّف ، تمييز
recoil (v.)	إرتدَّ
(n.)	إرتداد ، تراجُع
recoil energy (Phys.)	طاقة الارتداد
recoil oil	زيت الأسلحة الناريَّة
recoil spring	نابِض الارتداد ، نابِض مُرجِع
recombination (n.) (Chem. Eng.)	إعادة (أو عَودة) الاتحاد
recombination velocity (Chem. Eng.)	سُرعة مُعاوَدة الإتحاد
recombine (v.)	وحَّد (أو اتَّحد) ثانية
recommence (v.)	إبتدأ ثانيةً
recommend (v.)	وصَّى (ب) ـ إمتَدح
recompense (v.)	عوَّض ، كافأ
recompose (v.)	ركَّب (أو نسَّق) ثانية
recomposed granite (Geol.)	غرانيت مُعاد التبلْوُر
recompression (n.)	إعادة الضَّغط
recompression station (Pet. Eng.)	مَحطَّة إعادةِ الضغط (في خط الأنابيب)
reconcile (v.)	وفَّق بين ، صالَح ، سوَّى
recondensation (Chem. Eng.)	إعادة التكثيف
recondition (v.)	أصلَح ، جدَّد ، رمَّم ـ هيَّأ أو كيَّف مُجدَّداً
reconditioned drilling mud (Pet. Eng.)	طين الحَفْر المُجَدَّد
reconditioning (n.)	إصلاح ، تجديد ، ترميم
reconditioning plant (Eng.) (Pet. Eng.)	مَصنَع تجديد ، وَحدة تجديد طين الحفر
reconnaissance = reconnoissance (n.)	إستطلاع ، إستكشاف
reconnaissance drilling (Pet. Eng.)	حَفر إستطلاعي
reconnaissance map	خَريطة إستطلاعيَّة
reconnaissance survey	مَسح إستطلاعي أو استكشافيّ
reconnoiter = reconnoitre (v.)	إستطلَع ، إستكشَف
reconsider (v.)	أعاد النَّظر في
reconstruction (n.)	إعادة البِناء ، إعادة الإنشاء
reconvert (v.)	أعادَ التحويل
recooling (n.)	إعادة التبريد
record (v.)	سجَّل ـ دوَّن ـ سجَّل (على أسطوانةٍ أو شريط)
(n.)	سِجِلّ ، مُدَوَّنة ، رقم قياسي ـ أسطوانة مُسجَّلة
recorder (n.)	مُسَجِّل ، مُسَجِّلة ، جِهاز تَسجيل
recording (n.)	تسجيل ، تدوين
recording apparatus (Elec. Eng.)	جِهاز تسجيل
recording balance	ميزان مُسجِّل

reciprocating pump

REC
368

recording barge

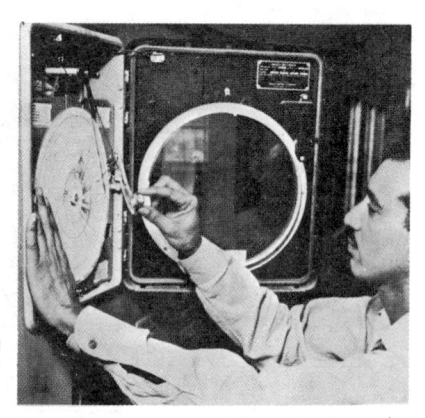

recording instrument

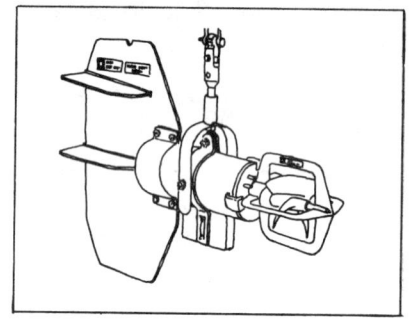

recording current meter

recording barge (Pet. Eng.)	مَركَبُ التسجيل: صَندَلٌ مُجَهَّزٌ بِمُعَدَّات التسجيل
recording barometer	بارومتر مُسَجِّل
recording circuit (Elec. Eng.)	دائرةُ تسجيل
recording current meter (Ocean.)	مقياسٌ مُسَجِّلٌ لِسرعةِ التيّار
recording cylinder	أسطوانةُ تسجيل
recording device	نَبيطةُ تسجيل · جهازُ تسجيل
recording drum	دارَةُ تَسجيل
recording dynamometer (Eng.)	ديناموِمتر مُسَجِّل
recording flowmeter (Hyd.)	مقياسُ دَفقٍ مُسَجِّل
recording gauge (Eng.)	مقياسٌ مُسَجِّل
recording hygrometer (Meteor.)	مِرطابٌ مُسَجِّل · هَيْجرومتر مُسَجِّل
recording instrument (Elec. Eng.)	آلةُ تسجيل
recording mechanism	آليَّةُ تَسجيل
recording meter	مقياسٌ مُسَجِّل · جهازُ قياسٍ تسجيليّ
recording spread (Geophys.)	شَبَكةُ أجهزةِ التسجيل (الرَّجْفيّ)
recording, synthetic (Geophys.)	سِجلٌ تركيبيٌّ (للرَّجْفة)
recording tape	شَريطُ تَسجيل
recording thermometer (Phys.)	ترمومتر مُسَجِّل · مقياسُ حرارةٍ مُسَجِّل
recording truck (Geophys.)	شاحِنةُ (أجهزةِ) التسجيل
recording unit	وَحدةُ تسجيل
recover (v.)	إستَعاد · إسترَدَّ · إستخلَص · استخرَج - أبَلَّ · شَفِيَ
recoverable (adj.)	يُمكِنُ استخلاصُه أو استخراجُه · قابلٌ للاستخراج
recoverable oil (Pet. Eng.)	زيتٌ يُمكِنُ استخلاصُه (أو استخراجُه)
recoverable reserves (Pet. Eng.)	الاحتياطيّ القابلُ للاستخراج
recovered (adj.)	مستخرَج · مُستخلَص · مُستعاد
recovered oil (Pet. Eng.)	زيتٌ مُستعاد: يُعادُ تكريرُه للاستعمال ثانيةً
recovery (n.)	إستِعادة · إسترداد · إستخلاص · إبلال · شِفاء
recovery factor (Pet. Eng.)	عاملُ الاستخلاص
recovery, gasoline (Pet. Eng.)	استِخلاصُ البنزين
recovery process (Chem. Eng.)	عمليّةُ الاستعادة
recovery ratio (Pet. Eng.)	نسبةُ الاستخلاص · نسبةُ الاستعادة
recovery time (Phys.)	زَمَنُ الاستعادة
recovery unit (Pet. Eng.)	وَحدةُ استخلاص
recovery vehicle	عَرَبةُ اصلاحِ العُطلِ الطارئِ (للسيّارات)
recrystallization (Chem. Eng.)	إعادةُ التبلوُر · عودةُ التبلوُر · التبلوُرُ ثانيةً
recrystallize (v.)	تبَلوَرَ ثانيةً · أعادَ التبلوُرَ (أو البَلوَرة)
rectangular prism	موشورٌ قائم
rectangular weir (Hyd.)	فُرضةٌ قائمة (لقياسِ تدفُّقِ المَجرى)
rectification (n.)	تقويم · تصحيح - تصفية · تكريرُ التقطير (Pet. Eng.) · تصفيةٌ بإعادةِ التقطير · تقويم: تحويلُ التيّارِ المُتناوبِ الى مُستمرّ (Elec. Eng.)
rectified (adj.)	مقوَّم - مُكرَّر
rectified alcohol = rectified spirit (Chem. Eng.)	كُحولٌ مُكرَّرُ التقطير
rectified petroleum (Pet. Eng.)	بترولٌ مُكرَّرُ التقطير · كيروسينُ الإنارة
rectifier (Elec. Eng.)	مُقوِّم · مُكرِّرة · جهازُ إعادةِ التقطير (Pet. Eng.)

recording meter

recording truck

inside a recording truck

Refining   التكرير

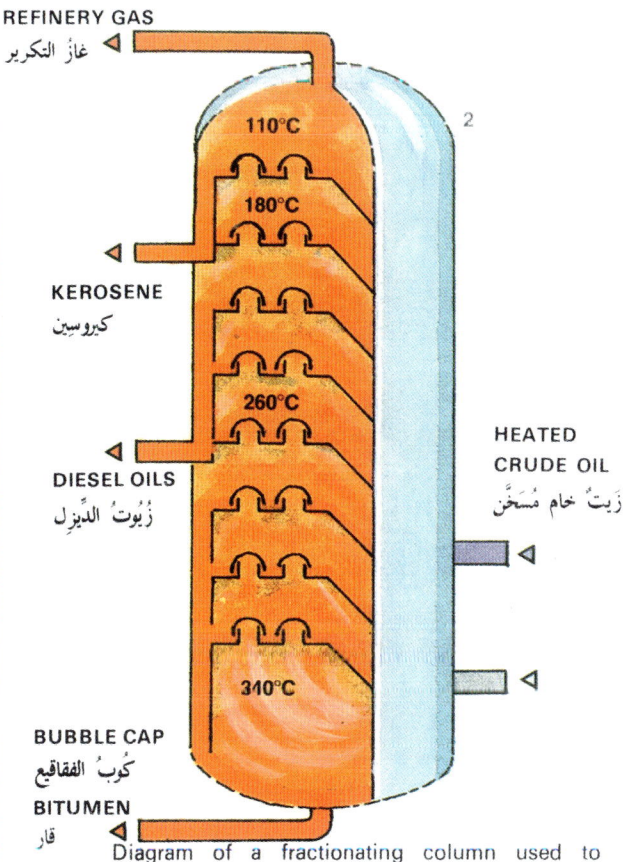

REFINERY GAS — غازُ التكرير

KEROSENE — كيروسين

DIESEL OILS — زُيُوتُ الدِّيزِل

HEATED CRUDE OIL — زَيتٌ خام مُسخَّن

BUBBLE CAP — كوبُ الفقاقيع

BITUMEN — قار

110°C / 180°C / 260°C / 340°C

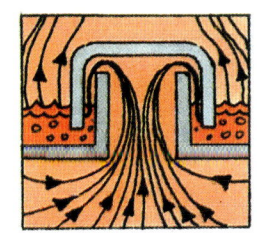

Diagram of a fractionating column used to separate petroleum products in the refinery

مُخطَّط بُرج التجزئة المُستخدم لفصل مُنتوجات المِصفاة

1. Tanker alongside jetty at refinery
2. Fractionating column
3. General view of part of refinery

١. صِهريجيَّة بإزاء الرصيف قُرب المِصفاة
٢. بُرج التجزئة
٣. منظر عام لجانبٍ من المِصفاة (معمل التكرير)

Diagram of an oil refinery

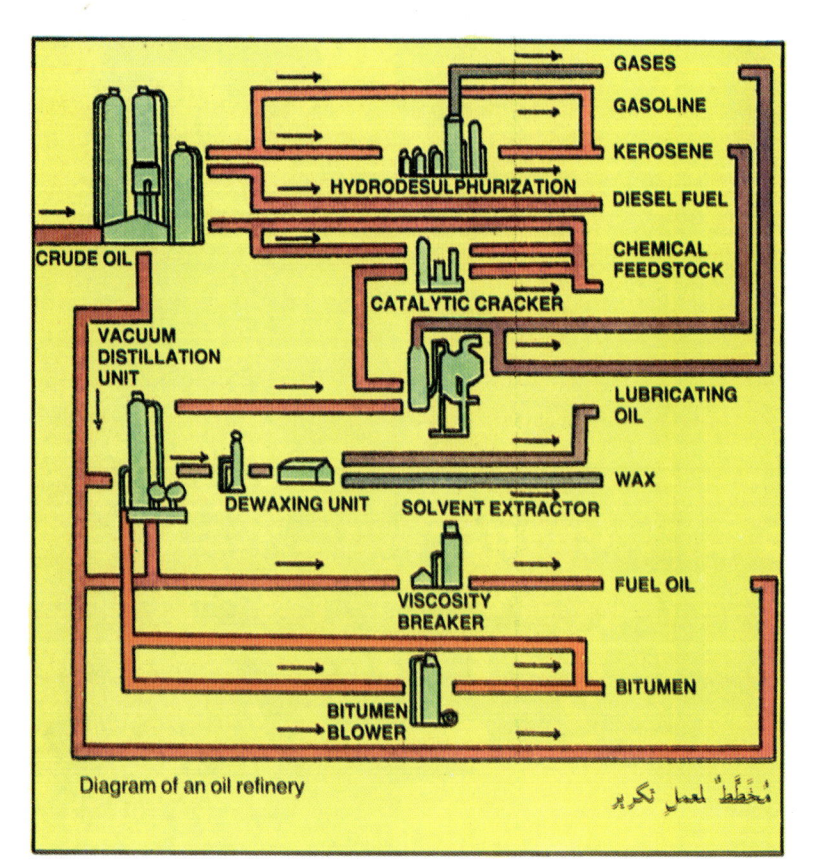

- CRUDE OIL
- VACUUM DISTILLATION UNIT
- HYDRODESULPHURIZATION
- CATALYTIC CRACKER
- DEWAXING UNIT
- SOLVENT EXTRACTOR
- VISCOSITY BREAKER
- BITUMEN BLOWER
- GASES
- GASOLINE
- KEROSENE
- DIESEL FUEL
- CHEMICAL FEEDSTOCK
- LUBRICATING OIL
- WAX
- FUEL OIL
- BITUMEN

1. Night view of crude distiller
2. Regulating the furnace temperature in the thermal cracker control room
3. General view along pipe-tank looking towards flare unit
4. Hydrodesulphurizer plant at night

١. مَنظر لَيْلي لِمَقْطَرة الخام
٢. ضبط حرارة الفُرن في غرفة المراقبة لوحدة التكسير الحراري
٣. مَنْظَر عام بمحاذاة صهريج الأنابيب في مُواجَهة وَحْدَة إِشعال الغاز
٤. وَحدة نَزْعِ الكبريت بالهَدرَجة (منظر لَيلِيّ)

مُخَطَّطٌ لمعمل تكرير

rectifier tube (Elec. Eng.) صِمامُ تَقويم

rectifier unit (Elec. Eng.) مجموعةُ تقويمٍ مُتكامِلة

(Pet. Eng.) وحدةُ إعادة التقطير

rectifier, valve (Elec. Eng.) مُقوِّمٌ صِماميّ

Rectiflow process (Pet. Eng.) طريقة السَّريانِ المُستقيم : استخلاصٌ بالمُذيب بتيّارَيْنِ مُتضادَّيْن

rectify (*v.*) صفّى · كرَّرَ ـ صَحَّحَ · عَدَّلَ

(Elec. Eng.) قَوَّمَ (التيّار)

(Chem. Eng.) كرَّرَ · كرَّرَ التقطيرَ

rectifying column = **fractionating column** (Pet. Eng.) برجُ تكريرٍ (بالتقطيرِ التفاضليّ) · عمودُ تجزئة

rectifying plate (Pet. Eng.) لوحُ تكرير

rectifying section (Pet. Eng.) قِسمُ التكرير · قِسمُ التهذيب (في عمود التقطير)

rectilinear (*adj.*) مُستقيم · في خُطوطٍ مستقيمة

rectilinear angle زاويةٌ مستقيمةُ الضِّلعَين

rectilinear motion حركةٌ مستقيمة

recumbent (*adj.*) مُضطجِع · مُتَّكِئ · مائِل · نائِم · مقلوب

recumbent anticline (Geol.) طيَّةٌ مُحدَّبةٌ مُضطجِعة · قبوة مائلة أو نائمة

recumbent fold (Geol.) طيَّةٌ مُضطجِعة أو متكئة · إلتواء نائم

recuperate (*v.*) استَردَّ · إستَرجَعَ

recuperation (*n.*) إسترداد · استرجاع · استعادة · استخلاص

recuperator (Eng.) مُسترجِع · مُرجِع

recuperator mechanism (Eng.) آليَّةُ الارجاع (أو الارتداد)

recurrent (*adj.*) مُعاوِد · راجع · مُتكرِّرٌ دوريّاً

recurrent faulting (Geol.) تصدُّعٌ متكرِّر

recurvature (*n.*) إنحناءٌ عائد

recutting (*n.*) إعادةُ القَطْع

recycle (*v.*) أعادَ الدَّوْرة · أعاد التدوير

(Pet. Eng.) عاوَدَ التغذيةَ (أو الإلقام) بجُزءٍ من الناتج المُكرَّر

(*n.*) إعادةُ التدوير ـ مُعاوَدة التغذيةِ بجزءٍ من الناتج المُكرَّر

recycle compressor drum (Pet. Eng.) راقودُ اللقيم المُعادِ الى الضاغط

recycle compressor unit (Pet. Eng.) وَحدةُ ضَغط اللقيم المُعاد

recycle cracking (Pet. Eng.) التكسيرُ بالتدوير المُعاوَد

recumbent
anticline

recumbent
fold

recycle gas (Pet. Eng.) غازٌ مُعادُ التدوير

recycle gas heater (Pet. Eng.) سَخّانةُ الغاز المُعاد الدوير

recycle gas knock-out drum (Pet. Eng.) وِعاءُ فَصل السائل عن الغاز المُعاد

recycle pump (Pet. Eng.) مِضَخَّةُ إعادةِ تدوير اللقيم · مِضخَّةُ التغذية المُعاوَدة

recycle ratio (Pet. Eng.) نسبةُ التغذيةِ المُعاودة

recycle stock (Pet. Eng.) موادُّ التغذيةِ للتدوير المُعاوَد

recycling (*n.*) مُعاوَدةُ التدوير: إعادة التغذيةِ بجزء من الناتج عَبر مَراحِلِ التكرير

red antimony (Min.) أنتيمونٌ أحمر

red arsenic (realgar) (Min.) زرنيخٌ أحمرُ: ثاني كبريتيد الزرنيخ

red brass (Met.) سبيكة النحاس الأحمر (٨٥ ٪ نحاس و ١٥ ٪ زنك)

red clay = **red mud** (Geol.) طَفَل أحمر

red copper ore = **cuprite** (Min.) خامُ النُّحاس الأحمر · كوبْرَيت

redden (*v.*) حَمَّرَ · لَوَّنَ بالأحمر

reddish (*adj.*) مائِلٌ إلى الحُمْرة

reddle (Eng.) إسْرَنج السَّحْج : مَزيجٌ من الإسرَنْج والزيت لضبط السحج

= **ruddle** (Min.) مُغرةٌ حَمراء

= **red lead** (Met.) إسْرَنج · الرَّصاصُ الأحمر

redemption (*n.*) إصلاح ـ فَكُّ الرهن ـ استهلاك السندات أو دفعُ قيمتها

red engine-oil (Pet. Eng.) زَيتُ المُحرِّكاتِ الأحمر

redeposition (Geol.) اعادةُ الترسيب

red granite (Geol.) الغَرانيتُ الأحمر

red hardness (Met.) الصَّلادَةُ على (درجةِ الحرارة الحمراء)

red heat (Phys.) درجةُ الحرارة الحمراء (حوالى ٥٥٠° سنتغراد)

red-hot (*adj.*) مُتَوَهِّجٌ بالحَرارة · في درجةِ الحرارة الحمراء

red iron ore (Min.) خامُ الحديد الأحمر · هِيماتيت أحمر

redistil (*v.*) أعادَ التقطيرَ

redistillation (Chem. Eng.) إعادَةُ التقطير

redistilled (*adj.*) (Chem. Eng.) مُعادُ التقطير

redistribution reaction (Chem. Eng.) تَفاعُلُ تبادُلٍ مُزدَوِج

red lead = **minium** (Met.) الرَّصاصُ الأحمر · إسْرَنج · مِينْيُوم

red litmus paper (Chem. Eng.) وَرَقُ عبّادِ الشمسِ الأحمر

red ochre (Min.) مُغْرَة حمراء

red oils (Pet. Eng.) الزيوتُ الحمراء

redox = **(oxidation-reduction)** (Chem. Eng.) أخْسَدَة · أكسَدَةٌ واختِزال

red oxide of zinc أُكسيدُ الزِّنك الأحمر

redox potential (Chem. Eng.) جُهْدُ الأخْسَدَة · جُهْدُ الأكْسَدَة والاختِزال

red phosphorus (Chem.) الفُسْفور الأحمر

redrill (*v.*) أعادَ الحَفْر · حَفَرَ مُجدَّداً

redrilling (*n.*) (Civ. Eng.) إعادة الحَفْر

red-short = **hot short** (*adj.*) (Met.) قَصِفٌ على الساخِن

red-shortness (Met.) قَصافَة على الساخِن (في درجةِ الحرارة الحمراء)

red silver ore (Min.) خامُ الفِضَّة الأحمر

reduce (*v.*) قلَّلَ · أنقصَ · خَفَّفَ · أضعَفَ · خَفَّضَ ـ أوجَزَ · اختَزَلَ ـ حَوَّلَ (إلى)

(Chem. Eng.) إختَزَلَ : خَفَّضَ التأكْسُدَ

(Pet. Eng.) إختَزَلَ · قَطَفَ · استَقْطَرَ الأجزاءَ المُتطايِرة

reduced (*adj.*) مُصغَّر ـ مُخفَّف · مُخفَّض

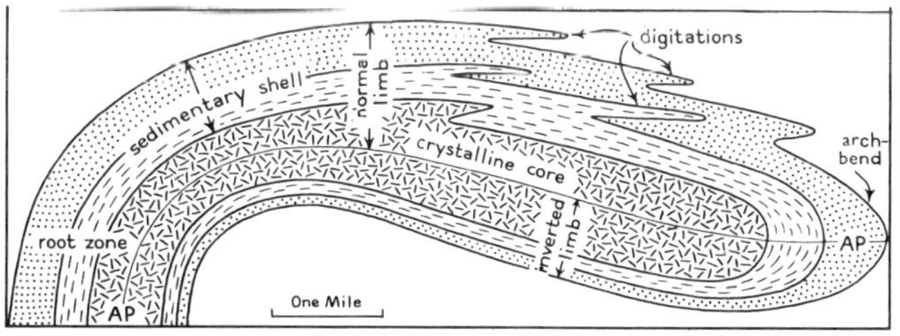

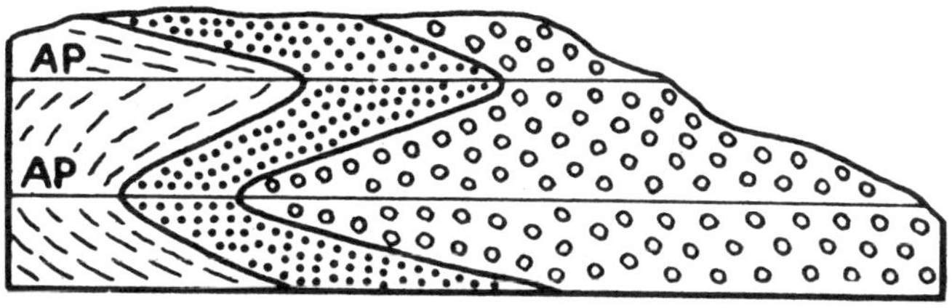

reduced (Chem. Eng.) مُختزَل • مُخَفَّضُ التأكسد

reduced crude = topped crude
(Pet. Eng.) خام مَقطوفٌ أو مُختزَل : أُزيلت أجزاؤه المُتطايرة

reduced crude cracking (Pet. Eng.)
تكسير الخام (النفطي) المَقطوف

reduced diameter (Eng.) قُطر مُصغَّر

reduced level (Surv.) مَنسوبٌ مُخفَّض : الارتفاع المحسُوب من مُستوى مُعيَّن

reduced oil = reduced crude
زيت مُختزَل أو مَقطوف

reduced pressure (Phys.) ضَغطٌ مُخفَّضٌ أو مَنقوص

reduced scale مِقياس مُصَغَّر

reducer (*n.*) مُخفِّض • مُقلِّل • مُصَغِّر
(Chem. Eng.) مُختَزِل
(Eng.) وُصلَة (أنابيبَ) مُصَغِّرة • تحويلة مُصغِّرة

reducible (*adj.*) يُمكنُ اختزاله (أو تخفيضُه أو تحويلُه)

reducing agent (Chem. Eng.) عامِلٌ مُختزِل • عامِلُ اختِزال

reducing atmosphere (Chem. Eng.)
جَوٌّ مُختزِل : من الهَيدروجين أو أول أكسيدِ الكربون دونما أكسجين طليق

reducing coupling (Eng.) قارِنَةٌ مُصغِّرة

reducing elbow (Eng.) مِرفَقٌ (أو كُوعٌ) مُصغِّر

reducing flame (Chem. Eng.) لَهبٌ مُختزِل

reducing flange (Eng.) شَفَة (وَصلٍ) مُصغِّرة

reducing furnace (Met.) فُرنُ اختِزال

reducing gear (Eng.) تُرسُ تَخفيض السُّرعة

reducing nipple (Eng.) حَلَمَة (أو نَبلٌ) مُصغِّرة

reducing pipe-joint (Eng.) وُصْلَةُ أنابيبَ مُصغِّرة

reducing pulley (Eng.) بَكَرَةٌ مُخفِّضَة للسُّرعة

reducing socket (Eng.) جُلبَة (وَصلٍ) مُصغِّرة

reducing union (Eng.) وُصْلَة مُصغِّرة

reducing nipples

reducing sockets

reducing valve (Eng.) صِمامُ تَخفيض (الضغط)

reducing-wheels = reducing gear (Eng.)
مُسنَّناتُ (تُروسُ) تخفيضِ السُّرعة

reductibility (Chem. Eng.) إمكانية الاختزال

reduction (*n.*) تَقليل • تَخفيض • إنقاص • تَصغير – اختِصار • انخِفاض
(Chem. Eng.) إختزال : خفضُ الأكسَدة

reduction coefficient (Eng.) مُعامِلُ التَّخفيض

reduction crucible (Chem. Eng.)
بُوتَقَة اختِزال

reduction drive-gear (Eng.) تُرسُ تَخفيضِ السُّرعة

reduction factor (Eng.) عامِلُ الخَفض • مُعامِلُ الاختِزال

reduction furnace (Met.) فُرنُ اختِزال

reduction gear (Eng.) تُرسُ تَخفيض السُّرعة

reduction intensity (Chem. Eng.)
شِدَّةُ الاختِزال

reduction lever (Mech.) ذِراعُ تَخفيض (الحركة)

reduction of temperature (Phys.)
تَخفيضُ (أو انخِفاضُ) دَرجة الحرارة

reduction oxidation = redox (Chem.)
أَحْسَدَة • اختِزالٌ وأَكْسَدة

reduction potential (Chem. Eng.)
جُهدُ الاختِزال

reduction ratio نِسبَة التخفيض

reduction slag (Met.) خَبَثُ الاختِزال • خَبَثٌ مُختزِل

reductive (*adj.*) مُختزِل • مُخفِّض

reductor جِهازُ اختِزال

redundancy (*n.*) وَفرَة • زيادةٌ عن الحاجَة

redundant (*adj.*) زائِد عن الحاجة • وَفير • فائِض

redundant frame (Civ. Eng.) هَيكَلٌ فائِق المَتانة : ذو دَعائمَ زائدةٍ عن الحاجة

Redwood number (Chem. Eng.)
رَقْم «رِدْوُود» : لِقياس اللُّزوجة

Redwood viscosimeter (Chem. Eng.)
مِلزاج «رِدْوُود» : مِقياس اللُّزوجة لِ «رِدْوُود» المُستعملُ في بريطانيا

Redwood viscosity (Pet. Eng.)
اللُّزوجَة بِمقياس «رِدْوُود»

reeded tube (Eng.) أُنبوبٌ مُقوًى بالشرائح الطُّولانية

reef (*n.*) (Geol.) حاجِزٌ مَرجاني • دَبْرٌ • شِعْب • حَيْد
(Mining) عِرقٌ مَعدِني
(*v.*) (Mining) إستثمر العِرقَ المعدنيّ

reef, barrier (Geol.) حاجِز مَرجاني

reef belt (Geol.) نِطاقُ الشِّعاب المَرجانية

reef, coral (Geol.) رِيفٌ مَرجاني • شِعبٌ مَرجاني

reefer (*n.*) عَرَبة مُبرَّدة

reef knolls (Geol.) شِعابٌ تَلِّيَّة مَرجانية

reef limestone (Geol.) حَجَر جِيري مَرجاني

reef, sand (Geol.) رِيفٌ رَمليّ • شِعْب رَمليّ

reel (*n.*) بَكَرة • مِكَبّ • لَفيفة • مِسلكَة
(*v.*) لفَّ على المِكبّ • أمَرَّ على بَكَرَة

reeling (*n.*) (Eng.) لفٌّ (على مِكبّ) – حَلٌّ أو فَكٌّ (اللفائفِ)

re-enforce = reinforce (*v.*) قوَّى • عَزَّز

reerect (*v.*) بَنَى أو أنشأ ثانيةً – أعادَ تركيبَ

reestimate (*v.*) أعادَ التقديرَ
(*n.*) إعادَة التقدير

reeve (*v.*) أَسلَكَ • سَلَكَ • أوثَقَ بالتَّسليكِ أو اللّف

reexamine (*v.*) فَحصَ مُجَدَّدًا • أعادَ التدقيقَ في

re-export (*v.*) أعادَ التَّصديرَ

reface (*v.*) أعادَ تَسويةَ السَّطح

refer (*v.*) رَجَعَ (إلى) – أحالَ (على) – أشار

reference (*n.*) إسناد – مَرْجِع • مُستَنَد – إشارة • مَعْلَم
(*adj.*) مَرجِعيّ • مُتَّخَذ كَمَرجِع

reference analysis (Chem. Eng.)
تَحليلٌ إسنادي • تحليلُ مُقارنة

reference, frame of مَناطُ الإسناد

reference fuel (Pet. Eng.) وَقودُ مُقارَنة • وَقودُ (مُعايَرَة) مَرجعيّ

reference gauge (Eng.) مُحدِّدُ قياسٍ إسنادي (أو مَرجِعيّ)

reference level (Surv.) مُستَوى الإسناد

reference line خطُّ إسناد • خطٌّ مَرجِعي

reference mark (Surv.) عَلامَة إسناد

reference number رَقم الإسناد • رَقمُ المَرجِع

reference plane (Surv.) مُستَوى الإسناد

reference points نُقاطُ إسناد • نُقاطٌ مَرجِعيَّة

reference price السِّعرُ الإرشادي • السعر المَرجِعي • سِعرُ المُقارَنَة

refill (*v.*) مَلأ (أو إمتلأ) ثانيةً • عَبَّأ أو أَلقَمَ ثانيةً • جَدَّد العَبْوة
(*n.*) عَبوة جَديدة

refilling (*n.*) إعادةُ المَلء

refilter (*v.*) أعادَ الترشيحَ • رَشَّحَ أو إرتَشَحَ مُجدَّدًا

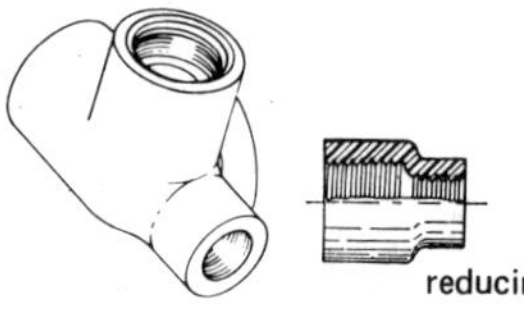

refinery

treatment of refinery effluent

refiltered (*adj.*) مُعادُ الترشيح

refine (*v.*) (Chem. Eng.) نَقّى • كَرَّر • صَفّى

refined (*adj.*) مُكَرَّر • مُنقًّى • مُصَفًّى – نَقِيٌّ • مُهذَّب • مَصقول

refined asphalt (Pet. Eng.) أسفَلْت نَقِيّ

refined cast iron (Met.) حديدُ صَبٍّ مُنَقًّى

refined oils (Pet. Eng.) زُيوتٌ مُكَرَّرة • زيوت الاضاءَة والتدفئة

refined petroleum (Pet. Eng.) بترول مُكَرَّر • نفطٌ مُكَرَّر أو مُصَفًّى

refined petroleum wax (Pet. Eng.) شَمع بِترولي مُكَرَّر

refined products (Pet. Eng.) مُنتَجات مُكَرَّرة

refinement (*n.*) تَنقِية • تَصْفِية • تكرير – تَهذيب • تَحسين

refinery (*n.*) (Pet. Eng.) مَعمل تكرير • مِصفاة

refinery compressor (Pet. Eng.) ضاغِطُ المِصفاة • ضاغِطُ فَصل البنزين

refinery effluent (Pet. Eng.) مُنْصَرَفاتُ مَعمَلِ التكرير

refinery furnace (Pet. Eng.) فرنُ المِصفاة

refinery gas (Pet. Eng.) غازُ التكرير : غازٌ يُحضَّر بالتكسير أو التهذيب في مَعمل التكرير

refinery loss (Pet. Eng.) فَقدُ المِصفاة • فَقدُ التكرير

refinery plant inspector (Pet. Eng.) مُفَتِّشُ (صِيانة) وَحدةِ التكرير

refinery sludge (Pet. Eng.) حَمْأةُ المِصفاة

refinery techniques (Pet. Eng.) تِقْنِيّات المِصفاة : الأساليبُ التقنية في مَعملِ التكرير

refinery throughput (Pet. Eng.) مُكَرَّرات المِصفاة • صَبيبُ المِصفاة : كمّيَّةُ النفط المُكَرَّرة في المِصفاة

refinery yield (Pet. Eng.) إنتاجُ المِصفاة

refining (*n.*) (Chem. Eng.) تَكرير • تَنقِيَة • تَصفِية

refining, acid (Chem. Eng.) التنقيةُ بالحوامِض

refining company شركةُ تكرير

refining-furnace (Met.) فُرنُ تَنْقِية

refining method (Pet. Eng.) طريقةُ التكرير

refining plant (Pet. Eng.) وَحْدةُ تكرير • مَعمَل تكرير

refining pressure ضغطُ التكرير • ضَغطُ التنقِية

refining process (Chem. Eng.) عَمليّةُ التكرير

refining, solvent (Chem. Eng.) التكريرُ بالمُذيبات

refining-works = **refinery** (Pet. Eng.) مِصفاة • مَعْمَلُ تَكرير

refit (*v.*) أصلَحَ • جَدَّدَ – أعادَ التجهيزَ – رَكَّبَ ثانيةً

(*n.*) إصلاح • تَجْديد – تجهيزٌ جديد

refix (*v.*) ثَبَّتَ ثانيةً – أصْلَحَ مُجدَّدًا

reflect (*v.*) عَكَسَ • إنعكَسَ – فكَّر مَلِيًّا • تَرَوَّى

reflected light (Phys.) ضَوءٌ مُنعكِس

reflected ray (Phys.) شُعاع مُنعكِس

reflecting coefficient (or **factor**) (**Phys.**) مُعامِلُ (أو عامِلُ) الانعِكاس

reflecting goniometer (Surv.) مِقياسُ زوايا عاكِس • مِنقَلٌ عاكِس

reflecting layer (Geophys.) طَبقةٌ عاكِسة

reflecting level (Surv.) مِيزانُ استِواءٍ عاكِس

reflecting surface (Phys.) سطحٌ عاكِس

reflection = **reflexion** (*n.*) إنعِكاس • عَكْس – صُورة مُنعكِسة – تَرَوٍّ

reflection, angle of (Phys.) زاوِيَةُ الانعِكاس

reflection coefficient – **reflectance** (Phys.) مُعامِلُ الانعكاس

reflection, laws of (Phys.) قَوانينُ الانعِكاس

reflection loss فَقْدُ الانعكاس

reflection, multiple (Phys.) انعِكاسٌ مُتعَدِّد

reflection pattern (Geophys.) نَمَطُ الانعِكاس

reflection point (Phys.) نُقطةُ الانعِكاس

reflection shooting (Geophys.) التفجيرُ الانعِكاسي – تسجيلُ (أو تصويرُ) الانعِكاس

reflected wave (Phys.) مَوْجَة مُنعكِسة أو مُرتَدَّة

refinery furnace

refinery operator

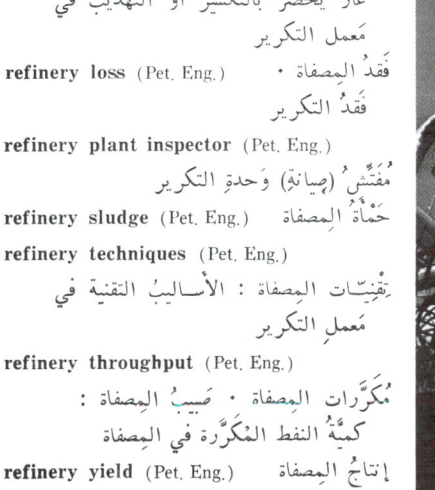

reflective (*adj.*) عاكِس • انعِكاسي
reflective index determination
تعيينُ مُعامِل الانعكاس
reflectivity (*n.*) (Phys.) العاكِسيَّة
reflectometer (*n.*) مِقياس الانعِكاس
reflector (Phys.) عاكِسٌ • عاكِسٌ اتِّجاهِي
reflectoscope (Phys.) مِطْيافٌ عاكِس
reflex (*adj.*) انعِكاسي • رَدٌّ فِعليّ
refluence (*n.*) إرتِداد • إنحِسار
reflux (*n.*) إرتِداد • إنحِسار • رُجوع
(Chem. Eng.) تَرجيع (البُخار)
(Pet. Eng.) ألمُرجَع • السائلُ المُعاد أو المُرتَدّ (في التقطير التجزيئي)
reflux, cold (Pet. Eng.) مُرجَع بارد
reflux column (Pet. Eng.) برجُ (تقطيرِ) المُرجَعات
reflux condenser (*n.*) (Chem. Eng.)
مُكَثِّفٌ مُرجِع • مُكثِّف المُرجَعات
reflux drum (Pet. Eng.) مِرْكَنُ السائلِ المُعاد • راقودُ المُرجَعات
refluxing (Pet. Eng.) إرجاع • تَرجيع : إعادة بعضِ (أو كُلِّ) البخارِ المُتكاثِفِ إلى بُرجِ التجزئة
refluxion (*n.*) (Chem. Eng.) إرجاع • تَرجيع
reflux ratio (Chem. Eng.) نسبةُ المُرجَعات (الى كميَّة القُطارة)
reflux valve (Eng.) صِمامٌ لا رَجْعِيّ : يمنَعُ ارتدادَ السائلِ في الانابيبِ الصاعِدة
refolded fold (Geol.) طيَّة مُتكرِّرةُ الطيّ
refolding (Geol.) طيٌّ مُتكرِّر
reform (*v.*) أصلَح • حسَّن • هذَّب • قوَّم – أعاد التشكيلَ
(Pet. Eng.) هَذَّبَ (النفطَ) لِرفعِ الرقْمِ الأوكتاني
(*n.*) تهذيب • تَقويم • إصلاح
reformate (*n.*) (Pet. Eng.) مُنتَجٌ مُهذَّب • قُطارة مُهذَّبة (مُحَسَّنةُ الرقْمِ الأوكتاني)
reformate cooler (Pet. Eng.) مُبرِّدُ المُهذَّبات
reformates, thermal (Pet. Eng.)
ألمُهذَّبات الحراريَّة
reformed gasoline (Pet. Eng.)
بِنزينٌ مُهذَّب : بِنزين مُنتَج بالتهذيبِ الكيماويّ
reformer furnace (Pet. Eng.) فُرنُ المُهذِّب • فرنُ التهذيب الكيماويّ
reforming (Pet. Eng.) تَهذيبٌ كيماوي : تكسير إلى مُنتَجات مُتطايرة لرفع الرقم الأوكتاني للبنزين

reforming, catalytic (Pet. Eng.)
التهذيبُ (المُحَفَّز) بالوسيط الكيماويّ • التهذيبُ الحَفْزِيّ
reforming processes (Chem. Eng.)
طُرقُ التهذيب الكيماويّ (للهَيدروكربوناتِ الثقيلة)
reforming stock (Pet. Eng.) خاماتُ التهذيب • الخامُ المُعَدّ للتهذيب
reforming, thermal (Pet. Eng.)
التهذيبُ الحراريّ
reforming unit (Pet. Eng.) وَحدةُ تَهذيبٍ (أو تحسين)
refract (*v.*) (Phys.) كَسَرَ • حَرَفَ الأشِعَّة • إنكَسَر
refractaloy (Met.) سَبيكةٌ مُقاوِمَة لِلصَّهر
refracted (*adj.*) مُنكَسِر : مُنحرِفٌ عن خَطِّ الاستقامة
refracted rays (Phys.) أشِعَّة مُنكَسِرة
refracted wave (Phys.) مَوجَةٌ مُنكَسِرة
refracting horizon أُفُق الانكِسار
refraction (Phys.) إنكِسار
refraction, angle of (Phys.) زاويةُ الانكِسار
refraction, double إنكِسارٌ مُزدَوِج
refraction, index of مُعامِلُ الانكِسار
refraction, laws of (Phys.) قَوانينُ الانكِسار
refraction loss (Phys.) فَقدُ الانكِسار
refraction of light (Phys.) إنكِسار الضَّوء
refraction, seismic (Geophys.)
إنكِسار المَوجات الرَّجفيَّة
refraction shooting (Geophys.)
تسجيلُ (أو تصويرُ) الانكِسارات الرجفيَّة
refractive (*adj.*) كاسِر • انكِساريّ • كاسِرٌ للأشِعَّة
refractive index = **index of refraction**
(Phys.) مُعامِلُ الانكِسار • دَليلُ الانكِسار
refractive medium (Phys.) وَسَطٌ كاسِر
refractivity = **specific refraction**
(Phys.) الإنكِساريَّة : الانكسارُ النوعِيّ
refractometer (Phys.) مِقياسُ الانكِسار

refractor (Phys.) كاسِر (للأشعة)
(Geol.) طَبقةُ الانكِسار • الطبقةُ الكاسِرة (للاهتزازات)
refractories (Met.) موادٌّ صامِدةٌ للحرارة : عصيَّةُ الصَّهر
refractoriness مُقاوَمَةُ الحرارة • صُمودٌ للحرارة
refractory (*adj.*) صامِدٌ للحرارة • حَرارِيّ : مُقاوِمٌ لِلصَّهر بالحرارة • عَصِيّ • عَنيد
(*n.*) مادةٌ حراريَّة : صامِدةٌ للصَّهر • مادة مُقاوِمةٌ للحرارة
refractory brick (Civ. Eng.) طُوبٌ حَراريّ • طوبٌ صامِدٌ للحرارة
refractory cement (Civ. Eng.)
اسمَنْتٌ حَراريّ • اسمنتٌ صامِدٌ للحرارة
refractory clay (Geol.) صَلْصالٌ حراريّ : صامِدٌ للحرارة
refractory lining (Eng.) بِطانة صامِدةٌ للحَرارة
refractory material مادَّةٌ حراريَّة : صامِدَة للحرارة
refractory ore (Min.) خامٌ مُقاوِمٌ للصَّهر • خامٌ عَصِيُّ الصَّهر
refractory slag (Met.) خَبَثٌ عَصِيُّ الصَّهْر
refractory steel (Met.) فُولاذٌ عَصِيُّ الصَّهر
refrangible (*adj.*) قابلٌ للانكِسار
refreezing (*n.*) إعادة التجميد • عَودةُ التجمُّد
refrigerant (*n.*) (Phys.) مُبرِّد • غازٌ أو سائِلُ التبريد
(*adj.*) (Phys.) مُبرِّد • خافِضٌ لِلحرارة
refrigerant liquid receiver drum
(Pet. Eng.) مِرْكَنُ استِقبال سائلِ التبريد
refrigerate (*v.*) بَرَّدَ
refrigerated gas (Eng.) غازٌ مُبرَّد
refrigerated storage تَخزينٌ مُبرَّد
refrigerated tanker (Pet. Eng.)
ناقِلةُ نِفْطٍ مُبرَّدة
refrigerated tanks صَهاريجُ مُبَرَّدة

refrigerated tanks

refrigerating (*adj.*) تبريديّ • مُبرِّد
(*n.*) تبريد
refrigerating battery (Eng.) بطّاريّة تبريد: مَجموعة مُبرِّدات مُتواجِدة
refrigerating capacity (Eng.) قُدرةُ التبريد
refrigerating fluid (Chem. Eng.) مائعُ تَبريد
refrigerating plant (or **unit**) (Eng.) مَعمَلُ تبريد • وَحدةُ تبريد
refrigeration (*n.*) تَبريد
refrigeration capacity سَعة التبريد • قُدرة التبريد
refrigeration compressor (Eng.) ضاغِطُ تَبريد
refrigeration cycle (Eng.) دَورةُ تَبريد
refrigeration equipment (Eng.) مُعَدّاتُ تَبريد
refrigeration oil (Chem. Eng.) زيتُ أجهزَة التبريد
refrigeration plant (Eng.) وَحدةُ تَبريد
refrigerator (*n.*) (Eng.) ثلاّجة • برّاد • برّادة • جِهازُ تبريد
refrigerator oil (Chem. Eng.) زيتُ البرّادات • زيتُ أجهزةِ التبريد
refrigeratory (*adj.*) تَبريديّ
refringent (*adj.*) كاسِر • حارِف • انكِساري
refuel (*v.*) زوَّد أو تزوَّد (ثانيةً) بالوَقود
refuelling (*n.*) التزوُّد بالوَقود • التزويدُ بالوَقود
refuelling unit وَحدةُ التزوُّد بالوَقود • وَحدةُ تزويد بالوَقود
refulgent (*adj.*) لامِع • برّاق • مُتألِّق
refund (*v.*) أعادَ أو رَدَّ (المالَ) الى
(*n.*) إعادةُ المال – المبلغُ المُعاد
refuse (*v.*) رَفَض
(*adj.*) حُثالي • مُطَّرَح – عديمُ القيمة
(*n.*) نُفايَة • حُثالَة • فُضالَة
refusion (*n.*) (Met., Geol.) إعادةُ الصَّهر • عَودةُ الانصِهار

reg (Geol.) سَهلٌ حَصَويّ • سَرير
regelation (Phys.) عَودةُ التجمُّد
regenerate (*v.*) وَلَّد أو تولَّد ثانيةً • جَدَّد • تجدَّد
regenerated (*adj.*) مُجَدَّد • مُتَجدِّد – مُعادُ التوليد
regenerated caustic surge drum (Pet. Eng.) راقودُ تَخميد التَموُّر لِلكاوِيات المُجَدَّدة
regenerated rock (Geol.) صَخرٌ مُتجدِّد
regeneration (*n.*) تَجديد • تَجدُّد – استِرجاع • إعادةُ توليد
regeneration of electrolyte (Chem. Eng.) إسترجاع الالِكتروليت • إعادةُ تَوليدِ الالِكتروليت
regenerative air heater (Eng.) مُسخِّن هواءٍ بالاسترجاع
regenerative chambers (Eng.) حُجُراتُ استرجاع (لِتَسخين الهواءِ الدّاخِل)
regenerative condenser مُكثِّفٌ استرجاعي
regenerative cycle (Chem. Eng.) دَورةُ تجديد • دَورةُ استرجاع
regenerative furnace (Chem. Eng.) فُرنٌ استرجاعي • فُرنُ تَجديد
regenerator مُجَدِّد • مُعيدُ التوليد • مُستَرجِع
regenerator bottoms cooler (Pet. Eng.) مُبرِّدُ مُتخلِّفات المُجدِّد (أو المسترجِع)
regenerator bottoms feed exchanger (Pet. Eng.) مُبَدِّلُ الحَرارة بين مُتَخلِّفاتِ المُجَدِّد ولَقيمِه
regenerator feed heater (Pet. Eng.) مُسخِّنُ لقيمِ المُجَدِّد • سَخّان تغذية المُسترجِع
region (*n.*) مِنطَقة • إقليم
regional anticline (Geol.) تحدُّب إقليميّ • قَبْوة إقليميَّة
regional dip (Geol.) مَيلٌ إقليميّ
regional metamorphism (Geol.) التحوُّل الإقليميّ • التحوُّلُ التمَنْطُقيّ

regional syncline (Geol.) تقعُّر إقليميّ • قُعيرة إقليمية
regional unconformity تَخالُف اقليمي
region of feasibility نِطاق الإمكانيات العمليَّة
region, oil مِنطَقة نَفطيَّة
register (*v.*) سَجَّل • دَوَّن
(*n.*) سِجل – تَسجيل
(Eng.) مَكِنَة تَسجيل • عَدّاد
registered (*adj.*) مُسَجَّل – مَضمُون
registered design تَصميم مُسجَّل
registered trade-mark علامَة تِجاريَّة مُسجَّلة
register, electric (Elec. Eng.) عدّاد كَهربائي • مُسجِّل كهربائي
registering declinometer (Elec. Eng.) مقياسٌ مُسجِّل للانحِراف المغنطيسي
registering instrument (Eng.) آلة (قياس) مُسجِّلة
registering meter مِقياسٌ مُسجِّل • جهازُ قياس تسجيليّ
registering pressure gauge (Eng.) مقياسُ ضَغطٍ مُسَجِّل
registration (*n.*) تَسجيل
regolite = regolith (Geol.) الثَّرى: الطبقةُ السطحيَّة من المواد الصخريَّة المفكَّكة
regression (*n.*) إنحِسار • تراجُع • إرتِداد
regressive development (Geol.) تطوُّر انحِساريّ • نُموٌّ تراجُعيّ
regressive metamorphism (Geol.) تحوُّلٌ تراجُعي
regular gasoline (Pet. Eng.) بِنزين عاديّ
regular mining (Mining) تَعدين مُنتظَم
regular motor oil (Pet. Eng.) زيتُ المُحرِّكات العاديّ: لا يَحوي عادةً أي إضافاتٍ كيماوية
regular reflection (Phys.) إنعكاسٌ مُنتظَم
regular solid مُجسَّمٌ مُنتظَم
regular (or **cubic**) **system** (Chem.) النظامُ المُكعَّب: نَسَقٌ (بِلّوريّ) تكعيبيٌّ مُنتظَم

tank farm refrigeration plant

registering meter

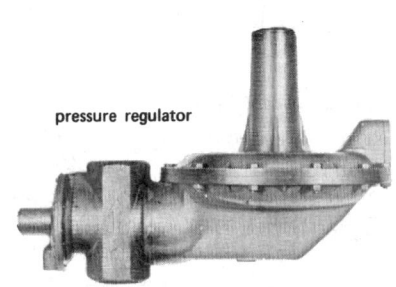

pressure regulator

regular transmission إنتقال مُنتظَم • نَقل مُنتظَم

regulate (*v.*) نظَّم • ضَبَطَ • عَدَّل • سَوَّى

regulating course (Civ. Eng.) : طبقةُ تَسوِيَة : طبقةُ رَصْفٍ لتَسوِيَة الطريق

regulating nut (Eng.) صَمولَة ضَبْط

regulating screw (Eng.) لَوْلَبُ تَعديل • بُرغي ضَبْط

regulating switch (Elec. Eng.) مِفتاحُ تنظيم كهربائي

regulating valve (Eng.) صِمامُ تَنظيم

regulation (*n.*) تَنظيم • تَعديل • ضَبْط ـ نِظام • قانون
(*adj.*) نِظامِيّ ـ عادِيّ

regulation, automatic (Eng.) تَنظيمٌ أوتوماتيّ

regulator (Eng.) مُنظِّم • مُعدِّل
(Mining) مُنظِّم التهوِيَة

regulator, automatic feed (Eng.) مُنظِّمُ التغذيَة الأوتوماتية

regulator mixture = buffer solution (Chem. Eng.) مَزيجٌ مُنَظِّم • مَحلولٌ ثابِتُ الأُسِّ الهَيدروجيني

regulator, pressure (Elec. Eng.) مُنظِّمُ الضَّغط

regulator, speed (Eng.) مُنَظِّمُ السُّرعة

regulator, steam (Eng.) مُنَظِّمُ البُخار • ضابِطُ البخار

regulator, temperature (Eng.) مُنظِّمُ الحرارة • ضابِطُ الحرارة

regulator valve (Eng.) صِمامُ تنظيم

regulus (Met.) كُتلَةُ المَعدِن المُنصَهِرة (تحتَ الخَبَث)

rehardening (*n.*) (Met.) إعادَةُ التصليد

reheat (*v.*) أعادَ التسخينَ • حَمَّص
(*n.*) إعادَةُ التسخين

reheater (Eng.) مُسَخِّنٌ إعادِيّ

reheating إعادَةُ التسخين

reheat(ing) boiler مِرجَلُ إعادة التسخين

reheating cycle (Eng.) دَورةُ إعادةِ التسخين

reheating furnace (Met.) فُرنُ إعادةِ التسخين

Reid vapour pressure (Pet. Eng.) ضغطُ البخار بمقياس «رايْد» : ضغطُ البخارِ النفطي مَقيساً بجهاز «رايْد» على درجة ١٠٠° فِرنهيت

reimbursement تَسديد • استِيفاء ـ تعويض (النفقات أو الخسائر)

reinforce (*v.*) قَوَّى • عزَّزَ • دَعَّم ـ تقَوَّى • تعزَّز

reinforced brickwork (Civ. Eng.) بِناءٌ بالطُّوبِ مُعَزَّزٌ بالحديد

reinforced concrete (Civ. Eng.) خرَسانَةٌ مُسلَّحة • اسمَنتٌ مُسَلَّح

reinforced timbering (Civ. Eng.) ألواحٌ خشبيَّة مُعزَّزَة بالحديد

reinforced weld (Eng.) لِحامٌ مُقوَّى

reinforcement (*n.*) تَعزيز • تَقوِيَة • تَدعيم
(Civ. Eng.) حديدُ التسليح

reinforcing pad (Eng.) وِسادَةُ دَعْم (أو تَقوِيَة)

reinforcing plate (Eng.) لَوحُ تَقوِيَة

reinforcing strap (Civ. Eng.) طَوقُ تَقوِيَة

reinforcing tape (Eng.) شَريطُ تَقوِيَة

reinforcing web (Civ. Eng.) شَبَكَةُ تَقوِيَة

reinjection (of gas) (Pet. Eng.) إعادَةُ حَقْنِ (الغاز)

reinsertion (*n.*) الإدخال (أو الإقحام) ثانيةً

reinsure (*v.*) أمَّنَ ثانيةً : لِتَغطِيَة مَسؤوليَّةِ المؤمِّن الأوَّل

reiteration (*n.*) تَكرار • إعادة • تَردِيد
(Surv.) إعادَةُ القِياس

reject (*v.*) رَفَضَ ـ نَبَذَ • رَدَّ

rejection (*n.*) رَفض • نَبْذ

rejuvenated river (Geol.) نَهرٌ مُتَصابٍ • نهرٌ مُتَجَدِّد : استعادَ شبابَه بفِعل حركَةِ القِشرة الأرضية

rejuvenation (*n.*) (Geol.) تَجديد • تَصابٍ • تجَدُّد

rekindle (*v.*) أشعَلَ (أو اشتَعَلَ) ثانِيَةً

related minerals (Min.) مَعادِنُ مُتآصِرَة

related rocks (Geol.) صُخورٌ مُتآصِرَة أو مُترابِطة

relation (*n.*) رابِطة • صِلَة • آصِرَة • قَرابَة • عَلاقة

relationship (*n.*) صِلَة • علاقَة

relative (*adj.*) نِسبِيّ • غيرُ مُطلَق ـ مُتناسِب • مُتصِل (ب)

relative abundance (Phys.) الوَفرةُ النِسبيَّة

relative bearing (Surv.) الاتجاه الزاوِيُّ النِسبيّ

Reid vapour pressure apparatus

relative compaction (Civ. Eng.) التراصُّ (أو التدميجُ) النسبيّ (للتُّربة)

relative density (Phys.) الكَثافةُ النسبِيَّة

relative deviation الانحِراف النسبي

relative efficiency (Eng.) الكِفايةُ النِّسبِية

relative error الخَطأُ النسبي

relative humidity (Meteor.) الرُّطوبَةُ النسبية

relative index of refraction (Phys.) مُعامِلُ الانكِسار النسبِيّ

relative level المُستوى النسبِيّ

relatively (*adv.*) نِسبيّاً

relative motion (Mech.) حَرَكَةٌ نِسبيَّة

relative permeability (Elec. Eng.) الإنفاذية النسبية
(Geol.) النَّفاذيَّة النسبيَّة

relative position وَضْعٌ نِسبِيّ

relative pressure (Phys.) الضغطُ النسبِيّ

relative settlement (Civ. Eng.) الهُبوط النسبيّ

relative velocity (Mech.) السُّرعة النسبية

relative viscosity (Chem. Eng.) اللُّزوجةُ النسبِيَّة

relative weight (Phys.) وَزنٌ نِسبِيّ

relativity theory (Phys.) نَظَرِيَّة النِّسبيَّة لِـ «أينشتَين»

relaxation time (Eng.) فَترةُ التراخِي : التي يستغرقُها نِظامٌ ما في استعادة تَوازُنِهِ بعد اضطِراب مُفاجِىء

relay (*n.*) بَدَل • فريقٌ مُناوِب ـ مَرحَلة
(Eng.) مُرحِّل • مُرَحِّلَة • مُتابِع
(*v.*) رَحَّلَ • تابَعَ ـ نَقَل على مَراحِل

relay, regulating (Elec. Eng.) مُرَحِّلُ تَنظيم

relay station (Eng.) مَحطَّةُ ترحيل • مَحطة وَسيطة • مَحطة مُتابَعةِ الإرسال

relay valve (Eng.) صِمامُ مُرَحِّل

release (*v.*) أطلَقَ • حَرَّرَ • سَيَّبَ ـ أعفَى

release (*n.*) إطلاق • تسييب – مُعتِق • مُطلِق
release arm (or **lever**) ذراعُ تسييب
released energy (Phys.) الطّاقة المُطلَقة (أو المُحَرَّرة)
release joints (Geol.) فَواصِلُ التَّفَسُّخ: النّاتِجةُ عن تَفَسُّخِ الصُّخور بزَوالِ الضَّغطِ الواقع عليها
release line (Pet. Eng.) خَطُّ إعتاق • أُنبوبُ تَحويلٍ (إضافيّ)
release mechanism (Eng.) آليّةُ إعتاق
release valve (Eng.) صِمامُ تَحريرِ (الضَّغط)
relegs (Pet. Eng.) دَعائمُ تَقوية • قَوائمُ دَعْمٍ إضافيّة (لبُرجِ الحَفر)
relevant (*adj.*) مُناسِب • مُتعلِّق (بمَوضوعٍ مُعيَّن)
reliability (*n.*) عِوَل • اعتماديّة • وُثوقيّة
reliability test (Eng.) إختِبارُ العِوَل
reliable (*adj.*) مَوثوق • يُعَوَّل عليه • جَديرٌ بالاعتماد
relic(t) (*n.*) (Geol.) بَقايا
reliction (*n.*) (Geol.) إنْحِسار • تَراجُع
relict mountain (Geol.) جَبَلٌ مُتَخَلِّف
relief (*n.*) تَنفيس • تَخفيف • تَصريف – إسْعاف • عَوْن – إراحة • تَفريج – بَدَل • رَديف
(Geol.) تَضاريس
(Eng.) خُلوص • خَلاصٌ (لِعُدَّةِ القَطع)
(Arch.) نَقْشٌ بارِز
relief cock (Eng.) مِحبَسُ تَصريفٍ أو تَنفيس: لتَخفيفِ الضَّغط
relief engine (Eng.) مُحَرِّكٌ بَديل • مُحَرِّكٌ إضافيّ (احتِياطيّ)
relief hole (Civ. Eng.) ثَقْبُ تَصريف
relief intensity (Eng.) شِدّةُ التَّصريف
relief, inverted (Geol.) تَضاريسُ مُنقَلِبة
relief map خَريطةٌ مُجَسَّمة • خَريطةُ تَضاريس
relief of stress (Eng.) تَصريفُ الإجهاد • إزالةُ الإجهاد: بالمُعالَجةِ الحَراريّة
relief valve (Eng.) صِمامُ تَصريف • صِمامُ تَخفيفِ الضَّغط
relief well (Civ. Eng.) بِئرُ تَصريف • بِئرٌ مُساعِدة: تَمنَعُ تَفَجُّرَ البِئرِ الأصليّة
relieve (*v.*) خَلَّصَ • أراحَ • أَعْفَى من – خَفَّفَ – صَرَّفَ • نَفَّسَ
reline (*v.*) بَطَّنَ ثانيةً
relinquish (*v.*) تَخَلّى (عن) • تَرَكَ • هَجَرَ
relinquishment (*n.*) التَّخَلّي
reload (*v.*) حَمَلَ (أو شَحَنَ) مُجَدَّداً
relocate (*v.*) نَقَلَ أو رَحَلَ إلى مَكانٍ جَديد – أعادَ تَحديدَ المَوقع

reluctance (Elec. Eng.) مُمانَعة مِغنطيسيّة • مُقاصَرة
reluctivity (Elec. Eng.) المُقاصَرةُ النَّوعيّة • المُمانِعيّة المِغنطيسيّة
rely (*v.*) إعتَمَدَ أو عَوَّلَ (على) – وَثِقَ (بِ)
remain (*v.*) بَقِيَ • ظَلَّ • تَبَقّى
remainder (*n.*) بَقيّة • فَضْلة – باقي الطَّرْح
remains (*n.*) بَقايا • مُخَلَّفات • فَضَلات • مُتَخَلِّفات
remaking (*n.*) إعادةُ الصُّنع
remanence (Elec. Eng.) إستِبقائيّة • المُحتَفِظيّة: شِدّةُ الدَّفقِ المِغنطيسيّ المُتَخَلِّف (بعدَ زَوالِ القُوَّةِ المُمَغنِطة)
remanent (*adj.*) باقٍ • مُتبَقٍّ • مُتَخَلِّف
remanent magnetization (Elec. Eng.) المِغنطيسيّةُ المُتَبَقّية
remedial (*adj.*) علاجيّ – إصلاحيّ
remedial work أعمالُ الإصلاح
remelting (*n.*) إعادةُ الصَّهر • عَودةُ الانصِهار
remetal (*v.*) أعادَ التَّلبيسَ بالمَعدِن
(Civ. Eng.) أعادَ رَصْفَ (الطَّريق)
remission (*n.*) فُتور • خُمود – تَخفيف (العُقوبة) • صَفْح – تَأجيل
remit (*v.*) أحالَ • أعادَ • رَدَّ – أجَّلَ – خَفَّفَ • خَفَّ • فَتَرَ – صَفَحَ
remittance (*n.*) حَوالة • تَحويل (نَقديّ بَريديّ) – مَبلَغٌ مُحَوَّل
remittor (*n.*) مُرسِلُ الحَوالة
remix (*v.*) أعادَ الخَلط
remnant (*n.*) بَقيّة
(*adj.*) باقٍ
remodel (*v.*) أعادَ التَّشكيل • نَظَّمَ (أو صاغَ) على شَكلٍ جَديد
remodelled (*adj.*) مُعادُ التَّشكيل
remote (*adj.*) بَعيد • ناءٍ – عن بُعْد
remote control (Elec. Eng.) التَّحَكُّمُ البَعيد • التَّحَكُّمُ عن بُعْد
remote-control break (Elec. Eng.) قاطِعُ (دائرةٍ) بَعيدُ التَّحَكُّم • قاطِعٌ يَعمَلُ عن بُعد
remote-control switch (Elec. Eng.) مِفتاحُ التَّحَكُّمِ البَعيد • مِفتاحٌ يَعمَلُ عن بُعد
remote drive (Elec. Eng.) إدارةٌ عن بُعد
remote tank reading gauge (Elec. Eng.) مِقياسُ قِراءةِ الصِّهريج عن بُعد
remount (*v.*) أعادَ التَّركيب • رَكَّبَ ثانيةً
removable (*adj.*) يُزال • قابِلٌ للنَّقل (أو الإزالة) • يُنزَع • إنفِكاكيّ • يُفَكّ

removable blade bit (Eng.) لُقمةُ ثَقبٍ انفِكاكيّةُ الشَّفرات
removable liner (Eng.) بِطانةٌ قابِلةٌ للنَّزع
removal (*n.*) إزالة • نَزْع • إنتِزاع
remove (*v.*) أزالَ • نَزَعَ – نَقَلَ
remover (*n.*) مُزيل • نازِع – ناقِل
remuneration (*n.*) راتِب • مُكافأة • تَعويضٌ نَقديّ
remunerative (*adj.*) مُربِح • مُكافِئ • مُجزٍ
rend (*v.*) مَزَّقَ • تَمَزَّقَ • فَلَقَ • إنفَلَقَ • شَقَّ
render (*v.*) أدّى • قَدَّمَ – صَيَّرَ • جَعَلَ – سَلَّمَ – تَرجَمَ – طَلى بالطَّبقةِ الأولى (من الدِّهان)
(Chem. Eng.) إستَخلَصَ (بالإذابة) • إستَخرَجَ
(*n*) طَلْيةٌ أوّلى • الطَّبقةُ الأولى من الدِّهان
rendering (*n.*) أداء – تَسليم – طِلاء • طَلْيةٌ أولى
(Chem. Eng.) إستِخلاص (بالإذابة)
rendering, cement طِلاءٌ إسمَنتيّ
rendering of fat (Chem. Eng.) إستِخلاصُ الدُّهن
rending effect تَفَلُّق • تأثيرٌ تَمزيقيّ
renew (*v.*) جَدَّدَ • تَجَدَّدَ
renewable (*adj.*) يُجَدَّد • يُمكِنُ تَجديدُه • قابِلٌ للتَّجديد
renewal (*n.*) تَجديد • تَجَدُّد
reniform aggregates (Geol.) مَجموعاتٌ كُلْويّةُ الشَّكل
rent (*n.*) إيجار
(Geol.) صَدْع • شَقّ • إنفِلاق
(*adj.*) مُمَزَّق • مَفلوق • مُشَقَّق
(*v.*) أجَّرَ • إستأجَرَ
rental (*n.*) إيجار – تأجير – مِلْكٌ مُؤَجَّر
(*adj.*) تأجيريّ
rental value قيمةٌ تأجيريّة
reopen (*v.*) فَتَحَ ثانيةً – إستأنَفَ • بَدَأَ مُجَدَّداً
reorganize (*v.*) أعادَ التَّنظيم • رَتَّبَ من جَديد
reoxidation إعادةُ الأكسَدة
reoxidize (*v.*) (Chem. Eng.) أكسَدَ ثانيةً
repacking (*n.*) (Eng.) إعادةُ الحَشو • إعادةُ التَّغليف
repainting (*n.*) إعادةُ الدِّهان
repair (*v.*) أصلَحَ • صَلَّحَ • رَمَّمَ • رَأَبَ – عَوَّضَ (عن)
(*n.*) إصلاح • تَصليح • رَأْب • تَرميم – تَعويض

repairing dock

research centre

repair expenses نَفَقاتُ الإصلاح

repairing dock (Naut.) حَوضُ إصلاحِ السُّفُن

repair(ing) shop وَرْشَةُ تَصليح

repair lorry سَيَّارَةُ تَصليح

repair-outfit (Eng.) عُدَّةُ التَّصليح

reparable = repairable (*adj.*) يُصْلَح • يُمكِنُ إصلاحُه

reparation (*n.*) إصلاح • تَرميم – تَعويض

repeatability (*n.*) إمكانيَّةُ التَّكرارِ أو الإعادةِ (بِنَتائِجَ مُتَطابِقة)

repeatable (*adj.*) يُمكِنُ تَكرارُه (للتَّثَبُّت) • يَتكرَّر (بالنَّتائِجِ ذاتِها)

repeated stress test (Eng.) إختِبارُ الإجهادِ المُتكرِّر

repel (*v.*) رَدَّ • صَدَّ • نَفَّرَ • تَنافَرَ

repellency = repellence صَدّ • طَرْد

repellent (*adj.*) صادٌّ • طارِدٌ • مُنَفِّر

(*n.*) مادَّةٌ طارِدَةٌ (للحَشَرات) • نَسيجٌ صادٌّ (للماء)

repellent, water (*adj.*) صادٌّ لِلماء

repercussion (*n.*) إرتِداد – تَرجيع • صَدًى

repetition (*n.*) إعادة • تَكرار

rephosphorization (Met.) إعادَةُ الفَسْفَرة

replace (*v.*) أعادَ (إلى مَكانِه) • حَلَّ مَحَلَّ • إستَبْدَلَ • أحَلَّ مَحَلَّ

replaceable (*adj.*) يُستَبْدَل • يُمكِنُ استِبدالُه

replacement (*n.*) (Chem., Geol.) إحْلال • إستِبدال : تَبديلُ ذَرَّةٍ أو مَجموعةٍ بِذَرَّةٍ أو مَجموعةٍ أُخرَى

replacement deposits (Geol.) رَواسِبُ إحلاليَّة

replacement parts (Eng.) قِطَعُ استِبدال • قِطَعُ غِيار

replacement series (Chem. Eng.) مُتَتالِيَةٌ إحلاليَّة : سِلسِلَةُ فِلِزَّاتٍ مُرَتَّبَةٌ حَسَبَ جُهْدِ الأكسَدة

replenish (*v.*) مَلأَ أو مَوَّنَ ثانِيَةً • زَوَّدَ مُجَدَّداً – إستَكمَلَ النَّقصَ

replenishment (*n.*) مَلْء • تَزويد • إعادَةُ المَلْء

replication (Eng.) إعادَةُ التَّجرِبة (في أحوالٍ مُطابِقة)

report (*n.*) تَقرير • بَيان – صَدًى (الصَّوت)

(*v.*) – قَدَّمَ تَقريراً – أخبَرَ أو بَلَّغَ (عن) – حَضَرَ • تَقَدَّمَ (إلى)

repose (*v.*) سَكَنَ • إستَقَرَّ – إضطَجَعَ • إستَنَدَ • أسْنَدَ

(*n.*) هُدوء • سُكون – إستِراحة • إستِقرار

repose, angle of (Civ. Eng.) زاوِيَةُ الاستِقرار

represent (*v.*) مَثَّلَ – نابَ عن

representative (*n.*) مُمَثِّل • نائِب

(*adj.*) تَمثيليّ – نَموذَجِيّ

representative sample عَيِّنَة نَموذَجيَّة

repress (*v.*) كَبَتَ • كَظَمَ – كَبَحَ • مَنَعَ

repressure (*v.*) أعادَ الضَّغط

repressure line (Pet. Eng.) خَطُّ إعادَةِ الضَّغط (بِحَقْنِ الغاز في المَكْمَن)

repressuring (*n.*) إعادَةُ الضَّغط

(Pet. Eng.) إعادَةُ الضَّغطِ في المَكْمَنِ (بِحَقْنِ الغاز)

reprint (*v.*) أعادَ الطَّبْع

(*n.*) طَبْعَةٌ مُعادَة

reprocessing (*n.*) (Eng.) مُعالَجَةٌ مُعادَة • إعادَةُ المُعامَلة

reprocessing loss فَقْدُ المُعالَجَةِ المُعادَة

reproduce (*v.*) أعادَ مُجَدَّداً • أنتَجَ ثانِيَةً • تَكاثَرَ • تَوالَدَ – نَسَخَ • إستَخرَجَ نُسخَةً عن

reproducibility (*n.*) إمكانيَّةُ الاستِعادة • قابِليَّةُ الإعادَةِ (بِنَتائِجَ مُتَطابِقة) – قابِليَّةُ الاستِنساخ

reproducible (*adj.*) يُمكِنُ إعادَتُه (بِنَتائِجَ مُتَطابِقة) – يُمكِنُ استِخراجُ نُسَخٍ عنه

reproduction (*n.*) إستِعادة – إعادَةُ الإنتاج – نَسْخ – تَوالُد • تَكاثُر

reptation (Geol.) سَعْيُ التُّربة

Reptilia (Biol.) طائِفَةُ الزَّواحِف

repulsion (*n.*) صَدٌّ • رَدٌّ • نَبْذ • دَفْع

(Phys.) تَنافُر

requirement (*n.*) مَطلَب • مُتَطَلَّب • شَرْطٌ مُقتَضًى

requisite (*n.*) مُستَلزَم • شَيءٌ ضَروريّ

(*adj.*) ضَروريّ • أساسيّ

requisition (*n.*) طَلَبٌ – مُتَطَلَّب – مُصادَرة

(*v.*) صادَرَ

re-refined oil (Pet. Eng.) زَيتٌ مُعادُ التَّكرير : للاستِعمالِ مُجَدَّداً

rerun (*n.*) (Pet. Eng.) إعادَةُ التَّقطير • إمرارٌ في دَوْرَةٍ ثانِية

(*v.*) قَطَّرَ ثانِيَةً • أمَرَّ للمُعالَجَةِ (الكيماويَّة) مُجَدَّداً

rerun column (Pet. Eng.) بُرْجُ (أو عَمودُ) إعادَةِ التَّقطير

rerunning still (Pet. Eng.) مِقطَرُ إعادَةِ التَّقطير

rerun oil (Pet. Eng.) الزَّيتُ المُعادُ تَقطيرُهُ (أو مُعالَجَتُه)

rerun pipe-still (Pet. Eng.) مِقطَرٌ أنبوبيٌّ لإعادَةِ التَّقطير

rerun reflux drum (Pet. Eng.) مِركَنُ السَّائِلِ المُعاد (للتَّقطير)

rerun tower (Pet. Eng.) بُرجُ إعادَةِ التَّقطير

rerun tower bottoms cooler (Pet. Eng.) مُبَرِّدُ مُتَخَلِّفاتِ بُرجِ إعادَةِ التَّقطير

rerun tower overhead condenser (Pet. Eng.) مُكَثِّفُ المُنتَجاتِ العُلْوِيَّة لِبُرجِ إعادَةِ التَّقطير

rerun tower reboiler (Pet. Eng.) مِرْجَلُ إعادَةِ الغَلْيِ لِبُرجِ إعادَةِ التَّقطير

rescue (*v.*) أنقَذَ • خَلَّصَ • حَرَّرَ

(*n.*) إنقاذ • تَخليص – نَجْدَة

rescue squad فَريقُ إنقاذ

rescue-work أعمالُ الإنقاذ

research (*n.*) بَحْث • إستِقصاءٌ عِلميّ • تَحَرٍّ أو تَفتيشٌ دَقيق

(*v.*) بَحَثَ • قامَ بأبحاثٍ واستِقصاءاتٍ (عِلْمِيَّةٍ خاصَّة)

research centre مَركَزُ بُحوث • مَركَزُ أبحاث

research engineer مُهندِسُ أبحاث

research laboratory مُختَبَرُ أبحاث

research octane number (Pet. Eng.)
الرَّقْمُ الأوكْتانيّ المِخْبَرِيّ (للزَّيت) : في ظُروفِ التَّشغيلِ المُعْتَدِل

research, scientific بَحْثٌ عِلْمِيّ ٠ بُحوثٌ عِلميَّة

research station مَرْكَزُ أبْحاث ٠ مَحطَّةُ أبْحاث

research work بَحْث ٠ أبْحاث ٠ عَمَلٌ بَحْثِيّ أو استِقصائيّ

reseating (a valve) (Eng.) إعادةُ إقعادِ (الصِّمام) بالتَّجليخ

reseau (Surv.) شَبَكَةُ خُطوطٍ (لِقِياسِ الأبْعاد)

resection (Surv.) تَقاطُعٌ (يُعَيِّنُ مَوضِعَ المَسْح)

resequent valley (Geol.) وادٍ عائِد

reservation (n.) حَجْز ــ إستِبْقاء ــ تحفُّظ

reserve (v.) حَجَزَ ٠ حَفِظَ ٠ إستَبْقَى ــ إدَّخَرَ ــ أبْقَى (في الاحتِياط)

(adj.) إحتِياطِيّ

(n.) إحتِياط ٠ إحتِياطِيّ ــ تَحَفُّظ

reserve buoyancy طَفْوٌ احتياطِيّ

reserved (adj.) مَحجوز ٠ مَحفوظ ٠ مُدَّخَر ــ مُتَحَفِّظ

reserve depletion إستِنفادُ الاحتِياطِيّ

reserve fund مالٌ احتِياطِيّ

reserve pillars (Civ. Eng.) رَكائِز (أو أعمِدَةٌ) احتِياطيَّة

reserve power (Eng.) قُدرةٌ احتِياطيَّة

reserves (n.) كَمِّيّاتٌ احتِياطيَّة ٠ الاحتِياطِيّ (من النَّفطِ أو الخامات)

reserves, developed proved (Pet. Eng.)
إحتِياطِيٌّ مُثْبَت وتأيَّدَ بالحَفرِ الفِعليّ

reserves, hypothetical (Mining) إحتِياطِيٌّ افتِراضِيّ : يُرَجَّحُ وُجودُه

reserves, oil (Pet. Eng.) إحتِياطِيُّ الزَّيت

reserves, primary (Pet. Eng.)
إحتِياطِيٌّ أوَّلِيّ: يُمكِنُ استِخراجُه بوَسائِلَ طَبيعيَّة

reserves, proved (Pet. Eng.) إحتِياطِيٌّ مُثْبَت : ثَبَتَ وُجودُه بالاختِباراتِ العِلميَّة

reserves, secondary (Pet. Eng.) إحتِيــاطِيٌّ ثانَوِيّ : يُمكِنُ استِخراجُه بوَسائِلَ حَفزِيَّة

reserves, undeveloped proved (Pet. Eng.)
إحتِياطِيٌّ مُثْبَت بالاختِباراتِ الاستِطلاعيَّة فَقَط

reserve tank خَزّانٌ احتِياطِيّ

reservoir (n.) خَزّان ٠ صِهريج ٠ مُستَوْدَع

(Geol.) مَكْمَنُ (الزَّيت) ٠ مُستَوْدَع

(adj.) إحتِياطِيّ

reservoir analyzer

reservoir rock

reservoir analyzer (Pet. Eng.)
مُحَلِّلُ المَكْمَن : دِمـاغٌ إلِكترونيّ يُحَلِّلُ المَعلوماتِ المُتجمِّعةَ عن مَكامِنِ الزَّيت ويُقَدِّرُ إمكانيَّةَ وُجودِ آبارٍ غَنيَّةٍ فيها

reservoir bed (Geol.) طَبَقةُ اختِزان ٠ طَبَقةٌ مُستَوْدَع

reservoir, condensate (Chem. Eng.)
خَزّانُ الكُثافات ٠ صِهريجُ المُستَكْثَفات

reservoir condenser (Elec. Eng.)
مُكَثِّفٌ احتِياطِيّ

reservoir electric analyzer (Pet. Eng.)
مُحَلِّلٌ كهربائيّ لِقِياسِ انخِفاضِ ضَغطِ المَكْمَن

reservoir energy (Pet. Eng.) طاقةُ المَكْمَن ٠ ضَغطُ (طَبَقةِ) الاختِزان

reservoir fluid characteristics (Pet. Eng.)
خَصائِصُ حَرَكةِ المائِعِ في المَكْمَن

reservoir, multilayer (Pet. Eng.)
مَكْمَنٌ مُتَعَدِّدُ الطَّبَقات

reservoir, oil (Pet. Eng.) مُستودَعُ الزَّيت ٠ خَزّانُ الزَّيت

reservoir pressure (Pet. Eng.) ضَغطُ المَكْمَن ٠ الضَّغطُ في مَكْمَنِ الزَّيت

reservoir rock (Pet. Eng., Geol.)
صَخرُ المَكْمَن ٠ صَخرُ المُستودَع ٠ صَخرٌ خازِن

reservoir sight gauge (Eng.) مِقياسٌ بَيانِ (مُستَوَى) الخَزّان

reservoir stratum (Pet. Eng.) طَبَقةٌ خازِنَة

reservoir trap (Geol.) مَحبِسٌ مُستَوْدَعِيّ أو اختِزانِيّ

reservoir volume factor (Pet. Eng.)
المُعامِلُ الحَجمِيُّ للمَكْمَن : نِسبةُ حَجمِ الهَيدروكربونـاتِ المُختَزَنة في وَحدةِ الحَجمِ من المَكْمَن

reservoir zonation (Pet. Eng.) تَنَطُّقُ المَكامِن

reset (v.) ضَبَطَ ثانيةً ٠ أعادَ إلى وَضعٍ مُعَيَّن ــ نَضَّدَ (الأحْرُفَ الطِّباعيَّة) ثانيةً

(n.) إعادةُ الضَّبط ــ إعادةُ التَّنضيد ٠ إعادةُ الصَّفّ

reset nut (Eng.) صَامُولَةُ الضَّبط

reshape (v.) أعادَ التَّشكيل

reshipping (n.) إعادةُ الشَّحنِ بَحراً ــ إعادةُ التَّصدير

residence (n.) مَسْكَن ــ إقامة

residence time مُدَّةُ المُكوث

resident engineer المُهَندِسُ المُقيم

residential use إستِعمالٌ مَنزِلِيّ

residua (pl. of residue) مُتَخَلِّفات ٠ بَقـايـا

residual (adj., n.) مُتَخَلِّف ٠ مُتَبَقّ

residual ash (Chem. Eng.) رَمادٌ مُتَخَلِّف

residual asphalt (Pet. Eng.) زِفْتٌ مُتَخَلِّف ٠ أسفَلْتٌ مُتَخَلِّف

residual charge (Phys.) الشُّحنَةُ المُتَخَلِّفة

residual deposits (Geol.) رَواسِبُ مُتَخَلِّفة ــ فُضالَةُ الرَّواسِب

residual enrichment (Geol.) إغناءٌ مُتَخَلِّف

residual expansion (Phys., Mech.)
تَمَدُّدٌ مُتَخَلِّف

residual fuel (Eng.) وَقودٌ مُتَخَلِّف

(Pet. Eng.) وَقودٌ مُتَخَلِّف : بَعدَ قَطفِ المَنتوجاتِ المُتَطايِرةِ من الخامِ النَّفطِيّ

residual fuel oils (Pet. Eng.) زُيوتُ الوَقودِ المُتَخَلِّفة : بَعدَ قَطفِ المَنتوجاتِ المُتَطايِرةِ من الخامِ النَّفطِيّ

residual gas (Eng.) الغازُ المُتَخَلِّف ــ غازٌ مُتَخَلِّفٌ أو مُتَبَقٍّ (بَعدَ الاحتِراق)

residual gas saturation (Pet. Eng.)
إشباعٌ أو تَشَبُّعٌ بالغازِ المُتَخَلِّف

residual liquor (Geol.) العُصارةُ المُتَخَلِّفة

residual magnetism (Geophys.)
المِغنَطيسيَّةُ المُتَخَلِّفة

residual oil (Pet. Eng.)	الزَّيتُ المُتخَلِّف ـ الزَّيتُ المُستَعصِي
residual oil cracking (Pet. Eng.)	تَكسِيرُ الزَّيتِ المُتخَلِّف
residual oil saturation (Pet. Eng.)	إشباعٌ أو تَشَبُّعٌ بالزَّيتِ المُتخَلِّف
residual pore pressure (Geophys.)	الضَّغطُ المَسامِيُّ المُتبَقِّي
residual sediments (Geol.)	رَواسِبُ مُتخَلِّفة ـ فُضالةُ الرَّواسِب
residual soil (Geol.)	تُربَةٌ مُتخَلِّفة ـ تُربَةٌ أَوَّلِيَّة ـ تُربَةٌ مَوضِعِيَّة
residual stress (Mech.)	إجهادٌ مُتخَلِّف
residue (n.) (Chem. Eng.)	فُضالة ـ فَضلة ـ بَقِيَّة ـ ثُمالة ـ مُتخَلِّفاتُ التَّقطِير أو التَّرشِيح
residue, combustion (Chem. Eng.)	مُتخَلِّفاتُ الاحتِراق
residue gas (Pet. Eng.)	الغازُ المُتخَلِّف أو المُتَبَقِّي
residue hydrocracking (Chem. Eng.)	التَّكسِيرُ الهِيدروجِينِيُّ للمُتخَلِّفات
residue hydrogenation (Pet. Eng.)	هَدرَجةُ المُتخَلِّفات
residue oil	زَيتٌ مُتخَلِّف
residue test (Chem. Eng.)	إختِبارُ (نِسبةِ) المُتخَلِّفات
residuum (n.) (Chem. Eng.)	مُتخَلِّف ـ ثُفل ـ ثُمالة ـ فُضالة ـ الجُزءُ المُتخَلِّف (بَعدَ التَّقطِيرِ أو التَّرشِيح)
residuum, cracking (Pet. Eng.)	مُتخَلِّفاتُ التَّكسِير
residuum grease (Pet. Eng.)	الشَّحمُ المُتخَلِّف
residuum, long (Pet. Eng.)	المُتخَلِّفاتُ الطَّوِيلة : مُتخَلِّفاتُ التَّقطِيرِ النَّفطِيّ (على ضَغطٍ خَفِيف) الحاوِيةُ كافَّةَ زُيوتِ التَّزلِيق
residuum, short (Pet. Eng.)	المُتخَلِّفاتُ القَصِيرة : مُتخَلِّفاتُ التَّقطِيرِ النَّفطِيّ (على ضَغطٍ عالٍ) الحاوِيةُ زُيوتَ التَّزلِيق العالِيةِ اللُّزوجة
residuum stripper (Pet. Eng.)	عَمودُ إنصالِ المُتخَلِّفات (بُرجُ مُعالَجةِ المُتخَلِّفات وفَصلِ الأجزاءِ النَّفطِيَّةِ الثَّقِيلة)
resilience (Mech.)	رُجوعِيَّة ـ إرتِدادِيَّةُ الجِسمِ المَرِن
resilient (adj.)	رُجوعِيّ ـ يَرتَدُّ (لِمُرونَتِه)
resin (n.) (Chem. Eng.)	راتِينج ـ راتِين
(v.)	عالَجَ بالرَّاتِينج
resinaceous = resinous (adj.)	راتِينجِيّ ـ راتِينِيّ
resinate (n.) (Chem.)	راتِينات : أَملاحٌ راتِينجِيَّة قَلفُونِيَّة
(v.)	عالَجَ (أو أَشرَبَ) بالرَّاتِينج
resination tendency (Chem. Eng.)	نَزعةُ الرَّتنَجة
resin cement (Chem. Eng.)	إسمَنتٌ راتِينجِيّ
resin content (Chem. Eng.)	المُحتَوَى الرَّاتِينجِيّ
resin grease (Pet. Eng.)	شَحمٌ راتِينجِيّ
resiniferous (adj.)	مُنتِجٌ للرَّاتِينج
resinification (Chem. Eng.)	رَتنَجة
resinify (v.) (Chem. Eng.)	رَتنَجَ ـ حَوَّلَ (أو تَحَوَّلَ) إلى راتِينج
resinoid (adj.) (Chem. Eng.)	راتِينجانِيّ
resinous (adj.)	راتِينجِيّ
resinous lustre (Geol.)	بَرِيقٌ راتِينجِيّ
resinous shale (Geol.)	طِينٌ صَفحِيٌّ راتِينجِيّ
resinous substances (Chem. Eng.)	مَوادٌّ راتِينجِيَّة
resinox (Chem. Eng.)	رَزِينوكس : راتِينج فِينُولِيّ
resin, synthetic (Chem. Eng.)	راتِينج اصطِناعِيّ
resist (v.)	قاوَمَ
(n.)	مادَّةٌ (أو طَلِيَةٌ) مُقاوِمَة
resistance (n.)	مُقاوَمة
resistance box (Elec. Eng.)	صُندوقُ مُقاوَمات
resistance brazing (Elec. Eng.)	لِحامُ (النُّحاسِ الأَصفَر) بالمُقاوَمة
resistance coil (Elec. Eng.)	مِلَفُّ مُقاوَمة
resistance drop (Elec. Eng.)	هُبوطُ (الفُلطِيَّةِ) بالمُقاوَمة
resistance furnace (Elec. Eng.)	فُرنُ مُقاوَماتٍ (كَهرَبائِيّ)
resistance grid (Elec. Eng.)	شَبَكةُ مُقاوَمة
resistance loss (Eng.)	فَقدٌ بالمُقاوَمة
resistance pyrometer (Elec. Eng.)	بَيرومِتر مُقاوَمة ـ مِقياسٌ مُقاوِمِيٌّ لِدَرجاتِ الحَرارةِ العالِية
resistance seam welding (Elec. Eng.)	لِحامٌ دَرزِيٌّ بالمُقاوَمة
resistance, specific (Elec. Eng.)	المُقاوَمةُ النَّوعِيَّة
resistance spot welding (Elec. Eng.)	لِحامٌ نُقطِيٌّ بالمُقاوَمة
resistance strain gauge (Elec. Eng.)	مِقياسُ انفِعالٍ بالمُقاوَمة
resistance temperature detector (Elec. Eng.)	مِكشافُ حَرارةٍ مُقاوِمِيّ
resistance thermometer (Elec. Eng.)	تِرمومِتر مُقاوَمة
resistance welding (Elec. Eng.)	اللِّحامُ بالمُقاوَمة
resistance welding machine (Elec. Eng.)	مَكَنةُ لِحامٍ بالمُقاوَمة
resistance wire (Elec. Eng.)	سِلكُ مُقاوَمة
resistant (adj.)	مُقاوِم ـ مُمانِع ـ عَصِيّ
resistant rock (Geol.)	صَخرٌ مُقاوِم ـ صَخرٌ عَصِيّ
resistive (adj.)	مُقاوِم ـ مُمانِع ـ مُقاوِمِيّ
resistivity (Elec. Eng.)	المُقاوِمِيَّة ـ المُقاوَمةُ النَّوعِيَّة
resistivity departure curve (Elec. Eng.)	مُنحَنَى مَحِيدِ المُقاوِمِيَّة : لِبَيانِ الفَرقِ بَينَ المُقاوِمِيَّةِ الحَقِيقِيَّة والظَّاهِرة
resistivity index (Eng.)	دَلِيلُ المُقاوِمِيَّة
resistor (Elec. Eng.)	مُقاوِم ـ عُنصُرُ مُقاوَمة
resistor, heating (Elec. Eng.)	مُقاوَمةٌ مُسَخِّنة
resize (v.) (Eng.)	أعادَ تَشكِيلَ القَدّ
(Chem. Eng.)	غَطَّى ثانِيةً بمَعجُونٍ غِرائِيّ
resolution (n.)	قَرار ـ تَصمِيم ـ تَحلِيل ـ حَلّ
(Chem. Eng.)	إنحِلال ـ حَلّ ـ تَفرِيق
resolve (v.)	صَمَّمَ ـ عَزَمَ ـ إنتَوَى ـ صَرَفَ ـ بَدَّدَ ـ فَرَّقَ ـ حَوَّلَ ـ أبانَ ـ بانَ ـ إنحَلَّ ـ تَحَلَّلَ (إلى عَوامِلَ) ـ حَلَّلَ (إلى أجزاءٍ أَوَّلِيَّة) ـ حَلَّ
resolvent (adj.) (Chem. Eng.)	مُحَلِّل ـ مُذِيب ـ حالّ

residuum stripper

resolving power (Phys.) قُدرةُ التَّحليل • قُدرةُ التَّبيُّن (للجهاز البَصَريّ)
resonance (Phys., Chem.) رَنين • تَرجيع
resonant (*adj.*) رَنّان • رَنينيّ – مُرجِّع
resonate (*v.*) رَنَّ – رَجَّعَ
resonator (Eng.) مِرْنان • جهازٌ رَنّان
resorb (*v.*) إمتَصَّ أو تَشَرَّبَ ثانيةً
resorcin(ol) (Chem. Eng.) رِيزورْسِين : مادّةٌ مُطَهِّرة (وتُستَعمَلُ في صُنعِ الأصباغ)
resorption (Chem., Geol.) مُعاوَدةُ الامتِصاص (أو الامتِزاز) • إعادةُ التَّشَرُّب
resort (*v.*) لَجَأَ • لاذَ
(*n.*) مَلاذٌ • مُلتَجأ – مُنتَجَع
resourceful (*adj.*) كثيرُ المَوارِد – واسِعُ الحِيلَة
resources (*n.*) مَوارِد
resources, natural مَوارِدُ طَبيعيّة
respirator (*n.*) كِمامَة • جِهازُ تَنَفُّسٍ اصطِناعيّ
respire (*v.*) تَنَفَّسَ
response (*n.*) إستِجابَة • تَجاوُب
response curve مُنحَنَى الاستِجابة
responsibility (*n.*) مَسئوليَّة • مَسؤوليَّة
responsible (*adj.*) مَسْئول • مَسْؤول
responsive (*adj.*) مُستَجيب – سَريعُ الاستِجابة
rest (*n.*) إستِراحة • راحَة – سُكون – بَقِيَّة
(Eng.) حامِل • سِناد • مِسْنَد
(*v.*) أراحَ • إستَراحَ – سَكَنَ • هَدَأَ – إستَنَدَ • أسنَدَ
restarting (*n.*) البَدْءُ ثانيةً • الابتِداءُ مُجَدَّداً
restitution (*n.*) إرتِداد • رَدّ • إعادةٌ (أو عَوْدةٌ) إلى وَضعٍ سابِق
(Mech.) إرتِدادٌ (بالمُرونة)
restitution coefficient (Mech.) مُعامِلُ الارتِداد
rest magma (Geol.) الصُّهارةُ المُتَبَقِّية
restocking (*n.*) إعادةُ التَّخزين
restoration (*n.*) إستِبْعاث : إعادةٌ (إلى وَضعٍ سابِق) • إستِعادة – إصْلاح • تَجديد
restore (*v.*) أعادَ • أرْجَعَ • إستَعادَ – جَدَّدَ – خَزَنَ ثانيةً
rest pad (Eng.) لَبِنَةُ استِناد
rest point (Mech.) نُقطةُ السُّكون
restrain (*v.*) كَبَحَ • رَدَعَ – قَيَّدَ (الحَرَكة) • أعاقَ
restrained beam (Civ. Eng.) عَتَبةٌ مُقَيَّدةُ الحَرَكة
restricted (*adj.*) مَحدود • مُقَيَّد – مَقصور (على فِئةٍ مُعَيَّنة)

restriction (*n.*) تَحديد • تَقييد • حَصْر • تَضييق – قَيْد – حَظْر
resublimation (Chem. Eng.) تَكريرُ التَّسامي • إعادةُ التَّصعيد
resue (*v.*) (Mining) حَوَّقَ : حَفَرَ حَوْلَ العِرْقِ لاستِخراجِهِ نَقِيّاً
resuing (Mining) التَّحْويق : التَّفريغُ حَوْلَ العِرْقِ لتَعْدينِهِ نَقِيّاً
result (*n.*) نَتيجة • حاصِل • حَصيلَة
(*v.*) نَتَجَ – أنتَجَ • أدَّى (إلى)
resultant (*adj.*) ناتِج – مُحَصِّل
(*n.*) (Mech.) مُحَصِّلَة
(Chem. Eng.) ناتِجُ التَّفاعُل • حَصيلَةُ التَّفاعُل
resultant action الفِعلُ النّاتِج
resultant force (Mech.) القُوَّةُ المُحَصِّلة
resultant velocity (Mech.) السُّرعةُ المُحَصِّلة
resumption (*n.*) إستِئناف • مُتابَعة – إستِعادة
resurgent gases (Geol.) غازاتٌ (بُركانيّةٌ) مُنبَعِثة
resurvey (*v.*) (Surv.) أعادَ المَسْح • مَسَحَ مُجَدَّداً
(*n.*) إعادةُ المَسْح
retail (*v.*) باعَ بالتَّجزِئة (أو بالقَطّاعيّ)
(*n.*) بَيْعُ التَّجزِئة • بَيْعٌ بالقَطّاعيّ
retailer (*n.*) بائِعُ التَّجزِئة • بائِعٌ بالقَطّاعيّ
retail price سِعرُ التَّجزِئة
retain (*v.*) حَجَزَ • إحتَجَزَ • إستَبقَى • إحتَفَظَ (بـ)
retainer (*n.*) قِطعةٌ مُحتَجِزة • أداةُ احتِجاز • حاجِز – عُرْبون
retainer bolt رِتاجُ احتِجاز
retainer (or **retaining**) **ring** (Eng.) حَلقةُ احتِجاز
retainer (or **retaining**) **spring** (Eng.) نابِضُ احتِجاز
retaining dam (Civ. Eng.) سَدُّ احتِجاز
retaining nut (Eng.) صَمُولَةُ زَنْق
retaining plate لَوحُ احتِجاز
retaining plug سِدادُ احتِجاز
retaining valve (Eng.) صِمامُ احتِجاز
retaining wall (Civ. Eng.) جِدارٌ مُحتَجِز
retard (*v.*) أخَّرَ • تأخَّرَ • عاقَ • ثَبَّطَ • أعاقَ
(*n.*) تأخُّر • إبطاء
retardant (*adj.*) مُعَوِّق • مُثَبِّط • مُؤخِّر
retardation (*n.*) تأخير • تأخُّر • تَعَوُّق • تَعويق
(Mech.) تَقاصُر : نَقصُ السُّرعةِ في وَحدةِ الزَّمَن

retarded (*adj.*) مُعاق • مُعَوَّق • مُؤَخَّر
retarded action فِعلٌ مُؤَخَّر
retarded action fuse (Eng.) صِمامةٌ مُؤخَّرةُ الفِعل
retarded admission (Eng.) إدخالٌ مُعَوَّق
retarded cement (Civ. Eng.) إسمَنتٌ مُؤَخَّرُ الشَّكّ
retarded ignition (Eng.) إشعالٌ مُؤَخَّر
retarded release (Eng.) إعتاقٌ مُؤَخَّر
retarded spark (Elec. Eng.) شَرارةٌ مُؤَخَّرة
retarder (*n.*) عائِق • مُؤَخِّر • مُعَوِّق
(Civ. Eng.) مادّةُ تأخيرِ الشَّكّ (للإسمَنت)
(Chem. Eng.) مُثَبِّط • حافِزٌ سَلبيّ
retarding effect تأثيرٌ مُعَوِّق (أو مُثَبِّط)
retarding friction (Mech.) إحتِكاكٌ مُعَوِّق
retarring (*n.*) إعادةُ الطَّلْيِ بالقَطِران
retention (*n.*) إحتِباس • إحتِجاز – إستِبقاء • إحتِفاظ
retention capability test المُحتَفِظيّة : قُدرةُ الاحتِفاظِ بالزَّيتِ المُمتَصّ
retention dam (Civ. Eng.) سَدُّ احتِجاز
retention flange (Eng.) شَفَةُ احتِجاز
retention wall (Civ. Eng.) جِدارُ احتِجاز
retentivity (*n.*) (Phys.) الاحتِفاظ • المُحتَفِظيّة : قُدرةُ الاحتِفاظِ بالمَغنَطةِ بعدَ زَوالِ التأثيرِ المُمَغنِط
retest (*v.*) إختَبَرَ ثانيةً • إختَبَرَ مُجَدَّداً
(*n.*) إختِبارٌ ثانٍ • إختِبارٌ مُكَرَّر
rethread (**a pipe**) (*v.*) (Eng.) أعادَ اللَّوْلَبة • لَوْلَبَ (الأنبوبَ) مُجَدَّداً
rethreading (Eng.) إعادةُ اللَّوْلَبة
reticle = **reticule** (Phys.) شُبَيكة • شُبَيكة : العَيْنيّة (في آلةٍ بَصَريّة)

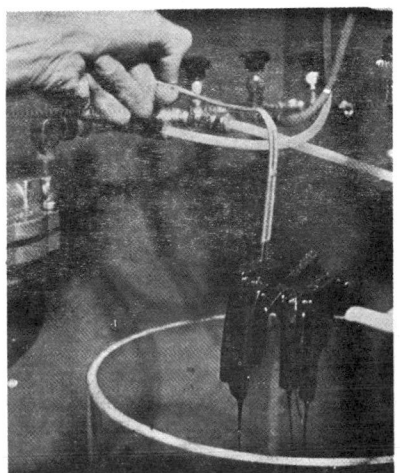

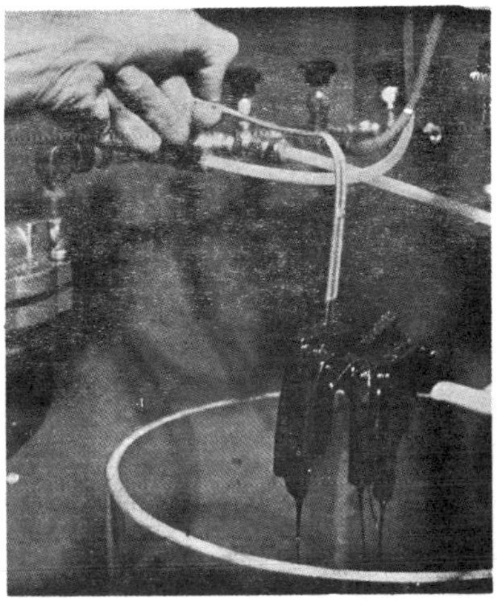
retention capability test

RET
380

retort

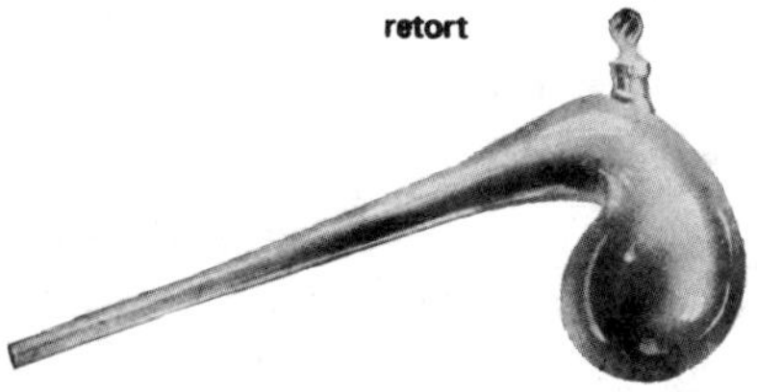

reticular = **reticulate** (*adj.*) شَبَكيّ

reticulated aggregates (Geol.) تجمُّعاتٌ مُتشابِكة

reticulate fibrous structure (Geol.) بِنْيَةٌ لِيفيَّةٌ شَبَكِيَّة

reticulate structure (Geol.) بِنْيَةٌ شَبَكِيَّة

reticulation (*n.*) تَشابُك • تَشَبُّك

retimber (*v.*) أعادَ التَّخشيب • جَدَّدَ الأَلْواحَ الخَشَبِيَّةَ الدَّاعِمة

retimbering (Mining) تَجديدُ الأَلْواحِ الخَشَبِيَّةِ الدَّاعِمة

retinasphalt = **retinite** (Min.) راتينَجٌ مُتَحَجِّر

retire (*v.*) إعْتَزَلَ • تَقاعَدَ _ إنْسَحَبَ • سَحَبَ (من التَّداوُل) _ أحالَ على التَّقاعُد _ إنْحَسَرَ

retirement (*n.*) تَقاعُد • إعتِزال _ تَراجُع • إنحِسار _ إنسِحاب

retort (Chem. Eng.) مُعْوَجَّة • مُعْوَجَّةُ تَقْطِير • إنْبيق
(*n.*) جَوابٌ أو رَدٌّ سَريع
(*v.*) جاوَبَ • رَدَّ

retort carbon (Chem. Eng.) فَحْمُ المُعْوَجَّات

retort clamp (Chem. Eng.) ماسِكُ المُعْوَجَّة

retort gas (Chem. Eng.) غازُ المُعْوَجَّات

retorting (Chem. Eng.) تَقطيرٌ بالمُعْوَجَّة

retort stand (Chem. Eng.) حامِلُ المُعْوَجَّة

retract (*v.*) سَحَبَ • ضَمَّ • كَمَشَ • إنْكَمَشَ

retractable (*adj.*) يُسْحَب : يُمكِنُ ضَمُّهُ أو سَحْبُه • إنكِماشِيّ • تَراجُعِيّ

retreading (*n.*) تَلبيسُ الإطارِ بالمَطّاط

reversed fault

(Civ. Eng.) تَهذيبُ السَّطحِ (في إصْلاحِ الطُّرُق)

retreat (*v.*) تَراجَعَ • تَقَهْقَرَ • إنْسَحَبَ _ عالَجَ أو عامَلَ ثانيةً
(*n.*) تَراجُع • إنسِحاب

retreating system (Mining) طَريقةُ التَّعْدينِ التَّراجُعيّ (ابتِداءً من الحُدود)

retreatment (*n.*) (Chem. Eng.) مُعالَجةٌ (أو مُعامَلةٌ) ثانية

retreatment of tailings (Pet. Eng.) إعادةُ مُعالَجةِ المُتخلِّفاتِ الثَّقيلة

retrenchment (*n.*) تَخفيضُ (النَّفَقات) _ خَنْدَقة

retribution (*n.*) جَزاء • مُكافَأة

retrievable (*adj.*) يُستَعاد • يُمكِنُ استِردادُه

retrieval (*n.*) إستِرداد • إستِعادة

retroaction (*n.*) أَثَرٌ أو مَفْعُولٌ رَجْعِيّ
(Mech.) رَدُّ فِعل • فِعلٌ مُقابِل

retroactive (*adj.*) رَجْعِيُّ الأَثَر • ذو مَفعُولٍ رَجعِيّ

retroactive tenacity (Mech.) إستِعصاءُ الهَصْر • مُقاوَمةُ الانضِغاط

retrograde (*adj.*) تَراجُعِيّ • رَجْعِيّ • عَكسِيّ

retrograde condensation (Pet. Eng.) تَكثيفٌ رَجعِيّ : تُكَثَّفُ فيه الهيدروكربوناتُ الثَّقيلةُ أوَّلاً من المَزيجِ الغازِيّ بتَخفيفِ الضَّغْط

retrograde metamorphism (Geol.) تَحَوُّلٌ رَجعِيّ

retrograding shore (Geol.) شاطِئٌ مُنْحَسِر

retrogression (*n.*) إنحِسار • تَراجُع _ إنحِطاط • تَرَدٍّ

retrogressive erosion (Geol.) حَتٌّ تَراجُعِيّ • تَحاتٌّ مُتَراجِع

retubing (Eng.) تَغييرُ الأنابيب

return (*v.*) عادَ • أعادَ • رَجَعَ • أَرْجَعَ _ أَغَلَّ _ جازَى
(*n.*) عَوْدَة • إعادَة • رُجُوع • رَجْعَة • إرتِداد _ مَرْدُود • عائِدة • غَلَّة
(Eng.) تَوْصِيلةُ العَوْدَة
(*adj.*) عائِد • إيابِيّ _ مُرْتَجَع

return airway (Mining) مَسْلَكُ الهَواءِ العائِد

return bend (Eng.) حَنِيَّةٌ عائِدةٌ (أو مُرْتَدَّة) : لِوَصْلِ الأنابيبِ المُلتَفَّة

return block (Eng.) مَجْمُوعةُ بَكَراتِ العَوْدَة: المُدَلّاةُ من البَكّارةِ أو المِرْفاع

return circuit (Eng.) دائِرةُ العَوْدَة

return column (Eng.) الأنبوبُ النّازِلُ (من أعْلى مِرْجَلِ التَّسْخين)

return-flow system (Eng.) دَوْرَةُ التَّدَفُّقِ العائِد

return flow tube (Eng.) أُنبوبُ دَفْقٍ عائِد

return lever (Eng.) عَتَلةُ ارتِداد

return line (Eng.) خَطُّ (أنابيبِ) العَوْدَة • خَطُّ الرُّجوع • ماسُورَةُ إرْجاع

return loss (Eng.) فَقْدُ العَوْدَة • فَقْدُ الارتِداد

return mains (Eng.) أنابيبُ الإرْجاعِ الرَّئيسيَّة

return pipe (Eng.) أُنبوبٌ مُرجِع

returns (*n.*) عائِدات
(Pet. Eng.) مُرْتَجَعاتُ الحَفْر
(Met.) نُفاياتُ السَّباكة

return shaft (Mining) مَهْواةٌ مُرجِعَة

return sheave (or **pulley**) (Eng.) بَكَرةُ عَوْدَة • بَكَرةُ إرْجاع

return spring (Eng.) نابِضُ إرْجاع

return stroke (Eng.) شَوْطُ العَوْدَة

return valve (Eng.) صِمامُ إرْجاعِ الفائِض

reunion (*n.*) الاتِّحادُ ثانيةً

reusable (*adj.*) يُستَعْمَلُ ثانيةً • يُمكِنُ استِعمالُهُ مُجَدَّداً

reutilization (*n.*) إعادةُ الاستِعمال

revaluation (*n.*) إعادةُ التَّقْييم

revamp (*v.*) جَدَّدَ • أَصْلَحَ • رَمَّمَ

reverberant (*adj.*) مُتَرَدِّد • تَرَدُّدِيّ • تَرْدِيدِيّ

reverberate (*v.*) أَصْدَى • رَجَّعَ (الصَّدَى) • رَدَّدَ • تَرَدَّدَ _ عَكَسَ • إنْعَكَسَ

reverberation (*n.*) تَرْديد • إصداء • تَرْجيعُ (الصَّدَى) • تَرْداد _ إرْتِداد • إنعِكاس

reverberator (*n.*) مُرَدِّد • عاكِس • مُرَجِّع

reverberatory (*adj.*) تَرديدِيّ • إرتِدادِيّ • إصدائِيّ _ عاكِس • إنعِكاسِيّ
(*n.*) (Met.) فُرْنٌ عاكِس

reverberatory furnace (Met.) فُرْنٌ عاكِس

reversal (*n.*) عَكس • قَلْب • إنعِكاس • إرتِداد • إنقِلاب

reverse (*v.*) عَكَسَ • قَلَبَ • إنعَكَسَ • إنقَلَبَ
(*adj.*) عَكْسِيّ • مَعْكُوس • مَقْلُوب _ مُضادّ • مُعاكِس • مُتعاكِس _ خَلْفِيّ
(*n.*) عَكْس • قَلْب _ نَقيض • ضِدّ _ قَفا • خَلْف
(Eng.) عاكِسُ الحَرَكة

reverse bearing (Surv.) إتِّجاهٌ زاوِيٌّ عَكْسِيّ

reverse circulation (Eng.) سَرَيانٌ عَكْسِيّ • تَدْويرٌ عَكسِيّ

reversed cycle (Phys.) دَوْرَةٌ مَعكُوسَة

reverse(d) fault (Geol.) صَدْعٌ مُنْقَلِب • صَدْعٌ مَعكُوس

reverse(d) fold (Geol.) طَيَّةٌ مَقلوبَة
reverse dip (Geol.) مَيْلٌ مَقلوبٌ أو مَعكوس
reversed magnetization (Phys.) المِغنَطيسيَّةُ العَكسيَّة
reversed trace (Geophys.) أَثَرٌ (رَجْفِيّ) مُرْتَدّ • أثَرٌ مُنْعَكِس
reversed ventilation (Mining) تَهوِيَةٌ مَعْكوسة
reverse fault (Geol.) صَدْعٌ مَعْكوس • فَلَقٌ مَقلوب
reverse-gear lever (Eng.) ذِراعُ عَكسِ الحَرَكة
reverse polarity (Phys.) قُطبيَّةٌ عَكسيَّة
reverser (*n.*) عــاكِس
reverse reaction (Chem. Eng.) تَفاعُلٌ عَكسِيّ
reverse side الجانِبُ الخَلفِيّ
reversibility (*n.*) المَقلوبيَّة • المَعْكوسيَّة • العَكوسيَّة
reversible (*adj.*) عَكوس • يُعْكَس • يُقلَب • قابِلٌ للانعِكاس • إنعِكاسِيّ
reversible electrolytic process (Elec. Eng.) عَمَليَّةٌ إلكتروليتيَّةٌ عَكوسَة : يُمْكِنُ عَكسُها
reversible motor (Elec. Eng.) موتورٌ عَكوسُ الدَّوَران
reversible path مَسارٌ عَكوس
reversible process (Chem. Eng.) عَمَليَّةٌ عَكوسٌ (أي تُعكَس)
reversible reaction (Chem. Eng.) تَفاعُلٌ عَكوس
reversing arrangement (Eng.) مَجموعةُ عَكسِ الحَرَكة
reversing mechanism (Eng.) آليَّةُ عَكسِ الحَرَكة
reversing switch (Elec. Eng.) مِفتاحٌ عاكِس
reversing valve (Eng.) صِمامٌ عاكِس
reversion (*n.*) عَكْس • إرجاع – إرتِداد • عَوْدَة • رَجْعَة
revet (*v.*) كَسا ثانِيةً • غَلَّفَ – كَسا بالإسْمَنتِ (أو الحِجارة)
revetment (Civ. Eng.) جِدارُ احتِجاز
review (*v.*) إستَعرَضَ – راجَعَ • أعادَ النَّظَرَ
(*n.*) إستِعراض – مُراجَعة • نَقد – مَجلَّة
revision (*n.*) مُراجَعة • تَنقيح – نُسخةٌ مُنَقَّحة
revision of pipes (Eng.) تَغييرُ مَوْضِعِ الأنابيب
revision of test مُعاوَدةُ التَّجرِبة • تَجرِبةٌ للتَّثَبُّت
revival (*n.*) إنعاش • إحياء • بَعث – إنتِعاش
revive (*v.*) أنعَشَ • أحْيا • نَشَّطَ – إنْتَعَشَ
revived river (Geol.) نَهرٌ مُتَصابٍ أو مُتَجَدِّد

revivication (Chem. Eng.) تَنشيطُ (الفَحْمِ النَّباتيّ)
revolution (*n.*) ثَوْرَة
(Eng.) دَوْرَة • دَوَران
revolution, axis of مِحْوَرُ الدَّوَران
revolution counter (Eng.) عَدّادُ دَوْرات
revolutions per minute (Eng.) دَوْرَةٌ (أو دَوْرات) في الدَّقيقة
revolve (*v.*) دارَ (في مَدارٍ أو حَوْلَ مِحْوَر) • أدارَ • دَوَّرَ
revolving (*adj.*) دَوّار • دائِر
revolving account حِسابٌ دَوّار
revolving boiler مِرْجَلٌ دَوّار
revolving crane (Eng.) مِرفاعٌ دَوّار
revolving cupola قُبَّةٌ دَوّارة
revolving dryer (Eng.) مُجفِّفٌ دَوّار
revolving fund إعتِمادٌ دَوّار : قابِلٌ للتَّجديد
revolving furnace فُرْنٌ دَوّار
revolving pedestal (Eng.) قاعِدةٌ دَوّارة
revolving screen (Mining) غِرْبالٌ دَوّارٌ (لِفَصْلِ الخامات)
revolving table (Eng.) مِنْضَدَةٌ دَوّارَة
reworking (Mining) إعادةُ التَّشغيل • إعادةُ (المَنجَم) إلى العَمَل
Reynolds' number (Mech.) رَقْمُ «رينولدز» (حاصِلُ ضَرْبِ الكَثافةِ في السُّرعة في القُطْرِ الدّاخِليّ للأنبوب مَقسوماً على اللُّزوجة)
R.G.S. (residual gas saturation) الإشباعُ بالغازِ المُتَخَلِّف
r.h. (relative humidity) الرُّطوبةُ النِّسبيَّة
R.H. (right hand) اليَدُ اليُمْنى – يَمينيّ
rhabdomancy (*n.*) التَّكَهُّنُ بالقَضيب (عن وُجودِ الخامات)
rhe (Phys.) رِي : وَحدةُ قِياسِ المُيوعَة (مَعكوسُ السَّنتي بويز)
rheidity (Geol.) إنسيابيَّةُ الجِسْمِ الجاسِئ (بالضَّغطِ الجيولوجيّ لِحِقبةٍ طَويلة)
rheniforming (Pet. Eng.) التَّهذيبُ الرِّنْيوميّ: تَهذيبُ النِّفْطِ بحــافِزٍ من الرِّنْيوم والبلاتين والألومينا
rhenium (Chem.) الرِّنْيوم : عُنصُرٌ فِلِزِّيّ رَمْزُه (نيم)
rheology (Phys.) مَبْحَثُ الانسِياب : يَشمَلُ المُرونةَ واللُّزوجةَ واللَّدانة
rheometer (Phys.) رِيومِتر : مِقياسُ التَّيّار
rheomorphism (Geol.) تَحَوُّلٌ صُهارِيّ : بالسَّوائلِ المُتَسَرِّبة
rheoscope (Elec. Eng.) رِيوسكوب • مِكْشافُ التَّيّار

revolution counter

rheostan (Met.) رِيوستان : سَبيكةٌ من النُّحاس (٥٢ ٪) والنيكل (٢٥ ٪) والزِّنك (١٨ ٪) والحديد (٥ ٪)
rheostat (Elec. Eng.) رِيوستات : مُقاوِمٌ مُتغيِّر (لِتَعديلِ التَّيّار) • مُغيِّرُ المُقاوَمة
rhigolene (Chem. Eng.) رِيجولين : مُستَحضَرٌ هَيدروكربونيّ يتــألَّفُ من البِنتــان والأيسوبِنتان (يُستعمَلُ كمُخَدِّرٍ مَوضِعيّ)
rhodium (Chem.) الرّوديوم : عُنصُرٌ فِلِزِّيّ رَمْزُه (يمو)
rhodochrosite (Min.) رودوكروزيت : خامٌ من كَربوناتِ المَنغنيز
rhodonite (Min.) رودونيت : ميتاسِليكاتِ المَنغنيز
rhomb = rhombus (*n.*) مُعَيَّن • جِسْمٌ مُعَيَّنُ السُّطوح
rhombic system (Min.) نِظامٌ (بِلّوريّ) مُعَيَّنِيّ
rhombohedral cleavage (Geol.) تَشَقُّقٌ مُعَيَّنِيّ: على شَكلِ مَوْشوراتٍ سُداسيَّة مُنتَظِمة
rhombohedron (Min.) مَوْشورٌ سُداسِيٌّ مُنتَظِم
rhombus (*n.*) مُعَيَّن
rhumb (Surv.) إحْدى نُقاطِ البوصَلة – المَسافةُ الزّاوِيَّةُ بينَ أيِّ نُقطَتَي اتّجاهٍ مُتتاليتَين (حوالى ١٥َ ١١°) على البوصلة
rhumbs (Geol.) طَفَلٌ صَفائحيٌّ قيريّ • شِسْتٌ بِتْيوميِنيّ
rhyolite (Min.) رِيولَيت : صَخْرٌ بُركانِيّ دَقيقُ الحُبَيبات
rhythmic sedimentation (Geol.) التَّرسيبُ الرَّتيبيّ
R.I. (refractive index) دَليلُ الانكِسار
ria (Geol.) رِيا : وادي نَهرٍ غاطِس
rib (*n.*) ضِلْع • رافِدة – عِرْق • عَيْر
(*v.*) ضَلَّعَ
ribbed (*adj.*) مُضَلَّع • مُعَرَّق – مُحَزَّز
ribbed arch (Civ. Eng.) عَقْدٌ مُضَلَّع
ribbed radiator (Eng.) مُشِعٌّ مُضَلَّع
ribbed tube أنبوبٌ مُضَلَّع

ribbed (tube) radiator (Eng.) مُشِعٌّ مُضَلَّعٌ (بأنابيبَ خَيشوميَّة)

ribbon brake (Eng.) مِكْبَحٌ شَريطِيّ

ribbon injection (Geol.) إندِساسٌ شَريطِيّ

ribbonite (Eng.) رَصاصٌ شَريطِيّ : لِحَلْفَطَةِ وُصْلاتِ الأنابيب

ribbon ring (Eng.) طَوْقٌ شَريطِيّ

ribbon structure (Geol.) بِنْيَةٌ شَريطِيَّة

rice coal (Mining) فَحْمٌ رُزِّيّ • فَحْمٌ دَقيق

rich (*adj.*) غَنِيّ • مُسْتَوْفِر • قَوِيّ – خَصيب

rich clay طِينٌ لَزِجٌ (أو غَرَوِيٌّ) القَوام

rich concrete (Civ. Eng.) خَرَسانَةٌ مُسْتَوْفِرة

rich gas (Pet. Eng.) غازٌ غَنِيّ (مُشْبَعٌ بالهيدروكربونات العالِية)

rich lime جِيرٌ لَزِجٌ (أو غَرَوِيٌّ) القَوام

rig

rich mixture (Eng.) مَزيجٌ غَنِيّ • مَخلوطٌ مُسْتَوْفِر

rich oil (Pet. Eng.) زَيتٌ غَنِيّ: زَيتُ امتِصاصٍ مُشبَع بالجازولين (من الغازِ الطَّبيعيّ)

rich ore (Mining) خامٌ غَنِيّ • رِكازٌ غَنِيُّ المُحْتَوَى

rich soil تُرْبَةٌ خِصْبَة • تُرْبَةٌ غَنِيَّة

rich spot bleeding (Pet. Eng.) نَزَفُ (النَّفْطِ) من النُّقَطِ المُشْبَعة

ricket (Mining) فاصِلُ تَهوِيَةٍ (في مَنْجَم)

rid (*v.*) خَلَّصَ • حَرَّرَ

(Mining) رَفْعُ الرُّكامِ والأنقاض

riddle (*n.*) لُغْز • أُحْجِيَّة

(Mining) غِرْبالٌ واسِعُ الثُّقوب

(*v.*) غَرْبَلَ – ثَقَّبَ كالغِرْبال

riddle drum (Mining) غِرْبالٌ (أسطوانِيّ) دَوّار

ride (*v.*) رَكِبَ – تَراكَبَ – رَسا

rider (*n.*) راكِب – مُلْحَق • فِقْرَةٌ إضافيَّة – قِطعةٌ مُنْزَلِقة

(Phys., Chem.) سِلْكٌ (أو مِثْقالٌ) راكِب : لِلوَزْنِ الدَّقيق

(Mining) قُرارَةٌ راكِبة : طَبَقةُ خامٍ رَقيقةٌ فَوقَ أُخرى سَميكة

ridge (*n.*) حَيْد • حَرْف : مُلْتَقَى سَطْحَيْنِ مُنْحَدِرَيْن – مَتْن – نُتُوء • طُنُف – مُرْتَفَع • سِلْسِلَةُ تِلالٍ أو جِبال

ridge capping (Civ. Eng.) غِطاءُ الحَرْفِ (فَوقَ تَقاطُعِ السَّطْحَيْن)

ridge course مِدْماكُ الذُّرْوَة

ridge faults (Geol.) صُدوعُ الحَيْد

ridge fold (Geol.) طَيَّةُ الحَيْد

ridge roof سَقْفٌ مُنْحَدِرُ الجانِبَيْن

riffle (Geol.) مُنْحَدَرُ النَّهر

(Mining) أُخْدُودُ استِخلاصِ الخام

rift (*n.*) صَدْع • شَقّ • فَلْع – أُخْدُود

(*v.*) صَدَعَ • شَقَّ • إنْشَقّ

rift faults (Geol.) صُدوعُ الخَسْف

rift valley (Geol.) وادي الخَسْف • أُخْدُودٌ أو وادٍ خَسيف

rig (*n.*) تَجهيزات • مُهِمّات • عُدَّة • أجْهِزة

(Pet. Eng.) مُعَدّاتُ الحَفْر • جِهازُ الحَفْر • بُرْجُ الحَفْر

(*v.*) أعَدَّ • جَهَّزَ – رَكَّبَ • أقامَ

rig air compressor ضاغِطُ هَواءِ جِهازِ الحَفْر

rig builder (Pet. Eng.) مُرَكِّبُ تَجهيزاتِ الحَفْر

rig crew (Pet. Eng.) طاقَمُ (عُمّالِ) الحَفْر

rig down (*v.*) (Pet. Eng.) فَكَّ جِهازَ الحَفْر

rig floor (Pet. Eng.) أرضِيَّةُ بُرْجِ الحَفْر

rigger (*n.*) (Civ. Eng.) حاجِزٌ واقٍ (حَوْلَ بِناءٍ في دَوْرِ التَّشييد)

(Eng.) عامِلُ تَركيب – بَكّارَةُ نَقْلِ الحَرَكة

rigging (*n.*) (Civ. Eng.) عُدَّة • تَجهيزات – تَركيبُ مُعَدّاتِ الحَفْر

rigging down (Pet. Eng.) فَكُّ أجْهِزَةِ الحَفْر

rigging up (Pet. Eng.) نَصْبُ أجْهِزَةِ الحَفْر

right (*adj.*) صَحيح • قَويم – أيْمَن • يَمينِيّ – قائِم • عَمودِيّ – مُسْتَقيم

(*n.*) حَقّ

(*v.*) قَوَّمَ • عَدَّلَ • صَحَّحَ

(*adv.*) تَماماً – على نَحْوٍ صَحيح – يَمْنَةً

right angle زاوِيَةٌ قائِمة

right-angled (*adj.*) قائِمُ الزّاوِيَة

right-angled bend مِرْفَقٌ قائِم – حَنِيَّةٌ قائِمة

right-handed rotation دَوَرانٌ يَمينِيّ : باتِّجاهِ عَقْرَبِ السّاعة

right hand(ed) screw لَوْلَبٌ يَمينِيُّ الدَّوَران

right hand side ألجانِبُ الأيْمَن

right hand switch مِفتاحٌ يَمينِيّ

right hand thread (Eng.) سِنُّ لَوْلَبَةٍ يَمينِيّ

right lay cable كَبْلٌ أيْمَنُ الجَدْل

right line خَطٌّ مُسْتَقيم

right of purchase حَقُّ الشِّراء

right of way حَقُّ المُرور – طَريقٌ مَسْموح

rights and liabilities الحُقوقُ والواجِبات

right section مَقْطَعٌ قائِم • مَقْطَعٌ عَمودِيّ

right shape projection (Surv.) مَسْقَطُ الشَّكْلِ الصَّحيح

rig air compressors

rig floor

ripple marks

marine riser

right side (Geol.) الوَضْعُ العادِيّ • الوَضْعُ السَّوِيّ (للطَّبَقات)

rigid (*adj.*) جاسِيء • قاسٍ • صُلْب

rigid bearing (Eng.) مَحْمِلٌ صُلْب

rigid connection (Eng.) وُصْلَةٌ جاسِئة

rigid frame (Civ. Eng.) إطارٌ صُلْب • هَيْكَلٌ ثابِت

rigidity (*n.*) (Mech.) جُسُوءَة • جَساءَة • جُسوء • صَلابَة

rigidity modulus (Mech.) مُعامِلُ الجُسُوءَة

rigid structure (Civ. Eng.) إنشاءٌ جاسِيء

rigid support (Eng.) حامِلٌ (أو مُرتَكَزٌ) جاسِيء

rigid tripod حامِلٌ جاسِيءٌ ثُلاثِيُّ القوائِم

rig irons (Civ. Eng.) حدائِدُ بُرْجِ الحَفْر: أو الأجْزاءُ المَعْدِنِيَّة منه

rig operations (Civ. Eng.) عَمَلِيّاتُ الحَفْر

rigorous (*adj.*) قاسٍ – صارِم

rig time زَمَنٌ أو مُدَّةُ الحَفْر – زَمَنُ التَّركيب: الوَقْتُ الذي يَسْتَغْرِقُه نَصْبُ الأجْهِزة

rig up (*v.*) (Pet. Eng.) نَصَبَ (جِهازَ الحَفْرِ أو الضَّخّ)

rig-worthy (Civ. Eng.) صالِحٌ لأعمالِ الحَفْر

rill (*n.*) جَدْوَل • مَجْرًى مائِيّ – أُخْدُود

rillstones (Geol.) حَصًى هَنْدَسِيَّة (صَقَلَتْها العَوامِلُ الطَّبِيعِيَّة)

rill stoping (Mining) تَعْدِينٌ هَرَمِيّ: يَصْعَدُ فيه المُعَدِّنُون فَوْقَ الخام المُتَجَمِّع

rim (*n.*) حافَة • حِتار • كِفاف – إطار • طَوْق

(*v.*) حَفَّفَ • أَطَّرَ

rim diameter قُطْرُ الطَّوْق

rimer = **reamer** (Eng.) مُوَسِّعُ ثُقُوب • مِسْحَل

rimless (*adj.*) غَيْرُ مُؤَطَّر • بِلا حافَّة

rimmed (or **rimming**) **steel** (Met.) فُولاذٌ حِفافِيّ: غَيْرُ تامِّ الاختِزال

rimrock (Mining) صَخْرٌ مُكْتَنِف • صَخْرٌ حِفافِيّ

rim syncline (Geol.) طَيَّةٌ مُقَعَّرَةٌ حافِّيَّة

rim width (Eng.) عَرْضُ الحِتار

ring (*n.*) حَلْقَة • خاتَم • طَوْق • سِوار – دائِرَة – رَنِين • دَقَّة – مُخابَرَةٌ تِلِفُونِيَّة

(*v.*) دَقَّ • رَنَّ • قَرَعَ (الجَرَس) – طَوَّقَ • أَحاطَ بِطَوْقٍ أو حَلْقَة

ring, adjusting (Eng.) حَلْقَةُ تَعْدِيل

ring, aromatic = **aromatic nucleus** (Chem.) حَلْقَةٌ أرُوماتِيَّة • نَواةٌ أرُوماتِيَّة

ringbolt (Eng.) مِسْمارٌ بِحَلْقَة

ring burner حارِقٌ حَلْقِيّ

ring clearance (Eng.) خُلُوصٌ حَلْقِيّ

ring cleavage (Min.) تَشَقُّقٌ حَلْقِيّ

ring compounds (Chem.) مُرَكَّباتٌ حَلْقِيَّة

ring connection (Eng.) وُصْلَةٌ حَلْقِيَّة

ring dikes (or **dykes**) (Geol.) سُدُودٌ حَلْقِيَّة

ringed (*adj.*) مُطَوَّق (للتَّقْوِيَة)

ring, gas مَوْقِدُ غاز

ring gasket (Eng.) حَشِيَّةٌ حَلْقِيَّة: لِمَنْعِ التَّسَرُّب

ring gauge (Eng.) مُحَدِّدُ قِياسٍ حَلْقِيّ

ring gear (Eng.) مُسَنَّنَةٌ حَلْقِيَّة • تُرْسٌ حَلْقِيّ

ring hydrocarbons (Chem. Eng.) الهَيْدروكَرْبُونات الحَلْقِيَّة

ringing engine (Civ. Eng.) مُحَرِّكُ دَقِّ الخَوازِيقِ الصَّغِيرة

ring joint (Eng.) وُصْلَةٌ حَلْقِيَّة

ring lubrication (Eng.) تَزْلِيقٌ حَلْقِيّ

ring number (Pet. Eng.) الرَّقْمُ الحَلْقِيّ

ring nut (Eng.) صَمُولَةٌ حَلْقِيَّة

ring-oiled bearing (Eng.) مَحْمِلٌ حَلْقِيُّ التَّزْيِيت

ring oiler (Eng.) مُزَلِّقٌ طَوْقِيّ • طَوْقُ تَزْيِيت

ring pad (Eng.) سانِدَةٌ (أو لَبِنَةٌ) حَلْقِيَّة

ring, piston (Eng.) حَلْقَةُ الكَبّاس

ring, sealing (Eng.) حَلْقَةُ مَنْعِ التَّسَرُّب

ring spanner = **box spanner** (Eng.) مِفْتاحُ رَبْطٍ حَلْقِيّ (أو صُنْدُوقِيّ)

ring stand حامِلٌ حَلْقِيّ

ring stiffener شِكالُ تَقْوِيَةٍ طَوْقِيّ • طَوْقُ تَقْوِيَة

ring structure تَرْكِيبٌ حَلْقِيّ • بِنْيَةٌ حَلْقِيَّة

ring valve (Eng.) صِمامٌ حَلْقِيّ

rinse (*v.*) شَطَفَ • غَسَلَ بالماء (أو بالتَّغْطِيسِ في الماء)

(*n.*) **شَطْف**

rinsing solution **مَحْلُولُ الشَّطْف**

rinsing vat **راقُودُ شَطْف**

riparian (*adj.*) ضِفِّيّ • شاطِئِيّ

rip current تَيّارٌ مازِق

ripper (Civ. Eng.) كَسّارَة (لِنَقْرِ الخَرَسانَةِ أو أرْضِ الرَّصْف)

ripping chisel إزْمِيلُ خَلْع (أو شَقّ أو نَقْر)

ripple (*n.*) تَمَوُّج • نَيْم • تَتابُعٌ مَوْجِيّ – نِيمَة: مُوَيْجَةٌ صَغِيرَة – خَرِيرُ الماء

(*v.*) تَمَوَّجَ • مَوَّجَ – خَرَّ

rippled wall amplifier (Elec. Eng.) مُضَخِّمٌ تَمَوُّجِيُّ الجِدار

ripple filter (Elec. Eng.) مُرَشِّحٌ مُوَيْجِيّ (يُمِرُّ التَّيّارَ المُسْتَمِرَّ بِحُرِّيَّة)

ripple marks (Geol.) عَلاماتُ النَّيْم • نَيْم

ripple tray (Pet. Eng.) صِينِيَّةٌ مُمَوَّجَة

riprap (*n.*) (Civ. Eng.) دَكَّةٌ من الحِجارة – حِجارَةُ الدَّكَّة – دَكَّةُ الدَّعْمِ الصَّخْرِيّ القاعِيّ: حِجارَةٌ تُرْمَى في قاعِ المَجْرَى لِمَنْعِ الانْجِراف

ripsaw مِنْشارُ شَقّ (لِلنَّشْرِ بِاتِّجاهِ الألْياف)

rise (*v.*) إرْتَفَعَ • عَلا – نَهَضَ • قامَ – إرْتَقَى • صَعِدَ – طَلَعَ • أَشْرَقَ • بَزَغَ – ثارَ – زادَ

(*n.*) إرْتِفاع – صُعُود – نُهُوض – إزْدِياد – شُرُوق

(Civ. Eng.) إرْتِفاعُ الدَّرَجَة (في السُّلَّم) – إرْتِفاعُ السَّقْفِ (أو السَّطْح) المائِل

riser (Eng.) قائِمُ الدَّرَجَة أو المِرْقاة • الجُزْءُ القائِمُ من دَرَجَةِ السُّلَّم – ماسُورَةٌ صاعِدَة • الأنْبُوبُ الصّاعِد

(Geol.) **صَدْعٌ مَعْكُوس**

road system

riser (pipe) (Eng.) ماسُورَةُ (تَصريفٍ) صاعِدة
rising (*n.*) شُروق – إرتِفاع – ثَوْرَة
(*adj.*) طالِع • صاعِد
rising gradient (Civ. Eng.) تَدَرُّجٌ صاعِد
rising mains (Eng.) مَأْخَذٌ رَئيسِيٌّ صاعِد
rising mud column (Pet. Eng.) عَمودُ طِينِ الحَفْرِ الصّاعِد
rising table (Eng.) مِنْضَدَةٌ مُتَغَيِّرَةُ الارْتِفاع
risk (*n.*) خَطَر • مُجازَفَة
(*v.*) خاطَرَ • جازَفَ • عَرَّضَ لِلخَطَر
rive (*v.*) شَقَّ • مَزَّقَ
river (*n.*) نَهْر
riverain (*adj.*) نَهْرِيٌّ • ضِفِّيٌّ : خاصٌّ بِضِفَّةِ النَّهْر
river bank ضِفَّةُ النَّهْر
river basin (Geol.) حَوْضُ النَّهْر
river bed (Geol.) قاعُ النَّهْر • مَجْرَى النَّهْر
river capture (Geol.) أَسْرٌ نَهْرِيٌّ
river drift (Geol.) جَرْفٌ نَهْرِيٌّ : رَواسِبُ نَهْرِيَّةٌ مَجْرُوفَة
river erosion (Geol.) حَتٌّ نَهْرِيٌّ
river frac (Pet. Eng.) التَّمْزِيقُ النَّهْرِيُّ : تَمْزِيقُ التَّكْوِيناتِ بالماءِ العَذْبِ لِزِيادَةِ الإنْتاج
river gradient (Geol.) إنْحِدارُ النَّهْر
riverhead (Geol.) مَنْبَعُ النَّهْر
riverine (*adj.*) نَهْرِيٌّ
river load (Geol.) حُمولَةُ النَّهْر : ما يَنْقُلُه مَعَهُ
river meandering (Geol.) تَعَرُّجُ النَّهْر
river mouth (Geol.) مَصَبُّ النَّهْر
river terrace (Geol.) مُدَرَّجٌ نَهْرِيٌّ • مَصْطَبَةٌ نَهْرِيَّة
rivet (*n.*) (Eng.) بِرْشامَة • مِسمارُ بِرْشام
(*v.*) بَرْشَمَ • بَجَّنَ : ثَبَّتَ بالبِرْشام
rivet bucking bar (Eng.) سانِدَةُ بِرْشام
rivet dolly (Eng.) سانِدَةُ بِرْشام
riveted (*adj.*) مُبَرْشَم • مُبَجَّن

riveted casing (Eng.) غِلافٌ (أُنبوبيٌّ) مُبَرْشَم
(Pet. Eng.) أُنبوبُ تَغليفٍ (أو تَبطينٍ) مُبَرْشَم
riveted flange (Eng.) شَفَةٌ مُبَرْشَمة
riveted joint (Eng.) وُصْلَةٌ مُبَرْشَمة
riveted stays (Eng.) شُكُلٌ (أو شَدّاداتٌ) مُبَرْشَمة
riveted tank (Eng.) صِهْرِيجٌ مُبَرْشَم
riveter (*n.*) (Eng.) مُبَرْشِم • مُبَجِّن – مَكِنَةُ بَرْشَمة
rivet, flat-head (Eng.) بِرشامةٌ مُسَطَّحةُ الرَّأس
rivet gun (Eng.) مِدْفَعُ بِرْشام • مُسَدَّسُ بَرْشَمَة
rivet head (Eng.) رَأْسُ البِرشام
rivet header مُسَطِّحَةُ رَأْسِ البِرشام
rivet hole (Eng.) ثَقْبُ البِرْشامة
riveting (*n.*) (Eng.) بَرْشَمة • تَبْجين : تَثْبيتٌ بالبَرْشَمَة
riveting butt joint وُصْلَةُ تَناكُبٍ مُبَرْشَمة
riveting hammer (Eng.) مِطْرَقَةُ بَرْشَمَة
riveting jig (Eng.) دَليلُ تَثْقيبٍ لِلبَرْشَمة
riveting machine (Eng.) مَكِنَةُ بَرْشَمَة
riveting pressure (Eng.) ضَغْطُ البَرْشَمة
riveting punch (Eng.) سُنْبُكُ بَرْشَمة
rivet joint (Eng.) وُصْلَةٌ بِرشامِيَّة
rivet pliers (Eng.) زَرَدِيَّةُ بِرْشام
rivet set (Eng.) مُسَطِّحَةُ بِرْشام
rivet steel (Eng.) فُولاذُ البِرشام
rivet tail (Eng.) ذَيْلُ البِرشامة

rivulet (*n.*) نُهَيْر • جَدْوَل
roach (Geol.) صَخْر – أَرْضٌ رَمْلِيَّة – رُكامٌ حَجَرِيٌّ
road طَرِيق • شارِع • مَمَرّ
roadability صَلاحِيَّةُ (العَرَبَةِ) لِلسَّيْرِ على الطَّريق
road asphalt (Pet. Eng.) أَسْفَلْتُ (تَزْفيتِ) الطُّرُق
road bed (Civ. Eng.) طَبَقَةُ أَساسٍ لِلطَّريق المُعَبَّد – قاعِدَةُ (أو فَرْشَةُ) الخَطِّ الحَديدِيّ
road breaker = ripper (Civ. Eng.) كَسّارَةُ رَصْف : تَعْمَلُ بالهَواءِ المَضْغُوط
road capacity (Civ. Eng.) سَعَةُ الطَّريق
road grader (Civ. Eng.) مُمَهِّدَةُ الطُّرُق
road junction مَفْرِقُ طُرُق
road-making plant (Civ. Eng.) وَحْدَةُ تَعْبيدِ الطُّرُق
road map خَرِيطَةُ طُرُق
road metal (Civ. Eng.) حِجارَةُ رَصْفِ الطُّرُق
road octane (Pet. Eng.) أُوكْتانُ الطَّريق : الرَّقْمُ الأُوكْتانِيُّ لِلوَقُودِ المُخْتَبَرِ في تَجْرِبَةٍ على طَرِيقٍ مُسْتَوِيَة
road octane number (Pet. Eng.) الرَّقْمُ الأُوكْتانِيُّ على الطَّريق
road oils (Civ. Eng.) زُيوتُ تَزْفيتِ الطُّرُق
road, one-way طَرِيقٌ وَحِيدُ الاتِّجاه
road roller (Civ. Eng.) هَرّاس • مِدْحَلَة طُرُق : لِرَصِّ حِجارَةِ الرَّصْف
road shoulder (Civ. Eng.) كَتِفُ الطَّرِيق
road signals (Civ. Eng.) إشاراتُ الطُّرُق
roadstead (Naut.) مَرْسىً طَبِيعِيٌّ • مُكَلّا
road system شَبَكَةُ طُرُق
road tanker (Pet. Eng.) شاحِنَةٌ صِهْرِيجِيَّة
road test إخْتِبارٌ (على) الطَّريق (لِلسَّيّارات)
road, two-way طَرِيقٌ مُزْدَوِجُ الاتِّجاه
roadway طَرِيقٌ مُعَبَّدَة
roarer (Pet. Eng.) هادِرَة • بِئْرُ غازٍ ثائِرَة
roast (*v.*) حَمَّصَ – شَوَى
(*n.*) تَحْمِيص • شَيٌّ – شِواء

road tanker

Seismic Techniques

الأساليبُ الزَّلْزَلِيَّة (الرَّجفيَّة)

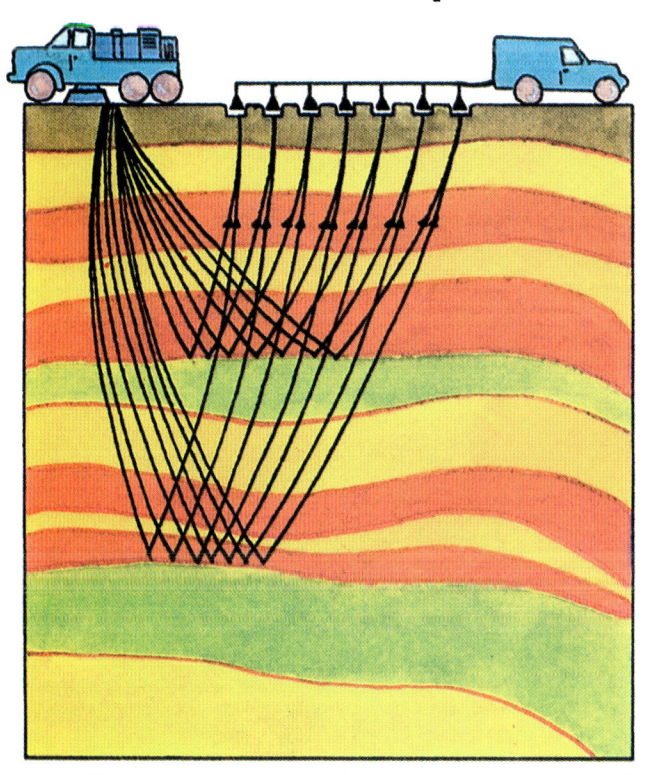

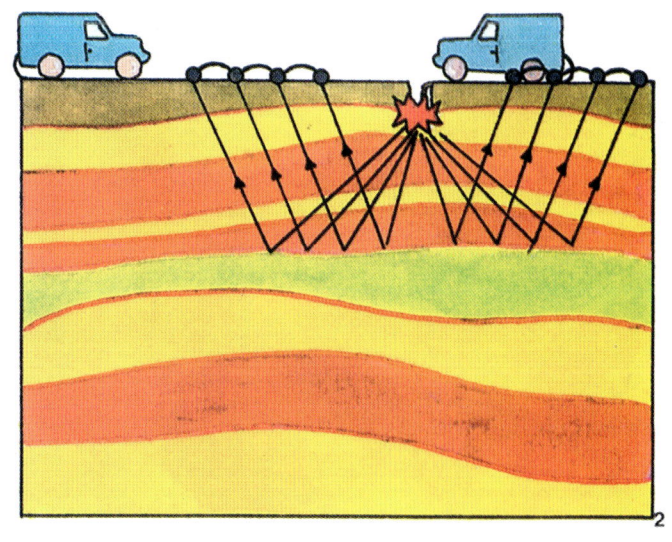

1. Dynamite technique: boring shot-holes
2. Vibration technique: lorries move slowly forward generating sound waves capable of penetrating deep into ground
3. The offshore system, an airgun at the end of the boom sends out sound waves which are reflected by the rocks and picked up by the geophones

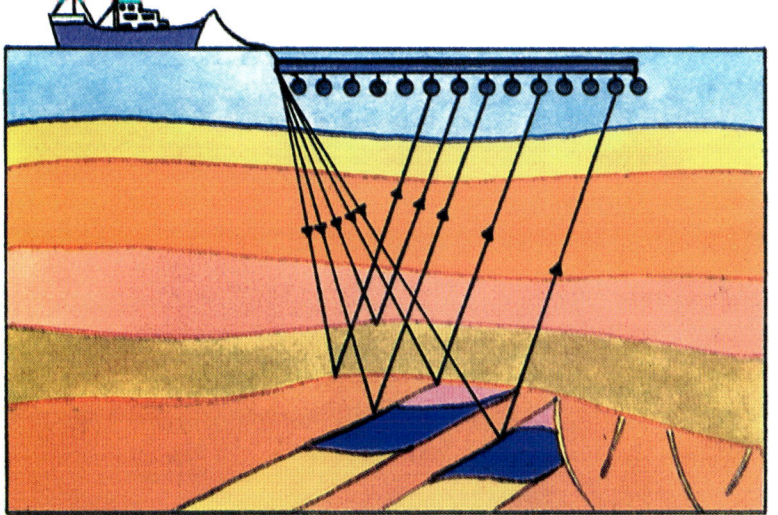

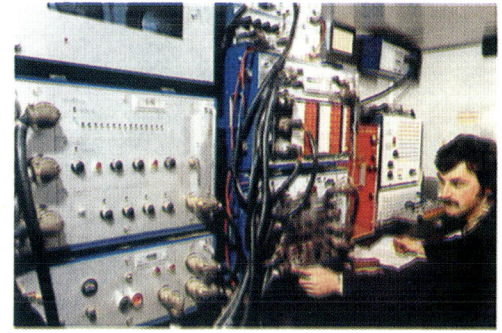

١. أسلوبُ التفجير: نقبُ حفرِ التفجير. ٢. أسلوبُ الذَّبْذَبَة: شاحناتٌ تتقدَّم بِبُطءٍ مُولِّدةً أمواجًا صوتيَّةً تتغلغلُ عميقًا في الأرض. ٣. الأسلوبُ الغمريُّ - يبعثُ مدفعٌ هوائي في طرَف العارضة أمواجًا صوتيَّة تنعكسُ على الصخور، وتلتقطُها السمَّاعات الأرضيَّة

4. Control room on survey ship
5, 6. Views inside 'Vibroseis' survey lorry

٤. غرفةُ المراقبة في سفينة المسح
٥،٦. مشهدان داخل شاحنة المسح المِرجافيَّة

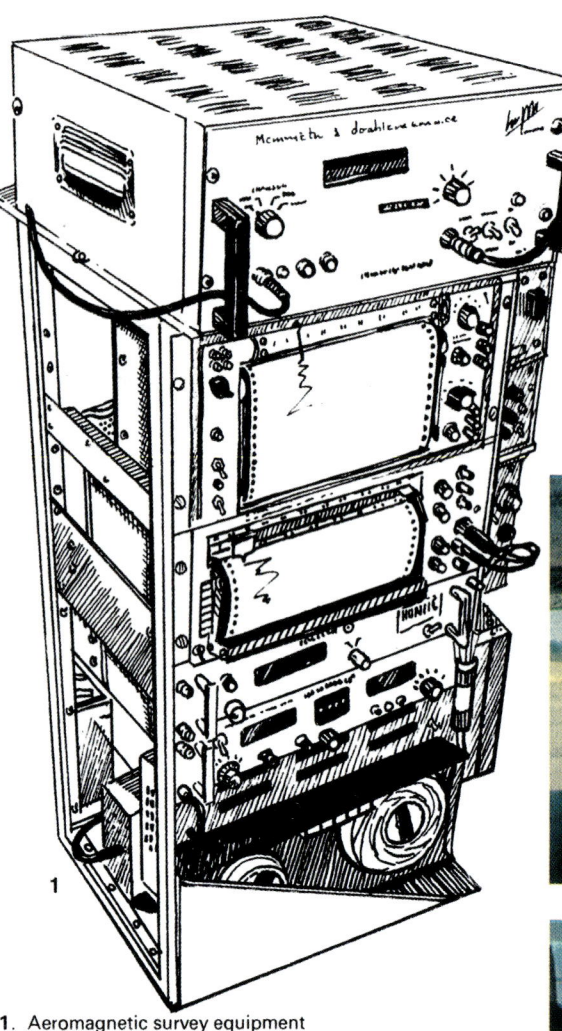

1. Aeromagnetic survey equipment
2. The interior of a sonic tool
3. Close-up view of magnetometer clamped to survey plane
4. Some of the many types of Schlumberger equipment
5. Interpreting the results of a seismic survey
6. Visual recording taken from magnetic tape recording of seismic shot

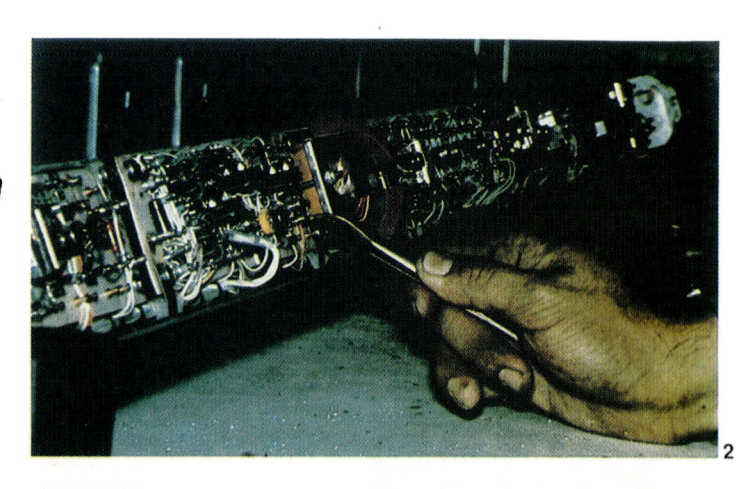

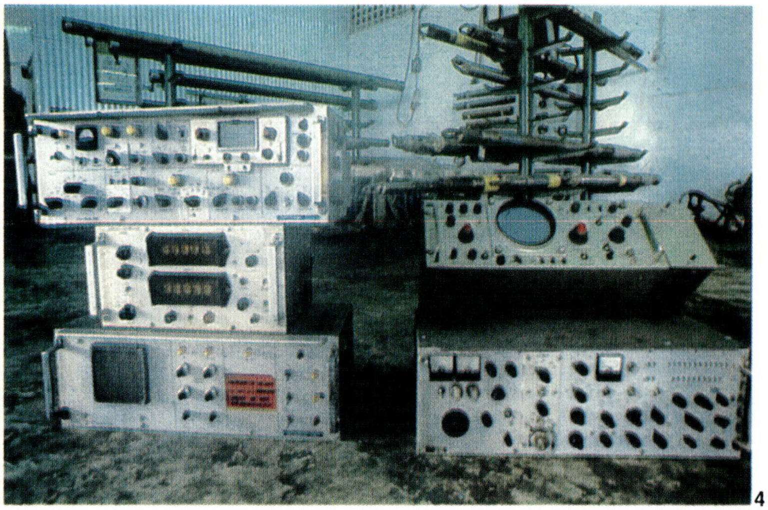

١. مُعَدَّاتُ المَسْح الجَوِّي المغنطيسي
٢. باطِنُ أداةِ سَبْر صوتيَّة
٣. لَقْطَةٌ عن قُرْب لِمَغْنيطُومِتر معلَّقٍ من طائرة
٤. بعضٌ من مُعَدَّات شلمْبرغر المُتعددة
٥. دَرسُ وتأويلُ نتائج المَسْح الزَّلزلي
٦. تَسجيل مَرئيٌّ عن تسجيل مغنطيسي شريطي لِتَفْجيرٍ رَجْنيٍّ

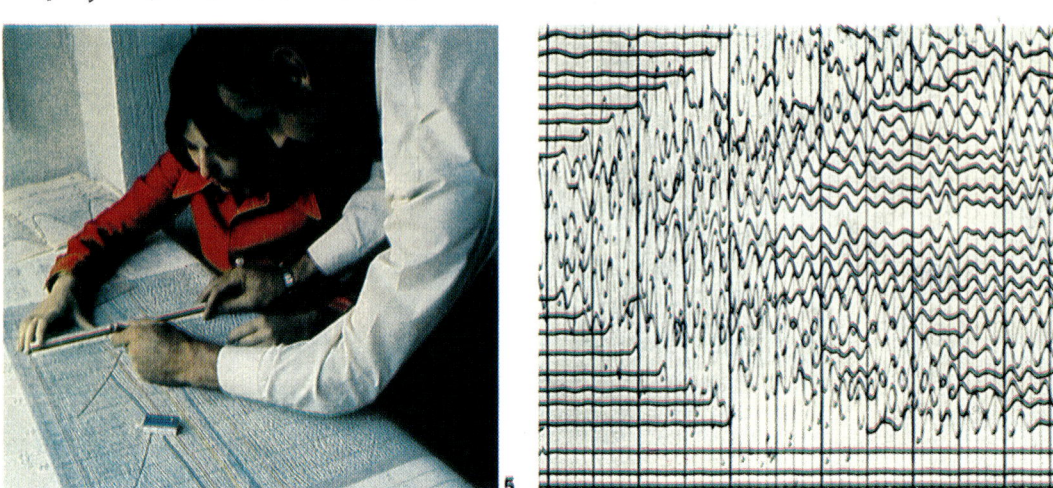

ROC

roches moutonnées

rock bits

cover
turbo pump
combustion chamber
expansion nozzle

rocket engine

roasted sand رَمْلٌ مُحَمَّص
roasting (*n.*) تَحْميص • إحْماء
roasting drum دارَةُ تَحميص • أُسطوانَةُ تَحميص
roasting oven (or **furnace**) فُرْنُ تَحميص
rob (*v.*) سَرَقَ • سَلَبَ
(Mining) أزالَ رَكائِزَ الخامِ (في التَّعدين)
robbing (*n.*) سَلْب • سَرِقَة
(Mining) إزالَةُ الرَّكائِزِ (لاستِثمارِ خاماتِها)
robble (*n.*) (Geol.) [illegible]
Roberval balance ميزانُ «رُوبِرڤال» : ذو الكِفَّتَيْن
robot (Eng.) رُوبُوتْ : إنسانٌ آلِيّ
robust (*adj.*) قَوِيّ • شَديد • مَتين • مَكين
Rochelle salt (Chem.) مِلْحُ «رُوشيل» : طَرْطَراتُ الصُّوديومِ والبوتاسيوم
roches moutonnees (Geol.) صُخورٌ غَنَمِيَّة : رَواسِبُ صَخرِيَّةٌ في أودِيَةِ الأنهارِ الجَليديَّة تُشبِهُ ظُهورَ الأغْنام
rock (*n.*) (Geol.) صَخْر – صَخْرَة
(*v.*) تَرَجَّحَ • إرْتَجَحَ • هَزْهَزَ • رَجَّحَ
rock anchor (Naut.) مِرساةُ الأرضِ الصَّخرِيَّة
rock arch (Geol.) قَنْطَرَةٌ صَخرِيَّة • قَنطرةٌ طَبيعيَّة
rock asphalt (Geol.) أسفَلتٌ صَخريّ
rock bar (Geol.) حاجِزٌ صَخريّ • حاجِزٌ جَرْفِيّ
rock bend (Geol.) طَيَّةٌ صَخرِيَّة
rock bit (Civ. Eng.) مِثْقَبُ الصَّخْر • لُقْمَةٌ (ذاتُ دَلافينَ مُسنَّنةٍ) لِحَفْرِ الصُّخور
rock blanket (Geol.) طَبَقَةٌ صَخرِيَّة أُفُقِيَّة
rock boring machine (Civ. Eng.) مَكَنَةُ حَفْرِ الصُّخور
rock-bottom price ألسِّعرُ الأدْنَى
rock-bound (*adj.*) مُكْتَنَفٌ بالصَّخر
rock breaker (Civ. Eng.) كَسّارَةُ صُخور
rock classification (Geol.) تَصنيفُ الصُّخور
rock constituents (Geol.) مُكَوِّناتُ الصَّخر
rock core (Geol.) عَيِّنَةُ صُخورٍ جَوفِيَّة
rock cork (Min.) فِلِّينٌ صَخريّ
rock crusher (Civ. Eng.) كَسّارَةُ صُخور
rock crystal (Min.) مَرْوٌ شَفّاف
rock desert صَحْراءُ صَخرِيَّة
rock drill (Civ. Eng.) ثَقّابَةُ صُخور
rock-drill steel فُولاذُ المَثاقِبِ الصَّخرِيَّة
rock drumlin (Geol.) رَبْوَةٌ صَخرِيَّةٌ مَلْساء : كالكَثيبِ الجَليديّ
rock dust (Min.) دَقيقٌ صَخريّ
rocker (Mining) هَزّازَة
rocker arm (Eng.) ذِراعٌ مُتَرَجِّح
rocker box (Eng.) صُندوقُ الأذْرُعِ المُتَرَجِّحة
rocker shovel (Civ. Eng.) مِجْرَفَةٌ قَلّابَة
rocker valve (Eng.) صِمامٌ مُتَرَجِّحٌ (أو قَلّاب)
rocket (*n.*) صارُوخ
(*v.*) إنْطَلَقَ كالصّارُوخ
rocket engine (or **motor**) (Eng.) مُحَرِّكٌ صارُوخيّ
rocket fuel (Chem. Eng.) وَقودُ صَواريخ
rocket propellent وَقودٌ صارُوخِيّ • دافِعٌ صارُوخِيّ
rocket propulsion (Eng.) الدَّفعُ الصّاروخِيّ
rocket tester (Eng.) فاحِصٌ صاروخِيّ : صاروخٌ كَثيفُ الدُّخانِ لِلكَشفِ عن فُتحاتِ التَّسَرُّبِ في المَصْرِف
rock explosive مُتَفَجِّرٌ (لِنَسْفِ) الصُّخور
rock exposure (Geol.) إنْكِشافٌ صَخرِيّ • بُروزُ الصَّخر
rock falls (Geol.) مَساقِطُ صَخرِيَّة
rock fill (Civ. Eng.) حَشْوَةٌ صَخرِيَّة
rock flour (Geol.) طَحينُ الصَّخر • دَقيقٌ صَخريّ
rock formation (Geol.) تَكوينٌ صَخريّ – تَكَوُّنُ الصَّخر
rock forming minerals (Geol.) مَعادِنُ مُكَوِّنَة لِلصُّخُور
rock fragments شَظايا صَخرِيَّة
rock gas (Pet. Eng.) غازٌ طَبيعيّ • غازُ الصُّخور
rock glacier (Geol.) نَهْرٌ صَخرِيّ • مَجْرًى من قِطَعٍ وشَظايا الصُّخورِ الصُّلبة
rock-hound (*n.*) جِيُولوجي : (استِعمالٌ عامِّيّ)
rocking (*adj.*) هَزّاز • مُتَرَجِّح
(*n.*) تَرَجُّح • أرْجَحَة
(Pet. Eng.) أرْجَحَة • حَقْنٌ مُتَرَجِّح : حَقْنٌ مُتَناوِبٌ في أُنبوبِ الإنْتاجِ وحَوْلَه
rocking arm (Eng.) ذِراعٌ مُتَرَجِّح
rocking channel (Eng.) مَجْرًى (نَقْلٍ) هَزّاز
rocking feeder (Eng.) غاذِيَةٌ مُتَرَجِّحة • جِهازُ إلقامٍ مُتَرَجِّح • مُغَذٍّ مُتَرَجِّح
rocking lever (Eng.) عَتَلَةٌ (أو رافِعَةٌ) مُتَرَجِّحة
rocking motion حَرَكَةٌ مُتَرَجِّحة
rocking of a well (Pet. Eng.) أرْجَحَةُ البِئْر : حَقْنُ الغازِ بالتَّناوُبِ في أُنبوبِ الإنْتاجِ وحَوْلَه لِتَحريضِ الرَّفْعِ بالغاز
rock intrusions (Geol.) إندِساساتٌ صَخرِيَّة
rock marrow (Geol.) لُبُّ الصَّخْر
rock mass (Geol.) كُتْلَةٌ صَخرِيَّة
rock matrix (Mining) كِنانٌ صَخريّ
rock meal = **rock milk** (Min.) دَقيقٌ صَخريّ : من كَرْبوناتِ الكالسيوم البَيْضاءِ الهَشَّة
rock oil (Min.) زَيْتٌ صَخريّ • النِّفط • زَيتُ البترول
rock outcrop (Geol.) بُروزٌ صَخريّ • مُنْكَشَفُ الصَّخر

collecting rock samples

rock pressure (Geol.) ضَغطُ المَكْمَن (على الصَّخرِ المُكْتَنِف)

rock roller bit لُقْمَةُ حَفرٍ دَوَرانيّ للصُّخور

rock rubble (Civ. Eng.) كُسَارةٌ صَخرِيَّة

rocks, acidic صُخورٌ حَمْضِيَّة (أو حامِضِيَّة)

rock salt = halite (Min.) مِلحُ الصُّخور • كلوريدُ الصُّوديوم الطَّبيعيّ

rocks, basic (Geol.) عَيِّنَةٌ صَخرِيَّة

rock sample (Geol.) صُخورٌ قاعِدِيَّة

rocks, igneous صُخورٌ نارِيَّة (أو بُركانِيَّة)

rockslide (Geol.) إنزِلاقٌ صَخرِيّ

rocks, metamorphic (Geol.) صُخورٌ مُتَحَوِّلة

rock soap = steatite (Min.) صابونٌ صَخرِيّ: ضَرْبٌ من الطَّلْقِ (التالك) دُهْنِيُّ المَلْمَس

rocks, sedimentary (Geol.) صُخورٌ رُسوبِيَّة

rocksy (*n.*) جِيُولوجي : (استعمال عامِّيّ)

rock tar (Min.) قارُ الصُّخور • النِّفْطُ الخام

rock terrace (Geol.) سَريرٌ صَخرِيّ

Rockwell hardness test

rock texture (Geol.) بِنْيَةُ الصَّخر • نَسيجُ الصَّخر

rock tower = pinnacle (Geol.) بُرجٌ صَخرِيّ

rock wall حاجِزٌ صَخرِيّ • جِدارٌ صَخرِيّ

rock waste (Geol.) حُطامٌ صَخرِيّ

rock weathering (Geol.) تَجْوِيَةُ الصُّخور • تَعْرِيَةُ الصُّخور

Rockwell hardness test (Met.) إختِبار الصَّلادَة لِـ «رُوكْوِيل»

rockwood (Geol.) اسبِسْتُوس خَشَبِيّ • خَشَبٌ مُتَحَجِّر

rock wool (Min.) صُوفٌ صَخرِيّ

rocky (*adj.*) صَخرِيّ • حَجَرِيّ

rocky desert صَحْراءُ حَجَرِيَّة

rocky matrix (Mining) كِنانٌ صَخرِيّ • شَوائِبُ صَخرِيَّة

rocky soil (Geol.) أرضٌ صَخرِيَّة

rod (*n.*) قَضيبٌ (مَعْدِنيّ أو خَشَبيّ مُصمَت) • ذِراع • ساق • عُود — قَصَبَة : مِقياسٌ لِلطُّول يُعادِلُ ٥٠٣ سم تقريباً

rodar (Met.) رُودار : سَبيكَةٌ من الحَديدِ والنِّيكل والكُوبَلْت

rod, bolt ساقُ المِسمار

rod, boring ساقُ الحَفر • قَضيبُ الحَفر

rod coupling (Civ. Eng.) قَرْنُ القُضبانِ (لإطالة ساقِ الحَفر)

rodding تَنظيفُ (ماسُورَةِ المَصْرِف) بِقَضيبٍ مَعْدِنيّ

rodenticide (Chem. Eng.) مُبيدُ القَوارِض

rod float (Hyd.) عَوّامةٌ قَضِيبِيَّة : ساقٌ خَشَبِيَّة مُثَقَّلَةُ أحَدِ الطَّرَفَين لِتَعيين سُرعةِ المَجْرَى

rod iron (Met.) حَديدٌ على شَكْلِ قُضْبان

rodman (Surv.) عامِلُ الشّاخِص

rod milling (Eng.) دَلْفَنَةُ القُضْبان

rod thief = pipette ماصَّةٌ مُدَرَّجة

roentgen (Phys.) رُونْتجن : وَحْدَةُ إشعاع

Roentgen tube (Phys.) أُنبوبُ أشِعَّةِ «رُونْتجن»

roestone (Geol.) صَخْرٌ سَرْئِيّ

R.O.G. (rig on ground) مُعِدّاتُ الحَفرِ على الأرْض !

roke (Mining) عِرْقٌ مَعدِنيّ (فِلِزِّيّ)

role (*n.*) دَوْر • وَظيفة

roll (*v.*) لَفَّ • دَحْرَجَ • تَدَحْرَجَ • دَرَجَ • دَرَّجَ — دارَ أو دَوَّرَ على مِحْوَر — سَوَّى • دَلْفَنَ : سَوَّى بشَكْلِ صَفائِح
(*n.*) كَشْفٌ أو سِجِلٌّ مُدْرَج — لِفافَة • لَفَّة
(Eng.) دِحْراج • دُلْفِين تَسْوِيَة — دُرُوج • تَدَحْرُج

rollability (*n.*) (Met.) قابِليَّةُ الدَّلْفَنَةِ أو التَّسوِيَة

rollaway (*adj.*) دَرُوج: ذو دَواليبَ يُدْرَجُ عليها

roll-back (*n.*) تَخفيضُ الأسْعار (إلى مُسْتَوًى سابِق) بِقَرارٍ حُكُوميّ

roller bearings

roll call نِداءُ التَّفَقُّد : لِمَعْرِفَةِ المُتَغَيِّبين

rolled (*adj.*) مَلْفُوف — مُسَوًّى • مُدَلْفَن • مُصَفَّح

rolled iron حَديدُ صَفائِح • حَديدٌ مُدَلْفَن

rolled plate لَوْحٌ مُدَلْفَنٌ أو مُصَفَّح

roller (*n.*) (Eng.) دُلْفِين : أُسطُوانَةُ تَسوِيَة — أُسطوانَة — دِحْراجٌ أُسطوانيّ — بَكَرَة
(Civ. Eng.) مِدْحَلَة • مِرداس • هَرّاس

roller bearing (Eng.) مَحْمِلٌ دُلْفِينيّ • مَحْمِلُ أُسَيْطِينات

roller bit (Civ. Eng.) لُقْمَةُ حَفرٍ (بِمُسَنَّناتٍ) دَوّارة

roller chain (Eng.) سِلْسِلَةُ أُسطواناتٍ دَوّارة

roller conveyor (Eng.) ناقِلَةٌ بأُسطواناتٍ دَوّارة

roller crusher (Eng.) كَسّارَةٌ بأُسطواناتٍ دَوّارة

roll(er) feed (Eng.) تَغْذِيَةٌ بالأُسطواناتِ الدَّوّارة

rolley (Mining) عَرَبَةُ دُرُوج (للنَّقْلِ في المَناجِم)

rolling (*n.*) دُرُوج • دَحْرَجة • تَدَحْرُج — دَلْفَنَة • تَصْفِيح • تَسوِيَة
(*adj.*) مُتَمَوِّج — دَوّار — دُرُوجِيّ

rolling country (Geol.) أرضٌ مُتَمَوِّجَة

rolling door بابٌ دَوّار

rolling friction (Mech.) إحتِكاكُ الدُّرُوج

rolling ground (Geol.) أرضٌ مُتَمَوِّجَة

rolling load (Civ. Eng.) حِمْلٌ مُتَنَقِّل

rolling machine (Eng.) مَكَنَةُ دَلْفَنَة

rolling mill (Eng., Met.) مَعْمَلُ دَلْفَنَة

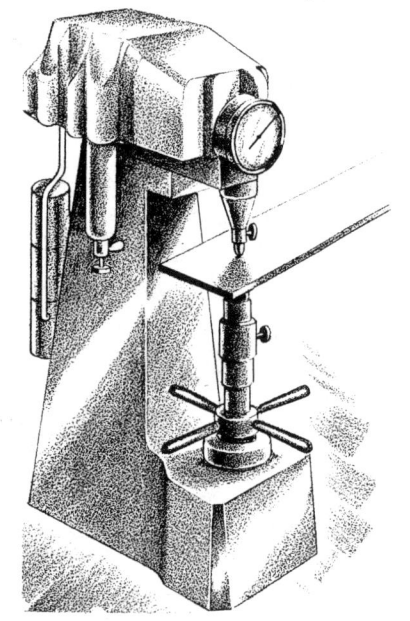

rolling mill

control room

rolling resistance (Mech.) مُقاوَمَةُ الدُّرُوج
rolling scales (Met.) قُشُورُ الدَّلْفَنَة
rolling stock المُعَدَّاتُ الدَّارِجَةُ (على خَطٍّ حَديديّ)
roll(ing) train (Eng.) سِلْسِلَةُ أُسْطوانات الدَّلْفَنَة
roll oil زَيْتُ الدَّلْفَنَة
rolls (Eng.) دَلافينُ (أو أُسْطوانات) التَّسْوِيَة
roll sulphur (Chem.) كِبْريتُ العَمُود
roll top غِطاءٌ مُنْزَلِقٌ (أو لَفَّاف)
rolly oil (Pet. Eng.) مُسْتَحْلَبٌ طَبيعيٌّ من النِّفْط والماء
Roman balance = **steelyard** (Phys.) مِيزانٌ رُومانيّ • مِيزانٌ قَبَّانيّ
R.O.N. (**research octane number**) الرَّقْمُ الأُوكْتانيُّ المِخْبَرِيّ
rood (*n.*) رُوود • رُبْعُ فَدّان : حَوالَى ١٠١١٫٧ مِتر مُربَّع
roof (*n.*) سَقْف • سَطْح
(*v.*) سَقَّفَ
roof, breather (Pet. Eng.) سَقْفٌ تَنَفُّسِيّ : يَسْمَحُ بِتَنَفُّسِ الصِّهْرِيج
roofers = **roof boards** أَلْواحُ السَّقْف
roof fall (Mining) إنْهِيارُ السَّقْف
roof frame هَيْكَلُ السَّقْف
roofing (*n.*) سَقْف • تَسْقيف – مَوادُّ التَّسْقيف
roof(ing) asphalt (Civ. Eng.) أَسْفَلْتُ السُّطوح
roof pendants (Geol.) مُدَلَّيَاتُ السُّقوف
roof pitch (Civ. Eng.) دَرَجَةُ انْحِدارِ السَّقْف
roof rock (Geol.) صَخْرُ السَّقْف
roof salients (Geol.) نَواتِىءُ السَّقْفِ الصَّخْرِيّ
roof truss (Civ. Eng.) جَمْلُونُ السَّقْف
room (*n.*) حُجْرَة • غُرْفَة – حَيِّز • مُتَّسَع • مَكان
(*v.*) آوَى • أَسْكَنَ • أَقامَ
room and pillar system (Mining) طَريقَةُ الحُجُراتِ والأَعْمِدَةِ (في التَّعدين)
room, control (Eng.) غُرْفَةُ المُراقَبَة • غُرْفَةُ التَّحَكُّم
room, engine (Eng.) غُرْفَةُ المَكِنات
room temperature دَرَجَةُ حَرارَةِ الغُرْفَة
roomy (*adj.*) مُتَّسِع • فَسِيح
root (*n.*) أَصْل • مَصْدَر – أَساس • جِذْر
(*v.*) جَذَّرَ • تَجَذَّرَ – رَسَّخَ • تَرَسَّخَ
root crack تَشَقُّقٌ جَذْرِيٌّ (في اللِّحام)
root mean square (Eng.) جَذْرُ مُتَوَسِّطِ المُرَبَّعات
root of weld جَذْرُ اللِّحام
root run (or **pass**) المَجْرَى السُّفْلِيّ
Roots blower (Eng.) نَفَّاخُ «رُوتْس»
rope (*n.*) حَبْل • كَبْل
(*v.*) رَبَطَ (أو وَصَلَ) بالحِبال – فَتَلَ • إنْفَتَلَ
rope belt (Eng.) سَيْرٌ حَبْلِيّ
rope block (Mech.) بَكَّارَةٌ بِحَبْل
rope brake (Eng.) مِكْبَحٌ حَبْلِيّ
rope conveyor (Eng.) ناقِلَةٌ حَبْلِيَّة
rope coupling (Civ. Eng.) قَرْنٌ بالحِبال
rope crane (Eng.) مِرْفاعٌ حَبْلِيٌّ نَقَّال
rope drilling (or **boring**) (Civ. Eng.) حَفْرٌ كَبْلِيّ
rope drive (Eng.) إدارَةٌ بالحِبالِ (أو الكُبول)
rope grab كَبَّاشٌ حَبْلِيّ • خُطَّافٌ ذو كَبْل
rope guard (Civ. Eng.) واقٍ حَبْلِيٌّ (حَوْلَ المَمَرَّاتِ الخَطِرة)
rope ladder سُلَّمٌ حَبْلِيّ
rope pulley block (Mech.) بَكَّارَةٌ بِحَبْل
rope sheave (Mech.) بَكَرَةٌ بِحَبْل • بَكَرَةُ حَبْل
rope transmission (Civ. Eng.) نَقْلٌ بالحِبال
ropeway (Civ. Eng.) طَريقٌ حَبْلِيٌّ (هَوائيّ)
rope wheel (Civ. Eng.) بَكَرَةٌ مُحَزَّزَة
rope winch (Eng.) مِلْفافُ رَفْعٍ كَبْلِيّ
ropy lava (Geol.) لابَةٌ (حُمَمٌ) حَبْلِيَّة
ropy structure (Geol.) بِنْيَةٌ حَبْلِيَّة • بِنْيَةٌ مُتَمَوِّجة
R.O.S. (**residual oil saturation**) إشْباعٌ بالزَّيْتِ المُتَخَلِّف
rose nozzle فُوَّهَةُ رَشٍّ نَجْمِيَّة
rose reamer (Eng.) مِسْحَلٌ (مُضَلَّع) بِرَأْسٍ نَجْمِيّ
Rose's metal (Met.) سَبِيكَةُ «رُوز» : من البِزْموتِ والرَّصاصِ والقَصْدير
rosin (*n.*) قَلْفُونِيَّة • راتِينَجُ القَلْفُونِيَّة • صَمْغُ البُطْم
rosin grease (Chem. Eng.) شَحْمُ القَلْفُونِيَّة
rosin oil (Chem. Eng.) زَيْتُ القَلْفُونِيَّة
Rossi-Forel scale (Geophys.) مِقْياسُ «رُوسِّي وفُوريل» لِشِدَّةِ الزَّلْزَلَة
roster (*n.*) سِجِلّ • جَدْوَلُ (الخِدْمَة) • قائِمَة
rot (*v.*) تَعَفَّنَ • عَفِنَ • فَسَدَ – إنْحَلَّ بالتَّعَفُّن
(*n.*) تَعَفُّن • عُفُونَة • فَساد – نَخَر
rotameter (Hyd. Eng.) مِقْياسٌ دَوَّار : يَقيسُ تَدَفُّقَ السَّائِل
rotary (*adj.*) دَوَّارٌ (على مِحْوَر) – دَوَرانيّ • رَحَوِيّ • رَحَوِيُّ الحَرَكَة
(*n.*) (Civ. Eng.) مُلْتَقَى طُرُقٍ دائريّ
(Eng.) جِهازٌ رَحَوِيّ • جِهازٌ دَوَّار
rotary bit (Civ. Eng.) لُقْمَةُ حَفْرٍ رَحَوِيّ
rotary blower نَفَّاخٌ دَوَرانيّ • نَفَّاخٌ رَحَوِيّ
rotary booster (Eng.) مُعَزِّزُ (ضَغْطٍ) دَوَرانيّ

ropeway

ROT
388

rotary drawworks

rotary meter

rotary boring (or **drilling**) (Civ. Eng.) حَفْرٌ رَحَوِيٌّ أو دَوَرانِيّ

rotary breaker (or **crusher**) (Civ. Eng.) كَسَّارَةٌ رَحَوِيَّة

rotary buckets (Civ. Eng.) الدِّلاءُ الدَّوَّارة

rotary bushing (Eng.) جُلْبَةٌ دَوَّارَة

rotary compressor (Eng.) ضاغِطٌ دَوَرانِيّ

rotary convertor (Elec. Eng.) مُحَوِّلٌ دَوَّار: لِتَحْويلِ التَّيَّارِ المُتَناوِبِ إلى مُسْتَمِرّ

rotary cutter (Eng.) مِقْطَعٌ دَوَّار

rotary disc bit (Civ. Eng.) لُقْمَةُ حَفْرٍ بِأَقْراصٍ دَوَّارَة

rotary displacement (Mech.) إزاحةٌ دَوَرانِيَّة

rotary drawwork (Eng.) جِهازُ رَفْعٍ رَحَوِيّ

rotary drier (or **dryer**) مُجَفِّفٌ دَوَّار

rotary drilling (Eng.) حَفْرٌ رَحَوِيّ • حَفْرٌ دَوَرانِيّ

rotary drilling rig (Civ. Eng.) جِهازُ الحَفْرِ الدَّوَرانِيّ (أو الرَّحَوِيّ)

rotary engine (Eng.) مُحَرِّكٌ دَوَّار • مُحَرِّكٌ رَحَوِيّ

rotary excavator (Civ. Eng.) حَفَّارَةُ (أَنْفاقٍ) دَوَرانِيَّة

rotary fan مِرْوَحَةٌ دَوَرانِيَّة

rotary feed pump (Eng.) مِضَخَّةُ تَغْذِيَةٍ دَوَرانِيَّة

crown block
derrick
safety platform
lifting cables
travelling block
swivel hook
kelly
rotary table
mud hose
mud pump
mud screen
drill cuttings
mud and drill cuttings
sump pit
main valve
casing
drill pipe
cement
drill cuttings (in outgoing mud)
bit

rotary drilling rig

rotary filter مُرَشِّحٌ دَوَّار

rotary fluid (Civ. Eng.) سائلُ الحَفْرِ الدَّوَرانِيّ

rotary furnace (Met.) فُرْنٌ دَوَّار

rotary gauge (Pet. Eng.) مِقْياسٌ دَوَّار: لِبَيانِ مَنْسُوبِ السَّائلِ في خَزَّانٍ مُقْفَل

rotary hose connection (or **joint**) وُصْلَةٌ خُرطوميَّةٌ دَوَّارة

rotary line (Civ. Eng.) كَبْلُ الحَفْرِ الرَّحَوِيّ

rotary lobes (Eng.) فُصُوصٌ دَوَّارة

rotary meter مُحَدِّدُ قِياسٍ دَوَرانِيّ

rotary motion حَرَكَةٌ رَحَوِيَّةٌ (أو دَوَرانِيَّة)

rotary mud (Pet. Eng.) طِينُ الحَفْرِ الدَّوَرانِيّ

rotary oiler (Eng.) مُزَيِّتٌ دَوَّار

rotary piston (Eng.) كَبَّاسٌ رَحَوِيّ

rotary puddling furnace (Met.) فُرْنُ تَسويطٍ دَوَّار

rotary pump (Eng.) مِضَخَّةٌ رَحَوِيَّةٌ (أو دَوَرانِيَّة)

rotary reamer (Pet. Eng.) مِثْقابُ تَقْويرٍ دَوَّار

rotary rig (Civ. Eng.) جِهازُ الحَفْرِ الدَّوَرانِيّ

rotary screen (Civ. Eng.) غِرْبالٌ دَوَّار

rotary switch (Elec. Eng.) مِفْتاحٌ دَوَرانِيّ • مِفْتاحٌ (بِمِقْبَضٍ) دَوَّار

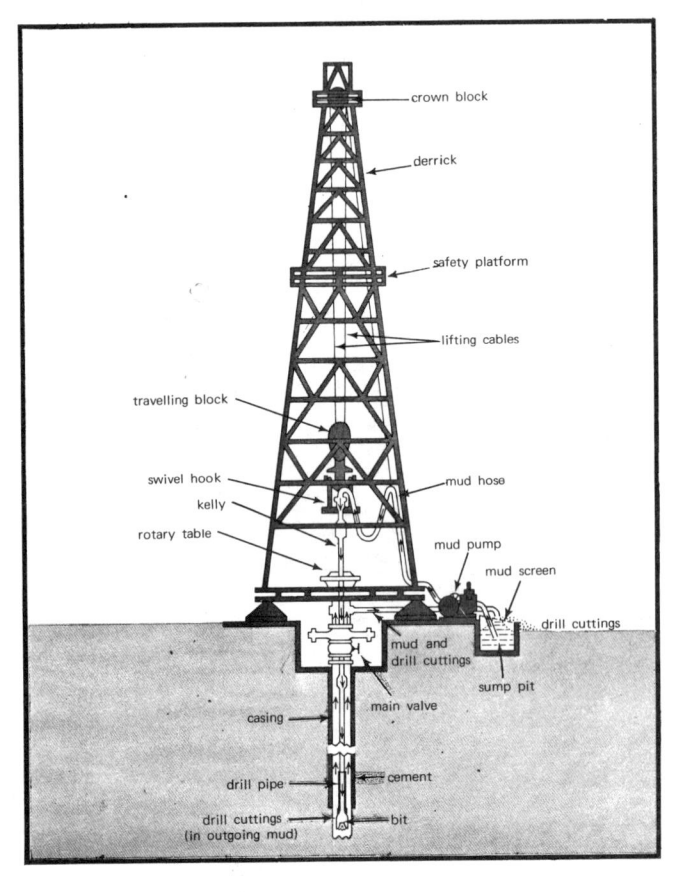

rotary pump

rotary table

rotor

rotary table (Eng.) مِنْضَدَةٌ دَوَّارة •
طَبْلِيَّةُ الحَفرِ الرَّحَوِيّ

rotary valve (I.C. Engs.) صِمامٌ دَوَّار

rotary wall crane (Civ. Eng.)
مِرْفاعٌ جِدارِيٌّ دَوَّار

rotary washer غَسَّالَةٌ رَحَوِيَّة

rotate (v.) دارَ (أو دَوَّرَ) حَوْلَ مِحْوَر –
تَعاقَبَ • تَناوَبَ

rotating band (Eng.) طَوْقٌ دَوَّار

rotating diaphragm رِقٌّ دَوَّار

rotating disc contactor (Elec. Eng.)
مُلامِسٌ دَوَّارُ القُرص
(Pet. Eng.) مُلامِسٌ بِأقْراصٍ دَوَّارة
(لاستِخلاصِ العِطْرِيّات)

rotating field (Elec. Eng.) مَجالٌ دَوَّار

rotating furnace (Met.) فُرْنٌ دَوَّار

rotating valve (Eng.) صِمامٌ دَوَّار

rotation (n.) دَوَران • تَدْوِير – دَوْرَة – تَعاقُب

rotational compass بُوصَلَةٌ دَوَرانِيَّة

rotational elasticity (Mech.) مُرُونَةُ الالْتِواء

rotational fault (Geol.) صَدْعٌ دَوَرانِيّ

rotational motion (Mech.) حَرَكَةٌ دَوَرانِيَّة

rotational slide (Geol.) إنزِلاقٌ دَوَرانِيّ

rotational viscometer (Chem. Eng.)
مِلْزاجٌ دَوَرانِيّ

rotational wave (Phys.) مَوْجَةٌ دَوَرانِيَّة

rotation axis مِحْوَرُ الدَّوَران

rotative (adj.) دَوَرانِيّ • دَوَّار •
دائِرٌ على مِحْوَر

rotatory (adj.) دَوَرانِيّ – مُدَوِّرٌ لِمُسْتَوَى
الاستِقطاب

rotatory fault (Geol.) صَدْعٌ دَوَرانِيّ

rotor (Elec. Eng.) عُضْوٌ دَوَّار • دَوَّارٌ أو
مُتَحَرِّضُ الآلَةِ الكَهربائِيَّة

rotor, helical (Eng.) دَوَّارٌ لَوْلَبِيّ

rotovoy (Civ. Eng.) وِعاءٌ دَوَّار (للاسمَنت)

rotten (adj.) فاسِد • نَخِر • مُتآكِل •
مُتَحَلِّلٌ بالتَّعَفُّن

rotten rocks (Geol.) صُخُورٌ مُتَحَلِّلَة •
صُخُورٌ مُتآكِلَةٌ أو نَخِرَة

rottenstone (Geol.) حَرِيض : مادَّةُ صَقْلٍ من
صُخُورِ الكِلْسِ السِّلِيكُونِيَّةِ المُتآكِلَة

rotting (n.) تَعَفُّن • إنحِلالٌ أو تَحَلُّلٌ بالتَّعَفُّن

rouge (n.) أحْمَرُ الصَّقْل : مَسْحُوقُ أُكسِيدِ
الحَدِيدِ المُمَيَّأ لِصَقْلِ المَعادِن

rough (adj.) خَشِن – خام – مُضطَرِب • هائِج –
تَقرِيبِيّ – وَعِر – غيرُ سَوِيّ

rough analysis تَحليلٌ تَقرِيبِيّ

rough approximation تَقدِيرٌ تَقرِيبِيّ

rough-cast (n.) (Civ. Eng.) مِلاطٌ خَشِن
(لِلسُّطوحِ الخارِجِيَّة)
(v.) غَطَّى بِمِلاطٍ خَشِن

rough casting (Eng.) مَصْبُوبَةٌ خَشِنَة

rough coat (Civ. Eng.) طَلْيَةٌ خَشِنَة •
تَمليطٌ أوَّلِيٌّ خَشِن

rough-cut file (Eng.) مِبْرَدٌ خَشِنُ القَطْعِيَّة

rough diamond ماسٌ غَيْرُ مَصْقُول

roughen (v.) خَشَّنَ

rough gas (Pet. Eng.) غازٌ (طَبِيعِيٌّ) خام

rough grinding (Eng.) تَجلِيخٌ خَشِن

rough ground (Geol.) أرْضٌ وَعِرَة

rough handling إستِعمالٌ خَشِن

roughing (n.) تَخْشِين

rough metal (Chem. Eng.) فِلِزٌّ أوَّلِيّ
(في دَوْرِ التَّنْقِيَة)

roughneck (n.) عامِلُ حَفْر :
(استِعمالٌ عامِّيّ)

roughness (n.) خُشُونَة – قَساوَة – وُعُورَة

round (adj.) مُستَدِير • دائِرِيّ • مُدَوَّر •
مَبْرُوم – كُرَوِيّ
(n.) جَوْلَة • دَوْرَة – دائِرَة • حَلْقَة
(v.) طَوَّقَ • دارَ (حَوْلَ) – دَوَّرَ •
إستَدارَ : صارَ مُدَوَّراً – أتَمَّ

roundabout island (Civ. Eng.) مُستَدِيرَة :
جَزِيرَةٌ عند مُفتَرَقِ الطُّرُق

round bar قَضِيبٌ مَبْرُوم

round bar iron (Met.) حَدِيدٌ على شَكْلِ
قُضْبانٍ مَبْرُومَة

rounded (adj.) مُدَوَّر – مَبْرُوم

round-edged (adj.) مُدَوَّرُ الحَوافِي

rounded grains (Geol.) حُبَيْباتٌ مُدَوَّرَة

rounded pebbles (Geol.) حَصًى مُدَوَّرَة

round file (Eng.) مِبْرَدٌ دائِرِيُّ المَقْطَع

round flange (Eng.) شَفَةٌ مُستَدِيرَة

round-head(ed) bolt (Eng.)
بُرغِي مُدَوَّرُ الرَّأس

round-head(ed) rivet (Eng.)
بِرشامَةٌ مُدَوَّرَةُ الرَّأس

round-head(ed) screw (Eng.)
مِسمارٌ مُلَوْلَبٌ مُدَوَّرُ الرَّأس

rounding (n.) تَدوِير • إستِدارة – تَحْدِيبُ (السَّطح)

round leather belt (Eng.) سَيْرٌ جِلْدِيٌّ مَبْرُوم

round (nose) pliers (Eng.) زَرَدِيَّةٌ مَبْرُومَةُ
الفَكَّيْن

round nut (Eng.) صَمُولَةٌ أُسطُوانِيَّة

round rivet (Eng.) بِرشامَةٌ مُدَوَّرَةُ الرَّأس

round steel فُولاذٌ مَبْرُوم

round trip رِحْلَةُ ذَهابٍ وإياب
(Pet. Eng.) إصعادُ جِذْعِ الحَفْرِ
وإنزالُه (لِتَغيِيرِ لُقْمَةِ الحَفْر)

roustabout (Pet. Eng.) مُراقِبُ الإنتاج •
ناظِرُ عُمَّال : (استِعمالٌ عامِّيّ)

route (n.) طَرِيق • مَسْلَك • سَبِيل • مَسِير
(v.) وَجَّهَ • سَيَّرَ – خَفَرَ • خَدَّدَ

route map خَرِيطَةُ طُرُق

route surveying (Civ. Eng.) مَسْحُ الطُّرُق

routine (adj.) وَتِيرِيّ • رَتِيب • رُوتِينِيّ

routine maintenance (Eng.) صِيانَةٌ رُوتِينِيَّة

routine test (Eng.) إختِبارٌ رُوتِينِيّ

routing tool (Eng.) عُدَّةُ تَخدِيد

rove (v.) طافَ • جالَ • تَجَوَّلَ

row (n.) صَفّ • نَسَق – تَجْذِيف – صَخَب
(v.) صَفَّفَ • صَفَّ – جَذَّفَ

R.O.W. (**right of way**) حَقُّ المُرُور

roxy = rocksy جِيُولُوجِيّ : (استِعمالٌ عامِّيّ)

royalties (pl. of **royalty**)
إتاوات • عائِدات • رَيْع

butyl rubber

synthetic rubber

royalty dip غَمْسُ الإتاوَة : قِياسٌ بِغَمْسِ شَريطٍ صُلْب لتَقْديرِ الإتاوَة

royalty expensing تَنفيقُ الرَّيْع : احتِسابُ الرَّيْعِ من النَّفقات

royalty gauging (Pet. Eng.) قِياسُ الإتاوَة

royalty in cash إتاوَةٌ نَقدِيَّة • رَيْعٌ نَقْدِيّ

royalty in kind إتاوَةٌ عَيْنِيَّة – رَيْعٌ عَيْنِيّ

royalty tankage (Pet. Eng.) صَهاريجُ الإتاوَة

R.P. (rock pressure) ضَغطُ المَكْمَن

R.P.M. (revolution per minute) دَوْرَةٌ في الدَّقيقة

R.T.D. (resistance temperature detector) مِكْشافُ حَرارةٍ مُقاوِمِيّ

R.U. (rigging up) نَصْبُ أجْهِزَةِ الحَفْر

rub (*v.*) فَرَكَ • دَلَكَ • حَكَّ – مَحا

(*n.*) فَرْك • دَلْك • حَكّ – مَحْو

rubber (*n.*) مَطّاط • كَوْتشُوك – مِمْحاة

rubber asphalt أسفَلْتٌ مَطّاطِيّ : مَزيجٌ أسفَلتيٌّ مَطّاطِيّ

rubber bearing (Eng.) مَحْمِلٌ مَطّاطِيّ

rubber, butyl مَطّاطُ البيوتيل

rubber cement لِصاقٌ مَطّاطِيّ • مِلاطٌ مَطّاطِيّ

rubber (delivery) hose خُرطومٌ (تَوْصيلٍ) مَطّاطِيّ

rubber dissolution (Chem. Eng.) مَحلولٌ مَطّاطِيٌّ لاصِق

rubber gasket (Eng.) حَشِيَّةٌ مَطّاطِيَّة (لِمَنْعِ التَّسَرُّب)

rubber glove قُفّازٌ مَطّاطِيّ

rubber grease (Pet. Eng.) شَحْمٌ قاعِدَتُهُ المَطّاط

rubber hose خُرطومٌ مَطّاطِيّ

rubber-insulated cable (Elec. Eng.) كَبْلٌ مَطّاطِيُّ العَزْل

rubberize (*v.*) عالَجَ بالمَطّاط • طَلَى بالمَطّاط

rubber latex لَثًى مَطّاطِيّ

rubber-lined pipe (Civ. Eng.) ماسُورَةٌ مُبَطَّنَةٌ بالمَطّاط

rubber, natural (Chem.) المَطّاطُ الطَّبيعِيّ

rubber packing (Eng.) حَشْوَةٌ (أو حَشِيَّةٌ) مَطّاطِيَّة

rubber paint دِهانٌ مَطّاطِيّ

rubber solvent (Pet. Eng.) مُذيبُ المَطّاط : قُطارَةٌ بِتروليَّةٌ تُذيبُ المَطّاط

rubber stopper سِدادٌ مَطّاطِيّ • سِدادٌ من المَطّاط

rubber, synthetic (Chem. Eng.) المَطّاطُ الاصطِناعِيّ

rubber tubing أُنبوبٌ (أو أنابيبُ) من المَطّاط

rubber washer (Eng.) فَلْكَةٌ من المَطّاط

rubbing (*n.*) حَكّ • فَرْك • دَعْك – إحتِكاك

rubbing contact تَماسٌّ احتِكاكِيّ

rubbing oils (Pet. Eng.) زُيوتُ الصَّقْل • زُيوتُ الدَّلْك : تُلَمَّعُ بها السُّطوحُ المَدهونَةُ أو الجافَّة

rubbing plate لَوحُ احتِكاك

rubbing stone حَجَر شَحْذ

rubbish (*n.*) نُفاية • نُفايات • فَضَلات

rubble (Eng.) كُسارَةُ الحِجارَة • دَبْش

rubble concrete (Civ. Eng.) خَرَسانَةٌ دَبْشِيَّة (لِبناءِ السُّدود)

rubble-mound breakwater (Civ. Eng.) حائِلٌ مَوْجِيٌّ من الحِجارَةِ الضَّخمة

rubefaction (*n.*) إحْمِرارُ (الأرْضِ والتُّربة)

rubellite (Min.) رُوبِلّيت : تُورمالينٌ أحمرُ شَفّاف

rubidium (Rb) (Chem.) الرُّوبيديوم : عُنْصُرٌ فِلِزِّيّ رمزُه (بيد)

ruby (*n.*) (Min.) ياقوت – ياقوتَة

(*adj.*) ياقوتِيُّ اللَّون • أحمرُ داكِن

R.U.C.T. (rigging up cable tools) نَصْبُ أجْهِزَةِ الحَفْرِ الكَبْلِيّ

rudaceous sediments (Geol.) رَواسِبُ جلاميدِيَّة

rudder (*n.*) دَفَّة • سُكّانُ التَّوجيه

ruddle (Min.) مُغْرَةٌ حَمْراء

rudimentary (*adj.*) بِدائِيّ • أوَّلِيّ • إبتِدائِيّ – أثَرِيّ

rugged (*adj.*) وَعْر • خَشِن – مُتَجَعِّد • مُخَدَّد – مَتين • صُلْب

rugose (*adj.*) (Geol.) مُجَعَّد • مُخَدَّد

rugosity تَجَعُّد – تَخَدُّد

rule (*n.*) قاعِدَة • قانُون – حُكْم – مِسْطَرَة (قِياس)

(*v.*) سَطَّرَ (بِمِسْطَرة) – حَزَّزَ – حَكَمَ • سَاسَ

ruled surface سَطحٌ مُسَطَّر (أو مُحَزَّز)

rule, slide مِسطَرَةٌ حاسِبَة

ruling gradient (Civ. Eng.) المَيْلُ الحَدِّيّ • المَمالُ الحَدِّيّ • دَرَجَةُ الانحِدارِ الأقْصَى (المَسْمُوح بِه)

ruling pen قَلَمُ تَسْطير • مِسْطار

ruling prices الأسعارُ السّائِدة

rumble (*v.*) قَعْقَعَ • هَدَرَ • دَمْدَمَ • ضَجَّ

(*n.*) دَوِيّ • دَمْدَمَة

rumbler (Met.) بِرميلٌ دَوّارٌ (لإزالةِ الرَّمْلِ من الخام)

run (*v.*) رَكَضَ – سارَ • دارَ – سَيَّرَ • شَغَّلَ • أدارَ • أجْرَى • أسالَ – سالَ – هَبَّ – سَبَكَ – إمْتَدَّ – إتَّجَهَ

(*n.*) شَوْط • مَسير • مَسافَةُ المَسير – سَيْر • إشتِغال • تَشغيل – دَفْق • إنسِياب – مَجْرَى • مَصَبٌّ (السَّباكة) – مُدَّةُ العَمَلِ أو الدَّوَران – تَجرِبة • إختِبار

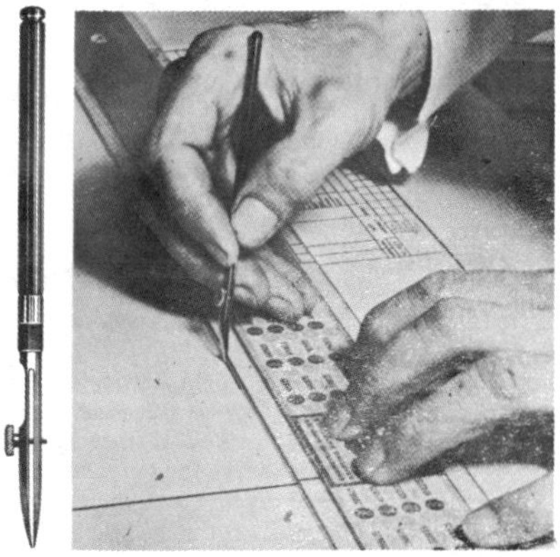

ruling pen

(Geol.) إتّجاه

run a tank (*v.*) (Pet. Eng.) أسالَ (مُحتَويات) الصِّهريجِ في خَطِّ الأنابيب

rundle (*n.*) دَرَجَةُ (السُّلَّم) – إصْبَعُ التُّرْسِ الفانُوسِيّ

run down (*n.*) (Eng.) إنْضاب • إفراغ • تَفريغ

(*adj.*) ناضِب • مُستَنفَد

(*v.*) أنْضَبَ • أفْرَغَ

run down distillation (Pet. Eng.) تَقْطِيرٌ إنضابيّ : تَقطيرُ الخامِ النِّفطيِّ حتّى المُتخلِّفاتِ الصُّلْبة

run down lines (Pet. Eng.) أنابيبُ التَّفريغِ (في صِهريجِ الاستِقبال)

run down tank (Pet. Eng.) صِهريجُ استِقبالِ (المُنتَجات)

rung (of a ladder) دَرَجَةُ (السُّلَّم)

run gravel (Geol.) حُصىً طَمْييّ • جَرْوَلٌ غِرْيَنِيّ

run-in (*n.*) تَرويض • تَدويرٌ أوَّلِيّ (لِلمُحرِّك) • (رُوداج)

(Pet. Eng.) إنزالُ رَتَلِ الأنابيبِ (إلى البِئْر)

(*v.*) رَوَّضَ (المُحرِّك) – أنْزَلَ (أنابيبَ إلى البِئر)

(Civ. Eng.) إنزالُ الأنابيبِ (أو الأدَواتِ) في البِئر

runnel = runlet (*n.*) جَدْوَل • قَناةٌ صَغيرَة

runner (*n.*) عَدّاء – غِطاءٌ طَويل – نَعْلُ الزَّلّاجَة

(Civ. Eng.) قِدَّةُ تَحديد

(Eng.) بَكَرَةُ دُروج – مُشَغِّلُ الآلَة – جُزْءُ السّانِيَةِ الدَّوّار – مَجْرَى • مَصَبّ (السِّباكَة)

running (*n.*) رَكْض • جَرَيان – إدارَة • تَشغيل – دَوَران • إشتِغال – سَيَلان

(*adj.*) جارٍ • سائِر • مُتحرِّك

running block (Mech.) بَكَرَةٌ مُتحرِّكَة

running costs تَكاليفُ التَّشغيل

running end (of a tackle) الطَّرَفُ المُتحرِّكُ (من البَكّارَة)

running fit (Eng.) تَوافُقٌ جارٍ • تَوافُقٌ سَهْل

running gate بَوّابَةُ الصَّبّ

running gear (Eng.) الأجزاءُ الدَّوّارَةُ (من عَجَلاتٍ وتُروسٍ وسِواها)

running ground (Geol.) أرْضٌ زالِقَة

running idle (Mech. Eng.) دائِرٌ بِدونِ حِمْل

running in (Eng.) تَرويض • تَدويرٌ أوَّلِيّ (لِلمُحرِّك) • (رُوداج)

running-in period (Eng.) : فَترةُ التَّرويض : فَترةُ التَّدويرِ الأوَّليّ

running knot عُقْدَةٌ زالِقَة • أُنْشوطَة

running lights (Naut.) أنوارُ المِلاحَة – أنوارُ النّاقِلاتِ (لَيلاً)

running order, good (Eng.) حالَةٌ جَيِّدَة • حالَةُ تَشغيلٍ جَيِّدَة

running pulley (Mech.) بَكَرَةٌ مُتحرِّكَة

running sand (Geol.) وَعْث : رَمْلٌ سَريعُ الانْهِيار

runnings, first (Chem. Eng.) المُسْتَقطَراتُ الأُولَى (في التَّقطيرِ التَّجزيئيّ)

runnings, last (Chem. Eng.) المُسْتَقطَراتُ الذَّيلِيَّة • مُخلَّفاتُ التَّقطيرِ الثَّقيلة

running test (Eng.) إختِبارُ التَّشغيل

running time زَمَنُ الدَّوَران • زَمَنُ التَّشغيل

running water ماءٌ جارٍ

run of a load (Geol.) إتِّجاهُ (سَيْرِ) العِرق

run-off (*n.*) : الصَّرفُ (أو الصَّبيبُ) السَّطحيّ : المَطَرُ الجاري على سَطحِ الأرض

(Geol.) مَدُّ النَّهر : ما يَصِلُ النَّهرَ من ماءِ المَطَر

run-off water ماءُ الانسِيابِ السَّطحيّ

runs to stills (Pet. Eng.) الكَمِّيّاتُ الدّاخِلَةُ إلى المِصفاة

runway (*n.*) مَدْرَج • مَدْرَجُ إقلاع

(Eng.) مَدْرَجَة • مَجْرَى

rupture (*v.*) مَزَّقَ • تَمَزَّقَ • فَتَقَ • إنْفَتَقَ • تَصَدَّعَ

(*n.*) تَمَزُّق • تَصَدُّع • فَتْق

rupture deformation (Geol.) تَشَوُّهٌ انفِصاميّ أو تَمَزُّقِيّ

rupture load (Eng.) حِمْلُ التَّمَزُّق

rupture, modulus of (Mech.) مُعامِلُ التَّمَزُّق

rupture test (Eng.) إختِبارُ التَّمَزُّق

R.U.R. (rigging up rotary rig) نَصْبُ مُعَدّاتِ الحَفْرِ الرَّحَوِيّ

rush (*v.*) إندَفَعَ • أسْرَعَ • هَجَمَ – أرْسَلَ بِسُرْعَةٍ بالِغَة

(*n.*) إندِفاع • زَحْمَة – دَفْعَةٌ مُفاجِئَة – سُرْعَةٌ بالِغَة

Ruska porosimeter (Geol.) مِقياسُ «رُوسكا» لِلمَسامِيَّة

rust (*n.*) (Chem. Eng.) صَدَأ

(Biol.) صَدَأُ الحُبوب • ثُفْران

(*v.*) صَدِئَ • أصْدَأَ

rust, deep seated صَدَأٌ مُتَغَوِّر

rusted (*adj.*) صَدِئ

rust formation تَكَوُّنُ الصَّدَأ

rust-free (*adj.*) غيرُ صَدِئ • لا يَصْدَأ

rust grease (Eng.) شَحْمٌ مانِعٌ لِلصَّدَأ

rustiness (*n.*) صَدِئِيَّة • صَدَأ

rusting (*n.*) صَدَأ • تَأكُّلٌ بالصَّدَأ

rust inhibitor (Eng.) مانِعُ الصَّدَأ

rustless steel (Met.) فُولاذٌ لا يَصْدَأ

rust-preventing (*n.*) مَنْعُ الصَّدَأ

(*adj.*) مانِعٌ لِلصَّدَأ

rust-preventing additives (Pet. Eng.) إضافاتٌ لِمَنعِ الصَّدَأ

rust prevention test (Eng.) إختِبارُ مَنْعِ الصَّدَأ : إختِبارُ فَعالِيَّةِ الزَّيتِ لِمَنعِ الصَّدَأ في حَديدِ التُّوربيناتِ المائِيَّة

rust preventive (*n., adj.*) (Chem. Eng.) مانِعُ الصَّدَأ

rust-proof (*adj.*) صامِدٌ لِلصَّدَأ • لا يَصْدَأ

rust-proof grease (Eng.) شَحْمٌ مانِعٌ لِلصَّدَأ

rust proofing (Eng.) تَصميدٌ ضِدَّ الصَّدَأ

rust protection (Chem. Eng.) وِقايَةٌ من الصَّدَأ

rust protective paint (Chem. Eng.) دِهانٌ واقٍ من الصَّدَأ

rust removal (Chem. Eng.) إزالَةُ الصَّدَأ

rust remover (Chem. Eng.) مُزيلُ الصَّدَأ

rust-resisting (*adj.*) مُقاوِمٌ لِلصَّدَأ

rust spot بُقْعَةُ صَدَأ

rusty (*adj.*) صَدِئ • مُغطّىً بالصَّدَأ

ruthenium (Ru) (Chem.) الرُّوثِنيُوم : عُنْصُرٌ فِلِزِّيّ رَمْزُه (ثم)

rutherford (Phys.) رُوذَرفورْد : وَحدَةُ قِياسٍ إشعاعِيّ

rutile (Min.) رُوتيل : ثاني أُكسيدِ التيتانيوم المُحمَّرِ البِلَّورات

ruttles (Geol.) بُرَيْشَةٌ صَدْعِيَّة

R.V. (relief valve) صِمامُ تَصريف • صِمامُ تَنفيسِ الضَّغط

R.V.P. (Reid vapour pressure) (Pet. Eng.) ضَغْطُ البُخارِ بِمِقياسِ «رايْد»

rymer = reamer (Eng.) مِسْحَل • مُوَسِّعُ ثُقوب

seismic surveying

S

S (sulphur) (Chem.) كب : الرمز الكيماويُّ لعُنصر الكبريت

sabotage (*n.*) تخريب – عمَلٌ تخريبيٌّ مُتعمَّد

(*v.*) خرَّب • قام بعَملٍ تخريبيّ

saboteur (*n.*) مُخَرِّب

sabulous = sabulose = sabuline (*adj.*) رَمْلِيّ • مُرْمِل – نامٍ في الرِّمال

sac (*n.*) كِيس • جَيْب

saccharoid(al) texture (Geol.) نسيجٌ سُكَّراني • بِنْيَة سُكَّرانِيَة

sack (*n.*) كِيس • جِراب • غِرارَة • جُوالِق – نَهْب • سَلْب – صَرفٌ من الخِدمة

(*v.*) عَبَّأ في أكياس – سَلَب – صَرَفَ من الخِدمة

sack borer (Civ. Eng.) حَفّارة جِرابِيّة

sackcloth = sacking نَسِيجُ الأكياس • خَيْش

sacrificial anode (Chem. Eng.) الأنودُ الذَّوّاب (أو المُنحَلّ)

sacrificial protection (Chem. Eng.) وِقاية بالأنود الذوّاب

saddle (*n.*) سَرْج – مُرْتَفَع سَنامِيّ

(Eng.) سَرجُ المِخرطة – سِناد أو حامِل سَرجي – شَفة سَرجيّة (للدَّعم او الوَصْل)

(Geol.) سَرْج : إنخفاض سَرجيّ (على طول الطية المُحدَّبة)

= saddle reef (Geol.) طَيّة مُحَدَّبة سَرجِيّة • سَنام

(*v.*) أسْرَج – حَمَّل • أرهَقَ

saddle-back(ed) (*adj.*) سَرْجِيُّ الظَّهر • مُسَنَّم السَطح العُلويّ

saddle bearing (Eng.) مَحمِل سَرجيّ • حامِل سَرجيّ

saddle boiler (Eng.) مِرجَلٌ راكِب

saddle bracket كُتيفة سَرجِيّة • كُتيفة راكِبَة

saddle flange (Eng.) شَفَةٌ سَرجِيّة : شَفة دعمٍ أو وَصْل (لتثبيت جسم أسطواني)

saddle joint (Eng.) وُصلة سَرجيّة جانبية (في خَطٍّ مَمدود)

saddle tile (Civ. Eng.) طُوبَة سَرجِيَّة • طوبة راكِبة

S.A.E. (Society of Automotive Engineers) جمعية مُهندسي السيّارات

safari (*n.*) رِحلة • سَفْرِيَّة – قافِلة

safe (*adj.*) آمِن • مأمون • سالِم

(*n.*) خِزانة أو خَزينة (من الفولاذ)

safe carrying capacity (Eng.) سَعَة الحَمْل المأمونة

safe estimate تقدير سليم

safeguard (*v.*) حَمَى • صَان • وَقَى

(*n.*) حَرَس – وِقـايـة – إجراء وِقائيّ

safeguarding (*n.*) حِماية • وِقاية • صِيانة

safe load (Eng.) حِملٌ مأمون • حِملُ الأمان

safety (*n.*) أمان • أمْن • مَأمَن • سَلامة – نُبَيطَةُ أمان

(*v.*) أمَّنَ • جَعَل في وَضعٍ مأمون

safety allowance (Eng.) تسامُح الأمان

safety appliance (Eng.) جِهازُ أمان

safety barrier حاجِز أمان

safety belt حِزام أمان

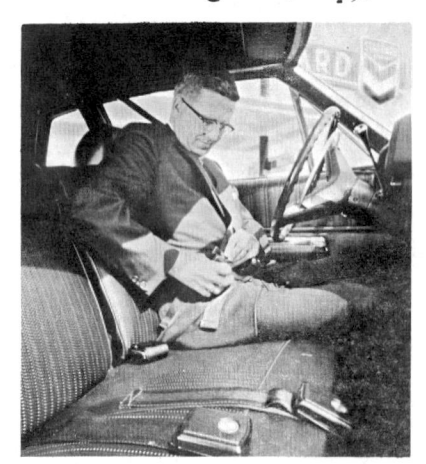

safety boiler (Eng.) مِرجَل أمان • مِرجَل أنابيب لا ينفجر

safety catch (Eng.) مِمْسَاك أمان

safety chain (Elec. Eng.) سِلسلةُ أمان (تتدلّى من الشاحِنة لمنع تَجَمُّع الشِّحنـاتِ الكهربائية الساكِنة)

safety clamp (Eng.) قامِطَةُ (أو مِشْبَكُ) أمان

safety cock (Eng.) مِحْبَس أمان

safety coefficient = coefficient of safety (Eng.) مُعامِلُ الأمان

safety cut-out (Elec. Eng.) قاطِعُ أمان: يَعمَلُ عِند تَجاوُز الحِمْل في دائرة كهربائية

safety device نُبَيطَةُ أمان

safety door بَوّابة أمان

safety earth wall (Pet. Eng.) حاجِزُ أمْنٍ تُرابِيّ : حول صَهاريج النفط

safety belt

safety lamps

safety factor = **factor of safety** (Eng.) عامِل الأمان

safety fence حِظارُ أمان

safety fuse (Eng.) صُهيرةُ أمان • مِصهرُ أمان ـ شعيلةُ أمان • صِمامةُ أمن

safety glass زُجاج أمان

safety hoist (Eng.) مِرفاعٌ مأمون : لا يرتَدُّ حَبْلُ الرَّفع فيه عند تركه

safety joint (Eng.) وُصلةُ أمان

safety ladder سُلَّم الأمان

safety lamp (Mining) مِصباحُ أمان

safety latch (Eng.) سُقّاطةُ أمان

safety lock (Eng.) قُفْلُ أمان

safety margin = **margin of safety** احتِياطِيُّ الأمان

safety measures تدابير أمان • اجراءاتٌ وِقائية

safety officer ضابِطُ السلامة

safety platform (Eng.) مِنصَّةُ أمان

safety plug = **fusible plug** (Eng.) سِدادةُ أمان (تَنْصَهِرُ عند الخَطَر)

safety precautions احتياطاتُ الأمان • تدابيرُ أمنٍ احتياطية

safety relief device (Eng.) نُبيطةُ أمان : لتصريف الضغط الزائد

safety relief valve (Eng.) صِمامُ تصريفٍ تأميني : لتصريف الضغط الزائد

safety standards (Civ. Eng.) مَعاييرُ السَّلامةِ القِياسيَّة

safety switch (Elec. Eng., Railways) مِفتاحُ أمان

safety torch (Mining) مِشْعَلُ أمان

safety valve (Eng.) صِمامُ أمان

safety valve testing (Eng.) اختِبار صِمامِ الأمان

safe working pressure (Eng.) ضَغطُ التشغيل المأمون (للمِرجَل)

saffron (*n.*) زَعْفران ـ لَونُ الزَّعْفران

sag (*v.*) إرتخى • تدلَّى • هَبَط (بفعل الثِّقَل) ـ انخفض (السعرُ) تدريجيّاً
(*n.*) إرتِخاء ـ هُبُوط • انخفاض (بفعل الثقل) ـ انحِناء • انحِراف ـ مُنخَفَض • نُقطة مُنخفِضة

sag (Naut.) هُبوطُ صالَبِ القاعِدة : لِتَرَكُّز حِمْلِ الناقِلَة في الصهاريج الوُسطى

sag bar = **anti-sag bar** (Eng.) شَدّادَةُ (مَنْع) الارتِخاء

sag correction (Surv.) تصحيح الارتخاء

sagging (*n.*) إرتِخاء • هُبوط (بفِعل الثِّقَل) • انخِفاض

sags (Geol.) جُيوب الهُبوط

sailer (*n.*) مَرْكَبٌ شِراعِيّ

sailing permit إذنُ الإبحار (أو الإقلاع)

sailings, the (Naut.) مُحَدِّداتُ الوَضْعِ الملاحِيّ

sailor (*n.*) بَحّـار

Saint Elmo's fire (Meteor.) نارُ القِدِّيس «إلمو» : تفريغٌ كهربائيٌّ مُتوهِّج بين الجِسم المَشحُون والجوِّ المُحيط

sal (Chem.) مِلح

salable = **saleable** (*adj.*) يُباع ـ رائج

salamander (Zool.) سَمَنْدَل • سَمَنْدَر
(Met.) سَمَنْدَلَة • كُتلة (مَعدِنيَّة) غير مُنصَهِرة

sal ammoniac (Chem.) كلوريد النُّشادِر

salary (*n.*) راتِب • مُرَتَّب • أجْر

sale (*n.*) بَيْع • مَبيع

sale price سِعرُ المَبيع

sales مَبيعات

sales agreement اتِّفاقِيَّةُ بَيْع

sales department دائرةُ المَبيعات

sales journal دَفتَرُ المَبيعاتِ اليوميّة

sales ledger دَفتَرُ أُستاذ المَبيعات

salesman (*n.*) بـائِع

salesmanship (*n.*) فَنُّ البَيْع

sales realization (or **value**) **method** طَريقـةُ القيمـةِ المَبيعية : لِحساب سِعرِ المُنتَجات وتَقْييم الضريبة عليها

salic minerals (Geol.) مَعادِنُ سِيليكوألومينيّة

salic rocks (Geol.) صُخُور سِيليكوألومينيّة

salicylic acid (Chem.) حامِضُ السّاليسيليك

salient (*adj.*) بارِز • ناتِيء
(*n.*) بُروز • نُتوء ـ نُتوءٌ أرضيّ

saliferous (*adj.*) (Geol.) مِـلحِيّ • حاوٍ المِلح

salifiable (*adj.*) (Chem.) قابِلُ التحوُّل إلى مِلح : يتَّحِدُ بالحامِض ليكون مِلحاً

salification (Chem.) تَحويل (أو تحوُّل) إلى مِلح • استِملاح

salina (*n.*) (Geol.) بُحَيْرَة مِلحِيّة • مَلّاحَة

saline (*adj.*) مِلْحِيّ • مالِح
= **salt marsh** (*n.*) سَبْخَة • مُستَنقَعٌ مِلحِيّ

saline formation (Geol.) تكوينٌ مِلحِيّ

salinc springs (Geol.) يَنابيعُ مِلحِيّة

salinity (*n.*) مُلوحة ـ دَرَجَةُ المُلوحة

salinization (*n.*) إشرابٌ مِلحِيّ

sali(no)meter (Chem., Phys.) مِقيـاسُ (دَرَجَةِ) المُلوحة

sal soda (Chem.) كربونات الصُّوديوم

salt (*n.*) (Chem.) مِلح
(*adj.*) مالِح • مِلْح
(*v.*) مَلَّحَ : جَعلَهُ مالِحاً ـ مَلَح : جَعَلَهُ (بدو) مَليحاً • إمتلح
(Pet. Eng.) جَعَلَ (البِئرَ) تَبدو كأنها مُنتِجَة

salt, acid (Chem.) مِلْحٌ حامِضِيّ

saltation (*n.*) (Geol.) تغيُّرٌ مُفاجِيء • انتِقال قَفزيّ (لا تَدَرُّجِيّ)

salt, basic (Chem.) مِلحٌ قاعِدِيّ

salt bath case hardening (Met.) التَّصليد في مَغطَسٍ مِلحِيّ

salt-bearing crude (Pet. Eng.) خامٌ (نَفطيّ) مِلحِيّ • نَفط خامٌ مالِح

salt bed (Geol.) طَبقة مِلحِيّة

salt, common (Chem.) مِلحُ الطَّعام • كلوريد الصُّوديوم

salt content (Chem. Eng.) المُحتَوى المِلحِيّ

salt deposits (Geol.) رَواسِبُ المِلح

salt dome (Geol.) قُبّة مِلحِيّة

salt, double (Chem.) مِلحٌ مُزدَوج

salted (*adj.*) مُمَلَّح • مُشَرَّب بالمِلح

safety relief valves

salt mine

saltern (*n.*) مَلّاحة • مَعملُ مِلح

salt field (Geol.) حقل مِلحيّ

salt formation (Geol., Chem.) تكوينٌ مِلحيّ – تكوُّن المِلح

salt free خالٍ من المِلح

saltiness (*n.*) مُلوحة

salting (*n.*) تَمْليح : إشباعٌ بالمِلح – إمتِلاح : إدِّعاءُ المَلاحَةِ والجُودَة كَذِباً

salting out (Chem. Eng.) فَصْلٌ بالتمليح • إزالة (مُرَكَّبٍ عُضوي من مَحلول) بإضافةِ المِلح

salt lake (Geol.) بُحيرة مِلحيَّة

salt marsh مَلّاحَة • سَبْخَة • مُسْتَنْقَعٌ مِلحِيّ

salt, metallic مِلح فِلزِّي • مِلح مَعدِني

salt mine (Mining) مَنجمُ مِلح

salt mining تَعْدِين المِلح

salt, neutral (Chem.) مِلْحٌ مُتعادِلٌ (لا حامِضيّ ولا قاعِديّ)

salt pan (Geol.) قِشرة مِلْحِيَّة

= **saline** مَلّاحَة

saltpetre = **saltpeter** (Min.) نِترات البوتاسيوم • مِلحُ البارود

saltpetre, Chile (Min.) نِتراتُ الصُّوديُوم • نِترات الشيلي

salt plug (Geol.) سِدادٌ مِلحِيّ • كُتلَة مِلْحِيَّة

salt removing = **desalting** (Chem. Eng.) نَزْعُ أو إزالةُ المِلح

salt, rock = **halite** (Min.) مِلحُ الصُّخور • كلُوريد الصُّوديُوم الطَّبيعي

salt, sea مِلحٌ بَحرِيّ

salt solution مَحلولٌ مِلحيّ

salt-spray corrosion (Eng.) تَحاتٌّ بالرَّشاشِ المِلحِيّ

salt-spray test (Pet. Eng.) إختِبار الرَّشاشِ المِلحِيّ : لقِياسِ أثر الزيت في مَنعِ التَّحات

salt structure تكوينٌ مِلحِيّ • قُبَّةٌ مِلحيّة

salt water الماءُ المِلح • ماءٌ مِلح – خاصٌّ بالماء المِلح

salt water disposal (Pet. Eng.) تَصريفُ الماء المالِح : المُستَخرَجِ من بِئرِ النفط

salt-water disposal district (Pet. Eng.) مِنطقةُ تصريفِ المِياه المالِحة

salt-water disposal well (Pet. Eng.) بِئرُ تصريفِ المِياه المالِحة

salt-water flow (Pet. Eng.) تدفُّقُ الماء المالِح (من بِئر النّفط)

salt-water strainer مِصفاةُ الماء المالِح

salt-water well (Geol.) بِئرُ ماءٍ مِلح

(Pet. Eng.) بِئرٌ (نِفطيّة) تُنتِجُ ماءً مالِحاً : لاستِنفادِ المَخزون النِّفطِيّ

saltworks مَلّاحة • مَصْنَعُ مِلح

salty (*adj.*) مالِح • مِلْحِيّ

salvage (*n.*) إنقاذ • تَخليص (من الحريقِ أو الغَرَق) • استِخلاص – شيءٌ مُنقَذٌ أو مُخَلَّص

(*v.*) خَلَّص • أنقَذَ • استَخْلَص

salve (*n.*) مَرْهَم • دِهانٌ مُلَطِّف

(*v.*) هَدَّأ – أنقَذ

salve oil زيتٌ طِبِّي

sal volatile (Chem.) كربُونات النُّشادِر

samarium (**Sm** or **Sa**) (Chem.) السامارْيُوم: عُنْصُر فِلِزِّيّ نادِر رمزُه (سم)

sample (*n.*) عَيِّنة • مَسْطَرَة • نَمُوذَج

(*v.*) أخَذَ عَيِّنةً – إختَبَرَ عَيِّنةً من

sample, acceptance عَيِّنةُ القَبُول

sample, analysis عَيِّنةُ تَحليل

sample, average عَيِّنةٌ وَسَطِيَّة

sample bag (Pet. Eng.) كِيسُ العَيِّنات

sample, check عَيِّنة اختِباريّة

sample, contaminated عَيِّنة مُلَوَّثة

sample, core (Pet. Eng.) عَيِّنة جَوفِيّة • عَيِّنة لُبِّيَّة

sample grabber (or **jerker**) مُلتَقِطُ العَيِّنات – كَبّاشةُ عَيِّنات

sample, mean عَيِّنة وَسَطِيَّة

sample, periodic عَيِّنة دَورِيَّة

sampler (*n.*) مُختَبِرُ عَيِّنات – مُسْتَخرِجُ عَيِّنات • مُجَهِّزُ عَيِّنات – نَبيطةُ استِخراجِ العَيِّنات

sample, random عَيِّنة عَشوائيّة

sample, reference عَيِّنة إسناديّة أو مَرجِعيَّة

sample taker (or **catcher**) آخِذُ العَيِّنات • مُلتَقِطُ العَيِّنات – نَبيطةُ أَخْذِ العَيِّنات

sample, typical عَيِّـنة مُطابِقـة • عَيِّـنة نَمُوذَجِيَّة

sample taker bullet خَرطُوشةُ أخْذِ العَيِّنات

sample, test عَيِّنة اختِباريّة

sampling (*n.*) أَخْذُ العَيِّنات أو تَجهيزُها أو اختِبارُها

sampling nozzle صُنبورُ (أخذِ) العَيِّنات

sampling valve (Eng.) صِمامُ أخذِ العَيِّنات

sampling works (Pet. Eng.) مُختَبَرُ فَحْصِ العَيِّنات

Sampson post (Eng.) عَمودُ سَمْبسُون : عَمودٌ مؤقَّت لحَملِ مُعَدّات الرَّفع

sanctions, economic عُقوبات إقتِصاديّة

sand (*n.*) رَمْـل

pipeline fluid sampler

sample taker bullets

sand (*v.*) رَمَّل ٠ رَشَّ أو غَطَّى بالرَّمل – سَقَل بالرَّمل

sand-asphalt (Pet. Eng.) قارٌ رَمليّ ٠ أسفلت مُرَمَّل

sand avalanche (Geol.) هَيارٌ رَمليّ

sand bank رُكام رَمليّ – شَطٌّ رَمْليّ

sand bar (Geol.) حاجِزٌ رَمْلِيّ ٠ حَيْدٌ رَمْلِيّ

sand, barren (Pet. Eng.) رَملٌ عَقيم : غير مُنتِجٍ للنِّفط

sand bath (Chem. Eng.) مَغطَسٌ رَمليّ

sand bed (Geol.) طَبَقةٌ رَمليّة

sandbinder رابِطُ الرَّمْل: مادّةٌ تُضافُ لإكْسابِ الرَّمل خاصّةَ التَّرابُط

sand-blast (*n.*) سَفْعٌ رَمليّ – مَسْفَعٌ رَمليّ
(*v.*) سَفَعَ بالرَّمل

sand blasting (*n.*) السفعُ الرَّمليّ : تَنظيفُ (سطحِ المَعدِن) بالسَّفعِ الرمليّ

sandbox (Chem. Eng.) صُندوق (ترسيبِ) الرمل

sand-cast (*v.*) صَبَّ في قالَبٍ رملي
(*adj.*) مَصبوبٌ في قالَبٍ رَمْلِيّ

sand-casting (Met.) الصَّبُّ في قوالِبَ رَمليّة

sand catch basin حَوْضُ التِقاطِ الرَّمْل

sand catcher — sand-grain meter (Hyd.) مِصْيَدةُ الرَّمل ٠ مِقياسُ الرَّمل (في مجرى مائيّ)

sand content المُحتَوى الرَّمليّ

sand control كَبْحُ الرِّمال ٠ مُقاوَمَةُ سَفْيِ الرِّمـال

sand coupling تَوْصيلٌ رَمليّ : توصيلٌ بِواسِطةِ الرَّمْل

sand cushion (Civ. Eng.) وِسادة رَمليّة

sand dredge(r) (Civ. Eng.) كَرّاءةُ رَمْل

sand drift سَفْيُ الرِّمال

sand dune (Geol.) كَثيبٌ رَمليّ

sanded up (*adj.*) مَسدُودٌ بالرَّمل – مُغَطّى بالرِّمال

sander (Eng.) مِرْمَلَة ٠ مَكِنَةُ سَنْفَرةٍ رمليّة – عامِلُ سَنْفَرة

sand erosion حَتٌّ رَمليّ ٠ تَحاتٌّ بالرَّمل

sand exclusion (Civ. Eng.) صَدُّ أو إبعادُ الرِّمـال

sand filling حَشْوةٌ رمليّة

sand filter (Civ. Eng.) مُرَشِّحٌ رَمْليّ

sand filter bed طَبَقةُ ترشيحٍ رَمليّة

sand fixing تَثبيتُ الرِّمال

sand flow إنهيالُ الرَّمل ٠ إنسِيابُ الرَّمل

sand frac = sand oil process (Pet. Eng.) التَّكسيرُ الرَّمليّ ٠ التَّكسيرُ بالخامِ المُرَمَّل

sand-glass = hour glass ساعةٌ رمليّة ٠ بِنكامٌ رَمْليّ

sand dunes

sand fixing

sand pump

sandhill = sand dune (Geol.) تلٌّ أو كَثيبٌ رَمليّ

sand hole (Met.) ثَقْبُ الرَّمـْـل (في المَصبوبة)

sanding (*n.*) صَنفرةٌ (سَنفرةٌ) بالرَّمل ٠ تَنظيفٌ بالرَّمل – رَشٌّ بالرَّمل

sand leaching (Min.) نَضُّ الرَّمْل : لاستِخراجِ خاماتِ المَعْدِن منه

sand lens (Geol.) عَدَسةٌ رَمليّة

sand mixer (Eng.) خَلّاطَة رَمْل

sand mo(u)ld قالَبُ (صَبٍّ) رَمليّ

sand mo(u)lding الصَّبُّ في قَوالِبَ رمليّة

sand oil (Pet. Eng.) زيتُ الرِّمال

sand, oil (Pet. Eng.) رَمْلٌ زيتيّ ٠ رَمْلٌ حاوٍ للزَّيت

sand-oil process = sand frac (Pet. Eng.) طَريقةُ الرَّملِ والزَّيت ٠ طَريقةُ التَّكسيرِ بالرَّملِ (المُستَعْلَق) في النِّفط الخام

sand, open رَمـلٌ مَساميّ ٠ رَمـلٌ جَيِّـدُ الإنفـاذيّة

sand-packing (Mining) حَشْوٌ رَمليّ

sandpaper (*n.*) وَرَقٌ مُرَمَّل ٠ وَرَقُ صَنفَرة ٠ وَرَقُ سَنْفَرة ٠ وَرَقُ رَمل
(*v.*) سَنفَرَ ٠ صَنفَرَ ٠ حَكَّ بالوَرَقِ المُرَمَّل

sandplain (or **sand sheet**) (**Geol.**) سَهلٌ رَمليّ ٠ مُسَطَّحٌ رمليّ

sand pump (Civ. Eng.) مِضَخّةُ رَمل

sand reef (Geol.) رِيفٌ رَمليّ ٠ شِعْبٌ رَمليّ

sand riddle غِربالُ الرَّمل

sand ridge (Geol.) حَيْدٌ رَمليّ

sand ripples (Geol.) نِيمُ الرِّمال

sands (Pet. Eng.) رِمال ٠ رِمالُ المَكْمَن (تَحوي القَدَمُ المُكعَّبةُ من رِمالِ المَكْمَن عادةً حَوالَى غالُونٍ من النِّفطِ الخام)

sand screen مُنخُلُ الرَّمل

sand sheets (Geol.) مُسَطَّحات رَمليّة

sand sink method

sand-sink method : طَرِيقةُ التَّرسِيبِ بالرَّمل
رَشُّ الرملِ المُعالَج كيماوياً للتخلُّصِ من الزَّيت العائمِ على سَطحِ الماء

sand-smeller شَمّامُ الرَّمل : جِيُولوجيّ (استِعمال عامِّيّ)

sandstone (or **sandrock**) (Geol.) حَجَرٌ رمليّ • ألحُثّ

sandstone dyke (Geol.) جُدَّةٌ فُتاتِيّة • جُدَّةُ الحَجَرِ الرَّمليّ

sandstorm (Meteor.) عاصِفة رمليّة

sand sucker (Civ. Eng.) مِضَخَّةُ رَمْل

sand tester (Pet. Eng.) مِخبارُ الرِّمال : ماسُورةٌ مُثَقَّبة لاختِبارِ إنتاج الرِّمالِ النِّفطيّة

sand trap (Hyd.) مَحْبَسُ الرَّمل • مِصيَدةُ الرِّمال (في مِضَخَّةٍ أو مَجرًى مائيّ)

sand well (Pet. Eng.) بِئر رَمليّة : بِئرُ نفطٍ في تكوينٍ رمليّ

sandwich (Geol.) طبقةٌ بَيْنِيّة

sandy (*adj.*) رَمليّ • مُرمِل • رَملاوِيّ – غير مُستَقِرّ

sandy clay = **loam** (Geol.) طُفال رَمليّ

sandy soil تُربة رمليّة

sanitary (*adj.*) صِحّيّ • مُتعلّق بِحِفْظِ الصِّحّة

sanitary engineering الهَندَسة الصِّحِّيّة

sanitary precautions إحتياطات صِحّيّة

sap (*n.*) عُصارة – خَنْدَقٌ صَغير
(*v.*) هَدَمَ • قَوَّضَ – صَفَّى العُصارة

saponaceous (*adj.*) صابُونيّ – زَلِق

saponifiable (*adj.*) قابِلٌ للتَّصبين • صَبُون

saponification (Chem. Eng.) تَصَبُّن • تَصبِين

saponification degree (Chem. Eng.) دَرَجَةُ التَّصَبُّن

saponification number (Chem. Eng.) رَقْمُ التَّصَبُّن

saponification test (Chem. Eng.) إختِبارُ التَّصَبُّن

saponified (*adj.*) مُصَبَّن

saponified oil (Chem. Eng.) زيتٌ مُصَبَّن

saponifier (Chem. Eng.) مُصَبِّن • عامِلُ تَصبين

saponify (*v.*) صَبَّنَ • تَصَبَّنَ • حَوَّلَ أو تَحَوَّلَ إلى قَوامٍ صابُونيّ

saponifying agent (Chem. Eng.) عامِلُ تَصبِين • مُصَبِّن

saponite (Min.) صابُونيت: سِليكات المَغنسيوم والألومنيوم الصابونيّةُ القَوام

sapphire (Min.) صَفير • سَفير : ياقوتٌ أزرَق

sapping (Mining) لَغم • تَقويض – نَقب

sappy wool صُوفٌ شَحمِيّ

sapropel(ite) (Geol.) فَحم أُشْنِيّ • فَحمٌ وَقّاد

sard (Mining) صَرْد : ضَرْبٌ من العَقيقِ الأحْمَر

sardonyx (Min.) جَزْعٌ عَقِيقِيّ : عَقيقٌ مُجَزَّعٌ بخُطوطٍ حَمراء وبُرتُقاليّة مُتوازِية

sarsens (Geol.) صُخور غَنَمِيّة

sassolite (Min.) ساسُوليت : حامِضُ البوريكِ الطبيعيّ

satellite تابِع – قَمَر – قَمَرٌ صُنعيّ

satellite control (Eng.) تَحَكُّمٌ تابِعِيّ : إدارةٌ بمحطّاتٍ مركزيّة تُشرِف على مَحَطّاتٍ تابعة

satisfy (*v.*) أرضَى – أقنَعَ – نَفَّذَ (شُروطَ العَقْد)

saturant (*n.*) مُشرِب • مادّةُ إشرابٍ أو إشباع
(*adj.*) مُشبِع • مُشرِبٌ إلى حَدِّ الإشباع

saturate (*v.*) أشبَعَ • شَبَّعَ – شَرَّبَ إلى حَدِّ الإشباع

saturated (*adj.*) مُشبَع • مُتَشَبِّع

saturated air (Meteor.) هَواءٌ مُشبَعٌ (بالرُّطوبة)

saturated compounds (Chem. Eng.) مُرَكَّباتٌ مُشبَعَة

saturated core (Pet. Eng.) عَيِّنةٌ جَوفِيّة مُشبَعة

saturated hydrocarbons (Chem.) هَيدروكَربونات مُشبَعة

saturated mixture (Chem. Eng.) مَزيجٌ مُشبَع

saturated solution (Chem. Eng.) مَحلولٌ مُشبَع

saturated steam (Eng.) بُخارُ (الماءِ) المُشبَع

saturated vapo(u)r (Phys.) بُخارٌ مُشبَع

saturated vapo(u)r pressure (Phys.) ضَغطُ البُخارِ المُشبَع

saturates (Chem. Eng.) هَيدروكربونات مُشبَعة

saturation (*n.*) تَشَبُّع • إشباع

saturation coefficient (Chem. Eng.) مُعامِلُ التَّشَبُّع

saturation concentration (Chem. Eng.) تَركيزُ الإشباع

saturation deficit نَقصُ التَّشَبُّع

saturation degree (Chem. Eng.) دَرجةُ الإشباع • دَرَجةُ التَّشَبُّع

saturation factor (Chem. Eng.) عامِلُ التَّشَبُّع

saturation limit (Chem. Eng.) حَدُّ التَّشَبُّع

saturation line = **water table** (Geol.) مُستَوَى التَّشَبُّع (بالمِياهِ الباطِنِيّة)

saturation point (Phys.) نُقطةُ التَشَبُّع

saturation pressure (Phys.) ضغطُ التشَبُّع

saturation temperature (Chem.; Phys.) درجةُ حرارةِ التشَبُّع

saucer (*n.*) طَبَقٌ • صَحن • صُحَيفَة
(Hyd.) عامَةٌ مُسَطَّحة

saurian squeezer (Eng.) مِضغَطَةٌ تِمساحِيّة – عَصّارة تِمساحيّة

savanna (*n.*) سافَنا • إقليمٌ مَداريّ ذو أعشابٍ خَشِنَة

save ما عَدا • إلّا • باستِثناء
(*v.*) أنقَذَ • نَجَّى – إدَّخَرَ • وَفَّرَ

saving clause شَرطٌ تَحَفُّظِيّ • شرطُ استِثناء

saw (*n.*) مِنشار
(*v.*) نَشَرَ (بالمِنشار)

saw arbor (Eng.) شِياقُ المِنشار

saw blade (Eng.) نَصْلُ المِنشار

saw cut (Eng.) قَطعِيّةُ المِنشار – حَزَّةُ مِنشارٍ

sawdust نُشارَةُ الخَشَب

saw, hack (Eng.) مِنشارُ مَعادِن

sawmill (*n.*) مَنْشَرَة – مِنشَرَة

saw tooth سِنُّ المِنشار • أُشْرَة (جَمْعُها أُشَر)

saw-tooth bit (Civ. Eng.) لُقمةُ حَفرٍ أُشْرِيّة

saw-tooth roof (Civ. Eng.) سَقفٌ أُشْرِيّ

sawyer (*n.*) نَشّار • نَشّارُ أخشاب

Saybolt chromometer (Pet. Eng.) كرومُومِتر «سِيبُولت»

Saybolt colorimeter (Pet. Eng.) مِلوانُ «سِيبُولت»

Saybolt colour (Pet. Eng.) اللَّوْن السِيبُولتِيّ: لَوْنُ الزيت الأبيض بمِلْوانِ «سِيبولت»

Saybolt furol (fuel and road oil) viscosity (Pet. Eng.) اللُّزوجةُ السِّيبُولتِيّةُ لزُيوت الطُّرُق

Saybolt furol viscosity test (Pet. Eng.)
اختِبارُ اللُّزوجة «السَّيبُولْتِيَّة» لزُيوتِ الطُّرُقِ (الاسفلتيَّة)

Saybolt lamp (Pet. Eng.) : مُوقِدُ «سِيبُولْت» لاختِبار نوعيَّة احتراق الكيروسين

Saybolt seconds Universal viscosity (Pet. Eng.) اللُّزُوجةُ بِثَواني سِيبُولتْ يُونيفرسال

Saybolt Universal second (Pet. Eng.)
ثانيةُ سِيبُولت يُونيفرسال : وَحْدَةُ قِياسِ اللُّزوجة بمِلزاج «سِيبُولْت» وهي من وَضع شَركة يُونيفرسال للمُنْتوجاتِ الزيتيَّة في أميركا

Saybolt Universal viscosity (Pet. Eng.)
اللُّزوجةُ بمقياس «سِيبُولْت يُونيفرسال» : عَدَدُ الثَّواني التي يَسيل فيها ٦٠ سم³ من السّائل عَبْرَ الأُنبوب في مِلزاج «سِيبُولت» في دَرَجةِ الحَرارة المُعَيَّنة

Saybolt viscosimeter (Pet. Eng.)
مِلزاجُ «سِيبُولْت» • مِقياسُ «سيبولت» لِلُّزوجة

Saybolt viscosity (Pet. Eng.) اللُّزوجةُ السِّيبُولْتِيَّة : اللُّزوجةُ بمِلزاجِ «سِيبُولْت»

S.B.I. (**Steel Boiler Institute**)
معهدُ المَراجِل الفولاذيّة

S.B.R. (**styrene-butadiene rubber**)
مَطّاطُ السّتايْرين والبيُوتادَيين

S.C. (**slow curing**) بَطيءُ التَّشَكُّك

scab (*n.*) قِشْرَة
(*v.*) تَقَشَّرَ • قَشَّرَ – جَرِبَ

scabbing (Civ. Eng.) تَقَشُّرُ السَّطح (في طَريقٍ مُعَبَّدة)

scabbl(l)ing hammer مِطْرَقَةُ النَّحْتِ الخَشِن

scad (Mining) لُقْطة • شَذْرة

scads (*n.*) مِقْدارٌ كبير • كَمِّيَّةٌ وافِرَة

scaffold (*n.*) = **scaffolding** (Civ. Eng.)
إسقالة • سِقالة
(*v.*) نَصَبَ سِقالةً • جَهَّزَ سِقالةً

scaffold boards (Civ. Eng.) أَلْواحُ السِّقالة

scaffold poles (Civ. Eng.) أَعْمِدَةُ السِّقالة

scalant (*n.*) مُزيلُ القُشور : عامِلُ إزالةِ قُشُورِ المَراجِل

scalar (*adj.*) (Mech.) كَمِّيٌّ • عَدَدِيٌّ – لا مُوَجَّه
(*n.*) كَمِّيَّةٌ عَدَدِيَّة – كَمِّيَّةٌ لا مُوَجَّهة

scalar quantity (Mech.) كَمِّيَّةٌ لا مُوَجَّهة (أو غيرُ مُوَجَّهة)

scale (*n.*) مِقياس • مِيزان – كِفَّةُ مِيزانٍ – قِشرة كِلسيَّة – حَرْشَفَة • فَلْس
(Phys.) مِقياسٌ مُدَرَّج • مِقياسٌ نِسبِيٌّ • سُلَّم

Saybolt furol viscosity test

Saybolt viscosimeter

(Met.) قِشرة • رَقيقة
(*v.*) قَشَّرَ (على شَكْلِ رَقائق) • تَقَشَّرَ – دَرَّجَ • قاسَ • وَزَنَ – كَسا بالقُشور – قَشَرَ • أَزالَ القِشْرَةَ (من المِرجَل) • تَسَلَّقَ • صَعِدَ تَدْريجيّاً

scale deposit (Geol.) راسِبٌ حَرْشَفِيّ

scale-down (*v.*) خَفَضَ بِنِسْبَةٍ مُعَيَّنة
(*n.*) تَخفيضٌ نِسبِيٌّ • تَصْغيرٌ نِسبِيٌّ

scale drawing رَسْمٌ (بمقياسٍ) نِسبِيّ

scale error خَطَأُ القِياس

scale formation (Chem. Eng.)
تَكَوُّنُ القُشور (في المِرجَل)

scale model (Eng.) نَموذَجٌ (بَيانيٌّ) نِسبِيّ

scalene triangle مُثَلَّثٌ مُختَلِفُ الأَضْلاع

scale of hardness (Eng.) مِقياسُ الصَّلادَة

scale of wages سُلَّمُ الرَّواتِب • سُلَّمُ الأُجور

scalepan (*n.*) كِفَّةُ المِيزان

scaler (*n.*) نازِعُ القُشور – مِقشَرَة • مِنْزَعَةُ القُشور
(Elec. Eng.) مِعْداد

scale range مَدَى المِقياس

scale representation تَمْثيلٌ بَيانيٌّ نِسْبِيّ

scales مِيزان – كِفَّتا المِيزان

scale unit وَحْدَةُ (تدريج) المِقياس

scale-up (*v.*) زادَ بِنِسبةٍ مُعَيَّنة
(*n.*) زِيادَةٌ بِنِسْبَةٍ مُعَيَّنة • تَكبيرٌ نِسْبِيّ

scale wax (Pet. Eng.) شَمْعٌ حَرْشَفِيّ : يَتَبَقّى بَعْدَ استِخلاصِ النِّفط من الشَّمعِ النِّفطيّ

scaling (*n.*) تَحَرْشُف • تَكَوُّنُ القُشور • تَقَشُّر – إزالـةُ القُشور – تَـدْريجُ (المِقياس) – عَدٌّ (بالمِعداد)

scaling circuit = **scaler** (Elec. Eng.)
دائرةُ عَدٍّ • دائرةُ قِياس

scaling down (Eng.) تَصغيرُ المِقياس النِّسبِيّ

scaling hammer (Eng.) مِطْرَقَةُ إزالةِ القُشور

scaling up (Eng.) تَكبيرُ المِقياس النِّسبِيّ

scallop (*n.*) نُتوءٌ مُدَوَّر

scalp (*v.*) قَشَرَ • أزالَ القِشرةَ السَّطحيّة

scaly (*adj.*) قِشْرِيٌّ • حَرْشَفِيّ

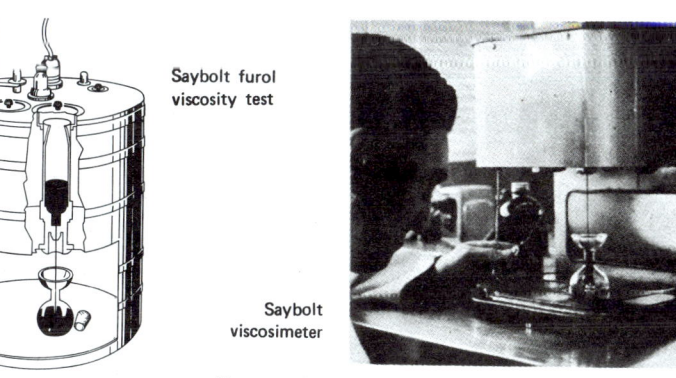

scaly structure (Geol.) بِنْيَةٌ حَرْشَفِيَّة

scan (*v.*) مَسَحَ • بَحَثَ مُسْتَعيناً بالرّادار – تَفَرَّسَ • أَنْعَمَ النَّظَرَ في
(*n.*) مَسْح – فَحْصٌ دَقيق

scandium (**Sc**) (Chem.) : السكانديوم عُنصُرٌ فِلِزِّيٌّ رَمْزُه (سك)

scanning (*n.*) مَسْح

scanning field = **raster** (Elec. Eng.)
مَجالُ المَسْح • شَبَكَةُ خُطوطِ المَسْح

scanning heating (Elec. Eng.)
تَسْخينٌ مَسْحِيّ : بالتَّيّاراتِ الحَثِّيَّة

scansion = **scanning process** عَمَلِيَّةُ المَسْح

scant (*adj.*) شَحيح • ناقِص • ضَئيل
(*v.*) قَلَّلَ • نَقَّصَ

scanty (*adj.*) قَليل • ضَئيل – غيرُ كافٍ

scapolite = **wernerite** (Min.) : سكابُوليت سِليكاتُ الألومنيوم والكالسيوم (أو الصُّوديوم) مع مُرَكَّباتِ الكالسيوم (أو الصُّوديوم)

scappling = **scabbling** (*n.*) نَحْتٌ خَشِن

scar (*n.*) نَدَب • نَدَبَة
(*v.*) نَدِبَ • أَنْدَبَ – تَرَكَ نَدَبَةً في

scarce (*adj.*) نادِر • قَليلُ الوُجود

scarcity (*n.*) نُدْرَة • قِلَّة

scarf (*n.*) لِفاع • وِشاح
(Eng.) طُرَّة : حَزٌّ مَشطوبٌ مُعَدٌّ لِلِّحام
(*v.*) لَفَعَ – شَطَبَ (الطُّرَّة) • وَصَلَ بِشَطْبِ الطَّرَفَين – قَشَطَ (سَطحَ المَعْدِن)

scarf(ed) joint (Eng.) وُصْلَةٌ تَراكُبٍ امتِداديّة : لا يَزيدُ فيها قُطرُ الوُصلةِ عن قُطرِ الشَّيءِ المَوْصُول

scarfing (*n.*) قَرْنٌ بِوُصلةٍ امتداديّةِ التَّراكُب – شَطْبُ الطَّرَفَين (إعداداً لِوَصْلِهِما) – قَشْط

scarf weld(ing) (Eng.) وُصْلَةُ لِحامٍ امتداديّةُ التَّراكُب • لِحامٌ امتداديُّ التَّراكُب

scarifier (*n.*) (Civ. Eng.) مِخْدَشَة : لِنَبْشِ سَطحِ الطَّريق قَبْلَ إعادةِ التَّعبيد

scarify (*v.*) خَدَشَ – شَطَبَ • شَرَطَ • شَوَّكَ

scarlet (*adj.*) قِرْمِزِيّ

scarlet (*n.*) لونٌ قِرمِزيّ

scarn = skarn (Geol.) صُخورٌ مُسَلْكَتَةٌ بالتحوُّل • شَوائبُ سِليسيَّة : تحوَّلَت بالتَّسَلْكُت

scarp (*n.*) **= escarpment** (Geol.) مُنْحَدَر • جُرُف • حافَّةٌ صخريَّة شديدةُ الانحِدار

(*v.*) قَطَعَ عَمُودِيًّا • حَدَّر

scarped (*adj.*) جُرُفِيّ • شديدُ الانحِدار

scarplet (Geol.) مُنْحَدَرٌ أو جُرُفٌ صغير

scatter (*v.*) نَثَرَ • بَعْثَرَ • فَرَّقَ • تَبَعْثَرَ • إسْتَطارَ • تَفَرَّق

scattered veins (Mining) عُرُوقٌ مُبَعْثَرَة

scattered wave (Phys.) مَوْجَةٌ مُبَدَّدَة

scattering (*n.*) استِطارَة • تَبْدِيد • بَعْثَرَة • تَبَعْثُر

scattering of energy (Phys.) تَبْدِيدُ الطَّاقة

scatter propagation (Phys.) انتِشارٌ استِطارِيّ

scavenge (*v.*) كَنَسَ • نَقَّى (المَعْدِن) • نَظَّفَ (الطُّرُق)

(Eng.) كَسَحَ : أزالَ الغازاتِ المُحتَرِقةِ من أُسطُوانةِ المُحَرِّك

scavenge filter (Eng.) مُرَشِّحُ الكَسْح

scavenger (Eng.) كاسِحَة : أداةُ كَسْحٍ أو تَنْظِيف

scavenger valve (Eng.) صِمامُ الكَسْح

scavenging (*n.*) كَنْس • تَنْظِيف • تَنْقِيَة

(Eng.) كَسْح : إزالةُ الغازاتِ المُحْتَرِقة

(Chem. Eng.) كَسْحٌ بالتَّرْسِيب

scavenging air (Eng.) هَواءُ الكَسْح

scavenging air pump (Eng.) مِضَخَّةُ هَواءِ الكَسْح

scavenging air valve (Eng.) صِمامُ هَواءِ الكَسْح

scavenging stroke = exhaust stroke (Eng.) شَوطُ الكَسْح

scavenging tube (Eng.) أُنْبُوبةُ كَسْحٍ أو تَفْرِيغ

scenery (Geol.) المَشْهَدُ الجيولوجيُّ العامّ

scent (*n.*) رائِحَة

(*v.*) شَمَّ • استَرْوَحَ

scentless (*adj.*) عَدِيمُ الرَّائِحَة

schedule (*n.*) جَدْوَل • بَرْنامَجٌ (مُحَدَّدُ المَواعِيد)

(*v.*) جَدْوَلَ : أَدْرَجَ في قائِمَة • بَرْمَجَ : نَظَّمَ في بَرْنامَج

scheduling (*n.*) جَدْوَلَة • بَرْمَجَة : تَنْظِيمُ جَدْوَلٍ بالأعْمالِ ومَواعِيدِها

scoop

scheelite (Min.) شِيلَيت : خامٌ من تَنْجستاتِ الكالْسيُوم

schematic (*adj.*) تَخطِيطِيّ

schematic diagram رَسْمٌ بَيَانيٌّ تخطيطيّ

scheme (*n.*) خُطَّة • مُخَطَّط • مَشْرُوع • نَهْج

(*v.*) خَطَّطَ • دَبَّر

schillerization (Geol.) تَغَيُّرٌ بِلَّوريٌّ (أو تلَوُّنيٌّ) أعماقِيّ : يَتدرَّجُ بازدِيادِ العُمْق

schism (*n.*) انفِصال • انقِسام

schist (*n.*) (Geol.) شِسْت • نَضِيد : صَخْرٌ بُركانيٌّ صَفائِحِيّ

schist, bituminous (Pet. Eng.) شِسْتٌ قِيريّ • نَضِيدٌ بتيومينيّ

schistic rock (Geol.) صَخْرٌ شِسْتيّ • صَخْرٌ مُنَضَّد

schistose structure (Geol.) بِنْيَةٌ شِسْتِيّة • بِنْيَةٌ نَضِيدِيّة

schistosity (Geol.) تَوَرُّقٌ شِسْتِيّ • تَنَضُّدِيّة

schistous clay (Geol.) طِينٌ شِسْتِيّ • طَفَلٌ نَضيدِيّ

schorl-rock (Min.) صَخْرُ الشُّورْل : من التورمالينُ الأَسْوَدُ والمَرو

Schweitzer's reagent (Chem. Eng.) مُفاعِل «شْڤايتْزِر» : مَحلولٌ أزرقُ من أكسيدِ النُّحاس النُّشادري يُذِيب السليُولوز

science (*n.*) عِلْم

scientific (*adj.*) عِلْمِيّ

scientifically (*adv.*) من النَّاحِيَةِ العِلمِيّة

scientific method الطَّريقةُ العِلميَّة

scientific research البَحْثُ العِلميّ

scientific theory نَظَرِيّةٌ عِلميّة

scientist (*n.*) عـالِم

scintillate (*v.*) وَمَضَ • تَلألأَ • تَألَّقَ

scintillation (*n.*) وَمَضان • تَلألُؤ – وَمِيض • وَمْضَة – شَرَارَة

scintillation counter (Phys.) عَدَّادُ الوَمَضانِ (في الأيُونات المُشِعَّة) • عَدَّادُ الوَمَضات

scintillation layer (Phys.) طَبَقةُ الوَمَضان

(Geol.) طَبَقةٌ مُتلألِئة

scintillation spectrometer (Phys.) مِقياسُ الطَّيْفِ الوَمَضانِيّ : لِبَيانِ توزيعِ الطَّاقةِ في إشعاعٍ مُبَيَّن

scintillometer (Phys.) عَدَّادُ وَمَضان

scissile (*adj.*) يُشَقّ • يَنفَلِق • قابِلٌ للشَّقِّ أو الفَلْق

scission (*n.*) إنْشِقاق • إنْفِلاق – شَقّ • شَطْر

scissor (*v.*) قَصَّ • قَطَعَ بالمِقَصّ

scissor fault (Geol.) صَدْعٌ مِقَصِّيّ

scissor junction تَقاطُعٌ مِقَصِّيّ

scissors (*n.*) مِقَصّ • مِقْرَاض

scissors crossing (Civ. Eng.) تَقاطُعٌ مِقَصِّيّ: لِطَرِيقَيْن أو لِخَطَّيْ سِكّةٍ حديديّة

scissors joint وُصْلَةُ مِقَصّ • وُصْلَةٌ مِقَصِّيّة

scissor tongs (Eng.) مِلْقَطٌ مِقَصِّيّ

sclerometer (Eng.) مِقياسُ الصَّلادَةِ النِّسْبِيّة • سكْلِيرُومِتر

scleroscope (Eng.) مِكشافُ الصَّلادة النِّسبيّة : مِطْرَقَةٌ ماسِيَّةُ الطَّرَفِ تَرتَدُّ بِنِسْبَةِ صَلابَةِ الجِسم

scleroscope hardness test (Eng.) إختِبارُ الصَّلادَةِ بِمِكشافِ الصَّلادةِ النِّسبيّ

scobs (*n.*) بُرادة • نُفايَة • خَبَث

scoop (*n.*) مِغْرَفَة • مِجْرَفَة صغيرة – فَجْوَة • تَجْوِيف – غَرْف • جَرْف

(*v.*) غَرَفَ • جَرَفَ – جَوَّفَ • أَفْرَغ بالغَرْف

scoop chain (Eng.) سِلسلةُ غَرْف

scoop dredger (Civ. Eng.) كَرَّاءةُ غَرْف

scoop shovel (Mining) مِجْرَفَةٌ فَخمٌ كبيرة

scope (*n.*) مَجَال • مَدَى

scorch (*v.*) مَفَعَ • شاطَ • حَرَقَ السَّطح

(*n.*) مَفْع • حَرْقٌ سَطْحِيّ

score (*n.*) عَلامَة • حَزّ • ثَلْم • خَدْش – حِساب • عَدَدٌ مَحْسُوب – سَبَب • دافِع

(*v.*) ثَلَمَ • حَزَّزَ – حَسَبَ أو سَجَّلَ بالعَلاماتِ أو بالتَّحْزِيز – أَحْرَزَ (نَجاحاً)

scored bearing (Eng.) مَحْمِلٌ مُحَزَّز

scored pulley (Eng.) بَكَرَةٌ مُحَزَّزَة

score resistance (Eng.) مُقاوَمةُ التَّحْزِيز

scoria (Met.) جُفاء • خَبَثُ المَعْدِنِ المَصْهُور

(Geol.) نَسْفَة • لابةٌ مُنَخْرَبَة

scorification (*n.*) (Met.) إزالَةُ الجُفاء • إجْتِفاء

scorifier (Chem. Eng.) بَوْتَقَة اجْتِفاء

scorify (*v.*) اجْتَفَأَ • أزالَ الجُفاءَ (بالصَّهر)

scoring (*n.*) تَحَزُّز • تَثَلُّم • تَخَدُّش

SCR

casing scraper

wall scraper

scotch (*n.*) نَعْلُ إيقاف • إسفينٌ لِمَنْعِ الانزلاق
(*v.*) سَدَّ بإسفين (لِمَنْعِ الانزلاق)
scotch tape شَريط لاصِقٌ شَفّاف
Scott viscosimeter (Phys.) مِلزاج«سْكوت»: لِقياسِ لُزُوجةِ الزُّيُوت والوَرْنيش والغِراء
scour (*v.*) جَلَى • إنجلَى • نَظَّفَ • صَقَلَ • إنسَحَلَ – حَتَّ • عَرَّى بالجَرْفِ أو الحَتّ
(*n.*) جَلْو • صَقْل • تَنْظِيف – مُنَظِّفٌ (بالجِلاء)
(Geol.) إنجِراف • حَتّ (المِياه أو الرِّياح) • تَعْرِية بالجَرْف
scouring (*n.*) جَلْو • جِلاء • إزالةُ الأوْساخ – إزالةُ الشَّحْمِ (عن القُماش)
(Geol.) تَعْرِية بِجَرْفِ المِياه • حَتّ
(*adj.*) جارِف – صاقِل • مُنَظِّف – حــاتّ
scouring powder مَسْحُوقُ جَلْو
scour, wind (Geol.) تَعْرِية رِيحِيّة • حَتُّ الرِّياح
scout (*n.*) كَشّاف • رائِد • مُسْتَطْلِع
(*v.*) رادَ • اسْتَكْشَفَ • اسْتَطْلَعَ (لأغراضِ التَّنْقِيب)
scouting (*n.*) إستِطْلاع • إرْتِياد • إسْتِكْشاف
scow (*n.*) صَنْدَل • قارِب مُسَطَّح
S.C.P. (spherical candle power) القُدْرَة الشَّمْعِيَّة الكُرَوِيَّة
scrap (*n.*) نُفاية • قُراضَة • كُسارَة – خُرْدَة
(*v.*) نَفَى – كَسَرَ
scrape (*v.*) كَشَطَ • حَتَّ • بَشَرَ
scraper (*n.*) مِكْشَط • مِكْشَطَة • كاشِطَة • مِحَتَّة
(Pet. Eng.) مِكْشَطَةٌ (مُرَيَّثة) لِتَنْظِيفِ الأنابيب

scraper, casing مِكْشَطَةُ أنابيبِ التَّغْلِيف
scraper mining (Mining) التَّعْدِينُ بالكَشْط
scraper ring (Eng.) حَلْقَةٌ كاشِطة : لِلتَّوفيرِ في اسْتِهْلاكِ الزَّيت
scraper traps (Pet. Eng.) مَصائِدُ المَكاشِط : مَواقِعُ احْتِباسِ المَكاشِطِ على طُولِ خَطِّ أنابيبِ النَّفط
scraper, wall مِكْشَطَةٌ جِدارِيَّة
scraping (*n.*) كَشْط • حَتّ
scrapings قُراضَة • بُشارة • حُتات
scraping tool مِكْشَطَة • كاشِطَة
scrap iron حَديد خُرْدَة • حَديدٌ هالِك
scrap metal خُرْدَةٌ مَعْدِنِيَّة
scratch (*v.*) خَدَشَ • ثَلَمَ – حَكَّ على سَطْحٍ خَشِن
(*n.*) خَدْش • حَزّ
scratcher (*n.*) مِكْشَطه • مِكْشَط – مِخْدَشَة
(Pet. Eng.) كاشِطَةُ جُدرانِ (الأنابيبِ أو البِئْر)
scratch hardness (Eng.,Min.) صَلادَةُ الخَدْش
scree = talus (Geol.) رُكامُ السَّفْح • رُكامٌ (أو هَشيمٌ) صَخْرِيّ
scree breccia (Geol.) بريشَةٌ فُتاتِيَّة
scree cone (Geol.) مَخْرُوطٌ رُكامِيّ
screed (*n.*) (Civ. Eng.) دَليلُ ثخانَةِ التَّمْليط – دَليلُ ثخانَةِ الرَّصْف
screen (*n.*) سِتار • حِجاب – شاشَةُ عَرْض – غِرْبال • مُنْخُل • مِصْفاة • شَبَكَةُ تَرْشيح
(*v.*) سَتَرَ • حَجَبَ • فَصَلَ بِحِجابٍ أو حاجِز – وَقَى بِشَبَكَةٍ مُنْخُلِيَّة – غَرْبَلَ • نَخَلَ – صَفَّى
screen analysis (Chem. Eng.) تَحليلٌ بالتَّصْفِيَة
screen clogging إنْسِدادُ المِصْفاة • إنْسِدادُ المُرَشِّحاتِ الشَّبَكِيَّة
screened (*adj.*) مَحْجُوب • مَسْتُور – مَنْخُول • مُصَفًّى • مُنَقًّى بالتَّصْفِية • مُصَنَّفٌ بالغَرْبَلَة

screened cable (Elec. Eng.) كَبْلٌ مُحَجَّبٌ (بِدِرْعٍ مَعْدِنِيّ)
screened coal (Mining) فَحْمٌ مُنَقًّى (أو مُصَنَّفٌ) بالغَرْبَلَة
screened oil intake (Eng.) مَدْخَلُ الزَّيْتِ المُنَقَّى
screened wiring (Elec. Eng.) أسْلاكٌ مَسْتورة
screener (Mining) مُنَقٍّ (أو مُصَنِّفٌ) بالغَرْبَلة
screen filter مُرَشِّحٌ حَجْب
screening (*n.*) حَجْب • سَتْر – حِجاب • سِتار – تَرْشيح • تَصْفِية • غَرْبَلَة – تَصْنيفٌ بالغَرْبَلة
screening box (Mining) صُنْدُوقُ الغَرْبَلَة
screening drum (Mining) دارَةُ الغَرْبَلَةِ (أو التَّصْنيف)
screening effect (Elec. Eng.) تأثيرُ الحَجْب: أثَرُ الغِلافِ المَعْدِنِيّ في حَجْبِ المَجالِ المَغْنَطيسيّ
screening machine (Mining) مَكَنَةُ غَرْبَلَة • غِرْبالٌ آلِيّ
screening protector (Elec. Eng.) واقِيَةُ حَجْب : مِلَفٌّ واقٍ من التَّمَوُّرات الكَهْرَبائية
screenings (*n.*) نُفايَةُ التَّصْفِية • سُقاطُ الغَرْبَلَة
screening specifications (Eng.) مُواصَفاتُ الحَجْب – مُواصفاتٌ انتقائيَّةٌ أساسيَّة
screening test إخْتِبارُ مُواصَفاتِ الحَجْب – إخْتِبارُ التَّصْفِيَة
screen, jigging (Mining) غِرْبالٌ هَزّاز
screen, mud (Pet. Eng.) مِصْفاةُ طِينِ الحَفْر
screen, oil مِصْفاةُ (تَرْشيحِ) الزَّيت
screen pipe (Pet. Eng.) أُنْبُوبُ تَرْشيح
screen-protected (*adj.*) مَحْمِيٌّ بِشَبَكَةٍ حاجِبة
screen sizing (Geol.) تَصْنيفٌ بالغَرْبَلَة

scree

screw (n.) (Eng.)	لَوْلَب • مِسْمار مُلَوْلَب • بُرْغي • مِسْمار قَلاوُوظ
(Naut.)	رقّاص • مِزْوَحَة
(v.)	لَوْلَبَ • تَلَوْلَبَ - ثبَّتَ أو ضَغَطَ بلَوْلَبٍ - أدارَ أو شَدَّ لَوْلَبيّاً - بَرَمَ • لَوى
(adj.)	لَوْلَبيّ • مُلَوْلَب • بَريميّ
screw, adjusting (Eng.)	بُرْغي ضَبْط • لَوْلَبُ التَّعْديل
screw auger	بَريمَة لَوْلَبيّة
screw bell (Civ. Eng.)	جُلْبَة ناقوسِيّة مُلَوْلَبَة : لِالْتِقاطِ السَّواقِطِ من أدواتِ الحَفْر
screw-bolt (Eng.)	بُرْغي بِصَمُولَة • مِسْمار مُلَوْلَب ذو صَمُولَة
screw cap	سِدادٌ لَوْلَبيّ
screw clamp	قامِطَة بلَوْلَب
screw collar (Eng.)	طَوْق مُلَوْلَب
screw connection (Eng.)	وُصْلَة مُلَوْلَبَة
screw conveyor (Eng.)	ناقِلَة لَوْلَبيَّة
screw-cutting (n.) (Eng.)	لَوْلَبَة • تَسْنينُ اللَّوْلَب • قَلْوَظَة
screw-cutting lathe = screwing lathe (Eng.)	مِخْرَطَة لَوْلَبَة
screw-cutting oil (Eng.)	زَيْت قَلْوَظَة • زيت لَوْلَبَة
screw die (Eng.)	قالِبُ لَوْلَبَة
screw-down (v.) (Eng.)	بَرَمَ لتَصْغيرِ المَقْطَع
(n.)	لَوْلَبُ تَصْغيرِ المَقْطَع
screw-driver (n.)	مَفَكّ • مِفَكّ البَراغي (المُحَدَّدَةُ الرَّأْس)
screwed (adj.)	مُلَوْلَب • مَقْلُوظ - مُثَبَّت بمِسْمارٍ مُلَوْلَب
screwed bonnet (Eng.)	قَلَنْسُوَة مُلَوْلَبَة
screw(ed) cap (Eng.)	سِدادٌ مُلَوْلَب
screwed flange (Eng.)	شَفَّة مُلَوْلَبَة
screwed joint (Eng.)	وُصْلَة مُلَوْلَبَة
screwed stays (Eng.)	شِكالات (تَثْبيت) مُلَوْلَبَة
screwed steel conduit (Elec. Eng.)	أنابيب فُولاذِيَّة مُلَوْلَبَة (لِحِفْظِ الأسْلاكِ الكَهْرَبائيَّة)
screw eye	رَزَّة - مِسْمار رَزَّةٍ بَريميّ
screw feeder	لَوْلَبُ التَّغْذِيَة
screw flowmeter (Hyd.)	مِقْياس انْسِياب رَحَوِيّ
screw gear(ing) (Eng.)	تَرْس لَوْلَبِيّ (أو حَلَزونيّ)
screw gland (Eng.)	جُلْبَة حَفْرٍ مُلَوْلَبَة
screw-grab (Civ. Eng.)	كَبَّاش مُلَوْلَب : لِالْتِقاطِ أدواتِ الحَفْرِ السَّائِبَة
screw-head	رَأْسُ المِسْمارِ المُلَوْلَب

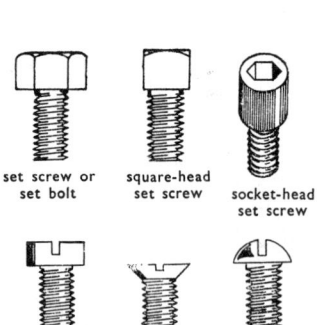

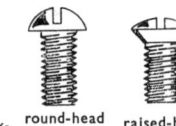

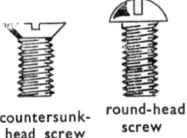

screw-hook	خُطَّاف بَريميّ • رَزَّة مَفْتُوحَة
screwing (n.)	لَوْلَبَة - شَدُّ اللَّوْلَب - تَثْبيت باللَّوالِب
screwing machine (Eng.)	مَكَنَةُ لَوْلَبَة
screwing tackle (Eng.)	عُدَّةُ لَوْلَبَة
screw jack = jack screw (Eng.)	مِرْفاع لَوْلَبيّ
screw joint (Eng.)	وُصْلَة مُلَوْلَبَة
screw joint cover (Eng.)	غِطاءُ تَوْصيلٍ مُلَوْلَب
screw pile (Civ. Eng.)	خازُوق مُلَوْلَب
screw pitch (Eng.)	خُطْوَةُ اللَّوْلَب
screw pitch gauge (Eng.)	مُحَدِّدُ قِياسِ خُطْوَةِ اللَّوالِب
screw plate (Eng.)	كَفَّةُ لَوْلَبَة • لَوْحَةُ (قَوالِب) اللَّوْلَبَة
screw plug	سِدادَة لَوْلَبيَّة • سِطام مُلَوْلَب
screw press (Eng.)	مِكْبَس لَوْلَبِيّ
screw propeller	رقّاص • دافعة مِزْوَجيَّة
screw shackle = turnbuckle (Eng.)	
screw, standard (Eng.)	لَوْلَب قِياسيّ
screw stem	جِذْعُ اللَّوْلَب • ساقُ اللَّوْلَب
screw terminal	طَرَفٌ مُلَوْلَب
screw thread (Eng.)	سِنُّ اللَّوْلَب - خُطْوَةُ اللَّوْلَب

screws:
- set screw or set bolt
- square-head set screw
- socket-head set screw
- grub screw
- fillister-head screw
- countersunk-head screw
- round-head screw
- raised-head screw

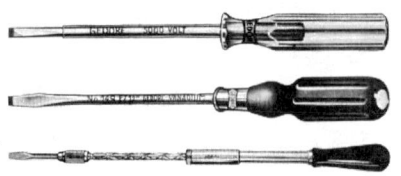

screw drivers

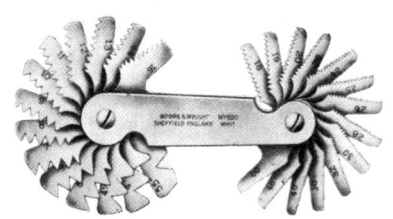

screw pitch gauge

screw type anchor	أنجَر لَوْلَبِيُّ النَّمَط
screw-up (v.)	شَدَّ اللَّوْلَب (أو الصَّمُولَة)
screw wrench (Eng.)	مِفْتاح رَبْطِ لَوْلَبِيِّ الضَّبْط • (مِفْتاحٌ إنكليزيّ) • مِلْوَى • ضابِط لَوْلَبيّ
scriber (n.)	مِرْقَم خَدْش • مِخْرَزُ خَدْش
scribing gauge (Eng.)	مُحَدِّدُ قِياسٍ ذو طَرَفٍ حادّ
scroll drum (Mining)	أُسْطوانَة مَخْروطِيَّة • دارَة حَلَزونيَّة
scrub (v.)	حَكَّ • فَرَكَ - نَظَّفَ (بالدَّلْك) • غَسَلَ • نَقّى
(Chem. Eng.)	نَقّى أو غَسَلَ (بِوَسائِلَ كيماويَّةٍ أو فيزيائيَّةٍ)
(n.)	فَرْك • دَلْك • حَكّ - غَسْل • تَنْظيف • تَنْقِيَة
scrubbage (Pet. Eng.)	تَنْقِيَة بالغَسْل
scrubbed (adj.)	مَغْسُول • مُنَقّى
scrubbed gas (Pet. Eng.)	غازٌ (طَبيعِيّ) مَغْسُولٌ (أو مُنَقّى)
scrubbed solvent (Chem. Eng.)	مُذيب مَغْسُول أو مُنَقّى
scrubber (n.)	جِهازُ غَسْلٍ • مُنَظِّفَة (بالدَّلْك)
(Pet. Eng.)	جِهازُ غَسْلِ الغازِ (لتَنْقِيَتِهِ مِنَ القارِ والأمُونيا وكِبْريتيد الهيدروجين)
scrubber plant (Pet. Eng.)	وَحْدَةُ غَسْل • وَحْدَةُ تَنْقِيَة (الغازِ الطبيعيّ) بالغَسْل
scrubber tower (Pet. Eng.)	بُرْجُ الغَسْل • بُرْجُ تَنْقِيَة بالغَسْل
scrubbing (n.)	غَسْل • تَنْقِيَة (بوَسائِلَ كِيماوِيَّةٍ أو فيزيائيَّة)
scrubbing, caustic (Chem. Eng.)	غَسْل بالصُّودا الكاوِيَة
scrubbing plant (Pet. Eng.)	وَحْدَةُ غَسْل • وَحْدَةُ تنقيةِ (الغازِ الطبيعيّ) بالغَسْل
scrubbing tower (Chem. Eng.)	بُرْجُ غَسْلِ (الغاز)
scrutinize (v.)	تَفَحَّصَ • تَحَرَّى • دَقَّقَ
scry (v.)	تَنَبَّأَ • إسْتَكْشَفَ
scuffed bearing (Eng.)	مَحْمِل مُتَآكِلٌ بالحَكّ
scuffing wear (Eng.)	بِلًى بالحَكّ (جِيئَةً وذَهاباً بَيْنَ سَطْحَيْنِ)
scum (n.)	زَبَد • رَغْوَة • غُثاء
(Met.)	جُفاء
(v.)	أزْبَدَ • أغْثى
scurf (n.)	قِشْرَة
(Chem. Eng.)	فَحْم المَعْوَجَّات • غرافيت
scuttle (n.)	قُفَّة • زنبيل • وِعاءُ فَحْم - كَوَّة ذاتُ غِطاء - غِطاءُ الكَوَّة

scuttle (*v.*) إنطلق مُسرعاً ـ خرَق (السَّفينة)

sea (*n.*) بَحر

sea anchor = floating anchor (Naut.) مِرْساةٌ (بَحريَّة) عائمة

sea, at في عُرْضِ البَحْر

sea basin (Geol.) حَوْضٌ بحريّ

sea-bed (Geol.) قاعُ (أو قَعْرُ) البَحْر

sea-bed depths أعماقُ البَحْر

seaboard (*n.*) ساحِل

(*adj.*) ساحِليّ

seaboard terminal فُرْضَةٌ بَحْريَّة • مَحَطٌّ بَحريٌّ (للشَّحْنِ أو الاستِقبال)

sea-borne (*adj.*) مَنْقولٌ بَحْراً

sea chart (Naut.) خَريطةٌ بَحريَّة

sea cliffs جُرُفٌ بَحْريَّة

seacoast (*n.*) ساحِل • شاطِئُ البَحْر

sea environment بيئةٌ بحريَّة

sea erosion (Geol.) تَعْرِيَةٌ بَحرِيَّة

seal (*n.*) خَتْم • خاتَم ـ حَلْقَةٌ مَسِيكة • سِدادٌ مُحْكَم ـ مانِعُ التَّسَرُّب • نُبيطة مانِعَةٌ للتَّسَرُّبِ (الغازيّ) العائد

(*v.*) سَدَّ بإحكام • مَنَعَ التَّسَرُّبَ (العائد)

sea lane (Naut.) طَريقٌ بَحريّ

sealant (*n.*) سِداد • مادَّةٌ مانِعَةٌ للتَّسَرُّب

seal coat طَبَقَةٌ (عازِلَة) خَتْمِيَّة ـ طَلْيَةُ سَدّ : مانِعَةٌ للتَّسَرُّب

sealed (*adj.*) مَخْتُوم ـ مَسْدُود • مُحْكَمُ السَّدّ

sealer, ball سِطامٌ أو سِدادٌ كُرَوِيّ

sea level مُسْتَوَى (سَطْحِ) البَحْر

sea lines (Naut.) خُطُوطٌ بَحْرِيَّة

sealing (*n.*) إحكامُ السَّدّ • مَنْعُ التَّسَرُّب ـ خَتْم

sealing coat (Civ. Eng.) طَبَقَةٌ قِيرِيَّةٌ مَسِيكة : تُغَطِّي سَطْحَ الطَّريقِ المُعَبَّدة

sealing compound (Eng.) مُرَكَّبٌ سَدَّاد : مانِعٌ للتسرُّب

sealing ring (Eng.) حَلْقَةٌ مانِعةٌ للتسرُّب • حَلْقَةُ سَدّ

sealing washer (Eng.) فَلْكَةُ سَدّ : مانِعَةٌ للتسرُّب

sealing wax شَمْعُ الخَتْم

sealing weld لِحامٌ مانِعٌ للتَّسَرُّب • لِحامٌ سادّ

seal oil (Pet. Eng.) زَيْتٌ حاجِز

seal ring (Eng.) حَلْقَةُ إحكام • حَلْقَةُ سَدّ

seal weld (Eng.) لِحامٌ خَتْمِيّ • لِحامُ سَدّ

seam (*n.*) دَرْزَة • دَرْز • لَفْقَة ـ خَطُّ الالتِئام ـ شَقٌّ (بين لَوْحَيْن)

(Geol.) راقٌ • طَبَقَةٌ (مَعْدِنِيَّة) • عِرْق

= welt (Met.) وُصْلَةُ التِئام • ثَنْيَةُ تَلاحُم

(*v.*) دَرَز • لَفَق ـ وَصَل (بالدَّرْزِ أو اللِّحام)

seamanship (*n.*) فَنُّ المِلاحةِ البحريَّة

sea marker عَلامَةُ (استِدلالٍ) بَحْريَّة

seamers, hand (Eng.) زَرَدِيَّةُ دَرْزٍ يَدَوِيَّة : لِثَنْيِ شِفاه الألواح المَعدِنية

sea mile = nautical mile مِيلٌ بحريّ (يُساوي ٦٠٨٠٫٢ قَدَماً ، حوالَى ١٨٥٣٫٢ مِتراً)

seamless (*adj.*) غيرُ مَلحُوم • بلا دَرْز • بلا خَطِّ آلتِئام

seamless pipes (Eng.) أنابيبُ غيرُ مَلحُومة

sea mount (Geol.) جَبَلٌ بَحريّ

seam-up (Eng.) خَطُّ الدَّرْزِ إلى أعلى : وَضْعُ الأنابيبِ بحيثُ يكون خطُّ الالتِئامِ في الرُّبْعِ العُلْوِيّ من سَطحِها

seam welding (Elec. Eng.) لِحامٌ دَرْزِيّ

seam welding machine (Elec. Eng.) مَكِنَةُ لِحامٍ دَرْزِيّ

seamy rock (Geol.) صَخْرٌ كثيرُ التَّشَقُّق

seaport (*n.*) ميناءٌ بَحْرِيّ • ثَغْر

seaquake (Geol.) رَجْفَةٌ بَحريَّة : زِلْزالٌ تَحْتَ سَطْحِ البَحْر

search (*v.*) فَتَّش • بَحَثَ • نَقَّبَ ـ تَحَرَّى • إستَقصَى

(*n.*) بَحْث • تَنْقيب • تَفْتيش • إستِقصاء • إستِكشاف

searcher (*n.*) مُفَتِّش • مُنَقِّب • باحِث ـ مِكْشاف

searching (*adj.*) دَقيق • ثاقِب • حادّ

(*n.*) بَحْث • تَفْتيش

searchlight (*n.*) نُورٌ كَشَّاف ـ مِنْوار

search-work (Mining) أعمالُ التَّنْقيب

sea salt مِلْحٌ بَحْرِيّ

sea sand رَمْلٌ بَحْرِيّ

seashore شاطِئُ البَحْر

season (*n.*) فَصْل ـ مَوْسِم • أوان

(*v.*) جَفَّفَ (الخَشَبَ) ـ تَبَّل

seasonal adjustments (Eng.) تَعْديلاتٌ مَوْسِمِيَّة

seasonal balancing (Pet. Eng.) تَعْديلٌ أو ضَبْطٌ مَوْسِمِيّ (لِدَرَجَةِ غَلَيانِ بنزينِ المُحَرِّكات)

seasonal variations تَغَيُّراتٌ مَوسِمِيَّة

seat (*n.*) مَقْعَد • مَقَرّ • قاعِدة • مُسْتَقَرُّ القاعِدة

(*v.*) أجْلَسَ • جَلَسَ • أقْعَدَ • رَكَّزَ أو ثَبَّتَ (على قاعِدة)

seat belt حِزامُ المَقْعَد • حِزامُ التَّثْبيت (في مَقْعَدِ الطَّائرةِ أو السَّيَّارة)

seating (*n.*) (Eng.) مَقْعَد • قاعِدة ـ تَركيز • تَثبيت ـ إقعاد (الصِّمام)

searchlight

sea transgression (Geol.) طُغيانُ البَحْر

sea wall (Civ. Eng.) جِدارٌ بَحْرِيّ : لِصَدِّ الأمْواج

seawater ماءُ البَحْر

sea-water bronze (Met.) بْرُونْزٌ صامِدٌ لماءِ البَحْر

seaway (*n.*) طَريقٌ بَحْرِيّ

seaweeds (Biol.) أعْشابٌ بَحْرِيَّة

seaworthiness (*n.*) (Naut.) الجَدارَةُ البَحْرِيَّة • الصَّلاحِيَةُ للإبحار

seaworthy (*adj.*) صالِحٌ للإبحار • صالِحَةٌ للمِلاحة

second (*n.*) ثانِيَة : جُزْءٌ من سِتِّينَ من الدَّقيقَةِ (الزَّمَنِيَّةِ أو الزَّاوِيَّة)

(*adj.*) ثانٍ • إضافِيّ ـ مُساعِد • مُعاوِن

(*v.*) أيَّدَ • سانَدَ • أعارَ

secondary (*adj.*) ثانَوِيّ • إضافِيّ

secondary amyl alcohol (Chem.) ثانِي كُحُولِ الأمِيل

secondary axis مِحْوَرٌ ثانَوِيّ

secondary battery (Elec. Eng.) مِرْكَم • بَطَّارِيَّةٌ ثانَوِيَّة

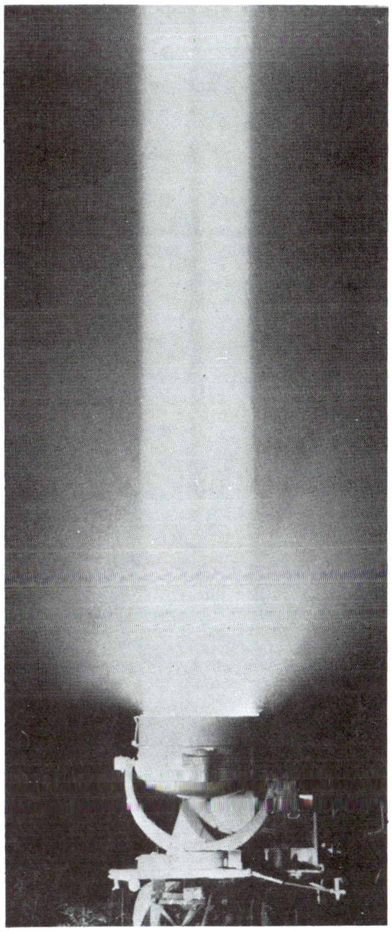

secondary butyl alcohol (Chem.) ثاني كُحول البيُوتيل

secondary cell = accumulator (Elec. Eng.) خَلِيَّةٌ ثانويّة • خَلِيَّةٌ مُدَّخِرَة • مِرْكَم

secondary coil (Elec. Eng.) مِلَفٌّ ثانويّ

secondary enrichment (Geol.) إغْناءٌ ثانويّ (بتعرُّض الخام للغَسْل أو الأكْسَدَة)

Secondary era (Geol.) الدَّهْرُ الثّاني • الدَّهْرُ الوَسِيط

secondary industry صِناعةٌ ثانويّة

secondary leakage تَسَرُّبٌ ثانويّ

secondary main مَأْخَذٌ (أو يَنْبُوع) ثانويّ

secondary metal (Met.) مَعْدِنٌ ثانويّ : مَعْدِنٌ اسْتُخْلِص من النُّفاياتِ المَعْدِنيّة لا من خاماتِهِ مُباشرة

secondary migration (Geol.) ارتِحالٌ ثانويّ

secondary minerals (Mining) مَعادِنُ ثانويّة

secondary permeability (Geophys.) إنفاذيّة ثانويّة

secondary porosity (Phys.) مَساميّة ثانويّة

secondary production إنتاجٌ ثانويّ

secondary recovery (Pet. Eng.) استِرْدادٌ (أو استِخْراج) ثانويّ

secondary recovery methods (Pet. Eng.) طُرُقُ الاستِخْراجِ الثّانويّ

secondary reflections (Phys.) انعِكاساتٌ ثانويّة

secondary road طَريقٌ ثانويّ

part of a sectional tank

Secondary Rocks (Geol.) صُخُورُ الدَّهْرِ الوَسِيط

secondary stress (Mech.) إجهادٌ ثانويّ

secondary vein (Mining) عِرْقٌ ثانويّ

secondary ventilation (Civ. Eng.) تَهْوِيَةٌ ثانويّة

secondary wave (Phys.) مَوْجَةٌ ثانويّة

secondary winding (Elec. Eng.) مِلَفٌّ ثانويّ

second gear (Eng.) السُّرعة الثانية

second-hand (*adj.*) غَيْرُ مُباشِر ـ مُسْتَعْمَل

(*n.*) عَقْرَبُ الثَّواني

second outlet (Mining) مَخْرَجٌ ثانٍ

second working (Mining) تَشْغيلٌ ثانٍ : لإعادةِ استِغْلالِ ما يُمْكِن استغلالُه من المَنْجَم

secretion (*n.*) إفْراز ـ إخفاء • تَخْفِيَة

secret switch (Elec. Eng.) مِفْتاحٌ خَفِيّ

sectile (*adj.*) قابِلٌ للقَطْع • قَطوع • يُقْطَع

sectility (Met.) قَطوعِيَّة : قابِليَّةُ المادّةِ للقَطْع مع كَونِها غيرَ قابِلَةٍ للطَّرْق كالغرافيت

section (*n.*) قِطاع • مَقْطَع ـ قِسْم • قِطْعَة • جُزْء ـ شَريحة (مِجْهَريّة)

(*v.*) قَطَع • قَسَم • قَسَّم • إنْقَسَم

sectional area مِساحةُ المَقْطَع

sectional boiler (Eng.) مِرْجَلٌ قِطاعِيّ : مؤلَّف من عِدّةِ قِطَع

sectional covering (Eng.) غِطاءٌ قِطاعِيّ (سَهلُ التفكيك)

sectional drawing رَسْمٌ مَقْطَعِيّ (أو قِطاعيّ)

sectional elevation قِطاعٌ رَأسِيّ

sectional end view قِطاع جانِبِيّ

sectional feeder (Eng.) غاذِيَةٌ قِطاعيّة • مُغَذٍّ قِطاعِيّ : خاصٌّ بِقِطاعٍ مُعَيَّن

sectionalize (*v.*) جزَّأ • قَسَّم إلى قِطاعات

sectional paper وَرَقٌ مُرَبَّعات

sectional plating طِلاءٌ قِطاعِيّ : تَخْتَلِفُ ثَخانَتُه في القِطاعات المُخْتَلِفة

sectional tank (Eng.) صِهريجٌ قِطاعِيّ : مؤلَّف من عِدّةِ قِطَع

sectional view مَنْظَرٌ قِطاعِيّ

section, cross مَقْطَعٌ عَرْضِيّ

section gauge log (Pet. Eng.) سِجِلُّ قِياسِ مَقْطَعِ البِئْر (أو قُطْرِها)

section iron (Met.) حَديدٌ قِطاعِيّ : على شَكْلِ قِطاعات

section, longitudinal مَقْطَعٌ طُولِيّ • قِطاع طُولانِيّ

section manager مُديرُ القِسم (أو الفَرْع)

section switch (Elec. Eng.) مِفتاحُ قِطاعات

sector (*n.*) قِطاع • قِسْم

sector gears (Eng.) تُرُوسٌ قِطاعيّة : ذاتُ قِطاعاتٍ مُخْتَلِفة التقوُّس

secular (*adj.*) قَرْنِيّ • دَهْرِيّ : مُستَمِرٌّ فترةً طويلة ـ دُنْيَوِيّ

secular changes (Geol.) تَغَيُّرات قَرْنِيّة • تَغَيُّرات مُتَناهِيَةُ البُطء لا يَظْهَرُ أثرُها إلّا بَعْدَ عِدَّةِ قُرون

secure (*adj.*) مُطْمَئِنّ • آمِن ـ مَأمون • مَضْمُون • مُحْكَم • ثابِت

(*v.*) ثَبَّتَ • أَحْكَمَ الرَّبْط ـ ضَمِنَ • اسْتَوْثَقَ • أَمَّنَ على ـ حَصَّلَ • حَصَلَ على

securing bolt (Eng.) مِسمارُ تَثْبِيت • بُرْغِي تَثْبِيت

securing bracket (Eng.) كُتَيفةُ تَثْبِيت

securing sleeve (Eng.) كُمُّ تَثْبِيت

security (*n.*) أَمْن • سَلامَة • إطْمِئْنان ـ ضَمان • تَأمين

security measures إحتِياطاتُ الأمْن

security officer ضابِطُ الأمْن

sed (Geol.) قِشْرَة الأرْض

sedentary (*adj.*) ساكِن • مُسْتَقِرّ • مُقيم ـ مَوْضِعِيّ

sedentary deposit (Geol.) رُسابَةٌ مَوْضِعِيّة • قُرارَةٌ مُسْتَقِرّة

sedentary soil (Geol.) تُرْبَةٌ (مَوْضِعِيّة) مُسْتَقِرّة

sediment (*n.*) رُسابَة • قُرارة • راسِب • رُسُوب : مادّة مُتَرَسِّبة • ثُفْل

(*v.*) رَسَبَ • رَسَّبَ • تَرَسَّبَ

sediment and water test (Pet. Eng.) إخْتِبارُ الرُّسابةِ والماء : تَقْديرُ كَمِّيَّةِ الرَّواسِبِ والمُحْتَوى المائيّ الحَجْمِيّ في عَيِّنَةٍ نِفْطِيّة

sedimentary (*adj.*) رُسُوبِيّ • رُسابِيّ

sedimentary break (Geol.) ثُغْرَةٌ رُسوبيّة

sedimentary breccia (Geol.) بْرِشْيا (أو بَرِيْشَة) رُسوبيّة

sedimentary deposit (Geol.) قُرارة رُسابيّة

sedimentary formation (Geol.) تَكوينٌ رُسوبِيّ

sedimentary gap (Geol.) فَجْوَة رُسوبيّة • ثُغْرَة رُسابيّة

sedimentary mineral deposits (Geol.) رَواسِبُ مَعْدِنيّة طَبَقيّة

sedimentary minerals (Geol.) مَعادِنُ رُسابيّة

sedimentary overlap (Geol.) تَراكُبٌ رُسابِيّ • مُجاوَزَة رُسُوبيّة

sedimentary petrology (Geol.) عِلْمُ الصُّخُورِ الرُّسوبيّة

sedimentary rocks

sedimentary rocks (Geol.) صُخُورٌ رُسوبِيَّة

sedimentation (*n.*) تَرَسُّب · رُسوب ·
تَرْسِيب · إرْساب

sedimentation constant (Chem. Eng.)
ثابِتُ التَّرَسُّب

sedimentation tank (San. Eng.)
خَزَّانُ تَرْسِيب · صِهْرِيجُ تَرْوِيق

sedimentology (Geol.) عِلْمُ الرُّسابات

sediment trap مَصْيَدَةُ الرُّسابة · مَحْبِسُ الرُّسابة

seed crystal (Chem. Eng.) بِلَّورة بِزْرِيَّة :
بِلَّورةُ بَدْءِ التَّبَلْوُر في مَحْلُولٍ مُفْرِطِ التَّشَبُّع

seek (*v.*) طَلَبَ · إلْتَمَسَ · بَحَثَ عن · سعَى

seep (*v.*) نَزَّ · سَرِبَ · سَرَبَ
(*n.*) نَزٌّ · سَرَب · تَسَرُّب

seepage (*n.*) نَزّ · نَزِيز · سَرْب – إرْتِشاح ·
نَشْع · تَسَرُّب · سُروب

seepage oil زَيْتُ النَّشْع · الزَّيتُ المُتَسَرِّب

seep-water (Geol.) ماءُ السُّروب ·
ماءُ الارْتِشاح

seethe (*v.*) غَلَى · اضْطَرَبَ – أَرْغَى · أَزْبَدَ

Seger (fusion) cones (Eng.) مَخارِيط
«زِيْجَر» لِقِياسِ حَرَارَةِ الأَفْران

segment (*n.*) قِطْعة · فَلْقة · شُذْفَة
(*v.*) شَذَفَ · تَشَذَّفَ · فَصَلَ أو انْفَصَلَ
إلى قِطَع

segmentation (*n.*) تَجَزُّؤ · تَشَذُّف · تَفَلُّق

segregate (*v.*) عَزَلَ · فَصَلَ · إنْعَزَلَ

segregation (*n.*) عَزْل · فَصْل · إنْعِزال
(Geol.) كُتْلَةٌ (صَخْرِيَّة) عَزِيلة

segregation, gravitational (Mining)
الفَصْلُ التَّثاقُلِيّ · الفَصْلُ بالجاذِبيَّة

seism (*n.*) زَلْزَال · رَجْفَة · إرْتِجافٌ زَلْزَليّ

seismic = **seism(ic)al** (*adj.*)
زَلْزَاليّ · رَجْفِيّ

seismic belts (Geophys.) نِطاقا الزَّلازِل

seismic cable كَبْلُ (وَصْلِ) المِرْجفات

seismic centre (or **focus**) (Geophys.)
مَرْكَزُ الزَّلْزَلَة · مَرْكَزُ الرَّجْفَة

seismic computer (Geophys.)
حاسِبَةٌ مِرْجافِيَّة · حاسِبَةُ الرَّجفات

seismic crew (Pet. Eng.) فَرِيقُ التَّنْقِيبِ
المِرْجافِيّ : بالطَّرِيقةِ الزَّلْزَالِيَّة

seismic data gathering instrumentation مُعدَّاتُ جَمْعِ المُعْطَياتِ المِرْجافِيَّة

seismic exploration (Pet. Eng.) التَّنْقِيبُ
المِرْجافِيّ · الاستِكشافُ بالطَّرِيقةِ
الزَّلزالِيَّةِ (أو الرَّجْفِيَّة)

seismic marine survey vessel

a seismic shot

seismic recording equipment

seismic exploration at sea

SEISMIC EXPLORATION

surveying a seismic line

seismic drilling rigs

planting geophones

laying seismic cable

seismic shot hole drilling

loading a seismic shot hole

seismic shot hole firing

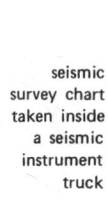

seismic survey chart taken inside a seismic instrument truck

SEL
405

seismic filter مُرَشِّح رَجْفِيّ

seismic focus (Geophys.) مَرْكَزُ الزِّلْزال • بُؤْرَةُ الرَّجْفَة

seismic line (Geophys.) خَطٌّ رَجْفِيّ (في التَّنْقيبِ المِرْجافِيّ)

seismic method (Geol.) الطَّريقةُ المِرجافيَّة • طَريقةُ الجَسِّ الزِّلزاليّ

seismic origin (Geophys.) مَرْكَزُ الزَّلْزَلة • مَرْكَزُ الرَّجْفَة

seismic party فَريقُ التَّنْقيبِ المِرْجافِيّ

seismic prospecting (Mining) التَّنْقيبُ المِرْجافيّ • التَّنْقيبُ بالطَّريقةِ الزِّلْزاليَّة (أو الرَّجْفيَّة)

seismic ray (Geophys.) شُعاعٌ زِلْزالِيّ • شُعاعٌ رَجْفِيّ

seismic records (Geophys.) تَسْجيلاتٌ مِرْجافيَّة • التَّسجيلاتُ الرَّجْفيَّة

seismic reflection survey (Geophys.) دِراسةُ الانْعِكاساتِ الرَّجْفيَّة

seismic refraction survey (Geophys.) دِراسةُ الانْكِساراتِ الرَّجْفيَّة

seismic shooting (Geophys.) التَّفْجيرُ الرَّجْفِيّ – تَسْجيلُ الرَّجَفاتِ الزِّلزاليَّة

seismic survey(ing) (Geophys.) المَسْحُ المِرْجافِيّ : المَسْحُ بالطَّريقةِ الزِّلزاليَّة (أو الرَّجْفيَّة)

seismic test إخْتِبارٌ مِرْجافيٌّ أو رَجْفِيّ

seismic waves (Geophys.) أمْواجٌ رَجْفيَّة • أمْواجٌ زِلْزاليَّة

seismism (Geophys.) الرَّجْفيَّة • الظَّواهِرُ الزِّلْزاليَّة

seismogel (Chem. Eng.) جَلٌّ (أو هُلامُ) الزَّلْزَلة • مُتَفَجِّرٌ للتَّنْقيبِ الزِّلْزاليّ

seismogram (Geophys.) صَفْحَةُ المِرْجاف • سِيزْمُوجْرام : صَفْحَةُ مِرْسَمَةِ الزَّلازِل

seismograph (Geophys.) مِرْجاف • مِرْجَفَة • مِرْسَمَةُ الرَّجْفَة • سِيزْمُوجْراف • مِرْسَمَةُ الزَّلازِل

seismographic record = seismogram سِجِلُّ المِرْجَفَة • صَفْحَةُ مِرْسَمَةِ الزَّلازِل

seismograph party (Geophys.) فِرْقَةُ تَسْجيلِ الرَّجَفات

seismologist (n.) سِيزْمُولوجي : إخْتِصاصِيّ في عِلْمِ الزِّلْزال

seismology (Geol.) سِيزْمُولُوجية • عِلْمُ الزَّلازِل

seismometer (Geophys.) سِيزْمُومِتر • مِرْجاف • مِقْياسُ الرَّجْفة

seismometer array (Geophys.) صُفَيْفَةُ مِرْجَفات : لتَعْيينِ شِدَّةِ الرَّجْفةِ واتِّجاهِها

seismometer spread (Geophys.) شَبَكَةُ المَقاييسِ المِرْجافيَّة

seismoscope (Geophys.) سِيزْمُوسكوب : مِكْشافُ الزَّلْزَلة • مِكْشافُ الرَّجَفات

seize (v.) قَبَضَ على • أمْسَكَ بِ – صادَرَ • إسْتَوْلَى على

(Naut.) أوْثَقَ • رَبَطَ (السَّفينَةَ) بالحِبال

(Eng.) لَصِبَ • إلْتَصَقَ : لِنَقْصِ التَّزْليق (زَرْجَن)

seized bearing (Eng.) مَحْمِلٌ لَصِب

seizure (n.) قَبْض – حَجْز

= **seizing up** (Eng.) لَصَب: إلْتِصاقُ السَّطْحَيْنِ المُتَحَرِّكَيْنِ لِنَقْصِ التَّزْليقِ أو الخُلوص

select (v.) إنْتَقَى • إخْتار

(adj.) مُنْتَقًى • مُخْتار

selection (n.) إنْتِقاء • إنْتِخاب – نُخْبَة

selective (adj.) إنْتِقائيّ

selective absorption (Chem. Eng.) إمْتِصاصٌ انْتِقائيّ

selective adsorption (Chem. Eng.) إمْتِزازٌ انْتِقائيّ

selective corrosion (Eng.) حَتٌّ انْتِقائيّ

selective cracking process (Pet. Eng.) طَريقَةُ التَّكْسيرِ الانْتِقائيّ

selective evaporation (Chem. Eng.) التَّبْخيرُ الانْتِقائيّ

selective extraction (Chem. Eng.) إسْتِخْلاصٌ انْتِقائيّ

selective filtering (Eng.) تَرْشيحٌ انْتِقائيّ

selective flotation (Chem. Eng.) طَفْوٌ انْتِقائيّ

selective fusion (Chem. Eng.) إنْصِهارٌ انْتِقائيّ

selective polymerization (Chem. Eng.) البَلْمَرَةُ الانْتِقائيَّة • تَبَلْمُرٌ انْتِقائيّ

selective reflection (Phys.) إنْعِكاسٌ (أو عَكْسٌ) انْتِقائيّ

selective solvent (Chem. Eng.) مُذيبٌ انْتِقائيّ

selective solvent action فِعْلُ المُذيباتِ الانْتِقائيَّة • الإذابَةُ الانْتِقائيَّة

selective solvent extraction (Chem. Eng.) الاسْتِخْلاصُ بِمُذيبٍ انْتِقائيّ

selective transmission (Phys.) إنْفاذٌ انْتِقائيّ

selectivity (n.) (Elec. Eng.) الانْتِقائيَّة : الاسْتِجابَةُ لِذَبْذَبَةٍ مُعَيَّنَةٍ دُونَ غَيْرِها

Selecto (Chem. Eng.) سِيلِكْتُو : خَليطٌ مِنَ الفينول والكْرِيزول يُسْتَعْمَلُ مُذيباً لِلمَوادِّ الأرُوماتيَّة

selenic acid (Chem.) حامِضُ السِّلينيك

selenite (Geol.) سِلِينِيت : جِبْسٌ بِلَّوْرِيٌّ شَفّاف

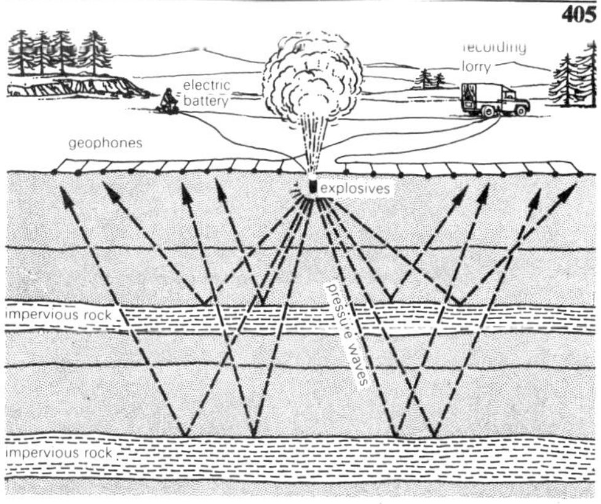

seismic test

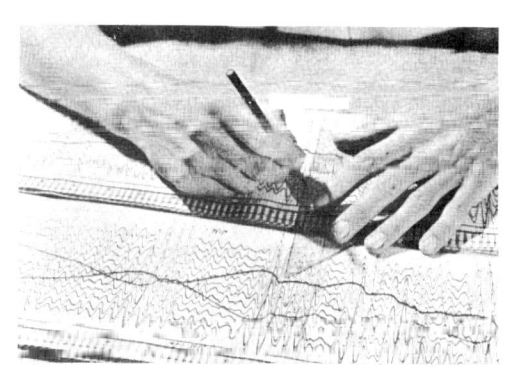

seismogram

selenitic cement (Civ. Eng.) أسْمَنْتُ السِّلينيت

selenium (Se) (Chem.) السِّلِنْيُوم : عُنْصُرٌ لا فِلِزِّيّ رَمْزُه (سل)

selenium cell (Phys.) خَلِيَّةُ السِّلِنْيُوم (الكَهْرَضَوْئيَّة)

self (n.) نَفْس • ذات

(adj.) ذاتِيّ • أُوتوماتيّ • تِلْقائيّ

self-acting (adj.) أُوتوماتيّ • ذاتِيُّ الفِعْل

self-acting brake (Eng.) مِكْبَحٌ أُوتوماتيّ

self-acting lubricator (Eng.) مِشْحَمَةٌ أُوتوماتيَّة

self-acting switch (Elec. Eng.) مِفْتاحٌ أُوتوماتيّ

self-action (Eng.) إشْتِغالٌ أُوتوماتيّ • فِعْلٌ ذاتِيّ

self-adjusting (adj.) ذاتِيُّ الانْضِباط • تِلْقائيُّ التَّعْديل

self aligning ball-bearing (Eng.) مَحْمِلُ كُرَيّاتٍ ذاتِيُّ المُحاذاة

self-alignment (n.) مُحاذاةٌ ذاتيَّة • تَراصُفٌ تِلْقائيّ

self-burning (adj.) ذاتِيُّ الاشْتِعال

self-centring chuck (Eng.) ظَرْفٌ ذاتِيُّ التَّمَرْكُز

self-cleaning (adj.) ذاتِيُّ التَّنْظيف

self-cleansing (Eng.) ذاتِيُّ التَّنظيف
self-closing (*adj.*) (Eng.) ذاتِيُّ القَفْل • يَنْغَلِقُ أُوتوماتِيّاً
self-closing gate (Hyd.) بَوَّابَةٌ ذاتِيَّةُ القَفْل
(Eng.) صِمامٌ ذاتِيُّ القَفْل
self-contained (*adj.*) مُسْتَقِلّ • تامٌّ في ذاتِه
self-contained fixed platform (Pet. Eng.) مِنَصَّةٌ ثابِتَة مُكْتَفِيَة ذاتِيّاً
self-contained mobile platform (Pet. Eng.) مِنَصَّة نَقّالَة مُكْتَفِيَة ذاتِيّاً
self-contained platform مِنَصَّة مُكْتَفِية ذاتِيّاً
self-cooled (*adj.*) ذاتِيُّ التَّبْريد • تِلْقائِيُّ التَّبريد
self discharge (*n.*) تَفْريغٌ ذاتِيٌّ(أو تِلْقائِيّ)
self discharging car (Eng.) عَرَبَةٌ أُوتوماتِيَّةُ التَّفْريغ
self-dumping skip (Civ. Eng.) قادُوسٌ أُوتوماتِيُّ التَّفْريغ
self-elevating platform مِنَصَّة ذاتِيَّة الرَّفع
self-excitation (Elec. Eng.) إِسْتِثارَة ذاتِيَّة
self-extinguishing (*adj.*) ذاتِيُّ الانْطِفاء • يَنْطَفِئُ تِلْقائِيّاً
self-feeding (*adj.*) (Eng.) ذاتِيُّ التَّغْذِيَة
self-feeding lubricator (Eng.) مِشْحَمَةٌ أُوتوماتِيَّةُ التَّغْذِيَة • مِزْيَتَة أُوتوماتِيَّةِ التَّغْذِيَة
self-heating (*adj.*) (Elec. Eng.) ذاتِيُّ التَّسْخين
self-ignitible (*adj.*) ذاتِيُّ الاشْتِعال • يَشْتَعِلُ تِلْقائِيّاً
self-ignition (*n.*) (Chem. Eng.) إِشْتِعالٌ ذاتِيّ
self-ignition temperature (Chem. Eng.) دَرَجَةُ حَرارَةِ الاشْتِعالِ الذّاتِيّ
self-induced (*adj.*) (Elec. Eng.) مُوَلَّدٌ بالحَثِّ الذّاتِيّ

self-elevating platform

self-induction (Elec. Eng.) الحَثُّ الذّاتِيّ
self-loading conveyor (Eng.) ناقِلَةٌ ذاتِيَّةُ التَّعْبِئَة
self-locking (*adj.*) ذاتِيُّ القَفْل
self-locking nut (Eng.) صَمُولَةٌ ذاتِيَّةُ الزَّنْق
self-lubricating (*adj.*) ذاتِيُّ التَّزْليق
self-luminous ذاتِيُّ الإضاءَة • نَيِّرٌ بِذاتِه
self-oiling (*adj.*) ذاتِيُّ التَّزْييت
self-potential الجُهْدُ الذّاتِيُّ (أو التِّلقائيّ)
self-priming pump (Eng.) مِضَخَّةٌ ذاتِيَّةُ التَّحْضير
self-propagating reaction (Chem. Eng.) تَفاعُلٌ ذاتِيُّ الانْتِشار
self-propelled (*adj.*) ذاتِيُّ الحَرَكَة • ذاتِيُّ الدَّفع
self-protective metal (Chem. Eng.) فِلِزٌّ ذاتِيُّ الوِقايَة
self-recording (or **self-registering**) **apparatus** (Eng.) جِهازٌ ذاتِيُّ التَّسْجيل
self-regulating (*adj.*) ذاتِيُّ التَّنْظيم • يُضْبَطُ أُوتوماتِيّاً
self-releasing (*adj.*) ذاتِيُّ الانْعِتاق
self-sealing tank (Eng.) خَزّانٌ تِلْقائِيُّ الانْسِداد
self-service (*n.*) الخِدْمَةُ الذّاتِيَّة : قِيامُ الزَّبُونِ بِخِدْمَةِ نَفْسِه بِنَفْسِه
(Pet. Eng.) الخِدْمَةُ الذّاتِيَّة : بَيْعُ أُسطواناتِ الغاز للمُسْتَهْلِك لِيَنْقُلَها ويُرَكِّبَها بِنَفْسِه
self-setting (*adj.*) ذاتِيُّ الانْضِباط
self-starter بادِئُ حَرَكَةٍ ذاتِيّ • مُقْلِعٌ تِلْقائِيّ
self-starting (*adj.*) ذاتِيُّ البَدْء
self-stifling reaction (Chem. Eng.) تَفاعُلٌ تِلْقائِيُّ الكَبْت
self-stressed cement (Civ. Eng.) إِسْمَنْتٌ ذاتِيُّ الإجْهاد : يَتَمَدَّدُ عِنْدَ الشَّكّ
self-tapping screw (Eng.) مِسْمارُ (رَبْطٍ) ذاتِيُّ اللَّوْلَبَة
seller (*n.*) بائِع – سِلْعَةٌ رائِجَة
Sellers' screw-threads = U.S. standard threads (Eng.) أَسْنانُ لَوالِبِ «سِلَرز» • أَسْنانُ اللَّوالِبِ العِيارِيَّةِ الأَميرِكِيَّة
selling-price سِعْرُ المَبيع
selvage (or **selvedge**) (*n.*) (Geol.) حاشِيَة • حافَّة • حَرْفٌ صَخْرِيّ
semaphore (*n.*) مُلَوِّحَة • سِيمافور – أُنْصُوبَة
(*v.*) أَشارَ بالمُلَوِّحَة (أو بالأَعْلام)
semi- بادِئَةٌ بِمَعْنى : نِصْف • شِبْه • جُزْئِيّ

self-priming pump

semi-annual (*adj.*) نِصْفُ سَنَوِيّ
semi-arid (*adj.*) شِبْهُ قاحِل
semi-automatic (*adj.*) نِصْفُ أُوتوماتِيّ • شِبْهُ أُوتوماتِيّ
semi-automatic arc welding (Eng.) لِحامٌ قَوْسِيّ نِصْفُ أُوتوماتِيّ
semi-basic (*adj.*) (Chem.) شِبْهُ قِلْوِيّ • نِصْفُ قاعِدِيّ
semi-basic rocks (Geol.) صُخُورٌ شِبْهُ قِلْوِيَّة
semi-bituminous coal (Mining) فَحْمٌ شِبْهُ بِتْيُومِينِيّ
semi-circle نِصْفُ دائِرَة
semi-circular (*adj.*) نِصْفُ دائِرِيّ • شِبْهُ دائِري
semi-clastic (*adj.*) نِصْفُ فُتاتِيّ • شِبْهُ فُتاتِيّ
semiclastic rock (Geol.) صَخْرٌ شِبْهُ فُتاتِيّ
semi-coke = coalite فَحْمٌ شِبْهُ مُكَوَّك • فَحْمٌ مُكَرْبَنٌ (للاسْتِعْمالِ المَنْزِلِيّ)
semi-conductor (*n.*) (Elec. Eng.) شِبْهُ مُوَصِّل: تَقِلُّ مُقاوَمَتُه بارْتِفاعِ دَرَجَةِ الحَرارَة
semi-confined (*adj.*) شِبْهُ مُنْحَصِر • مَحْصُورٌ جُزْئِيّاً
semi-conical drum بِرْمِيلٌ نِصْفُ مَخْرُوطِيّ
semi-crystalline (*adj.*) شِبْهُ مُتَبَلْوِر
semi-cylindrical (*adj.*) شِبْهُ أُسْطُوانِيّ
semi-desert (*adj.*) شِبْهُ صَحْراوِيّ
semi-destructive test (Chem. Eng.) إِخْتِبارٌ نِصْفُ إِتْلافِيّ
semi-diesel engine (Eng.) مُحَرِّكٌ شِبْهُ دِيزِل
semi-drying (*adj.*) نِصْفُ جَفُوف
semi-drying oil (Chem. Eng.) زَيْتٌ نِصْفُ جَفُوف
semi-final (*adj.*) نِصْفُ نِهائِيّ
semi-finished product نِتاجٌ نِصْفُ مَشْغُول
semi-floating (*adj.*) نِصْفُ طافٍ
semi-fluid (*n., adj.*) (Phys.) شِبْهُ مائِع • نِصْفُ سائِل
semi-fractionating distillation (Pet. Eng.) تَقْطِيرٌ نِصْفُ تَجْزِيئِيّ
semi-girder = cantilever (Civ. Eng.) كابُول • عارِضَةٌ كابُولِيَّة: مُثَبَّتَة من طَرَفٍ واحِد

semi-submersible drilling platform

semi-globular (*adj.*) نِصفُ كُرَوِيّ • شِبهُ كُرَوِيّ

semi-hard (*adj.*) شِبْهُ صُلْب

semi-hard steel فُولاذٌ شِبْهُ صَلْد

semi-liquid (*adj., n.*) شِبْهُ سائل

semi-manufactured goods بَضائِعُ نِصْفُ مُجَهَّزَة

semi-mat(t) (*adj.*) نِصْفُ مُطْفَأ اللَّمْعَة

semi-mobile (*adj.*) نِصْفُ مُتَنَقِّل • شِبْهُ ثابِت

semi-opaque (*adj.*) نِصْفُ شَفّاف • شِبْهُ أَكْمَد

semi-permeable (*adj.*) نِصْفُ مُنْفِذ

semi-permeable membrane غِشاءٌ نِصْفُ مُنْفِذ

semi-polar bond (Chem. Eng.) تَرابُطٌ شِبْهُ قُطْبِيّ

semi-porcelain (*n.*) شِبْهُ الصِّينيّ: فَخّارٌ مُمْتازٌ يُشْبِهُ الصِّينيّ

semi-portable boiler (Eng.) مِرْجَلٌ شِبْهُ ثابِت • مِرْجَلٌ نِصْفُ نَقّالِيّ

semi-refined (*adj.*) نِصْفُ مُكَرَّر • شِبْهُ نَقِيّ

semi-remote control (Elec. Eng.) تَحَكُّمٌ شِبْهُ ناءٍ: بِواسِطَةِ نَبيطَةٍ تَتَّصِلُ بالجِهازِ ولَيْسَتْ جُزْءاً منه

semi-rotary pump (Eng.) مِضَخَّةٌ نِصْفُ دَوّارة

semi-skilled worker عامِلٌ مُتَوَسِّطُ المهارة

semi-soft (*adj.*) شِبهُ لَيِّن

semi-solid (*n., adj.*) شِبه صُلْب

semi-spheric(al) (*adj.*) نِصفُ كُرَوِيّ

semi-steel (*adj*). نِصفُ فُولاذيّ

semi-steel (*n.*) (Met.) شِبْهُ الفُولاذ: نَوْعٌ من حديد الصَّبّ يُسْتَخْدَم في صُنْع المعدَّات العالية المَتانة

semi-stratified rocks (Geol.) صُخورٌ شِبهُ طِباقِيَّة

semi-submersible platform مِنَصَّةُ (حَفْرٍ) شِبْهُ غاطِسة • مِنَصَّةٌ نِصفُ غاطِسة

semi-trailer شِبهُ مَقْطورة

semi-transparent (*adj.*) نِصف شَفّاف

semi-tubular boiler (Eng.) مِرجَلٌ نِصفُ أُنبوبِيّ

semi-water gas شِبهُ غازِ الماء: مَزِيجٌ مِنَ الهَيدروجين وأوَّلِ أُكسيد الكَرْبون

S.E.N. (steam emulsion number) رَقْمُ الاستِحْلاب البُخارِيّ

send (*v.*) أَرْسَلَ • بَعَثَ • أَوْفَدَ

sender (*n.*) مُرْسِل

(Elec. Eng.) مُرْسِل • جِهازُ إرْسال

send-receive switch (Elec. Eng.) مِفتاحُ إرسالٍ واستِقْبال

Seneca oil زَيْتُ السِّينِيكا (اسمٌ أُطلِقَ على النَّفْطِ في القَرْن الثّامن عَشَر حَيْثُ كانَ هُنودُ قَبائِلِ السِّينِيكا الحُمْر يستعمِلُونَهُ للأَغراضِ الطِّبِّيَّة)

senescence (*n.*) شَيْخوخَة • هَرَم

senior inspector كَبيرُ المُفَتِّشين

seniority (*n.*) أَقْدَميّة • أَسْبَقِيَّة

sense (*n.*) حاسّة • حِسّ – إدراك • مَعْنًى • إتِّجاه

(*v.*) أَحَسَّ (أو شَعَرَ) بِ – أَدْرَكَ • قَدَّر

sense finding تَعيِينُ الاتِّجاه

sensibility (*n.*) مَحْسُوسِيَّة • إحساسِيَّة

sensible (*adj.*) مَحْسوس • مُدْرَك – مَعْقُول – حَسّاس – عاقِل

sensible heat (Phys.) الحَرارة المَحْسوسة (الحَرارة التي تَرْفَع حَرارةَ الجِسْم «أو تَخفِضُها» بِخِلافِ الحَرارةِ الكامِنة)

sensible horizon (Surv.) الأُفُق المَحسوسُ (أو الظّاهِرِيّ) • الأُفُق المَرْئِيّ

sensitive (*adj.*) حَسّاس • سَريعُ التَّأثُّر

sensitive balance مِيزان حَسّاس

sensitive market سُوقٌ حَسّاسَة: غَيرُ مُسْتَقِرّة

sensitive paper وَرَق حَسّاس

sensitivity (*n.*) حَسّاسِيّة

(Pet. Eng.) مَدَى الحَسّاسِيّة (الأوكتانيّة): الفَرقُ بين الرَّقْمِ الأوكْتانيّ الحَرَكيّ (في ظُروفِ تَشْغيلٍ ثَقيل وسُرعةٍ عالِية) والرَّقْمِ الأوكْتانيّ المُخْتَبَرِيّ (في ظُروفِ تشغيلٍ عادِيّ وسُرعةٍ مُعتدِلة)

sensitize (*v.*) جَعَلَ ذا حَسّاسِيّة • إسْتَثارَ الحَسّاسِيّة

sensitizer (Chem. Eng.) مُسْتَثيرُ الحَسّاسِيّة – مُسْتَثيرُ الحَفْز

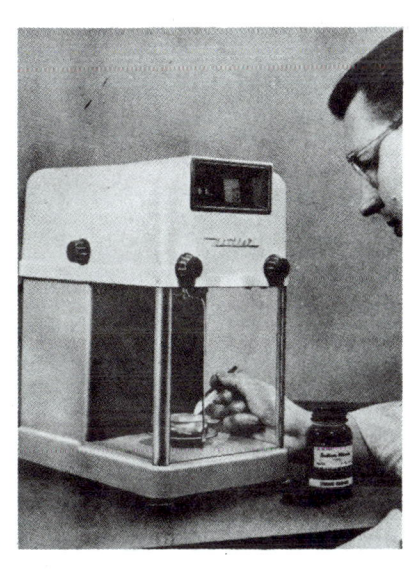

sensitive balance

sensors

sensor (*n.*) (Elec. Eng.) حَسّاس • جِهازُ إحساس

sentry (*n.*) حارِس • خَفير • دَيْدَبان – حِراسَة

separable (*adj.*) قابِلٌ للانفِصال • يَنْفَصِل

separate (*v.*) فَصَلَ • فَرَّقَ • فَرَزَ • عَزَلَ

(*adj.*) مُنْفَصِل • مُنْفَرِد • مُسْتَقِلّ • مُنْعَزِل

separating calorimeter (Eng.) كالُورِيمِتْرٌ فاصِل: لِتَقْديرِ كَمِّيَّةِ الماء (المُتَكاثِف) في البُخار

separation (*n.*) فَصْل • فَرْز • إنْفِصال

separation plane سَطْحُ الانفِصال • مُسْتَوَى الانفِصال

separation point نُقطةُ الانفِصال

separator (*n.*) فاصِل • فارِز • مُفَرِّق

(Eng.) فَرّازة • جِهازُ فَصْلٍ أو فَرْز

separator, centrifugal (Eng.) فَرّازة بالطَّرد المَرْكَزِيّ

separator, magnetic (Mining) فَرّازة مِغْنَطيسيّة

separator, oil (Pet. Eng.) فَرّازةُ الزَّيت

SEP

oil-gas separator

separator station

water separator

separator, oil-gas فاصِلُ الزَّيتِ عن الغاز
separator station مَحَطَّةُ فَرْز
separator test إختِبارٌ بالفَرّازة
separator, water فاصِلُ الماء : خَزّانُ فَصْلِ الماء عن الزَّيت الخام
separatory drum (Mining) دارَةُ فَصْل
separatory funnel (Chem. Eng.) قِمعٌ فاصِل • قِمْعُ فَصْل
septa (pl. of **septum**) حَواجِز
septal (*adj.*) حاجِزيّ
septal suture (Geol.) دَرْزَة حاجِزيَّة
septarium (pl. **septaria**) (Geol.) حاجِزٌ من الخامِ المُتحَجِّر (بين الشُّقوقِ الصَّخرِيَّة)

septate (*adj.*) ذُو حَواجِزَ فاصِلةٍ
septum (pl. **septa**) (*n.*) حاجِز • غِشاءٌ فاصِل
sequence (*n.*) تَتابُع • تَسَلْسُل • تَعاقُب • تَواتُر
sequential (*adj.*) مُتَتابِع • تَتابُعِيّ
sequestering agent (Chem. Eng.) مُنَحّي أيُونات : مادّة تَحجِزُ الأيونـاتِ بالاتِّحادِ معها في مُرَكَّبات ذَوّابة
sequestration (Chem. Eng.) تَنحِيَةُ الأيُونات
serac (Geol.) كُتلة جَليدِيَّة بُرجِيَّة
seral (*adj.*) (Biol.) تَسَلْسُلِيّ : مُتَتابِعٌ في نَفسِ البِيئة
serial (*adj.*) مُتَسَلسِل • مُتَتابِع
(*n.*) مُسَلْسَلة – حَلَقَةٌ مُسَلْسَلة
serial number رَقْمُ التَّسَلْسُل

seriate (*adj.*) مُتَسَلْسِل • مُتَتالٍ • مُتَعاقِبُ النَّسَق
sericite (Min.) سِرْسِيت : مَيكا البوتاس
series (*n.*) سِلْسِلة • مُتَسَلْسِلة • مُتَتالِية • تَسَلْسُل • تَتابُع • تَوالٍ
(Geol.) نَسَق • نَمَطٌ (صَخرِيّ) – نَسَقٌ طِباقِيّ
(*adj.*) مُتَسَلْسِل • مُتَتالٍ – على التَّوالي
series battery (Elec. Eng.) بَطّارِيَّةُ تَوالٍ • بَطّارِيَّةٌ (خَلايا) مُتَّصِلة على التَّوالي
series circuit (Elec. Eng.) دائِرةُ تَوالٍ : دائِرةٌ مُتَّصِلة على التَّوالي
series connection (Elec. Eng.) إتِّصالُ تَوالٍ • وَصْلٌ على التَّوالي
series distribution تَوزيعُ تَوالٍ • تَوزيعٌ بالتَّسَلْسُل (على التَّوالي)
series dynamo (Elec. Eng.) مُوَلِّدُ تَوالٍ
series, electro-chemical (Chem.) سِلسِلةٌ كَهْرُكِيماوِيّة
series feed (Elec. Eng.) تَغذِيَةُ تَوالٍ
series-multiple connection (Elec. Eng.) إتِّصال مُتَعَدِّدُ التَّوالي • إتِّصالُ تَوازٍ وتَوالٍ
series-parallel connection (Elec. Eng.) إتِّصالُ تَوالٍ وتَوازٍ
series-parallel network (Elec. Eng.) شَبَكَةُ تَوالٍ وتَوازٍ
series resistance (Elec. Eng.) مُقاوَمَةُ تَوالٍ: مُقاوَمة مَوْصُولَة على التَّوالي
series welding (Eng.) لِحامُ تَوالٍ
series winding (Elec. Eng.) لَفٌّ على التَّوالي – لَفيفَةُ مَجالٍ مُتَوالِيَةُ الوَصْل
series wound field مَجالُ لَفٍّ على التَّوالي
series-wound motor (Elec. Eng.) مُوتور مُتَوالي وَصْلِ اللَّفائِف
serious (*adj.*) بالِغ • خَطير • جِدِّيّ
serpentine (*n.*) (Geol.) سِربَنْتين • حَجَرُ الحَيَّة: سِلِيكات المَغْنِيسيوم الصَّخرِيَّةِ المُمَيَّأة
(*adj.*) مُلتَفّ • مُحَوًّى • ثُعْبانِيّ
serrate (*adj.*) مُسَنَّن • مُؤَشَّر • مُشَرْشَر (كالمِنشار)
(*v.*) سَنَّن • شَرْشَر
serrated (*adj.*) مُشَرْشَر • مُسَنَّن
serration (*n.*) شَرْشَرة • تأشُّر • تَسَنُّن – أشْرَة • سِنّ
serve (*v.*) خَدَمَ – صَلُحَ (لِ) • وَفَى (بالغَرَض) – مَتَّنَ (الحَبْلَ) بِلَفِّ القُماش أو السِّلْكِ (حَوْلَه)
service (*n.*) خِدْمة – مَصْلَحة • مَرْفِقٌ عامّ – صِيانة – فائِدة • نَفْع
(*v.*) خَدَمَ – صانَ • أصْلَحَ

SET

serviceable (*adj.*) خَدُوم • صالِحٌ للاستِخدام • مَتِين – نافِع • مُفِيد

service capacity (Elec. Eng.) قُدْرَةُ الخِدْمَة: القُدرةُ على الخِدْمَة

service car سَيَّارةُ تَصْليح

service centre مَرْكَزُ خَدَمات

service connection (Eng.) تَوْصِيلَةُ خِدمة • وُصلةُ إمدادٍ فَرعيَّة

service factor (Eng.) مُعامِلُ الخِدْمَة : نِسبةُ الزَّمَن الذي تَعمَلُ فيه الوَحدةُ إلى الزَّمَنِ الذي تَتَوَقَّفُ فيه للتَّنظيفِ والصِّيانة

service instructions إرْشاداتُ الخِدْمَة

service life (Eng.) أَجَلُ الخِدْمَة • مُدَّةُ الصَّلاحِيَة للخِدْمَة

service lines خُطوطُ الخِدمة • خُطوطُ الإمْداد

service, periodic خِدمةٌ دَورِيَّة

service pipe (Civ. Eng.) أُنبوبُ خِدمةٍ (فَرعيّ): لإمدادِ المَنزِل (أو المَعْمَل) بالماءِ أو الغاز

service, preventive خِدمةٌ وِقائيَّة

service reservoir خَزَّانُ إمداد

service road (Civ. Eng.) طَرِيقُ خَدَمات • طَرِيقٌ ثانَوِيَّة : مُوازِية للطريقِ الرَّئيسيَّة

service station مَحطَّةُ خِدمةٍ (للسَّيَّارات)

service tank صِهريجُ إمداد • صِهريجُ الخِدمة

service test (Eng.) إختِبار (في أثناءِ) الخِدمة

service valve صِمامُ خِدمة • صِمامُ تَفريغ

servicing (*n.*) خِدمة • تَصْليح • صِيانة

serving (*n.*) (Eng.) تَغليفُ الكَبْلِ بِنَسيجٍ مُقَيَّر – غِلافٌ مُقَيَّر (لحِفظِ الكَبْل)

service tanks

servo-brake (Eng.) مِكبَحٌ مُؤآزِر (أو مُضاعِف)

servo control (Eng.) تَحَكُّمٌ مُؤآزِر

servo (control) unit (Eng.) وَحدةُ (تَحكُّمٍ) مُؤآزِرة

servo-mechanism (Eng.) آليَّةٌ مُؤآزِرة • آليَّةٌ مُضاعِفةُ الحَرَكة – آليَّةُ تحكُّمٍ أوتوماتيّ

servo-motor (Eng.) مُحَرِّكٌ مُؤآزِر

servo-system (Elec. Eng.) نِظامُ (تحكُّمٍ) مُؤآزِر

servo-valve (Hyd. Eng.) صِمامٌ مُؤآزِر

sesame oil زَيْتُ السِّمْسِم • السِّيرَج

sesqui- (Chem.) بادِئةٌ بمَعْنى : مَرَّةٌ ونِصف • أُحاديٌّ نِصفيّ – حاوٍ نَوْعَينِ من الذَّرَّاتِ (أو المَجموعات) بِنِسبة ٢ إلى ٣

sesquioxide (Chem.) أُكسيدٌ أُحاديٌّ نِصفيّ

sesquiterpenes (Chem.) تِربينات أُحاديَّة نِصفيَّة

seston (Biol.) عَوالِقُ دَقيقة

set (*v.*) وَضَعَ • رَكَّبَ • رَكَّزَ • ثَبَّتَ – هَيَّأَ • أَعَدَّ • جَهَّزَ – رَتَّبَ • نَسَّقَ • نَظَّمَ • ضَبَطَ • عايَرَ – أَقامَ • نَصَبَ – حَدَّدَ • عَيَّنَ (مَوْعِداً أو مِثالاً) • سَجَّلَ (رَقْماً قِياسيّاً) • دَوَّنَ – جَمُدَ • عَقَدَ – شَكَّ (المِلاطُ) – غابَ • أَفَلَ • غَرَب

(*adj.*) مُعَدٌّ • مُرَتَّب • مُنَظَّم – ثابِت • راسِخ – مَوْضوع • مُقام • مَنْصُوب – مُحَدَّد • مُعَيَّن – مَضْبُوط • مُوَجَّه – جامِد • مُنْعَقِد – عازِم • مُصَمِّم

(*n.*) مَجموعة • طَقْم – جِهاز – هَيْئَة • وَضْع – تَشَوُّه • بَدْءُ المُطاوَعة – تَغَيُّرٌ ثابِت (لِفَرْطِ الإجْهاد) – إنْحِراف • مِقدارُ الإنحِراف – إتِّجاهُ (التَّيَّار أو المَجْرَى) – عَقْد • جُمود • شَكّ – ضَبْط • مِقدارُ الضَّبْط

setback (*n.*) نَكْسَة • تَراجُع • إرتِداد – عائِق

set square

set-back counter (Eng.) عَدَّادٌ رَجْعِيّ : يُمكِن إعادتُه إلى الصِّفر كلَّ مَرَّة

set bolt مِسمارُ (أو بُرغِيُّ) التَّثبيت

set collar (Eng.) طَوْقُ تَثبيت (عَمودِ الدَّوَران)

set gauge (Eng.) مُحدِّد قِياسٍ (مَضابِطِ المُعايَرة)

set grease (Pet. Eng.) شَحْمٌ جامِد

set hammer (Eng.) مِطرَقةُ تَسطيح

set nut (Eng.) صَمُولةُ التَّثبيت

set of weights (Phys.) مَجموعةُ أَوزان • طاقَمُ صَنْجات

set point (Chem. Eng.) نُقطةُ التَّصَلُّبِ (أو العَقْد) • دَرَجةُ (حَرارةِ) الجُمود

set pressure (Eng.) الضَّغطُ المُحدَّد : لِبَدْءِ التَّصريفِ مِن صِمامِ الأمان

set screw (Eng.) مِسمارُ تَثبيتٍ مُلَوْلَب – لَوْلَبُ ضَبْط

set shoe (Eng.) نَعْلُ تَثبيت

set square (Eng.) كُوس : مُثَلَّثُ رَسْمِ الزَّوايا القائمة

sett (*n.*) (Eng.) إزميلُ قَطْعٍ (مِطْرَقيُّ الشَّكْل)

= **pitcher** (Civ. Eng.) حَجَرُ رَصْف

setter (*n.*) واضِع • مُرَكِّب – مُنَظِّم • مِضْبَط – عامِلُ ضَبْط

setting (*n.*) وَضْع • تَرْكيب – تَهْيِئَة • تَوضيب – ضَبْط • مُعايَرة – وَضعِيَّة – إطارُ التَّثبيت – فَلْطَحة • تَسْوِيَة – تَصَلُّب • عَقْد • جُمود • شَكُّ (الإسمَنت)

setting coat (Civ. Eng.) طَبَقةُ التَّمليطِ النِّهائيَّة

setting device (Eng.) نَبيطةُ ضَبْط • جِهازُ مُعايَرة

setting-down (Eng.) ضَمُّ الأطرافِ المُتَراكِبة

setting gauge (Eng.) مُحدِّدُ قِياسٍ مَضابِطِ المُعايَرة

setting knob (Eng.) زِرُّ الضَّبْط

setting lever (Eng.) عَتَلةُ الضَّبْط

setting point (Chem.) نُقطةُ التَّصَلُّبِ (أو العَقْد)

setting time (Chem. Eng.) زَمَنُ التَّصَلُّب

setting up (*n.*) تَرْكيب • نَصْب • إقامة – تَأسيس • إنشاء

settle (*v.*) إستَقَرَّ • سَكَنَ • إستَوْطَنَ – هَبَطَ – رَسَبَ • تَرَسَّبَ – رَسَّبَ – رَوَّقَ • صَفَّى (أو صَفا) بالتَّرويق – وَطَّدَ • ثَبَّتَ • رَكَّزَ – نَظَّمَ • رَتَّبَ – سَوَّى • سَدَّدَ (الحِساب) – حَسَمَ (النِّزاع)

settled (*adj.*) ثابِت • مُستَقِرّ • وَطيد • مُقَرّ • مُقَرَّر – مُسَدَّد • مَدفوع • مُسَوّى

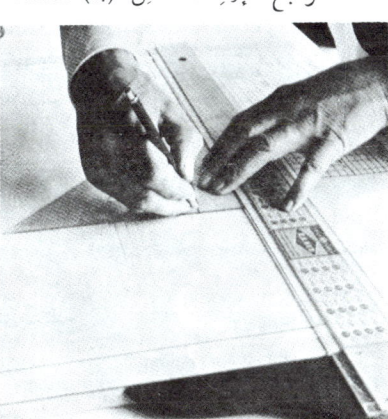

settled account حسابٌ مَدفوعٌ (أو مُسَوًّى)
settled production إنتاجٌ مُستَقِرّ
settlement (*n.*) تَسوية – تَوطيد • إقْرار – تَرَسُّب – هُبوطُ (قاعِدةِ البِناء) • تَصفية أو تَسديدُ (الحِساب) – إستِيطان – مُستَوطَنة • مُستَعْمَرة
settlement crater (Geol.) وَهْدَةُ الهُبوطِ (الاستِقراريّ)
settlement rate (Chem. Eng.) سُرعةُ التَّرَسُّب
settler (*n.*) مُستَوطِن – مُرَسِّب
(Mining) حَوضُ غَسْلِ الخام
(Chem. Eng.) خَزّانُ تَرسيب • وِعاءُ تَرسيبٍ (أو تَرويق)
settling (*n.*) تَرَسُّب • تَرسيب – إقامة • إنشاء – تَركيز • تَوطيد – هُبوط
settling basin حَوضُ تَرسيب • حَوضُ تَرويق
settling ditch خَندَقُ أو حُفرةُ تَرسيب
settling of foundations (Civ. Eng.) هُبوطُ الأساسات
settling tank (Chem. Eng.) صِهْريجُ التَّرَسُّب • خَزّانُ تَرويق
settling vat (Chem. Eng.) راقُودُ تَرويق • حَوضُ تَرسيب
settling velocity (Mech.) السُّرعةُ القُصوى للسُّقوطِ الطَّليق
(Chem. Eng.) سُرعةُ التَّرَسُّب
setup (*n.*) تَركيب • تَرتيب • نِظام – وَضْعة • هَيئةُ الوَضع
(Surv.) تَركيزُ (أجهِزةِ القِياس)
set-up-scale instrument (Eng.) جِهازُ قِياسٍ مُحَدَّدُ القِراءةِ الصُّغرى
sever (*v.*) فَصَلَ • قَطَعَ • فَصَمَ
severance (*n.*) فَصْل • قَطْع
severe (*adj.*) قاسٍ • عَنيف • صارِم • شَديد • حادّ
severity شِدّة • حِدّة – صَرامة • عُنْف
severity factor (Pet. Eng.) مُعامِلُ الصَّرامة: لِقياسِ شِدّةِ التَّحويل في عَمَليّةِ التَّكسيرِ النَّفطيّ
sewage (*n.*) (Eng.) مِياهُ الصَّرْف • مِياهُ المَجارير
sewage disposal (Eng.) تَصريفُ المِياهِ المُستَعْمَلة
sewage gas (or **sludge gas**) (Chem. Eng.) غازُ المَجارير (٦٦٪ ميثان و ٣٣٪ ثاني أُكسيدِ الكَربون)
sewage system مَجاري التَّصريف • شَبَكةُ مَجاريرِ الصَّرف
sewer (*n.*) (Eng.) مَجرى تَصريف • مَجْرُور

sextant

shaft governor

sewerage (Civ. Eng.) شَبَكةُ مَجاريرِ الصَّرف – المِياهُ المُنصَرِفة
sewer system شَبَكةُ المَجارير • شَبَكةُ مَجاري الصَّرف
sexivalent = hexavalent (*adj.*) (Chem.) سُداسِيُّ التَّكافُؤ
sextant (Surv.) سُدْسيّة • ذاتُ السُّدس
sferics (Meteor.) مِكشافُ العَواصِف – شُواشٌ (إذاعيّ)
S.G. (**show of gas**) دَلائلُ الغازِ (الطَّبيعيّ)
shab (*n.*) (Geol.) صَخرٌ بِشتيٌّ هَشّ
shackle (*n.*) شِكال – حَلْقةُ رَبْط – إسار
(*v.*) شَكَّلَ • رَبَطَ • شَبَكَ
shackle joint وُصْلةٌ شِكاليّة
shade (*n.*) ظِلّ – خَيال – تَبايُنُ (أو تَدَرُّجُ) اللَّون – لَونٌ خَفيف
(*v.*) أظَلَّ • ظَلَّلَ – حَجَبَ – بايَنَ أو دَرَّجَ اللَّون
shading (*n.*) تَظليل • تَرقينُ (الخَرائط) – تَدريجُ الألوان – حَجْب • سَتْر
shadow (*n.*) ظِلّ – شَبَح
(*v.*) ظَلَّلَ • أظَلَّ – تَعَقَّبَ
(*adj.*) شَكْليّ • صُوَريّ • خَياليّ
shadowing (*n.*) حَجْب
shadow profits أرباحٌ شَكليّة أو صُوَريّة
shadow zone نِطاقُ الظِّلّ

shaft (*n.*) (Eng.) عَمود • جِذْع – عَمودُ الإدارة • مِحْوَر
(Civ. Eng.) بِئر – جِذْعُ (أو ساقُ) العَمود – بِئرُ (أو بَيتُ) المِصْعَد
(Mining) مَهْوًى • مَهْواةُ المَنجَم أو مَدخَلُه
shaft and tunnel method (Mining) طَريقةُ الآبارِ والأنفاقِ (في التَّعدين)
shaft bearing (Eng.) مَحْمِلُ عَمودِ الإدارة
shaft boring حَفْرُ مَهواةِ المَنجَم
shaft bottom (Mining) قاعُ المَهواة
shaft cable (Civ. Eng.) كَبْلُ المَهْوى: كَبْلٌ (مُدَرَّع) للمُنشَآتِ العَموديّة
shaft collar (Eng.) طَوقُ العَمود (أو الجِذع)
(Mining) فُتحةُ المَهواة
shaft, drilling (Eng.) عَمودُ الحَفرِ (الرَّئيسيّ)
shaft drive (Eng.) إدارةٌ بعَمودِ التَّدوير (مُباشَرةً)
shaft, drive (Eng.) عَمودُ الإدارة • جِذعُ التَّدوير
shaft frame (Mining) هَيكَلُ المَهْواة: إنشاءٌ إطاريٌّ لِدَعمِ المَهواة
shaft furnace (Met.) فُرنٌ قائم: ذو حَوضٍ يُشحَنُ من أعلى ويُفَرَّغُ من أسفَل
shaft gate (Mining) بَوّابةُ المَهواة
shaft governor (Eng.) حاكِمٌ مِرْفَقيّ: يَدُورُ مع العَمودِ المِرفَقيّ (أو مع الحَذّافة)
shaft horsepower (Eng.) القُدرةُ الحِصانيّة لِذِراعِ الإدارة
shafting = line shafting (Eng.) أعمِدةُ إدارة • أعمِدةُ مُناوَلةٍ عُلْويّة
shaft ladder (Mining) سُلَّمُ المَهواة
shaft lining (Mining) بِطانةُ (بِئرِ) المَهواة
shaft mine (Mining) مَنجَمٌ بِئريّ: يُستَثمَرُ بمَهواةٍ أو أكثَر
shaft mining (Mining) التَّعدينُ الآباريّ
shaft packing تَغليفُ أو تَبطينُ (مَهواةِ) البِئر – مادّةُ التَّبطينِ أو الحَشو
shaft pillar (Mining) عَمودُ مَهواةِ المَنجَم: عَمودُ الخامِ المَتروك لتَدعيمِ مَهواةِ المَنجَم
shaft raising (Mining, Civ. Eng.) حَفرُ المَهواةِ صُعوداً
shaft set (Mining) إطارُ البِئر: إنشاءٌ إطاريٌّ لدَعمِ المَهواة
shaft sinking (Mining, Civ. Eng.) حَفرُ المَهواةِ نُزولاً
shaft timbering (Mining, Civ. Eng.) تَخشيبُ المَهواة: تَدعيمُ جَوانِبِ المَهواةِ بالأخشاب – أخشابُ (دَعمِ جَوانِبِ) المَهواة

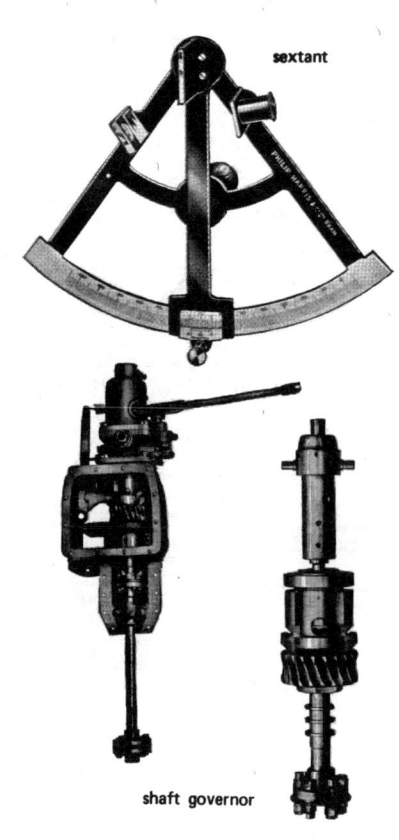

SHE
411

shales

peak shavers

shake (*v.*) هَزَّ • إهتَزَّ • رَجَّ • إرتَجَّ • إرتَعَشَ • إرتَجَفَ – قَلْقَلَ • تَقَلْقَلَ • زَعْزَعَ
(*n.*) رَجَّة • هَزَّة – تَقَلْقُل – صَدْعٌ (في الخَشَبِ أو الصَّخر) • فَلْق • شَقّ
shake out (Pet. Eng.) فَصْلٌ بالطَّرد المَرْكَزيّ: لِمَعرفةِ نِسبةِ الرَّواسِبِ والماءِ في العَيِّنة
shakeproof (*adj.*) صامِدٌ للقَلْقَلة – صامِدٌ للتَّصَدُّع (أو التَّفَلُّق)
shaker (*n.*) رَجّاجة – غِربالٌ اهتِزازيّ
shaker conveyor (Mining) ناقِلة رَجّاجة
shaking chute (Mining) مَجرًى مائِلٌ رَجّاج • مَسقَطٌ رَجّاج
shaking grate (Eng.) مُصَبَّعة اهتِزازيّة
shaking screen (Mining) مُنخُلٌ اهتِزازيّ • مِصفاةٌ رَجّاجة
shaking table (Mining) مِنضَدة رَجّاجة
shaky (*adj.*) مُتَزَعزِع • مُتَداعٍ للسُّقوط – مُتَقَلقِل – ذو صُدوع
shale (*n.*) (Geol.) طَفَل نَضيديّ • طِينٌ صَفحيٌّ مُتَحَجِّر
shale base line (Geol.) خَطُّ القاعِدة الطَّفَليّة: المُستَوى السُّفليّ لِرَقائقِ الطِّينِ الصَّفحيّ
shale, bituminous (Geol.) طَفَلٌ (نَضيديّ) قِيريّ
shale formation (Geol.) تَكوينٌ طَفَليّ • تَكوينٌ شِستيّ
shale oil (Pet. Eng.) زَيتُ الطَّفَل • الزَّيتُ الحَجَريّ (القِيريّ)
shale oil refinery (Pet. Eng.) مِصفاةُ الزَّيتِ الطَّفَليّ
shale wax (Geol.) شَمْعُ الطفَل القِيريّ • شمعٌ حَجَريّ قِيريّ
shallow (*adj.*) ضَحْل • ضَحضاح • قَليلُ العُمْق – مُسَطَّح • ضَئيل • سَطحيّ
shallow draught tankers (Naut.) ناقِلاتٌ ضَحلة الغاطِس
shallow draught vessel سَفينةٌ ضَحلةُ الغاطِس
shallow drilling (Civ. Eng.) حَفرٌ ضَحل • حَفرٌ قَليلُ العُمق
shallow jump correlation تَرابُطٌ ضَحليٌّ مُتَقَطِّع
shallows (*n.*) مِياهٌ ضَحلة
shallow water deposits (Geol.) رَواسِبُ المِياهِ الضَّحلة
shallow well (Civ. Eng.) بِئرٌ ضَحلة • بِئرٌ نَزوع
shaly (*adj.*) طَفَليّ • نَضيديّ
sham (*adj.*) زائِف • كاذِب
(*n.*) تَصَنُّع • تَمويه
sham dividend رِبحٌ صُوَريّ
shank (*n.*) قَصَبة • ساقُ (الآلة) • جِذعُ (العَمود)
= **shank ladle** مِغرَفة يَدَويّة
shape (*n.*) شَكل • مَظهَر – قالَب
(*v.*) شَكَّلَ • صاغَ • كَيَّفَ – تَشَكَّلَ • إتَّخَذَ شَكلاً
shaped iron حَديدٌ مُشَكَّل
shaper = shaping machine (*n.*) (Eng.) مَكِنةُ تَشكيل • مُشَكِّلة: بالقَشطِ أو القَطعِ أو الطَّرق – عامِلُ تَشكيل
shaping (Civ. Eng.) تَسويةُ (أرضِ الطَّريق)
share (*n.*) سَهم • سَنَد – حِصَّة • نَصيب
(*v.*) قَسَّمَ • حَصَّصَ – شارَكَ • أسهَمَ • ساهَمَ
shareholder (*n.*) مُساهِم • حامِلُ السَّهمِ أو السَّنَد • صاحِبُ أسهُم
shares, capital أسهُمٌ رَأسماليّة
sharing of profits إقتِسامُ الأرباح
shark oil زَيتُ (سَمَكِ) القِرش
sharp (*adj.*) حادّ – قاطِع – لاذِع
(*adv.*) تَماماً
sharp angle زاوِيةٌ حادّة
sharp-bend (Eng.) مِزفَق (وَصل)
حادُّ الزّاوية
sharp bit (Eng.) لُقمة (قَطع) حادّة
sharp curve مُنحنًى حادّ • مُنعَطَفٌ حادّ
sharp-edged (*adj.*) حادُّ الطَّرَف • ذُو حافَةٍ حادّة
sharpen (*v.*) شَحَذَ • سَنَّ • بَرَى
sharpening stone حَجَرُ المِسَنّ
Sharple's centrifuge (Pet. Eng.) فَرّازةُ «شارْبِل» بالطَّردِ المَركَزيّ: لِفَصلِ الشَّمعِ عن النَّفط
sharpness (*n.*) حِدّة • دِقّة
shatter (*v.*) شَظّى • تَشَظّى • حَطَّمَ • تَحَطَّمَ • مَزَّقَ • كَسَّرَ • تَكَسَّرَ – نَثَرَ • تَناثَرَ
(*n.*) كِسْرة • قِطعة • شَظيّة
shatter belt (or **zone**) (Geol.) نِطاقُ التَّمَزُّق
shattered rock (Geol.) صَخرٌ مُفَتَّت أو مُشَظّى
shattering explosives مُتَفَجِّراتٌ مُشَظِّية
shatter-proof glass زُجاجٌ صامِدٌ للتَّناثُر
shave (*v.*) كَشَطَ • قَشَرَ • سَحَجَ – حَلَقَ
shaven thread خَيطٌ بالٍ (بالاستِعمال)
shaver, peak كاشِطٌ قِمّيّ: لِفَصلِ الهَيدروكربونات الخَفيفة
shavings قُشارة • نُحاتة • بُراية • قُراضة
shea butter زُبدةُ الجَلَم: تُستَخرَجُ من بُزورِ شَجَرِ السِّي الأفريقيّ (اسمه الفرنسي جالام)
sheaf (*n.*) حُزمة • رِزمة
(*v.*) حَزَمَ
shear (*v.*) جَزَّ • جَلَمَ • قَطَعَ • قَصَّ • إنقَصَّ
(*n.*) قَصّ • جَزّ – إنفِصام
(Eng.) قَصّ: الإزاحة المُوازِية بَينَ سَطحَين مُتَوازِيَين يَتَحَرَّكان باتِّجاهَين مُتَعاكِسَين

SHE

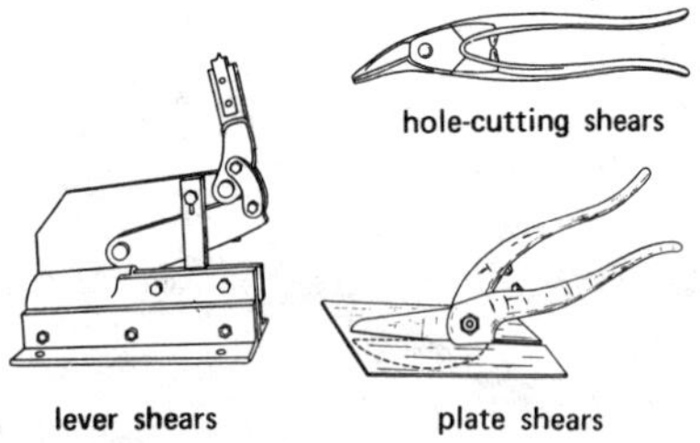

hole-cutting shears
lever shears
plate shears

shear breakdown (Eng.) إنهيارُ القَصّ
shear folding (Geol.) طَيُّ الانفِصام
shear fracture (Geol.) شَقُّ القَصّ • مَكْسِرُ القَصّ
shearing displacement (Geol.) إزاحةٌ انفِصاميَّة
shearing elasticity (Mech.) مُرونةُ القَصّ
shearing force (Mech.) قُوَّةُ القَصّ • القُوَّةُ القاصّة أو الجازّة
shearing load (Mech.) حِمْلُ القَصّ
shear(ing) pin (Eng.) مِسمارُ القَصّ
shear(ing) strain (Mech.) إنفِعالُ القَصّ
shearing strength (or **tenacity**) (Mech.) مُقاوَمةُ القَصّ
shear(ing) stress (Mech.) إجْهادُ القَصّ
shear-legs = shears (Eng.) مِرْفاعٌ مِقَصِّيّ
shear modulus = modulus of rigidity (Mech.) مُعامِلُ القَصّ • مُعامِلُ الجُسوءة
shear pin (Eng.) مِسمارُ قَصّ
shear resistant (*adj.*) صامِدٌ للقَصّ
shears (*n.*) مِقَصّ • مِقْراض • جَلَم
= **shear-legs** (Eng.) مِرْفاعٌ مِقَصِّيّ
shear slide (Geol.) إنزلاقُ القَصّ
shear strength (Mech.) مُقاوَمةُ القَصّ (في الغِشاء الزَّيتيّ)
shear stress (Mech.) إجهادُ القَصّ
shear surface (Geol.) مُستَوى القَصّ
shear vibration (Phys.) إهتِزاز مُستَعرِض • إهتِزازُ القَصّ
shear waves (Geophys.) أمْواجٌ مُستَعرِضة • أمواجُ القَصّ
shear zone (Geol.) نِطاقُ القَصّ • مِنطقةُ الانفِصام (الجَليديّ)
sheath (*n.*) غِمد • قِراب • غِلاف
sheathe (*v.*) أغْمَدَ • غَلَّفَ • دَرَّعَ
sheathed cable (Elec. Eng.) كَبْلٌ مُغلَّف أو مُدرَّع
sheathed electrode (Elec. Eng.) إلكترُودٌ مُغَلَّف ـ قَضيبُ لِحامٍ مُغَلَّف
sheathing (*n.*) غِلاف • غِطاء • دِرْع ـ تَغْطِية • تَغليف ـ مادَّةُ التَّغطيةِ أو التَّغليف
sheave (*n.*) (Eng.) بَكَرةٌ مَحزوزة ـ حَزُّ البَكَرة
(*v.*) حَزَّمَ
sheave block (Eng.) بَكّارة • ذاتُ البَكَر
sheave wheel = sheave (Eng.) بَكَرة مَحْزُوزة
shed (*n.*) ظُلَّة ـ حَظيرة
(*v.*) ذَرَفَ • أراقَ ـ صَبَّ • سَكَبَ ـ طَرَحَ
sheen (*n.*) لَمَعان • بَريق
(*v.*) لَمَعَ
sheepback (rocks) = roches moutonnees (Geol.) صُخورٌ غَنَميَّة
sheer-legs = shear-legs (Eng.) مِرْفاع مِقَصِّيّ
sheer-strake (Naut.) الجِتارُ العُلْويّ الطُّولانيّ : من وَسَطِ السَّفينة إلى طَرَفَيها
sheet (*n.*) صَفحة • لَوْح ـ صَحيفة • فَرْخ (من الوَرَق) ـ مُلاءَة • غِطاء
(Geol.) فَرِيش (الجمع : فُرُش) • طَبَقة (صَفِحيَّة)
(*v.*) غَطَّى ـ صَفَّحَ
sheet copper (Met.) نُحاسٌ صَفْحيّ (على شَكلِ صَفائح)
sheeted (*adj.*) صَفائحيّ • طِباقيّ • مُنَضَّد
sheet erosion (Geol.) تَعْرِيَة طَبَقِيَّة • كَسْحٌ طَبَقيّ
sheeting (*n.*) صَفائح • أَلْواح ـ أغطِية ـ تَصفيح : تَغطية بالصَّفائحِ أو الألواح
(Geol.) تَطَبُّق • طِباقِيَّة • تَفَرُّش • تَنَضُّد
sheeting plane (Geol.) مُستَوى التَطَبُّق
sheet iron (Met.) حَديدٌ صَفْحِيّ • حَديدُ أَلْواحٍ صاج
sheet lead (Met.) رَصاصٌ صَفحِيّ • رَصاصٌ لَوحِيّ
sheet-like intrusion (Geol.) إندِساسٌ طَبَقيّ
sheet metal (Met.) صَفيحةُ مَعدِن • لَوحٌ مَعدِنيّ
sheet metal gauge (Eng.) مِقياسُ ثَخانةِ الألْواح
sheet pile (Civ. Eng.) رَكيزةُ (دَعْمٍ) مُستَعرِضة
sheet steel (Civ. Eng.) لَوحٌ فُولاذيّ (تَزيدُ ثَخانتُه عن ٣ ملم)
sheet structure (Geol.) بِنْيَةٌ صَفائحِيَّة • تَركيبٌ طِباقيّ
shelf (*n.*) رَفّ
(Geol.) رَفٌّ صَخريّ • رَصيفٌ صَخريّ
shelf edge (Geol.) حافَّةُ الرَّصيفِ القارّيّ
shelf life (Chem. Eng.) عُمْرُ التَّخزين : المُدَّةُ التي يُمكِن فيها حِفظُ السِّلْعةِ دونَ تَلَف
shell (*n.*) قِشْرة ـ غِلاف • جِدارُ (المِرْجَل) ـ صَدَفة • مَحارة ـ قَذيفة
(Civ. Eng.) قَفَصُ (أو هَيْكَلُ) البِناء • إنشاءٌ مُفرَّغ
(Pet. Eng.) صِهريجُ (النّاقِلةِ أو الشّاحِنة)
(*v.*) قَشَرَ ـ قَذَفَ بالقَنابِل
shellac (*n.*) شِيلاك • صَمْغُ اللَّكّ ـ مَحلولُ اللَّكِّ في الكُحول
(*v.*) طَلَى أو عالَجَ باللَّكّ
shellac varnish (Chem. Eng.) وَرْنيشُ اللَّكّ
shell and coil condenser (Chem. Eng.) مُكَثِّفٌ بأُسطوانةٍ وأنابيبَ مُلتَفَّة
shell and tube condenser (Chem. Eng.) مُكَثِّفٌ باسطوانةٍ وأنابيبَ مُستَقيمة
shell auger (Eng.) مِثْقَبٌ مُجَوَّف
shell bit لُقمةُ حَفرٍ مُجَوَّفة
shell calipers (Eng.) مِقياسُ ثَخانةِ الجُدران اللَّوحيَّة
shell capacity (Pet. Eng.) سَعَةُ الصِّهريج
Shell hydrodesulfurization (Pet. Eng.) طَريقةُ (شَركة) شِل لِنَزْعِ الكِبريت بالهَيدروجين
shell inning = shell innage (Pet. Eng.) مَغمورُ الصِّهريج : العُمْقُ المُعَبَّأ من الصِّهريج
shell-like structure (Geol.) بِنْيَةٌ صَدَفيَّة (أو مَحاريَّة)
shell limestone (Geol.) حَجَرٌ جِيريٌّ مَحارِيّ
shell marble (Geol.) رُخامٌ صَدَفيّ
shell of tension (Geol.) غِلافُ الأرضِ التَّوَتُّريّ
shell outage (Pet. Eng.) فارِغُ الصِّهريج : العُمْق الفارِغ من الصِّهريج
shell plate (Eng.) لَوْحُ (تَقوِيةِ) الجِدار
shell pump = sludger (Civ. Eng.) مِضَخَّةُ تَفْريغ أو نَزْح • مِضَخَّةُ رَمْلٍ (أو طِين)
Shell roller test (Eng.) إختِبارُ شِل بالأُسطواناتِ الدَّوَّارة : إختِبارُ الاستِقرارِ الميكانيكيّ للشُّحوم بِطَريقةِ (شَركة) شِل
shell roof (Civ. Eng.) سَقفٌ قِشريّ
shelly limestone (Geol.) حَجَرٌ كِلسيٌّ صَدَفيّ
shelving (*n.*) تَرفيف : وَضعُ الرُّفوف ـ وَضعٌ على الرَّفّ • إختِزان
(Geol.) إنحِدار • حُدورٌ مُتَدَرِّج
(*adj.*) مائل • مُنحَدِر
sherardize (*v.*) (Met.) غَلْفَنَ • طَلَى (الفُولاذَ) بالزِّنك
S.H.F. (**super high frequency**) تَرَدُّدٌ فوقَ العالي
shield (*n.*) تُرس • دِرْع ـ حِجابٌ واقٍ • وِقاء • حائِل

shield (Geol.) دِرع • مِجَنّ • كُتلةٌ صَخريّةٌ قديمة
(v.) دَرَأ • حَمَى – حَجَبَ
shield, African (Geol.) الدِّرعُ الأفريقيّ
shield, Arabian (Geol.) الدِّرعُ العَرَبيّ
shielded arc welding (Eng.) لِحامٌ قَوسيٌّ مُحَجَّب : تُحجَبُ فيه مادّةُ اللِّحامِ بجَوٍّ من الغازِ الخامِل
shielded cable (Eng.) كَبْلٌ مُدَرَّع
shielded electrode (Elec. Eng.) إلِكترودٌ مُغَلَّف – قَضيبُ لِحامٍ مُغلَّف
shielding (n.) حَجْب • تَدْريع
(Phys.) حَجْبُ الإشعاع
shield tubes (Eng.) أنابيبُ تَدريع • أنابيبُ وِقاية
shift (v.) نَقَلَ • أزاحَ • تَزَحْزَحَ • إنْتَقَلَ – بَدَّلَ • غَيَّرَ
(n.) زَحْزَحة • إنتِقال • إرتِحال – تَغيُّر – نَوْبَة • نَوْبةُ عَمَل
(Geol.) زَحْزَحةٌ صَدْعيّة
shift gear (Eng.) تُرْسُ تَبديلِ السُّرعة
shifting (n.) زَحْزَحة • إزاحة • نَقْل – تَغيير • تَبديل
(adj.) مُتغيِّر – مُتَنقِّل • نَقّال
shifting dune (Geol.) كَثيبٌ (رَمليٌّ) نَقّال
shifting spanner (Eng.) مِفتاحٌ إنكليزيّ • مِفتاحُ رَبْطٍ مُتغيِّرُ القَدّ
shift work شُغلٌ بالمُناوَبة
shim (n.) (Eng.) فَلْكَة • رِفادة : رَقيقةُ ضَبْطٍ أو تَسوية – إسفينُ مُباعَدة
(v.) رَفَدَ • سَوّى برَقيقةٍ (أو فَلكة)
shimmering (n.) وَميض • تأَلُّق
shimmy = **wheel-wobble** (Mech. Eng.) تَمايُلُ الدَّواليبِ (الأماميّة)
shim set (Eng.) مَجموعةُ أسافينَ (مُتفاوِتةُ الثُّخن)
shine (v.) لَمَعَ • لَمَّعَ • تأَلَّقَ • شَعَّ
(n.) لَمَعان – لَمْعَة
shingle (n.) (Geol.) حَصًى • حَصْباء • (زَلَط)
= **shide** (Civ. Eng.) لَوحٌ خَشَبيّ رَفيع (تُكسَى به السُّقوفُ والجُدران)
(v.) كَسا بالألواح • راكَبَ الألواح
(Met.) طَرَّقَ (الحَديدَ) لإزالةِ الشَّوائب
shingle lining (Civ. Eng.) تَبطينٌ (أو تَغليفٌ) بالألواحِ الرَّفيعة
shingle saturants مَوادُّ إشرابٍ لألواحِ التَّسقيف
shiny (adj.) بَرّاق • لَمّاع • صَقيل
ship (n.) سَفينة • مَرْكَب – طائرة
(v.) شَحَنَ (بَحْراً أو جَوّاً)
ship-broker سِمسارُ شَحْنٍ بَحريّ • وَكيلُ سُفُن
ship hold (Naut.) أنبارُ السَّفينة
shiplap (sheathing) تَغطيةٌ بالألواحِ المُتَراكِبة • تَغطيةٌ مُتراكِبةُ الألواح
ship-load شِحنةُ (أو حُمولةُ) السَّفينة
ship loading facilities مَرافِقُ تَحميلِ السُّفُن
shipment (n.) شَحْن • وَسْق – شِحْنَة • حُمولة
shipping agency وَكالةُ شَحْنٍ بَحريّ
shipping dip (Pet. Eng.) غَمسُ الشَّحن : قِياسُ شِحنةِ النّاقلةِ بالمِغْماسِ أو بالشَّريطِ الصُّلب
shipping facilities مَرافِقُ النَّقلِ البَحريّ : وَسائلُ النَّقلِ البَحريّ المُتيسِّرة
shipping invoice فاتورةُ شَحْن
shipping port مِيناءُ الشَّحْن
shipping ton طَنُّ الشَّحْن : وَحدةُ حَجمٍ في عَمَليّاتِ الشَّحنِ البَحريّ تُعادِلُ ١٫١٣٣ م٣
ship's log (Naut.) سِجلُّ السَّفينة
ship's papers وَثائقُ (أو أوراقُ) السَّفينة
shipyard (n.) (Naut.) مَسْفَن • حَوْضُ بِناءِ السُّفُن
shoad (or **shode**) (Mining) قِطَعُ خامٍ سَطحيّة (إنفَصَلَت عن عِرْقٍ ناتِئٍ قَريب)
shoading (Mining) التَّنقيبُ بتَحَرّي قِطَعِ الخامِ السَّطحيّة
shoal (adj.) ضَحْل • قَليلُ العُمْق – فَوْج • سِرْب
(n.) مَخاضَة • مِياهٌ ضَحْلَة
(v.) ضَحَلَ • صارَ ضَحْلاً – إزْدَحَمَ • إجْتَمَعَ (جماعات)
shock (n.) صَدْمة – رَجّة • هَزّة
(v.) صَدَمَ • هَزَّ • أصابَ بصَدمةٍ أو رَجّة
shock absorber (Eng.) مُمْتَصُّ الصَّدَمات • مُخَمِّدُ الارتِجاج
shock absorber oil (Eng.) زَيتُ مُخَمِّدِ الصَّدَمات

shipyard

shock absorber piston (Eng.) مِكبَسُ المُخَمِّد
shock damp (Mining) غازُ الانفِجار : الغازُ النّاتِجُ عن الانفِجار (في مَنجَم)
shock dampener (Eng.) مُخَمِّدُ صَدَمات
shock load (Eng.) حِمْلٌ صَدْمِيّ
shock mounting (Eng.) حاضِنٌ (أو سِنادٌ) مُخَمِّدٌ للصَّدَمات
shockproof (adj). صامِدٌ للصَّدَمات
shock sub (Eng.) وُصلةٌ لِمَنعِ الارتِجاج
shock tube (Eng.) أُنبوبٌ صَدْمِيّ : لاختِبارِ خَصائصِ الغازِ المُتدفِّقِ بسُرعةٍ فَوقَ صَوتيّة
shock wave (Phys.) مَوْجةٌ صَدمِيّة
shoe (n.) حِذاء • نَعْل • قَبْقاب – الغِلافُ الخارِجيُّ للإطار – حِذاءُ (أو نَعلُ) المِكبَح
(v.) أنْعَلَ • وَضَعَ نَعْلاً لِ – حَنَى (طَرَفَ المِيزاب)
shoe carrier (Eng.) حامِلُ نَعْلِ المِكبَح
shoot (v.) أطْلَقَ (النّار) – قَذَفَ • رَمَى – فَجَّرَ • تَفَجَّرَ • إنْبَثَقَ – صَوَّرَ (بآلةِ تَصوير) • سَجَّلَ (بمُسجِّلةِ اهتِزازات)
(n.) مُنْحَدَر • مَجْرًى مُنحَدِر – تَفجير
shooter (n.) مُفَجِّر – مُسَجِّل (بآلةٍ تَصويريّةٍ أو مِرْجافيّة)

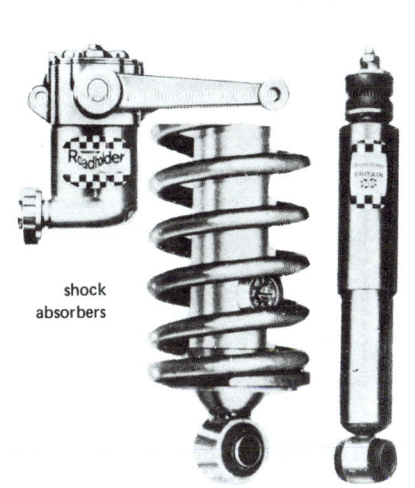

shock absorbers

shooting (*n.*) رَمْي • إطلاقُ (النّار)ـ تَفْجير ـ رَصْد • تَصْويبٌ (نَحْوَ الهَدَف) ـ تَسجيلُ (الصُّوَر أو الاهتِزازات)
(Eng.) فَلْطحة (رُؤوسِ البِرشام)
shooting boat (Pet. Eng.) قارِبُ التَّفجير : قارِبُ زَرْعِ المُتَفَجِّرات للتَّنقيبِ المِزجافيِّ البحريّ
shooting formation (Geophys.) طَبَقَةُ التَّفجير : التَّكوينُ الذي حَدَثَ فيه التَّفجير
shooting needle إبْرَةُ التَّفجير
shooting system (Pet. Eng.) نَسَقُ التَّفجير
shooting truck (Pet. Eng.) شاحِنةُ التَّفجير : شاحِنةُ زَرْعِ المُتفجِّراتِ للتَّنقيبِ المِزجافيّ
shop (*n.*) مَشْغَل • وَرْشَة ـ دُكّان • حانُوت
(*v.*) تَسَوَّقَ • تَبَضَّعَ
shop-crane (Eng.) مِرْفاعُ الوَرْشَة : للاستِعمال داخِل الوَرْشة
shop-number (Eng.) رَقْمُ الصُّنع • رَقْمُ المَصْنَع
shop repair إصْلاحٌ في الوَرْشة (لا في المَوْقع)
shop riveting (Eng.) بَرْشَمة في الوَرشة
shop weld (Eng.) لِحامٌ داخِلَ الوَرْشة
shop work عَمَلٌ داخِل الوَرْشة (لا في المَوْقع)
shoran (**shor**t **ra**nge **n**avigation) شوران (المِلاحةُ القصيرةُ المَدَى) • نِظامٌ راداريٌّ لِتَحديدِ المَواقِع بِدِقَّةٍ بالِغة
shore (*n.*) شاطِىء
(Civ. Eng.) دِعْمَة • دِعامة • سِناد
(*v.*) دَعَمَ • سَنَدَ
shore drift إنْسِياقٌ شاطِئيّ • تَيّارٌ شاطِئيّ
Shore durometer (Met.) مِقياسُ التَّحمُّلِيَّةِ لِ «شُور»
Shore hardness (Met.) صَلادةُ «شُور» • الصَّلادةُ النِّسبِيَّة
shore installations (Civ. Eng.) مُنْشَآتٌ شاطِئيَّة
shore-line خَطُّ الشّاطِىء • ساحِل • خَطُّ السّاحِل
shoring (*n.*) دَعْم • تَدْعيم ـ دِعَم • دَعائِم
short (*adj.*) قَصير ـ مُوجَز ـ قاصِر • مُقَصِّر عن الهَدَف ـ قَصِف • قَصِم
= **short-circuit** (*n.*) (Elec. Eng.) دائِرةُ قَصَر ـ عُطْلُ تَماسّ
(*v.*) (Elec. Eng.) قَصَّرَ (الدّائرة) • قَصَّرَ
shortage (*n.*) نَقْص ـ عَجْز • قُصور
short-circuit (*n.*) (Elec. Eng.) دائِرةُ قَصَر • دائِرةٌ قَصيرة • عُطْلُ تَماسّ
(*v.*) قَصَّرَ الدّائرةَ (الكَهْرَبائيّة)
short-circuited (or **shorted**) (*adj.*) مُقَصَّرُ الدّائرة

shot-hole drilling rig

short column (Civ. Eng.) عَمُودٌ قَصير : طُولُه أقَلُّ من عِشرينَ ضِعْفَ قُطْرِه
shortcomings (*n.*) عُيُوب • نُقاطُ الضَّعف • نَقائِص
short-cut (*n.*) طَريقٌ مُخْتَصَرة
shorten (*v.*) قَصَّرَ (الشَّيءَ) • قَصُرَ • تَقاصَرَ
short-fibered قَصيرُ الألياف
short flame coal (Mining) فَحْمٌ خَفيضُ اللَّهَب
shorting = **short-circuiting** (Elec. Eng.) تَقصيرُ الدّائِرةِ (الكهربائيّة)
short iron (Met.) حَديدٌ قَصيف
short loan قَرْضٌ قَصيرُ الأجَل
short-nose pliers (Eng.) زَرَدِيَّةٌ قَصيرةُ الفَكَّين
short-radius curve مُنْحَنًى حادٌّ (أو قَصيرُ المَدَى)
short range (*n.*) مَدًى قَصير
(*adj.*) قَصيرُ المَدَى
short residuum (Pet. Eng.) مُتَخَلِّفٌ شَحيح : تَطايَرَت مِنهُ حتى الزُّيوتُ المُتعادِلةِ (بالتَّقطيرِ الشَّديد)
short-stopper (Chem. Eng.) كابِحُ البَلْمَرَة • عامِلُ إيقافِ البَلْمَرة (أو التَّفاعُل)
short-term (*adj.*) قَصيرُ الأجَل
short ton طَنٌّ أميركيٌّ (يُساوي ٢٠٠٠ باوند)
short-wave receiver (Elec. Eng.) جِهازُ استِقبالِ المَوْجاتِ القَصيرة
shot (*n.*) طَلْقَة • رَمْيَة ـ مَدَى الرَّمْي ـ خُرْدُق • رَشّ ـ لَقْطَة تَصْويرِيَّة
(Naut.) وَحدةُ مَسافةٍ بِسِلْسِلَة تُساوي ٩٠ قَدَماً
shot bit لُقْمةُ حَفْرٍ خُرْدُقيّ : بِخُرْدُقِ الفُولاذ
shot blasting (Eng.) نَفْعٌ خُرْدُقيّ
shot core drilling (Pet. Eng.) حَفْرٌ خُرْدُقيٌّ لاستِخراجِ العَيِّناتِ اللُّبِّيَّة
shot drill (Civ. Eng.) حَفّارة خُرْدُقيَّة
shot drilling = **shot boring** (Civ. Eng.) حَفْرٌ خُرْدُقيّ : حَفْر بخُرْدُق الفُولاذ
shotgun بُنْدُقيَّةُ رَشّ • بُنْدُقيَّةُ صَيْد
shot hole (Geophys.) حُفْرة تَفجير • ثَقْبُ عُبْوَةِ التَّفجير : في التَّنقيبِ المِزجافيّ
shot-hole casing إطارُ حُفْرةِ التَّفجير : تَوصيلاتُ الإحاطةِ بحُفْرةِ التَّفجيرِ لِرَصْدِ الرَّجْفة
shot-hole drilling (Civ. Eng.) حَفْرُ ثُقوبِ التَّفجير : في التَّنقيبِ المِزجافيّ
shot-hole drilling rig بُرْجُ حَفْرِ ثُقوبِ التَّفجير : في التَّنقيبِ المِزجافيّ
shot point نُقْطةُ التَّفجيرِ (الاختِباريّ)
shot string سِلْكُ التَّفجير
shoulder (*n.*) كَتِف • عاتِق • مَنْكِب ـ مِسْنَد ـ كَتِفُ استِناد
(*v.*) تَنَكَّبَ • تَحَمَّلَ (مَسؤوليَّةً أو تَبِعَةً)
shove (v.) دَفَعَ • دَسَرَ
(*n.*) دَسْر ـ دَفْعة قَويَّة
(Geol.) رَمْيَة أُفُقِيَّة
shovel (*n.*) رَفْش • مِجْرَفة • جارُوف
(*v.*) جَرَفَ • رَفَشَ
shovelful (*n.*) مِلْءُ الرَّفْش • رَفْشَة
shovel, power (Eng.) مِجْرَفة آلِيَّة
show (*v.*) أظْهَرَ • أبْدَى • ظَهَرَ • بَدا • دَلَّ على • أشارَ إلى • بَيَّنَ • بَرْهَنَ ـ عَرَضَ
(*n.*) عَرْض • إظهار ـ مَظْهَر ـ مَعْرِض ـ دِلالَة • عَلامة ـ تَظاهُر • إدِّعاء
shower (*n.*) رَشاش • وابِل • هَمْرَة • شُؤْبُوب
(*v.*) إنْهَمَرَ ـ أمْطَرَ بِوابِلٍ من • رَشَّ
showings (*n.*) مُقَرِّبات • دَلائل • آثارٌ دَليليَّة • تَباشير • شَواهِد
showings, oil (Pet. Eng.) دَلائلُ (أو تَباشيرُ) الزَّيت • مُقَرِّباتُ الزَّيت • شَواهِدُ الزَّيت
show of gas (Pet. Eng.) دَلائلُ الغاز ـ ظُهورُ بَوادِرِ الغازِ (الطَّبيعيّ)
showroom صالَةُ العَرْض
S.H.P. (**s**haft **h**orse **p**ower) القُدْرَةُ الحِصانيَّةُ لِعَمودِ الإدارَة

shredded (Geol.) مُمَزَّق • مُشَظَّى – طُولِيُّ التَّشَظِّي

shrink (v.) تَقَلَّصَ • ضاقَ (بالتَّقَلُّص) • إنكمَشَ • تَقَبَّضَ • قَلَّصَ • ضَيَّقَ • قَبَّضَ

(n.) إنكِماش • تقلُّص • تَقَبُّض – مِقدارُ التَّقلُّص أو الانكِماش

shrinkage (n.) إنكِماش • تقلُّص – مِقدارُ التَّقلُّص (أو الانكِماش)

shrinkage allowance (Eng.) تَسامُحُ الانكِماش

shrinkage cavity فَجْوَةُ انكِماش

shrinkage crack شَقُّ انكِماش • شَقُّ تَقَلُّص

(Geol.) فَلْعُ انكِماش (أو تَراهُص)

shrinkage factor (Eng.) عامِلُ الانكِماش

shrinkage joint (Civ. Eng.) وُصْلَة انكِماشيّة: تَسمَحُ بالتَّقلُّص

shrinkage limit حَدُّ الانكِماش

shrinkage ratio (Eng.) نِسبةُ الانكِماش

shrinkage stoping (Mining) استِثمارٌ لا تَفْريغيّ • تُزاحُ كَمِّيَّة من الخامِ المُعَدَّن (مُؤقَّتاً) لِمَنْعِ هُبوطِ الحَفيرة

shrink factor (Eng.) مُعامِلُ الانكِماش

shrink fit (Eng.) تَوافُقُ انكِماش

shrouded (adj.) مُغطًّى • مُحَجَّب – مُقَوًّى بشَريحةٍ (أو طَوْق)

shunt (v.) (Elec. Eng.) حَوَّلَ • فَرَّعَ • تَحَوَّلَ • تَفَرَّعَ

(n.) تَفريع • تَحويلُ (الخَطّ) – تَحويلة

(Elec. Eng.) مُجَزِّئُ التَّيَّار • مُفَرِّعُ التَّيّار – دائرةُ تَوازٍ

(adj.) مُوَصَّلٌ على التَّوازي • مُتَفَرِّع

shunt circuit (Elec. Eng.) دائرةُ تَوازٍ • دائرةٌ مُتَفَرِّعة • دائرةٌ فَرْعِيَّة

shunt connection (Elec. Eng.) وَصْلٌ على التَّوازي – وُصْلَةُ تَفريع

shunt current (Elec. Eng.) تَيّارٌ مُتَفَرِّع (أو فَرعِيّ)

shunted (adj.) مُفَرَّع • مُتَفَرِّع • مُوَصَّل على التَّوازي – مُحَوَّل

shunt excitation إستِثارة (بدائرة) فَرعِيَّة

shunt meter مِقياسُ (صَبيب) فَرعِيّ

shunt regulator (Elec. Eng.) مُنَظِّمٌ مُوَصَّل على التَّوازي • دائرةُ تَوازٍ مُنَظِّمة

shunt resistance (Elec. Eng.) مُقاوَمةٌ مُوَصَّلة على التَّوازي – مُقاوَمةُ مُجَزِّئِ التَّيّار

shunt trip (Elec. Eng.) دائرةُ إعتاقٍ فَرعِيَّة

shunt-wound field (Elec. Eng.) مَجالٌ مُوَصَّلٌ على التَّوازي

shunt-wound motor (Elec. Eng.) مُحَرِّكٌ مُتَوازي تَوصيلِ اللَّفائف

shut (v.) أَغْلَقَ • أَوْصَدَ • حَجَزَ • حَبَسَ – لَحَمَ (المَعدِنَ)

(n.) إغلاق • إرْتاج – خَطُّ الالتِحام (بين قِطْعَتَيْن)

shut-down (n.) إيقافُ العَمَل • تَوَقُّفُ العَمَل – إقفال

shut-down circuit (Elec. Eng.) دائرةُ إيقاف

shut-down time زَمَنُ التَّوَقُّف • فَترةُ التَّوَقُّف

shute = chute مَجْرًى مائل • مَسْقَطٌ مائل

shut-in (adj.) حَبيس • مَحجوز • مُغلَق

(v.) أَغْلَقَ • أَقْفَلَ صِماماتِ البِئر

shut-in bottom hole pressure (Pet. Eng.) الضَّغْطُ المُغلَقُ في قاعِ البِئر

shut-in pressure (Pet. Eng.) الضَّغطُ المُغلَقُ (في بِئرِ النِّفط)

shut-in well (Pet. Eng.) بِئرٌ مُغلَقة (أو مُعَطَّلة)

shut-in well-head pressure (Pet. Eng.) الضَّغطُ المُغلَق عند فُوَّهةِ البِئر

shut-off (n.) إيقاف • وَقْف • قَطْع • عَزْل – غَلْق • قاطِع • مُوقِف

(v.) أَوْقَفَ • قَطَعَ • أَغْلَقَ

shut-off cock (Eng.) مِحْبَسُ إيقاف • صُنْبُورُ إغلاق

shut-off valve (Eng.) صِمامُ قَفْل • صِمامٌ غَلْقِيّ

shutter (n.) مِصْراع • غَلَقٌ (أوتوماتيّ) • مِغلَق • غِطاءٌ مُتَحَرِّك

shuttering (Civ. Eng.) إنشاءٌ هَيْكَلِيٌّ مُؤَقَّت: لِدَعْمِ الخَرَسانةِ المَصبوبة

shutter valve (Eng.) صِمامُ غَلْق • صِمامُ إقفال

shutting off (n.) إقفال – قَطْعُ (التَّيّار)

shutting up (n.) إغلاق • سَدّ – لِحام

shuttle (n.) مَكُّوك – وَشيعة

(v.) تَحَرَّكَ كالمَكُّوك • تَرَدَّدَ (أماماً وخَلْفاً)

(adj.) مُتَحَرِّكٌ جيئةً وذَهاباً

shuttle valve (Eng.) صِمامٌ مُتَرَدِّد

sial (Si-Al) (Geol.) سِيال: القِشرةُ السَّطحيّةُ (الغرانيتيّة) من الغِلافِ الصَّخريّ ومُعظَمُها من مُرَكَّباتِ السِّليكا والألومينا

S.I.B.H.P. (shut-in bottom hole pressure) الضَّغطُ المُغلَقُ في قاعِ البِئر

S.I.C. (specific inductive capacity) السَّعةُ الحَثِّيَّةُ النَّوعيَّة

siccative (adj.) مُجَفِّف

(n) مادّةٌ مُجَفِّفة

sick leave إجازةٌ مَرَضِيَّة

sick report تَقريرٌ مَرَضِيّ

side (n.) جَنْب • جانِب • طَرَف • جَناح • جِهة • ناحِية

(v.) إنحازَ (إلى)

(adj.) جانِبيّ – ثانَوِيّ

side-boom tractor (Eng.) جَرّارٌ ذو ذِراعِ (رَفعٍ) جانِبيّ

side bracing (Eng.) تَكتيفٌ جانِبيّ

side brackets (Eng.) كَتائِفُ جانِبيّة

side branch فَرْعٌ جانِبيّ (أو ثانَوِيّ)

side chain (Chem.) مَجموعةٌ جانِبيّة

(Eng.) سِلسِلةٌ جانِبيّة

side clearance (Eng.) خُلوصٌ جانِبيّ

side-draw (Pet. Eng.) مَسحَبٌ جانِبيّ: من بُرجِ التَّقطير

side-(draw) product (Pet. Eng.) ناتِج (سَحْب) جانِبيّ

side-draw temperature (Pet. Eng.) دَرَجةُ حَرارةِ السَّحبِ الجانِبيّ

side drift = adit (Civ. Eng.) سَرَبٌ جانِبيّ

shut-off valve

side-boom tractors

SID
416

side dump car

side dump car = side dumper قَلّابةٌ جانبيّة (التّفريغ) (Civ. Eng.)

side effects مُضاعَفاتٌ جانبيّة

side elevation مَسْقَطٌ جانبيّ

side fender مِصَدٌّ جانبيّ

side gate مَدْخَلٌ جانبيّ • بَوّابةٌ جانبيّة

side-hill bit (Civ. Eng.) مِثْقابُ الحَفْرِ المائل

side lamp مِصباحٌ جانبيّ

side light ضَوءٌ جانبيّ (لتَحديدِ المَوْضِع)

side line (Eng.) خَطٌّ جانبيّ • خطٌّ ثانَوِيّ

sidelong (*adj.*) جانِبيّ ـ مائِل • مُنْحَرِف

(*adv.*) جانبيّاً ـ بانحِراف

side moraine (Geol.) رُكامٌ جانبيّ

side motion حَرَكةٌ جانبيّة

side play (Eng.) لَعِبٌ جانبيّ

side reaction (Chem. Eng.) تَفاعُلٌ جانِبيٌّ (أو ثانَوِيّ)

siderite (Geol.) سيدِرَيت : حَديدُ النيازِك • (حَديدٌ نِيكليّ)

siderose (*adj.*) (Geol.) حَديديّ : حاوٍ حديداً لا أُكسيدِيّاً

side runner مَصَبٌّ جانبيّ

side slip إنزِلاقٌ جانبيٌّ (لفَرطِ العُطوف)

side slope إنحِدارٌ جانبيّ • إنحِدارُ الجَوانِب

side stoping (Mining) تَعدِينٌ بالحَفرِ الجانبيّ

side stream رَافِـد

sidesway (*n.*) تَمايُلٌ (أو تَراوُحٌ) جانِبيّ

side tank صِهْرِيجٌ جانبيّ

side tester (Pet. Eng.) مِتْخَذُ العيّناتِ الجانِبيّة

side thrust (Mech.) دَفْعٌ جانبيّ

side tool (Eng.) عُدَّةُ قَطْعٍ جانبيّ

side-track (*n.*) (Pet. Eng.) مَسْلَكٌ جانبيّ

(*v.*) حَوَّلَ (أو تَحَوَّلَ) إلى مَسلَكٍ جانبيّ

side-tracked hole (Civ. Eng.) ثَقْبٌ مائلُ الحَفْر • بِئرٌ مُجانَبَةُ (الحَفْرِ) (Pet. Eng.)

side-tracking (Civ. Eng.) حَفْرٌ مائِل • حَفرٌ جانبيٌّ (تحوُّليّ) ـ تَحَوُّلٌ إلى مَسلَكٍ جانبيّ

مُجانَبة : إنحِرافٌ (Pet. Eng.) جانبيٌّ لتَجاوُزِ عائق ـ تَحَوُّلٌ مُجانَب : تَحوِيـلُ اتّجـاهِ البِئر من عُمْقٍ مُعَيَّنٍ والتَّخَلّي عن القِسم السُّفْليّ

side-tracking tools (Civ. Eng.) عُدَّةُ الحَفْرِ المائِل

side valve (Eng.) صِمامٌ جانبيّ

side view مَنْظَرٌ جانبيّ

side wall جِدارٌ جانبيّ

side-wall core (Pet. Eng.) عَيِّنةٌ لُبِّيّةٌ جانِبيّة : من جِدارِ البِئر

side wall coring (Pet. Eng.) إستِخْراجُ العيِّناتِ اللُّبِّيّةِ الجانِبيّة

side-wall sample (Pet. Eng.) عيِّنةٌ لُبِّيّةٌ جانِبيّة : من جِدارِ البِئر

side wall sampler (Civ. Eng.) مُستَخْرِجةُ عيِّناتِ الحَفر الجانِبيّة

sideways = sidewise (*adv.*) جانِبيّاً • من الجانِب ـ بانحِراف

(*adj.*) جانِبيّ

siding (*n.*) خَطٌّ جانِبيّ • خَطٌّ (أو سِكّةٌ) تَخْزِين ـ ألواحُ تَبطينٍ جانِبيّة ـ إنحِيازٌ إلى جانِب

sierra (*n.*) سِيرا • سِلْسِلةُ جبالٍ مُسَنَّنَةُ القِمَم

sieve (*n.*) مُنْخُل • غِربال

(*v.*) نَخَلَ • صَفّى • إنْتَخَلَ

sieve analysis (Geol.) التَّحْليلُ المُنْخُليّ : لتَحديدِ حَجْمِ الحُبَيْباتِ وتَصْنِيفِها

sieve texture (Geol.) بِنْيَةٌ مُنْخُلِيَّة

sieve tray (Pet. Eng.) صِينيّةٌ مُنْخُليّة

sift (*v.*) نَخَلَ • غَرْبَلَ ـ مَحَّصَ • دَقَّقَ

sifter (*n.*) مُنْخُل • غِربال

siftings (*n.*) نُخالَة • نُفايَةُ النَّخْلِ أو الغَرْبَلة

sight (*n.*) مَنْظَر • مَشْهَد • مَرْأى ـ مُشاهَدة • رُؤْيَة • مُعايَنَة

(Surv.) مُصَوِّبَة • مِهْداف • جِهازُ التَّسْدِيد

(*v.*) صَوَّبَ • سَدَّدَ • عَيَّنَ الهَدَف ـ شاهَدَ • أَبْصَرَ

sight distance مَسافةُ الرُّؤْيَة • مَدَى الرُّؤْيَة

sight-feed glass أُنبوبةُ مُعايَنةِ التَّغْذِيَةِ (بالزَّيت)

sight-feed lubricator (Eng.) مُزَلِّقٌ مُعايَنُ التَّغْذِيَة • قُطارَةُ تَزيِيتٍ بأُنبوبةٍ بَيانيّةٍ شفّافة

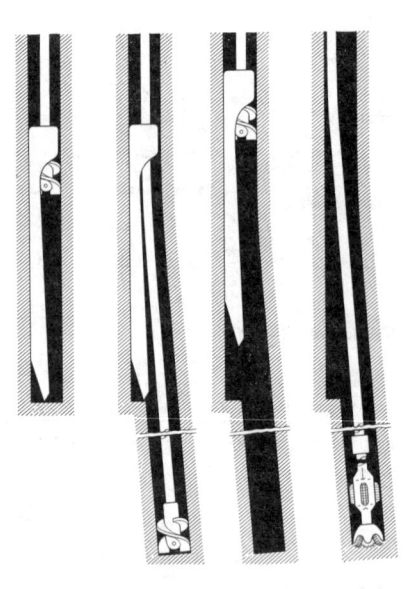

side-tracking

sight feed oil cup قَدَحُ تَزيِيتٍ مُعايَنُ التَّغْذِيَة

sight flow indicator (Eng.) مُبَيِّنُ التَّدَفُّقِ بالمُعايَنة

sight gauge مُعايِرُ التَّصويبِ (أو التَّسديد)

sight hole فُتْحَةُ مُراقَبَة

sighting board = alidade (Surv.) عِضادَة • لَوْحُ المِهداف

sighting error (Surv.) خَطَأُ التَّسدِيد

sighting line (Surv.) خَطُّ التَّسدِيد

sighting rod (Surv.) شاخِصُ التَّسْدِيد

sight rule = alidade (Surv.) عِضادَة • مِسْطَرَةُ المِهداف

sign (*n.*) إشارة • عَلامة • سِمَة • أَثَر • دِلالة ـ لافِتَة

(*v.*) عَلَّمَ • أَشارَ ـ وَقَّعَ

signal (*n.*) إشارة • رَمْز

(*v.*) أشارَ • شَوَّرَ • أَوْعَزَ بالإشارة • أَرْسَلَ إشارَةً

signal control (Elec. Eng.) تَحَكُّمٌ بالإشاراتِ (اللّاسلكِيّة)

signalize (*v.*) أَشارَ • دَلَّ على ـ مَيَّزَ

signalling (*n.*) إشارة ـ تَشْوِير • إرْسالُ الإشارات

signalling pistol مُسَدَّسُ إشارَة

signal wave (Elec. Eng.) مَوْجَةُ إشارَة

signboard (*n.*) لَوْحةُ دَلالة • لافِتَة

significance (*n.*) دَلالَة • مَعْنًى ـ أَهَمِّيَّة

significant (*adj.*) مُهِمّ • هامّ ـ ذُو مَعْنًى أو دَلالَة

signify (*v.*) دَلَّ على

sike (*n.*) نُهَيْر • جَدْوَل ـ خَنْدَق

SIM
417

silanes (Chem.) سِيلانات : سِلسِلةٌ مُتشاكِلة من هَيْدِريدات السِّليكون

silencer (Eng.) مُخمِّدُ الصَّوت • كاتِمُ الصَّوت

silencing (*n.*) خَفتُ (أو تَخميدُ) الصَّوت

silent burner حارِقٌ صامِت

silent partner شَريكٌ صامِت : لا دَخلَ لهُ في إدارةِ العَمَل

silent running (Eng.) دَوَرانٌ صامِت

silex (*n.*) سَيْلِكس : زُجاجٌ مُقاوِمٌ للحَرارة

= **silica** (Chem.) سِليكا • ثاني أُكسيدِ السِّليكون

(Geol.) ظِرّان • صَوّان

silica (Min.) سِليكا • ثاني أُكسيدِ السِّليكون

silica brick طُوبُ السِّليكا (الصّامِدُ للحَرارة)

silica gel (Chem. Eng.) جِلُّ السِّليكا : مُجَفِّفٌ شَديدُ المُمتَصِّيَّة

silica minerals (Min.) مَعادِنُ السِّليكا

silicate (*n.*) (Chem.) سِليكات : أملاحُ حامِضِ السِّليسيك

silication (*n.*) سَلْكَتة • تَسَلْكُت

siliceous cement (Civ. Eng.) إسمَنتٌ سِليسيّ

siliceous deposits (Geol.) رواسِبُ سِليكونيّة أو سِليسيّة

siliceous flux صَهُورٌ سِليكونيّ

siliceous sandstone (Geol.) حجرٌ رَمليٌّ سِليسيّ

siliceous sinter = **gyserite** صَخرُ الفَوّارات • جيزَريت : رواسِبُ مَعدِنيّة سِليكونيّة

silicic acid (Chem.) حامِضُ السِّليسيك

silicides (Chem.) سِليسيدات : مُرَكّباتُ السِّليكون مع المَعادِنِ (الفِلِزّات)

siliciferous (*adj.*) سِليكاويّ : حاوٍ السِّليكا

silicification (*n.*) (Geol.) سَلْكَتة • تَسَلْكُت

silicified rocks (Geol.) صُخورٌ مُسَلْكَتة

silicify (*v.*) سَلْكَتَ • تَسَلْكَتَ • حَوَّلَ أو تَحَوَّلَ إلى سِليكا

silicious = **siliceous** (*adj.*) سِليكونيّ • سِليسيّ

silicium = **silicon** (Chem.) السِّليسيوم • السِّليكُون

silicol (Met.) سِليكول : حَديدٌ سِليكُونيّ

silicol process (Met.) طَريقةُ السِّليكول : لِتَحضيرِ الهيدروجين بتفاعُلِ الصُّودا الكاوِية والسِّليكون

silicon (**Si**) (Chem.) السِّليكُون : عُنصُرٌ لا فِلِزّيّ رَمزُه (س)

silicon (or **silicium**) **bronze** (Met.) برونزُ السِّليكون : العالي المُوَصِّلِيّةِ الكَهربائيّة

silencers

silicon carbide (Chem.) كَربيدُ السِّليكون

silicon dioxide = **silica** (Chem.) سِليكا • ثاني أُكسيدِ السِّليكون

silicone (Chem. Eng.) سِليكُون : مُرَكَّبٌ سِليكونيٌّ مُبلمَرٌ صامِدٌ للرُّطوبة

silicone rubber (Chem. Eng.) مَطّاطُ السِّليكوون

siliconizing (Met.) سَلْكَنة (سَطحِ الفُولاذ)

silicon solar cell (Phys.) خَليّةٌ شَمسيّةٌ سِليكونيّة

silicon steel (Met.) فُولاذُ السِّليكون

silk, artificial = **rayon** (Chem. Eng.) حَريرٌ اصطِناعيّ • رايُون

sill (*n.*) أُسْكُفّة • عَتَبةُ (البابِ أو النّافِذة) — سِناد • مُتَّكأ • نَعْل

(Geol.) جُدّةٌ مُوازِية • إندِساسٌ (صَخرِيّ) أُفقيّ • عَدَسةٌ صَخرِيّةٌ مُتداخِلةُ التَّطَبُّق

silmanal سِلْمَنال : سَبيكةٌ دائِمةُ التَّمَغْنُط

silo (*n.*) سَلْوة • مَطْمُورةُ تَخزين

Sil-O-Celt سِيلُوسِلت : تُربةٌ دِياتُوميّة

silt (*n.*) (Geol.) غِرْيَن • طَمْي

(*v.*) تَغرْيَنَ • تَطَمّى • إمتَلأَ بالغِرْيَن

silting (Geol.) غَرْيَنة • تَغَرْيُن • تَرَسُّبُ الغِرْيَن

(Hyd. Eng.) إنسِداد بالغِرْيَنِ المُتَرَسِّب

siltstone (Geol.) حَجَرُ الغِرْيَن • حَجَرٌ غِرْيَنِيّ

silty (*adj.*) غِرْيَنِيّ • طَمْيِيّ

Silurian period (Geol.) العَصْرُ السِّيلُوري

Silurian system (Geol.) صُخورُ العَصرِ السِّيلُوري

silver (**Ag**) (Chem.) الفِضّة : عُنصُرٌ فِلِزّيّ رَمزُهُ (ف)

(*v.*) فَضَّضَ • طَلَى بالفِضّة

silver alloy (Met.) سَبيكةٌ فِضّيّة

silver amalgam (Met.) مُلغَمُ الفِضّة

silver bath (Elec. Eng.) مَغطَسُ الطِّلاء بالفِضّة

silver brazing alloys (Eng.) سَبائكُ لِحامٍ فِضّيّة

silver bromide (Chem.) بُرُوميدُ الفِضّة

silver chloride (Chem.) كلوريدُ الفِضّة

silver coating (Met.) طَليةُ تَفضيض • طاقةٌ وِضّيّةٌ مُغلِفة

silvered (*adj.*) مُفَضَّض — مَطليٌّ بالفِضّة

silver glance = **argentite** (Min.) خامُ كِبريتيدِ الفِضّة • أرجنتيت

silver halides (Chem.) هاليداتُ الفِضّة

silvering (*n.*) تَفضيض — تَفضيضُ الزُّجاج

silver nitrate (Chem.) نِتراتُ الفِضّة

silver-plate (*v.*) (Elec. Eng.) طلى بالفِضّةِ (إلكتروليتيّاً)

silver-plating طِلاءٌ بالفِضّة — تَفضيض

silver solder (Met.) سَبيكةُ لِحامٍ فِضّيّة

sima (Geol.) سِيما : القِشرةُ العَميقةُ (البازَلتيّة) من الغِلافِ الصَّخريّ ومُعظَمُها من مُرَكّباتِ السِّليكا والمَغنيسيا

similarity (*n.*) تَشابُه • تَماثُل • شَبَه

similar poles (Phys., Elec. Eng.) أقطابٌ مُتَشابِهة

similitude (*n.*) مُشابَهة • شَبَه — شِبه • صُورةٌ مُشابِهة

(Eng.) نُمُوذَجٌ مُشابِه

simmer (*v.*) جاشَ — أزَّ — إضطَرَبَ

simoom (Meteor.) رِيحُ السَّمُوم

simple (*adj.*) بَسيط • غَيرُ مُرَكَّب

simple beam (Civ. Eng.) عَتَبةٌ بَسيطة (غَيرُ مُرَكَّبة)

simple catenary suspension (Elec. Eng.) تَعليقٌ سِلسِليٌّ بَسيط : لِرَفعِ مُوَصِّلٍ كَهرَبائيٍّ عُلْويّ

simple distillation (Chem. Eng.) تَقطيرٌ بَسيط • تَقطيرٌ لا تَكريريّ

simple fault (Geol.) صَدْعٌ بَسيط

simple fold (Geol.) طَيّةٌ بَسيطة

simple harmonic motion (Phys.) الحَرَكةُ التَّوافُقيّةُ البَسيطة

SIM
418

single-pile platform

simple interest	فائِدةٌ بَسيطةٌ (غَيرُ مُرَكَّبة)
simplex telegraphy (Elec. Eng.)	التِّلِغرافيَّةُ المُفرَدةُ الإِرْسالِ (بِاتِّجاهٍ واحِد)
simultaneous (adj.)	آنيٌّ • مُتآوِنٌ • مُتَواقِتُ الحُدوث
simultaneous drilling	حَفْرٌ مُتآوِن
Sinclair catalytic reforming	تَهذيبُ «سِنْكلير» بِالحَفْزِ البَلاتيني : مِن ابتِكارِ سِنْكلير وَ بيكَر
sine	جَيبٌ (جا) • جَيبُ الزّاوية
sine curve (Eng.)	مُنحَنى جَيبيّ
sine galvanometer (Elec. Eng.)	غَلْفانومِتْر جَيبيّ
sine wave (Phys.)	مَوجةٌ جَيبيّة
singeing (n.)	تَشويطُ (الغَزْل)
single (adj.)	مُفرَدٌ • فَريدٌ • واحِدٌ • وَحيدٌ – فَرديٌّ • أحاديٌّ
single-acting = single action (adj.)	وَحيدُ الفِعل • مُفرَدُ الفِعل
single-acting pump (Eng.)	مِضَخَّةٌ مُفرَدةُ الفِعل
single axis	مِحوَرٌ مُفرَد
single bond (Chem.)	تَرابُطٌ أحاديٌّ • وُصلةٌ أحاديَّةٌ • رِباطٌ أحاديّ
single-conductor cable	كَبلٌ أحاديُّ المُوَصِّل
single-contact plug (Elec. Eng.)	شَمعةُ (إشعالٍ) أحاديَّةُ التَّماسّ
single control (Eng.)	تَحَكُّمٌ مُفرَد
single-cylinder engine (Eng.)	مُحَرِّكٌ أحاديُّ الأُسْطُوانة
single-cylinder pump (Eng.)	مِضَخَّةٌ أحاديَّةُ الأُسْطُوانة
single-deck screen (Mining)	مُنخَلٌ أحاديُّ الطَّبَقة
single drive (Eng.)	إدارةٌ مُفرَدة
single drum hoist (Eng.)	مِرْفاعٌ مُفرَدُ الأُسْطُوانة
single-fixed pulley (Mech.)	بَكَرةٌ مُفرَدة
single-grain structure (Geol.)	بُنْيةٌ أحاديَّةُ الحُبَيبات
single movable pulley (Mech.)	بَكَرةٌ مُفرَدةٌ مُتحَرِّكة
single-phase (adj.) (Elec. Eng.)	أحاديُّ الطَّور • وَحيدُ الطَّور
single-phase current (Elec. Eng.)	تَيّارٌ أحاديُّ الطَّور
single-phase motor (Elec. Eng.)	مُحَرِّكٌ أحاديُّ الطَّور
single-phase transformer (Elec. Eng.)	مُحَوِّلٌ أحاديُّ الطَّور
single-pile platform	مِنَصَّةٌ أحاديَّةُ الرَّكيزة
single-pivot instrument (Elec. Eng.)	جِهازُ قِياسٍ أحاديُّ المُرْتَكَز
single point entry technique (Pet. Eng.)	طَريقةُ الدُّخولِ (إلى المَكْمَنِ) بِالصَّدعِ المُفرَدِ (المُوَسَّع)
single-shot instrument	جِهازٌ أحاديُّ الطَّلْقة
single-solvent extraction (Chem. Eng.)	استِخلاصٌ أحاديُّ المُذيب
single-stage compressor (Eng.)	ضاغِطٌ وَحيدُ المَرْحَلة
single-stage pumps	مِضَخّاتٌ أحاديَّةُ المَرْحَلة
single-stage steam turbine (Eng.)	توربينٌ بُخاريٌّ أحاديُّ المَرْحَلة
single-throw crankshaft (Eng.)	عَمودُ إدارةٍ أحاديُّ المِرْفَق
single-zone well (Pet. Eng.)	بِئرٌ (مُنتِجةٌ) أحاديَّةُ الطَّبَقة
sinistrose (adj.)	يَساريٌّ
sink (v.)	غَطَسَ – غَطَّسَ – غاصَ • غَرِقَ • أغرَقَ – هَبَطَ • انخَفَضَ • غارَ – تَرَسَّبَ – حَفَرَ نُزولاً

single through crankshaft

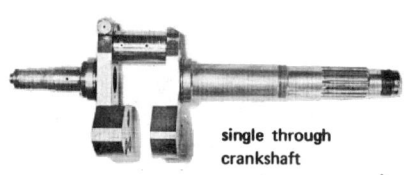

(n.)	بالوعة – حَوضُ غَسيل
(Geol.)	غَوْرٌ • مُنخَفَضٌ – حُفْرةٌ بالوعِيَّة
(Civ. Eng.)	مِرْفَقٌ بالوعيّ : يَمْنَعُ ارتِدادَ الغازِ (أو الرَّوائح)
sink and float method	طَريقةُ الطَّفوِ والغَطْسِ : لِفَصلِ السَّوائلِ المُختَلِفةِ الكَثافة
sinker (n.)	غاطِسٌ • ثِقَلُ تَغْطيسٍ – مُغَطِّسٌ • أداةُ تَغْطيسٍ
(Civ. Eng.)	أو تَعْميق
sinker bar	قَضيبُ الغاطِس
sink hole (Geol.)	حُفْرةٌ بالوعِيَّة • نَقْبٌ بالوعيّ (في الصَّخْر)
sinking (n.)	هُبوطٌ • غَوْرٌ – غَرَقٌ – حَفْرٌ • تَغْطيسٌ – تَعْميقٌ • تَغَوُّرٌ • انخِفاضٌ
(Met.)	سَحبٌ خَفْضيٌّ : طَريقةُ سَحبِ الأُنابيبِ اللاَّ مَلْحومةِ على البارِد
(Civ. Eng.)	حَفْرُ الآبارِ – حَفْرٌ عاموديّ
sinking engine (Civ. Eng.)	ماكِنةُ حَفْرِ آبارِ المَناجِم
sinking fund	مالُ التَّسْديدِ (لِاستِهلاكِ الدَّين)
sinter (v.)	لَبَّدَ • تَلَبَّدَ • التَّبَدَ • رَهَصَ – تَكَتَّلَ • ارْتَهَصَ
(Chem. Eng.)	لَبَّدَ (بِالضَّغْطِ والحَرارة)
(n.) (Geol.)	قُرارةٌ مُلتَبِدة • لِبَدة
sintered (adj.)	مُلَبَّدٌ • مُلتَبِدٌ • مُتَلَبِّدٌ
sintering (Geol.)	تَلَبُّدٌ • تَراصٌّ
sinuosity (n.) (Geol.)	تَعَرُّجٌ • تَمَعُّج
sinuous (adj.)	مُتَعَرِّجٌ • مُتَمَوِّجٌ • مُتَمَعِّج
sinuous flow (Hyd.)	تَدَفُّقٌ مُضْطَرِب
sinus (n.)	جَيبٌ • تَجويف
sinusoid = sine curve	مُنحَنى جَيبيّ

single-stage centrifugal pumps

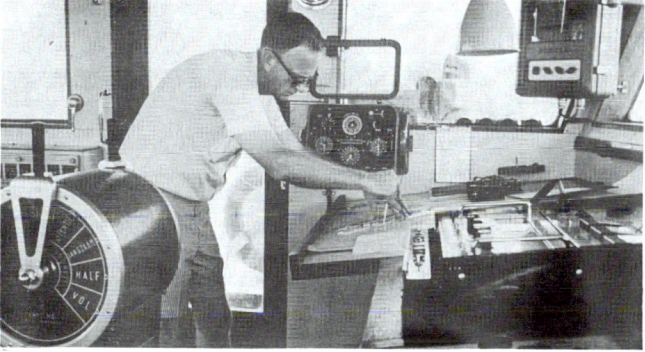

sinusoidal wave (Phys.) مَوْجَةٌ جَيْبِيَّة
S.I.P. (shut in pressure) الضَّغْطُ المُغْلَق : في بِئْرِ النَّفط
siphon (*n.*) (Hyd. Eng.) مَثْعَب • مَمَصّ – (سِيفُون) • صُنْدُوقُ الطَّرْد
(*v.*) ثَعَبَ • سَحَبَ (أو أَفْرَغَ) بالمَمَصّ
siphon box صُندوقُ الطَّرد
siphon gauge (Phys.) مِقياسٌ مَثْعَبِيّ • مانومتر
siphoning (*n.*) ثَعْب • تَفْريغٌ بالمَمَصّ أو المَثْعَب
siphon lubricator (Eng.) مُزَلِّقٌ مَثْعَبِيّ
siphon pump (Eng.) مِضَخَّةٌ مَثْعَبِيَّة
siphon-tube (or **pipe**) أُنبوبُ المَثْعَب • أُنبوبُ المَمَصّ
siren (*n.*) سَرِينَة • صَفّارة • صَفّارةُ إِنْذار
sisal rope حَبْلٌ من (قِنَّبِ) السِّيزال
S.I.T. (spontaneous ignition temperature) دَرَجةُ الاشتِعالِ التِّلقائيّ
sit (*v.*) جَلَسَ • أَجْلَسَ – إتَّسَعَ لِ
site (*n.*) (Civ. Eng.) مَوْقِع • مَوْضِع • مَكان
(*v.*) إختارَ مَوْقِعاً لِ – نَصَبَ • أَقامَ
site development إعدادُ المَوْقِع
site development plan (Eng.) مُخَطَّطُ إعدادِ المَوْقِع
site exploration (Civ. Eng.) إستِكشافُ المَوْقِع
site location تَحديدُ المَوْقِع • تَعيينُ المَوْقِع
site map (Civ. Eng.) خَريطةُ المَوْقِع
site, on (*adv.*) في المَوْقِع
site rivet (Civ. Eng.) بِرشامَةٌ تُثَبَّتُ في المَوقع
site survey (Surv.) مَسْحُ المَوقع
site weld (Civ. Eng.) لِحامٌ في المَوْقِع
situation (*n.*) مَوْقِع • مَكان – حالَة • وَضْع • مَوْقِف
S.I.W.H.P. (shut-in well-head pressure) الضَّغْطُ المُغْلَقُ عند فُوَّهة البِئْر
Six's thermometer (Phys.) ترمومتر «سِكْس» : مِقياسُ نِهايَتَيِ الحَرارةِ العُظمى والصُّغرى

site location

sizable (or **sizeable**) (*adj.*) كَبير • ضَخْم • وافِر
size (*n.*) حَجْم • قَدّ • قَدْر – عِيار • مِقْياس • قِياس
(Chem. Eng.) مادَّةٌ غَرَوِيَّة • مَعْجُونٌ نَشَوِيّ
(*v.*) صَنَّفَ حَسَبَ القِياس – عايَرَ • ضَبَطَ العِيارَ – غَطّى أو عالَجَ بمادَّةٍ غَرَوِيَّة
sized paper وَرَقٌ مُغَرّى (أو مُنَشّى)
size gauge (Eng.) مُحَدِّدُ قِياسٍ حَجْمِيّ
size of well (Pet. Eng.) حَجْمُ (إنتاجِ) البِئْر • إنتاجيَّةُ البِئر : إنتاجُ البِئْرِ اليَوميّ بالبِرميل
sizing (*n.*) تَصنيفٌ قَدّيّ • تَرتيبٌ حَسَبَ القِياس – مُعايَرَة
(Chem. Eng.) تَغْرِيَة • مُعالَجَةٌ بمادَّةٍ غَرَوِيَّة
sizing screen (Mining) غِرْبالُ تَصْنيف
sizzle (*v.*) أَزَّ • طَشَّ • فَحَّ
(*n.*) طَشيش • فَحيح
skarn (Geol.) شَوائِبُ سِيلِيسِيَّة : تَحَوَّلَت بالتَّلامُس
skeg (Naut.) امتِدادُ مُؤَخَّرِ رافِدَةِ القَصّ
skeleton (*n.*) (Eng.) هَيْكَل • [illegible]
(*adj.*) هَيْكَلِيّ
skeleton construction (Civ. Eng.) إنشاءٌ هَيْكَلِيّ
skelp (Met.) فُولاذٌ شَرِيطِيّ
skep (or **skip**) (Mining) قَفير • سَفَط • قادُوس
skerry (Geol.) جَزيرةٌ صَخرِيَّة – شِعْب
sketch (*n.*) رَسْمٌ تَخطيطيّ • مُخَطَّطٌ إجماليّ – مُسَوَّدة
(*v.*) خَطَّطَ (أو رَسَمَ) باليَد • رَسَمَ (أو وَضَعَ) مُخَطَّطاً إجمالِيّاً
skew (*adj.*) مائِل • مُتَزاوِ • مُتَخالِف • غَيْرُ مُتَماثِل
(*v.*) مالَ • إنْحَرَفَ • أَمالَ • حَرَفَ
(*n.*) مَيْل • إنْحِراف • تَخالُف
skewer (*n.*) سَفُّود • سِيخ

skew lines (Civ. Eng.) مُستَقيماتٌ مُتخالِفة : لَيسَت في مُستَوًى واحِد
skew symmetry تَماثُلٌ مُتخالِف
skew teeth (Eng.) أَسْنانٌ مائِلة
skid (*v.*) تَزَحْلَقَ • إنزَلَقَ بِاتِّجاهِ الحَرَكة – كَمَحَ (دَواليبَ العَرَبة) لِمَنعِ التَّسارُع
(*n.*) إنزِلاق • تَزَحْلُق – زَحْفٌ جانِبيّ – مِزْلَقة • زَحّافة – كَمّاحَةٌ انزِلاقيَّة
skid chain سِلْسِلةُ مَنعِ الانزِلاق
skidding (the derrick) دَحْرَجةُ (بُرْجِ الحَفْر) • إزاحَةُ (بُرْجِ البِئْر)
skid frame (Eng.) هَيْكَلٌ مُتَحَرِّك • هَيْكَلٌ انزِلاقيّ
skid-proof (*adj.*) مُضادٌّ للانزِلاق
skid rig (Civ. Eng.) جِهازُ (حَفْرٍ) نَقّالِيّ : قائِمٌ على زَحّافاتٍ أو دَحاريج
skid tank (Pet. Eng.) خَزّانٌ (أو صِهريجٌ) نَقّالِيّ
skilled labour عَمَلٌ مِهْنِيّ : يَتطَلَّبُ مَهارةً خاصَّة – يَدٌ عامِلة صَنِعة (أو ماهِرة) • عُمّالٌ صُنُع (أو مَهَرَة)
skilled worker عامِلٌ ماهِر • عامِلٌ صِنْع
skillet (*n.*) كَفْت : قِدْرٌ ذات مِقْبَض
skil(l)ful (*adj.*) ماهِر • حاذِق
skim (*v.*) قَشَدَ • كَشَطَ (الرَّغْوَةَ أو الزَّبَد) – أَسَفَّ : مَرَّ فَوْقَ السَّطح بِسُرعة – تَصَفَّحَ
(Pet. Eng.) قَطَفَ (القُطاراتِ النَّفطيَّة الخَفيفة)
(*n.*) قُشادة – طَبَقَةٌ خارِجيَّةٌ رَقيقة – مُرورٌ سَطْحِيّ
(Pet. Eng.) قُطافَةٌ نَفْطِيَّةٌ خَفيفة
skimmed crude = topped crude (Pet. Eng.) خامٌ مَقطوف
skimmer مِقْشَدَة – مِكْشَطة
skimmer shovel (or **scoop**) (Civ. Eng.) مِجْرَفَةُ تَسْوِية • مِجْرَفَةُ كَشْط
skimming (*n.*) قُشادة – كُشاطَة
(Pet. Eng.) قُطافَة : مُستَقْطَراتٌ نَفطيَّةٌ خَفيفة
(Civ. Eng.) تَسْوِيَة • تَمْهيد
= **topping** (Pet. Eng.) قَطْف : إستِقطارُ الأجزاءِ الخَفيفةِ (من النَّفطِ الخام)
skimming plant (Pet. Eng.) وَحْدَةُ قَطْف • وَحدةُ قَطفِ المُستَقْطَراتِ الخَفيفة
skimp (*v.*) قَتَّرَ
(*adj.*) ضَئيل
skin (*n.*) جِلْد – قِشْر • قِشْرَة • سَطْحٌ خارِجيّ
(Eng.) غِشاءُ البَدَنِ المَعْدِنيّ

skin (*v.*) قشر · كشط · سلخ (الجلد) — غطّى · غلّف
skin currents (Elec. Eng.) تيّارات سطحيّة
skin effect (Phys.) الظّاهرة السّطحيّة
skin factor معامل السّطح
skin friction (Eng.) الاحتكاك السّطحيّ
skin hardening (Met.) التّصليد السّطحيّ
skinning (*n.*) كشط · سلخ — قشر السّطح
skip (*v.*) قفز · تخطّى — حذف · فوّت
(*n.*) قفزة — حذف · تفويت
= **skep** (Mining) قادوس · سفط معدنيّ
skip charging (Mining) تحميل بالقواديس
skip hoisting (Mining) رفع (الخام المعدّن) بالقواديس
skip loader حمّالة قادوسيّة · محمّل قادوسيّ
skipper (*n.*) رُبّان
skip, self-dumping قادوس ذاتيّ التّفريغ
skirt (*n.*) حافّة · حاشية — إزار · تنّورة
skirting (*n.*) حاشية طوقيّة · إزار
skirt of column قاعدة العمود
sky-hooker (Civ. Eng.) عامل برج الرّفع
skyline أفق
slab (*n.*) لوح · لوحة · صفيحة · صفاحة
(Civ. Eng.) بلاطة (من الحجر أو الإسمنت)
slab oil زيت العرصات: لمنع التصاق العجين أو الحلويات بها
slab-sided (*adj.*) مسطّح الجوانب
slab-structure (Geol.) بنية صفائحيّة
slack (*adj.*) رخو · مرتخ · غير محكم الشدّ · مرخيّ — رخاء — راكد — ضعيف — بطيء · متوان
(*v.*) أرخى · تراخى — خمد · ركد — أطفأ (الكلس)
(*n.*) ركود · فترة ركود
(Geol.) فجوة · منخفض بين هضبتين
= **slack coal** (Mining) دقاق الفحم
slack barrel برميل ركيك الصّنع — برميل برافين: يحوي حوالى ٢٤٠ رطلاً من الشّمع و ١٨ رطلاً من القطران
slack cable كبل راخ: غير مشدود
slacken (*v.*) راخى · أرخى · إرتخى · إنحلّ · حلّ — أبطأ · خفّف (السّرعة)
slack-water مياه راكدة (أو شبه راكدة)
slack wax (Pet. Eng.) شمع (نفطيّ) رخو: لم يُفصل منه الزّيت
slack wind (Meteor.) ريح رُخاء
slag (*n.*) (Met.) خبث · جفاء
(Geol.) خبث البراكين: لابة مساميّة خفيفة
(*v.*) حوّل (أو تحوّل) إلى خبث

slag cement (Civ. Eng.) إسمنت الخبث المعدنيّ
slagging (*n.*) (Eng.) تكوّن الخبث — إزالة الخبث
slag wool = **mineral wool** (Met.) صوف الخبث المعدنيّ
slake (*v.*) خفّف · أضعف — أروى · أطفأ (الجير أو الكلس)
slaked lime (Chem.) جير مطفأ
slant (*adj.*) مائل · منحدر
(*n.*) ميل · إنحدار — سطح مائل
(*v.*) مال · أمال — حرف · إنحرف
slant drilling (Civ. Eng.) حفر مائل
slanted drill-hole (Civ. Eng.) ثقب مائل الحفر
slash (*v.*) شقّ (طوليّاً) · قطع · فرّض — خفّض كثيراً
(*n.*) شقّ · فصل · فرضة · حزّة — نفايات القطع · خضد
(Geol.) هور · مستنقع · أرض سبخة منخفضة
slat (*n.*) قدّة · شريحة · خوصة · لوحة · رقيقة
(*v.*) زوّد أو غطّى بالقدد
slate (*n.*) (Geol.) أردواز: صخر صفائحيّ متحوّل
(*adj.*) أردوازيّ — رماديّ داكن
slate coal (Geol.) فحم صفائحيّ (أو شستيّ)
slate oil (Pet. Eng.) زيت شستيّ
slatestone (Geol.) حجر صفحيّ ملحيّ
slaty (*adj.*) صفحيّ · صفائحيّ · نضيديّ
slaty clay (Geol.) طين صفحيّ
slaty cleavage (Geol.) تشقّق صفائحيّ (أو نضيديّ)
slaty rock (Geol.) حجر أردوازيّ · صخر نضيديّ
slave clock (Elec. Eng.) ساعة تابعة
sled (*n.*) مزلجة · زحّافة
(*v.*) نقل بمزلجة
sledge (*n.*) مزلجة · زحّافة
= **sledge hammer** (Eng.) مطرقة ثقيلة · مهدّة · مرزبّة

(*v.*) طرق بمطرقة ثقيلة — نقل على مزلجة أو زحّافة
sleeper (*n.*) جائز أفقيّ · عارضة · راقدة
(Pet. Eng.) راقدة ارتكاز (لخطّ الأنابيب)
sleeve (*n.*) (Eng.) كمّ · إياد · جلبة أسطوانيّة · صمام
sleeve bearing (Eng.) محمل كمّيّ
sleeve coupling (Eng.) تقارن كمّيّ — قارنة كمّيّة
sleeve joint (Eng.) وصلة كمّيّة
sleeve nut (Eng.) صمولة كمّيّة (أسطوانيّة)
sleeve valve (Eng.) صمام كمّيّ
slewing gear (Eng.) تروس الالتفاف (في مرفاع أو مكنة دوّارة)
slewing motion (Eng.) حركة التفافيّة (للمرفاع)
slice (*n.*) شريحة · قطعة — ملوق (لمدّ الدّهان)
(*v.*) شرّح · قطّع
sliced structure (Geol.) بنية شرائحيّة
slick (*adj.*) صقيل · أملس — زلق
(*n.*) مصقل · مملسة — غشاء صقيل (كغشاء الزّيت) يكسو سطح الماء
(*v.*) صقل · ملّس — سحج
slickenside (*n.*) (Geol.) مصقل: سطح صخريّ أملس
(*v.*) سحج · صقل بالحكّ
slide (*v.*) زلق · زلّق · إنزلق
(*n.*) زلقة · منزلق — إنزلاق — قطعة (آليّة) منزلقة — شريحة (زجاجيّة) منزلقة
(Geol.) إنزلاق صخريّ — كتلة (أرضيّة) منزلقة — صدع زلقيّ
slide (or slip) gauge (Eng.) قالب قياس منزلق
slider (*n.*) مزلقة — قطعة منزلقة · حامل منزلق
slide rail (Eng.) قضيب إنزلاق
slide resistance مقاومة (متغيّرة) إنزلاقيّة
slide rest (Eng.) سنادة منزلقة
slide rock (Geol.) هشيم (صخريّ) زالق
slide rule مسطرة (حاسبة) منزلقة

slide rule

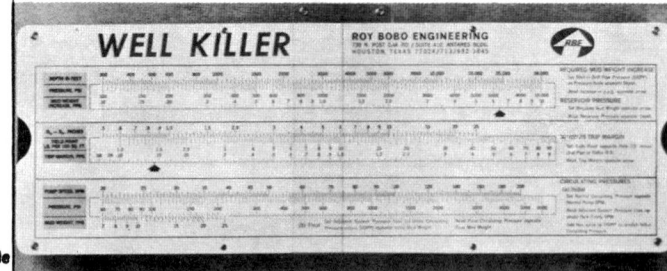

slide valve

slide valve (Eng.) صِمامٌ إنزِلاقيّ (أو مُنْزَلِق)
slide valve lead (Eng.) سَبْقُ الصِّمامِ المُنْزَلِق
slideway (Eng.) مُنْزَلَق • مَسارُ آنزِلاقِ (الصِّمام)
sliding (n.) إنزِلاق
(adj.) مُنْزَلِق • إنزِلاقيّ • زالِق
sliding caliper gauge (Eng.) فِرْجارُ قِياسٍ مُنْزَلِق
sliding canopy (Eng.) غِطاءٌ مُنْزَلِق
sliding contact (Elec. Eng.) تَماسٌّ زالِق — مُلامِسٌ مُنْزَلِق
sliding door (or gate) بابٌ مُنزَلِق • بَوّابَةٌ إنزِلاقيّة
sliding fit (Eng.) تَوافُقٌ انزِلاقيّ
sliding friction (Eng., Mech.) إحتِكاكٌ انزِلاقيّ
sliding hood غِطاءٌ مُنْزَلِق
sliding joint = slip joint (Eng.) وُصْلَةٌ مُنْزَلِقة
sliding lever (Eng.) عَتَلَةٌ مُنْزَلِقة
sliding pulley (Eng.) بَكَرَةٌ مُنْزَلِقة
sliding sleeve (Eng.) كُمٌّ مُنزَلِق
sliding valve (Eng.) صِمامٌ مُنزَلِقٌ أو زالِق
sliding weight ثِقْلٌ مُنْزَلِقٌ (لضَبْطِ الوَزْن)
slight (adj.) طَفِيف • زَهِيد
(v.) إزْدَرَى • إسْتَخَفَّ بِ
slim (adj.) هَزِيل • نَحِيل — ضَئِيل
(v.) أنْحَفَ • أنْحَلَ قَلَّلَ • خَفَّفَ
slime (n.) طِينٌ رَخْوٌ • وَحْل • حَمْأَة — مادّة غَرَوِيّة (حيوانيّة)
slim-hole (Civ. Eng.) حَفْرٌ ضَئِيلُ القُطْر • بِئْرٌ قَلِيلةُ القُطْر
slim-hole rig (Civ. Eng.) مُعَدّاتُ الحَفْرِ القَلِيلِ القُطْر
slimy (adj.) مُوْحِل • رَزِغ — غَرَوِيّ • لَزِب • لَزِج
sling (n.) حَمّالة • مِغلاق : يُثَبَّتُ فيه حَبْلُ الرَّفع — حَبْلُ الرَّفع — مِقْلاع • مِخْذَفة • خُذْرُوف
(v.) رَفَعَ بحَبْلٍ (أو بشَبَكَةِ حِبال) — عَلَّقَ • دَلَّى • تَدَلَّى
sling chain (Civ. Eng.) سِلْسِلةُ تَعليق • سِلْسِلةُ الرَّفع
slinger (n.) (Civ. Eng.) حَلْقةُ تَعليق • مِغلاق — مِخْذَفة • مِقْلاع
sling hygrometer (or psychrometer) (Meteor.) مِرْطابٌ خُذْرُوفِيّ : يَدورُ أو يُؤَرْجَحُ قَبْلَ القِراءَة
slinging (n.) (Civ. Eng.) رَفْع — تَعليقٌ (بحَبْلِ المِرْفاع)
slinging up gear (Civ. Eng.) جِهازُ الرَّفع
slinging wire سِلْكُ تَعليقٍ (أو رَفْع)
sling thermometer (Meteor.) تِرْمُومِتر خُذْرُوفيّ
slip (v.) إنْزَلَقَ • زَلَقَ • زَلَجَ — أفْلَتَ • مَلَصَ • أمْلَصَ — فَوَّتَ — زَلَّ • أخْطَأَ — إنْسابَ • تَسَلَّلَ
(n.) زَلْق • إنزِلاق — زَلَل • هَفْوَة • قُصاصة • شِقّة
(Geol.) إنزِلاقٌ (جيُولوجيّ)
(Naut.) مُنْزَلَق • رَصيفُ (إنزالٍ) مُنحَدِر
(Eng.) تَفويتٌ إنزِلاقيّ : فَرْقُ السُّرعةِ بين العُضْوِ المُدَوِّر والمُدار
slip-case (n.) (Eng.) غِطاءٌ انزِلاقيّ
slip-cleavage (Geol.) تَشَقُّقٌ كاذِب
slip clutch (Eng.) قابِضٌ انزِلاقيّ
slip cover (n.) غِطاءٌ انزِلاقيّ
slip fault (Geol.) صَدْعٌ انزِلاقيٌّ (أو زَلَقِيّ)
slip folding (Geol.) طَيُّ الانزِلاق
slip joint (Eng.) وُصْلَةٌ مُنْزَلِقة (أو زالِقة) : تَسْمَحُ بالتَّمَدُّد
slip-joint pliers (Eng.) زَرَدِيَّةٌ بِوُصْلةٍ انزِلاقيّة
slip-knot عُقْدَةٌ مُنْزَلِقة • أُنْشُوطة
slippage (n.) إنزِلاق — إفْلات
(Eng.) تَفويت • نِسبةُ التَّفويت
slipper (n.) خُفّ — قِطعةٌ مُنزَلِقة
(Eng.) نَعْلُ المِكْبَح • نَعْلُ الكَبْحِ المُنْزَلِق
(adj) إنزِلاقيّ • مُنْزَلِق • زالِق
slippery (adj.) زَلِق
slipping (n.) إنزِلاق • تَزَحُّف
slip plane (Geol.) مُسْتَوَى الانزِلاق
slip ring (Elec. Eng.) حَلْقةُ انزِلاق
slip ring (induction) motor (Elec. Eng.) مُوتور (حَثِّيّ) ذو حَلَقاتِ انزِلاق
slip shackle (Eng.) شِكالٌ انزِلاقيّ
slip socket جُلْبَةٌ انزِلاقيّة
slipstick = slide rule مِسطَرةٌ مُنزلِقة (حاسِبة)
slip-tube gauge (Pet. Eng.) مِقياسٌ بأُنبوبٍ مُنزَلِق : لِقِياسِ مَنْسُوبِ السّائل في الخَزّان
slipway (Naut.) رَصيفُ إنزالٍ (أو إنشاءٍ) مُنحَدِر
slit (n.) شَقّ • شَقٌّ طُولِيّ • فُتحَةٌ أو كُوَّةٌ مُستَطِيلة
(v.) شَقَّ • فَلَقَ • إنْشَقَّ
(adj.) مَشقوق — مُستطيلٌ وضَيِّق
slitter (n.) مِقْطَعُ شَقّ
slitting (n.) شَقّ • تَقْطيعٌ إلى شَرائح
sliver (v.) شَظَّى • تَشَظَّى • شَقَّ • إنْشَقَّ
(n.) شَظِيَّة • خُصْلة • شِلّة
sloam (Geol.) طَبَقةٌ طِينيّة
sloon bit لُقمةُ الحَفْرِ المائل
slop (n.) وَحْل — مَوادُّ مُلَوِّثة
(v.) لَوَّثَ (برَشّاشِ الوَحْل) — دَلَقَ
slop chute مَسقَطُ الفَضَلات • مَسقَطُ النُّفايات
slope (n.) (Civ. Eng.) إنحِدار • مُنْحَدَر — مَيْل • حُدور — زاوِيةُ الانحِدار
(v.) إنْحَدَرَ • تَحَدَّرَ • مالَ • أمالَ • مَيَّلَ
slope coefficient (Pet. Eng.) مُعامِلُ المَيْلِ (البَيانيّ) : لِبَيانِ عَلاقةِ لُزوجةِ الزَّيتِ بدَرَجةِ الحَرارة
slope correction (Surv.) تَصحيحُ الانحِدار
sloping (adj.) مُنحَدِر • مائل
slop oil or slops (Pet. Eng.) زَيتٌ مُلَوَّث: زُيوتٌ مُلَوَّثة تُجمَعُ وتُعادُ إلى الخام لتُكَرَّرَ مُجَدَّدًا
sloppy = slimy (adj.) لَزِج • غَرَوِيّ — مُوحِل • رَزِغ
slops (Pet. Eng.) مُلَوَّثات • مُنتَجات بِتروليّةٌ مُلَوَّثة (أو غيرُ مُطابِقة لِلمُواصَفات) تُجمَع ويُعادُ تَكريرُها
slop tank (Pet. Eng.) صِهريجُ المُلَوَّثات
slosh (v.) خَضْخَضَ • تَخَضْخَضَ • تَحَرَّكَ بِعُنْف
sloshing (n.) (Eng.) خَضْخَضة • تَخَضْخُضُ الوَقودِ السّائلِ (في الخَزّان)

slot (*n.*) ثَقب • حَز • شَقٌّ صَغيرٌ ضَيِّق – حَزّة • فُرْضة • نُقرة
(*v.*) ثَقَبَ • شَقَّ – فَرَضَ • حَزَّ • خَدَّدَ
slot cut (Eng.) قَطعٌ خُدِّيٌّ • شَقّ
(Pet. Eng.) مُقْتَطَعٌ نَفْطيٌّ وَسيط (بينَ الزَّيت والبارافين)
slot machine مَكَنةٌ شَقِّيَّة : تَعمَلُ بإسقاطِ قِطعةِ نَقدٍ في شَقٍّ لها
slotted (*adj.*) مَثقوب • مُشَقَّب • مُخَدَّد
slotted liner (Pet. Eng.) أُنبوبُ تَغليفٍ مُثَقَّب
slotting machine مَكَنةُ تَشقيبٍ أو تَخديد
slot weld(ing) (Plumb.) لِحامٌ شَقِّيّ
slough (*n.*) مُستَنقَع • أرضٌ مُوحِلة
= **sluff** (*v.*) سَلَخَ • إنسَلَخَ
(*n.*) إنسِلاخ • إنفِصالٌ طَبَقِيّ
slow (*adj.*) بَطيء
slow-acting explosive مُتَفَجِّرٌ بَطيءُ الفِعل
slow-curing asphalt (Pet. Eng.) أسفَلتٌ بَطيءُ الجُمود
slowdown (*n.*) إبطاء • تَباطُؤ
slow feed (Eng.) تَغذيةٌ بَطيئة • إلقامٌ بَطيء
slow gear (Eng.) تُرسُ السُّرعةِ البَطيئة
slow running (Eng.) دَوَرانٌ (أو تَشغيلٌ) بَطيء
slow-running jet (Eng.) مَنفَثُ الدَّوَرانِ البَطيء
slow-setting cement (Civ. Eng.) إسمَنتٌ بَطيءُ الشَّكّ
slow-speed compressor (Eng.) ضاغِطٌ بَطيءُ السُّرعة
sludge (*n.*) كُدادة • كُدارة • حُثالة • وَسَخٌ (مُتَرَسِّب) • حَمْأة • وَحَل
(Eng.) كَمْخة : كُدادةٌ (من بَقايا الشَّحمِ والأوساخ)
sludge, acid (Pet. Eng.) حَمْأةٌ حامِضيّة : تَتَخَلَّفُ بَعدَ المُعالَجةِ بحامِضِ الكِبريتيك
sludge coking plant (Chem. Eng.) وَحدةُ تَكويكِ الحَمْأةِ (الحامِضيّة) : لاستِعادةِ الحامِض
sludge dispersal agent (Chem. Eng.) مانِعُ تَرَسُّبِ الحَمْأة • مُشَتِّتُ الكُدارة
sludge formation تَكَوُّنُ الكُدادةِ أو الحَمْأة
sludgeless oil (Pet. Eng.) زَيتٌ لا حَمْئيّ (أو لا كُداديّ)
sludge lye طِينٌ قِلْويّ
sludge number (Chem. Eng.) رَقْمُ الكُدادة
sludge oil (Pet. Eng.) كُدادةُ الزَّيت : أوساخُ الزَّيتِ المُتَرَسِّبة
sludger = sludge pump (Civ. Eng.) مِضَخّةُ الحَمْأة
sludge tank صِهريجُ الحَمْأة
sludge trap مِصيَدةُ الكُدادة • مَحبِسُ الكُدادة
sludging (*n.*) تَرَسُّبُ الكُدادة (أو الحَمْأة)
sludgy (*adj.*) حَمْئيّ • مُوحِل
slue (*v.*) لَفَّ • إلتَفَّ • دارَ حَولَ مِحوَر
(*n.*) إلتِفاف • دَوَرانٌ حَولَ مِحوَر – مُستَنقَع
slug (*n.*) كُتلةٌ (أو كُرَيّة) مَعدِنيّة – سِدادٌ كُتَليّ
(Phys.) سْلَج : وَحدةُ كُتلةٍ تُساوي ٣٢٫١٧٤ باوندا
(*v.*) لَطَمَ • ضَرَبَ بعُنف – سَدَّ • سَطَمَ
slugging (*n.*) جَرَيانٌ صاخِبٌ أو مُتَقَطِّع
slugging operation (Pet. Eng.) عَمَليّةُ الضَّخِّ المُتَتابِع : ضَخُّ المُنتَوجاتِ الزَّيتيّةِ المُختَلِفةِ في أُنبوبٍ واحِدٍ على التَّعاقُب
sluggish (*adj.*) بَطيء • ثَقيلُ الحَرَكة – عَصِيُّ الصَّهر
sluice (*n.*) (Hyd. Eng.) بَوّابةُ تَحَكُّم • فُتحةُ تَصريف – قَناةُ تَصريفٍ ذاتُ بَوّابةِ تَحَكُّم
(Mining) مَسيلٌ مائيٌّ (لِطَردِ الطِّينِ والأتربة)
(*v.*) طَرَدَ (الطِّينَ أو التُّرابَ) بالدَّفقِ المائيّ
sluice (box) (Mining) حَوضُ غَسيلٍ (لاستِخلاصِ المَعادِن)
slump (*v.*) هَبَطَ • سَقَطَ فَجأةً • إنخَسَفَ • إنهارَ – كَزَّ : إنقَبَضَ ويَبِسَ
(*n.*) إنهِيار • إنخِساف • سُقوط – تَدَهْوُر
slumping (*n.*) هُبوط • غُوص • إنزِلاج
(Geol.) إنهِيارُ التُّربة – تَدَهْوُر
slump test (Civ. Eng.) إختِبارُ الهُبوط • إختِبارُ الكَزازة : لِقياسِ مَدى انقِباضِ الإسمَنتِ عِندَ الشَّكّ
slurry (*n.*) (Civ. Eng.) مِلاطٌ وَرِخ : رَقيقُ القِوام • طِينٌ رَخو • رَزَغة
(Chem. Eng.) مَعجونٌ رَقيقُ القِوام • مَعجونٌ وَرِخ
(*adj.*) رَزِغ • وَحِل • ذو عَوالِقَ دَقيقةٍ صَلبة
slurry fuel (Eng.) وَقودٌ رَزِغ : به عَوالِقُ صَلبة
slurry oil زَيتٌ رَزِغ
slurry settler (Chem. Eng.) مُرَسِّبُ الرَّزَغة
slush (*n.*) وَحَلٌ جَليديّ – رَدْغة • طِينٌ وَرِخ : رَقيقُ القِوام
(Eng.) شَحمٌ (للتَّزليق) – طِلاءٌ مانِعٌ للصَّدأ
(*v.*) مَلَّطَ • طَيَّنَ • عَبَّأَ بالطِّينِ (أو بالنُّفايات) – شَحَّمَ
slushing oil (Eng.) زَيتٌ مانِعٌ للصَّدأ
slush pit حُفرةُ الطِّين • حُفرةُ الرَّزَغة
slush pump (Civ. Eng.) مِضَخّةُ الطِّين
slyne (Geol.) مَفصِلٌ صَخريّ
small (*adj.*) صَغير • قَليل • دَقيق
small calorie (Phys.) كالوري صَغير • سُعْر
small diameter hole (Pet. Eng.) بِئرٌ صَغيرةُ القُطر
small end (Eng.) الطَّرَفُ الصَّغير (لِذراعِ التَّوصيل)
smalls (Mining) حُصَيّاتُ الخامِ المُعَدَّن
smaltine = smaltite (Min.) اسْمَلْتين : خامٌ أزرَقُ من زِرنيخيدِ الكوبَلت يُلَوِّنُ به الخَزَفُ والزُّجاج
smash (*v.*) حَطَّمَ • سَحَقَ • هَشَّمَ • كَسَّرَ • دَمَّرَ
(*n.*) تَحَطُّم • إنهِيار – إندِحار – إصطِدامٌ عَنيف
smear (*v.*) لَطَّخَ • لَوَّثَ
(*n.*) لَطخة • بُقعة – مَسْحة (على شَريحةٍ مِجهَريّة)
smell (*v.*) شَمَّ • إشتَمَّ
(*n.*) رائحة
smell, disagreeable رائحةٌ كَريهة
smelt (*v.*) (Met.) صَهَرَ • إنصَهَرَ • نَقّى بالصَّهر • سَبَكَ • إنسَبَكَ
smeltable (*adj.*) يُصْهَر • صَهُور • قابِلٌ للصَّهر
smelter (*n.*) (Met.) مَصْهَر • مَسْبَك – عامِلُ صَهْر
smeltery (*n.*) (Met.) مَصْهَر • مَسْبَك
smelting (Met.) صَهْر • إنصِهار – تَنقِيةٌ بالصَّهر
smelting plant = smeltery مَصْهَر • مَسْبَك
smith (*n.*) حَدّاد • مُطَرِّقُ مَعادِن
smithery (*n.*) حِدادة – مَشغَلُ حِدادة
smithing tools أدَواتُ الحِدادة
smithy (*n.*) مَشغَلُ حِدادة • وَرشةُ حِدادة
smog (**sm**oke and f**og**) ضَبابٌ دُخانيّ
smoke (*n.*) دُخان • دَخَن
(*v.*) دَخَّنَ • دَخَنَ • أدْخَنَ
smoke black سِناج • هَباب • سُخام
smoke box (Eng.) صُندوقُ الدُّخان
smoke formation تَكَوُّنُ الدُّخان
smokeless (*adj.*) عَديمُ الدُّخان
smokeless fuel وَقودٌ لا دُخانيّ
smoke point (Pet. Eng.) نُقطةُ الإدخان : (لاختِبارِ نَقاوةِ الكيروسين) وتُقاسُ بارتِفاعِ اللَّهَبِ بالمِليمِتر عِندَما تَبدأُ شُعلةُ الكيروسين بالإدخان

smoke-stack مِدْخَنة (عالِية)

smoke test (Eng.) إختبارٌ بالدُّخان : لاكتِشافِ مَوْضِعِ التسرُّب في أنابيبِ التَّصريف

(Pet. Eng.) إختبارُ الإدْخان : لتَعيينِ ارتِفاعِ النُّقطةِ التي يَنْبَعِثُ عندها دُخانُ شُعلةِ الكيروسين

smoke-volatility index (Pet. Eng.) دَليلُ تَطايُريَّةِ الدُّخان

smoking (n.) تَدخين

(adj.) مُدَخِّن • داخِن

smoky (adj.) كَثيرُ الدُّخان

smoky quartz = **cairngorm** (Min.) مَرْوٌ أصْفَرُ أو بُنّيّ

smolder (v.) دَخَّنَ • إحْتَرَقَ مُدَخِّناً بِلا لَهَب

(n.) دُخان • نارٌ مُدَخِّنة بلا لَهَب

smooth (adj.) أمْلَس • ناعِم – سَوِيّ • مُمَهَّد • مُنْبَسِط – سَلِس • مُنْتَظِم

(v.) مَلَّسَ • نَعَّمَ • صَقَلَ – سَوَّى • مَهَّدَ

smooth going (Eng.) سَيْرٌ مُنْتَظِم

smoothing (n.) تَمْليس • تَنْعيم • صَقْل – تَسْوِيَة

smother (v.) أخْمَدَ (النَّارَ) – خَنَقَ أو اخْتَنَقَ (بالدُّخان)

(n.) دُخانٌ خانِق – خُمُود

smo(u)ldering (n.) إحتِراقٌ بَطيءٌ داخِنٌ (بلا لَهَب)

smudge (n.) دُخانٌ كَثيفٌ خانِق – لَطْخَة

(v.) لَطَّخَ • تَلَطَّخَ – دَخَّنَ (الأشجارَ) للوِقاية

smudge oil زَيْتٌ داخِن : يُحرَقُ لِوِقايةِ أشجارِ الحَمضيّات من الجَليد (أو لِطَرْدِ الحَشَرات)

smuggle (v.) هَرَّبَ (البَضائع)

smut (n.) سِناج – فَحْمٌ ناعِمٌ رَديء

snag (n.) عائِق • عَقَبَةٌ خَفِيَّة – نُتُوء • حَيْد – جِذْعٌ نابِئ

(v.) أزالَ العَوائِقَ (خاصَّةً ما كان منها تَحتَ الماء)

snakeholing (Pet. Eng.) تَثْقيبٌ أُفْعُوانيّ : جَعلُ ثُقوبِ التَّفجيرِ في خَطٍّ مُتَلَوٍّ

snap (v.) أطْبَقَ (على) – قَضَمَ – إخْتَطَفَ – طَقْطَقَ • صَكَّ – قَصَفَ • إنْقَصَفَ • إنْقَصَمَ • إنْكَسَرَ

(n.) إطْباق – إنتِزاعٌ بحَرَكةٍ خاطِفة – فَرْقَعة – إبْزِيم • مِشْبَك

(Eng.) سُنْبُكٌ (نِصفُ كُرَوِيِّ الرَّأس) لتَدويرِ رُؤوسِ البَرشام

snap gauge (Eng.) مُحدِّدُ قِياسٍ انطِباقيّ

snap-head rivet (Eng.) بَرشامةٌ مُدوَّرةُ الرَّأس

snap ring (Eng.) حَلْقةٌ ذاتيَّةُ الإطْباق

snap switch (Elec. Eng.) مِفتاحٌ سَريعُ القَطعِ والوَصْل

snatch block بَكَرَةٌ مَقْطوعة • بَكَرَةٌ ذاتُ فُتحةٍ جانبيَّة تُعَلَّقُ في طَرَفِ حَبْلِ الرَّفع

sniff (v.) نَشَقَ • تَنَشَّقَ (مُسْتَرْوِحاً)

(n.) نَشْقَة

sniff test (Pet. Eng.) إختِبارٌ استِرواحيّ • إختِبارٌ بالشَّمّ : للكَشفِ عن وُجودِ مَوادَّ رَوِحَةٍ في الغازِ المُسَيَّل

snifting valve (Eng.) صِمامُ تَنَشُّق • صِمامُ تَنفيس

snip (v.) قَصَّ • قَرَضَ

(n.) قَصَّة – قُصاصة

snips (n.) مِقْراض

snitcher (Pet. Eng.) كاشِفة • جاسُوس : جِهازٌ كَهرَبائيٌّ يُحدِّدُ مَوضِعَ البِطانةِ الضَّعيفة في خَطِّ الأنابيب

snooper (n.) (Phys.) مِكْشافٌ إشعاعيّ

snore piece (Mining) غُطاطُ المِضَخَّة : طَرَفُ أُنبوبِ الضَّخِّ المُتَّصِلُ بسَطحِ الماء

snout (n.) خَطْم – بُرْبازُ (النَّرْبيج)

snout boring machine (Eng.) مَكَنَةُ حَفْرٍ خَطْميَّة

snow-patch erosion (Geol.) تَعْرِيَةٌ ثَلْجِيَّة

snow-slide = **snow-slip** (Geol.) إنْهِيارٌ ثَلْجِيّ

snowstorm (Meteor.) عاصِفَةٌ ثَلْجِيَّة

snub (v.) يُخَمِّد • يَصُدُّ – يُوقِفُ فَجْأَةً (كَبْلاً أو بَكَرَةً كارَّة)

snubber (Eng.) مُمتَصُّ صَدَمات – مُخَمِّد • مِصَدّ

snubbing device نُبَيطةُ تَخْميدٍ أو صَدّ – نُبَيطةُ تَوقيفِ (الكَبْلِ عند انتِهائه)

snub(bing) post (Naut.) عَمُودُ رَبْطِ (القَوارِب)

snug (adj.) مُريح – مُحْكَمُ التَّفصيل – إحتِضانيّ

(v.) رَتَّبَ في وَضعٍ مُريح – إحْتَضَنَ

(n.) عُرْوَة • ماسِكة

snug fit (Eng.) تَوافُقٌ احتِضانيٌّ مُحكَم

S.O. (**show of oil**) دَلائِلُ (أو تَباشيرُ) الزَّيت

s.o. & g. (**show of oil and gas**) دَلائِلُ الزَّيتِ والغاز

soak (v.) نَقَعَ • بَلَّلَ • شَرَّبَ • تَشَرَّبَ • إنْتَقَعَ

(Chem. Eng.) شَرَّبَ : حَفِظَ الحَرارةَ لإنضاجِ التَّفاعُل

(n.) نَقْع • إنْتِقاع – سائِلُ النَّقْع

soakage (n.) تَشَرُّب • إنْتِقاع – سائِلُ التَّشَرُّب • سائِلُ الارتِشاح

soakaway (Civ. Eng.) حُفْرةُ التَّشَرُّب : لتَصْريفِ الماءِ بالارتِشاح

soaker (Chem. Eng.) مُشَرِّبٌ حَراريٌّ إنضاجيّ

soaking (n.) تَشْريب • نَقْع

(Chem. Eng.) تَشْريبٌ حَراريٌّ إنضاجيّ : حِفظُ الحَرارةِ لمُدَّةٍ مُعيَّنةٍ حتى يَتِمَّ التَّفاعُل

soaking chamber (Chem. Eng.) حُجرةُ التَّشْريبِ الإنضاجيِّ الحَراريّ

soaking factor (Pet. Eng.) مُعامِلُ التَّشْريب : حَجمُ المِلَفِّ المُكافِئ (بالقدم³) للبَرميلِ في الشِّحنةِ اليَوميَّة

soap (n.) (Chem. Eng.) صابون • مادَّةٌ صابونيَّة

(v.) صَبَّنَ – غَسَلَ بالصَّابون

soap earth = **soapstone** (Min.) حَجَرٌ صابونيّ : ضَرْبٌ من الطَّلْقِ صابونيُّ المَلْمَس

soap, fat (Chem. Eng.) صابونُ الشَّحْم

soap foam (Chem. Eng.) رُغاوَةُ الصَّابون • زَبَدُ صابونيّ

soap, hard (Chem. Eng.) صابونٌ جامِد : يُحَضَّرُ بالصُّودا الكاوِية

soap, soft (Chem.) صابونٌ رَخْو : يُحَضَّرُ بالبوتاسا الكاوِية

soap solution مَحلولُ الصَّابون

soapstone = **steatite** (Min.) حَجَرٌ صابونيّ • حَجَرُ الطَّلْق

soapsuds رَغْوَةُ الصَّابون

soap-thickened oils (Pet. Eng.) زُيوتٌ مُغَلَّظَةُ (القَوام) بالصَّابون

soapy (adj.) صابونيّ • زَلِق

social insurance تأمينٌ اجتِماعيّ

social security ضَمانٌ اجتِماعيّ

societe anonyme شَرِكةٌ مُغْفَلة

society (n.) مُجتَمَع – جَمعيَّة • شَرِكة

socket (n.) وَقْب • تَجْويف • نُقْرَة

(Eng.) جُلْبَة • كُمّ • ظَرْف

(Elec. Eng.) مَقْبِس • مَأخَذ – دُواةُ (المِصباح)

socket coupling (Eng.) قارِنَةٌ كُمِّيَّة

socket joint (Eng.) وُصْلَةٌ بِجُلْبَة • قارِنَةٌ كُمِّيَّة

socket (outlet) (Elec. Eng.) مَقْبِس • مَأخَذُ التَّيَّار

socket punch (Eng.) سُنْبُكُ (نَقْرٍ) مُجَوَّف

socket welding (Eng.) لِحامٌ كُمِّيّ

socket wrench (Eng.) مِفتاحُ رَبْطٍ صُندوقيّ

soda (*n.*) (Chem. Eng.) الصُّودا : اسمٌ يُطلَقُ على مُرَكَّباتِ الصُّوديوم وخاصَّةً كَربُوناتِ الصُّوديُوم المائيَّة

soda ash (Chem.) رَمادُ الصُّودا • كَربُوناتُ الصُّوديُوم اللّا مائيَّة

soda, caustic (Chem.) الصُّودا الكاوِية • هَيدروكسيد الصُّوديوم

soda feldspar (Min.) فِلسبارُ الصُّودا • أَلبايت

Sodafining (Pet. Eng.) التَّكريرُ (بالغَسلِ) بالصُّودا الكاوِية : يَلِي التَّكسيرَ المُحَفَّزَ لِضَمانِ استِقرارِيَّةِ البنزين

soda grease (Pet. Eng.) شَحمُ الصُّودا : يُحَضَّرُ بإذابةِ صابون الصُّودا في زيتٍ مَعدِنيّ

soda-lime (Chem.) جيرُ الصُّودا : مَزيجٌ من الجِيرِ الحَيّ وهَيدروكسيد الصُّوديُوم

soda nitre = Chili saltpetre (Min.) نِتراتُ الصُّوديوم الطَّبيعيَّة

sodawash (Pet. Eng.) غَسلٌ بالصُّودا – غَسُولُ الصُّودا

soda washing (Pet. Eng.) الغَسلُ بالصُّودا الكاوِيَة : لِضَمانِ استِقرارِ البنزين المُحَضَّرِ بالتَّكسيرِ المُحَفَّز

soda, washing (Chem. Eng.) صُودا الغَسيل

sodden (*adj.*) مُخَضَّل • مُبتَلّ

sodium (Na) (Chem.) الصُّوديُوم : عُنصُرٌ فِلِزّيّ رَمزُه (ص)

sodium base grease (Pet. Eng.) شَحمٌ قاعِدَتُهُ الصُّوديوم : شَحمٌ يُحَضَّرُ بصابونِ الصُّوديوم

sodium bicarbonate (Chem.) بِيكَربُوناتُ الصُّودا • كَربُوناتُ الصُّوديوم الحامِضيَّة

sodium carbonate (Chem.) كَربُوناتُ الصُّوديوم

sodium chloride (Chem.) كلُوريدُ الصُّوديوم • مِلحُ الطَّعام

sodium hydroxide (Chem.) هَيدروكسيدُ الصُّوديوم • الصُّودا الكاوِية

sodium hyposulphite (Chem.) هَيبُوسَلفيت الصُّوديوم

sodium nitrate (Chem.) نِتراتُ الصُّوديوم

sodium nitrite (Chem.) نِتريت الصُّوديوم

sodium oleate (Chem.) زَيتاتُ الصُّوديوم

sodium peroxide (Chem.) فوق أُكسيدِ الصُّوديوم

sodium silicate = waterglass (Chem.) سِليكاتُ الصُّوديوم • الزُّجاجُ المائيّ

sodium soap (Chem.) صابونُ الصُّوديوم: صابونٌ جامِدٌ يُحَضَّرُ بأملاحِ الصُّوديوم

sodium stearate (Chem.) استِياراتُ الصُّوديوم

sodium sulphate (Chem.) سُلفاتُ (أو كِبريتاتُ) الصُّوديوم

sodium thiosulphate (Chem.) هَيبُوسُلفات الصُّوديوم

soft (*adj.*) رَخو • لَيِّن • طَرِيّ – ناعِم • أملَس
(Chem.) يَسِر : يَرغُو بسُهُولةٍ مع الصَّابون
(Phys.) ضَعيفُ الاختِراقيَّة • قَليلُ النَّفاذيَّة

soft clay (Geol.) طِينٌ رَخو • صَلصالٌ لَيِّن

soft coal = bituminous coal (Chem.) فَحمٌ قِيريّ (أو بِتيُومينيّ)

soft currency عُملَة سَقيمة (غيرُ قابلَةٍ التَّحويل إلى ذَهَب)

soften (*v.*) لَيَّنَ • طَرَّى • لانَ • طَرِيَ – يَسَّرَ (الماءَ العَسِر) • يَسُرَ – خَفَّضَ

softener (*n.*) (Chem.) مُلَيِّن • حافِظُ الرَّخاوة – مُزيلُ عُسرِ الماء • مُيَسِّرُ الماء

softener, organic (Chem. Eng.) مُيَسِّرٌ عُضوِيّ

softener, water (Chem.) جِهازُ تَيسيرٍ (إزالةِ عُسرِ) الماء

softening (*n.*) تَطرِيَة • تَليين • إرخاء – لِين • إرتِخاء • تَلَيُّن
(Chem.) تَيسير • إزالةُ عُسرِ الماء
(Met.) إلانَة • إزالةُ التَّلدين

softening agent (Chem. Eng.) مُلَيِّن • حافِظُ الرَّخاوة – مُزيلُ العُسرة • مُيَسِّرُ الماء

softening point (Chem. Eng.) نُقطةُ التَّلَيُّن

softening point test, asphalt (Civ. Eng.) إختِبارُ نُقطةِ تَلَيُّنِ الأسفَلت

soft goods مَنسوجات

soft hammer (Eng.) مِطرَقَةٌ لَيِّنَة

soft iron (Met.) حَديدٌ لَيِّنٌ أو مُطاوِع

soft lighting إنارةٌ ضَعيفةُ التَّبايُنيَّة

softness (Met.) لِين • رَخاوَة – مَطيليَّة

soft soap = potassium soap (Chem.) صابونٌ رَخوٌ (يُحَضَّرُ بأملاحِ البوتاسيوم)

soft solder سَبيكةُ لِحامٍ رَخوَة

asphalt softening point test

soft soldering لِحامٌ بِسبيكةٍ رَخوَة

soft steel (Met.) فُولاذٌ لَيِّن

soft water ماءٌ يَسِر : يَرغُو بسُهولةٍ مع الماء

soft wax شَمعٌ طَرِيّ

soggy (*adj.*) رَطبٌ • مُشبَعٌ بالرُّطوبةِ (أو بالماء) • مُخَضَّل

soil (*n.*) تُربَة • أرض – وَسَخ • نُفاية وسِخة
(*v.*) لَوَّثَ • وَسَّخَ • إتَّسَخَ • تَلَوَّثَ

soil analysis تَحليلُ التُّربة

soil auger (or **borer**) مِسبارُ التُّربة

soil bearing capacity (Civ. Eng.) قُدرَةُ احتِمالِ التُّربة

soil-cap (Mining, Geol.) غِطاءُ التُّربة • أرضُ الغِطاء

soil corrosion تَحاتُّ التُّربة

soil creep (Geol.) زَحفُ التُّربة • سَعيُ التُّربة

soiled (*adj.*) مُتَّسِخ • مُلَوَّث

soil erosion (Geol.) تَعريَةُ التُّربة • إنجرافُ التُّربة • حَتُّ التُّربة

soil geology جيُولُوجية التُّربة

soil horizons (Geol.) الطَّبقاتُ التُّربيَّة (الأفُقيَّة)

soil mantle الغِطاءُ التُّرابيّ • ثِخَنُ الغِطاءِ التُّرابيّ

soil mechanics (Civ. Eng.) مِيكانيكا التُّربة

soil profile (Civ. Eng.) قِطاعٌ جانبيٌّ للتُّربة

soil resistivity (Geol.) مُقاوِميَّةُ الأرض

soil sampler (Civ. Eng.) أُنبوبُ استِخراجِ العَيِّناتِ التُّربيَّة

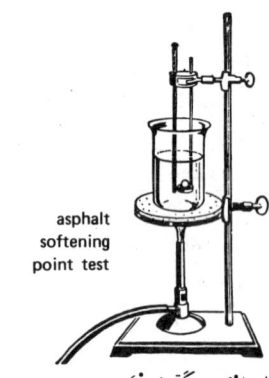

soil profile showing 3 horizons

soil series (Geol.) نَسَقٌ تُربِيّ
soil sliding (Geol.) إنزلاقُ التُّربة
soil slumping (Geol.) إنهيارُ التُّربة
soil stabilization (Civ. Eng.) إقرارُ التُّربة • تقويةُ التُّربة : بالسَّمْنتة أو التَّدميج
soil structure (Geol.) بِنْيَةُ التُّربة
soil testing (Geol.) فَحْصُ التُّربة • إختبارُ التُّربة
soil texture (Geol.) نَسيجُ التُّربة
sol (*n.*) (Chem.) صُل : مَحلول غَرَوانِيّ
solar battery (Phys.) بَطّاريّةٌ شَمسيَّة
solar cell (Phys.) خَلِيَّةٌ شمسيَّة
solar energy الطّاقةُ الشَّمسيَّة
solar furnace (Eng.) فُرنٌ شَمسِيّ
solar month شَهرٌ شَمسيّ
solar oil = **gas oil** (Pet. Eng.) زيتُ السُّولار
solar radiation إشعاعٌ شَمسيّ
solation (Chem. Eng.) تَسَيُّلُ الهُلام
solder (*n.*) (Met.) سَبيكةُ لِحام • لِحام
(*v.*) لَحَمَ • إلْتَحَمَ
solderable (*adj.*) مُمكِنٌ لِحامُه • لَحُوم • يُلْحَم
soldered joint وُصْلةٌ مَلْحُومة
solderer (*n.*) عامِلُ لِحام • لَحّامُ (مَعادِن)
soldering (*n.*) لِحامٌ (بالقَصدير) – تَلحيم
soldering copper (Eng.) كاوِيَةُ لِحامٍ نُحاسِيَّة
soldering flux صَهُورُ لِحام • مُساعِدُ تَلاحُم
soldering hammer كاوِيَةُ لِحام
soldering iron كاوِيَةُ لِحام
soldering lamp مِصباحُ لِحام
soldering outfit عُدَّةُ لِحام • جِهازُ لِحام
soldering pewter (Met.) سَبيكةُ لِحام، أساسُها القَصدير
soldering powder مَسحوقُ لِحام
soldering torch حِمْلاجُ لِحام
soldering wire سِلْكُ لِحام
soldier (*n.*) (Civ. Eng.) دِعْمَةٌ خَشَبِيَّة عَمُودِيَّة
sole (*n.*) نَعْل – جُزْءٌ سُفْلِيّ • قاعِدة • وَطيدة
(*adj.*) وَحيد • مُفْرَد
solene (Pet. Eng.) سُولين : أثيرٌ بِترولِيّ
solenoid (Elec. Eng.) مِلَفٌّ (سِلكيّ) لَوْلَبِيّ
solenoid (actuated) valve (Elec. Eng.) صِمامٌ (يُشَغَّل) بِمِلَفٍّ لَوْلَبِيّ
solenoid (operated) brake (Elec. Eng.) مِكْبَحٌ (يُشَغَّل) بِمِلَفٍّ لَوْلَبِيّ
solenoid (operated) switch (Elec. Eng.) مِفْتاحٌ (يُشَغَّل) بِمِلَفٍّ لَوْلَبِيّ

solid block type Christmas tree

sole plate لَوْحٌ قاعِدِيّ • لَوْحُ أساس
Solex oil process (Pet. Eng.) طَريقةُ سُولِكْس لاستِخلاصِ الزَّيت : بالبْرُوبان
solfatara (Geol.) سُلْفَتارة • داخِنة كِبريتيَّة : مَنفَذٌ بُركانيّ كِبريتيّ الأبخِرة – بُركانٌ كبريتيّ
solfataric springs (Geol.) يَنابيعُ سُلْفَتارِيَّة
solid (*adj.*) صُلْب • جامِد – أَصَمّ • مُصْمَت : غيرُ أجْوَف – راسِخ • وَطيد – مُجَسَّم : ذو طولٍ وعَرْضٍ وارتفاع
(*n.*) جِسْمٌ مُجَسَّم
solid absorbent (Chem. Eng.) مَصّاصٌ جامِد: مادّةٌ صُلْبة مَصّاصة
solid angle زاويةٌ مُجَسَّمة
solid asphalt (Pet. Eng.) أسفَلْتٌ جامِد • زِفْتٌ صُلْب
solid axle (Eng.) مِحوَرٌ ثابِت (أو راسِخ)
solid bearing مَحمِلٌ مُصْمَت
solid beds (Geol.) طَبَقاتٌ (أرضِيَّة) صُلْبة
solid block type Christmas tree جُمّاعٌ أُحاديُّ القِطعةِ لِمَضابِطِ التَّدَفُّق : في بِئرِ الغاز
solid brick (Civ. Eng.) طوبٌ مُصْمَت (غيرُ مُجَوَّف)
solid casting مَصبوبةٌ مُصْمَتة (أو صَمّاء)
solid end طَرَفٌ مُصْمَت
solid fuel (Chem. Eng.) وَقُودٌ صُلْب
solid ground أرضٌ صُلْبة – أساسٌ راسِخ
solid hydrocarbons (Pet. Eng.) هيدروكربوناتٌ صُلْبة
solidification (*n.*) تَصَلُّب • تجمُّد • جُمود
solidification point (Chem. Eng.) نُقطةُ التَّصَلُّب • نُقطةُ التَّجَمُّد
solidification range (Chem. Eng.) مَدَى التَّجَمُّد
solidification shrinkage (Phys.) إنكِماشُ التَّجَمُّد

solidified (*adj.*) مُتَصَلِّب • مُجَمَّد • مُتَجَمِّد
solidified gasoline بنزين مُجَمَّد (مَزيجٌ بنزينيّ للقَنابِل المُحرِقة)
solidified lava (Geol.) لابَةٌ مُتَصَلِّبة
solidified petroleum = **solidified gasoline** بِترول (بنزينيّ) مُجَمَّد : للقَنابِلِ المُحرِقة
solidify (*v.*) جَمَّدَ • صَلَّبَ • تَجَمَّدَ • تَصَلَّبَ • جَمَّد
solidifying point (Chem. Eng.) نُقطةُ التَّصَلُّبِ (أو التَّجَمُّد)
solid inclusions (Min.) شَوائبُ (أو مُتَضَمَّناتٌ) صُلْبة
solid injection (Eng.) حَقْنٌ جافّ (دونَ هَواء)
solidity (*n.*) صَلابة • جُمود – صُموت – رُسوخ
solid point (Pet. Eng.) نُقطةُ الجُمود
solid pole (Elec. Eng.) قُطْبٌ مُصْمَت (من قِطعةٍ واحدة)
solid propellant (Chem. Eng.) وَقودٌ جافّ • وَقودٌ صاروخِيّ صُلْب
solid punch (Eng.) سُنْبُكٌ مُصْمَت (غيرُ أجْوَف)
solid solution (Chem.) مَحْلولٌ جامِد
solid state (Phys.) حالةُ الصَّلابة
solid tyre إطارٌ مُصْمَت
solifluxion (Geol.) زَحْفُ التُّربة
sollar (*n.*) (Civ. Eng.) مَنْوَر
= **soller** (Mining) مِنَصَّةٌ مُستَوِيَة في بِئرِ المَنجَم
solubility (*n.*) (Chem. Eng.) الذَّوَبانِيَّة : قابِليَّةُ الذَّوَبان • الإنحِلاليَّة
solubility curve (Chem. Eng.) مُنحَنَى الذَّوَبانيَّة
solubility limit (Chem.) حَدُّ الذَّوَبانيَّة
solubility promoter (Chem. Eng.) مُعَزِّزُ الذَّوَبانيَّة • مُعَزِّزُ الاستِذابة

solvents distillation plant

soluble (*adj.*) ذَوّاب • قابِلٌ للذَّوَبانِ أو الانحِلال

soluble anode (Elec. Eng.) أَنودٌ ذَوّاب

soluble cutting oil (Eng.) زَيْتُ قَطْعٍ ذَوّاب : يَسهُلُ مَزْجُه بالماءِ لِتَبريدِ العُدَّةِ القاطِعة

soluble oil (Chem. Eng.) زَيتٌ ذَوّاب

solute (Chem. Eng.) المُذاب • الذّائب : المادَّةُ المُذابة

solution (*n.*) حَلٌّ (المَسألةِ)
(Chem. Eng.) مَحْلول • ذَوْب — إنْحِلال • ذَوَبان • حَلّ • إذابة • إسْتِذابة

solution, alcoholic مَحْلولٌ كُحوليّ

solution, aqueous (Chem. Eng.) مَحْلولٌ مائيّ

solution channels مَجاري الذَّوْب • مَجاري المَحْلُول

solution, colloidal (Chem. Eng.) مَحْلُولٌ غَرَوانيّ

solution, diluted (Chem.Eng.) مَحلولٌ مُخفَّف

solution gas (Chem. Eng.) غازُ المَحْلُول • الغازُ الذّائب (في المَحلول)

solution gas drive (Pet. Eng.) دَفْعُ(الخام) بالغازِ الذّائب

solution gas field (Pet. Eng.) حَقْلٌ(نَفطيّ) يُنتِجُ بدَفعِ الغازِ الذّائب

solution, heat of (Chem. Eng.) حَرارةُ الذَّوَبان

solution, lean مَحلولٌ فَقير

solution, non-freezing مَحلولٌ لا يَتَجمَّد (في دَرَجاتِ الحَرارةِ العاديَّة)

solution, saturated (Chem. Eng.) مَحلولٌ مُشْبَع

solution, standard (Chem. Eng.) مَحلولٌ عِياريّ

solution, strong مَحلولٌ مُرَكَّز

solution subsidence (Geol.) هُبوطٌ ذَوَبِيّ: هُبوطٌ بذَوَبانِ الطَّبَقةِ القاعِديّة

solution, water مَحلولٌ مائيّ

solutizer (Pet. Eng.) مُذيبٌ انتِقائيّ (للمُرَكَّباتِ الكبريتيّة)

solutizer sweetening processes (Pet. Eng.) طُرُقُ التَّحْلِيَةِ بالمُذيباتِ الانتِقائيّة (للمُرَكَّباتِ الكبريتيّة)

solutizer treatment (Pet. Eng.) مُعالَجةٌ بالمُذيباتِ الانتِقائيّة (للمُرَكَّباتِ الكبريتيّة)

solvate (*v.*) (Chem. Eng.) تَذاوَبَ: تَرابَطَ (المُذابُ) بجُزَيْئاتِ المُذيب
(*n.*) ذُوابَة– تَذاوُب: تَرابُط جُزَيْئاتِ المُذابِ ببَعْضِ جُزَيْئاتِ المُذيب

solvation (of ions) (Chem. Eng.) تَذاوُبُ (الأيُونات)

solve (*v.*) حَلَّ (مَسْألةً) — صَفّى (دَيْناً)

solvency (*n.*) إذابيَّة • قُوَّةُ الإذابة — يَسار : قُدرةٌ على الوَفاءِ بالالتِزاماتِ الماليَّة

subsurface sonar unit

sonic flowmeter

solvent (*n.*) (Chem. Eng.) المُذيب : المادَّةُ المُذيبة — مُسَيِّلُ (الدِّهان)

solvent cleaning (Chem. Eng.) تَنقِيَةٌ بالمُذيبات

solvent de-asphalting (Pet. Eng.) إزالةُ الأَسْفَلتِ بالمُذيبات

solvent dewaxing (Pet. Eng.) إزالةُ الشَّمْعِ بالمُذيبات

solvent extraction (Chem. Eng.) إستِخْراجٌ (أو استِخلاصٌ) بالمُذيبات

solvent naphtha (Pet. Eng.) نَفْتا مُذيبة

solvent, organic (Chem.) مُذيبٌ عُضويّ

solvent recovery plant (Pet. Eng.) وَحْدَةُ استِعادةِ المُذيبات

solvent-refined (*adj.*) مُكَرَّرٌ بالمُذيبات

solvent-refined oil (Pet. Eng.) زَيتٌ مُكَرَّرٌ بالمُذيبات

solvent refining (Chem. Eng.) التَّكريرُ بالمُذيبات

solvents distillation plant وَحدةُ تَقطيرِ المُذيبات

solvent-treating (Chem. Eng.) المُعالَجةُ بالمُذيبات

solvent treating plant (Pet. Eng.) وَحدةُ مُعالَجةٍ بالمُذيباتِ (للتَّنقِيَة)

solving power قُدرةُ الإذابة

sonar (**sound navigation and ranging**) (Phys.) سُونار : سَبْرٌ بالصَّدَى • مِصْداء : جِهازُ سَبْرٍ بالصَّدى (لِكَشْفِ مَواقِعِ الأشياءِ تحتَ الماء)

sonar unit وَحدةُ سَبْرٍ بالسُّونار

sonde (Meteor.) مِسْبارُ رَصْدٍ راديّ : لِدراسةِ الأَحْوالِ الجَوِّيَّة
(Geol.) مِسْبَر — سَبْرٌ بمِرْسَمةٍ كَهربائيَّة

sonic (*adj.*) صَوْتيّ

sonic depth finder (Naut.) مِسْبارُ غَورٍ صَوتيّ

sonic detector (Phys.) مِكْشافٌ صَوتيّ

sonic drill (Civ. Eng.) مِثْقابٌ ارتِجاجيّ

sonic flowmeter مِقياسُ دَفقٍ ارتِجاجيّ

sonic log (Geophys.) سِجِلُّ سَبْرٍ صَوتيّ

sonics (Eng.) المُعامَلةُ بالارتِجاجاتِ الميكانيكيَّة
(Phys.) الصَّوتِيّات : دِراسةُ الاهتِزازاتِ الميكانيكيَّةِ في المادَّة

sonic speed (Phys.) سُرعةُ الصَّوتِ (حَوالَى ٧٤١ مِيلاً في السّاعة)

sonims (Met.) شَوائبُ(أو مُكْتَنَفاتٌ)لا فِلِزِّيَّة

sonobuoy (Geophys.) طافِيَةٌ صوتيَّةٌ راديَّة : لِتَسجيلِ الأصواتِ تحتَ الماءِ وإرسالِها بالرّاديو

sonograph (Geophys.) سُونُوجْراف : بِرَسْمَة انعِكاسِ الرَّجَفاتِ الزِّلزالِيَّة

sonoprobe (Geophys.) سُونُوبْرُوب • سابِرٌ صَوْتِيّ : بالأمْواجِ الصَّوتِيَّة

soot (n.) سِناج • سُخام

(v.) سَنَّجَ : لَوَّثَ بالسِّناج

soot, gas سِناجُ الغاز

soothing (adj.) مُسَكِّن • مُهَدِّئ • مُلَطِّف

sooting إسْناج • تكَوُّنُ السِّناج

soot, lamp سِناجُ المَصابيح

sootless (adj.) لا سِناجِيّ • عَديمُ السِّناج

soot number رَقْمُ السِّناج

sooty (adj.) كَثيرُ السِّناج

sorb (v.) إمْتَصَّ • إمْتَزَّ • نَشَفَ

sorbent (n.) مادَّةٌ ماصَّةٌ أو مُمْتَزَّة

sorption (n.) (Chem. Eng.) تَمَزُّز • إمتِزاز • إمتِصاص • نَشْف

sorptive (adj.) مَصَّاص • مُمْتَزّ

sorptometer (n.) مِقياسُ الامتِصاص

sort (n.) نَوْع • ضَرْب

(v.) فَرَزَ • صَنَّفَ

sorted (adj.) مُصَنَّف • مَفْرُوز

sorter (n.) مُصَنِّف • فَرَّاز – فَرَّازة

sorting (n.) تصنيف • فَرْز

sorting plant وَحدةُ تَصنيفِ (الخام)

sough (n.) (Civ. Eng.) مَصْرِفٌ مائِيّ (في أسفلِ سَطحٍ مُنحَدِر)

sound (n.) الصَّوت – تَمَوُّجاتٌ صَوتِيَّة

(Civ. Eng.) سَبْر – مِسْبار

(Geol.) خَليجٌ ضَيِّق • مَمَرٌّ مائِيٌّ ضَيِّق

(adj.) سَليم • صَحيح • سَوِيّ – راسِخ • ثابِت • رَصين

(v.) صَوَّتَ • دَقَّ • قَرَعَ – سَبَرَ • سَبَرَ الغَوْرَ – إسْتَطْلَعَ • جَسَّ – صاتَ – بَدا

sounder (n.) مُصَوِّت • دَقَّاق

(Naut.) مِسْبارُ أعْماق

sounding (adj.) مُصَوِّت • رَنَّان

(n.) سَبْر • سَبْرُ الأعماق – إسْتِبار • إسْتِطلاع

sounding apparatus (Naut.) جِهازُ سَبْرِ الأعْماق

sounding balloon (Meteor.) مِنْطادُ الرَّصْد • بالُونُ رَصْدٍ جَوِّيّ

sounding borer (Civ. Eng.) مِثْقابُ سَبْر

sounding lead فادِنُ خَيطِ السَّبْر : ثِقْلٌ رَصاصِيٌّ يُعَلَّقُ في خَيطِ السَّبْر

sounding line (Surv.) حَبْلُ المِسْبار • خَيطُ السَّبْر

soundings (Surv.) قِياساتُ العُمْقِ المَسْبُور

sound insulation (Civ. Eng.) عَزْلُ الصَّوت

soundness (n.) صِحَّة • سَلامة – أصالة • رُسوخ

soundproof (adj.) كَتُومٌ للصَّوت • عازِلٌ (أو كَتيمٌ) للصَّوت

(v.) أصَمَّ • كَتَّمَ : جَعَلَ عازِلاً للصَّوت

sound-proofing (Civ. Eng.) عَزْلُ الصَّوت • إصْمام • تَكتيمُ الصَّوت

sound ranging تَقديرُ المَدَى بالصَّوت

sound velocity (Phys.) سُرعةُ الصَّوت (حَوالَى ٧٤١ ميلاً في الساعة)

sound wave (Phys.) مَوْجَةٌ صَوتِيَّة

sour (adj.) حامِض • حامِز

(Pet. Eng.) حَذيق : حاوٍ مُرَكَّباتٍ كِبريتِيَّة أكّالة أو حاوٍ كِبريتاً يَتحَوَّلُ في عَمَلِيَّةِ التَّكريرِ إلى مَوادَّ أكّالة

source (n.) مَصْدَر • مَنْشَأ • أصْل – مَنْبَعُ النَّهر

source area مِساحةُ (رُقْعةُ) المَصْدَر

source-book مَرْجِع

source rock (Geol.) الصَّخْرُ الأُمّ

(Pet. Eng.) صَخْرُ المَنْشَأ (الذي يتكوَّنُ فيه النِّفط)

sour crude (**oil**) (Pet. Eng.) زَيتٌ خامٌ حَذيق • نِفطٌ كِبريتِيّ

sour distillate (Pet. Eng.) قُطارةٌ حَذيقة

sour gas (Pet. Eng.) غازٌ حامِض (أو حَذيق): غازٌ طَبيعِيٌّ حَذيقٌ لاحتِوائه مُرَكَّباتٍ كِبريتِيَّة

sour gasoline (Pet. Eng.) بِنزينٌ حَذيق : ذو فِعلٍ حامِضِيٍّ أكّال

sour natural gas (Pet. Eng.) غازٌ طَبيعِيٌّ حَذيق

sourness (n.) (Pet. Eng.) حامِضِيَّة • حُذُوقة (لِوُجودِ المُرَكَّباتِ الكِبريتِيَّة)

sour oil (Pet. Eng.) زَيتٌ حامِض • زَيتٌ حَذيق • نِفطٌ كِبريتِيّ

sour products (Pet. Eng.) مُنتَجاتٌ حَذيقة

sour well (Pet. Eng.) بِئرٌ حَذيقة : تُنتِجُ نِفطاً غَنِيّاً بالمُرَكَّباتِ الكِبريتِيَّة

south declination حُيودٌ جَنوبِيّ

southing (Surv.) خَطُّ عَرْضٍ جَنوبِيّ – المَسافةُ المُجتازةُ جَنوباً

south pole قُطبٌ جَنوبِيّ

South Pole القُطبُ الجَنوبِيّ

Sovaforming (Pet. Eng.) سُوفافُورْمِنْج : التَّهذيبُ بطَريقةِ (شَرِكَتَيْ) سُوكُوني فاكيُوم ومُوبيل

S.O.W. (**show of oil and water**) دَلائلُ الزَّيتِ والماء

S.O.W.G. (**show of oil, water and gas**) دَلائلُ الزَّيتِ والماءِ والغاز

soya (or **soybean**) **oil** (Chem. Eng.) زَيتُ (فُولِ) الصُّويا

S.P. (**spontaneous potential**) الجُهْدُ التِّلقائِيّ

space (n.) فُسْحَة • فَراغ • فُرْجَة • فاصِل – مَجال • مَكان – إتِّساع

(Phys.) فَضاء – حَيِّز • حَيْز

(v.) وَسَّعَ • باعَدَ • فَرَّجَ

spacecraft عَرَبةٌ فَضائِيَّة • سَفينةٌ فَضائِيَّة

space heater (Civ. Eng.) مُسَخِّنٌ حَيِّزِيّ • مُسَخِّنُ جَوِّ المَبنَى

space lattice (Chem.) شَبَكَةٌ حَيِّزِيَّة (بِلَّورِيَّة) • شُبَيكةٌ فَراغِيَّة

(Civ. Eng.) إطارٌ شَبَكِيٌّ مُجَسَّم

spacer (Eng.) فَلْكَةٌ مُباعِدة • فاصِل • مُباعِد

spaceship سَفينةٌ فَضائِيَّة

space velocity (Pet. Eng.) السُّرعةُ الحَيِّزِيَّة: نِسبةُ حَجْمِ التَّغذِيَةِ الدَّاخِلةِ في وَحدَةِ الزَّمَنِ إلى حَجْمِ حَيِّزِ التَّفاعُل

spacing (n.) مُباعَدة • تَباعُد • تَفريج – فُسْحة • فُرْجة • فاصِل • مَسافة • بُعْدٌ بَيْنِيّ

spacing agreement (Pet. Eng.) إتِّفاقِيَّةُ التَّباعُدِ البَيْنِيّ

spacing bush(**ing**) (Eng.) جُلْبَةٌ مُباعِدة

spacing of wells = **well spacing** (Pet. Eng.) مُباعَدةُ الآبار – المَسافةُ بَيْنَ الآبار

spacing sleeve (Eng.) كُمٌّ مُباعِد • جُلْبَةٌ فاصِلة

spacious (adj.) فَسيح • واسِع • رَحْب

spade (n.) رَفْش • مِجْراف • مَرّ

(v.) جَرَفَ • رَفَشَ

spader (Civ. Eng.) رَفْشٌ آلِيّ (يَعْمَلُ بالهَواءِ المَضغوط)

spaghetti (n.) أنابيبُ مَعكَرونِيَّة • أنابيبُ رَفيعة

(Elec. Eng.) أُنبوبُ عَزْلٍ يَنْثَني

spall (n.) شَظِيَّة • جُذَّة – تَشَظٍّ

(Civ. Eng.) شَقَفَةُ حَجَر (تَسُدُّ حِجارةَ الرَّصْف)

(v.) شَظَّى • تَشَظَّى

spall drain (Civ. Eng.) مَصرِفٌ شَقَفِيّ : أُخدودُ تَصريفٍ مُعَبّاً بالشَّقَف

spalling (n.) تَشْظِيَة – تَهذيبٌ بالتَّشظِيَة

span (n.) إمتِداد • إتِّساع – مُدَّة • فَتْرة – شِبْر (حَوالَى ٢٣ سم)

span (Civ. Eng.) باع • مَديد (ما بينَ دِعامَتَين) • مَسافةُ الامتِداد

(*v.*) جَسَّرَ • إمْتَدَّ (كجسر) فوق – قاسَ بالشِّبْر • قاسَ من طَرَفٍ لآخر

spangle (Mining) شَذْرة • حُبَيْبَة مُتَلألِئَة

span-length (Elec. Eng.) طُولٌ باعِيّ : مَديدُ ما بينَ مُرتكَزَيْن من مُوَصِّلٍ عُلْويّ

span, life (Eng.) عُمر • مُدَّةُ العُمْر • مُدَّةُ صَلاحِيَةِ الآلةِ للعَمَل

spanner (Eng.) مِفتاحُ رَبْطٍ • مِفتاحُ صَمُولة

spanner, adjustable (Eng.) مِفتاحُ رَبطٍ انضباطيّ

spanner, box (Eng.) مِفتاحُ رَبطٍ صُندوقيّ

spanner, monkey (Eng.) مِفتاحٌ إنكليزيّ

spanner nut (Eng.) صَمُولَةٌ سُداسِيَّةُ الشَّكل

spanner rack (Eng.) رَفُّ المَفاتيح

span-wire (Elec. Eng.) سِلْكٌ باعِيّ : يَحْمِلُ خَطَّ القُدرةِ الكهربائيَّة

spar (*n.*) رافِدَة • عارِضة

(Min.) سْپار : مَعْدِنٌ لَمَّاعٌ سَهْلُ التَّشَقُّق

spar deck (Naut.) سَطحٌ طُوليّ عُلْويّ (يَمْتَدُّ على طُولِ السَّفينة)

spare (*adj.*) إحتِياطيّ • إضافيّ

(*v.*) وَفَّرَ • إسْتَغْنَى عن – أَبْقَى على

(*n.*) بَديلٌ احتِياطيّ – دُولابٌ احتِياطيّ – قِطْعَةُ غِيار

spare machine (Eng.) مَكَنَةٌ احتِياطيَّة

spare parts (Eng.) قِطَعُ تَبديل • قِطَعُ غِيار

spare wheel دُولابٌ احتِياطيّ

sparge (*v.*) نَضَحَ • رَشَّ • بَلَّلَ

sparingly (*adv.*) قَليلاً • إلى حَدٍّ ضَئيل

spark (*n.*) شَرارة – وَمْضَة

(*v.*) تَشَرَّرَ • أَحْدَثَ شَرَراً • أَصْدَرَ شَرَراً

spark advance (Eng.) تَقَدُّمُ الشَّرارة

spark arrester (Eng.) كابِحُ الشَّرَر • مانِعةُ الشَّرَر

spark coil = induction coil (Elec. Eng.) مِلَفُّ حَثّ • مِلَفُّ إشعالٍ (بالشَّرَر)

spark damping (Eng.) تَخْميدُ الشَّرَر

spark discharge (Elec. Eng.) تَفريغٌ شَراريّ

sparker (Geophys.) مِوْماض : جِهازٌ مَوْجِيٌّ قَوْسِيٌّ للقِياساتِ الجيولُوجيَّةِ البَحْرِيَّة

(Eng.) مِشْرار • قادِحُ الشَّرَر – مانِعةُ الشَّرَر

spark fuse (Eng.) صِمامةُ تَفجيرٍ بالشَّرَر

spark gap (Elec. Eng.) فُرْجَةُ شَرَر – فُرْجَةُ الشَّرارة

spark ignition (Elec. Eng.) إشعالٌ بالشَّرَر

spanners

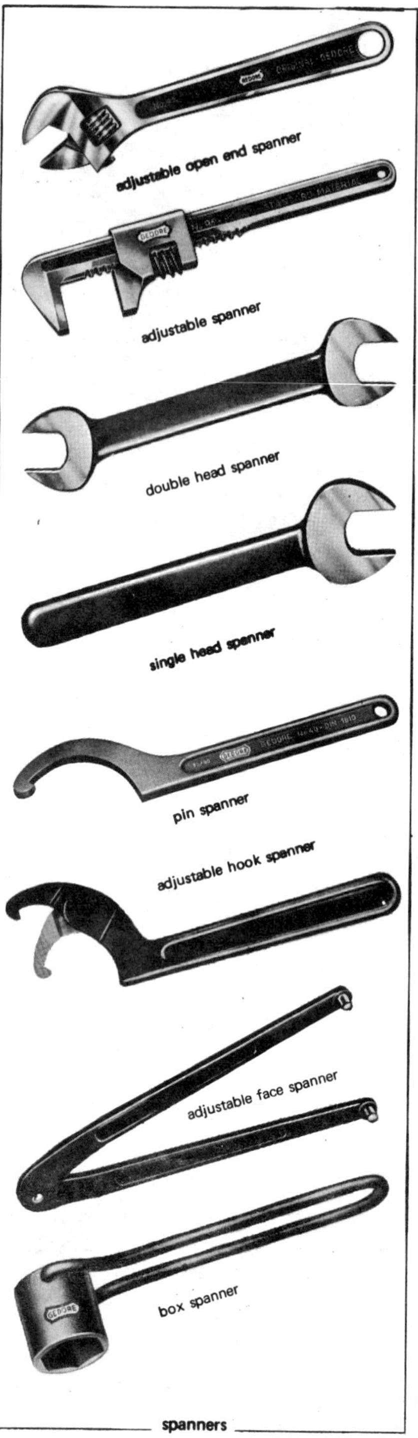

sparking (*n.*) إشرار • إحداثُ الشَّرَر – إشعالٌ بالشَّرَر – تَفريغٌ شَراريّ

sparking plug (Elec. Eng.) شَمْعةُ إشرار • شَمْعةُ إشعالٍ (بالشَّرَر)

sparkle (*v.*) وَمَضَ • تَلألأَ – أَصْدَرَ الشَّرَر

(*n.*) بَريق • تَلأْلُؤ • تَألُّق – شَرارة

spark plug (Eng.) شَمْعةُ إشرار • شَمْعةُ إشعالٍ (بالشَّرَر)

spark screen (Eng.) حاجِبةُ الشَّرَر

sparry iron = spathic iron (Min.) حَديدٌ إسْپاريّ أو إسپاتيّ : خامُ كربوناتِ الحَديدِ المُتَبَلْوِرة

sparse (*adj.*) مُتَفَرِّق • مُتَناثِر – غيرُ كَثيف • خَفيف

spathic iron = siderite (Min.) حَديدٌ سْپاريّ أو سْپاتيّ • سَيْدِرَيْت

spatial (*adj.*) فَضائيّ • حَيِّزِيّ

spatter (*v.*) تَرَشَّشَ • تَرَشْرَشَ • رَشَّشَ

(*n.*) رَشاش • تَرَشَّاش

spatter loss فَقْدُ التَّرَشُّش

spatula (*n.*) مِلْوَق • سِكّينُ بَسطِ المَعْجُون

spawl (*n.*) شَظِيَّة • شَقَفَة

spear (*n.*) رُمْح

(Eng.) جِذْعُ (المِضَخَّة)

(Civ. Eng.) خُطَّافُ التِقاطِ (السَّواقِط)

spearhead (*n.*) رَأْسُ رُمْح • رَأْسُ حَرْبَة – مُقَدِّمةُ الحَمْلَة

(*v.*) تَقَدَّمَ بِشَكْلِ رَأْسِ حَرْبَة

spearmint, oil of (*n.*) (Chem.) زَيْتُ النَّعْنَع (أو النُّعْناع)

special (*adj.*) خاصّ • خُصوصيّ – إستِثنائيّ

specialist (*n.*) إختِصاصيّ • أخِصّائيّ

special oil زَيْتٌ خاصّ • زَيْتٌ ذو خَصائصَ مُمَيِّزة

special (or alloy) steel (Met.) فُولاذٌ سَبيكِيّ : يَحْتَوي عَناصِرَ لا تُوجَدُ في الفُولاذِ الكَربونيّ

specialty (*n.*) إختِصاص • حَقْلُ اختِصاص

speciation (*n.*) (Biol.) التَّطَوُّرُ النَّوعيّ : ظُهُورُ أنواعٍ جَديدة من أُخرى قَديمة

species (*n.*) (Biol.) نَوْع • صِنْف

specific (*adj.*) نَوْعِيّ – مُعَيَّن • مُحَدَّد • خاصّ

specific adhesion (Phys.) الالتِصاقُ النَّوعيّ

specific area (*n.*) مِنطقةٌ مُعَيَّنة

(Phys., Chem.) المِساحةُ النَّوعِيَّة : المِساحةُ السَّطحِيَّةُ للجُسَيْماتِ في غرامٍ من المادّة

specifications مُواصَفات • شُروط

specification sheets دَفْتَرُ الشُّروط • لَوائحُ المُواصَفات

specific cohesion (Phys.) التَّماسُكُ النَّوعيّ

specific conductivity (Phys., Elec. Eng.) المُوَصِّلِيَّةُ النَّوعِيَّة

specific depression (Chem.) الخَفْضُ النَّوعيّ : لِدَرَجةِ تَجَمُّدِ مَحلولٍ تَركيزُه ١٪

specific dispersion (Chem. Eng.) التَّشَتُّتُ النَّوعيّ

specific duty رَسْمٌ جُمْرُكِيٌّ نَوعيّ

specific fuel consumption (Eng.) الاستهلاكُ النَّوعيُّ للوَقود

specific gravity (Phys.) الوَزْنُ النَّوعيّ · الثِّقلُ النَّوعيّ · الكَثافةُ النَّوعيَّة

specific gravity bottle (Phys.) قِنِّينَةُ (إيجادِ) الوَزْنِ النَّوعيّ

specific gravity test إختِبارُ الكَثافةِ النَّوعيَّة

specific heat (Phys.) الحَرارةُ النَّوعيَّة

specific humidity (Meteor.) الرُّطوبةُ النَّوعيَّة

specific impulse (Chem. Eng.) الدَّفعُ النَّوعيّ (لِوَحدةِ الوَقودِ الصَّارُوخيّ)

specific odo(u)r رائحةٌ نَوعيَّة (مُمَيِّزة)

specific reaction rate (Chem. Eng.) سُرعةُ التَّفاعُلِ النَّوعيَّة

specific refraction (Phys., Chem.) الانكِسارُ النَّوعيّ

specific resistance = **resistivity** (Elec. Eng.) المُقاوَمةُ النَّوعيَّة · المُقاوِميَّة

specific surface (Chem., Phys.) المِساحةُ السَّطحيَّةُ النَّوعيَّة (لِوَحدةِ حَجْمٍ من المادَّةِ المَسحُوقة)

specific viscosity (Phys.) اللُّزوجةُ النَّوعيَّة

specific volume (Phys.) الحَجمُ النَّوعيّ

specific weight = **density** (Phys.) الوَزْنُ النَّوعيّ · الكَثافة

specified (*adj.*) مُعَيَّن · مُحَدَّد · مُحَدَّدُ المُواصَفات

specify (*v.*) عَيَّنَ · واصَفَ : حَدَّدَ المُواصَفات

specimen (*n.*) عَيِّنة · نَمُوذَج

speckled (*adj.*) مُبقَّع · أرقَط · أبرَش · أرْقَش

spectral (*adj.*) طَيْفيّ

spectral analysis (Phys., Chem. Eng.) التَّحليلُ الطَّيفيّ

spectral colo(u)rs (Phys.) ألوانُ الطَّيْف

spectrocolorimeter (Phys.) مِقياسُ اللَّونِ الطَّيْفيّ

spectrogram (Phys.) صُورةٌ طَيفيَّة · سِپكترُوغرام

spectrograph (Phys.) مِرسَمةُ الطيف · سِپكترُوغراف

spectrographic analysis (Chem., Phys.) تَحليلٌ سِپكترُوغرافيّ

spectrometer (Phys.) مِقياسُ الطَّيْف · سِپكترُومتر

spectropolarimeter (Chem., Phys.) مِقياسُ الاستِقطابِ الطَّيفيّ

spectroscope (Phys.) مِطْياف · سِپكترُوسكوب · مِنظارُ الطَّيْف

spectroscopic analysis (Chem. Eng.) تحليلٌ سِپكترُوسكوبي · تحليلٌ مِطيافيّ

spectroscopy (Chem., Phys.) المِطيافيَّة · عِلمُ الطَّيْف

spectrum (pl. **spectra**) (Phys.) طَيْف

spectrum, absorption (Chem., Phys.) طَيْفُ الامتِصاص

spectrum analysis (Chem., Phys.) التَّحليلُ الطَّيْفيّ

spectrum analyzer (Chem., Phys.) مُحَلِّلٌ طَيفيّ

specular (*adj.*) بَرّاق · صَقيل – مِرْآويّ

specular iron = **hematite** (Min.) شاذَنج · أُكسيدُ الحَديدِ الأحمَرِ البَرّاق

specular stone = **mica** (Min.) مَيْكا · بَلَق · حَجَرٌ مِرآويّ بَرّاق

speculate (*v.*) تأمَّلَ – ضارَبَ (تِجاريًّا)

speed (*n.*) (Mech.) سُرعة · سُرعة لا إتِّجاهيَّة
(*v.*) أسْرَعَ · سَرَّعَ · عَجَّلَ

speed, average (Mech.) مُعدَّلُ السُّرعة

speed boat زَوْرَقٌ سَريع

speed-box (Eng.) صُندوقُ السُّرعة · عُلبةُ (تُروسِ) السُّرعة

speed change تَغييرُ السُّرعة

speed control (Eng.) التَّحكُّمُ في السُّرعة · ضَبْطُ السُّرعة

speed counter (Eng.) عَدّادُ السُّرعة · عَدّادُ الدَّورات

speed, critical (Eng.) سُرعةٌ حَرِجة

speed, cutting (Eng.) سُرعةُ القَطْع

speed, drilling سُرعةُ الحَفْر

speed fluctuation (Eng.) تَراوُحُ السُّرعة

speed, full سُرعةٌ قُصْوى

speed governor (Eng.) حاكِمُ السُّرعة · مُنظِّمُ السُّرعة

speed indicator (Eng.) مُؤشِّرُ السُّرعة · مُبيِّنُ السُّرعة

speed limit حَدُّ السُّرعةِ المُباحة

speed of combustion (Chem. Eng.) سُرعةُ الاحتِراق

speed of light (Phys.) سُرعةُ الضَّوْء (١٨٦٢٨٤ ميلاً في الثانية في الفَراغ)

speed of rotation (Eng.) سُرعةُ الدَّوَران

speed of sound (Phys.) سُرعةُ الصَّوتِ (حوالى ٧٤١ ميلاً في الساعة)

speedometer (Eng.) عَدّادُ السُّرعة

speed, operating (Eng.) سُرعةُ التَّشغيل

speed pulley = **speed cone** (Eng.) بَكَرةٌ (مُتَدَرِّجةُ الأقطارِ) مُتَعدِّدةُ السُّرعات

speed range (Eng.) مَدَى السُّرعة

speed ratio (Eng.) نِسبةٌ سُرعيَّة

speed record رَقْمٌ قِياسيٌّ في السُّرعة

speed reducers = **speed reduction gearing** (Eng.) مُخَفِّضاتُ السُّرعة · مُسَنَّناتُ خَفضِ السُّرعة

speed regulating lever (Eng.) ذِراعُ تَنظيمِ السُّرعة

speed regulator (Eng.) مُنظِّمُ السُّرعة

speed up (*n.*) إسراع
(*v.*) سَرَّعَ · عَجَّلَ

speedway (*n.*) طَريقُ سَيّارات · (أوتوستراد)

spel(a)eology (Geol.) عِلمُ الكُهوف

spell (*n.*) دَوْر · نَوْبة · فَتْرة · زَمَن
(*v.*) تَهَجّى · عَنَى · دَلَّ على – تَناوَبَ · ناوَبَ (العَمَل)

spelter (Met.) زِنك · زِنكٌ تِجاريّ

spend (*v.*) أنفَقَ · صَرَفَ · إستَهلَكَ · إستَعمَلَ

spent (*adj.*) مُستَعمَل · مُستَهلَك · مُنصَرِف – واهِن · مُستَنفَدُ القُوَّة

spent caustic (Chem. Eng.) الصُّودا المُنصَرِفة · غَسُولُ الصُّودا الكاوِيةِ المُستَنفَدُ الفَعّالية

spectrometer

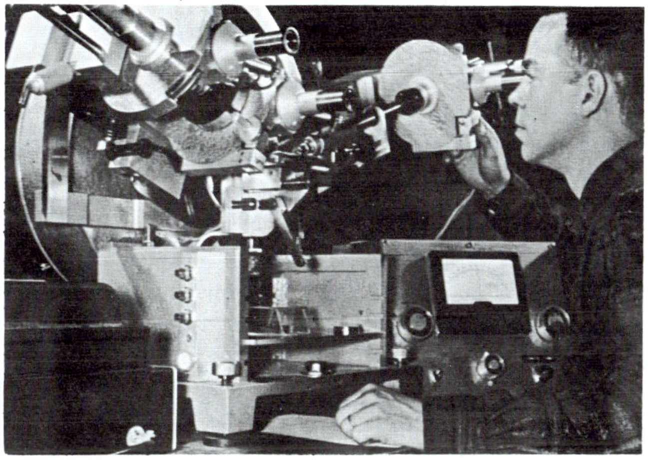

spent clay (Pet. Eng.) طينٌ مُستهلَك أو مُستَعمَل • الطِّينُ المُنصَرِف
spent fuel (Eng.) وَقودٌ مُستهلَك
spent oil (Eng.) زَيتٌ مُستَعمَل • زَيتٌ مُنصَرِف
spent solution (Chem. Eng.) مَحلولٌ واهِنٌ (أو مُستَنفَدُ القُوَّة)
spent steam (Eng.) بُخارٌ مُنصَرِف
sperm (*n.*) زَيتُ أو شَمعُ (حُوتِ) العَنبَر
spermaceti (Chem. Eng.) شَمعُ (حُوتِ) العَنبَر
sperm oil زَيتُ (حُوتِ) العَنبَر
sphalerite = blende (Min.) اسْفالِريت • كبريتيد الزِّنك
sphene = titanite (Min.) اسفين : خـامٌ يَحوي سِليكات الكالسيوم والتيتانيوم
sphenoid (*adj.*) إسفينيُّ الشَّكل
(*n.*) (Min.) شَكلٌ بِلَّوريٌّ إسفينيّ: ذو أربعة وُجوهٍ مُثَلَّثِيَّة
sphere (*n.*) كُرَة • جِسمٌ كُرَوِيّ – مِنطَقة • مَجـال
sphere of influence مِنطَقةُ نُفوذ
spherical (*adj.*) كُرَوِيّ • كُرِيّ
spherical belt حِزامٌ (أو نِطاقٌ) كُرَوِيّ
spherical cap (or **segment**) كُمَّةٌ كُرَوِيَّة • قِطعَةٌ كُرَوِيَّة
spherical cone مَخرُوطٌ كُرَوِيّ
spherical distance (Surv.) المَسافةُ الكُرَوِيَّة (على طُولِ القَوسِ الأصغَر) بَينَ نُقطَتين
spherical joint (Eng.) وُصلَةٌ كُرَوِيَّة
spherical seat washer (Eng.) فَلكَةٌ كُرَوِيَّةُ المَقعَد
spherical shell صِهريجٌ كُرَوِيّ – قِشرَةٌ كُرَوِيَّة
spherical tank صِهريجٌ كُرَوِيّ
sphericity (*n.*) كُرَوِيَّة • تَكَوُّر
sphericone tank صِهريجٌ مَخرُوطيٌّ كُرَوِيّ: بِشَكلِ النُّقطَةِ المُدَلَّاةِ قَبلَ السُّقوط
spheroid (*n., adj.*) كُرَوانِيّ • جِسمٌ كُرَوانِيّ • شِبهُ الكُرَة
(Pet. Eng.) صِهريجٌ كُرَوانِيّ
spheroid(al) (*adj.*) كُرَوانِيّ • شِبهُ كُرَوِيّ
spheroidal parting (Geol.) تَقَشُّرٌ كُرَوانِيّ
spheroidal structure (Geol.) بِنيَةٌ كُرَوانِيَّة
spheroid(al) tank (Eng.) صِهريجٌ كُرَوانِيّ • خَزّانٌ شِبهُ كُرَوِيّ
spicule (Geol.) شُوَيكَة • شَوكَة
spider (*n.*) عَنكَبُوت
(Eng.) عَنكَبُوت : تَركيبةٌ ذاتُ أذرُعٍ شُعاعيَّة
spider gear (Eng.) تُرسٌ فَلَكيّ
spider web (*n.*) شُعّ • خَيطُ العَنكَبُوت
= spider line (Sur.) شُعُّ الشَّبَكَةِ (في عَينيَّةِ الآلةِ البَصَريَّة)
spiegel(eisen) (Met.) حَديدٌ مِرآويّ • تَماسيحُ الحَديدِ المَنغَنيزِيّ
spigot (*n.*) (Eng.) صُنبُور • حَنَفِيَّة – سِداد • سِطام – ذَيلُ الماسُورَة : طَرَفُها الذَّكَر
spigot-and-socket joint (Eng.) وُصلَةُ رَأسٍ وذَيلٍ (للمَواسير) • وُصلَةُ ذَكَرٍ وأُنثَى (تُصَمَّدُ بالجَلفَطَة)
spigot bearing (Eng.) مَحمِلُ ارتِكازٍ ذَكَرِيّ: يَدورُ فيه عَمودان مُتَسامِتـان بحَرَكَتَينِ مُستَقِلَّتَين
spigot end (Eng.) طَرَفٌ ذَيلِيٌّ أو ذَكَرِيّ • طَرَفُ إدخال
spike (*n.*) مِسمارٌ كَبير – أُظفُور • نُتوءٌ مِسمارِيّ
(Geol.) رَأس • نُتوءٌ أرضِيّ
(*v.*) ثَبَّتَ أو زَوَّدَ بِمَسامِيرَ ضَخمَة
spiky (*adj.*) ذو نُتوءاتٍ مِسمارِيَّة
spile (*n.*) سِداد • سِطام • أُسكُوبَة
(Civ. Eng.) رَكيزَة • خازوقٌ خَشَبِيّ
(*v.*) دَعَمَ بِرَكيزَة – سَدَّ بِسِطام
spile clack (Eng.) صِمامٌ سِدادِيّ
spiling (*n.*) دَقُّ الخَوازيق – رَكائِز • خَوازيقُ خَشَبِيَّة

spikes

spill (*v.*) أَراقَ • أَهرَقَ • كَبَّ • إنكَبَّ – سَكَبَ • إنسَكَبَ • فاضَ • طَفَحَ
(*n.*) فائِض • سَكيب • طُفاحة – سِدادة • سِطام
(Civ. Eng.) قَناةُ تَصريفِ الفائض – خازوقُ دَعمٍ خَشَبِيّ
spillage (*n.*) إنسِكاب – الكَمِّيَّةُ المُراقَة • المِقدارُ المَفقُودُ بالسَّكب
spill pipe ماسُورَةُ تَصريفِ (الفائض)
spill port فُتحَةُ تَصريفِ (الفائض)
spillway (*n.*) (Civ. Eng.) قَناةُ تَصريفِ الفائِضِ (من مِياهِ السَّدّ)
spin (*v.*) دَوَّمَ • دارَ • دَرَّ • أدَرَّ – غَزَلَ • فَتَلَ
(*n.*) تَدويم • لَفٌّ ذاتِيّ – دَوّامة • دُرُور – غَزل
spindle (*n.*) مِغزَل
(Eng.) عَمودُ دَوَران • مِحوَرُ دَوَران • مِبرَم • جِذع
(*v.*) تَمَغزَلَ • إستَدَقَّ واستَطالَ كالمِغزَل
spindle oil (Eng.) زَيتُ المَحاوِر : زَيتٌ مَعدِنِيٌّ قَليلُ اللُّزوجَةِ للآلاتِ الخَفيفَةِ السَّريعة
spindle, valve (Eng.) جِذعُ (أو ساقُ) الصِّمام
spin drier (Eng.) مُجَفِّفٌ تَدويمِيّ
spinel (Min.) سبايْنِل : خامٌ بِلَّورِيٌّ مَعدِنِيّ
spinner (*n.*) غَزّال – مَكِنَةُ غَزل

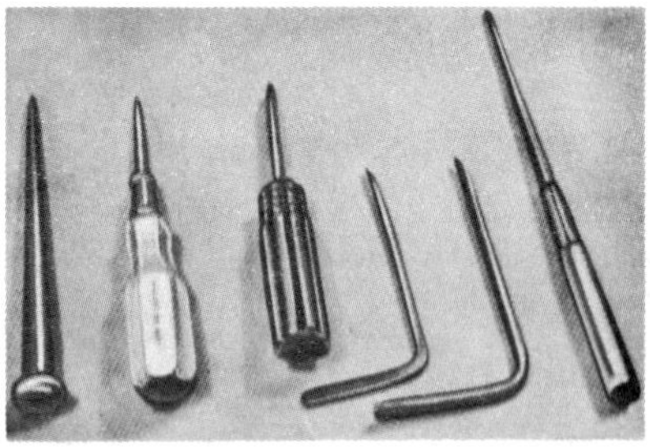

spherical tank

spheroid

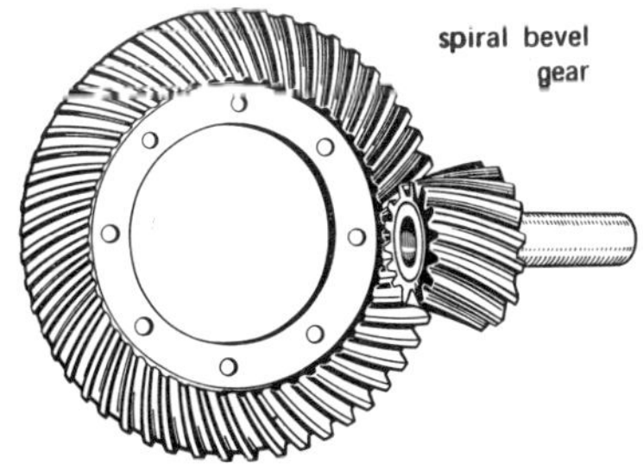

spiral bevel gear

spinner (Pet. Eng.) دَرّارة : جهازٌ لولبيٌّ لقياسِ سَعَةِ الحَقْنِ الطّبقيّ
(Eng.) غِطاءُ قَبِّ المِروَحة
spinner log (Pet. Eng.) سِجِلُّ الدَّرّارة : لتحديدِ الموقعِ الأفضلِ لحقنِ الطّبقةِ النّفطيّة
spinner survey (Pet. Eng.) مَسْحٌ دَرّاريّ : لتحديدِ موقعِ الحَقْنِ الطّبقيّ
spinning (n.) غَزْل – تدويم • دَوّامة
(Eng.) رَحْوٌ • تشكيلٌ بالرَّحْوِ (على البارد)
(adj.) دَوّار • تدويميّ • دَرّار
spinning chain سِلسلةٌ رَحْويّةٌ أو دَوّارة
spiral (adj.) حَلَزونيّ • لَوْلَبيّ
(n.) حَلَزون • لولب – مسار حلزونيّ – مُنْحنًى حَلَزونيّ
(v.) دَوَّمَ • إتّخذَ مساراً لولبيّاً
spiral agitator (Chem. Eng.) مُقلِّبٌ حلزونيّ (لمُجانسةِ المزيج)
spiral auger (Eng.) بَريمةٌ لولبيّة • مِثقابٌ حلزونيّ
spiral bevel gear (Eng.) تُرسٌ مَخروطيٌّ حلزونيُّ الأسنان
spiral bit (Eng.) لُقمةُ حفرٍ حلزونيّة • مِثقابٌ حلزونيّ
spiral casing غِلافٌ حلزونيّ
spiral gear (Eng.) مُسنّنةٌ حلزونيّة • تُرسٌ حلزونيُّ التّسنين
spiral grapple (Civ. Eng.) خاطوفٌ حلزونيّ: لالتقاطِ أدواتِ الحفرِ السّائبة
spirally welded casing (Eng.) أنبوبُ تغليفٍ لولبيُّ اللِّحام
spiral pump (Eng.) مِضخّةٌ لولبيّة
spiral spring (Eng.) زُنبُركٌ حلزونيّ • نابضٌ لولبيّ
spiral stairs (Civ. Eng.) سُلَّمٌ لولبيّ
spiral teeth (Eng.) أسنانٌ لولبيّة
spiral welding (Eng.) لِحامٌ لولبيّ (أو حلزونيّ)
spire (n.) قِمّةٌ مُستدِقّة (هرميّة أو مخروطيّة) – حَلَزون • مَخوًى : إلتفافٌ لولبيّ – لَفّة
(v.) إرتفعَ (أو هبطَ) لولبيّاً
spirit (n.) (Chem. Eng.) كُحول • سائلٌ كُحوليٌّ مُستقطَر – وَقودٌ طيّار
spirit, aviation وَقودُ طائرات
spirit compass بُوصَلةٌ كُحوليّة
spirit lamp مِصباحٌ كُحوليّ
spirit level (Surv.) مِسواةٌ كُحوليّة • ميزانُ تسويةٍ كُحوليّ
spirit, motor وَقودُ مُحرّكات
spirit of salt (Chem.) حامِضُ الكلوردريك
spirit of turpentine (Chem.) زَيْتُ التربنتينا
spirits of hartshorn (Chem.) النُّشادر • روحُ النُّشادر
spirit-soluble (adj.) ذَوّابٌ في الكُحول
spirit thermometer (Phys.) ترمومتر كُحوليّ
spiroid (adj.) لَوْلَبانيّ • شِبهُ حلزونيّ
spirt = spurt (v.) إنبجسَ • تدفّقَ فُجاءةً
(n.) تدفُّقٌ مُفاجِئ • إنبجاس
spit (v.) لَفَظَ • بَصَقَ – بَقْبَقَ – رَذَّ
(n.) بُصاق – رَذاذ
(Eng.) سَفّود • سِيخ
(Geog.) لِسانٌ ساحِليّ
splash (v.) رَشَّ • طَشَّ • رَشَّشَ • تَرَشَّشَ • نَثَرَ (أو تناثَرَ) على شكلِ قَطَرات
(n.) تَرْشاش • رَشاش
splash-board (or **splasher**) رَفْرَف • حاجِبةُ الوَحْل (أو التَّرْشاش)
splash feed (Eng.) تغذيةٌ بالتَّرشاش
splash guard حاجِبةُ التّرشاش (الخَلفيّ)
splash lubrication (Eng.) تَزليقٌ بالتّرشاش • تزييتٌ بالرّشّ
splash zone نِطاقُ التّرشاش
splay (v.) فَلْطَحَ • تفلطَحَ – شَدَفَ • حَدَرَ • أمالَ • إنحدَرَ
(n.) إنحدار • مَيْل – تفلطُح
(adj.) مُنحدِر • مائل • مَشطوب – مُفلطَح
splice (v.) جَدَلَ • وَصَلَ بالجَدْل – قَرَنَ بالتّراكُب
(n.) وُصْلةُ جَدْلٍ أو تراكُب • وُصْلةٌ مَجدولة
spliced joint وُصلةٌ مَجدولة – وُصلةٌ تراكُبيّة
spliced veins (Mining) عُروقٌ (معدنيّة) مُتراكِبة
splicing (n.) جَدْل • وَصْلٌ بالجَدْلِ أو بالتّراكُب
spline (n.) حَزّة • خُدّة • فُرْضَة – شَريحة • لُسَيْن • ضَبّة
(v.) خَدَّدَ • فَرَضَ • ثَبَّتَ بِلُسَيْن أو بشريحةِ وَصْل
splined head (Eng.) رأسٌ مُخدَّد (للمِسمارِ المُلوْلَب)

split sleeve

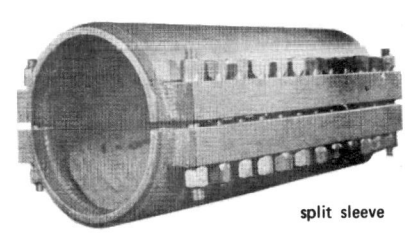

splined joint وُصْلةٌ بلُسَيْن (أو بشريحةِ وَصْل)
spline(d) shaft (Eng.) عمودُ دَورانٍ مُخدَّد
splint (n.) جَبيرة – شريحةُ وَصْل – شَظِيّة
(v.) ثَبَّتَ بجبيرة • جَبَرَ – شَظّى • فَلَقَ – شَقَّ
splinter (n.) شَظِيّة • شُطفة • شُذفة • شُقفة
(v.) شَظّى • تَشَظّى
splinter-proof (adj.) صامِدٌ للشّظايا
split (v.) شَقَّ • فَلَقَ • إنشقَّ • تشقَّقَ • إنفلقَ – جَزَّأَ • تجزّأَ • فَرّقَ • فَصَلَ • إنفصلَ • إنقسَمَ
(n.) شَقّ • صَدْع – إنشقاق • إنفلاق • إنفصال • إنقسام • إنشطار
(adj.) مَشقوق • مُنفلِق • مُنقسِم • مُجزّأ • مُنفصِم • مَشطور
split bearing (Eng.) مَحمِلٌ مَشطور
split collar (Eng.) طَوقٌ مَشطور: ذو جُزأين
split coupling (Eng.) قارِنةٌ مشطورة (ذاتُ جُزأين)
split flow دَفقٌ مُجزّأ
split key (Eng.) خابورٌ مَشقوق
split pin = cotter pin تِيلةٌ مَشقوقة • دَبّوسٌ خابوريّ
split sleeve (Eng.) كُمٌّ مَشطور : من جُزأين
split spread (Geophys.) نَسَقٌ مَشطور : للأجهزةِ المِرجافيّةِ حَولَ نُقطةِ التّفجير
splitter (n.) مُفرِّق • فالِق
(Pet. Eng.) مُجزِّئ (الغازات) • عمودُ (أو بُرجُ) التّجزئة
splitter bottoms (Pet. Eng.) مُتخلِّفاتُ بُرجِ التّجزئة
splitter bottoms cooler (Pet. Eng.) مُبرِّدُ مُتخلّفاتِ بُرجِ التّجزئة
splitter column (Pet. Eng.) عمودُ تجزئة • بُرجُ تجزئة (الغازات)
splitter overhead condenser (Pet. Eng.) مُكثِّفُ المُنتَجاتِ العُلويّةِ للمُجزِّئ
splitter product reboiler (Pet. Eng.) مِرجَلُ إعادةِ غَلْيِ مُنتَجاتِ المُجزِّئ
splitter reflux drum (Pet. Eng.) مِركَنُ السّائلِ المُعادِ إلى المُجزِّئ
splitting (n.) شَقّ • فَلْق • تَشقُّق • تَفلُّق • إنشطار
(Chem. Eng.) تجزئة • فَصْلٌ بالتّجزئة

spot test

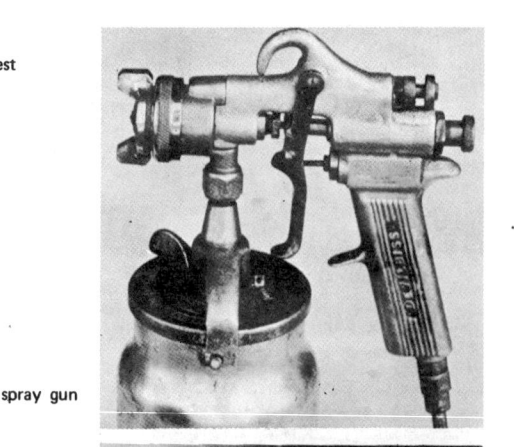

spray gun

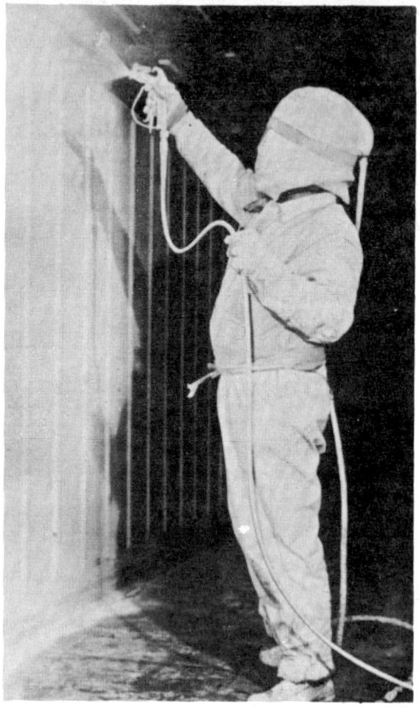

spraying

splurge (*n.*) فَيْض • طُمُوّ
spoil (*v.*) أَفْسَدَ • أَتْلَفَ • فَسَدَ • تَلِفَ ـ سَلَبَ • نَهَبَ
(*n.*) سَلْب • نَهْب ـ تَلَف
= waste (Civ. Eng.) أَنْقاضُ (أو نُفايَةُ) الحَفْر : ما يَزيدُ من تُرابِ الحَفيرِ بعدَ رَدْمِه
spoilage (*n.*) إفْساد • تَلَف • ألفقدُ النّاتِجُ عن التَّلَف
spoil bank (Civ. Eng.) رُكامُ نُفاياتِ الحَفْر
spoke (*n.*) بَرْمَق • شُعاعُ الدُّولاب • قَضيبٌ شُعاعِيّ ـ دَرَجةُ سُلَّم
(*v.*) بَرْمَقَ • رَكَّبَ (لِلدُّولابِ) قُضباناً شُعاعِيَّة
sponge (*n.*) إسْفَنْج ـ إسفَنْجَة • مِمْسَحَةٌ إسفَنْجِيَّة
(*v.*) مَسَحَ أو نَظَّفَ بالإسفَنْج ـ إمتَصَّ أو تَشَرَّبَ كالإسفَنْج
(*adj.*) إسفَنْجِيّ
sponge grease (Pet. Eng.) شَحْمٌ إسفَنجِيُّ القَوام
spongolite (Geol.) حَجَرٌ إسفَنْجِيّ
spongy (*adj.*) إسفَنْجِيّ • لَيِّنٌ كَثيرُ المَسام
spongy structure (Geol.) بِنْيَةٌ إسفَنجِيّة
spongy texture (Geol.) نَسيجٌ إسفَنْجِيّ • بِنيةٌ إسفَنجِيَّة
sponsor (*n.*) كَفيل • ضامِن
(*v.*) كَفَلَ • رَعَى
spontaneity (*n.*) عَفْوِيّة • تِلْقائِيَّة
spontaneous (*adj.*) عَفْوِيّ • تِلْقائِيّ
spontaneous combustion (Chem. Eng.) إحتِراقٌ تِلقائِيّ
spontaneous generation (Geol.) تَوَلُّدٌ تِلقائِيّ
spontaneous ignition (Chem. Eng.) إشْتِعالٌ تِلقائِيّ
spontaneous ignition temperature (Chem. Eng.) دَرَجةُ الاشتِعالِ التِّلْقائِيّ
spontaneous polarization method طَريقةُ الاستِقْطابِ التِّلْقائِيّ

spontaneous potential الجُهْدُ التِّلْقائِيّ
spool (*n.*) مِكَبّ • مِسْلَكة • بَكَرةُ المِلَفّ
(*v.*) لَفَّ (أو التَفَّ) على مِكَبّ
spool flange شَفَةُ المِكَبّ
spoon (*n.*) مِلْعَقَة ـ مِغْرَفَة • مِجْرَفة
(*v.*) غَرَفَ أو سَكَبَ بمِلْعَقَة ـ جَوَّفَ كالمِلْعَقَة
spoon bit لُقْمَةُ حَفْرٍ مِلْعَقِيَّة
spore (*n.*) (Biol.) بَوْغ • بَوْغة
spot (*n.*) بُقْعَة • مِنْطَقة • مَوْضِع • مَكان ـ لَطْخَة
(*v.*) بَقَّعَ • لَطَّخَ ـ عَلَّمَ بِبُقْعَة ـ إستَطْلَع • إكْتَشَفَ ـ حَدَّدَ (البُقْعَةَ) بِدِقّة
(*adj.*) فَوْرِيّ ـ جاهِزٌ للتَّسليمِ الفَوْرِيّ ـ مَوْضِعِيّ ـ عَشْوائِيّ
spot chartering إستِئْجارٌ بالرِّحْلةِ (أو باليَوْم)
spot-check (*n.*) تَحَقُّقٌ بالحَفْرِ المَوْضِعِيّ ـ مُراجَعَةٌ سَريعة • فَحْصٌ عَشْوائِيّ
(*v.*) إخْتَبَرَ أو حَقَّقَ مَوْضِعِيّاً ـ راجَعَ (أو فَحَصَ) بشكلٍ عَشوائِيّ
spot coring (Pet. Eng.) أَخْذٌ عَشْوائِيٌّ للعَيِّناتِ اللُّبِّيَّة
spot-facing (Eng.) تَسْوِيَةٌ مَوْضِعِيَّة
spot freight شَحْنٌ عَرَضِيّ ـ أُجْرَةُ الرِّحْلةِ (إلى مَكانٍ مُعَيَّن)
spot rate مُعَدَّلُ الأَجْرِ لرِحْلَةٍ واحِدة
spotted (*adj.*) أَرْقَط • مُرَقَّط • مُنَقَّط • مُبَرْقَش
spotted slate (Geol.) أُرْدُوازٌ مُرَقَّط
spot test (Eng.) إختِبارٌ مَوْضِعِيّ: مَقْصُورٌ على مَوْضِعٍ مُعَيَّن ـ إختِبـارٌ عَيِّنِيّ : مَقْصُورٌ على عَيِّناتٍ مَحْدُودة
(Pet. Eng.) إختِبارُ التَّبَقُّع
spotting (*n.*) إسْتِطلاع ـ تَبْقيع ـ تَحديدٌ دَقيق
spotting mud (Pet. Eng.) ضَخُّ الطِّينِ في مَناطِقَ مُعَيَّنة
spotting oil (Pet. Eng.) تَحديدٌ دَقيق لمَكامِنِ الزَّيْت
spot welding (Eng.) لِحامٌ نُقْطِيّ

spout (*v.*) إنْبَثَقَ • إنْدَفَقَ • دَفَقَ • تَدَفَّقَ • تَفَجَّرَ
(*n.*) إنْبِثاق • دَفْق • تَدَفُّق ـ بَزْباز • بُلْبُلَة ـ مِيزاب • مِزْراب
spouter (Pet. Eng.) دَفَّاقة • بِئْرٌ بِتْرُولِيَّةٌ مُتَدَفِّقة
sprag (Mining) قِدَّةٌ مُوقِفَة : لِمَنْعِ دَوَرانِ عَجَلاتِ المَرْكَبة
spray (*v.*) رَشَّ • رَشْرَشَ • رَذَّ • نَضَحَ • إنْتَضَحَ ـ عَفَّرَ • بَخَّرَ
(*n.*) رَشاش • رَذاذ • نَضْح ـ سائِلُ الرَّشّ ـ مِرَشَّة
spray carburettor (Eng.) مُكَرْبِنٌ رَشَّاش
spray cooling تَبْريدٌ بالرَّشّ
sprayed coils condenser (Chem. Eng.) مُكَثِّفٌ بمِلَفَّاتٍ تُبَرَّدُ بالرَّشّ
sprayer (*n.*) مِنْضَحَة • نَضَّاحَة • مِرَشَّة
spray gun (Civ. Eng.) مُسَدَّسُ رَشّ
spraying (*n.*) رَشّ • ذَرّ • نَضْح ـ طَلْيٌ بالرَّشّ

asphalt spreader

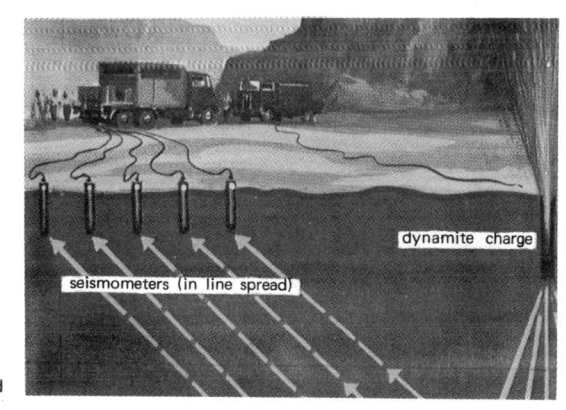

in line spread

spray lubrication (Eng.) تزليقٌ بالرَّشّ

spray nozzle فُوَّهةُ الرَّشّ

spray oil (Pet. Eng.) زَيْتُ الرَّشّ : يُستعمَلُ في مُبيداتِ الأحياءِ الطُّفَيليّة

spray painting دِهانٌ بالرَّشّ

spray tower (Chem. Eng.) بُرجُ رَشّ • بُرْجُ تَبْريدٍ بالرَّشّ – بُرْجُ تَنْقِيةِ (الغازِ) بالرَّشّ

spray-type condenser (Chem. Eng.) مُكثِّفٌ يُبَرِّدُ بالرَّشّ

spread (v.) نَشَرَ • نَثَرَ • إنتشر – بسطَ • إنبسَطَ • فَرَشَ • مَدَّ • إمتَدَّ • باعَدَ • تباعَدَ

(n.) إنتشار • إمتِداد • مَدّ – إنفِراج • تَباعُد – غِطاءُ (المائدةِ أو الفِراش)

(Civ. Eng.) نَسَقُ الانتشار – فَريقُ مَدِّ خطِّ الأنابيب

(Pet. Eng.) التَّباعُدُ الأُوكتانيّ : مَدى الفَرْقِ بينَ الرَّقمِ الأُوكتانيِّ الحَرَكيِّ والرَّقمِ الأُوكتانيِّ المُختَبَريّ

(Geophys.) نَسَقُ توزيعِ المِرجَفات • نَسَقُ انتشارِ أجهزةِ قِياسِ الرَّجْفة

spread, arc (Geophys.) نَسَقٌ قَوسِيٌّ لتَوزيعِ المِرْجَفات

spread correction (Geophys.) تَصحيحُ الانتِشار : النَّاتِجِ عن نَسَقِ تَوزيعِ المِرجَفات

spread, cross (Geophys.) نَسَقٌ تَصالُبيٌّ لتَوزيعِ المِرْجَفات

spreader (Elec. Eng.) مُباعِدة • فارِجة • ساعِدُ انفِراج

(Civ. Eng.) فارِشة • ناشِرة

spreader, asphalt (Civ. Eng.) فارِشةُ الأسفَلت

spreader, concrete (Civ. Eng.) فارِشةُ الخَرَسانة

spreader, mechanical (Civ. Eng.) فارِشةٌ ميكانيكيّة

spread, fan (Geophys.) نَسَقٌ مِرْوَحيٌّ لتَوزيعِ المِرْجَفات

spread, in line (Geophys.) نَسَقٌ خَطِّيٌّ لتوزيعِ المِرْجَفات

spread, instrument (Eng.) نَسَقُ تَوزيعِ أجهزةِ القِياس

spread length (Geophys.) مَدى انتِشارِ المِرْجَفات

spreadman (Pet. Eng.) مُراقِبُ فَريقِ مَدِّ الأنابيب

spread, split (Geophys.) نَسَقٌ انفِراجيٌّ لتَوزيعِ المِرْجَفات

spread, straddle (Geophys.) نَسَقٌ مُتَفاجٌّ لتوزيعِ المِرْجَفات

spread superintendent (Civ. Eng.) رَئيسُ فَريقِ مَدِّ (خَطِّ) الأنابيب

sprig (n.) (Eng.) مِسْمارٌ عَديمُ الرَّأسِ (أو دَقيقُه)

spring (n.) زُنْبُرُك • نـابِض – نَبْع • يَنْبُوع – رَبيع – وَثْبَة • قَفْزة – إرتِدادٌ بالمُرونة

(v.) قَفَزَ – طَفَرَ – بَرَزَ • إندَفَعَ – نَبَعَ • تَفَجَّرَ • نَبَضَ • إرْتَدَّ (أو انضَغَطَ) بمُرونة – لَوى • فَتَلَ

(adj.) زُنْبُرُكيّ • نابِضيّ – رَبيعيّ

spring balance (Phys.) مِيزانٌ زُنْبُرُكيّ

spring buffer (Eng.) مِصَدٌّ زُنْبُرُكيّ

spring chuck (Eng.) ظَرْفٌ زُنْبُرُكيّ

spring control (Eng.) تَحَكُّمٌ زُنْبُرُكيّ (بإبرَةِ آلةِ القِياس)

spring faucet حَنَفيّةٌ بِنابِض

spring feed mechanism (Eng.) آليّةُ التَّغذيةِ الزُّنْبُرُكيّة

spring governor (Eng.) حاكِمٌ زُنْبُرُكيّ • مُنظِّمٌ بنابِض

springhead (n.) مَنْبَع

spring, hot (Geol.) حَمَّة • يَنْبُوعُ ماءٍ حارّ

springiness (n.) (Mech.) نابِضيّة • رَجُوعيّة • مُرُونةُ الانضِغاطِ أو الارْتِداد

spring leaf صَفيحةُ النَّابِض • رَقيقةٌ زُنْبُرُكيّة

spring suspension (Eng.) تَعليقٌ زُنْبُرُكيّ

spring washer (Eng.) فَلْكَةٌ نابِضيّة

springy (adj.) نابِضيّ • مَرِن • رَجُوع – كَثيرُ اليَنابيع

sprinkle (v.) رَشَّ • نَضَحَ • ذَرَّ • نَثَرَ • إنتَثَرَ • إنتَضَحَ

(n.) ذَرّ • رَشّ • نَثْر رَذاذ

sprinkler (n.) مِرَشَّة • مِنْضَحة

(Civ. Eng.) شَبَكةُ مِرَشّاتٍ لِمُقاوَمةِ الحَريق (تَعمَلُ تِلْقائيّاً)

sprocket (n.) (Eng.) ضِرْسُ أو سِنُّ التُّرْس – مِضْرَسة • دُولابٌ مُسَنَّن

sprocket chain (Eng.) سِلْسِلةُ المِضْرَسة

sprocket wheel (Eng.) مِضْرَسة • دُولابٌ مُسَنَّن

sprue (n.) فُتْحَةُ الصَّبّ • مَصَبُّ السَّبْك

sprung mass الكُتْلةُ المُعلَّقة

spud (n.) (Civ. Eng.) مَرّ : آلةُ حَفْرٍ مُستَدِقّةُ الطَّرَف – مِحْفارٌ دَقّاق

(Eng.) بِداد • بِطام

(v.) حَفَرَ – حَفَرَ بالدَّقّ (بطَريقةِ الحَفْرِ الكَبْليّ)

spudder (n.) مِحْفارٌ دَقّاق • جِهازُ حَفْرٍ دَقّاق

spudding (Civ. Eng.) حَفْرٌ بالدَّقّ • حَفْرٌ كَبْليّ : لعَمَليّاتِ الحَفْرِ الابتِدائيّةِ أو القَليلةِ العُمْق

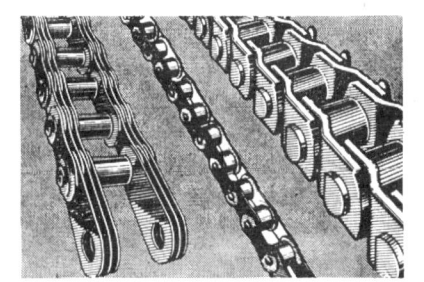

sprocket chains

spudding bit

spudding bit (Civ. Eng.) لُقمةُ حَفرٍ (كَبْليّ) مُستَدِقَّةُ الطَّرَف • لُقمةُ بَدْءِ الحَفر

spudding in (Pet. Eng.) بَدْءُ الحَفر

spudding pulley (Civ. Eng.) بَكَرةُ الحَفرِ الكَبْليّ

spudding shoe (Civ. Eng.) نَعْلُ الحَفرِ الكَبْليّ

spume (*n.*) رَغْوة • زَبَد
(*v.*) أَرْغَى • أَزْبَدَ

spur (*v.*) إستَحَثَّ • حَثَّ – هَمَزَ • نَخَسَ
(*n.*) مِهماز – حافِز – شَوْكة • نُتوء • فَرْعٌ طَرَفيّ
(Geol.) نُتوءٌ صَخْريّ • قِرناس – فَرْعُ العِرْقِ المَعْدِنيّ

spur gear (Eng.) تُرْسٌ مِهْمازيّ : تُرسٌ أُسطُوانيٌّ عَدَل مُسَنَّنٌ بمُوازاةِ المِحْوَر

spurious (*adj.*) زائِف • كاذِب – عَرَضيّ • طُفَيليّ

spurline (Surv.) خَطٌّ حَيْديّ • خَطٌّ ذُرويّ

spurt (*v.*) تَفجَّرَ • تَدَفَّقَ • إنبَجَسَ
(*n.*) تَفجُّر • تَدَفُّقٌ مُفاجِيء • إنبِجاس • إندِفاق

sputter (*v.*) نَفَثَ • لَفَظَ – رَشَّ • بَقْبَقَ
(*n.*) نُفاثَة • نَفْث – رَشْرَشة • بَقْبَقة

spyglass (*n.*) مِنْظار • نَظّارةٌ مُقَرِّبة

spy-hole فَتْحَةُ مُراقَبة

squad (*n.*) فِرْقة • جَماعة • زُمْرَة

squall (*n.*) (Meteor.) زَوْبَعة • نائِجة • رِيحٌ شَديدة
(*v.*) عَصَفَ • هَبَّ

squamate (*adj.*) حَرْشَفيّ • كَثيرُ الحَراشِف

squander (*v.*) شَتَّتَ • بَدَّدَ • تَشَتَّتَ
(*n.*) تَبْديد • تَشْتيت • هَدْر

square (*n.*) مُرَبَّع – مَيْدان • ساحة
(Surv.) كُوس • زاوِيةٌ قائِمةٌ (خَشَبيَّة أو مَعدِنيَّة) • زاوِيةُ تَعامُد
(*v.*) – رَبَّعَ: شَكَّلَ مُرَبَّعاً أو رَبَّعَ (عَدَداً) – سَوَّى – قاسَ الانحِراف عن الزّاوِيةِ القائِمة
(*adj.*) – مُرَبَّع – قائمُ الزّاوِية – تَرْبيعيّ – مُنصِف • مُستَقيم • قَويم

square bar قَضيبٌ مُرَبَّعُ المَقْطَع

square bolt مِسْمارٌ مُرَبَّعُ المَقْطَع

square centimeter سَنتيمتر مُرَبَّع (سم²)

square foot قَدَمٌ مُرَبَّعة

square groove حُزَّةٌ مُرَبَّعةُ المَقْطَع

square-head bolt (Eng.) بُرْغي مُرَبَّعُ الرَّأس

square inch بُوصةٌ مُرَبَّعة (حَوالَى ٦،٤٥ سم²)

square iron (Eng.) حَديدٌ مُرَبَّعُ المَقْطَع

square joint وُصْلَةٌ قائمةٌ (دُونَ تَراكُبٍ أو تَلْسين)

square kelly (Civ. Eng.) جِذْعُ حَفرٍ مُرَبَّعُ المَقْطَع

square measure مِقياسٌ مِساحيّ

square metre مِتْرٌ مُرَبَّع

square nut (Eng.) صَمُولةٌ مُرَبَّعة

square root جِذْرٌ تَرْبيعيّ

square shaft (Mining) مَهواةٌ مُرَبَّعةُ المَقْطَع

square-shank drill (Civ. Eng.) مِثْقابٌ ذو ساقٍ مُرَبَّعةِ المَقْطَع

square thread (Eng.) سِنُّ لَوْلَبةٍ مُرَبَّعةُ المَقْطَع – لَولَبةٌ قائمةُ الجانِبيَّة

square timber خَشَبٌ مُرَبَّعُ المَقْطَع

square unit وَحْدةٌ مُرَبَّعة

square work (Mining) إستِثمارٌ (أو تَعْدينٌ) بالأعمِدةِ القائمة

squaring (*n.*) تَرْبيع – ضَبْطُ التَّعامُد – تَسْوية

squeak (*v.*) صَرَّ • صَرْصَرَ • صَرَفَ
(*n.*) صَريف • صَرير • صَرْصَرة

squeegee (*n.*) كاشِطةٌ أو مِمْسَحةٌ مَطّاطيَّة

squeeze (*v.*) عَصَرَ – إعْتَصَرَ – كَبَسَ • ضَغَطَ • إنْضَغَطَ – زَحَمَ • حَشَرَ • أَقْحَمَ
(*n.*) عَصْر – ضَغْط • كَبْس – عُصارةٌ شَحيحة

squeeze bottle زُجاجةٌ انضِغاطيَّة

spueeze cementation سَمْنَتَةٌ تَحْتَ الضَّغط

squeeze cementing (Civ. Eng.) سَمْنَتَةٌ تَحْتَ الضَّغط

squeezer (*n.*) عُصارة
(Eng.) مِضْغَطَة (يَدَويَّة أو آليَّة)

squeeze riveter (Eng.) مِضْغَطةُ بِرشام

squeeze-ups (Geol.) نَوابِط

spur gear

squib (*n.*) مُفَرْقِعة • إصْبَعٌ مُتفَجِّرة
(*v.*) فَرْقَعَ • فَجَّرَ

squirrel-cage motor (Elec. Eng.) مُوتُورُ قَفَصِ السِّنْجاب

squirt (*v.*) بَجَسَ • ثَجَّ • إنْبَجَسَ • سَحَّ • إنْثَجَّ • إنْبَثَقَ
(*n.*) إنبِجاس – ثَجيج • سائِلٌ مُنْبَثِق – ثَجّاجة – بَخّاخة

squirt gun (Eng.) ثَجّاجة – مُسَدَّسُ تَزْليق

S.R. (**steam-refined**) مُكَرَّرٌ بالبُخار
(**straight-run**) مُباشَرُ التَّقْطير • مُنْتَجٌ بالتَّقْطيرِ الأَوَّليّ

S.S. (**service station**) مَحَطَّةُ خِدْمة

S.S.P. (**static self** "or **spontaneous**" **potential**) الجُهْدُ الذّاتيّ (أو التِّلْقائيّ) السّاكِن

S.S.U. (**Saybolt seconds Universal**) ثَواني سِيبُولت يُونيفرسال : لِقياسِ اللُّزوجة

S.T. (**surface tension**) التَّوَتُّرُ السَّطحيّ

stab (*v.*) طَعَنَ – أَقْحَمَ
(Eng.) أَقْحَمَ أُنبوباً في آخَر (لِوَصْلِهِما)
(*n.*) طَعْنَة

stabbing board (Civ. Eng.) مِنَصَّةُ وَصْلِ الأنابيب

stabile (*adj.*) مُستَقِرّ • مُتَّزِن • غَيْرُ مُتَراوِح
(Chem. Eng.) مُستَقِرّ • ثابِت • مُقاوِمٌ للانحِلال

stability (*n.*) إستِقرار • ثَبات • رُسوخ
(Chem. Eng.) إستِقراريَّة • مَناعة على الانحِلالِ والتغيُّراتِ الكيماويّة
(Mech.) إستِقرارُ التَّوازُن • إتِّزان

stability, colo(u)r (Chem. Eng.) رُسوخُ اللَّون • ثَباتُ اللَّون

stability test (Elec. Eng.) إختِبارُ الثَّبات
(Eng.) إختِبارُ الاستِقرارِ (التَّوازُنيّ)
(Chem. Eng.) إختِبارُ الاستِقراريَّةِ الكيماويَّة

stabilization (*n.*) إستِقرار • رُسوخ • إقرار • تَرْسيخ • مُوازَنة • إتِّزان

STA
435

stabilization unit

flue gas stack

stabilization (Pet. Eng.) : تَرْكيز • تَثْبيت : إزالةُ الغـازاتِ المُـذابة (أو الأجْزاء السَّريعةِ التَّطايُر) من النَّفط

stabilization column (Pet. Eng.) بُرْجُ تَثْبيتِ الخام • بُرجُ تَرْكيزِ الخام

stabilization unit (Pet. Eng.) وَحدةُ تَرْكيزِ الخـام : وَحدةُ تَثبيتِ الخـام النَّفطيّ بفَصْلِ الأجْزاء المُتطايِرةِ عنه

stabilize (v.) أقرَّ • رَسَّخَ • ثَبَّتَ • رَكَّزَ • وازَنَ • إستقرَّ • إتَّزَنَ • ثَبَتَ • رَسَخ

(Pet. Eng.) رَكَّزَ • ثَبَّتَ (الخامَ النَّفطيّ) : بِفَصْلِ الأجْزاء المُتطايرةِ عنه

stabilized component مُكوِّنٌ مُسْتقِرّ (أو مُوازَن)

stabilized crude (Pet. Eng.) خامٌ مُرَكَّز (أو مُثَبَّت)

stabilized dune (Geol.) كَثيبٌ مُثَبَّت (أو مُستقِرّ)

stabilized gasoline (Pet. Eng.) بنزينٌ مُثَبَّت (أو مُرَكَّز)

stabilizer (n.) مُقِرّ • مُوازِن – جِهازٌ مُوازِن – مادّةٌ مُقِرَّة

(Pet. Eng.) مُثَبِّت • بُرْجُ تَرْكيزِ (البنزين الطَّبيعيّ)

stabilizer plant (Pet. Eng.) وَحْدَةُ تَرْكيزِ الخام : بِفَصْلِ الأجْزاء المُتطايِرة عن البنزين الطَّبيعيّ

stabilizing (adj.) مُقِرّ • مُوازِن – مُرَكِّز

(n.) إقْرار • تَرْكيز • تَثْبيت

stabilizing column (or **tower**) (Pet. Eng.) بُرْجُ تَثْبيت • بُرْجُ تَرْكيزِ الخام

stabilizing float (Naut.) عامَةُ إقْرار

stabilizing unit (Pet. Eng.) وَحْدةُ تَثْبيت – وَحْدةُ تَرْكيزِ الخام

stable (adj.) مُستقِرّ • ثابِت • راسِخ • وَطيد • مُتوازِن

(Mech.) مُستقِرُّ التَّوازُن

(Chem. Eng.) مُستقِرّ • غيرُ قابِلٍ للانحِلال • مُقاوِمٌ للتغيُّراتِ الكيماويّة

(Phys.) مُستقِرّ (الاتِّزان) – لا إشعاعيّ

stable compound (Chem. Eng.) مُرَكَّبٌ مُستقِرّ (أو ثابِت)

stable emulsion (Chem. Eng.) مُسْتَحْلَبٌ مُستقِرّ (أو ثابِت)

stable equilibrium (Mech.) تَوازُنٌ مُستقِرّ • إتِّزانٌ مُستقِرّ

stable running (Eng.) تَشغيلٌ مُستقِرّ • دَوَرانٌ مُستقِرّ

stable substance (Chem.) مادّةٌ ثابِتة (أو مُستقِرّة)

stack (n.) مِدْخَنة • ماسُورَةُ (المِدْخَنة) – كُومَة • رُكام – رَصيص • حُزْمَة • جُمّاع

(Geol.) ناشِزَة • مِسَلَّة بَحْريَّة : نُتوءٌ صَخريٌّ قريبٌ من السّاحِل

(v.) رَكَمَ • كَدَّسَ • تَراكَمَ • تَكَدَّسَ – نَضَّدَ • رَصَّ • إرْتَصَّ

stack-base قاعِدةُ المِدْخَنة

stack cutting (Eng.) قَطْعٌ جَماعِيّ

stacker (n.) مِكْدَسَة • مِنْضَدَة • مِرْفاعُ تَنْضيد

stack gases غازاتُ المِدْخَنة • الغازاتُ المُنْصَرِفة

stacking (n.) تَكْويم • رَكْم • تَكْديس • رَصّ

stack pipe ماسُورةُ مِدْخَنة

staddle (n.) رَكيزة • دِعامة • قاعِدة

stadia rod (Surv.) شاخِصُ (مَسْح) مُدَرَّج

stadia tacheometry (Surv.) قِياسُ الأبْعادِ بالتِّلِسكوب والشَّواخِص

stadiometer (Surv.) ستاديُومتر : مِقْياسُ مُنْحَنَيات

stadium (n.) مَلْعَبٌ مُدَرَّج – مَرْحَلة

= **stadia rod** (Surv.) شاخِص • قامَةُ إبْعاد

Staeger test (Pet. Eng.) : إختِبارُ «ستايجَر» للكَشْفِ عن أكْسَدَةِ الزَّيت

staff (n.) عَصا • قَضيب • سارِية – المُوَظَّفون (القائِمون بالعَمَل)

(Surv.) شاخِص • قامَةُ مِساحة

(v.) زَوَّدَ بالمُوظَّفين (أو بالأفْرادِ الإداريِّين)

stage (n.) مَرْحَلَة • طَوْر – مِنَصَّة • بِقالة

(Geol.) نَمَط • نَسَق – مَرْحَلةٌ جِيُولوجيّة (أو صُخورُ هذه المَرْحَلة)

stage compression (Eng.) ضَغْطٌ تَدْريجيّ (مَرْحَلِيّ)

stage crushing (Mining) جَرْشٌ مَرْحَلِيّ • التَّكْسيرُ على مَراحِل

stage efficiency (Eng.) الكِفايةُ المَرْحَلِيَّة

stage, experimental مَرْحَلةٌ اختِباريَّة أو تَجريبيّة

stage floatation (or **flotation**) (Mining) الطَّفْوُ المَرْحَلِيّ : على مَراحِل

stage-pumping (Hyd. Eng.) الضَّخُّ المَرْحَلِيّ – الضَّخُّ على مَراحِل

stage separation (Pet. Eng.) الفَصْلُ المَرْحَلِيّ

stage stripping (Pet. Eng.) الاستِنْصالُ المَرْحَلِيّ : لِلقُطاراتِ الخَفيفة

stagewise (adv.) على مَراحِل • بالتَّدْريج

stage working (Mining) إستِثمارٌ (أو تَعدينٌ) طَبَقِيٌّ مَكْشوف

staggered (adj.) مُتَعَرِّج • خِلافِيُّ التَّدْريج أو التَّرْتيب – مُتَداخِل

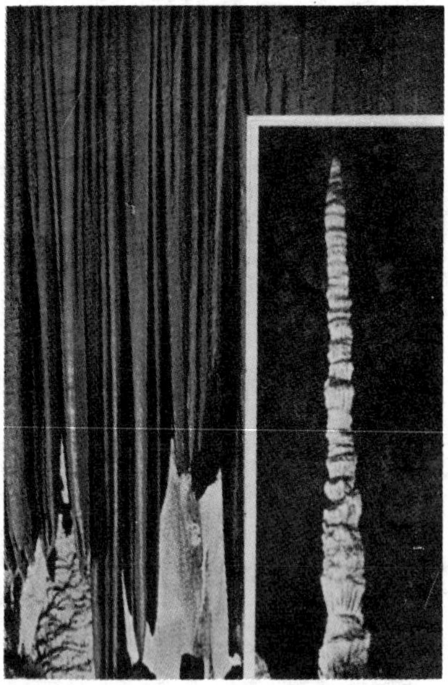

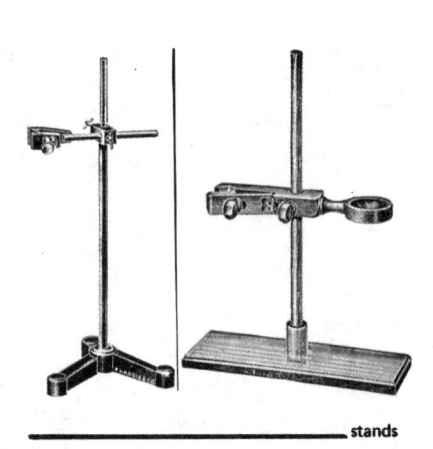

stalactites — stalagmite

staggered hours ساعاتُ (عَمَلٍ) مُتَداخِلة : بحيث لا يَتلاقَى عُمالُ النُّوباتِ في الدُّخولِ أو الخُروج

staggered riveting (Eng.) بَرْشَمةٌ مُتَعَرِّجةٌ (أو خِلافيَّةُ التَّدَرُّج)

staggered wells (Pet. Eng.) آبارٌ خِلافيَّةُ التَّرتيب

staggering (*n.*) تَدريجٌ خِلافيّ • تَرتيبٌ أو تَوزيعٌ خِلافيّ – تَعَرُّج • تَرَنُّح

staging (Civ. Eng.) سِقالاتُ (البِناء)

stagnant (*adj.*) راكِد – كاسِد

stain (*v.*) صَبَغَ • لَوَّنَ • بَقَّعَ • إصْطَبَغَ • تَبَقَّعَ – لَطَّخَ • لَوَّثَ

(*n.*) صِبْغ • صِباغ – بُقْعَة • لَطْخَة

stainless (*adj.*) لا يَصْدَأ

stainless steel (Met.) فُولاذٌ لا يَصْدَأ

stake (*n.*) وَتِد • خازُوق – سِنْدانُ تَطْريقٍ صَغير – رِهان • مُجازَفة

(*v.*) شَدَّ (أو حَدَّدَ) بالأَوْتاد – سَنَدَ • دَعَمَ – راهَنَ • جازَفَ

stalactite (*n.*) (Geol.) هابِطة (جَمْعُها هَوابِط): عَمودٌ من تَرَسُّباتِ كَربوناتِ الكالسيوم مُدَلًّى من سَقْفِ المَغارة

stalagmite (*n.*) (Geol.) صاعِدة (جمعُها صَواعِد): عَمودٌ من تَرَسُّباتِ كَربونات الكالسيوم صاعِدٌ من أَرْضِ المَغارة

stalagmometer (*n.*) (Phys.) قِياسُ التَّوَتُّرِ السَّطحيّ (للسَّوائل): بِطَريقةِ وَزْنِ النُّقطةِ السَّاقِطة

stalagmometry (*n.*) (Phys.) قِياسُ التَّوَتُّرِ السَّطحيّ (بالنُّقطةِ السَّاقِطة)

stalking (Civ. Eng.) مُفاغَمة : ضَمٌّ طَرَفيّ الماسورَتَيْن تَمهيداً لِلِّحام

stall (*v.*) (Eng.) أَوْقَفَ (المُحَرِّكَ) • تَوَقَّفَ (فَجأةً) : بتأثيرِ الكَبْحِ أو لازْدِيادِ الحِمْل

(*n.*) فُسْحةُ تَوَقُّفٍ مُعَلَّمة (تَتَّسِع لسيّارةٍ واحِدة) – مَقْعَد

(Eng.) تَوَقُّفٌ مُفاجِئ

(Mining) حُجْرَةُ تَعْدينِ الفَحْم – حُجْرَةُ تَحْميصِ الخام

stalling (*n.*) فِقدانُ السُّرعة • تَوَقُّفٌ مُفاجِئ – إنهيار

Stalloy (Met., Elec. Eng.) سْتَلُّوي : سَبيكةٌ من الفُولاذِ والسّليكون (عالِيَةُ الإنفاذيَّةِ المِغنَطيسيَّة)

stamp (*v.*) خَتَمَ • دَمَغَ • وَسَمَ • شَكَّلَ بالخَتْمِ أو الكَبْس • أَلْصَقَ طابَعاً بَريديّاً على – وَطِئَ • داسَ بقُوَّة

(Mining) هَشَّمَ • رَضَّ : خَبَطَ أو دَقَّ (بإسقاطِ شيءٍ ثَقيل)

(*n.*) طابَعٌ بَريديّ – خَتْم • دَمْغَة • عَلامة • طَبْعَة • سِمَة • طابَعٌ مُمَيِّز – مِرَضَّة • مِدَقَّةٌ ثَقيلة

stamp duty رَسْمُ الطَّوابِعِ (الأميريّة)

stamped (*adj.*) مَدْمُوغ • مَخْتُوم – مَرْضُوض • مَهْرُوس – مُشَكَّلٌ بالخَتْمِ أو الكَبْس

stamped ore (Mining) خامٌ رَضيضٌ (أو مَهْرُوس)

stamping (*n.*) خَتْم • سَكّ – تَشكيلٌ بالخَتْمِ أو الكَبْس – تَرقيق – رَضّ • هَرْس

(Eng.) قِطعةٌ مُشَكَّلةٌ بالخَتْمِ أو الكَبْس

stamping die (Eng.) قالَبُ سَكٍّ (أو خَتْم)

stamping mill (Mining) مَعْمَلُ رَضٍّ (أو هَرْسِ) الخام

(Eng.) مَعْمَلُ تَشكيلٍ بالخَتْمِ أو الكَبْس

stanch = staunch (*adj.*) مَسِيك • كَتِيم • غَيْرُ نَفّاذ • صامِدٌ للماء – مَتين

stanchion (*n.*) (Civ. Eng.) عَمُود • دِعامة • قائمُ دَعْمٍ فُولاذيّ

stand (*n.*) حامِل • مِنْصَب • مِسْنَد – مِنَصَّة • قاعِدة – وَقْفَة • مَوْقِف – وُقُوف • صُمود • مُقاوَمة

(Civ. Eng.) قائمُ الحَفْر • عَمودُ قُضْبانِ الحَفْر

(*v.*) وَقَفَ • قامَ • إنْتَصَبَ • أَقامَ • نَصَبَ – صَمَدَ • تَحَمَّلَ • قاوَمَ – إتَّخَذَ مَوْقِفاً (أو اتِّجاهاً) مُعَيَّناً

standage (*n.*) وُقوفُ (المَرْكَبات) – حَقُّ الوُقوفِ (في مَكانٍ مُعَيَّن)

stands

(Mining) حَوْضُ تَجميعٍ سُفْليّ

standard (*n.*) عِيار • قِياس • مِعيار – إمام • مِثال • نَموذَج – مُسْتَوَى – قاعِدة • حامِلٌ عَمُوديّ – عَلَم • رايَة

(*adj.*) عِياريّ • قِياسيّ • إماميّ • نَموذَجيّ – مِعياريّ – إصطِلاحيّ • عادِيّ

standard air (Eng.) هَواءٌ عِياريّ (حَرارتُه ١٥ مِئويّة وضَغْطُه ١٠١٣٢٥٠ داين للسم^2 ورُطوبتُه ٥٠٪)

standard atmosphere (Meteor.) جَوٌّ عِياريّ

(Phys.) ضَغْطٌ جَوِّيٌّ عِياريّ : ١٠٣٣،٦ غم على السم^2 أو ١٤،٦٩ باونداً على البوصةِ المُرَبَّعة

standard cell (Elec. Eng.) خَلِيَّةٌ (كَهربائيّة) عِياريّة

standard conditions الظُّروفُ العِياريَّة : ظُروفُ الحَرارةِ والضَّغطِ العِياريَّتَيْن (دَرَجةُ حَرارةِ الصِّفرِ المِئويّ وضَغط ٧٦٠ ملم زِئْبَق)

(Pet. Eng.) الظُّروفُ القِياسيَّةُ أو المِعياريَّة : دَرَجةُ حَرارة ١٥ مِئويّة وضغط ١٠٣٣،٦ غم على السم^2

standard density (Phys.) الكَثافةُ المِعياريَّة

standard deviation الانحِرافُ المِعياريّ : جَذْرُ مُتَوَسِّطِ مُرَبَّعاتِ الفُروقِ عن الوَسَطِ الحِسابيّ للقِراءات

standard dimension ratio (Eng.) النِّسبةُ القِياسيَّةُ للأبعاد: نِسبةُ القُطرِ (الخارِجيّ أو الدّاخِليّ) إلى الثَّخانة في الأنابيب

standard equipment مُعَدّاتٌ قِياسيَّةٌ أو نَموذَجيَّة

standard form نَمَطٌ قِياسيّ أو نَموذَجيّ

standard gauge (Eng.) مُحَدِّدٌ قِياسٌ إماميّ (أو عِياريّ)

standardization تَقْييس – تَوْحيدُ المَقاييس • تَوحيدُ النَّمَطِ أو العِيار – مُعايَرة

standardize (*v.*) عايَرَ – وَحَّدَ المَقاييس • قَيَّسَ : وَحَّدَ قِياسَ المُنتَجاتِ (حَجْماً أو وَزناً)

standardized (*adj.*) مُقَيَّس • مُوَحَّدُ القِياس – عِياريّ • قِياسيّ

standardized test solution (Chem. Eng.) مَحلولُ اختِبارٍ مُعايَر

standard make (Eng.) صُنْعٌ قِياسيّ • إنتاجٌ مُوَحَّد

standard mix (Civ. Eng.) خَلْطَة (خَرْسانة) قِياسيّة (١ إسمَنت ، ٢ رَمْل ، ٤ حَصْباء)

standard of proficiency مُستَوى البَراعة

standard of training مُستَوى التَّدريب

standard pressure (Phys.) ضَغْطٌ عِياريّ : ٧٦٠ ملم من الزِّئبق (أو ١٠١٣٢٥٠ داين على السم٢)

standard production إنْتاجٌ قِياسيّ : مُوَحَّدُ المَقاييس أو مُنطَبِقٌ على المَقاييس العِياريّة

standard propagation (Phys.) إنتِشارٌ قِياسيّ (للتَّمَوُّجات)

standard reference temperature (Eng.) دَرَجةُ الحَرارةِ الإسناديّةُ القِياسيّة

standard resistance (Elec. Eng.) مُقاوَمةٌ قِياسيّة

standard resistor (Elec. Eng.) مُقاوِمٌ عِياريّ (لا يَتَأثَّرُ بالحَرارة)

standard solution (Chem. Eng.) مَحلولٌ عِياريّ أو مِعياريّ

standard specifications مُواصَفاتٌ قِياسيّة

standard tar viscosimeter (Pet. Eng.) مِلزاجُ القارِ المِعياريّ

standard temperature (Phys.) دَرَجةُ الحَرارةِ العِياريّة : دَرَجةُ الصِّفرِ المِئويّ

standard temperature and pressure (Phys., Chem.) دَرَجةُ الحَرارةِ والضَّغطِ العِياريَّيْن : (دَرَجةُ الصِّفرِ المِئويّ وضَغط ٧٦٠ ملم زئبق)

standard unit وَحدةٌ قِياسيّة (أو إماميّة)

standard volume (Chem.) الحَجْمُ الاصطِلاحيّ : حَجْمُ وَزنٍ جُزَيْئيّ غراميّ من الغاز على دَرَجةِ حَرارةِ الصِّفر المِئويّ وضَغط ٧٦٠ ملم زئبق (يساوي ٢٢،٤١٤ لتراً)

standard weights أوْزانٌ عِياريّة • صَنْجاتٌ عِياريّة

standard white kerosene (Pet. Eng.) كيروسين أبيَضُ قِياسيّ

stand-by (*adj., n.*) إحتِياطيّ • بَديلٌ (للعَمَلِ عند الحاجة)

stand-by equipment مُعَدّاتٌ احتِياطيّة

stand-by unit وَحدةٌ احتِياطيّة

standing (*adj.*) قائِم • مُنتَصِب • واقِف – مُتَوَقِّف • راكِد – ثابِت • مُستَقِرّ • دائِم – سارٍ • راهِن

(*n.*) مَنْزِلة • دَرَجة • مَرْكَز

standing block (Eng.) بَكّارةٌ ثابِتة

standing committee لَجْنةٌ دائِمة

standing derrick (Eng.) بُرْجٌ قائِم – مِرفاعٌ قائِم

standing mine (Mining) مَنجَمٌ مُتَوَقِّفٌ (أو غير مُستَغَلّ)

standing orders أوامِرُ (أو أنظِمةٌ) سارِيَةُ المَفعُول

standing pulley (Eng.) بَكَرةٌ ثابِتة

standing valve (Eng.) صِمامٌ ثابِت

standing water ماءٌ راكِد

standing well (Pet. Eng.) بِئْرٌ مُتَوَقِّفة

stand-off (*adj.*) مُتَحَفِّظ – مُباعِد • مُبْعِد

stand oil (Chem. Eng.) زَيتٌ جَفوفٌ مُغَلَّظٌ بالتَّسخين

stand pipe (Hyd. Eng.) ماسُورةٌ قائِمة • أُنبوبٌ عَموديّ مَفتوحُ الطَّرَف : لِمَنْعِ تَجاوُزِ الضَّغط في خَطّ الأنابيب

standpoint (*n.*) وُجْهةُ نَظَر • مَوْقِف

standstill (*n.*) تَوَقُّف • تَوَقُّفٌ تامّ

stank (*n.*) (Civ. Eng.) جِدارٌ أو سَدٌّ مَسِيك

(*v.*) صَمَّدَ للماء • جَعَلَ مَسِيكاً

stannary (Mining) مَنجَمُ قَصدير

stannates (Chem.) قَصديرات : أملاحُ حامِضِ القَصدير

stannic (*adj.*) (Chem.) قَصديريّ

stannic oxide (Chem.) أُكسيدُ القَصديريك

stanniferous (*adj.*) حاوٍ القَصدير

stannous oxide (Chem.) أُكسيدُ القَصديروز

stannum = tin (Sn) (Chem.) القَصدير : عُنصُرٌ فِلِزّيّ رَمزُه (ق)

staple (*n.*) مِشْبَك • دَبّوسٌ (أو مِسمار) مُزْدَوَجُ السِّنّ • رَزَّة سِلكيّة (لِضَمّ الأوراق) – سِلعَة رَئيسيّة – مادّةٌ خام

(Mining) مَهْوًى داخِليّ بَيْنَ طَبَقَتَيْن فَحمِيَّتَيْن

(*v.*) دَبَّسَ : شَبَكَ بِدَبّوسٍ مُزدَوَجِ السِّنّ

stapler (*n.*) مُدَبِّسة

star bit (Civ. Eng.) لُقْمةُ حَفرٍ نَجْميّةُ المَقْطَع

starboard (*n.*) جانِبُ السَّفينةِ الأيْمَن • مَيْمَنةُ (السَّفينةِ أو الطّائرة)

(*adj.*) أيْمَن • يُمْنى

(*v.*) أدارَ إلى اليَمين

starch (*n.*) (Chem.) نَشا • نَشاء

(*v.*) نَشّى

star connection (Elec. Eng.) تَوصيلٌ (أو اتِّصالٌ) نَجْميّ

star coupling (Eng.) قَرْنٌ نَجميّ

star-delta connection (Elec. Eng.) وَصْلٌ نَجميّ مُثَلَّثيّ

star drill (Eng.) مِثقَبٌ نَجْميّ

starling (Civ. Eng.) مَصَدٌّ رَكائزيّ : سِلْسِلةُ رَكائزَ مَغْمُورة تَحمي قاعِدةَ الجِسْرِ أو الرَّصيفِ البَحريّ

star point (Elec. Eng.) نُقطةُ التَّفَرُّعِ النَّجميّ

start (*v.*) بَدَأ • باشَرَ • إستَهَلَّ • إبْتَدَأ • شَرَعَ – إنطَلَقَ • تَحَرَّكَ • سارَ • أقلَعَ – أطلَقَ • سَيَّرَ • شَغَّلَ • أدارَ

(*n.*) بَدء • بِداية • شُروع – إنطِلاق • إقلاع

started date تاريخُ بَدْءِ العَمَل

starter (*n.*) (Eng.) بادِئ • مُبْدِئُ إدارة • بادِئُ الحَرَكةِ (أو التَّشغيل) • مُطْلِق • مُشْلِع

starter button (Eng.) زِرُّ الانطِلاق • زِرُّ بَدْءِ التَّشغيل

starter switch (Eng.) مِفتاحُ التَّشغيل • مِفتاحُ بَدْءِ الحَرَكة

starting (*n.*) بَدْء • بِداية • بَدْءُ الحَرَكةِ أو التَّشغيل • إنطِلاق • إطلاق

(*adj.*) بَدْئيّ • إستِهلاليّ

starting battery بَطّاريّةُ بَدْءِ الحَرَكة

starting, cold (Eng.) بَدْءُ الإدارةِ على البارِد

starting crank (Eng.) مِرْفَقُ بَدْءِ الإدارة

starting current (Eng.) تَيّارُ البَدْء • تَيّارُ بَدْءِ الحَرَكة

starting gear (Eng.) جِهازُ بَدْءِ الحَرَكة

starting period فَتْرةُ البَدْء

starting point نُقطةُ الانطِلاق • نُقطةُ البَدْء • نُقطةُ المُنطَلَق

starting position وَضْعُ البَدْء • وَضْعُ الانطِلاق

starting valve (Eng.) صِمامُ بَدْءِ الحَرَكة

start to discharge (Eng.) بَدْءُ التَّصريف : ضَغطُ بَدْءِ التَّصريف (لِصِمامِ الأمان)

start-up (*n.*) بَدْءُ العَمَلِ أو التَّشغيل

starved basin (Geol.) حَوْضٌ قَليلُ التَّرسيب

state (*n.*) حالة • حال • وَضْع – دَوْلة • وِلاية

(*v.*) عَرَضَ • بَسَطَ • أعْلَنَ – نَصَّ (على) • قَرَّرَ • حَدَّدَ

state, gaseous (Phys.) الحالةُ الغازيّة

state, labile حالةٌ غيرُ مُستَقِرّة

state, liquid (Phys.) حالةُ السُّيُولَة

statement (*n.*) تصريح • عَرْض • بَسْط ــ تقرير • كَشْف • بَيان

state, solid (Phys.) حالةُ الصَّلابة

state, vapour (Phys.) الحالةُ البُخاريَّةُ (أو الغازيَّة)

static (*adj.*) إستاتيّ • استاتيكيّ • سُكونيّ • ساكِن ــ إلِكتروسْتاتيّ

(*n.*) شُواشٌ إستاتيّ : سَبَبُه اضطرابُ كهربائيَّةِ الجَوِّ السَّاكِنة

static(al) friction (Mech.) إحتكاكٌ إستاتيّ

static balance تَوازُنٌ إستاتيّ (أو سُكونيّ)

static bottom hole pressure (Pet. Eng.) الضَّغطُ السُّكونيّ في قاعِ البِئر

static chain (Elec. Eng.) سِلسِلةُ (تأريض) إستاتيَّة : تُعلَّقُ في مُؤخَّرةِ الشَّاحِنة لتَفريغِ الكهربائيَّةِ السَّاكِنةِ المُتولِّدةِ فيها

static charge (Elec. Eng.) شِحْنةٌ كهربائيَّةٌ إستاتيَّة

static drop test (Chem. Eng.) إختِبارُ النُّقطةِ السَّاكِنة : لتَحديدِ قُوَّةِ المُبيدِ الحَشَريّ

static electricity الكهربائيَّةُ السَّاكِنةُ (أو الإستاتيَّة)

static equilibrium (Phys., Chem.) تَوازُنٌ إستاتيّ أو سُكونيّ

static gravimeter (Geophys.) مِقياسُ جاذِبيَّةٍ إستاتيّ

static head (Hyd.) العُلُوُّ الإستاتيّ • ضَغطُ العُلُوِّ الإستاتيّ

static lift الرَّفعُ الإستاتيّ • عُلُوُّ الرَّفعِ الإستاتيّ

static load (Eng.) حِمْلٌ إستاتيّ • حِملٌ سُكونيّ

static metamorphism (Geol.) تَحَوُّلٌ إستاتيّ • تَحَوُّلٌ بالضَّغطِ السُّكونيّ

static pressure (Phys.) ضَغطٌ إستاتيّ • الضَّغطُ السَّاكِن

static pressure head (Phys.) عُلُوُّ الضَّغطِ الإستاتيّ • طاقةُ الضَّغطِ السَّاكِن

statics (Phys.) عِلمُ الإستاتيكا • عِلمُ السُّكون

static self potential (Phys.) الجُهْدُ الذَّاتيُّ السَّاكِن

static stability (Eng.) إستِقرارٌ إستاتيّ

static stiffness (Mech.) الكَزازةُ (أو الجُسوءة) الإستاتيَّة

static strength (Met.) مُقاوَمةٌ إستاتيَّة

static suction lift (Mech.) رَفعُ المَصِّ الإستاتيّ (بِفِعلِ التَّفريغ)

static tank gauging (Pet. Eng.) قِياسُ (مُستَوى) الصِّهريجِ السَّاكِن : قِياسُ المُستَوى في الصِّهريجِ في حالةِ السُّكون

station (*n.*) مَحطَّة • مَرْكَز ــ مَوْقِف • مَحطّ ــ وَضْع • حالَة

(*v.*) وَضَعَ • أقامَ

stationary (*adj.*) ثابِت • مُستقِرّ • ساكِن • لا نَقَّاليّ

stationary crane (Eng.) مِرْفاعٌ ثابِتٌ (لا نَقَّاليّ)

stationary dredger (Civ. Eng.) كَرَّاءَةٌ ثابِتة : تُفرِّغُ قَواديسُها في قَوارِبَ مُرافِقة

stationary engine (Eng.) مُحرِّكٌ ثابِتٌ (لا نَقَّاليّ)

stationary rig (Civ. Eng.) جِهازُ حَفْرٍ ثابِت

station, degassing (Pet. Eng.) مَحطَّةُ إزالةِ الغاز

stationery (*n.*) قِرطاسِيَّة • أدواتٌ كِتابيَّة

station, filling مَحطَّةُ تَعبِئةِ (المَحْرُوقاتِ وبخاصَّةٍ البنزين)

station pole (Surv.) شاخِصُ مَركَزِ المَسح

station, power (Elec. Eng.) مَحطَّةُ تَوليدِ القُدْرة

station spacing (Pet. Eng.) مُباعَدةُ المَحطَّات ــ المَسافةُ بينَ مَحطَّاتِ الضَّخّ

statistical (*adj.*) إحصائيّ

statistics (*n.*) عِلمُ الإحصاء ــ إحصائيَّات

stator (Elec. Eng.) السَّاكِن : الجُزْءُ الثَّابِتُ في مُحرِّكٍ أو مُولِّد

status (*n.*) وَضْع • حالَة ــ مَرْكَز • مَرْتَبة ــ الوَضْعُ الشَّرعيُّ أو القانُونيّ

statute mile مِيلٌ إنكليزي : يُعادِلُ ١٧٦٠ ياردة أو ٥٢٨٠ قَدَماً

staunch = stanch (*adj.*) صامِدٌ للماء • مَسِيك

stauncheon = stanchion (Civ. Eng.) عَمود • قائِمُ دَعْمٍ فولاذيّ

staurolite (Min.) سْتُوروليت • سِلِيكاتُ الحديد والألومنيوم

stave (*n.*) شَريحة • ضِلْعُ تَقوِيَة ــ عارِضة • ضِلْعُ البرميل ــ دَرَجة (سُلَّم)

= **staff** (Surv.) قامَة

(*v.*) نَقَبَ • إنْثَقَبَ • حَطَّمَ • تَحَطَّمَ ــ قَوَّى بالعَوارِض • ضَلَّعَ

stay (*n.*) دِعامة • سِناد ــ شَدَّادة • شِكالُ تَثبيت ــ بَقاء • مُكوث

(*v.*) دَعَمَ • سَنَدَ • شَدَّ • أوْثَقَ • ثَبَّتَ • بَقِيَ : مَكَثَ

stay-block (Eng.) كُتْلةُ تَثبيتٍ أو دَعْم

steady

stay-bolt (Eng.) مِسمارُ تَثبيتٍ أو دَعْم

stayed (*adj.*) مُدعَّمٌ بالشِّكالات • مُثبَّتٌ بالشَّدَّادات

stayer (Pet. Eng.) بِئرٌ (بتروليَّة) ثابِتةُ الإنتاج

stay-pile (Civ. Eng.) خازوقُ تَثبيتٍ أو دَعْم

stay-wire (Elec. Eng.) سِلكُ تَثبيتٍ أو دَعْم

steadfast (*adj.*) ثابِت • راسِخ • وَطيد

steady (*n.*) (Eng.) سِنادة • دِعامة

(*adj.*) ثابِت • راسِخ • مُستقِرّ ــ مُنتَظِمُ الاستِمرار • مُطَّرِد

(*v.*) ثَبَّتَ • ثَبَتَ • أقَرَّ • إستَقَرَّ • نَظَّمَ • إنْتَظَمَ • إطَّرَدَ

steady current (Phys.) تَيَّارٌ مُطَّرِد

steady flow (Phys.) إنسِيابٌ (أو تَدفُّقٌ) مُطَّرِد

steadying bands (Eng.) أحزِمةُ تَثبيت

steady running (Eng.) دَوَرانٌ مُطَّرِدٌ (أو مُنتظِمُ الاستمرار)

steady-state (Phys.) حالةُ استِقرار • وَضْعٌ مُستمِرٌّ أو مُطَّرِد

steam (*n.*) (Phys.) بُخارُ الماء (المُغلَى) • بُخار

(*v.*) تَبَخَّرَ • أصْدَرَ البُخار ــ بَخَّرَ • عَرَّضَ للبُخار

steam accumulator (Eng.) مُجمِّعُ البُخار

steam atomizing burner (Eng.) مَوقِدُ تَذرِيَةِ البُخار

steam boiler (Eng.) مِرْجَلُ بُخار • غَلَّايةُ بُخار

steam bubble فُقَّاعةُ بُخار

steam calorimeter (Eng.) مِسْعَرٌ بُخاريّ : لتَعيينِ نِسبةِ الرُّطوبة في البُخار

steam chest (Eng.) صُنْدُوقُ البُخار

steam cock (Eng.) مِحْبَسُ البُخار

steam coil مِلَفٌّ بُخاريّ : للتَّدْفِئةِ أو التَّسْخِين

steam condenser (Eng.) مُكَثِّفُ البُخار

steam control valve صِمامُ ضَبْطِ البُخار • صِمامُ التَّحَكُّمِ في البُخار

steam cracking (Pet. Eng.) التَّكْسِيرُ بالبُخار • التَّكسيرُ البُخاريّ

steam curing (Civ. Eng.) إنضاجُ المَصبوباتِ (الاسمَنْتِيَّة) بالبُخار

steam cushion (Eng.) وِسادةُ بُخار

steam distillation (Chem. Eng.) التَّقْطيرُ بالبُخار • التَّقْطيرُ البُخاريّ .

steam distribution manifold مَشْعَبُ تَوزيعِ البُخار

steam dome (Eng.) قُبَّةُ البُخار : قُبَّةُ تَجَمُّعِ البُخار (فوقَ المِرجَل)

steam drive meter (Pet. Eng.) مِقْياسُ البُخارِ الدَّافع : مِقياسٌ يَقيسُ ويُسَجِّلُ كَمِّيّاتِ البُخارِ المَحْقُونِ في مَكامِنِ النَّفط

steam-driven (*adj.*) مُدارٌ بالبُخار • بُخاريّ : مُسَيَّرٌ بالبُخار

steam drum (Eng.) دارَةُ (تَجميعِ) البُخار

steam, dry (Eng.) بُخارٌ جافّ

steam emulsion number رَقْمُ الاستِحلابِ البُخـاريّ

steam emulsion test (Pet. Eng.) إختِبارُ الاستِحلابِ بالبُخار

steam engine (Eng.) مُحرِّكٌ بُخاريّ

steamer (*n.*) (Naut.) بـــاخِرة • سَفِينـةٌ بُخـاريَّة

steam exhaust مَصرِفُ البُخار

steam, exhaust (Eng.) بُخارُ العادِمِ • البُخارُ المُنْفَلِت

steam feed pipe (Eng.) أُنبوبُ التَّغذِيَةِ بالبُخار

steam gauge (Eng.) مِقياسُ ضَغْطِ البُخار

steam generation تَوليدُ البُخار

steam generator (Eng.) مُوَلِّدُ بُخار • مِرجَلٌ بُخاريّ

steam hammer (Eng.) مِطرقةٌ بُخاريَّة

steam hammering (Eng.) طَرْقٌ بُخاريّ : قَرْقَعةُ الأنابيبِ الحامِلَةِ للبُخار

steam-hammer oil = tempering oil
(Pet. Eng.) زَيْتُ المِطرَقاتِ البُخاريَّة : وهو لا يَختَلِفُ عن زَيتِ التَّطْبيع

steam control valve

steam drive meters

steam distribution manifold

steam pipes

steam heating (Civ. Eng.) التَّدفِئةُ بالبُخار

steam, high-pressure بُخارٌ عالي الضَّغط

steaming (*n.*) تَبْخِير • إنبِعاثُ البُخار • تَبَخُّر ــ مُعامَلَةٌ (أو مُعالَجَةٌ) بالبُخار

steaming out (Chem. Eng.) إستِنْصالٌ بالبُخار ــ كَسْحٌ بالبُخار

steam injector (Eng.) مِحْقَنُ بُخار

steam inlet (Eng.) مَدْخَلُ البُخار

steam jacket (Eng.) دِثارٌ بُخاريّ • قَميصُ بُخار

steam jet نافُورةُ البُخار

steam line (Eng.) خَطُّ أنابيبِ البُخار

steam, live بُخارٌ حَيّ : مُنْدَفِعٌ من المِرْجَل مُباشَرةً

steam, low-pressure بُخارٌ مُنخَفِضُ الضَّغط

steam navvy (Civ. Eng.) حَفّارَةٌ (أو مِجْرَفَةٌ) بُخاريَّة

steam nozzle (Eng.) مِنْفَثُ البُخار

steam-operated (*adj.*) يُشَغَّلُ بالبُخار

steam out (*v.*) نَظَّفَ بالبُخار • كَسَحَ بالبُخار
(Chem. Eng.) إستَنْصَلَ بالبُخار
(*n.*) تَنظيفٌ بالبُخار

steam outlet (Eng.) مَخْرَجُ البُخار

steam, overheated بُخارٌ مُحَمَّص (مُفْرِطُ التَّسخين)

steam-pipe ماسُورةُ (نَقْلِ) البُخار • أُنبوبُ البُخار

steam plant وَحدةُ (تَوليدِ) البُخار

steam point (Phys.) نُقطةُ البُخار • نُقطةُ الغَلَيان

steam preheating تَسخينُ البُخارِ المُسبَق

steam pressure (Phys.) ضَغطُ البُخار

steam pressure gauge (Eng.) مِقياسُ ضَغْطِ البُخـار

steam pump (Eng.) مِضَخَّةٌ بُخارِيَّة : مِضَخَّةُ دَفْقٍ جَبْرِيٍّ بِمُحَرِّكٍ بُخاريّ

steam reducing valve (Eng.) صِمامُ خَفْضِ البُخار

steam-refined (*adj.*) (Pet. Eng.) مُكَرَّرٌ بالبُخار

steam-refined asphalt (Pet. Eng.) أَسفَلْتٌ مُكَرَّرٌ بالبُخار

steam-refined stock (Pet. Eng.) زُيوت (تَزْليق) أساسِيَّةٌ مُكَرَّرةٌ بالبُخار : تُستَخْدَمُ لِصُنْعِ زَيتِ التُّروسِ والأسطوانات

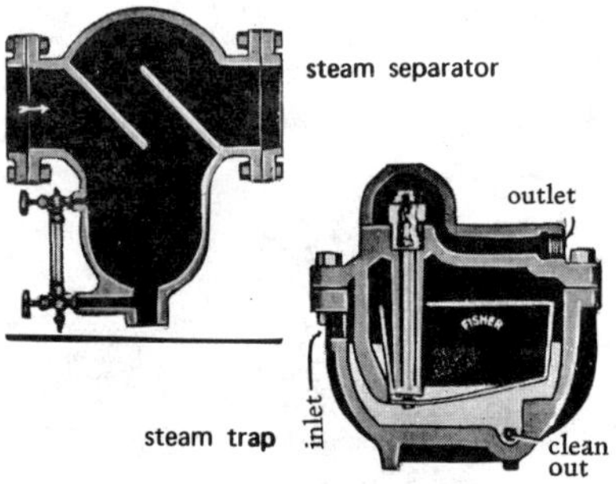

steam regulator (Eng.)	مُنَظِّم البُخار
steam relief-valve (Eng.)	صِمام تَصريف البُخار
steam resistant (adj.)	صامِد للبُخار
steam rig (Civ. Eng.)	جِهاز حَفْر بُخاريّ
steam, saturated (Eng.)	بُخار مُشبَع
steam separator (Eng.)	فاصِل البُخار • فاصِل بُخار الماء
steam shovel (Civ. Eng.)	مِجرَفة بُخاريّة
steam soak (Chem. Eng.)	نَقْع أو تَشريب بُخاريّ
steam space (Eng.)	حَيِّز البُخار (في المِرجَل)
steam-still (Chem. Eng.)	مِقْطَر بالبُخار • مِقْطَرَة بُخاريّة
steam stop-valve (Eng.)	صِمام حَبْس البُخار
steam stripping (Pet. Eng.)	اختِزال بالبُخار • استِئصال بالبُخار • فَصْل القُطْرات المُتَطايِرة من النَّفْط بالبُخار
steam, superheated (Eng.)	بُخار مُحَمَّص (مُفْرِط التَّسْخين)
steam superheater (Eng.)	مُحَمِّص البُخار
steam-tight (adj.)	سَدود للبُخار
steam traction (Eng.)	الجَرّ البُخاريّ • الجَرّ بالقُدْرة البُخاريّة
steam trap (Eng.)	مِصيَدة (رُطوبة) البُخار • مَحبَس ماء البُخار
steam turbine (Eng.)	تُربين بُخاريّ • عَنَفَة بُخاريّة
steam, wet (Eng.)	بُخار مُبتَلّ (أو رَطْب)
steaning = steining (Civ. Eng.)	تَبطين البِئر بالطُّوب (أو المِلاط): لِمَنْع الانهِيار
stearate (Chem.)	استيارات: أملاح أو إستَرات حامِض الستيَاريك
stearic acid (Chem.)	حامِض السِتيَاريك
stearin(e) (Chem.)	ستيَارين • دُهنين : شَحْم شَمعيّ
steatite = soapstone (Min.)	استيئيت • حَجَر صابونيّ : نَوْع من الطَّلق دُهنيّ المَلمَس
Stedman packing (Pet. Eng.)	حَشْو «سِتدْمان» : حَشْوَة من القِطَع المَخْروطيّة أو الهَرَميّة
steel (n.) (Met.)	الفُولاذ • الصُّلْب
(Civ. Eng.)	مِثقَب الحَفْر (جِذْعُه ولُقَمُه)
(adj.)	فُولاذيّ
(v.)	فَوْلَذَ : كَسا بالفُولاذ - قَسَّى
steel alloy (Met.)	سَبيكة فُولاذيّة
steel armouring	تَدْريع بالفُولاذ
steel-backed (adj.)	مُظَهَّر بالفُولاذ
steel band = band-chain (Surv.)	شَريط قِياس فُولاذيّ
steel belt (Eng.)	سَيْر فُولاذيّ
steel bronze (Met.)	برونز فُولاذيّ
steel cage	قَفَص فُولاذيّ
steel casting (Met.)	مَصبوبة فُولاذيّة – صَبّ الفُولاذ
steel-clad (adj.)	مَكْسُوّ بالفُولاذ
 steel-faced (adj.)	مُغَطَّى بالفُولاذ
steel foundry	مَسبَك فُولاذ
steel frame (Civ. Eng.)	هَيكَل فُولاذيّ
steel furnace (Met.)	فُرن (لِصُنع) الفُولاذ
steel girder (Civ. Eng.)	عارِضة فُولاذيّة
steel hardening oil (Met.)	زَيت تَصْليد الفُولاذ
steel liner (Eng.)	بِطانة فُولاذيّة • قَميص فُولاذيّ
steel manufacture	صِناعة الفُولاذ
steel (measuring) tape (Surv.)	شَريط (قِياس) فُولاذيّ
steel mill (Met.)	مَصنَع فُولاذ
steel plate	صَفيحة فُولاذيّة • لَوح فُولاذيّ
steel prop (Mining)	دِعامة فُولاذيّة
steel rod	ساق فُولاذيّة • قَضيب فُولاذ
steel sheet (Met.)	صَفيحة فُولاذيّة • لَوح فُولاذيّ
steel structure (Eng.)	إنشاء فُولاذيّ
steel tape (Surv.)	شَريط (قِياس) فُولاذيّ
steel tower = pylon (Elec. Eng.)	بُرج فُولاذيّ
steel tube	أنبوب فُولاذيّ
steel-wheel roller	مِحدَلة فُولاذيّة الدَّواليب
steel-wire rope	كَبْل من أسلاك الفُولاذ
steel wool (Eng.)	صُوف الفُولاذ: لِيف فُولاذيّ للصَّقْل أو التَّنظيف
steelwork (n.)	مَنغُولات الفُولاذ • مَصنُوعات فُولاذيّة
steelworks (Met.)	مَصنَع فُولاذ • مَسبَك فُولاذ
steely (adj.)	فُولاذيّ – قاس • صَلْد
steelyard = Roman balance	ميزان قَبّانيّ
steening = steining (Civ. Eng.)	تَبطين البِئر: لِمَنْع انهِيارها
steep (adj.)	مُنتَصِب • شَديد الانحِدار • حادّ
(n.)	صَبّ • مُنحَدَر • حَدَر – سائِل النَّقْع
(v.)	نَقَع • إنتَقَع
steep gradient (Civ. Eng.)	مَيَلان حادّ
(Geol.)	إنحِدار شَديد
steeple-head rivet (Eng.)	بِرْشامة بُرْجِيّة الرَّأس
steep seam (Geol.)	طَبَقة شَديدة الانحِدار
steep slope	تَحَدُّر شَديد • مُنحَدَر حادّ
steer (v.)	أدار • سَيَّر • وَجَّه • قاد • تَوَجَّه • إتَّجَه
steerageway	السُّرعة الدُّنيا للتَّوجيه الدَّفيّ: أدنى سُرعة تَستَجيب فيها السَّفينة لتَوجيه الدَّفَّة
steering (n.)	تَسيير • تَوْجيه • قِيادة – مَقُود

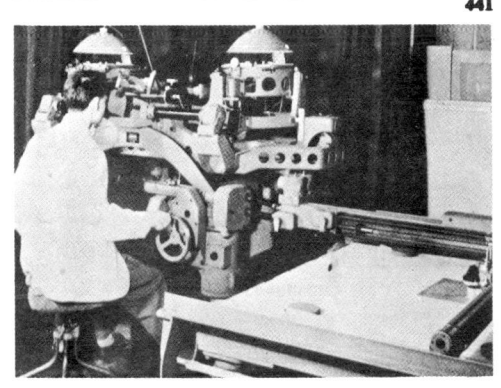

steering-box صُندوقُ التَّوجيه · عُلبةُ المِقْوَد
steering gear (Eng.) جهازُ التَّوجيه · جهازُ التَّحَكُّم
steering lever ذِراعُ توجيهٍ أو تحكُّم
steering mechanism آليَّةُ التَّحكُّم
steering rod (Eng.) ساعِدُ التَّحكُّم (أو التَّوجيه)
steering wheel عَجَلَةُ القِيادَةِ (أو التَّوجيه)
steersman (Naut.) مُوَجِّهُ الدَّفَّةِ · السُّكّانيّ
steining (Civ. Eng.) تَبطينُ البِئرِ بالطُّوبِ (أو المِلاط)
steinkern (Geol.) حَشْوَةٌ صَخْرِيَّة
stellate(d) structure (Geol.) بِنيةٌ نَجميَّة (أو شُعاعيَّة)
stellite (Min.) سْتِلِّيت: سَبيكةٌ شَديدةُ الصَّلادَةِ من الكوبلت والتنجستِن والكرُوم والكرْبُون
stem (n.) ساقٌ · جِذْعٌ · ساقٌ أو جِذْعُ الحَفْر
(Naut.) جُؤجُؤ · مُقَدَّمُ السَّفينه
(v.) نما · نَشَأَ · تَفَرَّعَ ـ دَكَّ · سَدَّ
stem correction (Phys.) التَّصحيحُ السّاقيّ: تَعديلُ قِراءَةِ الترمومِتر لِوُجودِ بَعضِ السائلِ في السّاقِ بعيداً عن مَصْدَرِ الحَرارة
stemmer (Mining) مِدَكّ
stemming (n.) كَبْح · صَدّ
(Mining) حَشْو · سَدّ ـ دَكّ · رَصّ
stench (n.) رائحةٌ نَتِنة
(Pet. Eng.) مُنْتِنة: مادَّةٌ نَتِنَةُ الرّائحةِ يُمزَجُ بها الغازُ لِيَسهُلَ اكتِشافُ تَسرُّبِه
stenographer كاتِبٌ بالاختِزال · مُختَزِل
step (n.) خُطْوَة ـ مَرْحَلة · طَوْر ـ دَرَجة · دَرَجةُ سُلَّم ـ مِشْيَة
(v.) خَطا ـ تَخَطّى
step (or **footstep**) **bearing** (Eng.) مَحمِلٌ دَفعيّ · مَحمِلُ الطَّرَفِ السُّفليّ لِعَمودٍ رَأسيّ
step bit (Civ. Eng.) لُقمةُ حَفرٍ مُدرَّجةُ الاتِّساع
step-bored (adj.) مُتَدَرِّجُ التَّجويف
step-cone (Eng.) بَكَرَةٌ مَخروطيَّةٌ مُدرَّجة
step-down transformer (Elec. Eng.) مُحَوِّلٌ خَفضٌ (الفُلطيَّة)
step faults (Geol.) صُدوعٌ دَرَجيَّة · فُلوقٌ مُدرَّجة
step freezing تَجميدٌ مَرْحَليّ · التَّجميدُ على مَراحِل
step-ladder بِنْيَة · سُلَّمٌ نَقّاليّ
step out (v.) تَجاوَزَ أو تَخَطّى (حَدّاً مُعيَّناً) · ابْتَعَدَ مُدَّةً (أو مَسافةً) قَصيرة
(n.) مُجاوَزَةٌ قَصيرة · مُدَّة (أو مَسافة) التَّجاوُز
step-out wells (Pet. Eng.) آبارٌ تَجاوُزيَّة: لِمَعرفةِ مَدى امتِداد المَكْمَن
stepped (adj.) مُدرَّج · مُتَدَرِّج
step(ped) cone (Eng.) بَكَرةٌ مَخروطيَّةٌ مُدرَّجة
steppes (Geog.) استِبس · سُهُوب
step up (pressure) (v.) زادَ أو عَزَّزَ الضَّغطَ
stere (n.) سْتير: مِترٌ مُكَعَّب
stereocartography وَضْعُ الخَرائطِ المُجَسَّمة
stereochemistry (Chem.) الكيمياءُ المُجَسَّمة: دِراسةُ تَوزيعِ ذَرّاتِ الجُزَيْئاتِ في الفَراغ
stereocomparator (Phys.) مُقارِنٌ مِجساميّ
stereogram (or **stereograph**) صُورةٌ مُجَسَّمة · رَسْمٌ مِجساميّ (ثُلاثيُّ الأبعاد)
stereographic (map) projection (Surv.) مَسْقَطٌ مُجَسَّم ـ إسقاطٌ مِجساميّ
stereoisomerism (Chem.) مُشاكَلَةٌ فَراغيَّة · مُجازَءَة فَراغيَّة · أيْسُوميريَّة مِجساميَّة
stereoscope مِجسام · مِنظارٌ مُجَسِّم (أو مِجساميّ)
stereoscopic model نَموذَجٌ مُجَسَّم
stereoscopic triangulation (Surv.) التَّثليثُ المُجَسَّمُ أو المِجساميّ
stereoscopy (n.) المِجساميَّة · الاستِريُوسكُوبيَّة
stereospectroscope (Phys.) مِطيافٌ مِجساميّ
stereotriangulation (Surv.) التَّثليثُ المِجساميُّ (الجَوِّيّ)
sterile (adj.) عَقيم · مُجْدِب ـ مُعَقَّم
sterilization (n.) إعقام ـ تَعقيم · تَطهيرٌ (من الجَراثيم)
sterilize (v.) عَقَّمَ · طَهَّرَ (من الجَراثيم)
sterilized oil زَيتٌ مُعَقَّم
sterling area مِنطَقةُ الاسْتِرلينيّ
stern (n.) (Naut.) كَوْثَل: مُؤَخَّرُ السَّفينة · مُؤَخَّرة
(adj.) صارِم · شَديد · عَنيف ـ خَلفيّ
stern-heavy (adj.) ثَقيلُ المُؤَخَّرة
sterol (Chem.) سْتيرول: كُحولٌ ستيرُويديّ
stevedore (n.) (Naut.) مُتَعَهِّدُ شَحْنِ السُّفُنِ (أو تَفريغِها) ـ مُرَتِّبُ الحُمولة
(v.) رَتَّبَ · نَضَّدَ ـ شَحَنَ · حَمَّلَ (السَّفينةَ)
stibium = **antimony** (**Sb**) (Chem.) الأنتيمون: عُنصُرٌ فِلِزّيٌّ أبيض رمزُه (نت)
stibnite (Chem.) سْتِبْنيت: كِبريتيدُ الأنتيمون
stick (n.) عَصا · قَضيب · إصْبَع
(v.) أَلْصَقَ · لَصِقَ · الْتَصَقَ · أَلْزَقَ · لَزِقَ · لَصِبَ ـ لازَمَ · مَكَثَ ـ وَخَزَ · غَرَزَ
sticking (n.) الِتصاق · لُصوق ـ لَصَب

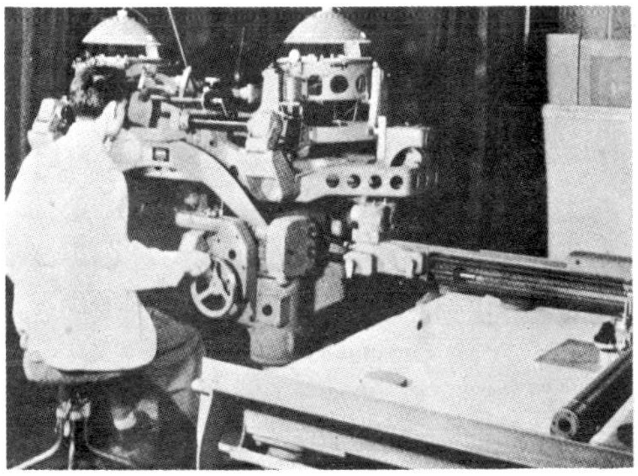

stereoscope

stick-slip movement حَرَكَةُ التِصاقٍ وانزِلاق
stick sulphur = **roll sulphur** (Chem.) كِبريتُ العَمُود
sticky (adj.) دَبِق · لَزِج
stiction (n.) (Eng.) لَصَب: إلتِصاقٌ (سَطحيّ) بانعِدامِ الحَرَكة
stiff (adj.) جاسِئ · كَزّ ـ صُلْب · يابِس ـ مُتَقَبِّض · مَشْدُود
stiffen (v.) يَبُسَ · يَبَّسَ · تَيَبَّسَ · كَزَّ · صَلُبَ · قَوّى · تَصَلَّبَ · جَمَدَ · اِشْتَدَّ
stiffener (n.) (Civ. Eng.) قِطْعَةُ تَقْوِيَة · زاوِيَةُ تَقوِيَة · وُصْلَةُ تَقْوِيَة
stiffening girder (Civ. Eng.) عارِضَةُ تَقْوِيَة
stiffening plate لَوْحُ تَقْوِيَة
stiffening rib (Eng.) ضِلْعُ تَقْوِيَة
stiff frame = **redundant frame** (Eng.) هَيكَلٌ صُلْب · هَيكَلٌ فائِقُ المَتانة
stiffness (n.) (Phys.) جُسُوءَة · جَساءَة · كَزازة
stifling atmosphere جَوٌّ خانِق
stilbite (Min.) سْتِلْبيت: سِليكاتُ الصُّوديُوم والكالسيوم والألومنيوم المُمَيّأة
still (n.) مِقطَرة · مِقطَر · وَحْدَةُ تَقْطير · إنْبيق ـ سُكون.
(adj.) ساكِن · هادِئ · راكِد

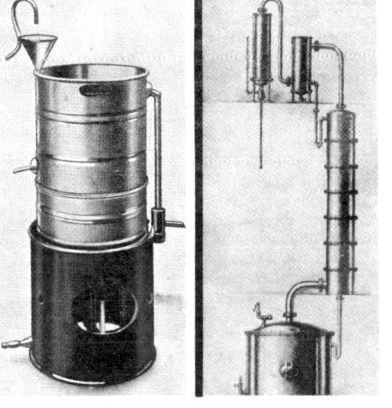

still

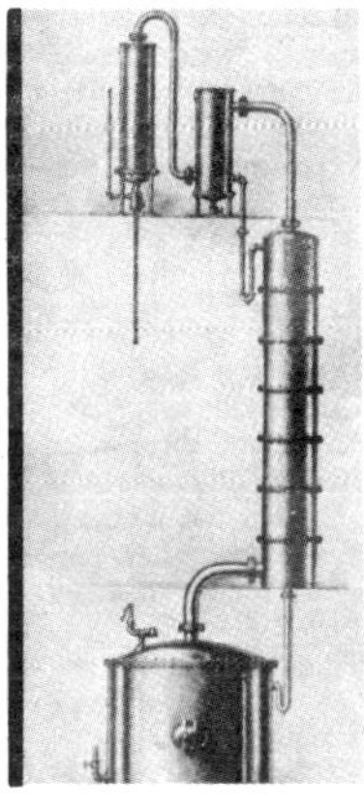

still with fractionating column

STI
442

still (v.)	سَكَّنَ ـ هَدَأَ ـ سَكَّنَ ـ هَدَّأَ ـ أَخْمَدَ ـ قَمَعَ
still air	هَواءٌ ساكِن
still, batch (Chem. Eng.)	مِقْطَرَةٌ قَطَّاعِيَّة ـ وَحْدَةُ تَقْطيرٍ مُتَقَطِّع
still bottoms (Pet. Eng.)	مُخَلَّفاتُ التَّقْطير ـ مُتَخَلِّفاتُ القاع في المِقْطَرة
still coke (Chem. Eng.)	كوكُ المُعَوَّجات
still, continuous (Chem. Eng.)	وَحْدَةُ تَقْطيرٍ مُتَواصِل ـ مِقْطَرَةٌ اسْتِمْرارِيَّة
still gas	غازُ المِقْطَرة
still grease (Pet. Eng.)	شَحْمُ المِقْطَرة : شَحْمٌ بَرافيني
still-house	مَعْمَلُ تَقْطير ـ مَقْطَرة
stilling well (Pet. Eng.)	بِئْرُ مُعايَرة : لِتَقْديرِ احْتياطِيِّ النَّفْطِ المَوْجودِ في المَكْمَن
still jacket	دِثارُ المِقْطَر
stillman	عامِلُ المِقْطَر ـ مُراقِبُ جِهازِ التَّقْطير
still residue (Pet. Eng.)	فُضالَةُ التَّقْطير ـ مُخَلَّفاتُ المِقْطَرة
Stillson (pipe) wrench (Eng.)	مِفْتاحُ «سِتِلْسون» : للأنابيبِ والصَّواميلِ الأُسْطُوانِيَّة
still wax (Pet. Eng.)	شَمْعُ المِقْطَر ـ مُخَلَّفاتٌ نَفْطِيَّةٌ شَمْعِيَّة
stilt (n.)	رَكيزة
stimulant (adj.)	مُنَبِّه ـ مُنَشِّط ـ مُثير ـ حافِز
stimulate (v.)	حَفَزَ ـ نَشَّطَ ـ نَبَّهَ ـ أَثارَ
stimulation (n.)	حَفْز ـ تَنْشيط ـ إثارة
stimulation of production	حَفْزُ الإنتاج
stink damp (Mining)	(غازٌ) كِبْريتيدُ الهِدروجين
stinking schist (Geol.)	شِسْتٌ نَتِن
stipulate (v.)	اشْتَرَطَ ـ تَعاقَدَ (على) ـ الْتَزَمَ بـ
stipulation (n.)	شَرْط ـ اشْتِراط ـ تَعاقُد
stir (v.)	حَرَّكَ ـ قَلَّبَ ـ مَزَجَ بالتَّحْريك ـ قَلَّبَ ـ حَوَّضَ ـ خاضَ ـ أَثارَ ـ نَشَّط
stirrer (n.)	مِخراك ـ قَضيبُ تَحْريك ـ قَلَّابة ـ أداةُ تَقْليب
stirring	تَحْريك ـ تَقْليب
stirring rod	مِحراك ـ قَضيبُ تَحْريكٍ أو تَقْليب
stirrup (n.)	رِكاب ـ طَوْق
= binder (Civ. Eng.)	رِباطٌ طَوْقِيّ (لِقُضْبانِ الخَرَسانة)
stitch (n.)	غَرْزة ـ دَرْزة ـ قُطْبة
(v.)	دَرَزَ ـ خاطَ
stitch weld(ing)	لِحامُ الدَّرْز ـ لِحامُ الغَرْز

stock

stock (n.)	مَخْزون ـ مَؤُونة ـ خامٌ مُخْتَزَن ـ سَنَد ـ سَهْم (ماليّ) ـ رَأْسمال ـ جُمْلة ـ مَبْلَغ ـ دِعامة ـ قائِم
(Chem. Eng.)	مادَّةٌ خام ـ خاماتُ بَرْسَم
(Pet. Eng.)	التَّصْنيع ـ خامٌ (نَفْطِيّ) قَيْدَ المُعالَجة
(Eng.)	كِفَّةُ (لُقَمِ اللَّوْلَبة) ـ سِناد ـ مِقْبَض ـ مِلْفافُ ثَقْب ـ صُرَّةُ العَجَلة
(Geol.)	كُتْلَةٌ صَخْرِيَّةٌ شاخِصة
(v.)	خَزَنَ ـ اخْتَزَنَ ـ جَهَّزَ بـ
stock account	حِسابُ المَوْجوداتِ (في مَخْزَن)
stockbroker (n.)	سِمْسارُ الأسْهُمِ المالِيَّة
stock exchange	بورْصة ـ مَصْفَقُ أوراقٍ مالِيَّة
stock feeder	مُغَذِّي الخام ـ جِهازُ التَّغْذِيَةِ بالخام
stock feed stop (Eng.)	مَوْقِفُ التَّغْذِيَةِ بالخام
stockholder (n.)	حامِلُ أسْهُم
stockpile (n.)	المَخْزونُ الاحْتِياطِيّ
(v.)	خَزَنَ ـ ادَّخَرَ
stocks (n.)	سَنَدات ـ أسْهُمٌ مالِيَّة
(Chem. Eng.)	خاماتُ بَرْسَمِ المُعالَجة
(Pet. Eng.)	مَخْزونٌ نَفْطِيَّة : مُكَرَّرة أو دونَ تَكْرير
stock solution (Chem. Eng.)	المَحْلولُ الأُمّ
stock-taking (n.)	جَرْدُ مُحْتَوَياتِ المَخازِن
stock tank	صِهْريجُ تَخْزين
stockwork (Mining)	تَعْدينٌ كُتْلِيّ : حَيْثُ الخامُ في كُتَلٍ مُصْمَتة
(Geol.)	كُتْلَةُ خامٍ مُتَشابِكة
stock-yard	ساحَةُ التَّخْزين
Stoddard solvent (Pet. Eng.)	مُذيبُ «سْتودارد» : مُنْتَجٌ نَفْطِيّ للتَّنْظيفِ الجافّ
stoichiometric amounts (Chem. Eng.)	كِمِّيَّاتٌ مُقابِسَةُ الاتِّحادِيَّةِ أو مُتَكافِئَةُ العَناصِر (تُنْتِجُ مُرَكَّباً نَقِيّاً باتِّحادِها)
stoichiometric combustion (Chem. Eng.)	احْتِراقٌ مُقَيَّسُ العَناصِر
stoichiometry (Chem. Eng.)	قِياسُ اتِّحادِيَّةِ العَناصِر (في المُرَكَّباتِ النَّقِيَّة)
stoke (v.)	أَوْقَدَ ـ أَذْكى (النَّار) ـ زَوَّدَ (آلِيّاً) بالوَقود
(n.) (Phys.)	سْتوك : وَحْدَةُ قِياسِ اللُّزوجَةِ الكِنَماتِيَّة (بالسم في الثانية)
stoker (n.)	وَقَّاد ـ وَقَّادٌ آلِيّ
Stokes' law (Phys.)	قانونُ «سْتوكْس» : في اللُّزوجَةِ وتَرَتُّبِ الجُسَيْماتِ الكُرَوِيَّة

stone (n.)	حَجَر ـ صَخْر ـ حَصاة ـ نَوْن : وَحْدةُ وَزْنٍ تُساوي 14 باونْداً أو 6.348 كيلوغراماً
(adj.)	حَجَرِيّ
Stone Age (Geol.)	العَصْرُ الحَجَرِيّ ـ الطَّوْرُ الظُّرِّيّ
stone breaker	كَسَّارةُ حِجارة
stone-coal (Mining)	فَحْمُ الأنْتْرايت المُتَكَتِّل
stone-crusher	كَسَّارةُ حِجارة
stone drain = rubble drain (Civ. Eng.)	مَصْرِفٌ حِجارِيّ : خَنْدَقُ تَصْريفٍ مُعَبَّأٌ بالحِجارة
stone drift (Mining)	سَرَبٌ صَخْرِيّ
stone oil	الزَّيْتُ الصَّخْرِيّ أو الحَجَرِيّ : اسْمٌ قَديمٌ للنَّفْط
stone pit = stone quarry	مَحْجَر ـ مَقْلَعُ الحِجارة
stone wax (Min.)	شَمْعٌ حَجَرِيّ ـ شَمْعُ اللِّجْنيت
stonework (Civ. Eng.)	مَبْنًى حَجَرِيّ ـ نَحْتٌ أو تَهْذيبُ الحِجارة
stook (Mining)	رَكيزةُ دَعْمٍ (مِنَ الخامِ المُعَدَّن)
stool pigeon (Eng.)	كاشِفة (مَوْقِع) الأنابيب
stoop (v.)	انْحَنى ـ احْدَوْدَبَ
(n.)	انْحِناء ـ احْديداب
(Mining)	رَكيزةُ دَعْمٍ (مِنَ الخامِ المُعَدَّن)
stoop system (Mining)	تَعْدينٌ بِطَريقةِ الرَّكائِز
stop (v.)	وَقَفَ ـ تَوَقَّفَ ـ أَوْقَفَ ـ سَدَّ ـ حَجَزَ ـ صَدَّ ـ مَنَعَ ـ انْسَدَّ ـ انْقَطَعَ (عَنِ الجَرَيان)
(n.)	تَوَقُّف ـ وُقوف ـ إيقاف ـ مَوْقِف ـ نُقْطَةُ وُقوف ـ مَحَطَّةُ تَوَقُّف ـ مِقْفَل ـ جِهازُ تَوْقيف ـ مِصَدّ ـ حاجِز ـ مَوْقِف ـ مانِع ـ حاجِز
(adj.)	مَحْبَس ـ صُنْبور ـ وَقْفُ التَّدَفُّق ـ حَنَفِيَّة
stopcock (n.)	
(v.) (Pet. Eng.)	أَغْلَقَ (البِئْر) بالمَحْبَس : لِيَتَزايَدَ ضَغْطُ الغازِ الدَّافِعِ (بِداخِلِها)
stop collar (Eng.)	جُلْبَةُ زَنْق
stop drill (Eng.)	مِثْقَبٌ تَوْقيفِيّ : يَقِفُ ثَقْبُهُ عِنْدَ الحَدِّ المُعَيَّن
stope (n.) (Mining)	حَفيرةُ تَعْدين
(v.)	عَدَّنَ (مِن حَفيرة) بالتَّدَرُّج
stopgap (n., adj.)	بَديلٌ مُؤَقَّت
stop gear (Eng.)	جِهازُ إيقاف
stoping (Mining)	تَعْدينُ الخام ـ تَعْدينٌ مُتَدَرِّج
(Geol.)	اصْطِهار : اقْتِطاعُ الصُّهارةِ المُنْدَسَّةِ للصَّخْرِ المُكْتَنِف وتَنْشِلَه

stop mechanism (Eng.) آليّةُ الإيقاف
stop nut (Eng.) صَمولةُ زَنْق
stop-over (*n.*) تَوقُّف (في أثناء الرِّحلة)
stoppage (*n.*) تَوقُّف • وَقْف • إنسِداد – إستِعصاء • لَصَب
stopped pipe أُنبوبٌ مَسْدود
stopper (*n.*) سِداد • سِدادَة – مِصَدّ • مِنْقَف
(*v.*) سَدَّ بسِدادة
stopping (*n.*) وَقْف • تَوَقُّف • إيقاف • كَبْح – سَدّ – مَنْع – حَشْوَةٌ لِسَدِّ الشُّقوق
stopping distance مَسافةُ التَّوَقُّف • مَدَى التَّوَقُّف : المَسافةُ المَقطوعةُ بعدَ إعمالِ المِكْبَح
stopping gear (Eng.) جِهازُ الإيقاف
stopple (*n.*) سِدادة • صِمَّة
stop-signal إشارةُ تَوَقُّف
stop switch (Elec. Eng.) مِفتاحُ قَطْع • مِفتاحُ إيقاف
stop valve (Eng.) صِمامٌ حابِس • صِمامُ قَطْع
stop-watch ساعةُ وَقْف: للتَّوقيتِ بأجزاءِ الثّانية
storability (*n.*) قابِليَّةُ التَّخزين
storable (*adj.*) يُمكِنُ خَزْنُه • قابِلٌ للتَّخزين
storage (*n.*) خَزْن • إختِزان • تَخزين – رَسْمُ التَّخزين – مَكانُ التَّخزين
storage battery (Elec. Eng.) مِرْكَم • مُرَكِّم • بَطّاريَّةٌ حاشِدة
storage, bulk تَخزينٌ سائِب
storage cell = **secondary cell** (Elec. Eng.) خَليَّةٌ ثانويَّة • خَليَّةٌ مُدَّخِرة
storage charges رُسومُ التَّخزين
storage loss فَقْدُ التَّخزين
storage period فَترةُ التَّخزين
storage tank صِهريجُ تَخزين
storage tank farm حَقْلُ صَهاريجِ التَّخزين
store (*v.*) خَزَنَ • إختَزَنَ • إدَّخَرَ
(*n.*) مَخْزَن • مُستَوْدَع – مَخزون – مِقدارٌ وافِر
store distillate (Pet. Eng.) قُطارةُ الكيروسين (العاديّ)
storehouse (*n.*) مُستودَع • مَخْزَن – كَمِّيَّةٌ وافِرة
storekeeper (*n.*) أمينُ المُستَوْدَع
storeman (*n.*) قَيِّمُ المَخْزَن • أمينُ المُستَوْدَع
store yard ساحةُ تَخزين
storing (*n.*) خَزْن • تَخزين
storm (*n.*) عاصِفة • زَوْبَعة – تَدَفُّقٌ مُفاجِئ
(*v.*) عَصَفَ • هَبَّ • ثارَ – إقْتَحَمَ
storm choke (Pet. Eng.) خانِقُ التَّدَفُّقِ المُفاجِئ
storm oil (Naut.) زَيتُ العَواصِف : زَيتٌ مُهدِّئٌ للتَّمَوُّجِ العاصِف
stormy (*adj.*) عـاصِف
story = **storey** (Civ. Eng.) طابَق • طَبَقة • دَوْر
stove (*n.*) مَوْقِد • تَنُّور • قَمين – مِدفَأة
(*v.*) حَمَّى • سَخَّنَ (أو جَفَّفَ) على مَوْقِد
stove distillate = **stove gasoline** (Pet. Eng.) قُطارةُ مَواقِد • قُطارةٌ بنزينيَّةٌ للمَواقِد
stove drying تَجفيفٌ بالإحماء (أو بإمرارِ الهَواءِ السّاخِن)
stove pipe (Pet. Eng.) أُنبوبٌ مُضَلَّع : أُنبوبٌ واسِعُ القُطرِ مُقَوًّى بالضُّلوعِ المُبَرْشَمة يُستَخدَمُ في بَدْءِ الحَفر
stovepipe أُنبوبُ المَوْقِد : أُنبوبُ وَصْلِ المَوقِدِ بأُنبوبِ المِدخَنة
stow (*v.*) عَبَّأَ • مَلأَ • وَسَقَ – رَتَّبَ • نَضَّدَ • رَصَّ
stowage (*n.*) رَصّ • تَعبِئة – تَنضيد • تَرتيب – إختِزان • سَعَةُ الاختِزان
S.T.P. (**standard temperature and pressure**) دَرَجةُ الحَرارةِ والضَّغطِ العِياريَّيْن
straddle (*v.*) فَجَّ : باعَدَ ما بينَ الرِّجلَيْن • تَفاجَّ • إنفَرَجَ – رَكِبَ مُفاجّاً • رَكِبَ (على الجانِبَيْن) بشكلٍ مُنفَرِج
(*adj.*) مُتَفاجّ • مُنفَرِج – ذو جانِبَين • على أو من الجانِبَيْن
(*n.*) تَفاجّ • مُباعَدةُ الرِّجلَين (أو الطَّرَفَين) – تَركيبٌ على الجانِبَين
straddle packer (Pet. Eng.) رازِمةٌ مُنفَرِجة • عازِلُ إنتاجٍ مُتَفاجّ
straddle spread (Geophys.) نَسَقٌ تَفاجِّيّ لتوزيعِ المِرجَفات
straggling (Phys.) تَطَوُّح • تَغَيُّرٌ عَشْوائيّ
straight (*adj.*) مُستَقيم • قَويم • عَدْل – غَيرُ مُتَقَطِّع – مُباشِر – صِرْف • خالِص
(Chem. Eng.) مُنتَجٌ بالتَّقطيرِ البَسيط
(*n.*) خَطٌّ مُستَقيم – جُزْءٌ مُستَقيم
straight asphalt (Pet. Eng.) أسفَلْتُ التَّقطيرِ المُباشِر – أسفَلْتٌ مُكَرَّرٌ بالبُخار
straight-chain hydrocarbons (Chem.) هَيدروكربوناتٌ مُستَقيمةُ السِّلسِلة
straight distillation (Chem. Eng.) تَقطيرٌ مُباشِر • تَقطيرٌ بَسيطٌ أو أوَّليّ
straight-edge (*n.*) (Eng.) مِسطَرةُ تَقويم • مِسطَرةٌ عَدْلة (لاختِبارِ الاستِقامة)
straighten (*v.*) قَوَّمَ • عَدَّلَ • سَوَّى • إستَقامَ • إعتَدَلَ • إستَوَى
straightener (*n.*) مُقَوِّم • ضابِطُ الاستِقامة
straight gas-oil (Pet. Eng.) زَيتُ الغاز (السّولار) المُستَقطَرُ مُباشَرةً
straight hole (Civ. Eng.) بِئرٌ أو حَفيرةٌ عَموديَّة
straight hole drilling (Pet. Eng.) الحَفرُ القائِم • الحَفرُ العَموديّ
straight hole test (Civ. Eng.) إختِبارُ عَموديَّةِ الحَفر
straight joint (Civ. Eng.) وُصْلَةٌ مُستَقيمة • مَفصِلٌ قائِمٌ مُتَّصِل
straight line خَطٌّ مُستَقيم
straight-line (*adj.*) خَطّيّ • خَطِّيُّ التَّناسُب
straight (line) drive (Eng.) إدارةٌ مُباشِرة
straight link chain (Eng.) سِلسِلةٌ مُستَقيمةُ الحَلَقات
straight-on gasoline (Pet. Eng.) بنزينُ التَّقطيرِ المُباشِر : البنزينُ المُستَقطَرُ مُباشَرةً
straight reaming (Eng.) تَقويرٌ مَضبوط • سَحْلٌ قَويم (للثُّقوب)
straight roller bearing (Eng.) مَحمِلُ أُسَيطيناتٍ مُستَوِية • مَحمِلٌ دُلفينيّ مُتوازي الأُسَيطينات
straight-run (*adj.*) (Pet. Eng.) مُباشِرُ التَّقطير • مُستَقطَرٌ مُباشَرةً

storage tank farm

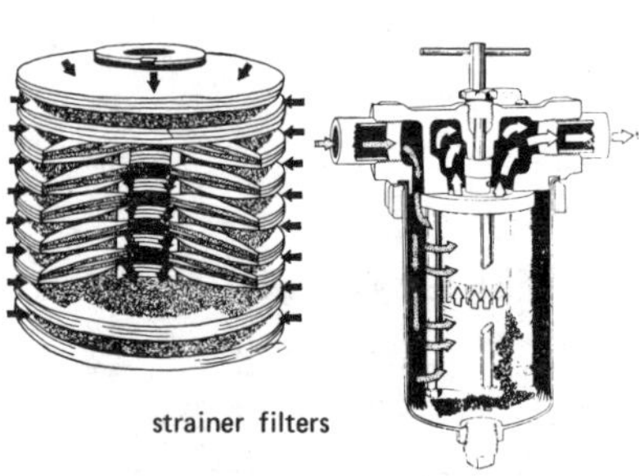

STR
444

strainer filters

straight-run debutanizer (Pet. Eng.)
بُرْجُ استِخلاصِ البيوتان بالتَّقطيرِ المُباشَر

straight-run distillates (Pet. Eng.)
قُطاراتُ التَّقطيرِ المُباشَر • مُستَقْطَراتٌ أوَّليَّة

straight-run distillation (Chem. Eng.)
التَّقطيرُ المُباشَر • التَّقطيرُ (التَّفاضُليّ) البَسيط (اللّا تَكسيريّ)

straight-run gasoline (Pet. Eng.)
البنزينُ المُستقطَرُ مُباشَرةً • بنزينُ التَّقطيرِ البَسيط (أو المُباشَر)

straight-run naphtha (Pet. Eng.)
نَفتا التَّقطيرِ المُباشَر

straight-run pitch (Pet. Eng.)
قارُ التَّقطيرِ المُباشَر

straight-run products (Pet. Eng.)
مُنتَجاتُ التَّقطيرِ المُباشَر (أو البَسيط)

straight-run residue (Pet. Eng.)
مُتخَلِّفاتُ التَّقطيرِ المُباشَر

straight-run stock = **virgin stock** (*n.*) (Pet. Eng.)
زَيتُ التَّقطيرِ المُباشَر • قُطارةٌ مُباشَرة لا تكسيريّة

straight shank drill (Eng.)
مِثقابٌ مُستَقيمُ السّاق

straight through flow
تَدَفُّقٌ مُباشِر

pipeline strainer

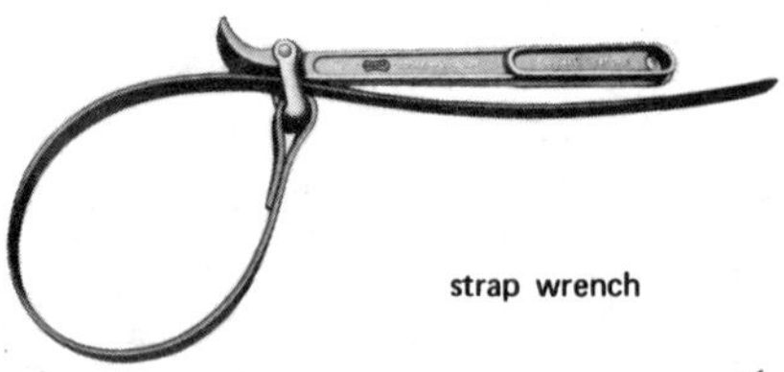

straightway valve (Eng.)
صِمامُ التَّدَفُّقِ المُباشِر (ذو فُتحَتَين مُتقابِلتين)

straight well (Civ. Eng.)
بِئرٌ قائمةٌ (أو عَمُوديَّة)

strain (*n.*)
جَهْد • مَجْهُود • عَناء • مَشَقَّة – مِصْفاة
(Mech.) إنفِعال – تَوَتُّر – إلْتِواءٌ انفِعاليّ
(*v.*) أجْهَدَ • أنهَكَ • جَهَدَ – شَدَّ • وَتَّرَ • تَوَتَّرَ • تَشَوَّهَ – صَفَّى • رَشَّحَ • تَصَفَّى

strain axis
مِحْوَرُ الانفِعال

strain, compressive (Mech.)
إنفِعالُ الانضِغاط

strainer (*n.*)
مِصفاةٌ (مُنْخُليَّة) • مِنْطَب – أداةُ شَدٍّ أو مَطّ

strainer filter
مُرَشِّحُ المِصْفاة

strainer, pipeline
مِصْفاةُ أنابيب

strainer screen
مُنْخُلُ المِصفاة

strain gauge (Eng.)
مِقياسُ الانفِعال

straining (*n.*)
شَدٌّ • إجْهاد – تَصْفِية • تَرْشيح

strain limit (Mech.)
حَدُّ الانفِعال

strainometer = **extensometer** (Eng.)
مِقياسُ الانفِعال

strain, tensile (Mech.)
إنفِعالُ الشَّدّ

strait (*n.*)
مَضيق • مَمَرٌّ ضَيِّق • بُوغاز
(*adj.*) ضَيِّق

strait-work (Mining)
التَّعدينُ بالمَمَرَّاتِ الضَّيِّقةِ (لاستِخراجِ الخامِ بينَ تلك المَمَرَّات)

strand (*n.*)
جَديلة • ضَفيرة • طاقُ (الحَبْل) – سِلْكٌ مَجْدُول – شاطِئ • ضِفَّة • ساحِل
(*v.*) جَدَلَ • ضَفَرَ – فَكَّ أو قَطَعَ الجَديلة – جَنَحَ • دَفَعَ أو إندَفَعَ إلى الشّاطِئ

strange (*adj.*)
غَريب

strangler = **choke** (Eng.)
مِخْنَقَة • شَرَّاقَة

strap (*n.*)
شَريط • سَيْر • قِماط • نِطاقٌ (جِلديٌّ أو مَعْدِنيّ)
(Civ. Eng.) طَوْق • إسارٌ مَعْدِنيّ – شَريطُ قِياسٍ مَعدِنيّ
(*v.*) رَبَطَ (بِسَيْرٍ أو طَوْق) • حَزَمَ • نَطَّقَ – قاسَ مُحتَوى الصِّهريج (بقِياسِ المُحيطِ والعُمْق) – قاسَ عُمْقَ الحَفْرِ (بقِياسِ طُولِ الأنابيبِ المُدخَلةِ إلى البِئْر)

strap wrench

strap joint
وُصلَة طَوقيَّة

strapping (*n.*)
مُعايَرةُ (الصِّهريج) • قِياسُ السَّعةِ (أو المُحْتَوى) بالشَّريط

strap wrench (Eng.)
مِفتاحُ رَبْطٍ شَريطيّ

strata (pl. of **stratum**) (Geol.)
طَبَقات

Stratford process (Pet. Eng.)
طَريقة «ستراتفورد» : مُعالَجةُ قُطاراتِ التَّكسيرِ بالطَّفَل

strath (*n.*) (Geol.)
وادٍ عَريضٌ (مُنْبَسِطُ القاع)

stratification (*n.*) (Geol.)
تَطَبُّق • تَنَضُّد • تَرتيبٌ طَبَقيّ • تَنضيد – تَرَسُّبُ الطَّبَقات

stratification plane (Geol.)
مُسْتَوَى التَّطَبُّق

stratified (*adj.*) (Geol.)
طِباقيّ • مُنَضَّد • مُتَطَبِّق

stratified deposit
قَرارةٌ طِباقيَّةٌ (أو مُنَضَّدة) • راسِبٌ طِباقيّ

stratified rocks (Geol.)
صُخورٌ طِباقيَّةٌ (أو مُنَضَّدة) • صُخورٌ طَبَقيَّة

stratified structure (Geol.)
بِنْيَةٌ طِباقيَّة

stratiform (*adj.*)
مُتطَبِّق • طِباقيّ • مُنَضَّد • مُتراصِفُ الطَّبَقات

stratify (*v.*)
تَطَبَّقَ • تَنَضَّدَ • رَصَفَ أو تَراصَفَ في طَبَقات

stratigraphic age (Geol.)
العُمْرُ الطَّبَقيّ

stratigraphic(al) (*adj.*)
طِباقيّ • طَبَقيّ • تَنَضُّديّ

stratified rocks

stratigraphic(al) break (Geol.) ثُغْرَةٌ طَبَقِيَّة • إنقِطاعٌ طِباقِيّ (في تَنَضُّدِ الطَّبَقاتِ الأرْضِيَّة)

stratigraphic(al) gap (Geol.) ثُغْرَةٌ طِباقِيَّة • فَجْوَةٌ طَبَقِيَّة : إنقِطاعٌ في تَنَضُّدِ الطَّبَقات

stratigraphical palaeontology (Geol.) عِلمُ الحَفرِيّاتِ الطِّباقِيَّة

stratigraphic control (Geol.) مُراقَبةُ التَّطَبُّق • تَحديدُ الطَّبَقاتِ بالمُقارَنة

stratigraphic correlation (Geol.) تَرابُطٌ طِباقِيّ

stratigraphic section (Geol.) قِطاعٌ طِباقِيّ • مَقْطَعٌ استراتِيجْرافِيّ

stratigraphic trap = strat-trap (Geol.) مَحْبِسٌ طِباقِيّ • مَصْيَدَةٌ طِباقِيَّة

stratigraphic unit (Geol.) وَحْدَةٌ طِباقِيَّة أو استراتيجرافيَّة

stratigraphic well (Geol.) بِئْرٌ طِباقِيَّة : بِئْرٌ استراتيجرافيَّة لدِراسةِ تَنَضُّدِ الطَّبَقات

stratigraphy (*n.*) (Geol.) استراتِيجْرافية • عِلمُ (وَصْفِ) طَبَقاتِ الأرض

stratosphere (Meteor.) ستراتُوسْفير • الغِلافُ الجَوِّيُّ الطَّبَقِيّ : مِن طَبَقاتِ الجَوِّ العُلْيا

stratum (pl. **strata**) طَبَقَة

stratum, reservoir (Pet. Eng.) طَبَقَةٌ خازِنة

stratum springs (Geol.) يَنابيعُ طَبَقِيَّة

straw distillate (Pet. Eng.) قُطارَةٌ تِبْنِيَّة : ذاتُ لَوْنٍ تِبْنِيّ

straw oil (Pet. Eng.) زَيتٌ تِبْنِيّ : زَيتُ امتِصاصٍ خَفيف يُستَخدَمُ في التَّنظيفِ والصَّقْل

straw yellow (*adj., n.*) أَصْفَرُ تِبْنِيّ

stray (*adj.*) ضالّ • تائِه • شارِد – مُتَفَرِّق • مُتَناثِر

(*v.*) شَرَدَ • ضَلَّ • تَطَوَّحَ

stray block (Geol.) قُلاعَة • كُتْلَةٌ صَخْرِيَّةٌ ضالَّة

stray currents (Phys.) تَيّاراتٌ شارِدَة

stray heat (Phys.) حَرارةٌ شارِدَة

stray sand (Geol.) رَمْلٌ شارِد • عَدَسَةٌ رَملِيَّةٌ طارِئة

streak (*n.*) خَطٌّ (بلَونٍ مُغايِر) • عَلامةٌ خَطِّيَّة • مَخْدَش – حَزّ • حَزٌّ جانِبِيّ (أو فَرْعِيّ)

(Min.) عِرْقٌ مَعْدِنِيٌّ شَرِيطِيّ – مَخْدَشُ الخام : لَونُ مَخْدَشِ الخامِ (عِند حَكِّ الخامِ بالخَزَف)

(*v.*) حَزَّ • حَزَّزَ (بالخَدْش) – خَطَّطَ • قَلَّمَ (بألوانٍ مُغايِرة)

streaked (*adj.*) مُخَطَّط • مُقَلَّم • مُحَزَّز • مُعَرَّق – ذو حُزوزٍ جانِبِيَّة (مُتَفَرِّعة)

stream (*n.*) مَجْرًى • تَيّار • مَسِيل – نَهْر • جَدْوَل – دَفْق • جَرَيان

(*v.*) جَرَى • سالَ • تَدَفَّقَ • إنسابَ

(Mining) غَسَلَ (الخامَ) لاستِخلاصِ المَعْدِن

stream bed قاعُ المَجْرَى • قاعُ النَّهْر

stream day (Pet. Eng.) يَوْمُ جَرَيان • يومُ عَمَلٍ فِعْلِيّ : للمِصفاة (مثلاً)

stream flow سَرَيانُ التَّيّارِ أو المَجْرَى

stream gravity (Chem. Eng.) كَثافةُ القُطارةِ الجارِية : حالَ خُروجِها من المُكَثِّف

streaming (*n.*) إنسِياب • جَرَيان (في اتِّجاهٍ واحِد)

(*adj.*) جارٍ • سَيّال • مُتَدَفِّق

streaming potential (Chem. Eng.) جُهْدُ التَّرشيحِ الكَهْربائِيّ – جُهْدُ الدَّفْقِ الشَّعْرِيّ

streamlet (*n.*) مَجْرًى صَغير • نُهَيْر

streamline (*n.*) خَطٌّ انسِيابِيّ • مَسارٌ انسِيابِيّ

(*adj.*) إنسِيابِيّ • مَشِيق

(*v.*) مَشَقَ الشَّكْلَ : جَعَلَهُ انسِيابِيّاً – جَهَّزَ أو زَوَّدَ بالتَّحسيناتِ العَصْرِيَّة

streamline body (Eng.) جِسْمٌ انسِيابِيّ • بَدَنٌ مَشِيق

streamlined (*adj.*) إنسِيابِيّ • مَشِيق • مَمْشُوق – مُهَيَّأٌ بالتَّحسيناتِ العَصْرِيَّة (من حيثُ تَيسيرُ التَّشغيلِ وزِيادةُ الفَعالِيَّة)

streamlined drilling حَفْرٌ انسِيابِيّ

streamline flow (Hyd.) تَدَفُّقٌ (أو جَرَيانٌ) انسِيابِيّ

streamlining (*n.*) مَشْق • تَصميمٌ بشَكْلٍ انسِيابِيّ

stream load حُمولةُ المَجْرَى : ما يَحمِلُهُ المَجْرَى من مَوادَّ صُلْبةٍ أو ذائِبة

stream, on (Pet. Eng.) جارٍ • شَغّال • دائِر

streamy (*adj.*) (Geol.) غَنِيٌّ بالمَجاري المائِيَّة

street mains (Elec. Eng.) المُوَصِّلاتُ الرَّئيسِيَّةُ الشّارِعِيَّة (من شَبَكةِ التَّوزيع)

strength (*n.*) قُوَّة – شِدَّة • مَتانة

(Mech.) مُقاوَمة

strengthen (*v.*) قَوَّى • عَزَّزَ • قَوِيَ • إشْتَدَّ

strength of acid (Chem. Eng.) قُوَّةُ (تَركيزِ) الحامِض

strength of solution (Chem. Eng.) قُوَّةُ (تَركيزِ) المَحْلُول

strenuous (*adj.*) عَنِيف • شَدِيد

stress (Mech. Eng.) إجْهاد : الثِّقْلُ على وَحدةِ المِساحة

(*n.*) جُهْد • شِدَّة • شَدّ – ضَغْط • وَطْأة

(*v.*) أَجْهَدَ • ضَغَطَ على – أَكَّدَ على

stress corrosion (Eng.) بِلًى الإجْهاد • تَأَكُّلٌ بالإجْهاد

stress crack (Met.) صَدْعٌ إجْهادِيّ (أو بالإجْهاد)

stress, internal (Eng., Met.) إجْهادٌ داخِلِيّ

stress limit (Eng., Met.) حَدُّ الإجْهاد

stress relief إزالةُ الإجْهاد – زَوالُ الإجْهاد

stress relieving (Met.) إزالةُ الإجْهادِ (بالمُعالَجةِ الحَرارِيَّة) • تَخفيفُ الإجْهاد

stress rupture (Met.) تَمَزُّقٌ إجْهادِيّ (أو بالإجْهاد)

stretch (*v.*) مَدَّ • مَدَّدَ • إمْتَدَّ • بَسَطَ • إنْبَسَطَ – مَطَّ • إمْتَطَّ • مَطَّلَ • إمْتَطَلَ – وَتَّرَ • شَدَّ • تَوَتَّرَ – طالَ • طَوَّلَ – وَسَّعَ • إتَّسَعَ

(*n.*) مَدّ • إمتِداد – إطالة • تَطويل – إتِّساعٌ بالمَطّ • تَوَتُّر – مُرُونة – مَدًى • بَراح – مُدّة • فَتْرة

stretching (*n.*) مَدّ • إمتِداد • تَطويل – مَطْل

(*adj.*) مُمْتَدٌّ طُولاً

stretchy (*adj.*) مَرِن • مَطُوط

stria (pl. **striae**) **= striation** (*n.*) حَزّ • ثَلْمٌ دَقيق • عَلامةٌ رَفيعة (بِلَونٍ مُغايِر)

striated (*adj.*) مُحَزَّز • مُخَطَّط • مُقَلَّم

striated boulder (Geol.) جُلْمودٌ مُحَزَّز

striated pebbles (Geol.) حَصًى مُحَزَّزة

striated rocks (Geol.) صُخورٌ مُحَزَّزة

striation (*n.*) حُزوز • خُدوش – تَحَزُّز • تَحزيز

strict (*adj.*) صارِم • مُتَشَدِّد – دَقيق • مُدَقِّق

striction (*n.*) تَضَيُّق • تَخَصُّر – مَضِيق

strike (*v.*) ضَرَبَ • خَبَطَ • دَقَّ – رَطَمَ • إرْتَطَمَ بِ • صَدَمَ – أَضْرَبَ (عَنِ العَمَل) • أصابَ – إكْتَشَفَ (فَجْأةً) – قَدَحَ • أَشْعَلَ (بالاحتِكاكِ أو الشَّرَر) – سَوَّى (الحِساب) – سَوَّى (السَّطح) • عَقَدَ (إتِّفاقاً) • قَوَّضَ (الإنشاءَ المُؤَقَّت) – عَرَّقَ • تَعَرَّقَ

(*n.*) ضَرْبة • ضَرْب • خَبْطة – إضْراب – إكتِشافٌ مُفاجِئ (خاصَّةً للنِّفطِ أو المَعادِن) – عِرْقٌ (مَعدِنِيّ) – إتِّجاهُ أو امتِدادُ (العِرْقِ المَعْدِنِيّ)

(Geol.) خَطُّ الاتِّجاه • مُتَّجَهُ الطَّبَقَة : بالنِّسبةِ للمُسْتَوَى الأُفُقِيّ

STR
446

string pipes

strikebound (adj.) مُتَوَقِّفٌ بِسَبَبِ الإضراب
strike fault (Geol.) : صَدْعُ المُتَّجِه
صَدْعٌ موازٍ لِمُتَّجِه الطَّبقات
strike joint (Geol.) فاصِلُ المُتَّجِه
strike line (Geol.) مُتَّجِه • خَطُّ اتِّجاهِ
الطَّبقة (بالنِّسبةِ للمُستَوى الأُفُقيّ)
strike lines (Geol.) مُتَّجِهات • خُطوطُ بَيانِ
اتِّجاهِ الطَّبقة على خريطةٍ جِيولوجية
strike of fault (Geol.) مُتَّجِهُ الصَّدع •
خَطُّ اتِّجاهِ الصَّدع
strike of the beds (Geol.) مُتَّجِهُ الطَّبقات •
خَطُّ اتِّجاهِ الطَّبقات
strike shift (Geol.) إزاحة (نَحْوَ) المُتَّجِه
striking (adj.) ضارِب – قادِح – أخَّاذ •
مَرْموق • لافِتٌ للنَّظَر
(n.) ضَرْب • طَرْق • صَدْم • بَدْء •
إشْعال
(Civ. Eng.) إزالةُ هَيْكَلِ الدَّعْمِ المُؤَقَّت
string (n.) خَيْط • وَتَر • سِلْك • صَفّ •
رَتَل • سِلْسِلة
(Geol.) عِرْقٌ مَعدِنيٌّ رَفيع
(Pet. Eng.) عَمودُ أنابيب (الحَفْرِ أو
التَّطْيِين)
(v.) أسْلَكَ : نَظَّمَ في سِلْكٍ أو خَيْطٍ •
ربَطَ أو ثَبَّتَ بخَيْطٍ (أو سِلْك) –
وتَّرَ • شَدَّ الوَتَر – مَدَّ (أو تَمَدَّدَ) على
شَكْلِ خُيوط – صَفَّ
stringent (adj.) صارِم – شَديد – ضَيِّق – عَسير
stringer (Civ. Eng.) ضِلْعٌ طُوليٌّ • عارِضة
(Pet. Eng.) رَئيسُ عُمَّالِ مَدِّ
الأنابيب
(Mining) سامة • عِرْقٌ مَعدِنيٌّ •
طَبَقَةٌ من الخام
string galvanometer (Elec. Eng.)
غَلفانومِتر خَيطيّ
stringiness (n.) خَيْطِيّة • لُزوجيّة : تَمَدُّدُ
المادَّةِ على شَكْلِ خُيوطٍ دَقيقةٍ عندَ صَبِّها

stringiness agent (Chem. Eng.) عامِلُ تَلْزيج
stringing (Pet. Eng.) : سَلْسَلةُ الأنابيب
تَصفيفُ الأنابيب (بالتَّسَلْسُل) قُرْبَ مَواقِعِها
في الخَطّ
string pipes (Pet. Eng.) أنابيبُ عَمودِ الحَفْر
string shot (Geophys.) تَفجيرٌ تَتابُعيّ •
سِلْسِلةُ تَفجيراتٍ مُتَتابِعة
string-shot equipment (Geophys.)
عُدَّةُ التَّفجيرِ المُتَتابِع
stringy (adj.) ليفيّ • خَيْطيّ – لَزِج • دَبِق
strip (v.) عَرَّى • جَرَّدَ • قَشَرَ – تَقَشَّرَ –
نَزَعَ • انْتَزَعَ • اقْتَلَعَ • أزالَ • فَصَلَ
(Eng.) نَحَلَ (السِّنَّ) • تَلِفَ • أَتْلَفَ
(أسنانَ اللَّوْلَبِ أو التُّرْس) – رَفَعَ
القالَبَ (أو الهَيْكَل) المُؤَقَّت
(Pet. Eng.) اخْتَزَلَ • اسْتَخْلَصَ
(الأجزاءَ الخفيفةَ من النَّفط)
(n.) شَريط • شَريحة • خُوصة – ثُقْبة
(قِطعة طويلة ضَيِّقة) • قِدَّة – شِعْب •
مَدْرَج (حَطّ)
strip chart (Pet. Eng.) : مُخَطَّطُ انْتِصال
مُخَطَّطُ استخلاصِ الأجزاءِ النَّفطيَّة الخَفيفة
striped (adj.) مُخَطَّط • مُقَلَّم
strip feed (Eng.) تَغذِيةٌ شَريطيَّة
strip, landing مَدْرَج (أو شِعْبُ) الحَطّ –
شِعْبُ النُّزولِ إلى البَرّ
strip lining (Eng.) تَبْطينُ (الصَّهاريج)
بشَرائِحَ تَقوية
strip mining (Mining) التَّعدينُ السَّطْحيّ
stripped (adj.) مُعَرَّى • مُجَرَّد •
نَصيل • مُخْتَزَل
(Pet. Eng.)
اسْتُقْطِرَت منه الأجزاءُ المُتَطايِرة
stripped gas (Pet. Eng.) غازٌ مُخْتَزَلٌ أو
نَصيل : أُزيلَت منه القُطاراتُ البِتروليَّةُ
الخَفيفة
stripped teeth (Eng.) أسنانٌ مَنْحولة
(تالِفةُ التَّسنين)
stripper (Eng.) مِنْزَعة
(Pet. Eng.) مِنْصَل : عَمودُ فَصْلِ الأجزاءِ
النَّفطِيَّة الخَفيفة – بئرٌ حَدِّيَّةُ الإنتاج :
نَفَقاتُ استثمارِها تُساوي إنتاجَها
stripper column (Pet. Eng.) بُرْجُ استِنْصال :
عَمودُ فَصْلِ الأجزاءِ النَّفطِيَّة الخَفيفة
stripper field (Pet. Eng.) حَقْلٌ حَدِّيُّ
الإنتاج • حَقْلٌ نَضوض
stripper plant (Pet. Eng.) وَحْدَةُ انْتِصال :
لفَصْلِ الأجزاءِ النَّفطِيَّة الخَفيفة
stripper production إنتاجٌ حَدِّيّ :
تَتَساوى فيه تَكاليفُ الإنتاجِ وقِيمةُ النَّاتِج

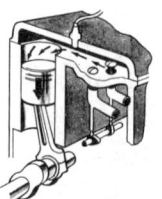

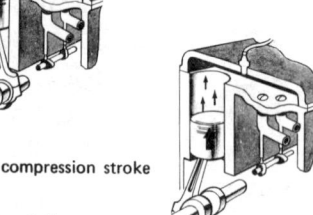

stripper well (Pet. Eng.) بئرٌ حَدِّيَّةُ
الإنتاج • بئرٌ نَضوض
stripping (n.) انْتِزاع • نَزْع – تَجْريد •
تَعْرية • قَشْر
(Pet. Eng.) اسْتِنْصال • اسْتِخْلاص •
اخْتِزال : إزالةُ القُطاراتِ المُتَطايِرة
من الزَّيت لرَفْعِ دَرَجةٍ وَميضِه
(Civ. Eng.) إزالةُ الهَيْكَلِ المُؤَقَّت –
تَقشُّرُ سَطْحِ الطَّريق
(Eng.) نُحولُ (أو تَلَفُ) أسنانِ التُّرْس
stripping factor (Pet. Eng.) مُعامِلُ الاسْتِنْصال
stripping lines (Pet. Eng.) خُطوطُ السَّفْطِ
التَّرْجيحيّ : لسَحْبِ ما يَتَبَقَّى في قَعْرِ
صَهاريجِ النَّاقِلة
stroke (n.) ضَرْبة • خَطْبة • صَدْمة • دَقَّة –
خُطَّة : خَطٌّ صَغير • شَرْطة
(Eng.) شَوْط
(v.) مَسَّدَ • دَلَّكَ – شَطَبَ • عَلَّمَ بخُطَّة
stroke-bore ratio (Eng.) نِسبةُ الشَّوْطِ إلى
القُطْرِ الدَّاخِليّ
stroke capacity (or **volume**) (Eng.)
الحَجْمُ الشَّوطيّ • السَّعَةُ الشَّوطيَّة
stroke, compression (Eng.) شَوْطُ الانضِغاط
stroke counter (Eng.) عَدَّادُ أشْواط
stroke, exhaust (Eng.) شَوْطُ الانفِلات
stroke, explosion شَوْطُ الانفِجار
stroke, intake (I.C. Engs.) شَوْطُ السَّحْب
stroke, lightning صاعِقة • تَفريغٌ كَهْرَبائيّ
بَرْقيّ
stroke, power (Eng.) شَوْطُ القُدْرة
stromatology (n.) (Geol.) عِلْمُ الطَّبَاقةِ
الجِيُولُوجيَّة

inlet or intake stroke

compression stroke

power stroke

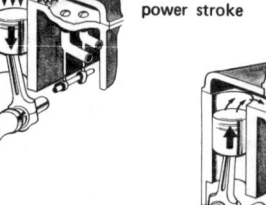

exhaust stroke

strong (*adj.*) قَوِيّ • مَتِين • شَدِيد ـ مُرَكَّز

strong solution مَحلولٌ مُرَكَّز

strontium (Sr) (Chem.) السترُنشيوم : عُنصُرٌ فِلِزِّيّ إشعاعيّ رَمزُه (ست)

strontium base grease (Pet. Eng.) شَحْمٌ قاعِدَتُهُ السترُنشيوم

structural (*adj.*) بِنائيّ • إنشائيّ • بِنيانيّ • بِنْيَوِيّ • تَركيبيّ • تَشكيليّ

structural adjustment (Geol.) مُواءَمةٌ بِنْيَوِيَّة

structural advantage (Geol.) مِيزةٌ بِنْيَوِيَّة

structural analysis (Chem. Eng.) تَحليلٌ تَركيبيّ (أو بِنْيَوِيّ)

structural basin (Geol.) حَوْضٌ بِنْيَوِيّ (أو بِنائيّ)

structural beam (Civ. Eng.) عَتَبةٌ إنشائيّة

structural change (Chem. Eng.) تَغَيُّرٌ بِنْيَوِيّ

structural concordance (Geol.) تَوافُقُ التَّركيبِ (الصَّخريّ)

structural contour map (Geol.) خَريطةٌ تَسامُقيّةٌ بِنائيّة : تُوضِحُ تَركيبَ التَّشكيلاتِ الصَّخريّةِ تَحتَ السَّطح

structural contours (Geol.) سُموقٌ تَشكيليّة • خُطوطُ مُناسيبَ بِنْيَوِيّة أو تَركيبيّة : لِبَيانِ التَّشكيلاتِ الصَّخريّةِ تَحتَ السَّطح

structural design (Eng.) تَصميمٌ إنشائيّ

structural discordance (Geol.) إختِلافُ التَّركيبِ (الصَّخريّ) • تَخالُفٌ بِنائيّ (أو بِنْيَوِيّ)

structural drilling (Geophys.) حَفرٌ بِنْيَوِيّ : لِدِراسةِ التَّكوينات

structural engineer مُهَندِسُ إنشاءات

structural features (Geol.) مَعالِمُ بِنْيَوِيّة (أو تَركيبيّة)

structural formula (Chem.) صِيغةٌ تَركيبيّة (أو بِنائيّة)

structural framework (Civ. Eng.) هَيكَلٌ إنشائيّ

structural geology الجيُولوجيّةُ التَّركيبيّة (أو البِنائيّة) • عِلمُ بِناءِ الأرض

structural high (Geol.) مُرتَفَعٌ بِنْيَوِيّ (أو تَكوينيّ)

structural iron (or **steel**) (Civ. Eng.) حَديدُ (أو فُولاذُ) الإنشاءات

structural low (Geol.) مُنخَفَضٌ بِنيويّ • مُنخَفَضٌ (بِنْيَوِيّ) سَرجِيّ

structural position (Geol.) الوَضْعُ التَّشكيليّ أو البِنائيّ (للطَّبَقات)

structural saddle (Geol.) مُنخَفَضٌ (بِنيَوِيّ) سَرجِيّ

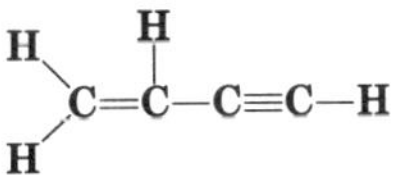

vinylacetylene

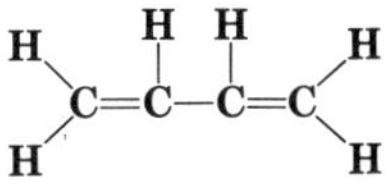

butadiene

benzene

structural formulae

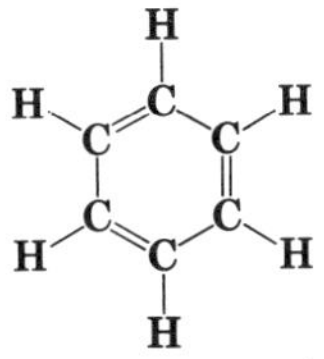

structural salient (Geol.) نُتوءٌ بِنْيَوِيّ (أو تَكوينيّ)

structural steel (Eng.) فُولاذُ الإنشاءات

structural transformation (Geol.) تَحَوُّلٌ بِنْيَوِيّ (أو تَركيبيّ)

structural trap (Geol.) مَحبِسٌ بِنْيَوِيّ : ناتِجٌ عن تَشقُّقِ التَّشكيلاتِ الصَّخريّة

structural unit (Geol.) وَحدةٌ بِنائيّة

structure (*n.*) تَركيب • بِنْيَة • تَكوين • إنشاء • بُنيان ـ هَيكَل • مَبنًى • خَريطة

structure contour map (Geol.) تَسامُقيّةٌ بِنائيّة : خَريطةُ مَناسيبَ تُبَيِّنُ التَّشكيلاتِ الصَّخريّة تحت السَّطح

structure drill (Geol.) حَفّارةٌ (لِدِراسةِ التَّشكيلات

structure hole (or **well**) (Geol.) بِئرٌ (لِدِراسةِ التَّشكيلات

structure, off (Pet. Eng.) تَشكيلٌ سَلبيّ : من حَيثُ احتِمالُ وُجودِ النَّفطِ فيه

structure, on (Pet. Eng.) تَشكيلٌ إيجابيّ : من حيثُ احتِمالُ وُجودِ النَّفطِ فيه

structure well (Geol.) بِئرٌ تَكوينيّة : بِئرُ دِراسةِ التَّكوينات

strum (Eng.) مِصفاةٌ راكِبَة : تمنعُ دُخولَ المَوادِّ الغريبةِ إلى أُنبوبِ المَصِّ في المِضَخّة

strut (*n.*) دِعامة • عَمود • قائِمُ انضِغاط (خَشَبيّ أو مَعدِنيّ) • شِكالٌ انضِغاطيّ ـ جائِز • رافِدة

(*v.*) دَعَمَ • دَعَمَ بقَوائِمَ انضِغاطيّة

strutting (Civ. Eng.) دَعْمٌ بقَوائِمَ انضِغاطيّة ـ قَوائِمُ دَعمٍ انضِغاطيّة

stub (*n.*) جِذل • أُرومة • أَصْل • قاعِدة ـ عَقِب

(*v.*) إستَأصَلَ

stubborn (*adj.*) عَنيد • مُستَعصٍ ـ مُقاوِمٌ لِلصَّهر

stub end (Eng.) الطَّرَفُ الغَليظ (من ذِراعِ التَّوصيل)

stub-ups (Civ. Eng.) دَعائِم • هَيكَلُ الدَّعْم

stucco (*n.*) جِصّ • مِلاطُ الجِبس

stuck bearing (Eng.) مَحمِلٌ لَصِب

stud (*n.*) قائِمةٌ خَشَبيّة • دِعامةٌ قائِمة ـ وَتِد ـ دِسار

(Eng.) بُرغِي عَديمُ الرَّأس • ساقٌ مُلَوْلَبةُ الطَّرَفَين ـ نُتوء • قَضيبٌ قَصيرٌ ناتِئ • مِصْدَم ـ مِسمارٌ كَبيرُ الرَّأس

(Elec. Eng.) مِسمارٌ (أو زِرُّ) التَّماسّ

(*v.*) دَعَمَ بأخشابٍ قائِمة ـ رَصَّعَ

stud bolt (or **stud**) بُرغِي عَديمُ الرَّأس (مُلَولَبُ الطَّرَفَين عادةً)

stud driller (Pet. Eng.) عَريفُ فِرقَةِ الحَفر

stud horse (or **stud terrapin**) (Pet. Eng.) رَئيسُ فِرقَةِ الحَفر (استِعمالٌ عامّيّ)

stud welding (Eng.) لِحامٌ نُتوئيّ

stuff (*n.*) مادّة • مادّةٌ خام ـ حَشْو • حَشْوَة

(Mining) شَوْب • شَوائِبُ الخام

(*v.*) حَشا • أَفعَمَ ـ نَدَّ (بالحَشو)

stuffing (*n.*) حَشْو ـ حَشْوَة

stuffing box (Eng.) مَسيكة • صُندوقُ حَشْوٍ (سَدُودٌ لِلضَّغط)

stuffy (*adj.*) فاسِدُ الهواء (لِسُوءِ التَّهوِية)

stull (*n.*) (Mining) دِعامةٌ خَشَبيّة (بين جُدرانِ المَنجَم)

stump (*n.*) قُرمَة • جِذل • جُذمور • أُرومة

(*v.*) جَدَعَ • بَتَرَ ـ إستَأصَلَ • أزالَ الجُذور

sturdy (*adj.*) قَوِيّ • مَتين • ثابِت

S.T.V. (**standard tar viscosimeter**) مِلزاجُ القارِ المِعياريّ

styrene = **vinyl benzene** (Chem.) سْتايرين • بنزين فِنيلي : هَيدروكَربونٌ سائِلٌ تُستَعمَلُ بُوليمَراتُه في صُنعِ المطّاط

styrene-butadiene rubber (Chem.) مَطّاطُ السّتايرين والبيُوتادايين

styrene monomer (Chem.) مونُومَرستايرينيّ: سْتايرين أُحاديُّ الوَحدةِ البِنائيّة

styrene resins (Chem. Eng.) راتِنجاتُ السّتايرين :لَدائِنُ صامِدةٌ للماءِ والحَوامِض

styrol = **styrene** (Chem.) ستيرُول • ستايرين

stythe (Mining) غازٌ خانِق : ثاني أُكسيدِ الكربون المُتَجمِّع في المَناجِمِ أو الآبارِ المَهجُورة

sub- بادِئةٌ بمَعنى: تَحت • دُون • أَدنَى ـ فَرعِيّ • ثانَوِيّ ـ شِبه • شَبيهٌ بِ

sub (*n.*) تابِع ـ بَديل ـ غَوّاصة

subacid (*adj.*) حامِضٌ قَليلاً ـ مُزّ

subaerial erosion (Geol.) تَعرِيةٌ سَطحيّة • تَعرِيةٌ نَهريّة (لا بَحريّة)

submarine
coal mine

submarine
pipeline

subaerial fan = alluvial fan (Geol.) مِرْوَحة غِرينيَّة

subalkaline (*adj.*) تحت قِلْويّ • قِلْويٌّ قَليلاً

subarea (*n.*) مِنْطَقَةٌ فَرعيَّة • قِطاع

subassembly (Eng.) تَجميعٌ أوَّليّ أو فَرْعيّ ـ مُجمَّعةٌ فَرْعيَّة

subatmospheric pressure ضَغْطٌ تَحْتَ جَوِّيّ • ضَغْطٌ دُونَ الضَّغْطِ الجَوِّيّ

subbase (Civ. Eng.) طَبَقةٌ تحت الأساس • قاعِدةٌ دُنْيا (أو تَحتِيَّة)

sub basket = junk basket سَبَتُ المُتخَلِّفات • سَلَّةُ السَّواقِط

subcaliber (*adj.*) أَقَلُّ من القِياسِ (المَأْلُوفِ)

subchloride (Chem.) تَحت كلُوريد

subcircuit (Elec. Eng.) دائرةٌ فَرعيَّة

subcontract (*n.*) عَقْدٌ فَرْعِيّ • عَقْدٌ من البَاطِن

(*v.*) عاقَدَ (أو تَعاقَدَ) من الباطِن

subcontractor (*n.*) مُتعاقِدٌ من الباطِن • مُقاوِلٌ فَرْعِيّ

subcooler (Eng.) مُبَرِّدٌ دُونِيّ

subcooling (*n.*) (Phys.) التَّبريدُ الدُّونِيّ : إلى ما دُون دَرَجةِ التَّكاثُف

sub-crustal (*adj.*) (Geol.) تَحت قِشْرِيّ • تَحت القِشْرة

subcycle (Geol.) دَوْرَةٌ جُزئيَّةٌ (أو فَرعِيَّة)

subdepot (*n.*) مُستَوْدَعٌ فَرعِيّ

subdivision (*n.*) تَقسيمٌ جُزْئيٌّ أو تَفرِيعِيّ ـ قِسْمٌ • فَرْع

subdrift (Mining) سَرَبٌ فَرعِيّ

subdue (*v.*) أَخْضَعَ ـ كَبَتَ • كَتَمَ ـ لَطَّفَ • خَفَّفَ حِدَّةَ

subdued relief (Geol.) تَضاريسُ مُنسَجِجة

subface وَجْهٌ (أو سَطْحٌ) سُفْلِيّ

subframe (Civ. Eng.) هَيْكَلٌ سُفليٌّ (أو قاعِديّ)

subglacial moraine (Geol.) رُكامٌ سُفليّ

subgrade (Civ. Eng.) الأَرضيَّةُ الطَّبيعيَّةُ (للطَّريقِ المَرصُوفةِ أو المَبْنَى المُشَيَّد)

subgravity (Phys.) جاذِبيَّةٌ دُونَ العادِيَّة

subjacent bed (Geol.) طَبَقةٌ مُتاخِمةٌ تَحتِيَّة

subject (*v.*) عَرَّضَ لِ ـ أَخْضَعَ

(*adj.*) تابِع ـ مُتَوَقِّفٌ على ـ مُعَرَّضٌ لِ

(*n.*) مَوْضُوع • قَضِيَّة

sublayer طَبَقةٌ سُفليَّةٌ (أو تَحتانِيَّة)

sublease (*n.*) إيجارٌ من الباطِن • إيجارٌ فَرعيّ

= sublet (*v.*) أَجَّرَ من الباطِن

sublevation (Geol.) تَعْرِيةٌ تَحْت بَحْرِيَّة : بِفَضْلِ التَّيَّارات في قَعْرِ البِحار

sublimate (*v.*) (Chem. Eng.) صَعَّدَ • تَصَعَّدَ • تَسامَى ـ نَقَّى أو استَخْرَجَ بالتَّصعيد

(*n.*) مُتَصَعِّد • مُتَسامٍ ـ صُعَادَة : مادَّةٌ مُصَعَّدَة (تَصَلَّبت من الحالَةِ الغازيَّةِ مُباشَرةً)

sublimate, corrosive (Chem.) كلُوريد الزِّئبَقيك

sublimation (*n.*) (Chem.) التَّصعيد • التَّسامِي: تَحَوُّلُ (أو تَحويلُ) المادّةِ من حالَةِ الصَّلابة إلى حالةِ الغازيَّةِ مُباشَرةً

sublimation point (Chem., Phys.) نُقْطةُ التَّصعيد

sublimation products (Chem. Eng.) مُنْتَجاتُ التَّصعيد • صُعادات

sublittoral zone (Geol.) نِطاقٌ تحت ساحِليّ: يَمْتَدُّ من الشَّاطِىء حتى عُمْق ٣٠٠ متر

submarine (*adj.*) تَحت البَحْر • تَحت الماء • غَمْرِيّ • مَغمور (تحت ماءِ الغَمْر)

(*n.*) غَوَّاصة

submarine cable كَبْلٌ بَحريّ: يَمْتَدُّ تحت الماء

submarine construction (Eng.) إنشاءٌ تحت بَحْرِيّ : إنشاءٌ غَمْرِيّ

submarine earthquake (Geol.) زِلزالٌ تحت بَحريّ • زِلْزالٌ غَمْرِيّ

submarine loading lines (Pet. Eng.) خُطوطُ التَّحميلِ المَغْمُورة: المُمْتَدَّةُ تحت البَحْر

submarine mine (Geol.) مَنْجَمٌ تَحْتَ البَحْر • مَنْجَمٌ غمرِيّ

submarine oil formation (Geol.) تَكوينٌ نَفطِيٌّ غَمْرِيّ (تحت بَحرِيّ)

submarine pipe-line (Pet. Eng.) خَطُّ أنابيب (بِتروليّ) تحت بَحريّ • خَطُّ أَنابيب غمريّ

submerge (*v.*) غَمَرَ • غَطَّسَ • أَغْرَقَ ـ إنْغَمَرَ • غاصَ • غَطَسَ

submerged (*adj.*) مَغْمُور • غاطِس

submerged arc welding (Eng.) اللِّحامُ القَوسِيُّ المَغْمُور (بِمُساعِدِ الصَّهْر)

submerged pump (Eng.) مِضَخَّةٌ غاطِسة • مِضَخَّةٌ صالِحةٌ للتَّشغيلِ المَغْمُور

submerged shore line (Geol.) خَطُّ السَّاحِلِ المَغْمُور

submerged valley وادٍ غاطِسٌ أو مَغمور

submergence (*n.*) غَمْر • تَغْطِيس

submerse = submerge (*v.*) غَمَرَ • غَطَّسَ

submersible barge صَنْدَلٌ غَمرِيّ • مَرْكَبٌ انغِمارِيّ

submersible drilling barge (Pet. Eng.) مَركَبُ حَفْرٍ انغِماريّ : يُغَطَّسُ لإجراءِ الحَفْر ثم يُعادُ تَعويمُه بعدَ انتِهاءِ الحَفْر

submersible motor (Elec. Eng.) مُحَرِّكٌ انغماري : يَصلحُ للتَّشغيل المَغمُور

submersion = submergence (*n.*) غَمْر • تَغطيس • إنغمار

submetallic lustre (Met.) بَريقٌ دُونَ الفِلِزِّيّ

suboceanic (*adj.*) تَحت المُحيط • تَحت مُحيطِيّ

suboxide (Chem.) تحت أكسيد

sub-permanent set (Eng.) إستقرارٌ مُؤَقَّت – تَحَوُّلٌ غيرُ دائِم

subphosphate (Chem.) تحت فُسْفات

subrogation (*n.*) إحْلالُ دائِنٍ مَحَلَّ آخَر

subsaline (*adj.*) مالِحٌ قَليلاً • أَخْضَم

subsalt drilling (Pet. Eng.) الحَفْرُ تَحْتَ المِلْح : تحت القِباب المِلْحِيَّة

subscribe (*v.*) إشْتَرَكَ – إكْتَتَبَ • تَبَرَّعَ – وَقَّعَ • أقَرَّ

subscriber (*n.*) مُشتَرِك • مُكْتَتِب • مُساهِم

subscript (*n.*) رَمْزٌ دَليليٌّ سُفلِيّ (عَدَدِيّ أو حَرْفِيّ)

sub-sea depth العُمْقُ تحت (سَطحِ) البَحر • العُمْقُ الغَمْرِيّ

subsea wellhead cellar (Pet. Eng.) قَمْرَةٌ غَمرِيَّةٌ لِرَأسِ البِئْر

subsequent (*adj.*) لاحِق • تالٍ

subsequent valley (Geol.) وادٍ تـالٍ

subside (*v.*) هَبَطَ • إنْخَسَفَ • إنْحَسَرَ – إسْتَقَرَّ • سَكَنَ • هَمَدَ – تَرَسَّبَ • رَسَبَ

subsidence (Civ. Eng., Geol.) هُبوط • إنخِساف • إنخِفاض

subsidiary (*adj.*) إضافِيّ • فَرْعِيّ • ثانَوِيّ – إعانِيّ • مُساعِد

subsidize (*v.*) مَوَّلَ • قَدَّمَ عَوْناً مالِيّاً إلى • أعـانَ

subsilicic rocks (Geol.) صُخورٌ تحت سِليسِيَّة • صُخورٌ قاعِدِيَّة

subsoil (*n.*) تُرْبةٌ تَحتِيَّة • تحت تُرْبة • تَحْتُرْبة

(*adj.*) تحت التُّربة

subsoil water (Geol.) مِياهٌ جَوفِيَّة أو باطِنِيَّة

subsonic speed سُرعةٌ دُونَ الصَّوتِيَّة (أقلّ من ٧٤١ ميلاً في الساعة)

substance (*n.*) مادَّة • جَوْهَر

substandard (*adj.*) دُونَ (المُستَوى) القِياسِيّ – خَفِيضُ المَرتَبة : من حيثُ العِيارُ أو الجُودة

(*n.*) مِعْيارٌ شِبْهُ قِياسِيّ : تُعادُ مُعايَرتُه على المِعيار الأصليّ دَوْرِيّاً

substantial (*adj.*) أساسِيّ • جَوْهَرِيّ – حَقيقِيّ – غَنِيّ • وافِر • لا يُستَهانُ بِه

subsea wellhead cellar

substation (*n.*) مَحَطَّةٌ فَرْعِيَّة

substituent (*n., adj.*) بَديل

substitute (*v.*) بَدَّلَ • أبْدَلَ • إسْتَبْدَلَ – حَـلَّ مَحَلّ

(*n., adj.*) بَديل • عِوَض

substitute fuel (Chem. Eng.) وَقُودٌ بَديل

substitution (*n.*) إبْدال • تَبْديل • إسْتِبْدال • إستعاضة • تَعْويض

(Chem. Eng.) إحْلال : إبْدالُ ذَرَّةٍ (أو مَجْموعةِ ذَرّاتٍ) بأُخْرَى

substitution products (Chem. Eng.) مَنْتُوجات إحلالِيَّة

substitution reaction (Chem. Eng.) تَفاعُل (إحلالٍ) تَبادُلِيّ

substrate = substratum (*n.*) (Geol.) طَبَقةٌ سُفلِيَّة (أو تَحتِيَّة)

(Chem.) طَبَقةٌ سُفْلَى: المادَّةُ المُتَأثِّرةُ بِأنزِيمٍ مُعَيَّن

substratum (*n.*) طَبَقةٌ تَحتِيَّة • بـاطِن • القِشْرة – مُفْتَرَش • طَبَقةٌ أساس

substructure (Civ. Eng.) إنشاءٌ قاعِدِيّ (تَحت سَطحِيّ)

(Geol.) تَكوينٌ تَحتِيّ أو جَوْفِيّ

subsurface (*adj.*) تحت السَّطح • تحت سَطْحِيّ • جَوْفِيّ

(*n.*) طَبَقةٌ تحت سَطحِيَّة

subsurface beds (Geol.) طَبَقاتٌ جَوفِيَّة • طَبَقاتٌ تَحتِيَّةٌ (أو تَحت سطحِيَّة)

subsurface exploration (Geophys.) إستِكشافُ الطَّبَقاتِ الجَوْفِيَّة

subsurface geology (Geol.) الجِيُولوجِيَّة الجَوْفِيَّة • الجيولوجية تحت السَّطحِيَّة

subsurface pump (Eng.) مِضَخَّةٌ تَحت سَطحِيَّة

subsurface salt water aquifer (Geol.) مُسْتَوْدَعٌ تحت سطحِيّ للماءِ المِلْح

subsurface stratum (Geol.) طَبَقةٌ باطِنِيَّة (أو جَوفِيَّة)

subsurface structures (Geol.) تَشكيلاتٌ تَحتِيَّة • تَكويناتٌ تَحت سطحِيَّة

subsurface water (Geol.) مِياهٌ جَوفِيَّة (أو تَحت سطحِيَّة)

subterranean (*adj.*) تَحت الأرض • تَحت أرضِيّ • جَوفِيّ • باطِنِيّ

subterranean cable كَبْلٌ تَحت أرضِيّ

subterranean deposits (Geol.) رَواسِبُ جَوفِيَّة

subterranean stream (Geol.) مَجْرًى باطِنِيّ أو تَحت أرضِيّ

subterranean water (Geol.) مِياهٌ جَوفِيَّة أو باطِنِيَّة

subterraneous (*adj.*) تَحت أرضِيّ

subtransparent (*adj.*) شِبْهُ شَفّاف • نِصْفُ شَفّاف

subtropical climate مُناخٌ شِبْهُ مَدارِيّ

subtrusion (Geol.) إندِساسٌ (صُهارِيٌّ) سُفلِيّ

subversive (*adj.*) هَدّام • مُخَرِّب

subvitreous (*adj.*) شِبْهُ زُجاجِيّ

subway (*n.*) (Civ. Eng.) نَفَق • طَريقٌ تَحتِيّ – سِكَّةٌ تَحتَ الأرض

subzero engine oil (Eng.) زَيتُ المُحَرِّكاتِ العامِلَة تحت دَرَجَةِ الصِّفر

subzero gear oil (Eng.) زَيتُ التُّروسِ العامِلَة تحت دَرَجَةِ الصِّفر

subzero temperature (Phys.) دَرَجةُ حَرارةٍ تحت الصِّفر

succession (*n.*) تَعاقُب • تَوالٍ • تَتابُع

successive flash distillation (Pet. Eng.) التَّقطيرُ الوَمْضِيُّ التَّعاقُبِيّ

successive stages مَراحِلُ مُتَعاقِبة

succinic acid (Chem.) حامِضُ السَّكسِنيك

succinite = amber (Min.) سُكْسِنيت • كَهْرَمان : راتينج مُتَحَجِّر

sucker (*n.*) (Eng.) سَقّاط • مَصّاصة – كَبّاسُ المِضَخَّةِ الماصَّة

sucker rod (Eng.) ساقُ سَفْط (في المِضَخَّةِ الماصَّة)

sucker rod elevator (Eng.) رافِعُ ساقِ السَّفْط

sucker rod guide (Eng.) دَليلُ ساقِ السَّفْط • مُنزَلَقُ ساقِ السَّفْط

sucking (*n.*) مَصّ • إمتِصاص • سَفْط

sucking booster (Eng.) مُعَزِّزُ المَصّ

sucking pump (Eng.) مِضَخَّةٌ ماصَّة

suction (*n.*) مَصّ • إمتِصاص • سَفْط – تَفريغٌ بالمَصّ

suction bailer (Eng.) مِنْزَحةُ نَفْط • مِنْزَحةٌ ماصَّة
suction box (Eng.) صُندوقُ المَصّ (في المِضَخَّة)
suction capacity سَعَةُ أو قُدرةُ الامتِصاص
suction dredger (Civ. Eng.) كَرّاءةٌ ماصَّة
suction end جِهةُ السَّحْب • طَرَفُ السَّفْطِ أو المَصّ
suction fan (Eng.) مِروَحة (تَهوِيةٍ) ماصَّة
suction feed (Eng.) تَغذيةٌ بالسَّفْطِ (أو بالامتِصاص)
suction filter (Eng.) مُرَشِّحٌ ماصّ
suction gauge (Eng.) مِقياسُ المَصّ • مِقياسُ السَّفْط
suction head (or **height**) (Mech.) عُلُوُّ المَصّ • عُلُوُّ السَّفْطِ بِفِعْلِ التَّفريغ : وهو لا يَتَجاوَزُ العَشَرةَ أمتار
suction header (Eng.) أُنبوبُ السَّفْطِ الرَّئيسيّ • مُجَمِّعٌ عُلويٌّ للمَصّ
suction hose (Eng.) خُرطومُ مَصٍّ (يَتَحَمَّلُ ضَغْطَ الامتِصاص)
suction joint وُصْلةٌ تَتَحَمَّلُ المَصّ
suction lift (Mech.) رَفْعُ المَصّ • عُلُوُّ السَّفْط
suction line (Eng.) خَطُّ المَصّ • خَطُّ السَّفْط
suction main (Eng.) أُنبوبُ السَّفْطِ الرَّئيسيّ
suction mixing مَزْجٌ سَفْطِيّ • مَزْجُ المَصّ
suction pipe (Eng.) ماسُورَةُ المَصّ • أُنبوبُ السَّفْط
suction pressure (Eng.) ضَغْطُ المَصّ (أو الامتِصاص)
suction pump (Eng.) مِضَخَّةٌ ماصَّة
suction stroke (Eng.) شَوْطُ المَصّ • شَوْطُ السَّحْب
suction valve (Eng.) صِمامُ المَصّ (أو السَّفْط)
sudden (*adj.*) فُجائيّ • مُفاجِىء – عاجِل • سَرِيع
suds (*n.*) رَغْوةُ الصّابون • ماءُ الصّابون الرَّغَوِيّ
(*v.*) رَغا • شَكَّلَ رَغْوَةً
suds booster (Chem. Eng.) مُعَزِّزُ التَّرَغّي
suet oil زَيْتُ الشَّحْمِ الحَيَوانيّ
suffer (*v.*) تَحَمَّلَ • إحْتَمَلَ – عانَى • كابَدَ • قاسَى
sufficiency (*n.*) كِفايَة
suffocate (*v.*) إخْتَنَقَ • خَنَقَ
suffuse (*v.*) غَمَرَ – خَضَّبَ • شَرَّبَ – إنْتَشَرَ
sugar loaf (*n.*) قالَبُ سُكَّرٍ مَخْروطيُّ الشَّكْل
(Geol.) مُرتَفَعٌ مَخروطيّ • تَلٌّ (أو جَبَلٌ) مَخروطيُّ الشَّكْل
suint (*n.*) دُهْنُ صُوفِ الغَنَم
suitability (*n.*) صَلاحِيَة • مُلاءَمة
suitable (*adj.*) مُناسِب • لائِق • صالِح • مُلائم
suitcase sand (Pet. Eng.) رَمْلُ الرَّحيل : رَمْلٌ عَقيمٌ تَنْتَهِي بِبُلُوغِهِ عَمَلِيّاتُ الحَفْر
suite (*n.*) شُقَّة • جَناح (من عِدَّةِ غُرَف) – مَجموعة
(Geol.) نَسَقٌ (جيولوجيّ)
suite of samples (Pet. Eng.) مَجْمُوعةُ عَيِّناتٍ مُتَوالِيَة
sulfate = **sulphate** (*n.*) (Chem.) كِبريتات • سُلْفات
(*v.*) كَبْرَتَ • سَلْفَتَ • تَكَبْرَتَ
sulfide = **sulphide** (Chem.) كِبريتيد • كِبريتور : مِلحُ حامِضِ الهَيدروكِبريتيك
sulfide (or **sulphide**) **corrosion** (Chem.) التَّآكُلُ بالكِبريتيدات
sulfide removal (Pet. Eng.) إزالةُ الكِبريتيدات
sulfite = **sulphite** (Chem.) كِبريتيت : مِلحُ حامِضِ الكبريتوز
sulfo-chlorination كَلْوَرَة كِبريتيَّة
sulfonates = **sulphonates** (Chem.) سَلْفونات
sulfone = **sulphone** (Chem.) سَلْفون • كِبريتون
sulfur = **sulphur** (*n.*) (Chem.) الكِبريت : عُنْصُرٌ لا فِلِزِّيّ رَمْزُهُ (كب)
(*v.*) كَبْرَتَ • تَكَبْرَتَ
sulfuric = **sulphuric** (*adj.*) (Chem.) كِبريتيّ
sulfurized = **sulphurized** (Chem.) مُكَبْرَت :مُعالَجٌ بِكِبريتٍ أو بِمُرَكَّباتٍ كِبريتيَّة
sulfurized asphalt (Pet. Eng.) أَسفَلْتٌ مُكَبْرَت
sulfurous = **sulphurous** (*adj.*) (Chem.) كِبريتيّ • كِبريتوزيّ
sullage (*n.*) غِرْيَن • طَمْي – طينٌ أو أوساخٌ مُتَرَسِّبة
sulphate (*n.*) (Chem.) سُلْفات • كِبريتات : مِلحُ حامِضِ الكِبريتيك
(*v.*) كَبْرَتَ • سَلْفَتَ • تَكَبْرَتَ
sulphated ash (Chem. Eng.) رَمادٌ مُكَبْرَت
sulphated battery (Elec. Eng.) مِرْكَمٌ مُتَكَبْرِتٌ (أو مُسَلْفَت) : بِتَراكُمِ كِبريتاتِ الرَّصاص على صَفائحِهِ أو بَيْنَها
sulphated oil (Pet. Eng.) زَيْتٌ مُكَبْرَت • زَيْتٌ مُسَلْفَت
sulphate number رَقْمُ الكِبريتات
sulphate of ammonia = **ammonium sulphate** (Chem.) كِبريتاتُ الأَمونيُوم
sulphate of copper = **blue vitriol** (Min.) الزّاجُ الأَزْرَق • كِبريتاتُ النُّحاسِ المائيَّة
sulphate of iron = **copperas** (Min.) كِبريتاتُ الحَديدُوز
sulphate of lead = **anglesite** (Min.) كِبريتاتُ الرَّصاص
sulphate of lime = **gypsum** (Min.) كِبريتاتُ الكالْسيُوم المائيَّة • جِبْس
sulphate resistant cement (Civ. Eng.) إسْمَنْتٌ صامِدٌ للكِبريتات
sulphation (*n.*) كَبْرَتة • تَكَبْرُت • سَلْفَتَة
sulphide (*n.*) (Chem.) كِبريتيد • كِبريتور: مِلحُ حامِضِ الهَيدروكِبريتيك
sulphide, hydrogen (Chem.) كِبريتيد الهيدروجين
sulphide ore (Min.) خامٌ كِبريتيديّ
sulphite (*n.*) (Chem.) كِبريتيت : مِلحُ حامِضِ الكِبريتوز
sulphohalogenated derivatives (Chem.) مُشْتَقّاتٌ كِبريتيَّة هالُوجينيَّة
sulphonate (*n.*) (Chem.) سَلْفُونات : مِلحُ حامِضِ السَّلفونيك
(*v.*) سَلْفَنَ : حَوَّلَ إلى سَلْفُونات
sulphonated مُسَلْفَن : مُعالَجٌ بحامِضِ السَّلفونيك
sulphonation (*n.*) (Chem.) سَلْفَنة : تَحويلٌ إلى سَلْفُونات
sulphonation number رَقْمُ السَّلْفَنة
sulphonic acid (Chem.) حامِضُ السَّلفونيك
sulphur = **sulfur** (S) (Chem.) الكِبريت : عُنْصُرٌ لا فِلِزِّيّ رَمْزُه (كب)
(*v.*) كَبْرَتَ • تَكَبْرَتَ • سَلْفَتَ
sulphur, active كِبريتٌ نَشِطٌ أو فَعّال
sulphurate = **sulphurize** (*v.*) (Chem.) عامَلَ أو عالَجَ بالكِبريت – بَخَّرَ بثاني أُكسيدِ الكِبريت
sulphur base oil (Pet. Eng.) زَيتٌ كِبريتيُّ القاعِدة
sulphur, combined كِبريتٌ مُتَّحِد
sulphur compounds مُرَكَّباتٌ كِبريتيَّة
sulphur content (Chem. Eng.) المُحْتَوَى الكِبريتيّ
sulphur, corrosive كِبريتٌ أكّال
sulphur dioxide (Chem.) ثاني أُكسيدِ الكِبريت
sulphur(e)ous acid (*adj.*) حامِضُ الكِبريتوز

sulphuretted hydrogen (Chem.)
هيدروجين مُكَبْرَت • كِبريتيد الهيدروجين
sulphuretted oil (Pet. Eng.) زَيتٌ مُكَبْرَت
sulphur flower (Chem.) زَهْرُ الكِبريت
sulphur-free خالٍ من الكِبريت
sulphur, free كِبريتٌ طَليق : غيرُ مُتَّحِد
sulphur fumes (Chem.) أبْخِرَةُ الكِبريت
sulphur gasoline (Pet. Eng.) بِنزين مُكَبْرَتٌ (أو كِبريتيّ)
sulphuric (*adj.*) كِبريتيّ • كِبريتيكِيّ : حاوٍ كِبريتاً سُداسِيَّ التَّكافُؤ
sulphuric acid (Chem.) حامِضُ الكِبريتيك • زَيتُ الزّاج
sulphuric acid alkylation (Pet. Eng.)
ألْكَلَةٌ بحامِضِ الكِبريتيك
sulphuric acid manufacturing unit
وَحدَةُ صُنع حامِضِ الكِبريتيك (Chem. Eng.)
sulphuric acid recovery (Chem. Eng.)
إستِعادةُ حامِضِ الكِبريتيك
sulphuric acid treating (Chem. Eng.)
مُعالَجةٌ بحامِضِ الكِبريتيك
sulphuring (*n.*) كَبْرَتَة • التَّعريضُ لأبْخِرَةِ الكِبريت أو لحامِضِ الكِبريتيك
sulphurization (Chem. Eng.) سَلْفَرَة • كَبْرَتَة • مُعالَجةٌ كِبريتيَّة
sulphurize (*v.*) (Chem.) كَبْرَتَ • سَلْفَرَ • عامَلَ أو عالَجَ بالكِبريت • بَخَّرَ بثاني أُكسيدِ الكِبريت
sulphurized (*adj.*) مُكَبْرَت: مُعالَجٌ بالكِبريتِ أو بثاني أُكسيدِ الكِبريت
sulphurized asphalt (Pet. Eng.)
أسفَلْتٌ مُكَبْرَت (أو مُسَلْفَر)
sulphurized oil (Pet. Eng.) زيتٌ مُكَبْرَتٌ (أو مُسَلْفَر) : لزيادةِ المَتانةِ الغشائيّة
sulphur mud (Pet. Eng.) طِينٌ كِبريتيّ • رَزَغةٌ كِبريتيَّة
sulphur number (Pet. Eng.) الرَّقْمُ الكِبريتيّ: عَدَدُ مِليغرامات الكِبريت في مئة سم³ من العَيِّنة النَّفطيَّة
sulphurous (*adj.*) كِبريتيّ • كِبريتوزي : حاوٍ كِبريتاً رُباعيَّ التَّكافُؤ
sulphurous acid anhydride (Chem.)
ثاني أُكسيدِ الكِبريت • أنهيدريدُ حامِضِ الكِبريتوز
sulphurous water ماءٌ كِبريتيّ
sulphur recovery (Chem. Eng.)
إستِعادةُ الكِبريت – إستِخراجُ الكِبريت
sulphur refinery (Chem. Eng.)
مَعْمَلُ تَكريرِ الكِبريت

sulphur springs (Geol.) يَنابيعُ كِبريتيَّة
sulphur still (Pet. Eng.) جهازُ كَبْرَتَة (الزُّيوتِ والشُّحوم)
sulphur trioxide (Chem.)
ثالِثُ أُكسيدِ الكِبريت
sulphur vapour بُخارُ الكِبريت
sulphuryl (*n.*) (Chem.) كِبريتيل • سَلْفوريل
sum (*n.*) مَبْلَغ • كَمِّيَّة • مَجْموع • حاصِلُ الجَمْع – مُجْمَل – جُمْلَة
(*v.*) جَمَعَ • جَمَّعَ – لَخَّصَ • أجْمَلَ
summer deadweight (Naut.)
الحُمولةُ القُصْوى صَيْفاً (للسَّفينة)
summer grade gasoline (Pet. Eng.)
بِنزين صَيفيّ
summer-load waterline (Naut.)
خَطُّ الماءِ التَّحميليُّ الصَّيفيّ
summer oil (Pet. Eng.) زَيْتٌ صَيفيّ
summer spray oil = **verdant oil**
زَيتُ الرَّشِّ الصَّيفيّ
summer tank صِهريجُ التَّمَدُّدِ (في ناقِلَةِ النَّفط) – صِهريجٌ صَيفيّ : يَسْمَحُ بالتَّمَدُّد
summit (*n.*) قِمَّة • ذُرْوَة
sump (Civ. Eng.) بالُوعة – حُفرةُ أو حَوضُ تجميع
= **oil sump** (Eng.) مَجْمَعُ الزَّيت • حَوْضُ الزَّيتِ (في المُحَرِّك)
(Mining) مَجْمَعُ الماءِ (في قَعرِ المَنْجَم) – مَجْمَعُ الطِّينِ (في قَعرِ البِئْر)
sump drain plug (Eng.) سِدادُ تَفْريغِ حَوضِ الزَّيت
sump, dry (Eng.) حَوضٌ جافّ
sump hole بِئرٌ أو حُفْرَةُ تَجميع

sulphur recovery plant

sump oil (Eng.) زَيْتُ الحَوْضِ (الواقي لأجزاءِ المُحَرِّك)
sump pump (Eng.) مِضَخَّةٌ غاطِسةٌ أو مَغْمُورة
sump, wet (Eng.) حوضٌ حاوٍ للزَّيت
sun battery (Phys.) بَطّارِيَّةٌ شَمْسِيَّة
sun-bleached oil (Pet. Eng.)
زيتٌ مُقَصَّرٌ بالتَّشميس
sunburn (*n.*) سَفْعَة • وَمْحَة
sun cracks (Geol.) شُقوقُ التَّشميس
sundry (*adj.*) مُتَنَوِّع • مُخْتَلِف • مُتَعَدِّد
sundry expenses نَفَقاتٌ مُتَنَوِّعة • نثريّات
sunfast dye (Chem. Eng.) صِبْغٌ صامِدٌ للشَّمس
sunflower oil زيتُ دَوّارِ الشَّمس
sunken (*adj.*) غائِر – غاطِس • غارِق • مَغْمُور
sunstone (Min.) حَجَرُ الشَّمس • فِلسبارٌ بَرّاق
sunstroke ضَرْبةُ الشَّمس • رَعْن
sun test (Pet. Eng.) إختِبارُ التَّشميس : للتَّثَبُّتِ من استِقرارِ لَوْنِ الزَّيت
super- بادِئةٌ بمَعْنى : فَوْق • أعْلَى • أعْظَم – فائِق • مُتَناهٍ • إلى حَدٍّ بَعيد – زائِد • مُفرِط
superacidity (Chem.) فَرْطُ الحَمْضِيَّة
supercharge (*v.*) شَحَنَ • زادَ الشَّحْن • عَزَّزَ التَّغْذِية
supercharged (*adj.*) مُشَحَّن • مُزادُ الشَّحْن • مُعَزَّزُ التَّغْذِية
supercharger (Eng.) شَحّان • مُعَزِّزُ الشَّحْن – ضاغِطُ تَعزيزِ التَّغْذِية
supercharging (Eng.) تَشْحين • زِيادةُ الشَّحْن – تعزيزُ التَّغْذِية : بإدْخالِ الهواءِ مَضغُوطاً إلى مُحَرِّكِ الاحْتِراقِ الدّاخِليّ
supercharging pump (Eng.) مِضَخَّةُ تَعْزيزِ التَّغْذِية
super-concentrated (*adj.*) فائِقُ التَّرْكيز
superconductivity (Phys.) فَرْطُ المُوَصِّلِيَّة: على دَرَجاتِ الحَرارةِ القَريبةِ من الصِّفرِ المُطْلَق
supercool (*v.*) بَرَّدَ إلى حَدٍّ مُفرِط
supercooled liquid (Chem.) سائِلٌ مُفْرِطُ التَّبريد : مُبَرَّدٌ إلى ما دُونَ دَرَجَةِ التَّجَمُّدِ دُونَ أن يَتَجَمَّد
supercooling = **surfusion** (*n.*) (Phys.)
فَرْطُ التَّبريد
superface of stratum (Geol.)
السَّطحُ العُلْويّ للطَّبَقة
superficial (*adj.*) سَطحِيّ • خارِجيّ • ظاهِريّ

superficial deposits (Geol.) رَواسِبُ سَطحيَّة

superficial examination (or **inspection**) فَحْصٌ سَطحيّ

superficial expansion, coefficient of (Phys.) مُعامِلُ التَّمَدُّدِ السَّطحيّ (المِساحيّ)

superficial extent إمتِدادٌ ظاهِريّ

superficial layer (Geol.) طَبَقةٌ سَطحيَّة

superficial moraine (Geol.) رُكامٌ سَطحيّ

superficial water (Geol.) مِياهٌ سَطحيَّة

Superfiltrol (Pet. Eng.) سُوبَر فِلترول : دَقيقُ طَفَلِ البِنْتُونايت المُعالَجِ بالحامِض

superfine (*adj.*) مُتَناهِي الدِّقَّة (أو الرِّقَّة) – فائِقُ الجُودَة

superfluidity (Phys.) فَرْطُ السُّيُولة

superfractionation (Chem. Eng.) التَّجزِئَةُ الفائِقَةُ الدِّقَّة • التَّقطيرُ التَّجزِئيُّ الفائِق

supergasoline (Pet. Eng.) بِنزينٌ فائِقُ الجُودة

supergene deposits (Geol.) رَواسِبُ المِياهِ السَّطحيَّة

supergene ore (Geol.) رِكازٌ عُلوِيُّ النَّشأة

superglacial moraine (Geol.) رُكامٌ سَطحيّ

superhardening (Met.) فَرْطُ الإصلاد • التَّصليدُ المُفرِط

superheat (*v.*) حَمَّصَ • أَحْمَى بإفراط
(*n.*) فَرْطُ الإحْماء • فَرْطُ الاحتِرار

superheated steam (Eng.) بُخارٌ مُحَمَّص • بُخارُ الماءِ المُحْمَى (فَوقَ درجة ١٠٠ مِئويّة)

superheater حَمَّاية • مِحْماة – مُحَمِّص • مُسَخِّنٌ عالِي الشِّدَّة

superheating فَرْطُ الإحْماء • تَحميص • فَرطُ التَّسخين

super heavy duty (Eng.) تَشغيلٌ فائِقُ العُنْف

superhighway (Civ. Eng.) أُوتُوسْتراد • طَريقٌ عُظْمَى

superimpose (*v.*) رَكَّبَ على • وَضَعَ شَيْئاً فَوقَ آخَر – أَضافَ

superimposed bed (Geol.) طَبَقةٌ طارِئة (بالنِّسبةِ للبِنْيَةِ الجيُولوجيَّةِ الطِّباقيَّة)

superimposition (*n.*) تَركيب • تَراكُب • إضافةٌ طارِئة

superincumbent bed (Geol.) طَبَقةٌ راكِبة • فَوقِيَّة • الطَّبَقةُ العُليا • طَبَقةُ السَّقْف

superintendent (*n.*) مُشْرِفٌ (أو مُراقِبٌ) عامّ

superior (*adj.*) أَعْلَى • أَرْفَع • أَسْمَى • رَفيع • مُتَفَوِّق • عُلوِيّ
(*n.*) رَئيس

supertanker

supply pipe

superjacent = **superincumbent** (*adj.*) فَوقِيّ • راكِبٌ أو قائِمٌ فَوقَ شَيءٍ آخَر

supernatant (*adj.*) طافٍ (على) • عائِمٌ (فَوقَ)
(*n.*) مادَّةٌ طافِية

supernatant liquid (Chem. Eng.) الرَّوْق : السَّائِلُ الرَّائِقُ الطَّافي فَوقَ الثُّفْلِ والرُّسابة

supernatant oil (Pet. Eng.) زَيْتٌ طافٍ (فَوقَ طَبَقةٍ مائيَّة)

superphosphate (Chem.) سُوبَرفُوسفات

superpose (*v.*) رَكَّبَ • تَراكَبَ – طَبَّقَ • تَطابَقَ • إنْطَبَقَ

superposition (*n.*) تَراكُب • إضافةٌ بالتَّراكُب
(Geol.) تَراكُبٌ (طِباقيّ) سَوِيّ
التَّناضُد : طَبَقاتُه الأَحْدَثُ فَوقَ الأَقْدَم

superposition of strata (Geol.) تَراكُبُ الطَّبَقات

superpressure (*n.*) فَرْطُ الضَّغط • ضَغْطٌ زائِد

supersaline (*adj.*) مُفرِطُ المُلوحة • مِلْحٌ أُجاج

supersaturate (*v.*) أَشْبَعَ بإفراط

supersaturated solution (Chem. Eng.) مَحلولٌ مُفرِطُ التَّشَبُّع • مَحلولٌ فَوقَ المُشْبَع

supersaturated vapour بُخارٌ فَوقَ المُشْبَع

supersaturation (*n.*) (Chem. Eng.) فَرْطُ التَّشَبُّع

superscript رَمْزٌ دَليليٌّ فَوقيّ

supersonic (*adj.*) فَوقَ السَّمعيّ • فَوقَ الصَّوتيّ : يَفُوقُ سُرعةَ الصَّوت

supersonic frequency تَرَدُّدٌ فَوقَ السَّمعيّ (أكثر من ٣٠ ألف دَوْرٍ في الثانية)

supersonics = **ultrasonics** (Phys.) ما فَوقَ السَّمعيَّات • التَّرَدُّداتُ فَوقَ السَّمعيَّة

superstratum (Geol.) الطَّبَقةُ الفَوقيَّة

superstructure (Civ. Eng.) إنشاءٌ عُلوِيّ
(Geol.) تَكوينٌ فَوقيّ – بِنْيَةٌ ضَخْمة

supertanker صِهريجيَّةٌ ضَخْمة • ناقِلةُ نَفطٍ ضَخْمة

supertax (*n.*) ضَريبةٌ إضافيَّة

supertension (Eng.) فَرْطُ التَّوَتُّر • فَرْطُ الجُهْد

superthermal (*adj.*) فَوقَ حَراريّ • فَرْطُ حَراريّ

supervise (*v.*) راقَبَ • ناظَرَ • أَشْرَفَ على

supervision (*n.*) إشراف • مُراقَبة

supervisor (*n.*) مُراقِب • مُشْرِف

supervisory control (Elec. Eng.) تَحَكُّمٌ إشرافيّ (عن بُعْد)

supervisory personnel مُوَظَّفُو الإشرافِ والمُراقَبة

supervoltage (Elec. Eng.) فَرْطُ الفُلْطيَّة

supplant (*v.*) حَلَّ مَحَلَّ • أَزالَ (شَيْئاً) لِيَحِلَّ آخَرَ مَكانَه

supplement (*n.*) مُلْحَق • تَكمِلة • إضافة
(*v.*) كَمَّلَ • أَكْمَلَ • أَلْحَقَ • أَضافَ

supplemental = **supplementary** (*adj.*) إضافِيّ • تَكميليّ • مُكَمِّل

supplier (*n.*) مُمَوِّن • مُوَرِّد

supplies (pl. of **supply**) إمدادات • تَمْوينات

supply (*n.*) إمداد • تَموين • مَدَد – مَوْرِد – العَرْض : الكَمِّيَّةُ المَعْرُوضةُ للتَّسويق
(Eng.) مَنْبَع – إمدادٌ (بالطَّاقة)
(*v.*) أَمَدَّ • مَوَّنَ • زَوَّدَ • جَهَّزَ
(*adj.*) إمداديّ

supply and demand العَرْضُ والطَّلَب

supply circuit (Elec. Eng.) دائِرةُ إمداد

supply line (Eng.) خَطُّ إمداد • خَطُّ التَّغْذِية

supply mains (Eng.) يَنْبُوعُ الإمداد • مَأْخَذُ التَّغْذِيةِ الرَّئيسيّ

supply pipe (Eng.) ماسُورةُ إمداد • أُنبوبُ التَّغذِية

supply point (Elec. Eng.) مَأْخَذُ (أو نُقْطَةُ) الإمْداد

supply, power (Elec. Eng.) مَنْبَعُ قُدْرَة
supply pressure (Eng.) ضَغْطُ التَّغْذِيَة
supply rate (Eng.) سُرعةُ التَّموين • مُعَدَّلُ الإمداد
supply vessel (Eng.) صِهريجُ إمداد
(Naut.) سَفينةُ تَموين
supply voltage (Elec. Eng.) فُلْطِيَّةُ المَنْبَع
support (*v.*) دَعَمَ • سَنَدَ • سانَدَ • ساعَدَ • أيَّدَ ــ عالَ ــ حَمَلَ • إحْتَمَلَ
(*n.*) دِعامة • حامِل • مَحْمِل • قاعِدة • مُرْتَكَز • مِسْنَد ــ إرْتِكاز ــ مُسانَدة • تأييد • دَعْم ــ عَوْن • مَدَد
supporting beam (Civ. Eng.) جائِزُ دَعْم • عَتَبَةٌ سانِدة
supporting bracket (Eng.) كُتَيفةُ دَعْم • كُتَيفةٌ سانِدة
supporting plate لَوحٌ داعِم
suppress (*v.*) كَبَتَ • كَتَمَ • أَوْقَفَ ــ أَخْمَدَ • قَمَعَ
suppression كَبْت • إخْماد • إيقاف • قَمْع
suppressor (*n.*) (Eng.) كابِت • كاتِم • مُخْمِد
supramolecular (*adj.*) (Chem.) فوقَ جُزَيْئيّ • حاوٍ أكثَرَ من جُزَيْء
supratenuous fold (Geol.) طَيَّةٌ مُتَرَقِّقة
surf (*n.*) زَبَدُ البَحر ــ أمْواجُ الشّاطِئِ (المُتَكَسِّرةُ على الصُّخور)
surface (*n.*) سَطْح ــ المَظْهَرُ الخارِجيّ
(*v.*) سَطَّحَ ــ مَلَّسَ • سَوَّى ــ غَطَّى السَّطحَ ــ قارَبَ السَّطح
(*adj.*) سَطحيّ
surface action (Chem. Eng.) فِعْلٌ سَطحيّ
surface active agent (Chem. Eng.) عامِلٌ ذو فاعِليّةٍ سَطحيّة
surface active compound (Chem. Eng.) مُرَكَّبٌ ذو فاعِليّةٍ سَطحيّة
surface activity (Chem. Eng.) فاعِليّةٌ سَطحيّة: تأثيرُ بَعْضِ المَوادِّ في تَغييرِ الخَصائصِ السَّطحيّةِ للسّائل
surface area مِساحةُ السَّطح
surface avalanche (Geol.) هَيارٌ سَطحيّ
surface bed (Geol.) طَبَقةٌ سَطحيّة
surface carburettor (Eng.) مُكَرْبِنٌ سَطحيّ
surface casing تَغليفٌ (أو غِلافٌ) سَطحيّ
surface coefficient (of heat transfer) (Phys.) المُعامِلُ السَّطحيّ (لانتِقالِ الحَرارة)
surface condensation (Eng.) التَّكثيفُ السَّطحيّ
surface contact إتِّصالٌ سَطحيّ • تَماسٌّ سَطحيّ
surface cooler (Eng.) مُبَرِّدٌ سَطحيّ
surface cooling (Eng.) التَّبريدُ السَّطحيّ
surface course طَبَقةٌ سَطحيّة
surface crack صَدْعٌ سَطحيّ
surfaced (*adj.*) مُسَوَّى السَّطح
surface dressing (Civ. Eng.) طَبَقةُ رَصْفٍ سَطحيّة: من الحَصْباءِ والزِّفْت
surface equipment (Civ. Eng.) مُعَدّاتٌ سَطحيّة (في أعمالِ الحَفرِ أو التَّعدين)
surface features (Geog.) مَعالِمُ السَّطح • تَضاريس
surface film (Phys.) غِشاءٌ سَطحيّ
surface float (Hyd.) طافِيةٌ سَطحيّة
surface gauge = scribing block (Eng.) مُحَدِّدُ استِواء • زَهرةُ عَلّام
surface geology الجيولوجيّةُ السَّطحيّة • جيولوجيةُ السَّطح
surface grinding تَجليخٌ سَطحيّ
surface hardening إصلادُ السَّطح • تَصَلُّدُ السَّطح
surface hardness صَلادةٌ سَطحيّة • صَلابةُ السَّطح
surface ignition (Eng.) إشعالٌ سَطحيّ • إشعالٌ بِسَطحٍ ساخِن
surface installations (Civ. Eng.) مُنْشَآتٌ سَطحيّة
surface leakage تَسَرُّبٌ سَطحيّ
surface mapping (Surv.) رَسْمُ الخَرائط
surface metering equipment مُعَدّاتُ قِياسِ الفاعِليّةِ السَّطحيّة
surface mining (Mining) التَّعدينُ السَّطحيّ
surface moraine (Geol.) رُكامٌ سَطحيّ
surface of conformity (Geol.) سَطحُ التَّوافُق
surface of contact سَطحُ التَّماسّ
surface of unconformity (Geol.) سَطحُ التَّخالُف
surface outcroppings (Geol.) مُنْكَشَفاتٌ سَطحيّة
surface pipe (Pet. Eng.) أُنبوبُ (تَغليفٍ) سَطحيّ
surface pressure (Phys.) ضَغْطٌ سَطحيّ
surface relief (Geog.) تَضاريسُ السَّطح
surface rent(al) إيجارٌ سَطحيّ ــ إيجارةٌ سَطحيّة
surface rock صَخْرُ السَّطح
surface run-off الإنسِيابُ السَّطحيّ: كَمِّيَّةُ الأمطارِ المُنسابة (غيرِ المُتَسَرِّبَةِ إلى باطِنِ الأرض)
surface sample عَيِّنةٌ سَطحيّة

supply vessel

surface shooting (Geophys.) تَفجيرٌ سَطحيّ
surface shrinkage (Phys.) إنكِماشُ (أو تَقَلُّصُ) السَّطح
surface sonar (Geophys.) سُونارٌ سَطحيّ • مِصْداءٌ سَطحيّ: لِسَبْرِ عُمْقِ المــاءِ (أو طَبَقةٍ مُعَيَّنة)
surface string (Pet. Eng.) عَمودُ أنابيبِ التَّغليفِ السَّطحيّ
surface survey (Surv.) مَسْحُ السَّطح
surface tension (Phys.) التَّوَتُّرُ السَّطحيّ
surface tension depressant (Chem. Eng.) خافِضُ التَّوَتُّرِ السَّطحيّ
surface texture بِنْيَةُ السَّطح
surface viscosity (Phys., Chem.) اللُّزوجةُ السَّطحيّة
surface water (Geol.) مِياهٌ سَطحيّة
surface wave (Geophys.) مَوْجةٌ سَطحيّة
surface wear (Geol.) البِلَى (أو الحَتُّ) السَّطحيّ
surface works (Mining) وَرْشةٌ سَطحيّة: تَعمَلُ فوقَ سَطحِ الأرض
surfacing (*n.*) (Eng.) تَسطيح • تَسْوِية ــ طَبَقةُ التَّغليفِ السَّطحيّة
(Civ. Eng.) طَبَقةُ السَّطح (في طَريقٍ مُعَبَّدة)

surface metering equipment

surge vessel

surfactant (*n.*) (Chem. Eng.) خافِضٌ للتَّوَتُّرِ السَّطحيّ : مادَّةٌ ذاتُ فاعِليَّةٍ سَطحيَّةٍ تُضافُ إلى زُيوتِ الرَّشّ

surfactant mud (Pet. Eng.) طِينٌ ذو فاعليَّةٍ سَطحيَّة : خافِضٌ للتَّوَتُّرِ السَّطحيّ

surficial = superficial (*adj.*) سَطحِيّ

surfusion = supercooling (or **overcooling**) (Phys.) فَرْطُ التَّبريد : تَبريدُ السَّائلِ إلى مـا دُونَ دَرَجـةِ تَجَمُّدِهِ دُونَ أن يَتَجَمَّـد

surge (*n.*) مَوْجةٌ عارِمة • تَمَوُّج • طُمُوّ • إندِفاعٌ مُفاجِئ • جَيَشان • تَغَيُّرٌ مُفاجِئ • تَمَوُّر • عَرَامَة : تَغَيُّرٌ مُفاجِئٌ (في الضَّغْطِ أو الشِّدَّة) (Eng., Hyd.)

(*v.*) ماجَ • تَمَوَّجَ • طَما • جاشَ • إضْطَرَبَ – إنْدَفَعَ فَجْأَةً • إنْدَفَقَ

surge absorber (Eng.) مُمْتَصُّ التَّمَوُّرات

surge arrester مانِعُ التَّمَوُّر

surge chamber (Eng., Hyd.) حُجرةُ تَخميدِ التَّمَوُّرِ (أو العَرَامَة)

surge damper (Eng.) مُخَمِّدُ التَّمَوُّر

surge drum (Eng.) راقودُ تَخميد • وعاءُ استِقبالِ المَوْجاتِ العارِمةِ وتَهْدِئَتِها

surge pipe (Hyd.) ماسُورَةُ (تَنفيسِ) التَّمَوُّر

surge point (Eng.) نُقطَةُ (حُدوثِ) التَّمَوُّر

surge pressure (Hyd.) ضَغْطُ التَّمَوُّر

surge stress إجْهادُ التَّمَوُّر

surge tank (Hyd. Eng.) صِهريجُ (استِيعابِ) التَّمَوُّر

surge vessel (Pet. Eng.) وِعاءُ (أو خَزَّانُ) مَنْعِ التَّمَوُّر

surge vessel, crude oil (Pet. Eng.) وِعاءُ استِيعابِ تَمَوُّرِ النَّفْطِ الخام

surging (*adj.*) مُتَمَوِّر • عَرِم • مُنْدَفِق • مُنْدَفِع • جائش • مائِج

(*n.*) تَمَوُّر • تَمَوُّج • إندِفاعٌ فُجائِيّ

surging well (Pet. Eng.) بِئْرٌ مُتَمَوِّرة • بِئْرٌ جَيَّاشة

suroxide = peroxide (Chem.) فَوق أُكسيد

surpass (*v.*) بَذَّ • تَفَوَّقَ على – جاوَزَ • تَجاوَزَ • تَخَطَّى

surplus (*n., adj.*) فـائِض

surrounding (*adj.*) مُحيط • مُكْتَنِف

(*n.*) إحاطة • تَطْويق

surrounding atmosphere جَوٌّ مُكْتَنِفٌ أو مُحيط

surrounding medium = surroundings بِيئَة • وَسَطٌ مُحيطٌ أو مُكْتَنِف

surtax (*n.*) ضَريبةٌ إضافيَّة

survey (*n.*) تَقَصٍّ • إستِقصاء • مُعايَنة • إستِطلاع – إستِعراضٌ إجماليّ • دِراسة

(Surv.) مَسْحُ (الأراضي) • خَريطةٌ مِساحيَّة • مُخَطَّطٌ مِساحيّ

(*v.*) مَسَحَ (الأرضَ) – تَقَصَّى • إسْتَطْلَعَ – فَحَصَ – إسْتَعْرَضَ بِشَكْلٍ إجماليّ

survey, aerial مَسْحٌ جَوِّيّ

survey, geologic(al) مَسْحٌ جِيُولوجيّ

survey, hydrographic (Geophys.) مَسْحٌ هَيدرُوغْرافي

surveying = survey (*n.*) المِساحة • مَسْحُ الأراضي – إستِطلاع

surveying, geodetic (Geophys.) مَسْحٌ جِيُودِيسيّ

surveying, geophysical (Geophys.) مَسْحٌ جِيُوفيزيائيّ

surveying rod (Surv.) شاخِصُ مِساحة

survey(ing), seismic (Geophys.) المَسْحُ بالطَّريقةِ الزِّلزاليَّة • مَسحٌ مِرْجافيّ

survey, magnetic (Geophys.) مَسحٌ مِغنطيسيّ

surveyor (*n.*) مَسَّاح – مُعايِن

surveyor's chain سِلْسِلةُ المَسَّاح

surveyor's compass بُوصَلَةُ المَسَّاح

surveyor's level مِسْواةُ (أو مِيزانُ) المَسَّاح

surveyor's tape شَريطُ المَسَّاح

survey, topographical مَسحٌ طُوبوغرافيّ

survey truck (Pet. Eng.) شاحِنةُ مَسْحٍ تَنقيبيّ

survey vessel (Pet. Eng.) سَفينةُ مَسْح • صَنْدَلُ مَسْح

survival capsule (Pet. Eng.) كَبْسُولةُ النَّجاة: كَبْسُولةُ نَجاةِ العُمَّالِ في حـالِ انهيارِ مِنَصَّةِ بِئرِ النَّفْطِ في عُرْضِ البَحر

S.U.S. (**Saybolt Universal Second**) ثانِيَةُ «سِيبُولت يُونيڤِرْسال» : وَحدةُ قِيـاسِ اللُّزوجةِ للخاماتِ النَّفْطيَّة

susceptibility (*n.*) قابِليَّة • إستِهْدافيَّة • سُرعةُ التَّأثُّرِ (بأمْرٍ مُعَيَّن)

(Eng.) المُتأثِّريَّة • التَّأثُّريَّة

susceptible (*adj.*) قابِل • مُتأثِّرٌ بـ • عُرْضَةٌ لِـ

suspend (*v.*) عَلَّقَ • تَعَلَّقَ • تَدَلَّى – أَجَّلَ • أَرْجَأَ • أَوْقَفَ أو تَوَقَّفَ مُؤَقَّتاً – عَطَّلَ مُؤَقَّتاً

suspended (*adj.*) مُعَلَّق – مَوْقُوفٌ أو مُعَطَّلٌ (مُؤَقَّتاً) – مُسْتَعْلَق

suspended load حِمْلٌ مُعَلَّق

suspended matter (Chem. Eng.) مادَّةٌ مُسْتَعْلَقةٌ أو مُعَلَّقة (لا ذائبة ولا راسِبة)

surveying

survey truck

survey vessel

survival capsule

suspended-particle extractor

suspended particle extractor
(Chem. Eng.) مُستخرِجُ الجُسَيْماتِ المُسْتَعْلَقة

suspended particles (Chem. Eng.)
جُسَيْماتٌ مُستَعْلَقة (مُعَلَّقة في مَحلول)

suspended pump (Eng.) مِضَخَّةٌ مُعَلَّقة

suspended scaffold (Civ. Eng.) سِقالةٌ مُعَلَّقة

suspended solids : مُسْتَعْلَقاتٌ صُلْبة
مَوادُّ صُلْبةٌ مُستَعْلَقة

suspended span (Civ. Eng.) الباعُ المُعَلَّقُ
(من قَنْطَرةٍ كابُوليَّة)

suspended water (Chem. Eng.) ماءٌ مُستَعْلَق

suspension (*n.*) تَعليق • تَعَلُّق – إزجاء •
تَوقيف – تعطيلٌ مُؤَقَّت

(Chem. Eng.) مُسْتَعْلَق : مَزيجٌ
مُعَلَّق • مَحلولٌ مُعَلَّق

(Eng.) آليَّةُ التَّعليق
(المُخَمِّدَةُ للاهتِزاز)

suspension bridge (Civ. Eng.)
قَنْطَرةٌ مُعلَّقة • جِسرٌ مُعَلَّق

suspension cable (Civ. Eng.) كَبْلُ التَّعليق

suspension hook (Civ. Eng.) خُطَّافُ تَعليق

suspension point نُقْطَةُ التَّعليق

suspension spring (Eng.) نابِضُ (أو زُنْبُركُ)
تَعليق

suspensoid (*n.*) (Chem. Eng.) : مُسْتَعْلَقانيّ
شِبْهُ مُسْتَعْلَق • غَرَوانيٌّ شِبْهُ مُعلَّق

suspensoid catalytic cracking
(Pet. Eng.) : التَّكسيرُ المُستَعلَقانيُّ المُحَفَّز
التَّكسيرُ (الحَراريّ) بالحافِزِ المُستَعْلَق

suspensoid cracking (Pet. Eng.)
التَّكسيرُ المُسْتَعْلَقانيّ

sustain (*v.*) دَعَمَ • سَنَدَ • سانَدَ – حَمَلَ •
إحْتَمَلَ • تَحَمَّلَ – غَذّى • أَمَدَّ بِ –
داوَمَ

sustained current (Phys.) تَيَّارٌ مُداوِم

sustained production tests (Eng.)
إختِباراتُ الإنْتاجِ المُداوِمة

sustaining wall (Civ. Eng.) جِدارُ الدَّعْم

suture (*n.*) دَرْز • دَرْزة – خَطُّ الالْتِحام

(*v.*) دَرَزَ • لأمَ بالدَّرْز

suture lines (Geol.) خُطوطُ الدَّرْز

S.U.V. (**Saybolt Universal Viscosity**)
اللُّزوجةُ بِمقياسِ «سِيبُولت يُونيفِرْسال»

S.W. (**sediment and water**) الرُّسابةُ والماء

swab (*v.*) مَسَحَ • نَظَّفَ – سَفَطَ

(Pet. Eng.) نَظَّفَ (الأنابيبَ) بِسَبيطةِ مَسْح
(من الدّاخِل) – سَفَطَ • أَنْتَجَ بالسَّفْط

(*n.*) مِمْسَحة • ماسِحة • فُرشاةُ مَسْحٍ
أو تَنْظيف

swab (Eng.)	كَبَّاسُ نَفْط
swabbing (Pet. Eng.)	تَنْظيفُ الأَنابيبِ (بِسَبيطَةٍ تُرْسَلُ عَبْرَها) ـ سَفْطُ البِئْرِ: تَخْفيفُ الضَّغْطِ داخِلَ عَمودِ أَنابيبِ البِئْرِ لاِخْتِبارِ الحاجَةِ إلى الضَّخِّ
swabbing line (Pet. Eng.)	خَطُّ السَّفْط
swabbing test (Pet. Eng.)	اِخْتِبارُ السَّفْط
swabbing well (Pet. Eng.)	بِئْرٌ تُنْتِجُ بِالسَّفْطِ
swage (v.)	شَكَّلَ بِقالَبِ الطَّرْقِ ـ طَرَقَ
(n.) (Eng.)	قالَبُ الطَّرْق
swaged vessel (Eng.)	صِهْريجٌ مُشَكَّلٌ بِالطَّرْقِ
swaging (n.) (Eng.)	التَّشْكيلُ بِالطَّرْقِ أو الكَبْسِ
swale (Geol.)	مُنْخَفَضٌ ـ مِنْطَقَةٌ مُنْخَفِضَةٌ ـ حَوْضٌ ـ مُنْخَفَضٌ مُسْتَنْقَعيٌّ
swallet (Mining)	صَدْعٌ مائِيٌّ: يَتَفَجَّرُ مِنْهُ الماءُ
swallow (hole) (Geol.)	حُفْرَةٌ بالوُعِيَّةِ
swamp (n.) (Geog.)	مِسْتَنْقَعٌ ـ مُسْتَنْقَعٌ عَذْب
(v.)	أَغْرَقَ ـ غَمَرَ
swamp drilling (Pet. Eng.)	حَفْرُ المَناقِعِ: حَفْرُ الآبارِ في مَناطِقِ المُسْتَنْقَعات
Swan socket (Elec. Eng.)	مِقْبَسُ «سْوان»: دَواةُ (مِصْباحٍ) سِنائِيَّة
swarf (Eng.)	خُراطَةٌ مَعْدِنيَّةٌ ـ بُرايَةٌ (لَدائِنيَّة)
swarm earthquake (Geol.)	سِلْسِلَةُ اِرْتِجافاتٍ زِلْزاليَّة ـ رَجْفَةٌ مُتَعَدِّدَة
swash (v.)	لَطَمَ ـ تَلاطَمَ ـ عَجَّ
(n.)	تَلاطُم ـ عَجيج ـ زَحْفُ المَوْجِ: اِنْدِفاعُ مِياهِ الأَمْواجِ المُتَكَسِّرَةِ نَحْوَ الشاطِئِ
swash plate (Eng.)	قُرْصٌ مُتَراوِح
(Naut.)	فاصِلُ مَنْعِ التَّلاطُمِ: لَوْحٌ فاصِلٌ داخِلَ صِهْريجِ النَّقْلِ لِتَخْفيفِ الاِرْتِجاج
swash plate pump (Eng.)	مِضَخَّةٌ تَراوُحِيَّةٌ: ذاتُ قُرْصٍ مُتَراوِح
sway (v.)	تَمايَلَ ـ تَرَجَّحَ ـ تَراوَحَ ـ راوَحَ ـ تَرَجَّحَ ـ مالَ ـ أمالَ ـ اِنْحَرَفَ
(n.)	تَمايُل ـ اِنْحِراف ـ تَرَجُّح ـ تَراوُح
(Civ. Eng.)	تَراوُحٌ جانِبِيٌّ (في هَيْكَلٍ إنْشائِيّ)
sway brace (Civ. Eng.)	شِكالُ مَنْعِ التَّراوُح
sway bracing (Civ. Eng.)	شِكالٌ مانِعَةٌ للتَّراوُحِ (في هَيْكَلٍ إنْشائِيّ)
sweat (v.)	عَرِقَ ـ تَعَرَّقَ ـ رَشَحَ ـ اِرْتَشَحَ ـ نَزَّ
(Eng.)	لَحَمَ بِالاِرْتِشاحِ
(Chem. Eng.)	نَضَحَ ـ اِنْتَضَحَ: اِسْتَخْرَجَ (الزَّيْتَ مِنْ مادَّةٍ) بِالتَّسْخين
(n.)	عَرَق ـ تَعَرُّق ـ رَشْح ـ اِرْتِشاح ـ رَشيح
sweat damp	أوّلُ أكْسيدِ الكَرْبون
sweated wax (Pet. Eng.)	شَمْعٌ مُنْتَضَح: مَنْزوعُ الزَّيْتِ والرُّطوبة
sweating (Eng.)	لِحامٌ اِرْتِشاحِيٌّ: يُطْلى فيه سَطْحا اللِّحامِ بِغِشاءٍ قَصْديرِيٍّ ثُمَّ يُضَمَّان بِشِدَّةٍ ويُحْمَيان
(Pet. Eng.)	اِنْتِضاحُ الزَّيْتِ (مِنَ الشَّمْعِ النَّفْطيّ)
sweating furnace	فُرْنُ اِرْتِشاح
sweating out (Chem. Eng.)	إزالَةٌ بِالرَّشْحِ أو بالتَّسْخين
sweating tray (Pet. Eng.)	صِنِّيَّةٌ نَضَّاحَة
sweating tunnel	نَفَقُ اِرْتِشاح: لِتَحْضيرِ النَّفْطِ الشَّمْعِيِّ ـ نَفَقُ اِنْتِضاح: لِفَضْلِ الزَّيْتِ عَنِ الشَّمْعِ
sweat soldering = sweating (Eng.)	لِحامٌ اِرْتِشاحيّ
swedge = swage (v.)	شَكَّلَ (المَعْدِنَ) بِالطَّرْقِ
(n.)	قالَبُ الطَّرْق
swedged nipple (Eng.)	حَلَمَةٌ مُصَغَّرَةٌ ذَكَرِيَّةُ الطَّرَفَيْن
sweep (v.)	جَرَفَ ـ اِجْتَرَفَ ـ اِكْتَسَحَ ـ كَنَسَ ـ اِمْتَدَّ
(n.)	اِجْتِراف ـ اِكْتِساح ـ كَنْس ـ اِمْتِداد ـ مَدى
sweeping (adj.)	كاسِح ـ جارِف ـ شامِل
(n.)	كَسْح ـ كَنْس ـ كِناسَة ـ نُفايَة
sweet (adj.)	حُلْو ـ عَذْب
(Pet. Eng.)	حُلْو: لا كِبْريتيّ
sweet bend (Civ. Eng.)	مُنْعَطَفٌ لَطيف (مَديدُ الشُّعاع)
sweet crude (oil) (Pet. Eng.)	زَيْتٌ خامٌ حُلْو ـ نَفْطٌ خامٌ لا كِبْريتيّ
sweeten (v.) (Pet. Eng.)	حَلَّى: عالَجَ لإزالَةِ المَوادِّ الكِبْريتيَّة
sweetening (n.) (Pet. Eng.)	تَحْلِيَة ـ مُعالَجَة: النَّفْطِ الخامِ لإزالَةِ المُرَكَّباتِ الكِبْريتِيَّةِ أو كَبْتِ رائِحَتِها
sweetening, air (Pet. Eng.)	تَحْلِيَةٌ بِالتَّهْوِيَة ـ التَّحْلِيَةُ بِالهَواء
sweetening, back (Pet. Eng.)	تَحْلِيَةٌ عَكْسِيَّة: بِإضافَةِ مُرَكَّباتِ المَرْكَبْتان إلى المُسْتَخْضَرِ النَّفْطيّ
sweetening, doctor (Pet. Eng.)	تَحْلِيَةٌ بِطَريقَةِ الطَّبيب: مُعالَجَةُ النَّفْطِ (بِمَحْلولٍ لِلَّتْنيتِ الرَّصاصِ) لإزالَةِ الرائِحَةِ الكِبْريتِيَّة
sweetening, hypochlorite (Pet. Eng.)	التَّحْلِيَةُ بِالهيپوكلوريت
sweetening inhibitor (Pet. Eng.)	مانِعُ التَّآكُلِ: مانِعُ التَّآكُلِ بِالمَوادِّ الكِبْريتِيَّةِ في النَّفْط
sweetening processes (Pet. Eng.)	عَمَلِيّاتُ التَّحْلِيَة
sweetening unit (Pet. Eng.)	وَحْدَةُ تَحْلِيَة
sweet gas (Pet. Eng.)	الغازُ الحُلْو: غازٌ طَبيعيٌّ خالٍ مِنَ المَوادِّ الكِبْريتِيَّةِ الأَكّالَة
sweet gasoline (Pet. Eng.)	بَنْزينٌ حُلْوٌ: خالٍ مِنَ المَوادِّ الكِبْريتِيَّةِ الأَكّالَة
Sweetland filter (Pet. Eng.)	مُرَشِّحُ «سْويتْلَنْد»: لِتَنْقِيَةِ زُيوتِ التَّزْليق
Sweetland filter press (Pet. Eng.)	مِكْبَسُ تَرْشيحِ «سْويتْلَنْد»
sweet oil (Pet. Eng.)	الزَّيْتُ الحُلْو ـ خامٌ بِتْروليٌّ لا كِبْريتيّ
sweet water	ماءٌ عَذْب
swell (v.)	اِنْتَفَخَ ـ تَوَرَّمَ ـ وَرِمَ ـ تَضَخَّمَ ـ اِنْتَفَخَ
(n.)	وَرَم ـ اِنْتِفاخ ـ تَوَرُّم ـ اِزْدِياد ـ تَضَخُّم
swelling	تَنَفُّخ ـ اِنْتِفاخ ـ تَوَرُّم
swelling ground (Geol.)	أرْضٌ مُنْتَفِخَة
swelling resistance	مُقاوَمَةُ التَّنَفُّخ
swept area (Surv.)	المِساحَةُ المُجْتازَة
swept volume (Eng.)	الحَجْمُ المُكْتَسَح
swerve (v.)	اِنْحَرَفَ ـ حَرَفَ
(n.)	اِنْحِراف
S W G (Standard Wire Gauge) (Eng.)	مُحَدِّدُ قِياسِ الأَسْلاكِ المِعْياريّ
swing (v.)	رَجَّحَ ـ تَرَجَّحَ ـ اِرْتَجَحَ ـ خَطَرَ ـ تَرَدَّدَ ـ تَمايَلَ ـ دارَ (حَوْلَ مُفَصَّلَةٍ) ـ تَدَلَّى ـ تَعَلَّقَ (مُتَرَجِّحاً)
(n.)	تَرَجُّح ـ اِرْتِجاح ـ تَمايُل ـ تَراوُح ـ خَطَران ـ خَطْرَة ـ أُرْجوحَة ـ حَرَكَةٌ نَشِطَة
swing angle	زاوِيَةُ الخَطَرانِ (أو الاِرْتِجاح)
swing axle (Eng.)	مِحْوَرُ الدَّوَران
swing crane (Eng.)	مِرْفاعٌ دَوّار
swing door	بابٌ مُتَرَجِّحٌ (أو دَوّار)
swinging agitator (Eng.)	مُقَلِّبٌ دَوّار
swinging sieve (Eng.)	مُنْخَلٌ هَزّاز ـ غِرْبالٌ مُتَرَجِّح

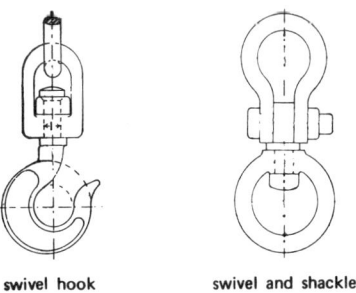

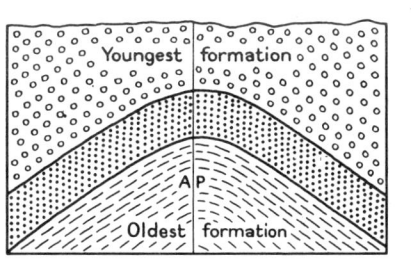

swivel hook | swivel and shackle

swing joint (Eng.)	وُصْلَةٌ مَفْصِلِيَّةٌ دَوَّارَة
swing loader (Civ. Eng.)	مُحَمِّلَةٌ دَوَّارَة ٠ مَكَنَةُ تَحْمِيلٍ دَوَّارَة
swing table (Eng.)	مِنْضَدَةٌ دَوَّارَة
swing valve (Eng.)	صِمَامٌ دَوَّارٌ (أو مُتَرَجِّح)
swirl (v.)	دَوَّمَ ٠ لَفَّ كَالدُّوَّامَة
(n.)	دُوَّامَة ٠ حَرَكَةٌ دُوَّامِيَّة
switch (n.)	تَحَوُّلٌ ٠ تَحْوِيل
(Elec. Eng.)	مِفْتَاحٌ كَهْرَبَائِيٌّ ٠ مِفْتَاحُ تَحْوِيل
(v.)	قَطَعَ (أو وَصَلَ) الدَّائِرَة ٠ حَوَّلَ ٠ تَحَوَّلَ
switchboard (Elec. Eng.)	لَوْحَةُ المَفَاتِيح (الكَهْرَبَائِيَّة) – مُقَسِّمُ الهَاتِف
switch box (Elec. Eng.)	عُلْبَةُ المَفَاتِيح ٠ صُنْدُوقُ المَفَاتِيح (الكَهْرَبَائِيَّة)
switch gas oil (Elec. Eng.)	زَيْتُ مَفَاتِيحِ القَطْع
switchgear (Elec. Eng.)	مَجْمُوعَةُ المَفَاتِيح الكَهْرَبَائِيَّة ومُلْحَقَاتِهَا
switch grease	شَحْمُ المَفَاتِيح الكَهْرَبَائِيَّة
switching (n.)	تَشْغِيلُ المَفَاتِيح – وَصْلُ (أو قَطْعُ) الدَّوائِرِ التِّلْفُونِيَّة أو الكَهْرَبَائِيَّة – تَحْوِيل
switching off (Elec. Eng.)	قَطْعُ الدَّائِرَةِ الكَهْرَبَائِيَّة أو التِّلْفُونِيَّة
switching on (Elec. Eng.)	وَصْلُ الدَّائِرَةِ الكَهْرَبَائِيَّة أو التِّلْفُونِيَّة
switch oil	زَيْتُ المَفَاتِيح الكَهْرَبَائِيَّة ٠ زَيْتُ المُحَوِّلَات
swivel (v.)	دَارَ ٠ أَدَارَ ٠ لَفَّ ٠ بَرَمَ ٠ حَرَّكَ (أو تَحَرَّكَ) حَوْلَ مِحْوَر
(n.) (Eng.)	مِبْرَم ٠ مِحْوَر ٠ مِزْوَد – وُصْلَةٌ مُتَرَاوِحَة (أو دَوَّارَة) – رَأْسُ الحَقْنِ الدَّوَّار
swivel bearing (Eng.)	مَحْمِلٌ مُتَرَاوِح
swivel head (Eng.)	رَأْسٌ دَوَّار
swivel hook	خُطَّافٌ دَوَّار
swivel joint (Eng.)	وُصْلَةٌ مُتَرَاوِحَة
swivelling propeller (Eng.)	رَفَّاصٌ تَرَاوُحِيٌّ ٠ مِنْسَرَةٌ دَوَّارَة : لِتَغْيِيرِ اتِّجَاهِ الدَّفْع

syenite (Geol.)	صَخْرُ أَسْوَان : صَخْرٌ بُرْكَانِيٌّ خَشِنُ الحُبَيْبَات
sylvanite (Min.)	سِلْفَانَيْت : تِلُّورِيدُ الذَّهَبِ والفِضَّة
Sylvester = prop drawer (Civ. Eng.)	مِسْحَبَةُ دَعَائِم
sylvine (Min.)	سِلْفِين : كلُورِيدُ البُوتَاسِيُومِ الطَّبِيعِيّ
symbol (n.)	رَمْزٌ ٠ عَلَامَة – رَمْزٌ كِيمَاوِيّ
symbols, chemical (Chem.)	رُمُوزٌ كِيمَاوِيَّة
symmetric(al) (adj.)	مُتَمَاثِلٌ ٠ تَمَاثُلِيٌّ ٠ مُتَنَاظِر
symmetrical anticline (Geol.)	طَيَّةٌ مُتَمَاثِلَةُ التَّحَدُّب
symmetrical fold (Geol.)	طَيَّةٌ مُتَمَاثِلَة
symmetry (n.)	تَمَاثُل ٠ تَنَاظُر ٠ تَنَاسُق
symmetry axis	مِحْوَرُ التَّمَاثُل
Symons disk crusher (Eng.)	كَسَّارَة «سَايْمُونْز» ذَاتُ الأَقْرَاص
sympathetic (adj.)	تَعَاطُفِيّ ٠ تَضَامُنِيّ – بِالتَّأْثِير
sympathetic vibration (Phys.)	إِهْتِزَازٌ بِالتَّأْثِير
symposium (n.)	نَدْوَة ٠ حَلْقَةٌ دِرَاسِيَّة
symptom (n.)	عَرَض ٠ أَمَارَة ٠ عَلَامَة
synchromesh (Eng.)	تَعْشِيقٌ تَزَامُنِيّ (لِتُرُوسٍ مُتَزَامِنَةِ السُّرْعَة)
synchromesh gear (Eng.)	تُرُوسٌ مُتَزَامِنَةُ السُّرْعَة (تَزَامُنُ سُرْعَتِهَا قَبْلَ التَّعْشِيق)
synchromesh transmission (Eng.)	عُلْبَةُ تُرُوسٍ (لِنَقْلِ السُّرْعَة) مُتَزَامِنَةُ التَّعْشِيق
synchronism (n.)	تَزَامُن ٠ تَوَافُت ٠ تَزَامُنِيَّة
synchronization (n.)	مُزَامَنَة ٠ تَزَامُن ٠ تَوَافُت
synchronize (v.)	زَامَنَ ٠ تَزَامَنَ
synchronoscope = synchroscope (n.)	سِنْكْرُونُوسْكُوب ٠ سِنْكْرُوسْكُوب ٠ مِكْشَافُ التَّزَامُنِيَّة

symmetrical anticline

synchronous (adj.)	تَزَامُنِيّ ٠ مُتَزَامِن ٠ مُتَوَافِت
synchronous booster (Eng.)	مُعَزِّزٌ تَزَامُنِيّ
synchronous deposits (Geol.)	قَرَارَاتٌ مُتَزَامِنَة ٠ رَوَاسِبُ مُتَوَافِتَة
synchronous motor (Elec. Eng.)	مُوتُور (أو مُحَرِّكٌ) مُتَزَامِن ٠ مُعَدَّلُ سُرْعَتِهِ مُتَزَامِنٌ مع تَرَدُّدِ المَنْبَع
synclinal (adj.) (Geol.)	مُقَعَّرٌ ٠ قَعِيرِيّ
(n.)	طَيَّةٌ مُقَعَّرَة ٠ قَعِيرَة
synclinal axis (Geol.)	مِحْوَرُ التَّقَعُّر
synclinal fold (Geol.)	طَيَّةٌ مُقَعَّرَة ٠ قَعِيرَة
synclinal ridge (Geol.)	حَدٌّ قَعِيرِيّ
synclinal structure (Geol.)	بِنْيَةٌ قَعِيرِيَّة
synclinal trough (Geol.)	حَوْضٌ قَعِيرِيّ (في طَيَّةٍ مُقَعَّرَة)
syncline (n.) (Geol.)	قَعِيرَة ٠ طَيَّةٌ مُقَعَّرَة ٠ وَقْبَة
synclinorium (Geol.)	وَقْبَةٌ مُرَكَّبَة ٠ قَعِيرَةٌ مُرَكَّبَة (ذَاتُ عِدَّةِ وَقَبَات)
synclise (Geol.)	إِلْتِوَاءٌ سُفْلِيٌّ مَغْمُور
syndepositional (adj.) (Geol.)	مُتَزَامِنُ التَّرَسُّب
syndet (synthetic detergent) (Chem. Eng.)	مُنَظِّفٌ اصْطِنَاعِيّ
syndicate (n.)	نِقَابَة ٠ إِتِّحَاد
syneresis (Chem. Eng.)	إِنْتِصَال : فِقْدَانُ السَّائِلِ من مَادَّةٍ هُلَامِيَّةِ القِوَام – إِنْكِمَاشُ الجِل (المَصْحُوبُ بِإِفْرَازِ السَّائِل)

syncline

(Pet. Eng.) إنتصالُ الشُّحوم •
إنفصالُ زَيتِ الشُّحومِ (أثناء الاختِزان)

synergist (*n.*) (Chem. Eng.) حافِزٌ مُعاوِن: مادَّةٌ مُنَشِّطةٌ لأُخرى

syngenesis (*n.*) (Geol.) تَزامُنُ التَّكوين – وَحدَةُ المَنْشَأ

syngenetic (*adj.*) (Geol.) مُتزامِنُ التَّكوين – مُتماثِلُ المَنشأ

synopsis (*n.*) مُوجَز • مُختَصَر

synoptic chart (Meteor.) خَريطةُ الطَّقس • خارِطةٌ إجماليَّةٌ (لأحوالِ الجَوّ)

syntectonic plutons (Geol.) صُخورٌ جَوْفِيَّةٌ مُتزامِنةُ التَّشَكُّل

syntexis (Geol.) تَمثيلٌ صُهاريّ • تَلاشٍ بالتَّمثيلِ الصُّهاريّ

synthesis (pl. **syntheses**) (*n.*) تَوليف • تَخليق • تَرْكيب – تَركيبٌ اصطِناعيّ

synthesize (*v.*) رَكَّبَ • إصْطَنَعَ • أَلَّفَ • خَلَّقَ

synthetic (*adj.*) إصطِناعيّ • تَركيبيّ • صُنْعيّ • مُصطَنَع
(*n.*) مادَّةٌ اصطِناعيَّة • مُنتجٌ صُنْعيّ

synthetic alcohol (Chem. Eng.) كُحولٌ اصطِناعيّ

synthetically إصطِناعيّاً : بطَريقةٍ اصطِناعيَّة

synthetic crude (Pet. Eng.) نَفطٌ اصطِناعيّ • خامٌ نَفْطِيٌّ صُنعِيّ : النَّفْطُ المُعالَجُ كيماويّاً بالتَّكسيرِ أو التَّهذيب

synthetic detergents (Chem. Eng.) المُنَظِّفاتُ الاصطِناعيَّة

synthetic fibres (Chem. Eng.) خُيوطٌ اصطِناعيَّة • أَلْيافٌ صُنْعِيَّة

synthetic fuel (Chem. Eng.) وَقُودٌ اصطِناعيٌّ أو صُنعِيّ

synthetic gasoline (Chem. Eng.) بِنْزينٌ اصطِناعيٌّ أو صُنعِيّ

synthetic grease (Chem. Eng.) شَحم (تَزليقٍ) اصطِناعيّ

synthetic lubricants مُزَلِّقاتٌ اصطِناعيَّة

synthetic oil (Chem. Eng.) زَيتٌ اصطِناعيّ

synthetic process (Chem. Eng.) طَريقةٌ تَركيبيَّة

synthetic record (Geophys.) تَسجيلٌ تَركيبيّ (للرَّجْفة)

synthetic resins (Chem. Eng.) الرَّاتِينجاتُ الاصطِناعيَّة • اللَّدائنُ الاصطِناعيَّةُ أو الصُّنْعِيَّة

synthetic rubber (Chem. Eng.) المَطَّاطُ الاصطِناعيّ

synthetic rubber plant وَحدَةُ إنتاجِ المَطَّاط الاصطِناعيّ

syntypic (*adj.*) مُتماثِلُ النَّمَط

syphon = **siphon** (*n.*) مَثْعَب • مَمَصّ • سِيفُون
(*v.*) ثَعَبَ • سَحَبَ أو أفْرَغَ بالمَمَصّ

syren = **siren** سَرِينَة • صَفَّارةُ إنذار

syringe (*n.*) مِحْقَنة
(*v.*) حَقَنَ بالمِحْقَنة

system (*n.*) مَنظومَة • مَجموعةٌ مُنَظَّمَة • جِهاز – شَبَكة • دَوْرَة – نِظام • أُسلوب • مَنْهَج • نَسَق
(Geol.) نِظامٌ جِيُولوجيّ : صُخورُ (أو تكوينات) عَصْرٍ جِيُولوجيّ مُعَيَّن

systematic (*adj.*) نِظاميّ • مَنْهَجيّ – مُنَظَّم • مُرَتَّب • مُصَنَّف • مُنَسَّق

systematic planning تَخطيطٌ مَنْهَجيّ (أو تَنسيقيّ)

systematics = **taxonomy** عِلْمُ التَّصنيف

systematize (*v.*) صَنَّفَ • رَتَّبَ مَنْهَجِيّاً • نَظَّمَ

synthetic rubber plant

t

tanker

T (Eng.) قطعةٌ تائيّة (بشكل حرف T)

T.A. (**temporarily abandoned**) مهجورٌ مؤقّتاً

table (*n.*) جَدْوَل · قائمة ـ مِنْضَدة · طاوِلة

(*v.*) جَدْوَل: أدرجَ (أو نظّمَ) في جَدْوَل

(Geol.) هَضْبة · نَجْدٌ مُسطّح ـ طَبقةٌ أُفقيّة · سَطحٌ أُفقيّ

table bushing (Eng.) جُلْبةُ المِنْضَدةِ الدَّوّارة

table feed (Eng.) تغذيةٌ بمِنْضَدةٍ مُتحرِّكة · إلقامٌ نَضَدِيّ

tableland (Geol.) نَجْدٌ مُسطّح · هَضْبةٌ مُستوِية

table, oil-water (Pet. Eng.) سَطحُ التّماسّ بينَ الماءِ والزّيت (في مَكْمَنِ النّفط)

table, rotary (Pet. Eng.) مِنْضَدةٌ دَوّارة · طَبْلِيّةُ الحَفرِ الرَّحَوِيّ

table salt (Chem.) مِلحُ الطّعام

table speed (Civ. Eng.) سُرعةُ المِنْضَدةِ الدَّوّارة (في جهازِ الحَفر)

tableting (*n.*) (Chem. Eng.) تَكتُّل (المادّةِ الحَفّازة)

table, water (Geol.) سَطحُ الماءِ الباطِنيّ · مَنْسوبُ المِياهِ الجَوفيّة

tabling (Mining) تَصنيفُ (أو تَركيزُ) الخامِ (بالغَسْلِ في مَجارٍ خَشَبيّة)

tabula (Geol.) لَوحة · صَفيحةٌ أُفقيّة

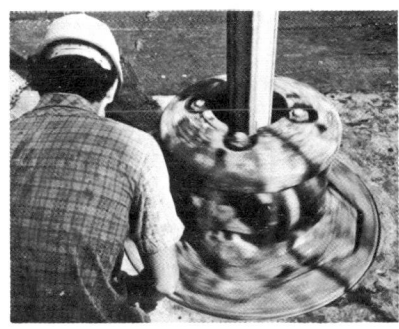

rotary table

tabular (*adj.*) لَوحِيّ · مُسطّحٌ أُفقيّاً ـ مُجَدْوَل

tabular spar = **wollastonite** (Min.) وُلَسْتونيت · سِبارٌ صَفائحِيّ (من سِليكاتِ الكالسيوم)

tabulate (*v.*) جَدْوَلَ · رَتّبَ في جَداوِل ـ صَنّفَ · بَوّبَ ـ سَطّحَ · بَسّطَ السّطح

(*adj.*) مُرتّبٌ في جَداوِل ـ مُسطّح

tabulating card بِطاقةُ تَصنيف (مُثقّبةٌ عادةً)

tacheometer = **tachymeter** (Surv.) تاكيمتر · مِقياسُ أبعادٍ تِلِسكوبِيّ

tacheometric (or **tachymetric**) **levelling** (Surv.) تَسويةٌ تاكيمتريّة

tacheometric (or **tachymetric**) **survey** (Surv.) مَسْحٌ تاكيمتريّ

tacheometry (Surv.) مَسْحُ الأبعادِ (لِرَسْمِ الخَرائطِ المِساحيّة)

tachometer (Eng.) تاكومتر · عَدّادُ دَوْرات ـ مِقياسُ السُّرعةِ الزّاويّة

tachylite = **tachylyte** (Geol.) تاكيليت: بازَلْتٌ زُجاجيٌّ أَسْوَد

tachymeter (Surv.) تاكيمتر: تِلِسكوبُ مَسْحِ الأبعاد

tacit (*adj.*) ضِمْنِيّ · مَفهومٌ ضِمْناً

tack (*n.*) مِسمارٌ صَغيرٌ مُسطّحُ الرّأس ـ دَبّوسُ رَسْم ـ طَريقةٌ أو خُطّةٌ (مُغايِرة) ـ حَرَكةٌ مُتعرِّجة

(Eng.) دَرْزةٌ أو نُقطةُ اللِّحام ـ دَبَق · لُزوجة · لُصوقيّة

(*v.*) ثَبّتَ بِمِسمارٍ صَغير ـ رَبَطَ أو وَصَلَ مُؤقّتاً ـ أضافَ · ألْحَقَ ـ غَيّرَ اتّجاهَ السّفينة

tack bolt (Eng.) مِسمارُ رَبْط · بُرْغي تَجميع

tack coat (Civ. Eng.) طَبَقةٌ رابِطة · طَبَقةٌ قِيريّةٌ رَقيقة (لِتَثبيتِ الرّصْف) ـ طَليةُ لِصاق

tackiness (*n.*) دَبَق · تَلزّج · لُصوقيّة

tackiness agent (Chem. Eng.) عامِلُ تَلزيج: يُضافُ لإكسابِ المَزيجِ لُزوجةً أو لُصوقيّة

hoisting tackles

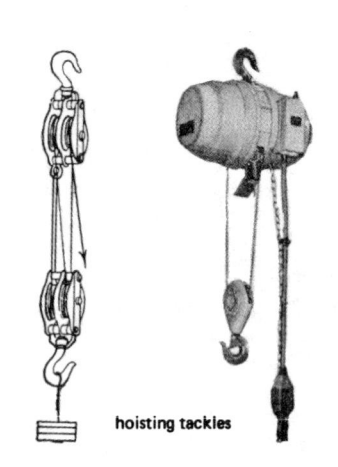

tailstock

tackiness improving additives (Pet. Eng.) إضافاتٌ لتحسينِ اللُّزوجة
tackle (n.) مُهِمّات • مُعَدّاتٌ خاصّة
(Eng.) بَكّارة • ذاتُ البَكَر • (بَلَنْك)
(v.) عالَج (مَسألةً أو مُشكِلة)
tackle assembly (Civ. Eng.) أجهِزةُ الرَّفع
tackle block بَكّارة – بَكَرةُ البَلَنْك
tackle, hoisting (Eng.) بَكّارةُ رَفع • بَلَنْك – أجهِزةُ الرَّفع
tack welding = spot welding (Eng.) لِحامٌ نُقَطيّ • (لِحامُ لَذغ)
tacky (adj.) دَبِق • لَزِج • لَصُوق
tacky grease (Pet. Eng.) شَحمٌ لَزِج
taconite (Geol.) تاكونيت : صَخرٌ حَديديٌّ صَوّانيّ
tag (n.) عُرْوَةُ تَعليق – بِطاقةٌ بَيانيَّة • رُقْعة – حاشِيَة • ذَيْل
(v.) أَلْحَقَ • أضافَ • رَبَطَ – وَضَعَ بِطاقةً على
Tag (abbrev. of **Tagliabue**) تاغ (إختِصارٌ لاسمِ «تاغليابو» : صانِعُ أجهِزةٍ لاختِبارِ المُنتَجاتِ البترولِيَّة)
tagged (adj.) مَرْبوط – مَوْسوم • مُعَلَّم • مَرْقوم – مُرَقَّم (على بِطاقة)
tagged compound مُرَكَّبٌ مَرْقوم : يُمكِنُ اقْتِفاؤُه في عَمَلِيَّةٍ مُعَيَّنة
Tagliabue closed tester (Pet. Eng.) مِخبارُ «تاغليابو» المُقْفَل : لاختِبارِ نُقطةِ الوَميض
Tagliabue hydrometer مِسْيَلُ «تاغليابو»
Tagliabue viscosimeter (Pet. Eng.) مِلزاجُ «تاغليابو»
Tag-Robinson colorimeter (Pet. Eng.) مِلْوانُ «تاغ وَرُوبِنسُون» : جِهازٌ ذو قِياسٍ مُدَرَّج لِتَحديدِ لَونِ البترول

tail (n.) ذَيْل • ذَنَب – مُؤَخَّرة • طَرَف • نِهاية
= **tail end** (Pet. Eng.) قُطارةٌ ذَيْلِيَّة • قُطارةٌ ثَقيلة
(adj.) ذَيْلِيّ
tail dune (Geol.) كَثيبٌ ذَيْلِيّ
tail end طَرَفٌ خَلفِيّ • نِهاية – الجُزْءُ النِّهائيُّ (المُتَخَلِّف)
(Pet. Eng.) ذَيْلُ القُطارة
tail ends (Pet. Eng.) القُطاراتُ الذَّيْلِيَّةُ (الثَّقيلة)
tail, front end (Pet. Eng.) قُطارةٌ (أو مُنتَجات) خَفيفة
tail gas (Pet. Eng.) غازٌ ذَيْلِيّ • غازُ القُطاراتِ الثَّقيلةِ (الذَّيْلِيَّة)
tail, heavy end (Pet. Eng.) مُنتَجاتٌ (نَفطِيَّة) ثَقيلة
tailing-in work (Pet. Eng.) أعمالٌ نِهائيَّة أو إنجازيَّة (في بِئرِ النَّفط)
tailings (n.) نُفايات • بَقايا
(Mining) نُفايةُ الخامِ (عندَ الغَسْلِ أو التَّركيز)
(Pet. Eng.) مُتَخَلِّفاتُ التَّكرير • القُطاراتُ الذَّيْلِيَّةُ الثَّقيلة
tailor (n.) خَيّاط
(v.) خاطَ • فَصَّلَ – صَنَعَ حَسَبَ مُواصَفاتٍ مُعَيَّنة
tailoring (Eng.) صُنْعٌ حَسَبَ المُواصَفات
tail pipe (Eng.) ماسُورةُ السَّحْب – أُنبوبُ انفِلاتِ الغازات
tail post (Civ. Eng.) دِعْمَةٌ طَرَفِيَّةٌ أو ذَيْلِيَّة
tail production (Pet. Eng.) إنتاجُ الأجزاءِ النَّفطيَّةِ الثَّقيلةِ (أو المُنتَجاتُ نَفسُها)
tail pulley (Eng.) بَكَرةٌ ذَيْلِيَّةٌ أو طَرَفِيَّة
tail-race (Hyd. Eng.) مَسْرَبٌ سُفلِيّ (لِتَصريفِ الماء)
(Mining) مَصرِفُ الماءِ الحامِلِ لِنُفاياتِ الخام
tails = tailings (Pet. Eng.) مُخَلَّفاتُ التَّقطيرِ (الثَّقيلة)
tailshaft (Naut.) عَمودُ إدارةِ الرَّفّاص
tailstock (Eng.) غُرابُ الذَّيْل • الغُرابُ المُتَحَرِّكُ (في المِخرَطة)
tailwater (Civ. Eng.) ماءُ المَسْرَبِ السُّفلِيّ • الماءُ المُنصَرِف
take (v.) أخَذَ • تَناوَلَ – إتَّخَذَ – قَبِلَ – إتَّسَعَ لِ – إحْتَمَلَ – إسْتَوْلَى على
(n.) أخْذ – الكَمِّيَّةُ المَأخوذة – حِصَّة
take down (v.) أنزَلَ – سَجَّلَ – فَكَّكَ

take effect (v.) أصْبَحَ سارِياً (أو نافِذَ المَفعُول)
take fire (v.) إشْتَعَلَ • إلْتَهَبَ
takeoff (n.) إقلاعٌ أو نُهوضٌ (الطّائرة) • إنطِلاقُ (الصّاروخ) – مُنطَلَق • نُقطةُ الانطِلاق
(Pet. Eng.) تَفَرُّعٌ جانِبِيٌّ (لِخَطِّ الأنابيب)
takeoff power (Eng.) قُدْرةُ الإقلاعِ (أو الانطِلاق)
takeoff tray (Pet. Eng.) صِينِيَّةُ تَصريفِ القُطارة
take-out (n.) إزالة • إقتِطاع
take-over (n.) إضطِلاعٌ بِ – تَوَلِّي الأمْرِ (أو السُّلطة)
take-up (n.) شَدّ • رَفْع • سَحْب – مُتابَعة
take-up screw (Eng.) لَوْلَبُ شَدِّ الارتِخاء
Talbot process (Civ. Eng.) طَريقةُ «تالبُوت»: لِتَبطينِ مَواسيرِ حَديدِ الصَّبِّ بِطَبَقةٍ قِيرِيَّةٍ رَمْلِيَّةٍ واقِيَة
talc (Min.) طَلْق • تالْك: سِليكاتُ المَغنِيسيومِ المُمَيَّأة
talcose (or **talcy**) طَلْقِيّ : حاوٍ الطَّلْق
talc schist (Geol.) شِسْتٌ طَلْقِيّ
talc slate (Geol.) أُرْدُوازٌ طَلْقِيّ
talcum powder مَسحوقُ الطَّلْق
tall oil (Chem. Eng.) زَيتُ الصَّنَوْبَرِ الرّاتِنجِيّ: يُستَخدَمُ في صُنعِ الوَرْنيش والصّابونِ ومُعالَجةِ طِينِ الحَفْر
tallow (n.) شَحْمٌ حَيَوانيّ
(v.) شَحَّمَ بالشَّحْمِ الحَيَوانيّ
tallow oil (Pet. Eng.) زَيتُ الشَّحْمِ الحَيَوانيّ
tallowy (adj.) شَحْمِيّ
tally (n.) رُقْعة • بِطاقة – حَزَّة • ثَلْم • جُزْءٌ مُكَمِّل – سِجِلّ – إنطِباق • إتِّفاق
(v.) سَجَّلَ – حَسَبَ – وافَقَ • طابَقَ
tally counter عَدّادٌ مُسَجِّل

tangent galvanometer

tanker

tank farm

talus (*n.*) (Civ. Eng.) مُنْحَدَر · جِدارٌ مُنْحَدِر
= **scree** (Geol.) رُكامُ المُنْحَدَرات : هَشيمُ الصُّخورِ المُتراكِمِ في أسفلِ المُنْحَدَر
talweg = thalweg (Geol.) مِحْوَرُ الوادي
tame (*v.*) رَوَّضَ · خَفَّفَ حِدَّةَ
tamp (*v.*) (Civ. Eng.) سَدَّ · حَشا – دَكَّ · رَصَّ
(*n.*) مِدَكّ
tamper (*n.*) مِدَكٌّ · مِدَقَّة · مِيثَأَة
(*v.*) عَبَثَ (بِ) · حاوَلَ التَّأثيرَ (على) · أَفْسَدَ
tamper, pneumatic (Eng.) مِدَكٌّ رِئَوِيّ : يَعْمَلُ بِضَغطِ الهَواء
tamper, power مِدَكٌّ آلِيّ
tamping bar (Mining) قَضيبُ دَكٍّ (ثُقوبِ التَّفجير)
tamping plug سِدادَةُ حَشْو
tamping roller (Civ. Eng.) مِحْدَلَةُ دَكٍّ (لِرَصِّ التُّربة)
T.A.N. (**total acid number**) (Chem. Eng.) العَدَدُ الحَمْضِيُّ الإجْماليّ
tandem (*n.*) تَرادُف
(*adj.*) تَرادُفيّ : واحِدٌ خَلْفَ الآخَر · مُرْدَف
(*adv.*) تَرادُفِيّاً
tandem compressor (Eng.) ضاغِطٌ تَرادُفِيّ
tandem condensers مُكَثِّفاتٌ تَرادُفِيَّة
tang (*n.*) سِيلان (الجمع سَيالين) : ذَيْلُ المِبْرَدِ أو السِّكّينِ الذي يَدخُلُ في المِقْبَض – نَكْهَةٌ حادَّة – رَنين · صَليل
(*v.*) رَكَّبَ سِيلاناً لِ – صَلَّ · رَنَّ
tangent (*n.*) مُماسّ – ظِلُّ الزّاوِيَة (ظا)
tangent galvanometer (Elec. Eng.) غَلْفانومِتر الظِّلّ
tangential (*adj.*) مُماسِّيّ · تَماسِّيّ – مُتَماسّ · ماسٌّ مَسّاً رَفيقاً
tangent offset (Surv.) رَسْمُ (الخَرائِطِ) بِقِياساتِ الظِّلّ
tangent point نُقطَةُ التَّماسّ
tangent scale (Eng.) مِقياسٌ ظِلِّيّ (تَتَناسَبُ قِراءَتُه مع ظِلِّ الزّاوِيَة)
tangible (*adj.*) مَلْمُوس – حَقيقيّ
tangible assets المَوجُوداتُ الحَقيقيَّة
tangled (*adj.*) مُعَقَّد · مُتَشابِك
tank (*n.*) صِهريج · خَزّان – دَبّابة
tankage (*n.*) تَخزينٌ في صَهاريج – رَسْمُ التَّخزينِ في الصَّهاريج – سَعَةُ الصِّهريجِ أو الصَّهاريج
tank barge صِهريجِيَّة · مَرْكَبٌ صِهريجِيّ
tank battery مَجموعةُ صَهاريج
tank, blending (Pet. Eng.) صِهريجُ مَزْج
tank bottoms (Pet. Eng.) نُفالَةُ الصِّهريجِ (تَحْتَ مُستَوَى ماسُورَةِ التَّصريف)
tank, buried صِهريجٌ مَطْمُور
tank capacity سَعَةُ الصِّهريج
tank car عَرَبَةٌ صِهريج · شاحِنَةٌ صِهريجِيَّة
tank cover غِطاءُ الصِّهريج
tanker (*n.*) صِهريجِيَّة · سَفينَةٌ صِهريجِيَّة · ناقِلَةٌ صِهريجِيَّة · شاحِنَةٌ صِهريجِيَّة
tanker lot شِحنَةُ النّاقِلَة
tanker, oil ناقِلَةُ نَفْط
tanker, shallow draught صِهريجِيَّةٌ ضَحلَةُ الغاطِس
tank farm (Pet. Eng.) حَظيرَةُ الصَّهاريج · حَقْلُ صَهاريجِ التَّخزين
tank filler cap سِدادُ فُوَّهَةِ الخَزّان
tank, floating roof (Pet. Eng.) صِهريجٌ عائِمُ السَّقْف
tank full-trailer (Pet. Eng.) مَقطورَةٌ صِهريجِيَّةٌ مُستَقِلَّة
tank gauging قِياسُ المُستَوَى في الصِّهريج
tank, gravity (feed) صِهريج (تَغذِيَةٍ) بالجاذِبِيَّة
tank pads لِبْناتُ أو مَسانِدُ الصِّهريج
tank semi-trailer (Pet. Eng.) مَقطورَةٌ صِهريجِيَّةٌ إتِّكائِيَّة
tank, settling (Chem. Eng.) صِهريجُ تَرسيب
tank shell هَيْكَلُ الصِّهريج
tank-ship سَفينَةٌ صِهريجِيَّة · ناقِلَة (نَفْطٍ) صِهريجِيَّة
tank sludge (Pet. Eng.) حَمْأَةُ الصِّهريج
tank sprayer (Civ. Eng.) مِرَشَّةٌ صِهريجِيَّة (لِلقارِ السّاخِن)
tank station مَحَطَّةُ تَخزين

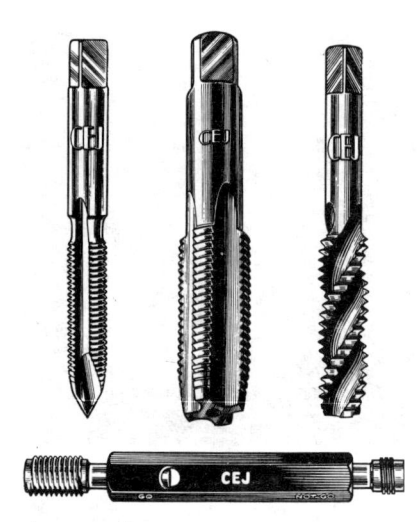

taps or tapping screws

tank trailer مَقطورةٌ صِهريجيَّة
tank truck شاحِنةٌ صِهريجيَّة
tank valve صِمامُ الصِّهريج
tank venting تَهْويةُ الصِّهريج
tank wagon عَرَبةُ صِهريج • عَرَبةُ شَحْنٍ صِهريجيَّة
Tannex (Pet. Eng.) تانِكْس : مُرَكَّبُ استِحلابِ طِينِ الحَفْر
tannic acid (Chem.) حامِضُ التَّنِّيك • حامِضُ العَفْص
tantalum (Ta) (Chem.) تَنْتالُم : عُنْصُرٌ فِلِزِّيٌّ رَمزُه (تا)
tantiron (Met.) تَنْتايْرون : سَبيكةٌ (صامِدةٌ لِلحَوامِض) من الحَديد والسليكون
tap (*n.*) صُنْبور • حَنَفيَّة • مَأْخَذٌ فَرعيٌّ — نَقْرة • دَقَّة — نَعليَّة (من المَعدِنِ أو الجِلْد)
(Eng.) سِدادٌ مُلَوْلَب • سِدادة • سِطام
= **tapping screw** ذَكَرُ لَوْلَبةٍ (لِلَّوْلَبةِ الدّاخليَّة)
(Elec. Eng.) مأخَذ • نُقطةُ التَّفَرُّع
(*v.*) نَزَعَ السِّدادة — ثَقَبَ • خَرَقَ — فَرَّعَ : أخَذَ فَرْعاً من المَأخَذ — لَوْلَبَ (من الدّاخِل) — دَقَّ • نَقَرَ — رَكَّبَ نَعليَّةً لِـ
tap bolt (Eng.) مِسمارٌ مُلَوْلَب (لا يَحتاجُ لِصَمولة)
tap, cold نَقْرُ الفارِغ : صَوْتُ نَقْرِ الأنبوبِ فارِغاً
tap drill (Eng.) مِثْقَبٌ لَوْلَبيّ
tape (*n.*) شَريط — شَريطُ قِياس — شَريطُ تَسجيل
(*v.*) لَفَّ أو غَلَّفَ بِشَريط — رَبَطَ أو وَصَّلَ بِشَريط — سَجَّلَ على شَريط

tape, adhesive شَريطٌ لاصِق
tape-line (Surv.) حَبْلُ أو شَريطُ قِياس
tape measure (Surv.) شَريطُ قِياس
taper (*v.*) إسْتَدَقَّ : تَناقَصَ تَدريجيّاً نَحْوَ الطَّرَف • أدَقَّ (أو دَقَّقَ) الطَّرَف
(*adj.*) مُسْتَدِقُّ الطَّرَف • مَخروطيُّ الطَّرَف — مائِل
(*n.*) إستِدقاق • تَضَيُّقٌ تَدريجيّ
(Eng.) دَرَجةُ الاستِدقاق
taper drill (Eng.) مِثْقَبٌ مُسْتَدِقّ
tape-record (*v.*) سَجَّلَ على شَريطٍ (مِغنَطيسيّ)
tape recorder مُسَجِّلةٌ شَريطيَّة • آلةُ تَسجيلٍ شَريطيّ
tapered (*adj.*) مُسْتَدِقُّ الطَّرَف • مَخروطيّ — مُتَناقِصٌ تَدريجيّاً • مُتَدَرِّجُ التَّضَيُّق
tapered mains خُطوطٌ رَئيسيَّةٌ مُتَدَرِّجة التَّضَيُّق (تَتَناقَصُ أقطارُها بَعْدَ التَّفَرُّع)
tapered mandrel (Eng.) شِياقٌ مُسْتَدِقّ
tapered pipeline (Pet. Eng.) خَطُّ أنابيبَ مُتَدَرِّجُ الثَّخانة : تَقِلُّ ثَخانةُ الجُدرانِ فيه بِنِسبةِ انخِفاضِ الحِمْل
tapered spiral auger (Civ. Eng.) بَريمةٌ لَوْلَبيَّةٌ مُتَدَرِّجةُ القُطْر
tapered string (Pet. Eng.) عَمودُ أنابيبَ مُتَدَرِّجُ التَّضَيُّق
tapered thread (Eng.) لَوْلَبةٌ مَخروطيَّة
tapered washer (Eng.) فَلْكةٌ مَخروطيَّة (أو مِغْزَليَّة)
tapering (*adj.*) مُسْتَدِقّ • مُتَدَرِّجُ القُطْر
(*n.*) إستِدقاق
tapering charge أجْرٌ مُتَدَرِّج : حَسَبَ المَسافةِ أو البُعْد
taper key خابورٌ مُسْتَدِقّ
taper pipe أُنبوبٌ مُتَدَرِّجُ القُطْر • وُصْلةٌ أُنبوبيَّةٌ مُسْتَدِقَّة (لِوَصْلِ أُنبوبَيْنِ مُختَلِفي القُطْر)
taper roller bearing (Eng.) مَحْمِلُ أُسْطُواناتٍ مِغْزَليَّة : مُتَدَرِّجةِ القُطْر
taper screw grab (Civ. Eng.) كَبّاشٌ لَوْلَبيٌّ مُتَدَرِّجُ القُطْر (لالتِقاطِ أدَواتِ الحَفْرِ السّائبة)
taper shank (Eng.) ساقٌ مُتَدَرِّجةُ القُطْر
taper tap (Eng.) ذَكَرُ لَوْلَبةٍ مُسْتَدِقّ (لِبَدْءِ اللَّوْلَبةِ الدّاخليَّة)
(Pet. Eng.) لاقِطةٌ مُسَنَّنةٌ مُسْتَدِقَّة
tap, fishing (Pet. Eng.) لاقِطٌ ذَكَريُّ اللَّوْلَبة : لالتِقاطِ الأدَواتِ السّاقِطةِ في أثناءِ الحَفْر

tap-funnel (Chem.) قِمْعٌ ذو صُنْبور
tap hole فُتحةُ الصَّبّ — ثَقْبُ اللَّوْلَبة
tap, hot نَقْرُ المَلآن : صَوْتُ نَقْرِ الأنبوبِ مَليئاً
taping (*n.*) لَفٌّ (أو تَغليفٌ) بِشَريطٍ (لِلتَّقويةِ أو العَزْل)
Tapline (Trans-Arabian Pipeline Company) التابْلايْن : شَرِكةُ خَطِّ الأنابيبِ عَبْرَ البِلادِ العَربيَّة
tapped (*adj.*) مُفَرَّع • مأخوذٌ منه فَرْعٌ أو أكثَر — مُلَوْلَب (من الدّاخِل)
tappet (Eng.) غَمّازةُ الصِّمام — مِصْدَمةُ (أو دافِعةُ) الكامة
tappet motion (Eng.) حَرَكةٌ غَمّازة : حَرَكةٌ دائريَّةٌ تُحَوِّلُها الكامةُ إلى حَرَكةٍ تَرَدُّديَّة
tappet valve (Eng.) صِمامٌ غَمّاز
tapping (*n.*) نَقْر • دَقّ
(Pet. Eng.) سَحْبُ السّائِل (من فُتُحاتٍ خاصَّة)
(Elec. Eng.) تَفريع • وَصْلٌ بِفَرْع
(Eng.) لَوْلَبةٌ من الدّاخِل
tapping bar قَضيبُ نَزْعِ السِّداد (عن فُوَّهةِ الصَّبّ)
tapping machine (Eng.) مَكَنةُ لَوْلَبةٍ داخِليَّة
tap switch (Elec. Eng.) مِفتاحُ تَفريع
tap wrench (Eng.) مِفتاحُ رَبْطِ ذَكَرِ اللَّوْلَبة
tar (*n.*) (Chem.) قَطِران • قار • قِير
(*v.*) قَطْرَنَ • قَيَّرَ • طَلَى بالقارِ أو القَطِران
tar acids (Chem.) حَوامِضُ قَطِرانيَّة • أحماضُ القار
tar barrier (Geol.) حاجِزٌ قِيريّ
tar-board لَوْحٌ مُقَيَّر
tar-brush فُرشاةُ قَطْرَنة
tar-camphor (Chem.) نَفتالين
tar, coal (Chem. Eng.) قارُ الفَحْم
tar-concrete (Civ. Eng.) خَرَسانةٌ قَطِرانيَّة
tar content (Pet. Eng.) المُحتَوى القِيريّ
tar distillate (Pet. Eng.) قُطارةُ القار
tardy (*adj.*) بَطيء
tare (*n.*) الوَزْنُ الفارِغ (لِلعَرَبةِ أو الشّاحِنة) — وَزْنُ الفارِغ : وَزْنٌ مُعادِلٌ لِوَزْنِ الوِعاءِ الفارِغ — إسقاطُ وَزْنِ الفارِغ
(*v.*) وَزَنَ بَعْدَ إسقاطِ وَزْنِ الوِعاءِ الفارِغ — أسْقَطَ وَزْنَ الفارِغ (لِحِسابِ صافي الوَزْن)
tar emulsion (Chem. Eng.) مُسْتَحْلَبٌ قَطِرانيّ

TEC
463

tare weight = tare (Civ. Eng.)	الوَزْنُ الفَارغ (للعَرَبة أو الشَّاحِنة)
tar formation	تَكَوُّنُ القَار
target (n.)	هَدَف ، دَرِيئَة ، نُقْطَةُ التَّسْدِيد ، غَايَة ، غَرَض
target date	المَوْعِدُ المُحَدَّدُ الأَقْصَى
target rod (Surv.)	شاخِصٌ هَدَفِيّ : شاخِصُ تَسْوِيَةٍ ذو دَرِيئَةٍ مُتَحَرِّكة
tariff (n.)	تَعْرِفَة ، تَعْرِيفَة (جُمْرُكِيَّة) ، تَعْرِفَة (الأسعار)
(v.)	أخضَعَ للتَعْرِفة
tariff barriers	حَواجِزُ جُمْرُكِيّة
tarless (adj.)	لا قِيرِيّ ، لا قَطْرانيّ ، خِلْوٌ من القَطْران
tarmac(adam) (Civ. Eng.)	حَصْباءُ رَصْفٍ مُقَيَّرة
tarn (Geol.)	بُحَيْرَةٌ جَبَلِيَّةٌ صَغيرة ، بُحَيْرَةٌ حَلِّيَّة
tarnish (v.)	فَقَدَ (أو أفقَدَ) البَرِيقَ ، أَطْفَأَ اللَّمْعَة ، كَدَّرَ ، كَدُرَ ، تَكَدَّرَ
(n.) (Chem. Eng.)	كُدْرَة ، فِقْدانُ اللَّمْعَة (بتأكسُّدِ السَّطح)
tar number (Pet. Eng.)	رَقْمُ القَارِ ، الرَّقْمُ القِيرِيّ : لِبَيَانِ قَابِلِيَّةِ التَّكْوِيكِ في الخامِ النَّفْطِيّ
tar oil	زَيْتُ القَطْران
tar oil, wood	زَيْتُ قَطْرانِ الخَشَب
tar paper	وَرَقٌ مُقَيَّر
tarpaulin (n.)	تَرْبُولِين : قُماشٌ مُقَيَّر ، سَدودٌ للماء
tar pitch = coal pitch (Chem. Eng.)	قَطْرانُ الفَحْم ، زِفْتٌ قِيرِيّ
tarred (adj.)	مُقَيَّر
tarring (n.)	تَقْيِير ، قَطْرَنة : مُعَالَجَةٌ بالقَارِ أو القَطْران
tarry (v.)	أَبْطَأَ ، تَلَكَّأَ ، بَقِيَ ، مَكَثَ
(adj.)	قِيرِيّ ، قَطْرانيّ
tar sand (Geol.)	رَمْلٌ قِيرِيّ ، رَمْلٌ أَسْفَلْتِيّ
tar still (Pet. Eng.)	مِقْطَرَةُ القَطْران ، مِقْطَرَةُ المُتَخَلِّفَاتِ القَطْرانِيَّة
tartar, cream of (Chem.)	زُبْدَةُ الطَّرْطِير
tartaric acid (Chem.)	حامِضُ الطَّرْطِير
tartrate (Chem.)	طَرْطَرَات : مِلْحُ حامِضِ الطَّرْطِير
tar, wood (Chem.)	قَارٌ (أو قَطْرانُ) الخَشَب
task (n.)	مُهِمَّة ، واجِب ، عَمَلٌ شاقّ
(v.)	عَهَدَ بمُهِمَّةٍ إلى ، أَرْهَقَ
tasteless (adj.)	صَلِف ، لا طَعْمَ لَه
taut (adj.)	مَشْدود ، مُوَتَّر ، مُتَوَتِّر

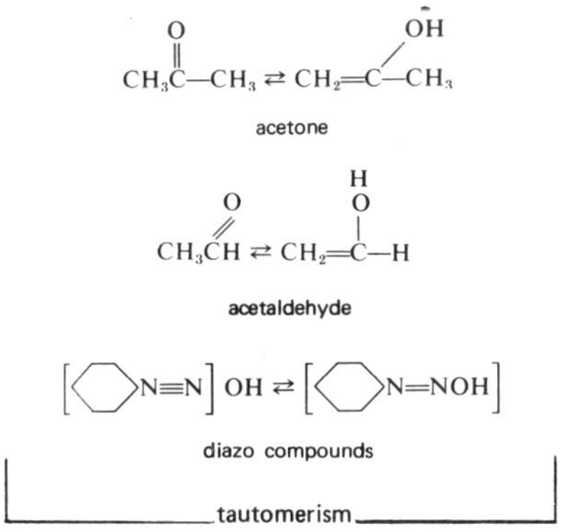

$$CH_3\overset{O}{\overset{\|}{C}}-CH_3 \rightleftharpoons CH_2=\overset{OH}{\overset{|}{C}}-CH_3$$

acetone

$$CH_3\overset{O}{\overset{\|}{C}}H \rightleftharpoons CH_2=\overset{H}{\overset{|}{C}}-\overset{O}{\overset{|}{O}}H$$

acetaldehyde

$$[\text{◯}-N\equiv N] OH \rightleftharpoons [\text{◯}-N=NOH]$$

diazo compounds

tautomerism

tauten (v.)	شَدَّ ، وَتَّرَ ، تَوَتَّرَ
tautomer (Chem. Eng.)	مُماثِلٌ كيماويّ : أحدُ مُتَشاكِلَيْنِ يَتَماثَلَانِ في التَّرْكِيبِ والتَّفاعُلاتِ الكيماويةِ ويُمكِنُ تَحْويلُ أحدِهما إلى الآخر
tautomerism (Chem. Eng.)	التَّشاكُلُ الدِّينامِيّ ، مُماثَلَةُ التَّرْكيبِ الكيماويّ
tawny (adj.)	أَصْفَرُ مُسْمَرّ
tax (n.)	ضَرِيبة ، رَسْم
(v.)	فَرَضَ ضَرِيبةً (أو رَسْماً) على ، أَرْهَقَ
taxable (adj.)	خاضِعٌ للضَّرِيبة
taxable profits	الأَرْبَاحُ الخاضِعَةُ للضَّرِيبة
taxation (n.)	فَرْضُ الضَّرائِب ، ضَرِيبة ، الضَّرائِبُ المُحَصَّلة
tax-exempt (adj.)	مُعْفىً من الضَّرائِب
tax free (adj.)	غَيْرُ خاضِعٍ للضَّرِيبة ، مُعْفىً من الضَّرِيبة
taxite (Min.)	تَكْسِت : صَخْرٌ بُرْكانِيٌّ وَضِيخِيّ
tax stamp	طابَعُ الضَّرِيبة ، طابَعٌ أمِيرِيّ
T-beam (Eng.)	عَتَبة تائِيَّةُ المَقْطَع (مَقْطَعُها على شَكْلِ T)
T.B.N. (total base number)	العَدَدُ القاعِدِيُّ الإجمالِيّ
T-bolt	مِسْمارٌ مُسْتَعْرِضُ الرَّأس
T.B.P. (true boiling point)	نُقْطَةُ الغَلَيانِ الحَقِيقِيَّة
T.C. (temperature controller)	مُنَظِّمٌ أو ضابِطُ الحَرارة
T.C.C. (Thermofor catalytic cracking)	التَّكْسيرُ المُحَفَّزُ الثُّرْمُوفورِي
T.C.P. (Tricresyl phosphate)	ثالِثُ كْريزيل الفُسْفات
T.D. (total depth)	العُمْقُ الكُلِّيّ
T.D.C. (top dead centre)	النُّقْطَةُ المَيْتَةُ العُلْيا
TEA (triethanolamine)	أمين ثُلاثِيّ الإيثانُول ، ثُرَايّ إيتانُول أمين

team (n.)	فَرِيق ، زُمْرة
(adj.)	جَماعِيّ
(v.)	قَرَنَ ، نَظَمَ (أو انتَظَمَ) في فَرِيق
teaming (Civ. Eng.)	رَفْعُ التُّرابِ المَحْفور (نَحْوَ جانِبَيِ الحَفْر)
team spirit	رُوحُ الجَماعة ، رُوحُ التَّعاوُن
teamster (n.)	سائِقُ الشَّاحِنة
teamwork	عَمَلٌ جَماعِيّ
tear (v.)	مَزَّقَ ، شَقَّ ، خَرَقَ ، مَزَقَ ، تَمَزَّقَ
(n.)	مَزْق ، تَمْزِيق ، تَمَزُّق
tear fault (Geol.)	صَدْعٌ تَمَزُّقِيّ
tear(ing) down	تَفْكِيك
tear(ing) strength	مُقاوَمَةُ التَّمَزُّق
tear-proof (adj.)	صامِدٌ للمَزْق ، مُقاوِمٌ للتَّمَزُّق
tear test (Eng.)	اختِبارُ التَّمَزُّق
teaser (Pet. Eng.)	بِئْرٌ مُشكِلَة ، بِئْرٌ نَضَّاضة : ضَعِيفَةُ الإنتاجِ بحَيْثُ لا يُمْكِنُ استِغلالُها تِجارِيّاً
technic (adj.)	تِقْنِيّ ، فَنّيّ ، تِكْنِيكيّ
= technique (n.)	أُسْلُوبٌ تِقْنيّ ، فَنٌّ ، تِكْنِيك
technical (adj.)	فَنّيّ ، تِقْنيّ ، تِكْنيكيّ ، ذو عَلاقَةٍ بالعُلُومِ الصِّناعِيّة
technical assistant	مُساعِدٌ فَنّيّ
technicality (n.)	تِقْنِيّة
technical office	مَكْتَبٌ فَنّيّ
technician (n.)	تِقَنٌ ، خَبيرٌ تِقْنيّ (أو فَنّيّ)
technique (n.)	أُسلوبٌ تِقْنيّ ، تِقْنِيّة ، تِكْنِيك
technological (adj.)	تِكْنُولوجيّ ، تِقْنيّ
technology (n.)	تِكْنُولُوجيَة ، عِلْمُ التِّقْنِيَة ، عِلْمُ الصِّناعة
tectonic (adj.) (Geol.)	تَشَكُّلِيٌّ تِكْتُونِيٌّ : مُتَشَكِّلٌ بتَحَرُّكاتِ القِشْرَةِ الأرْضِيَّة
tectonic basin (Geol.)	حَوْضٌ تَشَكِّلِيّ أو تِكْتُونِيّ
tectonic breccia (Geol.)	بَرَشْيا تِكْتُونِيَّة ، بَرِشْيَة تَشَكُّلِيَّة

tectonic breccia

tee

tectonic earthquakes (Geol.) الزَّلازِلُ التَّشكيليَّة

tectonics (*n.*) (Geol.) التِّكْتُونِيَّة • عِلْمُ تَشَكُّلِ الصُّخُور

tectum (Geol.) قِشْرَة • غِلافٌ أساسيّ

tee تِي : قِطعةٌ (أُنبوبِيَّةٌ) تائيَّة

tee joint (Eng.) وُصْلَة (تَفْرِيع) تائيَّة

teem (*v.*) سَكَبَ • صَبَّ • أَفْرَغَ – إكْتَظَّ • عَجَّ بِ

teeming (*n.*) (Met.) صَبّ • سَكْب (من المِغْرَفة) في قَوالِبِ الصَّبّ

tee-section (*n.*) مَقْطَعٌ تائيّ

(*adj.*) تائِيُّ المَقْطَع (على شَكْلِ T)

teeth (pl. of **tooth**) أَسنان

teeth, helical (Eng.) أَسنانٌ حَلَزُونيَّة

teeth, inserted (Eng.) أَسنانٌ مُلْقَمة

teeth, skew (Eng.) أَسنانٌ مائِلة

teeth, spiral (Eng.) أَسنانٌ لَوْلَبِيَّة

tee valve (Eng.) صِمامٌ تائيٌّ ثُلاثيُّ المَسالِك

teflon (Chem. Eng.) تِفْلُون • بُولِيتِتْرافْلُورُ إيثِيلين : مادَّةٌ لَدائِنِيَّةٌ عازِلَةٌ عالِيَةُ المُقاوِمَةِ وصامِدَةٌ لِلحَرارةِ والرُّطُوبة

T.E.G. (**Tri-** (or **tetra**) **ethylene glycol**) غلَيْكُول ثُلاثِيُّ (أو رُباعِيُّ) الإيثيلين

tegmen (Geol.) أَدَمَة

T.E.L. (**tetraethyl lead**) رابِعُ إيثيلِ الرَّصاص

teleclinometer (Eng.) تِلِكْلينُومتر : مِقياسُ المَيْلِ عن بُعْد

telecommunication (Elec. Eng.) الاتِّصالُ عن بُعْد (سِلْكِيّاً أو لاسِلْكِيّاً)

telecontrol (*n.*) التَّحَكُّمُ (أو الإدارة) عن بُعْد • التَّحَكُّمُ القَصِيّ

(*v.*) أدارَ (راديّاً) عن بُعْد

telecontrolled (*adj.*) قَصِيُّ التَّحَكُّم • يُدارُ عن بُعْد

telecontrolled power station (Elec. Eng.) مَحطَّةُ قُدْرَةٍ قَصِيَّةِ التَّحَكُّم : مَحَطَّةٌ لتَوليدِ القُدْرَةِ تُدارُ عن بُعْد

telecontrolled pumping station (Pet. Eng.) مَحطَّةُ ضَخٍّ تُدارُ عن بُعْد

telegraph (*n.*) (Elec. Eng.) تِلِغْراف • مُبْرِقَة

(*v.*) أَبْرَقَ

telegraphy, wireless (Elec. Eng.) الإرسالُ التِّلِغرافيُّ اللاسِلْكِيّ

teleindicator (Elec. Eng.) مُبَيِّن عن بُعْد

telemechanics (Eng.) مِيكانيكا التَّحَكُّمِ عن بُعْد • مِيكانيكا التَّحَكُّمِ القَصِيّ

telemeter (Elec. Eng.) تِلِيمِتر: جِهازٌ يَقيسُ عن بُعْد • مِقياسٌ قَصِيُّ المَدَى

(Surv.) مِقياسُ البُعْد

telemetering (*n.*) القِياسُ عن بُعْد

telemetry (*n.*) عِلْمُ (أو تِقْنِيَّةُ) القِياسِ عن بُعْد

teleomotor (Eng.) تِلْيُومُوتور : مُحَرِّكٌ عن بُعْد • مُحَرِّكٌ قَصِيّ

telephone (*n.*) تِلِفُون • تِليفون • هاتِف

(*v.*) تَلْفَنَ • خاطَبَ هاتِفِيّاً • كَلَّمَ بالتِّلِفون

telephone booth (or **box**) مَهْتَف • حُجَيْرَةُ تَلْفَنَةٍ للعُموم

telephone call مُكالَمَةٌ تِلِفونِيَّة

telephone exchange (Elec. Eng.) مَرْكَزُ تَبادُلٍ (سَنْترالٌ) تِلِفونِيّ • مَقْسَمُ الهاتف

telephone switchboard مَقْسَمُ الهاتِف • لَوْحَةُ مَفاتيحِ التَّوزيعِ التِّلِفونِيّ

telephone, wireless (Elec. Eng.) تِلِفونٌ لاسِلْكِيّ

telescope (*n.*) تِلِسْكوب • مِقْراب • مِرْقَب

(*v.*) تَداخَلَ (بَعْضُه بِبَعْض) • داخَلَ الأَجْزاءَ – خَفَّضَ الثَّخانةَ تَدريجيّاً

telescoped vein (Geol.) عِرْقٌ تَداخُلِيّ : يَحْوِي خاماتٍ مُختلِفةً مُتَداخِلة

telescope jack (Eng.) مِرفاعٌ مُتَداخِلُ الأَجْزاء

telescope joint (Eng.) وُصْلَةٌ مُتَداخِلة

telescope pole عَمودٌ مُتداخِلُ الأَجْزاء

telescopic (*adj.*) تِلِسْكوبِيّ – مُتَداخِلُ الأَجْزاء – مُتَدَرِّجُ الثَّخانة

telescopic alidade عِضادَة تِلِسْكوبِيَّة : مُتَداخِلَةُ الأَجْزاء

telescopic derrick (Pet. Eng.) بُرْج (حَفْرٍ) مُتَداخِلُ القَوائِم

telescopic jack (Eng.) رافِعةٌ مُتَداخِلة

telescopic ladder سُلَّمٌ مُتَداخِلُ الأَجْزاء

telescopic leg قائِمةٌ مُتَداخِلةُ الأَوْصال

telescopic levelling rod (Surv.) شاخِصُ تَسْوِيةٍ مُتَداخِل

telescopic shaft (or **slide**) عَمودٌ من الأنابيبِ المُتَداخِلةِ (أو المُنْزَلِقة)

telescopic shock absorber (Eng.) مُمْتَصُّ صَدَماتٍ مُتَداخِلُ الأَوْصال

telescopic tripod حامِلٌ ثُلاثِيُّ القَوائِمِ المُتَداخِلَة

telescopic tube أُنبوبٌ مُتَداخِل

telescoping (*n.*) إستِعمالُ التِّلِسْكوب (للرُّؤْيَةِ البَعيدة) – تَداخُلُ الأَجْزاءِ – خَفْضُ الثَّخانةِ تَدريجيّاً

(*adj.*) مُتَداخِلُ الأَجْزاءِ – مُنْخَفِضُ الثَّخانةِ تَدْرِيجيّاً

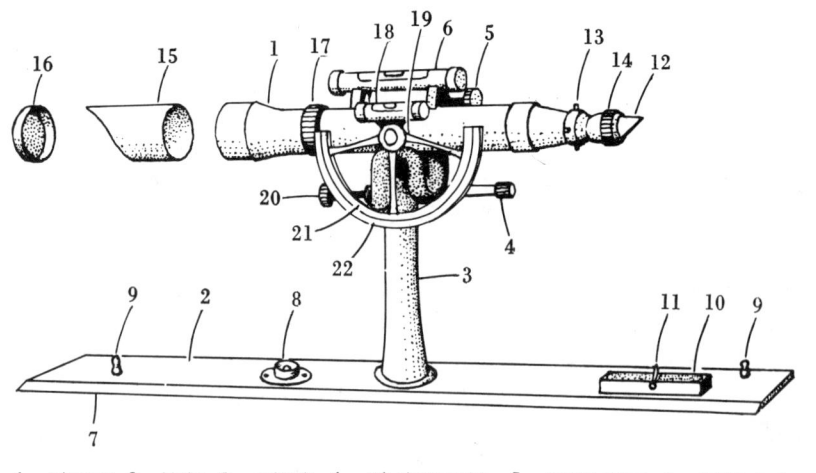

1 – telescope; 2 – blade; 3 – pedestal; 4 – axis clamp screw; 5 – tangent screw; 6 – striding level; 7 – fiducial edge; 8 – bull's eye level; 9 – knobs; 10 – compass box; 11 – lifting lever; 12 – eyepiece; 13 – cross hairs and stadia hairs; 14 – knurled ring; 15 – sunshade; 16 – lens cap; 17 – retaining ring; 18 – vernier level; 19 – frame; 20 – tangent screw; 21 – index lines; 22 – calibrated arc.

telescopic alidade

telescoping gauge	مُحَدِّدُ قِياسٍ مُتَداخِل
telescoping mechanism (Eng.)	آلِيَّةٌ مُتَداخِلَة : تَنْزَلِقُ أجزاؤها بَعضُها داخِلَ بَعض
teleseism (Geophys.)	زَلزَلَةٌ نائِيَة (عن مَحَطَّةِ تَسجيلِ الزَّلازل)
telethermometer (Phys.)	ترمومتر يُسَجِّلُ عن بُعد ، ميزانُ حَرارَةٍ بُعدِيّ
telethermoscope (Phys.)	مِكشافٌ حَرارِيٌّ يُسَجِّلُ عن بُعد
teletype (n.)	طابِعَة بَرقِيّة ، مُبرِقَةٌ كاتِبَة ــ رِسالَةٌ بالمُبرِقَةِ الكاتِبَة
(v.)	طَبَعَ عن بُعد ، أرسَلَ بالمُبرِقَةِ الكاتِبَة
television set	تِلفاز ، جِهازُ تِلفِزيون (مُستَقبِل)
telfer = telpher (Elec. Eng.)	عَرَبَةٌ مُعَلَّقَة (تَسيرُ بالكَهرَباء)
(Eng.)	مِرفاعٌ مُعَلَّق
teller (n.)	عَدّاد ، مُحصٍ
telltale (n.) (Eng.)	مُبَيِّنَة ، دَليلُ المُستَوى
(Naut.)	دَليلُ (وَضعِ) الدَّفَّة
telltale clock	ساعَةُ ضَبطِ الدَّوام (للمُوَظَّفين أو الحُرّاس)
telltale lamp	مِصباحٌ بَيانِيٌّ (أو دَليليّ)
telltale pipe	أُنبوبُ ضَبطِ المُستَوى
telluric (adj.) (Chem.) = tellurian (Geol.)	تِلُّوريّ ، تِلُّوريوميّ ، أرضِيّ
telluric acid (Chem.)	حامِضُ التِّلُّوريك
telluric currents (Geophys.)	تَيّاراتٌ أرضِيَّة
telluric moisture	رُطوبَةٌ أرضِيَّة
telluride (Chem.)	تِلُّوريد
tellurin (Geol.)	تِلُّورين ، تُربَةٌ دياتومِيَّة
tellurite (Chem.)	تِلُّوريت
tellurium (Te) (Chem.)	التِّلُّوريوم : عُنصُرٌ شِبهُ فِلِزِّيّ رَمزُهُ (تِل)
tellurometer (Elec. Eng.)	تِلُّورومتِر : مِقياسُ مَسافاتٍ إلِكترونيّ
telpher = telfer (Elec. Eng.)	عَرَبَةٌ مُعَلَّقَة (تَسيرُ بالكَهرَباء)
(Eng.)	مِرفاعٌ مُعَلَّق
telpher line (Elec. Eng.)	خَطٌّ مُعَلَّق أُحادِيُّ السِّكَّة
temper (v.)	لَيَّنَ ، لَطَّفَ ــ عَدَّلَ ، تَعَدَّلَ
(Met.)	طَبَعَ ، سَقى ، تَطَبَّعَ
(n.)	مِزاج ، سَجِيَّة ، طَبع
(Met.)	تَطبيعُ أو سَقيُ (المَعادِن) ــ مِزاجُ (الفولاذ) : دَرَجَةُ صَلابَتِهِ أو مُرونَتِهِ حَسَبَ المُحتَوى الكربونيّ

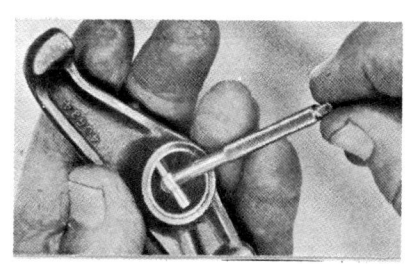

telescoping gauge

temperate zone (Geol.)	مِنطَقَةٌ مُعتَدِلَة
temperature (Phys.)	دَرَجَةُ الحَرارَة
temperature above nil	دَرَجَةُ حَرارَةٍ فَوقَ الصِّفرِ المِئويّ
temperature, absolute (Phys.)	دَرَجَةُ الحَرارَةِ المُطلَقَة
temperature adjustment	ضَبطُ دَرَجَةِ الحَرارَة ــ تَعديلٌ حَسَبَ دَرَجَةِ الحَرارَة
temperature, allowed (Eng.)	دَرَجَةُ الحَرارَةِ المَسموحُ بها
temperature, ambient	دَرَجَةُ الحَرارَةِ المُكتَنِفَة
temperature, auto-ignition	دَرَجَةُ حَرارَةِ الاشتِعالِ التِّلقائيّ
temperature below nil	دَرَجَةُ حَرارَةٍ دونَ الصِّفرِ المِئويّ
temperature bound (Eng.)	مُعاقٌ بِارتِفاعِ دَرَجَةِ الحَرارَة
temperature, boundary (Chem. Eng.)	دَرَجَةُ الحَرارَةِ الحَدِّيَّة
temperature change (Phys.)	تَغَيُّرٌ حَرارِيّ
temperature chart	جَدوَلُ (دَرَجاتِ) الحَرارَة
temperature coefficient (Phys.)	مُعامِلٌ حَرارِيّ
temperature, combustion (Phys.)	دَرَجَةُ حَرارَةِ الاحتِراق
temperature compensator (Eng.)	مُعادِلُ تَغَيُّرِ دَرَجَةِ الحَرارَة
temperature, condensation (Phys.)	دَرَجَةُ حَرارَةِ التَّكاثُف
temperature control (Eng.)	التَّحَكُّمُ في دَرَجَةِ الحَرارَة
temperature controller (Eng.)	ضابِطُ الحَرارَة ، مُنَظِّمُ الحَرارَة
temperature, critical (Phys.)	دَرَجَةُ الحَرارَةِ الحَرِجَة
temperature curve	مُنحَنى دَرَجاتِ الحَرارَة
temperature decrease	تَناقُصُ دَرَجَةِ الحَرارَة
temperature depression	خَفضُ أو انخِفاضُ دَرَجَةِ الحَرارَة
temperature difference (Phys.)	فَرقُ دَرَجَةِ الحَرارَة
temperature drop (Phys.)	هُبوطُ دَرَجَةِ الحَرارَة
temperature effect	التَّأثيرُ الحَرارِيّ
temperature, fall of	هُبوطُ دَرَجَةِ الحَرارَة
temperature, feed (Chem. Eng.)	دَرَجَةُ حَرارَةِ اللَّقيم ، دَرَجَةُ حَرارَةِ التَّغذِيَة
temperature, final	دَرَجَةُ الحَرارَةِ النِّهائِيَّة
temperature, flame	دَرَجَةُ حَرارَةِ اللَّهَب
temperature fluctuation (Meteor.)	تَراوُحُ دَرَجَةِ الحَرارَة
temperature gauge	مِقياسُ دَرَجاتِ الحَرارَة
temperature gradient (Meteor.)	مَمالُ (أو تَدَرُّجُ) دَرَجاتِ الحَرارَة
temperature increase	تَزايُدُ دَرَجَةِ الحَرارَة
temperature indicator (Phys.)	مُبَيِّنُ (دَرَجَةِ) الحَرارَة
temperature, initial (Phys.)	دَرَجَةُ الحَرارَةِ الابتِدائِيَّة
temperature, liquefaction (Phys.)	دَرَجَةُ حَرارَةِ التَّسَيُّل
temperature log	سِجِلُّ دَرَجاتِ الحَرارَة
temperature, maximum	دَرَجَةُ الحَرارَةِ القُصوى
temperature, mean	مُتَوَسِّطُ دَرَجَةِ الحَرارَة
temperature measurement (Phys.)	قِياسُ دَرَجَةِ الحَرارَة
temperature of reaction (Chem. Eng.)	دَرَجَةُ حَرارَةِ التَّفاعُل
temperature, operating (Eng.)	دَرَجَةُ حَرارَةِ التَّشغيل
temperature, optimum	دَرَجَةُ الحَرارَةِ المُثلى
temperature, outdoor (Phys.)	دَرَجَةُ الحَرارَةِ الخارِجِيَّة
temperature, oxidation (Chem. Eng.)	دَرَجَةُ حَرارَةِ التَّأَكسُد
temperature range (Phys.)	مَدى دَرَجاتِ الحَرارَة
temperature recorder	مُسَجِّلُ (دَرَجاتِ) الحَرارَة
temperature reduction	تَخفيضُ دَرَجَةِ الحَرارَة
temperature, reference	دَرَجَةُ الحَرارَةِ الإسنادِيَّة

tender-assisted platform

tensioning device

temperature regulation (Chem. Eng.) تَنظيمُ دَرَجةِ الحَرارة
temperature regulator (Eng.) مُنَظِّمُ (دَرَجاتِ) الحَرارة
temperature rise (Phys.) إرتِفاعٌ في دَرَجةِ الحَرارة
temperature, room دَرَجةُ حَرارةِ الغُرْفة
temperature, running (Eng.) دَرَجةُ حَرارةِ التَّشغيلِ (أو التَّدوير)
temperature scale (Phys.) مِقياسُ دَرَجاتِ الحَرارة
temperature sinking هُبوطُ دَرَجةِ الحَرارة
temperature, softening (Chem. Eng.) دَرَجةُ حَرارةِ التَّليُّن
temperature stress (Civ. Eng.) إجْهادٌ حَراريّ (بتَغْييرِ دَرَجةِ الحَرارة)
temperature, test (Eng.) دَرَجةُ الحَرارةِ الاختِباريَّة
temperature well logging (Pet. Eng.) قِياسُ (وتَسجيلُ) دَرَجةِ حَرارةِ البِئْر
temper brittleness (Met.) قَصَفُ السِّقايَة • قَصَفُ التَّطبيع
temper carbon (Met.) كَرْبُونُ تَصليدِ الفُولاذ
temper colour (Met.) لَونُ التَّطبيع
temper-hardening (Met.) التَّصليدُ بالتَّطبيع (أو السَّقْي)
tempering (*n.*) تَطبيع • سَقْي • سِقاية
tempering oil (Met.) زَيتُ التَّطبيع
tempering temperature (Met.) دَرَجةُ حَرارةِ التَّطبيع
temper-screw (Eng.) لَوْلَبُ تَعْديل
(Civ. Eng.) لَوْلَبُ تَطْويلِ (كَبْلِ الحَفْر)
template = templet (Eng.) طَبْعة • قالَبُ أو نَموذَجُ مُعايَرة • صَفيحةُ مُعايَرة
(Civ. Eng.) عارِضَةٌ أُفُقِيَّة (لتَوزيعِ الضَّغْطِ العَمُوديّ)
templet = template (Eng.) قالَبُ (أو طَبعةُ) مُعايَرة
temporarily abandoned مَهْجورٌ مُؤَقَّتاً
temporarily shut down مُغْلَقٌ مُؤَقَّتاً
temporary (*adj.*) مُؤَقَّت • وَقتيّ
temporary emulsion (Chem. Eng.) مُسْتَحْلَبٌ مُؤَقَّت
temporary hardness (Chem. Eng.) عُسْرٌ مُؤَقَّت (يَزولُ من الماء بالغَلَيان)
temporary measure تَدْبيرٌ (أو إجْراءٌ) مُؤَقَّت
temporary structure (Eng.) إنْشاءٌ مُؤَقَّت
tenacious (*adj.*) مُسْتَعْصٍ • مَتين • شَديدُ التَّماسُك
tenacity (*n.*) (Phys.) إسْتِعْصاء • مَتانة • تَماسُك
tendency (*n.*) مَيْل • نَزْعَة • إتِّجاه
tender (*adj.*) غَضّ • طَرِيّ – رَقيق • لَطيف
(*v.*) رَقَّقَ • أوْهَنَ – تَقَدَّمَ بعَطاء (في مُناقَصة) • عَرَضَ • قَدَّمَ
(*n.*) عَطاء (في مُناقَصة) – عَرْضُ أسْعار – مالٌ • عُمْلَة
(Naut.) سَفينةٌ مُمَوِّنة – قارِبُ اتِّصالٍ أو تَموين
tender-assisted platform مِنَصَّةٌ مُعَزَّزةٌ بمَرْكَبِ تَموين
tenderer (*n.*) مُقَدِّمُ العَطاء • طالِبُ المُناقَصة
tender, legal نَقْدٌ قانونيّ • عُمْلَةٌ قانونيَّة
tender tank خَزّانُ تَموين
tenon (*n.*) لِسانُ (تَعشيق)
(*v.*) لَسَّنَ : زَوَّدَ بلِسانِ تَعشيق – وَصَّلَ بنُقْرةٍ ولِسان
tensile (*adj.*) شَدِّيّ • تَوَتُّرِيّ • قابِلٌ للشَّدِّ أو المَطّ
tensile force (Mech.) قُوَّةُ الشَّدّ
tensile load (Eng.) حِمْلُ شَدّ
tensile strain (Mech.) إنفِعالُ الشَّدّ
tensile strength (Eng., Met.) مُقاوَمةُ الشَّدّ • الاستِعصائيَّة • المُقاوَمةُ القُصْوى للإجْهاد
tensile strength test (Eng.) إختِبارُ مُقاوَمةِ الشَّدّ
tensile stress (Mech.) إجْهادُ الشَّدّ
tensile test (Eng., Met.) إختِبارُ الشَّدّ
tensility (*n.*) قابِليَّةُ الشَّدِّ أو المَطّ
tensimeter (Chem. Eng.) مِقياسُ التَّغَيُّرِ في ضَغْطِ البُخار (للكَشْفِ عن نُقْطَةِ التَّحَوُّل)
tensiometer (Phys.) مِقياسُ التَّوَتُّرِ السَّطحيّ
(Eng.) مِقياسُ التَّوَتُّرِ (الكَبْليّ)
tension (Eng.) تَوَتُّر • شَدّ
(Elec. Eng.) جُهْد
tension fault (Geol.) صَدْعُ التَّوَتُّر
tension fracture (Geol.) تَصَدُّعُ الشَّدّ
tension indicator (Eng.) مُبَيِّنُ التَّوَتُّر
tensioning device مُوَتِّرة • نَبيطةُ شَدّ
tension meter (Eng.) مِقياسُ التَّوَتُّر
tension pulley (Eng.) بَكَرةُ الشَّدّ
tension screw (Eng.) لَوْلَبُ شَدّ
tension spring (Eng.) نابِضُ شَدّ
tension, surface (Phys.) تَوَتُّرُ السَّطح • التَّوَتُّرُ السَّطحيّ
tentative (*adj.*) وَقتيّ • مُؤَقَّت – تَجريبيّ • غَيْرُ نِهائيّ
tentative standard مِعيارٌ مُؤَقَّت
tenth عاشِر – عُشْر • جُزْءٌ من عَشَرة
tephra (Geol.) تِفْرا : مَقْذوفاتٌ (صَخْريَّة) بُركانيَّة
tephrite (Geol.) تِفْريت : صَخْرٌ بازَلْتيّ دَقيقُ الحُبَيْبات
tepid (*adj.*) فاتِر

terminal

terminal platform

terbium (**Tb**) (Chem.) التِّربيوم : عُنصُرٌ فِلِزِّيّ رَمزُه (تر)

terephthalic acid (Chem.): حامِضُ التِّريفثاليك: يُستَعمَلُ في صُنعِ نَسيجِ التِّريلين

term (*n.*) مُدَّة · أَجَل · فَترَةٌ مَحدودة — فَصل — عِبارَة · مُصطَلَح — شَرط

(*v.*) دَعا · سَمَّى

term day تاريخُ الاستِحقاق

terminable (*adj.*) قابِلٌ للإنهاء

terminal (*n.*) طَرَف · حَدّ · نِهايَة — محطَّةٌ طَرَفِيَّة (في أوّلِ الخطِّ أو نِهايَتِه)

(Elec. Eng.) مِربَط · طَرَفُ تَوصيل

(Naut.) فُرضَة (بَحرِيَّة) · مَحَطُّ السُّفُن · مَرفَأُ شَحن

(*adj.*) طَرَفِيّ · إنتِهائِيّ · خِتامِيّ

terminal aperture فُتحةٌ طَرَفِيَّة

terminal facilities مَرافِقُ فُرضَةِ الشَّحن

terminal level مَنسُوبُ الانتِهاء

terminal line خَطٌّ طَرَفِيٌّ أو نِهائِيّ

terminal moraine (Geol.) رُكامٌ نِهائِيّ

terminal platform (Pet. Eng.) مِنَصَّةٌ طَرَفِيَّةٌ أو انتِهائِيَّة

terminal pressure (Eng.) الضَّغطُ الانتِهائِيّ

terminal station مَحَطَّةٌ طَرَفِيَّة

terminal tower بُرجٌ طَرَفِيّ

terminal valve صِمامٌ طَرَفِيّ

terminal velocity السُّرعةُ الحَدِّيَّة (للجِسمِ السّاقِط) — السُّرعةُ النِّهائِيَّة

terminate (*v.*) أَنهَى · إنتَهَى

termination (*n.*) إنهاء · إنتِهاء · إنقِضاء — نِهايَة · خاتِمة

terminology إصطِلاحات · مُصطَلَحاتٌ فَنِّيَّة

terminus (pl. **termini**) (*n.*) نِهايَة · حَدّ — مَحَطَّةٌ طَرَفِيَّة — أَوَّلُ الخَطِّ أو آخِرُه

term of lease مُدَّةُ الإيجار

termolecular (*adj.*) (Chem.) ثُلاثِيُّ الجُزَيئات

terms of an agreement شُروطُ (أو نُصوصُ) الاتِّفاقيَّة

ternary (*adj.*) ثُلاثِيّ · ثالِث — ثُلاثيُّ العَناصِر

ternary alloy (Met.) سَبيكةٌ ثُلاثيَّةُ العَناصِر

ternary compound (Chem.) مُرَكَّبٌ ثُلاثِيُّ العَناصِر

terne (or **terneplate**) (Met.) لَوحٌ فُولاذيٌّ مُلَبَّسٌ بالسَّبيكةِ الثُّلاثيَّة

terne metal (Met.) السَّبيكةُ الثُّلاثيَّة : سَبيكةٌ رَصاصيَّةٌ بها ١٨٪ قَصديرٍ وحَوالَى ٢٪ أنتيمون

terneplate (Met.) لَوحٌ فولاذيٌّ مُغَطًّى بالسَّبيكةِ الثُّلاثيَّة (سَبيكةِ الرَّصاصِ والقَصديرِ والأنتيمون)

terpenes (Chem.) تَربينات : زُيوتٌ عِطرِيَّة هَيدروكَربونيَّة مُتَطايِرة

terra alba (Geol.) تُربةٌ بَيضاء · جِبسٌ عالي النَّوعيَّة

terrace (*n.*) شُرفَة · مَصطَبة · دَكَّة

terraced (or **terraciform**) (*adj.*) مُدَرَّج

terra-cotta طِينٌ نَضيج (لِصُنعِ الآجُر)

terrage أرضِيَّة : رَسمٌ يُدفَعُ على البِضاعةِ عِندَ إنزالِها قَبلَ نَقلِها إلى رَصيفِ الشَّحن

terrain = **terrane** (*n.*) تُربة · أَرض · تُراب

(Geol.) تَضاريسُ أرضيَّة

terraqueous (*adj.*) بَرِّيٌّ مائِيّ : يَتألَّفُ من اليابِسةِ والماء

terra rosa (Geol.) بُصرَة: تُربةٌ (حَديديَّة) حَمراء

terrene (*n.*) أَرض

(*adj.*) أَرضِيّ

terreplein (*n.*) مَسطَح · سَطحٌ تُرابِيّ

terrestrial (*adj.*) أَرضِيّ · بَرِّيّ

terrestrial magnetic field المَجالُ المِغنَطيسيُّ الأرضِيّ

terrestrial magnetism المِغنَطيسيَّةُ الأرضيَّة

terrigenous sediments (Geol.) رَواسِبُ بَرِّيَّة

territorial waters المِياهُ الإقليميَّة

territory (*n.*) إقليم · مِنطَقة · أَرض (تابِعةٌ لِدَولَةٍ مُعَيَّنة)

tertiary (*adj.*) ثالِث · ثُلاثِيّ

tertiary alcohol (Chem.) كُحولٌ ثُلاثِيّ

Tertiary era (*n.*) (Geol.) الحُقبُ الثّالِث

tervalent (*adj.*) (Chem.) ثُلاثيُّ التَّكافُؤ

Terylene (Chem. Eng.) تِريلِين : نَسيجٌ أصطِناعيٌّ مَتين

test (*v.*) اِختَبَرَ · جَرَّبَ · فَحَصَ

(*n.*) إختِبار · تَجرِبة · فَحص — مِعيار · رائِز

test, acceptance (Eng.) إختِبارُ القَبُول

test, acid إختِبارٌ بالحامِض — إمتِحانٌ قاسٍ

test apparatus جِهازُ (أو أجهِزةُ) الاختِبار

test bar (Eng.) قَضيبُ اختِبار

test bead (Chem.) خَرَزةُ اختِبار

test bench (Eng.) نَضَدُ اختِبار

test, blank (Chem. Eng.) إختِبارٌ غُفل

test board (Elec. Eng.) لَوحةُ مَفاتيحِ الاختِبار

test boring (Civ. Eng.) حَفرٌ اختِباريّ

test box صُندوقُ اختِبار

test burner مَوقِدُ اختِبار

test cell خَلِيَّةُ اختِبار

test cell, automatically controlled (Chem. Eng.) خَلِيَّةُ اختِبارٍ أوتوماتيَّةُ التَّحَكُّم : لِدِراسةِ وَقودِ النَّفّاثات والمَواقِد

automatically controlled test cell

testing laboratory

test-tube rack (or stand)

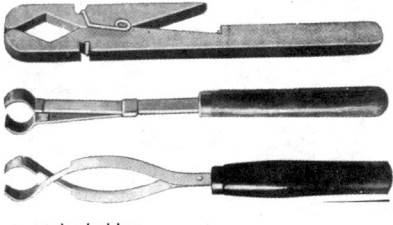

test certificate شَهادةُ اختِبار
test conditions ظُروفُ الاختِبار
test data مُعطَياتُ الاختِبار
test, dryness إختِبارُ الجَفاف
tested (*adj.*) مُجرَّب • مُختَبَر
test, endurance (Eng.) إختِبارُ الاحتِمالِ أو الإطاقة
test equipment عُدَّةُ الاختِبار
tester (*n.*) مُختَبِر ـ جِهازُ اختِبار • مِخبار
test field حَقلُ التَّجارِب
test, field تَجرِبةٌ مَيدانِيَّة
test flame (Pet. Eng.) لَهَبٌ اختِباريّ
test glass (Chem.) مِخبارٌ زُجاجيّ • أُنبوبةُ اختِبار
testing إختِبار • تَجرِبة
testing accuracy (Eng.) دِقَّةُ الاختِبار
testing bench (Chem. Eng.) نَضَدُ الاختِبارات
testing, chemical إختِبارٌ كِيماويّ
testing laboratory مِختَبَرُ تَجارِب
testing method طَريقةُ الاختِبار
testing stand مِنَصَّةُ الاختِبار
testing station (Eng.) مَحَطَّةُ اختِبار
test(ing) well (Pet. Eng.) بِئرٌ اختِبارِيَّة
test jack (Elec. Eng.) مَقبِسُ اختِبار
test, laboratory (Chem. Eng.) تَجرِبةٌ مُختَبَرِيَّة (أو مِخبَرِيَّة)
test load (Eng.) حِملُ الاختِبار
test mileage مَسافةُ التَّجرِبةِ بالأميال
test-mixture (Chem. Eng.) مَزيجُ الاختِبار

test-tube holders

test, motor (Chem. Eng.) إختِبارٌ مِيكانيكيّ أو حَراكِيّ
test paper (Chem. Eng.) وَرَقُ اختِبار • وَرَقٌ كاشِف
test piece (Eng.) قِطعةٌ (مُشَكَّلةٌ) للاختِبار
test pit (Civ. Eng.) بِئرٌ اختِبارِيَّة
(Mining) حَفيرةٌ اختِبارِيَّة
test plant (Chem. Eng.) وَحدَةُ اختِبار • مَحَطَّةُ اختِبار
test ports (Pet. Eng.) فُتحاتُ اختِبارٍ (في خَطِّ الأنابيب)
test, preliminary إختِبارٌ مَبدَئيّ
test pressure (Eng.) ضَغطُ الاختِبار
test record (Eng.) سِجِلُّ (نَتائِجِ) الاختِبار
test report تَقرير (نَتيجةِ) الاختِبار
test result نَتيجةُ الاختِبار
test run (Eng.) تَدويرٌ اختِباريّ • تَشغيلٌ اختِباري
test, running (Eng.) إختِبارُ التَّشغيل
test sample (or **specimen**) عَيِّنةٌ اختِبارِيَّة
test solutions (Chem. Eng.) مَحاليلُ اختِبارِيَّة
test, spot (Eng.) إختِبارٌ مَوضِعيّ : مَقصورٌ على مَوضِعٍ مُعَيَّن
(Pet. Eng.) إختِبارُ التَّبَقُّع
test tube (Chem.) أُنبوبةُ اختِبار
test-tube holder مُمسِكُ أنابيبِ الاختِبار
test-tube rack (or **stand**) (Chem.) حامِلُ أنابيبِ الاختِبار
test well (Pet. Eng.) بِئرٌ اختِبارِيَّة
tetrabasic (*adj.*) (Chem.) رُباعِيُّ القاعِدة
tetrachloride (*n.*) (Chem.) رابِعُ كلُوريد (أو كلُورور)
tetrachloroethylene (Chem.) إثيلين رُباعِيُّ الكلور
tetrachloromethane = **carbon tetrachloride** (Chem.) مِيثان رُباعِيُّ الكلور • رابِعُ كلوريد الكربون

tetrad (*n.*) رابُوع : مَجموعةٌ من أربَعة
(Chem.) ذَرَّةٌ (أو مَجموعةُ ذَرّاتٍ) رُباعِيَّةُ التَّكافُؤ
(*adj.*) رُباعِيّ
tetradymite (Min.) تِتراديميت : كِبريتيدُ التلُوريُوم البِزموثي
tetraethyl lead (Eng., Pet. Eng.) رابِعُ إيثيلِ الرَّصاص : مُرَكَّبٌ رَصاصِيٌّ سائِلٌ يُضافُ إلى البِنزين لِمَنعِ الخَبْط
tetrafluoroethylene إثيلين رُباعِيُّ الفلُور
tetragonal system (Chem.) نِظام (تَبَلُّورٍ) رُباعِيّ
tetrahedral (*adj.*) رُباعِيُّ السُّطوح • رُباعِيُّ الأوجُه ـ رُباعِيُّ السُّطوحِ المُثَلَّثِيَّة
tetrahedrite (Min.) تِتراهيدريت : كِبريتيدٌ رُباعِيُّ التَّبَلُّور يَحوي النُّحاسَ والحَديدَ والأنتيمون
tetrahedron (*n.*) شَكلٌ رُباعِيُّ السُّطوح • رُباعِيُّ السُّطوحِ المُثَلَّثِيَّة
tetramer (Chem.) تِترامِر : مُبَلمِرٌ رُباعِيُّ الجُزَيء
tetramolecular (*adj.*) رُباعِيُّ الجُزَيئات
tetratomic (*adj.*) (Chem.) رُباعِيُّ الذَّرّات • ذو أربَعِ ذَرّات
tetravalent (*adj.*) (Chem.) رُباعِيُّ التَّكافُؤ
tetrode (*n.*) صِمامٌ رُباعِيُّ القُطب
tetroxide (Chem.) رابِعُ أُكسيد
tetryl (Chem.) تِتريل: مَسحوقٌ شَديدُ التَّفَجُّر يُستَعمَلُ في صِماماتِ (أو فَتائِلِ) الإشعال
textile (*n.*) نَسيج
textural analysis (Geol.) تَحليلٌ نَسيجِيّ (أو بِنيَوِيّ)
texture (*n.*) نَسيج • نَسْج • بِنيَة • تَركيب
(Geol.) بِنيَة • تَكوين • تَركيبٌ مُمَيِّز
texture, foliate (Geol.) بِنيَةٌ صَفائِحِيَّةٌ أو وَرَقِيَّة
T.F.E. (**tetrafluoroethylene**) إثيلين رُباعِيُّ الفلُور

thalassic (*adj.*) بَحْرِيّ • مُحيطِيّ

thallium (**Tl**) (Chem.) الثالْيوم: عُنْصُرٌ فِلِزِّيٌّ رَمزُه (ثا)

thalweg (Geol.) مِحْوَرُ الوادي

T-handle مِقْبَضٌ تائي (بشَكْلِ T)

thaw (*v.*) ذابَ • أذابَ • سَيَّحَ

(*n.*) ذَوْب • ذَوَبانُ (الجَليد)

thawing agent (Chem. Eng.) مُسَيِّح • عامِلُ إذابة

theodolite (Surv.) مِزْواة • ثِيُودُوليت

theoretical (*adj.*) نَظَرِيٌّ (لا عَمَلِيّ)

theoretical air (Chem. Eng.) الهَواءُ النَّظَرِيّ: كَمِّيَّةُ الهَواءِ اللازِمة نَظَرِيّاً لتَحقيقِ احْتِراقٍ كامِلٍ لكَمِّيَّةٍ مُعَيَّنة من الغاز

theoretical chemistry الكِيمياءُ النَّظَرِيَّة

theoretical efficiency (Eng.) الكِفايةُ النَّظَرِيَّة

theoretical flame temperature (Chem. Eng.) دَرَجةُ حَرارةِ اللَّهَبِ النَّظَرِيَّة (أو القُصْوَى)

theoretical mechanical advantage (Mech.) الفائِدةُ الآلِيَّةُ النَّظَرِيَّة

theoretical model (Eng.) نَمُوذَجٌ نَظَرِيّ

theoretical training تَدريبٌ نَظَرِيّ

theoretical yield (Chem. Eng.) النَّاتِجُ النَّظَرِيُّ (أو الحِسابِيّ)

theory (*n.*) نَظَرِيَّة

thereafter clause بَنْدُ التَّمْديد: بَنْدٌ يَنُصُّ على ظُروفِ تَجديدِ الاتِّفاقِيَّة بعدَ انقِضائها

therm (Phys.) ثِيرْم: وَحدةٌ حَرارِيَّةٌ تُعادِلُ ١٠٠ ألف وَحدةٍ حَرارِيَّة بريطانِيَّة (أو ٢٥٫٢٠٠٫٠٠٠ كالوري)

thermal (*adj.*) حَرارِيّ

thermal absorption (Phys.) إمْتِصاصُ الحَرارة

thermal activation (Phys.) تَنشيطٌ حَرارِيّ

thermal alarm (Phys.) نَذيرٌ حَرارِيّ

thermal alkylation (Chem. Eng.) أَلْكَلةٌ حَرارِيَّة

thermal analysis (Chem. Eng.) تَحليلٌ حَرارِيّ

thermal anisotropy (Geol.) التَّبايُنُ الحَرارِيّ

thermal balance (Phys.) إتِّزانٌ حَرارِيّ

thermal battery (Phys.) بَطَّارِيَّةٌ حَرارِيَّة • بَطَّارِيَّةُ مُزدَوِجاتٍ حَرارِيَّة

thermal black (Pet. Eng.) أَسْوَدُ الكَرْبُون • سِناجٌ حَرارِيّ: يُحَضَّرُ بالاحتِراقِ غَيْرِ التَّامّ للمُنْتُوجاتِ البترولِيَّة

thermal breakdown (Elec. Eng.) إنهِيارٌ حَرارِيّ: إنهِيار (العَزْل) بالحَرارةِ الذَّاتِيَّة

thermal capacity (Phys.) السَّعةُ الحَرارِيَّة

theodolite

thermal circuit breaker (Elec. Eng.) قاطِعُ دائرةٍ حَرارِيّ

thermal coefficient (Phys.) مُعامِلٌ حَرارِيّ

thermal conductivity المُوَصِّلِيَّةُ الحَرارِيَّة

thermal conductor (Phys.) مُوَصِّلٌ حَرارِيّ

thermal content (Chem. Eng.) المُحتَوَى الحَرارِيّ: في وَحدةٍ من الوَقود

thermal convection (Phys.) الحِمْلُ الحَرارِيّ • الإصعادُ الحَرارِيّ

thermal cracking (Pet. Eng.) التَّكسيرُ الحَرارِيّ
(Geol.) التَّشَقُّقُ الحَرارِيّ • الانفِلاقُ الحَرارِيّ

thermal cracking unit (Pet. Eng.) وَحدةُ التَّكسيرِ الحَرارِيّ

thermal cut-out (Elec. Eng.) قاطِعٌ حَرارِيّ

thermal decomposition (Chem.) التَّحَلُّلُ الحَرارِيّ • الإنحِلالُ بالحَرارة

thermal deformation (Eng.) تَشَوُّهٌ حَرارِيّ

thermal diffusion (Phys.) إنتِشارُ الحَرارة

thermal diffusivity (Phys.) مُعامِلُ الانتِشارِ الحَرارِيّ

thermal dispersion (Phys.) تَشَتُّتُ الحَرارة

thermal dissipation (Phys.) تَبديدُ (أو تَبَدُّدُ) الحَرارة

thermal dissociation (Chem. Eng.) تَفَكُّكٌ حَرارِيّ • تَفَكُّكٌ بالحَرارة

thermal drive (Pet. Eng.) الدَّفْعُ الحَرارِيّ • دَفْعُ الزَّيتِ بالطَّريقةِ الحَرارِيَّة

thermal drop feed oiler (Eng.) مِزْيَتةٌ قَطَّارةٌ بضابِطٍ حَرارِيّ

thermal efficiency (Eng.) الكِفايةُ الحَرارِيَّة

thermal energy (Phys.) طاقةٌ حَرارِيَّة

thermal engine (Eng.) مُحَرِّكٌ حَرارِيّ

thermal equilibrium (Phys.) تَوازُنٌ حَرارِيّ

thermal expansion (Phys.) تَمَدُّدٌ حَرارِيّ

thermal expansion coefficient (Phys.) مُعامِلُ التَّمَدُّدِ الحَرارِيّ

thermal fatigue (Eng.) الكَلالُ الحَرارِيّ

thermal flow سَرَيانُ الحَرارة

thermal gradient (Phys.) مَمالٌ حَرارِيّ • تَدَرُّجٌ حَرارِيّ

thermal influence تأثيرُ الحَرارة

thermal instability (Phys., Chem.) عَدَمُ استِقرارٍ حَرارِيّ • تَحَلُّلٌ بالحَرارة

thermal insulation (Eng., Phys.) عَزْلٌ حَرارِيّ

thermal load (Phys., Eng.) حِمْلٌ حَرارِيّ: إجهادُ التَّمَدُّدِ (أو التَّقَلُّص)

thermal loss (Eng.) فَقْدٌ حَرارِيّ

thermal lubricator مُزَلِّقٌ حَرارِيّ

thermal metamorphism (Geol.) التَّحَوُّلُ الحَرارِيّ • التَّحَوُّلُ بالحَرارة

thermal method (Pet. Eng.) طَريقةُ الدَّفعِ الحَرارِيّ: دفعُ النَفطِ بحَريقٍ مَوْضِعِيّ داخِلَ المَكْمَن

thermal oiler مِزْيَتةٌ حَرارِيَّة

thermal polymerization (Chem. Eng.) بَلْمَرةٌ حَرارِيَّة

thermal power station (Eng.) مَحَطَّةٌ حَرارِيَّةٌ لتَوليدِ القُدْرة

thermal process (Chem. Eng.) طَريقةٌ حَرارِيَّة

thermal properties (Chem. Eng.) خَصائصُ حَرارِيَّة

thermal radiation (Phys.) إشعاعٌ حَرارِيّ – حَرارةٌ مُشِعَّة

thermal reactor (Phys.) مُفاعِلٌ (نَوَوِيٌّ) حَرارِيّ

thermal reformates (Pet. Eng.) ألمُهَذَّباتُ الحَرارِيَّة

thermal reforming (Pet. Eng.) التَّهذيبُ الحَرارِيّ

thermal reforming unit (Pet. Eng.) وَحْدَةُ تَهذيبٍ حَرارِيّ

thermal relay (Elec. Eng.) مُرَحِّلٌ حَرارِيّ

thermal requirements (Eng.) الاحتِياجاتُ (أو المُتَطَلَّباتُ) الحَرارِيَّة

thermal resistance (Elec. Eng.) مُقاوَمةٌ حَرارِيَّة

thermal resistivity (Phys.) المُقاوِمِيَّةُ الحَرارِيَّة

THE
470

thermoforming units

thermal shield (Phys.) دِرْعٌ حَرارِيٌّ : لوقايةِ جُدرانِ المُفاعِلِ النَّوَوِيّ الخارجيَّة

thermal spectrum (Phys.) طَيْفٌ حَرارِيّ

thermal spring (Geol.) حَمَّة • يَنْبُوعٌ حارّ

thermal stability (Chem. Eng.) الاستِقراريَّةُ الحَرارِيَّة • الثَّباتُ للحَرارة

thermal stability test (Chem. Eng.) إختِبارُ الاستِقْراريَّةِ الحَرارِيَّة • إختِبارُ الثَّباتِ الحَرارِيّ

thermal station (Elec. Eng.) مَحطَّةٌ حَرارِيَّة (لتَوليدِ القُدرة)

thermal stress (Phys.) إجهادٌ حَرارِيّ

thermal transmission (Phys.) إنفاذُ الحَرارة • مُعَدَّلُ النَّفاذِ الحَرارِيّ

thermal transmittance (Phys.) مُعامِلُ الإنفاذِ الحَرارِيّ • المُنافَذَةُ الحَرارِيَّة

thermal treatment (Chem. Eng.) مُعالَجةٌ حَرارِيَّة

thermal trip (Elec. Eng.) مُرَحِّلُ إعتاقٍ حَرارِيّ • نَبيطَةُ إعتاقٍ حَرارِيَّة

thermal unit (Phys.) وَحْدَةٌ حَرارِيَّة

thermal unit, British (Eng.) الوَحْدَةُ الحَرارِيَّةُ البَريطانيَّة (تُعادِلُ ٢٥٢ كالوري)

thermal utilization factor (Eng.) عامِلُ الانتِفاعِ الحَرارِيّ

thermal value (Chem. Eng.) القِيمةُ الحَرارِيَّة : وَحَداتُ الحَرارةِ في وَحْدَةِ الوَزْنِ من الوَقود

thermal value test (Eng.) إختِبارُ (تَحديدِ) القِيمةِ الحَرارِيَّة

thermal yield (Eng.) النَّاتِجُ الحَرارِيّ

thermel (Eng.) ثِرْمِل : ترمومتر بمُزدَوِجةٍ حَرارِيَّة

thermic (*adj.*) حَرارِيّ

thermic drilling (Civ. Eng.) الحَفْرُ (أو الثَّقْبُ) الحَرارِيّ

thermie (Phys.) ثِرْمي : مِليون كالوري

thermion (Phys.) ثِرْمِيُون : أيُونٌ حَرارِيٌّ تُطلِقُه المادَّةُ المُتَوَهِّجة

thermionic converter (Phys.) مُحَوِّلٌ ثِرمِيُوني : يُحَوِّلُ الحَرارةَ إلى طاقةٍ كهربائيَّةٍ مُباشَرةً

thermionic emission (Phys.) إبتِعاثٌ ثِرمِيُونيّ

thermistor (Elec. Eng.) ثِرمِسْتُور : مُقاوِمٌ ذُو مُعامِلِ مُقاوَمةٍ حَرارِيٍّ كَبير سالِب (تَقِلُّ مُقاوَمَتُهُ بارتِفاعِ الحَرارة)

thermite (or **thermit**) (Eng.) ثِرْميت : مَزيجُ لِحامٍ (شَديدُ الاحتِراق) من مَسحوقِ الألومنيوم وأُكسيدِ الحَديد

thermit(e) weld(ing) (Eng.) لِحامٌ بالثِّرْميت

thermochemical (*adj.*) كِيميائيٌّ حَرارِيّ

thermochemistry (Chem.) الكِيمياءُ الحَرارِيَّة

thermocompressor (Eng.) ضاغِطٌ حَرارِيّ

thermocontact (*n.*) تَلامُسٌ حَرارِيّ

thermocouple (Elec. Eng.) مُزدَوِجةٌ حَرارِيَّة — ترمومتر بمُزدَوِجةٍ حَرارِيَّة

thermocouple instrument (Elec. Eng.) جِهازُ قِياسٍ بمُزدَوِجةٍ حَرارِيَّة

thermocouple thermometer = thermel (Phys.) تِرمومتر بمُزدَوِجةٍ حَرارِيَّة

thermoduric (*adj.*) صامِدٌ للحَرارة • مُقاوِمٌ للحَرارة

thermodynamic (*adj.*) (Phys.) دِيناميٌّ حَرارِيّ

thermodynamic concentration (Chem. Eng.) التَّركيزُ الدِّيناميُّ الحَرارِيّ

thermodynamic equilibrium (Phys.) التَّعادُلُ الدِّيناميُّ الحَرارِيّ

thermodynamic metamorphism (Geol.) تَحَوُّلٌ دِيناميٌّ حَرارِيّ

thermodynamic potential (Chem., Phys.) جُهْدٌ دِيناميٌّ حَرارِيّ

thermodynamics (Phys.) الدِّيناميَّاتُ الحَرارِيَّة

thermoelectric (*adj.*) كهربائيٌّ حَرارِيّ

thermoelectricity (Phys.) الكهربائيَّةُ الحَرارِيَّة

thermoelectric pyrometer (Elec. Eng.) بَيْرومِتر كهربائيٌّ حراريّ

Thermofor catalytic cracking (Pet. Eng.) التَّكسيرُ المُحَفَّزُ الثِّرْموفُوري: تَكسيرٌ بالحافِزِ المُتَحَرِّك

Thermofor catalytic reforming (Pet. Eng.) التَّهذيبُ المُحَفَّزُ الثِّرْموفُوري: من ابتِكارِ شَرِكةِ سُوكُوني فاكيُوم

Thermofor kiln (Pet. Eng.) قَمينٌ ثِرْموفُوري : لمُعالَجةِ التُّرابِ المُستَعْمَلِ في عَمَليَّاتِ التَّكرير

thermoforming unit (Pet. Eng.) وَحْدَةُ التَّهذيبِ الحَرارِيّ

thermogalvanic corrosion (Eng.) تَحاتٌّ غَلْفانيٌّ حَرارِيّ : تَحاتٌّ كِيماوِيٌّ كهربائيّ لاختِلافِ دَرَجاتِ الحَرارة

thermograph مُسَجِّلُ الحَرارة • مِرْسَمَةُ تَغَيُّرِ دَرَجاتِ الحَرارة

thermohydrometer (Phys.) مِسْيَلٌ (هَيدرومتر) حَرارِيّ : مُعَدَّلٌ لتَلافي خَطَأِ تَغَيُّرِ الكَثافةِ بتَغَيُّرِ دَرَجةِ الحَرارة

thermojunction مَوْصِلٌ حَرارِيّ: مُلتَقَى سَطْحَيِ المُزدَوِجةِ الحَرارِيَّة

thermolabile (*adj.*) (Chem. Eng.) يَنحَلُّ بالحَرارة • غَيْرُ ثابتٍ عِندَ التَّسخين

thermoluminescence (Phys.) التَّأَلُّقُ الحَرارِيّ

thermolysis (Chem. Eng.) الانحِلالُ بالحَرارة • التَّحَلُّلُ الحَرارِيّ

thermomechanical (*adj.*) مِيكانيكِيٌّ حَرارِيّ

thermometamorphism (Geol.) التَّحَوُّلُ الحَرارِيّ

thermometer (Phys.) تِرمُومتر • مِحَرّ • مِحرار • مِقياسُ (أو مِيزانُ) الحَرارة

thermometer, alcohol تَرمُومتر كُحوليّ

thermometer, bimetallic (Phys.) تِرمُومتر بشَريحةٍ ثُنائيَّةِ المَعدِن

thermometer bulb بَصَلَةُ التِّرمومتر • بُصَيْلَةُ التِّرمومتر

thermometers

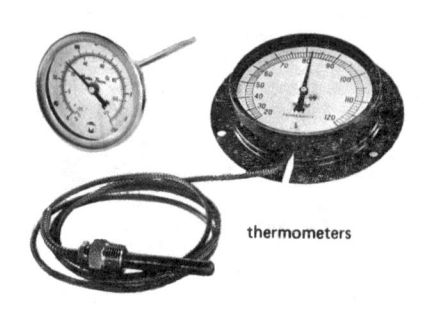

THI
471

thermopile set

thermometer calibration تدريجُ التِّرمومِتر

thermometer, maximum and minimum (Phys.) مِقياسُ نِهايَتَي الحَرارةِ العُظمى والصُّغرى

thermometer, mercury تِرمومِتر زِئبَقيّ

thermometer stem ساقُ التِّرمومِتر

thermometric hydrometer مِسيَلٌ تِرمومِتريّ : هيدرومتر مُعَدَّلٌ لتَلافي خَطأ تَغَيُّرِ الكَثافةِ بتَغَيُّرِ دَرَجةِ الحَرارة

thermometric scale (Phys.) مِقياسٌ حَراريّ

thermometry (Phys.) قِياسُ دَرَجةِ الحَرارة • التِّرمومِترية • قِياسُ الحَرارة

thermophore (Eng.) ثِرموفور • ناقِلٌ حَراريّ – لَيِّنةُ تَسخينٍ كهربائيّ

thermopile (Phys.) عَمودٌ حَراريّ • ثِرمويِيل

thermoplastic (*adj.*) لَدْنٌ بالحَرارة

(*n.*) لَدِينةٌ حَرارِيّة : مادّةٌ لَدْنةٌ بالحَرارة

thermoplasticity اللُّدونةُ الحَرارِيّة

thermoplastic resins (Chem. Eng.) راتينجات تَلَدَّنُ بالتَّسخين

thermoplastics (Chem. Eng.) اللَّدائنُ الحَرارِيّة

thermoregulator (Chem., Phys.) مُنَظِّمٌ حَراريّ

thermos (bottle) (Phys.) تِرمُوس • كَظيمة: قارُورةُ حِفظِ الحَرارة

thermoscope (Phys.) تِرمُسكوب • مِكشافٌ حَراريّ

thermosetting (*adj.*) صَلْدٌ بالحَرارة • يُصَلَّدُ بالتَّسخين

thermosetting plastics (Chem. Eng.) لَدائنُ تَصلُد بالتَّسخين

thermosetting resins (Chem. Eng.) راتينجاتٌ تَصلُدُ بالتَّسخين

thermosiphon (Eng.) مَثْعَبٌ حَراريّ (لتَبريدِ المُحَرِّك)

thermostability (Chem. Eng.) الاستِقرارِيّةُ الحَرارِيّة : الاستِقرارِيّةُ عند التَّسخين

thermostable (*adj.*) (Chem. Eng.) مُستَقِرٌّ (أو ثابِتٌ) عند التَّسخين • لا يَنحَلُّ بالحَرارةِ (المُعتَدِلةِ الارتِفاع)

thermostat (Eng., Phys.) ثِرموسْتات • مُثَبِّتٌ أوتوماتيٌّ لِدَرَجةِ الحَرارة

thermostatic control (Eng.) تَحَكُّمٌ ثِرموسْتاتيّ

thermostatic regulator (Eng.) مُنَظِّمٌ ثِرموسْتاتيّ

thermostatic throttle valve (Eng.) مِخنَقٌ ثِرموسْتاتيّ • صِمامُ خَنقٍ ثِرموستاتيّ

thermostress (Eng.) إجهادٌ حَراريّ (لاختِلافِ دَرَجةِ الحَرارةِ أو اختِلافِ مُعامِلِ التَّمَدُّدِ الحَراريّ)

thermoswitch (Elec. Eng.) مِفتاحٌ (كهربائيٌّ) حَراريّ

thermoviscosity (Pet. Eng.) اللُّزوجةُ الحَرارِيّة

thick (*adj.*) ثَخين سَميك كَثيف غَليظُ القِوام

thick bed (Geol.) طَبَقةٌ سَميكةٌ (أو ثَخينة)

thicken (*v.*) ثَخُنَ • غَلُظَ • تَعَقَّدَ • غَلَّظَ (القِوامَ)

thickened emulsion مُستَحلَبٌ مُغَلَّظٌ (أو ثَخين)

thickened oil (Pet. Eng.) زَيتٌ مُغَلَّظُ القِوام

thickener (*n.*) (Chem. Eng.) مُغَلِّظ • مُكَثِّفُ القِوام • مادّةٌ مُغَلِّظة

thickening (*n.*) تَغَلُّظُ القِوام • تَغليظ • تَكثيف • تَثخين

thickening additives (Pet. Eng.) إضافاتُ تَثخينٍ (لتَغليظِ القِوام)

thickening agent (Chem. Eng.) عامِلُ تَغليظٍ (أو تَثخين) • مادّةٌ مُغَلِّظة

thickening time (Chem. Eng.) زَمَنُ التَّغَلُّظ: المُدّةُ اللّازِمةُ لتَغَلُّظِ القِوام

thickening time test (Civ. Eng.) اختِبارُ مُدّةِ التَّغَلُّظ : لِتَقديرِ قابِلِيّةِ الإسمَنتِ لِلضَّخّ

thicket (*n.*) حَرَجةٌ صَغيرة • أَجَمة • دَغَل

thick-film lubrication (Eng.) التَّزليقُ بغِشاءٍ كَثيف

thick grease شَحمٌ غَليظُ القِوام

thick mud طِينٌ غَليظُ القِوام • رَزَغةٌ كَثيفة

thickness (*n.*) ثَخانة • سَماكة • سُمْك • غِلَظ • ثِخَن

thermostat

thickness gauge (Eng.) مُحَدِّدُ قِياسِ الثَّخانة

thick oil زَيتٌ غَليظُ القِوام

thick plate لَوحٌ ثَخين

thick seam (Geol., Mining) طَبَقةٌ ثَخينة

thick walled (*adj.*) ثَخينُ الجُدران

thick well (Pet. Eng.) بِئرٌ سَميكةُ الطَّبَقةِ المُنتِجة

thief (*n.*) لِصٌّ – خَلّاس

(Pet. Eng.) مَأخَذُ (أو مَخلَسُ) عَيِّنات – نَبيطةُ أَخذِ (أو خَلسِ) العَيِّنات

thief formation (Pet. Eng.) تَكوينٌ خَلّاس: تَكوينٌ سَرِبٌ يَتَشَرَّبُ سائلَ الحَفر

thief hatch (Pet. Eng.) فُتحةُ (خَلسِ) العَيِّنات : لِفَحصِها

thief oil (Pet. Eng.) زَيتُ العَيِّنات • زَيتُ الخُلاصة : المَسحوبُ من صَهاريجِ التَّخزينِ للفَحص

thief rod (Pet. Eng.) أُنبوبُ (خَلسِ) العَيِّنات : سَحّاحةٌ طَويلةٌ لِسَحبِ العَيِّناتِ الصِّهريجيّةِ من أَعماقٍ مُختَلِفة

thief sand (Pet. Eng.) رَملٌ خَلّاس : رَملٌ مَساميٌّ يَتَشَرَّبُ سائلَ الحَفر

thief zone location (Pet. Eng.) تَحديدُ النِّطاقاتِ السَّرِبة (أو الخَلّاسة)

thimble (*n.*) كُشتُبان – حَلْقة • عُروة – كُمٌّ مُباعِدة

thin (*adj.*) رَقيق • رَفيع • نَحيل – قَليل • خَفيف – رَقيقُ القِوام

(*v.*) رَقَّقَ • خَفَّفَ • رَقَّ – قَلَّ • نَحَلَ • أَنحَلَ

thin bed (Mining, Geol.) طَبَقةٌ رَقيقة

thin down (*v.*) رَقَّ • رَقَّقَ • تَرَقَّقَ

thindown (*n.*) (Phys.) تَرَقُّقُ (الإشعاع)

thin-film lubrication التَّزليقُ بغِشاءٍ رَقيق

thinned مُرَقَّق • مُخَفَّف

thinner (*n.*) مُخَفِّف • مُرَقِّق

(Chem. Eng.) مُرَقِّقُ القِوام – مُخَفِّفُ الصِّبغ

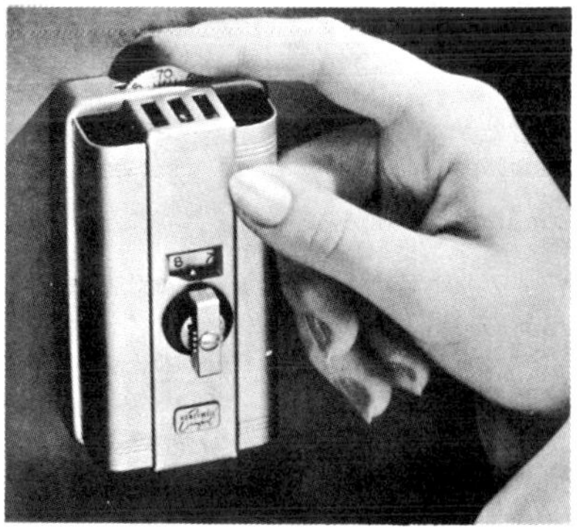

thinner (Pet. Eng.) مُخَفِّفُ اللُّزوجة : مُقْتَطَعٌ بترولِيٌّ مُتطايِرٌ يُضافُ إلى الطِّلاء لِتَرقيقِ قَوامِه

thinning (*n.*) تَرَقُّق • تَرقيق

thinning agent (Chem. Eng.) عامِلُ تَرقيقٍ (أو تَخفيف)

thin oil (Pet. Eng.) زَيتٌ رَقيقُ القَوام

thin out (*v.*) نَحُلَ • رَقَّ • وَهُنَ • رَقَّقَ • خَفَّفَ • أَنْحَلَ

thin plate شَريحةٌ رَقيقة • لَوحٌ رَقيق

thin walled (*adj.*) رَقيقُ الجُدران

thio- (or. **thi-**) بادِئَةٌ بمَعْنَى: كِبريت• كِبريتِيّ

thioalcohol = mercaptan (Chem.) كُحولٌ كِبريتِيّ • مَرْكَپْتان

thioether (Chem.) أَثيرٌ كِبريتِيّ

Thiokol (Civ. Eng.) ثِيُوكُول : ضَرْبٌ مِنَ المَطّاطِ الاصطِناعِيّ

thiol (Chem.) كُحولٌ كِبريتِيّ

thiophene (Pet. Eng.) ثِيُوفين

thiosulphate (Chem.) ثِيُوسُلفات • ثِيُوكِبريتات

third gear (Eng.) السُّرعَةُ الثّالِثة

third party الفَريقُ الثّالِث • الغَيْر

third-party insurance تأمينٌ ضِدَّ الغَيْر

third party risks مَخاطِرُ الغَيْر

third speed (Eng.) السُّرعَةُ الثّالِثة

thirl (*n.*) (Mining) سَرَبٌ بَيْنَ حَفيرَتَيْن
(*v.*) عَدَّنَ ما بين الحَفيرَتَيْن

thistle funnel (Chem.) قِمْعٌ سِنانِيّ : يَنْتَهي بأُنبوبٍ رَفيعٍ طَويل

thixotropy (*n.*) (Chem. Eng.) تَسَيُّل (القَوامِ الهُلامِيّ) بالرَّجّ

tholeite (Geol.) ثُوليت : صَخرٌ بُركانِيٌّ بازَلتِيٌّ دَقيقُ الحُبَيْبات

Thomas converter (Met.) مُحَوِّلُ «تُوماس»: لإنتاجِ الفُولاذ

Thomas process = basic Bessemer process (Met.) طَريقَةُ «تُوماس» : لِصُنعِ الفُولاذِ الخالي من الفُسفور

Thomas steel = basic Bessemer steel (Met.) فُولاذُ «تُوماس»

thoria (Chem.) ثُورْيا : أُكسيدُ الثُّوريُوم

thorite (Min.) ثُورايْت : سِليكات الثُّوريُومِ الطَّبيعيَّة

thorium (Th) (Chem.) الثُّوريُوم : عُنصُرٌ فِلِزِّيٌّ مُشِعٌّ رَمْزُهُ (ثو)

thoroughfare (*n.*) مَسْلَك • طَريق – مُرور • عُبور

thoroughfare hole ثَقْبٌ سالِكٌ (أو نافِذ)

thou = mil (Eng.) مِل : جُزءٌ من أَلف من البُوصة

thousands fine نِسْبَةُ النَّقاوةِ في الأَلف

thread (*n.*) خَيط – خَطٌّ لَونِيٌّ رَفيع
(Eng.) سِنُّ اللَّوْلَب • حَزُّ اللَّوْلَب • لَوْلَبة
(Mining) عِرقٌ رَفيع
(*v.*) نَظَمَ في خَيطٍ أو سِلك – لَوْلَبَ • سَنَّنَ أو حَزَّزَ اللَّوْلَب

thread-base fatigue (Eng.) كَلالُ جَذرِ اللَّوْلَبة

thread brush فُرشاةُ أسنانِ اللَّوْلَب

thread chaser (Eng.) مِمْشَطُ أسنانِ اللَّوْلَب

thread crest (Eng.) قِمَّةُ السِّنّ

thread cutting (Eng.) قَطعُ الأَسنان • تَحزيزُ أسنانِ اللَّوْلَب • قَلْوَظة

thread depth عُمقُ السِّنّ

thread dope (Eng.) دِمامُ أسنانِ اللَّوْلَبةِ (لِمَنْعِ السُّروب)

threaded (*adj.*) مُلَوْلَب • مُسَنَّن

threaded casing (Eng.) غِلافٌ مُلَوْلَب – تَغليفٌ بالأنابيبِ المُلَوْلَبة

threaded connection وُصْلَةٌ مُلَوْلَبة

thread gauge (Eng.) مُحَدِّدُ قِياسِ الأَسنان

threading (*n.*) (Eng.) لَوْلَبة • تَحزيزُ الأَسنان • قَلْوَظة

threading die (Eng.) لُقْمَةُ لَوْلَبة

threading tap (Eng.) ذَكَرُ لَوْلَبة

thread lubricant مُزَلِّقُ أسنانِ اللَّوالِب

thread pitch (Eng.) خُطوَةُ السِّنّ

thread protector (Eng.) واقِيَةُ أسنانِ اللَّوْلَب

thread root (Eng.) جَذرُ اللَّوْلَبة

threads per inch سِنٌّ (لَوْلَبةٍ) في البُوصة

three-dimensional (*adj.*) ثُلاثِيُّ الأَبعاد • مُجَسَّم

three-dimensional map (Geog.) خَريطةٌ مُجَسَّمة

threefold ثُلاثِيّ – ثَلاثةُ أَضعاف

three-jaw chuck (Eng.) ظَرْفٌ ثُلاثِيُّ الفُكوك

three-legged derrick (Eng.) بُرجُ (حَفرٍ) ثُلاثِيُّ القَوائم

three-mile zone مِنطَقةُ الأَميالِ الثَّلاثة : المِياهُ الإقليميَّةُ للدَّولة

three-phase (*adj.*) ثُلاثِيُّ الأَطوار • ثُلاثِيُّ الطَّوْر

three-phase (current) motor (Elec. Eng.) مُحَرِّكٌ (بِتَيّارٍ) ثُلاثِيِّ الأَطوار

three-pin plug (Elec. Eng.) قابِسٌ ثُلاثِيُّ الأَصابِع

three-ply (*adj.*) ثُلاثِيُّ الطَّبَقات • ثُلاثِيُّ الطّاق

three-pole derrick (Civ. Eng.) بُرجٌ ثُلاثِيُّ الأَعمِدة

three-pronged chuck (Eng.) ظَرْفٌ ثُلاثِيُّ الشُّعَب

three-sheave block (Eng.) بَكّارةٌ ثُلاثيَّةُ البَكَرات

three-stage (*adj.*) ثُلاثِيُّ المَراحِل

three-strand rope حَبلٌ ثُلاثِيُّ الجَدائِل

three-way bit (Civ. Eng.) لُقمَةٌ ثُلاثيَّةُ الأَنصال

three-way cock (Eng.) مِحبَسٌ ثُلاثِيُّ المَسالِك

three-wing bit (Civ. Eng.) لُقمَةٌ ثُلاثيَّةُ الأَنصال

threshold (*n.*) عَتَبة • مَدخَل • مُستَهَلّ • بَدْء
(Phys.) مَشرِف • مَبْدَى

threshold reaction temperature (Chem. Eng.) دَرَجةُ حَرارةِ التَّفاعُلِ المَشرِفيَّة

threshold value (Elec. Eng.) قِيمةٌ مَشرِفيَّة

threshold voltage (Elec. Eng.) فُلطيَّةُ المَشرِف • فُلطِيَّةُ المَبْدَى

thribble (*adj.*) ثُلاثِيّ • مُضاعَفٌ ثَلاثَ مَرّات
(*n.*) ثالُوث • مَجموعةٌ ثُلاثيَّة

thribble board (Civ. Eng.) مِنَصَّةٌ (تَعليقِ) المَجموعاتِ الثُّلاثيَّة

thribble platform (Eng.) مِنَصَّةٌ ثُلاثيَّة

throat (*n.*) حُلقُوم • حَلق – حَنجَرة
(Eng.) حَلق : مَخنَق • عُنُق – مَجازٌ ضَيِّق

throatable nozzle (Eng.) مِنفَثٌ انضِباطِيُّ الحَلْق

throttle (*n.*) (Eng.) مِخنَق • مِخنَقة • خانِق • صِمامٌ خانِق • (فَراشةُ تَضييق)
(*v.*) خَنَقَ • ضَيَّقَ (المَجرى) • تَحَكَّمَ بالمِخنَق

throttle calorimeter (Eng.) مِسعَرٌ خانِق : لِقياسِ كَمِّيَّةِ الماءِ في البُخار

throttle valve (Eng.) خانِق • صِمامٌ خانِق

throttle valve

TIL
473

throttling (*n.*) (Eng.) خَنْق • تَضْيِيق ـ تَخفيفُ الضَّغْطِ بالخَنْق
through bar (Eng.) قَضيبٌ مُسْتَعْرِضٌ نافِذ ـ قَضيبٌ مُباعِد
through bolt (Eng.) مِسمارٌ مُلَوْلَبٌ نافِذ • بُرغي تَجميع
through circuit دائرةٌ تامَّة
through hole ثَقْبٌ نافِذ
throughput (Pet. Eng.) الدَّفْقُ العابِر • الصَّبيب • الخرجُ العابِر (من الأنابيب)
throughput capacity (Eng.) سَعةُ الصَّبيب: سَعةُ السَّفْطِ في مِضَخَّةِ الطَّرْدِ المَرْكَزِيّ
throw (*v.*) رَمَى • قَذَفَ • أَلْقَى • طَرَحَ ـ أَزاحَ • حَرَّكَ (عَتَلَةَ التَّعشيق)
(*n.*) رَمْيَة • قَذْفَة • حَذْفَة ـ مَدَى • شَوْط
(Eng.) مِرْفَق ـ شَوْطُ المِرْفَق • حَذْفَةُ الكامَة
(Geol.) إزاحةٌ رأسِيَّة • رَمْيَة
throw into gear (*v.*) عَشَّقَ (التُّرُس)
throw of eccentric (Eng.) حَذْفَةُ القُرْصِ اللَّامُتَمَرْكِز
throw-off (*n.*) (Eng.) فَصْل • فَكّ (التَّعشيق)
(*v.*) إنْحَرَفَ • حَرَفَ • أَمالَ
throw of fault (Geol.) رَمْيَةُ الصَّدْع • رَمْيَةُ الفَلْق: مَسافَةُ الإزاحةِ الرَّأسِيَّةِ للطَّبَقاتِ على جانِبَي الصَّدْع
throw of pump (Eng.) شَوْطُ المِضَخَّة
thrust (*v.*) دَفَعَ • أَقْحَمَ • غَرَزَ • دَسَرَ • ضَغَطَ
(*n.*) دَفْعَة • دَفْع • دَسْر
(Mech.) قُوَّةُ الدَّسْرِ أو الدَّفْعِ أو الضَّغْط
thrust ball-bearing (Eng.) مَحْمِلُ كُرَيَّاتٍ دَفْعِيّ
thrust bearing (Eng.) مَحْمِلٌ دَفْعِيّ
thrust borer (Civ. Eng.) مِثْقَبٌ دَسْرِيّ
thrust collar (Eng.) جُلْبَةٌ دَفْعِيَّة • طَوْقٌ دابِر
thrust decay (Eng.) تَلاشِي الدَّفْع
thrust fault (Geol.) صَدْعُ الدَّسْر
thrust horsepower (Eng.) القُدْرَةُ الحِصانِيَّةُ الدَّفْعِيَّة
thrust load (Eng.) حِمْلٌ دَفْعِيّ (أو مِحْوَرِيّ)
thrust pad (Eng.) مِصْدَم • مُخَمِّدَةُ الصَّدْم • لَيِّنَةُ صَدّ
thrust piston (Eng.) كَبّاسٌ دَفْعِيّ
thrust plane (Eng.) مُسْتَوَى الدَّفْع • مُسْتَوَى الدَّسْر

thrust fault

thrust rod (Eng.) ساعِدُ دَسْر
thud (*n.*) رَطْمَة • خَبْطَة ـ صَوتٌ مَكْتُوم
(*v.*) إرْتَطَمَ (مُحدِثاً صَوْتاً مَكْتُوماً)
thulium (Tm) (Chem.) الثُّولْيُوم: عُنْصُرٌ فِلِزِّيٌّ نادِرٌ رَمزُه (ثل)
thumb bolt بُرغي يُشَدُّ بالإبْهام
thumbscrew (Eng.) مِسمارٌ مُلَوْلَبٌ يُشَدُّ بالإبْهام
thumbtack (*n.*) دَبُّوسُ رَسْم • مِسمارُ خَرائِط: يُغْرَزُ بالإبْهام
thump (*v.*) رَطَمَ • خَبَطَ • دَقَّ بِصَوتٍ مَكْتُوم
(*n.*) رَطْمَة • خَبْطَة
thumper (*n.*) (Geophys.) رَطّامَة: شاحِنَةُ إسقاطٍ ارتِطامِيٍّ لإحداثِ رَجَفاتٍ زَلْزَلِيَّةٍ إستِكشافِيَّة
thumping (*n.*) رَطْم • خَبْطٌ أو دَقٌّ كَتِيمُ الصَّوْت
thunder (*n.*) (Meteor.) رَعْد ـ قَصْفٌ أو هَزِيمُ الرَّعْد
(*v.*) رَعَدَ • أَرْعَدَ • قَصَفَ • دَوَّى
ticket (*n.*) تَذْكِرة ـ بِطاقَة • رُقْعة
tickle (*v.*) نَغَزَ • دَغْدَغَ • وَخَزَ بِلُطْف
(Eng.) أَغْرَقَ المُكَرْبِن
(*n.*) وَخْزٌ خَفِيف • دَغْدَغة
tickler (*n.*) نَغّاز ـ وَضْعٌ حَرِج
(Eng.) زِرُّ إغراقِ المُكَرْبِن
tidal (*adj.*) مَدِّيٌّ جَزْرِيّ • مُتَعَلِّقٌ بالمَدِّ والجَزْر
tidal basin (Geog.) حَوْضُ المَدِّ والجَزْر
tidal dock (Civ. Eng.) حَوْضُ الجُنوح: حَوْضٌ يَتَساوَى فيه مُستَوَى الماءِ مع مُسْتَوَى الماءِ الخارِجِيّ
tidal gravity (Geophys.) جاذِبِيَّةُ المَدِّ والجَزْر: تَراوُحُ الجاذِبِيَّةِ بفِعلِ المَدِّ والجَزْر
tidal movements (Geol.) حَرَكاتُ المَدِّ والجَزْر

tidal range مَدَى المَدِّ والجَزْر
tide (*n.*) المَدّ • المَدُّ والجَزْر
tide gauge (Civ. Eng.) مِقياسُ المَدِّ والجَزْر
tide, high المَدّ • ذُرْوَةُ المَدّ
tideland أرض (يَغمرُها) المَدّ
tideland area مِنطَقَةُ المَدّ
tide, low الجَزْر • أَقْصَى الجَزْر
tie (*v.*) عَقَدَ • قَيَّدَ ـ رَبَطَ • ثَبَّتَ • شَدَّ
(*n.*) عُقْدَة • رَبْطَة ـ رِباط • صِلَة
(Civ. Eng.) شَدّادَة • عُضْوُ شَدّ • عارِضَة
tie bar = tie rod (Civ. Eng.) قَضيبُ رَبْطٍ أو شَدّ • شَدّاد
tie-beam (Civ. Eng.) عَتَبَةُ شَدٍّ أو تَثْبيت
tie-bolt (Eng.) مِسمارُ رَبْطٍ أو تَجميع
tie-in platform (Pet. Eng.) مِنَصَّةُ تَجميعِ الإنتاج
tie-up (*n.*) تَوَقُّف • تَعَطُّل (السَّيْرِ أو العَمَل)
tight (*adj.*) مَشْدُود • مُتَوَتِّر ـ ضَيِّق ـ مَسِيك • سَدُود • كَتِيم • مُحْكَمُ السَّدّ ـ مُتَماسِك • وَثِيق
tight coupling (Elec. Eng.) تَقارُنٌ وَثِيق
(Eng.) وَصْلٌ مُحكَم
tighten (*v.*) شَدَّ • وَتَّرَ • ضَيَّقَ • زَنَقَ • إشْتَدَّ • تَوَتَّرَ ـ أَحْكَمَ الرَّبْط
tightening screw (Eng.) لَوْلَبُ زَنْق
tightening wedge إسفِينُ زَنْق
tight fit (Eng.) تَوافُقٌ مُحكَم
tight formation (Geol.) تَرْكِيبٌ كَتِيم (غَيرُ مُنفِذ)
tight hole = tight well (Pet. Eng.) بِئرٌ مَكتُومَةُ (أو سِرِّيَّةُ) الإنتاج
tight joint وُصْلَةٌ مَسِيكَة (أو كَتِيمة)
tightness test (Eng.) إختِبارُ الكُتُوم • إختِبارُ المَسِيكِيَّة
tight pulley بَكَرَةٌ ثابِتَة
tight riveting (Eng.) بَرْشَمَةٌ مُحكَمَة
tight sand (Geol.) رَملٌ مُتَماسِك • رَملٌ قَلِيلُ النَّفاذِيَة
tight sandstone (Geol.) حَجَرٌ رَمْلِيٌّ مُتَماسِك
tight side (of a belt) الجانِبُ المَشْدُودُ (من السَّيْر)
tight well (Pet. Eng.) بِئرٌ مَكتُومَةُ الإنتاج: بِئرٌ أَوَّلِيَّةٌ تُحفَظُ نَتائِجُها سِرِّيَّة
tile (*n.*) قِرمِيدَة • آجُرَّة ـ بَلاطَة
(*v.*) غَطَّى بالقِرمِيدِ أو البَلاط
tile jacket دِثارٌ قِرمِيدِيّ
tile ore (Min.) قِرمِيدٌ خام ـ كُوبْرايت أَحْمَرُ قِرمِيدِيّ

TIL
474

tilting of strata

tilery (n.)	مَعْمَلُ قِرْميد
till (v.)	حَرَثَ ٠ فَلَحَ
(n.) (Geol.)	حَرِيثٌ (أو طَفَلٌ) جَليديّ
tillite = till (Geol.)	صَخْرٌ حَرِيثيّ ٠ طَفَلٌ جَليديّ مُتَصَلِّب
tilt (v.)	أمالَ ٠ مَيَّلَ ٠ مالَ ٠ إنْحَدَرَ
(n.)	إمالة ٠ مَيْل ٠ إنحِدار
tilting (n.)	مَيْل – إمالة
(adj.)	مائِل ٠ مُنْحَدِر – قَلَّاب
tilting cart (Civ. Eng.)	عَرَبَةٌ قَلَّابة
tilting furnace (Met.)	فُرْنٌ قَلَّاب : يُمكِن إمالَته لتَفْريغِه
tilting gate (Eng.)	بَوَّابَةٌ قَلَّابة
tilting mixer (Civ. Eng.)	خَلَّاطةُ (إسْمَنْتٍ) قَلَّابة
tilting of interface (Geol.)	مَيْلُ سَطْحِ التَّماسّ
tilting of strata (Geol.)	مَيْلُ الطَّبَقات
tilt meter	مِقياسُ المَيْل ٠ كلينومِتر
timber (n.)	خَشَب ٠ أخْشاب – أشْجارٌ مَقْطوعة
(v.)	كَسا (أو دَعَّمَ) بالألواحِ الخَشَبيَّة
timbering (n.)	ألواحٌ خَشَبيَّة ٠ تَخْشِيب ٠ دَعْم (جَوانِبِ) (Civ. Eng.) الحَفْرِ بالألواحِ – تَغْطِيةٌ بالألواحِ الخَشَبيَّة
timber prop	دِعامةٌ خَشَبيَّة
timberwork	مَصْنوعاتٌ خَشَبيَّة
time (n.)	وَقْت ٠ زَمَن – أَجَل ٠ أَوان ٠ مَوْعِد – تَوْقيت – مَرَّة
(v.)	وَقَّتَ ٠ ناغَمَ أو ضَبَطَ بالميقات
(adj.)	مَوْقوت ٠ زَمَنيّ
time break = shot instant (Geophys.)	لَحْظةُ التَّفْجير الرَّجْفيّ : إنقِطاعٌ زَمَنيّ في سِجِلِّ المِرْجَفة
time chart	مُخَطَّطٌ زَمَنيّ
time charter	إسْتِئْجارٌ زَمَنيّ
time correlation (Geol.)	تَرابُطٌ زَمَنيّ
(Geophys.)	مُضاهاةٌ زَمَنيَّة لِسِجِلَّات المِرْجَفات
time cut-out (Elec. Eng.)	قاطِعٌ زَمَنيّ
timed (adj.)	مَوْقوت
time-deformation curve (Geophys.)	مُنْحَنى (بَيان العَلاقة بين) التَّشَوُّه والزَّمَن
time-delay (n.)	تَعَوُّقٌ زَمَنيّ ٠ إعاقةٌ زَمَنيَّة
time-delay mechanism (Eng.)	آليَّةُ إعاقةٍ زَمَنيَّة
time-delay switch (Eng.)	مِفْتاحُ تَعَوُّقٍ مَوْقوت
time-depth curve (Eng.)	مُنْحَنى (العَلاقةِ) بَيْنَ العُمْقِ والزَّمَن
timed injection (Eng.)	حَقْنٌ مَوْقوت
time-distance curve (Phys.)	مُنْحَنى (العَلاقة) بين المَسافةِ والزَّمَن
time factor = time element	عامِلٌ زَمَنيّ ٠ عامِلُ الزَّمَن
time fuse (Eng.)	صِمامةٌ زَمَنيَّة
timekeeper (n.)	مُسَجِّلُ الوَقْت ٠ مُوَقِّت – ساعة ٠ ميقات
time lag	تَخَلُّفٌ زَمَنيّ
time lead	سَبْقٌ زَمَنيّ
time limit	حَدٌّ (أو تَحديدٌ) زَمَنيّ
timely (adj.)	مُناسِب ٠ في حينِه
time-meter = hour-counter	عَدَّادٌ ساعيّ
timepiece (n.)	ساعة ٠ ميقات
timer (n.)	مُوَقِّت – ميقات ٠ ساعةُ تَوْقيت
time-rate = time wage	الأجْرُ الزَّمَنيّ
time-recorder	ساعةُ الدَّوام – مُسَجِّلُ الوَقْت
time-saver (adj., n.)	مُوَفِّرُ الوَقْت
time section	قِطاعٌ زَمَنيّ
time-setting (n.)	مُعايَرةُ التَّوْقيت ٠ ضَبْطُ الوَقْت
time-sheet	صَحيفةُ الدَّوام
time switch (Eng.)	مِفْتاحٌ كَهْرَبائيٌّ زَمَنيّ
timetable (n.)	جَدْوَلُ مَواقيت
time work (n.)	الشُّغْلُ الزَّمَنيّ ٠ العَمَلُ المَأْجورُ زَمَنيَّاً
timing (n.)	تَوْقيت ٠ تَسْجيلُ الوَقْت ٠ قِياسُ الوَقْت ٠ ضَبْطُ الوَقْت ٠ إختيارُ الوَقْت – فاصِلٌ زَمَنيّ
(Eng.)	ضَبْطُ تَوْقيتِ الصِّمامات
timing circuit (Eng.)	دائرةُ تَوْقيت
timing device (Eng.)	نَبْطةُ تَوْقيت
timing gear (Eng.)	جِهازُ مُوَقِّت
timing mechanism (Eng.)	آليَّةُ تَوْقيت
timing of ignition (Eng.)	تَوْقيتُ الاشتِعال
timing valve (Eng.)	صِمامُ تَوْقيت
Timken film strength test (Pet. Eng.)	إختِبارُ المَتانةِ الغِشائيَّةِ لِ «تِمْكِن»
Timken lubricant tester (Pet. Eng.)	جِهازُ «تِمْكِن» لاختِبار المُزَلِّقات : على ضَغْطٍ عالٍ
Timken wear test (Eng.)	إختِبارُ البِلى لِ «تِمْكِن»
tin = stannum (Sn) (Chem.)	القَصْدير ٠ التَّنَك : عُنصُرٌ فِلِزِّيٌّ رَمْزُه (ق)
(n.)	عُلْبة ٠ صَفيحة
(v.)	قَصْدَرَ ٠ طَلى بالقَصْدير – عَلَّبَ
tin alloys (Met.)	سَبائكُ القَصْدير
tin-bronze (Met.)	برُونْزٌ قَصْديريّ
tincal = tinkal (Min.)	تِنْكال : بُوَرَقٌ خام
tinder (n.)	صُوفان ٠ عُطْبةٌ سَريعةُ الالتِهاب
tinfoil (Met.)	رَقائقُ القَصْدير – صَفيحةُ قَصْدير
tinge (n.)	لَوْنٌ خَفيف – أَثَر
(v.)	لَوَّنَ بخِفَّة – شابَ
tin hat	خُوذة
tin-lined (adj.)	مُبَطَّنٌ بالقَصْدير
tinman = tinner (or tinsmith) (n.)	صَفَّاح ٠ سَمْكَريّ
tinned (adj.)	مَطْليٌّ بالقَصْدير – مُعَلَّب
tinning (n.)	قَصْدَرة ٠ طِلاءٌ بالقَصْدير – تَعْليب
tin-plate (n.) (Met.)	صاجٌ مَطْليٌّ بالقَصْدير ٠ صَفيحةٌ (فُولاذيَّة) مُقَصْدَرة
(v.)	طَلى بالقَصْدير
tin-plating (Met.)	الطِّلاءُ بالقَصْدير
tin pyrites (Min.)	بيريتُ القَصْدير
tin solder (Eng.)	لِحامٌ قَصْديريّ
tinspar (or tinstone) = cassiterite (Min.)	حَجَرُ القَصْدير
tint	لَوْنٌ خَفيف – دَرَجةُ اللَّوْن
tintometer (Chem. Eng.)	مِلْوان ٠ مِقياسُ التَّلَوُّن (بالمُقارَنة)

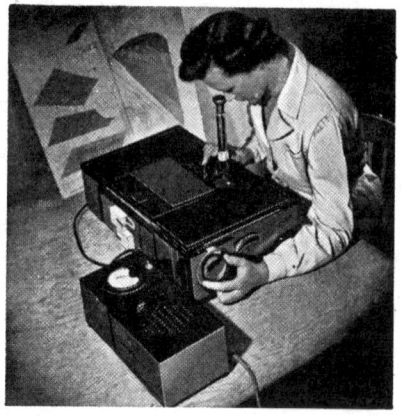

tintometer

tip (*n.*) طَرَف • حَرْف • نِهايَةٌ مُستَدِقَّة ـ رأس • قِمّة ـ خَفْقَة • نَقْرَةٌ خَفيفة ـ إمالَة • مَيلان ـ فِكْرَة • تَلْميحٌ مُوَجَّه
(*v.*) مالَ • أمالَ • قَلَبَ • إنْقَلَبَ ـ أَسَّلَ الطَّرَف • رَكَّبَ طَرَفاً • أَلْقَمَ ـ نَقَرَ بِرِفْقٍ

tip-bucket (*n.*) (Civ. Eng.) سَطْلٌ قَلَّاب

tip cart (*n.*) (Civ. Eng.) عَرَبَةٌ قَلَّابة

tipper (*n.*) قَلَّابة • شاحِنَةٌ قَلَّابة

tipping bucket (Civ. Eng.) سَطْلٌ قَلَّاب

tipping furnace (Met.) فُرْنٌ قَلَّاب

tipping lorry (or **truck**) شاحِنَةٌ قَلَّابة

tipple (*n.*) مَقْلَب : مَكانُ تَفريغِ الشَّاحِناتِ القَلَّابة

tip wagon عَرَبَةٌ قَلَّابة

tire (*v.*) أَتْعَبَ • أَنْهَكَ • تَعِبَ • كَلَّ ـ أطَّرَ • وَضَعَ إطاراً مَطَّاطِيّاً لِ
(*n.*) عِصابة • طَوْق
= tyre إطار • عَجَلةٌ من المَطَّاط • إطارُ الدُّولابِ الخارِجيّ أو الدَّاخِليّ)

tire cement (Chem. Eng.) لَصُوقٌ (مَطَّاطيٌّ) للإطارات

tire gauge مِقياسُ نَفْخِ الإطارات

tireless (*adj.*) لا يَتْعَب • لا يَكِلُّ

tire tread نَعْلُ الإطار

tire valve صِمامُ (نَفْخِ) الإطار

T-iron (or **tee iron**) (Civ. Eng.) حَديدٌ تائيٌّ (مَقْطَعُه بشَكلِ **T**)

tissue (*n.*) نَسيج

titan crane (Civ. Eng.) مِرْفاعٌ جَبَّارٌ (للأثقالِ الزَّائدةِ عن ٥٠ طنّاً)

titaniferous (*adj.*) حاوٍ التِّيتانيُوم

titanite = sphene (Min.) تَيْتَنايت: سِليكاتُ الكالسيوموالتيتانيُومعالحَديدِ أو المنغنيز

titanium (**Ti**) (Chem.) التِّيتانْيُوم : عُنْصُرٌ فِلِزّيّ رَمْزُه (تي)

titanium steel (Met.) فُولاذُ التِّيْتانيُوم

titer (or **titre**) (*n.*) (Chem. Eng.) عِيار • عِيارٌ حَجْمِيّ

titer test (Chem. Eng.) إختِبارُ مُعايَرَةٍ (بالتَّحليلِ الحَجْميّ)

titrate (*v.*) عايَرَ (بالتَّحليلِ الحَجْميّ) • قاسَ بالمُقارَنةِ مع مَحلولٍ عِياريّ

titration (*n.*) (Chem. Eng.) مُعايَرَةٌ بالتَّحليلِ الحَجْميّ • مُعايَرَةٌ كِيماويَّة

titration, electrometric (Pet. Eng.) مُعايَرَةٌ إلِكْتروِمتريَّة

titre = titer (Chem.) عِيارٌ حَجْميّ ـ دَرَجةُ التَّركيزِ المُقَدَّرَةُ بالمُعايَرَة

toggle jointed cutter

toggle

titrimetric analysis (Chem. Eng.) التَّحليلُ الكَمِّيُّ بالحَجْم

titrimetry (*n.*) (Chem. Eng.) التَّحليلُ (أو القِياسُ) بالمُعايَرَة

T-joint (Eng.) وُصلةٌ تائيَّة (بشَكلِ**T**)

TNT (**trinitrotoluene**) تِ نْ تِ : ثالِثُ نِتْريت التولَوِين الشَّديدُ التَّفَجُّر

Tobin bronz (Met.) برُونز «تُوبِن» : برُونزٌ صامِدٌ لماءِ البَحْر

toe (*n.*) إصْبَعُ القَدَم ـ طَرَفٌ أماميّ
(Civ. Eng.) مُرتَكَزُ جِدارِ الدَّعْم
(Eng.) مُرتَكَزٌ مَخْمِليّ
(*v.*) دَقَّ المِسمارَ مائِلاً ـ ثَبَّتَ بِمِسمارٍ مائِل

toe-board لَوحُ ارتِكاز

toe crack (Eng.) شَقٌّ مَوْصِليٌّ (بينَ اللِّحامِ والمَعْدِنِ الأساسيّ)

toe-dog (Eng.) مِصَدٌّ طَرَفيّ

toe-in تَقارُبُ العَجَلتَيْنِ الأماميَّتَيْنِ (في السَّيَّارة)

toe of weld (Eng.) مَوْصِلُ اللِّحامِ بالمَعْدِن

toggle (*n.*) رُكْبَة • عَتَلَةٌ مَفصِليَّة ـ وُصْلَةٌ مَفصِليَّة ـ مِسمارُ عُرْوَة
(*v.*) وَصَّلَ مَفْصِليّاً

toggle brake (Eng.) مِكْبَحٌ مِفْصَلِيٌّ(او رُكْبِيّ)

toggle joint = knee joint (Eng.) وُصْلَةٌ مَفْصِلِيَّة • وُصلَةٌ رُكْبِيَّة

toggle jointed cutter (Eng.) قَطَّاعةُ أَسلاكٍ مَفْصِليَّة

toggle lever press (Eng.) مِكْبَسٌ بعَتَلَةٍ مَفصِليَّة

tolerable limits (Eng.) حُدودُ التَّفاوُتِ المَسمُوح

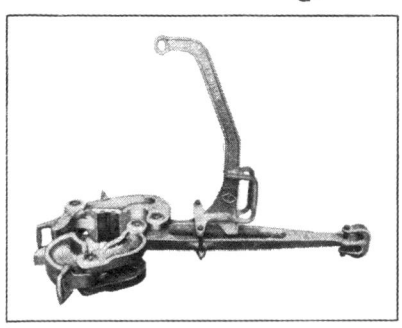

tongs

tolerance (*n.*) إحتِمال • إطاقَة • تَسامُح
(Eng.) التَّسامُح • التَّفاوُتُ المَسْمُوحُ (أو المُحْتَمَل)

toll (*n.*) رَسْم • ضَريبة
(*v.*) جَبَى رَسماً (أو ضَريبةً) على

toll bar حاجِزُ (تَحصيلِ) الرُّسُوم

toll office مَكْتَبُ تَحصيلِ الرُّسُوم

toluene = toluol (Chem.) تُولَوِين

toluidine (Chem.) تُولُوِيدِين

tolylene di-isocyanate (Chem.) ثاني أيسُوسَيانات التولَوِلين

tombac (or **tomback**) (Met.) تُمبَك : سَبيكَةٌ من النُّحاسِ والزِّنك

tombul (*n.*) عَرَبَةٌ قَلَّابة

tommy bar (Eng.) عَتَلَةُ تَدْوِير

ton (*n.*) طُنّ : في انكلترا ٢٢٤٠ باوْنداً وفي أمريكا ٢٠٠٠ باوْند
(or **freight ton**) (Naut.) طُنّ حُمُولة: وَحْدَةُ حَجْمٍ في تَحميلِ السُّفُنِ تُساوِي ٤٠ قَدَماً مُكَعَّبة

tonalite (Geol.) تُوناليت : صَخرٌ بُركانيٌّ خَشِنُ الحُبَيْبات

tone (*n.*) نَغْمة • طَبقَةُ الصَّوْت ـ لَهْجَة ـ دَرَجَةُ اللَّون • دِخْلَة
(*v.*) نَغَّمَ • عَدَّلَ (النَّغْمَةَ) ـ لَوَّنَ

tong (*v.*) إلْتَقَطَ (بمِلقَط)

tongs (*n.*) مِلْقَط • كُلَّابَة • كَلْبَتان
(Eng.) مِلْقَط • مِلْقاطُ أَنابيب

tongs, chain مِلْقاطُ أنابيب : مِفتاحُ رَبْطٍ ذو سِلسِلَةٍ لرَبْطِ الأنابيب

tongue (*n.*) لِسان ـ لِسانُ تَعْشِيق

using the tongs to make a drill-pipe connection

TON
476

tongue (v.)	لَسَّنَ ، عَقَّقَ بِلِسانٍ وَنَقَر
tongue and groove joint	وُصْلَةُ حَرٍّ ولِسانٍ
ton, long	طُنٌّ انكليزي: يُساوي ٢٢٤٠ باونداً (حوالى ١٠١٦ كيلوغراماً)
ton, metric (or tonne)	طُنٌّ مِتْري: يُساوي ١٠٠٠ كيلوغرام
tonnage (n.)	الطُّنِّيَّة: الحُمولة بالطُنِّ أو الوَزْنُ بالطُنّ
tonnage, gross	حُمولة قائمة
tonnage, net	حُمولة صافية
tonnage rent (Mining)	الإتاوةُ الطُّنِّيَّة: ما يُستوفى مِن الرُّسومِ على كُلِّ طُنٍّ يُعدَّن مِن منطقة الامتياز
tonne = metric ton	طُنٌّ مِتْري
ton, short	طُنٌّ أمريكي: يُساوي ٢٠٠٠ باوند (حوالى ٩٠٧ كيلوغرامات)
tool (n.)	عُدَّة ، أداة ، آلة ، وَسيلة
(v.)	زَوَّدَ بالعُدَد أو الأدوات
tool box (or chest)	صُندوقُ عُدَّة ، عُلْبةُ أدوات
tool car	عَرَبَةُ العُدَّة
tool carriage (Eng.)	حاضِنُ عُدَّةِ القَطْع
tool dresser	عامِلُ تَهْيِئةِ العُدَدِ (وتَنْظيفِها)
tool extractor (Civ. Eng.)	مُسْتَخْرِجُ الأدواتِ (السَّاقِطةِ في البِئْر)
tool, fishing (Civ. Eng.)	عُدَّةُ التِقاطِ (الأدواتِ السَّاقِطةِ في البِئر)
tool grab (Civ. Eng.)	كَبّاشُ الأدوات (السَّاقِطة في البِئر)
tool grinder	جَلَّاخَةُ العُدَد ، مُجلِّخُ العُدَد
tool holder	مِمْسَكُ العُدَد
tool house	مُستودَعُ العُدَد
tooling (n.)	صُنْعُ العُدَد ، تَزْويدٌ بالعُدَدِ اللازمة
(Eng.)	تَشكيلٌ بالقَطْع (لا بالتَّجليخ)
tool-joint (Civ. Eng.)	وُصْلَةُ ساقِ المِثْقَب
tool kit	صُندوقُ (أو كِيسُ) عُدَّة
tool pusher (Pet. Eng.)	مُراقِبُ الحَفْر
tool rack	رَفُّ العُدَّة
tools	عُدَد ، مُعِدَّات ، أدوات
tool shop	وَرْشَةُ العُدَد
tooth (n.)	سِنٌّ ، ضِرْس ، نُتوء
(Eng.)	سِنٌّ (التِّرْس أو المِنْشار) ، حَزّ
(v.)	سَنَّنَ
toothed disc	قُرْصٌ مُسَنَّن
toothed-jaw wrench (Eng.)	مِلْوى مُسَنَّنُ الفَكَّين
toothed wheel (Eng.)	دولابٌ مُسَنَّن ، تِرْس
toothing (n.)	تَسْنين
tooth pattern (Eng.)	نَمَطُ التَّسْنين
top (n.)	قِمَّة ، غِطاء ، مَرْتَبَةٌ عُلْيا ، خُذْروف ، دُوَّامة
(v.)	فاقَ ، زادَ على ، عَنَّا حتى القِمَّة ، قَطَعَ القِمَّة ، غَطَّى القِمَّة
(Pet. Eng.)	قَطَفَ الخام: أزالَ مِنه الموادَّ المُتَطايرة
(adj.)	أعْلى ، عُلْوي ، فَوْقي ، قِمّي
top-cast (v.)	صَبَّ القالَبَ بالتَّعْبِئَةِ مِن فَوْق
top coat	الطَّبْقةُ العُلْيا (أو الفَوْقيَّة)
top condenser (Chem. Eng.)	مُكَثِّفٌ عُلْوي
top crust	القِشْرةُ العُلْيا
top dead-centre (Eng.)	النُّقْطةُ المَيْتةُ العُلْيا
top flange (Eng.)	شَفَةٌ عُلْوِيَّة
top frame (Civ. Eng.)	هَيْكَلٌ (أو إطارٌ) عُلْوي
topful(l) (adj.)	طافِح
top hanger	مِغْلاقٌ عُلْوي
top hoist	مِرْفاعٌ عُلْوي
top landing (Mining)	مِنَصَّةٌ عُلْوِيَّة (قُرْبَ المَدْخَل)
(Civ. Eng.)	مِنَصَّةُ تَثْبيت
	عُلْوِيَّة ، مِنَصَّةُ تَعْلِيقٍ عُلْوي
topographic(al) (adj.)	طوبوغرافي ، تَضاريسي
topographical contour map	خَريطة طوبوغرافيَّة سُمْكِيَّة ، خَريطةٌ مَنْسوبيَّة للتَّضاريس
topographical effects (Geol.)	التَّأثيرات الطُّوبوغرافيَّة
topographical engineer	مُهَنْدِسٌ طوبوغرافي
topographical interpretation	تَفْسيرٌ طوبوغرافي
topographic(al) landmarks	مَعالِم طوبوغرافيَّة
topographic(al) map	خَريطة طوبوغرافيَّة
topographic(al) survey (Surv.)	مَسْحٌ طوبوغرافي ، مِساحةٌ طوبوغرافيَّة
topographical surveyor	مَسَّاحٌ طوبوغرافي
topographic unconformity (Geol.)	تَخالُفٌ طوبوغرافي
topography (Geol.)	الطُّوبوغرافيَّة: الوَصْفُ أو التَّخْطيطُ التَّفصيليُّ للتَّضاريسِ والسِّماتِ السَّطْحيَّة ، التَّضاريسُ الطَّبيعيَّة
topped crude (Pet. Eng.)	خامٌ مَقْطوف: خامٌ نَفْطي أُزيلَت أجزاؤه المُتطايرة
topping (n.)	مَلْء ، تَعْبِئَة إلى القِمَّة
(Pet. Eng.)	قَطْفُ المَنْتوجاتِ المُتَطايرة

topping tower

(Civ. Eng.)	طَبَقةُ تَمْليطٍ فَوْقيَّة ، طَبَقةُ الرَّصْفِ الفَوْقيَّة
topping coat	طَلْيَةٌ فَوْقيَّة ، طَلْيَةُ التَّغْطِية
topping gasoline (Pet. Eng.)	بَنْزين القُطافة: بَنْزينُ القُطارة العُلْوِيَّة
topping plant (or unit) (Pet. Eng.)	وَحْدةُ قَطْفِ الخام: وحدة استِخْلاصِ الأجزاءِ المُتطايرة مِن النَّفْطِ الخام
toppings (or tops) (Pet. Eng.)	القُطافات النَّفْطيَّة ، المَنْتوجاتُ المُتَطايرة (العُلْوِيَّة)
topping tower (Pet. Eng.)	بُرْجُ استِقْطاف: لاستِخْلاصِ القُطافات النَّفْطيَّة المُتَطايرة
topping up	اسْتِكْمالُ التَّعْبِئَة: إكْمالُ تَعْبِئَةِ (الخَزَّانِ أو البَطَّاريَّةِ) للمُسْتَوى الأعْلى
topple (v.)	إنْقَلَبَ ، سَقَطَ ، قَلَبَ
top plug (Civ. Eng.)	سِطامٌ عُلْوي (للبِئر)
top pressure (Pet. Eng.)	الضَّغْطُ العُلْوي
top quality	نَوْعِيَّةٌ أُولى أو عُلْيا
tops (Pet. Eng.)	قُطافةٌ نَفْطيَّة ، القُطارة المَقْطوفة (قَبْلَ أن تُكَرَّر)
top-set beds (Geol.)	طَبَقاتُ القِمَّة ، الطَّبَقاتُ العُلْوِيَّة
topside	الجانِبُ الأعْلى
topsoil (Geol.)	التُّرْبةُ الفَوْقيَّة (أو السَّطْحيَّة)
top up (v.)	أفاضَ ، طَفَّفَ ، مَلأَ إلى القِمَّة
top view	مَنْظَرٌ عُلْوي (أو فَوْقي)
top water (Geol.)	ماءٌ قِمّي أو فَوْقي
tor (n.) (Geol.)	نُتوءٌ صَخْري مَخْروطي

torque wrench

torbanite (Min.)	طُوَرْبانيت : طَفَلٌ زَيتيٌّ مَساميٌّ غنيٌّ بالموادِّ الكربونيّة
torch (n.)	شُعْلَة ٠ مِشْعَل ٠ مِصْباح – حِمْلاج
torch brazing (Eng.)	لِحامٌ بالحِمْلاج
torch cutting (Eng.)	قَطْعٌ بالحِمْلاج
torch, cutting (Eng.)	حِمْلاجُ قَطْع
torch hardening (Met.)	تَصْليدٌ (سَطحيٌّ) بالحِمْلاج
tornado (Meteor.)	تُورْنادُو ٠ نافورةٌ مائيّة ٠ إعصارٌ دُوَاميٌّ
torpedo (n.)	طُورْبيد : قَذيفةُ نَسْفٍ ذاتيّةُ الانطلاق
(v.)	نَسَفَ بالطُّوربيد
torque (n.) (Mech.)	عَزْمُ اللَّيِّ ٠ عَزْمُ الدَّوَران – مُزْدَوِجةُ التَّدوير
torque arm (Mech.)	ذراعُ عَزْمِ اللَّيِّ
torque converter (Eng.)	مُحَوِّلُ عَزْمِ اللَّيِّ
torque gauge (or meter) (Eng.)	مِقياسُ عَزْمِ اللَّيِّ
torquemeter (Eng.)	مِقياسُ عَزْمِ اللَّيِّ
torque wrench (Eng.)	مِلْوى رَبْطٍ باللَّيِّ : ذو عَزْمِ لَيٍّ مُعايَر
torr (Phys.)	تُور : وَحدةُ ضَغْطٍ جَوِّيٍّ تُعادِلُ ضَغْطَ مليمتر واحد من الزّئبق
torrefy (or torrify) (Mining)	حَمَّصَ بالحَرارة
torrent (n.)	سَيل – وابِل
torrential (adj.)	سَيْليٌّ – جارِف
torrential deposit (Geol.)	راسِبٌ سَيْليٌّ
torrid zone (Geog.)	مِنطقةٌ حارَّة
torsiograph (Eng.)	مِرْسَمةُ الاهتزازاتِ الالتوائيّة
torsio-meter (Eng.)	مِقياسُ الالتواء – مِقياسُ القُدرةِ المَنقولةِ بعَمودٍ دَوَّار
torsion (n.)	إلتواء ٠ لَيٌّ ٠ فَتْل
torsion(al) balance	ميزانٌ التوائيّ
torsional deflection (Mech.)	إنحرافٌ التوائيٌّ
torsional elasticity (Mech.)	مُرونةُ الالتواء
torsional fatigue (Met.)	كَلالٌ التوائيٌّ
torsional moment (Mech.)	عَزْمُ اللَّيِّ
torsional strain (Mech.)	إنفعالٌ التوائيٌّ
torsional strength (Eng.)	مُقاومةُ الالتواء
torsional stress (Mech.)	إجهادُ اللَّيِّ
torsional test (Eng.)	إختبارُ اللَّيِّ ٠ إختبارٌ بالليّ
torsion fault (Geol.)	صَدْعٌ التوائيٌّ
torsion meter (Eng.)	مِقياسُ الالتواء
torsion shear test (Eng.)	إختبارُ قَصٍّ باللَّيِّ
torsion spring (Mech.)	نابِضٌ التوائيٌّ
torsion viscosimeter (Phys.)	مِلْزاجٌ التوائيٌّ
torsion wire (Mech.)	سِلْكُ التواءٍ
tortuous flow (Hyd.)	دَفْقٌ مُضطرِب
torus = anchor ring	حَلْقةُ المِرساة : السَّطْحُ المُتَكَوِّنُ بدَوَرانِ دائرةٍ حَوْلَ مِحْوَرٍ في مُستواها لا يَتقاطَعُ وإيّاها
tossing (Mining)	تَنْقيةُ (الخامِ) بالرَّجيج
total (adj.)	كلِّيٌّ ٠ إجماليٌّ ٠ تامٌّ ٠ كامل
(n.)	مَجموع ٠ حاصِلُ الجَمْعِ ٠ جُملة
(v.)	بَلَغَ في مجموعِه
total acidity (Chem. Eng.)	الحُموضةُ الكلِّيّة
total acid number (Chem. Eng.)	العددُ الحَمْضيُّ الإجماليّ
total area	المِساحةُ الكلِّيّة
total base number (Chem. Eng.)	العَدَدُ القاعِديُّ الإجماليّ
total calorific value (Chem. Eng.)	القيمةُ الحَراريّةُ الكلّيّة
total current	التّيّارُ الكلِّيُّ
total depth (Pet. Eng.)	العُمْقُ الكلِّيُّ
total displacement (Geol.)	الإزاحةُ الكلِّيّة
total efficiency (Eng.)	الكِفايةُ الكلِّيّة
total energy (Phys.)	الطّاقةُ الكلِّيّة
total feed (Chem. Eng.)	اللَّقيمُ الإجماليّ (الأوَّليُّ والمُعادُ إمرارُه)
total hardness (Chem. Eng.)	العُسْرةُ الكلِّيّة : مَجموعُ المَوادِّ المُسبِّبةِ لعُسْرِ الماءِ الدّائمِ أو المُؤَقَّت
total head (Hyd.)	العُلوُّ الكلِّيُّ (فَوقَ مُسْتَوى الصَّرف)
total immersion test	الاختبارُ بالغَمْرِ الكلِّيّ
total immersion thermometer (Phys.)	ترمومتر كلِّيُّ الغَمر
total impulse	الدَّفْعُ الكلِّيُّ
totality (n.)	مَجموعٌ كلِّيٌّ ٠ الكلِّيّة
totalize (v.)	أجْمَلَ ٠ حَسَبَ المَجموعَ الكلِّيّ
totalizer = totalizator	حاسِبةُ المَجموع
total lift (Mech.)	جُهْدُ الرَّفْعِ الكلِّيّ
total loss (Eng.)	الفَقْدُ الكلِّيّ
totally enclosed machine (Eng.)	مَكَنةٌ كلِّيّةُ التَّغليف
total output (Eng.)	الخَرْجُ الكلِّيّ ٠ الإنتاجُ الكلِّيّ
total percent of ash (Chem. Eng.)	النّسبةُ المِئَويّةُ الكلِّيّةُ للرَّماد
total pressure (Eng.)	الضَّغْطُ الكلِّيُّ
total production (Eng.)	الإنتاجُ الكلِّيُّ
total recovery (Pet. Eng.)	المَرْدودُ الكلِّيُّ (للبِئر) : الكَمِّيّةُ الإجماليّةُ لِما اسْتُخْرِجَ من بِئرٍ مُعَيَّنة
total thrust (Eng.)	الدَّفْعُ الكلِّيُّ
total volume (Phys.)	الحَجْمُ الكلِّيُّ
totter (v.)	تَرَنَّحَ ٠ تَمايَلَ
touch (v.)	لَمَسَ ٠ مَسَّ ٠ لامَسَ ٠ تَماسَّ
(n.)	لَمْس ٠ مَسّ – لَمْسَة ٠ تَماسّ ٠ مَلْمَس
(Eng.)	شَحْمُ اللِّحام
touching up (n.)	تَهذيبٌ (باللَّمَساتِ الأخيرة) ٠ تَنْقيح
tough (adj.)	مَتين ٠ قَوِيّ ٠ صُلْب ٠ عاسٍ – عَسير ٠ شَديد ٠ عَنيف ٠ قاسٍ – لَزِج
(Met.)	عاسٍ : لَدْنٌ ومُقاوِمٌ للشَّدّ
tough digging (Pet. Eng.)	حَفْرٌ عَسير – صَخْرٌ قاسٍ

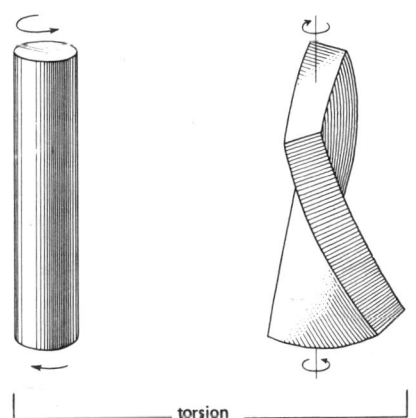

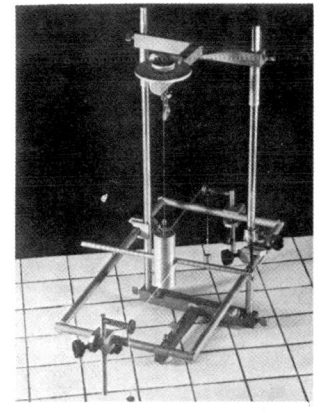

torsion

torsional balance

TOU
478

toughen (v.)	مَتَّنَ · صَلَّبَ · صَلُبَ · إِشْتَدَّ · عَسا – تَلَزَّجَ
tough ground	أَرْضٌ قاسِيَة
toughness (n.)	مَتانة · صَلابة · عُسُوّ – صُعوبة · شِدَّة · لُزوجة
	عُسُوّ : لَدانة ومَتانة (Met.)
tough steel (Met.)	فُولاذٌ صُلْب
tough way (Civ. Eng.)	إِتِّجاهُ الصَّخْرِ القاسِي (في أعمال الحَفْر)
tour (n.)	نَوْبةُ عَمَل – تَجْوال · جَوْلة · رِحْلة · سِياحة
(v.)	جالَ · طافَ
tour, evening	نَوْبةُ عَمَلٍ مَسائيَّة
tourmaline (Min.)	تُورْمالين : حَجَرٌ كَريم يَتَأَلَّفُ من سِيليكات البُورون والألومِنيوم
tour, morning	نَوْبةُ عَمَلٍ صَباحِيَّة
tournesol = litmus	طُرْنُشُول · عَبّادُ الشَّمْس
tourniquet (n.)	دَوّارة · مُدَوِّمةٌ ارتِكاسِيَّة
tour report (Pet. Eng.)	تَقْرِيرٌ عَنْ تَقَدُّمِ الحَفْر
tow (v.)	قَطَرَ · جَرَّ · سَحَبَ
(n.)	جَرّ · قَطْر – كَبْلُ الجَرّ – نُسالةُ أو مُشاقةُ الكَتّان
towage (n.)	قَطْر · جَرّ – رَسْمُ القَطْر
towboat	زَوْرَقُ قَطْر · سَفِينةُ جَرّ
tow car	عَرَبةُ قَطْر
towed (adj.)	مَقْطور
tower (n.)	بُرْج
(Pet. Eng.)	بُرْجٌ أو عَمودُ التَّكْرير
(v.)	إِرْتَفَعَ · حَلَّقَ
tower, atmospheric (Pet. Eng.)	بُرْج (تَقْطير) جَوّيّ
tower bottoms (Pet. Eng.)	مُخَلَّفاتُ (بُرْج) التَّقْطير
tower crane (Civ. Eng.)	مِرْفاعٌ بُرْجِيّ
tower, fractionating (Pet. Eng.)	بُرْجُ تَجْزِئة

tractor loader

tower gantry (Civ. Eng.)	إِنْشاءٌ قَنْطَرِيٌّ بُرْجِيّ
tower hand (or tower man) (Pet. Eng.)	عامِلُ حَفْر · أَحَدُ عُمّالِ مِنَصَّةِ بُرْجِ الحَفْر
tower line (Elec. Eng.)	خَطٌّ بُرْجِيٌّ : خَطٌّ لِنَقْلِ القُدْرَةِ تَحْمِلُهُ أَبْراجٌ فُولاذِيَّة
(Pet. Eng.)	خَطُّ البُرْج : خَطُّ أَنابِيبِ البُرْج
tower scrubber (Pet. Eng.)	بُرْجُ غَسْلِ (الغاز)
tower skirt (Pet. Eng.)	طَوْقُ تَثْبِيتِ البُرْج
tower still (Pet. Eng.)	مِقْطَرةٌ بُرْجِيَّة
towing rope = tow line	حَبْلُ القَطْر
tow motor	مُحَرِّكُ جَرٍّ أو قَطْر
town gas (Civ. Eng.)	غازُ المُدُن : غازُ الوُقودِ المَنْزِلِيِّ في المُدُن
township (n.) (Surv.)	مِنْطَقة : وَحْدَةُ مَساحةٍ تُعادِلُ ٣٦ مِيلاً مُرَبَّعاً
toxic (adj.)	سامّ · سُمِّيّ
toxicity (n.)	السُّمِّيَّة
T.P. (tubing pressure)	ضَغْطُ (خَطِّ) الأنابِيب
T.P.I. (threads per inch)	سِنٌّ في البُوصة
T.R. (temperature rise)	إِرْتِفاعُ دَرَجةِ الحَرارة
T.R. (temperature recorder)	مُسَجِّلُ دَرَجةِ الحَرارة
trabeated (adj.) (Civ. Eng.)	مُنْشَأٌ بِعَوارِضَ أُفُقِيَّة
trace (n.)	أَثَر – مِقْدارٌ ضَئيل
(v.)	تَرَسَّمَ · تَتَبَّعَ · تَعَقَّبَ · إِقْتَفى أَثَر – إِسْتَنْبَطَ · إِسْتَدَلَّ بِالأَثَرِ المُتَخَلِّف
trace elements (Chem. Eng.)	عَناصِرُ اسْتِشْفافِيَّة · الأَثَر (مُخالَطةٌ بِمِقْدارٍ ضَئيل)
trace knock (Eng.)	خَبْطٌ ضَئيل · دَقُّ الحَدِّ الأَدْنى
tracer (n.)	مُخَطِّط · رَسّام – مِرْسَمة
(Phys., Chem.)	عُنْصُرٌ اسْتِشْفافِيّ (لِتَتَبُّعِ عَمَلِيَّةٍ أو تَفاعُلٍ مُعَيَّن)
tracer, radioactive (Phys.)	كاشِفٌ إشْعاعِيّ · مُقْتَفٍ إشْعاعِيّ
traces of impurities	آثارُ الشَّوائِب : مَقادِيرُ ضَئيلةٌ مِنْها
traces of oil (Pet. Eng.)	آثارُ الزَّيْت · تَباشِيرُ الزَّيْت
trachyte (Geol.)	تْراكِيت : صَخْرٌ بُرْكانِيّ دَقِيقُ الحُبَيْبات
tracing (n.)	إِقْتِفاء – تَتَبُّع – إِسْتِشْفافُ الرَّسْم – رَسْمٌ اسْتِشْفافِيّ
tracing paper	وَرَقُ اسْتِشْفاف
track (n.)	سِكَّة · خَطٌّ حَديدِيٌّ (لِلقاطِرةِ أو مِرْفاع) – طَرِيق · دَرْب · مَسْلَك · مَسْرَب · مَسار · أَثَر · أَثَرُ المَسِير – المَسافةُ بَيْنَ خَطَّيِ السِّكَّة
(v.)	إِقْتَفى · تَعَقَّبَ · تَتَبَّعَ – تَرَكَ أَثَراً · عَلى – عَبَرَ · إِجْتازَ – مَدَّ (أو أَمْتَدَّتْ عَجَلاتُه) بِعَرْضٍ مُعَيَّن
track cable (Civ. Eng.)	كَبْلُ تَعْلِيق
tracked vehicle	عَرَبةٌ مُزَنْجَرة
track gauge	مِقْياسُ المَسافةِ بَيْنَ خَطَّيِ السِّكَّة
track haulage	نَقْلٌ بِالسِّكَكِ الحَدِيدِيَّة

atmospheric tower floated to site

TRA
479

tracklayer (n.)	جَرَّارَة
track-roll lubricant (Eng.)	شَحْم جَنازير الجَرَّارات
tract (n.)	قِطْعَةُ أَرْضٍ شاسِعَة – إِمْتِداد ، مُتَّسَع
traction (n.)	جَرّ ، سَحْب
traction engine (Eng.)	قاطِرَةُ جَرّ
traction hook (Eng.)	كُلَّابُ الجَرّ
traction rope (Civ. Eng.)	حَبْلُ الجَرّ (في خَطٍّ مُعَلَّق)
traction sheave (Eng.)	بَكَرَةُ سَحْبٍ (مُحَزَّزَة)
tractive effort (Eng.)	جُهْدُ الجَرّ
tractor (n.)	جَرَّار ، تْراكْتور
tractor engine	مُحَرِّكُ جَرَّارات
tractor fuel	وَقودُ جَرَّارات
tractor loader	جَرَّار مُحَمِّل
tractor shovel (Civ. Eng.)	جَرَّار بِمِجْراف
tractor vaporizing oil (Pet. Eng.)	زَيْت كيروسيني القاعِدَة للجَرَّارات
trade (n.)	تِجارَة ، مِهْنَة ، حِرْفَة ، صَنْعَة
(v.)	تاجَرَ ، بادَلَ
trade dispute	نِزاعٌ عُمَّالي
trademark	عَلامَةٌ تِجارِيَّة
trade name	إسْمٌ تِجاريّ
trade price = wholesale price	سِعْرُ الجُمْلَة
trade(s) union	نِقابَةُ عُمَّال ، إِتِّحادُ عُمَّال
traffic (n.)	حَرَكَةُ المُرور ، حَرَكَةُ السَّيْر ، مُرور ، نَقْل ، مَنْقولات ، تَعامُل ، مُعامَلَة ، تِجارَة
traffic control signals	إشاراتُ تَنْظيمِ المُرور
traffic lane (Civ. Eng.)	مَسْرَب ، مَمَرّ (أَو مَجاز) السَّيْر : مَمَرٌّ مُحَزَّزٌ عَرْضُهُ حَوالَى ثَلاثَةِ أَمْتارٍ لِمُرورِ خَطٍّ واحِدٍ مِنَ العَرَبات
traffic lights	إشاراتُ السَّيْرِ (الكَهْرَبائِيَّة) ، إشاراتُ السَّيْرِ الضَّوْئِيَّة
traffic line	خَطُّ مُرور ، خَطُّ سَيْر
traffic peak (Civ. Eng.)	ذُرْوَةُ حَرَكَةِ المُرور
traffic regulations	أَنْظِمَةُ (أَو قَوانينُ) السَّيْر
traffic sign (Civ. Eng.)	لَوْحَةُ إشاراتِ المُرور
traffic signal	إشارَةُ مُرورٍ ضَوْئِيَّة
traffic volume (Civ. Eng.)	حَجْمُ حَرَكَةِ السَّيْر
trail (n.)	أَثَر ، ذَيْل (مِنَ الدُّخانِ أَو الخُضْرَة) ، دَرْب ، مَمَرّ ، مَسْلَك
(v.)	تَعَقَّبَ ، إِقْتَفَى (الأَثَرَ) – جَرَّ ، جَرْجَرَ – خَلَّفَ ، تَخَلَّفَ
trailer (n.)	مَقْطورَة ، عَرَبَة مَقْطورَة
trailers (Geophys.)	تَوالي الرَّجْفَة : المَرْحَلَةُ الأَخيرَةُ لِلرَّجْفَةِ المُنْتَجَة
trailer tank	مَقْطورَةُ صِهْريج ، مَقْطورَةُ صِهْريجِيَّة
trailing (n.)	جَرّ ، سَحْب – تَعَقُّب ، إقْتِفاء
(adj.)	خَلْفيّ ، مُتَخَلِّف ، ذَيْليّ
trailing anode system (Elec. Eng.)	نِظامُ الأَنود الذَّيْلي : لِحِمايَةِ النَّاقِلاتِ النَّفْطِيَّة
trailing axle (Eng.)	المِحْوَرُ الخَلْفيّ
trailing cable (Elec. Eng.)	كَبْلٌ خَلْفيّ : كَبْلٌ مَعْزولٌ يَنْقُلُ القُدْرَة إلى مِرْفاع ، أَو ناقِلٍ كَهْرَبائيّ
trailing wheels	العَجَلاتُ (أَو الدَّواليبُ) الخَلْفِيَّة
trailmobile (Pet. Eng.)	مَقْطورَةٌ صِهْريجِيَّة
train (n.)	قِطار ، رَتَل ، قافِلَة – تَسَلْسُل ، سِلْسِلَة (Eng.) تُروسٌ مُتَسَلْسَلَة
(v.)	دَرَّبَ ، رَوَّضَ ، مَرَّنَ ، تَمَرَّنَ ، تَدَرَّبَ
trainee (n.)	مُتَدَرِّب ، شَخْصٌ تَحْتَ التَّدْريب
trainer (n.)	مُدَرِّب ، مُرَوِّض
training program	بَرْنامَجُ تَدْريب
train oil	زَيْتُ الحوت ، زَيْتُ القِدّ
tram (n.)	ترام (Mining) شاحِنَة صَغيرة
trammel (v.)	عاقَ ، قَيَّدَ
= trammels (n.)	فِرْجارٌ ذو عاتِق ، فِرْجارُ القَطْعِ النَّاقِص
trammer (n.) (Mining)	سائِقُ شاحِنَةٍ (في مَنْجَم)
trans-	بادِئَةٌ بِمَعْنَى : عَبْرَ ، ما وَراءَ ، ما بَعْدَ
transaction (n.)	تَعامُل ، مُعامَلَة (تِجارِيَّة) – عَمَلِيَّة ، صَفْقَة – إِنْجاز ، تَدْبير ، إِجْراء
Trans-Arabian Pipe-line Company (Tapline)	شَرِكَةُ خَطِّ الأَنابيبِ عَبْرَ البِلادِ العَرَبِيَّة (التَّابْلاين)
transaxle = transmission rear axle (Eng.)	المِحْوَرُ الخَلْفيّ لِنَقْلِ الحَرَكَة
transceiver (transmitter receiver) (Elec. Eng.)	مُرْسِلٌ مُسْتَقْبِل (مُشْتَرَكُ الصَّمَّامات)
transcold unit (Eng.)	وَحْدَةُ تَبْريد
transcript (n.)	نُسْخَةٌ طِبْقَ الأَصْل
transcurrent fault (Geol.)	صَدْعٌ عَرْضيّ
transducer (Elec. Eng.)	ناقِلُ طاقَة – مُحَوِّلُ طاقَة
transfer (v.)	نَقَلَ ، إِنْتَقَلَ ، حَوَّلَ ، تَحَوَّلَ ، غَيَّرَ ، أَحالَ ، بَدَّلَ
(n.)	نَقْل ، إِنْتِقال ، تَحْويل ، تَحَوُّل ، تَبْديل ، مُبادَلَة
transferable (adj.)	قابِلٌ لِلنَّقْلِ أَوِ التَّحْويل
transfer elevator (Eng.)	رافِعَةُ نَقْل
transference (n.)	نَقْل ، إِنْتِقال ، تَحْويل ، تَحَوُّل
transfer heater (Pet. Eng.)	سَخَّانٌ نَقَّاليّ : لِنَقْلِ الزَّفْتِ أَو تَفْريغِه
transfer line (Chem. Eng.)	خَطُّ التَّحْويل – خَطُّ النَّقْل
transfer-line temperature (Chem. Eng.)	دَرَجَةُ الحَرارة (القُصْوى) في خَطِّ التَّحْويل
transfer of heat (Phys.)	إِنْتِقالُ الحَرارة
transferred (adj.)	مَنْقول ، مُحَوَّل
transfer valve (Eng.)	صِمامُ تَحْويل
transform (v.)	حَوَّلَ ، غَيَّرَ ، تَحَوَّلَ ، تَغَيَّرَ
transformation (n.)	تَحْويل ، تَغْيير ، تَحَوُّر ، إِسْتِحالَة ، تَحَوُّل
transformation constant (Geophys.)	ثابِتُ التَّحَوُّل
transformation point (Met.)	نُقْطَةُ التَّحَوُّل ، دَرَجَةُ حَرارة التَّحَوُّل : دَرَجَةُ الحَرارة التي يَصْحَبُها تَحَوُّلٌ في تَرْكيبِ الفولاذ
transformation range (Met.)	مَدَى التَّحَوُّل (مَقيساً بِالدَّرَجات)
transformation temperature (Chem. Eng.)	دَرَجَةُ حَرارة التَّحَوُّل

trailmobile

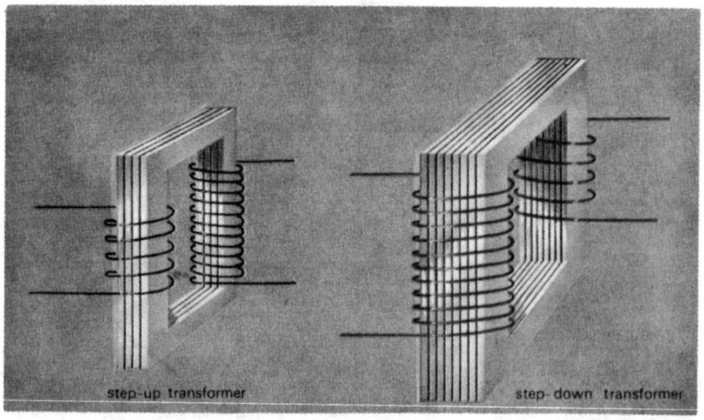

step-up transformer
step-down transformer

transformers

transformer (Elec. Eng.) مُحَوِّل • مُحَوِّلة
transformer oil زَيتُ مُحَوِّلات
transformer station (Elec. Eng.) مَحَطَّةُ تَحْوِيل
transformer, step-down (Elec. Eng.) مُحَوِّلُ خَفْض
transformer, step-up (Elec. Eng.) مُحَوِّلُ رَفْع
transformer substation (Elec. Eng.) مَحَطَّةُ تَحْوِيلٍ فَرعِيَّة
transformer switch مِفْتاحُ (فَصْلِ) المُحَوِّلات
transforming station (Elec. Eng.) مَحَطَّةُ تَحْوِيل • مَرْكَزُ تَحْوِيلِ فُلْطيَّةِ المَنْبَع
transfuse (*v.*) صَفَّقَ (السَّائلَ) • نَقَلَ بالتَّصْفِيق
transfusion (*n.*) نَقْل ـ صَفْق • تَصْفِيق
transgression (*n.*) إنْتِهاك • تَجاوُز
(Geol.) طُغْيانُ (البَحْر) • تَقَدُّمُ البَحْر
transhipment (*n.*) نَقْلٌ من سَفينةٍ إلى أُخرى
transient (*adj.*) عابِر • مُؤَقَّت • عارِض ـ زائِل
transient current (Elec. Eng.) تَيَّارٌ عابِر
transient fluid flow (Hyd.) دَفْقُ السَّائِلِ العابِر
transient state (Elec. Eng.) حالَةٌ عابِرة
(Phys., Chem.) حالَةٌ انتِقاليَّة
transistor (Elec. Eng.) تْرانزِسْتُور
transit (*n.*) مُرور • إنتِقال ـ نَقْلٌ عُبوريّ • (تْرانْزِيت)
(Surv.) عُبور • إجتِياز
(*v.*) عَبَرَ • إجْتَازَ
transit duty رَسْمُ عُبور • رَسْمُ مُرور
transit goods بِضاعَةُ مُرور • بِضاعَةٌ عابِرة
transition (*n.*) إنتِقال • تَحَوُّل
transitional (*adj.*) إنتِقاليّ
transitional period فَتْرَةٌ انتِقاليَّة
transition bed (Geol.) طَبَقةُ التَّحَوُّل
transition belt (Geol.) نِطاقُ التَّحَوُّل
transition elements (Chem.) عَناصِرُ تَحَوُّليّة • عَناصِرُ انتِقاليَّة
transition point (Chem., Phys.) نُقْطَةُ التَّحَوُّل
transition rocks (Geol.) صُخورٌ انتِقاليَّة • صُخورٌ تَحَوُّليَّة
transition temperature = **transition point** (Chem. Eng.) نُقطةُ التَّحَوُّل
transition zone مِنْطَقةٌ انتِقاليَّة
transitory (*adj.*) إنتِقاليّ • عابِر • مُؤَقَّت
transit theodolite (Surv.) تِيُودُولِيتٌ زَوالِيّ • مِزْواةٌ زَوالِيَّة • مِعْبار
transit time زَمَنُ العُبورِ (أو الاجتِياز)
translate (*v.*) تَرْجَمَ • نَقَلَ (من لُغةٍ إلى أُخْرَى) ـ أزاحَ • نَقَلَ (من مَكانٍ إلى مَكانٍ آخَر) • إنْتَقَلَ
translation (*n.*) تَرْجَمَة • نَقْل ـ إنْتِقال • إزاحَة
translational motion (Mech.) حَرَكةٌ انتِقاليَّة
translatory movement (Geol.) حَرَكةٌ نَقْلِيَّةٌ (أو إزاحِيَّة)
translocate (*v.*) نَقَلَ • غَيَّرَ المَوْضِع
translucence = **translucency** شُفُوفِيَّة • نِصْفُ شَفّافِيَّة
translucent (*adj.*) شَفٌّ • نِصفُ شَفّاف
translucid (*adj.*) نِصفُ شَفَّاف • شِبْهُ شَفَّاف
transmissibility (*n.*) المَنْقُولِيَّـــة • قابِلِيَّةُ الانتِقال
transmissibility coefficient مُعامِلُ المَنْقُولِيَّة
transmission (*n.*) نَقْل • إنتِقال ـ إنْفاذ • نَفـاذ
(Eng.) نَقْلُ الحَرَكة ـ آلِيَّةُ نَقْلِ الحَرَكة ـ تَحْوِيلُ أو تَبديلُ السُّرعة
(Elec. Eng.) إرسال ـ نَقْلُ القُدْرَةِ الكهربائيَّة
transmission, automatic (Eng.) نَقْلٌ أُوتوماتِيٌّ للحَرَكة
transmission case oil (Eng.) زَيْتُ عُلْبَةِ السُّرعة
transmission constant (Phys.) ثابِتُ الإنفاذِيَّة
transmission gear (Eng.) جِهازُ نَقْلِ الحَرَكة ـ تُرْسٌ ناقِلٌ للحَرَكة
transmission lag (Eng.) تَعَوُّقُ النَّقْل
transmission line (Elec. Eng.) خَطُّ نَقْلٍ (كهربائيّ)
(Chem. Eng.) خَطُّ نَقْلِ (المُنْتَجات)
transmission loss (Elec. Comm.) فَقْدُ النَّقْل
transmission lubricant (Eng.) مُزَلِّقُ نَقْلِ الحَرَكة
transmission main (Eng.) خَطُّ النَّقْلِ الرَّئيسيّ
transmission mechanism (Eng.) آلِيَّةُ نَقْلِ الحَرَكة
transmission oil (Eng.) زَيتُ (آلِيَّةِ) نَقْلِ الحَرَكة
transmission pressure (Elec. Eng.) جُهْدُ النَّقْلِ (الإسميّ)
transmission rear axle (Eng.) مِحْوَرُ نَقْلِ الحَرَكةِ الخَلْفِيّ
transmission, selective (Phys.) إنفاذٌ انتِقائيّ
transmission shaft (Eng.) جِذْعُ نَقْلِ الحَرَكة • عَمودُ إدارةٍ ناقِلٌ للحَرَكة
transmission system (Eng.) شَبَكةُ نَقْل • شَبَكةُ إرْسال
transmission tower (Elec. Eng.) بُرْجُ نَقْل ـ بُرْجُ إرسال
transmit (*v.*) نَقَلَ • أَرْسَلَ • أَنْفَذَ
transmittance = **transmission coefficient** (Phys.) المُنافَذة • مُعامِلُ الإنفاذِيَّة
transmitted (*adj.*) مُرْسَل • مَنْقُول • مُنْفَذ
transmitter (*n.*) (Elec. Eng.) مُرْسِل • مُرْسِلة • جِهازُ إرسال
(Eng.) ناقِل
(Phys.) مُنْفِذ
transmitter-receiver (Elec. Eng.) مُرْسِلٌ مُسْتَقْبِلٌ (مُشتَرَكُ الهَوائِيّ مُنْفَصِلُ الصِّمامات)
transmitting set جِهازُ إرْسال
transmitting shaft (Eng.) عَمودُ إدارةٍ ناقِلٌ للحَرَكة
transmitting station مَحَطةُ إرسال
transmutation (Geol.) إستِحالة • تَحَوُّل
(Chem. Eng.) تَحْوِيلُ (أو تَحَوُّلُ) العُنْصُرِ إلى عُنْصرٍ آخَر
transmute (*v.*) حَوَّلَ (إلى عُنْصُرٍ آخَر) • تَحَوَّلَ
transoceanic (*adj.*) عَبْرَ المُحيط

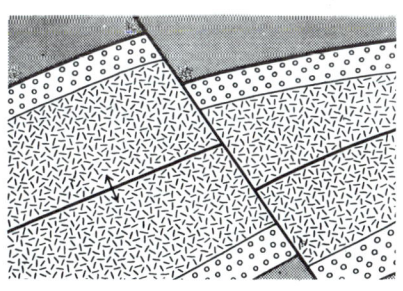

TRA
481

transverse fault

transparency (n.)	شَفّافيّة ـ شَريحةٌ مُصَوَّرةٌ شَفّافة
transparent (adj.)	شَفّاف ، شَفيف
transparent grease	شَحْمٌ شَفيف
transpiration (n.)	نَتْح ، إرتِشاح ، شُروب
transpiration cooling (Phys.)	التَّبْريدُ بالنَّتْحِ (أو بالارتِشاح)
transpire (v.)	نَتَحَ ، رَشَحَ ، إرْتَشَحَ ، شَرَبَ
transport (v.)	نَقَلَ ، حَمَلَ (إلى)
(n.)	نَقْل ، إنتِقال ـ نِظامُ نَقْل
transportable (adj.)	يُنقَل ، قابِلٌ للنَّقْل
transportation (n.)	نَقْل ، إنتِقال ـ وَسيلةُ نَقْل
transportation allowance	تَعويضُ الانتِقال
transportation costs	تَكاليفُ النَّقْل
transportation map	خَريطةُ طُرُقِ النَّقْل
transported soil (Geol.)	تُرْبَةٌ مَنْقولة
transporter (n.)	ناقِل ، ناقِلَة ، نَقَّال
transporter crane (Civ. Eng.)	مِرْفاعُ نَقْل
transport facilities	مَرافِقُ النَّقْل : وَسائِلُ النَّقْلِ المُتَوافِرة أو المُيَسَّرة
transpose (v.)	نَقَلَ من جانِبٍ إلى آخَر ، بَدَّلَ المَوْضِعَ أو الوَضْعَ
trans(s)hipment (n.)	نَقْلٌ من سَفينةٍ إلى أخرى
transversal (adj.)	عَرْضيّ ، مُسْتَعْرِض ، مُعْتَرِض
(n.)	خَطٌّ مُسْتَعْرِضٌ (أو مُعْتَرِض)
transverse (adj.)	عَرْضيّ ، مُسْتَعْرِض ، مُعْتَرِض

(n.)	عُضْوٌ مُسْتَعْرِض
transverse bar (Geol.)	حاجِزٌ مُسْتَعْرِض (أو عَرْضيّ)
transverse fault (Geol.)	صَدْعٌ مُسْتَعْرِض (أو عَرْضيّ) ، فالِقٌ مُسْتَعْرِض
transverse feed = cross feed (Eng.)	تَغْذيةٌ مُسْتَعْرِضة
transverse girder (Civ. Eng.)	عارِضة ، رافِدةٌ مُسْتَعْرِضة
transverse joint (Civ. Eng.)	وُصْلةٌ مُسْتَعْرِضة
transverse section	مَقْطَعٌ عَرْضيّ (أو مُسْتَعْرِض)
transverse Mercator coordinates (Surv.)	إحداثيّاتُ «مِرْكاتور» المُسْتَعْرِضة
transverse strain (Mech.)	إنفِعالٌ مُسْتَعْرِض
transverse strength = tensile strength (Eng.)	مُقاوَمةُ الإجهادِ المُسْتَعْرِض
transverse stress (Mech.)	إجهادُ الثَّنْي ، إجهادٌ مُسْتَعْرِض
transverse thrust (Mech.)	دَفْعٌ مُسْتَعْرِض
transverse valley (Geol.)	وادٍ مُسْتَعْرِض
transverse waves (Phys.)	مَوْجاتٌ مُسْتَعْرِضة
transverse working (Mining)	إسْمِارٌ بالقَطْعِ المُسْتَعْرِض
trap (v.)	مَدَّ ، حَبَسَ ـ صادَ (بوَضْعِ مَصْيَدة)
(n.)	مَحْبِس ، مَكْبِس ، حاجِز ، مِصْيَدة
(Geol.)	مَصْطَبة : صَخْرٌ ناريٌّ بُرْكانيّ
(Mining)	كالبازَلْت يوجَدُ بشَكْلِ مَصاطِبَ مُدَرَّجةٍ ، بَوّابةُ تَهْوية
trap door	بُوَيْب ، بابٌ أُفُقيّ (في أرضيّةٍ أو سَقْف)
trapezohedron (Min.)	مُسَطَّحُ المُعَيَّنِ المُنْحَرِف
trapezoid (adj.)	شِبْهُ المُنْحَرِف
trap, oil (Geol.)	مَحْبِسُ زَيْت
trap rock (Geol.)	مَصْطَبة ، صَخْرٌ مِصْطَبيّ
(Pet. Eng.)	مَحْبِسٌ صَخْريّ ، صَخْرُ المَحْبِس
trap, steam	مَحْبِسُ بُخار
trash	نُفاية ، شَيءٌ نافِهُ القيمة

travelling block and swivel

trass (Geol., Civ. Eng.)	طَراس : صَخْرٌ بُرْكانيٌّ يُصْنَعُ من مَسحوقِه مِلاطٌ هَيْدروليّ
travel (v.)	سافَرَ ، إرْتَحَلَ ، جالَ ، تَنَقَّلَ ، تَحَرَّكَ ـ قَطَعَ ، إجْتازَ
(n.)	سَفَر ـ تَرَحُّل ، إرتِحال ـ شَوْط ، مَدى التَّحَرُّك
travel(l)er (n.)	رَحّال ، خادَمة مُتَحَرِّكة ، مُنْزَلَقُ كَبّاشِ المِرْفاع
traveller's cheque	شيك سياحيّ
travelling apron (Eng.)	سَيْرٌ دَوّار (لنَقْلِ البَضائِع)
travelling block (Eng.)	بَكَرةٌ مُتَحَرِّكة ، مَجْموعةُ البَكَراتِ المُتَحَرِّكة
travelling block and swivel	بَكَرةٌ مُتَحَرِّكة دَوّارة
travelling bridge (Civ. Eng.)	جِسْرٌ نَقَّال
travelling crane (Eng.)	مِرْفاعٌ نَقّالٌ (أو رَحّال)
travelling gear (Eng.)	جِهازُ تَشْغيلِ المِرْفاعِ النَّقّال
travelling hoist (Eng.)	مِرْفاعٌ دَوّارٌ (أو نَقّاليّ)
travelling ladle (Met.)	مِغْرَفةٌ نَقّالة
travelling load (Eng.)	حِمْلٌ مُتَنَقِّل

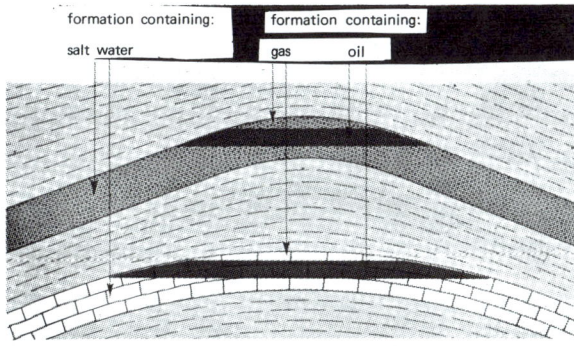

anticlinal traps

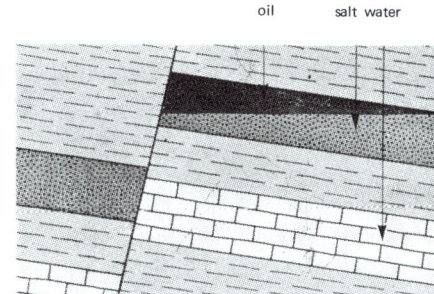

fault trap

travelling valve (Eng.)	صِمامٌ مُتَنَقِّل
traverse (n.)	عارِضَة ٠ رافِدَةٌ مُسْتَعْرِضَة - حاجِزٌ (وقائيّ) مُعْتَرِض - خَطٌّ عَرْضِيّ - إجتِياز ٠ عُبُور
(Eng.)	حَرَكَةٌ جانِبِيَّة
(Naut.)	سَيْرٌ مُتَعَرِّج
(Surv.)	مَسْحٌ اجتِيازِيّ
(v.)	إجتازَ ٠ قَطَعَ ٠ جازَ (خِلالَ) - تَحَرَّكَ (جِيئَةً وذهاباً) عَبَرَ - إعْتَرَضَ
(adj.)	مُعْتَرِض ٠ مُسْتَعْرِض - جانِبِيّ
traversing (n.)	إجتِياز ٠ عُبُور - إعتِراض - تَقاطُع
(Surv.)	تَخْطِيطٌ بِالتَّقاطُع(لِمَعْرِفَةِ المَوْقِع) - المِساحَةُ الاجتِيازِيَّة
travertine (Geol.)	تْرافِرْتِين ٠ رَواسِبُ اليَنابِيعِ الكِلْسِيَّة : تَرَسُّباتٌ جِيرِيَّةٌ مِن مِياهِ اليَنابِيعِ الحارَّة
tray (n.)	صِينِيَة ٠ حَوْضٌ مُسَطَّح
tray cap (Pet. Eng.)	غِطاءُ الصِّينِيَّة
tread (v.)	داسَ ٠ وَطِىءَ - خَطا أو سارَ (على)
(n.)	مَوْطِىء - مَداس: السَّطْحُ المُحِيطِيُّ لِلإطار
treadle (n.)	مِدْوَس ٠ دَوّاسَة
(v.)	أدارَ بِالمِدْوَس
treamie = tremie (Civ. Eng.)	قادُوسُ السَّمْنَتَةِ تَحْتَ الماء
treat (v.)	عالَجَ ٠ عامَلَ (بِمَوادَّ كِيماوِيَّة)
treated (adj.)	مُعالَج ٠ مُعامَل
treater (Pet. Eng.)	وَحْدَةُ مُعالَجَةٍ : لِتَنْقِيَةِ المُسْتَحْضَراتِ النَّفْطِيَّة ٠ جِهازُ تَكْرِير
treating (n.) (Chem. Eng.)	مُعالَجَة ٠ مُعامَلَة (كِيماوِيَّة أو حَرارِيَّة)
treating agents (Chem. Eng.)	عَوامِلُ أو مَوادُّ المُعالَجَة
treating plant (or unit) (Pet. Eng.)	وَحْدَةُ مُعالَجَةٍ (أو مُعامَلَةٍ) تَكْرِيرِيَّة
treating tower (Pet. Eng.)	بُرْجُ المُعالَجَة
treatment (n.) (Chem. Eng.)	مُعامَلَة ٠ مُعالَجَة
treble (adj.)	ثُلاثِيّ - ثَلاثَةُ أضْعاف
(v.)	ضاعَفَ (أو تَضاعَفَ) ثَلاثَ مَرّات
treble-barrel pump (Eng.)	مِضَخَّةٌ ثُلاثِيَّةُ الأُسْطُوانات
treble platform (Eng.)	مِنَصَّةٌ ثُلاثِيَّة
treble-ported slide valve (Eng.)	صِمامٌ مُنْزَلِقٌ ذو ثَلاثَةِ مَنافِذ
tree (n.)	شَجَرَة - جِذْع ٠ عَمُود ٠ مِحْوَر
(Elec. Eng.)	تَفَرُّعٌ غَيْرُ مُقْفَل
trellis drainage	تَصْرِيفٌ تَشابُكِيّ
trelliswork (Eng.)	إنْشاءٌ تَشابُكِيّ
trembler (n.)	رَعّاش
trembling sieve (Mining)	غِرْبالٌ رَعّاش
tremie = treamie (Civ. Eng.)	قادُوسُ السَّمْنَتَةِ تَحْتَ الماء
tremograph (Geophys.)	مِرْسَمَة : زَلازِل حَسّاسَة
tremolite (Min.)	تْرِيمُولِيت : سِلِيكاتُ الكالْسِيوم والمَغْنِيسِيوم الخام
tremometer (Geophys.)	تْرِيمُومِتْر ٠ مِرْجاف : مِقْياسُ زَلازِلَ شَدِيدُ الحَسّاسِيَة
tremor (n.)	رَعْشَة ٠ رَجْفَة ٠ إرتِجاف
(Geol.)	رَجْفَة ٠ هَزَّةٌ أرْضِيَّةٌ خَفِيفَة
trenail (trunnel or treenail)	دِسارٌ خَشَبِيّ ٠ وَتَد
trench (n.)	خَنْدَق ٠ أُخْدُود - خَنْدَقُ مَدِّ الأنابِيب
(v.)	خَنْدَقَ ٠ حَفَرَ خَنْدَقاً
trench digger (Civ. Eng.)	حَفّارَةُ خَنادِق
trench drain (Civ. Eng.)	مَصْرِفٌ خَنْدَقِيّ : عَبْرَ أنابِيبَ راشِحَةٍ مُحاطَةٍ بِمَوادَّ مَسامِيَّة
trencher (or trenching machine) (Civ. Eng.)	حَفّارَةُ خَنادِق (لِمَدِّ الأنابِيب)
trenching (n.)	خَنْدَقَة ٠ حَفْرُ الخَنادِق
trend (v.)	إتَّجَهَ ٠ نَحا ٠ نَزَعَ أو مالَ (إلى)
(n.)	إتِّجاه ٠ مَنْحى ٠ نَزْعَة ٠ مَيْل
trepan (n.) (Eng.)	مِثْقَب ٠ ثُقّابَةٌ مِنْشارِيَّة
trespass (v.)	تَعَدَّى (على مِلْكِيَّةِ الغَيْرِ أو حُقُوقِهِ) ٠ تَجاوَزَ أو خَرَقَ (حُدُودَ اللِّياقَة)
(n.)	إنْتِهاك ٠ تَعَدٍّ
T-rest (Eng.)	مِسْنَدٌ تائِيّ (بِشَكْلِ T)

trencher (or trenching machine)

trestle (n.)	حامِل ٠ مِسْنَدٌ مُزْدَوِجُ الأرْجُل ٠ مِنْصَب
(Naut.)	قائِمَةُ رَصِيفِ الإرْساءِ: المُتَعامِدَةُ مع خَطِّ الشّاطِىء
triacid (Chem.)	حامِضٌ ثُلاثِيّ (الهِدْرُوجِين)
triad (n.)	ثالُوث ٠ ثُلاثِيّ: مَجْمُوعَةٌ مِن ثَلاثَة
(Chem.)	ذَرَّةٌ أو شِقٌّ ثُلاثِيُّ التَّكافُؤ
trial (n.)	تَجْرِبَة - إخْتِبار - مُحاوَلَة - مُحاكَمَة
(adj.)	تَجْرِيبِيّ ٠ إخْتِبارِيّ
trial and error method	طَرِيقَةُ التَّجْرِبَةِ والخَطَأ
trial boring (Civ. Eng.)	حَفْرٌ اختِبارِيّ
trial hole (or trial pit) (Geophys.)	بِئْرٌ اختِبارِيَّةٌ (لِدِراسَةِ الطَّبَقات)
trial run (Eng.)	تَشْغِيلٌ اختِبارِيٌّ (أو تَجْرِيبِيّ)
trial trip (Naut.)	رِحْلَةٌ تَجْرِيبِيَّةٌ (لِلسَّفِينَة)
trial, under	تَحْتَ التَّجْرِبَة
triangle of forces (Mech.)	مُثَلَّثُ القُوى
triangular (adj.)	مُثَلَّثِيّ ٠ مُثَلَّثُ الشَّكْل - ثُلاثِيُّ الزَّوايا
triangular arrangement	تَرْتِيبٌ مُثَلَّثِيّ (بِشَكْلٍ مُثَلَّث)
triangular level (Surv.)	مِيزانُ اسْتِواءٍ مُثَلَّثِيّ
triangular truss (Civ. Eng.)	جُمْلُونٌ مُثَلَّثِيّ
triangulate (v.)	ثَلَّثَ: مَسَحَ (أو قاسَ) بِالتَّثْلِيث
(adj.)	مُقَسَّم إلى مُثَلَّثات
triangulation (Surv.)	التَّثْلِيث
triangulation monument (Surv.)	نَصْبُ التَّثْلِيث
Triassic period (Geol.)	العَصْرُ الثُّلاثِيّ (أو التْرْياسِيّ)
Triassic system (Geol.)	صُخُورُ العَصْرِ الثُّلاثِيّ
triatomic molecule (Chem.)	جُزَيْءٌ ثُلاثِيُّ الذَّرّات
triaxial (adj.)	ثُلاثِيُّ المَحاوِر
tribasic acid (Chem.)	حامِضٌ ثُلاثِيُّ القاعِدَة
triboelectric (adj.)	يَتَكَهْرَبُ بِالاحْتِكاك
triboelectricity (Elec.)	كَهْرَباءُ الاحْتِكاك
tribometer (Mech.)	مِقْياسُ (مُعامِلِ) الاحْتِكاك
tribrach (Surv.)	مِنْصَبٌ (تِيُودُولِيت) ثُلاثِيُّ القَوائِمِ الانْضِباطِيَّة
tributary (n.)	رافِد - خَطٌّ فَرْعِيّ
trichloride (Chem.)	ثالِثُ كْلُورِيد
trichloroethylene (Chem.)	إثِيلِين ثُلاثِيُّ الكْلُور ٠ تْرايْكْلُور إثِيلِين: يُسْتَعْمَلُ في التَّخْدِيرِ والتَّنْظِيفِ على النّاشِف
trichloromethane = chloroform (Chem.)	كْلُورُوفُورْم ٠ مِيتان ثُلاثِيُّ الكْلُور

trickle (*v.*) نَضَّ : سالَ قَليلاً قَليلاً
(*n.*) نَضِيضٌ • نَضاضَة • وَشَل
trickle charge (Eng.) شَحْنٌ نَضِيضٌ (يَكْفي لإبْقاءِ الخَزَّانِ مُعَبَّأً)
trickle charger (Eng.) شَحَّانٌ نَضِيضُ التَّيّار
triclinic (*adj.*) (Chem.) ثُلاثيُّ المَيْل
triclinic system (Chem., Geol.) نِظامُ تَبَلْوُرٍ ثُلاثيُّ المَيْل
tricone rock bit (Civ. Eng.) لُقْمَةُ حَفْرٍ ثُلاثيَّةُ المَخاريط
tricresyl phosphate (Pet. Eng.)
ثالِثُ كْرِيزيلِ الفُسْفات : مُلَدِّنٌ سائِلٌ يُضافُ إلى الزُّيوتِ البِترولِيَّة
tridimensional (*adj.*) ثُلاثيُّ الأبْعاد • مُجَسَّم
tridymite (Min.) تْرَيديمَيت : ضَرْبٌ من السِّليكا
trier (*n.*) فاحِص • مُمْتَحِن
triethanolamine (Chem.) أمِينٌ ثُلاثيُّ الإيثانول • ثالِثُ إيثانولِ الأمين
triethylene glycol (Chem.) غْلَيكُولٌ ثُلاثيُّ الإثيلين
trifurcate (*adj.*) ثُلاثيُّ الشُّعَب
trigger (*n.*) زِناد • زَنْد : أداةُ القَدْح • مِقْداح • مُطْلِق
(*v.*) زَنَدَ • قَدَحَ ـ فَجَّرَ • أطْلَقَ
trigger switch (Eng.) مِفْتاحٌ زِناديّ
trigger valve صِمامُ زَنْد • صِمامُ قَدْح
trigonal (*adj.*) ثُلاثيُّ التَّماثُل
trigonal system (Min.) نِظام (تَبَلْوُر) ثُلاثيُّ التَّماثُل
trigonometric(al) (*adj.*) مُثَلَّثيّ : مُتَعَلِّقٌ بِعِلْمِ المُثَلَّثات
trigonometric levelling (Surv.)
قِياسُ المَناسيب (بالتَّثْليث)
trigonometric ratios النِّسَبُ المُثَلَّثِيَّة
trigonometric survey (Surv.) مَسْحٌ مُثَلَّثِيّ (أو بالتَّثْليث)
trigonometric tables جَداوِلُ النِّسَبِ المُثَلَّثِيَّة
trigonometry عِلْمُ (حِسابِ) المُثَلَّثات
trig point (Surv.) نُقْطَةُ تَثْليث
trihedral (*adj., n.*) ثُلاثيُّ السُّطوح
trihedron (*n.*) شَكْلٌ ثُلاثيُّ السُّطوح
trihydric (*adj.*) (Chem.) ثُلاثيُّ الهيدروكسيد ـ ثُلاثيُّ الهيدروجين
trihydric alcohol (Chem.) كُحولٌ ثُلاثيُّ الهيدروكسيد
trim (*v.*) شَذَّبَ • هَذَّبَ • أصْلَحَ • نَسَّقَ • رَتَّبَ • نَضَّدَ • سَوَّى • عَدَّلَ • هَيَّأَ
(Naut.) وازَنَ (بِتَوْزيعِ الحُمولة)

triplex pump

(*adj.*) مُرَتَّب • مُنَسَّق • مُهَيَّأ
(*n.*) تَرْتيب • تَهْذيب • تَنْسيق ـ إسْتِواء • مُوازَنة ـ وَضْع • هَيْئَة ـ نُفايةُ التَّقْليمِ أو التَّشْذيب
trim condenser (Elec. Eng.) مُكَثِّفُ تَهْذيب
trimer (Chem. Eng.) مُتَلَمِّرٌ ثُلاثيُّ الجُزَيْء
trimethyl pentane (Chem.) پِنْتان ثُلاثيُّ المِثيل
trimmer (*n.*) مُهَذِّب ـ مُرَتِّبُ الحُمولَة ـ أداةُ تَهْذيبٍ أو تَشْذيب
trimming (*n.*) تَشْذيب • تَهْذيب • إزالَةُ الزَّوائِد ـ تَسْوِيَةُ (الحُمولة) ـ تَبْطين (للزَّخْرَفَة أو التَّقْوِيَة) ـ قُصاصة ـ حاشِيَة
trimolecular (*adj.*) (Chem.) ثُلاثيُّ الجُزَيْئات
trimorphic (or **trimorphous**) (*adj.*)
(Min.) ثُلاثيُّ التَّشَكُّلِ البِلَّوري
trimotor (*adj.*) (Eng.) ثُلاثيُّ المُحَرِّكات
Trinidad asphalt (Pet. Eng.) أسْفَلْتُ تْرينيداد
trinitrocellulose (Chem.)
ثالِثُ نِتْريتِ السِّلّيلوز
trinitrotoluene (Chem.) ثالِثُ نِتْريتِ التُّولُوين
triode (Elec. Eng.) تْرايُود • صِمامٌ ثُلاثيّ
triode detector (Elec. Eng.)
مِكْشافٌ بِصِمامٍ ثُلاثيّ
trioxide (Chem.) ثالِثُ أُكْسيد
trip (*n.*) رِحْلَة • سَفْرَة ـ خُطْوَة سريعة ـ شَوْط • مَدَى ـ إعْتاق • تَسْبيب • إطْلاق ـ سَقّاطَة • نَبيطَةُ إعتاق
(*v.*) زَلَّ • سَقَطَ ـ أعْتَقَ • سَبَّبَ • أطْلَقَ • فَصَلَ ـ رَفَعَ المِرْساة ـ حَرَّكَ أو تَحَرَّكَ بِخُطًى سَريعة ـ جالَ • قامَ بِرِحْلَةٍ قَصيرة
tripartite (*adj.*) ثُلاثيّ • ثُلاثيُّ الأطْرافِ أو الأجْزاء
trip catch (Eng.) سَقّاطَةُ إعتاق
trip circuit (Elec. Eng.) دائِرةُ إعتاق
trip gas (Pet. Eng.) غازٌ مُعْتَقٌ أو مُنْطَلِق (في أثْناءِ الحَفْر)

trip gear (Eng.) جِهازُ إعتاقٍ (الصِّمامات)
trip hammer (Eng.) مِطْرَقَةٌ سَقّاطة
triphase = **three-phase** (*adj.*) ثُلاثيُّ الأطوار
trip in (*v.*) عَشَّقَ
triple (*v.*) ضاعَفَ (أو تَضاعَفَ) ثَلاثَ مَرّات
(*adj.*) ثُلاثيّ • مُضاعَفٌ ثَلاثَ مَرّات
triple-acting (or **triple-action**) (*adj.*)
ثُلاثيُّ الفِعل
triple-barrel pump (Eng.) مِضَخَّةٌ ثُلاثيَّةُ الأسطوانات
triple bond (Chem.) وُصْلَةٌ ثُلاثِيَّة • تَرابُطٌ ثُلاثيّ
triple expansion engine (Eng.)
مُحَرِّكٌ ثُلاثيُّ التَّمَدُّد
triple-geared (*adj.*) (Eng.)
ثُلاثيُّ المَجموعاتِ التُّرْسِيَّة • ثُلاثيُّ السُّرعات
triple-lead cable (Elec. Eng.)
كَبْلٌ ثُلاثيُّ المُوَصِّلات
triple point (Chem. Eng.) النُّقْطَةُ الثُّلاثيَّة: حَيْثُ تَتَعادَلُ أطْوارُ المادَّةِ الثَّلاثة
triple-purpose oil (Pet. Eng.) زَيْتٌ ثُلاثيُّ الأغْراض : يَصْلُحُ كَزَيْتِ قَطْعٍ أو كَمائِعٍ هيدروليّ أو لِتَزْييتِ المَكَنات
triple-sheaved block (Eng.)
بَكّارَةٌ ثُلاثيَّةُ البَكَرات
triple string valve (Pet. Eng.) صِمامُ البِئْرِ الثُّلاثيَّةِ الأعْمِدة
triplet (*n.*) مَجموعةٌ ثُلاثيَّة
(Chem.) وَصْلَةٌ إسْهامِيَّةٌ ثُلاثيَّةُ الإلِكْترونات
trip lever (Eng.) عَتَلَةُ إعتاق • ذِراعُ إعتاق
triplex pump مِضَخَّةٌ ثُلاثيَّة
triplicate (*v.*) ضاعَفَ ثَلاثَ مَرّات
(*adj.*) ثُلاثيّ ـ من ثَلاثِ نُسَخ
(*n.*) نُسْخَةٌ ثالِثَة
tripod (*n.*) مِنْصَبٌ ثُلاثيُّ القَوائِم • حامِلٌ ثُلاثيُّ القَوائِم (المُتَداخِلَة)

tripod(al) (*adj.*) ثُلاثيُّ القَوائِم

tripod derrick (Civ. Eng.) بُرْجُ حَفْرٍ ثُلاثيُّ القَوائِم

tripod jack (Eng.) مِرْفاعٌ ثُلاثيُّ القَوائِم

tripod stand حامِلٌ ثُلاثيُّ القَوائِم

trip off (*v.*) فَصَلَ أو فَكَّ التَّعْشيقَ ـ قَطَعَ (التَّيَّار)

Tripoli earth (or **tripolite**) (Min.)
تُرابٌ طَرابُلسيّ : تُرابٌ نُقاعِيٌّ يُسْتَعْمَلُ في الصَّقْل

trip pawl (Eng.) سَقَّاطَةُ إعْتاق

tripped (*adj.*) مُنْطَلِق • مُنْعَتِق

tripper (*n.*) مُعْتِقَة • مُطْلِقَة • أداةُ إعْتاقٍ أو فَصْل

tripping car (Civ. Eng.) عَرَبَةٌ قَلَّابة

tripping device = **tripper** (Eng.)
نُبيطَةُ إعتاق

trip(ping) lever (Eng.) عَتَلَةُ الإعتاق

triptane (Pet. Eng.) تْرِبْتان : مُرَكَّبٌ هَيدروكَربونيٌّ يُعَدُّ من أعْلَى المُسْتَخْرَجاتِ البتروليَّة مُقاوَمَةً للخَبْط

trip time (Eng.) زَمَنُ الشَّوْط

trip valve (Eng.) صِمامُ انطِلاق • صِمامُ أمْن

trisoctahedron (Min.) الثُّلاثي ثُمانيّ الأَوْجُه

tritetrahedron (Min.) الثُّلاثي رُباعيّ الأَوْجُه

triturate (*v.*) (Chem. Eng.) سَحَقَ • سَحَنَ (خاصَّةً تَحْتَ سَطْحِ سائِل)
(*n.*) مَسْحُوق

trituration (*n.*) سَحْق • سَحْن

trivalent (*adj.*) (Chem.) ثُلاثيُّ التَّكافُؤ

trivet (*n.*) مِنْصَبٌ ثُلاثيُّ القَوائِم

trolley (or **trolly**) (*n.*) عَرَبَةُ تْرُولي ـ حامِلٌ مُتَحَرِّك

trolley crane (Eng.) عَرَبَةُ تْرُولي بِمِرفاع

troluoil (Chem. Eng.) تْرُولُويْل : مُذيبٌ بِتروليّ

trommel (*n.*) (Mining) غِربالٌ أُسْطوانيٌّ دَوَّار
(*v.*) غَرْبَلَ

trommelling (*n.*) غَرْبَلَة (بالغِربالِ الدَّوَّار)

troostite (Met.) تْرُوسْتايت : تَكْوينَاتٌ دَقيقَةٌ من الفِرِّيت والسِّمِنْتِيت تُوجَدُ في الفُولاذ

tropical (*adj.*) مَداريّ • إستِوائيّ

tropical climate (Meteor.) مُناخٌ مَداريّ

troposphere (Meteor.) تْروبُوسْفير • الطَّبَقَةُ الجَوِّيَّةُ السُّفْلَى : الطَّبَقَةُ السُّفْلَى من الغِلافِ الغازيّ (حَيْثُ تَتَناقَصُ دَرَجَةُ الحَرارةِ بالارْتِفاع)

truck mixer

truck-mounted backhoe

truck-mounted crane

truck-mounted drilling rig

trotyl = **trinitrotoluene** (Chem.)
تْرُوتِيل : ثالِثُ نِتْريتِ التُّولُوين

trouble (*v.*) أَقْلَقَ • أَزْعَجَ • أَتْعَبَ • تَعِبَ • إنْزَعَجَ • إضْطَرَبَ
(*n.*) عُطْل • تَلَف • خَلَل • إضْطِراب ـ عَناء • تَعَب

trouble-free (*adj.*) خالٍ من المَتاعِبِ أو الاضْطِراب

trouble-free operation (Eng.)
تَشْغيلٌ سَليس : خالٍ من الاضطِراب

troubleshooting (*n.*) تَحَرِّي الخَلَلِ وإصلاحُه

trough (*n.*) حَوْض • حُوَيْض • طَسْت • جُرْن
(Phys.) قَرارُ أو بَطْنُ المَوْجَة
(Geol.) غَوْر • حَوْض ـ مُنْخَفَضٌ خَسْفيّ • قاعُ الطَّيَّةِ المُقَعَّرة

trough axis (Geol.) مِحْوَرُ الطَّيَّةِ المُقَعَّرة

trough conveyor (Eng.) ناقِلَةٌ حَوْضِيَّة

trough fault (Geol.) صَدْعُ الغَوْر • فَلْقٌ حَوضيّ

troughing (*n.*) (Eng.) قَناةُ حِفْظِ الكَبْول

= **trough sections** قَناةٌ مَفتوحةٌ (من قِطَعٍ على شَكْلِ T)

trough mixer (Eng.) خَلَّاطَةٌ حَوْضِيَّة

trowel (*n.*) مالَج • مُسْطَرين • مِسَجَّة
(*v.*) سَوَّى (أو مَزَجَ) بالمالَج

troy weight نِظامُ أوزانٍ تْرُوي

truck (*n.*) شاحِنَة • سَيَّارَةُ شَحْن • عَرَبَةُ نَقْل
(*v.*) نَقَلَ بِسَيَّارَةِ شَحْن

truckage (*n.*) نَقْلٌ بالشَّاحِنات ـ أُجْرَةُ النَّقْلِ بالشَّاحِنات

truck capacity سَعَةُ الشَّاحِنة

truck crane (Civ. Eng.) شاحِنَةٌ مِرْفاع • شاحِنَةٌ مِرفاعِيَّة

truck mixer (Civ. Eng.) شاحِنَةٌ خَلَّاطة

truck-mounted backhoe شاحِنَةٌ ذاتُ جَرَّافَةٍ خَلفيَّة

truck-mounted crane شاحِنَةٌ مِرفاعِيَّة • مِرفاعٌ مُرَكَّبٌ على شاحِنَة

truck-mounted drilling rig (Civ. Eng.)
جِهازُ حَفْرٍ راكِبٌ على شاحِنَة

truck tractor (Eng.) شاحِنَةٌ جَرَّارة

true (*adj.*) صَحيح • حَقيقيّ ـ صادِق • صائِب • سَديد • دَقيق • مُطابِق • مَضْبُوط
(*v.*) قَوَّمَ • عَدَّلَ • ضَبَطَ • سَوَّى

true bearing (Surv.) الاتِّجاهُ الزَّاوِيُّ الحَقيقيّ

true bearings projection (Surv.)
مَسْقَطُ الاتِّجاهاتِ الصَّحيحة

true boiling point (Phys.) نُقطةُ الغَلَيانِ الحَقيقيَّة

true boiling still (Chem. Eng.)
مِقْطَرُ تَحديدِ دَرَجاتِ الغَلَيانِ الحَقيقيَّة

true diesel (Eng.) مُحَرِّكُ دِيزِل حَقيقيّ : إنضِغاطيُّ الاشْتِعال

true dip (Geol.) المَيْلُ الحَقيقيّ

true emulsion (Chem. Eng.) مُسْتَحْلَبٌ حَقيقيّ

TUB
485

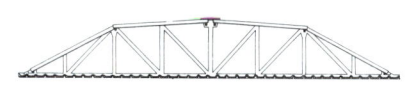

truss

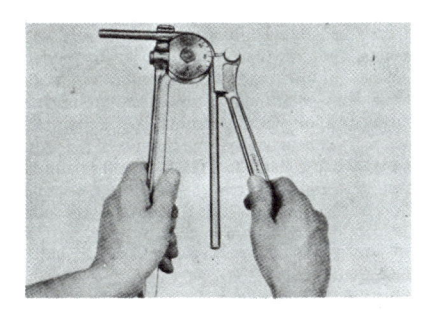

tube bender

true formation resistivity (Geophys.) المُقاوَمَةُ الحَقيقيَّةُ للتَّكوين

true freezing point (Phys.) نُقطَةُ التَّجمُّدِ الحَقيقيَّة

true horizon (Surv.) الأُفُقُ الحَقيقيّ

tru(e)ing (*n.*) تَسوِيَة • تَقويم (بالتَّجليخ)

trueness (*n.*) صِحَّة • إستِقامة • مُطابَقة • دِقَّة

true north الشَّمالُ الحَقيقيُّ (أو الجُغرافيّ)

true pumper (Pet. Eng.) بِئرٌ مِضَخِّيَّة : تُنتِجُ بالضَّخِّ فَقَط

true resistivity (Eng.) المُقاوِمِيَّةُ الحقيقيّة

true solution (Chem. Eng.) مَحلولٌ حقيقيّ

true thickness (of bed) (Geol.) الثَّخانَةُ الحَقيقيَّةُ (للطَّبَقة)

true vapour pressure (Phys.) ضَغطُ البُخارِ الحَقيقيّ

truing wheel (Eng.) عَجَلَةُ تَسوِيَةٍ (أو تَقويم)

trumble plant (Pet. Eng.) وَحدَةُ تَقطيرٍ مُستَمِرّ

trumpet (*n.*) بُوق • نَفير

(*v.*) بَوَّقَ • نَفَخَ في البُوق

truncate (*v.*) قَطَعَ • بَتَرَ

(*adj.*) أَقطَع : مَقطُوعُ الطَّرَف • أَبتَر

truncated cone (Geom.) مَخرُوطٌ مَقطوعٌ (أو أَقطَع)

truncated fold (Geol.) طَيَّةٌ مَبتُورَة

truncated soil (Geol.) تُربَةٌ مَبتُورَة: فَقَدَتْ بَعضَ طَبَقاتِها العُليا بالحَتِّ أو التَّعرِيَة

trunk (*n.*) جِذع • أَصل – بَدَن – صُندُوق – خُرطُوم

(Elec. Eng.) ترانك : خَطٌّ رَئيسيٌّ (بَينَ مَركَزَي تَبادُلٍ تلفونيّ)

trunk air pump (Eng.) مِضَخَّةٌ هَوائيَّةٌ جِذعيَّة

trunk-buoy (Naut.) طافِيَةٌ صُندوقيَّة

trunk circuit (Elec. Eng.) دائِرَةٌ (تلفونيَّة) رَئيسيَّة

trunk feeder = trunk main (Eng.) خَطُّ تَغذِيَةٍ رَئيسِيٌّ (بينَ مَحَطَّتَينِ أو شَبَكَتَين)

trunk line (*n.*) خَطٌّ رَئيسِيّ

trunk (pipe)line (Pet. Eng.) خَطُّ أنابيبَ رَئيسِيّ

trunk piston (Eng.) كَبّاسٌ جِذعِيّ

trunk road (Civ. Eng.) طَريقٌ رَئيسِيَّة

trunnel = treenail دِسار • خابُور

trunnion (*n.*) (Eng.) مِبْرَمٌ (أُفُقِيّ) • مُرتَكَزُ دَوَرانٍ (حَولَ مِحوَرٍ أُفُقِيّ)

trunnion bearing (Eng.) مَحمِلُ المِبْرَم • مَحمِلُ ارتِكازٍ دَوَرانيّ

truss (*n.*) (Civ. Eng.) مُسَنَّم • جُمْلُون • (جَمالُون) • كَتيفَةٌ مُسَنَّمَة

(*v.*) سَنَّمَ : دَعَمَ بكَتائفَ مُسَنَّمَة

trussing (*n.*) (Civ. Eng.) تَسنيم: دَعْمٌ بِكَتائفَ جُملُونيَّة – مُسَنَّماتُ الدَّعم

truss type (*adj.*) جُملُونيّ • مُسَنَّم

trust (*v.*) وَثِقَ • صَدَّقَ – إئتَمَنَ • إستَودَعَ

(*n.*) ثِقَة – إئتِمان – وَديعَة • عُهدَة – تْرَسْت : إتِّحادُ الشَّرِكاتِ المُحتَكِرَة (إتِّقاءَ المُنافَسَةِ بَينَها)

try (*v.*) جَرَّبَ • إختَبَرَ • إمتَحَنَ • واسَ – حاوَلَ – أَجهَدَ • أَرهَقَ – نَقّى – سَوّى • ضَبَطَ

(*n.*) تَجرِبَة • مُحاوَلَة – فَحص • إختِبار

try-cock (Hyd.) مِحبَسُ قِياسِ (المُستَوى)

try(ing) square (Eng.) زاوِيَةُ ضَبطٍ قائِمَة

T.S. (**test solution**) مَحلُولٌ اختِباريّ

T.S.D. (**temporarily shut down**) مُغلَقٌ مُؤَقَّتاً

T-section مَقطَعٌ تائيّ (بشَكلِ T)

T-square مِسطَرَةٌ تائيَّة (بشَكلِ T)

T. 2 تي ٢ : نَمَطٌ لناقِلاتِ النَّفطِ في أوائلِ الأربعينات (الحُمولة ١٦٦٠٠ طنّ ، الغاطس ٩٫٢ متر ، السرعة ١٤٫٦ عُقدَة)

T.2. equivalent مُكافِيء تي ٢ : وَحدةُ سَعَةٍ للناقِلات البترولِيَّة

tub (*n.*) حَوضٌ خَشَبِيٌّ (أو مَعدِنِيّ) – طَوقٌ فُولاذِيّ

(*v.*) بَطَّنَ بأطواقٍ فُولاذِيَّة

tube (*n.*) أُنبُوب • أُنبُوبَة • ماسُورَة – إطارُ العَجَلَةِ الدّاخِلِيّ – صِمامٌ (إلكتروني) – نَفَقٌ أُسطُوانِيّ

tube bender (Eng.) حانِيَةُ أنابيب

tube boiler (Eng.) مِرجَلٌ أنابيبِيّ

tube brush فِرشاةُ (تَنظيفِ) الأنابيب

tube clamp (Eng.) قامِطَةُ أنابيب

tube cleaner

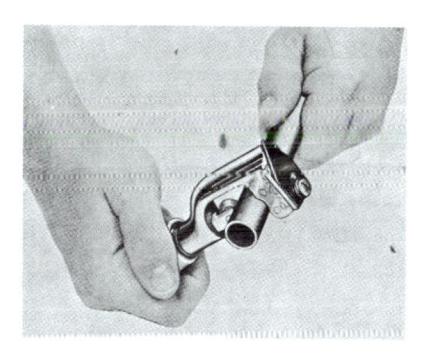

tube cutter

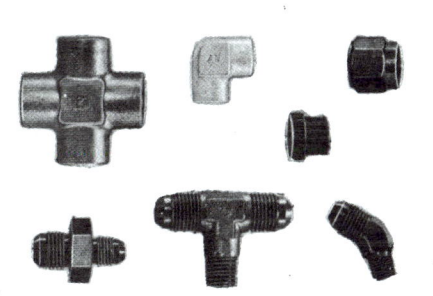

tube fittings

tube cleaner = go devil (Eng.) مُنَظِّفَةُ الأنابيب

tube cutter (Eng.) مِقطَعُ أنابيب • قاطِعَةُ أنابيب

tube detector (Elec. Eng.) مِكشافٌ صِماميّ

tube expander (Eng.) مُوَسِّعَةُ أنابيب

tube extractor (Eng.) مِنزَعَةُ أنابيب

tube fittings (Eng.) قِطَعُ تَركيبِ الأنابيب

tube fuse (Elec. Eng.) مِصهَرٌ أُنبُوبِيّ

tube gauge (Eng.) مُحَدِّدُ قِياسِ (جُدرانِ) الأنابيب

tube holder (Chem. Eng.) حامِلَةُ الأُنبُوبَة • مِمسَكَةُ أنابيبِ الاختِبار

tube joint (Eng.) وُصلَةُ أنابيب

tube nest (Eng.) مَجمُوعَةُ أنابيبَ مُتَداخِلَة • حُزمَةُ أنابيب

tube packing (Eng.) حَشوٌ أُنبُوبِيٌّ مُسيك

tubular boiler

tube rolling (Eng.) دَلْفَنَةُ الأنابيب • تشكيلُ الأنابيب بالدَّلْفَنَة

tube scaler (Eng.) مِكْشَطَةُ (قُشورِ) الأنابيب

tube scraper (Eng.) مِكْشَطَةُ (أوْساخِ) الأنابيب

tube-screwing machine مَكَنَةُ لَوْلَبَةِ الأنابيب

tube-steel (Met.) فُولاذُ (صُنْعِ) الأنابيب

tube-still (Chem. Eng.) مِقْطَرَةٌ أُنبوبيَّة

tube-still cracking process (Pet. Eng.) طَريقةُ التَّكسيرِ بالمِقْطَرَةِ الأُنبوبيَّة

tube supports دِعماتُ (أو مَسانِدُ) الأنابيب

tube wall thickness gauge (Eng.) مُحدِّدُ قِياسِ ثَخانةِ جُدرانِ الأنابيب

tube-well = **driven well** (Civ. Eng.) بِئْرٌ أُنبوبيَّةٌ (مُباشِرة)

tube wrench (Eng.) مِفتاحُ رَبْطِ الأنابيب

tubing (*n.*) أنابيب – مَجموعةٌ أو شَبَكَةُ أنابيب – تَنْبيب : تَزْويدٌ بالأنابيب

tubing a boiler (Eng.) تَنْبيبُ المِرْجَل

tubing anchor (Pet. Eng.) مُثَبِّتُ الأنابيب – مِرساةُ (عَمُودِ) الأنابيب (في البِئْر)

tubing a well (Pet. Eng.) تَنْبيبُ البِئْر • تَقْميصُ البِئْرِ بالأنابيب (إعداداً للإنتاج)

tubing bleeder (Pet. Eng.) صِمامُ استِنْزافِ أُنبوبِ الإنتاج

tubing catcher (Eng.) ماسِكَةُ الأنابيب • قابِضَةُ الأنابيب

tubing cutter مِقْطَعُ أنابيب

tubing elevator (Civ. Eng.) رافِعَةُ الأنابيب

tubing head (Pet. Eng.) رَأْسُ الأنابيب : رَأْسُ عَمودِ أنابيبِ البِئْر

tubing head pressure (Pet. Eng.) الضَّغْطُ في رَأْسِ الأنابيب

tubing hook خُطّافُ أنابيب

tubingless completion (Pet. Eng.) إنجازٌ لا أُنبوبيّ : إنجازُ البِئْرِ دُونَ تَنْبيبٍ (في المَناطِقِ الصَّخريَّة)

tubing pressure (Pet. Eng.) ضَغْطُ (خَطِّ) الأنابيب : بِفعلِ الدَّفْقِ من البِئْر

tuboscope (Eng.) مِنْظارُ الأنابيب

tubular (*adj.*) أُنبوبيّ

tubular boiler (Eng.) مِرْجَلٌ أنابيبيّ • غَلّايَةُ أنابيب

tubular condenser (Chem. Eng.) مُكَثِّفٌ أنابيبيّ

tubular cooler (Chem. Eng.) مُبَرِّدٌ أنابيبيّ

tubular goods or **tubulars** أُنبوبيّـات : تَجْهيزاتٌ أُنبوبيَّةٌ للحَفْرِ والتَّمديد

tubular radiator (Eng.) مُشِعٌّ أنابيبيّ

tubulars (Civ. Eng.) أُنبوبيّات : تَجْهيزاتٌ أُنبوبيَّةٌ للحَفْرِ والتَّمْديد

tubular scaffold (Civ. Eng.) سِقالةُ أنابيب

tubular spirit level (Surv.) مِيزانُ تَسْوِيةٍ كُحُوليٌّ أُنبوبيّ

tubule (*n.*) أُنَيْبيب • أُنبوبٌ صَغير

tubulous boiler (Eng.) مِرْجَلٌ أنابيبيّ : مُؤَلَّفٌ من أنابيب

tuck (*v.*) ثَنَى • ضَفَرَ – دَحَسَ : أَدْخَلَ تَحْتَ رِباطٍ أو طَبَقَةٍ عُلْيا

tucking frame (Civ. Eng.) إطارُ ضَفْرٍ : لِتَثْبيتِ أَطرافِ أَلْواحِ الدَّعْمِ (من جِهَتَيْها)

tufa (Geol.) طُوفَة: صَخْرٌ جِيرِيٌّ مَساميٌّ مُحَبَّبٌ يَتَرَسَّبُ حَوْلَ اليَنابيع

tuff (Geol.) طُفَّة : صَخْرٌ فُتاتيٌّ يَتَجمَّعُ من مَقْذُوفاتِ البَراكين

tug (*v.*) جَرَّ • سَحَبَ • قَطَرَ – شَدَّ – كَدَحَ
(*n.*) حَبْلُ الشَّدِّ أو القَطْر – قَطْر • شَدّ – زَوْرَقُ قَطْر – شَدَّةٌ قَوِيَّة

tugboat (*n.*) (Naut.) زَوْرَقُ قَطْر

tug pulley (Civ. Eng.) بَكَرَةُ سَحْبٍ أو شَدّ

tumble (*v.*) سَقَطَ • هَوَى • تَدَهْوَرَ • تَعَثَّرَ – طَرَحَ • أَلْقَى • قَلَبَ • قَلَّبَ • إنْقَلَبَ • تَدَحْرَجَ • تَشَقْلَبَ
(*n.*) سَقْطَة• عَثْرَة– رُكام– فَوْضَى– شَقْلَبة

tumbler (*n.*) قَدَح • كَأْس – بِرميلٌ دَوّار – لِسانُ (القُفْل)

tumbler switch (Elec. Eng.) مِفْتاحٌ قَلّابٌ (سَريعُ القَطْع)

tumulus (pl. **tumuli**) (Geol.) رُكامٌ تُرابيّ – قُبَّةٌ لابِيَّة

tun(e)able (*adj.*) يُمْكِنُ مُوالَفَتُه • مُتَآلِف • إنضِباطيّ

tung oil (Chem. Eng.) زَيْتُ التَّنْغ : زَيْتٌ جَفوف يُستَخْرَجُ من شَجَرِ التَّنْغِ الكانْتونِيّ

tungsten = **wolfram** (**w**) (**Chem.**) التَّنْجِسْتِن • الوُلْفْرام : عُنْصُرٌ فِلِزِّيٌّ رَمْزُهُ الكِيماويّ (تن)

tungsten carbide (Chem.) كَرْبيدُ التَّنْجِسْتِن

tungsten lamp (Elec. Eng.) مِصباحُ التَّنْجِسْتِن

tungsten steel (Met.) فُولاذُ التَّنْجِسْتِن

tuning (*n.*) مُوالَفَة • ضَبْط • تَناغُم • تَوافُق

tuning fork (Phys.) شَوْكَةٌ رَنّانة

tunnel (*n.*) (Civ. Eng.) نَفَق
(*v.*) حَفَرَ أو شَقَّ نَفَقاً

tunnel drier (Eng.) مُجَفِّفٌ نَفَقِيّ

tunnel furnace (Eng.) فُرْنٌ نَفَقِيٌّ (أو أُنبوبيّ)

tunnelling machine (*n.*) (Civ. Eng.) مَكَنَةُ حَفْرِ الأَنْفاق

tunnel lining (Civ. Eng.) بِطانةُ النَّفَق

tunnel vault = **barrel vault** (**Civ. Eng.**) عَقْدٌ بِرميليٌّ (أو نَفَقِيّ)

tup (*n.*) (Civ. Eng.) مِطْرَقَةٌ ساقِطة

turbid (*adj.*) كَدِر • عَكِر • مُتَعَكِّر

turbidimeter (Chem. Eng.) مِقْياسُ الكُدُورَة (في مَحلولٍ مُسْتَعْلَق)

turbidimetric analysis (Chem. Eng.) التَّحليلُ بِقِياسِ الكُدُورَة

turbidity (*n.*) كُدُورَة • تَعَكُّرٌ (بالمَوادِّ المُسْتَعْلَقة) • تَكَدُّر

turbidity point (Chem. Eng.) نُقْطَةُ التَّكَدُّر

turbinate (*v.*) دَوَّمَ • دارَ كالعَنَفَةِ أو التُّورْبين

turbine (*n.*) (Eng.) تُورْبين • تُربينَة • عَنَفَة • مُحَرِّكٌ دَوّاميّ
(*adj.*) تُورْبينيّ • عَنَفِيّ • دُوّاميّ

steam turbine

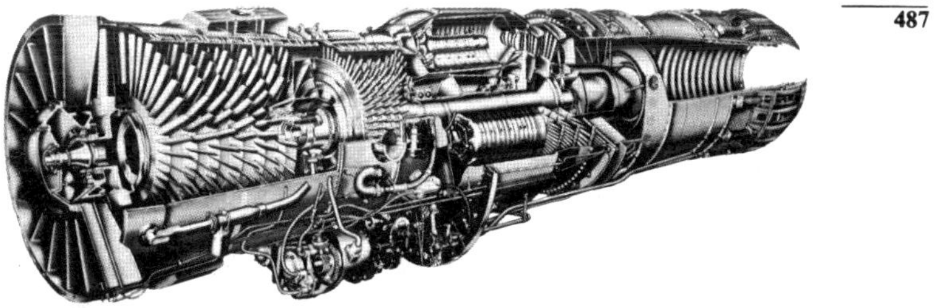

turbo-jet engine

turbo-prop engine

turbine buckets (Eng.) أرياشُ التُّوربينِ القادوسيَّة

turbine, compound (Eng.) عَنَفةٌ مُرَكَّبة • تُوربينٌ مُتعدِّدُ الدَّوَّامات

turbine drive (Eng.) إدارةٌ تُوربينيَّة

turbine engine (Eng.) مُحرِّكٌ تُوربينيٌّ

turbine meter مِقياسٌ تُورْبينيٌّ أو دُوَّامِيٌّ

turbine oil cooler مُبَرِّدُ زيتِ التُّورْبين

turbine oils زُيوتُ المُحرِّكاتِ التُّوربينيَّة

turbine pump (Eng.) مِضَخَّةٌ تُوربينيَّة

turbine shaft (Eng.) عَمودُ إدارةِ التُّوربين

turbine, steam (Eng.) تُوربينٌ بُخاريٌّ

turbine-type meter (Eng.) عَدَّادٌ تُوربينيٌّ • عَدَّادٌ عَنَفيٌّ أو دُوَّامِي

turbining (Pet. Eng.) تَدْويمٌ عَنَفيٌّ – التَّنظيفُ بمِكْشَطةٍ دُوَّامِيَّة

turbo-blower (Eng.) نَفَّاخٌ تُوربينيٌّ

turbo-car سَيَّارةٌ تُوربينيّة

turbocharger (Eng.) شَحَّان (تَغذِيةٍ) تُوربينيٌّ

turbo-compressor (Eng.) ضاغِطٌ تُوربينيٌّ

turbocoring (Civ. Eng.) حَفْرٌ تُوربينيٌّ لاستِخراجِ العَيِّناتِ الجَوْفِيَّة

turbo-drill (Pet. Eng.) حَفَّارةٌ تُوربينيَّة • جِهازُ حَفْرٍ تُوربينيٌّ (ذو عَنَفةٍ هَيدروليَّة)

turbo-drilling (Pet. Eng.) حَفْرٌ تُوربينيٌّ أو دُوَّامِيٌّ

turbo-fan (Eng.) مِروَحةٌ تُوربينيَّة

turbo-fan engine (Eng.) مُحرِّكٌ مِرْوَحيٌّ تُوربينيٌّ

turbo-fuel وَقودُ المُحرِّكاتِ التُّوربينيَّة

turbo-generator (Elec. Eng.) مُوَلِّدٌ تُوربينيٌّ: تُوربينٌ بُخاريٌّ مَقرونٌ بمُوَلِّدٍ كهربائيٍّ

turbo-jet engine (Eng.) مُحرِّكٌ تُوربينيٌّ نَفَّاث

turbo-propeller fuel (Eng.) وَقودُ مُحرِّكاتٍ تُوربينيَّة

turbo-prop engine مُحرِّكٌ مِرْوَحِيٌّ تُوربينيٌّ

turbulence (*n.*) إضطِراب

turbulent (*adj.*) مُضْطَرِب • إضطِرابيٌّ

turbulent flow (Hyd.) دَفْقٌ مُضْطَرِب • تَدَفُّقٌ تَمَوُّجيٌّ

turf (*n.*) طَبَقةُ التُّربةِ المُعْشَوْشِبة – خُثٌّ

turgescence (*n.*) إنتِفاخ

turgid (*adj.*) مُنتفِخ

turmeric paper (Chem. Eng.) وَرَقُ الكُرْكُم: كاشِفٌ كِيماوِيٌّ

turmerol (Chem. Eng.) زَيتُ الكُرْكُم

turn (*n.*) دَوْرَة • لَفَّة • دَوَران • إنعِطاف • مُنْحَنًى • مُنْعَطَف – تَحَوُّل • إنقِلاب – دَوْر • نَوْبَة

(*v.*) دارَ • أدارَ • دَوَّرَ – لَفَّ – عَطَفَ • لَوَى • حَنَى • إنعَطَفَ • قَلَبَ • حَوَّلَ • تَحَوَّلَ • أحالَ • قَلَّبَ • إنقَلَبَ – رَجَعَ • عادَ – خَرَطَ (بالمِخْرَطة)

turnaround (*n.*) (Eng.) تَوَقُّفُ الصِّيانةِ الدَّوْرِيَّة

(Pet. Eng.) إعدادُ (المِصفاةِ) لِدَوْرَةٍ تالِية : وَقفُ العَمَلِ لإجراءِ عَمَليَّاتِ الصِّيانةِ اللَّازمةِ قَبْلَ بَدْءِ الدَّوْرَةِ التَّالِيَة

turnaround service (Eng.) أعمالُ الصِّيانةِ الدَّوْرِيَّة

turnbuckle = screw shackle (*n.*) شَدَّادة • شِكالٌ مُلَوْلَب

turnery (Eng.) وَرْشَةُ خِراطة – حِرْفَةُ الخِراطة – مَخْرُوطات : مَنْتُوجاتُ الخِراطة

turning (*n.*) دَوَران • إنعِطاف • تَحْويل – مُنْعَطَف

(Eng.) خِراطة

(*adj.*) دَوَّار

turning frame (Eng.) هَيْكَلٌ دَوَّار

turning gear (Eng.) جِهازُ الدَّوَران

turning point نُقطةُ التَّحَوُّل – نُقْطَةُ الانعِطاف – نُقطةُ الرُّجُوع

(Surv.) نُقطةُ التِقاءِ خُطوطِ المَسْحِ الاجتِيازيّ

turnings خُراطَة

turnkey construction (Eng.) إنشاءٌ إنجازيٌّ: يُسلَّمُ جاهِزاً للاستِعمالِ بتَسليمِ المَفاتيح

turnkey contract (Civ. Eng.) عَقْدٌ إنجازيٌّ: يَقُومُ بمُوجِبِه المُتَعَهِّدُ بتسليمِ (مَفاتيحِ) المَبْنَى جاهِزاً للاستِعمال

turnout (*n.*) صافِي الإنْتاج

(Hyd.) تَفَرُّع • قَناةُ تَفَرُّع

turnover (*n.*) قَلْب • إنقِلاب • تَحَوُّل – مُجْمَل حَرَكةِ البَيْع – مِقدارُ الإنتاج – عَدَدُ العُمَّالِ المُستَعاضِينَ في فَتْرةٍ مُعَيَّنة

turnplate = turnsheet (Eng.) لَوحٌ دَوَّار

turntable (Eng.) مِنْضَدَةٌ دَوَّارة – قُرْصٌ دَوَّار

turpentine (Chem.) ألتَّرَبَنْتِين : زَيتٌ راتِينجِيٌّ

turpentine substitutes (Chem. Eng.) بَديلاتُ التَّرَبَنْتِين : زُيوتُ تَخفيفٍ جَفُوفَةٌ تُمزَجُ بها الدِّهانات

turps (Chem.) زَيتُ التَّرَبَنْتِين (إستِعمالٌ عامِّيٌّ)

turquoise (Geol.) فَيْرُوز • فَيْرُوزَج • تُرْكُواز

turret (*n.*) بُرْج • بُرْجٌ دَوَّار – مِمْسَكٌ (أو مِرْبَطٌ) دَوَّار

turret drill (Eng.) ثَقَّابةٌ بُرْجِيَّة

turret lathe (Eng.) مِخْرَطةٌ بُرْجِيَّة

turtleback (*n.*) سَطحٌ حَدِبٌ (كظَهْرِ السُّلَحْفاة)

(Pet. Eng.) وُصْلَةٌ حَدِبَةٌ (لِساقِ الحَفْر) – خُوذَةُ عُمَّالِ الحَفْر

(*adj.*) حَدِب

tutwork (Mining) شُغْلٌ (مَأْجُورٌ) بالقِطعة • (الشُّغْلُ مُقاطَعَة)

tutworkman (or **tutworker**) عامِلٌ (يَشْتَغِلُ) بالقِطْعَة

tuyere = twyer(e) (Met.) قَصَبَة • مَمَرُّ الهَواءِ إلى الفُرْن

T.V.O. (tractor vaporizing oil) زَيتٌ تَبَخُّرِيٌّ للجَرَّارات : قاعِدَتُه الكِيروسين

Twaddell hydrometer (Phys.) مِسْيَلٌ «تْوادِل» : لِقِياسِ كَثافةِ السَّوائلِ الأثْقَلِ من الماء

tweedeck (Naut.) بَيْنَ سَطحَيِ المَرْكَب • بَيْنَ سَطحَيْنِ من سُطوحِ السَّفينة

tweezers (*n.*) مِلقَط • مِلْقاط

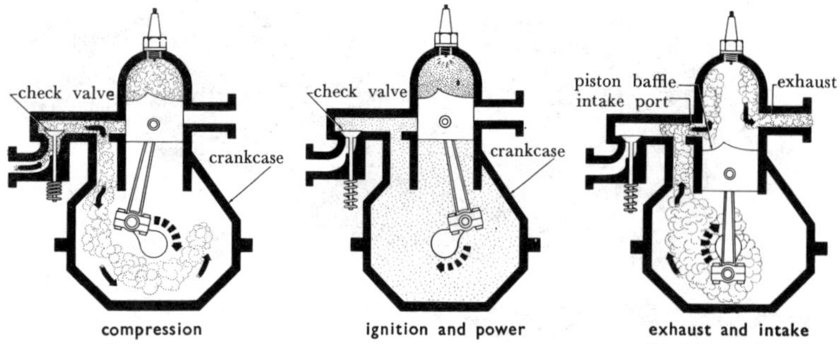

TWI
488

two-stroke cycle

twin (*n.*) تَوأَم
(*adj.*) تَوأَمِيّ • مُزْدَوِج
twin-carbon arc welding (Elec. Eng.) أَللِّحامُ بِقَوسِ الكربونِ المُزْدَوِج
twin crystal (Min.) بِلَّورةٌ تَوأَمِيَّة
twin drill (Eng.) مِثْقَبٌ مُزْدَوِجُ اللُّقَم
twine (*n.*) جَدْلَة • خَيْطٌ مَجْدُول
(*v.*) جَدَلَ • فَتَلَ • لَفَّ • إِلْتَفَّ
twin engine (Eng.) مُحَرِّكٌ مُزْدَوِج
twin-engined (*adj.*) مُزْدَوِجُ المُحَرِّكات • ذو مُحَرِّكَين
twine oil زَيتُ الجَدْل : زَيتُ جَدْلِ الخُيُوط
twin hole (Pet. Eng.) بِئْرٌ تَوأَمِيَّة • بِئْرٌ مُزدَوِجةُ الطَّبَقةِ المُنْتِجة
twin-lead cable (Elec. Eng.) كَبْلٌ ثُنائِيُّ المُوَصِّلات
twinning (Min., Geol.) التَّوأَمِيَّة : تَكَوُّنُ البِلَّوراتِ التَّوأَمِيَّة
twin well (Pet. Eng.) بِئْرٌ تَوْأَمِيَّة • بِئْرٌ مُزدَوِجةُ (الطَّبَقاتِ المُنْتِجة)
twin wheels عَجَلاتٌ (أو دَوالِيبُ) مُزدَوِجة
twin-yoke drill (Civ. Eng.) حَفّارةٌ بِمِقْرَنَين
twist (*v.*) فَتَلَ • لَوَى • بَرَمَ • إِلْتَوَى • إِنْفَتَلَ – جَدَلَ • ضَفَرَ – عَوَّجَ • تَعَوَّجَ • شَوَّهَ
(*n.*) لَيّ • فَتْل – جَدْل • إِلْتِواء • تَفَتُّل • لَيَّة – إِنحِراف
twist bit لُقْمَةُ حَفْرٍ حَلَزونِيَّة
twist drill (Eng.) مِثْقَبٌ التِوائِيّ (أو حَلَزُونِيّ)
twisted (*adj.*) مَفْتُول • مَبْرُوم • مَجْدُول • مُلْتَوٍ
twisted jute packing (Eng.) حَشْوٌ من القِنَّبِ المَبْرُوم
twisted rope حَبْلٌ مَجْدُولٌ (أو مَبْرُوم)
twister (*n.*) حَفّار
(Meteor.) إِعْصار

twisting fatigue (Eng.) كَلالُ اللَّيّ
twisting moment (Mech.) عَزْمُ اللَّيّ
twisting strain (Mech.) إِنفِعالُ اللَّيّ
twisting stress (Mech.) إِجهادُ اللَّيّ
twisting test (Eng.) إِختِبارُ اللَّيّ
twist joint وُصْلَةُ التِوائِيَّة
twist-off (*n.*) تَمَزُّقُ اللَّيّ • تَمَزُّقٌ باللَّيِّ المُفرِط
(*v.*) تَمَزَّقَ (أو تَكَسَّرَ) بِفَرْطِ اللَّيّ
twitch (*v.*) شَدَّ (بِقُوَّة) • إِنْتَزَعَ
(*n.*) جُزْءٌ مَشْدُود
Twitchell process (Chem. Eng.) طَرِيقةُ «تويتشِل» : لِصُنْعِ الجِلِيسرِين
two-coil system (Chem. Eng.) نِظامُ المِلَفَّين: نِظامُ الانسِيابِ في مِلَفَّينِ أُنبُوبِيَّيْن
two component mixture (Chem. Eng.) مَزِيجٌ ثُنائِيُّ المُقَوِّمات
two constituent mixture (Chem. Eng.) مَزِيجٌ ثُنائِيُّ المُكَوِّنات
two-cycle engine (Eng.) مُحَرِّكٌ ثُنائِيُّ الدَّوْرة
two-cycle motor (Eng.) مُحَرِّكٌ ثُنائِيُّ الدَّوْرة
two cylinder engine (Eng.) مُحَرِّكٌ ثُنائِيُّ الأُسطوانات
two-dimensional (*adj.*) ثُنائِيُّ البُعْد • ذو بُعْدَين
two-drum system (Pet. Eng.) نِظامُ الأُسطوانَتَيْن : إِستِعمالُ أُسطوانةٍ احتِياطِيَّة [illegible] إلى أُسطوانةِ الخِدْمة
two-edged (*adj.*) ذو حَدَّيْن
two-flue boiler (Eng.) مِرْجَلٌ ذو مِدْخَنَتَيْن
two-fluid cell (Elec. Eng.) خَلِيَّةٌ (فُلطائِيَّة) ذاتُ سائِلَيْن
twofold (*adj.*) مُضاعَف • مُزْدَوِج
two-jaw chuck (Eng.) ظَرْفٌ مُزْدَوِجُ الفَكّ
two-jaw spanner (Eng.) مِفتاحُ رَبْطٍ مُزدَوِجُ الفَكّ

two-necked bottle (Pet. Eng.) قارورةُ (غازٍ) ثُنائِيَّةُ العُنُق
two-phase (*adj.*) ثُنائِيُّ الطَّوْر
two-phase circuit (Elec. Eng.) دائِرةٌ ثُنائِيَّةُ الطَّور
two-phase current (Elec. Eng.) تَيّارٌ (مُتَناوِبٌ) ثُنائِيُّ الطَّوْر
two phase flow إِنسِيابٌ ثُنائِيُّ الطَّوْر
two-ping plug (Elec. Eng.) قابِسٌ ذو إِصبَعَيْن
two-ply (*adj.*) ثُنائِيُّ الطَّبَقات • ذو طاقَيْن
two-rate tariff (Elec. Eng.) تَعرِفَةٌ ثُنائِيَّةُ التَّسعِيرة
two-sided winning (Mining) إِستِثمارٌ من جانِبَيْن
two-speed pulley (Eng.) بَكَرةٌ ذاتُ سُرعَتَيْن
two-stage compression (Eng.) الضَّغْطُ على مَرْحَلَتَيْن
two-stage compressor (Eng.) ضاغِطٌ ذو مَرْحَلَتَيْن
two-stage cooler (Eng.) مُبَرِّدٌ ذو مَرْحَلَتَيْن
two-stage filter (Eng.) مُرَشِّحٌ ذو مَرْحَلَتَيْن
two-stage operation (Eng.) عَمَلِيَّةٌ ذاتُ مَرْحَلَتَيْن • عَمَلِيَّةٌ ثُنائِيَّةُ المَرْحَلة
two-stage pipe still (Pet. Eng.) مِقْطَرَةٌ أُنبوبِيَّةٌ ثُنائِيَّةُ المَرْحَلة
two-stage regulation (Pet. Eng.) تَعْدِيلُ (ضَغْطِ الغازِ المُوَزَّع) على مَرْحَلَتَيْن
two-stroke cycle (Eng.) دَوْرَةٌ ثُنائِيَّةُ الشَّوْط
two-stroke engine (Eng.) مُحَرِّكٌ ثُنائِيُّ الشَّوْط
two-stroke mix (Pet. Eng.) مَزِيجُ المُحَرِّكاتِ الثُّنائِيَّةِ الشَّوط
two-tanged file (Eng.) مِبْرَدٌ ذو سِيلانَيْن
two-way bit لُقْمةٌ ثُنائِيَّةُ الاتِّجاه (تَعْمَلُ في اتِّجاهَيْن)
two-way cock (Eng.) مِحْبَسٌ ذو سِكَّتَيْن
two-way radio (Elec. Eng.) راديو إِرسالٍ واستِقبال • جِهازُ إِرسالٍ واستِقبالٍ لاسِلْكِيّ
two-way road (Civ. Eng.) طَرِيقٌ مُزْدَوِجُ الاتِّجاه
two-way switch (Elec. Eng.) مِفتاحٌ ذو سِكَّتَيْن (أو تَحْوِيلَتَيْن)
two-way tap صُنْبُورٌ ثُنائِيُّ المَسْلَك
two-way time (Geophys.) زَمَنُ الذَّهابِ والإِياب : زَمَنُ انطِلاقِ المَوجاتِ وارتِدادِها
two-wing bit لُقْمةُ (حَفْرٍ) ثُنائِيَّةُ الجَناح

Tyndall effect

Tyndall effect (Phys.) : ظاهِرَةُ «تِنْدال» إسْتِطارَةُ الضَّوْءِ بِفِعلِ المَوادِّ المُسْتَعْلَقَةِ في السَّائل

tyndallimetry (Chem. Eng.) قِياسُ تَرْكِيزِ المَوادِّ المُسْتَعْلَقَة : (بقِياسِ تأثِيرِها في آستِطارَةِ الضَّوْء)

type (*n.*) طِرازٌ – نَمَط • نَمُوذَج صِنْف – سِمَة • عَلامَةٌ مُمَيِّزة

(*v.*) صَنَّفَ – طَبَعَ (على الآلَةِ الكاتِبة)

type fossils (Geol.) أحافِيرُ مُمَيِّزَة

typhonic rock = plutonite (Geol.) بلُوتُونيت : صَخْرٌ اندِساسِيٌّ جَوْفِيٌّ خَشِنُ الحُبَيْبات

typhoon (Meteor.) تَيفُون • إعصارٌ مَدارِيّ

typical (*adj.*) نَمُوذَجِيّ • نَمَطِيّ • طِرازِيّ – مُطابِق

typical characteristics خَصائصُ (قِياسِيَّة) مُمَيِّزة

typical process عَمَلِيَّةٌ نَمُوذَجِيَّة

typical sample عَيِّنَةٌ مُطابِقة • عَيِّنَةٌ نَمُوذَجِيَّة

typify (*v.*) مَثَّلَ • مَثَّلَ الخَصائصَ المُمَيِّزَةَ لِ

typomorphic mineral (Min.) مَعْدِنٌ نَمُوذَجِيُّ التَّحَوُّل

tyres of various sizes and treads

tyre = tire (*n.*) إطار • عَجَلَةٌ من المَطَّاط • إطارُ الدُّولابِ (الخارجيّ أو الدَّاخِليّ) – إطارٌ مَعْدِنِيّ

tyre cement (Chem. Eng.) لَصُوقٌ (مَطَّاطِيٌّ) لِلإطارات

Tyrer process (Chem. Eng.) طَرِيقَةُ «تايْرَر» : لِكَبْرَتَةِ العِطْرِيَّاتِ (بحامِضِ الكِبْرِيتيك)

tyre tube إطارُ العَجَلَةِ الدَّاخِلِيّ

u

underwater tanks

Ubbelohde colorimeter (Pet. Eng.)
مِلْوان «أُوبِلُوهْد»

Ubbelohde viscosimeter (Pet. Eng.)
مِلزاجُ «أُوبِلُوهْد»

ubiquitous (*adj.*) مَوجُودٌ في كُلِّ مَكان • واسِعُ الانتشار

U-bolt (Eng.) قامِطَةٌ رِكابِيَّة – مِسمارٌ أو بُرْغي على شَكْلِ (U)

U.D.C. (**upper dead centre**)
النُّقطَةُ المَيْتَةُ العُلْيا

Udex process طَريقَةُ يُودِكْس : إستِخلاصُ المُرَكَّباتِ الأرُوماتِيَة (من النُّقاوَةِ المُهَذَّبة) بالإذابَةِ في مَزيجٍ من إثيلين الغلَيْكُول والماء

U.H.F. (**ultrahigh frequency**)
(Elec. Eng.) تَرَدُّدٌ فَوقَ العالي

uintaite (Min.) أوِنْتايت : ضَرْبٌ من الأسْفَلْتِ الطَّبيعيّ • غِلْسُونَيْت

U-iron (Eng.) قُضبانُ حَديدٍ على شَكْلِ (U)

U.L. (**Underwriters Laboratories**)
مُؤَسَّسةُ ضَمانٍ بهذا الاسم (خاصّة للتأمينات البَحْرِيَّة)

ullage (*n.*) الفَراغُ القِمِّيّ • النَّقصُ عن حَدِّ الامتِلاء (في الصِّهْريج أو النّاقِلة) – الفَقْدُ بفِعلِ التَّبَخُّرِ أو النَّزِّ

ullage holes ثُقُوبُ مُعايَنةِ الفَراغِ القِمِّيّ : في الصِّهريج

ullage space فَراغٌ قِمِّيّ : في أعلى البِرْمِيلِ أو الخَزّانِ أو صِهريجِ النّاقِلة

ultimate (*adj.*) نِهائيّ • أخير • مُطْلَق – أقصَى

ultimate analysis (Chem. Eng.)
تَحليلٌ مُطْلَق : يُبَيِّنُ نِسبَةَ كُلِّ عُنْصُرٍ في مُرَكَّبٍ (عُضوِيّ) مُعَيَّن

ultimate bending strength (Eng.)
مُقاوَمَةُ الثَّني القُصْوَى

ultimate compressive strength
(Civ. Eng.) مُقاوَمَةُ الانضِغاطِ القُصْوَى

ultimate elongation (Eng.)
الاستِطالَةُ القُصْوَى

ultimate load (Eng.) الحِمْلُ الأقصَى

ultimate oil recovery (Pet. Eng.)
مَردودُ الزَّيتِ الأقصَى (من البِئرِ أو المَكْمَن)

ultimate operational capability (Eng.)
قُدرَةُ التَّشغيلِ القُصْوَى

ultimate production الإنتاجُ الأقصَى

ultimate recovery الاستِعادَةُ القُصْوَى

ultimate set (Mech.) الوَضْعُ النِّهائيّ

ultimate stage (**of reaction**)
(Chem. Eng.) المَرْحَلَةُ النِّهائيَّةُ (من التَّفاعُل)

ultimate strain (Mech.) الانفِعالُ الأقصَى

ultimate stress (Mech.) الإجهادُ الأقصَى : الذي يُؤَدّي تَجاوُزُه إلى الانفِصام

ultimate tensile strength (Eng.)
مُقاوَمَةُ الشَّدِّ القُصْوَى

ultimate tensile stress (Eng.)
إجهادُ الشَّدِّ الأقصَى

ultra-acid (*adj.*) فَوقَ حامِضِيّ • فَوتَ حامِضِيّ

ultra-acid(ic) rocks (Geol.)
صُخورٌ فَوقَ حامِضِيَّة

ultra-alkaline (*adj.*) فَوقَ قِلْوِيّ

ultrabasic (*adj.*) فَوقَ قاعِدِيَّة • فَوتَ قاعِدِيَّة

ultrabasic rocks (Geol.) صُخورٌ فَوقَ قاعِدِيَّة

ultracentrifuge (*n.*) نابِذَةٌ فائقَةُ السُّرعة • فَرّازةٌ بالطَّرْدِ المَرْكَزِيّ فائقَةُ السُّرعة

ultradominant (*adj.*) سائدٌ جِدًّا • غالِبٌ بِشَكْلٍ يَستَرْعِي النَّظَر

ultrafiltration (Chem. Eng.) تَرْشيحٌ (غِشائيّ) فائقُ الدِّقَّة : لِلمَوادِّ الغَرَوانِيَّة

Ultrafining (Pet. Eng.) ألترافايْنِنْغ • التَّكريرُ الفائقُ (ضَرْبٌ من التَّهذيبِ الهَيدروجينيّ من ابتِكارِ شَرِكَةِ سْتَنْدارْد أُويل بإنْديانا)

ultraformer (Pet. Eng.) ألترافُورْمَر • وَحدَةُ تَهذيبٍ مُحَفِّزٍ فائِق (لتَحويلِ النَّفْثا الخَفيفَةِ الرَّقْمِ الأوكْتانيّ إلى بنزينٍ عالي دَرَجَةِ الأوكْتان)

Ultraforming (Pet. Eng.) ألترافُورْمِنْغ • التَّهذيبُ الفائقُ : إحدَى طُرُقِ تَهذيبِ النَّفْطِ بحافِزٍ بلاتينيّ (من ابتِكارِ شَرِكَةِ سْتَنْدارْد أُويل بإنديانا)

ultrahigh frequency (Elec. Eng.)
تَرَدُّدٌ فَوقَ العالي (بين ٣٠٠ و ٣٠٠٠ ميغاسيكل في الثانية)

ultralight alloys (Met.) سَبائِكُ بالِغَةُ الخِفَّة

ultramarine ألترامارين • لازَوَرْد

ultrametamorphism (Geol.) تَحَوُّلٌ فائِقُ الدِّقَّة

ultramicrometer (Eng.) مِيكرُومِتْر بالِغُ الدِّقَّة

ultramicroscope	ألتراميكروسكوب	
	مِجْهَرٌ فَوْقِيٌّ • مِجْهَرٌ فائِقُ الدِّقَّةِ	
ultramicroscopic (adj.)	مِجْهَرِيٌّ فَوْقِيٌّ •	
	في مُنْتَهَى الصِّغَرِ	
ultra-red (adj.)	ما دُونَ الأَحْمَرِ •	
	دُونَ الحَمْراءِ	
ultra-red (infra-red) rays (Phys.)		
	الأَشِعَّةُ دُونَ الحَمْراءِ	
ultra-short (adj.)	شَديدُ القِصَرِ	
ultrasonic (adj.) (Phys.)	فَوْقَ السَّمْعِيِّ •	
	فَوْقَ الصَّوْتِيِّ	
ultrasonic depth finder (Geophys.)		
	مِعْماقٌ فَوْقَ سَمْعِيٍّ : مِقياسُ عُمْقٍ بالتَّمَوُّجاتِ	
	فَوْقَ السَّمْعِيَّةِ	
ultrasonic drill	ثَقّابَةٌ فَوْقَ سَمْعِيَّةٍ	
ultrasonic drilling (Eng.)	حَفْرٌ فَوْقَ	
	سَمْعِيٍّ الذَّبْذَبَةِ : تَنْطَلِقُ فيه الحُبَيْباتُ	
	السّاحِجَةُ المُعَلَّقَةُ في وَسَطٍ مائعٍ بِتَرَدُّدٍ	
	فَوْقَ سَمْعِيٍّ	
ultrasonic flaw detection (Eng.)		
	إكتِشافُ الخَلَلِ بِالتَّمَوُّجاتِ فَوْقَ السَّمْعِيَّةِ	
ultrasonic (or supersonic) frequency		
	تَرَدُّدٌ فَوْقَ سَمْعِيٍّ (أكْثَرُ مِنْ ٢٠ (Phys.)	
	كيلوسيْكِل في الثّانِيَة)	
ultrasonic inspection (Eng.)		
	فَحْصٌ بِالتَّمَوُّجاتِ فَوْقَ السَّمْعِيَّةِ	
ultrasonic leak detector	مِكْشافُ الشُّروبِ	
	بِالتَّمَوُّجاتِ فَوْقَ السَّمْعِيَّةِ	
ultrasonic meter	مِقْياسٌ فَوْقَ سَمْعِيٍّ	
ultrasonic methods of testing (Eng.)		
	طُرُقُ الاِختِبارِ بِالتَّمَوُّجاتِ فَوْقَ السَّمْعِيَّةِ	
ultrasonic receiver	مُسْتَقْبِلُ الأمواجِ	
	فَوْقَ السَّمْعِيَّةِ	
ultrasonics	فَوْقَ السَّمْعِيّاتُ • عِلْمُ ما	
	فَوْقَ السَّمْعِيّاتِ	
ultrasonic testing methods (Eng.)		
	طُرُقُ الاِختِبارِ بِالتَّمَوُّجاتِ فَوْقَ السَّمْعِيَّةِ	
ultrasonic velocity meter	مِقْياسُ سُرْعَةٍ	
	فَوْقَ سَمْعِيٍّ	

ultramicroscope

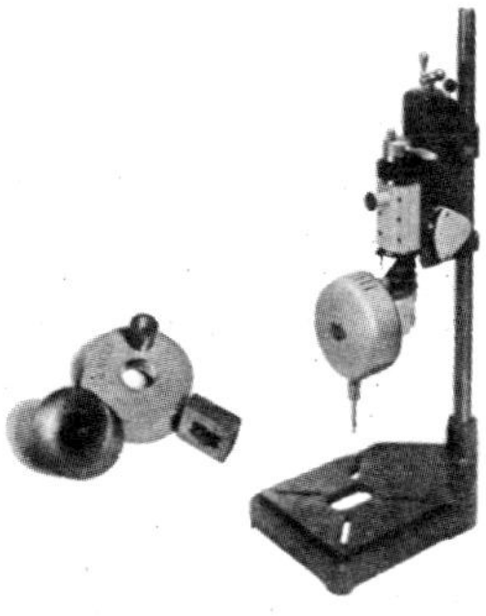

ultrasonic drill

ultrasonic waves (Phys.)	أمواجٌ فَوْقَ سَمْعِيَّةٍ	
ultrasonography (Eng.)	كَشْفُ الخَلَلِ	
	(في المَعادِنِ) بِالتَّمَوُّجاتِ فَوْقَ السَّمْعِيَّةِ	
ultraviolet (adj.) (Phys.)	فَوْقَ البَنَفْسَجِيِّ	
ultraviolet light	ضَوْءٌ فَوْقَ البَنَفْسَجِيِّ •	
	إشعاعٌ فَوْقَ البَنَفْسَجِيٍّ	
ultraviolet rays (Phys.)	الأشِعَّةُ فَوْقَ	
	البَنَفْسَجِيَّةِ : إشعاعاتٌ غَيْرُ مَرئيَّةٍ طولُها	
	المَوجيُّ بين ٣٨٥٠ و ٢٠٠ أنجستروم	
umber (n.) (Geol.)	تُرابٌ بُنِّيٌّ (غَنِيٌّ بِأكاسيد	
	الحَديدِ والمنغنيز) ـ صِبْغٌ بُنِّيٌّ	
umbrella root (Civ. Eng.)	سَقْفٌ مِظَلِّيٌّ	
umpire (n.)	حَكَمٌ • مُحَكِّمٌ	
(v.)	حَكَمَ • فَصَلَ (في نِزاعٍ)	
umpire assay	تَحليلُ الخَبيرِ أو المُحَكِّمِ	
U.M.R. (unsulfonatable mineral residue)		
	مُتَخَلِّفاتٌ مَعدِنيَّةٌ غَيْرُ قابِلَةٍ لِلسَّلْفَنَةِ	
unaccommodated (adj.)	غَيْرُ مُهَيَّأٍ •	
	غَيْرُ مُجَهَّزٍ (بِوَسائِلِ الرّاحَةِ)	
unaccounted for	غَيْرُ مُعَلَّلٍ أو مُفَسَّرٍ	
unaccounted for gas (Pet. Eng.)		
	غازٌ غَيْرُ ذي أهَمِّيَّةٍ تِجاريَّةٍ	
unadulterated (adj.)	غَيْرُ مَغْشوشٍ • خالِصٌ •	
	صِرْفٌ	
unaffected (adj.)	غَيْرُ مُتَأثِّرٍ • سالِمٌ	
unaided eye	العَيْنُ المُجَرَّدَةُ	
unalloyed (adj.)	غَيْرُ مَخلوطٍ • لا أشابيٌّ	
unaltered (adj.)	غَيْرُ مُتَغَيِّرٍ • ثابِتٌ	

unannealed casting (Met.)	مَصْبوبَةٌ غَيْرُ	
	مُلَدَّنَةٍ	
unarmoured cable	كَبْلٌ غَيْرُ مُدَرَّعٍ	
unassembled (adj.)	مُفَكَّكٌ • غَيْرُ مُجَمَّعٍ	
unauthorized (adj.)	غَيْرُ مُفَوَّضٍ ـ	
	غَيْرُ مُباحٍ	
unbalance (n.) (Mech.)	عَدَمُ التَّوازُنِ •	
	اللّا تَوازُنَ	
(v.)	أَخَلَّ بِالتَّوازُنِ	
unbalanced (adj.)	غَيْرُ مُتَوازِنٍ •	
	مُخْتَلُّ التَّوازُنِ • غَيْرُ مُعادَلٍ	
unbalanced load (Eng., Elec. Eng.)		
	حِمْلٌ غَيْرُ مُتَوازِنٍ	
unbedded (adj.)	غَيْرُ مُطَبَّقٍ • لا طِباقِيٌّ	
unbedded deposit (Geol.)	قَرارَةٌ لا تَطْبيقيَّةٌ •	
	راسِبٌ غَيْرُ طِباقِيٍّ	
unbleached (adj.) (Chem. Eng.)		
	غَيْرُ مُقَصَّرٍ • غَيْرُ مُبَيَّضٍ	
unboiled	غَيْرُ مُغْلَى	
unbreakable (adj.)	لا يَنْكَسِرُ	
unbroken (adj.)	غَيْرُ مُنْقَطِعٍ • مُتَواصِلٌ ـ	
	صَحيحٌ	
unbroken ground	أرضٌ بِكْرٌ	
unburnable (adj.)	لا يَحْتَرِقُ •	
	غَيْرُ قابِلٍ لِلاحتِراقِ	
unbuttoning (Civ. Eng.)	فَكُّ الهَياكِلِ	
	الفولاذِيَّةِ	
uncap (v.)	نَزَعَ السِّدادَ أو الغِطاءَ	

ultrasonic inspection of a spirally weld pipe

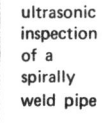

ultrasonic leak detector

unconformity

underground haulage
(tramway and conveyor belt)

underframe (Eng.)	هَيْكَلٌ سُفْلِيٌّ
undergauge hole (Pet. Eng.)	بِئْرٌ ضَيِّقَةٌ • القُطْر : قُطْرُها دُونَ القِياسِيِّ
undergettings (Mining)	دَعائِمُ مُؤَقَّتَةٌ
undergo (v.)	تَحَمَّلَ • عانَى – تَعَرَّضَ أو خَضَعَ لِ (اخْتِبارٍ أو عَمَلِيَّةٍ)
underground (adj., adv.)	تَحْتَ أَرْضِيٌّ : تَحْتَ (سَطْحِ) الأَرْضِ – سِرِّيٌّ
(Geol.)	جَوْفِيٌّ • باطِنِيٌّ
(n.)	سِكَّةُ حَدِيدٍ تَحْتَ الأَرْضِ – حَرَكَةٌ سِرِّيَّةٌ
underground cable (Eng.)	كَبْلٌ تَحْتَ أَرْضِيٍّ
underground combustion (Pet. Eng.)	اشْتِعالٌ جَوْفِيٌّ • احْتِراقٌ تَحْتَ أَرْضِيٍّ
underground corrosion (Geol.)	تَحاتٌّ جَوْفِيٌّ (أو تَحْتَ أَرْضِيٍّ)
underground dam (Mining)	سَدٌّ باطِنِيٌّ (أو تَحْتَ أَرْضِيٍّ)
underground furnace (Mining)	فُرْنٌ تَحْتَ أَرْضِيٍّ • فُرْنُ تَهْوِيَةِ المَنْجَمِ
underground haulage (Mining)	نَقْلٌ تَحْتَ أَرْضِيٍّ : بِعَرَباتِ التِّرامِ أَو في النّاقِلَةِ بالسَّيْرِ
underground lake (Geol.)	بُحَيْرَةٌ جَوْفِيَّةٌ
underground line	خَطٌّ تَحْتَ أَرْضِيٍّ • خَطٌّ مَطْمُورٌ
underground line locator (Eng.)	مُبَيِّنٌ (مَوْقِعِ) الخَطِّ المَطْمُورِ
underground mining (Mining)	تَعْدِينٌ باطِنِيٌّ (تَحْتَ الأَرْضِ)
underground pipe (Eng.)	ماسُورَةٌ تَحْتَ الأَرْضِ • أُنْبُوبٌ تَحْتَ أَرْضِيٍّ
underground reservoir	خَزّانٌ تَحْتَ أَرْضِيٍّ
underground storage	التَّخْزِينُ تَحْتَ الأَرْضِ
underground strata (Geol.)	طَبَقاتٌ جَوْفِيَّةٌ
underground structures (Geol.)	تَشْكِيلاتٌ جَوْفِيَّةٌ
underground survey (Geophys.)	مَسْحٌ باطِنِيٌّ (أَو جَوْفِيٌّ)
underground tank (Civ. Eng.)	صِهْرِيجٌ مَطْمُورٌ • صِهْرِيجٌ تَحْتَ (سَطْحِ) الأَرْضِ
underground water (Geol.)	مِياهٌ جَوْفِيَّةٌ (أَو باطِنِيَّةٌ)
underground water-table (Geol.)	مَنْسُوبُ المِياهِ الجَوْفِيَّةِ
underhand stoping (Mining)	تَعْدِينٌ بالتَّدَرُّجِ القائِمِ
underlay (v.)	بَطَّنَ أو زَوَّدَ بِطَبَقَةٍ سُفْلِيَّةٍ

uncased (adj.) (Pet. Eng.)	غَيْرُ مُغَلَّفٍ • غَيْرُ مُنَبَّبٍ • غَيْرُ مُبَطَّنٍ بِأَنابِيبِ التَّغْلِيفِ
uncased hole (Pet. Eng.)	بِئْرٌ غَيْرُ مُغَلَّفَةٍ • بِئْرٌ غَيْرُ مُثَبَّتَةٍ
uncased well (Pet. Eng.)	بِئْرٌ غَيْرُ مُغَلَّفَةٍ : أَو غَيْرُ مُثَبَّتَةٍ
unchangeable (adj.)	لا يَتَغَيَّرُ • مُسْتَقِرٌّ
unchanged (adj.)	غَيْرُ مُغَيَّرٍ • ثابِتٌ
uncharged (adj.)	غَيْرُ مَشْحُونٍ
unclassified (adj.)	غَيْرُ مُصَنَّفٍ
unclutch (v.)	فَصَلَ القابِضَ
uncoil (v.)	حَلَّ • فَكَّ • انْحَلَّ • انْفَكَّ
uncombined (adj.) (Chem.)	غَيْرُ مُتَّحِدٍ • طَلِيقٌ
uncondensed (adj.)	غَيْرُ مُتَكاثِفٍ
unconditional (adj.)	غَيْرُ مَشْرُوطٍ • بِلا قَيْدٍ أَو شَرْطٍ • مُطْلَقٌ
unconformable beds (Geol.)	طَبَقاتٌ مُتَخالِفَةٌ • طَبَقاتٌ غَيْرُ مُتَوافِقَةٍ
unconformable stratification (Geol.)	تَطَبُّقٌ لا تَوافُقِيٌّ • طِباقِيَّةٌ تَخالُفِيَّةٌ
unconformable succession (Geol.)	تَتابُعٌ لا تَوافُقِيٌّ
unconformity (n.) (Geol.)	اللا تَوافُقُ • تَخالُفٌ • عَدَمُ تَوافُقِ (الطَّبَقاتِ) : بِسَبَبِ التَّرْسِيبِ المُنْقَطِعِ
uncongealable (adj.)	لا يَنْعَقِدُ • غَيْرُ قابِلٍ لِلجُمُودِ
unconsolidated deposit (Geol.)	قُرارَةٌ غَيْرُ مُدَمْجَةٍ
unconsolidated formation (Geol.)	تَكْوِينٌ غَيْرُ مُدَمْجٍ (أَو غَيْرُ مُتَماسِكٍ)
uncontaminated (adj.)	غَيْرُ مُلَوَّثٍ
unco-ordinated (adj.)	غَيْرُ مُنَسَّقٍ
uncork (v.)	نَزَعَ السِّدادَةَ (أَو الفِلِّينَةَ)
uncorrected (adj.)	غَيْرُ مُصَحَّحٍ
uncover (v.)	كَشَفَ • أَزاحَ الغِطاءَ عَنْ
uncrystalline (adj.)	لا بَلُّورِيٌّ • غَيْرُ مُتَبَلْوِرٍ

unctuous = unctious (adj.) (Min.)	زَيْتِيٌّ • دُهْنِيٌّ – لَزِجٌ • زَلِقٌ
unctuous clay (Geol.)	طِينٌ زَلِقٌ • طِينٌ دُهْنِيٌّ
undecomposable (adj.) (Chem. Eng.)	لا يَنْحَلُّ • غَيْرُ قابِلٍ لِلانْحِلالِ
undependable (adj.)	لا يُرْكَنُ إِلَيْهِ • غَيْرُ جَدِيرٍ بِالثِّقَةِ
underbed (n.)	طَبَقَةٌ سُفْلِيَّةٌ (أَو تَحْتانِيَّةٌ)
underbid (v.)	عَرَضَ ثَمَنًا أَقَلَّ (مِنْ مُنافِسِيهِ)
undercharge (n.)	شِحْنَةٌ أَو حُمُولَةٌ ناقِصَةٌ – رَسْمٌ أَقَلُّ مِنَ المُعْتادِ
(v.)	شَحَنَ بِأَقَلَّ مِنَ المُناسِبِ
underclay (Geol.)	طِينُ الفِراشِ : طَبَقَةٌ مِنَ الصَّخْرِ الطِّينِيِّ تَرْتَكِزُ عَلَيْها رَواسِبُ الفَحْمِ
undercoat (n.)	طَبَقَةٌ سُفْلِيَّةٌ (أَو تَحْتانِيَّةٌ)
undercool (v.)	بَرَّدَ إلى ما دُونَ دَرَجَةِ التَّجَمُّدِ
undercooling = surfusion (Phys.)	تَبْرِيدٌ إلى ما دُونَ دَرَجَةِ التَّجَمُّدِ (مَعَ الاحْتِفاظِ بِحالَةِ السُّيُولَةِ)
undercrossing (Civ. Eng.)	تَقاطُعٌ سُفْلِيٌّ
undercurrent	تَيّارٌ سُفْلِيٌّ
undercut (v.)	قَطَعَ سُفْلِيًّا
(n.)	قَطْعٌ سُفْلِيٌّ – جَيْبٌ سُفْلِيٌّ
undercutting (Mining)	قَطْعٌ سُفْلِيٌّ
(Geol.)	تَقَوُّضٌ • نَحْرٌ سُفْلِيٌّ
underdeveloped (adj.)	ناقِصُ التَّظْهِيرِ – ناقِصُ التَّطَوُّرِ • مُتَخَلِّفُ (النُّمُوِّ أَو التَّقَدُّمِ)
underestimate (v.)	بَخَسَ التَّقْدِيرَ • اسْتَخَفَّ بِ
(n.)	تَقْدِيرٌ بَخْسٌ
underfeed stoker (Eng.)	مُغَذٍّ سُفْلِيٌّ • وَقّادٌ مِيكانِيكِيٌّ سُفْلِيُّ التَّغْذِيَةِ
underflow (n.)	انْسِيابٌ سُفْلِيٌّ
= oversize (Mining)	قِطَعُ الخامِ الكَبيرَةُ (الّتي لا تَنْساقُ بِالغَسْلِ)
underfold (Geol.)	طَيَّةٌ ثانَوِيَّةٌ

UND

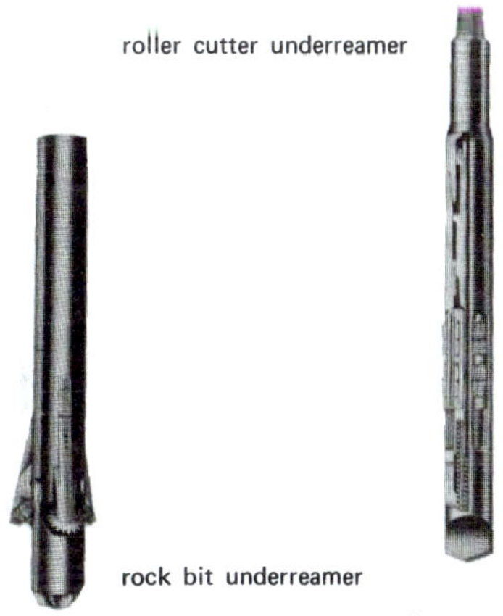

roller cutter underreamer
rock bit underreamer

underlay (*n.*) طَبَقةٌ سُفليَّة (أو تَحتانيَّة)
(Mining) مَيْلُ الطَّبَقةِ عن الخَطِّ العَمُوديّ

underlay lode (Mining) عِرْقٌ مَعدِنيٌّ مائِل

underlay shaft (Mining) مَهواةٌ (ذاتُ جُدْرانٍ) مائِلة

underlie (*v.*) سَنَدَ أو دَعَمَ (من الأَسْفَل) • شَكَّلَ الأساسَ – تَلا سُفْلِيّاً

under limb (Geol.) جَناحُ الطَّيَّةِ الخَفِيض

under limit of inflammability (Chem. Eng.) المُسْتَوى الأدنَى لِلاشتِعاليَّة

underloaded (*adj.*) ناقِصُ الشَّحْن

underlying (*adj.*) تَحْتِيّ • سُفْلِيّ – أساسِيّ • قاعِدِيّ – كامِن

underlying bed (Geol.) الطَّبَقةُ السُّفْلِيَّة • طَبَقةُ الارْتِكاز

underlying rocks (Geol.) صُخورُ القاعِدَة

undermine (*v.*) قَوَّضَ • هَدَمَ

underpass (Civ. Eng.) مَمَرٌّ سُفْلِيّ

underpin (*v.*) (Civ. Eng.) دَعَمَ الأساس

underpinning (Civ. Eng.) تَدعِيمُ (أو إعادةُ بناءِ) الأساس (دُونَ الإضرارِ بالمَبْنَى) – دِعْمَة

underplanting (Eng.) نَقصُ المُعَدَّات المَكَنيَّة

underpressure (Phys.) ضَغْطٌ ناقِصٌ (أي دُونَ المُعَدَّل)

underproduction نَقصُ الإنْتاج

underrate (*v.*) بَخَسَ التَّقدِير

underream (*v.*) وَسَّعَ (الحَفْرَ) من الدَّاخِل

underreamer مُوَسِّعٌ قاعِيّ : لِتَوسِيعِ تَجويفِ القَعْر

underreamer cutters قَطّاعاتُ المُوَسِّعِ القاعِيّ

underreaming (Civ. Eng.) تَوسِيعُ تَجْويفِ القاعِدَة
(Pet. Eng.) تَوسيعُ قاعِ البِئْر

undersaturated (*adj.*) تَحْتَ المُشْبَع • ناقِصُ الإشْباع

undersaturated rocks (Geol.) صُخورٌ تَحْتَ المُشْبَعة

underside (*n.*) الجانِبُ السُّفْلِيّ

undersize (*adj.*) صَغيرُ الحَجْمِ (أو القِياس) • أَصْغَرُ من المُعَدَّل
(*n.*) حَجْمٌ صَغير
= **overflow** (Mining) قِطَعُ الخامِ الصَّغيرةُ (التي تَنْساقُ بالغَسْل)

undersoil (*n.*) التُّرْبةُ السُّفْلِيَّة

understratum (Geol.) طَبَقةٌ سُفليَّة

understructure (Eng.) إنشاءٌ سُفْلِيّ

undertaking (*n.*) تَعَهُّد • إضطِلاع – مُقاوَلة • مَشْروع • إلتِزام

underthrust (*n.*) دَفْعٌ سُفْلِيّ

underthrust block (Geol.) كُتْلَةٌ تَراكُبيَّةٌ سُفْلَى

undertitration (Chem. Eng.) مُعايَرةٌ ناقِصة

undertow (*n.*) تَيّارٌ سُفْلِيٌّ مُعاكِس • تَيّارٌ رَجْعِيّ

undertow current تَيّارُ السَّحْبِ (القاعِيّ)

undertreating (*n.*) (Chem. Eng.) مُعالَجةٌ ناقِصة

under trial تَحْتَ التَّجرِبة

undervoltage release (Elec. Eng.) آليَّةُ إعتاقٍ عِندَ انخِفاضِ الفُلْطِيَّة

underwater (*adj.*) تَحْتَ الماء • تَحْت مائيّ – مَغْمُور • تَحْت بَحْرِيّ

underwater camera كامِيرا تَحْت مائيَّة : لِلتَّصوِيرِ تَحْتَ الماء

underwater completion إنجازٌ تَحْتَ الماء • إنجازٌ مَغْمُور

underwater concrete (Civ. Eng.) خَرَسانةٌ تَحت مائيَّة : للاستِعْمالِ تَحْتَ الماء

underwater exploration (Geophys.) إستِكشافٌ تَحْت بَحْرِيّ • التَّنْقِيبُ تَحْتَ البَحْر

underwater tank (Pet. Eng.) صِهريجٌ تَحْتَ مائيّ (لاخْتِزانِ النَّفْطِ تحتَ سَطحِ الماء)

underwater welding (Eng.) اللِّحامُ تَحْتَ الماء

underwrite (*v.*) ضَمِنَ • وَقَّعَ تَعَهُّداً بالضَّمانِ (أو التَّأمِين)

underwriters (*n.*) مُؤَسَّسةُ ضَمانٍ (خاصَّةٌ لِلتَّأمِيناتِ البَحْرِيَّة)

undeveloped (*adj.*) غَيْرُ مُسْتَثْمَر – غَيْرُ مُطَوَّر – غَيْرُ مُظْهَر

undeveloped reserves (Pet. Eng.) إحتِياطِيٌّ مَبْدَئِيُّ الثُّبوت : إحتِياطِيٌّ ثَبَتَ وُجودُهُ نَظَرِيّاً ولمّا يَتَأكَّدْ بالحَفْر

undiluted (*adj.*) غَيْرُ مُخفَّف

undirectional flow دَفْقٌ لا اتِّجاهِيّ

underwater camera

underwater exploration

underwater pipe welding

underwater tank

undissolved (*adj.*) غَيْرُ مُذاب
undistilled (*adj.*) غَيْرُ مُقطَّر
undisturbed (*adj.*) غَيْرُ مُضطَرِب • غَيْرُ مُشَوَّش
undo (*v.*) حَلَّ • فَكَّ _ أَبْطَلَ
undrained pockets جُيُوبٌ غَيْرُ مُصَفَّاةٍ (أو غَيْرُ مُصَرَّفَة)
undue (*adj.*) غَيْرُ مُستَحِقّ • لَمْ يَستَحِقّ بَعْد _ غَيْرُ مُلائِم • غَيْرُ لائِق
undulate (*v.*) ماجَ • تَمَوَّجَ
undulating ground أَرْضٌ مُتَمَوِّجة
undulation (*n.*) تَمَوُّج • تَمْوِيج _ مَوْجَة • سَطْحٌ مُتَمَوِّج
undulatory (*adj.*) تَمَوُّجِيّ • مُتَمَوِّج
undulatory motion (Phys.) حَرَكَةٌ تَمَوُّجِيَّة
unduly (*adj.*) بإفراط _ بِشَكْلٍ غَيْرِ مُناسِب
unearned increment زِيادَةٌ لا اكتِسابِيَّة : عِلاوةٌ تُكْتَسَبُ لا بِالجُهْدِ بَل بِتَحَسُّنِ المَوْقِعِ أو بِزِيادَةِ الطَّلَب
unearth (*v.*) نَبَشَ • أَخْرَجَ شَيْئاً دَفِيناً
unequigranular (*adj.*) غَيْرُ مُتَساوِي الحُبَيْبات
uneven (*adj.*) غَيْرُ مُسْتَوٍ • غَيْرُ مُنْتَظِم
uneven fracture (Geol.) صَدْعٌ غَيْرُ مُنْتَظِم
uneven ground أَرْضٌ غيرُ مُستَوِيَة
unevenness اللّا إستِوائيَّة • اللّا إنتِظامِيَّة
unexamined (*adj.*) غَيْرُ مَفْحُوص • غَيْرُ مُعايَن
unexhausted (*adj.*) غَيْرُ مُسْتَنْفَد
unexploited (*adj.*) غَيْرُ مُسْتَغَلّ • غَيْرُ مُسْتَثْمَر
unexplored (*adj.*) غَيْرُ مُسْتَكْشَف
unexplosive (*adj.*) لا مُتَفَجِّر • غيرُ قابِلٍ للانفِجار
unfasten (*v.*) فَكَّ • حَلَّ • إنفَكَّ • إنْحَلَّ
unfavourable (*adj.*) غَيْرُ مُواتٍ _ غَيْرُ مُوافِق
unfiltered (*adj.*) غيرُ مُرَشَّح
unfinished (*adj.*) غيرُ مُكْتَمِل • غيرُ مُنْجَزِ الصُّنْع
unfired pressure vessels (Eng.) أَوْعِيَةٌ ضَغْطِيَّةٌ لا تُعَرَّضُ لِلَّهَب
unfolded stratum (Geol.) طَبَقَةٌ مُنْبَسِطَة (لا مَطْوِيَّة)
unformed (*adj.*) غيرُ مُشَكَّل • لا شَكْلِيّ
unfossiliferous rock (Geol.) صَخْرٌ لا أحافِيرِيّ : لا يَحْتَوِي على أحافير
unfrozen (*adj.*) غيرُ مُتَجَمِّد
unfused (*adj.*) غَيْرُ مُنْصَهِر • غَيْرُ ذائِب
ungeared (*adj.*) غيرُ مُعَشَّق
unglazed porcelain خَزَفٌ (صِينِيّ) غَيْرُ مَصْقُول
unguent (*n.*) مَرْهَم • مَرُوخ
unhardened (*adj.*) (Met.) غَيْرُ مُصَلَّد
unhook (*v.*) فَكَّ • نَزَعَ من الخُطّاف
uniaxial (*adj.*) أُحادِيُّ المِحْوَر
uniclinal (*adj.*) أُحادِيُّ المَيْل
uniclinal flexure (or fold) (Geol.) طَيَّةٌ أُحادِيَّةُ المَيْل
unicracking (Pet. Eng.) التَّكسِيرُ المُوَحَّد : التَّكسِيرُ المُحَفَّزُ بالهيدروجين لِلحُصولِ على بِنزين عالِي دَرَجةِ الأوكتان
unidirectional current = direct current (Elec. Eng.) تَيّارٌ أُحادِيُّ الاتِّجاه
unification (*n.*) تَوحِيد • إتِّحاد
unified screw threads (Eng.) أَسنانُ اللَّوْلَبَةِ المُوَحَّدَةُ القِياسات (في كَندا وانكلترا والولاياتِ المُتَّحِدة)
unifining (*n.*) (Pet. Eng.) التَّكريرُ المُوَحَّد: لإزالةِ الكِبريت والنِتروجين والأُكسِجين وسِواها من الشَّوائب
uniflo (Pet. Eng.) يُونيفْلو : زَيتُ مُحَرِّكاتٍ مُتَعَدِّدُ الدَّرَجات
uniflow (*adj.*) أُحادِيُّ اتِّجاهِ الدَّفْق
uniflow compressor (Eng.) ضاغِطٌ أُحادِيُّ اتِّجاهِ الدَّفْق
uniflow engine (Eng.) مُحَرِّكٌ (بُخارِيّ) أُحادِيُّ اتِّجاهِ الدَّفْق
uniflux tray (Pet. Eng.) صِينِيَّةُ تَكْرِيرٍ أُحادِيَّةُ اتِّجاهِ الدَّفْق
uniform (*adj.*) مُنْتَظِم • مُتَّسِق
uniform expansion (Phys.) تَمَدُّدٌ مُنْتَظِم
uniform flow تَدَفُّقٌ مُنْتَظِم
uniformity (*n.*) إنتِظام • إتِّساق • تَجانُس
uniform load (Eng.) حِمْلٌ مُنْتَظَمُ (التَّوزِيع)
uniform mixture (Chem. Eng.) مَزِيجٌ ثابِتُ التَّجانُس
uniform motion (Mech.) حَرَكَةٌ مُنْتَظِمة
uniform pitch (Eng.) خُطْوَةٌ مُنْتَظِمة
uniform sand رَمْلٌ مُنْتَظِمُ الحُبَيْبات
uniform scale مِقياسٌ مُنْتَظِمُ (التَّدرِيج)
uniform section (Eng.) مَقْطَعٌ عَرْضِيٌّ مُنْتَظِم
uniform velocity (Mech.) سُرعةٌ مُنْتَظِمة
unilarm (Eng.) جِهازُ إنذارٍ عُمومِيّ
unilateral (*adj.*) وَحِيدُ الجانِب • من جانِبٍ واحِد • أُحادِيُّ الاتِّجاه
unimolecular (*adj.*) (Chem.) أُحادِيُّ الجُزَيء
unindurated (*adj.*) (Geol.) غَيْرُ مُتَصَلِّبة
uninflammability عَدَمُ قابِلِيَّةِ الالتِهاب
uninflammable (*adj.*) (Chem. Eng.) غيرُ قابِلٍ للالتِهاب
uninsulated (*adj.*) (Elec. Eng.) غيرُ مَعْزُول
uninsured (*adj.*) غيرُ مُؤَمَّنٍ عليه
union (*n.*) إتِّحاد _ نِقابة • إتِّحادٌ (عُمّالِيّ) (Eng.) وُصْلَةُ أنابيب • وَصِيلَة • وَصْلَة
union cock (Eng.) مِحْبَسُ وَصْل
union colorimeter (Pet. Eng.) المِلْوانُ الاتِّحادِيّ : مِقياسُ اللَّونِ لزُيوتِ التَّزليقِ والنِّفْط
union coupling (Eng.) قارِنَةُ وَصْل
union elbow (Eng.) مِرفَقُ وَصْل • كُوعُ وَصْل
unionist (*n.*) نِقابِيّ • عُضْوٌ في نِقابةٍ أو اتِّحادٍ عُمّالِيّ
union tee (Eng.) وُصْلَةٌ تائِيَّة (بِشَكلِ T)
Uniontown method (Pet. Eng.) طَرِيقةُ «يُونيُون تاوْن» : لإيجادِ العَدَدِ الأوكتانِيّ الاختِبارِيّ للوَقُود
uniphase (*adj.*) أُحادِيُّ الطَّوْر
unit (*n.*) وَحْدَةٌ (من وَحَداتِ القِياس) (Eng.) وَحْدَة • مَجموعةٌ مُتَكامِلة
unit area وَحدةُ المِساحة _ المِساحةُ المَشمُولةُ بالعَقْد
unit cooler (Eng.) وَحدةُ تَبْرِيد
unit cube مُكَعَّبٌ وَحْدِيّ
unit, drilling (Civ. Eng.) وَحْدةُ حَفْر
unite (*v.*) وَحَّدَ • ضَمَّ • إتَّحَدَ • إنضَمَّ
unit exploitation إستِثمارٌ مُتَواحِد : يَتِمُّ في مَرْحَلةٍ واحِدة
unit, generating (Elec. Eng.) وَحدةُ تَوْلِيد
unit heater (Eng.) وَحدةُ تَسخِينٍ (أو تَدْفِئة)
unit, maintenance (Eng.) وَحدةُ صِيانة
unit manager مُدِيرُ الوَحْدَة
unit of heat (Phys.) وَحْدَةُ حَرارة
unit of length (Phys.) وَحدةُ طُول
unit of measurement وَحدةُ قِياس
unit of power (Phys., Eng.) وَحدةُ قُدْرَة
unit of pressure (Phys.) وَحْدَةُ ضَغط
unit of production (Chem. Eng.) وَحدةُ إنْتاج
unit of volume (Phys.) وَحْدَةُ حَجْم
unit of weight (Phys.) وَحْدَةُ وَزْن
unit operation (Chem. Eng.) عَمَلِيَّةٌ مُتَواحِدة
unit process (Chem. Eng.) مُعالَجةٌ (كِيماوِيَّة) مُتَواحِدَة : تَتِمُّ في مَرْحَلةٍ واحِدةٍ أو بِواسِطةِ تَفاعُلٍ مُتَكامِلٍ واحِد
unit, process (Chem. Eng.) وَحْدةُ المُعالَجةِ المُتَواحِدة

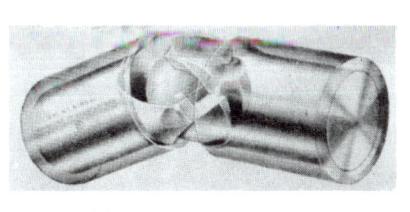

universal joint

univalent (Chem.) أحاديُّ التَّكافُؤ

univalve (Eng.) صِمامٌ أُحاديّ

universal (*adj.*) عامّ • عُموميّ – شامِل • كُلّيّ • جامِع – عالَميّ

(Eng.) عامُّ الأغراض

universal adapter (Eng.) مُهايِئٌ عامّ

universal (or **self-centring**) **chuck** (Eng.) ظَرْفُ مِخْرَطةٍ عامُّ الأغراض (أو ذاتيُّ التَّمَرْكُز)

universal gauge (Eng.) مُحَدِّدُ قِياسٍ عامّ

universal grease (Pet. Eng.) شَحْمٌ عامُّ الأغراض

universal indicator (Chem. Eng.) كاشِفٌ عامّ

(Elec. Eng.) مِقياسٌ (كهربائيّ) عامُّ الأغراض : يُمكِنُ استعمالُه كڤُلْطمِتر أو أمّيتر او غَلْڤانومِتر

universal joint (Eng.) وُصْلَةٌ عامَّةُ الحَرَكة: تَسمَحُ بالحَرَكةِ في جَميعِ الجِهات

universal joint lubricant (Eng.) مُزَلِّقٌ (شَحميٌّ) لِلوُصلاتِ العامّة

universal milling machine مَكَنةُ تَفريزٍ عامّة

universal motor (Elec. Eng.) مُحَرِّكٌ عامّ: يَعمَلُ بالتَّيّارِ المُستَمِرّ والمُتَناوِب

Universal Oil Products Co. شَرِكةُ يونيڤِرْسال لِلمُنتَجاتِ النَّفطيّة : مُؤسَّسةُ أبحاثٍ لِتطويرِ عمليّاتِ التَّكرير وبَيعِ حقِّ استِثمارِها

universal spanner (Eng.) مِفتاحُ رَبطٍ عامّ

universe (*n.*) الكَوْن • العالَم

unjust balance ميزانٌ غَيرُ مَضْبوط

unkilled steel (Met.) صُلْبٌ غَيرُ مُخمَّد : أي غَيرُ مُختزَلٍ كُلّيًّا قَبلَ الصَّبّ

unkind lode (Mining) عِرْقٌ مَعدِنيٌّ لا يَصلُحُ للاستِثمار

unknown quantity كَمّيّةٌ مَجهُولة

unknown thickness سَماكةٌ مَجهولة

unlawful oil (or **gas**) زَيتٌ (أو غازٌ) لا شَرعيّ : استُخرِجَ بشَكلٍ غيرِ قانونيّ

unleaded gasoline (Pet. Eng.) بِنزينٌ غيرُ مُرَصَّص : غيرُ مُعالَجٍ بالرَّصاص

unless lease عَقدُ إيجارٍ اشتِراطيّ

unlimited (*adj.*) غَيرُ مَحْدود

unlined (*adj.*) غَيرُ مُبطَّن

unlined hole بِئرٌ غيرُ مُبطَّنة

unload (*v.*) أفرَغَ • فرَّغَ • أنزَلَ (الحُمولة)

unloader valve (Eng.) صِمامُ تَفريغ

unloading rack مِنَصّةُ تَفريغ

unlubricated (*adj.*) غَيرُ مُزَلَّق

unmalleable (*adj.*) (Met.) لا طَرُوق • غَيرُ قابِلٍ لِلتَّطريق

unmatched (*adj.*) غيرُ مُلائِم – لا مَثيلَ له

unmelted (*adj.*) غيرُ مَصهُور • غيرُ مُذاب

unmetalled road (Civ. Eng.) طَريقٌ غيرُ مَرصُوفة

unmined coal (Mining) فَحْمٌ غيرُ مُعدَّن

unmixed غَيرُ مَمْزُوج • صِرْف • خالِص

unnatural (*adj.*) غيرُ طبيعيّ • غيرُ عادِيّ • اصطِناعيّ

unperceivable flaw (Eng.) خَلَلٌ لا يُمكِنُ استِبانَتُه

unplug (*v.*) (Elec. Eng.) نَزَعَ القابِس

unpredictable (*adj.*) لا يُمكِنُ التَّنبُّؤُ به

unproductive (*adj.*) غيرُ مُنتِج • عَقيم

unprofitable (*adj.*) غيرُ مُربِح

unpromising (*adj.*) لا يَدْعُو إلى التَّفاؤل • غيرُ مُشَجِّع

unproven area (Pet. Eng.) مِنطَقةٌ غيرُ مُثبَتة : لم يَثبُتْ وُجودُ النَّفطِ فيها

unqualified (*adj.*) غيرُ مُؤَهَّلٍ لِ • عَديمُ الجَدارة – باتّ • قاطِع – غيرُ مُحَدَّد

unreactive (*adj.*) خامِل • غيرُ فَعّال

unreducible (*adj.*) (Chem. Eng.) لا يُختزَل

unreeve (*v.*) سَحَبَ (الحَبْلَ) من ثَقبٍ أو حَلْقة

unrefined (*adj.*) غيرُ مُكَرَّر

unreliable (*adj.*) غَيرُ جَديرٍ بالثِّقة • لا يُعَوَّلُ عليه

unroasted (*adj.*) (Met.) غيرُ مُحَمَّص

unsaponifiable matter (Chem. Eng.) مادّةٌ غيرُ قابِلةٍ لِلتَّصبُّن • مادّةٌ لا صَبُون

unsaturate (*n.*) (Chem. Eng.) ناتِجٌ غيرُ مُشبَع • مُركَّبٌ هَيدروكربونيّ غَيرُ مُشبَع

unsaturated (*adj.*) (Chem. Eng.) غيرُ مُشبَع • لا مُشبَع

unsaturated hydrocarbons (Chem.) هَيدروكربونات غيرُ مُشبَعة

unsaturated minerals (Min.) مَعادِنُ غَيرُ مُشبَعة

unsaturated vapour (Phys.) بُخارٌ غيرُ مُشبَع

unsaturates (Chem. Eng.) هَيدروكربوناتٌ لا مُشبَعة

universal milling machine

unsaturation (*n.*) (Chem. Eng.) عَدَمُ التَّشبُّع

unscreened (*adj.*) غيرُ مَنخُول • غَيرُ مُصَنَّف (بالغَربَلة) – غيرُ مَحجُوب

unscrew (*v.*) فَكَّ (اللَّولَب) • اِنفَكّ

unseating of valve (Eng.) اِختِلالُ قُعودِ الصِّمام

unseaworthy (*adj.*) غيرُ صالِحةٍ لِلمِلاحة • في حالةٍ غيرِ صالِحةٍ لِلإبحار

unserviceable (*adj.*) لا يَصلُحُ للاستِعمال

unsettled (*adj.*) غيرُ مُستَقِرّ

unshielded metal arc welding (Eng.) اللِّحامُ بالقَوسِ المَعدِنيِّ المَكشُوف

unsifted (*adj.*) غيرُ مَنخُول

unskilled (*adj.*) غيرُ ماهِر • لا صَناع – لا يَتطَلَّبُ مَهارةً خاصّة

unskilled labour يَدٌ عامِلةٌ غيرُ مُدَرَّبة

unslaked lime (Chem.) جيرٌ حَيّ (أو غيرُ مُطفَأ)

unsmeltable (*adj.*) (Met.) لا يُصهَر

unsolidified (*adj.*) غيرُ مُتَجَمِّد • غيرُ مُتَصَلِّب

unsorted غيرُ مُصَنَّف

unsound (*adj.*) غيرُ صَحيح • فاسِد – غيرُ ثابِت

(Met.) مُنفَّط : حاوٍ فَجَواتٍ غازيّةً عند التَّصلُّب

unspecified (*adj.*) غيرُ مُعَيَّن • غيرُ مُخصَّص

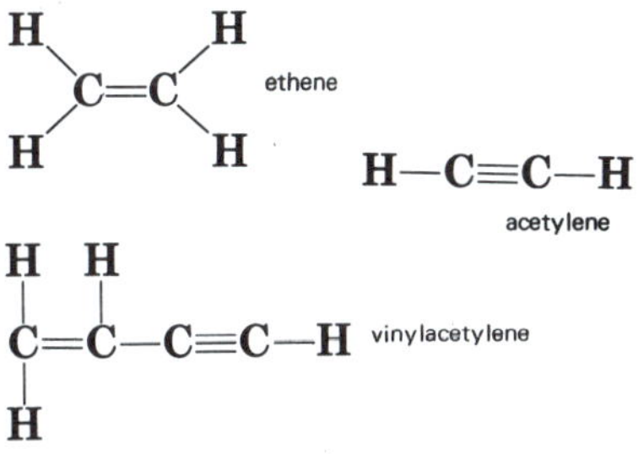

unsaturated hydrocarbons

unsymmetrical folds

unstabilized crude (Pet. Eng.)	خام (نَفْطيّ) غَيْرُ مُرَكَّز ٠ خام غيرُ مُثَبَّت
unstabilized reformates (Pet. Eng.)	مُهَذَّبات غير مُرَكَّزة (أو غير مُثَبَّتة)
unstable (Chem., Phys.)	غَيْرُ مُسْتَقِرّ ٠ غَيْرُ ثابِت ـ لا مُسْتَقِرّ
unstable compound (Chem. Eng.)	مُرَكَّبٌ غَيْرُ ثابِت
unstable equilibrium (Mech.)	إتِّزانٌ غَيْرُ مُسْتَقِرّ
unsteady (adj.)	غَيْرُ ثابِت ٠ غَيْرُ مُطَّرِد
unstop (v.)	نَزَعَ السِّدادَة
unstrain (v.) (Mech.)	أزالَ الانفِعال
unstratified (adj.) (Geol.)	لا طِباقيّ ٠ غَيْرُ مُطَبَّق ٠ غَيْرُ مُنَضَّد
unstratified structure (Geol.)	بِنْيَةٌ لا طِباقيَّة
unstring (v.)	فَكَّ ـ فَصَلَ (البَكّارةَ) عن الحِبال
unsuitable (adj.)	غَيْرُ مُلائِم
unsulfonatable mineral residue (Pet. Eng.)	مُتَخَلِّفاتٌ مَعدِنيَّة غيرُ قابِلَةٍ للسَّلْفَنَة
unsulfonated = unsulphonated (Chem. Eng.)	لا مُتَكَبْرِتة ٠ غَيْرُ مُسَلْفَنَة
unsulphonated residue (Pet. Eng.)	مُتَخَلِّفاتٌ لا مُتَكَبْرِتة : لا تَتَأَثَّرُ عند مُعالَجةِ النَّفْط بحامِضِ الكِبريتيك في ظروفٍ مُعَيَّنة
unsupported (adj.)	غَيْرُ مُدَعَّم ٠ غَيْرُ مَسْنُود
unsymmetric(al) (adj.)	لا تَماثُليّ ٠ غَيْرُ مُتَماثِل
unsymmetrical anticline (Geol.)	طَيَّةٌ مُحَدَّبة لا تَماثُليَّة ٠ قَبْوَةٌ لا تَماثُليَّةُ الجَناحَين
unsymmetrical fold (Geol.)	طَيَّةٌ لا تَماثُليَّة
unsynchronized (adj.)	غَيْرُ مُتَزامِن
untapped (adj.)	غَيْرُ مُسْتَثْمَر ـ غَيْرُ مَلْوَلَبٍ (من الدّاخِل)
untapped resources	مَوارِدُ غَيْرُ مُسْتَثْمَرة
untested (adj.)	غَيْرُ مُخْتَبَر ٠ غَيْرُ مُجَرَّب
untie (v.)	فَكَّ ٠ حَلَّ ٠ إنْحَلَّ ٠ إنْفَكَّ
untight	غَيْرُ مُحْكَم
untimber (v.) (Civ. Eng.)	أزالَ الأخْشابَ (الدّاعِمَة)
untimbering (n.) (Mining)	إزالةُ التَّخْشيب ـ إزالةُ الرَّكائِزِ الخَشَبيَّة
untreated (adj.) (Chem. Eng.)	غَيْرُ مُعالَج (أو مُعامَل)
unusable (adj.)	لا يُمكِنُ استِعمالُه ـ لا يَصْلُحُ للاستِعمال
unused (adj.)	غَيْرُ مُسْتَعْمَل
unusual (adj.)	غَيْرُ عادِيّ ٠ إستِثنائيّ
unutilizable (adj.)	لا يُمكِنُ استِعمالُه
unwater (v.)	جَفَّفَ ٠ نَشَّفَ
unweathered (adj.)	غَيْرُ مُجَوَّى
unweldable (adj.)	لا يُلْحَم ٠ غَيْرُ قابِلٍ لِلَّحام
unwieldy (adj.)	صَعْبُ المِراس ـ غَيْرُ عَمَليّ : ثَقيلٌ وضَخْمٌ بحيثُ يَتَعَذَّرُ استِخدامُه
unwind (v.)	حَلَّ (اللَّفَّ) ٠ إنْحَلَّ
unworkable (adj.)	غَيْرُ عَمَليّ ٠ لا يُمْكِنُ تَنفيذُه ـ لا يُمْكِنُ تَشكيلُه لا يُمكِنُ استِثمارُه (Mining)
unworked (adj.)	غَيْرُ مَشْغول ٠ غَيْرُ مُسْتَغَلّ
unworked grease (Pet. Eng.)	شَحْمٌ غَيْرُ مُخَلَّط
unwrought (adj.) (Met.)	خام ٠ غَيْرُ مُشَكَّل ٠ غَيْرُ مَشْغول
unyielding (adj.)	قاسٍ ٠ صُلْب ٠ غَيْرُ مِطْواع
U.O.P. (Universal Oil Products Co.)	شَرِكَةُ يُونيڤَرسال للمُنْتَجاتِ الزَّيتيَّة
up (adv.)	فَوْق
(v.)	رَفَعَ ٠ زادَ
upcast (n.) (Geol.)	إزاحةٌ صاعِدة
= upcast shaft (Mining)	مَهْواةٌ صاعِدة
(adj.)	مُزاحٌ إلى أعْلى ٠ مَرْفوع
upcast strata (Geol.)	طَبَقاتٌ مُزاحةٌ إلى أعْلى
up-dip (n.)	مَيْلٌ إلى أعْلى ٠ إنحِدارٌ صاعِد
up-draft (n.)	تَيّارٌ (سَحْب) صاعِد
up-fault (Geol.)	صَدْعٌ مَعْكُوسٌ أو مَقْلوب
up-fold (Geol.)	قَبْوَة ٠ طَيَّةٌ مُحَدَّبةٌ عاديَّة
upgrade (v.)	حَسَّنَ الدَّرَجَة أو النَّوع ٠ رَفَعَ الكِفاية
(n.) (Geol.)	مُنْحَدَرٌ صاعِد
upgrading (n.)	تَحْسينُ النَّوع أو الدَّرَجَة
upheaval (n.)	فَوْرَة ٠ جَيَشان ٠ ثَوَران ٠ تَقَبُّب ٠ نُتُوءُ القِشرَةِ الأرضيَّة (Geol.)
uphill (adj.)	صاعِد
(adv.)	صُعوداً ٠ صُعُداً
(n.)	مُنْحَدَر
uphill welding (Eng.)	اللِّحامُ صُعوداً
up-hole shooting (Pet. Eng.)	تَفجيرُ قِمَّةِ البِئْر : لِدِراسَةِ جيولوجيَّةِ المِنطَقةِ بالرَّجّافِ العَمُوديّ
upkeep (n.)	صِيانة
upkeep cost	كُلْفَةُ الصِّيانة
upland (n.) (Geol.)	مُرْتَفَع ٠ هَضْبَة
(adj.)	مُرْتَفَع ٠ هَضْبيّ
uplift (v.)	رَفَعَ ٠ إرْتَفَعَ
(n.)	إرتِفاع ٠ رَفْع ٠ تَقَبُّب ٠ نُتُوءُ القِشرَةِ الأرضيَّة (Geol.) ٠ دَفْعٌ عُلْويّ : دَفْعُ الماءِ المُتَسَرِّبِ تَحْتَ السَّدّ (Civ. Eng.)
uplifted peneplain (Geol.)	سَهْلٌ هَضْبيّ ٠ سَهْلٌ تَحاتِّيٌّ هَضْبيّ
upper bed (Geol.)	الطَّبَقةُ العُلْيا ٠ طَبَقةُ القِمَّة
Upper Carboniferous (Geol.)	العَصْرُ الكَرْبونيُّ الأعْلى
upper coal measures (Mining, Geol.)	طَبَقاتُ الفَحْمِ العُلْيا (الأحْدَثُ تَكْويناً)
Upper Cretaceous (Geol.)	العَصْرُ الطَّباشيريُّ الأعْلى
upper dead centre (Eng.)	النُّقْطَةُ المَيْتَةُ العُلْيا
upper deck (Naut.)	السَّطْحُ العُلْويّ
upper shoe (Eng.)	نَعْلٌ عُلْويّ
upper valve (Eng.)	الصِّمامُ العُلْويّ
upper water	ماءٌ عُلْويّ
upper works (Mining)	إنْشاءاتٌ عُلْويَّة
upraise (v.)	رَفَعَ
(Mining)	عَدَّنَ صُعوداً
upright (adj.)	قائِم ٠ مُنْتَصِب ٠ عَمُوديّ ٠ رَأْسيّ
(n.)	عَمُود ـ خَطٌّ عَمُوديّ
upright boiler (Eng.)	مِرْجَلٌ قائِم
upright condenser (Eng.)	مُكَثِّفٌ قائِم

upright drilling machine (Eng.)
نَقّابَةٌ قائِمَة

upright fold (Geol.) طَيَّةٌ قائمة

upright member (Civ. Eng.) عُضْوٌ (إنشائيٌّ) قـائِم

upright shaft (Eng.) عَمودُ إدارةٍ قائِم

uprising (*n.*) إرتِفـاع • رَفْع • صُعُود • بُرُوز

upset (*v.*) قَلَبَ • عَكَسَ • إنْقَلَبَ – أَقْلَقَ • بَلْبَلَ • شَوَّشَ
(Eng.) فَلْطَحَ بالطَّرْقِ (على السَّاخِن)
(*adj.*) قَلِق • مُشَوَّش • مُضْطَرِب • مَقْلُوب
(Eng.) مُفَلْطَحٌ بالطَّرْق
(*n.*) إضطِراب – تَمَزُّقُ أَلْيافِ الخَشَبِ بِاتِّجاهِ التَّجَزُّع

upset casing تَغليفٌ مَعطُوب : ذو تَشَقُّقاتٍ طُولِيَّة

upset price سِعرُ المَزادِ الأدنى (المُحَدَّدُ لِلشَّيءِ المُرادِ بَيعُه)

upset end طَرَفٌ مُفَلْطَحٌ بالطَّرْق

upset timber خَشَبٌ مَعطُوب : مُمَزَّقُ الأَلياف بِاتِّجاهِ التَّجَزُّع

upsetting (Eng.) الفَلْطَحَةُ (بالطَّرْقِ على السَّاخِن)

upsetting press (Eng.) مِكْبَسُ فَلْطَحَة

upset tubing أنابيبُ مُتَشَقِّقَةٌ طُولِيًّا

up-shaft (Mining) مَهْواةٌ صاعِدَة

up-steam تَيّارُ البُخارِ الصَّاعِد

upstream (*adv.*) ضِدَّ التَّيّار
(*n.*) مَجْرًى عُلْوِيّ – مَصْعَدُ النَّهر

upstroke (Eng.) شَوطُ الصُّعود

upstructure (*n.*) إنشاءٌ عُلْوِيّ • إنشاءٌ قِمِّيّ

upsurge (*n.*) إرتِفاعٌ مُفاجِئ
(Eng.) مَأْخَذ (تَصريفٍ) صاعِد

uptake مَهْواةٌ صاعِدَة • مَأْخَذٌ أو أُنبوبٌ صاعِد

upthrow = upheaval (Geol.) تَقَبُّب • نُتوء

upthrown side (Geol.) جانِبٌ صاعِد

upthrow of a fault (Geol.) رَفْعَةُ الصَّدْع

upthrust (*n.*) (Phys.) دَفْعٌ عُلْوِيّ • ضَغْطٌ رافِع
(Geol.) تَقَبُّب • نُتوءُ القِشرَةِ الأرضِيَّة

up-to-date (*adj.*) حَديث • وَفْقَ الأساليبِ العَصْرِيَّة
(*adv.*) حَتَّى الوَقْتِ الحاضِر

uptrusion (Geol.) إندِساسٌ عُلْوِيّ

upturning (*n.*) عَقَفٌ • إنعِطاف • إرتِدادٌ إلى أَعْلَى

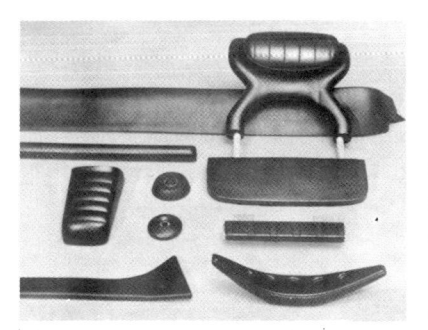

urethane foam mouldings

U-shaped valley

upward (*adj.*) صـاعِد
(or **upwards**) (*adv.*) إلى أعلَى

upward gradient مَمالٌ صاعِد

upwarping (Geol.) تَقَبُّب
(*n.*) تَقَبُّب • تَحَدُّبٌ عُلْوِيّ

U.R. (**unsulfonated residues**)
مُتَخَلِّفاتٌ غيرُ مُسَلْفَتَة (أو لا مُتَكَبْرِتَة)

uraniferous (*adj.*) حاوٍ اليورانيوم

uraninite (Min.) يُورانِيْنِيت • بِتْشْبِلِنْد

uranite (Min.) يُورانِيت : مَيْكا اليُورانيوم

uranium (U) (Chem.) اليُورانيوم : عُنصرٌ فِلِزِّيٌّ مُشِعٌّ رَمْزُه (يو)

uranium minerals (Min.) مَعادِنُ اليُورانيُوم

urea (Chem.) يُوزِيا • بَوْلَة • بَوْلِينا

urea dewaxing (Pet. Eng.)
فَصْلُ الشَّمْعِ باليُوزِيا

urea formaldehyde resins (Chem. Eng.)
راتِينجاتُ اليُوزِيا والفُورمَلْدِيهَيْد

urethane يُوريثان : إسْتَر إيثيلِيّ لِحامِضِ الكَرباميك

urethane resins (Chem. Eng.)
راتِينْجاتُ اليُوريثان

urgent (*adj.*) مُلِحّ • عاجِل • مُسْتَعْجَل

uricuary wax (Chem. Eng.) شَمْعٌ طَبيعِيّ • شَمْعُ النَّخيل

ursolene (Chem. Eng.) أُورْسُولين : شَمْعٌ دُهْنِيٌّ يُستَخْرَجُ من قُشورِ النَّباتاتِ العِنَبِيَّة

usable (or **useable**) (*adj.*) صالِحٌ للاستِعمال

usage (*n.*) إستِعمال

use (*v.*) إستَعْمَلَ • إستَخْدَمَ • إنْتَفَعَ بِ
(*n.*) إستِعمال – فائِدة • مَنْفَعة • نَفْع

used (*adj.*) مُسْتَعْمَل

useful (*adj.*) نافِع • مُفيد

useful elastic limit (Eng.)
حَدُّ المُرونَةِ النَّافِع

useful life (Eng.) العُمرُ النَّافِع : مُدَّةُ صَلاحِيَةِ الآلَةِ (أو الجِهازِ) لِلخِدْمَة

useful power (Eng.) القُدرةُ النَّافِعَة : المُسْتَفادُ مِنها

U- (shaped) valley (Geol.) وادٍ بِشَكْلِ (U)

U.S.P. (**United States pharmacopeia**)
دُستورُ الصَّيدَلةِ (أو الأَقْرَباذين) في الولاياتِ المُتَّحِدة

U.S.S. (**United States standard**)
مِعْيارٌ قِياسِيٌّ في الولاياتِ المُتَّحِدة

usual standard المُستَوى أو العِيارُ العادِيّ

utilities division قِسمُ المَرافِق

utility (*n.*) مَنفَعة • نَفْع • فائِدة – مَرْفِق • مَصْلَحَةُ خِدْمَةٍ عامَّة
(*adj.*) نَفْعِيّ • نَفْعِيٌّ عَمَلِيّ

utility truck (Pet. Eng.) شاحِنة (خِدْمَة) مَشْغَلِيَّة : لإجراءِ التَّصليحاتِ الطَّارِئَةِ في خَطِّ الأنابيب

utility unit (Chem. Eng.) وَحدَةٌ مُساعِدَة

utilizable (*adj.*) يُمكِنُ الاستِفادَةُ منه

utilization (*n.*) إنتِفاع • إستِفادَة • إستِخدام

utilize (*v.*) إستَخدَمَ • إستَعْمَلَ • إنْتَفَعَ بِ

utmost (*adj.*) أَقْصَى • أَعْظَم
(*n.*) غايَة • حَدٌّ أَقْصَى

U-tube أُنبوبٌ بِشَكْلِ (U)

U-tube manometer مِقياسُ ضَغْطٍ ذو أُنبوبٍ بِشَكْلِ (U)

uvarovite (Min.) أوفاروفِيت : ضَرْبٌ من العَقيقِ الأخْضَر

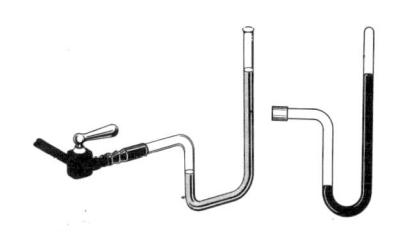

U-tube manometers

gate valve

V

vacancy (*n.*) خُلُوّ • فَراغ • شُغور ـ وَظيفةٌ شاغِرَة ـ مِنْطقةٌ شاغِرَة

vacant (*adj.*) خالٍ • خَلِيّ • فارِغ • شاغِر

vacuo, in في الفَراغ

vacuum (*n.*) (pl. **vacua**) خَواء• فَراغ ـ تَفريغ • دَرَجَةُ التَّفْرِيغ

(*adj.*) مُفَرَّغ ـ فَراغِيّ • خَوائيّ : يَعْمَلُ بالتَّفْريغِ الهَوائيّ

vacuum, absolute فَراغٌ مُطْلَق

vacuum augmenter (Eng.) مُعَزِّزُ التَّفريغ

vacuum bailer مِنْزَحَة خَوائيَّة

vacuum bell-jar (Chem.) ناقوسُ تَفريغٍ زُجاجيّ

vacuum distillation unit

vacuum booster (Eng.) مُعَزِّزُ الفَراغ

vacuum brake (Eng.) مِكْبَحٌ خَوائيّ • مِكْبَحٌ يَعْمَلُ بالتَّفريغِ الهَوائيّ

vacuum breaking valve (Eng.) صِمامُ تَعطيلِ الفَراغ

vacuum calorimeter (Phys.) مِسْعَرٌ خَوائيّ

vacuum chamber (Eng.) حُجْرَةُ تَفريغ

vacuum cleaner (Elec. Eng.) مُنَظِّفَةٌ خَوائيَّةٌ (تَعملُ بـالتَّفريغِ الهَوائيّ) • مِـكْنَسةٌ كَهربائيَّة

vacuum condenser (Eng.) مُكَثِّفٌ خَوائيّ

vacuum control (Eng.) تَحَكُّمٌ بالتَّفريغ الهَوائيّ • تَحَكُّمٌ خَوائيّ

vacuum cooler (Eng.) مُبَرِّدٌ خَوائيّ

vacuum cooling (Eng.) التَّبريدُ الخَوائيّ

vacuum distillation (Chem. Eng.) التَّقطيرُ الخَوائيُّ (أو الفَراغيّ) : التَّقطيرُ على ضَغْطٍ مُخَفَّض مُداوَم

vacuum drier (Chem. Eng.) مُجَفِّفٌ خَوائيٌّ (يَعْمَلُ بالتَّفريغِ الهَوائيّ)

vacuum fan (Eng.) مِرْوَحَةُ تَفريغ • مِرْوَحَةٌ ماصَّة

vacuum feed (Eng.) تَغْذِيَةٌ بالتَّفْرِيغ • تَغذِيةٌ بِخَفْضِ الضَّغط

vacuum filter مُرَشِّحٌ خَوائيّ

vacuum filtration (Chem. Eng.) التَّرْشيحُ الخَوائيّ : تَرشيحٌ تَحْتَ التَّفريغ

vacuum flashing (Chem. Eng.) تَبْخِيرٌ وَمْضِيّ خَوائيّ

vacuum flash tower (Chem. Eng.) بُرْج (تَبخيرٍ) وَمْضيّ خَوائيّ

vacuum flask = **thermos** (Phys.) قـارُورَةٌ خَوائيـَّة • قـارُورَةٌ كَظِيمَة • ثِرموس

vacuum fractionating column (Chem. Eng.) بُرْجُ تَجزِئَـةٍ بالتَّقْطيرِ الخَوائيّ

vacuum gauge (Eng.) مِقياسُ التَّفريغ • مِقياسُ الخَواء

vacuum, high خَواءٌ شَدِيد

(*adj.*) عالِي التَّفريغ

vacuum indicator (Eng.) مُبَيِّنُ (دَرَجَةِ) التَّفريغ • مُبيِّنُ الخَواء

vacuum jacket (Eng.) دِثارٌ خَوائيّ

vacuum line (Eng.) خَطُّ التَّفريغ • خَطُّ الخَواء

vacuum gauge

vacuum pump

vacuum pans (Chem. Eng.) أحواضٌ (تَبخيرٍ أو تَبلوُرٍ) خَوائيَّة

vacuum process (Chem Eng.) عَمَلِيَّةٌ خَوائيَّةٌ (أو فَراغيَّة) : تَجْري تَحتَ ٱلتَّفريغ

vacuum proof (*adj.*) (Eng.) صامِدٌ للتَّفريغ • سَدودٌ لِلخَواء

vacuum pump (Eng.) مِضَخَّةُ تفريغ

vacuum pump lift (Phys.) رَفعُ مِضَخَّةِ التَّفريغ

vacuum regulator (Eng.) مُنَظِّمُ التَّفريغ (في أنابيبِ جَمْعِ الغاز)

vacuum relief valve (Eng.) صِمامُ تَنفيسِ ٱلتَّفريغ

vacuum rerun (Pet. Eng.) إعادةُ التَّقطيرِ الخوائيّ

vacuum residue (Pet. Eng.) مُتخلِّفاتُ التَّقطيرِ الخوائيّ

vacuum still (Pet. Eng.) مِقْطَرَةٌ خَوائيَّة : لِلتَّقطيرِ تحت ضَغطٍ خَفيض

vacuum switch (Elec. Eng.) مِفتاحٌ (كهربائيٌّ) خَوائيّ : تُحْفَظُ مُلامِساتُهُ في وِعاءٍ خَوائيٍّ تَحاشِياً لِحُدوثِ الشَّرَر

vacuum tank (Eng.) صِهريجٌ خَوائيٌّ • خَزّانُ تفريغ

vacuum topping (Pet. Eng.) القَطْفُ ٱلخَوائيّ • ٱلتَّقطيرُ الخَوائيُّ لِلمُستَقْطَراتِ ٱلخَفيفة

vacuum tower (Pet. Eng.) بُرْجٌ خَوائيٌّ (أو فَراغيّ)

vacuum tube (or **valve**) (Elec. Eng.) صِمامٌ مُفَرَّغ • صِمامٌ خَوائيّ • أُنبوبةُ فَراغ

vacuum tube amplifier (Elec. Eng.) مُضَخِّمٌ صِماميٌّ خَوائيّ : ذو صِماماتٍ خَوائيَّة

vacuum tube detector (Elec. Eng.) مِكْشافٌ صِماميٌّ خَوائيّ

vacuum tube voltmeter (Elec. Eng.) فُلطمِتر صِماميٌّ خَوائيّ

vacuum ventilator (Eng.) جِهازُ تَهوِيَةٍ بالتَّفريغ

vadose water (Geol.) ماءُ الفادُوز : ماءٌ ارتِشاحيٌّ بينَ مُستَوى المِياهِ الجَوْفيَّةِ وسَطحِ الأرض

vadose water table (Geol.) مَنسوبُ مِياهِ الفادُوز

valence (or **valency**) (Chem.) تَكافُؤ

valence bond (Chem. Eng.) رِباطُ التَّكافُؤ • تَرابُطُ التَّكافُؤ

valency = valence (Chem.) تَكافُؤ

valency state (Chem.) حالَةُ التَّكافُؤ

valentinite (Min.) فالِنْتِنَيْت : ثالثُ أُكسيدِ الأنْتيمون

valid (*adj.*) ساري المَفعُول – صَحيح • صالح – شَرعِيّ • قانُونيّ

validity (*n.*) صِحَّة • شَرْعِيَّة • مَشروعِيَّة

valley (*n.*) (Geol.) وادٍ
(Civ. Eng.) مَفْرَجٌ بينَ سَقفَين مائِلَين

valley floor (Geol.) أَرضُ الوادي

valley springs (Geol.) يَنابيعُ الوِديان

valley train (Geol.) رَواسِبُ وِديانِيَّة : نَهرِيَّة جَليدِيَّة

valorization (*n.*) تَحديدُ أسعارِ السِّلَعِ وتَثبيتُها (من قِبَلِ الدَّولة)

valorize (*v.*) حَدَّدَ السِّعْرَ

valuation (*n.*) تَقدير • تَقييم • تَسعير

value (*v.*) قَدَّرَ القِيمةَ • قَيَّمَ • قَوَّمَ
(*n.*) قِيمَة

value, approximate القِيمةُ التَّقريبيَّة

value in ground (Pet. Eng.) القِيمةُ في المَوْقِع : لِنَفطِ المَكْمَن

value, limit القِيمةُ الحَدِّيَّة

value, maximum القِيمةُ القُصوَى (أو العُظمَى)

value, mean القِيمةُ الوَسَطِيَّة • مُتَوَسِّطُ القِيمة

value, peak القِيمةُ الذُّروِيَّة

valvate (*adj.*) صِماميّ • مِصراعيّ • مُزَوَّدٌ بِصِمامات

valve (Eng.) صِمام • مِحْبَسٌ صِماميّ
(Elec. Eng.) صِمامٌ إلِكترونيّ

valve actuating mechanism (Eng.) آليَّةُ تَشغيلِ الصِّمامات

valve adjustment (Eng.) ضَبْطُ الصِّمام

valve, admission (Eng.) صِمامُ الإدخال

valve amplifier (Elec. Eng.) مُضَخِّمٌ صِماميّ

vacuum topping unit

valve area (Eng.) مِساحَةُ (مَقطَعِ) الصِّمام

valve auger (Eng.) مِثقابٌ صِماميّ

valve, ball صِمامٌ كُرَويّ

valve base (Elec. Eng.) قاعِدَةُ الصِّمام

valve body (Elec. Eng.) بَدَنُ أو جِسْمُ الصِّمام

valve bonnet (Eng.) قَلَنْسُوَةُ الصِّمام

valve box (or **chest**) (Eng.) صُندوقُ الصِّمامات

valve cap (Eng.) كُمَّةُ الصِّمام

valve casing (Eng.) عُلبَةُ (أو غِلافُ) الصِّمامات

valve, check صِمامٌ كابِح • صِمامٌ غَيْرُ مرجع

valve chuck (Eng.) ظَرْفُ الصِّمام

valve clearance (Eng.) خُلوصُ الصِّمام

valve cock (Eng.) مِحْبَسٌ صِماميّ

ball valves

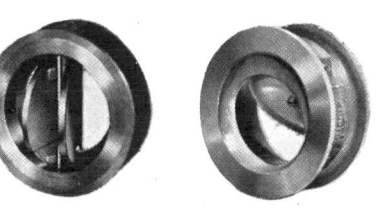

check valves

control valves

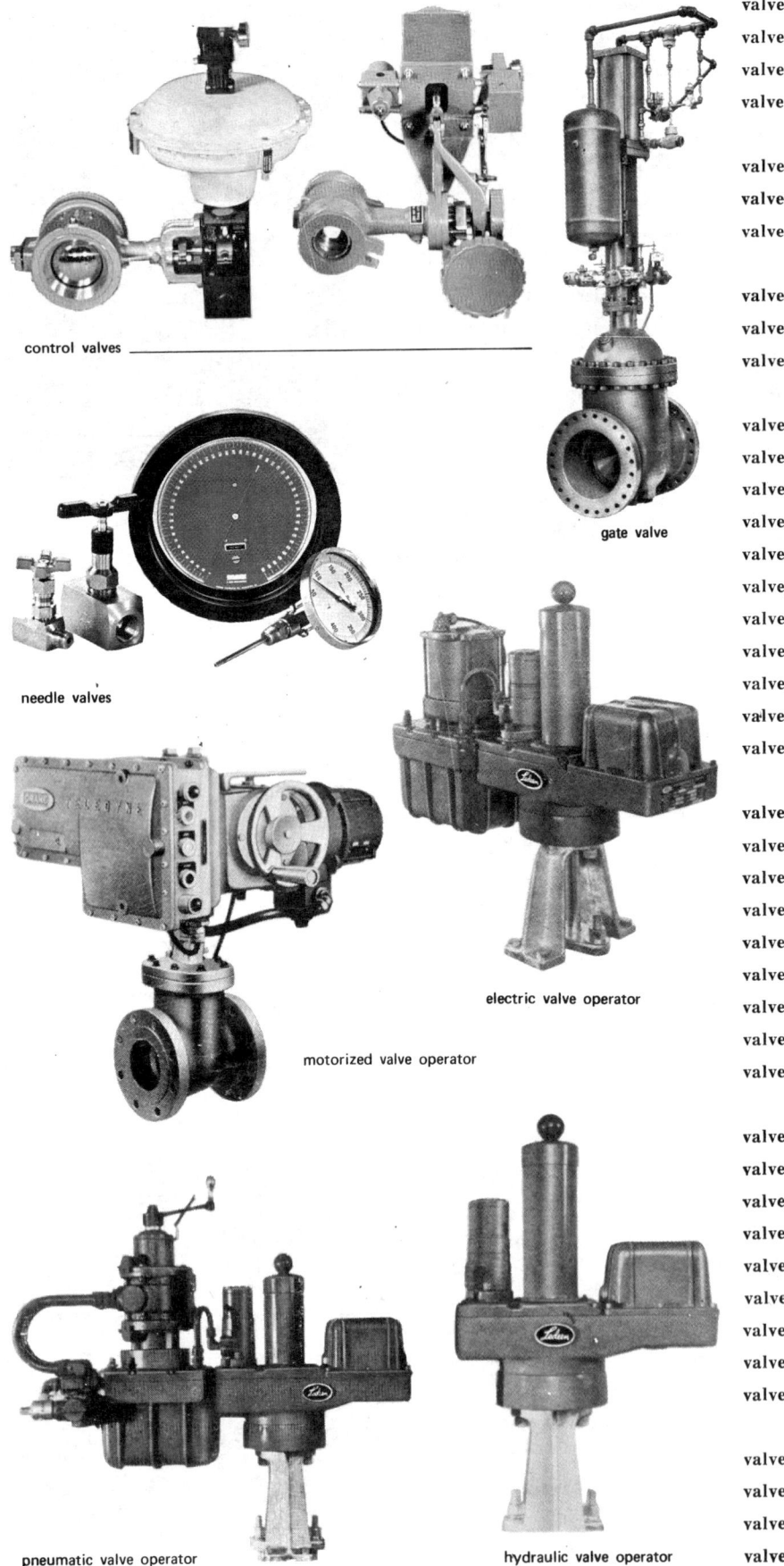

needle valves

gate valve

motorized valve operator

electric valve operator

pneumatic valve operator

hydraulic valve operator

valve control (Eng.)	ضَبْطُ الصِّمامات
valve, control	صِمامُ تَحَكُّم
valve cover plate (Eng.)	صَفيحَةُ غِطاءِ الصِّمام
valve cup (Eng.)	كُوبُ الصِّمام . تَجويفُ الصِّمام
valved (adj.)	ذو صِمامات
valve detector (Elec. Eng.)	مِكْشافٌ صِماميّ
valve diagram (Eng.)	مُخَطَّطُ بَيانِ حَرَكَةِ الصِّمامات
valve diameter (Eng.)	قُطْرُ الصِّمام
valve, discharge (Eng.)	صِمامُ تَصْريف
valve eccentric (Eng.)	دُولابُ الصِّمام اللّا تَمَرْكُزيّ
valve, equalizing (Eng.)	صِمامُ مُوازَنَة
valve, exhaust (Eng.)	صِمامُ العادِم
valve, expansion (Eng.)	صِمامُ التَّمَدُّد
valve face (Eng.)	وَجْهُ الصِّمام
valve failure (Eng.)	تَعَطُّلُ الصِّمام
valve, feed (Eng.)	صِمامُ التَّغْذية
valve flap (Eng.)	بَذَلَةُ (أو لِسانُ) الصِّمام
valve gate (Hyd. Eng.)	بَوّابَةُ الصِّمام
valve, gate	صِمامٌ بَوّابيّ
valve gauge (Eng.)	مُعايِرٌ صِماميّ
valve gear (Eng.)	توزيعٌ بالصِّمامات . جِهازُ التَّوزيعِ بالصِّمامات
valve grease	شَحْمُ الصِّمامات
valve grinding (Eng.)	تَجْليخُ الصِّمامات
valve guard (Eng.)	وِقاءُ الصِّمام
valve guide (Eng.)	دَليلُ الصِّمام
valve hood	قَلَنْسُوَةُ الصِّمام
valve lag (Eng.)	تَخَلُّفُ الصِّمام
valve lap (Eng.)	تَراكُبُ الصِّمامات
valve lead (Eng.)	سَبْقُ الصِّمام
valve leakage (Eng.)	شُروبٌ صِماميّ . ضَياعُ الضَّغْطِ من الصِّمامات
valve lever (Eng.)	ذِراعُ الصِّمام
valve lifter (Eng.)	رافِعَةُ الصِّمام
valve, master (Eng.)	صِمامٌ رَئيسيّ
valve needle (Eng.)	إبْرَةُ الصِّمام
valve, needle	صِمامٌ إبْريّ
valve operator	مُشَغِّلُ الصِّمام
valve, outlet (Eng.)	صِمامُ الخُروج
valve overlap (Eng.)	تَراكُبُ الصِّمامات
valve period (Eng.)	فَتْرَةُ انْفِتاحِ الصِّمامِ (أو انْغِلاقِه)
valve play (Eng.)	لَعِبُ (أو تَقَلْقُلُ) الصِّمام
valve plug (Eng.)	سِدادُ الصِّمام
valve plunger (Eng.)	غاطِسُ الصِّمام
valve port (Eng.)	فُوَّهَةُ (أو فُتْحَةُ) الصِّمام

valve positioner (Eng.)	ضابِطُ مَوضِعِ الصِّمام
valve refacer (Eng.)	مِسْواةُ (مَقاعِدِ) الصَّمامات
valve refacing (Eng.)	إعادَةُ تَسوِيَةِ (مَقاعِدِ) الصَّمامات
valve regulator (Eng.)	مُنَظِّمٌ صِمامِيّ
valve reseating (Eng.)	إعادَةُ إقعادِ الصَّمام ٠ خِراطَةُ مَقعَدِ الصَّمام مُجَدَّداً
valve rocker (arm) (Eng.)	الذِّراعُ المُتَرَجِّحُ للصِّمام
valve rod (or shaft) (Eng.)	ساقُ الصِّمام ٠ ذَيلُ الصِّمام
valve, rotary (Eng.)	صِمامٌ دَوّارٌ (أو دَورانِيّ)
valve rotator (Eng.)	مُدَوِّرَةُ الصِّمام
valve, safety (Eng.)	صِمامُ أمان
valve seat (or seating) (Eng.)	مَقعَدُ الصِّمام
valve seat bushing (Eng.)	جِلبَةُ مَقعَدِ الصَّمام
valve seat grinder (Eng.)	جَلّاخَةُ مَقاعِدِ الصَّمامات
valve seat(ing) (Eng.)	مَقعَدُ الصَّمام
valve seat insert (or ring) (Eng.)	حَلقَةُ مَقعَدِ الصِّمام
valve setting gauge (Eng.)	مُحَدِّدُ قِياسِ انضِباطِ خُلوصِ الصَّمامات
valve shutter (Eng.)	غَلَقُ الصِّمام
valve spindle (or stem) (Eng.)	ساقُ (أو جِذعُ) الصَّمام
valve spring (Eng.)	نابِضُ الصَّمام
valve stem (or rod) (Eng.)	ساقُ الصَّمام
valve stem guide (Eng.)	دَليلُ ساقِ الصَّمام
valve stem rest (Eng.)	مُرتَكَزُ ساقِ الصَّمام
valve tap	حَنَفِيَّةٌ ٠ صُنبُورٌ صِمامِيّ
valve tester (Eng.)	جِهازُ اختِبارِ الصَّمامات
valve, three-way (Eng.)	صِمامٌ ثُلاثِيُّ المَسالِك
valve timing (Eng.)	تَوقيتُ الصَّمامات
valve travel (Eng.)	شَوطُ الصَّمام ٠ مَدَى تَحَرُّكِ الصَّمام المُنزَلِق
valve tray (Pet. Eng.)	صينِيَّةٌ صِمامِيَّةٌ : ذاتُ صِمامات
valve wedge (Eng.)	إسفينُ (إغلاقِ) الصِّمام
valvular (adj.)	صِمامِيٌّ ٠ مِصراعِيّ
van (n.)	شاحِنَةٌ مُقفَلَة
(Mining)	مِجرَفَةُ تَهذيبِ الخام
vanadinite (Min.)	فاناديـنيت : خامٌ يَحوي الفاناديوم
vanadium (V.) (Chem.)	الفاناديوم : عُنصُرٌ فِلِزِّيٌّ عَمَزُهُ (ڨ)
vanadium content	المُحتَوَى الفاناديومِيّ
vanadium pentoxide (Chem.)	خامِسُ أُكسِيدِ الفاناديوم
vanadium steel (Met.)	فولاذُ الفاناديوم
vane (n.)	دَوّارَةُ الرّيح ٠ رِيشَةُ المِروَحَةِ أو التُّوربين ٠ رِيشَةُ تَوجيه
(Surv.)	فُرسٌ أو لَوحَةُ الشّاخِص
vane blower (Eng.)	نَفّاحٌ مُرَيَّش : ذو أرياش
vane compressor (Eng.)	ضاغِطٌ مُرَيَّش
vaned instrument (Eng.)	جِهازُ قِياسٍ ذو أرياش ٠ جِهازُ قِياسٍ مُرَيَّش
vane pump (Eng.)	مِضَخَّةٌ مُرَيَّشَة : ذاتُ أرياش
vane wheel (Eng.)	دُولابٌ مُرَيَّش
vanish (v.)	تَلاشَى ٠ زالَ ٠ إضمَحَلَّ
vanish(ing) point (Civ. Eng.)	نُقطَةُ التَّلاشي : مُلتَقى الخُطوطِ المُتَوازِيَةِ في رَسمٍ مُجَسَّم
(Eng.)	نُقطَةُ انتِهاءِ اللَّولَبَة
vanner (n.) (Mining)	عامِلُ تَهذيبِ الخامات
= vanning machine (Mining)	ماكِنَةُ تَهذيبِ (وتَركيزِ) الخامات
vapor = vapour (n.)	بُخار
(v.)	تَبَخَّرَ ٠ بَخَّرَ
vaporific (adj.)	مُوَلِّدٌ بُخاراً ٠ بُخارِيّ
vaporimeter (Chem. Eng.)	مِقياسُ ضَغطِ البُخار ٠ مِقياسُ التَّطايُرِيَّة
vaporizable (adj.)	يَتَبَخَّرُ ٠ يُمكِنُ تَبخيرُه
vaporization (n.)	تَبخيرٌ ٠ تَبَخُّر
vaporization, heat of (Phys.)	حَرارَةُ التَّبخير ٠ حَرارَةُ التَّبَخُّر
vaporize (v.)	بَخَّرَ ٠ تَبَخَّرَ ٠ حَوَّلَ أو تَحَوَّلَ إلى بُخار
vaporizer (n.)	مِبخار ٠ جِهازُ تَبخير
vaporizing chamber	حُجرَةُ تَبخير
vaporizing oil (Pet. Eng.)	زَيتٌ طَيّار : كيروسينٌ سَريعُ التَّبَخُّرِ يُستَخدَم للجَرّارات الزِّراعِيَّة
vaporous (adj.)	بُخارِيّ ٠ شَبيهٌ بالبُخار
vapo(u)r (n.) (Phys.)	بُخار
(v.)	بَخَّرَ ٠ تَبَخَّرَ
vapour, aqueous	بُخارٌ مائيّ
vapour bath	مُغطِسٌ (أو حَمّامٌ) بُخارِيّ
vapour blast cleaning (Eng.)	التَّنظيفُ بالنَّفعِ البُخارِيّ
vapour cycle (Eng.)	دَورَةُ البُخار
vapour density (Chem. Eng.)	كَثافَةُ البُخار
vapour dome tank (Eng.)	صِهريجٌ بقُبَّة بُخار : صِهريجٌ ذو قُبَّةٍ للبُخار
vapour equalization (Eng.)	مُعادَلَةُ ضَغطِ البُخار : بين الصِّهريجِ المُمَوِّنِ والمُستَقبِل
vapour explosion	إنفِجارٌ بالبُخار
vapour heating	التَّدفِئَةُ بالبُخار ٠ التَّسخينُ بالبُخار
vapour heating system (Eng.)	جِهازُ تَدفِئَةٍ بالبُخار
vapour line (Eng.)	خَطُّ (أنابيبِ) البُخار
vapour-liquid ratio (Chem. Eng.)	نِسبَةُ البُخارِ إلى السّائل
vapour lock (Eng.)	سِدامٌ بُخارِيّ
vapour phase (Phys.)	طَورُ البُخار
vapour phase cracking (Pet. Eng.)	التَّكسيرُ في طَورِ البُخار

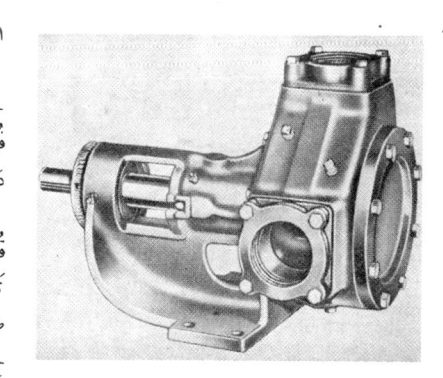

vane pump

vane wheel

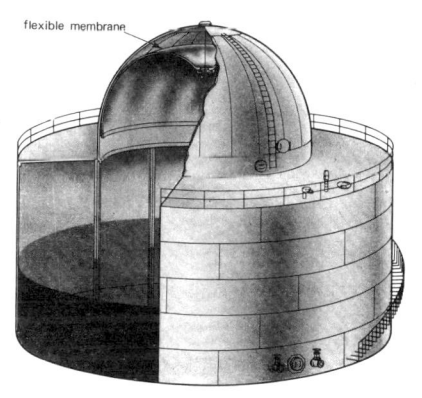

vapour-dome tank

vapour phase isomerization process (Chem. Eng.)	طَرِيقَةُ الأَسْمَرة في طَورِ البُخار
vapour phase refining (Pet. Eng.)	التَّكرِيرُ في طَورِ البُخار
vapour pressure (Phys.)	ضَغطُ البُخار
vapour pressure, saturated (Phys.)	ضَغطُ البُخارِ المُشْبَع
vapour-proof (adj.)	صامِدٌ للبُخار
vapour recovery unit (Pet. Eng.)	وحَدةُ اسْتِعادةِ البُخار
vapour return (Pet. Eng.)	عَودةُ البُخار: تَعادُلُ ضَغطِ البُخارِ بين صِهريجَيِ التَّموين والاسْتِقبال
vapour separator (Chem. Eng.)	فاصِلُ البُخار • وِعاءُ فَصْلِ البُخار
vapour state (Phys.)	الحالةُ البُخارِيَّة
vapour tension (or pressure) (Phys.)	ضَغطُ البُخار
vapour-tight (adj.)	سَدودٌ للبُخار
vapour, unsaturated	بُخارٌ غَيرُ مُشْبَع
variability (n.) (Chem. Eng.)	التَّغَيُّرِيَّة
variable (adj.)	مُتَغَيِّر • مُتَبَدِّل
(n.)	مُتَغَيِّرة • كَمِّيَّة مُتَغَيِّرة
variable cam (Eng.)	حَدَبة مُتَغَيِّرة
variable density (Phys.)	كَثافة مُتَغَيِّرة
variable displacement oil pump (Eng.)	مِضَخَّةُ زَيتٍ مُتَغَيِّرةُ الإزاحة
variable intensity (Phys.)	شِدَّةٌ مُتَغَيِّرة
variable load (Eng.)	حِمْلٌ مُتَغَيِّر
variable-ratio transformer (Elec. Eng.)	مُحَوِّلٌ مُتَغَيِّرُ النِّسبة
variable resistance = rheostat (Elec. Eng.)	مُقاومةٌ مُتَغَيِّرة
variable resistor = varistor (Elec. Eng.)	مُقاوِمٌ مُتَغَيِّر
variable royalty	رَيعٌ مُتَغَيِّر (النِّسَب)
variable speed drive (Eng.)	إدارةٌ مُتَغَيِّرةُ السُّرعة
variable speed motor (Elec. Eng.)	مُحَرِّكٌ مُتَغَيِّرُ السُّرعة
variable speed pulley (Eng.)	بَكَرةٌ مُتَغَيِّرةُ السُّرعة
variance (n.)	تَباين • تَفاوُت • فَرْق • تَغَيُّر • اخْتِلاف
= variability (Chem. Eng.)	التَّغَيُّرِيَّة
variation (n.)	تَغَيُّر • تَبَدُّل • اخْتِلاف • تَغيير
(Surv.)	انْحِرافٌ مَغْنَطيسِيّ
variegated (adj.)	مُرَقَّش • مُبَرْقَش
variegated sandstone (Geol.)	حَجَرٌ رَمْلِيٌّ مُرَقَّش
variety (n.)	مَجموعةٌ مُنَوَّعة • تَشكيلة - نَوْع • صِنْف • ضَرْب
vario-coupler	قارِنٌ مُتَغَيِّر
variometer (Elec. Eng.)	مِقياسُ التَّغَيُّر - مَغنَطومِتر
various (adj.)	مُتَنَوِّع • مُتَعَدِّدُ الأشْكال • مُخْتَلِف
variscite (Min.)	فاريسيت: خامٌ مُخْضَرّ من فُسفاتِ الألومنيومِ المُمَيَّأة
vari-size grained (adj.) (Geol.)	مُتَغَيِّرُ حَجْمِ الحُبَيْبات
varistor (Elec. Eng.)	فارِسْتور • مُقاوِمٌ مُتَغَيِّر
varnish (n.)	وَرْنِيش • بَرْنيق • طِلاءٌ راتِينجيّ • صَقيل • لَمْعة • بَريق
(v.)	وَرْنَشَ: طَلى أو دَهَنَ بالوَرْنيش
varnished (adj.)	مَطلِيٌّ بالوَرْنيش
varnish makers' and painters' naphtha (Chem. Eng.)	نَفتا الوَرْنيشِ والدِّهان
varve (n.) (Geol.)	رَقيقة حَوْلِيَّة • طَبَقةُ تَرَسُّبٍ حَوْلِيٌّ (او مَوسِمِيّ)
varve(d) clay (Geol.)	طينٌ رَقائِقِيّ حَوْلِيّ
varying load (Eng.)	حِمْلٌ مُتَغَيِّر
varying travel (Eng.)	مَدًى مُتَغَيِّر (لحَرَكةِ الصِّمامِ المُنْزَلِق)
vaseline (Chem.)	فازِلين
vat (n.)	حَوْض • راقود
vault (n.)	عَقْد • قَنْطَرة - قَبْو - سِرداب
(v.)	عَقَدَ • قَبَّبَ • تَقَبَّبَ
V (or vee) belt (Eng.)	سَيْرٌ مَخروطِيّ (مَقْطَعُه على شَكلِ ٧)
V.C.I. (vapour corrosion inhibitor)	مانِعُ التَّأَكُّلِ بالبُخار
V.D. (vapour density)	كَثافةُ البُخار
V-door	فَتْحة مَخروطِيَّة • بَوّابة مَخروطِيَّة
V-door hoist (Eng.)	مِرفاع مَخروطِيّ الفَتْحة: لحَمْلِ أنابيبِ الحَفْر
vector (n.) (Mech.)	مُتَّجِه • كَمِّيَّة مُتَّجِهَة أو مُوَجَّهة
vector quantity = vector	كَمِّيَّة مُوَجَّهة (أو مُتَّجِهة) • مُتَّجِه
vee (or V) belt (Eng.)	سَيْرٌ مَخروطِيّ المَقْطَع
vee roof (Civ. Eng.)	سَقْفٌ مَخروطِيّ (بشَكلِ ٧)
vee thread (Eng.)	سِنٌّ مَخروطِيّ (على شَكلِ ٧)
vegetable (n.)	نَباتٌ (مِنَ الخُضَر)
(adj.)	نَباتِيّ • خُضَرِيّ
vegetable acid (Chem.)	حامِضٌ نَباتِيّ
vegetable blanket	غِطاءٌ نَباتِيّ
vegetable charcoal (Chem. Eng.)	فَحْمٌ نَباتِيّ
vegetable oil (Chem. Eng.)	زَيتٌ نَباتِيّ
vegetable soil	تُرْبة نَباتِيَّة
vegetable tallow (Chem. Eng.)	شَحْمٌ نَباتِيّ
vegetable wax (Chem. Eng.)	شَمْعٌ نَباتِيّ
vegetation (n.)	نَبْت • كِساءٌ خُضَرِيّ - نَباتُ (إقليمٍ ما)
vehicle (n.)	مَركَبة • عَرَبة • واسِطةُ نَقْل - سائِلُ (حَمْلِ) الدِّهان
vein (n.)	عِرْق • وَريد
(Mining, Geol.)	عِرْقٌ مَعدِنِيّ • سامَة
vein breccia (Geol.)	بَرِيشَة عِرْقِيَّة
veined marble (Min.)	رُخامٌ مُعَرَّقٌ أو مُجَزَّع
veinlet (n.)	عُرَيْق • عِرْقٌ صَغير
vein ore (Mining)	رِكازٌ عِرْقِيّ
veinstone (Geol.)	صَخْرٌ عِرْقِيّ
= gangue (Mining)	شَوائِبُ أو نُفاية الخام
veiny (adj.)	مُعَرَّق • مُجَزَّع
velocity (Mech.)	سُرعة • سُرعةٌ اتِّجاهِيَّة
velocity, angular	سُرعة زاوِيَّة
velocity, average (Mech.)	مُعَدَّلُ السُّرعة
velocity change (Mech.)	تَغَيُّرُ السُّرعة
velocity constant	ثابِتُ السُّرعة
velocity, critical (Phys.)	سُرعة حَرِجة
velocity curve (Mech.)	مُنْحَنى السُّرعة
velocity depth function (Geophys.)	دالَّةُ (العَلاقةِ بين) السُّرعة والعُمْق
velocity determination (Mech.)	تَقديرُ السُّرعة
(Geophys.)	تَقديرُ السُّرعة: عَبرَ الطَّبَقاتِ الجيولوجِيَّة
velocity gradient (Mech.)	تَدَرُّجُ السُّرعة
velocity head = kinetic head (Hyd.)	مَنالُ السُّرعة الطّاقةُ السُّرعِيَّة: في وَحدةِ الوَزنِ من سائِلٍ مُتَحَرِّك
velocity hole (Geophys.)	ثَقْبُ تَحديدِ السُّرعة: بالبِئْرِ المِرجافِيّ
velocity, initial (Mech.)	السُّرعة الابْتِدائِيَّة
velocity, interval (Mech.)	السُّرعة البَيْنِيَّة
velocity log	مِقياسُ السُّرعة • مِرسَمةُ السُّرعة
velocity meter (Civ. Eng.)	مِقياسُ السُّرعة
velocity of discharge (Hyd.)	سُرعةُ التَّصريف

VER
503

V-engine

velocity of flow (Hyd.) سُرعةُ الدَّفْقِ
velocity of propagation (Phys.) سُرعةُ الانتشار ، سرعةُ الامتداد
velocity of seismic waves (Geophys.) سُرعةُ التَّموُّجات الرَّجْفيَّة
velocity pressure (Hyd.) ضَغْطُ السُّرعةِ (لسائل مُتَدَفِّق)
velocity ratio (of a machine) (Mech.) النِّسبةُ السُّرعيَّةُ (للآلة)
velocity, relative (Mech.) السُّرعةُ النِّسبيَّةُ
velocity shot (Geophys.) تَفجيرٌ لتَقْدير السُّرعة: عَبْرَ الطَّبَقات الجيُولوجيَّة
velocity survey (Geophys.) مَسْحُ السُّرعة: سَبْرٌ بِقياسِ السُّرعة عَبرَ الطَّبَقات الأرْضيَّة
velocity, terminal (Mech.) السُّرعةُ النِّهائيَّةُ
velocity, uniform (Mech.) سُرعةٌ مُنْتَظَمةٌ
venation (n.) تَعَرُّقٌ ، تَعْريقٌ
vending machine مَكَنةُ بَيْعٍ (بإسقاط القِطَع النَّقْديَّة في ثَقْبٍ بها)
vendor (n.) بائعٌ ، مَكَنةُ بَيْعٍ ، بَيَّاعة
veneer (n.) قِشْرَة ، قِشْرةٌ خَشَبيَّةٌ (للزِّينة أو الوِقاية) ، طَبَقةٌ غِشائيَّةٌ خارجيَّةٌ
(v.) كَسا بِقِشْرةٍ ، لَبَّسَ بِغِشاءٍ خارجيٍّ ، غَشَّى
V-engine مُحرِّكٌ بشَكْلِ 7 (تَنْفَرِجُ أُسطوانتاهُ على شَكْلِ 7)
vent (n.) فَتْحةٌ ، ثَقْبٌ ، فَتْحةٌ تَهْويَةٌ ، ثَقْبُ تَصْريفٍ ، مَنْفَسٌ
(Geol.) عُنقٌ (بُرْكانيٌّ) ، فَجْوةٌ أُنبوبيَّةٌ
(v.) نَفَّسَ ، هَوَّى
vent cock (Eng.) صُنبورُ تَنْفيس
vented ذو فَتْحَةِ تَهْويَةٍ أو تَصْريفٍ
vent hole (Eng.) ثَقْبُ تَنْفيسٍ أو تَصْريفٍ
ventiduct (n.) (Civ. Eng.) مَسْلَكُ تَهْويَةٍ

ventifacts (Geol.) حَصًى هَنْدَسيَّةٌ: صَقَلَتْها الرِّياحُ المُحَمَّلةُ بالرِّمال
ventilate (v.) هَوَّى ، عَرَّضَ للهَواء
ventilated motor (Elec. Eng.) مُحرِّكٌ مُهوًّى
ventilating duct (Eng.) مَسْلَكُ تَهْويَةٍ
ventilating fan (Elec. Eng.) مِرْوَحةُ تَهْويَةٍ
ventilating pipe (Eng.) أُنبوبُ تَهْويَةٍ
ventilating plant (Eng.) وَحْدَةُ تَهْويَةٍ
ventilating shaft (Civ. Eng., Mining) مَهْواة ، بِئْرُ التَّهْويَة
ventilation (n.) تَهْويَةٌ ، تَجديدُ الهَواءِ
ventilation circuit (Civ. Eng.) دَوْرَةُ تَهْويَةٍ
ventilation ducts (Eng.) مَسالكُ التَّهْويَة
ventilation funnel (Eng.) ماسُورَةُ التَّهْويَة ، مِدْخَنةُ التَّهْويَة
ventilation pipe (Eng.) أُنبوبُ تَهْويَةٍ ، ماسُورةُ تَهْويَةٍ
ventilation regulator (Eng.) مُنَظِّمُ التَّهْويَة
ventilation shaft (Civ. Eng.) مَهْواة ، بِئْرُ التَّهْويَة
ventilator (n.) جِهازُ تَهْويَةٍ ، مَهْواة
venting system (Civ. Eng.) شَبَكةُ التَّهْويَة
vent(ing) valve (Eng.) صِمامُ تَنْفيسٍ (أو تَهْويَةٍ)
vent pipe (Civ. Eng.) أُنبوبُ تَنْفيسٍ
vent plug (or peg) سِدادُ فَتْحَةِ التَّنْفيس
vent tube أُنبوبُ تَنْفيسٍ (أو تَهْويَةٍ)
venture (v.) غامَرَ ، جازَفَ ، خاطَرَ
(n.) مُجازَفةٌ ، مُغامَرةٌ ، مَشْروعٌ يَنْطَوي على المُغامَرة
venturi فِنْتُوري: أُنبوبٌ أو عَدَّادٌ فِنْتُوري
Venturi meter (Hyd.) عَدَّادُ «فِنْتُوري»: لِقياسِ تَدَفُّقِ السَّائلِ (أو الغاز)
venturi (or Venturi) tube (Hyd.) فِنْتُوري ، أُنبوبُ «فِنْتُوري»: لِقياسِ تَدَفُّقِ السَّائلِ (أو الغاز)
vent valve (Eng.) صِمامُ تَنْفيسٍ (أو تَهْويَةٍ)
venule (n.) عُرَيقٌ ، عِرْقٌ صَغيرٌ
verd antique (Min.) رُخامٌ أَخْضَرُ مُعَرَّقٌ أو مُجَزَّعٌ ، زِنْجارُ البرُونْزِ المُخْضَرّ (Met.)

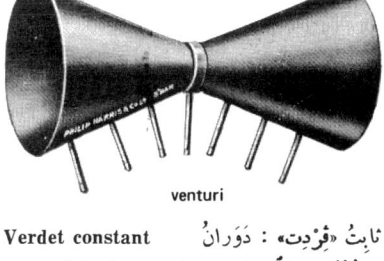

venturi

Verdet constant ثابتُ «فِرْدِت»: دَوَرانُ مُسْتَوى الأسْتِقْطابِ بالسِّنتيمتر لوَحْدَةِ المَجالِ المَغْنَطيسيّ
verdigris (Chem.) زِنْجارُ النُّحاس: كَرْبوناتُ النُّحاسِ القاعديَّةِ الخَضْراء
verdite (Min.) فِرْدَيت: صَخْرُ المَنْكا المُخْضَرّ
verge (n.) شَفا ، شَفير ، حافَّة
(Civ. Eng.) حافَّةُ الطَّريق ، رَصيف
(n.) تاخَمَ ، مالَ ، انْحَدَرَ
verification (n.) تَحَقُّقٌ ، اسْتيثاقٌ
verifier (Pet. Eng.) مِسْبارُ اسْتيثاقٍ: باخْتِبارِ العَيِّناتِ الجانِبيَّة
(Eng.) مُنَظِّمُ شُعْلَةِ الغاز
verify (v.) حَقَّقَ ، أَثْبَتَ ، أَكَّدَ ، بَرْهَنَ
vermicular (adj.) دُوديُّ الشَّكْل
vernier (n.) (Eng.) وَرْنِيَّة
vernier caliper(s) قَدَمةٌ (فَكِّيَّةٌ) ذاتُ وَرْنِيَّة
vernier compass (Surv.) بُوصَلةٌ ذاتُ وَرْنِيَّة
vernier depth gauge (Eng.) مِقياسٌ بِوَرْنِيَّةٍ لِتَحديد العُمْق
vernier dial قُرْصٌ مُدَرَّجٌ ذو وَرْنِيَّة
vernier height gauge (Eng.) مِقياسٌ بِوَرْنِيَّةٍ لِتَحديد الارْتِفاع
vernier micrometer (Eng.) مِصْغَرٌ (ميكرومتر) ذو وَرْنِيَّة
vernier scale (Eng.) مِقياسٌ بِوَرْنِيَّة
versatile (adj.) مُتَعَدِّدُ الاسْتِعْمال ، مُتَعَدِّدُ المُؤَهِّلات ، مُتَقَلِّب
versicoloured (adj.) مُتَعَدِّدُ الأَلْوان ، مُتَغَيِّرُ الألْوان
versus ضِدَّ
vertex (n.) (pl. vertices) قِمَّة ، رَأْس ، ذِرْوَة ، رَأْسيّ ، عَمُوديّ ، شاقُوليّ
vertical (adj.)
vertical aerial photography (Surv.) التَّصْويرُ الجَوِّيُّ الرَّأْسيّ

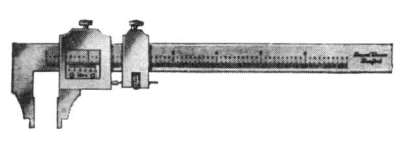

vernier calipers

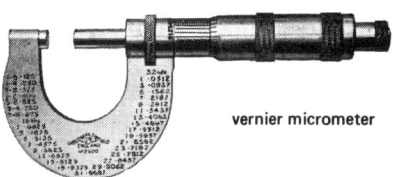

vernier micrometer

vertical alignment	تَراصُفٌ رَأْسِيٌّ
vertical axis	مِحْوَرٌ عَمُودِيٌّ (أَو رَأْسِيٌّ)
vertical bearing (Eng.)	مَحْمِلٌ عَمُودِيٌّ
vertical boiler (Eng.)	مِرْجَلٌ قائِمٌ • غَلّايَةٌ عَمُودِيَّةٌ
vertical component (Eng.)	مُرَكَّبَةٌ عَمُودِيَّةٌ
vertical crane (Eng.)	مِرْفاعٌ شاقُولِيٌّ
vertical depth	عُمْقٌ عَمُودِيٌّ
vertical displacement (Geol.)	إِزاحَةٌ رَأْسِيَّةٌ (أَو عَمُودِيَّةٌ)
vertical drill (Eng.)	ثَقّابَةٌ عَمُودِيَّةٌ
vertical drive shaft (Eng.)	عَمُودُ إِدارَةٍ رَأْسِيَّةٍ
vertical fault (Geol.)	صَدْعٌ رَأْسِيٌّ
vertical feed (Eng.)	تَغْذِيَةٌ عَمُودِيَّةٌ
vertical furnace	فُرْنٌ قائِمٌ (أَو عَمُودِيٌّ)
vertical interval	فاصِلٌ رَأْسِيٌّ أَو شاقُولِيٌّ • فَرْقُ الاِرْتِفاعِ
verticality (n.)	عَمُودِيَّةٌ • شاقُولِيَّةٌ • رَأْسِيَّةٌ
verticality survey (Civ. Eng.)	مَسْحُ التَّأَكُّدِ مِنْ عَمُودِيَّةِ الحَفْرِ
vertical line	خَطٌّ شاقُولِيٌّ أَو رَأْسِيٌّ
vertical migration (Pet. Eng.)	اِرْتِحالٌ عَمُودِيٌّ: اِنْتِقالٌ عَمُودِيٌّ عَبْرَ الطَّبَقاتِ الأَرْضِيَّةِ
vertical milling machine (Eng.)	مَكِنَةُ تَفْرِيزٍ رَأْسِيٌّ
vertical parallax (Surv.)	اِخْتِلافُ المَنْظَرِ الرَّأْسِيِّ
vertical plane	مُسْتَوى رَأْسِيٌّ أَو عَمُودِيٌّ
vertical position	وَضْعٌ رَأْسِيٌّ
vertical projection	إِسْقاطٌ رَأْسِيٌّ - مَسْقَطٌ عَمُودِيٌّ أَو رَأْسِيٌّ
vertical pump (Eng.)	مِضَخَّةٌ عَمُودِيَّةٌ
vertical sand drain (Civ. Eng.)	مَصْرِفٌ رَمْلِيٌّ (أَو حَصْباوِيٌّ) عَمُودِيٌّ: لِتَيْسِيرِ الصَّرْفِ في الأَرْضِ الطِّينِيَّةِ
vertical scale	مِقْياسٌ عَمُودِيٌّ: لِتَقْدِيرِ العُمْقِ وَالاِرْتِفاعِ
vertical section	مَقْطَعٌ رَأْسِيٌّ
vertical shaft (Eng.)	عَمُودُ إِدارَةٍ رَأْسِيٌّ • جِذْعٌ عَمُودِيٌّ - مَهْواةٌ عَمُودِيَّةٌ
vertical shooting (Geophys.)	تَفْجِيرٌ عَمُودِيٌّ
vertical spindle motor (Elec. Eng.)	مُحَرِّكٌ ذُو عَمُودِ دَوَرانٍ رَأْسِيٍّ
vertical stability	اِسْتِقْرارٌ رَأْسِيٌّ أَو شاقُولِيٌّ
vertical storage tank (Pet. Eng.)	صِهْرِيجُ تَخْزِينٍ عَمُودِيٌّ
vertical throw (Geol.)	رَمْيَةٌ رَأْسِيَّةٌ: الإِزاحَةُ العَمُودِيَّةُ لِلطَّبَقاتِ

vertical turbine pumps

vertical thrust	دَسْرٌ أَو دَفْعٌ رَأْسِيٌّ
vertical travel-time curve (Geophys.)	مُنْحَنى المَسافَةِ العَمُودِيَّةِ وَالزَّمَنِ
vertical-turbine pump	مِضَخَّةٌ تُرْبِينِيَّةٌ عَمُودِيَّةٌ
vertical vein (Geol.)	عِرْقٌ رَأْسِيٌّ
vertical velocity gradient (Geophys.)	تَدَرُّجُ السُّرْعَةِ العَمُودِيَّةِ
vertical well	بِئْرٌ عَمُودِيَّةٌ
very high frequency (Elec. Eng.)	تَرَدُّدٌ عالٍ جِدًّا (من ٣٠ إلى ٣٠٠ مِغاسَيْكَل في الثّانِيَةِ)
very low frequency (Elec. Eng.)	تَرَدُّدٌ خَفِيضٌ جِدًّا (من ٣ إلى ٣٠ كِيلوسَيْكَل في الثّانِيَةِ)
vesicle (n.)	نُفْطَةٌ • مَجْلَةٌ
(Geol.)	فَجْوَةٌ • حُوَيْصَلَةٌ
vesicular structure (Geol.)	بِنْيَةٌ حُوَيْصِلِيَّةٌ
vesicular tissue (Geol.)	نَسِيجٌ إِسْفَنْجِيٌّ
vessel (n.)	وِعاءٌ • إِناءٌ
(Naut.)	سَفِينَةٌ • مَرْكَبٌ
V.G.C. (viscosity gravity constant)	ثابِتُ اللُّزُوجَةِ وَالكَثافَةِ
V.H.F. (very high frequency)	تَرَدُّدٌ عالٍ جِدًّا
V.I. (viscosity index)	دَلِيلُ اللُّزُوجَةِ • مُعامِلُ اللُّزُوجَةِ
via	عَنْ طَرِيقِ • مارًّا بِ
vial (n.)	قارُورَةٌ • قِنِّينَةٌ
viameter = perambulator (Surv.)	عَجَلَةُ قِياسِ المَسافاتِ
vibrate (v.)	اِهْتَزَّ • اِرْتَجَّ • تَذَبْذَبَ
vibrated concrete (Civ. Eng.)	خَرَسانَةٌ مُدَمَّجَةٌ بِالاِهْتِزازِ
vibrating desander (Mining)	هَزَّازَةٌ لإِزالَةِ الرَّمْلِ
vibrating feeder (Eng.)	مُغَذٍّ اِهْتِزازِيٌّ • غادِيَةٌ اِهْتِزازِيَّةٌ • جِهازُ إِلْقامٍ هَزّازٌ
vibrating mud screen (Pet. Eng.)	مُنْخُلٌ هَزّازٌ لِطِينِ الحَفْرِ

vibrating roller

vibrating roller (Civ. Eng.)	مِحْدَلَةٌ اِهْتِزازِيَّةٌ
vibrating screen (Mining)	غِرْبالٌ هَزّازٌ
vibration (n.)	اِهْتِزازٌ • ذَبْذَبَةٌ • اِرْتِجاجٌ
vibration dampe(ne)r (Eng.)	مُخَمِّدُ الاِرْتِجاجِ • مُضائِلُ الاِهْتِزازِ
vibration detector (Elec. Eng.)	مِكْشافُ الاِهْتِزازاتِ
vibration fatigue (Eng.)	كَلالُ الاِرْتِجاجِ
vibration insulation (Eng.)	عَزْلُ الاِرْتِجاجِ
vibration, shear (Eng.)	اِهْتِزازٌ مُسْتَعْرِضٌ
vibration test (Eng.)	اِخْتِبارُ الاِهْتِزازِ
vibration, torsional (Eng.)	اِهْتِزازٌ اِلْتِوائِيٌّ
vibrator (n.) (Eng.)	هَزّازَةٌ
vibratory feeder (Eng.)	مُغَذٍّ اِهْتِزازِيٌّ • غادِيَةٌ اِهْتِزازِيَّةٌ • جِهازُ إِلْقامٍ اِهْتِزازِيٌّ
vibratory motion	حَرَكَةٌ اِهْتِزازِيَّةٌ
vibro-classifier (Mining)	مُصَفٍّ اِهْتِزازِيٌّ
vibro-drilling	حَفْرٌ رَجْفِيٌّ • حَفْرٌ اِهْتِزازِيٌّ
vibrograph (Eng.)	مِرْسَمَةُ الاِهْتِزازِ
vibrometer (Eng.)	مِقْياسُ الاِهْتِزازِ
vibroseis method (Geophys.)	الطَّرِيقَةُ المِرْجافِيَّةُ • طَرِيقَةُ الاِهْتِزازِ الزِّلْزالِيِّ
vibroseis truck (Pet. Eng.)	شاحِنَةٌ مِرْجافِيَّةٌ: شاحِنَةٌ مُجَهَّزَةٌ بِوَسائِلِ إِحْداثِ الرَّجَفاتِ الزِّلْزالِيَّةِ وَتَسْجِيلِ اِنْعِكاساتِها

vibroseis truck

Vicat needle (Civ. Eng.) إبرةُ «ڤِكات» : لِقِياسِ سُرعةِ شَكِّ ٱلإسمَنْت

vice (*n.*) رَذيلة • نَقيصة

= **vise** (Eng.) مِلْزَمة • مِنْجَلة

vice jaws (Eng.) فَكّا ٱلمِلْزَمَة

vicinity (*n.*) جِوار • مِنْطَقةٌ مُجاوِرة

Vicker's hardness number (Eng.) رَقْمُ «ڤِيكَرْز» لِلصَّلادَة

Vicker's hardness test (Eng.) إختِبارُ «ڤيكَرْز» لِلصَّلادَة

victamide (Pet. Eng.) ڤِكْتامِيد : مُستَحْضَرٌ مانِعٌ لِتَدَمُّجِ طِينِ الحَفْر

video tape (Elec. Eng.) شَرِيطُ تَسجيلٍ تلفِزيُونيّ

view (*n.*) مَشْهَد • مَنْظَر ـ رَأْي • نَظْرَة ـ نَظَر • رُؤْيه • مُعايَنة

(*v.*) شاهَدَ • أَبْصَرَ • عايَنَ

viewer (*n.*) مُشاهِد ـ مِنْظار

view, exploded مَنْظَرٌ مُمَدَّدٌ (أو مُفَصَّص)

view finder مُصَوِّبَةٌ (في آلةِ تَصوير) • مُعَيِّنُ المَنْظَر

view, front مَنْظَرٌ أمامِيّ

viewing tube أُنبوبُ مُعايَنَة

viewpoint (*n.*) وُجْهَةُ نَظَر

view, sectional مَنْظَرٌ قِطاعِيٌّ (أو مَقْطَعِيّ)

view, top مَنْظَرٌ عُلْوِيّ

vigorous (*adj.*) شَديد • قَوِيّ • نَشيط

vinegar (Chem.) خَـلّ

vinyl acetate (Chem.) خَلّاتُ الڤِينيل

vinyl benzene = **styrene** (Chem.) بِنْزينُ الڤِينيل • سْتايْرِين

vinyl chloride = **chloroethylene** (Chem.) كْلوريد الڤِينيل • كْلوروإثيلين

vinyl cyanide = **acronitrile** (Chem.) سَيانيد الڤِينيل • أكْرونيتريل

vinyl ethylene = **butadiene** (Chem.) إثيلين الڤِينيل • بيُوتادايين

vinyl group (Chem.) مَجموعةُ الڤِينيل

vinyl resins (Chem.) راتِينجاتُ الڤِينيل

violate (*v.*) إنْتَهَكَ • أخَلَّ • نَكَثَ • خَرَقَ • تَعَدّى

violation (*n.*) إنتِهاك • إخلال • مُخالَفَة

violent (*adj.*) عَنيف • شَديد

virgin (*adj.*) بِـكْر

virgin distillate (Pet. Eng.) قُطارَةٌ بِكْر

virgin gas oil (Pet. Eng.) سُولار بِكر : سُولار التَّقطيرِ الأوَّلِيّ

virgin pressure (Pet. Eng.) الضَّغطُ الأوَّلِيّ أو الأصْلِيّ (داخِلَ بِئْرِ النَّفْط)

virgin stock (Pet. Eng.) زَيتٌ بِكْر • مُنتَجاتُ التَّقطيرِ المُباشَر (اللّا تكسيريّ)

virtual (*adj.*) تَقْديرِيّ • إفتِراضِيّ

virtual value (Phys.) قِيمةٌ افتِراضِيَّةٌ أو تَقديرِيَّة

visbreaker (Pet. Eng.) خافِضُ اللُّزوجَة ـ بُرْجُ خَفضِ اللُّزوجَة

visbreaking = **viscosity breaking** (Pet. Eng.) خَفْضُ اللُّزوجَة

visbreaking operation (Pet. Eng.) عَمَلِيَّةُ خَفضِ اللُّزوجة

visbroken residua (Pet. Eng.) مُتخلِّفاتٌ مُخَفَّضَةُ اللُّزوجة

viscid (*adj.*) لَزِج • دَبِق

viscidity (*n.*) لُزوجة

viscoelastic (*adj.*) لَزِجٌ مَرِن

viscoelasticity (*n.*) المُرُونَةُ اللَّزِجة

viscometer = **viscosimeter** مِلْزاج • مِلْزَج

viscometer reading (Chem. Eng.) قِراءَةُ المِلْزاج • رَقْمُ اللُّزوجة

viscoplasticity (*n.*) اللُّدونَةُ اللَّزِجة

viscorator (Pet. Eng.) مِلْزاجٌ صِناعِيّ • مِلْزاجُ المُنشَآتِ التَّكريرِيَّة

viscose (Chem. Eng.) ڤِسكوز : مُرَكَّبٌ سِلِيُلوزِيٌّ لِتحضيرِ الحَرير الصِّناعِيّ

visco(si)meter (Phys.) مِلْزَاج • مِلْزَج : مِقياسُ اللُّزوجة

viscosimeter cup كُوبُ المِلْزَاج

viscosity (*n.*) (Phys.) لُزوجَة

viscosity, apparent اللُّزوجَةُ الظّاهِرَة

viscosity blending chart (Pet. Eng.) مُخَطَّطُ اللُّزوجَةِ النّاتِجةِ بالمَزْج

viscosity breaker = **visbreaker** (Pet. Eng.) خافِضُ اللُّزوجَة

viscosity breaking = **visbreaking** (Pet. Eng.) خَفْضُ اللُّزوجة : مُعالَجةُ مُتَخلِّفاتِ التَّقطيرِ الخَوائِيِّ بالتَّكسيرِ الحَرارِيِّ المُعتَدِل لاستِخراجِ قُطاراتٍ رائِجةٍ منها

viscosity class طَبَقَةُ اللُّزوجَة

viscosity coefficient (Phys.) مُعامِلُ اللُّزوجَة

viscosity compensation (Pet. Eng.) تَعديلٌ لاختِلافِ اللُّزوجة

viscosity constant ثابِتُ اللُّزوجة

viscosity conversion chart (Pet. Eng.) جَدْوَلُ تَحويلِ اللُّزوجَةِ (من قِياسٍ إلى آخَر)

viscosity, critical (Phys.) اللُّزوجةُ الحَرِجة

viscosity curve مُنْحَنَى اللُّزوجة

viscosity curve, slope of مَيلُ مُنْحَنى اللُّزوجة

viscosity determination تَحديدُ اللُّزوجة • تَقديرُ اللُّزوجة

viscosity drop هُبوطُ اللُّزوجة

viscosity, dynamic اللُّزوجةُ الدِّيناميَّة

viscosity gauge (Chem. Eng.) مِلْزاج • مِقياسُ اللُّزوجة

viscosity-gravity constant (Pet. Eng.) ثابِتُ اللُّزوجَةِ والكَثافة : يُبَيِّنُ التَّركيبَ الكِيمـاوِيَّ لِلمُزَلِّقِ وتَـأَثُّرَ لُزُوجَتِـهِ بِدَرَجَةِ الحَرارَة

viscosity improvers مُحَسِّناتُ اللُّزوجة • إضافاتٌ مُحَسِّنَةٌ لِلُّزوجه

viscosity increase زِيادَةُ اللُّزوجة

viscosity index (Chem. Eng.) دَليلُ اللُّزوجة • مُعامِلُ اللُّزوجة

viscosity index, high دَليلُ لُزوجَةٍ عالٍ

viscosity index improver (Pet. Eng.) مُحَسِّنُ مُعامِلِ اللُّزوجة

viscosity index improving additives (Pet. Eng.) إضافاتٌ لِتَحسينِ دَليلِ اللُّزوجة

viscosity index, low دَليلُ لُزوجةٍ خَفيض

viscosity index, negative دَليلُ لُزوجَةٍ سَلبِيّ

viscosity, kinematic (Phys.) اللُّزوجةُ الكِينماتِيَّة

viscosity limits حُدودُ اللُّزوجة

viscosity, minimum اللُّزوجةُ الدُّنيا

viscosimeters

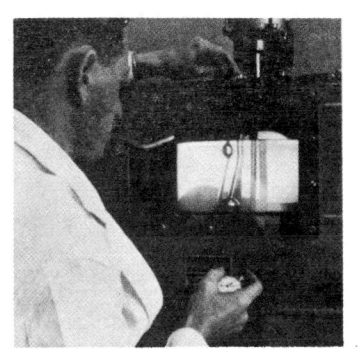

kinematic viscosity apparatus

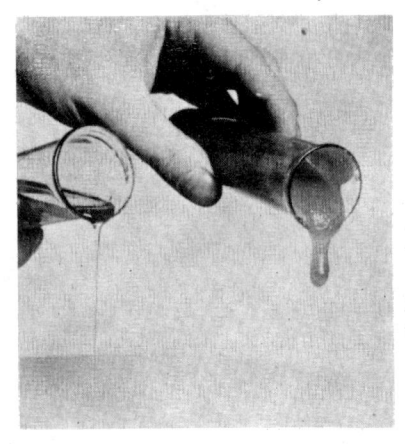

viscosity number رَقْمُ اللُّزوجة

viscosity pole height إرتفاعُ عامودِ اللُّزوجة

viscosity pressure effects (Chem. Eng.) تأثيراتُ الضَّغطِ على اللُّزوجة

viscosity range (Phys.) مَدَى اللُّزوجة

viscosity reducing by heat treatment (Chem. Eng.) خَفضُ اللُّزوجةِ بالمُعالَجَةِ الحَراريّة

viscosity, Redwood (Pet. Eng.) اللُّزوجةُ بمِقياسِ «رِدْوُود»

viscosity, Saybolt (Pet. Eng.) اللُّزوجةُ بمِقياسِ «سِيبُولْت»

viscosity, specific (Pet. Eng.) اللُّزوجةُ النَّوعيَّة

viscosity temperature chart (Chem. Eng.) مُخطَّطُ اللُّزوجة ودَرَجاتِ الحَرارة

viscosity temperature coefficient مُعامِلُ اللُّزوجَةِ ودَرَجاتِ الحَرارة

viscosity temperature curve مُنْحَنَى الحَرارةِ واللُّزوجَة : مُنْحَنَى العَلاقَةِ بينَ اللُّزوجَةِ ودَرَجاتِ الحَرارَةِ المُختلِفة

viscosity test (Pet. Eng.) إختبارُ اللُّزوجة

viscotone (Pet. Eng.) فِسْكُوتون : إضافَةُ تَلزيجٍ لِطينِ الحَفْر

viscous (*adj.*) لَزِج

viscous distillate (Pet. Eng.) قُطارَةٌ لَزِجَة

viscous fingering (Pet. Eng.) التَّخَدُّدُ اللَّزِج • التَّصَبُّعُ اللَّزِج

viscous flow (Hyd.) إنسيابٌ (أو تَسَيُّلٌ) لَزِج

viscous, high عالِي اللُّزوجَة

viscous, low مُنْخَفِضُ اللُّزوجة

viscous lubrication (Eng.) تَزليقٌ لَزِج

viscous oil (Pet. Eng.) زيتٌ لَزِج

vise = vice (Eng.) مِلزَمَة • مِنجَلَة

vise, hand (Eng.) مِلزَمَةٌ يَدَوِيَّة

low and high viscous oils

vise, pipe (Eng.) مِلزَمَةُ مَواسير

visibility (*n.*) رُؤيَة – جَلاءُ الرُّؤيَة

visible (or apparent) horizon (Surv.) الأُفُقُ المَرْئيُّ (أو الظَّاهِر)

visible load الحُمولَةُ الظَّاهِرة • الحِمْلُ المَرْئيّ

vision panel (Eng.) إطارُ الرُّؤيَة : لَوْحَةٌ زُجاجيَّةٌ مُؤَطَّرة تَسمَحُ بمُراقَبةِ العَمَلِ داخِلَ الجِهاز

visitation (*n.*) زِيارَةٌ تَفتيشيَّة • زِيارَةُ تَفَقُّد

visor (*n.*) قِناع – واقِيَةُ الشَّمس – فُتحَةُ مُعايَنة • شَقُّ الرُّؤيَةِ (أو التَّصويب)

visor, oil (Eng.) فُتحَةُ مُعايَنةِ الزَّيت

visual aids مُعيناتٌ بَصَريَّة

visual examination مُعايَنَةٌ بَصَريَّة • فَحصٌ بالعَيْنِ المُجَرَّدة

visual indicator مُبَيِّنٌ بَصَريّ

visual inspection (Eng.) فَحصٌ بَصَريّ : لِكَشفِ الخَلَلِ الظَّاهِر

visualize (*v.*) تَخَيَّلَ • تَصَوَّرَ

visual signal إشارَةٌ بَصَريَّة • علامَةٌ مَرئيَّة

vitality (*n.*) حَيَويَّة • نَشاط

vitiate (*v.*) لَوَّثَ • أَفْسَدَ – عَطَّلَ • أَتْلَفَ

vitrain (Mining) فِيتْرين : حُزَمٌ بَرَّاقَةٌ يُمكِنُ فَصلُها من الفَحمِ الحَجَريِّ البَرَّاق

vitreous (*adj.*) زُجاجيّ • شَبيهٌ بالزُّجاج

vitreous enamel طِلاءٌ زُجاجيّ

vitreous lustre بَريقٌ زُجاجيّ

vitreous rocks (Geol.) صُخورٌ زُجاجيَّة

vitreous structure (Geol.) بِنْيَةٌ زُجاجيَّة

vitreous texture (Geol.) نَسيجٌ زُجاجيّ • بِنْيَةٌ زُجاجيَّة

vitrification (*n.*) التَّزَجُّج • التَّحَوُّلُ إلى زُجاج

vitrify (*v.*) زَجَّجَ • تَزَجَّجَ • حَوَّلَ أو تَحَوَّلَ إلى زُجاج

vitriol (Chem.) الزَّاج • زَيتُ الزَّاج : حامِضُ الكِبريتيك المُرَكَّز

vitriol, blue (Chem.) الزَّاجُ الأَزرَق : كِبريتاتُ النُّحاسِ المائيَّة

vitriol, green (Chem.) الزَّاجُ الأَخضَر : كِبريتاتُ الحَديدوز المائيَّة

vitriolize (*v.*) عالَجَ بالزَّاج

vitriol, oil of (Chem.) زَيتُ الزَّاج : حامِضُ الكِبريتيك المُرَكَّز

vitriol ore (Min.) خامٌ كِبريتيّ

vitriol, white (Chem.) الزَّاجُ الأَبيَض : كِبريتاتُ الزِّنك المائيَّة

vivianite (Min.) فِيفْيانيت : مَعْدِنٌ بِلَّوريّ يَتَرَكَّبُ من فُسفاتِ الحَديدِ المائيَّة

vivid (*adj.*) مُشرِق • زاهٍ

V.L. (vapour-liquid) ratio نِسبَةُ البُخارِ إلى السَّائل

V.M. & P.N. (varnish makers' and painters' naphtha) نَفْتا الوَرْنيش والدِّهان

V (or vee) notch (Hyd.) ثَلمٌ مُثَلَّثيّ (على شَكلِ ٧)

vocational (*adj.*) مِهَنيّ • وَظيفيّ

vocational education التَّعليمُ المِهَنيّ

vocational guidance التَّوجيهُ المِهَنيّ

vocational training التَّدريبُ المِهَنيّ

void (*adj.*) شاغِر • خالٍ – باطِل • عَقيم
(*n.*) فَراغ
(*v.*) أَفْرَغَ • أَخرَجَ – أَبطَلَ

voidage rate (Geol.) نِسبَةُ الفَراغ • نِسبَةُ المَساميَّة

void contract عَقدٌ باطِل

void ratio (Geol.) النِّسبَةُ المَساميَّة • نِسبَةُ الفَراغ (المَساميّ)

void space (Geol.) الفُسحَةُ الخَلاليَّة : بَيْنَ المَسامات

volatile (*adj.*) مُتَطايِر • طَيَّار • سَريعُ التَّبَخُّر

volatile acid (Chem.) حامِضٌ مُتَطايِر (أو طَيَّار)

volatile alkali (Chem.) القِلْيُ المُتَطايِر : إسمٌ قَديمٌ لِلأَمُونيا

volatile constituents (Pet. Eng.) مُقَوِّماتٌ مُتَطايِرَة • مُكَوِّناتٌ مُتَطايِرَة

volatile distillate (Pet. Eng.) قُطارَةٌ مُتَطايِرة

volatile fuel (Chem. Eng.) وَقودٌ مُتَطايِر

volatile hydrocarbons (Chem.) هَيدرُوكَربونات مُتَطايِرة

volatile matter (Chem.) موادُّ مُتَطايِرة • مادَّةٌ طَيَّارَةٌ أو مُتَطايِرة

volatile metallic constituents (Pet. Eng.) مُكَوِّناتٌ مَعدِنيَّةٌ مُتَطايِرَة

volatile oil (Pet. Eng.) زَيتٌ طَيَّار (أو مُتَطايِر)

volatile products (Pet. Eng.) مُنتَجاتٌ مُتَطايِرَة

volatile solvent (Chem. Eng.) مُذيبٌ مُتَطايِر

volatility تَطايُريَّة • قابِليَّةُ التَّطايُر

volatility test (Chem. Eng.) إختبارُ التَّطايُريَّة

volatilizable قابِلٌ لِلتَّطايُر • سَهلُ التَّبخير

volatilization (*n.*) تَطايُر • تَطيير • تَصعيد • تَصَعُّد • تَبَخُّرٌ أو تَبخيرٌ سَريع

volatilize (*v.*) تَطايَرَ • طَيَّرَ • صَعَّدَ

volcanic (*adj.*) بُركانيّ

volcanic ash رَمادٌ بُركانيّ

volcanic basin (Geol.) حَوضٌ بُركانيّ

volcanic breccia (Geol.) بَريشَةٌ بُركانيَّة

volcanic chimney (or **pipe**) (Geol.) قَصَبَةٌ بُركانِيَّة

volcanic cinders (Geol.) حُمَمٌ بُركانِيَّة • جُفاءٌ بُركانيّ

volcanic dust غُبارٌ بُركانيّ

volcanic ejecta (Geol.) حُمَمٌ أو مَقْذوفات بُركانِيَّة

volcanic eruption (Geol.) ثَوَرانٌ بُركانيّ

volcanic fissure (Geol.) شَقٌّ بُركانيّ

volcanic foam زَبَدٌ بُركانيّ

volcanic formation (Geol.) تَكوينٌ بُركانيّ

volcanic gas (Geol.) غازٌ بُركانيّ

volcanic glass (Geol.) زُجاجٌ بُركانيّ

volcanic mud (Geol.) طِينٌ بُركانيّ • وَحْلٌ بُركانيّ

volcanic neck (or **plug**) (Geol.) عُنُقٌ بُركانيّ • قَصَبَةٌ بُركانِيَّة

volcanic rocks (Geol.) صُخورٌ بُركانِيَّة • صُخورٌ طَفْحِيَّة

volcanic scoria (Geol.) جُفاءٌ بُركانيّ

volcanic tuff (Geol.) طَفَّةٌ بُركانِيَّة : رَمادٌ بُركانيٌّ مُدَمَّج

volcanic vent (Geol.) عُنُقٌ بُركانيّ • قَصَبَةٌ بُركانِيَّة

volcano (*n.*) (Geol.) بُرْكان

volcanology (*n.*) عِلْمُ البَراكين

volcano mud (Geol.) وَحْلٌ بُركانيّ

volt (*n.*) (Elec. Eng.) فُلْط • فُولت

voltage (*n.*) (Elec. Eng.) فُلْطِيَّة • جُهْدٌ كَهْرَبائيّ • التَّوَتُّرُ بالفُلْط

voltage drop (Elec. Eng.) هُبوطُ الفُلْطِيَّة

voltage dropper (Elec. Eng.) خافِضُ الفُلْطِيَّة

voltage equalizer (Elec. Eng.) مُعَدِّلُ الفُلْطِيَّة

voltage, high (Elec. Eng.) فُلْطِيَّةٌ عالِيَة • تَوَتُّرٌ عالٍ (فَوقَ ال ٦٥٠ فُلْطاً)

voltage, low (Elec. Eng.) فُلْطِيَّةٌ مُنْخَفِضَة • تَوَتُّرٌ مُنْخَفِضٌ (تَحتَ ال ٢٥٠ فُلْطاً)

voltage, no-load (Elec. Eng.) فُلْطِيَّةُ اللّا حِمْل

voltage regulator (Elec. Eng.) مُنَظِّمُ الفُلْطِيَّة • ضابِطُ التَّوَتُّر

voltage stabilizer (Elec. Eng.) مُثَبِّتُ الفُلْطِيَّة • مُقِرُّ التَّوَتُّر

voltage, supply (Elec. Eng.) فُلْطِيَّةُ المَنْبَع

voltaic cell (Elec. Eng.) خَلِيَّةٌ فُلْطائِيَّة

voltaic current (Elec. Eng.) تَيّارٌ فُلْطائيّ: تَيّارٌ مُسْتَمِرٌّ من خَلِيَّةٍ كِيميائِيَّةٍ كهربائية

voltaic pile (Elec. Eng.) عَمودٌ فُلْطائيّ : بَطّارِيَّةٌ من الخَلايا الابتدائيَّةِ المُتَّصِلَة على التَّوالي

voltameter (Elec. Eng.) فُلْطامِتْر : مِقياسُ التَّيّارِ بالتَّحليلِ الكَهْرَبائيّ (الإلكتروليتيّ)

volt-ammeter (Elec. Eng.) فُلْط أَمِّيتر • واطْمِتر

volt-ampere (Elec. Eng.) فُلْط أَمپير : وَحْدَةُ قُدْرَةٍ قِيمَتُها واط

voltmeter (Elec. Eng.) فُلْطمِتْر : مِقياسُ الفُلْطِيَّة

voltmeter switch (Elec. Eng.) مِفْتاحُ الفُلْطمِتر

voltol (Pet. Eng.) فُلْتول • فُولْطول : زَيتُ تَزْليقٍ مُفَلْطَل

voltolization process (Pet. Eng.) عَمَلِيَّةُ الفَلْطَلَة : مُعالَجَةُ زَيتِ التَّزْليقِ بِتَيّارٍ مُتَناوِبٍ عالي الفُلْطِيَّةِ لِتَثْبيتِه

voltolize (*v.*) فَلْطَل : عالَجَ زَيتَ التَّزْليقِ بتَيّارٍ عالي الفُلْطِيَّةِ لِتَثْبيتِه

volume (*n.*) حَجْم – جَهارَة – حَجْمُ الصَّوْت – مُجَلَّد • كِتابٌ (أو جُزْءٌ من كِتاب)

volume, atomic (Phys., Chem.) الحَجْمُ الذَّرِّيّ

volume average boiling point (Phys.) المُعَدَّلُ الحَجْميُّ لِنِقاطِ الغَلَيان

volume change تَغَيُّرُ الحَجْم

volume control (Elec. Eng.) ضَبْطُ الجَهارة • التَّحَكُّمُ في الحَجْم – مِضْبَطُ الجَهارة

volume decrease نُقصانُ الحَجْم

volume expansion (Phys.) تَمَدُّدٌ حَجْميّ

volume factor عامِلُ الحَجْم

volume flow rate (Hyd.) مُعَدَّلُ الدَّفْقِ الحَجْميّ

volume governor (Eng.) حاكِمٌ حَجْميّ : لِضَبْطِ حَجْمِ الغازِ المُتَدَفِّق

volume increase الزِّيادَةُ الحَجْمِيَّة

volume loss الفَقْدُ الحَجْميّ

volume, molecular (Chem.) الحَجْمُ الجُزَيئيّ

volumenometer (Phys.) مِقياسٌ حَجْميّ : لِقِياسِ حَجْمِ (وكَثافَةِ) الكُتْلَةِ المُعَيَّنَة

volume percent النِّسْبَةُ المِئَوِيَّةُ الحَجْمِيَّة

volume percent conversion (Chem. Eng.) التَّحَوُّلُ الحَجْميُّ بالمِئَة • النِّسْبَةُ المِئَوِيَّةُ الحَجْمِيَّةُ لِلتَّحَوُّل

volume percent loss (Chem. Eng.) الفَقْدُ الحَجْميُّ المِئَويّ

volume shrinkage تَقَلُّصُ الحَجْم

volume, specific (Phys.) الحَجْمُ النَّوْعيّ : حَجْمُ وَحدةِ الكُتْلَة

volume strain (Mech.) إنفِعالٌ حَجْميّ

volume stress (Mech.) إجْهادٌ حَجْميّ

volumeter (*n.*) مِقياسُ الحَجْم

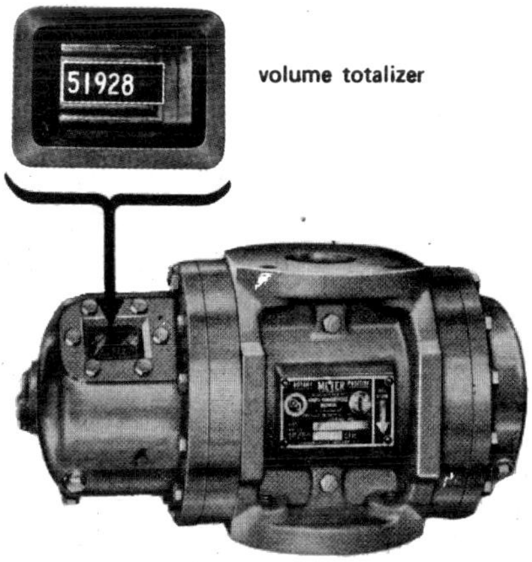

volume totalizer

volume totalizer حاسِبَةُ الحَجْمِ الكُلِّيّ • مِقياسُ جُمْلَةِ الحَجْم

volumetric (*adj.*) حَجْميّ • مُتَعَلِّقٌ بِقِياسِ الحَجْم

volumetric analysis (Chem. Eng.) التَّحليلُ الحَجْميّ

volumetric efficiency (Chem. Eng.) الكِفايَةُ الحَجْمِيَّة

volumetric flask (Chem. Eng.) قارُورَةٌ حَجْمِيَّة : لِقِياساتِ التَّحليلِ الحَجْميّ

volumetric gauge مِقياسٌ حَجْميّ

volumetric method of estimating reserves (Pet. Eng.) الطَّريقَةُ الحَجْمِيَّةُ لِتَقْديرِ الاحتياطيّ

volumetric solution (Chem. Eng.) مَحْلولٌ حَجْميّ : لِقِياساتِ التَّحليلِ الحَجْميّ

volumetric (specific) heat (Phys.) الحَرارَةُ (النَّوعِيَّةُ) الحَجْمِيَّة : الحَرارَةُ النَّوعِيَّةُ لِلجُزَيءِ الغراميّ من المادّة

volumetry (Chem. Eng.) القِياسُ بالتَّحليلِ الحَجْميّ

volume unit (Phys.) وَحْدَةُ حَجْم

volume velocity (Phys.) السُّرعَةُ الحَجْمِيَّة

volume weight الوَزْنُ الحَجْميّ

volute (*n.*) حَلَزُون • شَكْلٌ حَلَزونيّ
(*adj.*) حَلَزونيّ • لَوْلَبيّ • مُلْتَفّ

volute casing = **spiral casing** غِلافٌ حَلَزونيّ

volute gear = **spiral gear** (Eng.) مُسَنَّنَةٌ حَلَزونيَّة • تُرْسٌ حَلَزونيّ

volute pump (Eng.) مِضَخَّةٌ لَوْلَبِيَّة

volute spring = **spiral spring** زُنْبُرُكٌ (أو نابِضٌ) حَلَزونيّ

voog = **vough** = **vug** (Geol.) تَجْويفٌ صَخريّ • كُهَيْف

vortex (pl. **vortices**) (*n.*) دُوّامَة • دُردُور

vortex breaker (Pet. Eng.) مانِعُ الدُّوّامة • مانِعُ الدُّردُور

vortex chamber (Eng.) حُجْرَةُ الدَّفْقِ الدُّوَّامِيّ (في مِضَخَّةِ الطَّرْدِ المَرْكَزِيّ)
vortex flow (Hyd.) دَفْقٌ دُوَّامِيٌّ (أو دُرْدُورِيّ)
vortex meter مِقياسٌ دُوَّامِيٌّ أو دُرْدُورِيّ
vortex mixer (Eng.) خَلَّاطَةٌ دُوَّامِيَّة
vortex motion (Hyd.) حَرَكَةٌ دُوَّامِيَّةٌ (أو دُرْدُورِيَّة)
vortex velocity meter مِقياسُ سُرعةٍ دُرْدُورِيّ
vortical (*adj.*) دُوَّامِيّ • دُرْدُورِيّ
vorticity (*n.*) دُرْدُورِيَّة • دُوَّامِيَّة • إضطرابٌ دُوَّامِيّ
Votator (Pet. Eng.) مُبَدِّلٌ حَرارِيٌّ ذو أرياش: لِتبريدِ شُحومِ التَّزليق
voucher (*n.*) مُسْتَنَد • إيصال • قَسِيمَة
voyage charter إستِئجارٌ لِرِحْلَةٍ واحِدة
V.P. (**vapour pressure**) ضَغْطُ البُخار
V.T. (**vacuum tube**) صِمامٌ مُفَرَّغ • أُنبوبةٌ فَراغِيَّة
V-tube أُنبوبٌ ذو شُعْبَتَيْن (على شَكْلِ V)
vug = vugh (*n.*) (Geol.) تَجْويفٌ صَخْرِيٌّ (مَلِيءٌ جُزْئِيّاً بالمَعادِن) • كُهَيْف • نُخْرُوب
vuggy = vug(g)ular (*adj.*) مُتَكَهِّف • مُنَخْرَب
vugular limestone (Geol.) حَجَرٌ جِيرِيٌّ مُنَخْرَب أو مُتَكَهِّف
vulcanite (Geol.) فُلْكَنايت : صَخْرٌ بُرْكانِيٌّ دَقيقُ الحُبَيْبات
= **ebonite** (Chem. Eng.) فُلْكَنايت • إبُونَيْت: مَطَّاطٌ مُصَلَّدٌ بالكِبريت
vulcanization (Chem. Eng.) فَلْكَنَة • مُعالَجَةٌ لِلتَّصْليد – تَصْليدُ المَطَّاطِ بالكِبريتِ (أو بمادَّةٍ أُخْرَى)
vulcanization of rubber (Chem. Eng.) فَلْكَنَةُ المَطَّاط • تَصليدُ المَطَّاطِ بالكِبريتِ (أو بِمادَّةٍ أُخْرَى)
vulcanize (*v.*) فَلْكَنَ • عالَجَ لِلتَّصليد – صَلَّدَ المَطَّاط
vulcanized rubber (Chem. Eng.) مَطَّاطٌ مُصَلَّدٌ بالفَلْكَنَة
vulcan oil (Pet.Eng.) زَيتُ فُلْكان • زَيتٌ غليظُ القَوام
vulcanology = volcanology (Geol.) عِلْمُ البَراكِين
vultex (Chem. Eng.) فَلْتِكْس : لَثِيٌّ مَطَّاطِيٌّ مُصَلَّد
V.V.H. (**volume of feed per volume per hour**) حَجْمُ اللَّقيمِ النِّسبيّ في السَّاعة
V-way مَجْرًى مُثَلَّثِيُّ المَقْطَع (على شَكْلِ V)

oil well

W

wabbling disc = swash plate (Eng.) قُرْصٌ مُتَراوِح

W.A.B.P. (**weight average boiling point**) المُعَدَّلُ الوَزْنِيُّ لِنُقْطَةِ الغَلَيان

wacke (*n.*) (Geol.) وَاك : طِينٌ بازَلْتِيّ

wad (*n.*) حَشْوَة • لِبْدَة • لَفِيفَة - فَلْكَة - سِدادَة

(Min.) خامٌ مَنْغَنِيزِيٌّ لُبادِيُّ التَّرْكِيب

(*v.*) حَشا • لَفَّ - سَدَّ

wadding (*n.*) حَشْوَة • حَشْو - مَوادُّ حَشْو

wadi (or **wady**) (Geol.) وادٍ

wage (*n.*) أَجْر • أُجْرَة

(*v.*) شَنَّ (حَرْباً) - نَشِبَ • أَجْرَى - إِسْتَخْدَمَ • إِسْتَأْجَرَ

wage level مُسْتَوَى الأُجُور

wage sheet جَدْوَلُ الأُجور

waggon = wagon (*n.*) عَرَبَة • عَرَبَةُ شَحْن • حافِلَة

wagon drill (Civ. Eng.) شاحِنَة حَفَّارَة : حَفَّارَةٌ مُثَبَّتَةٌ على شاحِنَة

wagon loader مُحَمِّلُ عَرَبات

wagon, tank شاحِنَةُ صِهْرِيج

wainscoting (*n.*) كَسْوٌ بالخَشَب - خَشَبٌ لِتَبْطِينِ الجُدْرانِ الدَّاخِلِيَّة

waiting list قائِمَةُ الانتِظار

walkaround مَعْبَرٌ أو جِسْرٌ خارِجِيّ

walking beam (Civ. Eng.) ذِراعٌ مُتَرَجِّحَة: لِتَشْغِيلِ كَبْلِ الحَفْر

walking beam counterweight (Eng.) ثِقْلُ مُوازَنَةِ الذِّراعِ المُتَرَجِّحَة

walking beam pump (Eng.) مِضَخَّةٌ بِذِراعٍ (مُوازَنَة) مُتَرَجِّحَة

walking crane (Eng.) مِرْفاعٌ مُتَحَرِّك

walkway (*n.*) مَمَرّ • مَمْشَى

wall (*n.*) حائِط • جِدار • سُور

(*v.*) سَوَّرَ • حَوَّطَ

(*adj.*) جِدارِيّ

wall bearing (Eng.) مَحْمِلٌ جِدارِيّ : مَحْمِلٌ مُثبَّتٌ فَوْقَ جِدارٍ أو حائِط

wall box (Civ. Eng.) صُنْدُوقٌ جِدارِيّ

wall building بِناءُ الجُدْران - إِنْسِدادٌ بِتَجَمُّعِ التَّرَسُّباتِ المُعَرْقِلَة

walled shaft (Civ. Eng.) مَهْواةٌ مَحُوطَةٌ بالجُدْران

wall hook خُطَّافٌ جِدارِيّ

walling (Civ. Eng.) جُدْران

wall loss (Eng.) فَقْدٌ جِدارِيّ

wall map خَرِيطَةٌ جِدارِيَّة

wall plug (Elec. Eng.) قابِسٌ جِدارِيّ

wall rock (Mining) صَخْرٌ مُكْتَنِفٌ أو حاجِز

(Geol.) صَخْرٌ جانِبِيُّ الصَّدْع

wall sample (Mining) عَيِّنَةٌ جِدارِيَّة

wall scraper كاشِطَةٌ جِدارِيَّة • مُوَسِّعَةُ ثُقُوبٍ دَوَّارَة

wall thickness سُمْكُ الجِدار • ثَخانَةُ الجُدْران

wall thickness gauge (Eng.) مِقْياسُ ثَخانَةِ الجُدْران

walnut oil (Chem.) زَيْتُ الجَوْز

Walther's formula (Pet. Eng.) مُعادَلَةُ «والْتَر» : لِبَيانِ العَلاقَةِ بَيْنَ لُزُوجَةِ الزَّيْتِ ودَرَجَةِ الحَرارَة

wandering dune (Geol.) كَثِيبٌ مُتَنَقِّل

wandering water = vadose water (Geol.) مِياهُ الڤادُوز : مِياهٌ ارْتِشاحِيَّةٌ شِبْهُ جَوْفِيَّة

wantage (*n.*) النَّقْص • النَّقْصُ عن حَدِّ الامْتِلاء • الفَراغُ القِمِّيُّ (في الصِّهْرِيج)

wantage rod (Pet. Eng.) ساقُ قِياسِ النَّقْص: لِقِياسِ الفَراغِ القِمِّيِّ في الصِّهْرِيج

wanting (*adj.*) مَفْقُود • ناقِص

wardage (*n.*) رُسُومُ حِراسَة

warden (*n.*) حارِس • قَيِّم • مُراقِب • مُحافِظ

warehouse (*n.*) مَخْزَن • مُسْتَوْدَع

(*v.*) خَزَنَ (في مُسْتَوْدَع)

warehouse man مُراقِبُ المُسْتَوْدَع

warehouse yard ساحَةُ (أو فِناءُ) المُسْتَوْدَع

warm (*adj.*) دافِئ • حارٌّ نَوْعاً

(*v.*) دَفَّأَ • حَمَّى - دَفِئَ • حَمِيَ : صارَ مُهَيَّأً لِلعَمَل

warm air heating system (Eng.) نِظامُ التَّدْفِئَةِ بالهَواءِ السَّاخِن

warming up إِحْماء • تَحْمِيَة • تَسْخِين • تَدْفِئَة

warmth (*n.*) دِفْء • سُخُونَة • حَرارَة

warning (*n.*) إِنْذار • إِخْطار • تَحْذِير

(*adj.*) إِنْذارِيّ • تَحْذِيرِيّ

warning device (Eng.) نَبِيطَةُ إِنْذار

warning lamp (Eng.)	مِصباحُ إنذار
warning signal	إشارةُ إنذار
warning system (Eng.)	جهازُ إنذار
warp (v.)	فَتَلَ ۰ لَوَى ۰ إِلْتَوَى ۰ تَشَوَّهَ بالتَّلَوِّي
(n.)	إنفتال ۰ إعوجاج ۰ تَشَوُّه
(n.) (Geol.)	طمي ۰ رواسب غَرينيَّة
warped (adj.)	مُلتَوٍ ۰ مُتَعَوِّج ۰ مُتَمَوِّج
warping (n.)	إنفتال ۰ تَعَوُّج ۰ تَشَوُّه
(Geol.)	تَجَعُّدُ القِشْرَةِ الأرْضيَّة
warrant (v.)	ضَمِنَ ۰ كَفَلَ ۰ أجازَ ـ بَرَّرَ ۰ سَوَّغَ
(n.)	إجازة ۰ ترخيص ۰ تفويض ـ ضمانة ۰ كفالة ـ مُبَرِّر ۰ مُسَوِّغ
warrant of attorney	تفويضٌ شَرعيّ ۰ وكالةٌ رَسميَّة
warranty (n.)	ضَمانة ۰ كفالة ـ إجازة ـ تفويض
wash (v.)	غَسَلَ ۰ نَظَّفَ بالغَسْل ـ جَرَفَ ۰ إجترَفَ ـ لَوَّنَ (بطبقةٍ من الدِّهان)
(n.)	غَسْل ۰ غَسيل ۰ غَسول ۰ مِنْطَقَة ۰ ضَحْلَة ـ إجترافٌ ـ طَبقةٌ رقيقةٌ من الدِّهان ۰ طِلاء
(Mining, Pet. Eng.)	غَسْل ۰ تَنْقِيَة (بالماء أو بالكيماويّات)
washability (n.)	قابليَّةُ الغَسْل
washable (adj.)	يُغسَل ۰ قابلٌ للغَسْل
wash bank (Geol.)	ضِفَّةٌ اجترافيَّة : عُرضَةٌ للاجتراف
wash boring (Civ. Eng.)	حَفْرٌ اجترافيٌّ (بحَقْنِ الماء)
wash bottle (Chem.)	قِنِّينَةُ غَسْل
wash box (Mining)	صُندوقُ غَسْلٍ (الخامات)
wash drill (Civ. Eng.)	ثِقابةٌ اجترافيَّة (بحَقْنِ الماء)
washer (n.)	غَسَّالة ـ مِغْسَل ـ عاملُ غَسيل
(Eng.)	فَلْكَة ۰ حَلْقَة (معدنيَّة أو جِلديَّة) لإحكامِ الرَّبط ۰ (وَرْدَة)
(Chem. Eng.)	جِهازُ غَسْلِ الغاز
washer cooler (Chem. Eng.)	جهازُ غَسْلٍ وتبريد
washery (n.)	مَغْسَل ۰ مَغْسَلة ۰ وحدةُ غَسْلٍ (أو تنظيف)

flat washer ⬛ common lock washer ⬛ shakeproof washers

washers

washing (n.)	غَسْل ۰ غَسيل ـ طَلْيَة ۰ طَبقةٌ رقيقة
(Mining)	غَسْل ۰ تَنْقِيَة
washing agent	عاملُ الغَسْل ۰ مادَّةُ غَسْلٍ أو تَنْقِيَة
washing classifier (Mining)	مُصَفِّفَةٌ بالغَسْل
washing machine	غَسَّالةٌ آليَّة ۰ مكنةُ غَسيل
washing plant (Chem. Eng.)	وحدةُ غَسْل
washing soda (Chem.)	صودا الغَسيل
washlands (Geol.)	أراضي الغَسْل : مُنخَفِضَةٌ على جانبَي النَّهر
wash-out (n.) (Geol.)	جَرْفُ الماءِ ۰ إجترافُ (التُّربَة) بفعلِ الماءِ (أو المَطَر) ـ حُفْرَةٌ أو ثُغْرَةُ الجَرْف
washout valve (Civ. Eng.)	صمامُ تصريف ۰ صمامُ تفريغ
washover (v.)	أفرطَ في الحَفْر
(n.)	حَفْرٌ إضافيٌّ أو تَجاوُزيّ
wash pipe	ماسورةُ الغَسْل
wash primer	دِهانٌ أوَّليٌّ ۰ بِطانةُ طِلاء (لمقاومةِ التآكُل)
wash tank (Pet. Eng.)	صِهريجُ الغَسْل
wash thinner (Chem. Eng.)	مُرَقِّقُ الطِّلاء
wash tower (Chem. Eng.)	بُرجُ الغَسْل ۰ بُرجُ التَّنْقِيَة بالغَسْل
wash water	ماءُ الغَسْل ۰ ماءُ التَّنْقِية
wastage (n.)	فَقْد ۰ فُقدان ۰ تَسَرُّب ۰ ضَياع ـ تَلَف ۰ بِلى
waste (v.)	بَدَّدَ ۰ ضَيَّعَ ۰ أنهَكَ ۰ تَبَدَّدَ ۰ ضاعَ ۰ تَلِفَ
(n.)	ضَياع ۰ تَبَدُّد ۰ هَدْر ۰ فُقدان ـ نِفاية ۰ فُضالة ـ فائضُ الحَفْر
= spoil (Civ. Eng.)	
(adj.)	قَفْر ۰ قاحِل ۰ مُجدِب ۰ ضائع ـ تالِف
waste-book	دفترُ مُسوَّدةِ المُعاملاتِ اليوميَّة
waste cock (Civ. Eng.)	مِحبَسُ (تصريف) النُّفايات
waste disposal system (Civ. Eng.)	نظامُ تصريفِ النُّفايات
waste dump	مَطْرَحُ النُّفايات
wasteful (adj.)	مُبَدِّد ۰ مِتلاف
waste gas	غازٌ مُبَدَّد (أو مَهدور) ۰ غازُ العادِم
waste heat (Eng.)	حرارةٌ مُتَبَدِّدَة (أو مَهدورَة)
waste heat boiler (Eng.)	مِرجَلُ الحَرارةِ الضَّائعة ۰ مِرجَلٌ يُسَخَّنُ بالحَرارةِ المَهدورة

waste heat utilization (Eng.)	الاستفاعُ بالحَرارةِ المَهدورة
wasteland	أرضٌ قَفْر
waste lubrication (Eng.)	التَّزليقُ بالخِرَق
waste material	فُضالة ۰ نِفاية ۰ قُضابة
waste oil (Eng.)	زيتٌ مُستَعمَل ۰ زيتٌ وَسِخ
waste pack lubrication	التَّزليقُ (التَّعْرِيَويّ) بحَشْوٍ من نِفايةِ الألياف
waste pipe (Eng.)	أنبوبُ الصَّرف ۰ ماسورةُ النُّفايات
waste products	مُنتَجاتٌ مُهمَلة ۰ فَضَلات
waste stock (Mining)	خامٌ هالكٌ أو مَهدور
waste tip	مَطْرَحُ النُّفايات
waste water	ماءٌ مَهدورٌ أو مَطْرَح ـ ماءُ الصَّرف
waste water disposal (Eng.)	صَرفُ الماءِ المُطْرَح
wasting (n.)	تبديد ۰ إتلاف ۰ تدمير
wasting property	أموالٌ هالكة : تُستَهلَكُ قيمتُها تَدريجيًّا بالاستعمال (كالآلاتِ والمباني)
watch (v.)	راقَبَ ۰ رَصَدَ ۰ تَرَقَّبَ ۰ حَرَسَ ۰ خَفَرَ ۰ إحتَرَسَ ۰ تَيَقَّظَ ۰ تَنَبَّهَ
(n.)	حِراسة ۰ مُراقَبة ۰ تَرَقُّب ـ تَيَقُّظ ۰ إنتباه ۰ إحتراس ـ ساعة (للجَيبِ أو اليَد)
watch compass	ساعةُ بوصَلة
watchman (n.)	حارِس ۰ خَفير
watch oil	زيتُ السَّاعات
watchtower	بُرجُ مُراقَبة
water absorption	إمتصاصُ الماء
water absorption capacity	قدرةُ امتصاصِ الماء
water advance (Pet. Eng.)	زَحفُ الماء
water analysis (Chem. Eng.)	تحليلُ الماء
water ballast (Naut.)	صابورةٌ مائيَّة
water barrier (Mining)	حاجزُ الماء ـ حاجزٌ مائيّ
water base mud (Pet. Eng.)	طينٌ (حَفْر) مائيُّ القاعِدة
water bath	حمَّامٌ مائيّ ۰ مَغطِسٌ مائيّ
water bearing formation (Geol.)	تكوينٌ حاوٍ للماء
water-bearing horizon (or layer)	طَبقةٌ حاويةٌ للماء
water-bearing stratum	طَبقةٌ حامِلةٌ للماء
water blocking (Pet. Eng.)	إنسِدادُ (مَسامِ الطَّبَقَةِ المُنتِجَةِ) بالماء
water boot (Pet. Eng.)	كَعْبُ تجميعِ الماء

water borne (adj.)	مَنْقُولٌ بالماء ـ مَنْقُولٌ بطريق البَحْر
water, bound	ماءٌ مقيّد
water break (Geophys.)	ثُغْرَةٌ مائيّةٌ (في مِرْسَمَةِ السِّيزموغراف)
water, carbonaceous	ماءٌ كربونيّ
water-carriage system (Eng.)	نظامُ تصريفِ (الفَضَلات) بالمياه
water-cement (Civ. Eng.)	إسمَنْتٌ مائيٌّ (أو هيدروليّ)
water-cement ratio (Civ. Eng.)	نِسْبَةُ الماءِ إلى الإسمَنْتِ (في الخَرَسانة)
water, circulating	ماءٌ جارٍ (في دَوْرَةٍ مَحْصُورَة)
water circulation	دَوَرانُ الماء
water column (Hyd.)	عَمودٌ (من) الماء
water conditioning unit (Eng.)	وَحْدَةُ تكييفِ الماء
water coning (Pet. Eng.)	انْخِراطُ الماء : ظاهِرَةُ تَجَمُّعِ الماءِ القاعديِّ بشَكْلِ مَخْروط
water consumption	إستْهلاكُ الماء
water content (Chem. Eng.)	المُحْتَوَى المائيّ
water-cool (v.)	بَرَّدَ بالماء
water-cooled (adj.)	مُبَرَّدٌ بالماء
water-cooled condenser (Chem. Eng.)	مُكَثَّفٌ يُبَرَّدُ بالماء
water-cooled engine	مُحَرِّكٌ يُبَرَّدُ بالماء
water cooler (Eng.)	مُبَرِّدٌ مائيٌّ ـ مُبَرِّدُ مياه
water-cooling (Eng.)	التَّبْريدُ المائيّ ـ التَّبْريدُ بالماء
water cooling tower (Eng.)	بُرْجُ التَّبْريدِ المائيّ
water cushion (Eng.)	وِسادَةٌ مائيّة
water disposal well	بِئرُ تصريفِ الماء
water, dissolved	ماءٌ مُذاب
water, distilled	ماءٌ مُقَطَّر
water drill (Civ. Eng.)	ثَقّابةٌ بدَفْقِ الماء
water drive (Eng.)	الدَّفْعُ المائيّ ـ الدَّفْعُ بالماء ـ إدارَةٌ بالماء
water-drive field (Pet. Eng.)	حَقلُ الدَّفعِ المائيِّ : حَقلٌ يَتَدَفَّقُ (نَفْطُهُ) بدَفْعِ الماء
water droplet	قُطَيْرَةُ ماء
water encroachment	طُغْيانُ الماء
water equivalent (Phys.)	المُكافِئُ المائيّ (الحَراريّ)
waterfall (n.)	شَلّال ـ مَسْقَطُ مياه
water-fast (adj.)	صامِدٌ للماء ـ صَدودٌ للماء
water, feed	مياهُ تَغْذية ـ ماءُ التَّغْذِية
water filter	مُرَشِّحُ مياه

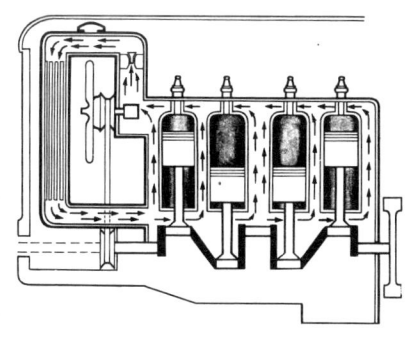

water-cooled engine

water, filtered	ماءٌ مُرَشَّح
water flooding (Pet. Eng.)	الغَمْرُ بالماء
water flow	دَفْقُ الماء
water flush drilling (Civ. Eng.)	حَفْرٌ بالكَسْحِ المائيِّ
water free (adj.)	خالٍ من الماء
water, free	ماءٌ طَلِيق
water, fresh	ماءٌ عَذْب
waterfront (n.)	مَطَلٌّ بَحْريٌّ أو مائيٌّ (وما عليه من مُنْشَآتٍ ومَبانٍ)
water gap (Geol.)	فَجْوَةُ الماء ـ مَخْنَقُ الماء : فَجْوَةٌ يَعْبُرُها الماءُ عبرَ الصُّخورِ الصُّلْبه
water gas (Chem. Eng.)	الغازُ المائيّ : مَزيجٌ من الهيدروجين وأوَّلِ أُكسيدِ الكربون
water gauge (Eng.)	مِقياسُ مُسْتَوَى الماء (في خَزَّانٍ أو مِرْجَل)
water glass (Chem. Eng.)	الزُّجاجُ المائيّ : مَحْلولٌ مُرَكَّزٌ من سِليكاتِ الصُّوديوم (أو البوتاسْيوم) في الماء
water glass (Eng.)	دَليلُ مُسْتَوَى الماء (في خَزَّانٍ أو مِرْجَل)
water, ground	مياهٌ جَوْفيّة
water hammer(ing) (Hyd. Eng.)	طَرْقُ الماء (على جَوانِبِ الأنبوبِ الذي يَحْتَويه بفعلِ الجُيوبِ الهَوائيَّة)
water, hard	ماءٌ عَسِر
water hardening (Met.)	التَّصْليدُ بالماء
water hardness (Chem. Eng.)	عُسْرُ الماء
water head (Hyd. Eng.)	عُلُوُّ مُسْتَوَى الماء (فوقَ فَتْحَةِ التَّصْريف)
water heater (Eng.)	مُسَخِّنٌ مائيٌّ ـ مُسَخِّنُ مياه
water hole	حُفْرَةٌ مائيّة ـ بِئرُ ماء
water horizon (Geol.)	طَبَقَةٌ مائيّة
water incursion or invasion (Pet. Eng.)	هُجومُ الماء ـ غَزْوُ الماء (للبِئرِ المَحْفورة)
watering (n.)	تَنْمِيَةُ الأسْهُم : إعطاءُ الأسْهُم رِبحاً زائداً لا يَتَناسَبُ مع قيمَتِها الحَقيقيَّة لِتَرْويجِها

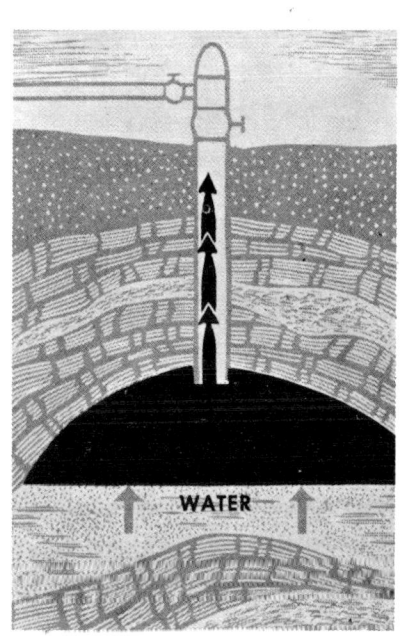

water drive

water injection (Pet. Eng.)	حَقْنُ الماء ـ الحَقْنُ بالماء
water injection well (Pet. Eng.)	بِئرُ الحَقْنِ بالماء
water inlet	مَدْخَلُ الماء
water in oil emulsion (Chem. Eng.)	مُسْتَحْلَبُ الماء في الزَّيت
water jacket (Eng.)	دِثارٌ مائيٌّ ـ قَميصُ الماء
water jet	نافورَةُ ماء
water knock-out (Pet. Eng.)	طَرْدُ الماء ـ فَصْلُ الماء
water layer	طَبَقَةٌ مائيّة ـ طَبَقَةُ ماء
water-level (Surv.)	ميزانُ استواءٍ مائيّ
water-level (Hyd. Eng.)	مُسْتَوَى الماء ـ مَنْسوبُ الماء
water level alarm (Hyd. Eng.)	نَذيرُ مُسْتَوَى الماء
water (level) indicator (Eng.)	مُبَيِّنُ مُسْتَوَى الماء
water lime = hydraulic cement (Civ. Eng.)	جيرٌ مائيٌّ ـ مِلاطٌ هَيْدروليّ
water, lime containing	جيرٌ رَطْب
water line (Eng.)	جيرٌ حاوٍ للماء
waterline (Naut.)	خَطُّ الماء ـ ماسورَةُ الماء
water-lock	خَطُّ الماء (على جانبِ السَّفينة) ـ خَطُّ الطَّفْو
water lodge (Mining)	مَحْبَسُ ماء
	مُسْتَوْدَعُ ماء (تَحْتَ الأرض)

WAT
512

water separator

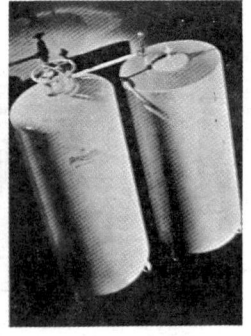

water softener

water-logged ground (Civ. Eng.)	أرضٌ مُشْبَعةٌ بالماء
water main	أُنبوبُ الماءِ الرئيسيّ
water manometer	مانومترٌ مائيّ
water-meter (Hyd. Eng.)	عَدّادُ الماءِ ، مقياسُ كميّةِ الماء
water, muddy	ماءٌ موحِل
water of condensation	ماءُ التكاثُف
water of constitution	ماءُ البِنْية (أو التكوين)
water of crystallization (Chem.)	ماءُ التبلْوُر
water of hydration (Chem.)	ماءُ الإماهَة (أو التميّؤ)
water-oil contact (Pet. Eng.)	تماسُّ الماءِ والزيت
water-oil ratio (Pet. Eng.)	نسبةُ الماءِ إلى الزيت
water outlet (Eng.)	مَخْرَجُ الماء
water-permeable (adj.)	مُنْفِذٌ للماء
water pipe (Eng.)	أُنبوبُ الماء
water pipeline	خَطُّ أنابيبِ المياه
water pollution	تلوُّثُ الماء
water-power (Eng.)	القُدرةُ المائيّة
water pressure	ضَغْطُ الماء
waterproof (adj.)	صامِدٌ للماء ، مَسيك : لا يَنْفُذُ منه الماء
(v.)	صَمَّدَ للماء
waterproof greases (Pet. Eng.)	شحومٌ صامدةٌ للماء
waterproofing (n.)	التصميدُ للماء
waterproofing asphalt	أسفلتُ التصميدِ للماء : لِمَنْعِ التسرُّب
waterproofing oil	زيتُ التصميدِ للماء
water pump	مضخّةُ ماء
water pump grease (Eng.)	شحمُ المضخّاتِ المائيّة
water-pump lubricant (Eng.)	مُزلِّقُ المضخّاتِ المائيّة
water purification	تنقيةُ المياه
water, purified	ماءٌ مُنَقّى
water, rain	ماءُ المطر
water repellent (adj.)	صادٌّ للماء
water repellent grease (Pet. Eng.)	شحمٌ صادٌّ للماء
water requirements (Eng.)	الاحتياجاتُ المائيّة
water resistant (adj.)	مُقاوِمٌ للماء
water ring	ميزاب ، فمُ الميزراب
water, rinsing	ماءُ الشَّطْف
water, running	ماءٌ جارٍ
water, saline	ماءٌ مالح ، ماءٌ مِلْح
water sample	عيّنةُ ماء
water saturation (Chem. Eng.)	إشباعٌ بالماء ، تشبُّعٌ بالماء
water saturation exponent (Phys.)	المعاملُ الأُسِّيُّ للتشبُّعِ بالماء
water separator	فاصلُ الماء ، خزّانُ فصلِ الماء
water, settled	ماءٌ مُروَّق ، ماءٌ مُتَرَسِّب (في خليطِه مع الزيت)
watershed (Geol.)	حوضُ النهر ، مقسِّمُ الماء ، حَيْدُ تقسيمِ المياه
water shooting (Geophys.)	التفجيرُ المائيّ : في التنقيبِ المزراجيّ تحتَ الماء
water shut-off (Pet. Eng.)	صدُّ الماء ، سدُّ مساربِ الماء
water-soaked	مُنْغَرٌ بالماء ، منقوعٌ في الماء
water, soft (Chem. Eng.)	ماءٌ يَسير
water softener (Chem. Eng.)	جهازُ تيسير (إزالةِ عُسرِ) الماء
water softening (Chem. Eng.)	تيسيرُ الماء
water-soluble (adj.) (Chem. Eng.)	ذوّابٌ في الماء ، يذوبُ في الماء
water-soluble grease	شحمٌ ذوّابٌ في الماء
water space (of a boiler) (Eng.)	حيّزُ الماءِ (في المِرْجَل)
water strainer	مِصفاةُ ماء
water stream	جَدْوَلُ ماء ، مَجْرى ماء
water string (Pet. Eng.)	عمودُ أنابيبِ الماء ، عمودُ أنابيبِ فصلِ الماء
water supply	الإمدادُ المائيّ ، التزويدُ بالماء ، مَوْرِدُ الماء
water supply system	نظامُ التموينِ بالماء
water, surface	مياهٌ سَطحيّة
water table (Geol.)	مستوى (أو مَنسوب) المياهِ الجوفيّة ، سطحُ الماءِ الباطنيّ
water tank	خزّانُ ماء ، صهريجُ ماء
watertight (adj.)	سدودٌ للماء ، مَسيك
watertight packing (Eng.)	حَشْوةٌ مَسيكة ، سدودةٌ للماء
water tolerance	التسامُحُ المائيّ
water tower (Civ. Eng.)	بُرجُ (خزّانات) الماء
water trap (Eng.)	مِصيدةُ الماءِ (من البخار)
water treatment (Chem. Eng.)	معالَجةُ الماءِ (لتنقيتِه)
water trouble (Pet. Eng.)	خَلَلٌ بفعلِ الماء
water truck	شاحنةُ صهريجٍ لنقلِ الماء
water tube boiler (Eng.)	مِرْجَلٌ بأنابيبَ مائيّةٍ (مائلةٍ أو أُفقيّة)
water tube condenser	مُكثِّفٌ بأنابيبَ مائيّة
water, turbid	ماءٌ كدِر ، ماءٌ مُتعكِّر
water turbine (Eng.)	تُوربينٌ مائيّ ، عَنَفةٌ مائيّة

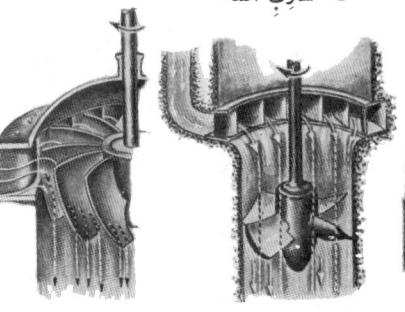

Francis turbine — Kaplan turbine — Pelton wheel

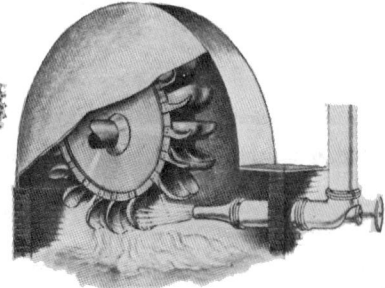

water turbines

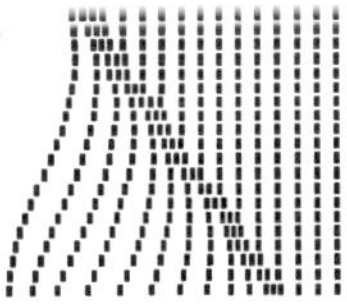

longitudinal waves

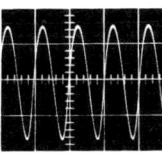

transverse waves

water, underground	مِياهٌ جَوْفِيَّةٌ (أو باطِنِيَّةٌ)
water vapo(u)r (Phys.)	بُخارُ الماء
water vapour pressure (Phys.)	ضَغْطُ بُخارِ الماء
water vapour saturation (Phys.)	التَّشَبُّعُ بِبُخارِ الماء
water wall (of a boiler) (Eng.)	جِدارٌ مائيٌّ (لِلْمِرْجَل)
water wash	غَسْلٌ بالماء
water, wash	ماءُ الغَسْلِ أو التَّنْظيف
water washing (Mining)	الغَسْلُ بالماء • التَّنْقِيَةُ بالماء
water-wash settler (Pet. Eng.)	حَوْضُ تَرْوِيقِ ماءِ الغَسْلِ
water, waste	ماءٌ مَعِدَهٌ • ماءٌ فائِضٌ
waterway (n.)	مَجْرىً مائيٌّ • قَناةٌ مِلاحِيَّة
water well	بِئْرُ ماء
water white (Pet. Eng.)	بَياضٌ مائيٌّ : دَرَجَةٌ لَوْنِيَّةٌ في مِلْوانِ «سِيبُولْت» لِلْمُنْتَجاتِ البِتْرولِيَّة
water white distillate (Pet. Eng.)	قُطارَةٌ مائيَّةُ البَياض : مُقْتَطَعُ القُطارَةِ البِتْرولِيَّةِ قَبْلَ المُعالَجَةِ أو إعادَةِ التَّكْرير
water witch (Geophys.)	مِكْشافُ مَواقِعِ الماء
waterworks (Civ. Eng.)	مَحَطَّةُ المِياه : مَرْكَزُ تَخْزِينِ المِياهِ وتَنْقِيَتِها وتَوْزِيعِها
watery (adj.)	مائيٌّ – مُشْبَعٌ بالماء
watt (Elec. Eng.)	واطٌ : وَحْدَةُ القُدْرَةِ الكَهْرِبائِيَّة
wattage (n.) (Elec. Eng.)	الوَطِّيَّة : القُدْرَةُ بالواط
watt-hour (Elec. Eng.)	واطْ ساعَة : وَحْدَةُ طاقَةٍ كَهْرِبائِيَّة
watt-hour meter (Elec. Eng.)	عَدَّادُ الواطْ ساعَة
wattmeter (Elec. Eng.)	واطْمِتْر • مِقْياسُ القُدْرَةِ بالواط
wave (n.) (Phys.)	مَوْجَة – تَمَوُّج
(v.)	مَوَّجَ • تَمَوَّجَ – لَوَّحَ • خَفَقَ
wave amplitude (Phys.)	سَعَةُ المَوْجَة
wave analyzer (Elec. Eng.)	مُحَلِّلٌ مَوْجِيٌّ
wave base (Phys.)	قاعِدَةُ المَوْجَة
wave-built platform (Geol.)	مِنَصَّةٌ مَوْجِيَّةُ التَّكْوِين
wave crest (Phys.)	قِمَّةُ (أو ذِرْوَةُ) المَوْجَة
wave-cut terraces (Geol.)	شَرَفاتٌ مَوْجِيَّةُ التَّكْوِين
wave filter (Elec. Eng.)	مُرَشِّحُ مَوْجات
waveform = waveshape (Phys.)	شَكْلُ المَوْجَة • شَكْلُ التَّمَوُّج
wave frequency (Phys.)	التَّرَدُّدُ المَوْجِيُّ
wavefront (Phys.)	صَدْرُ المَوْجَة • الجَبْهَةُ المَوْجِيَّة
wave interference (Phys.)	التَّداخُلُ المَوْجِيُّ
wavelength (Phys., Elec. Eng.)	طُولٌ مَوْجِيٌّ
wavellite (Min.)	وِيفِيلِّيت : فُسْفاتُ الألومِنْيُوم المُمَتَّأة
wave oscillations (Phys.)	تَذَبْذُباتٌ مَوْجِيَّة
wave propagation (Phys.)	انتِشارُ المَوْجات • إمْتِدادُ التَّمَوُّج
wave pulse (Phys.)	نَبْضَةٌ مَوْجِيَّة
waves, longitudinal (Phys.)	مَوْجاتٌ طُولِيَّةٌ (أو طُولانِيَّة)
waves, transverse (Phys.)	مَوْجاتٌ مُسْتَعْرِضَة (أو عَرْضِيَّة)
wave-surface = wave-front (Phys.)	سَطْحُ المَوْجَة • صَدْرُ المَوْجَة
wave trough (Phys.)	قَرارُ (أو بَطْنُ) المَوْجَة
wave velocity (Phys.)	سُرْعَةُ المَوْجَة
waving slope	مُنْحَدَرٌ مُتَلاش
wavy (adj.)	مُمَوَّج • تَمَوُّجِيّ
wax (n.)	شَمْع
(v.)	شَمَّعَ
wax characterization factor (Chem. Eng.)	مُعامِلُ تَمْيِيزِ الشَّمْع
wax chiller (Pet. Eng.)	مُبَرِّدُ (لإزالَةِ) الشَّمْع
wax distillate (Pet. Eng.)	قُطارَةٌ شَمْعِيَّة
waxed (adj.)	مُشَمَّع – مَصْقُولٌ أو مُقْسًى بِالشَّمْع
wax(ed) paper	وَرَقٌ مُشَمَّع
wax emulsion (Chem. Eng.)	مُسْتَخْلَبٌ شَمْعِيّ
wax filter (Pet. Eng.)	مُرَشِّحُ الشَّمْع
wax flocculation	تَدْمِيجٌ أو تَدَمُّجُ الشَّمْع : إنْدِماجُ دَفْقاتِهِ المُتَرَسِّبَة
wax-free oil (Pet. Eng.)	زَيْتٌ خالٍ مِنَ الشَّمْع

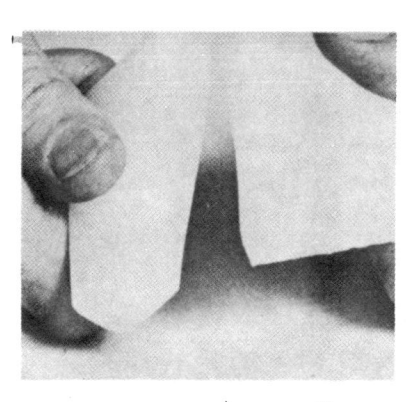

paraffin wax

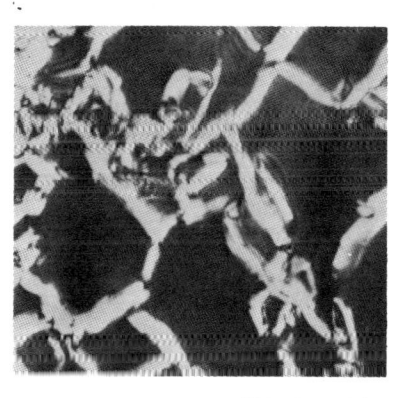

paraffin wax crystals

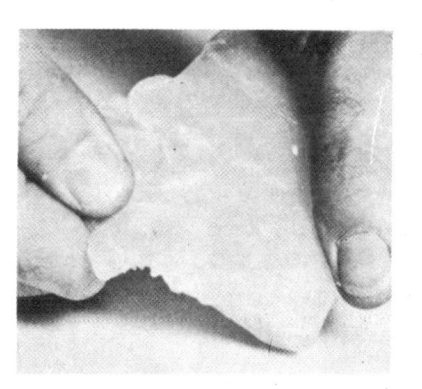

microcrystalline wax

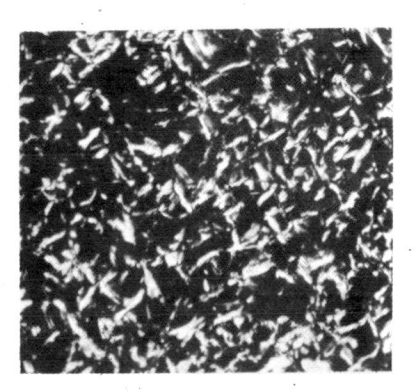

microcrystalline wax crystals

WAX
514

waxing of cartons

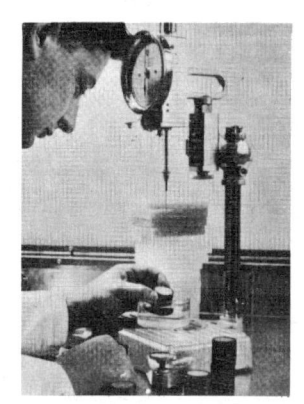

wax penetration test

wax sweater

waxing (*n.*) تَشَمُّع

waxing slope (Geol.) مُنْحَدَرٌ مُحْدَوْدِب

wax oil (Pet. Eng.) زَيْتٌ شَمْعِيّ

wax penetration test إختبارُ اختِراقِيَّةِ الشَّمع

wax plant (Pet. Eng.) وَحْدَةُ (فَصْلِ) الشَّمع

wax removal (Pet. Eng.) إزالَةُ الشَّمع • فَصْلُ الشَّمع

wax shale (Geol.) شِسْتٌ شَمْعِيّ

wax, slack شَمْعٌ (نَفْطِيٌّ) هَشّ

wax sweater (Pet. Eng.) مِنْضاحُ الشَّمع : لِنَزْعِ الزَّيتِ والرُّطوبَةِ منه

wax tailings (Pet. Eng.) مُتَخَلِّفاتٌ شَمعيَّة

waxy (*adj.*) شَمعِيّ • حاوٍ لِلشَّمع

waxy crude (Pet. Eng.) نَفْطٌ خامٌ بارافِينِيُّ القـاعِدَة

way (*n.*) طَرِيق • سَبِيل • مَجْرًى ـ طَرِيقَة • أُسلوب ـ وُجْهَة • إتِّجاه

waybill (*n.*) بَيانُ الشَّحن

wayleave (*n.*) إجازَةُ إمرارِ الخُطُوطِ (الـكهربائيَّة) في مُمْتَلَـكاتٍ خاصَّة ـ حَقُّ المُرورِ الإرتِفاقيّ

w.c. (**wildcat**) بِئْرٌ أستِكشافِيَّة

(**water cushion**) وِسادَةٌ مائيَّة

(**water-cooled**) مُبَرَّدٌ بالماء

weak (*adj.*) ضَعِيف • واهِن • واهٍ

weak acid (Chem.) حامِضٌ ضَعِيف

weaken (*v.*) أَضْعَفَ • ضَعُفَ

weak mixture مَزِيجٌ فَقِير

weak solution (Chem. Eng.) مَحلولٌ ضَعِيف

wear (*v.*) بَلِيَ • تَأَكَّلَ • أَبْلَى • حَتَّ ـ لَبِسَ • إرْتَدَى

(*n.*) بِلًى • تَأَكُّل ـ لِباس • مَلابِس

wear and tear أَلْبِلَى بالأستِعمالِ العادِيّ

wearing (*n.*) بِلًى • تَأَكُّل • سَحْج • إنسِحاج ـ لُبْس • إرتِداء

wearing course (Civ. Eng.) طَبَقَةُ التَّأَكُّل : طَبَقَةُ الرَّصْفِ السَّطحيَّة

wear-inhibiting property خاصِّيَّةُ مَنْعِ التَّأَكُّل

wear resistance (Eng.) مُقاوَمَةُ البِلَى • مُقاوَمَةُ التَّأَكُّلِ أو السَّحج

wear test (Eng.) إختِبارُ التَّأَكُّل • إختِبارُ البِلَى

weather (*n.*) طَقْس • جَوّ ـ حالَةُ الجَوِّ المُناخِيَّة

(*v.*) جَوَّى • تَجَوَّى : عَرَّضَ أو تَعَرَّضَ لِلتَّقَلُّباتِ الجَوِّيَّة ـ تَأَثَّرَ بالتَّقَلُّباتِ الجَوِّيَّة ـ صَمَدَ للتَّقَلُّباتِ الجَوِّيَّة

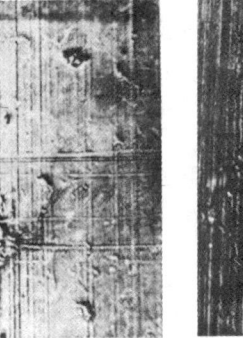

weatherboarding (*n.*) أَلواحُ التَّغليفِ المُتَراكِب

weather chart (or **map**) (Meteor.) خَرِيطَةُ الطَّقْس

weather conditions الأَحْوالُ الجَوِّيَّة

weather door (Mining) بَوَّابَةُ تَهْوِيَة

weathered (*adj.*) مُجَوًّى : مُتَفَكِّكٌ (أو مُتَغَيِّرٌ) بِفِعـلِ العَوامِـلِ الجَوِّيَّة ـ مـائِلٌ (لِتَصريفِ المَطَر)

weathered crude (Pet. Eng.) خامٌ (نَفطِيٌّ) مُجَوًّى : فَقَدَ كَثيراً من مُحتَوَياتِه الخَفِيفة

weathered distillate (Pet. Eng.) قُطارَةٌ مُجَوَّاة

weathered sample (Chem. Eng.) عَيِّنَةٌ مُجَوَّاة

weather forecast (Meteor.) نَشرةُ الأَحوالِ الجَوِّيَّة

weather glass (Meteor.) بارومِتر • مِرْوازٌ جَوِّيّ

weathering (*n.*) (Geol.) تَجوِيَة • تَجَوٍّ • تَفَكُّكٌ (أو آنحِلالٌ) بِفِعلِ العَوامِلِ الجَوِّيَّة

(Civ. Eng.) حُدور (السَّقْف) لِتَصريفِ المَطَر

(Mining) تَجْوِيَةُ الخامِ (بالتَّقَلُّباتِ الجَوِّيَّة)

(Pet. Eng.) تَبخيرٌ على ضَغطٍ جَوِّيّ ـ تَصريفُ البُخارِ إلى هَواءِ الجَوّ

weathering agents (Geophys.) عَوامِلُ التَّجْوِيَة

weathering column (Pet. Eng.) عَمودُ التَّجْوِيَة

weathering

friction — abrasion — corrosion

test plates showing wear by friction, abrasion and corrosion

weathering correction (Geophys.) تَصحيحُ تَأثيرِ الطَّبَقاتِ المُجَوَّاة

weathering residue (Geol.) مُتَخلِّفاتُ التَّجْوِيَة

weathering shot (Geophys.) تَفْجيرٌ في المِنْطَقةِ المُجَوَّاة : لِتَقديرِ عُمْقِها وأَثَرِها

weathering test (Chem. Eng.) إختِبارُ التَّجوِيَة : لاختِبارِ الصُّمودِ لِفِعلِ العَوامِلِ الجَوِّيَّة

weathering velocity (Geol.) السُّرعةُ في الطَّبَقاتِ المُجَوَّاة ـ سُرعَةُ التَّجوِيَة

weathering zone (Geophys.) مِنطَقَةُ التَّجْوِيَة

weatherometer (Chem. Eng.) مِقياسُ التَّجوِيَة : مِقياسُ تأثيرِ العَوامِلِ الجَوِّيَّة (على الدِّهان)

weatherproof (*adj.*) صامِدٌ للأَحْوالِ الجَوِّيَّة
(*v.*) صَمَّدَ لِفِعلِ العَوامِلِ الجَوِّيَّة

weather report (Meteor.) نَشْرَةٌ جَوِّيَّة

weather resistant مُقاوِمٌ لِتَقَلُّباتِ الجَوّ • صامِدٌ لِلتَّجوِيَة

weather station (Meteor.) مَحَطَّةُ رَصْدٍ جَوِّيّ

weather strip (*n.*) شَريحَةٌ صامِدَةٌ لِلتَّجوِيَة : شَريحَةٌ (مَطّاطِيَّة) سادَّةٌ لِلرِّيحِ والمَطَرِ والعَوامِلِ الجَوِّيَّة

weathertight (*adj.*) صامِدٌ لِلرِّيحِ والمَطَر

weatherworn (*adj.*) مُجَوًّى ـ بالٍ بالتَّعرِيَةِ الجَوِّيَّة

web (*n.*) نَسيج • نَسْج ـ شَرَك
(Civ. Eng.) وَتَرَة : القِطعةُ العَمُودِيَّةُ بينَ شَفَتَي الجائِزِ الفُولاذِيّ

web frame (Civ. Eng.) إطارٌ هَيْكَلِيٌّ مُتَشابِك

wedge (*n.*) سَفين • إسفين • وَتَدُ دَسْرٍ مَوْشُورِيّ
(*v.*) سَفَّنَ • ثَبَّتَ بإسفين • فَلَقَ بإسفين ـ دَسَرَ • أَقْحَمَ ـ إستَدَقَّ كالإسفين

wedge bolt (Eng.) مِسمارُ دَسْر

wedge cut قَطْعٌ إسفينيّ

wedge key خابُورٌ إسفينيّ

wedge-shaped (*adj.*) إسْفِينِيُّ الشَّكل

wedge valve (Eng.) صِمامٌ إسفينيّ

wedging (*n.*) تَسْفِين : تَثبيتٌ (أو فَلْقٌ) بإسفين
(Mining) تَسْفِينُ إمالة • تَسفينٌ مائل : لأَخذِ العَيِّناتِ الجانِبِيَّة

wedging out تَضَيُّق • تَرَقُّق • تَلاشٍ

weed killer مُبيدُ العُشْبِ الضّارّ

weed oil (Chem. Eng.) زَيتُ (إبادَةِ) الأعشاب

weekday يَوْمُ عَمَلٍ من أيّامِ الأُسبوع

weep (*v.*) ذَرَفَ • نَزَّ • قَطَرَ

weight dropper truck

weephole (Civ. Eng.) ثَقْبُ تَصريفٍ إرْتِشاحِيّ (في جِدارٍ مُحتَجِز) • ثَقْبُ تَذْرِيف

weeping core (Pet. Eng.) عَيِّنَةٌ جَوفِيَّةٌ نَزَّة

weeping rock (Geol.) صَخْرٌ نَزّ

weevil (*n.*) (Pet. Eng.) عامِلُ حَفْرٍ مُبْتَدِئ : (استِعمالٌ عامِّيّ)

weigh (*v.*) وَزَنَ
(Naut.) رَفَعَ المِرساةَ

weighbridge قَنطَرَةٌ قَبّانِيَّة (لِوَزنِ العَرَباتِ وحُمُولَتِها)

weighing (*n.*) وَزْن • عَمَلِيَّةُ الوَزن

weighing machine مِيزان • آلةُ وَزن

weight (*n.*) وَزْن • ثِقْل • صَنْجَةُ وَزنٍ ـ حِمْل • ثِقَل
(*v.*) ثَقَّلَ • ثَقَّلَ بصابُورَة ـ عَدَّلَ قِراءَةَ جِهازِ القِياس

weight average boiling point (Phys.) المُعَدَّلُ الوَزْنِيُّ لِنُقطَةِ الغَلَيان

weight, brut (or **gross weight**) الوَزْنُ الإجمالِيّ

weight by volume الوَزْنُ الحَجْمِيّ • الوَزْنُ النَّوْعِيّ

weight, calculated الوَزْنُ المَحْسُوب

weight, dead حِمْلُ السُّكون • الحِمْلُ السّاكِن

weight, determined وَزْنٌ مُحَدَّد

weight difference فَرْقُ الوَزن

weight distribution تَوزِيعُ الحُمُولَة

weight dropper truck شاحِنَةُ إسقاطِ الثِّقْلِ المِرْجافِيّ

weight dropping method (Geophys.) طَرِيقَةُ التَّرْجافِ بالثِّقْلِ السّاقِط

weight dropping truck (Pet. Eng.) شاحِنَةُ إسقاطِ الثِّقْلِ المِرْجافِيّ : شاحِنَةٌ مُجَهَّزَةٌ لإسقاطِ ثِقْلٍ وَزْنُهُ ٣ أطنانٍ مَسافَةً تَزيدُ على ٣ أمتارٍ لأغراضِ التَّنقيبِ المِرْجافِيّ

weight, dry الوَزْنُ الجافّ

weighted (*adj.*) مُثقَّل • ذو ثِقْلٍ إضافِيّ

weighted safety valve (Eng.) صِمامُ أمانٍ مُثَقَّل

weight, empty وَزْنُ الفارِغ • الثِّقْلُ بِلا حُمُولَه

weight increase زِيادَةُ الوَزْن

weight indicator مُبَيِّنُ الوَزْن • مِيزان

weighting (*n.*) تَثْقِيل ـ تَعْدِيلُ قِراءاتِ الأجهِزَة

weighting material مادَّةُ التَّثقيل

weight, initial الوَزْنُ الأوَّلِيّ

weight loss فَقْدُ الوَزن

weight, net الوَزْنُ الصّافِي

weight on bit الوَزْنُ (الضّاغِط) فَوقَ المِثقاب

weight percentage النِّسبَةُ المِئَوِيَّةُ لِلوَزن

weight percent sulphur (Pet. Eng.) الوَزْنُ النِّسْبِيُّ المِئَوِيُّ لِلكِبريت

weight-power ratio (Eng.) نِسبَةُ الوَزنِ إلى القُدرَة

weights, set of طاقَمُ سِنَج • مَجمُوعَةُ أوزان

weight, total الوَزْنُ الإجمالِيّ • الوَزْنُ الكُلِّيّ

weight unit وَحْدَةُ وَزن

Weiland oxidation test (Pet. Eng.) إختِبار «وِيلَند» لِلأكسَدَة : لاختِبارِ زُيُوتِ التَّزليق

weir (Civ. Eng.) سَدٌّ صَغير • قَنطَرَةُ احتِجاز ـ حاجِز

weld (*v.*) لَحَمَ • لَحَّمَ • إلتَحَمَ
(*n.*) لِحام • إلتِحام • وُصْلَةٌ مَلحُومَة

weldability (*n.*) (Eng.) قابِلِيَّةُ اللِّحام (أو الالتِحام)

weldable (*adj.*) يُلحَم • قابِلٌ لِلّحام

welded (*adj.*) مَلحُوم • مُلَحَّم

welded bottom قاعٌ مُلَحَّم

welded casing تَغليفٌ مُحكَم

pipe welding    **welding unit**

welded joint (Eng.)	وُصْلَة مَلْحُومة
welded pipe	أنبوب مُلَحَّم
welder (n.)	عامِلُ لِحام · لَحَّام
welding (n.)	لِحام · تَلْحيم
welding apparatus (Eng.)	جهاز لِحام (أو تَلْحيم)
welding arc (Elec. Eng.)	قَوْسُ لِحامٍ كَهْرَبائيّ
welding blowpipe (Eng.)	حِمْلاجُ لِحام
welding current (Elec. Eng.)	تَيَّارُ اللِّحام
welding elbow	مِرْفَقُ لِحام
welding electrode (Elec. Eng.)	إلِكْترود لِحام
welding, fusion (Elec. Eng.)	ألِلْحامُ بالصَّهْر
welding generator (Elec. Eng.)	مُوَلِّدُ تَيَّارِ اللِّحام
welding goggles	نَظَّاراتُ (عامِلِ) اللِّحام
welding leads (Elec. Eng.)	مُوَصِّلاتُ تَيَّارِ اللِّحام
welding machine (Eng.)	مَكَنَةُ لِحام
welding mask	قِناعُ (عامِلِ) اللِّحام
welding metal	مَعْدِنُ اللِّحام
welding neck flange	شَفَةُ لِحامٍ طَرَفِيّ
welding operator (Eng.)	مُشَغِّلُ جهازِ اللِّحام
welding powder (Chem. Eng.)	مَسْحوقُ لِحام
welding press (Eng.)	مِكْبَسُ لِحام
welding regulator (Elec. Eng.)	مُنَظِّمُ (تَيَّارِ) اللِّحام
welding rod (Elec. Eng.)	قَضيبُ لِحام
welding seam	دَرْزَةُ لِحام
welding set (Elec. Eng.)	جهازُ لِحامٍ (بالقَوْسِ الكَهْرَبائيّ)
welding shop	مَشْغَلُ لِحام · وَرْشَةُ لِحام
welding test (Eng.)	إختِبارُ الألتِحاميَّة
welding thermit(e) (Chem. Eng.)	تِرْميتُ لِحام : مَزيجٌ من مَسْحوقِ الألومنيوم وأكسيدِ الحَديد
welding tongs	مِلْقَطُ لِحام
welding torch	مِشْعَلُ لِحام
welding transformer (Elec. Eng.)	مُحَوِّلُ (تَنْظيمِ) تَيَّارِ اللِّحام
welding unit	وَحْدَةُ لِحام
welding wire	سِلْكُ لِحام
weldless tube (Eng.)	أنبوبٌ غيرُ مُلَحَّم
weldor = welder (n.)	عامِلُ لِحام · لَحَّام
well (n.) (Pet. Eng.)	بِئْر
(Civ. Eng.)	بِئْرُ المِصْعَدِ (أو السُّلَّم)
(v.)	تَفَجَّر · إنْبَجَس
(adv.)	حَسَناً · جَيِّداً ـ بكَثير
(adj.)	جَيِّد · حَسَن · صالِح
well acidization (Pet. Eng.)	إحماضُ البِئْر · مُعالَجَةُ البِئْر بالحامِض
well-appointed (adj.)	حَسَنُ التَّجْهيز
well-bedded (adj.) (Geol.)	جَيِّدُ التَّطَبُّق · بَيِّنُ التَّنْضيد
well blowout (Pet. Eng.)	ثَوَرانُ البِئْر
well borer (Civ. Eng.)	حَفَّارُ آبار
well boring (Civ. Eng.)	حَفْرُ الآبار
well casing (Pet. Eng.)	قَميصُ البِئْر · عَمودُ أنابيبِ تَغْليفِ البِئْر ـ تَغْليفُ البِئْر · تَنْبيبُ البِئْر
well cementation (Civ. Eng.)	سَمْنَتَةُ البِئْر
well cleaning tools (Pet. Eng.)	عُدَّةُ تَنْظيفِ الآبار
well completion (Pet. Eng.)	إنجازُ البِئْر
well core	قَلْبُ البِئْر
well cuttings (Civ. Eng.)	حُفارَةُ البِئْر
well density (Pet. Eng.)	كَثافةُ الآبار : عَدَدُها في وَحْدَةِ المِساحَة من المَكْمَن
well drain (Civ. Eng.)	مَصْرِفٌ بِئْريّ
well-drilling	حَفْرُ الآبار
well effluent (Pet. Eng.)	فَيْضُ البِئْر
well-equipped laboratory	مُخْتَبَرٌ جَيِّدُ التَّجْهيز
well, gas (Pet. Eng.)	بِئْرُ غازٍ طَبيعيّ
wellhead (n.)	مَنْبَع · مَصْدَر
well head (Pet. Eng.)	رَأْسُ البِئْر · فُوَّهَةُ البِئْر
well-head assembly (Pet. Eng.)	تَرْكيبَةُ رَأْسِ البِئْر · جُمَّاعُ فُوَّهَةِ البِئْر
well-head chamber	حُجْرَةُ رَأْسِ البِئْر
well-head gas (Pet. Eng.)	غازُ رَأْسِ ألبِئْر
well-head pressure (Pet. Eng.)	ضَغْطُ رَأْسِ البِئْر
well history (Pet. Eng.)	تاريخُ البِئْر · سِجِلُّ البِئْر
well-hole (Civ. Eng.)	بِئْرُ المِصْعَدِ (أو السُّلَّم)
(Pet. Eng.)	تَجْويفُ البِئْر
well, input (Pet. Eng.)	بِئْرُ الحَقْن · بِئْرُ حَقْن
well interference (Pet. Eng.)	تَداخُلُ الآبار
well location (Pet. Eng.)	مَوْقِعُ البِئْر
well log (Pet. Eng.)	سِجِلُّ (قِياساتِ) البِئْر

wellhead    steel capsule   wellhead chamber   **wellhead chamber**

well logging (Pet. Eng.) تسجيلُ القِياساتِ البِئْرِيَّة : من جيولوجيَّةٍ أو حَفرِيَّةٍ أو إنتاجيَّةٍ أو غيرها

well, oil (Pet. Eng.) بِئْرُ نَفْطٍ • بِئْرٌ بتروليَّة

well permit (Pet. Eng.) تَرْخيصٌ بالحَفر • رُخصةُ الحَفر

well, producing (Pet. Eng.) بِئْرٌ مُنْتِجَة

well pulling (Pet. Eng.) تَنظيفُ الآبار

well rig بُرْجُ الحَفر

well sampling (Pet. Eng.) أخْذُ العيِّناتِ من البِئْر

well servicing (Pet. Eng.) خِدْمَةُ الآبار • صِيانةُ الآبار

well-shooting (Geophys.) سَبْرُ البِئْرِ بالتَّفْجيرِ المِرْجافيّ

well site (Pet. Eng.) مَوْقِعُ البِئْر

well size (Pet. Eng.) حجمُ (إنتاجِ) البِئر: مَقيساً بالبرميلِ في اليوم

well-sorted (*adj.*) حَسَنُ التَّصنيف

well spacing (Pet. Eng.) مُباعَدَةُ الآبار – المسافةُ بينَ الآبار

well, stratigraphic (Geol.) بِئْرٌ استراتيجرافيَّة: لِدِراسةِ تَركيبِ الطَّبقات

well testing (Pet. Eng.) فَحْصُ البِئر • إختبارُ البِئر

well water ماءُ الآبار

well, water بِئْرُ ماء

well workover (Pet. Eng.) تَجديدُ (مُعَدَّات) البِئر

welt (*n.*) حاشِيَة • حِتار • كُفَّة

(*v.*) زَوَّدَ بحاشِيَةٍ أو حِتار

Weston cell (Elec. Eng.) خَلِيَّةُ «وِسْتون»

Weston's differential pulley (Mech.) بَكّارةُ «وِسْتون» : ذاتُ البَكَرَتَيْنِ التَّفاضُلِيَّتَيْن

wet (*adj.*) مُبَلَّل • مُخضَّل • مُبتَلّ • رَطْب • غَيْرُ جافّ – سائليّ – مُثقَلٌ بالرُّطوبة • مَطير

(*v.*) بَلَّلَ • خَضَّلَ • نَدّى • رَطَّبَ • إبْتَلَّ • تَنَدّى

(*n.*) بَلَل • رُطوبة • نَداوَة

wet analysis (Chem. Eng.) تَحليلٌ سائليّ

wet assay (Met.) وَزْنٌ سائليّ

wet battery (Elec. Eng.) بَطّارِيَّةٌ سائلة

wet bulb temperature (Phys.) قِراءةُ التِّرْمومِتر ذي البُصَيْلَةِ المُخَضَّلَة

wet bulb thermometer (Phys.) ترمومتر ذو بُصيلةٍ مُخَضَّلة

wet cell (Elec. Eng.) خَلِيَّةٌ رَطْبَةٌ (أو سائلة)

wet compression ضَغْطٌ (أو انْضِغاطٌ) رَطْب

wet concentration (Chem. Eng.) تَركيزٌ سائليّ (باستخدام سائلٍ ما)

wet drilling (Civ. Eng.) حَفْرٌ مُرَطَّب : لِمَنْعِ تصاعُدِ الغُبار

wet gas (Pet. Eng.) غازٌ (طَبيعيٌّ) رَطْب : يَخْرُجُ مع النَّفْطِ الخام

wet goods سِلَعٌ سائلة

wet mix (Civ. Eng.) خَليط (خَرَسانة) زائدُ الرُّطوبة • خَليطٌ وَرِخ : زائدُ الماء

wetness (*n.*) رُطوبة • نَداوَة • بَلَل – وَرَخ

wet oil (Pet. Eng.) زَيْتٌ رَطْب (مُختلِطٌ بالماء)

wet process (Chem. Eng.) عَمَلِيَّةٌ رَطْبة : تَتِمُّ في جَوٍّ رَطْبٍ أو بَليل

wet steam (Phys.) بُخارٌ رَطْبٌ (أو بَليل)

wet strength (Eng.) مُقاوَمةُ الرُّطوبة

wet sump (Eng.) حَوْضٌ حاوٍ للزَّيت

wettability (*n.*) (Phys., Chem.) قابِلِيَّةُ الابتِلال

wettable (*adj.*) قابلٌ للابتِلال • يَبْتَلّ • يَتَرَطَّب

wetted (*adj.*) مُبَلَّل • مُرَطَّب

wetting agent (Phys.) مُخَضِّل • عامِلُ تَبْليلٍ (أو تَرْطيب) : عامِلُ خَفْضِ التَّوَتُّرِ السَّطْحِيِّ للسّائل

wetting fluid سائلُ التَّرْطيب

wetting power قُوَّةُ التَّرْطيب

whale oil زَيْتُ الحوت

wharf (*n.*) (Civ. Eng.) رَصيفُ المَرْفأ • رَصيفُ تَحْميل • مَرْسًى

(*v.*) رَصَفَ (السفينةَ) : أي قادَها إلى الرَّصيف

wharfage (*n.*) رَسْمُ (استخدام) الرَّصيف – أرْصِفَةُ التَّحْميل

wharf crane مِرفاعٌ رَصيفيّ

wharf head رَأسُ المَرْفأ

wharfinger = wharfmaster (*n.*) ناظِرُ الرَّصيف

wheatstone bridge (Elec. Eng.) قَنْطَرَةُ «هُوِيتْسْتون» : لِقياسِ المُقاوَماتِ الكهربائيَّة

wheel (*n.*) دُولاب • عَجَلَة – عَجَلَةُ القِيادة – تُرْس – بَكَرة

(*v.*) لَفَّ • دَوَّرَ – إنْدَفَعَ أو دَرَجَ (على عَجَلات) – نَقَلَ على عَجَلات

wheelbarrow (*n.*) عَرَبَةُ يَدٍ (بِدُولابٍ واحِد)

wheel bearing grease (Eng.) شَحْمُ مَحامِلِ العَجَلات

bucket wheel excavator

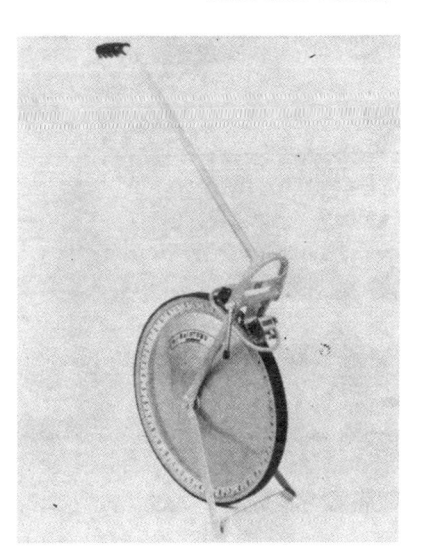

measuring wheel

wheel ditcher (Civ. Eng.) حَفّارَةُ خَنادِقَ ذاتُ دَواليب

wheeled tractor (Civ. Eng.) جَرّارَةٌ على عَجَلات

wheel excavator, bucket حَفّارَةٌ بِدُولابٍ قادوسيّ

wheel hub سُرَّةُ الدُّولاب • قُبٌّ (أو بُطَيْخَة) العَجَلَة

wheel, measuring عَجَلَةُ قِياس • دُولابُ قِياس

wheel rim حِتارُ الدُّولاب

wheel spindle (Eng.) مِبْرَمُ الدُّولاب

wheel track (Eng.) المَسافةُ بَيْنَ العَجَلاتِ (بمُوازاةِ المِحْوَر)

wheel tread مَداسُ ٱلعَجَلَة · السَّطحُ المُحيطيُّ لِلدُّولاب
wheel wobble (Eng.) تَراوُحُ العَجَلات
wheelwork (Eng.) مَجْمُوعَةُ الدَّواليبِ (أو التُّروس)
whetstone (*n.*) حَجَرُ شَحْذ · مِسَنّ · مِشْحَذ
whim (*n.*) (Mining) رَحَوِيَّةُ المَناجِم
whin (or **whinstone**) (Geol.) صَخْرٌ مِصْطَبِيٌّ (بازَلتيّ)
whipping (*n.*) خَفَقان · تَطَوُّح
whip(ping) crane مِرْفاعُ نَقْلٍ بَيْنِيّ (من مَوْقِعٍ إلى آخر أو من سَفينةٍ إلى أُخرى)
whipstock (Mining) إسفينُ إمالَة
whirl (*v.*) دَوَّمَ · بَرَمَ · دارَ بِسُرْعَة
(*n.*) تَدويم · دَوَران – دُوَّامة · دُرْدُور
whirler shoe (Eng.) نَعْلٌ دَوَّار
whirlpool (*n.*) دُوَّامة · دُرْدُورٌ مائيّ
whirlwind (*n.*) زَوْبَعَة · دُوَّامَةٌ هَوائيَّة
whisky jack رافِعَةٌ هَيدروليَّة (ٱستِعمالٌ عامّيّ)
whistle (*v.*) صَفَرَ · صَفَّرَ
(*n.*) صَفَّارَة – صَفير
whistle valve (Eng.) صِمامٌ بِصَفَّارةِ إنْذار
white أَبْيَض
white antimony = valentinite (Min.) الأَنتيمونُ الأبيض · ڤالنتينيت · ثالِثُ أُكسيدِ الأنتيمُون
white body (Phys.) جِسْمٌ أَبْيَضُ (لا يَمْتَصُّ الإشعاعاتِ الكَهرمغنطيسيَّة)
white coal (Eng.) الفَحْمُ الأبيض : القُدْرَةُ المائيَّة
white-collar jobs وَظائِفُ الياقاتِ البَيْضاء · الوَظائِفُ المَكْتَبِيَّة
white damp (Mining) أَوَّلُ أُكسيدِ الكَرْبُون
white diesel oil (Pet. Eng.) زَيْتُ الدِّيزِلِ الأَبْيَض
white garnet = leucite (Min.) ألعَقيقُ الأَبْيَض · لُوسيت
white gasoline (Pet. Eng.) بنزينٌ أَبْيَض
white heat (Phys.) الحَرارَةُ البَيْضاءُ (حَوالَى دَرَجة ١٥٠٠° مئويَّة)
white-hot (*adj.*) مُحْمًى لِدَرَجةِ الابيضاض
white iron (Met.) الحَديدُ الأَبْيَض (المُحْتَوي على الكَرْبُونِ بِشَكْلِ كَرْبيدِ الحَديدِ فَقَط)
white iron pyrite = marcasite (Min.) بَيْريتُ الحَديدِ الأَبْيَض · مَرْكَسَيت
white kerosene (Pet. Eng.) الكيروسينُ الأَبْيَضُ (العاديّ)

white lead (Chem.) إسفيداج · ألرَّصاصُ الأَبيض : كَرْبوناتُ الرَّصاصِ القاعِديَّة
white light (Phys.) ضَوءٌ أَبيَض
white lime (Chem. Eng.) لَبَنُ الجِير · مُسْتَحْلَبُ الكِلْس
white metal (Met.) المَعْدِنُ الأبيض: سَبيكَةٌ مُضادَّةٌ لِلاحتِكاك أَساسُها القَصدير
white mundic = mispickle (Min.) بَيْريتُ الحَديدِ الزِّرنيخيّ
white oils (or **technical white oils**) (Pet. Eng.) الزُّيوتُ البَيْضاء : زُيوتٌ عالِيَةُ النَّقاوة لتزييت الآلاتِ المُستَخْدَمَة في صُنعِ الأغذيَةِ والوَرَقِ أو لِلاستِعمالاتِ الطِّبِّيَّة
white products (Pet. Eng.) مُنتَجاتُ التَّكرير البَيْضاء
whiteruss (Pet. Eng.) بترولاتُوم سائل
white spirits (Pet. Eng.) ألقُطاراتُ البَيْضاء
white spirits = petroleum spirits (Pet. Eng.) تَرَبَنْتين بِتروليّ
white vitriol = goslarite (Min.) الزَّاجُ الأَبْيَض · التُّوتِيا · كِبريتاتُ الزِّنْكِ المُمَيَّأة
whiteware (*n.*) صِينيّ · أَوانٍ من الصِّينيّ
whitewash (*n.*) طِلاءٌ جيريٌّ مائيّ
(*v.*) بَيَّضَ أو طَلَى بِمَحْلُولٍ جِيريّ
white zinc (Chem.) ألزِّنكُ الأَبيَض : أُكسيدُ الزِّنك
whiting (*n.*) مَسْحُوقُ الطَّباشيرِ النَّقيّ
Whitworth (screw) thread (Eng.) سِنُّ لَوْلَبِ «وِيتْوِرْث» العِياريّ
whiz (or **whizz**) (*v.*) أَزَّ · صَوَّتَ · إنطَلَقَ آزًّا
(*n.*) أَزيز
whizzer (*n.*) آزَّة · أَزَّازة
= **hydro-extractor** (Eng.) مُجَفِّفَةٌ أَزَّازة · آلَةُ تَجْفيفٍ بالطَّرْدِ المَرْكَزيّ
whole (*adj.*) كامِل · تامّ · صَحيح · سالِم
(*n.*) كُلّ · وَحْدَةٌ كامِلة
whole gale (Meteor.) عاصِفَةٌ عاتِيَة : سُرْعَتُها حَوالَى ٧٥ مِيلاً في السّاعة
whole naphtha (Pet. Eng.) نَفْثا خالِصَة
wholesale (*n.*) بَيْعٌ بالجُملة · بَيْعُ الجُملة
(*adj., adv.*) جُمْلَة · بالجُمْلَة
wholesale price سِعْرُ الجُمْلَة
wholesaler (*n.*) بائِعٌ بالجُمْلَة
wick (*n.*) فَتيلَة · فَتيل · ذُبالة
wick carburettor (Eng.) مُكَرْبِنٌ فَتيليّ (أو ذُباليّ)
wick crust قِشْرَةُ الفَتيلَة : النّاتِجةُ عن عَدَمِ نَقاوَةِ الكيروسين

wick feed (Eng.) تَغذِيةٌ فَتيليَّةٌ (أو ذُباليَّة)
wick-feed cup (Eng.) كُوبُ التَّغذِيةِ الفَتيليَّة
wick-feed lubrication تَزليقٌ فَتيليُّ التَّغذِيَة
wick-feed oiler (Eng.) مُزَيِّتٌ فَتيليُّ التَّغذِيَة
wick lubricator (or **oiler**) (Eng.) مُزَيِّتٌ فَتيليّ · مُزَلِّقٌ ذُباليّ
wick-oiled bearings (Eng.) مَحامِلُ ذُباليَّةُ ٱلتَّزليق : تُزَلَّقُ بِالفَتائل
wide-cut distillation (Chem. Eng.) تَقطيرٌ واسِعُ القَطع : واسِعُ المَدَى بينَ الأجزاءِ المُقتَطَعَة
wide-cut gasoline = avtag (Pet. Eng.) أُفْتاغ · بنزينٌ واسِعُ القَطع : وَقودٌ بنزينيٌّ خَفيضُ الأوكتانِ لِلمُحرِّكاتِ التُّربينيَّةِ النَّفّاثة
wide-flange girder (Eng.) رافِدَةٌ عَريضَةُ الشَّفَة
wide-mouthed (*adj.*) واسِعُ الفُوَّهة
widen (*v.*) وَسَّعَ · عَرَّضَ · إتَّسَعَ
widening (*n.*) تَوسيع
widow-maker (*adj.*) خَطِر · مُرَمِّلُ الزَّوْجاتِ (ٱستِعمالٌ عامّيّ)
width (*n.*) عَرْض · إتِّساع
wieldy (*adj.*) طَيِّع · سَهْلُ القِياد – سَهْلُ الاستِخدام
Wiese scale (Pet. Eng.) : مِقياسُ «ڤايس» لِلأعدادِ الأوكتانيَّةِ الزّائدة عن ١٠٠
wiggle (*v.*) ذَبْذَبَ · رَجَّ · تَذَبْذَبَ
(*n.*) ذَبْذَبَة · رَجْرَجَة
wiggle stick عَصا الاستِنْباء : عن المِياهِ والمَعادِن
W.I.H. (**water in hole**) (Pet. Eng.) الماءُ في البِئر
wild (*adj.*) جامِح – هائِج – شاذّ · غَيرُ سَوِيّ – قَفْر – بَرِّيّ
wildcat (*adj.*) عَشوائيّ · جُزافِيّ · مُنطَوٍ على المُجازَفَة – غَيرُ مَشْرُوع
(Pet. Eng.) بِئرٌ ٱستِكشافيَّةٌ (في مِنطَقةٍ بِكْر) · بِئرٌ تَجريبيَّة
(Naut.) مَحمِلٌ مُسَنَّنٌ لا رَجْعيّ (لِسِلْسِلَةِ المِرساة)
(*v.*) حَفَرَ بِئرًا ٱستِكشافيَّة
wildcat strike إضرابٌ غَيرُ قانونيّ (بِغَيرِ مُوافَقَةِ النَّقابات)
wildcatter (Pet. Eng.) حَفّارٌ ٱستِكشافيّ
wildcatting (Mining) تَنقيبٌ عَشوائيّ
wildcat well (Pet. Eng.) بِئرٌ ٱستِكشافيَّة · بِئرٌ تَجريبيَّة
wild-fire = fire damp (Mining) غازُ المَناجِم

wild flowing (Pet. Eng.) تَدَفُّقٌ جامِح

wild gasoline (Pet. Eng.) بِنزِينٌ طَيّار •
بِنزِينُ الغازِ الطَّبيعيّ

wild ground أَرْضٌ بُور • أَرْضٌ قَفْر

wild land فَلاة : أَرْضٌ باقِيَةٌ على حالَتِها
الطَّبيعِيَّةِ دُونَ تَحسينٍ أو ٱستِثمار – قَفْر

wild steel (Met.) فُولاذٌ جامِح
(تَنْبَعِثُ منه الغازات بِكَثْرةٍ عِندَ التَّصَلُّبِ
في قَوالِبِ الصَّبّ)

wild well (Pet. Eng.) بِئْرٌ جامِحَة

wimble (*v.*) ثَقَبَ • حَفَرَ

win (*v.*) رَبِحَ • نالَ • كَسَبَ • ظَفِرَ بِ
(Mining) إِستَخْرَجَ (الخامَ) •
إِستَخْلَصَ (الفِلِزَّ)
(*n.*) رِبْح • كَسْب

winch (*n.*) (Eng.) وِنْش • مِلْفافُ رَفْع •
مِرْفاعٌ تُرسِيّ • دِراعُ تَدْوِيرٍ مِرْفَقِيّ
(*v.*) رَفَعَ بِوِنْشٍ أو بِمِرْفاع

winch barrel (Eng.) دارَةُ المِرْفاع

winch brake (Eng.) مِكْبَحُ مِلْفافِ الرَّفع

wind (*n.*) رِيح – لَفَّة • إِلتِواء
(*v.*) لَفَّ • لَوَى • إِلْتَفَّ • إِلْتَوَى • تَمَعَّجَ •
دارَ أو دَوَّرَ لَوْلَبِيّاً – هَوَّى • عَرَّضَ لِلهَواء
(Mining) رَفَعَ إلى السَّطح

wind ablation (Geol.) سَفْي • تَذْرِيَة

wind abrasion (Geol.) تَعْرِيَةٌ هَوائيَّة •
حَتُّ الرِّياح

wind beam (or **windbrace**) شِكالُ تَقْوِيَةٍ ضِدَّ
الرِّيــاح

winch inside a surveying aircraft

wind cone

wind erosion

wind box صُندُوقُ النَّفخ – صُندوقُ تَهوِيَةٍ
أو تَنفيس

windbreak (*n.*) مِصَدُّ الرِّيح

wind-carving (Geol.) حَتُّ الرِّياح •
نَحْتُ الرِّيح

wind cone كُمُّ الرِّيح • مَخْروطُ الرِّيح

wind deposits (Geol.) إرساباتٌ رِيحِيَّة

wind dial (Meteor.) مِقْياسُ سُرعةِ الرِّيح

wind drying (Chem. Eng.) تَجفيفٌ بِتَيّاراتِ
الهَواء

wind erosion (Geol.) حَتُّ الرياح •
جَرْفٌ رِيحِيّ • تَعْرِيَةٌ رِيحِيَّة

wind funnel (Eng.) نَفَقٌ هَوائيّ •
أُنبوبُ هَواء

wind gauge (Meteor.) مِقياسُ سُرعةِ الرِّيح

wind indicator مُبَيِّنُ سُرعةِ الرِّيحِ
وٱتِّجاهِها

winding (*n.*) لَفّ • تَدْوير • رَفْعٌ بالتَّدْوير –
لَفَّة – مُنْعَطَف
(Elec. Eng.) لَفِيفَة • مِلَفّ
(*adj.*) مُلْتَفّ • مُنْعَطِف • مُتَمَعِّج

winding cable (Eng., Mining) كَبْلُ لَفّاف •
كَبْلُ مِلْفافِ الرَّفع

winding course (Geol.) مَجْرًى مُتَمَعِّج

winding drum (Eng., Mining) دارَةُ لَفّ •
دارَةُ (مِلفافِ) الرَّفع

winding engine (Eng., Mining) مُحرِّكُ لَفّ •
مُحرِّكُ (مِلفافِ) الرَّفع

winding gear (Eng., Mining) جِهازُ الرَّفعِ
(باللَّفِّ أو التَّدْوير)

winding plant (Mining) وَحدةُ رَفعٍ
(باللَّفِّ أو التَّدْوير)

winding stairs (Civ. Eng.) دَرَجٌ لَوْلَبِيّ

windlass (*n.*) (Eng.) مِلْفافُ رَفع • دارَةُ رَفعٍ
(بِدُولابٍ وجُزْع)
(Naut.) مِرفاعُ المِرساة
(*v.*) رَفَعَ بالمِلفاف

wind load (or **wind force**) (Civ. Eng.)
حِمْلُ الرِّياح : الحِمْلُ النّاتِجُ بِضَغْطِ الرِّياح

wind-load rating (Eng.) قُدْرَةُ (البُرجِ)
على مُقاوَمَةِ الرِّيح

wind marks (Geol.) نِيمُ الرِّيح

windmill pump مِضَخَّةٌ تُدارُ بطاحُونَةٍ
هَوائيَّة

window (*n.*) نافِذة – كُوَّة • فَتْحةٌ شَفّافة

wind power قُدْرَةُ الرِّياح

wind pressure ضَغْطُ الرِّيح

windproof (*adj.*) صامِدٌ للرِّيح

wind resistance مُقاوَمَةُ الرِّيح

wind ring (Eng.) طَوْقُ دَعْمٍ ضِدَّ الرِّياح

windrow (*n.*) رَكْم • رُكام – رُكْمُ الرِّياح
(*v.*) رَكَمَ • كَوَّمَ

wind sail (Pet. Eng.) شِراعٌ رِيحِيّ : يُنْصَبُ
فَوْقَ فُوَّهَةِ الصِّهريجِ المَفتُوحِ لِتَهْوِيَتِه

wind scour (Geol.) سَفْعُ الرِّياح • حَتُّ
الرِّياح • تَعْرِيَةٌ رِيحِيَّة

windscreen = **windshield** واقِيَةُ الرِّيح •
حاجِبُ الرِّيحِ (الزُّجاجيّ) الأمــاميّ
(في السَّيّارة)

windshake صَدْعٌ رِيحِيّ : في مَقطَعِ الجِذْعِ
المُعَرَّضِ لِلرِّيح

wind sleeve (or **wind sock**) كُمُّ الرِّيح

wind speed سُرعَةُ الرِّيح

wind swept (*adj.*) مُكْتَسَحٌ بالرِّيــاح •
تَذْرُوهُ الرِّياحُ (عادةً)

wind tunnel نَفَقٌ هَوائيٌّ (دِيناميكيّ)

windup (*n.*) إنهاء • نِهايَة

wind velocity سُرْعَةُ الرِّيح

windward side الجانِبُ المُقابِلُ لِلرِّيح

wind way (or **wind road**) (Mining)
مَسْلَكُ تَهوِيَة

wind-worn (*adj.*) (Geol.) مُتَآكِلٌ بِسَفْعِ
الرِّياح (المُحَمَّلَةِ بالرِّمال)

windy (*adj.*) عاصِف

wing (*n.*) جَنــاح
(*v.*) جَنَّحَ – زَوَّدَ بِأَجْنِحَة

wing auger مِثْقَبٌ مُجَنَّح

wing bolt (Eng.) مِسمارٌ لَوْلَبِيٌّ مُجَنَّح

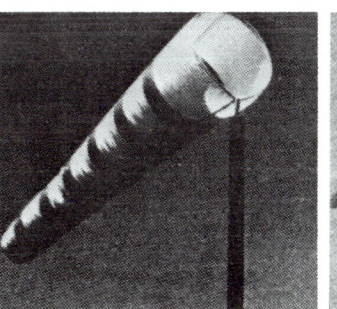

wing burner حارقٌ مُجَنَّح
wing nut (Eng.) صَمُولَةٌ مُجَنَّحَة
wing tank صِهْريجٌ جانِبِيّ
wing valve (Eng.) صِمامٌ مُجَنَّح
Winkler burette (Chem. Eng.) سَحّاحَةُ «ونكلر»
winning (*n.*) كَسْب • رِبْح
(Mining) إسْتِخْراج • إسْتِخْلاص – جانِبٌ (من المَنْجَم) مُعَدٌّ لِلتَّعدين
winter (*n.*) الشِّتاء • فَصْلُ الشِّتاء
(*adj.*) شَتَوِيّ
winter black oil (Pet. Eng.) زَيْتُ الشِّتاءِ الأَسْوَد
winter-grade gasoline (Pet. Eng.) بِنْزينٌ شَتَوِيُّ المَرْتَبَة
winterization (*n.*) إعدادٌ لِلشِّتاء
winze (*n.*) مَهْبِط – مَهْواةُ (المَنْجَم)
wipe (*v.*) مَسَحَ • نَظَّفَ (أو أزالَ) بالمَسْح
(Eng.) لَحَمَ (أُنْبوبَيْ رَصاصٍ مُتَداخِلَيْن) بِوُصْلَةٍ مَمْسُوحَة
wipe(d) joint (Eng.) وُصْلَةٌ مَمْسُوحَة : وُصْلَةٌ (بَيْنَ أُنبوبَيْ رَصاصٍ مُتَداخِلَيْن) يُمْسَحُ الرَّصاصُ السّائلُ حَوْلَها
wiper (*n.*) مِمْسَحَة • مَسّاحَة – خِرْقَةُ مَسْح
(Eng.) حَدَبَةُ (أو كامَةُ) الصِّمامِ القَفّاز
wiper lubrication (Eng.) تَزْليقٌ بالمَسّاحات
wiper shaft (Eng.) عَمودُ إدارةِ الكامات
wire (*n.*) سِلْك • كَبْل • سِلْكٌ مَعْدِنِيّ – بَرْقِيَّة
(*v.*) وَصَّلَ بالأسلاك • مَدَّ الأسلاك – قَوّى بالأسلاك
wire, barbed سِلْكٌ شائِك
wire-bound hose نَرْبيجٌ مُقَوّى بالأسلاك
wire brush فِرْشاةٌ سِلْكِيَّة • مِحَسَّةٌ سِلْكِيَّة
wire cable كَبْلٌ سِلْكِيّ
wire cloth نَسيجٌ سِلْكِيّ
wire coiling لَفُّ الأسلاك
wire cutter(s) مِقْراضُ أسلاك
wire(d) glass زُجاجٌ مُسَلَّحٌ بالأسلاك
wire gauge (Eng.) مُحَدِّدُ قِياسِ قُطْرِ الأسلاك – نِظامُ قِياسِ قُطْرِ الأسلاك
wire gauze نَسيجٌ سِلْكِيّ • شَبَكَةٌ سِلْكِيَّة
wire glass زُجاجٌ مُسَلَّح (مُقَوّى) بالأسلاك
wire lattice شَبَكَةُ أسلاك
wireless (*n., adj.*) لاسِلْكِيّ
(*v.*) أَبْرَقَ (أو تَلْفَنَ) لاسِلْكِيّاً
wireless communications مُواصَلاتٌ لاسِلْكِيَّة
wireless operator عامِلٌ لاسِلْكِيّ
wireless set (Elec. Eng.) جِهازٌ لاسِلْكِيّ
wireless station مَحَطَّةٌ لاسِلْكِيَّة

wire line (Civ. Eng.) كَبْلٌ مَعْدِنِيّ – كَبْلُ الحَفْر
wire line anchor (Pet. Eng.) مِرْساةُ كَبْلِ الحَفْر
wire line core barrel (Civ. Eng.) أُسْطُوانةُ عَيِّناتٍ جَوفيَّةٌ مُتَّصِلَةٌ بِكَبْلِ الحَفْر
wire line cutter (Civ. Eng.) قاطِعٌ يَتَّصِلُ بِكَبْلِ الحَفْر
wire line formation tester (Geol.) مِخْبارُ تَكْوِيناتٍ يَتَّصِلُ بِكَبْلِ الحَفْر
wire line guide دَليلُ كَبْلِ الحَفْر
wire line spooler مِكَبُّ لَفِّ كَبْلِ الحَفْر
wire line wiper (Eng.) مَسّاحَةُ كَبْلِ الحَفْر
wire mesh شَبَكَةٌ سِلْكِيَّة
wire mesh reinforcement (Civ. Eng.) تَسْليحُ (الخَرَسانَةِ) بِشَبَكَةٍ سِلْكِيَّة
wire net(ting) شَبَكَةٌ سِلْكِيَّة
wire nippers مِقْراضُ أسلاك
wire rope (Eng.) حَبْلٌ سِلْكِيّ • كَبْل
wire rope clip قامِطَةُ الحَبْلِ السِّلْكِيّ
wire rope core (Eng.) قَلْبُ الحَبْلِ السِّلْكِيّ
wire-rope grease (Eng.) شَحْمُ الحِبالِ السِّلْكِيَّة
wire rope strand ضَفيرَةُ الحَبْلِ السِّلْكِيّ
wire screen (or wire sieve) مِصْفاةٌ سِلْكِيَّة
wire-sheathed cable كَبْلٌ مُغَلَّفٌ بالأسلاك
wire skinner (Elec. Eng.) قَشّارَةُ أسلاك
wire strippers (Elec. Eng.) مُعَرِّيَةُ الأسلاك • قَشّارَةُ أسلاك
wire-works مَصْنَعُ أسلاك – مَصْنوعاتٌ سِلْكِيَّة
wiring (*n.*) شَبَكَةُ أسلاك – مَدُّ التَّوصيلاتِ السِّلْكِيَّة • التَّوصيلُ بالأسلاك
wiring diagram (Elec. Eng.) مُخَطَّطُ بَيانِ التَّوصيلاتِ الكَهْرَبائيَّة
withdraw (*v.*) سَحَبَ • إسْتَرْجَعَ • إنْسَحَبَ • تَراجَعَ

wire gauges

wire skinner

withdrawal (*n.*) سَحْب • إسْتِرْجاع – إنْسِحاب • تَراجُع
withdrawal of casing (Pet. Eng.) سَحْبُ أنابيبِ التَّغْليف
withdrawal plate (Pet. Eng.) صِينِيَّةُ جَمْعٍ (أو سَحْبِ) المُنْتَجات
withdrawal rate (Pet. Eng.) مُعَدَّلُ السَّحْب • مُعَدَّلُ الاسْتِخْراج
witherite (Min.) وِذَريت : كَرْبُوناتُ الباريُوم
withstand (*v.*) إحْتَمَلَ • تَحَمَّلَ • صَمَدَ لِ • قاوَمَ
witness rock (Geol.) صَخْرٌ شاهِد : مَعْلَمٌ صَخْرِيٌّ في مِنْطَقَةٍ صَحْراوِيَّة
W.O. (work-over) صِيانَة
wobble = wabble (*v.*) تَراوَحَ • تَمايَلَ • تَقَلْقَلَ – إرْتَجَفَ
(*n.*) تَراوُح • تَمايُل – إرْتِجاف • تَقَلْقُل
wobble drill (Eng.) مِثْقَبٌ تَراوُحِيّ
wobble pump (Eng.) مِضَخَّةٌ تَراوُحِيَّة
W.O.C. (waiting on cement) بانْتِظارِ شَكِّ الإسْمَنْت
wolfram = tungsten (W) (Chem.) الوُلْفرام • التَّنْجِسْتِن : عُنْصُرٌ فِلِزِّيّ رَمْزُهُ (تن)
wolframite (Min.) وُلْفراميت : تَنْجِسْتاتُ الحَديدِ والمَنْغَنيز
wolframium = wolfram (Chem.) وُلْفراميوم • الوُلْفرام • التَّنْجِسْتِن
wollastonite (Min.) وُلاسْتونَيْت : پيرُوكسين يَتَأَلَّفُ من سِلِيكاتِ الكالسيوم
W.O.C. (waiting on orders) بانْتِظارِ (صُدورِ) الأوامِر
wood (*n.*) خَشَب – حَطَب – غابَة • حَرَجَة
wood alcohol = methanol (Chem. Eng.) كُحولُ الخَشَب • كُحولُ المِثيل
wood ash رَمادُ الخَشَب • رَمادُ الحَطَب
wood barrel بِرْميلٌ خَشَبِيّ
wood charcoal = wood coal (Chem. Eng.) فَحْمٌ نَباتِيّ • فَحْمُ الخَشَب
wood distillation (Chem. Eng.) تَقْطيرُ الخَشَب
wooded ground أرْضٌ مُشَجَّرَة • أرْضٌ مُحَرَّجَة
wooden (*adj.*) خَشَبِيّ
wooden lining (Eng.) بِطانَةٌ خَشَبِيَّة
wooden plug سِطامٌ خَشَبِيّ
wooden prop (Civ. Eng.) دِعامَةٌ خَشَبِيَّة
wooden sleeper (Civ. Eng.) راقِدَةٌ خَشَبِيَّة
wooden stringer ضِلْعٌ او عارِضَةٌ خَشَبِيَّة
wooden tamping (Eng.) حَشْوَةٌ خَشَبِيَّة

wooden tank	صِهْريجٌ خَشَبيٌّ
wooden tubbing (Mining)	تَبْطينٌ بالألواح الخَشَبِيَّة
wood filler (Eng.)	حَشْوَةٌ من نُشارَةِ الخَشَب
wood flour	نُشارَةُ الخَشَب ، دَقيقُ الخَشَب
wood laths = lathing (Civ. Eng.)	شَرائِحُ خَشَبيَّة
wood naphtha (Chem. Eng.)	نَفْتا الخَشَب: كُحولُ الميثيل النّاتِجُ من تقطير الخَشَب الإتلافيّ
wood peat (Geol.)	خُثٌّ خَشَبِيٌّ
wood pitch (Chem. Eng.)	قِطْرانُ الخَشَب
wood preservatives	واقيات الخَشَب : موادُّ حافِظَةٌ للخَشَب
wood pulp	لَبابُ (أو لُبُّ) الخَشَب
wood resin	الرّاتينجُ الطَّبيعيّ
woodrock (Geol.)	صَخْرٌ خَشَبيٌّ ، خَشَبٌ مُتَحَجِّر
wood screw (Carp.)	مِسْمارٌ بريميٌّ للخَشَب
wood shavings	سُحاجَةُ (أو بُرايَةُ) الخَشَب
Wood's metal (Met.)	مَعْدِنُ «وُود»: سَبيكَةٌ أساسُها البِزموت
wood spirit = methanol (Chem. Eng.)	روحُ الخَشَب ، كُحولُ المِيثيل
wood tar (Chem. Eng.)	قارُ (أو قِطْرانُ) الخَشَب
wood-wool	صوفُ الخَشَب
woodwork (n.)	أشغالُ الخَشَب ، نِجارَة
woodworker (n.)	نَجّار
wool (n.)	صوف ، نَسيجٌ صوفيّ
wool fat (or grease) (Chem. Eng.)	دُهْنُ الصّوف ، لانولين
wool, glass	صوفُ الزُّجاج
wool(l)en (adj.)	صوفيّ
W.O.R. (water-oil ratio)	نِسْبَةُ الماء إلى الزَّيت
work (n.)	عَمَل ، شُغْل ، جَهْد ـ مِهْنَة ، مُهِمَّة ـ تَأثير ، مَفْعول
(Eng.)	شُغْل ـ قِطْعَةُ شُغْل
(v.)	عَمِلَ ، إشْتَغَلَ ، صَنَعَ ، شَكَّلَ ، حَرَّكَ ، شَغَّلَ ، أدارَ
workability (n.)	قابِلِيَّةُ التَّشْكيل ـ طَواعِيَة ـ إمكانِيَّةُ التَّشْغيل ـ صَلاحِيَّةُ للعَمَل أو الاستثمار
workable (adj.)	قابِلٌ للتَّشْكيل ـ فَعّال ، عَمَليّ ، صالِحٌ للتَّطْبيق ـ صالِحٌ للاستثمار (أو للتَّعْدين)
workable seam (Mining)	طَبَقَةٌ تَصْلُحُ للاستثمار
work barge (Eng.)	مَنْدَلٌ مِياه
workbench	مِنْضَدَةُ (أو نَضَدُ) العَمَل ، (بَنْك)
workday (n.)	يومُ عَمَل
worked (adj.)	مَشْغول ، مَصْنوع
worked grease (Pet. Eng.)	شَحْمٌ مُخَلَّط
worked penetration (Pet. Eng.)	ألاختراقِيَّةُ بَعْدَ التَّخْليط : اختراقيَّةُ عَيِّنَةٍ من شَحْمِ التَّزليق بَعْدَ تَسْخينِها إلى دَرَجَة ٧٧ ف وتخليطِها بتحريكِ القُرْصِ المُثَقَّبِ نُزولاً وصُعوداً ٦٠ مَرَّة
worker (n.)	عامِل ، شَغّيل ، فاعِل ـ خَلّاطَة
work force	ألقُوَّةُ العامِلَةُ (أو العُمّاليَّة)
working (n.)	شُغْل ، تَشْغيل ، إشْتِغال ـ تَشْكيل ـ مُعالَجَة ـ تَدْبير
working barrel (Eng.)	أُسْطُوانَةُ التَّشْغيل (في المِضَخَّة)
working capacity (Eng.)	طاقَةُ التَّشْغيل (أو الاشْتِغال) القُصْوى
working capital	رَأسُ المال العامِل
working chamber (Civ. Eng.)	حُجْرَةُ الشُّغْل (في القَيْسون)
working conditions	ظُروفُ العَمَل ، ظُروفُ التَّشْغيل
working costs	تَكاليفُ التَّشْغيل (أو المُعالَجَة)
working-day	يومُ عَمَل
working depth capacity (Eng.)	طاقَةُ العَمَل العُمْقِيَّة : أقصى عُمْقٍ يُمْكِنُ للجِهاز أن يَعْمَلَ فيه
working face (Civ. Eng.)	سَطْحُ التَّشْغيل
working fund	رَأسُ المال العامِل
working gauge	عِيارُ التَّشْغيل ، مِقياسُ التَّشْغيل
working-hours	ساعاتُ العَمَل
working hypothesis	فَرَضِيَّةٌ عَمَلِيَّة
working instructions	تَعْليماتُ التَّشْغيل
working knowledge	مَعْرِفَةٌ عَمَلِيَّة
working life (Eng.)	عُمْرُ التَّشْغيل ، مُدَّةُ الصَّلاحِيَة للعَمَل
working method	طَريقَةُ التَّشْغيل
working model (Eng.)	نَموذَجُ تَشْغيلٍ مُصَغَّر
working order (Eng.)	وَضْعُ العَمَل ، وَضْعٌ صالِحٌ للعَمَل
working order, in	في حالَةٍ صالِحَةٍ للتَّشْغيل
working parts (Eng.)	أجْزاءٌ مُتَحَرِّكَة
working pit (Mining)	حُفْرَةُ (أشْغالِ) التَّعْدين
working plan	خُطَّةُ عَمَل
working platform (Civ. Eng.)	مِنَصَّةُ بُرْجِ الحَفْر ، مِنَصَّةُ التَّشْغيل
working pressure (Eng.)	ضَغْطُ التَّشْغيل
worklngs (Civ. Eng.)	حَفْرِيّات ـ أشْغال
working stress (Eng.)	إجْهادٌ عَمَلِيّ ، إجْهادُ التَّشْغيل (المَأْمون)
working stroke (Eng.)	شَوْطُ الشُّغْل
working temperature (Eng.)	دَرَجَةُ حَرارَةِ التَّشْغيل
working test (Eng.)	إخْتِبارُ التَّشْغيل
working valve	صِمامُ التَّشْغيل
working voltage (Elec. Eng.)	فُلْطِيَّةُ التَّشْغيل
workman (n.)	عامِل ، شَغّيل ، حِرَفيّ ، صانِع
workmanship (n.)	صَنْعَة ، مَهارَةٌ عَمَلِيَّة
workover (Pet. Eng.)	أعْمالُ الصِّيانَة وزِيادَة الإنتاج (في بئرٍ مُنْتِجَة) ، إعادَةُ البِئر (المُتَوَقِّفَة) إلى الإنتاج
workover operations (Pet. Eng.)	أعْمالُ الصِّيانَة (أو التَّجْديد) ، عَمَلِيّاتُ إعداد البِئر للإنتاج
workover well (Pet. Eng.)	بِئْرٌ مُجَدَّدَة : أُعِدَّت مُجَدَّداً للإنتاج
works (n.)	مَصْنَع ، مَصانِع
workshop (n.)	مَشْغَل ، مَعْمَل ، وَرْشَة
worm (n.)	دودَة ، بَريمَة (حَفْر) دوديَّة ـ
(Eng.)	تِرْسٌ دوديّ ، لَوْلَبٌ حَلَزونيّ ـ سِنُّ اللَّوْلَب
(adj.)	حَلَزونيّ ، دوديّ
(v.)	لَوْلَبَ ، سَنَّ (اللَّوْلَبَ)
worm drive (Eng.)	إدارَةُ بِتِرْسٍ دوديّ
worm gear (Eng.)	تِرْسٌ دوديّ ، عَجَلَةٌ مُعَشَّقَةٌ مع تِرْسٍ دوديّ
worm gear oil	زَيْتُ التُّروس الدّوديَّة
worm wheel (Eng.)	تِرْسٌ دوديّ ، عَجَلَةٌ مُعَشَّقَةٌ مع تِرْسٍ دوديّ
worn bit (Eng.)	لُقْمَةُ حَفْرٍ مَبْرِيَّة (أو مُتآكِلَة)
worn (out) (adj.)	بالٍ ، مُتآكِل ، مَبْريّ
wound (n.)	جَرْح
(v.)	جَرَحَ
wound, differentially (Elec. Eng.)	تَخالُفيُّ اللَّفّ ، مُتَفاوِتُ اللَّفّ
W.P. (working pressure)	ضَغْطُ التَّشْغيل
wrap (v.)	غَلَّفَ ، لَفَّ
wrapped (adj.)	مُغَلَّف ، مَلْفوف

worm gear

wrapping machine

wrapper (*n.*) مُغلَّف – غِلاف

wrapping (*n.*) تَغليف

wrapping machine (Eng.) مَكَنَةُ تَغليفِ (الأنابيب)

wrapping materials مَوادُّ التَّغليف

wrapping paper وَرَقُ تَغليف

wrapping tape (Eng.) شَريطُ تَغليفٍ (لِلَفِّ الأنابيب)

wreck (*n.*) حُطام • أنقاض – تَحَطُّم • دَمار

(*v.*) حَطَّمَ • تَحَطَّمَ

wreckage (*n.*) حُطام • أنقاض

wrecker (*n.*) عَرَبَةُ قَطْرٍ (لِلسَّيّاراتِ المُعَطَّلَةِ أو المُحَطَّمة)

wrecking truck (or **lorry**) شاحِنَةُ تَصْليح

wrench (*v.*) لَوَى • فَتَلَ – نَزَعَ (أو إنْتَزَعَ) بِالقُوَّة

(*n.*) (Eng.) مِلْوَى • مِفْتاحُ رَبْط • (مِفْتاحٌ إنكليزيّ)

(Mech.) قُوًى لَوْلَبِيَّة

wrench, adjustable (Eng.) مِفْتاحُ رَبْطٍ انضِباطيّ

wrench, alligator (Eng.) مِفْتاحُ رَبْطٍ تِمساحِيّ

wrench, box (Eng.) مِفْتاحُ رَبْطٍ صُندوقِيّ

wrench, chain (Eng.) مِفْتاحُ رَبْطٍ سِلْسِلِيّ

wrench, closed (Eng.) مِفتاحُ رَبْطٍ مُغْلَقُ الفَكّ

wrench, double-head (Eng.) مِفتاحُ رَبْطٍ مُزْدَوِجُ الفَكّ

wrench, elbow (Eng.) مِفْتاحُ رَبْطٍ مِرْفَقِيّ

wrench, face (Eng.) مِفْتاحُ رَبْطٍ وَجهِيّ (ذو لِسانَيْنِ يُثَبَّتانِ في وَجْهِ الصَّمولة)

wrenching (*n.*) لَيّ • فَتْل

wrench, monkey (Eng.) مِفتاحُ رَبْطٍ مُنْزَلِقُ الفَكّ • مِفتاحٌ إنكليزيّ

wrench, open (end) (Eng.) مِفتاحُ رَبْطٍ مَفْتوحُ الفَكّ

wrench, pin (Eng.) مِفتاحُ رَبْطٍ بِلِسانٍ أُسْطُوانيّ

wrench, pipe (Eng.) مِفتاحُ رَبْطِ الأنابيب • مِلْوَى مَواسير

wrench, ratchet (Eng.) مِفتاحُ رَبْطٍ بِسَقّاطَة

wrench, set-screw (Eng.) مِفتاحُ رَبْطٍ مُضَلَّعُ الطَّرَفِ (لِلصَّوامِيلِ المُجَوَّفَةِ الرَّأس)

wrench, single head (Eng.) مِفتاحُ رَبْطٍ مُفْرَدُ الفَكّ

wrench socket (Eng.) جُلْبَةُ رَبْطٍ صُندوقيَّة

wrench, socket (Eng.) مِفتاحُ رَبْطٍ صُندوقيّ

wrench, Stillson (Eng.) مِفتاح «سْتِلْسُون» : لِرَبْطِ الأنابيبِ والصَّوامِيلِ الأُسطُوانيَّة

wrench, strap (Eng.) مِفتاحُ رَبْطٍ شَريطِيّ

wrench, structural (Eng.) مِفتاحُ رَبْطٍ تَركيبِيّ

wrench, tap (Eng.) مِفتاحُ رَبْطِ ذَكَرِ اللَّوْلَبَة

wring (*v.*) عَصَرَ – إنْتَزَعَ بِحَرَكَةٍ التِوائيَّة

wring bolt (Eng.) مِسمارُ زَنَقٍ مُلَوْلَب

wringer (*n.*) عَصّارة

wringing fit (Eng.) تَوافُقُ عَصْر

wrinkle (*v.*) جَعَّدَ • غَضَّنَ • تَجَعَّدَ • تَغَضَّنَ

(*n.*) تَجَعُّد • تَغَضُّن – طَيَّة • ثَنْيَة

wrinkled bend (Eng.) حَنِيَّةٌ مُغَضَّنة

wrist (*n.*) مِعْصَم • رُسْغُ اليَد

wrist pin = **gudgeon pin** (Eng.) مِسمارُ الرُّسْغ: بينَ الكَبّاسِ وطَرَفِ ذِراعِ التَّوصيل

write down سَجَّلَ (المَوجوداتِ) بِقيمَةٍ مُخَفَّضة

write off (*v.*) إستَهْلَكَ • خَفَّضَ (رَأسَ المال) – ألغَى • حَذَفَ

writing pad دَفْتَرُ قَطْعٍ : لِكِتابَةِ الرَّسائِلِ أو المُلاحَظات

written-off (*adj.*) مُستَهْلَك • مُسْقَطٌ من الحِساب (أو الحِسابات)

wrong (*n.*) خَطَأ • باطِل – ضَرَر • أذى

(*adj.*) غَيْرُ صَحيح • خاطِئ • مَغْلوط

(*v.*) أساءَ إلى

wrought (*adj.*) مَشْغول • مُشَكَّل • مُطَرَّق – طَرُوق • قابِلٌ لِلطَّرْقِ والتَّشكيل

wrought iron = **malleable iron** (Met.) الحَديدُ المُطاوِع • حَديدٌ طَرُوق

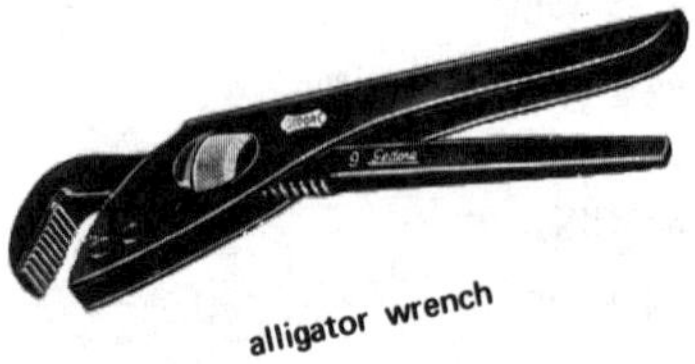

alligator wrench

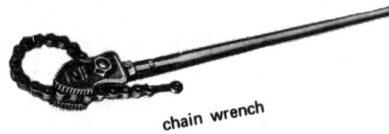

chain wrench

monkey wrench

pipe wrench

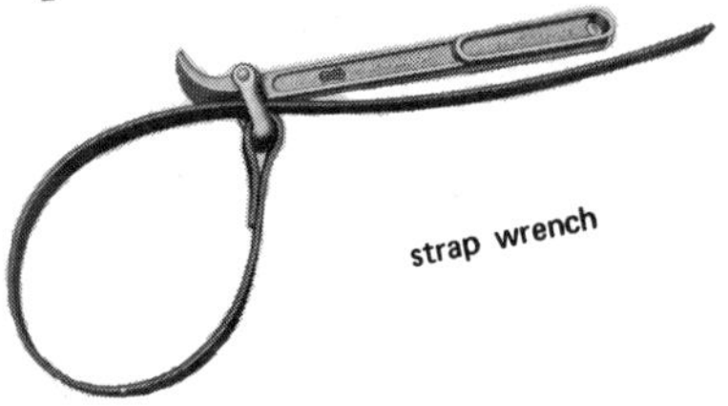

strap wrench

wrought steel (Met.) فولاذٌ طَرُوقٌ (أو مِطْواع)

wrought timber أخشابٌ مَسْحوجَةُ السَّطح

wry (*v.*) لَوَى • إلْتَوَى • تَعَوَّجَ • إنْفَتَلَ

(*adj.*) مُلْتَوٍ • مَفْتول

W.T. (**wall thickness**) • ثَخانَةُ الجِدار • سُمْكُ الجِدار

wulfenite (Min.) وُلْفِنيت • مُولِبْدَاتُ الرَّصاص

Wulff process (Chem. Eng.) طَريقَة «وُولْف» : لِتَحضيرِ الأسِتِلين من الميثان

wurtzite (Min.) فُورتْسِيت : كِبريتيدُ الزِّنك

Wurtz synthesis (Chem. Eng.) تَوليفُ «فُورْتس» : لِتَركيبِ الهَيدروكربوناتِ من الهاليدات الألكيليَّة

wye (or **Y**) **connection** (Eng.) وُصْلَةٌ نَجْمِيَّة ثُلاثِيَّة • وُصْلَةٌ ذاتُ شُعبَتَيْن (على شَكْلِ Y)

wye (or **Y**) **level** (Surv.) ميزانُ تَسوِيَةٍ ذو مَشْعَبَيْن (بِشَكْلِ Y) : لِحَمْلِ المِقْراب

wye theodolite (Surv.) تِيُودوليتٌ ذو مَشْعَبَيْن (بِشَكْلِ Y) : لِحَمْلِ المِقْراب

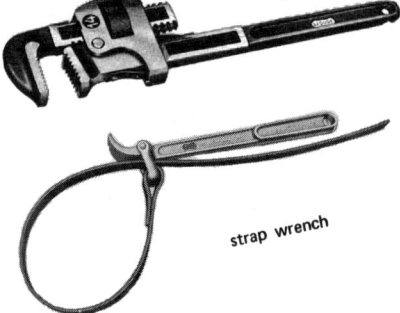

x-ray leak detector

X

xanthate (Chem.) زَنْثَات : مِلْحُ حامِضِ الزنْثيك

X-bit (Eng.) لُقْمَةُحَفْرٍ مُتصالِبة: علىشَكْلِ(X)

X-chisel (Eng.) إزْمِيلٌ ذُو حَدٍّ مُتَصالِبٍ (بِشَكْلِ X)

xenoblastic (*adj.*) دَخيلُ البَلْوَرَة : بِتَأْثِيرِ البِيئَةِ المُكْتَنِفة

xenolith (Geol.) صَخْرٌ دَخيل

xenomorphic (*adj.*) (Min.) عَديمُ الأَوْجُه · إنطِباعيُّ التَّشَكُّل : بِتَأْثِيراتِ البِيئَةِ المُكْتَنِفَة

xenomorphic structure (Geol.) بِنْيَةٌ عَديمَةُ الأَوْجُه

xenon (**Xe**) الزِّنون: عُنْصُرٌ غازِيٌّ خامِلٌ رَمْزُه (نو)

x-ray spectrometer

xerography (Photog.) أَلتَّصويرُ الجافّ

X-lab. (**experimental laboratory**) مُخْتَبَرُ أَبْحاث

Xmas tree = Christmas tree شَجَرَةُ الصِّماماتِ (على فُوَّهَةِ بِئْرِ النَّفط)

X-ray (*n.*) شُعاعٌ سِينيّ – صُورَةٌ بالأَشِعَّةِ السِّينيَّة (أو أَشِعَّةِ إكْس)

(*v.*) صَوَّرَ أو عالَجَ بأَشِعَّةِ إكْس

X-ray analysis تَحليلٌ بأَشِعَّةِ إكْس · تَحليلٌ بالأَشِعَّةِ السِّينيَّة

X-ray examination فَحْصٌ بِأَشِعَّةِ إكْس

X-ray investigation إستِقصاءٌ بالأَشِعَّةِ السِّينيَّة

X-ray leak detector مِكْشافُ سُروبٍ بالأَشِعَّةِ السِّينيَّة

X-ray photograph صُورَةٌ بِالأَشِعَّةِ السِّينيَّة

X-rays = Roentgen rays (Phys.) أَشِعَّةُ إكْس · أَشِعَّةُ رونْتجِن · الأَشِعَّةُ السِّينيَّة

X-ray spectrograph (Phys.) مِرْسَمَةُ طَيْفِ الأَشِعَّةِ السِّينيَّة

X-ray spectrometer (Phys.) مِقْياسُ طَيْفِ الأَشِعَّهِ السِّينيَّه

X-ray tube (Phys.) أُنبوبُ أَشِعَّةِ إكْس · أُنبوبَةُ (تَولِيد) الأَشِعَّةِ السِّينيَّة

X-ray unit (Elec. Eng.) وَحْدَةُ أَشِعَّةٍ سِينيَّة

X's (or **Xs**) = **atmospherics** (Elec. Eng.) شُواشٌ رادِيٌّ (بِفِعْلِ الظَّواهِرِ الجَوِّيَّة)

xylene = xylol (Chem.) زَيْلِين · زَيْلُول · زَيتُ الخَشَب : مُرَكَّبُ البِنْزِينِ الثُّنائيُّ المِثيل

xylenol (Chem.) زَيْلِينُول : مُرَكَّبُ البِنْزِين الهَيدروكسيلِيِّ الثُّنائيُّ المِثيل

xylidine (Chem.) زَيْلِيدين : أَمينُوزَيْلين (زَيْلِين مُنْتَزَج)

xyloid (*adj.*) خَشَبانيّ · شَبِيهٌ بالخَشَب

xylol = xylene زَيْلُول · زَيْلِين

xylonite (Chem. Eng.) زَيْلُونَيْت · سِلْيُولُويْد : مادَّةٌ لَدائنِيَّةٌ من طِرازِ نِتْرات السِّلْيُولوز

xylotile (Min.) زَيْلُوتِيل : سِليكاتِ المَغْنِسيُوم والحَديد المُمَيَّأَة

internal pipeline x-ray unit

y

yard

Y-alloy (Met.)	سَبيكَةٌ أَساسُها الألومنيوم
yank (v.)	شَدَّ أَو لَوَى بِعُنْف
(n.)	شَدَّةٌ أَو رَجَّةٌ عَنيفة
yard (n.)	يارْدَة (تُساوي ٣ أَقدام أَو ٩١,٤٤ سم) - ساحَة • فِناء • حَوْش
(Naut.)	عارِضَة الصّاري
= dockyard	مَسْفَن : حَوْضُ بِناء (أَو إصلاح) السُّفُن
yardage (n.)	المِقدارُ (مَقيساً) باليارْدات - نَفَقاتُ التَّخزين
(Civ. Eng.)	حَجْمُ الحَفْر باليارْدات المُكَعَّبة
yard piping	أَنابيبُ السّاحَةِ الخارِجيَّة • أَنابيبُ ساحَةِ التَّخزين أَو التَّوزيع
yardstick (n.)	عَصا اليارْدة - مِقياسٌ مِعياريّ
yard traveller (Eng.)	مِرْفاعٌ خارِجِيٌّ نَقّال • مِرفاعُ السّاحَةِ الخارِجيَّة
yarn (n.)	غَزْل • خَيْطٌ مَبْروم
yarning tool (or yarning chisel)	عُدَّةُ جَلْفَطة • إزميلُ جَلْفَطة
yawning fissure (Geol.)	صَدْعٌ فاغِر
Y-branch (Eng.)	فَرْعٌ ذو شُعْبَتَيْن مائِلَتَيْن (على شَكْلِ Y)
Y-connection (Elec. Eng.)	اِتِّصالٌ نَجميٌّ ثُلاثيّ (على شَكْلِ Y) • وُصْلَةٌ ثُلاثيَّةُ الشُّعَب
yearbook (n.)	كِتابٌ سَنَويّ
yearly output	الإنتاجُ السَّنَويّ
yellow (adj.)	أَصْفَر
yellow arsenic = orpiment (Min.)	الرَّهَج الأَصْفَر : ثالِثُ كِبْريتيدِ الزِّرْنيخِ الطَّبيعيّ
yellow copper ore = chalcopyrite (Min.)	كَلْكوبِيرِيت • خام النُّحاسِ الأَصْفَر
yellow dog	فانوسُ البُرْج • مِصباحُ العَواصِف (اِستِعمالٌ دارِج)
yellow earth (Min.)	طُفالٌ أَصْفَر • مُغْرَةٌ صَفْراء
yellow lead ore = wulfenite (Min.)	خام الرَّصاص الأَصْفَر • وُلْفِنيت
yellow ochre (Min.)	مُغْرَةٌ صَفْراء
yellow scale (Pet. Eng.)	شَمْعٌ حَرْشَفيّ أَصْفَر • شَمْعٌ بَرافينيٌّ خَفيضُ المَرْتَبة
Y-grouping (Elec. Eng.)	تَجميعٌ نَجميٌّ ثُلاثيّ (على شَكْلِ Y)
yield (v.)	أَنْتَجَ • أَغَلَّ • خَضَعَ • رَضَخَ • أَذْعَنَ - اِنْطاعَ • لانَ
(n.)	إنتاج • مَحْصول • حَصيلة • حاصِل • مُنْتَج • نِتاج • غَلَّة - الإنتاجِيَّة : قُدْرَةُ الإنتاج
yieldable arch (Civ. Eng.)	قَنْطَرَةٌ طَيِّعَة
yield chart	مُخَطَّطُ (بَيان) الإنتاج
yield curve	مُنْحَنى (بَيان) الإنتاج
yielding (n.)	خُضوع • مُطاوَعَة • اِنْطياع • إذْعان - حَصيلة • ناتِج • إنتاج
(adj.)	مِطْواع • خاضِع • لَيِّن • طَيِّع • مَرِن
yielding coupling (Eng.)	تَقارُنٌ طَيِّع
yielding rock (Geol.)	صَخْرٌ مُطاوِعٌ (أَو طَيِّع)
yield limit (Mech.)	حَدُّ المُطاوَعَة • حَدُّ المُرونة
yield of well (Pet. Eng.)	إنتاجُ البِئر
yield per pass (Chem. Eng.)	نِتاجُ الدَّوْرَةِ الواحِدَة
yield point (Mech.)	نُقْطَةُ الخُضوع • نِهايَةُ حَدِّ المُرونة
yield strain (Mech.)	اِنْفِعالُ الخُضوع
yield strength (Eng.)	مُقاوَمَةُ الخُضوع
yield stress (Mech.)	إجْهادُ الخُضوع
yield, theoretical (Chem. Eng.)	النّاتِجُ النَّظَريّ • الإنتاجُ المُقَدَّر نَظَرِيّاً
yield value (Eng.)	إجْهادُ الخُضوعِ الأَدْنى
yoke (n.) (Civ. Eng.)	مِقْرَن • نير • مِضْمَدة
(v.)	قَرَنَ • ضَمَّ
yoke pin (Eng.)	مِحْوَرُ (أَو مِسْمارُ) المِقْرَن
yoke valve (Eng.)	صِمامٌ مِقْرَنيّ
young (adj.)	فَتِيّ - ناشِيء • قَليلُ الخِبْرَة
Young's modulus (Mech.)	مُعامِلُ "يَنْج" : لِقِياسِ المُرونة

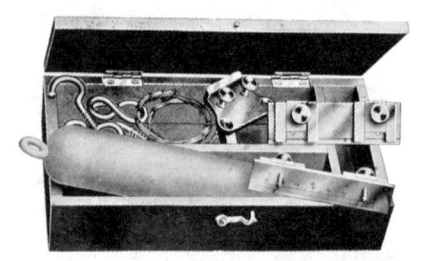

Young's modulus apparatus

ytterbium (**Yb**) (Chem.) الإيتربيوم : عُنْصُرٌ فِلِزِّيّ رَمْزُه (يت)

yttrium (**Y**) (Chem.) الإتريوم : عُنْصُرٌ فِلِزِّيّ رَمْزُه (يتر)

yttrium oxide (Chem.) أُكسيدُ الإتريوم

Y-voltage = **star** (or **phase voltage**) (Elec. Eng.) فُلْطِيَّةُ الطّور : الفُلْطِيَّةُ بينَ الخَطِّ المُتَفرِّعِ والمُحايِد

Y-pattern yoke valve (Eng.) صِمامٌ مِفْرَنيٌّ بشَكْلِ (Y)

yperite = **mustard gas** (Chem.) غازُ الخَرْدَل · إيبِرِيت

Y-piece قِطْعَـةٌ ثُـلاثيَّةُ التَّفَرُّع : بِشَكْـلِ (Y)

y-potential (Elec. Eng.) أَلجُهْدُ الصّادِيّ

ytterbia (*n.*) (Chem.) أُكسيدُ الإيتربيوم

young volcano (Geol.) بُركانٌ فَتِيّ

yo-yo (Civ. Eng.) يُويُو : الحَفْرُ بالدَّقّ (استِعمالٌ عامّيّ)

yo-yo excavation method (Mining) أَلحَفْرُ بطَريقَةِ اليُويُو : بتَحريكِ سِلْسِلَةٍ من القَوادِيسِ نُزُولاً وصُعُوداً أو جِيئَةً وذَهـابـاً

Y.P. (**yield point**) نُقْطَةُ الخُضُوع

zigzag causeway

Z

Zahn viscosimeter (Chem. Eng.)
مِلْزاجُ «زاهْن» : لِقِياسِ لُزوجَةِ الدِّهانات

Z-bar (or **zee bar**) قَضِيبٌ مُتَعَرِّجُ المَقْطَع : مَقْطَعُهُ على شَكْلِ (Z)

Z-bit (Eng.) لُقْمَةُ حَفْرٍ مُتَعَرِّجَة : مَقْطَعُها على شَكْلِ (Z)

zed bar = zee bar قَضِيبٌ مُتَعَرِّجُ المَقْطَع: مَقْطَعُهُ على شَكْلِ (Z)

zenith (*n.*) سَمْتُ الرَّأْس ـ أَوْج • ذُرْوَة

zenithal equidistant projection (Surv.)
الإسقاطُ السَّمْتِيُّ المُتَساوِي الأَبْعاد

zenith distance بُعْدٌ سَمْتِيّ

zeolite (Chem.) زِيُولِيت : مُرَكَّبٌ من سِلِيكاتِ الأَلومنيُوم المُمَيَّـأَة مع الصُّودْيُوم أو الكالسيوم أو البوتاسيوم

zeolite process (Chem. Eng.)
طَرِيقَةُ الزِيُولِيت : لإزالَةِ عُسْرِ الماء

zeolite softener (Chem. Eng.)
مُزِيلُ العُسْرةِ الزِّيُولِيتِيّ

zeolite treatment (Chem. Eng.)
مُعالَجَة (الماءِ العَسِر) بالزيُولِيت

zeolite water softener (Chem. Eng.)
جِهازُ تَيسِيرِ الماء

zeolitization (Geol.) زَيْلَتَة • تَزَيْلُت : تَحَوُّلٌ إلى زِيُولِيت

zero (*n.*) صِفْر

zero meridian

(*v.*) ضَبَطَ (أو عَيَّنَ) نُقْطَةَ الصِّفْر

(Phys.) دَرَجَةُ الصِّفْر

zero, above فَوْقَ الصِّفْر

zero, absolute (Phys.) دَرَجَةُ الصِّفْرِ المُطْلَق

zero adjustment (Eng.) ضَبْطُ قِراءَةِ الصِّفْرِ (في جِهازِ القِياس)

zero, below تَحْتَ الصِّفر • دُونَ دَرَجَةِ الصِّفْرِ المِئَوِيّ

zero bias (Elec. Eng.) إنحِيازٌ صِفْرِيّ • إنعِدامُ الآنحِياز

zero boost (Eng.) إنعِدامُ الضَّغْطِ المُعَزِّز

zero drift الانحِرافُ الصِّفْرِيّ • ثابِتُ فَرْقِ القِياس

zero error خَطَأُ الصِّفْر

zero head level (Hyd.) مَنْسُوبُ صِفْرِ الضَّغْط

zero indicator مُبَيِّنُ الصِّفر

zeroing (*n.*) تَعيِينُ (نُقْطَةِ) الصِّفر

zero level مَنْسُوبُ الصِّفر ـ مُسْتَوَى الصِّفْر

zero line خَطُّ الصِّفْر

zero load (Eng.) إنعِدامُ الحِمْل • حِمْلُ الصِّفْر

zero mark عَلامَةُ الصِّفْر

zero meridian خَطُّ الزَّوالِ الصِّفرِيّ

zerone (Eng.) زِيرُون: مُسْتَحْضَرٌ مانِعٌ لِلتَّهَلُّم

zero oils (Pet. Eng.) زُيوتُ الصِّفر : زُيُوتٌ تَتَجَمَّدُ في دَرَجَةِ الصِّفْرِ الفَرِنْهيتِيّ

zero point نُقْطَةُ الصِّفْر

zero point correction تَصحِيحُ نُقْطَةِ الصِّفْر

zero position وَضْعُ الصِّفْر • وَضْعُ الآبتِداء

zero pressure (Eng.) إنعِدامُ الضَّغط • ضَغْطُ الصِّفْر

zero reading قِراءَةُ الصِّفْرِ (على جِهازِ القِياس)

zero setting (Eng.) ضَبْطُ وَضْعِ الصِّفْر

zero shift (Phys.) إنعِدامُ الزَّحْزَحَة

zero thrust (Eng.) إنعِدامُ الدَّفْع

zero timing line (Geophys.) خَطُّ تَوْقِيتِ الصِّفْر : في المَسْحِ المِرْجافِيّ

zero torque (Mech.) عَزْمٌ صِفْرِيّ : إنعِدامُ عَزْمِ الدَّوَران

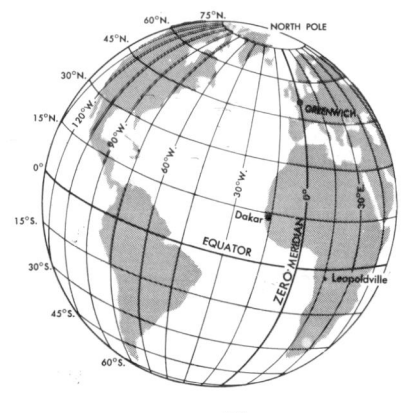

zero-valent (Chem.)	صِفْرِيُّ التَّكافُؤِ: لا يَتَّحِدُ بِذَرَّاتٍ أُخْرَى
zero value	قيمةُ الصِّفْرِ، قِيمةٌ صِفْريَّة
zero voltage (Elec. Eng.)	إنعدامُ الفُلْطِيَّة
Zeta (zero energy thermonuclear assembly) (Phys.)	جهازُ زيتا: جهازُ صِفْرِ الطَّاقةِ لِدراسةِ التَّفاعُلاتِ الحَراريَّةِ النَّوَويَّةِ المَحْصُورة
Ziegler catalyst (Chem. Eng.)	حافِزُ «زيجلر»: لِتفاعُلاتِ البَلْمَرةِ النَّوْعيَّة
zigger (Mining)	إرتِشاحٌ مائيٌّ: تَرَشُّحُ الماء
zigzag (adj.)	مُتَعَرِّج، مُشَرْشَر، زوزويّ
(v.)	تَعَرَّجَ، سارَ في خَطٍّ مُتَعَرِّج
(n.)	مَسْلَكٌ مُتَعَرِّج — خَطٌّ مُتَكَسِّر أو مُتَعَرِّج، تَعَرُّج
zigzag causeway	مَعْبَرٌ ذَراريٌّ مُتَعَرِّج (يَصِلُ بين مَراسي النَّاقلات)
zigzag connection (Eng.)	وَصْلةٌ مُتَعَرِّجة — إتِّصالٌ مُتَعَرِّج
zigzag course	مَسارٌ مُتَعَرِّج
zigzag folds (Geol.)	طَيَّاتٌ مُشَرْشَرة
zigzag riveting (Eng.)	بَرْشَمةٌ مُتَعَرِّجة
zlment-water (Mining)	ماءُ النُّحاس، ماءُ المَناجِمِ النُّحاسيَّة
zinc (n.) (Zn) (Chem.)	الزِّنكُ، الخارِصين: عُنْصُرٌ فِلِزِّيٌّ رَمْزُهُ الكيماويّ (خ)
(v.)	زَنَّكَ، غَلْفَنَ: طَلَى أو كَسَا بالزِّنك
zinc alloys (Met.)	سَبائِكُ الزِّنك
zinc bath (Elec. Eng.)	مِغْطَسٌ زِنكيّ، مِغْطَسُ الغَلْفَنةِ بالزِّنك
zinc blende (Min.)	كِبْريتيدُ الزِّنك
zinc bloom (Min.)	نَوْرةُ الزِّنك، كَرْبوناتُ الزِّنكِ القاعِديَّة
zinc chloride (Chem.)	كلوريدُ الزِّنك
zinc-coated (adj.)	مُلَبَّسٌ بالزِّنك
zinc dithiophosphate	ثاني ثيوفُسْفاتِ الزِّنك
zinc dust	مَسحوقُ الزِّنك
zinciferous (adj.)	حاوِ الزِّنك
zincify = zinkify (v.)	غَلْفَنَ، زَنَّكَ، طَلَى بالزِّنك
zincing = zinking (n.) (Chem. Eng.)	طَلْيٌ بالزِّنك: غَلْفَنة
zincite (Min.)	زِنكايت: أكسيدُ الزِّنكِ الأحمَر
zin(c)king (or zincification) (Chem. Eng.)	غَلْفَنة، طِلاءٌ بالزِّنك
zin(c)ky = zincy (adj.)	زِنكيّ، خارِصينيّ
zinc oxide (Chem.)	أكسيدُ الزِّنك
zinc polarity (Elec. Eng.)	قُطْبيَّةُ الزِّنك (وهي سالِبةٌ في خَليَّةِ النُّحاسِ والزِّنك)
zinc sulphate (Chem.)	كِبْريتاتُ (أو سُلفاتُ) الزِّنك
zinc sulphide (Chem.)	كِبْريتيدُ الزِّنك
zinc vitriol (Chem.)	كِبْريتاتُ الزِّنك
zinc white	أبيَضُ الزِّنك، أكسيدُ الزِّنكِ الأبيض
zinc yellow (Paint.)	أصفَرُ الزِّنك: كَرُوماتُ الزِّنك
zinkenite (Min.)	زِنكِنيت: كِبْريتيدُ الرَّصاصِ والأنتيمون
zip fastener (or zipper)	زِمامٌ مُنْزَلِق
zircon (Min.)	زِرْكون: سِليكاتُ الزِّركُونيُوم
zirconia (Chem.)	أكسيدُ الزِّركُونيُوم
zirconium (Zr) (Chem.)	الزِّركُونيُوم: عُنْصُرٌ فِلِزِّيٌّ رَمْزُهُ الكيماويُّ (كن)
zonal (adj.)	نطاقيّ، مِنْطَقيّ
zonal distribution	توزيعٌ نِطاقيّ
zonal flow	دَفْقٌ نِطاقيّ
zonal guide fossil (Geol.)	أحفُورةٌ مِنْطَقيَّةٌ دَليليَّة
zonal index fossil (Geol.)	أحفُورةٌ مِنْطَقيَّةٌ دَليليَّة
zonate (adj.)	مُنَطَّق، مُحَدَّدُ المَناطِق
zonation (n.) (Geol.)	تَنَطُّق، تَمَنْطُق: توزيعٌ أو توزُّعٌ إلى مَناطِق
zone (n.)	مِنْطَقة، نِطاق
zone, combustion (Chem. Eng.)	مِنْطَقةُ الإحتِراق
zoned (adj.)	مُنَطَّق، مُقَسَّمٌ إلى مَناطِق
zone, free	مِنْطَقةٌ حُرَّة
zone freezing (Chem. Eng.)	تَجْميدٌ نِطاقيٌّ (تَفاضُليّ)
zone melting (Chem. Eng.)	صَهْرٌ نِطاقيٌّ (تَفاضُليّ): لِتَنْقِيَةِ الفِلِزَّات
zone of aeration	مِنْطَقةُ التَّهْوية
zone of contact (Geol.)	مِنْطَقةُ التَّماس، نِطاقُ التَّماس
zone of faulting (Geol.)	مِنْطَقةُ التَّصَدُّع
zone of flow	مِنْطَقةُ الأنسياب
zone of folding (Geol.)	مِنْطَقةُ الطَّيّ
zone of fracture (Geol.)	مِنْطَقةُ الصَّدْع
zone of intermittent saturation	نِطاقُ التَّشَبُّعِ المُتَقَطِّع
zone of lost returns (Pet. Eng.)	مِنْطَقةُ سُرُبِ سائِلِ الحَفْرِ وفُقْدانِه
zone of non-saturation	نِطاقُ اللَّا تَشَبُّع
zone of oxidation (Chem. Eng.)	مِنْطَقةُ التَّأَكْسُد
zone of reduction (Chem. Eng.)	مِنْطَقةُ الأخْتِزال
zone of saturation	مِنْطَقةُ التَّشَبُّع
zone of weathering (Geol.)	مِنْطَقةُ التَّجْوية
zone, pay (Mining)	مِنْطَقةٌ مُغَلِّة (أو مُجْزِية)
zone purification (Chem. Eng.)	تَنْقِيَةٌ نِطاقيَّة (تَفاضُليَّة)
zone refining (Chem. Eng.)	تَنْقِيَةٌ أو تَكريرٌ نِطاقيّ
zone time	توقيتٌ مِنْطَقيّ
zoning (n.)	تَنْطيق: تَحديدُ المَناطِق، تَقْسيمٌ إلى مَناطِق
(Geol.)	تَنَطُّق، تَمَنْطُق: وُجودُ البِلَّوْراتِ المَعْدِنيَّةِ في نِطاقاتٍ مُتَمَرْكِزة
zoning, mineral	تَنَطُّقٌ مَعْدِنيّ
zonule (n.)	مِنْطَقةٌ صَغيرة، نُطَيْق، نِطاقٌ صَغير
zoogenic rock (Geol.)	صَخْرٌ حَيَوانيُّ المَنْشَأ
zoolite = zoolith (Geol.)	أحفُورةٌ حَيَوانيَّة، صَخْرُ الأحافِيرِ الحَيَوانيَّة
zoology (n.)	عِلْمُ الحَيَوان
zweikanter (Geol.)	حَصَى هَنْدَسيَّةٌ ثُنائيَّةُ القُرُون
Zyglo method (Eng.)	طريقةُ زيجلو: لِلكَشْفِ على الوُصُلاتِ المُلَحَّمَةِ والتَّأَكُّدِ من سَلامَتِها بالفَلْوُور
zymology (n.)	عِلْمُ التَّخَمُّر
zymosis (Chem. Eng.)	إختِمار، تَخَمُّر

Zeta

Greek Alphabet

Letter Small	Letter Capital	Name	Designates
α	A	Alpha	Angles, coefficients, attenuation constant, absorption factor, area.
β	B	Beta	Angles, coefficients, phase constant.
γ	Γ	Gamma	Specific quantity, angles, electrical conductivity, propagation constant, complex propagation constant (cap).
δ	Δ	Delta	Density, angles, increment or decrement (cap or small), determinant (cap), permittivity (cap).
ε	E	Epsilon	Dielectric constant, permittivity, base of natural (Napierian) logarithms, electric intensity.
ζ	Z	Zeta	Co-ordinate, coefficients.
η	H	Eta	Intrinsic impedance, efficiency, surface charge density, hysteresis, coordinates.
ϑ	Θ	Theta	Angular phase displacement, time constant, reluctance, angles.
ι	I	Iota	Unit vector.
κ	K	Kappa	Susceptibility, coupling coefficient.
λ	Λ	Lambda	Wavelength, attenuation constant, permeance (cap).
μ	M	Mu	Prefix *micro-*, permeability, amplification factor.
ν	N	Nu	Reluctivity, frequency.
ξ	Ξ	Xi	Co-ordinates.
o	O	Omicron	—
π	Π	Pi	3.1416 (circumference divided by diameter).
ρ	P	Rho	Resistivity, volume charge density, co-ordinates.
σ	Σ	Sigma	Surface charge density, complex propagation constant, electrical conductivity, leakage coefficient, sign of summation (cap).
τ	T	Tau	Time constant, volume resistivity, time-phase displacement, transmission factor, density.
υ	Υ	Upsilon	—
φ	Φ	Phi	Magnetic flux, angles, scalar potential (cap).
χ	X	Chi	Electric susceptibility, angles.
ψ	Ψ	Psi	Dielectric flux, phase difference, co-ordinates, angles.
ω	Ω	Omega	Angular velocity ($2\pi f$), resistance in ohms (cap), solid angles (cap).

Prefixes of the Metric System (Multiplication Factors)

Factor	Prefix	Symbol	Factor	Prefix	Symbol
$1\,000\,000\,000\,000 = 10^{12}$	tera	T	$0\cdot 01 = 10^{-2}$	centi	c
$1\,000\,000\,000 = 10^{9}$	giga	G	$0\cdot 001 = 10^{-3}$	milli	m
$1\,000\,000 = 10^{6}$	mega	M	$0\cdot 000\,001 = 10^{-6}$	micro	μ
$1\,000 = 10^{3}$	kilo	k	$0\cdot 000\,000\,001 = 10^{-9}$	nano	n
$100 = 10^{2}$	hecto	h	$0\cdot 000\,000\,000\,001 = 10^{-12}$	pico	p
$10 = 10^{1}$	deca	da	$0\cdot 000\,000\,000\,000\,001 = 10^{-15}$	femto	f
$0\cdot 1 = 10^{-1}$	deci	d	$0\cdot 000\,000\,000\,000\,000\,001 = 10^{-18}$	atto	a

Appendixes

528. Greek Alphabet. and Prefixes of the Metric System.

I — PHYSICAL SCIENCES

531. Equivalent Centigrade and Fahrenheit Temperatures.
532. Physical Constants — Surface Tension of Various Liquids — Coefficient of Linear Expansion.
533. Relative Density and Volume of Water — Heat of Vaporization of Saturated Steam — Surface Tension of Water against Air—Equilibrium Vapour Pressure of Water.
534. Coefficient of Volume Expansion — Tensile Strength of Metals — Density and Specific Gravity of Gases — Index of Refraction — Resistivity.
535. The Elements and Their Physical Properties.
539. Periodic Table of The Elements.

II — GEOLOGY

540. Geological Time Scale.
541. Symbols for Geologic Maps.
542. Lithologic Symbols for Cross Sections and Columnar Sections.
543. Chart for Estimating Percentage Composition of Rocks and Sediments.

III

544. Conversion Table of the Various Units Used in Engineering and Industry.

IV

554. Abbreviations Frequently Met in Scientific and Technical Literature.

V — MATHEMATICAL TABLES

564. Four-Place Common Logarithms
566. Four-Place Common Antilogarithms.
568. Squares, Cubes, Roots and Reciprocals.
570. Trigonometric Tables.

Equivalent Temperatures

A : Fahrenheit to Centigrade

	−0° F.	−10°F.	−20° F.	−30° F.	−40° F.	−50° F.	−60° F.	−70° F.	−80° F.	−90° F.
−400° F.	−240.0°C.	−245.6°C.	−251.1°C.	−256.7°C.	−262.2°C.	−267.8°C.	..	..	..	..
−300° F.	−184.4	−190.0	−195.6	−201.1	−206.7	−212.2	−217.8	−223.3	−228.9	−234.4
−200° F.	−128.9	−134.4	−140.0	−145.6	−151.1	−156.7	−162.2	−167.8	−173.3	−178.9
−100° F.	−73.33	−78.89	−84.44	−90.00	−95.56	−101.1	−106.7	−112.2	−117.8	−123.3
0° F.	−17.78	−23.33	−28.89	−34.44	−40.00	−45.56	−51.11	−56.67	−62.22	−67.78

	0° F.	10° F.	20° F.	30° F.	40° F.	50° F.	60° F.	70° F.	80° F.	90° F.
0° F.	−17.78°C.	−12.22°C.	−6.67°C.	−1.11°C.	4.44°C.	10.00°C.	15.56°C.	21.11°C.	26.67°C.	32.22°C.
100° F.	37.78	43.33	48.89	54.44	60.00	65.56	71.11	76.67	82.22	87.78
200° F.	93.33	98.89	104.4	110.0	115.6	121.1	126.7	132.2	137.8	143.3
300° F.	148.9	154.4	160.0	165.6	171.7	176.7	182.2	187.8	193.3	198.9
400° F.	204.4	210.0	215.6	221.1	226.7	232.2	237.8	243.3	248.9	254.4
500° F.	260.0	265.6	271.1	276.7	282.2	287.8	293.3	298.9	304.4	310.0
600° F.	315.6	321.1	326.7	332.2	337.8	343.3	348.9	354.4	360.0	365.6
700° F.	371.1	376.7	382.2	387.8	393.3	398.9	404.4	410.0	415.6	421.1
800° F.	426.7	432.2	437.8	443.3	448.9	454.4	460.0	465.6	471.1	476.7
900° F.	482.2	487.8	493.3	498.9	504.4	510.0	515.6	521.1	526.7	532.2
1000° F.	537.8	543.3	548.9	554.4	560.0	565.6	571.1	576.7	582.2	587.8
1100° F.	593.3	598.9	604.4	610.0	615.6	621.1	626.7	632.2	637.8	643.3
1200° F.	648.9	654.4	660.0	665.6	671.1	676.7	682.2	687.8	693.3	698.9
1300° F.	704.4	710.0	715.6	721.1	726.7	732.2	737.8	743.3	748.9	754.4
1400° F.	760.0	765.6	771.1	776.7	782.2	787.8	793.3	798.9	804.4	810.0
1500° F.	815.6	821.1	826.7	832.2	837.8	843.3	848.9	854.4	860.0	865.6
1600° F.	871.1	876.7	882.2	887.8	893.3	898.9	904.4	910.0	915.6	921.1
1700° F.	926.7	932.2	937.8	943.3	948.9	954.4	960.0	965.6	971.1	976.7
1800° F.	982.2	987.8	993.3	998.9	1004.4	1010.0	1015.6	1021.1	1026.7	1032.2
1900° F.	1037.8	1043.3	1048.9	1054.4	1060.0	1065.6	1071.1	1076.7	1082.2	1087.8

	0° F.	100° F.	200° F.	300° F.	400° F.	500° F.	600° F.	700° F.	800° F.	900° F.
2000° F.	1093.3°C.	1148.9°C.	1204.4°C.	1260.0°C.	1315.6°C.	1371.1°C.	1426.7°C.	1482.2°C.	1537.8°C.	1593.3°C.
3000° F.	1648.9	1704.4	1760.0	1815.6	1871.1	1926.7	1982.2	2037.8	2093.3	2148.9
4000° F.	2204.4	2260.0	2315.6	2371.1	2426.7	2482.2	2537.8	2593.3	2648.9	2704.4
5000° F.	2760.0	2815.6	2871.1	2926.7	2982.2	3037.8	3093.3	3148.9	3204.4	3260.0
6000° F.	3315.6	3371.1	3426.7	3482.2	3537.8	3593.3	3648.9	3704.4	3760.0	3815.6

Differences

1° F.	0.56°C.
2° F.	1.11°C.
3° F.	1.67°C.
4° F.	2.22°C.
5° F.	2.78°C.
6° F.	3.33°C.
7° F.	3.89°C.
8° F.	4.44°C.
9° F.	5.00°C.

For differences of 10°, 20°, 30°F., etc., multiply the given values by 10.

Examples.—

$-126°F. = -120° - 6°F.$
$= -84.44° - 3.33°C. = -87.8°C.$
$452°F. = 450° + 2°F.$
$= 232.2° + 1.11°C. = 233.3°C.$
$2870°F. = 2800° + 70°F.$
$= 1537.8° + 38.9°C. = 1576.7°C.$

B : Centigrade to Fahrenheit

	−0° C.	−10° C.	−20° C.	−30° C.	−40° C.	−50° C.	−60° C.	−70° C.	−80° C.	−90° C.
−200° C.	−328° F.	−346° F.	−364° F.	−382° F.	−400° F.	−418° F.	−436° F.	−454° F.	..	..
−100° C.	−148	−166	−184	−202	−220	−238	−256	−274	−292	−310
0° C.	+32	+14	−4	−22	−40	−58	−76	−94	−112	−130

	0° C.	10° C.	20° C.	30° C.	40° C.	50° C.	60° C.	70° C.	80° C.	90° C.
0° C.	32°F.	50°F.	68°F.	86° F.	104° F.	122° F.	140° F.	158° F.	176° F.	194° F.
100° C.	212	230	248	266	284	302	320	338	356	374
200° C.	392	410	428	446	464	482	500	518	536	554
300° C.	572	590	608	626	644	662	680	698	716	734
400° C.	752	770	788	806	824	842	860	878	896	914
500° C.	932	950	968	986	1004	1022	1040	1058	1076	1094
600° C.	1112	1130	1148	1166	1184	1202	1220	1238	1256	1274
700° C.	1292	1310	1328	1346	1364	1382	1400	1418	1436	1454
800° C.	1472	1490	1508	1526	1544	1562	1580	1598	1616	1634
900° C.	1652	1670	1688	1706	1724	1742	1760	1769	1814	

	0° C.	100° C.	200° C.	300° C.	400° C.	500° C.	600° C.	700° C.	800° C.	900° C.
1000° C.	1832° F.	2012° F.	2192° F.	2372° F.	2552° F.	2732° F.	2912° F.	3092° F.	3272° F.	3452° F.
2000° C.	3632	3812	3992	4172	4352	4532	4712	4892	5072	5252
3000° C.	5432	5612	5792	5972	6152	6332	6512	6692	6872	7052

Differences

1° C.	1.8° F.
2° C.	3.6° F.
3° C.	5.4° F.
4° C.	7.2° F.
5° C.	9.0° F.
6° C.	10.8°F
7° C.	12.6°F
8° C.	14.4°F
9° C.	16.2°F

For differences of 10°, 20°, 30°C., etc., multiply the given values by 10.

Examples. —

$-156°C. = -150° - 6°C.$
$= -238° - 10.8°F. = -248.8°F.$
$784°C. = 780° + 4°F.$
$= 1436° + 7.2°F. = 1443.2°F.$
$1650°C. = 1600° + 50°C.$
$= 2912° + 90°F. = 3002°F.$

Physical Constants

Quantity	Symbol	Value
Atmospheric pressure, normal	atm	1.01325×10^5 n/m^2
Atomic mass unit, unified	u	1.66024×10^{-27} kg
Avogadro number	N_A	6.02252×10^{23}/mole
Charge to mass ratio for electron	e/m_e	1.758796×10^{11} c/kg
Electron rest mass	m_e	9.1091×10^{-31} kg
		5.48597×10^{-4} u
Electron volt	ev	1.60207×10^{-19} j
Electrostatic constant	k	9.00×10^9 n m^2/c^2
Elementary charge	e	1.60210×10^{-19} c
Gas constant, universal	R	6.236×10^4 mm cm^3/g °K
		8.2057×10^{-2} l atm/mole °K
		8.3143×10^0 j/mole °K
Gravitational acceleration, standard	g	9.80665×10^0 m/sec^2
Mechanical equivalent of heat	J	4.1868×10^0 j/cal
Neutron rest mass	m_n	1.67482×10^{-27} kg
		1.0086654×10^0 u
Planck's constant	h	6.6256×10^{-34} j sec
Proton rest mass	m_p	1.67252×10^{-27} kg
		1.00727663×10^0 u
Speed of light in a vacuum	c	2.997925×10^8 m/sec
Speed of sound in air at S.T.P.	v	3.3145×10^2 m/sec
Universal gravitational constant	G	6.673×10^{-11} n m^2/kg^2
Volume of ideal gas, standard	V_0	2.24136×10^1 l/mole

Surface Tension of Various Liquids

Liquid	In contact with	Temp. (°C)	Surface Tension (n/m)
Carbon disulfide	vapor	20	3.233×10^{-2}
Carbon tetrachloride	vapor	20	2.695×10^{-2}
Ethyl alcohol	air	0	2.405×10^{-2}
Ethyl alcohol	vapor	30	2.189×10^{-2}

Coefficient of Linear Expansion

(Increase in length per unit length per Celsius degree)

Material	Coefficient ($\Delta l/l$ C°)	Temperature (°C)
Aluminum	23.8×10^{-6}	20–100
Brass	19.30×10^{-6}	0–100
Copper	16.8×10^{-6}	25–100
Glass, tube	8.33×10^{-6}	0–100
crown	8.97×10^{-6}	0–100
pyrex	3.3×10^{-6}	20–300
Gold	14.3×10^{-6}	16–100
Iron, soft	12.10×10^{-6}	40
steel	10.5×10^{-6}	0–100
Invar (nickel steel)	0.9×10^{-6}	20
Lead	29.40×10^{-6}	18–100
Magnesium	26.08×10^{-6}	18–100
Platinum	8.99×10^{-6}	40
Quartz, fused	0.546×10^{-6}	0–800
Silver	18.8×10^{-6}	20
Tin	26.92×10^{-6}	18–100
Zinc	26.28×10^{-6}	10–100

The coefficient of cubical expansion may be taken as three times the linear coefficient.

Relative Density and Volume of Water

The mass of one cm³ of water at 4°C is taken as unity.
The values given are numerically equal to the absolute density in g/ml.

T (°C)	D (g/cm³)	V (cm³/g)	T (°C)	D (g/cm³)	V (cm³/g)
−10	0.99815	1.00186	45	0.99025	1.00985
−5	0.99930	1.00070	50	0.98807	1.01207
0	0.99987	1.00013	55	0.98573	1.01448
+1	0.99993	1.00007	60	0.98324	1.01705
2	0.99997	1.00003	65	0.98059	1.01979
3	0.99999	1.00001	70	0.97781	1.02270
4	1.00000	1.00000	75	0.97489	1.02576
5	0.99999	1.00001	80	0.97183	1.02899
+10	0.99973	1.00027	85	0.96865	1.03237
15	0.99913	1.00087	90	0.96534	1.03590
20	0.99823	1.00177	95	0.96192	1.03959
25	0.99707	1.00294	100	0.95838	1.04343
30	0.99567	1.00435	110	0.9510	1.0515
35	0.99406	1.00598	120	0.9434	1.0601
40	0.99224	1.00782	150	0.9173	1.0902

Heat of Vaporization of Saturated Steam

Temp. (°C)	Pressure (mm Hg)	Heat of Vaporization (cal/g)	Temp. (°C)	Pressure (mm Hg)	Heat of Vaporization (cal/g)
95	634.0	541.9	101	787.5	538.1
96	657.7	541.2	102	815.9	537.4
97	682.1	540.6	103	845.1	536.8
98	707.3	539.9	104	875.1	536.2
99	733.3	539.3	105	906.1	535.6
100	760.0	538.7			

Surface Tension of Water Against Air

Temp. (°C)	Surface Tension (n/m)
−8	7.70×10^{-2}
−5	7.64×10^{-2}
0	7.56×10^{-2}
+5	7.49×10^{-2}
10	7.42×10^{-2}
15	7.35×10^{-2}
18	7.30×10^{-2}
20	7.28×10^{-2}
25	7.20×10^{-2}
30	7.12×10^{-2}
40	6.96×10^{-2}
50	6.79×10^{-2}
60	6.62×10^{-2}
70	6.44×10^{-2}
80	6.26×10^{-2}
100	5.89×10^{-2}

Equilibrium Vapour Pressure of Water

Temp. (°C)	Pressure (mm Hg)	Temp. (°C)	Pressure (mm Hg)	Temp. (°C)	Pressure (mm Hg)
0	4.6	25	23.8	90	525.8
5	6.5	26	25.2	95	633.9
10	9.2	27	26.7	96	657.6
15	12.8	28	28.3	97	682.1
16	13.6	29	30.0	98	707.3
17	14.5	30	31.8	99	733.2
18	15.5	35	42.2	100	760.0
19	16.5	40	55.3	101	787.5
20	17.5	50	92.5	103	845.1
21	18.7	60	149.4	105	906.1
22	19.8	70	233.7	110	1074.6
23	21.1	80	355.1	120	1489.1
24	22.4	85	433.6	150	3570.5

Coefficient of Volume Expansion

(Increase in Unit Volume per Celsius Degree at 20° C)

Liquid	*Coefficient*
Acetone	14.87×10^{-4}
Alcohol, ethyl	11.2×10^{-4}
Benzene	12.37×10^{-4}
Carbon disulfide	12.18×10^{-4}
Carbon tetrachloride	12.36×10^{-4}
Chloroform	12.73×10^{-4}
Ether	16.56×10^{-4}
Glycerol	5.05×10^{-4}
Mercury	1.82×10^{-4}
Petroleum	9.55×10^{-4}
Turpentine	9.73×10^{-4}
Water	2.07×10^{-4}

Tensile Strength of Metals

(The values given are median values, not absolute values)

Metal	*Tensile Strength* (n/m^2)
Aluminum wire	2.4×10^{8}
Copper wire, hard drawn	4.8×10^{8}
Iron wire, annealed	3.8×10^{8}
Iron wire, hard drawn	6.9×10^{8}
Lead, cast or drawn	2.1×10^{8}
Platinum wire	3.5×10^{8}
Silver wire	2.9×10^{8}
Steel (minimum)	2.8×10^{8}
Steel wire (maximum)	32×10^{8}

Density and Specific Gravity of Gases

($T = 0°C$; $p = 760$ mm Hg) (Air standard for specific gravity)

Gas		*Density* (g/l)	*Sp. Gr.*
Acetylene	C_2H_2	1.17910	0.91202
Air, dry, CO_2 free		1.29284	1.00000
Ammonia	NH_3	0.77126	0.5965
Argon	Ar	1.78364	1.3796
Chlorine	Cl_2	3.214	2.486
Carbon dioxide	CO_2	1.9769	1.529
Carbon monoxide	CO	1.25004	0.9669
Ethane	C_2H_6	1.3562	1.0490
Helium	He	0.17846	0.138
Hydrogen	H_2	0.08988	0.06952
Hydrogen chloride	HCl	1.6392	1.268
Methane	CH_4	0.7168	0.5544
Neon	Ne	0.89990	0.6960
Nitrogen	N_2	1.25036	0.9671
Oxygen	O_2	1.42896	1.1053
Sulfur dioxide	SO_2	2.9262	2.263

Index of Refraction

($\lambda = 5893$ Å;
Temperature = 20°C *except as noted*)

Material	*Refractive Index*
Air, dry (S.T.P.)	1.00029
Alcohol, ethyl	1.360
Benzene	1.501
Canada balsam	1.530
Carbon dioxide (S.T.P.)	1.00045
Carbon disulfide	1.625
Carbon tetrachloride	1.459
Diamond	2.417
Glass, crown	1.517
flint	1.575
Glycerol	1.475
Lucite	1.50
Quartz, fused	1.45845
Water, distilled	1.333
Water vapor (S.T.P.)	1.00025

Resistivity

(*Temperature* = 20° C)

Material	*Resistivity* (Ω cm)	*Melting Point* (°C)
Advance	48×10^{-6}	1190
Aluminum	2.828×10^{-6}	660
Brass	7.00×10^{-6}	900
Climax	87×10^{-6}	1250
Constantan (Cu 60, Ni 40)	44.1×10^{-6}	1190
Copper	1.724×10^{-6}	1083
German silver (Cu 55, Zn 25, Ni 20)	33×10^{-6}	1100
Gold	2.44×10^{-6}	1063
Iron	$1\bar{0} \times 10^{-6}$	1535
Magnesium	4.6×10^{-6}	651
Manganin (Cu 84, Mn 12, Ni 4)	44×10^{-6}	910
Mercury	95.78×10^{-6}	−39
Monel metal	42×10^{-6}	1300
Nichrome	$15\bar{0} \times 10^{-6}$	1500
Nickel	7.8×10^{-6}	1452
Nickel silver (Cu 57, Ni 43)	49×10^{-6}	1190
Platinum	$1\bar{0} \times 10^{-6}$	1769
Silver	1.629×10^{-6}	961
Tungsten	5.51×10^{-6}	3410

The Elements and their Physical Properties

Atomic number	Element and Symbol		Atomic weight* (C_{12} standard)	Density* gm/cc	Melting point	Boiling point	Valency	Number of isotopes	Discoverer	Date of discovery
89	Actinium (Ac)	الاكتنيوم (كت)	227	—	—		3	7	A. Debierne	(1899)
13	Aluminium (Al)	الالومنيوم (لو)	26.98	2.7	660	2330	3	7	Œrsted	(1825)
95	Americium (Am)	الأمريكيوم (مر)	(243)	11.7	850	260	3	8	G. Seaborg & others	(1944)
51	Antimony (Sb)	الأنتيمون (نت)	121.75	6.7	630	1440	3 & 5	18	16 *th* Cent. Alchemists	
18	Argon (A or Ar)	الأرجون (جو)	39.948	1.41–188°C	— 189	— 185.8	—	7	J. Rayleigh & W. Ramsay	(1894)
33	Arsenic (As)	الزرنيخ (ز)	74.92	5.7	817 (at 35.8 atm.)	at 610	3 & 5	11	13 *th* Cent.	
85	Astatine (At)	الإستاتين (ستا)	210	—	—		1	7	Corson & others	(1940)
56	Barium (Ba)	الباريوم (با)	137.34	3.5	710	1640	2	16	H. Davy	(1808)
97	Berkelium (Bk)	البركليوم (بك)	249	—	—		3	6	S. Thompson & others	(1949)
4	Beryllium (Be)	البريليوم (بير)	9.0122	1.8	1280	3000	2	4	N. Vauquelin	(1798)
83	Bismuth (Bi)	البزموث (ز)	208.98	9.8	271.3	1560	3 & 5	12	Medieval	
5	Boron (B)	البورون (ب)	10.811	2.3	2300	2550	3	4	H. Davy	(1808)
35	Bromine (Br)	البروم (بر)	79.902	3.1	— 7.3	58.80	[illegible]	18	A. Balard	(1826)
48	Cadmium (Cd)	الكادميوم (كد)	112.40	8.6	321	767	2	18	F. Stromeyer	(1817)
55	Caesium (Cs) (= *Cesium*)	السيزيوم (سز)	132.905	1.9	28	690	1	15		
20	Calcium (Ca)	الكالسيوم (كا)	40.08	1.5	842	1440	2	11	H. Davy	(1808)
98	Californium (Cf)	الكاليفورنيوم (كف)	(251)	—	—		3	7	S. Thompson & others	(1950)
6	Carbon (C)	الكربون (ك)	12.011	2.25–3.52	3500	at 4350	4	6	Prehistoric	
58	Cerium (Ce)	السيريوم (سر)	140.12	6.92	675	1400	3 & 4	13	J. Berzelius & W. d'Hisinger / M. Klaproth (*independently*)	(1803) / (1803)
17	Chlorine (Cl)	الكلور (كل)	35.453	1.6/–34.1°C	—101	— 34.1	1	10	K. Scheele	(1774)
24	Chromium (Cr)	الكروم (كر)	51.996	7.1	1900	2300	3 & 6	8	N. Vauquelin	(1797)
27	Cobalt (Co)	الكوبلت (كو)	58.93	8.9	1492	3520	2	10	G. Brandt	(1735)
29	Copper (Cu)	النحاس (نح)	63.54	8.96	1083	2580	1 & 2	10	Prehistoric	
96	Curium (Cm)	الكوريوم (كم)	(248)	—	—		3	7	G. Seaborg & others	(1944)
66	Dysprosium (Dy)	الديسبروسيوم (يس)	162.50	8.5	1500		3	12	L. De Boisbaudran	(1886)
99	Einsteinium (Es)	الأينشتينيوم (ش)	(254)	—	—		3	10	A. Ghiorso & others	(1952)
68	Erbium (Er)	الأربيوم (بيو)	167.26	—	1525		3	10	C. Mosander	(1843)
63	Europium (Eu)	اليوروبيوم (ير)	151.96	5.1	1150		3	12	E. Demarcay	(1901)
100	Fermium (Fm)	الفرميوم (فم)	(253)	—	—		3	7	A. Ghiorso & others	(1953)

* Atomic weights in parentheses indicate most stable isotopes.
* Densities are expressed in g/ml, at 20°C, unless otherwise stated.

The Elements and Their Physical Properties — *continued*

Atomic number	Element and Symbol	Atomic weight (C_{12} standard)	Density gm/cc	Melting point	Boiling point	Valency	Number of isotopes	Discoverer	Date of discovery
9	Fluorine (F) الفلور (فل)	18.994	1.1′-200 C°	—	— 187	1	4	K. Scheele	(1771)
87	Francium (Fr) الفرانسيوم (فر)	(223)	—	—		1	5	M. Perey	(1939)
64	Gadolinium (Gd) الجادولينيوم (جد)	157.25	—	1320		3	14	J. C. De Marignac	(1880)
31	Gallium (Ga) الجاليوم (جا)	69.72	5.97	29.8	2100	3	10	L. De Boisbaudran	(1875)
32	Germanium (Ge) الجرمانيوم (جر)	72.59	5.3	958	(*volat.* 2700)	4	13	C. Winkler	(1886)
79	Gold (Au) الذهب (ذ)	196.967	19.3	1036	2660	1 & 3	14	Prehistoric	
72	Hafnium (Hf) الهفنيوم (هف)	178.49	13.1	2000	> 3200	4	11	D. Coster & G. Hevesy	(1923)
2	Helium (He) الهيليوم (ه)	4.0026	0.12/-4.22°K	— 272	— 268.94	—	3	W. Ramsay	(1895)
67	Holmium (Ho) الهوليوم (هو)	164.930	8.8	1500		3	6	S. Soret P. Cleve (*independently*)	(1878) (1879)
1	Hydrogen (H) الهيدروجين (يد)	1.00797	0.07/-253° C	— 2592	— 252.7	1	3	H. Cavendish	(1766)
49	Indium (In) الانديوم (ند)	114.82	7.3	156.4	2100	3	19	F. Reich & T. Richter	(1861)
53	Iodine (I) اليود (ي)	126.9044	113.6	—	184.35	1	7	B. Courtois	(1811)
77	Iridium (Ir) الأريديوم (يم)	192.2	22.4	2443	4350	3	10	S. Tennant	(1804)
26	Iron (Fe) الحديد (ح)	55.857	7.9	1535	2800	2 & 3	8	Prehistoric	
36	Krypton (Kr) الكربتون (كير)	83.8	2.16/-146° C	— 157.3	— 152.9	—	19	W. Ramsay & M. Travers	(1898)
104	Kurchatovium (Ku)* كورشتوفيوم (كشت)*								
57	Lanthanum (La) اللنثانوم (لن)	138.92	6.2	810	4000 (?)	3	8	C. Mosander	(1839)
103	Lawrencium (Lw) اللورنسيوم (لر)*	(257)	—	—		3		A. Ghiorso & others	(1961)
82	Lead (Pb) الرصاص (ر)	207.19	11.3	327.3	1755	2 & 4	24	Prehistoric	
3	Lithium (Li) الليثيوم (لث)	6.939	0.53	186	1380	1	4	A. Arfevdson	(1817)
71	Lutetium (Lu) اللوتشيوم (لت)	174.970	9.7	1700		3	5	C. Welsbach G. Urbain	(1907) (1906)
12	Magnesium (Mg) المغنسيوم (مغ)	24.312	1.7	650	1105	2	6	H. Davy	(1808)
25	Manganese (Mn) المنغنيز (م)	54.938	—	—	2150	2 & 7	9	K. Scheele	(1774)
101	Mendelevium (Mv) المندلفيوم (مف)	(256)	—	—		3	1	A. Ghiorso & others	(1955)
80	Mercury (Hg) الزئبق (ز)	200.59	13.55	— 38.87	356.58	1 & 2	16	Prehistoric	

* الرمز العربي من وضعي اذ لم أعثر على رمز مجمعي لهذا العنصر

The Elements and Their Physical Properties — continued

Atomic number	Element and Symbol		Atomic weight (C_{12} standard)	Density gm/cc	Melting point	Boiling point	Valency	Number of isotopes	Discoverer	Date of discovery
42	Molybdenum (Mo)	الموليبدنوم (مو)	95.94	10.2	2620	4800	3 & 6	15	K. Scheele	(1782)
60	Neodymium (Nd)	النيوديميوم (نيو)	144.24	6.9	—		3	13	C. Welsbach	(1885)
10	Neon (Ne)	النيون (ني)	20.183	1.2/-246° C	— 2486	— 246.09	—	7	W. Ramsay & M. Travers	(1898)
93	Neptunium (Np)	النبتونيوم (نب)	(237)	20.5	640		4 & 5	8	E. McMillan & P. Abelson	(1940)
28	Nickel (Ni)	النيكل (نك)	58.71	8.9	1453	2800	2	11	A. Cronstedt	(1751)
41	Niobium (Nb)	النيوبيوم (نيب)	92.906	8.6	—	3300	3 & 5	15	C. Hatchett	(1801)
7	Nitrogen (N)	النتروجين (ن)	14.0067	0.81/-196°C	— 210	— 195.808	3	6	D. Rutherford	(1772)
102	Nobelium (No)	النوبليوم (نل)*	(254)	—	—		3	1	P. Fields & others A. Ghiorso & others	(1957) (1958)
76	Osmium (Os)	الأزميوم (مز)	190.2	22.48	2700	4400	4 & 3	13	S. Tennant	(1804)
8	Oxygen (O)	الأكسجين (أ)	15.9994	1.13/-184°C	— 218.8	— 182.97	2	6	J. Priestley & K. Scheele	(1774)
46	Palladium (Pd)	البلاديوم (بلد)	106.4	12	1552	3560	2 & 4	17	W. Wollaston	(1803)
15	Phosphorus (P)	الفسفور (فو)	30.9738	1.82	44.2	280	3 & 5	7	H. Brand	(1669)
78	Platinum (Pt)	البلاتين (بلا)	195.09	21.45	—	4000	2 & 4	11	D. De Ulloa	(1735)
94	Plutonium (Pu)	البلوتونيوم (بلو)	(242)	16	635	3235	4	11	G. Seaborg & others	(1940)
84	Polonium (Po)	البولونيوم (بل)	210	—	—		2	12	P. & M. Curie	(1898)
19	Potassium (K)	البوتاسيوم (بو)	39.102	0.86	63.2	760	1	8		
59	Praseodymium (Pr)	البراسوديميوم (بس)	140.92	6.5	940	3000	3	8	C. Welsbach	(1885)
61	Promethium (Pm)	البروميثيوم (مث)	(147)	—	—		3	7	J. Marinsky & others	(1945)
91	Protoactinium (Pa)	البروتوا كتنيوم (بت)	231	—	—		5	9	F. Soddy & J. Cranston O. Hahn & L. Meitner	(1913) (1917)
88	Radium (Ra)	الراديوم (ر)	226.05	5	700	1140	2	8	P. & M. Curie	(1898)
86	Radon (Rn)	الرادون (د)	222	4.4	— 71	— 61.8	—	6	E. Rutherford (*thoron isotope*) E. Dorn (*radon isotope*)	(1899) (1900)
75	Rhenium (Re)	الرنيوم (نيم)	186.31	—	—	5530	4 & 7	7	W. Noddack & I. Tacke	(1925)
45	Rhodium (Rh)	الروديوم (يمو)	102.905	12.4	—	c. 4000	3	13	W. Wollaston	(1803)
37	Rubidium (Rb)	الروبيديوم (بيد)	85.47	1.5	38.8	680	1	16	R. Bunsen & G. Kirchhoff	(1861)
44	Ruthenium (Ru)	الروثنيوم (ثم)	101.07	12.2	2400	4100	3 & 8	13	K. Claus	(1845)

* الرمز العربي من وضعي اذ لم أعثر على رمز مجمعي لهذا العنصر

The Elements and Their Physical Properties — *continued*

Atomic number	Element and Symbol		Atomic weight (C_{12} standard)	Density gm/cc	Melting point	Boiling point	Valency	Number of isotopes	Discovorer	Date of discovery
62	Samarium (Sm)	السماريوم (سم)	150.35	7.5	1052		3	14	L. De Boisbaudran	(1879)
21	Scandium (Sc)	السكانديوم (سك)	44.956	3	1200	2400	3	11	L. Nilson	(1879)
34	Selenium (Se)	السلنيوم (سل)	78.96	4.8	217	684.8	2 & 6	16	J. Berzelius	(1817)
14	Silicon (Si)	السليكون (س)	28.086	2.4	1410	2400	4	6	J. Berzelius	(1823)
47	Silver (Ag)	الفضة (ف)	107.87	10.5	960.8	2190	1	16	Prehistoric	
11	Sodium (Na)	الصوديوم (ص)	22.9898	0.97	97.8	880	1	6	H. Davy	(1807)
38	Strontium (Sr)	السترنشيوم (ست)	87.62	2.6	770	1360	2	13	H. Davy	(1808)
16	Sulphur (S)	الكبريت (كب)	32.064	2.1 (*rhombic*)	119 (*monoclinic*)	444.60	2 & 6	7	Prehistoric	
73	Tantalum (Ta)	التنتالم (تا)	180.948	16.6	3000	> 4100	5	11	A. Eckeberg	(1802)
43	Technetium (Tc)	التكنتيوم (تك)	(99)	—	—		4 & 7	14	C. Perrier & E. Segré	(1937)
52	Tellurium (Te)	التلوريوم (تيل)	127.60	6.2	450	1390	2 & 6	22	M. Von Reichenstein	(1782)
65	Terbium (Tb)	التربيوم (تر)	158.924	—	3		3	8	C. Mosander	(1843)
81	Thallium (Tl)	الثاليوم (ثا)	204.37	11.85	304	1460	1 & 3	16	W. Crookes	(1861)
90	Thorium (Th)	الثوريوم (ثو)	232.038	11.5	1700	3500	4	9	J. Berzelius	(1829)
69	Thulium (Tm)	الثوليوم (ثل)	168.934	9.3	1600		3	7	P. Cleve	(1879)
50	Tin (Sn)	القصدير (ق)	118.69	7.3	231.9	2337	2 & 4	21	Prehistoric	
22	Titanium (Ti)	التيتانيوم (تي)	47.90	4.5	1680	3200	3 & 4	8	W. Gregor	(1789)
74	Tungsten (W)	التنجستن (تن)	183.85	19.3	3380	5900	6	10	J. & F. D'Elhujar	(1783)
92	Uranium (U)	اليورانيوم (يو)	238.03	19.05	1133	3818	4 & 6	12	M. Klaproth	(1789)
23	Vanadium (V)	الفاناديوم (فا)	50.942	6.1	1730	3530	3 & 5	7	N. Sefström	(1830)
54	Xenon (Xe)	الزنون (نو)	131.30	3.5/-109°C	— 111.9	— 108.0	—	22	W. Ramsay & M. Travers	(1898)
70	Ytterbium (Yb)	الإيتربيوم (يت)	173.04	7	—	2500	3	11	C. Marignac	(1878)
39	Yttrium (Y)	الإتريوم (يتر)	88.905	4.6	1500	2500	3	12	J. Gadolin	(1794)
30	Zinc (Zn)	الخارصين (الزنك) (خ)	65.37	7.1	419.5	910	2	13	Medieval	
40	Zirconium (Zr)	الزركونيوم (كن)	91.22	6.5	1850	> 2900	4	12	M. Klaproth	(1789)

Periodic Table of the Elements

Period	I	II											III	IV	V	VI	VII	Noble gases VIII
	Metals		**Transition Elements**										**Nonmetals**					
1	1.00797 H 1																	4.0026 He 2
2	6.939 Li 3	9.0122 Be 4											10.811 B 5	12.01115 C 6	14.0067 N 7	15.9994 O 8	18.9984 F 9	20.183 Ne 10
3	22.9898 Na 11	24.312 Mg 12											26.9815 Al 13	28.086 Si 14	30.9738 P 15	32.064 S 16	35.453 Cl 17	39.948 Ar 18
4	39.102 K 19	40.08 Ca 20	44.956 Sc 21	47.90 Ti 22	50.942 V 23	51.996 Cr 24	54.9380 Mn 25	55.847 Fe 26	58.9332 Co 27	58.71 Ni 28	63.546 Cu 29	65.37 Zn 30	69.72 Ga 31	72.59 Ge 32	74.9216 As 33	78.96 Se 34	79.904 Br 35	83.80 Kr 36
5	85.47 Rb 37	87.62 Sr 38	88.905 Y 39	91.22 Zr 40	92.906 Nb 41	95.94 Mo 42	[99*] Tc 43	101.07 Ru 44	102.905 Rh 45	106.4 Pd 46	107.868 Ag 47	112.40 Cd 48	114.82 In 49	118.69 Sn 50	121.75 Sb 51	127.60 Te 52	126.9044 I 53	131.30 Xe 54
6	132.905 Cs 55	137.34 Ba 56	Lanthanide Series 174.97 Lu 71	178.49 Hf 72	180.948 Ta 73	183.85 W 74	186.2 Re 75	190.2 Os 76	192.2 Ir 77	195.09 Pt 78	196.967 Au 79	200.59 Hg 80	204.37 Tl 81	207.19 Pb 82	208.980 Bi 83	[210*] Po 84	[210] At 85	[222] Rn 86
7	[223] Fr 87	[226] Ra 88	Actinide Series [257] Lr 103	Ku 104														

Groups in vertical columns.
Periods in horizontal rows.

Electrons in principal energy levels are shown as small numbers in each box.

Rare Earth Elements

Lanthanide Series													
138.91 La 57	140.12 Ce 58	140.907 Pr 59	144.24 Nd 60	[147*] Pm 61	150.35 Sm 62	151.96 Eu 63	157.25 Gd 64	158.924 Tb 65	162.50 Dy 66	164.930 Ho 67	167.26 Er 68	168.934 Tm 69	173.04 Yb 70

Actinide Series													
[227] Ac 89	232.038 Th 90	[231] Pa 91	238.03 U 92	[237] Np 93	[242] Pu 94	[243] Am 95	[247] Cm 96	[249*] Bk 97	[251] Cf 98	[254] Es 99	[253] Fm 100	[256] Md 101	[254] No 102

Atomic numbers below symbols.
Mass numbers above symbols.

A value given in brackets denotes the mass number of the isotope of longest known half-life, or for those marked with an asterisk, a better known one.

Geological Time Scale جدول الأَزمنة الجيولوجية

MILLIONS OF YEARS BEFORE THE PRESENT (ESTIMATES REVISED IN 1961)

Age in Years الزمن بملايين السنين قبل العصر الحاضر	Era الحُقب		Period or Epoch العصر			Important Events الاحداث الهامـــة
	CENOZOIC حقبُ الحيـــاة الحديثة	QUATERNARY الحقب الرابع	NEOGENE النيو جـــين	HOLOCENE	الهولوسين	العصر الحاضر
1.0 ±.5				PLEISTOCENE	البلستوسين	انواع متعددة من الإنسان الاول – امتداد مُتكرِّر للرؤوس الثلجية في المناطق القطبية والمعتدلة الشمالية – ارتفاع اجمالي للقارات – جبال عالية – الصحارى تغطي أقساماً كبيرة من الارض .
13 ±1		TERTIARY الحقب الثالث		PLIOCENE	البِليُوسين	ثدييَّات أقرب ما تكون الى الانواع الحاليــة – الإنسان الاول – تحاتٌّ شديد وتكوُّن السهول المنبسطة – ارتفاع الجبال (الألب والهملايا) .
25 ±1				MIOCENE	الميُوسين	تحوُّل نحو برودة المناخ – مُناخ جاف في معظم أنحاء الكرة الأرضية .
36 ±2			PALEOGENE الباليوجين	OLIGOCENE	الأوليچوسين	تكاثُر مستمر للثدييات الضخمة – بدء تكون الجبال (الألب والهملايا) .
58 ±2				EOCENE	الأيُوسين	ظروف بحرية قارّيــة مُتعاقبة – تكاثُر الحشرات وتنوُّعها – أول الخفافيش – تكون الكهرمان – مُناخ دافىء ومنتظم – أدغال وأحراج واسعة الانتشار .
63 ±2				PALEOCENE	الپالْيُوسين	أول الثدييات اللاَّجِرابية .
135 ±5	MESOZOIC حقبُ الحياة الوسطى			CRETACEOUS	الطباشيري	أقصى درجات تطوُّر الدينصورات – تكاثُر الطيور – ثدِييَّات شبيهة بالأوپوسُوم الجِرابيّ – المياه تغمر معظم الجزر البريطانية – ترسُّبات طباشيرية كثيفة .
181 ±5				JURASSIC	الجُوراسي	مناخ لطيف ومنتظم في مناطق واسعة من الارض – تكون الصخور الحديدية السرئية – تكاثُر الزواحف المائية – ظهور الدينصورات الضخمة – أول أنواع الطيور .
230 ±10				TRIASSIC	الثلاثي	صحارَى شاسعة وبُحور لا حياة فيها – ظهور العَظائيات – رواسب شِشَير المِلحيَّة .
280 ∓10	PALEOZOIC حقبُ الحيـــاة القديمة			PERMIAN	البرمي	ظروف قارِّية صحراوية – ظهور الزواحف والثدييات – أول أنواع السلاحف .
345 ±10				CARBONIFEROUS	الكربوني	فترة التكون العظمى للفحم الحجري في مناطق المستنقعات – الحشرات الأولى – ظهور الاحياء البرمائية – مستنقعات فحمية في معظم أنحاء العالم – غَمر بحريّ واسع الانتشار – ترسُّبات كثيفة من الحجر الكلسي .
405 ±10				DEVONIAN	الديڤوني	ظروف قارية جافة – تكاثُر الاسماك وسواها من الاحياء البحرية – تحاتٌّ الجبال الكلدونية – ترسُّبات كثيفة من الحجر الرملي الاحمر والقَضَّة المتكتّلة .
425 ±10				SILURIAN	السِّيلوري	تسطُّح في الطَيَّات المقعَّرة الهائلة – أول الأسماك – عقارب بحرية ضخمة – تكوُّن الجبال الكلدونية – غابات المستنقعات .
500 ±10				ORDOVICIAN	الأردوڤيسي	أنواع عديدة من اللافقاريات البحرية – نباتات حَرشَفيَّة .
~600				CAMBRIAN	الكَمبري	أنواع مختلفة من اللافقاريات البحرية – الطقس إجمالا لطيف ومنتظم .
1,100 1,850	ARCHAEOZOIC حقب الحياة العتيقة			PROTEROZOIC	طلائع الاحياء	الفُطريَّات – البكتريا – الطحالب .
3,500 4,500				ARCHEAN	العصر الأركي	أقدم الصخور المعروفة – نشأة الأرض .

Symbols for Geologic Maps

Contact, showing dip	
Contact, vertical (left) and overturned	
Contact, located approximately (give limits)	
Contact, located very approximately	
Gradational contact (a new symbol)	
Contact, projected beneath mapped units	
Fault, showing dips	
Fault, located approximately (give limits)	
Fault, existence uncertain	
Fault, projected beneath mapped units	
Possible fault (as located from aerial photographs)	
Fault, showing trend and plunge of linear features (D, downthrown side; U, upthrown side)	
Fault, showing relative horizontal movement	
Thrust faults; T or sawteeth in upper plate	
Fault zones, showing average dips	
Normal fault; hachures on downthrown side	
Anticline (top) and syncline, showing trace of axial plane and plunge of axis; dashed where located approximately	
Anticline, existence uncertain	
Anticline, projected beneath mapped units	
Asymmetric anticline; steeper limb to south	
Overturned anticline (top) and syncline, showing trend and plunge of axis	
Overturned anticline, showing dip of axial plane	
Doubly plunging anticline, showing culmination	
Vertically plunging anticline	
Inverted (synformal) anticline	
Monocline or flexure in homocline	
Axial trend of small anticline (left) and syncline	
Axial trend of folds that are too small to plot individually; patterns show general shapes of folds in profile	
Strike and dip of bedding	
Strike and dip of overturned bedding	
Strike and dip of bedding where tops of beds are shown by primary features	
Strike of vertical bedding; stratigraphic tops to north	
Horizontal bedding	
Undulatory or crumpled beds	
Strike and dip of bedding, uncertain	
Strike of bedding certain but dips uncertain	
Strike and dip of foliations	
Strike of vertical foliations	
Horizontal foliations	
Strike and dip where bedding parallels foliation	
Strike and dip of joints (left) and veins or dikes	
Strike of vertical joints (left) and veins or dikes	
Horizontal joints (left) and veins or dikes	
Trace (left) and mapped shape of ore vein	
Body of high-grade ore, with stipples showing wall-rock alteration	
Body of low-grade ore	
Trend and plunge of lineation	
Vertical lineation	
Trend of horizontal lineation	
Trend of intersection of cleavage and bedding	
Trends of intersections of two cleavages	
Trends of pebble, mineral, etc., lineations	
Trends of lineations lying in planes of foliations	
Trends of horizontal lineations lying in planes of foliations	
Vertical lineation and foliation	

FOR SMALL-SCALE MAPS

Shafts, vertical (left) and inclined	
Adits, open (left) and inaccessible	
Trench (left) and prospect	
Mine, quarry, or glory hole	
Sand, gravel, or clay pit	
Oil well (left) and gas well	
Well drilled for oil or gas, dry	
Wells with shows of oil (left) and gas	
Oil or gas well, abandoned (left) and shut in	
Water wells; flowing (left), nonflowing, and dry (right)	
Dump, showing track	
Shafts at surface, vertical (left) and inclined	
Shaft extending through a level (left), and bottom of shaft	
Inclined shaft, with chevrons pointing down	
Raise or winze, head (left) and foot	
Raise or winze extending through a level	
Level working, showing ore chute (left) and inaccessible area	
Lagging or cribbing along working, with filled area to right	
Drill holes, horizontal (left) and inclined at 30° (showing horizontal projection of end of hole)	

Lithologic Symbols for Cross Sections and Columnar Sections

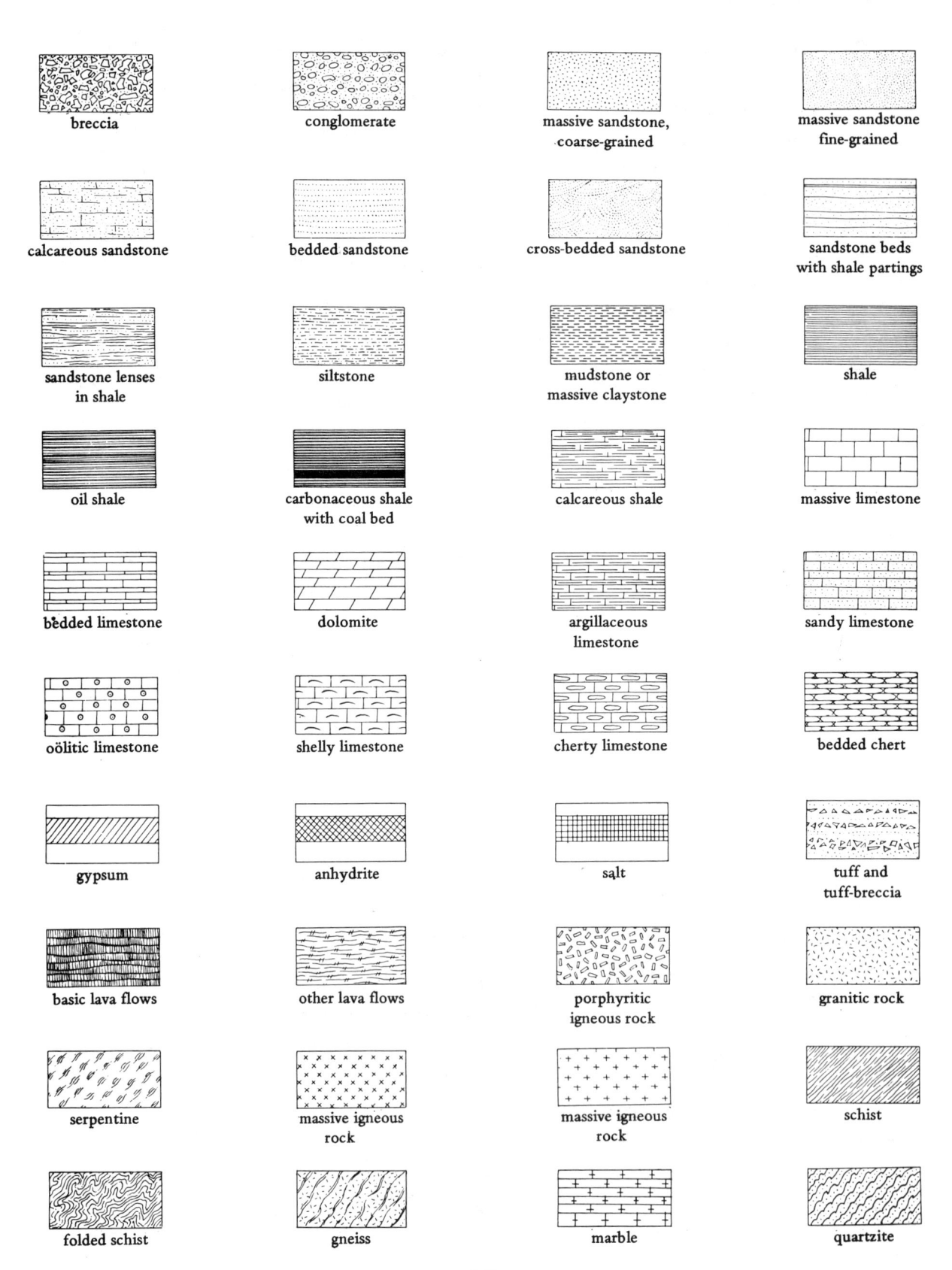

breccia	conglomerate	massive sandstone, coarse-grained	massive sandstone fine-grained
calcareous sandstone	bedded sandstone	cross-bedded sandstone	sandstone beds with shale partings
sandstone lenses in shale	siltstone	mudstone or massive claystone	shale
oil shale	carbonaceous shale with coal bed	calcareous shale	massive limestone
bedded limestone	dolomite	argillaceous limestone	sandy limestone
oölitic limestone	shelly limestone	cherty limestone	bedded chert
gypsum	anhydrite	salt	tuff and tuff-breccia
basic lava flows	other lava flows	porphyritic igneous rock	granitic rock
serpentine	massive igneous rock	massive igneous rock	schist
folded schist	gneiss	marble	quartzite

Charts for Estimating Percentage Composition of Rocks and Sediments

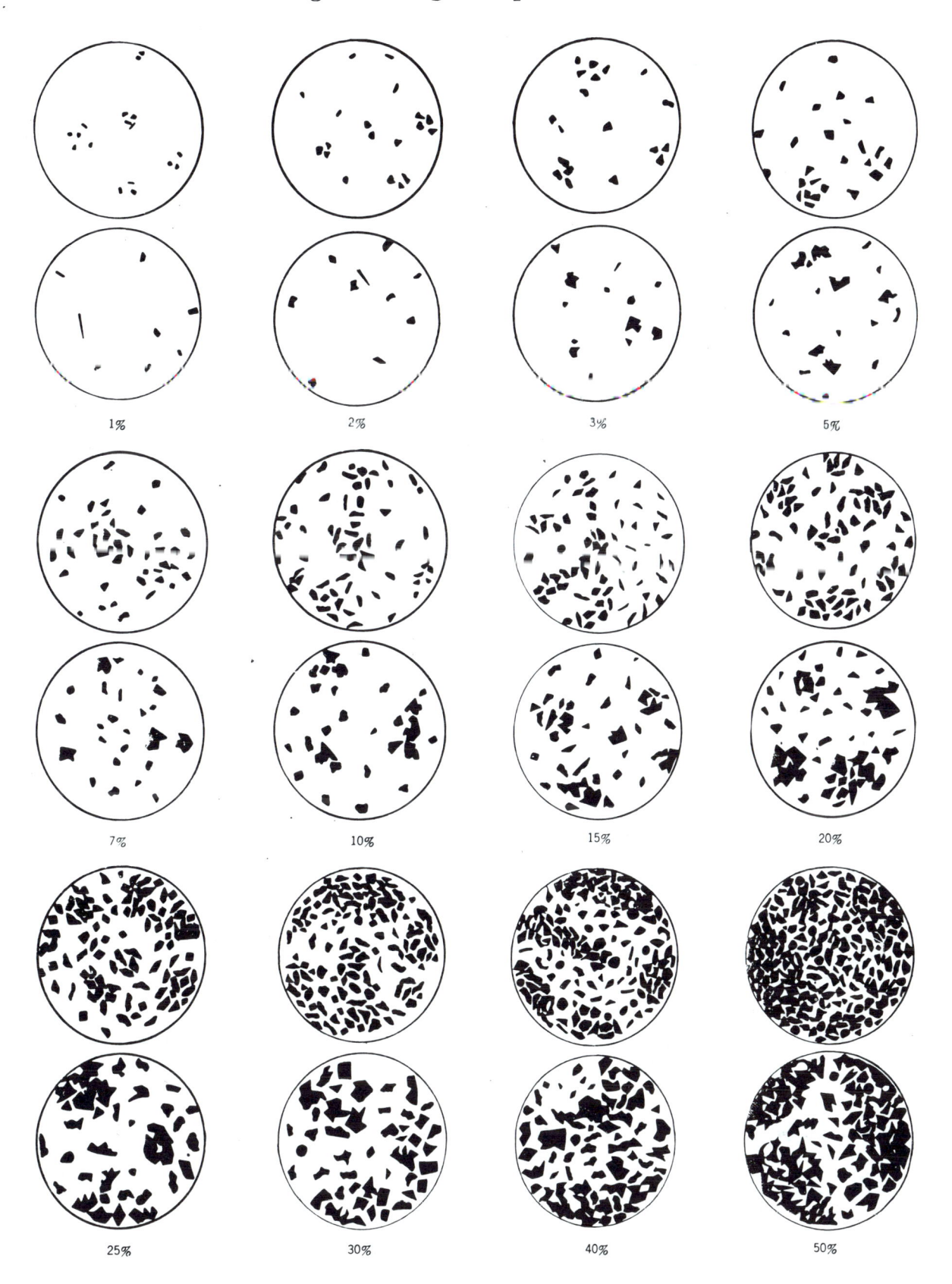

1% 2% 3% 5%

7% 10% 15% 20%

25% 30% 40% 50%

Conversion Table of the Various Units Used in Engineering and Industry

(alphabetically arranged)

Multiply	By	To obtain
acres	43 560	square feet
acres	4 046.85	square metres
acres	4 840	square yards
acre feet	7 758.4	barrels
acre feet	43 560	cubic feet
amperes	0.1	abamperes
ampere turns	1.2566	gilberts (magnetomotive force)
Ångstroms	1×10^{-8}	centimetres
Ångstroms	0.0001	microns
are	100	square metres
are	119.6	square yards
atmospheres	76	centimetres of mercury
atmospheres	760	torrs (mms of mercury)
atmospheres	29.921	inches of mercury
atmospheres	33.8985	feet of water
atmospheres	1.0332	kilograms per square centimetre
atmospheres	14.696	pounds per square inch
atmospheres	1.0133	bars
atomic mass units (amu)	1.66×10^{-24}	grams
atomic mass units (amu)	1.49×10^{-3}	ergs
atomic mass units (amu)	931	mev (million electron volts)
barrels	5.6146	cubic feet
barrels	34.97	Imperial gallons
barrels	42	U.S. gallons
barrels	158.987	litres
barrels per hour	0.1589	cubic metres per hour
barrels per day (oil)	50	tons per year (depending on the density of the oil)
bars	1.01972	kilograms per square centimetre
British thermal units (Btu)	778.2	foot-pounds
British thermal units	1 055.06	joules
British thermal units	0.000293	kilowatt-hours (Kwh)
British thermal units	0.252	kilocalories
British thermal units per second	1.416	horsepower

CONVERSION TABLE (Contd.)

Multiply	By	To obtain
British thermal units per pound	2.326	joules per gram
bushels (Imperial)	4	pecks
bushels (Imperial)	0.036	cubic metres
bushels (U.S. dry measure)	0.0352	cubic metres
cable lengths (U.S.)	720	feet
cable lengths (British)	608	feet
calories	4.187	joules
carats	200	milligrams
centares	1	square metres
centares	10.76	square feet
centilitres	0.01	litres
centimetres	0.3937	inches
centimetres	0.0328083	feet
centimetres	0.01094	yards
centimetres	10	millimetres
centimetres of mercury	5.352391	inches of water
centimetres of mercury	0.193368	pounds per square inch
centimetres of mercury	27.84507	pounds per square foot
centimetres of mercury	135.951	kilograms per square metre
centimetres per second	1.9685	feet per minute
centimetres per second	0.036	kilometres per hour
centimetres per second	0.02237	miles per hour
chains (Gunther)	4	rods
chains (Gunther)	66	feet
chains (Engineers')	100	feet
coulombs	3×10^9	electrostatic units of charge (esu)
cubic centimetres	0.00099973	litres
cubic centimetres	0.06102338	cubic inches
cubic centimetres	0.00003532	cubic feet
cubic feet	1 728	cubic inches
cubic feet	7.480519	U.S. gallons
cubic feet	6.288	Imperial gallons
cubic feet	28 317.017	cubic centimetres
cubic feet	28.31625	litres
cubic feet of water	62.42833	pounds
cubic feet per minute	0.1247	U.S. gallons per second
cubic feet per minute	0.471704	litres per second

CONVERSION TABLE (Contd.)

Multiply	By	To obtain
cubic inches	16.3871624	cubic centimetres
cubic inches	0.0163876	litres
cubic metres (steres)	61 023.3753	cubic inches
cubic metres	35.314455	cubic feet
cubic metres	264.17	U.S. gallons
cubic metres	219.97	Imperial gallons
cubic metres	6.2989	barrels (bbl)
cubic metres	999.98	litres
cubic metres	1.308	cubic yards
cubic metres per hour	151	barrels per day
cubic yards	27	cubic feet
cubic yards	0.7646	cubic metres
decagrams	10	grams
decagrams	0.353	ounces
decalitres	10	litres
decalitres	2.64	U.S. gallons
decalitres	0.35	cubic feet
decametres	10	metres
decametres	32.81	feet
decigrams	0.1	grams
decigrams	1.543	grains
decilitres	0.1	litres
decimetres	0.1	metres
decimetres	3.94	inches
degrees arc	0.01745329	radians
drams	27.343	grains
drams	1.771	grams
dynes	10^{-5}	newtons
dynes	2.247×10^{-6}	pounds
electron volts (ev.)	1.602×10^{-19}	joules
electrostatic units of potential	300	volts
ells	1.25	yards
farads (coulombs/volt)	9×10^{11}	electrostatic units of capacitance

CONVERSION TABLE (Contd.)

Multiply	By	To obtain
fathoms	6	feet
feet	30.48006	centimetres
feet	12	inches
feet	0.3048	metres
feet	0.3333	yards
feet of water	0.88	inches of mercury
feet of water	0.295	atmospheres
feet of water	0.43353	pounds per square inch
feet per minute	0.0113636	miles per hour
feet per minute	0.508	centimetres per second
feet per second	0.5920858	knots
feet per second	0.681818	miles per hour
fluidounces (U.S. liquid measure)	29.573	cubic centimetres
fluidounces (U.S. liquid measure)	8	fluidrams (U.S.)
fluidounces (Imperial)	28.416	cubic centimetres
fluidounces (Imperial)	8	fluidrams (British)
fluidrams (U.S. liquid measure)	60	minims (U.S.)
fluidrams (U.S. liquid measure)	3.696	cubic centimetres
fluidrams (Imperial)	60	minims (British)
fluidrams (Imperial)	3.5516	cubic centimetres
foot-poundals	0.04213	joules
foot-pounds (ft lb)	1.3554	joules (watt-seconds)
foot-pounds	0.138255	metre-kilograms
foot-pounds per second	0.00136	kilowatts
foot-pounds per second	0.00182	horsepower
furlongs	10	chains
furlongs	660	feet
gallons (U.S. gallons)	0.83268	Imperial gallons
gallons (U.S.)	0.13368	cubic feet
gallons (Imperial)	0.1605	cubic feet
gallons (U.S.)	3.785332	litres
gallons (U.S.)	4	quarts
gallons (Imperial)	0.0285	barrels
gallons (Imperial)	4.546	litres
gallons (U.S.)	0.023809	barrels
gallons (U.S.) per mile	2.8247	litres per kilometre
gills (U.S. liquid measure)	4	fluidounces
gills (U.S. liquid measure)	118.3	cubic centimetres
gills (Imperial)	5	fluidounces
gills (Imperial)	142.1	cubic centimetres

CONVERSION TABLE (Contd.)

Multiply	By	To obtain
grains	0.0648	grams
grains per cubic foot	0.0299	grams per cubic metre
grains per U.S. gallon	0.01712	grams per litre
grams	15.43236	grains
grams	0.035274	ounces
grams	0.00224623	pounds
grams	6.85×10^{-5}	slugs
grams	1 000	milligrams
grams	0.001	kilograms
grams	980.665	dynes
grams per cubic centimetre	62.42833	pounds per cubic foot
grams per cubic centimetre	0.0361	pounds per square inch (psi)
grams per cubic centimetre	8.345	pounds per (U.S.) gallon
hands	4	inches
hectares	2.471	acres
hectograms	100	grams
hectograms	3.527	ounces
hectolitres	100	litres
hectolitres	3.53	cubic feet
hectolitres	2.84	bushels (dry)
hectometres	100	metres
hectometres	109.36	yards
henry (volt-see/amp.)	10^9	electromagnetic units (of inductance)
horsepower	0.7457	kilowatts
horsepower	0.7068	British thermal units per second
horsepower	33 000	foot-pounds per minute
horsepower	550	foot-pounds per second
horsepower	745.7	watts
horsepower	0.1781	kilocalories per second
horsepower	1.013872	metric horsepower
horsepower (metric)	75	kilogram meters per second
horsepower (metric)	735.496	watts
horsepower hour	2 545.06	British thermal units (Btu)
hundredweights (short)	100	pounds
hundredweights (short)	45.36	kilograms
hundredweights (long)	112	pounds
hundredweights (long)	50.802	kilograms

CONVERSION TABLE (Contd.)

Multiply	By	To obtain
inches	2.54000508	centimetres
inches	1 000	mils
inches of mercury	0.033421	atmospheres
inches of mercury	33.8639	millibars
inches of mercury	13.5951	inches of water
inches of mercury	0.491157	pounds per square inch
inches of mercury	0.03453	kilograms per square centimetre
inches of water	0.073556	inches of mercury
inches of water	0.1868324	centimetres of mercury
inches of water	0.0361275	pounds per square inch
inches of water	0.00246	atmospheres
joules (watt-seconds)	0.2388	calories
joules	10^7	ergs
joules	0.7376	foot pounds
kilocalories	3.96707	British thermal units
kilograms	2.204622	pounds (avoirdupois)
kilograms	2.679	pounds (troy)
kilograms	70.931	poundals
kilograms	1 000	grams
kilogram-metres	7.233	foot-pounds
kilogram-metres	9.8066×10^7	ergs
kilogram-metres per second	9.8066	watts
kilograms per square centimetre	0.9678	atmospheres
kilogram per square centimetre	28.958	inches of mercury
kilogram per square centimetre	14.2234	pounds per square inch (psi)
kilolitres	1 000	litres
kilolitres	1.31	cubic yards
kilometres	0.62137	miles
kilometres	0.53955	nautical miles
kilometres per hour	0.9113426	feet per second
kilometres per hour	54.68	feet per minute
kilometres per hour	0.9113	feet per second
kilometres per hour	0.539	knots
kilowatts	0.9478	British thermal units per second
kilowatts	737.6	foot-pounds per second
kilowatts	1.341	horsepower
kilowatt hour	3 415	British thermal units
kilowatt hour	3.6×10^6	joules
knots	1	nautical miles per hour
knots	1.15155	miles per hour
knots	1.852	kilometres per hour

CONVERSION TABLE (Contd.)

Multiply	By	To obtain
leagues	3	miles
light years	9.4605×10^{15}	metres
links	20.1168	centimetres
links	0.22	yards
links	7.92	inches
litres	1 000.027	cubic centimetres
litres	61.02503	cubic inches
litres	0.0351	cubic feet
litres	0.006289	barrels
litres	0.2199	Imperial gallons
litres	0.2643	U.S. gallons
litres	0.908	quarts (dry measure)
litres	1.057	quarts (liquid measure)
metres	39.37	inches
metres	3.280833	feet
metres	1.093611	yards
metres	4.97	links
metres	0.199	rods
metres	100	centimetres
metres	1 000	millimetres
metres per second	2.237	miles per hour
metres per second	3.6	kilometres per hour
metres per second	196.85	feet per minute
microns	10^{-6}	metres
microns	10 000	Ångstroms
miles (statute)	5 280	feet
miles (statute)	1 760	yards
miles (statute)	1.609347	kilometres
miles (statute)	0.8683925	nautical miles
miles (nautical)	1.852	kilometres
miles per hour	1.4667	feet per second
miles per hour	0.8683925	knots (nautical miles per hour)
miles per hour	0.447	metres per second
miles per hour	88	feet per minute
millilitres	1	cubic centimetres
millimetres	0.03937	inches
millimetres	1 000	microns
millimetres	0.001	metres
millimetres	0.04	inches

CONVERSION TABLE (Contd.)

Multiply	By	To obtain
mils	0.001	inches
minims (U.S. liquid measure)	0.0616	cubic centimetres
minims (Imperial)	0.0592	cubic centimetres
myriametres	10 000	metres
myriametres	6.2	miles
nails	2.25	inches
newtons	10^5	dynes
newton-metres	10^7	ergs
ounces (avoirdupois)	28.3495	grams
ounces (avoirdupois)	437.5	grains
ounces (troy)	31.103	grams
parsecs	3.26	light years
pecks	2	imperial gallons
pennyweights	1.555	grams
pints (U.S. liquid measure)	0.473	litres
pints (U.S. dry measure)	0.55	litres
pints (Imperial)	0.5683	litres
poundals	0.13825	newtons
pounds (avoirdupois)	1.215	pounds troy
pounds (avoirdupois)	0.45359	kilograms
pounds (or pounds avoirdupois)	16	ounces
pounds	7 000	grains
pounds per cubic foot	0.1337	pounds per U.S. gallon
pounds per cubic foot	16.01837	kilograms per cubic metre
pounds per cubic foot	0.01602	grams per cubic centimetre
pounds per cubic inch (psi)	27.68	grams per cubic centimetre
pounds per square inch	2.036	inches of mercury
pounds per square inch	2.309	feet of water at 16°C
pounds per square inch	0.06805	atmospheres
pounds troy	240	pennyweights
pounds troy	5 760	grains
pounds troy	0.3732	kilograms
quarts	2	pints
quarts (U.S. liquid measure)	0.946	litres

CONVERSION TABLE (Contd.)

Multiply	By	To obtain
quarts (U.S. dry measure)	1.101	litres
quarts (British or Imperial)	1.36	litres
quintals	100	kilograms
radians	57.29578	degrees arc
radians per second	0.159155	revolutions per second
radians per second	9.8493	revolutions per minute
revolutions	6.283185	radians
rods	5.0292	metres
rods	5.5	yards
roods	40	square rods
scruples	1.295	grams
slugs	32.175	pounds
slugs	14.59	kilograms
square centimetres	0.0001	square metres
square centimetres	0.155	square inches
square centimetres	0.001076	square feet
square feet	929	square centimetres
square feet	144	square inches
square feet	0.0929	square metres
square feet	0.111	square yards
square inches	6.451626	square centimetres
square inches	0.0069	square feet
square kilometres	0.3861	square miles
square kilometres	10^6	square metres
square kilometres	247.1	acres
square links	62.726	square inches
square metres	10.76	square feet
square metres	1.195985	square yards
square metres	1550	square inches
square miles	640	acres
square miles	258.9	hectares
square yards	0.836	square metres

CONVERSION TABLE (Contd.)

Multiply	By	To obtain
steres (cubic metres)	1.31	cubic yards
stones	14	pounds
stones	6.348	kilograms
therms	10^5	British thermal units
thermies	10^6	calories
thermies	3 967.09	British thermal units
tons	20	hundredweights
tons (long)	2 240	pounds (avoirdupois)
tons (long)	1.016	metric tons
tons (short)	2 000	pounds (avoirdupois)
tons (short)	0.9072	kilograms
tons (metric)	0.9842	long tons
tons (metric)	1.102	short tons
torrs	1 333.22	dynes per square centimetre
volt (Joule/coulomb)	0.00333	electrostatic units of potential
watts (joules per second)	10^7	ergs per second
watt seconds	10^7	ergs
weber (volt-sec)	10^8	maxwells (of magnetic flux)
yards	0.9144	metres

Abbreviations Frequently Met in Scientific and Technical Literature*

A	(Chem.) argon
	(Geom.) area, surface
	(Phys.) Absolute temperature
Å, Å.u.	(Phys.) Ånsgström or Ångström unit
A or a	(Elec. Eng.) ampere
A.A.A.S.	American Association for the Advancement of Science
a, Acc.	(Mech.) acceleration
AAR, a.a.r.	against all risks
A.C., a.c.	(Elec. Eng.) alternating current
A/C, a/c	current account
Ac	(Chem.) actinium
	(Meteor.) altocumulus
ADF	(Radio) automatic direction finder
A.F., a.f.	(Radio) audio frequency
A.F.C.	(Radio) automatic frequency control
Ag	(Chem.) silver (argentum)
A.G.C.	(Radio) Automatic Gain Control
a.h., A.H.	(Elec. Eng.) ampere-hour
a.h.m.	(Elec. Eng.) ampere-hour meter
A.I.E.E.	American Institute of Electrical engineers
Al	(Chem.) aluminium; aluminum
Am	(Chem.) americium
a.m.	(Radio) amplitude modulation
A.M., a.m.	ante meridiem
amp. hr.	(Elec. Eng.) ampere-hour
A.M.U., a.m.u.	(Chem.) atomic mass unit
An	(Chem.) actinon
antilog	(Maths.) antilogarithm
A.O.V.	(Eng.) automatically operated valve
A.P.	(Maths.) arithmetical progression
A.P.I.	(Aero.) air position indicator
Ar	(Chem.) argon
ARAMCO	Arab American Oil Co.
A.R.B.	Air Registration Board
As	(Chem.) arsenic
	(Meteor.) alto-stratus
A.S.A.	American Standards Association
ASI	(Aero.) airspeed indicator
A.S.L.	above sea level
A.S.T.M.	American Society for Testing Materials
A.T.	(Chem.) acid treatment
	(Elec. Eng.) ampere turns
At	(Chem.) astatine
A.T.O.	(Aero.) assisted take-off
atm.	(Phys.) atmosphere; atmospheric
at. no.	(Chem.) atomic number
At-Wt., at.wt.	(Chem.) atomic weight
Au	(Chem.) gold (aurum)
Å.U., ÅU	(Phys.) Ångström unit
A.U.W.	(Aero.) all-up weight
av. (or avdp.)	avoirdupois
A.V.C.	(Radio) Automatic volume control
Av. eff.	(Eng.) average efficiency
a.w., A.W.	(Chem.) atomic weight; actual weight
A.W.G.	(Eng.) American Wire Gauge
AWU	(Chem.) atomic weight unit
B	(Chem.) boron
B., Bé	Baumé
Ba	(Chem.) barium
B. & S.	(Eng.) Brown & Sharpe
B.A.U.	(Elec. Eng.) British Association unit
B & W	(Photog.) black and white
bbl	barrel
b/d	brought down
B.D.C.	(Eng.) bottom dead centre
BDV	(Elec. Eng.) breakdown voltage
Be	(Chem.) beryllium; glucinium
B/E, b/e	bill of exchange
bev., BEV	(Phys.) billion electron volts
B.f.	Bunsen flame
b/f	brought forward
B.G.	(Eng.) Birmingham gauge
B.H.N.	(Eng.) Brinell Hardness Number
BHP	(Pet. Eng.) bottom hole pressure
B.H.P., b.h.p.	(Eng.) brake-horse-power
Bi	(Chem.) bismuth

* Abbreviations of common use in the petroleum industry have been incorporated as entries in the body of the dictionary.

ABBREVIATIONS (Contd.)

Bk (Chem.) berkelium
B.L. bill of lading
bl bale
B.M. board measure
B.M.E.P. (Eng.) brake mean effective pressure
B.O. branch office
b/o brought over
Bopd. (Pet. Eng.) barrels of oil per day
Boph. (Pet. Eng.) barrels of oil per hour
B.O.T. (Eng.) Board of Trade
BP (Eng.) blue print
b.p., B.P. boiling point; back pressure
BPD, b/d barrels per day
BPH barrel per hour
Br (Chem.) bromine
brl barrel
BS (Surv.) backsight
  (Pet. Eng.) bottom settlings; bottom sediments
B.S.G. (Eng.) British Standard Gauge
B.S.I. (Eng.) British Standards Institution
B.S.L. below sea level
B.S. & W. (Pet. Eng.) basic sediments and water
B.T.U. (Elec. Eng.) Board of Trade Unit
B.t.u. (Eng.) British thermal unit
B.S.W.G. (Eng.) British Standard Wire Gauge
B. & S.W.G. (Eng.) Brown and Sharpe Wire Gauge
B.Th.U., Btu, (Eng.) British thermal unit
B.W.G. (Eng.) Birmingham Wire-Gauge
BWPD barrels of water per day
BWPH barrels of water per hour

C (Chem.) carbon
  (Elec. Eng.) current
  (Phys.) centigrade, Celsius
C (or c) (Elec. Eng.) capacity; capacitance; coulomb
c (Phys.) speed of light in vacuum; cycle; candle; concentration; curie
c cubic
© copyrighted
Ca (Chem.) calcium
CA chartered accountant; current account
ca centare
C.A.F., C.F. cost and freight
cal (Phys.) calorie

C.A.V. (Thermionics) cooled - anode transmitting valve
C.A.V.U. (Aero.) ceiling and visibility unlimited
Cc (Meteor.) cirrocumulus
Cb (Meteor.) cumulonimbus
  (or Nb) (Chem.) columbium; niobium
C.C. (Elec. Eng.) continuous current
cc cubic centimetre; cotton covered
CCP (Eng.) critical compression pressure
CCR (Eng.) critical compression ratio
ccw counterclockwise
Cd (Chem.) cadmium
C.D. (Elec. Eng.) current density
Ce (Chem.) cerium
C.E. compass error; Civil Engineer
C. emf. (Elec.) counter electromotive force
Cent. (or Centig.) Centigrade
cf. compare
c/f, CF carried forward
Cf (Chem.) californium
CF (Phys.) centrifugal force
c.f., & i. cost, freight and insurance
CFGPD cubic foot of gas per day
CFM cubic foot per minute
c.f.s., CFS cubic foot per second
c.g., CG centre of gravity
cg, cgm centigram
C.G.S., cgs centimetre-gramme-second
ch. chain
C.H.U. (Phys.) centigrade heat unit
C.I., c.i. color index; cast iron; correlation index
C.I. engine (Eng.) compression - ignition engine
C.I.F., c.i.f. cost, insurance & freight
Cl (Chem.) chlorine
cl centilitre
Cm (Chem.) curium
cm centimetre
c.m.m.f. (Phys.) counter magnetomotive force
cm. per sec. centimetre per second
cm. per sec^2 (Mech.) centimetre per second per second
C.N. co-ordination number
C/N; c/n credit note
Co (Chem.) cobalt
Co.; co. company, cutt-off
C/o care of
C.O.D. cash on delivery

ABBREVIATIONS (Contd.)

Conc.	concentrated; concentration
contd.	continued
C.O.S.	cash on shipment
Cos. (or cosin.)	(Maths.) Cosine
cosec.	cosecant
cosh	(Maths.) hyperbolic cosine
cot.	(Maths.) cotangent
coul	(Elec. Eng.) coulomb
Cp	(Chem.) cassiopeium = lutetium
C.P.	casting pressure; candle power; chemically pure; centre of pressure; controllable pitch; change point
cp, c.p.	candle-power
CPA	certified public accountant
CPM	cycles per minute
c.p.s., C.P.S., c/s	cycles per second
Cr	(Chem.) chromium, chrome
C.R.	cathode ray; compression ratio
C.R.O.	(Electronics) cathode-ray oscilloscope
C.R.S.	(Met.) cold-rolled steel
C.R.T.	(Electronics) cathode ray tube
c/s	cycle per second
Cs	(Chem.) cesium; caesium (Meteor.) cirrostratus
CS	cast-steel
C.S.	Civil Service; cast steel
csc.	(Maths.) cosecant
ct	carat
ctn	cotangent
c to c	(Eng.) center to center
CTU	(Eng.) Centigrade Thermal Unit
Cu	(Chem.) copper (cuprum); cumulus
cu. (or cub.)	cubic; cubical
cw	clockwise
C.W.	(Phys.) continuous wave
C.W.O.	cash with order
cwt.	hundredweight
cy/sec	cycle per second
D	(Chem.) deuterium
d.	pence; discount (Chem.) deuteron
d (or Diam.)	diameter
D/A	deposit account; documents against acceptance
D.A.V.C.	(Radio) delayed automatic volume control
DB., db	(Acous.) decibel
D.C., d.c.	(Elec. Eng.) direct current
d.c.c., D.C.C.	(Elec. Eng.) double-cotton covered (wire)
DDT	(Chem.) dichloro - diphenyl - trichloroethane
deg.	degree
deg/sec	degrees per second
D.F.	(Radio) direction finder (or finding) (Pet. Eng.) diesel fuel
D.F.S.	(Eng.) drop-forged steel
dg.	decigramme, decigram
diam.	diameter
Dil., dil.	dilute
Dist.	distilled
dkg	decagram
dkl	decalitre
dkm	decametre
dl.	decilitre
dm.	decimetre
DME	(Elec. Eng.) distant-measuring equipment
D/N	debit note
D/O	delivery order
doz	dozen
d.p.	(Elec. Eng.) double pole
dr	dram
D.R.	(Naut.) dead reckoning
d.s.c.	(Elec. Eng.) double-silk-covered wire
DST	day-light saving time
DV	double vibration
d.w.	dead-weight
dwt.	pennyweight
D.W.T.	dead weight tonnage
Dy	(Chem.) dysprosium
dy	(Phys.) dyne
dz.	dozen
E	(Chem.) einsteinium (Light) illumination
E (or e)	(Elec. Eng.) electromotive force (Mech.) modulus of elasticity; coefficient of elasticity; stretch modulus; Young's modulus
e	(Physics) erg
e (or ϵ)	(Maths.) The base of hyperbolic or natural logarithms
e, e⁻, $_{-1}$e⁰	(Chem.) electron
e⁺, $_1$e⁰	(Chem.) positron
E.A.S.	(Aero.) equivalent air speed
E. & O.E.	errors and omissions excepted
Eb	(Chem.) erbium
E.E.	errors excepted; electrical engineer

ABBREVIATIONS (Contd.)

eff.	(Eng.) efficiency
e.g.	exampli gratia = for example
ehf	(Elec. Eng.) extremely high frequency
e.h.p., E.H.P.	(Eng.) effective horse power, (Elec. Eng.) electric horse power
e.m.f., E.M.F.	(Elec. Eng.) electromotive force
emu	(Elec. Eng.) electromagnetic unit
E.P.	end point; extreme pressure
E.P.I.	elevation-position indicator
Er	(Chem.) erbium
e.s.u., E.S.U.	(Elec.) eletrostatic unit
Eu	(Chem.) europium
ev, e.v.	(Elec. Eng.) electron volt
Ex.	example; exception; export; examined
Exp.	express, export
ext.	(Teleph.) extension
F	(Chem.) fluorine
	(Phys.) Fahrenheit
	(Light) luminous flux
	(Magn.) magnetomotive force
F (or f)	(Mech.) force
	(Elec. Eng.) farad, faraday
f	(Elec. Eng.) frequency
	(Maths.) function
F., Fah. (or Fahr.)	Fahrenheit
f (or fath.)	fathom
F.A.I.	fresh-air inlet
F.A.S.	free alongside ship
F.B.P.	final boiling point
fd.	farad
Fe	(Chem.) iron (ferrum)
F.H.P.	(Eng.) friction horse-power
Fl	(Chem.) fluorine
fl. oz.	fluid ounce
Fm	(Chem.) fermium
FM	(Radio) frequency modulation
F.O.B., f.o.b.	free on board
F.O.C.	free of charge
FP.	flowing pressure
f.p., F.P.	(Phys.) fission product; foot pound; freezing point
FPM	feet per minute
f.p.s.	foot-pound-second
FPS	feet per second
Fr	(Chem.) francium
fr. pt.	freezing point
f-s.	foot-second
ft.	foot; feet
ft-lb	foot-pound
ft/min	feet per minute
ft per sec.	foot (feet) per second
ft per sec^2	foot (feet) per second per second
G	(Mech.) moment of a couple
	(Phys.) constant of gravitation
G (or g)	(Elec. Eng.) conductance (in mhos)
g	(Phys.) acceleration of gravity; gravitation constant; gravity
g., gm., gr.	gramme, gram
γ	(Elec. Eng.) conductivity; specific conductivity; conductance
G.	generator; grid
Ga	(Chem.) gallium
gal	gallon
Gas	gasoline
GCA	(Aero.) ground-controlled approach
g. cal	gramme-calorie
G.C.D.	(Maths.) greatest common divisor
GCF	(Maths.) greatest common factor
Gd	(Chem.) gadolinium
Ge	(Chem.) germanium
GI	galvanized iron
Gl	(Chem.) glucinium; beryllium
GL	(Surv.) ground level
gm.	gramme, gram
GM	guided missile
G.M.D.	geometrical mean distance
G.M.T.	(Astron.) Greenwich mean time
GMV	(Chem.) gram-molecular volume
G.O.R.	gas-oil ratio
GP	(Maths.) geometric progression
gpd	gallons per day
G.P.H.	gallons per hour
GPI	(Aero.) ground position indicator
G.P.M.	gallons per minute
G.P.S.	gallons per second
gr.	gram; grade; grain; gross
GS	(Aero.) ground speed
GT	gross ton
H	(Chem.) hydrogen
	(Min.) hardness
h.	hour; height; high
H (or h)	(Elec. Eng.) henry
H (or $\mathcal{H}$)	(Magn.) magnetic field intensity; magnetic field strength; magnetizing force
ha	hectare
hav	(Maths.) haversine

ABBREVIATIONS (Contd.)

H.C.D.	(Maths.)	highest common divisor
H.C.F.	(Maths.)	highest common factor
H.D.		heavy duty
He	(Chem.)	helium
H.E.		high explosive
Hf	(Chem.)	hafnium
h.f., H.F.	(Elec. Eng.)	high frequency
Hg	(Chem.)	mercury (hydrargyrum)
hg.		hectogramme
H.I. (or HI)	(Surv.)	height of instrument
hl.		hectolitre
H.M.	(Maths.)	harmonic mean
hm.		hectometre
Ho	(Chem.)	holmium
H.O.		head office
H.P., h.p.	(Eng., Phys.)	high pressure; horse power
h.p. hr.	(Eng.)	horse-power hour
H.Q., h.q.		headquarters
hr		hour
h.r.	(Elec. Eng.)	high resistance
H.S.S.	(Met.)	high-speed steel
H.T., h.t.	(Elec. Eng.)	high tension
ht		height
h.v., HV	(Elec. Eng.)	high voltage
	(Phys.)	high velocity
H.V.I.		high viscosity index
HW		high water
HWM		high-water mark

I	(Chem.)	iodine
	(Mech.)	moment of inertia
	(Light)	intensity of light; luminous intensity
I (or i)	(Elec. Eng.)	intensity of current; strength of current; current
I (or 𝒥)	(Magn.)	intensity of magnetization
I.Å.		International Ångström
I.A.S.	(Aero.)	indicated air speed
IATA		International Air Transport Association
IB		incendiary bomb
I.B.P.		initial boiling point
I.C.	(Eng.)	ignition control; internal combustion
I.C.A.O.		International Civil Aviation Organization
I.C.B.M.		inter-continental ballistic missile
I.C.E.	(Eng.)	internal-combustion engine
I.C.W.	(Radio)	interrupted continuous waves

I.D.	(Eng.)	internal (inside) diameter
I.D.F.	(Teleph.)	intermediate distribution frame
i.e.		id est (that is)
I.F., i.f.	(Radio)	intermediate frequency
I/F		insufficient funds
I.F.R.	(Aero.)	instrument flight rules
IGY		International Geophysical Year
I.H.P., i.h.p.	(Eng.)	indicated horse power
Il	(Chem.)	illinium = promethium
I.L.O.		International Labor Organization
I.L.S.	(Aero.)	instrument landing system
I.M.E.P.	(Eng.)	indicated mean effective pressure
In	(Chem.)	indium
in.		inch
In-Lb.		inch pound
Io	(Chem.)	ionium
I.P.		initial pressure
i.p.	(Mech.)	intermediate pressure
ipm		inches per minute
ips		inches per second
Ir	(Chem.)	iridium
i.r., I.R.		insoluble residue; india-rubber
Ir.		infra-red
I.R.B.M.		intermediate range ballistic missile
I.S.W.G.	(Eng.)	Imperial Standard wire-gauge
I.U.		international unit
I.W.	(Phys.)	isotopic weight

J	(Phys.)	mechanical equivalent of heat
J, j	(Elec. Eng.)	joule; Joule's equivalent
j.a., J/A		joint account
Jato.	(Aero.)	jet-assisted take-off

K	(Chem.)	potassium (kalium); chemical equilibrium constant of the reaction; Kelvin (Scale)
k	(Elec. Eng.)	dielectric constant; capacity; specific inductive capacity; permittivity
k, K		Kilo; karat; knot
K (or k)	(Magn.)	susceptibility
	(Phys.)	Boltzmann's constant; entropy constant
kc		kilocycle; kilo-curie
kcal.		kilocalorie
kc/s		kilocycles per second
kev		kilo electron volts
kg, kgm		kilogram, kilogramme

ABBREVIATIONS (Contd.)

kgm. (or kg-m.)	kilogrammetre
kg-per cm²	kilogramme per square centimetre
kl.	kilolitre
km.	kilometre
kmps	kilometers per second
kn	knot
Kr	(Chem.) krypton
kv	(Elec. Eng.) kilovolt
kva, K.V.A.	(Elec. Eng.) kilovolt-ampere
kw	(Eng., Elec. Eng.) kilowatt
kw hr, kwh	(Eng.) kilowatt-hour
L	(Illum.) lambert
	(Aero.) lift
	(Light) luminance
	(Chem.) latent heat per mole
L (or l)	(Elec. Eng.) inductance
	(Phys.) length
l.	latitude; length
	(Phys.) litre; latent heat per gram
λ	(Phys.) wavelength
La	(Chem.) lanthanum
lat.	latitude
LAT	(Astron.) local apparent time
lb.	libra = pound
L.B.	(Teleph.) local battery
L.B.P.	(Surv.) length between perpendiculars
lb. per ft	pound per square foot
L.c., L/C	letter of credit
l.c.	(Typog.) lower case
L.C.D.	(Maths.) least common denominator
	(Maths.) lowest common divisor
L.C.F.	(Maths.) least common factor
L.C.M.	(Maths.) least common multiple
L.D.C.	(Eng.) lower dead centre
ld. f.	(Elec. Eng., Aero.) load factor
l.f.	(Elec. Eng.) low frequency
Li	(Chem.) lithium
Lm	lumen
LNG	(Pet. Eng.) liquid natural gas
L.O.	liaison officer
L.O.A.	length, over-all
log.	(Maths.) logarithm
L.P., l.p.	low pressure
LPG	(Pet. Eng.) liquefied petroleum gas
L.R.B.M.	long range ballistic missile
L.T., l.t.	long ton
	(Elec. Eng.) low tension
ltd	limited
Lu	(Chem.) lutetium, lutecium
lu	(Illum.) lumen
LW	low water
L.W.L.	(Naut.) loaded water line
M (or $\mathcal{M}$)	(Magn.) magnetic moment
	(Phys.) mass; moment of a force
	(Aero.) Mach number
m, M	(Magn.) strength of pole; pole strength
	(Chem.) molality; molecular weight
m.	metre; mile; minute; meridian
m. per sec²	metre per second per second
m. (or mi)	mile
m. (or mn)	minute
μ	(Magn.) permeability
	(Mech.) coefficient of friction; friction-factor
	(Phys.) refractive index; micron (= .001 mm.)
	(Thermionics) amplification factor
M.A.	(Eng.) mechanical advantage
Ma	(Chem.) masurium = technetium
ma.	(Elec. Eng.) milliampere
mach.	(Eng.) machinery; machine
mb	(Meteor.) millibar
MC, mc.	(Phys.) megacycle; millicurie
M.C.F.	million cubic feet
MC. PS., mcps, mc/s	(Elec. Comm.) megacycles per second
m.c.w.	(Radio) modulated continuous wave
Md (also Mv)	(Chem.) mendelevium
M.D.F.	(Elec. Comm.) main distribution frame
ME	mechanical engineer
Mech.	mechanics; mechanical
meg	(Elec. Eng.) megohm
M.E.P.	(Eng.) mean effective pressure
mev., m.e.v.	(Phys.) million electron volts
M.F.	(Eng.) machine finished
m.f.	(Radio) medium frequency
Mfd.	manufactured
mf. MF.	(Elec. Eng.) microfarad; millifarad
Mg	(Chem.) magnesium
mg., Mg	(Phys.) milligramme, milligram
M.G.D.	million gallons per day
mh	(Elec. Eng.) millihenry
mi.	mile; milliampere
min.	minute; minimum
M.K.S.	metre kilogram-second
ml	millilitre
mL	(Illum.) millilambert

ABBREVIATIONS (Contd.)

mμ	millimicron (= .000001 mm.)
mm	millimetre
mmf	(Elec. Eng.) magnetomotive force
mmfd	(Elec. Eng.) micromicrofarad
MN	magnetic north
Mn	(Chem.) manganese
Mo	(Chem.) molybdenum
M.O.	money order
mol. wt	(Chem.) molecular weight
M.O.V.	(Eng.) mechanically operated valve
M.P., m.p.	melting point; melting-pot
MPG.	miles per gallon
m.p.h., MPH.	metres per hour; miles per hour
mphps	miles per hour per second
mps	metres per second
mr	(Phys.) milliroentgen
m.s.	(Met.) mild steel
M.S.C.	(Elec. Comm.) mile of standard cable
msec	millisecond
M.T.	metric ton
Mv	(Chem.) mendelevium
mv	(Elec. Eng.) millivolt
MVI	medium viscosity index
mw	(Elec. Eng.) milliwatt
myg	myriagram
mym	myriameter
N	(Chem.) nitrogen; Avogadro's number; normal
	(Chem., Phys.) neutron number
	(Eng.) factor of safety
N.	North Pole
n	(Phys.) refractive index; number of units
$_0n^0$	(Phys.) neutrino
$_0n^1$	(Phys.) neutron
Na	(Chem.) sodium (natrium)
N.A.	(Civ. Eng.) neutral axis
NASA	National Aeronautics and Space Administration
Nb	(Chem.) niobium, columbium
N.B., n.b.	nota bene (mark well)
NBS	(Eng.) National Bureau of Standards
ncv	no commercial value
Nd	(Chem.) neodymium
ND	no date
Ne	(Chem.) neon
N.E.	northeast
new.	(Phys.) newton
N/F, NF	no funds
n.h.p.	(Eng.) nominal horse-power

Ni	(Chem.) nickel
NL	night letter
NM	nautical mile
N/O	no orders
No.	numero (number)
No	(Chem.) nobelium
Np	(Chem.) neptunium
n.p.	(Mech.) normal pitch
Ns	(Meteor.) nimbostratus
N/S	not sufficient funds
N.T.P., n.t.p.	(Chem., Phys.) normal temperature and pressure
N.T.S.	not to scale
nt wt, nwt	net weight
N.V.M.	(Chem.) non-volatile matter
N.W.	northwest
n. wt.	net weight
O	(Chem.) oxygen
O & G	(Pet. Eng.) oil and gas
O & SW	(Pet. Eng.) oil and salt water
Ω	(Elec. Eng.) ohm
	(Geom.) solid angle
ω	(Elec. Eng.) pulsation
	(Mech.) angular velocity
°	degree
°, ′, ″, ‴	(Maths., Astron.) degree, minute, second, third
o/a	on account
O.A.T., o.a.t.	outside-air temperature
O.B.	(Elec. Comm.) outside broadcast
O.B.M.	(Surv.) ordnance bench mark
O.D.	outside diameter
o/d, O/D	on demand
oer	(Elec. Eng.) oersted
O.F.	(Chem.) oxidizing flame
O.G.	(Build.) ogee
O.M.	(Chem.) organic matter
O.N.	(Pet. Eng.) octane number
o/o	per cent
o/oo	per thousand
OPEC	Organization of Petroleum Exporting Countries
o/s	out of stock
Os	(Chem.) osmium
②	(Build.) two coats in oil
oz.	ounce
P	(Chem.) phosphorus
	(Elec. Eng.) electric power

560

ABBREVIATIONS (Contd.)

	(Mech.) power
	(Magn.) strength of magnetic pole
P (or **p**)	(Mech.) pressure
π	(Maths.) Pi = 3.14159265
pa (or **p.a.**)	per annum : anually
Pa	(Chem.) prot(o) actinium
P.A.	(Elec. Comm.) power amplifier
P/A	private account
pat.	patent
Pb	(Chem.) lead (plumbum)
p.c., **P.C.**, p/c	per cent
P.C.	(Civ. Eng.) Portland cement
p.d., **P.D.**	(Elec. Eng.) potential difference
PD	potential difference; per diem (by the day)
Pd	(Chem.) palladium
P.E.	probable error
P.E.C.	(Electronics) photoelectric cell
perp.	perpendicular
p.f., **Pf.**	power-factor
PF., pf.	(Elec. Eng.) pico-farad
P.F.	(Eng.) press fit
ϕ	(Magn.) magnetic flux
	(Phys.) entropy
ph	(Phys.) phase
pH	(Chem.) hydrogen ion concentration
P.I.	penetration index
pkg	package
pl.	plural
p.l.	partial loss
P/L	profit and loss
P.L.O.	pipeline oil
Pm	(Chem.) promethium
p.m.	post meridiem
P.M.	purpose-made
P.N.	(Pet. Eng.) performance number
Po	(Chem.) polonium
P.O.B.	post office box
POD	pay on delivery
P.O.R.	pay on return; payable on receipt
PPI	(Radio) plan-position indicator
P.P.M., **p.p.m.**	(Chem.) parts per million
ppt	(Chem.) precipitate
Pr	(Chem.) praseodymium
psf	pounds per square foot
Psi (or **PSI**)	pounds per square inch
Pt	(Chem.) platinum
Pu	(Chem.) plutonium
P.V.C.	(Chem.) polyvinyl chloride
P.V.T.	(Chem., Phys.) pressure, volume, temperature
p.w.m.	(Radio) pulse-width modulation
pwt	pennyweight
P.X.	(Teleph.) private exchange
Q	(Electronics) quality factor, Q-factor
	(Radio) magnification factor
	(Elec. Eng.) quantity of electricity
	(Phys.) quantity of heat
	(Mech.) torque
q.	quart; quintal
qr	quarter
qt	quart
q.v.	quod vide (which see)
R	(Phys.) Reaumer; Rankine
R (or r)	(Elec. Eng.) resistance
$\mathscr{R}$	(Magn.) reluctance
	(Chem., Phys.) gas constant per mole; Rydberg constant
®	registered trademark
r	(Phys.) racemic; roentgen, rod
	(Chem.) specific refraction
ρ (**Rho**)	(Elec. Eng.) resistivity; specific resistance; volume resistivity
Ra	(Chem.) radium
R.A.	(Astron.) right ascension
R.A.S.	(Aero.) rectified air speed
Rb	(Chem.) rubidium
RBC	red blood corpuscles
R.C.	(Civ. Eng.) reinforced concrete
	(Aero.) radio compass
rd	(Phys.) rutherford; rod
RD	refer to drawer
RDF	(Radio) radio direction-finder
Re	(Chem.) rhenium
rev/min. (or **rpm**)	revolutions per minute
R.F., r.f.	(Chem.) reducing flame
	(Radio) radio frequency
	(Eng.) running fit
R.H., r.h.	(Meteor.) relative humidity
Rh	(Chem.) rhodium
R.I.	(Phys.) refractive index
R.M.S., **r.m.s.**	(Elec. Eng.) root mean square
Rn	(Chem.) radon
R.O.D.	refused on delivery
ROW	right of way
RP	(Teleg.) reply paid
R.P.M., **r.p.m.**	(Eng.) revolutions per minute

ABBREVIATIONS (Contd.)

R.P.S. (Eng.) revolutions per second
Ru (Chem.) ruthenium
R/T (Radio) radiotelephony
rt right
R.V. (Eng.) relief valve
R.W.P. (Build.) rain-water pipe

S (Chem.) sulphur
    (Geom.) surface; area
s. second; stere; shilling
s (Chem.) solubility
Sa (Chem.) samarium
Sat. saturated, saturation
Sb (Chem.) antimony (stibium)
Sc (Chem.) scandium
s.c.c. (Elec. Eng.) single cotton-covered (wire)
S.C.P. (Illum.) spherical candle power
S.D. standard deviation
Se (Chem.) selenium
sec secondary; sector; second; secant; section
S.F. (Eng.) slip fit
SG (Pet. Eng.) show of gas
S.G., s.g. (Phys.) specific gravity
SHF (Radio) super high frequency
sh & L. (Geol.) shale and lime
S.H.M. (Phys.) simple harmonic motion
S.H.P., shp (Eng.) shaft horse-power
Si (Chem.) silicon; silicium
S.I.C. (Elec. Eng.) specific inductive capacity
Sin. (Maths.) sine
sinh (Maths.) hyperbolic sine
S.I.P. (Pet. Eng.) shut in pressure
S.I.T. (Chem.) spontaneous ignition temperature
SL sea level
S.J. (Build.) soldered joint
Sm (Chem.) samarium
Sn (Chem.) tin (stannum)
SN.F. (Eng.) snug fit
S.O. (Pet. Eng.) show of oil
S.O.G. & W. (Pet. Eng.) show of oil, gas and water
Sol. soluble
Soln. (Chem.) solution
S.P. (Elec. Eng.) single-pole
Sp. Gr., sp. gr. (Phys.) specific gravity
Sp. ht. (Phys.) specific heat
Sp. vol. (Phys.) specific volume
sq. square
Sr (Chem.) strontium

SR sedimentation rate
S.R.G. standard railway gauge
s.s.b. (Radio) single sideband
st. stone
St (Meteor.) stratus
s.t. short ton; surface tension
S.T.P. (Chem.) standard temperature and pressure
S.V.P. saturated vapour pressure
S.W. southwest
    (Radio) short wave
S.W.G. (Eng.) standard wire gauge
S.W.R., s.w.r. standing wave ratio

T (Elec. Eng.) period; cycle
    (Heat) absolute temperature
    (Phys.) surface-tension; mean life
    (Mech.) torque; moment of couple
    (Chem.) transport number
T (or t) (Phys.) time
t (or θ) (Heat) temperature
t. ton; troy
T.A. telegraphic address
Ta (Chem.) tantalum
tan (Maths.) tangent
tanh (Maths.) hyperbolic tangent
TAPLINE Trans-Arabian Pipe-Line
T.A.S. (Aero.) true air speed
Tb (Chem.) terbium
T.B., TB tuberculosis
T.B.P. true boiling point
Tc (Chem.) technetium
T.D.C. (Eng.) top dead centre
Te (Chem.) tellurium
TE (Aero.) trailing edge
T.E.L., t.e.l. (Pet. Eng.) tetraethyl lead
Th (Chem.) thorium
thp (Eng.) thrust horsepower
Ti (Chem.) titanium
Tl (Chem.) thallium
TL total loss; truckload
Tm (Chem.) thulium
tn. ton; train
T.N.T. (Chem.) trinitrotoluene
T.O. turn over
T.P. (or TP) (Surv.) turning-point
TPI. (Eng.) teeth per inch; threads per inch
Tr (Chem.) terbium
TRF (Radio) tuned radio frequency
t.s., T.S. (Phys.) tensile strength

ABBREVIATIONS (Contd.)

        (Chem.) test solution
Tu   (Chem.) thulium
TV   television
TVI   television interference

U   (Chem.) uranium
u   (Mech.) linear velocity
U.D.C.   (Eng.) upper dead centre
U.H.F., u.h.f.   (Radio) ultra-high frequency
UNESCO   United Nations Educational Scientific and Cultural Organization
U.O.C.   (Eng.) ultimate operational capability
U.P.O.   undistorted power output
U.T.   (Astron.) universal time
U.V.   (Phys.) ultraviolet

V   (Chem.) vanadium
    (Geom., Phys.) volume
V (or v.)   (Elec. Eng.) volt; voltage
    (Phys.) velocity
v   (Elec. Eng.) voltage gradient; vector
va   (Elec. Eng.) volt-ampere
vc   (Elec. Eng.) volt-coulomb
V.D.   vapour density
VF   (Telev.) video frequency
V.H.F., v.h.f.   (Phys.) very-high frequency
V.I.   (Elec. Comm., Acous.) volume indicator
    (Phys.) viscosity index
vib.   (Phys.) vibration
V.L.   vapour-liquid ratio
v.l.f.   (Phys.) very-low frequency
VLR   very long range
v.m.   (Radio) velocity modulation
V.P.   vapour pressure
    (San. Eng.) vent pipe
V.P.N.   (Eng.) Vickers pyramid number
VT   (Electronics) vacuum tube
VTOL   (Aero.) vertical takeoff and landing
VTVM   (Electronics) vacuum-tube voltmeter
V.U.   (Acous.) volume unit

W   (Chem.) tungsten = wolfram
    (Mech., Elec., Eng.) energy; work
    (Phys.) specific weight
    (Civ. Eng.) total load
W (or w)   (Elec. Eng.) watt; electrical energy
WBC   white blood cells
W.C.   water cushion; water-cooled
w.c.   without charge
W.F.   (Eng.) working fit
w.h., whr.   (Elec. Eng.) watt-hour
WHP   (Eng.) water horsepower
wi., WI   (Met.) wrought iron
w.l., WL   (Phys.) wavelength; waterline
wm   wattmeter
w/o   water in oil; without
WOR   water-oil ratio
W.P.   working pressure
wpc   (Illum.) watt per candle
wpm   words per minute
wt   weight
WT, W/T   water tight
    (Teleg.) wireless telegraphy

X   reactance; unknown quantity; ordinate experimental
X (or x)   (Elec. Eng.) reactance
Xe   (Chem.) xenon
XL   extra large
Xs   (Radio) atmospherics

Y   (Elec. Eng.) admittance
    (Chem.) yttrium
y.   yard
Yb   (Chem.) ytterbium
yd   yard, yards
Y.P.   (Mech.) yield point

Z   zenith; zero; zone
    mass number; proton number; atomic number
Z (or z)   (Elec. Eng.) impedance
Zeta   (Phys.) zero energy thermonuclear assembly
Z.f.   (Elec. Eng.) zero frequency
Zn   (Chem.) zinc
Zr   (Chem.) zirconium

N	0	1	2	3	4	5	6	7	8	9	Proportional Parts								
											1	2	3	4	5	6	7	8	9
10	0000	0043	0086	0128	0170	0212	0253	0294	0334	0374	4	8	12	17	21	25	29	33	37
11	0414	0453	0492	0531	0569	0607	0645	0682	0719	0755	4	8	11	15	19	23	26	30	34
12	0792	0828	0864	0899	0934	0969	1004	1038	1072	1106	3	7	10	14	17	21	24	28	31
13	1139	1173	1206	1239	1271	1303	1335	1367	1399	1430	3	6	10	13	16	19	23	26	29
14	1461	1492	1523	1553	1584	1614	1644	1673	1703	1732	3	6	9	12	15	18	21	24	27
15	1761	1790	1818	1847	1875	1903	1931	1959	1987	2014	3	6	8	11	14	17	20	22	25
16	2041	2068	2095	2122	2148	2175	2201	2227	2253	2279	3	5	8	11	13	16	18	21	24
17	2304	2330	2355	2380	2405	2430	2455	2480	2504	2529	2	5	7	10	12	15	17	20	22
18	2553	2577	2601	2625	2648	2672	2695	2718	2742	2765	2	5	7	9	12	14	16	19	21
19	2788	2810	2833	2856	2878	2900	2923	2945	2967	2989	2	4	7	9	11	13	16	18	20
20	3010	3032	3054	3075	3096	3118	3139	3160	3181	3201	2	4	6	8	11	13	15	17	19
21	3222	3243	3263	3284	3304	3324	3345	3365	3385	3404	2	4	6	8	10	12	14	16	18
22	3424	3444	3464	3483	3502	3522	3541	3560	3579	3598	2	4	6	8	10	12	14	15	17
23	3617	3636	3655	3674	3692	3711	3729	3747	3766	3784	2	4	6	7	9	11	13	15	17
24	3802	3820	3838	3856	3874	3892	3909	3927	3945	3962	2	4	5	7	9	11	12	14	16
25	3979	3997	4014	4031	4048	4065	4082	4099	4116	4133	2	3	5	7	9	10	12	14	15
26	4150	4166	4183	4200	4216	4232	4249	4265	4281	4298	2	3	5	7	8	10	11	13	15
27	4314	4330	4346	4362	4378	4393	4409	4425	4440	4456	2	3	5	6	8	9	11	13	14
28	4472	4487	4502	4518	4533	4548	4564	4579	4594	4609	2	3	5	6	8	9	11	12	14
29	4624	4639	4654	4669	4683	4698	4713	4728	4742	4757	1	3	4	6	7	9	10	12	13
30	4771	4786	4800	4814	4829	4843	4857	4871	4886	4900	1	3	4	6	7	9	10	11	13
31	4914	4928	4942	4955	4969	4983	4997	5011	5024	5038	1	3	4	6	7	8	10	11	12
32	5051	5065	5079	5092	5105	5119	5132	5145	5159	5172	1	3	4	5	7	8	9	11	12
33	5185	5198	5211	5224	5237	5250	5263	5276	5289	5302	1	3	4	5	6	8	9	10	12
34	5315	5328	5340	5353	5366	5378	5391	5403	5416	5428	1	3	4	5	6	8	9	10	11
35	5441	5453	5465	5478	5490	5502	5514	5527	5539	5551	1	2	4	5	6	7	9	10	11
36	5563	5575	5587	5599	5611	5623	5635	5647	5658	5670	1	2	4	5	6	7	8	10	11
37	5682	5694	5705	5717	5729	5740	5752	5763	5775	5786	1	2	3	5	6	7	8	9	10
38	5798	5809	5821	5832	5843	5855	5866	5877	5888	5899	1	2	3	5	6	7	8	9	10
39	5911	5922	5933	5944	5955	5966	5977	5988	5999	6010	1	2	3	4	5	7	8	9	10
40	6021	6031	6042	6053	6064	6075	6085	6096	6107	6117	1	2	3	4	5	6	8	9	10
41	6128	6138	6149	6160	6170	6180	6191	6201	6212	6222	1	2	3	4	5	6	7	8	9
42	6232	6243	6253	6263	6274	6284	6294	6304	6314	6325	1	2	3	4	5	6	7	8	9
43	6335	6345	6355	6365	6375	6385	6395	6405	6415	6425	1	2	3	4	5	6	7	8	9
44	6435	6444	6454	6464	6474	6484	6493	6503	6513	6522	1	2	3	4	5	6	7	8	9
45	6532	6542	6551	6561	6571	6580	6590	6599	6609	6618	1	2	3	4	5	6	7	8	9
46	6628	6637	6646	6656	6665	6675	6684	6693	6702	6712	1	2	3	4	5	6	7	7	8
47	6721	6730	6739	6749	6758	6767	6776	6785	6794	6803	1	2	3	4	5	5	6	7	8
48	6812	6821	6830	6839	6848	6857	6866	6875	6884	6893	1	2	3	4	4	5	6	7	8
49	6902	6911	6920	6928	6937	6946	6955	6964	6972	6981	1	2	3	4	4	5	6	7	8
50	6990	6998	7007	7016	7024	7033	7042	7050	7059	7067	1	2	3	3	4	5	6	7	8
51	7076	7084	7093	7101	7110	7118	7126	7135	7143	7152	1	2	3	3	4	5	6	7	8
52	7160	7168	7177	7185	7193	7202	7210	7218	7226	7235	1	2	2	3	4	5	6	7	7
53	7243	7251	7259	7267	7275	7284	7292	7300	7308	7316	1	2	2	3	4	5	6	6	7
54	7324	7332	7340	7348	7356	7364	7372	7380	7388	7396	1	2	2	3	4	5	6	6	7
N	0	1	2	3	4	5	6	7	8	9	1	2	3	4	5	6	7	8	9

ABBREVIATIONS (Contd.)

	(Chem.) test solution
Tu	(Chem.) thulium
TV	television
TVI	television interference
U	(Chem.) uranium
u	(Mech.) linear velocity
U.D.C.	(Eng.) upper dead centre
U.H.F., u.h.f.	(Radio) ultra-high frequency
UNESCO	United Nations Educational Scientific and Cultural Organization
U.O.C.	(Eng.) ultimate operational capability
U.P.O.	undistorted power output
U.T.	(Astron.) universal time
U.V.	(Phys.) ultraviolet
V	(Chem.) vanadium
	(Geom., Phys.) volume
V (or v.)	(Elec. Eng.) volt; voltage
	(Phys.) velocity
v	(Elec. Eng.) voltage gradient; vector
va	(Elec. Eng.) volt-ampere
vc	(Elec. Eng.) volt-coulomb
V.D.	vapour density
VF	(Telev.) video frequency
V.H.F., v.h.f.	(Phys.) very-high frequency
V.I.	(Elec. Comm., Acous.) volume indicator
	(Phys.) viscosity index
vib.	(Phys.) vibration
V.L.	vapour-liquid ratio
v.l.f.	(Phys.) very-low frequency
VLR	very long range
v.m.	(Radio) velocity modulation
V.P.	vapour pressure
	(San. Eng.) vent pipe
V.P.N.	(Eng.) Vickers pyramid number
VT	(Electronics) vacuum tube
VTOL	(Aero.) vertical takeoff and landing
VTVM	(Electronics) vacuum-tube voltmeter
V.U.	(Acous.) volume unit
W	(Chem.) tungsten = wolfram
	(Mech., Elec., Eng.) energy; work
	(Phys.) specific weight

	(Civ. Eng.) total load
W (or w)	(Elec. Eng.) watt; electrical energy
WBC	white blood cells
W.C.	water cushion; water-cooled
w.c.	without charge
W.F.	(Eng.) working fit
w.h., whr.	(Elec. Eng.) watt-hour
WHP	(Eng.) water horsepower
wi., WI	(Met.) wrought iron
w.l., WL	(Phys.) wavelength; waterline
wm	wattmeter
w/o	water in oil; without
WOR	water-oil ratio
W.P.	working pressure
wpc	(Illum.) watt per candle
wpm	words per minute
wt	weight
WT, W/T	water tight
	(Teleg.) wireless telegraphy
X	reactance; unknown quantity; ordinate; experimental
X (or x)	(Elec. Eng.) reactance
Xe	(Chem.) xenon
XL	extra large
Xs	(Radio) atmospherics
Y	(Elec. Eng.) admittance
	(Chem.) yttrium
y.	yard
Yb	(Chem.) ytterbium
yd	yard, yards
Y.P.	(Mech.) yield point
Z	zenith; zero; zone mass number; proton number; atomic number
Z (or z)	(Elec. Eng.) impedance
Zeta	(Phys.) zero energy thermonuclear assembly
Z.f.	(Elec. Eng.) zero frequency
Zn	(Chem.) zinc
Zr	(Chem.) zirconium

Four-Place Common

N	0	1	2	3	4	5	6	7	8	9	Proportional Parts 1	2	3	4	5	6	7	8	9
10	0000	0043	0086	0128	0170	0212	0253	0294	0334	0374	4	8	12	17	21	25	29	33	37
11	0414	0453	0492	0531	0569	0607	0645	0682	0719	0755	4	8	11	15	19	23	26	30	34
12	0792	0828	0864	0899	0934	0969	1004	1038	1072	1106	3	7	10	14	17	21	24	28	31
13	1139	1173	1206	1239	1271	1303	1335	1367	1399	1430	3	6	10	13	16	19	23	26	29
14	1461	1492	1523	1553	1584	1614	1644	1673	1703	1732	3	6	9	12	15	18	21	24	27
15	1761	1790	1818	1847	1875	1903	1931	1959	1987	2014	3	6	8	11	14	17	20	22	25
16	2041	2068	2095	2122	2148	2175	2201	2227	2253	2279	3	5	8	11	13	16	18	21	24
17	2304	2330	2355	2380	2405	2430	2455	2480	2504	2529	2	5	7	10	12	15	17	20	22
18	2553	2577	2601	2625	2648	2672	2695	2718	2742	2765	2	5	7	9	12	14	16	19	21
19	2788	2810	2833	2856	2878	2900	2923	2945	2967	2989	2	4	7	9	11	13	16	18	20
20	3010	3032	3054	3075	3096	3118	3139	3160	3181	3201	2	4	6	8	11	13	15	17	19
21	3222	3243	3263	3284	3304	3324	3345	3365	3385	3404	2	4	6	8	10	12	14	16	18
22	3424	3444	3464	3483	3502	3522	3541	3560	3579	3598	2	4	6	8	10	12	14	15	17
23	3617	3636	3655	3674	3692	3711	3729	3747	3766	3784	2	4	6	7	9	11	13	15	17
24	3802	3820	3838	3856	3874	3892	3909	3927	3945	3962	2	4	5	7	9	11	12	14	16
25	3979	3997	4014	4031	4048	4065	4082	4099	4116	4133	2	3	5	7	9	10	12	14	15
26	4150	4166	4183	4200	4216	4232	4249	4265	4281	4298	2	3	5	7	8	10	11	13	15
27	4314	4330	4346	4362	4378	4393	4409	4425	4440	4456	2	3	5	6	8	9	11	13	14
28	4472	4487	4502	4518	4533	4548	4564	4579	4594	4609	2	3	5	6	8	9	11	12	14
29	4624	4639	4654	4669	4683	4698	4713	4728	4742	4757	1	3	4	6	7	9	10	12	13
30	4771	4786	4800	4814	4829	4843	4857	4871	4886	4900	1	3	4	6	7	9	10	11	13
31	4914	4928	4942	4955	4969	4983	4997	5011	5024	5038	1	3	4	6	7	8	10	11	12
32	5051	5065	5079	5092	5105	5119	5132	5145	5159	5172	1	3	4	5	7	8	9	11	12
33	5185	5198	5211	5224	5237	5250	5263	5276	5289	5302	1	3	4	5	6	8	9	10	12
34	5315	5328	5340	5353	5366	5378	5391	5403	5416	5428	1	3	4	5	6	8	9	10	11
35	5441	5453	5465	5478	5490	5502	5514	5527	5539	5551	1	2	4	5	6	7	9	10	11
36	5563	5575	5587	5599	5611	5623	5635	5647	5658	5670	1	2	4	5	6	7	8	10	11
37	5682	5694	5705	5717	5729	5740	5752	5763	5775	5786	1	2	3	5	6	7	8	9	10
38	5798	5809	5821	5832	5843	5855	5866	5877	5888	5899	1	2	3	5	6	7	8	9	10
39	5911	5922	5933	5944	5955	5966	5977	5988	5999	6010	1	2	3	4	5	7	8	9	10
40	6021	6031	6042	6053	6064	6075	6085	6096	6107	6117	1	2	3	4	5	6	8	9	10
41	6128	6138	6149	6160	6170	6180	6191	6201	6212	6222	1	2	3	4	5	6	7	8	9
42	6232	6243	6253	6263	6274	6284	6294	6304	6314	6325	1	2	3	4	5	6	7	8	9
43	6335	6345	6355	6365	6375	6385	6395	6405	6415	6425	1	2	3	4	5	6	7	8	9
44	6435	6444	6454	6464	6474	6484	6493	6503	6513	6522	1	2	3	4	5	6	7	8	9
45	6532	6542	6551	6561	6571	6580	6590	6599	6609	6618	1	2	3	4	5	6	7	8	9
46	6628	6637	6646	6656	6665	6675	6684	6693	6702	6712	1	2	3	4	5	6	7	7	8
47	6721	6730	6739	6749	6758	6767	6776	6785	6794	6803	1	2	3	4	5	5	6	7	8
48	6812	6821	6830	6839	6848	6857	6866	6875	6884	6893	1	2	3	4	4	5	6	7	8
49	6902	6911	6920	6928	6937	6946	6955	6964	6972	6981	1	2	3	4	4	5	6	7	8
50	6990	6998	7007	7016	7024	7033	7042	7050	7059	7067	1	2	3	3	4	5	6	7	8
51	7076	7084	7093	7101	7110	7118	7126	7135	7143	7152	1	2	3	3	4	5	6	7	8
52	7160	7168	7177	7185	7193	7202	7210	7218	7226	7235	1	2	2	3	4	5	6	7	7
53	7243	7251	7259	7267	7275	7284	7292	7300	7308	7316	1	2	2	3	4	5	6	6	7
54	7324	7332	7340	7348	7356	7364	7372	7380	7388	7396	1	2	2	3	4	5	6	6	7
N	0	1	2	3	4	5	6	7	8	9	1	2	3	4	5	6	7	8	9

Logarithms

N	0	1	2	3	4	5	6	7	8	9	1	2	3	4	5	6	7	8	9
											\multicolumn{9}{c}{Proportional Parts}
55	7404	7412	7419	7427	7435	7443	7451	7459	7466	7474	1	2	2	3	4	5	5	6	7
56	7482	7490	7497	7505	7513	7520	7528	7536	7543	7551	1	2	2	3	4	5	5	6	7
57	7559	7566	7574	7582	7589	7597	7604	7612	7619	7627	1	2	2	3	4	5	5	6	7
58	7634	7642	7649	7657	7664	7672	7679	7686	7694	7701	1	1	2	3	4	4	5	6	7
59	7709	7716	7723	7731	7738	7745	7752	7760	7767	7774	1	1	2	3	4	4	5	6	7
60	7782	7789	7796	7803	7810	7818	7825	7832	7839	7846	1	1	2	3	4	4	5	6	6
61	7853	7860	7868	7875	7882	7889	7896	7903	7910	7917	1	1	2	3	4	4	5	6	6
62	7924	7931	7938	7945	7952	7959	7966	7973	7980	7987	1	1	2	3	3	4	5	6	6
63	7993	8000	8007	8014	8021	8028	8035	8041	8048	8055	1	1	2	3	3	4	5	5	6
64	8062	8069	8075	8082	8089	8096	8102	8109	8116	8122	1	1	2	3	3	4	5	5	6
65	8129	8136	8142	8149	8156	8162	8169	8176	8182	8189	1	1	2	3	3	4	5	5	6
66	8195	8202	8209	8215	8222	8228	8235	8241	8248	8254	1	1	2	3	3	4	5	5	6
67	8261	8267	8274	8280	8287	8293	8299	8306	8312	8319	1	1	2	3	3	4	5	5	6
68	8325	8331	8338	8344	8351	8357	8363	8370	8376	8382	1	1	2	3	3	4	4	5	6
69	8388	8395	8401	8407	8414	8420	8426	8432	8439	8445	1	1	2	2	3	4	4	5	6
70	8451	8457	8463	8470	8476	8482	8488	8494	8500	8506	1	1	2	2	3	4	4	5	6
71	8513	8519	8525	8531	8537	8543	8549	8555	8561	8567	1	1	2	2	3	4	4	5	5
72	8573	8579	8585	8591	8597	8603	8609	8615	8621	8627	1	1	2	2	3	4	4	5	5
73	8633	8639	8645	8651	8657	8663	8669	8675	8681	8686	1	1	2	2	3	4	4	5	5
74	8692	8698	8704	8710	8716	8722	8727	8733	8739	8745	1	1	2	2	3	4	4	5	5
75	8751	8756	8762	8768	8774	8779	8785	8791	8797	8802	1	1	2	2	3	3	4	5	5
76	8808	8814	8820	8825	8831	8837	8842	8848	8854	8859	1	1	2	2	3	3	4	5	5
77	8865	8871	8876	8882	8887	8893	8899	8904	8910	8915	1	1	2	2	3	3	4	4	5
78	8921	8927	8932	8938	8943	8949	8954	8960	8965	8971	1	1	2	2	3	3	4	4	5
79	8976	8982	8987	8993	8998	9004	9009	9015	9020	9025	1	1	2	2	3	3	4	4	5
80	9031	9036	9042	9047	9053	9058	9063	9069	9074	9079	1	1	2	2	3	3	4	4	5
81	9085	9090	9096	9101	9106	9112	9117	9122	9128	9133	1	1	2	2	3	3	4	4	5
82	9138	9143	9149	9154	9159	9165	9170	9175	9180	9186	1	1	2	2	3	3	4	4	5
83	9191	9196	9201	9206	9212	9217	9222	9227	9232	9238	1	1	2	2	3	3	4	4	5
84	9243	9248	9253	9258	9263	9269	9274	9279	9284	9289	1	1	2	2	3	3	4	4	5
85	9294	9299	9304	9309	9315	9320	9325	9330	9335	9340	1	1	2	2	3	3	4	4	5
86	9345	9350	9355	9360	9365	9370	9375	9380	9385	9390	1	1	2	2	3	3	4	4	5
87	9395	9400	9405	9410	9415	9420	9425	9430	9435	9440	0	1	1	2	2	3	3	4	4
88	9445	9450	9455	9460	9465	9469	9474	9479	9484	9489	0	1	1	2	2	3	3	4	4
89	9494	9499	9504	9509	9513	9518	9523	9528	9533	9538	0	1	1	2	2	3	3	4	4
90	9542	9547	9552	9557	9562	9566	9571	9576	9581	9586	0	1	1	2	2	3	3	4	4
91	9590	9595	9600	9605	9609	9614	9619	9624	9628	9633	0	1	1	2	2	3	3	4	4
92	9638	9643	9647	9652	9657	9661	9666	9671	9675	9680	0	1	1	2	2	3	3	4	4
93	9685	9689	9694	9699	9703	9708	9713	9717	9722	9727	0	1	1	2	2	3	3	4	4
94	9731	9736	9741	9745	9750	9754	9759	9763	9768	9773	0	1	1	2	2	3	3	4	4
95	9777	9782	9786	9791	9795	9800	9805	9809	9814	9818	0	1	1	2	2	3	3	4	4
96	9823	9827	9832	9836	9841	9845	9850	9854	9859	9863	0	1	1	2	2	3	3	4	4
97	9868	9872	9877	9881	9886	9890	9894	9899	9903	9908	0	1	1	2	2	3	3	4	4
98	9912	9917	9921	9926	9930	9934	9939	9943	9948	9952	0	1	1	2	2	3	3	4	4
99	9956	9961	9965	9969	9974	9978	9983	9987	9991	9996	0	1	1	2	2	3	3	3	4
N	0	1	2	3	4	5	6	7	8	9	1	2	3	4	5	6	7	8	9

Four-Place Common

p	0	1	2	3	4	5	6	7	8	9	1	2	3	4	5	6	7	8	9
.00	1000	1002	1005	1007	1009	1012	1014	1016	1019	1021	0	0	1	1	1	1	2	2	2
.01	1023	1026	1028	1030	1033	1035	1038	1040	1042	1045	0	0	1	1	1	1	2	2	2
.02	1047	1050	1052	1054	1057	1059	1062	1064	1067	1069	0	0	1	1	1	1	2	2	2
.03	1072	1074	1076	1079	1081	1084	1086	1089	1091	1094	0	0	1	1	1	1	2	2	2
.04	1096	1099	1102	1104	1107	1109	1112	1114	1117	1119	0	1	1	1	1	2	2	2	2
.05	1122	1125	1127	1130	1132	1135	1138	1140	1143	1146	0	1	1	1	1	2	2	2	2
.06	1148	1151	1153	1156	1159	1161	1164	1167	1169	1172	0	1	1	1	1	2	2	2	2
.07	1175	1178	1180	1183	1186	1189	1191	1194	1197	1199	0	1	1	1	1	2	2	2	2
.08	1202	1205	1208	1211	1213	1216	1219	1222	1225	1227	0	1	1	1	1	2	2	2	3
.09	1230	1233	1236	1239	1242	1245	1247	1250	1253	1256	0	1	1	1	1	2	2	2	3
.10	1259	1262	1265	1268	1271	1274	1276	1279	1282	1285	0	1	1	1	2	2	2	2	3
.11	1288	1291	1294	1297	1300	1303	1306	1309	1312	1315	0	1	1	1	2	2	2	2	3
.12	1318	1321	1324	1327	1330	1334	1337	1340	1343	1346	0	1	1	1	2	2	2	2	3
.13	1349	1352	1355	1358	1361	1365	1368	1371	1374	1377	0	1	1	1	2	2	2	3	3
.14	1380	1384	1387	1390	1393	1396	1400	1403	1406	1409	0	1	1	1	2	2	2	3	3
.15	1413	1416	1419	1422	1426	1429	1432	1435	1439	1442	0	1	1	1	2	2	2	3	3
.16	1445	1449	1452	1455	1459	1462	1466	1469	1472	1476	0	1	1	1	2	2	2	3	3
.17	1479	1483	1486	1489	1493	1496	1500	1503	1507	1510	0	1	1	1	2	2	2	3	3
.18	1514	1517	1521	1524	1528	1531	1535	1538	1542	1545	0	1	1	1	2	2	2	3	3
.19	1549	1552	1556	1560	1563	1567	1570	1574	1578	1581	0	1	1	1	2	2	3	3	3
.20	1585	1589	1592	1596	1600	1603	1607	1611	1614	1618	0	1	1	1	2	2	3	3	3
.21	1622	1626	1629	1633	1637	1641	1644	1648	1652	1656	0	1	1	2	2	2	3	3	3
.22	1660	1663	1667	1671	1675	1679	1683	1687	1690	1694	0	1	1	2	2	2	3	3	3
.23	1698	1702	1706	1710	1714	1718	1722	1726	1730	1734	0	1	1	2	2	2	3	3	4
.24	1738	1742	1746	1750	1754	1758	1762	1766	1770	1774	0	1	1	2	2	2	3	3	4
.25	1778	1782	1786	1791	1795	1799	1803	1807	1811	1816	0	1	1	2	2	2	3	3	4
.26	1820	1824	1828	1832	1837	1841	1845	1849	1854	1858	0	1	1	2	2	3	3	3	4
.27	1862	1866	1871	1875	1879	1884	1888	1892	1897	1901	0	1	1	2	2	3	3	3	4
.28	1905	1910	1914	1919	1923	1928	1932	1936	1941	1945	0	1	1	2	2	3	3	4	4
.29	1950	1954	1959	1963	1968	1972	1977	1982	1986	1991	0	1	1	2	2	3	3	4	4
.30	1995	2000	2004	2009	2014	2018	2023	2028	2032	2037	0	1	1	2	2	3	3	4	4
.31	2042	2046	2051	2056	2061	2065	2070	2075	2080	2084	0	1	1	2	2	3	3	4	4
.32	2089	2094	2099	2104	2109	2113	2118	2123	2128	2133	0	1	1	2	2	3	3	4	4
.33	2138	2143	2148	2153	2158	2163	2168	2173	2178	2183	0	1	1	2	2	3	3	4	4
.34	2188	2193	2198	2203	2208	2213	2218	2223	2228	2234	1	1	2	2	3	3	4	4	5
.35	2239	2244	2249	2254	2259	2265	2270	2275	2280	2286	1	1	2	2	3	3	4	4	5
.36	2291	2296	2301	2307	2312	2317	2323	2328	2333	2339	1	1	2	2	3	3	4	4	5
.37	2344	2350	2355	2360	2366	2371	2377	2382	2388	2393	1	1	2	2	3	3	4	4	5
.38	2399	2404	2410	2415	2421	2427	2432	2438	2443	2449	1	1	2	2	3	3	4	4	5
.39	2455	2460	2466	2472	2477	2483	2489	2495	2500	2506	1	1	2	2	3	3	4	5	5
.40	2512	2518	2523	2529	2535	2541	2547	2553	2559	2564	1	1	2	2	3	4	4	5	5
.41	2570	2576	2582	2588	2594	2600	2606	2612	2618	2624	1	1	2	2	3	4	4	5	5
.42	2630	2636	2642	2649	2655	2661	2667	2673	2679	2685	1	1	2	2	3	4	4	5	6
.43	2692	2698	2704	2710	2716	2723	2729	2735	2742	2748	1	1	2	3	3	4	4	5	6
.44	2754	2761	2767	2773	2780	2786	2793	2799	2805	2812	1	1	2	3	3	4	4	5	6
.45	2818	2825	2831	2838	2844	2851	2858	2864	2871	2877	1	1	2	3	3	4	5	5	6
.46	2884	2891	2897	2904	2911	2917	2924	2931	2938	2944	1	1	2	3	3	4	5	5	6
.47	2951	2958	2965	2972	2979	2985	2992	2999	3006	3013	1	1	2	3	3	4	5	5	6
.48	3020	3027	3034	3041	3048	3055	3062	3069	3076	3083	1	1	2	3	4	4	5	6	6
.49	3090	3097	3105	3112	3119	3126	3133	3141	3148	3155	1	1	2	3	4	4	5	6	6
p	0	1	2	3	4	5	6	7	8	9	1	2	3	4	5	6	7	8	9

Antilogarithms

p	0	1	2	3	4	5	6	7	8	9	Proportional Parts								
											1	2	3	4	5	6	7	8	9
.50	3162	3170	3177	3184	3192	3199	3206	3214	3221	3228	1	1	2	3	4	4	5	6	7
.51	3236	3243	3251	3258	3266	3273	3281	3289	3296	3304	1	2	2	3	4	5	5	6	7
.52	3311	3319	3327	3334	3342	3350	3357	3365	3373	3381	1	2	2	3	4	5	5	6	7
.53	3388	3396	3404	3412	3420	3428	3436	3443	3451	3459	1	2	2	3	4	5	6	6	7
.54	3467	3475	3483	3491	3499	3508	3516	3524	3532	3540	1	2	2	3	4	5	6	6	7
.55	3548	3556	3565	3573	3581	3589	3597	3606	3614	3622	1	2	2	3	4	5	6	7	7
.56	3631	3639	3648	3656	3664	3673	3681	3690	3698	3707	1	2	3	3	4	5	6	7	8
.57	3715	3724	3733	3741	3750	3758	3767	3776	3784	3793	1	2	3	3	4	5	6	7	8
.58	3802	3811	3819	3828	3837	3846	3855	3864	3873	3882	1	2	3	4	4	5	6	7	8
.59	3890	3899	3908	3917	3926	3936	3945	3954	3963	3972	1	2	3	4	5	5	6	7	8
.60	3981	3990	3999	4009	4018	4027	4036	4046	4055	4064	1	2	3	4	5	6	6	7	8
.61	4074	4083	4093	4102	4111	4121	4130	4140	4150	4159	1	2	3	4	5	6	7	8	9
.62	4169	4178	4188	4198	4207	4217	4227	4236	4246	4256	1	2	3	4	5	6	7	8	9
.63	4266	4276	4285	4295	4305	4315	4325	4335	4345	4355	1	2	3	4	5	6	7	8	9
.64	4365	4375	4385	4395	4406	4416	4426	4436	4446	4457	1	2	3	4	5	6	7	8	9
.65	4467	4477	4487	4498	4508	4519	4529	4539	4550	4560	1	2	3	4	5	6	7	8	9
.66	4571	4581	4592	4603	4613	4624	4634	4645	4656	4667	1	2	3	4	5	6	7	9	10
.67	4677	4688	4699	4710	4721	4732	4742	4753	4764	4775	1	2	3	4	5	7	8	9	10
.68	4786	4797	4808	4819	4831	4842	4853	4864	4875	4887	1	2	3	4	6	7	8	9	10
.69	4898	4909	4920	4932	4943	4955	4966	4977	4989	5000	1	2	3	5	6	7	8	9	10
.70	5012	5023	5035	5047	5058	5070	5082	5093	5105	5117	1	2	4	5	6	7	8	9	11
.71	5129	5140	5152	5164	5176	5188	5200	5212	5224	5236	1	2	4	5	6	7	8	10	11
.72	5248	5260	5272	5284	5297	5309	5321	5333	5346	5358	1	2	4	5	6	7	9	10	11
.73	5370	5383	5395	5408	5420	5433	5445	5458	5470	5483	1	3	4	5	6	8	9	10	11
.74	5495	5508	5521	5534	5546	5559	5572	5585	5598	5610	1	3	4	5	6	8	9	10	12
.75	5623	5636	5649	5662	5675	5689	5702	5715	5728	5741	1	3	4	5	7	8	9	10	12
.76	5754	5768	5781	5794	5808	5821	5834	5848	5861	5875	1	3	4	5	7	8	9	11	12
.77	5888	5902	5916	5929	5943	5957	5970	5984	5998	6012	1	3	4	5	7	8	10	11	12
.78	6026	6039	6053	6067	6081	6095	6109	6124	6138	6152	1	3	4	6	7	8	10	11	13
.79	6166	6180	6194	6209	6223	6237	6252	6266	6281	6295	1	3	4	6	7	9	10	11	13
.80	6310	6324	6339	6353	6368	6383	6397	6412	6427	6442	1	3	4	6	7	9	10	12	13
.81	6457	6471	6486	6501	6516	6531	6546	6561	6577	6592	2	3	5	6	8	9	11	12	14
.82	6607	6622	6637	6653	6668	6683	6699	6714	6730	6745	2	3	5	6	8	9	11	12	14
.83	6761	6776	6792	6808	6823	6839	6855	6871	6887	6902	2	3	5	6	8	9	11	13	14
.84	6918	6934	6950	6966	6982	6998	7015	7031	7047	7063	2	3	5	6	8	10	11	13	15
.85	7079	7096	7112	7129	7145	7161	7178	7194	7211	7228	2	3	5	7	8	10	12	13	15
.86	7244	7261	7278	7295	7311	7328	7345	7362	7379	7396	2	3	5	7	8	10	12	13	15
.87	7413	7430	7447	7464	7482	7499	7516	7534	7551	7568	2	3	5	7	9	10	12	14	16
.88	7586	7603	7621	7638	7656	7674	7691	7709	7727	7745	2	4	5	7	9	11	12	14	16
.89	7762	7780	7798	7816	7834	7852	7870	7889	7907	7925	2	4	5	7	9	11	13	14	16
.90	7943	7962	7980	7998	8017	8035	8054	8072	8091	8110	2	4	6	7	9	11	13	15	17
.91	8128	8147	8166	8185	8204	8222	8241	8260	8279	8299	2	4	6	8	9	11	13	15	17
.92	8318	8337	8356	8375	8395	8414	8433	8453	8472	8492	2	4	6	8	10	12	14	15	17
.93	8511	8531	8551	8570	8590	8610	8630	8650	8670	8690	2	4	6	8	10	12	14	16	18
.94	8710	8730	8750	8770	8790	8810	8831	8851	8872	8892	2	4	6	8	10	12	14	16	18
.95	8913	8933	8954	8974	8995	9016	9036	9057	9078	9099	2	4	6	8	10	12	15	17	19
.96	9120	9141	9162	9183	9204	9226	9247	9268	9290	9311	2	4	6	8	11	13	15	17	19
.97	9333	9354	9376	9397	9419	9441	9462	9484	9506	9528	2	4	7	9	11	13	15	17	20
.98	9550	9572	9594	9616	9638	9661	9683	9705	9727	9750	2	4	7	9	11	13	16	18	20
.99	9772	9795	9817	9840	9863	9886	9908	9931	9954	9977	2	5	7	9	11	14	16	18	20
p	0	1	2	3	4	5	6	7	8	9	1	2	3	4	5	6	7	8	9

Squares, Cubes,

n	n^2	n^3	$\sqrt{n}$	$\sqrt{10n}$	$\sqrt[3]{n}$	$\sqrt[3]{10n}$	$\sqrt[3]{100n}$	$1/n$
1	1	1	1.000 000	3.162 278	1.000 000	2.154 435	4.641 589	1.000 000
2	4	8	1.414 214	4.472 136	1.259 921	2.714 418	5.848 035	.500 000
3	9	27	1.732 051	5.477 226	1.442 250	3.107 233	6.694 330	.333 333
4	16	64	2.000 000	6.324 555	1.587 401	3.419 952	7.368 063	.250 000
5	25	125	2.236 068	7.071 068	1.709 976	3.684 031	7.937 005	.200 000
6	36	216	2.449 490	7.745 967	1.817 121	3.914 868	8.434 327	.166 667
7	49	343	2.645 751	8.366 600	1.912 931	4.121 285	8.879 040	.142 857
8	64	512	2.828 427	8.944 272	2.000 000	4.308 869	9.283 178	.125 000
9	81	729	3.000 000	9.486 833	2.080 084	4.481 405	9.654 894	.111 111
10	100	1 000	3.162 278	10.000 00	2.154 435	4.641 589	10.000 00	.100 000
11	121	1 331	3.316 625	10.488 09	2.223 980	4.791 420	10.322 80	.090 909
12	144	1 728	3.464 102	10.954 45	2.289 428	4.932 424	10.626 59	.083 333
13	169	2 197	3.605 551	11.401 75	2.351 335	5.065 797	10.913 93	.076 923
14	196	2 744	3.741 657	11.832 16	2.410 142	5.192 494	11.186 89	.071 429
15	225	3 375	3.872 983	12.247 45	2.466 212	5.313 293	11.447 14	.066 667
16	256	4 096	4.000 000	12.649 11	2.519 842	5.428 835	11.696 07	.062 500
17	289	4 913	4.123 106	13.038 40	2.571 282	5.539 658	11.934 83	.058 824
18	324	5 832	4.242 641	13.416 41	2.620 741	5.646 216	12.164 40	.055 556
19	361	6 859	4.358 899	13.784 05	2.668 402	5.748 897	12.385 62	.052 632
20	400	8 000	4.472 136	14.142 14	2.714 418	5.848 035	12.599 21	.050 000
21	441	9 261	4.582 576	14.491 38	2.758 924	5.943 922	12.805 79	.047 619
22	484	10 648	4.690 416	14.832 40	2.802 039	6.036 811	13.005 91	.045 455
23	529	12 167	4.795 832	15.165 75	2.843 867	6.126 926	13.200 06	.043 478
24	576	13 824	4.898 979	15.491 93	2.884 499	6.214 465	13.388 66	.041 667
25	625	15 625	5.000 000	15.811 39	2.924 018	6.299 605	13.572 09	.040 000
26	676	17 576	5.099 020	16.124 52	2.962 496	6.382 504	13.750 69	.038 462
27	729	19 683	5.196 152	16.431 68	3.000 000	6.463 304	13.924 77	.037 037
28	784	21 952	5.291 503	16.733 20	3.036 589	6.542 133	14.094 60	.035 714
29	841	24 389	5.385 165	17.029 39	3.072 317	6.619 106	14.260 43	.034 483
30	900	27 000	5.477 226	17.320 51	3.107 233	6.694 330	14.422 50	.033 333
31	961	29 791	5.567 764	17.606 82	3.141 381	6.767 899	14.581 00	.032 258
32	1 024	32 768	5.656 854	17.888 54	3.174 802	6.839 904	14.736 13	.031 250
33	1 089	35 937	5.744 563	18.165 90	3.207 534	6.910 423	14.888 06	.030 303
34	1 156	39 304	5.830 952	18.439 09	3.239 612	6.979 532	15.036 95	.029 412
35	1 225	42 875	5.916 080	18.708 29	3.271 066	7.047 299	15.182 94	.028 571
36	1 296	46 656	6.000 000	18.973 67	3.301 927	7.113 787	15.326 19	.027 778
37	1 369	50 653	6.082 763	19.235 38	3.332 222	7.179 054	15.466 80	.027 027
38	1 444	54 872	6.164 414	19.493 59	3.361 975	7.243 156	15.604 91	.026 316
39	1 521	59 319	6.244 998	19.748 42	3.391 211	7.306 144	15.740 61	.025 641
40	1 600	64 000	6.324 555	20.000 00	3.419 952	7.368 063	15.874 01	.025 000
41	1 681	68 921	6.403 124	20.248 46	3.448 217	7.428 959	16.005 21	.024 390
42	1 764	74 088	6.480 741	20.493 90	3.476 027	7.488 872	16.134 29	.023 810
43	1 849	79 507	6.557 439	20.736 44	3.503 398	7.547 842	16.261 33	.023 256
44	1 936	85 184	6.633 250	20.976 18	3.530 348	7.605 905	16.386 43	.022 727
45	2 025	91 125	6.708 204	21.213 20	3.556 893	7.663 094	16.509 64	.022 222
46	2 116	97 336	6.782 330	21.447 61	3.583 048	7.719 443	16.631 03	.021 739
47	2 209	103 823	6.855 655	21.679 48	3.608 826	7.774 980	16.750 69	.021 277
48	2 304	110 592	6.928 203	21.908 90	3.634 241	7.829 735	16.868 65	.020 833
49	2 401	117 649	7.000 000	22.135 94	3.659 306	7.883 735	16.984 99	.020 408
50	2 500	125 000	7.071 068	22.360 68	3.684 031	7.937 005	17.099 76	.020 000

Roots and Reciprocals

n	n^2	n^3	$\sqrt{n}$	$\sqrt{10n}$	$\sqrt[3]{n}$	$\sqrt[3]{10n}$	$\sqrt[3]{100n}$	$1/n$
50	2 500	125 000	7.071 068	22.360 68	3.684 031	7.937 005	17.099 76	.020 000
51	2 601	132 651	7.141 428	22.583 18	3.708 430	7.989 570	17.213 01	.019 608
52	2 704	140 608	7.211 103	22.803 51	3.732 511	8.041 452	17.324 78	.019 231
53	2 809	148 877	7.280 110	23.021 73	3.756 286	8.092 672	17.435 13	.018 868
54	2 916	157 464	7.348 469	23.237 90	3.779 763	8.143 253	17.544 11	.018 519
55	3 025	166 375	7.416 198	23.452 08	3.802 952	8.193 213	17.651 74	.018 182
56	3 136	175 616	7.483 315	23.664 32	3.825 862	8.242 571	17.758 08	.017 857
57	3 249	185 193	7.549 834	23.874 67	3.848 501	8.291 344	17.863 16	.017 544
58	3 364	195 112	7.615 773	24.083 19	3.870 877	8.339 551	17.967 02	.017 241
59	3 481	205 379	7.681 146	24.289 92	3.892 996	8.387 207	18.069 69	.016 949
60	3 600	216 000	7.745 967	24.494 90	3.914 868	8.434 327	18.171 21	.016 667
61	3 721	226 981	7.810 250	24.698 18	3.936 497	8.480 926	18.271 60	.016 393
62	3 844	238 328	7.874 008	24.899 80	3.957 892	8.527 019	18.370 91	.016 129
63	3 969	250 047	7.937 254	25.099 80	3.979 057	8.572 619	18.469 15	.015 873
64	4 096	262 144	8.000 000	25.298 22	4.000 000	8.617 739	18.566 36	.015 625
65	4 225	274 625	8.062 258	25.495 10	4.020 726	8.662 391	18.662 56	.015 385
66	4 356	287 496	8.124 038	25.690 47	4.041 240	8.706 588	18.757 77	.015 152
67	4 489	300 763	8.185 353	25.884 36	4.061 548	8.750 340	18.852 04	.014 925
68	4 624	314 432	8.246 211	26.076 81	4.081 655	8.793 659	18.945 36	.014 706
69	4 761	328 509	8.306 624	26.267 85	4.101 566	8.836 556	19.037 78	.014 493
70	4 900	343 000	8.366 600	26.457 51	4.121 285	8.879 040	19.129 31	.014 286
71	5 041	357 911	8.426 150	26.645 83	4.140 818	8.921 121	19.219 97	.014 085
72	5 184	373 248	8.485 281	26.832 82	4.160 168	8.962 809	19.309 79	.013 889
73	5 329	389 017	8.544 004	27.018 51	4.179 339	9.004 113	19.398 77	.013 699
74	5 476	405 224	8.602 325	27.202 94	4.198 336	9.045 042	19.486 95	.013 514
75	5 625	421 875	8.660 254	27.386 13	4.217 163	9.085 603	19.574 34	.013 333
76	5 776	438 976	8.717 798	27.568 10	4.235 824	9.125 805	19.660 95	.013 158
77	5 929	456 533	8.774 964	27.748 87	4.254 321	9.165 656	19.746 81	.012 987
78	6 084	474 552	8.831 761	27.928 48	4.272 659	9.205 164	19.831 92	.012 821
79	6 241	493 039	8.888 194	28.106 94	4.290 840	9.244 335	19.916 32	.012 658
80	6 400	512 000	8.944 272	28.284 27	4.308 869	9.283 178	20.000 00	.012 500
81	6 561	531 441	9.000 000	28.460 50	4.326 749	9.321 698	20.082 99	.012 346
82	6 724	551 368	9.055 385	28.635 64	4.344 481	9.359 902	20.165 30	.012 195
83	6 889	571 787	9.110 434	28.809 72	4.362 071	9.397 796	20.246 94	.012 048
84	7 056	592 704	9.165 151	28.982 75	4.379 519	9.435 388	20.327 93	.011 905
85	7 225	614 125	9.219 544	29.154 76	4.396 830	9.472 682	20.408 28	.011 765
86	7 396	636 056	9.273 618	29.325 76	4.414 005	9.509 685	20.488 00	.011 628
87	7 569	658 503	9.327 379	29.495 76	4.431 048	9.546 403	20.567 10	.011 494
88	7 744	681 472	9.380 832	29.664 79	4.447 960	9.582 840	20.645 60	.011 364
89	7 921	704 969	9.433 981	29.832 87	4.464 745	9.619 002	20.723 51	.011 236
90	8 100	729 000	9.486 833	30.000 00	4.481 405	9.654 894	20.800 84	.011 111
91	8 281	753 571	9.539 392	30.166 21	4.497 941	9.690 521	20.877 59	.010 989
92	8 464	778 688	9.591 663	30.331 50	4.514 357	9.725 888	20.953 79	.010 870
93	8 649	804 357	9.643 651	30.495 90	4.530 655	9.761 000	21.029 44	.010 753
94	8 836	830 584	9.695 360	30.659 42	4.546 836	9.795 861	21.104 54	.010 638
95	9 025	857 375	9.746 794	30.822 07	4.562 903	9.830 476	21.179 12	.010 526
96	9 216	884 736	9.797 959	30.983 87	4.578 857	9.864 848	21.253 17	.010 417
97	9 409	912 673	9.848 858	31.144 82	4.594 701	9.898 983	21.326 71	.010 309
98	9 604	941 192	9.899 495	31.304 95	4.610 436	9.932 884	21.399 75	.010 204
99	9 801	970 299	9.949 874	31.464 27	4.626 065	9.966 555	21.472 29	.010 101
100	10 000	1 000 000	10.00 000	31.622 78	4.641 589	10.00 000	21.544 35	.010 000

Trigonometric Tables

Sines, Cosines, and Tangents

Angle	Radians	Sine	Cosine	Tangent	Angle	Radians	Sine	Cosine	Tangent
0°	.0000	.0000	1.0000	.0000	45°	.7854	.7071	.7071	1.0000
1	.0175	.0175	.9998	.0175	46	.8029	.7193	.6947	1.0355
2	.0349	.0349	.9994	.0349	47	.8203	.7314	.6820	1.0724
3	.0524	.0523	.9986	.0524	48	.8378	.7431	.6691	1.1106
4	.0698	.0698	.9976	.0699	49	.8552	.7547	.6561	1.1504
5	.0873	.0872	.9962	.0875	50	.8727	.7660	.6428	1.1918
6	.1047	.1045	.9945	.1051	51	.8901	.7771	.6293	1.2349
7	.1222	.1219	.9925	.1228	52	.9076	.7880	.6157	1.2799
8	.1396	.1392	.9903	.1405	53	.9250	.7986	.6018	1.3270
9	.1571	.1564	.9877	.1584	54	.9425	.8090	.5878	1.3764
10	.1745	.1736	.9848	.1763	55	.9599	.8192	.5736	1.4281
11	.1920	.1908	.9816	.1944	56	.9774	.8290	.5592	1.4826
12	.2094	.2079	.9781	.2126	57	.9948	.8387	.5446	1.5399
13	.2269	.2250	.9744	.2309	58	1.0123	.8480	.5299	1.6003
14	.2443	.2419	.9703	.2493	59	1.0297	.8572	.5150	1.6643
15	.2618	.2588	.9659	.2679	60	1.0472	.8660	.5000	1.7321
16	.2793	.2756	.9613	.2867	61	1.0647	.8746	.4848	1.8040
17	.2967	.2924	.9563	.3057	62	1.0821	.8829	.4695	1.8807
18	.3142	.3090	.9511	.3249	63	1.0996	.8910	.4540	1.9626
19	.3316	.3256	.9455	.3443	64	1.1170	.8988	.4384	2.0503
20	.3491	.3420	.9397	.3640	65	1.1345	.9063	.4226	2.1445
21	.3665	.3584	.9336	.3839	66	1.1519	.9135	.4067	2.2460
22	.3840	.3746	.9272	.4040	67	1.1694	.9205	.3907	2.3559
23	.4014	.3907	.9205	.4245	68	1.1868	.9272	.3746	2.4751
24	.4189	.4067	.9135	.4452	69	1.2043	.9336	.3584	2.6051
25	.4363	.4226	.9063	.4663	70	1.2217	.9397	.3420	2.7475
26	.4538	.4384	.8988	.4877	71	1.2392	.9455	.3256	2.9042
27	.4712	.4540	.8910	.5095	72	1.2566	.9511	.3090	3.0777
28	.4887	.4695	.8829	.5317	73	1.2741	.9563	.2924	3.2709
29	.5061	.4848	.8746	.5543	74	1.2915	.9613	.2756	3.4874
30	.5236	.5000	.8660	.5774	75	1.3090	.9659	.2588	3.7321
31	.5411	.5150	.8572	.6009	76	1.3265	.9703	.2419	4.0108
32	.5585	.5299	.8480	.6249	77	1.3439	.9744	.2250	4.3315
33	.5760	.5446	.8387	.6494	78	1.3614	.9781	.2079	4.7046
34	.5934	.5592	.8290	.6745	79	1.3788	.9816	.1908	5.1446
35	.6109	.5736	.8192	.7002	80	1.3963	.9848	.1736	5.6713
36	.6283	.5878	.8090	.7265	81	1.4137	.9877	.1564	6.3138
37	.6458	.6018	.7986	.7536	82	1.4312	.9903	.1392	7.1154
38	.6632	.6157	.7880	.7813	83	1.4486	.9925	.1219	8.1443
39	.6807	.6293	.7771	.8098	84	1.4661	.9945	.1045	9.5144
40	.6981	.6428	.7660	.8391	85	1.4835	.9962	.0872	11.43
41	.7156	.6561	.7547	.8693	86	1.5010	.9976	.0698	14.30
42	.7330	.6691	.7431	.9004	87	1.5184	.9986	.0523	19.08
43	.7505	.6820	.7314	.9325	88	1.5359	.9994	.0349	28.64
44	.7679	.6947	.7193	.9657	89	1.5533	.9998	.0175	57.29

٢٨ : تُتَرْجَمُ الكلمات المُنْتَهِيَة بـ **able** «بالفعل المضارع المبني للمجهول» ، كما في :

يؤكل	edible	يُنقل او يُحمل	portable
يُباع	salable	يُطرق[1]	malleable

ويُترَجم الاسمُ منها بالمَصدر الصناعي فيقال : مَنقُوليّة ، مَطروقية ومَبيعيَّة .

٢٩ : تُتَرْجَم الكاسِعَةُ **oid** بكلمة «شِبْه» فيُقال :

شِبْه فِلز	metalloid	شبه غَرَوي	colloid

كذلك يَصِحُّ ترجمة هذه الكاسِعة في الاصطلاحات العلمية «بالنَّسَب مع الألِف والنُّون» فتقول :

فِلزانيّ	metalloid
غَرَوانيّ	colloid

٣٠ : عِند تعريب أسماء العناصر الكيماوية التي تَنتهي بالمَقْطَع **ium** يُعرَّبُ هذا المَقْطَع بـ«يوم» (ما لم يكُنْ لاَسم العُنصر تعريبُ او ترجمة شائعة) كما في : ألومنيوم ، بوتاسيُوم ، كالسيوم .

٣١ : تُتَّخَذُ الحُروف العربية أساساً لترجمة رُموز العناصر الكيميائية على أن يُترَكَ لِلمُختصّين اختيارُ الحروف التي تَرمُزُ لِكُلّ عُنصر .

٣٢ : يُجيزُ المَجمعُ أن يُستعملَ بعضُ الألفاظ الأعجمية ــ عند الضرورة ــ على طريقة العرب في تعريبهم[2] .

٣٣ : يُفضَّلُ اللفظُ العربيّ القديم على المُعرَّب الا أذا اشتهر المُعرَّب .

٣٤ : يُرَجَّحُ أسهلُ نُطقٍ في رَسم الألفاظ المُعَرَّبة عند اختِلاف نُطقِها في اللُّغات الاجنبية .

٣٥ : يُرْسَمُ حَرف **G** في الكلمات المُعَرَّبة «جيماً» أو «غيناً» : غرام ، انجلترا .

٣٦ : الكلماتُ العربيةُ التي نُقِلَت الى اللغات الاجنبية وحُرِّفَتْ تَعُود الى أصلها العربي اذا ما نُقِلَت الى العربية، مرَّةً أخرى ، فيقال في Alhambra «الحمراء»لا «الَهمبرا» ، وفي Arsenal «دارُ الصناعة» لا «تَرسانة»[3] .

٣٧ : تُرَجَّح كِتابةُ الكلماتِ الأجنبية المُعَرَّبة المُنتهية بـ **logy** الدالةِ على العِلم بـ«تاء» في آخرها فيُقال : جيُولوجية، بَيُولوجية، سُوسيولوجية.

٣٨ : ألكلماتُ التي شاعت بصيغةٍ خاصة تَبقى كما اشتُهِرَت نُطقاً وكِتابةً .

٣٩ : قَبِلَ المجمعُ إدخال حَرف «پ» ليقابِلَ الحرف **P** .

٤٠ : الإشتقاق من الجامدِ أجيز للضرورة في لُغَةِ العُلوم ، كما في :

مُهَدْرَج ، مُكَرْبَن ، مُكَبْرَت ، مُبلْمَر ــ كصِفاتٍ للمواد المُعالجة بالهيدروجين والكربون والكبريت او بالبَلْمَرَة .

٤١ : وافق المجمعُ على كتابة الرقم «٢» مُستقيم الرأس أُفقيًّا (٢) نفياً لِلاشتباه بينه وبين الرقم ٢ .

---

(١) شاع أيضاً استعمال «قابِلٌ لِـ» أو «يَصْلحُ لِـ» فيُقال : يَصلُح للأكل في «يؤكل» وقابلٌ للطَّرق في «يطرق» ــ وقد يُستعمل في هذا المجال أحياناً صيغة «فَعُول» مثل صَهور (قابل للصهر) وطروق (قابل للطرق) .

(٢) يُبدي الكثير من اللغويين تحفُّظاً له ما يُبَرِّره في مدى التعريب الذي ينبغي السماح به. فمع اهتمامنا وتَشوُّقنا لإنماء الثروة اللفظية يجب أن يبقى اهتمامنا في نفس الوقت مُوجَّهاً الى ضرورة صِيانة التراث اللغوي وسلامة اللغة القومية، فما من أحد يُريدُ للألفاظ الدخيلة ان تحتل مكانة الألفاظ الاصيلة في اللغة، لذا فنحن نُركِّز على الاهتمام بالقياس والاشتقاق قبل التعريب .

(٣) تَرسانة تعريبٌ عن التركية. واللفظة التركية عن الفرنسية D'arsenal واللفظة في الفرنسية (وسواها من اللغات اللاتينية) مأخوذة عن العربية الاندلسية .

١٠ : تُتَّخذُ صيغةُ «التفاعُل» للدلالة على الاشتراك مع المُساواة او التماثُل : كالترابُط والتقارُن والتوافُق ...

١١ : يُصاغ قِياساً من الفِعل الثلاثي على وزن «مِفْعَل» و«مِفْعَلَة» و«مِفعال» للدلالة على الآلة التي يُعالج بها الشيء :
مِبْرَد ومِثْقَب، مِخْرَطة ومِلْزَمَة، مِثقاب ومِطْياف.
كذلك فان استعمال صيغة «فَعّالة» أسماً للآلَة هو أستعمال عربي صحيح : ثَقّابة، بَرّادة، فَتّاحة.

١٢ : يُصاغ «فَعّال» قِياساً للدلالة على الاحتِراف او مُلازَمَةِ الشيء : زَجّاج، حدّاد، سَبّاك، دَهّان.

١٣ : يُصاغُ «فَعّال» لِلمُبالغة من مَصدر الفعل الثُّلاثي اللازمِ والمتعدّي : ذوّاب، أكّال، دَوّار.

١٤ : «فَعَّل» المُضعَّف مَقيسُ للتكثير والمُبالغة : كَسَّر، خَضَّر، لَمَّع.

١٥ : كل فِعلٍ ثلاثيّ مُتَعَدٍّ دالٌّ على مُعالجةٍ حِسّية فمُطاوِعهُ القياسيّ «إنفعل» : إنكَسر، إنحنى، إنفَصَل.
أما اذا كانت فاء الفِعل واواً او لاماً او نوناً او ميماً او راء فالقياسُ فيه «إفْتَعَل» : إمتدّ، إلْتَفّ، إرتَدّ.

١٦ : قِياسُ المُطاوعة «لِفَعَّل» مُضعَّف العين هو «تَفَعَّل» : تَكَسَّر، تعَدَّل، تصَعَّد.

١٧ : قِياسُ المُطاوَعَة «لِفاعَلَ» الذي أُريدَ به وصفُ مَفعوله بأصلِ مَصدره يكونُ «تَفاعَل» : تباعَدَ، توازَنَ.

١٨ : قِياسُ المُطاوَعَة من «فَعْلَل» وما أُلحِقَ به «تَفَعْلَل» : تَفَلْطَح، تَدَحرَج.

١٩ : صِيغةُ «أستَفعَل» قِياسية لإفادة الطَّلَب أو الصَّيرورة : إستَمْهَل واستَنْجد، إستَحجَر وأستَطال.

٢٠ : يُنْسَب الى لفظِ الجمع عند الحاجة، كإرادةِ التمييز او نحو ذلك : صُوَريّ، جُزُريّ، وَثائِقيّ، عُمّالي، جماهيريّ.

٢١ : يجوزُ جمعُ المَصدر عندما تختلِفُ أنواعه : تَوصيلات، إرسالات، تَمديدات، إشعاعات.

٢٢ : تَعدِيةُ الفعلِ الثُّلاثي اللّازم بالهمزة قياسيّة : أبدأ، ألانَ، أدارَ.

٢٣ : في ترجمة الصَّدْر a أو an الذي يدلّ على مَعنى النفي تقرَّرَ وضعُ لا النافية مركبة مع الكلمة المطلوبة فيقال مثلاً :
لا تماثُلي، لا نُقطي، لا سِلكي، شرطَ ان يُوافِقَ هذا الاستعمال الذوقَ ولا يَنفِر منه السَّمع.

٢٤ : يجوز دُخول «أل» على حرفِ النّفي المُتصِل بالاسم واستِعماله في لُغة العِلم : اللّاسِلكيّ، اللّاهوائيّ، اللّاتَماثُلي.

٢٥ : تُفضَّلُ الكَلِمَةُ الواحدةُ على كَلِمَتَيْن فأكثَر عند وَضعِ أصطلاحٍ جديد اذا أمكن ذلك، واذا لم يُمكِن تُفضَّلُ الترجمةُ الحرفية.

٢٦ : في صِيَغ آلات الكَشْف والقِياس والرَّسم تُلتَزَمُ صيغةُ «مِفعال» لما يُراد به الكَشْف : مِطْياف، ومِرْطاب
وصيغةُ «مِفعَلَة» لما يُراد به الرَّسم : مِرْسَمَة، مِنطرة.
إذا لم يمكن اشتقاقُ أسمِ الآلة مِن المعنى أو حالَت دون ذلك صُعوباتٌ أخرى وُضِعَ لأسمِ الآلةِ أسمُ «مِكْشاف» مُضافاً الى عَمَل الالة، فنقول : مِكْشافُ المغنطيسية، مِكْشافُ كهربائي.

٢٧ : تقرر أن يُتَرْجَم الصَّدرُ hyper بكلمة «فَرْط»،
والصدر hypo بكلمة «هَبْط»[١].

[١] ترجمة hyper بـ «فَرْط» سارت وشاعت. اما ترجمة hypo بـ هَبْط» فلم تلق نجاحاً يُذكر.

مُوجَزٌ بأهمّ القرارات

التي اتخذها مجمع اللغة العربيّة في القاهرة

تسهيلاً لعمل المترجمين وواضعي المصطلحات العلميّة والفنيّة والصّناعيّة ـ مع أمثلة وتعليقات

١ : يجوز «النحتُ» عندما تُلجىء اليه الضرورة العلمية :

فنقول في كهربائي مغنطيسي كَهرَمغنطيسي ، وفي كهربائي ضوئي كهرَضوئي ، وفي شِبه غَروي شِبْغَروي .

ويُعتَرض في الالفاظ المنحوتة أن تَبقى ضِمْن حدود المَفهوميّة[١] .

٢ : يؤخذ بمبدإ «القياس» في اللغة[٢]

٣ : المصدرُ الصناعي : إذا أُريدَ صُنعُ مصدرٍ من كلمة يُزاد عليها «ياء النسبة والتاء» :

من الامثلة الحديثة على هذه المصادر قِلَويَّة ، حِمْضِيَّة ، قاعديّة ، مَفهوميّة وحسّاسية .

٤ : يصاغُ للدّلالة على الحِرفة او شِبهها من أي باب من ابواب الثلاثي مَصدَرٌ على وزن «فِعالة» ،

مثل : نِجارة ، حِدادة ، سِباكة ، خِراطة .

٥ : يُقاسُ المصدرُ على وزن «فَعَلان» لفَعَلَ اللازم مَفتوح العَيْن اذا دلّ على تقلُّبٍ واضطراب :

جَيَشان ، غَلَيان ، نَوَسان ، نَبَضان ، ثَوَران .

٦ : يُقاسُ من «فَعَلَ» اللازم المَفتوح العَين مَصْدرٌ على وزن «فُعال» للدلالة على المَرض :

صُداع ، كُساح ، سُعال ، نُكاف .

٧ : يُجازُ اشتِقاقُ «فُعال» و«فَعَل» للدلالة على الداء سَواء أَوَرَدَ له فعل أم لم يرد[٣] :

مُعاد ودُوار وخُناق ، سَدَر ورَمَد وحَصَر .

٨ : ان لم يَرِدْ في اللغة مصدرٌ «لفَعَلَ» اللازم مفتوح العين الدالّ على صَوت يَجُوز ان يُصاغَ له قياساً مصدر على وزن «فُعال» او «فَعيل» ،

مثل : صُراخ وشُواش ، هَدير وصَفير .

٩ : يصِحُّ أخذُ المصدرِ الذي على وزن «تَفعال» من الفعل للدلالة على الكَثْرة والمُبالغة : كما في تَهطال وتَبْيان

وكذلك تِصح صياغة هذا الوزن مما لم يَرِد فيه فِعل .

---

[١] اما النحتُ في مثل نَزْوَرَةِ (من نَزْعِ الورق). وزَهْرَجَ (من أزالَ الهيدروجين). وحَرْصَم (من حرّر من الصَمغ) فانه لا يفي بالغرض لمُجانَبته حدودَ المفهومية . كذلك نَنْصَح بعدم نَحت ألفاظ غير مُستحبَّة مثل كهرطيس (من كهربائي مغنطيسي) .

[٢] بدأ المُعتزِلةُ الدعوةَ الى الاخذ بمَبدأ القياس في اللغة منذ ألف عام باعتبار أن اللغة يجب أن تكون قياسيةً قبل ان تكون سماعية . وفي هـذا القرار التاريخي للمجمع وفي القرارات التالية (من ٣ الى ٢٦) وما سيتبعها ما يضعُ الأسُسَ لجعل اللغة العربية من أدقّ اللغات الفنية في العالم .

[٣] هذه الأوزان ليست مُستحدثة في العربية، فالمئات من اسماء الأمراض جاءت في اللغة على وزن فُعال وفَعَل. والجديد فقط هو تنسيقها واعتمادها لصياغة المرادفات المستجدّة .

Bibliography

المَرَاجِع الأجنَبيَّة

Adamov, N. **A Dictionary of Petroleum and Mining.** *Paris : Paris Monde, ...*

Challinor, John. **A Dictionary of Geology.** 3rd ed. *Cardiff : University of Wales Press, New York : Oxford University Press, 1967.*

Cole, Frank W. **Reservoir Engineering Manual.** *Houston: Gulf Publishing Company, 1969.*

Compton, Robert R. **Manual of Field Geology.** *New York: John Wiley and Sons, Inc., 1962.*

Crispin, F.S. **Dictionary of Technical Terms.** 11th ed.
New York : Bruce Publishing Group, 1970.

Dictionary of Science and Technology. Edited by T. C. Collocott.
London : W. and R. Chambers Ltd., 1971.

Encyclopedia of The Sciences. Edited by William B. Sill, Norman Hoss and Others.
New York : Doubleday Co. and Popular Science Publishing Co. 1963.,

Encyclopedic World Dictionary. Edited by Patrick Hanks, Simeon Potter and Others.
London : The Hamlyn Publishing Group Ltd., 1971.

Flood, W. E. and West, Michael. **An Elementary Scientific and Technical Dictionary.**
3rd. ed. *London : Longmans, Green and Co., 1963.*

Gaynor, F. **Concise Dictionary of Science.** *London : Peter Owen Limited. 1959.*

Gerrish, Howard H. **Technical Dictionary.** *South Holland, Illinois : The Goodheart-Willcox Co., 1968.*

Gilpin, Alan. **Dictionary of Fuel Technology.** *Amsterdam, The Netherlands : Elzevier Publishing Company, 1969.*

A Glossary of Geographical Terms. Edited by L. Dudley Stamp.
Lonbon : Longmans, Green and Co., 1963.

A Glossary of Petroleum Terms. 3rd. ed. Edited by G. Sell.
London : Institute of Petroleum, 1961.

Gray, H. J. **Dictionary of Physics.** *London : Longmans, Green and Co., 1964.*

Hobson, G. D. **Petroleum Geology.** *London : Oxford University Press, 1954.*

International Petroleum Encyclopedia. 1st. ed. and 2nd. ed.
Tulsa, Oklahoma : The Petroleum Publishing Co., 1967, 1972.

Longmans English Larousse. Edited by O. C. Watson.
London : Longmans, Green and Co., 1968.

Merriman, A. D. **A Concise Encyclopedia of Metallurgy.**
London : Macdonald and Evans, 1965.

Monkhouse, F. J. **A Dictionary of Geography.** 2nd ed.
London : Edward Arnold Ltd., 1972.

Nelson, W. L. **Petroleum Refinery Engineering.** 4th. ed.
New York : McGraw-Hill Book Co., 1969.

A New Dictionary of Chemistry. Edited by L. Mackenzie Miall.
London : Longmans, Green and Co., 1964.

Noel, Henry M. **Petroleum Refinery Manual.** *New York :
Reinhold Publishing Corporation, 1959.*

Nyler, J. and Nayler, G. **Dictionary of Mechanical Engineering.**
London : George Newnes Limited, 1967.

Oil and Gas Journal. vols. 69 and 70.
Tulsa, Oklahoma : The Petroleum Publishing Co. 1970, 1971 and 1972.

Oil-field Dictionary. Edited by J. Moltzer.
Amsterdam : Elzevier Publishing Company, 1965.

Petroleum and Petrochemical International. vol. 12.
London : The Petroleum Publishing Co., 1972.

Petroleum Exploration Handbook. Edited by Graham B. Moody.
New York : McGraw-Hill Book Company, 1961.

Petroleum Handbook (The). Compiled by the staff of the **Royal Dutch/Shell Group.**
4th. ed. *London : Shell International Petroleum Co. Ltd., 1959.*

Petroleum Products Handbook. Edited by Virgil B. Guthrie.
New York : McGraw-Hill Book Company, 1960.

Scott, John S. **A Dictionary of Civil Engineering.** 2nd. revised ed.
Middlesex, England : Penguin Books Ltd., 1965.

Sill bell, H. **Petroleum Transportation handbook.**
New York : McGraw-Hill Book Co., 1963.

Ström, Hjalmar. **Oil and Fuel Dictionary.** *Helsinki :* Privately Printed, 1968.

Van Nostrand's Scientific Encyclopedia. 4th. ed.
Princeton, New Jersey : D. Van Nostrand and Co., 1968.

Webster's New Twentieth Century Dictionary. 2nd ed.
Cleveland and New York : The World Publishing Co., 1970.

Whitten, D. A. and Brooks, J. V. **The Penguin Dictionary of Geology.**
Middlesex, England : Penguin books Ltd., 1972.

معجم الشهابي في مصطلحات العلوم الزراعيّة . وهو اصدار «انكليزي – عربي» **مُوسّع لمعجم الألفاظ** الزراعية «فرنسي – عربي» للأمير مصطفى الشهابي تنفيــذ أحمد شفيق الخطيب . تحت الطبع . مكتبة لبنان – بيروت

المعجم العلمي المصور . وهو الطبعة العربية من Compton's Illustrated Dictionary تنفيذ وتحرير أحمد تركي وأحمد الصاوي . القاهرة : قسم النشر بالجامعة الأميركية ، **١٩٦٨**

معجم المصطلحات الفنيّة . أُعِدّ باشراف التدريب المهني للقوات المسلحة . الطبعة الثانية . القاهرة : الهيئة العامة لشؤون المطابع الأميرية ، **١٩٦٧**

المكتب الدائم لتنسيق التعريب في الوطن العربي . **معجم البترول** . الرباط ، **١٩٧١**

المكتب الدائم لتنسيق التعريب في الوطن العربي . **معجم الجيولوجيا** . الرباط ، **١٩٧١**

المكتب الدائم لتنسيق التعريب في الوطن العربي . **معجم الحيوان** . الرباط ، **١٩٧١**

المكتب الدائم لتنسيق التعريب في الوطن العربي . **معجم الفيزياء** . الرباط ، **١٩٧١**

المكتب الدائم لتنسيق التعريب في الوطن العربي . **معجم الكيمياء** . الرباط ، **١٩٧١**

المكتب الدائم لتنسيق التعريب في الوطن العربي . **معجم النبات** . الرباط ، **١٩٧١**

المـراجع العربية (بالترتيب الألفبائي)

البعلبكي ، منير . **المورد** . الطبعة السابعة . بيروت : دار العلم للملايين . ١٩٧٤

التوني ، يوسف . **معجم المصطلحات الجغرافية** . القاهرة : دار الفكر العربي . ١٩٦٤

الخطيب ، أحمد شفيق . **معجم المصطلحات العلمية والفنية والهندسية** . الطبعة الثانية . بيروت : مكتبة لبنان، ١٩٧٤

سير . پ و شميدت ، ج . **معجم فني** (فرنسي — عربي) باريس : منشورات روديل Editions Roudil . ١٩٧٠

الشهابي ، الأمير مصطفى . **المصطلحات العلميّة في اللغة العربية في القديم والحديث** . القاهرة، ١٩٥٥

فهمي ، حسن حسين . **المرجع في تعريب المصطلحات العلمية والفنية والهندسية** . القاهرة : مكتبة النهضة المصرية، ١٩٥٨

قاموس المصطلحات النفطية ، باشراف مكرم عطية ونزيه حكيم . بيروت : دار التّرجمة والنشر لشؤون البترول .

الكرمي ، حسن سعيد . **المنار** . لندن : لونغمان ليمتد ومكتبة لبنان ، ١٩٧٠

مجمع اللغة العربية بدمشق . **مجلة المجمع** . (المجموعة الكاملة حتّى ١٩٧٣)

مجمع اللغة العربية في القاهرة . **مجموعة القرارات العلمية في ثلاثين عاماً** . القاهرة، ١٩٦٣

مجمع اللغة العربية في القاهرة . **مجموعة المصطلحات العلمية والفنيّة الّتي أقرها المجمع** (المجلدات ١ ، ٢ ، .... ١٤) . القاهرة ١٩٥٧ .... ١٩٧٢

مجمع اللغة العربية . **معجم الجغرافية** . القاهرة، ١٩٦٤

مجمع اللغة العربية . **معجم الجيولوجية** . القاهرة، ١٩٦٤

مجمع اللغة العربية . **المعجم العسكري الموحّد** . أعدته لجنة توحيد المصطلحات العسكرية للجيوش العربية . القسم الأول . القاهرة، ١٩٧٠

مجمع اللغة العربية . **المعجم الوسيط** . الطبعة الثانية . القاهرة، ١٩٧٢

محمود ، عبد العزيز ورفاقه . **معجم المصطلحات العلمية** . الطبعة الخامسة . القاهرة : مكتبة الانجلو المصرية، ١٩٦٩

طبع في لبنان